劉永翔教授
嚴佐之教授

顧宏義　主編

榮休紀念文集

上

**圖書在版編目(CIP)數據**

劉永翔教授嚴佐之教授榮休紀念文集／顧宏義主編.
—上海：上海古籍出版社，2019.4
ISBN 978-7-5325-9082-7

Ⅰ.①劉…　Ⅱ.①顧…　Ⅲ.①文史—中國—文集
Ⅳ.①C52

中國版本圖書館 CIP 數據核字(2019)第 022278 號

**劉永翔教授嚴佐之教授榮休紀念文集**
顧宏義　主編
上海古籍出版社出版發行
(上海瑞金二路 272 號　郵政編碼 200020)
(1)網址：www.guji.com.cn
(2)E-mail：guji1@guji.com.cn
(3)易文網網址：www.ewen.co
上海商務聯西印刷有限公司印刷
開本 710×1000　1/16　印張 92.5　插頁 8　字數 1,515,000
2019 年 4 月第 1 版　2019 年 4 月第 1 次印刷
ISBN 978-7-5325-9082-7
K·2592　定價：298.00 元
如有質量問題,請與承印公司聯繫

劉永翔教授

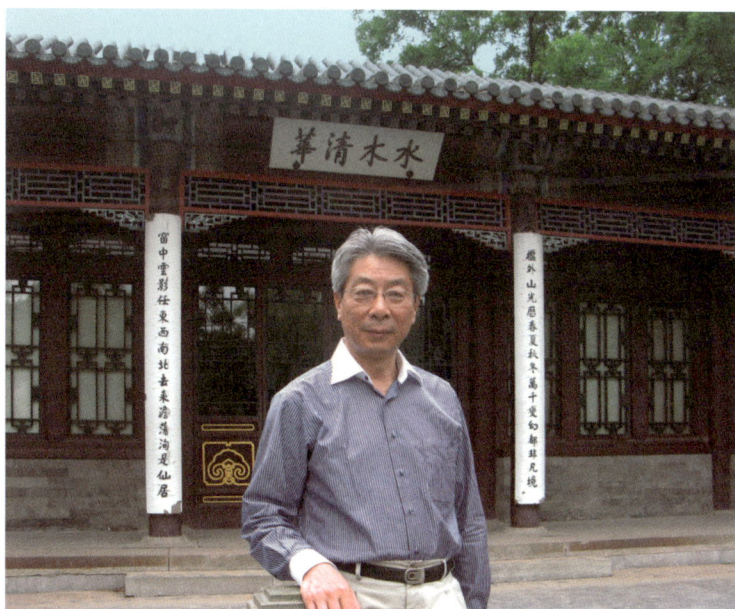

嚴佐之教授

# 致十七子——劉永翔、嚴佐之榮休紀念文集序

朱傑人

　　1976 年，"文化大革命"結束，1977 年高考恢復，第二年全國高校開始招收研究生。永翔、佐之和我就是"文革"以後的第一批研究生。當然，我們是鄧小平改革政策的受惠者。我們的專業是"古籍整理與研究"，這是一個全新的專業，它完全突破了傳統文史哲的學科分類，所以，我們還是"文革"以後保護古籍與急需解決古籍整理和研究人才斷層的時代需求的受惠者。

　　我們是從四千餘名考生中被選拔録取的，共十七人：劉永翔、嚴佐之、蔣見元、張家璩、吳格、戈春源、朱友華、蒲秋徵、李先耕、徐星海、王雄、吕友仁、蕭魯陽、王松齡、俞宗憲、李偉國、朱傑人。當時録取我們的學校還被稱作"上海師範大學"——"文化大革命"中，上海的五所大學：華東師範大學、上海師範學院、上海體育學院、上海教育學院和上海半工半讀師範學院，被合並爲一所大學。録取以後，前四所學校恢復了建制，劉永翔等十一人被分到華東師範大學，吕友仁等六人被分到上海師範學院（以後改名上海師範大學）。值得--提的是，在這十七人中，有一些是跳過了本科而直接被録取爲研究生的，他們是：劉永翔、嚴佐之、蔣見元、張家璩、吳格、李偉國。他們中有幾位是同時拿到了本科院校的録取通知和研究生的録取通知，而最後選擇了讀研究生。這六位同學中，永翔、見元、家璩、吳格是有家學淵源的，而佐之和偉國則接受過名師的訓練和指點。

　　永翔和佐之畢業以後留在了華東師大古籍研究所。永翔受業於老所長徐震堮教授，專攻文學。佐之受業於周子美教授專攻版本目録學。

　　永翔幼承庭訓，少受家學，腹笥便便，文筆優長，每爲文則援古證今，

如瓶水瀉地,迸注分流,是一個十足的讀書種子。讀研三年,永翔的才華得到了充分的顯現。他的另一項特長——善辭賦與古體律詩的寫作——也嶄露頭角。他的學位論文《清波雜志校注》"尋墜緒之茫茫,獨旁搜而遠紹",以考據精審、校勘謹密、注釋詳盡、文字雅馴而一鳴驚人。執教鞭以後,首開古詩詞鑒賞與寫作課,訓練諸生寫韻文,作律詩,廣受歡迎而聲名遠播。凡滬上有大事、盛事,則必不可少其筆墨以助興、以傳世。作詩善用典;喜爲學術小品,無一字無來歷;擅文壇掌故、奇聞異事,娓娓道來,解頤而益智。永翔之才向爲儕輩所傾服,可謂十七子中之大才子。

佐之出生於詩禮之家,其先祖爲清代著名學者及琴學大師,爲官一方,因不滿於官場腐敗而出家爲僧。早年受教於顧廷龍先生,得親炙而登堂入室,遂爲版本目録之年輕專家。就讀研究生以後,又得周子美先生秘傳心法,乃得大成而名揚天下。佐之爲人謙恭而溫文爾雅,治學以謹嚴稱,訓弟子以嚴謹名。所著《古籍版本學概論》《近三百年古籍目録舉要》爲版本目録學名著,是高校古典文獻學專業必讀之書。近年,因修《朱子全書》乃及宋明理學文獻之整理研究,主持國家級重大社科項目《朱子學文獻整理與研究》,其中《近思録專輯》《朱陸異同專輯》屢獲大獎,爲學界所稱道。佐之治朱子學,由文獻入而從文獻出,從整理文獻入手而獲義理之精粹,故能長袖善舞而博通深耕。如其於《近思録》之研究,稱之爲當今首善,斷不爲虛言。佐之向以謙謙君子爲儕輩所稱道,可謂十七子中之君子者也。

傑人不才,嘗忝爲古籍研究所所長。主政期間,傾全所之力編修《朱子全書》,越十年之久乃得告成。期間,永翔、佐之棄本業而助余之成,殫精竭力,凡目録之定讞、體例之推敲、作者之遴選,乃至審讀、定稿,無不參與其中並多所貢獻。十年攻關,我們可謂三位一體,《朱子全書》是三位一體之傑作。

長期以來,古籍所學科門類齊全,卻各自爲政而無法形成合力。《朱子全書》的編修成功,不但爲古籍所留下了一筆豐厚的學術資產,也爲古籍所走出了一條整合全所資源幹大事的成功之路。以佐之、永翔領銜的《朱子學文獻大系》正是沿着這條路繼續前行並取得成效的結果。現在,他們兩位都要退休了,古籍所下面的路會怎麽走? 我一直在想,我想永翔和佐之也一定會想的。畢竟,我們是這個所的第一批學生,我們傳下了先生的衣鉢,我們希望先生們的衣鉢能永遠地傳下去。

時間是這個世上最能弄人的東西,它的高明之處是它弄人卻不動聲色,不留痕迹。當年那十七個意氣風發的青年或中年學子,轉眼間變成了各自學科的權威,倏忽之間又變成了滿頭白髮的"爺爺"。可是不變的卻是我們的心——一顆執着於學術與育才的心。我想,無論是永翔、佐之,還是友仁、友華,榮休以後一定不會退出這個舞臺,只是我們把前臺讓給了年輕人,我們退居後臺了而已。

　　永翔、佐之榮休了,古籍所的主事者爲他們編了一本紀念文集,要我寫一篇序。我想,這是一個無法推卸的任務——爲了永翔、佐之,也爲了包括我在內的十七子。

　　是爲序。

貳零壹捌年捌月廿柒日
於海上桑榆匪晚齋

# 歸 休 自 述

劉永翔

　　余一九四八年戊子生於浙之西鄙龍游，世傳爲漢高士龍丘萇隱居之地。六齡遷滬，猶及聞悼斯大林氏棄世汽笛聲也。時家君執教中學，先母則爲童蒙師。生計窘甚，致三弟過繼他姓焉。

　　昆弟中余居長，獨得入幼稚園。初入，不諳滬語，遂默爾而學，不與人言，人多以我爲瘂也。迨發語，同儕竟以我爲滬人矣。在父母前則仍作鄉言，致家君久不知駿兒能滬語也。

　　家君治文論暨古典文學有聲。丁酉之役，蛾眉遭嫉，遂及於禍，棄置達二十三年之久。故懲毖不欲余繼武，勉以學疇人之事、百工之能，而少小固亦不文，雖家富四部，手蓋未嘗一觸。爲文則思遲句窳，致家君屢爲之浩歎也。

　　迨禍起丙丁，楹書煨燼。余失學家居，萬念灰冷，夜氣轉清，忽動學詩之念，而前賢吟詠，已無所借資矣。惟情動形言，師心率性，聊以寫幽憂、抒孤憤云爾。苦吟數載，不以告人，猶幼學滬語時也。而篇什終爲家父所見，爲之驚歎，許爲善抒性靈焉。自是遂愈益爲之，且百計借書以讀，冀有裨於永歌。而以作詩而漸窺國故，取徑殊異乎當世諸儒。莊子云：道無所不在。陽明曰：人人有路透長安。其是之謂乎？惟其時私志尚不在學術，一意欲爲者，前賢以爲不足觀之文人耳。

　　余失業者七年，賃傭者四載，而賦詠不輟。劫運既徂，黨錮亦解，大人重返教筵，而翔亦得入華東師大爲研究生，受校古籍所徐聲越、程儁因、周子美、胡彥穌、葉穎根諸名師之教，學遂大進。顧雖蒙儒林齒録，而才子之夢成空，腐儒之餐永定。自此故紙堆中無暇爲文，甘爲古人服蟲魚亥豕之勞矣。

　　余浙人也，雖無鄉曲之私，而無意間爲浙之名賢效力實多：嘗爲周清真考其家世,爲周昭禮注其《清波雜志》,爲陸放翁定其《新修南唐書》主名,並與家父爲袁簡齋詳注其《續詩品》,諸公非浙人即僑浙者也。所作俱獲犁城鄧恭三先生盛贊。浙人也而爲浙人盡心盡瘁,其天意也歟!

顧天意亦不欲余僅效功於浙人也,《朱子全書》《顧炎武全集》之理董,余均與其役。朱子,宋學大儒,徽人而生於閩者;亭林,漢學大師,崑山人也。二公者,漢、宋學之巨擘,天下之士也,其著述俱經吾手理董而付手民,學人至此,夫復何憾?

既爲學人矣,文學之才無所施其技。故人以我不爲木而爲菌,頗有引爲深憾者。而余自度才微,文彩未足藏山,不爲文人,反可藏拙。然軭才亦未嘗埋没也,詩、駢文曾得梁溪錢槐聚先生之褒;且曾受海上耆宿胡道靜、蘇淵雷、柯靈三先生之委而爲之代筆;滬郊召稼樓賦、滬市盧浦大橋通車碑文、上海紐約大學建校記亦出余手;吾校多處立碑,文皆拙筆所爲。不意屠龍之技,尚可施於今之世也。人生到此,夫復何求?

今歲余年七十有一,已至西河退老之期矣。古籍所欲爲余與同學而兼同事嚴子佐之祖行,擬編二人榮休之集。爲此廣徵學界名公、本所同人暨門弟子之文以爲光寵,余固無名者,而竊喜皆蒙慨然不拒、惠然賜文也。人苟有壽,歸休者必至之期,未足爲榮,而是則真可爲榮矣。兹榮也,只所以爲愧也歟? 謹自述如上。

戊戌霜降龍游劉永翔寂潮父撰於海上之蓬遠樓

# 歸 休 十 詠

劉永翔

學林上舍得留痕，每念難忘諸老恩（謂諸師長）。
自喜才微偏有幸，獲登文史兩龍門（謂錢槐聚、鄧恭三二先生）！

平生學積賴吟詩，頗覺雕蟲益我知。
性僻猶思林下詠，祇愁一旦耄成癡。

車後無心逐適之，斕斑偏愛古文辭。
不蘄有用從吾好，竟有人間有用時（余浩劫中好作古文及舊體詩，家父譽兒，舅氏聞之，不以為然，嘗力戒勿事無用之學，予不能從也）！

校河觀罷繞銀鋤，兩處園林近敝廬。
四十年來如未睹，今堪日涉樂居諸（銀鋤，長風公園湖名）。

斜陽莫挽照書城，老驥能行幾日程？
總被曹瞞詩句誤，故人多少促餘生（謂友人鄧喬彬、趙昌平等）！

七十衰年待盡身，不知到了是何辰。
幾曾妄念期三立，天地猶須墮劫塵！

自嗟好學未曾思，南北東西了不知。
道術互攻方寸裂，餘年能否一通之？

性耽博覽廢專精，泥古詩尤俗所輕。

朋舊殷勤贈文字,便他後世考微名(古籍所爲編歸休集,多收友朋文字,來者知予,其賴此乎?)。

久成人患好爲師,匡謬文多合自嗤。
晚覺平生真鑄錯,林泉追悔已嫌遲。

也曾怒海載沈浮,何幸風平獲一舟。
莫歎蓬山終未到,已從天際辨仙洲。

# 記念‧感恩‧鳴謝：
# 重讀四十年前的一封舊信

## ——寫在榮休紀念文集編纂出版之際

### 嚴佐之

　　新年伊始，辦妥退休手續。恰有學友從網上幫我拍回一袋舊紙，内有文稿、信箋及上圖借書證、研究生准考證等，大多是四十年前舊物，屬於我的"歷史文獻"；懵不曉當初怎會丢散，今幸失而復得，不禁喜從衷來。啓封檢視，反復摩挲，睹物憶昔，感念百端。但看眼前這封舊日來信，便是當年華師大圖書館鄭麥老師專爲考研之事寫給我的。想當初爲此躊躇不决，若非此信勉勵有加，怕真不會有後來的决意考研，也不會有後來、再後來在古籍所四十年一以貫之地讀書、教書和校書。而今齒逾七旬，重讀舊信，追念往昔恩遇，怎不叫人感慨萬分！

　　我與鄭麥老師相識於"文革"時期上海圖書館舉辦的"七‧二一"大學古籍班。班上學員除來自上圖外，還來自復旦、師大、中醫學院、中科院上海分院、古籍書店等滬上單位，鄭麥老師是獨一無二的老大學生，年齡也大過我們許多，同學們都很敬重她，親熱地稱她鄭大姐。1977 年 2 月古籍班結業，大家各回原處。約莫半年之後，國家恢复高考制度的消息，激活了許多"老三届"的"大学梦"。我雖也心有所動，卻遲疑没有行動。又過了數月，鄭大姐突然捎來信息，説師大"古籍整理組"將以"古籍整理"專業名目，加入即將開始的全國研究生統招統考；並説我的上圖古籍組工作經歷與他們的招生研究方向很對口，鼓勵我打消顧慮，報考一試。我對考研原無非分之想，但聽得説是"古籍整理"專業，仍禁不住心頭一熱，然怯於學歷，終不敢率意輕妄。在得知我猶豫不定之後，鄭大姐很快就給我寫來了這封信。

佐之同志：

　　今天上午我正巧到古籍整理組有事，又同幾位老師談起報考研究生之事。現告如下：外語和政治的試題是統一出，統一批閱，到底是全國統一試題，還是全市統一試題，不詳。古籍整理專業本不要求外語考試的，只因統一規定，因此必試罷了，語種任選，要求借助字典可作一定的翻譯，和基本的知識測驗。基礎課和專業課的考試題，是由古籍整理組出題改題，要求具有大學文科畢業生的同等水平。必須的專業參考書是《史記》和《通鑑》，能讀通列傳、本紀等，標點、斷句、解釋，中國文學史、中國通史的基本知識。要考一篇作文。這個專業的研究生培養目標有三：① 從事古籍的整理研究工作，② 圖書館的古籍管理、整理工作，③ 出版社的古籍編輯整理工作。

　　起先我估計這可能是個冷門，結果出乎意料，還有不少人報考。報考的人紛紛給你的古籍組寫信問訊，有的人寄來了自己的作品。目前我所了解的情況就是這些。爲了更確切起見，我已將你的情況向他們略作介紹，說不上推薦吧，但盡我所知的說了一些。此外，我已將你的要求轉給他們，近日內可能會由古籍整理組給你回信。

　　小嚴，祖國正需要人才啊！黨和人民創造了各種條件，望才心切啊！還是一句老話：“你們還是學習的黃金時代。”如果你還需要我做些什麼，大姐只要能辦到的，一定全力以赴。就說這些吧，歡迎你來玩。致禮！

　　　　　　　　　　　　　　　　　　鄭麥 78.3.22 匆草

　　讀罷來信，我大受鼓舞。信中將考試課目、試題類型、參考書目一一告知，我自掂斤量，心裏多了幾分自信；而信末激情洋溢的勉勵之詞，更是深深感染了我，應該做出符合時代需要的抉擇。於是，便有了以後復習迎考的興奮，步入考場的緊張，和幸運録取的喜悦。惟此所有一切，都起始於鄭麥老師的這封來信。大姐身體欠佳，長臥病床，我卻久疏問候，想來愧疚。惟此敬祝好人一生平安！

　　重讀四十年前舊信，也讓我想起考研那段日子裏的衆人相助：古籍組組長吳織、沈津特准我半天工作、半天復習，舊平裝組喬良興大哥特許我進入保存本書庫靜心看書，還有王煦華、苗力沉二位先生熱心引薦，讓我有幸叩見恩師葉百豐教授，拜聆指教。憶及舊時往事種種，猶然生鮮活潑，竟似發生在昨日。

走過人生七十，終獲歸養之樂。古籍所中先我半年退休的還有劉永翔教授。我與永翔同庚同榜、同窗同事，四十載同進共退，誠然難得緣分。今承古籍所同仁美意，專爲編纂出版榮休紀念文集。此於永翔固屬實至名歸，我則附諸鵬翼，與有榮焉。主編顧宏義教授囑我撰文述學，可自忖治學所成，不過一丁半點，實在微不足道，真正羞於挂齒。又轉想近日常思一路走來多遇貴人相助，似更值得一説。故此特將失而復得的四十年前鄭麥老師舊信，録出重讀，述其原委，志其恩誼，並藉此對所有提攜、幫扶過我的貴人善事，表達自己衷心的記念、感恩和鳴謝！

2019 年 3 月 25 日

# 目　録

## 學 術 論 文

# 情 誼 交 往

# 學 術 論 文

# 《宋詩選注》删落左緯之因及其他

## ——初讀《錢鍾書手稿集》

王水照


一


錢鍾書先生的《宋詩選注》出版於 1958 年 9 月,共選詩人 81 家,到 1963 年 11 月第二次印刷時删去左緯一家,存 80 家;同時删去的還有劉攽《蠻請降》二首、劉克莊《國殤行》、文天祥《安慶府》等詩。其中的曲折,借用他自己的話,是可以"作爲當時氣候的原來物證——更確切地説,作爲當時我自己盡可能適應氣候的原來物證"。① 錢先生此語,原來主要是針對初版本的選目等情況而言,但也完全適用於這項"删落",而且更爲突出。表面平和的語氣掩蓋不住他割愛的無奈與沉重,好在已成爲過去;而其對《宋詩選注》學術内容的損害,即這些"删落"所包含的他對宋詩發展的一些獨特見解,我們卻不能忽略。尤其是新近出版的《錢鍾書手稿集·容安館劄記》中論證左緯的長篇專條(約 1 500 字),更揭示其學術思考與觀察的心迹。

左緯是南北宋之交一位名位卑微的詩人,台州黄巖人,一生未仕,生平資料極少,《徐氏筆精》卷四説他"宣和間以詩名",《宋詩紀事》卷四〇説他"政和中以詩鳴",可見在徽宗時的詩壇上有一定的地位,但其詩集不傳。直到民國時,其故里黄巖楊氏刊行《台州叢書》後集,始收有王棻所輯《委羽居士集》本,才較便於閲覽。錢先生所讀也是此輯本。在他的《宋詩選注》以前,左緯不見於其他選本,如張景星、姚培謙、王永祺合編的《宋詩别裁集》(原名《宋詩百鈔》)、陳衍的《宋詩精華録》等均不選左緯

---

① 錢鍾書:《模糊的銅鏡》,《錢鍾書散文》,浙江文藝出版社 1997 年版。

作品(僅《後村千家詩》卷一"春暮"類選其詩一首,《宋詩紀事》爲該詩題作《春晚》)。錢先生卻選取三題九首,這在《宋詩選注》中佔有一個頗大的份額,連黃庭堅也只入選三題五首,其他如王禹偁、梅堯臣、蘇舜欽、歐陽修、陳師道、尤袤、劉克莊、文天祥等名家都在九首以内。尤堪注目的,是錢先生爲左緯所寫的近一千字的小傳,提出了啓人心思的重要問題。夏承燾先生那篇因《宋詩選注》横遭"批判"而爲之"平反"的論文《如何評價〈宋詩選注〉》中也説:"《選注》中所採的如左緯、董穎、吳濤諸家,都豐富了宋詩,開了讀者的眼界。"①特意指出了選録左緯等人在全面認識宋詩上的開掘意義。

錢先生對左緯的青睞和夏先生的認同,爲什麽在重印時反遭删削呢?原因很簡單,因爲選了左緯的《避賊書事》和《避寇即事》。錢先生後來回答一位問學的後輩學人時明言:"左緯詩中之'寇',不知何指,恐惹是非,遂爾删去。膽小如鼠,思之自哂。"②錢先生曾説,他的文字"不易讀者,非'全由援引之繁,文詞之古',而半由弟之滑稽游戲,貫穿潛伏耳"。③ 這裏説左緯詩中之"寇","不知何指",實際上是打了埋伏的。明眼人一見即知與方臘事有關。金性堯先生在《選本的時間性》一文中已點明此點,今再作具體論證。④

左緯《會佺譽》詩云:"憶昨宣和末,群凶聚韋羌(自注:洞名)。""我時遭劫逐,與子(左譽)空相望。"這裏的"群凶",即《避賊書事》《避寇即事》兩組組詩中的"賊"與"寇"。發生在宣和年間、聚集於浙江仙居韋羌洞(亦作峒,民居地,方臘亦在浙江淳安幫源洞起兵)的"群凶",是指仙居人吕師囊爲首的民變部衆。據《續資治通鑑長編拾補》《續通鑑長編紀事本末》《皇宋十朝綱要》及《台州府志》等史籍、方志所述,吕師囊部於宣和三年三月十日起兵回應方臘,攻打台州,連下天台、黃巖、温州、樂清等縣,與方臘主力軍之攻破睦、歙、杭、處等地東西呼應;後方臘失敗,吕師囊收

---

① 《光明日報·文學遺產》1959 年 8 月 2 日,收入《夏承燾集》第八册,浙江古籍出版社、浙江教育出版社 1997 年版。

② 《致黃任軻》,見張文江《營造巴比塔的智者·錢鍾書傳》(上海文藝出版社 1993 年版),第 103 頁。

③ 《與周振甫》,見蔡田明《〈管錐編〉述説》(中國友誼出版公司 1991 年版),第 93 頁。

④ 《文匯讀書週報》2003 年 6 月 6 日,收入《閉關録》,上海古籍出版社 2004 年版。

拾餘部,繼續抗擊宋朝官軍,至宣和三年十月被撲滅。① 劉一止在爲宋朝將領楊震所寫的墓碑中還提到楊震隨從折可存攻占韋羌洞並於黃巖境內生擒吕師囊的情況:"宣和三年,方臘據杭、睦,朝廷姚平仲爲都統征之。公(楊震)從折可存自浙東追擊至三界河鎮,與賊遇,斬首八千餘級。追襲至剡、上虞、天台、樂清四縣,取韋羌、朝賢、六遠三洞。至黃巖,賊帥吕師囊據斷頭山扼險拒,我前輒下石,死傷者衆,累日不能進。"經過設計苦戰,"生得師囊,乃斬賊首三千餘人"。② 此與左緯詩完全吻合。《避賊書事十三首》其四云"賊來屬初夏,逃去窮幽荒",其三云"及至出山日,秋風吹樹枝",他從初夏逃入山中隱匿,至秋天事平出山,與吕師囊部三月起兵、十月被殲一致,也可證左緯這兩組組詩當作於宣和三年(1121),具有一定的史料價值。

中國歷史上的農民戰爭以及與其相關的"讓步政策"問題的爭論,是建國後 50、60 年代歷史學界所謂"五朵金花"之一。③ 這場爭論帶有强烈的意識形態色彩,具有敏感的政治性,日益變成學術"雷區",連錢先生也因"恐惹是非"而"删去"所選左緯之詩,以"膽小如鼠""自哂",但這場爭論雖然過分拔高農民戰爭的所謂"革命性",倒也激發學者們去深入地發掘和搜集社會底層的材料,瞭解一般民衆的生存狀況和思想動態,也爲我們今天以平和、客觀的心態去觀察這一歷史現象,提供了前提和基礎。

以方臘事件而言,僅從方勺《青溪寇軌》的記載來看,他原爲不滿"賦役繁重,官吏侵漁",抗拒朱勔"花石綱"之役而起事。方臘聲言:"三十年來,元老舊臣貶死殆盡,當軸者皆齷齪邪佞之徒,但知以聲色土木淫蠱上心耳。朝廷大政事,一切弗恤也。在外監司、牧守,亦皆貪鄙成風,不以地方爲意,東南之民,苦於剥削久矣。近歲花石之擾,尤所弗堪。諸君若能仗義而起,四方必聞風響應,旬日之間,萬衆可集。"在這番義正辭嚴的號召下,果然"連陷郡縣數十,衆殆百萬,四方大震"。這説明方臘起事的歷史正當性,自應與一般打家劫舍的暴民相區別。然而,百萬之衆的巨流一

---

① 方勺《青溪寇軌》謂方臘全部部衆於"(宣和)四年三月討平之",此據陸樹侖先生考證,應爲三年十月,見《關於歷史上宋江的兩三事》,收入《馮夢龍散論》,上海古籍出版社 1993 年版。

② (宋)劉一止:《苕溪集》卷四八《宋故敦武郎知麟州建寧寨累贈秦國公楊公墓碑》,文淵閣《四庫全書》本。

③ 其他"四朵金花"是指中國古代史分期問題、中國封建土地所有制形式問題、中國資本主義萌芽問題和漢民族形成問題。

且湧動,種種利益、欲望、情緒的交雜衝突其間,又不可避免地顛覆社會的正常秩序;原始性的報復欲望的無限膨脹,玉石俱焚,更造成時局的普遍動亂和生產力的極度破壞。"焚民居,掠金帛子女",並非意外,"渠魁未授首間,所掠婦女自洞逃出,保而雉經於林中者,由湯巖、榴樹嶺一帶凡八十五里,九村山谷相望,不知其數",這是方勺據"深入賊境,親睹其事"的目擊者所述而記錄的,也不能貿然斷言爲士人的造謠污衊(《宋史》卷四六八《童貫傳·方臘附》所記亦同)。在歌頌所謂"革命暴力"的年代,無視或抹煞弱勢人群在離亂中所承受的一切痛苦,被認爲是理所當然;描寫和反映這種痛苦卻成爲大逆不道,這是不正常的。

面對兵連禍結、動盪不安的局勢,左緯身不由己地落入當時的弱勢群體,"舉家如奔鹿","但冀免殺戮",本能地表達最低的生存要求,表達對破壞正常生活的憤恨和譴責。因此,他不僅抨擊方臘、呂師囊的民變部隊,也斥責當時陳通等的兵變部隊。《避寇即事十二首》其二云:"遙聞烏合輩,數十破錢塘。故是昇平久,胡爲守備亡。天誅初不暴,賊勢尚云張。作過古來有,未宜憂我皇。"錢先生在《手稿集》卷一第二八六則論左緯時正確地指出:"第二首當是建炎元年八月陳通兵變。"此事在左緯《會侄譽》中也寫到:"及兹建炎始,叛卒起錢塘。初聞殺長吏,尋亦及冠裳。死者不爲怪,生者反異常。"或謂此指"建炎三年(1129)宋扈從統制苗傅、御營右軍副統制劉正彥在臨安發動變亂,殺樞臣王淵,並逼高宗禪位於三歲的皇子趙旉"事(見金性堯先生《宋詩三百首》,第215頁),則尚可商榷。

建炎共四年,左緯詩明云"及兹建炎始",當是建炎元年陳通事變,而不會是建炎三年的苗、劉之變。按之史實,更爲皎然自明。據《建炎以來繫年要錄》卷八建炎元年八月戊午朔條,"是日,杭州軍亂。初上之立也,遣勤王兵還諸道,杭兵才三百,其將得童貫殘兵與之俱。軍校陳通等見杭州富實甲東南,因謀爲變。會軍士以衣糧不足有怨言,結約已定,而兩浙轉運判官顧彥成行部未返,需其還殺之。至是彥成歸,宿於城外,夜三鼓,軍士百餘人縱火殺士曹參軍及副將白均等十二人。翌日,執守臣龍圖閣直學士葉夢得詣金紫光禄大夫致仕薛昂家,殺兩浙轉運判官吳昉"。這次陳通兵變,乃因"衣糧不足有怨言"所激而起,人數有限,故云"烏合輩";"縱火殺士曹參軍及副將白均等十二人",又"殺兩浙轉運判官吳昉",與詩句"初聞殺長吏,尋亦及冠裳"和"胡爲守備亡"相合。要之,此乃局部性較小事件,故左緯又以"作過古來有,未宜憂我皇"寬慰之。後於同年十二月陳通等即被御營使司都統制王淵所誘殺,兵亂乃息,事見《建炎以來繫年要録》卷一一。而苗、劉之變，勢態嚴重，殺樞臣，逼禪位，是震動朝廷的巨大事變，兩者不能相提並論，也與左緯詩的内容抵牾。

左緯詩中所揭示的兩次變亂，一爲方臘、吕師囊之民變，一爲陳通之兵變。若依 50、60 年代的主流輿論來衡量，前者是農民階級反抗地主階級的革命鬥爭，後者是統治階級内部的"狗咬狗"矛盾（或許也會被解釋爲下層士兵的"革命鬥爭"），但對左緯而言，均是威脅其生命或破壞其生活的禍害。情動於中，訴之筆下，是十分自然的。金性堯先生在《選本的時間性》中説，他的《宋詩三百首》因"出版於極左思潮逐漸消斂的盛世"，所以容許入選左緯《會侄譽》等詩，因爲"事歸事，詩歸詩，還是可以選入的"，與錢先生選了又删的境遇不同，"選本的時間性，也就是選本的歷史性"，感慨良深。

二

錢先生《宋詩選注》删落左緯，乃因入選《避賊書事十三首》的五首、《避寇即事十二首》的三首而有礙當時左傾思潮之故，這一解釋應是符合實情的；但我們要立即申明，這一解釋並不完全。不然，人們當會質疑：錢先生何以不採取劉放、劉克莊、文天祥諸家那樣的"删詩存人"的辦法（或用更换選目之法），而要使左緯其人其詩統統從《宋詩選注》中消失呢？細細推求内情，會使錢先生宋詩觀的一些重要見解彰顯起來，結合《錢鍾書手稿集》的相關論述，看得更爲清楚。

《宋詩選注》被删左緯小傳中評論左詩云："這些詩不搬弄典故，用平淡淺易的詞句，真切細膩地抒寫情感。他能夠擺脱蘇軾、黄庭堅的籠罩，這已經不算容易；從下面選的《避賊》《避寇》那些詩看來，他還能夠不摹仿杜甫。"還進一步指出，"杜甫寫離亂顛沛的古近體詩尤其是個'不二法門'，宋、元、明、清的詩人作起這種詩來都走了他的門路"，而"左緯居然是個例外，似乎寧可走他自己的旁門左道"。這裏强調的是左緯"不摹仿杜甫"。而在《手稿集》論左緯一則中，他寫道："不矜氣格，不逞書卷，異乎當時蘇黄流派，已開南宋人之晚唐體。佳者清疏婉摯，劣處則窘薄耳。"這裏又强調左緯"已開南宋人之晚唐體"。

"不摹仿杜甫"和"已開南宋人之晚唐體"，在宋代詩壇的具體語境中，其實際指向是同一種詩歌風格和體派。在宋以前（特別是唐代）中國古代詩歌充分成熟、造詣卓絶的背景下，宋代詩人具有崇奉前代典範的傳統。從宋初"三體"各以白居易、晚唐體、李商隱爲學習楷模以後，一部宋代詩歌體派史不啻是不斷更換學習對象的歷史。黃庭堅論詩作詩，早已把學杜與學晚唐對舉並立。他説："學老杜詩，所謂刻鵠不成猶類鶩也；學晚唐諸人詩，所謂作法於涼，其蔽猶貪；作法於貪，蔽將若何？"①陸游對於晚唐體的指責、批判，也往往以李杜尤其是杜甫爲立論的標準。他的《記夢》(《劍南詩稿》卷一五)："李白杜甫生不遭，英氣死豈埋蓬蒿；晚唐諸人戰雖鏖，眼暗頭白真徒勞。"《宋都曹屢寄詩且督和答作此示之》(同上卷七九)："天未喪斯文，老杜乃獨出。陵遲至元白，固已可憤疾；及觀晚唐作，令人欲焚筆。此風近復熾，隙穴始難窒，淫哇解移人，往往喪妙質。苦言告學者，切勿爲所怵。"他從詩史行程的梳理中，汲取抨擊當下詩風的力量。降及"四靈"派的支持者葉適，他在《徐斯遠文集序》中説："慶曆、嘉祐以來，天下以杜甫爲師，始黜唐人之學，而江西宗派章焉。然格有高下，技有工拙，趣有深淺，材有大小。以夫汗漫廣莫，徒枵然從之而足充其所求，曾不如胠鳴吻決，出豪芒之奇，可以運轉而無極也。故近歲學者已復稍趨於唐而有獲焉。"於是"四靈"體乃至江湖派就棄杜甫而崇晚唐，一如葉適在《題劉潛夫〈南嶽詩稿〉》中所説的"擺脱近世詩律"、"合於唐人"者。② 葉適從取法物件的高下廣齊着眼，其思維方式近似黃庭堅，又採取詩史敘述的角度，則與陸游相仿，但他的目的是爲晚唐體護法，與黃、陸針鋒相對。

對於學杜甫抑或學晚唐所蘊含的宋詩體派史的意義，錢先生頗爲注意，從《談藝録》到《手稿集》到《宋詩選注》，他的論述既是一脈相承而又有所發展。《談藝録》"放翁與中晚唐人"節云："竊以爲南宋詩派之不墨守江西派者，莫不濡染晚唐。""蓋分茅設蕝，一時作者幾乎不歸楊則歸墨。"方回意欲調和兩派，提出"學者自姚合進而至賈島，自賈島進而至老杜"，因爲"曰'老杜'而意在江西派，曰'姚賈'而意在永嘉派；老杜乃江西三宗之一'祖'，姚賈實永嘉四靈之'二妙'(原注：按趙紫芝選《二妙集》)。使二妙可通於一祖，則二派化寇仇而爲眷屬矣"。在《手稿集》卷二第五一三則中又補充道：舒岳祥《閬風集》卷二中《題潘少白詩》：'早從唐體入圓妥，更向派家事掀簸。'按卷一〇《劉士元詩序》云：'得唐人

---

① 《宋黃文節公全集》外集卷二一《與趙伯充》，《黃庭堅全集》，四川大學出版社2001年版。

② 葉適兩文分見《水心文集》卷一二、卷二九，《葉適集》，中華書局1961年版。

姚、賈法。'‘近又欲自蜕前骨，務爲恢張，駸駸乎派家步驟。'云云，皆以江西與四靈對舉也。《劉後村大全集》卷九四《劉圻父詩序》云：‘余嘗病世之爲唐律者膠攣淺易。'‘而爲派家者則又馳騖廣遠。'云云，派家之名出於此。"又引《秋崖小稿》文集卷四三《跋陳平仲詩》云："後山諸人爲一節派家也。"最後云："趙孟堅《彝齋集》卷三《孫雪窗詩序》云：‘竊怪夫今之言詩者，江西晚唐之交相詆也，彼病此冗，此誚彼拘。'均此意。參觀《談藝録》第一四五至六頁。"這裏圍繞"派家"之名展開論述，對《談藝録》續作申説。此則《手稿集》在採入《宋詩選注》徐璣小傳時，又有發揮："江湖派反對江西派運用古典成語、‘資書以爲詩'，就要儘量白描，‘捐書以爲詩'，‘以不用事爲第一格'；江西派自稱師法杜甫，江湖派就抛棄杜甫，抬出晚唐詩人來對抗。"“大大削弱了江西派或者‘派家'的勢力。”

因此，學杜甫抑或學晚唐，成了江西派與四靈、江湖派最易識别的標誌。錢先生論左緯"不摹仿杜甫"、"開南宋人之晚唐體"兩語，無異爲左緯確立了在宋詩體派史中的地位，而這一地位的確立又是以《避賊》《避寇》兩組組詩共二十五首爲支撐的(左緯今存詩共六十首)，這是一個應予重視與探討的新論點。

錢先生説，"從下面選的《避賊》《避寇》那些詩看來，他(左緯)還能夠不摹仿杜甫"，此與古今論者之説截然相反。《宋史翼》卷二九記左緯"初業舉子，曰：‘此不足爲學，文如韓退之，詩如杜子美，吾將游其藩焉。'真德秀稱其《避寇》七詩，可比老杜《七歌》"。謂左緯早懷學杜祈向，真德秀又具體指認其《避寇》組詩可與杜甫《乾元中寓居同谷縣作歌七首》比肩，言之鑿鑿。而左緯的忘年友許景衡更不無誇飾地説："泰山孫伯野(孫傅)嘗見經臣(左緯之字)《避寇》古律詩，擊節稱歎曰：‘此非今人之詩也，若置之杜集中，孰能辨别？'余謂非《避寇》諸詩爲然，大抵句法皆與少陵抗衡，如《會佺》一大篇，自天寶以後，不聞此作矣。"①黄裳《委羽居士集序》亦云："赤城之南有左氏子焉，不出仕，常以詩自適。慕王維、杜甫之遺風，甚嚴而有法。"也認爲左氏是奉杜甫爲圭臬的。現今涉及左緯的著述甚少，但凡有論列，均不忘提及"詩學杜甫"等語(如《全宋詩》卷一六七九左緯小傳)，錢先生則與之相左。他對黄裳"慕王維、杜甫之遺風"的説法，甚至揶揄道："但是據詩集裏現存的作品看來，這句話跟許多詩集序文

---

① 林表民：《赤城集》卷一七黄裳《委羽居士集序》後附跋語"横塘許景衡云"，文淵閣《四庫全書》本。

的恭維套語一樣，屬於社交詞令或出版廣告那種門類，也許不能算得文學批評。"（見《宋詩選注》被刪之左緯小傳）

對錢先生這一與衆不同的看法，或許可以繼續討論，但在錢先生的宋詩觀裏，自有其合乎邏輯、自成體系的思考理路：既與他對宋人學杜的一系列見解有關，又與他對宋人"晚唐體"的觀察息息相連，最後指向對南宋詩派詩體消長起伏的梳理與把握。以下即從這三點依次加以論述。

杜甫詩歌千匯萬狀、海涵地負，是宋代詩人崇奉的主要對象。但正如蘇軾《次韻孔毅甫集古人句見贈五首》其三所感歎的那樣："天下幾人學杜甫，誰得其皮與其骨。"錢先生指出："少陵七律兼備衆妙，衍其一緒，胥足名家。譬如中衢之尊，過者斟酌，多少不同，而各如所願。"（《談藝録》"七律杜樣"節）後人完全可以在"集大成"的杜甫身上，各取所需之一點，加以展衍，即自成家數。宋人對杜甫的多元選擇中，又表現出從"風雅可師"到"知心伴侶"的演變過程，從而確立了宋人與杜甫的最核心的契合點。在《宋詩選注》陳與義小傳中，錢先生寫道："靖康之難發生，宋代詩人遭遇到天崩地塌的大變動，在流離顛沛之中，才深切體會出杜甫詩裏所寫安史之亂的境界，起了國破家亡、天涯淪落的同感，先前只以爲杜甫'風雅可師'，這時候更認識他是個患難中的知心伴侶。"又説："身經離亂的宋人對杜甫發生了一種心心相印的新關係。詩人要抒寫家國之痛，就常常自然而然效法杜甫這類蒼涼悲壯的作品。"在時代環境的制約下，超越於詩道詩藝本身，杜甫詩歌遺產中的古近體離亂詩迅速被突出、被強調，並作爲一種範本被宋人廣爲仿效。錢先生在左緯小傳中深刻闡明："一位大詩人的影響要分兩方面來説：有些詩人創了一派；有些不但創了一派，而且開了一門，那就是説某種題材、某種體裁的詩差不多歸他們'獨家專利'，甚至不是他們派別裏的作者，若要做這一門類的詩，也得向他們效法。"如王維、孟浩然的游山玩水的七律，李商隱、韓偓的相思言情的五、七律，元、白的敘事歌行，韓、蘇的賦咏古物的七古，都在題材、體裁上獨開一門。而"杜甫寫離亂顛沛的古近體詩尤其是個'不二法門'"。這裏指出詩歌某種題材、體裁"經典化"形成後對後世詩人的強大影響力，也是文學史上的普遍規律。

與題材、體裁上的主要選擇相表裏，宋人學杜在風格上也表現出某種確定傾向。《談藝録》"七律杜樣"節云，"世所謂'杜樣'者，乃指雄闊高渾，實大聲弘"的風格，北宋歐、蘇、陳與義均有循此路徑的作品，尤其是陳與義"雄偉蒼楚，兼而有之。學杜得皮，舉止大方，五律每可亂楮葉"；另一體爲"細筋健骨,瘦硬通神"者,黄庭堅、陳師道屬此,"山谷、後山諸公僅得法於杜律之韌瘦者,於此等暢酣飽滿之什,未多效仿"。在此"壯"、"瘦"兩體以外,尚有"以生拗白描之筆作逸宕綺仄之詞"者,如陸游的部分學杜作品,就顯得"逸麗有餘,蒼渾不足"。

在取資、技法上,宋人學杜着眼於其"無一字無來處"、"資書以爲詩"的特點上。最突出的代表人物當推黄庭堅。錢先生在《宋詩選注》黄氏小傳中説:"自唐以來,欽佩杜甫的人很多,而大吹大擂地向他學習的恐怕以黄庭堅爲最早。他對杜詩中的哪一點最醉心呢? 他説:'老杜作詩,退之作文,無一字無來處;蓋後人讀書少,故謂韓杜自作此語耳。古之能爲文章者,真能陶冶萬物,雖取古人之陳言入於翰墨,如靈丹一粒,點鐵成金也。'在他的許多關於詩文的議論裏,這一段話最起影響,最足以解釋他自己的風格,也算得江西詩派的綱領。"江西詩派一套"奪胎換骨"、"點鐵成金"的技法竅門,主要取於杜詩的藝術資源,且"最起影響",這已是人們的共識了。

古今論者之所以認爲左緯學杜,蓋因他的《避賊》《避寇》等詩,屬於離亂題材的古律,按一般的思維定勢即推導爲學杜;而在錢先生看來,這兩組組詩雖寫離亂,但在藝術風格和取資技法上卻與杜詩異趣,相反卻表現出"晚唐體"的一些特點。風格的辨識和技法的判別是件細緻微妙而又難於言説的工作,我們還是從《宋詩選注》取證。錢先生明確指出陳與義、吕本中、汪藻等詩"顯然學杜甫",其中吕本中的五律組詩《兵亂後雜詩》二十九首,正可與左詩比勘。方回在《瀛奎律髓》卷三二中選此組吕詩五首,紀昀批云:"五首全摹老杜,形模亦略似之。"錢先生也説:"這些詩的風格顯然學杜甫,'報國'這一聯(引者按,原文爲"報國寧無策,全軀各有詞")也就從杜甫《有感》第五首的'領郡輒無聲,之官皆有詞'脱胎,真可算'點鐵成金'了。"吕詩的"萬事多翻覆,蕭蘭不辨真","蕭蘭"語出《離騷》;他的"雲路慚高鳥,淵潛羨巨魚",句式與意境均可從《詩經》、陶詩中尋根索源,而杜甫《中宵》"擇木知出鳥,潛波想巨魚",更爲吕詩所本。又如所選汪藻《己酉亂後寄常州使君侄》:

> 草草官軍渡,悠悠虜騎旋。方嘗勾踐膽,已補女媧天。諸將爭陰拱,蒼生忍倒懸。乾坤滿群盜,何日是歸年。

錢先生注文中指出:"這首詩也學杜甫體,比前面所選吕本中的三首,風格來得完整。"而在用典用字上也多有來歷:"勾踐""女媧"是使事,"陰供""倒懸"分別出自《漢書》和《孟子》,而結句"何日是歸年",直用李、杜成句(杜甫《絕句二首》其二:"今春看又過,何日是歸年。")。

左緯詩卻與這類"蒼涼悲壯"風格有別,而出之以哀婉新警,白描敘事,樸實抒情,真正"以不用事爲第一格"。兹從《避賊》《避寇》組詩中各録一首:

> 今我有三子,欲謀分置之。庶幾一子在,可以收我屍。老妻已咽絕,三子皆號悲。生離過死別,不如還相隨。
>
> 寂寞空山裏,黄昏百怪新。鬼沿深澗哭,狐出壞牆頻。小雨俄成霰,孤燈不及晨。開門謝魑魅,我是太平人。

左緯與吕本中的同爲組詩,同爲五言離亂詩,具有可比性,細加推求,風味立判;他的《會侄譽》五古,則與汪藻的寄侄五律,對象同屬侄子身份。左緯在此詩中慶幸左譽侄亂後團聚,"死者不爲怪,生者反異常"的深沉感慨,"庭梧露踏碧,砌菊風催黄"的景物烘托,乃至"與子歸何處,相看兩茫茫"的結尾,均絕少藻飾而情景逼真。即使結句也可能受到杜甫《贈衛八處士》末尾"明日隔山嶽,世事兩茫茫"的影響,但此首本是杜集中以白描見長的名篇,且其四句一意、極富頓挫之妙的寫法,還是與左詩不能混同的。要之,左緯詩忌用事,貴白描,吐屬自然平易,色澤清淡簡約,這些作派已預先透出南宋"晚唐體"的一些信息。

"晚唐體"一語幾乎成了《錢鍾書手稿集》的"關鍵字",使用頻率甚高。開卷第一頁即云:"魏野《東觀集》乃晚唐體之俚獷者。《贈三門漕運錢舍人》云:'我拙宜名野,君廉恨姓錢。'豈非上門罵人耶?"竟謂"錢"姓者必貪,難怪姓"錢"的錢先生格外刺目,開筆即予駁正。卷一第二十則云:"王琮(宗玉)《雅林小稿》,向在《南宋六十家集》中見之,雖淺薄,尚有清真處,晚唐體也。"卷一第二十二則云:"嚴粲(坦叔)《華谷集》(按,皆出《中興群公吟稿》戊集卷七),《居易録》斥爲'氣格卑下,晚唐之靡者',亦晚唐體也。淺薄無足觀,尚在滄浪之下。"同卷同則云:"樂雷發(聲遠)《雪磯叢稿》筆力健放,不拘拘於晚唐體。七言歌行尤排奡,七絕次之,律詩俚滑。"卷二第五○九則云:"董嗣杲《廬山集》五卷,《英溪集》一卷,亦江湖派,尖薄而未新警。"等等。從中看出,"晚唐體"既有"清真""新警"等長處,又存在"俚獷""淺薄""尖薄",缺乏"健放"等弱點。卷一第二十二則云:"俞德鄰(宗太)《佩韋齋集》,南宋小家皆不學,此獨有書卷氣,故不淺薄,工於組織對仗,七古亦沉着頓拙。"未明言"晚唐體",實正指出"晚唐體"因"不學"而無"書卷氣",大率"淺薄"而少沉鬱頓挫的杜詩風範。南宋晚期活躍於詩壇的是一大群小家,未出現大詩人,評論資料也相對較少。《手稿集》中關於"晚唐體"的大量論述,如能歸納整理並予以條理化,對深入認識這一群體必有啓示作用。

　　錢先生説過,"我有興趣的是具體的文藝鑒賞和評判",而使用的主要方法是"打通",從不同典籍中搜集大量資料加以别擇、排比、綜合和分析,以此作出對文學作品的具體"鑒賞和評判"。《手稿集》中有兩處對左緯詩句的評析,亦見功力,也反映左詩接近"晚唐體"的徵象。一是對左緯《招友人飲》中"一别又經無數日,百年能得幾多時"一聯,《手稿集》説:"按,義山《寓目》云:'此生真遠客,幾别即衰翁。'魏仲先《東觀集》卷六《寄唐異山人》云:'能消幾度别,便是一生休。'《荊溪林下偶談》卷一謂陳了翁喜此聯,因舉魏野詩,又戴叔倫《寄朱山人》云:'此别又萬里,少年能幾時。'杜荀鶴《送人游江南》云:'能禁幾度别,即到白頭時。'"這一離别常規感歎,寫得微婉不逼,情濃於詞。值得注意的,用以比照的詩人爲戴叔倫、杜荀鶴等,均是晚唐人;而魏野(仲先)更是宋初晚唐體的代表作家,劉克莊在《江西詩派序》中就説他"規規晚唐格調,寸步不敢走作"。順便説明,晚唐體作家也並不完全排斥"資書以爲詩"、化用前人詩句的,錢先生也在《宋詩選注序》中提到,"反對江西派的'四靈'竟傳染著同樣的毛病"。關鍵還在審美趣向與藝術境界的不同特徵上。二是對左緯的一聯斷句"禽巢先覺曉,蟻穴未知霜",詩題爲《落葉》,全篇已佚。《手稿集》説:"按,此本唐人劉(義)[乂]《落葉》詩:'返蟻難尋穴,歸禽易見窠。'《漁隱叢話》前集卷五五所謂'謎子'者也。《桐江集》卷三《跋尤冰寮詩》極稱其《落葉》之'蟻返愁尋穴,鴉歸喜見巢',何虛谷之眼謾耶!《江湖後集》卷三周端臣《落葉》'歸巢便覺棲禽冷,覓穴空教返蟻迷',自此化出。"葉落樹枝疏稀,故巢禽易知天明;落葉堆砌樹根,歸蟻難尋蟻洞,也不易見霜。詩句構思小巧可喜,然格局不大,讀者一猜便知爲咏落葉,故《漁隱叢話》謂之"謎子",《詩人玉屑》卷三稱爲"影略句法"。尤冰寮、周端臣均爲江湖詩人,性相近詩相類,亦非偶然。

　　除前所分析的《避賊》《避寇》組詩外,這兩聯左緯詩句,也同樣呈現出與"晚唐體"接近的痕迹。

　　對宋詩體派的嬗變過程,錢先生雖無專文論述,但把散見各處的文字"捉置一處",已然勾勒出大致而確定的圖景。僅從《宋詩選注》而言,宋代前期以後的詩風變化，其主要軌迹是：

（一）賀鑄小傳："在當時不屬'蘇門'而也不入江西派的詩人裏，他跟唐庚算得藝術造詣最高的兩位。"則賀鑄生活時期，詩壇存在"蘇門"與"江西"兩派。

（二）汪藻小傳："北宋末南宋初的詩壇差不多是黃庭堅的世界，蘇軾的兒子蘇過以外，像孫覿、葉夢得等不捲入江西派的風氣裏而傾向於蘇軾的名家，寥寥可數，汪藻是其中最出色的。"則北南宋之交，學蘇者爲數甚少，江西詩派雄踞壇坫。

（三）楊萬里小傳："從楊萬里起，宋詩就劃分江西體和晚唐體兩派。"這是一個很創辟的判斷，在以後的作者小傳中不斷予以回應。如陳造小傳："自從楊萬里以後，一般詩人都想擺脫江西派的影響，陳造和敖陶孫兩人是顯著的例外。"裘萬頃小傳："其實南宋從楊萬里開始，許多江西籍貫的詩人都要從江西派的影響裏挣扎出來，裘萬頃也是一個。"

（四）徐璣小傳："經過葉適的鼓吹，有了'四靈'的榜樣，江湖派或者'唐體'風行一時，大大削弱了江西派或者'派家'的勢力，幾乎奪取了它的地位。"還指出這種詩風是"從潘檉開始"，"而在'四靈'的作品裏充分表現"，由"四靈""開創了所謂'江湖派'"。

（五）劉克莊小傳：在江湖派大占上風之際，也有調和"江西"、"江湖"的傾向，突出的例子恰恰是江湖派的最大詩人劉克莊。他"最初深受'四靈'的影響"，"後來他覺得江西派'資書以爲詩失之腐'，而晚唐體'捐書以爲詩失之野'"，於是在晚唐體中大掉書袋，填嵌典故，組織對偶，被方回調侃爲"飽滿'四靈'"。

這是錢先生給出的宋詩體派發展圖。在這幅線條稍粗、輪廓分明的圖景中，左緯處在汪藻與楊萬里之間，也就是説，在蘇黃詩風盛行之際而晚唐體興起以前。左緯卻"能夠擺脫蘇軾、黃庭堅的籠罩"，"還能夠不摹仿杜甫"，"異乎當時蘇黃流派，已開南宋人之晚唐體"，正好起到承前啓後的過渡作用。這是錢先生入選左緯的真正主旨，甚至在左緯小傳的文字上也是與汪藻、楊萬里兩篇小傳上下銜接、一氣呵成的。而體現這種過渡性質的作品，主要即是《避賊》《避寇》兩組組詩，這在小傳中也曾强調過。而這兩組組詩因"違礙"不得不删，牽一髮而動全身，左緯一家的入選也失去了根據，小傳原稿幾無一字可留，左緯其人其詩均從《宋詩選注》消失，實屬不可避免。但也使《宋詩選注》潛在的環環相扣的詩史鏈條，受損中斷，頗爲憾恨。

# 三

　　《錢鍾書手稿集》是一座蘊藏豐富而又頗難進入的學術寶庫，問世後相關研究成果尚不多見。其實探討不少問題時是繞它不過去的。僅就其論及南宋別集而言，數以幾百家計，在目前對南宋詩歌研究薄弱的情況下，更應引起關注。其論左緯一則，大致可分三個部分：首論左緯詩的總體評價，選録《避賊書事》第三、五、十和《避寇即事》第九、十，並評及第二首，合計六首，爲左緯現存詩歌的十分之一，足見選詩的重點所在；次對《春日曉望》《送許左丞》兩詩作文獻考辨，或校勘字句異同，或辨別詩體之誤；末對左詩之兩聯，就其句意或意象與前人或後人相似或相類之處，進行對勘、比較。内容豐富，高度濃縮，新意迭出。

　　除了前面已引證者外，兹就其文獻考辨成果再作簡述。左緯《送許左丞至白沙爲舟人所誤》詩：“短棹無尋處，嚴城欲閉門。水邊人獨自，沙上月黄昏。老別難禁淚，空歸易斷魂。豈知今夜夢，先過白沙村。”錢先生指出：“按，《詩人玉屑》卷十九黄玉林引前四句，《宋詩紀事》遂誤爲五絶矣。”這個把五律當成五絶的錯誤，一直延續到今天不少宋詩選本（我所看到的至少有兩種）。許左丞，即許景淵，他答和左緯的《次經臣見寄之韻》（《全宋詩》卷一三五五）云：“召節來金闕，扁舟望石門。家山秋渺渺，煙水暮昏昏。竟失臨分語，徒傷遠別魂。殷勤謝池月，相對宿江村。”嚴格依照原唱韻字，證明確爲五律。《宋詩選注》雖然删去左緯，但錢先生後在《管錐編》中又提及此詩，尤對“水邊”一聯之佳勝予以好評。《管錐編》第一册第79頁講到《毛詩正義·燕燕》“瞻望勿及，佇立以泣”的“送別情境”時，認爲左緯“水邊”一聯，比之蘇軾、張先、梅堯臣、王安石詩詞之明言“不見”“唯見”“隨去”之“説破着迹”來，“庶幾後來居上”。但這一對勘的可比性容或尚可討論：左緯此詩是寫追送不及，“竟失臨分語”（一本“語”作“約”），因而客去後在“水邊”獨自徘徊不忍離去，蘇軾、張先等人則寫當面話別後而放目遠望，兩者的情景是有差別的。

　　另一處對《宋詩紀事》的質疑，則需斟酌。《手稿集》説：“黄裳序：‘自言每以意、理、趣觀古今詩。’按，《宋詩紀事》卷四十謂裳此序引經世《招友》句云云，誤也，僅引經世此語耳。”查《宋詩紀事》卷四十，在採録左緯斷句“一別又經無數日，百年能得幾多時”後，加注云：“《赤城集》：《委羽居士集·黄裳序》政和癸巳陳瓘跋，稱其《招友》句云。”黄裳的《委羽居士集序》引及左緯語者確僅"自言每以意、理、趣觀古今詩"一句,但林表民所編《赤城集》卷一七,在收録黃裳序後,還有四篇跋文,其中兩篇即爲陳瓘所作:一作於政和癸巳,一作於政和乙未,而稱贊左緯《招友》句(即《招友人飲》"一别又經無數日"一聯)即在後一篇政和乙未的跋文中:

> 余抵丹丘之三年(按,指政和癸巳,1113),左經臣攜黃公《序》見訪,嘗爲跋其後。今又兩年矣(按,指政和乙未,1115),復持以相示。余讀經臣詩編,有《招友人》之句云"一别(人)[又]經無數日,百年能得幾多時",非特詞意清逸可玩味也,老於世幻,逝景迅速,讀此二語,能無警乎?《序》所謂"使人意虚而志遠",非溢言也。政和乙未三月二十八日延平陳瓘題。

據此,《宋詩紀事》所注除把"乙未"誤作"癸巳"外,尚無大錯,但今本標點常出問題,或將此句標點爲:
《赤城集》:《委羽居士集·黃裳序》:"政和癸巳陳瓘跋,稱其《招友》句云。"把"政和癸巳"兩句當作黃裳序中之語,那就不對了。今擬標校爲:

> 《赤城集》:《委羽居士集·黃裳序》政和(癸巳)[乙未]陳瓘跋,稱其《招友》句云。

《手稿集》又對左緯《春日曉望》詩作了文字校勘,尤其是指出詩中"斜陽"與詩題"曉望"不合,元陳世隆所編《宋詩拾遺》卷二〇録此詩題作"晚望",義勝可採。但《宋詩拾遺》卻把作者標爲"孟大武"。錢先生順手指出:"《拾遺》所著作者姓名多不可信,如以王績無功爲宋人王闐是也。"事見該書卷一六,把王績的名篇《在京師故園見鄉人問訊》的主名弄錯了。具見錢先生日常閱讀時目光如炬、燭照無隱的情景。
面對這部罕見的大書,我們的第一步工作是"照着説",即努力認識和整理其具體內容,然後才能試着"接着説",與之對話和討論,把研究工作推進一步。
附録:

《錢鍾書手稿集》卷一第二八六則論左緯
左緯《委羽居士集》一卷。王棻輯,亦《台州叢書後集》本。不矜氣格,不逞書卷,異乎當時蘇黃流派,已開南宋人之晚唐體,佳者清疏婉摯,劣處則窘薄耳。黃裳序:"自言每以意、理、趣觀古今詩。"按,《宋詩紀事》卷四十謂裳此序引經臣《招友》句云云,誤也,僅引經臣此語耳。

《避賊書事》:"懷寶恐吾累,蔽形何可遺。囊衣入山谷,勢急還棄之。及到出山日,秋風吹樹枝。免爲刀兵鬼,凍死宜無辭。"(三)"搜山輒縱火,躃迹皆操刀。小兒飢火逼,掩口俾勿號。勿號可禁止,飢火彌煎熬。吾人固有命,困僕猶能逃。"(五)"今我有三子,欲謀分置之。庶幾一子在,可以收我屍。老妻已咽絕,三子皆號悲。生離過死別,不如還相隨。"(十)

《半山庵》:"杉高方見直,石怪不成粗。"

《避寇即事》:"寂寞空山裏,黃昏百怪新。鬼沿深澗哭,狐出壞牆嚬。小雨俄成霰,孤燈不及晨。開門謝魑魅,我是太平人。"(九)"借問今何所,空山號白龍。秋聲淒萬竅,雪意黯千峰。俯首燒殘葉,披衣聽斷鐘。生涯都付賊,只有一萍蹤。"(十)見第二首當是建炎元年八月陳通兵變。

《春日曉望》:"屋角風微煙霧霏,柳絲無力杏花肥。朦朧數點斜陽裏,應是呢喃燕子飛。"按,"斜陽"與"曉望"語不合,《宋詩紀事補遺》卷四十六引此作孟大武詩,"曉"作"晚","飛"作"歸",皆勝此本,蓋採之《宋詩拾遺》。《拾遺》所著作者姓名多不可信,如以王績無功爲宋人王闈是也。

《送許左丞至白沙爲舟人所誤》:"短棹無尋處,嚴城欲閉門。水邊人獨自,沙上月黃昏。老別難禁淚,空歸易斷魂。豈知今夜夢,先過白沙村。"按,《詩人玉屑》卷十九黃玉林引前四句,《宋詩紀事》遂誤爲五絕矣。"水邊"一聯可繼陰鏗《江津送劉光禄不及》云:"泊處空餘鳥,離亭已散人。"《永樂大典》一萬四千三百八十"寄"字引《赤城左氏集》全同,題多"以詩寄之"四字。

《招友人飲》:"入門相見喜還悲,不免樽前細問之。一別又經無數日,百年能得幾多時。後生衮衮皆成事,吾輩棲棲亦可疑。日暮東風吹鬢髮,拍床嗔道酒行遲。"按,義山《寓目》云:"此生真遠客,幾別即衰翁。"魏仲先《東觀集》卷六《寄唐異山人》云:"能消幾度別,便是一生休。"《荊溪林下偶談》卷一謂陳了翁喜此聯,因舉魏野詩,又戴叔倫《寄朱山人》云:"此別又萬里,少年能幾時。"杜荀鶴《送人游江南》云："能禁幾度別，即到白頭時。"

《送別》："騎馬出門三月暮，楊花無賴雪漫天。客情唯有夜難過，宿處先尋無杜鵑。"

句："怪巖摩足力，空谷答人聲。"（《靈巖》）"禽巢先覺曉，蟻穴未知霜。"（《落葉》）按，此本唐人劉（義）［叉］《落葉》詩："返蟻難尋穴，歸禽易見窠。"《漁隱叢話》前集卷五十五所謂"謎子"者也。《桐江集》卷三《跋尤冰寮詩》極稱其《落葉》之"蟻返愁尋穴，鴉歸喜見巢"，何虛谷之眼謾耶！《江湖後集》卷三周端臣《落葉》云："歸巢便覺棲禽冷，覓穴空教返蟻迷。"自此化出。唐時升《三易集》卷五《和沈石田先生咏落花》詩之十三："巡簷游蟻迷新穴，遠樹歸禽識舊巢。"

原載於《文學遺產》2005 年第 3 期

（王水照，復旦大學文科特聘資深教授）

# 儒家與儒家經典①

## 安平秋

這裏主要講兩個問題，第一是儒家、儒學及其歷史；第二是歷代儒家要籍，也就是主要的典籍。

## 一、儒家、儒學及其歷史

### （一）儒家與儒學

我們今天講儒家和儒學，常把它列爲歷史上影響中國思想文化的儒、釋、道這三家重要的古代思想意識裏面的一個，甚至在這三家裏面，儒家的影響更大、更深、也更廣。但是在先秦時期，儒家僅僅是諸子百家裏面的一家。

到了漢朝初年，《史記》的作者司馬遷的父親司馬談寫了一篇《論六家要指》，把儒家列爲這六家裏面的一家。這六家是：陰陽家、儒家、墨家、名家、法家、道德家。六家裏面一家是儒家。司馬談在《論六家要指》裏，對儒家有個評價，他説：“夫儒者以六藝爲法。六藝經傳以千萬數，累世不能通其學，當年不能究其禮。”也就是説，儒家的内容是六藝。六藝的經傳有千萬數，數量非常大，成千上萬，一輩子也不能把它的内容搞清楚，“故曰‘博而寡要，勞而少功’”。它的缺點是廣博但是缺少要點。去學它，去做它，很辛苦但是很少見功效。後面接着説：“若夫列君臣父子之

---

① 這是安平秋於 2018 年 1 月 10 日在國家圖書館、北京大學《儒藏》編纂與研究中心、孔子博物館共同舉辦的“孔子·儒學·儒藏——儒家思想與儒家經典名家系列講座”中一講的録音記録稿。原講題爲《儒家經典與〈儒藏〉編纂》，現删去《儒藏》編纂”部分，改爲今題，正文内容略有改動。

禮,序夫婦長幼之別,雖百家弗能易也。"(以上引文見《史記·太史公自序》)這後兩句,已經顯示出儒家對社會秩序、對家庭倫理所起的千古不能改易的作用,那就是穩定社會和家庭的秩序。所以,到了漢武帝中後期才要"獨尊儒術",那是社會和政治的需要。

到了西漢宣帝的時候,宣帝提出了一個不同的看法,他説:"漢家自有制度,本以霸王道雜之,奈何純任德教、用周政乎!"(《漢書·元帝紀》)爲什麼非要只用德教、周政呢? 我們本來是以霸王道雜之的。這是到了宣帝的時候,宣帝是這個看法。這就是説,在漢朝初年漢高帝劉邦的時候,並不純用儒學。大家看《史記》《漢書》,都知道,酈食其要去見劉邦,別人勸他,説你別見他,他不喜歡儒生。傳説他見了儒生,把人家帽子摘下來往裏尿尿,這也看出劉邦的流氓氣,但是也看出劉邦對儒家、儒生並不尊重。從漢宣帝這句話能夠看出,他指的是漢朝初年漢高帝劉邦並不純用儒學,而漢宣帝本人也不純信儒學。也就是説,儘管在漢武帝的時候獨尊儒術了,在後來也還有一個過程。隨着歷史的發展,儒家和儒家學説才越來越爲統治階級所重視。這個發展過程,我們下面會有一個簡略的梳理。

我們今天講的儒家,就是指由孔子所開創的這個學派。後來的許多儒家代表人物和各家各個學派的代表人物都公認孔子的作用。像韓非子,他説:"儒之所至,孔丘也。"(《顯學》)最大的儒,到了極點的,就是孔丘。東漢高誘在《淮南子·要略》篇的注釋裏面也説:"儒,孔子道也。"這是孔子的學問。劉歆的《七略》更是説:"儒家者流……游文於六經之中,留意於仁義之際,祖述堯舜,憲章文武,宗師仲尼,以重其言。"宗師仲尼,是孔子。這個話裏還有一個地方值得我們留意,就是"憲章文武"。剛才我們在講漢宣帝講的:"奈何純任德教、用周政乎?"這裏的"憲章文武",指周文王、周武王。儒家的主張裏面吸收了很多周朝的政教。所以這裏説的"憲章文武"和"奈何純任德教、用周政乎"是相呼應的。這些都表述出來,儒家的代表人物是孔丘。所以我們可以説,所謂儒家,就是信仰、尊崇並且繼承發揚孔子之道的學術流派,這是儒家。儒學就是專門闡發、解釋孔子之道的學術思想。這是第一個問題,儒家與儒學。

## (二) 儒學的特徵

儒學的第一個特徵,最主要特徵,是倫理本位,對社會倫理關係的界定。儒家所提倡的,是涵蓋了家庭、社會、政治三個方面的倫理思想,它提倡的是關於君臣、父子、夫妻、長幼、朋友這五倫的順序,提倡仁義忠孝信這些道德規範,以及踐履道德所經由的途徑(通過禮來做)和方法(智)。儒家的這種倫理思想和道德規範,正好適應了中國的社會需要,適應了中國這種農業社會的家庭、家族的需要,也適應了皇權政治制度的需要。所以儒家思想就變成了是自下而上從家庭到中央,又是自上而下從中央到家庭,這樣一種全社會的認同和信奉,這是儒家思想被人稱道的地方,也是儒家思想流傳下來的根本原因。也就是說,它既有國家的意識形態的性質,又具有全民公約的特徵,對於整合傳統社會、穩定社會秩序發揮了它的推動的、積極的作用。這是它第一個特徵。

第二個特徵是它重視文獻。剛才說,儒家的出現和孔子有關。孔子本人熟悉古代的典籍,在後世儒家眼裏,孔子是整理文獻的一位大師。所以儒家的人,後來跟着孔子一代一代傳下來的儒家,都有一個特點,就是重視文獻、重視知識。在歷史上最有代表性的一些儒家學者,往往是最重視文獻也最博學的。像我們後面要提到的,漢代的鄭玄,宋代的朱熹,清代的顧炎武、戴震都是。這是第二個特徵,重視文獻。

第三個特徵是重視教育。孔子之前,中國社會是學在官府。到了孔子,化官學爲私學,有教無類,因材施教,弟子有三千人之多,而他最喜歡的、有名的弟子有七十二人。也就是說,儒家和儒家的創始人孔子,他把官學擴大到私學。不止有官學,私人也辦學,而且辦得很紅火。孔子去世以後,他的學生子夏教於西河,給魏文侯做老師。孔子所提倡的六藝,也由他的弟子傳習下來,一直到孟子、荀子,也都有很多弟子。到了漢代,傳經的人就更多了。儒家思想,一方面是出於對人類傳統的一種保護,來重視教育,另一方面也是出於它自身學術發展的需要。儒家在歷史上長盛不衰,也和它重視教育、重視一代一代的傳承有關係。有的學派不是這樣。

第四個特徵是入世的精神,尤其是關心民間的疾苦,積極地參與政治。說它有入世的精神,是相對佛、道而言。儒家思想,在儒、釋、道三家裏相比,它更有入世的精神。從本質上說,儒家是積極入世的,還不是一般的入世,它主張積極參與社會的思想、活動。所以儒家提倡的是修齊治平,也就是修身、齊家、治國、平天下這樣的一個理念,這是它入世精神的一個集中的概括。而且儒家也不追求來世,也不相信神靈,爲學由己,成德由己,就是你做學問要靠自己,學習靠自己,人品道德也要靠自己努力。而且是它強調人能弘道,非道弘人,人去弘這個道。主張修己安人,修己安百姓,所以後來范仲淹講的"先天下之憂而憂,後天下之樂而樂",也是這個儒家入世精神的一種反映。這是它第四個特徵,入世的精神。這是第二個問題,儒家、儒學的特徵。

## (三) 儒學的分期

儒學的分期,學術界有些不同看法。我們把它分成四個階段來做一個簡單的敘述。

第一階段是先秦漢初的儒學。

司馬遷在《史記·儒林列傳》裏面講到儒學興起的一個簡單的發展歷史,主要的意思是說:西周末期,禮崩樂壞,周王室衰微,權力由強國來把持。所以這時候孔子興起,歎息"王路廢而邪道興",於是就論次《詩》、《書》,修起禮樂,游說各國。但是,各國全不聽這套。那個時候春秋戰國時期,誰聽你的,孔子這套不管用。於是孔子又根據各國史記而作《春秋》,以當一王之法,就是孔子的用意,你不聽我的,我作《春秋》,來當一王之法。孔子死了以後,他的學生散在各國,有的做了諸侯的老師,有的做了卿相,或者和士大夫爲友,或者也有些是隱居了的。戰國時期,天下紛爭,儒術廢而不用,但是在齊魯之間(孔子是今天說的山東曲阜人)仍然是講習儒學,甚至出現了孟子、荀子這樣的大儒。

秦末陳涉起義,那個時候還有魯國人拿着孔子的禮器去投奔陳涉,意思是反對秦始皇焚書坑儒,用今天的話說,我們山東人擁護你陳涉起來反秦始皇。到了漢高帝劉邦打敗了項羽,兵圍魯國的時候,魯國的儒生仍然是誦讀儒家經典。司馬遷就表彰齊魯這個地方的人、這個地域的文化,他認爲齊魯之人對於文學的熱愛是發自天性的。其後到了漢興,漢朝初年,齊魯的儒生就更是講經習禮。所以司馬遷講他到齊魯(今天的山東)去見到的情況,很有感觸。那個時候叔孫通給朝廷製作了禮儀,他的弟子們逐漸地興起。但是在漢高祖的時候,因爲是漢朝初年,天下剛剛平定,到了漢惠帝劉盈、呂后主政時期也還沒有緩過勁兒來。文景時期也不喜歡儒術,到了武帝即位,這才開始了召賢良方正文學之士,這時候六藝的學者從齊魯一帶紛紛興起。

所以在漢朝初年,從漢高帝劉邦不信儒,到漢惠帝劉盈、呂后,再到漢文帝、漢景帝,對儒家思想都不是那麼抬舉。到武帝時期才開始重視。但是這中間因爲竇太后愛好黃老之學,不愛好儒學,有一段時間,儒學的興起就受到一些阻礙。竇太后死了以後,武安侯田蚡做了丞相,延攬文學儒者幾百人,開始重視儒。公孫弘因爲是習《春秋》官至三公,封爲平津侯

（按：《史記》裏面有《平津侯主父列傳》）。在公孫弘的建議下，建立起一套通過學習儒學來給國家培養官吏的制度。由此，才儒學大興。這已經是漢武帝中後期了。這是儒學分期的第一期，先秦漢初的儒學。

第二階段是漢武帝獨尊儒術以後一直到唐代的儒學，這算是一個階段。

漢武帝時期，儒學發生了一個重大的轉變。建元元年（前140）的時候，詔賢良方正，不用法家、縱橫家之言。建元五年（前136），立了五經博士。元光元年（前134），董仲舒對策。所以武帝就根據董仲舒的建議，罷黜百家，獨尊儒術。從此，儒家由諸子之一上升到官方的意識形態，從而確立了儒學和儒家經典的權威地位。這是到了元光元年之後出現的情況。

從漢武帝到東漢末年，這個時期關於經書的爭論出現了個新問題，就是今古文之爭。漢代初年，這些博士們用來教授的經書是用當時通行的文字（也就是隸書）來寫的。後來又從孔子家的牆壁裏發現了一批書，民間也流傳出一批書，這些是用另外一種文字寫的，就是所謂"古文"。據王國維的考證，就是戰國時期東方六國的文字。它和隸書不同，這樣就分了今文和古文的不同。雖然都是經書，古文經的內容往往多於今文經，這樣對古文經進行系統解說的經師逐漸就在民間興起。今古文這種差異一開始只是文字上的，後來隨着古文經說的逐漸系統化（因爲一開始出來是一部分，後來逐漸地增多，後來又把它系統化了），不可避免地古文經和今文經就變成了兩個對立面，再進一步就是古文經要爭奪今文經的正統地位。劉歆有一篇《移讓太常博士書》是這場鬥爭的一個凸顯點。

儘管我們說有這樣一場爭論，但是在整個漢朝，只有西漢平帝和東漢光武帝時期有些古文經短暫地立於學官，都屬於曇花一現。但是古文經學在東漢已經呈現出一種上升的趨勢。接着，因爲這種趨勢，很多經師（研究儒學經典的人）就兼習今古，既研究今文又研究古文，所以博通多經，出現了不少通儒，像賈逵、馬融、許慎、鄭玄，都是這時候出現的。到了東漢末年，鄭玄遍注群經，調和今古，把今古文、各經書系統化成了一個整體。今文經學在東漢有何休給《公羊》作的注，這個成爲後來清代常州學派興起的一個伏筆。這是在從漢武帝到東漢末年。

魏晉時期，戰亂頻仍，加上玄談的興起，貫通群經的大儒就比較少見。這個時期出現了幾部著名的經注（給經作注的），像我們今天能夠看到的何晏的《論語集解》，選擇了漢儒的說法，算是對《論語》漢代注釋的一個總結；而王弼、韓康伯的《周易注》，杜預的《春秋經傳集解》也是一掃先儒舊説，且都另作了《釋例》，這也標誌着學風的一種轉變。也就是説在魏晉時期雖然没有明顯的大儒出現，但是學風上已經醞釀着轉變。

到了南北朝時期，由於戰亂的原因，經學衰微了。但從北魏太和年間，盛修文教，朝廷裏面博學大儒越來越多了，算是普遍衰落中的一個亮點。因爲是南北朝，南北治學有些不同，《隋書》裏面《儒林列傳》講，"南人約簡"，"約簡"就是簡約；"得其英華"，就是得其精華。"北學深蕪，窮其枝葉"，北方學術比較深奧繁瑣，重視細節。這南北的不同，我覺得還是很有些道理。這一時期的經學著作又多了一個"義疏體"，就是取某一經某一家的注作爲本，對經、注進行疏解，形成一個比較完善的經學學説體系。

到隋朝，隋文帝、隋煬帝都曾經獎掖儒學，尤其是隋煬帝的時候，劉焯、劉炫作群經義疏，爲海内所宗仰。到了唐代初年，就有了《五經正義》之作。《五經正義》作爲官方科舉取士的教科書，對唐以前駁雜的經説進行評説，定經於一尊。《五經正義》、賈公彦的《周禮疏》和《儀禮疏》、楊士勳的《穀梁疏》、徐彦的《公羊疏》，合稱爲"九經疏義"。大家留意，就這個時候，從唐朝初年有《五經正義》，這個五經就是《書》《詩》《春秋》《易》《禮記》，從這五經，接着剛才説的，增加了賈公彦的兩種、楊士勳的、徐彦的，這樣合稱"九經疏義"。從《五經正義》到"九經疏義"，這有一個過程。這是對南北朝義疏學的一次大總結，可以和漢代經學合稱爲"漢唐經注之學"。

和後來興起的宋明理學相比，漢唐的經學注重的是文字訓詁、名物制度，也就是對文字的解釋，對句意的疏通，對名物制度的疏通解釋。特別是尊鄭學，以禮制解經的特點比較明顯。這是第二個時期，從漢武帝獨尊儒術以後到唐代。

第三階段是宋明新儒學。

唐代中期，儒學悄悄地出現了轉型。原因一方面是出於對外來佛教的排斥和對抗，所以就提倡復興儒學，並嘗試構建了道統。文化上的、學術上的許多需要都和社會有關係，歷朝歷代都是這樣。其實發展到近現代，我們仔細想，仍然是這樣的問題。剛講到唐代中期，就是排斥外來的佛教，拿出我們自己的東西來。儒學就拿出來了。後世又何嘗不是如此？所以有許多事要看透。所以儒學内部開始尋求建立自己的義理的體系，就不僅僅是解釋文字、訓詁、制度，要講求儒學的義理，所以當時韓愈的

《原道》，首倡要復興儒學，並且嘗試構建了道統。李翺的《復性書》試圖重建儒家的心性理論。這是在唐代。

延續到宋代，周敦頤、二程、張載、朱熹，一般把他們稱作是"濂洛關閩"。所謂"濂"，是指北宋周敦頤這個學派，叫濂溪學派，周敦頤叫濂溪先生。因爲他是今天湖南道縣濂溪那裏的人，所以他這個學派叫濂溪學派。"洛"是洛陽。因爲二程(程顥、程頤)是在洛陽講學，所以把它稱作洛學。張載是關內人，陝西人，陝西在函谷關以西，過去曾以長安爲中心，陝西就稱爲關內，所以稱爲關學。朱熹後來講學於福建，他這個學派稱作閩學。到了宋代，周敦頤、二程、張載、朱熹合稱的"濂洛關閩"就着力於發掘、闡釋儒家經典裏面的本體論、心性論、功夫論。所以這個宋明理學的產生有它的時代背景，有它的社會基礎。

這時候主要做了兩方面的工作，一個是對經典裏面的義理色彩較重的部分進行重點解說，闡明並構建了儒家本有的但是並未彰顯的哲學體系。本來有，但並不是它最突出的特色，現在因爲需要給它發掘出來、彰顯出來。像《周易》的《繫辭》，《禮記》裏面的《大學》《中庸》《樂記》這些篇，《論語》《孟子》這兩種書，都做了重點解說，目的就是發掘它們的義理內容。這是一項工作。

第二項工作是以這個義理體系爲指導原則，遍注群經。也就是光這個還不行，還要發展，要擴大，把群經都注。怎麼注呢？就是用這個義理之學、義理觀點來注。所以這可稱爲是"經典的理學化"的一個過程。這兩項工作，到朱熹是集大成，建立起了理學的體系。所以說是濂洛關閩，因爲到閩，到朱熹，集大成，形成了理學的基本框架。這個體系最核心的觀念就是"天理"，天理既有本體論的意義，更重要的包含了價值判斷，並且發展出一套可以逐漸用功的修持的方法，就是所謂功夫論。朱熹把《禮記》裏面的《大學》《中庸》兩篇和《論語》《孟子》合在一起稱爲"四書"。我們說的《四書五經》的《四書》，就是從這開始的。朱熹梳理、揀擇了歷代的注釋主要是北宋以來諸儒的闡釋，加以注解，因爲光有這四部書正文還不行，朱熹要加上他自己的注釋，這樣就形成了《四書章句集注》，這是體現了宋代理學的新經典。

另外必須說一下的是和朱熹同時的陸九淵所創立的心學體系。"心理"的"心"。心學體系的根本概念是"本心"，根本命題是"宇宙便是吾心，吾心即是宇宙""心即理"，重點講的是心體無限，包容萬物，又包含着理。爲學，做學問，只在於"發明本心"，自信堅篤，"先立乎其大者"。陸九淵的心學體系和朱熹的理學體系，主要差別就集中在爲學的方法上，兩個人曾經有一次著名的辯論，這個辯論稱作"鵝湖之會"，或者"鵝湖之辯"，誰都沒有說服誰。一般認爲雙方重要的分歧是在所謂的功夫論上。這是在宋代。

到了明代，以朱熹爲代表的理學體系，地位上升了，被確認爲官方的意識形態，明朝初年官方編纂的《四書大全》，你從名字就看出來，是對朱熹的肯定。《四書大全》《五經大全》《性理大全書》彙編了宋元學者對經典所進行的各種理學化的闡釋，《四書》和經書大多數是用的朱熹及其弟子們的注，這樣尊朱的傾向就比較明顯。明代初年的學者像曹端、胡居仁也都是這樣一批尊朱的學者。從陳獻章開始，朱子學開始向心學轉折，到王陽明心學就興盛了。王陽明的心學主要表現在"心外無理、心外無物、知行合一、致良知"這樣幾個命題裏。陽明學在明代的興盛，導致了崇尚虛談，不重實證，傳統的經學就逐漸衰微下來，這是第三個階段，宋明的新儒學，很突出的代表人物就是朱熹、王陽明。

第四個階段，是清代的考據學。

清朝初年，因爲宋明理學發展到王陽明的心學，崇尚空談，剛才我們提到的"空談性理"這樣一種學風，學界就出現了回歸朱子學的潮流。從王陽明再回到朱熹。因爲從朱熹到王陽明有個過渡，從理學到心學這樣一個變化。所以清初不滿於這種狀態，在朝野共同推動下，以朱熹爲代表的宋代理學又成爲當時的顯學。朱子一系的經書經康、雍、乾三朝官方的編纂，取代了明代修的《四書五經大全》，成爲新的科舉考試用書。當時武英殿刊刻的"十三經注疏""二十一史"，逐漸地拓寬了當時讀書人的視野。於是就開始出現了一股復古之風，崇尚前代，越來越靠前。學者逐漸地不滿意"四書五經"的宋元闡釋系統，進而就探尋漢唐注疏之學的真相，往前走，於是就興起了所謂的漢學。漢學的核心，起初是反宋，反對宋朝的學問，認爲宋人建構的經學解釋存在着重大問題，背離了兩漢儒生的經典原義。

而乾嘉時期的學者，當時又運用了一種新的方法，或者說過去沒有注意的方法，那就是我們今天說的漢語音韻學（用古音，因聲求義），用這種工具和治學方法來研究經學。因爲不滿宋人，就要返回到唐宋的注疏。再後來，發現唐宋的注疏也存在缺陷，又進展到不滿魏晉六朝的注，就要以賈逵、服虔取代杜預的《左傳》注，要以鄭玄幾個人來取代王弼的《周易注》，就紛紛給漢注作新的疏。再往上復古，又發現東漢的古文經學，像鄭玄、馬融、賈逵和西漢的今文經學也有很大差別。西漢流行的《公羊》、《穀梁》、《尚書大傳》、歐陽、大小夏侯《尚書》、三家《詩》，又成爲學術的熱點。可以説，清代的學術幾乎是倒演了中國古代的經學史，往上翻，往上推，往上推崇。

這是我們講的儒學分期的第四個階段。我們的分段就到清代。這是我講的第三個小問題，儒學的分期。

### （四）儒學與經學的關係

我們前面提到，孔子是儒家學派的創始人，經典教育的平民化也是從孔子開始的。而且是在變官學爲私學的過程中，自覺地以文化傳承者爲己任，所謂信而好古，述而不作，孔子是通過傳統的經典教育來對弟子進行規範和塑造的，爲儒家的發展奠定了堅實的基礎。而六經是夏商周三代文明的精華，孔子自覺以傳承六經爲己任，在對傳統經典闡釋的基礎上，創立了儒家學派。可以説，經學是儒學的學術基礎。

儒學的發展，反過來又影響着經學的闡釋理路與方法，進而對經學研究的内容産生了系統的影響。歷代的儒家對儒家經典不同層次、不同方面的詮釋，既深化了經學研究的内容，促成了研究方法的自覺，形成各個時代獨具風貌的經學特徵，同時也爲儒學的發展提供了新的生長點，影響了這一代儒學的發展。比如宋代對《四書》的闡釋和研究，從儒家道統傳承的角度，從《禮記》裏面單獨提出了《大學》《中庸》這兩篇，和《論語》《孟子》並稱爲"四書"，從中建構出了從孔子、曾子、子思子、孟子這樣的道統傳授的譜系，並且進行全面的、系統的闡釋，變成地位更淩駕在五經之上了。因此，我們今天所講的"儒家經典"，應該包括一般意義上的"經學文獻"和"儒學文獻"裏面比較核心的這一部分。

以上是第一個問題，儒家、儒學及其歷史。

## 二、歷代儒家要籍

儒家要籍太多，儒家的著作更多，因爲今天要跟大家介紹，儘量把它説得扼要一點，重點突出一些。我們把它分了四個部分，第一部分講"十三經注疏"系統，第二部分講"四書五經"系統。這是一般認爲兩個常見的、被大家所公認的、讀得最多的、用得也最多的儒家經典。第三是談一下儒家義理的創造性發揮，就是用儒家義理解決具體問題，同時又對儒家義理作出了創造性發揮的一些代表性的要籍。第四是儒家對自身歷史的建構，這涉及《儒林傳》，涉及年譜，涉及學派的淵源録，也涉及學案等等。有這麼四個類别，大概儒家的經典，儒家的要籍，基本上能涵蓋住。如果想知道儒家經典包括哪些方面，再進而在這些方面裏面求得儒家經典哪些書是應該讀的，哪些是必讀的，哪些是最基本的闡述，哪些是從學派上、學理上再進一步的論述，這四個部分也大致能夠區分開，供大家選擇去讀。所以我們分四個部分來介紹。

先來講第一個部分，所謂"經部之一"："十三經注疏"系統。

經部文獻是儒家典籍的核心部分，而這一類文獻的數量相當龐大。《漢書·藝文志》六藝略收 103 家。《隋書·經籍志》收六藝經緯 627 部，5 371 卷，再加上當時已經亡逸的書，合計 950 部，7 290 卷。清代《四庫全書總目》著録的經部書籍，包括存目，達到了 1 773 部，20 427 卷。在這個數量龐大的經部文獻裏面，最基礎最重要的文獻就是"十三經注疏"系統和"四書五經"系統，這兩個系統裏面的著作。

"十三經"是從漢代"五經"基礎上逐漸擴大而形成的儒家核心典籍。西漢所謂"五經"，是指《周易》《尚書》《詩》《春秋》《儀禮》這五部經典。因爲西漢的官學是今文經學，我們前面提到了，所以這五經，也有人把它稱作"今文五經"。後來，《孝經》和《論語》由於和孔子有關係，在劉歆《七略》和《漢書·藝文志》裏面，也把它附於《六藝略》之後。這樣到了東漢，逐漸就有"七經"的説法。唐代修《五經正義》，《周易》用的是魏王弼、晉韓康伯的注，《尚書》是用孔安國的傳（後來有人認爲是假的，所以稱僞孔安國傳），《春秋》是用的《左傳》杜預的注，《詩經》用的是毛亨的《毛詩故訓傳》和鄭玄的箋，《禮》用的是《小戴禮記》鄭玄的注。這樣一來，唐代初年官修的《五經正義》已經打破了漢代五經的傳統，以《小戴禮記》取代了《儀禮》成爲《五經》之一，而《小戴禮記》在漢代原來只是附屬於《禮經》的傳記。唐代的"五經正義"的出現，意味着兩漢以來今古文經學之爭的徹底結束，同時也標誌着統一的經義的出現。這是經學發展的一個必然的結果，就是從西漢的"今文五經"到東漢"今文五經"加上《論語》《孝經》而成"七經"，到唐代"五經正義"裏面是以《小戴禮記》代替了《儀禮》，這樣一個發展。

在這之後，賈公彦、楊士勳分别完成了《周禮疏》《儀禮疏》和《穀梁疏》，連同舊題爲徐彦的《公羊疏》，這是四種了，這樣就有了從唐初的《五經正義》變成了"九經疏義"。"九經"的説法本來在此之前就已經有了，而形成"九經疏義"是在這個時候。之後,唐玄宗兩次注《孝經》,並且讓元行沖作疏,後來成爲宋代邢昺疏的來源。宋朝初年,朝廷命邢昺等人續作《孝經》《論語》《爾雅》等疏,其中《孝經疏》用了李隆基的注,主要取材於元行沖作的疏;《論語》用了何晏的集解,而取材自皇侃的《論語義疏》;《爾雅》用了的東晉郭璞的注,取材自孫炎、高璉的疏。其實早在唐文宗開成二年刻開成石經的時候,本來已經有了"十二經"的説法,這"十二經"是除去剛才提到的"九經疏義"的"九經"之外,加上了《論語》《孝經》《爾雅》。現在"十二經"的疏也寫成了。在宋代,《孟子》升格爲經,這樣就有"十三經"的稱號。南宋時期,舊題爲孫奭撰寫的《孟子注疏》出現了,"十三經注疏"也就湊齊了。從南宋開始刊刻諸經義疏,就是把經、注、疏合在一起,直到明代嘉靖年間的李元陽才正式有整套的《十三經注疏》刻本出現(在李元陽本之前,我們還能看到元刻明修本的《十三經注疏》,像中國國家博物館就有一套,其中《儀禮》用的是南宋楊復的《儀禮圖》,並不是《儀禮注疏》)。我不知道剛才這樣梳理一下是不是講清楚了,這是"十三經"形成的簡單脈絡。

十三經注疏,我們列了一個表格:

| 經 | 注 | 疏 |
| --- | --- | --- |
| 周易 | (魏)王弼 (東晉)韓康伯 | (唐)孔穎達 |
| 尚書 | (題)(西漢)孔安國 | (唐)孔穎達 |
| 詩經 | (西漢)毛亨、(東漢)鄭玄 | (唐)孔穎達 |
| 周禮 | (東漢)鄭玄 | (唐)賈公彥 |
| 儀禮 | (東漢)鄭玄 | (唐)賈公彥 |
| 禮記 | (東漢)鄭玄 | (唐)孔穎達 |
| 春秋左氏傳 | (西晉)杜預 | (唐)孔穎達 |
| 春秋公羊傳 | (東漢)何休 | (題)(唐)徐彥 |
| 春秋穀梁傳 | (東晉)范寧 | (唐)楊士勳 |
| 論語 | (魏)何晏 | (北宋)邢昺 |
| 孝經 | (唐)(玄宗)李隆基 | (北宋)邢昺 |
| 爾雅 | (西晉)郭璞 | (北宋)邢昺 |
| 孟子 | (東漢)趙岐 | (題)(北宋)孫奭 |

這是今天我們談到儒家經典要讀的一個基本内容。我們講"十三經"離不開"注疏",你讀"十三經",指的就是這個内容。唯讀十三經本身,不讀注,不讀疏,很難讀懂。

唐宋時候形成的"十三經注疏",一直到明代刻出來,可以看作是對唐以前經學研究的集成。首先,唐宋疏是在六朝以後義疏學的基礎上作的。其次,疏文,除了申釋所宗的注,對其他的古注也有所引用,或者贊成,或者反對。現在許多古注都消亡了,我們往往要從"十三經"的疏裏面去看一些消亡的古注,所以也有它的價值。這是"十三經注疏"的形成和它的内容。

宋明時期,用力於"十三經注疏"的學者不多。到了清代,經學復興。清人不滿於唐宋的舊疏,剛才提到了,清人做學問是逐漸地往上推,越來越復古的味道,逐漸地不滿意於唐宋的舊疏,自己來作新疏。或者是重疏通行的漢注,或者是重新輯録漢代的注,並進行新的疏證。這樣做並不是簡單地復古,清人往往超越了舊疏舊注,有自己的見解。所以有人說它是重光漢代經學,所以清代考據學又稱爲"漢學",和"宋學"有所區別。清代學者對"十三經"又有新的解釋、新的詮釋,有一批以今天看也是經典性的著作。我們也列了一個表。

| | 輯舊注 | 惠棟《易漢學》(簡明扼要敘述漢易各家)、孫堂(輯)《漢魏二十一家易注》、孫星衍《周易集解》。 |
|---|---|---|
| 易 | 新疏 | 張惠言《周易虞氏義》《周易鄭氏義》《周易荀氏九家義》,姚配中《周易姚氏學》,馬其昶《周易費氏學》,以上專明一家。惠棟《周易述》(自注自疏,未完,有江藩《周易述補》、李林松《周易述補》)。李道平《周易集解纂疏》(專疏《集解》)。 |
| 書 | 今古文 | 江聲《尚書集注音疏》、孫星衍《尚書今古文注疏》、王鳴盛《尚書後案》、王先謙《尚書孔傳參正》。 |
| | 今文 | 陳喬樅《今文尚書經説考》《尚書歐陽夏侯遺説考》,魏源《書古微》,皮錫瑞《今文尚書考證》。 |
| | 辨僞 | 閻若璩《尚書古文疏證》、惠棟《古文尚書考》。 |
| 詩 | 毛詩 | 陳啓源《毛詩稽古編》、胡承珙《毛詩後箋》、陳奐《詩毛氏傳疏》、馬瑞辰《毛詩傳箋通釋》。 |
| | 三家詩 | 陳喬樅《三家詩遺説考》、魏源《詩古微》、王先謙《詩三家義集疏》,《齊詩》:迮鶴壽《齊詩翼奉學》,陳喬樅《詩緯集證》。 |

| | | |
|---|---|---|
| 禮 | 周禮 | 孫詒讓《周禮正義》（熔鑄百家，詳密精贍，遠駕舊疏而上之）。 |
| | 儀禮 | 張爾岐《儀禮鄭注句讀》（清代《儀禮》學開創之作）、凌廷堪《禮經釋例》（專釋禮例，爲讀禮管鍵）、胡培翬《儀禮正義》（清代《儀禮》學集大成的著作）。 |
| | 禮記 | 杭世駿撰《續禮記集說》（繼承宋衛湜）、朱彬《禮記訓纂》、孫希旦《禮記集解》（孔疏品質較好，故《禮記》中清人新疏無法超越孔疏）[附]孔廣森《大戴禮記補注》、王聘珍《大戴禮記解詁》。 |
| | 通禮 | 金榜《禮箋》、金鶚《求古録禮說》、黄以周《禮書通故》（此書體大思精，足爲清代禮學殿軍）。 |
| 春秋 | 左傳 | 洪亮吉《春秋左傳詁》（長於地理）、李貽德《春秋左氏傳賈服注輯述》、劉文淇《春秋左氏傳舊注疏證》（此兩種宗賈逵、服虔，專申兩漢《左氏》舊義。此書爲未完稿，有今人吴静安續補）、章炳麟《春秋左傳讀》（此書寫作在清末。此書爲新疏草稿，章太炎要把杜預以前的左氏古學結撰爲一個體系，後觀點改變，放棄了新疏的寫作）。 |
| | 公羊 | 孔廣森《公羊春秋經傳通義》（不主何休，對"三科九旨"另創一家之言）、劉逢禄《公羊何氏釋例》（專主何休，明何氏之例）、凌曙《公羊禮疏》（因何休以來明於例而略於禮，故作是書）、凌氏弟子陳立撰《公羊義疏》（集大成）。[附]蘇輿《春秋繁露義證》（解董仲舒的權威著作）。 |
| | 穀梁 | 鍾文烝《春秋穀梁經傳補注》、侯康《穀梁禮證》、柳興恩《穀梁大義述》、許桂林《穀梁釋例》、廖平《穀梁古義疏》。 |
| 論語 | | 劉寶楠《論語正義》（以何晏《集解》爲主，博觀約取，成就在邢疏之上）、程樹德《論語集釋》（1942年成書，資料豐富，條理清晰，立論公允）。 |
| 孟子 | | 焦循《孟子正義》（遠超舊疏，不守"疏不破注"陋習，實事求是，對其他清代新疏有示範作用）。 |
| 孝經 | | 嚴可均（輯）《孝經鄭氏注》、皮錫瑞《孝經鄭注疏》。 |
| 爾雅 | | 邵晉涵《爾雅正義》、郝懿行《爾雅義疏》。（清代《雅》學雙峰）[附]段玉裁《説文解字注》、王念孫《廣雅疏證》。 |
| 群經 | | 惠棟《九經古義》，余蕭客《古經解鈎沉》，陳壽祺《五經異義疏證》，王引之《經義述聞》《經傳釋詞》，陳立《白虎通疏證》，俞樾《群經平議》。 |

　　大家可以拿這個表自己去按圖索驥。比如《論語》，在前面講的《十三經注疏》的何晏的注、邢昺的疏之外，我們列了這麽兩家。像劉寶楠的

《論語正義》,是在何晏《集解》的基礎上,博觀約取,廣泛地收集資料,很簡約地取了一些精華來作正義。劉寶楠《論語正義》的成就,可以説是在邢昺的《論語疏》的成就之上,相當的細緻。像程樹德的《論語集釋》,資料豐富,條理清晰,立論也公允,但是它 1942 年才成書的,時間比較晚,但我們把它放在這裏了,作爲一種參考。

再比如《孟子》,《十三經注疏》裏面用的是東漢趙岐的注,據説是北宋孫奭的疏。清儒新疏要屬焦循的《孟子正義》,這本書超過了舊疏,他没有去遵守過去的一個死的規定,叫做"疏不破注",就是説我後面跟你前面的注作疏,不破你的注。他没有,他是實事求是,對清代其他的新疏也有一種啓示作用。

我們這個表就列了這麽幾家,每一經裏面就列了一部分,没有列得非常繁瑣,目的是把代表性的清人研究推薦給大家。我們在十三經之外,還列了一項群經,這些著作討論問題的範圍比較廣泛,跨越幾種經書,也推薦給大家。這是跟大家報告的歷代儒家要籍的第一部分:"十三經注疏"系統。

第二部分是"經部之二":"四書五經"系統。

隨着理學的興起,儒家學者對儒家經典進行了新的解釋和發揮,逐漸形成了以程朱理學爲核心内涵的經典闡釋系統,就是"四書五經"的系統。我們也列了一個表格。

| | | 核心典籍 | 衍生典籍——宋、元 | ——明 | ——清 |
|---|---|---|---|---|---|
| 四書 | 學庸論孟 | 朱熹《四書章句集注》(《四書或問》、《論孟精義》附)。 | (宋)趙順孫《四書纂疏》、(元)胡炳文《四書通》。 | (明)胡廣等《四書大全》。 | |
| 五經 | 易 | 程頤《易傳》,朱熹《易學啓蒙》、《周易本義》。 | (宋)董楷《周易傳義附録》,(宋)胡方平《周易啓蒙通釋》,(元)胡一桂《易本義附録纂疏》、《易學啓蒙翼傳》,(元)胡炳文《周易本義通釋》,(元)董真卿《周易會通》。 | (明)胡廣等《周易傳義大全》。 | (清)康熙《御纂周易折中》。 |
| | 書 | 蔡沉(朱熹弟子)《書集傳》。 | (元)陳櫟《尚書集傳纂疏》、(元)董鼎《書傳輯録纂注》、(元)陳師凱《書蔡傳旁通》。 | (明)胡廣等《書傳大全》。 | (清)康熙《欽定書經傳説匯纂》。 |

| | 核心典籍 | 衍生典籍——宋、元 | ——明 | ——清 |
|---|---|---|---|---|
| **五經** | 詩 | 朱熹《詩集傳》。 | （元）劉瑾《詩傳通釋》、（元）梁益《詩傳旁通》、（元）朱公遷《詩經疏義》。 | （明）胡廣等《詩傳大全》。 | （清）康熙《欽定詩經傳說匯纂》。 |
| | 禮記 | （元）陳澔（朱熹四傳弟子）《禮記集說》。 | | （明）胡廣等《禮記集說大全》。 | （清）乾隆《欽定禮記義疏》（《三禮義疏》之一）。 |
| | 春秋 | 胡安國（程頤後學）《春秋傳》、張洽（朱熹弟子）《春秋集傳》（明洪武初，取士兼用張傳）。 | （元）李廉《春秋諸傳會通》、（元）汪克寬《春秋胡傳附録纂疏》。 | （明）胡廣等《春秋大全》。 | （清）康熙《欽定春秋傳說匯纂》。 |

先講這個系統中的核心典籍。

"四書"的名字，剛才提到了，到朱熹的時候才開始出現，但是從唐代韓愈、李翱以降，直至北宋二程（程顥、程頤）及後來的學者就重視它們，有些闡發。到朱熹是總其大成，才寫成了《四書章句集注》，所謂"集注"，主要是集宋朝的那些老先生的說法。

"五經"裏面的第一部《周易》，因爲是程氏的《周易》理學化的色彩更强，所以和朱熹的《易學啓蒙》《周易本義》放在一起並行。《書集傳》是朱熹授意他的學生蔡沉作的。《詩集傳》是朱熹本人作的。我們學習《詩經》，往往推薦學生來讀《詩集傳》，就是朱熹的這個本子。第四個是《禮記集說》的著者陳澔，是朱熹的四傳弟子。還有就是《春秋胡傳》，作者是胡安國，程頤的再傳弟子。朱熹對胡安國很看重，評價說"他所說盡是正理"（《朱子語類》卷六七）。《春秋集傳》的作者是張洽，是朱熹的弟子。上面列的，就是我們表格中所列的"四書五經"系統的核心典籍，是程朱理學對經書進行理學化的成果。

如果說《十三經注疏》代表了從漢到唐的經學研究成果，是兩漢以來傳注體和義疏體的結合，是治經學、儒學的必讀的基本典籍，那麼，宋元人的四書五經注釋系統，則是以理學治經的成果。用理學來治經，和前面的不太一樣。與"十三經注疏"系統的明顯不同是："十三經注疏"系統注重

從訓詁、名物、禮制等入手闡發經書中的史實和制度,而"四書五經"系統則注重在經注裏面貫徹作者的天理、心性等哲學思想。這是兩個系統的區別,這是兩個系統的差異。這是我們講的"四書五經"系統裏面的核心典籍。

第二個小問題是"四書五經"系統的經典化與官學化。

"四書五經"不完全是民間的,它成了系統之後,不僅經典化了,還官學化了。這些典籍問世後,逐漸取代古代的注疏,成爲士子讀書問學的首要選擇。從南宋末年開始,出現了不少圍繞這些典籍進行證明、闡發的彙編體著作,或者說經典著作。到了元代延祐二年(1315),朝廷下詔,科舉考試的用書是什麼呢? 是"四書五經"。"四書"用的是朱熹的《四書章句集注》。而"五經",《詩經》用朱氏的,《尚書》用蔡氏的,《周易》用程氏和朱氏兩家的,《春秋》用三傳和胡氏傳,《禮記》用古注疏。這是在元代。這樣"四書五經"系統的官學地位在元代就確立了,因爲它成爲科舉考試的用書了。

到了明代,明成祖敕修《四書五經大全》,作爲明代的科舉用書。那麼也是《四書》用朱熹的,《周易》用朱熹和程頤的,《書經》用蔡沉,《詩經》用朱熹,《禮記》用陳澔,《春秋》用胡安國和張洽,但以胡安國爲主。這是在明代。

因爲"四書五經"作爲科舉考試用書了,它的官學地位在元代確立了,被奉爲經典了,又進一步促進了學者對這些核心典籍的關注,元明以來出現了一大批彙編體的著作,包括《四書五經大全》就是這一類。

到了清代,康、雍、乾三朝官修的《御纂七經》,是清代科舉考試的用書,也是彙編體的著作。其中《周易》《詩經》《尚書》《春秋》的宗尚、體例和《五經大全》是一致的,取材範圍擴展到明朝末年,時代下延了。而《三禮義疏》因爲是修於乾隆初年,參與的人多是禮學的名家,這樣就不用前面陳氏的《集說》了,就用新的。所以從明到清,《四書五經大全》和《御纂七經》這樣兩次編纂活動,進一步鞏固了"四書五經"系統的經典地位。

爲了清晰起見,我們把"四書五經"系統的核心典籍和衍生典籍列了一個表。這是"四書五經"系統基本的經典。因爲今天是講儒家經典,"四書五經"系統裏這些是主要的,大家如果有興趣鑽研閱讀,可以利用這個表來按圖索驥。這是歷代儒家要籍的第二部分:"四書五經"系統。

第三部分,儒家義理的創造性發揮。

歷代儒家學者在傳承儒家經典的時候,他們自己也根據時代的不同,

對儒家經典作了些各自的創造性的解釋。到了宋明,這些儒者更是抽繹了傳統儒家思想裏特別具有哲理的部分,發展出了性理之學。這些作品往往被歷代的目錄學著作歸入到子部儒家類裏。我們下面是參考了張之洞的《書目答問》的分類,把這些著作簡單地分三個部分,做一個介紹。

第一部分是周秦諸子裏面的儒家類。儒家從孔子開創,不過是諸子之一。孔子的弟子、後學撰寫了不少著作,但是大都沒有傳下來。現在可以介紹給大家的,較為完整地流傳下來的有《孟子》和《荀子》。剛才已經說過,《孟子》在宋代升經了,介紹經部的時候說過了,完整流傳下來的就只有《荀子》。此外,大概有《子思子》《曾子》兩種通過後人輯佚流傳下來了,起初的很多内容也沒有了。此外還有《孔子家語》。下面按照時間先後來介紹。

《子思子》和《曾子》兩種,宋代人汪晫開始輯佚,到了清代,有了比較好的輯注本。阮元有《曾子注釋》,黃以周有《子思子輯解》可以參考。

《荀子》一直隸屬於子部儒家類。唐代的楊倞給《荀子》作過注,清代的王先謙也有《荀子集解》,是比較完善的校釋著作。

《孔子家語》,在《漢書·藝文志》裏被列入了《六藝略》,它記載了孔子及其弟子的很多言行,但今天我們見到的《孔子家語》,長時期以來就被懷疑是偽書,所以列在最後介紹。這是第一部分:周秦諸子的儒家類。

第二部分是儒家類的議論、經濟(經世濟民)之屬。漢代的儒學,不少儒者是運用儒家思想對歷史經驗進行總結的,後來就把它歸入到子部儒家類了。比較重要的著作有這樣一些,大家聽一下、瞭解一下就可以了。

陸賈的《新語》、賈誼的《新書》,這兩部書系統地總結了秦朝滅亡、漢代興起的原因,算是總結歷史經驗,並且對漢初的國家政治提出自己的建議。

桓寬的《鹽鐵論》。這是漢昭帝始元六年(前81)的時候,根據桑弘羊就鹽鐵問題和一些持儒家思想的人所做的辯論記錄下來的。

還有劉向的《說苑》和《新序》、揚雄的《法言》、王充的《論衡》、王符的《潛夫論》、荀悅的《申鑒》、仲長統的《昌言》、崔寔的《政論》。“崔寔”的“寔”,其實就是今天的“實事求是”的“實”,“實在”的“實”,那是個異體字。這是漢代。

漢代以後屬於議論經濟之屬的重要著作有南宋真德秀的《大學衍義》,明代丘濬的《大學衍義補》。《大學衍義》是以《大學》為綱,分了八個條目來論述,把經史諸子裏的相關内容附在後面,附在它下面,旁采先儒的議論,並且加進了真德秀自己的看法。這本書意在給統治者提供一個治國的借鑒。真德秀這書没寫完,缺了兩個條目,就是"治國"、"平天下"這兩個條目,所以是後來明代的丘浚把它補齊的。所以叫《大學衍義補》。之後有清代的黄宗羲的《明夷待訪録》、唐甄的《潛書》、顔元的《四存編》等等,也是這一類中比較重要的著作。這是第二部分:儒家類的議論、經濟之屬。

第三部分是儒家類的性理之屬,也就是宋明理學的重要著作。性理之學,是宋明學者對傳統儒學的新發展,也是宋明理學的核心部分,是儒家思想的重要組成部分。前面提到了,宋明理學的基本脈絡,或者説主幹的内容就是宋代的濂洛關閩所構建的理學體系和宋代的陸九淵、明代王陽明所建構的心學體系。關於這一部分的基本典籍,我們也列了一個表,推薦給大家。

| | | 代表人物 | 要籍 | 全集 |
|---|---|---|---|---|
| 理學 | 濂 | 周敦頤 | 《太極圖説》《通書》 | 《元公周先生濂溪集》 |
| | 洛 | 程顥、程頤 | 除《易傳》已入經部,經説、語録 | 《二程全書》 |
| | 關 | 張載 | 《張子正蒙》、語録 | 《張子全書》 |
| | 閩 | 朱熹 | 《近思録》《朱子語類》 | 《朱子全書》 |
| 心學 | 陸 | 陸九淵 | 《語録》、書信 | 《象山先生全集》 |
| | 王 | 王陽明 | 《傳習録》 | 《王文成公全書》 |

稍加説明一下。剛才説過了,周敦頤是濂溪學派的開創者,他的《太極圖説》和《通書》提出了無極、太極、陰陽、五行、動靜、主靜、至誠、無欲、順化等理學的基本概念,被後世的理學家們反復討論和發揮,構成了理學體系中的重要内容。周氏的這兩本書,朱熹都做了注。周敦頤的著作,後人彙集成《元公周先生濂溪集》。

《張子正蒙》是張載關學的代表作。其中講到"爲天地立心,爲生民立命,爲往聖繼絶學,爲萬世開太平",這是所謂的"横渠四句教",流傳到今天,大家很重視它的内容。這集中概括和彰顯了張載的精神追求和價值取向,也反映出了宋明理學的一個基本觀點。他的主要著作,後人彙編成了《張子全書》。

二程洛學,兩個人的著作後來彙編成了《二程全書》。北宋覆滅以後,程頤的學生楊時、游酢到了南方,所以洛學就傳到了東南,而福建成爲理學的中心。由楊時、游酢經羅從彥、李侗傳到了朱熹,形成了理學史上的閩學一脈。朱子就發展了北宋程頤這些人的思想,集理學的大成,建立了理本論的哲學體系。朱熹編了《伊洛淵源録》,很有名的一部著作,伊是伊水,洛是洛水,伊洛學派的淵源録,就建構了程朱理學的一個道統的譜系。朱熹又和呂祖謙一起選了北宋以來重要的理學家的觀點言論,編了一個《近思録》,這是宋明心性之學所尊奉的核心典籍之一。全面地闡述了理學思想的主要内容,囊括了北宋五子和朱、呂的思想精要,一共是十四卷。後來《近思録》有一些注本,像清代江永的《近思録集解》是爲人們所充分肯定的。朱熹的著作,後人彙編爲《朱子全書》。前幾年,上海古籍和安徽教育兩家出版社聯合出版了重新點校的《朱子全書》。

明成祖在敕編《四書五經大全》的同時還彙編了《性理大全》,作爲科舉用書。這個書采輯了宋儒理學的説法,一共有一百二十家,分門類纂十三類,内容很豐富。後來到清代康熙的時候,嫌《性理大全書》太多太複雜,就讓李光地删編成了《性理精義》。這就像前面講的"四書五經"系統在明清出現了很多彙編體著作一樣,《性理大全》和《性理精義》也體現了程朱理學的性理著作在明清時期的經典化和官學化的過程。

再回來説,南宋時期幾乎和朱熹同時,江西的陸九淵因爲讀《孟子》而悟道,提出了心本論,自成一派。陸九淵的著作有《象山語録》,後來和他的其他著作一起彙編爲《象山先生全集》。到了明代,在陳獻章、王陽明出現以前,朱熹的後學是學術界的主流。而王陽明卻繼承了陸九淵的心學傳統,他的學説和陸九淵的學説合稱爲"陸王心學"。王陽明最重要的著作是《傳習録》,記載了他的語録和論學的書信。後人又把他的著作彙集爲《王文成公全書》。這是歷代儒家要籍的第三部分:儒家類的性理之屬。

第四部分,儒學對自身歷史的建構。

簡單地説一下這一部分。儒家重視文獻,也重視對自身發展歷史的梳理和建構。從司馬遷《史記》的傳記開始,逐漸發展出一系列的記載儒家人物、學派的著作,其中比較重要、比較系統的著作可以歸納爲四類。

第一類就是正史的傳記,包括《儒林傳》,還有一些大儒有本傳,有的是單傳或者叫專傳,有的是幾個人合傳。比如有《孔子世家》,《史記》只有三十世家,孔子身爲世家,很特殊,地位很高,等於專傳。還有《仲尼弟子列傳》,就是孔子的弟子們一批人的傳,這是合傳。《孟荀列傳》,孟子和荀卿兩個人的合傳。《儒林列傳》，一批儒家學者的合傳。類似情況，其他的正史裏面也有，其中《宋史》中還有《道學傳》。這是一類：正史的傳記。

第二類是年譜，詳細地排列大儒一生的學問、事功。宋代以後，很多大儒都有年譜，一般都比較簡略，往往會附在文集卷首或卷末，如朱熹就作了《程子年譜》，程顥、程頤兩個人的年譜，朱熹的弟子李方子就作了《朱文公年譜》，朱熹的年譜。

到了後來，年譜就越來越詳細，做得比較繁瑣，但是有用，繁瑣有繁瑣的用處，對一個人的生平能夠梳理得很清晰。像池生春、諸星杓就重作了《程子年譜》；顧棟高作了《溫公年譜》，即司馬光的年譜；王懋竑重作了《朱子年譜》等。清代學者爲本朝學者撰寫的年譜一般也比較詳細，如張穆的《顧亭林年譜》，段玉裁的《戴東原先生年譜》。這是第二類：年譜。

第三類是學派淵源録，剛才我們提到了朱熹的《伊洛淵源録》，從這裏開始，就有了學派淵源録這一類著作。《伊洛淵源録》總結了程子洛學一派的學術譜系，然後明朝人謝鐸、清朝人張伯行都接續編了《伊洛淵源續録》，還有清朝人湯斌編了《洛學編》，這本書的地域性更強一些，有點以洛陽一地爲中心梳理它的學術譜系的意思了。其他重在梳理張載關學的有明朝馮從吾的《關學編》，梳理朱熹閩學一派的有明朝宋端儀的《考亭淵源録》，梳理明代王陽明一派的有明代周汝登的《聖學宗傳》，梳理清代前中期儒學思想的則有清江藩的《國朝漢學師承記》《國朝宋學淵源記》等等。這是第三類：學派淵源録。

第四類是學案，反映一段歷史時期的學派發展狀況的著作。比如像黃宗羲的《明儒學案》，從這開始。後來又有黃宗羲的《宋元學案》，但是他生前沒有完稿，後來是他兒子黃百家和後學全祖望（全祖望自稱是黃宗羲的私淑弟子）最後定稿。徐世昌編了一個《清儒學案》等等。這是第四類：學案類。

這是我們講的儒家對自身歷史進行建構的一些重要的著作。

上面我們講了第二個大問題歷代儒家要籍。就像我們開頭講的，其中包含了儒家經典的主要部分，既顧及到面（全面性），也顧及到點（重點）。

（安平秋，北京大學教授）

# 李 白 與 詩 史

董乃斌

　　提到詩史，人們大概都立刻會想到杜甫。唐孟棨《本事詩·高逸》第一條大段引詩敍述李白在長安及宮中故事，近尾處涉及杜甫，說："杜所贈二十韻（按：指以'昔年有狂客，號爾謫仙人。筆落驚風雨，詩成泣鬼神'開頭的五排《寄李十二白二十韻》），備敍其事，讀其文盡得其故迹。"順筆延伸說道："杜逢祿山之難，流離隴蜀，畢陳於詩，推見至隱，殆無遺事，故當時號爲'詩史'。"誰知倒是這幾句，比前面大段說李白的話影響還大，竟被認爲是"詩史"一詞的最早出處，以後凡論杜甫詩史，幾乎沒有不提孟棨此語的。

　　然而，什麼是"詩史"？怎樣的詩才能算得"詩史"？看孟棨的意思，似乎是從杜甫贈李白詩聯想到他遭逢安史之亂，晚年流落到隴蜀一帶，其詩反映時事和生活經歷全面細膩深刻，所以當時就有人（或很多人）稱其爲"詩史"——孟棨說的只是事實，並沒有給"詩史"下定義，所以後來的人根據他這段話來解釋"詩史"的涵義，也未能取得一致的看法。不過，"詩史"總歸是個褒贊性的詞，是對某首詩或某個人的一些詩篇內容的深廣和思想藝術高度的一種肯定。在中國傳統文化中，"經"與"史"比一般文學創作（無論詩賦文章）的地位要高，如果說一首詩或某人的詩具有"史的質性"、"史的意味"因而堪稱"詩史"，無疑是對這詩的崇高評價。說老杜是"詩史"，特別是他寫於安史之亂期間的那些詩是詩史，應該說是名副其實、衆望所歸，他也的確當之無愧。何況，他還有一個比"詩史"更崇高、更尊貴的"詩聖"的頭銜呢！

　　可是，與杜甫齊名的李白又如何呢？李白有"詩仙"之稱，堪與杜甫的"詩聖"媲美，而且甚至有人把李白也稱爲"詩聖"。如明朝的大才子楊慎就說過："陳子昂爲海內文宗，李太白爲古今詩聖。"（《周受庵詩選序》）清人屈紹隆(大均)《采石題太白祠》詩懷念李白,則有"千載人稱'詩聖'好,風流長在少陵前"之句,自注道:"朱紫陽(熹)嘗謂太白聖於詩,祠上有亭,當翠螺山頂,予因題爲詩聖亭。"看來,把李白稱爲"詩聖"的還不止一兩個人。這裏也許牽涉李杜優劣的公案,我們暫不討論。我們關心的是,杜甫之稱"詩聖",可能與他的詩史成就有關,甚至"詩史"正是他榮登詩聖寶座的主要理由,那麽同樣堪稱"詩聖"的李白,他與"詩史"有無關係呢?

以前我們似乎沒怎麽注意這個問題。一般的評論文章或文學史敘述,雖然也會説到李白的詩有反映現實的一面,有强烈的愛國情懷(如詹鍈《李白全集校注匯釋集評前言》),但似乎很少從是否堪稱"詩史"這個角度去闡説。詩史二字,即使不能説已爲杜甫所獨享,至少好像與李白關係不算大,不像與杜甫的關係那麽密切。

這正是我們今天想要説道一番的問題,且聽我慢慢道來。

原來,自詩史言説在宋代漸漸興盛以來,歷代就有它的對立面存在。到明代,楊慎是一個代表人物。他説:"宋人以杜子美能以韻語紀時事,謂之'詩史'。鄙哉宋人之見,不足以論詩也!"(《升庵詩話》)這是他的代表性言論。明末清初的王夫之,即大名鼎鼎的船山老人,態度也很激烈,是個有名的"詩史反對派"。他認爲"詩史"之名根本不通,完全不能成立,針對杜甫獲得"詩史"之譽,他斬釘截鐵地説:"夫詩之不可以史爲,若口與耳之不相爲代也,久矣!"(《薑齋詩話·詩繹》)

是啊,史的功能和職責是記録事實,直筆和實録是對史的要求,也是對史文的褒贊。但詩卻需要言志抒情,比興寄托,寫景敘事,婉轉含蓄,象徵隱喻,甚至誇張虚構,其功能是美刺諷諫,作用是興觀群怨,與史怎麽能混爲一談呢?船山對杜甫某些詩句,特別是那些敘事直白因而"史性"頗强、藝術性卻不足的句子頗不欣賞。他説:"杜陵敗筆有'李瑱死歧陽'、'來瑱賜自盡'、'朱門酒肉臭,路有凍死骨'一種詩,爲宋人謾罵之祖,定是風雅一厄。"(《唐詩評選》卷二《後出塞》二首評語)瞧,多麽犀利。不是一般的不好,是"敗筆",前兩例是毫無修飾的敘述,缺乏詩味,連"朱門酒肉臭"這樣形象地痛揭貧富對立、一向受到稱頌的句子都給予否定。"謾罵之祖"、"風雅一厄",這批評本身可真是一點兒也不温柔敦厚呢。特別有意思的是,爲了更强有力地剥奪杜甫的詩史地位,船山在《唐詩評選》中,李白《登高丘而望遠海》詩下竟寫了這樣一段評語:

後人稱杜陵爲詩史,乃不知此九十一字中有一部開元天寶本紀在內。俗子非出像則不省,幾欲賣陳壽《三國志》以雇説書人打扁鼓誇赤壁鏖兵。可悲可笑,大都如此。

話雖不長,意思卻豐,批評的鋒芒分成幾層。首當其衝的便是杜甫,説杜甫詩史不如李白。如果杜甫算是詩史的話,那麼,李白的《登高丘而望遠海》就簡直夠得上一部開元天寶本紀了!其次,把稱贊杜甫爲詩史的人稱爲"俗子",批評他們没文化,不懂李白,不懂歷史,也不懂"詩史",欣賞杜詩大概只因其通俗——就好比没有插圖(出像)的書就看不懂,寧可賣掉史書《三國志》,拿錢雇人説赤壁大戰的評書一樣,真是既可悲又可笑。

關鍵是憑什麼説李白《登高丘而望遠海》"有一部開元天寶本紀在內"呢?還是讓我們來看李白詩的原文:

> 登高丘,望遠海。六鼇骨已霜,三山流安在?扶桑半摧折,白日沉光彩。銀臺金闕如夢中,秦皇漢武空相待。精衛費木石,黿鼉無所憑。君不見,驪山茂陵盡灰滅,牧羊之子來攀登。盜賊劫寶玉,精靈竟何能?窮兵黷武今如此,鼎湖飛龍安可乘?

我們知道,本紀是正史記載皇帝和朝廷大事的篇章,所謂"帝王書"(《史記·五帝本紀》司馬貞索隱)也。由司馬遷開創的紀傳體史書中,"本紀"是比"世家""列傳"所記人物地位更高、內容也更重大的。所謂"開元天寶本紀",實即唐玄宗的執政史,其重要性當然非杜甫那種低級官吏流離生涯史可比。船山説李白的《登高丘而望遠海》"九十一字有一部開元天寶本紀在內",就是説李白的詩才是一部真正的、更高級的以皇帝爲主角的詩史,而被俗子們稱贊的杜甫詩史比他差得遠。這段話的要害是在這裏。可惜,船山只是下了這個判斷,卻没有進一步説明理由。斷而不論,點到爲止,語焉不詳,可説是我國古代詩評的一種通例。於是,我們不能不,也不妨來做一些臆測和分析。

首先,結合船山詩學觀,特別是他在《唐詩選評》中的衆多評語來看,他這句評語似乎是話裏帶氣,有點故意説過頭的意思。對杜詩,船山其實總體評價不低,也很欣賞,但俗子們口口聲聲説杜甫是詩史,在船山看來簡直是盲目起哄,實在惹他反感,他就偏要舉出一個俗子們絕對想不到的例子,當頭一悶棍,把他們壓下去。

其次,船山特舉李白,也是有意的。李杜齊名,但沒人説李白詩是詩史,我就偏要以他爲例來與杜甫抗一抗,拿李白壓杜甫,誰敢説不!

再次,何謂詩史?難道一定要像杜甫那樣寫才行,換一種寫法就不行?我倒偏要舉一個寫法大不相同的例子,而且我還要説它比杜甫的詩更像詩史,不是一般的詩史,是更高級的史,是一部玄宗本紀!

船山老人這段評語是否真的帶氣而發,不過是揣測,讀者諸君自有明斷。我更想説的是船山此語,特別是其第三點給我們的啓發。

詩史可不可以有多種寫法呢?杜甫是一種寫法,寫的是下層生活,顛沛流離,衣食無措,家破人亡,現實性很強,甚至有不少新聞報導性鏡頭,寫到許多瑣事和細節,所以生活氣息濃郁,等到新聞報導的内容變成歷史,杜甫的詩也就自然成了詩史。然而,詩史是否只能用此一法呢,像李白那樣寫,能不能夠稱作詩史呢?看來,船山是認可的,不但是詩史,還是更高級的詩史。

那麼,李白的《登高丘而望遠海》在表現手法上究竟有些什麼特點呢?開元天寶年間,唐玄宗做過的事很多,做錯的事也很多,李白別的詩對此多有反映。如《古風五十九首》中的《胡關饒風沙》《羽檄如流星》直揭窮兵黷武連年征戰帶給百姓的災難,《秦王掃六合》諷刺帝王求仙採藥企望長生不老,《大車揚飛塵》鞭撻中貴群小驕橫侈佟不可一世,還有更多的詩篇寫到朝廷政治黑暗,賢者懷才不遇,奸佞外戚弄權,寫到大權旁落,強藩悍將氣焰囂張,詩人對此憂心忡忡,在《遠別離》《梁父吟》《蜀道難》等詩中有所透露,甚至對皇權和王朝的危機發出了預警——也許説這些詩有詩史意味,尚好理解,可是《登高丘而望遠海》這首詩並沒有寫到玄宗的事,僅集中歌咏秦皇漢武迷信神仙和連年征戰兩點以隱喻玄宗,而且窮兵黷武還只是在詩末提了一句,並無具體描敍,難道這也能算是詩史嗎?答案應該是肯定的——讓我們試着分析一下。原來,這兩點乃是釀成玄宗時代朝政荒嬉、權奸用事和悍將弄兵,以致後來引發安史之亂的重要原因。雖然以此概括唐玄宗的一生並不全面,但應該説是抓住了要害,詩歌本須一以當十,由此及彼,啓發聯想,而無需面面俱到。從後來的發展看,安史之亂的根子確實是唐玄宗種下的,唐王朝衰落的轉捩點確實就在其極盛的開元天寶年間。《登高丘而望遠海》抓住唐玄宗迷信和好戰兩大問題反映了歷史的一些側面,那是一種鳥瞰式的宏觀反映,雖不免粗枝大葉,卻一定程度地觸及了唐朝歷史發展的症結和趨勢,特別是以後人的眼光來觀察和體會更是如此。李白跟杜甫不同,他不像杜甫那樣站在土地上,善於用普通百姓的感情和體驗去表現現實生活,李白雖然也在民衆之中生活,但一寫詩,就愛高蹈,愛升騰到雲端俯視鳥瞰,他看到的是更爲宏闊壯麗但也不免粗疏模糊的景象,他無意細膩表現玄宗所作所爲和朝政窳敗的種種細節,但卻有意也有筆力去表現歷史即將發生巨大轉折的緊張氣氛,拿秦皇漢武的無奈死亡預警性地表現了玄宗也必將政治失敗和理想破滅的結局。平心而論,説《登高丘而望遠海》這首詩是開元天寶本紀,其實有點誇張拔高,但説它具有某種史性史味,還是可以成立的。唐史也證明了它確實表現並預言了發展的大趨勢,詩人的歷史敏感也就得到了證實。應該承認,説這首詩不愧詩史,顯示出船山眼光的鋭利和立論的果敢;今日看來,以這首詩與杜甫詩史抗衡,其功效和意義主要不在於找彆扭,而在於爲詩史開拓出更廣闊的天地——這大概倒是船山始料所未及的。

受王夫之啓發,我們對所謂詩史,有了更爲開闊的眼界。那些敘述記録了許多今日之生活細節,在時光流逝中歷史認識價值見漲的作品,如杜甫的詩,固然可稱詩史;那些並未記述多少生活細節,卻寫出了歷史的氛圍和動向的作品,如李白的《登高丘而望遠海》,也不妨是詩史的一種。而且,甚至比李白的詩思更超脱、更浪漫、更大膽,比李白詩表現得更天馬行空、更幽深隱微、更匪夷所思、更獨特而出格,而實際上仍不過是現實生活變形的作品,也能够因具有史性而堪稱詩史,如李賀的某些詩。詩史無疑是崇高的,但並不神秘,並非高不可攀,當然更不是杜甫的個人專利。只要認真表現生活,無論表現的是生活細節,還是生活感受,是百姓的柴米油鹽,還是民衆的喜怒哀樂,就都有可能觸及生活的腠理、社會的脈搏、歷史的足音,在或長或短的時間以後,被發現並被承認爲"詩史"。

還是受王夫之的啓發,我們又想到,李白、杜甫,都不是只有一副筆墨,只會寫一種風格詩史的大家,他們那些堪稱詩史的作品,表現手法其實也是多種多樣的。杜甫除了孟棨所説"推見至隱,殆無遺事"式的詩史外,也有《兵車行》《麗人行》《哀王孫》《哀江頭》那樣新聞報導式的詩史,"三吏三别"式小説戲劇型的詩史,還有《秋興八首》那樣結構謹嚴、富於哲思的組詩式詩史,可謂精彩紛呈。李白則既有《登高丘而望遠海》《古風·一百四十年》那樣俯瞰宏觀式的詩史,也有《古風·胡關饒風沙》《古風·羽檄如流星》《古風·大車揚飛塵》那樣直接反映現實問題的詩史,還有《答王十二寒夜獨酌有懷》《經亂離後天恩流夜郎憶舊游書懷贈江夏韋太守良宰》這樣把自敘生平和記載時事相結合的詩史,還有充分表現出其思想矛盾,既渴望遠引高蹈,又實在離不開華夏熱土如《古風・西上蓮花山》式的詩史,與杜甫同樣也是精彩紛呈,讓我們目不暇給。不但李白、杜甫,高、岑、元、白、韓、柳諸位的詩集又何嘗不是詩史? 一部《全唐詩》豈不更是有唐三百年波瀾起伏的宏偉詩史?

　　詩歌是要抒發感情的,也是要敘寫生活的,抒情寫事,或曰抒和敘,實乃詩歌的兩大特長、兩大功能,它們既分又合,交融發展,從而形成互滲互動的兩大傳統。詩史,是詩歌創作中出現的一種現象,一種必然會出現的值得重視的現象。詩史也是詩歌的一個類別或品種。詩歌不會都是詩史,也不必全向詩史看齊,詩人可戴的桂冠也不是僅有詩史一頂。詩史是詩歌中滲透了史性、史識、史意、史味的部分,但它的本質還是審美的。它和史在本性的最深處相通,因爲它們都是人類智慧和精神的産品,但絕無取對方而代之之意,也沒有這種可能。正如史也可以具有詩心,司馬遷《史記》就曾獲"史家絕唱""無韻《離騷》"之美譽,譽之者也絕無將《史記》混同詩歌而取消史學之意。王夫之認爲"詩史"一説有混淆口耳之弊,可能與歷來詩史言説的弊病有關,其實是極大誤解和多餘擔心。口耳既不能混淆,詩、史又焉能合一? 詩總是隨詩人之性而爲,其人個性與能力如何,其詩也就大體如何。讀詩的人對那些敘事性較強,或反映現實生活細節,或表現時代精神和歷史趨勢,而能幫助人們瞭解歷史的作品,評之爲"詩史"。"詩史"一詞由此被讀者和評論者創造出來。然"詩史"一詞不是科學的度量衡,沒有劃一的標準,見仁見智,可同可異亦可變,分歧免不了。昔日之我與今日之我或他日之我,都可能發生矛盾,更不必説衆人之間。不同意見不妨共存切磋探討。就李杜詩歌誰更是詩史的問題,船山老人提出了尖鋭的看法,我們則就勢議論了一通。賢明的讀者閱後有何意見? 如果有機會的話,極願洗耳恭聽。

原載於《文史知識》2018 年第 3 期

（董乃斌,上海大學文學院教授）

# 錢鍾書先生與詩史互證

楊　明

　　《元白詩箋證稿》是陳寅恪先生的名著,研習古代文史者的必讀書。
筆者記得學習研究生課程時,先師王運熙先生便指定學習此書,要我們認
真領會書中體現的詩史互證方法。王先生説,陳先生運用這方法非常純
熟,不僅從大的方面説明詩歌的背景,而且對詩中的細節也得心應手地運
用史料加以闡釋、印證。筆者研讀此書和陳先生其他著作之後,真是由衷
地敬佩,並且也嘗試在研究中學習這樣的方法。
　　可是,錢鍾書先生卻對此書中考證楊貴妃一事表示不滿。錢先生説,
花費博學和細心來考證“楊貴妃入宮時是否處女”的問題,是無謂的,不能
被認爲是嚴肅的文學研究。①
　　人們常常以陳先生和錢先生之異同作爲話題。這裏就鮮明地表現出
相異之點了。錢先生是以文學爲本位的,在他看來,楊貴妃是否處女,與
欣賞、研究《長恨歌》没什麽關係。陳先生是以史學爲本位的,在他看來,
“關於太真入宮始末爲唐史中一重公案,自來考證之作亦已多矣”,而仍未
得出正確的結論,那麽怎能輕輕放過呢? 於是不惜以占據《長恨歌》一章
幾近七分之一的篇幅辨析這一問題。陳先生自知似乎溢出本旨之外,然
而,“雖於白氏之文學無大關涉,然可藉以了卻此一重考據公案也”。② 平
心而論,太真入宮時是否處女,雖於《長恨歌》的研賞關係不大,但於唐代
文史研究卻是有關係的。就説讀詩吧,比如讀李商隱的《龍池》《驪山有
感》等就貴妃入宮之事進行諷刺的詩,就極有關涉。對於這樣的問題,作

---

　　① 　見錢鍾書《古典文學研究在中國》,載《錢鍾書集·人生邊上的邊上》,三聯書
店 2002 年版。
　　② 　陳寅恪:《元白詩箋證稿》,上海古籍出版社 1978 年版,第 12—13 頁。

爲一位史學家,當然感興趣,當然要搞個明白。與陳寅恪先生的考證差不多同時,陳垣先生也有《楊貴妃入道之年》,就有關此事的一些問題進行考辨。① 可見史學家就是想搞清史事的真相。陳寅恪先生在《柳如是別傳》裏考定陳子龍與柳如是的關係,自謂:"雖不敢謂有同於漢廷老吏之斷獄,然亦可謂發三百年未發之覆。一旦撥雲霧而見青天,誠一大快事。"② 史學家的心情,所謂"考據癖",我們是可以理解的。

其實,錢先生雖然是以文學創作和研究名家,但也很自覺地在研究中文史結合,也運用詩史互證的方法的。本文就打算以錢先生與詩史互證爲題,略作考察。

在此之前,先舉些例子,略談錢先生的史識。錢先生雖然没有史學專著,但我們讀他閱讀史書的劄記,如《管錐編》中的《左傳正義》《史記會注考證》篇,就會看到一些非常高卓、別有會心的意見,足以證明他研讀史籍用功之深和用心之細。而這正是他運用詩史互證法的前提和基礎。

比如《商君書·君臣》有這樣的話:"民之於利也,若水於下也,四旁無擇也。"錢先生發現,晁錯上書、董仲舒對策、司馬遷《貨殖列傳》在講到民之趨利時,都用了如水走下的比喻,説明那在"漢初已成慣語"。③ 這使我們看到法家著作《商君書》影響之大,連批判法家的儒家大學者董仲舒也用書中的話。錢先生還根據桓寬的《鹽鐵論》,指出漢家朝廷之上,"卿士昌言師秦","莫不賤儒非孔,而向往商君、始皇","其過秦、劇秦者,無氣力老生如賢良、文學輩耳"。④ 還根據蔣濟《萬機論》之指斥漢宣帝效法秦始皇,指出東漢末人早已察知漢家法度是以秦爲師的。不僅如此,錢先生還指出,秦始皇的一些做法,其實早見端倪於前世。如其焚滅儒書,爲後人所痛加撻伐,但《孟子·萬章》曾説到,周室班爵禄之事不得其詳,因爲"諸侯惡其害己也,而皆去其籍",可見統治者之銷毀典籍,不但不是始於始皇,而且比商鞅教秦孝公"燔詩書"還早,也並不僅僅是秦國。還不僅如此,錢先生還説,董仲舒的除了儒家之書便要"絶其道"的主張,其實與始皇、李斯的做法一樣,都是要"禁私學","定一尊",只不過所禁所尊的

---

① 載《陳垣史料學雜文》,人民出版社 1980 年版。數十年後,仍有學者予以考證,如卞孝萱先生《冬青樹屋筆記》(東方出版中心 1999 年版)內有三條劄記論及此事。

② 陳寅恪:《柳如是別傳》,三聯書店 2001 年版,第 288 頁。

③ 錢鍾書:《管錐編》,中華書局 1979 年版,第 383 頁。

④ 同上書,第 260 頁。

具體内容不同罷了。還有，申、韓之術，主張人主"深藏密運，使臣下莫能測度"，這常被認爲是法家的特色，而錢先生歷舉《禮記》《春秋繁露》《管子》《鄧析子》《申子》《鬼谷子》《文子》《鶡冠子》《關尹子》等書，證明此乃"九流之公言，非閹豎（指趙高）之私説"，"固儒、道、法、縱横諸家言君道所異口同詞者"。① 錢先生認爲秦之愚民之術，也並非創始於秦，"蓋斯論（愚民之論）早流行於周末，至始皇君臣乃布之方策耳"，歷舉《左傳》《老子》《論語》《莊子》《商君書》等爲證。② 錢先生的這些見解，都是讀書得間，目光很犀利，由細小之處窺見大義，對於先秦、秦漢政治史、思想史的研究，都很有啓發。

錢先生對《史記》的評價很高。他説，《左傳》所載董狐、南史氏秉筆直書的事迹，稱"古之良史，書法不隱"，還只是善善惡惡，還没有認識到信信疑疑更是史家的第一要務。《孟子》説"盡信書不如無書"，説一些傳説是"齊東野人之語"，還有《公》《谷》中"所傳聞異辭"、"信以傳信，疑以傳疑"等語，才是表現出萌芽狀態的史識。至司馬遷乃有明確的求史事之真的意識，乃"特書大號：前載之不可盡信，傳聞之必須裁擇，似史而非之'軼事'俗説應溝而外之於史"。錢先生這麽説，是根據《五帝本紀》《封禪書》《大宛列傳》中所揭示的"百家言黄帝，其文不雅馴，搢紳先生難言之……軼事時見於他説，余擇其言尤雅者"、"其語不經見，搢紳者不道"、"至《禹本紀》《山海經》所有怪物，余不敢言"等撰述原則而言的。錢先生認爲，用今天的眼光看，《史記》芟除"怪事""軼聞"尚未淨盡，但史公此種明確的意識，"亦即爲後世史家立則發凡"，因此"吾國之有史學，殆肇端於馬遷歟"。③ 記事應該徵實，這是史家第一要務，比勸善懲惡更爲重要。錢先生稱贊史遷，也就反映了他的史識。錢先生對於《貨殖列傳》尤爲稱道，也與此有關。他稱贊該傳之作體現了對民生日用的重視，"於新史學不啻手辟鴻濛"；更加要緊的，是體現了司馬遷作史的態度：事實怎樣便怎樣寫，不依個人好惡、也不依某種道德、學説爲轉移。錢先生説：

> 斯傳文筆騰驤，固勿待言，而卓識巨膽，洞達世情，敢質言而不爲

---

① 錢鍾書：《管錐編》，第 265—266 頁。
② 同上書，第 234 頁。
③ 同上書，第 251—252 頁。

高論，尤非常殊衆也……蓋義之當然未渠即事之固然或勢之必然，人之所作所行常判別於人之應作應行。誨人以所應行者，如設招使射也；示人以所實行者，如懸鏡俾照也。馬遷傳貨殖，論人事似格物理然，著其固然、必然而已。其云："道之所符，自然之驗。"又《平準書》云："事勢之流，相激使然。"正同《商君書·畫策》篇所謂："見本然之政，知本然之理。"《游俠列傳》引"鄙諺"："何知仁義？已享其利者爲有德。"《漢書·貢禹傳》上書引"俗皆曰"："何以孝弟爲？財多而光榮。"馬遷傳貨殖，乃爲此"鄙""俗"寫真爾。道家之教："絶巧棄利"；儒家之教："何必曰利"。遷據事而不越世，切近而不騖遠，既斥老子之"塗民耳目"，難"行於""近世"，復言："天下熙熙，皆爲利來，天下攘攘，皆爲利往。"是則"崇勢利"者，"天下人"也，遷奮其直筆，著"自然之驗"，載"事勢之流"，初非以"崇勢利"爲"天下人"倡。①

班氏父子批評史公《貨殖列傳》"輕仁義""崇勢利"，錢先生予以駁斥，指出馬遷並非提倡那種追求財利的風氣，而是客觀地寫出社會的本來面貌、必然現象，那是不以作者、論者的主觀願望爲轉移的。錢先生説，這正是史公史識卓越之表現，也是他"奮筆直書"的結果。史之所以爲史，就在於服從事實。

錢先生對史公設置《佞幸列傳》，也認爲是"創識"。按此傳述鄧通、韓嫣、李延年等事實，他們乃以男色爲帝王所寵倖。爲這樣的人物立傳，錢先生説史公實有深意。他舉出許多事實，證明男寵在古代並不罕見，而經、史、諸子，丁寧儆戒，必非無緣無故，蓋以其亂於爲政。女寵還僅在幕後，男寵則出入內外，深宮廣廷無適不可，因此爲患更甚。馬遷有鑒於此，故創例爲之立傳。錢先生徵引了《尚書》《汲冢周書》《戰國策》《禮記》《逸周書》《左傳》《國語》《墨子》《韓非子》等衆多典籍，以爲佐證。錢先生博覽群書，而眼光鋭利，所以能於此類人們不太經意之處看出問題，這也見出他的史識。

對於史籍中的一些微末之處，錢先生也有精細的考證。如《史記·呂后本紀》載，呂后殘酷，斷戚夫人手足，使居厠中，呼爲"人彘"。爲何名曰人彘，大約從來無人解釋過。錢先生據《史記·酷吏列傳》《國語·晉語》及韋昭注、《漢書·武五子傳》及顏師古注、苻朗《苻子》、《太平廣記·刁

---

① 錢鍾書：《管錐編》，第382—383頁。

緬》引《紀聞》,考證出:古代廁所也是飼豬之處,豬以糞便爲食。甚至還
引用了日本學者竹添光鴻《棧雲峽雨日記》,證明清末尚有此種情形。①
又如先生從《左傳》《論語》《管子》《呂氏春秋》《墨子》《史記》等許多典
籍中看到,古人在使用"神""鬼""鬼神"這三個語詞時,往往混用而無區
別。他認爲上古時代,天呀、神呀、鬼呀、怪呀,在初民看來都是非人非
物、亦顯亦幽的異屬,是同質一體、悚懼可怖的東西。後來才漸漸分出
地位的尊卑、性質的善惡,於是尊神而賤鬼。古籍中用語的混沌,乃是
往古人們心理的殘留。② 又如《左傳》記楚、晉對壘,楚大夫鬪勃向晉君
請戰,有"請與君之士戲"之語。《經義述聞》説"戲"原指角力,鬪勃是
將戰鬪比成角力。錢先生不同意,他舉了好多例子,説明凡競技能、較
長短、判輸贏之事,多既可稱爲"戲",亦可稱爲"戰",不僅僅角力而已。
更舉出《隋書·經籍志》"兵家"類不僅著録兵法、戰經著作,而且還著
録《棋勢》《博法》等游戲之書,以爲證明,"簿録而有資於義理矣"。③ 這
些雖屬細處,若不是博聞強記且好學深思,就發現不了問題,更遑論解決
問題。

　　總之,錢先生雖不以史學名家,但他的史學修養是十分深湛的。正因
爲如此,錢先生能熟練地運用詩史互證的方法。我們從他的《宋詩選注》
(下簡稱《選注》)中舉一些例子。

　　《選注》所録詩歌,有一些反映社會現實、與當時政治外交形勢有關的
作品,錢先生都恰當地徵引史書或時人記載等,加以説明。其徵引面的廣
泛和細緻深入的程度,都令人嘆服。

　　如梅堯臣的《田家語》《汝墳貧女》,都是寫仁宗時農家被抽丁充當
"弓箭手",以致家破人亡、田園荒廢的情景,《選注》即檃栝《宋史·兵志》
的內容,對於宋代抽取"弓箭手"的制度予以説明,又引司馬光《論義勇六
劄子》,印證詩中所寫農民愁怨流離的狀況。又如王禹偁《對雪》,寫到河
北農民被征發雪中運輸軍糧的情景,《選注》便引了李復《兵餽行》加以印
證。爲何引李復此詩呢? 錢先生説,此詩是將北宋運送軍糧情況寫得最

---

　　① 錢鍾書:《管錐編》,第282頁。按:四十餘年前,筆者在河北農村尚見此種人
廁與豬圈相連之制。二者之間有深坑,人遺矢於坑內而豬食之。《史記·呂后本紀》
云"使居廁中",《漢書·外戚列傳》則云:"使居鞠域中。"師古注:"謂窟室也。"深坑即
所謂鞠域、窟室歟?

　　② 同上書,第183—185頁。

　　③ 同上書,第194—197頁。

爲詳細的。按李詩爲七古大篇,長達 96 句,不僅描繪了被征民衆及家人的悲苦情景,而且寫到此制度的一些具體情況,如:"調丁團甲差民兵,一路一十五萬人……人負六斗兼蓑笠,米供兩兵更自食,高卑日概給二升,六斗才可供十日。"該詩是可以作爲史料看待的。再如李覯的《獲稻》,寫農民辛苦耕作收穫之後向官家繳納租賦。詩人説:"烏鼠滿官倉,於今又租入。"乍讀之下,很容易想到《詩經》的《碩鼠》和唐人曹鄴的《官倉鼠》,以爲是一般地諷刺統治者侵吞農民的勞動成果,就如同老鼠麻雀一般。而《選注》引用史料,説"倉庫收藏得不嚴,米穀給麻雀和老鼠吃了,官家還向人民算賬",要多加"雀鼠耗"、"省耗"。原來詩人這裏是寫實,而且隱含着官家借此多加一層剝削的意思。這個注讓讀者理解得更具體、更真切。范成大有一首《後催租行》,寫災區農民無力交租不得不賣寒衣甚至賣女兒來繳納,詩中有一句"黃紙放盡白紙催",《選注》説"黃紙"是皇帝的詔書,"白紙"是縣官的公文。朝廷頒佈官樣文書豁免賦税,可當地官吏還是勒逼不已。錢先生指出那猶如雙簧戲一般,自北宋以來一直在上演。他連着舉了蘇軾《應詔言四事狀》、米芾《催租》、趙汝績《無罪言》、朱繼芳《農桑》四條資料爲證。後三條都是詩,詩在這裏也就是史料。

南北宋之際的曹勛,出使金國,有《入塞》《出塞》之作,其序有"持節朔庭"之語。《選注》不僅注明古代使者所持節旄的形制,而且説明:"事實上,宋代的外交人員只有印章,沒有'節'。"且指出依據——朱熹《奉使直秘閣朱公行狀》(朱公即朱弁,南宋初使北。《行狀》載其言曰:"古之使者有節以爲信,今無節而有印。")。那麼曹勳"持節"之語只是用古典,不是實際情況。這樣注釋,頗爲周密。

另一位曾經使金的詩人范成大,作《州橋》詩:"州橋南北是天街,父老年年等駕回;忍淚失聲詢使者:幾時真有六軍來?"寫的是在汴梁的見聞。這是真實的場景嗎?錢先生説:"斷沒有'遺老'敢在金國'南京'的大街上攔住宋朝使臣問爲什麼宋兵不打回老家來的。"但是,他又説:"詩裏確確切切的傳達了他們藏在心裏的真正願望。"這麼説,也是有史料爲證的。錢先生引了范成大此次出使寫的《攬轡録》,又引了比范早一年出使的樓鑰的《北行日録》和比范晚三年出使的韓元吉的《書〈朔行日記〉後》,都足以證明北方父老雖不敢昌言,但仍心向宋朝,期望恢復。

宋末有一位並不著名的詩人樂雷發,寫了一首《烏烏歌》,感歎國家危急之際,書生真是"百無一用"的廢物。詩中對道學家指斥十分嚴厲。錢先生以大約 1 300 字寫了一條長注,舉出好幾位當時人批評道學家的議論,讓讀者瞭解樂雷發的指斥不是孤立的。有意思的是,《烏烏歌》裏寫道學家,有一句説:"深衣大帶講唐虞。"深衣是一種長袍,相傳周代用作禮服。"深衣大帶",宋代以來常用以指儒者莊重之服。錢先生這裏的注釋並未旁徵遠引"古典"以釋"深衣",而是指出了"今典":"'深衣'句是因爲程頤以來的道學家都'幅巾大袖',衣服與衆不同。"並説明可參看張耒《贈趙簿景平》詩和陸游《老學庵筆記》卷九。我們若按圖索驥,看張耒的詩:"明道新墳草已春,遺風猶得見門人。定知魯國衣冠異,近代林宗折角巾。"陸游則以此詩爲據,説:"自元祐初,爲程學者幅巾已與人異矣。衣冠近古,正儒者事。"可知樂雷發的詩句不是泛泛而言,而是確實反映了當時的真實情況。看起來是"古典",其實裏面包含着"今事",能注釋出來是很不容易的。陳寅恪先生詩史互證在這方面令人叫絶,錢先生也是很有功夫的。

劉子翬《汴京紀事》組詩中有一首寫汴梁名妓李師師,她曾備受徽宗寵倖:"輦轂繁華事可傷,師師垂老過湖湘。縷衣檀板無顏色,一曲當時動帝王。"《選注》説,宋代無名氏的《李師師外傳》説汴梁被金兵攻破後,師師不肯屈身事敵,吞簪自殺;而據《三朝北盟會編》和張邦基《墨莊漫録》,欽宗靖康時北宋政府籍没李師師等京師名妓、藝人等多家的資産,師師後來流落浙江。劉子翬此詩云"過湖湘",當可與後説相印證。

從以上所舉數例,可見錢先生運用史籍、筆記、文集中的各種資料與詩歌互相印證、説明,也用詩歌補史料之不足,得心應手,純熟自如。

錢先生的考證功夫,當然不僅見之於《宋詩選注》。不妨隨手舉幾個例子。他讀小説,似乎是輕而易舉地就發現不少時代錯亂的描寫:林沖、西門慶手中的川扇,其實至明中葉方始盛行。《西游記》《鏡花緣》裏有貼春聯的細節,這兩部小説寫的是初唐時事,而門聯始見於五代,堂室之聯至南宋而漸多,明中葉以後,方成爲屋宇内外不可或缺之物。更令人叫絶的,是《鏡花緣》裏的眼鏡。錢先生據孟德斯鳩《隨筆》、17 世紀義大利詩人作品以及歌德晚年軼事,知歐洲 14 世紀初始制眼鏡,至 19 世紀初尚未司空見慣,而《鏡花緣》已將此西洋的稀罕物件架在唐代人物的鼻樑之上。如此之類,看似左右逢源,信手拈來,其實正是博聞强記、讀書遍及中外之所致,也正可見出錢先生讀文學作品時頗具"史"的意識,即便細枝末節,也頗在心。

然而,錢先生又反反復復、大聲疾呼:詩非史,決不可認詩作史,也不可以要求史學者衡量詩歌。"詞章憑空,異乎文獻征信,未宜刻舟求劍"。① 對史的要求是徵實,詩則是文學創作,即使是寫個人的親歷,抒發一己之懷抱,也可以馳騁想象,天馬行空,不受寫實的限制的。錢先生從各個方面予以論述,這裏只能略舉數例。

錢先生説,不能完全從詩裏判斷作者的爲人。他説:

> 立意行文與立身行世,通而不同,向背倚伏,乍即乍離。作者人人殊;一人所作,復隨時地而殊;一時一地之篇章,復因體制而殊;一體之制復以稱題當務而殊。若夫齊萬殊爲一切,就文章而武斷,概以自出心裁爲自陳身世,傳奇、傳記權實不分,睹紙上談兵、空中現閣,亦如癡人聞夢、死句參禪,固學士所樂道優爲,然而深思明辨者勿敢附和也。②

錢先生舉了許多例子。例如李商隱雖多有豔情之作,然而他自己説:"至於南國妖姬,叢臺名妓,雖有涉於篇什,實不接於風流。"杜甫詩自稱"致君堯舜上""竊比稷與契",錢先生説:"詩人例作大言,辟之固迂,而信之亦近愚矣。若夫麻鞋赴闕,橡飯思君,則摯厚流露,非同矯飾。然有忠愛之忱者,未必有經濟之才,此不可不辨也。"③意思是杜甫詩所流露的忠愛之情是真摯的,但所言政治上的宏大抱負卻有説大話的嫌疑。陸游詩是錢先生愛誦的,但先生指出,其詩好談兵,談匡復,氣粗語大,若偶一爲之,不失爲豪情壯概,而丁寧反復,似乎真有雄才遠略、奇謀妙算,則"似不僅'作態',抑且'作假'也"。④

即使詩中寫親身經歷,也未必確切無疑。還拿陸游説吧。錢先生揭出:其詩寫自己與老虎搏鬪,有六七首之多,或説箭射,或説劍刺,或説血濺白袍,或説血濺貂裘,或説在秋,或説在冬。而又有詩寫自己畏虎:"心寒道上迹,魄碎菇葉低。常恐不自免,一死均豬雞。""平生怕路如怕虎。"簡直與射虎、刺虎的詩不像出於一人之手,這不能不令後人生疑。清代師法放翁的詩人曹貞吉就説:"一般不信先生處,學射山頭射虎時。"⑤又如

---

① 錢鍾書:《管錐編》,第 1296 頁。
② 同上書,第 1389—1390 頁。
③ 錢鍾書:《談藝録》,中華書局 1984 年版,第 132 頁。
④ 同上書,第 457 頁。
⑤ 錢鍾書:《宋詩選注》,人民文學出版社 1958 年版,第 214 頁。

《幽閒鼓吹》載李遠有"長日惟銷一局棋"之句，後來令狐綯薦遠爲杭州刺史，唐宣宗舉此句，以爲遠散漫廢日，不可臨郡，綯對曰："詩人之言，非有實也。"錢先生舉此例，論之説："一言以蔽之，詩而盡信，則詩不如無耳。""詩爲華言綺語，作者姑妄言之，讀者亦姑妄聽之。"①這並非詩人有意作僞，蓋詩歌作爲語言藝術，就是有這樣的特點，讀者自不該"以辭害志"。錢先生説，此事中外一概，引西人小普林尼曰："准許詩人打誑語。"

詩人抒懷遣興，不拘事實；爲了詩作動人，更好爲誇張。錢先生在《詩可以怨》裏，總結出文藝史上的一條規律：表現悲劇性的情感，往往容易感動讀者。於是，詩人們常是"爲賦新詩强説愁"。有的自歎窮困侘傺，其實是"强説愁"而已。錢先生説："這原不足爲奇；語言文字有這種社會功能，我們常常把説話來代替行動，捏造事實，喬裝改扮思想和情感。值得注意的是：在詩詞裏，這種無中生有的功能往往偏向一方面。它經常報憂而不報喜，多數表現爲'愁思之聲'而非'和平之音'。"雖然劉勰早就批評"爲文而造情"，後代的思想家也説古之聖賢不憤則不作："不病而呻也，雖作何觀乎！"但詩人們並不想成聖賢，只想以文字打動人，因此"不病而呻"還是"成爲文學生活裏不可忽視的事實"。"深受實證主義影響"的研究者，以此爲考證之資，是要上當的。這也是中外一概，錢先生説，在西方，"詩曾經和形而上學、政治並列爲三種哄人的頑意兒"，那"不是完全沒有原因的。當然，作詩者也在哄自己"。②

詩人們不但求情感的動人，還追求其他種種美的表現，運用種種修辭手法，那也常常不得不犧牲事實。

比如明代七子一派喜用人名、地名，其用地名者，如李攀龍《登邢州城樓》："紫氣東盤滄海日，黃河西抱漢關流。"王世貞《過邢州黃榆嶺》："倚檻邢臺過白雲，城頭風雨太行分。"其實在邢州根本看不到所寫滄海、太行等景象。他們這樣寫，只是爲了營造一種高壯雄闊而響亮昂揚的格調而已。錢先生説："明人學盛唐，以此爲捷徑。""純取氣象之大，腔調之闊，以專名取巧。"③盛唐如王維，其《同崔傅答賢弟》連用九江、五湖、蘭陵鎮、富春郭、石頭城等，而王士禛稱贊其興會神到，説不必顧及道里遠近。

運用典故，襲用前人的意象、構思，是常見的手法。如司馬相如、班

---

①　錢鍾書：《談藝錄》，第 388 頁。
②　錢鍾書：《七綴集》，上海古籍出版社 1985 年版，第 111、112 頁。
③　錢鍾書：《談藝錄》，第 292 頁。

固、張衡等的賦作,凡寫到射獵,往往就説"中必疊雙"、"雙鶬下"、"落雙鶬"等等,相沿便成套語。李白《贈宣城宇文太守》説自己昔年北游幽燕時,"閑騎駿馬獵,一射兩虎穿。迴旋若流光,轉背落雙鳶",杜甫《哀江頭》説宮人"翻身向天仰射雲,一箭正墜雙飛翼",那都是當不得真的。錢先生又舉葉夢得《水調歌頭》,其題中明言與客習射,有一位將領挽强弓,三發三中箭靶,而詞中寫道:"何似當筵虎士,揮手弦聲響處,雙雁落遥空。"錢先生説:"詞所咏與題所記,絶然兩事,恬不爲意,亦緣知依樣落套之語,讀者不至如癡人之聞説夢、鈍根之參死句耳。"錢先生又説,有時詩中所寫,很像是身經目擊的景象,其實仍是摹擬前人。他舉歐陽修的《采桑子》名句:"垂下簾櫳,雙燕歸來細雨中。"似乎是"即目""直尋"所得,但試看謝朓"風簾入雙燕"、陸龜蒙"雙燕歸來始下簾"、馮延巳"日暮疏鐘,雙燕歸棲畫閣中",便覺得歐陽修也許未必實見燕歸呢。① 又舉高適的紀行之作:"南登滑臺上,卻望河淇間。竹樹夾流水,孤村對遠山。"説是"殆以古障眼,想當然耳"。意謂淇水一帶並無竹篁,高適不過是借《詩經·淇奥》"緑竹猗猗"之句而虛擬罷了。② 錢先生又舉王士禎《蜀道詩》:"高秋華嶽三峰出,曉日潼關四扇開。"有人挑毛病,説關門只是兩扇。其實韓愈有"日照潼關四扇開"之句,蘇東坡有"三峰已過天横翠,四扇行看日照扉"之對,王氏雖寫親歷,但受前人影響,並非純寫實景。錢先生説:"蓋只取遠神,不拘細節。"③詩人不拘細節真實的例子是不勝枚舉的。

詩歌有押韻、對偶、聲律等限制,那也會造成犧牲真實的情況。錢先生舉出一些極端的例子,比如宋人筆記載,有李廷彦者,爲了做百韻長律,不惜捏造事實,説:"舍弟江南没,家兄塞北亡。"錢先生説:"雖發一笑,足資三反。"④還舉出高適《送渾將軍出塞》的例子:"李廣從來先將士,衛青未肯學孫吴。"不學孫、吴,原是霍去病的事,爲了對偶的需要,遂强安在衛青頭上。⑤ 此類情況,雖不足爲訓,然而卻是寫作中常有的事,名家、大家亦未能全免。因此歷來言者不少,南朝范曄早就慨歎"韻移其意"爲文士一患,明人謝榛甚至教人以"意隨韻生""因字得句"。詩人往往先得一

---

① 錢鍾書:《管錐編》,第 364 頁。
② 同上書,第 89 頁。
③ 同上書,第 294 頁。
④ 同上書,第 365 頁。
⑤ 同上書,第 355 頁。

句,再對成一聯,擴成一首。在這樣的過程裏,難免貪得好句而罔顧事實、犧牲原意。這正如錢先生所引湯賓尹的話:"情之所不必至,而屬對須之;景之所不必有,而押韻又須之。"錢先生在談了這些情況之後,語重心長地說:"按言盡信,或被眼謾。……學者觀詩文,常未免於黿廝踢(認死理、不圓通、固執之意),好課虛坐實,推案無證之詞,附會難驗之事。不可不知此理。"①

詩語不可全作考證之資,不可認詩爲史,錢先生反復言之。他還説認詩作史者,或有一弊,即穿鑿附會,牽合史事。他所舉出的例子,主要有清儒對李賀、李商隱詩的注釋、常州詞派的説詞、陳祚明的《采菽堂古詩選》、陳沆的《詩比興箋》等等。錢先生説,他們或揣度作者本心,或附會作詩本事,不出漢以來相承的説《詩》《騷》"比興"之法。從詩、史關係而言,這些深文周納的論者,正是:"'詩史'成見,塞心梗腹,以爲詩道之尊,端仗史勢,附合時局,牽合朝政;一切以齊衆殊,謂唱歎之永言,莫不寓美刺之微詞。遠犬吠聲,短狐射影。此又學士所樂道優爲,而亦非慎思明辨者所敢附和也。"②錢先生對這一派"詩史"論者,掊擊可謂不遺餘力;對於他們的指斥,語氣之嚴厲,似遠過於對一般混淆詩、史界限的學者。

綜上所述,錢先生強調詩和史的區別,強調不可將詩中所寫都認作事實。他在許多場合談到這個問題,涉及各個方面,讓我們有很多感性的認識,本文只是舉一些例子而已。但是,錢先生絶不是一概反對詩史互證的方法,而是指出運用詩史互證的方法時必須注意其局限性,必須充分認識詩歌作爲文學作品有其自身的特點,在此基礎上才能用好這個方法。同時,他又説:"然苟操之太急(按指過分不信詩之真實性),若扶醉漢之起自東而倒向西,盡信書則不如無書,而盡不信書則如無書,又楚固失而齊亦未爲得矣。"③就是説詩不盡爲事實,但也不盡爲非實。那麽,詩史互證是好方法,只是不可濫用。這樣的意思,錢先生表達過不止一次。

事實上,詩之不可盡信,以陳寅恪先生的高見卓識,也不可能不知道。就在《元白詩箋證稿》裏,他説:"文人賦咏,本非史家紀述,故有意無意間逐漸附會修飾。"④不過,陳先生畢竟不像錢先生這樣反復丁寧,不像錢先

---

① 錢鍾書:《管錐編》,第 365 頁。
② 同上書,第 1390 頁。
③ 同上書,第 365 頁。
④ 陳寅恪:《元白詩箋證稿》,第 12 頁。

生這樣具體地舉出大量例證,從各個方面詳細説明。這也正是史學家與文學家本位不同的表現。至於如何恰如其分地將詩史互證的方法付之於實踐,則運用之妙,存乎一心;就具體個案而言,可能見仁見智,俱爲盍各。錢先生對陳先生的考證不無微詞,但詩史互證之必要,他是並不否認的。

錢先生還有一重要看法,即詩史互證雖然必要,但研究詩歌並非以此爲盡其能事。他認爲詩歌、文學具有獨特之處,那麼就此獨特之處——也就是詩之爲詩的本質所在,加以深入的研究,乃題中應有之義;這方面的研究,極爲重要,而超出於所謂詩史互證之外。他説:

> 且以藝術寫心樂志,亦人生大欲所存。盡使依他物而起,亦復顯然有以自别。譬如野人穴居巖宿,而容膝之處,壁作圖畫;茹毛飲血,而割鮮之刀,柄雕花紋。斯皆娛目恣手,初無裨於蔽風雨、救飢渴也。詩歌之始,何獨不然。豈八識田中,只許"歷史癖"有種子乎。初民匪僅記事,而增飾其事以求生動;即此題外之文,已是詩原。①

20世紀40年代有學者撰文,曰《詩之本質》,謂上古無所謂詩,詩即用以紀事,故詩之本質就是史。錢先生以爲大謬不然,這段文字即施以抨擊者。錢先生以爲,遠古先民草昧,實用與審美相融,記事與歌吟未分,但審美的需求卻是自生民之始就存在的,那與物質上的需求一樣,都是人生之大欲。(錢先生未用"審美"二字,但他所説"寫心樂志""娛目恣手",用今天的話説,就是審美的需要。)兩種需求表現於人類的行爲活動,雖融而不分,卻是兩種不同本質的需求。詩與史的關係也是這樣。記事的文字,卻包含着增飾美化以求生動的成分,那就是審美的表現,也就是詩的根苗。記事的需求與審美的需求,二者相融而無所謂先後,因而不能説有史無詩,不能説詩原是史。在這裏,我們不難窺見錢先生對於詩的一種認識:娛心抒情,滿足審美的需求,乃屬於詩的本質方面。我們更看到他對於這種本質的重視、推崇,他認爲這種需求乃與生俱來,而且並不比物質的需求不重要。那麼,對詩歌的這種本質進行研究,亦即從審美的角度研究詩歌,當然是絶頂重要的了。錢先生是從人之本性的高度論審美的重要性的。

錢先生正是對這一方面的研究,特别感興趣,特别重視。他説起自己

---

① 錢鍾書:《談藝録》,第39頁。

治學的過程,當初曾選擇總集、別集有名家箋釋者,用心閲讀,"欲從而體察屬詞比事之慘澹經營,資吾操觚自運之助。漸悟宗派判分,體裁別異,甚且言語懸殊,封疆阻絶,而詩眼文心,往往莫逆冥契。至於作者之身世交游,相形抑末,餘力旁及而已"。① 也就是説,他的着眼點在於體會作者之用心,體會如何才能將語言文字運用得好,以便提高自己的創作能力。而讀得多了,感性的東西積累得多了,也就對於詩歌史上各種流派、體制了然於胸,甚至體悟到東西方的鑒賞、創作心理,往往相合。他的興趣主要在這一方面,而作者生平之類,並非關注的重點。錢先生還説,他曾技癢爲黄庭堅詩作補注,考證黄詩"渺然今日望歐梅"之"歐、梅"乃太平州官妓,指出任淵舊注之誤。當時服膺山谷的潘伯鷹先生對此類考證頗加稱贊,而錢先生説自己雖也感到高興,但"究心者固不屬此類耳"。於此也頗可見出錢先生治學的祈向。沈欽韓作《王荆公詩集補注》,錢先生稱其淵博,足以成一家之學,然而又指責其"志在考史,無意詞章,繁文縟引,實尟關係"。② 沈氏本以史學名家,而在錢先生看來,既是注詩,雖詩史互證之法不能廢,但詞章之學,亦即從"詩眼文心"的角度予以闡發,是尤應注意的,無關的史料考證,不當闌入。這與他批評陳寅恪先生的楊貴妃考證,是一致的。

　　錢先生確實對於語言藝術具有非同一般的熱愛之忱。他曾説:"人生大本,言語其一。……竊謂人非呼吸眠食不生活,語言僅次之。"③他在《讀〈拉奥孔〉》裏舉出許多例證,證明詩歌等語言藝術具有某些特殊的、造型藝術所不可能的表現力,結論就是:詩的表現比繪畫"廣闊",比萊辛所想的還要"更廣闊幾分"。他説:"當然,也許並非詩歌廣闊,而是我自己偏狹,偏袒、偏向着它。"④我們應當理解錢先生這帶着一點兒偏執的誠摯的熱愛。正是由於這種愛,也正是由於他對於詩美的深刻瞭解,使得他認定僅僅詩史互證決不足以盡詩歌研究之能事,詩歌研究領域還有更重要的任務,即將詩的審美特質儘量予以闡發。正因爲此,《宋詩選注》在運用詩史互證之外,特別致力於這一方面,如概括詩人、詩派的藝術表現特點,如仔細分析詩人在意象、句法等處如何繼承而創新,等等。也正因爲

---

① 　錢鍾書:《談藝録》,第 346 頁。
② 　同上書,第 80 頁。
③ 　同上書,第 413 頁。
④ 　錢鍾書:《七綴集》,第 48 頁。

此,《宋詩選注》展現了同類著作難以企及的獨特面貌而備受贊譽。《談藝録》《管錐編》等在這方面的論述更是繁星滿天,着手成春,並世無雙而前無古人。

錢先生多次説到"學士"和"文士"。他説韓愈是文人,並不自居學人,其學只是"詩人之學","僅觀大略","不求甚解"。大作家歐陽修也是如此,被譏爲"歐九不讀書"。閻若璩甚至説:"蓋代文人無過歐公,而學殖之陋,亦無過公。"其意蓋謂作文與學問,别是一路。而在錢先生心目中,"學識高深,只可明義;才情照耀,庶能開宗"。① 他引王充、顔之推、劉晝等人的話,都是以文人爲高出於學人。② 還舉了北宋曾季貍解説山谷詩而不解曲喻手法的例子,以證不擅長作詩文者,注釋詩文也終隔一層。而在批評解詩者刻舟求劍時,錢先生常呼之爲"學士"。應該説,他並非輕視學者,而是揶揄那些自詡博學卻不懂詩、不懂文學也不善於把筆作文的人。

錢先生此種態度,一則是由於對語言藝術的由衷喜愛和重視,二則也是有激而然。清代學者以考據之學運用於集部文獻,詩史互證,成就斐然。而"詩史"之説,在我國本來就源遠流長。二者相合,再加上舶來的實證主義的影響,遂成風氣,影響深遠。其中祈向可能不一,有的考證精密,有的喜牽合附會,但總之形成强大的憑史論詩、以詩見史的學術路子,陳寅恪先生的卓越成就更爲人津津樂道,於是爲之者樂此不疲,而以爲説詩之妙,盡在於此。錢先生的態度,可謂是對此種狀況的一種反撥吧。在他看來,詩史互證的工作做得再好,若不從審美的角度、詞章的角度進行深入研究,那就還是没有把詩當作詩,就還是極大的缺憾。

平心而論,無論是將史學與詩學結合,還是從審美的、語言藝術的角度論詩,二者都是必要的,都可以卓然名家,也無須有所軒輊。在筆者看來,陳先生和錢先生,分别是兩個領域的巨峰,令我輩高山仰止。就詩學研究而言,最理想的,當然是兩方面的結合。而詩史互證較實,審美的研究較虛,特别需要靈心妙手,别有會心,需要對語言文辭之美有敏鋭而準確的感受。相對而言,從事於此而獲得重大成就者,實不多覯。而如果要把詩當作詩、以詩的眼光讀詩,從而獲得美的感受,並且"體察屬辭比事之慘澹經營"以利於"操觚自運",端賴這一方面的發揚光大。在詩歌研究

---

① 錢鍾書:《談藝録》,第 148 頁。
② 同上書,第 178—179 頁。

領域内,這是比較薄弱的方面,因此也是需要予以强調的方面。對於錢先生的某些似乎"偏狹、偏袒、偏向"的意見,不妨從這個角度去理解吧。

讓我們回到開頭提到的關於楊貴妃入宫的考證。其實陳寅恪先生的考辨,雖説與《長恨歌》關係不大,但也還是有關係的。那不是明白無誤地證明詩中"楊家有女初長成""一朝選在君王側"乃是"打誑語",證明白居易在"哄人"嗎?① 那不恰恰符合了錢先生不可認詩爲史的主張嗎? 事實上,錢先生是借着這個例子表達對於忽視文學本位那種研究狀況的不滿。我們不必膠着於這個例子本身,更不可誤以爲錢先生反對詩史互證的方法。

原載於《杜甫研究學刊》2017 年第 3 期

(楊明,復旦大學中文系教授)

---

① 黄永年先生《〈長恨歌〉新解》指出《長恨歌》出於想象虚構、不拘史實之處甚多,用的也是詩史互證的方法,不過不是證明詩、史之合,而是揭出詩、史之不合。該文原載《文史集林》第一輯(陝西省社會科學院 1985 年版),又收入作者《文史探微》,中華書局 2000 年版。

# 《玄空經》作者郭友松生平
# 交游及著述考論

## 孫　遜

　　清光緒年間,上海民間才子郭友松創作的《玄空經》,是小説史上一部很有特色的作品。此書吳中介士(郭友松)自序署"光緒甲申年",甲申爲光緒十年(1884),應爲其成書時間。此書純用屬於吳語系統的松江方言寫成,通篇寓意豐富,妙趣橫生,嬉笑怒駡,皆成文章,可以説是繼《何典》之後我國又一部傑出的吳語諷刺小説。但長期以來,學界對這部作品關注不夠,對其作者郭友松所知更少,特別是有關他的生平著述發掘不多,關於他的一些資料多爲民間故老口耳相傳的異聞軼事,缺少可靠的依據。本文擬就這方面做一深入的探討。

## 一、關於郭友松的生平事迹

　　較早關注到《玄空經》作者郭友松的學者是葉德均先生,他早年出版的《小説瑣談》中專門寫有《〈玄空經〉作者郭友松》一節,最先挖掘出張文虎《懷舊雜記》《舒藝室詩存》《舒藝室尺牘偶存》,以及張鳴珂、黄式權筆記中有關郭友松的材料,使我們對其有一個粗淺的瞭解。但由於受材料限制,很多問題還無法確定。例如他的生卒年,最早發現此書的現代書法家白蕉在其整理的 1933 年排印本中,收有署名獻子(白蕉別號)的《郭友松》一文,但對郭友松的生卒年只字未提。葉德均先生根據南匯文人張文虎《舒藝室尺牘偶存》中所收兩篇答郭友松的信件,推測"張氏二劄作於道光二十四年及二十六年,假定那時他20 多歲,到同治十二年舉鄉試已在 50 歲左右,其生年當在道光初,卒年不詳"。①《中國通俗小説總目提要》《中國古代小説總目》等或記郭友松"生於道光初年(1822 年前後)","卒於光緒中(1889 年前後),終年六十八歲",或記爲"郭友松(1822？—1889？)"。② 此外,松江地方志中則記爲 1820—1887。以上記載之所以都不太確定,就因爲都没有找到確鑿的材料依據。

當年,白蕉先生和葉德均先生等爲條件所限,難以查找浩如煙海的近代報刊,現在由於檢索方便,一些線索慢慢浮出水面。例如《申報》中就有關於郭友松生卒年的線索:1887 年 4 月 6 日《申報》刊有《雲間郭友松先生七十徵詩,勉成一律,以介眉壽,並乞諸大吟壇正之》一詩:"壽星朗朗照江隈,多少耆英共舉杯。白髮信堪輝故里,黄金誰與築高臺。如君不愧松爲友,獨我空將詩作媒。正值蟠桃花似錦,五茸翹首即蓬萊。"詩後注云:"壽郭友松孝廉七十。友松先生以文雄海内,景其名者幾有司馬相如恨不同時之感。而先生老當益壯,神明不衰,月之初四日,爲先生七十壽辰,先一日同人觴於沈氏嘯園,並有歌咏承索。俚句愧不成詩,聊申嵩祝而已。"同年 12 月 15 日,《申報》上還有署名"海上狎鷗客廖壽山拙草"的爲郭友松 70 壽辰祝壽的詩,稱説郭友松"年躋七十耳不聾,喜聽雅頌歌國風。腰腳卓犖行春容,登山不用扶枯筇。觀書細字明雙瞳,霍如巖電光熊熊。朵頤至收牙齒功,甘脆春韭兼秋菘"。看來他 70 歲時身體還很硬朗。

根據以上材料,他的生年比較明確,從 1887 年上推 69 年(七十壽辰應是虛歲),應是 1818 年,而且生日也很明確,是農曆四月初四日。卒年不能確指,但根據祝壽詩内的描述,起碼至 1887 年 70 歲時還很健康:耳不聾,腰腳硬,雙目明,牙齒好,他的壽命應該還有較長一段時間。所以其生卒年不妨定爲 1818—1887 年以後。

郭友松名福衡,自署婁縣老福,清松江府婁縣(今上海松江)人。父名郭權,字柳村,爲諸生,善醫。根據張文虎《懷舊雜記》記載:郭友松年少時,"未冠游庠,有神童之目。性蹶弛好奇,文亦如之。李小湖學使特賞異,延入幕。未幾辭歸,以賣畫自給,不問世事。歲科試率首列,而秋闈屢

———————

① 葉德均:《戲曲小説叢考》下册《小説瑣談·〈玄空經〉作者郭友松》,中華書局 1979 年版,第 620 頁。

② 江蘇省社科院明清小説研究中心編:《中國通俗小説總目提要》,中國文聯出版公司 1990 年版,第 743 頁;石昌渝主編:《中國古代小説總目·白話卷》,山西教育出版社 2004 年版,第 469 頁。

薦屢躓,同治癸酉始登賢書。"①這是有關他一生比較簡要而又可靠的記載。從中可知他早年命運淹蹇,曾長期困於場屋。此外,根據張文虎的其他記載,他還曾出過遠門。他原計劃去徐州,張文虎有《送郭福衡之徐州》二詩:"孤蓬正搖落,鷙鳥野跰蹎。拔劍出門去,關河風雪俱。良無妻子累,豈爲利名驅!策馬重回首,平安憶守株。""若過淮陰市,相逢慎帶刀。艱難窮士淚,意氣少年豪。日落黄河凍,雲飛芒碭高。衡齋應折節,今古幾綈袍!"②詩中洋溢了對郭友松作爲"艱難窮士"和"意氣少年"的同情和激賞。但在赴徐州途中經過蘇州和揚州時,其間遭遇頗爲窘迫。張文虎寫於丙午(道光二十六年)《答郭友松》的信中説道:

> 客冬得陳穎莊來書及篠峰所述,足下在蘇光景略知之矣。苦寒行役,殊系人懷。月初八日接手告,則審留滯維揚,進退維谷。行路之難,動足即是,何必天涯。知其難者,當於無可立足中求立足之地。向者相阻之意,足下知之矣。抑知所以相阻之意乎? 蓋足下視事太易,視去就太輕,致有此悔。然既在揚州,何不即揚州謀席地? 以足下之才,龍性稍馴,豈無遇合? 可止則止,何汲汲往返爲。弟意徐州未必即有信,即信至,未必竟具行李以迎。既抵徐州,復欲借省試爲歸計,恐無説以處此。即有説以處,而幾月徐州官舍何所聞而來,何所見而去耶? 如決計不欲居徐,莫若即今勿往。然在外情形,難以逆料,足下且以弟言熟思之,而度之以勢,徐定行止可耳。③

道光二十六年爲 1846 年,當時郭友松 28 歲,只身外出,本是想去徐州,張文虎還爲他寫了了送行詩。一路上他先至蘇州,"苦寒行役,殊系人懷";繼而"留滯維揚,進退維谷",這時他給張文虎寫了一封信,告知其窘狀,希望能得到作爲父執輩的張文虎的指點和幫助。很快他便收到了張文虎的回信,信中既充滿勵志之語,又爲他耐心分析所面臨的人生選擇,一個長輩對後輩的關愛之情溢於言表。郭友松後來是去了徐州還是繼續

---

① (清)張文虎:《懷舊雜記》卷三,清光緒癸巳(1893)刻本,第 7 頁。
② (清)張文虎:《覆瓿集·舒藝室詩存》卷三,清同治十三年(1874)金陵冶城賓館刊本,第 19 頁。此書收入《續修四庫全書》(上海古籍出版社),可參閲。
③ (清)張文虎:《舒藝室尺牘偶存·答郭友松》,轉引自葉德均《戲曲小説叢考》,第 620 頁。

留在揚州,我們暫時不得而知,但信中所透露的他困頓於人生旅途的窘迫情狀讓人噓唏不已。

但儘管郭友松命運淹蹇,生途窘迫,他於"同治癸酉"還是"始登賢書"。癸酉為同治十二年(1873),"登賢書"謂考試中式。張鳴珂《寒松閣談藝瑣錄》中也記載他為"諸生,後中同治癸酉舉人"。① 也就是說,郭友松至1873年55歲時才中了舉人。此前他究竟考過多少次,史料中沒有明確記載,但《張文虎日記》透露了一些消息。現存張氏日記始自同治三年九月十五日(1864年10月15日),終於同治十一年十二月三十日(1873年1月28日),記錄的大體是他在金陵書局八年的生活和學術經歷。其間多處記錄了與郭友松的交往,有一些似和郭赴金陵參加科考有關。如同治三年(1864)十一月初三、初六兩日,均有記"訪郭友松、尹子銘、朱雨蒼寓,不得","至奇望街訪郭友松,不值"。同月十一日、十四日,則有"天寒,士子多有不進二場者","闈中委員、號軍有凍死者,監臨李宮保亦於二場點名時中寒猝病,發熱譫語,不省人事"等記載,同月十六日有"郭友松來"一語。② 同年十二月十五日則有:"托楊見山往看榜,相識中僅蕪湖吳子百中百九名,華亭潘秋山中百三十一名,歙方春伯中百四十二名,江都劉恭甫中副榜二十七名,四人而已。"③看來這一次郭友松就是為赴科考而來金陵的,而結果則是名落孫山。又同治五年(.1866)十月初五日,日記中記有:"鐵皮船至,送到姚衡堂先生回信,……附郭友松信,言兩列優等,以年例出貢試,後夫婦俱病。"④這一年科考結果日記中沒有記載,而且夫婦倆還都生了病。又同治六年(1867)七月二十日,記:"郭友松來,云住三條營,午飯去。"二十七日又記有:"往考市唔二泉、叔文、于石、王伯承、徐古香……張十洲、席儀亭、郭友松、周孟興,因與友松、孟興回顧樓街茶話。"⑤看來這次也是和松江一批考生同赴金陵參加科考,最後也是沒有結果。這一年郭友松已虛歲50,年過半百,真所謂"歲科試率首列,而秋闈屢薦屢躓"。後來郭友松雖55歲中了舉人,但一生潦倒,其間屢戰屢敗,屢敗屢戰,經歷了太多的失敗和痛苦,而且後來即便中舉,似

① (清)張鳴珂撰,吳香洲點校:《寒松閣談藝瑣錄》,鳳凰出版社2010年版,第76頁。

② 陳大康整理:《張文虎日記》,上海書店出版社2001年版,第10—11頁。

③ 同上書,第15頁。

④ 同上書,第66頁。

⑤ 同上書,第98頁。

也没有進入仕途。

在這期間,他先是入李小湖幕。張文虎《秋日懷人詩》内有懷郭友松的詩:"病鶴襪褵困不支,别材偏遇道林師。成巢此去青松頂,滿眼荆榛莫踏枝。"詩下注云:"郭福衡。君窮不能自振,李小湖學使獨賞異之,延入幕。"①此詩從詩意看,應是郭友松已入李小湖幕,故而張氏在秋日懷念起他。所謂"道林師"、"青松頂",都是指李小湖和李小湖幕。此詩没有明確系年,但按此詩前面所録有系年詩來推算,應爲丁巳年,即 1857 年,此時郭友松 39 歲,他入李小湖幕的時間應在此前。但他"未幾辭歸,以賣畫自給",或在家"課徒自給",②都是依靠自己的能力自食其力。

後來,他進入上海墨海書館工作,和王韜、李善蘭、蔣劍人、管小異共過事。王韜在《弢園老民自傳》中記述:"西館中,時則有海寧李壬叔、寶山蔣劍人、江寧管小異、華亭郭友松並負才名,皆與老民爲莫逆交。惟是時事日艱,寇氛益迫,老民蒿目傷心,無可下手,每酒酣耳熱,抵掌雄談,往往聲震四壁,或慷慨激昂,泣數行下,不知者笑爲狂生,弗顧也。"③傳中云此時"時事日艱,寇氛益迫",應該正是太平天國進攻江南和松江前夕;又《王韜日記》咸豐十年(1860)二月十七日致張文虎信中有"近者郭君友松適館於此"云云,④可知郭友松進墨海書館應是在這期間,此時他 42 歲,尚未中舉。他在書館供職的時間還比較長,在他中舉以後的 1879—1881年間,他以"雲間郭友松"的名義在墨海書館所辦刊物上發表過 30 餘篇文章,内容涉及文學、語言、書畫、教育、歷史、時事和宗教等許多方面。當然,他不一定是在墨海書館連續供職這麽長時間,期間可能斷斷續續,但他和墨海書館的因緣,應是他生命中非常重要的一部分。可以説,郭友松雖然仕途上命運多舛,但近代報刊的興起,給了他除"以賣畫自給"和"課徒自給"以外,另一種謀生的本領。他的人生軌迹也和王韜、李善蘭等近代知識分子一樣,是社會轉型時期文人從傳統仕途走向經濟自立和人格獨立的代表之一。

作爲一個傳統文人,郭友松身上烙有濃厚的儒家思想影響,特別是在家國危亡的關頭,他忠義激烈,肝膽輪囷。咸豐十年(1860)六月,當太平

①　(清)張文虎:《覆瓿集·舒藝室詩存》卷四,第 3 頁。
②　(清)張鳴珂:《寒松閣談藝瑣録》,第 76 頁。
③　(清)王韜:《弢園文録外編》,遼寧人民出版社 1994 年版,第 407 頁。
④　方行、湯志鈞整理:《王韜日記》,中華書局 1987 年版,第 142 頁。

軍即將要攻占松江的前夕，郭友松曾給王韜寫了一封信，信中表示："衡素無他好，唯君親大義，平日辨之甚明，當事赴之甚勇。眼前松城紛紛遷徙，十室九空。衡家無餘資，並無他累，不妨同病妻一櫂來滬，與吾兄共爲壁上觀。既未仕於本朝，則天地閑，賢人隱，世外逍遥，自無不可。然而衡不肯爲此矣。"他在信中表示："衡主見堅決，若蘇、松無恙，則衡亦無恙；若所居之地已屬他有，衡當先殺内子，自經於明倫堂上，來生再與吾兄相見矣。"[1]言辭錚錚，擲地有聲。不僅如此，他還把"家中几案物件，盡售於人，日著短褐，佯狂市上，有時或歌或哭，市人皆嘩呼爲'狂生'"。王韜感歎説："郭君一諸生耳，尚立志死難如此，足以愧今之爲人臣者矣。"並表示：如郭君抗節死，"余當爲之收其骨，樹一碣於墓曰：'清故忠烈貞士郭君之墓'"。[2] 雖然後來松江城破後他並沒有如信中所説"自經於明倫堂上"（個中原因不詳），但他的上述言行是真誠的、發自内心的，誠如王韜在日記中所説，"其語出自血誠，非以此爲沽名地者"。[3] 確實，郭友松作爲一個傳統文人，他的忠君報國之心頗令人感佩。

但郭友松作爲一個在西人報館供職的近代知識分子，他的思想又有矛盾和複雜的一面。就在他寫信給王韜表示要以身殉國的同時，他又要王韜將此信"達之於西士艾君（指傳教士艾約瑟），俾知雲間郭福衡者，非貪生惡死、不學無術之流，則艾君枉顧之意，亦不可謂無知人之明矣。道路傳聞：薛撫軍時至滬，又聞徐撫軍有書於墨海。又聞吴道憲已讓税乞師援蘇。兩撫軍一至、一以書來，亦是此意，未知確否？如此舉能行，在英國救災恤鄰，上體上帝之仁心，下收士民之傾戴，不必與加特力教等爭勝，而自無不趨如流水矣"。而且"以爲艾君之本國，一時雖不能得師，而數百之衆，直達蘇城，器械之精，兵卒之用命，久爲我軍稱羡，及賊所畏憚"。真所謂病急亂投醫，郭友松竟想向英國"乞師援蘇"，並希望王韜能從中"聊進一言，縱事不得，九京之下，亦以爲快耳"。[4] 還是王韜看問題比較清醒，他在日記中指出：郭友松所言"乞師之説，不獨西國教士無能爲役，即公使亦當稟命其國主也"。[5] 確實，郭友松想通過傳教士向英國"乞師"的想法未免太過天真了，這也從一個側面反映了郭友松政治上的幼稚和性

---

① 方行、湯志鈞整理：《王韜日記》，第 175—176 頁。
② 同上書，第 178 頁。
③ 同上書，第 175 頁。
④ 同上書，第 176—177 頁。
⑤ 同上書，第 177 頁。

格上的迂腐,反映了他對西方的無知和盲信。要之,郭友松作爲一個轉型期的近代知識分子,他的思想無疑烙有深刻的時代印記。

## 二、郭友松交游考述

郭友松一生潦倒,交游不多,如他自己所説:"余玄空人也,飄來飄去,幾老江湖,然有二三知己。"①這"二三知己"中,就有一些當時的文化名人。

首先是上文提及的張文虎。張文虎(1808—1885),字孟彪,號嘯山,別號天目山樵,上海南匯周浦鎮人。他出身貧寒,天資聰慧,學識淵博,但無意仕途,以諸生之名終其一生。他精於校勘,曾受曾國藩之邀,入金陵書局校勘《史記》等書,長達十年之久;並以天目山樵的筆名評點過《儒林外史》,此即小説評點史上有名的《儒林外史》天目山樵評本。他生於1808 年,比郭友松大 10 歲,應是郭友松的父執輩。最初張文虎拜訪郭友松父親柳村先生的時候,友松"侍側,一少年耳"。② 郭父死後,兩人一直保持了聯繫和交往。道光二十四年(1844),張文虎在給郭友松的信中寫道:"客秋於郡西郭晤足下,方自白門回,草草數語別去,時見足下面有晦色,竊意試未必得意。…… 及八月中在郡,傳聞友松已入都,則又憮然……越數日,從柳溪處獲手書,始審行止,則又一喜,非特喜足下之未入都也,又喜得安硯地,從此息心數年,一志讀書,不爲俗學、俗事、俗説所誤,庶幾有成。"③從此信中得知,張文虎開始聽傳聞郭友松已入都應試,頗感失望;後獲手書,知其並未入都,頓覺一喜,並要其一心讀書,"不爲俗學、俗事、俗説所誤"。在對待科舉和仕途問題上,張文虎作爲長輩,要比郭友松遠更清醒。上引道光二十六年一封信中也是當時郭友松面臨了人生困惑和抉擇時,寫信向張文虎求教,張在回信中以自己的經驗告訴他,人如何在困境中求生存,"於無可立足中求立足之地"。張文虎還寫有一首《贈郭福衡》詩:"瘦郭多才思,聰明我獨憐。拈毫渾得意,脫口即能傳。境窄心仍泰,神凝道乃全。春華易爲好,落實在秋天。"④表現了對郭友松

① (清)郭友松:《玄空經·自序》,上海少年書局 1933 年版,第 1—2 頁。

② (清)張文虎:《懷舊雜記》卷三,第 7 頁。

③ (清)張文虎:《舒藝室尺牘偶存》,轉引自葉德均《戲曲小説叢考》,第619 頁。

④ (清)張文虎:《覆瓿集·舒藝室詩存》卷三,第 2—3 頁。

才情的贊賞和期許。可以説,張文虎是郭友松的親近長輩和人生導師。

　　兩人的忘年交一直持續了很長時間,《張文虎日記》中有不少他倆來往的記載。除上引日記中所記有關郭友松赴金陵應試他倆的來往外,其他如同治六年(1867)五月十七日,張在日記中記載:"陰。申刻雨一時許,松郡楊太尊上省,送郭友松信。燈下草復。"十九日便立即"至剪子巷拜楊太尊,托寄松信"。① 又同治八年(1869)四月,張文虎赴松江,初三日抵達,第二天初四日就"訪祁仰山、郭友松、閔月嵩"。在周邊走訪了一圈後,十五日回到松郡,又"訪錢子馨,因同入城訪郭友松,不值,遇諸途。……與友松至會鶴樓茗敍"。第二天又"出唔友松,言南邑學博楊君致意,欲來拜,因不衣冠往訪,意似甚篤"。② 又同治九年(1870)八月初五日,日記中記"莫魯齋、倪小雲、周孟興、郭友松來",隔天初七日就"回看莫魯齋、郭友松……"。③ 同治十年(1871),張在日記中還有"寫寄郭友松信"等記載。④ 所記雖是片言只語,但反映了兩人之間的持久交往。直到張氏晚年,"比予寓居復園,君以不良於行,過從甚稀,蓋亦頹然作老翁狀矣"。⑤ 此處所謂"不良於行"沒有明説,估計是吸食鴉片之類的頹廢行爲,時間則在張文虎"寓居復園"期間。按,張文虎《舒藝室詩存》卷七有《乙亥、丙子兩年並在復園度夏,子馨嘗助予視宅,未就。去秋,子馨病故,家屬皆遷回金山,即招予住復園,今夏四月始來,賦此爲紀》一詩,⑥細審語氣,詩題中"今夏"應在乙亥、丙子之後一年,即丁丑年。丁丑爲光緒三年(1877),張文虎寓居復園應在這一年夏四月。又上引詩後緊接一詩爲《在金陵日,多慫恿納妾者,劉治卿觀察勸尤切。及歸里,老友朱貢三鈅、及宗人張鳳山鑫輩,復屢以爲言,黃子脊太守安謹力持之。夏四月,倪姬來歸,遂挈居復園,漫成一律寄諸君》,⑦也是指同年夏四月張氏挈倪姬居復園。再,上引詩後第五首詩爲《坡公生日,招仇竹坪太史炳台、郭友松孝廉、吳吉卿震、章次柯耒、沈躍齋祥龍、三明經尹子銘署正鋆惠、錢義泉中

---

① 陳大康整理:《張文虎日記》,第 91 頁。
② 同上書,第 177—178 頁。
③ 同上書,第 229—230 頁
④ 同上書,第 263 頁。
⑤ (清)張文虎:《懷舊雜記》卷三,第 7 頁。
⑥ (清)張文虎:《覆瓿集·舒藝室詩存》卷七,第 15 頁。
⑦ 同上書,第 16 頁。

書廉、閔頤生上舍萃祥,小集復園》,①後世以陰曆十二月十九日爲"東坡生日",這一天張文虎召集了包括郭友松在内的文友"小集復園",以紀念"坡公生日"。也就是說,光緒三年(1877)十二月十九日,張文虎還在復園招待過包括郭友松在内的一群朋友。雖然張氏說他寓居復園後,因郭"不良於行,過從甚稀",但他們還是見過面,而且見到的已是"頹然作老翁狀"的郭友松。此時郭友松正好虛歲60歲,這和郭友松70歲生日時朋友在祝壽詩裏稱贊他身體如何硬朗並不矛盾,因爲張氏在這裏是把他和當年拜訪他父親時見到的"少年"情狀相比,所謂"憶予與熊露翁訪柳村先生,時君侍側,一少年耳。比予寓居復園,君以不良於行,過從甚稀,蓋亦頹然作老翁狀矣"。② 估計張氏和他的交往也就差不多到此時爲止。

其次是王韜。王韜(1828—1897),原名利賓,後改名瀚;1862年逃亡香港後改名王韜,字仲弢,號天南遯叟;50歲後自號弢園老民,江蘇蘇州甫里鎮人。郭友松和他的交往是因爲他們曾是墨海書館的同事,王出生於1828年,比郭友松小10歲。王韜曾在《弢園老民自傳》中引海寧李壬叔、寶山蔣劍人、江寧管小異、華亭郭友松四人爲"莫逆之交"。既稱"莫逆之交",關係應非同一般。在《王韜日記》中,記録了他倆日常生活中相交的很多細節。他們或相互切磋學問,如咸豐十年(1860)正月二十三日,"郭友松、錢蓮溪從雲間至。企念已久,一旦相見,把臂如故。夜,薄具四簋,招之小飲。酒間偶征典故,言及十三經中無'燈'字、'箸'字,只有燭庭燎炬火而不及燈,只有刀匕挾木聿而不及箸,未知緣始在何時? 更言元寶雖鑄造在元代,而書籍載之者甚少"。③ 或一起縱論時事,如同年閏三月十四日,"冒雨入城,訪郭友松。先至静淵家,則静淵父子高臥初起。坐良久,友松始來,抵掌劇談時事,歎不可爲"。④ 或相聚清談閑聊,如同年正月二十六日,"夜,往郭友松寓齋閑話";第二天"薄暮,往約友松、静淵同往酒樓小飲";第三天"清晨,郭友松、薛静淵、沈協卿來,約入城散步,静淵以饅首見餉。繼至茶寮小啜,得晤宋小坡,閑話久之。午後,……繼與友松往候張筱峰廣文,清談移晷。……薄暮出城"。連續三天,相聚神聊,以至第三天從清晨聊到午後,又從午後聊到薄暮,正如王韜在此日日

---

① (清)張文虎:《覆瓿集·舒藝室詩存》卷七,第18頁。
② (清)張文虎:《懷舊雜記》卷三,第7頁。
③ 方行、湯志鈞整理:《王韜日記》,第134頁。
④ 同上書,第161頁。

記中所説："是日可謂暢游矣。"①或彼此饋贈禮物,如同年正月十日,"郭友松福衡書來,以近人詩集及古墨相饋";第二天十一日王韜便迫不及待地試墨:"夜,試友松所饋墨,香韻清遠,爲方氏牛舌古墨中佳品。"十六日中午又試了一次。② 一個月後,郭友松又"有書至,並寄胡天游《石筍山房集》三册"。③ 一個慷慨相贈,一個懂行識寶,真所謂惺惺相惜,他們之間這種相處和交游的方式,爲王韜所説的"莫逆之交"作了生動的注釋,也爲當時文人之間的交往提供了生動的案例。

雖然郭友松大王韜十歲,但郭非常珍惜和王韜的友誼。一次王韜作雲間之行,郭極盡地主之誼,一路相陪,飲酒品茗,除"抵掌劇談時事",友松還投王韜所好,"特同往一家""綽號爲武則天"的"吸片芥"吸食鴉片;④第三天"午後,詣茗樓小啜,郭友松偕其友葉小山同至","茶罷,仍往武氏吸片芥",臨别時友松不僅"以粔籹二匣、魯津伯一塊相餉",還"送至城外,意甚殷拳。再往茗寮作盧仝七碗飲,别時猶依依不相舍也"。難怪王韜感歎説:"自來才人斷無有無情者,於友松見之益信!"⑤"才人"郭友松對朋友的真摯感情由此可見一斑。

此外,值得一提的是,王韜與張文虎之間的交往,還是郭友松無意中牽的線。王韜比張文虎小二十歲,作爲晚輩,很早就對張的才名仰慕已久,咸豐十年(1860)二月十七日,曾寫信表示對他的敬仰之情:"此間如蔣、李二君,每及執事(指張文虎),輒盛口不置,中心藏之,未面已親。"爲"瀚知執事,或執事未必知有瀚也"而遺憾不已。後郭友松進墨海書館供職,一次談話中無意間從郭友松處得知張文虎亦知王韜:"及近者郭君友松適館於此,談經之暇,偶述執事曾道及瀚,輒加心許,未嘗口疵。"這才讓王韜鼓起勇氣提筆給張文虎寫信,表達自己的仰慕之情:"執事薄功名,捐嗜好,耽玩元理,擯斥塵囂,矯然如天半朱霞,雲中白鶴,可望而不可即。何幸濫及鄙人,雙情交映,辱一言爲知己,結異地之神交。吾生所快,尚復何恨,不自揣量,願附槁紵之末。"⑥同年三月七日,王韜便收到了張文虎的回信,這封信被王韜記錄在日記裏,"以爲神交之始"。回信除自謙外,

① 方行、湯志鈞整理:《王韜日記》,第135頁。
② 同上書,第133頁。
③ 同上書,第143頁。
④ 同上書,第161頁。
⑤ 同上書,第163頁。
⑥ 同上書,第142頁。

稱贊"管（小異）、李（壬叔）、蔣（劍人）、郭（友松），皆負殊才，同兹羈旅，尺蠖之屈，庸復何傷"。更稱頌王韜"藻采繽紛，鯨鏗日麗，率爾投簡，已睹一斑。記述所垂，詎讓前哲，尤願執事亟爲之矣"。① 自此，便形成了又一個以張文虎爲中心的文人交游圈，這個交游圈除張文虎外，其他幾人都曾供職過墨海書館。

再就是張鳴珂。張鳴珂（1828—1908，《藝林年鑑》作 1829—1909），原名國檢，字公束，號玉珊，晚號寒松老人，浙江嘉興人。曾在淮軍名將劉秉璋手下做過幕僚，好吟咏，嗜書畫，他和郭友松的交往主要就在書畫方面。其所著《寒松閣談藝瑣録》，廣泛記載清代書畫家事迹，是研究清代書畫家的一份重要參考資料，書内就記載了郭友松和他的一段交往："予從淮軍，攜家寓松江。友松問居停主人曰：'汝家寓一何人？我見其書籍多於筐篋，胸中定有卷軸，予欲往訪之。'"可見他倆的相識是在張氏"從淮軍"做幕僚而寓居松江時，緣起則是對於書的共同嗜好。郭友松生性嗜書，但因家貧無藏書，所以一見張鳴珂家中藏書如此豐富，自然欽羡不已。在交往中，張氏對郭友松的品行和才學都非常激賞，稱贊"友松有至性，嘗刲股以療母疾，家貧課徒自給。下筆千言，疾如風雨。扣以典故，必舉某書某卷，約在某頁，按之十不爽一。奇才也"。其品行之優，才情之盛，學問之深，都非常人能比。張鳴珂本人工於書畫，他對郭友松的畫藝也非常欣賞，稱贊郭友松"兼通六法，筆致古茂，予謂其得力於明人，甚喜。爲予畫古佛及南閣祭酒許叔重小像，皆可寶也"。② 其繪畫方面的才能同樣不可小視，遺憾的是迄今没有發現他的畫作。張氏小郭友松十歲，兩人有過直接交往，他的話應該不是誇大溢美之辭。

郭友松交游中還有一位比較重要的人物是李小湖。李小湖（1820—1878），名聯琇，字季瑩，號小湖，江西臨川人。道光二十年（1840）中舉，二十五年（1845）中進士，先後任翰林院庶吉士、侍講學士、國子監祭酒，調福建學政，不久擢大理寺卿，仍留視學。咸豐六年（1854），出任江蘇學使。致仕後出任鍾山書院山長，著有《好雲樓》初集、二集。張鳴珂在《寒松閣談藝瑣録》中曾記載説："臨川李小湖先生聯琇，視學江蘇，以《鸜鵒來巢解》試士。友松於試卷後，圖其形以進。學使視之，詫曰：'此宋畫院本也。'亟首拔之，並賦《鸜鵒行》贈郭生云：'鍵闈動彌月，謂我優且閑。

---

① 方行、湯志鈞整理：《王韜日記》，第 150 頁。
② （清）張鳴珂：《寒松閣談藝瑣録》，第 76 頁。

豈知日接百千士,尤甚勞攘風塵間。展卷恒達旦,謂我洽古歡。豈知遮蔽盡帖括,更苦判牘羅紛繁。多君筆能鴝鵒語,爲我衣幘鴝鵒舞。興酣忘在鳳味堂,鳴躍專場誇觜距。亭林寂寞書台傾,峰泖逸氣生狂生。腹拄萬卷消不得,槎枒硨矶合由平。吐詞盈紙騁雄怪,紙尾爲圖詎嫌隘。危巢枯葉隨所成,試席深叢出佳話。林宗合附元禮船,山谷欣題子舟畫(山谷有《戲咏子舟兩竹兩鸛鵒》詩)。遠哉遥遥憶跌跌,風簾晝靜飛鳥無。曩游回首已如夢,嘲咳驚枕閩山隅。宦閩虞願感遷地,拭目得君願聊慰。鳳翔千仞乃其游,毋入鳥群爭喧啾(勉以修謹,毋自放云)。'"①本以爲這是關於郭友松的傳説,未必盡信,但查李小湖《好雲樓》初集卷八"吴槎草上",此詩赫然在目!詩題爲《雲間校士題郭友松茂才福衡畫鴝鵒卷後》,②可知張氏所言不虚。

此外,同卷"吴槎草上"還有《友松贈二律,順逆次余和樾峰太守韻,遂用其韻答之》二詩,其中首二句爲:"勝事喧傳李郭舟,神仙入畫碧波浮。"句下注云:"友松爲余繪李郭仙舟事於箋。"詩中還有"早日奇童羡若發,幾回哲匠採巖幽。好風待送青冥去,暫卧元龍百尺樓""不獨辭條豔選樓,談經説史備探幽。況通雜藝都成趣,儻惠貧糧亦有秋"等語,③都是稱贊郭友松有諸多方面的才情,看來民間有關郭友松的傳説並非空穴來風,並爲張文虎所説的"李小湖學使特賞異,延入幕"做了很好的注釋。

又,同卷"吴槎草中"還有《題黄鶴樓明經金臺扁舟訪友圖,明經著有木雞書屋駢文四集,友松爲余招延入幕,時年六十九矣》和《鶴樓示所作君山梅花書院宴集記,爰題其後送行並柬同人》二詩,後者最後一句詩句爲"欲補丹青少郭熙",句下注云:"友松旋去館。"④説明此時郭友松已辭館。"吴槎草上"所寫詩作爲"自丙辰秋至丁巳春",即 1856 年秋至 1857 年春;"吴槎草中"所寫爲"自丁巳夏至戊午春",即 1857 年夏至 1858 年春。上、中兩編所收詩作爲 1856 年秋至 1858 年春,前後也就兩年不到。此時郭友松三十八九歲,其在李小湖幕中也就兩年不到時間,"旋去館"正和張文虎所説的"未幾辭歸"相合。郭走前還爲李小湖招延了一位"時年六十九"歲的黄鶴樓明經入幕。郭友松雖入幕時間不長,但在他的人生經歷中

---

① (清)張鳴珂:《寒松閣談藝瑣録》,第 76 頁。
② (清)李小湖:《好雲樓》初集卷八《吴槎草上》,清咸豐十一年(1861)恩養堂藏版。
③ 同上。
④ 同上。

也是很重要的一段。1860 年,郭在給王韜的信中還説起"徐撫軍又有書於吾兄,亦一知己,今日聊以分憂,猶衡之有小湖老師在蘇也"云云。① 可見兩人的"師弟"之情還是頗深的。

這裏還需補充説明的是,李小湖還曾想延請張文虎入幕,也是請郭友松傳言。張氏於同治四年(1865)閏五月十一日在日記中曾記載説:"劉伯山來,言謁見鍾山書院李小湖山長,殊念及,屬致聲。山長昔爲江蘇學使,以郭友松言,頗有收羅之意,予適以病辭,不謂猶能記憶也。"②兩年後,即同治六年五月十九日,張氏又在日記中記道:"至鍾山書院拜李小湖山長。十載神交,相見恨晚。"③一句"相見恨晚",把張文虎和李小湖之間,以及他倆和郭友松、王韜之間那種彼此惺惺相惜的情感全盤托出,生動地體現了舊時文人間的親密友誼和良好品行。

## 三、作爲雜論家的郭友松

以上我們初步勾勒了郭友松的大致生平事迹和交游,這裏再就其著述作一粗淺的探討。

郭友松當然首先是位小説家,他的《玄空經》是小説史上一部很獨特的作品。同時,他又是一位出色的畫家,可惜他的畫作所見不多,其作品也未引起世人的注意。除此之外,王韜在其 1860 年正月二十六日日記中曾記載説:"友松精深於經學,所著已有數種,皆係細稿,漫不收拾,間爲門弟子輩攜去,殊可惜也。"④可見郭友松還寫有經學著作多種,惜散失未傳。今能找到的有他發表在墨海書館所辦《益聞録》等刊物上的文章三十餘篇,這些文章涉及面很廣,大致可以用"雜論"將其概括。這裏就這些雜論作一歸納和分析,有關《玄空經》另再撰文論述。

如上所述,郭友松的雜論涉及面很廣,按大的方面歸納一下,大致可分爲文學藝術、歷史故實、時事評論和文化教育四個方面。下面分而述之:

先説文學藝術。這方面的文章有《古文體例論》《四六體例論》《中國

---

① 方行、湯志鈞整理:《王韜日記》,第 176 頁。
② 陳大康整理:《張文虎日記》,第 44 頁。
③ 同上書,第 91 頁。
④ 方行、湯志鈞整理:《王韜日記》,第 135 頁。

方言古今同異考》《論畫》《書法論》《歷朝字學好尚考》等。前三篇爲文學語言方面,後三篇是有關書畫藝術的。《古文體例論》一文首先論列古文和騈文的界限,並歷數歷代論古文體例的代表性著作和選本,辨析其各自的特點和流變,最後歸結説:"要其本原,文以傳道。苟不知道之當然,而爭勝文字間,是猶唐花之娛目,淫哇之亂聰,不足取也。古人文成而體例由之以立,求諸道而不求諸文,文自無不工也。今人援體例而文章仿之以成,務爲文而不明乎道,文雖工而無所用也。"①《四六體例論》所論思路也大體相似,只是所論對象是四六體即騈文,在指出歷代四六體特點之後,文章最後總結説:"欲爲四六,先爲古文,未有不能古文,而反善四六者。其言先不清,其氣先不貫耳。故無意於偶對,而筆下適得之者,天機之不可遏也。極力於鋪張,而辭下多雜蕪者,俗學之不足取也。"②《中國方言古今同異考》一文在歷數歷代方言和方言著作流變後,高度概括説:"方言不一,而可括以兩字,曰'南北'。南音清而輕,多浮響;北音濁而急,少曼聲。"並指出方言的重要性在於:"蓋不獨入國問俗,不明方言,無以酬答;即考古證今,不知方言,亦無從論辨。"③文章思路清晰,文字簡潔,立論精闢,顯示了論文作者較好的學問素養和文章技巧。

另外三篇關於書畫的文章也有作者自己的見解,《論畫》一文不僅論證了"畫始於人物,而花鳥次之,山水又次之",而難度"莫難於山水,而人物次之,花鳥又次之。神似者上也,形似者次也,蘇氏所謂作畫而必此畫者,見與兒童鄰也"。同時,還論證了"畫先於書者",因爲"'六書'之法,一曰'象形';'象形'者,形象也,象其形而象之,即畫也"。④ 又《書法論》和《歷朝字學好尚考》二文,在歷數書體變化和歷代論書著作後,不僅梳理出書法演進的軌迹:"自李斯小篆始,一變而爲程邈之隸書,王次仲之八分,至蔡邕而有真書之遺意,其與漢時之章草,伯英之草書,相後先焉。鍾元常實爲真書之祖,即楷書之祖。厥後而晉之諸王及懷素等,始傳草書。蓋篆最先,而草最後。又有飛白,則蔡中郎所作也;雙鉤,則梁元帝所作也。此皆書之旁門,……亦爲不可廢之書法也。"而且總結出"要之,書家亦分南北二宗,南書之宗,自羲之始,後之顔、柳得其真。北書之宗自索靖

---

① (清)郭友松:《古文體例論》,載《益聞録》1880 年第 34 期。
② (清)郭友松:《四六體例論》,載《益聞録》1880 年第 38 期。
③ (清)郭友松:《中國方言古今同異考》,載《益聞録》1881 年第 117 期。
④ (清)郭友松:《論畫》,載《益聞録》1881 年第 94 期。

始,後之鄭、薛傳其法"。① 或謂"南鍾北索",鍾再傳之王右軍。② 如上已述,郭友松是一位技藝高超的畫家,同時他也是擅長飛白書的書法家,1886年《益聞錄》中刊有"南匯芷顧麟"寫的《奉懷婁縣郭友松同門兼乞所作飛白書》詩,顧麟和郭友松同門,詩注云"座師"同爲"劉絨三先生",顧麟"受知在丁卯",友松"受知在癸酉"(正與郭友松"癸酉始登賢書"相合)。詩云:"樹幟文壇按墨兵,海飛石走鬼神驚。筆鋒禿盡中山兔,不斷春蠶食葉聲。"③可見他的飛白書還非常精彩。所謂飛白書,是指筆劃中絲絲露白的一種書法,像是枯筆所寫,相傳爲蔡邕所創。正因爲郭友松自己能寫字作畫,因而他有關書畫的論述也自有個人獨特的心得體會。

其次是歷史故實。這方面的文章有《成湯禱雨論》《屈原論》《湯伯閱論》《海忠介治吳論》《湯文正毀淫祀説》《陶侃温嶠論》《周處論》《郭子儀李光弼論》和《歷朝冠服制度考》《梨棗鐫書考》等,這類文章大都以歷史上一些名人故實爲題,或褒揚忠介,或辨明是非,借題發揮,借古喻今;少數兩篇是有關古代制度方面的。褒揚忠介的如《屈原論》,借屈原遭讒之歷史,説明"讒人之害賢人爲甚力,而賢人之見困於讒人爲甚亟,至讒人之説行,而賢人之身斥。於是謀國者皆爲小人,而無一賢人,其國並可謂無人,而其國亦遂敗亡於群小人之爲讒人矣"。④ 又如《海忠介治吳論》和《湯文正毀淫祀説》二文,一借海瑞治吳時"遇事不撓,見惡必斥",舉凡"緝神之請托,獄訟之不明,書差之橫恣,公皆一一痛懲之";⑤一借湯文正撫吳日"躬詣其地,焚祠伐象,散諸僧道,其托巫覡以取財者,盡法懲之",⑥二人前後輝映,"庶足相匹"。

辨明是非的如《成湯禱雨論》和《周處論》二文,前者針對明嘉靖間進士張南軒認爲成湯禱雨時"剪髮斷爪,身爲犧牲",是"毀傷父母遺體,湯之聖必不出此,遂以此事爲野史謬談",指出所謂"父民遺體,不可毀傷,謂爭鬪顛踣之屬,絶筋折骨,無端而損傷耳。若用以昭事,且爲天下之人

---

① (清)郭友松:《書法論》,載《益聞錄》1881年第102期。
② (清)郭友松:《歷朝字學好尚考》,載《益聞錄》1881年第108期。
③ (清)顧麟:《奉懷婁村郭友松同門兼乞所作飛白書》,載《益聞錄》1886年第573期。
④ (清)郭友松:《屈原論》,載《益聞錄》1879年第30期。
⑤ (清)郭友松:《海忠介治吳論》,載《益聞錄》1880年第52期。
⑥ (清)郭友松:《湯文正毀淫祀説》,載《益聞錄》1880年第48期。

請命，而惜此爪髮之微，正恐成湯之聖所爲決不若是之吝也。況古人揃爪鬋髮之爲，平居以之修容，且不之禁，居喪反廢，以其無藉此修飾之功耳。若在今日，修爪薙髮，人人皆然，將盡謂之不孝乎？"①可見張氏之論實爲"迂論"也。文章不長，但層層展開，邏輯嚴密，駁論非常有力。《周處》一文也是如此，周處年少時縱情肆虐，爲禍鄉里，鄉人曾稱之爲"三害之一"，但在郭友松看來，"天下異才，其少時不皆馴謹庸流，不能成大業，而亦不能爲大惡也"，而"一旦改行爲善，立節千古"。像周處這樣，"明知其死，而不敢逃死，其從容赴義，不更較凡爲殉節者加一等哉"！② 論述有力，語言鏗鏘，更增加了文章的感染力。

再有是時事評論。這方面的文章有《富國強兵策》《中俄軍事議》《理財論》《賽馬論》《禦火説》《返樸歸真論》《論禁妓館》《論婦女不宜入茶肆》等。其中前兩篇是有關國家大事的，《富國強兵策》一文先列舉了一些世俗的膚淺狹隘之見，如："自海國和約以來，人見西人之爲商而不爲農，重税而不重賦，遂謂與中土殊者，此目論也。""又見輪船之堅而且速，火炮之利而有准，電音之四處可達，西兵之百戰不疲；又謂騎戰非所長，弓矢不足習，諜探不待設，將士不相敵者，亦目論也。近日機器之局，格致之書，幾於邑有其法，家有其文，而且報事之館日開，巡捕之設益廣，西人之耳目手足，猶中人也，而謂其別有策以致富強者俱矣。"這裏，所謂"目論"，即膚淺狹隘之論；所謂"俱"，即荒唐、荒謬之意。那麼，究竟如何才能富國強兵呢？郭友松除了舉《管子》《商子》《墨子》三書"可以采而用之"外，提出"更有不足言策，而真乃妙策者"，這就是小説《希夷夢》一書，"於九卷中托爲閭邱仲師所上浮石之武略，有五綱四十目。其五綱：一曰修内，二曰理外，三曰出征，四曰臨敵，五曰還軍。修内之目：一曰任賢，二曰重農，三曰慎刑，四曰薄賦，五曰敦禮，六曰養士，七曰辨材，八曰除異。理外之目：一曰謹邊備，二曰復屯田，三曰禁軍需，四曰安遠人，五曰慎取予，六曰練士卒，七曰隱諜，八曰攻心。出征之目：一曰正名，二曰任能，三曰一士志，四曰親信將吏，五曰備要，六曰養氣，七曰選鋒，八曰向導。臨敵之目：一曰詳察，二曰相地，三曰風向，四曰分合，五曰敗愈奮，六曰勝愈慎，七曰善久，八曰無暴。還軍之目：一曰推功，二曰賞榮，三曰安吏，四曰崇儉，五曰修城濠，六曰實精鍊，七曰修教化，八曰任廉潔。此

① （清）郭友松：《成湯禱雨論》，載《益聞録》1880 年第 44 期。
② （清）郭友松：《周處論》，載《益聞録》1880 年第 40 期。

四十目者,雖意在兵,而富國之道,實寓於此"。① 這裏所説小説《希夷夢》又名《海國春秋》,作者汪寄,約活動於清乾嘉年間,此書有嘉慶、光緒年間刊本、上海蘇報館和大達圖書供應社印本問世。查小説《希夷夢》,其第九回正有所謂"救澆漓立議修文德,整散漫揮毫著武謀"的大段描寫,除個別文字有出入外,内容基本相同,而且所言更爲詳盡具體。② 這裏,郭友松借小説《希夷夢》所寫,不僅表達了他對富國强兵之策的思考,同時也反映了他對作爲"小道"的小説的熟悉和關注,可見他創作小説《玄空經》也非偶然。至於《中俄軍事議》一文,更是一篇論述當下時事的論文,文章提出處理中俄兩國間關係的準則:"在中國宜平心從事","在俄亦當審利就機",而且"中土文教之邦,本不好言戎事","俄國尚希臘之教,……教本寬柔,而寬柔之道,尤以殺人爲戒,《十誡廣義》備列其説。故得取彼國所奉之教,以釋其釁端,或亦管窺之一隙也夫"。③

其他《理財論》《賽馬論》和《禦火説》,是有關百姓經濟生活、日常娛樂和城市安全的;《返樸歸真論》和《論禁妓館》《論婦女不宜入茶肆》,是關於社會風氣的。這些文章都是針對當時社會生活和風尚,闡述了作者對於一些社會問題的看法,它反映了郭友松作爲一個報人,對社會問題的敏感和文章出手之快。這裏限於篇幅,就不一一贅述。

最後是文化教育。這類文章也涉及好些方面,如《愚孝論》《出妻論》《擇友論》,這是有關家庭和社會倫理的;《教子論》《讀書論》《歷朝義學沿革考》,這是有關家庭和社會教育的;《釋聖》《釋天》《上帝説》《書景教碑後》,這是有關宗教問題的。

有關家庭和社會倫理的,《愚孝論》和《出妻論》分別對古代的"愚孝"和强加於婦女的"七出之條"予以了抨擊,前者認爲歷史上所傳種種"割股奉親"之事,乃是"陷親以不仁之奉,居己於無知之徒,又烏得謂'孝'乎"! 並進一步指出:"人之奉其親,猶人之承大造,大造極以生命爲重,即父母亦極以子命爲重。大造以自絶其生命爲極惡,親心亦以子之濱於死亡爲最悲,然則舍愚孝而孝可言矣。"至於"僞爲孝行之徒,更下於愚孝

---

① (清)郭友松:《富國强兵策》,載《益聞録》1880 年第 80 期。

② (清)汪寄:《海國春秋》(即《希夷夢》)第九回,昆侖出版社 2001 年版,第113—134 頁。

③ (清)郭友松:《中俄軍事議》,載《益聞録》1881 年第 82 期。

之徒矣。愚孝且不可,況敢僞孝也耶"!① 後文提出:"以大義論之,婦人於夫爲人倫之首務,斷無可出之道。重之以相攸,要之以媒妁,告之於父母,宣之於親友,何等鄭重! 而一有不合,遂揮而去之,亦太過矣。"②不僅"七出之條"不可行,即三出(指婦女犯有不孝和淫、妬三罪)亦不可行。兩篇文章都推理嚴密,駁論有力,酣暢淋漓,極有氣勢。

有關家庭和社會教育的,《讀書論》一篇尤其精彩。此文雖然不長,但詳細羅列了歷史上種種讀書之法,如:"或謂讀書當如朱子之讀書法,此則循序之道也;或謂當如蘇氏之八面受敵,此則精進之功也;或謂於我胸中,先分數類,將所讀之書,逐部挨入,積久自多,此合萬殊而爲一貫也;或謂即我分寸,先立主見,凡所讀之書,逐次引證,取裁自精,此以一貫化萬殊也。"又謂:"能讀書者,史不乏人,最愛《北史》李之掞云:讀書非以弋名,但異見異聞,心所願也。此真善讀書者。"又謂:"古之善讀書者二人,一則陶淵明之不求其解,一則孔明之獨觀大略,必若訓詁考據之儒,句櫛而字比之,未免日不暇給矣。"真可謂縱橫捭闔,旁徵博引,顯示了作者廣博的知識結構和對於讀書的精闢理解。而種種讀書之法歸結到一點,在善讀書者,"能集衆書而要其成,能會衆説而通其理"。③ 此可謂深得讀書三昧之論。

有關宗教方面的,以《上帝説》一文爲代表。該文引經據典,引用了儒家經典如《四子書》(指《論語》《大學》《中庸》和《孟子》四書)、《禮經》、《易》、《尚書》等有關"上帝"一詞的釋義,先駁斥了後儒或以"形天爲帝",或以種種異説相混的似是而非的説法,指出"徵諸經傳,知上帝者,主也。洪濛未辟以前,已有此主。人物,主造之人物也。終始,主爲之終始也。恩滿五洲而莫之缺,威行萬古而莫之抗。無可頌,無可贊,惟有一心一意以奉之而已"。同時,該文還引用西方傳教士利瑪竇的著作,謂:"舊曾讀太西利氏《天主實義》十卷,其發明上帝之義,至精至確,惟近儒多有誤以形天爲上帝者,故改稱上帝爲天主,而其論始終本末之義,則未嘗或異也。今歷論四子六經之言上帝者如左,而復及於利氏之説,試取而觀之,誠所謂東海西海,有聖人出焉,此心同,此理同者,益可曉然於上主

---

① (清)郭友松:《愚孝論》,載《益聞録》1880 年第 76 期。

② (清)郭友松:《出妻論》,載《益聞録》1881 年第 91 期。

③ (清)郭友松:《讀書論》,載《益聞録》1881 年第 95 期。

之不得淆惑於異端之論也已。"①郭氏在此明顯地繼承了利瑪竇"以儒釋耶"、"儒耶互釋"的策略,爲找到並辨別"上帝"一詞在中國儒家經典中的本義作出了獨特的貢獻。難怪文後有跋語指出:"'上帝'二字,原本六經,系指無形無聲之主宰而言。語意本極昭著,奈後儒釋此二字,每以形天之説相渾,致有形無形之間,猝難辨別。用[因]是吾教中通稱之曰'天主',以別乎有形之蒼蒼。兹得茸城郭孝廉見惠《上帝説》一首,引經據典,洵足與教旨互相發明。盥讀既畢,即付手民,以供衆覽。本館附跋。"②可見編者對此文的高度贊賞和重視。

以上我們粗淺分析了郭友松在《益聞録》上發表的數十篇文章的大致内容,綜觀這些論文,我們可以發現一個有趣的現象,即郭友松在很多文章中,都會在大量引用我國傳統儒家經典的同時,結合西方的制度和學説,加以比較分析和論述。上引《上帝説》一文就是典型的個案,該文把儒家經典有關上帝的論述和西方傳教士利瑪竇的《天主實義》相互引證和發明,對後儒有關上帝的種種謬説進行了細緻的辨析和抉僞,是一篇"以儒釋耶"的典型範文。

同樣的例子還可舉出《擇友論》一篇,在這篇文章中,作者先引用了孔子所云"損者三友,益者三友"的説法,認爲"朋友爲五倫之一","人生於世,父兄師長而外,得益於友者實多。然非無端而能受其益也,始必窺其本原之地,繼而察其行習之間,誠可交矣,然後友之"。作者還特意指出交友中的一種不良傾向:"尤可笑者,勢利之交,利盡則交疏,勢亡則交絶。"因此告誡讀者:"君子之於友也,必志同道合者,然後友之。"而所謂"友也者,友其德也,誠爲千古擇友要語"。緊接着筆鋒一轉説:"猶憶泰西利瑪竇有《友論》一篇,其書刻入《文學初函》中,而《昭代叢書》中亦曾采之。語語警醒,令人神往。如云'友乃第二我',又云'既爲友,何一貧而一富'?皆足以砭俗人之失,而寬有道者之心。其書具在,試取而誦之,其于交友之道,足以無失。"③此文同樣是"儒耶互釋"的範文,作者在儒家學説和西方傳教士著作之間自由出入,游刃有餘,信手拈來,皆成文章。

類似的例子我們還可以舉出很多,如《成湯禱雨論》《理財論》《釋天》《富國强兵策》《歷朝義學沿革考》《返樸歸真論》《歷朝冠服制度考》《禦

---

① (清)郭友松:《上帝説》,載《益聞録》1880 年第 57 期。
② (清)郭友松:《上帝説》文後"本館附跋",載《益聞録》1880 年第 57 期。
③ (清)郭友松:《擇友論》,載《益聞録》1881 年第 93 期。

火説》《賽馬論》等,都有這方面的精彩表現。看來,郭友松作爲一個傳統士子兼西館報人,不僅諳熟我國儒家經典和傳統文化,而且還比較熟悉西方傳教士著作及其思想學説,他雖説不上是學貫中西,但起碼可説是學兼中西。這正是時代及其特殊的經歷在他身上所烙下的鮮明印記。

要之,《玄空經》作者郭友松不僅生平事迹可考,而且其交游也不乏當時的文化名人,他在讀書應試的同時,還創作小説和書畫作品,並寫下了大量學兼中西的報刊文章,可説是一個集傳統士子、民間才子和西館報人於一體的近代知識分子的典型。在他身上,彙聚了社會轉型時期一個傳統文人向近代知識分子過渡的諸多時代特徵。今天,我們通過對他和王韜等人的個案研究,正可以追尋和還原那個時代知識分子的生存狀態和心靈軌迹。只是相比王韜,他還遠未引起我們足夠的重視。

原載於《文學遺産》2015 年第 3 期<br>
(孫遜,上海師範大學都市文化研究中心教授)

# 塗乙删改總爲善：説稿本

沈　津

稿，也作稾。《辭源》作寫詩文的草底。《史記》卷八四《屈原傳》：“懷王使屈原造爲憲令，屈平屬草稾未定，上官大夫見而欲奪之，屈平不與。”古時將定稿也稱之爲“稾定”，《新唐書》卷一七九《王涯傳》：“涯文有雅思，永貞、元和間，訓誥温麗，多所稾定。”

我們平常寫一篇文章，都要經過起草、修改、定稿這一過程，更何況一部著作的完成，又傾注了作者多少心血。所以作者在寫作過程中，必定有數種不同程度的稿本出現，稿本基本上可以分成兩大類，一爲未刻稿本，二爲已刻稿本。藏書家周越然將稿本分爲：一、未刻稿本，有已謄清者，有未謄正者，未謄正者，雖書體不工，然筆法高雅；二、已刻稿本，書已刊行，但稿本確爲刊行前之手稿，雖稿本中添注塗改之處甚多，然藉此可以知前人作文用字之苦心。

## 稿 本 的 形 態

我們在見到稿本時，首先應該查考一下此部稿本是否已經刻印，已刻過的稿本與刻本又有何區別，從而進一步審定此稿本的價值。下面我們將稿本歸納成幾種類型：

一、初稿。初稿包括作者的原稿、草稿。此可視爲作者親筆寫成的第一次稿子，當然，這裏的前提必須確定是作者的親筆，也包括同時友朋或學者的簽注意見，如序及跋等。如美國哈佛大學哈佛燕京圖書館藏《明楊繼盛奏疏草稿》，明楊繼盛撰。明嘉靖三十一年（1552）手稿本。計 14 頁，裝裱爲一册。題“兵部武選司清吏司署員外郎事主事臣楊繼盛謹奏”。楊繼盛，號椒山，河北容城人。嘉靖二十六年進士。授南京吏部主事，遷兵部車駕司員外郎，因劾大將軍仇鸞誤國，被貶狄道典史。仇鸞事敗後，世宗重用之，初任諸城知縣，調南京戶部主事、刑部員外郎、兵部武選員外郎。爲劾權相嚴嵩十大罪狀，下獄受酷刑，棄市而死。隆慶初，恤前朝直諫諸臣，以繼盛爲首，贈太常寺少卿，謚忠愍。繼盛生於正德十一年，卒於嘉靖三十四年十月，年四十。《明史》有傳。

此稿即楊繼盛彈劾嚴嵩之疏議底稿，塗抹修潤處甚多，行書蒼勁渾樸，全文言辭激烈，痛切之情躍然紙上。作於嘉靖三十一年十一月十六日至十二月十六日之間，在淮安至北京途中。遇"皇上""國家""國""朝廷""高祖""祖宗""旨""聖"等敬字換行另起，並抬高一格。這篇奏疏實爲《請誅賊臣疏》，流傳甚廣，《明史》本傳節略此疏，僅 1600 餘字。楊繼盛手書真迹並不多見，據知海內外現存者，有河北省博物館收藏《楊繼盛行書諫草》《自書年譜》《行書梅軒詩》三件；鎮江博物館收藏楊繼盛被貶狄道時所寫詩文《記開煤山稿》等四篇及臨《雲麾碑》卷；美國翁萬戈先生收藏《楊忠愍公獄中書》手迹，作於嘉靖三十二年元旦。另有少量碑刻尚可見其筆墨。經與他本影印件比對，哈佛所藏確係楊繼盛手書真迹。

二、修改稿必須有作者的親筆修改，由他人謄清後再由作者親自修改的，有第一次，也有第二次。如美國哈佛大學哈佛燕京圖書館藏《皇氏論語義疏參訂》不分卷，清吳騫撰，稿本，四冊。清周廣業、鮑志祖校，清唐翰題跋。書口寫"拜經樓抄本"，無格，有騫書簽。吳騫（1733—1813），字葵里，一字槎客，號兔牀山人，浙江海寧人，諸生，生於雍正十一年（1733），卒於嘉慶十八年（1813），爲清代乾嘉間著名藏書家。吳騫篤嗜典籍，遇善本輒傾囊購之，校勘精審，好學之勤，鮮有其匹。所得書籍 54 000 卷，宋元版數十種，皆世所罕觀者，築拜經樓藏之。是稿例言爲騫朱筆修改，書中夾簽間有吳氏手筆。

唐翰題跋云："義疏全文，知不足齋已刊於叢書中，故不復録，但據十卷中校勘之經注疏，標出之精密詳審，讀義疏之寶筏也。自序云藏之家塾，以備童觀，則固未嘗刊布矣，可不寶諸？""此槎翁書簽。書中書簽志祖云云，乃綠飲先生之伯子也。槎翁補校各條皆手書，寶之寶之。字迹較大者當爲周耕崖學博所校。""是本爲拜經初稿，改易再三審矣。"鈐印有吳騫"竹下書堂"等。

再如上海圖書館藏明王嗣奭的稿本《杜臆》，此爲王嗣奭 37 年精研杜詩的結晶。經過了 66 年的秘藏，直到仇兆鰲采擷精義，收入他所撰的《杜詩詳注》,而名始顯。仇兆鰲對此書推崇備至,他的《詳注》鈔本《歷代名家評注杜詩姓氏》王嗣奭下云:"著《杜臆》二十卷,發前人所未及。"又《詳注》刻本《凡例·歷代注杜》云:"宋元以來,注家不下數百,如分類千家注所列姓氏,尚百有五十人,其載入注中者,亦止十數家耳。……各有所長。其最有發明者,莫如王嗣奭之《杜臆》。"《杜臆》過去曾經南北圖書館傳鈔了數部,得見全稿的人不多。《杜臆》原稿 10 卷,分裝 5 册。每册扉頁有嗣奭手題書名及册數,以仁、義、禮、智、信爲序。卷首又題覆閱次數及檢校歲月。此稿係付次孫孫旦所寫清本,而又經手自校改。每册各附補一卷,則均係親筆。嗣奭耄而不衰,正如他自己所説:"夜披枯腸作真人想,朝拈枯管作蠅頭書,八十老人不知倦也。"

三、定稿本。根據修改稿再謄清的本子。定稿與初稿如何區別,這可以去做兩本之校勘及比對,單單一種則不易辨別。也有付刊後再行修改的,如上海圖書館藏章太炎《訄書》,這是他的政治論文的一部結集,最初寫於 1894 年。1899 年,章由日本返國在蘇州刊行,沒多久,他又在刻本上進行修改,並附有重訂目録。1900 年 7 月,他繼續在原刻本上修訂增删,並於 1904 年排印出版。1910 年,章氏又在日本排印本上作了大幅的增删,到 1914 年則改作《檢論》,並以此定名。在激烈動盪的 20 年裏,章氏不斷修改、增删,從稿本的文字修改中可以看出他由尊法反孔到尊孔讀經,由改良到革命,由革命到保守這一思想演變過程。(詳見湯志鈞文,載《文物》1975 年第 11 期)

當然也有寫在別人著作刻本之上的,有意識要另成一書的,如上海圖書館藏《水經注治要》,清佚名注釋,稿本,存六册。就是録於明萬曆朱謀㙔的《水經注箋》的刻本上。又上圖藏《古文春秋左傳》一卷,題宋王應麟輯,清惠棟參訂,作手稿本。惠棟據《太平御覽》内的内容等補充,寫在書眉上,有的補在書中文字中,書中主要内容非惠氏手寫。故此書版本,應作清惠棟增補,作"稿本"。

再如《周秦名字解故》二卷,高郵王引之撰,是書先已刊成,引之復取刊本重加修訂,滿紙塗乙,無異初稿。後有附録一卷,宛平王萱齡撰。(見《涵芬樓燼餘書録》)

四、清稿本。由他人抄寫謄清的文稿,但需有作者本人的鈐印及其他一些證據。如常熟市圖書館藏《汲古閣集》四卷,明毛晉撰。稿本。前有周榮起題詞、徐遵湯序。毛晉(1599—1659),字子晉,號潛在,常熟人,爲明末清初著名藏書家。藏書多宋元本,汲古閣爲其藏書處。毛晉曾校刻

《十三經》《十七史》《津逮秘書》《六十種曲》等,錢謙益曾有"毛氏之書走天下"之贊語,毛晉《汲古閣家塾藏板目》載有《隱湖唱和詩》《昔友詩存》等,有注云:"以上皆汲古閣主人自著,未刻。"此本用黑格紙,十行十九字,版心下印有"汲古閣"三字,當爲毛晉家中抄書用紙。卷一第一頁作者下鈐有"毛晉之印""毛氏子晉"朱文小方印。全書行式井然,而字體工整秀麗,繕寫精良,凡遇有錯字皆用白粉塗去重寫,可證確爲毛晉待刻之謄清稿本。

此稿本清道光間爲常熟瞿氏鐵琴銅劍樓所藏,由於瞿氏念及毛晉一生校讎,刊布遺書,厥功甚偉,而其著作流傳不多,詩更不爲人所知曉,爲了不使毛晉自著湮没無聞,故延請鄉賢王振聲(文村)爲之勘校,將卷端原題"和古人詩卷"改題爲"汲古閣集",並於咸豐十年(1860)據毛氏稿本刻板印行。板成,即刷印數部樣本,然不慎於火,板片全燬。民國間常熟丁祖蔭設法借得此稿重新爲之刊印,收入《虞山叢刻》。今藏常熟市圖書館,爲瞿鳳起先生所捐贈。

五、寫樣待刻本。實際上是稿本的另一種形式,寫樣待刻稿即付刻寫樣的底稿本,即作者的書稿定稿後,在付諸刊刻前必須寫成樣稿。寫樣稿的紙,多爲毛太紙。用刻板的紅欄格寫成宋體字或楷書體,提供給刻字工匠粘在修整過的木板上。

據盧前《書林別話》所述,"删畢","先用白蠟在紙上輕抹一道,放紙型板上,用雨花石細潤者磨之,使紙之毛頭光滑,便於書寫。大小字夾寫者,謂之雨夾雪。大字宜肥,小字宜瘦。寫長體字或扁體字,皆視方體字爲吃力。寫刻本,用篆隸,或歐字、趙字者,須好手刻之,始免於走樣。宋體字寫法,橫要平,豎要直,長字宜瘦,扁字宜肥,長字撇捺均宜硬,扁字撇捺均宜軟。不問橫之多寡,所空要齊,豎豎亦然,橫謂之倉口,直謂之間架。寫字能正最好,否則偏左不可偏右,右偏則行款必歪斜。寫樣時發覺錯誤,用刀另割一格,四邊略加漿糊粘貼。樣既寫成可付初校。遇錯誤在本字旁加一△,另書正字於樣之上方,有脫落者加○,亦補書於樣之上方。如本文須空格者,在應空處加一○,樣之上方亦應加○,如已空而實不須空者加一丨,樣頭注明接寫二字。如次行須移接上行者,加一丿,樣頭亦注明接寫,昔日稿中多抬頭之處,今則少此例矣。寫樣之改補推動,只有限於一次,復校後再有删除,則必須重新寫樣。復校重於初校,因經復校,即成定本上版矣"。

我所見到的最早寫定刻樣稿本是:上海圖書館藏《譔集傷寒世驗精

法》八卷首一卷,清康熙五年(1666)孫張於喬寫定刻樣稿本,四册。此本寫樣精緻。又該館還有《宋元舊本書經眼録》三卷附録二卷,清莫友芝撰。清歸安姚氏晉石廠寫樣本。四册。此爲姚氏晉石廠寫樣待刻底本,版心下書"晉石廠校本",每卷末書"歸安姚慰祖校栞"七字,意者其欲刻入《晉石廠叢書》,但未及付梓。再如清代學者戴震撰《經説》,是清光緒九年(1883)柯劭忞寫樣待刻本。

六、編輯稿。這是稿本的另一種形式,指收集前人著作彙編而成書稿,或爲摘録他人之著作。如上圖藏《地震稿》,即爲輯自《古今圖書集成》《文獻通考》《資治通鑑》以及各種地方志書中的材料,並分省按朝代年月日編排。有的甚至用的是剪貼本,即在印過的本子上將之剪貼,再加上自己的注文,如上海圖書館藏近人吳士鑑的《晉書斠注》,就是關於《晉書》的注文。

再比如説,像浙江圖書館藏的《今文類體》不分卷,這是一部從多部明刻本的明人文集中剪裁編輯的,輯者應是明末清初學者,書共 138 册。裏面有許多明朝人的傳記、墓誌銘、行狀、祭文、墓表、碑、贊、論、解、策、書、序、題跋、記、詩、説、考、辨,内容非常豐富。顧廷龍先生曾在《回憶瓜蒂庵主謝國楨教授》一文中説:"某年先生游杭歸來,爲言曾在浙江圖書館獲見《今文類體》一書,五桂樓主人自編未梓稿,極爲珍貴。余先曾見之,頗有同感。鄙見此書皇皇巨編,刊印不易,似可編一細目注明其抄本刻本,已刻未刻,使讀者見其目,如讀其書。"

稿本的名目,有時也根據具體情況來核定,如張惠言爲清代嘉慶間重要學者,他撰有《諧聲譜》,張氏卒後,其子張成孫即有改訂。遺稿流傳有三本:一爲張惠言本人的手書題籤《説文諧聲譜》1 册,白紙無格,名之爲初稿;二爲張成孫所編的題稱《諧聲譜》,共 10 册,藍格 11 行紙,名之爲稿本:三爲鈔稿本,8 册,黑格 10 行紙,是借他家用紙抄出者,名之爲抄本。這三種本子經過細核,均有異同,最後由後人據三本整理謄清後再付印的。

又如清嘉慶、道光至同治、光緒間安徽學者劉文淇(孟瞻)、劉毓崧(伯山)、劉壽曾(恭甫)祖孫三代共同撰著的《春秋左氏傳舊注疏證》,有原稿、謄清稿本、提綱稿三種,1959 年由中國科學院歷史研究所資料室整理出版。以上二種也見於上海圖書館藏。

也有人對於自己的謄清刊行的著作自謙稱爲"未定稿""末盡草",亦即稿本的意思。

# 作者成書稿本之不易

實際上，在浩瀚的歷史長河裏，而大多數的史書，尤其是一些史學名著，撰著者都是作爲名山事業，以畢生之精力去從事寫作。所以他們的皇皇巨著歷經千百年之漫長歲月而不失其光輝，比如《資治通鑑》用了 19 年而完成，《通典》用了 35 年，《史記》18 年，《漢書》20 餘年，《通志》30 年，《三國志》十五六年，《後漢書》20 餘年。小人物的姓名如同沙塵一樣容易湮滅，但是畢竟歷史上存在過這些小人物，他們或許懦弱過，而他們從没有放棄過想出版自己著作的理想。那是因爲作者的嘔心瀝血，積累了若干年才得以完成。

曾見清乾隆刻本《周易讀翼揆方》十卷，清孫夢逵撰。夢逵爲乾隆七年進士，授中書舍人、軍機處行走，尋除宗人府主事。是書《經傳字例》末附孫夢逵識語，云："夢逵……因筆之書，積五歲而成帙，隨自翻閱，仍多未安，屢經點竄，不可識別，乃更抄録。庚午迄今，録者凡五。"據此推知，是書始撰於乾隆十年，"積五歲"至乾隆十五年（庚午）"成帙"，後更抄録者"凡五"，至乾隆二十三年（戊寅）告竣。所以，一部書竟寫了 13 年。

有的詩人高才早世，詩集由朋友刻成，名氣大者如黄仲則，其早逝，世頗惜之，翁方綱採輯爲之八卷，劉松嵐爲鏤版以行，趙渭川又刻其集外詩甚多。小名頭的如長洲薛孝廉皆山起鳳，其詩皆獨造，自辟門徑，法式善稱其"亦近時有數才也"。彭尺木爲刻其詩三卷，爲《香聞詩集》。又如松江王子乘（炘），其品格在蘇東坡、黄山谷之間，著有《吳淞草堂詩鈔》，客死後，張子白爲校刻行之。又如館陶耿伯符（錫觀），有詩名，但遺稿零落，存者絶少。劉松嵐爲伯符鄉人，最服膺伯符詩，搜訪遺章，欲爲梓行，而殘縑斷楮不可多得。有的人根本無名，蚓唱蛩吟，没於荒煙蔓草間，當然詩集亦不傳於世。有江南胡丐者，乞食肆中，暇則吟嘯，人亦不解其云何。死之日，題詩於壁，云："生性原來似野牛，閑挾竹杖到江頭。飯籃帶雨留殘月，歌板臨風唱晚秋。兩脚踏翻塵世界，一身歷盡古今愁。從今不旁人門户，獮犬何勞吠不休。"

明李日華《味水軒日記》云："先賢手墨，……士人視之，猶其祖先之物。即貧甚，當竭力購之。又如釋子之遇佛菩薩遺迹，自當不惜髓腦，爲之擁護。"所以作者本人對自己的稿本極爲重視，如當時無法刻印，一定會鄭重交付後人、朋友、學生替他保存、整理和流傳。

一位學者在完成著作後,即使要抄寫一遍,也頗費功夫。清梁運昌撰《讀說文解字小箋》不分卷,四册。其序云:"初立稿草,而病廢久之,未能成書。道光四年甲申,春夏之間,乃復取而訂定之,旁無小胥,隻字皆須下筆,老眼昏花,作蠅頭細楷,殊不容易,辛勤如此,而兒子皆不肖,雖復納楹,無所用之,未知將來此業,當授何人耳。"(清光緒二十八年謝氏賭棋山莊紅格抄本,藏臺北中研院史語所傅斯年圖書館)

長沙周壽昌撰《思益堂集》十九卷,"一生於班書誦習尤熟,手自丹黄,書眉行間,批注殆遍,每寫一册,改竄無餘紙,再寫復然。易稿十有七次,而始成書,見者無不服其功力之勤"(《清人文集別録》,第 499 頁)。焦循在嘉慶四年己未(1799)所作《毛詩草本鳥獸蟲魚釋》"自序"中云:"辛丑(乾隆四十六年,1781)、壬寅(四十七年)間始讀《爾雅》,又見陸佃、羅願之書,心不滿之,思有所著述以補兩家之不足,創稿就而復易者三。丁未(五十二年),館於壽氏之鶴立堂,復改訂之,至辛亥(五十六年)改訂訖爲三十卷。壬子(五十七年)至乙卯(六十年)又改一次,未愜意也。戊午(嘉慶三年)春更芟棄繁冗,合爲十一卷,以考證陸璣疏一卷附於末,凡十二卷。蓋自辛丑至己未(嘉慶四年)共十有九年,稿易六次。"十九年中,稿子改了六次,精益求精,可見其態度之嚴謹。

一部書從稿本到刊刻成書,當中自有許多過程,臺北"國家圖書館"藏《尚志居集》,爲第一、二、三次删改稿本,以及清光緒九年(1883)原刊校樣本,是一個非常典型的例子。此書的作者爲清楊德亨,他的簡歷可見校樣本第三册卷首《楊明經傳》,云:"君姓楊氏,名德亨,字仲乾,池州石埭恩貢生,候選教諭。咸豐初,粤逆圍攻長沙,君曰亂將至矣,盡斂生產,散其餘千金與族姻故舊爲避亂計,後多賴以全活。逮賊入皖南,君遂避地江右之餘干,造次顛沛,篤學不懈。曾文正公聞其賢,屢招致之。年七十二而卒。卒之前部署家事,告誡諸子。"傳文中復提及:"所著書曰《尚志居集》,友人桐城方宗誠删定爲八卷,補遺一卷,又編次讀書記四卷。"

據盧錦堂對此書的介紹,可知第一次稿本不分卷,14 册。删定者方宗誠有多則朱筆題記,如:"昔老友汪梅村先生爲胡文忠删訂遺集曰,今之四海內外,孰不知有胡文忠者,雖片言只字,人皆驚而訝之,寶而貴之,然千百世後,未必人人知之也。今欲刻其遺集,須令千百世後不知誰何之人,亦不知胡文忠爲誰何人,而展其集,自然愛慕,珍藏寶貴,然後可以永傳,果欲如是,則在擇之精,取之約,無以多爲也。予嘗服爲篤論,即本此意以删節仲翁之集,未知有當否也。"

方氏對此書的刪定自有其標準，他定下的是："凡閑文，不必存；凡自矜語，不必存；凡爲名之言，不必存；凡重出之言、重見之事，皆不必存；凡不雅馴、不脱土俗語句，皆不必存。專以質實悱惻有關係者則存之。縱文不能成家，而終是儒者之文，則其體尊矣。""凡文無關係者，可不存；不雅馴者，不必存；題不合體裁者，改而存之。"除了文字校改外，諸篇首或末有以朱筆注明"可存"或"可以不存"等字樣，亦有以墨筆記"節存""姑存之""不録"或"刪"。

第二次刪改稿本亦不分卷，32册，書中亦有方氏朱筆題記多則。第三次刪改稿本亦不分卷，7册。二種都有刪改。最後的定稿於清光緒九年（1883）刊成，爲八卷補遺一卷讀書記四卷。這四種本子，非僅所收篇章多寡不一，重要的是文字屢經改易，始定稿付梓。古人於著述的公開行世，大抵謹慎如此。（《以古通今——書的歷史》）

各種稿本多屬可貴者，若細細研究之，有名家手稿，或因當時作者以爲尚未完善，不願刊行；或其子孫無力刊行，流落在外；或因藏書家視之太重，不肯輕以示人，至今始發現者。我所見到的最早的是宋司馬光的《資治通鑑》殘頁手稿，那是中國國家圖書館的藏品，前幾年已影印作爲贈品，哈佛燕京圖書館有一件。此件1960年曾由北京文物出版社影印出版，書名題作《宋司馬光通鑑稿》。司馬光爲北宋寶元元年進士，歷任仁宗、英宗、神宗三朝。熙寧間，王安石推行新法，他竭力反對，出外。哲宗即位，入朝爲相，盡改新法，恢復舊制。死謚文正，追封温國公。《資治通鑑》是司馬光與劉恕、劉攽、范祖禹等合編而成，共294卷。殘稿今存計29行460餘字。

趙萬里先生對此稿曾有跋云："從東晉元帝永昌元年（公元三二二年）正月王敦將作亂起，至同年十二月慕容廆遣子皝入令支而還止。每段史事文義不連貫，但寫開端一、二字或四、五字，以下便接'云云'二字。史稱《通鑑》，初名《通志》，僅八卷，宋英宗時置局秘閣，重新編輯，書成，神宗趙頊給它取名叫《資治通鑑》。因此，我們推測這是作者根據多種史料構成完整體制的最初形式。這個卷子，如果不是《通志》，就是《通鑑》的初稿了。這個卷子的最後一段，作者利用范純仁寫給作者和他的長兄司馬旦二人的書劄，作爲稿紙，把原劄文字用墨筆抹去，但字迹仍可全數辨認。""卷後前人題跋者有宋人任希夷、趙汝述、葛洪、程玿、趙崇龢，元人柳貫、黄溍、宇文公諒、朱德潤、鄭元祐等人。"此卷舊有韓性、吴萊、甘立三跋，乾隆間《石渠寶笈》著録時，即已遺失。其中韓性跋云："温公被命爲《通鑑》，給筆劄，避僚屬，其事至重。其以牘背起草，可以見其儉。字必端謹，可以見其誠。比事而書，該以一二字，可以見其博。紙尾謝其稿，此尋常之事，亦出於手書，可以見其遇事之不苟也。方公作此時，豈料其爲後世之傳。由今傳之，盛德之蘊，自然而形見，蓋有不可勝言者，敬慕不已。"《資治通鑑》是我國歷史上最富有史料價值的編年體史書，宋元以來一直爲歷史學家們所推重，此殘稿中，可窺見司馬光等人在鈎稽史料、校訂史實、安排體例、剪裁文字等方面臨事不苟的精神。

宋人稿本或僅上述的一種，元人稿本雖有流傳，但也不多，而且藏書家往往只重其書法墨迹而列入書畫目中，如元仇遠的《山村遺稿》刻在《元詩選》中，原件是仇氏的一個手寫詩卷。又如元徐鐸曾的《東吳小稿》印在《合衆圖書館叢書》中，當時是根據陳氏手寫的詩稿册頁。

如臺北中研院史語所傅斯年圖書館藏《詩集注附釋》一卷，爲清丁晏稿本，丁氏著述彙刊爲《頤志齋叢書》，卷首書目列已刻印板者22種，未刻繕稿者25種，此《詩集注附釋》及《書蔡傳附釋》均爲未刻之稿，眉端批注也係丁氏手筆，洵珍貴也。

山東省圖書館藏蒲松齡的《聊齋志異》，過去没有刻本以前，曾有不少抄本流傳。1955年出版了影印的手稿本，手稿本是1948年在東北西豐解放後檢查土地改革時，在一家貧農家中發現，除3篇序文外，還有237篇計400頁，是原稿的半部（另半部至今未被發現），其中有28篇是通行本中所没有的。如"鬼哭""絳妃""牛岡文"三篇是各種印本中没有的。1962年中華書局出版的《聊齋志異》會校會注會評本，就參考了手稿本和乾隆鑄雪齋抄、乾隆青柯亭刻本、石印本等不同版本，可稱爲較完備的本子了。

再如《漢書殘本考異》一卷，清錢泰吉撰，手稿本，一册，藏上海圖書館。錢泰吉，字輔宜，自號警石、錢復子。先世本居浙之海鹽甘泉鄉。官海寧州學訓導，垂30年，將去，又爲州人舉主安瀾書院數年。生平致力於古文詞，與兄儀吉書問叢邅，諮詢學術，動輒千言。先世遺書萬餘卷，其自中年即好校古書，借人善本及先輩評點之册，寫而注之眉端，如《史記》、前後《漢書》、《晉書》、《集韻》、《元文類》等，皆勘校數周，一字之舛，旁求衆證。《（光緒）嘉興府志》卷二一列傳云："泰吉積書數十櫝，大半丹鉛所點勘，於四庫名籍幾遍。"此稿本乃據宋刻《漢書》考其異同，頗多泰吉己見。泰吉自39歲時，曾從梅會里李遇孫處，借得所藏錄何焯校前後《漢書》，精研數年，自有成就。錢泰吉自跋云："道光乙巳夏日，遇塘棲勞季言格於吳山書肆，未幾，朱述之（金陵人）明府緒曾亦至，兩君皆博聞，廣收藏，各操鄉音不相通，因此筆談，良久而罷。余亦得聞所未聞。勞君語余，有松崖先生《漢書》校本，逾月，屬其從子桄叔頠攜示，因倩鍾署香、潘稻孫爲抄録，此本桄叔以所纂補錢晦之《續漢書藝文志》屬爲之序，尚未有以應也。十月十三日，泰吉記。"錢泰吉跋中所云勞朱筆談，當爲書林之佳話。此本未刊。鈐印有"嘉興錢氏泰吉字輔宜號警石"、"文瑞曾孫"、"錢印泰吉"、"錢印泰吉"（白文小方）、"警石"、"可讀書齋"。

## 稿本的價值與作用

　　1979 年 6 月初，顧廷龍先生應安徽省圖書館、安徽省博物館之約，前往觀書，並在兩館安排的一次座談會上，專門談到了稿本。先生説："稿本很重要，有刻過，有沒有刻過的。《貞素齋集》（元舒頔），可以説編《四庫》時的稿本，這張卡片如何著録可研究。昨天看到《方望溪文稿》，真是手稿，特別是有未刻文 30 多篇。我們有《文徵明詩文稿》七本，一本是詩稿，大都是祝壽詩，我思想上以爲内容不重要。在我來合肥的上一天，有一讀者研究文徵明幾十年，他在編文的年譜，他看到壽詩中夾着一首懷唐伯虎的詩，他從來沒有見過，認爲很重要，可以看出兩人的交誼。所以詩中亦有内容，不是深入研究看不出來。對一本稿本的取捨，要瞭解在這段歷史和社會關係，於是對詩句、文句有所瞭解。""我希望這次編全國善本總目，能多發掘出一些抄校稿本書，增加我們的財富。不是説刻本不重要，因爲宋元明清刻本，大家向來注意的，稿本則歷來不大受藏書家的注意。《瞿氏鐵琴銅劍樓書目》中沒有稿本；鄧邦述的藏書目中僅八種，而且列名人抄本中。現在兄弟館已大力注意搜集。雲南發現陳澧的稿本、黎貴惇的《撫邊雜録》，四川有《四川通志》稿本（宋育仁），未刻。杭州市發現傅以禮華延年室稿本。童振藻的稿本，他研究地震的。廣東發現《春秋大義微言》稿。稿本中有很多第一手材料。"（按：這次座談會上的發言，後來以《〈中國古籍善本書目〉編輯工作的彙報》爲名，被收入《顧廷龍全集·文集卷》，第 442 頁）

　　趙彦衞《雲麓漫鈔》有一個例子説明古人審定文字之難，有云："宋景文修《唐書》，稿用表紙朱界，貼界以墨筆書舊文，傍以朱筆改之。嘗見所修《韓退之傳》稿末云'學者仰之如泰山北斗'，塗之，改云'景星鳳皇'，復塗之，仍書'泰山北斗'字。"案此與王荆公自改其詩"春風已緑江南岸"，改"緑"爲"到",又改"到"爲"緑"正同。作者所寫的著作,在其原稿中最能真實地表達他的學術觀點以及思想變化的發展過程。因爲在反復修改的過程中,文字多有改動,從字裏行間可以研究、分析出作者對一件事物的認識過程,從而反映出作者思想演變的過程。

"文化大革命"中還發現了龍榆生先生的日記《吴下幽居日記》,内中所記資料甚多,當時摘出兩條,録如下:蓬萊吴子玉(佩孚)原爲彭剛直公之子,其母爲彭第八妾,以不安於室,斥歸衛士吴某,不三月而子玉生,其後吴率師入湘,猶爲彭改建墓碑,下書子玉,立以寄意也。另一則爲張作霖事,云:張作霖原名盧義勝,爲胡匪第二首領,其後真張作霖被殺,東撫趙爾巽招安盧,遂冒張姓,出領其衆,改任管帶,因此起家。此外還有汪精衛妻陳璧君被囚上海提籃橋監獄的各種表現等。這册日記,《龍榆生年譜》的作者則不知有此書存世。

稿本的作用從學術上看,可以糾正刻本的錯誤,例如上海圖書館藏《後漢書疏記》稿本,是嘉慶間蘇州沈欽韓撰,曾經浙江書局刻過,此稿本雖然不全,但是與刻本對校,可發現刻本錯誤漏脱甚多。最易見的如稿本卷一〇、卷一一全未刻,另第二十七卷竟然把《前漢書·藝文志》全部刻進去了,錯得離奇,其他缺刻葉子和錯字亦不少。

又如上圖藏《俞仲蔚文稿》不分卷,明俞允文撰。稿本,清金農跋,四册。俞允文,字仲蔚,江蘇崑山人。年十五,爲《馬鞍山賦》,長老異之。年未四十,謝去諸生,專力於詩文書法,與王世貞友善,爲嘉靖五子之一。萬曆七年卒,年六十七。《明史》有傳。王世貞曾刻其集四卷,嘗云:"仲蔚好里居,又善病,家甚貧,凡所爲行者不厭死而已,然終不能事干謁,而自托古文辭特甚,平生不屑唐以後書,悉置弗讀。賦宗楚人,詩汰齊梁諸體,具有奇思。餘文亦能辟易流輩。"此稿本題"文稿"。第一册收賦 16 首、詩 95 首;第二册收詩 11 首、七言古詩 103 首;第三册爲記 2 篇、序 15 篇、傳 1 篇、志 4 篇、碑 1 篇、行狀 1 篇、頌 5 首;第四册爲文 4 篇、疏 3 篇、書 16 篇、啓 3 篇、銘 4 篇,又高士贊 32 首、漢循吏贊 18 首、雜著 10 篇。明嘉靖間俞憲刻有《盛明百家詩》,其前編收允文賦 4 首、詩 102 首。明萬曆十年程善定刻《仲蔚先生集》二十四卷附録一卷,其卷一收賦 12 首,卷二四言古詩 5 首,卷三五言古詩 135 首,卷四七言古詩 94 首,卷五五言律詩 185 首,卷六七言律詩 43 首,卷七五言排律 53 首,卷八五言絶句 34 首,卷九七言絶句 51 首,卷十序 30 篇,卷十一記 4 篇,卷十二傳 3 篇,卷十三墓誌銘 9 篇,卷十四墓表 1 篇,卷十五碑 2 篇,卷十六行狀 1 篇,卷十七頌 7 首,卷十八贊 32 首、循吏贊 9 首,卷一九銘 4 篇,卷二十誄 3 篇,卷二一祭文 7 篇,卷二二雜著 6 篇,卷二三書啓 30 篇,卷二四跋 13 篇。以稿本與萬曆刻本之細目相核,後者收詩頗多。然稿本賦之部分,如《瑞寶賦》《白鸚鵡賦》《桃賦》《擬艷賦》爲刻本無。又序中《贈醫師魯守正序》《崑山咏序》《婁江悵別圖咏序》《送贊教陸煉師游龍虎山序》《送大參龍池王公赴陝右治所序》;雜著中《崑山重建慧聚寺募緣》《重修有唐蔔將軍神祠募緣疏》等皆刻本所失收。由此可見,刻本所收也非允文所著之全部。

再如美國芝加哥大學遠東圖書館藏的《知過軒隨録》不分卷,清文廷式撰。手稿本,五册。文廷式,字芸閣,號道希,晚號純常子,江西萍鄉人。光緒壬午科順天鄉試舉人,庚寅科一甲第二名進士,授職編修。乙未歲大考翰詹,一等一名,擢侍讀學士。以盛名抗直,爲忌者中之,罷官,戊戌政變,幾陷不測。其於史部尤所長,窮其所至。蓋其輯稿本四種:《旋江日記》《知過軒隨録》《晉書補逸》《經義叢鈔續編》。1969 年臺灣大華印書館印行《文廷式全集》時皆失收。又《全集》所收《知過軒隨録》,與此稿二册皆不同。此稿一爲隨録 73 則,可補《全集》本之不足。其中"讀梅村清涼山佛詞證以故老傳聞"一段,乃廷式從盛伯羲處得御制行狀一刻本,並録 9 紙,甚長,4 000 餘字。一爲隨録黑龍江及俄界情形,計 58 紙,26 000 餘字,諸如鐵路、河流、風俗、出産、寺廟等敍述極詳。

稿本與抄本異。抄本者,其書世間已有流傳,惟字句殊異,次第或順逆,篇段之增删,或與流通本不同。因爲某些抄本乃據稿本傳抄,當可據以校訂傳本之誤,故亦珍貴。作爲稿本來説,或爲撰著者手寫之原稿,或其編定後請人繕正者,但世間尚無刻行之本,即使有之,亦不及原稿之正確,所以藏書家每每奉爲至寶。

對手抄本、稿本來説,不僅是流傳少的問題,因爲本身就少。而且更在於它們的價值。如果是後來未刊刻過的稿本,那價值就大,因爲一本著作搜集資料不易,其完成要花去作者許多的勞動和心血,從中可以看出作者思想演變的過程。修改、定稿等都是不一樣的。之所以稿本沒有刊刻,主要是因爲經濟力量的不足,僅有一個稿本,也就是根本沒有流傳。

## 關於《四庫全書總目提要》的稿本

乾隆三十七年(1772)四庫全書館成立,九年後,《四庫全書總目提要》告成,提要介紹作者生平、内容大旨、著述淵源,考辨文字增删、篇帙分合、本書得失，詳論版本及其他方面之優劣，較完整、系統地介紹乾隆前存世歷代典籍。書成，遂有刻本流傳，然此稿本與現今通行本相校，稍有出入。長期以來，《簡明目錄》及《提要》的稿本（除分纂稿外），在清代的各種文集、筆記中鮮有記載，各種公私藏書目錄也無著錄，可見四庫當時的各種底本流傳至今，多散失殆盡，傳世甚少。今所知僅上海圖書館藏《欽定四庫全書總目提要》殘稿 24 冊，臺北"國家圖書館"殘存 1 冊以及《簡明目錄》殘帙。這些四庫的原稿本雖爲零星殘帙，但仍爲研究《四庫全書》以及目錄學、版本學的學者們不可忽視的材料。

上海圖書館藏《欽定四庫全書總目提要》殘稿僅存 24 冊，計經部 4 冊、史部 4 冊、子部 10 冊、集部 6 冊。書名卷端及書口題"欽定四庫全書總目"。紙用統一格紙，每半頁 9 行，每行 20 字不等。稿本均用工楷謄寫，字體不一，當爲數人所抄。書背上方書有"經部 X""史部 X"以示冊數，且每冊都有重新裝訂的痕迹，卷首皆鈐有"貞壽堂邵氏所藏"朱文長方印記。

殘稿的許多篇提要都有四庫纂修官改動的字樣，在有的提要上大書"删""去""毀""燒燬""此條删"等字樣，這些改動的字，或用黑筆，或用朱筆，從字體來看，也不屬於一二人的手筆。有的頁上書眉原已批注的字句也經撕毀滅迹。編纂偌大一部《提要》，出於衆人之手，分門別類地將各書提要逐一撰稿，已非易事，隨後又經過多次的審閱、綜合、筆削，可以想象《提要》的稿本必定是多次謄清，數易其稿。

這個殘稿有以下幾個值得注意的地方：一、在殘稿中不僅某些提要的排列次序和通行本（1933 年商務印書館排印本或 1965 年中華書局影印本）不同，甚至有些書在稿本中已被選取入目，但在通行本中卻被改入存目。如明錢一本撰《黽記》四卷，稿本排在子部儒家類三，通行本改作存目二；明董説撰《天官翼》無卷數，稿本在子部天文演算法類，通行本改在存目；明姜埰撰《敬亭集》，稿本在集部別集類二十五，通行本改在存目七。

二、分類上有所改動。如明楊慎撰《奇字韻》五卷，稿本分在經部小學類三，而通行本卻爲小學類二。（此書提要也經改動）這説明了在經部中一些書已被抽掉，《奇字韻》也就被移到了前面。

三、所用采進本及藏本有所改換。如明范理撰《讀史備忘》八卷，殘稿爲"編修勵守謙家藏本"，通行本則改爲"浙江范懋柱家天一閣藏本"；明邵寶撰《慧山記》三卷，稿本爲"兩淮馬裕家藏本"，通行本則爲"浙江范懋柱家天一閣藏本"。（此二書提要均有改動。）

四、殘稿提要上並無"毁""删""去"等字樣，但通行本中卻不可得見。如題唐張果撰《通元五星論》、清黄中堅撰《蓄齋初集》十六卷《二集》十卷、清瞿源洙撰《笠洲文集》十卷等。

五、殘稿提要中批有"删"的字樣，但仍見諸通行本。如清毛奇齡撰《太極圖説遺議》一卷、清蕭企昭撰《性理譜》五卷、清秦雲爽撰《紫陽大旨》八卷的提要上都有"删"字，原皆列入子部儒家類四，現改列人通行本的存目三中。

六、殘稿中有的提要雖經改動，但通行本仍據原撰提要。如明張孚敬撰《奏對稿》十二卷、清黄宗羲撰《孟子師説》二卷、宋蔡模撰《孟子集疏》十四卷等。上述三書原經纂修官用黑筆、朱筆圈改甚多，但後來定本仍據原撰提要。

七、殘稿中某些提要的次序有所更動。如清毛奇齡撰《竟山樂録》四卷，上有"此移皇言篇之後"；在《皇言定聲録》八卷上批有"此移竟山篇前"；在《群經音辨》七卷上批有"此篇移十五頁《匡謬正俗》之後，《埤雅》之前"，有的還在小條上批上"《孝經綱目》移入子部儒家"等字樣。

八、殘稿提要由於改動頗大，有的提要不得不重新換寫，因此在字裏行間加以緊縮，如《孝經正誤》一卷附録一卷上有"此篇換寫，每行擠入二字，勻作七行"；在《烏臺詩案》一卷上有"此處三行作二十字寫""此篇將末行'本書歟'三字擠在上數行以内"。

從以上幾種情況來看，可以肯定，此殘稿非最初的稿本，也非後來之定稿，而是不斷修改中的一部分稿本。《提要》稿本由於纂修官們憑臆修改，删削甚多，致使書中頁數脱落顛倒，形成不少缺頁。其中史部殘缺最甚，許多類目都已不可得見，如正史類、編年類、紀事本末類、別史類、傳記類（僅存部分存目）、職官類、政書類、目録類、史評類等。又子部的法家類、農家類、醫家類、藝術類、譜録類、雜家類等也均殘缺。在僅存的二十四册中只有子部的"小説家二"是全的，頁數相連，稿本類目之卷數和現在的通行本完全相同，並無二致。從頁數的顛倒、脱漏等來判斷，好像這個殘稿在當時由全本而被拆散，又由人加以整理重新裝訂成册的，這可以從書腦中原先已有的穿線洞眼可證。如果是原先成册的，人爲地抽去數頁，那並不影響一册書的厚薄，現在的每册厚薄相當，然而内裏頁數卻已是七零八落，且有許多地方的文字已被截去一段，前文不對後句的現象隨時可見。如卷九九的子部兵家類，僅存第 22 頁，卻被置放在卷一○○兵家類存目的第 13、14 頁之中。

自乾隆四十七年（1782）《提要》刊刻後，100多年來，清王朝從來没有把被禁燬的提要公開過，這是因爲這些"違礙"的圖書及其提要都爲清室所諱忌。早在乾隆三十九年（1774）八月的上諭中，就曾講道："明季末造，野史甚多，其間毁譽任意，傳聞異辭，必有詆觸本朝之語，正當及此一番查辦，盡行銷毁，杜遏邪言，以正人心而厚風俗，斷不宜置之不辦。"意圖甚爲明確。因此，所有的提要都是圍繞着乾隆的意旨撰寫的。也正是由於這種"寓禁於徵"的政策，被禁燬的圖書版片不計其數，這是中國古代文化的一次浩劫，許多有一定學術價值和革命思想的著作就此湮没無聞不見傳世，甚至連所毁圖書的提要也不能流傳下來。因此這部殘稿《提要》的發現就爲清王朝摧毁文化提供了有力見證，殘稿《提要》中凡不見通行本以及遼海書社排印的《文溯閣四庫全書提要》的有66種，計經部3種、史部17種、子部1種、集部45種。

近人孫殿起輯有《清代禁燬書目·清代禁書知見録》，可以説是一部集禁書之大成的工具書。在殘稿的提要中，見於孫氏輯録書目的共有37種，不見者有20種之多。這20種提要中極少數是屬於内容一般，無甚大的參考價值者。據此，殘稿不僅向我們展示了僅存的部分全毁提要，而且還可補孫氏輯録書目之所缺。同時我們還可以進一步認爲，這些不見於各種禁燬書目著録的圖書只不過是大量已被禁燬了的圖書的一個小小部分，還有許多我們不知名目的圖書早已成了還魂紙了。

除了上述過去未被發現的由於"違礙"已被禁燬，以及内容一般而被删去的提要外，還發現某些書雖未遭到禁燬，但四庫館臣們所擬的提要内容已多被删改，文字上相距頗大。有的提要内容雖經批改，但和通行本相校，也有不同之處。這爲我們進一步瞭解删改提要的内容，研究目録學、版本學等增添了不少新的材料。殘稿不僅保存了今所不見的部分書之提要，而且對於《四庫全書》及《提要》在完成後又迭經磨勘、删改提供了新的線索，同時也説明殘稿雖然經過總纂官、協勘官等人的不斷增删，但是在後來的謄清稿本上又進一步加以審閱，且有所改動，這也足以説明此本不是定稿的一證。

據統計，自四庫開館至第一部《四庫全書》成，歷任館職者共有360人之多，諸如戴震、邵晉涵、翁方綱、姚鼐、周永年等人，都是具有專長的海内績學之士。各書的提要多由他們擬稿，現在流傳下來的邵晉涵《四庫全書提要分纂稿》、姚鼐《惜抱軒書録》、翁方綱所撰提要手稿等都是可以證明的。諦視稿本中删改添補之朱筆、墨筆當出數人的手筆，其中有的書法秀麗、行書流暢；有的筆劃瘦挺，潦草不規；有的端楷，一筆不苟，凡此種種，不一而足。凡在稿本中修改較多的當爲秀麗的行書與潦草不規的二種。後一種字體端凝不苟，並經與北京圖書館、湖北省圖書館、福建省圖書館藏紀昀所批善本，上海圖書館藏《三松堂魚素檢存》所收紀昀書劄相比對，證明當爲紀昀手筆。在殘稿中，經紀氏改動的提要達數十篇之多。

有關《四庫全書》的各種稿本，除了《提要》外，諸如《簡明目錄》以及當時用作底本而大加刪改的本子流傳至今，已不可多見。筆者孤陋寡聞，見識不廣，特將近年中所見到的兩種有關本子作一提示。

河南省圖書館藏有兩種《四庫全書》中之零散底稿本，一部是顧炎武的《日知錄》，另一部是《明文海》。這二部書在四庫全書館時，都經過館臣們的刪削塗改，内中的文字和現在的本子差距甚大，而尤以《日知錄》爲甚。在《日知錄》中，許多情況都和《四庫全書總目》稿本極爲相似。此本書口上有“欽定四庫全書”六字，書口中題“日知錄”，書前、書尾都有被撕去數頁的痕迹。全書僅存二册，卷數不連，殘缺過半，有好幾卷僅存一頁。書中間有“抽”“刪”“換”“以下照寫”“塗墨仍寫”“此頁換寫”“以下塗處全刪”等字樣。有意思的是，書眉上所批之字，和總目稿本中流暢遒美的行書完全出於一人手筆。

《四庫全書簡明目錄》，稿本，殘存二册，爲卷一五，藏重慶市圖書館。封面爲秋葵色，灑金絹面，湖綾包角，審即乾隆時四庫全書館原裝，每間隔一頁，皆鈐有“翰林院印”滿漢文大方印騎縫章。字體工整，頁數相連，當爲謄正前之清本。書中眉批計兩處，在《伐檀集》上批有“在蘇魏公集後”六字；在《浮沚集》上批有“在東堂集後”五字。書不甚工，經與上海圖書館藏《欽定四庫全書總目提要》底本中《四庫全書》總纂修官紀昀批改字體相核，完全出於一人手筆。在眉端上尚有多張夾籤小注，部分已脱落，這些夾籤中也有紀昀所書。

# 稿本日記應特别注意

日記是文學中特别有趣味的作品，因爲在這種文體中，比較能夠表現出作者的個性。日記的形式，不外乎“排日纂事”和“隨手劄記”兩種。早期的日記都是十分簡單的，最早的比較成形的大約是唐人李翱的《來南錄》，但是半年時間所記還不滿千字。而宋人歐陽修的《于役志》，雖比李氏的“千字文”要詳一些，但還是“至簡”的形式。

日記也是稿本的一種,是作者真實思想的反映和記録。作者的一生或一段經歷可以從日記中得知。對於作者的政治觀點、學術思想、社會關係以至有關風俗習慣都可以從日記中瞭解。有的人在某一個歷史階段是當時政治、經濟或外交方面重要人物,那他的日記就可作爲有價值的資料。胡適云:"日記愈詳細瑣屑,愈有史料的價值。"(《書舶庸談》序)

存世最早的日記原件,爲元郭畀的《元郭髯翁手寫日記》不分卷,稿本,有清翁方綱、周爾墉、崇恩跋。上圖藏。郭畀有文才,長於書畫,和當時名家趙孟頫、倪元鎮等都有往還。此稿記元至大元年至二年(1308—1309)事,除了詳細記載天氣的陰晴寒暑、人事的酬酢往還,以及所看到的書畫文物、經歷過的名勝古迹外,也較多反映了南宋滅亡、外族入主中以後的江浙兩省的社會情況,以及當時士大夫的思想與生活。清乾隆五十九年(1794),清代重要學者翁方綱見到此部日記時,日記訖於二年十月三十日,約3萬字。可是到了咸豐年間,卻佚去二年六月二十一日以後數十葉,還存有73葉,但時至今日又僅存52葉了。我所見到的原件藏上海圖書館,屬於一級藏品。按60年代初,有山西藏家向上海博物館函售《郭天錫日記手稿》九頁,上博將信轉至上圖,原件與上圖館藏可配補。開始索價5 000元,還退後,減價爲1 000元。上圖還價300元,後來成交。如今九頁原件也無蹤迹可尋。除上圖藏本爲稿本外,另有五種傳抄本,内容同上。元朝人的稿本日記或僅此而已。

現存明代的稿本日記,有明潘允端的《玉華堂日記》不分卷,稿本,姚光跋。記萬曆十四年至二十九年(1586—1601)事。藏上海博物館。明侯岐曾的《侯文節日記》二卷,稿本,明侯泓、清金元鈺跋。記南明隆武元年(1645)、永曆元年(1647)事。藏上海圖書館。

一般來説,日記多爲手稿本,清代學人的稿本日記,多爲道光、咸豐時及以後者,乾隆、嘉慶學者所存留者,寥寥無幾。我見過的最重要者爲吳騫的《日譜》,藏上海圖書館,存乾隆四十八年(1783)至嘉慶十七年(1812),前後達30年之久。爲吳騫52歲至80歲時所記,日記所記時間之長、内容之豐富,爲目前所知曉的明清兩代學者各種日記所僅見。此日記對研究作者生平和考訂作者與乾嘉學者之間的關係有重要價值,可以提供極爲翔實的第一手資料。據今日所能查到的各種善本書目,史部傳記類中著録的日記稿本、抄本大約200多種,但乾嘉學者所留下來的稿本日記卻是寥寥無幾,抑且多爲零星殘帙。

吳騫博學多才,爲人忠厚,在江浙一帶有着很高威望。輕財好施,見義勇爲，每當歲歉，農民顆粒無收，他必設法爲之施賑，2 000 餘口，給粥，爲時人稱善。其交游甚廣，與段玉裁、錢大昕、王鳴盛、盧文弨、陳鱣、鮑廷博、周春等人締交深厚，過從極密。談古論今，唱酬什咏，鑒賞書出，日記中均有載及。細讀《日譜》乾隆四十五年（1780）部分，僅存二月十六日至三月十二日，記吳騫與陳鱣同游武林，逐日記述，時寫土風與古相證，並與鮑廷博、盧文弨、奚岡、趙魏諸人往還游燕，玩索金石，摩挲古本，商量揚榷。中又有與陳鱣唱和詩 17 首，皆清新可誦。附録前人休寧白嶽山記述 7 篇。按，唱和諸作，未收入吳騫之《拜經樓詩集》。此 45 年部分，有民國間鄧實《古學彙函》本（民國元年國粹學報社排印本），題"吳兔床日記一卷"，稿本今藏中國國家圖書館。

　　重要學者的日記價值極高，我們還可以舉何紹基的例子，何紹基是湖南道州人，清代道光進士，做過四川學政，而且是非常有名的書法家。四十餘年前，我曾讀過他的手書日記數册，日記均爲行書。按何的行書，確是恣肆中見逸氣，往往一行之中，忽而似壯士鬬力，筋骨湧現；忽又如銜杯勒馬，意態超然，真是越看越有興味。楊守敬説他是"如天花亂墜，不可捉摸"，確然。日記除了記録何氏平時的生活起居、友朋往來諸事外，更有記載書法事。惜當年寫入筆記中未録其年月，兹録數條：廿三日，寫對子廿六副、扁二方；廿四日，寫對卅餘副、扁二方；廿七日，書對數副；廿八日，寫對子卅餘副；廿九日，寫對子卅餘副。日記中記得最多者竟達 50 餘副，可見求書者之多。舊時代的書法家書寫楹聯多有底本，因此往往雷同，何氏卻不然。徐珂《清稗類鈔》中云，何"先後爲人書楹帖以數千計，句無雷同。於臨池時，觸興口占，靡不新雋工切，語妙天下。且其構句，或紀宦迹，或言名勝，或按合時序，或對晤琴書，讀之可見其作書時身心之所在及身世之所當"。何的稿本日記，現今所存尚有道光十四年、咸豐十年至同治元年、三年至四年、十年，分藏中國國家圖書館、上海圖書館、湖南省圖書館、湖南省社會科學院。

　　如袁昶的《漸西村舍日記》，袁昶是清光緒進士、總理衙門章京，辦理外交事多年，1900 年八國聯年到大沽，朝議和戰，他被守舊派殺害。他還有《漸西村人集》《亂中日記殘稿》等。又如屠寄，他有《蒙兀兒史記》一百六十卷、《黑龍江驛程日記》四卷，他曾做過黑龍江電報局總辦。再如孫寶瑄，他曾做過清郵傳部主事，有《孫寶瑄日記》《忘山廬日記》等，他的父兄都是晚清時期大官僚，所以他對當時之時事瞭解較多。這幾種日記今藏上海圖書館。

清代日記傳世不多，名人日記尤少。據《中國古籍善本書目》，自道光至光緒間，稿本日記 250 種左右，但屬於書畫家、鑒藏家之日記則稀之又稀，僅 10 種上下。曾見《過雲樓日記》不分卷，清顧文彬撰。手稿本，一冊。藍格，書口下刻"過雲樓筆記"。封面上書"日記。光緒五年己卯、六年庚辰、七年辛巳、八年壬午、九年癸未、十年甲申"。過雲樓爲顧氏藏書樓，以藏有宋元以來佳槧名鈔、珍秘善本、書畫精品而聞名。蘇州歷來爲人文薈萃之地，顧氏乃蘇州望族，與官宦、學者交往甚多，此日記存光緒五年至十年，中有時一月僅一兩條，或三四則或七則不等，所記較雜。如記其八兒竊其母首飾金珠去上海蕩於花柳之場事甚詳。光緒六年，記文彬 70 誕辰時，來祝者文武各官——文自中丞以下司道府縣及織造，武自參將游擊以下——俱親到，登堂親友咸集，中午用盆麵 15 席，大菜 11 席。其記李香嚴、吳愉庭、沈彥徵、吳子健、胡岫雲、潘殺聞、趙次侯、彭訥生、俞蔭甫、吳引之、盛杏生、幼亭、仲復等來往之事，均可見其平生交游。此雖僅存一冊，但頗具資料價值。

臺北"國家圖書館"的善本藏書中有日記 15 種，其中稿本 11 種，稿本中有 3 種最有價值，一爲清張廷濟《清儀閣筆記》一卷，一冊。雖題名爲筆記，而實際上是日記，記嘉慶十四年（1809）自元旦至八月事。一爲清趙烈文《能靜居日記》五十四卷，54 冊。記咸豐八年（1858）至光緒十五年（1889）事，共 32 年。趙是曾國藩的重要幕僚，日記中記太平天國事甚多。而南京圖書館僅存趙氏的《落花春雨巢日記》6 卷，爲咸豐二年（1852）至五年。一爲清王秉恩《王雪澂日記》不分卷，31 冊。自同治七年（1868）至宣統三年（1911）止，共 44 年之久。王秉恩的日記，題名都不一致，如《甲戌日記》《養雲山墅日記》《養雲山館日記》《歸蜀日記》《粵游日記》《息盦日記》《補管齋日記》《石桃寄廬日記》《憩桐書屋日記》《抱珥山人日記》等，不一而足。王生於道光二十二年（1842），卒於 1929 年，年八十七。四川華陽人，曾任廣東提法使，藏書甚富。

# 稿 本 的 收 藏

對於藏書家來說，稿本是他們特別看重的收藏。遠的不說，就說近代藏書家中的葉景葵爲例。葉爲浙江杭州人，光緒二十九年進士，中國首位銀行董事長、實業家。他在晚年立意搜羅文獻，收藏圖書 2 800 余部，3 萬多冊，其中稿本、抄本 600 餘部，最珍貴的稿本爲顧祖禹的《讀史方輿紀要》130 余册、錢大昕的《演易》、惠棟的《周易本義辨證》、嚴可均的《全上古三代秦漢三國六朝文》等。

潘景鄭先生是著名的版本目録學家，他的眼光早在 20 世紀 30 年代日寇侵華時即有顯露，其時蘇州文物備極蹂躪，狼藉篋衍，藏書家老成凋謝後，遺笈飄零，流散市廛者不知凡幾。丁初園、孫毓修小緑天、莫氏銅井文房、曹元忠箋經室、顧公魯、徐氏積學齋、許氏懷辛齋藏書相繼流散殆盡。淪陷之區不少文獻故家，又以生活日漸艱困，所藏珍本古籍，無力世守，也紛紛流入市肆，這其中就有不少稿本，有些估人莫審其撰者，一時無人問津。但潘氏識得手筆，急欲爲故人存留紀念，如諸仁勳稿本《後漢書諸侯王世系考》，由鄮城流徙滬肆，鮮有過問及之者，潘先生獨惜其文字之湮滅無傳而留之。再如吳大澂《吳愙齋先生手校説文》、宗子岱《爾雅注》殘稿、姚秋農《説文摘録》等。所以，對於先民來説，雖片紙只字，凡爲先人手澤，莫不世襲珍藏。

中國古典文獻學專家王欣夫的《蛾術軒篋存善本書録》，約著録圖書1 000 種，中有稿本 100 餘種，大都爲清代學者著作。其中如王舟瑶據宋刻殘本、劉燕庭集宋百衲本、元中統本、明王延喆翻宋本等 16 種版本校勘而成的《宋蜀大字本〈史記〉校勘記》130 卷，約 200 萬字，因卷帙浩繁，未有刻本，僅有此手稿流傳。又如孫文楷、高鴻裁所撰《山東金石志稿》，著録商代至元代金石作品 3 200 餘種，每種均有考證，爲阮元撰《山左金石志》時所未見。其他如惠棟、翁方綱、盧文弨、馮桂芬、許克勤、沈欽韓、鄭文焯、胡玉縉、曹元忠等學者的手稿都有較高的學術價值。《書録》中收有他稱作爲"學禮齋中鎮庫之寶"的《積書嵓摹古帖》，全稿 60 册，爲康熙時著名書法家王澍的手稿本，此稿爲王氏積數十年心血積聚而成，所臨摹法帖碑版自周秦迄唐宋達 834 種，自撰題跋 380 種。書則四體皆備，跋則考據與鑒賞並重。

截止到 1968 年的統計，中國國家圖書館所藏稿本計 819 部，含經部99 部、史部 261 部、子部 132 部、集部 327 部。其中明清學者的集部別集稿本中有萬達甫《皆非集》一卷、《法藏碎金》一卷、朱賡《朱文懿文稿》不分卷、劉宗周《劉念台先生抄稿》一卷、范景文《范文忠公文稿》不分卷、莫是龍《小雅堂詩稿》不分卷、歸昌世《假庵詩草》不分卷、倪元璐《倪文貞公詩文稿》不分卷、祁彪佳《撫吳尺牘》不分卷、《遠山堂尺牘》不分卷等。

上海圖書館的稿本總數在 1 600 部右右，其中明清學者的集部別集稿本有不少是極爲重要的文獻，如明人稿本中有吳寬《吳文定公詩稿》不分卷、文徵明《文徵明詩文稿》不分卷《詩稿》一卷《文稿》一卷、俞允文《俞仲蔚文稿》不分卷、高攀龍《高攀龍詩文殘稿》一卷、豐坊《南禺書畫目》一卷、王豐《匪石堂詩》三十二卷、徐火勃《紅雨樓集》不分卷、又《鼇峰文集》不分卷等。上圖影印出版的如郭天錫日記、顧雲美的《卜居集》、陳鱣的《恒言廣證》、李慈銘的《越縵堂日記》、王嗣奭的《杜臆》，及陳沆、魏源、龔自珍批的《簡學齋詩》。

在清人稿本如黃宗羲《南雷雜著》中，存文稿 40 餘篇，間有未刊刻者或與已刻文字有異者。惠士奇《大學說》不分卷、查慎行《敬業堂詩集》，稿中篇什多於康熙刻本，並經朱彝尊、姜宸英評點。至於像何紹基、戴熙、龔自珍、魏源、李鴻章、俞樾、丁晏、莫友芝、羅以智、錢泰吉、王韜、張鳴珂、楊沂孫、吳大澂、趙宗建、張佩綸、魏錫曾、肖穆、李慈銘、林旭、吳昌碩等人的稿本，其中多數爲未經刊刻者。

臺北"國家圖書館"所藏稿本似在 500 部以下。

顧頡剛《購求中國圖書計畫書》，其書共分 16 類，第 15 類爲著述稿本，"凡未刊之著述稿，已刊著述之原稿、改稿、印刷樣本等均屬此類。學者生計貧困的多，往往竭一生之力，作成幾部好書，終於無力刊出。我們應當搜集這類稿本，擇尤印行。其已有刊本之手稿等，必有修改之處，在這種修改的地方可以見出著者思想的遷變及學問的進益。又刻本如有誤訛，可用手稿去校正他，所以也要買"。

# 稿 本 的 鑒 定

稿本及抄本都是手寫的，那麼如何去鑒定一部手寫的本子是稿本還是抄本呢？我們見到手寫本，可以先從作者的手迹去辨認，如果是出於作者本人手迹，那屬手稿本無疑。如果不能確定是何人墨迹，而書中又有添注、塗改之處，或者有收藏者題跋、印章，或見於藏書家題跋、文集、雜記中曾經提到過，或者是從作者家中流傳出來，爲作者後人所藏過的，也都可以信其爲稿本。但一定要從多方面去分析，不能人云亦云。

稿本鑒定的依據：

對於手稿本來說，必須爲作者自己親筆手寫。所以對於重要名人或學者的字體要比較熟悉，必要時，要和其他圖錄或參考書中的字體相核。

此外要有作者的印章。如《二十四泉草堂集》十二卷，清王蘋撰，稿本。題"歷城王蘋秋史"，鈐有"二十四泉草堂""濟南王蘋字秋史號蓼谷圖書"印。《諸城金石小識》一卷、《石刻存目》一卷，清尹彭壽撰，稿本。卷端題"邑人尹彭壽初稿"，鈐有"尹彭壽印""琅邪東武人也"印。《周易示掌》不分卷，清袁楳撰，稿本。卷端題"錢塘袁楳實臣纂訂"，鈐有"袁楳""實臣"印。三書俱爲山東省圖書館館藏。（見《山東省圖書館館藏珍品圖録》，第94、108、109頁）

書中有塗改處，如《静遠草堂詩稿》不分卷，清周樂清撰，稿本。（見《山東省圖書館館藏珍品圖録》，第102頁）

所用紙張爲專刻所印，與書名同。《先都御史公奏疏》三十六卷，清楊以增撰，清楊紹和輯，稿本。格紙書口刻"先都御史公奏疏"，與卷一第一行同。《周易卦象彙參》二卷，清譚秀撰，稿本。紙之書口刻"卦象彙參"。（見《山東省圖書館館藏珍品圖録》，第103、110頁）

比如説，有一手寫本，爲常熟瞿氏舊藏，中間夾有一紙條，云："此書未知名，故無標籤。"書之字體寫得很整齊，有多處塗改，塗改處很草率，末頁之空白處加寫詩二首，並經修改。經反復查閱書中文字，其中有《初春端居次竹橋禮部見贈韻》詩一首。查"竹橋"爲常熟人，爲吳慰光的別號，再查他的《素修堂詩集》，卷一五中有《慰頊儒》七律一首，對照後完全符合，"頊儒"是吳卓信的號，也是常熟人，有《澹成居文鈔》，因此，此書就定名爲《澹成居詩殘稿》，這也是確定稿本的一種方法，也是查佚名書的途徑之一。

上海某圖書館藏《讀詩疏箋鈔》不分卷，題清程晉芳撰。卷一第一頁有"歙程晉芳學"，並鈐有"魚門"白文小印。原著録作"手稿本"，1961年時某館定爲二級藏品。1981年我在復審此書時，調出原書細看，發現"歙程晉芳學"之"歙程晉芳"四字系挖補後所加。如此，作程晉芳"手稿本"就有疑問了。一般來説，作者都很重視自己的著作，所以在第一頁上書寫自己名字以示慎重，而此本卻在作者名字上去作挖補，那就有問題了。查程晉芳，字魚門，安徽歙縣人，乾隆三十六年進士，是重要的四庫全書纂修官。實際上，這部書並非程晉芳的著作，作者應是另一位不知名的人，書之第一頁上原應爲"●●●●學"。只是因爲書上鈐有"魚門"的印，別有用心者就將"●●●●"剜去，另配相同紙色補寫"歙程晉芳"，加上有程氏"魚門"之印，這樣就可以使人認爲這是程晉芳的稿本。對於書估來説，只要能賺錢，他必定會使伎倆發揮作用，而購書者稍有不慎，或眼力不濟，那絕對是會上當受騙的。

曾在山東某大學圖書館古籍部的數字化顯像屏上看到清代方苞的

《方望溪文稿》，剛打開燚幕，就發現此書有點不對勁。陪同人員説此書還有第二册，後有傅增湘跋。於是打開一看，只見傅跋爲他人摹本，傅印爲手繪。陪同人員説，此書是該館作爲第一批善本上報國家珍貴古籍名録的。我請陪同的一位碩士查之《中國古籍善本書目》，發現此書除某大學館外，安徽省博物館也有入藏。可以確認的是，徽博所藏爲原本（顧廷龍師曾審定過），某大學館爲抄本，補入僞傅跋，又傅跋不見《藏園群書題記》。

1973 年 6 月入藏上海圖書館的清戴震所撰《聲韻考》稿本，爲繕正後又經戴氏改定者。顧廷龍師曾有考證云：卷首有"李南澗藏書印"，末有"青州東郭李氏藏書"兩圖記。卷三古音，增補"按古音之説近日始明"一段，皆親筆，惜僅存一頁，至"乃少有出人迄乎"，以下均缺，二千多字。書面題"愛日樓聲韻考"，審爲段玉裁手書。副頁有親筆識語二則。一云："此稿本雖著圈點句讀，刻時俱不用。""戊子年擬用小板付梓，後因論古韻未詳備，遂止，其古韻一條，壬辰年始改定。"按段玉裁撰《戴氏年譜》，乾隆三十一年有云："是年先生所著《聲韻考》四卷已成，同志傳寫，凡韻書之源流得失、古音之由漸明備，皆櫽栝於此。玉裁刻諸蜀中。癸巳以後，先生又以玉裁《音均表》之説，支、佳一部，脂、齊、皆、灰一部，之、哈一部，漢人猶未嘗通用，畫然爲三，補入《論古音》卷内。"又云："李大令文藻刻諸廣東。"據此，是稿係壬辰、癸巳間所改定，爲南澗墨板底本。卷一《反切之始》篇中，在"孫炎始作反音注，時樂安孫叔然授學鄭玄之門人"有篆書籤注一條云"林按'授學鄭玄之門人'當作'受'"，諦審"林"字上角，紙有缺損，當爲"森"字之殘存。"森按"者，蓋爲孔廣森之籤注也。此稿已破爛不堪，重加裝治。

《車橋聞見記》一卷，清潘亮彝撰，稿本。此本無序，無目録。潘亮彝，字元欽，號廉亭，江蘇淮安縣車橋人。此書所記皆有關車橋古迹、人物、風俗等，多作者聽聞目睹之事，故曰"聞見記"。地方雜記之書，有別於地方志，然刻印甚少，流傳亦不廣，但有資料價值。此爲稿本，雖無前序後跋，但有作者隨手劄記數條，可窺此書寫作時間及資料來源。如："此集無多佐證，縣志《信今録》外，先人詩文集而已，先集可得十之三四，餘則資諸記古之士。""又有劉健翁酬世偶筆一書可備采所，乃屢屢借觀無得，想忘失矣，噫，一憾也！""此書以簡淨大方爲主，不可有意渲染。""此書作於光緒初年，大致以成，約七十餘條，一萬五千字，雖不過冗，究不雅馴，如之何？光緒丁丑五月，廉亭書。""風晴日朗之下，偶然弄筆，意到即書，故無次序,是書以先集爲經,而以諸人事緯之,故兩世先德亦不備書,恐複疊也。若謂聞見寡尟,不足成書,則予謝不敏矣。廉亭再書。"書前又有作者墨筆書"前半同治末年作",又朱筆書"此書當審訂重抄"。據此,此當爲作者之稿本,而非抄本也。更何況書中有作者之鈐印,爲"亮彝""廉亭""元欽""散花居採芷子"印。20世紀60年代初,上海古籍書店將此稿本定作"抄本",而以20元人民幣歸諸上海圖書館典庋。

有時也會出現這樣的情況,前人誤認作稿本,而以後再加以鑒定更正的。如《六書索隱》,過去一直被認爲是明代楊慎(升庵)的手稿本,葉德輝曾先後兩次題跋,均認爲是手稿。上海圖書館入藏後,編目人員也認爲手稿本。後經仔細翻閱,發現書中"玄"字缺筆,此可證明抄者一定是清代之人,因爲明代的楊慎是不會避清代康熙帝諱的,而且此書紙張也到不了明代。

再如明馮夢禎《快雪堂日記》,有人說是馮的手稿本,但在審其內容時,文義有不通順者,因爲沒有其他本子來核對,不能斷定。但發現其中有錯別字,如"於"字寫成"千"字、"桃"誤爲"挑"字,如果是作者所寫,斷然不會寫錯,當爲他人所錄,所以此本應爲抄本,而非手稿本。

某年在澳門,與韋力、駱偉二先生同在澳門中央圖書館看書,見到清查繼佐《罪惟錄》一種,館中告知此書國家文物鑒定委員某君定作稿本,另一委員某君則看作清初抄本,然而細諦此書,紙張、字體顯然到不了清初,更無稿本之任何依據。當時三人均花了些時間尋找依據,結果,韋力發現此本中"國"字無點,乃避太平天國諱。那就證明此本非稿本,當爲抄本,而抄錄的時間應在咸豐、同治間(太平天國時期),更無查氏印記,查繼佐序也並非查氏所書。(按:此爲澳門中央圖書館藏民國劉氏嘉業堂藏書十六種之一。)所以,作稿本的依據並不存在,而只能定作清抄本了。

**2018年6月26日於美國波士頓之慕維居**

# 吕祖謙與《通鑑詳節》

## 黄靈庚

　　歷朝百代官修的史書有兩大類：一類是紀傳體，一類是編年體。紀傳體創自漢司馬遷《史記》，嗣後的“二十四史”都祖述司馬遷。編年體創自孔子《春秋》，雖説是私家著述，但畢竟是因魯的國史而修，仍屬官修性質。兩種史體，各有利弊，並行互補。

　　吕祖謙是非常重視史學的理學家，主張“經史並重”，每每説“專意經史”①“載在經史”②“當於經史間作長久課程”③“方欲再將五經、諸史以次再討論”等等，④再三强調治經和治史並重，没有先後輕重的分别。並提出了以史治經的論斷，不光把《易》《書》《禮》《春秋》當作史書看，而且“看《詩》也是史”。⑤ 這等於是把儒家的經典都當作史書看。何炳松先生視南宋以後如吕祖謙等浙東學術，歸屬爲宋代道學的“史學”，⑥不是没有道理的。

　　對於史體，吕祖謙尤其注重、偏好編年體，因而對司馬光《資治通鑑》推崇備至，説：“史書浩博，自遷、固而下，文字多猥並，又編年之體一變，而事實破散，亡以考知治體隆污之漸。獨《資治通鑑》用編年法，其志一人一事之本末，雖不若紀傳之詳，而國家之大體，天下之常勢，首尾貫穿，興廢

---

　　① （宋）吕祖謙：《金華汪仲儀母王氏墓誌銘》，黄靈庚主編：《吕祖謙全集》第一册，浙江古籍出版社 2007 年版，第 172 頁。

　　② （宋）吕祖謙：《祭禮·廟制》，《吕祖謙全集》第一册，第 348 頁。

　　③ （宋）吕祖謙：《與朱侍講》，《吕祖謙全集》第一册，第 416 頁。

　　④ （宋）吕祖謙：《與内弟曾德寬書》，《吕祖謙全集》第一册，第 502 頁。

　　⑤ （宋）吕祖謙：《雜説·門人周公謹介所記》，《吕祖謙全集》第一册，第 729 頁。

　　⑥ 何炳松：《浙東學派溯源自序》，上海古籍出版社 2012 年版，第 1—6 頁。

存亡之迹,可以坐炤此觀史之咽會也。余嘗考《通鑑》效《左傳》,而目録倣《春秋》,此司馬公不言之意也。"①這是呂祖謙從"講實理、育實材而求實用"的學理上以區別紀傳、編年二體優劣的,②是呂學務實精神的具體表現。

## 一、呂氏編纂《通鑑詳節》經過及其版本考

司馬光《資治通鑑》,凡 294 卷,部帙浩繁,是古代歷史上官修的最大一部編年體史書。對於初涉史學者來説,如此宏大的篇幅,跨度近二千年,很難找到頭緒,非專門研究者,也很難挪出大塊時間將它讀完,於是呂祖謙發心作一個便於門生初學的《通鑑詳節》本。

孝宗淳熙二年(1175)春季之後,呂祖謙在武義明招山爲其父盧墓期間,專心研治《資治通鑑》。他給潘叔度的信説:"叔昌(即潘景愈,呂氏門生)欲來山間,甚善。《通鑑》課不欲久輟,見所抹者,並以後兩三册,或令叔昌攜來爲佳,叔昌未來,則遣一人送至此可也。"③又説:"某到山間近十日,初欲游歷近村,而窗明几淨,閲《通鑑》頗有緒,遂兀坐不復出户也。"④斷斷續續透露了其時研讀《通鑑》的情況。信中所説"山間",名金柱山,是門生鞏豐的家居所在地。《武義縣志》載,金柱山"在縣南二十里,巔有懸暴下瀉,臨水築小亭,鞏栗齋名曰水藝"。⑤ 那地方風光旖旎,環境幽静,確是讀書養性的理想之區。而今飛瀑仍舊,林木蔥郁,景致未減當年,而"小亭"已圮不存。小亭,名"綠映亭"。在如此幽雅美景中讀《通鑑》,當是一件令人愜意的快事,爲此呂祖謙寫了《題劉氏綠映亭》二首。⑥ 呂祖儉《年譜》也説,淳熙二年"七月,自明招如武義之上檽會葬,因游劉氏山園,有《綠映亭》諸詩。八月一日,復歸明招,閲《通鑑》,有標抹本"。⑦"標抹"者,是説標出需要保留的段落文字而抹去不需要保留的段落文字。

① (宋)呂祖謙:《讀書記》,《呂祖謙全集》第一册,第 870 頁。
② (宋)呂祖謙:《太學策問》,《呂祖謙全集》第一册,第 84 頁。
③ (宋)呂祖謙:《答潘叔度》,《呂祖謙全集》第一册,第 492 頁。
④ 同上書,第 493 頁。
⑤ 見(明)董春纂修(嘉靖)《武義縣志》卷一《山川》"金柱山"條,明正德十五年刻,嘉靖三年補刻增修本。
⑥ 詩載《呂祖謙全集》第一册,第 18 頁。
⑦ (宋)呂祖儉:《年譜》,《呂祖謙全集》第一册,第 744 頁。

呂祖謙邊讀、邊標、邊抹,最終形成了 120 卷的《通鑑詳節》本。這個本子雅以“詳而不繁,嚴而有要,標目音注,各有條理”見稱,①是一部采摭精要、便於披閱的好書。但是,此書至於何時鎸刻,其原始面貌何如,已無從稽考。即是説,《通鑑詳節》南宋時期最初刻本,没有流傳下來。

傳世的《通鑑詳節》是個孤本,非常珍貴,已爲國家圖書館出版社收入“中華再造善本叢書”,原是山西平陽府張宅晦明軒刻于金章宗泰和甲子(1204)、乙丑(1205)年間的本子,相當於宋寧宗嘉泰四年至開禧元年,距祖謙下世的孝宗淳熙八年(1181)才二十四年,《通鑑詳節》已經傳入與大宋王朝敵對的北方金國。其速度之快,影響之大,真是令人驚駭。首有元好問作於泰和甲子癸丑秋九月《通鑑詳節序》,稱:“汝下戈(弋)唐佐集諸家《通鑑》成一書,以東萊呂氏‘節要’爲斷,增入《外紀》《甲子譜年目録》《考異》《舉要曆》及《與道原史事問答》《古輿地圖》《帝王世系》《釋音》。温公以後諸儒論辨若《事類》、若《紀傳終始括要》,又皆科舉家附之者。爲卷百有二十,凡二百餘萬言。”據此,此本雖非呂氏“標抹本”原本,卷首附益了《外紀》等許多内容,而其整體框架依然遵循呂氏的“節要”,幸而保存了呂氏“標抹本”的原貌。

此本卷首爲《監本通鑑序》,有神宗御制、司馬光上表、司馬光原序、司馬光《外紀序》、劉恕道序、馮時行《通鑑釋文序》,次爲《總目》。卷一至卷二〇雖爲唐佐所附益者,而仍有呂氏原本的内容,如《論看通鑑法》《看通鑑大要》《帝王傳授圖》,都出自呂氏他類著作。有些内容是否爲呂氏原有還是弋唐佐後增,很難斷定,如《君臣事要總紀》,風格極類呂氏的《兩漢精華》。

《通鑑詳節》自後未見有鎸刻本,也不見歷代版本家著録。由於此本刻於宋、金之世,比較接近《通鑑》原本舊貌,於中華書局的點校本《通鑑》,多有校勘價值。如:《通鑑》卷二二《漢紀十四・世宗孝武皇帝》“日磾得抱何羅”(第 2 册,第 754 頁),《詳節》本“抱”作“拘”。案:作“拘”是,“抱”是訛字。卷二四《漢紀十六・孝昭皇帝下》“蹇蹇亡已”(第 2 册,第 788 頁),《詳節》本“已”作“己”。案:“蹇蹇亡己”,出《易・蹇》“王臣蹇蹇,非躬之故”。則作“己”者是,“已”是訛字。卷二五《漢紀十七・孝宣皇帝》“萬年初立暴惡”(第 2 册,第 838 頁),《詳節》“惡”作“虐”。案:作“虐”者是,“惡”系誤改。卷二六《漢紀十八・世宗孝武皇帝》“請罷屯

---

① 　張宅題識,《通鑑詳節》本卷首,金章宗泰和甲子(1204)刻本。

兵"(第2冊,第868頁),《詳節》"兵"作"田"。案:作"田"者是,這裏是記載屯田事。卷三一《漢紀二十三·孝成皇帝》"廟堂之議"(第3冊,第1037頁),《詳節》"議"作"事"。案:作"事"者是;"議",非也。卷三二《漢紀二十四·孝成皇帝》"臣敢以死爭"(第3冊,第1052頁),《詳節》"爭"作"請"。案:作"請"者是,作"爭",有失分寸。卷三三《漢紀二十五·孝成皇帝》"宜務崇陽抑陰以救其咎"(第3冊,第1083頁),《詳節》"咎"作"弊"。案:作"弊"者是,"咎"是訛字。卷三八《漢紀三十·王莽中》"富者不能自別"(第3冊,第1238頁),《詳節》"別"作"保"。案:作"保"是,作"別"不通。卷四二《漢紀三十四·世祖光武皇帝》"使刺客刺歆未殊"(第3冊,第1395頁),《詳節》"殊"作"殳"。案:作"殳"是,"殊"是訛字。卷四四《漢紀三十六·光武皇帝》"群神皆從"(第4冊,第1453頁),《詳節》"神"作"臣"。案:作"臣"是,"神"是音訛。卷四六《漢紀三十八·孝章皇帝》"國家樂聞駁義"(第4冊,第1527頁),《詳節》"義"作"議"。案:作"議"是,"義"是訛字。卷四七《漢紀三十九·孝章皇帝》"賞賜殊特"(第4冊,第1532頁),《詳節》"特"作"時"。案:作"時"是,"特"是訛字。卷五四《漢紀四十六·孝桓皇帝》"會詔三户椽屬舉謡言"(第4冊,第1784頁),《詳節》"户"作"府"。案:作"府"是,作"户"不通。卷五四《漢紀四十六·孝桓皇帝》"曇繼母苦烈"(第4冊,第1785頁),《詳節》"苦"作"酷"。案:作"酷"是,酷烈,也是古代習詞。卷一〇〇《晉紀二十二·孝宗穆帝》"而俯同群碎"(第7冊,第3219頁),《詳節》"碎"作"辟"。案:作"辟"是,"碎"是訛字。諸如此類,《通鑑考異》均未涉及,皆可據此本校改其訛。其文獻價值於此見其一斑,值得重視。

## 二、《通鑑詳節》音注屬呂祖謙所爲

《通鑑詳節》每卷都有音注,與《通鑑》全本的胡三省注到底是怎樣的關係?袁桷説,胡三省字景參,天台人。宋理宗寶祐間(1253—1258)進士,"賈相(似道)館之,釋《通鑑》三十年。兵難,稿三失。乙酉歲,留袁氏塾,日手抄定注。己丑,寇作,以書藏窖中,得免。定注今在家"。① 也是説,胡注《通鑑》,至元世祖二十二年乙酉(1285)尚未定稿,二十六年己丑

① (元)袁桷:《先君子蚤承師友晚固艱貞習益之訓傳於過庭述師友淵源録》,《袁桷集校注》卷三三《表志》,中華書局2012年版,第四冊,第1531頁。

(1289)，定注的稿本仍在袁氏家，尚未梓印。而《詳節》已於金章宗泰和甲子、乙丑（1204—1205）間刻印成書了，至少比胡注《通鑑》早大半個世紀。則《詳節注》在前，《通鑑》胡注在後。《詳節注》是呂氏原標抹本所有，和呂祖謙《音注唐鑑》《集注觀瀾文集》《標注三蘇文集》體例、風格基本相同，是呂祖謙所親注而非唐佐所增補，也是可無疑慮的。但是，在北宋已有劉安世《通鑑音義》和司馬光之子司馬康《通鑑釋文》。呂祖謙爲《通鑑》音注，是否參考過此二書？則已無從稽考矣。

《詳節》呂注和胡三省《通鑑注》比較，則多見異同，且各有所側重。但舉卷九三《唐紀·太宗紀下》爲例，其餘皆可推知。貞觀十六年六月庚申"隋末賦役重數"，注云："上直隴切，下色角切。"胡本但注"數，所角切"，色角、所角音同，反切用字不同，而"重"字未注。十月，"上謂侍臣曰薛延陀屈彊漢"，注云："屈，渠勿切。彊，巨兩切。屈，本亦作倔。倔彊，梗戾也。"胡本但注云："屈，其勿翻。強，其兩翻。"渠勿與其勿、巨兩與其兩，皆音同，反切用字不同。十二月，"欲席槀南郊"，注云："槀，古老切。席芻槀以自貶。"胡本無注。又，"縱暴愎諫"，注云："愎，弼力切，很也。"胡本無"很也"二字，未爲"愎"字注音。十七年正月，"給羽葆鼓吹"，注云："葆，博抱切。羽葆，華蓋，天子之儀衞也。又，唐制：鼓吹五部，一鼓吹，二羽葆。羽葆部有十八曲。"胡本但注"吹，昌瑞翻"，未釋文義。二月丁未，"各求自售"，注云："承呪切，賣也。"胡本無注。又，"郎節公殷開山"，注云："郎，於分切，古漢南之國。"胡本但云"郎音雲"。四月，"方云須灰可療"，注云："須，詢趨切，本亦作鬚，在頤曰鬚。"胡本注："須與鬚同。"又，"齧指出血"，注云："齧，倪結切，噬也。"胡本但云"魚結翻"。倪結、魚結音同，反切用字不同。閏六月，"道涉沙磧"，注云："七迹切，水渚有石者。"胡本注無"水渚有石者"。十八年春正月，"莫離支已將兵擊新羅"，注云："高麗官名，蓋蘇文爲之。"胡本無注。二月，"陛下指麾"，注云："麾，許爲切。旌旗之所指麾。"胡本無注。又，"四夷讋服"注云："上質涉切，失氣。"胡本但云"之涉翻"。質涉、之涉音同，反切用字不同。又，"一旦棄金湯之全"注云："湯，他郎切。韓子曰：雖有金城湯池。"胡本無注。四月辛亥，"凝旒以聽其言，虛襟以納其說"，注云："旒，力求切。凝注冕旒，一意於聽。襟，居今切。虛其襟懷，不自滿假。"胡本無注。又，"未敢對敭"，注云："餘章切，對答也。答受天子之命而稱敭之。"胡本注但云"敭與揚同"。又，"上飛白答之"，注云："飛白，蔡邕所造。"胡本注："飛白，書也。"八月壬子，"曲相誘說"，注云："說讀曰悅。"胡本作"悅"，無注。又，"涉獵古今"，注云："獵，力涉切。言泛覽流觀如涉水獵獸不精專也。"胡本無注。十一月壬申，"鄭元璹"，注云："神六切。"胡本無注。又，"攻之不可猝下"，注云："上蒼没切。"胡本無注。十二月，"衆不愜服"，注云："上詰葉切，快也。"胡本無注。又，"自今十五年，保無突厥之害"，注云："初，突厥既亡，太宗以突利爲順州都督，使帥其部落之官。後又立阿史那思摩爲俟利苾可汗，使統頡利舊衆。俟利苾既失衆，入朝，上以爲右武威將軍。"胡本無注。十九年三月，"至玄菟"，注云："同都切。"胡本注："陳壽曰：漢武帝開玄菟郡，治沃沮，後爲夷貊所侵，徙郡句驪縣。西北有遼山，遼水所出。"胡注甚詳，而《詳節》略。壬子，"攻高麗蓋牟城"，注云："牟，莫侯切。高麗地。太宗既拔蓋牟城，置蓋州。"胡本注："蓋牟城在遼東城東北，唐取之，以其地爲蓋州。大元遼陽府路有蓋州、遼海軍節度，領建安、湯地、熊嶽秀巖四縣。"胡注詳，而此本略。五月己巳，"泥淖二百餘里"，注云："淖，女教切，泥也。"胡本注"奴教翻"。女教、奴教音同，反切用字不同。乙未，"上親爲之吮血"，注云："吮，租兗切，嗽也。"胡本無注。十九年六月丁巳，"高麗北部耨薩延壽、惠真帥高麗、靺鞨兵十五萬救安市"，注云："新史作傉，奴篤切，音同。薩，音桑葛切。耨薩，高麗官，比都督也。耨薩高延壽，北部；耨薩高惠真，南部。"胡本注："據《北史》，高麗五部各有耨薩，蓋其酋長之稱也。耨，奴屋翻。《新書》：高麗大城置耨薩一，比都督也。"又，"更名所幸山曰駐驆山"，注云："上壁吉切，警蹕也。天子行幸所上故曰駐驆。"胡本注："據舊史，其山本名六山。"八月，"沖車礮石"，注云："沖，昌容切，撞城車也。《詩》：臨沖閑閑。"胡本無注。又，"斬伏愛以徇"，注云："上松潤切。言使人將行遍示衆士以爲戒也。"胡本無注。二十年九月，"宋公蕭瑀性狷介"，注云："上古泫切，又吉椽切。狷者有所不爲。介，耿介。"胡本但注"狷吉縣翻"，且反切用字也不同。或者雖同，然也有微別。如，貞觀十六年十一月，"高麗東部大人泉蓋蘇文"，注云："蓋蘇文，或號蓋金，姓泉氏。自云生水中以惑衆。"胡本注："泉，姓也。蓋蘇文者，或號蓋金，姓泉氏。自云生水中以惑衆。麗，力知翻。"十七年二月，"刺史者多幼稺"，注云："直利切，亦作稚，童稚也。"胡本注："稺與稚同，直利翻。"又，"以風太子"，注云："風讀曰諷。"胡本注："風音諷。"又，"踣所撰碑"，注云："踣，蒲墨切，僕也。"胡本同，惟"墨"作"北"。九月，"上命司農丞相里玄獎"，注云："相，息亮切，復姓。"胡本注："相里，姓。"綜上所述，大約呂注比較側重字詞音義及典章制度，而胡注雖也有字詞音注，更多地比較側重地理、名物及歷史人物、事件的補充。惟《詳節》每卷之末所附史炤《通鑑考異》，當非呂氏原本所有，是出於弋唐佐。

胡三省是否看過《詳節》的原刻本？胡注是否參考了《詳節》呂注？無文獻依據，不敢妄下結論。但是，《詳節》呂注和《通鑑》胡注，確有諸多雷同之處，如上述反切注音相同者，不會是偶然巧合。從其學術淵源看，胡三省師從王應麟，①王應麟學傳呂祖謙。② 呂注、胡注似也有承傳關係，或許胡氏真是看到過呂注《詳節》原刻本。

## 三、《通鑑詳節》史評考辨

此本《通鑑詳節》的學術價值，非惟"提綱攜領"，便於初學，而且於重要歷史事件之末，輯集史評 86 家，評語 411 條，庶幾彙集了兩宋以前的研究成果，無出其右，稱之爲《通鑑》學的"集成性成果"，當之無愧。具體分布如下。

宋代以前的史論、史評，計有 11 家，15 條。

賈誼，洛陽人，西漢文帝時任太中大夫，長沙王太傅，著《治安策》。輯其策論 1 條。

司馬遷，字子長，龍門人，漢武帝時任太史令，著《太史公書》，輯其史論 1 條。

虞喜，字仲寧，西晉時會稽人，著《志林》。輯其史論 4 條。

習鑿齒，字威彥，東晉時襄陽人，著《漢晉春秋》。輯其史論 2 條。

裴松之，字世期，山西聞喜人，南朝劉宋時史官，著《三國志注》。輯其史論 1 條。

闞駰，字玄陰，敦煌人，後魏時任史職，著《十三州志》。輯其史評 1 條。

李延壽，字遐齡，相州人，唐太宗時修《南史》《北史》。輯其史論 1 條。

吳筠，字貞節，華陰人，通經誼，美文辭，玄宗天寶初，召至京師，請隸

---

① （清）黃宗羲：《深寧學案》，《宋元學案》，中華書局 2007 年版，第四冊，第2869 頁。

② （清）全祖望《同谷三先生書院記》說："深寧論學，蓋亦取諸家。然其綜羅文獻，實師法東萊，況深寧少師迂齋（樓鑰），則固明招之傳也。"見朱鑄禹《全祖望集彙校集注》中冊，上海古籍出版社 2000 年版，第 1047 頁。

道士籍,獻《玄綱》三篇,人稱"宗玄先生"。輯其史評 1 條。

白居易,字樂天,太原人,唐德宗時以刑部尚書致仕,著《白氏長慶集》。輯其時政論 1 條。

韓愈,字退之,鄧州南陽人,唐憲宗時期官國子祭酒,著《昌黎集》。輯其時政論 1 條。

呂溫,字叔和,河中人,唐憲宗時官道州刺史,著有《呂溫集》。輯其時政論 1 條。

宋代除保留原司馬光原書的史論 113 條外,增益約 54 家,249 條。

安定,即胡瑗,字翼之,泰州海陵人。仁宗時,以經術教授吳中,著《易傳》。輯其史論 1 條。

歐陽修,字永叔,江右吉州人,宋仁宗時累官知制誥,著有《新唐書》《新五代史》等。輯其史論 5 條。

橫渠,即張載,字子厚,號橫渠,長安人,仁宗時知涪州,著《西銘》《東銘》《正蒙》《易說》等。輯其時政論 1 條。

胡舜陟,字汝明,徽州績溪人,宋徽宗時官監察御史,高宗時爲秦檜所誣,死獄中,著述未詳。輯其時政論 1 條。

伊川,即程頤,字正叔,號伊川,河南人,與其兄程顥力學好古,安貧守節,著《二程遺書》。輯其史論 4 條。

明道,即程顥,字伯淳,號明道,與其弟程頤以道學鳴於神宗、哲宗時,著《二程遺書》。輯其史論 1 條。

葛源,字宗聖,浙江麗水人,仁宗時官洪州司理參軍,著述不詳。輯其史論 1 條。

孫甫,字之翰,仁宗時官右直言,入史館,著《唐史記》。輯其史論 1 條。

范祖禹,字淳夫,華陽人,仁宗時與修《資治通鑑》,哲宗時字秘書省正字,著《唐鑑》《帝學》。輯其史論 27 條。

荊公,即王安石,字介甫,江西臨川人。神宗時任相。著《臨川集》。輯其史論 1 條。

老泉,即蘇洵,字明允,號老泉,四川眉山人,仁宗至和中官校書郎,著《嘉祐集》。輯其史論 4 條。

東坡,即蘇軾,字子瞻,號東坡,洵之子,神宗時曾知湖州,貶黃州團練副使,著《東坡集》。輯其史論 5 條。

潁濱,即蘇轍,字子由,號潁濱,與父蘇洵、兄蘇軾號"三蘇",徽宗崇寧中官朝請大夫,著《古史》《潁濱集》。輯其史論 4 條。

黃魯直,名庭堅,號山谷道人,江西分寧人,蘇軾弟子,著《豫章集》。輯其史論 1 條。

唐子西,名庚,宋哲宗紹聖時官提舉常平,著《唐子西集》。輯其史論 1 條。

王十朋,字龜齡,浙江樂清人,高宗丁丑狀元,著《梅溪集》。輯其史論 1 條。

秦少游,名觀,淮海人,蘇門弟子,著《淮海集》。輯其史論 1 條。

游酢,字定夫,建陽人,明道門生,北宋末曾官監察御史,著《論語解》。輯其史論 1 條。

默齋,即游九言,初名九思,字誠之,號默齋,建陽人,與張栻、呂祖謙並時,著《畏齋集》。輯其史論 3 條。

姜如晦,名號、仕履不詳,著《月溪集》。輯其史論 1 條。

何去非,字正通,浦城人,神宗時,授承奉郎,司農寺丞,通判廬州,著《備論》《文集》。輯其史論 1 條。

石敏若,名愁,蕪湖人,哲宗時舉進士、博學宏詞,才名籍甚,著《橘林集》。輯其史論 3 條。

龜山,即楊時,字中立,將樂人,二程門生,著《龜山集》。輯其史論 1 條。

胡宏,字仁仲,號五峰,建寧人,楊時弟子,著《皇王大紀》《論語指南》《知言》《五峰集》等。輯其史論 2 條。

胡寅,字明仲,號致堂,建寧人,高宗紹興年間,知嚴州,著《斐然集》《讀史管見》《論語詳説》《崇正辨》等。輯其史論 55 條。

吳處厚,字伯固,邵武人,入元祐黨籍,著《青箱雜記》。輯其史論 1 條。

晁説之,字以道,號景迂,濟州鉅野人,坐元祐黨籍,著《景迂生文集》。輯其史論 1 條。

汪應辰,字聖錫,信州玉山人,呂本中門生、呂祖謙業師。高宗紹興五年狀元,官秘書省正字,孝宗時爲四川制置使,著《玉山文集》。輯其史論 1 條。

林之奇,字少穎,侯官人,號三山,呂本中弟子、呂祖謙業師,著《書春秋周禮説》《論孟講義》《道山記聞》等。輯其史論 23 條。

無垢,即張九成,字子韶,號橫浦、無垢,錢塘人,高宗紹興中,官宗正少卿,著《尚書大學中庸孝經論語孟子説》《無垢録》《橫浦心傳考》等。輯其史論 6 條。

南軒,即張栻,字敬夫,廣漢人,張浚子,吕祖謙學友,孝宗時官知江陵府、荊湖北路安撫使,著《論語説》及《書詩孟子太極圖説》《經世編年》《南軒集》等。輯其史論 2 條。

陳亮,字同甫,號龍川,金華永康人,吕祖謙學友,光宗時擢進士第一,好王霸之學,著《龍川集》。輯其史論 1 條。

唐仲友,字與政,金華人,登紹興進士,知台州,著《六經解》《九經發題》《經史難答》《孝經解愚》《諸史精義》《帝王經世圖譜》《乾道秘府群書新録》《天文地理詳辨》《故事備要》《詞料雜録》《宣公奏議解》《説齋文集》等。輯其史論 1 條。

陳傅良,字君舉,號止齋,永嘉人,吕祖謙學友,孝宗乾道間,知泰州,著《周禮説》《春秋後傳》《左氏章旨》《毛氏詩解詁》《讀書譜建編》《止齋文集》等。輯其史論 1 條。

元晦,即朱熹,字元晦,號晦庵,徽州婺源人,歷高宗、孝宗、光宗、寧宗四世,南宋理學集大成者,著《朱文公文集》,祖謙學友。輯其史論 3 條。

朱黻,字文昭,浙江樂清人,終身不仕,與陳傅良、葉適交,著書百餘卷,今皆放失。輯其史論 18 條。

李泳,字子永,號蘭澤,廬陵人。孝宗淳熙中官溧水令,與兄洪、漳,弟浙、泫著《李氏花萼集》。輯其史論 1 條。

鄭鑑,字自明,長樂人,數與陳傅良游,晚得師友,務爲靖恭閒雅,不苟坐立,雖一飲食,亦必揣度無害,乃下口,著述不詳。輯其史論 3 條。

陳季雅,字彥章,永嘉人,與陳傅良同時,著《兩漢博議》《漢唐論斷》等。輯其史論 1 條。

戴溪,字肖望,號岷隱,永嘉人,任石鼓書院長,與吕祖謙、朱熹同時,著《岷隱讀詩記》《曲禮口義》《論孟問答》《讀史筆義》等。輯其史論 2 條。

葉適,字正則,號水心,吕祖謙門生,著《水心集》《習學記言》等。輯其史論 3 條。

慵軒王氏,即王構,字肯堂,號安野,濟南人。身處金末元初,與程巨夫交。輯其史論 1 條。

陳岳,字伯諧,閩縣人,宋寧宗嘉定間知恩州,著述不詳。輯其史論 2 條。

西山先生,即真德秀,字希元,浦城人。理宗紹定時,官資政殿學士,著《西山集》。輯其史論 10 條。

有些史評雖無作者名,便可以找到出處。如"或曰"者,據引文,知出李燾《六朝通鑑博議》。燾字仁甫,蜀之丹稜人,宋高宗紹興間任史職,著《續通鑑長編》。又如"永嘉曰",據引文,知出胡寅《讀史管見》,稱"永嘉曰",或許是轉引於"永嘉"某人。但是,其中無可考者:"吴泰",輯其史論 1 條,吴泰莫考;"徐曰",輯其史論 1 條;"王曰",輯其史論 1 條;"黄曰",輯其史論 2 條;"張曰",輯其史論 1 條;"蕭曰",輯其史論 1 條。徐、王、黄、張、蕭,皆不知其爲何許人。

這些史評到底是誰輯録的? 只兩個人有可能:一是爲原本《通鑑詳節》所有,爲吕祖謙所輯;一是此本翻刻時增補,爲弋唐佐所輯。

這個問題可以從兩個方面來判斷。首先,看學術淵源關係。從上述所輯史評的數量上看,除保留司馬光原書史論外,入選最多者有四人,佔據了新增史評的一半多:胡寅、范祖禹、林之奇、東萊。東萊是吕祖謙而非吕本中。因爲東萊 35 條史評中,有兩條出自《大事記》。所以,《通鑑詳節》原本的"東萊"史評,無疑是吕祖謙自己新增設的,類似他的《讀詩記》、《春秋集解》,都有自己增益的條目。這些條目,原本也毋需標明"東萊曰"三字。由於弋唐佐翻刻時又增益吕祖謙以後的史評,故而標上了"東萊曰"三字以示區別。至於胡寅、范祖禹、林之奇三人的史評,是吕氏抑或弋氏所輯,只需從學術淵源上審視,便可以明瞭。

胡寅,胡安國長子,龜山楊時門生;吕祖謙的業師汪應辰、林之奇也都出自龜山,其學可謂同出一源。胡寅雖與秦檜有世家之好而不顧,痛疾秦檜當國,氣節凜然,遭貶新州,其政治立場可謂同道。胡寅著《崇正辨》,力辟佛學謬妄失真,尊孔儒爲正教,其與吕祖謙互爲聲氣。胡寅著《讀史管見》,以史釋經,以經證史,其學術風格、套路也與吕祖謙同調。吕祖謙在給陳亮的信中説:"胡明仲《通鑑論》,先附一册去,所謂多其父兄遺論,蓋誠如此。然其間亦自有佳處。至於卓然自見於諸儒之表,則非命世之材莫之能,固不可以此例之也。"①《通鑑論》於今未傳,是否即《讀史管見》別名? 雖也未可知,於此可見其推重如此。

范祖禹協助司馬光編撰《資治通鑑》,專任唐史長編。於是他又採擷唐高祖至昭宣帝史事加以評說,撰《唐鑑》一書,凡 306 篇,史評 295 條。

---

① （宋）吕祖謙:《與陳同甫》,《吕祖謙全集》第一册,第 478 頁。

《唐鑑》與《通鑑》並重於時，受到過二程高度贊揚。晁説之説："元祐中，客有見伊川先生者，几案間無他書，惟印行《唐鑑》一部，先生謂客曰：'近方見此書，自三代以後無此議論。'"①至南宋，此書猶見朝廷推重，高宗曾對侍臣説："讀《資治通鑑》，知司馬光有宰相度量；讀《唐鑑》，知范祖禹有臺諫手段。"孝宗乾道間，呂祖謙撰作《唐鑑音注》，對范氏立身爲人稱道不置，説："竊觀范祖禹在元祐中，哲宗嘗賜御書《唐詩》，而公上疏陳謝，且曰：'願篤志學問，亦如好書；益進道德，皆若游藝。'又節略諸經要切之語、訓誡之書，名曰《三經要語》進之，請萬機之暇，凡有筆劃，悉取諸此以代詩篇之無用，使人君而充其所學，非唯翰墨之功卓絶天下，而學問道德之粹，亦乎莫之能及也。"②其重視范氏史論也合乎情理。

林之奇是呂祖謙伯祖呂本中的高弟，又是祖謙業師，關係十分親密，受其影響至深。之奇著《尚書全解》，則祖謙著《東萊書説》，且多因師説；之奇編《觀瀾文集》，則祖謙編《皇朝文海》，在選文分類方面，也多所借鑒，且爲之音注。所以，凡之奇對於《通鑑》的評論，祖謙聞於耳而記於心，其於《通鑑詳節》必大加徵引師説，推崇其學，而不遺餘力。

由此可知，胡寅、范祖禹、林之奇三人在學術淵源上與呂祖謙的關係，實在是太密切了。呂祖謙將他們的史評，列爲《通鑑詳節》史評的輯集重點，也在情理之中。這都不是弋唐佐所可具備的。至於其他如橫渠、伊川、荊公、無垢、南軒、安定、胡宏、朱熹、陳傅良等，雖多是呂祖謙的前輩、先師或學友，也有很深的淵源關係，但是，由於他們專注性理之學，在史學方面建樹不多，所以輯集的條目相對較少，且多見性理教條之説。

其次，《通鑑詳節》的史評，或見於呂氏《十七史詳節》。如，《史記詳節》卷一三《甘茂》引蘇子《古史》"蘇秦爲諸侯弱秦"一條，又見《通鑑詳節》卷二二《周赧王》八年。《漢書詳節》卷一《高祖紀》引司馬溫公"張良爲高帝謀臣"一條，又見《通鑑詳節》卷二七《漢高祖》六年。卷一《高祖紀》引司馬溫公"王者以仁義爲麗"一條，又見《通鑑詳節》卷二七《漢高祖》七年。卷一《文帝紀》引司馬溫公"李德裕以爲"一條，又見《通鑑詳節》卷二八《孝文帝》前十年。卷八《季布傳》引司馬溫公"高祖起沛豐以來"一條及《張良傳》引司馬溫公"夫生之有死"一條，又並見《通鑑詳節》卷二七《漢高祖》五年夏五月。這種雷同不會是偶然巧合，當是出於一人

---

① （宋）晁説之：《晁氏客語》，宋《百川學海》本。

② （宋）呂祖謙：《祖宗聖翰根於學》，《呂祖謙全集》第一册，第972頁。

所致。當然，二書所輯的史評大多數是不同的。《漢書詳節》卷一一《汲黯傳》引胡致堂説，汲黯"守淮陽而死"，蓋在武帝四十年，是在考辨汲黯行迹。《通鑑詳節》卷三〇《漢武帝》建元六年黯諫武帝"内多欲而外施仁義"，則引胡致堂論人君"修身寡欲"，是在闡説爲君之道。《漢書詳節》卷一八《公孫賀傳》引胡致堂論公孫賀不拜相，是出於懼禍保身；《通鑑詳節》卷三二《漢武帝》元封五年則引"戴曰"論武帝晚年濫殺名臣，致求賢而無賢可求，是諷喻暴政失賢。《後漢書詳節》卷一《光武》引胡致堂論光武取鑒新莽冗吏亂政，乃爲并屬國、損吏員的措施，得以大治；《通鑑詳節》卷三九《光武帝》建武元年則引"胡曰"論光武蹈新莽符讖之妄，施設失當。諸如此類，正是體現了吕氏刻意編纂的匠心，使其二書得以相互照應、相互補充。但是，這也不足以證明其出於二人之手。

弋唐佐名毂英，汝州人。際逢金末元初，元遺山《通鑑詳節序》稱"學有源委，論文玩旨意"，又謂"嘗從程内翰天益問學"於平陽寶豐山庵羅寺。① 但是，程天益其人無考，也不知其學"源委"所自。再從上述所輯名録中，如葉適，是吕祖謙的門生；李泳、陳岳、鄭鑑、真德秀、王構等，都生於吕祖謙之後，《詳節》原書都不可能輯有這些人的史論，則爲弋唐佐所增補，是毋需懷疑的。學者認爲，唐仲友與吕氏生同時、居同地，但是從不交集，"孤行其教"。② 唐仲友的史評也是否可看作是弋唐佐所補？ 其實不然。吕祖謙致周子充信説："唐與正（政）喪母，亦方兩日，可傷。"③據此，吕、唐之間還是有些交往的，吕氏採擷唐氏史評也完全有可能。惜這條材料從未引起學者注意，於是人云亦云，吕、唐從不交集之説遂成定論。唐氏門人傅寅著《禹貢集解》，大愚吕祖儉見之贊不絶口，乃延之麗澤書院，尊其爲師。這不光是出於吕學博廣攬之風，恐怕也有彼此交誼的成分在其内。這都可以證明吕氏並不排斥唐仲友。

吕祖謙致潘叔度信説："某到山間近十日，初欲游歷近村，而窗明几淨，閲《通鑑》頗有緒，遂兀坐不復出户也。《詩》兩種已收看。《春秋三傳》《伊川説》之外，胡、二劉（原父、質夫）、陸（《纂例》《微指》）、孫（《發微》）皆當參看。然向時屢曾説病後且宜静養，凡例，校同，恐亦勞心

① （元）元好問：《送弋唐佐還平陽》，見《遺山集》卷五《雜言》，《四部叢刊》景明弘治本。
② （清）黄宗羲：《宋元學案·悦齋學案》，第三册，第1954頁。
③ （宋）吕祖謙：《與周丞相》，《吕祖謙全集》第一册，第444頁。

也。"①胡指胡寅,撰《讀史管見》;劉原父是劉敞,撰《春秋説例》;劉質夫是劉絢,撰《春秋》;陸是唐代陸淳,撰《春秋纂例》;孫是孫復,撰《春秋發微》。呂祖謙於諸家之説,必皆有所採擷。但是,此本除胡氏《管見》外,二劉、陸、孫四人的《春秋》史評一無所見,是否爲弋唐佐所删還是刻補有遺漏? 頗爲費解。若此,弋唐佐氏於原書不啻有所增補,蓋又有所删芟矣。

## 四、《通鑑詳節》史評的學理分析

誠如本文開頭所説,呂學有別於朱熹理學、陸九淵心學之處,在於經史並重,以經明史,以史證經。通過讀史以明理,探求"國之所發興所以衰,事之所以成所以敗,人之所以邪所以正,於幾微萌芽時察其所以然"的"機括",②作爲治理當朝政事的高抬貴手。所以,《通鑑詳節》所有史評(除確系弋唐佐新增外),無論是呂氏自撰,還是輯自他家所説,都是在探求興衰成敗"機括",其學理特徵是非常鮮明確的。具體表現在以維持孔、孟聖學的正統地位,對老莊、佛學等異端批判不遺餘力,正如呂氏所表白,"大抵論義理,談治道,辟異端,則不當有一毫回避、屈撓"。③

呂氏批判老莊,善於透過表面現象看本質,扣住了要害問題。如春秋時期,魏子擊、田子方都是狂徒。子方身處貧賤,傲態不比高官子擊遜色。子擊責問他:"富貴驕人乎? 貧賤驕人乎?"子方答道:"亦貧賤驕人耳,富貴安敢驕人? 國君而驕人則失其國,大夫而驕人則失其家,失其國者未聞有以國待之者也,失其家者未聞有以家待之者也。夫士貧賤者,言不用,行不合,則納履而去耳,安往而不得貧賤哉!"子擊聽罷,口服心服。④ 但是,呂氏看問題並不停留在兩人的"驕"字上,而是往裏窺測其真相。説:"子擊欲以勢驕人,子方卻以學驕人,二者其病一也。田子方,子夏門人,歷戰國,不免爲風聲習氣之所移,故有驕之失。其後子方之學流爲莊周傲物輕世,皆從'驕'之一字失。"呂氏以爲孔門儒生修身不慎,至戰國多爲"風聲習氣"所染,和異端老莊合流"傲物輕世"。子方雖出自子夏之門,

---

① (宋)呂祖謙:《與周丞相》,《呂祖謙全集》第一册,第 493 頁。
② (宋)呂祖謙:《讀史綱要》,《呂祖謙全集》第一册,第 561 頁。
③ (宋)呂祖謙:《與朱侍講》,《呂祖謙全集》第一册,第 418 頁。
④ (宋)呂祖謙:《通鑑詳節》卷二一《周紀·周威王》二十三年。

也不知不覺染上了老莊狂傲習氣，與儒家虚己下人的謙恭態度格格不入。意在告誡學者，慎于修身進學。其目光犀利，洞若觀火，見解獨到、深邃。

三國之世，魏國權貴何晏、夏侯玄、荀粲、王弼等蔑棄六經而崇尚老子虚無，競爲清談。《通鑑》無所褒貶。① 吕氏説："博施濟衆之謂仁，制事適宜之謂義，踐斯二者之謂禮，二帝三王是以相授而未之或改也。其文則六藝，鄒魯之士多能用之。及衰周之末，有老氏者出焉，以爲後世之亂皆由文滅其質，乃獨以尊道德以爲教，因掊擊仁義，滅絶禮學，欲反本救弊，庶幾三王之治也。然刻薄之人喜其簡賤仁義，於是專用刀鋸法術以禦衆，故申韓自附於老子而爲刑名之學。放蕩之士樂其鄙棄禮法，於是專爲淫酗貪縱以適己，故王、何亦自附於老子而崇虚無之論。刑名之學行而秦亡，虚無之論起而晉滅，固非老子之本意而教有以致之也。雖然，簡賤仁義者學卑而禍大，鄙棄禮法者論高而患深，學卑禍大者易見，論高患深者難知，是以晉之亂至於舉中華胥爲夷狄，而莫之悟歷三百餘年，然則過於秦之失遠矣。噫，後之學者可不監哉。"吕氏居然把亡秦的"刑名之學"和滅晉的"虚無之論"巧妙地和老莊掛上了鉤，指出老莊之學禍國害民，非同小可，鄒魯儒學，"二帝三王是以相授而未之或改"。於當時學者好空談性理之學也有所針砭。類此史評出現過多處。如東晉元帝性既寬和沖素，又好刑名家，以韓非書賜太子，②看似不可理喻的矛盾。吕祖謙引"黃曰"："嘗觀晉史，稱元帝性寬儉沖素，容納正言，虚己待物。其爲寬仁如此，而反好刑名，何耶？不惟自好之，而更以是賜太子習之，又何耶？濟南先生史卜志謂元帝賜太子以申韓書，譬猶莊周欲以虚無救《春秋》，意謂元帝欲以刑名之學救晉室之虚無。愚謂不然。此正元帝之溺於虚無，非救虚無也。夫何故？晉室之弊本于尚莊老，而申韓之學，即莊老所自出，清静故寡欲，寡欲故少恩，彼其源流如此。今元帝好刑名，豈非崇尚莊老，而餘俗遂至於此耶？"又如東晉貴游弟子慕效王、謝放達曠風流。③ 吕氏指出，至晉之士"崇尚老莊，指虚無以爲道，鄙棄禮樂，縱弛政刑，以道自處，實欲蓋其佻靡酣縱之愆爾。於是小人以其便己，波蕩而從之，故風俗隳壞，夷狄乘其隙，中朝由是傾覆而莫能救也。元帝渡江，餘風猶熾，當時賢輔王導、謝安爲稱首，不幸生於澄、鯤之族，又從而慕效之。導拜受成帝，無禮於其君；

---

① （宋）吕祖謙：《通鑑詳節》卷五四《魏紀·齊王芳》正始九年。
② （宋）吕祖謙：《通鑑詳節》卷六〇《晉紀·元帝上》大光元年。
③ （宋）吕祖謙：《通鑑詳節》卷六一《晉紀·成帝》咸和元年。

安居喪作樂,無恩於其族。内不能禮樂修其身,如此庾亮發禍而導報以寵祿,桓溫爲戎首而安其支屬。外不以刑政治其國,如此崇長虛僞,蕩然莫返。遂使華夏爲羌胡服役者三百餘年,豈不痛哉"? 都是將學術是非和國家興衰的命運繫聯起來,確是讀史的"機括"所在。

老、莊之學至魏晉成玄學、清談,至唐、五代又成帝王追求長生久視的神仙飛升之學。唐代皇帝都有不同程度的求仙長生的經歷,表現在玄宗、憲宗身上尤爲突出。玄宗、憲宗都是前治後亂、有始無終的君主。玄宗夢見老子,而迷上了道教。① 憲宗迎佛骨,服金丹,求長生不死,將釋、道同尊。② 呂氏引范祖禹評玄宗説:"開元之末,明皇怠於庶政,志求神仙,惑方士之言,自以老子其祖也。故感而見夢,亦其誠之形也。自是以後,言祥瑞者衆,而迂怪之語日聞。諂諛成風,奸宄得志,而天下之理亂矣。人君心術可不慎哉?"指出玄宗的"心術"壞了,被這個"太上道君"占據了,"感而見夢",想解脱也很難。朝政一落千丈,成爲萬劫不復的深淵。這是從玄宗皇帝的心源上挖掘唐代政治衰落的原因,見得帝王修心、養德的重要。呂氏又引朱黻評憲宗説:"楊氏之學,後爲老子。墨氏之學,本之晏嬰。申韓慘酷,説者謂原之老子。凡非毁聖人而譏薄禮教,嬰之書則然。秦之尊君抑臣,嚴刑峻法,豈爲我之弊? 其是今非古,坑燔儒學,豈兼愛之激也哉? 釋氏出入,言最宏闊,其罪福報應之語,既足以鼓惑愚鄙,而其見心明性,超出形器之外,又足以陷溺高明。其徒坐食冗費,足以耗蠹海内,而斯民之和聲附影,忘本背親,又足幻亂風俗。比楊墨之禍不啻數十百倍也。……憲宗時館方士,劑藥物,以祈長年。愈以古今人主享國短長、享年壽夭告之宜,其不讀終,諱惡而震怒也。佛氏之禍雖不以愈言而息,然天下知其非是,而著論者自愈之後愈衆。史氏謂功齊孟氏而其力倍之,詎不信哉!"史評將楊墨、老莊、釋氏、仙家捆綁一起加以抨擊,爲韓愈"排佛"爭歷史地位,且比之於孟子排楊墨。推原憲宗震怒,不全是"其言多矯激太過",而是"諱惡",所以"不終讀",過失也不全在於韓愈。但是,在呂氏看來,韓愈諫表有不周密之處,似没擊中要害。破除佛學的要害在哪裏? 其引業師林之奇説:"夫釋氏之教,西方之教也。吾儒之教,中國之教也。使中國自爲中國,西域自爲西域,所謂修其教,不易其俗,齊其俗,不易其宜者,蓋如此爾。烏可以中國之教而雜以西域之俗哉? 漢晉以來,釋

---

① (宋)呂祖謙:《通鑑詳節》卷一〇〇《唐紀·玄宗》開元二十九年。
② (宋)呂祖謙:《通鑑詳節》卷一〇九《唐紀·憲宗》元和十四年。

氏之説流於中國，學士大夫以西方之教而施於吾儒文物禮樂之中，可謂不知本矣。夫生民之初，人與禽獸雜處而無別，吾儒之教既興，然後自別於禽獸，不爲異類之歸，以與天地相爲長久而不窮者，由是故也。釋氏之教，則曰去其三綱，滅其五常，與禽獸同群，然後天下可以治。此豈長久之道哉？温公謂韓退之之排佛老，'其言多矯激'，'惟《送文暢師序》最得其要'，可謂擇之之精、語之之詳矣。"林氏所以肯定韓愈"《送文暢師序》最得其要"，其文指出了釋教是夷狄之教、禽獸之教，學佛等於學禽獸，無君無父，"去其三綱，滅其五常"。只要是人，誰願意甘爲禽獸？這才是其要害之處。

吕氏抨擊釋教比起批判道教，更爲猛烈，凡《通鑑》涉及釋氏的記載，都有不同程度批評。如漢明帝遣使天竺求佛法，佛教始傳中國。①《通鑑》無所褒貶，也無史論。吕氏引胡寅説："顯宗（明帝）果明古帝王之道，固不遣使求之，就使已至，必能鑒是非邪正之辨，焚其書，歸其人，逆塞其途以防其爲天下後世之禍也。佛者之道，曰'直指人心，見性成佛'。今夫人之所以異於禽獸者，爲有夫婦父子君臣也。敢問兹三者性邪？若以爲非性，則佛固人耳，不能舍是三者而已也。以爲性邪？則何乃止教使天下之人去此三者以爲心也？且自侈其廣大慈悲與對者，故毒如蛇虎，微如蚊虻，皆所矜閔，割肉損身以啖之，無所顧惜，誠亦廣矣大矣，慈悲矣。而獨於夫婦父子君臣則必斷棄除舍，不得與蛇虎蚊虻爲比，則慈悲廣大又安在哉？"直斥佛氏蔑絶人性，無異禽獸。又引朱黻説："春秋以來一變而爲諸侯之盟詛，再變而爲燕秦之仙怪，三變而爲文景之黄老，四變而爲巫蠱，五變而爲災祥，六變而爲符籤，人心汎然無所底止，而後西方異説得以乘其虛而誘惑之。"則將佛氏類同於"盟詛""仙怪""黄老""巫蠱""災祥""符籤"等"異説"，是惑亂人心的禍水。明帝爲何接受佛教？吕氏刨根究底，説："明帝之病，封殖長養，蓋有自來。光武期他早成速慧，以至於庶奪嫡。正緣區區察慧，得之一於早成速慧以得意，所以終身改不得此，規模天下事以先入者爲主，終身澌洗不盡。惟其如此，所以一時之間雖海内晏然，文物並興，然而不能培養根本。幸而章帝以長者承之，明帝之病未見。自章帝之後，繼之以孱弱之主，所謂不任大臣，其病盡見。一失而爲外戚，再失而爲宦官，漢遂以亡。正緣光武任聰明，明帝任察慧，未嘗培養根本，所以西漢之後猶有東漢，東漢之後雖有諸葛孔明，不能强民

---

① （宋）吕祖謙：《通鑑詳節》卷四二《漢紀·明帝》永平八年。

以思漢矣。"①呂氏從光武帝立嗣中發現,光武看中了明帝"速慧"(腦子靈活)而破壞立嫡以長制度,動搖了國家長治久安的根本。明帝也正是"區區察慧",把佛教引入中國,而不知其無君無父之教,埋下了以後外戚、宦官干政的禍根。把前後貌似不相干的史迹,與"速慧"一詞貫連起來,力求"首尾貫穿,興廢存亡之迹",發人深省。呂氏又於梁武帝興造浮山堰一事評説:"武帝惑浮屠法,戒妄殺,宗廟皆用面牲,至敕文錦不得爲仙人鳥獸之形,恐窮裁傷仁恕之道。然立堰浮山,兵民死者無慮數十萬,而卒之決壞。其所殺過於牲牢不啻萬倍,比之窮裁文錦,孰爲傷仁恕乎?齊宣王興甲兵,危士臣,結怨於諸侯,而不忍殺牛釁鐘,孟子譏焉,武帝之類歟?"②其犀利言辭,揭露佛教的虛偽、欺騙性,驗證於血淋淋的史實,也使不甚連貫的歷史碎片,成爲互成因果的必然結果,其説服力很强。

呂氏論述佛氏危害,常和"嚴夷夏之辨"相關聯,也成爲讀史"機括"。北朝政權拓跋氏、高氏、宇文氏都出於夷狄之族,而都大興佛教。夷族天性殘忍,父子相殺,偏要用釋氏慈悲假裝門面。如北魏拓跋紹弑其父拓跋珪自立。③呂氏指出,拓跋氏"自珪傳至善見二十君,或爲嬖幸所賊,或者强臣所害,或爲母所殘,或爲子所弑,不以道終者十有五君。蓋夷狄之性,莫不雄猜躁憤,果於殺戮,雖父子之親、母子之恩、倖臣嬖妾之寵媚,亦皆危慄,莫能自保"。父子敢於相殘,夷狄天性、風俗使然,尊奉無君無父的佛教,不足爲怪。但是,何以至五代迭替,華、夷君主都是如此凶殘?呂氏也從風俗轉移入眼,説:"商臣殺頵而自立,冒頓殺頭曼而自立,國人皆君之,夷狄之俗然也。安禄山以范陽首禍百餘年,風聲氣習,胥爲夷狄,弑其父而奪之位者比肩接踵,安慶緒殺禄山,史朝義殺思明,總酖劉濟,守光囚劉仁恭,皆極其背逆,無復人理。風俗既成,其下恬不爲怪。故至是,其地果陷於戎,良由中國之禮,其亡久矣,非一朝一夕故也。宋興,四方皆平,獨燕、薊淪於左衽者二百餘年而終不可復,哀哉!"④呂氏宣導"讀史先看體統,合一代綱紀風俗消長治亂觀之。"⑤學術關乎世運興替。五代弑逆屢發,是由於禮義聖學不行而代以夷狄佛學、夷俗風行造成的,雖是華族

① 此本説這段史評出於呂氏《大事記》。案《大事記》止於漢孝武征和三年三月,無記述東漢史事,也不當有此評語。此評當系《詳節》原本所有,非出自《大事記》。

② (宋)呂祖謙:《通鑑詳節》卷七六《梁紀·武帝》上。

③ (宋)呂祖謙:《通鑑詳節》卷六六《晉紀·安帝上》義熙三年。

④ (宋)呂祖謙:《通鑑詳節》卷一一七《後晉紀·高祖》天福元年。

⑤ (宋)呂祖謙:《讀史綱要》,《呂祖謙全集》第一册,第561頁。

出身，染上夷風，也是不知禮儀，無君無父，性同禽獸。聯繫當時大宋朝廷以聖人仁義禮樂之學治理天下，延綿了200餘年而不衰。但是，"燕、薊淪於左衽者二百餘年而終不可復"，依然在女真族鐵騎蹂躪之下。似乎在諷喻朝廷毋忘家恨國恥，以恢復中原大業，必須堅守、維護孔、孟聖學的正統地位。

孔、孟聖學，講求信義，取信於民。秦孝公時，商鞅有"徙木賜金"故事，①算不算是取信於民？司馬光不光正面肯定，且大加贊揚説："夫信者，人君之大寶也。國保於民，民保於信，非信無以使民，非民無以守國，是故古之王者不欺四海，霸者不欺四鄰。善爲國者不欺其民，善爲家者不欺其親。不善者反之，欺其鄰國，欺其百姓，甚者欺其兄弟，欺其父子，上不信下，下不信上，上下離心，以致於敗。所利不能藥其的傷，所獲不能補其所亡，豈不哀哉！昔齊桓公不背曹沫之盟，晉文公不貪伐原之利，魏文侯不棄虞人之期，秦孝公不廢徙木之賞。此四君者，道非粹白而商君尤稱刻薄，又處戰攻之世，天下趨於詐力，猶且不忘信以畜其民，況爲四海治平之政哉！"呂氏大不以爲然，幾近於針鋒相對，反駁説："商鞅不廢徙木之賞，溫公以爲信可取，竊以爲過矣。鞅天姿險譎，妄陳帝王之術以欺其君，詐存舊故之義以欺其友，其操行每如此，豈真不欺其民者耶？蓋鞅之立法告奸者與斬敵同賞，其甚至棄灰於道者，誅步過六尺者刑，類皆不近人情如此，知其民不之信也。設此以欺之，使服從其令爾，不信之大者也，君子何取焉。"呂氏眼光比司馬光犀利，能透過商鞅講"信"表象，洞察真相。爲政者當以大信趣民而不以小信欺民。設若"信"也可以"詐"的面目炫惑世人，是"不信之大者"，更有欺騙性，危害更大。又如文宗太和五年，李德裕接受吐蕃維城副使悉怛謀以維城降唐，而牛僧孺以"守信"爲由，將維城及降將悉怛謀送歸吐蕃。至武帝會昌三年，李德裕追查此事，爲悉怛謀平反，且論維城地勢重要。② 司馬光對此頗不以爲然，説："論者多疑維州之取捨，不能決牛、李之是非。臣以爲昔荀吳圍鼓，鼓人或請以城叛，吳弗許，曰：'或以吾城叛，吾所甚惡也，人以城來，吾獨何好焉。吾不可以欲城而邇奸。'使鼓人殺叛者而繕守備。是時唐新與吐蕃修好而納其維州，以利言之，則維州小而信大；以害言之，則維州緩而關中急。然則爲唐計者，宜何先乎？悉怛謀在唐則爲向化，在吐蕃不免爲叛臣，其受誅也，又何矜

---

① （宋）呂祖謙：《通鑑詳節》卷二一《周紀·顯王》八年。
② （宋）呂祖謙：《通鑑詳節》卷一一二《唐紀·武宗》會昌三年。

焉？且德裕所言者利也，僧孺所言者義也，匹夫徇利而忘義猶恥之，況天子乎？譬如鄰人有牛，逸而入於家，或勸其兄歸之，或勸其弟攘之。勸歸者曰：‘攘之不義也，且致訟。’勸攘者曰：‘彼嘗攘吾羊矣，何義之拘？牛大畜也，鬻之可以富家。’以是觀之，牛、李之是非，端可見矣。”所以《通鑑》以悉怛謀叛吐蕃降唐而不被牛僧孺認可，和春秋時鼓人叛狄降晉而不被晉將荀吳許可相類比，以爲體現《春秋》大義，褊袒牛僧孺而菲薄李德裕。呂氏引胡寅《管見》反駁説：“司馬氏申牛僧孺、抑李德裕，其素志也，至於維州之事，則判然以德裕爲非。竊謂其言之過矣。夫維州，李唐地也，吐蕃所必爭。唐失而復得，得而復失，不可以棄焉者也。使本非唐地，既與吐蕃和，棄而不取，姑守信約可爾。本唐之地，爲吐蕃所侵，乃欲守區區之信，舉險要而棄之。借使吐蕃下據秦州，下鳳翔而來講好，亦將守信而不取乎？故以維州歸吐蕃，棄祖宗土宇；縛送悉怛謀，沮歸附之心。僧孺以小信妨大計也。下維州，遣兵據之，洗數十年之恥，追獎悉怛謀，贈以官秩。德裕以大義謀國事也。此二人是非之辨。”胡氏以牛僧孺的“信”是“小信”，“小信妨大計”；而以李德裕的“信”是“大信”，申《春秋》大義而謀國事。都是通過活生生的史事，來驗證信義之辨，這也是其學務實的體現。

孔、孟聖學，講求仁政，反對暴力。呂氏也不遺餘力，譴責所有屠戮無辜的戰爭。如秦始皇統一六國，白起東征南討，戰功最大，無論是司馬遷《史記》還是司馬光《通鑑》，對白起的軍事才能褒譽有加，稱“料敵合變，出奇無窮，聲震天下”，[1]都是正面肯定。呂氏則站在平民百姓的立場上重新評價，説：“戰國七而秦居其一，秦將多矣而白起居其一。起九爲秦將，其拔魏、拔郢等四戰，皆不記斬級。伊闕之戰，斬首二十四萬；華陽之戰，斬首十三萬；陘城之戰，斬首五萬；與賈偃戰，沉其卒二萬人於河；及破趙括長平，又坑卒四十五萬。五戰所殺，無慮百餘萬。白起一將，年才二十八死，其所殺如此。則王翦、王賁、蒙恬、內史勝之徒，老將所殺，可勝計哉？秦將所殺如此，則六國之將如廉頗、李牧拒秦而力相當者，所殺也必不少也。嗚呼！當是之時，天下之民不死鋒鏑者幾希。梁襄王問孟子曰：‘天下烏乎定？’對曰：‘定於一。’曰：‘孰能一之？’曰：‘不嗜殺人者能一之。’秦嗜殺人，於古最甚，欲以一天下，是猶卻行而前也。雖得而並其所

① 《史記》，中華書局 1983 年版，第 2342 頁；（宋）呂祖謙：《通鑑詳節》卷二三《周紀·周赧王》五十五年。

有,失之亦宜矣。"對於七雄紛爭的歷史,很少有人想到過"天下之民不死鋒鏑者幾希"的問題,尊重生命,同情弱小群體,表達其民本思想,難能可貴。又如南朝宋武帝劉裕滅南燕慕容超,"斬王公以下三千人,没入家口萬餘,夷其城隍"。① 官修正史無不贊其赫赫戰功,稱"宋武地非齊、晉,衆無一旅,曾不浹旬,夷凶翦暴,誅內清外,功格上下"。② 吕氏則大唱反調,説:"劉裕擒慕容超,殺其王公以下三千人者,不特天姿酷虐,意者矯符堅之失也。《書》曰:'殲厥渠魁,脅從罔治。'《易》曰:'有嘉折首,獲匪其醜。'嗚呼! 此三王彌亂之術也。如堅者不知'殲厥渠魁''有嘉折首'之義,故縱舍有罪。如裕者不知'脅從罔治''獲匪其醜'之義,故多殺無辜。雖仁暴不同,而其失則均。堅底滅亡,而裕亦不能平一天下者。以此皆率意而行,不學無術之過哉!"史評一方面鞭笞劉裕的暴虐天性,另一方面從學理上爬梳其暴虐的根源,在於"不學無術之過"。君主不知聖學,則談不上仁政,也達不到至治。所以吕氏一再主張,"今日先務,恐當啓迪主心,使有尊德樂道之誠"。③

吕氏以爲載舟覆舟,不是空話,時時借唐諷宋。僖宗乾符年間,王仙芝、黄巢兵亂四起,而"士皆思亂"。④ 吕氏分析説:"敵國入寇、諸侯稱兵與夫大將首難,皆不足以危社稷。至於民起爲盜,則其國未有不亡者也。是以六國不能勝秦,陳勝則亡之。七國不能亂漢,黄巾則亡之。安禄山、史思明、朱泚之徒不能滅唐,及黄巢起而唐始亡矣。其故何哉? 强侯悍將之爲難,若我綱紀未紊,人心猶存,彼亦無能爲也。及夫風俗奢靡,上下驕侈,崇宮室,盛輿服,嗜音酗酒,女富溢尤。其用度無藝,而府庫之家竭,不自撙節。方崇獎聚斂之臣,使肆爲威虐,剥膚及骨,以供其費。耕者食不足以充其腹,織者衣不足以蓋其體,道殣相望,曾不加恤,民九死無一生之望,怨毒憤怒,鋤耰荆棘,群起奮呼,於是亂者四應,而天下土崩矣。夫如是,安得不亡乎! 傳曰:'民猶水也,可以載舟,亦可以覆舟。'有國者可不畏哉!"吕氏頭腦清醒,講論朝代興替、政治治亂,以民本思想爲主導。朝廷敲剥無度,聚財不以道,將百姓萬民迫至絶境,無不群起而作亂。得民心者得天下,國家存亡,全系於民心向背。

---

① (宋)吕祖謙:《通鑑詳節》卷六六《晉紀·安帝中》義熙三年。
② 《宋書》,中華書局 1997 年版,第 31 頁;《南史》,中華書局 1996 年版,第 61 頁。
③ (宋)吕祖謙:《與朱侍講》,《吕祖謙全集》第一册,第 404 頁。
④ (宋)吕祖謙:《通鑑詳節》卷一一三《唐紀·僖宗》乾符三年。

　　《通鑑》不載文人事迹,像屈原、陶潛、杜甫、李白等,均一字未著。只在唐憲宗時,記載了"白居易作樂府及詩百餘篇規諷時事,流入禁中,上見而悦之,召入翰林爲學士"。① 呂氏説:"詩者,古人譎諫之文,故曰言之者無罪,聞之者足戒。後世則不然。楊惲咏《南山》之句,梁鴻賦《五噫》之歌,以宣帝之聰明、肅宗之長厚,猶不能平,而或加之罪,況其下者乎! 居易爲諷諫詩,憲宗擢之翰林,有古人采詩之遺風,賢於漢之二主遠矣。"又説:"古者陳詩以觀民風,三百篇之作雖或出於婦人女子、小夫賤隷之言,然其言之者無罪,聞之者足以戒。自三百篇既亡之後,詩之爲詩,止於風露之形、雪月之情而已,鮮有補於治道者。若元德《於蔿》之作,其無愧於風雅矣。"②歷史上文人因詩文獲罪者多有之。宋世而言,朝廷雖以不殺文士爲其祖宗家法,而蘇軾因"烏臺詩案"而險遭不測,何況出現在相對開明的治平、熙寧年間,則遑論其他? 這樣冤案層出不窮,絶非個例。南宋高宗朝亦有以"莫須有"的罪名枉殺岳飛。呂氏藉評白居易因詩而獲官翰林,贊譽憲宗元和年間的政治開明,恐怕其意也在諷諫當朝廣開言路。

　　綜上所述,呂氏所輯史評,往往提綱攜領,善於從繁雜紛亂的史實清理出頭緒來,無不體現了其純正的儒學思想和篤實的學術風格。

（黄靈庚,浙江師範大學特聘教授）

---

　　① （宋）呂祖謙:《通鑑詳節》卷一〇七《唐紀·憲宗》元和二年。
　　② （宋）呂祖謙:《通鑑詳節》卷一〇〇《唐紀·玄宗》開元二十三年元魯山作《於蔿歌》。

# 《周易》視界下的生命思量

## 黃沛榮

本文以《周易》經傳的内容作爲主軸,並取先秦典籍作爲輔助及印證,論述在當前的社會中,《周易》經傳所能提供的種種啓示。回想 2013 年 10 月,承蒙佐之兄的好意,我曾在"思勉講座"作學術報告,主題是"易經義理對現代社會的啓發",當時曾析論《周易》卦序所蘊含的人生價值觀,並論述《周易》經傳"德、時、位、應"四大義理架構,據以探討人生成功的因素,由古爲今用的立場,提出"據我之德,①察今之時,守己之位,得彼之應"的論點。本文是此主題架構的細項論述,唯因篇幅有限,僅能就"德"的部分進行討論,包括立身原則、生命鋪排、處事態度等三項。

在《周易》義理系統中,"德"指性質,近於口語中"德性"一詞。卦德指八卦各自的性質,如乾爲健,坤爲順,兌爲説(悦),艮爲止,離爲文明,坎爲險、陷,震爲動,巽爲遜伏。

卦德屬性是抽象的,卦象則是取有形之物作爲八卦的象徵,如乾爲天,坤爲地,兌爲澤,艮爲山,離爲日、②爲電、爲火,坎爲水、爲雨,③震爲雷,巽爲風、爲木。

八卦只有三爻,故又稱三爻卦。以八卦自重及互重,即產生出六十四個六爻卦。重卦之時,在下方的稱爲下卦或内卦,居上方的稱爲上卦或外卦。六十四個六爻卦的卦名與卦義,多由其下卦、上卦的卦德與卦象所衍生。例如晉卦的下卦爲坤、上卦爲離,故《象傳》云:"晉,進也。明出地上。"即太陽(離)從地面(坤)升起。

---

① 《論語·述而》:"子曰:'志於道,據於德,依於仁,游於藝。'"
② 日又可稱爲"明",見於晉卦、明夷卦的《象傳》及《大象傳》。
③ 需卦、蒙卦《大象傳》,又以雲、泉作爲坎的象徵。

爻德指爻的陰陽屬性,陽爻爲剛,陰爻爲柔。六爻卦中的各爻,有由下往上演進的義理。今本《周易》中,六爻的爻辭上都有"爻題",即爻的標題。爻題使用兩個字作描述,其一用來表示爻德,陽爻稱九,陰爻稱六;另一字用來表示爻位,由下而上,分別是"初、二、三、四、五、上"。組合下來,爻題就有"初九、初六、九二、六二、九三、六三、九四、六四、九五、六五、上九、上六"12種模式。經由爻題,就可得知該爻的陰陽屬性與位次所在。於二至五爻,是先爻德、後爻位;初與上爻,則先爻位、後爻德。"初""上"置於爻題之首,當有强調的作用,顯示爻位蘊含時空演進的概念。"初"表時間,"上"指空間,"初""上"分用而有互補的關係,象徵一卦六爻乃是時空的交錯,各爻亦依據其爻德及其所處的爻位而產生不同的爻義。

綜合來説,《周易》的義理系統,主要由卦德、卦象、爻德與爻位交互演繹而成。每卦皆有各自的卦形,而對於卦與爻內涵的述説,則稱爲卦辭及爻辭。卦、爻辭撰作於西周時代,古人尊之爲經;加上東周以來陸續產生的《彖傳》《大象傳》《小象傳》《繫辭傳》《文言傳》《説卦傳》《序卦傳》《雜卦傳》,即是歷代相傳的《周易》經傳體系。

《周易》卦德、爻德的觀念對應到人事之中,可分兩方面來説:其一是個人的性格、興趣,以及先天氣質;另一是品德修養,即後天的人格養成,也是處世爲人的核心價值。先天的個性差異對於人生的發展,影響至爲深遠,唯因變項太多,很難歸納出普遍的原則,故本文選取道德修養方面具有通用性的部分,詳加論述。

# 一、立 身 原 則

立身原則是做人的基本態度,必須符合端正與堅定的原則。以下依據《周易》經傳的啓示,就心存誠信、居中得正、愛人利物三點,論述如下。

## （一）心存誠信

誠信是社會重要的核心價值。誠是不欺本心,以真心面對自己,以及待人、處事。事情做得不好,也會虛心反省,不會爲自己找尋藉口或理由。信是然諾必行,有責任心。《周易》經傳中論及誠、信者,如乾卦《文言傳》:

閑邪存其誠,善世而不伐。

閑邪存其誠,意謂防止邪念而心存誠正,不伐就是不自誇。《文言傳》其下又云:

> 君子進德修業。忠信,所以進德也;修辭立其誠,所以居業也。

上句“閑邪存其誠”,指内心的態度;此處的“修辭立其誠”,則指外在的行爲。内外一致,正是“誠”的重要原則。《禮記·大學》亦有“誠意”之説,可與《文言傳》並觀:

> 所謂誠其意者,毋自欺也。如惡惡臭,如好好色,此之謂自謙。故君子必慎其獨也! 小人閑居爲不善,無所不至,見君子而後厭然,掩其不善而著其善。人之視己,如見其肺肝然,則何益矣! 此謂誠於中,形於外,故君子必慎其獨也。

小人“掩其不善而著其善”,乃自欺而欺人;君子則“誠於中,形於外”,即表裏如一。此乃君子與小人之别。

誠者必有其信,故古今多以“誠”“信”並言。《周易》有中孚卦,孚義爲信。孔穎達疏云:“信發於中謂之中孚。”《左傳·莊公十八年》:“小信未孚。”即孚、信同列。有誠德者受托於人,必先自問是否有意願、有能力、有時間去幫助别人,受托之事是否符合道義及法律,而不會輕於然諾;一旦承諾,必不負於他人。這就是誠信的真諦。

由於心存誠信,故其人無論處於順境或逆境,皆能守其初心,以平常心面對一切。《繫辭傳上》:“樂天知命,故不憂。”乾卦《文言傳》:“不易乎世,不成乎名。遯世無悶,不見是而無悶。”此與《禮記·中庸》“君子依乎中庸,遯世不見知而不悔”極爲相近。不見是,謂不被肯定。不見知,謂不被瞭解。

## (二) 居中得正

《易》卦重“中”。此種義理見於爻辭。在六爻卦中,二爻居下卦的中位,五爻居上卦的中位,其爻辭中每使用“中”字,以點出爻位的特色。[1]

---

[1] 如《師卦》九二:“在師中吉。”《泰卦》九二:“得尚於中行。”《家人卦》六二:“在中饋。”《豐卦》六二:“日中見斗。”《夬卦》九五:“中行無咎。”此外,二爻被初、三爻所包,五爻被四、上爻所包,故二、五爻又常出現“包”字。《蒙卦》九二:“包蒙,吉。”《泰卦》九二:“包荒。”《否卦》六二:“包承。”《姤卦》九二:“包有魚。”又九五:“以杞包瓜。”均是其例。

《象傳》亦以"中"釋爻義，如：

師卦《象傳》："剛中而應。"（指九二）

同人卦《象傳》："柔得位得中而應乎乾，曰同人。"（指六二）

大有卦《象傳》："柔得尊位大中，而上下應之，曰大有。"（大中指九二）

我曾統計《周易》六個爻位得吉辭的比例，發現二爻及五爻在六個爻位中得到 47.06% 的吉辭，可見中爻的特殊意義。

中爻義理之可貴，在於啓發世人立身行事不可走極端，應當不偏不倚，無過無不及。程頤曰："不偏之謂中，不易之謂庸。中者，天下之正道；庸者，天下之定理。"①此種義理，是儒家思想的重點之一。《論語·子路》記孔子曰："不得中行而與之，必也狂狷乎！"②朱熹注："行，道也。"中行即中道。又《雍也》記孔子曰："中庸之爲德也，其至矣乎！民鮮久矣！"《禮記·中庸》更云："仲尼曰：'君子中庸，小人反中庸。君子之中庸也，君子而時中。'"此等哲學思想，實濫觴於《周易》。

除"中"之外，《論語·子路》記孔子曰："其身正，不令而行；其身不正，雖令不從。"所謂"正"，亦與《周易》義理有關。《象傳》及《小象傳》結合爻位、爻德以闡釋爻義。凡陽爻居於初、三、五（奇數表陽剛）之位，陰爻居於二、四、上（偶數表陰柔）之位，彼此性質相合，《象傳》稱之爲得位、當位、正位、正，《小象傳》稱之爲位正當、正位、位當、當位、正志。③ 反之，若陽爻居於二、四、上，陰爻居於初、三、五，《象傳》稱之爲不當位、失位，

---

① （宋）朱熹：《中庸章句序》引。

② 狂，過於激進的人；狷，過於保守的人。這兩類的人，都不符合中道，以此映襯出中道的重要性。

③ 如同人卦《象傳》："柔得位得中而應乎乾。"指六二。大有卦《象傳》："柔得尊位。"指六五。遯卦《象傳》："剛當位而應。"指九五。家人卦《象傳》："女正位乎內，男正位乎外。"指六二、九五。蹇卦《象傳》："當位貞吉。"指九五。漸卦《象傳》："進得位。"指九五。渙卦《象傳》："柔得位乎外而上同。"指六四。節卦《象傳》："當位以節，中正以通。"指九五。既濟卦《象傳》："剛柔正而位當也。"指全卦六爻。《小象傳》中，如否卦九五："大人之吉，位正當也。"兌卦九五："孚於剝，位正當也。"渙卦九五："王居無咎，正位也。"臨卦六四："至臨無咎，位當也。"蹇卦六四："往蹇來連，當位實也。"遯卦九五："嘉遯貞吉，以正志也。"屯卦初九："雖盤桓，志行正也。"臨卦初九："咸臨貞吉，志行正也。"

《小象傳》稱之爲位不當、未當位、未得位。①

《易》卦的六二爻與九五爻，由於兼具中、正之義，故合稱爲"中正"。②可知《易》卦以中或正爲吉，中正則更爲吉利，故知中正之德，乃是君子行事爲人、安身立命的指南針。

《周易》經傳以陽居偶位及陰居奇位爲不當位，落實至人事之中，大才小用或小才大用，亦爲不當其位，其癥結皆因德與位之不相稱。《繫辭傳下》：

> 子曰："德薄而位尊，知小而謀大，力小而任重，鮮不及矣！《易》曰：'鼎折足，覆公餗，其形渥。凶。'言不勝其任也。"

"德薄而位尊"一句，以德、位對言，指出重點所在。德、位不相稱，將會導致兩種後果：一是"不勝其任"，比如三級才幹管一等事，其後果可知；二是專業能力不足者當上單位主管，招聘下屬的時候，恐怕不敢重用高學位的英才，以防尾大不掉，更害怕對方熟悉業務之後，將取而代之。此乃人之常情，就像結婚典禮中，很少看到伴郎比新郎高大、伴娘比新娘漂亮的情況，頂多是不相上下。

反之，有專業的人才若擔任該專業的主管，則是德位相配，如同陽爻居於初、三、五位，陰爻處於二、四、上位。若業務上更能處理得宜，則又有行事得中之譽，相當於《易》爻"居中得正"，其吉自不待言。

---

① 如噬嗑卦《彖傳》："雖不當位，利用獄也。"指六五。小過卦《彖傳》："剛失位而不中。"指九三、九四。《小象傳》中，如履卦六三："咥人之凶，位不當也。"否卦六三："包羞，位不當也。"豫卦六三："盱豫有悔，位不當也。"臨卦六三："甘臨，位不當也。"大壯卦六五："喪羊于易，位不當也。"夬卦九四："其行次且，位不當也。"豐卦九四："豐其蔀，位不當也。"兌卦六三："來兌之凶，位不當也。"震卦六三："震蘇蘇，位不當也。"小過卦九四："弗過遇之，位不當也。"解卦九四："解而拇，未當位也。"旅卦九四："旅于處，未得位也。"

② 如訟卦《彖傳》："利見大人，尚中正也。"指九五。履卦《彖傳》："剛中正。"指九五。觀卦《彖傳》："中正以觀天下。"指九五。離卦《彖傳》："柔麗乎中正。"指六二。姤卦《彖傳》："剛遇中正。"指九五。巽卦《彖傳》："剛巽乎中正而志行。"指九五。節卦《彖傳》："當位以節，中正以通。"指九五。《小象傳》中，如豫卦六二："不終日貞吉，以中正也。"晉卦六二："受茲介福。以中正也。"需卦九五："酒食貞吉，以中正也。"訟卦九五："訟元吉，以中正也。"比卦九五："顯比之吉，位正中也。"隨卦九五："孚于嘉吉，位正中也。"巽卦九五："九五之吉，位正中也。"

### （三）愛人利物

愛人利物，基本上即是儒家的"仁"。乾卦《文言傳》："君子體仁足以長人。"體仁，以仁爲本，則其德澤必廣被衆物，故足以爲人君長。反觀過度理性、不近人情的主管，大多與屬下疏離，不易受人愛戴。

人生幸福快樂的泉源，可以來自多方面。一般人想到的，大多與個人有關，例如因努力而成功、因表現出色而獲獎、做事順利、財富快速增加等。就個人而論，只要循正道而取得，都是可喜的事；然而快樂的感覺不僅來自物質的豐盛或一時的成功，更重要的是心靈的滿足。有仁心的人，能與人爲善，助人成功，能讓他人脫離痛苦，或免於死亡，凡此，都是值得快樂的事。

《周易》經文亦提到類似情況，不過没人注意。渙卦六四："渙其群，元吉。"渙讀爲奐，後作焕，①有增其光彩、使其顯露之意。啓發世人在追求自我生命豐盛之餘，更要關懷社會，讓有需要的人在物質或精神上得到支持，或在品德、學識上得到提升，是故大吉。此種胸懷，正是來自一顆民胞物與、仁愛爲懷的心。《論語·雍也》記載子貢與孔子的對話：

> 子貢曰："如有博施於民而能濟衆，何如？可謂仁乎？"子曰："何事於仁，必也聖乎！堯舜其猶病諸！夫仁者，己欲立而立人，己欲達而達人。能近取譬，可謂仁之方也已。"

"博施於民而能濟衆"，屬於高尚的道德情操，爲孔子所贊許。《禮記·中庸》云：

> 誠者，非自成己而已也，所以成物也。成己，仁也；成物，知也；性之德也，合外内之道也，故時措之宜也。

亦以"成己""成物"對言。《繫辭傳上》第四章贊《易》道之廣大，並提到一個崇高的目標：

---

① 渙字从水，本義爲離散、分散。"渙其群"而"元吉"，若釋"渙"爲散，其義難通，讀作"焕"較爲妥適。

《易》與天地準,故能彌綸天地之道①……與天地相似,故不違。知周乎萬物,而道濟天下,故不過。旁行而不流。② 樂天知命,故不憂。安土敦乎仁,故能愛。③ 範圍天地之化而不過。④ 曲成萬物而不遺。⑤ 通乎晝夜之道而知。⑥ 故神無方而《易》無體。

"樂天知命,故不憂""範圍天地之化而不過""通乎晝夜之道而知",謂深曉順應自然的變化,並瞭解個人生命特色與局限,故能安於處境。"安土敦乎仁,故能愛""曲成萬物而不遺",則是德澤的廣博寬厚。二者都是正向的人生態度。

總而言之,心中有愛而能施澤於人,及於萬物,在待人處事時,自然多幾分寬厚、添幾分親切。能夠與人爲善、曲成萬物、道濟天下,帶來內心的喜樂與滿足,絕非所付出的精力、時間、金錢所能衡量。

## 二、生命鋪排

生命鋪排,是指對於人生的布局與安排。鋪有布置、鋪陳之意。

現代的父母送子女去學習才藝,像樂器、繪畫、舞蹈、書法、外語,乃至讀經典、背唐詩等,都是希望子女成長以後,在知識、工作、生活、家庭、休閒上,能有更寬廣的發展空間。所謂一分耕耘,一分收穫,付出學費、時間與心力,當然會有若干效果,但是對於子女來説,只是被動性的安排。因此,能鼓勵世人熱愛生命,讓他相信人生奮鬥的成果不會落空,認爲自己生命是有規劃的價值,進而主動地爲自己鋪排生命,這才是最重要的目標。以下從自我期許、人生規劃、自我約制三方面,分別論述:

---

① 準,等同。《説文》:"準,平也。"彌,此處意爲廣、深。綸,《正義》:"綸謂經綸牽引。"

② 知,智。周,遍。濟,救濟。《字彙》:"濟,賙救也。"旁行,廣行、遍行。不流,不放縱。

③ 敦:深厚、豐厚。乎,於。

④ 範圍,用作動詞。《正義》:"範圍,範謂模範,圍謂周圍。……言法則天地而施其化。"

⑤ 曲,委曲,謂努力以求周全與普及。萬物,包括人,而人之言行爲事,故廣義之物可涵括人與事。

⑥ 通乎晝夜之道:通,貫通。《繫辭傳上》:"往來不窮謂之通。"晝夜,泛指隱與顯之事。包括上文幽明、死生,乃至陰陽、剛柔。

### （一）自我期許

自我期許立基於對生命的自信,是以自身爲本位,瞭解自己的個性、興趣與能力,評估個人的發展潛力,以及可以達成的目標。

首先析論《周易》可給予認識個人生命的啓示。《周易》六十四卦屬於一個整體。六十四卦的卦形各有其陰陽排列的爻序,無一重複。就義理來説,也是不同卦義的一個集合,包括生存環境(天地、日光、水源)、生產方式(農耕、漁獵、畜牧)、社會制度(治國、祭祀、教育)、生活細節(食衣住行)、人際關係(家庭、婚姻、朋友、敵人)、人生修養(謙遜、禮節、誠信)、人生發展(亨通、壯盛、豐厚、高昇、困窘、破敗、没落、隱退)等,而每一卦都是獨特的。某些卦的卦義雖看似相近,内涵其實有所不同,例如六十四卦的卦義與"艱難"有關的,共有三卦:屯卦是創始之難,蹇卦是路途多艱,困卦是進退不得。其情況各不相同。

此種獨一無二的現象,可以啓發世人:每個人的生命都是唯一的,都是獨有的。有自信、有抱負的人,可依照個人的特質及意願,找到適合生命發展的空間,進而創造生命的價值。以《周易》乾卦爲例,其卦爻辭云:

> 卦辭:乾,元亨利貞。
>
> 初九:潛龍勿用。
>
> 九二:見龍在田,利見大人。
>
> 九三:君子終日乾乾,夕惕若,厲無咎。
>
> 九四:或躍在淵,無咎。
>
> 九五:飛龍在天,利見大人。
>
> 上九:亢龍有悔。
>
> 用九:見群龍無首,吉。

此卦以古代男子一生的發展,象喻一個兼有才德與抱負的人,胸懷壯志而自我期許,如何逐步成長,以實現其理想目標。現代社會男女平權,上述情況當然亦適用於女性。

乾卦初九,指出其人已具有龍一般的才德,然處於初位,雖有崇高理想,未可作爲,是故潛隱於淵中。至九二時,出潛離隱,才德漸露,有如龍之在地,爲世人所共見,更得大人之賞識,成爲在位的君子。唯因初入仕途,資歷尚淺,必須朝乾夕惕,進德修業,如此,雖危而免於災咎。九三德盛才高,志在君位(九五),卻未逢發展機緣,故躍返淵中,修德以待時。及至時來運轉,得居於君位,才德發揚,有如飛龍之在天,暢行無礙。此時需要選拔賢才,於他日接掌大位,以期生生不息。可惜未能及時抽身而退,乃成爲名位雖尊而不當位的亢龍,致生悔恨。

也許有些人覺得自己很平凡,人生中不可能有太多美景及色彩。此種想法過於消極。試以世人"打牌"爲喻:有些人對於人生的預期,是希望拿到一手好牌,輕易地贏過別人,實則其可能性極低。真實的人生,應該靠着自己的智慧與能力,用心去打好一副爛牌,讓生命得以翻轉,這才是人生的真諦。近年有一首詩頗爲流行:

> 白日不到處,青春恰自來。苔花如米小,亦學牡丹開。

這是清人袁枚的作品,詩題爲"苔",詩中指出任何生命都是完整的,自然有它存活、發展的機會與空間。其喻意深遠而易懂,有助於世人對於自我生命的探索與定位。一個人的先天條件縱然不高,若能掌握生命中的時、空變化,其價值亦能彰顯,其生命必有可觀。有此自信的人,無論處於順境或逆境,皆能以平常心面對。

其實,覺得自己平凡是很正常的。《論語·陽貨》:"唯上智與下愚不移。"故知除了上智與下愚,其他人的差別應該有限,自覺平凡當然是正常的。如果真有差別,那就是學習的態度是否認真。《禮記·中庸》:

> 人一能之,己百之;人十能之,己千之。果能此道矣,雖愚必明,雖柔必強。

學習效果乃是操之在己,人的天分無論高低,通過學習,都可自我提升。當學識、能力提升到一定高度,其自信心亦會相持而長。

### (二) 人生規劃

人生規劃,目的是選擇大致符合心意的發展方向,須先設想未來的藍圖,預期要過怎樣的生活,選擇什麼行業,自己需要擁有哪些競爭條件,包括學歷、能力與經驗等。有了明確概念,再安排具體做法,逐步落實,朝向目標邁進。

生命是上天的恩賜,通過父母而讓我們獲得。生命是公平的,因爲每個人都只有一次機會,因此它是人們最寶貴的資產。對於生命,我們不能拿它作爲賭注,也不應隨遇而安、得過且過,應該及早進行規劃,進而掌握生命發展的主控權。觀卦六三:"觀我生,①進退。"謂世人須自觀其本性(包括興趣與才華),以決定行動的方向。乾卦《象傳》云:"各正性命。"指出每個人都應追尋其性命之正,亦即找對方向,把自己的生命價值充分發揮出來。

人生發展的關鍵,在於個人特質、家庭教育、大學主修的課程、工作性質與環境,以及婚姻家庭等方面。其中有些可由自己決定,有些則否。個人特質方面,包括天賦、性向、興趣、才能等。家庭教育反映出父母對於培養子女的心思;兄弟姊妹衆多的家庭,父母在心力或家庭經濟上若無法面面俱到,也是無可奈何的事。至於婚姻是否幸福,乃是男女雙方的責任,而且變數甚多。因此,比較能夠操之在己的,應該是在大學階段。然在當前社會,不少大學畢業生找不到理想工作,待遇佳的職位卻請不到合適的員工。可能因爲有些學生在校時沒有全心投入學習,也沒有過人之處。常見的情況是:他能做的別人都會做,別人不會做的,他也做不來,也就是沒有什麼競爭力。有規劃的人生,就不出現這種窘況。

規劃人生,應以自身的實力爲本位,體察個人的發展潛力,評估可以達成的預定目標,再作出選擇。以年輕人選擇升學的志願爲例,很多人會與父母討論,或按照父母的意見作決定。依個人之見,資質優異的學生,可以先選擇學校,再選擇科系;天資平平者,也許應該先選擇符合自己興趣的科系,不宜放棄興趣,硬要擠入名校就讀。因爲聰穎的學生進入名校就讀,若發現興趣不合,會有能力改變現狀,例如轉系、輔系、雙主修等等,較易另謀發展途徑。一般學生讀了一年,發現興趣不合,要轉入其他專業,則相對困難,念到畢業也未必能找到理想工作。如果他們當初選系不選校,能進入符合興趣的科系就讀,也許會愈讀愈起勁,願意認真學習,就會名列前茅,畢業後考入其他學校的研究所,亦非難事。

大畜卦《大象傳》云:"君子以多識前言往行,以畜其德。"某些專業知識或能力的特殊組合,也可提升競爭力。若能體察當前時代特色與社會未來發展的趨勢,瞭解不同空間在發展上的差異,推斷國際社會未來多元的人才需求,再以個人特質、興趣、能力與之比較,認知自身條件與未來需求間的差距,盡量補強,即可爲自己開創新契機。例如:當前社會發展迅

---

① "生"讀爲"性"。

速,許多國際性的機構或企業,不斷進行跨領域或新領域的研發與生產,需徵求能整合特殊專業的人才,在這種情形下,預作準備的人必可出人頭地。《繫辭傳下》:"君子藏器於身,待時而動,何不利之有!"就是看準趨勢,投資自己,以蓄勢待發。

此外,空有理想是不夠的,必須逐步落實到行動上,故需隨時自我檢查及盤點,以管控發展的進程。

### (三) 自我約制

人生在世,尤其是處於順境之時,會面臨種種誘惑,不知如何應對;在失意之時,常會自嘆時運不濟,自怨自艾,或歸咎於旁人不能配合,甚或心存怨恨,卻不知如何解困。此外,在社會上與人交往,若口不擇言,也會造成人際間的疏離,甚至彼此反目。以上總總,皆需要隨時反省。蹇卦《大象傳》:"反身修德。"可謂言簡意賅。

自我約制即是自律,其意義有二:一是避免因過錯而造成危害;二是通過自律,可使人遠離罪惡,免得留下污點,玷辱令名。損卦《大象傳》:"君子以懲忿窒欲。"懲忿,遏止怒氣,不要隨意罵人;窒欲,阻隔貪圖物欲之心。下文即以物欲及語言二端,說明自我約制的重要性,並論述反省的意義。

#### 1. 物欲

對於大多數人來說,幸福感是來自財富的豐足,因爲財富可以滿足生活的需求,可以提升生活品質,可以支配更多的人、事、物。金錢之外,還有權位、名譽等,都是世人追求的目標。實際上,權位、金錢未必會帶來喜樂。

《周易》困卦六爻,皆有"困"字,分別敘説六種不同的困境。九五:"劓刖。困於赤紱。乃徐有説。利用祭祀。"此爻敘述高官爲職務所困,其痛苦如受劓、刖之刑。九五爲陽爻處於中正之位,象徵高官。《象傳》:"貞大人吉,以剛中也。"大人即在位者。紱爲古代下裳前面的蔽膝,赤紱象徵高官,其位階僅次於朱紱。故此爻可反映出爲官之苦,即使處於高位,亦未必幸福快樂。

又如旅卦的卦義是旅行在外。九四:"旅於處,得其資斧,我心不快。"資是資財,斧是斧頭,是走山路時用以斫除荆棘的工具。此爻記某人在旅途中,檢得別人遺下的資斧。① 在一般情況下,撿到失物的人也許會心中

---

① 此爻使用"其"、"我"二字,"其"當指他人。

暗喜,此人卻是"我心不快"。① 蓋因想到失主離家在外,喪其資斧,則性命堪虞,實在令人擔憂。可見仁者獲得非分的財富,亦未必快樂。這就是自律的結果。

因此,做人做事必須秉持信念與原則,常常提醒自己不要因追求物欲、貪圖非分的財物而陷入網羅,才會心安理得,無所憂懼。

2. 言語

《說文》:"口,人所以言、食也。"飲食與説話是口的兩大功用,然而病從口入,禍從口出,故頤卦《大象傳》云:

> 君子以慎言語、節飲食。

《繫辭傳上》:

> 言行,君子之樞機,樞機之發,榮辱之主也。

又云:

> 亂之所生也,則言語以爲階。君不密則失臣,臣不密則失身,幾事不密則害成。

當前社會中,有些人説話口不擇言,或語氣尖酸刻薄,或是得理不饒人,窮追猛打,更或搬弄是非,造謠生事。也有些人雖然無意傷人,但與人對話時,沒有經過思考,話語就衝口而出,以致招惹禍端。凡此,可以通過反省而改善,甚至將惡習完全革除。

人生進德修業,持續成長,並提升競爭力,可以經由兩種途徑:一是增加自己的優點,另一是減少缺點。益卦《大象傳》對於"益"的詮釋是:"見善則遷,有過則改。"要進德修業,最簡單的辦法是見賢思齊,直接效法他人的長處,此謂之"見善則遷"。復卦初九:"不遠復,無祇悔,元吉。"《小象傳》:"不遠之復,以修身也。"意謂迷途未遠,經由反省而回復大道,可得大吉,此謂之"有過則改"。《繫辭傳下》云:

---

① 《說文》:"快,喜也。"

子曰:"顔氏之子,其殆庶幾乎! 有不善未嘗不知,知之未嘗復行也。"

"顔氏之子"指顔淵。《論語·雍也》:"哀公問:'弟子孰爲好學?'孔子對曰:'有顔回者,好學,不遷怒,不貳過,不幸短命死矣!'"顔淵"有不善未嘗不知",是因爲隨時反省;"知之未嘗復行",是記取教訓,自我惕勵,故能"不貳過"。

有智慧的人,會兼從自己與別人身上獲得教訓。自己犯錯而記取教訓,不會再犯,即所謂"前事不忘,後事之師"。①《繫辭傳下》云:

小人不恥不仁,不畏不義,不見利不勸,不威不懲。小懲而大誠,此小人之福也。《易》曰:"屨校滅趾,無咎。"此之謂也。

所引的爻辭,出自噬嗑卦初九。屨校,指腳上被套上木製的刑具,滅是遮掩之意。同卦上九云:"何(荷)校滅耳,凶。"相較之下,"屨校"施用於小罪,"荷校"則是用肩膀頂着刑具,其罪不輕,由占辭之"無咎"與"凶"的差異,即可瞭解。"屨校"之人若能痛改前非,人生依然充滿希望,此謂之小懲大誠。

若是看到別人犯錯而生警惕之心,則可不必付出代價而得到教訓。《論語·里仁》記孔子之語云:"見賢思齊焉,見不賢而內自省也。"內自省,即是自我檢查有無此類缺失,有則改之,無則自我惕勵。《大戴禮記·保傅》引鄙語曰:"前車覆,後車誡。"亦即此意。

## 三、處 事 態 度

在處事方面,《周易》經傳提及的不少,茲選出三個重點,討論其中的啓示:

### (一) 詳慮

詳慮,即是謀定而後動。《周易》豫卦兼有詳慮與豫樂之義。卦辭:"豫,利建侯行師。"謂分封諸侯、出兵作戰,都必須詳作考慮,方可得利。

---

① 見《戰國策·趙策一》。

《老子》第十五章：“豫兮若冬涉川，猶兮若畏四鄰。”豫、猶皆詳慮之義。冬涉川而不謹慎，恐有性命之憂，此與《詩經·小雅·小旻》“如履薄冰”道理相同。四鄰，泛指周邊的鄰國。謂與鄰國應避免形成敵對狀態，以免挑起戰火。

又豫九四爻辭：“猶豫，大有得。勿疑，朋盍簪。”“猶豫”而大有得，故知猶豫即詳慮。① 既已詳慮，則不必遲疑。此外，詳慮亦可免於涉訟。訟卦《大象傳》：“天與水違行，訟。君子以作事謀始。”謂在事務進行之前，應考慮到各種可能發生的變數，規劃妥當，可無憂懼。作事謀始，正符合詳慮的原則。

## （二）剛中

從爻德來説，陽爻爲“剛”，已見前論；以卦德來説，乾爲健。六十四卦中，乾卦六爻皆陽，卦義即爲“剛健”。《文言傳》：“大哉乾乎！剛健中正，純粹精也。”《大象傳》：“君子以自強不息。”六爻皆陽，故曰剛；自強不息，故曰健。剛、健乃一體之兩面，剛爲本質，健爲作用。

六十四卦的上下結構中，若含有八卦之“乾”，《彖傳》每以“剛健”爲釋，如：

需《彖傳》：“剛健而不陷，其義不困窮矣。”（謂需卦下乾上坎）

大有《彖傳》：“其德剛健而文明。”（謂大有卦下乾上離）

就爻德來説，陽爻雖有剛德，唯若剛而不中，則易流於固執，甚或剛愎自用。《論語·子路》：“子曰：‘不得中行而與之，必也狂狷乎！狂者進取；狷者有所不爲也。’”可見過於積極與不敢作爲的人，都不符合中道。故“剛”需要與“中”配合，方能相輔相成。

《彖傳》稱陽爻居於中位者爲“剛中”，如：

小畜《彖傳》：“健而巽，剛中而志行，乃亨。”（剛中指九五）

履《彖傳》：“剛中正，履帝位而不疚。”（剛中正指九五）

剛中的義理對世人的啓發，在於做事要有堅強意志，又需要注意分寸的拿捏。

## （三）魄力

魄力與前述的詳慮、剛中有密切的關聯。剛中偏向處事的堅持度與

---

① 猶豫不決與考慮周詳的差別，僅在一線之間。

適合度,魄力則是執行詳慮結果的膽識和果斷力。魄力的展現,就是做事負責任、有擔當,能排除萬難,去達成高標準的目標。同人卦《彖傳》:

> ……利涉大川,乾行也。文明以健,中正而應,君子正也。唯君子爲能通天下之志。

乾行即健行。"中正而應,君子正也",指九五居中得位,象徵一位治國的君子;六二又與之相應,①表示他大得民心。《彖傳》認爲:只有君子,才有能耐帶動天下之人,讓每個人都能實現心中理想,達到人盡其才,物盡其用的地步。

魄力的另一特點,是能夠當機立斷。夬卦《彖傳》:

> 夬,決也,剛決柔也。健而説,決而和。……利有攸往,剛長乃終也。

"夬"即是決定,是判斷事理之適宜與否。夬卦一陰在上(上六),五陽在下,陰爻爲柔弱,給人行事遲疑不決、無法當機立斷的聯想。是故處於君位的九五,必須果斷而行,以剛決柔。"健而説(悦)",指領導者積極推行的政策,能夠造福民衆,故民衆欣然接受。"決而和",指領導者所作的決定,符合民意待,民衆自不會反對或抗爭。

本節所論的處事態度,適用不同身份的人,屬於最基本的要求。對於企業的負責人或部門主管,當然會有更高的標準。唯在"德、時、位、應"的架構中,已偏向於"位"的問題,此處不作論述。

有關人生發展的問題,可論述的還有不少,唯因與《周易》經傳關係不深,故未作討論。兹於文末略述幾則:

(一)人的一生,在大學時代,除學習專業知識外,還有兩個重要的事:一是人際關係的開展與相處的分寸,多結交彼此真心相待的朋友;另一則是在學術理論的證辯中,學習思考的方法(to think for oneself),培養

---

① 《周易》六十四卦的上下卦中,部位相對應的兩個爻,即初爻與四爻,二爻與五爻,三爻與上爻,倘若兩個爻的爻德能夠陰陽相配,即爲"應",落實到人事中,就是人際關係。這屬於"應"的義理,本文無法兼及。

分析事理、判斷是非的能力。此種能力的培育,可依照《禮記·中庸》"博學之,審問之,慎思之,明辨之,篤行之"的程序學習而得。能夠廣泛學習,將會發現同一件事會有相異甚至矛盾的説法。各種説法的産生背景、作者心態,必須詳作分析,且要慎思、明辨。久而久之,就會比較容易瞭解一些事、看清一些人,也可以明白別人的態度與行爲,是出自真誠或是別有用心。

(二)人的内心,最頻繁的活動是"分析—評估—排序—選擇",倘若用以分析的信息不足,評估的項目欠妥,排序的理據錯亂,所作的選擇當然不佳。人們於諸事不順時,常歸咎於運氣不好,其實問題是出在思辨的作業模式。

(三)事業略有成就時,應配合自己的興趣多讀點古書。讀完《史記》約三十篇,視野自然開闊;記取《孫子》"智信仁勇嚴"五字,就可當個好主管;看完《三國演義》,能將劉備的重情義、曹操的雄心與果斷、諸葛亮的機智合於一身,就會無往而不利。上述古籍中,還記載一些古人的陰謀詭道,可以作爲人生借鏡,其目的不是要用來對付別人,而是預防他人使出壞手段,自己卻渾然不覺。

(四)人生的最大成就,不是能超越別人,而是超越自我。超越自我,是讓自己在不斷的進步中,突破各種原有的限制,邁向人生的理想目標。

(五)人必須認知:幸福快樂需要先付出代價,俗語云:"天下没有白吃的午餐。"對於自食其力的人來説,前半生努力,後半生的生活就會好過;前半生得過且過,後半生就不太好過。等到四五十歲,感到經濟方面有壓力時,想另謀兼職以提高生活品質,恐怕已力不從心。

最後,略陳我對於人生發展的感悟,以作爲本文的收結。

數十年前,我曾用《周易》卦名集成一副對聯,録之如下:

　　　　中孚漸晉豐隨豫;大有益謙泰復恒。

這副對聯,指引我人生的道路,雖然自覺還差得遠,然而心向往之。

中孚是心存誠信。以真誠之心待人處事,持續發展,當可步步高昇,人生亦將會豐盛歡愉,無慮無求。然而放眼古今之人,達到既定目標以後,往往無法超越自我,甚或迷失初心,變得懈怠、荒唐與驕縱。倘能記取《序卦傳》"有大而能謙必豫"的哲理,就懂得謙和遜讓,進而凡事順遂,自在一生。

　　二十多年前，我曾請上海篆刻名家魏滋康先生將此聯刻成二方圖章，謹在此一並與大家分享。

（黃沛榮，臺灣大學中文系教授）

# 論何紹基詩歌美學創變

曹　旭

縱覽中國詩學，從《詩經》、楚辭開始，唐、宋而下，至元、明、清，好比登樓。一層有一層的景色，一層有一層的氣象；一層有一層的意境，一層有一層的美學。你可以説，你喜歡哪一層的景色，但你不能説，所有的風景只到這一層爲止，後面的都不必登。

何紹基所處的近代，是東方文明與西方文明接觸、碰撞，西方列强用武力叩開中國的大門，並改變了中國社會的性質，中國由長期的封建睡眠狀態，突變成“世界開化，人智益蒸，物質發舒，百年鋭於千載”（孫中山語）的近代。

近代之時，各種矛盾交錯，全國總人口急劇上升，近代印刷事業突飛猛進，詩人、詞人和詩集詞集的數量，都隨着人口的增加和精神消費的需要，出現前所未有的盛況。同時，蒸汽機的發明，自然科學和工業的發展，給社會生活帶來目不暇接的新氣象，這使傳統詩歌内涵，發生重大變化。

雖然火車、輪船、電報、照相，聲、光、化、電紛紛湧入詩歌，還要等五十年後才普及，要等黄遵憲、康有爲、梁啓超等一批“走向世界的詩人”來完成，①但是，近代即將開端，風雨已經滿樓，在意識形態領域，特別在詩歌創作和詩歌理論方面，要求變革的呼聲越來越高，改革的浪潮已經來臨。這些都是何紹基詩歌美學創變的背景和基點。

一

何紹基（1799—1873），字子貞，號東洲居士，自號猨（猿）叟。湖南道

---

① 參見拙文《走向世界的詩人》，載《上海師範大學學報》1983 年第 4 期。

州(今道縣)人。父親何凌漢是嘉慶十年(1805)的探花,官至任户部尚書、工部尚書;其許、鄭之學,宋儒之理,道德文章,均爲朝廷楷模。出生在這樣的家庭,何紹基博聞强記,少有才名,於學細大不捐,喜歡交游。和他交往唱酬的人,後來都是近代史和文化史上的重要人物。① 何紹基與比他大14歲的林則徐論書,與大7歲的龔自珍唱和,與大5歲的魏源討論時事與詩歌;與比他小11歲的曾國藩切磋學問,還和左宗棠飛鴻書信往來。尤其是魏源,後來成爲至交,何紹基曾手鈔魏源的《古微堂四書》。②曾國藩也很早就説,何紹基的書法必將流傳千古。

37歲時,取得鄉試第一名的何紹基,因爲主考官潘世恩、副考官王鼎、吴傑、王植以及阮元的賞識,被内定爲第一名狀元,準備進呈道光皇帝審批。因閲卷大臣卓秉恬作難,説何紹基的卷子上有屬於政治性錯誤的"疵語",在應該留空的地方寫了犯忌的字,故被抽出前十,落到"二甲第八名"。

此後,何紹基在翰林院編修、武英殿協修、武英殿總纂等位子上幹了很長時間,又去福建、貴州、廣東鄉試任副考官。咸豐皇帝上臺執政,希望革故鼎新,開創局面。要求中外大臣薦舉人才,以備破格録用。咸豐二年(1852)七月,由於侍郎張芾的薦舉,咸豐皇帝在圓明園召見何紹基。

八月初六,朝廷正式宣佈他簡放學政後,咸豐皇帝又在乾清宫召見何紹基,"詢問家世外,於諸經注疏、正史綱鑒、宋五子書及説文、篆、分之學,並原籍道州被賊、湖湘防堵情形。由京至蜀沿途關河道路,温語咨諏,靡不曲至。跪聆占對,晷移六刻始出"。③

委以重任的何紹基九月出都,在成都主持考試,對歷年考試中的積弊,作了大刀闊斧的改革。四川的考場和考試紀律得到了肅整。在文事和整頓考場之余,何紹基還理民詞訟,卻得罪了許多地方官吏。這些地方官吏和地方勢力聯合起來,暗中告狀,所以,何紹基自以爲很精彩的"縷陳

---

　　① 何紹基的傳記資料很多,主要參見《清史稿·何紹基傳》、何慶涵《先府君墓表》、林昌彝《何紹基小傳》、熊少牧《誥授中憲大夫翰林院編修貤封資政大夫道州何君墓誌銘》等。

　　② 今天,魏源的《古微堂四書》刻本已經失傳,僅存何紹手抄本,見夏劍欽《魏源全集各書版本概説》。

　　③ 見何紹基《去蜀入秦紀事書懷,卻寄蜀中士民三十二首》并序,《東洲草堂詩鈔》卷一六。

時務十二事"上書咸豐皇帝後,得到的竟然是"肆意妄言"的朱批,①並且"由部議以私罪降調"。越幹越起勁的他,突然從頂峰上跌落下來,像突然被暴雨淋濕的落湯雞,分不清是什麼滋味。

"肆意妄言"是怎麼回事? 沒有人弄得清楚,何紹基更不清楚,真想弄清楚,除了問咸豐皇帝本人。"妄言",其實是另一種"疵語"。前後兩次"疵語""妄言",都像命中注定,成了何紹基一生的讖言。像船剛啓程就折斷了桅杆,政治生命就此終結。對仕途灰心失望的何紹基,從此轉向詩歌、書法、繪畫、金石的創作與欣賞,使他由一個政府官員兼書畫家、詩人,變成純粹的畫家、書法家、金石家和詩人。

這種情形,有點像遭受"烏台詩案"的蘇東坡,因言得禍,也因言得福。繼他的詩集《使黔草》刊刻,桂林朱琦、上元梅曾亮、昆明戴絅孫、河間苗夔、平定張穆、姚江鄔鴻逵、楊季鸞分別爲之作序;此後,何紹基將在四川的思想歷程、感情歷程、山水歷程,特別是游了"瓦屋山"的感想,編成了《峨眉瓦屋詩鈔》。政治不幸文學幸,政治上的失意,換來了他在書法、詩歌上的收穫。隨着舊居"東洲草堂"的命名,何紹基的詩、詞、文集,都冠以"東洲草堂"之名。

56歲的時候,他寫了一首《蝯臂翁》的詩,説學書執筆如射箭,都必須懸腕,以簡御繁,以靜制動,像猿臂一樣伸縮自如,"聊復自呼蝯臂翁"。②從此,何紹基又有了一個差一點比自己本名還流行的自號——"蝯翁"。③這是他從政治仕途轉向書法和詩歌藝術最明確的信號。

激流勇退的何紹基經四川廣元出蜀,出寧羌州,出五丁峽,經沔縣、褒城、鳳縣、寶雞,至西安。然後游咸陽、醴泉,有意沿着司馬遷、杜甫和顏真卿走過的腳印,亦步亦趨,最後走向蘇東坡的眉山。這是何紹基自己選擇的歷史道路,是書法和詩歌的道路,也是他藝術追求的象徵。

在四川任職時,何紹基的公署就在"三蘇祠"隔壁,無論是詩歌還是書法,天天都可以向蘇東坡的塑像請教。離開"疵語""妄言"的政治漩渦以後,何紹基對蘇東坡更有一種親切的認同感,緊隨蘇東坡,向宋詩傾斜,除

---

① 見何紹基《去蜀入秦紀事書懷,卻寄蜀中士民三十二首》并序,《東洲草堂詩鈔》卷一六。

② 見《東洲草堂詩鈔》卷一四。

③ 一般書上都説何紹基"晚號蝯叟",其實不對。何紹基活到七十五歲。五十六歲時自號"蝯叟",算不得"晚號",可以更正。

了詩詞、書法、繪畫審美相通外，都會説"癡語"，因言得禍，遭受打擊後性格倔强是内在的原因。

每逢蘇東坡、黄庭堅、歐陽修、王應麟的生日，何紹基與朱琦、王拯、祁寯藻、宗稷辰、葉名澧、邵懿行、王安伯等人詩酒唱和，在慶祝蘇東坡、黄庭堅生日的同時，表明自己更加自覺的藝術追求，集中和蘇東坡的詩更多。

此後的何紹基不斷被邀請主掌山東、湖南等地書院，教授生徒。一邊教書，一邊畫畫，創作書法和詩歌，教學和游歷是他下半生重要的文化活動。主講書院時，他還抽空沿瀟水而下，足迹遍及廣東、廣西、湖南、貴州等地，並乘火輪船游歷澳門和香港，睁開眼睛看新世界，這些，都對他的詩歌創作産生很大的影響。

72 歲時，兩江總督曾國藩和江蘇巡撫丁日昌延請何紹基主持蘇州、揚州書局，請何紹基主持校刊大字《十三經注疏》，這是國家重要的文化工程，何紹基勝任愉快。75 歲時，因染痢疾，在蘇州逝世。

何紹基在詩歌、書法、繪畫、金石的藝術天地裏勤奮耕耘，把詩歌、書法、繪畫、金石熔鑄在一起，創變新的書法美學和詩歌美學。"同光體"理論家陳衍在追溯"宋詩派"來歷時説："道咸以來，何子貞（紹基）、祁春圃（寯藻）、魏默深（源）、曾滌生（國藩）、歐陽碅東（輅）、鄭子尹（珍）、莫子偲（友芝）諸老，始喜言宋詩。"①陳衍談道、咸詩風轉變的原因，論"喜言宋詩"的人物，第一個就提何紹基。其實，在"喜言宋詩"的這些人物中，何紹基年齡不是最大，官職也不是最高的。但在陳衍看來，何紹基是重要的開創者和實踐者，是近代"宋詩派"的代表人物。

何紹基的詩歌美學，主要集中在他的《東洲草堂詩集》中。匯入《使黔草》《峨眉瓦屋游草》等别集的《東洲草堂詩鈔》，多紀行、記游、紀事之詩，當是何紹基半世紀的心路歷程、詩路歷程和一生的日記。

## 二

中國詩學就像江水，千年激蕩，一波一波，滔滔東流；有時很難取其一勺，説清這一波與前後波浪的關係。但是，從江山到魚鳥，從台閣到邊陲，從内心到四季，品讀何紹基一生小影的《東洲草堂詩集》，仍然可以發現中國詩學的走向和何紹基詩歌創變的新特徵。

---

① 見陳衍《石遺室詩話》卷一。

　　特徵之一是何紹基"喜言宋詩",但不反對漢魏詩和唐詩,不薄唐詩愛宋詩,是何紹基的基本態度,也是"宋詩派"兼收並蓄的詩學特徵。

　　此前,我們多少有些誤會,以爲"宋詩派"是一個純粹祖襲"宋詩"的詩派,何紹基就是模仿宋詩的詩人。① 但進一步研究,發覺"宋詩派"不僅是一個學習"宋型詩",寫作"宋型詩"的詩派,而是一個兼收並蓄的、集大成式的詩派。

　　杜甫很重視"轉益多師是吾師"。② 《四溟詩話》記載謝榛作客京師,與李于鱗、王世貞、徐中行等人論詩法時,强調"奪神氣、求聲調、裒精華",調五味以成"全味","采百花自成佳味","若蜜蜂歷采百花,自成一種佳味"。但是,他的"奪神氣、求聲調、裒精華""全味"和"采百花自成佳味",還是僅僅停留在唐十四家詩集中之"最佳者,録成一帙",或者"兼以初唐、盛唐諸家,合而爲一"。不離唐人一步,眼光和手段遠遠没有何紹基和近代"宋詩派"高遠和闊大。

　　《四庫全書提要》總結前朝和本朝詩學傾向時説:"當我朝開國之初,人皆厭明代王、李之膚廓,鍾、譚之纖仄,於是談詩者競尚宋、元。"這是清初詩學的大致走向。至乾嘉年間,許多人越來越認識到宋詩的好處。趙翼、蔣士銓、翁方綱等起而作宋型詩。《甌北詩鈔》的作者趙翼在《論詩五首》中就説過:"李、杜詩篇萬口傳,至今已覺不新鮮。江山代有才人出,各領風騷數百年。"要求詩風變革。變革的方法,就是通過學習宋型詩來取得新意和陌生化的效果。提倡"肌理"説的翁方綱在《石洲詩話》中分析説:"談理至宋人而精,説部至宋人而富,詩則至宋人而益加細密。""宋人精詣,全在刻抉入裏,而皆從各自讀書學古中來,所以不蹈襲唐人也。"他還作了《蘇詩補注》,以爲蘇軾"爲宋一代詩人之冠冕"。這些,都是近代"宋詩派"發生、發展的前奏。至何紹基老師輩的程恩澤和祁寯藻等人,在提倡學習宋詩的同時,還强調詩歌和學問、考據的結合,但未形成系統的理論,其創作成就也有限,何紹基沿着這條道路向前走,兼采"唐型詩"和"宋型詩",同時在詩歌與學問結合的理論實踐中,完成近代"宋詩派"最初的格局,掀起新的詩學波瀾。

　　嘉道時期,時代劇變,新事物不斷湧現,世界變大,生活多元,詩歌内

---

　　① 見北京大學中文系文學專門化 1955 級《近代詩選》小組選注《近代詩選》,人民文學出版社 1963 年版。

　　② 見杜甫《戲爲六絶句》。

涵豐富,理論基礎發展。可以學習師法的東西愈來愈多,《詩經》、楚辭、漢魏古詩、唐詩、宋詩、元明詩學,都放在你的面前,成功和不成功的例子,供你借鑒,在這種時候,兼收並蓄便是最簡單、最好的方法。面對大量的詩歌遺產和理論遺產,社會日新月異的變化,使人來不及思考應對的新局面,客觀上形成了嘉道時期詩歌兼收並蓄、五花八門的樣子,各種體裁、各種形式、各種風格、長篇的或短篇的、樂府的或格律的、唐型的或宋型的,都相容並包在一個集子裏。

何紹基在《東洲草堂詩集·自序》説自己:"童年即學詩,弱冠時多擬古樂府。辛巳南旋,稿本落水失去。"表明少年的何紹基最初學習的是漢魏古詩和古樂府,這是基礎。

由於"稿本落水失去",何紹基最初的詩歌風格,已没有了樣本。但整部《東洲草堂詩集》,特別是前幾卷,還保留學漢魏古詩和古樂府的痕迹。而漢魏古樂府的審美、成句或意境,已成爲何紹基詩歌生命的組成部分。作者未必意識到,但讀者隨時可以嗅到《東州草堂詩集》中漢魏古樂府特有的清新醇厚的芬香。有的小詩,甚至還帶六朝遺韻,如卷一一的《瀾橋行館桂樹,來時未花,今落盡矣,感題一絶》:

前度花無信,今來仍寂然。低回與汝別,相賞是何年?

使人想起范雲的《別詩》:"洛陽城東西,長作經時別。昔去雪如花,今來花似雪。"范見花開傷心,何見花落傷心,其不同如此。這些,何紹基自己説了,我不再多説。

我想指出的是,《東州草堂詩集》中學習唐人、學杜詩的作品亦觸目皆是。卷四《集杜詩十二章》,值得注意,何紹基熟讀杜詩,這十二首詩,與其説是將杜詩咬碎,取出汁來,不如説是將杜甫的詩歌拆卸下來,重新組裝,像用石塊鋪路,將杜甫的石塊一塊一塊地鋪在自家的院子裏,新穎、貼切,鋪得平平整整,不高不低,一如己出。

雖然磚石采自杜甫,但石塊與石塊之間縫的大小、色彩的搭配、花紋的創意,還是何紹基的。卷一一的《灘行》《桂柏》,以及《江浦長風》等篇,都是學習杜詩的明證。杜詩以外,學習韓愈、孟郊的詩,也比比皆是。《柳絲詞》更是學習韓、孟詩歌的夫子自道。

也許,杜甫是盛唐轉向中唐韓、孟一路的源頭,韓、孟到了宋代,又到了蘇軾那裏,故吕本中倡宋詩"江西詩派"的"一祖三宗","一祖"就是杜甫。何紹基從杜甫、韓愈、孟郊那裏出發，走到蘇東坡那裏是順路，而且路很近。學習杜甫、韓愈、孟郊等人，不僅可以學到唐音，也學到了宋調。何紹基和許多"宋詩派"詩人，都是沿着這條道路轉向宋詩的，但何紹基學習唐詩，不僅爲了包抄到蘇軾、黃庭堅的前門，更有兼收並蓄的用意。因爲除了學杜甫、韓愈、孟郊等人，何紹基還學習李白，學習李商隱。如卷九《秦人洞》首句"秦皇虎視掃六合"，即熔鑄李白《古風》"秦皇掃六合，虎視何雄哉"。次句"六雄俯首皆稱臣"，亦即李白《古風》"諸侯盡西來"意。卷九《晃州》："長安月渡黃河水，送客荆門下五溪。一片清暉不知遠，今宵卻到夜郎西。"簡直就像是剪碎李白的詩歌，重新拼成的詩，和集杜詩的意思差不多。

卷四的《與晏筠唐楊杏農胡蓀石同作用坡公監試呈諸試官韻，時在江西舟中》："飽食類侏儒，敲詩慚沈、宋。"還提到初唐詩人沈佺期和宋之間，可見，何紹基學習唐人的面是很廣的。《東州草堂詩集》中出現的唐代詩人名，也許比宋代詩人還要多，這不是爲了品牌、爲了標榜，而是兼收並蓄的詩學性格決定的。何紹基一心要爲他所心儀的唐宋詩人建一座祠堂，然後把他們的塑像排列在一起，頂禮膜拜；並且在靠近蘇軾的邊上安排自己一個座位。

錢仲聯先生説："何紹基與鄭珍同出程春海門，同爲晚清宋詩派的代表作者，而風格不同。何得力於蘇（軾），鄭得力於杜（甫）、韓（愈）、孟（郊）、黃（庭堅）。"[①]此是大略之言。其實，何紹基同樣得力於杜甫、韓愈、孟郊，甚至李白、李商隱、宋之問和沈佺期，最後創變成自己的詩歌。

追求字法、句法、語法、章法奇崛的效果，追求貼切、新鮮、生動的比喻和修辭，是何紹基詩歌美學創變的又一特徵。

何紹基以兼收並蓄的方法爲戰略，"統戰"諸家，以比宋人更極端、更大膽的字法、句法、語法、章法爲"戰術"，鼓噪前進，置之死地而後生，以達到標新立異的目的，否則，就會有淹死在蘇東坡、黃庭堅宋詩大海裏游不出來的危險。

何紹基知道，當初宋人在唐人後面寫詩，像跟在唐人後面登山，沒有亦步亦趨，而是獨闢蹊徑。不登唐人登過的山崖，不憑唐人憑過的欄杆；不吃唐人吃過的荔枝，不種唐人種過的牡丹。故意"險韻詩成"，"螺螄殼裏做道場"，在無法轉身的空間裏騰挪，在最逼仄的篇幅裏翻跟頭、豎蜻

---

① 錢仲聯：《清詩三百首》，岳麓書社 1985 年版。

蜓,以顯示自己寬博的學問和詞彙量。相對唐人全社會的"大衆的詩",創造出一種精英式的"知識分子的詩"。宋人的詩學審美心理和喜用險韻、仄韻的風氣,在嘉道以何紹基爲代表的"宋詩派"詩人中變本加厲。

喜用拗體、拗句,本質上是詩歌求變創新的試驗,何紹基學習杜甫"語不驚人死不休"的精神,①追求字法、句法;沿着黄庭堅寧"生"不"熟"、寧"硬"不"軟"、寧"苦"不"甜"、寧"澀"不"滑"的方向,不斷在體裁、題材、獨創性上下功夫。清除陳言,走自己的路。其"推敲"的精神,一點不亞於唐代苦吟的孟郊、賈島,也不亞於宋代的黄庭堅和陳師道。

在《東洲草堂詩集》中,經常可以看到他用險韻顯示出的高明和能耐。即使寬韻,韻部的字很多,他也主動放棄,故意挑一些平時不用的字詞。寫人、摹景、狀物,均追求生動、突兀,不作平淡語。如卷九《到常德得楊性農親家信,喜晤阿兄荔農》:"荔農十年不相見,意氣向人彌穩健。雖云壯志厭看鬢,無奈老痕都著面。朗江清清不可孤,高杯大扇容客呼。""修梧奇竹性農性,文采幽騰風骨正。一第磋砣笑問天,千秋著作還爭命……母健妻賢兒子秀,讀書飲酒看青山。"對一個把"寫著作"看成"與天爭命",想不通會問天,不服老,反對照鏡子而"無奈老痕都著面"的人,印象深刻。何紹基故意不讓人物在他筆下沉默,而是讓他們大呼大叫,表達遺世獨立和豪放不羈的性格。這種"人物詩",平仄韻互用,尤其用仄韻,奇崛生動一如他書法線條中的"折釵股",上下跌宕、飛舞,喜歡作截然分明的轉折。如卷九《晴》中"荒村拖剩雨,危石礙歸雲",《元象》中"石根水怒水根石,天外山驚山外天"之類,都很有特色。

數字與詩,也是嘉道時期"宋詩派"和何紹基詩歌試驗的對象。

杜甫的"霜皮溜雨四十圍,黛色參天二千尺"(《古柏行》),李白的"天台四萬八千丈"(《夢游天姥吟留別》)、"一叫一回腸一斷,三春三月憶三巴"(《宣城見杜鵑花》),韓愈的"一封朝奏九重天,夕貶潮陽路八千"(《左遷至藍關示侄孫湘》)都是用數字入詩成功的典範。由宋、元至清,到了近代"宋詩派",數字入詩更成了他們置之死地而後生的試驗。

何紹基以大量的數字入詩,效果生硬新鮮,不算很成功,但有價值。如卷五的《吕堯仙古磚册》考證古磚的年代:"十四年誰諦文景,年九月當屬典午"、"七八年與八九年"。卷六的《石鼓詩爲張石洲同年作》,甚至像寫文章一樣使用數位:"道光十六歲丙辰,上距弘治十四春。三百三十有

---

① 見杜甫《江上值水如海勢聊短述》。

七年……其厚三寸博八焉,長尺有一兼方圓。"一連串用了很多極容易沖淡詩味的數字入詩,此外,如卷一六的《夾江》詩、《鐵索橋》詩,數字夾在詩句裏,這種詩歌,讓寫《石鼓歌》的韓愈看了,也會驚歎,覺得意想不到。

何紹基開始做這些試驗的時候,時間在道光十三年前後,正是何紹基35、36歲的時候。近代的鄭珍也善於變化句式,善於用數字入詩,用得比何紹基還好。但在時間上,則比何紹基晚了一點。論者往往注意鄭珍詩中句式的新變和數字的奇特。其實,何紹基是近代詩歌句式和對數字運用更早,也更有意義的開創者。

行雲流水、新鮮生動地運用比喻,也是何紹基詩歌審美創變的重要特點。

從《詩經》開始,比喻就是詩歌中的重要因素,經過六朝、唐宋,特別是宋代,在以文爲詩、以議論爲詩的情景裏,因詩歌句法變得散漫,口語入詩增多而被大量帶入詩中。宋人特別善於比喻,蘇東坡《波步洪》中的博喻,就把比喻發揮到極致。何紹基學習蘇軾,善用比喻,特別注意比喻的貼切性和口語化,注意喻體的新鮮感和奇特感,富於變化和生命力。如卷六《陶雲汀宮保丈六十壽詩》,長達 1 000 多字,裏面的比喻層出不窮,環環緊扣:"如雲蒸潤礎,如鐘鳴應谷;如律呂繩准,如旦晝寒燠。"詩意翱翔恣肆。

讀《東洲草堂詩集》,你不妨準備一個筐子,隨時採擷何紹基的一些比喻放在裏面:

> 夢似游魚無可捕、卻思百歲如風燈。(《沛寧舟中題賈丹生大明湖圖卷》)
>
> 身世蒼涼霜後果,情懷淡沱雨餘天。(《東藕舲》)
>
> 不須真有激湍流,小屋如舟月如水。(《題伍燕堂丈流觴圖》)
>
> 一麾無忘舊史氏,公眼鑄詩如鑄鐵。(《送羅蘇溪前輩出守平陽用東坡聚星堂雪詩韻三首》之一)
>
> 月明風軟波如席,半夜披衣看放船。(《夜起》)
>
> 公家文字多如米,輪卻江湖浩蕩身。(《奉別余芰薌》)

均水到渠成,毫不吃力,又精妙無比。此外還有:

> 亂山如鳥背人飛。(《過全州》)

　　蠻語似歌蟬似哭。(《夏蟲》)
　　山輿如箔人如蠶。(《扶風山》)
　　君如瑞鶴我閑鷗。(《入闈贈藕舲》)

　　這些比喻，生動鮮明，喻體和抒情形象之間距離很遠，增加了新鮮感和陌生感，道前人所未道，具有清新的"近代味"。

　　何紹基把宋人偶一爲之的"題畫詩"，拓展成每天要做的功課，寫得很多。他用詩筆，把畫"兑換"成自然風景。卷五、卷六、卷七、卷八以後，大多數題畫詩，其實不是題在畫上，而是看畫作詩，圖畫只是詩人從中獲得靈感的自然生活的縮影，詩和畫之間的關係，不再是形式上的結合，這就發展了宋代題畫詩。

　　拓本廣義也是一種"畫"，何紹基的"題拓本詩"兼及考據，如卷八的《題程木庵所藏彝器拓本》等，涉及圖畫和拓本的作者、時間、内容，由此形成"考證詩"，有考證器物、典章制度、考證書法及繪畫來龍去脈的，形形色色，五花八門。"考證詩"前，多有一小序，介紹情況，然後是詩。大多數的情況是："序"爲無韻之説明，"詩"爲有韻之考證。也許何紹基心裏想，宋人可以一變唐人，以文爲詩、以議論爲詩，我爲什麼不能以考據爲詩、以學問爲詩呢？

　　我們可以批評這種做法，也可以不批評這種做法。但至少不要一看到這類詩歌就頭痛，"題畫詩""考證詩"只是一種形式，一個裝東西的盒子，裏面裝的東西，有的還很精彩、很有意思的。何紹基《題馮魯川小像册論詩》説："作詩文必須胸中有積軸，氣味始能深厚，然亦須讀書。看書時從性情上體會，……故詩文中不可無考據，卻要從源頭上悟會。"要求把多情種子與古碑專家，把最硬的金石和最柔軟的感情，把最木訥的學問和最敏鋭的悟性結合在一起，並且身體力行。有的題畫、學問和考證詩中，傾注了詩人的優雅、激情和感慨。如卷六《題伍燕堂丈流觴圖》："不須真有激湍流，小屋如舟月如水。"卷六的《寄題柳七星廣文校書圖》："長沙我住城南寺，舊雨雜遝新雨至。湘南冀北情話長，蒼茫三十年來事。柳侯頻來看月圓，自言官外餘青氈。醉歸曾無堂下馬，賣文薄有囊中錢。……秋風一第屈人才，春水三篙到官舍。永州山水清而紆，酒濃詩淡窮追摹。……長沙一別又三年，題與新詩四千里。"卷八的《題望雲思雁圖》，是一首悼念亡友，可以在追悼會上讀的詩；同卷《宗滌樓憶永州山水圖》就是一首思鄉詩，從頭到尾都充滿了惆悵的思念。

在王羲之時代,《蘭亭集序》構成文章與書法絶美的組合,天下欽服,一時稱美。但其時的詩歌,主流卻是談哲理的"玄言詩"。到了唐代,王維將詩歌、繪畫、音樂結合在一起;李澤厚《美的歷程》以"顔書、杜詩、韓文"構築唐代美學的頂峰,而詩歌和書法合力構成"盛唐之音",則要杜甫和顔真卿通力合作才能完成。以我看,除非肅宗皇帝下命令,否則顔、杜兩人絶不肯合作。①

杜甫雖爲詩聖,詩歌沉鬱頓挫,大而能化,但他的書法理論卻很狹窄,喜歡又瘦又硬的那一種。雖然前法國總統希拉克很喜歡,幾年前訪問中國,在接受中央電視臺采訪時,他引用杜甫的"書貴瘦硬方通神",來形容中國文化的博大精深。但杜甫書法美學的"書貴瘦硬方通神",有許多不贊同的人。我真懷疑,杜甫喜歡"瘦""硬",是不是有意與當時顔真卿重拙大的書風針鋒相對。蘇東坡説:"杜陵論書貴瘦硬,此論未公吾不憑。短長肥瘦各有態,玉環飛燕誰敢憎?"(《孫莘老求墨妙亭詩》)説得客觀公允。

何紹基的書法,早年由顔真卿入手,兼及唐歐陽通、李邕;往上追秦漢篆隸;溯北朝楷法,尤得力於北魏《張女墓誌》。他對《張遷碑》《禮器碑》等,臨寫了 100 多遍,寫大字時,用"回腕法"執筆,每次寫字,"通身力到"。用"腕力",甚至是用腰部的力量,每次寫完大字,均"汗濕襦衣"。他自己説:"余學書四十餘年,溯源篆分。楷法則由北朝求篆、分入真楷之緒。"連咸豐皇帝召見他,都要問他書法的"篆、分"問題。

何紹基將篆隸筆意融合行、楷書中,形成了一種新風格。草書尤爲擅長,《清稗類鈔》説他,"行書尤於恣肆中見逸氣,往往一行之中,忽而似壯士鬥力,筋骨湧現;忽而如銜環勒馬,意態超然。非精究四體,熟諳八法,無以領其妙也"。點如高山墜石,撇如利劍出鞘,豎如新筍出谷,橫似舟截

---

① 有迹象表明,杜甫與顔真卿不和。雖然至德二年(757)四月,兩人在輾轉流離中幾乎同時到達肅宗的行在鳳翔,在小朝廷裏天天見面。但不久杜甫因疏救房琯獲罪,審訊他的人,其中之一就是做事特別認真的憲部尚書顔真卿。雖然宰相張鎬説了許多好話,大事化小,但杜甫還是懷恨在心。顔真卿英勇抗擊安祿山叛軍,是河北戰場二十四郡聯盟的領袖;寫出《東方朔畫像贊》《祭侄稿》後,書名已著。但杜甫此後寫作可歌可泣的平亂英雄,贊美書畫家的妙筆,二者都沒有提到顔真卿。而顔真卿與衆詩人交往,《顔魯公集》中的詩人,也沒有杜甫的名字,鳳翔審判後,顔、杜等同仇家,由此可見。參見《新唐書·韋素傳》《杜工部集》《顔魯公集》等。

春江,無不氣韻生動,被譽爲"一時之冠"。① 此外,他還是一個畫家、書畫鑒賞家、金石家。他筆下的蘭、竹、木、石,皆寥寥數筆,神采畢現;其山水畫,取境荒寒,隨意揮毫而富有藝術感染力。

詩、書、畫的結合,歸結爲新的審美趣味和審美品格。《東州草堂詩集》中的佳作很多,七絕如《慈仁寺荷花池》四首、《春江》、《逆風》、《晃州》、《過全州》、《由澧州至荆州舟中作》八首、《曉發看月》等,都是優秀作品。如《逆風》:

> 寒雨連江又逆風,舟人怪我屢開篷。老夫不爲青山色,何事欹斜白浪中。

開朗的性格、倔强的章法、勁健的語言,均是蘇、黄本色。

七律如《元象》《寧羌川》《鎮遠朱綬堂太守、蔣星坪明府丈邀游文昌閣,飲太守署,登舟有作》《荆州渡江晚泊》《滎澤》《武陵曉發》《雨後涼甚》等等,一般選本選《山雨》,②其實不如卷一一的《荆州渡江晚泊》等詩,描寫何紹基在荆州大水災過後,面對顆粒無收的景象,晚上睡不着覺的激動情緒,尤其令人驚歎的是,作者急切的心情,卻用平緩語道出,愈顯其内心的激動不平:

> 西山日落散輕煙,風緩波平人悄然。淺淺蒲帆宜晚渡,蕭蕭漁火是荒年。一行雁叫有霜夜,萬里星明無月天。瞥眼江南過江北,新寒忽到短檠前。

此詩兼有杜甫和黄仲則的風味,屬於佳篇,應該選入近代詩歌選本。

## 三

何紹基詩歌美學創變,主要有以下幾方面的意義:

---

① 陳銳《襄碧齋雜記》云:"道州何子貞(紹基)先生書法爲一時之冠,其行楷少時已有重名。"

② 《山雨》詩云:"短笠團團避樹枝,初凉天氣野行宜。溪雲到處自相聚,山雨忽來人不知。馬上衣巾任沾濕,村邊瓜豆也離披。新晴盡放峰巒出,萬瀑齊飛又一奇。"

一是拓展了題材和詩學表現領域。

中國詩歌至清嘉道時期，説好詩已經被唐、宋、元、明人寫盡，也許是一種誇張，但各種各樣的題材、各種各樣的體式、許多典型感情都已被人寫過並產生許多佳作卻是事實。嘉道之際，詩壇醖釀改革，舊的蠟燭已經燃盡，新的畫卷尚未展開，處在新舊夾縫中間的何紹基，以關注社會、關注民生的態度和憤世嫉俗的感情，寫作了大量傷時憂世、體恤百姓的詩篇，尤其是描寫災害，描寫黃河決堤給老百姓帶來流離失所、民不聊生的場景，寫得驚心動魄、感人至深。在整個中國詩學史上，幾乎沒有一個詩人的“災害詩”，尤其是寫“水災詩”，寫得像何紹基這麽多、這麽深刻的。其中涉及許多近代的“環境保護”問題、“水土流失”問題、“可持續發展”問題，都是唐、宋詩人全然不知和不可想象的，藝術上也達到了相當的高度，如《荆州以南陸路爲水所斷，改由水驛》，寫黃河決堤，百姓遭殃，官民努力搶險，縣令在船上辦公的細節；以及大水尚未退去，老百姓無法安生，官府以修堤爲名，要老百姓“捐款”的滑稽，其人民性和深刻性，都不亞於張籍或白居易的樂府詩。

此外，他的詩是愛國主義的詩歌。對於列强侵略，作爲愛國詩人，何紹基發出了吶喊和怒吼，並具有鮮明的特色。如寫陳化成將軍血戰上海吳淞口炮臺英勇就義的《題陳忠潛公化成遺像練栗人屬作》，就是何紹基的一篇力作。

歌咏山川、贈答友人、感事傷時、愛國情懷和關心民生的“災害詩”，是何紹基創作的主流，在《東州草堂詩集》中占有很重要的比例。此外，在前輩程恩澤、祁寯藻等人的影響下，何紹基和鄭珍等人，還以自己金石家和書畫家的身份，寫作數量不少的題畫詩、題拓本詩、題金石詩、學問詩和考證詩，有的詩寫得並不乏味，饒有金石味和畫意，具有性情和天然真趣。

當然也會有失敗的例子，以文入詩、以議論入詩已經很難，何況是以學問、金石、考證入詩？進行這樣的試驗必然要冒風險，要付出代價，寫得不好可以理解。我們不應動輒批評，因爲專挑失敗批評不是我們正確的態度，我們應該注意到他與前代詩人不同和有了拓展的地方；肯定他擴大詩歌題材、擴大詩歌描寫物件在詩學發展上的意義。

在詩學曲線整體下跌的時代，何紹基用自己富有特色的創作，做了很多“止跌”的努力。

如《東洲草堂詩集》卷七《東漱芸》末尾寫道：“作詩送君歸，勉矣努力各。無忘麥熟時,赴我蒸餅約。"一個"各"字很生澀,出人意料,讀者没有想到。"無忘麥熟時,赴我蒸餅約",乃是老農口氣,既很樸實,也很真實,充滿了泥土氣息,使人想起蘇東坡詩中常有的麥熟的香味。詩句和意境,都推陳出新,起了變化,變得陌生,變得新鮮,應該是首好詩。

與唐代朋友約會,唐代朋友會約你"就菊花";與宋代朋友約會,宋代朋友會約你"醉流霞"。"就菊花""醉流霞"固然好,意境也美,但你不能一與朋友約會,就來"就菊花""醉流霞",你要變化。何紹基就變成"蒸餅約"。

"蒸餅約"雖然在意境上不如"就菊花""醉流霞"優美,但卻比"就菊花""醉流霞"更貼近生活,實中有虛。至少是説了"自家的話"。即使比不上前人,也決不蹈襲,有了自己的創造。

在擴大詩歌疆域和説"自家話"的同時,何紹基還將詩歌與書法、繪畫美學圓融、絢麗地融合在一起,形成多種美感下的詩歌藝術,確立了近代"宋詩派"的美學原則。

一個有多方面藝術才華、精通諸種藝術形式的詩人,像唐代的王維、宋代的蘇軾,他們的詩歌總會出現新的審美品格。作爲一位"詩人"和多才多藝的"文人",何紹基同樣以書法、繪畫、金石、詩歌互爲題材,在用筆的逆順、濃淡的變化、色彩的對比、結構的奇正方面互相借鑒、互相融通,對詩歌的結構、對稱、骨力、詞采,産生獨特的審美。真正實踐了"詩人之詩"和"學人之詩"的結合,形成一種新的詩歌潮流。

作爲這一潮流的代表,何紹基的有些詩,一首詩就可以體現這一階段的發展。如卷一四《寄子敬》:"姑蘇城外落帆時,弟北兄南聚最奇。名酒好風烏夜曲,快雲奇雨白公祠。還家待補游吳記,持節翻吟入蜀詩。江發岷山東到海,盈盈一水寄相思。"往往第一句是漢魏古詩或唐人的成句,有時是經過點化的成句;從第二句開始,一點點向宋人轉化;再由宋人向清人轉化,成爲自己的詩,有時又回圈到漢魏古詩。好像一個胎兒的發育,會把從遠古至今的生命史演化過一般。

龔自珍是時代偉大的覺醒者,但他在道光二十一年(1841)的時候就死了。一般劃分從道光二十年進入近代後的社會大事變,他都没有經歷過。所以,真正近代詩歌的變化,是清嘉、道以來詩壇上掀起學習、模仿宋詩的運動。程恩澤、祁寯藻、歐陽輅等人,繼承清初吳之振、吕留良編《宋詩鈔》和翁方綱宣導宋詩的基本方向,轉變明前後七子"文必秦漢""詩必盛唐"的宗唐詩風。直至何紹基的出現,和鄭珍前後呼應,"宋詩派"才正式確立並有了自己的理論和創作成就,至同治、光緒年間,發展成頗具聲勢的"宋詩派同光體"。

　　在這一歷史性的過程中,何紹基用自己的詩歌美學實踐,和其他"宋詩派"詩人一起,創變出屬於自己,也屬於中國詩學新一波的輝煌。

　　　　　　　原載於《文學評論》2008 年第 5 期
　　　　　　　(曹旭,上海師範大學人文學院特聘教授)

# 王安石的"非常相權"與其後的異變

虞雲國

　　研究中國政治的美國學者李侃如(Kenneth Lieberthal)指出:"中國的政治體制中充滿了尚未成爲制度的組織。"①在王安石變法初期,有一個僅存在 16 個月的制置三司條例司,曾被宋史學家漆俠譽爲"主持變法的總樞紐",②也是這樣一個在當時制度外的組織。關於它的創設,在推崇變法的傳統語境下,往往不吝贊詞而備加肯定。但倘若結合宋代君主政體轉向內在的動態進程,其創設的是非得失,以及由此引起的負面異動,仍有重加考量的必要。

一

　　宋神宗即位之際,變法與改革已成爲君主與士大夫官僚的共識。借用余英時的説法,宋神宗以"一個少年皇帝一心一意在追尋重新塑造世界的偉大構想"。③ 他首先寄望於元老大臣,得到的卻是"安內爲先"、"信賞必罰"之類空泛的告誡;失望之餘,越發贊賞王安石的經世致用,期望與其

---

　　①　轉引自周望《"領導小組"的由來、發展與走向》,載《東方早報·上海經濟評論》2013 年 11 月 19 日。

　　②　漆俠:《王安石變法》,河北人民出版社 2001 年版,第 97 頁。關於制置三司條例司,主要研究成果有:葛金芳、金强:《北宋制置三司條例司考述》,載《江西廣播電視大學學報》2000 年第 3 期,收入葛金芳著《兩宋社會經濟研究》,天津古籍出版社 2010 年版;李義瓊:《熙豐變法時期的利益集團與中央財政制度的變遷——以制置三司條例司的置廢爲例》,載《甘肅社會科學》2012 年第 4 期;楊小敏:《政事與人事:略論蔡京與講義司》,載《西北民族大學學報》2008 年第 5 期。另有王曉斌《制置三司條例司與熙豐變法時期的司農寺研究》,陝西師範大學碩士論文,2001 年。

　　③　余英時:《朱熹的歷史世界》,北京三聯書店 2004 年版,第 238 頁。

共成一代治業。

熙寧二年(1069)二月,王安石出任參知政事,標誌其"得君行道"推行變法的發軔。宋神宗問以當務之急,他答道:"變風俗,立法度。"①宋神宗讓他拿出一套方案來,王安石首先倡立制置三司條例司,以便有力地推動變法。這對君臣當時有番議論。王安石認爲:"今欲理財,則當修泉府之法,以收利權。"②宋神宗深表贊同。北宋財權歸三司執掌,其長官三司使號稱"計相"。王安石收利權之說,顯然有其預判:變法既以理財爲主旨,必與三司舊體制扞格不入,有必要緊緊掌控利權。他向神宗設譬道:"今使十人理財,其中容有一二敗事,則異論乘之而起。臣謂堯與群臣共擇一人治水,尚不能無敗事,況所擇而使非一人,豈能無失?要當計利害多少,而不爲異論所惑。"宋神宗認同其說:"有一人敗事而遂廢所圖,此所以少成事也。"③毫不猶豫地批准設立制置三司條例司,讓王安石以參知政事身份與知樞密院事陳升之同領這一機構。

宋代立國以來,中樞權力結構形成了相對完善的制度程式與制約機制,陳亮有一段概括性議論:

> 自祖宗以來,軍國大事,三省議定,面奏獲旨,差除即以熟狀進入。獲可,始下中書造命,門下審讀。有未當者,在中書則舍人封駁之,在門下則給事中封駁之。始過尚書奉行。有未當者,侍從論思之,臺諫劾舉之。此所以立政之大體,總權之大綱。端拱於上而天下自治,用此道也。④

這裏的"三省",即指中書門下,是由全體宰執班子組成的最高行政機構。其所議定的所有軍國大事與重要任命,不僅先應得到皇帝批准同意,還要經過中書舍人與給事中的封駁,才能付諸尚書省執行。如果侍從官與台諫官認爲不妥,仍可議論與彈劾,及時加以糾正。這樣,最高權力層面就形成了相應合理的制衡機制。

值得注意的是,變法之初的王安石僅是參知政事,不過宰執班子的成

---

① 《宋史》卷三二七《王安石傳》,中華書局 1985 年版。
② (宋)陳均:《皇朝編年綱目備要》卷一八,文淵閣《四庫全書》本。
③ 同上。
④ 《陳亮集》卷二《論執要之道》,中華書局 1974 年版。

員之一，其上至少還有左右宰相。其時五位成員，時人曾各有一字評，合起來是"生老病死苦"：生指王安石，生氣勃勃銳意新法；老指右相曾公亮，他因年老而首鼠兩端；病指左相富弼，他不滿新法而稱病不出；死指參知政事唐介，他反對新法，不到兩月就去世；苦指參知政事趙抃，每見新法出臺，就"稱苦者數十"。① 這樣，王安石的變法主張，在"三省議定"的環節就可能受阻攔淺而到不了宋神宗那裏。王安石後來反對撤廢這一機構時，曾道明其創設的初衷："令分爲一司，則事易商議，早見事功。若歸中書，則待四人無異議，然後草具文字，文字成，須遍歷四人看詳，然後出。至於白事之人，亦須待四人皆許，則事積而難集。"② 由此可見，變法之初之所以迫不及待創設制置三司條例司，根本目的還是最大限度擴張變法派的權力，"患同執政者間不從奏"，③減少變法推進時可能出現的阻力。

結合王安石"當收利權"的説辭，這一以制置三司條例命名的機構，最初出臺的又多是關乎"利權"的新法，似乎只是整頓財政的變法機構之一。④ 司馬光指責王安石，"財利不以委三司而自治之，更立制置三司條例司，聚文章之士及曉財利之人，使之講利"，⑤似乎也印證他對這一機構的第一印象。但漆俠卻强調："實際上，這個機構在 1070 年廢除之前，不僅是整理財政的機構，而且是主持變法的總樞紐。"⑥余英時不僅所見略同，並進一步頗具卓見地提示，這在實際上可視之爲"非常相權"："王安石熙寧二年任參知政事，其所擁有的相權屬於非常的性質。此可由三司條例司的設立見之。三司條例司是爲變法而特增的機構，易言之，即發號施令的總部，爭議最烈的青苗、免役都從此出。這是王安石在神宗全力支持下獨斷獨行的所在，人事的安排也由他一人全權做主。這種非常的相權在實際運作中才充分顯出它的威力，從制度方面作静態的觀察尚不足以盡其底蘊。"在余英時看來，"神宗的變法熱忱及其最初對王安石的無限

① （宋）徐自明：《宋宰輔編年録》卷七，中華書局 1986 年校補本。

② （宋）趙汝愚：《宋朝諸臣奏議》卷一一〇吕公著《上神宗乞罷制置三司條例司》注，上海古籍出版社 1999 年版。

③ （宋）彭百川：《太平治迹統類》卷一三《神宗任用安石》，文淵閣《四庫全書》本。

④ 黄仁宇稱之爲"財政税收設計委員會"（見《赫遜河畔談中國歷史》北京三聯書店 1992 年版，第 162 頁），葛金芳稱之爲"經濟計劃委員會"（見前引文）。

⑤ （宋）司馬光：《傳家集》卷六〇《與王介甫書》，文淵閣《四庫全書》本。

⑥ 漆俠：《王安石變法》，第 97 頁。

信任才是後者取得非常相權的根據"，而"神宗無保留地以君權配合王安石相權的運行是基於一種崇高的理想"，"彼此之間的權力得失至少不是主要的顧慮，故君相之間脫略形迹，君權相權也幾乎有合一之勢"，從而打造出宋代士大夫政治"得君行道"的絕配典型。①

對王安石的"非常相權"，在余英時看來，"在宋代政治史上有劃時代的意義"，而這種意義"必須從正反兩方面去理解"。其負面意義且留待下文討論，這裏先徵引他對正面意義的精彩論述：

> 正面的意義是它象徵了士大夫治天下的權力已得到皇帝的正式承認。依照當時的政治理想，皇帝與士大夫雖然以政治地位言有高下之別，但卻共同負擔著治理天下的責任。在分工合作的原則下，皇帝和士大夫都必須各盡職守，爲人民建立一個合理的生活秩序。在這個理想之下，王安石因變法而取得的非常相權儘管是神宗所授予的，然而卻絕不能看作是後者對前者的特殊賞賜。因爲神宗授權王安石是履行皇帝本身的公共職務，而不是一項私人的行爲。同樣的，王安石的相權也不是屬於他個人的；他所以取得非常的權力是由於他代表士大夫接受了變法這一非常的任務。神宗和王安石對於君相關係的認識不但都同時達到了這一新高度，而且還相當認真地加以實踐，這才是他們超越前代的地方。②

## 二

制置三司條例司創立不久，作爲變法總部的性質凸顯無遺。《宋史·食貨志》指其"專一講求，立爲新制，欲行青苗之法"，③《宋史·職官志》説其"掌經畫邦計，議變舊法，以通天下之利"。④"專一講求，立爲新制"，"經畫邦計，議變舊法"，正是強調其作爲主持變法總樞紐的職能；至於"欲行青苗之法""以通天下之利"云云，無非表明變法的重點所在。當時的輿

---

① 余英時：《朱熹的歷史世界》，第234—235、238、240、243頁。
② 同上書，第247、242頁。
③ 《宋史》卷一七六《食貨志上四》。
④ 《宋史》卷一六一《職官志一》。

論也揭示了這種變法總部的性質：張方平稱其"開端創意，且大爲改作"；①孫覺説其"畫一文字，頒行天下，曉諭官吏，使知法意"；②劉安世也指其"日相與講議於局中，以經綸天下爲己任，始變更祖宗之法，專務聚斂，造出條目，頒於四方"。③

在宋神宗的特許下，即所謂"親命近臣，辟選官屬"，④王安石基本掌控了條例司成員的任命權，使其成爲得心應手的變法總部。與王安石共同提舉條例司的是知樞密院事陳升之，宋神宗"令中書、密院各差一人"同領，⑤或隱含制衡的初衷。對王安石變法，史稱陳升之"心知其不可而竭力贊助，安石德之"，王安石引其共事，顯然拉其作爲暫時的同路人，以期至少達到"凡所欲爲，條例司直奏行之，無復齟齬"的目的。⑥王安石請求宋神宗"擇其能上副陛下所欲爲，與臣所學不異者與之共政"，⑦極力稱薦盟友吕惠卿出任條例司檢詳文字官，讓其成爲條例司中的主心骨。於是，條例司"事無大小必謀之，凡所建請章奏皆其筆"。⑧王安石又讓另一盟友章惇擔任三司條例官。同時擔任三司條例官的還有王子韶，其人外號"衙內鑽"，是一個巴結權要、精於鑽營之輩，蘇轍與其共事條例司時，親見其"諸事王安石"的嘴臉，⑨深爲不齒。

在變法之初，包括制置三司條例司運作上，王安石爲變法爭取支持者確實有過努力與嘗試，例如吸納蘇轍、程顥進入條例司。據朱熹説，王安石當時"與申公（指吕公著）極相好，新法亦皆商量來，故行新法時，甚望申公相助。又用明道（指程顥）作條例司，皆是望諸賢之助。是時想見其意好"。⑩

---

① （宋）張方平：《樂全集》附録《行狀》，文淵閣《四庫全書》本。

② （宋）趙汝愚：《宋朝諸臣奏議》卷一一二孫覺《上神宗論條例司畫一申明青苗事》。

③ （宋）趙善璙：《自警編》卷一，文淵閣《四庫全書》本。

④ （宋）陳襄：《古靈集》卷八《論三司條例乞行均輸法劄子》，文淵閣《四庫全書》本。

⑤ （宋）彭百川：《太平治迹統類》卷一三《神宗任用安石》。

⑥ 《琬琰集删存》卷三《陳成蕭公升之》，上海古籍出版社影印本。

⑦ （宋）徐自明：《宋宰輔編年録》卷八熙寧七年。

⑧ 《宋史》卷四七一《吕惠卿傳》。

⑨ （宋）李燾：《續資治通鑑長編》（下稱《長編》）卷四五四元祐六年正月丁卯條，中華書局點校本。

⑩ （宋）黎靖德編：《朱子語類》卷一三〇《本朝四·自熙寧至靖康人物》，中華書局 1986 年版。

但蘇轍出任條例司檢詳文字不久,就與新法派"商量公事,動皆不合",他深知宋神宗與王安石希望條例司"宜得同心協力之人",便以自己"固執偏見,雖欲自效,其勢無由",①向皇帝主動請辭。宋神宗考慮讓蘇軾取代其弟,王安石明確反對:蘇軾"兄弟好生異論,以阻成事。若朝廷不察,用此兩人,則能合流俗之見"。② 也許有鑒於條例司若不能統一發聲,必將嚴重削弱其變法總部的功能,在成員選任上,王安石以其"得君行道"的優勢,排斥有異議者入選條例司。在陳升之遷居相位拒絕同領後,王安石讓其盟友樞密副使韓絳同領條例司,確保自己能牢牢掌控這一機構。韓絳既受王安石賞識,與其同奏條例司事時,便在御前盛贊王安石,"所陳非一,皆至當之言可用,陛下宜深省察"。③ 據臺官張戩彈劾,自此以後,"左右徇從,安石與爲死黨"。④ 另有史料說:"平日文公(指王安石)之門躁進諂諛之士,悉辟召爲僚屬。"⑤這些話語與記載,自然不乏情緒偏見,但王安石爲確保變法總部的言聽計從,"所建議惟門生屬吏而已",⑥排斥異見的用人傾向確也無可否認。

作爲"得君行道"的改革家,爲減少變革阻力,順利推進新法,王安石把堅定的盟友安排進變法總部,就其初衷而言,這一做法原也無可厚非。不僅如此,在條例司的實際運作中,憑藉着"得君行道"的特許,王安石往往輕而易舉地繞過了某些既定程式。且舉蘇轍親歷的例證:

> 介甫召予與呂惠卿、張端會食私第,出一卷書,曰:"此青苗法也,君三人閱之,有疑以告,得詳議之,無爲他人所稱也。"⑦

這種在私第處理國事的做法,肯定是有違宋代典制的。正如余英時所說:"神宗與王安石是在變法的共同理想上結合在一起的。但理想一落到權力的世界,很快便會發生種種難以預測的變化。惟一可以斷定的是權力

① (宋)蘇轍:《蘇轍集》卷三五《條例司乞外任奏狀》,中華書局2004年版。

② (清)查慎行:《蘇詩補注》卷一三《寄劉孝叔》注引施氏原注,文淵閣《四庫全書》本。

③ 《宋史》卷三一五《韓絳傳》。

④ (宋)王稱:《東都事略》卷一一四《張戩傳》,文淵閣《四庫全書》本。

⑤ (宋)趙善璙:《自警編》卷一。

⑥ (宋)趙汝愚:《宋朝諸臣奏議》卷一一〇陳襄《上神宗乞罷制置三司條例司》。

⑦ (宋)蘇轍:《龍川略志》卷三,中華書局1982年版。

的比重必將壓倒理想。"①

## 三

制置三司條例司甫一創立,不僅有力推出了一系列新法方案,而且成爲推動變法的權力中心。其權力之大,主要體現在四個方面。

其一,成爲新法制定機構。制置三司條例司設立當年,就相繼推出了均輸法(七月頒行)、青苗法(九月頒行)、農田水利法(十一月頒行)與免役法(十二月試行)等新法,堪稱立竿見影,雷厲風行。曾任條例司檢詳文字的吕惠卿承認:"制置條例司前後奏請均輸、農田、常平等敕,無不經臣手者。"②這就表明,條例司已成爲中樞立法機構,其地位儼然凌駕於原專司立法的詳定編敕所之上。

其二,有權奏遣使者巡行。據蘇轍説,自條例司創設後,根據需要,"有事輒特遣使"。他任條例司檢詳文字時,"本司近日奏遣使者八人,分行天下,按求農田水利與徭役利害,以爲方今職司守命,無可信用,欲有興作,當別遣使"。③ 這些特使分行地方,以懷疑眼光看待地方官,致使"使者一出,人人不安。能者嫌使者之侵其官,不能者畏使者之議其短"。④最多時"使者四十余輩,分行營幹於外","冠蓋相望,遇事風生"。⑤ 朝廷遣使出朝,宋代雖有先例,但都經中書議決,皇帝批准,現在卻由條例司隨事奏行,實際上成爲條例司的特派員,這在制度上是没有先例的。

其三,北宋元豐官制前,財權歸三司使執掌。其初衷當然是分割相權,但相權作爲最高行政權,闕失了財權這塊,從統籌全局來説確有諸多不便。神宗即位之初,司馬光召對時就主張"以宰相領總計使之職",⑥即

---

① 余英時:《朱熹的歷史世界》,第二三九頁。
② (宋)李燾:《長編》卷二六八熙寧八年九月辛未條。
③ (宋)蘇轍:《蘇轍集》卷三五《制置三司條例司論事狀》。
④ 同上。
⑤ (宋)蘇轍:《蘇軾文集》卷二五《上神宗皇帝書》,中華書局1986年版;(宋)徐自明:《宋宰輔編年録》卷七。
⑥ (宋)王應麟:《玉海》卷一八六《食貨·理財》"乾道制國用使"條;(明)黄淮、楊士奇編:《歷代名臣奏議》卷一九一《節儉》引司馬光《乞制國用》,上海古籍出版社本附篇目索引下括注"仁宗時上",然據《宋史》卷一七九《食貨志下一》:"神宗嗣位,尤先理財,熙寧初,命翰林學士司馬光等置局,看詳裁減國用制度,仍取慶曆二年數比今支費不同者開析以聞,後數日光登對,言國用不足"云云,當在宋神宗即位之初。

相權要管財權。他建議神宗：「國用不足，在用度大奢，賞賜不節，宗室繁多，官職冗濫，軍旅不精，必須陛下與兩府大臣及三司官吏，深思救弊之術，磨以歲月。庶幾有效。」①史載，熙寧三年，條例司「始議取三司簿籍，考觀本末，與（三司）使、副同商度經久廢置之宜，一歲用度及郊祀大費，皆編著定式」。② 三司長貳成爲「同商度」的陪客，制置三司條例司侵奪了三司的財權，卻沒讓兩府大臣全體過問。王安石領制置三司條例司，表面上似乎兌現司馬光的主張，但司馬光卻不領其情而力爭不可。正如南宋汪應辰指出：「名雖若同，實則大異，此天下之事疑似幾微之際，所以不可不察也。」③關鍵就在於，司馬光認爲整個相權（即兩府大臣）應該集體過問與統籌處分財權與國用，而經條例司侵奪的財權僅聽命參知政事王安石一人。

其四，有權彈劾異見官員。在青苗法頒行中，王安石借助條例司反擊異議，掃除阻力。權陝西轉運副使陳繹叫停了環慶等六州給散青苗錢，條例司便以「壞常平久行之法」彈劾其罪，④還是神宗特與釋免。韓琦時判大名府，上奏力攻青苗法之非，影響極大。王安石就將韓琦奏議交條例司疏駁並頒之天下，作爲三朝舊相，韓琦不勝憤懣，再上疏力言。御史中丞呂公著等都向神宗指出：「條例司疏駁韓琦非是。」⑤這裏的「非是」，應有兩層含義，既指疏駁內容的「非是」，更指疏駁權力的「非是」。因就制度而言，有宋一代，唯有臺諫官享有彈劾權，如今條例司竟也侵紊彈劾大權，顯然是有違趙宋家法的。但臺長呂公著與諫官李常、孫覺等最後都以非議條例司而罷官出朝。

綜上所述，條例司自創立起，就染指了中樞層面的立法權、行政權與監察權，呈現出集諸種權力於一身的趨向。曾供職條例司的程顥指出：「今條例司劾不行之官，駁老成之奏，乃舉一偏而盡廢公議，因小事而先動衆心。」⑥憑藉着「得君行道」，王安石掌控着條例司，「輔弼近臣異議不能

---

① 《宋史》卷一七九《食貨志下一》。

② （宋）章如愚：《群書考索後集》卷六三《財用門·會計錄》，文淵閣《四庫全書》本。

③ （宋）汪應辰：《文定集》卷一一《題司馬溫公奏議》，文淵閣《四庫全書》本。

④ （宋）李燾：《長編》卷二一一熙寧三年五月丁酉條。

⑤ （宋）徐自明：《宋宰輔編年錄》卷七。

⑥ （宋）楊時輯：《河南程氏粹言》卷一《論政篇》，《二程集》，中華書局 2004 年版。

回;臺諫從官力爭不可奪;州縣監司奉行微忤其意,則譴黜隨之",①其權柄之重已臻於前所未有的程度。

四

條例司創設之初,"雖致天下之議,而善士猶或與之",②這是緣於絕大多數官僚士大夫改革驅動的良好願望。正如南宋朱熹所説:"是時想見其意好,後來盡背了初意,所以諸賢盡不從。"③不僅韓琦、司馬光等元老大臣與侍從臺諫相繼傳達出反對的聲音,連七八個受條例司差遣要職顯任者出於"事悉乖戾,不敢當之"的考慮,也都"懇辭勇退,惟恐不得所請"。④

熙寧二年十月,陳升之升任宰相,便聲稱:"條例者,有司事爾,非宰相之職。"故而既難以簽書條例司公文,也不便再領條例司公事,更明確要求撤罷這一機構"歸之三司"。⑤ 針對王安石"制置條例使宰相領之有何不可"的説法,陳升之反駁道:"待罪宰相,無所不統,所領職事,豈可稱司!"意思是説,讓無所不統的宰相去領條例司的具體部門,豈非屈尊就卑,上行下事? 王安石從文字學"司者臣道"之説回敬他:"人臣稱司,何害於理?"陳升之反擊道:"若制置百司條例則可,但今制置三司一官則不可。"仍回到宰相應該"無所不統"上。⑥ 面對陳升之與王安石的激烈爭辯,宋神宗也感到陳升之此前任職樞密院,如今與王安石同在中書,從政體言確有不便,便徵詢將條例司"並歸中書如何"。⑦ 王安石堅決反對,其時他還沒有升任宰相,既不願苦心經營的變法總部一朝撤銷,更不希望劃歸中書而掣肘於陳升之輩,便提議由盟友、樞密副使韓絳與自己共同提領,經宋

---

① （宋）杜大珪:《名臣碑傳琬琰集》下卷九《范蜀公傳》附劉安世《傳跋》,文淵閣《四庫全書》本。

② （宋）蘇頌:《蘇魏公文集》卷五五《李公墓誌銘》,中華書局 1988 年版。

③ （宋）黎德靖:《朱子語類》卷一三〇《本朝四·自熙寧至靖康人物》。

④ （宋）李燾:《長編》卷二一〇熙寧三年四月己卯條。

⑤ 《宋史》卷一六一《職官志一》;《宋史全文》卷一一《宋神宗一》,文淵閣《四庫全書》本。

⑥ （宋）趙汝愚:《宋朝諸臣奏議》卷一一〇呂公著《上神宗乞罷制置三司條例司》注;(宋)楊時:《龜山集》卷六《神宗日録辨》,文淵閣《四庫全書》本。

⑦ （宋）徐自明:《宋宰輔編年録》卷七。

神宗同意，條例司作爲變法總樞紐的功能得以延續。陳升之挑起這場爭論，既有他作爲變法投機派首鼠兩端的個人因素，也有訴求自身相權最大化的攬權成分，但他強調"體不便"（即不合體制），也確實觸及問題的本質。

然而，韓絳出任提舉卻並未平息這場爭論，條例司的存在是否具有合理性，繼續成爲爭論的焦點。

侍御史知雜事陳襄指出：條例司所有舉措，"事不由於宰府，謀不及於士民，耆艾不與聞，臺諫不得議，所建議惟門生屬吏而已"，其症結在於"失於過聽"，"責任太專"，①要求將其職權還歸三司。

蘇軾時監官告院，他在熙寧二年十一月上奏說："陛下欲去積弊而立法，必使宰相熟議而後行。事若不由中書，則是亂世之法。聖君賢相，夫豈其然？必若立法不免由中書，熟議不免使宰相。"②次年初，蘇軾敦請宋神宗"首還中書之政"，他指出，條例司造成的最大問題是"中書失其政也。宰相之職，古者所以論道經邦，今陛下但使奉行條例司文書而已"。③

鑒於條例司行事"上既不關政府，下又不委有司"，甚至制置條例這樣關乎國家安危、生民休戚的大事，連宰相都"不得與聞"，④御史中丞呂公著一月兩次上奏請罷條例司。他首先從名分與國體入手，批評條例司之設，"本出權宜，名分不正，終不能厭塞輿論。蓋以措置更張，當責成於二府；修舉職業，宜倚辦於有司。若政出多門，固非國體"。再從"御下之術"出發，意味深長地提醒皇帝："宰相不任其責，則坐觀成敗，尤非制世御下之術。"⑤

司馬光時任樞密副使，主要從"變更祖宗法度，侵奪細民常產"立論，⑥主張廢罷條例司。相比之下，判大名府韓琦的批評一針見血。他指出，條例司"雖大臣主領，然終是定奪之所"，"則自來未有定奪之司，事不關中書、樞密院，不奉聖旨，直可施行者。如是，則中書之外又有一中書

---

① （宋）趙汝愚：《宋朝諸臣奏議》卷一一〇陳襄《上神宗乞罷制置三司條例司》。

② （宋）蘇軾：《蘇軾文集》卷二五《上神宗皇帝書》。

③ （宋）蘇軾：《蘇軾文集》卷九《擬進士對御試策》。

④ （宋）李燾：《長編》卷二一〇熙寧三年四月戊辰條。

⑤ （宋）趙汝愚：《宋朝諸臣奏議》卷一一〇呂公著《上神宗乞罷制置三司條例司》。

⑥ （宋）司馬光：《傳家集》卷四四《乞罷條例司常平使疏》。

也。中書行事,亦須進呈,或候畫可,未嘗直處分。惟陛下察其專也"。韓琦畢竟三朝名相,"中書之外,又有一中書",可謂一發擊中要害所在。他請求宋神宗將條例司"事歸政府,庶於國體爲便"。①

繼韓琦之後,另一前朝重臣文彦博也吁請廢罷條例司。宋神宗"不欲丞罷,恐傷王安石意故也"。② 但正如余英時深刻指出:宋神宗與王安石"君臣二人雖志同道合,但在權力世界中卻分別是君權和相權的中心,周圍各自形成了不同的權力集團。安石的左右有人提醒他必須加强相權集團以防人窺其'間隙',正如神宗身邊有人要他注意君權不可旁落一樣"。"浸潤既久,神宗對安石的信心便難保不發生動摇,權力的計慮終不免會超過理想的執著"。③

這年五月九日,神宗再次發問"條例司可并入中書否",王安石表示,等中書條例司大端就緒,僚屬置備,"自可並爲一,今尚有合與韓絳請間奏事,恐未可"。④ 但僅隔六天,宋神宗就下詔宣布:"近設制置三司條例司,本以均通天下財利。今大端已舉,惟在悉力應接,以趣成效。其罷歸中書。"與此同時,宋神宗以手劄安撫王安石,給出一個緩衝期,讓"有司結絶所施行事,久之乃罷"。⑤

五

制置三司條例司罷廢後,其主要職掌由司農寺承擔,部分功能則劃歸中書條例司。據王應麟説:"神宗即位,謂中書政事之本,首開制置中書條例司,設五房檢正官,以清中書之務;又置制置三司條例司,以理天下之財。"⑥二者似是神宗一即位同時創設的。但從上引王安石答語推斷,中書條例司的籌設應在三司條例司之後。熙寧二年六月十四日,宋神宗對王安石説:"中書置屬修例,最是急事。"王安石回答道:"此事誠不可遲,然亦不可疾。"則此時中書條例司尚未成立。至這年九月十六日因王安石

---

① (宋)趙汝愚:《宋朝諸臣奏議》卷一一二韓琦《上神宗論條例司畫一申明青苗事》。
② (宋)李燾:《長編》卷二一一熙寧三年五月甲辰條。
③ 余英時:《朱熹的歷史世界》,第 244、240 頁。
④ (宋)李燾:《長編》卷二一一熙寧三年五月戊戌條。
⑤ (宋)李燾:《長編》卷二一一熙寧三年五月甲辰條。
⑥ (宋)王應麟:《玉海》卷一一九《官制》。

建議,制置三司條例司檢詳官呂惠卿與李常"看詳中書編修條例",似爲籌組中書條例司的臨時性舉措,五天以後,三司條例司要求呂惠卿仍兼三司條例司的職事,神宗表示同意。次月,宋神宗下詔:"李常差看詳中書編修條例,自是益增置編修官。"①至此中書條例司正式成立。創設中書條例司很可能是三司條例司廣受非議後,王安石未雨綢繆之舉。但在三司條例司撤廢以前,其作用與分量顯然不及三司條例司來得舉足輕重。熙寧三年六月,知雜御史謝景溫在彈劾原江淮發運使薛向遷獎太過時,"欲望朝廷下中書條例司及三司,取其所施行者,暴於中外",以示至公,②中書條例司的作用開始凸顯,而其時正在三司條例司撤廢的次月。

不僅如此,熙寧三年九月,王安石還設立了檢正中書五房公事,與中書條例司同爲王安石"非常相權"的組成部分。根據《大事記講義》,青苗、免役、保甲、方田均稅、免行、市易、農田水利等新法,"始則屬於三司條例司,後則屬於司農寺",而考課、銓選、學校、貢舉、蔭補、磨勘、試刑法者、州縣編類,"始則屬於中書條例所,後則屬於檢正五房",則熙寧新法中科舉新制與三舍法即應出自中書條例司。據南宋呂中説,"中書條例司乃法度之所自出,議者不知言其非也",也就是説,它在制度合理性上不易招致普遍非議。故而除了司馬光,"時議者皆言三司條例司不當置,而中書條例一司罕有論其非者"。司馬光則反對説:"中書當以道佐人主,爲用區區之條例,更委官看詳,苟事事檢例,則胥吏可爲宰相矣。"③他洞察到在"非常相權"下中書條例司屬員權力的急遽膨脹。

儘管中書條例司與檢正中書五房公事當時尚未成爲制度性機構,卻也有效代償了業已撤廢的三司條例司的功能。王安石讓盟友曾布出任中書五房公事都檢正,凡朝臣認爲新法不便,曾布就上疏條析,"欲堅神宗意,使專任安石,以威脅衆,使毋敢言"。④ 自熙寧三年歲末王安石升任宰相,重大政事,"只是宰臣王安石與都檢正官曾布商議"。曾布"每事白王安石即行之,或謂布當白兩參政。指馮京及王珪也。布曰:'丞相已議定,何問彼爲!俟敕出令押字耳!'"這一做法,御史臺長楊繪的論劾可爲佐證:"諸房檢正官每有定奪文字,未申上聞,並只獨就宰臣王安石一處商量

① (清)徐松輯:《宋會要輯稿·職官》五之八、九,中華書局影印本。
② (宋)李燾:《長編》卷二一二熙寧三年六月辛巳條。
③ (宋)呂中:《類編皇朝大事記講義》卷一六《神宗皇帝》,上海人民出版社2014年版。
④ 《宋史》卷四七一《曾布傳》。

稟覆,即便徑作文字申上。其馮京等只是據已做成申上者文字簽押施行。"①值得注意的是,王安石任宰執的熙寧期間,檢正中書五房公事往往兼判司農寺。這樣,三司條例司儘管撤罷,王安石的"非常相權"卻不過換一個平臺得以延續。

正如余英時指出:"王安石在任參知政事時運用三司條例司發揮他的非常相權,正式任宰相後則往往在實際運作中擴張相權。"②史稱王安石秉政期間,"凡司農啓請,往往中書即自施行,不由中覆",即不再奏稟皇帝。熙寧七年,宋神宗有鑒於相權對君權的侵奪,"自是有旨,臣僚起請,必須奏稟,方得施行"。③ 次年十月,他進一步下詔:"中書有置局取索文字,煩擾官司,無補事實者,宜並罷之。"④將中書條例司與司農寺條例司一併撤罷。不妨引證余英時的判斷作爲結論:"在神宗與安石合作的後期,權力意識在雙方都已浮現。"⑤

熙寧九年十月,王安石再次罷相,標誌着以其命名的"王安石變法"在實際上已經終結。在其後八年多裏,宋神宗再也沒有起用過王安石。反對派在肯定王安石出處大節的同時,對其個性另有負面評價。例如,劉述等臺諫官説他"專肆胸臆,輕易憲度",⑥司馬光説他"用心太過,自信太厚"。⑦ 這種個性,也導致王安石在"得君行道"時少有顧忌,好以三司條例司、中書條例司與檢正中書公事等制度外的機構,來行使並擴張自己的"非常相權"。宋神宗在與其合作的後期,也許已經覺察到其中隱含的深層次問題,"權宜立制,固不足爲久遠之模",⑧嘗試着制衡相權,以回歸祖宗家法的正常軌轍。其後,宋神宗推行元豐官制,業已罷相的王安石"見之大驚"道:"上平日許多事,無不商量來。只有此事,卻不曾商量。"⑨余英時引用了程頤的議論與朱熹的記載,認爲宋神宗"親定元豐官制寓有削減相權之意",而"這是王安石擴展非常相權的一種自然反響。理想與權

---

① （宋）李燾:《長編》卷二二〇熙寧四年二月甲子條。
② 余英時:《朱熹的歷史世界》,第 238 頁。
③ （宋）魏泰:《東軒筆録》卷六,中華書局 1983 年版。
④ （宋）李燾:《長編》卷二六九熙寧八年十月庚戌條。
⑤ 余英時:《朱熹的歷史世界》,第 244 頁。
⑥ 《宋史》卷三二一《劉述傳》。
⑦ （宋）司馬光:《傳家集》卷六〇《與王介甫書》。
⑧ 《續通志》卷一三〇《職官略・唐五代宋官制上》,文淵閣《四庫全書》本。
⑨ （宋）黎德靖編:《朱子語類》卷一二八《法制》。

力之間終於出現裂痕"。①

六

宋神宗去世後，"元祐更化"全面否定王安石變法。宋哲宗親政，"紹聖紹述"又徹底清算"元祐更化"；其後直到宋徽宗晚年，大部分變法措施重新付諸實施，海外宋史學家劉子健將這一恢復變法時期稱之爲"後變法時期"，並有一個總體性鳥瞰：

> 後變法時期喪失了王安石的理想主義初衷，改革精神化爲烏有，道德上毫無顧忌，貪贓枉法肆意公行，拒絕革除任何改革體制的弊端，對那些繼續反對改革的保守派進行史無前例的殘酷迫害，皇帝好大喜功、奢侈無度，整個社會道德淪喪，所有這些，使得恢復變法時期聚集了一批聲名狼藉之輩。②

宋徽宗上臺，經過一年多短暫的調停與折衷，建中靖國元年（1101）十一月，便宣佈明年改元崇寧，表明了崇尚熙寧新法的國策取向。以崇寧元年（1102）七月蔡京任相爲界限，其後雖仍招搖着新法的大纛，但所作所爲已與熙寧新法了無關係。誠如王夫之所説，王安石精心擘畫而"名存而實亡者十之八九"③。

實際上，早在紹聖元年（1094），紹述伊始之際，時任戶部尚書的蔡京就覺察到王安石創設的三司條例司是可以變相利用的集權方式，曾建議宋哲宗："檢會熙寧中條例司故事，上自朝廷大臣，下選通達事務之士，同共考究，庶幾成一代之業。"④但蔡京當時在新黨的地位尚未舉足輕重，其主張也未見兑現。

及至蔡京拜相當月，宋徽宗就令"如熙寧條例司故事，都省置講議

---

① 余英時：《朱熹的歷史世界》，第 245 頁。程頤在《程氏外書》卷一二《傳聞雜記》裏認爲，宋神宗改官制，亦遵循宋太祖"分宰相之權"的旨意。

② 劉子健著，趙冬梅譯：《中國轉向内在》，江蘇人民出版社 2002 年版，第 37 頁。

③ （清）王夫之：《宋論》卷八《徽宗》，中華書局 2003 年版。

④ （清）徐松輯：《宋會要輯稿·職官》五之一二。

司",①命其提舉,讓他"遴柬臣僚,共議因革",②似已有意爲蔡京打造王安石式"得君行道"的克隆版。南宋《大事記講義》這樣點評蔡京及其講議司:"推其所爲,則又托熙寧之迹,以爲姦者也。置講議司於都省,因中書條例之弊而甚之也。"③史家李心傳尤其揭示蔡京講議司與王安石條例司之間的因襲關係:"自王荆公秉政,始創制置三司條例司,以行新法。其後蔡儋州當國,踵其故置講議司。"④

由蔡京親任提舉的講議司,下設詳定官、參詳官與檢討官,他從侍從卿監中引用了親信黨羽40餘人安插其間。講議司名義上討論熙豐已行法度和神宗欲行未行的舉措,但蔡京旨在"陰托紹述之柄,箝制天子"。⑤他一邊羅織元祐黨籍,"講議司編匯章牘,皆預密議",⑥使其成爲打擊政敵的趁手工具;一邊"取政事之大者,如宗室、冗官、國用、商旅、鹽澤、賦調、尹牧,每一事以三人主之,凡所設施,皆由是出",⑦使講議司成爲其擴展"非常相權"的得力機構。蔡京主持講議司時曾得意揚言:"天下之財,但如一州公使爾。善用之者,無不足而常有餘。"⑧實際上,無非變着法子,"取民膏血,以聚京師",⑨滿足宋徽宗享樂的私欲。蔡京對宋徽宗説:"熙寧條例司,檢詳文字編修及編定並在司,分遣出外相度共十九人,今事有多寡,力有餘或不足,乞從本司隨事分委。"⑩他仿效熙寧王安石故事,也從宋徽宗那裏獲得了講議司有權隨事派遣使者的特權。儘管宋徽宗與蔡京一再標榜,設立講議司爲了"討論裕民富國之政",⑪實際上卻君臣沉湎,"當時丞欲紛更天下事",⑫以便繼續打着變革的旗號,維護業已蜕變

---

① 《宋史》卷一六一《職官志一》。

② (宋)陳均:《皇朝編年綱目備要》卷二六。

③ 《類編皇朝大事記講義》卷二一《徽宗皇帝》。

④ (宋)李心傳:《建炎以來朝野雜記》甲集卷五《朝事一》"修政局"條,中華書局2000年版。

⑤ 《宋史》卷四七二《蔡京傳》。

⑥ 《宋史》卷三五一《張康國傳》。

⑦ 《宋史》卷四七二《蔡京傳》。

⑧ (宋)陳均:《皇朝編年綱目備要》卷二七。

⑨ 《宋史》卷四五三《曾孝序傳》。

⑩ (宋)陳均:《皇朝編年綱目備要》卷二六。

⑪ (明)陳敏政:《新安文獻志》卷七八《行實·程公(瑀)墓誌銘》,此銘乃胡銓所撰。

⑫ (清)徐松輯:《宋會要輯稿·職官》五之一九。

的既得利益集團。史稱,其"置講議司,官吏數百人,俸給優異,費用不貲。一日集僚屬會議,因留飲,命作蟹黄饅頭。飲罷,吏略計其費,饅頭一味,爲錢一千三百餘緡"。① 連清康熙帝也提筆批道,"徽宗置講議司,以斂天下之財",蔡京"所爲皆私"。② 蔡京在樞密院也設講義司,染指宋代家法視爲禁臠的兵柄。崇寧三年三月,樞密院講議司撤銷;次月,都省講議司也相繼廢罷。

宣和六年(1124)歲末,宋徽宗重新起用蔡京,仍在尚書省設講議司由其兼領,旗號還是"遵行元豐法制"。③ 他故伎重演,輕車熟路,"聽就私第裁處,仍免簽書",④把"非常相權"用到了極致。有太學生揭露宣和講議司道:"天下之事,聚十數輩親附之人,觀望阿諛,所論皆毫末之細,議罷一事,奪於權幸,則朝言而暮復舊矣。何嘗有一大利害及於生民哉!"⑤次年四月,蔡京再次致仕,講議司改由中書宰執白時中與李邦彦兼領。五月,宋徽宗下詔:"有司凡有侵漁蠹耗之事,理宜裁抑,應不急之務,無名之費,令講議司條具以聞。"⑥但白、李"辟親戚故舊,坐糜祿廩,遷延歲月,未嘗了一事"。⑦ 八月,罷講議司。但蔡京在擴展"非常相權"上,如此諳熟地借用王安石三司條例司的先例,無疑是發人深省的。

其後,宋金戰局急轉直下,都城東京危在旦夕,靖康元年(1126)四月,尚書省再設詳議司,以宰執徐處仁、吳敏與李綱提舉,下設參議、檢討等職。反對者紛紛進言,認爲詳議司"是與熙寧條例司、崇寧講議司相似,非當今所宜",⑧完全不必另設。詳議司之設雖仿自講義司,但後者名聲狼藉,"故避講議之名,以爲詳議"。⑨ 數月以後,北宋滅亡,詳議司也不復存在。

宋室南渡,在通向權相之路上,秦檜最先牛刀小試的仍是王安石的故智。紹興二年(1132)五月,秦檜時任右相,他見左相呂頤浩督軍在外,"欲奪其柄,乃置修政局",⑩自領其局,而讓參知政事翟汝文同領,下設參

① (宋)曾敏行:《獨醒雜誌》卷九,上海古籍出版社1986年版。
② 《御批續資治通鑑綱目》卷九,文淵閣《四庫全書》本。
③ 《宋史》卷二二《徽宗紀四》。
④ 《宋史》卷一六一《職官志一》。
⑤ (宋)徐夢莘:《三朝北盟會編》卷三五,上海古籍出版社影印本。
⑥ (宋)王稱:《東都事略》卷一一《本紀十一》。
⑦ (清)徐松輯:《宋會要輯稿·職官》五之一九。
⑧ (宋)陳均:《皇朝編年綱目備要》卷三〇。
⑨ (清)徐松輯:《宋會要輯稿·職官》五之一九。
⑩ (宋)李心傳:《建炎以來朝野雜記》甲集卷五《朝事一》"修政局"條。

詳官、參議官與檢討官，"置局如講議司故事"。① 檢討官曾統不解奧妙質詢秦檜："宰相事無不統，何以局爲?"②秦檜不聽。此時的秦檜尚未完全贏得宋高宗的信任，而"修政局所講多刻薄之事"，③議者便借彗星天變一舉將其論罷。但時隔數年，秦檜捲土重來，在宋高宗的授予下，成爲南宋第一代權相。但倘若追尋來路，他的修政局翻用蔡京講議司舊方，而講議司則襲用王安石條例司故伎，謀求"非常相權"的軌迹仿佛草蛇灰線，依稀可辨。

七

現在，應該來討論王安石"非常相權"的負面意義。余英時指出：

> 王安石爲了推行"新法"，在神宗的支持下，取得越來越大的相權。但權力對他來說只是實現"治天下"理想的手段，而不是野心和私利的工具。因此他雖大權在握而居之不疑，直到他第二次去相位爲止。從這個意義上説，安石絕無"權相"的嫌疑，有宋一代批評他的人，並未強調他弄權。但是他擴張相權的種種策略，卻爲以後的權相開啓了方便之門。④

王安石"得君行道"推行變法，對他以三司條例司爲中心謀求擴展"非常相權"，自然不妨肯定其初衷與效果，都是有利變法與改革的。但是，在原有制度外，王安石這種謀求"非常相權"的運作，或者宋神宗那樣授予"非常相權"的裁斷，都會給業已相對完善的宋代士大夫政治帶來不測的隱患與難料的危機。熙寧前期，韓琦、司馬光、呂公著等一再籲請廢罷三司條例司，其中固然有着不同派別的偏見，但國體不便的指責與憂慮，還是觸及問題的要害。而從蔡京到秦檜，他們先後以講議司與修政局來擴展相權，時論無不追溯到王安石的條例司，這也説明在擴張"非常相權"上，王安石才是名副其實的始作俑者。

---

① （宋）李心傳：《建炎以來繫年要錄》卷五四紹興二年五月丙戌條，中華書局1988年版。
② 《宋史》卷四七三《秦檜傳》。
③ （宋）李心傳：《建炎以來朝野雜記》甲集卷五《朝事一》"修政局"條。
④ 余英時：《朱熹的歷史世界》，第245頁。

　　如果説，宋神宗賦予王安石"非常相權"，王安石終於"得君行道"進行改革，不啻是宋代君主士大夫政治的最大亮點。但具有諷刺意義的是，自蔡京以後，降及南宋，先是秦檜，中經韓侂胄、史彌遠，直到宋末賈似道，權相專政成爲南宋政治揮之不去的夢魘。倘若將"得君行道"的"非常相權"稱之爲"王安石模式"，用以對照自蔡京起到賈似道止的宋代權相，僅就他們與在位君主的權力關係與運作方式而言，其實質卻是一脈相承的。這些權相，有哪一個不是擁有"非常相權"（秦檜、史彌遠與賈似道甚至長期得以獨相，這種"非常相權"也都出自當時君主的授與、配合或至少是默許），又有哪一個不在聲稱"得君行道"（只不過"君"已非奮發有爲之君，"道"卻是維護權相利益集團的歪門邪道）。歸根到底，權相政治的不治毒瘤，仍然寄生在宋代君主士大夫政治文化的母體之上。

　　劉子健把君主政體分爲四種運行模式：一是中央控制( the central control)模式，即宮廷與官僚有效控制軍隊與各級地方政府；二是宮廷的集權( concentration of power at court)模式，即皇帝或其代理人獨立行使中央控制權，官僚只能例行公事地從旁贊助；三是專制( autocracy)模式，即決策由皇帝或其代理人獨斷或共謀，官僚雖能分享行政權力卻無權參與決策；四是獨裁( absolutism)模式，君主或其代理人大權獨攬，壓制甚至鎮壓持反對意見的其他官僚與在野知識分子。[①] 而恰恰自王安石變法起，宋代君主政體急速經歷了這四種模式的全過程，在不斷下墜中，最終導致了中國轉向内在。

　　按余英時的説法，宋神宗起用王安石變法，"這不僅是出於他對王安石個人的信任，同時也是對士大夫集體的一種尊重。因爲在他的理解中，王安石的變法構想也代表了士大夫的一種共識"。在余英時看來，"'士大夫以天下爲己任'的一般意識雖已早由范仲淹點出，但皇帝'與士大夫治天下'觀念在政治實踐中的具體化則是熙寧時代的新發展"。[②] 也就是説，宋神宗即位之初就措意改革，意在將文彦博所標榜的皇帝與士大夫共治天下的模式付諸具體的政治實踐。一開始，宋神宗與王安石確也試圖維持"中央控制模式"，即由君主與士大夫官僚共主政局。王安石曾援引蘇轍、程顥進入變法機構，並嘗試爭取吕公著等人的支持，宋神宗始終有意調停新舊兩黨，都是這種意圖的有力證據。

---

① 劉子健：《中國轉向内在》，第10—11頁。
② 余英時：《朱熹的歷史世界》，第241頁。

但宋神宗個性"好大喜功",①王安石爲人"自信太厚",②他們都"主張進行釜底抽薪的改革,想要一勞永逸地使整個體系走上正軌。這類人思路開闊、眼界極高。容易偏向固執、不妥協,變得具有侵略性"。③ 在這種思路主導下,更兼舊党元老的消極態度,宋神宗就毫不遲疑地對其理想的宰相賦以"非常相權"。劉子健指出:"王安石是改革的首要宣導人。在他的新政或稱變法體制下,政府變得自信而武斷。"④尤其在自以爲"得君行道"卻橫遭阻力時,他會把"非常相權"運作到極致,進而排斥持有異見的其他士大夫官僚,讓君主政體從"中央控制模式"位移滑向"宮廷的集權模式"。也就是説,在熙寧變法時,已出現宋神宗與其代理人王安石獨立行使中央控制權的不良端倪,"宮廷的集權模式"已露兆頭。宋神宗儘管支持與默許了這一傾向,卻仍保持着應有的警惕,熙寧時撤罷三司條例司與元豐官制取消檢正中書五房公事,都是他試圖將君主政體拉回"中央控制模式"的努力。

但是,權力的潘朵拉匣子一經啓封,就再難杜絶其後的權姦之相窺伺"非常相權"的美味禁臠。在"後變法時期",宋徽宗與蔡京這對君臣的權力模式已經完全轉入"宮廷的集權模式"。宋高宗南渡,紹興八年(1138),出於權力與皇位的算計,最終選定秦檜,授意他全權和談,專制君權空前膨脹,已無須官僚機構的介入,而自行作出不可逆轉的"聖斷","專制模式"宣告形成。緊接着,秦檜獨相十八年,宋高宗與秦檜一而二,二而一,君主政體徹底墮入"獨裁模式"。其後韓侂胄、史彌遠與賈似道等權相政治,不過是這種"獨裁模式"在君主官僚政體下輪回搬演而已。

當然,這决不意味着讓王安石及其變法來爲其後的權相專政承擔原罪,權相政治的出現,歸根結底是君主專制政體的不治痼疾。然而,誠如余英時指出:"宋代君權與相權的關係,以熙寧變法爲一劃時代的轉變,但主旨仍在展示士大夫世界的内部構造。"⑤宋代立國以來,君權與相權之間業已形成相對完善的制衡格局;正是在熙寧新法的歷史變局中,在"得君行道"的理想追求下,由宋神宗親自授與並由王安石實際運作的"非常

---

① 《宋史》卷三五五"論曰"。
② (宋)司馬光:《傳家集》卷六〇《與王介甫書》。
③ 劉子健:《中國轉向内在》,第 45 頁。
④ 同上書,第 36 頁。
⑤ 余英時:《朱熹的歷史世界》,第 241 頁。

相權",卻是導致這一制衡格局開始敧側的第一推力,而制置三司條例司這類制度外的組織總是"非常相權"的重要抓手。至於蔡京以後的權相專政,何嘗不是余英時所指出的"君權相權合一之勢",何嘗不是士大夫政治在專制君權下的變異形態呢?

（虞云國,上海師範大學古籍整理研究所教授）

# 七言歌行體制溯源

王從仁

　　自齊梁至盛唐，詩壇上逐漸流行一種詩體，後人稱爲七言歌行，其基本特徵是：四句一轉韻（間或有二、六、八等句一轉，但仍以四句爲主體），韻腳平仄互遞，篇制較長。四句之中，一、二、四句押韻，往往前二句爲散句，後二句爲偶句；六句一轉則兩散四駢；八句則兩散四駢兩散。同時出現大量平仄協調的律句。對這種詩體，前人偶有零星的論述，但至今未有人作系統的專題研究。本文努力聯繫具體作品，結合有關記載，並運用統計手段，試圖對其源起、演化等問題作出比較科學的結論。

　　關於歌行體制，前人之説主要有以下幾種：

　　一、清人張篤慶在解答"七言換韻法"時説："初唐或用八句一換韻，或用四句一換韻，然四句換韻其正也。此自從《三百篇》來，亦非始於唐人。"（《師友詩傳錄》，見《清詩話》上册）

　　二、清人沈德潛認爲：《西洲曲》"似絶句數首，攢簇而成，樂府中又生一體。初唐張若虛、劉希夷七言古，發源於此"（《古詩源》卷一二評《西洲曲》語）。

　　三、清人王士禎在解答"七古換韻法"時説："此法起於陳、隋，初唐四傑輩沿之，盛唐王右丞、高常侍、李東川尚然，李、杜大變其格。"（《師友詩傳錄》）

　　四、明人胡應麟認爲："至王、楊諸子歌行，韻腳平仄互換，句則三五錯綜，而又加以開合，傳以神情，宏以風藻，七言之體，至是大備。"（《詩籔·內編》卷三）

　　五、今人王力以爲："王維這首詩（按：指《桃源行》，爲典型七言歌行體），上繼齊梁與初唐，下開'元和體'的風氣。"（《漢語詩律學》第二章第三十一節）

六、今人蕭滌非列舉杜甫《丹青引》後説："杜甫以前的詩人已多少意識到平仄換韻能夠調節詩的聲調的作用,但都沒有做到像杜甫這樣的整齊劃一。"(《杜甫研究》)

以上諸説,或以爲歌行源於《詩經》《西洲曲》,或分別以爲形成於陳隋、四傑、王維、杜甫。諸説雖包含有合理成分,但總的説來,都過於簡單而不夠準確。紛紜衆説的本身,即説明了問題。因此有必要對現存魏晉至盛唐前期所有的七言詩,做一番全面的統計和系統的分析,藉以考察七言歌行的發展軌迹。

一

衆所周知,現存第一首完整的文人七言詩是曹丕《燕歌行》,此詩句句押韻,屬於"柏梁體"。從曹丕到鮑照,共存七言詩 28 首,①其中 26 首爲句句入韻、一韻到底的"柏梁體",只有兩首例外:一首是傅玄《兩儀詩》,庭、形/翔、腸押韻;另一首是庾徽之《白紵歌三首》其一,押韻方式是:悲、持、思、疑/出、日、逸、一。兩首詩儘管轉韻但仍是句句入韻,可稱爲柏梁變體。這一時期,是柏梁體的一統天下,但已孕育著新的變化。

鮑照開始,才出現隔句押韻又轉韻的七言詩。鮑照共有七言詩 29 首,其中齊言 8 首,雜言 21 首,可分以下四類:

1. 一韻到底,句句入韻,共 4 首,全部齊言。

2. 一韻到底,隔句押韻,共 7 首,1 首齊言,6 首雜言。

3. 隔句押韻並轉韻,共 13 首。1 首齊言,12 首雜言。

4. 每句押韻並轉韻,共 5 首。1 首齊言,4 首雜言。

四類之中,二、三類屬於鮑照的創體,但這兩類,除各有一首破例外,均爲雜言。由此可見,七言的隔句押韻是由於滲入雜言而引起的,三、五言詩歷來隔句押韻,故導致詩中的七言也開始隔句押韻,以求全詩押韻方式的一致。鮑照隔句並轉韻的體制在當時影響甚微,從鮑照到沈約,共有 16 首七言詩,其中 4 首爲柏梁體,11 首爲柏梁變體。均爲齊言詩,採取傳統的句句入韻方式。只有釋寶月的雜言詩《行路難》仿效鮑照,隔句押韻

———————

① 引詩皆見逯欽立《先秦漢魏晉南北朝詩》,不計二、三句一首的歌謡、騷體,以及七言成分較少的雜言詩。下同。

並轉韻。這一時期,柏梁體雖已黯然失色,讓位於轉韻的柏梁變體,但隔句押韻並轉韻的歌行體,尚未成一格。

吳均的七言詩值得注意,在他手中,開始出現接近歌行體的作品。他有《行路難》五首,除了其三開首有兩句六言,其四、五開首各有一句八言外,均爲七言,句式整齊。轉韻情況如下:(上行爲押同一韻腳的句數,下行爲韻腳平仄。下同)

其一,4 4 6 6 　 其二,4 4 6 6
　　　 － － － － 　　　　 － ｜ － －

其三,4 6 6 　 　 其四,4 2 6 　 其五,8 6 8
　　 － ｜ － 　　　 － ｜ － 　　　 ｜ － －

四句一組中,一、二、四句押韻,六句一組中,或一、二、三、四、六押韻。總之,首句入韻,隔句押韻,顯然是柏梁體的齊言特徵與鮑照雜言詩隔句押韻方式的融合。

從吳均到梁末,共有七言詩 31 首。一韻到底的共 18 首,包括 2 首柏梁體和 16 首隔句押韻(其中一首五、七言相聯,七言部分一韻到底)。另有《東飛伯勞歌》3 首,每首十句,二句一轉韻,體例獨特。剩下的十首與吳均相仿,其轉韻方式如下:

| 作　者 | 篇　名 | 轉　韻　情　況 |
|---|---|---|
| 蕭子顯 | 燕歌行 | 4 8 8 4<br>－ － － ｜ |
| 劉孝威 | 賦得香出衣詩 | 6 4<br>－ － |
| 王　筠 | 行路難 | 10 4 6<br>－ ｜ － |
| 蕭　繹 | 燕歌行 | 6 4 4 4 4<br>－ － ｜ － － |
| 費　昶 | 行路難(其一) | 4 2 6<br>－ ｜ － |
| | 行路難(其二) | 6 4 6 4<br>｜ － ｜ － |
| 戴　嵩 | 度關山 | 6 6 6 10 2 4<br>｜ － ｜ － ｜ － |

| 作　者 | 篇　名 | 轉　韻　情　況 |
|---|---|---|
| 沈君攸 | 羽觴飛上怨 | 6 8<br>－ － |
|  | 雙燕離 | 12 3 2<br>－ ｜ ｜ |
| 北魏樂府 | 楊白花 | 4 2 2<br>－ ｜ ｜ |

可以看出,轉韻的七言詩,已不是個別、偶然的現象了,在這些詩歌中,表現出兩個基本特徵:一是韻腳的平仄互遞,二是四句一單元的基本機制。

韻腳的平仄互遞,顯然與齊梁時期聲韻學的發展有密切聯繫,平仄意識起於何時,雖不易明曉,但至少在魏晉時期,已見肇端。陳僅《竹林答問》曾列舉建安以來不少詩句,平仄調諧,接近唐律,不可能純出偶然。沈約在當時亦云:"至於先士茂制,諷高歷賞,子建函京之作,仲宣灞岸之篇,子荆零雨之章,正長朔風之句,並直舉胸情,非傍詩史,正以音律調韻,取高前式。"可見平仄調諧的意識由來已久,並經歷了由自然到自覺直至自爲的發展過程,正如阮元指出的:"休文所矜爲創獲者,謂漢魏之音韻乃暗合於無心;休文之音韻,乃多出於意匠也。"(《文韻説》)所以,儘管平、仄之稱出自唐代,但平仄概念,由漢魏時朦朧的"暗合於無心",發展到齊梁,已達到明確的"出於意匠"的階段。

其次,上述作品中,共包括 35 個韻組,四句一組 13 個,六句一組 10 個,二句一組 5 個,八句一組 3 個,十句一組 2 個,三句一組、十二句一組各 1 個。四句一組的已占優勢。這與歌行體的入樂有很大關係。六朝樂府,一般分段歌唱,一段謂之一解。據孫楷第統計,《宋書·樂志》著録的《清商三調》歌詩,共有 35 篇 181 解,"其篇中諸解一律四句者,得十一篇六十九解。篇中諸解句數不一律,而中有以四句爲一解者,在九篇中,得二十四解,如是共得九十三解,其雜言一解四句者,尚不在内"(《絶句是怎樣起來的》)。每解四句的已占總數一半以上,可見四句一解是漢魏古樂府的普遍現象。

當然,孫先生統計的是五言詩,至於七言詩,晉宋以前,往往兩句一解。《樂府詩集》卷五五載《晉白紵舞詩》"陽春白日風花香"一首,七言十句,下注云"右一曲"。又載王儉《齊白咏歌》,詞句全同,二分作五首,每首二句,云"右五曲"。可以看出,《晉白紵舞歌》原爲一曲五解,二句一解,王儉卻以舊曲一解爲一曲。到梁代以後,情況發生了變化,沈約的《春白紵》一首七言八句,《玉臺新咏》卷九取爲四句一首。《秋白紵》一首七言八句,亦取其中四句爲一首,可見七言詩在樂府歌唱時也逐漸趨於四句一單元。

在這種詩歌創作和音樂特徵的背後,潛藏着一種不可忽視的心理因素,那就是生活邏輯,或者説是邏輯心態在起着潛移默化的作用。在長期的社會實踐中,人們認識到,一般事件在運動過程中,大多呈現出發生(起)、發展(承)、轉化(轉)、結局(合)四個階段,從而逐步形成"起、承、轉、合"的思維模式,在文學創作中也往往自覺或不自覺地運用這一模式,早如《詩經》,基本以四句(或四句的倍數)爲一章。以後,南北朝時期產生的四句、八句的新詩體,唐代成熟的格律詩,莫不如是。即便元雜劇、明代的八股文,這些風靡一時的文藝創作樣式,也以四段式(或其兩倍)爲形式結構特徵的。這些都共同表現出我國文學的民族特點。其實,七言詩的二句一解,内在的觀念仍是四句一解,只不過當時將七言一句視爲五言兩句就是了。當七言詩的創作技巧提高、成熟,與之相配的音樂也趨於完善時,便挣脱舊有的二句一解框架,再次呈現四句一單元的模式。

與這一總背景相聯的是,獨立的七言四句形式的詩體,也起源於此時(這種詩體,唐人名之七絶,爲了論述方便,這裏故冠以"七絶"之名)。現存最早的七絶是蕭子顯《春別詩四首》中的兩首。《春別詩四首》中,第二首六句,其餘三首皆七言四句,韻腳如下:其一,<u>翼</u>、<u>色</u>、歸、<u>憶</u>。其三,<u>壺</u>、<u>塵</u>、巾、<u>新</u>,其四,<u>知</u>、<u>吹</u>、樹、<u>離</u>。一、四兩首,實爲後世七絶濫觴。當時七言四句詩的創作情況是這樣的:蕭子顯尚有《烏棲曲應令三首》,都是七言四句,二句一轉,平仄互換。劉孝威有七絶1首,首句入韻。蕭綱有七言四句詩9首,其中柏梁體1首,二句一轉的4首;七絶4首,首句入韻的占3首。蕭繹有七言四句詩10首,其中柏梁體1首,二句一轉的3首;七絶6首,首句入韻的占5首。這樣,七言四句26首,其中七絶形式占15首;七絶之中,首句入韻的有13首,首句不入韻的僅2首。後世的七絶多首句入韻,這一點,從梁代已露端倪。

七絶和七言歌行差不多同時出現、形成,不分軒輊,它們是兄弟關係,是一個母體上結出的兩顆不同的果實,這個母體就是四句一解的音樂特徵,在當時,兩者都入樂,均收入樂府中。

　　韻腳的平仄互替和句式的四句一轉,都包孕着深刻、複雜的時代因素。儘管在齊梁兩者未能合流,費昶、戴嵩的作品,平仄互替已有規則,但很少四句一轉。蕭繹的《燕歌行》,基本上四句一轉,但又不合平仄互遞規律。然而,這兩個因素具有充沛的活力,左右着歌行體制的進一步發展,到了陳代,歌行體便基本定型。陳代共有七言歌行 22 首,其轉韻情況,列簡表如下:①

| 作　者 | 篇　名 | 轉韻情況 |
|---|---|---|
| 顧野王 | 豔歌行三首(其三) | 4 4 2<br>－ \| － |
| 徐伯陽 | 日出東南隅行 | 4 4 4 4<br>－ \| － \| |
| 張正見 | 神仙篇 | 10 8 2 10<br>－ \| \| － |
| | 賦得佳期竟不歸 | 4 4 6<br>－ \| － |
| 陳叔寶 | 東飛伯勞歌 | 2 2 2 2<br>－ \| \| － \| |
| 徐　陵 | 雜　曲 | 4 4 4 4<br>－ \| － \| － |
| 傅　縡 | 雜　曲 | 4 4 4 4<br>－ \| \| － \| |
| 陸　瑜 | 東飛伯勞歌 | 2 2 2 2<br>－ \| \| － |
| 肖　詮 | 賦得婀娜當軒織詩 | 4 4 6<br>\| － |
| 賀　循 | 賦得庭中有奇樹詩 | 4 4 4 4<br>－ \| － \| |
| 陽　縉 | 俠客控絶影詩 | 6 4 6<br>－ \| － |
| 阮　卓 | 賦得黃鵠一遠別詩 | 4 4 4 4<br>－ \| － \| |

---

　　①　排列次序按逯欽立《先秦漢魏晉南北朝詩》,除前表不收的幾類外,七言八句及八句以下的不收。唐代統計表亦如此。

續　表

| 作　者 | 篇　名 | 轉　韻　情　況 |
|--------|--------|----------------|
| 江　總 | 東飛伯勞歌* | 2 2 2 2 2<br>－ \| － \| － |
| | 雜曲(其二) | 4 4 4 4<br>－ \| － \| |
| | 雜曲(其三) | 4 8 8<br>－ － － |
| | 梅花落 | 2 2 2 2 2 2 2 2<br>－ － \| \| － \| － \| |
| | 宛轉歌 | 10 8 10 10<br>－ \| － － |
| | 秋日新寵美人應令詩 | 6 6 4<br>－ \| － |
| 江　總 | 閨怨篇 | 一韻到底,共十句 |
| | 內殿賦新詩 | 6 4 2<br>－ \| － |
| | 姬人怨服散篇 | 4 4 6<br>－ \| － |
| | 新入姬人應令詩 | 6 6 6<br>－ \| － |

　　這一時期,柏梁體和柏梁變體均蕩然已盡,除少數詩作,如《東飛伯勞歌》等,因其獨特機制,仍保持二句一解的舊音樂傳統,大多數作品均呈現出四句一單元的形式特徵。而這一特徵與韻腳的平仄互換相結合,構成四句一轉,韻腳平仄互遞爲主的基本格局。個別詩篇,如傅縡《雜曲》,四句一組之中,大致做到兩散兩駢,但大部分作品則未能如此,至於對偶句的律化,就更成問題了。

　　另外,北朝尚有七言歌行6首,隋代有5首。隋代5首中,4首由盧思道、薛道衡作,且都作於北朝期間。因此這些作品均可視爲北朝歌行的代表,11首中,除庾信《楊柳歌》一韻到底外,其餘都多次轉韻,這一點與南朝相似。但其體制與南朝還是有區別的,44個韻組中,四句一組的僅有12組,韻腳的轉換,亦少規則,恐怕與南北音樂之差異有關。

<h1>二</h1>

唐代七言歌行,與六朝一脈相承,但又顯示出不同風貌。從唐初到開元初,共有七言詩 94 首,可分以下幾類:

一、柏梁聯句,只有中宗與群臣聯句 2 首。

二、一韻到底者共 8 首,除王勃《秋夜長》(雜言)外,其餘均對仗工整,近似七言排律。

三、句句入韻並轉韻者共 2 首。一爲富嘉謨《鳴冰篇》,三句一轉韻,十分規則。以後岑參《走馬川行》與之相似。另一首爲李如璧《明月》,轉韻無規律、系柏梁變體。

四、韻腳四聲互遞者,唯有武則天《游仙篇》,其轉韻情況爲: 4 4 4 4 4 (平上去入平),反映出講究四聲定韻的風氣。這類詩束縛太大,後世少有追隨者,唯李頎《王母歌》與之相仿佛: 8 4 4 6 (上去平入)。

除上述各類共 13 首以外,其餘都是隔句入韻,平仄互遞的七言歌行,在數量上具有壓倒優勢,堪稱當時的七言正宗。爲了便於考察分析,茲將其轉韻情況列簡表如下:①

| 作　者 | 篇　　名 | 轉　韻　情　況 |
|---|---|---|
| 王宏 | 從軍行 | 4 4 4 2 2<br>－｜｜－｜ |
| 上官儀 | 和太尉戲贈高陽公 | 8 6 4<br>－｜－ |
| 閻立本 | 巫山高 | 2 4 2 2 2 4<br>｜－｜－｜ |
| 王勃 | 採蓮曲 | 3 4 4 4 4 8 4 4<br>－｜｜－｜－｜ |
| 王勃 | 臨高臺 | 4 2 2 8 4 6 6 2 4<br>－｜｜－｜－｜ |

① 排列次第,卒年可考者,按卒年。卒年無考,按中科第年。中科第年無考,按《全唐詩》排列。又,賈曾、宋之問各有《有所思》一首,係截取劉希夷《代悲白頭翁》,故不計。《全唐詩》外編下冊收李世民《題龜峰出》,一韻到底,對仗工整,平仄協調,顯爲後人僞托,亦不計。

| 作　者 | 篇　名 | 轉　韻　情　況 |
|---|---|---|
| 盧照鄰 | 失群雁 | 4 6 6 2 6<br>— — \| — — |
| | 行路難 | 6 6 8 4 8 4 4<br>— \| — \| — \| — |
| | 長安古意 | 8 8 4 4 4 4 8 4 4 4 4 4 4<br>— \| — \| — — — \| — \| — \| — |
| 駱賓王 | 從軍中行路難(其一) | 4 4 4 6 4 8 4 2 8 4 6 4 4 4<br>— \| \| — \| — \| — — \| — \| — \| — |
| | 從軍中行路難(其二) | 8 6 4 4 4<br>— \| — \| — |
| | 帝京篇 | 4 8 8 8 6 2 6 4 1 4 8 4 4 6 2 2 4 10<br>— \| — \| — \| — \| — — \| — \| — — \| — \| |
| | 疇昔篇 | 4 4 4 4 4 4 4 4 4 4 4 4 4 4 4 4 4 4 4 4 4 4 4 4 4<br>— — \| — \| — \| — \| — \| — \| — \| — \| — \| — \| — — |
| 駱賓王 | 艷情代郭氏答盧照鄰 | 4 4 4 4 4 6 8 6 4 4 4 8<br>— \| — \| — \| — \| — \| — \| — |
| | 代女道士王靈妃贈道士李榮 | 4 4 4 6 2 6 4 4 4 2 4 4 4 2 4 4 4 4 4 4 4 4 4<br>— \| — \| — \| — \| \| — \| — \| — \| — \| — \| — \| |
| 辛常伯 | 軍中行路難 | 與駱賓王同題(一)同時作,轉韻完全一致 |
| 劉希夷 | 代悲白頭翁 | 2 2 4 6 8 4<br>— \| \| — — — |
| | 擣衣篇 | 8 4 4 4 4 4<br>— \| — \| — \| |
| | 公子行 | 4 6 8 4 6<br>\| — — \| — |
| | 代秦女贈行人 | 4 4 4<br>\| — \| |
| | 死馬賦 | 4 4 4 8 4 4 4<br>\| \| — \| — \| — |
| | 北邙篇 | 8 4 8 8 4 6<br>— — — — \| — |

| 作　者 | 篇　名 | 轉　韻　情　況 |
|---|---|---|
| 武三思 | 仙鶴篇 | 4 4 4 8 8<br>－　\|　－　\|　－<br>（上平）（下平） |
| 薛曜 | 舞馬篇 | 4 4 4 4 8 4 4 6 4<br>－　\|　\|　－　－　\|　－　\|　－ |
| 喬知之 | 綠珠篇 | 4 4 4<br>－　\|　－<br>（上平）（上平） |
| | 和李侍郎古意 | 4 6 4 4 6<br>－　－　\|　\|　－ |
| | 嬴駿篇 | 6 4 4 4 4 8 4 4 2 4<br>－　\|　－　－　－　\|　\|　\|　－　\| |
| 魏奉古 | 長門怨 | 4 4 4 4 4<br>－　\|　－　\|　－ |
| 吳少微 | 古意 | 4 8 4 4 4<br>－　－　\|　\|　－ |
| | 怨歌行 | 6 4 2 6 6<br>－　－　\|　－　\| |
| 王適 | 古別離 | 2 6 4 4<br>\|　－　\|　－ |
| | 江上有懷 | 4 2 8<br>－　\|　－ |
| 張柬之 | 東飛伯勞歌 | 2 2 2 2 2<br>\|　－　\|　－　\| |
| 李嶠 | 擬古東飛伯勞西飛燕 | 2 2 2 2 2<br>\|　－　\|　－　\| |
| | 寶劍篇 | 2 4 4 4 4 4<br>\|　－　\|　－　－　\| |
| | 汾陰行 | 4 4 4 4 4 4 4 4 4<br>\|　－　－　－　\|　－　－　\|　－ |

| 作　者 | 篇　名 | 轉　韻　情　況 |
|---|---|---|
| 宋之問 | 明河篇 | 4 6 2 4 4 4<br>- \| \| - \| - |
| | 龍門應制 | 4 4 4 6 4 4 2 4 2 6<br>\| - \| - \| - \| - \| - |
| | 放白鷳篇 | 2 2 4 2 4（前二句出韻，疑有誤）<br>? - - \| |
| | 桂州三月三日 | 4 4 6 6 2 6 4 8<br>- \| - \| \| - \| - |
| 閻朝隱 | 鸚鵡貓兒篇 | 4 4 4 4 4 4 2 2 2 9 2 3<br>- \| - - - \| \| \| - - \| - |
| 沈佺期 | 風簫曲 | 4 4 4 4<br>\| - \| - |
| | 古歌 | 4 2 6<br>- \| - |
| | 七夕曝衣篇 | 4 4 4 4 4 4 4<br>- - - \| - \| - |
| | 入少密溪 | 4 4 4<br>- \| - |
| | 霹靂行 | 4 4 6 2 8<br>- \| - \| \| |
| 郭震 | 古劍篇 | 4 4 6 4<br>- \| - - |
| 賀朝 | 從軍行 | 6 4 6 2 4 4 4 4<br>- \| - \| - - \| - |
| 萬齊融 | 三日綠潭篇 | 4 4 4 4 4<br>- \| - \| - |
| | 仗劍行 | 4 2 4<br>- \| - |
| 張若虛 | 春江花月夜 | 4 4 4 4 4 4 4 4 4 4<br>- \| - \| - - \| - \| |

| 作　者 | 篇　　名 | 轉　韻　情　況 |
|---|---|---|
| 蘇頲 | 奉和聖製春臺望應制 | 8 8 4 4 4<br>− ｜ − ｜ |
| 趙冬曦 | 灊湖作 | 4 4 6 6 2<br>− ｜ − ｜ |
| 王琚 | 美女篇 | 12 4 4 4<br>− ｜ 上平 下平 |
| 盧僎 | 十月梅花書贈 | 4 4 4 4 4<br>｜ − ｜ − ｜ − |
| 司馬逸客 | 雅琴篇 | 14 8 6 6 8 4 4<br>− ｜ − ｜ − ｜ − |
| 張説 | 行路難 | 2 4 4 4 4<br>− − ｜ ｜ − |
| 張説 | 奉和聖製初入秦<br>用路寒食應制 | 4 4 4 4 4<br>− ｜ − ｜ |
| 張説 | 時樂鳥篇 | 4 4 4 4 4<br>− ｜ − ｜ |
| 張説 | 樂安郡主花燭行 | 4 4 4 4 4 4 2 2 2 4 4 4<br>− ｜ − ｜ − ｜ − ｜ − ｜ |
| 張説 | 鄴都引 | 6 2 4<br>｜ ｜ − |
| 張説 | 城南亭作 | 4 4 4 4<br>｜ − ｜ − |
| 張説 | 同趙侍御乾湖作 | 4 4 4 4 4 6<br>− ｜ − ｜ − ｜ |
| 張説 | 送考功武員外學士使<br>嵩山署舍利塔 | 4 4 4 4<br>｜ − ｜ ｜ |
| 岑羲 | 黃金臺 | 4 4 4 2<br>− 入 去 − |
| 胡皓 | 大漠行 | 6 4 6 4 6 4 8<br>− ｜ − ｜ − ｜ − |
| 劉庭琦 | 奉和聖製瑞雪篇 | 6 8 8<br>− ｜ − |

| 作　者 | 篇　名 | 轉　韻　情　況 |
|---|---|---|
| 許景先 | 折柳篇 | 2 6 4 4 4<br>－ ｜ － ｜ － |
| | 奉和御製春臺望 | 8 6 2 4 4 4<br>｜ － ｜ － ｜ － |
| 丁仙芝 | 贈朱中書 | 4 4 6<br>－ ｜ ｜ |
| | 餘杭醉歌贈吴山人 | 4 2 2 4<br>－ ｜ － － |
| 孫逖 | 丹陽行 | 4 4 8 2 4 4 4 4<br>－ ｜ － ｜ － ｜ － ｜ |
| 張九齡 | 奉和聖製瑞雪篇 | 4 2 4 2 2 2 4 4 4 4<br>｜ － ｜ － ｜ － ｜ － ｜ － |
| | 奉和聖製温泉歌 | 3 4 4 4<br>－ － ｜ － |
| 賀知章 | 奉和聖製春臺望 | 8 6 2 4 4 4<br>｜ － ｜ － ｜ － |
| | 望人家桃李花 | 2 2 2 2 4 4 4<br>－ ｜ － ｜ ｜ － － |
| 王冷然 | 汴堤柳 | 4 4 4 4 4<br>－ ｜ － ｜ － |
| | 夜光篇 | 4 4 8 4 4<br>－ ｜ － ｜ － |
| | 寒食篇 | 4 4 4 4 4 4 4 4 4 4<br>－ ｜ － ｜ － ｜ － ｜ － |
| 李昂 | 從軍行 | 4 4 4 4 4 2 4 4 4 2 4<br>－ ｜ － ｜ － ｜ － ｜ － ｜ |
| | 賦戚夫人楚舞歌 | 4 4 4 4 4 2 2 4 2 4<br>－ ｜ － ｜ － ｜ － |
| | 馴鴿篇 | 4 4 4 2 4<br>－ ｜ － ｜ －① |

---

　①　王重民：《補全唐詩》，《全唐詩外編》上册，第 23 頁。押韻處有缺字，按推測而定。恐有誤。

上表所列 81 首中,韻腳平仄互遞完全規則化者 42 首,有一次違例者 33 首,明顯違例者僅 6 首。另外,全部四句一轉的共 17 首,其中 12 首韻腳平仄互遞,4 首一次違例,1 首明顯違例。爲了進一步考察句中的平仄關係,特録張説《時鳥樂篇》,以窺全豹。

舊傳南海出靈禽,時樂名聞不可尋;
形貌乍同鸚鵡類,精神別稟鳳凰心。
— | | — — | | 　 — — | | | — —

千年待聖方輕舉,萬里呈才無伴侶;
紅葺糅繡好毛衣,清冷謳鴉好言語。
— — | | | — — 　 — | — | | — |

内人試取御衣牽,啄手暝聲不許前;
心願陽烏恒保日,志嫌陰鶴欲淩天。
— | — — — | | 　 | | — — | — —

天情玩訝良無已,察圖果見祥經裏;
本持符瑞驗明王,還用文章比君子。
| — — | — — | 　 | — | — | — |

自憐弱羽詎堪珍,喜示華篇來示人;
人見嚶嚶報恩鳥,多慚碌碌具官臣。
— | — — | — | 　 — — | | | — —

這是一首典型的歌行正調,除了具備南朝陳代歌行的基本特徵外,平仄協調,則爲其所望塵莫及。此外,還可以看出,轉韻次數明顯增多,此詩轉韻四次,超過任何一首陳代四句一轉的歌行詩,但在唐代尚屬次數最少的篇章之一,最多的如駱賓王《代女道士王靈妃贈道士李榮》竟達 25 次之多,總的來説,轉韻四次以下的僅 18 首,占總數的 22%。這一點只要查閱一下簡表便一目了然。其次,此詩有兩處運用頂真手法,其中一處在轉韻處,雖不夠典型,但也是陳代歌行所缺乏的,運用得較多的,如盧照鄰《長安古意》,共六次用頂真手法,這一現象在唐代歌行中也是普遍的。

可以説,南北朝時期是七言歌行發展的第一階段。陳末初步定型的歌行體,主要包括兩個因素:一是七言齊言,首句入韻,隔句押韻,四句一轉韻,平仄互遞;二是四句之中,兩散兩駢。唐初歌行,猛然增入兩個新的因素:轉韻次數增繁(亦即篇幅增長)和偶句律化。這樣,原有的體制承受不了充實、膨脹了的内涵,發生變異,主要體現在兩個方面:一是平仄互遞大致不差,但句式淩亂,四句一轉外,夾入二、六、八句一轉的句式,如王盧駱等人作品;二是句式十分整齊,全爲四句一單元,但平仄轉遞淩雜無章,僅僅反映出作者尚有平仄互換之意識而已,如李嶠《汾陰行》等。當然,也有兩方面弱點都比較明顯的,如劉希夷《代悲白頭翁》,簡直可算"違例"了。然而,這一切都只是事物運動過程中必然出現的中間環節,隨着詩人歌行創作技巧越加熟練,與歌行相聯繫的律詩越加成熟,那些本來向着各自方向運動的諸多因素,逐漸合流,形成了一種新體制,就是歷代注目的歌行正調,唐人終於完成了由整齊向淩亂轉化,淩亂再向新的整齊復歸的運動過程。

沈佺期的《七夕曝衣篇》就透出了這一重新組合的資訊。沈宋同時且齊名,但宋之問無類似作品,大約與沈佺期擅長七律有關。沈氏之後,張若虛、盧僎、張説、王泠然等人,都創作了一些歌行正調。如果我們將尺度稍稍放寬,以四句一轉爲主體,同時注重平仄互遞,駢數相間,那麼,初盛唐之交詩人所作歌行,幾乎都"合格"(歌行體本身無"定格",但在長期創作過程中,形成了一個約定俗成的體貌)。其實,也並非尺度寬嚴的問題,唐代詩人是充滿自信的,他們既繼承六朝技巧,又有新變革、發展;他們的創作,既有法度,又不屑爲法度所限,因而使得歌行正調有着共同遵守的大致規則,又允許稍加變通,不致僵化,使之成爲介乎格律詩和古詩之間的一種獨特形式。

開天年間,王、李、高、岑均以歌行擅長,後來四人齊名,主要是這類詩。然而,在他們手中,以及在盛唐諸公手中,尤其李、杜筆下,七言古詩的創作又產生了新的變異,呈現出五色繽紛的局面,這些,只能另文論述了。

瞭解了七言歌行的形成過程,我們可以來探索其發展淵源了。辨證法承認事物之間有着普遍的聯繫,並認爲,事物的高級形式總是包孕着低級的形式,複雜的事物往往有多種簡單因素互相撞擊、融合而成的。基於這些認識,我們來剖析七言歌行的若干來源。

首先,句式上來源於七言古詩。每個單元的機制,來源於音樂上的四句一解。這些,已由上文論及。

其次,韻腳的頻繁轉遞,源於六朝小賦。賦的篇幅較長,換韻頻繁是常見的,從漢代到六朝,少有例外。但六朝後期的賦作,出現兩種新的情況,一是明顯的詩歌化傾向,除了傳統的四六句外,還夾用五七言句,尤以七言爲多。如庾信《春賦》,以八句七言開篇,中間以駢四儷六爲主,但也間夾五、七言,末則以四句七言作結。所以《六朝文箋注》評曰:"梁簡文帝集中有《晚春賦》,元帝集有《春賦》,賦中多有類七言詩者,唐王勃、駱賓王亦嘗爲之,云效庾體。"(卷一庾信《春賦》題解)另一點,前人尚少注意,六朝後期小賦的韻腳轉換逐漸趨於平仄互遞,庾信《春賦》轉韻八次,爲平仄平仄平仄平平平。這些都明顯表現出詩賦之間互相聯繫,互爲吸收的趨勢,另外,唐人又往往將詩與賦合而論之,皎然《詩式》講到交絡對和當句對,都舉賦爲例,且稱之爲"賦詩",即爲明證。另,敦煌寫本(伯三六一九)有劉希夷《死馬賦》,是一首典型的七言歌行詩,但敦煌寫本稱"賦"而不稱詩,亦可見詩賦合論之時俗。因此,初唐諸公不僅在賦的創作中仿效庾體,在歌行創作上,亦借這一手法,造成頻頻轉韻的新格局。

再次,在詩句的平仄調配上,則源於新起之律詩。律詩的格律要素有兩大項,一爲對仗,二爲調平仄。對仗問題較簡單,所以六朝"新詩體"對仗大多工穩,反映在歌行中,出現了兩散兩駢句式。然而平仄調配,就不那麼簡單了,這一困難,歷史地留給了唐人,初唐四傑手中,五律趨於定型,所以歌行偶句也能大致入律,至少做到"二、四、六分明。"沈佺期後,隨着七律的不斷成熟,歌行律句的調配也更自如,終於復歸到陳末兩散兩駢句型。

又次,各單元的蟬聯,則吸收了六朝民歌的頂真手法。

這些因素熔鑄一爐,鍛煉出一種全新的體制,形成獨具風采的七言歌行。這種詩體具有言辭流暢,語句優美,音節和諧,富有節奏感,易於上口成誦的特點,在唐代詩歌史,乃至中國詩歌史上,放射出奪目異彩。

原載於《上海師範大學學報》1990 年第 3 期
(王從仁,上海師範大學人文學院中文系副教授)

# 宋代史料整理二題

## 鄧小南

　　歷史學是一門啓人心智的學問。它對我們的吸引力，是與它所面臨的挑戰緊密聯繫在一起的。歷史學所仰賴、所辨析的豐富材料，所關注、所回應的特有議題，是我們終生面對、盡心處理的對象。①

　　史學領域中新議題與新研究的出現，有賴於史料範圍的不斷開拓。85 年前，陳寅恪先生在《陳垣〈敦煌劫餘録〉序》中，即指出新材料與新問題對於"一時代之學術"的重要意義。與中古其他時代相較，宋代存世文獻尚稱豐富，而新發現的材料不多，足以撼動既有認識的材料更少。儘管有考古學界的長期關注和宋史學者的不斷跟蹤，但出土材料的發現，畢竟仍屬可遇不可求之事。

　　宋史學者日常所見材料，有許多是來自"坊間通行本"的。嚴耕望先生曾經説："真正高明的研究者，是要能從人人看得到、人人已閱讀過的舊的普通史料中研究出新的成果。"②這些材料經過深度的整理研究，有了新的視域、新的方向、新的問題點，即可能"啓動"許多以往不曾措意的内容，從中領悟到新的認識。

　　對於宋代出土材料和常用史籍的整理與研究，近年裏取得了不少進展。僅舉突出的兩例：就出土的文書類材料而言，浙江武義南宋時期徐謂禮文書的出土，特別是 2012 年包偉民、鄭嘉勵領軍對於這批文書的高水準整理，③爲學界開啓了新的"議題群"，提供了深化研究的依據。就宋

---

　　①　參見拙作《永遠的挑戰：略談歷史研究中的材料與議題》，載《史學月刊》2009年第 1 期。

　　②　嚴耕望：《治史經驗談》，臺北商務印書館 1988 年版，26—30 頁。

　　③　包偉民、鄭嘉勵主編：《武義南宋徐謂禮文書》，中華書局 2012 年版。

史界熟悉的文獻史料而言,《宋會要輯稿》的再度整理,爲學界提供了方便,更引發出對於這類基礎史料本身深入認識的可能。①

一

近些年學界注意到的宋代行政文書類材料,包括法令彙編、地方軍政文書、公牘之類,相對集中的有天聖令、西北邊境軍政文書以及宋人佚簡等。這些材料被發現後,受到唐宋史學者廣泛重視,從整理到研究,都有高品質的成果呈現。

傳世文獻中有許多涉及行政文書的内容,但對於文書流程的記載通常並非直接。政令文書的流程是政治秩序的體現,反映著權力的樞紐點、制度的環節與政令的流向,從中得以觀察帝國時期行政網絡的運行方式、官員關係網絡的結構方式。當年留下的有關行政運作程式的書法卷帙和出土文書,使我們有機會從制度演進的角度,討論從唐朝、五代,經過北宋直至南宋的制度設計、行政規程與實施中的具體情形。

徐謂禮文書,基本是圍繞官員個人的個案材料,就其涉及内容、篇幅規模而言,自然遠不能與敦煌吐魯番文書等材料相比;但它是目前所見最爲詳盡的中古官員個人仕履資料,在制度史上有其特殊價值。該文書的面世,爲宋史學界開啓了一扇重要的窗扉,提醒我們追蹤新的材料,也使我們得以提出並且思考新的問題。

這批文書的發現,充滿了偶然性。但偶然中也有自然。仕途是官員的命運所係,官宦身份是其一生成敗的重要證明。就今見唐宋時期的材料來看,以不同形式保留仕履記録(尤其是官告),可能是當時普遍的做法。唐代西北、宋代東南,都不乏例證。研究者曾經指出,唐代有以正式告身文本隨葬者,也有家人在臨葬時抄録死者告身原件用以附葬者;不同

① 參見陳智超《〈宋會要〉的利用與整理》,載《文獻》1995 年 3 期;《關於〈新輯宋會要〉整理本的説明》,見中國社會科學院歷史所隋唐宋遼金元研究室編《隋唐遼宋金元史論叢》第五輯,上海古籍出版社 2015 年版,第 240 頁。另可參看李曉東、危兆蓋等《〈宋會要輯稿〉校點本出版》,載《光明日報》2014 年 10 月 10 日 7 版;孫昊:《宋史專家探討'〈宋會要〉的復原、校勘與研究'》,載《光明日報》2015 年 2 月 25 日 14 版。

地區發現的唐代隨葬告身抄件，有紙本，亦有石質。① 甚至有研究者認爲，"隨葬告身抄件實爲唐代喪葬的一項制度"。② 南宋張孝祥《于湖居士文集》後附 8 份官告、1 份敕黄，③楊萬里《誠齋集》附有其"歷官告詞"31份。④ 陳康伯、方逢辰等人的文集，都是其後裔編成，⑤其中也保存有他們任官南宋時的敕牒、告身。徐謂禮是南宋中後期衆多官僚中的一員。正是由於其身份、事歷平常，因而具有充分的代表性。其歷官文書，是成千上萬中下層官員履歷記録的代表。官告、敕黄、印紙等材料備份"録白"，承載着官員(包括已逝官員)的精神寄托，鮮活體現出當時官僚社會的特色，也反映着時人的社會文化心理。這些告敕無論是珍存於家中、附着於集内，還是隨葬於墓中，都體現着官員本人及其家屬的理念，體現着他們對於仕宦身份證明的重視；而不同之處是，文集中的告身等材料，皆無程式，無簽署，對於實際流程的質證意義，遠遠不及文書實物。對研究者來説，保留完整的徐謂禮文書無疑是珍貴的制度史資料。

整整 30 年前，我自己的碩士論文選題主要針對宋代文官選任制度的研究。當時討論到宋代的磨勘敘遷、差遣除授、成資、年滿、待次、待闕等問題，也涉及宋代考核官員的印紙批書。寫作時依據的材料，主要來自官

---

① 例如，敦煌莫高窟北區 B47 窟發現的唐代□文楚瘞窟，出土有隨葬告身，B48窟也出土了《武周萬歲通天某年勳告》；吐魯番發現的唐代墓葬中，也有若干隨墓主人附葬的告身。參見榮新江書評《敦煌莫高窟北區石窟》第一卷，載《敦煌研究》2000 年第 4 期，第 178—180 頁；陳國燦：《莫高窟北區第 47 窟新出唐告身文書研究》，載《敦煌研究》2001 年第 3 期，第 83—89 頁；徐暢：《存世唐代告身及其相關研究述略》，載《中國史研究動態》2012 年第 3 期；王静、沈睿文：《唐墓埋葬告身的等級問題》，載《北京大學學報》2013 年第 4 期，第 35—41 頁；趙振華：《談武周苑嘉賓墓誌及告身——以新見石刻材料爲中心》，載《唐史論叢》2013 年第 2 期，第 186—205 頁。

② 王静、沈睿文：《唐墓埋葬告身的等級問題》，載《北京大學學報》2013 年第 4期，第 35 頁。

③ 四部叢刊本《于湖居士文集》前，有自稱其"門下士"的謝堯仁及孝祥弟孝伯作於嘉泰元年(1201)之序。集後所附官告及敕黄，儘管編入時間不詳，但無疑其家自南宋保留下來。

④ 《誠齋集》卷一三三《歷官告詞》，《四部叢刊》本。

⑤ 陳康伯文集爲其裔孫以范編次，士選參訂，成書應在明代中期。《四庫全書總目》卷一七四《陳文恭公集》提要中斥該書"無往而不僞"，但書中收録陳康伯任官告敕儘管錯訛雜糅，卻多有依據，應係陳氏家傳。另據四庫館臣，方逢辰《蛟峰文集》外集四卷，爲其七世從孫玉山知縣方中在明成化年間續輯，"凡逢辰歷官誥敕及酬贈詩文皆在焉"。其續輯資料，應來自南宋以來之家藏。

方文獻的記載。近年裏一些青年朋友關注文書制度,觀察官僚體系的運行方式,一直希望尋求"運行流程"的實物載體,不僅從正史文獻也從傳世的書法卷帙中探索制度的運行蹤迹。恰在此時,這批文書提供了難得的契機,使學界的認識有可能獲得實質性的突破。

徐謂禮的告身、敕黄、印紙録白,反映出南宋時期人事除授中文書檔案制度的成熟,也呈現出以往不爲人知的若干細節。通過這批文書,我們瞭解到當時相關制度運行的方式、程式、實態。這"實態"一方面是相當的程式化,體現出制度的異化,並非如想象般地"運行";另一方面也使我們藉以窺得制度的實際目標及其施行重點所在。

《武義南宋徐謂禮文書》面世後,引起了學界的積極反應。繼 2012 年 11 月召開國際性學術研討會之後,2013 年 4 月,中國人民大學歷史學院舉辦了"徐謂禮文書與宋代政務運行學術研討會";2014 年 7 月,在北京大學中國古代史研究中心與人民大學歷史學院聯合舉辦的"出土文獻與歷史研究: 7—13 世紀"博士生研讀班,也包括了有關徐謂禮文書的專題。我個人 2014 年春季在哈佛大學東亞系開設的《宋代文官選任與管理》( Personnel Administration of the Song Civil Service ) 課程以及 2015 年秋季在臺灣大學歷史系開設的《走向"活"的制度史》工作坊,也都涉及文書中的内容。

出土文書帶來了新研究的可能性,而將這可能變爲現實,要靠我們的切實努力。就徐謂禮文書而言,儘管其性質相對單一,而我們的研究要秉持多面向、重綜合、廣格局、深追問的原則。

所謂"多面向",主要是指觀察與研究的切入點、着眼點。首先,傳統史學應該與田野考古工作相結合。如鄭嘉勵所説,文書是墓葬整體的組成部分,要結合南宋時期的墓葬理念、墓葬格局、墓葬形制,觀察文書材料在特定墓葬隨葬品"序列"中的原始位置。作爲我們的研究着眼點,是要把特定材料"嵌入"歷史現場,[①]力求還原其本初"意義"。其次,議題要充分拉開,要對文書進行多角度的觀察。目前對於官告、省劄、薦舉、考核的研究,對於給舍封駁、簽署花押的研究,對於地方行政、發運司的研究,對

---

① 例如出自敦煌的張君義告身、公驗抄件等,據張大千跋語説,發現時包裹着削去頭頂骨的人頭與殘肢,裝在同一麻布袋之中( 參見王三慶《敦煌研究院藏品張大千先生題署的〈景雲二年張君義告身〉》,載《敦煌學》第十八輯,1992 年)。此類特別狀況與墓葬中的常見情形,文書出土環境,都值得特別注意。

於公文處理乃至書手書法的研究等,延伸出多方面的認識,挣脱出論題單一的窠臼。另外,我們要充分利用"錄白"特點,關注文書類型、文書性質、文書内容、文書結構、文書形制,也關注"錄白"與原始文書的區别,這樣才可能形成更爲豐富的研究生長點。

所謂"重綜合",主要是指材料的綜合利用,相互發明。首先,要將出土文書與傳世文獻結合研究,形成不同來源的"材料組",彼此質疑印證,這樣才能改變我們慣用的設問方式,真正深化我們對於相關制度的瞭解。其次,要善於彙聚不同類型的散在材料,例如文字材料中的石刻材料、書法作品、宗譜族譜,以及非文字材料中的各類圖像、歷史遺迹、墓葬群等等,使我們對於文書自身及其制度文化背景、環境氛圍的認識相對綜合而非瑣碎"散在"。

所謂"廣格局",主要是指對於南宋整體的觀察與研究。"點"狀的研究本身並不意味着"碎片化",關鍵在於研究者心中是否有開廣的格局觀。就文書解讀而言,隨文釋義是重要的研究方式;而"義"之所在,不僅通過文書中的語彙字詞表述出來,也是經由充斥滲透其中的傾向、氣息體現出來。僅就文書討論文書,不是歷史學真正的出路。徐謂禮文書對我們而言,是思考的例證,是觀察的線索,而不是聚焦的終極。現有的知識結構對於文書理解有重要幫助,但不能拘泥於既有框架;要以文書實例來豐富以往的認識,挑戰以往的認識。要在以往認識的基礎上前行,走出以往認識的束縛,爭取形成對於宋代制度格局新的體悟。

所謂"深追問",是希望提醒我們這些制度史的研究者:善於提出問題,善於深化問題,是成功追索的關鍵。就學人普遍關注的印紙來説,徐謂禮時代的批書方式,可能比北宋規定細密,但從目前材料來看,從北宋中期到南宋中期,並非有實質性的區别。我們既不能僅依據文獻記載的條目規定,就認爲這一制度實施有效;也不能只看到運作現實與我們心目中的制度不符,就簡單認定爲"具文"。"具文"二字可能掩蓋着不少實質性的内容,我們不能停留於表淺層次的論斷,不能讓我們的研究淪作具文。真正的"研究",要繼續追問如何理解這"制度"本身:世上本没有不經實施而存在的"制度",也没有原原本本謹守規定的"實施"。就徐謂禮印紙批書中的考成文書而言,值得我們深思的是:這儘管異化卻有模有樣、代價不菲的做法,在當時究竟是爲了什麼。退一步講,即便如我們所批評的,當時某些做法是體制内"敷衍"的産物,甚至是各級人事部門對朝廷規定陽奉陰違的表現;我們也很難認爲宋廷的行政官員、"行家裏手"們根本不瞭解這類情形。因此，仍然需要追問：這種循規蹈矩的"陽奉"，爲什麼會被認定有其意義；這種顯而易見的"陰違"，爲什麼會被長期容忍。這些問題，都牽涉對於印紙性質以及"制度"本身的真正理解。

二

2014—2015 年在宋代基本史料建設方面的另一大事，是對《宋會要輯稿》的整理工作有了可喜的進展。衆所周知，《宋會要輯稿》稱得上宋代史料之淵藪，被所有宋史學者視爲"看家"的重量級史籍。先父鄧廣銘在其自傳中曾經説，抗戰期間他到昆明不久，在傅斯年先生的强烈建議下，用自己的全部月薪購置了《輯本宋會要稿》，從此"把研治宋史的專業思想鞏固下來"。① 這也從一個側面證明了《輯稿》對於宋史學人的意義。

由於《輯稿》在輯録、流傳、整理過程中的坎坷身世，一方面使其受到許多關注，輾轉整理者不乏其人；另一方面因其部頭太大，内容紛繁，甚至蒙罩着不少謎團，長期以來整理研究被視爲畏途，工作難以到位。研究者對於這一重要史籍的閲讀利用，感覺諸多不便，學界一直期待嚴肅可靠的校點整理本問世。

20 世紀 80 年代前期，中國社會科學院歷史所即着手進行《宋會要輯稿》的整理準備工作。1988 年，陳智超先生整理的《宋會要輯稿補編》面世。2001 年，《宋會要輯稿·崇儒》在王雲海先生指導下點校出版。2008年，上海人民出版社出版了 U 盤版的《宋會要輯稿》資料庫，可惜並未全面整理。多年前，四川大學古籍所與哈佛大學、臺灣中研院史語所合作，完成了《宋會要輯稿》的校點工作，邁出了關鍵的一步。該電子版經臺灣大學王德毅先生加工修訂，納入臺灣中研院漢籍全文資料庫，登上了海外學術網絡，而當時國内學者卻無緣直接使用，無疑是一大憾事。經過川大古籍所與上海古籍出版社傾力合作，2014 年終於貢獻出水準上乘的《宋會要輯稿》校點本。在喧囂擾攘的時代裏，能夠致力於古籍整理研究，沉潛於校正糾謬，可以説是造福學界的"良心活"。這項工作不僅是比對整理，而且滲透着學術研究的心得。只有在此基礎之上，才有可能鑒别文本、移正錯簡、添補缺漏、改正行款。多年整理過程中的甘苦和崎嶇，非他

① 鄧廣銘：《自傳》，見《鄧廣銘學術論著自選集》，首都師範大學出版社 1994年版。

人所能想象。

2015年，社科院歷史所由陳智超先生領銜，啓動了"《宋會要》的復原、校勘與研究"工作，爭取整理出一部盡可能符合《宋會要》原貌的《（新輯）宋會要》。這一課題的起步點，建立在剥繭抽絲、回溯源流的基礎上。二十年前，陳智超先生在《揭開〈宋會要〉之謎》一書的出版序言中説："（歷史的）真相並不一定很複雜。但是，人們認識歷史真相的過程卻非常複雜，並且永遠不可能完成。這個過程，也就是一層一層地撥開當事人以及後人有意無意地所加的種種迷霧的過程。"①下決心進行這樣一項探索性的整理工作，無疑需要學術的眼光與切實的步驟。

課題組提出的基本目標是："體例適當、類目清晰、内容完整、接近原貌、便於利用。"這一任務，顯然十分艱巨。復原工作是專案的核心，可能也是將來爭議集中之處。這裏面臨的問題首先是：要"復原"什麽？或者説，復原的對象或曰標靶是什麽？《永樂大典》中的《宋會要》，顯然並非宋代原有書名；這是自後人角度回頭去看，取定的一個集合式名稱。《輯稿》是自《永樂大典》中輯出，卻具有與其他輯出著述非常不同的特點。例如，同樣自《永樂大典》輯出的《續資治通鑑長編》，因"《永樂大典》'宋'字韻中備録斯編"，②内容相對集中，且因系編年體例而易於整理編排。《宋會要》則限於《永樂大典》以韻統字、以字繫事的體例，分散收録在《大典》諸多不同的字韻事目中，加以其原有體例並非清晰確定，因而編排復原頗爲不易。

如果我們承認《永樂大典》收録的《宋會要》是"集合式"的材料群組，就需要分解辨析，先把所謂《宋會要》及其編纂方式看透，把《永樂大典》的收録方式厘清，才有可能接近其"原貌"。考慮到宋代的修史方式，《會要》作爲當時的官方檔案，是分階段編修的。兩宋儘管一直在纂修《會要》，卻没有一部貫通前後的、嚴格意義上完整一體的本朝《會要》。北宋三部《國朝會要》基本延續連通；而南宋則大多側重於特定階段的内容，即所謂"斷朝爲書"，只有張從祖《（嘉定）國朝會要》和李心傳《十三朝會要》（《國朝會要總類》）是相對通貫的。《（嘉定）國朝會要》"自國初至孝廟"，③淳熙七年（1180）啓動，其實截至乾道；《十三朝會要》應至寧宗朝。

① 陳智超：《揭開〈宋會要〉之謎》，社會科學文獻出版社1995年版，第2頁。
② 《〈續資治通鑑長編〉提要》，文淵閣《四庫全書》本。
③ 王應麟：《玉海》卷五一《嘉定國朝會要》。

這兩部《會要》，都是在前修《會要》基礎上"纂輯"而成。也就是説，宋代的《會要》，南宋時没有經過"定於一尊"的全面整合重修。其後的元代也未做此工作。換言之，《宋會要》本來並不是完整的"一部"書，它不同於《唐會要》、《五代會要》，不是總成於一時；即便説到"原本"，其原始狀態本來也是編纂疊加甚至重復參互的。從這個意義上説，"復原"的對象或曰標的，本身即是值得厘清的問題。就大衆普遍的認識和預期而言，可以説是"復原《宋會要》"；而就學者切實的目標而言，應該是進行有關宋朝《會要》的綜合研究，在此基礎上整編一部結構序次相對合理、相對接近宋代原貌的《新輯宋會要》。

這顯然不是一項容易奏效的工作。就個人感覺而言，陳智超先生在《解開〈宋會要〉之謎》一書中提出的"合訂本"概念，可能是解題與新輯的關鍵。如若《永樂大典》收録的是南宋後期秘書省整編的合訂本，則意味着它並非文獻記載的十六種宋代《會要》中的任何一部。宋人對於《國朝會要》的重視，首先因爲其中提供了本朝的制度依據，如高宗趙構所説，"《會要》乃祖宗故事之總轄"。① 當年需要"合訂本"，其益處正在於内容會聚相對完備，便於查檢、徵引。時至今日，若能爭取在合訂本的意義上，盡可能集中、充分地保留整理有序的材料，對學人利用這部史料將有重要的幫助。正如陳先生所説："如果我們也採用合訂本的辦法，將每一門的内容按順序排列，對今後的研究者來説已經足夠了。"②

宋代的合訂本，應該是"將各部《會要》的同一門按順序編在一起"。根據現存材料來看，當時没有打亂原來各門内在的順序，没有把不同《會要》記載的事件重新混編敘述；而可能是將不同《會要》中同一門的内容"疊加"式地抄録在一起（按照門類，抄録了一部内容再抄一部内容。完全重複者，則有删削）。也就是説，在各"門"之下的大單元中會有來自不同《會要》的若干小單元。這樣，也就不難解釋，爲什麽《宋會要輯稿》中同一性質的内容會有不同的概括敘述，而且會分散"剪貼"在不同部分。針對這種情形，本次編纂時"内容相近者兩存或多存"，是合理的做法。

《宋會要》的深度整理，如陳先生指出，問題的複雜在於構成的複雜。"類"與"門"，是宋朝《會要》結構性的體現方式。"復原"和"新輯"的入手處，首先在於類和門的把握，這相當於從目録到全文的"繩套""綱目"

---

① 李心傳：《建炎以來繫年要録》卷一八八，紹興三十一年正月庚寅條。
② 陳智超：《解開〈宋會要〉之謎》，第 91 頁。

"關節點",值得下足工夫。各部《會要》雖然内容不同,但在編輯時分類分門的方式,有一些前代規制,形成一些基本做法,有其脈絡可尋。把握住類和門的分疏與層次,新輯《會要》的規模和輪廓才能有所保證。

目前,《宋會要》中《職官類·中書門下門》《崇儒類·太學門》以及《道釋類》的復原與校勘,已經在中國社會科學院歷史所隋唐宋遼金元研究室編《隋唐遼宋金元史論叢》第五輯刊出,①作爲課題組的首批成果,呈獻給學界。

新近出土的徐謂禮文書和學界熟悉常用的《宋會要輯稿》,是不同類型的兩種史料。而其共同處在於,内容都與宋代的制度現實相關,牽涉面複雜,要肯於下硬碰硬的功夫,才可能有高品質的整理成果。

出土文書及傳世文獻的整理,並非僅靠"工匠"式的勞作所能奏效,這是對我們知識結構與既有能力的挑戰。從這個意義上看,整理和研究二者,實在無法切開。《武義南宋徐謂禮文書》的整理出版,讓學界有機會更爲貼近歷史現實,也讓我們得以從語彙釋義、句讀、結構分析、制度比較諸方面進行基礎性訓練,累積制度史研究的底氣。相形之下,《宋會要輯稿》的校點與深度整理,更是壓力重大的"工程"。課題既是爲學界提供方便,也是要通過集體協作,通過反復比對追索,來鍛煉學術人才,提升研究水準。在這一過程中,培養磨煉出善於發現問題、善於步步緊逼解決問題的中青年團隊,應該是不容回避的任務。

這些年來,海内外學人對於宋代基本史料愈益重視,包括《宋會要輯稿》、《天聖令》、《名公書判清明集》、官箴書、地方志、石刻史料乃至出土文書等等的研讀課、工作坊愈益普遍。從基本訓練開始,夯實基礎,應該是我們不斷努力的方向。就制度史研究而言,所謂的"活",絕非浮泛飄忽,只有肯下"死"功夫,把根基扎在各類材料的沃土中,才能"活"得了。如果我們能夠抓住機會,認真而非敷衍地對待面前的諸多史料,宋史學界希望可期。

原載於《唐宋歷史評論》第二輯,社會科學文獻出版社 2016 年版
（鄧小南,北京大學歷史系教授）

---

① 《隋唐遼宋金元史論叢》第五輯,上海古籍出版社 2015 年版,第 240—343 頁。

# 有關戴震研究的學術史<sup>*</sup>

葛兆光

## 引言：思想史中的人物研究

上次我們討論《明儒學案·南中學案》，主要是討論思想史的歷史背景應該怎樣重建和敘述，這次我們討論戴震，想換個方式，來討論思想史中個別精英人物應當怎樣研究。過去，我曾經批評說，思想史裏面總是以人物（或著述）爲單位，大的一章，小的一節，再小的幾個人合一節。這種思想史寫法的問題是：第一，**在安排章節上面就顯示了價值判斷，這個人物，占一章的很重要，占一節的較次要，合了好幾個人才占一節的，當然就不那麽重要**。如果，過去只是一節，現在變成一章的人物，就說明他在思想史中的地位越來越重要，像王充、范縝、吕才的地位，在唯物主義歷史觀主脈絡裏面，就開始升級，這就暗示給讀者一個意思，好像評勞模等級或者學術評獎，有一二三等，表示思想史表彰的程度。第二，**由於以人物爲單位，淡化了"歷史"的縱（思想連續脈絡）橫（同時代人的聲音）面，即突出了個人，而忽略了環境**。比如，講某人的思想史意義，可能就會出現這樣的毛病，當你只看這一個的時候，好像他很了不起，"愛屋及烏"是很容易犯的毛病，好像俗話裏說的，"丈母娘看女婿，越看越歡喜"。可是，你要是把他擺在同時代歷史背景和群體活動裏面，也許他也就是作爲背景的合唱團裏的一個隊員而已。第三，**因爲能夠上榜的都是顯赫的人物，所**

---

    \* 這是我近十幾年來在清華大學和復旦大學給碩士研究生上"中國學術史專題研究"課程中的一份録音稿，感謝聽課的研究生們幫我録入，因爲是録音稿，保留了一些口語，但發表前我做了很多補充和修訂。此次，謹以這篇小文祝賀嚴佐之教授、劉永翔教授榮休。

以作爲合唱的、背景的聲音,就是丸山真男説的"執拗低音",就容易被忽略。我一直建議要寫"一般知識思想和信仰世界",作爲精英的背景和土壤,但是,這種以人物爲主的寫法,很難讓我們寫好這樣的思想史著作。

不過話説回來,並不是説這樣的寫法没有意義,對於個别人物的研究,尤其是作爲思想史關鍵和樞紐的那些人物,他的生平、交往、教育經歷、思想形成與著作傳播的研究,還是很有必要的,過去像南京大學,就有以思想家人物傳記爲中心的研究群體。可是,思想史裏的人物研究,究竟應當怎麼研究? 現在的研究方法有没有問題呢?

今天,我就以戴震這個清代學術史和思想史上最重要人物的研究爲例,討論一下思想史裏面人物研究的方法。

## 一、同時代人關於戴震的記憶和理解

我們知道戴震(1724—1777)是清代中葉徽州籍的讀書人,也是當時最著名的學者,通常學界討論到戴震,都是把他放在乾隆時代的學術史和思想史中來看的,**一般都會强調以下兩個方面**。

**一方面,學術史研究會把他視爲乾嘉考據學潮流的中堅力量,會突出地討論他考據學的成就及其創造性的方法**。大家知道,他參與整理過《四庫全書》,校過《水經注》,他是考據學裏面所謂"皖派"的領袖,影響很大。首先,他對從字音求字義的小學方法影響了金壇段玉裁(有《六書音韻表》),影響了高郵王念孫、王引之父子(有《廣雅疏證》《經傳釋辭》);其次,他對禮制的重視(他考證過"明堂""辟雍""靈臺",也研究過《考工記》),影響了後來的凌廷堪(如《復禮》中"以禮代理"的觀念);再次,他對天文地理數學的研究(如他有《勾股割圓記》《續天文略》),影響了後來的焦循等人。

**另一方面,思想史研究則把他放在官方以程朱理學爲意識形態的思想史背景下,突出地討論他對程朱理學的批判意義**。比如,我們會講他通過歷史語言學的路徑,以字詞訓詁和還原古義的方式,批評宋代理學對"性命理氣"等的解釋(如他的《原善》《孟子字義疏證》),影響了阮元(如《性命古訓》)、孫星衍(如《原性篇》)、焦循(如《性善解》)等,確認他是清代乾隆時代對於宋明理學批判的中心人物,並從此開啓了後來的啓蒙思潮,並且把他的思想看成是後來有現代意義思想的來源之一。

不過,這個學術史和思想史上的**"戴震"**印象,究竟是怎麼來的? 有哪些值得注意的變化呢？我們還是要通過重新回顧歷史的方法，或者換一個時髦說法，在"知識系譜學"的意義上，討論這個"戴震"印象的形成，這就是通常說的"戴震學"。研究清代學術史和思想史，爲什麼要重新討論"戴震"印象呢？ 我覺得，這是因爲：第一，我們現在研究戴震的時候，其實已經接受了很多前人的說法，這一層層的說法，好像是在眼睛上戴眼鏡，眼鏡上又蒙上了層層有色玻璃紙，所以，未必是原來"乾隆時代"的"戴震"的學術和思想，要真正瞭解他，需要一層層剝離這些玻璃紙，讓我們的眼睛盡可能直接看當時的戴震；第二，這一層層的玻璃紙是怎麼蒙上去的？ 它們一層層的遮蔽本身的歷史，也構成了另一種學術和思想史的資料，就是說，不同時代、不同學者、不同說法層累地構成了"戴震學"，這本身就是在戴震研究上所表現出來的"學術史"和"思想史"。

今天我們關於"戴震學"的討論，要簡單地討論一百多年來王國維、劉師培、章太炎、梁啓超和胡適的研究。不過，他們這些研究和論述，無論是以民族主義立場的，還是哲學解釋的，還是啓蒙性歷史追溯的，基本上屬**於"現代戴震學"**。而在這些現代解釋之前，就是從戴震乾隆四十二年（1777）去世以後，還有一個長達 100 多年的同時代人和後輩學人的戴震回憶在前面，從王國維到胡適的戴震研究，用的都是他們提供的資料，顯然也會受到他們提供的戴震印象的影響。比如：

1. 洪榜（1744—1779）的《戴先生行狀》。① 這是一篇很可靠的戴震傳記，因爲它是戴震去世後一個月時寫的。大家要注意，他對於戴震學術形象的描述有兩個重點：**一是他有意強調，戴震年輕時就質疑過朱熹關於《大學》的說法，這是爲了後面突出地強調《原善》論性理歸六經而作的鋪墊，在這裏塑造的是一個"反宋學"的漢學家形象；二是他同時強調，戴震"每一字必求其義"，因爲"經之至者道也，明道者其辭也"，一方面要通過字詞訓詁理解古代經典，一方面要"綜其全而核之"，所以他很博學，包括天文、曆算、推步、鳥獸、蟲魚、草木，甚至山川、疆域、州鎮等，就是強調考據學的博學家的意義**。這是戴震同時代人對戴震的理解和回憶，也是後來很多戴震印象的來源和基礎。②

① 收入《初堂遺稿》中，亦收入《戴震文集》（中華書局 1980 年版）"附錄"中，第 251—260 頁。

② 洪榜與朱筠有一篇討論這篇《行狀》及戴震之學的書信，相當重要，收於江藩《漢學師承記》卷六《洪榜傳》內，參見漆永祥《漢學師承記箋釋》，上海古籍出版社 2006 年版，第 622—626 頁。

2. 段玉裁(1735—1815)《戴東原先生年譜》。① 這是一個戴震最信任的人的回憶,戴震在給他的信裏,曾説到和《與是仲明論學書》裏一樣的話,②就是要想理解"道"或者"理",一定要從字義到詞義,才能真正貫通,這是做學問最重要的途徑;而戴震在乾隆四十二年(1777)臨終前一個月(四月廿四日),又給段玉裁寫過信,明明白白告訴他,《孟子字義疏證》是他自己最重要的書,這部書是"正人心之要",也是對禍民的"理"的批判。③

所以,段玉裁和洪榜一樣,在年譜裏面突出的重點,也是:(1)戴震年輕時即質疑朱熹説的關於《大學》是孔子傳曾子,曾子傳門人,暗示了他的反程朱取向(第216頁),在乾隆三十一年的一條裏,他比洪榜更清楚地描述了《原善》和《孟子字義疏證》,強調了它們的意義是批評宋代理學家,不是六經孔孟的正道,"所謂理者,必求諸人情之無憾而後即安,不得謂性爲理"(第228頁)。而且在敍述戴震死後事時,又引其答彭紹升書,凸顯戴震反程朱、反佛教的一面(第240頁)。(2)在戴震的學術方面,他也同樣強調戴震對於古代經典的看法,引用他回答姚鼐的話説,是"徵之古而靡不條貫,合諸道爾不留餘議,巨細畢究,本末兼察"(第222頁),所以,一方面要"每一字必求其義",以《説文》之學爲根基,"由字以通其辭,由辭以通其道",一方面也強調要博學多識,説戴震對音韻、訓詁、名物、禮制無不精通,有很多著作。④

這確實是批判和瓦解宋代理學的途徑。但是,大家要注意,段玉裁是否真的覺得戴震是有意識地、自覺地徹底批判宋代理學的原則,要把人的欲望和情感從"理"中解放出來呢?未必,他在另外給《戴震文集》作序的時候就説到,戴震自己曾説過,《孟子字義疏證》一書最重要,因爲古往今來,都把"六書九數"當作大學問,卻"誤認轎夫爲轎中人",千萬別把我當作"轎夫",好像只會"六書九數"。這段話,章學誠《書朱陸篇後》在提及戴震《原善》的時候,反駁有人攻擊《原善》"空説義理,可以無作"的時候也引用過,説"訓詁、聲韻、天象、地理四者,如肩輿之隸",可見是真的。但是,這並不等於戴震不講"理",他只是覺得,把外在的、抽象的、嚴厲的

---

① 也收入《戴震文集》"附錄"中,第215—250頁。

② 《戴震文集》卷九,第139—141頁。

③ 《戴震全集》(黄山書社1995年版)第六册《與段茂堂等十一劄》第十劄"僕平生論述最大者,爲《孟子字義疏證》一書,此正人心之要,今人無論正邪,盡以意見誤名之曰理,而禍斯民,故《疏證》不得不作",第543頁。

④ 《戴震文集》"附錄",特別是第216、228、240、222頁。

"理"約束人，卻把真正的符合人性人情的"理"丟掉了，用現在的話講，就是把工具理性當作價值理性，用高調的天理去殺人。

所以，他並不一定反對宋代人所講的"理"，只是覺得，**第一，宋學的天理太嚴酷，不能相容人情；第二，宋代理學缺乏知識性的基礎，需要有嚴格的字辭知識爲依據；第三，真正真理的源頭，還是在古代六經。**——所以，段玉裁也並不見得是真的認爲戴震在反對專制皇權的政治意識形態，而是認爲，戴震是想超越宋學的籠罩，通過學術，重建這個社會的政治、倫理和思想秩序。所以，段玉裁在嘉慶十九年（1814）的時候給陳壽祺（陳壽祺也是一個大考據家）寫了一封信，其中就說，我看現在社會上的大毛病，就是拋棄了洛、閩、關學不講，反而說，這些學問是"庸腐"，可是，如果你不講這些，就沒有廉恥，氣節很差，政治也搞不好，"天下皆君子，而無真君子"，所以，他的結論倒是這個時代**"專訂漢學，不治宋學，乃真人心世道之憂"**。①

3. 接下來，對於戴震的思想學術，和洪榜、段玉裁說法最相近的，還有王昶（1725—1806）的《戴東原先生墓誌銘》等，②王昶說他"晚窺性與天道之傳，於老莊釋氏之說，辭而辟之"。不過，說得最清楚的，恐怕是章學誠（1738—1801）《文史通義》內篇卷三《朱陸》後附《書朱陸篇後》和凌廷堪（1757—1809）《校禮堂文集》卷三五《戴東原先生事略狀》，③他們對戴震學術與思想的解釋，溝通了批判理學和文獻考據，思想表達與知識依據兩方面，這給梁啓超和胡適的戴震解釋提供了基礎。④

4. 但是，對於戴震的理解，還有另外一個側重的面向。這來自錢大昕（1728—1804）《戴先生震傳》和余廷燦（1729—1798）《戴先生東原事略》。⑤錢大昕是當時最有影響和最有學問的學者，他的《戴震傳》裏面，強調的就是戴震識字、訓詁、博學、修地方志、參加《四庫全書》編纂等，他特別突出地表彰戴震考的考據學成就，比如考證《周易》《周禮》，研究古

---

① （清）陳壽祺：《左海文集》卷四《答段茂堂先生書》附錄。

② 原載王昶《春融堂集》，亦收入《戴震文集》"附錄"，第260—264頁。

③ （清）章學誠：《文史通義》（葉瑛：《文史通義校注》，中華書局1985年版）卷三，第274—277頁；凌廷堪：《戴東原先生事略狀》，載《校禮堂文集》（中華書局1998年版）卷三五，第312—317頁。

④ 凌廷堪《戴東原先生事略狀》中特意指出，人們往往把"故訓"和"義理"分開，其實這是不對的，因此戴震學術的意義，就在於"先求之於古六書九數，繼而求之於典章制度"，"既通其辭，始求其心"。《校禮堂文集》卷三五，第312頁。

⑤ 原載錢大昕《潛研堂文集》與余廷燦《存吾文集錄》，現均收入《戴震文集》"附錄"，第264—269、269—274頁。

代的明堂之制、勾股之學,校勘《水經注》等,但是,並不提他的《原善》和《孟子字義疏證》。余廷燦的《事略》也一樣,主要推崇戴震的曆算之學、考證《周禮》土圭之法、《考工記圖》、明堂、六書說和反切說、考證《水經注》等,這又凸顯了一個"作爲考據學家"的戴震形象。①

## 二、漢學還是宋學,考據學家還是哲學家,民族主義者還是啓蒙主義者? 戴震的研究史

關於"戴震學",前些年,臺灣東海大學的丘爲君教授寫了一部很好的著作《戴震學的形成》,②這部書第一次從學術史上去討論"戴震學"的知識系譜,可是,我總覺得還有一點點缺憾。**爲什麼有缺憾? 就是因爲他沒有專門和全面地清理"戴震"印象的形成史。**

過去,從現代的學術與思想的角度談戴震的意義,常常認爲這是從章太炎開始的。比如錢穆就說,"近儒首尊戴震,自太炎始"。這個說法很被人接受,像侯外廬《近代中國思想學說史》(生活書房 1947 年版)也說,自《檢論》和《訄書》中的《學隱》(1900)、《清儒》(1904),開啓了研究戴震的風氣。大概,丘爲君教授的這部書也接受了這個說法的。但這個說法是不是對呢? 恐怕一半是對的,一半是不對的。爲什麼? 說他對,章太炎的戴震論述確實比較早;說他不對,因爲現代戴震形象的真正塑造,卻未必是從他開始的。

我們回過頭來看一看資料。

1. 章太炎 1900 年《訄書》(初刻本)中有《學隱》,1904 年《訄書》(二刻修訂本)中增加《清儒》一篇,但這兩篇均僅對戴震的考據學作民族主義解釋。比如《學隱》中說,戴震"知中夏黝黯之不可爲,爲之無魚子蟣虱之勢足以藉手,士皆思偷愒禄仕久矣,……故教之漢學,絶其恢譎異謀,使(之)廢則中權,出則朝隱,如是足也"。所以,雖然戴震也是大師,但他的起點也是出於民族主義,而給無奈的士大夫找一個文獻學空間,讓士大夫有隱匿的場所。而 1904 年《清儒》一篇,也只是說戴震"治小學、禮經、算術、輿地,皆深通",他教了很多門生,影響了王念孫、段玉裁等人。

應該說,**這是章太炎早期對戴震的認識,顯然並没有深入到他的觀念**

---

① 又,任兆麟《有竹居集》卷一〇《戴東原墓表》(卷八又有《戴東原制義序》)。
② 丘爲君:《戴震學的形成》,(臺北) 聯經出版事業公司 2004 年版。

和思想上來，即使深入，也只是停留在民族主義的解釋上，在這個時候，戴震成了一個活在滿清帝國，卻始終堅持漢文化立場，用學術對抗政治的民族主義學者。

2. 真正開始以西方概念工具重新在現代哲學意義上解釋戴震的，是王國維，他也是在 1904 年，寫了一篇《國朝漢學派戴、阮二家之哲學説》。那個時候，王國維正好熱心於叔本華、尼采的哲學，覺得這種整體解釋宇宙和歷史的學問，很深刻也很系統，我想，這是一個來自西洋哲學世界的強烈刺激，這種刺激可以使學者對過去的資源進行"重組"，所以，他覺得清代三百年，雖然漢學發達，但是"龐雜破碎，無當於學"，找來找去，只有戴震和阮元兩個人的《原善》《孟子字義疏證》《性命古訓》才有一點"哲學"的意思，他評價説，這是"一方復活先秦古學，一方又加以新解釋"，重新討論孟子以來的"人性論"，建設心理學和倫理學。

可以看到，這顯然是在西方哲學背景下來看中國思想的。所謂人性論、心理學、倫理學，這些原本都是西方的東西。**新的概念工具，有時候看起來只是一些"詞語"，但是通過這些"詞語"去重新"命名"，會彰顯出歷史資料中另外一些過去不注意的意義。西洋哲學進入中國，就把過去的人物、著作、觀念，從"考據"與"義理"、"宋學"與"漢學"的解釋，轉移到哲學還是文獻學、傳統還是近代這個意義上來，另外給它賦予了意義。**王國維也是要在這個新尺碼下面，來給戴震加以新解釋的，所以他特別指出，戴震和宋儒最不一樣的地方，就是對"天理"和"人欲"的解釋：首先，宋代理學家是把"理義之性"和"氣質之性"分開，前者是"理"，後者是"欲"，所以，這種"理欲二元論"漸漸就擴大了理和欲、性和情之間的對立和緊張；其次，他又指出，戴震反對這種區分，指出"欲在性中，理在欲中"，他主張理欲、性情的"一元論"，而且承認"情"發之自然，"性固兼心知(性)與血氣(情)言之"，這樣就開始承認"人"的心靈中理性和感情的合理性，換句話説，就是承認"人"的自由的合理性。① 這就把原來戴震同

---

① 王國維《國朝漢學派戴、阮二家之哲學説》特別提到《戴東原集》卷八裏面另外一篇《讀易繫辭論性》，其中説道："有人物，於是有人物之性。人與物同有欲，欲也者，性之事也；人與物同有覺，覺也者，性之能也。"又提到阮元《研經室再續集》卷一《節性齋主人小像跋》指出，"性"一方面從"心"，包含了仁、義、禮、智，一方面從"生"，包含了味、臭、色、聲，所以應當對"性"和"情"有重新包容的觀念，這就在"性善"的基礎上，肯定了欲和覺的合理性。見《王國維全集》第一卷《静安文集》，浙江教育出版社、廣東教育出版社 2009 年版，第 96—104 頁。

代人對戴震認識中的反"理學"那一面給突出起來,並且提升到哲學上來了。

毫無疑問,**在 1904 年提出在西方哲學背景下重新解釋戴震思想,是一個很新的做法。我覺得,王國維在很多方面都是時代的先驅,這個時候,他使戴震成了一個"哲學家"**。但是要説明,王國維這個時代,對中國哲學史還没有一個貫通的、整體的脈絡,所以,他只是説,戴震恢復了古代北方哲學重實際的傳統,但中國哲學後來被南方、印度影響,成爲純理論哲學,專門討論"幽深玄遠"的問題,並不適合中國人。所以他的結論是,戴震和阮元"以其考證之眼,轉而攻究古代之性命道德之説,於是北方之哲學復明,而有復活之態"。這話對不對,要分兩方面來看,**一方面,我們要明白,王國維基本上是用西洋哲學觀念來看清代學術的,他説戴震是復活古學,這是爲了説明它淵源有自的合法性,可另一方面,王國維雖然説它是"漢學派",但没有特別去討論"漢學"在論證"理""性"等方面,有什麽特別的知識方法,只是籠統地説,它超越了宋學,回歸到古代。**

3. 更重要的,是劉師培 1905 年所作《東原學案》。[①] 你現在回頭看,應該承認劉師培這個人,很聰明也很敏感,他常常能短平快地提出好些問題來。在戴震的認識上,**他注意到戴震在學術史的"知識方法"和思想史的"觀念表達"之間,有很深刻的貫通意義。** 這是劉師培的聰明處,他説"(戴震的)《原善》《孟子字義疏證》最著",什麽原因呢?"蓋東原解'理'爲'分',確宗漢詁,復以'理'爲'同條共貫'也,故'理'字爲'公例'。較宋儒以渾全解'理'字者,迥不同矣,'理'在'欲'中,亦非宋儒可及",這篇論文很長,其中涉及的是:(1)以訓詁方式解釋"理",(2)"理"爲公例,(3)"理"在"欲"中。他認爲,戴震思想大致上以這三點最爲要緊。

雖然,劉師培在 1904 年 12 月在《警鐘日報》上發表的《近儒學案書目序》中已經論述到戴震,但那個時候,對於戴震的理解和説法,大體上接近章太炎。他雖然表彰戴震"宣導實學,以漢學之性理,易宋學之空言",但是,他還是把漢、宋對立看成是"實"和"空"的學風差異,所以,在《清儒得失論》裏面,他也還只是強調説,戴震"彰析名物,以類相求,參互考驗,而推曆審音,確與清廷立異"。看起來,這還是章太炎把漢學説成是"反清"的老調調,比如説,戴震的《聲韻考》是爲了破《康熙字典》啦,他的門下如王念孫等反和珅、輕名利啦等等,都還是從政治和民族角度來看戴震的。

---

① 《劉申叔遺書》下册,江蘇古籍出版社 1997 年影印本,第 1759 頁以下。

直到 1905 年的《東原學案序》，才超脫出來，站在更高的角度重新評價戴震，這就和王國維的評價大體一致了。而 1906 年作《戴震傳》，①劉師培更進一步評價戴震晚年所作的《原善》和《孟子字義疏證》的重大意義，是"窮究性理之本"，全面推翻了宋儒，使儒學回歸到孔孟。

劉師培的論述，其重要意義在於，**一是超越了 1900、1904 年章太炎式的反滿爲中心的漢族民族主義解釋；二是把戴震的著述重心，突出地轉移到思想領域，而不是政治領域或學術領域；三是把戴震的意義提升到了全面超越和批判道學，重新發現孔孟傳統。這等於重新書寫了思想史。**② 所以我要説，劉師培的論述相當關鍵，可是，這也許被學術史家們忽略了。③

4. 這裏又要提到章太炎了，雖然很多人像錢穆、侯外廬都覺得最先表彰戴震哲學的是章氏，但是，前面我們説了，從學術史和思想史的脈絡上看，有一點誤會。其實一直要到 1910 年，四十三歲的章太炎寫《釋戴》，④才開始討論到戴震對宋代理學的批判，不過，他依照慣性，還是要把戴震放在反抗滿清統治的立場上來。他認爲，清代皇帝"亦利洛、閩，刑爵無常，益以恣難"，生於雍正末年的戴震，一方面"自幼爲買販，轉運千里，復具知民生隱曲"，能夠體察民情，面對雍正以來，官方不以法律，總是"以洛、閩儒言以相稽"，使百姓"搖手觸禁"，所以，對理學有所批評。他還分析説，戴震是從下看上，希望約束皇權，解放民衆之心靈，在這個時候，他才提出戴震的思想和荀子很像，主旨**一是斥理崇法，二是批判以理殺人的正當化，三是提出理在欲中的一元論**。——我懷疑，這可能是受了王國維尤其是劉師培的影響，所以，在這篇文章裏面，他不再多説戴震的考據學，而是較多地討論戴震提出來的"理"的問題。不過，剛才説到，他仍然把重心轉移到反滿的民族主義論述基礎上來，凸顯戴震對"以理殺人"的批判，是對滿清政府的批判，譴責清廷利用宋代理學，使自己的專制

① 《劉申叔遺書》下冊，第 1821 頁以下。

② 他説："殆及晚年，窮究性理之本，先著《原善》三篇，以'性'爲主，以仁義禮爲性所生，顯之爲天，明之爲命，實之爲化，順之爲道，循之爲常，曰理合此數端，斯名爲善。……又作《孟子字義疏證》，以爲宋儒言性言理言道言才言誠言權言仁義禮智，皆非六經孔孟之言。"

③ 李帆《劉師培與中西學術》（北京師範大學出版社 2003 年版）已經指出這一點，第 177—179 頁。又，參看鄭師渠《晚清國粹派》，北京師範大學出版社 2000 年版，第 194 頁。

④ 先刊於《學林》第二冊，後收入《太炎文錄初編》卷一，收入《章太炎全集》，上海人民出版社 2014 年新版，第 122 頁。

控制合法化合理化。章太炎的戴震形象,仍然不太涉及思想史問題,倒是把它歸爲政治史,好像在進行歷史社會學的解釋,因此還没有進入戴震和近代"科學"和"民主"的關係的討論。

更有現代意味的學術史與思想史討論,我以爲,應當是從梁啓超和胡適開始的。

## 三、梁啓超和胡適：1920 年代對戴震的解釋

本來,在 1904 年爲《論中國學術思想變遷之大勢》補寫的"近世學術"一節裏,梁啓超(1873—1929)對戴震評價並不算太高,他説到戴震是考據學裏面"皖派"的開祖,主要在敍述他的考證成就,强調他"以識字爲求學第一義",雖然在末尾,他也提到了他的《孟子字義疏證》和《原善》"近于泰西近世所謂樂利主義者",但主要還是批評他,説"二百年來學者,記誦日博而廉恥日喪,戴氏其與有罪矣"。① 應當説,當時梁啓超對戴震並没有多少認識,他自己也承認,主要是根據章太炎的説法,覺得考據對人的思想自由有約束,所以,批判的意味就很重。但是,到了 1920 年寫《清代學術概論》的時候,態度大變,對戴震作了很高的評價,説《孟子字義疏證》"實三百年間最有價值之奇書也"。不過,就算是這樣,梁啓超的主要重心也還是把戴震放在考據學的"實事求是"的"科學脈絡"裏面講,强調的是他"不以人蔽己,不以己自蔽",是他不僅博學,而且既有識斷又能精審,當然這時,梁啓超也討論了《孟子字義疏證》"欲建設一戴震哲學",突出地表彰他批判宋代理學的意義,"欲以情感哲學代理性哲學"。② 因此,1923 年 10 月在籌備紀念戴震誕辰 200 周年紀念會時,50 歲的梁啓超在《戴東原生日二百年紀念會緣起》裏提出,要特別注意研究戴震的研究方法和哲學世界,並自己設計了研究戴震的八個課題,③第二年也就是

---

① 梁啓超:《中國學術思想變遷之大勢》,《飲冰室合集》第一册《文集之七》,中華書局影印本,第 93 頁。

② 梁啓超:《清代學術概論》,朱維錚:《梁啓超論清學史二種》,復旦大學出版社 1985 年版,第 35 頁。

③ 這八個課題是:(1)戴東原在學術史上的位置,(2)戴東原的時代及其小傳,(3)音韻訓詁的戴東原,(4)算學的戴東原,(5)戴東原的治學方法,(6)東原哲學及其批評,(7)東原著述考,(8)東原師友及弟子。見《飲冰室合集》第三册《文集之四十》,第 39 頁。

1924 年初,他發表了《戴東原先生傳》和《戴東原哲學》。①

在這兩篇論文裏面,他提出戴震的意義有兩方面,(一) **考據學領域:** 他説戴震之學的特點是:淹博、識斷和精審,而他的領域又在三個領域即小學、測算、典章制度,梁啓超覺得這三個領域不再是傳統的經學史學,而戴震的研究方法又體現了"科學精神",這當然是凸顯他關於清代學術就類似歐洲的"文藝復興"的説法。(二) **哲學領域:** 他認爲戴震的哲學著作如《原善》《孟子字義疏證》,其寫作目的是"正人心",也就是針對現實問題的,而他的哲學論述則涉及了五個方面:1. 客觀的理義與主觀的意見(物理和事理),2. 情欲問題(理存乎欲),3. 性的一元與二元,4. 命定與自由意志,5. 修養與實踐。

上述兩方面的論述,都關聯了現代的歷史意識和概念工具,無論是"文藝復興"還是"哲學"。但請大家注意,梁啓超雖然討論了歷史和哲學兩個方面,可是,在戴震的考據成就和哲學批判之間、治學方法和民主意識之間,還沒有一個特別貫通的解釋。

這裏就要説到胡適(1891—1962)。1923 年,梁啓超發起紀念戴震誕辰 200 周年的紀念會,胡適答應參加,並在當年就開始了對戴震的研究,並在 1924 年 1 月 19 日安徽會館開紀念會的時候擔任主席並講話。不過,要到 1925 年,他才在《國學季刊》二卷一期上發表了《戴東原的哲學》一文。② 據他在文末的附注中説,文章寫於 1923 年 12 月,如果這一點可信,那麼,看來也是因爲紀念戴震二百周年生日而引起的寫作。③ 這篇長長的論文,分爲"引論"、"戴東原的哲學"、"戴學的反響"三大部分,涉及了好幾個方面的問題,讓我簡單地説:

一、引論。從"反玄學的運動"即清代初期的學術與思想變化開始,

---

① 梁啓超:《戴東原先生傳》與《戴東原哲學》,載《飲冰室合集》第三册《文集之四十》,第 40—51、52—77 頁。

② 胡適:《戴東原的哲學》,收入《胡適文集》第七卷,北京大學出版社 1998 年版,第 239—342 頁。

③ 胡適作《戴東原的哲學》一文,應該受到王國維和梁啓超的影響和啓發。1923 年 12 月 16 日,胡適與王國維談話,王曾告訴他"戴東原之哲學,他的弟子都不懂得,幾乎及身而絶"(見《胡適日記全編》四册,第 131 頁);18 日他讀焦循的書,19 日給梁啓超寫信討論,寫出《戴東原在哲學史上的位置》(同上書,第 137 頁),29 日作《戴氏哲學》第一章《戴東原的前鋒》論顔李學派(第 144 頁)。1924 年 1 月 14 日,與梁啓超在飯間討論,1924 年 1 月 19 日戴震生日紀念在安徽會館舉行,胡適出席並講話,梁啓超也作了講演。

論述清代初期即第一個世紀(1640—1740)是"反玄學的時期",學術界出現的"注重實用"和"注重經學"的兩個趨勢。又從顏元、李塨説到實用主義與理學家空談虛理的分歧,從顧炎武代表的清代經學復興,説到注重"歷史的眼光""經學的工具""歸納的研究""注重證據"等等學風對明代理學、心學的衝擊。他指出,前者那裏産生了"新哲學",後者那裏延伸出"新學問",這是戴震之學産生之前的時代背景,"顏元、李塨失敗以後,直到戴震出來,方才有第二次嘗試"。①

二、戴東原的哲學。胡適的論述,主要討論戴震的"兩部哲學書"即《孟子字義疏證》和《原善》。他一方面認爲,從哲學淵源上,戴震受到顏元、李塨的影響(但是他也承認,除了有一個徽州人程廷祚,"找不到戴學與顏李學派有淵源關係的證據",可見所謂顏李學派與戴震的淵源關係,只是邏輯上的推斷),有一元的唯物論宇宙觀、人性論和理的觀念,既是爲破壞理學的根基,也是爲建設新哲學的基礎。另一方面從社會背景上指出,戴震"生於滿清全盛之時,親見雍正朝許多慘酷的大案,常見皇帝長篇大論地用'理'來責人,受責的人雖有理,而無處可申訴,只好屈伏而死",②所以才會有感而作,對宋儒大力提倡的"理"進行批評。他指出,戴震認清了考據名物訓詁不是學問的最終目的,只是"明道"的方法,由於戴震的"道"有"天道"和"人道",前者是自然主義,是陰陽五行的流行不已,生生不息,後者是血氣人性,也與自然相應,因此,"天理"並不能離開"人性",所以戴震提出"人倫日用,聖人以通天下之情,遂天下之欲,權之而分理不爽,是謂理",通過字義的訓詁,他提出所謂"理"不像宋儒説的那樣高高在上不近人情,而只不過是條理分合。而在知識領域,戴震雖然是精通經典而且擅長文字音韻訓詁的考據學家,但是他的人生觀,是"要人用科學家求知求理的態度與方法來應付人生問題",因此,他在學問上既能"剖析精微",又能"重在證實",通過剖析精微得來的"理",比較歸納出來的"則",解釋一切事物和道理"靡不條貫",所以,這是"最可以代表那個時代的科學精神"。③

三、戴學的反響。胡適認爲,"清朝的二百七十年中,只有學問,而没有哲學,只有學者,而没有哲學家"。只有顏元、李塨和戴震,算是有建設

---

① 見胡適《戴東原的哲學》,《胡適文集》第七卷,第 240、249 頁。

② 同上書,第 268 頁。

③ 同上書,第 272 頁。

新哲學的意思。而戴震的想法，就是打倒程朱，是反理學，"打倒程朱，只有一條路，就是從窮理致知的路上，超過程朱，用窮理致知的結果，來反攻窮理致知的程朱"。① 下面，胡適比較詳細地敘述了戴震學術與思想的後世反應，從洪榜、章學誠、姚鼐、淩廷堪、焦循、阮元、方東樹等一路敘述下來，說明後世對戴震無論是褒是貶，都證明了戴震哲學引起的巨大反響。所以，戴震是建立了新哲學，"是宋明理學的根本革命，也可以說是新理學的建設——哲學的中興"。

在這篇論文後面，他提出兩個"傷心的結論"。其實，我覺得恰恰是最重要的關鍵，他說："我們生活在這個時代，對於戴學應取什麼態度呢？戴學在今日能不能引起我們中興哲學的興趣呢？戴學能不能供給我們一個建立中國未來的哲學的基礎呢？"胡適又說："我們還是'好高而就易'，甘心用'內心生活''精神文明'一類的揣度影響之談來自欺欺人呢？還是決心不怕艱難，選擇那純粹理智態度的崎嶇山路，繼續九百年來致知窮理的遺風，用科學的方法來修正考證學派的方法，用科學的知識來修正顏元、戴震的結論，而努力改造一種科學的致知窮理的中國哲學呢？"②

在梁啓超和胡適的筆下，戴震漸漸形成了一個完整的新形象，他批判宋代程朱理學，思想與學術隱隱有"走出中世紀"的意思，他一手提倡自由和人性，一手實踐科學方法，他本人也仿佛一個**啓蒙主義者**。

應該說，梁啓超和胡適都受到章學誠和淩廷堪的影響。章學誠在《書朱陸篇後》中對戴震的說法非常重要，他說，戴震所學的學問，"深通訓詁，究於名物制度，而得其所以然，將以明道也"，他說當時人的風氣是推崇博學和考據，看見戴震的學問淹博，又會訓詁考證，就以爲戴震的學問重心在這裏，其實是誤解。因爲有誤解，所以不能理解《原善》《論性》這些著作的意義，有人覺得，這樣一個大學問家，這種著作可以不必寫，其實"是固不知戴學者"，他說，這是"於天人理氣，實有發前人所未發者"。③這一思路對胡適很有啓發，所以，他注意到把這兩者貫通起來說戴震，指出：（一）戴震的學術背景是重新整理"國故"，是用新手段治舊學，試圖用西學啓動中學；（二）"貫通"即戴震的方法，與西方理性批判的科學方法是相通的。胡適覺得，戴震用"考據"來批判、顛覆和重建"義理"的論

---

① 胡適：《戴東原的哲學》，《胡適文集》第七卷，第 281 頁。
② 同上書，第 342 頁。
③ （清）章學誠：《文史通義》卷三，第 274—277 頁。

述,是很有近代性的。淩廷堪《戴東原先生傳》的一個説法也很重要,淩廷堪説:"義理不可舍經而空憑胸臆,必求之於古經;求之古經而遺文垂絶,今古懸隔,然後求之故訓,故訓明則古經明,古經明則賢人聖人之義理明,⋯⋯義理非他,存乎典章制度者也。"①這樣,一是把戴震(考據)和宋儒(義理)在研究方法上區分開來,二是强調理學没有"故訓、典章、制度"的基礎,三是没有經典文獻的支持,所以是應當批判的。胡適顯然接受了這個説法,戴震當然就是符合"近代科學"精神的先驅人物,戴震對"理"的重新解釋,應該就是宋代理學的終結。

這兩個説法影響了梁啓超和胡適。大家注意,在這裏,(一)"科學"的方法,和中國的"哲學",是兩個關鍵,而這兩個關鍵字是有聯繫的,没有"科學"的態度和方法,就不可能有真的"哲學",這樣,所謂"致知"和"窮理"被貫通了。(二)戴震就是在這一解釋路徑裏面,他的訓詁考據成爲瓦解理學義理的方法,而建立新哲學又成了考據的目的,考據學因此成了有意義的知識領域。② 在這個時候,一個現代所需要的啓蒙主義者"戴震",就被塑造出來了,他既是哲學家又是科學家,而戴震以及他那個時代的學術和觀念,也就被這樣安置在啓蒙和近代爲背景的思想史脈絡裏面了,一個新的思想史或學術史就這樣被寫出來了。

## 四、在歷史背景中重新理解戴震

要注意的是,過去有關戴震的學術史和思想史研究遺留的問題是,第一,把顔、李與戴震聯繫起來,其實是一種"邏輯的相似"而不是"歷史的證據"。③ 第二,前人并没有提出具體文獻證據,以討論戴震學術與思想

---

① (清)淩廷堪:《戴東原先生事略狀》,《校禮堂文集》卷三五,第 312 頁。

② 余英時《論戴震與章學誠》(三聯書店 2000 年版)中曾經説到,在"乾隆時代有兩個戴東原,一是領導當時學風的考證學家戴東原,另一個則是與當時學風相悖的思想家戴東原。這兩個戴東原在學術界所得到的毀譽恰好相反",第 103 頁。而把這兩個戴東原貫通起來成爲一個,則是後來學者尤其是胡適的理解和解釋。

③ 把顔元、李塨一派與戴震聯繫起來,多少有一些牽强附會。所以,錢穆《中國近三百年學術史》(中華書局 1984 年重印本)第八章《戴東原》就不同意這個説法,第355 頁;余英時《論戴震與章學誠》一書中討論"儒家智識主義的興起",也指出從清初到戴震的思想與學術變化,主要是從"尊德性"轉向"道問學",即經學中"由虚轉實",這是考據學風興起的脈絡,見余英時《論戴震與章學誠》,三聯書店 2000 年版,第 18—34 頁。

的社會背景和歷史語境。戴震在乾隆時代受到過哪些政治刺激？他的學說是針對什麼社會背景的反應？有什麼證據可以證明戴震"反程朱理學"是因爲看到了清朝統治者"以理殺人"？這些都還不清楚。第三，還有一點疑問是，以戴震爲標本突出所謂"科學"與"啓蒙"，是否會把戴震過度現代化了？可是，以往思想史中的人物研究，似乎都有這樣的問題，就是在討論人物思想之背景、淵源和影響的時候，不僅"邏輯的聯繫"大於"歷史的聯繫"，而且"籠統的推想"多於"精細的考證"，正是由於缺乏歷史學的細緻考察，所以，會順從某種簡單的和粗率的"決定論"，而忽略他和他那個群體真正生活的那個政治環境、生活環境和真實心情。

戴震是一個思想史上的人物，前面我講到，其形象在歷代學術史裏被逐漸塑造，他又在不同政治和社會背景下被解釋，在這個過程中形成了"戴震學"。因此，在研究這樣一個人物時，我們需要仔細地考察他的生平、經歷、交往和他生活的地區，因爲我總覺得，**對於思想史上的人物研究，一定要經由學術史（即針對他的方法、工具、手段的知識領域的討論）、思想史（即針對他的義理詮釋、微言大義、針對批判的觀念領域的研究）、社會史（針對他的知識與觀念所産生的環境條件與刺激因素的梳理）互相結合，才能真正地認識他。**當然，歷史研究中總有遺憾，也許是因爲資料常常不足，想要的未必能有，已有的未必能滿足，作爲一個研究歷史的學者，只有盡可能搜集，在這些有限的資料中，重建那個人物的時代環境、個人經歷以及真實心情。

好在過去，也有一些學者發掘了各種資料，來考察歷史語境中的戴震，我們來看看這些資料。

第一，**生平、交往與從學。**

戴震生活在雍正、乾隆時代，大體上説，這個時代的特點是政治嚴厲、秩序穩定。他從小生活在福建、安徽等地，他的父親是在江西南豐客居的安徽商人，安徽這個地方的商人，在明代就到處走，正像王世貞《贈程君五十敘》説的，因爲新安"僻居山溪中，土地小狹，民人衆，世不中兵革，故其齒日益繁，地瘠薄，不給於耕，故其俗纖儉習事。大抵徽俗，人十三在邑，十七在天下，其所蓄聚，則十一在内，十九在外"。① 戴震年輕的時候就跟着父親在外闖蕩，但是他一直想讀書，他父親也支持他讀書，以便"填平士紳與商人身份上的溝壑"，十八歲到二十歲在福建邵武教書，二十歲的時

---

① 《弇州山人四部稿》（中國基本古籍庫所收明萬曆刻本）卷六一，第 678 頁。

候回到家鄉徽州休寧。婚後，他的妻子朱氏承擔了全部生活事務，"米鹽凌雜身任之，俾先生專一於學"，他大約在二十歲的時候，見到徽州婺源的學者江永（1681—1762），向江永學習，因爲他那時已經對天文曆算、典章禮制很有研究，甚至已經有了一些著作，他先後得到是鏡（1693—1769）、齊召南（1703—1768）、惠棟（1697—1758）的提攜和稱贊，而江永也非常賞識他。特別是，他的同鄉學術朋友裏面，還有像金榜（1735—1801）這樣精通三禮，同樣師從江永的同學，還有從乾隆十四年（1749）就和戴震交往，也同樣懂得很多工藝、水利、音律等雜知識的程瑤田（1725—1824），那麽，大家要考慮，他在福建和徽州的時代，這種個人經歷、商人家庭和治學環境，對他的思想和學術是否有影響。胡明輝、黃建中有一篇論文《青年戴震：十八世紀中國士人社會的"局外人"與儒學的新動向》，對這個話題有較深入的研究，大家可以參看。①

第二，**地域與生活環境**。

也有學者指出，我們可以通過地方志、徽州文書、筆記小説等等，重新看看徽州那個地方的風俗和生活，把戴震再重新放回那個"環境"裏面去考察。日本有一個學者叫吉田純，他在一篇題爲《閱微草堂筆記小論》的文章中説，戴震對宋儒"以理殺人"的抗議，也許與徽商家庭處境有關。他發掘了不少資料，指出徽商的妻子通常會面臨複雜的道德困境，由於丈夫外出，婦女背負家庭與經濟的雙重責任，面臨社會和道德的雙重壓力，如果"守節"，那麽生活現實相當艱苦；如果"逾節"，宋儒的罪名就會迫使她們走上自殺之途，這也許會刺激戴震反理學的思想。② 戴震是否會思考及此？我還不很清楚。不過，他個人和家庭的一個遭遇很值得注意，據説，戴震的祖墳風水很好，當地的豪族要侵占，於是打起官司來，因爲縣令收受賄賂，所以戴震無法勝訴，而且還要被治罪，於是，在乾隆十九年（1754），他連隨身衣服都没有攜帶就匆匆逃離家鄉，到達北京，開始了他在外地的學術生涯。這種地方社會的貧富、上下、不公平的現象，對他的反理學的思想是否會有影響？③ 這當然值得考慮。

---

① 胡明輝、黃建中：《青年戴震：十八世紀中國士人社會的"局外人"與儒學的新動向》，載《清史研究》第三期，2010 年 8 月。

② ［日］吉田純：《〈閱微草堂筆記〉小論》，載《中國：社會と文化》（東京大學）第四號，1989 年，第 182—186 頁。

③ 參看蔡錦芳《戴震避仇入京等生活經歷對其理欲觀的影響》，載氏著《戴震生平與作品考論》，廣西師範大學出版社 2006 年版。

第三，**同時代學術世界與思想世界的交互影響。**

　　錢穆曾經指出，戴震和惠棟之間，或者吳、皖之間，並不像梁啓超説的那樣，在學術與思想上有根本的原則差異，通常説吳派"凡古皆好"而皖派是"實事求是"，其實，他們是五十步和百步。"故徽學與吳學較，則吳學實爲急進，爲趨新，走先一步，帶有革命之氣度；而徽學以地僻風淳，大體仍襲東林遺緒，初志尚在闡宋，尚在述朱，並不如吳學高瞻遠矚，劃分漢宋，若冀越之不同道也"。① 錢穆尊崇宋代學問，這是他的立場，所以，他的説法是否正確，可以姑且不論，但他指出的一點可以相信，即惠棟對於戴震確實是有影響的。戴震於 1757 年到揚州拜見惠棟，可能是一個關鍵性的轉變。錢穆曾引用 1765 年戴震寫的《題惠定宇先生授經圖》爲證，② 説明戴震和惠棟見面，對於戴震思想的轉變是一個很重要的關鍵。③

　　那麼，惠棟是不是反理學呢？牟潤孫寫過一篇《反理學的惠棟》，説到惠棟（1667—1758）"親身嘗到事事講天理的皇帝的苛酷對待，他再仔細看看這位皇帝的行事，原來口口聲聲講存天理，而骨子裏卻是在放縱自己的人欲"，所以，在《周易述》的《易微言》下卷"理"字條裏面，就曾經説"理字之義，兼兩之謂也。……後人以天理人欲爲對待，且曰天即理也，尤謬"。④ 看上去，惠棟也是對理學深深不滿的。這種對程朱理學的不滿，據説是來自惠棟個人和家庭的經歷和經驗，這種心情導致學者對主流政治意識形態的批評。那麼，惠棟的這種思想又是怎麼來的？牟氏提到，惠棟的父親惠士奇在雍正四、五年間（1726—1727）曾被罰，不得已變賣產業來修鎮江城，他根據錢大昕給惠士奇作傳時曾極力表彰他"居官聲名好"這一點，⑤反過來追問：爲什麼他會被皇帝懲罰？牟潤孫根據雍正六年廣東巡撫楊文乾奏摺保薦柳國勳，胤禛批語中有質疑惠士奇保薦的人"不堪下劣"、"舉動輕佻，神氣浮亂，抑且迂而多詐，毫無可取人也"等，發現官方對惠氏的不滿，而惠家可能因此破產，正因爲如此，雖然惠周惕、惠士奇

---

　　① 錢穆：《中國近三百年學術史》第八章《戴東原》，中華書局 1984 年重印本，第321 頁。

　　② 戴震：《題惠定宇先生授經圖》，《戴震文集》卷一一，第 168 頁。

　　③ 錢穆：《中國近三百年學術史》第八章《戴東原》，第 322 頁。

　　④ 牟潤孫：《反理學的惠棟》，見其《注史齋叢稿》（增訂本）下册，中華書局 2009年版，第 619—624 頁。

　　⑤ 錢大昕：《惠先生士奇傳》，見《潛研堂文集》卷三八，《嘉定錢大昕全集》第九册，江蘇古籍出版社 1997 年版，第 650—654 頁。

都曾是翰林,但到了惠棟卻只能以授徒爲生。由於他遭遇這種"毁家修城"的家庭變故,處於"饑寒困頓,甚於寒素"的窘境之中,①又常常在揚州、蘇州行走,在盧見曾衙署和鹽商門下,看慣了當時的腐化和鋪張,也許就由此産生對理學的懷疑。而他的門下錢大昕,其實也是對理學有很多批判的,無論你看他對《宋史·道學傳》的質疑,還是看他的《大學論》上下篇,你都可以看到這一點,所以戴震和錢大昕才會有這樣深的同道交情。②

這樣看來,戴震的"反理學"是否也與這種交往有關呢?也許,惠棟確實是在某種程度上影響過戴震,而且從後世的解讀來看,戴震好像是更激烈的反理學。很多學者都注意到一件事情,就是後來開四庫全書館的時候,同爲館臣的姚鼐(1731—1815)曾經要"屈尊"去拜見戴震,並且尊稱他是"夫子",但遭到戴震的婉拒。這件事情被解釋爲是因爲兩人對理學的觀念不同,很多人都引用了姚鼐在《惜抱軒尺牘》裏,曾經痛斥戴震和考據學家,甚至搞人身攻擊,而戴學後人卻都對此沉默不言爲例,説明站在宋代理學立場上的姚鼐指責有根據,戴震一系真的可能是"反宋學"的。③

但是,仔細體會那個時代的情況,恐怕也未必。思想史研究,恐怕應當像王梵志詩説的那樣要"翻着襪",也就是説,看問題要透過一層看。儘管戴震反對理學尤其是"以理殺人",儘管他也批判宋代理學的學風,但是在普遍尊崇程朱的乾隆時代,他對"理學"不一定是那麽有意識和有目的的批判,也未必是一個對"理學"有意識地整體超越。特別是應當注意到,他(也包括他的同道朋友)對朱熹常常有好評,你看他的《鄭學齋記》(1759)、《鳳儀書院記》(1763)、《王輯五墓誌銘》(1770),以及更晚的《閩中師友淵源考序》(有人認爲撰寫在1773年之後,所以應當是晚年定論),均對朱熹稱贊有加,甚至把鄭玄和朱熹連起來,顯然對於朱子一系的"道問學"傳統很有會心。這就是很多學者指出的,他恰恰是從朱熹那裏

---

① 錢大昕:《惠先生棟傳》,見《潛研堂文集》卷三九,《嘉定錢大昕全集》第九册,第661頁。

② 對《宋史·道學傳》的質疑,參看錢大昕《廿二史考異》卷八一《宋史》部分,《嘉定錢大昕全集》第三册,第1506頁;對宋儒《大學》解釋的質疑,見《大學論》上、下,載《潛研堂文集》卷二,《嘉定錢大昕全集》第九册,第21—23頁。

③ 參看戴震《與姚孝廉姬傳書》,《戴震文集》卷九,第141—142頁。

衍生出來的,也許應當説,只是"反理學的理學"。①

因此,對於戴震的分析不要那麼簡單。他對於宋代理學的尖鋭批判,可能有他個人的身世感受和對社會的焦慮和關心,而他對朱熹的稱贊和認同,又可能有當時意識形態和普遍觀念的影響,至於他是否要真的走出理學的束縛,有近代意識或者有個性、自由、情欲的張揚意識? 恐怕是要重新檢討的問題,歷史並不像理論,可以把枝蔓撇得那麼清楚,把證據選得那麼隨意。近年來,很多學者也很推崇"以禮代理",覺得這是一個很了不起的變化,②但是,也得看到,戴震、阮元、凌廷堪、焦循等等,雖然一方面反對以"理"殺人,用所謂的天理使道德內在化和嚴厲化,建議以"禮"建立秩序,用禮儀制度讓人得以規避無所不在的道德譴責,似乎有"解放"的意義;但是,另一方面因爲立場仍然在傳統倫理規範之中,所以,對於社會倫理制度的"先後秩序"表現出極其保守的性質,在夫婦之道、父子之道、君臣關係、室女守貞等問題上,更强調了子對父、妻對夫、臣對君的無條件服從,只是把內在道德意識的自覺,轉向外在倫理秩序的規定,而這種"道德嚴格化"加上"倫理制度化",也許恰恰適合當時越來越呈現危機的政治秩序。③

## 結語: 取代顧炎武? 戴震作爲新思想的典範

1923 年 10 月,梁啓超與朋友發起籌辦"戴東原生日二百年紀念會",他還專門寫了一篇《緣起》,説明這次會議的意義。他給胡適寫了一封信,邀請他參加,11 月 13 日,胡適給梁啓超回信表示願意參加,而且還表示正在托人在徽州尋找戴震的遺像。1924 年 1 月 29 日,是舊曆的十二月二十四日,在北京召開了戴東原生日二百年紀念會,會前,梁啓超用一晝夜寫了《戴東原先生傳》,又連接 34 個鐘頭寫好了《戴東原哲學》。這一年,胡

---

① 章太炎:《國學講義》(海潮出版社 2007 年版)就説到,戴震"形似漢學,實際尚含朱子的臭味",第 25 頁。

② 如張壽安《以禮代理: 凌廷堪與清中葉儒學思想之轉變》,臺北中研院近代史研究所 1994 年版。

③ 王汎森《明末清初的一種道德嚴格主義》已經指出這一點,載《近世中國之傳統與蜕變: 劉廣京院士七十五歲祝壽論文集》,臺北中研院近代史研究所 1998 年版;可參看徐立望《通儒抑或迂儒——思想史之焦循研究》,載《浙江學刊》2007 年第 5 期,第 54—60 頁。

適也撰寫了《戴東原的哲學》一文，據説是爲了這個會議專門寫的，但一年之後才正式發表。① 自此，由於梁啓超與胡適的參與和鼓動，戴震成了清代學術史和思想史上的典範，他們對於戴震的學術與思想的理解和解釋，也成爲梳理清學史脈絡中的一個模式。

原本，清代學術與思想的典範是清初的顧炎武。在很長時間裏，顧炎武都是清代考據學的開創者，也是知識人的人格楷模。所謂"行己有恥，博學於文"，所謂"經學即理學"，甚至《日知録》那種劄記式的學術與思想表達方式，都是清代學術思想的淵源所在。特別是道光、咸豐年間北京"顧祠"的舉行，在當時學界顧炎武已經是首屈一指的領袖與標杆，即所謂"漢學開山""國初儒宗"。② 但是，在 1923 年之後，戴震逐漸成爲清代學術與思想的新典範，這個新典範一方面由於批判宋代程朱理學，而有"走出中世紀"的意義，另一方面由於溝通了考據（科學）與思想（民主）兩端，而有"啓蒙"的意義，因此更具有學術史和思想史的重要性。

值得注意的是，正是在這段時間裏，"科玄論戰"正如火如荼。梁啓超一面在討論人生觀中的"愛"和"美"，一面在與高夢旦討論顏李學派知行合一的"實踐"意義；而胡適也在一面大談科學與人生觀，提出要宣傳我們信仰的"新人生觀"，一面又在表彰古史辯運動通過考證文獻呈現歷史演變的"科學方法"。這兩個現代中國最重要的學者，恰恰又正在中國哲學史領域中較長論短彼此競爭。因此，兩個人同時提出對於"戴震"的新研究和新解釋，在現代學術史上倒是一個很有趣的案例，也許很值得大家深入研究和討論。

【建議閲讀文獻】

王國維：《國朝漢學派戴阮二家之哲學説》，載《静庵文集》，《王國維全集》第一卷，浙江教育出版社、廣東教育出版社 2009 年版

---

① 關於梁啓超與胡適在這一段時期内有關戴震的研究活動，這裏只是簡略説説，大概的情況可以參考丁文江、趙豐田《梁啓超先生年譜長編（初稿）》，中華書局 2010 年重印本，第 533—536 頁。有趣的是，胡頌平《胡適之先生年譜長編初稿》（（台北）聯經出版事業公司 1984 年版）在這一段時間裏，卻没有任何胡適有關戴震研究的記載。

② 參看何冠彪《黄宗羲、顧炎武、王夫之合稱清初三大儒考》，收入其《明清人物與著述》，香港教育圖書公司 1996 年版，第 49—63 頁。又，可以參考段志强《顧祠會祭研究（1843—1922）》，復旦大學博士學位論文，2014 年。

劉師培:《東原學案序》、《戴震傳》,《劉申叔遺書》下册,江蘇古籍出版社 1997 年影印本

章太炎:《釋戴》,原載《太炎文錄》,收入《章太炎全集》第四册,上海人民出版社 2014 年新版

梁啓超:《戴東原先生傳》,《飲冰室合集》第三册《文集》四十,中華書局重印本

胡適:《戴東原的哲學》,《胡適文集》第七卷,北京大學出版社 1998 年版

錢穆:《中國近三百年學術史》第八章《戴東原》,中華書局 1984 年重印本

余英時:《論戴震與章學誠》,三聯書店 2000 年版

丘爲君:《戴震學的形成》,臺北聯經出版事業公司 2004 年版

路新生:《理解戴震》,載氏著《經學的蛻變與史學的轉軌》,上海古籍出版社 2006 年版

（葛兆光,復旦大學文史研究院教授）

# 郭紹虞輯《清詩話續編》提要

張寅彭

　　郭紹虞先生選輯之《清詩話續編》，久已膾炙人口。其輯承民國初丁福保《清詩話》來，故云"續編"。而詩學叢書之名"詩話"者，則可昉自清中叶何文煥之《歷代詩話》。此亦近世以來詩話叢書名稱之源流大較也。然若究其實，吾國傳統詩學體例乃有詩評、詩法、詩話三類之分，《四庫全書總目》集部詩文評類小序固已言之矣。郭先生此輯專收詩評之作，其凸顯者在清人之詩觀方面，故爲學界所樂用。今值上海古籍出版社再版之際，主事者囑余爲之撰寫提要。遂不避淺陋，盡其所知，各就成書始末、版本異同、議論長短，略撰數語，俾讀者知人論世云爾。各篇次第亦依原輯。《續編》所選既以詩評類著作爲主，故稍詳其論述之源流變化，並藉以勾稽清人之詩學大觀也。其中如翁方綱《石洲詩話》補至卷九、卷一〇，李調元《雨村詩話》襲自蔣衡，闕名"静居緒言"一種乃方薰《山静居緒言》之譌，《南堂輟鍛錄》撰者方貞觀乃康乾間人，其作不得置於嘉、道時，是皆稍有獻替耳。至所論與余前説有不同者，則當以此處文字爲準。惟限於學識，是耶非耶，並無自信，尚祈方家郢政也。丙申正月初識、戊戌五月再識。

## 詩辯坻四卷

　　毛先舒撰。先舒（1620—1688）一名騤，字稚黄，一字馳黄，浙江仁和人。明末諸生。入清棄舉業。有《思古堂集》。《清史稿》卷四八四有傳。

　　此書自敘謂作於"乙之首春，成於壬之杪冬"。考順治十七年王士禎、鄒祗謨編選之《倚聲初集》已著録是書，則此"乙""壬"當爲順治二年乙酉至九年壬辰。時值作者30歲上下，故議論不免氣盛，頗有明七子之遺風。如以"格""法"論詩，詩須斂才就格，無關才多，良由法少；宗唐前詩而以

"唐後"一語略過宋元,直接明詩,是皆七子餘緒。惟論體稍異於前明諸家,如《三百篇》後按詩、騷、樂府三體説之,其中騷流於賦,可無論;詩則揚古體抑近體,故説古多可聽,論近則難當意,尤以七律"已底極變"而重貶之,遂連老杜、義山亦不入法眼,體勢亦竟論至半途而止矣。然説樂府則大反之,漢魏以下,視唐絶句爲樂府,詞之小令、宋詞之長調、金之弦索調、元之套曲,直至明之南曲,洋洋灑灑,以植之樂調串連一系,而未見拘泥,蓋得益於深諳韻學之長也。毛氏由明入清,又曾從陳子龍、劉宗周游,故論明詩較爲親切,雖宗七子,亦不無商駁;卷四又有專篇論析竟陵鍾、譚,分立説善者與謬者各三十餘則,可謂持平。有康熙間刊《毛稚黄十二種書》本。

## 春酒堂詩話一卷

周容撰。容(1619—1679)字鄮三,一作茂三,浙江鄞縣人。明諸生。明亡後爲僧,不久以母在返俗。曾代人受刑跛足,別號躄堂。性狂放,時人目爲徐文長。康熙時拒薦博學鴻詞科。有《春酒堂詩文集》。

此卷有憶康熙十七年戊午事,則當成於翌年下世前。周氏乃不羈之士,又身歷鼎革之變,故説古今詩頗有世事之感,如以唐李端《送劉侍郎》絶句爲友人楊猶龍死之讖,讀王介甫《明妃曲》而斷其人"使當高宗之日爲秦太師乎"之類。其詩受知於錢牧齋,嘗手録牧齋《列朝詩集》之小傳,而不喜其詩選;又譏"步其體例而成書者"爲"俚鄙",則似隱指朱彝尊之《明詩綜》,其時尚在編撰中耳。總之,周氏性情中人,説詩以出人意表爲快,然終是一家一得之言,於清初詩學似無關痛癢。有民國四年張氏約園刊《四明叢書·春酒堂遺書》本,《續編》即用此本。

## 抱真堂詩話一卷

宋徵璧撰。徵璧(1615—?)原名存楠,字尚木,華亭人。明崇禎十六年進士,官中書舍人。入清後出任潮州知府。與其弟徵輿俱有名,時稱"大小宋"。有《抱真堂詩稿》等。

此卷大抵於漢魏、六朝、盛唐人詩作摘句評,頗留意於比較歷代各家之句意關係,不爲無見。時有下及明何大復、陳大樽者,尤覺親切,蓋作者亦此派中人也。下語甚簡練,偶有誤憶處,不足怪也。《詩稿》本又有《詩評》一卷，系輯吳偉業、陳子龍、李雯等評宋氏之語，出自其弟徵琪、徵璣及子侄董手，非自輯也。

# 詩 筏 一 卷

賀貽孫撰。貽孫（1605—1688）字子翼，號孚尹，江西永新人。明末諸生。入清不仕，避居深山，著述以終。有《水田居詩文集》等。《清史稿》卷八四八有傳。

本書有族弟賀雲馭康熙二十三年甲子序，謂彙刻其兄詩、騷二筏，以"例家子翼先生四十年著作諸書"，時在著者逝世前數年。又自序謂"二十年前與友人論詩，退而書之"云云，以此推之，則書約成於康熙初。賀氏自幼聰穎，論詩亦頗有新穎個性之見，如以"厚"許鍾、譚《詩歸》之類，乃清初反"七子"風潮中之別調耳。然其詩學實甚保守。大抵能評古詩、樂府及唐前詩，評唐詩亦僅及五言，而不甚能識律詩之長，至謂"唐律多近古"，不解嚴滄浪"律詩難於古詩""七言律難於五言律"之說。又如以抒情手段分析中唐後之敘事長篇，以唐詩繩宋詩（此點與滄浪同），以"忠孝"說宋詩，是皆昧於詩體發展之大勢也。此書有康熙二十三年刊《詩騷二筏》本、道光二十六年勒書樓刊《水田居全集》本。民國十一年嘉業堂刊《吳興叢書》本題吳大受刪訂，劉承幹跋更徑作吳撰，實較諸本僅少六則餘，其他皆同，劉氏誤耳。孫殿起《販書偶記續編》卷二○著錄是書康熙間南山堂刊本，亦題吳大受撰，亦誤。

# 載酒園詩話五卷

賀裳撰。裳字黃公，號檗齋，又號九曲阿隱者、白鳳詞人，生卒年不詳，諸宗元《黃白山先生載酒園詩話評》序謂其年逾九十。江南丹陽人。明崇禎初曾入復社。入清爲諸生。有《蛻疣集》等。

此書通論部分稱"載酒園詩話"，論唐詩部分稱"又編"，論宋詩部分復稱"載酒園詩話"，論唐、論宋兩部分又合稱"唐宋詩話"，稱名不一，各自爲卷，蓋作於不同期，未及統合也。其通論部分頗能落實於詩例，而評唐、宋詩人，亦每從詩例抽繹出結論，皆能不尚空談。其論大抵以蘊藉爲正，正或不正，儼然標準。然謂諷戒只能施之前代，"昭代則不可"，則不免拘執。其論唐詩，略於初盛而詳於中晚，其中如以"甘露之事"逐句坐實李商隱《有感》及《重有感》等,爲吴喬所激賞,盡取入其《西崑發微》中。賀氏論宋詩,殆爲不滿錢牧齋而發,所謂"天啓、崇禎中忽崇尚宋詩,迄今未已。究未知宋人三百年間本末,僅見陸務觀一人"云云,即指牧齋。實則賀氏論宋詩雖有見地,然如推王安石"爲宋詩第一"、"暖子由殆甚於老坡"之類,都不可解,故頗爲王漁洋所譏。黄生亦有評本,多駁之。惟吴喬《圍爐詩話》卷三及卷五,盡取其論唐、論宋之語,以爲讀賀書則"宋人詩集可以不讀",過甚其詞,莫此爲甚。吴氏論詩引馮班、賀裳爲同道,然稍後趙執信《談龍録》極重吴、馮,而不及賀,由此可悟賀與吴、趙兩家同中亦有異也。此書初與《皺水軒詞筌》《紅牙集》《蜕疣集》合刊,僅通論一卷;康熙刊本爲《賢已集》一卷《又編》三卷,三卷爲初、盛唐一卷,中唐一卷,晚唐一卷,尚無論宋詩部分;嘉慶二十四年夏之勷煙環閣刻本重爲編輯,依次編爲五卷,《唐宋詩話緣起》一篇置於眭修季序後,又增吴錫麒序,然卷五論宋詩部分闕曾幾以下二十七家,亦不全。今《續編》所據黄生評本爲最全。且此本卷一署"丹陽賀裳黄公論次",與《又編》以下各卷"九曲阿隱者"之署名不同,而今存康熙以下各本,此卷皆改署"九曲阿隱者",故知爲最早原本。此本民國間曾藏諸宗元大至閣,今未見。

# 圍爐詩話六卷

吴喬撰。喬(1611—1695)一名殳,字修齡,江南太倉人,入贅崑山。詩工崑體,又深於禪。有《西崑發微》《舒拂集》等。《清史稿》卷八四八有傳。

此爲吴氏論詩之主要著作。自序有"辛酉冬,萍梗都門,與東海諸英俊圍爐取暖,其有及於吟咏之道者,小史録之,時日既積,遂得六卷"云云,則書成於康熙二十年客徐乾學家期間。全書大抵爲問答體,亦可證此言。又有《與萬季野書》一種,書首亦云"昨東海諸英俊問",知即作於同時、摘録而付萬斯同(季野)者。著一"昨"字,何其急速。以之比勘稍晚之《詩話》定本,亦可知其異同,如以"清秀李于鱗"譏王漁洋,即不見於《詩話》,此或與晚年悔作《正錢録》同。(漁洋亦推許其善學西崑)又時在都門,而屢言"東海諸英俊",則應爲徐府兄弟子侄輩説詩,而録付萬氏,非答萬氏問也。故趙執信《談龍録》作"與友人書",《清詩話》本改題誤。吴氏又有《逃禪詩話》一種,亦與《圍爐詩話》有異同,其最異者乃尊許學夷爲師,而爲《詩話》所略。《詩話》大抵卷一爲總論,卷二論列古今詩體,並從卷二開始,分卷依次評論漢魏、唐、李杜、宋、明詩。其立場概而言之,便是以有無寓意與有無比興爲標準,揚唐抑宋,而痛斥明詩爲"瞎盛唐",誠爲犀利,閻若璩歎爲"哀梨并翦"。其"詩中須有人"之説,後爲趙執信取以攻詆王漁洋,影響有清中後期詩學甚鉅。"詩酒文飯"一喻妙解詩文之別,亦精到,故亦屢爲後世稱道。吳氏論詩主晚唐,引馮班爲同道,尤屬意於李商隱與韓偓,然每以求意過深而流於牽強,以致招來《四庫全書總目》之譏。又在"比興"與"賦"之間强判優劣,並據以褒貶唐宋詩,亦過於絶對化。卷五大段摘引賀裳《載酒園詩話》論宋詩語,稱其"深得三唐作者之意,明破兩宋膏肓",則兩人同失於認唐作宋,而未能預其時已漸開之宗宋風氣也。此書當年僅有鈔本流傳,刊本最早爲嘉慶十三年借月山房彙鈔本。上海圖書館藏毛壽君鈔校本卷末多出一則,兹録於下:"黄公所評《詩歸》,閻朝隱《貓兒鸚鵡篇》,及宋之問《梁宣王挽詞》《魯忠王挽詞》,真鍾、譚二氏子孫之恥也。"

## 古歡堂集雜著・論詩二卷詩話二卷

田雯撰。雯(1635—1704)字綸霞,一字子綸(一作紫綸),號山薑,又號蒙齋。山東德州人。康熙三年進士,由内閣中書歷官至户部侍郎。有《古歡堂集》。《清史稿》卷四八四有傳。

《古歡堂集・雜著》原爲八卷,此本殆即前四卷。書非成於一時,卷三"杜牧徐渭"一則偶署"乙亥暮春望日書",即康熙三十四年,知其寫定在晚年也。卷目分題"論詩""詩話",言各有當。《論詩》大抵亦循體格,而不分唐宋,不厚薄古今,如七古推杜、韓、蘇、黄,七律、七絶推義山、放翁,至謂同時人可互學而不必盡法前賢,尤爲通達。又於晚明以來如李滄溟、謝茂秦、錢牧齋等家,皆有駁議,論頗切實。其中駁申鳧盟説杜詩《江上值水如海勢聊短述》一則,以自身實歷解"花鳥莫深愁",與趙次公注殊途同歸。時仇注甫出,於此句即取趙注及錢牧齋注,二家正相反對,則駁申亦即駁錢矣。當其時,王漁洋聲氣正盛,書中竟不置一辭,蓋即《四庫全書總目》"不相辯難,亦不相結納"之謂也。然兩家亦有相合者,如五古不取老杜之類。

此書卷三"三句一韻"一則有云:"余官楚中,得夷陵雷何思太史詩集讀之。有《聽雨》一篇,三句一韻,以爲創作,古無此格,載之《山薑詩話》

中。"則另有《山薑詩話》一種。今上海師範大學藏有《山薑詩話》稿鈔本一種,與《雜著》本對勘,全篇尚未分卷,大抵相當於卷二之全部、卷四至"乙丑嘉平舟發武昌"一則,連列而下,各則之序次大致亦同;此下之六則(今本析爲七則)則散見於卷一。文字頗有增删改動,避"玄"字,不避"弘"、"曆",此或即爲《山薑詩話》原本也。而後所增寫者,主要爲卷三、卷一大部及卷四"乙丑嘉平舟發武昌"一則以下部分。故《山薑詩話》大抵仍存於今本《雜著》中,即如雷何思《聽雨》一詩,亦復載於卷四。然删削文字亦多,如"乙丑嘉平"一則末,原有"余與諸子齒相若,既老且病,乃獨涉風波,衝瘴癘,憔悴支離於天末萬里之外,能無感慨"云云,知爲巡撫貴州時之追述,今本删去,反致時、地不明也。論詩各則,增删文字更多,尤可證出於前、後手也。

## 詩義固説二卷

龐塏撰。塏(1640—1708)字霽公,號雪崖。直隸任丘人。康熙十四年舉人,十八年登博學鴻詞科,授檢討。歷任内閣中書舍人、工部都水司主事、户部廣西司郎中,三十七年出知福建建寧府,未幾告歸。有《叢碧山房集》。《清史稿》卷八四八有傳。

此書論詩,作者自揭其旨爲不説"篇中之詞",而專求"言中之志",且强調"如是則爲詩,不如是即非詩",誠爲"固説"。觀其論歷代詩,惟取漢魏以上,晉以下即視爲徒鶩文詞,連盛唐陶、杜亦不免此病,太白更無論矣。又於"賦比興"倡"賦主"之説,不取鍾嶸《詩品》以來尊比興之通論,比興乃淪爲"興起所賦""比其所賦",復《毛詩》初始之序也。故作詩主庸常無奇,能説眼前日用、人情天理便是好詩。然亦不廢以禪説詩,取釋家"萬事引歸自己"等語,復以儒家詩觀説之通之。其論甚高,亦質實,與山左田雯、趙執信及同邑後勁邊連寶同一聲氣,而與王漁洋及江南宗晚唐、宗宋元之時風立異。此書有《叢碧山房雜著》本,今《續編》本多出末尾"書漢魏詩乘編後"二則,乃取自《雜著》卷三題跋,或以龐氏宗漢魏,而有是舉,惟原有四則,《續編》取二遺二,未爲全耳。

## 西圃詩説一卷

田同之撰。同之(1677—1751後)字在田,一字彦威,號西圃,田雯長孫,故又號小山薑。山東德州人。康熙五十九年舉人,官國子監助教。有《西圃文淶》等。

此書之作,自序謂乃繼家學、振門風,然家學外又服膺王漁洋。而於兩家之異,亦非不能識。如分別以先王父繼杜、蘇,以漁洋公繼王、孟,"新城、德州有名家、大家之分",而並譽之。然究其實,通篇主微妙蘊蓄,重唐輕宋,又以宗唐而於明詩頗致恕詞,引七子王世貞等爲同調,是皆偏於漁洋一路,而與乃祖稍隔。篇中引他家語甚多,或標出處,或不標出處,繼申之以己見,自序"因他人之説以立吾之説,即以吾之説而印他人之説",固已預爲説明矣。此書有乾隆間刊《田氏叢書》本,《續編》當即取自此本。

## 蘭叢詩話一卷

方世舉撰。世舉(1675—1759)字扶南,號息翁,安徽桐城人。乾隆元年舉博學鴻詞,不就。有《昌黎詩集編年箋注》《春及堂集》等。

此編前三則述寫作緣起甚詳,以方氏前有《梁園詩話》等作,皆亡佚,此則由侄方觀承(宜田)私録談詩之語,晚年整理而成,末署八十五歲,即逝世之年也。桐城方氏,世習杜詩,作者承家法,所言用韻、章句等法,大都取義於老杜,固非泛泛之論。如以"白香山之疏以達,劉夢得之圓以閎,李義山之刻至,溫飛卿之輕俊"爲老杜七律之"四科""四輔",指示門徑,頗爲切實,蓋以七律爲最難,老杜七律尤難也。然亦有不確者,如老杜七古不通韻、東坡始通之説,汪師韓《詩學纂聞》駁之甚詳。

## 絸齋詩談八卷

張謙宜撰。謙宜(1649—1731)字稚松,一字山農。山東膠州人。康熙四十五年中進士,然退居不仕,潛心讀書著述。有《張稚松先生文集》《絸齋詩集》等。

此書有康熙四十九年自序,謂自康熙十四年從楊戩夏學詩,歷十餘年,乃敢評次古人詩。二十九年、三十年間與門人説詩,由李伊村録成初稿,四十九年秋增删成稿云云。然序中"乃合伊村手録纂二百一十四條"一語,此數僅及今存本之半;如但指伊村手録者,則"合"字"纂"字無着落。今檢上海圖書館藏一稿抄本,亦載此序,不分卷,有"爲初學言"(39則)、"杜少陵詩評"(78則)、"陸放翁詩評"(31則)、"合魯易之詩評"(1

則)、“王無競詩評”(2 則)、“邱柯村詩評”(4 則)、“李大村詩評”(12 則)、“田子維雜著附評”(6 則)、“臆説記聞”(19 則)、“名公集句”(2 則)、“葉小鸞受記語”(1 則)等題,凡近 200 則,多爲今存八卷本所有,此或即四十九年之初整理本也。且今本卷八内有記康熙五十一年、五十五年事,可知四十九年後之數年間必有大增改,終至定稿,惟所用序則舊序耳。

絸齋頗讀程朱理學之書,然論詩則力戒流爲“有韻之四書五經”。其以理、韻關係論一部詩史:《三百篇》之《雅》《頌》“理無不包,語無不韻”,漢魏“詩妙而理無不通”,六朝三唐“但求詞佳不墮理窠”,宋理學家詩則“只求理勝不暇修詞”,亦是一種“代降”論。然卷四以下評歷代詩人,唐以前僅《古詩十九首》及陶淵明兩家,着墨多在唐宋,直至明清,甚切實而不致迂闊矣。唐宋以杜、蘇、陸三家爲最詳,大抵崇杜而嫌蘇、陸失之豪縱爽快;明清則推一杜茶村。諸評都從自家體會來,頗駁王漁洋、毛稚黄等時家之論,亦清初山左詩派中一特立獨行者。《續編》本自序末署康熙四十九年七十二歲,乃六十二歲之誤,今據上圖藏稿鈔本改正。

## 小澥草堂雜論詩不分卷

牟願相撰。願相字亶夫,號鐵李,山東棲霞人。乾隆諸生。與兄庭相有文名於時。小澥草堂乃所居祖屋,始由亶夫名之,故亦以爲號。有《小澥草堂詩文集》。

此書原附於詩集後,故無序跋。其中“詩小評”一句一評,每句取一自然之物或一人文之相,用以比附詩人詩風。此種形式唐宋已有之,如張舜民《芸叟詩評》、蔡絛《百衲詩評》、敖陶孫《臞翁詩評》等,頗傳妙趣。牟氏此作亦煞費苦心,不無可觀,如評王維“如翠竹得風,天然而笑”,即合於王詩立足現實而後方透出禪意之性質。偶入王羲之《蘭亭序》一條,則非關詩。“雜論詩”“又雜論詩”篇幅無多,然上自《三百首》,下迄前明,議論亦甚爲酣暢。中如評曹子建爲大家,盛唐必王維而非他家可與李、杜鼎足,王昌齡七絶勝太白,陸游在蘇、黄下等,皆已漸與後世主流意見合。評陳子昂、宋之問爲初唐第一、第二,而又詆爲小人,則已先於潘德輿《養一齋詩話》著論矣。篇中亦有偏激不通語,如評“中唐只是暢”之“暢”,與盛唐之“厚”對,尚能度其大意;然下例以“昌黎詩古奥詰曲,不能上口,蓋以暢故”,則不知所云矣。至謂蕭統爲“古今第一無眼力之人”,“其次便是從來讀《文選》之人";趙執信《聲調譜》"言古詩中有律調,更氣死人",此種口吻,殊非所宜。

## 龍性堂詩話初續集

葉矯然撰。矯然(1614—1711)字子肅,號思庵,福建閩縣人。順治九年進士,授工部主事,改樂亭知縣。有《龍性堂集》。

此書諸家序,謝天樞作於康熙十二年癸巳,吳琇作於二十八年己巳,而續集記事又有及於三十一年壬申者,知數度修改,定稿歷時近 20 載。刊行更晚至乾隆四十年,有邱振芳、鄭念容及秦大士三序,歷述其孫葉皋南(聲遠)出家藏稿本二册(卷)梓成之始末。葉氏論詩標舉聲、義兩端,以此考索六朝以來詩家之流變關係,所謂"古今詩人以變調能工者,惟顏延之、謝朓、王維、杜甫而已"。書中解析各家各詩,即主要留意於其間之互承互變情形,而不滿於嚴羽、高棅"初盛中晚"乃至六朝、唐、宋詩之類分別時代之説,而欲泯其界劃也。然亦不免模糊影響之論,如謂謝朓集有陶句,有大謝語,乃至有中晚唐人妙諦、"渾身韓昌黎"者;謂梅堯臣詩"直是六朝、三唐好手","無一字宋習",似此全無史識,辨之甚無謂。葉氏學有根柢,解杜、韓、義山、半山、東坡詩等,多引人所未及書,發人所未發,或中或不中,雖非的論,要於諸家詩之箋注不無補益也。又於晚明王、李、三袁、陳子龍,及並時之王漁洋、宋荔裳、程可則(周量)等,皆有議論,時間最近,不妨可聽。

## 劍谿説詩二卷又編一卷

喬億撰。億(1702—1788)字慕韓,號劍溪,江蘇寶應人。應試不第,棄舉業。客游山西,主講猗氏書院、郇陽書院。有《喬劍溪遺集》。

此書前有沈德潛乾隆十六年辛未序及四言詩三章,皆云書成二卷,知爲前二卷。而《又編》一卷乃另成於其後,今稿本藏上海圖書館,題曰"説詩次編",鈐"喬億""窺園"二印,亦有歸愚批語。劍溪説詩既崇古,亦不薄今,大抵除《三百篇》外,漢、魏、晉、唐詩亦非不能仿效,宋、金、元詩亦非不可寓目,識頗健全。論體則最尊古詩,以其去《風》《雅》愈近,至可細析至"託興古、命意古,格古,氣古,詞古,色古,音節古";又稍改李于鱗"唐無五言古詩"説爲"長慶後無五言詩",則欲包韓、白"一險一易"兩家耳。惟論近體亦求合於古意,此於五律尚不失爲有度,於七律則幾近南轅北轍矣,故老杜以下竟無有當意者。劍溪選有《大曆詩略》,文中論大曆前後詩人自是當行。又論詩主"詩中有人",雖云非關倫常美刺,終以人品奠其詩格,故於盛中唐諸家頗致意於韋、柳,於明詩則着意分出李、何與錢虞山之別,而於漁洋詩之無所感發亦致不滿。喬氏父祖輩與方望溪頗有來往,作者少時亦得接聞咳唾,文中頗記其言。此時則與方氏後人觀承交,論詩亦相合。

# 甌北詩話十二卷

趙翼撰。翼(1727—1814)字雲崧,號甌北,江蘇陽湖人。乾隆二十六年探花,歷官至貴西兵備道。有《甌北全集》。《清史稿》卷四八五有傳。

此書當時人多稱爲"十家詩話",蓋就前十卷而言。趙甌北史家兼詩人,此書又爲其晚年見識,故甚可聽。如十家之選,除太白一家承上外,杜、韓、白、蘇、陸、遺山、青丘、梅村、初白,則皆爲鋪陳發露、所謂"詩史"、所謂可盡天下之情事者,誠能一眼覷定唐宋以下之詩流主脈矣。其選國朝詩人爲吳、查,而非王、朱,謂梅村體"秘訣實從《長慶集》得來",初白功力直接香山、放翁云云,皆此意,洪亮吉、梁章鉅輩之批評未能搔着癢處也。其論諸家亦自有主旨,每能從大處與前賢立異,而無不穩。如論少陵真本領在"語不驚人死不休",此出乎性靈所固有,而非關學力;論昌黎本色"仍在文從字順中,不專以奇險見長";論香山之坦易較勝於韓孟之奇警,"世徒以輕俗訾之,此不知詩者";論東坡則賞其"才分之高,不在功力之苦";論放翁"趨向大方家",其"詩外之事盡入詩中"轉勝東坡。諸如此類,一歸於性情曉暢。又好揭櫫各家之"創體""創格""創句",而不滿遺山"蘇門若有功臣在,肯放公詩百態新"之說。凡此皆與同時之袁隨園性靈論聲氣相應,惟甌北運其史家之才識,持論轉較隨園爲整飭。論詩之餘,又必究各家之人事公案,如杜、蘇好營造,香山之俸祿、出身貧寒易於知足,放翁好作大言乃時、地使然之類,皆原原本本,言而有據。崔旭《念堂詩話》謂"猶其著《二十二史劄記》手段,與他家詩話迥別,余擬目之曰十家詩評",洵爲得當。《續編》所據爲嘉慶間湛貽堂刻本,此本卷一二最末一則論遺山,今續編移至卷八"元遺山詩"末。又"古今詩互有優劣"一則,內"今甲子歲""昨歲畢秋帆總督湖廣,未奏凱而歿"云云,秋帆卒於嘉慶二年丁巳,何年時之不接也?必有一誤。

# 詩學源流考一卷

魯九皋撰。九皋(1732—1794)原名仕驥,字絜非,號山木,江西新城人。乾隆三十六年進士,官夏縣知縣,卒於任所。有《魯山木先生》集。

此篇總括一部詩史,言簡而能完備,誠爲不易。大抵以曹子建、陶淵明、李太白、杜子美、韓昌黎爲五大宗,六朝以前無異詞,唐詩則抑白香山、李義山稍低,宋詩於江西詩派遺陳與義,於南宋遺楊誠齋、范石湖,皆不免過簡。惟論前明詩則稍備,至殿以嶺南屈大均、陳恭尹,二家雖可謂遺民,實皆已入清矣。又論詩體惟以五古爲正,而嫌七古濫、律詩靡,此或不免溯源過甚而不知沿流也。其復古一至於此。

# 石洲詩話八卷附録二卷

翁方綱撰。方綱(1733—1818),字正三,號覃溪、蘇齋,順天大興人。乾隆十七年進士,授翰林院編修,官至内閣學士、鴻臚寺卿。有《復初齋》集。《清史稿》卷四八五有傳。

此書有乾隆三十三年自序,謂乾隆三十年乙酉至三十三年戊子視學粤東諸郡時,與幕中同僚論詩,積久得 500 餘條;是年秋間任滿銷職,與諸生續談,又補益至 800 餘條,令各抄一部云云。此指前五卷。又據翁氏嘉慶十七年跋語,稿久失去,偶由葉繼雯(雲素)得之書肆,因謄存一本,增附《漁洋評杜》一卷。嘉慶二十年張維屏跋語云又增元遺山、王漁洋論詩絶句二卷,凡八卷,並於是年由翁氏門人蔣攸銛在兩廣總督節署開雕,時距稿初成已逾四十年之久。其後又作卷九、卷十,然已未及增補刊出矣。今國家圖書館藏有鈔本。此書論詩甚精悍,雖云成於早年,然經晚年增訂,前五卷復可驗之於後三卷,故足當定論。覃溪一生詩學,可謂從漁洋入,又從漁洋出,曾各作《格調論》《神韻論》專文,揭橥神韻猶格調之秘,即爲漁洋而發。本書亦始終視漁洋爲第一對手,評唐以下詩人,和盤托出,進而可窺覃溪如何轉神韻爲"肌理"之形迹。實兩家論詩,皆爲清人中之極精深者,故能相承相敵如此。此書已屢用"肌理"一辭,如謂元好問較之東坡"肌理稍粗"、楊維楨擬杜《秋興八首》"肌理頗粗"等;然其正面之樹立,乃主要在評説老杜、香山、山谷等大家中完成,尤以説杜爲最關鍵。如卷一論元稹《杜公墓係》"鋪陳""排比"一段,竟以漁洋所許之盛唐"妙悟”一義，抉發遺山論詩絕句“少陵自有連城璧”之“璧”，姑不論其是否合乎遺山本意，然以“妙悟”濟“鋪陳排比”，轉較微之原論爲豐；繼而又橫插香山之“鋪陳排比”，所謂“尺土寸木、經營締構”者，以重抑妙悟，正説反説，創爲新論，既合二元説杜爲一，又別於漁洋之神韻矣。又如論宋詩，覃溪雖尊東坡，卻斷然以山谷爲“總萃處”，爲之“提挈”，推衍劉克莊“本朝詩家宗祖”之説，以爲此論不特深切豫章，抑且深切宋詩三昧，其自用語則是“刻抉入裏”“益加細密”云云，皆所謂“杜法”、所謂“肌理”説之用武地也。此覃溪詩學精詣所在，故必不以漁洋之推山谷爲然，而辨之甚力，出語亦重，以致屢有“予不得已”之表白。蓋漁洋詩學從辨體入手，故五言推王孟，老杜僅屬七言名家；而自家興味實又偏在五言一體，遂熱衷於“神韻”，以致論山谷亦只落在所謂“掉臂自清新”上，宜招來覃溪之駁難。卷六辨析所傳漁洋評杜語不遺餘力，除分清真贗外，於二王斥杜處一一反駁之，亦此意。卷七、卷八評説遺山、漁洋之論詩絕句，所着意者仍在老杜、香山、義山、山谷諸家上，大抵申遺山而不許漁洋，與前五卷保持貫一。其前五卷除説大家外，唐、宋、金、元中小詩人皆有論析，與吳之振《宋詩鈔》、顧嗣立《元詩選》等新出選本頗多商榷，於吳鈔尤致不滿。覃溪論詩切實著明，“不似《説詩晬語》多公家語”（崔旭《念堂詩話》），此是其長處，宜與作詩之“如博士解經，苦無心得”（洪亮吉《北江詩話》）分別觀之。然其論過實而失當者亦復不少，如太白“七言又其靡也”一語，被坐實爲“專指七律言耳，故其七律不工”。即如不喜孟郊亦有説，乃從不服歐陽修“窮而後工”説來，以爲“未有窮工而達轉不工者”。又嘗持此論編選黃仲則遺詩，而竟削其半。諸如此類，雖不失爲一家言，終嫌不穩。稍後潘德輿《養一齋詩話》駁之甚峻厲。覃溪於宋人則不喜楊萬里，此固詩學不同，然或借斥並時之袁隨園也。又卷七、卷八兩記當日同在四庫館校詩集，紀曉嵐有勇改之失，或亦不無微意。此二卷北京大學圖書館藏有稿本。《續編》所據爲嘉慶二十年蔣氏刻本。又覃溪於八卷本刊出後，復作卷九、卷十，接卷八之附説漁洋論詩絕句，繼續就漁洋之諸種《詩問》著論。漁洋此數種詩答問，皆出自問者記錄，非由手定；當時就問者回答，問既不能盡愜本心（覃溪所謂“本不必問”者。），答語亦非如文字之可以字斟句酌（覃溪所謂“先生隨口偶舉之語，不必筆諸簡”。），宜招來糾駁。然如“古詩萬不可入律句”之類，漁洋原就一般情形而言，並無不妥，故覃溪之駁，亦每有“非可一概而論”等轉語。其駁漁洋者大端有二，一是釐清與明人尤其是滄溟詩學之曖昧關係，至有“白雲樓鄉後進”之誚；一爲端正其七律“蘇、黄必不可學"而由"熟玩劉文房"入的前後倒置論。此皆覃溪數十年間商榷漁洋之老話題,惟此時已是晚年最後之論,義理透闢,語更圓融。其中尤可關注者,乃借駁神韻、格調而大暢其肌理之説至於定論矣。如集韓愈"周詩三百篇,雅麗理訓誥"、杜甫"熟精《文選》理"、杜牧謂李賀詩"加之以理,可以奴僕命騷"三語之"理"字,謂即《三百篇》之理、漢魏六朝詩之理、唐詩之理也。又以爲"非必研析義理而後謂之理","詩言志,志即理也","心即理也","文理之理即肌理之理也",而總歸於老杜"肌理細膩骨肉勻"一語。至此其"肌理"之"理"字出處,乃真可謂"徹上徹下之語",較其曩年《杜詩"熟精〈文選〉理"理字説》、《韓詩"雅麗理訓誥"理字説》等文又有進焉。又以"細肌密理"一詞,析出右丞、東川七律與老杜七律之肌理不同處,前者内蘊於"格韻"中而難尋,後者則"於氣骨筋節出之,於章法頓宕出之","出"則雖運轉深微亦能得也。從而確立蘇、黄、陸及遺山、道園諸家爲七律乃至學杜之正宗,必先知此宋金元七律,而後可以語唐七律。即使唐人七律,也非漁洋所示之右丞、東川、文房一路,杜之外,必以香山、義山、樊川爲正宗。此誠能糾補漁洋詩學諸體弱於七律之弊,七律與七古,亦最是'肌理'用武之地,遂至其能大放厥詞也。至於五古,覃溪亦非議滄溟、漁洋之"唐無五言古詩"説,轉而支持張篤慶之論,此固從其維護老杜五古之立場來,然終不如漁洋之識精微,反落其後矣。此二卷久湮無聞,卷十手稿載上海圖書館藏《蘇齋存稿》,題記有云:"此卷是端簡公所撰,方綱全録於此,附以管見,非若前卷偶節録也。"知兩卷相繼而作。又《復初齋詩集》卷六八有《跋然燈記聞六首》,系在嘉慶乙亥八月至丙子十二月,全爲此卷所論之詩語改寫,可窺其逝世前用心之篤於此也。

## 雨村詩話二卷

李調元撰。李調元(1734—1802)字羹堂、鶴洲,號雨村、童山。綿州羅江人。乾隆二十八年進士,官至直隸通永兵備道。後以事罷官,發遣伊犂,捐銀贖歸。有《童山詩文集》,輯有《全五代詩》《函海》等。

此書《函海》本前有自序,未署年月。《函海》輯成在乾隆四十七年,則詩話當成於此前。雨村與袁隨園聲氣相投,嘗自附於袁、蔣、趙後,合刻《林下四老人詩》。此書自序謂"嘗以爲詩法不出乎諸大家,每與同人多諄諄論辯,今擇摘一二"云云,似乎自得自撰,實乃泰半竊自蔣衡,自欺復欺人也。卷上以論樂府爲主，乃全數抄録蔣氏《樂府釋》《古樂府》；卷下説杜 10 餘則，自"《何將軍山林十首》章法細密"以下，乃抄録蔣氏父子之《杜詩紀聞》。蔣衡原書多存師友同輩人語，一一出其姓氏字號，如論樂府多採劉繼莊（獻廷）之語；論杜採梁鷦林（以樟）、潘南村（高）、王或庵（源）、顧玉停（陳埣）、劉夢弼、王叔聞等多人之語。其中如潘高乃蔣氏鄉賢，王源之語尤四出之，蓋或庵乃蔣氏之師。今雨村將衆人之名概行抹去（偶剩一劉繼莊），又稍變文字，以泯其剽取之迹，則其人不僅於詩無所己見，即人品亦大可議也。

## 讀雪山房唐詩序例不分卷

管世銘撰。世銘（1738—1798）字緘若，號韞山。江蘇武進人。乾隆四十三年進士，官至監察御史。有《韞山堂詩文集》。

管氏輯有《讀雪山房唐詩選》三十四卷，歷時七載，成於乾隆六十年。諸體目録前有凡例，光緒間同里金武祥抽出單刊，並附以管氏《讀書偶得》《論文雜言》二種。《續編》則於二種中選録論唐詩者 20 則存之。始末見於卷前管氏、金氏、洪亮吉、趙懷玉諸序及《續編》校語。管氏選本承王漁洋分體選詩之旨，又以斷代專選較易於深入，故其例言雖多似習見者，而取去甚爲精審。如五古合唐一代而言之，下及韓、白，與李滄溟、王漁洋"唐無五古"論異；七古不專尊初唐，與何大復《明月篇序》之論異；近體則並推摩詰、少陵爲極致，而無分五言、七言；至於五排累李遜於杜，七絕杜不能工等，是皆平允有見，而出自於深思，極有當於一代之選本也。其論頗獲有識者好評，如道光初陳僅《竹林答問》即稱其精確。惜其選本後世不甚流傳。

## 葚原詩説四卷

冒春榮撰。春榮（1702—1760）字寒山、葚原，號花源漁長、柴灣樵客，江蘇如皋人。布衣。掌教浙西、江左間書院。有《葚原集》《縈翠閣詩鈔》。

此書無序跋，四卷凡 136 則。蔣寅《清詩話考》詳列其中 100 餘則之出處，多抄自黃生《詩塵》、沈德潛《説詩晬語》兩書，間亦及楊載《詩法家數》、范德機《木天禁語》、王世貞《藝苑卮言》等元明人詩法之作。

或即以黃、沈兩書爲主,講學於諸書院。卷一下有"五言律説",卷二下有"七言律説",卷三下有"排律説""絶句説",卷四下有"樂府説""古體説"等小字標示,似即詩體教本也。卷四一則記乾隆丙辰館友人姜恭壽白蒲書室,與姜挑燈論詩,駁馮班《嚴氏糾謬》甚詳。又卷三一則列唐初、盛、中、晚四期之具體年份,或抄自葉之溶《小石林詩話》二編。光緒末,冒廣生編《冒氏叢書》,網羅冒氏族人著作,或未明緣由而闌入,遂行於世矣。

## 山静居緒言一卷

方薰撰。薰(1736—1799)字蘭士、蘭坻,號樗庵、山静居,浙江石門人。布衣。精繪畫。後人輯有《山静居遺稿》。《清史稿》卷五〇四有傳。

此書《續編》原題作"静居緒言"、闕名撰,富壽蓀校點説明謂據未刊稿本。考徐聯奎《方樗庵先生傳》有"所著《山静居詩稿》暨《論書》《論畫》《緒言》各若干卷"云云,道光間汪啓淑《續印人傳》卷二方薰傳亦著録有"《山静居緒言》二卷",知此卷應題爲"山静居緒言",方薰撰,今據以改正。又卷首趙懷玉序云:"頃來桐華館中,蘭垓(坻)出此示余。"金德輿桐華館乃方氏久客之地,張興鏞《山静居遺稿題辭》云:"憶到前塵百感生,桐華館裏廿年情。"注云:"樗庵向客桐鄉金鄂巖比部桐華館中,余得時相過從。"方氏亦有詩《寓桐華館有年矣其間庭花石竹解有餘留憩之迹一旦遷徙而去能無繾綣瀕行題壁以志平生》七律二首,此詩繫在《山静居遺稿》卷三《五十初度因成六律》後,則方氏寓居桐華館在 50 歲前,此卷當作於乾隆五十年前。方氏擅畫,論詩亦簡練雋永,大抵從六朝至金、元,歷數人代之變,以此爲長。其中如極讚陶、謝之新變而嫌蘇、黃之惑於新奇等,別擇甚明;而"須另具心眼,得有玄解,乃知宋詩妙處"、"一以唐人格律繩之,卻是不會讀宋詩"諸語,並可見清初以來此題之爭,此時已達於持平之結論矣。又論詩主"有人",性喜陶、杜,不欲以詩人限之。故其論亦每不斤斤於技術,而有質厚之感。方氏另有《山静居詩話》一種,記録同時浙人詩事,旨趣與此本之論詩儼然有別。《緒言》中國社會科學院文學所別藏有鈔本一種,題作"山静居詩論",據書末葉廷琯道光三十年跋,系其子道芬從方氏後嗣所藏手稿録副者,同時另録有《書論》一卷,豈即改題於此時、用便合裝乎?

# 國朝詩話二卷

楊際昌撰。際昌（1719—1804）字魯藩，號葭漁、蓬萊居士，浙江山陰人。乾隆六年舉人。會試未第，遁迹山林，以授徒行醫終。有《澹寧齋集》。

據卷首例言，此書成於乾隆二十三年戊寅，楊氏年四十。因有感於國家百數十年來風雅之盛，遠軼前明，而有是集。收録始於入清存者，止於當世殁者，不論遺民，無非臣子。故所録不避鼎革之際遺詩軼事，頗重梅村體一路七古歌行之作。然康乾盛世，承平日久，詩風由變趨正，一代宗匠，終非王漁洋莫屬。楊氏識亦及此，每揭"正宗""大方"以爲録詩宗旨，王、朱、施、宋等大家外，上自大學士張英、張廷玉父子，下至窮、微之士如楊格《閑閑草》、倪長駕《澹多軒詩》等未刊稿，多爲體制和雅、描寫太平風俗之作。又往往由詩及事，頗録掌故，亦合乎詩話記事存人之體例。有乾隆間楊氏似園自刊《澹寧齋集》本，《續編》即據以點校排印。

# 石園詩話二卷

余成教撰。成教（1778—?）字道夫，號石園，江西奉新人。嘉慶十三年舉人，後兩應會試不第，任鉛山縣儒學訓導，主講鵝湖書院。有《石園文稿》。

此書内容，嘉慶十八年癸酉方觀、劉子春二序謂"自唐而宋而元明而今"，而二十一年吳嵩梁序謂"皆取於唐人詩"，所言不同。今本始末合於吳序，乃新撰，舊本十九年甲戌已毀於火，全稿不復記憶，遂未能復原。其事見余氏《石園文稿》卷一《上吳玉松先生書》。或以此故，今本於各家略摘佳句，品評及記述均極簡單，多習見語，幾無可採。吳序"高悟出塵，超然常解"云云，蓋敷衍之辭耳。

# 老生常談一卷

延君壽撰。君壽（1765—?）字荔浦，山西陽城人。諸生。嘉慶十一年官萊陽知縣。有《六硯草堂詩集》。

此書無序跋，蔣寅《清詩話考》據文中一則云"去年在濟南聞船山物故"，張問陶卒於嘉慶十九年，定作於嘉慶二十年後，甚是。文中又有起居讀書詳至"昨日"等記,然竟難更得確指矣。此書雖云"老生常談",所談實甚具體深入,不作公家門面語,幾與翁覃溪相當。惟翁從學理來,延氏則多從自家讀書體悟來,立足於"指示初學"。其言强調讀書要"心能深入",作詩要從大家入手,故論析多在曹植、陶、謝、鮑、李、杜、韓、蘇等家,絶無唐宋之類門户之見。又或以太白、東坡天才不易入,分析反較杜詩爲詳,此與一般學詩之論不同。論陶則要防"引入孟、王、儲太祝一路去",蓋其不甚重王孟韋柳一派,戒人不可作安身立命處。連類而及,本朝詩家亦不喜王漁洋,以爲"羚羊掛角"之説誤人不淺,嘗舉讀王西樵評杜本之例説明之。近人詩則推袁、蔣、趙、黄景仁四家爲冠,尤以仲則似李且學蘇而贊譽有加,而不滿翁方綱等所選不全。又標舉山西鄉賢詩人,拔擢傅山、陳廷敬爲本朝大家。延氏曾在里中結"樊南吟社",曾刻乾隆時陽城詩人郭冀一等八家爲《樊南詩鈔》,則其學其行皆屬專門,固不止於指示初學門徑也。

## 小清華園詩談二卷

　　王壽昌撰。壽昌字介圖,號眉仙、養齋,雲南永北人。嘉慶十八年舉人,任尋甸州儒學訓導。有《王眉仙遺著》等。

　　據自序,書乃道光五年乙酉與大司農禧恩談詩整理而成。卷上"總論"以詩格出之,如"四正""六要"等,列舉詩學概念甚備;"條辨"又各作摘句圖,一一釋其義。卷下再以古詩、唐詩之分析,例證卷上之説,體例甚善。其論莊雅周備,乃一篇傳統詩學之正論也。主《三百篇》外,即杜詩雖得遺意,猶爲變風變雅,未可謂盛世之音;嚴滄浪"詩有别材"之"别",亦爲解作非正體,其宗古之篤,一至於此。亦偶有誤,如"煉字不如煉句"一則之"竹憐新雨後,山愛夕陽時",乃錢起句,而誤署劉長卿。至以唐人七古爲"唐體"而非之,則較李于鱗"唐無五古"説偏頗更甚,蓋五古猶可説,七古唐前僅爲濫觴而未成體,故斷無是理也。此書有道光七年刊本,而《雲南叢書》本僅一卷,少30餘則,未可爲據。

## 三家詩話一卷

　　尚鎔撰。鎔(1785—1863)字喬客,一字宛甫,江西南昌人。諸生。晚客河南,歷主三山、聚星、崇實、唐縣等書院。有《持雅堂全集》。

　　此篇據道光五年姜曾序,乃作於是年鄉試落榜後之第五夜,剔燈疾書而成,蓋夙喜袁、蔣、趙三家詩,積久有年,遂能一揮而就也。其論三家,首重時代氣運,所謂乘國家全盛之勢,才情學力之發揮,較國初牧齋、梅村、漁洋諸老更擅勝場。此誠正論,可備一説。又以總論、分論、餘論多方比較三家源流得失,大抵許袁之筆巧而非其纖佻,許蔣之氣傑而非其粗露,許趙之典贍而非其冗雜,可謂持平。然或以同産江西故,論蔣似較深入,如謂"茗生之粗在面目,肌理則未嘗不細膩"、"懷人諸詩憲章歐陽文忠"等,可謂獨發其秘也。袁等三家,嘉、道間評論或譽或詆,不啻天壤,求平允有見如此篇者,洵爲難得。然其中如論"子才律詩往往不對",七律轉推趙勝袁、蔣,則大失准。袁詩諸體以七律爲第一,王曇、舒位等先已論之,後張維屏等亦持此議,《瓶水齋詩話》更以老杜、義山、放翁以下之第四變許之,袁詩國朝大家之位置,實亦賴此體之成就,宛甫此篇或以成之過速,乃有此遺珠之失,較諸家之論反覺遜色矣。

## 方南堂先生輟鍛録一卷

方貞觀撰。貞觀(1679—1747)名世泰,以字行,一字履安,號南堂,晚號三乳老人,安徽桐城人。諸生。因同邑戴名世《南山集》案牽連,隸旗籍,十年始放歸。乾隆元年薦博學鴻詞科,不就。有《南堂詩鈔》。

方氏詩得唐人三昧,史承謙《青梅軒詩話》曾記其自述學詩經歷。論詩亦一歸於唐,所謂"郁郁乎文哉吾從周"也。此篇據道光十三年金楷、李墾二序,知久湮無聞,流落坊間,此時始獲梓行。又據次年阮亨序,乃方氏晚年之論,篇中亦有"康熙己卯、庚辰以後詩風三十年不變"等語,可謂內證,故欲以學唐矯數十年學宋之積弊也。其最有慨於唐宋詩區別之言,莫過開篇"有詩人、學人、才人之詩"一語,期以撇清所謂"崇論閎議"、"博聞强識"一切宋以來附加之質,而歸於詩人性情、蘊藉之風雅正傳。所用禪宗話頭雖亦爲宋人語,然是宗唐詩之宋人也。方氏之論既不出唐詩一步,故雖爲正論,究爲所限,其不喜李賀,忌賦之鋪陳,反對詩中出注,摘句以別解老杜"語不驚人死不休"等,皆所謂能得詩之正,而未能道詩之變也。復旦大學圖書館藏有方氏手書稿本,後有光緒十六年張鳴珂與今人王欣夫二跋。

## 退庵隨筆·學詩二卷

梁章鉅撰。章鉅(1775—1849)字閎中、茝林、芷林,號退庵,福建長樂人。嘉慶七年進士,累官至江蘇巡撫,兼署兩江總督。有《藤花吟館詩鈔》等數十種。

此原係《退庵隨筆》之卷二〇、二一,"學詩"者,蓋記録翁蘇齋、紀文達二師之語,並抄撮宋、金、元人及時賢論詩語,排比説明,以示人門徑也。其上卷之大要,略在"用事",竟以宋人説杜之"無一字無來歷"一語,上通至《三百篇》,謂我輩生古人後,須盡識往古來今、上下四方、鳥獸草木、古人格律,方可言詩,用駁鍾嶸"何貴用事"與嚴羽"非關學"之説,極顯其師門相沿之重學旨趣;下卷之大要略在"用韻",尤擅長辨析古體聲調,此是漁洋、秋谷及乃師覃溪一脈相承之學,又多方參酌顧亭林、毛西河等家,其聲韻之説遂較前輩清簡可從,此亦關學問也。翁、紀二家詩學本極精深,梁氏爲翁門高足,眼界甚寬,亦能賞袁枚之説,摘引《隨園詩話》、全録其《續詩品》等不遺餘力,故能盡得乾嘉詩學之義諦。其中之一義即爲唐、宋詩無礙,如《御選唐宋詩醇》定李、杜、韓、白、蘇、陸六家,《四庫提要》繹之"當爲詩教幸,不僅爲六家幸",此乃詩史大方之見,非諛辭;梁氏即詳析六家優長及歷來注本,又廣而及於唐、宋他家,雖多本師説,未能自成一家,然信而有據,頗便擇優以讀,此亦其"學詩"之謂也。

## 養一齋詩話十卷

潘德輿撰。德輿(1785—1839),字彥輔、四農,江蘇山陽人。道光八年舉人,十五年大挑一等,以知縣候補安徽,未得實授以終。有《養一齋全集》。《清史稿》卷四八六有傳。

此書原名"説詩牙慧",有嘉慶十六年辛未自序。據潘氏後人陳畏人跋,作者"後手自重寫清本,乃易是名。徐廉峰太史所刻,即據此本也"。徐寶善刻此書在道光十六年,而其序云道光九年在京師,即曾得讀潘子所著詩話若干卷。可知成書、修訂、流傳至刊行,歷時長達二十餘年。全書宗旨,欲以儒家詩教救世道人心,其志甚堅,其意甚篤,而又深於詩藝,以致説甚嚴重而仍能饜飫士林。於歷代詩人舉曹植、陶潛、杜甫三家爲詩教風範,而黜曹操、阮籍、陸機、潘岳、謝靈運、沈約、范雲、陳子昂、宋之問、沈佺期等爲"亂臣逆黨之詩",戒世人一概不選不讀。立説之餘,詳爲録詩摘句,多方辨説,以證成詩品系於人品之理。又創爲"質實"一辭以明此立場,由"漢魏之質實",而至"虞道園之質、顧亭林之實",一部詩史,止於元明,遂竟成立於此論。尤有甚者,此一"質實"之説,或得繼神韻、格調、性靈、肌理等説之後,成爲有清一代詩學之結穴也。惟諸説温厚從容之盛世氣象,亦不復得返矣。潘氏論詩高明之處,在有一"心術""氣體""時運"分疏之思路,以爲"心術無古今,而氣體不能無古今,則時運爲之"。故"氣體當爲今之古,不必爲古之古"。如子建、淵明、子美三家,氣體雖因時運而遜《三百篇》,然心術可繼《三百篇》,足爲"今之古";而潘陸、徐庾、沈宋、温李、蘇黄以迄南宋"四靈",以心術不逮故,雖一時稱巨手,而皆爲"今人之詩"矣。其臧否詩人之信據,實在於此。其論《三百篇》,亦有"體制音節不必學、不能學","神理意境不可不學"之基本分别。此種分疏法最足稱道,以方法論言,已達於清人論詩之高境,極爲難得,宜其《詩話》迥異於一代之作,而爲衆家同聲贊譽也。《説詩牙慧》十三卷稿本今藏北京大學,與《詩話》之刊本略有增删,其删賸之稿二卷,已由今人朱德慈補輯入中華書局 2010 年刊《養一齋詩話》增訂本内。

## 養一齋李杜詩話三卷

潘德輿輯撰。此篇以排比前人之論爲主,選擇甚精,又必申論各説優劣,而發爲本人之言。潘氏原本朱子"作詩先看李杜,如士人治本經"之旨,輯有《李杜詩選》,此篇即選旨綱領,故稿本原題爲"作詩本經綱領",刊行時易爲本題,附於《詩話》後。大抵論李則尊朱子"太白詩非無法度,乃從容於法度之中"一語,以破歷來"詩仙"之虚無縹緲不可知者,而歸太白于"實";論杜則准東坡"發乎性,止乎忠孝"一語,而置杜詩於"發乎情,止乎禮義"之變風變雅上,諸家之論有不達此一高度者,皆一一糾駁之,最終得出杜非變調、李乃復古之結論,以維護二公詩教偉人之形象,可謂嘉、道質實詩學一典型之論也。其間不無過當處,如謂杜之五古、樂府非變古,不合於事實甚明,此非潘氏不知,實其論之不得不然也。稿本今藏北京大學圖書館,説李一卷次第頗有不同,説杜未析爲二卷,文字略同。

## 竹林答問一卷

陳僅撰。僅(1787—1868)字餘山,號漁珊,浙江鄞縣人。嘉慶十八年舉人,官至陝西寧陝廳同知。有《繼雅堂集》。

前有道光十九年己亥自序,略謂作令紫陽時答侄兒詩香問,詩香録而成編,以談詩處有修竹數十竿而題作書名。全編問題廣泛,答案精要,略按總論、體制、作法、題材、歷代品評等次第編排。陳氏學有根柢,另有《詩誦》五卷專言《詩經》。此編論《三百篇》以下,遂能游刃有餘。其論每歸於"時勢運會",故識極通脱,語極確鑿。如首説"詩亡",謂"乃采詩之職亡而變風不陳",不關詩之體格存亡;"古今無一日無性情,即無一日無詩","故他經不可續,獨詩可續",數語釋"亡"一字、爭後世詩之出處,似未有如此正大明確者。説詩體發展之次第,如古詩、樂府之分,唐人長古從六朝來,有六言無八言,乃至十一字句、五句、三句、七句等,換韻體以每句用韻爲正格,樂府音節以節拍爲主,唐詩入樂者初唐多五律盛唐多七絶,古詩聲調亡於晚唐,北宋歐、蘇復之,故當以杜、韓、蘇三家爲法律,沈約八病爲驅古變律之用,其用已過,種種聲韻、字句變化,皆以自然發展之勢解之。説作法等亦通達,如"錬字無定處、眼亦無定處"等。論杜詩注本則推錢注爲第一,仇注最不堪,亦以其過於拘板故耳。綜觀全編,大抵直承宋人《滄浪詩話》《白石詩説》,而不滿本朝漁洋、隨園諸家,格調、肌理更無論矣。然所言實以格調爲脈,運以學問,糅合性靈、神韻等説而集其成者也。

## 白華山人詩説二卷

厲志撰。志(1783—1843)字心甫,號駭谷、白華山人,浙江定海人。諸生。有《白華山人詩集》。

此篇雖云二卷,實僅百餘條、數千字耳。附於其《白華山人詩集》後,詩集刊於道光十六年,篇中有記道光十一年辛卯事,當作於此之間。厲氏有詩名,其論以心得爲主,每有會心於古人深處者,然亦頗似以詩人之辭出之。如論淵明之於《三百篇》,以"遥而望之,望之而見,無所喜也;望而不見,亦無所愠"説之,豈非奪胎於陶詩"望南山"乎?又屢以"天高"喻心、喻詩等,俱屬同一機杼,宜其論崇古也。然於唐以下亦非無所取,如謂北宋諸公惟七言近體有可學處,即爲至言。

## 問花樓詩話三卷

陸鎣撰。鎣(1775—1850)字勝修,號藝香,江蘇吳江人。諸生。

首有道光二十四年甲辰陳文述序,謂陸氏郵示此篇,讀而序之,知即作於此年。三卷略以唐、宋元明及本朝分之,皆就本人讀詩、交游記録,以得之家中先人者爲多。其先祖輩中有與吳梅村、徐乾學、張大受等名家交往者,有與顧嗣立同編宋元詩者,有以詩受知於鄂爾泰者,亦一儒素世家也。故陳序頗善其能述祖德。其言唐宋詩稍可提及者,如疑《四嬋娟》詩非孟郊作,《石林詩話》記歐陽修自詡《廬山高》詩非篤論等。論本朝則能力排時風,賞袁、蔣、趙爲繼國初嶺南、江左後之獨開門戶者。《詩話》原載同治十一年刊《陸氏傳家集》卷四,此卷專收陸鋆之作,末附陸迺普跋,續編本原闕,今補上。

## 筱園詩話四卷

朱庭珍撰。庭珍(1841—1903)字小園,一作筱園,號詩隱,雲南石屏人。光緒十四年舉人。有《穆清堂集》。

書前有同治三年甲子、七年戊辰及光緒三年丁丑三自序,交代寫作修訂始末,長達十餘年。朱氏善持論,卷一運筆糅合古來各家種種高論,面面俱到,然細按之實了無新見,乃晚清詩說一大篇公家門面語耳。其中謂趙秋谷深服金人周德卿之"詩中有人"說,移花接木,以避其深惡之吳喬,而實非秋谷《談龍錄》原文也。卷二縱論國朝詩家,則頗有可觀。袁嘉穀《臥雪詩話》卷三謂其於順康以後詩集無一不覽,故論析各家各體,語較深入。大抵國初江左三家、嶺南三家、康熙六大家等皆無異詞,而附和袁枚盛稱高其倬《味和堂詩》,則不可解;中期推蔣心餘、黃仲則,亦屬有見,惟詆袁、趙及張船山所謂性靈一派太過,語近罵市,毀、譽竟落兩極;嘉、道後盛讚吳嵩梁、張際亮兩家,亦從時論而已。其他如滿洲詩人、布衣詩人等類目,所設列之大家、名大家、正副名家、上中下小家等品目,皆可見其用心,不無參考之助。卷三、四以論作法爲主,又多爲習見語,以間雜具體評騭之故,較卷一之冗理悶言稍覺生峭。此即全書之大較也。朱氏甚自負,然自家見地並無多少創獲,未符所望,而攻人之厲,氣囂意浮,以之自飾乎? 轉與吳喬"正錢"同一失當矣。

## 藝概·詩概一卷

劉熙載撰。熙載(1813—1881)字融齋,江蘇興化人。道光二十四年進士,官至廣東提學使,晚年主講上海龍門書院。有《古桐書屋六種》等。《清史稿》卷四八〇有傳。

　　《藝概》一書，原有文、詩、賦、詞曲、書、經義等六概，詩特其一耳。首有同治十二年自敘，略申平昔説藝好言其概之義。而其説詩之"概"，除每一則皆要言不煩外，尤在擇人、持論之精，頗見提綱挈領之功效。如《三百篇》主要就《毛序》之風、雅、頌、賦、比、興"六義"説之；詩人僅取大家、名家數十人論之，詳於六朝，略於唐宋，宋後則無論矣。以大説小，以少勝多，適見其全。論詩體、作法等亦無技法瑣細之弊。其根柢在儒家"言志""無邪"詩學，如創爲"性情正""正性情"之"天人"説，謂"雅人有深致，風人、騷人亦各有深致；後人能有其致，則《風》《雅》《騷》不必在古"等，皆正而能變，變而復歸於正，運用純熟，涵養甚厚。其簡、概亦得益於鑄詞煉意之精到，如謂"昌黎詩往往以醜爲美"，此一"醜"字，即爲歷來評韓詩之"奇""怪"所不能到矣。然首則引《詩緯》、文中子語，取義雖高，不免稍乖出處，當與第二則互易，方不負全篇用心也。亦間引釋、道語説詩，則不穩。如以"有""無"説杜詩、蘇詩，蘇尚可，杜則如何得合"但見性情不睹文字"之評乎？此書同治末刊行以來，皆以六卷全帙行世，《續編》始抽出《詩概》一卷，輯入叢書，以符説詩之體例也。

原載於《復旦學報》(社會科學版)2016 年第 5 期

（張寅彭，上海大學文學院教授）

# 宋版的字體與版本鑒定

陳先行

宋代是我國雕版印刷的興盛時期,由於唐五代及以前的寫本瀕臨滅絕(儘管 1900 年於敦煌莫高窟發現一大批文獻,但主要以佛經寫本爲主),唐五代間的刻本又基本失傳(僅存若干種佛經),長期以來,宋代刻本一直是研究兩宋及以前文化的第一手資料,爲人們所珍視。就版刻而言,後世出現的許多現象或問題,大都可以從宋版之中找到綫索與答案,可以這樣説,宋版是源,後來的版刻是流。因此,研究中國古籍版本學,即使作斷代或專題研究,皆繞不過宋版。前人十分注重宋版鑒定研究,並且取得足以令後人仰慕的成就,尤其在近數十年,人們幾乎一直在借鑒利用前人的研究成果,而自己則缺乏潛心思考,少有發明。這是否意味着宋版鑒定研究的文章已被前人做完,後人真的無所事事了呢? 其實並非如此。限於客觀條件,前人對宋版的認識、鑒定留下不少問題與空白,尚待我們利用今天所擁有的而前人不具備的資訊條件進行深入研究。上海圖書館之所以在 2010 年舉辦以館藏宋本爲專門的展覽,並且編撰出版了《上海圖書館藏宋本圖録》,就我個人而言,是想在這方面作一點嘗試,因爲具有版本學研究傳統的上海圖書館,也很久沒有作過有一定規模與較爲深入的宋版鑒定研究了。這裏,我想從版本鑒定的角度與大家討論一下宋版的字體。

一

衆所周知,由於至今没有一種高科技手段能解决鑒定版本問題(用碳 14 進行紙張測試,僅提供一種相對參考,不能作爲直接或唯一的鑒定憑據。因其只能測試出紙張的大概年代,卻無法斷定版本的刊刻年代),人們通常根據古籍的形制鑒定版本。古籍刻本的形制包括字體、牌記、刻工、避諱、版式、行款、紙張、裝幀等。真正以形制鑒定版本，而且最先落實於對宋版的鑒定，發生在明代中後期（這是我一直將"版本獨自成學始於明代中後期"及"版本學發端於宋版鑒定研究"觀點的一個重要依據，在此不展開討論）。起初人們僅注意字體、版框、紙墨，至清代初期又注意到避諱字，後來更注意到行款、刻工，總之，鑒定之法在辨識版刻的實踐中不斷發展、完善。這些都是前人鑒定版本的經驗所得，十分可貴。這些經驗見諸文字似乎很簡單，但要掌握卻並不容易。這是因爲，倘若自己沒有一定的實踐，是難以領悟前人這些經驗的。許多迫切想掌握鑒定版本本領的人總會問，應當看哪些著作會使鑒定水平得獲迅速長進，說實話，沒有捷徑可走，只有老老實實盡可能多地摩挲原本，方能逐步提高認識（若不能接觸原本，則多看各種版本圖錄、書影也有效果）。當然，我也會推薦葉德輝的《書林清話》以及有關書籍。《書林清話》是一部主要講版刻的筆記性質的書，材料豐富，可資參考。說它是第一部版本學著作，則是後人強給它戴的帽子，戴上之後再批評這頂帽子有種種不足，這是不合情理的。何況後來有的稱爲版本學的著作，其素材與觀點多從此書而來，未能擺脫其藩籬。有一點必須明白，不能輕率依據《書林清話》進行版本鑒定，因其資料大都來源於清代藏書家的各類目錄，那些目錄所著錄的版本本身面貌如何，葉氏大多未經目驗；那些目錄於版本的定奪著錄是否準確，葉氏自然亦不清楚，那麼，其相關言論究竟有無道理，能否賴以鑒定版本，便存疑問了。而即便書中含有葉氏自己的經驗，初學者也是分辨不清的。就算把該書背得滾瓜爛熟，一旦版本置於面前，仍然識不得。只有當你有了一定實踐經驗之後，再去看《書林清話》或者後來中外學者的一些版本學著作，才能深刻印象，有所體會，並且對前人之言論正確與否具有自己的辨別能力。再者，前人的經驗雖見諸文字，有的或許能直接拿來爲自己所用，如利用行款、諱字、刻工等進行鑒定版本（當然要以明了係原刻本抑或翻刻本爲前提）。但有的至少在今天還處於只可意會難以言傳的狀態，比如說字體，如果自己沒有經驗，單憑理論文字是很難看明白的。我們在各種講版本的書或文章上常可看到這樣形容字體以定奪宋版的說法，如"字樣樸直，留有北宋之遺風""字畫方整，望而知爲浙刻""字體秀麗，鋒棱峭露，爲建本之至精者""字體結構精嚴，鐫刻工整，洵蜀刻之佳者"等，對一個缺乏經驗的人而言，憑諸如此類的語言能看明白版本嗎？問題更在於，有的人尚未看明白，便要依樣畫葫蘆"著書立說"，就有點荒唐了。

　　鑒定版本固然不能僅僅根據版本形制，往往還要從版本源流、書的内容等方面作相關考訂。但根據形制作出大致判斷是鑒定版本的首要步驟。如果連形制都看不出個名堂，還侈談什麽考訂呢？而書一開卷，最奪人眼球的就是字體。僅以字體定奪版本，或許不夠準確，但倘若不辨字體而曰鑒定版本，則是無稽之談。有人可能會很不屑這樣的説法，你説的不就是"觀風望氣"嗎？是的。雖然在四十年前編纂《中國古籍善本書目》時，"觀風望氣"曾一度遭受莫名其妙的批判，但在今天，誰還會否認以觀風望氣鑒定版本是一種本事呢？而這種本事需靠實踐經驗的積累及悟性才能獲得，是鑒定版本必須具備的基本功。如果認同並且掌握這種基本功，才能真正體會到鑒定版本不是停留於理論而是付諸實踐的事情，才能理解黄丕烈那樣的鑒定家爲什麽令人服膺，才能寧可將硬做文章的時間用于摩挲版本。

二

　　作爲版本學家又是書法家的顧廷龍先生曾告訴我，他之所以學習六朝寫經書體（或謂顧先生寫的是唐人寫經體，並不確切），主要是爲了能熟悉掌握各時代字體特點以鑒定六朝至唐五代的寫本。前輩於鑒定版本之認真有如此，反映了辨認字體於鑒定版本的重要性。但現在有一個頗爲奇怪卻又客觀存在的現象：一些從事鑒定版本者不怎麽懂書法，而通書法者卻很少從事版本鑒定研究。不懂書法而要認識字體、鑒定版本是頗爲困難的，雖然通過實踐努力，在利用前人成果的基礎上作版本比對，看多了也能作出大概的判斷，但因不知其所以然，缺乏發現問題的敏感，容易先入爲主，甚至盲從。也因不懂書法，其對版刻字體所作的描述往往與實際不相符合，猶丈二和尚摸不着頭腦。

　　出于實用之需，宋版除或有佛經採用蘇東坡行楷者外，大多採用唐楷。唐代歐陽洵、虞世南、褚遂良、顔真卿、柳公權等人的書法受到宋代刻書者推崇，尤其是歐、顔、柳字體流行於宋版，這固然是三家楷書登峰造極的影響所致，也是宋代缺乏與之媲美的楷書大家的緣故。前人就所見存世宋本（請注意：主要是南宋刻本），總結出其字體具有浙歐、蜀顔、閩柳的地域風格（並不絕對，因爲既有時代前後之變化，又有寫、刻人員流動等因素），相對而言是符合實際情況的。因此，必須對歐、顔、柳之書體特點，乃至對宋代浙、蜀、閩三個刻書集聚地的字體有一個大概瞭解。

先說歐字。歐陽詢（557—641）是由隋入唐的書法大家，其楷法嚴謹而不刻版，峭勁而不姿媚。代表作有《九成宫醴泉銘》《化度寺塔銘》《皇甫誕碑》《虞恭公碑》等。版本家們所謂"字體方整"，多指南宋浙刻歐字本。以我的理解，辨别宋版是否歐字，看其彎鈎處最爲分明，其彎鈎曲圓較長，外方内圓，即所謂歐字融隸於楷的鮮明特點所在。

次說顔字。顔真卿（709—785）是盛唐時期的書法大家，作品多且富於變化。其43歲所作的《多寶塔碑》結體嚴密，端莊秀麗，但不是顔書典型。63歲作的《麻姑仙壇記》，以圓代方，肥瘦匀稱，莊嚴大氣，被稱爲顔書之冠，也是其代表之作。其他類似《麻姑仙壇記》書體的著名作品還有《八關齋》《中興頌》《顔家廟》《顔勤禮》等碑。版本家們描述宋版字體有所謂"蠶頭燕尾"之説，應當是指南宋蜀刻顔字本。我認爲辯識宋版顔字可注意兩個特徵，一是其重點的豎劃略呈圓弧狀，另一就是捺腳呈燕尾狀。

再説柳字。柳公權（778—865）是唐代最後一個書法大家，代表作有《金剛經》《神策軍碑》《玄秘塔碑》等。他的字吸收了歐的嚴謹、顔的遒勁，點劃挺秀，匀匀瘦硬，自成一體。版本家們所謂"字體雋麗，鋒棱峭厲"，就是指南宋建刻柳字本。我覺得柳字取法顔字更多，尤與《多寶塔碑》相近；甚至偶爾還有顔字"燕尾"痕迹，所以要細加分辨。鑒别宋版是否柳字，就要抓住挺秀、瘦硬這兩個特徵，這是與顔體頗爲鮮明的區别。

按碑刻雖是書法家手書上石，但一經鑿刻，與墨迹多少會有出入；而拓本有早晚，拓手的技術有優劣，難免又有走樣。至于雕版，字體雖曰仿自歐、顔、柳云云，其實已經是寫工與刻工的創造，何況其水準既有高低，刊刻遂有精粗之不同，所以我們看到的版本字體大多與書法家的原迹存在差異，只能去領會其有無某一書法家的特點與意蘊，而不能刻板地將一個個字、一點一畫與碑帖硬作比對。如果你所見的碑版拓本是一個拙劣的翻刻本，那更會跌入雲裹霧裹。

三

2010年3月，中國美術學院出版社曾出版《書法與古籍》一書，是根據牟復禮（Frederick W. Mote, 1922—2005，普林斯頓大學東亞系的創辦者）、朱鴻林（香港中文大學歷史系教授）合著的翻譯本（原文刊於《葛思德東方圖書館館刊》1988年第二卷第二期特刊）。該書從美學角度講書法與古籍的關係,研究角度新穎。但拜讀之後,發現其談論書法頭頭是道,一聯繫版本實例則符節不合。在此僅舉兩個有關宋版的例子。

如該書舉普林斯頓大學葛思德東方圖書館所藏清康熙抄本《東都事略》例,謂其"書風和版式表明,此本當自宋刻本影寫。字體方正,筆劃均衡而勁利,這種所謂的'宋體字'實乃來自宋代版刻"。其所下的這兩個結論都有問題,宋本哪有這種字體呢? 還説是據宋本"影寫",就更離譜了。關鍵是對"宋體字"這個概念没有弄明白,從而導致前一結論的謬誤。"宋體字"在版本學上有兩種含義,一即指宋版的字體。這其實是一種較爲模糊的説法,因爲宋版的字體多樣,姿態不一。不過,區別元代以後的刻本,宋版的整體風格固自不同,將其字體籠統稱爲"宋體字"也説得通,舊時已有這樣的説法,但僅限於内行的心領神會,外行則難以明白。另一即專指變化於明代正德、嘉靖,成型於隆慶、萬曆的仿宋字體。現存嘉靖時期的仿宋刻本,大都仿歐體字,也就是説,當時至少有一批本子是直接根據宋代的浙刻歐字本仿刻,其刊刻精美者僅下宋本一等,於是又有"影宋刻本"之説。後來形成風氣,幾乎成了嘉靖時期刻書的常用字體。爲便於施刀,刻意突出起筆輕落筆重的特點,從而使字體變得規整劃一,於是歐書神韻漸漸失去。到了萬曆年代,這種嘉靖字體又融入了顏體成分,演變成横細直粗的方體字(直粗就是顏體竪劃之變異),儘管這種字體有長方肥瘦之多端變化,自是至今,一直被稱爲仿宋體,又稱宋體字。

這種字體並非突變而來。有一個本子大家一定知道,即嘉靖四年(1525)許宗魯宜静書堂刻本《國語》,乃舊時書商每撕去序文冒充宋本者。由于這個本子有些字的寫法採用古字結構,人們覺得有點特別,而其字體點劃與一般嘉靖本相似,要説不同之處,那就是含有顏體意味,顯得豐腴,尤其是捺腳,特點突出。其實類似這種字體的本子並不少見,《天禄琳琅書目後編》或有誤將明本作宋本者,就有類似字體。另有一個嘉靖十一年(1532)郏鼎刻本《漢雋》,則更爲典型,其字除捺腳較硬外,基本就是顏體了。我認爲這類本子的字體對萬曆宋體字的産生一定有影響,萬曆宋體字只是更強調了顏體成分從而異化成爲一種新的字體。或以爲萬曆字體直接仿自南宋後期浙江臨安的書棚本,這並不確切,應當説是嘉靖仿刻本多少受到了書棚本的影響,故十數年前驚現於市場的書棚本劉克莊《南嶽舊稿》,有人誤認爲是明刻。書棚本字體雖筆劃粗細較爲勻稱,細審仍爲歐體,並無顏書意味,與萬曆宋體字迥不相侔。順便指出,有的學者沿襲舊時某種偏見,每將萬曆這種宋體字輕慢地稱爲匠體,而無視其創造性,也不顧其有精粗高下之區別,是有失偏頗的。這種字體在清康熙時代發展到頂峰,曩昔被藏書家稱作康熙精刻本者,有不少即指該類雋美的宋體字本而不皆是軟體字本(俗稱寫刻本)。此外,這種字體又有軟體字所無的大氣肅穆(猶如榜書,非顏體不能呈現穩重而磅礴之氣勢),這也是其常被清代内府刊刻關涉政治之書所採用的原因。而這部清康熙抄本《東都事略》,就是康熙時的一種宋體字風格,與真正的宋版字體實風馬牛不相及。

該書又云:"很多學者認爲成都刻工偏好柳體。這種書體在歐體的均衡、細瘦與顏體的肌肉、肥大之間達成有效平衡;除了單字緊凑而方正的結體,這種書體還在拉長或筆直的字形中採用規整而有力的筆劃。"於是作者從《中國版刻圖録》中例舉國家圖書館所藏成都刻本《禮記注》,並作解釋道:"根據上述柳公權筆法特徵,其刻風顯然頗受柳體影響。"又云:"它鐫刻純熟,墨色精好,專家視爲宋代蜀刻本極品。"筆者孤陋寡聞,真不知"很多學者認爲成都刻工偏好柳體"這句話的來由。竊以爲書是先寫後刻,採用什麽書體,一般是主持刻書者與寫工的事,能否雕刻精到才是刻工的事,即便刻工於某種書體有所偏好,並不會將書寫之顏體雕刻成柳體。雖然柳字含有顏書意味,也會有難以分辨的情況,或許成都的刻工還兼任書寫之職,但宋代蜀刻本之風氣流行顏體,尤其大字經注本群經(八行十六字本,除該《禮記注》而外,現存者還有藏於日本静嘉堂文庫之《周禮·秋官》、上海圖書館之《春秋經傳集解》等)更是顏書典型乃客觀事實(該部《禮記注》存卷六至二○。遼寧省圖書館藏有卷一至五,係天禄琳琅舊物,與國圖所藏版刻相同,無獨有偶,現今也有學者辨其字體爲柳字,從而判爲福建刻本)。而有一點須提及,不管"很多學者認爲成都刻工偏好柳體"這句話正確與否,但其隱約提到了刀法,這是研究字體時不能忽略的。傅增湘《藏園群書題記·宋刻巾箱本八經書後》有云:"此本結體方峭,筆鋒犀鋭,是閩工本色,决爲建本無疑。"講的就是刀法。前人對刀法十分强調,張元濟更有"審別宋版,只看刀法"之説。雖然講得有點玄乎,但他們往往是結合字體論刀法的。刻工熟悉了某一字體的特徵,抓住並刻意强調其特徵施刀,不僅體現其風格,還能把握全書的規範統一,於是就有了刀法之説。理論上未必説得清楚,可以結合版本字體用心琢磨,字體看明白了,對前人講的刀法也能有所體會了。

這本《書法與古籍》之所以會出現這些問題,除掌握資料有限外(主要依據普林斯頓大學葛思德東方圖書館的藏書,兼及《中國版刻圖録》),

根本在於作者缺乏實踐經驗，還看不明白版本。平心而論，這本書的題目是很有創意的，如果由一個既懂書法又懂版本的人來寫，會很有實用價值。

在20世紀80年代以後陸續問世的版本學著作中，重視字體，并將字體置於鑒定版本首位的，最早是1986年臺灣文史哲出版社出版的李清志的《古書版本鑒定研究》。這是一個有實踐經驗的圖書館同行撰寫的一部有想法、有特點的版本學著作。其不僅博采衆説，更能發抒己見；採用以圖版區別字體之法也有較強實用性。如果説有可商榷的地方，是將《多寶塔碑》作爲顏真卿的代表作與歐、柳字體比對，進而論宋版字體，似乎並不典型，容易與柳字混淆。前面講過，柳字從顏字變化而來，尤與《多寶塔碑》較爲接近。有的學者之所以認爲宋代福建刻本以顏體字爲主，正是受《多寶塔碑》的影響所致而未能明辨異同（當然建本也有顏體字者，但未普遍形成風氣）。又如講蜀刻本時引《書林清話》説"北宋蜀刻經史，及官刻監本諸書，其字皆顏柳體"；復引屈萬里、昌彼得《圖書版本學要略》説"蜀刻字體，在顏柳之間，而橫畫落筆處，間有瘦金習氣"，亦有點含混不清。宋版如江西刻本或有介於顏柳之間的風格，但蜀刻則以顏字爲主的風格明顯。至於北宋官刻監本，現所知道，或據南宋初翻本可瞭解到者，以歐字居多，多刻於浙江。此外，李氏引《中國版刻圖錄》謂宋咸淳廖氏世綵堂刻本《昌黎先生集》"書法在褚柳之間，秀雅絶倫"，亦欠妥當，其分明是歐字，與褚沾點邊還說得過去，與柳則並不相干。當然，這些只是我個人的看法，無損該書的成就。

四

再就本人經眼的、覺得有必要作進一步研究的宋版，舉若干實例，結合其字體與大家討論。這些版本前人都作過定奪，本人並無標新立異之意，只是想提出問題，説出自己的意見。

一、2000年春上海圖書館購買翁同龢藏書之前，我曾有機會在北京與胡星來、拓曉堂兩位先生一起賞鑒那批書，尤其是八種宋刻孤本，十分享受。當時根本來不及作什麼考證，只能觀風望氣，對其中《長短經》《丁卯集》兩書的版本，則有與前人不同的看法。

《長短經》，很美的歐體字，但與南宋中後期浙刻本之方正歐字相較，字形略見長，與現存於日本的《孝經》（藏宮內廳書陵部）、《姓解》（藏國會圖書館)、《史記集解》(藏大阪杏雨書屋)、《通典》(藏宮内廳書陵部)、《白氏六帖事類集》(藏静嘉堂文庫)等北宋本字體皆相仿佛,頗疑是北宋本。那時就想,在將來某一天,人們可能會認識到用 450 萬美金單買這一種書也值得。2009 年有幸受日本國文學研究資料館邀請東渡訪問,除《姓解》外,其他幾部北宋本都有幸經眼,更覺得該部《長短經》當刻於北宋。有學者提出南宋初翻刻北宋本的字體也如是。如果没有比對,確實難以辨別,因爲從書影上看,有的翻本與原本太形似了,我甚至覺得南宋初爲解決書荒而採用覆刻之法,即以北宋印本直接覆於木板雕刻使之迅即化身千百應當是可能的(有人説該覆刻之法始於明代正嘉間則絶無可能,因彼時宋版已成極爲珍貴之文物,只能是影寫上板)。但當我在天理圖書館又看到南宋前期翻刻北宋本《通典》時,感到與藏宮内廳書陵部的北宋本畢竟不能同日而語,其字型點畫已顯软弱,無北宋本那種生動雋美之氣韻。至於對《長短經》其他方面的鑒定意見,請參看《上海圖書館藏宋本圖録》,此不贅言。

　　《丁卯集》原定爲南宋臨安陳氏書棚本,遞經明清名家收藏,題跋精彩紛呈,煞是可愛。但諦視字型略肥似顔字架子,點畫則有柳字意味,雖然行款也是十行十八字,但與陳氏所刻諸本字體含有歐體筆意者(《碧雲集》除外)並不相同。由于陳氏刻本每有刊記,而此本則無,更令人生疑。後來又瞭解到,道光、咸豐間藏書家韓應陛曾藏明影宋抄本,有陳氏書鋪刊記(見南京圖書館藏《讀有用書齋藏書志》稿本、上海圖書館藏《雲間韓氏藏書題識匯録》稿本),證明此本果然不是陳氏所刻。此本曾爲黄丕烈插架之物,據黄氏嘉慶十五年庚午(1810)題跋,其原藏兩部,另一有何焯題跋之本(即嘉慶十年著録於《百宋一廛賦》者)已先事轉歸他人,或何焯跋本有陳氏刊記與此本不同也未可知。當然,就版刻風格而言,此爲宋版無疑,意者其時臨安刊刻唐宋人集或非僅陳氏一家。

　　二、2008 年,時在日本國文學研究資料館任職的陳捷女史(現爲東京大學教授)來上海圖書館作研究,我無意中看到她攜帶的資料中有一部中土失傳的宋本《釋氏六帖》的幾葉複印件,眼睛頓時一亮,便脱口而出:"這很可能是部北宋本。"其字體亦是漂亮的歐字,字形亦略長。翌年冬天訪日,先是看到該書的黑白影印本,發現此本的書名原爲"釋氏六帖",業經剜改作"義楚六帖",並有修版,但日本學者似乎没有注意到這些情況,故習慣上一直將此書稱作"義楚六帖",定作南宋刻本。通過陳捷的數番努力,我們好不容易得到收藏單位京都東福寺的同意,幸運地看到了這部被日本定爲國寶卻連日本專家也難獲一見的宋本。由於僅被允許看兩個半小時,我們只看了全書 12 册中的 4 册,很想再有機會看完,故没有寫文章發表意見。2010 年 7 月底,上海圖書館的《圖書館雜誌》編輯轉給我一篇《日本東福寺藏釋氏六帖刊刻源流考》的文章,征求能否發表的意見。作者是紹興文理學院的錢汝平博士,該文是他承擔中國高校古委會課題《釋氏六帖校理》的研究成果,他也認爲是北宋本。我自然很有興趣拜讀,並支持發表。但恕我直言,雖然爲了證明是北宋而不是南宋刻本,該文注意到了對形制的考辨,卻没有真正看明白這個本子。比如該本偶有"朱監"等五個刻工名,他認爲"刻工是考證版本的有力手段。但此五人只有朱監姓名俱全,其他四人有名無姓,難以落實"。事實上,從字體就能作出判斷:無刻工的是原版,歐體字;凡有刻工者,恰恰皆爲修補版,而修補版爲柳體字。原版刻在北宋崇寧,修版當在南宋;書名的剜改也在南宋,柳體字。這些很關鍵的特徵,錢氏文章並未提及,顯然没有認識到。

　　三、在 2010 年編纂《上海圖書館藏宋本圖録》時,我們特别注意了館藏《增修互注禮部韻略》與《元包經傳》這兩部宋本。

　　臺灣故宮也有宋版《增修互注禮部韻略》,曾經傅增湘、沈仲濤收藏。有傅氏癸未年(1943)題跋,定爲南宋嘉定十六年(1223)國子監刻本。傅氏曾對此本作過詳考,《雙鑑樓藏書續記》中有其長文。但與上海圖書館藏本相較,我們對他下的結論有所懷疑。理由主要是:第一,南宋浙刻而且又是官刻本,會有這種柳體字嗎?這很可能是福建翻刻本,而上圖藏本則爲歐體字。第二,兩本避諱都至寧宗,但臺灣故宮藏本避諱採用通常的缺筆之法;上圖藏本則大字正文不缺筆,將須避諱之字或讀音在小字注文中加以注明,因爲這是韻書。或許這也是官刻本根據實際情況處理得更爲合理嚴謹的地方。第三,此書毛晃曾在紹興三十二年(1162)進呈,未被採納,後其子居正應大司成之聘校正並重增後,才於嘉定十六年刊行,而臺灣故宮藏本的卷端没有居正題名,毛晃的題名卻占居兩行,又是令人生疑之處。此外,印象中臺灣故宮在 1986 年出版的《宋版書特展目録》曾説此本用元至元間公文紙刷印,《西湖書院重整書目》著録者即此本,而在 2006 年出版的宋本圖録《大觀》中没有提及,未悉原因(很可能《宋版書特展目録》之説有誤)。巧的是,上圖藏本也是用元至元間公文紙刷印,是用湖州路的公文紙。至于刻工,上圖藏本計有 80 餘人,皆爲南宋中後期浙中名匠;而臺灣故宮藏本之刻工可計者近 30 人,《宋版書特展目録》説率皆南宋中葉杭州地區良工,不知其依據,今視其因單字居多,難考其詳。

此書由南宋國子監首刻於嘉定十六年,這在魏了翁《跋毛氏增韻》中說得很清楚;而在元人胡師安等纂的《西湖書院重整書目》中確實有《增修互注禮部韻略》的著錄,知其書版至少元代保存完好。那麼究竟哪一個本子是國子監本呢? 我傾向上圖藏本。說實話,我對傅增湘先生從字體上沒看出問題是不相信的。事實也正是如此。傅熹年先生所編《藏園群書題記》(上海古籍出版社 1989 年版)附有《雙鑑樓藏書雜咏》,其中《題宋本增修互注禮部韻略六首》中之第一首注文有云:"此書宋本流傳絕少,憶共和初元曾見潘伯寅先生舊藏本,字體方嚴,爲浙刻正宗,惜一瞥即逝,未克著錄詳考之。"而上圖藏本就是潘氏滂喜齋舊物。其第三首注文又云:"此本僅標晃名,不署居正重增,蓋父可以統子也。以是觀之,雖刀法非浙中風氣,要也監本之嫡子。"則此係言臺灣故宮藏本,隱約指出該本非浙刻並且是翻刻本。顯然,傅增湘先生對兩本字體的判斷洞若觀火,他之所以在臺灣故宮藏本上如此題跋,可能另有不爲人所知的原因。

《元包經傳》這個本子是上圖於 1974 年從上海古籍書店購得,書店與圖書館的老董們都認爲是蜀刻大字本,上圖定爲紹興三十一年(1161)張洸蜀中刻本。但視其字形雖大,實柳體成分居多,不是常見的顏體蜀刻大字本面目。記得 20 世紀 80 年代初我曾侍冀淑英、傅熹年先生在上海圖書館賞覽此本,後來《中國古籍善本書目》著錄時去掉"蜀中"二字,或許與冀先生那次看過原本之後心存疑惑有關。即便如此,定紹興三十一年也有問題,因爲其避諱至"慎"字,已到了孝宗年間。或謂紹興末年已避皇儲諱,原定刻年不誤。然以字體結合避諱,我們更相信此本是孝宗時的福建翻刻本而不是紹興三十一年張洸蜀中初刻本。我同樣不相信冀先生於該本之刊刻時間會有疏忽,其實她根據字體而刪去"蜀中"二字,已表明其認爲是翻刻而非原刻,只是礙於某種情面而未作徹底改正罷了。

<h2 style="text-align:center">五</h2>

從上述可以了解到,宋版的字體,即便是浙、閩、蜀三地的字體風格,似乎婦孺皆知,而一遇到版本要作鑒定,還真不是簡單容易的事情。何況這裏所舉的例子皆屬典型,尚有許多不易分辨甚至特殊的情況,更不能一概而論。

至於江淮、湖廣等地的刻本,除江西刻本前人稍有涉及者外,其他地區刻本因傳本無多,幾乎沒有展開研究。而江西刻本,存世南宋刻本面貌不一,當今有必要也有條件作更爲深入的研究。值得重視的是,2013 年出現於北京匡時拍賣公司秋拍的北宋本《禮部韻略》(今藏南京圖書館),很可能是江西坊間刊刻之本,其拙樸而偏狹長形的字體,爲研究江西刻本提供了向所未見的珍貴實例。

此外,近年來市場上出現動人心魄的宋版,還有《妙法蓮華經入注》(2014 年西泠印社拍賣公司秋拍)與《杭州西湖昭慶寺結蓮社集》(2015 年北京卓德拍賣公司秋拍),同樣引起人們高度關注。兩書之刊刻地都在杭州,前者刻於北宋末年,後者約刻於北宋大中祥符二年(1009),皆以正宗顏書《麻姑仙壇記》字體寫刻,而後者卷首那篇大中祥符二年太常博士、通判信州、騎都尉錢易撰寫的《錢塘西湖昭慶寺結净社集總序》,又是正宗的柳公權書《玄秘塔碑》字體。若將常見南宋蜀刻本流行之顏字及福建刻本流行之柳字與之相較,其差異洵不可以道里計。之前,我曾於 2010 年初在日本宮內廳書陵部看到紹興三年(1133)明州奉化刻本《四分律刪繁補缺行事鈔》(有"四明姚家印造經書"墨戳記。宮內廳書陵部書目原定爲明刻本),同樣是非常精美的顏體字,卻實實在在是浙刻本。

在經眼衆多北南宋版之後,我有了如下認識:一、所謂宋版字體有浙歐、閩柳、蜀顏的地域風格,只是對大多數南宋刻本面貌的揭示,而在北宋至南宋初年,刻書的字體可能並沒有明顯的地域性。二、南宋本的歐、顏、柳字體,其實已經有了較大的變異。以前版本學家們所謂浙刻本"字體方整"的説法,只能説符合南宋浙本的大致面貌,北宋浙本字形則略偏狹長。有的版本學家之所以將顏真卿書的《多寶塔碑》而不是《麻姑仙壇記》作爲辨識顏字的依據,可能是看慣了這種變異字體而沒有看到上述宋版的緣故;也由於沒看到過宋版正宗的柳字,未能把握南宋柳字的變異,於是甚至認爲南宋福建刻本也以顏體爲主。三、真正決定版本字體面貌的是寫工而非刻工。比如《妙法蓮花經入注》的刻工,有參與《思溪藏》雕版者,而《思溪藏》的字體只能説是變異的顏字,與《妙法蓮花經入注》的正宗顏字不可同日而語;又有參與《毛詩正義》《文選注》等書雕版者,則又呈歐字面貌了。這説明雕刻或有精粗之差別,但不會刻意改變寫版字體的原貌。

由是而進一步認識到,因受歷史與客觀條件限制,前人於鑒定宋版的經驗總結,主要建立在以南宋版爲研究對象的基礎之上,對北宋版的鑒定研究幾乎缺如,或者説未曾對北宋版作過規律性的研究總結(過去能看到北宋版者很少,每有將南宋版誤作北宋版者)。因此,前人的宋版鑒定研究存在一定的局限性與片面性。從理論上説，宋版日趨稀少，前人應當比我們看得多，但實際卻相反，這是經濟發展、信息發達給我們帶來的便利。那麽，我們的宋版鑒定研究就不能僅僅停留在南宋版上了。如果我們不急於將前人的知識經驗與研究概念化、程式化，而是務實做好每一個個案研究，相信對宋版鑒定、對版本學會有更新的認識。

2010 年 11 月初稿

2018 年 6 月修改

（陳先行，上海圖書館研究館員）

# 李延平與朱晦庵

## 陳　來

　　朱子紹興二十三年（1153）見李侗於延平，延平告以儒釋之辨，此後年歲之間，朱子頗味李延平之言，漸覺禪學之非，而立志歸本伊洛，此一過程及相關事實考辨，我在前章已爲詳述。① 本篇則專論朱子與延平授受淵源與思想關係，故以《延平答問》爲主要材料。按《延平答問》爲李侗答朱熹論學書，其第一書在紹興丁丑（1157）六月，時朱子 28 歲，尚在同安爲主簿。以其書中之語觀之，並非延平與朱子初次通書，以此推知，在此之前延平、朱子之間當已有書。朱子紹興癸酉（1153）見延平，時 24 歲，李延平卒於隆興元年（1163）癸未，時朱子 34 歲，兩人交往近 10 年。即使自紹興丁丑至癸未計之，亦近 7 年之久。李、朱在此期間的思想交往，對朱熹思想發展影響甚大，對李侗晚期思想也有重要意義。本章因站在朱子思想研究的角度，注重丁丑、戊寅之後朱熹所受李侗的影響，以及朱熹與李侗思想的差異和此種差異在理學發展史中的意義，故對延平晚年思想因受朱子之刺激而發生的變化不予討論。

## 一、道　南　之　傳

　　李侗字願中，福建南劍州劍浦人，因久居延平，學者稱"延平先生"。"考亭朱氏出延平李氏，延平李氏出豫章羅氏"，②李侗是朱熹早年最重要的老師。

---

　　①　朱子此一期間之思想研究，还可參看錢穆所著《朱子新學案》的相關章節。
　　②　（宋）劉將孫：《豫章稿跋》，（宋）李侗：《李延平集》卷四，《叢書集成初編》本。

李侗曾從學於羅從彥(字仲素,號豫章),羅從彥爲程氏門人楊時(龜山)的高弟。《宋史·羅從彥傳》:"羅從彥字仲素,劍浦羅源人。曾祖文弼,祖世南,父神繼。從彥幼穎悟,不爲言語文字之學。及長,嚴毅清苦,篤志求道。徒步往從楊時受業,見三日,即驚汗浹背,曰'不至是,幾虚過一生矣'。時弟子千餘人,無及從彥者。嘗講《易》至乾九四爻,告以囊聞伊川説甚善,從彥即裹糧走洛,見而問之。頤反復以告,亦不外是。乃歸卒業,盡得不傳之秘。"朱熹也説:"羅仲素先生得河洛之學於龜山楊文靖公之門。"又説:"初龜山先生倡道東南,士人游其門者甚衆,然語其潛思力行、任務詣極如羅公者,蓋一人而已。"①龜山親學於程顥、程頤,當其歸家時,程顥嘗曰"吾道南矣",寄望頗殷。政和初龜山爲蕭山令,羅從彥已四十一歲。"徒步往學焉,龜山熟察之,喜曰:'惟從彥可與目道。'"②《宋元學案》稱:"往洛見伊川,歸而從龜山者久之。建炎四年特科,授博羅主簿。官滿,入羅浮山静坐。……先生嚴毅清苦,在楊門爲獨得其傳。龜山初以饑渴害心令其思索,先生從此悟入,故於世之嗜好泊如也。"③羅從彥雖亦親見伊川,其學問宗旨畢竟得於龜山楊氏,故《宋元學案》雖稱其爲程楊門人,終歸之於龜山門下。而後來竟有"南劍三先生"(楊時、羅從彥、李侗)之説,以羅從彥獨得楊時真傳而再傳於李侗。

政和末,李侗從學於羅從彥,④其初見時以書謁,略曰:"先生服膺龜山之講席有年矣,況嘗及伊川先生之門,得不傳之道於千五百年之後,性明而修、行完而潔,擴之以廣大,體之以仁恕,精深微妙,各極其至。漢唐諸儒,無近似者……凡讀聖賢之書、粗有見識者,孰不願得受經門下,以質所疑!"⑤羅從彥對李侗也頗器重,其與陳默堂書云:"承喻'聖道甚微,有能於後生中得一個半個可以與聞於此,庶幾傳者愈廣、吾道不孤,又何難之不易也',從彥聞尊兄此言,猶着意詢訪,近有後生李願中者,向道甚鋭,曾以書求教,趨向大抵近正。謾録其書,並從彥所作詩呈左右,未知以爲然否。"⑥李侗從學羅從彥,後頗守其傳,從彥孫羅博文與李侗往來甚多,

---

① (宋)朱熹:《晦庵先生朱文公文集》(以下簡稱《文集》)卷九〇《延平李先生行狀》,《朱子全書》,上海古籍出版社、安徽教育出版社2002年版。
② 《宋元學案》卷三九《豫章學案》黄百家案語,中華書局標點本,第1277頁。
③ 同上書,第1270頁。
④ 《羅豫章集·年譜》,《叢書集成初編》本。
⑤ (宋)李侗:《李延平集》卷一《初見羅豫章先生書》。
⑥ (宋)李侗:《李延平集》卷四《與陳默堂書》。

對李侗之學很爲推崇,亦言"延平先生之傳,乃某伯祖仲素先生之道、河洛之學,源遠流長"。① 紹興二十八年戊寅正月,朱熹自同安罷歸,經延平再見李侗。不久熹與范如圭有書,中說:"李丈名侗,師事羅仲素先生。羅嘗見伊川,後卒業於龜山之門,深見稱許,其棄後學久矣,李丈獨得其閫奧,經學純明,涵養精粹。"②這也表明,至少在紹興末,李侗的洛學淵源差不多已是衆所周知的了。李侗死後,朱熹爲作行狀,其中更强調李侗在洛學正傳中的地位:"已而聞郡人羅仲素先生得河洛之學於龜山楊文靖公之門,遂往學焉。""從之累年,受《春秋》《中庸》《語》《孟》之説,從容潛玩,有會於心,盡得其所傳之奥。"③

朱熹曾概述李侗的學問思想:

> 講誦之餘,危坐終日,以驗夫喜怒哀樂未發之前氣象如何,而求所謂中者。若是者蓋久之,而知天下之大本真有在於是也,蓋天下之理無不由是而出,既得其本,則凡出於此者,雖品節萬殊,曲折萬變,莫不該攝洞貫,以次融釋,而各有條理,如川流脈絡之不可亂。大而天地之所以高厚,細而品彙之所以化育,以至於經訓之微言、日用之小物,折之於此,無一不得其衷焉。由是操存益固,涵養益熟,精明純一,觸處洞然,泛應曲酬,發必中節……故其言曰:"學問之道不在多言,但默坐澄心、體認天理,若見雖一毫私欲之發,亦退聽矣,久久用力於此,庶幾漸明,講學始有力耳。"又嘗曰:"學者之病,在於未有灑然冰解凍釋處,縱有力持守,不過苟免顯然悔尤而已。若此者,恐未足道也。"又嘗曰:"今人之學與古人異,如孔門諸子群居終日,交相切磨,又得夫子爲之依歸,日用之間觀感而化者多矣。恐於融釋而脱落處,非言説所及也。不然,子貢何以言夫子之言性與天道不可得而聞也耶?"嘗以黃太史之稱濂溪周夫子胸中灑落如光風霽月云者爲善形容有道者氣象,嘗諷誦之,而顧謂學者曰:"存此於胸中,庶幾遇事廓然而義理少進矣。"其語《中庸》曰:"聖門之傳是書,其所以開悟後學無遺策矣。然所謂喜怒哀樂未發謂之中者,又一篇之指要也,若徒記誦而已,則亦奚以爲哉!必也體之於身,實見是理,若顏子之歎,卓然

---

① (宋)李侗:《李延平集》卷四。
② (宋)朱熹:《文集》卷三七《與范直閣》。
③ (宋)朱熹:《文集》卷九七《延平李先生行狀》。

見其爲一物而不違乎心目之間也，然後擴充而往，無所不通，則庶乎其可以言《中庸》矣。"……嘗語問者曰："講學切在深潛縝密，然後氣味深長，蹊徑不差，若概以理一而不察乎其分之殊，此學者所以流於疑似亂真之説而不自知也。"其開端示人大要類此。①

根據朱熹所説，李侗學問大旨有四，即"默坐澄心""灑然融釋""體驗未發"和"理一分殊"。只是，在這幾個方面，李侗自己的表述和側重與經過朱熹精心調整而加以細微改變後的表述與側重有所不同。我們將在下面對此做進一步的研究。

## 二、體　驗　未　發

李侗一生得力處在"静中體驗未發"。《中庸》説"喜怒哀樂未發謂之中，發而皆中節謂之和"，②程頤與其門人吕大臨、蘇季明等曾多次討論過"未發"與"已發"的問題，但關於未發、已發的心性論功夫論意義，程頤曾有幾種不同的説法，而且這個問題在程頤思想中並不占重要地位。二程高弟楊時則把"未發"的問題作爲其思想體系的核心，他説："道心之微，非精一，其孰能執之？惟道心之微而驗之於喜怒哀樂未發之際，則其義自見，非言論所及也。"③又説："《中庸》曰'喜怒哀樂未發謂之中，發而皆中節謂之和'，**學者當於喜怒哀樂未發之際，以心體之**，則中之意自見。執而勿失，無人欲之私焉，發必中節矣。"④由於楊時重視喜怒哀樂未發時的體驗，所以强調"静"的功夫，他説："夫至道之歸，固非筆舌能盡也。要以身體之，心驗之，雍容自盡，燕閒静一之中默而識之，兼忘於書言意象之表，則庶乎其至矣。"⑤羅從彦學於龜山，深得此旨，"建炎四年特科，授博羅主簿，官滿，入羅浮山静坐"，"先生嚴毅清苦，在楊門爲獨得其傳。龜山初以饑渴害心令其思索，先生從此悟入，故於世之嗜好泊如也"。⑥羅從彦入羅浮山静坐，並不是坐禪入定，兀然無事，而是静坐體驗未發氣象。

① （宋）朱熹：《文集》卷九七《延平李先生行狀》。
② 《中庸》，第一章。
③ 《宋元學案》卷二五，第951頁。
④ 同上書，第952頁。
⑤ 《寄翁好德》，引自《宋元學案》卷二五，第952頁。
⑥ 《宋元學案》卷三九《豫章學案》，第1270頁。

羅從彥所以授與李侗者,亦正是"體驗未發"。《延平答問》載李侗與朱熹書云:"某曩時從羅先生問學,終日相對静坐,只説文字,未嘗一及雜語。先生極好静坐,某時未有知,退入室中亦只静坐而已。**先生令静中看喜怒哀樂未發之謂中,未發時作何氣象**。"①李侗初學時只是學羅之静坐,羅從彥告以當於静中體驗未發時作何氣象,李侗就此用力,一生未變。故朱熹於《延平先生行狀》説:"先生既從之(從彥)學,講論之餘,危坐終日,**以驗夫喜怒哀樂未發之前氣象如何**,而求所謂中者。"②而李侗用以教授朱熹者,自然是強調静中體驗未發的功夫。朱熹答何叔京書云:"李先生教人,**大抵令於静中體認大本未發時氣象分明**,即處事應物自然中節,**此乃龜山門下相傳指訣**。"③黄宗羲也説:"羅豫章静坐看未發氣象,此是明道以來下及延平一條血路也。"④這都指明,理學自二程之後發展至南宋初,以未發功夫爲代表的内向直覺體驗愈來愈占主導地位,事實上,二程之後,從楊時到李侗,理學的發展正是沿着這樣一個方向前進的。

由於李侗承繼了龜山門下體驗未發這一傳統,所以他一開始就力圖把朱熹納入到這一軌道中來。紹興庚辰李侗與朱熹書云:

> 夜氣之説所以於學者有力者,須是兼旦晝存養之功不至梏亡,即夜氣清。若旦晝間不能存養,即夜氣何有?疑此便是日月至焉的氣象也。某曩時從羅先生問學,終日相對静坐⋯⋯先生令静中看喜怒哀樂未發之謂中,未發時作何氣象,此意不難於**進學**有力,兼亦是**養心**之要。元晦偶有心恙,不可思索,更於此一句内求之静坐看如何,往往不能無補也。⑤

李侗所説的"更於此一句内求之静坐"就是指《中庸》首章的"喜怒哀樂未發之謂之中"。在他看來,《孟子》中所説的"夜氣"也是指此而言。孟子説:"其日夜之所息,平旦之氣,其好惡與人相近也者幾希,則其旦晝之所爲,有梏亡之矣。梏之反覆,則其夜氣不足以存,夜氣不足以存,則其違禽

---

① 《延平答問》(以下簡稱《答問》)庚辰五月八日書,清延平府署藏板。
② (宋)朱熹:《文集》卷九七《延平李先生行狀》。
③ (宋)朱熹:《文集》卷四〇《答何叔京》(第二書)。
④ 《宋元學案》卷三九《豫章學案》案語,第1277頁。
⑤ 《答問》庚辰五月八日書,延平府署藏板。

獸不遠矣。"①李侗認爲,涵養夜氣即是中夜不與人物交接時的静中持養,這實際上就是《中庸》講的未發功夫。只是未發的涵養體驗不限於夜氣,平旦之中也當静中體驗未發。根據他的説法,體驗未發與養心和養氣相聯系,事實上,從實踐上看,静坐體驗必然與調息息念相關,所以李侗在教朱熹體驗未發時,首先是從《孟子》夜氣一章的解釋和實踐入手的。早在丁丑六月李侗答朱熹書即指出:"承喻涵養用力處,足見近來好學之篤也……孟子夜氣之説更熟味之,當見涵養用力處也。於涵養處用力,正是學者之要。"②戊寅十一月與朱熹書説:"夜氣存,則平旦之氣未與物接之時,湛然虛明氣象自可見,此孟子發此夜氣之説,於學者極有力。若欲涵養,須於此持守可爾。"③夜氣這裏顯然是指夜間静坐以調養心氣,而"未與物接之時"的"湛然虛明氣象"正是羅從彦以來所説的"**未發氣象**",在這裏,李侗明顯地是用龜山門下的"體驗未發"來詮釋孟子的夜氣之説,以夜氣爲未發時功夫。正如朱熹所説,李侗確實從一開始便通過各種方式誘導朱熹從事未發静養的功夫,而這種引導在《答問》中處處可見。庚辰七月李侗與朱熹書云:"某自少時從羅先生問學,彼時全不涉世故,未有所入。聞先生之言,便能**用心静處尋求**,至今淟泊憂患磨滅甚矣。四五十年間每遇情意不可堪處,即猛省提撕,以故初心未嘗忘廢,非不用力,而迄於今更無進步處。"④辛巳十月書説:"竊以謂肫肫其仁以下三句,乃是體認到此,達天德之效處,就喜怒哀樂未發之處存養至見此氣象,盡有地位也。"⑤壬午五月書也説:"承喻處事擾擾,便似内外離絶、不相該貫,此病可於静坐時收攝將來,看是如何,便如此就偏着處理會,久之知覺即漸漸可就道理矣。"⑥

李侗對朱熹抱有特別的期望,他曾與羅博文書稱:

> 元晦進學甚力,樂善畏義,吾黨鮮有,晚得此人商量所疑,甚慰。此人極穎悟,力行可畏,講學極造其微處,某因此追求有所省。渠所論難處,皆是操戈入室,須從原頭體認來,所以好説話。某昔於羅先

① 《孟子·告子上》。
② 《答問》丁丑六月二十六日書,紹興二十七年,朱子28歲。
③ 《答問》戊寅十一月十三日書,紹興二十八年,朱子29歲。
④ 《答問》庚辰七月書,紹興三十年,朱子31歲。
⑤ 《答問》辛巳十月十日書,紹興三十一年,朱子32歲。
⑥ 《答問》壬午五月十四日書,紹興三十二年,朱子33歲。

生得入處,後無朋友,幾放倒了,得渠如此,極有益。渠初從謙開善下功夫,故皆就裏面體認,今既論難,見儒者路脈,極能指其差誤處,自見羅先生來,未見有如此者。①

朱熹青年時曾師宗杲弟子開善寺道謙禪師學佛,對心性體認功夫有相當瞭解,所以李侗説他"皆就裏面體認"。但是,這並不意味着朱熹像李侗追隨羅從彦時一樣終日靜坐以驗夫未發氣象。恰恰相反,儘管李侗對朱熹極口稱贊,而朱熹對龜山門下的"體驗未發"卻始終沒有表現出興趣,李侗死後數年朱熹在與何叔京書中承認:"……此乃龜山門下相傳指訣,然當時親炙之時,貪聽講論,又方**竊好章句訓詁之習**,不得盡心於此,至今若存若亡。"②與何又一書也説:"昔聞之師,以爲當於未發已發之幾默識而心契焉,然後文義事理觸類可通,莫非此理之所出,不待區區求之於章句訓詁之間也。向雖聞此而莫測其所謂。"③後答林擇之書亦云:"……二先生蓋屢言之,而龜山所謂'未發之際能體所謂中、已發之際能得所謂和',此語爲近之。然未免有病。**舊聞李先生論此最詳,後來所見不同,遂不復致思**。今乃知其爲人深切,然恨不能盡記其曲折矣……**當時既不領略,後來又未深思**,遂成磋過,孤負此翁耳。"④《中和舊説序》:"余早從延平李先生學,受《中庸》之書,求喜怒哀樂未發之旨,**未達**而先生没。"⑤

當然,朱熹從學李侗期間對龜山到延平的思想也不是毫無用力,在理性上,《中庸》未發之旨乃爲學大要,這一點他並不懷疑。所以儘管延平生時他并未"盡心於此",而有"未達"之歎,而延平死後在湖南學派的影響下,他用心參悟中和之説達四五年之久。只是,朱熹參悟中和之説的方向已與延平體驗未發之説有異。紹興三十一年朱熹與程允夫書説:"往年誤欲作文,近年頗覺非力所及,遂已罷去,不復留情其間,頗覺省事講學。近見延平李先生,始略窺門户,而疾病乘之,未知終得從事於斯否耳。大抵此事以涵養本原爲先,講論經旨特以附此而已。向來氾濫出入,無所適從,名爲學問而實何有,亦爲可笑耳。"⑥的確,延平教導朱熹"於涵養處用

① (宋)李侗:《李延平集》卷一《與羅博文書》。
② (宋)朱熹:《文集》卷四〇《答何叔京》(第二書)。
③ (宋)朱熹:《文集》卷四〇《答何叔京》(第四書)。
④ (宋)朱熹:《文集》卷四三《答林擇之》。
⑤ (宋)朱熹:《文集》卷七五《中和舊説序》。
⑥ (宋)朱熹:《文集·別集》卷三《答程允夫》(第四書)。

力正是學者之要",但延平所説的"涵養"更特指包括夜氣説在内的整個未發體驗功夫。而朱熹在延平生時始終未提體驗未發一事,他只是在一般的立場上瞭解"涵養"與"講論"的關係。

## 三、灑落氣象

羅從彥要李侗靜中看喜怒哀樂未發時氣象,這裏的"氣象"實即指在靜坐中所達到的一種特殊的心靈經驗,如"湛然虚明"等。李侗要朱熹存養夜氣至"日月至焉"的氣象,亦類似。而李侗所説"就喜怒哀樂未發處存養至見此(肫肫其仁)氣象"則更有一層意義。

"氣象"在理學中本指達到某種精神境界後在容貌詞氣等方面的外在表現。由於氣象是某種内在精神的表現,在理學的討論中常常把氣象直接作爲一個精神修養的重要課題。事實上,從楊時到李侗,"體驗未發"的一個主要目的即是由之以達到某種氣象和境界。李侗特别强調,未發的體驗是與氣象的灑落相聯繫的。

早在戊寅冬至前二日書中,李侗便令朱熹先"玩味顔子、子夏氣象",同年十一月十三日書論未接物時湛然虚明氣象,且云:"又見諭云'伊川所謂未有致知而不在敬者,考《大學》之序則不然,如夫子言非禮勿視聽言動,伊川以爲制之於外以養其中數處,蓋皆各言其入道之序如此。'要之敬自在其中也,不必牽合貫穿爲一説。又所謂'但敬而不明於理,則敬特出于勉强而無灑落自得之功,意不誠矣',**灑落自得氣象地位甚高**,恐前數説方是言學者下工處,不如此則失之矣。由此持守之久,漸漸融釋,使之不見有制之於外,持敬之心,理與心爲一,庶幾灑落爾。"①己卯長至後三日書云:"今學者之病,所患在於未有灑然冰釋處。"②庚辰五月八日書:"某晚景别無他,惟求道之心甚切,雖間能窺測一二,竟未有灑落處。"③

不錯,李侗所説的"灑然""冰釋"有時是指對義理的玩味至融會貫通、無所滯礙而言,但是並非如朱熹所强調的只有此種意義。在李侗,尤以"灑落"爲指有道氣象:

---

① 《答問》戊寅十一月十三日書,紹興二十八年,朱子29歲。
② 《答問》己卯長至後三日書,紹興二十九年,朱子30歲。
③ 《答問》庚辰五月八日書,紹興三十年,朱子31歲。

　　　嘗愛黃魯直作濂溪詩序云"舂陵周茂叔,人品甚高,胸中灑落,如
　光風霽月",此句形容有道者氣象絕佳。胸中灑落即作爲盡灑落矣。
　學者至此雖甚遠,然亦不可不常存此體段在胸中,庶幾遇事廓然,於
　道理少進。願更存養如此……某嘗謂遇事若能無毫髮固滯,便是灑
　落,即此心廓然大公,無彼己之偏倚,庶幾於理道一貫。若見事不徹,
　中心未免有偏倚,即涉固滯,皆不可也。①

自從李侗拈出黃庭堅"胸中灑落,如光風霽月",這句話便成了此後理學形
容"道學氣象"的典範。這種對於灑落自得氣象的追求,溯其源,始於大程
(顥),大程又得之於黃庭堅所稱之周敦頤。二程十四、五時,其父令二人
學於周敦頤,周敦頤教二程"尋顏子仲尼樂處,所樂何事"。② 程顥後來又
見周敦頤,嘗言"自再見周茂叔後,吟風弄月以歸,有'吾與點也'之意"。③
大程子提倡"仁者與天地萬物爲一體","仁者渾然與物同體",④又主張:
"天地之常,以其心普萬物而無心;聖人之常,以其情順萬物而無情。故君
子之學,莫若廓然而大公,物來而順應。"⑤大程子學問,最講和樂自得之
境。濂溪、明道雖未提"灑落"二字,然二者人品境界爲廓然灑落,無可懷
疑。事實上,"灑落"正是儒家思想體系中用以包容佛道超然自由境界的
形式。

　　所以,李侗所說的氣象和灑落就不限於内心經驗和義理融會的意義
了。延平自己亦言,"静處尋求"往往是在"每遇情意不可堪處"時用功。
其辛巳上元日書説:"昔嘗得之師友緒餘,以謂問學有未愜處只求諸心,若
反身而誠,清通和樂之象見,即是自得處,更望勉力以此而已。"⑥這正是
發明大程子"反身而誠,乃爲大樂"之説,他所説就喜怒哀樂未發處存養至
肫肫其仁氣象"盡有地位",與"灑落自得氣象地位甚高"意義相同。李侗
所追求的境界與功夫,表明他是程明道仁者之學的正傳。李侗所説的"融
釋"也不是專指經書義理而言,而亦是無所勉强、不見有制於外的自然自
得氣象。如己卯冬至後三日書所説:"今學者之病,所患在於未有灑然冰

① 《答問》庚辰五月八日書,紹興三十年,朱子31歲。
② 《遺書》卷二上,《二程集》,中華書局標點本,第16頁。
③ 《遺書》卷三,《二程集》,第53頁。
④ 《遺書》卷二上,《二程集》,第15、17頁。
⑤ 《答横渠張子厚先生書》,《二程集》,第40頁。
⑥ 《答問》辛巳上元日書,紹興三十一年,朱子32歲。

釋處,縱有力持守,不過只是苟免顯然尤悔而已。"延平死前數月癸未五月書也説:"近日涵養必見應事脱然處否? 須就事兼體用下功夫,久久純熟,可見渾然氣象矣。"①都是以灑然融釋指胸中與作爲的自得氣象。

從程顥開始,理學中一派在强調"體貼天理"的同時,也强調心性修養中的"自然",反對着力把持,要求從勉强而行更上一境界,特別提倡最高境界的灑落自得的品質。李侗的這些思想,顯然不僅指心與理爲一而後達到的不勉而中的境界,他尤注意那種灑落自得的精神氣象。然而,終朱子一生,他始終對"灑落"不感興趣,他在中年追尋未發的思考和所要達到的境界與李侗仍不同,而他晚年更對江西之學津津樂道於"與點"、"自得"表示反感,反復强調道德修養的嚴肅主義態度,警惕浪漫主義之"樂"淡化了道德理性的境界。所以,他總是把延平的體驗未發僅僅説成是"體認天理",把"灑落融釋"僅僅説成是讀解義理的脱然貫通,甚至聲稱"令胸中通透灑落","非延平先生本意"。

李侗論孟子養氣説亦要朱熹認取"氣象",《延平答問》辛巳八月七日書:

> 先生曰:"養氣大概是要得心與氣合。不然,心是心,氣是氣,不見所謂'集義'處,終不能合一也。元晦云'睟面盎背,便是塞乎天地氣象',與下云'亦沛然行其所無事'二處爲得之,見得此理甚好。然心氣合一之象,更用體察,令分曉路陌方是。某尋常覺得,於畔援歆羨之時未必皆是正理,亦心與氣合,到此若仿佛有此氣象,一差則所失多矣,迨所謂浩然之氣耶? 某竊謂孟子所謂養氣者,自有一端緒,須從知言處養來乃不差。於知言處下工夫盡用熟也。謝上蔡多謂'於田地上面下功夫',此知言之説,乃田地也。**先於此體認令精密,認取心與氣合之時不偏不倚氣象是如何……"**②

孟子本有"知言""養氣""集義"等説,李侗指出,養氣的過程本質是心氣合一的過程,這裏的心主要指精神的思維,氣則表徵一定的心理與生理感受。理想的身心狀態應當是以心統氣,由氣養心,心氣合一。但是心氣合一並不是理想境界的本質規定,只是理想境界所需的一種身心狀態。

---

① 《答侗》癸未五月二十三日書,隆興元年,朱子34歲。
② 《答問》辛巳八月七日書,紹興三十一年,朱子32歲。

從而,心氣合一本身並不表示道德理想或人格境界的真正實現,如道教練氣過程亦主心氣合一,但這只表示身心血氣流通的和諧狀態,不必代表理想境界與完整人格的全面實現。所以,李侗強調,純粹的心氣合一並不是浩然之氣,"浩然"所表示心氣狀態是以一定的道德觀念爲基礎的。牢固的、堅定的道德信念則不是僅憑心氣合一所能獲得的,而是由"知言"即明曉義理等途徑來保證的。他進一步指出,達到心與氣合並不難,重要的是要體驗心與氣合時的"不偏不倚氣象",不偏不倚顯然是指"喜怒哀樂未發謂之中"的中,"不偏不倚氣象"即是"未發氣象"。就是説,養氣過程歸根結底還要注意"驗夫喜怒哀樂未發氣象",做功夫者要着力體驗的並不是心氣合一的身心和諧,也不是静默無念的純粹意識狀態,而是一種由《中庸》所規定的"不偏不倚"無累無着的氣象。有了這種體驗爲基礎,才能"睟面盎背",才能"沛然行其所無事"。

孟子之養氣説本來與其"不動心"相聯系,動心就是心理的穩定平衡受到破壞。李侗與朱熹書:"承來諭,令表弟之去,反而思之,中心不能無愧悔之恨。自非有志於求仁,何以覺此!《語録》有云'罪己責躬不可無,然亦不可常留在心中爲悔',來諭云'悔吝已顯然,如何便銷隕得'。胸中若如此,即於道理有礙。有此氣象,即道理進步不得矣,政不可不就此理會也。某竊以爲,有失處,罪己責躬固不可無,然過此以往,又將奈何?常留胸中,卻是積下一段私意也。"①胸中常留悔吝、憂慮、煩惱,即爲動心,從程明道"情順萬物而無情",到李侗"胸中灑落""遇事廓然""無毫髮固滯",乃至王陽明答陸澄憂子不堪之問,②理學中的這一派特別繼承了從孟子到李翱的"不動心"傳統,強調灑落無累的境界對於人之精神境界的意義。這也是李侗思想的一個重要特點。事實上李侗對未發之中的理解亦與此相關,"中心有偏倚即涉固滯",便非廓然大公,而"不偏不倚氣象"才是灑落氣象。

## 四、境 界 與 本 體

從《延平答問》中李侗信中所引述的朱熹問來看,他對李侗的未發説、氣象説都未予重視,他從一開始就是從本體論方面來理解李侗的境界説

①　《答問》癸未六月十四日書,隆興元年,朱子 34 歲。
②　《陽明全書》卷一,《傳習録》上。

和功夫論的。《延平答問》壬午年有書：

> 問："'太極動而生陽'，先生嘗曰'此只是理，作已發看不得'。熹疑既'言動而生陽'，即與復卦一陽生而見天地之心何異？竊恐'動而生陽'即天地之喜怒哀樂發處，於此即見天地之心，'氣交感、化生萬物'即人物之喜怒哀樂發處，於此即見人物之心。如此做兩節看，不知得否？"

> 先生曰："'太極動而生陽'，至理之源，只是動靜闔闢，至於終萬物、始萬物，亦只是此理一貫也。到得'二氣交感，化生萬物'時，又就人物上推，亦只是此理。《中庸》以喜怒哀樂未發已發言之，又就人身上推尋，至於見得大本達道處，又渾同只是此理。此理就人身上推尋，若不予未發已發處看，即何緣知之？蓋就天地之本源與人物上推來不得不異，此所以於'動而生陽'難以爲喜怒哀樂已發言之。"[1]

李侗在朱熹從學期間，授以《中庸》未發之旨，令靜中體驗未發氣象分明，但朱熹不能盡心於此，反以周敦頤《太極圖說》的本體論來解釋《中庸》的已發未發說。照朱熹看來，重要的並不是《中庸》未發已發的心性論意義，而是其本體論意義。他把《太極圖說》的"太極動而生陽"看成天地之喜怒哀樂已發，把"二氣交感、化生萬物"看成人與物之喜怒哀樂已發。在這個說法中，《中庸》的未發已發不只指人之性情而言，而且指宇宙大化的動靜過程，"如此分作兩節看"。李侗對此指出，從萬物一理的角度說，天地、人物及人之性情已發未發，受此統一的"天理"所支配，因爲天理是宇宙萬物的普遍性法則。而《中庸》的未發已發特指人之思維情感而言，是要由此引出一定的心性修養功夫以體認天理，其自身並沒有本體論的意義。所以李侗在另一封信中也指出："某中間所舉《中庸》終始之說，元晦以爲'肫肫其仁，淵淵其淵，浩浩其天'即全體未發底道理，惟聖人盡心能然。若如此看，即於全體何處不是此氣象，第恐無甚氣味爾。某竊以爲'肫肫其仁'以下三句，乃是體認到此達天德之效處，就喜怒哀樂未發處存養至見此氣象，盡有地位也。"[2]針對朱熹總是從客觀性和本體性即"理"的方面理解《中庸》之說，李侗指出，肫肫、淵淵、浩浩都是至誠境界

---

[1] 《答問》辛巳二月二十四日書，紹興三十一年，朱子32歲。

[2] 《答問》辛巳十月十日書，同上年。

的氣象,是某種主體性體驗的結果和表現。所以,“在天地只是理也”,不到未發已發,未發已發只是指“人身上推尋”而言,其中有天人主客的不同。《延平答問》又載壬午八月七日書:

　　問:“熹昨妄謂仁之一字,乃人之所以爲人而異乎禽獸者,先生不以爲然。熹因先生之言思之而得其説,敢復求正於左右。熹竊謂天地生物本乎一源,人與禽獸草木之生,莫不具有此理。其一體之中即無絲毫欠剩,其一氣之運,亦無頃刻停息,所謂仁也。但氣有清濁,故稟有偏正。惟人得其心,故能知其本具此理而存之,而見其爲仁。物得其偏,故雖具此理而不自知,而無以見其爲仁。然則仁之爲仁,人與物不得不同;知人之爲人而存之,人與物不得不異。故伊川夫子既言‘理一分殊’,而龜山又有‘知其理一’‘知其分殊’之説。而先生以爲全在知字上用著力,恐亦是此也,不知果是如此否? 又詳伊川之語推測之,竊謂‘理一而分殊’,此一句言理之本然如此,全在性分之內本體未發時看。合而言之,則莫非此理,然其中無一物之不該,便自有許多差別,雖散錯揉不可名狀,而纖微之間,同異畢顯,所謂‘理一而分殊’也。‘知其理一所以問仁,知其分殊所以爲義’,此二句乃是於發用處該攝本體而言,因此端緒而下功夫以推尋之處也。蓋‘理一分殊’一句,正如孟子所云‘必有事焉’之處;而下文兩句,即其所以有事乎此之謂也。(朱子自注:先生抹出批云:“恐不須引孟子説以正之,孟子之説若以微言,恐下功夫處落空,如釋氏然。孟子之説亦無隱顯精粗之間,今錄謝上蔡一説於後,玩味之,即無時不是此理也。此説極有力。”)大抵仁字正是天地流動之機,以其包容和粹、涵育融漾,不可名貌,故特謂之仁。其中文理密察、各有定體處,便是義。只此二字,包括人道已盡。義固不能出於仁之外,仁亦不離乎義之內也。然則‘理一而分殊’者,乃是本然之仁義,前此乃以從此推出分殊合宜處爲義,失之遠矣。又不知如此上所推測,又還是否,更乞指教。”

　　先生云:謝上蔡云:“吾嘗習忘以養生。”明道先生曰:“施之養則可,於道則有害。習忘可以養生者,以其不留情也。學者則異於是,‘必有事焉而正’何謂乎? 且出入起居,寧無事者? 正心待之,則先事而迎,忘則涉乎去念,助則近乎留情。故聖人心如鑑,所以異於釋氏心也。”上蔡錄明道此語於學者甚有力。蓋尋常於靜處體認下功夫,即於鬧處使不著，蓋不曾如此用力也。自非謝先生確實於日用下功夫，即恐明道此語亦未必引得出來，此語錄所以極好玩索，近方看見如此意思顯然。①

朱熹所問，本就"仁"的意義而言，因程頤、楊時論"理一分殊"時特與仁和義聯繫起來，故又轉而論理一分殊之義。朱熹所論，即後來其哲學體系中常常論及的"理之同異偏全"的問題。其說以爲，人與物同稟天地之理，無所不同。但人稟之氣清，所以能知其本具此理而存之；物稟之氣濁，雖具此理而不知。同稟天地之理，無所不同，這是"理一"；所稟之氣各異，而有自覺與不覺的不同，這是"分殊"。朱熹認爲，程頤講的"理一分殊"是指理之**本然**，而楊時對程頤思想的進一步發揮"知其理之所以爲仁，知其分殊所以爲義"則是就理之發用而言。發用是端緒，學之工夫即當由之推尋本體。由此可見，當時朱熹對"仁"的理解完全基於本體論的"體—用"模式，着重於宇宙本體和構成的分析。他的着眼點始終在天地之化與性理構成方面。頗有意味的是，對朱熹這一大套客觀性建構的理論李侗並無反應，卻在批答中大講了一套由程明道與謝上蔡問答引發的主體性境界與功夫。這頗能表出李侗所欲以教授朱熹者和朱熹本人思想之取向的不同。習忘即修習"坐忘"，一種純粹的靜坐修持，其益處可以養生，因爲習忘的結果是心中無事，忘人己，無內外，不會留情執着於任何事物，也就不會發生情感心理的煩擾和障礙。然而程明道指出，習忘以養生是有意義的，但這並不是學道的入手功夫和終極境界。學道人須如孟子所說"必有事焉"。人在人倫日用中生活，事事須奉行道德準則，修身以敬，這都不能僅以"無心忘之"的態度，而須以"正心待之"的態度去實踐、去生活。同時，正如從程顥到李侗都重視的，道德實踐的過程應當注意保持心境的平和，孟子說"心勿忘勿助長"，忘就是無念，助流於執着，都是不"自然"的。敬德與自然兩者相結合，才是完滿的境界。而這些思想在當時並未被朱熹所注意。

## 五、涵養與窮理

《延平答問》顯示出，在朱熹從學延平期間，從一開始，他就對章句訓

---

① 《答問》壬午八月七日書，紹興三十二年，朱子33歲。

詁有特殊興趣。李侗說他"講學極造其微處""渠所論難處皆是操戈入室",即指朱熹對理論辨析的用力。朱熹自己後來也承認,他在延平生時並未留意於未發體驗和涵養氣象:"方竊好章句訓詁之習,不得盡心於此。"李侗也看出朱熹的章句之好,他說朱熹"初講學時頗爲道理所縛",即指朱熹注重概念義理名物的辨析,而忽略涵養和體驗。

在這種差異的後面,反映了李侗與後來發展了的朱熹之間對一些重要問題認識的不同立場。如朱熹說:"昔聞之師,以爲當於未發之幾默識而心契焉,然後文義事理觸類可通,莫非此理之所出,不待區區求之章句訓詁之間也。"①由於朱熹赴任同安之後,聽從延平之言,日讀聖賢之書,加之生性喜好章句,故其與延平書每以經書義理爲問。延平爲引導朱熹從事未發體驗,即以融通義理爲説,告以求之未發默識,不必求之章句訓詁,由此便可契識"此理"。而朱熹則誤以爲未發功夫只是爲了讀書有疑時所用,其功能亦只是静中觸類旁通文義事理而已,完全未理會道南未發功夫所尋求的體驗和境界。

如果朱熹的復述無誤,可以認爲,李侗學問功夫反對用力於章句誦讀,要求在静中體驗未發,反映了他對"理"及"窮理"的基本思想與態度。如果説李侗反對或者不看重由讀書以講明義理這種後來朱熹最爲注重的格物窮理方法,而是認爲義理的通暢與獲得只須依賴内向的未發體驗,那就表示,李侗認爲"理"是内的,窮理不須向外求索,只須向内體驗。

自然,像程明道所代表的追求與物同體的渾然氣象及灑落自然的孔顏樂處,這種"爲道"取向本來與"爲學"不同,在功夫上必然注重内在體驗而忽視甚至反對外在積累,從而與後來發展起的"心學"功夫合流。李侗的思想也表示,在對"理"的認識上和對待學問功夫的態度上,李侗確實顯示出一些與從陸九淵到王陽明心學的共同點。當然,這不是説李侗在整體上已有陸王心學"心即是理""心外無理"的思想,因爲李侗不僅重視内在體驗,也提出重視分殊。但在某種意義上説,李侗學問思想確有所謂"心學"的傾向,雖然其出發點與後來的陸氏心學並不相同。

正是由於李侗思想的這種特質,所以他特別着力糾正朱熹的章句記誦傾向,他不僅特別强調與"章句"相對的"涵養",且特別提出:"學問之道,不在多言,但**默坐澄心,體認天理**。若真有所見,雖一毫私慾之發,亦

---

① 《文集》卷四○《答何叔京》(第四書)。

退聽矣。"①又説："聖門之傳《中庸》，其所以開悟後學，無遺策矣。然所謂'喜怒哀樂未發之謂中'者，又一篇之指要也。**若徒記誦而已，則亦奚以爲哉？必也體之於身，實見是理**，若顔子之歎，卓然見其爲一物而不違乎心目之間也。"②"大舉有疑處，須静坐體究。"③

所謂"默坐澄心，體認天理"，有兩方面意義：首先，默坐澄心即指静中體驗未發氣象，體驗那種渾然和樂、不偏不倚、無所固滯的氣象，而不是僅去體認天理；其次，天理不在心外，人只須默坐澄心，反身而誠，便可識契此理。朱熹很少提及默坐澄心，而常常把李侗的整個學問宗旨歸結爲體認天理，因爲"體認天理"説可以减弱楊時到李侗體驗未發氣象的直覺性體驗，以避免神秘體驗與浪漫境界。而即使是把李侗學問歸結爲體認天理，在朱熹也是在這樣的意義上承認的，即未發時的默識是保證"文義事理觸類可通"的主觀條件，或是義理有疑不通時所運用來融釋義理的方法，而"理"是可在心外的客觀法則。從前引他與何叔樂書所敍"昔聞之師"者可見，朱熹片面地，或者僅僅把未發之功限制在服務於讀書講明義理的主體修養，並主張向外窮理，從這裏已經可以看到後來朱熹所確立的"主敬以立其本、窮理以進其知"的端緒。

按照朱熹後來的思想，以居敬窮理爲宗旨，其中"主敬"包含的一個主要意義即未發時的主敬涵養。朱熹認爲，未發時的涵養與窮理格物有密切關聯，在這裏，未發涵養的意義並不是用以驗夫未發時氣象，而是爲了認識義理預先進行的一種主體修養，如説："蓋欲應事先須窮理，而欲窮理，又須養得心地本原虛静明徹。"④又説："主敬之説，先賢之意蓋以學者不知持守，身心散漫，無緣見得義理分明，故欲其先且習爲端莊嚴肅，不至放肆怠墮，庶幾心定理明耳。"⑤這是説，未發涵養的意義在於它爲窮理準備了主體的條件，要窮得事物之理，就須使心能夠安定集中，這就須要在未接物前有一種修養以保持心地的安定和清明。可見，這種未發涵養完全是爲了理性地**認識**事物之理而確定，它自身並無獨立的價值，也没有其他的**體驗**功能。

---

① 《答問》，《與劉平甫書》。
② 《文集》卷九七《延平李先生行狀》。
③ 《答問》，《與劉平甫書》。
④ 《文集・别集》卷三《答彭子壽》。
⑤ 《文集》卷五九《答方子實》。

　　從上述觀點來看，可以瞭解，朱熹把李侗思想歸結爲默坐澄心而後義理可通、講學有力，把灑落融釋歸結爲存此於胸中而義理少進，把羅從彥、李侗的主靜之學歸結爲義理有疑時的靜坐融通，都是從他自己理性主義取向出發所做的調適。

　　據上所述，及前引朱熹答程允夫書所謂"大抵此事以涵養本原爲先，講論經旨特以附此而已"的説法，朱熹從學延平期間，對李侗的主要思想未予深究，而是由此把學問之道的要旨轉化爲一種一般的"涵養—講論"的關係，他在當時也只是一般地承認涵養爲本、講論爲輔的立場，並没有表示他也認同了李侗以未發默識天理而反對以講論窮理的立場。

　　如朱熹自己所説及《答問》所顯示的，從學延平時期的朱熹更爲偏愛章句訓詁的經典研究，他對涵養優先性的承認既非出於道德性的考慮也不是對内在體驗的重視，他似乎更多地是從涵養對章句研習的積極意義來認識涵養的。在《延平答問》中，李侗總是以各種方式告誡朱熹要注重涵養，而朱熹總是請教李侗關於《語》《孟》解義方面的問題，後來的《朱子語類》中仍記録了許多朱熹回憶李侗解經的例子，這種涵養本原與章句解讀的矛盾，亦即是後來所謂"尊德性"和"道問學"的矛盾，始終是朱熹一生中的學問難題。朱熹從很早時候起就表現出他對知識的積累和學習更爲注意，即使是李侗也始終未能糾正他的章句之好。

　　以上所説，重在表出朱熹與李侗之差異，並不是説李侗對於朱熹的意義是完全消極的。事實上，李侗具有的道南正統的身份一開始就受到朱熹的特別注意，也正是在李侗的引導下，他才擺脱了在儒與二氏之間徘徊的狀態，立志歸本伊洛之學，堅定了他的道學方向。只是，由於朱熹個性上對非理性體驗的漠視和章句之好，以及過於年輕的朱熹對有道氣象和境界缺乏體驗，使得朱熹在道學内更爲貼近的是小程的理性主義路線，而與李侗所傳授的大程的直覺主義路線相隔膜。

　　所以，李侗雖未能使朱熹追隨他從事未發體驗，但他對朱熹的章句之好仍起了一種規範的作用，即通過把朱熹引入道學的語境而使其章句工作納入程氏道學的軌道。在《延平答問》中我們可明顯看到朱熹從生疏到熟悉、不斷咀嚼道學話頭的努力。隆興元年癸未(1163)，在李侗病逝的同年，朱熹完成了他的首部章句著作《論語要義》，其書序云："熹年十三四時受二程先生論語於先君，未通大義而先君棄諸孤。中間歷訪師友，以爲未足，於是乎遍求古今諸儒之説，合而編之，誦習既久，益以迷眩。晚親有道，竊有所聞，然後知其穿鑿支離者固無足取，至於其餘或引據精密、或解析通明,非無一辭一句之可觀,顧其於聖人之微意,則非程氏之儔矣。隆興改元,屏居無事,與同志一二人從事於此,慨然發憤,盡删餘説,獨取二先生及其門人朋友數家之説補輯訂正以爲一書。"①這裏所謂遍求、誦習都是指同安悟異學之非以後反諸六經的實踐。朱熹同安任中一意歸本儒學,卻仍未免於氾濫之習,直至《論語要義》時"盡删餘説",而獨取程氏一派,表明李侗雖未能根本上扭轉朱熹的章句之好,但對朱熹的章句工作無論在方向上還是在内容上都發生了規範性的影響。

從《延平答問》來看,李侗與朱熹,在討論中涉及的北宋以來的著作有:胡文定(安國)《春秋解》,伊川《春秋傳》《橫渠語解》《二程語解》,上蔡《論語説》《二程語録》《遺書》《二蘇語孟》《濂溪遺文》《穎濱語孟》,吕與叔(大臨)《中庸解》《龜山語解》《和靖語解》,胡明仲(宏)《論語解》《太極圖説》《上蔡語録》《通書》以及《二程文集》等。除二蘇外,兩人討論的經解完全在道學系統之内。這表明,李侗對朱熹的影響確實是重要的,正是李侗不僅使朱熹摒棄釋老而歸本儒學,而且又使朱熹的儒學視野集中於程氏道學。朱熹在李侗引導下發生的這一轉變,不僅對於朱熹自己,對於整個宋代道學的發展都有着極爲重要的意義。

當然,李侗對朱熹的這種影響並不是憑空建立的,而是以朱熹青少年時代受其父朱松及"三君子"崇尚伊洛之學的影響爲基礎的。只是三君子的影響限於對道學的一般傾慕,而未及深入確定於伊洛中某一特定傳統之上。李侗力圖使朱熹專注於"道南"傳統。這兩種影響從朱熹早年對謝良佐和楊時的態度可以看得明白。朱熹早年所受程門影響,以上蔡謝氏爲深,他在赴任同安之前曾用功讀上蔡書,他晚年也説及:"熹自少時妄意爲學,即賴先生(上蔡)之言以發其趣。"②他在30歲時校定的《上蔡語録》是他的第一個學術工作。在《上蔡語録後序》中他説謝上蔡"學於程夫子昆弟之門,篤志力行,於從游諸公間所見最爲超越",③而五年之後,朱熹則説:"道喪千載,兩程勃興,有的其緒,龜山是承。"④一改以楊龜山爲二程正傳,這顯然是受作爲龜山再傳的李侗所影響,也表明朱熹已立志由道南直溯伊洛,擔當起承繼、發展道學的重任。所以,他在紹興三十二年上

---

① (宋)朱熹:《論語要義目録序》,《文集》卷七五。
② (宋)朱熹:《德安府應城縣上蔡先生祠記》,《文集》卷八〇。
③ (宋)朱熹:《上蔡語録後序》,《文集》卷七五。
④ (宋)朱熹:《祭延平先生文》,《文集》卷八七。

孝宗封事中特別提出："故承議郎程顥與其弟崇政殿説書頤，近世大儒，實得孔孟以來不傳之學。"①

## 六、理 一 分 殊

第四節曾引壬午八月七日書，其中引述了朱熹論及"理一分殊"的一大段，其實，朱熹對"理一分殊"的討論是受了李侗的提示和引導。朱子孫婿趙師夏（致道）《延平答問跋》云：

> 文公先生嘗語師夏云："余之始學，亦務爲籠統宏闊之言，好同而惡異，喜大而恥小，於延平之言則以爲何爲多事若是，天下之理一而已。"心疑而不服。同安官餘，以延平之言反復思之，始知其不我欺矣。蓋延平之言曰："吾儒之學所以異于異端者，理一分殊也。理不患其不一，所難者，分耳。"此其要也。②

由此可知，朱熹見延平之初，是用"天下之理一而已"調和儒釋，這顯然是受了劉子翬"以儒佛合"的思想影響。而李侗用以引導朱熹辨別儒釋的方式則是提起程門"理一分殊"的話頭。《延平行狀》中朱子述李侗教人大旨亦云："若概以理一而不察乎分殊，此學者所以流乎疑似亂真之説而不自知也。"這也説明，李、朱授受之間對"理一分殊"的討論首先是針對朱熹早年對儒釋之辨缺乏深刻認識而發的。《語類》録：

> 初見李先生時，説得無限道理，也曾去學禪。李先生云："汝恁地懸空理會得許多，而面前事都又理會不得。道亦無玄妙，只在日用間著實作功夫處理會，便自見得。"③

《延平答問》庚辰七月與朱熹書：

> 所云"語録中有'仁者渾然與物同體'一句，即認得《西銘》意

---

① （宋）朱熹：《文集》卷一一《壬午封事》。
② 《延平答問後録·跋》。
③ 《朱子語類》卷一〇四"董銖録"。

旨”，所見路脈甚正，宜以是推廣求之。然要見一視同仁氣象卻不難，
須是理會分殊，雖毫髮不可失，方是儒者氣象。①

“理一分殊”的提出本來是起因於楊時對《西銘》的懷疑。楊時懷疑張載
《西銘》“乾稱父，坤稱母”的説法會流於墨氏兼愛之義，但他未能瞭解，孔
孟的仁學本來與兼愛説有相通的一面，而程明道特倡“仁者以天地萬物爲
一體”“仁者渾然與物同體”的境界，強調仁學的境界就是要把自己和宇
宙萬物看成息息相通的一個整體，從而把仁者與關懷貫通到一切事物。
所以程頤回答楊時説，《西銘》理一而分殊，有仁亦且有義；墨氏兼愛而無
分，失於無義。在程頤這個理一分殊的説法中，實際上包含着有對程顥
“仁者與物同休”説的某種修正，也就是説在一定程度上吸取了楊時的意
見。李侗由羅仲素而來的“静中體驗未發”得於楊時的正傳，李侗晚年與
朱熹的討論中則提出，體認萬物同體的仁學境界在某種意義上不如“理會
分殊”更困難和更重要，這與“静中體驗未發”的内向直覺體驗的立場有
所不同。然而，這一種重視分殊的思想，這種強調分殊更過於一視同仁的
立場也正是龜山之學的固有立場。顯然，在李侗看來，正如儒墨之辨一
樣，僅僅從仁者渾然與物同體方面來看，還難以把握儒學與佛教的真正界
線，只有把“一視同仁”的境界落實到人倫日用的“分殊”上，才能顯現出
“吾儒”與“異端”的本質區別。因而，那種“懸空理會”的理一體認並不
難，真正困難的是在“日用間着實理會”。只有同時掌握了“理一”和“分
殊”，才真正是儒者之學。

　　不過，正如前所説，朱熹這一時期所關懷的是本體論建構和理論的辨
析，所以他最感興趣的是如何以“理一分殊”來説明宇宙流行過程中天地
萬物性理的統一和差別。據壬午六月書，朱熹開始認爲，“仁”是生生自然
之機，人得之以爲性，而與禽獸相區別，所以這個仁的性，犬牛禽獸“則不
得與焉”。李侗則指出，仁是天地之理，所以從本源上説，萬事萬物俱有得
乎此理此氣，不能説“此理惟人得之”。人與禽獸的區別在於人所稟氣中
和秀靈，五常之理全備而禽獸雖亦稟得此理，卻是“得其偏而已”。這個説
法即後來朱熹也常採用的理同氣異説。朱熹接受了李侗的意見，重新加

---

① 《答問》庚辰七月書，紹興三十年，朱子31歲。

以考慮,其修正之説即見第四節所引辛巳八月七日書。① 朱熹修正説與
李侗亦不完全相同,在李侗,對理氣稟受的偏正並未明確表述出來,朱熹
則明白提出,天地萬物本於一源,所以人與草木禽獸不僅都稟有此理,而
且都稟得全體而無絲毫欠剩。這就是"理一"。但人稟氣清,可自覺其具
備此理而加以存養;物稟氣濁,故雖全具此理而不自知,這就是"分殊"。
理一可見人物之同,分殊可明人物之異。後來朱熹在《中庸或問》中所説:
"蓋在天在人雖有性命之分,而其理則未嘗不一,在人在物雖有氣稟之異,
而其理則未嘗不同。"②都是發展了《延平答問》時期由李侗而來的思想。
這樣,以理一分殊的模式表述萬物性理的統一性與差別性,使得理一分殊
由原來單純倫理學的討論,擴展而爲具有本體論與人性論的涵義。朱熹
在很長一段時期都是把注意力集中在"本體—人性"理論體系的建構
上面。

從李侗的本意來説,他向朱熹強調理一分殊的重要,本來是出於明儒
釋之辨和引導青年朱熹在日用踐履上下功夫。而從朱熹一生整個思想來
看李侗重視分殊更重於重視理一的思想,無疑是朱熹"格物窮理"方法論
的一個來源。所以,朱熹注重從分殊入手的格物論是李延平重視分殊説
的一個未預期的結果。對朱熹整個思想的展開有十分重要的意義。朱熹
後來回憶説:

> 沈元用問尹和靖:"伊川《易傳》何處是切要?"尹云:"體用一源,
> 顯微無間,此是最切要處。"後舉以問李先生,先生曰:"尹説固好,但
> 須是看得六十四卦、三百八十四爻都有下落,方是説得此話。"③

李侗所答朱熹,也就是理一不難見,所難在分殊之意。切要處固然是"體"
是"一",然而"體"不離"用"與"殊",必須在六十四卦、三百八十四爻上
逐一理會,融會貫通,才是真正把握了一理,才算是體用一源。在《春秋》
的研究上李侗的主張也是如此,朱熹後來説:"《春秋》功夫未及下手,先

---

① 按此辛巳八月書,(紹興三十一年)乃承壬午六月書(紹興三十二年),故二書
之年必有誤,疑辛巳八月書本爲壬午八月書,而壬午六月書本爲辛巳六月書。
② 《中庸或問》卷一。
③ 《朱子語類》卷一一。

生棄世,然嘗聞其一二,以爲《春秋》一事各是發明一例。"①《延平答問》辛巳二月二十四日書回答朱熹關於尹焞"性,一也"之同時,李侗也説:"尹和靖之説雖渾全,然卻似没話可説,學者無着力處。"②

可見,如果把注重分殊作爲爲學方法論來看,朱熹倡導的格物窮理方法,正是注重從具體的分殊的事物人手,認爲經過對分殊的積累,自然會上升至對理一的把握。這些思想顯然有着李侗的影響。把格物致知至規定爲從分殊的具體上升到理一的普遍,正是朱熹對程頤"今日格一件、明日格一件,積習既多,脱然自有貫通處"的發展。朱熹的爲學方法,主張由分殊而達一貫。他一生中多次表示,不應憑空理會玄妙道理,要作格物的踏實功夫。他説:"聖人未嘗言理一,多只言分殊。能於分殊中事事物物、頭頭項項上理會得其當然,方知理本一貫。不知萬殊各有一理而徒言理一,不知理一在何處!"③"不是一本處難認,是萬殊處難認。""理雖只是一理,學者且要去萬理中千頭萬緒都理會過,四面湊合來,自見得是一理。不去理會那萬理,只去理會那一理,只是空想象。"④這些説法與李侗對他的教導完全一致。朱熹也以這個思想批評陸學:"江西學者偏要説甚自得,説甚一貫。……嘗譬之,一便如一條索,那貫底物事,便如許多散錢。須是積得這許多散錢了,卻將那一條索來一串穿,這便是貫。若陸氏之學,只是要尋這一條索,卻不知道都無可得穿。"⑤可見,朱熹特別注意吸取了李侗注重分殊的精神,並由此與程頤的格物窮理説結合在一起,從而演出了他自己從分殊上升到理一的理性主義的寶塔式結構。在關於認識從個别、特殊上升到普遍這一點上,朱熹更超過了李侗。

《延平答問》反映的李侗與朱熹思想的交往表明,李侗對青年朱熹曾産生很大影響,其中最主要的是把朱熹引入道學系統的軌道。但朱熹在道學系統内的發展方向卻與李侗不同,這種不同植根於朱熹特殊個性的某種要求和傾向,李侗也無力從根本上加以扭轉。李侗與朱熹的不同,亦即是大程與小程的不同,朱熹在李侗死後完全轉向小程的立場,使得宋代

① (宋)朱熹:《文集》卷三九《答柯國材》(第二書)。
② 《答問》辛巳二月二十四日書,紹興三十一年,朱子32歲。
③ 《朱子語類》卷二七。
④ 《朱子語類》卷一一七。
⑤ 《朱子語類》卷二七。

乃至整個宋明理學的面貌與特質發生了極大的改觀。

在二程之間，大程子倡導自然和樂的境界，重視仁者與物同體的內向體驗；小程子則嚴毅謹肅，以敬爲宗旨，主張讀書應事、格物窮理。程門之下高弟並出，但南渡以後，道南一派蔚成大宗。楊時發展了大程重視內向體驗的思想，借助小程討論過的《中庸》未發之義，力倡靜中體驗未發的宗旨。這一派經過羅從彥到李侗，發展爲以靜爲宗的學派，注重直覺主義的內在體驗，成了南宋初道學的主導。李侗學問氣象與大程子十分相近，爲學主靜坐體認，推稱灑落氣象。朱熹早年學於李侗，從根本上奠定了他向道學發展的基礎。但朱熹生性偏向理性主義，排拒內向體驗特別是神秘體驗，所以他並不像李侗追隨羅從彥那樣承繼道南傳統去靜坐體驗未發，他也未深入領會李侗由未發功夫所欲達到的灑落境界和有道氣象。他完全從理性主義的立場上理解李侗所欲教授給他的東西，如把體驗未發看成體認客觀的天理，把灑落氣象歸結爲對文句義理的融會貫通，把默坐澄心的養心功夫僅僅看成爲體會文義而進行的主體修養，並把已發未發、理一分殊都作爲本體論的命題來對待。朱熹在延平死後五年徹底轉向程頤的理性主義軌道，以主敬立其本，以窮理進其知，其端緒在從學延平時已充分顯露。朱熹的出現，一改道南傳統的主靜、內向和體驗色彩，使得道學在南宋發生了向理性主義的轉向，從此小程的影響在道學內上升爲主導。朱子理性主義哲學的龐大體系和巨大影響，不僅改變了道學發展的方向，而且對此後中國文化的發展產生了不可估量的影響。而李侗、朱熹授受之際正是理解這一轉向的原初契機。

原載《朱子哲學研究》，華東師範大學出版社 2002 年版
（陳來，清華大學哲學系教授）

# 洪邁《萬首唐人絕句》考

## 陳尚君

南宋洪邁纂《萬首唐人絕句》一百一卷，全書具存，於其成書經過，門生淩郁之撰《洪邁年譜》（上海古籍出版社 2006 年版）也基本弄清楚了。就鉤沉索引爲主要目標之考證來説，該書似乎并沒有太多考求的餘地。然從南宋陳振孫對此書之誤收提出批評以後，歷代都相沿指責，似乎很少見到披閱全書、比讀文獻後的全面分析。而對全書之成書過程、文獻取資、學術價值、誤收類型與原因，實在都還有重新檢討的必要。

## 一、洪邁編纂《萬首唐人絕句》的過程

嘉靖本《萬首唐人絕句》（文學古籍刊行社 1955 年影印本。本文後文或簡稱《絕句》。據該書引録文獻時或僅注五言或七言及卷次）卷首有洪邁自序：

　　淳熙庚子秋，邁解建安郡印歸，時年五十八矣。身入老境，眼意倦罷，不復觀書，惟時時教穉兒誦唐人絕句，則取諸家遺集，一切整彙，凡五七言五千四百篇，手書爲六秩。起家守婺，齎以自隨。踰年再還朝，侍壽皇帝清燕，偶及宫中書扇事。聖語云："比使人集録唐詩，得數百首。"邁因以昔所編具奏，天旨驚其多，且令以元本進入，蒙寘諸復古殿書院。又四年，來守會稽間，公事餘分，又討理向所未盡者。唐去今四百歲，考《藝文志》所載以集著録者，幾五百家，今僅及半，而或失真。如王涯在翰林，同學士令狐楚、張仲素所賦宫詞諸章，乃誤入於王維集。金華所刊杜牧之《續別集》，皆許渾詩也。李益"返照入閭巷，愁來與誰語"一篇，又以爲耿湋。崔魯"白首成何事，

無歡可替愁"一篇,又以爲張蠙。以薛能"邵平瓜地入吾廬"一篇爲曹鄴,以狄歸昌"馬嵬城下柳依依"一篇爲羅隱,如是者不可勝計。今之所編,固亦不能自免,然不暇正。又取郭茂倩《樂府》與稗官小説所載仙鬼諸詩,撮其可讀者,合爲百卷,刻板蓬萊閣中,而識其本末於首。紹熙元年十一月戊午,焕章閣學士、宣奉大夫、知紹興軍府事、兩浙東路安撫使魏郡公洪邁序。

序末録其次年十一月題記:

> 越府所刻,七言至二十六卷,五言至二十卷,而奉祠歸鄱陽。惟書不可以不成,乃雇婺匠續之於容齋,旬月而畢。二年十一月戊辰,邁題。

復次録《重華宮投進劄子》,稱:"去年守越,嘗於公庫鏤板,未及了畢,奉祠西歸。家居無事,又復搜討文集,傍及傳記小説,遂得滿萬首,分爲百卷。輒以私錢雇工,接續雕刻,今已成書。"所進爲"目録一册,七言十五册,五言五册,共二十一册",所附貼黄更云"七言二十六卷以前,五言二十卷以前,係紹興府所刻","後點檢得有錯誤處,只用雌黄塗改,今來無由別行修換"。去年日本東京一誠堂爲紀念開業 110 週年拍賣宋本《萬首唐人絕句》,據鑒定即紹熙刻,嘉定間修版本,應即嘉靖本目録後附吳格、汪綱二跋所稱嘉定辛亥、癸未在越州之拼合本。因宋本至今尚未影刊,無由討論。不過嘉靖本除七言卷五九卷末稍有殘缺外,基本忠實於宋本的面貌,仍不妨作爲討論的依據。

　　就上舉洪邁本人的敘述可知,此書初編於淳熙七年庚子(1180)秋,五十八歲的他覺得漸入老境,不能如早年那么廣泛地讀書,於是課兒讀唐人絕句,從諸家遺集整理出 5 400 篇,這是他的第一次結纂。至淳熙十一年(1184)春出守婺州,乃攜以自隨。至次年召還入對,《容齋三筆》卷一四載孝宗問及會子(紙幣)兌錢事。洪邁此次在朝約三年,君臣間多有詩歌來往,洪邁也緣得恩寵,如《玉海》卷三四有該年九月十三日孝宗賜其御書白居易詩事,並隨即進任翰林學士。有關編録唐人絕句事,應爲某次在朝侍宴時閑聊所及。皇上一贊賞,洪邁就認真了,先是將初編奏進,藏復古殿書院,其後更着意加以網羅。至十五年(1188)五月出守鎮江府,旋改知太平州,光宗紹熙元年(1190)出知紹興府,方加整理定稿。他在紹興僅一年有奇,當年十一月即序刊,應該是積纍十年到此時方定稿。到次年三月他爲《華陽集》撰序時已自署"提舉隆興府玉隆萬壽宫",即在紹興開雕後僅兩三個月即去職歸鄉。前此是越府公庫開雕,去職後連帶已刊板攜帶回家,復出私錢雇婺州刻工完成全書。《重華宫投進劄子》云居家"復搜討文集,傍及傳記小説,遂得滿萬首,分爲百卷",與前年序所述不合,或序有後改,或劄子有所掩飾。因爲有這樣長達十年之屢次編次、進奏且兩次分地刊刻,故全書保存了逐次編録的痕迹,有些詩人如元稹、張祜標明四見,陸龜蒙、李涉、張蠙、劉言史等標明三見,顯得編次無序,但也記録了全書陸續編成的過程。

現在可以確定紹熙初版的"七言二十六卷以前,五言二十卷以前"爲紹興所刻,其與歸鄱陽後所刻有何不同,要以後見到宋版方知。他在淳熙七年初編得 5 400 首之文本,已難以確認。我比較傾向的看法,是在七言卷五三以前,五言在卷一九以前,是他的首次結集的文本,因爲在此二卷以後,方出現一詩人之詩大量"再見"之記録。但這兩部分加起來,已經達到 7 200 首,應該是第二次遞修後的結果。五七言此二卷以後,復有大量陸續增補所得,隨見隨録的記録。

洪邁自序所云録詩傳訛之鑒別,容下文再討論。

## 二、《萬首唐人絶句》的文獻取資 及保存絶句之價值

洪邁自序所云《藝文志》所載唐集"著録者,幾五百家",指《新唐書·藝文志》所著録之唐集。我多年前曾逐書清點,知此志著録別集 736 家,其中唐集 505 家 537 部,與洪邁所言合。我網羅文獻,補録 406 家 446 部(見《新唐書藝文志補——集部別集類》,刊《唐研究》第 1 卷,北京大學出版社 1995 年版),加上近年新知 30 多種,唐別集可知總數大約 1 000 種以上。洪邁所見 200 多種,與今所存約 200 種,不是一個等同的概念。其中部分他曾見者得以原書保存至今,更多的部分則是他所曾見者,今或不傳,或僅存殘本,或原集無傳而明以後再輯。討論該書保存已佚唐集中絶句之價值,應在此一立場上展開。

洪邁當年所見唐人文集,與今存本面貌大體相同者,有李白、杜甫、韋應物、孟郊、白居易、韓愈、劉禹錫諸家文集,我曾據洪書以校諸集,見其録詩順序也大體同今見諸集宋本次第,偶有遺漏,則後或補出,殆曾復檢。

於各家詩之自注，多予删除，而於原題較繁者，亦有所節略。也有補足之例，如白居易《重到城七絕句》中《見元九》一首，《絕句》題作《重見元九》，其實意思有所不同。白集《初著刺史緋答友人見贈》七律後録七絕《又答賀客》，《絕句》題作《初著刺史緋答賀客》，較爲妥當。白詩《有雙鶴留在洛中忽見劉郎中依然鳴顧劉因爲鶴歎二篇寄予予以二絕句答之》，《絕句》題作《和劉郎中鶴歎二首》；《宅西有流水墻下構小樓臨甃之時頗有幽趣因命歌酒聊以自娛獨醉獨吟偶題五絕》，《絕句》題作《宅西流水墻下構小樓五絕》。蓋《絕句》志在存詩而不泥於保存原題，體例上可以理解。因其所見畢竟爲宋本，且與傳本系統或異，故皆有校勘之價值。

由于今存之大量唐集皆出於明人重輯，不免使人忽略了《絕句》保存唐人詩什的價值。其實只要通校存世唐宋元典籍，對明刊唐集哪些是唐宋以來流傳下來，哪些是明人拼湊而成，并不難判斷。如《唐才子傳》卷八云曹唐有《大游仙詩》50篇，但明刊《曹從事集》中僅有唐宋人曾選取的10多篇，知該集爲明人重新輯録。各集情況當然各有流傳本末，難以一概而論，但秉此原則，我以爲洪邁曾加採集絕句之唐集而今不存者，洪書具有第一手保存文獻價值者，可以列表如次。作爲參照，特附《直齋書録解題》卷一九所著録唐集爲參考。

| 姓名 | 七 言 | | 五 言 | | 所據唐集情況（據《直齋書録解題》卷一九者不注所出，其他用簡稱） |
|---|---|---|---|---|---|
| | 卷次 | 首數 | 卷次 | 首數 | |
| 賈至 | 3 | 19 | | | 賈至集十卷，右唐賈至幼幾也，洛陽人，天寶十年明經擢第。（《晁志》） |
| 戴叔倫 | 8、55 | 43 | 9、21 | 40 | 戴叔倫《述藁》十卷，外詩一卷。（《晁志》） |
| 楊巨源 | 8 | 24 | | | 《楊少尹集》五卷，唐河南少尹楊巨源景山撰。 |
| 王昌齡 | 17、67 | 70 | 11 | 12 | 王昌齡詩六卷，右唐王昌齡少伯也。江寧人，開元十五年進士。（《晁志》） |
| 雍陶 | 19 | 76 | | | 雍陶詩五卷，右唐雍陶國鈞，大和八年進士。大中六年，自國子毛詩博士出刺簡州。唐志集十卷，今亡其半。（《晁志》） |
| 高蟾 | 19 | 21 | 19 | 19 | 高蟾集一卷，唐御史中丞高蟾撰，乾符三年進士。 |
| 熊孺登 | 20 | 23 | | | 熊孺登集一卷，唐西川從事熊孺登撰。元和中人，執易其從姪也。 |

| 姓名 | 七言 | | 五言 | | 所據唐集情況(據《直齋書録解題》卷一九者不注所出,其他用簡稱) |
|---|---|---|---|---|---|
| | 卷次 | 首數 | 卷次 | 首數 | |
| 陳羽 | 20 | 29 | | | 陳羽集一卷,唐東宫衛佐陳羽撰。貞元八年陸贄下第二人。 |
| 李涉 | 21 | 81 | | | 李涉集一卷,唐國子太學博士李涉撰。 |
| 孟遲 | 22 | 11 | 19 | 4 | 孟遲詩一卷。右唐孟遲字叔之,平昌人。會昌五年陳商下及第。(《晁志》) |
| 褚載 | 28 | 7 | | | 褚載集一卷,唐褚載厚之撰。 |
| 殷堯藩 | 28 | 7 | | | 殷堯藩集一卷,唐侍御史殷堯藩撰。元和元年進士。 |
| 陸暢 | 29 | 31 | 14 | 3 | 陸暢集。(《遂初堂書目》) |
| 李紳 | 32 | 21 | | | 不詳。 |
| 施肩吾 | 33、34 | 151 | 10 | 31 | 《西山集》一卷(《晁志》五卷),唐施肩吾撰。元和十五年進士。 |
| 陳陶 | 35 | 60 | 11 | 29 | 陳陶集二卷。右唐陳陶嵩伯也,鄱陽人。大中時隱洪州西山,自號三教布衣云。(《晁志》) |
| 李郢 | 36 | 18 | | | 《李端公集》一卷,唐侍御史李郢楚望撰。大中十年進士。 |
| 趙嘏 | 37、38 | 117 | | | 趙嘏《渭南詩》三卷。右唐趙嘏承祐也,會昌四年進士,終渭南尉。(《晁志》) |
| 裴夷直 | 38 | 36 | 15 | 12 | 裴夷直詩二卷。(《宋志》) |
| 徐凝 | 39、67 | 76 | 14 | 14 | 徐凝集。(《遂初堂書目》) |
| 汪遵 | 42、74 | 60 | | | 汪遵《咏史詩》一卷。(《崇文目》) |
| 鄭畋 | 47 | 12 | | | 鄭畋集五卷。右唐鄭畋台文也。滎陽人,會昌二年進士。(《晁志》) |
| 崔道融 | 47 | 38 | 13 | 40 | 《東浮集》九卷,唐荆南崔道融撰,自稱東甌散人。乾寧乙卯,永嘉山齋編成,蓋避地於此。今缺第十卷。 |
| 高駢 | 47 | 37 | 19 | 4 | 高駢集一卷,唐淮南節度使高駢撰。 |
| 來鵠 | 49 | 18 | | | 來鵬集一卷,唐豫章來鵬撰。咸通中舉進士不第。 |

續 表

| 姓名 | 七 言 | | 五 言 | | 所據唐集情況(據《直齋書録解題》卷一九者不注所出,其他用簡稱) |
|---|---|---|---|---|---|
| | 卷次 | 首數 | 卷次 | 首數 | |
| 司空圖 | 56、57、58、71 | 242 | 18 | 75 | 司空表聖集十卷,唐兵部侍郎司空圖表聖撰。咸通十年進士,別有全集,此集皆詩也。 |
| 唐彦謙 | 59 | 37 | 19 | 4 | 唐彦謙集一卷,唐河中節度副使襄陽唐彦謙茂業撰,號鹿門先生。 |
| 孫元晏 | 60 | 75 | | | 孫元晏《六朝咏史詩》一卷。(《宋志》) |
| 曹唐 | 61 | 98 | | | 曹唐集一卷,唐桂林曹唐堯賓撰。有大小游仙詩。 |
| 薛濤 | 65 | 51 | 20 | 10 | 薛濤《錦江集》五卷。右唐薛濤洪度也。西川樂妓,工爲詩。(《晁志》) |
| 雍裕之 | 67 | 9 | 23 | 20 | 雍裕之集一卷,唐雍裕之撰,未詳何時人。 |
| 成文幹 | 72 | 23 | | | 成文幹《梅嶺集》五卷。(《崇文目》) |
| 李九齡 | 72 | 23 | | | 李九齡集一卷,洛陽李九齡撰。乾德二年進士第三人。 |
| 劉言史 | 75 | 47 | | | 劉言史詩十卷。(《宋志》) |
| 王勃 | | | 8、23 | 32 | 王勃集二十卷,右唐王勃子安也。(略)有劉元濟序。(《晁志》) |
| 薛瑩 | | | 19 | 6 | 薛瑩集一卷,唐薛瑩撰。號《洞庭集》,文宗時人,集中多蜀詩。 |
| 周濆 | 73 | 4 | | | 周濆集一卷。 |
| 蔣吉 | 74 | 11 | 25 | 4 | 蔣吉集(略)未詳何人。 |
| 吴仁璧 | 39 | 10 | | | 吴仁璧詩一卷。(《宋志》) |

以上 39 家所存詩共 2 122 首,是賴洪邁收録而得以保存至今的,總數占了全書的五分之一還多。需要説明的是,有些詩人今尚有詩集保存,甚至有號稱源出宋本者,如王勃、趙嘏、雍陶諸家皆是,其詩其今集中絶句是明人復據《絶句》拼湊而成編的。前録李紳諸詩皆爲其《追昔游》以外詩,當別有所據,未見著録。另陸龜蒙詩在《笠澤叢書》《松陵集》和《甫里集》之間,應還有別的文集,未檢出,故未列入。其他録自總集、小説詩話者,就本書具第一手文獻意義講,大約還有 200 餘首。

《絶句》録自總集者,書中偶有説明。如七言卷五八録無名氏《雜詩》

十五首,注"見《才調集》"。《才調集》爲五代後蜀纂,十卷,收詩千首,今存南宋書棚本,再造善本已影印。又如七言卷三八收盧中《江雨望花》等八首,名下注:"八首,集名《盧中》,不載姓名。"《宋史·藝文志》著録:"《盧中詩》二卷,不知作者。"其中《讀庾信集》一首:"四朝十帝盡風流,建業長安兩醉游。唯有一篇楊柳曲,江南江北爲君愁。"《崔塗詩集》、《才調集》卷七收作崔塗詩,《全唐詩》卷六七九即以其中另七首皆收爲崔塗詩,證據尚不足,因不能排除《盧中集》爲總集之可能。五言卷二〇、卷二一、卷二五據《樂府詩集》録諸樂府詩,皆是唐時樂工據才士詩篇裁截而成的五言四句短詩,部分作者可考,但經剪裁後已非原貌。

其他所引,可以通過比讀確認者,七言卷五五據《國秀集》録王喬、張諤、樓穎、豆盧復、褚朝陽、沈頌、樊晃等詩;卷四七據《松陵集》録李縠、張賁、鄭璧、嚴惲等詩;七言卷一八、五言卷一二據《元和三舍人集》録王涯、令狐楚、張仲素詩。

特別要指出的是經過比讀今已失傳的唐詩總集。七言卷四四收温庭筠詩 41 首,段成式詩 43 首、元繇詩 2 首,其中部分肯定録自段成式所編收録他與温庭筠、元繇等大中末在襄陽幕府唱和詩的總集《漢上題襟集》十卷。上述諸詩,温庭筠收入該集者可能只有小部分,段則占大部分。《絶句》五言卷二二收《狀江南十二月景》下録鮑防等十一人詩,可確定出自收録鮑防、吕渭、嚴維等人唱和詩歌的《大曆年浙東聯唱集》。七言卷七一沈佺期以下十餘人詩,則出自玄宗時武平一所編《景龍文館記》(也稱《景龍文館集》,是一部專録中宗景龍二至四年文館學士應制唱和活動的兼具筆記與總集特點的書)。以上三集,今人賈晉華均有輯本,收入氏著《唐代集會總集與詩人群研究》(北京大學出版社 2001 年版),唯多據《全唐詩》編録,未全據唐宋較早文本,是微憾耳。

據唐宋小説採録絶句,在洪邁是極其辛苦的工作,但就現在考察的結果,除了七言卷六八録自《賓仙傳》的 45 首多不知本末外,其餘大多能找到更早或更完整的文獻來源。其中筆記類相信有《雲溪友議》《本事詩》《異聞集》《麗情集》等,但採據最多的應該是《太平廣記》。此類詩多淹没在卷帙繁複的志怪傳奇中,往往都有曲折離奇的敘事情節,而洪邁不録本事,僅取詩篇,擬存詩題與所托作者,都不容易。如《本事詩》載崔護郊游遇女詩事,洪邁擬題爲《題都城南莊》,沿引至今。《太平廣記》卷四五四引《會昌解頤録》録詩:"危冠廣袖楚宫粧,獨步閑庭逐夜凉。自把玉簪敲砌竹,清歌一曲月如霜。"爲草場官張立本女爲妖物所魅後吟詩,妖物自稱高侍郎。《絕句》七言卷六六以高侍郎爲作者,名下注"狐"字,擬詩題爲《憑張立本女吟一首》,較爲妥當,比後世或以張立本女爲作者,甚至因高侍郎附會爲高適,都更爲穩妥。類似例子很多,足見洪邁之文獻處理能力。

據小說録詩而本事不甚清楚者,除《賓仙傳》外,今知尚有一些,如五言卷二三胡曾《戲妻族語不正》:"呼十却爲石,唤針將作真。忽然雲雨至,總道是天因。"即不詳始末。另如七言卷六九劉氏婦《題明月堂二首》,亦復如此。

宋末劉克莊《後村集》卷九四《唐五七言絕句》謂:"野處洪公編《唐人絕句》僅萬首,有一家數百首,並取而不遺者,亦有復出者,宜其但取唐人文集雜説,令人抄類而成書,非必有所去取也。"没有體會洪邁存一代文獻而不加删除之意義,對其於文獻之仔細斟酌亦乏深切同情,不是公允的評價。

## 三、《萬首唐人絕句》所存特殊價值文獻舉例

《萬首唐人絕句》録詩大體忠實文獻,雖然一般都不注明所據文獻來源,但偶有一些記録,也留下極其珍貴的記録。

《絕句》從筆記小説中所録鬼怪絕句,均不録本事,只有詩題和被依托者之名。除出自《太平廣記》諸書而今可考知者外,仍有一些故事原委不太清楚。以後《全唐詩》據以收録時,也都没有事迹。晚清發現了五代中後期人所作志怪小説集《燈下筆談》(有《適園叢書》本和《宋人小説》本),方弄清了部分事實。《絕句》録自該書的詩有七言卷六九録桂林青蘿帳女子《贈穆郎》《褒帳》《題碧花牋》,廬山女子《贈朱朴》,新林驛女子《擊盤歌送歐陽訓酒》,尤啓中(今本作光啓中,似非人名)《題二妃廟》《湘妃席上》,崔渥《題二妃廟》《湘妃席上》,湘妃《席間賦》(二首)及西施、桃源仙子、洞庭龍女《同賦》,素娥《別主人》,韋洵美《答素娥》《假僧榻悶吟》,凡17首;五言卷二三録廬山女子《贈朱朴》、水心寺僧《贈賈松先輩》、新林驛女子《吟示歐陽訓》,凡3首。二者合計共20首,與傳本相合,知當時淵源有自。七言卷六八録何光遠《傷春吟》下注:"四首。以下並《賓仙傳》。"《賓仙傳》,《崇文總目》作一卷,不言作者;《通志·藝文略》作三卷,署"何光遠撰";《宋史·藝文志》作"晞陽子《賓仙傳》三卷",南宋洪遵《泉志》卷一四引及"晞陽子《賓仙傳》",可知該書即後蜀何光遠

著,與《鑑誡録》作者爲同一人。從其自號晞暘子或晞陽子,知其對神仙道教頗崇奉。《絶句》此下録詩 46 首,内容皆涉人神之戀或與玄士、女仙交往,包括 13 個故事,即何光遠與明月潭龍女的相戀故事、劉道昌與鄴場道人的貨丹故事、《群仙降蜀宫六首》、楊損臨刑賦詩、許學士貨丹升仙復回故事、聶通志與已故宫女幽會故事、孫玄照與王仙山相戀故事、群仙酒宴故事、李舜弦故事、李太玄詩事、卓英英及眉娘與太白山玄士故事、潘雍與葛氏女故事、桃花夫人故事。我曾撰文《何光遠的生平和著作——以〈賓仙傳〉爲中心》(刊《江西師範大學學報》2010 年第 5 期)對有關事實加以追究,可略知者劉道昌爲唐末天復初術士;楊損即前蜀楊廷郎叔楊勳,曾自號僕射;《蜀中廣記》卷四云李舜弦爲詞人李珣妹,曾爲前蜀王衍昭儀,但諸詩則涉仙事,未必即其本人作;李太玄爲天復中靈山道士;唐末蘇鶚《杜陽雜編》卷中雖載卢眉娘事,但與卓英英有涉之眉娘顯屬二事。雖然大多詩事已經無可考鏡,但因洪邁之摘存而得保存這部仙傳中的絶句,也屬難得。

《絶句》七言卷七一録景龍文館學士《長寧公主宅流杯》3 首,五言卷二四録景龍文館學士《長寧公主宅流杯》9 首,這 12 首詩,《唐詩紀事》卷三都録作上官婉兒作,且另有三言 2 首、四言 5 首、五律 6 首。從《唐詩紀事》所録源出《景龍文館記》的各詩來説,在幾十次群臣唱和中,每次每人均僅作一首,爲何這次上官婉兒一次就作了 25 首呢?《全唐詩》的編者顯然没有慮及於此,因此全部收在上官名下。《絶句》的記録則顯示,應爲諸學士分撰,但在武平一編次《景龍文館記》時,似乎没有逐一記下作者姓名。《唐詩紀事》不加甄別,概歸上官婉兒,洪邁的記録應該更爲準確。

《絶句》七言卷四四録元繇《酬段柯古不赴夜宴》《看牡丹》二首,又在段成式詩下保存了《嘲元中丞》的詩題。而在《唐詩紀事》卷五四載大中末在襄陽與温庭筠、段成式唱和者爲詩人周繇。已故唐詩學者陶敏相信就是受到《絶句》上引二例的啓發,撰寫陶敏《晚唐詩人周繇及其作品考辨》(刊《唐代文學研究》第 5 輯,廣西師範大學出版社 1994 年版),認爲在襄陽預游者爲元繇,字爲憲,河南人,淄王傅元錫子。武宗會昌間,爲殿中侍御史。宣宗大中末,以檢校御史中丞參襄陽徐商幕府。得以從周繇名下分離出元繇所作詩五首又一句,並認爲温、段與他唱和的詩題均應改訂。此組詩皆源出段成式所編記録此次唱和的專集《漢上題襟集》十卷,不知是否因爲洪邁與《唐詩紀事》著者計有功所見文本有異,至少在此點上,洪邁之校録是很謹慎的。

再舉一例。《絶句》七言卷三六録後朝光《越溪怨》,敦煌遺書伯二五五五不署名,北宋孔延之《會稽掇英總集》卷一三署侯朝光,明末吳琯編《唐詩紀·盛唐》卷一〇七引《玉臺後集》作冷朝光,《全唐詩》卷七七三亦作冷朝光。諸證分析,我傾向認爲以作後朝光最爲近是。《古今姓氏書辨證》宋本三四有後姓。

另如柳公權進賀春衣詩,自《舊唐書》卷一六五本傳以下所記,皆僅作"去歲雖無戰,今年未得歸。皇恩何以報?春日得春衣"四句,唯《絶句》五言卷二三有第二首:"挾纊非真纊,分衣是假衣。從今貔武士,不憚戍金微。"前二句不易解,不知其別有所據,還是後人蛇足之附。

## 四、《萬首唐人絶句》對收録詩歌的鑒別

洪邁自序述他所見文獻之複雜多訛及具體鑒別情況:

> 如王涯在翰林,同學士令狐楚、張仲素所賦宮詞諸章,乃誤入於王維集。金華所刊杜牧之續別集,皆許渾詩也。李益"返照入閭巷,愁來與誰語"一篇,又以爲耿湋。崔魯"白首成何事,無歡可替愁"一篇,又以爲張蠙。以薛能"邵平瓜地入吾廬"一篇爲曹鄴,以狄歸昌"馬嵬城下柳依依"一篇爲羅隱,如是者不可勝計。今之所編,固亦不能自免,然不暇正。

確是心得之言。他所舉六例,一是王涯、令狐楚、張仲素元和間所纂《翰林歌詞》,後傳爲《元和三舍人集》,其中王涯諸篇在《樂府詩集》和蜀刻《王摩詰文集》中都錯成了王維詩(詳拙撰《元和三舍人集》整理解題,見《唐人選唐詩新編》,中華書局 2014 年版)。二是金華即婺州刊署名杜牧撰之《樊川續別集》,今無傳本,但《全唐詩》卷五二六收杜牧下之一卷,即源自該集,今人岑仲勉、吳企明、佟培基、吳在慶、羅時進、胡可先已舉出大量内外證據,確認皆許渾詩。洪邁在淳熙十一年(1184)曾知婺州,故得此本而考訂精確。其三"返照"一篇,作李益詩除洪邁所言外別無表見,而就目前所見書證言,作耿湋以姚合《極玄集》所收最早,作李端則以韋莊《又玄集》卷上爲最早,是唐時已經傳歧,儘管宋代多數書證皆作耿湋,洪邁可能將李端誤記爲李益。其四崔魯或作崔櫓,"白首"一篇,《萬首唐人絶句》卷一八收崔下,但北宋王安石《唐百家詩選》卷一九作張蠙詩,很難

作出決斷。"邵平"一首題作《老圃堂》,在洪邁以前的書證中,《又玄集》卷中、《唐詩紀事》卷六〇作曹鄴詩,《才調集》卷七、《文苑英華》卷三一四作薛能詩,大體旗鼓相當。《萬首唐人絕句》卷四八收作薛能,是洪邁的判斷。然詩云:"邵平瓜地接吾廬,穀雨乾時偶自鋤。昨日春風欺不在,就牀吹落讀殘書。"是退官閑適生活的敘述。佟培基《全唐詩重出誤收考》認爲薛能一生未曾罷官歸居,與詩所述不合。曹鄴中歲辭官歸里。《又玄集》此詩前接薛能詩,或因此致誤。《廣西日報》1962 年 4 月 7 日載《陽朔詩人曹鄴》謂陽朔讀書巖石壁刻有此詩,也不知是何時所刻。似爲曹作可能更大。狄歸昌一篇,見《太平廣記》卷二〇〇引《抒情詩》:"唐僖宗幸蜀,有詞人於馬嵬驛題詩云:'馬嵬煙柳正依依,重見鑾輿幸蜀歸。泉下阿蠻應有語,這回休更泥楊妃!'不出名氏,人仰奇才。(注:此即侍郎狄歸昌詩也)"《萬首唐人絕句》卷五九擬題《題馬嵬驛》,作狄詩。《抒情詩》爲五代前期盧瓌著的一部筆記,距離僖宗幸蜀大約二三十年內成書,但作狄詩也只是傳說。後蜀何光遠著《鑑誡錄》卷八則作羅隱《駕還京》詩,宋書棚本《甲乙集》卷一〇也收,題作《帝幸蜀》,注:"乾符歲。"微誤。就詩意看,應以咏大駕歸京爲是。狄爲朝中顯宦,羅爲落魄舉子,且以諷刺尖刻著名,似更近爲作者,何況其本人宋刊文集也有此詩。

以上幾點,僅就洪序所及加以討論,無論贊同與否,只是要説明唐詩文獻之複雜,定説不易。

## 五、《萬首唐人絕句》誤收唐初<br>以前和入宋後詩歌情況

對於此書的批評,最早見於陳振孫《直齋書録解題》卷一五:"《唐人絕句詩集》一百卷,洪邁景盧編。七言七十五卷,五言六言二十五卷,各百首,凡萬。上之重華宮,可謂博矣。而多有本朝人詩在其中,如李九齡、郭震、滕白、王嵒、王初之屬,其尤不深考者,梁何仲言也。"所批評的都是事實。就我所知,實際情況還遠不止此,以下分類述之(凡拙文《〈全唐詩〉誤收詩考》已考及者,僅略述結論。該文刊《文史》第 24 輯,中華書局1985 年。又收入拙注《唐代文學叢考》時稍有增訂)。

1. 誤收唐前詩歌。今見 6 例,凡 28 首。

何仲言(五言卷二五),即南朝梁詩人何遜,洪邁所收 14 首,多數見《何水部集》,逯欽立編《先秦漢魏晉南北朝詩·梁詩》亦收。唯《送司馬

長沙》一首:"獨留信南浦,望別乃西浮。以今笑爲別,復使夏成秋。"逯氏失收,可補入。洪邁見本與今本不同故。

范静妻沈氏(五言卷二〇),録 6 首。爲南朝梁女子,《玉臺新咏》卷一〇録《映水曲》《王昭君歎》,《樂府詩集》卷六三録《當壚曲》,卷七七收《登樓曲》《越城曲》,皆作梁人,《古詩紀》卷一〇四皆收入。《隋書·經籍志》所載"梁征西記室范靖妻沈滿願集三卷",即其人。

郭恭(五言卷二四),收《秋池一株蓮》1 首。《詩式》卷四、《文苑英華》卷三二二作隋弘執恭詩。作郭恭誤。

唐怡(五言卷二四),收《述懷》:"萬事皆零落,平生不可思。惟餘酒中趣,不減少年時。"明末吳琯《唐詩紀·初唐》五九收此詩和另一首《咏破扇》,注出《玉臺後集》,《全唐詩》卷七七三據以收入。其實唐李康成《玉臺後集》收梁陳至盛唐詩,唐怡不見唐文獻,《北史》卷六七《唐永傳》、《新唐書》卷七四《宰相世系表》、《續高僧傳》卷二三載其字君長,北海平壽人。周宣帝時爲内史次大夫,封漢陽公。入隋,廢於家,卒。

侯夫人(五言卷二四),收 5 首。皆出《迷樓記》,傳爲隋煬帝幸揚州時之宫人,録詩八首,其中絕句皆録於此。今知隋煬帝時並没有迷樓之説,其事皆中唐以後人附會,詩則出於唐末至宋初人托寫。

元氏犬(五言卷二四),録《咏元嘉中兄弟》,元嘉爲南朝宋文帝年號。詩則見《漢魏叢書》本梁任昉《述異記》卷下和《藝文類聚》卷八六引《述異記》。

2. 陳振孫指出誤收宋詩,凡涉 5 人,詩 50 首。

陳振孫所舉 5 人,具體情況如下。

李九齡,七言卷七三存詩 23 首。九齡,洛陽人。宋太祖乾德二年(964)進士第三人登第。曾爲蓬州某知縣。開寶六年,預修《五代史》。有集一卷,不傳。其可知事迹均在入宋後,但出生確在五代後期。存詩在洪邁所録外僅有二首和一些殘句,雖誤録,也恰藉此而存遺篇。

郭震,唐有二人,一爲武后至玄宗初名臣,字元振;二爲玄宗時御史。宋初蜀人郭震字希聲,成都處士,淳化四年(993)曾詣闕獻書。《直齋書録解題》卷一六著録其《漁舟集》一卷,不存。洪邁因二人同姓名而誤採 7 首。

滕白,七言卷七二録 2 首。今知其宋太祖乾德元年(963)以户部判官爲南面軍前水陸轉運使。開寶二年(969),自刑部員外郎知河東諸州轉運使。官至工部。有《滕工部集》一卷,不存。情況與李九齡類似。《全宋詩》二〇卷收其詩 6 首。

王昺，七言卷七四録其 6 首。今知其字隱夫，蜀人。宋太宗親征河東，曾上詩稱頌。李順亂蜀時“欲下荆南”。後居武都山。真宗咸平三年（1100），遇益州王均兵亂，以名大被脅從，坐是流於荒服。

王初，七言卷七三録詩 12 首，有《送陳校勘入宿》，校勘爲宋時官名。《直齋書録解題》卷二〇著録《王初歌詩集》一卷，云“未詳何人。有《延平天慶觀》詩，當是祥符後人也”。其集不存。另《唐詩鼓吹》卷六也收其七律八首，《延平天慶觀》赫然在列，另有《送王秀才謁池州吳都官》，吳爲吳中復，《宋史》三二二有傳，嘗以都官郎中知池州，嘉靖《池州府志》六云“至和中任”。嘉靖《建寧府志》卷一五載甌寧人王初，爲天聖二年（1024）進士。應即其人。《全唐詩》卷四九一收王初諸詩，以作者爲名臣王仲舒子，顯然牽附。洪邁若據原集採詩，應不難判斷其時代。而王初諸詩均藉唐詩總集而存世，也屬奇觀。

3. 洪邁誤取其他宋人詩，尚有 5 人 9 首。

甲、劉兼，七言卷三九録詩 4 首。其集今存，南宋人多認其爲唐人，洪邁當憑一般印象收録。明胡震亨《唐音統籤》云：“雲間朱氏得宋刻唐百家詩，兼集中有《長春節》詩，爲宋太祖誕節，其人蓋五代人而入宋者。”話是不錯，但還不夠具體。今知他是長安（今陝西西安）人。宋太祖乾德三年五月，自起居舍人通判泗州兼兵馬都監。開寶六年，參與修纂《五代史》。七年，爲鹽鐵判官。太宗太平興國三年，與張洎等同知貢舉。又曾官知榮州。事迹見《事物紀原》卷六引《宋朝會要》、《宋史》卷二六六《郭贄傳》、《續資治通鑑長編》卷一五、《澠水燕談録》卷六。雖生於五代後期，然可知事迹均在入宋後，存詩亦皆知榮州期間所作。

乙、令狐挺，七言卷五一録其詩 1 首。挺（992—1058）字憲周，山陰人。宋仁宗天聖五年進士。歷任吉州軍事推官、延安通判、知彭州，官至司封員外郎。事迹見畢仲游《西臺集》卷一二《令狐公墓誌銘》。

丙、李謹言，七言卷六九存詩 2 首。其名當作李慎言，《絶句》避孝宗諱改。沈括《夢溪筆談》卷五稱其爲海州士人，録詩 2 首，即洪邁所取者；趙令畤《侯鯖録》卷二稱“余少從李慎言希古學”，録詩 3 首。大約爲北宋中後期人。

丁、韓浦，七言卷七〇録詩 1 首《寄弟洎蜀牋》：“十樣蠻牋出益州，寄來新自浣溪頭。老兄得此全無用，助爾添修五鳳樓。”詩見《宋朝事實類苑》卷六三引《楊文公談苑》：“韓浦、韓洎，晉公滉之後，咸有辭學。浦善聲律,洎爲古文,意常輕浦,語人曰:'吾兄爲文,譬如繩樞草舍,聊庇風雨。予之爲文,是造五鳳樓手。'浦性滑稽,竊聞其言,因有親知遺蜀牋,浦題作一篇,以其牋貽洎曰(詩略)。"這是宋初太宗、真宗間事,估計洪邁誤認"晉公滉之後"即爲唐人,未知此處楊億僅説當時事。

戊、任生,五言卷二五存詩1首,此人爲張君房《麗情集》載書仙曹文姬之情郎,儘管《麗情集》多載唐時詩事,唯此節則爲北宋傳説。

此外,七言卷七三收周瀆詩4首,《粵詩搜逸》卷一引《連州志》云五代至宋初昭州(今廣西恭城)人周渭弟名瀆,記載晚出,難以確定。《全宋詩》卷一一據以收入,並無別證。

七言卷六九收張仲謀詩1首,其人爲唐爲宋難以確定。

4. 以唐前宋後詩誤作唐人詩,至少有以下2例。

五言卷二四録裴延詩,其人爲玄宗開元間宰相裴耀卿第五子,官至通事舍人。所録二詩,皆見皎然《詩式》,也作唐人。但其中《隔壁聞妓奏樂》一首,爲陳蕭琳詩,見《藝文類聚》卷四二,《古詩紀》卷一〇七,《先秦漢魏晉南北朝詩·陳詩》九皆收。此爲洪邁沿襲了皎然的錯誤。

七言卷七二收張顛即張旭三詩,莫礪鋒《唐詩三百首中有宋詩嗎?》(《文學遺產》2001年第5期)以爲三詩皆北宋蔡襄作,即《桃花磯》:"隱隱飛橋隔墅烟,石磯西畔問漁船。桃花盡日隨流水,洞在清溪何處邊?"見宋刻蔡襄《莆陽居士蔡公文集》卷七,題作《度南澗》;《山行留客》:"山光物態弄春輝,莫爲輕陰便擬歸。縱使晴明無雨色,入雲深處亦霑衣。"見蔡集同卷,題作《入天竺山留客》;《春游值雨》:"欲尋軒檻列清尊,江上烟雲向晚昏。須倩東風吹散雨,明朝却待入華園。"見蔡集同卷,題作《十二日晚》。三詩很有名,也有人提出商榷,我是贊同莫説的。

## 六、洪邁割裂詩篇及重收互見之考察

《絕句》在作者姓名、作者歸屬方面,有一些技術性的錯誤。如五言卷二五録李季華《題季子廟》:"季子讓社稷,又能聽國風。寧知千載後,蘋藻滿祠宮。"《全唐詩》卷七七八收李季華下,然唐並無其人。其實是古文家李華的詩,《輿地紀勝》卷七所載不誤。《咸淳毗陵志》卷一四載:"永泰中,李守栖筠郡境十二咏,以此(季子廟)居首。其族子華和云:'季子讓社稷,又能聽國風。'"可知姓名中的"季"字是將"季子"之"季"誤入作者名。另如五言卷一九收劉采春《囉嗊曲六首》,源出《雲溪友議》卷下《艷陽詞》，爲元稹出鎮浙東時，越州俳優劉采春所歌，"所唱一百二十首，皆當代才子所作"。僅知一首七言爲于鵠作，另六篇作者不詳，劉爲歌者而非作者。但此一錯誤，宋以後唐詩編選皆多作劉詩，不獨洪邁，似也不必深究。

後世對洪邁較嚴厲的指控，是他多割裂唐人詩篇，以古詩、律詩中的幾句爲絕句。這當然是很嚴重的學術造假。經覈檢，這些問題確也存在。一是割取聯句中的某人詩爲絕句，今見有五言卷一四收李紳《和晉公三首》："鳳儀常欲附，蚊力自知微。願假鏵罍末，齎門自此依。""貂蟬公獨步，鴛鷺我同群。插羽先飛酒，交鋒便著文。""窮陰初莽蒼，離思漸氛氳。殘雪午橋岸，斜陽伊水濱。"爲紳與裴度、劉禹錫、白居易合作《喜遇劉二十八偶書兩韻聯句》中句，見《劉賓客外集》卷四、《全唐詩》卷七九〇。前引同卷收裴度《喜遇劉二十八》《送劉》《再送》，則是此組聯句中裴度的幾段。但就今見劉禹錫、白居易文集中前後聯句約有七八篇，洪邁僅此處有誤輯，則似乎不是他直接據聯句節取，或別有所據。若爲貪多而節取，則其他聯句皆未採據。二是以一首古詩分成多篇絕句，如《絕句》五言卷二一收蕭穎士《重陽日陪元魯山登北城留別七首》，然《古今歲時雜咏》卷三四、《唐詩紀事》卷二一皆作古詩一首，前者題作《重陽日陪元魯山德秀登北城矚對新霽因以贈別時元兄屢有掛冠之意》，後者題作《重陽陪魯山登北城贈別時元有掛冠之意》。由於古詩可以隨機換韻，如果恰好四句一換韻，很容易給人以多首絕句的感覺。上舉三書皆宋人編，我傾向認爲以作古詩一首爲是。在閱讀一些宋本後，我推測很可能洪邁所見爲每行二十字的刊本，很容易產生爲一組絕句的錯覺。三是割取律詩和古詩中的四句爲絕句，全書所見約二十多例，部分是沿襲了前代的記載，如高適《哭單父梁九少府》僅存開始四句："開篋淚霑襦，見君前日書。夜臺何寂寞，猶見紫雲車。"相信是沿襲了《集異記》《樂府詩集》卷七九等書，爲樂人割截歌唱的顯例，怪不得洪邁。就如同暢諸《登鸛雀樓》四句，《絕句》五言卷一六延續了司馬光《溫公續詩話》、沈括《夢溪筆談》卷一五的記載，如果不是敦煌寫本 P. 3619 的發現，我們至今還不知原詩爲五言八句的律詩。類似的情況還有一些，有的能夠找到致誤的源頭，如五言卷二四收錢起《言懷》四句："夜月霽未好，雲泉堪夢歸。如何建章漏，催著早朝衣。"活字本《錢考功集》卷四載全詩爲五言八句，前四句爲"性拙偶從宦，心閑多掩扉。雖看北堂草，不望舊山薇"，題作《平昌里言懷》。洪邁的誤截，相信是根據《詩式》卷三，誤將後書之摘句示例視爲全篇了。其他找不到來源的仍有一些。也有幾組懷疑有割裂，但尚難下斷論，如五言卷二一收戴叔倫《赴撫州對酬崔法曹曉燈離暗室五首》《又酬夜雨滴空堦五首》，《全唐詩》卷二七四前 5 首爲一首，題作《曉燈暗離室》，後 5 首爲《夜雨滴空堦》，由於明刊本戴集誤亂嚴重，還較難說孰是孰非。

　　同一首詩分別見兩位作者名下，是爲互見詩。就我所知，洪邁全書類似情況大約有 20 多首。如七言卷三二收李紳《宿昭應》"武帝祈靈太一壇"，同書卷二九又收顧況下，今人考證應爲顧況詩；七言卷六收劉長卿《舟中送李十八》，卷二二又作皇甫冉詩，題作《晚望南岳寺懷普門上人》，詩意與劉詩題不合，宋本《皇甫冉詩集》卷下收入，應爲皇甫冉詩；七言卷二九收顧況《宮詞五首》之二："玉樓天半起笙歌，風送宮嬪笑語和。月殿影開聞夜漏，水精簾卷近銀河。"之五："金吾持戟護新簷，天樂聲傳萬姓瞻。樓上美人相倚看，紅糚透出水精簾。"與卷三六馬逢《宮詞二首》全同，因馬逢二首均收入元和間令狐楚編《御覽詩》，作顧況誤。再如五言卷二〇收皎然《浣紗女》："清淺白沙灘，綠蒲尚堪把。家住水東西，浣紗明月下。"卷四又作王維《白石灘》，由於此詩別見宋蜀刻本《王摩詰文集》卷六和《唐詩紀事》卷一六，可斷定爲王維作。上舉這些互見詩，是明以後唐詩作者互見歧出的源頭之一，有些能鑒別，有些難以鑒別，這是由於洪邁廣採文獻，未能仔細審讀所致。

　　有時《絶句》之作者記錄與他書皆不同。如五言卷二一徐行先下收《九日進茱萸山五首》，徐行先應是陰行先之誤記，而《張說之文集》卷九載此組詩爲張說作，《絶句》也沒有提供行先代作的記錄，只能視其所載有誤。

## 七、洪邁没有採集的唐人絶句

　　南宋三大私人藏書目錄，記錄了南宋前中期私家藏書的具體書目；南宋前期編撰的《秘書省新編到四庫闕書目》，記錄了南宋前期秘書省在全國範圍内徵集圖書的書目。以此三部書目與洪邁已用書目比較，會發現洪邁缺採書目數量很大。其中《郡齋讀書志》曾著錄而洪邁未曾採集者，有陳蛻、柳郾、張登、劉綺莊、符載、程晏、王德輿等集，《遂初堂書目》曾著錄而洪邁未及採錄者有楊炎、程晏、李程、牛僧孺、陳黯、符載、蔣防、王貞白、任希古、孫郃、林藻、丁稜、李甘、顧雲、黃璞、李琪、李公武、王轂、李殷、王藻、林嵩、李峴、冷朝陽、寶華、徐鴻、顧在鎔、沈彬、嚴郾、僧修睦等集，

《直齋書録解題》曾著録而洪邁未曾採集者,有毛欽一、林藻、林蘊、張南史、麴信陵、長孫佐輔、李廓、朱景玄、潘咸、袁不約、莊南傑、喻坦之、張碧、竇叔向、陳光、王轂等集;見於《秘書省新編到四庫闕書目》而未及採編者更多,具體詳見前引拙文《新唐書藝文志補——集部別集類》。有些偶存一二首,當自其他途徑所得,不是録自文集。大量缺録之原因,當然不排除這些文集中或没有絶句,甚至没有詩歌,但更重要的原因,大約因爲《絶句》主體是編次於洪邁幾次守外期間,既没有能夠充分利用秘省藏書,也未必能廣泛向私家所藏徵集圖書。此外,他似乎也有意識地故意不取一些體式的詩歌。前述洪邁曾採據《雲溪友議》,但没有録該書中的王梵志詩。當時寒山詩很通行,全書也没有涉及,看來他對此類諭俗釋理詩似乎並没有太多興趣。此外,較大宗的缺收有周曇《咏史詩》約 300 首,不知當時未及見,還是因其時代未定,或鄙夷其詩而不取。更大宗的部分則是他没有按照明以後以五代爲唐餘閏的習慣,將五代十國詩歌概行採攬。其中偶採及如成文幹之類,是屬特例,大體下限似只到由唐入五代之初者如貫休、羅隱、盧延讓等,故較大宗的五代絶句集,如和凝與花蕊夫人宮詞,概未取,連帶地李煜、徐鉉詩也未採,當因這些人在五代十國名氣較大,一般不視爲唐人故。

胡曾《咏史詩》,今傳本皆爲 150 首,洪邁僅録 100 首(七言卷五三),不知何故。七言卷七四録汪遵《覽古詩三十九首》,注云:"本一百首,有前卷已見,并删去者。"然通前卷即卷四二僅録 20 首,合計 59 首,不知何故不全録,未録者或疑非絶句故。

在《萬首唐人絶句》編成後,洪邁又看到一些新的唐別集。慶元二年(1196)十月,洪邁爲唐末黄滔《黄御史集》作序,是應滔九世孫黄沃所請。今存黄集有《天壤閣叢書》本,存留所據文本的來源,另《四部叢刊》影明本則已重新編定。黄集有絶句五言 5 首,七言 33 首。《郡齋讀書志》卷五下載:"《靈溪集》七卷。右唐王貞白之文也。""慶元中,洪文敏公邁爲之序。"這時距《絶句》編成已近 10 年。《永樂大典》屢引《靈溪集》,知明初尚存。存世王詩有絶句 10 首。這些爲洪邁編《絶句》時未及見。

明人趙宦光、黄習遠對《萬首唐人絶句》重作訂正,將一人之詩統歸於一起,删去誤收 219 首,增補作者 101 人,詩 659 首,重編爲 40 卷。有明萬曆刻本。我將此本所補詩與洪書對讀,所補大約有 20 多首原書已見,誤採者大約亦有數十首。於前人之書稍作訂補就聲稱足以取代舊集,這是明代書籍商業行爲的特點。

就今所知,洪書以外之唐人絶句詩至少有 3 000 首左右,其中僅敦煌所出即近千首,皆爲洪邁當年所不及見。

# 八、結　語

《萬首唐人絶句》在古籍編纂史上,開創了全部收録一代某體詩歌而不加選録的總集體例。雖然他的最初動機可能因爲對宋孝宗提出唐絶句之多而以編録萬首爲目標,但事實上開始了斷代絶句全集編纂的工作。稍晚於他的趙孟奎搜及一代詩歌,録詩達 1 353 家 40 791 首,成《分門纂類唐歌詩》一書(前人一般認爲該書一百卷,我推測當不少於 300 卷,詳拙文《述國家圖書館藏〈分門纂類唐歌詩〉善本三種》,《文獻》2011 年第 4 期)。後世全録文獻的全集總彙類著作如《古詩紀》《全唐詩》《全唐文》,未始不以本書爲嚆矢。

唐詩文本流傳是極其複雜的事情,既有完整而較接近作者原著面貌的作品通過別集、總集一類著作保存,這些著作也都有各自聚散分合的過程,在這些聚散分合中不免有作品散佚,也會有僞作摻入。而鈔本時代傳訛多有,民間流傳没有明確的作者和保存作品全貌的認識,好事者編録小説或記載名人軼事時,又常不可避免地附會誇飾,以訛傳訛。這些都爲一代文獻編纂增添了無窮的難處,何況是涉及作者千人、作品逾萬的大書編纂。批評者就一點提出批評,當然容易深入而準確,但編纂者橫跨一代,有時真有些力不從心。於此,對洪邁應有理解的同情。

本文分析了洪邁全書的文獻來源與價值,以及收録錯誤的致誤類型,可以認爲其書從匯聚絶句、保存文獻的意義非常重大,各類錯誤當然應指出,但估計所有涉及詩 100 多首,在全書中所占比例並不大。而且在分析他可以見到的五代顯而易見的大宗絶句許多都没有採録,應該也不存在故意地採據唐前宋後詩歌以濫充唐詩的惡意作僞。有一些誤採,主要還是鑒別未精、據書未善、依憑前説、考訂疏忽所致。從現代學術來評估,是治學欠嚴謹,考訂未精密,而非學術不端,故意造僞。

2014 年 9 月 24 日於復旦大學光華樓

原載於《唐研究》第 20 卷,北京大學出版社 2014 年版

(陳尚君,復旦大學中文系教授)

# 從《天聖令》看唐和北宋的法典製作

## 戴建國

北宋天聖七年(1029)，宰相吕夷簡等奉詔制定成宋代第一部令典《天聖令》。《天聖令》的修定，是完全以唐令爲藍本，在唐令已有的條文基礎上製定的。"時令文尚依唐制，夷簡等據唐舊文，斟酌衆條，益以新制，天聖十年行之"，①凡是唐令中没有相關的内容，即使是當時在行的法也不予收入。如唐後期創立的兩稅法爲宋所承襲，是宋當時正在實行的制度，②卻没有收入《天聖令》。宋爲何不修撰一部能容納全部現行制度性規定的完整的新令，而最終卻製定成一部半吊子式的令典？這是值得我們深思的。筆者認爲《天聖令》沿用了唐以來的法典製作模式，反映出唐中葉以來社會變化對立法活動的巨大影響。本文結合《天聖令》試對唐和北宋的法典製作進行探討，以期對這一時期的法典有一個較全面的瞭解。

## 一、唐代的法典製作

唐代的法律體系爲律、令、格、式，"律以正刑定罪，令以設範立制，格以禁違正邪，式以軌物程事"。③唐格有 24 篇，"蓋編録當時制敕，永爲法則，以爲故事"。④值得注意的是，格之禁違正邪，兼有律和令之性質，因而與律、令不無重複製定之嫌。從立法來講，是非常特殊的。既然製定了

---

① （宋）王應麟：《玉海》卷六六《天聖新修令》，上海書店影印浙江書局本。
② 參見漆俠《中國經濟通史》(宋代經濟卷上)，經濟日報出版社 1999 年版，第443—444 頁。
③ 《唐六典》卷六刑部郎中員外郎條，中華書局點校本。
④ 同上。

律和令,用以正刑定罪和設範立制,爲何還要單獨製定格? 在制定格的同時,唐政府又是如何避免法律的重複? 這是本文首先要探討的問題。

任何一個朝代的法律製定,都離不開對以往法律的繼承,從戰國李悝的《法經》到清朝的《大清律例》,概莫能外。唐代律令是魏晉以來法律發展的結晶,是以往法律之集大成者。史載唐律令"因開皇律令而損益之",武德七年(624)修訂時,未遑細細改作,"惟正五十三條格,入於新律,餘無所改"。① 其框架和主要内容都源於北齊和隋,律中的"五刑"、"八議"制度、"十惡"罪,都不是唐代所創,唐代只是修訂了律中一部分内容。唐令的篇目也主要源自隋《開皇令》。因此唐律令大多數是沿用過去的法。至唐太宗貞觀十一年(637),定令1590條,30卷,"又删武德、貞觀已來敕格三千餘件,定留七百條,以爲格十八卷",②遂奠定了唐律令體系。自後律與令都是在此基礎上所作的修補,文本實際上變化並不大,其框架、篇目和内容一脈相承。

唐代的令與律分別承擔了不同的功能,但並不充任當代法的角色。當代法主要是由格和格後敕來充任的,這表現在格和格後敕的法律效力大於律令。

法律製定後,須時常修改補充。唐代在司法實踐中找到了一條因時製宜的變通方法,即通過修纂格和格後敕的法律形式,對律令等常法進行修正和補充,以便及時解決社會關係中出現的矛盾。③ 格是删修皇帝頒佈的制敕而製定成的法典。這一修撰方式自《貞觀格》始。至垂拱元年(685),"又以武德以來垂拱已前詔敕便於時者,編爲新格二卷"。④ 是爲《垂拱格》。這一新格,又稱"散頒格"。神龍元年(705)修纂的《神龍散頒格》則是"删定《垂拱格》後至神龍元年已來制敕"而成。⑤ 從《貞觀格》《永徽格》《垂拱格》到《神龍散頒格》,都是删改皇帝原頒詔敕而成。這些新格的編纂反映了皇帝詔敕在修改、補充常法方面的權威性,也反映了隋律令入唐以後,許多不相適應的内容不斷地被修正。唐格的一大特點是

---

① 《舊唐書》卷五〇《刑法志》,中華書局點校本。

② 《舊唐書》卷五〇《刑法志》。

③ 參見劉俊文《論唐格——敦煌寫本唐格殘卷研究》,載《敦煌吐魯番學論文集》,漢語大詞典出版社1991年版,第524—560頁;戴建國:《唐宋時期法律形式的傳承與演變》,載(臺北)《法制史研究》第七期,2005年。

④ 《唐會要》卷三九《定格令》,上海古籍出版社點校本。

⑤ 《舊唐書》卷五〇《刑法志》。

它具有靈活性、時效性。格這種“便於時”的特性可以彌補律令的不足。唐格的這種變通機制,對於穩定法律體系,及時處理社會矛盾,調整社會秩序起到了重要作用。

## (一) 唐令的製作

我們已經知道格爲“編録當時制敕,永爲法則,以爲故事”,①即格以皇帝制敕爲法源修纂而成。然而除了格以皇帝詔敕爲法源外,令、式的修訂有時也以皇帝詔敕。這樣就產生了一個不可回避的問題:在大規模立法製定律令格式時,它們都是同步進行的,立法者如何處理律、令、格、式之間的關係? 假定唐太宗貞觀十六年有一條詔敕對唐令有關規定進行了補充修改,至唐高宗永徽初修纂律令格式時,貞觀十六年的這一敕文是編纂入新格呢,還是修纂入新令? 修纂入新格,符合唐格修纂原則;修纂入新令,則是對唐令原文的直接修改,十分自然。然而兩者只能取其一,否則就會出現法律規範重疊製定現象。

爲了避免法律規範重疊製定,在製作法律規範,處理詔敕與格、令關係時,必須有相應的處理原則。筆者以爲,唐採取的原則有如下兩項:

一是新令的修訂是在舊令的框架内進行的,對令文中已有的内容作直接修正。原本唐令條款中沒有相對應的内容時,這些詔敕則另編修入格,用格補充修改令,不再修入新令;若唐令有相對應的内容時,則這些詔敕修入對應的令。須指出的是,所謂“唐令有相對應的内容”,是指以《貞觀令》爲基準的内容。唐律令奠定於貞觀十一年(637)的立法。後來所有的唐令都是在《貞觀令》基礎上不斷修訂發展起來的。以下我們以《天聖令》爲例來討論這一原則。《天聖令》卷二五《關市令》附唐令第8條云:

> 諸非州縣之所,不得置市。其市當以午時擊鼓三百下而衆大會,日入前七刻擊鉦三百下散。其州縣領戶少處,不欲設鉦鼓者,聽之。②

這一令文與《唐會要》卷八六《市》所載景龍元年(707)十一月敕完全

---

① 《唐六典》卷六刑部郎中員外郎條。

② 天一閣博物館、中國社科院歷史研究所天聖令整理課題組:《天一閣藏明抄本天聖令校證》,中華書局 2006 年版。以下所引《天聖令》均出於此。

一樣,唯"領户"作"領務"。而與此相對應的唐令文在景龍元年前已經存在。《唐律疏議》卷八《衛禁律》"越州鎮戍等城垣"條《疏》議曰:"'城主無故開閉者',謂州、縣、鎮、戍等長官主執鑰者,不依法式開閉,與越罪同。其坊正、市令非時開閉坊、市門者,亦同城主之法。"其中提到了市門的開閉須依法式,所謂"法式",説的即是常法之令式。《唐律疏議》成書於永徽四年。又日本《養老令·關市令》第十一條載:"凡市恒以午時集,日入前擊鼓三度散(每度各九下)。"《養老令》是以永徽二年成書的《永徽令》爲母法修纂而成。① 因此可據以爲證,證明景龍元年前的唐令是有置市的相應規定的。景龍元年後至景雲元年(710),唐再次刪定格令,至太極元年(712)二月二十五日完成,名爲《太極格》。同時修纂的還有《太極令》。② 筆者以爲由於先前令文中已有相應的内容,景龍元年關於關市制度的敕文也就於此補充修入《太極令》。此款令文後來又爲《開元七年令》和《開元二十五年令》所沿用,這就是我們今天看到的《天聖令》所附第八條唐關市令。

另一項原則是當朝廷單獨修纂格或格後敕而不修纂令時,此前對令文條款内容進行補充修改的詔敕就優先編修入格或格後敕,在此之後如有修令活動,即使是唐令中有相對應的内容,此詔敕也不再收入;如在下一次修纂新令之前,朝廷未將這些詔敕收入格或格後敕中,則修新令時,這一詔敕如有必要便修改入相對應的令文。例如《唐會要》卷四一《左降官及流人》載貞觀十五年(641)敕:"犯反逆免死配流人,六歲之後,仍不聽仕。"貞觀十五年至永徽元年修訂《永徽令》之前,唐未有修格的活動,因而這一規定到後來修《永徽令》時,則收入新令之中。《唐律疏議》卷三《名例》犯流應配條《疏議》引用了此條唐令。③

又如《唐會要》卷八六《市》載:

---

① [日]池田温:《唐令與日本令——〈唐令拾遺補〉編纂集議》,載《比較法研究》1994年第1期。

② 《唐會要》卷三九《定格令》,又《唐六典》卷六刑部郎中員外郎條云太極初岑羲曾刊定過唐令。

③ 《唐律疏議》卷三《名例》犯流應配條《疏議》引唐令:"故令云:'流人至配所,六載以後聽仕,反逆緣坐流及因反、逆免死配流,不在此例。'"所云令即唐令。《唐律疏議》修定於永徽時。此條唐令已經將貞觀十五年敕文規定的反逆免死配流人雖滿六年,仍不得聽仕内容吸收予以更改。

開元二年閏三月敕："諸錦、綾、羅、縠、繡、織成、紬、絹、絲、犛牛尾、真珠、金、鐵，並不得與諸蕃互市，及將入蕃；金鐵之物，亦不得將度西北諸關。

這一敕文規定的內容，被其後開元三年新修訂的令所吸收。今本《天聖令‧關市令》所附唐令第六條規定即源自開元二年敕：

諸錦、綾、羅、縠、繡、織成、紬、絲絹、絲布、犛牛尾、真珠、金、銀、鐵並不得與諸蕃互市及將入蕃（綾不在禁限）。所禁之物，亦不得將度西邊、北邊諸關及至緣邊諸州興易。（下略）

日本《養老令‧關市令》第九條有與之相當的法律記載："凡禁物不得將出境，若蕃客入朝，別敕賜者，聽將出境。"據此可知唐開元前的唐令是有相應條款的，開元二年敕對唐令作了進一步補充。開元二年的敕文至開元三年修訂唐令時，由於在此之前，唐並無刪修格的舉措，於是便將此敕的內容直接吸納入令中。而後又爲《開元二十五年令》所沿用，再被《天聖令》附錄下來。

又如《宋刑統》卷二六《雜律》受寄財物輒費用門載：

准《雜令》：⋯⋯諸公私以財物出舉者，任依私契，官不爲理。每月取利不得過六分，積日雖多，不得過一倍。若官物及公廨，本利停訖，每計過五十日，不送盡者，餘本生利如初，不得更過一倍。家資盡者役身，折酬役，通取戶內男口，又不得回利爲本。⋯⋯

准《戶部格》敕，天下私舉質，宜四分收利，官本五分生利。

又條，敕州縣官寄附，部人興易及部內放債等，並宜禁斷。

此《雜令》是開元二十五年所修唐令，《戶部格》的兩條敕文，分別源自開元十六年和十五年頒佈的詔敕，《冊府元龜》卷一五九《帝王部‧革弊》：

（開元）十六年二月癸未詔曰："養人施惠，患在不均；哀多益寡，務資適中。比來公私舉放，取利顏深，有損貧下，事須厘革。自今已後，天下私舉質，宜四分收利，官本五分收利。"

《唐會要》卷八八《雜録》:

> 開元十五年七月二十七日敕:"應天下諸州縣官,寄附部人興易,及部内放債等,並宜禁斷。"

這兩條敕文雖與《雜令》有對應的關係,但從《宋刑統》所記載的來看,在開元二十五年大規模立法時,並没有將這二條詔敕規定的内容補充修入到新的唐《雜令》中。這也是有原因的,我推測開元十五年和十六年頒佈的這兩條詔敕後來修入開元十九年製作的《格後長行敕》。開元十九年修纂的《格後長行敕》,是對開元七年製作《開元後格》之後頒佈的詔敕的編集整理。所謂《格後長行敕》之格是針對《開元後格》而言的,《格後長行敕》是一部獨立於《開元後格》的單行法。到開元二十五年大規模修訂律令格式時,對已經收入《格後長行敕》的詔敕進行了一次清理,採取的方式是,即使是其規定在唐令内有相對應的條款,也不再修入新令,而是將其統一納入新修訂的《開元新格》。開元二十五年立法是一次大規模删修、整理舊敕令格式的活動,在此之前頒佈的詔制,凡未修入新法者,不再有效。同年負責立法的宰相李林甫奏云:"今年五月三十日以前制敕,不入新格式者,望並不在行用。"①《開元新格》頒佈後,舊的《開元後格》自然廢棄,原先開元十九年製作的《格後長行敕》經過重新整理,將其中一部分具有普遍指導意義的詔敕納入《開元新格》,其條文即以"敕"起始,以别於原先舊格的形式。此例也佐證了上述令、格的修撰原則。一部分無法修入常法但具有參考價值的詔敕則修爲長行敕。

總之,在大規模修訂律令格式時,如果先前已經用格追加補充修改過的令,便不再對令的正文作改動,僅僅對那些已頒佈有敕文,但尚未修入格,未用格修正過的相關令文予以改動。這樣就避免了法律修纂的重疊現象。否則不好解釋在大規模立法活動時,已經新修訂了律、令,何以還要修纂新格。這裏可以看出,唐格的修纂優先於令,體現了格作爲當代法的法律效力。

## (二) 唐律、格、格後敕的修訂製作

以上是對唐令修訂方式的探討。上述修纂方式同樣也適用於唐律、

———————

① 《通典》卷一六五《刑法》,中華書局點校本。

唐格和格後敕。以下我們探討唐律、格和格後敕的修訂。

唐律在太宗貞觀十一年頒佈後隨着唐代社會的發展,有些條文嚴重滯後,而不得不作修改。但是從傳世的《唐律疏議》文本來看,很多過了時的唐律條款文本並未得到更正。實際上唐政府是通過製定的格來進行更正的。貞觀十三年(639),即《貞觀律》頒佈之後的第三年,太宗頒佈了一條詔敕,規定曰:

> 身體髮膚,受之父母,不合毀傷。比來訴競之人,即自刑,害耳目。今後犯者,先決四十,然後依法。①

詔敕對訴競人自殘行爲作了刑罰懲處補充規定。所謂"依法"是指唐《鬭訟律》的規定:"訴人所訴非實,輒自毀傷者,皆杖一百。"②根據太宗詔敕新規定,訴競自殘人先決杖四十,然後依律再杖一百。自此,先決杖法遂成爲一項刑罰制度。唐玄宗開元十二年(724)所頒《減抵罪人決杖法詔》云:

> 比來犯盜,先決一百,雖非死刑,大半殞斃,言念於此,良用惻然。自今已後,抵罪人合決敕杖者,並宜從寬。③

據此可知,先決杖法在唐前期已成爲刑罰的重要組成部分,其在司法實踐中的實施毋庸置疑。然而作爲刑法典的《唐律》,唐曾多次修訂,卻始終未能將此"先決四十"、"先決一百"的先決杖法修訂入文本,亦即《唐律》文本並未就此做相應的調整。這是因爲唐律的修訂,也是在舊有的律文框架內進行的。凡其中沒有對應的刑罰規定,不予修入。先決杖法是在唐《貞觀律》頒佈後新製定的,與《貞觀律》規定的刑罰體系不相符合,舊的律法體系沒有相應的刑罰規定,故雖爲詔敕新規定,亦不添加入律。對唐律的修改,主要採取外在方式進行修正補充。如神龍元年(705)製定的《散頒刑部格》第12條載:

---

① 《唐會要》卷四一《雜記》。
② 《唐律疏議》卷二四《鬭訟律》邀車駕撾鼓訴事不實條,中華書局點校本。
③ (宋)宋敏求:《唐大詔令集》卷八二,(臺灣)鼎文書局排印本。

盗及煞(殺)官駝馬一匹以上者,先決杖一百,配流嶺南。

其中有先決杖一百之法,是對唐律第二百七十九條"諸盜官私牛馬而殺者,徒二年半"作的補充規定。① 神龍《散頒刑部格》殘卷有三條格文明確規定了流刑犯"配流嶺南",其第 1 條云:

> 僞造官文書印,若轉將行用,並盜用官文書印,及亡印而行用,並僞造前代官文書印,若將行用,因得成官,假與人官,(同)情受假,各先決杖一百,頭首配流嶺南遠惡處,從配緣邊有軍府小州,並不在會赦之限。②

這與《唐律》律文規定不同,唐律第 36 條:"諸僞寫官文書印者,流二千里。餘印,徒一年(原注:寫,謂仿效而作,亦不録所用)。"③《散頒刑部格》與唐律條文比較,有兩個變化:其一,增加了先決杖一百之刑;其二,改流二千里刑爲配流嶺南遠惡處。這都與唐律的刑罰體系不同。

律令作爲常法法典,有它相對的穩定性,不便輕率變動原文。而格則不受此限制,可以彌補律不能時常變動的缺憾。在唐代的格典中,罪犯常常被指定流放到某一區域,與律的規定不同,不計里數。唐格乃編録皇帝制敕而成,因時製宜,對律令進行了補充修正。

我們再看另一個例子。《唐會要》卷三七《服紀上》載:

> 顯慶元年九月二十九日修禮官長孫無忌等奏曰:"依古喪服,甥爲舅緦麻,舅報甥亦同此制。貞觀年中,八座奏議:'舅服同姨,小功五月。'而今《律疏》,舅報於甥,服猶三月。謹按傍親之服,禮無不報,已非正尊,不敢降之也。故甥爲從母五月,從母報甥小功,甥爲舅緦麻,舅亦報甥三月,是其義矣。今甥爲舅使同從母喪,則舅宜進甥以同從母之報。修《律疏》人不知禮意,舅報甥服,尚止緦麻,於例不通,理須改正。今請修改《律疏》,舅報甥亦小功。"……制從之。

---

① 《唐律疏議》卷一九《賊盜律》。

② [日]山本達郎、池田温、崗野誠:《敦煌吐魯番社會經濟史資料Ⅰ·法律文書》録文,(東京)東洋文庫 1980 年版,第 32—35 頁。

③ 《唐律疏議》卷二五《詐僞律》。

長孫無忌等上奏,要求將舅報甥之緦麻服制改依甥爲舅服小功服制。高宗批准了這一建議。據此,有學者指出,《唐律疏議》對舅報甥之服制作了相應的修改。① 不過對此服制的新規定,《唐律疏議》自身文本並未隨之作相應的改正。今傳本《唐律疏議》卷二六《雜律》第412、413條奸罪没有列入外甥女。亦即舅侵犯外甥女,仍依緦麻服制,未入"十惡"之"内亂"。換言之,舅報甥之喪服制,《唐律疏議》並没有改爲小功服。錢大群認爲,"事實上《永徽律疏》製定頒佈後,律疏的修改,基本上是通過製定格敕來調整修改"。② 筆者以爲,顯慶元年(656)長孫無忌等人的奏請,經高宗批准頒佈實施,便成爲一道詔敕。此後儀鳳元年(676),唐有過修纂詔敕爲格的立法活動。高宗儀鳳元年《頒行新令制》曰:"自永徽以來詔敕,總令沙汰,……其有在俗非便,事縱省而悉除;於時適宜,文雖繁而必録。隨義删定,類别區分。……仍令所司編次,具爲卷帙施行,此外並停。"③劉仁軌等奉詔纂成《永徽留本司格後本》十一卷。④ 顯慶元年的高宗批復詔敕自然被收入此格典。

關於顯慶元年的高宗批復詔敕收入格典,《天聖令》的規定可作爲佐證。《天聖令》卷二九《喪葬令》所附《喪服年月》小功五月條有"爲舅(原注:報服亦同)"之規定。換言之,舅爲甥亦服小功。《天聖令》所附《喪服年月》源於唐。《宋刑統》卷二〇《賊盜律》於諸盜緦麻小功親財物條疏議下釋曰:"周親、大功、小功、緦麻服具在《假寧令》後《喪服制度》内。"《宋刑統》修纂於乾德元年,其所云《假寧令》乃唐令,也就是説《天聖令》所附《喪服年月》承襲了唐代的《喪服制度》。

關於喪服的服紀,吴麗娱指出,"它從性質上是禮而不是令"。⑤ 所謂服紀,其實也是一種法。從《天聖令·喪服年月》規定可以得知,顯慶二年(657)長孫無忌等奏請改舅報甥爲小功之服制,是以其他法的形式作了改

---

① 王永興:《關於〈唐律疏議〉中三條律疏的修改》,載《文史》第8輯。

② 錢大群:《唐律與唐代法律體系研究》,南京大學出版社1996年版,第206—212頁。

③ (宋)宋敏求:《唐大詔令集》卷八二《政事》。參見劉俊文《唐代法制研究》,(臺北)文津出版社1999年版,第32—33頁。

④ 《舊唐書》卷四六《經籍志》。按《永徽留本司格後本》,《唐六典》卷六刑部郎中員外郎條作《永徽留司格後本》。

⑤ 關於此問題,可參見吴麗娱《唐喪葬令復原研究》,載天一閣博物館、中國社科院歷史研究所天聖令整理課題組編《天一閣藏明抄本天聖令校證》,中華書局2006年版,第706—707頁。

動,而没有改動律文。這一改動最終輾轉反映到了《天聖令·喪服年月》中來。

唐在垂拱元年(685)又一次修訂格、律,修成《垂拱格》二卷。但史載"其律(令)唯改二十四條,又有不便者,大抵仍舊"。① 所謂"有不便者",自然是指已不適用的條款。值得注意的是,既然不適用,何以還要"大抵仍舊",不作改動呢? 其實並非不改動,只不過是通過製定格典的形式加以修正的,律文文本不動罷了。我們進而再深究一下,既然律文已改了二十四條,何以不全改動呢? 我想問題就在於,那些"大抵仍舊"的條款,一定是先前已有皇帝制敕作了規定,這些制敕,包括顯慶元年的高宗批復詔敕在垂拱之前的儀鳳立法活動中,已先行收入劉仁軌等修纂的《永徽留本司格後本》,再爲垂拱元年的《垂拱格》所承襲,是以同時修訂的《垂拱律》没有必要再更改了,今傳本《唐律疏議》也就反映不出這次的更改。這一事例表明唐律的修訂方式與令是相同的。

學術界長期以來對於今本《唐律疏議》的製作年代存在諸多爭議,有認爲是永徽四年製定,也有認爲是開元二十五年製定的。② 筆者以爲下列説法比較符合客觀事實:《唐律疏議》自永徽四年製定後,曾有過多次局部的、個别的修改。③ 不過其中修改的方式當與令文一樣。

我們在探討唐令修訂方式時,還應當注意有些詔敕雖然是對國家行政、經濟制度方面做出的更改,但並不一定都是針對唐令的,也有是對唐式所做的修正補充。唐式"以軌物程事",與令一樣,也是關於國家制度性規定,通常認爲是令的實施細則,兩者很相似,容易混淆,這是需要加以區分的。

關於唐律、令與格的修訂,《唐六典》卷六刑部郎中員外郎條曰:

　　皇朝之令,武德中裴寂等與律同時撰。至貞觀初,又令房玄齡等刊定。麟德中源直心,儀鳳中劉仁軌,垂拱初裴居道,神龍初蘇瓌,太極初岑義,開元初姚元崇,四年宋璟並刊定。……皇朝《貞觀格》十八

① 《唐會要》卷三九《定格令》。
② 主要成果參見[日]仁井田陞等撰、程維榮譯《〈故唐律疏議〉製作年代考》,楊一凡主編:《中國法制史考證》丙編第 2 卷,中國社會科學出版社 2003 年版;楊廷福:《〈唐律疏議〉製作年代考》,載《文史》第五輯,1978 年;浦堅:《試論〈唐律疏議〉的製作年代問題》,《法律史論叢》第 2 輯,中國社會科學出版社 1982 年版。
③ 劉俊文:《唐律疏議箋解》,中華書局 1996 年版,第 68—70 頁。

卷,房玄齡等删定。《永徽留司格》十八卷、《散頒格》七卷,長孫無忌等删定;永徽中又令源直心等删定,唯改易官號、曹、局之名,不易篇第。《永徽留司格後本》,劉仁軌等删定。《垂拱留司格》六卷、《散頒格》二卷,裴居道等删定。《太極格》十卷,岑羲等删定。《開元前格》十卷,姚元崇等删定。《開元後格》十卷,宋璟等删定。皆以尚書省二十四司爲篇名。

值得注意的是,《唐六典》稱令的修訂爲"刊定",而對格的修訂卻稱"删定"。又《唐會要》卷三九《定格令》亦云唐代格的製定爲删定:

> 至神龍元年六月二十七日,又删定《垂拱格》及格後敕。尚書左僕射唐休璟……戶部郎中狄光嗣等,同删定至神龍二年正月二十五日已前制敕,爲《散頒格》七卷。

國家圖書館藏敦煌文書河字十七號《開元律疏》卷第二《名例》殘卷,末尾列有衆多參與纂修的官員姓名,其中有一人爲"知刊定",有三人冠以"刊定法官"之稱。①

《唐律疏議》自永徽四年(653)纂修成書,後世對其屢有修訂,然而修訂只是局部的,並没有改變原有的篇目和主要内容。唐律由貞觀奠定基礎,"凡爲五百條"。② 後世屢有修訂,然條數始終未越出五百條。③ 這也頗能説明唐律的修訂始終是在《貞觀律》框架内進行的,因此在立法上稱爲"刊定"。這與令文的修訂同出一轍。唐貞觀"定令一千五百九十條",至《開元七年令》,計"大凡一千五百四十有六條",④也未超出《貞觀令》的框架。

《舊唐書》卷五〇《刑法志》載垂拱製定律令格式的情況值得注意:

---

① ［日］山本達郎、池田温、崗野誠:《敦煌吐魯番社會經濟資料Ⅰ·法制文書》錄文,(東京)東洋文庫 1980 年版;劉俊文:《敦煌吐魯番唐代法制文書考釋》錄文,中華書局 1989 年版。

② 《唐六典》卷六刑部郎中員外郎條。

③ 按今傳本《唐律疏議》爲五〇二條,多出二條,乃元刊本將《職制律》中的一條誤歧爲二條及《鬭訟律》中的一條誤歧爲二條所致。參見楊廷福《〈唐律疏議〉製作年代考》,《唐律初探》,天津人民出版社 1982 年版,第 30 頁。

④ 《舊唐書》卷五〇《刑法志》;《唐六典》卷六刑部郎中員外郎條。

則天又敕内史裴居道、夏官尚書岑長倩、鳳閣侍郎韋方質與删定官袁智弘等十餘人删改格式……又以武德已來、垂拱已前詔勑便於時者,編爲《新格》二卷,則天自製序。其二卷之外,別編六卷,堪爲當司行用,爲《垂拱留司格》……其律令惟改二十四條,又有不便者,大抵依舊。①

《垂拱格》修撰,增添了不少新内容,而律令只改了 24 條。從前述唐人對格、令修纂的不同稱謂來看,並結合唐其他文獻記載,我們可以這麽理解:格是當代法,與主要沿用前朝法的律令不同,它們各自的製定方式自然也就不一樣,唐律令雖然修撰過多部,其内容條款基本是前後相沿,比較穩定,修改不是太多,所以史書謂之"刊定";而唐格的製定與之不同,是完全删輯當代皇帝詔敕而成,故謂之"删定"。"刊定"者,所刊並不越出原有框架内容;而"删定"者,所删則不受原有框架内容限制。唐文獻對於唐律令修訂及對唐格修訂所用詞語的不同,或多或少反映出兩者的制定方式有別。從嚴格意義來講,貞觀之後的立法活動,對於律令來説只是一種修訂,而對於格,才稱得上是真正意義上的製作。

唐前期,新的律令格式是在删輯舊格式律令及敕的基礎上製定而成的,舊的律令格式被新修的律令格式所吸納。例如開元二十五年修訂律令格式,"删輯舊格式律令及敕,總七千四百八十條,其千三百四條於事非要,並删除之,二千一百五十條隨文損益,三千五百九十四條仍舊不改,總成《律》十二卷,《疏》三十卷,《令》三十卷,《式》二十卷,《開元新格》十卷"。② 新的律令格式頒佈後,舊的法典被新法替代而失效。

但這一制度到唐後期發生了變化。唐自開元以後,除了修"格"以外,不再採取大規模直接修改律、令原文予以重新刊佈的方式,而改用修格或修格後敕的方式對法律進行增補修改。"自唐開元至周顯德,咸有格敕,兼著簡編"。③ 唐代後期修撰的幾部格後敕,相互之間是補充與被補充的關係,舊格後敕並没有因新格後敕的頒布而失效。此外,它們與唐開元二十五年製定的律令格式之間的關係亦是如此。《宋刑統》卷三○《斷獄律》斷罪引律令格式門載:

---

① 《舊唐書》卷五○《刑法志》。
② (唐)杜佑:《通典》卷一六五《刑制》。
③ (宋)王應麟:《玉海》卷六六《咸平新定編敕》,上海書店影印浙江書局本。

　　准唐長慶三年十二月二十三日敕節文：御史臺奏，伏緣後敕，合破前格。自今以後，兩司檢詳文法，一切取最向後敕爲定。敕旨"宜依"。

　　……

　　准長興二年八月十一日敕節文：今後凡有刑獄，宜據所犯罪名，須具引律、令、格、式，逐色有無正文，然後檢詳後敕，須是名目條件同，即以後敕定罪。後敕内無正條，即以格文定罪。格内又無正條，即以律文定罪。律、格及後敕内並無正條，即比附定刑，亦先自後敕爲比。

　　長慶三年和長興二年敕文規定了法律適用原則，從中可清晰看出唐開元二十五年製定的律令格式與唐後期製定的格後敕都是唐後期乃至五代在行的常法，它們之間是並立關係。這反映了唐後期社會變化之巨、之快，統治階級無暇進行大規模的統一整肅法典的活動。而隨時删輯皇帝的制敕，加以法律化，頒佈實施，在當時是一項變通可行的立法方式，用以調整變化之中的社會關係。

## 二、北宋的法典製作

　　《天聖令》的修撰，"凡取唐令爲本，先舉見行者，因其舊文參以新制定之，其今不行者，亦隨存焉"。[1] 這是宋代一部承前啓後的、過渡性的令典，既帶有前唐令範式的痕迹。又開啓後來元豐朝法典製作方式的先河。以《天聖令》爲中心，北宋法典的製作方式先後有過三次變化。這些變化大致經歷了三個階段，在不同階段採取了不同的方式，集中反映了宋代政治經濟發展狀況。以下以全國通行的普通法法典爲例試作探討。

　　宋初至真宗統治時期爲第一階段。入宋以後，編敕繼承唐以來的格後敕成爲當代法，對律令進行修正、補充。宋初製定法典，採用唐代的製定方式，對舊律令不適用的條款予以保留，不做文字更動。宋乾德元年（963）新修的《宋刑統》，是以《周刑統》爲藍本修訂的，當時的名稱叫《重詳定刑統》，表明它僅僅是對舊《刑統》的一次修改，並且完整保留了唐律，即使是其中一些早已過時的條款也照搬不改。例如在詳定《宋刑統》

---

　　① 《宋會要輯稿·刑法》一之四，中華書局影印本。

時,宋代對行刑的杖具已有新的規定,《續資治通鑑長編》卷四乾德元年三月癸酉:

> 舊據《獄官令》用杖,至是定折杖格,常行官杖長三尺五寸,大頭闊不過二寸,厚及小頭徑不過九分。小杖不過四尺五寸,大頭徑六分,小頭徑五分。徒、流、笞、杖,通用常行杖。

《宋刑統》成書於乾德元年八月。① 但《宋刑統》詳定官員仍然保留了《唐律疏議》卷二九《斷獄律》所引唐舊《獄官令》的條文:

> 依令,杖皆削去節目,長三尺五寸.訊囚杖,大頭徑三分二厘,小頭二分二厘。常行杖大頭二分七厘,小頭一分七厘。笞杖,大頭二分,小頭一分五厘。

《宋刑統》詳定官並沒有將這一令文依據宋乾德元年新的杖具制度予以修改。這樣的例子還有不少,如從《天聖令·田令》規定看,宋代已不再平均授田給百姓,田地完全可以自由買賣。“田宅無定主,有錢則買,無錢則賣”。② 然而《宋刑統》卷一二《户婚律》依舊承襲唐律的規定及《疏議》的說法:“諸賣口分田者,一畝笞十,二十畝加一等,罪止杖一百。”沒有予以修正,完全保留了唐律及《律疏》的內容。由此可知,對律的修正,宋沿用唐朝做法,用格及格後敕來修正律。史載:“國初用唐律、令、格、式外,又有《元和刪定格後敕》、《太和新編後敕》、《開成詳定刑法總要格敕》、後唐《同光刑律統類》、《清泰編敕》、《天福編敕》、周《廣順續編敕》、《顯德刑統》,皆參用焉。”③對律的補充和修正,宋政府是靠《宋刑統》之外的其他法典來完成的。

宋新製定的編敕是將舊編敕與皇帝陸續頒佈的詔敕參酌對修而成。新編敕頒佈後,舊編敕便自然失效。咸平元年(998),户部尚書張齊賢、給事中柴成務等人奉詔修纂新編敕。以《淳化編敕》及淳化元年以後陸續頒佈的散敕參修,成《咸平新定編敕》。《玉海》卷六六《咸平新定編敕》載:

---

① 《宋會要輯稿·刑法》一之一。
② (宋)袁采:《袁氏世範》卷三《治家》,《叢書集成初編》本。
③ 《宋會要輯稿·刑法》一之一。

　　　　取刑部、大理寺、在京百司、諸路轉運司所受《淳化編敕》及續降
編敕一萬八千五百五十五道,遍共披閱,凡敕文與舊條重出者及一時
機宜非永制者,並刪去之,凡取八百五十六道爲新編敕,有止爲一事,
前後累敕者,令聚爲一本,元是一敕條理數事者,各以類分,取其條目
相因,不以年代爲次,其間文繁意局者,量理制事增損之,情輕法重
者,取約束刑名削去之。皆條奏以聞,降敕方定,凡成二百八十六條,
准律分十二門,并目録爲十一卷。

　　《咸平新定編敕》以《唐律》十二篇爲範式,把敕文按門類分編,在篇目結
構上與《唐律》相同。由於舊的《淳化編敕》內容已被《咸平新定編敕》吸
納,《咸平新定編敕》頒佈後,《淳化編敕》便不再有效。這一法典製作方
式改變了唐後期以來的做法,唐後期格後敕是單獨刪輯皇帝詔敕而成,不
涉及以往的舊法。這是唐後期以來法律製定方式的一個變化。

　　唐代格後敕與令的關係猶如格與令的關係,格是用來補充唐律令的,
格後敕也是補充唐律令的。格和格後敕都是以尚書省二十四司分篇目
的。宋代編敕在繼承唐後期格後敕的基礎上,根據變化了的形勢需要,作
了一些必要的調整,《咸平編敕》改爲以律的十二篇爲篇目。其中的緣由
與宋代前期尚書省的職權被削弱有關。《咸平編敕》的變化,反映了編敕
的性質逐漸向刑律方向發展,但這一過程要到元豐改制才最後完成。在
此之前,編敕的內容並沒有完全單一性地刑法化。宋代在建國後長達近
70年的時間裏,一直沿用著唐代的法律,對於唐律、令、式始終保持原貌,
不予修訂。採用的是唐代律、令、式和宋代修纂的編敕混合運用的法律
體系。

　　仁宗統治時期爲第二階段。在經歷了太祖、太宗、真宗前三朝統治
後,宋代社會進入了穩定發展期。這時法律製定方式隨着社會發展發生
了進一步變化。這以仁宗天聖七年《天聖令》的製定爲代表。

　　仁宗天聖七年(1029)命大臣製定成《天聖令》。這是宋代第一部真
正意義上的宋令。綜觀《天聖令》的修訂,有三個重要變化:其一,首先把
當時已經不適用的條款完全剔除,附録於宋令之後,這比起宋初製定的
《宋刑統》,在修纂方式上進了一步。《天聖令》將不適用的唐令剔除,附
於宋令之後,將令文分成前後兩部分,前部分爲在行之宋令,後部分爲不
用之唐令。這與宋初《宋刑統》的修訂體例明顯不同,《宋刑統》是完整地
保留了唐律,不管其行用與不行用,皆不予更動。不過《天聖令》的修訂,

是一種被動的、對應式的,其完全根據唐令舊文參酌宋制修訂而成,凡唐令中没有對應條款的新制不予收入。這種修纂方式限制了《天聖令》,使其不能成爲一部完整的能基本容納現行制度的新令。

其二,修改了唐以來的令、格修纂方式,凡編敕中有與唐令對應的内容,可以參照修入令。如《天聖令·獄官令》第四十二條載:"諸囚,當處長官十日一慮。"此慮囚條款本於唐制。唐《開元七年令》云:"諸若禁囚有推決未盡、留系未結者,五日一慮。"①宋《天聖令》在承襲此令的同時,改五日一慮囚制爲十日一慮囚。此條令文的更改源於早先的宋雍熙元年(984)詔令規定。②《太宗實録》卷三〇雍熙元年六月庚子條:

> 詔曰:先是,六年十二月辛卯詔書,應諸道刑獄長吏,每五日一録問。今天下亦幾於治矣,然頗爲煩勞,特示改更,永期遵守。今後宜令十日一録問。

雍熙元年的這一詔令規定,此後修入《淳化編敕》,成爲當時新的法律制度。其後的《咸平編敕》《大中祥符編敕》繼續沿用此制。至天聖七年修訂《天聖令》時,依據此宋代新制,作了更動。這樣就將編敕内的規定移到了令中。這與唐法律的修訂不一樣,唐法律修纂原則是一旦格中規定了的,便不再入令。這就改變了唐令、格修纂方式。

其三,在修纂《天聖令》的同時,立法官"又案敕文,録制度及罪名輕簡者五百餘條,依令分門,附逐卷之末",修成《附令敕》十八卷。③《天聖令》關於法典的修纂方式,顯示了宋新形勢下法典製定方式的變化,這一變化就是敕的部分非刑法性内容逐漸向令典轉移。

北宋前期承襲唐制,用編敕來補充、修正律和令。宋代前期的編敕是一種綜合性的法律規範,是把多種不同性質的法律規範,採用混合編纂方式統而修纂。以詔敕删修而成的編敕不僅具有補律、改律的作用,也有補改令、式的作用,具有因時製宜、靈活變通的特性。編敕中既有刑事法,也有非量刑定罪的法律規範。例如《天聖編敕》1 200餘條,内有死刑條款

---

① [日]池田温:《唐令拾遺補》,東京大學出版會1997年版,第1438頁。
② 參見[日]辻正博《〈天聖令·獄官令〉與宋初司法制度》,載《唐研究》第十四卷,北京大學出版社2008年版,第326頁。
③ 《玉海》卷六六《天聖新修令》。

17 條,流刑 34 條,徒刑 106 條,杖刑 258 條,笞刑 76 條,配隸科 63 條,死刑以下奏裁 71 條。① 餘下的 500 多條便是關於國家行政、民事方面的規定。以下試舉一例:

> 《天聖編敕》載文武百官見宰相儀:文明殿學士至龍圖閣直學士,列班於都堂階上,堂吏贊云"請",不拜,班首前致詞,訖,退歸位,列拜,宰相答拜……内客省使至閤門使見宰相、樞密使,並階上列行拜,不答拜;見參知政事、樞密副使、宣徽使,客禮展拜。皇城使以下諸司使、橫行副使見宰相、樞密使,並階下,連姓稱職展拜,不答拜;見參政、副樞,並列行拜;若諸司副使、閤門祇候見參樞,亦不答拜。②

此條天聖編敕完全是職官制度方面的規定,不屬於刑法。

《天聖令》將編敕内部分非正刑定罪的條款修爲《附令敕》,是唐後期以來法典製作方式的一個重要變化,開啓了此後神宗元豐改制,把編敕中非正刑定罪的條款改入令典的先河。

辻正博先生最近發表的《〈天聖令·獄官令〉與宋初司法制度》一文,就宋令的構成及其所記諸制度的沿革作了細緻、深入的探討,頗具學術意義。不過辻正氏的某些觀點尚值得進一步討論。他認爲《天聖令》的製定,"那些與唐令條文完全相同的用語,儘管屬於'已經具文化的部分',但仍未被剔除而是原樣保留"。③ 其依據是《天聖令·獄官令》宋令第15 條:

> 諸犯罪應配作者,在京分送東、西八作司,在外州者,供當處官役,當處無官作者,留當州修理城隍、倉庫及公廨雜使。犯流應住居作者,亦准此。若婦人待配者,爲針工。④

---

① (宋)李燾:《續資治通鑑長編》(中華書局點校本)卷一〇八天聖七年九月丁丑;《玉海》卷六六《天聖新修令》。

② (宋)洪邁:《容齋續筆》卷一一《百官見宰相》,中華書局點校本。

③ (日)辻正博:《〈天聖令·獄官令〉與宋初司法制度》,載《唐研究》第十四卷,第 341 頁。

④ 此令錄文,參見天一閣博物館、中國社科院歷史研究所天聖令整理課題組《天一閣藏明抄本天聖令校證》,第 329 頁。按:"諸犯徒",原文作"諸犯罪",不誤,整理者誤校爲"徒"。

這裏需要指出的是,整理者關於這條令文的校證有誤,不當將"諸犯罪"之"罪"字依據唐《獄官令》校作"徒"字。入宋以後,宋代的刑罰制度發生了變化。乾德元年(963)三月太祖頒佈詔書,實施折杖法,[1]用折杖法作爲代用刑,替代五刑中的笞、杖、徒、流。折杖法以統一的刑具擊打規定的部位。折杖後,"流罪得免遠徙",犯人不必流徙遠地,就地配作(服役)即可;"徒罪得免役年",犯人杖畢即放,不再配作(服役)。[2] 宋在折杖法之外,還附加配隸刑。因此宋在製定《天聖令》時,將唐令原文"諸犯徒應配作者",根據宋新制作了更改,改"徒"爲"罪",這一字之改,如實地體現了宋代的新制。由於不明宋代刑罰制度變化,此條《天聖令》文字整理者校錯了。[3] 論者不察,根據此錯字,從而得出《天聖令》仍保留了已經具文化了的條文的不實之論。

《天聖令》的製定:"凡取唐令爲本,先舉見行者,因其舊文參以新制定之,其今不行者,亦隨存焉。"[4]用今天的話來説,就是以唐令爲藍本,先把其中在行的條文列出來,再依據唐令條文,補入相應的宋代新制,對於那些已經不實行的條款,用附録的方式予以保存。從今本《天聖令》看,附録的不用之唐令都剔除了,統一移録於新修定的宋令之後,並明確注曰"右令不行"。這樣,《天聖令》在文本空間上明顯區分成前後兩個部分,前一部分是宋令,後一部分是廢棄的唐令。這種將唐令剔除出現行行的修纂體例,沒有必要在新修定的宋令中還保留有不用的具文。關於具文問題,以下我們舉一實例略作辨證。《天聖令·捕亡令》宋令第6條:

> 諸奴婢訴良,未至官府爲人捉送,檢究事由,知訴良有實,應放者,皆勿坐。

《天聖令·雜令》宋令第36條:

> 諸犯罪人被戮,其緣坐應配没者,不得配在禁苑内供奉,及東宫、

---

① 《續資治通鑑長編》卷四乾德元年三月癸酉。

② (元)馬端臨:《文獻通考》卷一六八《刑考》,海南新聞出版中心點校本。

③ 關於此誤校,陳俊强已有文字評述。參見陳氏《從〈天聖·獄官令〉看唐宋的流刑》,載《唐研究》第十四卷,北京大學出版社2008年版,第322頁。

④ 《宋會要輯稿·刑法》一之四。

　　親王左右所驅使。

　　這兩條令文顯示出北宋還存在唐以來的賤民奴婢制度。然而學界有學者認爲宋代“籍没罪犯家口爲官奴婢的制度,形式上仍然存在,但實際内容已發生很大變化……其身份是罪人而非奴婢”,①否認宋代存在官奴婢制度。上述兩條令文所作的規定究竟是不是具文呢? 事實上宋代在日常生活中是存在官奴婢制度的。例如熙寧四年(1071),慶州發生兵變,神宗下詔命令:“其親屬當絞者論如法;没官爲奴婢者,其老、疾、幼及婦女配京東、西,許人請爲奴婢,餘配江南、兩浙、福建爲奴;流者決配荆湖路牢城。非元謀而嘗與官軍鬥敵,捕殺獲者,父子並刺配京東、西牢城;老、疾者配本路爲奴。”②據此可知,《天聖令》有關奴婢制度的規定並非具文。

　　另外,《天聖令·獄官令》宋令第 11 條,也被學者質疑爲具文,這裏也一並予以分析。此條宋令規定:

　　　　諸流人應配者,各依所配里數,無要重城鎮之處,仍逐要配之,唯得就遠,不得就近。

　　這條宋令令文與唐《獄官令》文完全一樣。論者因此認爲,“依照建隆四年所製定的‘折杖法’,流刑喪失了强制移動刑的要素”,“實際被配流者也是没有的”,因而這條宋令也是一條具文。筆者以爲,《天聖令》這條令文只是借用了唐令原文,但其實際含義已發生了變化。令文中的“應配者”之“配”其實是指宋代附加刑——配隸刑而言,已非原流刑之配作。《宋史》載,宋太宗時有一名叫翟穎的人犯法,被“杖脊黥面,流海島,禁錮終身”。③ 此所謂“流”,即配隸刑之配也。《天聖令》製作時,距宋政權建立已有 70 年歷史,當時的配隸法已十分完善。宋代的配隸刑是指將犯人遣送指定場所服勞役並隸屬於軍籍的刑罰。史載:

　　　　杖以上情重者,有刺面、不刺面配本州牢城,仍各分地里近遠,

---

　　①　李天石:《中國中古良賤制度研究》,南京師範大學出版社 2004 年版,第425 頁。

　　②　《續資治通鑑長編》卷二二一熙寧四年三月辛丑。

　　③　《宋史》卷二六七《趙昌言傳》。

[有]五百里、千里以上及廣南、福建、荆湖之別。京城有配窰務、忠靖六軍等，亦有自南配河北屯田者。如免死者，配沙門島、瓊、崖、儋、萬州，又有遇赦不還者。①

又宋《慶元條法事類》卷七五《編配流役·名例敕》曰：

諸犯流應配及婦人犯流者，並決脊杖二十，免居作，餘依本法。

這裏關於“配”説得很清楚，就是配隸刑，而原流刑之“配”，用“居作”換稱之。因此根據《獄官令》宋令第 11 條來斷定《天聖令》存在具文問題，證據是不充足的。

總之，《天聖令》的製作，已經將不用的具文剔除了，是宋代試圖製定的第一部新令。其雖以唐令爲藍本，實際上是要將其改造爲一部宋令。但是它尚未完全擺脱唐令的影響，即它完全以唐令爲藍本，對應於唐令内容，條款的修訂視唐令有無爲轉移，凡唐令没有的内容，即使是當時的新制，亦不收入，從而製定出一部並不全面的半吊子式令典。當時還有許多制度性的規範，不能不依靠令之外的編敕等法典來貫徹實施。這種修撰方式直到元豐時才作了根本性的改觀，最終完成了宋代法律改革任務。

神宗統治時期爲第三階段。這是北宋實施一系列改革的時期。神宗於元豐七年（1084）對法律製作方式做了重大改革，最終完成了劃一的法律體系建設。神宗對敕、令、格、式定義做了明確區分：“設於此而逆彼之至曰格，設於此而使彼效之曰式，禁其未然之謂令，治其已然之謂敕。”②這與唐代“律以正刑定罪，令以設範立制，格以禁違正邪，式以軌物程事”比較，③已有較大區別。宋代的敕繼承了唐律正刑定罪的内涵，宋令與唐令性質亦相同，但宋格、式與唐格、式之内容相去甚遠。元豐立法不再拘泥於舊令框架，對舊令既有剔除、修改，亦有完全新增條款，並對法典製作體例進行了改革，將原來諸種法律規範混合修纂改爲按敕、令、格、式四種法律形式分類修纂，把編敕中非正刑定罪的條款改入令典，修纂成《元豐敕令格式》七十二卷。從此，宋代編敕製作結構遂由原先單一形式的敕，

① 《宋會要輯稿·刑法》四之一。
② 《宋會要輯稿·刑法》一之一二。
③ 《唐六典》卷六刑部郎中員外郎條。

分爲敕令格式四種形式,並在篇目上作了調整,製定的法典稱"敕令格式"。

須指出的是,元豐改革仍然没有觸動唐律,還是保留了《宋刑統》原貌,對其中不適應的條款,繼續以敕的形式進行修正補充。李心傳曰:"國初,但有《刑統》,謂之'律'。後有敕、令、格、式,與律並行。"①這反映了唐律作爲中國傳統社會成熟的刑法典,具有巨大的影響力。

宋元豐以後,宋格的性質發生了變化,不再具有唐格的禁違正邪的功能,失去了修正補充常法的因時製宜之作用。格是宋政府爲了正確實施朝廷各項制度而製定的一種藉以比照和衡量的法定標準。② 宋代因時製宜性質的變通,主要是通過每年春秋兩季製定、頒降散敕來達到的。趙升《朝野類要》卷四《續降》云:

> 法所不載,或異同而謂利便者,自修法之後,每有續降指揮,則刑部編録成册,春秋二仲頒降,内外遵守,一面行用。若果可行,則將來修法日增文改創也。

宋製定了散敕半年一修、定期集中頒佈的制度。元豐八年,刑部規定:"敕、令、格、式有更造,春秋都省付下者,並先下條,並准式雕印,限四月、十月頒畢。"③續降散敕,是對已定法律的修正和補充。換句話説,春秋頒佈的散敕是整個常法的變通,不僅僅是刑法敕的變通。元豐以後編敕是指分類統修的敕、令、格、式。春秋兩季製定、頒降散敕,既可以對不適用的現行法及時進行更正,又保持了法律的相對穩定。不過這種春秋兩季頒降的散敕,僅具臨時效力,還不具備"永法"的資格。續降散敕須經過一定時期的試行,經實踐的檢驗,數年之後,通過立法程式,才能修纂爲正式的法典。

## 結　語

中國歷代王朝的法典皆在充分吸納前朝法律基礎之上製定而成,"形

---

① （宋）李心傳:《建炎以來朝野雜記》甲集卷四《淳熙事類》,中華書局點校本。
② 詳見戴建國《宋代編敕初探》,載《文史》第 42 輯,中華書局 1997 年版。
③ 《續資治通鑑長編》卷三五九元豐八年八月丙寅。

成了悠久而深厚的法典編纂傳統"。① 然而,通過對唐和北宋法典製作的考察,我們不難發現,除了上述法典編纂外,統治階級還常常編纂當朝皇帝的詔敕,製定成當代法。詔敕雖然不是法律,但由於皇帝所具有的威權力,他對法律的製定和實施有着決定意義。因此,將詔敕加以整理製作成法典,用以補充和修正以前一種模式製作成的法典,是一項因時製宜的立法舉措。唐在大規模修訂律令格式時,如果先前已經用格追加補充修改過的令,便不再對令的正文作改動,僅僅對那些已頒佈有敕文,但尚未修入格,未用格修正過的相關令文予以改動。貞觀之後的立法活動,嚴格來講,對於律令來説只是一種修訂,而對於格,才稱得上是真正的製作。宋《天聖令》乃根據唐令舊文,參酌宋制修訂而成,凡唐令中沒有對應條款的新制不予收入。宋編敕中如有與唐令對應的內容,可以參照修入令中。這就改變了唐令、格修纂方式。《天聖令》將編敕內部分非正刑定罪的條款修爲《附令敕》,開啓了此後神宗元豐改制,把編敕中非正刑定罪的條款改入令典的先河。《天聖令》把當時已經不適用的唐令條文完全剔除,附録於宋令之後,《天聖令》在行宋令中不存在還保留有具文的問題。

漢代的杜周曰:"前主所是著爲律,後主所是疏爲令。當時爲是,何古之法乎!"②漢令是對律的修正補充,就其性質而言,與律是一樣的。杜周所言揭示了中國傳統社會法制的一個實情,即統治階級的法律總是以當代法爲其法制核心,爲其價值取向,當代法通常以皇帝的詔敕爲法源。由於中國傳統社會專制皇權的特點,當代法優於過去法,具有優先適用的法律效力。

就法典製作的技術模式而言,唐前期是基本繼承前人模式與修補現有模式的綜合運用。唐中葉以降的法典製作,則主要是一種創新的模式,在形式和内容上摒棄了已有法典的窠臼,促使法典製作模式變化的深層次原因在於社會經濟和政治關係的發展。自唐中葉起,均田制、賦役制等諸多社會制度逐漸瓦解。集魏晉以來法律之大成的律令體系已經不能適應社會的變化,許多舊的法律内容已經過時。唐統治集團借助於皇權,擺脱已有法典的束縛,創造出一種更適合現行制度的法的形式,擔當起維護

① 封麗霞:《法典編纂論——一個比較法的視角》,清華大學出版社 2002 年版,第 401 頁。

② 《漢書》卷六〇《杜周傳》。

新形勢下社會秩序的重任,在歷史的演進中發揮了積極作用。

　　拙文承蒙高明士先生提出建設性意見,作了相應修改。謹致謝忱。

原載《文史》2010 年第 2 期
（戴建國,上海師範大學古籍整理研究所教授）

# 鄂州家訓家規的内涵與借鑒意義

## 周國林

在湖北省陽新縣浮屠鎮白浪村裏潘灣的潘氏祖堂中,乾隆四十七年(1782)雕刻的潘氏家規至今保存完好。經湖北省檔案館鑒定,這是迄今爲止湖北省檔案館系統發現的最早的家規實物檔案。① 200多年以來,27條家規一直對潘氏家族的社會生活起着引導和警示的作用。專家對這份家規進行解析,認爲家規中有不少好的精神資源,值得我們去搶救、發掘,繼續發揮其在當代社會中涵養道德水準、促進社會進步的作用。②

像潘氏家規這樣的實物檔案誠不易得,更珍貴的是具有同等文化價值的民間文獻在鄂東地區大量存在着。2012年以來,我們通過鄂州民間人士,從當地徵集並復製清代至民國時期宗譜一百多部,裏面有大量珍貴的家訓家規資料。稍加研讀,即可發現這些資料的重大學術價值,並對當代家庭及基層社會倫理建設亦大有啓迪作用。

## 一、家訓家規的價值與基本内容

### (一)古人對於家訓家規的認識

清代、民國時期的鄂州宗譜,每一部都有家規方面的内容,只是有的稱爲家訓,有的稱爲家規,有的稱爲族約,有的稱爲家範等。甚至有的宗譜中,既有"家訓",又有"家規"(如咸豐七年《殷氏宗譜》);或者是既有

---

① 陳會君、劉文彦:《陽新發現乾隆年間潘氏家規》,載《湖北日報》2014年2月28日。

② 陳會君、戴奇偉、曹仕力:《潘氏家規,緣何傳承幾百年》,載《湖北日報》2014年2月28日。

"家範",又有"新定家規"、"合族禁約"(如道光二十六年《汪氏宗譜》)。在所有宗譜中,1931年的《晏氏庚午宗譜》家訓家規資料最爲豐富(晏氏聚居於羅田,也有分佈於鄂州者)。除了《首傳一》收載《户規》外,《首傳二》一整册皆爲"先祖遺訓",包括《聖瑞公訓詞八則》《節録恒泰公家訓八則》《節録滌齋公訓子論文》《山泉公誡子俚言四則》《偉人公家誡十六條》等十四種。

在家訓、家規並存的宗譜中,家訓偏重於勸導,語言親切柔和,家規則帶有一定的剛性,有强制性措施,所謂"國有國法,家有家規"是也。對家訓家規的意義,修譜者有充分的認識。如1947年《葉氏宗譜》卷二《家訓》首云:

> 家之有訓,所以示法戒於子孫,世世守之,等諸宗器之重者也。故雖巨族名門,其間賢達者固多,頑劣者亦複不少,非訓之使知所法,則前賢之嘉言懿行或視若弁髦;非訓之使知所戒,則末俗之蕩檢逾閑有習爲不覺者矣。兹既聯族以譜,宜範族以教,因設訓條十有六則,登諸家乘,俾子孫世世守之,罔教或墜云。

家訓家規既是爲子孫"示法戒",在修譜者看來,家規之類内容必不可少,否則就失去了修譜的意義。1948年《吴氏宗譜》卷首《家規弁言》有云:

> 家規與宗譜,相爲表裏者也。無宗譜則昭穆莫辨,無家規則遵循無由。是故欲齊其家者,必樹立典型,使世世子孫恪守而實踐不渝也。我族近則散居本縣達明、青雲、尚義等鄉,遠則僑寓外省或鄰縣,曩年各支各分,雖經纂修譜牒,然當時或爲交通阻梗,或爲環境特殊,以致同一根本未能聯茸。今則旁搜遠訪,竟流尋源,閲時僅數月而敬宗收族幸告成功,乃聚會全族齒德並尊之輩,議訂家規二十二條,召開全族大會通過,用使咸知而申告誡。惟冀各支後裔杜漸防微,思今日之章程已立,即後日之信守當遵。苟能一道同風,永遵勿替,則鄉黨推吾門望族,非徒以輯宗譜建祠堂爲虚襲故事已也。

這段弁言認爲,家規與宗譜相爲表裏,宗譜使家族世系傳承清晰,家規使族人有規範可以遵循。一部宗譜如果没有家訓家規,價值馬上減半,只不過是虚襲故事。吴氏的家規是由族中年高德劭者議訂,並由全族大會通過，可見慎重之至。

## （二）家訓家規的基本內容

每部家規通常都有十條左右的規定，甚至更多。如乾隆五十七年（1792）的《明氏宗譜》卷一有《厘定家規》十六則，依次爲敦孝弟、睦宗族、培祖墓、務耕讀、慎交游、旌節孝、杜逼嫁、重士習、息爭訟、戒驕淫、崇節儉、和鄉里、禁偷盜、禁鬥毆、貴正直、恤孤幼。每條家規之下，都有具體的文字說明。如"敦孝弟"條下云："人生天地，父母爲大，欲報之德，昊天罔極。爲人子者，須克盡子職，以報劬勞。至於兄弟，原屬一體，務友讓相先，式好無尤。倘忤逆父母，殘傷兄弟，均以不孝不悌治罪。"又如"睦宗族"條下云："平章之化，推本親睦雍和之體，肇自族黨，凡遇宗族尊長之前，務揖讓雍容。隨行隅坐，倘語言不遜，干犯長上，即以不睦治罪。"《家規》之外，《明氏宗譜》還收有一篇《蘭亭先生勸戒論略》，內容包括勸和兄弟而睦宗族、勸勤執業以光祖宗、戒賭博、戒嗜酒、戒不孝，並有一段《兄弟論》和一段《叔侄論》，也可歸爲家訓家規一類文獻中。

又如1935年的《邵氏宗譜》，家訓家規資料層次清晰，其《族譜家訓》分爲上下篇。邵氏家族因"五倫之目人所共聞，然行之而不著，習焉而不察，終於不親不遜者有之"，特地籀繹往訓詮次邇言，著爲《明倫條約》，下列孝父母、和兄弟、別男女、謹夫婦、敬祖先、重子孫、睦宗族、忠君上、篤師友、厚姻党、御奴僕、處泛衆等12條規定，爲家訓上篇。又以"行事之不端，道德之不講，禮樂之不興，財用之不理，因循惰窳，浮薄驕淫，皆爲弗敬乃事"，於是從先人嘉言懿行及郡邑之所品題中著爲《敬事條約》，下列端心術、謹言動、勤學問、務農桑、專雜事、勉婦功、重冠昏、慎喪葬、嚴祭祀、敦交際、理家務、制財用等12條規定，爲家訓下篇。

翻檢各族家訓家規，會發現一些文字相同的內容，這種現象好像是有人在抄襲鄉鄰的族規訓條，實際上卻是一個家族的教育內容引起了其他家族的注意和認同，超出了家族的範圍。誠如研究者所言："望族的家訓並非只行於一家一族，它往往會成爲族規，訓誡的對象從直系血親擴大到宗族成員。一家一戶的祖訓在鄉間擴展開了，就有了一族一鄉的族規和鄉約。"①這是中國式道德傳承中的一個普遍現象。

---

① 郝耀華：《從家訓到鄉約的中國式道德傳承》，載《光明日報》2014年3月19日。

在通常情況下，越是年代久遠的宗譜，家訓家規越簡明而有特色。如清同治年間(1862—1874)所修《周氏宗譜》卷一有《家規》十條，前三條都與祭祀、祖墳有關。第一條爲："春秋祭饗盥獻拜饋，非曰禮在則然，務各竭誠盡慎，大發其水原木本之思，因致其尊祖敬宗之道，此仁人孝子入墓生哀、入廟生敬、報本追遠之不容已也。吾族三月清明掃墓，九月朔日祭祠，原有常期。各房子孫有不如期奉祭及蒞事懈怠失儀者，以慢祖忘宗論。"第二條是嚴禁覬覦祖山，第三條是嚴禁盜伐祖山樹木。這三條規定，在其他宗譜家規中不多見。三條之下，才轉入孝弟之道、植品勵志、賑濟苦節之婦、資助有志之士等七個方面的規定，其先後排列突出了"尊祖敬宗"的思想。而在這份《家規》之前，還印有《二世祖忠烈公家規》和《十一世祖翽公務本節用遺訓》。明宣德六年(1431)的《忠烈公家規》，主要内容"首者以孝以學，次則以勤以謹、以和以緩"，立爲標題，求名士發揮其意，希望子孫後代身體力行。其末尾，"又以酒色財氣四者，亦征能詩者歌咏其事，示吾子孫，動履食息以自警"。清康熙三年(1664年)的《翽公遺訓》以"務本節用"四字垂訓，其論有云：

> 人之承家，先期立身心者，身之本也；而土者，家之本也。事親以孝，事長以弟，處事以和，藏身以恕，身之本立矣，則百祥集之，災禍避之，居身迪吉而無問家矣。有德有人、有人有土者，古志之矣……每見世禄素封之家，不轉盼而朱門蓬户矣，不再傳而阡陌立錐矣。所以然者，不節故也。不節則天概其滿，鬼忌其盈。所謂富貴而驕奢自遺其咎者，非耶？然救驕莫若塞，救奢莫若儉。予願後世子孫居室則安其卑且陋者，衣服則取其布且素者，飲食則甘其淡且薄者。所謂"澹泊以明志，寧静以致遠"，則節之時義大矣哉！

以上家訓家規内容廣泛，涉及大量宗族内事務以及基層社會治理的基本原則。這些條文，對於當時的家風家教產生了極佳效果。每個人最初接受的教育，是以家訓家規爲表現形態的家庭價值觀，父母的耳提面命和潛移默化的影響是形塑每個人價值觀的"知行場"和"養成域"。家訓家規作爲家族良性運行的精神紐帶，在長期的生活傳承中積澱成良好的家門文化風範和倫理道德品格。如上述周氏家族，元朝末年由江西鄱陽遷居武昌，第二代周氏有名周縉者，《明史》有傳。縉早年爲太學貢生，後授任永清典史，攝令事。值靖難之役，周縉未歸附燕王朱棣，朱棣登帝位後,周緝被捕下獄。幾年後,二子周琳代父入獄,並戰死於沙場。自此時起,周緝嫡妻所生四子,即周氏四大房子孫繁衍,成爲當地大族。周氏各房遵守祖訓和家規,人才輩出。據光緒三十一年(1905)所修《周氏宗譜》記載,至清末,周氏計有入國史者一人次,入《古今圖書集成》者三人次,入《三楚文獻録》者一人次,入通志者二人次,入府志者一人次,入郡志者十四人次,入縣志者九十二人次;女性獲敕命者九人,獲誥命者二人。清代一位顯宦稱周氏爲"三楚文獻之家",信然。

## 二、鄂州家訓家規的文化精神

每部宗譜中的家訓家規,都是爲了增強宗族凝聚力,樹立良好的家風。探究家訓家規發生良好效果的原因,是在於家訓家規以幾千年中形成的文化傳統爲理論依據,適應時代的需求,集中了宗族中德高望重者的智慧,有合適的實施基礎。

### (一)儒家思想對家族倫理的浸潤

在傳統社會中,儒家倫理成爲人人遵循的準則,家訓家規則將儒家倫理通俗化、社會化,使其在人們的生活中發揮潛移默化的作用。即使是文化水準低下的鄉村農夫,也可以成爲傳統美德的傳承人。1913 年的《金氏宗譜》所載《家訓》,第一條爲"答天地",其解説如下:

乾稱父,坤稱母,凡兹混然中處者,皆其子也。人鼎三才而靈萬物,何以答天地而無愧乎?亦曰仁而已矣。蓋仁者,天地生物之心也。乾曰大生,坤曰廣生,天地無一息不以生爲心,而爲所生者不免于薄刻殘忍,即所謂不仁,而不可謂之人。明道先生曰:"一命之士苟存心於愛物,於人必有所濟。"凡以云仁也。今人或自私自利而不愛人愛物,總由其心之不厚於仁耳。獨不思人之各愛其身家也,一如吾之各愛其身家;物之欲全其性命也,一如吾之欲全其性命。是以聖王之教,老吾老以及人之老,幼吾幼以及人之幼。推之啓蟄不殺,方長不折,無不愛惜倍至。夫然後流通於萬物之間,而不失天地生物之意矣。而其功則在於敬。蓋敬者,事事謹凜,刻刻戒懼。人能無時無事而不敬,則無時無事而不仁矣。若徒晨昏炷香謝天酬地,曰吾以是敬天地而答之也,此特世俗之見耳。

這段解説,顯然受到宋儒張載、程顥思想的啓發,以民胞物與的胸懷接納宗親和鄉鄰,充滿着仁愛之心。這樣,"答天地"就不僅僅是早晚燒香叩頭、謝天酬地的禮儀形式,而是體察天地生育萬物之德,做到"老吾老以及人之老,幼吾幼以及人之幼"。在儒家倫理方面,每一部家訓、家規都少不了"孝悌"這一核心内容。如晏氏"先祖遺訓"中,《文七公家訓》前二則爲"孝順父母"、"友愛兄弟",論説都相當簡明通俗,引述如下:

> 孝爲百行之首,萬善之原。昔賢云:第一好堂上敬重雙親,老這便是活佛二尊。即親有弗悦,亦當和顏愉色,下氣怡聲,始終於一愛敬。果盡此道,天地鬼神必默相之。族衆務各謹凛,毋自蹈於不孝。
>
> 世間最難得者兄弟,兄弟如手足,要十分愛護。孟子以"兄弟無故"爲生人一樂,《君陳》言及於兄弟爲孝道全修,可見所關非小。如或爭財産、聽婦言、傷和氣,視前賢一堂雍睦、累世同居,不滋愧乎? 盍思單者易折,衆者難摧,同力一心,程途自遠。切勿錯了念頭,後悔無及。

這些話語十分地淺顯,卻鞭辟入裏,引人入勝。在其後人心目中,這就是他們生活的指南。

## (二) 國法向家法的延展

傳統社會中,縣級以下的政府職能相當有限,基層社會在很大程度上是鄉紳治理模式,依賴家訓家規和鄉約的約束力。對於宗族内事物,由族長、房長等長老掌管,各類違法亂紀行爲都在他們的管轄範圍内。各族的家訓家規中,通常都有對違背人倫和法律的處理措施。《晏氏庚午宗譜》中,載有清光緒二十六年(1900)所立《户規》的案卷,是國法向家法延展的實證材料。《合修户規案卷》首云:

> 按户規爲先人整頓風俗,約束人心,以補法律之所不及,而助政治之進行,故陳宏謨檄諭民間選舉户長,厘訂户規,意深良善。我族體先正遺意,公訂户規十八條,備案刊譜,以垂訓後人。至今子孫習尚純風,謂非户規之效歟? 與現時人民自治,亦相吻合,故仍重新恭刊,俾後世子子孫孫遵守勿替。

1900 年,爲整束家風,晏氏制訂了嚴格的 18 條家規。如第一條爲:
"《聖諭廣訓》恭刊家譜卷首,即《朱子家訓》、《吕氏鄉約》均系先正格言,
房、户長宜隨時宣講,令其家喻户曉,各宜懍遵。倘或不遵約束,一經查
出,輕則由房户入祠議處,重則請官重究。"第二條爲:"食毛踐土,厚澤深
仁。國稞務宜早完,其餘官司公事,一概毋得妄幹。"爲了使所訂《户規》
刊碑立石,發揮更大效應,晏氏貢生晏乙等人向知縣送上條呈。其文
有云:

> 竊謂家國之維持不外一理,君民之固結罔有二情,故聖人寬以馭
> 衆,無非德禮遞施,而君子禮以防民,要必恩威並濟。……顧中人可
> 教,非少曲全,而下愚不移,無由理喻。此振聾發聵,難無鞭朴之相
> 施,乃蕩檢逾閑,逾覺頑梗之難化,何所恃而弗恐。或輕性命以圖搪,
> 不知懼而妄爲,或縱家屬以潑賴。生等或情深族睦,或責忝户尊,不
> 思患而預防,恐養姦於姑息,是以公議家規,未敢私專户法,理合公叩
> 大父台台前賞準家法,賜示祗遵,立案防微,刊碑杜漸,並載家乘,永
> 作户規,一門戴德,百世銘感。

對於這個請求,石姓知縣在接到請告示稟後,當即寫下批文:"查閱粘
呈所議族規十八條,皆爲户中均應恪守之事,刊碑載譜以垂久遠,尤見該
生等有心保祖,永世無替。准予立案,以期照行。至另單附稟族中子弟爲
非……以後訓斥不改,許即送案懲治可也。"這樣,晏氏家規就具有了一定
的法律效用。翻檢其他宗譜的家規,雖然多數沒有呈遞官府備案,但其家
規與國法之間的關聯,是非常明顯的。如 1948 年《吴氏宗譜》所載《家
規》末云:"本家規系根據歷年習慣成例而訂,自刊刷成帙之日實行。但與
現行法律有抵觸者,得隨時修正或廢除之。"清代至民國時期提倡大修宗
譜,這應是緣由之一。

### (三)時代精神對宗族生活的滲透

從民國時期的宗譜來看,時代的變遷在家訓家規上面打下了烙印。
如 1947 年《程氏宗譜》載程氏家規十六條,其第十五、十六條爲"勿養
媳"、"戒鬻婦"。其解説爲:

> 媳爲人家女,養甫及笄以憑射雀,或許婚,實爲古例所崇尚。今

兹值文明進化,許可自由結婚,亦在法內所確定,要皆如此,家法宜然。然各誠各養女之心,盡在養媳之陋習,以爲其年不一勢,恐日後變出異外,不獨累一家人之憂氣,更幹規例之嚴禁。後之族人,勿養其媳焉。

　　養兒配婦爲雙方父母之心願,亦周公制禮所通行。但經媒妁之言,父母之命後,絶不許任意活賣,有干族規。況孫先生中山云男女平權,男方不得視女方爲畜類,豈可厭舊喜新,貪鬻金而再賣之理?凡各父老深戒其風。設有悍婦潑妻,淩駕翁姑及夫主,經祠戶再四,準在官離異,慎勿爲所欲爲焉。

這兩條家規明顯受到近代自由、民主、平等思想的薰染,突破了男尊女卑的藩籬,宣導男女平權。推及其他方面,也有諸多變化。可見隨着社會的進步,廣大鄉村地區的家訓家規,沒有陳陳相因,而是不斷被賦予新的內容。這正是它能規範基層民眾生活的基本原因。

## 三、鄂州家訓家規的啓示

在傳統的農耕社會中,民眾安土重遷,累代聚族而居,這是鄂州家訓家規得以發揮重要影響的現實土壤。當代社會人口流動性强,核心家庭已成爲主要家庭形式,再用宗法制度下的家教方式去規範人們的言行已無可能,即使是在鄉村熟人社會,也是鞭長莫及。然而,就像作家蘇叔陽所說:"一個民族的真正風氣是在民間流傳的。"①鄂州家訓家規從本質上講是一種誠信文化、親情文化,充溢着人性的光芒,對當代家庭和基層社會倫理建設仍不乏借鑒意義。

### (一)家庭教育以明倫爲本

各個家族的家訓和家規,是實施家庭教育、培育良好家風的基本文獻依據。雖然各個宗族家訓家規內容不盡相同,但把倫理教育放在第一位卻是高度一致的。邵氏家族的家訓上篇,即爲"明倫"條約,諸如孝父母、和兄弟、敬祖先、重子孫、睦宗族、篤師友之類,都是一些做人的基本道理,

---

　　① 陳葉軍:《讓優秀民族文化浸潤家庭》,載《中國社會科學報》2014 年 5 月 19 日。

把人間倫常傳遞給後代。在"敬事"條約中，雖然也有"勤學問"一條，但僅爲諸事之一。這樣，一部家訓家規就成爲一個家族凝聚力和親和力的重要載體，成爲族人精神成長的重要源頭。聯繫到其他宗譜可以發現，在古代家庭教育中，德育教育始終處於首要地位，目標在於培養後人健全的人生觀。反觀當代家庭教育模式，卻不盡相同。不少家庭在生活上儘量滿足後代的物質要求，捨得智力投資，爲了"不讓自己的孩子輸在起跑線上"，各種填鴨式的課程占滿了孩子們的生活空間。但是，卻不肯系統傳授基本的人生道理，使一些少年兒童養成以自我爲中心的思維方式和嬌生慣養的性格。這種做法，是溺愛而不是真愛，是放縱而不是關心。

回過頭再看古代的家教方式，雖然教育方式有粗暴之嫌，但古人重視倫理教育，卻相當可取。古人爲子孫後代長遠利益考慮，體現了真正的愛心，維繫了中華民族生生不息的血緣文化。只有以完善的人格教化人，才能培養於國有用、於家有福的人才。

## （二）培養後人應啓迪公益之心

古代家庭教育的一個重要內容，是告誡後人不斷提升自己，養成仁愛之心，爲宗族、鄉鄰和社會多作貢獻。晏氏宗族的"先祖遺訓"中，有不少精粹之論。如《聖瑞公訓詞》論"積德"云："積金以貽子孫未必能守，積書以貽子孫未必能讀，不如積德以爲子孫長遠計。試觀自古厚德人，未有不受天厚報。今人一遇困窮，即怨天待己薄，行一善事即欲責報於天，此其人心不能行善事，雖行善亦非真善。濟世之心爭誠僞不爭大小，總須出於真摯，量力而行，自有無量功德，上資祖考，下蔭子孫。"《節錄恒泰公家訓》有云："凡鄰里鄉党、親戚朋友，皆以義合者也。《周禮》六行之教，孝友而外即曰睦姻任恤，非獨父子兄弟宜親厚也。有如一切親切親近、交接往來，總要以和平正直相與。毋武斷鄉曲，毋妄生事端，毋倚勢淩人，毋以衆欺寡。見人有癡迷處出一言提醒之，見人有急難處發一議解救之，亦仁愛之心也。"《節錄滌齋公訓子論文》有云："立身處世，莫存一'我'字。'我'字從利從戈。有我見便有利己害人之心，有害人之心終必反而自害。'我'字之義，不妨作此樣看。"這些論述，強調的是不以自我爲中心，擺正個體在群體中的位置，心胸寬廣，真心實意地待人，發自內心地做善事。這些認識，與當前提倡的核心價值觀如誠信、友善等觀念有相通之處。此外，古代家規中時常提到勤儉持家，反對鋪張浪費和游手好閒，對時下也有一定的針砭作用。善解人意者，當從古人樸實無華的話語中體會出古人意境來。

### （三）借鑒古代家教理論構建當代家庭倫理

在"後宗族"時代，家庭及基層社會倫理建設已擺到所有人面前。就家庭而言，由於絕大多數家庭已經不是自給自足的生產單位，代與代之間的工作生活作息規律各不相同，傳統孝道習以爲常的"晨昏定省""冬暖夏凊"已難以實現，由孝道衍生出來的種種喪葬祭祀以及鄉黨酬酢禮節同樣難以做到。歷代家訓家規強調孝道，不孝者受到宗族責罰，至當代時代，不孝之子已不能由宗族論罪。然而，幾億老年人尤其是"空巢老人"的晚年生活卻是爲人子女的責任。這就需要探討傳統家訓家規的創造性轉化和創新性發展。既然"父母在不遠游"已不可能，但常回家看看、定期關心父母健康卻是必須的。作爲中華民族最深沉的精神追求和中華文化最基本的文化基因，孝是中華民族最獨特的價值觀念之一。要使孝這種中華民族獨特的價值觀念和自由、平等、民主、法治等當代核心價值相融合，有很多問題需要探討。比如，"親愛我，孝何難？親憎我，孝方賢"曾是古人普通接受的孝道觀念。現代社會強調平等或者交往理論，"親憎我，孝方賢"可能被視爲"愚孝"。但如果我們因此只繼承"親愛我"式的孝道，而拋棄"親憎我"式的孝道，這樣的傳承恐怕就會産生令人遺憾的"消耗性轉化"。① 因此，要充分顧及社會歷史條件的變化，理性地奉行孝敬父母的傳統美德。

當前，家庭與基層社會倫理建設是一項複雜的社會工程，需要在社會主義核心價值指導下吸取古今中外的一切文化成果。我們應該追求一種生活在傳統與未來之間的和諧，一種社會組織的和諧。當我們拋開泛意識形態化和泛道德化的話語，進入純文化的靜觀，追求詩化的美的精神，我們在自己的文化傳統中，"能發現很多在深層跟未來發展密切相關的先進的、寶貴的文化要素"。② 傳統家訓家規就包含這樣的文化要素，提供給我們的是一種更有溫度、更有自信、更有靈性的話語，其豐富內容、活躍思想和深度情感並不因年代久遠而失去光彩。因此，我們需要借助古人

---

① 四海：《發展合乎時代的新孝道》，載《光明日報》2014 年 1 月 30 日。
② 李松：《城鎮化進程中鄉村文化的保護與變遷》，載《民俗研究》2014 年第 1 期。

智慧,把包括家訓家規在內的傳統文化作爲寶貴資源,在時代精神引領下吐故納新、推陳出新,"外之既不後於世界之思潮,內之仍弗失固有之血脈,取今復古,別立新宗,人生意義,致之深邃",①從而完成歷史賦予我們這一代人的重大使命。

（周國林,華中師範大學歷史文獻研究所教授）

---

① 魯迅:《墳·文化偏至論》,《魯迅全集》第 1 卷,人民文學出版社 2005 年版,第 57 頁。

# 維摩方丈與隨身叢林

## ——宋僧庵堂道號的符號學闡釋

### 周裕鍇

## 緣　　起

中華書局在陳乃乾等人編纂的《室名別號索引》出版説明中指出：
"古人起室名別號之風，由來已久，傳至明清，愈爲盛行，有些作家、藝術家
的室名別號，往往多至數十。"①從符號學（semiotics）的角度看，我們可把
古人的室名別號看成是一種表達意義的符號（sign）。然而，誠如符號學
家皮爾斯所言："只有被理解爲符號才是符號。"（Nothing is a sign unless it
is interpreted as a sign）②這意味着，如果我們把室名別號視爲一種符號的
話，就必須理解其作爲古人物質生活和精神生活載體的價值，並且能詮釋
其中所包含的種種文化含義。

在以室名爲別號的古人中，有個特殊的僧人群體，其庵堂之名是禪僧
自稱或他人所稱的別號，統稱爲"庵堂道號"。這是爲學界所忽視的符號
現象，甚至《室名別號索引》這樣的專門工具書對之也極少收羅，更遑論探
討其意義。有鑒於此，本文將以宋代禪僧的庵堂道號爲特例，力圖從歷
史、宗教、哲學幾個角度理解其作爲符號的意義，而尤致力於其空間形象
的縱向演變及其文化內涵的橫向融通。

---

① 陳乃乾編，丁寧、何文廣、雷夢水補編：《室名別號索引》，中華書局 1982 年
版，卷首出版説明。

② Peirce, *The Collected Papers of Charles Sanders Peirce*, Cambridge, MA：Harvard
University Press, 1932, Vol. II, P. 308.

# 一、從山林到居室：唐宋禪僧別稱的演變

　　閱讀或瀏覽過宋代禪宗典籍的學者多少會注意到一個現象，即同一個禪師在不同的禪籍裏可能有多種稱呼。例如北宋克文禪師，《建中靖國續燈録》稱其爲"洪州泐潭山寶峰禪院真淨禪師"，《聯燈會要》稱其爲"洪州寶峰克文禪師"，《嘉泰普燈録》稱其爲"隆興府泐潭真淨雲庵克文禪師"，《五燈會元》稱其爲"隆興府寶峰克文雲庵真淨禪師"，《禪林僧寶傳》稱其爲"泐潭真淨文禪師"，《石門文字禪》稱其爲"雲庵和尚"。諸多名稱中，洪州（隆興府）是地名，泐潭是山名，寶峰是寺名，真淨是賜號，雲庵是庵堂道號，克文是法名。南宋宗杲禪師的稱呼更爲複雜，《嘉泰普燈録》稱其爲"臨安府徑山大慧普覺宗杲禪師"，臨安府是地名，徑山是山名，大慧是賜號，普覺是賜謚塔號，宗杲是法名。此外，宗杲的庵堂道號是"妙喜庵"，又曾賜號"佛日大師"，又曾結雲門庵，因此叢林又稱其爲"妙喜老師""杲佛日""雲門庵主"等等。

　　各種名號雖然複雜，但一般説來，從唐到宋，從北宋到南宋，禪僧習慣性的稱呼發生了較大的變化。衆所周知，在禪宗的話語系統裏，唐代禪師的別稱大多是取其所居之山名，如稱行思爲"青原"，稱懷讓爲"南嶽"，稱懷海爲"百丈"，稱惟儼爲"藥山"，稱宣鑒爲"德山"，稱希運爲"黃檗"，稱善會爲"夾山"，稱靈祐爲"潙山"，稱慧寂爲"仰山"，稱良价爲"洞山"，稱本寂爲"曹山"，稱慶諸爲"石霜"，稱義存爲"雪峰"，如此等等，不勝枚舉。這種以山名稱呼禪師的傳統一直延續到北宋，如稱省念爲"首山"，稱重顯爲"雪竇"，稱慧南爲"黃龍"，稱方會爲"楊岐"，稱守端爲"白雲"等。試看宋代各種傳燈録的敘述：

　　　　百丈一見，許之入室，遂居參學之首。一日侍立，百丈問："誰？"師曰："靈祐。"百丈云："汝撥鑪中有火否？"師撥云："無火。"百丈躬起深撥，得少火，舉以示之云："此不是火？"師發悟，禮謝，陳其所解。[1]

　　　　師到大愚。大愚問："從什麼處來？"師云："黃檗處來。"愚云：

---

　　① （宋）釋道原：《景德傳燈録》卷九《潭州潙山靈祐禪師》，《四部叢刊》三編影宋刻本，第 2 頁 A。

　　"黄檗有何言句?"師云:"某甲三度問佛法的大意,三度喫棒。不知某甲有過無過?"愚云:"黄檗恁麼老婆,爲汝得徹困,更來者裏問有過無過。"師於言下大悟,云:"元來黄檗佛法無多子。"①

　　　　乃謁仰山,才入門,提起坐具曰:"和尚。"仰山取拂子擬舉,師曰:"不妨好手。"後參德山,執坐具,上法堂瞻視。山曰:"作麼?"師便喝。②

諸如百丈、黄檗、仰山、德山等山名,分別是懷海、希運、慧寂、宣鑒等禪師的代稱。當然不光是傳燈録,其他禪宗著述同樣如此,撰述者更常用山名別稱而非法名來稱呼唐代祖師,這已是一條不成文的書寫慣例。

　　然而,到了北宋後期,禪林開始出現以庵堂之名代稱禪師的狀況。如惠洪《石門文字禪》中的詩文稱其老師克文爲"雲庵",稱其師兄文準爲"湛堂"。在一些禪林筆記裏,這種庵堂稱呼更爲普遍。宋釋道融《叢林盛事》曾指出這種現象的起源:

　　　　庵堂道號,前輩例無,但以所居處呼之,如南嶽、青原、百丈、黄檗是也。庵堂者,始自寶覺心禪師謝事黄龍,退居晦堂,人因以稱之。自後靈源、死心、草堂皆其高弟,故遞相法之。真淨與晦堂同出黄龍之門,故亦以雲庵號之。覺範乃雲庵之子,故以寂音、甘露滅自標。③

寶覺心禪師,即黄龍祖心,是黄庭堅的師父,因爲謝辭黄龍山住持之事,退居於名叫"晦堂"的居室,所以禪林以晦堂代稱祖心。祖心的弟子惟清的情況類似,他本自號靈源叟,晚年也因爲從黄龍住持位置上退休,居昭默堂,因而人稱昭默禪師。④ 惟清的弟子守卓禪師,因居長靈室,禪林以長靈稱之。祖心另一弟子悟新,榜其居曰"死心室",自號死心叟;又一弟子

---

　　① (宋)李遵勖:《天聖廣燈録》卷一〇《鎮州臨濟院義玄惠照禪師》,《卍續藏經》第135册,臺灣新文豐出版公司1995年影印藏經書院本,第684頁上。

　　② (宋)釋普濟:《五燈會元》卷七《鄂州巖頭全奯禪師》,《中華再造善本·唐宋編·子部》影宋刻本,北京圖書館出版社2003年版,第7册,第8頁B。

　　③ (宋)釋道融:《叢林盛事》卷下"庵號道號"條,《卍續藏經》第148册,第86頁上。

　　④ (宋)釋惠洪:《石門文字禪》卷二三《昭默禪師序》,《四部叢刊》初編影明刻本,第10頁B—13頁A。

善清,自號草堂,都仿效祖心以庵堂爲其道號。祖心的同門真淨克文,晚年退居後,自號雲庵。克文的弟子文準號湛堂,惠洪號明白庵、寂音堂、甘露滅齋,都是仿照此例。

在惠洪的《石門文字禪》卷二〇裏,一共收録了圓同庵、覺庵、如庵、朴庵、夢庵、癡庵、懶庵、墮庵、破塵庵、報慈庵、明極堂、昭昭堂、一麟室、宜獨室、藏六軒、俱清軒、解空閣等十七篇爲禪僧而作的室銘。此外,在同書卷二一、二二裏,又有爲畫浪軒、無證庵、菖蒲齋、一擊軒、寄老庵等庵堂而作的記;在同書卷二三、二四裏,還有爲墮齋、蒼葍軒、待月堂等庵堂而作的序。其中多數室名不僅是方丈建築之名,而且也是僧人的道號,此外還有完全與建築無關的庵堂道號。這個現象告訴我們一個事實,在惠洪生活的北宋後期,禪林中以庵堂爲道號已成爲流行一時的風尚。

以庵堂爲道號起源於祖心禪師,其後臨濟宗黃龍派諸僧競相仿效。而自北宋末至整個南宋,這種風氣在臨濟宗楊岐派中更大行其道,禪僧幾乎人人有庵堂道號,而且多以庵堂聞名當世。雲門宗、曹洞宗也受此風氣影響,以庵堂爲道號者大有人在。如雲門宗的月堂道昌、照堂了一、寂室慧光、已庵光孝,曹洞宗的聞庵嗣宗、石窗法恭、了堂思徹、微庵道勤等。

與此相對應的是,自北宋末起,禪宗典籍尤其是禪林筆記的書寫,更傾向於以禪僧的室名代替其所在山名。如祖心禪師,除了傳燈録一類的著作在目録上仍仿照傳統慣例稱其爲"黃龍"祖心禪師外,一般的文本敘述大抵稱其爲"晦堂"。南宋禪師更是如此,稱庵堂即知其人。茲舉數例如下:

> 晦堂老人嘗以小疾,醫寓漳江。轉運判官夏倚公立往見之,因劇談妙道。①
> 蹣庵成禪師,世姓劉,宜春人。裂儒衣冠,著僧伽梨於仰山。②
> 海昏逸人號曰涉園夫者,李彭商老,參道於寶峰湛堂。③

---

① (宋)釋惠洪:《林間録》卷上,《卍續藏經》第 148 册,第 598 頁下。
② (宋)釋曉瑩:《羅湖野録》卷上,《卍續藏經》第 142 册,第 963 頁下—964 頁上。
③ (宋)釋曉瑩:《雲臥紀談》卷下"尊宿漁歌"條,《卍續藏經》第 148 册,第 34 頁上。

肯堂充見卍庵顏,性識敏利,博達古今,前後所作語句甚多。①
雪堂行和尚云:"高庵爲人端勁,動靜有法。"②

"晦堂"之於祖心,"蹣庵"之於繼成,"湛堂"之於文準,"肯堂"之於彥充,
"卍庵"之於道顏,"雪堂"之於道行,"高庵"之於善悟,有如"百丈"之於
懷海,庵堂皆由這些禪師的自號而成爲其專稱,其符號的指代已基本固
定化。

《禪宗頌古聯珠通集》給我們提供了唐代祖師和宋代禪僧別號對比的
最佳範例,比如該書卷一○"祖師機緣"(即古德公案)的主角爲"百丈"
(南嶽下第二世之一),而頌古作者群中則不乏訥堂思、懶庵需、牧庵忠、
石庵珆、木庵永、雪庵瑾、虛堂愚、野軒遵、草堂清、正堂辯、肯堂充、或庵
體、率庵琮、水庵一、月堂昌、無庵全、伊庵權、誰庵演、遜庵珠、息庵觀、如
庵用、蓬庵會、蒙庵岳這樣以庵堂道號稱的禪師。③ 如果全面梳理現存禪
籍的記載,可非常明顯地看出,從唐代祖師到宋代(尤其是南宋)禪僧,人
名別號已發生由山林符號到居室符號的演變,而其中的意義頗耐人尋味。

## 二、從客觀指稱到自我認同:宋代室名
## 取代山名的空間意義

曾經有學者在比較中國和西方關於自然與自我的關係時指出,西方
人對於自然,常採用征服的態度,所以自然山水常以人的名字命名。中國
則剛好相反,人對自然採取一種融入的態度,所以中國人常以山水之名爲
別號。④ 簡言之,西方人好以人名爲地名,中國人則好以地名爲人名。禪
宗著述以山名代稱唐代禪師,便是以地名爲人名的典型。然而,這位學者
尚未注意到,中國古代還有一種以室名爲人名的傳統,這與融入自然的觀
念頗爲不同。因此我更傾向於用空間意識來解釋中國古人用地名或用室

---

① (宋)釋道融:《叢林盛事》卷下"肯堂充"條,《卍續藏經》第 148 册,第 84
頁上。

② (宋)釋曇秀:《人天寶鑑》,《卍續藏經》第 148 册,第 133 頁上。

③ (宋)釋法應集,(元)釋普會續集:《禪宗頌古聯珠通集》卷一○,《卍續藏
經》第 115 册,第 107 頁上—119 頁上。

④ Vincent Yang: *Nature and Self: A Study of the Poetry of Su Dongpo*, *with
Comparisons to the Poetry of Wordsworth*, New York: Peter Lang, 1989.

名來取代人名的現象。

就禪宗而言,無論是唐代的地名代人名,還是宋代的室名代人名,其實都屬於空間形象的符號。前者屬於自然地理空間,如南嶽、青原、百丈、黃檗等等,是以"所居處"的物理環境稱之;後者屬於人文建築空間,如晦堂、雲庵、死心室、昭默堂等等,是以"道之所據"的宗教觀念稱之。這兩種方式,與唐宋文人的別號取名大致相同,如少陵、香山、樊川、東坡、山谷、後山、柯山之類,就是以地理空間代稱人名;至如簡齋、容齋、誠齋、晦庵、稼軒、澹軒、默堂之類,則是以建築空間代稱人名。

進一步而言,唐代祖師的"居處",不僅是自然地理空間,同時也是開放性的公共空間。比如"百丈",本是洪州奉新縣百丈山,是禪僧聚居的一處"叢林",既屬於懷海,也屬於歷代住持者。因此《五燈會元》目錄裏除了懷海之外,還有其同門師兄弟"百丈惟政禪師",其弟子"百丈涅槃和尚",以及宋代的"百丈智映禪師""百丈淨悟禪師""百丈維古禪師""百丈以棲禪師"等。"百丈"作爲公共空間,本不屬於懷海個人。後世之所以用"百丈"專稱懷海,乃因爲他是百丈山禪叢的開山祖師。順便説,其餘以山名專稱的禪師,大抵都屬於這種開山祖師或中興該山的級別。

宋代禪師的庵堂,則不僅是一種封閉的建築空間,同時也是自足自處的私人空間。比如,"黃龍",本是洪州分寧縣黃龍山,爲先後住持過的禪師慧南、祖心、元肅、悟新、惟清、智明、善清、德逢、道震等所共有,以"黃龍"稱慧南以外的禪師,很易引起誤會。而"晦堂"則只屬於祖心,"死心室"只屬於悟新,"昭默堂"只屬於惟清,"草堂"只屬於善清。換言之,庵堂只屬於禪師個人,是私人參禪學道的宗教場所,作爲人名符號有其意義指向的規定性。

正因爲庵堂是一種自足自處的私人空間,故而庵堂的命名便與純粹的自然山水稱呼截然不同,較鮮明地體現出庵堂主人的宗教人文意識。例如,"晦堂"是祖心自己命名的居室,"晦"有"謝世""退居"之意,所以"晦堂"是凝結了祖心晚年價值觀的符號,與傳統慣例"以居處呼之"的地理符號頗爲不同。嚴格説來,有學者認爲"在祖心之前,禪僧名前多加居住的地名以爲道號,是唐代以來的慣例",[1]是并不準確的説法,"百丈"之類的稱呼只能算他者敘述時的代稱,不能算禪師自己認同的"道號"。正因如此,釋道融在《叢林盛事》裏才特別指出:"庵堂道號,前輩例無。"意

---

① 杜繼文、魏道儒:《中國禪宗通史》,江蘇古籍出版社 1993 年版,第 396 頁。

思是"以居處呼之"的"居處",不能算"道號"。

道融在比較了唐宋禪師稱呼的區別之後,還特意討論了庵堂道號命名的原因和理由:

> 大抵道號有因名而召之者,有以生緣出處而號之者,有因做工夫有所契而立之者,有因所住道行而揚之者。前後皆有所據,豈苟云乎哉!①

他認爲,庵堂道號的命名皆有自覺的宗教意識,或爲自身的生緣出處,或爲做工夫時的體悟,或爲所追求的禪學境界,都有其内在依據。他言及自己的道號"古月庵"時説道:

> 余以母氏夢梵僧頂一月而投之懷中,既覺遂育。因以"古月"自號,以"安穩眠"呼之,蓋仿覺範"甘露滅"也。二號皆《維摩》《寶積》所出。故橘洲曇公爲余作《古月説》云:"萬古長空,一朝風月。"慚愧古人模寫得成也。融禪未生之夕,其母夢得月,是爲生子之祥。愧今人不去却模子也。融禪不負其母,兼不忘古人,古月名庵。不爲忝矣。②

道融自號"古月庵",一方面是因其母夢梵僧頂月而孕,屬於"以生緣出處而號之者";另一方面是因禪門古德有"萬古長空,一朝風月"的話頭,③以"古月"名庵有不忘古德公案的意義。道融又有號"安穩眠"的庵堂,模仿惠洪"甘露滅齋"的命名,均來自《維摩詰經》《大寶積經》這樣的佛教經典。橘洲曇公是著名的詩文僧寶曇,與惠洪齊名,有《橘洲文集》傳世。寶曇爲道融作《古月説》,略相當於惠洪給諸僧作室銘,用文字申説庵堂道號的宗教内涵。

檢討《石門文字禪》卷二〇中的諸多室銘,大抵無關任何建築空間的描繪,全爲解説室名的來由,如《如庵銘》稱"以經行座臥爲庵,以分别塵

---

① (宋)釋道融:《叢林盛事》卷下"庵號道號"條,《卍續藏經》第 148 册,第 86 頁上。

② 同上書,第 86 頁上—下。

③ 鍇按:"萬古長空,一朝風月"爲唐舒州天柱山崇慧禪師語,見《景德傳燈録》卷四,第 10 頁 B。

勞爲如";《朴庵銘》稱"道人游方,學至無學,如役六用,則思返朴";《墮庵銘》稱"異哉曹山,法幢特建,以墮一字,雪諸情見";《明極堂銘》稱"取《首楞嚴》'餘塵尚諸學,明極即如來'義";《昭昭堂銘》稱"而此昭昭,首出萬物,廓然十方,寂湛遍周",如此等等,皆借室名而闡述其主人的宗教觀念以及該室所具有的宗教意義。正因爲這些室名往往有禪籍佛經的出處,是文字禪的表現,因而同時也就具有某種典雅的人文色彩。

總而言之,從唐代祖師的以"所居處呼之",到北宋晚期以後禪僧以庵堂爲道號,可明顯看出禪門別稱空間形象的演變,這就是從禪院所在的山林轉向禪僧所在的居室,由樸野的自然空間轉向優雅的人文空間,由外在的公共空間轉向内在的私人空間,由具象的物理空間轉向抽象的精神空間。這種人名符號的變化,在很大程度上意味着宋代禪林從農禪向士大夫禪的轉型,即由"把茅蓋頭"的山林生活,上下均力的"普請"勞動,日益轉向禪房静室的寂默自省,焚香默坐,讀經參禪,甚至吟詩作畫。

## 三、維摩方丈：庵堂與書齋的異質同構

當禪僧日益將庵堂作爲生活空間與精神空間之時,其功能便與士人的書齋有了某種相通之處。如果我們橫向比較一下宋代禪僧庵堂道號與士人室名別號的符號學意義,便可看出二者之間有不少的共性。

蘇軾有兩首詩,一首是寫給"垂慈堂"主人的詩,蘇軾送給他東海蓬萊閣下彈子渦(一種怪石),讓他置放在垂慈堂中,并且稱"垂慈老人眼,俯仰了大塊,置之盆盎中,日與山海對",[①]相信他的法眼能從盆盎中的怪石上體會到東海的場景。"垂慈堂"是僧了性的庵堂,在蘇軾看來,此僧與士人認識世界的方式並無二致,只是將士人的"書齋小世界、世界大書齋"置換爲"方丈小世界、世界大方丈"而已,而且其以怪石養菖蒲的趣味與士人並無二致。[②] 另一首是寫給"六觀堂"主人的詩,"六觀堂"是僧了性的另一道號,詩中稱其"云如死灰實不枯,逢場作戲三昧俱,化身爲醫忘其軀,

---

① (宋)蘇軾:《文登蓬萊閣下石壁千丈爲海浪所戰時有碎裂淘瀧歲久皆圓熟可愛土人謂此彈子渦也取數百枚以養石菖蒲且作詩遣垂慈堂老人》,張志烈、馬德富、周裕鍇主編:《蘇軾全集校注·蘇軾詩集校注》卷三一,河北人民出版社2010年版,第3451頁。

② 鍇按:(宋)釋惠洪在《菖蒲齋記》裏記載了柯山道人如公(法如禪師)嗜好菖蒲之事,稱"天下以公(蘇軾)之所玩從而玩之"。見《石門文字禪》卷二二,第2頁B。

草書非學聊自娱",①闡釋《金剛經》偈"一切有爲法,如夢幻泡影,如露亦如電,應作如是觀"之"六觀"與其草書之妙的關係。諸如"游戲三昧"式的藝術創作態度,也與學禪的士人如出一轍。從蘇軾這兩首詩已可看出,以庵堂命名的僧人,其身份明顯具有書齋化、士人化的傾向。

關於宋代士人書齋的意趣,已有學者作過詳盡的論述。② 我在這裏特别要强調的是,維摩方丈的意象,很有可能是連通禪僧庵堂與士人書齋異質同構的橋樑。張海沙教授論及宋代士人生活的典型環境"維摩方丈"時,引用《維摩詰經》所描寫毗耶離大城中維摩詰之室,并指出:"正是這樣一個維摩方丈,它將外形的簡陋迫窄與内在精神世界的廣博豐富結合了起來,它將精神世界的與塵世隔離和在現實生活中的和塵同光統一了起來。"③其説頗有見地。在此,我再補充如下三點:

首先,宋人詩文中所言及的"維摩方丈",不僅是居士参禪的處所,也是其讀書的居室,兼具庵堂和書齋的功能。比如,歐陽修之子歐陽棐(字叔弼)新建了一所小齋,題名"息齋"。蘇軾爲此息齋作詩,有句曰:"羨君開此堂,容膝真有餘。拊牀琴動摇,弄筆窗明虚。"④摇琴弄筆,自然是書齋的趣味。而陳師道唱和蘇詩則曰:"丈室八尺牀,稱子閉門居。"任淵注引《維摩經》云:"即以神力,空其室内,惟置一牀,以疾而卧。"⑤强調其作爲佛教居士的生活場景。同一"息齋",同一丈室,或爲書齋,或爲禪房,書與禪合二爲一。

其次,在宋代,不僅號稱参禪學佛的居士,而且那些看似純正的儒家道學先生,心目中都有一個"維摩方丈"的理想空間。如龜山先生楊時,受程氏之學,再傳至朱熹,開閩中道學一脈。然而這樣一位道學領袖,竟然也以維摩自喻,在詩中自稱:"通衢隔轍斷經過,門巷空無雀可羅。驅去兒

---

① (宋)蘇軾:《六觀堂老人草書》,《蘇軾全集校注・蘇軾詩集校注》卷三四,第3749—3750頁。

② 張蘊爽:《論宋人的"書齋意趣"和宋詩的書齋意象》,載《文學遺産》2011年第5期,第65—73頁。

③ 張海沙:《曹溪禪學與詩學》,中國社會科學出版社2009年版,第112—117頁。

④ (宋)蘇軾:《與趙陳同過歐陽叔弼新治小齋戲作》,《蘇軾全集校注・蘇軾詩集校注》卷三四,第3804頁。

⑤ (宋)陳師道:《次韻蘇公題歐陽叔弼息齋》,陳師道撰,任淵注、冒廣生補箋:《後山詩注補箋》卷三,中華書局1995年版,上册,第119—120頁。

童臥虛室,蕭然惟一病維摩。"①而他所臥病的虛室,正是所謂維摩丈室:
"嗟予羸薾苦多病,維摩丈室方蕭然。"②儒家先聖先賢雖有"曲肱而臥"、
"陋巷而居"的故事,但尚未提供一個與宋人書齋類似的私人空間的典型,
因而"維摩方丈"正好彌補了這一心理缺失。丈室的意義當然不止是臥病
的處所,同時也是修道的、沉默的處所。《維摩詰經》記載:"於是文殊師
利問維摩詰:'我等各自說已,仁者當說,何等是菩薩入不二法門?'時維
摩詰默然無言。文殊師利歎曰:'善哉!善哉!乃至無有文字語言,是真
入不二法門。'"③這就是著名的"毗耶杜口"的故事,在禪門中廣爲傳播。
這種沉默的境界也頗爲儒者推崇,以至於楊時的學生陳淵"榜所居之室曰
'默堂'"。④

再次,"維摩方丈"不僅是宋代士人生活的典型環境,而且也是宋代禪
僧津津樂道的棲心之處。蔣山佛慧泉禪師的《默庵歌》,其序曰:

> 余熙寧九年春,自杭之千頃移居是院。因其方丈缺爾,遂闢半
> 軒,結艸庵於巖石之下,以爲宴息之所。是年十二月庵成,命名曰
> "默"。蓋取摩竭掩室、毗耶杜口之義也。未幾,有客造余曰:"師之
> 庵成矣,庵之義著矣。而師方且嘮嘮,萃徒侶,引游士,分燈而啓暗,
> 濬源而導深。謂其興悲拯物,開蒙發蔽,則亦至矣。而名爲默,其亦
> 妄乎?"余謂客曰:"子是知默而不知其所以默也。子居,吾語汝。夫
> 默者,佛祖之真獻,含靈之大本也。本之正,則處喧而常寂;本之繆,
> 則趣理而厭塵。然喧寂正繆,雖名數繁,然皆不離吾之至默也。故西
> 竺聖人佛者,應緣感物,金文玉句,殆不勝紀,而卒謂乎無說,蓋明此
> 也。後之人暖昧斯道,謂語爲語,而謂默爲默。縱謂語默一體,而亦
> 不知體爲何物也。徒憤心口,蹈之而不詳。用之而不辨,揚揚然自以
> 爲得。復曰:'彼默傳者,斷空絕言而已矣。吾佛之道豈然哉?'於戲!
> 是豈識吾佛之道也。余學乎默者,於默也,安能盡之? 今是庵而且名

① (宋)楊時:《龜山集》卷四二《病中作》,《宋集珍本叢刊》影明刻本,綫裝書
局 2004 年版,第 29 册,第 600 頁上。

② (宋)楊時:《龜山集》卷三九《贈醫者鄧獻匡》,第 588 頁下。

③ (後秦)鳩摩羅什譯:《維摩詰所説經》卷中《入不二法門品》,《中華大藏經》
影金藏本,中華書局 1985 年版,第 15 册,第 854 頁中。

④ (宋)陳淵:《默堂先生文集》卷首沈度序,《四部叢刊》三編影宋鈔本,第 2
頁 A。

之者,蓋思古人之不可以跂及也,而亦有所驚也。"①

"默庵"之名來自"毗耶杜口"的故事,其方丈不言而喻是以"維摩方丈"爲原型。又比如惠洪爲南嶽法輪寺景齊禪師新建"雪堂"題詩曰:"面壁高風知獨振,薝花細雨爲誰深。"②薝花,薝蔔花之略稱,即梔子花,色白而六出,故以喻雪花,以扣雪堂之名,同時也暗示雪堂如維摩方丈。《維摩詰經》曰:"如人入瞻蔔林,唯齅瞻蔔,不齅餘香。"③瞻蔔即薝蔔花。更值得注意的是,"晦堂"的主人祖心禪師就曾與僧人論《維摩》曰:"三萬二千師子寶座,入毗耶小室,何故不礙? 爲是維摩所現神力耶? 爲別假異術耶?"④可見"晦堂"本身也很有可能帶着維摩方丈的想象。

正是基於對宋代禪僧和士人皆以維摩方丈喻私人居室的觀察,我們進一步發現,這兩個不同群體的室名別號之間存在着一個頗有趣的"意義共享"現象,即同一個漢字既是禪僧庵堂也是士人書齋的冠名。比如"了"字,禪僧有"了庵"(景曇)、了堂(思徹),士人有"了齋"(陳瓘),皆取其了徹、了悟之義。前舉歐陽叔弼的"息齋",陳淵的"默堂",在禪僧的庵堂道號裏都能找到相對應的情況。現根據宋人別集、禪籍與《室名別號索引》的統計,將庵堂與書齋意義共享之例列表如下:

| 漢字 | 庵堂名 | 禪 僧 法 名 | 書齋名 | 士 人 名 |
|---|---|---|---|---|
| 一 | 一庵 | 善直 | 一庵 | 蔡沆 |
| 了 | 了庵<br>了堂 | 景曇<br>思徹 | 了齋 | 陳瓘 |
| 山 | 山堂 | 道震、僧洵、德淳、元性 | 山齋 | 易袚 |
| 中 | 中庵 | 慧空 | 中齋 | 鄧剡 |
| 可 | 可庵 | 然 | 可齋 | 李曾伯 |

---

① (宋)釋正受:《嘉泰普燈録》卷三〇,《卍續藏經》第 137 册,第 424 頁下—425 頁上。"處喧",原作"處喧",據下文改。

② (宋)釋惠洪:《石門文字禪》卷一一《南嶽法輪寺與西林比居長老齊公築堂於丈室之西名曰雪堂作此寄之》,第 11 頁 B。

③ (後秦)鳩摩羅什譯:《維摩詰所説經》卷中《觀衆生品》,第 850 頁上。

④ (宋)釋惠洪:《禪林僧寶傳》卷二三《黄龍寶覺心禪師傳》,《卍續藏經》第 137 册,第 531 頁上。

| 漢字 | 庵堂名 | 禪僧法名 | 書齋名 | 士　人　名 |
|---|---|---|---|---|
| 石 | 石庵 |  | 石庵<br>石堂 | 蔡瑞<br>陳普 |
| 此 | 此庵 | 景元、守静 | 此庵 | 羅點 |
| 在 | 在庵 | 賢 | 在軒 | 黃公紹 |
| 竹 | 竹庵 | 士珪 | 竹庵<br>竹屋 | 孫璹、王思明<br>高觀國 |
| 足 | 足庵 | 智鑒 | 足庵 | 孫璹 |
| 拙 | 拙庵 | 德光 | 拙庵<br>拙軒<br>拙齋 | 郭咸<br>顧周卿<br>衛涇、林之奇 |
| 牧 | 牧庵 | 法忠、可朋 | 牧堂、<br>牧齋 | 蔡發<br>孫松壽、朱熹、周夢與 |
| 空 | 空室 | 智通 | 空齋 | 林同 |
| 思 | 思庵 | 睿 | 思堂<br>思齋 | 章粢<br>翁泳 |
| 高 | 高庵 | 善悟 | 高齋 | 趙抃 |
| 容 | 容庵 | 海 | 容齋 | 洪邁 |
| 息 | 息庵 | 達觀 | 息庵<br>息齋 | 郭知運<br>歐陽叔弼 |
| 草 | 草堂 | 善清 | 草堂<br>草庵 | 魏野、張覺民、葛密、李邴、張輝<br>胡安國 |
| 退 | 退庵 | 休 | 退庵<br>退齋 | 陳炳、吳淵<br>侯延慶 |
| 晦 | 晦堂<br>晦庵<br>晦室 | 祖心<br>彌光、慧光<br>師明 | 晦庵 | 朱熹 |
| 訥 | 訥堂<br>訥庵 | 梵思<br>俊 | 訥齋 | 程元鳳 |
| 雪 | 雪堂<br>雪巢<br>雪庵 | 景齊、道行<br>法一<br>從瑾 | 雪堂 | 蘇軾 |

| 漢字 | 庵堂名 | 禪僧法名 | 書齋名 | 士　人　名 |
|---|---|---|---|---|
| 復 | 復庵 | 可封 | 復庵<br>復軒<br>復齋 | 邢繹、李直方<br>章憲<br>劉子翬、蔡沆、黃儐、陸九齡 |
| 虛 | 虛堂 | 智愚 | 虛齋 | 趙以夫、鄧林 |
| 鈍 | 鈍庵 | 宗穎 | 鈍軒 | 趙士頔 |
| 雲 | 雲庵 | 克文 | 雲庵 | 李邴 |
| 蒙 | 蒙庵 | 思岳 | 蒙齋 | 劉子翬、蔡正孫 |
| 潛 | 潛庵 | 清源 | 潛齋 | 何夢桂 |
| 遯 | 遯庵 | 宗演、祖珠 | 遯齋 | 翟龕 |
| 默 | 默庵<br>默堂 | 法泉、興道<br>紹悟 | 默堂<br>默齋 | 陳淵<br>游九言 |
| 簡 | 簡堂 | 行機 | 簡齋 | 陳與義 |
| 懶 | 懶庵 | 道樞 | 懶堂 | 舒亶 |
| 覺 | 覺庵 | 祖氏 | 覺庵 | 黃文芳 |

　　除了室名所冠字義相同外，更有不少室名爲禪僧和士人所共有，如一庵、石庵、此庵、竹庵、足庵、拙庵、息庵、草堂、退庵、晦庵、雪堂、復庵、雲庵、默堂、覺庵等，皆分屬僧人和士人。朱熹的“晦庵”恰似禪門的道號，李邴的“雲庵”同於克文的庵堂，而景齊、道行禪師的“雪堂”則合於蘇軾的居室。這種道號室名的同一性，當然不是一種偶然的巧合，而具有其深刻的文化內涵。

　　其一，這反映了北宋中葉以後儒釋交流與融合的時代精神。大儒朱熹之所以號“晦庵”，固然與他字元晦有關，“晦”是“熹”的反義詞，以名之反訓爲字；[①]但另一個禪林背景也不容忽視。朱熹對兩宋之際名僧大慧宗杲的事迹及著述相當熟悉，他自述年少時曾學禪，[②]始終精熟《大慧語

--------

　　①　朱熹的老師劉子翬爲之取字“元晦”，希望他學習曾參、顏回，通過虛靜永葆神明之性。參見劉子翬《屏山集》卷六《字朱熹祝詞》，《宋集珍本叢刊》影明刻本，第42册，第234頁上—下。
　　②　（宋）黎靖德編、王星賢點校：《朱子語類》卷一〇四，中華書局1986年版，第7册，第2620頁。

録》，瞭解大慧書信與《語録》的異同。篋中唯置《大慧語録》一帙。① 而大慧宗杲字曇晦，因此朱熹的自號很可能受此影響。"晦"有含蓄深微之義，《左傳・成公十四年》："春秋之稱，微而顯，志而晦，婉而成章。"②又有韜晦隱迹之義，《周易・明夷》："利艱貞，晦其明也。"③"晦"之義本出自儒家，而僧人反而以之名庵堂在前。不過另一方面，據《僧寶正續傳》宗杲本傳，無盡居士張商英稱譽宗杲，"爲名庵，曰'妙喜'，字以'曇晦'"。④而"曇晦"二字，正是釋儒觀念的相加。這是很有趣的現象，佛禪與儒家的互動，通過庵堂書齋的相互借鑒而表現出來。特別在南宋，"晦庵"這一室名的釋儒共享，顯示了禪學與理學在部分程度上的殊途同歸。此外，朱熹曾師事宗杲的法嗣開善道謙（號密庵），據學者考證，他廿二歲時建齋室名"牧齋"，又將此時期詩集名爲《牧齋淨稿》，即與道謙之名有關，蓋"牧"與"謙"皆出《周易》之謙卦："謙謙君子，卑以自牧也。"牧、謙義同。"牧"又與佛教"牧牛"之喻相關，比宗杲稍長的黄龍法忠即號牧庵。⑤ 此亦爲釋儒共享名號之類，又可補充上表庵堂與書齋意義共享之"牧"字例。

---

① 朱熹：《答許生》："夫讀書不求文義，玩索都無意見，此正近年釋氏所謂看話頭者。世俗書有所謂《大慧語録》者，其説甚詳，試取一觀，則其來歷見矣。"《答孫敬甫》自謂："少時喜讀禪學文字，見杲老與張侍郎書云。"《張無垢中庸解》引述宗杲觀點時自注："見大慧禪師與張侍郎書，今不見於《語録》中，蓋其徒諱之也。"（宋）朱熹：《晦庵先生朱文公文集》卷六〇、卷六三、卷七二，《四部叢刊》初編影明刻本。參見陳榮捷《朱子與大慧禪師及其他僧人的往來》，載《朱子學刊》第1輯，福建人民出版社1989年版。又，南宋劉震孫《大慧普覺禪師年譜跋》謂朱熹早年嘗往訪宗杲，並寄偈語，見（宋）釋祖咏編《大慧普覺禪師年譜》，《北京圖書館藏珍本年譜叢刊》影宋刻本，北京圖書館出版社1999年版，第22冊，第464頁；南宋尤焴淳祐間題《大惠（慧）語録》謂朱熹十八歲請舉時從劉子翬，篋中只《大慧語録》一帙，見（元）釋念常《佛祖歷代通載》卷二〇，《中華再造善本》金元編子部影元刻本，第18冊，第21頁A—B。
② 《左傳・成公十四年》，《十三經注疏》下册，上海古籍出版社1997年影阮刻本，第1913頁下。
③ 《周易・明夷》，《十三經注疏》上册，第49頁下。
④ （宋）釋祖琇：《僧寶正續傳》卷六《徑山杲禪師傳》，《卍續藏經》第137冊，第611頁上。
⑤ 束景南：《朱熹年譜長編》卷上，華東師範大學出版社2001年版，上冊，第146—148頁。然該書謂牧庵法忠爲道謙師兄，實誤，牧庵（1084—1149）乃佛眼清遠法嗣。

其二,這體現了北宋中葉以後禪林和儒門共同的心性内向自足的轉型。① 所謂心性内向自足,一是指庵堂書齋本身作爲個體修心養性空間所具有的内向性,不是面向自然和社會的開拓,而是回到自我心靈的反省;二是指庵堂和書齋命名時的意義取向,多爲逃遁迴避外在世界的概念,如"拙""息""退""晦""遯""懶"等,或傾向於養心治性獲得成效的概念,如"了""可""默""簡""覺"等。正如陳淵所説:"萬物皆備於我,非自外得,反求諸身而已。"②或如張元幹所説:"超凡入聖,只在心念間,不外求也。"③在追求内心世界的自我完善方面,禪學與儒學並無二致。如果我們考察宋人的別集名稱,也會注意到南宋別集更多以室名別號來命名,諸如《簡齋集》《誠齋集》《絜齋集》《平齋集》《庸齋集》《韋齋集》《省齋集》《澹齋集》《勉齋集》《澹庵文集》《芸庵類稿》《晦庵集》《崧庵集》《鐵庵集》《默堂集》《則堂集》《恥堂存稿》《南軒集》《拙軒集》《艾軒集》《勿軒集》等等一大批,不勝枚舉。這恰巧與禪僧庵堂道號的流行同步,其間的共同性耐人尋味。

## 四、隨身叢林:作爲移動空間的人名符號

作爲唐代祖師代稱的"居處"是一種静態固化的空間,而宋代禪師的庵堂道號則是一種可移動變化的空間。比如惠洪的明白庵,最初結庵於撫州臨川北景德寺,後來又重建於潭州長沙水西南臺寺,寺院已變而庵堂名不改。

最初以庵堂爲道號者,大抵都實有一庵一堂居住,如祖心退居晦堂,克文退居雲庵,惟清退居昭默堂,都是如此。而到後來,新參禪的和尚也東施效顰,才當幾天學徒,根本不懂禪理,不明道號的來歷,本人並没有單

---

① 劉子健曾揭示南北宋之間的轉型,指出中國從南宋開始逐步轉向内在;朱剛從"内聖學"、"顔子學"的角度分析北宋後期士大夫"轉向内在"的思想趨向;李貴從"聖化陶淵明"的視角論證北宋後期文化的内在轉向。皆未注意本文所取禪林—儒門—文苑交融之視角。參見劉子健撰、趙冬梅譯《中國轉向内在——兩宋之際的文化内向》,江蘇人民出版社 2002 年版;朱剛:《唐宋"古文運動"與士大夫文學》,復旦大學出版社 2013 年版,第 211—230 頁;李貴:《中唐至北宋的典範選擇與詩歌因革》,復旦大學出版社 2012 年版,第 271—279 頁。

② (宋)陳淵:《默堂先生文集》卷首沈度序。

③ (宋)張元幹:《蘆川歸來集》卷九《跋山谷詩稿》,文淵閣《四庫全書》本。

人房間,尚在禪房裏木板上睡通鋪,便自號某庵某堂。《叢林盛事》記載了一個笑話,頗能見出當時風氣:

> 今之兄弟,才入眾來,未曾夢見向上一著子,早已各立道號,殊不原其本故。瞎堂遠禪師因結制次,問知事云:"今夏俵扇多少?"知事曰:"五百來柄。"遠曰:"又造五百所庵也。"蓋禪和庵,才得柄扇子,便寫個庵名定也。聞者罔不大笑。①

剛出家的和尚們都各立庵堂道號,而實際上並無私人別室。所以瞎堂慧遠禪師與寺裏知事戲言,俵五百來柄扇子,就相當於又造五百所庵。這是因爲五百個禪僧得了柄扇子後,自然會在扇子上書寫自己的庵名。瞎堂慧遠是圓悟克勤的弟子,大慧宗杲的同門師兄,活動於北宋末南宋初。這個笑話本身也表明,以庵堂爲道號的現象,在南宋初的叢林裏幾乎泛濫成災。慧遠以"瞎堂"爲道號,本人也未能免俗。

事實上,《石門文字禪》中惠洪爲之作銘、記、序的諸多庵堂,其中有些庵堂就未必實有其建築,不過是禪僧爲自己命名的道號而已。如《覺庵銘》曰:"道人聞公以四威儀爲庵,而以覺名之,隨身叢林之別名也。"四威儀指僧人的行住坐臥,"以四威儀爲庵"就是以行住坐臥的主體即身體爲庵。所謂"隨身叢林",意思是説此身體走到何處,何處就是修禪的叢林,也就是自己的庵堂。換言之,聞公的"覺庵"就是他自己身體所擁有的精神符號。此庵堂可隨身帶走,就如瞎堂慧遠所戲言,一柄扇子便是一個庵堂。

當庵堂脱離建築而成爲純粹的道號之時,便不僅是伴隨禪僧移動的抽象空間符號,而且也是棲居"妙圓密海"心性的人體小宇宙的符號。"隨身叢林"的庵堂道號,進一步將狹窄丈室的私人空間濃縮爲隨身攜帶的心靈空間。由此而來,"方丈小世界,世界大方丈"就有了進一步演化爲"吾心即是宇宙,宇宙即是吾心"的傾向。惠洪在《無證庵記》裏問無證禪師"庵所在",無證笑曰:"以太虛爲頂,以大地爲基,以萬象爲牀榻,以天魔外道爲侍者,舉足下足,皆是妙圓密海。"惠洪心知其戲,曰:"子豈所謂隨身叢林者乎?"②"無證庵"本是個子虛烏有的東西,自不待言,值得注意

---

① (宋)釋道融:《叢林盛事》卷下"庵號道號"條,《卍續藏經》第 148 册,第 86 頁上。

② (宋)釋惠洪:《石門文字禪》卷二二《無證庵記》,第 2 頁 A。

的是無證禪師的回答,將太虛、大地、萬象、天魔外道皆納入心性的妙圓密海,而以隨身的無證庵將"宇宙"與"吾心"包容在同一空間。

這種"隨身叢林"的現象不只存在於庵堂道號中,士人的室名別號也有相同的情況。根據前舉《室名別號索引》一書所收室名別號來看,其中"室名"其實可能包含三種情況:一種僅指某室主所擁有的房屋,具有物質層面的建築形態,室名乃是對建築的命名,無關乎別號;另一種則以室名的形式作爲室主的別號,以之自稱或爲他人所稱,其室實有建築形態,爲室主居住的書齋或方丈;還有一種則是虛設的室名,並無建築形態,僅借室名以自稱,相當於"隨身叢林"。比如,據《室名別號索引》所載,南宋張鎡有千歲庵、天鏡亭、文光軒、水北書院、玉照堂、亦庵、安閒堂、把菊亭、味空亭、宜雨亭、尚有軒、芳草亭、長不味軒、恬虛庵、界華精舍、約齋、美芝亭、俯巢軒、宴頤軒、書葉軒、泰定軒、真如軒、清夏堂、現樂堂等數十種室名,然而其中以之爲別號者,則僅有"約齋"這一室名。從另一個角度説,張鎡自號約齋,無論他處於何種空間,處於何種亭軒庵堂之中,他人皆可以"約齋"呼之。至於前舉"覺庵"、"無證庵"之類,則並無建築形態之庵堂與之對應。概而言之,所謂"古人起室名別號之風"乃可分爲三種:第一種是室名非別號,建築符號獨立存在,與人名符號無關;第二種是室名即別號,建築符號與人名符號相統一;第三種是室名非居室,人名符號脱離建築獨立存在。這是三種意義不盡相同的符號,不可混爲一談。

以惠洪自身爲例,他一生自我標榜的室名有多個,其中作爲"庵堂道號"的大約有四五個:明白庵、甘露滅齋、寂音堂、冷齋、石門精舍。兹據《石門文字禪》中的"自標"庵堂統計如下:

| 庵堂名 | 原　　　文 | 卷　次 |
|---|---|---|
| 明白庵 | 《御手委廉訪守貳監勘釗慶裕》:"叢林明白老。"<br>《次韻題明白庵》<br>《送顥街坊》:"逢人若問明白老,爲言病起加清癯。"<br>《余在制勘院晝臥》之七:"明白庵前路,辛夷樹已花。"<br>《明白庵六首》<br>《明白庵銘》:"大觀元年春,結庵於臨川,名曰明白。"<br>《題休上人僧寶傳》:"明白庵題。"<br>《化供三首》:"於是明白老自鹿苑移居此。""明白庵在何許?舊日水西南臺。" | 卷四<br>卷七<br>卷八<br>卷一四<br>卷一四<br>卷二〇<br>卷二六<br>卷二八 |

| 庵堂名 | 原　　　文 | 卷　次 |
|---|---|---|
| 甘露滅齋 | 《七月十三日示阿慈》："只個甘露滅，可質請持去。" | 卷五 |
| | 《和曾倅喜雨之句》："詩成肯寄甘露滅。" | 卷七 |
| | 《初過海自號甘露滅》 | 卷九 |
| | 《余自號甘露滅，所至問者甚多作此》 | 卷一一 |
| | 《誠心二上人見過》："破夏來尋甘露滅。" | 卷一一 |
| | 《明應仲出季長近詩二首次韻寄之》："尚念無家甘露滅。" | 卷一二 |
| | 《余日渡海即號甘露滅所至問者尤多時作偈答》 | 卷一七 |
| | 《臨川寶應寺塔光贊》："於是甘露滅笑曰。" | 卷一九 |
| | 《懶庵銘》："甘露滅爲作銘曰。" | 卷二〇 |
| | 《甘露滅齋銘》："政和四年春，余還自海外，過衡嶽，謁方廣譽禪師，館於靈源閣之下，因名其居曰甘露滅。" | 卷二〇 |
| | 《昭昭堂銘》："故甘露滅，爲作銘詩。" | 卷二〇 |
| | 《忠孝松記》："於是使其客甘露滅爲之記。" | 卷二二 |
| | 《送嚴修造序》："使其客甘露滅以序送之。" | 卷二四 |
| | 《題超道人蓮經》："甘露滅某謹題。" | 卷二五 |
| | 《題華光梅》："圓禪者當還舉似乃翁，問甘露滅法喻齊否？" | 卷二六 |
| | 《跋李商老詩》："甘露滅非錯下注腳。" | 卷二七 |
| | 《跋李商老大書雲庵偈二首》："然甘露滅固未死。" | 卷二七 |
| | 《雲蓋智和尚設粥》："甘露滅五月三日提綱要於石門。" | 卷二八 |
| | 《三角劼禪師壽塔銘》："甘露滅某宣和五年十月初二日過焉。" | 卷二九 |
| | 《石塔銘》："空印請甘露滅某銘曰。" | 卷二九 |
| | 《祭昭默禪師文》："甘露滅致以香羞之奠。" | 卷三〇 |
| 寂音堂 | 《季長出權生所畫嶽麓雪晴圖》："舟中應容寂音老。" | 卷五 |
| | 《景醇見和甚妙時方閱華嚴經復和戲之》："寂音老尊者。" | 卷六 |
| | 《贈別若虛》："若問寂音老，煩君一舉似。" | 卷七 |
| | 《贈鄒處士》："戲畫寂音老尊者。" | 卷七 |
| | 《游廬山簡寂觀三首》："行看洞中境，都是寂音詩。" | 卷八 |
| | 《石臺夜坐二首》："下板何妨著寂音。" | 卷一〇 |
| | 《偶書寂音堂壁三首》 | 卷一二 |
| | 《書寂音堂壁》 | 卷一六 |
| | 《寂音自贊四首》 | 卷一九 |
| | 《雙峰正覺禪院涅槃堂記》："而作記者，寂音老禪。" | 卷二一 |
| | 《待月堂序》："而使寂音記之。" | 卷二四 |
| | 《寂音自序》 | 卷二四 |

| 庵堂名 | 原　　　文 | 卷　次 |
|---|---|---|
| 冷齋 | 《喜會李公弱》:"冷齋撥爐聞夜語。"<br>《送稀上人還石門》:"冷齋説我舊游處。"<br>《送瑶上人往臨平兼戲廓然》:"坐令冷齋中,忽然變春温。"<br>《與晦叔至奉新》:"冷齋後夜誰同宿。"<br>《送宗上人歸南泉》:"燈外佳眠試冷齋。"<br>《宿鹿苑書松上人房二首》之二:"冷齋托宿自攜衾。"<br>《贈誠上人四首》之一:"凍耳欣聞軟語,冷齋忽變春温。"<br>《讀古德傳八首》之一:"冷齋清夜想豐姿。"<br>《英上人手録冷齋爲示,戲書其尾》:"一帙冷齋夜深話。" | 卷三<br>卷五<br>卷六<br>卷一〇<br>卷一〇<br>卷一一<br>卷一四<br>卷一五<br>卷一六 |
| 石門精舍 | 《題華光梅》:"石門精舍題。"<br>《化供八首》其一:"石門精舍始以單丁住山。" | 卷二六<br>卷二八 |
| 合妙齋 | 《合妙齋二首》<br>《合妙齋記》:"遂以名其齋曰合妙。" | 卷一五<br>卷二一 |
| 要默堂 | 《要默堂銘》:"乃名其堂曰要默。" | 卷二〇 |

在上表的七個庵堂室名中,"合妙齋"是惠洪先後在江寧鍾山定林寺和筠州新昌資國寺時的室名,"要默堂"是他在潭州谷山保寧寺時所取的室名,這兩個庵堂雖有記與銘申説其命名之意,但都只是惠洪的臨時居室而已,並未成爲他本人自詡和叢林認可的道號。"冷齋"因《冷齋夜話》而出名,士大夫好用此稱惠洪,如吳曾《能改齋漫録》卷三《辨誤》稱"冷齋不讀書"。① "石門精舍"雖是《石門文字禪》命名的依據,勉強算別號,但不太著名,世人很少以此稱惠洪。其餘三個庵堂室名,則作爲惠洪的道號在叢林中廣爲流行,比如"明白庵",《禪林僧寶傳》《臨濟宗旨》就署名"明白庵居沙門惠洪撰";②釋祖琇《僧寶正續傳》卷二爲惠洪作傳,亦稱"明白洪禪師"。③ 又如"寂音堂",《智證傳》署名"宋寂音尊者慧洪覺範撰";④

---

① （宋）吳曾:《能改齋漫録》卷三"冷齋不讀書"條,上海古籍出版社 1979 年版,上册,第 68 頁。
② （宋）釋惠洪:《禪林僧寶傳》卷一,《卍續藏經》第 137 册,第 443 頁下;《臨濟宗旨》,《卍續藏經》第 111 册,第 171 頁上。惠洪,《臨濟宗旨》作"慧洪"。
③ （宋）釋祖琇:《僧寶正續傳》卷二《明白洪禪師傳》,《卍續藏經》第 137 册,第 581 頁上。
④ （宋）釋惠洪:《智證傳》,《卍續藏經》第 111 册,第 177 頁下。

釋正受《嘉泰普燈録》卷七記惠洪言行,稱"筠州清凉寂音慧洪禪師"。①
再如"甘露滅齋",《大慧普覺禪師語録》卷一二《寂音尊者贊》曰:"是阿
誰? 甘露滅。"②釋居簡《北磵文集》卷七有《跋甘露滅記韓徐語》;③日本
江户僧月潭道澄《覺範禪師像贊》稱:"筠溪甘露滅,宋代僧中傑。"④考慮
到惠洪自己題署的明白庵、寂音堂、甘露滅齋在不同時間、地點反復出現,
甚至交叉出現,我們也可以將其視爲"隨身叢林"之一種。

最後要指出的是,《室名别號索引》一書漏掉了宋元明清大量的僧人
庵堂道號,若根據現存禪籍如傳燈録、語録、僧傳、禪林筆記、别集等,可補
録的室名别號將相當可觀。

# 結　語

宋代禪林庵堂道號的出現和流行,歸根到底是唐宋文化轉型的產物之
一:一方面,禪僧别號由室名取代山名成爲主流,顯示出唐代以"普請"(上
下均力的勞動)爲特點的農禪逐漸演變爲"以筆硯爲佛事"的士大夫禪,這
由庵堂與書齋命名的若干共性可得到證明;另一方面,由山林到居室再到隨
身的别號變化,顯示出禪林與儒林共通的退避世界、由外界返回自心的内省
化傾向,這與整個宋代文化的内向化同步。此後,元明清僧人和士人的室名
别號大抵沿着此條軌迹而變本加厲。而庵堂道號這一具有宋型文化的人名
符號,也隨着禪宗的東傳,在日本五山禪林文化中得到繼承和發揚。⑤

2016年4月8日作於江安花園鍋蓋庵
原載《新宋學》第5輯,復旦大學出版社2016年8月版
(周裕鍇,四川大學中國俗文化研究所教授)

---

①　(宋)釋正受:《嘉泰普燈録》卷七《筠州清凉寂音慧洪禪師》,《卍續藏經》第
137册,第128頁上。

②　(宋)釋宗杲:《寂音尊者贊》,(宋)釋蘊聞編:《大慧普覺禪師語録》卷一二,
《明版嘉興大藏經》,臺灣新文豐出版公司1987年影印本,第1册,第710頁中一下。

③　(宋)釋居簡:《北磵文集》卷七《跋甘露滅記徐韓語》,《中華再造善本》唐宋
編集部影宋刻本,第4册,第17頁A。

④　[日]月潭道澄:《覺範禪師像贊》,廓門貫徹:《注石門文字禪》卷首,第102頁。

⑤　從[日]玉村竹二《五山禪僧傳記集成》(新裝版)的"道號目次"、"法諱索引"
即可快速發現五山禪僧好以庵堂爲字號的風氣,(京都)思文閣2003年版,第11—16、
785—801頁。

# 論《宋詩精華録》所選東坡詩

胡曉明

## 引論：唐宋詩比較閱讀的學術進路

王夫之無疑是一個典型的唐詩學者。他曾經批評蘇東坡詩過於表現學問，表現讀書多，"然是絶無才"。中國文學批評中的"才"，有兩種不同的用法。沈德潛説蘇東坡的"胸有洪爐，金銀鉛錫皆歸熔鑄，其筆超曠，等於天馬行空，飛仙游戲"，①這個也是"才"。而王夫之的"才"就是嚴羽所説的是"詩有别才"。沈德潛所説的"才"是跟"學"在一起的。唐人所推崇的"才"是跟妙悟、興象玲瓏在一起的，所以王夫之這樣批評東坡，是用唐詩系統來批評。

我們這裏要倒過來，用宋詩學的系統來讀東坡詩。

文學閱讀的觀念與方法有多種，其中一種即是回到閱讀對象的有機脈絡中，切近而又開展地閱讀。宋詩的脈絡無疑是唐詩，因爲唐宋詩對舉是傳統講宋詩的路數。唐宋詩之爭是中國詩學的一大傳統。起於宋人嚴羽，大成於清詩學。近代同光體詩家陳衍將其轉化爲唐宋詩兼美而以宋詩爲主，同光體的實踐，標誌着古典詩學實踐路線中"唐宋詩之爭"的結束，同時也開啓了古典詩學現代解釋路線中"唐宋詩異同"的興起。民國時期講唐宋詩異同講得最有影響的有三個先生，一是繆彦威，一是錢默存，另一是吉川幸次郎。繆氏云：

> 唐詩以韻勝，故渾雅，而貴藴藉空靈；宋詩以意勝，故精能，而貴

---

① （清）沈德潛：《説詩晬語》，人民文學出版社 1979 年版，第 233 頁；（清）趙翼：《甌北詩話》，人民文學出版社 1963 年版，第 56 頁。

深折透闢。唐詩之美在情辭,故豐腴;宋詩之美在氣骨,故瘦勁。唐詩如芍藥海棠,穠華繁采;宋詩如寒梅秋菊,幽韻冷香。唐詩如啖荔枝,一顆入口,則甘芳盈頰;宋詩如食橄欖,初覺生澀,而回味雋永。①

繆氏的見解瑩徹,將唐宋詩異同發展成爲一套成熟的古典詩美學論述,超越了傳統唐宋詩之爭講的創作範圍。吉川幸次郎認爲宋詩區别於傳統詩歌的内涵和特徵有二:一是視界的開闊,一是悲哀的揚棄。因宋代哲學發達,理性的思辨的思維一方面使宋人對人類社會現實具有空前濃厚的興趣,另一方面也使宋人能夠冷静地、客觀地對待一切事物和現象,不僅表現出看問題時的廣闊視野,也顯示出一種達觀的態度,洞察到悲哀絶望並不代表人生的全部。② 吉川氏從中國文化精神史的整體生命著眼,於宋詩之精義,能見其大,見其精彩。然而,最有創意的還是錢默存先生的"唐詩以興象風神見長,宋詩以筋骨思理擅勝","唐宋詩之分,乃風格性相之分,非時代先後之異"。如此一來,唐宋詩從具體的時空背景嬗蜕而出,成爲中國文藝心靈的兩型。

20世紀詩學漸成豐富之共識:唐人主自然,宋人主人文;唐詩重才情,宋人重學問;唐人講神來、氣來、情來,宋人講以文爲詩、以議論爲詩、以學問爲詩、以文字爲詩、以故爲新、以俗爲雅、以禪喻詩;唐人渾雅醇厚、含吐不盡,浪漫高華,宋人平淡簡静,瘦硬警拔,化絢爛爲古腴。唐詩主情、宋詩主理。自然意象的淡化,人文優勢的提升,規範了宋詩淡朴無華的基本風貌;崇尚品節的精神,藝術上的刻意求新,決定了宋詩瘦硬通神的風格要素;富於人文修養的情致,則產生了宋詩淵雅不俗的獨家風味。……宋詩之美,不僅在於自然與人文意象之美,而且在於一種風致美。在宋詩,風致是人文情趣的體現,是品節涵養的呈露。③

由此可論,蘇軾詩歌,既是宋詩之典型,更需要以一種最大化的方式,來呈現宋詩的精彩;也需要以一種最恰當的解釋,來説明宋詩的典範,因而,唐宋詩比較的角度,無疑即是一個成熟的傳統詩學,有未盡的解釋力的詩學,又是一個最爲適合表現蘇詩之精義的解釋框架,因而就是一個最

---

① 繆鉞:《論宋詩》,上海古籍出版社1982年版,第36頁。

② 〔日〕吉川幸次郎著,駱玉明等譯:《中國詩史》,安徽文藝出版社1986年版,第266頁。

③ 鄧小軍:《論宋詩》,載《文史哲》1989年第2期。鄧小軍曾是繆彦威先生的助手,此論是發展了師説。

恰當的方式。中國哲學講有物必有對,結構主義認爲,任何語言單獨存在並無意義,通過相互對比而產生區別,通過區分而產生價值。這也可以成爲如此解釋的合法基礎。

　　20世紀有很好的榜樣,程千帆《四篇桃花源作品的比較》無疑是其中最傑出的作品。他得出結論:王維無疑是唐詩的典型。浪漫高華,貴族氣的、唯美的人生。然而只要讀韓愈的桃花源詩,不能不承認他更有文化内涵,更有深度。因爲他顛覆了王維的虛幻的美的陶醉,直面現實人生。如果再看王安石的詩,特別是那樣石破天驚的發問:"天下紛紛經幾秦?"你就不能不説,宋詩確實比唐詩更有力量。①

　　除了宋詩學系統的解釋框架正當性之外,蘇軾本人,有没有唐宋異同的自覺意識?有没有想與唐代前輩詩家搏鬥的愛恨心結?② 蘇軾批評孟浩然詩"韻高而才短",③以及看不起《昭明文選》,推重"腹有詩書氣自華",④多少透露了一些自覺態度。宋人討論東坡採唐人舊詩,而機杼一新,前無古人;⑤清人亦説,東坡詩如天仙化人,變盡唐人面目。⑥ 更重要的文本,是《王維吳道子畫》,正可以視爲蘇軾的唐宋比較論。從唐宋非時代先後之分,乃風格體性之異的角度,吳道子大致可代表唐代藝文的特色,而王維更接近宋人美學的精神。由實向虛,"摩詰得之以象外,有如仙翮謝籠樊"。雖然兩位畫家他都喜愛,蘇軾還是推崇王維更多一些,從中正可以看他自己對宋代美學有一種真正成熟的自覺。

　　蘇軾形容吳道子:"道子實雄放,浩如海波翻。當其下手風雨快,筆所未到氣已吞。"就是把吳道子雄放的風格寫得很真實。然後他評價王維的畫的話,就是"亦若其詩清且敦"。"敦",就是敦厚,很有厚度,耐看。

---

　　① 程千帆:《古詩考索》,上海古籍出版社1984年版,第35頁。

　　② 布魯姆《影響的焦慮》(徐文博譯,三聯書店1989年版)太過於刻意求異。姜白石受東坡影響,推重自然成文,有"不求合而自合,不求異而自異"的説法(《白石道人詩説自序》)。然宋人求異多於求合。

　　③ (宋)陳師道:《後山詩話》,見何文焕輯《歷代詩話》,中華書局1981年版,第308頁。

　　④ (宋)蘇軾:《和董傳留別》,選自馮應榴輯注《蘇軾詩集合注》,上海古籍出版社2001年版,第209頁。下文所引蘇詩均出自此書。

　　⑤ (宋)洪邁:《容齋詩話》卷三,商務印書館1941年版。比較東坡用白樂天、杜甫、鄭谷詩,而脱胎換骨,自出新意。

　　⑥ (清)朱庭珍《筱園詩話》云:"至東坡則天仙化人,飛行絶迹,變盡唐人面目,另闢門户。"清光緒十年刊刻本。

"清",不是那樣很濃豔、很濃墨重彩,很清淡的。所以王維的東西特別有禪意,因爲凡是有禪意的東西都不會很濃重,都是清淡的。但是凡是有禪意的東西又都是很厚的,其韻味很厚的。所以敦和厚是一樣的意思,就是耐人尋味的禪意。

殷璠《河岳英靈集》,他裏面就提到了"情來""氣來""神來",這三個"來",就是最能夠典型地説明盛唐時代的藝術,包括李白在内的,他們那種藝術的美。"情來""氣來""神來",首先這是這一種籠罩性的能量,一種浪漫的大氣場,所以吳道子是這樣一種"雄放"型的藝術家。蘇東坡在單純的"雄放"之外,又有了"超曠"的意境,因而更喜歡王維。這個跟宋代的特點也有關係。宋代的特點是開始强調一種内斂的、克制的力,以及一種啓發性的語言,可以自由發揮觀者的創造與想象力。王維得之於象外,"象外",蘇東坡其他一個表述即:"論畫以形似,見與兒童鄰。賦詩必此詩,定非知詩人。""水光瀲灧晴方好,山色空濛雨亦奇",如果以爲這只是寫西湖,還有晴和雨,那你和小孩子一樣了,它是有象外的意思的,即詩人的生命風格與圓融意態。① 所以"象外"就是超越於形象本身外面的那些更多的去體會的意韻。這個就更加要有一種"以韻勝"。唐代文化就是以氣勝,宋代的文化就是以韻勝,范温《論韻》,不僅把這個"韻"用藝術的如繪畫與音樂,而且將"韻"推廣到做人做事的格調,以及豪傑的生命精神,藝術家的生活藝術和政治家的藝術生活當中,都有"韻"的存在。這個韻其實是一種内在的充裕、内涵的品味,以及給想象力、生命創意,留有豐裕、從容的餘地,那是生命美學的東西。因爲吳道子的畫,好是好,氣魄很大、雄放,但是要進一步去體會他的耐讀性,要讓每一個人在那裏都感動,覺得其味無窮,那就不如王維的。尤其是王維寫竹,東坡喜歡他"交柯亂葉動無數,一一皆可尋其源"。這個也是蘇東坡的很重要的美學思想。東坡自己的畫,自己的書法,自己的詩歌、詩學,皆可用這兩句,這是東坡詩學的"夫子之道"。"交柯"指的就是樹枝、竹幹,"亂葉"就是竹葉,也不是很密,就是很自然地在那裏,但最難畫出一種自然的交錯感、層次感,竹枝和竹葉之間的空氣感。所以紀昀有一個評點,叫做"妙契微茫",即説到了藝術的至深奧秘,一切的藝術可能都有這個特點:一方面要天然的那種複雜性與生動性;另外一方面又是一種人工的條理性和有序性,"一一皆

---

① （宋）張戒《歲寒堂詩話》:"言志乃詩人之本意,咏物特詩人之餘事。"（陳應鸞箋注,四川大學出版社 1990 年版,第 33 頁）山水亦然。

可尋其源", 就是你是亂而有序, 亂得天然, 但是又是人工的裏面可以尋求一些理趣、理路來的。風吹過來, 它會變化無窮的, 不是圖案性的。他的"交柯亂葉"不是圖案性的, 是活的, 有一種搖動感, 搖漾於空中。所以"交柯亂葉動無數"這個"動"字極好, 這就是爲什麽紀曉嵐説"妙契微茫"。而且他寫出了王維竹畫的一種生氣盎然的美, 就是搖動之後就不死板了, 這個竹子在風中的那種空氣感就出來了。我們常常講在欣賞中國畫的時候不能孤立起來欣賞, 尤其是竹子, 因爲所有的中國畫都離不開一個很重要很重要的因素, 就是宇宙當中的生生之氣。他畫竹子也好, 畫山、水也好, 都是要表現宇宙中那種生生之氣。

施補華《峴傭説詩》有兩句話評這首詩, 他説東坡的七古"沉雄不如杜甫, 而奔放過之", 因爲老杜的七古寫得很沉雄, 比方説《茅屋爲秋風所破歌》, 這些都很沉雄的, 東坡就没有, 但是他很奔放; "秀逸不如李白", 李白的那種飄逸感、流動感, 如《行路難》《蜀道難》, 秀逸之美, 東坡不如李白, 但是"超曠過之", "得之於象外", 即是超曠的感覺。

有了傳統詩學的大框架, 也有了東坡本人的自覺意識, 於是可以進而由此解讀東坡詩。有一個比較現成的文本一直未有人加以利用, 即同光體詩家陳衍《宋詩精華録》, 從這部詩選中陳衍的大量評語可以看出, 石遺老人採用了一種比較閲讀的方法, 而作爲參照系與宋詩作比較的, 雖然也有前代的詩歌, 但大部分還是唐詩, 建立了真正的唐宋比較對讀, 因而代表了最爲成熟、最有宗旨、由宋詩學系統來解讀宋詩的選本。這個選本中, 蘇軾又是入選作品最多(92首)、最爲其所推崇的一個詩人。因而, 值得深入剖析其唐宋對讀的内涵。以下分幾個方面來比較: 一、雅興高致的心靈境界; 二、瘦硬通神的山水寫意; 三、世俗人生的静觀細省; 四、化解悲哀的慧命雙修; 五、理趣成爲人生戲劇; 六、由虛入實的現實世界。所選的全部東坡詩作, 來源於陳衍《宋詩精華録》。① 借石遺的評賞與圈點, 雖力圖鑽味探幽, 亦不妨大膽發揮。

## 一、雅興高致的心靈境界

雅興高致的心靈境界, 是東坡之所以爲東坡最大精神的特質。東坡一生敢言直諫, 有儒者之仁勇, 忠君愛民, 爲民喉舌, 直道而行, 確實是一

---

① 錢仲聯編:《陳衍詩論合集·宋詩精華録》, 福建人民出版社 1999 年版。

位真正的豪傑之士，然而同時也不只是一位政治鬥士與官場俠義之士，而更多一種淵亭嶽峙的精神風度與高風絶塵的生命格調；①東坡在政治上不得志，一生屢遭放逐，然而他的詩歌基調極富於寬舒開朗喜氣的樂觀精神。這一品質，不同於純粹理性或德性的精神品質。雅興高致，與老坡其人的性格有關，②然更多的是屬於一種來自人文修養的風致，是專注於内心世界的充實與滿足，能夠單純地讓自己的精神得到受用，能夠使自己成爲自己的快樂源泉。這包含着德性修行、生命内在的力量、人文涵養的意趣、平淡之美等審美要素。

　　什麽是生命内在的力量？前人注意到東坡詩豪放不是粗豪。如"天外黑風吹海立，浙東風雨過江來"，這是飄逸清空之美；還有一個句子，"每逢蜀叟談終日，便覺峨眉翠掃空"，清人王鵬運將此句與"天外黑風吹海立"放在一起。除了畫面感之外，這代表了一種詩歌的風味，"峨眉翠掃空"，是爲"清雄"，就跟"黑風吹海立"，是一個風味。"天外和風吹海立"所帶來的强烈衝擊力和這句詩歌所帶來的衝擊力是一樣。與一個巴蜀老者在那裏對談了一整天，那個時候就會覺得整個峨眉山那種蒼蒼翠翠的全部都打開了，天地爲之一變，也就是説，給他談話的那個老人是個高人的，刷新了他的大腦。這種衝擊力，就跟那個"天外黑風吹海立"也是一樣。而"清雄"二字，正是歷代評論中，講蘇東坡的風格時最多説到的。③李白詩歌是雄奇，但是"清雄"，豪情比較内在，比較輕鬆不費力，還是蘇東坡爲勝。因爲李白畢竟還是像唐三彩，很濃的那種情感性、色彩或者個人精神，但是"清雄"二字，東坡風格，足以當之。很多詩歌都是朝這個方向的創造的。沈乙盦名句"驀地黑風吹海去，世間原未有斯人"，也是從東坡來的。這個風味的背後，這正是雅興高致的心靈境界。

　　從東坡與文同的一段詩畫緣，可以再論人文修養與人文生活而來的雅興。《文與可有詩見寄云"待將一段鵝溪絹，掃取寒梢萬尺長"次韻答之》：

---

　　①　蘇軾《書唐氏六家書後》："李太白、杜子美以英瑋絶世之姿，凌跨百代，古今詩人盡廢，然魏晉以來，高風絶塵，亦少衰矣。"

　　②　東坡長身美髯，骨相清朗，觀之有仙氣。黃山谷詩記録世人觀賞東坡風度儀容："還作遨頭驚俗眼，風流文物屬蘇仙。"（《次韻宋楙宗三月十四日到西池都人盛觀翰林公出游》）

　　③　東坡評論張方平，亦有此語："自慶曆以來，訖元豐四十餘年，所與人主論天下事。見於章疏者多矣。……是非有考於前。而成敗有驗於後。及其他詩文，皆清遠雄麗，讀者可以想見其爲人。"

　　　　爲愛鵝溪白繭光,掃殘雞距紫毫鋩。世間那有千尋竹,月落庭空影許長。

看起來是很有神韻的,"月樓庭空影許長",似乎寫竹子,寫得朦朦朧朧;如果僅是如此,其實已無新意。但是他的意思已經換了,這個新的意思一定要知道當事人的交往本事,才能夠瞭解他的心意。原來文與可開玩笑説竹子太長,需要一萬尺鵝溪絹,才肯畫竹。東坡點明了文與可是想貪更多的鵝溪絹。舊的詞語背後,已經變成了一種幽默的調侃,一種情感的機趣,這才是高妙的"風致"。這種東西就跟唐人注重的韻味不一樣,唐人講的是境界、意境,最後這句竹影朦朧,好像是一種意境的美,但其實是一種機趣的美,就是他實質上是通過一種故意較真的計算之後,再來調侃和開玩笑,而調侃、開玩笑,恰恰很珍貴,因爲只有他和他知音友人,才懂得相互理解與欣賞,也就是最珍貴的,所以宋人開始發現了一種新的美,這個美就是文化生活的"人文風致"。"風致"的美,有一種只有存在於趣味相投的斯文朋輩之間,而把這種美的形象,以詩歌的語言記錄下來,使之不朽。唐人更多追求永恒與普遍,可以讓每個人的人生經驗都去從當中找到一種共鳴的那種美,"江上何人初見月,江月何年初照人。人生代代無窮已,江月年年只相似",每個人都可以從當中找到感動和共鳴。宋人不是沒有,而是覺得太多的這種感歎就變成陳詞濫調了,他就會追求一種只有文人生活才有的,結晶爲一些很珍貴的東西,以詩歌使之不朽,宋詩人文意象的優勢就在於善於以詩歌的語言,去凝固人生當中的那些片段、日常、偶發的機趣燦然的美,把它捕捉下來,就像東坡説的"清景一失後難摹",語言就是美的自覺,將有限的日常變爲永恒,將平庸的人生變爲風雅。[1] 又,風雅也體現在宋詩常常以繪畫、書法、雅玩、金石、古書、工藝以及音樂,以盡可能多的人文意象來作爲題材,這就是宋詩的人文意象優勢。[2] 唐人的好詩常常在邊塞、道路、酒肆、驛站、戰場、山野、田園,宋人的好詩往往在音樂、美術、書法、金石、雕刻,他們特別發展出一套日常生

---

[1]　朱弁《風月堂詩話》記(參寥)嘗與客評詩。客曰:"世間故實小説,有可以入詩者,有不可以入詩者,惟東坡全不揀擇,入手使用。如街談巷説、鄙里之言,一經坡手,似神仙點瓦礫爲黄金,自有妙處。"參寥曰:"老坡牙頰間别有一副爐韝也,他人豈可學耶?"(《風月堂詩話》,中華書局 1988 年版,第 106 頁。下文所引朱弁文均出自此書)

[2]　參見鄧小軍《論宋詩》。

活的人文享受,所以宋人是古典生活美學的詩學,古典人文生活的一個藝術,怎麼樣去點香,怎麼樣去喝茶,宋人寫得很多,而唐人寫酒寫得很多,酒發散着一種自然的浪漫氣息,茶搖漾出一種沉潛的反觀,回味悠長的風致。

　　文與可是宋代畫竹的第一人,蘇東坡如果想去贊美文與可,會很俗套,而且不需要他贊美,大家都知道,很多人都等在那裏,把他們這些絹送給文與可。但是文與可説你這些東西都只可用來給我做襪子,完全瞧不起那些普通的絹帛,自視甚高,他要的就是那個鵝溪的絹,文與可這樣的畫竹的高手,如果説東坡去直接地贊美他是没有什麼意思的,但是他把調侃的玩笑,而且是只有他們兩個人之間真實發生的事情,寫到詩歌裏面去,那就使它不朽。東坡調侃他説,我知道你大概是對這個筆墨之事太厭倦了太累了,所以你想換來絹(我們知道絹是可以當貨幣用的),我想你可能不喜歡再畫畫了,你……直接想得絹了。東坡當然調侃他,後來東坡説,文與可就畫了一小幅竹子給東坡,而且明確地説,雖然只有數尺,但卻有萬尺之勢。這個故事就把東坡前面的東西重新又化解了,因爲我前面講了萬尺,我是指的是咫尺竹子有萬尺之勢,就小小的一個篇幅,中國繪畫講咫尺之内有萬里之勢,所以他雖然只畫了簡簡單單的幾片竹葉,但是他可以讓人去想象那個竹葉,可以長很高很高,萬尺之勢,所以這個就換來一段佳話。①

　　雅興高致,也表現爲一種清瑩之美。類似唐三彩與宋人青瓷的區別。如其二:

> 　　明月入華池,反照池上堂。堂中隱幾人,心與水月涼。風螢已無跡,露草時有光。起觀河漢流,步屟響長廊。名都信繁會,千指調絲簧。先生病不飲,童子爲燒香。獨作五字詩,清絕如韋郎。詩成月漸側,皎皎兩相望。

清瑩之美是宋詩的特美。同樣是清瑩之美,與王維的"竹暄歸浣女,蓮動入漁舟"式的野秀,以及"空山不見人,但聞人語響"式的空靈不同,這首五律突出人文意象(心、詩)與自然意象的交融,開頭以人心與月色相照映,中間突出宇宙與人心交流的超越感,對比城市人生的繁富巧麗,結尾

---

① 　東坡與與可交情深厚,另見《篔簹谷偃竹記》與《書文與可墨竹記》等。

又以詩之清與月光之清爲美,表明人文創造與自然美景相互輝映,其所表現之高致與雅興,體現詩人身份在天地間的高貴感。

除了清瑩之美,雅興與高致又表現爲平淡人生的滋味。

> 夜深人物不相管,我獨形影相嬉娛。暗潮生渚吊寒蚓,落月掛柳看懸蛛。此生忽忽憂患裏,清境過眼能須臾。雞鳴鐘動百鳥散,船頭擊鼓還相呼。

這裏所創造的意境,是一種美學上的荒寒味,蚓與蛛兩種動物都是屬於那種荒寒之物,恰恰爲宋代美學所喜歡。宋畫往往不會畫得很亮麗,多畫一種蒼然老樹,或畫一寒江孤寂的漁翁或者蓬屋躬身的老者,營造疏野老蒼、平淡沖寂的意境。又如《臘日游孤山訪惠勤惠思二僧》云:

> 天欲雪,雲滿湖,樓臺明滅山有無,水清出石魚可數,林深無人鳥相呼。臘日不歸對妻孥,名尋道人實自娛。道人之居在何許,寶雲山前路盤紆。孤山孤絶誰肯廬,道人有道山不孤。紙窗竹屋深自暖,擁褐坐睡依團蒲。天寒路遠愁僕夫,整駕催歸及未晡。出山回望雲木合,但見野鶻盤浮圖。茲游淡泊歡有餘,到家怳如夢蘧蘧。作詩火急追亡逋,清景一失後難摹。

西湖的美,不是静的,也不是動的,山水亭臺,是在動静有無之間,才顯出它的特有神韻、水墨的意味。樓臺或明或滅,山時有時無,那種清空、平淡,整個詩歌的調子就出來了,極具宋代文化的特點,清空、平淡、通透,不是那麽高調,很放鬆,然後"水清出石魚可數",是第三句,第四句跟第五句跟前面三句的一個變化就是由遠而近。"水清出石魚可數,林深無人鳥相呼",西湖邊上的一個最大的特點,就是任何一個地方,走進之後,都會感覺到那魚在跟人相親,鳥在跟人相親,任何地方都有這種感受,表面像罩在一襲輕紗之中的美女,但是走進去以後,都是魚鳥草樹花,很相親的一個世界。

"臘日不歸對妻孥,名尋道人實自娛",山水裏面如果没有人,那山水就是一個頑空與枯乾,就没有靈氣,山水和人物之間,是這種若即若離的、或有或無的關係,而且他選擇臘日出行,臘日的特點就是清空、淡遠。杭州到宋代已經變成一個城市繁華的大地方,士女嘈雜,摩肩接踵。因而天快下雪這時出去，就是文人的趣味，追尋一種清空淡遠通透的美。"道人之居在何許，寶雲山前路盤紆，孤山孤絕誰肯廬，道人有道山不孤"，後兩句有一個評點説它"錯綜"，"字面錯綜，解法神妙"。"字面錯綜"我們都知道它"孤"和"孤"這個對照，然後"孤"，"道"和"道"的對照，然後"山"和"山"的對照，然後最終就是"不孤"，"不孤"，從"孤"到"不孤"，這個就是字面的錯綜，"解法神妙"，就是説從山寫到人，一下子就很自然地過渡到人。"孤山孤絕誰肯廬，道人有道山不孤"，悟道不孤，孤山有人就不孤了，看來是簡單，實是神來之筆。"紙窗竹屋深自暖，擁褐坐睡依團蒲"，就是那兩個道人所在的地方，其實裏面很暖和，然後只有一句話寫到道人，雖然題目上面有這兩個道人。當然惠勤、惠思或許説了什麼，或許什麼都沒有説。説了，但一句都不寫。不寫才是寫，這空白是很重要的；不説，此二人"坐睡"，也是一種枯槁之美。然後就開始寫到離開了，"天寒路遠愁僕夫，整駕催歸及未晡"，趁太陽還沒有下山的時候回去，因爲路上不好走。"出山回望雲木合"，有一個非常好的畫面感，也有一種内斂含藏的美。"但見野鶻盤浮圖"，孤山上面的那個塔，只看見野鶻在那裏盤桓，其他都不要寫，畫面非常的清空。"兹游淡泊歡有餘"，寫出了這次游玩的最大的一個享受，就是非常的清空平淡、松弛通透，一種單純的美。其實，東坡此番造訪，是因爲歐陽修的推薦，惠勤工詩能文。而且這是東坡因反對新法遭嫉，自動外任杭州的第三天。從心態上説，他是看重二僧的才華，看重此番訪問，然而這個本來的目的反而成了可有可無，在西湖的無言之美面前，一切人爲的好都是徒勞。淡泊，在宋代的文學當中這兩個字是很高的標準，很高的生活的藝術，很多很多詩人都以此爲美，以此爲快樂，以此爲享受。宋代文化精神和唐代文化精神的不同，就是宋代文化精神追求的是淡，淡雅、清淡、平淡，不像唐三彩是喜歡濃烈的色彩，而宋代的青瓷，是雨過天青的一幅清淡的美。整首詩歌一個顔色都沒有，非常的淡雅，若有若無的這樣的畫面，沒有那個濃墨重彩的，所以要比較東坡和李白，同樣是兩個人都很豪放，但東坡那種豪放是淡，"寄至味於淡泊"，他曾經講到"寄至味"，就是很高的味道，其實要從淡泊裏面來。① 這首詩創造的淡泊美境，是雅興高致的心靈意境。

---

① 《竹坡詩話》載東坡教人寫詩："作詩到平淡處，要似非力所能。"又記東坡教人作文："大凡作文，當使氣象崢嶸，五色絢爛，漸老漸熟，乃造平淡。"（何文焕輯：《歷代詩話》，第 348 頁。）

不是説東坡不喜歡日常人生的俗樂,如美食、美聲、美色、美器,①他是那種特別圓融的性格,可以與玉皇大帝游玩,也可以與乞兒嬉戲。② 然而他深深懂得平淡與知性的美,更是能夠單純讓内心世界滿足,能夠使自己感到快樂。雅興問題,宋人有一份自覺,西方一些哲人也談到。康德説:"我們發現有人能夠因爲單純施展能力而感到快樂,能夠因爲自覺剛毅有力,排除障礙實現計畫感到快樂。"快樂怎麽來的,康德的美學思想當中明確説:"能夠因爲增長見聞啓發思想而感到快樂等等,我們理應稱他們爲雅興高致。"③康德把這種快樂命名爲"雅興",因爲它比别種快樂,可以不受干擾,且也不至於令人勞精閉神,反而涵養感情樂此不疲,而且他們既可以怡悦身心。"當我們堅持認爲快樂是目的的時候,我們並不是指放蕩者的快樂或者肉體享受的快樂,像那些無知或不贊成或不理解我們的人所設想的那樣,我們所説的快樂是整個身體的無痛苦和心靈的無紛擾"。"一個聰明的人是能夠確定什麽事或他的本質上需要最低限度的東西,而且能夠很容易的很迅速的滿足。這個需要當然需要得到滿足的時候,人的體質就處於均衡狀態"。④

注意這裏説的"均衡狀態",其實這個均衡狀態很像中國傳統的中庸哲學。"人的本性所尋求的終極的快樂是寧靜",中國的道家哲學以及佛教都尤其推崇中庸精神,康德所説的寧靜是指身體的無痛苦和心靈温暖的松弛。這種意義上,也可以通過降低我們的欲望、克服無用的恐懼,尤其重要的是通過轉向精神的快樂,非常像宋人的特點。⑤ 宋人轉向精神的快樂,他們爲什麽喜歡青瓷? 青瓷就是非常内在的東西,很寧靜。斯多噶學派的愛比克泰德説:"我不能逃避死亡,難道我還不能逃避對死亡的恐懼怕嗎?"這就是智慧。徹底想清楚了,就非常像蘇東坡《在儋耳書》那

---

① 東坡素喜習射,詩集中會獵詩屢見。

② 《東坡事類》:"蘇子瞻泛愛天下士,無賢不肖,歡如也。嘗言:'上可陪玉皇大帝,下可以陪卑田院乞兒。'子由晦默,少許可,嘗戒子瞻擇友,子瞻曰:'眼前見天下無一個不好人,此乃一病。'"(梁廷楠著,湯開建、陳文源點校,暨南大學出版社 1992 年版,第 33 頁。)

③ 劉克蘇譯:《康德文集》,改革出版社 1997 年版,第 22 頁。

④ [美]撒莫爾·伊諾克·斯通普夫、[美]詹姆斯·菲澤著:《西方哲學史》(第七版),中華書局 2005 年版,第 151 頁。

⑤ 東坡好飲酒,不過度;又茹素,戒殺雞豚,多識草木,愛做園丁,皆此種性格。

種智慧。① 道理很簡單,這個是我可以做主的,死亡我不能做主,但我可以做主的事情是我能夠控制我的内心。"他們認爲神是一種理性的磁體,它並不承認存在某個地方,而是存在於整個自然界中,存在於萬物之中"。② 人因爲相信自己心靈深處核心的東西,其實就是神的一部分,那麼就不需要經過思考,就可以感受到基本的道德感,可以憑直覺得到,就是宇宙自然的一個部分。

"幸福産生於對事物不得不如此的贊同。所以自由不是改變我們命運的力量,他只不過是没有情緒上的紛擾而已。他們把世界不是看成偶然的産物,而是看作建立秩序的心靈的産物,或者説理性的産物"。③ 斯多噶學派其實跟中國的儒家是很像的。中國儒家認爲宇宙是一片大的和諧,是有秩序的,這是樂觀主義態度。雅興高致,正是以此爲底子。雅興,實是一種生命的觀照,很大程度上,它不一定是關注那種看見的東西,慢慢它會鍛煉出一種能力,去看見看不見的東西;它不一定期望馬上有看得見的成果與效用,但是會培育一種寬舒、博大的精神基礎。④ 因而,游心以遠,致力於養成一種看見事物背後東西的能力,就形成了重要的哲學。柏拉圖相信每個人的靈魂裏面有一個知識的器官,它能夠在被習慣所毁壞了、迷茫了之後,重新除去塵垢,恢復明亮。盧梭説:"就在這裏,在我所處的清新空氣裏,我恍然意識到我的情緒起了變化,以及長期喪失了内心寧静得以恢復的真正原因。……接近與蒼天,人們的靈魂也沾染了天上的,永恒的純净。"⑤西方的二元論思想,任何一個事物背後就有一個更高的理念、更純净的存在,中國的思想不是二元論的,任何一種事物,它本身就

---

① 《在儋耳書》:"吾始至南海,環視天水無際,淒然傷之曰:'何時得出此島耶?'已而思之:天地在積水之中,九州在大瀛海中,中國在少海之中,有生孰不在島者?覆盆水於地,芥浮於水,蟻附於芥,茫然不知所濟。少焉,水涸,蟻即徑去,見其類,出涕曰:'幾不復與子相見。'豈知俯仰之間,有方軌八達之路乎?念此可以一笑。戊寅九月十二日,與客飲薄酒小醉,信筆書此紙。"

② 〔美〕撒莫爾・伊諾克・斯通普夫、〔美〕詹姆斯・菲澤著:《西方哲學史》(第七版),第 154 頁。

③ 同上。

④ 東坡反對王安石廢除詩賦取士,認爲真正取士的標準,應該"不從實用",而着眼於人才的底藴(見《宋史》本傳)。又宋神宗召見軾,問如何取士,蘇軾回答:"臣竊意陛下求治太急,聽言太廣,進人太鋭。願陛下安静以待物之來,然後應之。"即此一幅寬舒博大從容心態在政治生活中的表現(亦見《宋史》本傳)。

⑤ 〔法〕盧梭著,伊信譯:《新愛洛漪絲》,商務印書館 2010 年版,第 85 頁。

有它的本質就在裏面,但是有一點是可以,就可以參照和對讀,是他們都認識到精神上的快樂是一種更高的快樂,是一種這個超越性,這一點來説是一致的,至於超越之後和超越的方式可能東西方有不同,但是蘇東坡的核心境界,就是他能夠去冷静從他所面對的世界當中抽身出來,來觀照自己。

## 二、瘦硬通神的山水寫意

唐詩長於營造渾成的意境,宋人長於描繪"尖新"的風景。① 東坡雪詩,陳衍加點的句子如:"凍合玉樓寒起粟,光摇銀海眼生花。"可能"寒起粟"和"眼生花"在陳衍看來是比較新的寫法。一般來説"玉樓""銀海"就是很雅的,然而詩人竟用了生理上的這些反應來配合着寫,這種搭配本身就是化俗爲雅,雅俗合一。將身體的一些微小病態反應,放到一個銀光素裏的世界裏面去,陳衍是從這個角度上來強調了一下宋詩的特點。宋詩比唐詩要更多身體上細微豐富的變化。翁方綱所提到的宋詩比較"尖新","尖新"就是一種與身體有關的感受,新奇而敏鋭。

"江空野闊落不見,入户但覺輕絲絲",就是雪飄到屋裏來,很輕盈的,柔微的。李商隱寫的微雪,也寫得很好。謝惠連《雪賦》:"初便娟於墀廡,末縈盈於帷席。""縈盈"就是寫這種輕絲絲的感性。這個詞在唐詩裏也非常有影響。雪花在空中迴旋的感覺,後來就變成了用來寫舞蹈與舞女的姿態,身體像雪花:"飄摇兮若流風之回雪。"但是東坡是用了"輕絲絲"這樣的普通口語一樣的語辭,因爲他要避免這些用得太俗、太唯美以及太書面化的語辭。太貴族、太"文選",大家都用得很熟濫了。唐詩之後,再回過來讀"輕絲絲"就很新鮮,感覺直接。如果没有經過唐詩,就會覺得宋人這

---

① 《彦周詩話》載:"林和靖《梅詩》云:'疏影横斜水清淺,暗香浮動月黄昏。'大爲歐陽文忠公稱賞。大凡《和靖集》中,《梅詩》最好,梅花詩中此兩句尤奇麗。東坡和少游《梅詩》云:'西湖處士骨應槁,只有此詩君壓倒。'僕意東坡亦有微意也。"(何文焕輯:《歷代詩話》,第390頁)又《詩人玉屑》云:"東坡吟梅詩'竹外一枝斜更好',語雖平易,頗得梅之幽獨閒静之處。凡詩人咏物,雖平淡巧麗不同,要能以隨意造語爲工。"(魏慶之:《詩人玉屑》,上海古籍出版社1978年版,第378頁。)蘇軾《和秦太虚梅花》:"西湖處士骨應槁,只有此詩君壓倒。東坡先生心已灰,爲愛君詩被花惱。多情立馬待黄昏,殘血消盡月出早。江頭千樹春欲暗,竹外一枝斜更好。孤山山下醉眠處,點綴裙腰紛不掃。萬里春隨逐客來,十年花送佳人老。去年花開我已病,今年對花還草草。不如風雨卷春歸,收拾餘香還畀昊。"林和靖此詩爲唐型詩之典型,東坡此詩案,亦爲東坡唐宋詩求異之證。

個一點都不像詩,那種唯美、古典的美,到了宋詩裏得到了一種解構。

還可以將這首詩跟李商隱比較。李商隱更多地用美玉、月亮、梨花、梅花,以及天上的絮、白練、絲綢、仙鶴等,用這些來寫,李商隱的雪詩有很多好詩,西昆體專門學義山這一路,所以宋詩一個特點就是要洗盡鉛華。翁方綱説:"詩之宋愈加細膩,非唐人所想見。"就是已經跳出了唐調流弊,詩不僅是一個游戲,是要去貼近現實生活本身去寫,而不是更多地去用那些辭藻去構築一個華美的文字世界,生活才是生生不息的源頭。

再如《真興寺閣》:

> 山川與城郭,漠漠同一形。市人與鴉鵲,浩浩同一聲。此閣幾何高,何人之所營。側身送落日,引手攀飛星。當年王中令,斫木南山頫。寫真留閣下,鐵面眼有棱。身強八九尺,與閣兩崢嶸。古人雖暴恣,作事今世驚。登者尚呀喘,作者何以勝。曷不觀此閣,其人勇且英。

這首詩很適合作唐宋比較。相同的題材是老杜的名篇《同諸公登大雁塔》。[①] 其中有兩句:"俯視但一氣,焉能辨神州?"登上那個塔之後往下看,全都是渾然"一氣",沒有區別的。杜甫這句詩很能代表唐詩的特點,唐人在俯看天地的時候,看得很遠很闊大,視野非常打開。"唐人發現了無限",尤其是盛唐。如王勃的"城闕輔三秦,風煙望五津","風煙"這個詞語就非常美,是一種無法用眼睛所看到、只能用精神去把握的風景。所以唐人看世界的"看",和宋人所看世界的"看",同同樣是登高的"看",是不一樣的,背後的情感、想象力,都不一樣。杜甫的"焉能辨神州",他那個眼光是放到了整個天下;宋人蘇東坡登上了這個真興閣之後,其實也是覺得很高,但是他有一種説理的框架,他把世間都要去分析一番的,所以他把它分成山川與城市,其實就是自然與人世,然後把它分成人與物,人與動物,人生與自然生命。一個"形",一個"聲",分而又合,所以它先是一個分的框架,他把一種渾然一體的東西用一種分析的框架來解開、來鋪陳,然後再因其由"二"而"一"。由分而合,強調其"高",所以創造的就是

---

① 蘇軾:"學詩當以子美爲師,有規矩故可學。"(陳師道:《後山詩話》,何文焕輯:《歷代詩話》,第 304 頁。)又黃徹《䂬溪詩話》云:"坡有'欲吐狂言喙三尺,怕君嗔我卻須吞',嘗疑其語太怪。及觀《杜集》亦有'臨風欲慟哭,聲出已復吞'。"(丁福保輯:《歷代詩話續編》,中華書局 1983 年版,第 377 頁)表明東坡用子美詩句甚多。

一個"理"的世界,在這裏已經含了有理趣:無論城鄉也好,無論人與自然也好,如果換一個角度,我們如果是永遠生活在一種城市的角度的話,我們看到的東西就是很計較的、很功利的、很區分的,老是在這裏說你的我的他的、官的民的,但是如果從"高閣"即超越現實人生的角度,就把這些問題全都抹平了,沒有這些差別了,沒有這些界限了。他有理趣了,但含在裏面。我們從唐宋詩的區別來看,唐詩就是渾然的、情感式的那種眼光,而宋詩的眼光,他背後已經帶有一副眼鏡了,就是人生的很多哲理的那種眼鏡在背後。這是一個很好的例子。

還有一點可以說的,瘦硬通神的山水寫意,就是他山川勝迹的背後是有人的。一般來說,唐人寫的山山水水,常常不是絶對"無人"才好,但是我們經常在王維山水詩中看到没有人,"無人"是最高的意境。還有崔顥《登黄鶴樓》:"昔人已乘黄鶴去,此地空餘黄鶴樓。黄鶴一去不復返,白雲千載空悠悠。晴川歷歷漢陽樹,芳草萋萋鸚鵡洲。日暮鄉關何處是,煙波江上使人愁。"寫到最後,其實已經没有人在這裏面了。就是說,唐人所登高、登樓所看到的最美的意境,其實是一種俯仰今古,人事永遠敵不過永恒的自然山川,人變得非常的渺小,自然山川很大很大。但是在蘇東坡看到的這個樓、這個山川勝迹不同,它背後有人,人也很大,人就是造這個樓的人,就這個王中令。他是宋初的一個將軍,他的形象留下來了,有寫真,就留在那個閣上。而且他這個寫真還特別有英氣、豪情,有棱有角的那個眼神。所以蘇東坡從這個樓的高,感覺到了一種人的美,就在造這個樓的人當中。就像我們說讀這篇文章要知道它的作者,他登了這座樓還要知道造樓的人,要瞭解這個人,從這個人的生命氣象中,體會到有和這個樓一致的、相通的地方,所以第二段他把它就寫出來了。"與閣兩崢嶸","崢嶸"就是那種英氣,頭角崢嶸,英氣勃勃。所以我們說他山川勝迹當中,背後有人,而人是和山川勝迹當中一樣地重要。①

---

① 接下來是他的議論。"古人雖暴恣",這個將軍在當地可能會做過一些很凶狠的事情,不是說愛民如子的那種仁政、賢良之輩,蠻狠的。但是他"雖暴恣","作事今世驚",是這麼一個人物。蘇東坡寫這首詩歌的時候是二十六歲,他其實也投射了他年輕時候的做一番大事的願望。中國文化當中有不同的系統。有德的系統,有力的系統,有些人就屬於另外的系統,像項羽啊,那就不是德的系統。牟宗三說過中國文化有六個字,一個是"心性理",一個是"才情氣"。他就說有的時代、有的人物是重才、重氣的,有些時代、有些人物是重德、重心的。就儒家而言也不是全部都講一個德的系統。像王陽明,就是既有豪傑之氣,就同時也是一個力的系統。蘇東坡在 26 歲的時候能寫這樣的詩歌,表現出他對人生的一些,不同於純粹的理學家,他畢竟是"儒門當中的蘇秦、張儀"。

## 三、世俗人生的冷静觀照

丹元子畫了李太白的畫像,請東坡做一個題詩,他就題了這樣一首詩歌:"天人幾何同一漚,謫仙非謫乃其游。"(《書丹元子所示李太白真》)現代新儒家熊十力先生最喜歡用的一個比喻就是大海與衆漚。"衆漚"就是大海表面上很多的泡沫,用來比喻世間萬象的空幻、短暫,大海就是世界的本體,是"體"和"用"的關係,本體和現象的一個比喻。"天人幾何同一漚",世界上任何存在,無論是自然的還是社會的,天還是人,終歸於幻像。詩的開頭就特别有一個宇宙的視角,格局很大。然後從這個開頭來講這個李太白這個人,"謫仙非謫乃其游",這裏的謫有二義,一個是李白的特有義。李太白在唐代被稱爲"謫仙人",從天上被貶謫下來,就是説人間是很糟糕的,人間是那種受苦的地方,唐人這樣看人間。但是宋代的文化精神有一個很大的特點,就是對人間性、世俗性的一個尊重,一種承認,人間不是一種非常糟糕的地方,不是一個苦難深重的所在,所以"謫仙非謫乃其游",不是貶謫到人間,而是"游"在人間,有出有入,有無或然,"無"即是不執着於一端;[1]有苦有樂,有樂,也就有很多享受在裏面,而苦難也是一種游歷,所以人間是變成了可游可娱,而非貶謫之所在了。二是蘇軾被貶謫,然而他換一個思路去看,並非是貶謫,而是游歷。[2] 其思想基礎正是"天人同一漚",帶有禪宗和齊物論的影響,轉化了唐人仙界與人間的二分區分,而成爲一種即世間而超世間的享受態度。[3] 這小小的細節可以表明蘇東坡心裏有一個唐宋的區分。

沈德潛曾批評東坡作詩"工於比喻而拙於莊語"。[4] 其實東坡有意識

[1] 蘇軾《贈寫真何充秀才》:"此身常擬同外物,浮雲變化無蹤迹。問君何苦寫我真?"即是有無或然,變化無定,不拘一格。時人稱爲"坡仙",自稱"玉堂仙",同是"仙",不同於李白的"謫仙",没有下降的意味。

[2] 朱弁《風月堂詩話》記東坡云:"老杜自秦州越成都,所歷輒作一詩,數千里山川在人目中,古今詩人殆無可擬者。"(第104頁)所歷,正是此意。

[3] 《和黄秀才鑒空閣》云:"明月本自明,無心孰爲境。掛空如水鑒,寫此山河影。我觀大瀛海,巨浸與天永,九州居其間,無異蛇盤鏡。空水兩無質,相照但耿耿。妄云桂兔蟆,俗説皆可屏。"洪邁《容齋隨筆》曾加以討論。其中"空水兩無質"一句,正是大海與衆漚此意。

[4] 《宋詩别裁集》評蘇詩語。張景星、姚培謙、王永祺編:《宋詩别裁集》,上海古籍出版社1978年版。

不作莊語。《九日黃樓作》寫重陽節的酒聚,極富於普通世俗人生的畫面。甚至故意漫畫化,取得一種風俗畫的效果。如果唐人寫歌妓,一定是歌如何好,舞如何妙,人如何美,然而東坡這裏卻説這些歌妓不好看。"莫嫌酒薄紅粉陋,終勝泥中千柄鍤",哪怕現在比較簡陋一些的這個節慶,不是那麼好看的歌舞表演,不是長得很漂亮的這些歌妓,但也還是勝過了往年的重九,因爲往年的重九是在抗洪救災當中度過的。這就是對節日歡樂的冷静克制寫法。"熱酒澆腸氣先壓,煙消日出見漁村",漁村出來了,這個時候霧散去了。陳衍這兩句加了點。"煙消日出見漁村,遠水鱗鱗山齾齾","齾齾"——這也是蘇東坡故意用一些冷僻的字,類似賦裏的字,聲音也特別怪異,意思很好——這個齾齾的意思是野獸吃完的東西的樣子,也引申爲野獸吃剩下的東西,那當然就是很殘缺,形容那個山被野獸啃得很怪異的樣子。之所以特意製造這樣一個不是很抒情、不是那麼一唱三歎的效果,如果用繪畫來比喻,像木刻版畫的那種强烈的視覺衝擊力,而不是水墨淡雅意味。"詩人猛士雜龍虎,楚舞吳歌亂鵝鴨",這兩句的話,陳衍特別點評説是:"以鵝鴨對龍虎,所謂嬉笑成文章也。"這就是蘇東坡的特點。這些詩人如狼似虎,這些來跳舞的人像一群鵝鴨一樣的亂叫。這是故意用一種漫畫的筆法來寫出這次宴會的衆生相,一種世俗人生的風俗畫。做客30餘人都是知名之士。唐人寫肯定不這樣寫,比如李商隱寫他的幕府,寫的是"藍山寶肆不可入,玉中仍是青琅玕",都是美玉。這是格高調美的寫法。《滕王閣序》寫"高朋滿座","紫電青霜,王將軍之武庫",都把這些賓客寫得很美。然而那是一種誇張的美。宋詩的一個特點,反審美,唐人的審美性很强,宋詩故意反審美,故意用一些不是那麼很唯美的那些去寫生活當中的一些場面,尤其是美麗的節日。

　　另一首寫雅集的五律也值得細讀。《梅聖俞之客歐陽晦夫使工畫茅庵己居其中一琴橫床而已曹子方作詩四韻僕和之云》,與李白一樣用了王子猷訪戴安道的故事:

　　　　寂寞王子猷,回船剡溪路。超遥戴安道,雪夕誰與度? 倒披王恭氅,半掩袁安户。應調折弦琴,自和撚須句。

試對比李白同樣寫王子猷的詩:

昨夜吴中雪,子猷佳興發。萬里浮雲卷碧山,青天中道流孤月。孤月滄浪河漢清,北斗錯落長庚明。懷余對酒夜霜白,玉床金井水崢嶸。人生飄忽百年内,且須酣暢萬古情。

從李白詩可見唐人熱烈浪漫,感情衝動,不顧天,不顧地,有仙人的意態,將王子猷的故事寫到青天北斗之上,他完全不理睬王子猷故事中的細節與意義,只取其佳景,任意發揮。然而也能得其精彩,不失爲王子猷故事中"盡性"的表達。東坡也同樣抛開王子猷故事中的傳統含義,其實是對魏晉以及唐人的顛覆。關鍵是"雪夕"句要標問號。東坡設想了一個場景:倘王子猷不來,戴安道何等寂寞?如此知音、如此美好夜景,可以有如此的缺憾麽?接下來的王恭倒披氅、袁安半掩門,以及調琴、苦吟,都是等待知音的畫面。相比李白的高蹈與浪漫,東坡此詩,正是宋人看重世俗人生、重視文人交流、珍惜斯文情誼的寫照,是宋人更渴求此生此世知音相賞的寫照。

再一個例子是杜甫《麗人行》:

三月三日天氣新,長安水邊多麗人。態濃意遠淑且真,肌理細膩骨肉勻。繡羅衣裳照暮春,蹙金孔雀銀麒麟。頭上何所有?翠爲荷葉垂鬢唇;背後何所見?珠壓腰際穩稱身。就中雲幕椒房親,賜名大國號與秦。

試對比蘇軾《續麗人行》:

深宫無人春日長,沉香亭北百花香。美人睡起薄梳洗,燕舞鶯啼空斷腸。畫工欲畫無窮意,背立東風初破睡。若教回首卻嫣然,陽城下蔡俱風靡。杜陵饑客眼長寒,蹇驢破帽隨金鞍。隔花臨水時一見,只許腰肢背後看。心醉歸來茅屋底,方信人間有西子。君不見孟光舉案與眉齊,何曾北面傷春啼?

某論著裏如此評論:"杜詩中的麗人是專寵的諸楊,蘇詩中的麗人是無寵的宫女。《麗人行》場景,鋪寫游宴之豪奢;《續麗人行》畫境,渲染宫怨之無奈。諸楊之美麗,正面白描;内人之美麗,側筆烘托。杜詩之旨趣,以諷喻爲詩;蘇詩之作意,以游戲爲詩。杜甫《麗人行》,據事直書,堪稱詩史;蘇軾《續麗人行》,無中生有,情節虛構,可謂創意。"①

我的觀點不是這樣的。在這裏,蘇詩轉化了老杜原作中沉醉與清醒的主旨。內在結構是貴族社會與世俗平民人生的對照,蘇軾用真切樸實的世俗生活來否定宮廷生活的無聊空洞,他用大量筆墨描寫形式多於內容的深宮美人是爲了作品結尾的否定。杜甫寫《麗人行》,蘇軾繼之寫《續麗人行》,是一種顛覆式的仿寫,游戲地塑造一個"杜陵"形象,這個形象其實是某一類型知識人的質疑。對照而言,"杜甫"們渴望進宮廷爲官卻不得志,某種意義上也代表了唐人對於大唐天子與權力人生無限權威的向往尊崇。蘇軾將杜甫的《麗人行》翻案,推陳出新,顯露了宋人對於自由的渴望。蘇軾超越了唐代大多數知識人的生活價值取向。

## 四、化解悲哀的慧命雙修

唐人張若虛《春江花月夜》"江畔何人初見月,江月何年初照人? 人生代代無窮已,江月年年只相似",表達自《古詩十九首》以還人生短促、宇宙無窮的感傷主義。

東坡《和鮮于子駿〈鄆州新堂月夜〉二首》:"歲月不可思,駛若船放溜。繁華真一夢,寂寞兩榮朽。惟有當時月,依然照杯酒。應憐船上人,坐穩不知漏。"其實骨子裏隱藏着對抗自《古詩十九首》以還的感傷主義傳統詩學。

雖然有詩體有五七言的不同,然而詩歌的靈魂是一個,即歲月如流的感歎。唐人因江月之永恒人世之短暫而感歎情深,東坡雖然也採用了"月光永恒不變"這一套路,但畢竟又克制了這一套路的發揮,壓抑了熟悉的抒情,轉而着力於珍惜當下,②寫一個晚上的心情變化,由歡樂轉爲憂傷,最終消解了憂傷。

最有意思的是,他創造了"船上人"這一抒情形象,將自古以來江邊看月的人,化身而爲時間之波流之上,駕一葉之扁舟,凌萬頃之茫然,安然穩坐賦詩飲酒的主客二人。人再也不是一味歎氣的過客與看客,而是享受此在生命歡樂的時光弄潮兒。

---

① 張高評:《創意造語與宋詩特色》,臺灣新文豐出版社 2008 年版。
② 東坡《次韻惠循二守相會》:"共惜相從一寸陰,酒杯雖淺意殊深。且同月下三人影,莫作天涯萬里心。"亦同此意。

再看與唐人同樣是寫梨花與海棠花。《東欄梨花》云：

> 梨花淡白柳深青，柳絮飛時花滿城。惆悵東欄一株雪，人生看得幾清明。

此詩從杜牧的《初冬夜飲》"砌下梨花一堆雪，明年誰此憑欄杆"化出。杜牧那裏是物是人非的唱歎，而東坡轉化而爲清明理智的珍視。與他的《中秋月》名句"此生此夜不長好，明年明月何處看"一樣的珍惜此在。又東坡的《海棠》："東風嫋嫋泛崇光，香霧空蒙月轉廊。只恐夜深花睡去，高燒銀燭照紅妝。"可與唐人李商隱《花下醉》對讀："尋芳不絕醉流霞，依樹沉眠日已斜。客散酒醒深夜後，更持紅燭賞殘花。"李商隱自愛自憐，客人都散走了，海棠的這個美、殘花之美爲夜深不眠之"我"所獨得，他強調的是獨賞。李商隱的詩中經常有這個類似寂寞心，衆人皆醉我獨醒，一種孤往的理想主義，以海棠表達世上志士仁人的憔悴憂傷。然而東坡的不一樣，這裏對海棠花的欣賞，重在相互欣賞。擔心花睡去，其實是着意於如何讓自己的生命與世間其他美好的生命一起共同美好，能夠相互照耀而增加光價，能夠相互肯定，共同實現，完成世間的美好。因而，這首東坡海棠的背後，也是有一種轉化自憐自哀的生命修行態度在其中。①

東坡在黃州是他生命中最爲困頓的歲月。也是他慧命雙修的實踐結果之時。《過江夜行武昌山上聞黃州鼓角》：

> 清風弄水月銜山，幽人夜度吳王峴。黃州鼓角亦多情，送我南來不辭遠。江南又聞出塞曲，半雜江聲作悲健。誰言萬方聲一概，鼉憤龍愁爲余變。我記江邊枯柳樹，未死相逢真識面。他年一葉溯江來，還吹此曲相迎餞。

---

① 蘇軾《寓居定惠院之東雜花滿山有海棠一株土人不知貴也》亦此意。紀昀評："純以海棠自喻，風姿高秀，興象深微。"詩云："江城地瘴蕃草木，只有名花苦幽獨。嫣然一笑竹籬間，桃李滿山總粗俗。也知造物有深意，故遣佳人在空谷。自然富貴出天姿，不待金盤薦華屋。朱唇得酒暈生臉，翠袖卷紗紅映肉。林深霧暗曉光遲，日暖風輕春睡足。雨中有淚亦悽愴，月下無人更清淑。先生食飽無一事，散步逍遙自捫腹。不問人家與僧舍，拄杖敲門看修竹。忽逢絕豔照衰朽，歎息無言揩病目。陋邦何處得此花，無乃好事移西蜀。寸根千里不易到，銜子飛來定鴻鵠。天涯流落俱可念，爲飲一樽歌此曲。明朝酒醒還獨來，雪落紛紛哪忍觸。"

　　這首詩的重點是寫聽鼓角聲的各種變化,猶如音樂的變奏,而産生較爲複雜的心理感受,順序是:鼓角—出塞曲—江聲—出塞曲,表達的情感是:多情—思歸—悲憤—悲健,轉憂憤爲剛健。背後隱然的東坡主題:化解人生的憂傷與無常。

　　陳衍對這首的評點:"鼓角送行未經人道過。"這個是非常到位的一個點評。鼓角作爲軍樂,打仗的時候,不送行的,送行一般用管弦樂器。馮應榴的注釋當中很老實地注了:三萬人配多少面鼓,三萬人多少只角,角和鼓是兩種樂器。鼓角是古代行軍,包括駐紮在駐地的時候,爲了凝聚人心的、團結隊伍、齊整軍心的一種軍樂。所以陳衍在這首詩歌裏面特意地提到鼓角送行的問題。① 鼓角送行肯定不是蘇東坡的幻覺,而是真實的黃州當時響起的軍樂,當然也不是有意爲蘇東坡送行的,當地有駐紮的軍隊,然後有鼓角。"黃州鼓角亦多情,送我南來不辭遠",也就是説他在武昌山這邊聽到黃州那邊的鼓角,然後都覺得這個鼓角在送他,一直送到武昌山來了。因爲在黃州生活的緣故,那悲涼的鼓角聽起來有情有義,似友人的送別。蘇東坡是一個多情的人,但是他絶對不會説我對黃州如何地多情而留戀。他在黃州做了團練副使,可能跟這個軍樂也有關係。但是他不會説,我對黃州很有感情,他反過來寫鼓角很多情,鼓角的一聲一句都有留戀他的情感,因爲他走了,每天都聽到的這個鼓角留戀他,第一句"清風弄水"和"月銜山",一個"弄"一個"銜",都是多情留戀的一個姿態,與鼓角相呼應。

　　接下來就是"江南又聞出塞曲,半雜江聲作悲健",這個"出塞曲"也應該是鼓角的聲調。這個鼓角的聲調是有點像出塞曲,那種悲健,半雜着那蒼莽的江聲。

　　江南的這個《出塞曲》也很有意思。在《晉書》的《劉疇傳》,劉疇曾經"避亂塢壁",江南當時有很多塢壁,塢壁就是塢堡了,避亂在一個一個的寨子裏面。當時那些胡人,想要害劉疇,劉疇一點都没害怕,於是就"援笳而吹",順手拿來一個樂器,吹的是什麼呢,吹的就是《出塞》《入塞》。他吹了以後,很神奇的事情就發生了,那些侵略者,那些胡人,因爲都是北方來的,一下子就引動了那些人的故土之思,因爲《出塞》《入塞》都是北方

────────────

　　① 有意思的是,鼓角本來是爲了雄壯軍心,但是史書上記載,魏武北征烏丸,越涉沙漠,軍士聞之悲而思歸。表明同樣的聲音,在不同的人,不同的時間和背景中聽來,會産生不同的情感。

的音樂，於是"群胡皆垂涕而去"，就不去攻打他了。所以這個《出塞》《入塞》是鄉愁音樂，不是軍樂。因爲《出塞》和《入塞》最早是胡樂，是來自西北那些少數民族的音樂。蘇東坡用在這個地方，包含的是一種回家的情調，聲音是悲而不衰颯、悲而峻切朗健的曲調。

而且他把這個悲健的曲調又寫到水聲裏面去了。江水的聲音，"誰言萬方聲一概，鼉憤龍愁爲余變"，當中不知埋藏着多少水妖怪，它們都在那裏發出悲憤的聲音。"鼓角緣邊郡，川原欲夜時。秋聽殷地發，風散入雲悲。抱葉寒蟬静，歸來獨鳥遲。萬方聲一概，吾道竟何之"，這是老杜《秦州雜詩》裏面的句子。杜甫的《秦州雜詩》也寫鼓角，秋天原野的聲音是一味的悲壯。杜甫的"萬方聲一概，吾道竟何之"，到處都是一樣的悲愁之聲，我走到哪里？我在天地當中漂泊流浪，没有一個歸處。蘇東坡並不是這樣一種心情，"誰言萬方聲一概"的"誰言"，暗含着他與老杜的不同，並不是秋聲的不同，而是秋聲的感受不同。批評的是杜甫背後那句話："吾道竟何之。"用典的一個技巧，就是連帶映射，把典故的周邊的意思都帶出來。如果説老杜代表唐人建立功業的失敗感與報國無門的悲劇感，而東坡這裏没有那麽悲觀。在東坡聽來，其實就簡單的鄉愁，是送别的感情，不是壯，而是愁。誰説"萬方聲一概"？誰説"吾道竟何之"？我聽來就像"鼉憤龍愁"一樣，"爲余變"，就是鼉龍在江裏面弄出來的聲音來爲我相送吧。

"我記江邊枯柳樹，未死相逢真識面"，典故就是"樹（木）猶如此，我（人）何以堪"。而"真識面"也是杜詩的，"識面"就是相識、認識、相交，就是朋友的意思，真朋友。我的生命這樣地衰朽，跟你這個枯樹是一樣的，我們都是朋友，我當初看到你的時候，和現在看到你的時候，你衰老了這麽多，我也同樣，就像照鏡子一樣的，當然也衰老了很多，我們唯一能夠慶倖的就是我們都還活着，我們都活着，"真識面"，我們就是這樣的一個朋友。"他年一葉溯江來，還吹此曲相迎餞"，那麽到將來的時候，我們都回來的時候，再來唱這首曲。雖然有牢騷，但仍有希望，以後我再從這邊溯江而來，那麽這首曲子，黄州鼓角這首出塞曲，可能還會再吹出來迎接我。這時的鼓角，轉而爲人情的温暖，轉而爲親切的問候。……這是轉悲爲健的調子，從老杜走那裏出來了。背後的聲音作爲襯托的，都要是老杜的唐音。

又如劉禹錫《烏衣巷》："朱雀橋邊野草花，烏衣巷口夕陽斜。舊時王謝堂前燕，飛入尋常百姓家。"抒發社會大變動的興亡盛衰之感。烏衣巷其實最早是一個軍人政權的營地,駐紮的是一幫軍人,後來變成了王謝家族的一個領地,然後就代表了王謝家族的貴族的人生、貴族的社會形態,到了後代,貴族在歷史上消亡的滄桑興衰,主導了幾乎大半個中國的詩史,劉禹錫通過一隻烏衣巷的燕子,表達了由六朝而隋唐、由貴族而軍人政權的興亡感歎。東坡這首詩歌是次王安石的韻。王安石那首詩其實是表達建功立業的心願,而東坡反其意,從好酒寫起,"但有樽中若下",若下是名酒,牌子就叫若下酒。"但有樽中若下,何須墓上征西",征西大將軍曹操,也沒有什麼了不起,只要有酒,那就不要去像他那樣建功立業。"聞道烏衣巷口,而今煙草淒迷",陳衍加上了圈點的,就是這兩句,其實這兩句讀起來也很簡單的,但他放到這裏,非常切合這個地點。"烏衣巷口",而且也非常切合王安石這個人物,也切合當時東坡的心情,一切的東西都歸於歷史,無論是政治的爭鬪,建功立業,一代英豪,還有那些黨爭,都可以歸入歷史的一片雲煙之中,煙草淒迷而已。如果説劉禹錫是感傷,蘇東坡則是曠達;如果説劉禹錫是傷歎貴族的淪亡,那麼蘇東坡則是推尊審美人生的價值,超越於軍事人生、政治權力人生之上。這畢竟是宋人的趣味了。

因而轉悲爲健,突出的是宋人作爲士人的自尊自愛。如下面關於《望夫臺》的一組比較:

> 山頭孤石遠亭亭,江轉船回石似屏。可憐千古長如昨,船去船來自不停。浩浩長江赴滄海,紛紛過客似浮萍。誰能坐待山山月出,照見寒影高伶傳。

比較唐人同題作品:"望夫處,江悠悠。化爲石,不迴頭。上頭日日風復雨。行人歸來石應語。"(王建)"終日望夫夫不歸,化爲孤石苦相思。望來已是幾千載,只似當時初望時。"(劉禹錫)純情的唱歎,多情善感。而東坡的"照見寒影高伶傳",分明已經隱喻了士人的高傲孤潔的身份感。

背後是宋人思想資源的豐厚。一個有名的詩例即《和子由澠池懷舊》:"人生到處知何似,應似飛鴻踏雪泥。泥上偶然留指爪,鴻飛那復計東西。老僧已死成新塔,壞壁無由見舊題。往日崎嶇還記否,路長人困蹇驢嘶。"一個很宋詩的特點就是,這是詩人與內心的聲音作真誠的對談。如前所述,唐人回答生命的問題,宇宙的無限、人生的短促,那些對比,成爲一種套路式的唱歎。但是東坡此詩從傳統走出來,有一種傾心交談的調子,個性化地,真切地去跟自己的内心對話,轉到内心,就是向内轉。由此而來的特點,就是化解悲哀,因爲與内心認真而持續對話,就不期然而然淘汰了俗情,棄置了人云亦云的套路與程式,自然就有一種理性的過濾與沉澱。因而,這首詩歌讀到後面,就没有我們常常在唐詩裏面所表現的那種悲哀感,當然也有悲哀,但涉及怎麽樣去化解,與他生命中那種智慧相照面相碰撞,而得到了一種無答案的答案,這裏的化解工夫其實是融匯了三教的慧命,儒道釋不是現成的教條,而是化爲他自己的一個論述,變成自己的人生哲學。

再具體分析,比如説他的首聯就講的是空無。以雪爲喻,以雪爲喻是佛家經常做的比喻,"人生到處知何似,應似飛鴻踏雪泥",那種空無的幻滅感,來自佛教。"泥上偶然留指爪,鴻飛那復計東西",有一種遞進的關係。不僅有一種遞進的關係,而且有一種歌唱的感覺,非常富於人生的那種漂浮不居、到處留下生命的痕迹的那種深情唱歎。

頸聯也只有蘇東坡能寫得出來。"老僧已死成新塔","老僧"對"壞壁",有一種蒼然之美;"新塔"對"舊題",也很工。在這種整煉的、精美的工對形式當中,又是一種流水對的形式,儘管一代代老僧逝去,然而人生的舊痕卻是那樣的不可覓得。這裏又是一種自然和歷史的流轉。它的表面是流水對,但是它的背後,它的情感内容是一種自然和歷史流轉的無情無義。我有一次去常熟破山寺,就發現那個寺廟的後面比前面那個院子還深,因爲一代一代住持的老僧去世之後,都有那個靈塔,下面有個蓮花座,無數的靈塔森森然一大片。老僧一代一代地去世了,這就是歷史、時間流逝的無情無義。"老僧已死成新塔",不斷地有這個新塔出現的同時,又是不斷地從時光中傾塌的斷垣殘壁,"壞壁無由見舊題",題在牆上的詩,本來就是人對生命的一種珍惜、流連;可是這個珍惜和流連又變成了"壞壁",這是殘酷的人生。那個牆壁與詩句一起斑駁地坍塌下來。在精美的工對當中,是歷史的流轉的無情無義。一代又一代的人過去,生命的流逝,死亡如浩蕩而來的潮流,無法阻擋。中國人對生命的一個感受就是,對死亡的意識,是順承的,就是接受、順承。人生的一個最終極的悲劇性,就是擋不住這樣一個死亡的來到。無論是什麽樣的人,無論是什麽樣的高僧大德,無論是集體的死亡還是個別的死亡,都是没有辦法去阻擋的,都是要去面臨與承受的。那麽,人想在歷史上留下的生命的痕迹,在這樣一個背景上面顯得是非常的空幻與可憐。人的想法和大自然的鐵律相比,何等的渺小和不足道。人的那種點滴的努力呢,似乎永遠也敵不過大自然那種無邊的偉力。這當然是人生的哲理和一個最大的終極答案，面對這樣的一個關乎生命的終極答案，東坡之所以爲東坡就顯示出來了，在這樣一個絕對的悲劇面前，是不是就死心了、放棄了？恰恰是在這樣一種悲哀的大背景中，生長出一種儒家式的回應。所以我們講，蘇東坡他融合了儒道釋，他既不是完全的佛家的空幻、道家的虛無，他也不是儒家的單純的剛健和樂觀，他是在這個大的背景下翻轉過來、去承認，然後就是肯定了一個溫暖有情的結局：“往日崎嶇還記否。”一個重要的詩性心理凸顯出來了，那就是記憶。人的記憶是有情有義的，不可能如佛家那樣把它空掉，如道家那樣把它虛無掉。記憶是永不磨滅的，記憶是對有情生命的肯定。① 在這樣一個死亡背景的滔滔潮流之中，往日的情誼卻仍然點點滴滴值得珍視。“往日崎嶇還記否”這樣一個探問，追溯到家族與親情的根源：他們從原先這樣一個貧寒的四川中層家庭，不太底層，但也不是很富，然後一步一步地出川，來到政治中心的中原，這個往日一路上的辛苦、艱難，他問他弟弟還記得否。這當然是相當儒家式的一個探問。最後是一個意象“路長人困蹇驢嘶”，詩歌到這裏就結束了。所以翻轉過來寫的是儒家的一個日用的智慧，日用而不知。在蘇東坡那個地方，同時也可以說到了宋代的人生體驗那個地方，一定是要有佛道體驗的。但是有佛道體驗不難，唐代整個詩人都有佛道的體驗。所以唐詩是佛化的時代，但是一定要在這個上面翻轉上來，要懂得翻轉上來，所以蘇東坡他有一個生命的厚度。

　　西方小說理論有所謂“扁平的人”和“圓形的人”區分。如果說蘇東坡的文學和他這個人結合起來看，第一個特點即特別具有生命的厚度，顯示出一種經過閱歷、經驗以及文化的積澱，而得來生命的圓融與受用。如果我們在中國的文學家當中找“圓形的人”，那就是蘇東坡，一方面他的生命故事、他的貶謫、他的命運，可能在中國的詩人當中也是最爲坎坷曲折和豐富的；另一方面，他的生命底蘊也是最爲深厚的。他所受到的學養與宋代的社會有關，宋代所創造的社會文明，在中國的歷史當中達到的高度，用陳寅恪的話來說，是華夏民族歷幾千年之發展之後的“造極之世”。

---

　　① 朱弁《風月堂詩話》記：“東坡《中秋》詩云：‘暮雲收盡溢清寒，銀漢無聲轉玉盤。此生此夜不長好，明月明年何處看？’紹聖元年自録此詩，仍係其後云：‘予十八年前中秋夜，與子由觀月彭城時作此詩，以陽關歌之，今後遇此夜，宿於贛上，方南遷嶺表，獨歌此曲，聊復書之，以識一時之事，殊未覺有今日之悲，但懸知爲他日之喜也。’”（第113頁）亦轉悲爲健之意。

這個時代創造了一個很高的文明成就。所以在這樣一個時代,在這樣一個社會,它一定會有自己的一個偉大的文學家,來表現這個時代的輝煌和厚度,那就是蘇東坡這樣的人物能夠代表。正如劉熙載所論:"東坡詩打通後壁説話,其精微超曠,真足以開拓心胸,推倒豪傑。"①"打通後壁",即是説他把儒道釋的思想都消化了,他並不是一個簡單的儒家,也並不是一個簡單的佛學家,也並不是一個簡單的道家。錢穆説他是"儒門中的蘇、張,廟堂中的老、莊",他把這些東西全部都消化了。所以,這就成就爲蘇東坡了不起的地方。

## 五、理趣成爲人生戲劇

老杜詩:"在山泉水清,出山泉水濁。"比較簡單,二元化區分成了兩個世界。東坡不會這樣看世界。《六和寺沖師閘山溪爲水軒》:

> 欲放清溪自在流,忍教冰雪落沙洲。出山定被江潮涴,能爲山僧更少留。

同樣借助於老杜的詩意,然而卻没有堅執於二元世界的對立。只是承認清溪之"清"可以暫時得到保持,然而這暫時的美好與清淨,正好就是值得珍惜的緣分,這樣寫也突出了沖師的智慧,欲放還留,欲自由又欲純潔,自由了就失去清潔,解決的方案是"暫時"。又有情有義,又尊重現實,複雜的理趣增加了詩歌的戲劇性因素。

陳衍説東坡《題西林壁》有新思想,確實可以説代表了典型的宋詩寫法。"横看成嶺側成峰,遠近高低各不同。不識廬山真面目,只緣身在此山中",如果對照,可與李白的廬山香爐峰對讀。廬山的香爐峰寫的是浪漫高華之美,日照香爐,紫煙氳氤,如此一種仙氣,唯美浪漫,像唐三彩,然後是"銀河落九天"這樣一個不羈的想象,那是一種浪漫詩人的典型意態。但東坡在如此强大的前輩傑作面前,依然創造了不朽,即以其理趣、思想擅勝。《題西林壁》至少有這樣幾個對照在裏面:裏與外;一與多,嶺就是多,峰就只有一,看的角度不一樣,對同樣的事物,可以看出一和多來;還有就是固定和變化。用油畫來表現《題西林壁》就很難,因爲没有焦點透

---

① (清)劉熙載:《藝概·詩概》,上海古籍出版社 1978 年版,第 66 頁。

視的,它是散點透視,它在這裏或者那裏。用國畫就好表現,國畫就可以用散點透視來現,在一幅畫當中表現出不同,或者一個人在山谷當中,再畫一個人在山峰上面,就不是用一種定點的觀照角度,而是這個變化着流動着。同樣的道理,如《泗州僧伽塔》:"耕田欲雨刈欲晴,去得順風來者怨。若使人人禱輒遂,告物應須日千變。"也是發現了人生戲劇性糾結背後的哲理。①

再次,是不同的"看":用眼睛看與用心靈看的區別。身在此山中的時候,那是眼睛去感受;你要是想看出這個山背後的東西,就得用心靈去看。最後,關於"真":"世俗真"與"超世俗真"不一樣,同樣是"真",哪個是真面目?東坡認爲在這裏應該是一個超世俗的真東西在背後。東坡的廬山詩寫了很多,絕句都有十多首,這首是最好,最具有宋詩成熟的藝術特點。

《咸淳臨安志》記載杭州西菩寺,"寺外有東西兩山,或有雲會,望之成嶺"。這是《與毛令方尉游西菩寺二首》中名句"白雲自占東西嶺"的真實根據,又真切又有畫面感,把白雲寫得像隱士一樣。"明月誰分上下池",西菩寺有兩個池,一個叫"清水池",一個叫"明月池",從某一個角度去看,清水池也是明月池,因爲兩個月亮在裏面。如果在某一個樓,在寺樓上往下看的時候,可能兩顆月亮都在裏面,那麼就很難分了,到底哪個是明月池呢?宋詩寫風景又有理趣的詩歌,比唐人真切。因爲這個句子只能用在這裏,沒有辦法轉到別的地方去的。從理趣上説,白雲和明月都是無心的,但是人有時偏要分別。白雲是自己去占"東西嶺",不是説我們説它占,它是隨心所欲的,它自己想占就占,想不占就不占;明月是自然而然,自作主張的,就是兩個池水裏有明月,也不是靠人工一定要區分出來的。因爲地方志上是講人工區分出了一個明月池,一個清水池,把它反而分開來了。這個也是有一種大自然本身是有一種自性、自生、自在、自由。後來同光體詩人陳曾壽,也受東坡影響:"寶相瞻前旋在後,鏡奩只是嶺西東。""寶相""鏡奩"都是月亮,雖用《論語》的"瞻之在前,忽焉在後",卻更帶佛教的意味。"寶相"本來是佛教的名詞,"鏡奩只是嶺西東",月亮究竟在嶺的東邊還是西邊,這個是沒有必要去執着的,總之都是沐浴在如水的月光當中。從自生、自由、自在的意義上説,最早還是王維詩:"木末

---

① 洪邁《容齋詩話》卷三,亦記東坡此詩,評曰:"此意未易爲庸俗道也。"揭示世間相互矛盾現象,表達宋人客觀、理性的精神。

芙蓉花,山中發紅萼。澗戶寂無人,紛紛開且落。"它自己在那裏自生自滅,自己開心,自己歡樂,不需要我們來欣賞它,就有這個意思在裏面。但是我們看王維代表唐人古典高華的格調,但並不要真切的某處,不要具體真實的地點,它可以放在任何一個幽靜之處,這樣就少了一些日常人生真實的新鮮氣息,與普通人生隔了一層。而東坡詩是一次與友人的游玩中偶然所得。

《游金山寺》中,"羈愁畏晚尋歸楫,山僧苦留看落日"是一種戲劇性,從唐人的黃昏鄉愁套路跳出,變成一個好客的山僧和一個無奈的游子的相遇。而"二更月落天深黑。江心似有炬火明,飛焰照山棲鳥驚",晚上發現不明生物,又是另一種戲劇性,表明東坡的愛奇。然而更有理趣的是從一開頭的"我家江水初發源",以長江喻入世建功雄心,到結尾"江山如此不歸山,有田不歸如江水",以長江喻歸隱心情,如此張力。這首詩歌結尾,古人評價很高。汪師韓說這個結尾好,以前的那些游金山寺的詩,有一個套路,就是動不動就"一往作縹緲之音"。很多人喜歡這個唐詩的寫法,一旦高高地對着茫茫的江水就一唱三歎,作縹緲之音。與東坡此首對比之下,"自來賦金山者,極意著題",皆過於刻意地落在金山寺的題目裏了。"極意著題","正無從得此遠韻","遠韻",就是蘇東坡講求的"超以象外",因爲"象外",就超過了金山寺本身,"有田不歸如江水"。其實寫到後面根本和金山寺沒什麼關係了,寫他自己的人生抱負,就很自由地發揮,不去完成題面上的東西。陳衍的評論說"一起高屋建瓴",就跟汪師韓說得"一筆道盡"一樣的,"萬里程、半生事,一筆道盡"。然後他說"唯蜀人獨足誇口處",從"我家江水"之後,"通篇遂全就望鄉歸山落想",長江萬里奔騰之勢,被他最終消解爲一個回家的誓言,戲劇張力十足。

陳衍說此首"可作《莊子·秋水篇》讀"。《秋水篇》的基本特色與結構就是戲劇張力十足,先是由小至大,然後由外向內。"秋水時至,百川灌河",然後河伯隨着江流就去見北海若了,然後望洋興嘆,最後結尾其實是回到一種內心的滿足。簡單地說,《秋水篇》講再怎麼大,再大的和最小的東西都是一樣的,没什麼區別的,你不能誇你如何如何的大。《秋水篇》的前半部分是誇大,後半部分是把這些大和小都抹平了,都把它等同了,回到內心的滿足了。這個跟陳衍講得其實是一樣的,他說結構,前面是講長江如何如何的洶湧澎湃,生命氣象;但最終呢,回到一個本真的生命狀態,想家,回到家鄉。陳衍的評論當中就包含一個很重要的題目,以文爲詩,它那種結構上和哲學上的一種相通和相似。

其實名篇《百步洪》也是用莊子《秋水》結構。寫百步洪,這樣一種大自然裏的壯觀偉麗奇崛,然後後半部分就把這個美顛覆掉了。《秋水》裏河伯"以天下之美爲盡在己",但是在莊子與東坡看來,這些都不能叫做真正的大美,所以他們創造了一種雄奇美,但是又把它顛覆掉,把雄奇化爲平淡。這也是東坡從莊子那裏承傳,一貫有的一個重要的思想,萬事萬物都是平淡的,要回到一個平淡的東西。聰明詩人知道那些奇崛的美都是人生的幻影。於是,詩人轉寫"險中得樂雖一快,何異水伯誇秋河。我生乘化日夜逝,坐覺一念逾新羅"。這是一個重要的轉折,明確借莊子《秋水》轉化到一種平淡的人生。乘化,就是陶淵明《歸去來兮辭》裏面所説"聊乘化以歸盡",這裏佛教道教的思想都有,佛教講坐化三千,剛剛有這個念頭,禪師説,已經過了新羅國了,一念三千。以佛教和禪宗的思想來看,人生的一些大話,雄壯的姿態,那些東西都是可以去化解、顛覆、解構。欲抑先揚,人生的戲劇性是理趣本身的張力。

《南堂五首》是東坡在黃州的賦閑生活組詩,住在長江邊的南堂,從春至秋。最後一首,最有意境:

> 掃地焚香閉閣眠,簟紋如水帳如煙。客來夢覺知何處,掛起西窗浪接天。

其實就是有兩個空間之間的戲劇性轉換,一個是室內的空間,另一個是室外的空間。室內的空間其實是一種隱喻,就是我們可以把室內的空間和室外的空間都看成是東坡的一種生命情調。室內的空間是一種安静的、禪修的這樣一種生命情調,這是蘇東坡常常吟咏的。蘇東坡的生命情調可以自由地轉換在不同的生命當中,後面那個是他的那種豪傑、奔放的這種生命情調。看起來寫的是很真實的一個生活場景,中午睡覺一下子夢醒,醒過來之後突然不知道身在何處,非常有戲劇性。一下子夢覺之後,他發現一個什麼景象? 大雨磅礴,外邊"浪接天"一樣的大雨,長江之上的磅礴大雨撲面而來。

蘇東坡寫這首詩的時候 48 歲,應該説是很成熟的時候,他在貶了黃崗之後,南堂這個地方,80 步就是大江了。他在這個地方休息,體驗很深。於是從各個不同的角度來寫這個環境相互的交往所帶來的那種親密和融合的感受。一方面環境給他帶來了美感,另一方面他自己的生命投射到了環境當中,人與環境之間相互的交流、相互的互動,人提升了,也充實了環境，另外一個方面這個環境，這個通連自然山水的房間，也給他生命帶來很多滋養，遼闊的生命，敬仰的感受。宋詩的一個特點，就是它的美、它的抒情性是含在它日常的敘事性當中的，它的敘事和它的日常生活，點點滴滴都相關的。① 一年下來，這些交往，這些互動，日常人生的小戲劇意味，都很好。西方人文主義地理學，特別強調空間裏人的印迹的獨特魅力。人與空間的親近與呼應，重新解釋了地緣作爲一種美。

戲劇性而爲理趣更明顯的一首是《泛潁》：

> 我性喜臨水，得潁意甚奇。到官十日來，九日河之湄。吏民笑相語，使君老而癡。使君實不癡，流水有令姿。繞郡十餘里，不駛亦不遲。上流直而清，下流曲而漪。畫船俯明鏡，笑問汝爲誰。忽然生鱗甲，亂我須與眉。散爲百東坡，頃刻復在茲。此豈水薄相，與我相娛嬉。聲色與臭味，顛倒眩小兒。等是兒戲物，水中少磷緇。趙陳兩歐陽，同參天人師。觀妙各有得，共賦泛潁詩。

這首詩是蘇東坡到安徽的潁州觀水寫的，應該是一首跟"趙陳兩歐陽"，就是另外四個人一起來寫潁水泛舟的一首紀游詩。唐詩如果講泛水，到一個水邊去游覽的時候，李杜，或白居易，大概也會講一些哲理，但是可能更多的是一種描寫、抒情、游玩、人生的一些體驗。但是東坡在這裏說理非常明顯，譬如說"不駛亦不遲"，分明是説人的生活節奏不快也不慢，其實就是講人，表面寫水，實際上也是講人的性格。就像蘇東坡的最著名的一首詩歌："水光瀲灩晴方好，山色空蒙雨亦奇。"一般的都是以爲它只是講西湖的晴和雨的關係，其實它也是講不同的人生體驗。人的性格、人的内心、人的圓融，蘇東坡本人即是在人生體驗中，最爲得其圓融性的一種人格，晴雨、濃淡、平奇，他都能去欣賞，他也是通過西湖像一面鏡子一樣去反襯他人格的一種特質。《泛潁》這首詩也很明顯，"上流直而清，下流曲而漪"，雖然是寫水，但是寫的是哲理。儒家文化裏面特別強調做人的根本，就是要"直"且"清"，要有本根，然後才是"下流曲而漪"，儒

---

① 周紫芝《竹坡詩話》曾談及東坡用日常小事入詩："東坡在黃州時，嘗赴何秀才會，食油果甚酥，因向主人：'此名爲何?'主人對以無名。東坡又問：'爲甚酥?'坐客皆曰：'可以爲名矣!'又潘長官以東坡不能飲，每爲設醴。坡笑曰：'此必錯著水也。'他日忽思油果，作小詩以求之，云：'野飲花前百事無，腰間唯系一葫蘆。已傾潘子錯著水，更覓君家爲甚酥。'"（何文煥輯：《歷代詩話》，第354頁）

家講做人的功夫，比較周到、圓融、靈活。這些比較老實，接下來進入另一種理趣。

《傳燈録》講一個禪師，路過水邊，看見自己的影子，於是得到一個感悟。偈語云："切忌從此覓，迢迢與我疏。我今獨自往，處處得逢渠。渠今正是我，我今不是渠。"悟得水中的我與現實中的我是真與幻的關係，《泛潁》詩中"忽然生鱗甲"，就是説水中的我的變化，有的時候變成幾百個我，但是最後又回到一個自己身上。更加含蓄也更加巧妙的一個説理，就是"聲色與臭味，顛倒眩小兒"，這個"聲色與臭味"，看起來是水，其實是寫人間的一切聲色與臭味，是雙關的。他寫着寫着的時候就突然冒出來一個感慨，一切的聲色，一切的臭味，都是幻，就是佛家講的虛幻、幻滅、空花幻影。這裏自然是暗用了佛理，就是一切世間的聲色臭味，都只不過是爲了誘惑那些没有人生經驗的年輕人，讓他們在那裏顛倒、癡狂，讓他們在那裏受到深深的誘惑。而在詩人看來，"等是兒戲物"而已。同樣是兒戲物，"水中少磷緇"，同樣是一種游戲，又把剛才的"聲色與臭味"又拉回到眼前的水，剛才一下子把它跳開了，跳到一個人生的哲理，現在用"等是"，又把它回到眼前的水，同樣是兒戲，同樣是一種游玩，但是水就跟人間的聲色臭味，跟人間的那些誘惑比起來，大自然當中這種游戲就要好得多。因爲親近大自然的這些東西會讓人性變得乾淨，"磨而不磷，涅而不緇"，用的是孔子的《論語》，能夠保持人性的一種純潔性。"廉貞"，廉貞就是乾淨。雖然是同樣的游戲，但是人間的那些游戲會讓人變得"傷廉敗性"，會讓人頹壞腐敗在那種污濁當中。但是你如果親近大自然的游戲就不一樣了，不會因爲喜歡山水而變壞，變墮落，受到污染。這個是蘇東坡的非常妙地順手拈來，又講了理，又回到了眼前的風景，又講到他親近水的性格。《老子》"五音令人耳聾""五色令人目盲""五味令人口爽"的思想，也含藏在"聲色與臭味"這部分。所以詩中最後講到"觀妙各有得"，正如老子所謂"常無，欲以觀其妙"，要於水中觀道。蘇東坡這首詩不僅融化了佛家的證空、道家的觀妙、儒家的正性，而且他是融化在裏面，融化在生活的場景裏，也將三教的道理化而爲人生的嬉戲與戲劇。①

----

① 東坡對於宗教，亦是戲劇性的態度。許顗《彥周詩話》記：韓熙載仕江南，每得俸給，盡散後房歌姬。熙載披衲持鉢，就諸姬乞食，率以爲常。東坡以玉帶贈寶覺，寶覺酬以舊衲，東坡作詩謝之曰："病骨難堪玉帶圍，鈍根仍落箭鋒機。欲教乞食諸姬院，故與雲山舊衲衣。"（何文煥輯：《歷代詩話》，第390頁。）《江南野史》亦載韓事，與此小異。

這首詩歌也是東坡的一個代表作,詩歌跟哲理的一個很大的不同,就是詩歌一定要有一點戲劇性在裏面。看到那個水裏面有東坡,"忽然生鱗甲",嘩啦一下子就變了,這就是很有戲劇性的點,"文似看山不喜平"。文學和哲學這些比起來,哲學可以有邏輯地推導,但是文學就是要有人生的"忽然"。

## 六、由虛轉實的生活世界

清人賀裳評東坡詩"得瑰奇而失詳慎",①"詳慎"即描寫中寫細、寫實。其實東坡的"詳慎"另有所在。《往富陽、新城,李節推先行三日,留風水洞見待》里,東坡不滿王安石的新法之後,受到排擠,第一次離開京城。自動請求通判杭州,然後到富陽。李節推就是李泌,是蘇東坡的一個朋友,在"烏臺詩案"裏有出現。他當時是杭州的一個節度推官。聽説蘇東坡要去杭州,就先等在那個地方。詩歌寫春天裏的山水與山水裏的人情。有一聯是:

> 溪橋曉溜浮梅萼,知君繫馬巖花落。

"溜"就是水,用"溜"來寫水寫得好。就是我們常常在一些山村的小石橋,早上去的時候都會看到,有一些滑溜溜的露水,一個"溜"字就很準確寫出了山村風景的特點。"浮"字也很好,"浮梅萼",就是看到水上漂浮着梅萼,隨流下來。因爲後一句"知君繫馬巖花落",就是説友人李泌應該是在河的上游,然後繫馬在某一棵樹,休息,然後花落下來,落到河的下游。

未見其人,先見友人的花信,這個很美,這裏有神秘的精神感應。但這個寫景寫得很有宋詩的特點。唐人的寫景,往往沒有這麼細的畫面邏輯性,或者内在的敘事性。"知君繫馬巖花落"指的就是李泌在那裏等他的時候,馬長長地叫了一聲,因爲馬叫的聲音,就會有共鳴,就把花給震落下來了。這裏的"巖花落",一方面是實寫,另外一方面也是暗用了杜甫的一句詩:"繫馬林花動。"把馬拴在那個林中的時候,樹林當中的花就搖動了,馮應榴的注就把這個杜詩給注出來了,認爲它跟它可能是有點關

---

① 吴喬《圍爐詩話》引賀裳語。

係的。

我們可以做一個細緻的唐宋詩比較。唐詩可能僅僅就是一個特寫鏡頭而已："繫馬林花動。"而宋詩，把特寫鏡頭變成了一個有動態的、前後事情發生的一個小視頻。一個是畫面特寫、一幅照片，一個是小視頻，就是看到林花落下來，先有馬在叫，然後林花落下來，然後花也順着那個河這樣浮流下來。

關於宋詩，清人翁方綱曾經有一句很有名的話，叫"刻抉入裏"，那個下筆之深切，把語言的肌理刻到裏面去了。詩歌是關乎物與物之間的生命的，萬事萬物之間都有心心相印的神秘聯繫，詩就是發現這種隱秘的聯繫。唐詩有這種聯繫，但宋詩把它寫細寫實了。

另一首《慈湖夾阻風》也可以如此讀。碰到風了以後，"我行都是退之詩，真有人家水半扉"。東坡喜歡韓愈的原因就他很新警而又切實。韓愈原詩是"高處水半扉"，好像水能淹過半個門那樣，就是像江南水鄉小鎮人家的一些景象，水高出了民居的門户。從這個"水半扉"我們可以看出來，蘇東坡寫詩很受韓愈的影響，同時也可以説這個是宋詩的特點。宋詩不太寫一些比較常識性的風花雪月的風景，而是更多注意一些典型的、奇特的，未經人道過的所謂"奇語"，"語不驚人死不休"，但又要落實在眼前風景裏。這首詩的最後兩句是："千頃桑麻在船底，空餘石髮挂魚衣。"如此景，也沒有人寫過。詩人認爲有很多桑麻就是可以賣錢的、可以用的好東西，都在船底下，但是卻沒有人去把它利用起來。"空餘石髮"，石髮是苔藻類。苔藻是可以食用，生長在石頭上的，每月三四日生，八九日可以採食。而這個石髮很奇特的，到這個月的月底就全部爛掉了。它每個月都有，量大，但如果不去采，它就爛掉了，所以就很可惜。蘇東坡看出這是一種生活資源，他留意民生，對人的生活關心，他用詩來記錄當地一個獨特的風物、一個土特産，一個很豐富的但是沒有被好好利用的民生資源。他畢竟當過地方官的，所以他還是可以從官員怎麼利用資源的角度去寫一首詩歌，這分明是前人沒有的。[①] 寫景切實，所以陳衍選了這首。

由虛轉實，即景抒情方式有了重要的變化。可以説，唐人以抽象的抒情見長，宋人以具體的唱歎擅勝。東坡《暴雨初晴樓上晚景》可與李白《獨坐敬亭山》對讀。"洛邑從來天地中，嵩高蒼翠北邙紅"，用《詩經》

---

① 東坡專門寫過《秧馬歌》咏插秧所用農具，專門寫過"要令水力供白磨"的"水碓歌"，見《游博羅香積寺》，等等，皆古來詩人所未有。

"嵩高維嶽,峻極於天",形容君子的崇高的志向;中國崇高的美感,就是從嵩山的高來表達。"風流者舊消磨盡,只有青山對病翁",《史記·周紀》中周公就對洛陽講過這句話:"此乃天下之中也",也就是講這個地方的風水,地理位置非常的好。這已經以即景抒情中,加上了經典的分量。當時有一個很重要的一個集會,叫做就"耆英會"。參加者有文彦博等前輩,最年輕司馬光還不到七十歲,這個會上幾乎所有的人都是七十歲以上的老人。另一個説法是,"只有青山對病翁",東坡自注是"富公",馮注當中明確講這個病翁是富弼。另一個説法是曾經"耆英會"就是爲他而辦的,他名望很高,但是卻不贊成新法,他説"新法,臣所不曉,不可以治郡",所以,就願意回到洛陽去養病去。所以就在他退休的時候,就提出了一個反新法的一個説法,東坡要説富弼的故事實際上也藉以表達他自己的政治觀點,表達他自己不贊成新法。實際上是蘇東坡把今典古典合二爲一。古典就是,或者説前面的典,就是指的是那個元豐五年的一件事情。"只有青山對病翁"實際上是很自負的。再來對讀李白的"相看兩不厭,唯有敬亭山",似乎都寫了人與山的相對,然而這裏即景抒情方式,已經與唐詩有很大的不同:李白只是一貫地表現他傲睨人間親近自然的姿態,而東坡暗地裏傳達他的政治觀點,表面上只是寫景,背後有很具體的時間、地點、人物以及事件在裏面了。

　　文學閲讀,根本上是一種比較閲讀,有比較,才有鑒別,有鑒別,才有美學的理解。比較是在文學家自身的閲讀脈絡中進行的。東坡當然受他的同代前輩詩人影響,如他自承受歐陽修梅堯臣影響:"作詩頗似六一語,往往亦帶梅翁酸。"(《謝歐陽晦夫遺接䍦琴枕,戲作此詩謝之》)但他無疑更多地是受到前輩詩人的影響。① 正如布魯姆所説:"要理解詩歌爲何成爲詩歌,而不是其他什麽東西,我們必須找到一首詩和它前輩的關聯。這個關係才是真正的詩歌賴以生存的元素。"②這種關聯,有時候是詩人自覺進行的,有時是不期然而然發生的。我們不能絶對地、獨斷地證明蘇軾

---

① 宋詩話論東坡學唐人與前人甚夥。如《彦周詩話》記東坡教人作詩:"熟讀《毛詩·國風》與《離騷》,曲折盡在是矣!"又記東坡《送安惇落第》詩云:"舊書不厭百回讀,熟讀深思子自知。"(何文焕輯:《歷代詩話》,第383頁)以及《誠齋詩話》論東坡:"用古人句律而不用其句意,以故爲新,奪胎換骨。"(丁福保輯:《歷代詩話續編》,第141頁)等等。

② [美]哈樂德·布魯姆著,金雯譯:《影響的剖析:文學作爲生活方式》,譯林出版社2006年版,第33頁。

是爲了創造一種新型的宋型詩而進行創作,然而他的詩正是宋代文化精神裏面的一部分,趙翼所謂"東坡大氣旋轉,雖不屑於句法、字法中別求新奇,而筆力所到,自成創格",①而宋文化,即這裏的所謂"大氣"。我們不能絕對地、獨斷地證明詩人是出於與唐代詩家前輩作奮力抵抗,而這樣寫或那樣寫,然而無論是句子、辭語或手法,馮應榴等蘇詩注家,已經在每一首詩的注釋裏充分證明。

劉熙載借東坡畫論以論其詩:"東坡《題與可畫竹》云:'無窮出清新'。余謂此句可爲坡詩評語,豈偶借與可以自寓耶? 杜於李亦以'清新'相目。詩家'清新'二字,均非易得。"②詩人尊重自己的藝術創造力,正是對自己生命負責。亦如西方十九世紀文學批評家佩特所説:

> 我們僅有的是一小段時間,之後我們的地位就不再屬於我們。有的人在無精打采中度過這段時間,有的人激情澎湃,最爲智慧的人——至少是相對於塵世上的人來説——則會把這段時間用於藝術和歌唱。生命智慧最取之不盡的源泉就是對詩歌的激情,對美的渴望和對藝術本身的熱愛。藝術來到你身邊的時候意圖很坦誠,就是要賦予你的時間以最高的品質。③

蘇東坡就是一個因藝術與詩,無窮出清新,而賦予了他的生活最高品質的古人。

原載於《華東師範大學學報》2017 年第 6 期
(胡曉明,華東師範大學中文系、華東師範大學中國現代思想文化研究所教授)

---

① (清)趙翼著,霍松林、胡主佑校點:《甌北詩話》,人民文學出版社 1963 年版,第 60 頁。
② (清)劉熙載:《藝概·詩概》,上海古籍出版社 1978 年版,第 67 頁。
③ 佩特:《文藝復興:藝術與詩的研究》,廣西師範大學出版社 2000 年版,第 227 頁。

# 典範型人格建構與地方性知識書寫

## ——論清代全祖望的詩學品質和文本特點

羅時進

有清一代,兩浙詩壇代有俊雄,而康乾之際的全祖望獨標一幟於浙東,影響深遠。"謝山先生之學,博及四部,經史詞章,在在當行"。① 他作爲"浙學之冠"的成就已受到高度重視,研究成果相當豐富,但關於全謝山詩歌創作,至今尚極罕見有專題論文進行探討。② 這種偏至其學術而失語於文學的現象反映了清代詩歌研究的"盲點"尚多,廣泛深入探討的空間很大。其實就謝山來説,真氣孤標的詩歌與道風獨峻的經史之學,在精神上是高度一致的,其詞章之學既具有獨立研究的價值,同時亦可以深化對謝山全人及其學術的理解。本文擬從謝山詩歌的典範型人格建構與地方性知識書寫兩方面展開討論。此兩端並不能揭示謝山詩歌全貌,但尚不失爲研究謝山詩乃至清代詩學的兩個重要維度。透過這兩扇視窗,正可以窺見其文心與文本的一些特點。

## 一、文心:典範型人格建構

"今日當論邪正,不當論異同",③這是清初史學家的清醒認識。對謝山文學研究,這同樣應是一個諦觀視點。梁啓超曾説:"若問我對古今文

---

① 陳祖武:《全祖望與浙東學術文化·序》,中國社會科學出版社 2010 年版,第 3 頁。

② 以筆者所見,唯一一篇全祖望詩學方面的論文是王永健的《"作詩志憂患","作歌補史成"——全祖望詩論述評》,載《蘇州大學學報》1993 年第 4 期。全文以詩論評述爲主,對其詩亦有所討論,可資參考。

③ 見《清史列傳》卷七〇《文苑傳·沈珩傳》。沈珩,浙江海寧人,清初史學家。

人集最喜愛讀某家？我必舉《鮚埼亭集》，爲第一部了。謝山性情極肫厚，而品格極方峻，所作文字，隨處能表現他的全人格，讀起來令人興奮。"①謝山雖生活於康乾之際，然天生異稟，極富古人之風，所是所非往往異於常人。在他心中康乾並非什麽"盛世"，而是一個"江河滿目正頽波"的時代，②亟需弘揚正氣，建構典範人格，體現出士人應有的良知。正是這種良知形成了謝山詩歌創作的文心，也是鮚埼亭詩學品質的重要特徵。

所謂典範人格，在謝山看來，是具忠義之節、正直之氣、親民之心者，故謝山詩歌中有相當的篇章是作忠奸之辨，界正邪之分，抒民胞之懷。這三個方面正體現出謝山的歷史觀、人格觀、社會觀，是其生命態度和道德原則的詩學踐履。一部《鮚埼亭詩集》，欲識其大者，即當據此三者觀之。

浙東甬上具有深厚的經史學術文化傳統，宋代以樓昉、王應麟等爲代表，其後數百年間經籍著述緗帙炳蔚。在明末清初浙東甬上又是抗清激烈、堅守苦戰之地，烈士遺民事迹長期流傳。經史學術精神和民族氣節的血魂鑄成了特殊的地域文化，謝山自幼受到熏陶，而他出生於極富民族氣節的家族，先輩全元立、吾騏、書等皆爲精通經史且節概卓然之士，其族母乃抗清名將張蒼水之女，在當地甚至"有傳先生爲錢忠介公轉身者"。③錢忠介公即與張蒼水齊名的浙東抗清名將錢肅樂。這一傳説自然是附會，但由此可見謝山"於錢氏獨惓惓焉"，④其忠義伉直、峻嚴狷介之性與地域文化和家族文化傳統有密切關係。史載謝山十四歲時，補弟子員，謁學宮至鄉賢名宦祠，見謝三賓、張傑木主大怒曰："此反復賣主之賊，奈何污宮牆！"取摀碎之，投之泮池。顯然這種忠介峻嚴的秉性是一種骨子裏的根性，乃地望土宜與家法門風使然。

基於這種文化根性，他雖才高一時，深爲時賢所重，以爲"深寧、東發後一人也"，⑤但在得罪了大學士張廷玉，從翰林院散館掛冠歸田後，便置升沉枯菀於度外，以全部精力發掘史料，表彰故國忠義志士，並繼李杲堂編纂《甬上耆舊詩》之後，再編《續甬上耆舊詩》。前者所輯録的是自春秋

---

① 梁啓超：《中國近三百年學術史》，見朱維錚校注《梁啓超論清學史兩種》，復旦大學出版社 1985 年版，第 189 頁。
② 《偶示諸生》，朱鑄禹匯校集注：《全祖望集匯校集注》，上海古籍出版社 2008 年版，第 2268 頁。本文以下所引全祖望詩歌作品，版本與此同，不另注。
③ （清）董秉純：《全謝山年譜》，《全祖望集匯校集注》，第 7 頁。
④ （清）錢林：《全祖望傳》，《全祖望集匯校集注》附録，第 2723 頁。
⑤ （清）董沛：《全祖望傳》，《全祖望集匯校集注》附録，第 2716 頁。

到萬曆間甬上詩人的作品，而《續甬上耆舊詩》所選爲萬曆至康熙間地方詩人之作，録詩家達 700 餘人，作品達 16 000 餘首，其中不少作家、作品之選，不畏時諱，堪爲甬上忠義傳。在他的詩歌創作中，更以大量篇幅作忠奸之辨，譜寫了一曲浩然正氣歌。

　　鮚埼亭詩中，咏史懷古題材爲泱泱大宗。咏懷對象幾乎都是歷代清貞亮節的忠臣英烈，從春秋時代的申包胥，到宋末的文天祥，以至晚明的周順昌、史可法，清初的顧炎武等。凡經行處，見其遺迹往往撫迹歎頌，而閱先烈遺著則生蒼茫哀感。筆下昇華處，盡在"青天白日先臣節"之孤忠。① 明清之際仗義死節之士最多，故在謝山詩中表現也最爲集中。兹舉幾首讀之：

　　《李氏笑讀居題額，乃江夏賀文忠公隸筆也，甘谷拓之見貽，敬賦五古，以當跋尾》：

　　　　峨峨江夏公，所學醇乎醇。一念不妄起，穆然見天真。歷官登四朝，清苦偃蓬門。阿誰庸妄流，但以佛子論。遭逢陽九災，左席需絲綸。大廈已不支，只手難救焚。痛哭辭班出，老臣早致身。江外妖氛滿，江頭苦霧屯。浮屍蔽江下，孰與公骨尊。合門從公殲，尤足妥公魂。思宗五十相，歷歷可指陳。哀哉孫文忠，早喪一個臣。南天繼有公，並先鼎湖淪。……晚節亦無忝，一慟隨靈均。我游笑讀居，冉冉三十春。每見便肅拜，謂足百世珍。頹然老屋中，正氣長煙熅。②

　　《白下投止承恩寺，見壁上蕺山先生題字，知其爲舊寓也，正襟覽之》：

　　　　草莽孤臣居可憐，僧寮一榻坐凄然。中樞學禁方封進，淮帥彈章又至前。空有精誠感刺客，誰將血淚達穹天？百年末學重過此，肅拜如聞謦欬傳。③

---

　　① 《寒食節前十日，展謁先司空墓，夜宿山莊》，《全祖望集匯校集注》，第 2060 頁。

　　② 《李氏笑讀居題額，乃江夏賀文忠公隸筆也，甘谷拓之見貽，敬賦五古，以當跋尾》，《全祖望集匯校集注》，第 2127 頁。

　　③ 《白下投止承恩寺，見壁上蕺山先生題字，知其爲舊寓也，正襟覽之》，《全祖望集匯校集注》，第 2044 頁。

《過石齋先生正命處，詩以弔之》：

　　漳海精忠薄九霄，我來三弔大忠橋。降臣蒙面終無賴，義士同心不可撓。閩嶠山川增卓犖，孝陵風雨已蕭寥。洞璣絶學誰窺見，天挺應推百世豪。①

《燕子磯蘭若尋蒼翁題字》：

　　江東王氣已全枯，豈有重興赤伏符。半夜秋風出靈谷，千船軍火竄焦湖。孤生逐日空三足，碧血沉淵尚一壺。此日彌甥輯遺事，可憐題字竟模糊。②

第一首詩贊歎晚明名臣賀逢聖。逢聖爲萬曆四十四年殿試第二人。性狷介忠直，不屈於閹党擅權，既不爲所容，則慨然掛冠。崇禎年間復入閣，因與首輔不合，再度致仕。明末武昌城破，北向叩頭，遂投墩子湖自盡，故詩有“南天繼有公，並先鼎湖淪”“晚節亦無忝，一慟隨靈均”之語。第二首追悼晚明儒學大師劉宗周。宗周之節概，無愧一代完人，弘光元年效法伯夷叔齊，絕食而死，感天動地。第三首弔明末學者、抗清英雄黃道周。抗清失敗，道周被俘殉國，諡曰忠烈。第四首紀念張煌言。煌言素有大志，慷慨好論兵事，在明末與鄭成功抗清，最著聲名。其力挽大廈於既倒，可歌可泣。謝山嘗撰《明故權兵部尚書兼翰林院侍講學士鄞張公神道碑銘》詳述其生平事迹。集中相關詩歌作品亦多，因謝山族母系蒼水先生之女，故上引詩中以“彌甥”自稱。“孤生逐日”“碧血沉淵”八字寫出蒼水孤忠抗清之壯烈慘絶，讀之刻骨銘心。

　　辨忠佞，使死者可生，生者可愧；而分邪正，意在崇尚正直，激濁揚清。謝山平生負氣忤俗，好評騭人物。其所負之氣，乃剛棱正氣；所忤之俗，乃曲邪之僞俗。忠佞，在時代轉關之際最易顯現；邪正，於日常生活處處可見，此二者謝山視爲人格之權衡，褒貶之情每每臨紙而發。《著老書屋分賦梅事，予得吟梅》詩云：“有香慰幽獨，無句寫孤清。雪釀景高寒，山深

---

① 《過石齋先生正命處，詩以弔之》，《全祖望集匯校集注》，第 2045 頁。
② 《燕子磯蘭若尋蒼翁題字》，《全祖望集匯校集注》，第 2048 頁。

太古情。"①如果説辨忠佞,崇尚者在"孤忠"二字,那麽梅之"孤清",不畏高寒,正是謝山所推許的不隨流俗,超然拔群的品質。這裏不妨一讀謝山《追哭陶穉中太常》詩:

> 五湖音間久寥寥,渴欲相逢話久要。一夜怪風吹夢冷,廿年舊雨泣魂消。直言去國良無愧,醇酒傷身豈所料。從此故人狂簡性,更誰散髮共招邀。

詩後作者自注本事值得注意:"穆堂(按,即李紱)先生嘗曰:'謝山之疏放極矣,而穉中又過之。'然予嘗謂穉中若與時俯仰,固不至左遷,即左遷亦尚可回翔光禄、鴻臚之間,以求再振。而穉中飄然歸田,竟以貧死,是則其不可及者。時穆堂已病,予見之白下,歎曰:'穉中乃能如此!'"②

關於陶穉中其人的情況,從謝山《答陶穉中編修論江省志稿書》中可略知。另外在瞿紹基《海虞詩苑續編》及龍顧山人(郭則沄)《十朝詩乘》中有較多詳實的記載。③ 其爲江南海虞人,雍正八年進士,改庶吉士,授編修。乾隆元年典試四川,由翰林官至太常寺卿。乾隆四年魏廷珍因事罷官,陶穉中以廷珍頗負清望直諫而犯顔,遭左遷,旋即辭官南歸,授徒自給。後雖有機會入都補官,決不從勸。其生性高亢,遇人毫無粉飾,是非所在,直言不諱,屬"直道抗言當世弊,孤根恥傍要人津"者。④ 嘗作《神祠柳》詩,譏刺"動搖從風斜,低回向人舞"之世相,最見其真性情。這種不拘榮利,寧孤清貧窘,不與時俯仰的精神,正是謝山所崇尚的人格。他曾有詩感歎世風"晚季以來,漓而不淳;玉樹凋傷,滿目荆棘",⑤在詩中遠頌陶淵明之樂貧清宕,近贊陶穉中之直道狂簡,用心正在於建樹典型,挽救世道人心。

---

① 《著老書屋分韻梅事,予得吟梅》,《全祖望集匯校集注》,第 2285 頁。
② 《追哭陶穉中太常》,《全祖望集匯校集注》,第 2141 頁。
③ 分詳羅時進等點校《海虞詩苑·海虞詩苑續編》,上海古籍出版社 2013 年,第 450 頁;卞孝萱等點校:《十朝詩乘》,福建人民出版社 2000 年版,第 388 頁。陶穉中,《海虞詩苑續編》載爲陶穉衷,其名陶正靖,號晚聞,字穉衷。關於陶穉中的事迹,全祖望《追哭林晴江太常》亦有所提及,見《全祖望集匯校集注》,第 2138 頁。
④ 全祖望《追哭林晴江太常》見《全祖望集匯校集注》,第 2138 頁。該詩中謝山將林晴江與陶穉中並稱,對瞭解陶穉中爲人有所助益。
⑤ 《漳浦黄忠烈公夫人蔡氏寫生畫卷詩》,《全祖望集匯校集注》,第 2085 頁。

凡忠義正道之人，必懷民胞物與之心。自辭官歸鄉，謝山相當困頓，"斗酒隻雞良不易，蔥湯麥飯亦蕭然"。① 有《度歲困甚，而老友陳南皋之困更甚於余，欲拯之而不克，爲之一歎》詩云："孤負諸公緩急需，而今我亦歎枯魚。龍川從此成狼疾，空自印須望駏虛。"②其"枯魚"之喻寫盡度歲維艱之情。儘管如此，"生民水旱大可念，故人出處尤關情"，③斯民之痛苦，常在謝山心中。《今年春雨極多，而吾鄉水無儲蓄，四月中洩錢塘湖以種稻，數日又竭，有感而作》（三首之一）云：

> 七鄉旱洩錢湖水，三日俄成涸轍魚。天帝似應憐瘠土，杞人空自驗農書。誰家閉糴思安枕，有吏催科尚滿車。自古勤民在溝洫，長官何以莫句餘？④

首聯寫當地水田乾涸，一片龜裂。頷聯呼天帝應憐瘠土，且怨且憂。頸聯直寫民不聊生，而地方官吏催租卻一如既往。尾聯以激憤之聲譴責：自古爲官者應拯民於溝洫，卻爲何置百姓生死於不顧？這首憫農之作，讓我們再次看到自杜甫以來詩歌中民生主義立場的鮮明體現。在這一組詩的第二首中，詩人云"天末逐臣如鼯鼠，驚心先在甬江皋"；第三首云"夜向重霄覘月暈，神皋那得聚滂沱"，其驚心覘月、期盼滂沱云云，決非詩人泛泛應景語，乃劌心刿肺之言。而一旦地方遭受水災，詩人亦憂心如焚。如《苦雨詩》："春水綿連不可住，轉眼驕陽定足慮。斯人困悴無生趣，六龍聞向東方駐。我欲陳詞到日御，急鞭羲和殺雨勢，嗟乎二麥三蠶半天瘀！"⑤這類憫民詩在鮚埼亭集中頗多，他曾以數語概括："老生常咄咄，非爲一身饑與寒。""太息斯民困飢火，縱臨枕簟亦焦然。"這種民生爲本的精神已經成爲謝山的自我意識，即在痛苦生民這一對象中看到自己，自我與對象融爲一體，相映感發。正因爲如此，民生爲本的意識構成了鮚埼亭

---

① 《甘谷以重三日過我，亭午不能作一飯，内子以糕進，漫賦一律以索笑》，《全祖望集匯校集注》，第2118頁。

② 《度歲困甚，而老友陳南皋之困更甚于余，欲拯之而不克，爲之一歎》，《全祖望集匯校集注》，第2116頁。

③ 《月夜唐樓舟中，次樊榭韻》，《全祖望集匯校集注》，第2201頁。

④ 《今年春雨極多，而吾鄉水無儲蓄，四月中洩錢塘湖以種稻，數日又竭，有感而作》，《全祖望集匯校集注》，第2063頁。

⑤ 《苦雨詩》，《全祖望集匯校集注》，第2222頁。

詩内涵性的主題。

浙東學派講求經世致用,重視人格力量。"古人觀世道,首重在人心。天地縱多故,此志終昭森。其或不然者,天地且胥沉。"①這裏的人心,實際上就是至善大有,忠貞正直,悲天憫人,推己及物的典型人格。謝山詩歌創作的過程,從題材選擇到敘事抒情,都有建構這種典範型人格的訴求,而其建構過程始終映照着自身的"社會性本能和同情心"。② 讀謝山詩正可以直觀其人,而人的風貌精神,與詩的風采氣度具有高度的一致。我們甚至可以説,謝山之人格品質,也就是其詩學品質。他的人格世界與詩學世界共有一個疆域,存在和思考是他最慣常最合理的行爲作品,而存在和思考的氛氳在鮚埼亭集中化爲滲透情感的詩行,即成爲最慣常最合理的抒情、寫作。

## 二、文本:地方性知識敘寫

清代文學家,往往同時也是文獻學家,尤其江南一地,"乃古名勝之區,其分野則上映乎斗牛,其疆域則旁接乎閩越,又襟長江而帶大河,挺奇峰而出秀巘,故其靈異之氣往往鍾於人發於文章"。③ 文學家不但善於飛文染翰,卷帙纍纍,而且對歷史文獻、地方文獻的搜集整理也情有獨鍾,狂臚地方文獻,不惜耗盡畢生精力者在在皆是,所謂"文獻無徵,後生之責。夫責固有之,情更應爾"。④ 因爲有了這種使命意識和不懈努力,才使得大量的地方文獻能夠保存,江南方成爲真正意義上的文獻之邦,成爲有文獻見證的歷史文化高原。這種努力也使得江南長期雅道弗替,人文傳統賡續綿延。

謝山是以"詳於史及江南文獻"著稱的,⑤研究者都普遍關注並討論過這一問題。值得注意的是,謝山之文獻搜集整理是一種自覺的文化行爲,以這種文化自覺進入到詩歌創作領域,往往使文本成爲"地方文化志"

① 《感懷》,《全祖望集匯校集注》,2156 頁。
② 羅爾斯頓:《哲學走向荒野》,吉林人民出版社 2000 年版,第 34 頁。
③ 穆彰阿:《潘氏科名草序》,潘世恩:《潘氏科名草》卷首,清光緒三年吳縣潘氏燕翼堂刻本。
④ 張明觀、黃振業編:《柳亞子集外詩文輯存》,上海人民出版社 2011 年版,第 289 頁。
⑤ (清)錢林:《全祖望傳》,《全祖望集匯校集注》,第 2720 頁。

的樣態。在這種文本樣態中,他憑藉對地理和人文歷史的熟知,以"文化持有者的内部眼界"展開了地方性知識的書寫。①

　　這裏的"地方性知識"書寫,指的是以對地方文化的深入理解,具體表現出當地的物質文化和非物質文化,説明什麽是地方生活的一般形式。在一般性基礎上揭示出獨特性,形成最貼近感知的、豐富生動的地方知識體系。地方性知識與普遍的社會知識相同,其譜系由人、事、物三方面構成,只是在方法上須用"最富地區性的地區性細節和最富普遍性的普遍性結構"來進行深度描寫。② 在通常情況下,人、事、物三方面是互相聯繫的,如錢林《全祖望傳》所舉《續甬上耆舊集》:

　　　　祖望留意鄉邦文獻,因李嗣鄴《甬上耆舊集》,續而廣焉,人爲之傳,凡百六十卷,即題曰《鈔詩集》,視李加覈。其辨大夫種非鄞産,漢會稽三都尉分部録,所説尤精審。③

《續甬上耆舊集》即匯人、事、物於一體,保存人事,形成文本,傳之後世。這裏我們再讀《題李丈昭武殘集後》詩:

　　　　讀盡梅邊稿,無如生祭文。豪芒要足重,流落又何云。纏綣鮫人淚,蕭寥鯤壑雲。苦心有群從,聊以慰殷殷。④

昭武,即李文纘,鄞人,世稱礜樵先生。以諸生薦授駕部郎中,後從錢肅樂舉兵,事敗遨游四方,詩、書、畫稱三絶,學術亦精。然"近者吾鄉後學,茫然於桑梓典型之望,如先生者,不過謂其能書,豈知其詩古文詞? 縱稍耳食其詩古文詞,要不知經學、史學之深沉博大。至於故國大節,足以麗日星而降霆電者,則幾無一人能言之"。⑤ 謝山"就其家求得殘集,選得三百篇與之,亦足見其大概"。同時他爲李文纘集寫作《集序》,又撰寫《墓誌銘》,如此"礜樵先生"方成爲甬上地方文化譜系中一個永存的標識。

---

　　① ［美］柯利弗德・吉爾兹:《地方性知識:闡釋人類學論文集》,中央編譯出版社 2000 年版,第 70 頁。
　　② ［美］柯利弗德・吉爾兹:《地方性知識: 闡釋人類學論文集》,第 90 頁。
　　③ （清）錢林:《全祖望傳》,《全祖望集匯校集注》,第 2722 頁。
　　④ （清）全祖望:《題李丈昭武殘集後有序》,《全祖望集匯校集注》,第 2112 頁。
　　⑤ （清）全祖望:《礜樵先生集序》,《全祖望集匯校集注》,第 1223 頁。

地方性知識的敘寫,需要作者自身有足夠的地域文化的學養,同時以生命情感投射於寫作對象,用語言和邏輯構築起思想的河床。在謝山所處的那個時代,甬上地區,也許只有他最具有這種條件了,他也當仁不讓地承擔起這份責任。這裏我們有必要對謝山之《句餘土音》專門作一番分析,此集堪稱地方文化志專輯。關於編纂緣由,其《句餘土音序》所論頗詳:

> 數年以來,前輩凋落,珠槃之役,將以歇絕。予自京師歸,連遭荼苦,未能爲詩。除服而後,稍稍理舊業,與諸人有真率之約,杯盤隨意,浹旬數舉,而有感於鄉先輩之遺事缺失,多標其節目以爲題。雖未能該備,然頗有補志乘所未及者。其敢謂得與於斯文,亦聊以志枌社之掌故,亦未必無助乎爾。①

真率社是謝山乾隆七年(1742)前數年間與當地陳南皋、李甘谷、胡君山、董純軒、范緘翁、董逸田等十多位詩人組織的詩社。與清代江南其他地區詩社有所不同的是,真率社的寫作乃"有感於鄉先輩之遺事缺失,多標其節目以爲題"。而從"志枌社(按,即家鄉故里)之掌故","有補志乘所未及"來看,謝山欲作地方文化志,弘揚地域文化的目的是很鮮明的。他們在春容大雅的文會中,充滿興趣地進行四明地方的人、事、物的敘寫,每次敦槃之會都爲浙東文化地圖增加新的標誌,使之不斷周遍和完整。《句餘土音》因編輯匆忙,現存數百首詩只是部分作品而已,絕大部分都是謝山本人的詩歌,故而可以看作謝山以自覺意識進行地方知識書寫的具體樣本。

土物是自然地理之物,關乎生活之日用,屬於日常知識層面,然而卻具有地方文化源起和象徵的意義,是地方文化志不可缺少的部分。謝山仿佛一位田野調查者,對此給予特別的關注。茲不妨聊舉詩題:

> 《四明洞天土物詩》:《赤堇山堇》《梨洲梨》《雙韭山韭》《菁江菁》《大梅山梅》《茭湖茭》《蜜巖蜜》《簟溪簟》《乳泉乳》。《同人游四明山中分賦土物五首》:《五色雉》《犀牛》《青毛金文龜》《黃領蛇》

---

① (清)全祖望:《句餘土音序》,《全祖望集匯校集注》,第 1234 頁,又見 2314 頁。前後兩個文本文字略有不同,此處以前者爲據。

《石燕》。《鮚埼土物雜咏》:《石蟲去》《土蛈》《沙蒜》《海扇》《海月》《海鰻》《青蝌》《霜蟲孱》。《小江湖土物詩》:《蕙江鯿》《北巖頻伽》《仲夏子》。《四明土物雜咏》:《菜花鯊》《荔枝蟶》《錦蓮花蛤》《竹蠣》《丁香螺》《桃花鯔》《楊花社交》《桂花石首》《梅蝦》。《再賦鮚埼土物》:《東海夫人》《西施舌》《郎君魚》《新婦臂》《水母》。《岱山土物詩六首》:《惠文冠魚》《綬魚》《帶魚》《甲魚》《大算袋魚》《擁劍》。

無論如何在此我們只能列舉《句餘土音》中的部分土物詩,即使如此,謝山不厭其煩,一咏再咏,種類之多,蒐集之全,已足以令人驚訝。對於這些土物,作者細心地將雅稱和俗稱作語言學上的對照,涉及相關學術問題,則在題解或字詞下詳加按斷。如《赤堇山堇》題注:"以芨堇之堇,爲堇荼之堇,始於孔穎達,正所謂讀《爾雅》不熟也。《延祐慶元志》辨之甚明詳,而《成化寧波志》復沿《詩疏》之謬。"凡其中掌故,則更詳加交代。如《篔溪篔》題注:"《四明山志》篔溪當是大小皎口之溪。謂之篔溪者,故老嘗於水中見仙篔焉。"詩後又注云:"慈水馮侍郎愛此溪,欲投老焉而不克。"①《大嵩鹽》則從"吾考古四鹽,其種各以分"開端,以五言二十四韻的篇幅,對其産地、品質、征榷、價值以及相關傳説逐一述録,幾如一份大嵩鹽小史。這表明謝山對地方土物的詩化寫作,其意不僅在於土宜之實録,同時投射了濃厚的史學興趣。

詩,可以興、觀、群、怨。謝山對浙東土物觀察、發現、記録的過程,自然更多的緣於詩興,藴含情感。其《毛竹洞天毛竹行》云:"吾鄉到處風竹清,百千種類不可名。""渭川千畝僅凡骨,淇園亦復無神靈。"②愛賞溢於言表。《吴綾歌》云:"大花璀璨狀五雲,交棱連環泯百結。濯以飛瀑之赤泉,蜀江新水不足埒。"③意緒自得逸宕。在《阿育王山晉松歌》中詩人以"巋然老松乃神物,豈關八萬四千塔影所昭融"極力表彰,内心孺慕肅穆。在對民間風俗的記述中,謝山的鄉土情感更盡情流露,《甬上中秋改日詩》是一個突出的例證。這首詩寫的是當地獨特的風俗現象,題注云:"甬上中秋獨在望後一日,或云史真隱翁所改,然亦有謂魏王判府時所改者。"詩人起首問道:"普天中秋在今日,吾鄉何以在詰朝?詰朝圓魄已漸減,

① 分見《全祖望集匯校集注》,第2317、2318頁。
② 《毛竹洞天毛竹行》,《全祖望集匯校集注》,第2392頁。
③ 《吴綾歌》,《全祖望集匯校集注》,第2419頁。

秋客何以成佳招?"接着用詩筆將一個神奇傳說寫得半真半幻:"相傳宋家真隱翁,北堂鶴算移良宵。西向瑤池乞王母,莫令急汛隨驚濤。王母爲之遣青鳥,致意老蟾停蘭橈。……老蟾再拜啓素娥,一夕信信住神皋。"①對此謝山認爲:"吾鄉佳話此所獨,普天中秋無此豪!"這種獨有的風俗,不僅豐富了句餘土音的内容,而且爲甬上地方文化增添出某種神幻色彩。

《句餘土音》中詩篇最多的還是藉遺物以懷人,循遺迹而溯往。在謝山的地方知識書寫意識上,歷史遺迹是一種精神範疇的"土物",具有格外重要的人文價值。"宗臣有遺像,歷劫存厓略。芳魂箕尾游,寒芒鯨背落。已埋黄蘗神,重溯鄧林魂。大節擬松筠,舊社光粉柞。吁嗟百煉鋼,文(天祥)謝(枋得)差相若。只手扶墮天,星漢共炳爍。"②這是對錢肅樂遺像的題寫,與"可憐彼降臣,幽魂犬不嚼"形成精神上的強烈對照,是甬上"土音"中最動人的音符。

四明自古爲鍾靈毓秀的山水勝地,歷代名臣、學者、寓公、隱士和壯游者曾在此留下很多遺址故迹,謝山在《句餘土音》中用史家觀念運以知識考古方式一一記載。如同人泛舟西湖(甬上月湖),即賦湖上故迹,有錢集賢偃月堤、陳忠肅公尊堯書屋、史忠定公洞天、朱灂山先生信天緣堂、皇子魏王涵虛館、樓宣獻公登封閣、趙元州梅花牆、袁進士祠等;同人游阿育王山,即賦山中故迹,有陶隱居戒室、璘師供奉泉、璉公辭鉢亭、坦長老還金坊、王文公祠、楊孝子筍輿徑、趙制使齋房、呆公規誡閣、李檗庵墓等;同人泛舟南湖,即賦湖上故迹,如蔣金紫公園、薛氏義門、黄文潔公寓亭、陳參議西麓、韓太守昌黎泉、高直閣竹墅等;過芍庭,即賦錢氏先世故迹,如芍藥沚、具慶堂、書錦坊、清風軒、正氣堂、漱石居、歸來閣等。

當我們此時在筆下列舉出這些建築和地名時,顯得多麽抽象、繁瑣、枯燥,但千萬不可忽略作者進行文化踏訪和考録的用心。裝在《句餘土音》這個歷史的行囊中,每一個遺迹,甚或一座小山,一川溪水,都度藏着歷史文化意蘊,成爲一個文化符號,而符號與符號之間有着可以聯繫品味,可以貫穿理解的意義。在自然景觀和遺址物名後面,謝山總是力圖揭示出歷史的厚度。試讀《大雷静水洞訪謝玄暉讀書處》:

---

① 《甬上中秋改日詩》,《全祖望集匯校集注》,第 2380 頁。
② 《題錢忠介公像》,《全祖望集匯校集注》,第 2338 頁。

　　　　諸謝游蹤遍浙東,釣磯琴屋不可數。大雷静水尤清奇,云是玄暉
　　讀書處。晴嵐夾道泄瀑流,故應釀出驚人句。想見搔首問天時,瑤草
　　仙葩助天趣。諸謝詩格各入神,玄暉俊逸尤獨具。唐風亦自玄暉開,
　　青蓮低首拜白紵,始安幕下誇晚遇。玉折蘭摧東市去,何如老向此
　　山住。①

大雷山、静水溪是謝朓創作的情境,與六朝至唐代詩歌發展史具有潛在的
關聯。這一篇"土音",其實是一段音聲瀏亮的中古詩論,從一定意義上
説,也是對浙東詩歌發展源起的梳理。同樣的例子頗爲多見,在《句餘土
音》中我們可以看到吳國虞翻故址都尉講社、唐代虞世南故址永興墨池、
賀知章釣臺、宋代王尚書汲古堂、元代袁文清公羅木堂等。由此可知,謝
山筆下的"土音"具有豐富的内涵,同時又是多聲部的,可組合的。隨着它
的音律,人們可以在浙東甬上作自由的文化旅行,在遠近斑斕的風光中,
領略深邃的地方文化圖景。

　　全謝山半個世紀的生命歷程,是與其浙東甬上家鄉緊密相連的,即使
爲官於京師,或游歷吳中,或教授嶺南、甬上,這一生命之母體都和他胞臍
相系。他對鄉土的一切投入了極其充沛的感情,"山、河、泉、水塘,對他來
説,不只是引起興味的或美麗的風景;它們是自己祖先的作品。他看到了
在周圍的景致中留存着他所崇敬的不朽生靈的生活與功績的往事;短時
間内會再現人形生靈;在自己親身經驗中認識其中不少人的生靈。整個
家鄉是他的古老而永存的家庭譜系之樹"。② 從這一意義來看,謝山對地
方性知識的深度描寫和闡釋,與通常的"詩有別趣"無關,真正的驅動力量
來自他内心,即對"古老而永存的家庭譜系之樹"那種無可替代的生命
情感。

# 三、詩風: 自立於唐宋之外

　　一般認爲清詩的成就超越元明,抗衡唐宋,形成了古代詩歌史上的
最後一個高峰。這一看法值得認同。傳統詩學觀將清詩略分統緒,無

---

　　① 《大雷静水洞訪謝玄暉讀書處》,《全祖望集匯校集注》,第 2390 頁。
　　② [法] 列維·斯特勞斯:《野性的思維》引斯特萊羅語,商務印書館 1987 年
版,第 277 頁。

非宗唐、宗宋,或唐宋兼宗三派,宗唐者多詩人之詩,宗宋者多學人之風,唐宋兼宗者則合詩人之詩與學人之詩於一身。若以此觀之,全謝山之詩學門徑如何? 將謝山詩放到清代詩歌發展的總體格局下,當作怎樣的評價?

關於全祖望詩歌的特點和成就,前人多三緘其口,這是比較奇怪的。就連其古文,在清代文壇自足稱大家,但生前亦未得到公正評價,杭世駿僅在《詞科掌錄》之"餘話"中載其擬作之賦而已。個中原因,在其門生董秉純的《答范羡亭書》中透出一些消息:

> 憎兹多口,惟士爲然。謝山生前,譽之者常不及毀之者之半,同鄉尤甚。夫毀之者,豈真有所刻薄於斯人哉? 人各是其所見,同聲相應,同氣相求。謝山之應求,原不易與之同,既自是其所是,則出乎其所是者,焉得不非之、笑之,甚且至於詈罵也。近則潦水將盡,寒潭可清矣。①

這種"譽之者常不及毀之者之半"的情況,乃爲古代許多性情狂簡伉直者的共同遭遇。譽隨謗生,榮辱參半,是耿狷勇義者足可慶幸的偶然;英雄扼腕,泣血宵吟,則往往是人物命運的必然。就謝山而言,這顯然與他是非峻厲、善惡不掩、不能容物的個性有關,與他獨立於時風衆勢之外的史學評價有關。他那種勇於義而從不苟且的行止與精神能夠得到後來具有"理解之同情"者的喝彩,但在歷史現場,這種喝彩聲相當稀落。可以說,謝山是站在一片時代背景與個人因素疊加的巨大的陰森樹蔭下,這片樹蔭遮蔽了他的文學創作,影響了世人對他詩歌作品的態度。

在這個問題上,杭世駿在謝山易簀後所作的《全謝山鮚埼亭集序》不可不提。全文開頭有一段頗具贊譽色彩的話:"謝山全氏,有其鄉先輩浚儀、慈溪兩先生之學,而才足以振其滯,口能道其胸之所記,手能疏其口之所宣,牢籠穿穴,雜糅萬有,其匆可及也矣。"然而接着文筆一轉發爲議論:"德產之致也精微,禮之内心也;德發揚,詡萬物,其外心也。德勝文,厚積而薄發;文勝德,侈言無驗,華言而不實,多言而躁。之數者之過,謝山微之,謝山其知惕矣乎!"其下更有"高一世之才而不聞道","於五行爲妖,

---

① (清)董秉純:《答范羡亭書》,《全祖望集匯校集注》附錄,第 2745 頁。

於文詞爲罪"云云。① 全文寫得"若譽若嘲,莫解所謂",②字裏行間的怨懟之氣、非議之言曾引起謝山弟子譁然,引出多少筆墨官司。

全、杭二人曾有 30 年交誼而最終凶終隙末,不免令人歎息。從道光年間始即有人著文,爲謝山鳴不平。現當代學者蔣天樞、謝國楨、柴德賡等先生也都參與討論,研究謝山受詆毀的原因,意見頗爲交錯。③ 理清這筆舊賬實在不易,但基本的看法是,此《集序》包含了私怨,誠不能作爲對謝山的定評,亦不宜作爲對其創作的一般看法。相比較而言,近人李慈銘的相關評語值得一提:

> 先生詩爲餘事,而當日與杭董浦、厲樊榭、趙谷林、意林、馬嶰谷等唱和極多,頗以此得名,亦頗以此自負。其詩學山谷而不甚工,古詩音節未諧,尤多趁韻,然直抒胸臆,語皆有物。其題目小注,多關掌故,於南宋殘明事,搜尋幽佚,尤足以廣見聞。五七言律頗有老成之作。④

此論之出,離當年謝山與同時代人的恩怨繚繞已遠,大體回歸到詩學本體上來討論了,故較爲公允。觀謝山全部詩歌,的確五七言律音韻合節,意象沉博,大含細入,佳作絡繹,在各體中無疑可稱上品,如寫景之作《雨霽同人集南屏,補燒筍之約,分韻賦湖中新綠》:"誰洗繁穠浄,晴光放滿山。三春無此日,積翠乍開顔。天入重湖碧,人依静域閑。時聞黄鳥唱,深處度緡蠻。"⑤詩致清麗,情景幽曠。爲紀念周順昌(蓼州)的《周忠介公墨城詩爲沈寶研作》:"此研猶餘碧血痕,蓼州手澤重瑤琨。虎嵺地脈紛縱橫,胥浦潮聲共吐吞。黨部已隨城社化,墨池賸有水雲存。風流更憶寒山叟,一卷長箋應細論。"⑥筆力沉雄,意境悲涼,置於清代咏史詩中亦當爲"老

---

① (清)杭世駿:《全謝山鮚埼亭集序》,《全祖望集匯校集注》附録,第 2730—2731 頁。

② (清)徐時棟:《煙嶼樓集》卷一六《記杭董浦》,清同治元年刻本。

③ 楊啓樵在《全謝山與杭董浦的結怨糾葛》一文中有相當詳盡的綜述與分析,見鄞州區政協文史委編《史心文韻》,寧波出版社 2007 年版,第 263—282 頁。

④ 李慈銘:《越縵堂日記》評語,見《全祖望集匯校集注》附録,第 2752 頁。

⑤ 《雨霽同人集南屏,補燒筍之約,分韻賦湖中新綠》,《全祖望集匯校集注》,第 2219 頁。

⑥ 《周忠介公墨城詩爲沈寶研作》,《全祖望集匯校集注》,第 2166 頁。

成之作”,李慈銘可謂有識。但在謝山詩宗尚問題上稱“其詩學山谷而不甚工”,則未切肯綮。客觀來說,謝山詩學之宗尚相當自立,並不拜於前代一家門下,尤其與山谷詩並不相近,不宜將其歸到江西一脈。

大致説來,謝山的詩能融通匯鑄古人,致身高處而自放眼量。爲數不少的《薤露詞》《琴操》,其風格在漢晉之間;古體之作法乳香山、昌黎,下及宋代詩人;五七言律則兼具中晚唐和江西詩派風裁;歌行長律追步中晚唐,部分短章如《小赤壁歌》等似詞非詞,空諸依傍。能包孕唐宋而自立於唐宋之外,這是他詩歌創作最顯著的特色。當然,其中也包含了某種不足。謝山詩標格自高,究其原因,乃深於才學,贍於腹笥,自是所是,不宗一派,能別成面目。作爲一個性情桀驁、自由疏放的詩人,他給了自己極大的思想空間和表現空間,故其詩有史實、有性情、有思想、有張力,能在古今之間、雅俗之間、愛憎之間騰天潛淵,直抒胸臆。但在這一過程中,難免有一部分作品即事敷題,任情而爲、負氣而作的痕迹也時有顯露。特別是他的史學好尚總情不自禁地表現於詩中,有時使詩和史的界限顯得比較模糊。當歷史學的重重迷霧凝聚爲他詩歌中的一串水珠時,這串水珠看上去難免欠缺了晶瑩和靈動。

謝山《海若招賞其家園梅花,和予寶巖詩韻,再索同作》有“主人玉雪腸,與花共空泠。讀我游録罷,賞我硬語橫”句頗可注意。“硬語橫”,是謝山詩的突出現象,既懷學人之才,且負雄桀之氣,故詩多硬語又出。這種硬語,賞之非之實在是見仁見智了。説是唐代韓孟一派的風格,或宋人詩學的氣質,或許都不爲錯,但一定要將後人創作的風格用絕對觀念套到或唐或宋的路數上去,是“詩分唐音宋調”理論的習慣性表現,並非真正切近的體察。清代康熙朝以後,文人就大都既讀唐詩,也讀宋詩了,對各家數之喜好自有偏重,但真正染翰搦管時,往往筆下並沒有唐宋的畛域,全部詩學修養融入個性之中,即事就興而書,性情傾向使所謂的詩學宗尚變得相當模糊。在《天放》詩中謝山已經透露出自我評價:“我有花乳石,價比青瓊瑩。欲以持贈君,別署天放生。”[1]天放自然,任真縱性,這便是謝山之人之詩。

這裏有必要再看一下他的《偶示諸生》詩:“沈郎曾有膏肓語,爲讀君詩長傲多。幾度沉吟難自克,江河滿目正頽波。”自注云:“吳江沈果堂徵

---

① 《天放》,《全祖望集匯校集注》,第2405頁。

士謂讀予《鮚埼亭集》,能令人傲,亦能令人壯,得失相半,予甚佩其言。"①
這是同時代人對其詩的直言褒貶,出於摯友之言,謝山相當首肯。但在
"江河滿目正頹波"的時代,謝山需要的是以思考和批判的力量,重建典範
人格,焕發人文精神,故寧可稍欠詩境圓融,也要保持詩意的張力。如此
得失相半,其了然於心,而又堅持若素。這全謝山的一種詩學自覺,要讀
懂一部《鮚埼亭詩集》,自當理解他的這種自覺堅持。

　　全謝山以博通經書,深研史學,整理文獻,表彰人物而著稱,是盛清以
來極有影響的浙東學術宗師,然而他又是一位性情峻潔、才學卓犖的詩
人。其詩風自立於唐宋之外而自成一家,他用詩筆努力建構時代所需要
的典範人格,並以深厚的鄉園情感進行地方性知識的書寫,在清代詩史上
具有獨特的地位。一部《鮚埼亭詩集》,滲透着其人性情,同時體現着史家
精神和學術風範。無論置於文學史上,或文化史上,全謝山都如碧海鯨
魚,其縱浪擊水,映亮一片海天,至今仍然讓我們覺得風流未遠,典範
猶在。

原載於《文學評論》2014 年第 5 期

（羅時進,蘇州大學文學院教授）

---

① 　《偶示諸生》,《全祖望集匯校集注》,第 2268 頁。

# 敦煌殘卷綴合研究

## 張涌泉

甲骨文有綴合的問題，敦煌文獻也有綴合的問題。敦煌殘卷的綴合是敦煌文獻整理研究的基礎工作之一。

## 一、問 題 的 提 出

在討論這個題目以前，有必要對敦煌文獻流散的情況作一個簡要的交代。

1900 年 6 月 22 日，王道士發現了莫高窟藏經洞，洞內"有白布包等無數，充塞其中，裝置極整齊，每一白布包裹經十卷"。① 稍後，王道士把一些精美的寫經和畫卷送給安肅道道臺廷棟和敦煌縣長汪宗翰等人。不難推想，充滿"好奇心"的王道士當年肯定已把那些白布包打開檢視過一番。1907 年 5 月，斯坦因騙取王道士的信任，在翻檢藏經洞藏品的基礎上，攫取了大批寫本文獻。1908 年 2 月，法國漢學家伯希和進入藏經洞挑選寫本，特別留意擇取背面有非漢語的卷子和帶有題記的卷子。1910 年，清朝學部電令甘肅省，將藏經洞劫餘之物悉數押運北京（今藏國家圖書館）。此前，王道士已偷偷窩藏了不少寫本。經過這樣幾番搗騰，藏經洞藏品的原狀已被極大改變，許多寫本業已身首分離。而由甘肅押運北京的寫卷，由於押運者監守自盜，攫取菁華後又把部分寫本截爲數段以充數，又人爲導致一些寫本的割裂。1914—1915 年，奧登堡率領的俄國西域考察團到敦煌考察，除在敦煌民間搜集到一批寫本外，"還在石窟底部沙土之中，發掘出大量殘卷"，②其中不少是王道士、斯坦因、伯希和等人在藏經洞內來回搗騰

---

① 謝稚柳：《敦煌石室記》，自印本，1949 年，第 3 頁。
② ［俄］孟列夫：《俄藏敦煌文獻·前言》，上海古籍出版社 1992 年版。

時掉落下來的碎片。日本著名學者藤枝晃目驗俄藏原卷後指出："奧登堡收集品的大部分很殘破，在第一本目録中，三米長的卷軸本不到百分之二十。原因可能是奧登堡訪問敦煌是在中國人已經將更爲完整的寫本送往北京之後，所以他僅收羅到遺留下來的殘卷。"①另外，上述敦煌寫本在入藏編目時也存在經帙和經卷分離的情况，使寫本原貌進一步遭到破壞。

至於那些經王道士或因其他途徑流散到民間的寫本，亦多有進一步割裂支離者。如羅振玉《抱朴子殘卷校記序》云："敦煌石室本《抱朴子》殘卷，存《暢玄》第一、《論仙》第二、《對俗》第三，凡三篇。《論仙》《對俗》二篇均完善，《暢玄》篇則前佚十餘行。書迹至精，不避唐諱，乃六朝寫本也。卷藏皖江孔氏，乃割第一篇以贈定州王氏，餘二篇又以售於海東。"②又羅氏《敦煌零拾附録》載有敦煌寫本《老子義》殘卷影本及跋文，云："《老子義》殘卷，前後無書題。存《德經》昔之得一章、反者道之動章、上士聞道章及上德不德章義解四則。……三年前，予曾從友人借觀是卷，令兒子福葆寫影，今乃得之市估手。初以後半二十八行乞售，亟購得之，復求前半，乃復得之浹旬以後。然末行尚有新割裂之迹，知尚有存者。今不知在何許，安得異日更爲延津之合耶？爰書以俟之。壬戌九月上虞羅振玉記。"③諸如此類，原來本已殘缺的寫卷，又被人爲割裂，雪上加霜，非復舊觀矣。

通過以上敦煌文獻流散情况的簡要回顧，我們可以得到以下三點基本認識：

1. 王道士、斯坦因、伯希和等人翻檢藏經洞藏品時，存在把原本完整的寫卷分裂爲數件的可能；

2. 敦煌文獻流散時，存在把一件寫卷人爲割裂成數件的現象；

3. 奧登堡收集品作爲沙土中"發掘"的結果，有不少從其他寫本中掉落下來的碎片。

---

① ［日］藤枝晃：《敦煌寫本概述》，徐慶全、李樹清譯，榮新江校：《敦煌研究》1996 年第 2 期，第 101 頁。

② 《羅雪堂合集》第三函《松翁近稿》，西泠印社出版社 2005 年影印本，第 2 頁。

③ 黄永武主編：《敦煌叢刊初集》第 8 册，第 791—792 頁。羅氏得於市估之手的《老子義》殘卷現藏國家圖書館，編號爲 BD14649，卷背有羅振玉題"老子義疏殘卷"。國家圖書館另有 BD14738 號，與 BD14649 號筆迹行款相同，内容連續，王卡認爲羅氏所謂 BD14649 號"末行尚有新割裂之迹"者，即 BD14738 號，二卷先後銜接，可以完全綴合，羅氏"延津之合"得成現實。至於該卷内容，王卡疑爲魏何晏的《老子道德論》之殘篇，說詳王卡《中國國家圖書館藏敦煌道教遺書研究報告》，《敦煌吐魯番研究》第 7 卷，中華書局 2004 年版，第 362—363 頁。

正因爲如此,姜亮夫把殘卷的綴合當作敦煌文獻整理研究"成敗利鈍之所關"的基礎工作之一,他説:"卷子爲數在幾萬卷,很多是原由一卷分裂成數卷的,離之則兩傷,合之則兩利,所以非合不可。"①

## 二、綴合工作的回顧

敦煌文獻的綴合,幾乎是和敦煌文獻的整理刊佈同步展開的。1910年前後,羅振玉、蔣斧、王仁俊等人抄録刊佈法藏敦煌文獻,便注意到了寫本的綴合問題。如羅振玉《鳴沙石室佚書》卷首 P. 2510 號《論語鄭氏注》提要云:"鄭注《論語》,唐以後久佚。宣統庚戌,東友内藤湖南、富岡君攝兩君先後寄其國本願寺主大谷氏所得西域古卷軸影本至京師,中有《論語·子路》篇殘注九行,予據《詩·棠棣》正義所引定爲鄭注,已詫爲希世之寶,爲之印行矣。越四年,法友伯希和君又寄此卷影本至,則由《述而》至《鄉黨》,凡四篇。……每篇題之下,皆書'孔氏本,鄭氏注',楮墨書迹,均與本願寺本不殊,蓋一帙而紛失者也。"②但由於當時人們研閲敦煌寫本主要依靠伯希和寄贈的照片,所見數量有限,所以真正的綴合還談不上。後來劉復編《敦煌掇瑣》(國立中央研究院歷史語言研究所 1925年),係編者在法國國家圖書館親自抄録所得,所見寫本的數量大大增多,因而得以勘其異同,進行比較和綴合的工作。如該書所輯 P. 2648、2747號均爲"季布歌",編者於 P. 2747 號之首云:"此頗似後文二六四八號之頭段,兩號原本紙色筆意并排列行款均甚相似,疑一本斷而爲二,中間復有缺損。"劉氏疑 P. 2648、2747 號係"一本斷而爲二",極是,二本銜接處原文應爲"自刎他誅應有日,冲天入地苦無因。忍飢[受渴終難過,須投]分義舊情親。初更乍黑人行少,越牆直入馬坊門"等句,其中 P. 2648 號首行"黑人行少越牆"六字的右側缺畫被割裂在 P. 2747 號末尾,二卷綴合後前五字可得其全,所缺僅"受渴終難過須投"六字而已。(圖一)

繼劉復之後,向達、王重民、姜亮夫、王慶菽等陸續赴巴黎、倫敦調查、抄録敦煌文獻,在寫本的綴合方面也有進一步的收穫。如王重民《巴黎敦

---

① 姜亮夫:《敦煌學規劃私議》,《敦煌學論文集》,上海古籍出版社 1987 年版,第 1011 頁。

② 《鳴沙石室佚書》,東方學會 1913 年影印本,第 3 頁。王重民《敦煌古籍敍録》收入該提要,王氏按云:"兩卷書迹殊異,絶非一帙而紛失者也。"中華書局 1974 年版,第 65 頁。

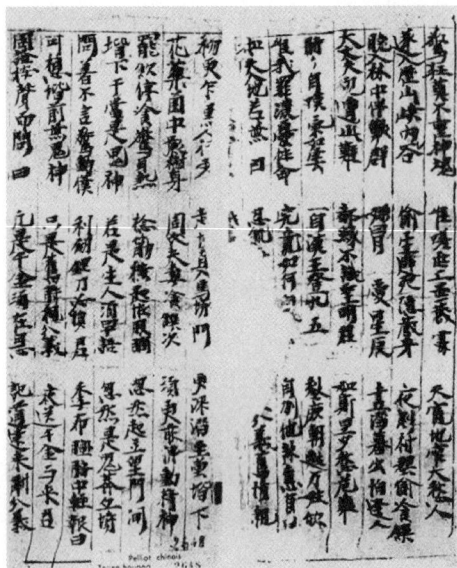

圖一　P. 2747（右）+P. 2648 綴合圖

煌殘卷敘録》第一輯（北平圖書館，1936 年）卷一《爾雅注》云："《爾雅》郭璞注殘卷，存《釋天》第八，至《釋水》第十二。自《釋地》'岠齊州以南戴日爲丹穴'句，斷爲二截。今《巴黎國家圖書館敦煌書目》，上截著録在二六六一號，下截著録在三七三五號，驗其斷痕與筆迹，實爲一卷。"更可喜的是，這時已開把不同館藏的寫本綴合爲一的先河。如王重民《巴黎敦煌殘卷敘録》第二輯（北平圖書館，1941 年）卷四《李嶠雜咏注》云："斯坦因所得五五五號，爲殘詩十七行，有注；伯希和先生所得三七三八號卷，僅六行，詩注均相似，書法亦同，知爲同書。"如圖二、三所示，二卷雖先後不能銜接，但款式書迹略同，確應爲一書之割裂。

20 世紀 50 年代以後，隨着英、法、中三家館藏敦煌文獻縮微膠卷的先後公佈，尤其是 80 年代後英、俄、法、中館藏敦煌文獻影印本的陸續出版，爲人們閱讀敦煌文獻帶來了極大的便利，敦煌寫本的全面綴合也才真正有了可能。如王重民等編《敦煌變文集》、《敦煌遺書總目索引》（以下稱《索引》）、黃永武編《敦煌寶藏》（以下稱《寶藏》）、徐自强主編《敦煌大藏經》、榮新江編《英國圖書館藏敦煌漢文非佛教文獻殘卷目録（S. 6981—13624）》、方廣錩編《英國圖書館藏敦煌遺書目録（斯 6981 號～斯 8400 號）》、許建平著《敦煌經籍敘録》、張涌泉主編《敦煌經部文獻合集》等都在敦煌寫本的綴合方面作出了一定的努力。

但由於可以看到原卷及縮微膠卷的學者畢竟不多，新出的影印本由於價格昂貴，流播也不廣，從而限制了寫卷綴合工作的進行，所以這方面的進展至今仍相當有限。20 世紀 80 年代以前，寫本的綴合工作主要局限在同一館藏寫本之間。20 世紀 80 年代以後，由於各主要館藏（尤其是俄藏）敦煌文獻影印本的陸續出版，推動了寫本綴合工作的展開。但這方面的工作做得還不夠系統。比較而言，傳統的四部典籍和社會經濟文書因係學術界關注的重點，綴合工作相對做得比較好，尤其是經部文獻，由於

 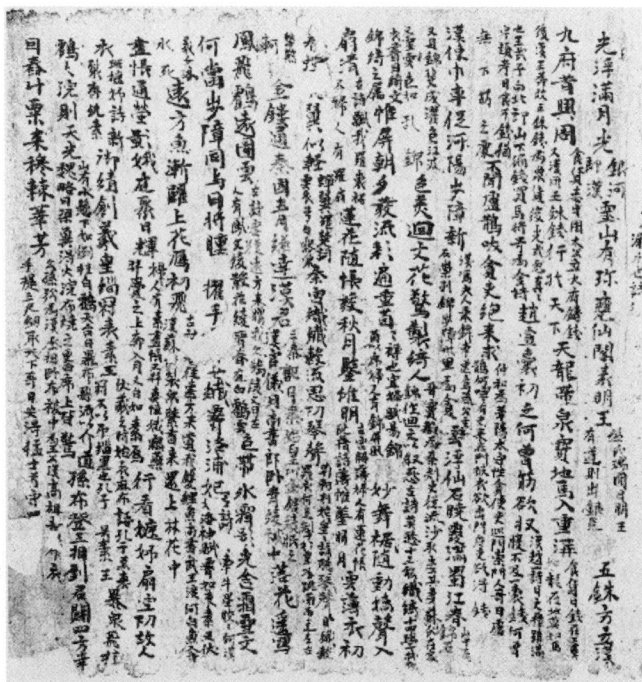

圖二　P.3738 號　　　　　　　　圖三　S.555 號

《敦煌經部文獻合集》的編者在這方面下了較大的功夫，相關寫本的綴合工作已大體完成。而佛經寫本作爲敦煌文獻的主體，由於投入的人力太少，還有大量的工作可做。俄藏敦煌文獻公佈較晚，而殘片又多；作爲“劫餘之物”的中國國家圖書館藏敦煌文獻同樣有很多殘片，而且不少迄今尚未公佈，可以綴合的比例更高，今後應着重給予關注。

## 三、敦煌殘卷綴合釋例

1. 如上所説，前賢在敦煌寫本的綴合方面已有一些成功的範例。但如何來做具體的綴合工作，則往往語焉不詳，沒有現成的條條。這裏根據前賢和筆者自己的實踐，嘗試提出如下程式：

首先，在充分利用現有的各種索引的基礎上，對敦煌文獻進行全面普查，把內容相關的寫本匯聚在一起。

其次，把內容直接相連或相鄰的寫本匯聚在一起，因爲內容相連或相鄰的殘卷爲同一寫本割裂的可能性通常比較大。

最後，再比較行款、書迹、紙張、正背面內容，以確定那些內容相連或相鄰的殘卷是否爲同一寫本之割裂。

下面以唐釋玄應的《一切經音義》爲例（以下或簡稱玄應《音義》），試作説明。

敦煌文獻中有玄應《一切經音義》的寫本數十件，分藏於中、法、英、俄各國，但總體情況不明。我們在全面普查的基礎上，共發現 41 件玄應《音義》寫本殘卷。經過進一步調查，發現這 41 件殘卷包括玄應《音義》第一卷 3 件、第二卷 6 件、第三卷 11 件、第六卷 12 件、第七卷 1 件、第八卷 2 件、第十五卷 1 件、第十六卷 1 件、第十九卷 1 件、第二十二卷 2 件，另摘抄 1 件。最後比較行款、書迹、紙張、正背面内容，結果發現存有兩件以上殘卷的一、二、三、六、八、二十二各卷均全部或部分可以綴合。

如第一卷 Дх.583、256 號 2 件，前一件所存爲玄應《音義》卷一《大威德陀羅尼經》第十六卷音義及第十七卷卷題，後一件所存爲玄應《音義》卷一《法炬陀羅尼經》第一、二卷音義的部分條目。該二件内容先後相承，抄寫格式（每條詞目與注文字體大小相同，每條提行頂格，注文換行低二格接抄）、字體（比較二卷皆有的“茅”、“反”、“今”、“作”、“之”等字的寫法）均同，可以確定是同一寫卷的殘片。如圖四所示，二卷綴

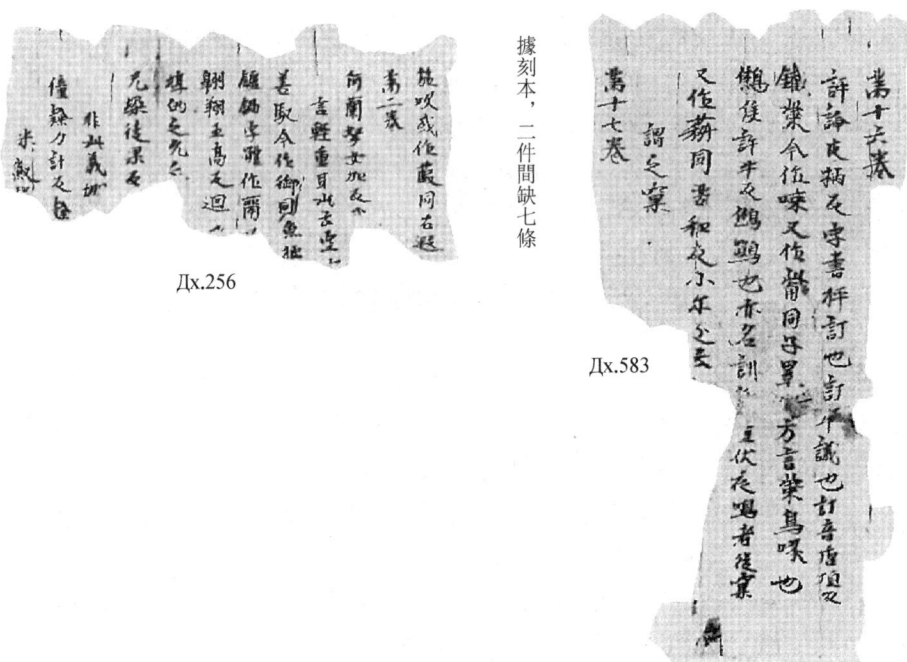

Дх.256

據刻本，二件間缺七條

Дх.583

圖四　Дх.583+？+Дх.256 綴合圖

合後，雖難以完全銜接（據刻本，該二件間缺七條），但其爲同一寫本之撕裂則應可無疑。

又如第三卷 11 件，可以綴合成① Дх.5226+？+Дх.586А+Ф.368+Дх.585 號、② Дх.586С+？+Дх.211+Дх.252+Дх.255+？+Дх.411+？+Дх.209+Дх.210 號兩組，如圖五、六所示。

第一組 4 件字體相同，抄寫行款格式一致（所釋詞條與注文字體大小相同，每條提行頂格，注文換行低二格接抄；每行約 17 字，除 Дх.5226 號首 3 行外，其餘部分下部均殘泐 5—12 字不等），所抄內容均見於玄應《音義》卷三，前一件爲《摩訶般若波羅蜜經》第二十五至二十七卷音義，該件與第二件之間有殘缺（據刻本，約缺四十五條），後三件爲《放光般若經》第一至第五卷音義，可以完全銜接（《俄藏敦煌文獻》〈以下稱《俄藏》〉把二、四號直接綴合爲一，欠妥）。

第二組 7 件字體相同，抄寫行款格式一致（所釋詞條與注文字體大小相同，每行 16—19 字不等，每條提行頂格，注文換行約低一格半接抄），所抄內容均見於玄應《音義》卷三，Дх.586С 爲《放光般若經》第十八至十九卷音義，Дх.211、252、255 號《俄藏》已綴合爲一，爲《放光般若經》第二十三至二十九卷音義，Дх.411 號爲《光贊般若經》第二卷音義，Дх.209、210 號爲《光贊般若經》第三至第七卷音義，乃同一寫本之撕裂（圖六）。據刻本玄應《音義》，Дх.586С 與 Дх.211、252、255 號間缺《放光般若經》第二十一至二十二卷音義（凡六條），Дх.211、252、255 與 Дх.411 號間缺《放光般若經》第三十卷音義（凡三條）、《光贊般若經》第一卷音義（凡十三條）及第二卷部分音義（全缺者凡四條），Дх.411 與 Дх.209、210 號間缺《光贊般若經》第二卷末條後部、第三卷首條前部及"第三卷"卷目。《俄藏》把後三件按 Дх.209、210、411 號的順序綴合爲一，欠妥。

又如第六卷 12 件，除 Ф.367 號另爲一本外，其餘 Дх.10149、Дх.12380R、Дх.12409R－В、Дх.12409R－С、Дх.12340R、Дх.12409R－D、Дх.10090、Дх.12330R、Дх.12381R、Дх.12409R－А、Дх.12287R 號 11 件《俄藏》均未定名，實皆爲玄應《一切經音義》卷六《妙法蓮華經》音義；各號字體相同，抄寫行款格式一致（所釋詞條字體較大，注文字體略小，各條接抄不換行，上下有邊欄，卷背皆抄有回鶻文），當爲同一寫本的殘葉；其中 Дх.12330R 與 Дх.12381R，Дх.12409R－А 與 Дх.12287R 號前後相承，可綴合爲一，其他各本間則皆有一行或十多行殘缺。（圖七）《俄藏》把 Дх.10149 與 Дх.10090，Дх.12409R－А 與 Дх.12409R－В、Дх.12409R－С、

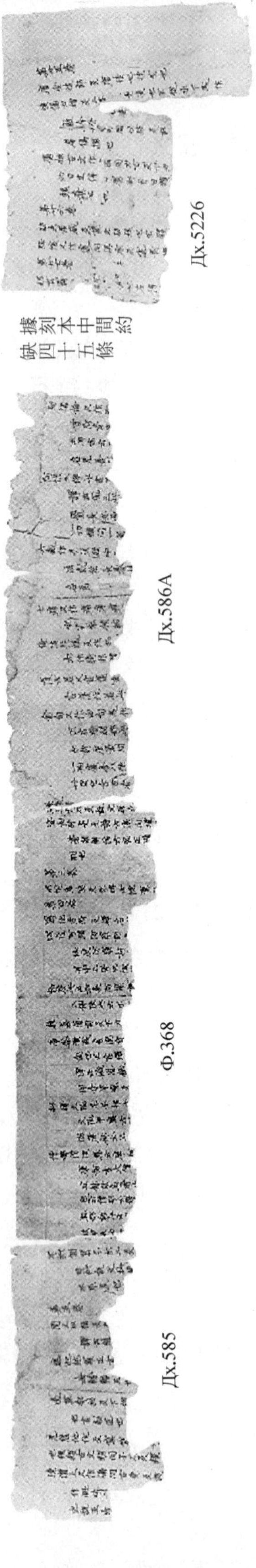

Дх.5226

據刻本中間約
缺四十五條

Дх.586А

Ф.368

Дх.585

圖五　Дх.5226+Дх.586А+Ф.368+Дх.585 綴合圖

Дх.586C

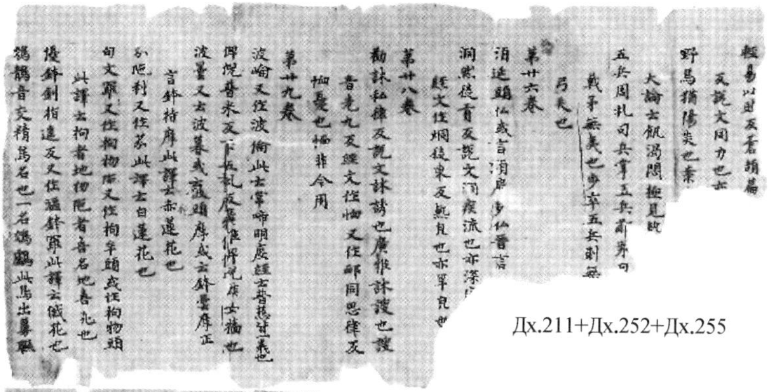

Дх.211+Дх.252+Дх.255

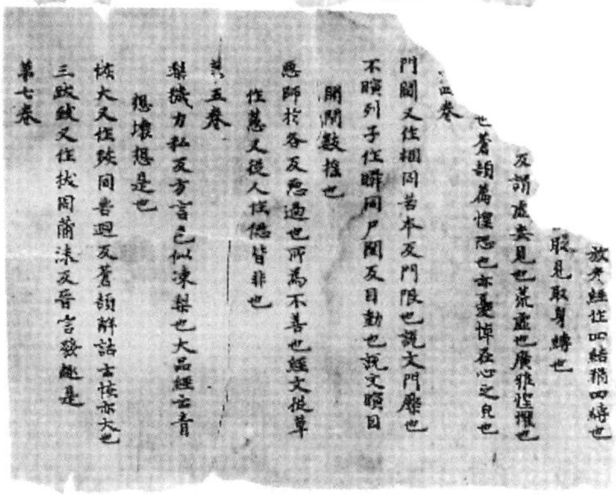

Дх.209+Дх.210

Дх.411

圖六　Дх.586C+？+Дх.211+Дх.252+Дх.255+？+Дх.411+？+Дх.209+Дх.210 綴合圖

Дх.12340R

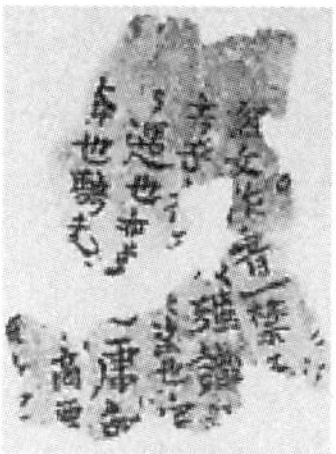

Дх.12409R-C

Дх.12409R-B

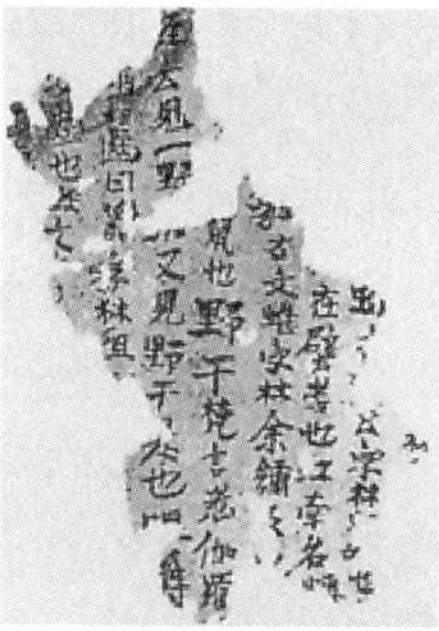

Дх.12380R

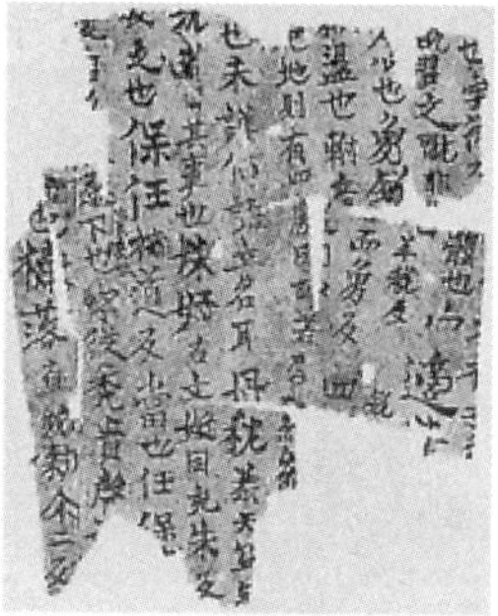

Дх.10149

Дх.12287R

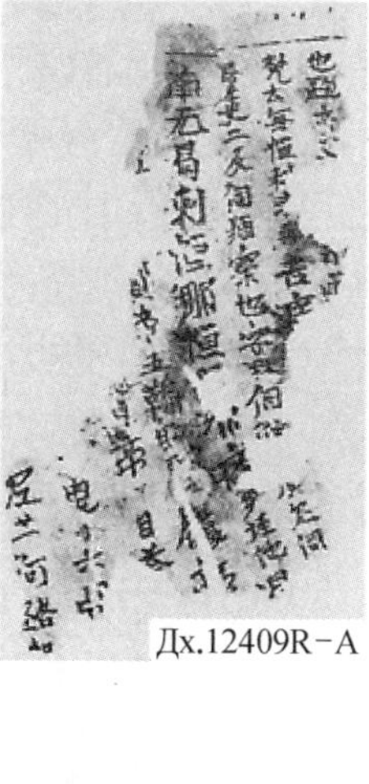

Дх.12287R

Дх.12381R

Дх.12330R

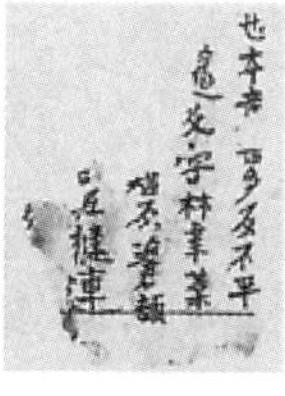

Дх.10090

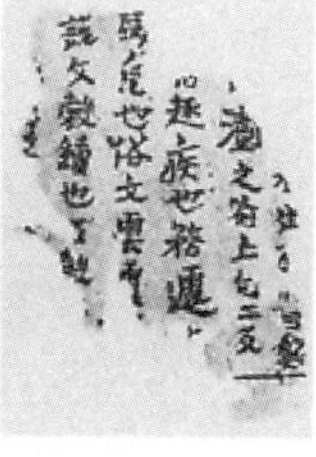

Дх.12409R-D

Дх.12409R-A

圖七

Дх. 12409R‐D 分别綴合爲一，欠妥。

又如第八卷 2 件，前一件 Дх. 4659 號僅存 4 殘行（圖八），後一件 Дх. 14675 號僅存 3 殘行（圖九），《俄藏》均未定名。考前者所釋爲玄應《音義》卷八《無量清净平等覺經》下卷音義；後者所釋爲玄應《音義》卷八《佛遺日摩尼寶經》音義，據刻本，二件間有較多的殘缺；二件上下部皆有殘泐，字體相同，抄寫行款格式一致（就所存部分看，詞條與注文字體大小似同，條目間不接抄），當爲同一寫本的殘片。

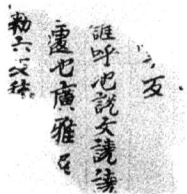 

圖八　Дх. 4659　　　　圖九　Дх. 14675

2. 有的殘片由於所存文字較少，綴合相對比較困難，可以借助有完整文本的寫本或刻本來比定。如 P. 3875AP7 碎片存殘字 2 行（圖十下片），第 1 行存"芬芳□蘭□"五字，第 2 行存"宜郡淵澄"四字。P. 5031 號碎片 21 存已漫漶的文字 6 行（圖十上片），第 1 行存"百川東□"，第 2 行存"言辭和雅"，第 3 行存"□□□業所基"，第 4 行存"□□□蘇秦攝職從"，第 5 行存"□□八佾樂殊貴賤"，末行僅存右端些微已漫漶的殘畫。此二片各家均未定名。從字體和行款來看，二片有相似之處。但僅憑所存殘句，定名和綴合都做不到。後查 S. 5961 號《新合六字千文》云："芬芳似蘭斯馨，如松百（柏）之茂盛。百川東流不息，宜郡淵澄取暎。人君容正（止）若思，言辭和雅安定。若能篤初誠美，慎終如始宜令。懃懇榮業所基，萬古藉甚無競。張儀學優澄（登）□（仕），蘇秦攝職從政。邵伯存以甘嘗（棠），歸思去而益咏。八佾樂殊貴賤，五禮分別尊卑。居上寬和下睦，伯鸞夫唱婦隨。"（圖十一）據此，可以推定上揭二片應皆爲《新合六字千文》殘片，可以綴合，如圖十所示。P. 5031 號碎片第一行"百川東☒"接 P. 3875AP7 第二行"宜郡淵澄"，二片綴合後該行

P.5031(21)

P.3875AP(7)

圖十　P. 3875AP7+P. 5031 (21) 綴合圖

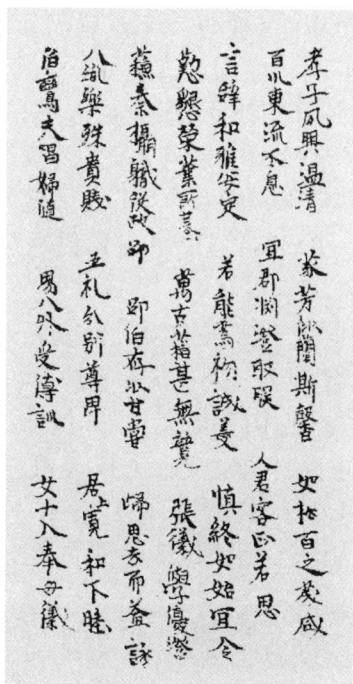

圖十一　S. 5961《新合六字千文》　　　圖十二　Дx. 12661＋Дx. 18950 綴合圖

中間尚缺"不息"二字；據推算，原本每行約抄 18 字。

又如 Дx. 12661 號，殘片，存 3 行（圖十二上片），第 2 行存"位□"二字（"位"字上端略殘），第 1 行與第 2 行"位"平行之位置存一字左側殘畫，第 3 行僅存三字右側殘畫。又 Дx. 18950 號，殘片，存兩行（圖十二下片），第 1 行僅存一"官"字，第 2 行存"□國□（有）"三字。此二片《俄藏》均未定名。從字體和行款來看，二片有相似之處。但由於存字太少，僅憑此二片定名、綴合都有難度。考《千字文》有云："龍師火帝，鳥官人皇。始制文字，乃服衣裳。推位讓國，有虞陶唐。弔民伐罪，周發殷湯。坐朝問道，垂拱平章。"據此，可以推斷上揭二片皆爲《千字文》殘片，可以綴合（如圖十二所示），綴合後內容大抵相連，連接處亦大體吻合。Дx. 12661 號第一行所存殘字當是"帝"字，其下當缺一"鳥"字；第二行"位"下殘字 Дx. 12661 號存上端殘畫，Дx. 18950 號存下端殘畫，當爲"讓"字。Дx. 12661 號第三行所存殘字，據殘畫及行款判斷當是"坐朝問"三字。

3. 當根據行款、書迹、紙張等因素確認二件殘卷爲同一寫本之撕裂，但由於難以完全銜接，或所抄內容不熟悉（特別是胡語文獻），以致殘卷先後無法確定時，有的可先綴合正面或背面較爲易於確定的文獻，然後另一面文獻的先後次序自然也就確定了。對此，榮新江《敦煌學十八講》第十七講《敦煌寫本學》已有舉證（第350—352頁），可以參看。這裏另舉兩個例子。

　　P.3765號背抄有難字46行，末部如圖十三所示，多數難字下有注音，《索引》定作"某佛經中難字"，《寶藏》題"某佛經中難字音義"，《敦煌遺書總目索引新編》（以下稱《索引新編》）題"某佛經中難字等"，《法藏敦煌西域文獻》（以下稱《法藏》）題"佛經字音"。P.3084號背亦有類似的難字15行，如圖十四所示，《索引》《寶藏》未題名，《索引新編》《法藏》題"字書"。這兩個寫本所載難字體例、字體略同，其間或有某種關聯。但究竟是什麼關係，則頗費躊躇。後來查該二卷正面，發現P.3084號末所抄"轉經文"後有殘缺，而其殘缺部分正在P.3765號之首，銜接處文句爲"伏惟我金山天子，撫運龍飛，垂（乘）乾御宇，上膺青光赤符之瑞，下披流虹繞電之禎"，其中"垂（乘）"以前12字在P.3084號末，"乾"以後19字在P.3765號首，二卷拼接後，天衣無縫，文字完整無缺。（圖十五）①正面部分拼接

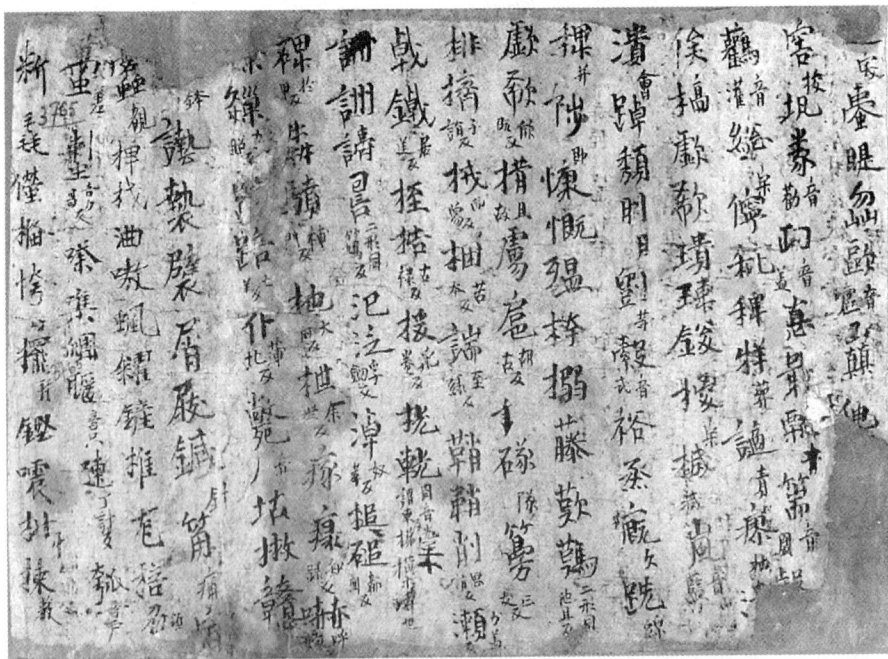

圖十三　P.3765背（局部）

　　①　P.2838號有同一"轉經文"，文中有"伏惟我金山聖文神武天子，撫運龍飛，乘乾御宇，上膺青光赤符之瑞，下披流虹繞電之禎"句，可以爲證。參看《敦煌願文集》，嶽麓書社1995年版，第482—485頁。

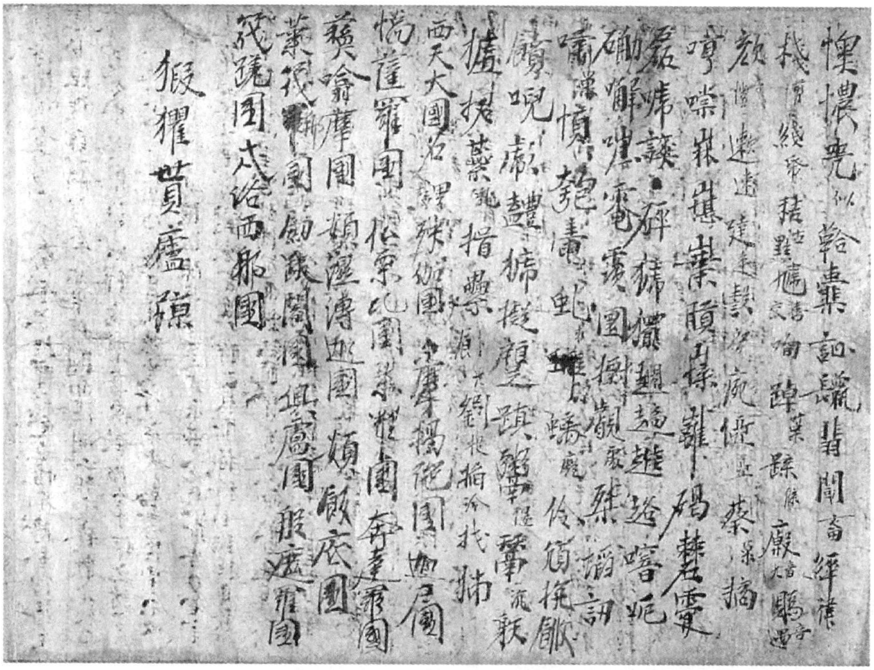

圖十四　P. 3084 背（局部）

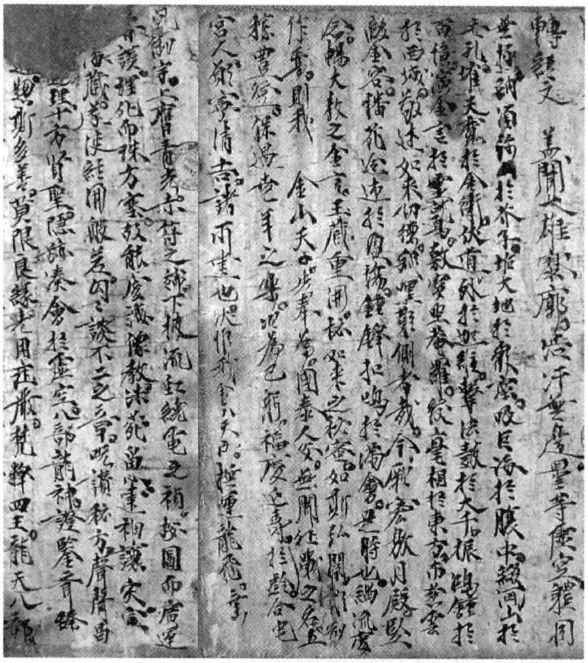

圖十五　P. 3084＋P. 3765 正面綴合圖（局部）

後，則其背面所抄難字的順序自然也就出來了：P. 3084 號背的難字應綴接在 P. 3765 號背之後，二件可以完全銜接。① 蓋正面部分 P. 3084 號在前，P. 3765 號在後，而其背面部分則反之。

又 Дx. 11018 號殘片，正面存 9 殘行；背面存殘畫一幅。如圖十六所示（《俄藏》影本圖版拼接時有錯位，此已加以調整）。《俄藏》未定名。後來我們發現該卷正面殘文的行款、字體都與業已經前賢綴合的 BD11731 號+P. 5019 號《孟姜女變文》殘卷十分接近，②有可能出自同一人之手。但由於這兩個殘卷正面殘文殘缺過甚，所透露的信息頗爲含混，又缺少其他可供比對的參照本，所以二者是否爲同一寫卷之裂，頗難定奪；而且即便比定爲同一寫卷之裂，二者孰前孰後，也很難作出明確的判斷。值得慶幸的是，殘卷背面的圖畫則給我們提供了二者可直接綴合的證據。Дx11018 號背面圖畫有殘缺的山峰，山峰下有一條彎彎曲曲的河流，下游兩個“口”形河流的左側尖頂均殘缺。而這殘缺的尖頂正可在 BD11731+P. 5019 號背面的圖畫中找到。據此提示，我們就比較順利地把這兩個寫

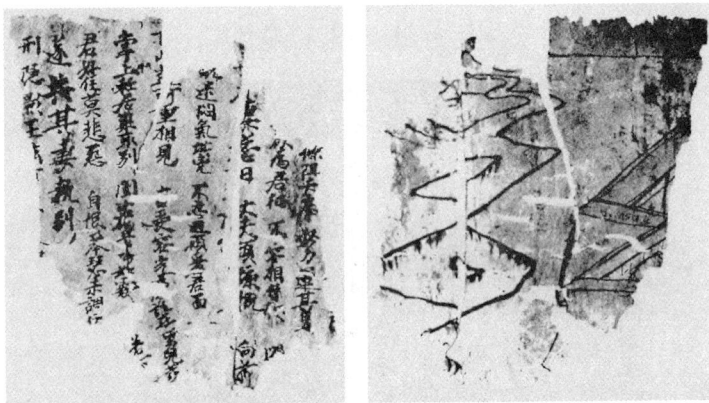

圖十六　Дx. 11018 圖版（左正右背）

---

① P. 2271 號有難字音一種，體例内容與 P. 3765 號背+P. 3084 號背基本相同，可以爲證。又該難字音係摘録《光贊般若經》《漸備經》《長一阿含經》等佛經難字而成，其中的部分注音參考了玄應的《一切經音義》。參看張涌泉主編《敦煌經部文獻合集》（中華書局 2008 年版）小學類佛經音義之屬“佛經難字音（四）”題解，第 5663—5666 頁。

② 關於 BD11731 號+P. 5019 號殘卷的綴合，見劉波、林世田《〈孟姜女變文〉殘卷的綴合、校録及相關問題研究》一文，載《文獻》2009 年第 2 期，第 18—25 頁。

卷綴合在了一起。① 二者綴合後,銜接處嚴絲合縫(如圖十七所示),不但 Дx11018 號殘缺的河流的尖頂丢而復得,河流源出的山峰也更加完整明晰。背面既經綴合,則正面部分爲同一寫本之撕裂也就不煩辭費了:正面部分 Дx11018 號在左,BD11731+P.5019 號在右,二者可完全綴合,殘存内容左起右行,可定名爲《孟姜女變文》;而背面部分則是變文的圖畫再現——《孟姜女變相》。

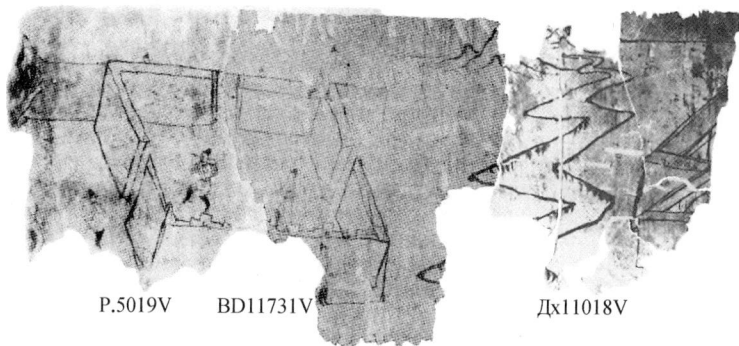

P.5019V    BD11731V    Дx11018V

圖十七　Дx.11018+BD11731+P.5019 背面綴合圖

## 四、後　　論

敦煌殘卷綴合時,以下四點需特别留意:

第一,敦煌寫本有時用其他"廢紙"來襯裱,襯紙根據需要會剪成大小不一的碎片,這些碎片往往有可以綴合者。如 P.3416 號爲《星占書》《千字文》《孝經》等,同號所附襯紙之一正面(圖十八)爲《後唐乙未年(935)二月十八日程虞候家營葬名目》(首行題"乙未年二月十八日程虞候家榮葬名目如後"),背面(圖十九)有兩片屬於後來粘貼上去的碎片(以下簡稱碎三、碎四)。《敦煌社會經濟文獻真迹釋録》第四輯正面部分題"乙未年二月十八日程虞候家榮葬名目",未録背面的碎片;《敦煌社邑文書輯校》把正背面合併定作"乙未年(935)二月十八日程虞候家榮葬名目",並分别作了録文(第410—412頁);《法藏》把正面部分定作"乙未年二月十八日程虞候家榮葬名目",把背面部分定作"名目"。查該襯紙正面也有

① 參看張新朋《〈孟姜女變文〉、〈破魔變〉變文殘片考辨二題》,載《文獻》2010年第4期,第21—22頁。

圖十八　P. 3416　P1

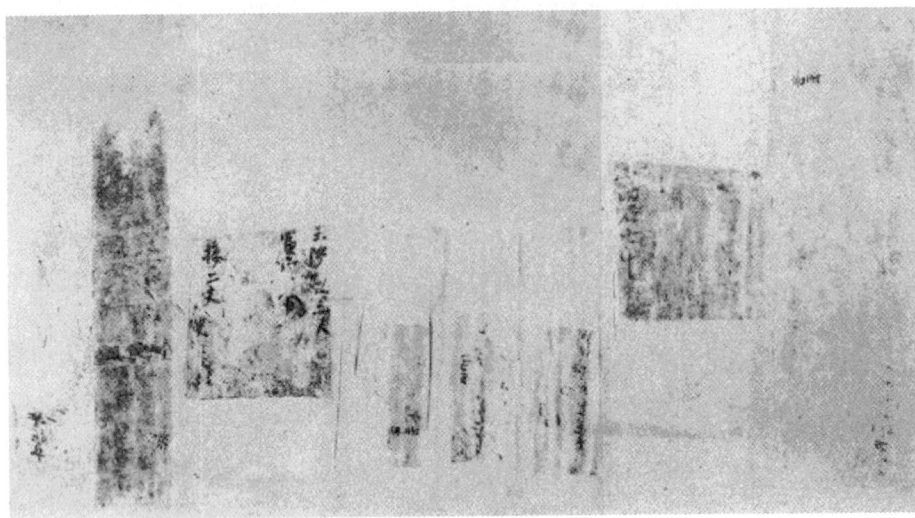

圖十九　P. 3416P1 背

兩片屬於後來粘貼上去的碎片(以下簡稱碎一、碎二),經仔細比對,碎一應與碎四綴合(碎一爲上部,碎四爲下部),而碎三、碎二則分別爲碎一、碎四的背面,從書迹和内容來看,這幾件碎片與正面其他部分應爲同一件文書,綴合後如圖二十所示。碎一原卷在文書的第四行之後是對的,但碎二在"李曹子"一行之前則屬襯裱時誤粘,綴合後的碎二+碎三"付主[人]餅七伯(佰)一十,粟兩石七斗"一行寫於卷背,是正面喪葬納贈物品的合

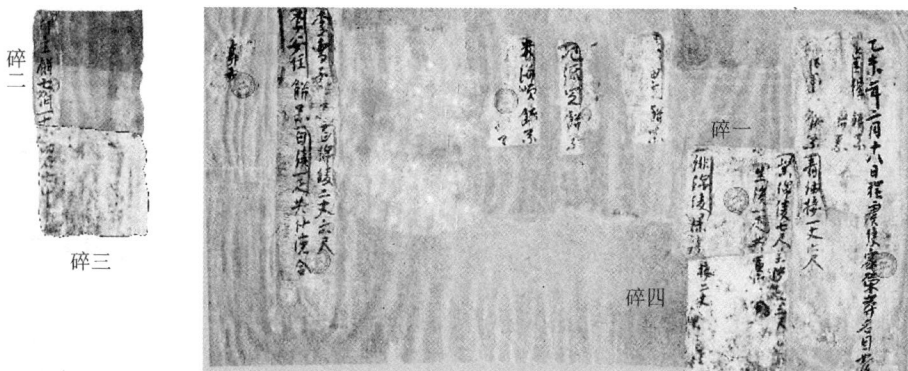

圖二十　P.3416P1+P.3416P1 綴合圖

計數。同號所附襯紙之二《後唐乙未年（935）前後某社營葬名目》卷背也抄有"付主人餅五百二十，付粟兩石三斗，又付餅一百一□"字樣，作用相同。①

　　第二，有的寫卷原本並非出自一人之手。因種種原因，有的寫卷並非一人所抄，而是數人合抄或後來拼合、補抄而成的；特別是佛經寫本，有的大經卷帙浩繁，往往由多人分工合作完成。另外佛經寫本由於持誦等原因易於破損或殘缺，常有後來補抄拼合的情況。敦研 345 號《三界寺藏內經論目録》云："長興伍年歲次甲午六月十五日，弟子三界寺比丘道真，乃見當寺藏內經論部［帙］不全，遂乃啓（稽）顙虔誠，誓發弘願，謹於諸家函藏尋訪古壞經文，收入寺，修補頭尾，流傳於世，光飾玄門，万代千秋，永充供養。"可見修補殘缺經卷是當時經常性的一項工作。如 Φ.230 號《一切經音義》存卷二《大般涅槃經》第十至四十卷音義，其中經文第十九卷以前音義與第廿卷以後音義行款、書迹均有所不同，②大約就是由兩個不同抄手抄寫的卷子拼合而成的（第十九卷末和廿卷之間有接痕），其拼合處如圖二十一所示。所以根據行款、書迹來綴合時必須注意到寫本本身的這種特殊性，而不可一味拘泥於行款、書迹，遽爾斷定兩個卷子原來是否

――――――――――

　　①　本件的綴合由張涌泉提出具體意見，然後由金瀅坤完成。參看金瀅坤《敦煌社會經濟文書輯校》，浙江大學博士後研究工作報告，2003 年 6 月，第 10—11、49—52 頁。

　　②　第十九卷以前部分經文卷號序數後不標"卷"字，每卷下音義條與條接抄不分，詞目用大字，注文單行小字，與傳世刻本玄應《音義》相比，注文較爲簡略，似屬節鈔性質，但偶亦有增繁之處，注文用語亦有改動；第廿卷至第四十卷序數後標"卷"字，字體與前面部分不同，所釋詞條每條提行，注文換行時通常低一格接抄，注文字體與詞目大小略同，注文內容與傳世刻本略同，可能較爲接近玄應書的原貌。

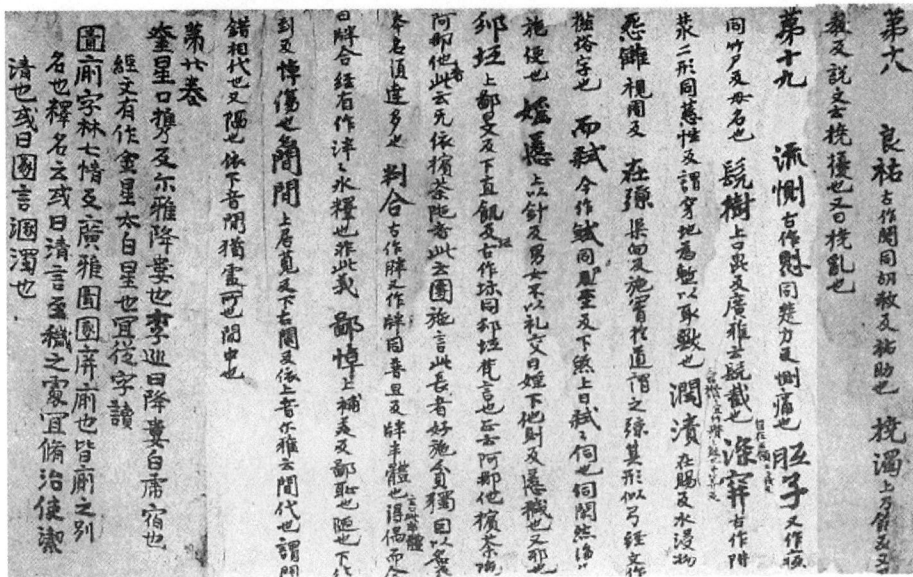

圖二十一　Ф.230《一切經音義》(局部)

爲同一寫本。

　　第三,要注意不同館藏或藏家殘卷的綴合。如前所説,同一寫卷有分割在不同館藏或藏家手中的,以往由於條件的限制,這些殘卷的綴合工作難以充分展開。現在隨着各家藏品的陸續公佈,研究條件已大爲改觀,人們有可能在從容觀覽比勘的基礎上,把那些身首分離在不同館藏或藏家手中的殘卷綴合爲一。如最近正在陸續影印出版的日本武田科學振興財團杏雨書屋所藏敦煌寫本(來源於清末李盛鐸舊藏)《敦煌秘笈》,就頗有可與其他館藏藏品綴合者。這裏試舉一例:

　　筆者早年作《敦煌變文校注》,内中《大目乾連冥間救母變文》一篇,參校本中有 P.4988 號背一種,可惜僅存 34 行,且前後 6 行皆有殘缺。該號正面爲《莊子・讓王篇》殘卷,亦僅存 28 行,前後 5 行皆殘缺。最近檢閲《敦煌秘笈》第一册,其中有羽 19 號殘卷一件,正面存 33 行,前 5 行下部有殘缺,編者擬題《莊子・讓王篇》;背面存 42 行,前 6 行上部和末行有殘缺,編者擬題《大目乾連冥問救母變文》("問"應爲"間"字誤排)。[1] 以之與 P.4988 號比觀,發現二者内容先後相接,行款字體全同,可以確定乃一卷之撕裂。如圖二十二所示,P.4988 號後部的殘行正好可與羽 19 號

————————

[1]　《敦煌秘笈》影本第 1 册,大阪武田科學振興財團 2009 年版,第 166—170 頁。

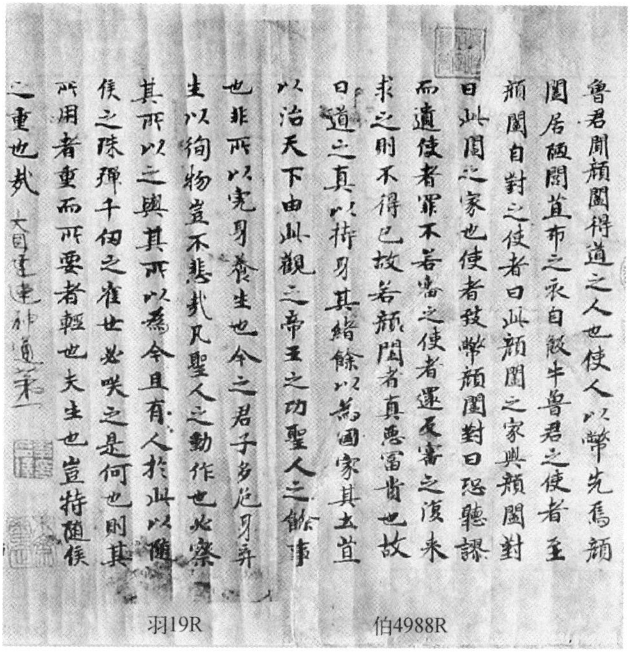

圖二十二　P.4988+羽19 正面綴合圖(局部)

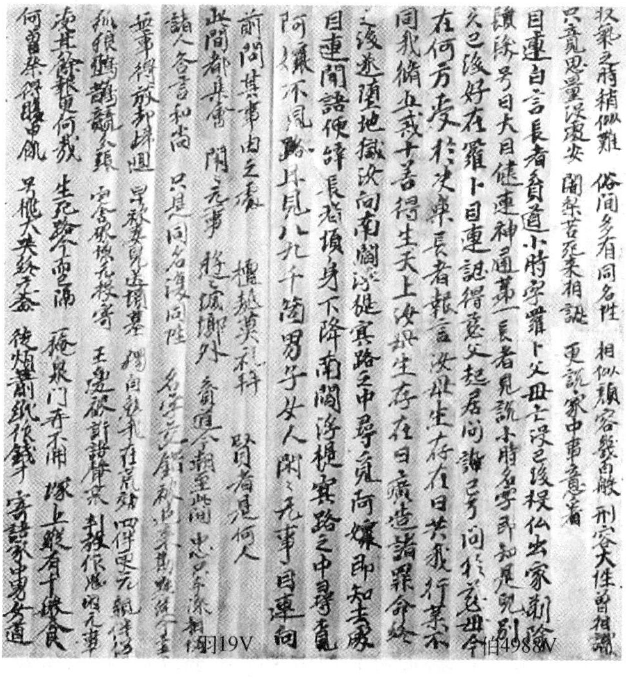

P.4988+羽19 背面綴合圖(局部)

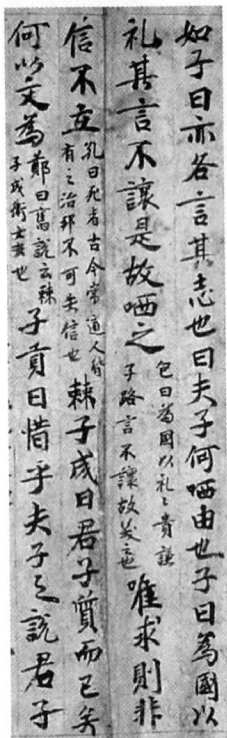

圖二十三
P. 3606《論語》（局部）

前部的殘行完全對接。二號綴合後，綴接處密合無間，真正可以説是天衣無縫。

第四，要防止收藏單位或個人在修復過程中贅加的一些錯誤信息的誤導。敦煌寫卷大多殘缺不全，加上自然的或人爲的磨損破壞，不少寫卷品相堪憂。因此持有者往往會通過不同方法對這些寫卷進行修復和保護。但由於修復者的水平、技術參差不齊，修復時造成的誤接、誤黏、正背面誤判等情況也時有發生。如 P. 3606 號《論語》，由兩片拼接而成（圖二十三），接縫處銜接文字"唯求則非信不立"乍看起來文從句順，實則"唯求則非"是《論語·先進》篇的文字，"信不立"則是後一篇《顏淵》篇的文字，接縫處前後兩行並不相連，依行款推斷，二者之間缺約有 25 行之多。① 又如 P. 2717 號正面抄《字寶》，②背面抄《開蒙要訓》，其中正面《字寶》第 18 行後有一條接縫，"第19 行"僅存左部殘畫（圖二十四），劉復、姜亮夫、潘重規録文本均把第 19 行處作爲一行缺字處理。可是比較"字寶"的另一異本 S. 6204 號，可以知道 P. 2717 號第 18 行後總共應缺 20 條，也就是説，第 18 行後所缺的並非一行，而是 9 行半（P. 2717 號、S. 6204 號均每行抄兩條）。查《俄藏》未定名的 Дx. 5260、5990、10259 號，正是 P. 2717 號撕裂下來的殘片，可以綴合。③ 但由於法國國家圖書館修復時把 P. 2717 號中間有殘缺的部分直接粘合在一起，《俄藏》又把 Дx. 5260、5990、10259 號抄有《字寶》的一面誤定作背面，修復和編目者傳達的信息一誤再誤，從而干擾了整理者對寫卷殘缺情況的準確判斷及進一步的綴合工作。

此外還應提及的是，目前刊布的敦煌文獻真迹主要是黑白影印的圖

① 參看《敦煌經部文獻合集》群經類論語之屬"論語集解（六）"題解，第 4 册，第1678—1679 頁。

② 《法藏》正面文獻擬題《字寶碎金》，此從《敦煌經部文獻合集》的擬題，詳見該書小學類訓詁之屬《字寶》題解，第 7 册，第 3713 頁。

③ 參看上條提及的《字寶》題解和同書小學類字書之屬《開蒙要訓》題解，第 8册，第 4024—4026 頁。

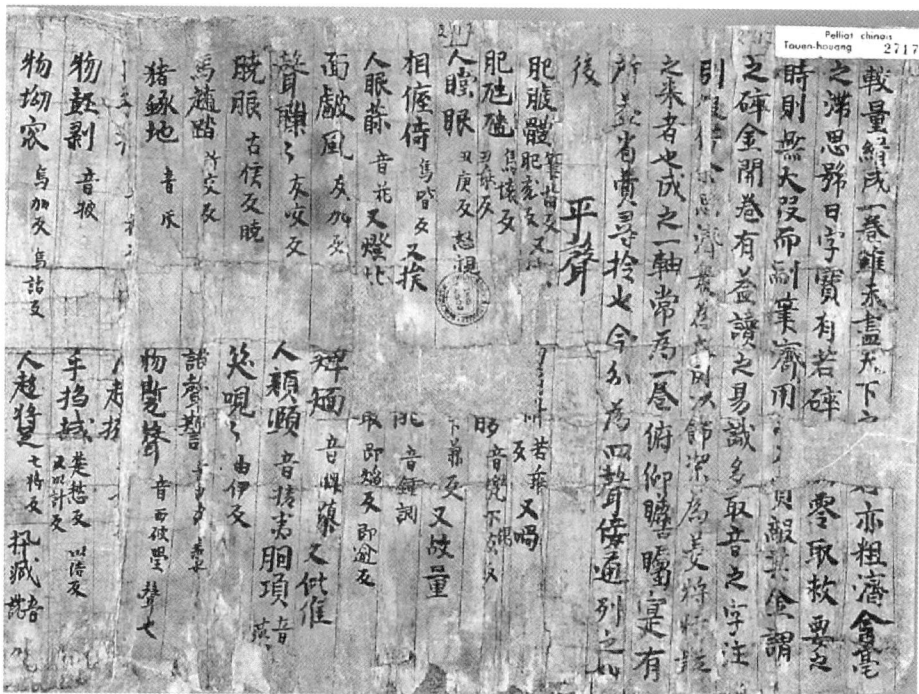

圖二十四　P. 2717《字寶》首段

版本,對寫卷綴合具有重要參考價值的原卷的墨色、朱筆、印章及紙質等信息在圖版本中往往無法直接獲取,在這種情況下,我們除積極創造條件爭取目驗原卷外,還應注意利用網上公佈的彩色照片,并借助《巴黎國家圖書館藏敦煌漢文寫本注記目録》《英國博物館藏敦煌漢文寫本注記目録》《俄藏敦煌漢文寫本敘録》等相關館藏目録及有些圖版本後附的敘録,從中找尋有用的信息,庶幾作出更爲準確、全面的判斷。

（張涌泉,浙江大學文科資深教授）

# "瓠"、"瓬"二字辨正

## 董恩林

　　在現存的字典辭書中,"瓬"字最早見之于宋人司馬光編撰的《類編》和丁度編撰的《集韻》中。《類編》卷七中:"瓬,勇主切,嬾也。《史記》:呰瓬偷生。"《集韻·上聲噳部》:"瓬,嬾也。《史記》:呰瓬偷生。"金韓道昭所編《五音類聚四聲篇海》:"《餘文》:瓬,以主切,嬾也。《史記》:呰瓬偷生。承慶云:'嬾人不能自起,如瓜瓠在地不能自立也。'"《康熙字典》承《類篇》《集韻》之說,進一步明斷:"瓬"與"瓠""音義各別,應分爲二"。如今國内收字最全的《漢語大字典》(1987年版)即將"瓬""瓠"二字分立條目,並明確肯定:"今本《説文》脱'瓬'字。"另一方面,明張自烈所編《正字通》則云:"瓬,瓠字之訛。"後來的《中華大字典》亦采此説,其餘古今字典辭書雖未明斷"瓬"字爲訛,卻都不收此字,實則等於不承認"瓬"字的存在。1982年大陸影印臺灣版《中文大辭典》兼採上述兩説,在"瓬"字條下標立二義:一曰嬾也;二曰瓠之訛字。筆者早年參加《漢語大字典》的編纂工作,接觸到一些文字資料,加之近年讀書所得,深感"瓬"字有嬾義而不訛之説,大爲可疑,現公諸筆端,以就正於行家。

　　質言之,上述"瓬"字有"嬾"義而不訛之説,主要語言文字根據有三:一爲《史記·貨殖列傳》所載"呰瓬偷生"一語,這是包括楊承慶《字統》在内的所有收入"瓬"字的字典辭書唯一的最早的語言用例;二爲魏人楊承慶所撰《字統》收有"瓬"字;三是根據《十三經注疏·詩經》孔穎達《疏》、陸德明《釋文》所引《説文》,認定今本《説文》脱"瓬"字條。下面我們分別加以考證,看看這三條依據的可靠性如何。

　　　　　　　　　　　　一

　　案《史記》現存各種版本(包括現存最早的南宋黄善夫刻本,百衲本即本於此），其《貨殖列傳》均作："楚越之地……無饑饉之患，以故呰㾄偷生。"《集解》："徐廣曰：'呰㾄，苟且墮嬾之謂也。'駰案：應劭曰'呰，弱也'。晉灼曰'㾄，病也'。"《漢書·地理志下》引此文亦作"故呰㾄偷生，而亡積聚"。顏師古注："㾄，弱也。言短力弱材不能勤作，故朝夕取給而無儲偫也。"如此，恐是《集韻》《類篇》原引有誤，不然，何以《史記》和《漢書》各本均不見"㾋"字？此外，所有收入"㾄"字的字典辭書，無論是解釋"㾄"還是"㾋"字所含"嬾"義，均用"呰㾄偷生"一語作爲最原始的唯一的語言用例，這是明顯違反訓詁規律的，這種現象只能說明，"㾄"、"㾋"兩字必有一誤。

至於後魏楊承慶所撰《字統》，早已散佚，據封演《封氏聞見記》所載，此書以《説文》爲本，間有異同。清人任大椿輯《小學鉤沉》、馬國翰輯《玉函山房輯佚書》中所收《字統》殘卷均作："㾋，懶人不能自起，瓜瓠在地，不能自立，故字從瓜；又懶人恒在室中，故從穴。"這是從唐人釋玄應《一切經音義》中輯出來的。考現存《一切經音義》各本卷九、卷一〇、卷一一、卷一四、卷一五、卷一七、卷一九，凡七處引《字統》，均作"㾋"。可見，楊承慶《字統》所收爲"㾋"，而非"㾄"字。韓道昭所引楊承慶語實屬疑案，不可爲據。

## 二

清代學者臧庸曾特撰《説文"㾋"字》一文，[1]大意爲："㾋"字含"嬾"義，今本《説文》脱此字，當據《毛詩》陸德明《釋文》、孔穎達《疏》以及《爾雅注疏·釋詁》所用例補正之。今《漢語大字典》即以臧氏所論爲據。其主要論據有三：一、元刊雪窗書院本《爾雅·釋詁》載："愉，勞也。"郭璞注："勞苦者多墮愉，今字或作㾋。"二、《毛詩·大雅·召旻》陸德明《釋文》、孔穎達《疏》皆引《説文》云："㾋，嬾也。"三、《一切經音義》前後七處引《爾雅·釋詁》載："愉，勞也。"郭璞注："勞苦者多墮愉，今字或作㾋。"及楊承慶《字統》"㾋，懶人不能自起，瓜瓠在地，不能自立，故字從瓜；又懶人恒在室中，故從穴。"以及《史記》《漢書》等古籍多處使用過"㾋"的"嬾"義。

實際上，臧氏所論，大有可疑之處。其一，臧氏當年所見《爾雅郭注》

---

① 載臧庸《拜經日記》，《皇清經解》卷一一七〇，清學海堂本。

版本只有元刊雪窗書院本、明嘉靖十七年吳元恭刊本、天啓六年郎奎金《五雅全書》本、陳深《十三經解詁》本等。這幾種本子自然以元本爲善，亦唯有元本作"㝹"，其餘三種本子均作"㝹"。但是，臧氏並未看到後來陸續從日本傳回的兩種宋本《爾雅郭注》：一爲日本室町時期(14世紀中葉)翻刻南宋大字本，由黎遮昌從日本帶回，收入其所刻《古逸叢書》中；一爲日本松崎氏羽澤石經山房校刊景宋小字本。另外，臧氏也未看到瞿鏞鐵琴銅劍樓所藏宋刻本，此本與羽澤石經山房景宋小字本同出一源。這三種版本是現存《爾雅郭注》最早的本子，①其《釋詁》"愉"字條均作："愉，勞也。"郭璞注："勞苦者多墮愉，今字或作㝹。"可見，臧氏的第一條論據是不足爲憑的。

其二，考現存《毛詩注疏》各種版本，均作："訧訧。《傳》：訧訧，㝹不供事也。《音義》：㝹，音庚，裴駰云：病也。《說文》云：嬾也。一本作衆。"孔穎達《疏》："《說文》云：㝹，嬾也。草木皆自豎立，唯瓜瓠之屬臥而不起，似若嬾人常臥室，故字從穴，音眠。"唯《經典釋文》本作："訧訧，㝹不供事也。《爾雅》云：莫供職也。㝹，音庚，裴駰云：病也。《說文》云：嬾也。"然而，段玉裁認爲："此亦用《字統》說，而與玄應所據有異，且陸氏《釋文》、孔氏《正義》(即上文所指孔穎達《疏》——引者注)皆引《說文》云'㝹，嬾也'，而《說文》無此語。聞疑載疑，不敢於宀部妄補'㝹'篆。"②可見，段氏對陸氏《釋文》、孔氏《正義》所云持懷疑態度，依據是今本《說文》無"㝹"字條，而今本《一切經音義》所引《字統》均作"㝹"。阮元《毛詩校勘記》則云："'㝹不供事也'。小字本、相臺本同。案《釋文》云：㝹音庚，裴駰云：病也。《說文》云：嬾也。一本作衆。《正義》云：《說文》云：㝹(原作㝹，據阮元此條校勘記上下文意可推知此處當爲㝹，今改正。——引者注)，嬾也。草木皆自豎立，唯瓜瓠之屬臥而不起，似若嬾人常臥室，故字從宀。依此是《釋文》《正義》二本皆作㝹，唐人此字從宀也。所引《說文》今無此文。《正義》所據往往非今十五篇《說文》，如第字之類是也。㝹字出楊承慶《字統》：草木皆自豎立。以下即取彼文以爲說耳。毛傳當本用㝹(原作㝹，據阮元此條校勘記上下文意可推知此處當爲㝹，今改正。——引者注)字。"③應當說明的是，阮元此條校勘記中所

① 説見拙文《爾雅郭注版本考》，載《文獻》2000年第1期。
② 見段氏《説文解字注》，上海古籍出版社1981年版。
③ 《皇清經解》卷八四六，清學海堂本。

涉"窳"字,別本皆誤爲"窊",唯《皇清經解》本只錯上述《説文》引文一處,卻又將末句"窊"字誤爲"窳"字。又阮元《毛詩釋文校勘記》云:"'訛訛,窊不供事也'。通志堂本、盧本'窊'誤'窳'。案下不誤。考此字《釋文》、《正義》皆從宀,唐人如此作。其實即'窳'轉'窊'耳。盧文弨云今本《説文·宀部》脱'窊'字,諸書誤以穴部之'窳'當之。其説非是。"①這就是説,阮元雖指出毛詩《釋文》及《正義》各本"窊"誤爲"窳",但他認爲,《毛傳》本來是作"窊"的,只是到了唐代,陸德明、孔穎達爲《毛傳》作"音釋"和"正義"時才將"窊"誤爲"窳",而盧文弨所謂《説文》脱"窊"字條的看法是錯誤的。臧庸是阮元校勘經籍的主要助手,阮元的論證應當更具有權威性。另一方面,與盧文弨、臧庸之説不同的是多數學者認爲,《説文》"窳"字條脱"一曰嬾也"一句,而不是脱"窊"字條。姚文田、嚴可均著《説文校議》云:"窳,汙窬也。疑此'汙窬也'下脱'一曰嬾也'。楊承慶《字統》以爲嬾人如瓜眠不能起。其説稍曲。"王筠《説文句讀》徑補曰:"窳,汙窬也。……一曰,窳,嬾也。"其《説文釋例》更進一步説:"'窳'字下,鈕橋以爲挩'一曰嬾也'。然所挩不止此。當云'一曰嬾也。草木皆自豎立,惟瓜瓝之屬,臥而不起,似若嬾人常臥室,故字從穴,音眠'。"

　　其三,臧庸在《説文"窊"字》一文中所援《一切經音義》《爾雅·釋詁》《説字解字·呰部》《玉篇·此部》《史記·貨殖列傳》《廣韻·紙部》《史記·五帝本紀》《漢書·五行志下之上》《商子·墾令篇》《鹽鐵論·通有篇》《文選·枚叔七發》等古籍所用"窳"字例,原本無一例外均作"窳",是臧氏爲了説明現行《説文》脱"窊"字條,而僅憑"諸書皆誤以窳字當之"的臆斷,用"舊作窳,今改正,下同"一語便將上述諸書所用"窳"字全部改爲"窊"字。這樣的論證豈能令人信服?難怪阮元反其道而行之,斷定"其説非是"。

　　此外,《類篇》《集韻》釋義,凡有《説文》爲據,則必將《説文》所言置於義項之首。而在其"窳"字條中,釋義卻隻字不提《説文》,以司馬光、丁度之學問揣之,當不會沒有看到《毛詩》陸德明《釋文》、孔穎達《疏》。這只能説明,他們對《説文》是否真有"窊"字條,是持懷疑態度的。

　　而且,從事理上推論,一部從未失傳過的字典《説文解字》整整脱一"窊"字條,似乎是不大可能的,而在"窳"字條目下脱"一曰嬾也"一句則是有可能的。故筆者以爲,《説文》脱"窊"字條的看法既無可靠的文字材

　　① 《皇清經解》卷八四九,清學海堂本。

料佐證,也不太合乎事物發展的一般邏輯。

三

我們還可以從漢字的造字法則來區別"窊""窳"二字的真偽。按楊承慶《字統》說,"窳"爲會意字,所謂"懶人不能自起,如瓜瓠在地,不能自立也,故字從瓜;又懶人恒在室中,故從宀。"考《說文·宀部》:"宀,交覆深屋也。"按照漢字會意原則,"窳"字表示的意義便是瓜瓠被人摘蒂棄蔓而置於深屋中,是處死地而非嬾弱之態。而《說文·穴部》云:"穴,土室也。"又《說文·瓜部》:"瓜瓜,本不勝末,微弱也。"段注:"蔓一而瓜多則本微弱矣。"可見,只有從穴爲"窳"字,意即一蔓二瓜在地,不能自立,唯以土穴自處。如此則嬾弱之態可掬。這表明,從會意字角度來看,"窊"字不可能含有"嬾"義,只有"窳"字才有可能含"嬾"義。另一方面,按《說文·穴部》:"窊,汙窬也。從穴,瓜瓜聲。"則"窊"爲形聲字。先師張舜徽《說文解字約注》總諸家之說云:"窊之本義,謂地之低下,引申爲凡低下之稱。故人之偷惰不振者,器之劣惡不中用者,皆謂之窊也。"顯然,無論是作爲會意字,還是作爲形聲字,"窳"字含"嬾"義均可言之成理,論之有據,若從宀爲"窳"字,則嬾義就很難自圓其說。

最後,從古今文字訛誤的趨勢,即從人們使用文字的心理習慣來看,由"窳"訛誤爲"窊"是極有可能的。因爲,人們使用文字,一般地說,總是喜歡以簡代繁的(少數學究例外),在雕刻、撰抄過程中,爲了便捷,人們往往有意或無意地減少筆畫,時至今日還有不少中小學生將"穴"部首寫成"宀"部首。而自找麻煩,將筆畫簡單的字加增筆畫的情況是很少見的,只有書法愛好者才會出於美學要求如此操作。

綜上所述,無論是從文獻記載的語言文字資料來看,還是從漢字造字法則來看,抑或就人們使用文字的訛誤趨勢而論,都有充分的理由認爲,"窊"字是"窳"字之訛,在漢字發展史上不存在一個音義俱全的獨立的"窊"字。

原載於《文史》2001 年第 1 期

(董恩林,華中師範大學歷史文獻研究所教授)

# 《公》《穀》傳聞異辭考

## 趙生群

《漢書·藝文志》云:"《公羊傳》十一卷。公羊子,齊人。"又云:"《穀梁傳》十一卷。穀梁子,魯人。"

戴宏《春秋説序》云:"子夏傳與公羊高,高傳與其子平,平傳與其子地,地傳與其子敢,敢傳與其子壽。至漢景帝時,壽乃其(疑有脱誤)弟子齊人胡毋子都著於竹帛。"①楊士勳云:"穀梁子,名淑,字元始,魯人。一名赤。受經於子夏,爲經作傳,故曰《穀梁傳》。傳孫卿,孫卿傳魯人申公,申公傳博士江翁。其後魯人榮廣大善《穀梁》,又傳蔡千秋。漢宣帝好《穀梁》,擢千秋爲郎,由是《穀梁》之傳大行於世。"②《四庫全書總目提要》云:"徐彦《公羊傳疏》又稱:公羊高五世相授,至胡母生乃著竹帛,題其親師,故曰《公羊傳》。《穀梁》亦是著竹帛者題其親師,故曰《穀梁傳》。"③

從《公羊》《穀梁》書名看,兩傳分別傳公羊子、穀梁子一家之説。而傳世之《公羊》《穀梁》,多傳聞異辭,淆雜他説,並非純然一家之言。

## 一、兩傳存諸家之説

### (一)《公》《穀》稱引諸家之説

今之《公羊》《穀梁》,解經屢有標舉姓氏者。《公羊傳》行文,稱"子沈

---

① (唐)徐彦:《春秋公羊傳注疏》引,《十三經注疏》本,中華書局 1980 年影印本,第 2190 頁。

② (唐)楊士勳:《春秋穀梁傳序疏》,《十三經注疏》本,第 2358 頁。

③ (清)永瑢等:《四庫全書總目·春秋穀梁傳注疏提要》,中華書局 1965 年版,第 211 頁。

子"者,凡三處:隱公十一年、莊公十年、定公元年;稱"子公羊子"二處:桓公六年、宣公五年;稱"魯子"六處;莊公三年、二十三年、僖公五年、二十年、二十四年、二十八年;稱"子司馬子""子女子""高子""子北宫子"各一處:莊公三十年、閔公元年、文公四年、哀公四年。總計稱引諸家之説共十五條。《穀梁傳》稱引"尸子"有兩處:隱公五年、桓公九年;稱"穀梁子"、"沈子"各一處:隱公五年、定公元年。總計三處四條。

《公羊》《穀梁》徵引諸家之説,主要有兩種情況,一是對已有的解説加以補充。如:《公羊傳》莊公十年:"三月,宋人遷宿。遷之者何? 不通也,以地還之也。子沈子曰:'不通者,蓋因而臣之也。'"《穀梁傳》定公元年:"夏六月癸亥,公之喪至自乾侯。戊辰,公即位。殯然後即位也。……正君乎國,然後即位也。子沈子曰:'正棺乎兩楹之間,然後即位也。'"二是針對原有解説提出不同見解,這類條目共有兩條:《公羊傳》僖公二十八年:"'天王狩于河陽。狩不書。此何以書? 不與再致天子也。魯子曰:'温近而踐土遠也。'"《穀梁傳》隱公五年:"初獻六羽。初,始也。穀梁子曰:舞《夏》,天子八佾,諸公六佾,諸侯四佾。初獻六羽,始僭樂矣。尸子曰:舞《夏》,自天子至諸侯皆用八佾。初獻六羽,始厲樂矣。"無論是對已有解説作出補充,還是對原有解説提出不同見解,都應出自後人之手。

## (二)《公》《穀》並存諸説

《公羊》《穀梁》兩傳中另有一類條目,多以"或曰""或説曰""一曰""其一曰""傳曰""其一傳曰"領起,重在羅列異文。此類條目雖未標舉他人姓氏,但同樣可以看出傳中所列並非一家之言。這類條目,《公羊傳》有4處,《穀梁傳》則多達20餘處。

《公羊傳》以"或曰"領起者,共有4條,分別見於閔公二年,成公元年、十七年,襄公十九年。

《穀梁傳》以"或曰""或説曰"領起者,共有12條,分別見於隱公二年、八年,桓公二年、八年,莊公元年、三年、三十一年,僖公元年,文公三年,昭公十八年,定公六年、九年。

《穀梁傳》以"一曰""其一曰""其一傳曰"領起者,共3條,分別見於莊公二年,文公十二年、十八年。

《穀梁傳》以"傳曰"領起者,共有8條,分別見於隱公四年、五年,文公十一年,成公九年、十三年、十六年,襄公三十年,昭公元年。

如上所舉,兩傳中的一些條目,以"或曰""或説曰""一曰""其一曰""其一傳曰"領起,重在羅列異文,察其辭氣,觀其内容,即可一目了然。而以"傳曰"領起的文字,僅從内容看,似乎難以判斷是否採用異説。但這些條目以"傳曰"領起,本身也是一種標誌:《公羊》《穀梁》原本各爲一家之説,如不採用他説,完全不必另標"傳曰"。

## 二、兩傳中隱含的異説

《公羊》《穀梁》中的一些條目,有時在形式上并無明顯的標誌,表明它採自他説,但在内容上仍留有自採異説的蛛絲馬迹,盡管這種痕迹有時相當隱蔽。早期的《公羊傳》和《穀梁傳》今天已無法見到,因此無法將它們與今本進行系統的比較,以判定它們與今本之間的差異。但是,我們可以找到其他途徑,判斷出兩者之間的不同。

### (一)《公羊傳》與今本之不同

董仲舒是西漢《公羊》家的重要人物,武帝時曾代表《公羊》學派,與《穀梁》學代表瑕丘江公辯論。他著《春秋繁露》述説《春秋》大義,多同於《公羊傳》,但也有不一致的地方。如:

《春秋繁露·王道》云:"桀、紂皆聖王之後,驕溢妄行,……周發兵,不期會於盟津者,八百諸侯,共誅紂,大亡天下,《春秋》以爲戒,曰'蒲社災'。"據此,董仲舒認爲《春秋》哀公四年載"蒲(亳)社災",意在告誡後人以殷紂亡國之事爲戒。《穀梁傳》云:"六月辛丑,亳社災。亳社者,亳之社也。亳,亡國也。亡國之社以爲廟屏,戒也。"《漢書·五行志上》云:"(哀公)四年'六月辛丑,亳社災'。董仲舒、劉向以爲亡國之社,所以爲戒也。"今本《公羊傳》云:"六月辛丑,蒲社災。蒲社者何? 亡國之社也。社者,封也。其言災何? 亡國之社蓋揜之,揜其上而柴其下。蒲社災何以書? 記災也。"顯而易見,《穀梁傳》的解説比《公羊傳》更接近於《春秋繁露》。

《春秋繁露·王道》云:"天王伐鄭,譏親也。"今本《公羊傳》云:"秋,蔡人、衛人、陳人從王伐鄭。其言從王伐鄭何? 從王,正也。"《公羊傳》不僅没有譏諷天王親伐的意思,反而認爲從王伐鄭是正確的做法,正好與原意相反。《穀梁傳》云:"秋,蔡人、衛人、陳人從王伐鄭。……爲天王諱伐鄭也。鄭,同姓之國也,在乎冀州。於是不服,爲天子病矣。"《穀梁傳》云

"爲天王諱伐鄭",與《春秋繁露》意思較爲接近。

《春秋繁露·王道》云:"齊桓會王世子,擅封邢、衛、杞,橫行中國,意欲王天下。……以此之故,弒君三十二,亡國五十二,細惡不絶之所致也。"又云:"會王世子,譏微也。"今本《公羊傳》云:"公及齊侯、宋公、陳侯、衛侯、鄭伯、許男、曹伯會王世子于首戴。曷爲殊會王世子? 世子貴也。世子猶世世子也。"傳文中並無《春秋繁露》所言"譏微"之意。

《春秋繁露·王道》云:"祭公來逆王后,譏失禮也。"今本《公羊傳》云:"祭公來,遂逆王后于紀。祭公者何? 天子之三公也。何以不稱使? 婚禮不稱主人。遂者何? 生事也。大夫無遂事。此其言遂何? 成使乎我也。其成使乎我奈何? 使我爲媒,可,則因用是往逆矣。女在其國稱女。此其稱王后何? 王者無外,其辭成矣。"傳文中並無"譏失禮"之意。

《春秋繁露·王道》云:"魯舞八佾,北祭泰山,郊天祀地,如天子之爲。"又云:"獻八佾,譏八言六。"據此,《春秋》隱公五年載初獻六羽,爲隱譏之辭。今本《公羊傳》云:"初獻六羽。初者何? 始也。六羽者何? 舞也。初獻六羽何以書? 譏。何譏爾? 譏始僭諸公也。六羽之爲僭奈何? 天子八佾,諸公六,諸侯四。……始僭諸公昉於此乎? 前此矣。前此則曷爲始乎此? 僭諸公猶可言也,僭天子不可言也。"傳中所作解説,與《春秋繁露》"譏八言六"之意,相去甚遠。

《春秋繁露·王道》云:"鄭伯髡原卒於會,譏弒,痛强臣專君,君不得爲善也。"今本《公羊傳》襄公七年云:"鄭伯髡原如會,未見諸侯,丙辰,卒于操。……曷爲不言其大夫弒之? 爲中國諱也。曷爲爲中國諱? 鄭伯將會諸侯于鄬,其大夫諫曰:'中國不足歸也,則不若與楚。'鄭伯曰:'不可。'其大夫曰:'以中國爲義,則伐我喪;以中國爲彊,則不若楚。'於是弒之。"《穀梁傳》云:"鄭伯將會中國,其臣欲從楚,不勝其臣,弒而死。其不言弒,何也? 不使夷狄之民加乎中國之君也。"《穀梁傳》的解説與《春秋繁露》頗爲接近,而《公羊傳》反倒與之格格不入。

《春秋繁露·王道》云:"曹羈諫其君曰:'戎衆以無義,君無自適。'君不聽,果死戎寇。……《春秋》明此,存亡道可觀也。"今本《公羊傳》莊公二十四年云:"戎將侵曹,曹羈諫曰:'戎衆以無義,君請勿自敵也。'曹伯曰:'不可。'三諫不從,遂去之。故君子以爲得君臣之義也。"《公羊傳》載曹羈諫曹君,與《春秋繁露》合,而不載曹君戰死事,疑有脱漏。交代曹君戰死之結果,方顯曹羈諫言之可貴。

《公羊傳》莊公十六年云:"冬十有二月,公會齊侯、宋公、陳侯、衛侯、鄭伯、許男、曹伯、滑伯、滕子,同盟于幽。同盟者何? 同欲也。"而《春秋繁露·滅國下》云:"魯大國,幽之會,莊公不往,戎人乃窺兵於濟西,由見魯孤獨而莫之救也。"《左傳》《穀梁》也都無"公"字,與董仲舒説吻合。《穀梁傳》且云:"不言公,外内寮一疑之也。"

《漢書·五行志》引《公羊傳》,也有與今本不同者。

《五行志上》:"嚴公(即莊公)二十年'夏,齊大災'。……《公羊傳》曰: 大災,疫也。"今本《公羊傳》云:"夏,齊大災。大災者何? 大瘠也。大瘠者何? 痢也。何以書? 記災也。外災不書。此何以書? 及我也。"

《公羊傳》文公十一年:"冬十月甲午,叔孫得臣敗狄於鹹。狄者何? 長狄也。兄弟三人,一者之齊,一者之魯,一者之晉。其之齊者,王子成父殺之;其之魯者,叔孫得臣殺之;則未知其之晉者也。其言敗何? 大之也。其日何? 大之也。其地何? 大之也。何以書? 記異也。"傳文説《春秋》載長狄兄弟三人事,意在"記異",但傳中並無任何特異之處。"記異"之説,實在令人費解。考《漢書·五行志下之上》云:"《穀梁》《公羊傳》曰: 長狄兄弟三人,一者之魯,一者之齊,一者之晉。皆殺之,身橫九畝;斷其首而載之,眉見於軾。何以書? 記異也。"據此,知《公羊傳》本當有長狄兄弟"身橫九畝"、"斷其首而載之,眉見於軾"的内容。這樣的記載委實奇異非常,故《傳》云"記異也"。今本《公羊傳》内容有殘缺,致使上下文義脱節。"記異"之説,遂不可解。

《五行志下之下》云:"隱公三年'二月己巳,日有食之'。《穀梁傳》曰: 言日不言朔,食晦。《公羊傳》曰: 食二日。"今本《公羊傳》云:"王二月己巳,日有食之。何以書? 記異也。日食,則曷爲或日或不日,或言朔或不言朔? 曰某月某日朔,日有食之者,食正朔也;其或日或不日,或失之前,或失之後。失之前者,朔在前也。失之後者,朔在後也。"今本《公羊傳》的解説,與《五行志》所引"食二日"的意思,顯然不同。

《五行志下之下》云:"嚴公十八年'三月,日有食之'。《穀梁傳》曰: 不言日,不言朔,夜食。……《公羊傳》曰: 食晦。"《志》引《穀梁傳》之文,與今本全同。而今本《公羊傳》對此次日食卻沒有任何解釋。《五行志下之下》又云:"凡春秋十二公,二百四十二年,日食三十六。《穀梁》以爲朔二十六,晦七,夜二,二日一。《公羊》以爲朔二十七,二日七,晦二。《左氏》以爲朔十六,二日十八,晦一,不書日者二。"三傳一致認爲,"食晦"是《春秋》所載日食類型之一種,對此作出解釋,必要性顯而易見。《公羊傳》將《春秋》所載日食分爲三類:朔、二日、晦這三種凡例,而今本《公羊傳》明確解説者，卻只有一種。《公羊傳》隱公三年云："曰某月某日朔，日有食之者，食正朔也。"食正朔者凡 27 次，分別見於桓公三年，莊公二十五年、二十六年、三十年，僖公五年，文公元年、十五年，成公十六年、十七年，襄公十四年、二十年、二十一年（2 次）、二十三年、二十四年（2 次）、二十七年，昭公七年、十五年、十七年、二十一年、二十二年、二十四年、三十一年，定公五年、十二年、十五年。莊公十八年《經》書"十有八年春，王三月，日有食之"，僖公十五年《經》書"夏五月，日有食之"，均不書日，不書朔，《五行志》引《公羊傳》云"食晦"，知《公羊傳》以此爲食在晦日之例。《春秋》書日不書朔或書朔不書日者凡七，分別見於隱公三年，桓公十七年，僖公十二年，宣公八年、十年、十七年，襄公五年。《五行志下之下》云："隱公三年'二月己巳，日有食之'。……《公羊傳》曰：食二日。"《五行志》稱引《公羊傳》對"食晦"、"食二日"的解説，並概括其適用次數，與《春秋》記載完全吻合，足補今本《公羊傳》之不足。

## （二）《穀梁傳》與今本之不同

漢代文獻引述《穀梁傳》，也有與今本不同者。

劉向是《穀梁春秋》的重要代表人物。但他的論著所引《穀梁春秋》之文，也多與今本不同。

《漢書·楚元王傳》載元帝時劉向上《封事》："周大夫祭伯乖離不和，出奔於魯，而《春秋》爲諱，不言來奔，傷其禍殃自此始也。"顏師古注引張晏曰："隱元年'祭伯來'，《穀梁傳》曰'奔也'。"據劉向上書及張晏引文，知《穀梁傳》原本有祭公出奔、《春秋》爲此事隱諱的解説。《公羊傳》隱公元年云："冬十有二月，祭伯來。祭伯者何？天子之大夫也。何以不稱使？奔也。奔則曷爲不言奔？王者無外，言奔則有外之辭也。"而今本《穀梁傳》云："冬十有二月，祭伯來。來者，來朝也。其弗謂朝何也？圖內諸侯，非有天子之命，不得出會諸侯。不正其外交，故弗與朝也。"劉向上書引《穀梁傳》之文，與《公羊傳》俱言祭公出奔，與今本《穀梁傳》言祭公"來朝"大異。

劉向《封事》述《春秋》之義云："是後尹氏世卿而專恣，諸侯背畔而不朝，周室卑微。"《公羊傳》隱公三年云："夏四月辛卯，尹氏卒。尹氏者何？天子之大夫也。其稱尹氏何？貶。曷爲貶？譏世卿。世卿非禮也。"今本《穀梁傳》云："尹氏者何也？天子之大夫也。外大夫不卒。此何以卒之也？於天子之崩爲魯主，故隱而卒之。"劉向所引之文，與《公羊傳》吻合，而與《穀梁傳》渺不相涉。

劉向《封事》云：“（《春秋》載）李梅冬實。七月霜降，草木不死。”顏師古云：“（劉向）云‘七月霜降，草木不死’，與今《春秋》不同，未見義所出。”

《楚元王傳》載劉向成帝時上《封事》云：“周大夫尹氏筦朝事，濁亂王室，子朝、子猛更立，連年乃定。故《經》曰‘王室亂’，又曰‘尹氏殺王子克’，甚之也。”尹氏殺王子克事，不見於今之經文。

文公十三年《穀梁傳》云：“大室屋壞。大室屋壞者，有壞道也，譏不修也。大室，猶世室也。周公曰大廟，伯禽曰大室，群公曰宮。”《公羊傳》云：“世室屋壞。世室者何？魯公之廟也。周公稱大廟，魯公稱世室，群公稱宮。此魯公之廟也，曷為謂之世室？世室猶世室也，世世不毀也。”《穀梁》經文作“大室”而《公羊》作“世室”，究竟孰是孰非？《漢書·五行志中之上》云：“文公十三年‘大室屋壞’。……《穀梁》《公羊經》曰‘世室’。魯公伯禽之廟也。周公稱太廟，魯公稱世室。”

《漢書·五行志中之下》云：“文公三年‘秋，雨螽于宋’。……《穀梁傳》曰：上下皆合，言甚。”今本《穀梁傳》云：“雨螽于宋。外災不志。此何以志也？曰：災甚也。其甚奈何？茅茨盡矣。著於上，見於下，謂之雨。”今本《穀梁傳》的解說，與《漢志》所引“上下皆合”，涵義亦有差別。

前面已經提到，《公羊傳》著於竹帛在漢景帝時。《漢書·藝文志》云：“及末世口說流行，故有公羊、穀梁、鄒、夾之傳。四家之中，《公羊》《穀梁》立於學官，鄒氏無師，夾氏未有書。”據此可知，至遲在西漢末年，《穀梁傳》也已著竹帛。上文所舉陸、董、劉氏及《漢書》稱引《公》《穀》之文，有的在兩傳著於竹帛之前，有的則在其後。這一現象表明：在整個西漢時期，《公羊》《穀梁》學者解說經文多有不同，兩傳仍處在變化之中。

# 三、兩傳殽雜異說之原因

今本《公羊》《穀梁》殽雜異說，原因相當複雜。約而言之，主要有以下幾個方面。

## （一）傳聞失真

《公羊傳》至漢景帝時始著於竹帛，《穀梁傳》始著竹帛的時間，可能稍後於《公羊傳》。在此以前，兩傳一直以口說流行。《漢書·藝文志》

云："(《春秋》)有所褒諱貶損,不可書見,口授弟子,弟子退而異言。……及末世口説流行,故有公羊、穀梁、鄒、夾之傳。四家之中,《公羊》、《穀梁》立於學官,鄒氏無師,夾氏未有書。"孔門弟子,同受經於孔子,已不免退而異言;其後十口相傳,孔門《春秋》之學,遂衍爲公羊、穀梁、鄒、夾四家之傳。四傳既各自成家,自然存在着較大的差異。今存《公羊》《穀梁》兩家,同者不過十之二三,而不同者十之七八,即是明證。

### (二) 門户分立

　　武帝時始立《五經》博士,《公羊傳》即在其中;宣帝時,立《穀梁春秋》;平帝時,立《左氏春秋》。《漢書·儒林傳》云:"自武帝立《五經》博士,開弟子員,設科射策,勸以官禄,訖於元始,百有餘年,傳業者寖盛,枝葉蕃滋,一經説至百餘萬言,大師衆至千餘人,蓋禄利之路然也。"隨着經學的昌盛,門派之間的競爭也空前激烈。某家學問是否受到重視,在很大程度上取決於它能否勝過競爭對手。武帝時,瑕丘江公與董仲舒議,江公不如仲舒,"於是上因尊《公羊》家,詔太子受《公羊春秋》,由是《公羊》大興"。榮廣傳《穀梁春秋》,高材捷敏,"與《公羊》大師眭孟等論,數困之,故好學者頗復受《穀梁》"。宣帝時,詔太子太傅蕭望之等大議殿中,平《公羊》《穀梁》同異,議三十餘事。"望之等十一人各以經誼對,多從《穀梁》","由是《穀梁》之學大盛"。門派興衰,直接關係到學者利禄仕進之得失。爲了取得競爭的主動權,各門各派都不遺餘力,以求完善自身的學説。與此相適應,這一時期的經學,呈現出求變求新的趨勢。在這種趨勢下,同一門派的學者往往自創新説,另立門户。

　　據《漢書·藝文志》,胡母生之後,西漢傳《公羊春秋》而另立門户者,即有疏、顔、嚴、泠、任、筦、冥七家。爲求眉目清楚,列簡圖如下:

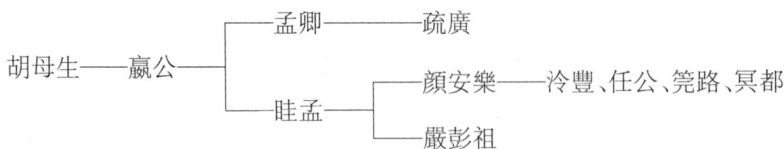

```
                   ┌── 孟卿 ──── 疏廣
胡母生 ── 嬴公 ──┤
                   │          ┌── 顔安樂 ── 泠豐、任公、筦路、冥都
                   └── 眭孟 ──┤
                              └── 嚴彭祖
```

《穀梁傳》的情況,與《公羊傳》正相類似。亦列簡圖如下:

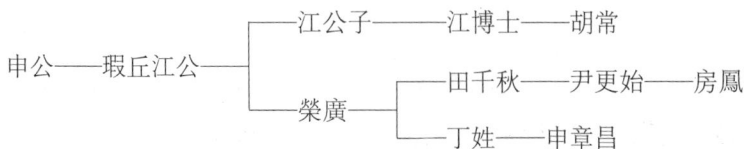

```
                        ┌── 江公子 ── 江博士 ── 胡常
申公 ── 瑕丘江公 ──┤
                        │          ┌── 田千秋 ── 尹更始 ── 房鳳
                        └── 榮廣 ──┤
                                   └── 丁姓 ── 申章昌
```

同出《公羊春秋》,在傳授過程中,疏廣、顏安樂、嚴彭祖、泠豐、任公、筦路、冥都又分立門戶,自成一家。《穀梁春秋》則衍爲尹、胡、申章、房鳳之學。每一家的獨立,都意味着對舊説的增補或改動。

新的經説分立門戶,並在不斷變化的狀況下長期傳承,必然會導致異説的孳生。

### (三)整合相容

對舊説的取捨整合,首先體現在同一學派内部。《漢書·儒林傳》云:"胡母生字子都,齊人也。治《公羊春秋》,爲景帝博士。……弟子遂之者,蘭陵褚大、東平嬴公、廣川段仲、温吕步舒。大至梁相,步舒丞相長史,唯嬴公守學不失師法。"胡母生爲《公羊春秋》一代宗師,而弟子多不遵其師法,可見西漢經師不甚看重師法。其後疏、顏、嚴、泠、任、筦、冥各家自立門戶,而學者雲從,尤爲明證。同一學派經説滋多,對各種説法加以鑒别、選擇、整合,也是非常自然的事。今之《公羊傳》《穀梁傳》,或稱"子沈子""子公羊子""子司馬子""子女子""子北宫子""魯子""高子",或稱"穀梁子""尸子""沈子",又稱"或曰""或説曰""傳曰""其一傳曰""一曰""其一曰",即是這種整合的標記。

有迹象表明,對舊説的取捨整合,有時並不限於同一學派内部。西漢時期,《公羊》《穀梁》兩派多次辯論,前文已經論及。兩傳經師反復辯難,促進了雙方的互相了解,也爲兩傳融合提供了可能。《穀梁傳》桓公八年稱"或曰:天子無外,王命之則成矣";莊公元年稱"或曰:遷紀于邢、鄑、郚";莊公二年稱"其一曰:君在而重之也";莊公三年稱"《傳》曰:改葬也";文公十二年稱"其一傳曰:許嫁以卒之也"。這幾條傳文所列異説,内容都出於《公羊傳》。兩傳中有些條目,雖然没有任何互相襲取的標記,卻仍然不能擺脱這種嫌疑。《公羊》《穀梁》解經,有些内容大同小異,有的甚至連文字都基本相同。如果這些解説是正確的,或許還可以理解。因爲兩傳同出孔門傳授,可能會存有某些雷同之處。但有些内容錯誤明顯以至於離奇,而且是兩傳同誤,這就令人費解了。如,隱公元年《經》載鄭伯克段事,《公羊》《穀梁》都認定鄭伯殺段,並以此爲前提大加發揮。然而這一前提本身能否成立,卻很成問題。《左傳》載此事最終結局云:"五月辛丑,大叔出奔共。"《左傳》隱公十一年載鄭伯入許,謂許叔云:"寡人有弟,不能和協,而使餬其口於四方,其況能久有許乎?"《史記·衛康叔世家》云:"(衛)桓公二年,弟州吁驕奢,桓公絀之,州吁出犇。十三年,鄭伯弟段攻其兄,不勝,亡,而州吁求與之友,⋯⋯州吁自立爲衛君,爲鄭伯弟段欲伐鄭,請宋、陳、蔡與俱,三國皆許州吁。"《左傳》隱公元年云:"(武姜)生莊公及共叔段。"杜預注:"段出奔共,故曰共叔,猶晉侯在鄂,謂之鄂侯。"相關事實及"共叔"之稱呼均可證叔段並未被殺。《左傳》釋《春秋》書法云:"書曰:'鄭伯克段于鄢。'段不弟,故不言弟;如二君,故曰克;稱鄭伯,譏失教也;謂之鄭志。不言出奔,難之也。"類似的例子還可舉出許多。

西漢後期,《春秋左氏傳》出,學者多傳習之,這對《公羊》《穀梁》兩傳的衍變,也產生了影響。《漢書・儒林傳》載:"尹更始爲諫大夫、長樂户將,又受《左氏傳》,取其變理合者以爲章句,傳子咸及翟方進、琅邪房鳳。"尹更始習《穀梁春秋》而能自成一家,當與他兼綜了《左氏傳》的内容有關。《儒林傳》又載胡常"以明《穀梁春秋》爲博士、部刺史,又傳《左氏》"。劉師培《春秋三傳先後考》云:

> 二傳之中,如《公羊》五始義,凤爲《左傳》所具;譏二名例,《左傳》更指名言;譏世卿義,《左傳》只指世位言,亦爲《左傳》所有。⋯⋯自斯而外,有稍聞《左傳》之説而昧其詳者,如崔氏出奔,《穀梁》言舉族而出;崔杼弑君,《穀梁》言莊公失言,淫于崔氏;大夫宗婦覿用幣,《公羊》言當用棗栗服修,即本《左傳》御孫説是也。有稍聞《左傳》之説而致訛者,如蔡侯朱奔楚,《左傳》有立東國之文,《穀梁》稍聞其説,遂改朱爲東,謂即東國;齊仲孫來,《左傳》所記有不去慶父諸言,《公》《穀》稍聞其説,又以本經有仲孫蔑諸文,遂以仲孫爲慶父是也。⋯⋯公羊作《傳》,僅著所知,不以傳言爲得實,若於《左》《穀》之説有所聞,則亦並陳其説,《穀梁》於《左傳》亦然。如莊三年葬桓王,《穀梁》云,改葬也。或曰,卻尸以求諸侯。所云卻尸,即《左傳》緩葬説;僖三十三年敗秦師,《穀梁》云先軫,《公羊》則云:先軫也。或曰:襄公親之。蓋稍聞《左傳》子墨衰經説故隱其詞。此均《公》《穀》習聞《左傳》説之證也。①

## (四) 傳抄致訛

在雕版印刷術發明之前,文獻傳播只能依靠手抄。古籍經過輾轉傳

---

① (清)劉師培:《劉申叔遺書》,江蘇古籍出版社 1997 年版,第 1214—1215 頁。

抄,很容易產生訛誤。《公羊》《穀梁》因其經師衆多,傳授系統複雜,產生異文更在所難免。即以兩傳所據經文而論,就至少有數百處異文。唐代陸淳撰《春秋集傳纂例》,中有《三傳經文差謬略》一篇,列舉《春秋》異文將近 300 處,其中三傳經文各不相同者十六處,《公羊》經文異於《穀梁》《左傳》者 157 處,《穀梁》經文異於《公羊》《左傳》者 38 處,《左傳》經文異於《公羊》《穀梁》者 76 處。①

經文的差異,有時直接影響到對經文的理解。如:

桓公十八年《公羊經》:"十有八年春,王正月,公會齊侯於濼。公夫人姜氏遂如齊。"《公羊傳》云:"公何以不言及夫人? 夫人外也。夫人外者何? 內辭也。其實夫人外公也。"《公羊傳》以爲桓公和夫人都是單獨行動,所以生出"外夫人"、"夫人外公"的一番議論。《穀梁傳》云:"十有八年春,王正月,公會齊侯於濼。公與夫人姜氏遂如齊。濼之會,不言及夫人何也? 以夫人之伉,弗稱數也。"《穀梁經》云"公會齊侯",又云"公與夫人姜氏遂如齊",前者但稱公,後者則公與夫人並稱,筆法似乎有異,《穀梁傳》闡釋的重點正在於此。兩傳所據經文不同,所以解説各異。

僖公九年《公羊經》:"冬,晉里克弒其君之子奚齊。"《公羊傳》云:"此未踰年之君,其言弒其君之子奚齊何? 殺未踰年君之號也。"《穀梁傳》則云:"冬,晉里克殺其君之子奚齊。其君之子云者,國人不子也。國人不子何也? 不正其殺世子申生而立之也。"《公羊》立論的基礎是"弒",而《穀梁》是"殺",故解説相去甚遠。

僖公十年《公羊經》:"冬,大雨雹。"《公羊傳》云:"何以書? 記異也。"《春秋繁露·二端》云:"故書日蝕,星隕,……冬大雨雹,隕霜不殺草,自正月不雨,至于秋七月,有鸜鵒來巢,《春秋》異之,以此見悖亂之徵。"雹多見於夏而冬季罕見,故《公羊》以"記異"釋之。《穀梁傳》所據經文則作"冬,大雨雪",未作任何解釋。

成公十五年《公羊經》:"晉侯執曹伯,歸之于京師。"《穀梁傳》所據經文無"之"字。《傳》云:"晉侯執曹伯,歸于京師。以晉侯而斥執曹伯,惡晉侯也。不言'之',急辭也。斷在晉侯也。"

襄公九年《公羊經》:"九年春,宋火。"《公羊傳》云:"曷爲或言災,或言火? 大者曰災,小者曰火。然則內何以不言火? 內不言火者,甚之也。

---

① (唐)陸淳:《春秋集傳纂例》,文淵閣《四庫全書》本,第 146 册,第 514—522 頁。

何以書？記災也。外災不書,此何以書？爲王者之後記災也。"《穀梁傳》所據經文"火"作"災",《傳》云："九年春,宋災。外災不志。此其志何也？故宋也。"

昭公十三年《公羊經》："楚公子棄疾弑公子比。"《公羊傳》云："比已立矣,其稱公子何？其意不當也。其意不當。則曷爲加弑焉爾？……大夫相殺稱人。此其稱名氏以弑何？言將自是爲君也。"《穀梁傳》云："楚公子棄疾殺公子比。當上之辭也。當上之辭者,謂不稱人以殺,乃以君殺之也。討賊以當上之辭殺,非弑也。"書"弑"與"殺",關乎《春秋》大義,《公羊》《穀梁》所據經文各異,故其釋義不止相去萬里。

昭公二十一年《穀梁經》："冬,蔡侯東出奔楚。"《穀梁傳》云："東者,東國也。何爲謂之東也？王父誘而殺焉,父執而用焉,奔,而又奔之。曰東,惡之而貶之也。"昭公二十七年《春秋經》載："蔡侯東國卒于楚。"《穀梁傳》以爲"蔡侯東"即昭公二十七年之"蔡侯東國",故有此解釋。《公羊傳》《左傳》"東"均作"朱"。據《左傳》,蔡侯朱爲蔡平公之子,東國爲平公之弟,朱之叔父。

定公六年《公羊經》："季孫斯、仲孫忌帥師圍運。"《公羊傳》云："此仲孫何忌也,曷爲謂之仲孫忌？譏二名。二名非禮也。"《穀梁經》云："季孫斯、仲孫何忌帥師圍鄆。""仲孫何忌"爲魯大夫,《春秋》屢見其名,《穀梁》所據經文與他處一致,故不作解釋。《公羊》此處經文無"何"字,與他處有異,因而有"譏二名"的解説。

哀公十三年《公羊經》："晉魏多帥師侵衛。"《公羊傳》云："此晉魏曼多也。曷爲謂之晉魏多？譏二名。二名非禮也。"《公羊經》哀公七年有"晉魏曼多帥師侵衛"之文,《公羊傳》以"魏多"爲"魏曼多"之異名,故有"譏二名"之説。《穀梁經》哀公十三年載侵衛者爲"魏曼多",與哀公七年經文所載完全相同,故未作解釋。《春秋繁露·觀德》云："魯、晉俱諸夏也,譏二名獨先及之。"看來《公羊》家"譏二名"的説法,由來已久。

《公羊》《穀梁》與《左傳》一樣,最初都與經文分離,經傳合并,是後來的事情。《漢書·藝文志》載"《春秋古經》十二篇",是指《左傳》依據之經文;"《經》十一卷",指《公羊》《穀梁》二家"(班固自注);又分列"《左氏傳》三十卷""《公羊傳》十一卷""《穀梁傳》十一卷",即是明證。由於經傳分別單行,都有可能産生訛誤。今本《公羊傳》就有傳文與經文脱節的例子。

僖公十九年《公羊傳》云："夏六月,宋人、曹人、邾婁人盟于曹南。鄫子會于郲妻。其言會盟何？後會也。"《春秋》載諸侯之事，多稱"會"或"盟"，"會盟"連稱，則罕見其例，故《公羊傳》特地加以解說，而今本《公羊經》並無"會盟"一詞。《穀梁傳》云："夏六月，宋公、曹人、邾人盟于曹南。繒子會盟於郲。"《公羊傳》對經書"會盟"的解說，與《公羊經》脫節，反與《穀梁經》配合得天衣無縫。據此，知今本《公羊傳》所據經文有脫誤。

哀公四年《公羊傳》云："四年春，王三月庚戌，盜殺蔡侯申。弒君，賤者窮諸人，此其稱盜以弒何？賤乎賤者也。賤乎賤者孰謂？謂罪人也。"經文作"殺"，而傳文釋《經》何以"稱盜以弒"，二者可謂南轅北轍。《穀梁經》作"盜弒蔡侯申"，與《公羊傳》所作解釋吻合。

# 餘　論

孔子作《春秋》，其後學者傳承不絕，門户不一。到了漢代，"春秋分爲五"。《鄒氏》《夾氏》二書不傳，具體内容已不可得而知。《左氏》與《公羊》《穀梁》，學分古今，載事釋義，多有異同違牾，本不足怪。而《公》《穀》兩家，同出孔門傳授，也同樣是同者少而異者多。不僅如此，同出於《公羊》或是《穀梁》，前後師徒授受，也不盡相同，據《漢書·儒林傳》，"《公羊春秋》有顔（彭祖）、嚴（安樂）之學"，兩家俱立於學官；"顔家有泠（豐）、任（公）之學"，"復有筦（路）、冥（都）之學"。而"《穀梁春秋》有尹（更始）、胡（常）、申章、房氏（鳳）之學"。《後漢書·賈逵傳》則云"（賈逵）兼通五家《穀梁》之説"。甚至三傳所據經文，也多有歧異。同門異派，師儒林立，異説紛綸，揭示出這樣一個事實：一些解經之傳，不論是著於竹帛之前，還是在其後，在很長一段時間内，一直處在變化過程之中，并非一成不變。經文在流傳過程中，也同樣存在衍脫訛誤。探討這類文獻的流傳和成書過程，考辨其成書時代及真偽，判定其價值，都應該考慮到這一因素。傳統的"疏不破注，注不破經"的做法，不僅不符合實事求是的精神，而且從學理上説也是站不住腳的。

（趙生群，南京師範大學文學院教授）

# 論儒家仁學"公共性"問題<sup>*</sup>

## ——以程朱理學"以公言仁"爲核心

吴　震

　　近年來,李澤厚再三强調"兩德二分"的重要性,認爲宗教性私德和社會性公德的"兩德論"恰能用來解釋儒家倫理的"忠恕之道",主張"情本體"的"忠"可以範導公共理性的"恕"("己所不欲勿施於人"),進而主張倫理學的"兩德論"應成爲"政治哲學的基礎",認爲在政治哲學上需要研究如何使中國傳統的"兩德論"來範導從西方傳來的普遍價值的"現代社會性道德",以創造一種適合於中國的道路。① 這些觀點都很重要,值得重視。

　　然而,儒家倫理的忠恕之道顯然是以"仁"這一儒家核心觀念爲基礎的,因此,我們可以從儒家傳統的仁學思想來重新思考"兩德論"的問題,本文旨在通過對宋代理學重構傳統仁學的思想史考察,來探討儒家仁學的公共性問題,最後對"兩德論"問題嘗試做出若干回應。

　　衆所周知,"仁"是孔子的中心思想,也是儒學的核心價值,然而由於孔子言仁大多是"指示語"(朱子語)而非定義語,如"仁者愛人"亦至多表明"愛人"是"踐仁"的表現,而難以認定是對"仁"字的確切定義,因此,關於"仁"的名義問題遂引發後儒的不斷詮釋,②宋儒特別是道學家多感歎仁字"難言""難名",朱子(1130—1200)甚至斷言漢唐以來,"學者全不

　　* 基金專案:2013 年度國家社科基金重點專案"日韓朱子學的承傳與創新研究"(13AZD024)。

　　① 李澤厚:《中國哲學如何出場?》,上海譯文出版社 2012 年版,第 103、143 頁。
　　② 關於儒學史上"仁"字的文獻梳理,參見黃俊傑《東亞儒家仁學史論》,(臺北)臺灣大學出版中心 2017 年版。

知有仁字"，二程以後"學者始知理會仁字"，但"不敢只作愛字說"。①
這是指程頤（1033—1107）言仁的兩個主要觀點：仁性愛情和以公言
仁。前者是指程頤對"仁者愛人"的全新解釋：仁是性，愛是情，故不可
以愛名仁，導致程門後學不敢以愛說仁；後者是指程頤從"仁近公"、"仁
者公也"的角度對"仁"的新解釋。這兩個觀點具有理論上的內在關聯，
特別是以公言仁說揭示了"仁"的公共性特徵，是程頤的獨創性詮釋，也
是其仁學思想的重要特色，在仁學詮釋史上十分重要，但未引起後人的
足夠重視。

關於以公言仁，程頤大致有三種提法，詞意相近而又有微妙差異：

1. 仁者公也。
2. 仁道難名，惟公近之。
3. 公只是仁之理，不可將公便喚做仁。②

第一種是全稱肯定命題；第二種以"近之"說仁，是部分肯定；第三種
則顯得有點特別：前一句是肯定判斷，後一句者卻是對前者的限定，等於
說：公是仁而公又不是仁。這個說法是程頤特有的語言習慣，如"仁者固
博愛，以博愛爲盡仁，則不可"，③便屬此類。乍看之下，有點難解，仔細品
味，卻發現有一些值得深入探討的問題。

例如：先肯定後否定的這種命題方式如何在義理上得以自圓其說？
在這個說法的"言外"又蘊含怎樣的思想深意？引申開去，我們會想：在
宋代道學史上，程頤對"公"與"仁"的關係描述有何理論意義？朱子仁學
在繼承程頤思想的基礎上，對此又有何理論發展？本文通過對這些問題
的考察，以展示儒家仁學的公共性特徵以及普遍性意義，對於我們思考
"私德"與"公德"的"兩德論"如何打通的問題或有裨益。

---

① （宋）朱熹：《朱文公晦庵先生文集》（簡稱《朱子文集》）卷三一《答張敬夫》
第六書，《朱子全書》第 21 冊，上海古籍出版社、安徽教育出版社 2002 年版，第
1334 頁。

② （宋）程顥、程頤：《河南程氏遺書》（簡稱《遺書》）卷九，《二程集》，中華書局
1981 年版，第 105 頁；《遺書》卷三，《二程集》，第 63 頁；又見《程氏粹言·論道篇》，
《二程集》，第 1171 頁；《遺書》卷一五，《二程集》，第 153 頁。

③ 《程氏粹言·論道篇》，《二程集》，第 1175 頁。

# 一、問題由來: 何爲"公共性"?

"公共"兩字疊加成語的用語習慣較爲後起,在先秦時代,古人喜用單字表意。及至宋代,"公共"常與"天下"連用,如:"理者,天下公共之理也。"當然,通過電子檢索的方法,我們也可輕易得到《史記》"法者,天子與天下公共也"的記録,此"公共"指共同擁有。

關於"公"字的語源學考察,前人已有相當的研究積累,不必在此細考。僅舉一例,如陳弱水《中國歷史上"公"的觀念及其現代變形》一文從語言和觀念的發展史兩個層面對"公"的來龍去脈有相當詳細的論考,列舉了"公"的五種涵義:1.原始的涵義是指朝廷、政府或國家;2.普遍、全體之義,具有超越於朝廷、政府的意涵,同時還帶有平均、平等等倫理意涵;3.代表善或世界的根本原理,如義、公正、天理,主要流行於宋明理學;4.類型四的大致涵義仍然是普遍、全體,其特點在於它承認"私"的正當性;5.類型五的基本意涵是"共",包括共同、共有、衆人等義。① 根據這項分類,程頤所言"公"大致可歸類於第三種,主要有公義、公正、公理、天理等含義;當然同時也含有第二種及第三種的部分涵義,如"普遍"以及"善"的原理。

但是,也有一種更簡明的説法。大致可分兩類:1.從語義學的角度看,"公"爲會意字,由上"八"下"厶"所構成,八是"背"的古字,厶是"私"的古字,故"公"是"私"的反義字,戰國末年韓非所言"背私者謂之公",②便是對"公"的一項最明確的定義;2.從思想史的角度看,由於公字原義就是公平、公正、無私,與"私"構成一種對立關係,反映了公私二元的思維方式,因而公私成爲善惡兩分的概念,而"公"便具有道德性的涵義。因此,與西方近代社會的共(public)與私(private)主要指社會上的公共或非公共,屬於社會學或政治學的概念不同,在傳統中國,"公私"主要是倫理

---

① 陳弱水:《公共意識與中國文化》,新星出版社 2006 年版,第 69—117 頁。原刊於(臺灣)《政治與社會哲學評論》第 7 期,2003 年 12 月。

② 原文是:"古者蒼頡之作書也,自營者謂之私,背私謂之公。公私之相背也,乃蒼頡固知之矣。"(《韓非子·五蠹篇》)(漢)許慎:《説文解字》引韓非之説:"公,平分也。從八從厶。八猶背也。韓非曰'背厶爲公'。"(中華書局 1963 年影印本,第 28 頁。)

學或形上學的概念，①公代表道德上的善——猶如公共之天理，私代表道德上的惡——猶如一己之私欲，兩者之間不存在任何妥協的空間。

在先秦儒家典籍中，《論語》言“公”達56次，大多指人名或爵位之稱，唯有一例是指“公事”，並未出現公私對舉的用例。②《孟子》已有公私對舉的案例，其引《詩經》“雨我公田，遂及我私”一句，這裏的“公私”概指公事和私事，顯然含有社會學的涵義，但其“私”字並未含貶義。《荀子》中“公”字多見，有明確的道德和政治的意涵，並與“私”字對舉，如：“君子之能以公義勝私欲。”（《荀子·修身》）“公道達而私門塞矣，公義明而私事息矣。”（《荀子·君道》）這裏的“公道”“公義”已有一定的抽象性，與“私”相對而言，用以指稱道德正義、政治公正等，屬社會政治領域的概念。《禮記·禮運》“大道之行也，天下爲公”則更爲著名，鄭玄（127—200）注曰：“公，猶共也。”合言之，即“公共”之意。可以說，“天下爲公”乃是儒家公共意識的原始典範，也是儒學公共性的一個重要表現，構成儒家建構理想社會的重要傳統。

要之，“公”或“公共”的觀念，在中國歷史文化傳統中有一個發展演變的過程，由原始的概指公家、政府、祭祀場所等含義，逐漸發展出公正、公平、正義、公理、普遍以及善的原理等等，具有社會性、政治性、道德性等多重含義。這些是中國思想史上有關“公共性”問題的基本特徵。

## 二、仁性愛情：不可“以愛爲仁”

那麼，作爲儒家的核心概念“仁”是單純指向人倫親情的“愛”，還是蘊含更爲豐富的“公共性”的意涵呢？我們將通過對宋代理學家（主要就程頤和朱子來談）的仁學思想的考察對此獲得基本的瞭解。上面提到，仁

---

① 參見翟志成《宋明理學的公私之辨及其現代意涵》，載黄克武、陳哲嘉主編《公與私：近代中國個體與群體之重建》，（臺北）中研院近代史研究所2000年版，第1—2頁。關於中國“公私”問題，還可參見［日］溝口雄三《中國的公與私·公私》（鄭靜譯，孫歌校），《溝口雄三著作集》，三聯書店2011年版；陳喬見：《公私辨：歷史衍化與現代詮釋》，三聯書店2012年版。

② 臺灣中研院漢籍電子文獻（http：//hanji. sinica. edu. tw）。轉引自［韓］樸素晶《韓國東學對儒家公共性的革新與實驗——東學的自我認識與主體性》，載魏月萍、樸素晶主編《東南亞與東北亞儒學的建構與實踐》，新加坡南洋理工大學中華語言文化中心2016年版，第149頁。

性愛情和以公言仁,是程頤仁學思想的兩個主要觀點,而兩者又有内在的理論關聯。我們探討的重點在"以公言仁",但是爲了明確以公言仁與仁性愛情的理論關聯,有必要先來探討仁性愛情説的義理結構。程頤説:

> 問仁。曰:"此在諸公自思之,將聖賢所言仁處,類聚觀之,體認出來。孟子曰:'惻隱之心,仁也。'後人遂以愛爲仁。惻隱固是愛也。愛自是情,仁自是性,豈可專以愛爲仁? 孟子言惻隱爲仁,蓋爲前已言'惻隱之心,仁之端也',既曰仁之端,則不可便謂之仁。退之言'博愛之謂仁',非也。仁者固博愛,然便以博愛爲仁,則不可。"①

程頤認爲孟子所言"惻隱之心"是指"情",是"仁之端"而非仁之本身,因爲"端"者乃是發動之意,既然已是發動,便不是性之本體而已落在了用的層面,即情感層面。據此,所以説仁是性,愛是情。後人誤將孟子此説,解釋成"以愛爲仁"或"惻隱爲仁",都是不對的。顯然,這是從體用論的角度來重新規定仁與愛,認爲作爲性之本體的"仁",不能用本體發用的"愛"來命名,因爲"愛"只是體之用的"情"。將"惻隱之心,仁之端也"解釋爲性體之發用,屬於道德情感,故不可在名義上來直接定義"仁",這個説法是可以成立的,顯示出程頤對概念定義的嚴謹性;但是,作爲情感發動的"愛"不可定義"仁"與"仁"是否含有"愛"的道德情感,則是屬於兩個層次的問題,但兩者又是有關聯的,仁之體只可用"性"或"理"來命名,但是有體必有其用,仁之體必展現爲愛之用,對於這層意思,程頤當然是有所瞭解的,所以他説:"仁者必愛,指愛爲仁則不可。"②這個説法與"公只是仁之理,不可將公便唤做仁"是同樣的道理。上述觀點表明,程頤只能認同仁是性本體而不能認同仁是情本體。

在上述引文中,程頤接着對韓愈《原道》"博愛之謂仁"的命題進行了批評,但其批評並没有全盤否定的意思。程頤首先承認"仁者固博愛",這與上述"仁者必愛"的觀點是一致的,他認爲從"仁者"的角度言,固然具備"博愛"的道德情感,也會展現出"博愛"的道德行爲。换言之,愛是仁在行爲表現上的主要方面,所以程頤在其他地方再三表示:"**仁主於愛,愛莫大於愛親**。""聖則無大小,至於仁,兼上下大小而言之。**博施濟衆亦仁**

---

① 《遺書》卷一八,《二程集》,第 182 頁。
② 《程氏粹言·論道篇》,《二程集》,第 1173 頁。

也，愛人亦仁也。""愛人，仁之事也。"①這些都是從行爲表現或人事表現上講，仁表現爲愛的道德情感。

然而，若從名義上説，程頤認爲不可用"愛"或"博愛"來命名"仁"，理由如同前出，"愛"爲情而"仁"爲性，性情在體用上自當有別，不可互相逾越或直接等同。要之，仁蘊含着情，也表現爲愛，但不可"以愛爲仁"。這一嚴分性情的詮釋立場，受到程門後學的一致認同，按朱子的觀察，導致程門"不敢只作愛字説"的結果，這一點引發了朱子的不滿，認爲程門後學誤解了程頤的本意：

> 程子之所訶，以愛之發而名仁者也。吾之所論，以愛之理而名仁者也。蓋所謂情性者，雖其分域之不同，然其脈絡之通，各有攸屬者，則曷嘗判然離絶而不相管哉！吾方病夫學者誦程子之言而不求其意，遂至於判然離愛而言仁，故特論此以發明其遺意。②

首先朱子表明他與程頤有關"仁"的命名角度有所不同，他認同程頤從嚴分性情的立場出發，反對以愛名仁的觀點，朱子自己以"愛之理"來重新規定"仁"，繼承了程頤的這一觀點主張；進而朱子表示，性情雖然"分域不同"，然兩者自有"脈絡之通"而不可"離絶而不相管"，這是説，仁之體用雖分屬不同層次的領域，但是道德之本體與情感又不可截然隔斷；故朱子嚴肅批評程門後學誤解程頤而主張"判然離愛而言仁"等觀點，認爲道德情感的"愛"當然是"仁"的必然展現。可見，朱子承認性情自有體用之別，分屬不同領域，但兩者不能截然隔絶，更不能"離愛而言仁"。這應當是符合宋明儒學"體用一源"之致思精神的。③

的確，從歷史上看，孔孟提出的"仁者愛人"説，並未從語義上對此展開充分的概念論證。但是，從儒家立場而言，孔子"泛愛衆，而親仁"（《論語·學而》）的命題理應含有"愛人"之意，因爲仁作爲一種内在心性，必然展現爲仁愛精神，而使"仁"具有普遍性的意義。根據歷史記載，以博愛

---

① 《遺書》卷一八，《二程集》，第 183 頁；《程氏外書》卷六，《二程集》，第 382 頁；《程氏外書》卷一二，《二程集》，第 439 頁。

② 《朱子文集》卷七二《仁説》，《朱子全書》第 24 册，第 3280 頁。

③ "體用一源，顯微無間"，源自程頤《易傳序》（《河南程氏文集》卷八，《二程集》，第 582 頁），後爲宋明理學的共識，此不贅述。

言仁,原是一種古義,據《國語·周語》載"言仁必及人",韋昭(204—273)注:"博愛於人曰仁。"①《孝經》亦有"博愛"一詞,漢儒董仲舒(前179—前104)繼承和發展了"博愛"爲仁的傳統,提出了"仁者,愛人之名也""仁者,所以愛人類也"的命題,②是對先秦儒學"仁者愛人"說的重要發展。

問題是,"博愛"易與墨家"兼愛"混同,更與儒家"愛有差等"說看似相悖。其實,"博"泛指廣大而言,並不意味否定"差等"這一行爲差序原則。所謂"差等",是指"愛人"須由家庭倫理出發,根據愛自己的父母這一經驗事實,然後才能漸次推廣擴充至社會倫理,以實現愛他人之父母,正如孟子所言"親親,仁民,愛物",充分表明了儒家仁愛並不局限於血緣關係中的"親親"而已,郭店楚簡《五行》也有記載:"愛父,其繼愛人,仁也。"③"繼"者,隨後義,由"愛父"而後"愛人","人"者泛稱,與"己"相對,講的也是仁愛實踐的差序性,此差序性原則表明儒家仁愛精神的具體性,而不是一種空洞的抽象性的"兼愛"。故"差等"並不是指仁愛精神在本質上存在差異,毋寧説,仁愛的有序拓展才是體現仁之精神的普遍原則。

宋儒張載(1020—1077)《西銘》的"民胞物與"、程顥(1032—1085)《識仁篇》的"仁者渾然與物同體",無不表現爲仁愛精神的普遍性。從這個角度看,"仁者愛人"或"愛人爲仁"的觀點應當是儒家仁學的題中應有之義。王陽明(1472—1529)亦認爲韓愈"博愛"説、周敦頤"愛曰仁"説以及"子曰愛人"説,原是可以相通的,因爲"愛字何嘗不可謂之仁歟"? 只是陽明認爲愛固然可以謂之仁,"但亦有愛得是與不是者,須愛得是方是愛之本體,方可謂之仁。若只知博愛而不論是與不是,亦便有差處"。故陽明堅持主張:"博字不若公字爲盡。"④其中,"是與不是"的判斷屬於倫理學的正義原則。可見,陽明從"愛得是與不是"的立場出發,亦能對"以

---

① 《國語》卷三《周語》,上海古籍出版社1978年版,第93頁。

② 《春秋繁露·仁義法》,中華書局2011年版,第106頁;《春秋繁露·必仁且智》,第117頁。

③ 郭店楚簡《五行》第19章,李零:《郭店楚簡校讀記》(增訂本),中國人民大學出版社2007年版,第102頁。按,帛書《五行·説》釋曰:"言愛父而後及人也。"魏啓鵬指出兩説旨意"相合",見魏啓鵬《簡帛文獻〈五行〉箋證》,中華書局2005年版,第30頁。

④ 《王陽明全集》卷五《與黃勉之二·甲申》,上海古籍出版社1992年版,第195頁。

公言仁"説表示認同。

然而,程頤力主仁性愛情説,反對以愛名"仁",主要是基於體用論或本體論的立場而言,是對"仁體"概念的嚴格界定,自有其重要的理論貢獻。但是,程頤也承認仁之"體"必發爲情之"用"而呈現爲"愛",故而從行爲角度言,他也主張"仁主于愛""愛人亦仁"。可以説,性之本體的仁必然内含"愛"的道德情感,這應當是程頤仁學的一個立場。

但是,程頤也顯然意識到一個問題:愛作爲一種情感表現,若無性之本體加以規範和引導,則有可能流於溺愛或偏私。也正由此,所以程頤在指出仁性愛情的同時,又十分强調"以公言仁"的觀點,以爲從"公"的角度出發,既可保證仁愛的"公正性""公共性",以實現"物我兼照",①又可防止愛之情"或蔽於有我之私",但是反過來説,這個觀點絶不意味"愛之與仁了無干涉也"。②

## 三、以公言仁:"公而以人體之"

朱子對程頤仁説曾有四點歸納:仁者生之性也、愛其情也、孝悌其用也、公者所以體仁。然後説:"學者於前三言者可以識仁之名義,於後一言者可以知其用力之方矣。"最後針對程門後學的誤解,對程頤仁説做了一個總結:"非謂愛之與仁了無干涉也,非謂'公'之一字便是直指仁體也。"③並且認定這才是程頤仁説的本意。這裏我們主要討論程頤的"以公言仁"説。

先來看程頤的五條重要論述:

> 1. 仁之道,要之只消道一公字。公只是仁之理,不可將公便唤做仁。**公而以人體之**,故爲仁。只爲公,則物我兼照,故仁,所以能恕,所以能愛,恕則仁之施,愛則仁之用也。

---

① 《遺書》卷一五,《二程集》,第153頁。

② 這是朱子對程頤的仁性愛情説的一個解釋:"因其性之有仁,是以其情能愛,但或蔽於有我之私,則不能盡其體用之妙。惟克己復禮,廓然大公,然後此體渾全。……程子之言,意蓋如此,非謂愛之與仁了無干涉也。"[《朱子文集》卷三二《答張敬夫·又論仁説》(第13書),《朱子全書》第21册,第1411頁]

③ 《朱子文集》卷三二《答張敬夫·又論仁説》(第13書),《朱子全書》第21册,第1411—1412頁。

2. 又問:"如何是仁?"曰:"**只是一個公字**。"學者問仁,則常教他將公字思量。

3. **仁者公也**,人此者也;義者宜也,權量輕重之極。

4. 先生曰:"孔子曰:'仁者,己欲立而立人,己欲達而達人,能近取譬,可謂仁之方也已。'嘗謂孔子之語仁以教人者,唯此爲盡,要之**不出於公也**。"

5. **公者仁之理**,恕者仁之施,愛者仁之用。①

總起來看,大致可分爲兩類:一者"**公而以人體之**","只爲公,……故仁;所以能恕,所以能愛";一者"**仁者公也**","**公者仁之理**"。前者即朱子所總結的"公者所以體仁"的"用力之方",蓋指工夫論的觀點表述;後者乃强調"公"是"仁之理""仁之道",是相對於"仁之用"或"仁之施"而言的,因此,"仁之理"便是"所以體仁"的工夫論依據,可以概括爲"公"即"仁理""仁道"。可見,程頤用"仁之理"(公)與"仁之用"(愛)來加以區別,表明程頤是認同"仁體"這一概念的。② 但是,朱子卻認爲程頤所言"公"並不是"直指仁體"而言的,關於這一點,我們在下一節再來討論。

根據程頤"以人體之"的説法,朱子歸納爲"體仁"一詞,是十分恰當的。"以人"是接着"仁者人也"講的,"體之"則相當於"體認"的工夫義,指向"仁"的體認,通過對"仁"的默默體認,以使德性之仁化爲自己的生命。從"公者所以體仁"的句式看,表明"公"是"體仁"工夫的"所以"然,故"公"不構成與"仁"的直接等同,而是"體仁"得以可能的方法論依據(而非本體論依據),所謂"仁者公也"和"公者仁之理",只有在這個意義上才能獲得善解。若反過來説"公即仁",則顯然不合程頤的本意。依程頤,公是一種立場宣示而非對"仁"的名義規定,唯有從"公"的立場出發,才是實現"體仁"的有效方法;而"體仁"既然是一種工夫,則必有工夫之所以可能的進路,"公"就是體仁的立場、方法、進路。以上,大致是五條程頤以公言仁的旨意所在。

---

① 《遺書》卷一五,《二程集》,第 153 頁;《遺書》卷二二上,《二程集》,第 285 頁;《遺書》卷九,《二程集》,第 105 頁;《遺書》卷九,《二程集》,第 105 頁;《程氏粹言·論道篇》,《二程集》,第 1172 頁。

② "仁體"概念首見於程顥:"學者識得仁體,實有諸己,只要義理栽培。"(《遺書》卷二上,《二程集》,第 15 頁)程顥又有"仁者,全體";"仁,體也"等説(《遺書》卷二上,《二程集》,第 14 頁)。關於"仁體"的討論,參見陳來《仁學本體論》"仁體第四"。

然而問題是,作爲"用力之方"的"以公體仁"如何可能? 換種問法,"公"何以是體仁的有效方法? "公"除了方法立場之外,是否還有其他重要的涵義? 這些問題顯然涉及對"公"字的理解。在宋代道學,"公"與"共"也與"同"字相通,程頤説:"公則同,私則異。"①"公則一,私則萬殊,至當歸一,精義無二。"②朱子亦説:"人只有一個公私,天下只有一個邪正。"③如此一來,"公"被提升至普遍性的高度,具有普遍性涵義。所以朱子説:"道者,古今共由之理。如父之慈、子之孝、君仁臣忠,是一個公共底道理。"④

可見,從詮釋的角度看,公指向理的公共性,是對理之本體的一種定義描述,如公理、公道、公正、公義,都是對普遍存在的理、道、正、義的一種公共性規定;換言之,若理缺乏公共性,便淪落爲私、爲邪,而私則無法"體仁"。另一方面,"公者仁之理"表明,公展現爲理一般的公共性、普遍性。在這個意義上,朱子認爲"'公'之一字"並不是"直指仁體也"。拋開"公"與"仁"的詮釋關係,若從倫理學的角度看,公與私構成背反義,由非公即私的判斷看,公具有正面的道德義,因此,"克己復禮"即"克去己私"便意味着"公"的實現。再從哲學上講,仁之理表現爲"公",則"仁體"便是天下公共之理,換言之,公共之理即"仁體",故仁就具有普遍性、公共性。因爲,"公"意味着"同"和"一",所以説"至當歸一"、"同者天心"。⑤

可見,在道學理論的系統中,"公"所展現的不僅是倫理學,也涉及社會政治學。由"仁即公"這一命題看,意味着仁就是"公道""公理"。正如周敦頤(1017—1073)所言:

> 聖人之道,至公而已矣。或曰:"何謂也?"曰:"天地至公而已矣。"⑥

---

① 《程氏粹言・心性篇》,《二程集》,第 1256 頁。

② 《遺書》卷一五,《二程集》,第 144 頁。

③ 《朱子語類》(下簡稱《語類》)卷一三,中華書局 1986 年版,第 228 頁。又如:"無私以間之則公,公則仁。"(《語類》卷六,第 116 頁。)

④ 《語類》卷一三,第 231 頁。

⑤ 《程氏粹言・心性篇》,《二程集》,第 1256 頁。又見《遺書》卷一五:"若有私心便不同,同即是天心。"(《二程集》,第 145 頁)

⑥ 《通書・公》,《周敦頤集》,中華書局 1990 年版,第 41 頁。

道學家相信,聖人之道是"至公"的,因爲天地是"至公"的。作爲個體的人既然身處天下公共的空間,也就面臨如何應對"公共"的問題。周敦頤認爲,須做到"公於己者公於人,未有不公於己而能公於人也"。① 此即説"公"乃是處理人己關係的關鍵,先須自己的行爲符合"公",才能用"公"來要求他人。這是"推己及人"、"立己達人"的儒家原始典範。周敦頤的獨特之處在於,他揭示了人與己的社會關係具有公共性,故"公"是正確處理人己關係的重要方法。

與周敦頤一樣,程頤(包括程顥)也強調:

> 聖人至公。
>
> 至公無私,大同無我。
>
> 道者,天下之公也。
>
> 理者,天下之公也,不可私有也。②

這些都表明"道"或"理"作爲絶對存在,容不得"私欲"或"私心"的摻雜,因此"理者"具有天下公共之品格,所以説"天下公理"。③ 反之,"雖公天下事,若用私意爲之,便是私"。④ 可見,公不僅是社會政治學意義上的公共領域概念,同時也意味着道德上的"無私"。程頤説"公近仁"("仁道難名,惟公近之"),表明"仁"的公共品格是對"私"的一種否定,因而落實在行爲上,就是必須"以公體仁"。

根據上述第四條所引程頤語,"公"反映了孔子的"忠恕之道":"仁者,己欲立而立人,己欲達而達人。"程頤認定:"孔子之語仁以教人者,唯此爲盡,要之不出於公也。"原來,忠恕之道也就是"爲仁之方",也就是體仁方法。可見,若要真正實現儒家"己所不欲勿施於人"的仁學目標,關鍵在於從"公"立場出發,端正人己關係的審視態度,確信"仁之理"原是"公平"的。程頤強調指出:

> 立人達人,爲仁之方,强恕,求仁莫近,言得不濟事,亦須實見得

---

① 《通書·公》,《周敦頤集》,第 31 頁。

② 《遺書》卷一四,《二程集》,第 142 頁;《程氏粹言·論道篇》,《二程集》,第 1172、1173 頁;《程氏粹言·論學篇》,《二程集》,第 1193 頁。

③ 《遺書》卷一,《二程集》,第 9 頁。

④ 《遺書》卷五,《二程集》,第 77 頁。

近處,**其理固不出乎公平**。公平固在,用意更有淺深,只要自家各自體認得。①

總之,仁不僅是個人的德性存在,更是人人同具的普遍存在,如同"理"一樣,因其普遍而具"公共"之品格,也正由此,"仁者公而已"、"人能至公便是仁"等命題才能成立;②一方面,"公近仁"或在"仁者用心以公"的意義上,可說"公最近仁",③但是另一方面,又"不可將公便喚做仁",因爲,公之本身並不等於仁,它只是實踐意義上的一種立場態度和呈現方式。本來,在程朱理學的系統中,天理即公理,故理即天下公共之理,非一己可得而私,亦非一心可得而有,這是理學思想系統中的應有之義。正是在這個意義上,所以程頤一再強調"公者仁之理"。更重要的是,在二程看來,儒佛的本質之異就在於公私之別,故說:"人能放這一個身公共放在天地萬物中一般看,則有甚妨礙? 雖萬身,曾何傷? 乃知釋氏苦根塵者,皆是自私者也。"④可見,"公"又是一種價值判准,是辨別正統與異端的標準。

## 四、朱子釋仁: 惟公然後能仁

在儒家仁學史上,繼北宋二程開拓仁學詮釋新模式之後,至朱子完成了"新仁學"的思想體系,這一點已得到學界的共認。⑤ 我們知道,朱子對程顥的一體境界說、程門的知覺言仁說等各種觀點都有批評,但是朱子卻十分認同程頤嚴分性情的立場,對其"仁性愛情"以及"以公言仁"的觀點極表贊賞的同時,更有理論上的推進。這裏僅就朱子對"以公言仁"說的分析略作考察,以觀朱子仁學的公共性問題。朱子指出:

**"公而以人體之"**,此一句本微有病。然若真個曉得,方知這一句說得好……蓋這個仁便在這個"人"字上。你元自有這個仁,合下便

① 《遺書》卷一五,《二程集》,第 152—153 頁。
② 《程氏外書》卷一二,《二程集》,第 433 頁;《程氏外書》卷一二,《二程集》,第 439 頁。
③ 《程氏外書》卷四,《二程集》,第 372 頁。
④ 《遺書》卷二上,《二程集》,第 30 頁。
⑤ 參見拙文《論朱子仁學思想》,載《中山大學學報》2017 年第 1 期。

帶得來。只爲不公,所以蔽塞了不出來;若能公,仁便流行。……能去自私,則天理便自流行,不是克己了又别討個天理來放在裏面也,故曰"**公近仁**"。①

　　朱子是從"公私"二元相對的角度,來闡發程頤"公而以人體之"説的思想意義,並有很高的評價。朱子指出,嚴格來説,"公而以人體之"的説法微有語病,然而若能善加領會,便可瞭解程頤此説"説得好"。根據朱子的解釋,程頤從"人"説起,點出了一個重要道理:"仁"是人生而具有的,是"合下便帶得來"的;但是,由於現實中人往往易受外在因素的影響,從而遮蔽了"公",反而流於"自私",因此,關鍵在於克去"自私",則"天理便自流行"。顯然,這是朱子理學對"克己復禮爲仁"的一套固有解釋。朱子强調不僅從本體的角度看,還須從工夫的角度着手,便不難理解程頤所説的"公而以人體之"的真義,"體"便是以身踐之的"體仁"實踐,而"體仁"乃是克去己私,一旦克去己私,便等於做到了"公"。在這個意義上,所以程頤説"公近仁"。對於程頤的這套詮釋思路,朱子無疑是深表贊賞的。

　　與名義問題相比,朱子更注重"體之"的工夫問題,故他進而强調指出:

　　　**公卻是克己之極功,惟公然後能仁。**所謂"公而以人體之"者,蓋曰克盡己私之後,就自家身上看,便見得仁也。②

這裏將"公"認定爲"克己"工夫之"極功",意謂"公"是實現"克己"的最高工夫,進而朱子自己提出了"惟公然後能仁"的主張。顯然,朱子的這個説法無非繼承程頤的觀點而來,但卻是朱子所下的一句重要判定。按朱子,他想表達的觀點是:"克己"工夫的前提惟在於"公";基於此,他對程頤"公而以人體之"的理解是:"克盡己私"之後的必然展現。

　　顯然,朱子非常清楚"以公言仁"並非以公名仁,而是以"公"爲方法,以"仁"爲"體之"的對象,故朱子明確指出:"公是仁之方法。"③既然是

---

①　《語類》卷九五,第 2452—2453 頁。
②　同上書,第 2454 頁。
③　同上書,第 2454 頁;又見《語類》卷六,第 116 頁。

"方法",那麼可以説"公"是引領工夫實踐的方向,而體仁工夫則是指"克己復禮",祛除"自私"則仁體自然流行,换言之,"能公"則"仁便流行",同時也意味着"天理便自流行"。這是朱子對程頤"公而以人體之"的一項重要解釋。即從實踐角度講,公與私相對而言,公是對私的克服,在此意義上,可説"公近仁"。但是,公與仁並不構成語義上的命名關係,歸根結底,"公也只是仁底殼子",①"殼子"不具價值意義,只有方法意義。

然而,與程頤不同的是,朱子對"公"還有另一層重要思考,也是其基本立場:

> 蓋公只是一個公理,仁是人心本仁。
> 凡一事便有兩端,是底即天理之公,非底乃人欲之私。
> 仁是天理,公是天理。②

這裏從"公理"的角度來解釋"公",與此相應,"仁"是人心本具的德性。公與仁是分屬兩個層次的概念,於是,"天理之公"便具有了獨立的意義。也就是説,在朱子看來,公是"理"的基本屬性,故公即"公理"。但是,由於理是實體,如同仁亦是仁體一樣,而公非實體,故"公"畢竟只是形式概念,只具描述功能,用以描述"理"或"仁"的公共性特徵。

在理學的視域中,公與私、理與欲都是二元對立的概念,構成非公即私、非私即公的關係。進而言之,公作爲"公理"一般的抽象原則,具有覆蓋和吞没"私"的能力和特性。常言道"大公無私""鐵面無私",公的原則不允許有任何情感因素的滲入。這一點也爲朱子所强調,例如:"無私以間之則公,公則仁。"③但是,朱子同時也提醒人們注意這種過度强調"公"的原則性,會導致公而無情之弊,如"世有以公爲心而慘刻不恤者",爲避免這一點,所以"須公而有惻隱之心"。④ 意謂一方面要講求"公"——以公體仁,但是另一方面,又應當以"惻隱之心"一般的仁愛温情,來糾正"以公爲心"而導致的"慘刻不恤"之弊。他在與張栻(1133—1180)討論"以公言仁"問題時,便針對張栻的"公天下而無物我之私,則其愛無不溥

① 《語類》卷九五,第 2419 頁。
② 《語類》卷九五,第 2454 頁;《語類》卷一三,第 231 頁;《語類》卷六,第 118 頁。
③ 《語類》卷六,第 105 頁。
④ 《語類》卷九五,第 2454—2455 頁。

矣"的觀點提出了批評：

> 若以公天下而無物我之私便爲仁體，則恐所謂公者**漠然無情**，但如**虛空木石**，雖其同體之物尚不能有以相愛，況能無所不溥乎？

這裏的討論顯然深了一步。"公天下而無物我之私"應當是宋明道學家的共識，自仁學視域看，從"公天下"的立場出發，克除"物我之私"，無疑是實現"仁體"的重要方法。但是，朱子卻另有一種憂慮，他擔心這樣的"公"有可能導致"漠然無情"，將使人人變得"虛空木石"一般，缺乏仁愛同情之心。倘若如此，則儘管可由"公天下"而實現"萬物同體"，卻不能因此而產生人與人之間的"相愛"之情，更何況要實現"無所不溥"的愛則更無可能。

那麼，朱子的主張呢？他認爲：

> 須知仁是本有之性、生物之心，惟公爲能體之，**非因公而後有也**。①

什麼意思呢？關鍵在於最後一句。這是說，仁是本有之性，是生物之心，惟公爲能體仁，這三點都没有問題，但不能以此爲由，得出仁因公而"後有"的存有論命題。這樣説的原因在於，朱子認爲"公"只是一種立場、態度和方法，而非本體更不是實體，因此，作爲實體的"仁體"不能以"公"爲前提"而後有"。可見，朱子意識到"公"不能直接等同於仁體，更不能認同公而無私便可推出"愛無不溥"的結論。

朱子在給弟子的一封書信中更明確地指明了公與仁的關係：

> **公則無情，仁則有愛，公字屬理，仁字屬人**。克己復禮，不容一毫之私，豈非公乎？親親仁民，而無一物之不愛，豈非仁乎？②

應當注意的是，從字義上説，"公則無情"並不含貶義，因爲"公字屬

---

① 《朱子文集》卷三二《答張敬夫·又論仁説》（第 13 書），《朱子全書》第 21 册，第 1412 頁。

② 《朱子文集》卷五八《答楊仲思》（第 3 書），《朱子全書》第 23 册，第 2754 頁。

理”,如同“克己復禮,不容一毫之私”一般,這是與“公”的立場相吻合的;“仁則有愛”則可彌補“無情”,因爲“仁字屬人”,而人必有情,此情便是“仁”的表現,如同“親親仁民”一般,表現出“無一物無不愛”,這正是仁愛精神的體現。重要的是,這種仁愛精神是普遍而公正的,因此,又是公的真實呈現,此便是仁的公共性。這應當是朱子對程頤“公近仁”、“以公言仁”説的解釋,同時也表明了朱子自己對公與仁之關係問題的基本見解。

　　質言之,公而不仁,則必流入慘忍刻薄,所以説“惟仁然後能公”;反之,仁而不公,則必流入私情溺愛,所以説“公了方能仁,私便不能仁”。結論是:“故公則仁,仁則愛。”①“公在仁之前,恕與愛在仁之後;公則能仁,仁則能愛能恕故也。”②按照此前所説,此處所謂“公在仁之前”,顯然不是存在論命題,而是工夫論命題,是説“體仁”須從公的立場出發,並落實爲“克己復禮”的工夫,然後便能實現無私,而無私則公,公展現爲仁,仁表現爲愛。所以,朱子在淳熙八年(1172)與張栻反復討論“仁説”之際,特別強調一個觀點:

　　　　蓋仁只是愛之理,人皆有之,然人或不公,則於其所當愛者反有所不愛。③

這就表明“公”是實現仁愛的保證,反過來説,仁愛須從公的立場出發才能使仁愛表現出公正性、公共性,以防止出現偏私的弊端。

　　但是,朱子對程頤“以公言仁”説更有理論上深一層的推進。朱子承認,公是一種“體仁”工夫的立場、態度和方法,具有實踐的意義,而在“天理之公”與“人欲之私”二元對立的意義上,朱子更強調公具有公正、道義、公義等道德意義和政治意義,與此同時,朱子又強調指出,公一旦消除“私意間隔”,便可實現“人與己一,物與己一”的道德境界,不僅如此,而且天下之“公道”亦能自然流行,實現理想的公共社會。他是這樣説的:“(仁)此意思才無私意間隔,便自見得人與己一,物與己一,公道自流行。”④很顯然,仁者愛人、親親謂仁的家庭倫理在“公道”意識的引領下,

<hr>

　　① 《語類》卷六,第116頁。
　　② 《語類》卷九五,第2455頁。
　　③ 《朱子文集》卷三二《答張敬夫·又論仁説》(第15書),《朱子全書》第21冊,第1413—1414頁。
　　④ 《語類》卷六,第111頁。

發展爲具有普遍意義的倫理學。在這個意義上,仁愛不僅是根基於家庭倫理的"私德",更能成爲普遍的社會"公德"。因爲在朱子看來,儒家倫理學的基本德性如仁義禮智、基本德目如父慈子孝、君仁臣忠等,都"是一個**公共底道理**"。①

總之,從程頤到朱子,可見公是對私而言的道德正義,是實踐領域的一種態度和立場,從公的道德意識出發,做到克去己私,便能使仁在"人"身上得以自然呈現,這是程朱理學在道德領域"以公言仁"的主要涵義;另一方面,就觀念而言,公字本身並非實體存在,只是對實在之理或道的一種性質描述,但是在哲學上,公卻有公共、普遍之義,根據理學的觀念,理是天下公共之理,道是天下公共之道,故天下之"公理"和"公道"具有公共性和普遍性,同樣,仁體作爲實體,也與公理公道一樣,具有天下主義的公共性和普遍性。因此按照程朱理學的觀念,便有"仁即道""仁即理""公則仁"等思想命題,强調仁作爲性體而與公理一樣具有普世倫理的意義。但是,"仁者公也""以公言仁"等觀點是否可以經過一番創造性的詮釋,轉化出社會性道德的涵義,這是另一層值得探討的問題。

## 五、結語: 反思"兩德論"

徐復觀(1903—1982)指出,"孔學即是'仁學'","《論語》一書應該是一部'仁書'",但是,在整部《論語》當中,孔子答仁竟然完全不同,如果我們不能從這些差異性的答案當中找到其中的内在關聯,如果"仁"不是這種内在關聯所發展出來的"一個高級概念",那麽,恐怕仁的概念本身就毫無内涵可言,但是,"《論語》上所說的仁,不應該是這樣",其中肯定有一個中心觀念可以貫串,以瞭解"仁"在儒家文化史上到底有什麽確定的意義。② 然而事實上,確定《論語》中"仁"字的中心内涵,迄今尚無定論,有待進一步深入探討。

我們以爲從程頤到朱子,通過"以公言仁"的言說方式,對仁學問題的理論探討具有十分重要的意義。這一言說方式所確立的仁學思想充分表明,儒家仁學的一個重要思想特徵就在於强調仁愛精神的普遍性和公共

---

① 《語類》卷一三,第 231 頁。

② 徐復觀:《釋〈論語〉的"仁"——孔子新論》,載氏著《中國思想史論集續篇》,上海書店出版社 2004 年版,第 231—232 頁。

性,在天理之公的觀念基礎上,建構起以公天下爲核心關懷的"天下主義"倫理學,事實上,不僅程朱如此,而且從程顥的"仁者與物渾然一體"的萬物一體論到王陽明的"一體之仁"的仁學理論,也都表明以"仁"爲核心價值的儒家仁學正是一種"天下主義"取向的普遍倫理學。① 因此,歷來以爲中國傳統道德建立在仁義禮智這類個體性道德原則的基礎上,故而未免重個體性私德而輕社會性公德的觀點,看來有必要重新審視。

歸結而言,程朱理學在天下公共之理——公道、公理的觀念支撐下,以重建儒家傳統的"仁學",通過"以公言仁""公而體仁"等命題以及"仁體""仁道"等概念,充分展示了儒家仁學的公共性、普遍性,表明孔孟以來"仁者愛人""親親仁也"等家庭倫理觀念的重視並不能遮蔽儒家對公共性問題的思考,反而,從先秦時代既已存在的"保民""利國""愛衆""安人""仁民""愛物""達人"等與"仁"相關的觀念表述中可以看到,②儒家仁學從來不缺乏公共意識、人文關懷,因爲"仁"作爲人的基本德性,不僅是個體性私德,同時也必然展現爲社會性公德,因爲仁愛感情始於"親親"的家庭倫理,進而通過由親而疏、由近及遠的"推恩"原則,最終指向的是"仁民"乃至"愛物"。從哲學上說,這種仁愛精神不是抽象普遍性而是注重差序性原則的具體普遍性,它不同於主張愛己之父母猶如愛他人之父母的無差別的"兼愛"原則,這一原則不免淪爲空洞的抽象性。

然而,19 世紀末以來,中國人大多以爲中國落後挨打的主因在於傳統文化出了問題,中國人只講私德而缺乏公德,因此若要重振中國,就必須首先培養中國人的社會道德心。集中反映這一觀點主張的便是梁啓超(1873—1929)《論公德》(1902 年)一文。他對"公德"的界定是:"公德者何? 人群之所以爲群,國家之所以爲國,賴此德焉以成立者也。"並宣稱:"知有公德而新道德出焉矣,而新民出焉矣。"③而且他認爲這問題就出在儒家倫理的核心概念"仁",指出中國人"善言仁",而西方人"善言義",相比之下,他斷定:"若在今日,則義者也,誠救時之至德要道哉!"④顯然,這類觀念是近代中國轉型期這一特殊背景下的產物,梁氏受當時西方國家

---

① 參見吳震《論王陽明"一體之仁"的仁學思想》,載《哲學研究》2017 年第 1 期。
② "仁,所以保民也"(《國語》卷二《周語中》,第 45 頁),"爲國者,利國之謂仁"(《國語》卷七《晉語一》,第 275 頁)。
③ 《飲冰室合集·專集》之四《新民說》,中華書局 2015 年典藏版,第 12、15 頁。
④ 同上書,第 35 頁。

主義的思想影響,試圖用國家倫理的"公德"概念來質疑儒家倫理的傳統,而且出於一種激進主義"道德革命"的心態,固有此偏激之論。他在 1902 年 2 月《新民叢報章程》中甚至宣稱:"中國所以不振,由於國民公德缺乏。"①此後被視作"國民公德缺乏論"得以廣泛流行。

不過,梁氏思想多變,1903 年底訪美歸來後,其思想發生了陡然轉變,從激進主義轉變爲溫和的保守主義,他在隨後所撰的《論私德》中,明確反對"破壞主義",反對"瞎鬧派"之革命,認爲維護儒家傳統的私德更爲迫切,指出:"公德者,私德之推也。……蔑私德而謬托公德,則並所以推之具而不存也。""欲改鑄國民,必以培養國民之私德爲第一義,欲從事于鑄國民者,必以自培養其個人之私德爲第一義。"②這可以看作是梁啓超"兩德論"的基本立場向儒家傳統文化的回歸。

事實上,"公德"一詞源自日本近代啓蒙思想家福澤諭吉( 1834—1901 ),他在《文明論之概略》( 1875 年初版)中首次提出"公德"説,據稱這是他製造的"和制漢語"而非譯自西學。③ 福澤是一位激進的道德主義批判者,他認爲中國及日本的傳統道德幾乎都屬於個人有限範圍内的私德,而缺乏社會生活中的德行規範( 公德) 如自由、平等、博愛等西方公民社會的普遍道德。梁氏赴日之後,對"公德"問題的關注或許源自福澤亦未可知,但是梁氏也運用日譯西詞的概念,認爲公德主要指國家倫理和社會倫理,④相比之下,儒家的"仁"只是一己之私德,並不能發揮社會倫理的作用。這就表明梁氏不僅對儒家仁學的思想涵義缺乏全面的考察,對公德概念也缺乏學理上的深入瞭解,他沒有認識到西方近代以來的市民社會的"市民特質"( civility)與公德觀念的落差,一個最爲明顯的差異是:在西方"市民特質"是一種低標準理想下,自下而上的"中人的道德",而

---

① 《新民叢報》第 1 號,第 1 頁,轉引自陳弱水《公德觀念的初步探討》,載氏著《公共意識與中國文化》,第 5 頁。

② 《飲冰室合集·專集》之四《新民説》,第 119 頁。

③ 陳弱水:《公共意識與中國文化》,第 9 頁。按,福澤的"公德"定義是:"接於外物而與人類交際上所見之德的作用者,名爲公德。"[松澤弘陽校注:《文明論之概略》,(東京)巖波書店 1995 年文庫本,第 119 頁]他根據文明進化論的立場,認爲私德必爲公德所取代:"私德在野蠻草昧的時代,其功能最爲顯著,而隨着文明的進步,其權力漸失,而其趣向亦爲公德所取代。"(同上書,第 178 頁)因此他是一位傳統道德的批判主義者,參見[日]子安宣邦著、陳瑋芬譯《福澤諭吉〈文明論概略〉精讀》,清華大學出版社 2010 年版,第 99—101 頁。

④ 《飲冰室合集·專集》之四《新民説》,第 12—13 頁。

梁氏《新民說》所提倡的自由、權利、國家思想、平等、進取等主張,卻是一種高標準的自上而下的"君子的道德",①反映出儒家傳統文化一向提倡的道德楷模是"君子"而非"中人"的根本趣向。當然,這一基於現代自由主義的觀點,有必要從儒家仁學的公共理性原則來加以反思,在我們看來,成聖成賢固然是儒家傳統的君子道德理想,然而儒家倫理也強調通過仁學公共性的重建,可以使仁學成爲打通士庶兩層的社會性公德的基礎。

在當今學界,公德問題仍然廣受關注。李澤厚認爲儒家傳統倫理的"兩德論"過於強調"宗教性道德(私德)",以此涵蓋、包攝、吞併"社會性道德(公德)",構成儒家倫理的總體特質。這個說法與梁啓超《論公德》所言"我國民所最缺者公德其一端也"的立場看似很接近。不過,李氏思想顯然更有深度,他看到儒學也有公德思想的因素,並用宗教性私德和社會性公德來解釋儒家的"忠恕原則",認爲"忠"("盡己則謂忠")是宗教性私德,而儒家的恕道原則("己所不欲勿施於人")便是公德的典範,"正好可作'社會性公德'的基礎規範",另一方面,他認爲《論語》時代"蓋其時宗教性私德與社會性公德常渾然同體,去古未遠",②意謂"兩德"合一而不分乃是原始儒家的常態,而問題毋寧出現在近世以後。特別是從戊戌到五四、從20世紀80年代以降到當今中國,整個社會發生了兩次巨大的轉變,傳統倫理受到嚴重威脅和破壞,新舊道德觀念的衝突,社會行爲的無序混亂,形成了種種今日所謂"道德危機""信仰危機"的症候群。當代中國在現代經濟發展中,人們"已經有意識和無意識地在突破兩種道德合一的傳統狀態,而追求建立適合現代要求的'社會性道德'"。③

無疑地,李澤厚有關儒家倫理學"兩德論"須由渾然不分走向分化,通過一番現代性的轉化,創造出適合當代社會普遍價值的"現代社會性道德"的哲學思考值得重視。的確,兩種道德混而不分,以爲兩德可以

① 參見墨子刻(Thomas A. Metzger),"The Western Concept of the Civil Society in the Context of Chinese History", in Sudipta Kaviraj and Sunil Khilnani eds. , *Civil Society: History and Possibilities*, pp. 204–231。轉引自黃克武《近代中國的自由主義的發展:從嚴復到殷海光》,載氏著《近代中國的思潮與人物》,九州出版社2013年版,第117—118頁。

② 李澤厚:《論語今讀》,三聯書店2008年版,第134頁。

③ 李澤厚:《倫理學綱要》"兩種道德論"(2001),載氏著《哲學綱要》,北京大學出版社2011年版,第21—22頁。

同質化爲"一個世界",這就無法真正建立起"現代社會性道德"。近年來,李澤厚更是主張用"情"滲入政治,以"情本體"的宗教性道德來"範導和適當建構"社會性道德,以實現"和諧"的目標,提出"和諧高於正義"的主張,使"兩德論"成爲政治哲學的基礎。① 這些都是值得重視的重要見識。

然而,李澤厚對宋明理學有關儒家仁學的重建工作似乎並不看重,他可能並不願正面評估中國近世思想史上出現的"以公言仁""公而體仁"等命題的理論意義。② 其實,按宋代理學的解釋,儒家仁學已明確點出"公"即儒家倫理的恕道原則,正如上面所提到的,程頤更是强調儒家恕道原則"要之不出於公也",而且是孔子仁學的終極教義,清楚表明了儒家倫理學的公共理性意識。由此可見,儒家仁學既是"私德"的實踐基礎,同時也可以成爲社會性公德的基礎,兩者並非截然對立而是可以互相打通的,其依據就在於"公者仁之理""公而體仁"這一仁學公共性原則,這一點應當是毋庸置疑的。

從歷史上看,自宋明以降,隨着公道、公理、公正、公義等觀念的流行,甚至出現了公善、公欲等觀念表述,③乃至在政治、經濟、地方團體等公共

---

① 李澤厚:《中國哲學如何登場?》,上海譯文出版社 2012 年版,第 103—104 頁。

② 李澤厚特別反感理學家對"仁"的解釋,認爲他們"把'仁'説成'天理',殊不知如此一抽象,就失去了那活生生、活潑潑的人的具體感性情感内容而成爲君臨事物的外在律令,歪曲了'仁'不脱離情感的(本體不離現象)的根本特點"(《論語今讀》,第 121 頁)。這個論斷或有過度詮釋之嫌。其實,牟宗三也認定程頤"任性愛情"説及朱子"愛理心德"説,是將仁體看成"死理","把仁定死了"(《心體與性體》第 3 册,上海古籍出版社 1999 年版,第 212 頁)。此判斷固與牟氏立場有關,即以爲朱子的理"只存有不活動"。然須看到,朱子仁學其實特別强調仁體的生生義,作爲"生物之心"的仁體具有生生不息、發用流行的基本特質,因此不可能抽離于現實世界而存在。

③ 例如南宋湖湘學者胡宏(1102—1161)既已提出"公欲"説,他從"夫人目于五色,耳於五聲,口於五味"的角度出發,指出:"夫可欲者,天下之公欲也。"(《胡宏集》所收《知言·陰陽》,中華書局 1987 年版,第 9 頁)認爲五色、五聲、五味都是"其性固然,非外來也",構成人性的基本要素,而此"可欲"性乃是普遍的,是人所同具的,故謂"公欲"。及至明代中晚期,"公欲"論的類似主張已變得相當普遍,姑舉幾例。吕坤(1536—1618)指出:"世間萬物皆有所欲,其欲亦是天理人情,天下萬世公共之心。"馮從吾(1556—1627)説:"貨色原是人欲,公貨公色,便是天理。"顧炎武(1613—1682)則主張"公"須建立在"私"的基礎上,而有"合天下之私,以成天下之公"之説,值得重視。以上轉引自[日]溝口雄三《中國的公與私·公私》,《溝口雄三著作集》,第 23—26、58 頁。

社會領域逐漸出現公議、公論、公所、公團、公堂、公祠等觀念主張以及組織機構，特別是在 1500 年代以後，在地方士人的率領下，基層社會紛紛出現各種善會、善堂等民間組織，使得仁愛精神、慈善義舉得以推廣普及。當然，對於 16 世紀中國社會的公共意識問題能否採用近代西方政治學的"公共社會"理論來進行分析則需格外的謹慎，我倒是贊同魏裴德的一個看法，他認爲將哈貝馬斯的公共社會理論直接應用於中國研究的嘗試是"不恰當"的，因爲傳統中國的一般民衆主要是按照"義務和依附"的觀念而不是按照"權利和責任"的觀念"來理解社會存在的"。① 的確，在中國歷史的長期經驗當中，可能缺乏西方意義上的"公共領域"的社會意識，但這並不意味着儒家傳統文化缺乏對社會公共性問題的關懷，相反，儒家仁學的普遍性可以視作對人類生活的另一種秩序安排。另一方面，日本學者多採用"地域社會論"來探討 16 世紀中國社會在公衆輿論、鄉紳組織等層面所發生的種種社會變化，由微觀考察切入，進而引發人們思考晚期帝國的"國家與社會"之間的關係到底發生了哪些微妙的變化等問題，足資參考。②

然而，若從近世中國以來的思想發展來看，我們卻也不能無視儒家士大夫對於"公論"、"公議"乃是"國是"等問題表示普遍關注的社會現象之背後，顯然存在宋明理學的"天下公共之理"的觀念支撐，程朱且不論，就以陽明學爲例，按照王陽明的良知理論，良知即天理，良知即天道，因而良知就是"公道""公學""公論"，所以在陽明後學中，甚至有學者斷言："一部《春秋》只是留得一個公論，千載公論只是提得一個良知。"③溝口雄三更是强調晚明社會的"公"意識已呈勃發之勢，他注意到東林黨中有相當一批人如顧憲成（1550—1612）就曾激言："將長安有公論，地方無公論

① ［美］魏裴德：《市民社會和公共領域問題的論爭》，載鄧正來、［美］J. C. 亞歷山大主編《國家與市民社會：一種社會理論的研究路徑》，中央編譯出版社 2002 年版，第 400 頁。

② 參見［日］岸本美緒《明清交替と江南社會——17 世紀中國の秩序問題》，日本東京大學出版會 1999 年版。筆者近年來對晚明民間儒學的思想研究也發現 16 世紀中國正發生社會性公共意識的微妙變化，參拙著《晚明勸善運動思想研究》（修訂版），上海人民出版社 2016 年版；《顏茂猷思想研究——17 世紀晚明勸善運動的一項個案考察》，東方出版社 2015 年版。

③ （明）周汝登：《東越證學録》卷四《越中會語》，（臺北）文海出版社 1970 年影印本，第 320 頁。關於陽明後學有關"公論"問題的探討，另參拙著《陽明後學研究》（增訂本）第 9 章第 3 節"政學合一"，上海人民出版社 2016 年版，第 429—431 頁。

耶？抑縉紳之風聞是實録，細民之口碑是虚飾耶?"高攀龍弟子華允誠（1588—1648）亦坦言："國家所恃以爲元氣者，公論也。"另一位著名的東林黨人繆昌期(1562—1626)則説得更爲坦率："惟夫國之有是，出於群心之自然，而成於群喙之同然。則人主不得操而廷臣操之，廷臣不得操而天下之匹夫匹婦操之。"①或許，東林黨人對於陽明心學張揚"良知現成"、"無善無惡"等説頗不以爲然，但是，他們的公共意識卻很難説與陽明心學的良知即公道、良知即公論的思想觀念就不存在一定的連續性，甚至應當説，這是宋代以來儒者士大夫就在共用的一種思想氛圍，因爲程朱理學有關"以公言仁"的仁學討論，無疑對於"仁者天理，公者天理"（上引朱子語）的意識普及有着助推的作用。

可見，正是在朱子仁學以及良知心學的思想背景下，社會公共意識開始出現升温的轉機，因爲作爲"仁"的良知既是個人的基本德性，充滿"温然愛人"的情感因素，以避免過度强調"公"而帶來的"殘忍刻薄"的傾向，構成了儒家社會重視"和諧"的個體性道德的基礎，但是，仁又是作爲"仁者公也""一體之仁"的存在而具有普遍性、公共性，它作爲"公道""公理"而存在於整個歷史文化的發展過程中，構成了儒家社會性道德的根基。在這個意義上，筆者贊同勞思光(1927—2012)針對程頤"以公言仁"的一個評價，以爲頗中肯綮："'仁'是一超越意義之大公境界，此可由'人己等視'一義顯出；而人之能除私念，而立'公心'，則是一純粹自覺之活動，故此處乃見最後主宰性，而超越一切存有中之約制。"②

總之，歷史表明以公道、公理、公正、公義爲基礎的儒家仁學至少在近世中國社會發揮了顯著的作用，道學思潮中出現的"以公言仁""仁者公也""一體之仁"等思想命題，意味着"仁"的核心價值固然以家庭倫理爲基礎，然又不局限於家庭或個人，而被賦予公共性、社會性的普遍意涵，轉化出"以天下爲己任"等社會道德意識。而將視野從近世延伸到近代中國，圍繞"公私"觀念的爭辯呈現更複雜的情形，或持"公德缺乏"論，或持"以公滅私"論。然而，若從一個縱覽全域的認識來看，那麽可以説，儒家仁學的公共性和普遍性原則可以起到溝通和平衡個體性私德與社會性公德的作用，而不至於公私兩德混而不分、互相吞並（一方吞没另一方），因

---

① 轉引自[日]溝口雄三《轉型期的明末清初》，[日]溝口雄三著，喬志航、龔穎等譯：《溝口雄三著作集：中國的歷史脈動》，三聯書店 2014 年版，第 194、197 頁。

② 勞思光：《新編中國哲學史》第 1 册，（臺北）三民書局 2010 年版，第 116 頁。

爲,在仁學的範導下,"公"並不是抽象性的普遍觀念,而"私"也不應導致原子式的個體主義。也正由此,儒家文化才不至於淪落爲抽象主義的普遍性或者相對主義的特殊性。這是本文可以獲致的一個結論。

(吳震,復旦大學哲學學院教授)

# 新見敦煌吐魯番寫本《楞伽師資記》

榮新江

　　佐之先生爲忘年之交，每年一起開高校古委會評審會，雖言語不多，但往往一語中的。曾有機會陪佐之先生訪火奴魯魯，遍尋原住民遺蹤；又飛赴大島，近觀火山燃燒風貌。一路攀談，記憶猶新。今奉佐之先生榮休之慶，華東師大有紀念文集之約，因撰小文，以應盛舉。

　　《楞伽師資記》是淨覺和尚在開元年間撰成禪宗燈史書，前有自序，後面按祖師順序，分篇敘述各師傳燈事迹，是北宗禪的重要著作。安史之亂後，南禪宗勢力興起，北宗禪籍漸次湮滅，《楞伽師資記》也逐漸失傳。20世紀初，隨着敦煌藏經洞的發現，這部久已失傳的禪宗燈史才又被學者們重新發現。

　　截止到 1971 年爲止，總共有 7 個寫本在巴黎的法國國家圖書館、倫敦的英國國家圖書館收藏的敦煌文獻中被找到，即 S. 2045、S. 4272、P. 3294、P. 3436、P. 3537、P. 3703、P. 4564，經過胡適、金九經、矢吹慶輝、宇井伯壽、鈴木大拙、篠原壽雄、田中良昭等氏的不懈努力，最後由日本學者柳田聖山氏在《初期的禪史（I）》中做了集大成的工作，包括細緻的録文、翻譯、注釋，成爲現在學界通用的本子。① 另外，1968 和 1982 年，上山大峻氏和西岡祖秀氏分別發現瓦雷·普散（Louis de la Vallée Poussin）《印度事務部圖書館藏敦煌藏文寫本目録》著録的 S. t. 710（2）和 S. t. 704 是

---

① ［日］柳田聖山：《初期の禪史（I）》，東京筑摩書房 1971 年版，47—326 頁。

藏文譯本《楞伽師資記》，①這是吐蕃時期禪宗入藏的極好證明。

　　1991 年 7 月，筆者曾赴列寧格勒(今聖彼德堡)東方學研究所調查敦煌寫本，比定出 Дх. 1728 爲《楞伽師資記》淨覺序的殘文，而不是孟列夫目録(M. 2686)考訂的《景德傳燈録》。② 隨後，筆者在《敦煌本禪宗燈史殘卷拾遺》一文中，對該殘片内容做了校録整理。③ 隨着《俄藏敦煌文獻》的陸續出版，程正和中西久味兩位又比定出 Дх. 5464＋Дх. 5466 和 Дх. 8300＋Дх. 18947 四號兩殘片屬於《楞伽師資記》寫本。④

　　淨覺的這本《楞伽師資記》的確是頗爲流行的北宗燈史，在中國國家圖書館陸續刊佈的敦煌殘片中，竟然又有四件殘片顯現出來。筆者目前尚未見到有人整理，故此循着《拾遺》一文的做法，一一介紹校録如下。

　　BD11884v，首尾下部俱殘，上部略有殘缺，所抄内容爲菩提達摩篇，始於"常相隨逐"(柳田聖山：《初期の禪史(Ⅰ)》，第 132 頁第 10 行)，終於"行用"(同上書，第 133 頁第 8 行)；⑤BD09933v 首尾上下俱殘，始於菩提達摩篇"僞造《達摩論》三卷"(同上書，第 133 頁第 7 行)，終於惠可篇"可禪師，俗["(同上書，第 143 頁第 1 行)。⑥ 仔細觀察，兩本字體相同，

--------

　　① ［日］上山大峻：《チペット〈楞伽師資記〉について》，載《佛教學研究》第 25、26 合並號，1968 年，第 191—209 頁。［日］沖本克己：《〈楞伽師資記〉の研究——藏漢テキスト校定および藏文和譯》(1)(2)，載《花園大學研究紀要》第 9 號，1978 年，第 59—87 頁；《禪文化研究所紀要》第 11 號，1979 年，第 1—28 頁。［日］西岡祖秀：《チベット譯〈楞伽師資記〉の新出斷片について》，載《印度學佛教學研究》第 31 卷第 1 號，1982 年，第 387—390 頁。

　　② 參看榮新江《俄藏敦煌文獻考察紀略》，載《學術集林》卷四，遠東出版社 1995 年版，第 265—266 頁；又《敦煌藏經洞的性質及其封閉原因》，載《敦煌吐魯番研究》第 2 卷，北京大學出版社 1996 年版，第 39 頁。

　　③ 榮新江：《敦煌本禪宗燈史殘卷拾遺》，《周紹良先生欣開九帙慶壽文集》，中華書局 1997 年版，231—244 頁；《辨僞與存真——敦煌學論集》，上海古籍出版社 2010 年版，第 125—129 頁。此文有衣川賢次日文節譯本《ロシア所藏の景德傳燈録》，《禪文化》第 161 號，1996 年，第 134—146 頁。

　　④ 程正：《俄藏敦煌文獻中に發見された禪籍について》，《禪學研究》第 83 號，2005 年，第 17—45 頁；中西久味：《〈俄藏敦煌文獻〉禪籍資料初探》，《比較宗教思想研究》第 5 號，2005 年，第 61—78 頁。此前各本的研究情況，詳見田中良昭、程正《敦煌禪宗文獻分類目録》，大東出版社 2014 年版，第 31—37 頁。

　　⑤ 圖版見中國國家圖書館編《國家圖書館藏敦煌遺書》第 110 册，國家圖書館出版社 2009 年版，第 131 頁。

　　⑥ 圖版見中國國家圖書館編《國家圖書館藏敦煌遺書》第 107 册，第 33 頁。

BD09933v 的第 1 行文字"亦名達",位於 BD11884v 第 11 行下面,不能直接綴合,但屬於同一抄本。今會同兩本,録文如下:

（前缺）

1. 　　　　　　　　　　　]□□[

2. 常相隨逐。三界久居,猶[

3. 諸有息想無求。經云:"有求[

4. 行也。"第四稱法行者。性淨之[

5. 此無彼。經云:"法無衆生,離衆[

6. 解此理,應當稱法而行。法體無[

7. 解三空,不倚不著。但爲去垢,攝[

8. 亦能莊嚴菩提道。檀度既尔,餘[

9. 所行,是爲稱法行。　　　　　[

10. 　　]行是達摩禪師親説,餘則[

11. 　　]論》也。菩提師又爲坐禪衆釋[楞伽要義一卷,有十二三紙,]亦名《達

12. 　　　]本論,文理圓淨,天下流通。自[外更有人]僞造《達摩論》三卷,文

13. 繁理散,不堪]行用。　　　　　[

14. 　　　　　　　　]迴換物名,變易問之。

又云:

15. 　　　　　　　]汙虛空,然能翳虛空,

16. 　　　　　　　]故,名爲中道。[

17. 　　　　　　　]可禪師,俗[

18. 　　　　　　　]□□[

（後缺）

按,此抄本字體秀美,工整流暢,一行大約 28 字,所以字體稍小。與柳田氏録文對照,第 4 行上"行"字後,多一"也"字,更佳。第 8 行"菩提之道"作"菩提道",更加簡約;"檀施"作"檀度",意思相當。

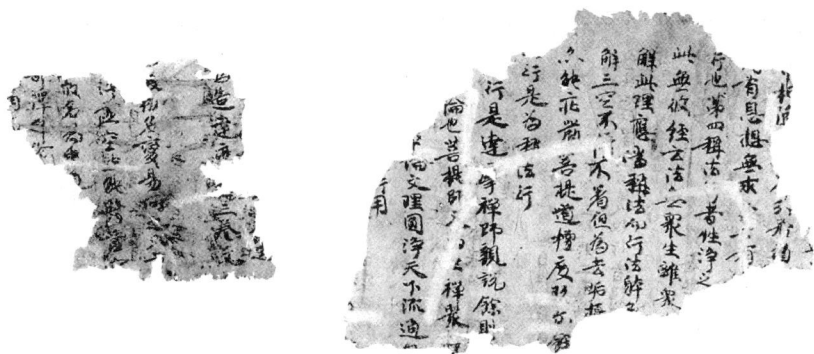

圖一　BD11884v+BD09933v《楞伽師資記》

BD09934v 首尾上下俱殘，其中第 2 行內容"二三紙卷名之"見於菩提達摩篇，文字略有出入（同上書，第 133 頁第 7 行），第 3—4 行內容"]磨銅[　]亦不度"見於求那跋陀羅篇（同上書，第 112 頁第 2、3 行）。① 現照錄如下：

（前缺）

1.　　　]□ 祖 [

2.　]二 三紙卷名之

3.　　　　]磨銅

4.　　　]亦不度

5.　　　　　]□

（後缺）

按，求那跋陀羅篇在菩提達摩篇的前面，第 3—5 行文字不可能在第 1—2 行文字之後。仔細觀察照片，2、3 行之間原本恐怕並不連綴，修復時因爲茬口類似，而且都在同一編號間，故此綴合。還有，第 2 行上面的"二三紙"與下面的"卷名之"，也未必是連在一起的。從字體上看，"二三紙"很像是上面 BD11884v+BD09933v 的文字，而其第 11 行上面恰好缺"二三紙"這三個字。至於"卷名之"三字，也

圖二　BD09934v《楞伽師資記》

① 圖版見中國國家圖書館編《國家圖書館藏敦煌遺書》第 107 冊，第 34 頁。

就在前面第 10 行下部位置,原文有"集成一卷,名之《達摩論》",可能正是這裏的"卷名之"所在。而第 3—5 行的文字與第 1—2 行不同,當屬另外一個寫本的求那跋陁羅篇部分。

BD10428 首尾上部俱殘,所抄內容爲惠可篇,始於"恒沙衆中"(同上書,第 146 頁第 7 行),終於"衆生生死相滅"(同上書,第 147 頁第 1 行)。① 殘存文字如下:

(前缺)

1.      ] 恒 沙衆中,

2.     ] 內發,三世中縱

3.      ] 生。佛若能度

4.    ] 精成(誠)不內發,心

5. ] 性猶如天下有 日月,木中有火。

6. ] 是故大涅槃鏡明於日月,內外圓

7. ] 金性不壞。衆生生 死相滅[

(後缺)

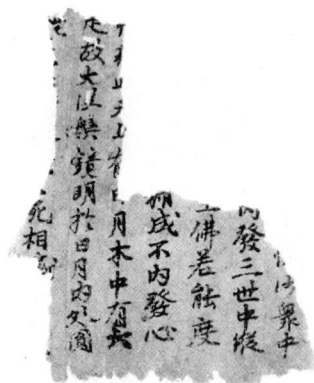

圖三   BD10428《楞伽師資記》

此本每行大概 25 字,字體規整,無界欄。與柳田氏錄文本對照,第 4 行柳田錄文"口",此本作"心",其他没有什麼不同。

到目前爲止,我們已經從 16 個編號的寫本中,找到至少 12 種《楞伽師資記》的寫本,考慮到這些寫本都是在敦煌發現的,可見其在整個中國的流行之廣、傳抄之多。

與敦煌擁有如此多抄本不相稱的是,過去我們在吐魯番出土的漢文寫本中從未找到一件《楞伽師資記》的寫本。

2017 年,吉田豊氏在《粟特語譯本〈楞伽師資記〉及相關聯問題》中公佈了他在德國柏林所藏吐魯番出土粟特語殘片中,發現三件《楞伽師資記》寫本殘片,都是長貝葉形寫本,正背書寫,

---

①   圖版見中國國家圖書館編《國家圖書館藏敦煌遺書》第 107 册,第 298 頁。

每面七行文字。其中編號 So 10650（25）+So 10311 兩件可以綴合,後者是貝葉本右側的一角殘片,内容相當於淨覺序的部分,在柳田聖山《初期の禪史（I）》第 67—82 頁,從"後還退敗也"到"非心行處"。So 10100o 是另一寫本,内容相當於菩提達摩篇部分,在《初期の禪史（I）》第 132—140 頁,從"第二隨緣行者"到"智者悟真"。兩寫本都來自吐魯番高昌故城的 α 寺院遺址,從字體上來看,當抄寫於 8 世紀後半葉或 9 世紀前半葉。[1]這個發現十分重要,不僅對於粟特人的佛教信仰,特別是他們與禪宗的關係,添加了新的、更爲直接的證據;對於吐魯番的佛教文獻來説,也是很有意義的。因爲固然吐魯番的粟特語《楞伽師資記》可能是粟特人根據敦煌的漢文禪籍翻譯之後帶到吐魯番的,但更有可能的是,他們就是在吐魯番根據漢文本《楞伽師資記》來翻譯的。

那麼,吐魯番的漢文本《楞伽師資記》在哪裏呢? 真是無獨有偶,從 2015 年 8 月開始,由旅順博物館、北京大學中國古代史中心、中國人民大學國學院三家合作組成"旅順博物館藏新疆出土漢文文獻整理小組",系統比定旅博藏卷,大概就在 2016 年末,我們在旅博藏卷中找到了一件《楞伽師資記》的漢文寫本,編號爲 LM20‑1454‑05‑18。雖爲極小的殘片,但彌足珍貴。

LM20‑1454‑05‑18 首尾上下俱殘,所抄内容爲卷首淨覺序,文字有所删減,始於"來清淨"（柳田聖山:《初期の禪史（I）》,第 68 頁第 2 行）,終於"空擬本"（同上書,第 76 頁第 1 行）,殘文如下:

（前缺）
1　］來清々淨々[
2　］染 是淨無繫[
3　］以性 空擬本 無 [
（後缺）

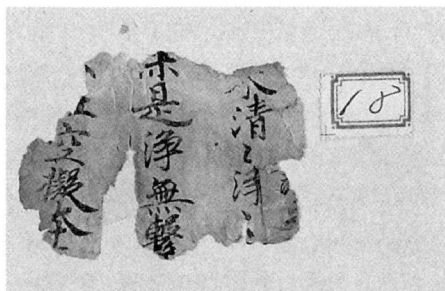

圖四　LM20‑1454‑05‑18《楞伽師資記》

① 吉田豊:《ソグド語譯〈楞伽師資記〉と關連する問題について》,載《東方學》第 133 輯,2017 年,第 31—52 頁。參看 Ch. Reck, *Mitteliranische Handschriften. Teil 2. Berliner Turfanfragmente buddhistischen Inhalts in soghdischer Schrift*, Stuttgart: Franz Steiner Verlag, 2016, Nos. 468, 556。

按,此寫本約 4.9×3.5 cm,字體較小,但文字清晰,工整流暢。據原本推測,一行有 35 字之多。寫本雖殘,但表明這一重要的北宗燈史,也傳到吐魯番地區,而且這件漢文殘片可以與粟特文本相輝映。非常有意思的是,這件殘片雖然只有 3 行,但 3 行内容恰好與 So 10650(25)+So 10311 粟特語文本的内容吻合,即下面一段:"]來清净,清淨[之處,實不有心,寂滅之中,本無動念。動處常寂,寂即無求;念處常真,真無染著。無]染是淨,無繫[是脱。染即生死之因,净即菩提之果。大分深義,究竟是空。至道無言,言則乖至。雖]以性空擬本,無[本可稱,空自無言,非心行處。"(粗體爲現存文字)漢文殘片所存文字,都在粟特語文本的譯文當中。按旅順博物館藏漢文佛典殘片大多數都是大谷探險隊從吐魯番盆地所得,我們推測此殘片也來自吐魯番。難道這件漢文寫本就是粟特文本的底本嗎?目前只有這麼一件漢文寫本被發現,所以不排除這種可能性。

2003 年,筆者給日本駒澤大學教授、禪宗文獻研究專家田中良昭先生寫祝壽論文,以"唐代禪宗的西域流傳"爲題,[1]當時能夠見到的材料不多。現在,我們不僅可以加上漢文、粟特文本北宗燈史《楞伽師資記》,而且,我們還在旅順博物館藏漢文寫卷中,找到 35 件北宗禪的重要典籍《觀世音經贊》殘片,在龍谷大學圖書館藏大谷文書中找到 1 件;[2]我們還找到禪宗系僞經《佛爲心王菩薩説頭陀經》3 件殘片、《佛説法王經》11 件殘片、《禪門經》1 件殘片、《佛説法句經》20 件殘片,還有荷澤神會的語録《南陽和尚問答雜徵義》十四件,還在龍谷大學藏卷中比定出 18 件,總計 32 件神會語録殘片,[3]以及寶誌禪師《大乘贊》兩組 8 件寫本。這些新資料,大大地豐富了唐代西州甚至西域地區禪宗文獻的構成,而且增加了一些過去没有在吐魯番發現過的禪籍,更加證明中原禪宗對西域地區影響

① 榮新江:《唐代禪宗的西域流傳》,原載《田中良昭博士古稀記念論集·禪學研究の諸相》,東京大東出版社 2003 年版,第 59—68 頁;《絲綢之路與東西文化交流》,北京大學出版社 2015 年版,第 173—184 頁。

② 嚴世偉:《新見旅順博物館藏〈觀世音經贊〉復原研究》,王振芬、榮新江主編:《絲綢之路與新疆出土文獻——旅順博物館百年紀念國際學術研討會論文集》,中華書局,待刊。關於此書的意義,參看伊吹敦《北宗禪の新資料——金剛藏菩薩撰とされる〈觀世音經贊〉と〈金剛般若經注〉について》,載《禪文化研究所紀要》第 17 號,1991年,第 183—212 頁。

③ 李昀:《旅順博物館藏〈南陽和尚問答雜徵義〉》,王振芬、榮新江主編:《絲綢之路與新疆出土文獻——旅順博物館百年紀念國際學術研討會論文集》,待刊。

之深遠。

　　**附記：** 2018 年 6 月 30 日完稿於海德堡。首先感謝旅順博物館慨允發表所藏寫本殘片,在調查過程中也承蒙王振芬館長多方關照,不勝感激;還要感謝旅博藏新疆出土文獻整理小組成員的努力和幫助,又蒙嚴世偉同學幫忙找材料、録文字、查出處,均此致謝。

（榮新江,北京大學中國古代史研究中心教授）

# 《周易注疏彙校》別記

杜澤遜

　　前記：余與門生從事《十三經注疏彙校》工始於 2012 年 3 月，先成《尚書注疏彙校》，已於 2018 年 4 月由中華書局出版，共 9 冊。《周易注疏彙校》始於 2014 年 1 月，至 2015 年 4 月完成初稿，其後陸續覆審修訂，現已接近定稿。《周易注疏彙校》所校諸本計 25 種：唐石經本（簡稱石。以下括注皆爲簡稱），敦煌寫本《賁卦》單疏殘卷（敦），南宋刻單疏本（單），日本富岡桃華盦舊藏單疏寫本（桃），日本足利學校藏南宋兩浙東路茶鹽司刻八行注疏本（八），瞿氏鐵琴銅劍樓舊藏南宋刻經注釋文本（瞿），王世貞舊藏南宋刻經注本（王），南宋撫州公使庫刻經注本（撫），南宋刻纂圖互注本（纂），南宋刻《周易要義》（要），元相臺岳氏刻經注釋文本（岳），元刻十行注疏本（元），元刻十行本明正德嘉靖修版印本（十），明永樂刻注疏本（永），明天一閣刻《周易略例》本（天），明嘉靖江以達、李元陽福建刻注疏本（閩），明萬曆北京國子監刻注疏本（監），明崇禎毛氏汲古閣刻注疏本（毛），明末毛氏汲古閣《津逮秘書》刻《周易略例》本（津），明末《説郛》刻《周易略例》本（説），清乾隆武英殿刻注疏本（殿），清乾隆内府寫《文淵閣四庫全書》本（庫），清乾隆内府寫《四庫全書薈要》本（薈），清嘉慶阮元南昌府學刻注疏本（阮）。以明萬曆北監本爲底本。前人校勘成果收録者 16 家：清顧炎武《九經誤字》，日本山井鼎、物觀《七經孟子考文補遺》，清乾隆武英殿本《考證》，清乾隆浦鏜《十三經注疏正字》，清乾隆《四庫全書考證》，清乾隆《四庫全書薈要》附案語，清乾隆盧文弨《群書拾補》，清乾隆武英殿重刻《相臺五經》附考證，清嘉慶阮元《十三經注疏校勘記》（簡稱阮元《校記甲》），清嘉慶阮元南昌刻《十三經注疏》附《校勘記》（簡稱阮元《校記乙》），清道光汪文臺《十三經注疏校勘記識語》，日本海保元備《周易校勘記舉正》，清孫詒讓《十三經注疏校記》，清胡玉緒《周易注疏校勘續記》，民國劉承幹《周易正義校勘記》，日本長澤規矩也《周易校勘記補遺》。薈萃異同，條舉衆説，聊供方家參稽而已。董理之餘，或有隅見，隨手札記，積久成帙。兹逢前輩嚴佐之先生、劉永翔先生七十歲榮休之慶，亟録數則，以祝遐福。助余編集者，王君曉静暨校經處諸君子，均此申謝。戊戌小暑滕人杜澤遜記。

## 一、唐石經旁添字

監本卷一《坤卦》第三十六頁三行經："至静而德方。"阮元《校記甲》："石經'德'下旁添'也'字。按：旁添字並後人妄增，不可信。"《校記乙》同。

## 二、八行本訛字

1. 監本卷一《屯卦》第四十四頁八行注："故泣血漣如。"各本同，唯足利藏宋八行本"漣"作"連"，誤。山井鼎、物觀失校。
2. 監本卷三《蠱卦》第七頁六行疏："往當有事。""往"，各本同，宋八行本作"位"，形近之訛。《要義》亦作"位"，知《要義》從宋八行本出也。
3. 監本卷五《鼎卦》第三十四頁二行疏："享帝尚質，特牲而已。""特"，宋刊單疏本、元十行本、永樂本同。八行本訛"牡"，十行明修本訛"牲"，皆形近所致。

## 三、八行本脱字

1. 監本卷一《乾卦》第二十三頁八行疏："故云天下治也。""也"字，單疏本、元十行本、元刊明嘉靖修版十行本及以下各本均有。唯八行本無，當係脱文。
2. 監本卷三《蠱卦》第六頁七行疏："甲後三日，取丁寧之義。""甲"字各本同，八行本無。按：此"甲後三日"承上文"甲前三日"，"甲"字不可無，此乃八行本脱文。
3. 監本卷五《漸卦》第五十一頁二行疏："故曰進以正邦也。""正"字各本同。八行本脱。

## 四、八行本疏文夾注校勘記

監本卷一《乾卦》第二十三頁十一行疏："貌恭心狠。""狠"，單疏本、八行本作"恨"。八行本下有雙行小注："當作很。"元十行本作"狠"。按：宋元本至明萬曆北監本"彳"旁與"犭"旁往往相近，"犭"似"彳"之行書，而下一豎左鉤成左撇收筆"彳"。即此可見，夾行校記乃八行本所加，足見其出於單疏本而更作校訂，謹慎不苟。十行本作"狠"，當從八行本之夾注校記。以後各本皆從十行本。山井鼎云："宋板作'恨'，細注云'當作狠'。"今詳八行本夾注實作"很"。長澤規矩也《補遺》云："十行本'狠'（狠）作'很'。"今詳柏克萊藏劉承幹舊藏元刊十行本實作"狠"（很）。

## 五、元十行本誤字

1. 監本《乾卦》卷一第十三頁十五行疏："盈而不已，則至上九，地致亢極有悔恨也。""地"字，宋刊單疏本、宋刊八行本均作"而"，良是。元十行本誤"地"，永樂、十行明修本、閩、監、毛本皆沿元十行本之誤。殿本《晉卦》前據文淵閣所藏本校，改"地"爲"而"，知文淵閣本乃八行宋本。庫本沿殿本。皆勝十行本以下各本。阮元用十行本重刊，亦誤"地"。山井鼎未出校記，當是漏校，故盧文弨、阮元亦不出校。夫宋本未見，無可指責，殿本得之不難，若浦、若盧、若阮，皆失校，是其疏忽也。北大本沿阮本作"地"，殿、庫二本易得，亦未校也。或謂善本既已影印，書可不校。余謂善本捧於手，不校亦等於無。

2. 監本卷二《師卦》第十五頁十六行疏："故云往必得直。""往"，宋刊單疏本、八行本同。元十行本作"在"，形近誤也。永樂本、十行嘉靖修版沿之作"在"。李元陽本改正爲"往"，以後各本從之作"往"。阮本作"往"，與十行嘉靖修版不同，當爲校改。

3. 監本卷二《謙卦》第五十三頁九行疏："所以但有聲鳴之謙，不能實爭立功者。""爭"，宋刊單疏本、宋刊八行本作"事"是也。疏文上有云："不能於實事而謙，但有虛名聲聞之謙，故云鳴謙。"義與此同，"實事"亦前後相承。"爭"字乃形近之訛。其後永樂本、十行明嘉靖修版、監、毛本皆誤作"爭"，至殿本改正作"事"，殆依宋八行本。阮本從十行本出，亦誤作"爭"。山井鼎、阮元皆出校記云宋本"爭"作"事"，而未置可否。故北大本沿阮本而不改也。

4. 監本卷五《夬卦》第四頁六行疏："君子之人，若於此時，能棄其情累。""若"，宋刊單疏、八行本均作"居"。按：此釋上王弼注"君子處之"之"處"，作"居"字是也。元十行本作"苦"，形誤。永樂本從元十行出，而作"居"，是有校正之功。臺灣"中央圖書館"藏元刊明修版此頁黑口，似明初修版，誤作"若"，以後閩、監、毛、殿、阮皆誤"若"。山井鼎《考文》、阮元《校記》皆指出宋本"若"作"居"，而不置可否。北大出版社本亦相沿不改。

5. 監本卷五《歸妹》第五十五頁十四行疏："兌少震長，以長從少者，可以從少。"宋刊單疏本、八行本均作"兌少震長，以長從少者也。以長從少"，下接"雖有其君崇飾之袟，猶不若以少從長之爲美"，元十行本"也"字誤"可"，又脫下一"長"字，遂不可通。閩、監、毛、殿、阮諸本皆沿元十行本脫誤。浦鏜未見宋本，又覺其不通，遂理校之云："以長從少者，可以從少。'以長從少'下當脫'不若以少從長之爲美'九字。'可以從少'四字，當'言以長從少'之誤。"即此可見理校之危險。山井鼎、盧文弨、阮元皆云宋板作"以長從少者也，以長從少"，而不置可否。故北大出版社李學勤本仍阮本之脫誤。

# 六、元十行本誤倒

監本卷二《需卦》第三頁五行經："（象曰）雖小有言，以吉終也。""以吉終"，唐石經、宋刊八行本、瞿氏藏宋本、王世貞藏宋本、宋刊纂圖互注本、岳本皆同。元十行本作"以終吉"，十行明修本從之，閩本又從之。至監本改正爲"以吉終"，毛、殿皆從監本。阮本從十行出，作"以終吉"。《校記》云："'終'與'中'韻，作'終吉'者非。"澤遜按："以吉終"釋九二爻辭"終吉"，王注云"以吉終"，亦沿象辭。元十行本誤倒也。孔疏："故雖小有言，以吉終也。"是孔穎達所見本未倒。永樂本從元十行本出，此象辭作"以吉終"，亦不倒。

# 七、元十行本衍文

監本卷二《師卦》第十五頁十五行疏標題語："⊞往必得直。""往"上元刊十行本有"至"字，宋刊單疏、宋刊八行本皆無之。此十行本以起訖語多有"至"字而誤增。永樂本、十行明嘉靖修版、嘉靖李元陽閩本皆從元十行本有"至"字。北監本删去"至"字，甚是。毛本從監本。阮本仍十行本之衍，未出校記，疏失也。

## 八、十行本割裂疏文而致誤

監本卷五《夬卦》第二頁十一行疏："正義曰：道成者，剛長柔消，夬道乃成也。"按：此元十行本之式，唯元十行本"者"作"也"，永樂本、閩本皆沿元十行，至監本始改"也"爲"者"，以求"正義曰"以下"××者"之成式。實則，此疏於單疏本、八行本作"'利有攸往剛長乃終'者，終，成也。剛長柔消，夬道乃成也"，乃象傳"利有攸往剛長乃終也"之疏。十行本以"正義曰：道成也"開頭，則上接王弼注"道乃成也"，是變象傳之疏爲王注之疏，殊謬。

## 九、元十行本竄亂

監本卷二《訟卦》第七頁七行注："物有其分，起契之過，職不相濫，爭何由興。訟之所以起，契之過也。""起契之過"四字前後重出。"其分"下"起契之過"四字宋刊八行本、瞿氏藏宋本、王世貞藏宋本、宋撫州公使庫本、宋刊纂圖互注本、《周易要義》宋本、元岳氏刊本均無。元刊十行本"其分"下始有"起契之過"四字，而"所以"下"起契之過"四字擠刻。知此四字先竄入"其分"下，後覺"所以"下缺此四字，乃擠刻入，而"其分"下四字未剔除，遂致"其分"下衍四字也。其後元十行明嘉靖修版、閩、監、毛本均沿其誤。至殿本削去之。殿本《考證》云："監本'物有其分'句下有'起契之過'四字，今依閣本削去。"所謂閣本即文淵閣藏《晉卦》以前殘本四册，當即宋八行本也。"濫"字元十行本誤"監"，明修版同，李元陽閩本沿之作"監"。北監本改正爲"濫"，與八、瞿、王、撫、纂、《要》、岳各本合，知監本校讎自有可稱道者也。

## 十、十行本疏文與八行本關係

《周易兼義》十行本現存元版，未見宋版。《艮卦》："艮其止，止其所也。"注："施止於止，不施止於行，得其所矣。"疏："既時止即宜止，時行則行,所以施止須是所。"元十行本如此,十行明修版同。"是"字宋刊單疏本、八行本均作"得",則元十行本"是"乃"得"字右旁形近之訛。唯單疏本"所"上有"其"字,作"得其所",八行本無"其"字,作"得所"。以經文、王注皆云"其所"推之,單疏本作"得其所"爲長,八行本殆脱"其"字。十行本既無"其"字,疑其疏文源於八行本也。孤證不敢必,書此備考。永樂本作"得所","得"字墨濃,似描改者。李元陽閩本改"是"爲"得",可見其校勘之功。監、毛、殿皆從閩本。阮本從十行出,仍其誤作"是",北大出版社李本又仍阮誤。十行本及十行明修本訛字,李元陽閩本改正頗多,而阮本每仍十行之誤,又不出校記,其粗疏亦可知也。

# 十一、十行本改"已"爲"以"

監本卷三《蠱卦》第七頁十五行疏:"育養以德。""以",單疏、八行、《要義》均作"已",十行本作"以"。按:"已""以"通,十行本改"已"爲"以",殆爲免誤讀爲"自己"之"己"。明清各本皆從十行本作"以"。

# 十二、十行本修版之誤

1. 監本卷一《乾卦》第十三頁十二行疏:"退在潛處在淵。""退在",單、八、元、永作"退則",是。十行修板此頁版心上刻"懷浙胡校"、"林重校",是嘉靖修板,"退則"誤爲"退在"。閩、監、毛本均沿明修板誤。殿本改正爲"退則",庫本沿殿本。長澤規矩也《補遺》云"劉本、十行本作'則'",知長澤所見十行本尚爲"則"字,與劉承幹藏十行元本同。北大出版社標點本作"在",僅録阮《校記》云:"閩、監、毛本同,宋本作'則'。"澤遜按:"進則跳躍在上,退則潛處在淵"爲對句,十行本嘉靖修版作"在"字誤,當依單、八、元、永、殿作"則"。

2. 監本卷一《乾卦》第二十五頁十八行疏:"中,謂二與五也。正,謂五與二也。""五與二",宋刊單疏本、八行本、元十行本、永樂本作"五與三"。十行本明修板此頁(卷一第十八頁)版心刻"懷浙胡校""施永具刊",乃嘉靖抽換新板,誤爲"五與二"。李元陽閩本、北監本、毛本沿十行明修板作"五與二"。殿本《晉卦》以前依宋本校刊,作"五與三",庫本依殿本亦作"五與三",不誤。阮本作"五與二",不出校記,知從十行明修板出。北大出版社標點本從阮本出,亦誤"五與二",不出校記。按《文言》:

"乾元者,始而亨者也。利貞者,性情也。"注"不爲乾元"至"必性情也"疏:"二、四爲陰位,陰居爲得位,陽居爲失位。三、五爲陽位,陽居爲得位,陰居爲失位。"此處釋"中正"之"正",云"正謂五與三",即《乾卦》第五爻與第三爻皆陽爻,居陽位,爲得位。"二"字乃"三"字之訛。十行本嘉靖修板始有此誤,閩、監、毛、阮皆從之。永樂本不誤,以其從元十行本出也。胡玉縉《周易注疏校勘續記》:"正,謂五與二也。《撮要》'二'作'三'。"劉承幹《校記》:"正,謂五與三也。阮本'三'作'二'。"長澤規矩也《周易注疏校勘記補遺》:"正,謂五與二也。'二',鈔本作'三'。按:劉本、十行本作'三'。"均不置可否。長澤所用十行本作"三",猶是元十行本未經修板者。

3. 監本卷一《蒙卦》第四十六頁十一行疏:"君子當發此蒙道。""發",宋刊單疏本、八行本、元十行本、永樂本皆作"法",是。十行明修板作"發",音近誤也。閩、監、毛、殿、阮本皆沿明修板之誤。山井鼎、盧文弨、阮元皆出校記,而皆不置可否,殆以不能多見舊本,不明其致誤之迹也。

## 十三、因元板斷板難識而致明修十行本之誤

監本卷一《坤卦》第三十頁十六行疏:"順行地無疆不復窮已。""順",宋刊單疏本、八行本、明永樂本作"故"。元十行本斷板難識。十行明修板作"順"。閩、監、毛本沿之作"順"。殿本改"故",從宋本也。阮元《校記甲》云:"錢本、宋本'順'作'故',是也。"

## 十四、十行本明修版之草率

監本卷一《乾卦》第二十六頁十一行疏:"下又即云行而未成。""又",宋刊單疏本、八行本、元十行本、明永樂本作"文",十行明修本此頁版心有"林重校""懷浙胡校",爲嘉靖修版,"文"字作"又",上脱一點。李元陽閩本因而誤作"又",監、毛、殿、阮皆沿之作"又"。朱良裘云《晉卦》以上用文淵閣藏舊本校正,所謂文淵閣本乃宋八行本,作"文"字。今檢殿本仍作"又"字,沿北監本之誤,則校勘疏忽也。

## 十五、十行明修本之理校

監本卷一《乾卦》第二十五頁六行疏:"其居位者唯二三四五,故《繫

辭》唯論此四爻。初上雖無正位，統而論之，爻亦始末之位。”“初上”，宋刊單疏本、八行本、魏了翁《要義》皆作“初末”。元十行本誤“初未”。永樂本從元十行本。“初末”即初爻、末爻。“初未”則不通。十行明修版此頁版心刻“懷浙胡校”，刻工施永具，是嘉靖修板，改“初未”爲“初上”，雖非宋單疏、八行之舊，義則可通，此明修板理校之一例。閩、監、毛、殿本皆作“上”，自明修本始。阮本作“上”，亦從嘉靖本出。阮元《校記甲》有校記，南昌本附《校記》則不取，是以“初上”爲是，實非也。

# 十六、十行明修板臆補

1. 監本卷一《坤卦》第二十九頁一行疏：“正借柔順之象。”“正”字，宋刊單疏本、八行本、魏了翁《要義》、明永樂本皆作“假”。元十行本斷板模糊，詳辨仍爲“假”字。十行明補板以原板難辨，臆補爲“正”字，閩、監、毛本從之。殿本據宋八行本改正爲“假”。阮本作“正”，從明修板也。阮元《校記甲》但云“錢本、宋本‘正’作‘假’”，不置可否。南昌本更不出校記。良以不能多見古本也。北大出版社李本仍作“正”，從上讀爲“當以柔順爲貞正”，亦誤。

2. 同上第二行疏：“還借此柔順。”“還”字，單、八、永均作“假”，元十行本斷板不可辨。明補板臆補爲“還”，閩、監、毛本從之。殿本從宋本改正爲“假”。阮《校記甲》但云“錢本、宋本‘還’作‘假’”，不置可否，南昌本更不出校，仍作“還”字，從明補板。北大出版社李本亦作“還”，皆誤。

3. 監本卷一《坤卦》第二十九頁十六行疏：“又向陰柔之方。”“方”，單、八、《要》、永皆作“所”，是。元十行本斷板不可辨。十行明修板作“方”，乃以意强補。閩、監、毛本從明修本。殿本從宋本改“所”，庫本從殿本。阮元《校記甲》但云：“閩、監、毛本同，宋本‘方’作‘所’。”南昌本作“方”，不出校。亦不能多見古本之故。

# 十七、永樂本訛字

1. 監本卷一《屯卦》第四十一頁十一行疏：“困於侵害。”各本同，唯永樂本“於”誤“爲”。

2. 監本卷一《屯卦》第四十三頁二行疏：“三雖比四，四不害己。”“三”，各本同，永樂本誤“二”。

3. 監本卷一《蒙卦》第四十七頁十六行經："不有躬，無攸利。""躬"，各本同，唯永乐本作"窮"，形近誤也。下注"不有躬"，疏"保其躬"、"云不有躬"，永樂本亦皆誤"窮"。

4. 監本卷二《師卦》第十五頁五行注："處師之時，柔得尊位。""師"，永樂本誤"帥"。各本不誤。又第七行注："柔非軍帥。""帥"，永樂本誤"師"。各本不誤。

# 十八、永 樂 本 校 正

1. 監本卷二《需卦》第四頁六行疏："穴之與位，各隨事義也。""位"，宋刊單疏本、八行本作"血"，是。十行元本作"位"，形誤。永樂本作"血"，當係校正。十行明修版此頁爲嘉靖刊，作"位"，沿元十行本之誤。閩、監、毛本皆沿十行嘉靖修版。殿本改"血"，殆從八行本。

2. 監本卷二《小畜》第二十五頁七行疏："三不害己，己故得其血去除。"宋刊單疏本、八行本"不"下有"能"字，不重"己"字。元十行本脫"能"字，重"己"字。永樂本同單、八，當係校改。十行明修本、閩、監、毛本均從元十行本脫衍。殿本改正，與八行同，以得見半部宋八行本故也。

3. 監本卷五《井卦》第二十七頁十二行經："九五，井冽寒泉食。"注："居中得正。""正"，宋刊八行本、瞿氏宋本、王世貞宋本、宋撫本、宋刊纂圖互注本、魏了翁《要義》、元岳氏本均作"位"。元十行本誤作"既"。永樂本作"位"，是依元十行刊版而訂其誤也。十行明修版以下均作"正"，乃以元十行"既"字不通，據疏文"九五居中得正""若非居中得正"而改。通則通矣，而非王注之舊。孔疏釋王注每易一二字，此王注"居中得位"，疏作"居中得正"，亦其例。十行明修版據疏改注，是臆改不足據。山井鼎《考文》："居中得正。三本、足利本、宋板'正'作'位'。"盧文弨、阮元不出校記。樓宇烈《校釋》、北大出版社李學勤本皆沿阮本作"居中得正"，均非。

# 十九、永 樂 本 有 優 於 元 十 行 本 者

1. 監本卷一《蒙卦》第四十六頁十八行疏："若以刑人之道出往，往之即有鄙吝。""往之"，宋刊單疏本、八行本、魏了翁《要義》作"行之"。元十行本誤"往之"，以下十行明修版、閩、監、毛本均沿元十行本。唯永樂

本從元十行本出,而作"行之",可貴。武英殿本改爲"行之",殆據八行宋本。山井鼎、阮元均出校,而不置可否。殆以不能多見古本。又,山井鼎、阮元出校,皆摘句"出往往之",句讀有誤。上云"若以正道而往,即其事益善矣",即與此二句"若以刑人之道出往,往之即有鄙吝"相對應。殿本句讀是。

2. 監本卷一《蒙卦》第四十八頁五行疏:"正行以待命而嫁。""待",宋刊單疏本、八行本同。元十行本作"侍",與前注"待命"相違,誤。永樂本作"待",不誤。元刊明修十行本從元本之誤作"侍"。李元陽本改正爲"待"。

3. 監本卷一《蒙卦》第四十九頁三行疏:"巽,以順也,猶委物於二。""以",宋刊單疏本、八行本作"亦",是。元十行本作"以",乃承上而訛。元刊明修十行本、閩、監、毛本沿誤作"以"。永樂本作"亦",與單、八同,勝於元十行本。殿本從監本出而改"亦",殆依宋八行本校正。阮本從元刊明修十行本之誤作"以",不出校記。北大出版社李學勤本又從阮本之誤。

## 二十、永 樂 本 臆 改

監本卷二《需卦》第三頁十三行疏:"自,由也。由我欲進而致寇來。"宋刊單疏本、八行本均同。元刊十行本"由也"下因回行而衍"也"字。永樂本覺其不通,改下"也"字爲"此"字,此節作:"自,由也。此由我欲進而致寇來。"雖文從字順,非其舊文也。元刊明修十行本此頁仍元十行之舊。李元陽本從十行本出,删一"也"字,與單疏、八行本合。監、毛、殿本皆從李元陽閩本。阮本從十行本出,亦删一"也"字,所删是也。而阮元自云"明知宋板之誤字亦不使輕改",其不能言行一致,即此可見。

## 二一、李元陽閩本改字與永樂本偶合

1. 監本卷五《革卦》第三十三頁二行疏:"但順面從君也。""面",宋刊單疏本、八行本、元十行本、十行明修本均作"而"。按:"而"釋"以"字,是。永樂本誤"面",李元陽本亦誤"面",則李元陽本或偶參永樂本也。

2. 監本卷五《歸妹》第五十一頁十七行疏:"此卦名歸妹,以妹從娣而嫁。""娣",單疏、八行本作"姊",元十行本誤"妹"。"以妹從妹"文詞不通，永樂本改"以妹從娣"，李元陽閩本亦改"以妹從娣"，與永樂本同。以後監、毛、殿、阮本皆誤作"娣"。疑李元陽閩本嘗參永樂本。

## 二二、李元陽閩本據疏文改王注之不可取

監本卷五《萃卦》第十三頁十二行注："猶不若一陰一陽之應。""應"字，宋刊八行本、瞿氏宋本、王世貞舊藏宋本、宋撫本、宋刊纂圖互注本、元岳本、元十行本、十行明修本、永樂本均作"至"。李元陽閩本改"應"，監、毛本從閩本。殿本復改作"至"，阮本亦從十行本作"至"。庫本從殿本出，而改"至"爲"應"。《四庫全書考證》云："刊本'應'訛'至'，據疏及毛本改。"《薈要》本與庫本同。乾隆重刊岳本亦改"至"爲"應"，其《考證》云："汲古閣本、《兼義》本'之至'俱作'之應'，與孔氏正義合，今據改。"阮元《校記》則未置可否。澤遜按：孔疏復述王注而易其一二字者多矣，豈可盡作劃一？"應"字固通，"至"字自亦可解，閩本據疏文改王注，殊不可取。樓宇烈《校釋》、北大出版社李學勤本均改王注"至"字爲"應"字，皆不可從。

## 二三、李元陽閩本臆改

監本卷五《漸卦》第五十頁十七行疏："九五進乎中位。""乎"，宋刊單疏本、八行本作"得"。此"進得中位"與王注"進得中位"正相承。元十行本"得"誤"于"，殆涉上文"漸于陵"而誤。永樂本從元十行本。李元陽閩本改"于"爲"乎"，於前無征，是臆改也。監、毛、殿本皆從閩本。阮本則仍十行本之誤作"于"。

## 二四、李元陽閩本理校之非

監本卷一《坤卦》第三十一頁五行疏："以陰在事之先。""事"，宋刊單疏本、八行本、明永樂本作"物"。十行本斷板難識。十行明修板作"是"，誤也。李元陽本覺其非，改作"事"，稍通，唯非原書之舊。此"以陰在物之先"與下"以陰在物之後"對文，作"物"是。李元陽本理校改字，非。監、毛本沿閩本之誤。殿本既依宋八行本校，而此字仍沿監本之誤作"事"，是忽之也。

# 二五、李元陽閩本之校正

1. 監本卷一《坤卦》第三十一頁六行疏："陽唱而陰和。""和"字,宋刊單疏本、八行本同。元十行斷板不可識。十行明修本作"利",誤。李元陽閩本作"和",是校而正之也。監本以下並作"和"。

2. 監本卷一《坤卦》第三十七頁八行疏："□云義以方外,即此應云正以直内。改云敬以直内者。""敬以直内",元十行明嘉靖修板誤爲"敬以直正"。李元陽閩本從嘉靖修板出,而改爲"敬以直内",知其校讎有功也。

3. 監本卷一《蒙卦》第四十五頁六行疏："故知是二也。""二",各本同,唯元刊明修十行本作"一",誤。李元陽閩本從之出,而改正爲"二"。雖顯誤而訂之,亦見用心。

4. 監本卷二《小畜》第二十二頁十三行注："夫陰能固之。""夫",宋刊八行本、瞿氏宋本、宋刊纂圖互注本、元岳本皆同。元十行本誤"去"。永樂本、元刊明修本沿其誤。李元陽閩本改"夫",與古本合。監、毛、殿本從閩本。

5. 監本卷二《謙卦》第五十三頁三行注："夫吉凶悔吝,生乎動者也。""夫",宋刊各本同。元十行本作"天",形近訛也,永樂本從之,知永樂本從元十行本出。十行明嘉靖修板亦作"天",沿元十行也。李元陽閩本從元十行嘉靖修版出,而改"天"爲"夫",知其校讎有可稱道也。以後監、毛、殿本均作"夫"。阮本從十行明修版出,而"天"字徑改爲"夫",殆以顯誤也。

# 二六、北監本訛字

1. 監本卷一《乾卦》第十六頁十四行疏："是利事所施處廣。""事",宋刊單疏本、八行本、元十行本、永樂本、李元陽閩本均作"字",是。監本始誤"事",毛、殿、庫本從監本。阮本從十行本作"字",不誤。"利字所施事廣",謂"利"字適用多方面,故上文云:"利亦非獨利貞,亦所利餘事多矣。若利涉大川、利建侯、利見大人、利君子貞。"若作"事"則於義不通。

2. 監本卷一《坤卦》第三十一頁六行疏："人得生利。""人",宋刊單疏本、八行本、元十行本、永樂本作"乃"。元刊十行本明修版誤"人",閩、監、毛本沿之作"人"。殿本改"乃",從宋本也。"生",單、八、元、十、永、閩作"主",監本誤"生",毛本沿之作"生",殿本改"主",從宋本也。即此可見殿本依宋本校改之功。阮本從十行明修本出,作"人得主利",《校記》云"錢本、宋本'人'作'乃'",不置可否。北大出版社李學勤本照錄,不改,良以不知其形誤之由故也。

3. 監本卷一《蒙卦》第四十五頁八行疏:"言蒙之爲義,利以義正。""義正",單、八、元、十、永、閩作"養正",是。監本訛"義正",毛、殿本沿其誤。庫本、《薈要》本又沿殿本誤。

4. 監本卷二《豫卦》第五十七頁三行疏:"但象載經文,多是省略。""是",單、八、元、十、永、閩作"從",是也。監本作"是",形似之訛也。毛本沿監本之誤。殿本改正爲"從",當據八行本。

## 二七、北監本之校正

1. 監本卷一《乾卦》第二十四頁四行疏:"偕,俱也。""偕"字單疏、八行本同。十行本誤"潜",明嘉靖修版從之,李元陽本又從之。至監本改正爲"偕",以後各本從監本。諦觀元十行本,"潜"字粗黑,當係修版致誤。永樂本作"偕",從元十行本未修板出也。可知元十行初未誤。阮元本作"偕",當是刊板時改正。

2. 監本卷一《乾卦》第二十五頁四行疏:"故合散屈伸,與體相乖。""乖",元、永、閩作"垂",誤。監本改正爲"乖",與宋刊單疏、八行本合。毛、殿本沿北監本。阮本從十行本出,亦誤作"垂",且不出校記。殆以《校記甲》以毛本爲底本,毛既不誤,遂不出校。至南昌本雖誤爲"垂",以《校記甲》不出校記,遂亦未補。北大出版社李學勤本徑改正爲"乖",是。誤"垂"從元十行本始,永樂本從之,知永樂本從元十行本出也。

3. 監本卷二《師卦》第十三頁六行疏:"否,謂破敗。""破",單、八、元、永同。十行明修板誤爲"被",李元陽閩本沿之作"被"。北監本從李元陽本出,而改正爲"破"。毛、殿本皆沿監本。阮本作"破",不出校。

## 二八、北監本臆改

1. 監本卷一《坤卦》第三十八頁十三行疏:"故爲陽所傷而見血也。""血"字單、八、《要》、元、永作"滅",是也。此經文之疏,釋"猶未離其類也",該句王注云"猶未失其陰類,爲陽所滅",即疏所本。十行明嘉靖修版“滅”誤作“成”。閩本沿之。至北監本覺“傷而見成”不通，乃改“傷而見血”，殆以《文言》“故稱血焉”而臆改。義似通而實無本。毛本、殿本皆從北監本誤作“血”。殿本既依八行本校，而此字不改，仍作“血”，蓋忽之也。阮本依十行嘉靖修版作“成”。《校記》云：“錢本、宋本‘成’作‘滅’，監、毛本作‘血’。”不置可否。北大出版社李學勤本云“依文意，作‘血’字爲宜”，因據監、毛本改作“血”字，殊謬。胡玉縉《續記》云：“‘成’，《要義》作‘血’。”按：宋本《要義》“見滅”作“成滅”，“滅”字不作“血”，作“血”字自萬曆北監本始，毛、殿二本從北監本。王君曉靜考知胡玉縉所見《要義》乃光緒江蘇書局刊本，則不足據以校讎也。

2. 監本卷一《蒙卦》第四十六頁十七行疏：“《爾雅》云：杻謂之梏，械謂之桎。”“爾雅”，單、八、《要》、元、十、永、閩作“小雅”。監本以“小雅”不通，改“爾雅”，毛本從之。殿本復以宋八行本有“小”字，更改爲“小爾雅”。阮元《校記》云：“《爾雅》云杻。按：‘爾’字誤。《小爾雅》，唐人多作《小雅》。《文選注》亦然。”孫詒讓《校記》云：“此《廣雅·釋器》文，似孔誤記爲小爾雅耳。”胡玉縉《續記》云：“小雅云。‘小’當作‘廣’，文見《廣雅·釋訓》。若《小爾雅》無此語。”澤遜按：此《廣雅·釋室》文。則北監本改“爾雅”、殿本改“小爾雅”，皆臆改。孫、胡二氏以爲“爾雅”當作“廣雅”，是。唯篇名未確。阮元《校記》則強爲立説，不足據。

# 二九、北監本理校

1. 監本卷三《隨卦》第五頁十三行注：“故維之王用亨于西山者。”“者”字宋八行本、瞿氏宋本、王世貞舊藏宋本、宋撫本、宋刊纂圖互注本、元岳本、元十行本、十行明修本、明永樂本、嘉靖李元陽閩本皆作“也”。北監本改“者”，毛本從之。按：“故維之”屬上讀，乃前一節之結語。“王用亨于西山者”，乃下一節之開頭，以下皆釋“王用亨于西山”。樓宇烈云：“‘也’字當以作‘者’字於義爲長。”則監本改“者”字爲是，此理校也。殿本復據宋本改“也”字，則過信宋本。宋本以“故維之王用亨于西山也”連讀，乃有此誤。疏文以“維之王用亨于西山”通釋之，蓋爲宋人誤讀王注之由。實則注、疏行文不同。四庫館臣悟得此理，因改殿本“也”字爲“者”。《四庫全書考證》云：“刊本‘者’訛‘也’，據毛本改。”良是。浦鏜《正字》云：“‘也’誤‘者’。”亦非。

2. 監本卷五《艮卦》第四十五頁四行疏：“釋所以利永貞。”“利”字宋

刊單疏本、八行本、元十行本、十行明修版、永樂本、李元陽閩本、阮本皆作
"在"。北監本改"利"。按：所改是也。孔穎達疏於象辭下每云"釋所以
某某也"、"所以某某也"、"故言某某也"、"解某某也"，乃謂象辭釋爻辭
經文某某句或詞語。此"釋所以'利永貞'也"，謂象辭"未失正"是用來解
釋《艮卦》初六經文"利永貞"的。此孔疏文例。若作"在永貞"，則不通。
"在"字當誤。北監本理校，此係可稱道者。毛、殿二本皆從北監本。

## 三十、殿本與八行本之關係

殿本朱良裘跋稱發現文淵閣藏舊本，據以校勘，惜《晉卦》以下闕如。
所謂文淵閣藏舊本，不知是何版本。今就殿本與八行本格式比較觀之，可
斷文淵閣舊本爲宋刊八行本。八行本與十行本重大不同，在於經、注、疏
合編之體例。八行本經文之分段，依單疏本經文之疏"某某至某某正義
曰"之起訖，分段較整。十行本分段則依經注本注文之位置。單疏本注文
之疏散附於各條注文之下。凡單疏本一條經疏配合多條注文之疏，此一
條經疏皆依注文之條數離析割裂，散入各條注前經後。八行本於長段，先
列經文，注文夾於經文之中，疏文列於整段經注文之後。疏文之排列，先
經文之疏，次注文之疏，注文之疏則依注文之先後分條排列。倘欲從八行
本回復單疏本，則撤去經注即可。至於十行本，經文之疏既已割裂，則回
復單疏面目幾無可能。清人重單疏本、八行本，此亦一端，非但可訂文字
訛誤也。八行本疏文體例格式雖依單疏本，而其經疏起訖語悉予刪落，自
爲遺憾。

武英殿本經文、注文、疏文之排列分段，實依八行本，所異者：經注分
段之後、疏文之前，加入"音義"。經疏起訖語刪去，與八行本同。注文之
疏每條之起訖語亦全刪去，則較八行本更下一等，致使單疏本注文之疏分
條之標志盡失。朱良裘謂殿本校勘據文淵閣藏舊本，今較之八行本，知文
淵閣本即宋刊八行本也。其遺憾有三：（1）刪疏文起訖語；（2）文淵閣本
《晉卦》以後佚闕；（3）《晉卦》以前據八行本校正者頗多，但仍多沿北監
本訛誤，未能盡取八行本之長。此殿本與宋八行本關係之大較也。

## 三一、阮本沿十行明修版訛字

1. 監本卷五《困卦》第二十一頁十四行注："威命不行。""命"，各本

同，唯十行明修版誤"令"。李元陽閩本改正爲"命"，以下監、毛、殿本同閩本。阮元本從十行明修版作"令"，且無校記。北大出版社李學勤本仍阮本之誤作"令"。樓宇烈《校釋》改爲"命"，殆據宋撫州本校正，唯不出校記。

2. 監本卷五《困卦》第二十二頁九行注："困而後能用其道者也。""後"，各本同，唯元十行明修版誤"徐"。李元陽閩本改正爲"後"，監、毛、殿本均從閩本。阮本從元十行明修版出，仍其誤作"徐"，且不出校記。北大出版社李學勤本又沿阮本之誤。樓宇烈《校釋》以阮本爲底本，而改"徐"爲"後"，殆據宋撫州本改之，不出校記。

3. 監本卷五《井卦》第二十六頁二行疏："人既不食。"單、八、元、永作"人既非食"，"不"作"非"。十行明修版"人"誤"以"，作"以既非食"。李元陽閩本復改爲"人"，作"人既非食"。監本從閩本，又改"非"爲"不"，作"人既不食"。毛、殿本從監本。阮本獨從十行明修版作"以既非食"。按："人既非食"釋"井泥不食"，"禽又不向"釋"舊井無禽"，故上文孔疏云："禽之與人，皆共棄舍。"此疏象辭"時舍也"，亦云"共棄舍"。十行明修版改"人"爲"以"，則僅有"禽又不向"，無所謂人禽共棄矣。顯誤。北大出版社李學勤本又沿阮本之誤作"以"。又，"非"字各本同，監本改"不"，毛、殿本從北監，通則通矣，卻非孔疏之舊，亦臆改之風。

# 三二、阮本理校之可稱道

監本卷五《艮卦》第四十四頁十四行疏："此舉經文以結之，明相與而止之，則有咎也。""有"字，單、八、元、永、閩、監、毛、殿各本皆同。阮本改作"無"。按：所改是也。所謂"舉經文以結之"，謂象傳舉《艮卦》卦辭"不獲其身，行其庭，不見其人，無咎"。且孔疏進一步發揮云："明相與而止之，則無咎也。"所謂"明"，即復述經義，萬無結論相反之理，故作"有咎"顯誤。此誤自宋刊單疏、八行以下無一本訂正，至阮元本始訂正之，亦人人可解而無人解者也。唯阮元《校記》無此條，似當補。

# 三三、浦鏜理校之可稱道

1. 監本卷五《井卦》第二十六頁八行疏："井之爲德，以下汲上。"浦鏜《正字》："井之爲德，以下給上。'給'誤'汲'。下疏並同。"謂毛本"汲"

當作"給"也。按：浦説是。《井卦》經注疏"汲"、"給"數見，義有不同。
(1) 第二十四頁九行注："幾至而覆，與未汲同也。"(2) 第二十六頁四行
注："井之爲道，以下給上者也。"(3) 第二十六頁八行疏："井之爲德，以
下汲上。"(4) 第二十六頁十一行疏："井既處下，宜應汲上。"(5) 第二十
六頁十三行經："可用汲。"(6) 第二十六頁十六行注："故可用汲也。"
(7) 第二十七頁四行疏："而不可汲也。"(8) 第二十七頁四行疏："是可
汲也。"(9) 第二十七頁五行疏："故曰可用汲。"(10) 第二十七頁八行
注："自守而不能給上。"(11) 第二十七頁十行疏："自守而已，不能給
上。"(12) 第二十七頁十二行疏："但可修井之壞，未可上汲養人也。""給
上"五見，其中二次作"汲上"，當依浦説改作"給上"。又，"上汲養人"，
單、八、元、十、永、閩皆作"給"，是。監本改"汲"，是與汲水之汲混同，非。

　　2. 監本卷五《歸妹》第五十二頁十四行疏："若其不以備數，更有動望
之憂。""動"，宋刊單疏、八行本作"勤"，元十行本作"動"，以下永樂、閩、
監、毛、殿、阮本皆從元十行本。山井鼎《考文》："'動'，宋板作'勤'。"浦
鏜《正字》："'動望'當'勤望'誤，見《詩》箋。"盧文弨《拾補》："宋板'動'
作'勤'。案：《詩·摽有梅》'迨其謂之'箋云：'謂，勤也。女年二十而無
嫁端，則有勤望之憂。'疏語本此。"盧氏承用山井鼎、浦鏜二家成果，一無
發明，而不標所從，非其宜也。阮元亦采盧説，而不標浦鏜，實則浦説爲理
校佳例，不可掩也。

## 三四、阮《校記》所據錢求赤校本
### 與單疏、八行均不盡同

　　阮本《引據各本目録》有："影宋鈔本，據餘姚盧文弨傳校明錢保孫
(當作錢孫保)求赤校本，今稱'錢本'。"阮《校記》"錢本"、"宋本"每並
舉，而多與山井鼎《考文》所稱宋八行本同。然亦多與宋單疏、八行本均不
合者。監本卷五《萃卦》第十頁十二行注："王以聚至有廟也。"阮元《校記
甲》："錢本無'也'字。"監本卷五《萃卦》第十一頁十二行注："順天則
説。""則"，阮《校記》云："錢本'則'作'而'。"此二條錢本與各本均不合。

## 三五、阮元《校記甲》襲用浦鏜《正字》

　　1. 監本卷一《乾卦》第二十一頁十七行注："夫乾者統行四事者也。"

浦鏜《正字》：“‘夫’，監本誤‘與’。”阮《校記甲》：“夫乾者。監本‘夫’誤‘與’。”按：監本初印作“夫”，不誤。作“與”者似爲後印修板。阮依浦校，未檢原刻也。

2. 監本卷一《蒙卦》第四十八頁九行注：“處兩陰之中。”浦鏜《正字》：“‘兩’，監本誤‘而’。疏同。”阮《校記甲》：“監本‘兩’誤‘而’。”按：監本先印者作“兩”，注、疏均不誤“而”。浦殆據修版。阮襲浦耳。

3. 監本卷二《需卦》第一頁十行注：“位乎天位。”浦鏜《正字》：“位乎天位。‘位’，監本誤‘生’。”阮《校記甲》：“監本上‘位’字誤‘生’。”檢監本二“位”字皆作“位”。浦所見殆修版誤。阮沿浦説耳。

## 三六、阮元引浦鏜説誤爲盧文弨

監本卷一《乾卦》第十七頁六行疏：“心處僻陋。”阮元《校記甲》：“盧文弨云：‘心’疑‘身’之誤。”按：此浦鏜《正字》語，盧無此説。

（杜澤遜，山東大學文學院教授）

# 《三寶太監西洋記通俗演義》
# 主人公金碧峰本事考

## 廖可斌

　　羅懋登著《三寶太監西洋記通俗演義》,簡稱《西洋記》,是晚明的一部著名小説,歷來頗受研究者重視。該書雖以明永樂、宣德年間鄭和出使30餘國的經歷爲框架,但故事主體乃是神魔之爭和種種奇聞異事,所以人們都將之歸入神魔小説,而不把它看作歷史演義。與此相應,該書雖以鄭和命名,但實際上最重要的人物是金碧峰(碧峰長老),他相當於《西游記》中的孫悟空,而鄭和則近似於唐僧。根據魯迅《中國小説史略》的概括,《西洋記》"第一至第七回爲碧峰長老下生、出家及降魔之事,第八至十四回爲碧峰與張天師鬥法之事,第十五回以下則鄭和掛印、招兵西征、天師及碧峰助之、斬除妖孽、諸國入貢、鄭和建祠之事也"。① 這種格局也與《西游記》前七回爲孫悟空出世及大鬧天宮、第八至十二回寫取經緣起、第十三回以下才是唐僧師徒四人西天取經的結構機杼相同。在征服西洋各種妖魔鬼怪過程中,張天師也屢次出馬,但常常陷入無可奈何境地,道力法術都遠遜碧峰長老,只不過是後者的陪襯,有點像《西游記》中的豬八戒。碧峰長老則被寫成是燃燈古佛(釋迦牟尼的授記師父)臨凡,有一徒弟名非幻,又有一徒孫名雲谷。他神通廣大,法力無邊,是出使西洋取得成功的根本保障,因此是《西洋記》的真正主人公。

　　前輩研究者曾致力於對金碧峰人物原型的探討。最早注意到《西洋記》的著名學者俞樾發現明代郎瑛《七修類稿》中有一條記載:"太祖建都

---

① 魯迅:《中國小説史略》第一八篇《明之神魔小説下》。

南京,和尚金碧峰啓之,見《客座新聞》。"①向達也是較早推轂《西洋記》的學者之一,他又在《圖書集成·職方典》"江寧府"部中找到一條資料:

> 碧峰寺非幻庵有沉香羅漢一堂,乃非幻禪師下西洋取來者。像最奇古,香更異常。萬曆中有人盜其一,僧不得已,以他木雕成補之。後忽黑夜送回前像,羅漢之靈異可推矣。②

除此之外,魯迅《小說舊聞鈔》、趙景深《中國小說叢考》、孔另境《中國小說史料》、陸樹崙、竺少華《〈三寶太監西洋記通俗演義〉前言》等,都只是輾轉引述俞、向二氏發現的上述兩條資料,沒有取得新的進展。③ 根據這兩條資料,我們已可以推斷金碧峰、非幻歷史上都實有其人,而且約略知道他們與鄭和下西洋之事有牽連。但是,金碧峰、非幻究竟是怎樣的兩個人,他們是怎樣與下西洋之事發生關係的,羅懋登在《西洋記》中對他們的描寫在多大程度上是根據史實,又在多大程度上是依憑民間傳說和出於自己的虛構,我們仍然很不清楚,這就給準確分析評價《西洋記》造成了障礙。

筆者近來陸續翻檢到一些有關金碧峰和非幻的資料,因不揣淺陋,作爲考論如次,以求教於方家。

一

元朝皇帝多崇信釋道,而元順帝爲尤甚。明太祖朱元璋早年做過和尚,登基後又熱衷於神道設教,利用一些和尚道士的怪誕言行爲自己製造君權天授的迷信。於是在整個元末明初,釋、道兩教都相當活躍,並湧現了像周顛仙、鐵冠道人張中、冷謙、張三豐這樣一批後世家喻户曉的人物。

---

① 見俞樾《茶香室續鈔》。按郎瑛《七修類稿》的這條記載見該書卷一〇"本朝定都"條,中華書局 1959 年版。又,沈周《客座新聞》,《説郛續》卷一三(上海古籍出版社《説郛三種》本)、《五朝小説大觀·皇明百家小説》(掃葉山房民國十五年石印本)皆收入,但其中沒有《七修類稿》所引的這一條。

② 見向達《唐代長安與西域文明·關於三寶太監下西洋的幾種資料》,《小説月報》1929 年 1 月 10 日。

③ 陸樹崙、竺少華:《〈三寶太監西洋記通俗演義〉前言》,《三寶太監西洋記通俗演義》,上海古籍出版社 1985 年版。

金碧峰其實也是這個群體中的一員，當初他的名頭並不亞於周顛仙等人，只不過因爲某些特殊原因，關於他的故事流傳不廣。後來人們又不知道《西洋記》中的碧峰長老就是以他爲原型，没有將兩者掛起鉤來，於是他漸漸被世人淡忘了。明初著名文學家宋濂《宋學士文集·鑾坡後集》卷五有一篇《寂照圓明大禪師壁峰金公設利塔銘》，比較詳實地記載了金碧峰的生平，現抄録如下：

禪師諱寶金，族姓石氏，其號爲壁峰，生於乾州永壽縣之名胄。父通甫，宅心從厚，人號爲長者。母張氏，亦嗜善弗倦。有乘門持鉢乞食，以觀音像授張，且屬曰：“汝謹事之，當生智慧之男。”未幾果生禪師，白光煜煜然照室。幼恒多疾，纏綿衾枕間，父母疑之，曰：“此兒感祥徵而生，其宜歸之釋氏乎？”年六歲，依雲寂温法師爲弟子。既薙落受具足戒，遍詣諸講肆，窮性相之學，對衆演説，纍纍如貫珠，聞者解頤。已而撫髀歎曰：“三藏之文，皆標月之指爾。昔者祖師説法，天華繽紛，金蓮湧現，尚未能出離生死，况區區者耶。”即更衣入禪林。時如海真公樹正法幢於西蜀晉（縉）雲山中，亟往見之。公示以道要，禪師大起疑情，三二年間，寢食爲廢。偶攜筐隨公擷蔬於園，忽凝坐不動，歷三時方寤。公曰：“爾入定耶？”禪師曰然。曰：“汝何所見？”禪師曰：“有所悟爾。”曰：“汝第言之。”禪師舉筐示公，公非之。禪師置筐於地，拱手而立，公又非之。禪師厲聲一喝，公奮前搋其胸，使速言，禪師築公胸，僕之，公猶未之許，笑曰：“塵勞暫息，定力未能深也。必使心路絶，阻關透，然後大法可明耳。”禪師聞之，愈精進不懈。遂出參諸方，憩峨眉山，誓不復粒食，日采松柏啖之，脇不沾席者又三年。一念不生，前後際斷，照體獨立，物我皆如。自是入定或累日不起。嘗趺坐大樹下，溪水横溢，人意禪師已溺死。越七日水退，競往視之，禪師燕坐如平時，惟衣濕耳。一日聽伐木聲，通身汗下如雨，歎曰：“妙喜大悟十有八，小悟無算，豈欺我哉？未生前之事，吾今日方知其真耳。”急往求證於公，反復相辯詰甚力，至於曳傾禪榻而出。公曰：“是則是矣，翼日重勘之。”至期，公於地上畫一圓相，禪師以袖拂去之；公復畫一圓相，禪師於中增一畫，又拂去之；公再畫如前，禪師又增一畫成“十”字，又拂去之。公視之不語，復畫如前，禪師于“十”字加四隅成“卍”字，又拂去之。公乃總畫三十圓相，禪師一一具答，公曰：“汝今方知佛法宏勝如此也。百餘年間，參學有悟者，世豈無之？能明大機用者，寧復幾人？無用和尚有云：坐下當出三虎一彪。一彪者豈非爾耶？爾宜往朔方，其道當大行也。”無用蓋公之師云。

先是禪師在定中見一山甚秀麗，重樓傑閣，金碧絢爛，諸佛五十二菩薩行道其中，有招禪師謂曰：“此五臺山秘魔巖也，爾前身修道其中，靈骨猶在，何爾忘之？”既寤，遂游五臺山。道逢蓬首女子，身被五彩弊衣，赤足徐行，一黑獒隨其後。禪師問曰：“子何之？”曰：“入山中爾。”曰：“將何爲？”曰：“一切不爲。”良久乃没。叩之同行者，皆弗之見，或謂爲文殊化身云。禪師乃就山建靈鷲庵，四方聞之，不遠千里，負餱糧來獻者，日繽紛也，禪師悉儲之以食游學之僧，多至千餘人，雖丁歲大儉，亦不拒也。

至正戊子冬，順帝遣使者召至燕都，慰勞甚至。天竺僧指空久留燕，相傳能前知，號爲三百歲，人敬之如神。禪師往與叩擊，空瞪視不答。及出，空歎曰：“此真有道者也。”冬夕大雪，有紅光自禪師室中起，上接霄漢，帝驚歎，賜以金紋伽黎衣，遣歸。明年己丑，復召見延春閣，命建壇禱雨輒應，賜以金繒若干。禪師受之，即以賑饑之民。又明年庚寅，特賜寂照圓明大禪師之號，詔主海印禪寺，禪師力辭，名香法衣之賜，殆無虛日。自丞相而下，以至武夫悍將，無不以爲依皈。已而懇求還山。

洪武戊申，大明皇帝即位於建業，明年己酉燕都平。又明年庚戌，詔禪師至南京，夏五月見上於奉天殿，且曰：“朕聞師名久，以中州苦寒，特延師居南方爾。”遂留於大天界寺，時召入問佛法及鬼神情狀，奏對稱旨。又二年辛亥冬十月朔，上將設普濟佛會於鍾山，命高行僧十人蒞其事，而禪師與焉。賜伊蒲饌於崇禧寺，大駕幸臨，移時方還。明年壬子春正月既望，諸沙門方畢集，上服皮弁服，親行獻佛之禮。夜將半，敕禪師於圓悟關施摩陀伽斛法食，竣事，寵賚優渥。夏五月，悉罄衣盂之資，作佛事七日，乃示微疾。上知之，親御翰墨，賜詩十二韻，有“玄關盡悟，已成正覺”之言，天光昭回，人皆以爲榮。時疾已革，不能詣闕謝。至六月四日，沐浴更衣，與四衆言別，正襟危坐，目將瞑，弟子祖全、智信請曰：“和尚逝則逝矣，不留一言，何以暴白於後世邪？”禪師曰：“三藏法寶，尚爲故紙，吾言欲何爲？”夷然而逝，世壽六十五，僧臘五十又九。後三日，奉龕荼毗於聚寶山，傾城出送，香幣積如丘陵。或恐不得與執紼之列，露宿以俟之。及至火滅，獲五色舍利，齒舌數珠皆不壞，紛然爭取，灰土爲盡。

　　禪師體貌豐偉，端重寡言笑，福慧雙足，所至化之。故其在山也，
捧足頂禮者項背相望；其應供而出也，持香花擊梵樂而迎者，在在而
是，不啻生佛出現。其行事多可書，弟子散之四方，無以會其同。祖
全等將以某年月建塔於某山，制撥其大略，請安次王普爲狀一通，征
濂爲之銘。上祀方丘，宿於齋居，濂與禮部尚書陶凱實侍左右。上出
賜禪師詩令觀之，其稱禪師之德爲甚備（以下略）。①

　　根據這篇《塔銘》，我們知道金碧峰俗姓石，名寶金，號碧峰。唐宋以
後有一定文化水準的和尚，往往仿文人士大夫習尚，在釋名之外還取一個
或幾個字和號。文人士大夫多以和尚釋名的後一個字稱之爲“某公”，以
表示尊敬。又有人將和尚釋名的後一個字與其字或號連起來稱呼。寶金
也就是因爲這個緣故被稱爲“金公”“碧峰金公”或“金碧峰”。叫的人多
了，普通民衆遂以爲“金”是他的姓（《西洋記》説金碧峰是金員外之子），
這是一種誤解。至於“碧峰”這個號，有可能是他住錫五臺山秘魔巖時所
取。其他資料均作“碧峰”，而宋濂撰《塔銘》獨作“壁峰”，或是他初號
“壁峰”，後來改號“碧峰”，因另外的資料中有“太祖高皇帝御贈號”之説
（見後）；或是《宋學士文集》的刻印錯誤。

　　關於金碧峰的生卒年，《塔銘》説他卒於洪武壬子（五年，1372）六月
四日，世壽六十五歲。由此逆推，他當生於元武宗至大元年（1308）。

　　關於他的籍貫，《塔銘》説他“生於乾州永壽縣之名胄”。乾州永壽縣
明代屬陝西西安府。記住這一點很重要，因爲後來的記載多説金碧峰是
“胡僧”，本“西域人”（見後），而陝西西安一帶正是西域各族人聚居較密
集的地區。

　　從《塔銘》所載金碧峰經歷來看，他顯然是一個機敏過人的和尚。他
出家後先後游歷過西蜀晉（縉）雲山、峨眉山、西北五臺山和大都（北京）、
金陵（南京）等地，足迹遍至東南西北。他在晉（縉）雲山中與如海和尚的
兩場打啞禪，實際上是師徒間的一種較量。聰明的徒弟不甘心長期居於
門下，企圖迫使師父認可自己，然後以此爲資本在釋門尋求自由發展。老
謀深算的師父則不肯輕易放棄對徒弟的控制，於是雙方都挖空心思，針鋒
相對，甚至不惜拳腳相向，這種場面曾在許多禪林師徒之間出現，就看哪

---

　　①　按此《塔銘》見《四部叢刊》初編本《宋學士文集》和《四部備要》本《宋文憲公
全集》。文淵閣《四庫全書》本宋濂《文憲集》及《未刻集》未收。

一方能出奇制勝。如海和尚本人早年也許經歷過這種場面,因此不慌不忙,而金碧峰也是個不容易對付的角色。第一次挑戰他不得不以認輸告終,但在第二個回合中他終於達到目的,被允許遠赴北方另創基業。他先後與元末明初兩個皇帝有交往,並均受到寵信,可見他雖爲出家人卻處世有方。元順帝對他崇禮有加,他卻力辭海印寺主持之職,懇求還山,可能是因爲他看到當時朝廷腐敗,預感到元王朝已危機四伏,故不願與之建立過於密切的關係,這又反映出他很有政治頭腦。另外,他還有過淹沒水下七日而不死、遇文殊菩薩化身之類的經歷,這些顯然是他精心設計編造出來的,也是佛道人物的慣用伎倆。

宋濂與金碧峰是同時人。洪武初年,兩人在南京也許還有過直接交往。因此,這篇《塔銘》無疑是探討金碧峰生平較可信的資料。一般來說,這篇《塔銘》中已記載的事實基本上是可靠的,但我們不能因此而忽視或輕易否定其他記載中與此《塔銘》不一致的地方。這是因爲該《塔銘》不可能包羅金碧峰生平的所有細節,而且明太祖朱元璋生性多疑,當時文人往往因文字得罪,宋濂爲金碧峰這樣與朱元璋有過直接交往的和尚撰寫《塔銘》就不可能沒有顧忌,很可能要回避甚至故意掩蓋某些細節。《塔銘》中所謂“行事多可書,弟子散之四方,無以會其同”云云,可能即是爲此有意設置的托辭。關於金碧峰與朱元璋的交往,該《塔銘》中只説洪武三年朱元璋詔金碧峰至南京,似乎他們此前只是聞名而未曾見面,其他記載就與此不同。萬曆五年《寧國府志》卷一九“外教”云:“(金碧峰)棲敬亭山西北石巖。太祖幸其地,趺坐不起,露刃臨之曰:‘汝知有殺人將軍乎?’輒應曰:‘汝知有不懼死和尚乎?’上異而謝之。間以向導,果決勝如其言。後召至金陵,居碧峰寺。”[1]傅維鱗《明書》卷一六〇將金碧峰列於該書“異教傳”之首,在宗泐、周顛、鐵冠道人張中、張正常(天師)之前。他對朱元璋與金碧峰相識的經過有更詳細的記載:

> 金碧峰,宣州僧也,姓石氏。六歲依雲寂溫法師爲弟子,游峨眉山,絶粒啖柏。嘗趺坐大樹下,忽溪水橫溢,人疑已死,越七日水退,

---

[1] 見《中國方志叢書·寧國府志》(據明萬曆五年刊本影印)〔(臺北)成文出版社 1984 年出版〕。另:文淵閣《四庫全書》本清代修《江南通志》卷一七五、清嘉慶十二年《寧國府志》卷三一皆有相同記載,只有個別文字差異,當從萬曆五年《寧國府志》中轉引而來。

趺坐如故。比歸,即州治西草室静息焉。時太祖渡江,偶一元臣迎謂
曰:"今欲霸,我將財貨納賕。"上叱曰:"我本順天應人行王道,汝敢
霸視我耶?"元臣曰:"若篤行王道,可尋宣州胡僧金碧峰,必有所
授。"上抵宣州訪之,見一老僧端坐,太祖仗劍就問姓名,不對,因按劍
視之,僧亦引頸就焉。上笑曰:"可見殺人王道乎?"僧曰:"可見不怕
死和尚耶?"因相語甚洽。僧曰:"而欲行王道,我有所指。"上推誠温
詢,僧曰:"建康有地可王,此真帝王之居。"後遂定鼎云。乃設普濟會
居之……金碧峰應對稱旨,上欲求爲建職司,(大理寺卿)李仕魯三上
章,謂今天下學校尚未建,儒風尚未振,而先爲異端立赤幟,非所以訓
遠也。上怒,仕魯乞歸,遂得罪以死。小説家傳金碧峰事,奇幻詭譎
多僞。①

　　萬曆五年《寧國府志》等只説金碧峰曾棲息於寧國敬亭山,《明書》則
以金碧峰爲宣州(即寧國府)人,或誤以棲息地爲原籍。從"胡僧"等説法
來看,還是依宋濂《塔銘》以金碧峰爲乾州永壽人爲妥。金碧峰之卒年,也
以依宋濂《塔銘》作洪武五年爲妥。總之,傅維鱗《明書》晚出,且系私家
修史,舛誤疏漏在所難免。但該書引用了一些常人不經見的資料,記事亦
多有據。它記載金碧峰與朱元璋交往始末,與郎瑛《七修類稿》所引沈周
《客座新聞》相合,必有原始材料爲依據。② 從時間上看,據宋濂撰《塔
銘》,金碧峰於元順帝至正庚寅(1350)從大都"懇求還山",所謂"還山"
泛指離開京城,並不一定指他回到原來棲息的五臺山,很可能他此行即南
下到了寧國,而朱元璋於至正十七年夏四月親自率軍攻取寧國(見《明
史·太祖本紀一》),他們可能即在此時初次相遇。即使金碧峰至正十年
是回了五臺山,七年中也有可能來到寧國,而與朱元璋相遇。

　　如果萬曆五年《寧國府志》、傅維鱗《明書》等所載情況屬實,那麽宋
濂撰《塔銘》爲什麽要掩飾這一經過,並有意造成朱元璋與金碧峰洪武三
年以前没有見過面的假象呢? 最可能的解釋只有一個,那就是宋濂擔心
朱元璋不願意别人提到他過去曾請教過金碧峰,並靠他參謀行軍打仗,甚

---

　　①　見《畿輔叢書》本《明書》卷一六〇。傅維鱗,北直靈壽縣人,崇禎壬午(十五
年)舉人,清順治丙戌(三年)進士,官至工部尚書。康熙丁未(六年)夏五月卒於家,著
有《明書》《四思堂集》。以上據《碑傳集》卷九《靈壽縣志·傅維鱗傳》録。
　　②　按沈周(1427—1509)爲明成化、弘治間人,郎瑛(1487—1566 以後)爲明正
德、嘉靖間人。

至鼎定國都這樣重大的決策都源於一個和尚的建議。

## 二

對我們來説，宋濂所撰《塔銘》最值得注意之點，還在於其中没有提到金碧峰與下西洋有什麽關係。現在能看到的最早提到金碧峰下過西洋的資料，是明代葛寅亮編的《金陵梵刹志》。該書卷三九"碧峰寺"條節録了宋濂撰金碧峰"塔銘"，另外還收録了一篇《碧峰寺起止紀略》，敘述了碧峰寺的歷史。大意謂該寺始創於三國吴嘉禾四年（235），名瑞相院，以後歷代都有興廢，屢次重建。元至元十八年（1281）重建後更名鐵索寺，以下敘及明代：

至國朝洪武五年壬子，敕工部黄侍郎督工重建。先是，禪師石姓諱金碧峰者奏上建寺請名，太祖高皇帝御贈號，因以題寺名。師棄髮存須，得禪家玄竅，尤精陰陽術數。聖祖召問佛法鬼神及修煉語甚合。出使西洋，所經諸國，奇功甚多，授爵固辭，對云："不爲榮利所拘。"弟子極重（衆？），得真傳者四：寶衲頭、廣尚士、道衍、道永等。師嘗謂衍曰："兩眼旋光，眉間煞氣，當爲太平光頭宰相。"衍即姚廣孝也。永精於曆數，授欽天五官靈臺郎，封僧録闡教，兼住靈谷寺，二弟子皆成祖文皇帝用焉。時值旱久不雨，駕御承天門，語真人禱雨不應，乃召禪師至。聖祖謂："和尚祈得雨乎？"師應聲"何難"。真人云："雨乃天意，非人力强爲。"師即展鉢見一小龍，形如金色，從鉢飛騰。少頃，陰雲四合，大雨，平地水深尺餘，民困得蘇。上喜曰："和尚真神也。"賜座，齋畢，駕送出西華門外，有"鉢水溢蛟龍"御贊存焉。後真人不悦，密譖於上曰："胡僧妖術，請試之水火。"竟無損焉。上愈加敬厚。時有方士周顛仙、張三豐、鐵冠道人、冷謙者，往來參謁，起坐甚恭。每與公卿士夫談及正心誠意，皆可施行。弟子恭求法旨，但云"金剛唯心是一，何必他求"。一日，上問曆數，對云："四夷賓服，海宇澄清，治稱無爲，又何問焉。"上嘉納之。賜田莊固辭。久之，見上曰："臣本西域，今歸故土。"賜金帛彩緞，辭弗受。且言"今日已（巳？）時辭陛下，午後出潼關"。上初以爲謬，乃於是日貼上原賜袈裟等物於關守者，持赴京奏狀，始前。洪武二十二年，聖旨復建碧峰塔建齋等事。後禪師圓寂，高皇帝深思不已，乃以寶衲頭住持本寺，敕翰林學士宋濂狀，其文有高皇帝御贊金碧峰禪師像曰："沙門號碧峰，五臺山愈崇。固知業已白，本來石壁空。能不爲禪縛，區區幾劫功。處處食常住，善世語龐鴻。神出諸靈鷟，浩瀚佛家風。雖已成正覺，未入天臺叢。一朝脱殼去，人言金碧翁。從此新佛號，缽水溢蛟龍。飛錫長空吼，只履掛高松。年逾七十歲，玄關盡悟終。果然忽立去，飄然凌蒼穹。寄語碧峰翁，是必留禪宗。"其真像見存庫焉。①

《金陵梵刹志》有葛寅亮天啓七年（1627）自序，稱此《志》輯成於 20 年前，則該書實完成於萬曆三十五年（1607）左右，遲於《西洋記》出版（萬曆二十六年，1598）近 10 年。《金陵梵刹志》是否受到《西洋記》的影響，這種可能性似可排除。因爲第一，葛寅亮深嗜佛道，除此《志》外還輯有道觀志。據葛氏自序，他搜集的材料皆有所本，這一點似可相信。② 試比較該書節録的宋濂撰《塔銘》與《四部叢刊初編》本所據以影印之侯官李氏觀槿齋藏明正德（1506—1521）刊本《宋學士文集》所收該文，凡正德刊本錯訛處，《金陵梵刹志》皆不誤，可見葛寅亮所據宋濂文集的版本比正德刊本更可靠。第二，《金陵梵刹志》所收的這篇《碧峰寺起止紀略》後署"嘉靖元年（1522）孟春"，比《西洋記》問世早 76 年。總之，如果這篇《碧峰寺起止紀略》與《西洋記》有直接關係，那只能是前者影響了後者，而不是相反。

從這篇《紀略》可以看出，到嘉靖以前，關於金碧峰的傳説已越來越豐富，特別是與張天師鬥法、缽出飛龍、一日之内由南京抵潼關等情節，尤富神異色彩。《紀略》中明確説金碧峰是西域人，並記載了金碧峰洪武初年與周顛仙、張三豐、鐵冠道人、冷謙等人的交往，説他們對金碧峰"往來參謁，起坐甚恭"，這可與傅維鱗《明書》相印證，由此足見金碧峰當時在佛道名流中的地位。《紀略》没有明言金碧峰的生卒年月，它記敘金碧峰圓寂建塔的一段文字似有舛誤，初讀之，給人的印象是金碧峰卒於洪武二十

---

① 《金陵梵刹志》五三卷，民國廿五年（1936）十月金山江天寺據明刻本影印。葛寅亮，錢塘（今浙江杭州市）人。萬曆二十九年二甲十九名進士（據《明清進士題名碑録》），官至南京尚寶寺卿（據《金陵梵刹志》自序）。

② （明）葛寅亮《金陵梵刹志》自序："予承乏祠曹，討求故實，而矻矻於去籍之艱。乃廣稽博考，御制之界僧與法者，散於全録，恭繹而輯之。欽録集則各大寺藏本在焉。更搜之荒碑故牒中，得其梗概。"又"凡例"之一："寺碑僧志，遺自先朝，已爲一臠，搜其短簡，實類寸金。至於當代撰著，自匪名家，難稱完璧。"

二年以後,但細讀之則不然。大約這篇《紀略》是綜合多種資料寫成,作者在排比不同來源的資料時銜接不當,"後禪師圓寂,高皇帝深思不已,乃以寶衲頭住持本寺,敕翰林學士宋濂狀"一段,應該在"洪武二十二年,聖旨復建碧峰塔建齋等事"一段之前。因爲宋濂卒於洪武十四年,倘若金碧峰卒於洪武二十二年之後,則宋濂不可能爲他作"狀"(或"銘");又所謂洪武二十二年"聖旨復建碧峰塔建齋"等,只能是金碧峰"圓寂"之後的事情。生前無所謂建塔,更説不上"復建"。至於《紀略》中所引朱元璋《金碧峰禪師像贊》謂金碧峰"年逾七十歲",可能是言其大概。①

該《紀略》既説金碧峰曾"出使西洋,所歷諸國,奇功甚多",又説他曾歸西域故土。據其語氣,似以歸西域在出使西洋之後。宋濂撰《塔銘》明確記載金碧峰洪武五年六月卒於南京,距鄭和永樂三年(1405)首次出使西洋尚有三十三年,這就是説,從時間上看,金碧峰是根本不可能參與鄭和下西洋活動的。但是,金碧峰雖不可能參與鄭和下西洋之舉,卻不能排除他曾承擔過另外的出使使命的可能性。明初對西域和西洋的外交活動並不始於永樂三年的鄭和之行。在這之前,從洪武初年起,明太祖就曾多次派人出使西域和西洋。如洪武二年,遣官以即位詔諭占城,隨即又遣官齎璽書、《大統曆》等偕其使者往賜其國王,未幾復命中書省管勾甘桓、會同館副使路景賢齎詔封阿答阿者爲占城國王,三年又遣使往祀其山川,尋頒科舉詔於其國,兩年中凡四次遣使。洪武三年遣使臣郭征等齎詔撫諭真臘;同年命使臣呂宗俊等齎詔諭暹羅;洪武二年遣使以即位詔諭爪哇,復遣使送其來使還國,三年又以平定沙漠頒詔其國;洪武三年遣行人趙述詔諭三佛齊(以上見《明史》卷三二四《外國五》)。洪武三年八月命御史張敬之、福建行省都事沈秩使浡泥;洪武二年命使臣劉叔勉以即位詔諭西洋瑣里,三年平定沙漠,複遣使頒詔其國;洪武三年命使臣塔海帖木兒齎詔撫諭瑣里(以上見《明史》卷三二五《外國六》)。洪武二年遣官齎詔招

① 這篇《金碧峰禪師像贊》,文淵閣《四庫全書》本《明太祖文集》二十卷本未收,但《明太祖文集》歷來有二十卷本、三十卷本等多種版本,四庫館臣"提要"中已歎其多有遺佚。《像贊》的相應字句與宋濂《塔銘》所引相符,它應屬可信。又,關於金碧峰的晚景及年歲,萬曆四十三年《平陽府志》卷八下記載:"金碧峰,襄陵縣長老寺僧,嘗游五臺。太祖高皇帝召至闕廷,言論稱旨,御制詩以賜之。後還,仍賜織金袈裟一襲,佛經一函,年餘七十而化。"由此可知金碧峰棲息五臺山前後還曾柱錫襄陵縣長老寺。襄陵縣明時屬山西平陽府。所謂"後還"、"年餘七十而化"云云,或系傳聞異辭,難以遽斷。

諭西番,當年復遣員外郎許允德招之,許當年還曾使朶甘;洪武三年遣使持詔招諭安定衛(以上據《明史》卷三三〇《西域傳二》、卷三三一《西域傳三》)。特別值得注意的是,明太祖和成祖很喜歡派和尚、宦官及出身爲少數民族的人擔任使節,這是因爲西域和西洋諸國多信佛,少數民族家庭出身的人比較熟悉西域或西洋的語言和習俗。如洪武三年釋克新曾奉詔招諭吐蕃(《列朝詩集小傳·閏集》)。洪武四年"以日本習俗佞佛,可以西方教誘之也,乃命釋祖闡、克勤等八人送其使者還國",七年五月方還京(《明史》卷三二二《外國傳三》)。洪武十一年,釋宗泐率徒弟三十余人往西域求佛書,15 年方還朝(《列朝詩集小傳·閏集》)。能仁寺僧智光,洪武、永樂間曾多次奉命出使尼八剌、烏斯藏等國(《明史》卷三三一《西域傳三》)。永樂中,鄭和也因爲是宦官,出身回族信伊斯蘭教家庭,祖先爲西域人,而被派充下西洋使節的。金碧峰是明太祖親信的和尚,又本是西域人,他是完全有可能參加洪武初年某次出使西域或西洋活動的。如果宋濂撰《塔銘》所説朱元璋與金碧峰洪武三年才相遇不是事實,各種方志及《明書》等所載朱元璋攻克宣城時即與金碧峰相識、金碧峰後來一直跟隨着他爲可靠,那麼這種可能性就更大。即使朱元璋與金碧峰果真在洪武三年才相識,也不能排除金碧峰在洪武三年至五年間奉命出使的可能性。宋濂撰《塔銘》不載金碧峰出使事,或仍是因爲擔心朱元璋不願意提到他依賴金碧峰的情狀,故將金碧峰其他有關國政的功績一並削去了。

## 三

《金陵梵刹志》所收《碧峰寺起止紀略》只説金碧峰曾"出使西洋",可見稍具學術性的著作都没有將金碧峰與永樂年間鄭和下西洋之事扯在一起。後來傳説或小説中將兩者掛上鉤,可能與金碧峰的徒弟非幻有關。

宋濂撰《塔銘》載金碧峰圓寂時守候在身邊並料理後事的徒弟是祖全、智信等,同時又説"行事多可書,弟子散之四方,無以會其同",則當時金碧峰的大弟子們多已散居四方,另立門户。《金陵梵刹志》所收《碧峰寺起止紀略》稱"弟子極重(衆?),得其真傳者四:寶衲頭、廣尚士、道衍、道永","(道)永精於曆數,授欽天五官靈臺郎,封僧録闡教,兼住靈谷寺……成祖文皇帝用焉"。該書還收録了一篇金實撰《非幻大禪師志略》:

師字無涯，信安浮石鄉人，入烏石山，從傑峰爲僧。初入門，傑峰問何處來，師答云："虛空無向背。"指寺鐘俾作頌，即口占偈云："百煉爐中滾出來，虛空元不惹塵埃。如今掛在人頭上，撞着洪音遍九垓。"時年十二，傑峰大器之，即令祝髮居坐下。躬服勞勤，弗憚於始。究竟積久，凝滯漸盡。游刃肯綮，所向無閡，遂受印可。永樂丁亥（1407）初，太宗文皇帝有事長陵，廷臣有言師精於地理學者，征至，入對稱旨意，大加宴賚，即授欽天監五官靈台郎，賜七品服，俾蒞其事。事畢，將大用之，師懇求願複爲僧，遂擢僧録司右闡教，住南京碧峰寺。上（按指明仁宗）時在春官，雅敬師之道，俾住持靈谷寺，恩遇益隆。庚子（1420）閏正月二十八日示寂。時朝廷方於靈谷建大齋，禮官董其事甚嚴，師獨若不經意，其徒怪問之，師笑曰："自家有一大事甚緊，無暇他及。"至是沐浴更衣，趺坐榻上，二僧捧紙至前，把筆大書偈云："生死悠悠絕世緣，蒙恩永樂太平年。這回撒手歸空去，雪霽雲消月正圓。"投筆而逝。同官啓聞，有命停龕方丈十又三日，一再遣官致祭，顏面如生。茶毗之夕，祥煙彌布，舍利充滿。①

顯然，非幻（無涯）就是道永。《西洋記》第六回等處稱非幻號無涯永禪師，看來不爲無據。大約他釋名智永，字無涯，號非幻。又影印文淵閣《四庫全書》本《浙江通志》卷二〇一：

　　無涯：弘治《衢州府志》：族姓吳，禮傑峰爲師，明禪教，博通陰陽地理之書。永樂五年召赴京師，授僧録司右闡教，賜金襴袈裟。
　　非幻：正德《江山縣志》：寶陀庵住僧，諳儒書，精地理。嘗應詔相地天壽山，太宗奇之，賜以金紫。永樂十八年遣使祭其墓，贈五官靈臺郎、僧録寺右闡教。②

---

　　①　金實（1371—1439），字用誠，衢州開化人。永樂初以諸生上書言治道，成祖嘉之，對策複稱旨，除翰林典籍，與修《太祖實録》、《永樂大典》，選爲東宮講官，歷左春坊左司直。仁宗立，除衛王府長史，正統初卒。以上據《明史》卷一三七。另《明一統志》卷四三、《大清一統志》卷二三三、《浙江通志》卷一八九、卷二八〇、楊士奇《東里續集》卷三六、楊榮《文敏集》卷二〇均有傳。
　　②　清同治十二年刊《江山縣志》卷九引《正德江山縣志》與此同，惟"右闡教"作"左闡教"。

很明顯,《浙江通志》是因爲彙集的材料來源不同,而把一人當成了兩人。綜合上述幾種資料,可知非幻爲江山縣人(信安即江山縣),傑峰是他十二歲剛出家時的師父,①而金碧峰大約是他後來才拜的師父,就像金碧峰前後也拜過雲寂温法師和如海真公爲師一樣。他在何時何地始師事於金碧峰,現在不得而知。可能元末或明洪武初,他告別金碧峰,回到了故鄉江山,然後於永樂五年應詔至北京,後往南京,住在金碧峰曾住過的碧峰寺,並兼領靈谷寺。②

金實這篇《志略》也没有提到非幻有下西洋的經歷。前引《圖書集成·職方典》"江寧府"部説他曾下過西洋,取來"沉香羅漢一堂"。如果確有其事,那麼存在幾種可能:一是他洪武初年隨金碧峰一起出使過西洋或西域。胡祥翰《金陵勝迹志》卷七"碧峰寺"條下云:

> 在南門外。《金陵雜咏》:"晉瑞相院,唐改翠靈,宋改妙果,元改鐵索。明洪武敕建居金碧峰,故名。"《金陵城南諸刹記》:"以碧峰氏易今名。洪武中師出使西洋,今十八沉香羅漢,猶是西域物。"③

據此,則"十八沉香羅漢"或曰"沉香羅漢一堂"乃金碧峰出使時帶回,而非幻與之同行。另一種可能是金碧峰下西洋在洪武初,非幻下西洋則在永樂中,是與鄭和同往的。從時間上看,鄭和七下西洋始於永樂三年(1405),止於宣德八年(1433),非幻完全有可能參與其中某一次或幾次。如果後一種可能屬實,那麼後世的傳説及《西洋記》將金碧峰與鄭和下西洋扯到一起,就是以非幻爲契機的。

---

① 《四部備要》本《宋文憲公全集》卷二八《佛智弘辯禪師傑峰愚公石塔碑銘》略謂:傑峰俗姓余,釋名世愚,號傑峰,衢州西安人。初出家蘭溪顯教禪寺,從孤嶽嵩公。未幾歷參諸方。元至順二年歸西安烏石山,修復福慧古刹居之,不出山者一十六載。至正六年冬往主廣德石溪興隆禪寺,三年後還烏石山。洪武三年冬十二月圓寂,世壽七十,僧臘五十,得其傳者慧觀、慧進、德隨等十五人,所度弟子存者慧實、道達等二十三人。没有提到非幻。

② 按明制,南京寺廟分爲大寺、中寺、小寺三等,各有統屬。靈谷寺爲大寺,下轄碧峰寺等中寺,碧峰寺轄有小寺永福寺。見《金陵梵刹志》。

③ 《金陵勝迹志》,民國十五年(1926)胡祥翰撰。

## 四

羅懋登創作《西洋記》帶有一定偶然性。該小說完成於萬曆二十五年,據羅氏自序,他是有感於當時中國與日本在朝鮮交戰、倭患日亟的情形而創作此書的。看到堂堂天朝竟奈何不了一個蕞爾小邦,他不禁聯想起明初國勢盛大時鄭和出使西洋、征服諸國、使其都來朝貢的歷史,遂決定以此爲題材編寫一部小說,以抒寫憤懣,寄托理想。

題材確定後,他找到了記敘鄭和下西洋的兩部著作:馬歡的《瀛涯勝覽》和費信的《星槎勝覽》,它們提供了鄭和所經諸國的名稱、山川地貌和奇特物產名目。向達、趙景深等前輩研究者曾對《西洋記》和二書作過詳細比較,證明《西洋記》很多地方即依據二書。① 但這兩本書所記非常簡略,無法構成完整的故事情節,海外的生活景況又不比國內,羅懋登無法憑空揣擬,這就決定了他不可能寫一部歷史小說或世情小說,而只能走神魔小説的路子。要構成規模宏大的故事系統,他就不得不求助於神魔故事,這是因爲,正如人們常说的,畫人最難,畫鬼最易。

《西洋記》萬曆二十五年刊本題“二南里人編次,三山道人繡梓”。羅懋登另外還作過一本《香山記》傳奇,現存明刊本,上有羅氏萬曆二十六年所作序,題“金陵三山富春堂梓行”。黃文暘《曲海總目提要》根據“二南里人”這個號推測羅懋登可能是陝西人。但《西洋記》中多吳越一帶方言,作者對杭州、南京一帶非常熟悉,即使他確系陝西人,也應曾流寓吳越地區,萬曆二十五、六年前後一定住在南京。南京三山街富春堂唐氏是晚明著名的通俗小説戲曲出版家,所謂“三山道人”殆即其別署,則《西洋記》與《香山記》一樣也爲富春堂所刻,羅懋登與唐氏富春堂有着比較固定的合作關係。他很可能即住在唐氏家中,至少與唐氏來往頗密。據洪武年間刻本《洪武京城圖志》,明朝時南京三山街在三山門内,位於南京西南隅;而碧峰寺在南京南面西側聚寶門外,兩地相距不遠。羅懋登可能因某個偶然機會接觸到碧峰寺中關於金碧峰、非幻的種種資料和有關傳說,還可能看到了金碧峰的“真像”和“十八沉香羅漢”,遂將其運用到《西洋記》的寫作之中。至於其間的具體過程,則有可能是羅氏先有了現實感慨和創作衝動,然後再接觸這些資料;也有可能是偶然接觸到這些資料,

① 見上海古籍出版社 1985 年版《三寶太監西洋記通俗演義》“附錄”。

而觸發其現實感慨和創作衝動。

如前所述,在羅懋登創作《西洋記》之前,有關資料和傳説已經有了金碧峰、非幻下西洋的説法,但它們是否已經將金碧峰、非幻與鄭和下西洋之事聯繫起來,現在不得而知。《西洋記》第一百回末即全書結尾處提到"碧峰寺有篇《非幻庵香火記》可證"。這篇《非幻庵香火記》究竟包括哪些内容,它可證《西洋記》中的哪些部分,是僅僅證明碧峰寺的存在及其與金碧峰和非幻的關係呢,還是已經提到他們與鄭和下西洋的關係?現在也不得而知。如果當時的資料和傳説已經將金碧峰和非幻與鄭和下西洋聯繫起來,則羅懋登就是直接利用了這些資料和傳説,並進一步作了豐富加工;如當時的資料和傳説尚未將金碧峰和非幻與鄭和下西洋聯繫起來,則是羅懋登本人根據當時資料和傳説中金碧峰、非幻下過西洋的説法,首次移花接木地將它嫁接到鄭和下西洋之事上,從而爲神魔故事的展開設置了主角。

不管怎樣,羅懋登在創作《西洋記》時,搜集利用了當時有關金碧峰和非幻的種種資料和傳説,以之作爲生發虚構的基礎,則是毫無疑問的。試比較《西洋記》與宋濂撰《塔銘》《金陵梵刹志》所收《碧峰寺起止紀略》等,我們不難看出它們之間的聯繫,例如:

《西洋記》中説金碧峰是"碧眼胡僧"(第四回),這無疑是根據《塔銘》"生於乾州永壽縣之名胄"及《碧峰寺起止紀略》中"臣本西域"等説法而來。

《西洋記》説金碧峰出生前有"街上化緣的阿婆,約有八九十歲,漫頭白雪,兩鬢堆霜,左手提着一個魚籃兒,右手挂着一根紫竹的拐棒",前來預告金碧峰出生的吉凶,霎眼間不見,原來她是觀音大士化身(第三回)。《塔銘》中説:"母張氏亦嗜善弗倦,有乘門持鉢乞食,以觀音像授張,且屬曰:'汝謹事之,當生智慧之男。'未幾果生禪師。"前者顯然脱胎於後者。

《西洋記》説金碧峰出生時,宅上"火光燭天,霞彩奪目"。這顯然從《塔銘》中"禪師出身時,白光煜煜然照室"而來。

《西洋記》説金碧峰出生時即父母雙亡,被杭州淨慈寺温雲寂長老收養。《塔銘》中説他出生後"恒多疾病","年六歲,依雲寂温法師爲弟子"。前者顯然是對後者的强化。按温雲寂應釋名"×温","雲寂"是他的字或號。他是何處和尚,金碧峰在何處隨他出家,這又牽涉到金碧峰出生在何處,現在均不得而知。《西洋記》作者以金碧峰爲杭州湧金門外金員外之子,以温雲寂爲杭州淨慈寺中長老,很可能只是因爲他很熟悉杭州的緣故。

《塔銘》中説金碧峰"既薙落受具足戒,遍詣諸講肆,窮性相之學,對衆演説,累累如貫珠,聞者解頤"……《西洋記》第四回描寫金碧峰與滕和尚辯論禪機,以及在杭州靈隱寺講經,聳動全杭州人。後者顯然是對前者的具體化。

《碧峰寺起止紀略》載金碧峰"棄髮存鬚"。《西洋記》第四回、第五回對此大爲渲染,説他是"削髮除煩惱,留鬚表丈夫"。

《西洋記》寫金碧峰曾往峨眉山、五臺山追剿妖精,在五臺山立法場,"萬衆皈依"(第八回),這顯然是對《塔銘》中所載金碧峰在峨眉山從師如海和尚及在五臺山秘魔巖立法場經歷的改寫。但《塔銘》中所載他與如海打機鋒及沒於水中七日而不死等情節,小説卻没有採用。

《西洋記》第十二回寫碧峰長老與張天師賭勝,金碧峰用紫金盂鉢舀了一點水,暗運法力,就變成了南天門外的大水。潮頭有三十六丈多高,淹了靈霄寶殿,險些兒撞倒了兜率諸天,致使張天師所召的神將忙於戽水,不能臨壇,這顯然是對《碧峰寺起止紀略》中張天師與金碧峰祈雨、金碧峰"鉢水溢蛟龍"一段的改寫。

《西洋記》第五十六、五十七回寫張三峰(三豐)對碧峰長老執弟子禮,這也應源於《碧峰寺起止紀略》所載:"時有方士周顛仙、張三豐、鐵冠道人、冷謙者,往來參謁(金碧峰),起坐甚恭。"

《西洋記》第一百回寫出使西洋完畢,衆人回朝復命,皇帝升賞衆將士,"加國師(金碧峰)官職,國師拜辭不受;加天師官職,天師拜辭不受;頒賞國師,國師拜辭不受;頒賞天師,天師拜辭不受;頒賞非幻禪師、雲谷禪師,非幻、雲谷拜辭不受。……奉聖旨:國師不受官職,著工部擇地建立碧峰禪寺,以永祀事"……這顯然由《碧峰寺起止紀略》中"出使西洋,所經諸國,奇功甚多,授爵固辭,對云'不爲榮利所拘'"及"太祖高皇帝御贈號,因以題寺名"兩段而來。

除我們搜集到的上面這些資料外,當時肯定還保存流傳着有關金碧峰、非幻的另外一些資料和傳説,羅懋登有所取材,只是我們現在無由得知了。僅就已經掌握的材料而言,我們已可進一步確信,《西洋記》中的内容,除鄭和下西洋之事有歷史依據外,金碧峰、非幻等也確有其人,作者對他們神奇法力和經歷的描繪,也有一定的資料和傳説爲基礎,並非完全憑空虛擬。作爲一部重要的神魔小説,《西洋記》在這一點上與《西游記》《封神演義》等非常相似。由此可見,以某種歷史事件爲基本框架,以某些歷史記載和傳説爲基礎生發想象虚構,確爲中國古代神魔小説創作的共同規律。

但《西洋記》又與《西游記》《封神演義》等存在很大不同。儘管在羅懋登創作《西洋記》之前,已經有上面提到的及尚未提到的種種資料和傳説存在,但可以肯定,當時有關鄭和下西洋及金碧峰、非幻的資料和傳説,遠遠不如有關《西游記》《封神演義》以及《三國演義》《水滸傳》《楊家將》等的故事那樣流傳久遠廣泛並且豐富多彩。羅懋登可以利用的材料總的來説並不多,他要寫這樣一部八十多萬字的長篇小説,就不得不主要依賴自己構撰情節。因此,該書在較大程度上屬於作家個人創作,而不同於《西游記》《封神演義》《三國演義》等世代累積型集體創作。現在可知的在《西洋記》問世之前刊行的長篇小説,基本上都屬世代累積型集體創作。① 與它大致同時成書的《金瓶梅》屬於世代累積型集體創作抑或作家個人創作,研究者們至今意見不一。② 因此,《西洋記》乃是現存中國古典長篇小説中確實可信的最早主要由作家個人創作的作品之一。從這個意義上來説,它理應受到研究者們高度重視。這是我們通過考察金碧峰的原型及《西洋記》利用已有資料和傳説的情況而得出的又一個結論。

正因爲《西洋記》是較早主要由作家個人創作的一部小説,由於羅懋登的想象力有限,加上當時作家個人創作長篇小説的藝術經驗還相當貧乏,所以羅懋登就不得不東拼西湊,留下許多敗筆。《西洋記》的構思大多模擬《西游記》《封神演義》《三國演義》等,幾乎每一個比較重要的情節都可以在《西游記》等作品中找到藍本,有時是依樣畫葫蘆,有時是故意反其道而行之。《西洋記》還把許多與下西洋毫不相干的傳説片斷,如吕洞賓與白牡丹的故事、田洙與薛濤的故事、玉通禪師與紅蓮的故事、五鬼鬧判的故事等,都拉扯進小説中。《西洋記》的語言也非常囉嗦,特別是濫用排

---

① 現在可知刊於萬曆二十六年以前的長篇小説有:《三國志通俗演義》(嘉靖元年)、《大宋中興通俗演義》(嘉靖三十一年)、《唐書志傳通俗演義》(嘉靖三十二年)、《錢塘濟顛禪師語録》(隆慶三年)、《于少保萃忠傳》(萬曆九年)、《全漢志傳》(萬曆十六年)、《水滸傳》(萬曆十七年)、《皇明開運英武傳》(萬曆十九年)、《西游記》(萬曆二十年)、《南北兩宋志傳》(萬曆二十一年)、《包龍圖判百家公案》(萬曆二十二年)。這些作品中,只有《于少保萃忠傳》和《皇明開運英武傳》個人創作的成分可能占較大比例。

② 袁宏道萬曆二十四年寫給董其昌的信中首次提到《金瓶梅》的抄本,此前徐階、王世貞、董其昌等已有抄本,《金瓶梅》至遲在此時已經成書。

比句,第七回寫碧峰與妖精鬥法,就是典型的例子:

> 長老又照着他一杖,把這兩個妖精打得存紥不住。他兩個就走
> 到玉鵝峰上去,長老就打到玉鵝峰上去;他兩個走到麻姑峰上去,長
> 老也打到麻姑峰上去;他兩個走到仙女峰上去,長老也打到仙女峰上
> 去;他兩個走到會真峰上去,長老也打到會真峰上去;他兩個走到會
> 仙峰上去,長老也打到會仙峰上去;他兩個走到錦繡峰上去,長老也
> 打到錦繡峰上去;他兩個走到玳瑁峰上去,長老也打到玳瑁峰上去;
> 他兩個走到金沙洞裏去,長老也打到金沙洞裏去;他兩個走到石白洞
> 裏去,長老也打到石白洞裏去;他兩個走到朱明洞裏去,長老也打到
> 朱明洞裏去;他兩個走到黃龍洞裏去,長老也打到黃龍洞裏去;他兩
> 個走到朱陵洞裏去,長老也打到朱陵洞裏去;他兩個走到黃猿洞裏
> 去,長老也打到黃猿洞裏去;他兩個走到水簾洞裏去,長老也打到水
> 簾洞裏去;他兩個走到蝴蝶洞裏去,長老也打到蝴蝶洞裏去;他兩個
> 走到大石樓橋上去,長老也打到大石樓上去;他兩個走到小石樓上
> 去,長老也打到小石樓上去;他兩個走到鐵橋上去,長老也打到鐵橋
> 上去;他兩個走到鐵柱上去;長老也打到鐵柱上去。他兩個妖精愈加
> 慌了,又走到跳魚石上去,長老又打到跳魚石上去;他兩個又走到伏
> 虎石上去,長老又打到伏虎石上去;他兩個妖精也無計奈何,雙雙的
> 鑽在那阿耨池裏面去,碧峰長老也打到阿耨池裏面去;他兩個又鑽在
> 夜樂池裏去,長老又打到夜樂池裏去;他兩個一鑽又鑽在卓錫泉裏去
> 了⋯⋯

在我看來,作者這樣做的主要目的就是爲了拉長篇幅。他既沒有豐
富的資料和傳説可利用,想象力也有限,而且缺乏創作長篇小説的藝術經
驗,又要寫一部洋洋巨著,就只好靠扯進一些不相關的情節來填塞,靠拉
長句子來敷衍了。換言之,這些情況是中國古典長篇小説剛剛發展到作
家個人創作階段時必然要出現的現象,《西洋記》也就正好爲我們認識中
國古典長篇小説中較早由作家個人創作的作品的真實模樣提供了一個標
本。無獨有偶,《金瓶梅》也存在大量利用已有故事傳説和文學作品片斷
的現象。經過近年來許多學者的探源,人們已經發現,《金瓶梅》幾乎"没
有一個部分沒有引文",包括在它之前的長篇小説、白話短篇小説、文言短
篇小説、正史、戲曲、清曲、説唱文學等。它幾乎成了"文學小古董的怪異

集合",似乎"作者仰仗過去文學經驗的程度遠勝於他自己的個人觀察"。① 有的學者據此認定《金瓶梅》也經歷了一個在民間長期流傳的過程,那麼多不同來源的故事傳説和文學作品片斷被拼合在一起就是這一過程的結果。因此《金瓶梅》也屬於世代累積型集體創作,而非個人創作。但如果我們以幾乎與它同時降生的姊妹作——屬於作家個人創作的《西洋記》作爲參照系,我們對《金瓶梅》中的上述現象就將作出不同的理解。總之,就藝術水準及給讀者的閲讀樂趣而言,《西洋記》不算是一部很成功的作品。但從考察中國古典長篇小説演進軌迹的角度來看,它卻有着十分重要的地位和意義。

> 原載於《文獻》1996 年第 1 期
> （廖可斌,北京大學中文系教授）

---

① ［美］韓南:《〈金瓶梅〉探源》,見徐朔方編選校閲《〈金瓶梅〉西方論文集》,上海古籍出版社 1987 年版。

# 長江流域書院的刻書事業及其文化功效

鄧洪波

## 一、歷代書院的刻書事業

書院生產圖書的歷史開始於唐代,但其刻書事業則興起於宋代,唐宋之間,有一個從"修書"到刻書的過渡時期。宋元明清,代有書院刻書,其事業盛衰有時,各有特點,茲將其情況分述如下:

### (一) 從修書到刻書

書院的圖書生產活動始於唐代,最明顯的例證是中央麗正、集賢書院的"刊輯古今之經籍"。據《唐六典》《舊唐書》《新唐書》等歷史文獻記載,麗正書院的前身是開元五年(717)設置的乾元院(又作殿),當時唐玄宗下令在院中寫經、史、子、集四部書,設刊正官、押院中使、知書官等職分掌其事。開元六年,改乾元院爲麗正修書院,職責仍以生產圖書爲主。十一年,又在長安光順門外置書院。十二年,唐玄宗駕幸洛陽,故又在東都明福門外置麗正書院。十三年,又改麗正修書院爲集賢殿書院。自後名稱不再更改。關於集賢書院的職責,《唐六典》稱其爲"掌刊輯古今之經籍,以辨明邦國之大典,而備顧問應對,凡天下圖書之遺逸,賢才之隱滯,則承旨而徵求焉,其有籌策之可施於時,著述之可行於代者,較其才藝,考其學術而申表之"。可見與麗正書院相比,其職責範圍有所擴大,但主要任務仍然是"刊輯古今之經籍",即從事圖書生產。

爲了"刊輯"經籍,麗正、集賢書院設置了專門的職官,據統計,有院使、檢校官、修書官、直學士、學士、文學直、修撰官、校理官、刊正官、校勘官、修書學士、知院事、副知院事、判院、押院中使、侍讀學士、侍讀直學士、待制官、留院官、知檢討官、書直、畫直、寫御書人、拓書手、編録官、校書、正字、裝書直、造筆直等各種名目。其職事設置之多、職責劃分之專,説明其事業的發展已達到相當高的水準,其制度也相當完備了,此其一。其二,類似今日出版社校對的職事有校勘、校書、正字、校理、刊正等,名目較多,説明麗正、集賢書院對圖書的品質十分關心,爲了減少甚或消滅書中的錯誤,增設了很多道防綫,從制度上給上乘之品的生產提供了保證。其三,當時生產的圖書是手抄(寫)本和拓本並存。集賢書院當年出品的圖書數量,《唐六典》有明確的記載:"集賢所寫皆御本也,書有四部,一曰甲爲經,二曰乙爲史,三曰丙爲子,四曰丁爲集,故分爲四庫。""四庫之書,兩京各二本,共二萬五千九百六十一卷,皆以益州麻紙寫。其經庫書鈿白牙軸、黃帶、紅牙籤,史庫書鈿青牙軸、縹帶、綠牙籤,子庫書彤紫檀軸、紫帶、碧牙籤,集庫書綠牙軸、朱帶、白牙籤,以爲分別。"①近 26 000 卷圖書對於一個主要從事經籍刊輯的單位來説,其數量並不很大,但考慮到這些是由包括書直、畫直、拓書手在内的百餘個人用手工描、寫出來的,達到如此數字,亦屬難能可貴了。在這裏,我們還要指出的是,將四庫書以不同顏色的軸、帶、籤區別開來,使人從外表就能識別書籍的不同品類,實與今日圖書封面設計有類似之功效。

唐代書院的"刊輯"經籍,包括編纂、校勘、出書等事,涉及現代行業分工中作者、編輯、印刷工人的部分工作,這些工作古人稱之爲"修書",麗正、集賢書院也被視爲"修書之地",而"非士子肄業之所"。從書直、畫直、寫御書人、造筆者等職事設置中可知,唐代書院的"修書"事業,主要是靠刀刻手寫完成的,這種操作技法源自殷周,甚爲古老、原始,不能快速而大量生產書籍。雖然,集賢之書主要供皇帝個人閱讀,是所謂"御書",求質而不求量,但自隋代始行科舉制度以來,隨着知識階層的不斷擴大,整個社會對圖書的需求量日益增長,這不能不對集賢有所影響,而隋末唐初出現的雕版印刷技術也不會不傳到中央之區的長安與洛陽。筆者認爲,集賢設置拓書手頗有在院中推行新的印刷技術之意,因爲拓印和雕版印刷原理相同,皆有"一版而印數無窮"的特點,可以擴大圖書的生產量,六位拓書手拓印的圖書不會比一百位書直、寫御書人所抄的圖書少。因此,雖不敢斷言唐代書院已有刻書之舉,但從某種意義上可以説集賢院中已有"印"書的嘗試,由傳統的"修書"向新興的"刻書"邁出了可喜的一步。

----

① (唐)張九齡等:《唐六典》卷九,文淵閣《四庫全書》本。

五代到北宋,是雕版印刷的興盛時期。到慶曆年間(1041—1048),畢昇又發明了泥活字,將印刷技術推向一個更高的水準。從此,我國的圖書不僅可以做到同一品種的批量化生産,也可以做到不同品種的批量化生産,於是版刻之書在社會上開始廣爲流傳。當時最有名的一套書要算"五代監本九經",它由五代數任宰相的馮道主持刻印,宋初的幾位皇帝都用它來賜給白鹿洞、嶽麓、嵩陽等幾所著名的書院,作爲天下士人的標準讀物而予以推廣。這個時期的書院是否有過刻書或類似唐代的"刊輯經籍"的活動,目前還未找到材料證明。但上有唐代"刊輯"圖書的傳統,時有二百餘年官私刻書的實踐和劃時代的技術進步的影響,素與書籍有血緣親情的書院必不致有不加入到刻書行列的理由。因此,我們可以推斷,這個時期的書院仍在繼續着自唐代就已開始的圖書生産活動,而且跟隨時代的步伐完成了從"修書"到"刻書"的過渡。

## (二)南宋書院的刻書事業

南宋時期,刻書作爲書院的一種職能得到了強化,很多有條件的書院出於各自不同的原因都在從事着這項事業。如建康(今江蘇南京)明道書院,是爲了紀念理學家程顥(人稱明道先生)而創建的。開慶元年(1259),馬光祖與"部使者"率僚屬會講於院中春風堂,其時"聽講之士數百,乃屬山長修程子書,刻梓以授諸生"。① 馬光祖作《程子序》敘其刻書緣由甚詳:

> 孔孟之道至程子而大明,程子之道至淳祐表章而益大哉!王言比之顏、曾,所以示學者求道之標的也。明道書院之在金陵,實因仕國而悉嘗之,程子之徒位之以師友而講學其間,以爲尊聞行知之地。然登程子之堂,則必讀程子之書。讀其書,然後能明其道,而存於心,履於身,推之國家天下,則天地萬物皆於我乎賴。然斯堂爲程子設,而未有程子之書,非缺歟?余每有志於斯,會易闉未果,已未重來,嘗以語客。周君應合乃梓二程先生之言之行,輯爲一書,以《大學》八條定其篇目,表以《程子》。無何,文君及翁來,相與參訂而書遂成。雖然,昔二程子之學於師也,嘗令尋仲尼、顏子所樂何事,程子十五六時,脫然欲學聖人。今之讀其書者,當尋程子所以學聖人者何事,則

---

① (宋)周應合:《景定建康志》卷二九,清嘉慶六年刊本。

此書不徒輯矣。先儒論明道之學，皆謂孟子之後一人而已。今程子之書，非續孟子者乎？韓退之嘗曰："觀聖道自《孟子》始。"余亦曰："孟子之後，觀聖道自《程子》始。"①

序言之後，尚有跋語稱："《程子》書成，山長周應合以不受月俸五千貫充刻梓費，首尾百六十七版，藏於書閣，司書掌之。"上引文字向我們透露了這樣一個信息，即南宋爲紀念學術大師而設立的書院，本於登其堂必讀其書之義，定會收藏其著作，有條件者還會刊刻其書，以傳播其學術思想。

還有一種情形是書院刊刻自己的學術成果，如衡州石鼓書院山長戴溪的《石鼓論語問答》三卷就屬於此類。這本書收入《四庫全書》，其提要稱："是書卷首有寶慶元年許復道序，稱淳熙丙午、丁未間，溪領石鼓書院山長，與湘中諸生集所聞而爲此書。朱子嘗一見之，以爲近道。陳振孫《書錄解題》所載與序相符。其書詮釋義理，持論醇正，而考據間有疏舛。……然訓詁、義理，説經者向別兩家，各有所長，未可偏廢。溪能研究經意，闡發微言，於學者不爲無補，正不必以名物典故相繩矣。"②這本書能同時得到宋代理學大師朱熹和輕理學而重考據的清代四庫全書館館臣們的贊揚，實屬不易，可見書院的學術著作水準甚高，可以經受時間的考驗。

除此之外，這個時期的書院似乎已開始整理出版反映自身歷史的著作。曾任嶽麓書院、白鷺洲書院山長的歐陽守道，有《題萊山書院志》一文，稱："醴陵李君文伯示予《萊山書院志》。萊山其所居，書院其一族子弟隸學之所也。"雖然我們從文中看不出《萊山書院志》是刻本還是抄本，但從當時雕版之術盛行、書院大量刻書的風氣推之，南宋書院有可能開始刊刻記錄自身歷史發展線索的書籍。不過，在未進一步證實之前，此點還僅僅是推測而已。

南宋之亡雖然已有 700 餘年，但南宋書院所刻之書仍有不少流傳於世，據《四庫全書總目》、葉德輝《書林清話》、傅增湘《藏園群書經眼錄》、王重民《中國善本書提要》、楊繩信《中國版刻綜錄》、《北京圖書館善本書目》、《中國古籍善本書目》等書所載，全國尚有 20 種書，其中明確記載爲

---

① （宋）周應合：《景定建康志》卷二九。
② 《四庫全書總目》卷三五《經部・四書類一》，中華書局影印本。

長江流域書院所刻者有 8 種,茲介紹如下。

《周易集義》六十四卷,宋魏了翁撰。淳祐十二年(1252),了翁仲子克愚出任徽州知州,刊刻乃父此書及《周易要義》於紫陽書院。宋末,書版大多毀於丙子之役。元至元二十五年(1288),山長吳夢炎據方回所供墨本補刊。今北京圖書館藏有是書殘本,每半頁 10 行,每行 20 字,白口,左右雙邊,版心下記刊工姓名。

《周易要義》十卷,宋魏了翁撰。淳祐十二年(1252),了翁仲子徽州知州魏克愚刊刻於紫陽書院。景炎元年(1276),書版盡毀於兵火。元至元二十五年(1288),山長吳夢炎據方回所供墨本重刊。今北京圖書館藏有克愚原刊殘本,每半頁 9 行,每行 18 字,白口,左右雙邊,版心上記字數,下記刊工姓名。

《絜齋家塾書鈔》十二卷,宋袁燮撰。紹定四年(1231)信州貴溪象山書院刊刻。

《切韻指掌圖》二卷,宋司馬光撰。紹定三年(1230)婺州麗澤書院刊刻。

《漢書集注》一百卷,漢班固撰,唐顏師古注。嘉定十七年(1224)吉州白鷺洲書院刊刻。有“甲申歲刊於白鷺洲書院”牌記。原爲吳興劉承幹嘉業堂藏書,今藏於北京圖書館。下列二書收藏情況皆同此書,不再標注。

《後漢書注》九十卷,劉宋范曄撰,唐李賢注。吉州白鷺洲書院刊刻。

《志注補》三十卷,晉司馬彪撰,梁劉昭注。吉州白鷺洲書院刊刻。

《資治通鑑》二百九十四卷,宋司馬光撰。鄂州鵠山書院刊刻。書中第六十八卷末頁有“鄂州孟太師府三安撫位梓於鵠山書院”碑記。

從以上這個書目中,我們至少可以得出如下兩個基本結論:其一,南宋書院的刻書以經史爲主,反映書院注重根底之學的學術及教學特色;其二,書院所刻多爲宋人著作,説明它所關注的重點在當代學術,反映並傳播當代研究成果當可視作南宋書院刻書事業的特點。

南宋書院所刻的書籍,從版本學上來講,成就甚高,以致後世學者以“書院本”相稱。其有關情形當另作專題討論,此不贅言。在這裏我們所要強調的是,歷經南宋一百五十餘年的發展,刻書已經成爲書院的一項重要事業,成爲書院反映、傳播其學術思想或研究成就的重要手段,而且它還以“書院本”及其“三善”將其自身的價值標定於中國印刷出版事業和版本學歷史之上。

### （三）元代書院刻書事業的繁榮

元代書院的刻書事業承繼宋代之緒，得到了長足發展，呈現繁榮之勢，而且在整個中國書院刻書歷史上占有相當重要的地位。概而言之，有如下幾個方面引人注目。

第一，與宋代比較，有更多的書院加入到了刻書的行列。據文獻記載，至少有 32 所書院曾經刊刻過 195 種圖書，①其中明確記載屬於今長江流域地區的書院就有 15 所，刻書 159 種，占書院總數的 46.8%，刻書總數的 81.5%。兹將各院情況簡要記述如下：

廬陵興賢書院，至元二十年（1283）刻金人王若虛《滹南遺老集》四十六卷。

廬陵武溪書院，泰定三年（1326）刻宋祝穆、元富大用輯《新編古今事文類聚前集》六十卷，《後集》五十卷，《續集》二十八卷，《別集》三十二卷，《新集》三十六卷，《外集》十五卷，《遺集》十五卷。

撫州路臨汝書院，大德十一年（1307）刊刻唐杜佑《通典》二百卷。

撫州路臨汝書院，至正初年，刻《臨汝書院興復南湖詩》，虞集爲作《撫州臨汝書院興復南湖詩序》，載《道園學古録》卷三四。

廣信書院，大德三年（1299）刊刻宋辛棄疾《稼軒長短句》十二卷，卷一二後有“大德己亥中吕月刊畢於廣信書院，後學孫粹然同職張公俊”兩行，知爲廣信書院刊本。此書由名家書寫上板，1957 年影印出版時，我國著名古籍版本專家趙萬里對其高超技藝大加贊賞，稱其“刻工體勢，純乎元人風格，筆墨飛舞，如龍蛇際空，捉摸不定，在元刊書中，可稱別開生面之作”。

樂安鼇溪書院，吴澄弟子何垚擅長詩詞，曾邀人在院吟詩，編成《鼇溪群詩選》，山長夏友蘭“命梓工刻之於鼇溪書院”，吴澄爲作《鼇溪群賢詩選序》，載《吴文正集》卷一○。

徽州紫陽書院，至元二十五年（1288），山長吴夢炎補刊院中宋刻本《周易集義》六十四卷，重刻宋刊但已毀版之《周易要義》十卷，兩書皆宋魏了翁撰，今藏北京圖書館。

---

① 元代書院刻書的具體情況，參見鄧洪波等《中國書院制度研究》，浙江教育出版社 1997 年版，第 245—250 頁。另，徐梓《元代書院研究》（社會科學文獻出版社 2000 年版）第 114—118 頁載《元代書院刻書表》，記有 49 所書院刻 104 種圖書的情況，惟難以地域區别，此處紀而不採。

杭州西湖書院,刻印之書甚多,有《西湖書院重整書目》紀述,計一百二十二部,當另作專門討論,此處只錄《書目》不載之書。泰定元年(1324)刻元馬端臨《文獻通考》三百四十八卷,今重慶、北京圖書館及北京市文物局藏原刊本。是書又於後至元五年(1339)修補印行。至正二年(1342)刻元蘇天爵《國朝文類》七十卷,今北京、上海、南京、浙江、遼寧等圖書館藏。官修《宋史》《遼史》《金史》亦由院中刊行。另外,據《宋元學案》載,婺源人程文有《蚊雷小稿》《師音集》《黟南生集》三書刊於西湖書院。

淳安石峽書院,至正二年(1342)落成之時有慶賀詩近百篇,彙集成書,請黃溍作序刊行,事見《金華黃學士文集》卷一六《石峽書院詩序》。

兹溪杜洲書院,刻《袁氏蒙齋孝經》《耕織圖》二書,計有書板三十四片,事載至正《四明續志》中。

建康明道書院,大德年間(1297—1307)刻印《釋音》二十五卷。此書卷一二至二五末皆附記"建康路明道書院、建康路溧水州儒學監造,本學教授朱祐之、李君實、明道書院山長張坦等人監造"字樣。按元代書院例皆官設山長,與路、州、縣學教官一體轉遷,書院亦即官學,故有書院和州學共同監造一書之舉。

常州龜山書院,至順四年(1333)刻宋李心傳撰《道命錄》十卷。

平江路天心橋南劉氏梅溪書院,刻宋鄭思肖撰《鄭所南先生集》一卷、《清雋集》一卷、《百二十圖詩》一卷、《錦殘餘笑》一卷。

茶陵譚氏桂山書院,刻漢孔鮒撰《孔叢子》七卷。

茶陵陳仁子東山書院,大德年間(1297—1307)刻《增補六臣注文選》六十卷附《諸儒議論》一卷,藏北京、上海圖書館。大德九年(1305)刻宋沈括撰《(古迂陳氏家藏)夢溪筆談》二十六卷,目錄後有"茶陵東山書院刊行"牌記。北京圖書館藏此書孤本,文物出版社1975年以《元刊夢溪筆談》影印出版。又刻有《尹文子》二卷,北京圖書館藏。另外還刻有《考古圖》十卷、《文選補遺》十二卷(一作四十卷)、《牧萊脞語》二十卷《二稿》八卷、《迂褚燕説》三十卷、《韻史》三百卷、《唐史厄言三十卷》、《葉石林詩話》等。①

以上15所書院,是我們據文獻記錄及現存圖書輯錄所得,因見識所限,自有不少遺漏,如以"蜀本"著稱的四川地區,當時書院很多,但不見

---

① 以上各院刻書情況,還可參閱劉志盛《中國書院刻書紀略》、劉實《漫談書院的教學與刻書》。

有刻書者。因此,應該相信當年刻書的書院數要比這個統計數字要多得多。然而,就是這個不完全的統計數字,也很能説明問題,尤其是所刻159種書目構成的龐大陣勢,即反映了元代書院出版事業的繁榮。

第二,形成書院刻書專業化的傾向。生産圖書是書院與生俱來的一種職能,自唐代麗正、集賢書院的"刊輯古今之經籍",到五代、北宋時期由修書到刻書的過渡,到南宋"書院本"的赫然面世,歷經數百年的發展,書院的這種職能不斷强化,到元代終於分立出近乎專門從事出版事業的書院,出現刻書專業化的傾向。其時,具有這種專業傾向的書院不在少數,最具典型意義的則是杭州西湖書院。

西湖書院在杭州西湖之濱,其址原爲宋代名將岳飛故宅,後改爲南宋國子監,規制宏大,監中所刻經史群書皆聚藏其中,設書庫官掌之。宋亡學廢,改爲肅政廉訪司治所。至元二十八年(1291)江浙行省長官徐琰謀改其爲書院,至三十一年(1294)始得完成。當時書院有禮殿祀孔子,三賢祠祀唐刺史白居易、宋處士林逋、知州蘇軾,"後爲講堂,設東西序爲齋以處師弟子員。又後爲尊經閣,閣之北爲書庫,收拾宋學舊籍,設司書者掌之。宋御書石經、孔門七十二子畫像石刻咸在焉。書院有義田,歲入其租以供二丁祭享及書刻之用"。① 由此可見,書院創建伊始,任務就很明確,除了有師弟子員進行教學之外,主要就是"收拾宋學舊籍"並從事"書刻"工作。之所以形成這種局面,是因爲它繼承了南宋國子監數額巨大的書板。據記載,南宋國子監所刻"經史子集無慮二十余萬",但由於"鼎新棟宇,工役勿遽,東遷西移,書板散失,甚則置諸雨淋日炙中,駸駸漫滅"。於是憲府幕僚長張昕等人,"度地於尊經閣後,創屋五楹,爲庋藏之所,俾權山長黄裳、教導胡師安、司書王通督□生作頭顧文貴等,始自至治癸亥夏,迄於泰定甲子春,以書目編類,揆議補其闕"。爲此,泰定元年(1324)九月,山長陳袤爲作《西湖書院重整書目記》,"用紀其實績,並見存書目,勒諸堅珉,以傳不朽"。② 至治癸亥(三年)夏至泰定甲子(元年)春這次整理書板,歷時約三個季度(1323年夏—1324年春),整理出一百二十二種圖書,形成了《西湖書院重整書目》,這是書院歷史上第一個刻書書目,也是中國印刷出版史上最早的刻書書目之一。此目以正書刻石傳世,到民

① (元)陳基:《夷白齋稿》卷二一《西湖書院書目序》,文淵閣《四庫全書》本。
② (元)陳袤:《西湖書院重整書目記》,見《元西湖書院重整書目》,民國六年《松鄰齋叢書》本。

國六年(1917),仁和人吳昌綬以《元西湖書院重整書目》爲題將其收入《松鄰齋叢書》甲編。

西湖書院除了修補20余萬宋刻舊板,印刷經史子集之外,還奉命刊印新書,出版了很多當代人的著作,其中最有名的是馬端臨的《文獻通考》、蘇天爵的《國朝文類》,情況前已敘述,此不贅言。

從以上的敘述可知,杭州西湖書院因得南宋國子監20餘萬書板之基業,又蒙中央、地方各級行政的關照和支持,實際上已經成爲元代一個重要的國家出版機構,刻書已經成爲其主要的職責:院中山長也以"對讀校正""比對校勘""編類"書板書目等爲常務;作爲學生的齋長也加入到校勘工作的行列;與一般只有教學職能的書院不同,它還擁有"書手刊工";爲了刊刻重要的圖書或修補院中書板,地方行政官如江浙等處儒學提舉司副提舉陳登仕、餘姚州判官宇文桂等可以本職提調或兼事其事,其他學官也可到書院臨時任職;刊印書籍一百數十種,雕板之數常達數千,以字計者常有數百餘萬之鉅。凡此種種,都足以證明西湖書院是一所以刻書爲主的書院,其圖書生產已有較大的規模,並具有較高程度的專業化水準。

第三,形成刻書書目。書院對自己的刻書活動進行有意識的記録,形成刻書書目,這是唐宋時代所未曾有的,這種現象到元代才出現,它應該被視作刻書事業進步和制度化的標誌。現存最早的刻書書目是上面我們提到的《西湖書院重整書目》,成於泰定元年(1324)九月,距今已有670餘年,實爲中國書院歷史上第一個刻書書目,也是中國印刷出版史上最早的書目之一。比西湖稍晚的是《杜洲書院書板目録》,載於至正《四明續志》中,距今至少也有620餘年,此目著録內容爲書名、書板數兩項,只著録《袁氏蒙齋孝經》《耕織圖》二書,共計34片書板,可以反映當年的書院和讀書人對於民衆生產、生活的關照和親近,誠屬可貴,惜其所刻之書太少,難明一代事業之盛。最能體現有元一代書院出版事業恢宏之勢的還是《西湖書院重整書目》,謹將其抄録如下:

### 元西湖書院重整書目①

#### 經

《〈易〉古注》　　　　　　　《〈孝經〉古注》

《〈易〉注疏》　　　　　　　《古文〈孝經〉注》

《〈易〉程氏傳》　　　　　　《語孟集注》

---

① 吳昌綬:《松鄰齋叢書》甲編,1917年刊本。

《〈書〉古注》　　　　　《〈孟子〉古注》

《〈易〉復齋說》　　　　《〈孟子〉注疏》

《〈書〉注疏》　　　　　《文公四書》

《〈詩〉古注》　　　　　《大學衍義》

《〈詩〉注疏》　　　　　《〈國語〉注補音》

《〈穀梁〉古注》　　　　《〈春秋〉高氏解》

《〈穀梁〉注疏》　　　　《〈禮記〉古注》

《埤雅》　　　　　　　《〈禮記〉注疏》

《〈論語〉古注》　　　　《〈周禮〉古注》

《〈論語〉注疏》　　　　《〈周禮〉注疏》

《〈論語〉講義》　　　　《〈儀禮〉注疏》

《〈儀禮〉古注》　　　　《〈儀禮〉集說》

《〈儀禮〉經傳》　　　　《陸氏禮象》

《〈春秋左傳〉注》　　　《葬祭會要》

《〈春秋左傳〉疏》　　　《政和五禮》

《〈公羊〉古注》　　　　《文公家禮》

《〈公羊〉注疏》　　　　《經典釋文》

《〈孝經〉注疏》　　　　《群經音辨》

《〈爾雅〉古注》　　　　《毛氏增韻》

《〈爾雅〉注疏》　　　　《博古圖》

《說文解字》　　　　　《孔氏增韻》

《玉篇廣韻》　　　　　《文公小學書》

《禮部韻略》

　　　　　　　　　　　史

《大字〈史記〉》　　　　《新唐書》

《中字〈史記〉》　　　　《〈五代史〉並纂誤》

《史記正義》　　　　　《荀氏前漢紀》

《東漢書》　　　　　　《袁氏後漢紀》

《西漢書》　　　　　　《通鑑外紀》

《三國志》　　　　　　《通曆》

《南齊書》　　　　　　《資治通鑑》

《北齊書》　　　　　　《武侯傳》

《宋書》　　　　　　　《通鑑綱目》

《陳書》　　　　　　　　《仁皇訓典》
《梁書》　　　　　　　　《唐書直筆》
《周書》　　　　　　　　《子由古史》
《後魏書》　　　　　　　《唐六典》
《元輔書》　　　　　　　《救荒活民書》
《刑統注疏》　　　　　　《臨安志》
《刑統申明》　　　　　　《崇文總目》
《刑律文》　　　　　　　《四庫闕書》
《成憲綱要》　　　　　　《唐書音訓》

## 子

《顏子》　　　　　　　　《太元溫公注》
《曾子》　　　　　　　　《太元集注》
《荀子》　　　　　　　　《武經七書》
《列子》　　　　　　　　《百將傳》
《楊子》　　　　　　　　《新序》
《文中子》

## 集

《通典》　　　　　　　　《武功録》
《兩漢蒙求》　　　　　　《金陀粹編》
《韻類題選》　　　　　　《擊壤詩集》
《回文類聚》　　　　　　《林和靖詩》
《聲律關鍵》　　　　　　《呂忠穆公集》
《西湖紀逸》　　　　　　《王魏公集》
《農桑輯要》　　　　　　《伐檀集》
《韓昌黎文集》　　　　　《王校理集》
《蘇東坡集》　　　　　　《張西巖集》
《唐詩鼓吹》　　　　　　《晦庵大全集》
《張南軒文集》　　　　　《宋文鑑》
《曹文貞公集》　　　　　《〈文選〉六臣注》

　　以上西湖書院所藏書板書目,乃泰定元年(1324)春由代理山長黃裳、訓導胡師安、司書王通三人督率諸生顧文貴等人整理而成,同年九月由山長陳裹作記,前教諭張慶孫以正書撰寫並篆額,直學朱鈞立石刻碑記録下來的。石碑一直保存完好,到民國三年(1914)六月,仁和人吳昌綬據以整理成《元西湖書院重整書目》,並於六年(1917)七月收入其《松鄰齋叢書甲編》刊行於世。此目分經、史、子、集四部,分別著錄圖書 51、36、11、24種,合計 122 種,每種皆只著錄書名,作者、卷數等内容一概從略。今天看來,著錄的内容是太簡單了,而且《博古圖》之入經部、《農桑輯要》之入集部等都有值得商榷之處,此爲其不足之處。但即便如此,作爲書院發展史上第一個完整的刻書書目,它記録着書院出版事業的輝煌,其創始之功實不可没。應該説,書目出現的本身就是一種進步,意味着書院的建設者、經營者們已經自覺記録其刊印成就,開始總結經驗教訓,規範刊刻行爲,標誌着刻書事業的日臻成熟。

## (四) 明代書院刻書事業的繼續發展

刻書和藏書皆有積累、傳播文化的雙重功效。明代盛行的王湛之學和書院一體發展,共成輝煌大勢,但它和宋元的程朱之學及清代的考據之學不同,以發揮心學爲己任,鍾情於聯講會以傳播其主張,強調悟性而不重"道問學"式的功夫,甚至挾"六經皆注我心"之豪氣而有束書高閣之勢,因此,終明一代,書院的刻書事業未能再創輝煌,而呈平淡之局。但作爲書院的一種事業,它仍然得到了發展,而且於平淡之中顯露自身的特色,概略而論,表現在如下三個方面。

首先,仍有相當數量的書院在從事圖書刊刻。輯録文獻記録和傳世實物,全國至少有 40 所書院曾經刻書,其中明確記載爲長江流域地區的書院有13 所,只占總數的 32.5%,比例較元代下降。兹將各院出書情況紀述如下:

湖南藍山書院,洪武中刻明藍仁撰《藍山集》六卷。

婺源紫陽書院,成化三年(1467),刻元方回輯《瀛奎律髓》四十九卷,今藏上海、北京圖書館。嘉靖十年(1531),又刻明何景明撰《大復集》二十六卷。

廬山白鹿洞書院,弘治十四年(1501)起,江西提學副使邵寶刻《易經》《詩經》《書經》《禮經》四書,書板分別爲 59、53、68、297 片,皆載明鄭廷鵠《白鹿洞志·鏤版》中。正德十年(1515),提學僉事田汝耔刻《史記集解》一百三十卷,北京圖書館藏。嘉靖九年(1530),知府王榛刻《禮教儀節》等書。

揚州正誼書院,弘治年間刻元楊維楨撰《鐵崖文集》五卷。

無錫崇正書院,嘉靖十一年(1532),刻宋吳淑撰《事類賦》三十卷,北京、上海、南京、山東、重慶圖書館藏。又刻有明尹台撰《洞麓堂集》八卷,具體年代不詳。

華雲(一作無錫)太華書院,嘉靖二十七年(1548),刻唐韋應物《韋刺史詩集》十卷、《附録》一卷,版心有"太華書院"四字,北京、上海、蘇州、北京大學、重慶圖書館藏。

湖北漢東書院,嘉靖三十七年(1558),刻明章懋、董遵輯《諸儒講義》二卷。

無錫洞陽書院,嘉靖三十八年(1559),刻明顧可久注《唐王右丞詩集注》六卷。

寧國鳳山書院,嘉靖年間,王崞刻《四禮纂要》,"俾諸生各諭其鄉"。①

新安柳塘書院,萬曆末年,刻明李廷機選、葉向高注《新刻翰評選注釋程策會要》五卷。

無錫東林書院,刻宋楊時《龜山楊文靖公集》三十五卷。

江西濂溪書院,刻宋周敦頤《周元公集》三卷。

江寧尊經書院,藏有《國學經濟》《二十一史》書板,到清代才毀於戰火。②

以上 13 所書院刻書,其數比元代要少,從比較的發展的角度來審視,明代書院的刻書實難稱其盛,因爲元代享國時間比明代短,而明代書院的總數又比元代多。這是我們的總的看法。而縱觀以上書院所刻書目,又有一點值得特別注意,那就是作者名單中明代人較少,而且明代作者中見不到一個我們熟悉的王、湛學派的學者,表明當時活躍於各書院的主流派學者對書院刻書的冷漠,此則正是明代書院刻書没有和書院同步火爆的主要原因所在。雖然,明代書院刻書因未能和當代學術大潮掛鈎而形成盛局,但其事業依循自身的規律仍然在繼續向前發展。事實上,上述書院中有好多是在元代就已刻書的,明代的刻書只是延續其已有的事業而已。因而,從某種意義上講,以上各院刻書是宋元事業慣力推動的結果。

第二,王府書院作爲新生力量加入到了刻書的行列。明代爲了强化其集權政治,自朱元璋開始,將其子弟分封爲王,遣往各地。各藩王府在政治上受到嚴格控制,不得參與朝政和干涉地方政務,但其社會地位崇高,經濟勢力强大,爲了滿足其文化需求,多創建書院講學、刻書,這是宋、元、清均不曾有的新現象。據文獻記載和傳世圖書統計,至少有 8 所王府

① 民國《寧國縣志》卷四《名宦》。
② 嘉慶《江寧府志》卷一六。

書院曾經刻書,兹將其情況簡記如下:

楚藩正心書院,正德五年(1510),刻漢劉向《新序》十卷,北京、遼寧、山東大學圖書館藏。

晉藩養德書院,嘉靖四年(1525),刻梁蕭統《文選》六十卷,北京、上海、南京、湖南圖書館藏。五年刻宋呂祖謙《宋文鑑》一百五十卷、《目録》三卷,八年又刻宋姚鉉《唐文粹》一百卷,以上兩書北京、上海、湖南圖書館藏。又曾刻印元蘇天爵《元文類》七十卷。

楚藩崇本書院,嘉靖十九年(1540),刻宋呂祖謙《東萊先生古文關鍵》,武漢大學圖書館藏。

沈藩勉學書院,嘉靖二十四年(1545),刻明康麟輯《雅音會編》十二卷,北京、南京、浙江圖書館藏。四十年刻《焦氏易林》。萬曆九年(1581),刻明呂時《甬東山人稿》七卷,《四庫全書總目》卷一八〇著録此書,謂呂時爲鄞縣人,曾游衡王、沈王諸邸。崇禎元年(1628)刻《沈國勉學書院集》十二卷,包括凝齋道人朱詮鈇的《疑齋稿》一卷、南山道人朱允愷的《保和齋稿》五卷、西屏道人朱恬焌的《緑筠軒稿》四卷、朱珵堯的《修業堂稿》二卷,實爲沈藩幾代藩王的合集。

蜀藩西清書院,嘉靖四十二年(1563),刻《金丹大成集》。

魯藩承訓書院,嘉靖四十四年(1565),刻晉葛洪《抱朴子》二十卷、《外編》五十卷,北京、上海、南京圖書館藏。隆慶年間,刻明朱觀熰輯《海嶽靈秀集》二十二卷,遼寧、中國科學院圖書館藏。

徽藩崇古書院,嘉靖年間刻《錦繡萬花穀》四十卷、《後集》四十卷、《續集》四十卷,前有嘉靖十四年(1535)賈詠序,版心有"敕賜崇古書院刻"七字。又刻有《新編養生大要》一卷,藏北京圖書館。

吉藩崇德書院,萬曆六年(1578),刻《二十家子書》。

以上各王府所刻之書,有三點值得注意:一是幾乎没有經史要籍,所刻者不是子學之書,即是集部著作,而一般來講,經史之書被視作當年國家學術的基礎,對其回避,純然出於無奈,明代政制使然,非不願者,實不能也;二是《文選》《唐文粹》《宋文鑑》《元文類》,再加上《古文關鍵》,似乎可以將其視爲一部中國文學史的主骨架構,反映出王府書院及其主人對於純文學的重視和鍾情;三是自稱道人的王爺們以《抱朴子》《金丹大成集》《養生大要》等寫出了他們迫於政治壓力而移情於神仙夢幻的内心世界。凡此種種,正是明代王府書院的特點所在:既不得經世致用,遂轉而托情於文學殿堂,寄命於極樂世界。而恰恰是這種寄情托命式的全身心投入,才生産出了至今還爲版本學者稱道的王府書院圖書。

第三,書院開始大量刊刻反映自身發展或其教學、講會情況的歷史文獻。這些書院文獻稱呼各異,如書院志、書院錄、書院集、書院紀事、書院圖志、院志、書院文集、書院詩集、書院會語、書院講義、書院説約等等,至今我們還能輯録到的就有 61 種,①其中院址明確記載在長江流域地區的就有 45 種,占總數的 73.7%。兹將其簡況列表如下:

長江流域明刻書院文獻一覽表

| 院　址 | 書名/卷數 | 作者/編纂者 | 刊印年代 |
|---|---|---|---|
| 蘇州常熟 | 《虞山書院志》十卷 | 孫慎行、張鼐 | 萬曆三十四年 |
| 杭　州 | 《西湖書院志》 | 徐　琦 | 永樂年間 |
| | 《虎林書院志》一卷 | 聶心湯 | 萬曆年間 |
| 温州永嘉 | 《鹿城書院集》 | 鄧　淮 | 弘治年間 |
| 金華東陽 | 《石洞遺芳集》二卷 | 郭　鈇 | 正德年間 |
| | 《崇正書院志》十一卷 | 胡　僖 | ? |
| 嚴州遂安 | 《瀛山書院志》 | 方應時 | 萬曆三十年 |
| | 《續刻瀛山書院志》 | 方世敏 | 天啓二年 |
| 湖　州 | 《安定書院集》 | 沈　桐 | ? |
| 蕭　山 | 《道南書院錄》五卷 | 金貴亨 | 嘉靖三十八年 |
| 安徽六安 | 《嶽麓講義》十卷 | 林　華 | 嘉靖年間 |
| 徽州婺源 | 《二張先生書院録》 | 張文化 | 萬曆十七年 |
| 南康都昌 | 《經歸書院録》 | 無名氏 | ? |
| 南康星子 | 《白鹿洞書院志》 | 魯　鐸 | 弘治七年 |
| | 《白鹿洞書院新志》八卷 | 李東陽 | 正德六年 |
| | 《白鹿洞志》十九卷 | 鄭廷鵠 | 嘉靖三十三年 |
| | 《白鹿洞書院志》十二卷 | 周　偉 | 萬曆二十 |
| | 《白鹿洞書院志》十七卷 | 李應升 | 天啓年間 |

①　各書的具體情況見鄧洪波等《中國書院制度研究》,浙江教育出版社 1997 年版,第 266—275 頁。

| 院　址 | 書名/卷數 | 作者/編纂者 | 刊印年代 |
|---|---|---|---|
| 吉安廬陵 | 《白鷺書院志》 | 何其高 | 嘉靖年間 |
| | 《白鷺書院志》 | 錢一本、王時槐 | 萬曆年間 |
| | 《白鷺洲書院志》二卷 | 汪可受、甘雨等 | 萬曆年間 |
| 吉安安福 | 《復古書院志》 | 尹一仁、劉　陽 | 嘉靖年間 |
| | 《安福復古書院紀事》 | 鄒德泳 | ？ |
| | 《識仁書院志》 | 吳　雲 | ？ |
| 吉安吉水 | 《仁文書院志》十一卷 | 岳和聲 | 萬曆年間 |
| | 《鬍子衡齊》八卷（仁文書院） | 胡　直 | 萬曆年間 |
| 廣信玉山 | 《懷玉書院志》 | 錢德洪 | 嘉靖年間？ |
| | 《懷玉書院志》 | 夏　浚 | ？ |
| | 《存仁書院說約》 | 徐日光 | ？ |
| 饒　州 | 《鶴山書院録》 | 詹　陵 | ？ |
| 黄州黄岡 | 《問津院志》 | 黄彥士 | 萬曆年間 |
| 衡州衡陽 | 《石鼓書院志》四卷 | 周　詔、汪　玩 | 嘉靖十二年 |
| | 《石鼓書院志》二卷 | 黄希寬、王大韶 | 萬曆七年 |
| | 《石鼓書院志》二卷 | 李安仁、王大韶 | 萬曆十七年 |
| | 《說經劄記》（石鼓書院） | 蔡汝楠 | 嘉靖年間 |
| 長沙善化 | 《嶽麓書院志》十卷 | 陳鳳梧、陳　論 | 正德九年 |
| | 《嶽麓書院圖志》一卷 | 孫　存 | 嘉靖七年 |
| | 《重修嶽麓書院圖志》十卷 | 吳道行（知府） | 萬曆二十年 |
| | 《嶽麓書院志》十卷 | 吳道行（山長） | 崇禎六年 |
| 長沙益陽 | 《龍洲書院志》 | 劉　激、龍洲七子 | 嘉靖年間 |
| 常德武陵 | 《（桃岡精舍）同人會約録》 | 賀鳳梧 | 嘉靖年間 |
| | 《道林諸集》十卷（桃岡精舍） | 蔣　信 | 嘉靖年間 |
| 雲南昆明 | 《近溪子明道録》八卷（五華書院） | 羅汝芳 | ？ |
| 貴州清平 | 《寄學孔書院諸會友瑣言》一卷 | 孫應鰲 | 萬曆二年 |
| | 《學孔精舍匯稿》十六卷 | 孫應鰲 | 萬曆五年 |

　　以上 45 種著作,全部是明代人編著,所反映的内容主要是書院發展的歷史、講學、會講情況及其管理辦法等等,貼近時代,最能反映明代書院的特點,此其一。其二,從刊刻者來看,這些書不全部是書院刊印的,有一部分是地方官出資雕版的,而且他們本身就是主編者,院志之刻有藉以向上司表現其政績的傾向,因而很有些"書帕本"的氣味,刻工、校勘皆不甚精,時有脱簡,時風頹廢,此其一例。當然,這只是少數,絶大部分書院志,尤其是反映教學、講會情況的著作,因有山長或講學者門人的精心刊校,其品質仍屬上乘,可續宋元"書院本"之緒。

## （五）清代書院刻書事業的輝煌

　　清代是書院刻書事業最繁榮的時期,也是整個書院刻書歷史的終結期。其本身的龐大繁雜,難以歸納,而以往的出版史、版本學研究者又多以時近易得而取熟視鮮論的態度,故而現在我們只能在幾乎没有前人研究成果依憑的情況下,對其進行粗略的敘述。

　　清代書院刻書事業的輝煌,表現在以下幾個方面:

　　第一,出版大量的書院文獻,爲書院的教學、研究、管理及其他基本建設服務。據筆者輯録,這些文獻包括書院志、學規、章程、講義、藏書目録等 194 種,[①]明確記載爲長江流域地區書院刊刻的爲 130 種,占總數的 67%。兹按今日省區統計如下,以供參考。

長江流域清刻書院文獻統計表

| 省區　　分類 | 書院志 | 規　章 | 講　義 | 藏書目録 | 小　計 |
|---|---|---|---|---|---|
| 江蘇 | 11 | | 1 | | 12 |
| 上海 | | | 1 | 1 | 2 |
| 浙江 | 13 | 2 | 1 | | 16 |
| 安徽 | 9 | 3 | 2 | | 14 |
| 江西 | 19 | 3 | 10 | | 32 |
| 湖北 | 5 | | 3 | | 8 |
| 湖南 | 30 | 1 | 3 | 1 | 35 |

①　各書目參見鄧洪波等《中國書院制度研究》,第 276—287 頁。

續　表

| 省區＼分類 | 書院志 | 規　章 | 講　義 | 藏書目錄 | 小　計 |
|---|---|---|---|---|---|
| 四川 | 1 | 2 | 1 | 1 | 5 |
| 雲南 | 1 | 2 | 1 | | 4 |
| 貴州 | | 1 | 1 | | 2 |
| 合計 | 89 | 14 | 24 | 3 | 130 |

需要指出的是,以上有關書院文獻,因筆者見識所限,還不是實際數目的全部,而且所列還不包括課藝、課集等有關書院師生的學術研究成果。但就是這個打了折扣的數字,比之明代的 45 種,也增加了 2.88 倍,可見當年的書院對於自身經驗教訓的總結頗爲重視,也正是因爲有了這批出版物,我們才得以在今日研究長江流域的書院教育制度。

第二,出版課藝等連續性讀物,及時反映書院的學術成就,遂開今日"學報"之先河。清代書院凡有條件者,皆出版課藝、文集、試牘、課集、會藝、課士録、日記、學報等諸多名目的書籍。這類書籍的出版,有人認爲肇自阮元創辦的詁經精舍、學海堂,[①]其實不然,遠在康熙年間,嶽麓書院就出版過試牘、課文,《嶽麓文抄》還保存了丁思孔《嶽麓書院課文序》、趙寧《嶽麓會課序》、郭金臺《嶽麓試牘序》。據趙寧記載,康熙二十三年(1684)歲次甲子,丁思孔任湖南巡撫,"於附摩凋瘵之餘,留心學校,以振興鼓舞之。是秋,湖南獲雋者竟得一十七人。嗣後復集所部弟子員,拔其尤納之書院,使卒其業,命其司董戒之役。其不揣譾陋,從公鞭弭,得與諸縫掖相周旋者兩年於兹,月輒一試,糊名而進。公目覽手衡,隨置甲乙,與牒書平署俱下,不言疲,務使有思必見,有才必收。凡先後所試文,哀而梓之者,賈林已得收高值矣。由是,遠方學者聞風向往,雖遠如江南閩浙,亦不憚重繭而至,其鼓篋操觚極一時人文之盛"。[②] 由此可見,嶽麓書院作爲號稱天下四大書院之首的名院,早在康熙二十四、二十五年間(1685—1686)就已整理出版自己的學生課卷,而且梓人獲得了"高值",書院亦得以名揚江南、閩浙等文化素稱發達的地區。比《嶽麓試牘》更早的課藝是

---

① 嚴佐之:《書院藏書、刻書與書院教育》,見李國鈞《中國書院史·附録一》,湖南教育出版社 1994 年版。

② (清)趙寧:《嶽麓會課序》,載歐陽厚均《岳麓文抄》卷一一。

安徽懷寧的《培原書院會藝》,康熙十年(1671)由巡撫靳輔刊印,這比嘉慶七年(1802)阮元刊印的《詁經精舍文集》要早 130 餘年。

書院課卷絕大多數是學生的習作,亦間有教師的範文或研究成果。雲南尋甸鳳梧書院道光二十九年(1849)刊《鳳梧書院課藝初編》二卷,收課藝 69 篇,其中四篇是範文;次年編刻《課藝續編》二卷,收課藝 158 篇(首),其中範文(詩)13 篇(首)。課藝的內容有准備科舉考試的制義、試貼,有考證經史的文章,有研究理學的心得,有對新學、西學的推介與評論,有經世治國的策論等,因各個時期各個書院各個山長的不同而呈現差別,但皆代表書院的學術研究或應試備考水準的高下。因此,這類出版物頗能反映書院的社會地位。

誠如嶽麓書院著名山長歐陽厚均在《嶽麓書院課藝序》中所稱,書院出版課藝的目的是"示及門而公同好","亦欲以管見所及而與當世文人學士質證",宣示自己的學術主張,展示自己的研究成就,故大家都比較重視,刻意經營。但在早期,相對來講,出版課藝是偶然之舉,多依山長的興趣而定,出版是不定期不連續的。自嘉慶、道光以來,一些有名望的大書院則有意識地連續出版課藝,以向世人展示其最新成果。如杭州詁經精舍出版《詁經精舍文集》,《初集》八卷(後收入《文選樓叢書》時增爲十四卷),嘉慶七年(1802)刊;《二集》二卷,道光二十二年(1842)刊,《三集》六卷,同治刊本;《四集》十六卷,光緒五年(1879)刊;《五集》八卷,光緒九年(1883)刊;《六集》十二卷,光緒十一年(1885)刊;《七集》十二卷,光緒二十一年(1895)刊;《八集》十二卷,光緒二十三年(1897)刊,合計共發表經史論文及詞賦 2 000 餘篇(詩)。又如杭州紫陽書院,分別於道光二十八年(1848),同治六年(1867)、十年(1871)、十二年(1873),光緒四年(1878)、十一年(1885)、十四年(1888)、十八年(1892)出版課藝九集,其名始稱《浙江紫陽書院課藝》,同治間定爲《紫陽書院課藝》,隨後即以續編、三編、四刻、五編、六集、七集、八集名目連續發表。以上所舉,雖不定期,但連續發表,且名稱也有連續性,近代"學報"的端倪已現。至光緒二年(1876),中西人士合辦的上海格致書院擬定每月出版《格致彙編》,以及後來(1886—1893 年間)院長王韜每年出版《格致書院課藝》一集。雖然由於客觀原因,《格致彙編》的出版時有斷續,但主觀上講,格致書院的主持者們是想出版定名定期連續性的讀物的,因此格致書院當可視作中國近代史上正式出版學報的學術機關。

當然,真正完全意義上的學報還是長沙校經書院的《湘學報》、成都尊經書院的《蜀學報》等。《湘學報》原名《湘學新報》，旬刊，光緒二十三年三月二十一日(1897 年 4 月 22 日)創刊，主筆(即主編)唐才常，自二十一册起改名《湘學報》。學報分史學、掌故、輿地、算學、商學、交涉六個固定欄目外，還辟奏摺詔令、各報近事節要等欄反映時事。所登文章皆院中師生"粗有所得之厄言"，多爲介紹西方政治、經濟、文化、自然科學知識、日本明治維新，以及主張維新、變法，推動新政的文章。除在湖南各地發行外，又在江西、上海、武漢等地設有分售處，影響很大。後因頑固勢力所阻，於光緒二十四年六月二十一日(1898 年 8 月 8 日)出至第四十五册後停刊。

從以上的敘述中，我們可以看到從書院課藝到書院學報的軌迹，明瞭今日學術機關學報之所自，而書院出版地於文化事業之貢獻也得以特顯。有清一代，各地書院出版了很多這一類的圖書，以筆者之陋見，尚可輯録到 53 種，①明確記載爲長江流域地區書院的 40 種，占部數的 75.4%，兹按今日省區將其統計如下，以供參考。

長江流域清刻書院文獻統計表

| 省區 ＼ 分類 | 課 藝 | 文 集 | 日 記 | 學 報 | 小 計 |
|---|---|---|---|---|---|
| 江蘇 | 6 | 3 | 2 | | 11 |
| 上海 | 2 | | | 1 | 3 |
| 浙江 | 1 | 2 | | | 3 |
| 江西 | 1 | 1 | | | 2 |
| 安徽 | 1 | | | | 1 |
| 湖北 | 1 | | | | 1 |
| 湖南 | 9 | 1 | | 1 | 11 |
| 四川 | 3 | | | | 3 |
| 雲南 | 4 | | | | 4 |
| 貴州 | 1 | | | | 1 |
| 合計 | 29 | 7 | 2 | 2 | 40 |

---

① 各院出版課藝的情況，參見鄧洪波等《中國書院制度研究》，第 291—296 頁。

職能機構。自道光以來,清政府内外交困,作爲國家出版機構的武英殿、内府、國子監等日漸衰落,不能勝任其職,於是同治"中興"以降,地方書局逐漸興起,並起而代之,承擔起總結國家學術和文化之任務。書院在其中所起的作用已簡述如前,這裏所要指出的是,地方書局多有借助書院的圖書資源、學術力量、校勘人才等諸多優勢者,並形成了在全國或某一個較大區域内頗具影響力的專門書局、刊書處等機構。如浙江書局創辦時,即規定以省城杭州紫陽書院、崇文書院院長兼書局總辦主持其事,總校、分校之職也聘請院中師生擔任,其辦公之所亦設在紫陽院中。四川成都書局創辦時,由總督丁寶楨聘省城尊經書院山長王闓運兼掌,而後來尊經書院、存古書院附設的刊書局則取代了成都書局,成爲川省最有影響的出版機構。陝甘味經書院刊書處也是以院長總其事,以監院爲局董事,司財用出入及一切刊刷之事,以肄業生任校讎。當時的輿論普遍認爲,以書院師儒主持書局可兼取"存書籍""教士子"之"古意",比之"領於官吏"的官書局更有優勢,更值得提倡。① 正是在這種風氣影響之下,全國出現了一些有名的書院書局,如福州正誼書局,廣州文瀾閣—啓秀山房、廣雅書局、菊坡精舍刊書局,桂林桂垣書局,涇陽味經書院刊書處,成都尊經書局,江陰南菁書院書局等,出版的圖書成千上萬,遠遠超過唐、宋、元、明歷代書院刻書的總和,②承擔起了地方文化建設的重任。它們以高學術水準見稱,實可視爲今日之大學出版社。兹將分居長江上、下游的尊經書局、南菁書院書局的情況擇要介紹如下:

尊經書局: 在成都尊經書院。光緒元年(1875),四川學政張之洞創建尊經書院,"以通經學古課蜀士",刊佈《尊經書院記》、《輶軒語》等以爲規章制度,撰《書目問答》以指導學生讀書治學,並附設書局刊印經史著作、學生課藝、課卷等。據記載,尊經書局所刻之書有100餘種,書版數萬片,其名至今可輯者爲: 清張澍《蜀典》十二卷(光緒二年),清王代豐《春秋例表》(光緒七年),漢代王逸《楚詞釋》十一卷(光緒十二年),清代魏一鼇輯、尹會一續《北學編》四卷(光緒十四年),清劉嶽雲《測圜海鏡通釋》四卷、《算學叢話》一卷、《喻利演算法》一卷、《食舊德齋雜著》(光緒二十二年),清王闓運《古文尚書》、《爾雅注疏》等十種著作,以及山長王

---

① (清)劉光蕡:《味經書院志·刊書第六》,《關中叢書》本。
② 各書局刻書並服務於地方文化建設的情況,見鄧洪波等《中國書院制度研究》,第305—319頁。

闓運輯《尊經書院初集》八卷（光緒十一年）、伍肇齡輯《尊經書院二集》十二卷（光緒十七年）、劉嶽雲輯《尊經書院課藝三集》八卷（光緒二十三年）等三種。另外四川學政譚宗浚光緒五年輯錄的《蜀秀集》九卷，則由尊經書局和成都試院同時刊印。算學著作的出版則反映出，光緒末年書院改革課程引進近代西方數學教育的變化。

南菁書院書局：在江蘇江陰。光緒八年（1882）江蘇學政黃體芳倡建，專以經古之學課士，是書院改革的產物。十一年，學政王先謙奏設書局，仿阮元在廣州學海堂所刊《皇清經解》體例，收其遺漏及乾嘉以後之經學著作，得 111 家，書 209 種，凡 1 430 卷，以《皇清經解續編》爲名刊印。至十四年告竣，計有書版 17 362 片，得與阮刻合稱《皇清經解正續編》，是爲清代經學集大成之作。此書流傳甚廣，以其刊印於書院，故又以《南菁書院經解》之名而盛傳於書林。此外，又刊印了反映院中師生教學、研究情況的《南菁書院叢書》八集一百四十四卷、《南菁劄記》二十一卷、《南菁講舍集》六卷等書。人稱其“刊刻經解，纂輯叢書，以示讀書之門徑，傳古人之著述，勵士子之傳習”，實大有功於文化建設。①

## 二、“書院本”及其版本价值

歷代書院刻印的圖書，在版本學上有一個專有名詞，叫做“書院本”。它的版本價值極高，歷來受到學者的重視。清初著名學者顧炎武在其名著《日知錄》中就有“三善”之説，其稱：

> 聞之宋元刻書皆在書院，山長主之，通儒訂之，學者則互相易而傳佈之。故書院之刻有三善焉：山長無事而勤於校讎，一也；不惜費而工精，二也；板不貯於官而易行，三也。②

此説誠是，學術界尤其是版本目錄學界皆視爲公論，此不贅言。以下我們將擇二例介紹書院本生產的具體情況，據以體驗“書院本”之善之所以和

---

① 謝國楨：《近代書院學校制度變遷考》，載《張菊生先生七十生日紀念論文集》，1937 年 1 月。

② （清）顧炎武：《日知錄》卷一八《監本二十一史》，《日知錄集釋》本，嶽麓書社 1994 年版，第 644 頁。

善之所在。

第一例是宋代號稱天下四大書院之一的衡州石鼓書院刊刻的《尚書全解》。此書刻於淳祐十年(1250),前有山長林耕所作的序,對該書版本的收集考訂、文字的校勘、出版經費的籌集、全書書板字數等都有交代。

　　耕自兒時侍先君旴江官舍,郡齋修刊禮樂書,先君實董其事,與益國周公、誠齋楊先生書問往來,訂正訛舛甚悉。暇日,因與言曰:"吾家先拙齋《書解》,今傳於世者,自《洛誥》以後皆訛。蓋是書初成,門人東萊呂祖謙伯恭取其全本以歸,諸生傳録實無二三,書坊急於鋟梓,不復參訂,以訛傳訛,非一日矣。"先君猶記鄉曲故家及嘗從先拙齋游者録得全文。及歸,方尋訪未獲,不幸此志莫償。

　　耕早孤,稍知讀書,則日夕在念慮間,汩汩科舉業,由鄉選入大學,跋涉困苦,如是者三十餘年。淳祐辛丑,僥倖末第,閉居需次,得理故書,日與抑齋今觀文陳公、虛齋今文昌趙公參考講求,摳趨請益。抑齋出示北山先生手迹,具言居官婺女,日從東萊先生學。東萊言:"吾少侍親官於閩,從林少穎先生學,且具知出拙齋授書之由。"時抑齋方閲《六經疏義》,尤加意於林、呂之學,虛齋亦仿朱文公辨孔安國書,著《本旨》,耕得互相詰難其間,凡諸家講解搜訪無遺。一日,友人陳元鳳儀叔攜《書説拾遺》一集示余,蠹蝕其表,蠅頭細書,云得之宇文故家,蓋宇文之先曾從拙齋學,親傳之稿也。其集從《康誥》至《君陳》,與鋟本異,其詳倍之。至是,蓋信書坊之本誤矣。當令兒輩作大字本謄出,以元集歸之。然未有他本可以參訂也。又一朋友云建安書坊余氏數年前新刊一本,謂之三山林少穎先生《尚書全解》,此集蓋得其真,刊成僅數月而書坊火,今板不存矣。余亦未之信,因遍索諸鬻書者。乙巳仲春,一老丈鶉衣衙袖,跟蹌入門,喜甚,揖余而言曰:"吾爲君求得青氈矣。"開視,果新板,以《尚書全解》標題,書坊果建安余氏,即倍其價以鬻之。以所謄本參較,自《洛誥》至《君陳》,及《顧命》以後至卷終,皆真本。向者,麻沙之本自《洛誥》以後果僞矣。朋友轉相借觀,以爲得所未見。既而,耕暫攝鄉校,學録葉君真,里之耆儒,嘗從勉齋游,其先世亦從拙齋學,與東萊同時,又出家藏寫本《林李二先生書解》及《詩説》相示,較之首尾並同,蓋得此本,而益有證驗矣。

　　嗟夫！此書先拙齋初著之時，每日誦正經，自首至尾一遍，雖有他務不輟，貫穿諸家，旁搜遠紹，會而粹之，該括詳盡，不應於《洛誥》以後詳略如出二手。今以諸本參較，真贗曉然，信而有證，可以傳而無疑矣。

　　《書解》自麻沙初刻，繼而婺女及蜀中皆有本，然承襲舛訛，竟莫能辨。柯山《夏氏解》多引林氏説，自《洛誥》以後則略之，僅有一二語，亦從舊本，往往傳訛。《東萊解》只於《禹貢》引林三山數段，他未之詳。東萊非隱其師之説，蓋拙齋已解者東萊不復解，而惟條暢其義。嗟夫！《書》自安國而後不知其幾家，我先拙齋哀集該括，自壯及耄，用心如此之勤，用力如此之深，始克成書，而傳襲謬誤，後學無從考證。我先君家庭授受，中更散亡，極意搜訪，竟無從得。耕恪遵先志，又二十餘年，旁詢博問，且疑且信，及得宇文私録，又得余氏新刊《全解》，又得葉學録家藏寫本，稽念新估，訂正真贗，參合舊聞，而後釋然無疑，確然而始定。

　　然則，著書傳後，豈易云乎哉！耕既喜先拙齋之書獲至，又喜先君縣丞之志始遂，顧小子何力之有，抑天不欲廢墜斯文，故久鬱而獲伸與？不然，何壁藏汲冢之復出耶？

　　淳祐丁未之歲，石鼓冷廳，事力甚微，學廩粗給，當路諸公不賜鄙夷，捐金撥田，悉有所助。三年之間，補葺經創，石鼓兩學命奐鼎新，書板舊帙缺者復全。於是，慨然而思曰：我先君未償之志，孰有切於此者；吾先世未全之書，豈容緩於此者，實爲子孫之責也。乃會書院新租歲入之積，因郡庠憲臺撥鍤之羨，搏學廳清俸公計之余，計日命工，以此全書亟鋟諸梓，字稍加大，匠必用良，版以千計，字以五十萬計，釐爲四十卷，始於己酉之孟冬，迨明年夏五月而畢。是書之傳也亦難矣哉，亦豈苟然哉！舊本多訛，耕偕次兒駿伯重加點校，凡是正七千餘字。今爲善本，庶有裨於後學。淳祐庚戌夏五，嗣孝孫迪功郎、衡州州學教授兼石鼓書院山長耕謹書。①

上引文字是一篇難得的反映宋代書院刻書流程的文獻，它提示我們至少有如下四點值得注意：其一，此書出版前的准備工作，即不同版本的搜訪，歷經林耕及其父兩代人的努力，始得完成，三個不同版本的獲得也使

----

　　①　林耕：《尚書全解序》，乾隆《衡州府志》卷三〇。

林耕"且疑且信",費時二十餘年;其"稽念新故"、"參合舊聞"、"訂正真贋"的校勘工作,是由林耕及其次子林駿伯一起完成的,也就是説,一部《尚書全解》的出版,凝聚了林氏一家祖孫三代人的心血與精力。所謂文字千秋,此得其謂也。其二,麻沙書坊本之不爲全本和以訛傳訛,石鼓書院本之爲全帙和訂正 7 000 餘字,版本善劣曉然可見。劣者由於"不復參訂",急於趨利;善本基於"子孫之責"和對學術的忠貞,實爲時間與心血凝成。其三,從"會書院新租歲入之積,因郡庠憲臺撥鏹之羡,搏學廳清俸公計之餘"中,我們感知到當年書院刻書的經費籌措不易,非克勤克儉則難以鋟梓開雕,而其節衣縮食勉力爲此者,全在於對學術的忠貞和作爲子孫的責任,這是難能可貴的,也是今日社會所最宜提倡的。其四,50 萬字的著作,"始於已酉之孟冬,迨明年夏五月而畢",其出版周期也就是 8 個月時間,而且所出之書爲善本,在今天來講,仍不失爲高效率。

第二例爲元代杭州西湖書院刊刻蘇天爵的《國朝文類》。此書成於至元二年(1336),以歌、詩、賦、頌、銘、贊、序、記、奏議、雜著、書、説、議、論、銘、志、碑、傳爲類,搜羅元初以來的文章,共七十卷。是年十二月,翰林國史院待制謝端、修撰王文煜、應奉黃清老等上書,認爲此書"敷宣政治之宏休,輔翼史官之放失,其於典册不爲無補",建議中書省刊板印行全國。中書省劄諮禮部,認爲此書"不唯黻黻太平有裨於昭代,抑亦鉛槧相繼可望於後人",遂議准刊印。於是下令江浙行省,"於錢糧眾多學校內委官提調,刊勒流布"。行省決定由西湖書院承擔此任,並派江浙等處儒學提舉司副提舉陳登仕"不妨本職","監督刊雕"。令下,"西湖書院山長計料工物價錢",進行成本預算,所需經費則"分派"行省所屬各處學校承擔,例從"贍學錢"項下支出。大約用了一年半時間,全書雕刻完畢。

到至元四年(1338)八月十八日,太常禮儀院對西湖書院"申交"的書板品質提出意見,其稱:"近據西湖書院申交劄到《國朝文類》書板,於本院安頓點視,得內有補嵌板,而慮日後板木乾燥脫落,卒難修理,有妨印造。況中間文字刊寫差訛,如蒙規劃刊修,可以傳久,不誤觀覽。申乞施行。"據此,下令"修補"書板。於是,委令西湖書院山長方員同儒士葉森,"將刊寫差訛字樣比對校勘明白,修理完備",然後再行"印造起解"。此次修板、印造大約用了兩年多時間。

到至正元年(1341)十一月二十二日,江浙等處儒學提舉司提舉黃奉政在審讀上交樣書以後,又提出了品質問題,其稱:"《國朝文類》一部,已蒙中書省移諮江浙等處行中書省,劄付本司刊板印行。當職近在大都,於蘇參議家獲睹元編集,檢草較正,得所刊板本第四十一卷内缺少下半卷,計 18 板 9 390 餘字不曾刊雕;又於目録及各卷内輯正,得中間 93 板脱漏差誤,計 130 余字,蓋是當時較正之際,失於鹵莽,以致如此。宜從本司刊補改正,庶成完書。"於是,又用去兩個多月時間,將缺少板數、漏誤字樣一一補正,始得於至正二年(1342)二月二日後正式批量印刷全書。

元代西湖書院是當年國家在南方最重要的一個出版基地,經費可以從江浙行省所屬各地學田收入中提取,比較充裕;人員除常設的山長、齋長、生徒、書手、刊工之外,還可以根據需要調任地方行政官、學官等臨時任事,甚至翰林院、中書省、太常禮儀院、行省儒學提舉司等中央與地方政府機構都可介入其中。這就可以從經濟、學術乃至行政上保證刊印圖書的基本品質,此即所謂"通儒訂之"、"不惜費而工精"。至於《國朝文類》一書從議准刊印到正式出版,用了五年時間,其中雕刻只用一年半,校讎、刊補所占時間爲 70%,於此可知,"書院本"之"勤於校讎"不爲虛妄之言。

## 三、書院刻書的文化功效

書院刻書主要是爲院中的教學和學術研究服務,大凡師生使用的基本教材、藏書樓中的經史典籍、師生學術成果的集結等等,其對於文化的貢獻反映在文化積累、創造與傳播的各個環節之中。有關的事例,如宋代明道書院刻《程子書》作院中生徒讀物,宋代石鼓書院師生刻《石鼓論語問答》以反映其對儒家經典的研究成果。明清時期大量刊刻書院文獻,以及刻書補充院藏等等,皆已敘述如前,此不贅言。這裏要強調的是,書院是一種文化教育組織,其刻書既服務於自身的教學與研究活動,就理所當然地具有各種文化功能。

不僅如此,書院的建設者們還將自己的刻書活動自覺地賦予一種文化内涵,如前述元代《西湖書院重整書目》就是這樣。六百多年前的先輩們之所以整理書目,關注的不僅僅是書目本身,所謂刻存書目,"以傳不朽,非獨爲來者勸,抑亦斯文之幸也歟"![1] 表明他們的視野已由書目推及"斯文"的命運,而所謂"經史所載,皆歷古聖賢建中立極修己治人之道,後之爲天下國家者,必於是取法焉,傳曰文武之道布在方册,不可誣

---

① (元)陳袠:《西湖書院重整書目記》,《元西湖書院重整書目》,1917 年《松鄰齋叢書》本。

也。下至百家諸子之書，必有裨於世教者，然後與聖經賢傳並存不朽。秦漢而降，迄唐至五季，上下千數百年，治道有得失，享國有久促，君子皆以爲書籍之存亡，豈欺也哉！宋三百年來，大儒彬彬輩出，務因先王舊章推而明之，其道大焉。中更靖康之變，凡百王詩書禮樂相沿以爲軌則者，隨宋播越東南。國初，收拾散佚，僅存十一，於千百斯文之緒不絕如線，西湖書院板庫乃其一也"。① 又表明他們已將西湖書院"板庫"與"斯文之緒"的聯繫推向了"治道得失"、國運長久的層面。由書目到斯文命運，由斯文而及治道、國運，表現的正是中國古代知識分子的社會責任感和歷史使命感，誠屬難能可貴。

除了服務書院本身的教學與研究之外，書院刻書還參與地方文化建設乃至國家的學術總結事業，這些在清代表現得尤爲突出，茲分述如下。

首先，書院出版地方文獻，爲地方文化建設服務。各地書院出版的地方文獻大致可以分爲兩類，一類是各省、府、州、縣地方誌，一類是地方詩文集。地方誌見於文獻記載或有實物可考者，全國有數十種，其中屬於長江流域書院所刻者如下：

《（青海）西寧縣新志》十卷卷首一卷：光緒十五年，宏州書院刊

《雲南通志》：道光（？）年間刊，板存昆明五華書院

《（雲南）騰越廳志》：光緒年間刊，板存來鳳書院

《（貴州）松桃直隸廳志》三十二卷：道光十六年（1836），松高書院刊

《蜀典》十二卷：光緒二年（1876），成都尊經書院重刊

《（湖北）潛江縣志》二十卷卷首一卷：光緒五年（1879），傳經書院刊

《（湖北）鄖陽志》八卷卷首一卷：同治九年（1870），鄖山書院刊

《（湖北）利川縣志》十四卷卷首一卷：光緒二十年（1894），鍾靈書院刊

《（湖南）武陵縣志》三十二卷卷首一卷：同治六年（1867），郎江書院刊

《（湖南）寧遠縣志》八卷：光緒元年（1875），崇正書院刊

《（江西）瑞昌縣志》十卷卷首一卷：同治十年（1871），瀼溪書院刊

《（江西）興國州志》三十六卷卷首一卷：光緒十五年（1889），富川書院刊

《（安徽）丹陽縣志》三十六卷卷首一卷：光緒十年（1885），鳴鳳書

---

① （元）陳基：《夷白齋稿》卷二一《西湖書院書目序》，文淵閣《四庫全書》本。

院刊

《(浙江)鎮海縣志》四十卷：光緒五年(1879)，鯤池書院刊

《(浙江)慈溪縣志》五十六卷附録一卷：光緒二十五年(1899)，德潤書院刊

《(浙江)新城縣志》十卷：光緒二十一年(1895)，紫泉書院刊

《(浙江)嘉興府志》八十八卷卷首三卷：光緒四年(1878)，鴛湖書院刊

《(浙江)湖州府志》九十六卷卷首一卷：同治十三年(1874)，愛山書院刊

《(浙江)江山縣志》十二卷卷首一卷卷末一卷：同治十二年(1873)，文溪書院刊

《(江蘇)慧山記》四卷，附《續記》四卷：咸豐九年(1859)，二泉書院刊

《慧山記》四卷《續編》三卷：同治七年(1868)，二泉書院刊

《(江蘇)寶山縣志稿》十四卷卷首一卷：光緒八年(1882)，學海書院刊

《(江蘇)太湖縣志》四十六卷卷首一卷卷末一卷：同治十一年(1872)，熙湖書院刊

書院出版的另一類地方文獻是有地方特色的詩文集。從事這項工作的至少有如下一些書院：

雲南昆明五華書院：嘉慶九年(1804)刊印《滇明詩略》《滇國朝詩略》《續刻滇南詩略》《滇南文略》等四部書，皆歷代文人有關雲南的詩文之作。其中《明滇南詩略》及續刻曾於光緒二十六年(1900)又重刊一次。咸豐元年(1851)刊印《滇詩嗣音集》二十卷、《補遺》一卷。

湖北江漢書院：嘉慶二十四年(1819)刊《湖北金石存佚考》二十二卷。

以上地方文獻的書籍雖然數量不是很多，但它説明書院已經致力於地方文化建設，其出版物的服務物件已經由院中師生擴展到地方官紳士民，它標誌着書院刻書事業空間的擴大。

第二，書院刻書服務於地方的功能還體現在某些有條件的書院爲當地無條件刻書的書院、官私學校及社會公衆提供最基本的讀物，以維繫一個地區文化教育事業的運作。例如地處川東大山區的黔江縣(今屬重慶)，漢、土家、苗族雜處，經濟相對落後，縣中墨香書院無力刻書。光緒十

八年(1892)知縣張九章率士紳捐資,從省城成都尊經、錦江二書院及湖北武昌書局購進"經史子集、説文輿地古今之適用者",以解多士"抱膝空吟"之苦。① 這説明尊經、錦江二書院成爲四川地區一些書院教學用書的供應處。又如雲南騰越廳(約當今騰沖、梁河、盈江、隴川、畹町、瑞麗等縣市)與緬甸接壤,地處邊陲,交通不便,一般的書籍只能靠廳城(今騰沖)來鳳書院刊印供應。光緒《騰越廳志稿》卷一〇載有書院"新刊書籍存板"目録,計有《聖諭廣訓》、《青箱秘鑰》、《騰越志》、《四時讀書樂》附《九成宮》等字帖、《弟子規》、《童蒙輯要》附《小兒語》、《字學舉隅》、《仕宦金針》附《三聖勸世文》、《尋常語》、《科場條例》、《應驗良方》等 10 種(附 4 種),而院中藏書目録所載則有 40 種 1 511 本。兩相比較,只有《字學舉隅》一書相重。非常明顯,來鳳所刊之書不以書院爲主要供應對象,而是向社會提供普遍用書,以滿足公衆最基本的文化、教育、衛生生活需求。故此,來鳳書院即可視作騰越全廳的一個出版機構。有些書院供書的範圍更大,如雲南"省城書院"昆明五華書院,爲滇省最高學府,所刻之書質高量多,發行全省。光緒二十七年(1901)刊《昆明縣志》卷四載其書板目録,計有《欽定詩義折中》、《周易述義》、《春秋直解》、(以上乾隆三十一年刊)《御制詩初集》、《御制詩二集》、《御制文初集》、(以上乾隆三十三年刊)《聲韻指南》、《唐人試帖》、《五華大全》、《鄉會墨選》、(以上嘉慶九年刊)《滇國朝詩略》、《滇明詩略》、《續刻滇南詩略》、《滇南文略》、(以上嘉慶九年刊)《試課隅存》(嘉慶二十四年刊)、《讀書分年日程》、《切問齋文鈔》、《六書説》、《制義體要》、(以上道光三年刊)《欽定四書文》(道光四年刊)、《孝經衍義》、《駁吕留良四書講義》、《舊雲南通志》等二十三種原存書院藏書樓供人印刷的書板。另外還有原存雲南府府學後移置院中書樓的書板十種,它們是《孝經注解》、《小學纂注》、《近思録集解》、《四禮》、《四禮翼》、(以上布政使陳宏謀刊)《萬世玉衡録》、《臣鑒録》、(以上總督蔣陳錫、學政蔣澗同刊)《御選古文淵鑑》(布政使劉蔭樞刊)、《斯文精萃》(總督尹繼善刊)、《明文萃集》(學政於廣選刊)。以上 30 餘種書大多可在現存雲南省 5 個書院藏書目録中找到,在一些府州縣學的藏書樓目録中亦不乏著録。據此,五華出版圖書服務於雲南全省文教事業之功甚明。

第三,出版系列或大部頭著作,承擔總結一代學術的任務。清代學術

---

① 張九章:《墨香書院藏書記》,光緒《黔江縣志》卷三。

凡經宋學、漢學、新學三變。宋學階段的代表作是康熙、同治年間由福州正誼書院兩度刊印的《正誼堂全書》，收集理學著作達 68 種凡 525 卷之多，是爲清代理學的一個總結，但這個時期長江流域的書院作爲不大，可以略而不論。

清代的漢學家和宋明時期的理學家有相同之處，那就是都以書院爲大本營，開展學術研究和交流活動，培養學術傳人，以大其隊伍。但也有不同之處，那就是漢學家的著作大多由書院刊印傳播，而宋明理學家當年則做不到這一點。如皖派大師盧文弨，乾隆年間主講江寧鐘山、常州龍城、江陰暨陽等書院前後數十年，在鐘山書院時刊刻其著作或校勘之作《聲音發源圖解》《續漢書律曆志補注》《逸周書》《荀子》《群書拾補》《西京雜記》《鐘山劄記》等書，在龍城書院則有《龍城劄記》出版。而其暨陽弟子李兆洛 40 年後亦至暨陽講席，亦刻《説文述誼》《地理韻編》《天球銘》等。① 嘉慶以降，書院刻書的規模日漸擴大，多有數百卷之大部頭著作面世，其中最著名的是江陰南菁書院的《續皇清經解》、《南菁書院叢書》，其基本情況已敘述如前，此不贅言。

同治以降，西學東漸，及至光緒年間，新學大興，新思潮迭起，大部頭著作難以反映快速多變的情況，於是課藝、文集、學報等就以刊印周期短、信息量大、傳播快等優點而成爲書院首選的出版物。因此，這個時期的學術變化、研究成果等皆可在這類書刊中得到反映。如江陰南菁書院創建之時宣導經史之學，中日甲午戰爭前所刊《南菁文鈔》一、二集，即多考據典籍之作，而戰後所出第三集，一反前此舊規，刊出《論日本變法》《西國聽訟用律師論》《各國產煤鐵考略》《問抵制洋鹽進口之法若何》《東三省疆界變遷考》《沿海形勢今昔異同論》《外國理財不主節流而主暢流論》等緊扣時代脈搏的課卷，這説明南菁學風已由王先謙時期的總結清代經學轉而變爲關心國家命運，討論西學、新學了。一些在這個時期新創建的書院，更是借這種出版物來宣示自己的主張了，這方面最典型的例證是上海格致書院。

上海格致書院由徐壽、傅蘭雅（John Fryer）等中西人士創辦於同治末年，以傳播西學新知爲己任，光緒年間出版《格致彙編》（月刊）、《格致書院課藝》（年刊），“《彙編》出所知以詔人，《課藝》集衆長以問世，其間誘

---

① 柳詒徵：《江蘇書院志初稿》，江蘇省立國學圖書館第四年刊。

掖獎勵,獨具苦心"。①《格致彙編》前後共出60期,每期3000冊,時在新加坡、香港、臺灣淡水、北京、天津、保定、太原、濟南、重慶、長沙、武昌、安慶、南京、上海、杭州、福州、廣州、桂州等39個城市設有銷售點,流傳甚廣。其内容以介紹西方格致之學即科學知識、科技工藝爲主,涉及科學理論、科學方法、科學儀器、天文、地理、地質、地形、物理、化學、數學、生物、生理、醫學、電學、機械學,以及火車、輪船乃至各種機器製造,鐵路、橋樑的營建,礦山開採,鋼鐵冶煉,電燈、電報、電話的調配安裝等各個方面,間載西方人物傳記。另辟讀者通信問答欄,共刊問答322條。其於推介新知、開啓心智之功,爲當時《申報》等各大報紙所推崇。《格致書院課藝》前後八集,收入86人之優秀課卷296篇,涉及内容以西學新知爲主,包括格致總説、天文曆算、氣象、物理、化學、醫學、測量、地理、教育、人才、富强總説、工業、輪船、鐵路、商貿權利、郵政、海軍、農産、水利、救濟災荒、國際勢態、邊防、議院政治、刑律、傳教等。王爾敏先生曾對課卷的命題進行過統計分析,其稱:全部77道命題,"按性質分别,格致類亦即科學知識有二十二題,約占全部三分之一,充分反映出對於科學知識之需要與重視。富强治術類最多,有二十五題,實占全部三分之一,亦充分反映當時謀求富强希望之强烈。事實上全部重點尤其在於富强之想望。其人才類四題,教育類四題,均在於求富强目標下産生之直接需要。其國際形勢類三題,邊防類六題,亦並與富强密切相關。故而命題題旨所反映中國官紳對於當前問題所嚴肅考慮之重點,即實以求富强之想望最爲熱切。在官紳大吏命題之中,當已充分反映對於後學之期望,重大問題之提示,以至於時代思潮之傳佈與推廣"。② 至於學生課卷本身,對於以上命題所作闡發,更能反映格致書院對於當年最新學術、社會等問題的看法,更具鮮明的時代特色,則自不必贅述。

(鄧洪波,湖南大學嶽麓書院教授)

① (清)王韜:《丙戌格致書院課藝序》。
② 王爾敏:《上海格致書院志略》,香港中文大學出版社1980年版,第69頁。

# 嚴羽詩學著作的生成及其早期傳播

陳廣宏

作爲明清以來逐漸經典化的名著，《滄浪詩話》的文本問題，無論對於究明嚴羽的詩學思想，抑或詩話類著作的形制，當然都是至關重要的。20世紀50年代末，郭紹虞先生完成《滄浪詩話校釋》的工作，可以説是該領域研究的一個里程碑。只是當時資料條件相對有限，主要依據乃明正德尹嗣忠校刻本《滄浪吟卷》所附文本以及嘉靖本《詩人玉屑》。不過，其時他已提出推測《滄浪詩話》宋刻本的問題，即在未見嚴羽該著宋刻的情況下，據《詩人玉屑》所稱引，來推測《滄浪詩話》的本來面貌。① 看上去是在傳統版本校勘學領域內，討論有無一個更接近原貌的版本，然當他有意通過辨析《詩人玉屑》系統與《滄浪吟卷》系統次序頗有出入的《詩辯》何者更接近嚴羽論詩宗旨時，事實上已進入文本發生學討論的範疇，即從一種版本的歷史研究進入作者意圖認識的邏輯研究。問題在於，這樣一種"邏輯事實"的認定，仍需要堅實的"材料事實"的支撐——《詩人玉屑》時代雖早，畢竟不是嚴羽詩學專著，其所録是否即爲嚴羽自定成編之作？ 是否全文照刊而毫無改編？ 這樣的問題不經證實，恐難真正令人信服。21世紀初，周興陸、朴英順、黃霖撰《還滄浪詩話以本來面目——〈滄浪詩話校釋〉據"玉屑本"校訂獻疑》，②據面世不久的《滄浪吟卷》元刻本，對郭先生以《詩人玉屑》所引來改正通行各本之誤的做法提出質疑，便可視作在有新材料發現的前提下，對還原嚴羽詩學著作文本之"本來面目"的重新省思與回應。

---

① 參見氏著《試測〈滄浪詩話〉的本來面目》，《文匯報》1961年6月10日。後收入《照隅室古典文學論集》下編，上海古籍出版社1983年版，第131—137頁。

② 刊載於《文學遺産》2001年第3期。

這樣的重新省思與回應,張健在 20 世紀 90 年代末業已開展,最早發表的《〈滄浪詩話〉非嚴羽所編——〈滄浪詩話〉成書問題考辨》一文,對嚴羽詩學著作的文本問題做出相當徹底的清理。該文推翻了長期以來以爲在明代之前存在一部題名《滄浪詩話》之作的認識,論證《詩辯》等五篇原來只是單篇著述,而元人黄清老是嚴羽此部詩學著作的彙輯者,進而重新考慮其詩學著作的性質,認爲"不能把後人彙輯而成的《滄浪詩話》放到詩話體的發展史中來評價"。① 這一結論無疑會帶來相關的革命性認識。當我們發現,不僅作爲書名的《滄浪詩話》非其原始面貌,而且據所能掌握的證據,並不存在一個由嚴羽自己編定的原初文本,那麼,當然也就意味着並不存在一個作爲自足實體的最真實、準確的論著文本,如此在傳統版本學領域開展追溯本原的工作便顯得無的放矢,就文本的構成來説,理解作者編撰意圖亦成虚妄。而一個由後人彙輯的文本,意味着是作者有關作品進入傳播或流通過程中的產物,該文本的生成與已勃興的印刷出版、傳播諸環節以及讀者的需求息息相關。因此,在這種情形下,還原嚴羽詩學著作的本來面貌,顯然需要引入另外一個維度,即由作爲傳播中介的編刊者與接受方的讀者等構成的閱讀市場。

本文正是立足於這一維度的探索,嘗試另闢蹊徑,重新審視嚴羽詩學著作的文本生成及其性質,將我們慣常聚焦於静態的文本考察以及作者中心的視線,引向一個更爲廣闊、立體的動態過程去把握。這樣的考察,很自然會與嚴著的早期傳播聯結在一起,從而有利於我們觀測,在這個過程中,嚴氏詩學著作文本如何在書坊編刊者的作用下,按照廣大讀者的需求被形塑、被改編,並呈現其符合新的出版途徑的多變傳播形態。

## 一、從嚴羽詩學著作的文本構成説起

先來看嚴羽詩學著作的文本構成。就其構成本身而言,應該説,事實清楚,無甚異議。我們從現存單獨收録嚴氏詩學論述的最早文本——元刻本《滄浪吟卷》卷一可見,其目録分列作"詩辯""詩體""詩法""詩評""詩證"五部分,並附録《答出繼叔臨安吳景仙書》。之後諸多明刻本,包括單行《滄浪詩話》,在上述五部分之構成上無甚變異。不過,當涉及這種

---

① 載於《北京大學學報》1999 年第 4 期。

構成何時成形或由何人編定時,卻已產生了不同意見。以往相當長一段時期中,或許因爲王士禛有曾見宋本《滄浪吟卷》的説法,研究者從未懷疑《滄浪詩話》宋刻本的存在,因而理所當然地默認其著的這種構成乃嚴羽時代成形,當本諸作者自己的設計;而張健多方論證嚴羽生前其詩學著作並未成編,元人黃清老才是嚴著的彙輯者,則多少顯示了元代後學之於該著成書及其形構的最終決定作用,這對於歷來的《滄浪詩話》研究無疑造成巨大衝擊。

這種衝擊帶來的另一個連鎖反應是,歷來默認嚴羽該著是作者自己編定的研究者,會徑直將這樣的文本構成視作作者精密詩學思想的體現。郭紹虞先生論《滄浪詩話》即曰:"是書首《詩辨》,次《詩體》,次《詩法》,次《詩評》,次《詩證》,凡五門。末附《與吳景仙論詩書》。專尚理論,較有系統,迥異於時人零星瑣碎之作,故特爲人所重視。"①這一判斷,在此後不斷爲人所發揮,所謂"嚴密而完整的理論體系",②至今仍是人們對於嚴著一種比較普遍的認識。但是,倘若嚴羽自己編定詩學著作的事實並不成立,那麼,上述認定顯然就失卻了根基。由此我們重新細辨《滄浪吟卷》卷一五篇匯於一編的構成,會發現各篇的生成方式及其性質、功用其實各不相同,而作爲詩學論述之形態及深淺亦異,所謂"嚴密而完整的理論體系"之類的看法或屬似是而非,值得懷疑。以下試詳論之。

首篇《詩辯》,向來被視作嚴羽詩論之綱領性宣言,接受者無論贊同或批判,大抵皆以之爲標的。就文體而言,此乃一種稱爲"辯"體的古文議論文,徐師曾《文體明辨序説》以爲"韓、柳始作",韓愈有《諱辯》,柳宗元有《桐葉封弟辯》,如張健《滄浪詩話校箋》亦已據吳訥《文章辨體序説》注出。③ 唐宋古文運動以來,古文成爲傳統文學中的高級文類,在理論上被賦予某種意識形態之權力,故須持莊肅的寫作態度,其每一種體式往往都會在實踐的過程中積澱成某種規範。如"辯"體,即被認爲是"別嫌疑而

---

① 郭紹虞:《宋詩話考》上卷"滄浪詩話"條,中華書局 1979 年版,第 103—104 頁。並且將之視作詩話史上重大進展的標誌,如其體認《詩人玉屑》之特點:"蓋是書在《滄浪詩話》以後,詩話面貌本已一新,則纂輯成編,其精神亦應與以前有所不同。"(上揭書"詩人玉屑"條,第 106 頁)

② 如卓希惠《〈滄浪詩話〉研究》(福建師范大學 2002 年碩士學位論文)在"論文摘要"(1 頁)、第二章第二節"系統性與理論性"(第 6 頁)及"結束語"中一再強調的。

③ 張健:《滄浪詩話校箋》,上海古籍出版社 2012 年版,第 1 頁。

明之者",①"大抵辨須有不得已而辨之意","蓋非獨理明義精,而字法、句法、章法,亦足爲作文楷式",②其精心構撰的要求毋庸置疑。我們從與嚴羽差不多同時的謝枋得對韓、柳此二篇"辯"體古文的評語,可以窺見這個時代於該體的寫作技巧要求或範式認識。③嚴羽在《答出繼叔臨安吳景仙書》中即曾表現出非常看重自己的《詩辯》,自詡"僕之《詩辯》,乃斷千百年公案,誠驚世絕俗之談,至當歸一之論。其間説江西詩病,真取心肝劊子手"。④而細讀《詩辯》,其"不得已而辯之"之雄辯直切及"理明義精",確皆斑斑可見。並且,這當中還包含着一個信息,即該篇在其生前至少已在同道知識者中有所傳播。至於這篇答覆吳陵的書信,同樣是古文文體,屬論詩、論文書,在議論文的性質上與《詩辯》相近,持莊肅寫作態度而精心構撰自不待言,它是在元刻本《滄浪吟卷》才被收爲卷一五篇之附錄的。元人黃鎮成於所撰《武陽耆舊宗唐詩集序》曰:"吾鄉自滄浪嚴氏奮臂特起,折衷古今,凡所論辯,有前輩所未及者。"⑤主要當即據上述此類議論文而言,其所呈現的詩論性質,明顯非北宋誕生的旨在"資閒談"、體兼説部的詩話可與同日而語。而按照慣例,此類古文若予結集,原本應收歸個人別集。

第二篇爲《詩體》。《詩人玉屑》收錄於卷二"詩評"後,單獨標列"詩體上",這樣,若論篇目次第,《滄浪吟卷》與《詩人玉屑》就有差異。該篇篇末有編者自注云:"近世有李公《詩格》,泛而不備;惠洪《天廚禁臠》,最爲誤人。今此卷有旁參二書者,蓋其是處不可易也。"⑥《詩人玉屑》同,惟其末署"滄浪編",值得注意。因知此篇乃嚴羽據李淑《詩苑類格》、惠洪《天廚禁臠》等前人詩格、詩法著作編纂而成,性質與上述精心撰寫之古文議論文有所不同,當爲其"辨家數"、"辨體制"之詩歌史體驗的綱目,或即教授門弟子之用。郭紹虞先生釋該篇相關條目時曰:"案滄浪《詩法》謂'辨家數如

---

① (宋)張表臣:《珊瑚鉤詩話》卷三,宋《百川學海》本。

② (明)吳訥撰,羅根澤校點:《文章辨體序説》,人民文學出版社1962年版,第44頁。

③ 謝枋得於韓愈《諱辯》後評曰:"一篇辯明,理強氣直,意高辭嚴。最不可及者,有道理可以折服人矣,全不直說破,盡是設疑,佯爲兩可之辭,待智者自擇。此別是一樣文法。"於柳宗元《桐葉封弟辯》題下評曰:"七節轉換,義理明瑩,意味悠長,字字經思,句句着意,無一字懈怠,亦子厚之文得意者。"(《文章軌範》卷二,元刻本)

④ 張健:《滄浪詩話校箋》下,第758頁。

⑤ (清)李清馥:《閩中理學淵源考》卷三九《陳暘谷先生士元》,文淵閣《四庫全書》本。

⑥ 張健:《滄浪詩話校箋》上,第398頁。

辨蒼白,方可言詩'。以上所謂'以時''以人'諸體,即是家數之辨。"①實即就其功用所作的揣測。嚴羽自己於此同樣頗爲自負:"至識則自謂有一日之長,於古今體制,若辨蒼素,甚者望而知之。"②不過,按照前人的文類價值觀,像這樣幾乎僅有立目的編纂類教材,不大可能收入個人別集,甚或連收録於個人雜著的可能性都很小,除非由新興的商業出版所單行。

《詩法》《詩評》分列第三、第四篇,而《詩人玉屑》收録於卷一"詩辯"後之"詩法"、卷二"詩體"前之"詩評",分別題作"滄浪詩法"、"滄浪詩評",則其與"詩體"間之次第,兩者亦有出入。説起來,詩法、詩評作爲詩學批評類型,也算是各有傳統,其構成、性質與上述講究字句章法的古文書寫自亦不同,語録式的結構倒可以説與正向"辨句法,備古今,記盛德,録異事,正訛誤"拓展的詩話相類。③ 且細辨嚴羽所述,無論《詩法》《詩評》,如郭紹虞先生校釋多注出其所本,正有不少"時人習見之論"。④ 問題還在其構成,張健即認爲,《詩法》諸條的編次没有内在條理,帶有很强的隨意性,《詩評》亦然。推測《詩法》《詩評》很可能是嚴羽所寫劄記,或是他與門弟子論詩的記録,而由其門弟子彙輯。⑤ 這是頗爲合理的推測,那些未必獨得、卻顯示個人傾向與主張的論評,正好凸顯了其語録的性質與特徵(揣摩《詩家一指》"嚴滄浪詩法"之"總論"所録文字,或許其爲與門弟子論詩記録的可能性較大)。若比照北宋以來歐陽修、司馬光以至陳師道、劉克莊等著有詩話者的編集情形,此類文字可作爲雜著編入個人大全集。

第五篇即所謂"詩證",此篇名最早見於元刻本《滄浪吟卷》目録,而其卷一正文篇名則爲"考證"。《詩人玉屑》收入卷一一"考證"門中,僅此一篇,並未標滄浪之名,亦無其他出處。故張健認爲,也不能絶對排除《考證》篇是來自《詩人玉屑》的可能性,如果其文本確實是來自《詩人玉屑》而又没有直接的證據,那麽《考證》是否爲嚴羽作還需要進一步確認。⑥ 此處我們先不論其來歷,而論其體制。從傳統文學批評——集部"文史"至"詩文

---

① 郭紹虞校釋:《滄浪詩話校釋》,人民文學出版社 1961 年版,第 68 頁。

② 《答出繼叔臨安吳景仙書》,載《滄浪詩話校釋》附録,第 252 頁。

③ (宋)許顗:《彦周詩話》小序,載何文焕《歷代詩話》,中華書局 1981 年版,第 378 頁。

④ 郭紹虞校釋:《滄浪詩話校釋》,第 147 頁。

⑤ 張健:《〈滄浪詩話〉非嚴羽所編——〈滄浪詩話〉成書問題考辨》,載《北京大學學報》1999 年第 4 期。

⑥ 同上。

評"一門的演變來看,所謂批評原包括考訂在內,如《千頃堂書目》卷三一補録宋人之《文選五臣同異》,卷三二録明曾魯《六一居士集正訛》《南豐類稿辨誤》等,皆在"文史"類;當然,也有被輯録於詩格、詩法或詩話之中,如皎然《詩式》中論考偷語、偷意、偷勢詩例等,後楊慎《升庵詩話》亦多上舉《彦周詩話》小序所説的"正訛誤"之辨證。不管怎麽説,此篇"考證"被單獨列出,有其自身職分所屬,其性質、功能與《詩辯》之類議論文大別,與其他諸篇亦難説在同一層級,但或許仍可作爲雜著編入個人大全集。

以上種種情況,表明嚴羽詩學文本的不同來歷、體制及其複雜性,這種並不均質的構成,不説乃編者據其所能獲得的作者存稿雜纂而成,則至少可以説,距離所謂"嚴密而完整的理論體系"不啻南轅北轍。這當然亦可反過來證明,該著確實不大可能在嚴羽生前由其自己設計編定。而之所以會產生"專尚理論,較有系統"這樣評價的原因,其一當由《詩辯》一篇的論述性特質遷延而及,且同一作者的所有作品被預設是均質的。另一較爲關鍵的原因,據其文本所刊目録可見,恰在於人們很大程度上受到整飭化標題的迷惑,從"詩辯"到"詩證",整齊劃一,似乎很有體系性,而事實上,那不過是書坊編刊書籍的慣用伎倆,且不論其內在是否真的層次分明,如標題上所謂"詩證",在篇中仍不過"考證"之謂,即已露出馬腳。有關諸如此類的書商作爲,我們下面還將有所申論。

## 二、嚴著與《詩人玉屑》關係重探

那麽,接下來要追問的是,元人彙輯於《滄浪吟卷》卷一的嚴羽詩學著作之文本構成所從何來? 若向前推溯其"前文本",我們很自然會與迄今所見最早收録其近乎全部詩學作品的《詩人玉屑》發生聯繫。這其實是研究者向來關注的論題,早在 20 世紀 90 年代末,如蕭淳鏵發表《〈詩人玉屑〉與〈滄浪詩話〉之關係》一文,於這兩種詩學著作在結構、觀點等內在關聯上,就已經作了相當深細的比較。不過,問題仍在於,有關這一論題的討論,是在默認先有嚴羽編刊《滄浪詩話》文本存在的前提下開展的,故其結論當然是:"《詩人玉屑》的這種編排方式是受了《滄浪詩話》的影響。""使人感到魏慶之是在《滄浪詩話》一書的架構下進行擴大和加深工作。"①這也成爲人們的慣常思維。現在,當我們借助張健已論證的新的

① 刊載於《中國文化月刊》第 217 期,1998 年 4 月,第 44—71 頁。

結論,確認在嚴羽生活的時代應該並不存在已經編訂成書的這樣一個詩學著作文本,是否可以嘗試倒過來推定,是《詩人玉屑》的編排方式影響了《滄浪吟卷》如此收編五篇之構成?

當然,作爲推定,其可構擬的關係仍然是複雜的。從邏輯上説,即便並不存在一個由嚴羽自己編定的原初文本,它仍有如下可能性,即在魏慶之編刊《詩人玉屑》前,上述五篇的大致類分已然存在,或爲嚴羽手稿的原存形態(前編輯階段),或爲其親故、門弟子編定的稿本(前出版階段),如此將意味着其五篇彙編的形態同時影響了《詩人玉屑》及元刻本《滄浪吟卷》的編排方式。不過,在未有實物發現的情形下,諸如此類作品"前文本"的構擬畢竟都是紙上談兵,恐怕難有結論。這樣的問題,或許應該置於當時已步入印刷出版時代的大背景下來加以探討。

《詩人玉屑》的文本屬於一種分門類編的編排方式,這固然是卷帙頗富的彙輯文獻常常採用的方式,更爲關鍵的在於,這應是一種適應印刷出版而勃興的文獻集成形構。北宋以來,就詩話之類的詩學文獻而言,通過印刷出版進入閱讀市場已逐漸普遍。除了像歐陽修、司馬光、陳師道、劉克莊等名家以編入大全集的方式傳世(這其實是個人別集的一種擴展版,也是印刷業發展才有的成果),面對這個時代日漸增長的詩話數量,也有如左圭於咸淳九年(1273)輯刊之《百川學海》,屬類書性質的叢編,其庚集即彙集了北宋以來諸多重要詩話。《唐宋名賢分門詩話》出,其抄撮諸書,成"品藻"以下共34類,①則開啓了分門類編詩話總集之法門,郭紹虞先生稱"可謂無名作家之代表作"。② 之後如阮閱《詩話總龜》、胡仔《苕溪漁隱叢話》等踵武增廣,收録、類編又各有特點。③ 而由《苕溪漁隱叢話》前集卷一一記述一《詩話總龜》閩中刊本:"《詩總》十卷,分門編集,今乃爲人易其舊序,去其姓名,略加以蘇黃門《詩説》,更號曰'詩話總龜',

①　參詳張伯偉《稀見宋人詩話四種》"前言"對該書的考述及朝鮮版點校,江蘇古籍出版社2002年版,第14、234—400頁。

②　郭紹虞:《宋詩話考》,第196頁。

③　《四庫全書總目》嘗比較阮、胡二著曰:"然閱書多録雜事,頗近小説;此則論文考義者居多,去取較爲謹嚴。閱書分類編輯,多立門目;此則惟以作者時代爲先後,能成家者列其名,瑣聞軼句則或附録之,或類聚之,體例亦較爲明晰;閱書惟采撦舊文,無所考正,此則多附辯證之語,尤足以資參訂。"(《四庫全書總目》卷一九五《集部四十八》"苕溪漁隱叢話"條,清乾隆武英殿刻本)

以欺世盜名耳。"①方回《漁隱叢話考》記曰："今所謂《詩話總龜》者，删改
閻休舊序，合《古今詩話》與《詩總》，添入諸家之説，名爲《總龜》，標爲
'益都褚斗南仁傑纂集'，前後續刊七十卷，麻沙書坊捏合本也。"②我們明
顯已可感受到其中前後剿襲、割裂剽剥、偷樑换柱等商業出版的手法與運
作模式。

不僅是詩話，可以説，隨着私人刻書業的日漸發達，各種類型卷帙頗
富而分門類編的彙輯文獻，成爲符合印刷出版特點及其功效的新寵，詩文
别集如《王狀元百家注分類東坡先生詩》《類編增廣黄先生大全文集》等，
總集如題劉克莊《分門纂類唐宋時賢千家詩選》、趙孟奎《分門纂類唐歌
詩》等，詩格彙編如周弼《唐詩三體家法》、于濟、蔡正孫《唐宋千家聯珠詩
格》等，皆可謂應運而生。他如劉應李《新編事文類聚翰墨全書》、陳元靚
《事林廣記》、毛直方《聯新事備詩學大成》、無名氏《重刊增廣門類换易新
聯詩學欄江網》等日用類書；無名氏《文場資用分門近思録》，魏天應、林
子長《批點分格類意句解論學繩尺》等科舉用書：這種種書籍，原本皆應
屬抄寫煩難者，借助印刷技術而有了批量生産，其效益可想而知。而其好
處，無非在於將大量龐雜信息集成並予以條理化展示，方便大衆需求者檢
索取用，③因此，須充分估計印刷技術革命給書籍的編纂形式所帶來的變
化的意義。

再回過頭來説《詩人玉屑》。作爲南宋後期出現的一部詩話或詩法總
集，其編纂體例自有其來歷。該著卷首黄昇序提點前例，述及《詩話總龜》
"疏駁"，《苕溪漁隱叢話》"可取"然"貪多務得"，④雖不免抑人揚友之嫌，
然亦可見其淵源所自。《四庫全書總目》集部"詩文評類"《詩人玉屑》條
因承黄昇序之話頭，亦連類舉曰："宋人喜爲詩話，裒集成編者至多。傳於
今者，惟阮閲《詩話總龜》、蔡正孫《詩林廣記》、胡仔《苕溪漁隱叢話》及慶

---

① 《詩話總龜》（後集）"附録"，人民文學出版社1987年版，第323頁。

② 《桐江集》卷七，清嘉慶宛委别藏本。

③ 内山精也將之表述爲："當印刷的普及使經由書籍傳播的資訊不斷增加時，接
下來要做的工作，就是對各種資訊的類别化、集約化處理了。"他討論的書籍編輯形式
範圍更大，包括集注、編年等，指出："在此類書籍重編的進程中，民間書肆所起的主導
作用，至南宋後日益顯著。"（《宋代刻書業的發展與宋詩的近世化現象》，朱剛譯，載臺
灣東華大學中國語文學系編《東華漢學》2010年第11期，第123—168頁）

④ （宋）魏慶之：《詩人玉屑》上"原序"，上海古籍出版社1959年版，第2頁。

之是編，卷帙爲富。然《總龜》蕪雜，《廣記》掛漏，均不及胡、魏兩家書。"①郭紹虞先生則進一步坐實説，是書卷一一以上，分論詩法、詩體、詩格以及學詩宗旨各問題，其體例略同於《詩話總龜》之"琢句""藝術""用字""押韻""效法""用事""詩病""苦吟"諸目；卷一二以下品藻古今人物，其分目以人以時爲主，又多與《苕溪漁隱叢話》相類。②

《詩人玉屑》爲商業出版物，如吉川幸次郎早已指出。③從魏慶之、魏天應父子曾編刊相關書籍的經歷來看，他們所從事的工作，與其所在建陽書坊密切相關。故要弄清《詩人玉屑》實際的編刊方法及依據，還須從商業出版的模式去考察。值得注意的是胡玉縉於該著早已有的分析、指謬，至爲精當："案是編大致以胡仔《苕溪漁隱叢話》爲藍本，附益十之二三，體例未協，出處有注有不注。凡《叢話》引書後有所折衷者，加'苕溪漁隱曰'五字，今録《叢話》而但標其所引之書，一似原書引漁隱説者，殊足貽誤後人。"④近年來，袁明青所撰《〈詩人玉屑〉研究》，通過細緻統計比對，已證實這樣的判斷：該著著録的引用書目 140 餘種，十之七八輯録自胡仔《苕溪漁隱叢話》，並在此基礎上予以删并改易。卷一二之後歷代人物品評部分，固然最直觀地反映《詩人玉屑》對《苕溪漁隱叢話》的襲取，而如果聯繫前十一卷來看整部書的組成，《苕溪漁隱叢話》亦是其最主要的引用書目。至於其有所增補者，即爲南渡之後黃徹、朱熹、楊萬里、嚴羽、黄昇、趙與虤等人的詩論。故可以説，《詩人玉屑》就是以《苕溪漁隱叢話》爲藍本進行編輯擴充而成的。⑤

在筆者看來，本着效益最大化的原則，在盡可能經濟的時間内，圍繞一個藍本進行改頭換面的書籍"製作"，向來是商業出版的策略。從體例上説，《詩人玉屑》前十一卷當是編刊者出於版權等問題的考慮，着意變易

---

① 《四庫全書總目》卷一九五《集部四十八》"詩人玉屑"條。

② 郭紹虞：《宋詩話考》，第 75—76 頁。

③ 氏著《宋詩概説》曰："然而在城市詩人輩出的這個世紀裏出版的《詩人玉屑》，更是手法奇妙。且這本書爲營利而出版刊行的痕迹是明顯的。"見〔日〕吉川幸次郎著、李慶等譯《宋元明詩概説》，中州古籍出版社 1999 年版，第 146 頁。

④ 王欣夫輯：《四庫全書總目提要補正》卷五九，中華書局 1964 年版，下册第 1668—1669 頁。

⑤ 參詳袁明青《〈詩人玉屑〉研究》，南京大學研究生畢業論文（指導教授：鞏本棟），2011 年，未刊，第 12、23—33 頁。

增擴的重點,故特地按照詩格、詩法內容的門類進行編排,①看上去是詩歌作法初學進階,可以説是回到胡仔曾有所批評的阮閲《詩話總龜》的分類法,而非《苕溪漁隱叢話》所改用的"以年代人物之先後次第纂集"的方式。其取則再次反轉,猶如方回所記敘的阮閲鄉人湯巖起,針對胡仔以阮閲分門爲未然,著《詩海遺珠》,又以胡仔爲不然,②頗富戲劇性,實不過取現成熟習的套路變換手法而已。即便如此,前舉袁明青論及其前十一卷中有些門類的設立明顯有生硬拼湊的痕迹,而不少門類下所收輯録材料僅數條,甚至有僅收一條者,③恰是商業出版倉促粗率的證明。

其中首二卷看上去似具綱領性質,尤爲重中之重。其引人注目處,當然在極大篇幅載入嚴羽詩學著述,方回所謂"閩人有非大家數者,亦特書之,似有鄉曲之見",④所指當即以嚴羽爲首,至少包括黃昇、吕炎等人,其實正是詩學及其傳播地方性因素的顯示。卷一首列"詩辨",爲嚴羽一家言,可謂"獨占鰲頭",所據當即其時交游圈中已流傳之嚴氏單篇詩論,而以其篇名標目。不過,亦正如方回對該著編法所提出的批評:"往往刊去前賢標題,若己所言者,下乃細注出處,使人讀之,如無首然。又或每段立爲品目,殊可憎厭,況又不能出《漁隱》度外。"⑤事實上,這也正是商業出版的伎倆,通過改立品目,達到改頭換面的效果,從而又使編刊者享有其著作權。在這種情況下,無論是爲顯示編者主導意見(或僅僅爲吸引眼球)而加標目,還是爲求與全書體例統一有意將完整論述拆換成條目狀,皆很難保證編者不對作者原作動手術。過去我們比較多地從編者魏慶之之於嚴羽詩學理論性構成及其重要性的認識出發,來考慮其何以如此編排,如今當然仍不能完全捨棄這方面的因素,不過必須承認,從商業出版物的角度予以觀照,有其合理性而不可或缺。從材料上説,既然魏慶之意在通過增補南渡以來諸公詩學論述來給所據藍本《苕溪

---

① 據蕭淳鏵《探討〈詩人玉屑〉與詩格的關係》,其中一些條目直接輯録詩格的內容,如皎然《詩式》、題白居易《金針詩格》、李淑《詩苑類格》、惠洪《天廚禁臠》、《吟窗雜録序》等,又有模仿《風騷旨格》摘句標目,"詭立句律之名"。我懷疑或即據《吟窗雜録》選輯。

② 《漁隱叢話考》,《桐江集》卷七。

③ 《〈詩人玉屑〉研究》,第 12 頁。

④ 《詩人玉屑考》,《桐江集》卷七。

⑤ 同上。

漁隱叢話》換血，如黃昇序特地言及"近世之評論"，那麼，在他同時代，作爲閩北有一定聲名而識見非凡的嚴羽之詩學，應該會成爲其主打的神秘而新鮮的牌，①而《詩辯》這樣論辯性極强的理論之作，設同總論亦是自然而然之事。

卷一次列"詩法"，録朱熹、楊萬里、趙蕃、吳可、龔相、姜夔及嚴羽七家，所加標目中唯"趙章泉詩法""滄浪詩法"二條有"詩法"字樣。其中趙蕃一條，乃以詩答人問詩法，郭紹虞先生比較謹慎地考述曰："魏慶之《詩人玉屑》引其語甚多，但不言有《詩法》，惟蔡正孫《詩林廣記》論王維《南山遺興》詩中水窮雲起一聯與杜甫《江亭》詩水流雲在一聯，謂出趙章泉《詩法》。案章泉有《詩法詩》，見《詩人玉屑》。是否章泉別有《詩法》之著，不可考知，姑置於此。"②即便如此，"詩法"是這個時代常常運用的語彙當無疑問。③ 嚴羽之論被置於該門類殿后的位置，是篇究竟是收録前已輯成的文本，還是由魏慶之據"前編輯"存稿輯録，我們放到下文"詩評""詩體"類標目一並討論，它會涉及我們關注的問題，即此類標目究竟是受嚴羽相關單篇作品之影響，抑或魏慶之設定的架構影響了嚴著的文本構成。

卷二首列"詩評"，録楊萬里、敖陶孫與嚴羽三家，惟後二家作"臞翁詩評""滄浪詩評"。"詩評"亦常見語彙，且早有用作書名或篇名者，如《新唐書·藝文志》著録有皎然《詩評》，《直齋書録解題》著録有桂林僧《詩評》、不知名氏《詩評》等。敖陶孫與嚴羽同時，陳起輯《南宋群賢小集》有《臞翁詩集》二卷，首冠以《詩評》。他如紹定中與戴復古結江湖

---

① 一個可互爲印證的案例，是明萬曆間書林泗泉余彰德梓《翰林詩法》，該著十卷，爲歷代詩法集成，其中卷二至卷九，大抵以一家或一種詩法著作爲單位加以彙編，有楊成《詩法》或黃省曾《名家詩法》可據，惟卷一爲《翰院詩議》，編著者在弁言中稱："因以暇日搜羅宋明兩代詞臣詩議及前代名家要語，集爲法則，以便來學。"故從書名可見，其出版策略是以卷一爲廣告，打包將其他現成詩法著作一同發售。參見拙作《從〈詩法要標〉看晚明詩法著作的生產與傳播》，載《文學遺產》2016 年第4 期。

② 《宋詩話考》，第 215 頁。

③ 如《苕溪漁隱叢話》前集卷六引《後山詩話》："黃魯直言杜之詩法出審言，句法出庾信，但過之耳。"前集卷九《呂氏童蒙訓》引徐師川言："自李杜以來，古人詩法盡廢。"前集卷五五《王直方詩話》引劉貢甫詩，謂："舊云，'雲裏'，荆公改作'雲氣'，又云'五見宮花落古槐'，此詩法也。"（清乾隆刻本）《白石道人詩説》亦曰："不觀詩法，何由知病？"（清刻《歷代詩話》本）

吟社的曾原一有《蒼山曾氏詩評》一卷,吳澄爲序,謂"《詩評》一篇乃其同鄉之士黎希賢所輯";①邵武李方子有《公晦詩評》,劉克莊爲跋。② 何以"詩評"與其下"詩體"並置一卷?除了從體量均衡的角度考慮,或還有其時一般觀念上的原因。從皎然的著述可見,自唐以來,"詩評"的概念即與詩格相關,③故相對而言,與"詩體"更爲靠近。值得關注的還有元代刊行之《嚴滄浪詩法》,下面還會講到,或許就是以《詩體》爲主體的一種編法,而其最後"總論"部分,基本上屬於今傳《詩評》的內容。

卷二次列"詩體",其上篇全篇録自嚴羽,末署"滄浪編"顯示出處,其下篇更以之爲標準,分別輯録諸多詩話可歸屬各體分類者。值得注意的是,這與"詩法""詩評"並非同一編例,嚴羽相關論述被安置的位置首尾既不同,題署的方式亦異。這種編例上的差異,或許蘊藏着與嚴羽詩學著作文本構成相關的信息:唯"詩體"上篇末署"滄浪編",想來是已有成編的表示,而"詩體"下安置按諸詩體類目輯録的其他諸家之論,則襯托嚴羽在該類目中的領主地位,其設置乃是受嚴羽所編此篇分體的影響。《滄浪吟卷》所收將之置於《詩辯》之下的第二篇,當亦因爲明確爲嚴羽編就。反觀"詩法""詩評"門類,編者於諸家皆有輯録,他詩家或有其相類標目,嚴羽相關詩學論述被標以"滄浪詩法""滄浪詩評",與他詩家平等分享輯録權利,只不過殿后的位置稍顯特殊。據此,我個人比較傾向於"滄浪詩法"、"滄浪詩評"乃魏慶之據嚴羽存稿或門弟子記録輯録,而置於較爲通行的大類目之下。

其實,與此二卷類似的大類目設置,我們可以從南宋初任舟集録的《古今類總詩話》五十卷找到先例。其書雖已佚,方回《古今類總詩話考》記其所見録有紹興丙寅年(1146)序的婺板:"其第一卷曰詩體,二曰詩論,三曰詩評,至第四卷詩仙以下多不涉出處,必不得已曰某人云,他則若

---

① (元)吳澄:《吳文正公集》卷一二《蒼山曾氏詩評序》,文淵閣《四庫全書》本。

② (宋)劉克莊:《後村先生大全集》卷九九《跋李耘子所藏其兄公晦詩評》,《四部叢刊》影舊鈔本。

③ 李淑《詩苑類格序》亦曰:"五七言體起於漢,施於齊梁,始類以聲病,前賢著評式,論之詳矣。"《新編纂圖增類群書類要事林廣記》後集卷七"辭章類"(元至順間建安椿莊書院刻本),中華書局 1963 年影印本。

出於己所云者。"①很可能亦是一商業出版物,其分門類編及標目本身,或即爲魏慶之所借鑒。

至於嚴著五篇中的"考證",《詩人玉屑》列於卷一一"詩病""礙理"後,然卻並未有任何署名,《滄浪吟卷》本收錄該部分何據,不得而知,估計總有其流傳中的説法,我們姑且依據元本,將其視作嚴羽的作品。值得重視的是,它在《詩人玉屑》全書構成中的位置。如前已述,全書實以卷一一爲界分成兩大部分,前半部大抵以詩格、詩法爲中心,後半部大抵以歷代詩人詩作評論爲中心,實際上前半部正是編刊者試圖變易其所據藍本面目的着力所在。蕭淳鏵已覺察到"考證"處於卷一一末這個位置,證明卷一至卷一一是一個整體,只不過我們或許應在重新考慮二著關係的前提下,究察嚴羽詩學諸篇分布該著前半部首尾的意味。

如果嚴羽生前並未將其詩論編定成書是一個事實,並且假如魏慶之作爲出版人最早將搜輯所得嚴氏詩學論述分類彙編於《詩人玉屑》中,那麼,元刻本《滄浪吟卷》卷一所集成的嚴著之結構,是否就應該是取諸《詩人玉屑》?畢竟魏氏所錄嚴羽詩論皆算獨立成篇,而構成類目又都是現成的,取以彙集成個人詩學著作較爲容易。就合乎一般編例的邏輯而言,似這般並不均質的文本構成及其類目標名,來自分門類編的彙輯類詩話或詩法總集的可能性畢竟要大得多。當然,如《詩辯》這樣的篇章,原本已在作者知識者中傳抄甚至有更大範圍的傳播,故在八九十年之後的閩北,仍應有傳存。就文本差異而言,實際上也就僅該篇超出了流傳過程中一般編輯的能動範圍。這樣的話,就意味着嚴羽詩學著作的文本生成,帶上了最初傳播方式的印記。而這種傳播中,因印刷新技術而促成的出版變革,以及文學擔當者階層下移形成詩歌消費的市場化需求,已經在某種程度上呈現出近世性特徵。

## 三、嚴羽時代的文學生態變局

從一種相對長時段的視角去回溯,可以認爲,嚴羽時代恰是中國歷史上文學生態環境發生顯著變化的關節點,那是一種空前的、深刻的結構性變化,顯示了文學在向近世社會邁進。要論定這一變化,當然可以有多個系統的指標,若據以考察傳統文學核心的詩歌領域,則最爲直觀的指標即

---

① 《桐江集》卷七。

是文學擔當者階層的下移,那同時意味着詩歌創作人口的增長。這樣的現象並非至晚明才出現,至少南宋後期已有相當程度的體現,江湖詩人的崛起,就是一個標誌,①是文學史上亟需進一步引起重視的大事件。畏友内山精也近年來致力於南宋末江湖詩人的研究,正是將之作爲探察中國近世文學消息的主要標本或抓手。一系列成果中,他的《宋詩能否表現近世》一文,據張宏生《江湖詩派研究》(中華書局 1995 年版)統計的 138 名所謂江湖派詩人的名單,就士大夫階層(其中又按官位高低再分上、中、下三等)與非士大夫階層按省份製成一表,爲我們提供了一個當時社會從事詩歌創作者身份的樣例分析,大致反映了各地區江湖詩人的活躍程度。總體上,其中下層士大夫和布衣共計 122 名,占全體的 88%;浙江、江西、福建、江蘇四個地域出身的有 121 名,也占了將近 88%。由此證實,所謂江湖派詩人,主要由處在士大夫階層周邊位置的詩人或在野詩人構成。②嚴羽所在的福建屬於江湖詩人活躍的地區,其本人屬於該階層應無異議,其族中如嚴粲,創作的詩歌曾爲書商陳起所輯刊。鄭思肖《中興集自序》中,嚴粲、吳陵、嚴羽與戴復古、敖陶孫、趙汝回、馮去非、葉紹翁、周弼等並被其歸入所仰"詩人"一類,而與所仰名相、閣臣、名臣、道學、文臣等人群或階層相區分。③作爲同地域作家,劉克莊在《毛震龍詩稿》中謂"詩人滿江湖,人人有詩,人人有集",④黃昇在《詩人玉屑》序中謂"方今海内詩人林立",⑤殆非虚言。

其次,作爲創作主體的詩人群體的變化,帶來讀者圈的變化,印刷出版在此際的發達,恰好使得承載各種知識、信息的書籍在社會上迅速下行傳播得以實現。當然,這樣一種書籍出版的高峰在明代中晚期,但南宋中期以來,以福建建陽、江西廬陵、浙江杭州的書坊爲中心的民間出版業迅猛發展,正是印本漸次取得對於鈔本優勢的推動力,還是應該引起我們足

---

① 史偉從南宋末士人階層的分化、江湖游士階層的形成並成爲詩歌創作的主體,對這一現象有頗爲周慎的闡釋,詳見《宋元之際士人階層分化與詩學思想研究》,人民文學出版社 2013 年版,第 20—62 頁。

② 朱剛譯,刊載於周裕鍇編《第六屆宋代文學國際研討會論文集》,巴蜀書社 2011 年版,第 253 頁。

③ 見《鄭思肖集》,上海古籍出版社 1991 年版,第 99 頁。

④ 《後村先生大全集》卷一〇九。

⑤ 《詩人玉屑》上"原序",第 2 頁。

夠的重視。① 就建陽而言，作爲廉價暢銷書的印刷中心，在那裏，與自覺普及學詩相關的生産傳播活動，除了諸多不同類型的詩話、詩法及詩格著作之編刊，還有以"詩學集成""詩學大成"等爲名目面向初學者的各種詩語、韻書編集等，②皆作爲通俗詩學讀本，供初學者或不同文化程度的人學習，從而令更爲廣大的人群能夠在詩歌創作領域登堂入室。於是，印刷出版的生産、傳播與文學擔當者階層下移構成一種因果互動，上述那些大批量商業出版物的消費、接受者，同時正是日漸擴展的民間詩歌創作隊伍，二者相互促進，共同增長，恰好顯示了由作爲傳播中介的書坊編刊者與更爲廣大的中下層創作者爲主體的讀者構成的龐大詩歌消費市場的形成，可習而得的知識化、技術化則成爲市場供需的内在驅動。

再次，在這個龐大的詩歌消費市場，作爲傳播中介的書坊編刊者成爲聯繫衆多中下層詩歌消費者同時或又是創作者的樞紐。一方面，他隨時掌握讀者的動向、市場的要求，滿足所需；另一方面，通過不斷推出其有意識設計的産品，引導市民社會的詩歌風尚潮流，促進消費。我們知道，嚴

---

① 有關印刷出版的歷史發展，最爲直觀的資訊，可參看井上進《中國出版文化史：書物世界と知の風景》中所制以《中國古籍善本書目》爲依據的南宋至明中期四部書現存印本之出版時間表，名古屋大學出版會 2001 年版，第 181 頁；大木康《明末江南的出版文化》中以楊繩信編《中國版刻綜録》爲主要材料統計的宋元至明末書籍出版數年代表，周保雄譯，上海古籍出版社 2014 年版，第 7—8 頁。皆顯示印本在宋元明顯增長，明初回落，而明代中晚上升並達到巔峰。不過，賈晉珠（Lucille Chia）針對那些相信印刷出版空前爆發於 16 世紀中期之明代的看法，仍希望重新權衡更早時期的相關情況，認爲有意義的對比是在北宋和南宋之間，也值得引起重視。見所著 *Printing for Profit: the commercial publishers of Jianyang, Fujian（11th - 17th centuries）*一書"*Jianyang Imprints of the Song and yuan*"的結論部分，（Harvard-Yenching Institute monograph series，56）Harvard University Asia Center for the Harvard-Yenching Institute：Distributed by Harvard University Press，Cambridge（Massachusetts）and London，2002，pp. 145 - 146.

② 張伯偉《中國詩話的文化考察》"詩話與刻書業"部分，製表列舉當時刊刻、流傳的詩話，其作者以福建籍居多，認爲這與宋代福建地區刻書業的發達是有着内在聯繫的，載《中國詩學研究》，遼海出版社 2000 年版，第 304 頁。至於像《吟窗雜録》這部彙輯唐宋諸家詩格、句圖及詩論的總集，同樣是福建商業出版的産物，參詳上揭書《論〈吟窗雜録〉》，第 26—46 頁。上揭内山精也《宋代刻書業的發展與宋詩的近世化現象》一文，亦以福建建陽的書坊爲中心，例舉 13 種代表性書籍，討論"南宋末期至元代的作詩教本、選本、類書之編刻與流行"。另，張健《從〈學吟珍珠囊〉到〈詩學大成〉〈圓機活法〉——對一類詩學啓蒙書籍源流的考察》，則是專門對《詩學大成》一系蒙學書版本、編者的源流清理，同樣可見元代建陽書坊的作用（載《文學遺産》2016 年第 3 期）。

羽時代的詩壇流行,如張之翰曰:"近時東南詩學,問其所宗,不曰晚唐,必曰四靈,不曰四靈,必曰江湖。"①而在内山精也看來,這恰恰與書商陳起的出版戰略密切相關:他先是刊刻所謂"書棚本"唐人詩集系列,其中絶大多數是中晚唐詩人的詩集,且以晚唐五代詩人所占比例爲高,亦曾刊印葉適編選的"永嘉四靈"之《四靈詩選》;至於趙師秀編選的賈島、姚合《二妙集》及以中晚唐詩人爲中心之《衆妙集》,其出版也可能與陳起有關。而他編刊同時代江湖詩人的選集,更是將原本只有松散的横向聯繫、缺乏總體協調的一群江湖詩人聯結起來。假如一定要説有江湖詩派的存在,那麽,它的核心無疑就是陳起。②

《詩人玉屑》毫無問是這種文學生態環境的産物,並且,魏慶之作爲通俗詩學讀本的編刊者,如同出版商陳起的身份、立場,利用印刷出版這種新傳媒,以生産滿足讀者需求的産品爲職志,又在這詩歌消費市場中起到了積極的作用。正因如此,該著成爲元明諸多詩法著作的范型與來源之一,同時又因爲收編嚴羽詩學著作並賦予特殊的位置與構成,開啓了嚴羽詩學之詩法傳播時代。其實,即便在南宋後期,隨着印刷出版的進一步發達,文人士大夫於生前將個人詩文編集刊行開始流行,但像嚴羽、黃昇、吕炎這樣在當時並非具有很大聲名的地方作家、批評家,方回所謂"閩人有非大家數者",或也未必有條件、有機會實現這樣的印本傳播。故如郭紹虞先生在討論《詩人玉屑》同樣引用最多的黃昇《玉林中興詩話補遺》時,推測"或慶之所見乃其稿本,此後並未刊行,流傳不廣,故不見諸家著録歟",③頗在情理之中。同樣的情況可能還有吕炎與其《柳溪近録》。如此看來,《詩人玉屑》在録存這些本地"近世之評論"上實大有其功,這恐怕也是鈔本向印本轉換時代諸多彙輯類文獻常常具備的功效。

雖然嚴羽詩學著作的生成,與同時代魏慶之那本通俗詩學讀本的編法及其傳播相關,但有必要澄清的是,這種商業出版的傳播方式及内容未必符合嚴羽自身的意旨。嚴羽歸入廣義的江湖詩人當然不成問題,從身份上説,恰屬於被擴展的新興的文學擔當者階層。不過,他畢竟是一個在文學上極有個性與抱負的人,自視甚高。戴復古《祝二嚴》中對他的評價

① (元)張之翰:《西巖集》卷一四《跋王吉甫直溪詩稿》,文淵閣《四庫全書》本。

② 參詳上揭《宋詩能否表現近世》一文。

③ 郭紹虞:《宋詩話考》,第160頁。

"持論傷太高，與世或齟齬。長歌激古風，自立一門户"，①常爲研究者所引證；他自己於所著《詩辯》中表現出來的極端自負，前亦有述。因此，無論就其《詩辯》或答吳陵書來看，都是在同道詩友間嚴肅回應、批判當前文壇最新流行的宗尚。儘管就其旗幟鮮明地抨擊江西詩病而言，或有其所在江湖詩人階層的立場在，但他同樣對"永嘉四靈"的晚唐體有尖銳的批評。他的動機與目標，是在諸種勢力與主張的擠壓中，提出自己獨得的解決方案，爲當今時代的詩歌尋找出路，並非爲這個社會廣大初學者教示作詩門徑，而是具有相對自覺的規範、提升這個詩歌消費市場的使命感。其相與切磋詩藝的，其實是相當有限的小圈子，也就是紹定間知邵武軍事的王埜、任邵武軍教授的戴復古及李賈諸人，或再加上序其家集的族人吳陵，故無論其交游方式抑或持論，皆顯示其骨子裏某種較强的精英意識。即便在這有限的詩友中，如吳陵並不贊同他的詩學主張，這從嚴羽的《答出繼叔臨安吳景仙書》可以得證，王埜與他的觀點亦明顯不一致，徐燉《滄浪詩集序》謂："郡太史王子文與先生論詩不合，式之作十絶解之。"②當然，戴復古作爲前輩專業詩人，在宗唐復古的傾向上與嚴羽還是有共鳴的，因而對他有欣賞的一面，黄公紹所謂"石屏戴復古深所推敬"，③當即從戴氏《祝二嚴》的"二嚴我所敬，二嚴我所與"而來，然戴復古畢竟亦有"持論傷太高"的隱憂。故嚴羽生前恐怕是頗爲孤獨的，這也往往是"有奇氣"的思想者常有的境況。

因而，即便如《詩人玉屑》給予嚴羽詩論極爲特殊的地位，亦不能就此認爲該著等同於或代表嚴羽的看法，作爲編者的魏慶之畢竟有其自己的宗旨意趣與編纂體例。該著作爲通俗詩學讀本，無論示法度與辨流變，皆爲指點學詩者門徑，培植讀者的基礎鑒賞力。由此考察《詩辯》在《詩人玉屑》中，如魏慶之於首條冠以"滄浪謂當學古人之詩"的標目，開篇的論述與《滄浪吟卷》所收，次第上顯示很大的出入，其論述的重心亦因此移至學詩者當如何學古人上，而非《滄浪吟卷》本"假禪宗以定詩品"，④示"禪道"與"詩道"內質上的共通點——"妙悟"這樣的深層詩歌理論問題，已

---

① 《石屏詩集》卷一，《四部叢刊續編》，景明弘治刻本。

② （清）丁丙：《善本書室藏書志》卷三一"《滄浪詩集》四卷"條引，清光緒年間刻本。

③ 《滄浪吟卷序》，轉引自郭紹虞《滄浪詩話校釋》附輯，第 266 頁。

④ 《御制題嚴羽滄浪集》，《滄浪集》卷首，文淵閣《四庫全書》本，1179 册，第 27 頁。

經是一種詩法的設計。令人不得不相信魏慶之在收編嚴羽詩論時，作了迎合一般讀者層次及其需求的調整、改編，而開了實用化、通俗化之先。又鑒於《詩人玉屑》詩格、詩法彙編的性質，其採集詩論，一般還是要諸家兼收，作爲商業出版，更需標榜所收名家高論之全備。如就"詩法"而言，包括朱熹、楊萬里等七家，"詩評"亦及楊萬里、敖陶孫等三家，其中就身份而言，或爲理學家，或爲士大夫文人（且屬江西詩派中人），或爲江湖詩人及其他，情況各異，主張自然不同。魏慶之在意的主要亦不在各家持論本身及其論證過程，而在廣大讀者皆能接受的學詩之具體方法。"詩法"中如朱熹基於體制雅俗的古今詩變説，楊萬里的翻案法，趙蕃的學詩活用法、養氣説等，吳可、龔相的學詩如參禪説，姜夔以氣象、體面、血脈、韻度爲綱的詩法與四種高妙的風格論等，各標示其法度、路徑，且皆經過提取簡化，以富讀者見聞，便於學習。至於這些主張及概念，各在何種立場與語境下生成，相互間構成怎樣的關係，與嚴羽又有何實質性的差異，並非他在該著中所欲關注的。在"詩評"中，所録楊萬里品藻中興以來諸賢詩、評李杜蘇黄詩、評爲詩隱蓄發露之異等，範圍自《詩經》以下至"近時後進"，録敖陶孫詩評，自曹操至吕本中，皆重在如何鑒裁，與嚴羽推原漢魏以來、軒輊唐宋的明確指向亦顯然有別。編纂者這種相容並包的態度並不是説没有傾向性，如黄昇標榜所謂"博觀約取"，然所重分明在指導詩歌作法的實踐層面。以下"詩體"也好，從"句法"到"詩病"更細的分論也好，乃至"古今人物品藻"，莫不如此。其所針對的對象，並非如嚴羽那樣，是那些關注詩歌創作方向或理想的"世之君子"，而是更爲廣大的基層學詩者，故整個構架服務於"觀詩法"、"知詩病"及諸多實用目的。在這種情形下，看似獲得特別重視的嚴羽詩論，其真正用意及鋒芒，反倒被淹没於衆聲間，在某種程度上甚或有被消解的可能。

處身於這個時代的嚴羽，實在面臨着一種吊詭的境遇。在文學生態環境包括知識階層以及印刷傳媒等呈現巨大變化的關口，一方面他本人或仍向士大夫精英看齊，秉持某種改造社會文學風尚的崇高理想，並且，希望自己的主張能夠完全爲同道理解、認同，故或仍習慣於知識者小圈子這種人際關係的交流、傳播方式，儘管他所在的閩北地區已是新傳媒日益擴張其勢力的商業出版中心；而在另一方面，這種巨大變化卻已經決定了嚴羽詩學著作通俗化傳播的走向，而面臨其主張被隨意簡化、改造的可能，並不以作者的主觀意志爲轉移。如果説鈔本時代的那種傳抄僅僅是涉及作者與讀者間單向、直接的傳播與接受，那麼，當這種傳播被納入更爲廣大人群的詩歌消費市場,因出現印刷出版的新傳媒傳播中介而變爲多邊關係,這種變化及其複雜性須得到更爲充分的估計。而這不過是整個社會文化下行傳播的一種表徵。

# 四、詩法流行與嚴羽詩學的傳播

早在 1957 年,日本學者船津富彦發表《滄浪詩話源流考》,已經提出質疑:嚴羽該著分成詩辯、詩體、詩法、詩評、詩證五章的這種形式,其分類與當時流行的始於歐陽修的詩話型式,亦即那種隨筆的表現全然相異,而若要追溯此種類型的話,乃與唐代詩論之型式相近,其内容上相同點亦多。即詩體、詩法、詩評、詩證的目次與内容,全都可見於唐代詩話(案:指詩格著作),特别可見於僧皎然著作中的多種類型。例如,詩評之文字見於《新唐書·藝文志》著録的晝公《詩式》五卷、《詩評》三卷;關於詩法,見《詩式》明勢、明作用、明四聲等其意義的説明;詩證即偷語、偷意、偷勢詩例之分述。嚴羽詩論是作爲作詩、品鑒的入門著述而作,並非後來作爲詩話的隨筆性的著作。① 當然,船津氏也已經對《滄浪詩話》的名稱何時才出現提出了疑問。

這樣的看法,若細心尋繹,我們亦可從更早的古人著作中看到。如張渙《冰川詩式序》曰:"詩有式,則始於沈約,成於皎然,著於滄浪。"②在皎然與嚴羽之間構成一種發展軌迹。當然,他主要是從標舉梁橋編纂著作的立場出發,因而强調詩式。更多見的,還是以"詩法"來稱呼嚴羽詩學著作。元代自不必説,如張以寧序黄清老詩集,即曾表彰其"哀嚴氏詩法"。③ 其時曾有單行《嚴滄浪先生詩法》印本,我們下面再説,《詩家一指》等當中的"嚴滄浪先生詩法"當爲其摘寫本。明代仍有承其説者,如胡瓊《嚴滄浪詩話序》曰:"國朝少師西涯李公,嘗稱嚴滄浪所論詩法,謂其超離塵俗,真若有所自得,反覆譬説,未嘗有失。"④萬曆間閩縣陳鳴鶴編纂《東越文苑》,其卷四嚴羽小傳曰:"嘗著《詩法》一卷,學者宗之,因號

---

① 載《東洋文學研究》第七號,第 34—51 頁。後收入《唐宋文學論》,汲古書院 1986 年版,第 273—292 頁。

② (明)梁橋:《冰川詩式》卷首,《古今詩話續編》,臺灣廣文書局 1973 年影印本。

③ (明)張以寧:《翠屏集》卷三《黄子肅詩集序》,明成化十六年刻本。

④ 《嚴滄浪詩話》卷首,明正德丙子十一年序刊本。

‘滄浪詩法’，以羽嘗自稱滄浪逋客云。”①

　　詩格也好，詩法也好，究其源流，應該説並無實質區別，屬於習詩的格式之學，如果從目録學的分類來看，他們皆應如晁公武《郡齋讀書志》，入集部“文説類”，而與入子部“小説類”的詩話劃界而治。若進一步細究其歷史上曾經出現的微妙差異，如張伯偉指出的，宋以來“格”是標準，“法”是禁忌，並舉嚴羽《詩法》“學詩先除五俗”爲例，②可仔細體味。就我們的認識而言，嚴羽詩學著作由向來熟知爲劃時代的詩話體制，變回其以詩格、詩法爲主體的本來面目，關鍵即在於，該著的結構及其性質是《詩人玉屑》這種分門類編的彙輯類詩學文獻所賦予的，方回《詩人玉屑考》謂“其詩體、句法之類，與李淑、郭思無異”，③早已辨識清楚。並且，上述南宋後期的整個文學生態或者説詩歌消費市場，決定了《詩人玉屑》所代表的生産、傳播方式及其知識化、技法化的通俗詩學走向，是適應當時社會需求的新主潮。黄昇《詩人玉屑序》：“方今海内詩人林立，是書既行，皆得靈方。”④是廣告，某種意義上也是實情。在這種背景下，我們完全有理由相信，不僅嚴羽著作的生成與其傳播方式密切相關，而且《詩人玉屑》就已經開啓了嚴羽詩學下行傳播的路線。

　　從宋末元初一直到元末明初，是所謂的詩法流行時代，嚴羽詩學論述正是在這樣一種主要滿足日益擴展的學詩人群之需求的文學生態環境中，獲得多樣態的傳播與接受。一方面，它或與其他詩論家的著述一起被選編入個人詩話彙輯著作，如《對床夜語》，以及像《詩林廣記》這樣的新類型詩格著作；或被以各種手法摘編組合入《詩法家數》《詩家一指》《詩解》《沙中金集》《詩家模範》等詩法類著作。另一方面，其本身亦曾被編纂成相對獨立的詩格、詩法著作單行，《滄浪吟卷》卷一所收録的自不必説，如《詩家一指》題注所言《嚴滄浪先生詩法》之印本，不管編法如何，亦是一種；還有《李嚴詩辯》，若能坐實，亦可算一種。它們所顯示的，恰恰是進入印本時代，一個作者名義下的詩學論述，如何在出版方和讀者構成的詩歌消費市場中，按照市場需求與規則，不斷被改換面目“製作”並

<hr>

①　《東越文苑》卷四，清同治十二年刻本。
②　張伯偉：《中國古代文學批評方法研究》第三章“詩格論”，中華書局2002年版，第383頁。
③　《桐江集》卷七。
④　（宋）魏慶之：《詩人玉屑》卷首。

傳播。

成書於宋理宗景定三年（1262）前的范晞文《對床夜語》，①與一般詩格、詩法著作的情況尚有不同。馮去非《對床夜語序》謂該著"大類葛常之《韻語陽秋》"。《韻語陽秋》的編法，在分門類編上與《詩人玉屑》大抵相似，②而《對床夜語》的編法，其分卷亦以類相從，將同類詩歌歸置一處，按時代評鑒，又頗與《苕溪漁隱叢話》相近。不過，四庫館臣論《韻語陽秋》，認爲："是編雜評諸家之詩，不甚論句格工拙，而多論意旨之是非。"③若觀馮去非爲褒揚范晞文所著"文甚高"，而責之其對立面——"若論詩而遺理，求工於言詞而不及氣節，予竊惑之"，則二著在以事核理勝爲要而非句法、格律之工上，有其共通性，這也顯示了《對床夜語》與那些面向初學者的詩格、詩法類著作的差異。其卷二起首引嚴羽"妙悟"説與"別才別趣"説兩段，賦予嚴羽詩學論述相當重要的地位，且可以説是摘取了《詩辯》中最爲重要的觀點，算是嚴羽詩論的精髓所在。其與《詩人玉屑》《滄浪吟卷》本的文字異同，張健已有比對，結論爲更接近《詩人玉屑》，但兩者亦有差異，推測流傳在宋末的嚴著文本可能就是《詩人玉屑》與《對床夜語》所依據的文本系統。④從范晞文的説詩意旨來看，其宗法傾向確與嚴羽有相同處，且善究論詩之理，也試圖從根本上斷當世風氣之是非，故於"妙悟"説，復證之以友人姜夔所論；於"別才別趣"説，亦引於姜夔有知遇之恩的蕭德藻、聲名甚著的劉克莊的言論以助其説。至於對"四靈"倡唐詩的看法，范氏雖引證周弼之説，這顯示他同時對《三體唐詩》的看重，不過就其申論説"然具眼猶以爲未盡也，蓋惜其立志未高而止于姚賈也"，⑤其實與嚴羽視"四靈"爲"分限之悟"，意見亦頗爲一致，四庫館臣正是據此肯定范氏"其所見實在江湖諸人上，故沿波討源，頗能探索漢魏六朝唐人舊法，於詩學多所發明云"。⑥總之，該著引證同道詩論，是爲闡述自己的主張服務，嚴羽《詩辯》在其中居頗爲核心的位置（據此仍可見

---

① 據《對床夜語》卷首馮去非序"景定三年十月，予友范君景文授以所著書一編"之敘述，丁福保輯：《歷代詩話續編》上，中華書局 1983 年版，第 406 頁。下引同。

② 可參看郭紹虞《宋詩話考》，第 77 頁。

③ 《四庫全書總目》卷一九五《集部四十八》"韻語陽秋"條。

④ 《〈滄浪詩話〉非嚴羽所編——〈滄浪詩話〉成書問題考辨》，載《北京大學學報》1999 年第 4 期。

⑤ 《對床夜語》卷二，《歷代詩話續編》上，第 416 頁。

⑥ 《四庫全書總目》卷一九五《集部四十八》"對床夜語"條。

《詩辯》在當時同道知識者圈子的流傳情況），顯示的是在相對比較高的層次上對嚴羽詩學的傳播與接受。

成書於元世祖至元二十六年（1289）的蔡正孫《詩林廣記》，亦因有標明引自嚴羽《詩辨》《詩體》的摘句而受到過關注。該著體例在總集、詩話之間，"皆以詩隸人，而以詩話隸詩"，①其用意恰在於證己選詩之不謬，所謂"凡出於諸老之所品題者，必在此選"。② 蔡氏所集前賢詩話，朱熹爲代表的理學家之論似占據重要位置，郭紹虞先生爲此還特意列出湯巾—徐霖—謝枋得—蔡正孫一系的學術系譜，以湯之學"由朱入於陸者"，而證"正孫道學氣較重，選錄楊時、朱熹、真德秀及其師枋得之語亦較多"，③我們不妨將之看作是閩學的傳承。同時，我們看到，蘇、黃之詩論亦爲蔡氏所引重，其直接引用皆在 20 條以上，直接引陳師道詩話亦在 10 條以上，多少體現了江西一脈詩學主張的影響。嚴羽詩論正是在這樣的格局下被采入《詩林廣記》，與其他諸家詩論一起，作爲編者辨家數的參證。所引共八條，前集有三，一條在卷五"柳子厚"下："《詩辨》云：子厚深得騷體。"似爲補證此前引東坡所論"獨韋應物、柳子厚發纖穠於簡古"，劉克莊所論"子厚才高"，並示其淵源，然《滄浪吟卷》所收此條實在《詩評》，作"唐人惟柳子厚深得騷學，退之、李觀，皆所不及"。魏慶之《詩人玉屑》此條見收於卷一三"楚詞"所標之"滄浪論楚詞"，文字同《滄浪吟卷》本。另二條見卷八，皆出《詩體》，一論"詩有借對字"，一論"律詩首尾不對者"，然比較《詩人玉屑》、《滄浪吟卷》本，皆有蔡氏發揮說明處。後集共 5 條：1. 卷二"王荊公"下："嚴滄浪云：荊公絕句最高，得意處高出蘇黃，然與唐人尚隔一關。"大抵與前後所引陳師道謂荊公"暮年詩益工而用意益苦"，《石林詩話》謂"荊公晚年詩律尤精嚴，造語用字，間不容髮，然意與言會，言隨意遣，渾然天成"，以及楊萬里論五七字絕句"惟晚唐與介甫最工於此"相互發明，評價有近似處，唯嚴羽定品的參照系最爲分明。此條《滄浪吟卷》本爲《詩體》"王荊公體"下小字，重要的異文乃"蘇黃"下尚有"陳"，《詩人玉屑》與《滄浪吟卷》本基本相同。2. 卷七"梅聖俞"下："滄浪《詩辨》云：國初詩尚沿襲唐人，梅聖俞是學唐人平淡處。"緊接此條引朱熹說曰："聖俞詩是枯槁，不是平淡。"下一條引許彥周云："聖俞詩句

---

① 《四庫全書總目》卷一九五《集部四十八》"詩林廣記"條。
② 《新刊名賢叢話詩林廣記》卷首蔡正孫自序，明刻本。
③ 《宋詩話考》，第 127 頁。

句精練。"又下一條引胡仔《苕溪漁隱叢話》:"聖俞詩工於平淡,自成一家。"看來此處是將不同意見並陳,由讀者自己去體會、把握。此條與《滄浪吟卷》本、《詩人玉屑》不同,在於節引專論聖俞詩,其前略去"王黄州學白樂天,楊文公、劉中山學李商隱,盛文肅學韋蘇州,歐陽公學韓退之古詩"諸句。3. 卷七"陳簡齋"下:"滄浪《詩體》云:簡齋自是一體,亦本江西派而小異耳。"此條《詩人玉屑》與《滄浪吟卷》本同,皆於"陳簡齋體"下小字曰:"陳去非與義也。亦江西之派而小異。"《詩林廣記》將"陳簡齋體"述爲"簡齋自是一體",略去其名字説明,又於後句增一"本"字,嚴格説來,這樣的説法意義已有所變異,倒是與前條引劉克莊曰"元祐後詩人迭起,……要之不出蘇黄二體而已。及簡齋出,始以老杜爲師,第其品格,當在諸家之上",評價口徑有了微妙趨近。4. 卷九"王黄州"下:"滄浪《詩辨》云:國初之詩尚沿襲唐人,王黄州學白樂天。"5. 卷九"楊文公"下:"滄浪《詩辨》:國初詩尚沿襲唐人,楊文公學李商隱。"這兩條皆同上引嚴羽評梅堯臣條,是節引以專論所論者,示其學詩淵源。這樣的評價自然在宋代已爲共識,故前者其後引許彦周、蔡寬夫詩話以及王禹偁自己的詩,皆可互證,後者亦述其"未離昆體",只不過嚴羽本來的用意,更着重在國初學唐尚高於蘇黄的"自出己意"。蔡正孫編纂《詩林廣記》的初衷,據其自序所説在於"課兒侄",表明此書的性質仍是示初習者以門徑,試圖通過這樣一種有前賢詩論指引的詩歌選集,讓學詩者獲得辨家數的能力。這與嚴羽所主張的"作詩正須辨盡諸家體制"看似無甚不同,然事實上總體的詩史觀、設置的目標並不一致,在對蘇黄及追隨者的評價上,亦顯示出較大差異。

由《對床夜語》引嚴羽詩論爲《詩辯》,《詩林廣記》所引則標《詩辨》《詩體》(唯其中前集卷五"柳子厚"一條所引篇名實有出入,究竟嚴羽存稿如何歸屬,值得進一步探究),我們是否可以從一個側面推證,宋元之際流傳的明確認定嚴羽著作權而相對完整的詩學著述,很可能就只有嚴羽自詡的《詩辯》和魏慶之注明"滄浪編"的《詩體》,不管是嚴羽有稿本留存還是門弟子或家族宗黨以鈔本傳出,其他的很可能僅是零碎存稿。這個文本在傳抄的過程中當然有可能被改動,故如《詩辯》,《對床夜語》與《詩人玉屑》所引文字亦有不同(這不僅指一些條目的次第,而且指局部文句本身),説明所據本或不同。至於《詩林廣記》,因編者的目標在示初習者以門徑,故引證中難免會加入自己的解説,而蔡氏作爲建安之編書人,與魏慶之子魏天應"爲四十年交游",其於"前賢評話及有所援據模擬者,冥搜旁引"，①通過魏天應獲得魏慶之當年編纂《詩人玉屑》所持有的嚴羽詩學文本底稿，亦不是没有可能。至黄清老搜集、刊刻嚴羽著作，距離《詩人玉屑》的刊行已經有八九十年時間，從整體上説，現成最全備的嚴羽詩學著述，反而是《詩人玉屑》所收編，故應即依據該著既定構架，搜輯當時嚴羽著述之其他傳本，重新編録，刊於《滄浪吟卷》卷一。以《詩辯》爲例，其所依據的文本，整體上編排次第理應比《詩人玉屑》據編者意圖改編來得客觀，然亦不能否認，除此之外，因爲時代的關係，與嚴羽更近的魏慶之所獲文本，在局部文句上理應更接近嚴羽原稿，畢竟越經過輾轉傳抄（在傳抄過程中常有據己意增删改訂），文本形態越易有歧異發生。

嚴羽詩學著作在元代的傳播，絶大部分被貼上了"詩法"的標籤。懷悦本《詩家一指》、楊成本《詩法》皆收有一種《嚴滄浪先生詩法》，其題下有一段識語，謂其"亦有印本"，"今摘寫於此中"。② 故張健據此最早提出，元代存在另外一個嚴羽論詩著作的刻本，叫《嚴滄浪先生詩法》，該本當即黄清老"裒嚴氏詩法"之單刻本，而《詩家一指》與楊成本《詩法》所收入的"嚴滄浪詩體"，編入了《詩體》《詩評》部分的内容，已被嚴重篡改。③ 這種推定本身合乎情理，確有其可能性，不過，是否也還存在另外一種可能，即此單行之《嚴滄浪詩法》刻本，是以嚴羽所編之《詩體》爲核心改編成的文本，其構架同《詩家一指》《詩法》所録，分别爲詩體、以人論家數、體制名目、用韻、總論，只不過後來的詩法彙編著作真的只是"摘寫"（即前四目所録大體即《詩體》之摘録，"總論"則基本上爲《詩人玉屑》與"詩體"編在同一卷的"滄浪詩評"及若干《詩辯》之摘録）？張健注意到《詩家一指》所引《嚴滄浪先生詩法》文字與《詩人玉屑》《滄浪吟卷》兩個系統的

---

① 《新刊名賢叢話詩林廣記》卷首自序。

② 日本關西大學圖書館藏本。《詩家一指》，《澹生堂藏書目》（清宋氏漫堂鈔本）列《四家詩法》四卷二册，分别爲《梅花詩評》（當爲《梅氏詩評》之誤）、《學詩規範》、《詩家一指》、《嚴滄浪詩論》，顯然是將之視爲宋人詩話，也正因爲這樣，才會有楊成《詩法》所注"此篇取其要妙者，蓋此公於晚宋諸公石屏輩同時，此公獨得見《一指》之説，所以製作非諸人所及也"。但正如張健研究所得，《詩家一指》有單行與彙編兩種。此作爲彙編著作《詩家一指》，其中"三造三段"因爲缺失（可與史潛本《虞侍書詩法》參看），又另外輯録一塊前人著述，而這也是典型的商業出版的做法。據筆者初步比對，這一部分輯録，是基本依《詩人玉屑》順序摘録，略有分類。詳情當另文考察。

③ 參詳《〈滄浪詩話〉非嚴羽所編——〈滄浪詩話〉成書問題考辨》一文。

本子不同,而與《唐詩品彙》所引文字更爲接近,①那有無可能《唐詩品彙》所引"詩評"文字與《嚴滄浪先生詩法》"總論"所據文本來源相同? 此"總論"文字看上去談話的痕迹更重,未必不存在傳自門弟子編録材料的可能性。

另據趙撝謙《學范‧作范》所録"當看詩評",列詩論著作十二種,其中有一種《李嚴詩辯》。該著又爲楊士奇《文淵閣書目》、錢溥《秘閣書目》著録,不管是否刊本,其在元明之際曾經流傳應該没有問題。張健推測此"李嚴"有可能是李賈與嚴羽的合稱,"詩辨"則爲二人詩論著作的合編。②我們看張健舉證的嚴羽《答吴景仙書》自述以及戴復古《昭(邵)武太守王子文日與李賈嚴羽共觀前輩一兩家詩及晚唐詩因有論詩十絶》、劉克莊《李賈縣尉詩卷跋》等材料,這樣的推測也還合乎情理。在那個時代,李賈的聲名當在嚴羽之上,他自己曾編刊過戴復古的詩集《第四稿》。《學範‧作範》總論部分所録下注《詩辯》的唯"詩貴三多"、"詩去五俗"兩條,其他真正取諸嚴羽《詩辯》的諸條皆注"嚴氏",故張健推測前者二條出於《李嚴詩辯》。"詩去五俗",《詩人玉屑》與《滄浪吟卷》本皆收入嚴羽《詩法》;而"詩貴三多",最早當來自《玉壺清話》載歐陽修語:"學者當取三多:多讀書,多持論,多著述。三多之中,持論爲難。"③而據《詩人玉屑》卷五"口訣":"歐公謂爲文有三多:看多,做多,商量多。僕於詩亦云。"④因爲是詩格、詩法的彙輯之著,此"僕"究竟爲誰亦難以考知,我們因《李嚴詩辯》之名,而疑爲李賈的話,應亦不算唐突。不過流傳過程中又變成"讀多,記多,講明多"。無獨有偶,前已舉述蔡正孫《詩林廣記》卷五"柳子厚"下引:"《詩辨》云:子厚深得騷體。"在元刻本《滄浪吟卷》實屬《詩評》,在《詩人玉屑》則見卷一三"滄浪論楚詞"。如若不是記誤,那是否意味着《李嚴詩辯》所收亦未必僅爲二人《詩辯》之作? 也就是說,這可能是一種以李賈、嚴羽《詩辯》爲核心而雜收二人其他詩格、詩法、詩評論述編成的文本。畢竟從社會需求來說,這是一個詩法流行的時代。

元代刊行的詩格、詩法著作,不少皆有嚴羽詩學論述的摘編。多段摘

---

① 參見氏著《關於嚴羽著作幾個問題的再考辨》,載《北京大學學報》2001 年第 4 期。
② 同上。
③ (宋)祝穆:《事文類聚‧别集》卷五《文章部》,文淵閣《四庫全書》本。
④ 《詩人玉屑》,上海古籍出版社 1959 年版,第 112 頁。

引且標明出處的如上舉《學范・作范》，其卷上"總論"部分如五法、九品、詩去五俗、用功有三、大概有二、極致有一等。卷下"氣象"部分論漢魏古詩氣象混沌及唐宋人氣象之不同兩段；"家數"部分以體制、時、人論，雖未標出，實出《詩體》，其中以人論部分標明"滄浪云：學詩者以識爲主"一段録自《詩辯》；"音節"部分也有"下字貴響"一段。① 更多是不標出處而摘引重組者，如《西江詩法》所載《詩法家數》序文中，詩之爲體有六，其中如"雄渾""悲壯""沈着痛快"，分別出自《詩辯》"詩之品有九"與"其大概有二"。詩之忌有四，亦由《詩法》中"五俗"改頭換面。另，論學詩進階亦顯然可見嚴羽的影響。②《西江詩法》所載《詩家模範》，有"詩忌五俗"，"不可太着題"，"信手拈來，頭頭是道矣"，"律詩難於古詩，絶句難於律詩"，出嚴羽《詩法》；"優柔不迫""叫噪怒張""識""妙悟"等語彙及"詩有別才"一段，出《詩辯》。又如《沙中金集》中所列"扇對格""借韻對""律詩不對"諸條，皆可見於嚴羽《詩體》。其他化用、脱換者不勝枚舉。

　　據上述事實，我們觀察到，嚴羽詩學進入元代的傳播，在書坊編刊者的主導下，其主要功用顯然即在於借助各種商業出版的詩法彙編著作，爲相當龐大的民間學詩群體提供服務，其目的止於實用，形態則是典型的一般知識、技法的簡化消費，具有嚴重的口訣化、教條化傾向，便於記誦，可經簡單解説而習得。消費者事實上並不關注嚴羽詩歌主張的先鋒性如何體現，其學術立場何在，其論證過程如何實現，而只是作爲入門的基礎讀本，結果必然是作者的真實意圖、學術立場及個性被消解，鮮明而有内涵的詩學觀點被肢解、抽空，被改造、歪曲。故如明代極其推崇嚴羽論詩的許學夷，一方面標舉胡應麟的看法，以爲宋以來評詩，嚴羽一人而已，一方面則批評此類詩法流行現象："近編《名家詩法》，止録其《詩體》，而諸論略附數則，其精言美語，删削殆盡，良可深恨。"③不過，這種屬於大衆流行

---

① 浙圖藏嘉靖二十五年陳增重刻本，《四庫全書存目叢書・子部》第121册，第334—340頁。

② 這篇文字又見於詩法匯編《詩法源流》中，張健據五山版《詩法源流》刊刻時間，認定元代已編入該著，朝鮮尹春年刊《詩法源流》，這篇文字被作爲一篇獨立的詩法，題《詩解》。張健據這篇序文與其他詩法著作的關係，懷疑該篇原本是一篇獨立的論詩文字，而在流傳過程中被整合到《詩法家數》篇首。見氏著《元代詩法校考》，北京大學出版社2001年版，第9頁。

③ （明）許學夷：《詩源辨體》卷三五，人民文學出版社1987年版，第336頁。

文化的通俗詩學，於作者而言，也不是一點好處都沒有，像嚴羽詩論最早可能主要限於閩地知識者或家族宗黨間的傳播，卻因爲經歷了詩法流行傳播，而在更廣區域的大衆中建立起聲名，膾炙人口的若干條語録，雖然不免有斷章取義之嫌，卻日益成爲廣大學詩者共用的一般知識，而這或許正是其獲得經典化的前提或過程。

# 結　語

本文嘗試在我們曾經默認的嚴羽編撰《滄浪詩話》這一事實被證明未必成立之後，繼續追問所傳該著的來歷或本來面貌，藉以重建嚴羽詩學著作生成與早期傳播的歷史。因爲處於鈔本時代向印本時代轉換的早期，又因爲當時的嚴羽畢竟不是身居高位、聲名卓著的作家，事實上我們難以獲得版本學上所需完整的證據鏈，因而在重建中存在不少不確定的內容，目前只能提出一種假想，當然，即便是假想，亦希望能有仔細的觀察和周慎的論證支撐。無論如何，筆者將這種追問與重建看作是史料批判研究賦予我們的使命。

如前已述，我們力圖將還原嚴著文本本來面貌的這種探索，拓展至由作爲傳播中介的編刊者與接受方的讀者等構成的閱讀市場，由一種社會性建構來考察該著作爲文化產品的動態生成及傳播過程，追究讀者需求與反應、編刊者策略等對其產生的影響與制約，這種研究重心的轉移，既是書籍史研究新視野給我們的啓示，同時也是嚴羽所處的時代及其文學生態環境本身對我們的導引。重要的是，在這一維度上我們看到，嚴著文本實爲開放性的構成。宋元詩法流行時代，好比考古地層學中某一文化堆積層，構成特定的文本生產與流通的歷史語境，給嚴羽詩學的傳播帶來多樣態的復製變體。而至明代中期，有人以"詩話"命名該著，其實也並非偶然。在正德九峰書屋本正式命名爲《嚴滄浪詩話》之前，就已有正德二年本《滄浪嚴先生詩談》單行，①在《澹生堂藏書目》"詩文評"著録《四家

---

①　黃丕烈跋明鈔本《滄浪嚴先生吟卷》，記有正德二年本《滄浪嚴先生詩談》："但有《詩辯》等，無《答吳景仙書》及五言絶句以下詩。蓋專論詩法，不稱《吟卷》矣。"阮元文選樓刻《天一閣書目》即著録《滄浪嚴先生詩談》一册。《百川書志》卷一八亦著録《嚴滄浪詩談》一卷，解題云："宋莒溪嚴羽儀卿著。列詩辨、詩體、詩注（按當作"法"）、詩評、詩考證，定詩宗旨正變得失，議論痛快，識高格當。"張健《〈滄浪詩話〉非嚴羽所編——〈滄浪詩話〉成書問題考辨》一文已有引證。

詩法》四卷的子目中，又有所謂《嚴滄浪詩論》。這些不同名目的出現，所體現的正是讀者的需求與反應、編刊者策略的變動，背後是人們某種價值觀念的變化，或許還折射出"詩話"概念在明代的擴張變容。由此看來，我們的追問與重建又顯然不僅僅關乎嚴羽的時代。

（陳廣宏，復旦大學古籍整理研究所教授）

# 李東陽詩學旨義與成弘之際
# 文學指向的轉換

## 鄭利華

在明代成化、弘治文壇,李東陽(1447—1516)顯然是一位值得關注的人物。這不僅是因爲他身爲閣臣並主持文壇的重要身份和地位,所謂"自明興以來,宰臣以文章領袖縉紳者,楊士奇後,東陽而已",①而且更在於其對當時文學圈所產生的深遠影響,"蓋操文柄四十餘年,出其門者,號有家法,雖在疏遠,亦竊效其詞,規字體以競風韻之末而鳴一時"。② 這其中特別是李東陽在成、弘之際詩學領域的作爲和影響,尤其引人注目。如有研究者已注意到李東陽與崛起於弘治中葉的前七子復古流派在詩學主張上的某些聯繫,認爲後者確實受到前者的啓發,不少觀點直承前者而來,前者由此成爲後者的濫觴。③ 如果進一步考察李東陽的詩學旨義,除了其對前七子詩學觀念所發生的某種啓迪,同樣值得關注的一個現象,乃相對於明代前期詩界特別是臺閣詩學系統,身爲館閣權要的他,在有關詩歌問題上表現出的多少顯得特異的一系列觀念主張,這些從一個側面亦顯示了成、弘之際文學指向相對於明代前期而言所發生的異動迹象,並在一定意義上成爲此一轉變的關捩所在。而這一點,也正是本文所要探究的主要問題。

---

① (清)張廷玉等:《明史》卷一八一《李東陽傳》,中華書局 1974 年版,第4824—4825 頁。

② (明)靳貴:《戒庵文集》卷六《懷麓堂文集後序》,《四庫全書存目叢書·集部》第 45 冊,影印明嘉靖十九年靳懋仁刻本,齊魯書社 1997 年版。

③ 參見廖可斌《明代文學復古運動研究》,上海古籍出版社 1994 年版,第 53 頁。

# 一、維護詩道意識的自覺呈現

李東陽,字賓之,號西涯,茶陵人。天順八年(1464)成進士。成化二年(1466)授翰林編修,累遷侍講學士,充東宮講官。弘治二年(1489)升左春坊左庶子,四年(1491)《憲宗實錄》成,以纂修之功進太常寺少卿,八年(1495)由禮部左侍郎兼侍讀學士入內閣參預機務。正德七年(1512)致仕。生平主要活動在成化、弘治年間。探察李東陽的詩學系統,首先觸及的一個問題,乃不能不注意到他在當時專尚經術的士人學風中對於詩歌表現出的關注和投入的態度,凸顯了其維護詩道的一種自覺意識。

明王朝建立之初,出於整肅士習以利中央集權統治的需要,太祖朱元璋大力推行儒學,將"崇儒重道"確立爲基本的文化策略。作爲該策略調整的其中一大步驟,朱元璋首先將科舉取士制度作爲重點改造的對象之一,實施以經術造士的政策。丘濬《會試策問》第四首云:"我朝崇儒明道,太祖高皇帝大明儒學,教人取士一惟經術是用。太宗文皇帝又取聖經賢傳訂正歸一,使天下學者誦説而持守之,不惑於異端駁雜之説,道德可謂一矣。"①又靳貴在《會試錄後序》中亦曰:"我太祖高皇帝之有天下,首表章六經,使聖賢修齊治平之道,一旦大明於世,學校非此不以教,科目非此不以取,凡詞賦一切不根之説,悉屏不用。"②這就使得"科目取士"偏向一途,所謂是"黜詞賦而進經義,略他途而重儒術"。③ 從另一方面來看,明初在實行科舉取士的同時,"而薦舉之法並行不廢","時中外大小臣工皆得推舉,下至倉、庫、司、局諸雜流,亦令舉文學才幹之士",對於衆多文人士子而言,仕進的路途相對較寬,既能借助於科舉考試,又可涉足薦舉一路,而且當初"兩途並用,亦未嘗畸重輕"。不過,時至後來情況有所改變,蓋士人以爲通過科試而進,更能證明自身出衆的資質而顯示正宗,更擁有無可替代的榮耀感,因此面對兩種進身的途徑,文人士子在價值天平上逐漸傾向科舉之路,所謂"能文之士率由場屋進以爲榮"。④ 由於科舉

---

① 《重編瓊台稿》卷八,文淵閣《四庫全書》本,臺灣商務印書館 1986 年版,第 1248 册。

② 《戒庵文集》卷九。

③ (明)馬中錫:《東田集》卷二《贈陳司訓序》,《四庫全書存目叢書·集部》第 41 册,影印清康熙四十六年甘陵賈棠輯刻馬東田孫沙溪兩公遺集合編本。

④ 《明史》卷七一《選舉志三》,第 1712—1713 頁。

取士政策對於士人的要求是重經術而輕詞賦,加上一般的文士更看重科舉的仕進方式,如此,不僅確立了科舉取士的基本原則,而且促使期望功名仕途的廣大文人士子加倍投入經書的研治,"雖窮荒末裔,皆業經書,習禮樂",①士人"談經講道"之風由此大盛。明人姚鎮在其《送李生廷臣歸河南序》中即提到:"國朝懸科彀士,純用經術,諸不在六經之限者,悉從禁絕,以故百餘年來,士無異習,談經講道,洋洋滿天下。"②乃至於丘濬在作於成化十一年(1475)的《會試錄序》中,形容當時專尚經術的盛況爲"橫經之師遍於郡縣,執經之徒溢於里巷,明經之士佈列中外",以是感覺"自有經術以來所未有也"。丘氏的意圖主要在於彰顯"六經之道"爲明初以降"列聖相承"而"至於今日益隆益備"的盛況,③其中很難説没有一點虛飾的成分,但多少也反映了當時的實際情況。與此同時,盛行在文人士子中間的重經學風,則直接影響到他們尤其對於作爲傳統文學樣式的詩歌的創作熱情和表現技能。明人張弼在《夢庵集序》中曾感慨"古之爲詩也易,今之爲詩也難",他以爲,"商周、漢魏弗論已,聲律之學,至唐極盛,上以此而取士,士以此而造用,父兄以此教詔,師友以此講肄,三百年間以此鼓舞震盪於一世,士皆安於濡染,習於程督","沿及宋元,猶以賦取士,聲律固在也。我太祖高皇帝立極,治復淳古,一以經行取士,聲律之學,爲世長物,父兄師友摇手相戒,不惟不以此程督也,爲之者不亦難乎"?提示"聲律之學"之所以被人視爲"長物",實與以"經行"作爲取士標準的做法關聯密切。他由此指出,於詩"進取之士非兼人之資、博洽之學,雖或好之而鮮克爲,縱爲之而鮮克工;惟山林之士或以此身爲少援寡助,而後爲之,然求其克自成家、可傳不朽者,千百而不十一也"。而在《九峰倡和詩序》中,他又議及:"竊念我朝取士專以經術,略於辭華,故每科賜進士第者,多或三四百人,深於詩者百不三四人。"④則進一步説明,重以經術造士的政策已在明顯改變士人尤其是科考之士的知識所向,甚至造成他們詩藝的退化。

如果對比受重經術而輕詞賦政策感召在士人中間形成的上述學風,

①　李東陽撰,周寅賓點校:《李東陽集》卷二《修復茶陵州學記》,嶽麓書社1985年版,第187頁。

②　《東泉文集》卷一,《四庫全書存目叢書·集部》第46册,影印明嘉靖刻清修本。

③　《重編瓊台稿》卷九。

④　以上見《張東海先生文集》卷一,《四庫全書存目叢書·集部》第39册,影印明正德十三年周文儀福建刻本。

那麽身爲當時館閣權要的李東陽,他在對待詩歌問題上的相關態度多少顯得有異於時俗。《明史·李東陽傳》云:"東陽以詩文引後進,海内士皆抵掌談文學,(劉)健若不聞,獨教人治經窮理。"①謝榛《詩家直説》一百二十七條亦記述:"李西涯閣老善詩,門下多詞客。劉梅軒閣老忌之,聞人學詩,則叱之曰:'就作到李、杜,只是酒徒。'"②這裏提到的劉健(梅軒),在明孝宗即位之初即入内閣參預機務,雖和李東陽同爲閣臣又同輔政,政治態度上也有契合之處,③然在傾向"詩文"還是專注"治經窮理"問題上,雙方明顯相爲扞格。劉健爲人"素以理學自負",陸深《停驂録》曾載其言論:"人學問有三事,第一是尋繹義理,以消融胸次;第二是考求典故,以經綸天下;第三卻是文章。好笑後生輩才得科第,卻去學做詩。做詩何用?好是李、杜,李、杜也只是兩個酒徒。撇下許多好人不學,卻去學醉漢。"④劉健的上述表態和他强調"治經窮理"的主張自相關聯,在他看來,與正宗學問相比,作詩實屬無用,難以上檔入流,所以作得再好也是枉然。應該説,劉健重經輕詩的取向,除開他本人在"學問"上的偏嗜,自有明初以來趨於凸顯的以經術爲尚的制度和學術背景,在那些熱衷於"談經講道"者中具有一定的代表性。就劉健來説,引起他對李東陽警覺和不滿的,不只是李個人傾心詩文尤其是詩歌的舉措,更主要的還是在士人圈激發起來的"抵掌談文學"的强烈效應。鑒於李東陽身居政界要職而擁有相應的政治資源,這對於提高他的文學知名度,强化文學號召力,本就創造了有利條件。值得注意的是,李東陽着意於詩歌,羅致門下士,並"以詩文引後進",感召培植文學之士,無形之中表現出了不受專尚經術時風拘限的一種超拔姿態。事實上,對於在"黜詞賦而進經義,略他途而重儒術"那樣一種科舉取士政策主導下所造成的詩文價值地位下降的現狀,李東陽已敏鋭地覺察到了,難釋疑慮之念。如他在《春雨堂稿序》中指出:

① 《明史》卷一八一,第 4817 頁。

② 《四溟山人全集》卷二二,影印明萬曆刻本,臺灣偉文圖書出版社有限公司1976 年版。

③ 如明武宗正德之初,宦官劉瑾並馬永成、高鳳、羅祥、魏彬、丘聚、穀大用、張永等人擅政用事,人稱"八党",劉健等人遂謀除去之,因"連章請誅之","言官亦交論群閹罪狀,健集遷、東陽持其章甚力"。儘管在對待"誅瑾"問題上,劉健等人持議"詞甚厲",態度堅決,東陽則"少緩",略顯遲疑,但其不滿劉瑾等人擅權並謀圖清除之的立場是一致的。參見《明史》卷一八一《劉健傳》,第 4816 頁;《明史》卷一八一《李東陽傳》,第 4822 頁。

④ 《懷麓山外集》卷一四,文淵閣《四庫全書》本,第 885 册。

近代之詩,李、杜爲極,而用之於文,或有未備。韓、歐之文,亦可謂至矣,而詩之用,議者猶有憾焉,況其下者哉!後之作者,連篇累牘,汗牛充棟,盈天地間皆是物也,而轉盼旋踵,卒歸於漸盡泯滅之地。自卓然可傳者,不過千萬之十一而已,豈不難哉?且今之科舉,純用經術,無事乎所謂古文歌詩,非有高識餘力,不能專攻而獨詣,而況於兼之者哉![①]

在作者看來,詩與文本難兼通,即使如李、杜、韓、歐等達到極致境地的詩文大家亦猶如此,下者更不必言説,故如後世作品雖數量可觀,但能成爲傳世之作則少之又少。由此認爲,在當今科舉取士"純用經術"而無事於"古文歌詩"的背景下,要產出詩與文的卓越之作已是很難,而做到二者兼通則更難。體味斯言,其中顯然蘊含對於"古文歌詩"價值地位在以經術爲尚格局中遭受黜抑情形的關注和由此生發的疑惑。他在《送喬生宇歸樂平》一詩中還比較了從游之士喬宇和"科舉徒"迥然相異的文習藝趣:"談詩辨格律,論字窮點畫。微言析毫芒,獨詣超畛域。紛紛科舉徒,未暇論典册。古文時所棄,似子寧易得。"[②]以此表彰喬宇對"古文歌詩"的投入,爲一般從事舉業之士所不及,褒貶之意,顯在其中。不僅如此,李東陽在其《書讀卷承恩詩後》中針對時人重經術而輕詞賦的主張,更直接表達了自我的判別:

> 或者以爲國家試士之法,專尚經術,悉罷詞賦,正前代所不及,矧茲科制策,方探化原求,治道又新,天子明示,意向之始,而紀事之作,以詩爲何居?夫詩賦之所以罷,謂其務枝葉棄本根,非有司求士致理之意。苟華而不害其實,世亦不能無取焉。故九敍之歌,用之邦國,二雅之詩,施之廟朝,古之紀盛事而咏成功者,皆是物也。夫使其徘偶聲韻不病於科場,而典章制度貫敷於廟廊,是不徒不相悖而顧,豈不相爲用哉![③]

在以經術造士的科舉背景下,人們難免會將經術與詞賦視爲一種價值對

---

① 周寅賓點校:《李東陽集》卷三,嶽麓書社 1985 年版,第 37—38 頁。
② 同上書,第 162 頁。
③ 同上書,第 193—194 頁。

立,而以後者當作相對於"本根"的"枝葉",在本質上自是出於"詩賦小道"這樣一種傳統的視閾。也鑒於此,作爲針鋒相對的申論策略,李東陽在上面這段引文中特別強調了詩歌"用之邦國""施之廟朝"的實用價值,以闡述維護詩歌生存與發展空間的合理性和重要性,調和經術與詞賦價值對立的用意是十分明顯的。

　　李東陽生平傾力於詩,作詩可説是他最大的愛好,其自稱:"吾詩亦何解,似獨有深喜。"①又表示:"愛畫耽詩是我私,旁人休笑虎頭癡。"②甚至廁疾纏身,也難以戒止。成化十三年(1477)春,他在病中賦詩,自謂:"平生報詩癖,雖病不能止。"③其時因病在告,"百念具廢,而顧獨好詩","既乃閉户危坐,不能爲懷,因戲集古句成篇,略代諷咏"。④ 他的《作詩樂》一詩,謂:"揮毫滿紙雲煙落,陶情寫性除煩濁,如癢得爬熱得濯。人言此癖不可藥,我自樂之惟一噱。"⑤更寫出了其所懷此好。出於對詩歌創作的愛好和專注,同時也基於詩歌價值地位在重經時風中跌落而激發的某種危機和救贖意識,李東陽在詩歌創作圈内表現活躍。尤其值得指出的是,他生平和同道在不同場合多有聯句倡和的活動,這可説是其"耽詩"的具體表現之一,顯出他對詩歌異常的投入,並對唱和風氣的形成產生影響。早自成化初年官翰林始,李東陽就已與"同年進士及同游士大夫"聯句唱和,⑥後由他編成《聯句録》一帙,"起自成化紀元乙酉,訖於己亥,凡十餘年,詩共二百五十八首"。⑦ 而與摯友之間的聯句唱和更爲頻繁,如他和

---

　　① 《入春絶不作詩,清明後三日,與鳴治、師召游大德觀,爲二公所督甚苦,得聯句四首。已而悔之,因用止詩韻以自咎。先是諸同年皆有和章,爲説不一。鳴治獨持兩可之説,至是竟爲所沮云》,《李東陽集》卷一,第138頁。

　　② 《寄顧天錫二首,用致仕後所寄韻》二,《李東陽集》卷一,第529頁。

　　③ 《予病中頗愛作詩,舜諮以詩來戒者再,未應也。偶誦陶淵明〈止酒〉,自笑與此癖相近。因追和其韻,斷自今日爲始》,《李東陽集》卷一,第138頁。

　　④ 《集句録引》,《李東陽集》卷一,第693頁。

　　⑤ 錢振民輯校:《李東陽續集·詩續稿》卷五,嶽麓書社1997年版,第77頁。

　　⑥ (清)永瑢等:《四庫全書總目》卷一九一《集部·聯句集》提要,第1741頁。

　　⑦ (明)周正:《書聯句録後》,李東陽編:《聯句録》卷末,《四庫全書存目叢書·集部》第292册,影印明成化二十三年周正刻本。案,《聯句録》成編後即得以流傳,周正、王溥等人曾爲之刊刻,李東陽《與顧天賜書》:"《聯句録》本私籍,不意爲蕭履庵所傳。前年周子建(正)方伯在雲南,書告欲刻,已亟止之。去年王丹徒公濟不告而刻,緣此本未經選閲,又多訛誤,而其傳已廣,不可中廢。因重校一本,俾加修治,與初刻者不同,必如此乃略可觀覽,然非吾意也,强從之耳。近始聞子建已刻成,而吾兄亦若有此意者,不意高明乃復率爾。"(《李東陽集》卷二,第200—201頁。)

好友謝鐸在成、弘之際官翰林時尤多此類活動,二人所作彙成卷帙,分別名曰《同聲集》和《後同聲集》。有時這樣的聯句唱和還不限於聚會,甚至在"弗能出門户"的情況下,"乃創新例,各出起句,以書郵相遞續"。①

聯句唱和作爲文人士大夫一種傳統的文學消費方式由來已久,但受明初以來"崇儒重道"文化氛圍的浸染,對待這樣的活動,文人圈的態度也有一些微妙的變化,尤其對於身爲上層文臣而在相當程度上扮演着官方意識形態的傳播及代言者的那些館閣文士來說,特殊的身份和職能擔當,更使他們趨從某種保守性,尤其是受制於實用意識,相對於明道治經,詩則甚或被視爲"無益之詞",作詩也變成了一種"餘事"。② 以致對於聯句唱和這類活動,他們也時或有所忌諱。明人毛紀曾在嘉靖年間將其自弘治、正德以來先後官"翰林"、"部佐"、"内閣"時與諸士"會晤游賞"或"因事感懷"的聯句之作編成《聯句私抄》,他在是書卷首引言中說:"閣中前輩多以詩爲禁,倡和絶少,而聯句則昉於今日也。……近時西涯、方石聯句有録。二公之道義相與名重於時,其所論著亦盛矣哉!"③所言除了指出"閣中前輩"有忌於詩而彼此酬唱活動甚少,也同時反映了一個迥異於前的資訊,這就是毛紀自覺聯句"昉於今日",說明其所處之時聯句風氣開始趨於興盛。他在這裏特別提及"近時"李東陽(西涯)、謝鐸(方石)聯句唱和之舉,可見聯句"昉於今日"的迹象與李東陽等人的活動當有關聯,聯繫洋溢在引言之中對於李、謝難以掩飾的企仰之意,作者先後與諸士熱衷於聯句唱和,極有可能受到前者此舉的影響。事實上,李東陽主倡的聯句唱和之舉,牽涉的人員衆雜,聲勢較盛,成爲成、弘之際文人酬唱活躍的某種表徵。《四庫》館臣就此評曰:"詩不盡工,又焦芳、李士實之流亦厠其間,交游未免稍濫,然其時館閣儒臣過從唱和,以文章交相切劘,說者謂明之風會,稱成、弘爲極盛,即此亦可以想見也。"④說"詩不盡工"興許是事

---

① (明)李東陽:《李東陽續集·文續稿》卷三《會别聯句詩引》,第 178 頁。

② 楊士奇《聖諭録中》:"一日,殿下顧士奇曰:'古人主爲詩者,其高下優劣如何?'對曰:'……如殿下於明道玩經之餘,欲娛意於文事,則兩漢詔令亦可觀……如詩人無益之詞,不足爲也。'殿下曰:'太祖高皇帝有詩集甚多,何謂詩不足爲?'對曰:'帝王之學所重者不在作詩。太祖高皇帝聖學之大者,在《尚書注》諸書,作詩特其餘事。於今殿下之學,當致力於重且大者,其餘事可姑緩。'"(《東里别集》卷二,文淵閣《四庫全書》本,第 1239 册)

③ 《聯句私抄》卷首《聯句私抄引》,《四庫全書存目叢書·集部》第 292 册,影印明嘉靖刻本。

④ 《四庫全書總目》卷一九一《集部·聯句集》提要,第 1741 頁。

實,李東陽在《聯句録序》中也坦言所爲聯句,"未嘗校多寡,論工與拙,凡以代晤語,通情愫,標紀歲月,存離合之念,申箴規之義而已,然時出豪險亦不之禁",而"要其興之所至不能皆同,亦不必皆同"。① 不過,也説明它重在表達詩人的興味,甚至因此不計工拙,反映了唱和者的熱切之情。説"交游未免稍濫",表明其回應之衆,影響之大。

總之,詩道在專尚經術風氣中的相對淪落,顯然令李東陽敏鋭地覺察到了這一變化格局的嚴峻性,疑慮之心終究難以泯卻,作爲一位對詩歌傾注了極大熱情的執着的愛好者,這種現象不能不喚起他無法漠然以待的維護意識,無論是羅致門客並以"詩文引後進",抑或是結集同志參與聯句唱和,都顯示其不循時俗的特異姿態,而它在文人圈内所發生的某種感召力,同樣不應忽視。

## 二、對詩文體式規制的分辨

如果説質疑"專尚經術,悉罷詞賦"帶來的後果,表達了李東陽對於詩道淪落的深切關注,而他獎掖文學後進及與諸多同志聯句唱和,又體現出其勉力振興此道的某種熱情,那麼進而對詩歌體式規制的辨正,則應該看作是他重視詩歌的一種理論上的自覺。

正如一些研究者所指出的,綜觀李東陽的論詩主張,強調詩文之别成爲重要之論點。② 他一再提出詩與文須於"體"上加以區分,認爲"詩與文不同體",③"詩之體與文異",④如其《匏翁家藏集序》曰:

> 言之成章者爲文,文之成聲者則爲詩。詩與文同謂之言,亦各有體,而不相亂。若典、謨、誦、誥、誓、命、爻、象之謂文,風、雅、頌、賦、比、興之爲詩。變於後世,則凡序、記、書、疏、箋、銘、贊、頌之屬皆文也,辭、賦、歌、行、吟、謠之屬皆詩也。是其去古雖遠,而爲體固存。⑤

---

① 《聯句録》卷首。
② 參見黄卓越《明永樂至嘉靖初詩文觀研究》,北京師範大學出版社 2001 年版,第 134—139 頁;廖可斌:《明代文學復古運動研究》,第 40—41 頁。
③ 《懷麓堂詩話》,《李東陽集》卷二,第 532 頁。
④ 《滄洲詩集序》,《李東陽集》卷二,第 72 頁。
⑤ 《李東陽集》卷三,第 58—59 頁。

又他在《春雨堂稿序》中云：

> 夫文者，言之成章，而詩又其成聲者也。章之爲用，貴乎紀述鋪敘，發揮而藻飾；操縱開闔，惟所欲爲，而必有一定之准。若歌吟咏歎，流通動盪之用，則存乎聲，而高下長短之節，亦截乎不可亂。雖律之與度，未始不通，而其規制，則判而不合。及考得失，施勸戒，用於天下，則各有所宜而不可偏廢。古之六經，《易》《書》《春秋》《禮》《樂》皆文也，惟風、雅、頌則謂之詩，今其爲體固在也。①

儘管隨時代的推移，詩與文各自所屬的體裁在相應地擴展，但"言之成章"與"文之成聲"的體式規制上的差別，決定了二者不可混淆。李東陽對此引例說明之，以爲"近見名家大手以文章自命者，至其爲詩，則毫釐千里，終其身而不悟"。②"顧惟其異於文也，故雖以文章名者，或有憾焉。兼之者蓋間世而始一見。韓昌黎之詩，或譏其爲文；蘇東坡之詩，或亦有不逮古人之歎"。作文的名家大手，卻不見得能作出好詩，包括韓愈採取以文爲詩的手法，終使詩烙上文的痕迹。這裏面根本性的原因在於詩文之體不同，所以作法自然也不同。

追究李東陽的詩文異體說，其立論的重要出發點，乃建立在將詩與諸經從體式規制的層面加以區分之基礎上的，如他提出："《詩》與諸經同名而體異。蓋兼比興，協音律，言志厲俗，乃其所尚。後之文皆出諸經。而所謂詩者，其名固未改也，但限以聲韻，例以格式，名雖同而體尚亦各異。"③他還認爲："《詩》在六經中別是一教，蓋六藝中之樂也。樂始於詩，終於律。人聲和則樂聲和。又取其聲之和者，以陶寫情性，感發志意，動盪血脈，流通精神，有至於手舞足蹈而不自覺者。"④作爲詩歌原初時期的文本《詩經》，因被列入六經之列，故謂之與諸經"同名"，然而尤其是與音樂相融通的特性，所謂"六藝中之樂也"，又體現了它在六經之中的特異之處，故謂之與諸經"體異"。從這一意義上來說，詩歌在"體"的淵源上和其他經典自相區別，二者之間不能混爲一談。應該看到，對於詩之所本的

---

① 《李東陽集》卷三，第 37 頁。
② 《李東陽集》卷二《懷麓堂詩話》，第 533 頁。
③ 以上見《李東陽集》卷二《鏡川先生詩集序》，第 115 頁。
④ 《李東陽集》卷二《懷麓堂詩話》，第 529 頁。

經典意義,特別爲那些崇尚經典者所主張,其根本的目的在於突出詩歌創作統緒上的典範作用和傳承價值,支撐這一理念的正是他們傾向於突出儒學經典在價值序列中的優越性。如正統年間楊溥在爲楊士奇所撰的《東里詩集序》中即明確指出,"詩之所本,肇於經,尚矣","《三百篇》繇聖人删定於經,下迨漢、唐,若李、杜名家,世有定論"。① 假如説《詩》三百篇爲聖人所删定的經典性,奠定了它在傳統文人心目中難以撼動的至高地位,那麼强調以詩之所本"肇於經"爲尚,顯然在於彰揚詩歌皈依經典的重要性。當然,李東陽提出《詩經》與諸經異體,並不意味着要全然消解它在價值序列中的經典地位,但需要指出的是,他的這一説法,多少從源頭上淡化了詩歌與諸經的同一性,也即突出了詩在體式規制上的特殊性。在李東陽看來,"古之六經,《易》《書》《春秋》《禮》《樂》皆文也,惟《風》《雅》《頌》則謂之詩"。② 這是《詩經》有別於諸經之"皆文"之重要所在。而且,相對於"後之文皆出諸經",承續着除《詩經》以外其他經典的"文"的特點,詩則"限以聲韻,例以格式",在體式規制上具有自身獨特的規定性,所以詩與文不同體自是必然的趨勢。

那麼,需要進一步追究的是,李東陽針對詩文體式規制的一再分辨,特別是在當時的文學境域中究竟體現了什麼樣的用心和意義。明王朝建立以來,在"崇儒重道"治政方略施行中激發起來的專尚經術的學風,造成文人士人趣味所向和知識結構的相應變化,同時影響着整個社會的文化價值取向,尤其是經術的實用意義被凸顯出來。如楊士奇《新編萢經正鵠序》云:"國家取士以經術爲上,士之尚志者務以經術進。經者,聖人心法之所寓,而出治之本也。士不通經,不適於用。故三代而下用世之士,於事君治民功業偉然可紀者,必出於經術。"③這意味着掌握作爲聖人心法所載録的經典之學問,被視作是士人進身於世、"事君治民"的必備資質,也是衡量其能否進用的重要標準。在相應的問題上,一方面,詩特別在那些專尚經術者眼裏因被視爲缺乏經世實用價值的"無益之詞"而遭冷遇,在重經風氣的包裹下被縮減了生存的空間,甚至被當作"多出於文字之緒餘"的無關緊要的另類文體。④ 另一方面,文與詩相比,在某種意義上卻

---

① (明)楊士奇:《東里詩集》卷首,明刻本。
② 《李東陽集》卷三《春雨堂稿序》,第37頁。
③ 《東里文集續編》卷一四,明天順刻本。
④ (明)丘濬:《重編瓊臺稿》卷九《劉草窗詩集序》。

成了强勢文體,它的生存空間被加以拓展。首先,洪武年間明太祖朱元璋和文士劉基訂定試士之法和八股試文體式,"專取四子書及《易》《書》《詩》《春秋》《禮記》五經命題試士","其文略仿宋經義,然代古人語氣爲之,體用排偶",①科舉時文因而藉助官方的力量得到强制推行,其主導性得以充分膨脹。由此也造成對於包括了古文和詩歌的古文詞地位的侵奪,影響到一般科考之士在古文詞上的興趣和修養。② 其次,特别是基於明初以來"崇儒重道"的文化背景,文以負載更多的政治功能而被高度顯揚了它的實用價值,人們在對文的實用價值的追求中相應抬高了它的地位。如洪武二年(1369),明太祖朱元璋比照"或以明道德,或以通當世之務"的古人爲文之道,要求當時翰林爲文"但取通道理、明世務者,無事浮藻",③提倡文章明道德、通世務的實用性,就是十分典型的一個例子。而且特别自永樂年間以來,由館閣文士主導而浸淫文壇的臺閣文風,爲配合官方"崇儒重道"的文化方略,對於文章的價值意義也提出較爲嚴格的要求,尤其是極力主張宗經明道以求經世實用。如天順初曾任翰林學士的倪謙在其《艮庵文集序》中云:

> 文,言之成章者也。道,理之無形者也。道非托於言,其理不能自明;言非載夫道,其文不能行遠。……六經之文,唐、虞、三代帝王之道所載,孔子之聖所删定,萬世祖之,不可尚矣。戰國、秦漢而下,學士大夫躡塵嗣響者代有聞人,然求其言不畔道、文不悖經者,漢則董子,唐則韓子,宋則歐、曾及濂洛諸子,元則虞邵庵焉。上下數千載間,文章大家不過十數人,斯亦難矣。④

不僅標榜六經之文爲承載"唐、虞、三代帝王之道"的萬世文章楷模,置其

---

① 《明史》卷七〇《選舉志二》,第 6 册,第 1693 頁。
② 如吴寬《容庵集序》云:"鄉校間士人以舉子業爲事,或爲古文詞,衆輒非笑之,曰:是妨其業矣。"(《匏翁家藏集》卷四三,《四部叢刊》影印明正德刻本)簡錦松《明代文學批評研究》則分析焦竑《國朝獻征録》所録由成化至嘉靖二十年間成進士者數百人之墓文,指出其中被譽爲能古文詞者不過數十人,多數墓主無長於古文詞的記載。參見該書第 138 頁,臺灣學生書局 1989 年版。
③ 《明太祖實録》卷四〇,臺灣中研院歷史語言研究所校印本,第 2 册,第 810—811 頁。
④ 《倪文僖集》卷一六,文淵閣《四庫全書》本,第 1245 册。

於至上地位,而且視"言不畔道"、"文不悖經"爲文章書寫必須遵循的重要原則,顯揚宗經明道的意味甚爲明確。

應該説,就對文章價值意義的認知來看,李東陽並未能完全超越一般館閣文士秉持的理念,而更多從經世實用的立場來看待文章的功能和作用。儘管他曾經分別不同的文類,將所謂"記載之文"、"講讀之文"、"敷奏之文"和"著述賦咏之文"作了區隔,認爲前數者"皆用於朝廷、臺閣、部署、館局之間,裨政益令,以及於天下",惟"著述賦咏之文","則通乎隱顯",有所不同,但仍可看出他對於文章應恪守經世實用書寫原則之理念的堅守,故其以爲:"蓋人情物理、風俗名教,無處無之。雖非其所得爲,而亦所得言。""苟不得其所而徒以爲文,則不過枝辭蔓説,雖施之天下,亦無實用。"① 李東陽同時還提出:"夫所重乎立言者,必能明天下之理,載天下之事。理明事盡,則其言可以久而不廢。"這裏所謂的"理明事盡",其根本的指向還在於"翼聖道,裨世治"。他説唐人韓愈雖"不免爲詞章之文,而所謂翼道裨治,則有不可掩也",又稱道宋人曾鞏"其所自立非獨爲詞章之雄也",爲文"於治有裨,而於道不爲無益"。② 雖然李東陽對於文章的功能和作用的闡述帶有明顯的經世實用的色彩,但這並不意味着他對待詩與文在文體價值取向上偏執於文的一端。

相反,文强詩弱這樣一種詩文在特定文化境域中不同的生存格局,使得李東陽無法回避這一現實問題,激發他不能不對此作出自己的某種反應,他反復强調詩文異體之論,不可不謂用心之良苦,從一定角度上來看,有理由説這一論調具有面向如此詩文之格局的針對性意味。體察其意義所向,一是針對專尚經術而輕視詩道的時下風氣,凸顯詩歌本身在體式規制上的特殊性,並從源頭上將它從與諸經的同一類屬中分離出來,賦予詩以有別於諸經的自主性,這同時也爲受到"談經講道"士習影響而沉淪的詩道重新獲得生存和發展空間,提供理論上的依據;二是明初以來趨於程式化的科舉時文,成爲熱衷於功名仕途的文人士子重點摹習的對象,這一爲官方規範的特殊文體在展現其影響文人士子文章書寫風格的强勢性的同時,對於古文與詩歌的生存和發展造成不同程度的衝擊,猶如李東陽在《括囊稿序》中曾經慨歎:"士之爲古文歌詩者,每奪於舉業,或終身不相

---

① 《李東陽續集·文續稿》卷四《倪文毅公集序》,第187—188頁。
② 《李東陽集》卷二《曾文定公祠堂記》,第169頁。

及。"①其中也顯然有感於科舉之業包括應試文體對於"歌詩"的侵蝕。三是當文被强化政治功能而賦予更多經世實用價值並占據文體重要位置之際,詩文異體論的提出,不但有意在抬高詩歌的創作地位,而且客觀上爲詩與文的價值所向劃出了不同的界線,這同時意味着詩歌因其體式規制的特殊性,可以不受文章價值向度的主導,擁有自身相對獨立的審美空間。

## 三、詩"體"之論的闡發及其意義指向

從前面引論中已能見出,李東陽釋詩爲"文之成聲者",以區別"言之成章者"的文的特點,分辨二者體式規制的意圖明顯,故有研究者以爲這實際上即將詩歌視爲一種聲律之學。② 當然,就詩之"體"而言,按照李東陽的説法,所謂"文之成聲者"的特點又體現在多個層面,他的《鏡川先生詩集序》在説明《詩經》與諸經"同名而體異"的特徵時,指出前者"蓋兼比興,協音律,言志厲俗,乃其所尚",這可以看作是李東陽對於詩歌體式規制的概括性説明。如果説"兼比興"和"協音律"論側重於申明詩歌的表現藝術,那麼"言志厲俗"論則旨在主張詩歌的表現功能。

以比興而言,衆所周知,這一詩歌的基本修辭方式,在《詩經》這樣的原初時期的詩歌作品中已被廣泛運用,其也因此受到歷代諸詩家或論家的關注。對此早如漢儒已加闡發,像鄭玄釋之曰:"比,見今之失,不敢斥言,取比類以言之;興,見今之美,嫌於媚諛,取善事以喻勸之。"③主要還是從美刺"政教善惡"的角度,闡釋比興藝術的運用。而如南朝劉勰《文心雕龍》,專列《比興》篇,則對比興之法作了更爲具體的解説,承沿漢儒的闡論爲多,如釋比:"蓋寫物以附意,颺言以切事者也。故金錫以喻明德,珪璋以譬秀民,螟蛉以類教誨,蜩螗以寫號呼,浣衣以擬心憂,席捲以方志固,凡斯切象,皆比義也。至如麻衣如雪,兩驂如舞,若斯之類,皆比類者也。"再如釋興:"婉而成章,稱名也小,取類也大。關雎有別,故後妃方德;屍鳩貞一,故夫人象義。義取其貞,無從於夷禽,德貴其別,不嫌於鷙鳥;明而未融,故發注而後見也。"又以爲:"楚襄信讒,而三閭忠烈,依

---

① 《李東陽續集·文續稿》卷四,第 182 頁。
② 參見黃卓越《明永樂至嘉靖初詩文觀研究》,第 136 頁。
③ 《毛詩正義》卷一,阮元校刻:《十三經注疏》,中華書局 1980 年版,第 271 頁。

《詩》制《騷》,諷兼比興。"其着重以《詩經》《楚辭》爲範例,説明比興諸如
"畜憤以斥言""環譬以記諷"手法中蘊含的政教諷喻意味。而他訾議"炎
漢雖盛,而辭人誇毗,詩刺道喪,故興義銷亡",①也主要是比照前二者而
提出來的。儘管以漢儒爲代表的解説《詩經》比興之法的詮釋系統過多比
附於"政教善惡",未必符合原詩的創作用意,但其同時觸及了詩歌"比方
於物"、"托事於物"的表現藝術,②對後世探討詩藝者産生不同程度的影
響。李東陽在《懷麓堂詩話》中指出:

> 詩有三義,賦止居一,而比興居其二。所謂比與興者,皆托物寓
> 情而爲之者也。蓋正言直述,則易於窮盡,而難於感發。惟有所寓
> 托,形容摹寫,反復諷咏,以俟人之自得。言有盡而意無窮,則神爽飛
> 動,手舞足蹈而不自覺。此詩之所以貴情思而輕事實也。③

以上所論,於詩之賦、比、興"三義"中顯然更重後二者。而關於如何合理
運用賦、比、興的問題,鍾嶸在《詩品序》中已述及之,他解釋此"三義",以
爲"文已盡而意有餘,興也;因物喻志,比也;直書其事,寓言寫物,賦也"。
在他看來,要"弘斯三義",須"酌而用之",也即"幹之以風力,潤之以丹
彩,使咏之者無極,聞之者動心,是詩之至也"。反之,"若專用比興,則患
在意深,意深則詞躓。若但用賦體,則患在意浮,意浮則文散"。④ 鍾嶸提
倡於賦、比、興之法"酌而用之"的主張,其意當然還在於戒忌專注一端會
帶來的"意深"及"詞躓"、"意浮"及"文散"的弊病,要求詩歌在表現藝術
上趨向一種諧協勻和的理想境地。從理論上來説,鍾嶸的主張無所偏倚,
兼顧詩歌不同的藝術環節而力加諧和,但是相對於賦而言,比興則成爲後
世詩家或論家更集中强調的議題。這其中或主要從"風雅"、"美刺"的角
度,談論比興對於詩以言志明道的作用,如白居易在《與元九書》中指出,
"唐興二百年,其間詩人不可勝數","索其風雅比興,十無一焉",並自言
其詩"各以類分",而關於"諷喻詩"一類的特徵,以爲"自拾遺來,凡所適
所感,關於美刺比興者,又自武德訖元和,因事立題,題爲《新樂府》者,共

---

① 范文瀾:《文心雕龍注》下册,人民文學出版社 1958 年版,第 601—602 頁。
② 《周禮注疏》卷二三,《十三經注疏》,第 796 頁。
③ 《李東陽集》卷二,第 534—535 頁。
④ 曹旭:《詩品箋注》,人民文學出版社 2009 年版,第 25 頁。

一百五十首,謂之'諷喻詩'","僕志在兼濟,行在獨善。奉而始終之則爲道,言而發明之則爲詩。謂之'諷喻詩',兼濟之志也"。① 或着重基於詩歌藝術的審美訴求,申述比興的意義,如皎然《詩式》提出"詩有五格","不用事第一",又釋比興,謂"取象曰比,取義曰興","義即象下之意",並以陸機和謝靈運詩例,説明前者"是用事非比也",後者"是比非用事也",②以示比興與用事之間的區別,這在另一方面也提示了詩中比興運用的合理意義。上引李東陽關於比興的闡説,其顯然更着意於詩歌藝術本身,强調作爲"托物寓情"的手法,比興對於維繫詩歌"言有盡而意無窮"之蘊藉傳達而非"正言直述"的表現藝術的重要性,在他看來,這在根本上則取決於詩歌"貴情思而輕事實"的文體性質。正鑒於强調運用比興以營造"言有盡而意無窮"的藝術效果,李東陽同時提出意貴"遠"、"淡"而忌"近"、"濃":

> 詩貴意,意貴遠不貴近,貴淡不貴濃。濃而近者易識,淡而遠者難知。如杜子美"鈎簾宿鷺起,丸藥流鶯囀","不通姓字粗豪甚,指點銀瓶索酒嘗","銜泥點涴琴書内,更接飛蟲打着人";李太白"桃花流水杳然去,别有天地非人間";王摩詰"返景入深林,復照青苔上",皆淡而愈濃,近而愈遠,可與知者道,難與俗人言。③

如果説"近""濃"和淺俗、切直、繁靡等義項相關,那麽與之相對的"遠""淡"則當指深遠、委曲、沖淡之意,亦以後者相尚,故而李東陽聲稱唐詩李、杜之外,孟浩然、王維"足稱大家",比較二者,"孟卻專心古澹,而悠遠深厚,自無寒儉枯瘠之病。由此言之,則孟爲尤勝";至如儲光羲、岑參,儲"有孟之古,而深遠不及",岑"有王之縟,而又以華靡掩之"。④ 又其論蘇軾詩,以爲"傷於快直,少委曲沉着之意,以此有不逮古人之誚"。⑤ 凡此,對於"遠""淡"之意的聲張,乃和李東陽强調比興的態度顯然是相通的,皆在於主張詩歌蘊涵深厚、委曲含蓄的表現藝術,維護詩歌自身的文體規

---

① 參見朱自清《詩言志辨》,《朱自清古典文學論文集》上册,上海古籍出版社2009 年版,第 281—283 頁。
② 何文煥輯:《歷代詩話》上册,中華書局 1981 年版,第 28—30 頁。
③ 《李東陽集》卷二,第 529 頁。
④ 《李東陽集》卷二《懷麓堂詩話》,第 532 頁。
⑤ 同上書,第 551 頁。

定性。同時應當看到,比興作爲一種在詩歌早期階段已得到廣泛運用的修辭方式,它代表着詩歌這一特定文體基本而原始的藝術屬性,正因爲如此,李東陽基於關注詩"體"的立場聲明比興藝術的重要性,在某種意義上,也反映了他旨在追究詩歌的文體性質及其藝術屬性以從本原上力加辨察和塑造之的企圖。

就此,其同樣體現在李東陽關於詩歌音律的辯説。按照他的説法,這重點涉及詩與樂的關係問題,如他在《孔氏四子字説》中對於詩作出的界定:"詩者,言之成聲,而未播之樂者也。"①而在《懷麓堂詩話》中,他又議及詩與樂之間的關係,以爲"觀《樂記》論樂聲處,便識得詩法",②同時指出:

> 詩在六經中,別是一教,蓋六藝中之樂也。樂始於詩,終於律。人聲和則樂聲和,又取其聲之和者,以陶寫情性,感發志意,動盪血脈,流通精神,有至於手舞足蹈而不自覺者。後世詩與樂判而爲二,雖有格律,而無音韻,是不過爲排偶之文而已。使徒以文而已也,則古之教,何必以詩律爲哉!③

綜觀李東陽以上所論,其主要説明了如下問題:第一,認爲詩乃"未播之樂者也"、"六藝中之樂也",提示詩與樂關係密切,表明他對詩樂合一的看重;第二,指出後世詩與樂分而爲二,詩合於樂的特性由此受到損害,以至"雖有格律,而無音韻",如此,意味着"格律"與"音韻"的協調也就無從談起;第三,有"格律"而無"音韻",只能淪爲排偶之文,這也表明,詩若忽視"音韻"即喪失了有別於文的"言之成聲"的文體特徵。

這裏,李東陽所言的"格律",當指近體詩在字數、平仄、對偶等方面的格式規定,④猶如李東陽論詩之"律",以爲"所謂律者,非獨字數之同,而凡聲之平仄亦無不同也","律者,規矩之謂"。⑤ 而他聲稱的"音韻",則被視作在真正意義上融通於樂的一種音聲表現。《禮記·樂記》云:"凡音之起,由人心生也。人心之動,物使之然也。感於物而動,故形於聲。

---

① 《李東陽集》卷三,第 174 頁。
② 《李東陽集》卷二《懷麓堂詩話》,第 532 頁。
③ 同上書,第 529 頁。
④ 參見李慶立《懷麓堂詩話校釋》,人民文學出版社 2009 年版,第 4 頁。
⑤ 《李東陽集》卷二《懷麓堂詩話》,第 539 頁。

聲相應,故生變。變成方,謂之音;比音而樂之,及干戚羽旄,謂之樂。"又曰:"樂者,音之所由生也,其本在人心之感於物也。"①這表示説,樂之所生乃是人心和外物交感的結果。而李東陽提出"取其聲之和者",用以"陶寫情性,感發志意",蓋大意從此導引而出,實則將主體"情性"或"志意"的感發和樂聲的形成聯繫在一起,這也意味着詩之"音韻"的構成或者説作爲詩樂合一的表徵,體現在詩人"情性"或"志意"的發抒與樂聲之間的融合。李東陽認爲,成功的"音韻"營構應當是一種朗暢而諧和的音聲表現,如他評論温庭筠《商山早行》詩中"雞聲茅店月,人迹板橋霜"兩句,表示:"人但知其能道羈愁野況於言意之表,不知二句中不用一二閑字,止提掇出緊關物色字樣,而音韻鏗鏘,意象具足,始爲難得。若强排硬疊,不論其字面之清濁、音韻之諧舛,而云我能寫景用事,豈可哉?"②説明温庭筠的上述詩句善於藉助"鏗鏘"又諧調的音聲表現,抒寫詩人的"羈愁野況",不失爲詩與樂相爲融通的一個範例。

　　儘管李東陽訾議後世詩樂分離,詩有"格律"而無"音韻",但並不表示説他排斥"格律",從"協音律"的角度而言,關鍵是要處理好詩之"格律"與"音響"或"音韻"之間彼此的諧協問題。如他在《懷麓堂詩話》中談道:"長篇中須有節奏,有操有縱,有正有變,若平鋪穩布,雖多無益。唐詩類有委曲可喜之處,惟杜子美頓挫起伏,變化不測,可駭可愕,蓋其音響與格律正相稱。回視諸作,皆在下風。"③這裏所謂"操""縱""正""變"的音聲節奏起伏變化,正體現了"音響"與"格律"的協調相稱,説杜甫詩歌"頓挫起伏",主要也是就此而言。按照李東陽的看法,與"言之成章"之文不同,詩作爲"文之成聲"者,更需要體現相應的音聲節奏,所謂要"比之以聲韻,和之以節奏",④亦如他所説:"若歌吟咏歎,流通動盪之用,則存乎聲,而高下長短之節,亦截乎不可亂。"⑤以杜詩來看,尤其是一些異於聲律常規的平仄運用者,在李東陽眼裏,更顯示在看似違拗聲律節奏的字句結構中卻能做到"起伏頓挫"及"自相諧協"的不俗功力,自屬長於音聲節

①　《禮記正義》卷三七,《十三經注疏》下册,第 1527 頁。
②　《李東陽集》卷二《懷麓堂詩話》,第 532 頁。
③　同上書,第 533 頁。
④　《李東陽集》卷二《鏡川先生詩集序》,第 115 頁。
⑤　《李東陽集》卷三《春雨堂稿序》,第 37 頁。

奏而體現"協音律"的詩中翹楚。①

　　與此同時,作爲"協音律"要求的一種具體展開,李東陽十分注意對詩歌的別調辨體。他曾經說過:"漢、魏、六朝、唐、宋、元詩,各自爲體。譬之方言,秦、晉、吳、越、閩、楚之類,分疆畫地,音殊調別,彼此不相入。此可見天地間氣機所動,發爲音聲,隨時與地,無俟區別,而不相侵奪。然則人囿於氣化之中,而欲超乎時代土壤之外,不亦難乎?"②這裏以不同地區的方言音聲,譬喻歷朝各代詩不同的體徵,說明特別從"音殊調別"的角度去分辨詩體是十分必要的。這一點又如他所指出的,詩除了"具眼"之外,亦必"具耳","耳主聲","聞琴斷知爲第幾弦,此具耳也"。③ 就是說,根據詩的音調聲韻來加以判別辨析。別調辨體的目的在於檢驗詩的音聲節奏,包括鑒察"格律"與"音響"或"音韻"諧協的程度,以衡量詩作是否合乎樂聲,進而判斷其品位的優劣高下。《懷麓堂詩話》曾指出:"古詩歌之聲調節奏,不傳久矣。比嘗聽人歌《關雎》《鹿鳴》諸詩,不過以四字平引爲長聲,無甚高下緩急之節。意古之人,不徒爾也。"④這是說,聽今人歌吟《詩經》中《關雎》《鹿鳴》諸篇,推測其不像古作的聲調節奏,其中"以四字平引爲長聲"和"高下緩急之節"成了一種具體參比判別的依據。《懷麓堂詩話》又曰:"詩用實字易,用虛字難。盛唐人善用虛,其開合呼喚,悠揚委曲,皆在於此。用之不善,則柔弱緩散,不復可振,亦當深戒,此予所獨得者。"⑤運用虛字不善,容易導致負面的後果,這當然是要證明盛唐詩人善於用虛的高明。而此處對於字法運用的講究,實際上指涉詩歌產生的音聲效果,說盛唐詩人善於用虛,主要還是指他們能結構出"開合呼喚,悠揚委曲"的音聲抑揚調諧之美感,成爲營構這樣一種音聲美感的

---

　　① 李東陽《懷麓堂詩話》一再論及杜詩善於"協音律"的特點,如曰:"詩有純用平側字而自相諧協者。如'輕裾隨風還',五字皆平。'桃花梨花參差開',七字皆平。'月出斷岸口'一章,五字皆側。惟杜子美好用側字,如'有客有客字子美',七字皆側;'中夜起坐萬感集',六字側者尤多。'壁色立積鐵','業白出石壁',至五字皆入,而不覺其滯。此等雖難學,亦不可不知也。"(《李東陽集》卷二,第544頁)又如:"五七言古詩仄韻者,上句末字類用平聲。惟杜子美多用仄,如《玉華宮》《哀江頭》諸作,概亦可見。其音調起伏頓挫,獨爲遒健,似別出一格。回視純用平字者,便覺萎弱無生氣。"(《李東陽集》卷二,第547頁)

　　② 《李東陽集》卷二《懷麓堂詩話》,第544—545頁。

　　③ 同上書,第530頁。

　　④ 同上書,第537頁。

　　⑤ 同上書,第536頁。

理想實踐者。他在《擬古樂府引》中也説:"予嘗觀漢魏間樂府歌辭,愛其質而不俚,腴而不豔,有古詩言志依永之遺意,播之鄉國,各有攸宜。"①認爲漢魏樂府歌辭得古詩之遺意,不僅體現在"言志",而且還呈示於"依永",後者顯然就其音調聲韻的特點而言,是説漢魏樂府歌辭能如古詩那樣與樂聲相合,呈現抑揚變化。值得一提的是,此引又論及元代文人楊維禎的樂府詩創作。楊氏生平有大量樂府之作,李東陽以爲,楊維禎樂府詩雖"力去陳俗,而縱其辯博",然而"於聲與調或不暇恤",成爲明顯的一個不足,這意味着它未像漢魏樂府歌辭那般得古詩"依永"之遺意。

不僅如此,別調辨體也同時用於檢驗自我的詩歌創作。《懷麓堂詩話》云:"今之詩,惟吳、越有歌。吳歌清而婉,越歌長而激,然士大夫亦不皆能。予所聞者,吳則張亨父,越則王古直仁輔,可稱大家。亨父不爲人歌,每自歌所爲詩,真有手舞足蹈意。仁輔性亦僻,不時得其歌。予值有得意詩,或令歌之。因以驗予所作,雖不必能自爲歌,往往合律,不待強致,而亦有不容強者也。"②這種歌吟的方式被當作檢驗自家作品行之有效的方法,表明李東陽已注意將別調辨體之法具體運用到自我創作過程之中。此又可以他申述自己對於擬作古樂府的態度爲例,如其《擬古樂府引》即概括自己的撰作要求:"長短豐約,惟其所止;徐疾高下,隨所會而爲之。内取達意,外求合律。"③如果説"長短豐約"主要是就字句篇章結構而言,那麼"徐疾高下"則可説是針對音調聲韻的講究,所謂"隨所會而爲之",不但要"達意",而且要"合律",後者注意的顯然是詩作的音聲節奏如何合乎樂府古調。

李東陽基於詩"體"的"協音律"的要求,主張詩與樂的一體化,尤其是追溯至《詩經》而引爲典範,認爲"《詩》在六經中,別是一教,蓋六藝中之樂也",以對比"後世詩與樂判而爲二",甚至於使後人產生"李西涯以詩爲六藝之樂,是專於聲韻求詩,而使詩與樂混者也"的疑問,④然這與其強調比興藝術的主張有着一個共同點,即同樣具有從本原的角度追究詩歌的文體性質及其藝術屬性的意味。在以《詩經》爲代表的古典詩歌的早期階段,詩與樂的聯繫非常緊密,二者的融合也可以説是早期詩"體"的一

---

① 《李東陽集》卷一,第 1 頁。
② 《李東陽集》卷二,第 537 頁。
③ 《李東陽集》卷一,第 1 頁。
④ 朱德慈輯校:《養一齋詩話》卷四,中華書局 2010 年版,第 62 頁。

種重要標識,從這一角度來看,李東陽關於詩歌音律的辯説,注重詩合於樂的原初特性,申明作爲"文之成聲"者的詩歌在"音韻"上的不可缺失,以體現相應的音聲節奏,其主要還是立足於詩"體"基本而原始的藝術屬性來要求的,如此也表明他在詩歌體式規制上一種追本溯源的用意。

再來看李東陽强調的"言志厲俗"論。揣度其説,無論是運用比興抑或協調音律,重要的目的還在於如何充分而藝術地表現詩人的情感志意,李東陽提出"所謂比與興者,皆托物寓情而爲之者也",①又以爲詩"有異於文者,以其有聲律風韻,能使人反復諷咏,以暢達情思,感發志氣",②其意亦即在此。不過,對於"言志厲俗"論的具體内藴,我們尚需稍加辨析。

首先應當指出的一點,"言志厲俗"論的經世實用色彩仍是濃厚的,這不能不説多少和李東陽的館閣背景相聯繫。有關於此,李東陽在《赤城詩集序》中指出,"詩之爲物也,大則關氣運,小則因土俗,而實本乎人之心","夫自樂官不以詩爲教,使者不以采詩爲職,是物也,若未始爲天下之重輕,而所關者固在也"。③他在《王城山人詩集序》中又云:"夫詩者,人之志興存焉。故觀俗之美與人之賢者,必於詩。"④認爲詩之爲教"本人情,該物理,足以考政治,驗風俗",⑤並以古爲例證:"古者國有美政,鄉有善俗,必播諸詩歌以風勵天下。"⑥不過,同樣需要指出的一點,"言志厲俗"論除了指示詩於"政治"、"風俗"的實用價值之外,同時還包含詩人情志抒寫的多樣性。李東陽曾説:"詩之作也,七情具焉。"⑦表示詩之所作重在發抒詩人各種情感志意。人之"七情"皆可形之於詩,意味着複雜的詩人情感志意,不只是局限於考政驗俗的公共領域,也指涉不同的私人領域的内容。前引李東陽《作詩樂》詩,其中咏及"弄月吟風恣嘲謔","陶情寫性除煩濁",也説明抒寫詩人情感志意,不應排斥諸如"弄風吟月"的私人情懷,相反應視作"陶情寫性"的一個重要的方面。不啻於此,李東陽還曾編《集句後録》,所録源於"幽情鬱思,欲托之吟諷而未能者,略尋往年故事,集古句以自況",他將此標示爲"一時情興所至,無關大政","感時

---

① 《李東陽集》卷二《懷麓堂詩話》,第 534—535 頁。
② 《李東陽集》卷二《滄州詩集序》,第 72 頁。
③ 同上書,第 57 頁。
④ 同上書,第 23 頁。
⑤ 《李東陽集》卷三《孔氏四子字説》,第 174 頁。
⑥ 《李東陽集》卷二《邵孝子詩序》,第 43 頁。
⑦ 《李東陽集》卷二《懷麓堂詩話》,第 545 頁。

觸物之意,亦存乎其間"。① 從這一點也恰恰可以看出,在李東陽眼裏,即使是感觸而生的那些"無關大正"的"情興",未嘗不可形之於詩篇。事實上,這一詩學觀念在他的日常詩歌抒寫中也有所反映。如成化八年(1472)二月,時任翰林編修的李東陽奉父南歸故鄉茶陵省墓,沿途所經,賦詩以咏,得百二十餘首,匯入《南行稿》。他總結是稿所錄,以爲"其間流峙之殊形,飛躍開落之異情,耳目所接,興況所寄,左觸右激,發乎言而成聲,雖欲止之,亦有不可得而止矣",其中不乏屬於"覽形勝,玩境物,輸寫情況,振發其抑鬱而宣其和平"之作。② 成化十六年(1480)七月,李東陽任應天鄉試考試官,校文南都,事畢還舟北上。對於此次北上之旅,他聲稱"於是盡得兩京之形勝,神爽飛越,心胸開蕩。煙雲風雨之聚散,禽魚草木之下上開落,衣冠人物風土俗尚之殊異,前朝舊迹之興廢不常者,不能不形諸言",③其中得詩百有二首,匯入《北行錄》。誠如作者所述,他將行旅之中"耳目所接"而形諸詩,其實主要還在於抒發詩人自我對於山水風雨、禽魚草木、自然風土的體悟感觸,寄寓自己覽勝賞景之種種"興況",對此,自然無法一概以考政驗俗的經世實用標準來加以衡量。

## 餘　論

從某種意義上來看,明代至成化、弘治之際,文學領域可以説處於新舊現象並存或交替的特殊時期,歷史既依循其自身的慣性,順延着其原有的存在方式,繼續發揮着它的影響;同時,一些新的現象也在與傳統的交織甚或對抗中孕育成熟,不同程度地改變着原有的傳統風尚,呈現出有別於明代前期的一種文學走向。這主要表現在,一方面,明初以來極力張揚的"崇儒重道"的文化策略影響深重,向各個層面滲透,包括專尚經術之風對"詞賦"的排斥,科試時文對於古文詞的衝擊。如此情況之下,尤其是詩歌的生存空間受到壓縮,詩道淪落,並且相應地改變着文人士子的知識與趣味結構;經世實用的文學價值觀念,不僅充分彰顯了文所擔當的政治功能以及爲之强化的實用價值取向,而且它也不同程度地浸潤詩歌領地,影

---

① 《李東陽集》卷一《集句後錄小引》,第 704 頁。
② 《李東陽集》卷一《南行稿序》,第 617 頁。
③ 《李東陽集》卷一《北上錄序》,第 651 頁。

響到詩人自我情感的發抒。另一方面,整個文學發展的格局其時也在發生某種變動,尤其是作爲明代前期處於主導地位的臺閣文學,面臨着前所未有的分化與危機,從强勢趨於相對衰落,它所營造的文學風氣,在文人士子不拘一格創作欲求的衝擊下發生某種逆轉。如時人尹襄在《送古田司訓謝德宣序》中表示:"蓋成化、天順以前,其文渾厚,各有意見發之,故畔道者鮮。比歲以來,專事捷徑,非獨文之浮也,甚者於經有所擬議差擇,而聖人之言幾同戲玩。"①吳儼《順天府鄉試録後序》也指出:"臣觀洪武、永樂之間,其文渾厚;宣德、正統之間,其文簡明;成化、弘治之間,其文奇麗,可謂日益以盛矣。"②所謂"渾厚"文風的盛行,特別與當時臺閣文人的宗尚傾向不無關係,臺閣諸士重文宗經明道以求經世實用,更推崇篤實渾厚的文風,乃至於强調遵循先道德而後文辭的創作原則,③成、弘前後文風由"渾厚"轉向"浮""奇麗",以至成爲"畔道"和"於經有所擬議差擇,而聖人之言幾同戲玩"的口實,在一定意義上可謂構成對臺閣文風的悖逆,也表明文士創作的自由度相對增强。探析李東陽的詩學旨義,尤其不能不注意它因應成、弘之際文學變動態勢而顯示的某些傾向,以李東陽本人特殊的政治地位及其在文壇的重大影響而言,這些傾向也成爲此際文學變動態勢的一個不可忽視的關捩。如果説傾力於詩道,並"以詩文引後進",獎掖更多文學之士,顯示李東陽對於專尚經術時風的一種反動,以至引起重視經術者的强烈不滿,那麽他用心辨別詩文體式規制的差異,企圖切斷文這一强勢文體對於詩的侵蝕,尤其是從"兼比興""協音律"的角度,探討詩歌的文體性質及其藝術屬性,包括强調詩歌基本的修辭藝術,注重詩合於樂的原初特性,旨在從根本上還原詩有別於文的相對獨立的審美性質,察識詩之爲詩的文體的獨特性,在一定意義上凸顯了其詩學取向的一種技術思路。而他主張詩人情感志意抒寫的多樣性,在注重詩歌於考政驗俗的實用價值的同時,也認同將更多屬於私人領域的詩人"情

① 《巽峰集》卷九,《四庫全書存目叢書》影印清光緒七年永錫堂刻本。
② 《吳文肅摘稿》卷三,文淵閣《四庫全書》本,第1259册。
③ 如正統間授翰林修撰,累官侍讀、左春坊大學士的彭時在《劉忠潘公文集序》中云:"自昔學聖賢之學者,先道德而後文辭也。該文辭藝也,道德實也,篤其實而藝附之,必有以輔世明教,然後爲文之至。……彼無其實而强言者,竊竊然以靡麗爲能,以艱澀怪僻爲古,務悦人之耳目,而無一言幾乎道,是不惟無補於世,且有害焉,奚足以爲文哉!"(《彭文憲公集》卷三,《四庫全書存目叢書·集部》第35册,影印清康熙五年彭志楨刻本)

· 593 ·

興"或"興況"寄寓詩中,多少表明他在詩歌表現功能解讀上的包容態度。這些對於有着館閣背景的李東陽來説,自具不一般的意義。同時作爲成化、弘治之際詩壇的一位巨擘,李東陽詩學主張的也具有某種風向標的意義,從一個方面體現了此際文學指向的變化迹象。

（鄭利華,復旦大學古籍整理研究所教授）

# 再談朝鮮本與明清内府本

## ——以開本爲中心

陳正宏

　　拙作《朝鮮本與明清内府本》曾從字體、色彩兩個角度,對朝鮮本和明清内府本的關係,做過一點粗淺的探討。① 本文則擬再以漢籍的開本爲視角,對相關問題再作分析,故以"再談"爲名。

　　如所周知,在現存的東亞漢籍中,朝鮮本以開本闊大聞名。但是如果我們稍微細緻地考察一下朝鮮本的刊印歷史,會發現大開本的流行,是李氏朝鮮王朝世宗時代(1418—1450)開始才有的事情。在世宗以前,朝鮮王朝刊印的書,像太宗三年(1403)擺印的著名的癸未字本《宋朝表牋總類》,開本的縱横就只有 27.1×15.4 厘米,至於再早的高麗時代刊本,也是中型開本爲主,很少見到縱長 30 厘米那樣的大開本。

　　那麼,世宗時期何以會流行起大開本呢? 解釋這一疑問,還得從世宗的登基説起。

　　1418 年,也就是中國明朝的永樂十六年,這一年的陰曆九月四日,明朝派遣的一位名叫陸善財的宦官,作爲欽差使臣來到朝鮮。陸善財此行除了帶着永樂皇帝的敕書,幫助朝鮮國王李芳遠廢除長子李禔的王位繼承權,使三子李祹順利獲得登上國王寶座的資格。② 另一個被後人忽略

---

　　① 《朝鮮本與明清内府本——以印本的字體和色彩爲中心》,收入拙著《東亞漢籍版本學初探》,中西書局 2014 年版。

　　② 《明實録·太宗實録》永樂十六年秋七月丙子條云:"朝鮮國王李芳遠遣使言,世子禔驕恣不肖;弟三子祹孝弟力學,國人之所屬望,請立爲嗣。從之,賜敕諭曰:'立嗣以嫡長,古今常道。然國家盛衰,實系子之賢否。今欲立賢爲嗣,聽王所擇。'"但未言陸善財出使事。《朝鮮王朝實録·世宗實録》卷一"即位年(即永樂十六年)九月辛亥"條記陸善財持永樂帝敕諭出使朝鮮事,且所記較《明實録》更詳細,（轉下頁）

的舉措,是他帶了一批永樂皇帝欽賜給朝鮮的一種欽定編纂新書《名稱歌曲》——全名是《諸佛世尊如來菩薩尊者名稱歌曲》。

這種《諸佛世尊如來菩薩尊者名稱歌曲》現在在中國國內的不少圖書館都有收藏,比如上海圖書館收藏的一部,是永樂十八年的後印本(此書初刻於永樂十五年)。直觀地看,此書給人最深刻的印象,首先是它驚人的厚度,達 7.2 厘米。其次是闊大的開本,縱橫有 33.7×26.5 厘米——考慮到上海圖書館的這個藏本已經明顯被改裝過,存在裁切的可能,因此它原本的開本,縱向或許有 36 厘米或者更高。

從文獻記錄上看,更令人驚訝的,是這種《名稱歌曲》被陸善財帶入朝鮮的數量。

> 辛亥/欽差宦官陸善財奉勑書及欽賜《名稱歌曲》一千本來。
> (《朝鮮王朝實録·世宗實録》卷一世宗即位年九月四日辛亥條)

無論是從傳統的雕版刷印,還是近代機器印製來看,"一千本"都絶對不是一個小數目。因此它們抵達朝鮮後的去向也就值得關注。據《朝鮮王朝實録·世宗實録》卷二記載,同年十二月二十六日世宗有旨:

> 《名稱歌曲》毋令被管絃,令禮曹移文於留後司及京畿、黄海、平安道,令使臣所過州郡僧徒誦習之。

可見它們是由國王的使臣帶去了地方州郡,而主要讀者是僧侣。

無獨有偶,僅僅過了一年,永樂十七年(1419),中國皇帝又賜書給朝鮮世宗。這回給的是一種名叫《爲善陰騭》的善書,分兩批送出,數量則更

---

(接上頁)茲迻録如下,以供對照:"辛亥/欽差宦官陸善財奉勑書及欽賜《名稱歌曲》一千本來,結彩棚,設儺禮,上率群臣奉上王幸慕華樓以迎,至景福宫,行禮如儀。上王升殿受勑書,曰:'王奏長子禔不德,不堪爲嗣,以第三子裪性頗聰慧,孝悌力學,一國之人,悉皆屬望,可立爲嗣。朕惟立嫡以長,古今不易之常道,然家國事重,嗣子之賢不肖,國之盛衰存亡係焉:果賢也,則祖宗有托,一國之人受福;苟惟不賢,則宗祀無依,而亂亡繼之,一國之人受禍。王爲國家長久之慮,鑑盛衰存亡之機,欲立賢爲嗣,聽王擇焉。'上王覽訖,還小次。有頃,陞殿,與使臣行禮與坐,謂曰:'吾素有疾,請以子裪爲嗣。遣元閔生聞奏後,疾轉劇,令裪權攝國務。'上王還内,上陞殿,與使臣行禮。使臣歸太平館,上王還宫,上幸太平館,設下馬宴。"

爲驚人：六月六日由赴北京的朝鮮燕行使李之崇帶回了 600 本，兩個月後的八月十七日再由欽差使臣、太監黃儼再帶去 1 000 本，兩相合計高達 1 600 本。

> 聖節使李之崇回自北京。皇帝就賜上《爲善陰騭書》六百本、上王驢騾各十頭。初，元閔生之赴京也，上王授馬六匹，要貿驢騾，帝知之，故有是賜。（《朝鮮王朝實錄・世宗實錄》卷四"世宗元年六月六日己卯"條）

> 使臣太監黃儼至，上王及上以時服，出迎於慕華樓，先導至景福宮。宮城門外，結綵棚，設雜戲，夾道結綵。使臣至，宣勑書，……上王及上受勑行禮如儀訖，與使臣行茶禮。使臣謂上王曰："皇帝命臣曰：'中國非無酒果也，但道路阻遠，乃以生絹三百匹、表裏三十匹、羊一千頭，以資酒果之債。'右件等物，王其輸之以王府所有，充其宴享之費。"使臣先歸太平館。命兵曹參判李明德、知申事元肅受綵帛十五匹、綵絹十五匹、生絹三百匹、羊八頭、鵝十六隻、《陰騭書》一千本。（《朝鮮王朝實錄・世宗實錄》卷五"世宗元年八月十七日己丑"條）①

上述兩段引文中的"上王"就是太宗李芳遠，"上"則是世宗李祹。《爲善陰騭書》和《陰騭書》顯然是同一種書，其正名是《爲善陰騭》。

這部永樂十七年（1419）刊刻，當年就以如此巨大的數量輸入朝鮮的十卷本《爲善陰騭》，中國大陸現存卻很少，僅天一閣博物館和山東省圖書

---

① 按《明實錄・太宗實錄》卷二一三"永樂十七年六月辛巳"條云："遣中官黃儼使朝鮮國。敕前國王李芳遠曰：'王祇事朝廷，始終不怠，比陳年老，請以子祹嗣爵。夫繼世在於有後，而傳緒在於得人。王能簡賢命德，俾宗祀有托，且副國人之望，朕用嘉悦。特遣太監黃儼齎敕勞王，王其優游暮年，益膺壽福。'敕國王李祹曰：'爾父以爾孝弟力學，可承宗祀，請嗣其爵位。爾常念傳序之不易，孝以事親，忠以事上，俾子孫世享其慶，而一國之人亦永有賴焉。其敬之哉！'並賜《爲善陰隲書》一帙。"其中所記永樂帝賜書僅一册，與《朝鮮王朝實錄》所記"一千本"明顯不同。但細繹《明實錄》文意，此處的"并賜《爲善陰隲書》一帙"，當是指永樂帝交黃儼帶去的親自贈送給登基未久的世宗的一册《爲善陰隲》，意在勸其"孝以事親，忠以事上"。這與明朝廷送給朝鮮王朝的一千本禮品書意義不完全相同，所以後者的數量雖大，雙方實際處理書物的人員級別都低了不少。

館有藏。① 天一閣本雖然有後裝的外封,但原外封尚存,開本有 36.0×
20.7 厘米。而書内版匡爲 26.8×17.0 厘米,每半葉 10 行,每行大字 19
字。黑口,雙魚尾,四周雙邊——如所周知,這個明内府刻本《爲善陰騭》
的字樣,就是後來朝鮮著名的初鑄甲寅字的字本之一。②

　　中朝兩國書籍交流的歷史源遠流長,但是同一種書的中國印本,以復
本超過千本這樣龐大的數量輸入朝鮮,似乎是史無前例的。我們猜想,這
一定會使朝鮮的讀書人尤其是官僚貴族階層——兩班階層,對正規的書
籍形制應該是怎樣的,有直觀而深刻的印象。而朝鮮王朝政府對誦習包
括該兩種開本濶大的明内府刊本在内的中國本的强調,雖然用意在書的
内容,但客觀上想必一定也會加深朝野士大夫的這種對於書的開本形式
的印象。當年底獲得世宗贊同的禮曹建議,即是其例。

　　　　御經筵。禮曹啓:"頒降《諸佛如來名稱歌曲》誦習事,曾於京外
　　寺社行移,然今或作或輟。請令京中各宗則僧録司、外方各寺則留後
　　司及諸道監司考察,每季月誦習日課,置籍於歲(抄)[抄]傳報禮曹,
　　以憑檢舉。其《勸善書》《陰騭書》《神僧傳》,悉令堅藏,如有污穢破
　　毁者,嚴治其罪。又赴選僧徒,依儒生講《文公家禮》,能誦《名稱歌
　　曲》者,許令赴選。"從之。(《朝鮮王朝實録·世宗實録》卷六"世宗
　　元年十二月十二日壬午"條)

既然來自中國内府的大開本原書與僧人書生的進階如此密切相關,其保
藏又爲官方如此看重,則這樣形制的書籍是王朝最重要的書的理念,無疑
很快就會深入人心。

　　因此,儘管都是朝鮮王朝官方製作的最高檔次的金屬活字本,早期的
癸未(太宗三年,1403)字本《宋朝表牋總類》開本不過 27.1×15.4 厘米,
正文版匡也只有 22.8×14.0 厘米。庚子(世宗二年,1420)字本《史記》和
《文選》,版匡幾乎没有改變,前者是 22.1×14.75 厘米,後者 22.8×14.6
厘米,但開本卻突然放大到 31.9×19.1 厘米和 30.3×16.8 厘米。到世宗
十八年(1434)初鑄甲寅字時,所印書籍無論是開本還是版匡都全面放大,
像《真西山讀書記乙集大學衍義》的版匡是 26.2×16.7 厘米,《資治通鑑

────────

① 山東省圖本未見實物,其名列"第一批國家珍貴古籍名録"中,編號:1149。
② 所謂"字本",即單個活字的字樣。

綱目》的版匡是 27.7×20.0 厘米,開本縱向都超過了 30 厘米。而它們每半葉 10 行,每行大字 18 或 19 字,雙魚尾,四周雙邊的形式,①令人無法不與行款、版式都十分相似的明内府本《爲善陰騭》相聯繫,②更不必説甲寅字原本就是以《爲善陰騭》爲字本之一的了。

當然,朝鮮世宗朝前期朝鮮本開本的變大,尤其是以甲寅字本爲始,形成開本與版匡兩方面同時向擴大方向發展的趨勢,另外還有一個不容忽視原因,就是同爲明永樂間内府刻本的《五經大全》《四書大全》和《性理大全》的輸入。不過其輸入的方式,與《諸佛世尊如來菩薩尊者名稱歌曲》和《爲善陰騭》完全不同:不是靠復本的數量,而是靠在朝鮮半島本地的大量翻刻。

永樂間内府刊印的全本完整的《五經大全》《四書大全》和《性理大全》,和明代原裝的單本"大全",今天在中國大陸都不易得見。綜合北京故宮所藏和上海等地所見,大致可以歸納出該以"大全"爲名的叢書的形制面貌:每半葉 10 行,每行大字 22 字,中字單行、小字雙行同。黑口,雙魚尾,四周雙邊。版匡約 26.0×17.0 厘米,開本約 34.5×21.0 厘米——這個開本,與北京故宮所藏、仍保留着明代包背原裝的明嘉靖内府刻本《大明集禮》的開本 34.5×20.7 厘米是十分接近的。③

五經、四書、性理《大全》傳入朝鮮的時間,也是在永樂十七年,也就是朝鮮世宗元年(1419),那是永樂皇帝作爲特殊的禮物送給赴北京的世宗之弟敬寧君李裶的。《朝鮮王朝實録·世宗實録》卷六"世宗元年十二月七日丁丑"條載:

> 敬寧君裶、贊成鄭易、刑曹參判洪汝方等回自北京。皇帝就賜麒麟、獅子、福禄,隨現寺、寶塔寺祥瑞之圖五軸。福禄似驢而高大,頸長抗,白質黑文,人不能名,帝自名之曰福禄云。皇帝待裶甚厚,命禮部照依世子視朝見時例接待。一日,詔裶陞殿上,帝降御座,臨立裶所跪處,一手脱帽,一手摩髻曰:"汝父、汝兄皆王,汝居無憂之地,平

---

① 參見韓國千惠鳳氏《韓國典籍印刷史》,第 235 頁圖版 107、第 237 頁圖版 108,汎友社 1990 年版。

② 永樂刊本《爲善陰騭》即每半叶 10 行,每行大字 19 字。黑口,雙魚尾,四周雙邊。

③ 《大明集禮》開本尺寸據朱家溍主編《兩朝御覽圖書》第 168 頁圖一百七十二著録。

居不可無所用心。業學乎？業射乎？宜自敬慎讀書。"特賜御製序新修《性理大全》、四書五經《大全》，及黃金一百兩、白金五百兩、色段羅彩絹各五十匹、生絹五百匹、馬十二匹、羊五百頭，以寵異之。

但書來到朝鮮後，似乎就不是李裪獨占的秘笈了，六年後世宗爲了翻印該叢書，已經在命令地方諸道"給價換楮"，造紙進貢。

> 傳旨忠清、全羅、慶尚道監司："欲印《性理大全》、五經四書，其册紙給價換楮，忠清道三千（貼）[帖]、全羅道四千帖、慶尚道六千帖，造作以進。"（《朝鮮王朝實錄‧世宗實錄》卷三〇"世宗七年十月十五日庚辰"條）

雖然世宗七年翻印的大全本我尚未見過，但直到 18、19 世紀，朝鮮刻本系統中的單本大全如《中庸章句大全》等，開本、行款等跟最初傳入朝鮮的永樂内府本仍頗接近。個中消息，已經可見二者的密切關聯。

1792 年（清乾隆五十七年），朝鮮正祖在召見即將燕行的冬至正使朴宗岳等時曾自豪地說：

> 我國書册，紙韌而可以久閱，字大而便於常目，何必遠求薄小纖細之唐板乎？此不過便於臥看，必取於此，而所謂臥看，亦豈尊聖言之義乎？（《朝鮮王朝實錄‧正祖實錄》卷三六"正祖十六年十月甲申"條）

"唐板"或者叫"唐本"也就是中國本。此時的朝鮮國王所能見到的中國本，大部分應該是由朝鮮燕行使帶回或中國赴朝使節帶入的清廷賜書，[1]其中自然以清代内府本爲主，由於此時清代内府本的開本與當時普通書籍已無多少差别，故被正祖一概稱爲"薄小纖細"；"尊聖言之義"云云，一方面從正面彰顯了當時的朝鮮王朝嚴格尊奉程朱理學的基本政治立場，另一方面也從側面顯現了他們對取代了原宗主國明朝的清王朝，長久抱持着一種鄙視的心態。顯然，此時朝鮮半島的這位最高統治者已經反客

---

① 有關清廷賜書朝鮮的情形，參見楊雨蕾《燕行與中朝關係》，上海辭書出版社 2011 年版，第 115 頁。

爲主,在意識深處完全忘記了(當然也許是根本就不知道),朝鮮本"紙韌而可以久閱,字大而便於常目"的特徵,原本是向中國明代内府本學習的結果。東亞漢籍刊行史中這般顛覆性的場景,用一句中國俗話説,真可謂是"换了人間";而其更廣泛意義上的影響,今天看來不僅頗可玩味,而且意味深長。

（陳正宏,復旦大學古籍整理研究所教授）

# 文物：朱熹對石刻的文化利用與轉化<sup>*</sup>

## 程章燦

金石學的興起與繁榮,是趙宋王朝學術中非常值得關注的一點。兩宋士人喜好並投入金石之學者甚多,據當代學者統計,其人數已超過三百,①蔚爲壯觀。然而,伴隨着金石學的興起,譏議之聲亦不絕於耳。例如,有人譏評歐陽修曰:"物多則其勢難聚,聚久而無不散,何必區區於是哉?"歐陽修不得不從可正史傳、有益多聞等角度,從史學研究與知識傳承的高度,爲這一個人嗜好辯護。② 趙明誠"自少小喜從當世學士大夫訪問前代金石刻辭","致力於斯,可謂勤且久矣"。在《〈金石録〉序》中,他爲自己的這一愛好辯護,一再强調"訪求藏蓄"金石拓本,可以"廣異聞","考其異同","非特區區爲玩好之具而已也"。③ 其辯護理由與歐陽修大同而小異。

歐陽修、趙明誠等人的辯護,並没有完全消弭非議金石學的聲音。"治宋學者,恒譏誹金石學爲玩物喪志,而金石學家每不能與之辨,雖憤之

---

 * 本文系國家社科基金重大項目"中國古代文獻文化史"(10&ZD130)的階段性成果。

① 詳參葉國良著《金代金石學研究》第二章《宋代金石學者與著述》第一節《宋代金石學人録》,(臺北)臺灣書房出版有限公司 2011 年版,第 29—47 頁。按:葉氏所列名單,包括清李遇孫《金石學録》、陸心源《金石學録補》(二書皆爲臺灣新文豐出版公司編輯之《石刻史料新編》本)中所録宋代金石學人 200 名。又增補李、陸二氏未收之宋代金石學人事迹可考者 93 名,其傳記待考者 22 人。以上共計 315 名。這只是一個不完整的統計,如下文提到的朱熹之父朱松,就未出現於這個名單。

② 歐陽修:《集古録自序》,(宋)歐陽修著,鄧寶劍、王怡琳箋注:《集古録跋尾》,人民出版社 2010 年版,第 1 頁。

③ (宋)趙明誠:《〈金石録〉序》,載(宋)趙明誠撰、金文明校證《金石録校證》,廣西師範大學出版社 2005 年版,第 1 頁。

於心，終不克宣之於口”，“不知真正宋儒，亦真研求金石”，近人鮑鼎有感於此，故以向稱“宋儒之宗”的朱熹爲例，搜聚朱熹論石刻之種種材料，撰成《朱子金石學》一書，竭力表彰朱子“於金石學上固大有發明，以之證經考史，靡不極其能事”，並證明金石學非“無助於學術”，不可“等之玩好”。① 確實，在宋代理學諸儒中，周、張、程、陸諸子皆不治金石之學，更不收藏或玩賞石刻，他們往往對“玩物”抱着一種戒備的態度，程顥甚至當面批評記問賅博的謝良佐爲“玩物喪志”。② 程氏門人李侗稱引師說，亦云：“讀書者，知其所言莫非吾事，而即吾身以求之，則凡聖賢所至而吾所未至者，皆可勉而進矣。若直以文字求之，悦其詞義，以資誦說，其不爲玩物喪志者幾希！”③作爲個人愛好或特長的文字記誦，並不是一種具體的“物”，一旦沉迷其中，也會被理學家斥爲“玩物喪志”，那麽，沉迷於金石收藏，自然不可避免地獲此惡諡。作爲 20 世紀的學者，鮑鼎還要不憚辭費地繼續爲金石學辯護，說明包括理學家在內的很多人對金石學的誤解根深蒂固。

確實，在宋代理學家群體中，只有朱熹對石刻表現出了一種與衆不同的態度。但是，鮑鼎對朱子金石之學的闡釋猶未達一間。朱熹不僅喜愛金石收藏，精於金石之學，“證經考史”，“極其能事”，而且開拓了石刻的文化用途，提升了石刻的文化意義，成功實現了石刻文化角色的轉化。那麽，他是如何做到這一點的呢？他的這種學術取向和文化自覺來自何處，又有怎樣的文化史意義呢？

# 一、朱熹家世與石刻

石刻可以説是朱熹的家學。朱熹之父朱松喜歡收藏石刻拓本，這對朱熹產生了直接的影響，使他從少年時代開始就養成了對“古金石文字”的愛好。

《朱文公文集》卷七五《家藏石刻序》云：

---

① 鮑鼎：《朱子金石學》，《石刻史料新編》第三輯，臺灣新文豐出版公司 1986 年版，第 30 册，第 3 頁。按：鮑氏接着説：“蓋嗜金石者率只攻金石一門，其他學術俱未研討，至多兼及文字而已，況宋學乎？”則似乎有以偏概全之嫌。

② （宋）李幼武纂集：《宋名臣言行録·外集》卷七，文淵閣《四庫全書》本。

③ （宋）李幼武纂集：《宋名臣言行録·外集》卷一一。（元）脱脱等《宋史》卷四二八《道學·程氏門人傳》亦有相同記載。

予少好古金石文字，家貧，不能有其書，獨時時取歐陽子所集録，觀其序跋辨證之辭以爲樂，遇適意時，恍然若手摩挲其金石，而目了其文字也。既又悵然自恨身貧賤，居處屏遠，弗能盡致所欲得如公之爲者，或寢食不怡竟日。來泉南，又得東武趙氏《金石録》觀之，大略如歐陽子書，然銓序益條理，考證益精博，予心亦益好之。①

歐陽修致力於收集古金石拓本，積至千卷，又將其爲拓本所作題跋彙集，編爲《集古録》(亦稱《集古録跋尾》)一書，其子歐陽棐又編次其目，成《集古録目》。從内容上講，這兩本書顯然各有不同，一則近於文章評論與史學考證，一則爲專門目録，但從文獻形態而言，二者皆以書籍的面目出現並傳世。對朱熹來説，這些"古金石"的吸引力不僅來自其作爲古物的一面，更是來自其作爲文本或文獻的一面，他更看重的是其"古金石文字"的屬性。他將歐、趙二書進行比較，指出《金石録》"銓序益條理，考證益精博"，也着眼於其書籍與文獻的屬性，而無關於古物的收藏。從這一段話中也可以看出，在朱子看來，金石學與書籍及文獻都有密切的關係。

接下來，這篇序文才談到朱家收藏石刻的具體情況：

於是始胠其橐，得故先君子時所藏，與熹後所增益者，凡數十種，雖不多，要皆奇古可玩，悉加標飾，因其刻石大小，施横軸，懸之壁間，坐對，循行卧起，恒不去目前，不待披筐篋卷舒把玩而後爲適也。蓋漢魏以前刻石制度簡樸，或出奇詭，皆有可觀，存之足以佐嗜古之癖，良非小助。其近世刻石本制小者，或爲横卷若書帙，亦以意所便也。蓋歐陽子書一千卷，趙氏書多倍之，而予欲以此數十種者追而與之并，則誠若不可冀，然安知積之久，則不若是其富也耶！姑首是書以俟。

據作者篇末自署，這篇序文撰於紹興二十六年(1156)，其時朱熹(1130—1200)才27歲。值得注意的是，在這一段文字中，朱熹兩次提到了"玩"："奇古可玩""披筐篋卷舒把玩"。他的玩法的特點，就是將石刻拓本視同書卷，"卷舒把玩"。最後一句提到的"其近世刻石本制小者，或爲横卷若書帙"，也是從形制角度，將刻石拓本視同書帙。總之，

---

① (宋)朱熹：《朱文公文集》卷七五《家藏石刻序》，文淵閣《四庫全書》本。

朱熹受其父癖愛金石收藏的影響，很早就養成了對於金石學的興趣，但他對金石拓本的玩賞和理解，着重於文獻與文本，顯然與歐陽修、趙明誠等前賢不同。

另一方面，朱熹對"金石文字"的興趣，又使我們聯想到與他差不多同時代的另一位金石學人洪适（1117—1184）。洪适編纂《隸釋》《隸續》二書，也着眼於文本，尤其看重刻石文本中的字體。《隸釋》一書即"爲考隸而作，故每篇皆依其文字寫之，其以某字爲某字，則具疏其下，兼核其關切史事者，爲之論證"。① 晚清著名金石家繆荃孫曾經強調指出："金石以拓本爲主。"②換句話說，拓本是金石學的核心。所以，歐、趙二公基於對古物的濃厚興趣，投入畢生精力，搜聚彙集前代金石拓本，開創了拓本集成這樣一種新的文獻形式。《集古》《金石》二錄的物質形態特徵是非常突出的，這一點，從《集古》《金石》二錄的書名中便可以顧名而思義。而洪适《隸釋》一書的宗旨與歐、趙截然不同，也同樣可以顧名思義。《隸釋》一書，實際上包含兩種文獻形式的轉換：考釋隸書文字，將其轉換爲楷體，此其一；③將刻石或拓本上的文字，轉換爲書本上的文字，此其二。石刻從拓本形態向書本形態的轉換，使石刻與刻本時代的書籍文化更加融合無間。這是《隸釋》對於中國文獻文化史的重要貢獻。

《四庫全書總目》卷八六《隸釋》提要又云：

> 其弟邁序妻機《漢隸字原》云："吾兄文惠公區別漢隸爲五種書，曰釋，曰續，曰韻，曰圖，曰續，四者備矣，惟韻書不成。"又适自跋《隸續》云："《隸釋》有續，凡漢隸碑碣二百五十有八。"又跋淳熙《隸釋》後云："淳熙《隸釋》目錄五十卷，乾道中書始萌芽，十餘年間拾遺補闕，一再添刻，凡碑版二百八十五。"然乾道三年洪邁跋云："所藏碑一百八十九，譯其文，又述其所以然，爲二十七卷。"又淳熙六年喻良能跋云："公頃帥越，嘗薈粹漢隸一百八十九爲二十七卷。"是二跋皆與

---

① （清）紀昀：《四庫全書總目》卷八六《隸釋》提要，中華書局1965年版，第735頁。

② 繆荃孫：《江蘇金石記·例言》，《繆荃孫全集·金石》第二冊，鳳凰出版社2014年版，卷前，第2頁。

③ 《隋書》卷三五著錄《碑集》二十九卷、《雜碑集》二十九卷、《雜碑集》二十二卷等諸種，列於集部，今諸書皆不傳，難窺其詳。此諸書很可能只錄碑文文章，而不重其書體及物質形態。（唐）魏徵等：《隋書》，中華書局1973年版，第1086頁。

是書符合,則其自題曰淳熙《隸釋》者,乃兼後所續得合爲一編。今其本不傳,傳者仍《隸釋》《隸續》各自爲書。①

由此可見,《隸釋》《隸續》乃一脈相承,《隸釋》於淳熙年間已經成書,不久,朱熹即看到了此書。淳熙十二年四月既望,朱熹《書歐陽文忠公集古録跋尾後》末尾有這樣一段:"《華山碑》仲宗字,洪丞相《隸釋》辨之,乃石刻本之假借用字,非歐公筆誤也。"②此時離《隸釋》面世未久,可見朱熹十分關注金石學方面的新著。此外,《朱子語類》中也至少兩次提到《隸釋》,其中一次見卷八一:"昭茲來許,漢碑作'昭哉',洪氏《隸釋》茲哉叶韻,柏梁台詩末句韻亦同。"另一次見卷一四○:"壹貳叄肆皆是借同聲字,柒字本無此字,唯有漆沮之漆,漆字草書頗似柒,遂誤以爲真。洪氏《隸釋》辨不及此。"③可見,朱熹對《隸釋》是相當熟悉而且重視的。

要之,在對待石刻文獻方面,朱熹不僅像歐陽修那樣將金石碑拓視爲古物,而且像洪适那樣,將其視爲一種特殊媒介形式的文本。在此基礎上,他深入挖掘石刻文字的文本價值,並爲石刻文字開拓了廣闊的文獻文化空間。

## 二、《韓集考異》中的石本運用

在朱熹學術中,石刻文獻發揮了重要的作用,這不是簡單的"證經考史"四字就可以概括的。比"證經考史"更爲重要的,是朱熹對韓愈文集的校理以及在這一過程中他對石刻文獻的運用及其特殊理解。

"北宋中期以後,韓文風行天下,'學者非韓不學'(歐陽修《書舊本韓文後》)。韓文的校訂整理成爲學術界的熱潮。到南宋初年,僅方崧卿《韓集舉正》所引用的各種參校版本即達七十家之多,可見一時盛況"。④慶元三年(1197),68 歲的朱熹撰成《韓集考異》,此書不僅是韓愈文集流

---

① 《四庫全書總目》卷八六《隸釋》提要,第 734—735 頁。
② (宋)朱熹:《晦庵文集》卷八二《跋·書歐陽文忠公集古録跋尾後》。按:此跋尾及朱熹書後均傳承至今,原件藏台北故宮博物院,上海書畫出版社 2002 年曾影印出版,題爲《歐陽修集古録跋》。
③ (宋)黎靖德編:《朱子語類》卷一四○,中華書局 1997 年版,第 3011 頁。
④ 劉真倫:《韓愈集宋元傳本研究》,中國社會科學出版社 2004 年版,第 87—88 頁。

傳史上的一個重要版本，也是宋代金石學史上別開生面的一部著作。衆所周知，朱熹《韓集考異》與方崧卿《韓集舉正》關係最爲密切。如果説"對於韓集的流傳，方崧卿具有開闢之功"，那麽，"朱熹在方本的基礎上整理韓集，通過王伯大、廖瑩中的採用，成爲韓集流傳的通行版本，韓集文字由此才趨於一統"，①可謂後來居上。因此，朱熹的校理本成爲"宋元以後韓集傳本的祖本"，奠定了其權威地位。② 正如錢穆所指出的："自有韓文，歷四百年，《考異》出而始勒成爲定本；自有《考異》，迄今又近八百年，誦習韓文者莫不遵用，更少重定。"③

《韓集考異》的具體操觚者是朱熹弟子方士繇，但此書的體例是由朱熹親自確定的，成稿以後，朱熹細閱一過，提出修改意見，令方士繇改訂。④ 因此，此書完全可以代表朱熹的學術觀點。朱熹《書〈韓文考異〉前》云：

> 此集今世本多不同，惟近歲南安軍所刊方氏校定本號爲精善，別有《舉正》十卷，論其所以去取之意，又他本之所無也。然其去取，多以祥符杭本、嘉祐蜀本及李謝所據館閣本爲定，而尤尊館閣本，雖有謬誤，往往曲從，他本雖善，亦棄不錄。至於《舉正》，則又例多而辭寡，覽者或頗不能曉知。故今輒因其書更爲校定，悉考衆本之同異，而一以文勢義理及他書之可驗者決之。苟是矣，則雖民間近出小本，不敢違；有所未安，則雖官本、古本、石本，不敢信。又各詳著其所以然者，以爲《考異》十卷，庶幾去取之未善者，覽者得以參伍而筆削焉。⑤

這裏，朱熹對方崧卿《韓集舉正》曲從閣本提出了批評。在朱熹看來，不僅閣本不可曲從，官本、古本、石本都不可迷信。具體的文本校勘實踐，使朱熹確立了實事求是的校勘原則："苟是矣，則雖民間近出小本，不敢違；有所未安，則雖官本、古本、石本，不敢信。"應該説，以石本校集本，歐陽修、趙明誠諸家已導夫先路，而方崧卿《韓集舉正》更是自覺以石本校韓集，從而構成其學術特色之一。朱熹在處理韓集異文之時，既不迷信方崧

---

① 劉真倫：《韓愈集宋元傳本研究》，第 88 頁。
② 同上書，第 141 頁。
③ 錢穆：《朱子新學案》，巴蜀書社 1986 年版，第 1750 頁。
④ 劉真倫：《韓愈集宋元傳本研究》，第 142 頁。
⑤ 《原本韓集考異》卷一，又見《晦庵文集》卷七六。

卿的《韓集舉正》,也不惟石本是從。在他看來,石本是韓集衆多版本中的一個,應與其他集本(書籍)等量齊觀,但不能盲目信從,而要審慎去取。

　　同樣引證石本,朱、方二家頗有異同。據劉真倫研究,"《考異》直接引校石本四種三十六條,其中《薛公達志》六條,均自方本轉引。《南海神廟碑》七條,方本未出者三條。《柳州羅池廟碑》三條,方本未出者一條。《與大顛師書》二十條,方本未出者四條。總計石本三種八條,可以判定爲直接採用"。① 所謂"直接採用"方本,當是因爲親見石本,經過檢核,沒有不同意見,故徑自轉引;而所謂"方本未出者",則是親核石本之後,補充方本未出的異文,並且提出與方氏不同的看法。② 例如,《韓集考異》卷七《國子助教河東薛君志》:"石本有'河東'字,方本無。"③此篇墓誌文標題中的"河東"二字,應當見於墓誌篇首,或者見於墓誌蓋,無論如何,都是不應忽視的異文。前人整理典籍,有時不夠重視詩文標題的校勘,方崧卿此事即是一例。劉真倫以爲朱熹"以碑本首題校集本篇題,並不恰當",④也是不夠重視篇題異文的例證。

　　朱熹校勘韓集,既重視石刻,又不迷信石刻,敢於對石刻提出質疑,這類例子屢見不鮮。例如韓愈《柳州羅池廟》有一句,集本多作"春與猿吟兮秋與鶴飛",而石本則作"春與猿吟兮秋鶴與飛"。集本與石本孰是孰非,自宋代以降,學界聚訟紛紜。朱熹認爲:"今按歐公以此句爲石本之誤,沈存中云:'非也,倒用鶴、與兩字,則語勢愈健,如《楚詞》云"吉日辰良"也。'但此石本團團字,初誤刻作團圓,後鐫改之,今尚可見,則亦石本不能無誤之一證也。"⑤關於"春與猿吟兮秋與鶴飛"與"春與猿吟兮秋鶴與飛"二本是非優劣的爭論,涉及對韓文筆法、文章風格等的審美判定,由於牽涉主觀判斷,恐怕難衷一是,但是朱熹在這裏提出的"石本不能無誤"的看法,顯然值得重視,對於專門從事金石學研究的學者來説,這種"不惟石"的態度尤其難得。

---

　　① 《韓愈集宋元傳本研究》,第 159 頁。

　　② 鮑鼎《朱子金石學》已經指出:"或謂公校韓文,多從方氏所引石本,而非公之所爲。今按不然。公雖據方氏之語,而對於方氏頗多懷疑,且當覓原石而校之,亦見《韓文考異》中。"《石刻史料新編》第三輯,第 39 冊,第 14—15 頁。

　　③ 按:《國子助教河東薛君志》即《薛公達志》。墓誌銘開篇云:"君諱公達,字大順,薛姓。"

　　④ 《韓愈集宋元傳本研究》,第 160 頁。

　　⑤ 《原本韓集考異》卷八。

朱熹提出這種看法是有針對性的。事實上，方崧卿《韓集舉正》在一定程度上就存在"惟石"甚至"佞石"之病。韓愈《鄆州溪堂詩並序》有句云："惟鄆也，截然中居，四鄰望之，若防之制水，恃以無恐。"《韓集考異》卷五《鄆州溪堂詩並序》於"四鄰望之"下有校記云：

> 閣、杭、蜀及諸本"中居"之下皆有此四字，方從石本刪去。今按文勢及當時事勢，皆當有此句。若其無之，則下文所謂"恃以無恐"者爲誰恃之邪？大凡爲人作文，而身或在遠，無由親視摹刻，既有脱誤，又以毀之重勞，遂不能改。若此者，蓋親見之，亦非獨古爲然也。方氏最信閣、杭、蜀本，雖有謬誤，往往曲從。今此三本幸皆不誤，而反爲石本脱句所奪，甚可笑也。

閣本、杭本、蜀本都有"四鄰望之"一句，獨石本脱漏此句，方崧卿卻迷信石本，刪去此句，以致文勢不能完整。朱熹批評方氏迷信石本，並結合石本的特點，分析了石本致誤的可能原因。

以實事求是、"不佞石"的學術態度爲基礎，朱熹又提出了校勘各本同異時，"一以文勢義理及他書之可驗者決之"，這實際上包含了"理校"的思想，雖然他還沒有使用"理校"這一概念。在朱熹的文獻校勘學中，"理"占有十分重要的地位。當諸本有異文，尤其是兩種石本有出入時，"以理推之"是朱熹經常使用的一個原則。例如《韓集考異》卷六《送李願歸盤谷》"惟適之安"一句，一本作"惟適所安"：

> 蜀本及洪氏石本"之"作"所"，方從《苑》、《粹》、樊氏石本作"之"。今按：此二石本不同，又足以見所謂石本者之難信矣。然以理推之，作"之"爲是，諸舊本亦多同者。

朱熹就根據文理，推斷"作'之'爲是"。不僅同一文的兩種石本自相矛盾，而且，同一作者撰寫同一墓主的碑文與墓誌，亦有自相矛盾者。例如，韓愈既爲劉昌裔撰寫過《劉統軍碑》，又爲其撰寫《劉統軍墓誌》。兩文皆有石本，而敘述劉氏先世，卻有不同。碑文中有"三世晉人"句，《考異》云：

> 趙德父（明誠）云："石本'三世'作'再世'，上文'祖令太原'，作'考令太原'，然其篇首既言陽曲之別由公祖遷，則爲晉人非再世矣。

碑當時所立,不應差其世次,莫可曉也。"今按:劉志在後卷,所述世次尤詳,與"再世"之云皆不合,亦石本不足信之一驗也。①

再次爲"石本不能無誤"、"石本不足信"之説提供了有力佐證。

值得注意的是,在朱熹之前,歐陽修早已注意到石本有誤的現象。不過,二人對此現象的看法似同實異,其中微意,殊堪玩味。《韓集考異》卷六《送李願歸盤谷》:

> 按歐公《集古跋尾》云:"《盤谷序》石本貞元中所刻,以集本校之,或小不同,疑刻石誤。然以其當時之物,姑存之以爲佳玩,其小失不足校也。"詳公此言,最爲通論。近世論者專以石本爲正,如《水門記》、《溪堂詩》,予已論之,《南海廟》《劉統軍碑》之類亦然,其謬可考而知也。②

很顯然,歐陽修主要將石刻看作是一種"佳玩",其着眼點是石刻的物質文化屬性,即使有"小失",也"不足校";而朱熹則一一詳細考校其中的謬誤,其着重點是石刻的文獻/文本屬性。

朱熹一生花費許多精力於古典文獻的整理與研究,涉及多種不同形態的經典文獻,也涉及不同方式的整理。其中,《四書集注》《詩集傳》《楚辭集注》主要通過對經典文獻的集注,表達自己對經典的詮釋,而《韓集考異》則着眼於對經典作家文集的校勘。其校勘方法及特點,與朱熹的實事求是之學密切相關。錢穆曾經論證,朱熹校勘的特點是旁稽博證、沈邃細密、迥然遠趣,非清儒可比。③ 當然,也有學者認爲,朱熹的校勘既有徵引富博、處置精審之處,又不免有其疏誤。④ 總的來説,朱熹不落俗套,既没有"規規於金石而不顧義之所安",也不迷執於"以別字詁經,以異聞改

---

① 《原本韓集考異》卷七。

② 《原本韓集考異》卷四《汴州東西水門記》:"'文',方從石、閣、蜀本作'醇'。今按:此記方氏多從石本,石本固當據信,但上條用字大誤,而此'醇'字亦未安耳。"此處所謂"石本固當據信",乃就通例而言,而就此文此句而言,則石本不可據信,只不過朱子表達比較委婉而已。

③ 《朱子新學案》專章"朱子的校勘學"。

④ 趙燦鵬:《朱熹校書考》,載《安徽史學》2000 年第 1 期。

史”，①其學術境界實在“今世金石家”之上。這種境界，一言以蔽之，那就是：重視文本考證，不迷信刻石文本(石本也是書本的一種)。從精神上説，這種境界遠紹孟子的“盡信書不如無書”，近承宋儒的疑經辨古學風。②

## 三、朱熹撰書的石刻文字

朱熹所撰書的石刻文字，主要有兩類：碑誌文和摩崖題刻。這些石刻文字不僅豐富了石刻的斯文内涵，也提升了石刻的文化境界。

碑誌是中國古代最爲常見常用的石刻文字，朱熹平生爲人撰作石刻文字頗多。在總數一百卷的《晦庵集》中，石刻文占七卷（卷八八至卷九四）。就文體形式而言，這些石刻文包括碑文、墓表、墓誌銘、墓記、壙志等。碑文之中，又包括祀廟碑與神道碑兩種。神道碑較多，而祀廟碑亦有《静江府虞帝廟碑》《旌忠愍節廟碑》《義靈廟碑》等。《旌忠愍節廟碑》撰成於“紹熙四年五月戊寅”，正文之後，附有一段朱熹本人的題記：

> 熹既銘此碑，明年祗召造朝，道出祠下，將往拜焉，則貌象未設，而他役亦未訖功。問其故，則曰王侯既去，而歲惡民飢，兩令尋亦終更，而今玉山宰温國司馬君迈始將終之也。君文正公諸孫，其大父忠潔公亦以扈從北狩，守節不污，没其身，宜其有感於二公之事，不待州家之命，而卒有以成王侯之志也。十月壬子，以訖事來告，熹以爲是亦宜得附書，因紀其事，使寫刻於碑之左方。③

既撰碑文，又關心廟碑建設的過程；廟碑建成之後，更在附記中表彰其主事者，可見朱熹對其碑文的重視。在他眼中，立碑是值得銘記的文化事件。

朱熹撰寫各體石刻文，尊重並且突出各體的體制特點。同爲碑文，祀廟碑與神道碑風格不同。墓表、墓誌銘、墓記、壙志等，名不同，實也不同。從文體格式來看，碑誌文末尾皆有一段銘文，與前面的散體敘述相互配合，抒發情感，提升主題。但銘文一般以四言韻文爲主，容易給人以程式化的感覺。韓愈號稱一代文宗，又擅長碑誌文寫作，他煞費苦心，對程式

---

① 鮑鼎：《朱子金石學》，《石刻史料新編》第三輯，第 39 册，第 14—15 頁。
② 參看孫欽善《中國古文獻學史》，中華書局 1994 年版，第 486—490 頁。
③ 《晦庵集》卷八九。

化的銘文進行改造,使之靈活多樣,變化多端。在這一點上,朱熹對韓愈亦步亦趨,其碑誌銘文不拘一格,形式常新。如《朝奉劉公墓表》銘文是柏梁體的七言詩:

> 吁嗟劉公篤世休。道雖晚聞德蚤修。長途方騁歲不留。志業有嗣無餘憂。清江之曲全塘幽。方趺圭首千千秋。過者視此式其丘。①

這種七言體在朱熹所撰碑誌銘文中較爲常見。《迪功郎致仕王君墓碣銘》的銘文,也是這種柏梁詩體:

> 鹿鳴先生詩禮傳,荒此柘溪祀邈綿。逮君教子子能賢,千里丐我銘君阡。至哉我友授子言,皇皇業業無窮年。眇思所屬非華軒,有能力此榮其先。②

值得注意的是,朱熹在此段引文前明確聲明,他的這段銘文是詩:"因輯其事而詩之"、"其詩曰"。換句話説,在朱熹心目中,銘文其實是一種詩體。他對銘文形式的重視,與他對銘文的文體性質認定,是密切相連的。

三言銘文較爲罕見,但朱熹似乎對三言體情有獨鍾。他爲愛女撰寫的墓誌通篇是三言體,頗爲獨特:

> 朱氏女,生癸巳。因以名,叔其字。父晦翁,母劉氏。生四年,呱失恃。十有五,適笄珥。趙聘入,奄然逝。哀汝生,婉而慧。雖未學,得翁意。臨絕言,孝友悌。從母葬,亦其志。父汝銘,母汝視。汝有知,尚無畏。宋淳熙,歲丁未。月終辜,壬寅識。③

其《邵武縣丞謝君墓碣銘》的銘文,使用的亦是三言體:

> 惟君家,世隱淪。載其德,之後人。君承之,勢欲振。塗未半,隕厥身。藏於斯,從隱君。陵爲谷,訂此文。④

---

① 《晦庵集》卷九〇。
② 《晦庵集》卷九二。
③ 《晦庵集》卷九三《女巳志銘》。
④ 《晦庵集》卷九一。

在《武經大夫趙公墓誌銘》的銘文中，四言與五言各占一半：

　　　唯紆人之勞，寧郤己之進。豈曰己之廉，而速人以病。仁夫趙公，有畢其官。我銘斯石，以詔其終。①

《國録魏公墓誌銘》銘文則是四言、五言、六言與七言的混合：

　　　謂天嗇之，則曷其材且志也？曰其德之，則又不年以位也！竟使抱其餘以没於地也。我銘以哀之，又以掩其隧也。②

以多種句式混合，造成參差錯落的節奏變化，既體現了朱熹碑誌銘文的特點，也體現了朱熹對不同詩歌體式的理解與掌握。《知南康軍石君墓誌銘》的銘文可爲例證：

　　　予悲斯人之病而莫與瘳也，悼斯學之孤而莫與儔也。又哀君之有志而久不酬也，時若可俟而君不留也。龍谷之城，雲溪之宅。詔彼茫茫，不在斯刻。③

《江君清卿墓誌銘》的銘文亦可爲例：

　　　不同乎今人者君之樂，不及乎古人者君之憂。蓋其所樂者人以爲戚，而其所憂者我以爲休。銘焉不慚，子孫是收。④

朱熹對銘文語言形式的重視，一方面固然是受韓愈的影響，另一方面也體現了他對石刻文字的文本屬性的重視。

　　作爲一種文獻形式，石刻在昭告公衆、傳世久遠方面具有得天獨厚的優勢。周敦頤曾作《拙賦》一篇，標舉"天下拙，刑政徹。上安下順，風清弊絶"，言簡意賅，給朱熹留下深刻的印象。朱熹曾親自書寫周敦頤《拙

---

① 《晦庵集》卷九一。
② 同上。
③ 《晦庵集》卷九二。
④ 《晦庵集》卷九三。

賦》，並"辟江東道院之東室，榜以拙齋，而刻置焉"，其目的既是爲了"自警"，也是爲了"以告後之君子，俾無蹈先生之所恥者以病其民云"。① 這是利用刻石宣傳推廣《拙賦》，拓展了石刻的文化宣傳功能。

在各種石刻中，摩崖石刻以大字深刻、位置顯要而格外引人注目。朱熹自覺地將摩崖石刻作爲自我宣傳與推廣的重要媒介。有學者對朱熹在福建各地留下的摩崖石刻做過調查研究，得到這樣的結論："朱熹的足跡幾乎踏遍福建各地，他的摩崖題刻也遍布全省各地。據民國《福建通志》（1938 年版，下同）載，朱熹撰題的碑銘摩崖共 70 餘處，分布於建寧、崇安（武夷山）、尤溪、侯官、莆田、光澤、閩清、永泰、晉江、同安、安溪、延平、順昌、建安、建陽、松溪、浦城等 20 多個縣，尤以崇安和同安爲多。實際上還遠不止這些，如加上漏載和外省的題刻，……大概不下百處。像朱熹這樣的一代名家，留下如此衆多的摩崖題刻，筆者孤陋寡聞，不敢妄斷是不是古今第一人，但至少也是屈指可數的了。"②朱熹在崇安（武夷山）留下的摩崖石刻最多，據分析，這些石刻可以分爲武夷棹歌、哲理題刻、紀游題刻和景名題刻四類，並具有年代較早、相對集中、形式多樣等特點。③《武夷棹歌》共十首，"是最早贊美武夷山九曲溪兩岸風光的棹歌"。紀游題刻記錄了朱熹與友人弟子等在武夷山一事的足跡。景名題刻是對山水風光的題目。哲理題刻表達了朱熹的理學思想，尤其是"逝者如斯"、"天心明月"、"忠孝"等題刻。"逝者如斯"出自《論語·子罕》："子在川上曰：'逝者如斯夫，不捨晝夜。'"朱熹闡釋此句之意："天地之化，往者過，來者續，無一息之停，乃道體之本然也。然其可指而易見者，莫如川流。故於此發以示人，欲學者時時省察，而無毫髮之間斷也。"④顯然，在理學家朱熹看來，這句是十分重要的。"逝者如斯"四字鐫於六曲響聲巖，竪書兩行，幅面 130×120 厘米，每字規格 50×45 厘米，離地高度 350 厘米，十分醒目。⑤"天心明月"刻於二曲溪南樓閣巖，竪書一行，幅面 230×50 厘米，每字規

---

① 《晦庵集》卷八一。

② 黃勝科：《朱熹與武夷山摩崖石刻》，載《福建史志》2005 年第 4 期，第 47—50 頁；朱平安：《從武夷山摩崖石刻看朱熹的生態思想》，載《合肥學院學報》（社會科學版）2008 年第 4 期，第 51—56 頁。

③ 黃勝科：《朱熹與武夷山摩崖石刻》。

④ （宋）朱熹：《四書章句集注·論語集注》卷五。

⑤ 黃勝科：《朱熹與武夷山摩崖石刻》。

格 50×42 厘米，距地高度 540 厘米。① 這四字昭示的正是朱熹經常講論的"理—分殊"的哲理：天心明月只是一輪，是"理一"；明月又普照大地萬物，此乃"分殊"。"忠孝"兩字鐫於二曲溪南的勒馬巖、二曲棹歌東側，橫書，幅面 60×100 厘米，每字規格 50×40 厘米，距地高度 180 厘米。"忠孝"是朱熹極其重要的倫理原則，與他在岳麓書院和白鹿洞書院題寫的"忠孝廉節"相互輝映。② 總之，這些石刻既展示了一個流連山水、吟賞風光、品評名勝的文人朱熹的形象，又展示了一個寄情山水、闡揚哲理的理學家朱熹的形象。

除了武夷山摩崖石刻之外，朱熹在鎮海、龍溪、福州（烏石山、鼓山）、泉州、漳州等處，也留下了多處摩崖榜書。③ 例如他在鎮海留下的正書題刻"静廉"，在龍溪留下的正書題刻"與造物游"，④在漳州雲洞巖留下正書題刻"溪山第一""石室清隱"，在南靖縣留有正書題刻"源頭活水來"，在南安留下行書題刻"極高明"，在泉州九日山等在留下詩刻，⑤在烏石山有榜書"石室清隱""光風霽月"，在鼓山則有榜書"壽""天風海濤"等。眾所周知，"源頭活水"出自朱熹《觀書有感》，"極高明"出自《中庸》，都是朱熹和後代理學家經常提到的話頭。"光風霽月"是理學家們所崇尚的境界，據說其語原出黃庭堅稱頌周敦頤之語："春陵周茂叔人品甚高，胸中灑落，如光風霽月。"⑥後人乃建"光風霽月亭"以紀念之。朱熹亦作有《書濂溪光風霽月亭》。⑦"天風海濤"則是在眼前所見景物之外，也寓有開放胸襟之意。"與造物游"與"静廉"，體現的也是理學家所提倡的修養境界。這些摩崖榜書，一方面展示了朱熹的書法藝術，另一方面則借由書迹展示了朱熹的文化學術形象，借用所書刻的詞句傳播了理學家的思想主張。

在朱熹身後，他題寫的摩崖石刻成爲後人觀賞、摹拓、題咏的對象："有人觀看朱熹題刻，有感而發；有人瞻仰朱熹遺迹，勒石紀勝；有人仿效朱熹，寄情山水；有人題壁勒石，彰明理學。"仍以武夷山摩崖題刻爲例，據

---

① 黃勝科：《朱熹與武夷山摩崖石刻》。
② 以上論述，參考黃勝科《朱熹與武夷山摩崖石刻》。
③ 詳情可參看陳光田《閩南摩崖石刻研究》，商務印書館 2018 年版。
④ 此二刻見《欽定續通志》卷一六八。
⑤ 以上諸刻分別見《閩南摩崖石刻研究》第 174、205—206、305—306、320—321 頁。
⑥ 黃庭堅：《山谷集》卷一《濂溪詩序》。
⑦ 《晦庵集》卷八四。

統計，僅武夷山現存摩崖石刻中，就"有 20 餘方與朱熹有着直接的聯繫，年代宋、元、明、清各朝都有，可見朱熹題刻、朱子思想影響深遠，代代相傳"。① 這些後人既包括朱熹的門人、後學，也包括觀覽這些石刻的朱熹的仰慕者們。例如，南宋嘉定九年（1216），留元綱"賡文公之棹歌"，在四曲試劍石摩崖刻石紀勝；寶祐二年（1254），朱熹大弟子蔡元定之孫蔡公亮偕友游武夷山，誦讀朱熹《九曲棹歌》，"慨然有感，援筆賦詩"，並鐫刻於溪南藍巖。最引人注目的是，明萬曆十一年（1583）雲窩隱士陳省在六曲響聲巖的題刻："覽朱晦翁'逝者如斯'字，景賢講德，徘徊石上，不徒愛其書也。"由此可見，最吸引陳省的不是朱熹的書法，而是前賢的學術道德風範。此外，清乾隆四十四年（1779），福建陸師提督馬負書及馬應壁父子在五曲晚對峰麓鐫刻"道南理窟"，贊揚朱熹使武夷山成爲理學家薈萃之地。清光緒八年（1882），余宏亮摘朱熹《觀書有感》詩意，在水簾洞鐫刻"活源"兩字，也明確表達了向朱熹學術致敬之意。②

綜上所述，圍繞朱熹的題刻，後人的題咏形成了與朱熹之間的對話，並且與朱熹的題刻共同構成了層累的文化景觀。朱熹的題刻及其拓本、題咏共同參預了朱熹形象的傳播和塑造，同時又開拓、豐富了石刻文獻的文化蘊涵。

## 四、朱文公對石刻的文化利用

概括言之，朱熹與石刻的關係，可以從"朱熹的石刻"與"石刻的朱熹"這兩個密切關聯的視角來觀察。所謂"朱熹的石刻"，指的是朱熹所撰書的石刻文、所收藏的石刻拓本以及所獲得的石刻研究成果；所謂"石刻的朱熹"，指的是從石刻中體現出來的朱熹的學術、志趣及其文化形象。前者關注的是石刻如何從朱熹身上獲益，或者説朱熹如何成就了石刻；而後者關注的是朱熹如何得益於石刻，或者説石刻如何成就了朱熹。

宋寧宗嘉定二年（1209），在朱熹去世之後九年，經過一番覆議，朱熹謚號最終確定爲"文"。這是採納時任吏部員外郎兼考功右司的劉彌正的建議。而劉彌正那篇著名的《侍講朱公覆謚議》，實出自當時年僅 23 歲的

---

① 黃勝科：《朱熹與武夷山摩崖石刻》。
② 以上諸刻參考黃勝科《朱熹與武夷山摩崖石刻》。

其子劉克莊之手。① 最初,太常建議的謚號是"文忠"。劉克莊認爲朱熹"在朝廷之日無幾,正主庇民之學而不施,而著書立言之功大暢於後",所以不合謚爲"文忠",而應該謚爲"文"。他的主要理由有二,一是從文化貢獻而言,朱熹"有功於斯文,而謂之文,簡矣而實也";二是從文脈傳承而言,朱熹與被謚爲韓文公的韓愈一脈相承。"世評韓愈爲文人,非也。《原道》曰:'軻之死,不得其傳。'斯言也,程子取之。公晚爲韓文立《考異》一書,豈其心亦有合歟!請以韓子之謚謚公"。② 在劉克莊看來,"文"("有功於斯文")是朱熹與韓愈的共同點,也是唐宋兩位名賢的聯結點。朱熹的《韓文考異》,就是這種聯結最直觀的體現。

朱熹與石刻的相互成全、相互造就,就是他"有功於斯文"的重要表現之一。這當然他與他所處的特殊時代學術氛圍、特殊家學背景有關。從文獻文化史來看,朱熹的時代,正處於從寫本時代到刻本時代的演進過程中,文獻校勘、整理、寫定,是當時文獻生産和傳播的重要任務。文獻的"考異""舉正",既是文化傳承過程中不可回避的任務,也是文化權力的展現。朱熹受家世金石學的影響,很早就關注石刻文獻。在韓文校勘的過程中,他將石刻視爲一種與書籍類同的文獻,一種書寫文本,既重視它,又不迷信它。他發揮了石刻在展示和傳播方面的優勢,通過摩崖題刻,展示自己的理學家形象,傳播自己的理學主張。在他手裏,石刻實現了一種功能轉向,從一種文獻載體轉變爲一種文化展示與傳播的平臺,石刻鐫刻也從具體場合的紀念與記憶工程,轉變到跨越時空的思想文化傳承的符號。歐陽修、趙明誠等人主要將石刻拓本作爲古玩之物,故其爲金石學的辯護,只能立足於史家的立場,雖有歷史學的高度,卻仍有待提升。朱熹則將其作爲斯文之物,視爲文化傳承的媒介,不局限於對古物的蒐集玩賞,而是有意識地、創造性地發揮其文化功能,豐富其文化意義,突顯其文化歷史高度。從這個角度來說,朱熹不僅是金石學的傳承者與研究者,更是石刻文化的弘揚者與轉化者。

理學家朱熹對石刻的文化利用與轉化,使石刻從文玩之物轉化爲文本之物、文化之物,在一定程度上擺脱了通常理學家對金石學"玩物喪志"之譏議。清代學者章學誠總結朱熹的學術特點爲:"服古通經,學求其是,

---

① （宋）劉克莊:《後村先生大全集》卷一一二《侍講朱公覆謚議》,《四部叢刊》本。此事詳參程章燦《劉克莊年譜》,貴州人民出版社1993年版,第24頁。

② （宋）劉克莊:《侍講朱公覆謚議》。

而非專己守殘,空言性命之流。"他甚至認爲,朱熹之學"五傳而爲寧人（顧炎武）、百詩（閻若璩）",可見宋學與清學自有文脈相連之處。朱熹研治與利用石刻,開掘新文本,傳承舊文脈,弘揚斯文,展現出閎深開闊的視野,並爲章學誠之説提供了佐證。

　　**附記:** 嚴佐之先生師從顧廷龍、潘景鄭、徐震堮、周子美等海上名宿,授業上庠,既專精目録版本之學,論著傳誦學林,又擅長古籍校點整理,參與主持《朱子全書》《顧炎武全集》之校點整理,其治學可謂致廣大而盡精微,實踐與理論兼長。謹撰小文,遥贊從心之慶;見嗤大雅,聊記榮退之辰。戊戌夏至程章燦並記。

（程章燦,南京大學古典文獻研究所教授）

# 清初剿闖小説採摭史籍考述

趙維國

在明末甲申國難事變至順治帝執政的十幾年間,關於李自成起義與明末甲申事變的小説出現了三部,即《新編剿闖通俗小説》《新世弘勳》《樵史通俗演義》,它們在社會上廣泛流傳。三部剿闖小説皆取材於李自成起義及明清易代的歷史事實,它們既有因襲、改編而又有所不同,相互之間的關係是相當密切的。後世的歷史學家在著録史籍時,對於《剿闖小説》等小説的史料價值給予了充分的肯定:

> (《剿闖小説》)記事蕪雜,章奏檄文,率行登入,非小説體,然當時案牘文移,亦賴之以傳。明季所演時事小説,率多類是。①

錢江拗生在評點《樵史通俗演義》時認爲該書"字字實録,可爲正史作津筏"。《樵史通俗演義》的作者自述云:"然樵子頗識字,閑則取《頌天臚筆》《酌中志略》《寇警紀略》《甲申紀事》等書,銷其歲月。"他們作爲晚明歷史的見證人,而且又閲讀了大量的文人筆記,他們的創作基本依據當時流傳的史料。可是,小説文本雖然取材於同一段歷史,但所描述的一些重大歷史事件往往出現歧異,而這種差別並不是作者有意虛構造成的。像《新世弘勳》諷清思想比較明顯,對於滿清王朝雖有粉飾之詞,但涉及重大歷史事件時,也只是改換一些名詞的稱謂,對於歷史事件不敢做無史料依據的虛構。謝國楨在評述《馘闖小史》(《剿闖小説》版本之一)時説:

> 是書敍述極爲拙笨,毫無生氣,而遇事偏袒,不明是非,但據邸報

---

① 謝國楨:《增訂晚明史籍考》,上海古籍出版社 1981 年版。

傳聞,信手拈來,蓋出於坊賈之手,名爲章回小説,實雜記體也。①

《剿闖小説》及其他兩部剿闖小説都抄撮自"邸報傳聞"是歷史事實,但是這些"邸報傳聞"並不是指一般的街談巷議,而是指當時的官方邸報及文人筆記。需要强調的是,這些筆記的作者多經歷明清鼎革,目睹山河易主,他們的著述具有重要的史料價值。在剿闖小説成書的過程中,一些歷史學家也開始整理明代史料,"刊訛謬,芟蕪穢,補遺漏","成一代鼎革之言也"。② 那麼,剿闖小説對於一些重大事件的描述之所以發生歧異,是因爲所依據的史料不同而造成的。所以説,研究《剿闖小説》這類史料價值較高的文學作品,有必要考察它們對於史籍的採撮情況。

## 一、三部剿闖小説創作時期有關<br>李自成起義史料的整理情況

在三部剿闖小説中,成書最早的是《剿闖小説》。《剿闖小説》現存日本内閣文庫本,孫楷第《中國通俗小説書目》確定其爲弘光元年刊本。國家圖書館藏《新編剿闖孤忠小説》十卷,《中國通俗小説總目提要》定其爲明末刻本。小説云:

> 皇上見吳三桂奏捷表文,已獲全勝,北京已平。龍顔大喜,進封三桂薊國公,發餉銀十萬,漕米十萬,封賞從征將士。欽差總兵陳洪范齎金銀彩緞,用騾子千頭載至北京款虜。又差太常卿左懋第,領兵護送。陳、左渡江至淮,傳聞虜主已出關,有虜將在北京等接賞勞。

甲申年七月初五日,南明以兵部侍郎左懋第、左都督陳洪范、太僕寺少卿馬紹愉爲使,攜銀十萬兩、金千兩,緞絹萬匹,晉封吳三桂爲薊國公。七月十八日使節出發。③ 順治帝於甲申年八月初二日決定遷都北京,二十日乙亥起駕離開盛京,九月十九日甲辰至北京。④《剿闖小説》所記事件截

① 謝國楨:《增訂晚明史籍考》。
② (清)錢䣭:《甲申傳信録·序》,上海書店 1982 年版。
③ 《甲申傳信録》、《弘光實録鈔》載録此事甚詳。
④ 《清實録》第三册《世祖實録》卷八,中華書局 1985 年版。

止到甲申年九月十九日,該小説成書的時間不早於此時。現存日本文庫本把"常"寫作"嘗",大概避明光宗朱常洛、弘光帝的父親朱常洵之名諱而改,此書刊刻應該在弘光朝。那麼,該書的成書時間最遲當在甲申年年底,刊刻時間也應該在乙酉年初。

在《剿闖小説》成書前後,關於甲申事變的史料載録繁多,流傳頗廣,根據謝國楨《增訂晚明史籍考》及現存史籍進行整理,粗略統計如下:

| 史　　籍 | 作　者 | 成書時間 | 版本依據或其他 |
|---|---|---|---|
| 甲申紀事 | 趙士錦 | 甲申年五月 | 明末鈔本 |
| 燕都志變 | 徐應芬 | 甲申年七月 | 《荆駝逸史》本作《遇變紀略》 |
| 虎口餘生記 | 邊大綬 | 甲申年八月 | 顧炎武《明季實録》鈔本 |
| 國變録 | 吳邦策 | 甲申年 | 顧炎武《明季實録》鈔本 |
| 泣鼎傳 | 不詳 | 甲申年 | 顧炎武《明季實録》鈔本 |
| 燕邸實抄 | 華　蘭 | 甲申年 | 顧炎武《明季實録》鈔本 |
| 甲申紀聞 | 馮夢龍 | 甲申年 | 馮夢龍《甲申紀事》本 |
| 紳志略 | 馮夢龍 | 甲申年 | 馮夢龍《甲申紀事》本 |
| 燕都日記 | 不詳 | 甲申年 | 馮夢龍《甲申紀事》本 |
| 孤臣紀哭 | 程　源 | 甲申年 | 馮夢龍《甲申紀事》本 |
| 再生紀略 | 陳濟生 | 甲申年 | 馮夢龍《甲申紀事》本 |
| 陳方策揭 | 陳方策 | 甲申年 | 見《北事補遺》引書 |
| 變紀確傳 | 不詳 | 甲申年 | 見《北事補遺》引書 |
| 國難紀聞 | 不詳 | 甲申年 | 見《北事補遺》引書 |
| 定思小紀 | 劉尚友 | 甲申年 | 《明季史料叢書》本 |
| 甲申紀變録 | 錢邦芑 | 甲申年 | 《荆駝逸史》本 |
| 甲申三月忠逆諸臣紀事 | 錢邦芑 | 甲申年 | 《海甸野史》本 |
| 國變難臣鈔 | 不詳 | 甲申年 | 《痛史》本 |
| 甲申北都覆没遺聞 | 黃巍赫 | 甲申年 | 《增訂晚明史籍考》載目 |
| 國難睹記 | 草莽東海臣 | 甲申年 | 《增訂晚明史籍考》載目 |

以上所列的大多數史籍都有版本存世,是研究晚明史的重要史料。這些史料的載録者都是歷史的見證人,有的作者親身經歷了這場變故,如陳濟

生等,他在《再生紀略》中云:"予今日載筆紀實,視唐宮人再生説天寶時事,更覺悲慘。興言及此,涕泗交頤矣。其姓名事迹,目所睹身所歷者勿論,他或訪自長班,或傳諸道路,不無小異,亦有微訛,然十分之中已得八九,至於語次無倫,修飾未至,兼望觀者憐而諒之。"有的即使不是目睹,也是親自採訪經歷者而編纂,如馮夢龍《甲申紀聞序》稱:"候選進士彭遇颷於四月一日,候選經歷慈溪馮日新於十二日,東海布衣盛國芳於十九日,先後逃回,各有述略,不無同異。……龍爲參次而存之,以俟後之作史者採焉。"這些史籍主要載録甲申事變前後的史事,涉及李自成攻陷北京、崇禎帝自縊、明代官員死難與投降、李自成退出北京等歷史事件。這些史籍也存在一些不足之處,如對於李自成及其義軍將領的個人史料卻很少載録。

《新世弘勳》序文題"順治八年辛卯天中令節蓬蒿子書於耨雲齋中","天中令節"即端午節,故知該小説成書於順治八年五月。在順治二年至八年間,有關李自成起義的史籍著述主要有文秉的《烈皇小識》、楊士聰的《甲申核真略》、東村老人的《明季甲乙兩年匯略》、顧炎武的《明季實録》等。這一時期著述甲申國變及李自成起義的史籍雖少,但是,這些爲數不多的史籍都具有較高的史料價值。甲申事變前後的文人筆記雖然數量較多,由於載録者僅僅實録所見所聞,對於歷史事件的真僞缺乏深入的考辨。楊士聰曾經評述這一時期的著述情況:

> 然綜前後諸刻而論之,有三變焉。其始國難初興,新聞互竞,得一説則書之不暇擇者,故一刻出,多有所遺,有所誤,有所顛倒,此出於無意,一變也。既而南奔僞官,身爲負途之豕,私撰僞書,意圖混飾,或桃僵李代,或淵推膝加,且謬北人未免南來,一任冤填,罔顧實迹,此出於立意,又一變也。十七年之鐵案既翻,占風望氣者實煩有徒,歸美中璫,力排善類,甚至矯誣先帝,創爲收葬之言,搭擊東林,明立逢時之案,捉風捕影,含沙射人,此陰險之極,出於刻意,又一大變也。①

楊士聰等人作爲審慎的學者,對於當時流傳的一些説法進行辨析,爲後來的晚明史料整理提供了翔實的文獻依據。

---

① (明)楊士聰:《甲申核真略》,浙江古籍出版社 1985 年版。

《樵史通俗演義》今存清康熙刻本,它的成書時間應該在順治九年至十七年間。《樵史通俗演義》中多次提到《新世弘勳》,我們把《新世弘勳》一書的刊刻、傳播時間考慮進去,《樵史通俗演義》作者看到該書的時間不會早於順治九年,這個時間也應該是《樵史通俗演義》成書的上限。康熙四年,御使顧如華與康熙帝談論明朝史料時曾經談道:"且天啓以後,文籍殘毀,苟非廣搜稗史,何以考訂無遺? 如《三朝要典》《同時尚論録》《樵史》《兩朝崇信録》《頌天臚筆》,及世族大家之紀録,高年逸叟之傳聞,俱宜採訪,以備考訂。"①顧如華所説的《樵史》應該是《樵史通俗演義》,而不是明末林賓的《芝園樵史》。如果《樵史演義》源於《芝園樵史》,《樵史演義》的作者、批點者不可能不在序文及批文中載録《樵史》的内容。《芝園樵史》共三卷,"第一名爲秋芭夜雨,記莊烈帝殉國諸臣殉難事。卷二名螢光秋火,記弘光時事。卷二名勺水秋濤,記唐王時事"。② 乾隆朝查禁違礙書籍時,在各省上報的禁燬書目中,有的著録爲《樵史》,有的著録爲《樵史演義》,二者爲一書。另外計六奇《明季北略》卷三引録《樵史》,敘述崔呈秀於十月初四日自縊,十二月將屍斬首,這些内容皆見於現存《樵史演義》中。既然顧如華在康熙四年已提及《樵史》,那麼《樵史》的創作時間最遲應該在順治十七年。因爲發生在順治十七年的莊廷鑨明史案,朝廷殺戮有關明史案的案犯在康熙二年。由於殺人過多,對於江南文人打擊極大,導致人們談史色變,《樵史》創作於康熙初年的可能性不大。所以説,《樵史通俗演義》一書的成書時間應該在順治九年至十七年間。

自順治八年至十七年間,清廷非常關注晚明史料的搜集、整理工作。順治五年九月,清廷向全國各地下達諭旨,徵集明末史料:

> 諭内三院,今纂修《明史》,缺少天啓四年、七年實録及崇禎元年以後事迹,著在内六部、都察院等衙門,在外督撫鎮按及都布按三司等衙門,將所缺年分内一應上下文移有關政事者,作速開傳禮部,匯送内院,以備纂修。③

順治五年朝廷諭旨各地開送明末史料,但各地官員並没有向朝廷匯送史

---

① (清)王先謙:《東華録》卷五,清光緒年間刻本。
② 謝國楨:《增訂晚明史籍考》。
③ 《清實録》第三册《世祖實録》卷四〇,中華書局1985年版。

料,因爲康熙四年時朝廷再次諭令全國搜集明末史料,並在諭旨中提到順治五年搜集史料不了了之的事情。朝廷下達的徵集史料的檔,對於當時的史學家影響很大,吳偉業、戴笠等人著述明末農民起義的史籍皆開始於這一時期。對於這一時期問世的有關李自成起義的史籍略做統計如下:

| 史　　籍 | 作　者 | 成書或刊刻年代 | 存　佚　情　況 |
| --- | --- | --- | --- |
| 異同補 | 許重熙 | 順治八年 | 《明季甲乙兩年匯略》本 |
| 寇事紀略 | 吳偉業 | 順治十年 | 存 |
| 甲申傳信録 | 錢𫧃 | 順治十年 | 存 |
| 明季遺聞 | 鄒漪 | 順治十四年 | 存 |
| 明末紀事本末 | 谷應泰 | 順治十五年 | 存 |
| 明史輯略 | 莊廷鑨 | 順治十七年 | 佚 |

吳偉業、谷應泰等人文名顯著,著述史書的態度非常審慎,在選材上注重材料的考釋。錢𫧃在《甲申傳信録序》中申明:"余雖採之記説,咨之耳聞,猶從及見,余敢以自欺者欺人哉? 所冀執簡之臣,不以忌諱於當時之士,謂余狂言,可矣。"吳偉業的《寇事紀略》主要採録當時的邸報、傳聞、筆記等,文中"不免小説纖仄之體",以傳聞揣測時事,夾雜一些虛構之詞,但基本上符合歷史事實。四庫館臣評價《綏寇紀略》云:"然記事尚頗近實。彝尊所謂聞之於朝,雖不及見者之確切,而終勝於草野傳聞,可資國史之採輯,亦公論也。"①彝尊,指朱彝尊,他曾經爲《綏寇紀略》作跋,即四庫館臣所引用的"彝尊所謂"。康熙十七年《明史》開局時,《明末紀事本末》《綏寇紀略》等皆是《明史》編纂的主要參考文獻,這些史籍對於後世影響很大。

## 二、剿闖小説對於李自成個人史料的輯録

在明末農民起義過程中,義軍首領多以綽號、諢名傳聞於世,他們的真實姓名、家世多不爲人所知。據《流寇長編》卷一云:"一時賊首多邊軍豪勇,良家世職,不欲以姓名聞,故相率立諢名。"李自成,初稱"闖將",於

---

① (清)永瑢等:《四庫全書總目》,中華書局 1965 年版。

崇禎九年闖王高迎祥就義後始稱"闖王"。現存史料中,最早透露李自成家世的是邊大綬寫於崇禎十五年的一份塘報,對於李自成家世的研究具有重要的史料價值。邊大綬於崇禎十五年任米脂縣知縣,並於是年尋找李自成的鄰人李成,在李成的幫助下挖掘了李自成的祖墳。據李成講:

> 賊祖李海,父守忠,係本泉縣雙泉都二里甲人,闖賊名李自成,幼曾爲僧,爲姬氏牧羊奴。自崇禎三年不沾泥作亂,流入賊營,不知下落。至崇禎九年,賊領人馬千餘來縣城外,自通姓名回家祭祖,號稱"闖將",人始知其姓氏。①

關於李自成起義的詳細情況李成並沒有講述。曾經在義軍隊伍中生活過的鄭廉記載了起義發難的情況:

> 自成,延安府米脂縣人,幼凶猾無賴,爲驛卒,能得衆。時歲洊饑,邑官艾氏貸子錢,自成輒取之,逾期不能償。艾官怒,嗾邑令笞而枷諸通衢烈日中,列僕守之,俾不得通飲食,蓋欲以威其衆也。諸邑卒哀其困,移諸陰而飲食之。艾僕呵罵不許。……衆益哀之,不勝其忿,遂哄然大嘩,毀其枷,擁自成走出城外,屯大林中不敢出,然猶未傷人也。而縣尉則乘羸馬率吏卒執弓刀而往捕之。……衆不得已,……出而走,轉掠遠近,旬日間其勢益衆。又與盜相通爲聲援,往來奔竄,號曰闖將,儼然自爲一部矣。②

在這則史料中,李自成起義前的身份爲驛卒,其他史料也有所載録。明末甲申年趙士錦《甲申紀事》云:"李自成,陝西米脂人,爲馬頭,北方此役甚苦。"康熙年間修纂的《米脂縣誌》卷五云:"李自成銀川驛之一馬夫耳,因裁驛饑荒,無所得食,振臂而呼。"又《明末紀事本末》卷七八云:"李自成驛胥失職,值饑民不沾泥部等倡亂延安,因往依之。"那麼,李自成起義的時間應該是崇禎三年,於同年歸入不沾泥部,這些史料基本上體現了歷史的真實。因爲邊大綬、趙士錦、谷應泰等都是北方學者,他們親身經歷了明末的農民戰爭,甚至一些學者曾經在義軍隊伍中生活過,他們所載録的

---

① （清）邊大綬:《虎口餘生記》,清《明季實録》抄本。
② （清）鄭廉:《豫變紀略》,浙江古籍出版社 1984 年版。

史料基本上符合歷史事實。不足之處是載録過於簡略，難以詳細考察李自成的生平。

　　三部剿闖小説在描述李自成起義的肇始問題時，雖然詳細程度不同，但皆認爲李自成起義前是甘肅巡撫梅之焕的士卒，於崇禎二年勤王途中發動兵變。據《烈皇小識》卷二載：

　　　　（崇禎十二月）甘肅巡撫梅之焕統兵入援，兵以糧不時給，脱巾鼓噪，之焕查首數人正法。有千餘人潰歸陝西，後之焕亦以軍令不嚴，革職爲民。

同時發生兵變的還有山西巡撫耿如杞部。據毛奇齡《後鑒録》卷五載："當是時，自成未反也。"實際上，李自成並沒有參與梅之焕部卒的兵變。那麼剿闖小説以爲李自成參與梅之焕部卒兵變，依據何在呢？

　　在《剿闖小説》第一回中，敍述李自成綽號"闖蹋天"，鼓噪兵變以後來到山東，與北方逃兵合在一起，聯繫九十八寨響馬做夥打劫。從作者對於李自成起義肇始的簡單描述來看，他對於李自成的個人史料所知甚少。對現存史料進行考察發現，當時載録甲申事變的史料雖多，而涉及李自成個人身世的史料只有《虎口餘生記》及趙士錦的《甲申紀事》。趙士錦載録李自成早期活動云：

　　　　李自成，陝西米脂人，爲馬頭，北方此役甚苦。劉宗敏爲冶匠。一日，自成爲官府捉馬，苦無以應，偶坐宗敏店中。李大亮爲秀才家傭工人，亦瞽一目。秀才命大亮到肆中買雞肉等物，見自成窘甚，問其故，自成以實告。三人各言其志，即將所置食物祀神，盟誓爲響馬。賊後寢熾爲流賊，爲總督孫傳廷所窘，三人赤身逃河南山中，採樹皮爲食。後復聚衆，遂至於此，故三人不相上下焉。①

這段史料是趙士錦在義軍中生活時所聽到的，其中雖有加工，但比較接近事實。而《剿闖小説》的作者並沒有依據這一史料，把李自成稱作"闖蹋天"。實際上，"闖蹋天"並非李自成，而是劉國能。當時義軍首領多以綽號稱謂，致使真名實姓不詳，很多失實的傳聞在社會上廣泛流傳。據《懷

━━━━━━━━━━━━━━━━

① 　（清）趙士錦：《甲申紀事》，明末鈔本。

陵流寇始終録》卷四載："闖踏天,延川人,姓張,馬步一千。"小字注云：
"以後事考之,乃劉國能也,以知曹氏所記姓名有未確也。"戴笠著述時依
據同時人曹應秋的記載,經過考證以爲有誤。《剿闖小説》創作於甲申年
底,我們通過其他相關的史料發現,當時人對於李自成知之甚少。如寫於
甲申年的一篇討伐李自成的檄文稱：

> 闖賊李自成,陝西米脂縣人。一丁不識,齠年響馬營生,故號闖
> 賊,箭中厥目而眇。間河南杞縣舉人李巖,又名李牟公子,嘯聚一方,
> 互同謀逆。①

李自成絶非"齠年響馬營生",李巖、李牟也不是一人,寥寥數語,已流露
出時人對於李自成的陌生程度,僅僅知道他本人及其著名將領的名姓,而
對於起義始末根本不清楚。《剿闖小説》創作時間較早,小説的作者在敘
述李自成起義發難之事時,他和當時的人們一樣,對於李自成起義的始末
並不瞭解,只能依據傳聞極其簡單地敘述李自成其人。

《樵史通俗演義》八卷四十回,演義了明朝天啓至崇禎年間的這段史
事。自二十一回至四十回敘述李自成起義的始末。小説關於李自成的身
世描寫得非常詳細,與以往的剿闖小説内容差距甚大。批點者以爲："然
李自成殺君之寇,其出身雙泉堡,得罪艾同知。舉是事實,非好弄筆人漫
無考據,如《剿闖》兩小説之憑空捏造也。"評點者以爲《剿闖小説》《新世
弘勳》關於李自成的史料是虛構的,而《樵史》是有文獻依據的。那麼,筆
者對於《樵史》成書前有關李自成的史料梳理之後發現,這一時期涉及李
自成身世的史籍主要有七種：

| 史　　籍 | 作　　者 | 成書或刊刻年代 | 對李自成的簡略記載 |
|---|---|---|---|
| 甲申紀事 | 趙士錦 | 甲申年五月 | 李自成,陝西米脂縣人,爲馬頭。 |
| 虎口餘生記 | 邊大綬 | 甲申年八月 | 李自成,陝西米脂縣雙泉都人。父守忠,幼爲牧羊奴。 |
| 異同補 | 許重熙 | 順治八年 | 一云:父守忠,世農,頗饒。一云:自幼暴於鄉里。 |

① 佚名:《長安道上滕出闖賊謀逆詐罪狀以醒民,述正訛復仇説》,載顧炎武《明
季實録》卷一,清鈔本。

續　表

| 史　籍 | 作　者 | 成書或刊刻年代 | 對李自成的簡略記載 |
|---|---|---|---|
| 寇事紀略 | 吳偉業 | 順治十年 | 李自成,陝西米脂縣雙泉堡人。父守忠,馬戶,娶妻韓氏有淫行,起義後娶妻邢氏。邢氏後歸高傑。 |
| 甲申傳信録 | 錢䛴 | 順治十年 | 李自成,初名鴻基,陝西延安府米脂縣雙泉堡人。同里艾同知逼債,無法償還,遂爲寇。 |
| 明季遺聞 | 鄒漪 | 順治十四年 | 李自成,陝西米脂縣人。父守忠,世農,娶妻有淫行。 |
| 明末紀事本末 | 谷應泰 | 順治十五年 | 米脂人李自成,性狡黠,能騎射,善走。家貧爲驛卒,隨不沾泥部叛亂。 |

《樵史通俗演義》二十一回、二十二回敘述李自成出生、殺妻、起義的故事情節。小説有三方面的内容值得重視：

（1）李自成娶妻韓氏,倡女；

（2）與韓氏偷情者爲蓋虎兒；

（3）李自成殺妻後到甘肅梅之焕部投軍,勤王時隸屬於王參將。

將這三項内容的描述與當時流傳的七種史籍進行比較發現,載録李自成妻子淫行的只有《綏寇紀略》與《明季遺聞》,《明季遺聞》的作者鄒漪是吳偉業的學生,他的一些史料整理源於《綏寇紀略》。也就是説,最早載録李自成妻子淫行的史籍爲《綏寇紀略》,作者吳偉業的文獻依據不得而知。《樵史通俗演義》問世於《綏寇紀略》之後,關於李自成出世的史料應該主要依據《綏寇紀略》。《綏寇紀略》卷九載：

　　（萬曆三十四年）八月二十一日丁巳,李自成生於延安府米脂縣雙泉堡之農家,與膚施人張獻忠同歲。父李守忠也,隸行太僕爲養馬戶。守忠之父海,海之父世甫。家頗饒。守忠娶金氏而無子,既以侄李自立爲後矣,禱於華山,夢神告之曰："以破軍星爲若子。"而生自成,父母異之,呼爲黄來兒。六歲教之識字,大能記憶逾常兒,顧跳踉不可禁。守忠曰："黄來兒後當富貴,其如頑戾何！"長名鴻基,改自成,從延安人羅君彦者學刀槊,頗盡其技。守忠、金氏先後死,李過者,兄子也,相與爲傲蕩,盡亡其父貲,乞貸於邑之艾氏。艾著姓,有爲府同知者,邑人呼艾老舉人,以自成負其子錢也,執而抶之,自成闞狠無賴，數犯法，米脂令晏子賓者械而游於市，將置之死，得脱。自成妻韓氏，故倡也，縣役蓋君禄與之通。自成殺淫者，偕李過亡命甘州，投甘督梅之煥所部參將王國爲兵。國奉調遣過金縣，兵嘩，自成縛縣令索餉，並殺國，遂反。

這段史料是順治年間記載李自成身世最爲詳細的資料，其後的學者在整理李自成史料時多沿襲此説。如鄒漪的《明季遺聞》，戴笠、吳喬的《懷陵流寇始終録》（又名《流寇長編》），毛奇齡的《後鑒録》等。

《樵史通俗演義》的作者爲"江左樵子"，不管他的真實姓名爲何，但他是江南人無疑。批點者爲"錢江拗生"，他以爲："李自成出身及陷身作賊，皆得之《異同補》一書，與《剿闖》諸小説迥乎不同，可爲後來修史者一證佐，識者勿以演義而漫然視之也。"現在所看到的《異同補》，只有東村老人的《明季甲乙兩年匯略》中每卷後的附録《異同補》，雖然卷一也簡略地記載了李自成事迹，但與《樵史通俗演義》所述不相符。從康熙十年計六奇著述《明季北略》所引用的書籍來看，並没有載録《異同補》一書。錢江拗生所説的《異同補》如果詳細地敘述了李自成的身世，作爲江南人的計六奇不可能看不到此書，如果看到此書不採録的可能性不大，因爲現存《明季北略》卷二《李自成起》這段史料明顯輯録自《樵史通俗演義》，在史料來源上也没有提及《異同補》一書。所以，我們對於《樵史》評點者所謂李自成事迹出自《異同補》一書表示懷疑。吳偉業《綏寇紀略》在順治年間成書之後，在江南影響很大，流傳頗廣。江左樵子生活在江南，又與吳偉業生活在同一時期。那麽，《樵史通俗演義》第二十一回、第二十二回有關李自成個人事迹的描寫主要採録於《綏寇紀略》卷九。

## 三、剿闖小説對於崇禎帝死難的史籍採録

甲申事變之後，有關崇禎皇帝死難的筆記載録非常多，傳聞不一。楊士聰對於各種坊刻筆記評價云："坊刻類以南身記北事，耳以傳耳，轉相舛錯，甚至風馬牛不相及者，其不真也固宜。"① 三種剿闖小説成書前後，正是各種傳説廣泛傳播的歷史時期，小説作者關於崇禎帝死難事迹的描述，主要採録於當時的筆記史料。由於小説家所採録的筆記史料不同，所敘

---

① （明）楊士聰：《甲申核真略·凡論》。

述的内容必然有所差別,即使所敘述的内容與歷史事實相互抵牾,也不是小説家有意識的虛構、想象,而是因爲他們的史料來源不同而造成的。

《剿闖小説》有關崇禎皇帝死難的故事情節在第二回《北京城文武偷安,承天門闖賊射箭》,所描述的史實主要有三個環節:

(1)十八日晚,崇禎皇帝步至成國公府,府中以赴席未歸爲辭,失計還宮,歎息不已。

(2)十九日,崇禎皇帝劍斷袁宫人頸,砍傷長公主。然後自縊於梅山,内監王承恩從死。

(3)二十日午後,於宫後梅山閣得崇禎皇帝屍,身上有血詔。

《剿闖小説》作者的名字雖然不詳,但可以肯定他是江南人。在《剿闖小説》創作前後,馮夢龍的《甲申紀聞》、佚名的《紳志略》、陳濟生的《再生紀略》等著述在江南已經廣泛流傳,大量的甲申國變的史料應該是《剿闖小説》創作的主要文獻依據。可是,我們把《剿闖小説》與《甲申紀聞》等史籍進行比較發現,《剿闖小説》所採録的崇禎死難的史料並非出自一部史籍,而是雜採諸書。

在《剿闖小説》中,作者直接引用了大量的史料,也提供了史料的來源,對此略作統計如下:

(1)第三回目樵道人所論君臣死節事。該文字引録於《國變録》。目樵道人爲西蜀吳邦策,今存明末鈔本《國變録》,題"西蜀目樵道人吳邦策"。第四回議論官員接受僞職問題,云:"按《國變録》,陷賊官員受僞職者,受僞職者七十餘人。"又第七回採録《國變録》錢位坤求選"僞職"事。

(2)第六回引用閩中吳鴻盤的《號天泣血書》。

(3)第七回採録《泣鼎傳》魏學濂任"僞職"事。

《國變録》《泣鼎傳》是當時廣泛傳播的筆記,詳載甲申事變的始末。《剿闖小説》的作者雖然輯録了其中的一些史料,但有關崇禎死難的史料並非採録自《國變録》,因爲《國變録》敘述此事極其簡略:

> 二十一日,聞先帝龍體在東華門外朱國公門首,用柳木棺盛。破蘆席下,蓬頭跣足,短衣,聞有遺詔在胸,云:"朕已喪失天下,不敢下見先人,亦不敢終於正寢。……"

我們把這則史料與《剿闖小説》第二回進行比勘,《剿闖小説》在敘述崇禎帝死難時並没有參照《國變録》。《泣鼎傳》關於此事的敍述略微詳細：

> 十八日愈急,炮聲益厲。……上逆命曹太監添人守垛,約以三燈籠爲號,事急,則竪上。又同杜勛登梅山頂望,逾片時下。變服步自順城門,至海岱門,見勢不可守,回乾清宫,……宣長公主來,手刃之,即巡中宫,見周後先縊死,歎曰:"好了。"又逃西宫,見袁妃有不欲死之意,乃連砍三刀,上亦爲之手軟。又唤太監王承恩快鞋穿,……奪門不得,而歸。……遂自縊,崩於古樹下,王承恩對而跪,自縊而死。

這則史料談及"梅山",從死者爲"王承恩",地名、人名皆與《剿闖小説》所描述的相符。在現存的史料筆記中,使用"梅山"這一地名的僅見於該書,其他相關的史籍皆寫作"煤山"。馮夢龍於甲申年"博採北來耳目,草紀事一卷",並把自己能夠搜集到的關於甲申事變的史料、筆記編纂在一起,命名爲《甲申紀事》。在編纂時注重"博採",他説:"龍輯紀聞已畢,且付剞劂矣,復有傳來燕都日紀一册,不知出自何手,其敍事頗詳,……並刻以以備史臣參酌之用。"[1]馮夢龍編纂的《甲申紀事》在江南廣泛傳播,其中載録李自成攻陷北京、崇禎皇帝死難事迹的有五種,對於崇禎皇帝死難情況略做統計如下:

| 史 籍 | 作 者 | 有關崇禎死難地點、隨從的簡述 |
|---|---|---|
| 甲申紀聞 | 馮夢龍 | 十八日夜,崇禎皇帝到成國公府第不得入。十九日,潛走煤山,太監王之俊隨從。 |
| 紳志略 | 佚名 | 司禮監王之俊,從死煤山。或云從死者王之心,而之俊與德化俱自盡,更詳。 |
| 孤臣紀哭 | 程源 | 崇禎帝死於萬壽山,從死者爲太監王之俊、王之心。 |
| 再生紀略 | 陳濟生 | 十八日漏下二鼓,崇禎皇帝微服至成國公府第不得入。二十日始聞先帝凶問,同秉筆司禮王之心縊於後宰門煤山紅閣。 |
| 燕都日記 | 佚名 | 崇禎帝於宫後煤山閣內自縊,司禮監王之俊從死。 |

以上五種筆記以爲隨從崇禎皇帝死難的是王之俊或王之心,死難地點爲

---

① 佚名:《燕都日紀序》,載於馮夢龍《甲申紀事》本。

煤山。由此可以作出判斷,有關死難地點及王承恩的史料,《剿闖小説》的作者主要採摭於《泣鼎傳》。

但是,需要注意的是,《泣鼎傳》中並沒有載録崇禎皇帝死難前所寫的詔書,那麽,《剿闖小説》的作者在創作崇禎死難這一故事情節時,除了採摭《泣鼎傳》以外,他還輯録了哪些史料呢?《剿闖小説》的作者在小説中曾經羅列了一些史料書目,流傳於江南的馮夢龍編纂的《甲申紀事》卻沒有提及,也許是《剿闖小説》創作時《甲申紀事》還沒有編集刊刻,也許是作者有意回避。《甲申紀事》所載録的五種甲申筆記已在社會上傳播,馮夢龍著述的《甲申紀聞》刊刻最早,影響最大,《剿闖小説》的作者作爲江南人不可能不閲讀,對於其中的一些史料也不可能不採摭。《甲申紀事》詳細載録崇禎死難場景及"血詔"一事的主要有三種筆記。馮夢龍《甲申紀聞》云:

> 先帝披髮,衣白綿裯裕,藍紗道袍,下體白綿紬褲,一足跣,一足有綾襪,及紅方舄,於衣帶得血詔云:"朕在位十有七年,薄德匪躬,上邀天罪,至虜陷内地三次,逆賊直逼京師,諸臣誤朕也,朕無面目見祖宗於地下,以髮覆面而死。任賊分裂朕屍,勿傷我百姓一人。"

又《再生紀略》載"血詔"云:

> 所御玄色鑲邊白綿紬背心,上有御筆血詔:"諸臣誤朕,朕無顔見先帝於地下,將髮覆面,任賊分裂朕屍,決勿傷我百姓一人。"

又《燕都日記》載云:

> 血書云:"止因失守封疆,無顔冠履正寢。"末云,朕之驟失天下,皆貪官污吏平日墮壞,文臣不合心,武臣不用命,俱可殺。百姓不可傷等語。

在以上三種筆記史料中,《再生紀略》《燕都日記》中所敍崇禎死難事與《剿闖小説》不相符,載録的"血詔"也比較簡略,顯然《剿闖小説》並沒有採摭其中的史料。而《甲申紀聞》中所敍崇禎皇帝死難的地點、從死太監王之俊的名字雖與《剿闖小説》不符。但載録京都陷落、崇禎死難的始末與《剿闖小説》略近。如《剿闖小説》敍述"血詔"云：

> 左足有鞋，右足赤腳，身穿白棉綢衣。衽上寫："只因失守江山，無顏冠履見祖宗於地下。"又官中遺血詔云："登極十七年，上邀天罪，致虜陷地三次，逆賊直逼京師，皆諸臣誤朕也，任爾分裂朕屍，可將文官盡皆殺死，勿壞陵寢，無傷我百姓一人。"

這裏的血詔雖然分作兩處，但内容並没有超出《甲申紀聞》中的血詔，只是把"只因失守江山，無顏冠履見祖宗於地下"一句抽出，單獨作爲一道詔書，並把"薄德匪躬"一句删去，爲殉難的崇禎皇帝諱飾，其他的内容完全相同。《剿闖小説》改編《甲申紀聞》血詔痕迹非常明顯。

另外，我們再進一步尋找一些旁證。在《剿闖小説》問世以後，楊士聰著述《甲申核真略》，其中載録崇禎死難事云：

> 二十二日，賊搜得先帝遺弓於後園山子中，與王承恩對面縊焉。衣袖墨書一行云："因失江山，無面目見祖宗，不敢終於正寢。"又一行云："百官俱赴行在。"此余聞之周中官自内出親見之者。

又親身經歷甲申事變的趙士錦在《甲申紀事》中云：

> 二十二日，賊搜得先帝遺弓於煤山松樹下，與内監王承恩對面縊焉。左手書"天子"，身穿藍綿道袍，紅褲，一足穿靴，一足靴脱，髮俱亂，内相目睹，爲予眼言也。

這兩則資料皆來自内官，相互之間也可以補充，基本上可以還原崇禎皇帝的死難真相。但是詔書的内容卻不一致，可見當時所傳播的詔書多種多樣，每部史料筆記載録的血詔内容都不同。可是，《剿闖小説》中的詔書與馮夢龍的《甲申紀聞》基本一致，崇禎死難情景也近同。爲此，我們可以作出判斷，《剿闖小説》從《甲申紀聞》這部筆記中採摭了大量的史料，《剿闖小説》爲避連綴史料之嫌，在小説中没有列出《甲申紀聞》的書目。

總之，《剿闖小説》有關崇禎皇帝死難的敍述主要採録於《泣鼎傳》與《甲申紀聞》。

《新世弘勳》《樵史通俗演義》著述時，有關崇禎皇帝死難的史料更加豐富,《甲申核真略》《甲申傳信録》等史籍相繼問世,史學家已經確定與崇禎皇帝一起死難的是内監王承恩,而詔書的内容依然無法定論。可是,《新世弘勳》第十一回、第十二回所敘崇禎死難的情節多依照《剿闖小説》,其中詔書内容與《剿闖小説》敘述的完全相同。唯一不同的是,《新世弘勳》把殉難者寫作"王之俊",以上文所統計的《甲申紀事》五種史料所載從死者王之俊的名字來看,《新世弘勳》的作者在創作時也採録了馮夢龍編纂的《甲申紀事》。

《樵史通俗演義》第三十回敘述崇禎皇帝死難始末及從死者王之俊等故事情節,這些材料皆見於馮夢龍著述的《甲申紀聞》。《甲申紀聞》所載崇禎帝死難前後的事迹:

（1）十七日,賊攻平則門,遣叛監杜勳城議和。

（2）十八日,皇帝率四百餘騎抵前門,從白家胡同繞道成國公府,不得入。皇帝歎息而返,與周后對泣。

（3）先帝與聖母訣別後,聖母自裁,手刃袁妃、長公主。

這些史料與《樵史演義》的敘述基本相符。除此之外,《樵史演義》所引用的血詔僅比《甲申紀聞》中的血詔少了一句話,即"至虜陷内地三次",這句話是作者爲清王朝統治者避諱有意删去的,其他完全一樣。作者自己在《樵史通俗演義自序》中也談到了《甲申紀事》一書:

> 然樵子頗識字,閑則取《頌天臚筆》《酌中志略》《寇營紀略》《甲申紀事》等書,銷其歲月,……久而樵之以成野史。

序文中所云"《甲申紀事》",應該是馮夢龍編纂、刊刻這一部,因爲此書在江南廣泛傳播,《樵史演義》對於其中的甲申史料應該是非常熟識的。所以説,《樵史演義》所敘述的崇禎皇帝死難事迹應該主要採摭於《甲申紀聞》,但也參考了《甲申紀事》中載録的其他史料。

清初三部剿闖小説是當時頗爲流傳的時事小説,作者在創作時輯録了大量的史料,内容非常蕪雜,如果從小説的審美意義來考察,這類小説的文學價值不高。但若從歷史文化價值來看,這些小説構建了一個獨特的歷史話語系統,他們以文學的筆法描述歷史,盡可能地再現歷史的真實場景。由於剿闖小説涉及的史料問題比較多,如甲申事變大臣死節的史料、李自成起義過程的史料、起義軍進京後的紀律問題等,我們對此並没有進行全面的史籍採摭考辨,只是擷取其中的兩個問題進行考述,使人們認識到,明末清初小説作者喜歡連綴史料、採摭史籍創作時事小説,而且這種創作是在史籍整理、傳播的基礎上進行的。

**附記**:本文二、三部分已刊載於《明清小説研究》2004 年第 1 期。

（趙維國,上海師範大學古籍整理研究所教授）

# 中國東北古文獻學論略

## 李德山

在現實的條件下,東北古文獻學可以算作是中國歷史文獻學的一個分支學科,其中的一個重要任務,就是直接服務於東北古史的研究,而東北古史則是我們偉大祖國古代史的重要組成部分。由於祖國的東北地處邊疆,位於東北亞的中心區域,在亞洲乃至在世界上都有優越的地理條件,有着重要的經濟、戰略意義,所以自 19 世紀末期以來,我國學者對東北古史的研究就已經開始。建國以來的 50 多年,對東北古史的研究更是成果累累。研究東北古史人數之多,研究領域之廣,亦或從成果的數量、品質來看,可以説都是空前的。其中有東北民族史、族別史,系統的東北地方史,東北斷代史、國別史、人物傳、邊疆史、交通史、地理沿革以及屬於政治、軍事、經濟、文化等方面的各種專史等等。"突出的特點是:都注意了採用文獻與考古相結合的方式,研究解決了許多以前所不能解決的歷史問題"。[①]

但不可否認,東北古史的研究還存在着問題,主要是搜集資料不夠,重複勞動太多;其次是對典籍文獻重視不夠,對已搜集到的資料彙集、提煉、總結、理解、認識上出現偏差,不能有效地利用。長此以往,勢必會影響到東北古史的深入研究。現在看,加強中國東北古文獻學的學科建設,認真探討其理論和實踐形態,是解決問題的關鍵步驟之一。

早在 20 世紀初,中國東北古文獻學就已發端,作出了拓荒性研究的代表人物是著名的東北史學家金毓黻先生及卞宗孟、陳鴻舜諸先生。1927 年金毓黻先生《遼東文獻徵略》出版,這是近現代以來我國第一部論述東北古代文獻的著作。它的出版,標誌着東北古文獻學正式產生。接

---

① 孫進己:《東北古史資料叢編》第一卷"序言",遼沈書社 1989 年版,第 4 頁。

着,金先生又有《渤海國志長編》《遼海叢書》《遼海叢書總目提要》《遼海書徵》《東北文獻零拾》等書的出版。其中於 1942 年出版的《東北文獻零拾》"凡例"中寫道:"所載多屬文獻資料,備作來日纂集東北史乘之用。"注意到了全東北地區古代典籍文獻和金石文獻的搜集,變小鄉邦"遼陽"、"遼東"、"遼海"爲大鄉邦"東北"。1931 年至 1934 年,卞宗孟先生先後出版了《研究東北參考書目》和《東北文獻叢譚》兩書。在《東北文獻叢譚》中,卞先生主要論述了東北舊藏圖書情況、東北選印文溯閣四庫全書舊議、編印東北叢書之擬議、介紹遼海叢書、日人刊行滿蒙叢書敘録、東北學社與東北叢刊等等事項。1936 年,陳鴻舜先生編纂了《東北書目之書目》。"這是中國學者整理研究東北文獻的第一個高潮,爲東北史研究奠定了史料學基礎"。① 三位先生的學術實踐證明,他們是開創中國東北古文獻學的先驅。

20 世紀 70 年代以來,東北文獻的整理研究又有新的突破,整理研究的深度和廣度進一步擴大,代表性的成果主要有:遼陽市文物管理所編印的《遼陽碑志選》第 1 編、第 2 編,傅朗雲先生的《東北地方志總目》《東北古代史論文索引》《金史輯佚》,李澍田先生的《東北史志文獻要略》,郝瑤甫先生的《東北地方志考略》,曹殿舉等先生的《吉林方志大全》,王健群先生的《好太王碑研究》,朴真奭先生的《高句麗好太王碑研究》,耿鐵華先生的《好太王碑新考》,劉厚生先生的《舊滿洲檔研究》,李澍田等先生的《長白叢書》,孫進己等先生的《東北古史資料叢編》,姜孟山等先生的《中國正史中的朝鮮史料》,李興盛、吕觀仁先生的《黑水叢書》,楊春吉等先生的《高句麗史籍彙要》,倪軍民等先生的《中國學者高句麗研究文獻敘録》,耿鐵華等先生的《中國學者高句麗研究文獻目録》,朴燦奎先生的《三國志·高句麗傳研究》,李鳳飛先生的《東北邊疆史科學》等等。

這些整理研究成果都是在馬克思主義歷史唯物論的指導下完成的,極大地支持了東北古史研究的深入開展。但在新的歷史條件下,需要我們在這一學術領域有新的突破,無論是在其理論形態的建設上,還是在實踐手段、方法上都是如此。没有可靠的歷史資料,誰也不可能寫出有價值的歷史著作。爲了能與蓬勃開展的東北古史研究相匹配,現實需要我們

---

① 李德山:《21 世紀東北文獻整理研究的幾個問題》,載《東北歷史地理論叢》,哈爾濱出版社 2002 年版,第 465 頁。

對東北古文獻進行全面系統的考證、研究、整理、綜合、提煉、分類、概括和編纂。以下幾個方面的問題，應該優先考慮並給予深入研究。

第一，中國東北古文獻學的研究對象是中國東北地方古文獻。從空間上，必須規定古代中國東北的地域範圍；從時間上，必須規定古代中國東北文獻的上限和下限。

衆所周知，中國東北地區在歷史上是一個動態的地理概念，所以，歷史上凡是用漢文和少數民族文字寫就的、記載了這一區域内的人文和自然狀貌的著作，都屬東北古文獻的範疇，而不要僅僅局限於當今的行政區域。

關於東北古文獻的上限，應該自小河沿文化算起。小河沿文化翁牛特旗石棚山墓地出土的陶器中，發現有幾件有刻畫符號和圖畫文字。出土於五十二號墓的一件直筒陶罐上，既有房舍田地圖畫，又有 5 個刻畫符號。雖然現在我們還不能確切地解釋它們的全部含義，但可以肯定 5 個符號與房舍田地在内容上有着密切的聯繫，它可能是在説明房舍、田園的狀況或其所屬的主人。① 截止到現在，於石棚山出土的陶器上共發現 12 個文字符號，“小河沿文化中原始文字符號的出現及其進步特徵，標誌着這一文化的較高水準。文明的曙光已經照耀在這塊土地上”。② 小河沿文化距今有 4 000 多年，其出土的圖畫文字符號，可以統稱爲“陶文”。陶文便是東北古文獻最早的存在形態。如此，則東北古文獻已經有 4 000 多年的歷史了。東北古文獻的時間下限不應按照中國歷史文獻學的傳統作法，將其限定在 1919 年“五四”運動之前。清朝建立後，對東北實行封禁政策，極大地阻礙了東北文化的發展。考慮到這一特殊情況，可將下限適當延長，初步擬定在 1949 年之前。這樣，凡小河沿文化之後、中華人民共和國成立前有關東北的各種刻鏤、雕版、活字版、鉛字版和手抄的文獻，均屬於東北古文獻的範疇，都是東北古文獻學的研究對象。

第二，給予東北古文獻學科學的定位。我們在本文的開篇即言，東北古文獻學暫時可算作是中國歷史文獻學的一個分支學科，直接服務於東北古史的研究。並説沒有可靠的歷史資料，誰也不可能寫出有價值的歷史著作。相信這是所有人的共識。所以，就有必要再次强調：東北古文獻學是從事中國東北史所有學術領域研究的前提和基礎，地位非常重要。

---

① 李恭篤：《昭烏達盟石棚山考古新發現》，載《文物》1982 年第 3 期。
② 佟冬：《中國東北史》第一卷，吉林文史出版社 1998 年版，第 109 頁。

舉例來説,一部史學著作,大體上應該包含四個方面的内容:一是歷史思想,二是歷史資料,三是歷史編纂,四是歷史文學。歷史思想是指撰述者用什麽樣的思想來指導他研究歷史問題,歷史編纂是指這部史著採取了什麽樣的編纂體例,歷史文學是指他文字表述的形式,而歷史資料則是指撰述者採用了些什麽樣的歷史材料。

衆所周知,研究歷史要詳細地占有歷史資料,而歷史資料則主要有三個來源:考古發掘材料、歷史文獻和口碑材料。現在,隨着田野考古技術的不斷發展,考古發掘材料,特别是有關東北地區的材料,數量越來越多,作用也很大,能夠解決一些歷史問題。口碑材料對於東北地區很少或没有文字記載的古代和現代的少數民族或地區的歷史研究很重要,對於一些社會歷史狀況的研究也不可缺少。但是,歷史材料中最重要的部分還是歷史文獻,從一定意義上甚至可以這樣説:一部史學著作如果没有歷史文獻,就不能稱之爲是一部史學著作。正因爲歷史文獻對史學研究十分重要,有不可替代的作用,所以有的學者主張"史料就是史學"。没有了史料,没有了歷史文獻,没有了東北古文獻,就談不上東北古史研究。東北地區其他領域的傳統學術研究也是如此。東北古文獻學不可輕視。

我們雖然承認東北古文獻是從事中國東北古史研究的前提和基礎,但在實際的研究過程中,還要避免出現這樣的情況,即把東北古文獻的研究强調到一個不適當的地步,用它來代替一切,這就有些過分了,是片面的。要注意擺正東北古文獻在東北古史研究中的地位,要把東北古文獻作爲資料去研究,目的在於通過對資料的研究去瞭解和認識過去東北社會生活的各個方面。在這個問題上,弄清楚東北古文獻學的研究目的和研究目標,無疑是非常必要的。

第三,對東北古文獻的研究内容進行歸類。古人早就有"方以類聚,物以群分"(《易・系辭上》)的認識,把東北古文獻分門别類依次相從,便於參究,便於認識它們的發展過程,終極的目的只有一個,那就是便於人們利用。

參考前人的研究,並結合現存東北古文獻的實際,大體上將其劃分成四種類型較爲適宜。

第一類是金石文獻。以泥石、甲骨、金屬等爲書寫材料,在中國東北地區產生的時間最早,延續的時間也最長,保存的實物亦最完善,具有連續性、系列性和少差錯性的特點。東北古文獻中的金石文獻一般包括陶文、甲骨文、金文、瓦當文字、碑碣、刻石、璽文、印文、錢文等。地上地下均有,分佈十分廣泛。

第二類是典籍文獻。人們習慣上稱之爲"古籍",是以紙帛、樹皮等爲書寫材料的知識載體。典籍文獻的產生時間僅次於金石文獻,大約始於西周及春秋戰國時期,内容十分豐富,是研究東北古史最基本的材料。但長期以來,由於種種原因,使其在數量、品質和種類方面遠遜於中原内地,並造成了其散佚嚴重的局面。

第三類是檔案文獻。是以紙帛、木牘爲書寫材料的知識載體,是消除了現行作用的檔。根據記載,我國古代的檔案事業十分發達,北魏、遼、金諸東北民族所建王朝均有檔案,遺憾的是至今尚未發現原件。東北地區最早的檔案是發現於遼寧沈陽故宮的明代遼東殘檔,共 800 多件。另外,遼寧省檔案館還收藏清代檔案 130 餘萬件,主要包括滿文老檔、皇室事務檔和旗務檔。中國東北地方檔案自明代遼東殘檔算起,到現在已有六百多年的歷史,而且種類龐雜,内容豐富,參考價值很大。

第四類是報刊文獻。是僅僅以紙爲書寫材料的知識載體,其特點是有十分固定的時間性和連續性。我國最早的報紙是"邸報",自兩漢至元明,共發行了 1 800 多年。而清朝的"京報"則是近代最接近於現代報紙的出版物。東北地區的報紙最早由外國人出資金創辦,始於 1904 年。到 1911 年,東北地方報紙共有 7 種,其中有 6 種爲外國人主辦。期刊又稱"雜誌",是指定期或不定期的連續出版物。東北地區的期刊創辦於 1908 年,至 1911 年共出版 6 種,全部都是中國人自己創辦發行。期刊的時效性很強,信息量亦很大。

上述四種類型文獻,其關係並不是涇渭分明,毫無聯繫,從形式到内容都是相對而言的,相互交叉的現象是難以避免的,比如一些典籍文獻可以歸入檔案文獻等等。所以,在研究利用時要有整體思想,做到互相配合、補充,不可一味拘泥於概念。

通過歸類,我們就可以說,中國東北古文獻學是一門研究中國古代東北地區金石文獻、典籍文獻、檔案文獻、報刊文獻等由萌芽到產生、發展、演變的歷史規律的學科,這就在質的方面對東北古文獻學的學科性質,作了其暫時從屬於中國歷史文獻學學科的規定。本文開篇即言東北地方古文獻學在現實條件下,可以算作是中國歷史文獻學的一個分支學科,其主要的根據也就在這裏。將來條件成熟,關於東北古文獻學的學科性質和學科體系,還需要作深入、系統的研究,以給予其科學的定位和歸類。

第四，認清東北古文獻學與其他學科的關係。由於歷史和地理的原因，中國東北地區遠古人類的活動一直被研究和撰寫中國通史和世界通史的歷史學家們所忽視，最新的考古學資料和文獻學資料研究成果證明：大約自舊石器時代的中晚期開始，東北遠古人類就開始了規模空前的遷徙和遠征。他們從遼河流域走到黑龍江流域，走向俄羅斯的西伯利亞、遠東地區和庫頁島；又沿着冰川期間海峽或近海間裸露出來的海洋陸橋，追蹤着獵物的足迹，再走向大洋彼岸的美洲荒原。"以東北爲樞紐的古人類大舉遷居，在亞洲和美洲的北部擴大了人類活動的範圍，傳播了人類文化的種子，這是這一時代裏東北古人類的偉大壯舉"。① 這種傳播在以後的日子裏不曾停止，所以，上述地區的歷史同東北古史息息相關，成爲漢字的波及區。俄羅斯西伯利亞米奴辛斯克盆地二號墓陶罐上的商代文字、《魏田丘儉丸都山紀功石》《鮮卑石室祝文》《好太王碑》《中原郡高句麗碑》《鴻臚井欄刻石》《永寧寺碑》等等，不僅是東北各民族先世的歷史豐碑，也是東半球和美洲大陸古代人類活動的豐碑。這些東北古文獻中所蘊含的歷史資訊尚待進一步破譯，中國通史和世界通史中有關中國東北史部分的空白也亟待填補。正如有的學者所説："中國東北地方文獻學正是這樣一個史學總結工程的先行項目。"②

由於中國東北古文獻的時間下限較晚，所以自 19 世紀末葉逐漸傳入我國的、與我國傳統學術"國學"相異的現代人文科學和自然科學，也必然會闖進中國東北古文獻學的研究領域。自《山海經》《尚書·禹貢》《逸周書·王會篇》《古本竹書紀年》起，就開始對中國東北地區及整個東北亞地區的古人類、古民族進行連續不斷的記載，一直到"正史"都是如此記載，這些被稱爲"東夷"和"東北夷"的許多民族，雖然大部分已經消亡，而且也没有留下自己的民族文字，或者根本就没有文字的民族，但是他們卻有自己創造的本民族的歷史、本民族的文化、本民族的物質文明和精神文明。將依靠口耳流傳至今的口碑資料用文字載録下來，毫無疑問當然也算是古代文獻。鄂倫春族、鄂温克族、達斡爾族、赫哲族等都曾是我國没有自己民族文字的民族，但他們的"伊瑪堪"、"舞春"、薩滿神歌等説唱的

① 佟冬：《中國東北史》第一卷，第 42 頁。

② 傅朗雲：《中國東北地方文獻學芻議》，載《古籍整理研究學刊》1990 年第 1 期，第 6 頁。

文學和歷史及傳說,一本本、一部部世代相傳,承緒不絶。他們的歷史、文化、藝術同東北亞、美洲甚至歐洲等地的一些民族十分近似,所以,中國東北古文獻學的科研成果一定會豐富中國通史、世界通史、世界民族史志的内容,這是毋庸置疑的。

中國東北古文獻學雖然暫時是中國歷史文獻學中的一個分支,但它的重要性卻不容低估,通過前論可知,它與考古學、甲骨學、金石學、古文字學、古民俗學、民族學、史族史學、宗教學、神話學、文化人類學、方志學、歷史地理學、檔案學甚至一些自然科學領域,無不密切相關,共生共存,其複雜性可見一斑。反過來説,在研究東北古文獻學、整理東北古文獻時,也離不開上述學科的鼎力支持。

第五,中國東北古文獻學的民族文字和民族語言問題,是從事東北古文獻學研究中一個不能回避的問題,因爲它既涉及學科間的關係,又是本學科需要建設並不斷完善的具體内容。東北亞大地不斷發現的甲骨文、金文、瓦當文字、古璽文、古印文等等,證明這一地區的先民使用方塊漢字的時間幾乎與中原同時。後來在相當長的時期内,方塊漢字一直爲一些先進的東北古民族所慣用,如高句麗、渤海民族及政權等等,發現和出土的許多實物都充分證明了這一點。

同時,還有許多東北古民族創造了自己的民族文字和民族文獻。《魏書》卷四《太武帝紀上》中説,北魏始光二年(425),"初造新字千餘,《詔》曰:'昔在帝軒,創制造物,乃命倉頡因鳥獸之迹以立文字。自兹以降,隨時改作,故篆隸草楷,並行於世。然歷經久遠,傳習多失其真,故令文體錯謬,會義不愜,非所以示軌則於來世也。……今制定文字,世所用者,頒下遠近,永爲楷式。'"這是北魏創制了民族文字的明確記載。北魏文字可能只在北魏境内流傳使用,而且數量亦不多,使用的時間也不太長,所以我們今天已無緣睹其原貌了。從現有的材料看,鮮卑應該是東北古民族中第一個創制了自己民族文字的民族。到了後來,契丹族借鑒漢字創制了契丹文,女真人借鑒漢字創制了女真文。契丹文及契丹民族文獻,女真文及女真民族文獻,便成爲東北古文獻學中的一個重要部類。因之,中國東北古文獻學不僅要有契丹文獻和女真文獻的内容,還必須研究滿文文獻、錫伯文文獻以及蒙文文獻和朝鮮文文獻等。作爲本學科的有機組成部分,要深入而全面地研究它們産生、發展、演變的規律及其影響。

必須指出的是,有關東北的諸多漢文古文獻中經常夾雜有少數民族語言的音譯詞和意譯詞,而少數民族類文獻中也經常夾雜有漢字和漢語辭匯,其中的漢字多數是已漢字化的古代少數民族文字,從音到意,已不同於原字者居多。在整理研究時,一定要給予充分的注意,特別是在互譯和今譯的過程中,切不可掉以輕心,以想當然的態度草率處理。

第六,鑒於歷史文獻學的特點,尤其是東北古文獻積聚、流變過程的複雜性和曲折性,在整理研究的一些技術措施上,也要有相應的一些特殊規定。比如在這樣幾個層面:一、注釋工作。有的詞語,諸如東北古民族族名、政權名、地名、水名等等,若想考鏡其源流,必然要涉及諸多相關學科的知識,必然要涉及幾個民族的語言文字。只有如此,才有可能還原其本質,查清其源流的全過程。二、民族文獻的漢譯工作。這對當前來說是一個十分急迫的任務,一些民族文獻應該進行搶救性整理研究。在整理研究的過程中,其實也就是在漢譯的過程中,怎樣做到信、達、雅,應予以仔細斟酌。例如滿文漢譯工作,其本身有老滿文和新滿文之分,而且還有一個方言問題,黑龍江省的滿語和遼寧省的滿語就小有差別,不盡相同。再如契丹文獻,傳世雖然不多,但卻有大、小字之別。這些問題注意不到,工作中就會出紕漏。三、漢文文獻中方言詞的識別工作。全國漢語方言(指大區方言)幾乎在東北古文獻中都能發現,那是因爲自隋唐至兩宋末,有大批的内地將士甚至皇室,由於種種原因入居東北。而到了元、明、清三朝,東北更是成了内地流入的集中地。這些漢族人的後裔在口語中長期使用其先世的方言詞,久而久之,就形成了東北地區的不同方言。一般而言,遼寧省的口語方言最明顯,吉林省次之,黑龍江省又次之,有漸北漸弱的特點。這樣就使東北古文獻中漢語方言詞混雜,最容易誤認爲是少數民族語言音譯的詞語。四、外來語的識別工作。衆所周知,東北地區獨特的地理和歷史原因,使東北自晚近以來的漢語和漢文文獻接受了許多外來語辭彙,尤其以俄、日兩國的爲多。這就爲整理和研究東北古文獻增加了語言文字上的難度。

遺憾的是,"至今尚無一套十分科學的整理東北地方古文獻的方案可供參照,一切工作仍處於無政府狀態,造成再版古籍品質不高、價值不大的後果是比較嚴重的"。[①] 如果我們對上論問題給予應有的重視,並充分認識到東北古文獻積聚、流變的複雜性和曲折性,肯定會減少"再版古籍品質不高"等種種的遺憾和不足。

---

① 傅朗雲:《中國東北地方文獻學芻議》,載《古籍整理研究學刊》1990 年第 1 期,第 7 頁。

　　以上所論,只是我對東北古文獻學這門新興學科的一點膚淺認識,非常希望有更多的學者關心這門學科的建設和發展,使其在理論和實踐兩方面不斷地得到補充和完善,更好地爲新世紀的東北古史研究和東北亞史研究服務。

（李德山,東北師範大學古籍整理研究所教授）

# 清至民國初年三本《真如志》的相互關係

## ——以人物部分爲核心的探討

### 張劍光

今上海普陀區的真如原屬嘉定,歷史上有鎮志多種。據陳金林、徐恭時先生的考證,清至民國間真如鎮志有這樣幾種: 陸立《真如里志》四卷,張爲金《真如徵》二十四卷,王家芝修、侯錫恩纂《真如續志稿》,洪復章《真如里志》八卷,王德乾《真如志》八卷及所附首末各一卷。① 五種志書中目前能見到的是陸志、洪志和王德乾志三種。一鎮有三志,三者之間的關係如何? 後面的鎮志對前面鎮志已有的内容是怎樣編纂的? 後面的鎮志對前面鎮志之後的史事是怎樣編纂的? 這些問題的釐清,或許可以總結出民國學者編纂方志上的一些特點,可以發現他們對前人著作是如何繼承和創新。

## 一、三本《真如志》的作者

第一部《真如里志》(一題《桃溪志》)的作者是清代的陸立。陸立字價人,清乾隆年間入太倉州學爲庠生。多次試舉人失敗,開始潜心寫作,主要著作有《世澤彙編》等。其時友人張承先在編《南翔鎮志》,陸立在和他接觸的過程中認識到自己亦應該編一部真如志。他説:"吾里去邑治四十二里,以真如寺得名也。其間人民輻輳,廛舍綿延,自勝國迄今,以勳業文章著見者凡幾輩。惜無有人焉將俗尚之變、物土之宜,與夫人文之崛起、事類之錯出者,綜核參考,匯萃成帙,以備郡邑志之採擇也。立竊不自

---

① 陳金林、徐恭時:《上海方志通考》,上海辭書出版社 2007 年版,第 357—361頁。據上圖稿本,洪復章《真如志》不分卷。

揣,網羅摭拾,撰志二十七篇。"①亦就是説,陸立之前真如是没有方志的,是陸立第一個爲真如編志。他"收輯六年,七易稿而成四卷。後青浦王侍郎昶主修《太倉州志》,採及邑鎮,立志獨收入焉"。② 自乾隆三十年(1765)開始,陸立用六年時間七易其稿,編成今天我們見到的第一本《真如里志》。

現存第二本《真如里志》是由清末民國初年洪復章編纂的。洪復章字偶樵,其父爲鄉紳洪兆甲,有《蒙青集》《桂林居稿》等著作。洪復章在家鄉主要從事教育事業,清光緒末年曾被推爲真如鄉立第一小學校校長。民國三年(1914)三月,其創辦了洪氏國民學校。宣統二年(1910)十月,他被選任鄉自治公所議事會副議事長。除《真如里志》外,傳世著作還有《守梅山房詩文稿》八卷。《真如里志》的完稿時間,因書中取材最晚的是民國七年(1918),應斷定其完成當在這年之後。是年,寶山縣成立修志局,"縣委洪偶樵、錢拜言兩先生爲編纂",以王守餘爲名譽採訪,不過後來"局務中輟,以故稿雖集,未獲送局梓行"。③ 因此,洪復章的《真如里志》有可能依據民國七年以後這次修志局編纂的"故稿"編成。筆者曾在上海圖書館查看了此書的稿本,認爲此書"似是一本没有完全形成的稿子。部分志前有目録,但有的志卻没有目録,甚至連志名和目名亦没有標出來。材料的安排上,亦有一些問題"。④ 此書的天頭地腳處有很多洪復章後來增加進去的内容,書寫時没有正文工整,用墨與正文不一樣,個别地方還夾有便簽。因此今日所見洪復章的《真如里志》其實並不是定稿本,可能只是一個初稿本。

王德乾《真如志》,一題《桃溪志》,共八卷,卷首、卷末又各一卷。王德乾(1908—1990),字惕時,真如鎮人。清末鄉紳王家芝孫,王守餘子。據該書卷四《選舉志·武秩》,王德乾早年曾任國民革命軍北伐戰時宣傳隊上尉,嗜文史,對真如地方文獻收集、研究頗具功力。1949年,進入上海市延安中學任教。編有《真如鄉修志檔五種》等書,現藏上海博物館。

---

① (清)陸立:《真如里志》序三,《上海鄉鎮舊志叢書》第4册,上海社會科學院出版社2004年版,第4頁。
② 洪復章:《真如里志·人物志》,《上海鄉鎮舊志叢書》第4册,第84頁。
③ 王德乾:《真如志》自序,《上海鄉鎮舊志叢書》第4册,第5頁。
④ 張劍光:《真如里志》之"整理説明",《上海鄉鎮舊志叢書》第4册,第2頁。

《真如志》的編撰，緣起於王德乾祖父王家芝。王家芝爲《真如里志》作者陸立的曾孫婿，專注於真如地方文獻的搜集。他曾修真如志，聘洪兆甲、侯錫恩共同編撰，書最後沒有刊印，"而原稿具在"。王德乾《真如志》前有張嘉琡序，談到王德乾編纂《真如志》時參考了王家芝的《真如里志》。嚴昌埭序談到王德乾自己的話："此先大父秀甫公遺稿，德乾爲加考核，補闕漏，復增輯近數十年來一切因革廢興，務翔實。"①亦就是説，王家芝有遺稿的，王德乾《真如志》在其基礎上作了補充。王德乾自序中引其父王守餘的話説："此汝祖採訪《真如里志》遺稿，欲修而未竟者。"王守餘跋中説："《真如里志》，創始於乾隆間陸價人先生，繼之者則爲張爲金先生之《真如徵》，均因年代已遠，存本散佚殆盡。先君子秀甫先生，恐紀載失傳而文獻無徵也，與同里陸毓岐前輩搜採遺聞，徵諸事實，聘邑明經侯春覃太夫子輯《真如續志》，藏稿未刊，而先君子遽捐館舍，事遂中輟。"王德乾《真如志》卷七《藝文志》有"《真如志》，侯錫恩著"。因此，王家芝和侯錫恩等編成的《真如續志》，可能主要是爲了補充陸立《真如志》，書雖沒有流傳開來，但被王德乾《真如志》大量採用。

王德乾父親王守餘民國七年(1918)任新成立的寶山縣修志局名譽採訪，與洪復章等"續修邑乘，並擬修市鄉志"，不過後來修志局工作停止，所編的書稿沒有最後編成，亦沒有"送局梓行"。張嘉琡序説王德乾以"其親王甫瓶如先生所采之《邑乘訪稿》爲之補"，就是説他的《真如志》中大量使用了王守餘的原始採訪資料。王守餘跋中亦説："迨民國八年，邑中議重修市鄉志，守餘謬膺採訪，又得稿若干。其後志局停辦，鄉志遂未告成。今小兒德乾以是二稿合之前志，並擷拾各家紀述足資考證者，匯輯成書，名曰《真如志》。"就是説，王德乾的書中使用了大量的其父等人的採訪稿。

民國十七年，真如改隸上海特別市，王德乾感到行政區劃變化之後，如果不加緊搜輯數據，"恐歷時愈遠，採訪愈難"，所以馬上訂綱釐目，以其祖王家芝的採訪資料及其父王守餘的《邑乘訪稿》爲基礎，融合陸立《真如志》、錢以陶《廠頭鎮志》等，體例參照錢淦《寶山縣續志》，補採核查而成。據書前王德乾自序，該書完成於民國二十二年(1933)。書前王鐘琦民國二十四年六月的序，談到該年四月王德乾將《真如志》見示。

---

① 王德乾：《真如志》嚴序，《上海鄉鎮舊志叢書》第4册，第3頁。

據此,三種《真如志》的關係就比較明確了。真如有志始於陸立《真如志》。洪復章參加了民國七年寶山縣的修志局工作,後來根據其中的原稿整理成《真如里志》,其肯定參考了陸志。王德乾因爲與陸立有血緣關係,同時吸收了王家芝《真如里志》和王守餘等修志局編的《邑乘訪稿》,編成了現存的第三種《真如志》。可以肯定,洪志和王志都吸收了陸志,但王志是否參考了洪志,雖未見明確記載,但一般認爲是有可能看到的。儘管因爲王德乾《真如志》卷七《藝文志》中没有記載他的《真如志》,但卷五《文學》中談到洪復章"七年分纂邑志,成後,總纂里志。審例選材,繁簡得當",應該是對洪志有仔細閲讀分析的。而且,由於洪復章的志是在利用修志局的"故稿"基礎上編成的,而修志局據當年的原始採訪材料編成《邑乘訪稿》,是王德乾志中所吸收的,所以洪志與王志的基本材料實出一源。據此,三本《真如志》編纂的時間有先後,但相互之間的關係還是比較密切的。

## 二、三本《真如志》人物部分的結構

爲了瞭解三本《真如志》的編纂手法,對材料的取捨和運用,以及三書之間的相互關係,我們選擇其中的人物部分進行具體分析,希望通過對人物部分的解剖,來分析三位修志者編《真如志》時的學術創作原則。

陸立《真如里志》的人物部分在第二、三、四卷中,具體分爲宦達、忠節、孝義、隱逸、文學、藝術、列女、流寓、方外等 9 個部分。第二卷中還有科貢、封贈兩個部分,因洪志和王志將其列於《選舉志》中,所以這兩個部分我們不作討論。

洪復章《真如里志》的人物部分,具體分爲賢良(殉難紳士者民附)、義勇殉難、孝友、德義、文學、武功、藝術、流寓、列女等九個部分。列女部分又具體分爲已旌節婦、已旌貞女、已旌烈婦、已旌烈女、已旌貞孝女、未旌節婦、殉難婦女、未旌烈婦、未旌貞女、賢媛才女、現存節婦、現存貞女、現存列女、現存貞孝女等 14 個標目。

王德乾《真如志》的《人物志》部分,具體分爲賢達、孝友、德義、文學、武功、忠節、藝術、流寓、方外、耆老、壽婦、列女等 12 個部分。列女部分又具體分爲節、烈、貞、貞孝、孝、淑、才等 7 個部分。

三書的結構和所載的人物數量,我們通過列表的方式來觀察其中的不同。

| 陸立志 | | 洪復章志 | | 王德乾志 | |
|---|---|---|---|---|---|
| 結構 | 人物 | 結構 | 人物 | 結構 | 人物 |
| 宦達 | 陳述、李良、甘元雋、李重、吳某、倪士鈴、丁毓秀、侯傳山 | 賢良（附殉難紳士耆民） | 陳述、張涵、李良、甘元雋、李重、吳某、倪士鈴、丁毓秀、侯傳山、董宏、張恒、董德、張雲章、李飛龍、侯芳表、張鼎生、孫寶森、張標、李茂春、陸其昌。另附殉難紳士、耆民61人 | 賢達 | 陳述、李良、甘元雋、李重、侯震暘、張恒、吳某、倪士鈴、丁毓秀、侯傳山、董宏、張雲章、張揆芳、張鼎生、符慶增、張承榮、錢淦 |
| 忠節 | 張涵 | | | 忠節（附殉難紳民、義勇殉難） | 張涵、侯峒曾、李飛龍、李茂春、張標、張鐘、侯芳表、孫寶森、陸原達。殉難紳民65人。死義之士8人 |
| 孝義 | 甘雷、張炯、李正義、張履素、侯廷祥、李時珍、王樹聲、陸允立、甘爾恢、侯模、陸際恒、李肇振、張維楨 | 孝友 | 侯士方、侯萬鍾、張履素、張相、王樹聲、張維正、蔡英、張鍾、張宏源、侯模、秦源湛、萬錫茂、李昌祉、陳頌德、侯寅、姚德修、符元吉、管老虎、嚴德華、陸令望、秦本楨、李士修、黃允升 | 孝友 | 侯寅、侯孔詔、侯士方、張相、張履素、侯模、張宏源、王樹聲、嚴允中、張維楨、陸令望、蔡英、萬錫茂、李昌祉、陳頌德、姚德修、符元吉、管老虎、嚴德華、姚維彤、李士修、秦本楨、黃允升 |
| | | 德義 | 甘雷、李正義、張炯、徐開法、王淵、王景曦、李時珍、甘爾恢、李肇振、李允新、姚時粹、洪忠清、姚德照、姚仁修、侯錦、侯元參、陳懋祿、姚繩正、陸允平、陸允立、陸廷德、陸際恒、陸辰華、陸令元、林元爵、蔡家治、朱鑒、王佑昌、陸原孝、侯廷祥、洪忠敬、洪日隆、張鬥章、顧文海、陸子善、周錫三、張克、王家芝、錢爾銘、錢廷槐、趙長秀、楊應龍、楊新鈞、陸毓岐 | 德義 | 侯儼、侯錦、侯亢、甘雷、李時珍、張炯、陸允平、陸允立、李正義、侯廷祥、甘爾恢、李肇振、姚時粹、陸廷德、陸際恒、姚德昭、陸辰華、洪日隆、張鬥章、楊應龍、錢廷槐、趙長秀、秦源湛、林元爵、蔡家治、朱鑒、姚仁修、陳懋祿、姚繩正、王佑昌、洪忠清、洪忠敬、陸原孝、張克、周錫三、錢爾銘、王淵、顏文海、陸子善、楊鈞、王家芝、陸毓岐、甘德溥、張祖格、張祖蔭、李本霖 |

劉永翔教授嚴佐之教授榮休紀念文集

| 陸　立　志 | | 洪　復　章　志 | | 王　德　乾　志 | |
|---|---|---|---|---|---|
| 結構 | 人　物 | 結構 | 人　物 | 結構 | 人　物 |
| 隱逸 | 王景曦、李允新 | | | | |
| 文學 | 吳盤、柯炌、符兆昌、俞燀、張雲章、侯楷、汪之麟、姚宏榮、李肇夏、侯瑞隆、沈步青、林中鶴、歸涵 | 文學 | 李直、張禧、吳盤、李更、柯炌、侯楷、俞燀、符兆昌、沈步青、姚宏榮、李肇夏、汪之麟、張雲從、侯瑞隆、林中鶴、陸立、張欣告、歸涵、張爲金、侯桂芳、李浚、李凝辰、張震生、楊大澄、姚維彤、周梓、蔡文源、黃應機、侯錫恩、洪兆甲 | 文學 | 李直、章黼、嚴衍、張禧、李允新、吳盤、李更、侯沆、侯涵、柯炌、侯楷、俞燀、符兆昌、沈步青、姚宏榮、李肇夏、侯開國、汪之麟、張雲從、侯瑞隆、林中鶴、陸立、歸涵、楊大澄、張爲金、侯桂芳、李浚、李凝辰、張震生、周梓、蔡文源、黃應機、侯錫恩、洪兆甲、錢淇、洪復章、唐海 |
| 藝術 | 王貞爵、姚鎔、王貞儒、陳澍、朱庭采、金址霑、李恬、范儀普、于登奎、周有文 | 藝術 | 王貞爵、姚鎔、于景燾、朱廷采、李恬、侯道源、李肇祺、金去非、孫象六、朱鳳岡、王笏、甘隱禪、王士芬、王行餘、陳邃、錢青 | 藝術 | 李明善、王貞爵、姚鎔、王貞儒、於景燾、陳澍、朱廷采、金去非、金址霑、李恬、侯道源、李肇祺、張元治、范儀普、周有文、孫象六、朱鳳岡、陳邃、浦文鶴、甘隱禪、姚錫廷、王士芬、蔡儒佩、王笏、錢炳、王行餘、錢青、張祖澤 |
| 列女 | 47人 | 列女 | 604人 | 列女 | 622人 |
| 流寓 | 蔡長、陳忠、陸景淳、陸濟、張禮、尹聘、施燧、巴來、姚堉棠 | 流寓 | 蔡長、陳忠、陸景醇、宋珏、董德其、巴來、余晏海、赤腳道人、蔣劍人、張禮、尹聘、施燧、姚堉棠、宋道南、毛新發 | 流寓 | 侯細、蔡長、侯堯封、嚴天福、嚴景陵、程嘉燧、宋珏、陳忠、陸景醇、陸天錫、朱瀚、董德其、巴來、余晏海、赤腳道人、蔣劍人、徐開法、張禮、尹聘、施燧、姚堉棠、陸品三、宋道南、黃元炳、毛新發 |
| 方外 | 本源、丁癡、上晏、萬慈、半修 | | | 方外 | 本源、丁癡、上晏、萬慈、半修、瑞庵、悟明、道通、起曠 |

續　表

| 陸 立 志 | | 洪 復 章 志 | | 王 德 乾 志 | |
|---|---|---|---|---|---|
| 結構 | 人　物 | 結構 | 人　物 | 結構 | 人　物 |
| | | 武功 | 王景曦、李震 | 武功 | 王景曦、王樹勳、李震 |
| | | 義勇殉難 | 死義之士 8 人 | | |
| | | | | 耆老 | 50 人 |
| | | | | 壽婦 | 68 人 |

從上面列表可以看出，人物部分的分類，三書的主體是相同的，如“文學”“藝術”“列女”“流寓”，三志都有相同的立目，不過三書在具體分類上多有變化。這些變化主要在以下幾個方面：

（1）陸立志的“宦達”，到了洪志成了“賢良”，王志又成了“賢達”，後二書的重心是“賢”，表現出民國初年史學家的立意在於記錄人物的賢能，而不純是記錄他的爲官履歷。

（2）陸志的“忠節”只收一位張涵，洪志認爲不必再列，將張涵歸到了“賢良”中，至王志重新恢復“忠節”，而且還將洪志附在“賢良”下的“殉難紳士”及單獨立的“義勇殉難”附於其下。我們認爲，洪志可能認爲陸志的“忠節”只有一人，並不適宜單立一目，這是有一定道理的。而王志認爲陸立設“忠節”一目從人物的分類上說是有合理性的，所以又恢復了立目。他認爲洪志將“殉難紳士”附在“賢良”不盡合理，所以歸入了“忠節”；洪志單獨設立的“義勇殉難”，應歸入“忠節”，顯示王志的做法更加合理和科學。

（3）陸志的“孝義”，洪志分爲“孝友”和“德義”，從分類上看更加細化，更爲科學。王志贊同洪志的做法，說明民國初年的史學家認爲由於人物衆多，將孝友和德義分列會更加清晰。

（4）陸志有“隱逸”類，列了兩人，洪志認爲不必設立該目，兩人中一被歸入“武功”，一被歸入“德義”。王志贊同洪志的做法，兩人一歸入“武功”，一歸入“文學”。洪、王雖有不同看法，但對取消“隱逸”類的想法是一致的，這是民國史學家不拘泥於舊史做法的一個變通。

（5）陸志有“方外”，王志亦有，但洪志沒有列出，其原因與洪志只是一個初稿本有關，因爲洪志在體例和分類上可能並沒有最後修訂完善。

（6）可能是由於人數較少的原因，陸志没立“武功”一目，而洪志和王志根據現實情況立有“武功”。

（7）王志立“耆老”“壽婦”二目，洪志有“耆民”附於“賢良”中，陸志未立。洪志有目，但查該書的具體内容，卻是有目無人。不過，洪志在《禮俗志》中有“耆民”“壽母”兩目，説明他是將愛護老人作爲社會禮儀的一部分來對待，並没有列入《人物志》。王志在兩目下都有“右據民國八年採訪”句，説明是當年設局修志時的原始採訪材料。民國初年的史學家已認識到尊重老年人是體現自己新思想的一種做法，因而普遍注重將老年人的情況編入史書。

關於人物部分的編撰結構，還須注意的是“列女”部分。陸立志列女部分没有細分，但洪志和王志對列女進行了分類。如洪志將列女分爲已旌節婦、已旌貞女、已旌烈婦、已旌烈女、已旌貞孝女、未旌節婦、殉難婦女、未旌烈婦、未旌貞女、賢媛才女、現存節婦、現存貞女、現存列女、現存貞孝女等 14 個標目。他是將女人分成了節婦、貞女、烈婦、烈女、貞孝女、賢媛才女幾類，内中各類列女又分爲已旌、未旌、現存三類。王志將列女分爲節、烈、貞、貞孝、孝、淑、才等部分，與洪志略有區别，但大致相同。清中期陸慶循認爲方志的《列女傳》應該分爲四類，即節婦、烈婦烈女、貞女、孝婦孝女。他説清朝上海這樣的女人“人數較多，每類又釐爲三，曰奉旌、曰有司給額、曰訪得”。① 由此可知，洪復章和王德乾將列女分成這樣幾類，是繼承了清朝中期史家的看法，但又有所改進。洪志中有“賢媛才女”，王志中有“淑、才”，一個共同的特點是重視女性的品德和才能，這是兩書目録中後人應加以注意的地方。

從三書所收的人物數量上，可以看出陸志因爲時代較早，所以人物最少；洪志在其後，人物數量大大增加；王志編撰的時間最晚，人物最多，説明在之前史書的基礎上，後來的史書是續編補充了很多内容，具有較高的史料價值。問題是，陸志編輯的那些人物，洪志和王志是不是只簡單地沿用？從上列表格來看，並不是如此，在陸立編輯的時間範圍内，洪、王都大量補充了人物。如陸立的“宦達”部分，王志增加了侯震暘、張恒兩人。陸立的“孝義”部分，洪志在“孝友”中增加了侯士方、侯萬鍾、張相、張鍾、張宏源，“德義”中增加了侯士方、侯萬鍾、徐開法、王淵；王志在“孝友”中增

---

① （清）陸慶循：《嘉慶上海縣志修例》，清嘉慶二十一年陸氏虛室自刊本，上海圖書館收藏。

加了侯士方、張相、侯寅、侯孔詔、張宏源、嚴允中，"德義"部分增加了侯儼、侯錦、侯元、陸允平。陸志的"文學"部分，洪志增加李直、張禧、李更、張雲從、張欣告，王志中增加了李直、章齳、嚴衍、張禧、李允新、侯汸、侯涵、侯開國、張雲從。陸志的"藝術"中，洪志增加了于景燾、侯道源、李肇祺、金去非，王志增加了李明善、金去非、于景燾、侯道源、李肇祺、張元治。陸志的"流寓"部分，洪志增中了宋珏、董德其、余晏海、赤腳道人、蔣劍人，王志增加了侯細、侯堯封、嚴天福、嚴景陵、程嘉燧、宋珏、陸天錫、朱瀚、董德其、余晏海、赤腳道人、蔣劍人、徐開法。從這些羅列中可以看到，陸志編纂比較簡略，時間較早，等到洪復章編修時發現陸立有不少遺漏，所以增補了不少人物，而王德乾的增加比洪復章更多，所以後面二書的價值，不僅僅體現在包含了陸志，還體現在對陸志的人物內容進行了大量的補充。

陸志中亦有一些人物，洪志和王志中沒有，不過數量很少。如陸志"流寓"中有陸景醇和陸濟的傳，而洪志中只有陸景醇一人，不過從具體內容來說，洪志實際上是將陸志的內容合二爲一，由於都是採自《上海縣志》，所以文字大體一致。王志亦無陸濟只有陸景醇，但編撰手法與洪志相同，都是將兄弟兩人的傳合二爲一。

王志與洪志相比較，不但對洪志編纂的內容有不少增補，而且在洪志記述的最晚時間民國七年之後，在人物上有很多補充和增加。另外，王志對洪志中一些人物的歸類作了變動。如洪志"賢良"中的李飛龍、侯芳表、孫寶森、張標、李茂春，王志都放至"忠節"中；洪志"孝友"中的張鍾，王志放至"忠節"中；洪志"德義"中的徐開法，王志放入"流寓"中；洪志"德義"中的李允新，王志放入"文學"中。再者，在洪志人物排列的次序上，王志有很多不同，對洪志不合理的地方作了糾正。比如洪志"賢良"分爲明、清兩部分，張恒放在清人董宏之後，而王志"賢達"將其放在明代。事實上張恒確爲明末人，王志對洪志的糾正是極爲合理的。再如洪志"德義"中張炯、王景曦、李時珍、侯錦、侯元參、陸允平、陸允立等都放在清代部分，而王志將張炯、李時珍、侯錦、侯元參、陸允平、陸允立放在"德義"的明代部分，將王景曦放在"武功"的明代部分。另外，洪志"德義"部分將王淵放在清代的第四個人，與明末清初人放在一起，而此人爲清中後期人，主要活動在嘉慶至同治之間，光緒元年死時年五十九，王志將其放在"德義"清代部分第三十人，從其前後人物所處的時代來看，應該是比較合適的。

## 三、洪志人物部分的文獻引用

陸志編於清乾隆年間,因而洪志編撰時,乾隆三十年前的人物有很多是使用了陸立的成果,洪復章的書中有不少地方明確寫明是取材於"《里志》"。那麼洪志引用陸志時,採取了哪些具體的手法?

我們發現,洪志中有一些人物的材料直接引用陸志。洪復章對陸志的一些人物是全部照抄,而且明確標明是來自"《里志》""陸立《里志》",文字上不作任何改動。如"賢良"中的陳述、張涵、李良、甘元雋、吳某,"德義"中的甘爾恢,"流寓"中的張禮、施燧。而如"孝友"中的張履素、侯模等條,雖未明言來自陸志,但從文字來看,也是引自陸志。

一些人物的材料洪復章指明是引用陸志的,但如果我們兩相對照,發現在文字上還是有一些不同,洪復章在具體編纂時採用了删、增等手法。

"流寓"清尹聘條,洪志標明是引自陸立《里志》,然而兩相對照,陸志中有"兩次刲股愈親疾"句,洪志删除了。姚埕棠條洪志亦是標明引自陸志的,查陸志,不但正文一致,而且陸立在正文所附自己的詩句,洪復章也引用了。但陸立在自己的詩後又附了姚埕棠《題黄克家濯足圖》詩一首,從體例上説,陸立的做法並不是很妥當,洪復章發現了問題,所以並没有引用。

文字增加的手法,洪志亦是經常使用的。如"孝友"清王樹聲條,正文及下引南匯顧天成詩,洪志與陸志完全相同,不過洪志在後增加了一段內容:"康熙四十九年,松江司馬郭朝祚與其有聲嗣孫汝師文,贈'孝義傳芳'四字額,以志欽佩。"[1]王樹聲是事母盡孝,母病,割左䏦旁肉作湯給母親喝。母死,他盧墓三年,"士大夫爲詩歌贈之"。陸立只引了顧天成的詩,而松江司馬贈匾額的事没有談到,洪復章加以補充,豐富了史料。

"德義"中的甘雷條,指明引自陸志,前面文字完全一致,但後面又增加了以下文字:"族子爾伎字規先,力行善事,好施不倦。舉鄉飲賓。爾伎子實學,孫宗起、宗懋,皆諸生。"[2]不過這裏必須説明的是,"爾伎"其實是"爾恢"之誤,陸志和洪志都有甘爾恢條,洪志所加內容是多此一舉,完全没有必要。不過從他的編纂手法來看,他是想補充陸志的,只不過前後材

---

① 洪復章:《真如里志·人物志》,《上海鄉鎮舊志叢書》第 4 册,第 66 頁。
② 同上書,第 72 頁。

料沒有協調好。

李允新條亦有同樣的情況。洪志前已有李時珍條,但至李允新條,又增加了關於其父李時珍的內容:"父時珍,字育全,治賈起家,立名砥行,以齒德舉鄉飲賓。"①這句話陸志是沒有的。可知洪志是努力想增補陸志的內容,不過前後沒有協調妥當,出現了材料上的重複。

乾隆三十年以前的人物,洪復章除了新增加的一些人物外,是否都用了陸立志的內容? 答案是否定的。

我們發現,一些人物,陸志和洪志都有條目,但不少人物洪志卻不用陸志,而是使用了"光緒志"和"縣志"。這裏的"《光緒志》"和"《縣志》",應該指的是《光緒寶山縣志》。如"賢良"中的李重,標明採自"《光緒志三》",倪士鈴和侯傳山是採自"《縣志》","德義"中的張炯,標明採自"《張氏家乘》和《光緒志·德義門》","文學"中的吳盤、柯炌、侯楷、沈步青、姚宏榮、李肇夏、汪之麟、侯瑞隆、歸涵,"武功"中的王景曦,"藝術"中的王貞爵、姚鎔、朱庭采、李恬,"流寓"中的蔡長、陳忠、陸景淳、巴來,明確標明是採自"《縣志》"。還有一些人物條目,沒有標清採自何書,但從文字的核對來看,可能亦不是採自陸志,因爲兩者文字有較多的不同。從洪志和陸志相同條目的數量來看,約近一半洪志明確指出不是來自陸志。如果加上沒有明確指明採自何書的,可能總數超出了一半。

乾隆三十年以後的人物,洪復章的資料來源主要有兩種,一是前人已經編成的史書和文集,如"賢良"中的張恒,一部分資料來自《樸村集》;"文學"部分的陸立、張欣告、張爲金、李浚、李凝辰、張震生等來自《縣志》;"藝術"中的金去非採自《廠頭里志》,孫邃採自《彭浦里志稿》;"流寓"中的宋玨採自《廠頭里志》,董得其"見《縣志》"。"列女"中有很多人是採自《縣志》《光緒志》《南翔鎮志》和《州志》。二是史家採訪搜集來的資料。如"賢良"中的董宏來自"舊採訪"。一些人物雖然沒有明言資料的出處,估計亦是屬採訪所得,如侯芳表,人物傳的內容不長,但後附很長的一篇《寶山張氏三世殉難節略》,有 2 000 多字,估計是徵集到的資料。"文學"中的侯桂芳"錄寅伯先生來稿",楊大澄"見前次採訪稿與此次來稿並合",姚維彤、周梓、蔡文源、黃應機"見前次採訪稿",侯錫恩、洪兆甲是"此次來稿"。"藝術"中的侯道源、李肇祺、孫象六、朱鳳岡都是"見前次採訪稿",王笏、甘履禪、王士芬、王行餘等是"此次來稿"。"流寓"中的余晏

---

① 洪復章:《真如里志·人物志》,《上海鄉鎮舊志叢書》第 4 冊,第 75 頁。

海、赤腳道人、蔣劍人是"前次採訪稿",宋道南是"侯宣伯先生來稿"。一些人物條目他雖然沒有指出是否是兩次採訪稿或來稿,但估計來源也是徵集到的資料。如"孝友"中的秦源桂條,洪復章使用的必是某一種原始資料,內中談到秦源桂長男秦本楨的事迹,所用文體根本不是一般史書人物傳記格式。同一部分中,洪志另有秦本楨條,兩者内容雖有很多不同,但説明史書編纂時文章形式不統一,前後没有協調妥當。出現這種情况,可能主要是由於資料採集途徑多源造成的。雖然這是洪志編纂不夠謹嚴的地方,但卻爲我們保存了原始資料,使我們能夠看到洪氏採用的史源是什麽。

總之,洪復章《真如里志》的《人物志》,只有一部分是采自陸立《真如里志》,而且有不少在文字上進行了增删。洪復章不僅增補了不少乾隆三十年以前的人物,而且與陸志相同的人物他往往喜歡用《縣志》等書替代,並不是全部照搬陸志。乾隆三十年以後的人物,洪復章一方面採自各種方志和文集,另一方面大量利用兩次採訪稿,補充了大量的資料,具有較高的文獻價值。

## 四、王志人物部分的文獻引用

王德乾《真如志》編纂時,前有陸立志和洪復章志,因而他對兩書參考是必然的。王志編纂體例比較完善,是一本精心編著的方志,書中並不注明自己的材料究竟引自何書,這的確有些遺憾。但經過對民國八年前的資料從文字上進行比對,我們發現有很多内容是參考了陸志和洪志,他處理材料的手法多種多樣。

王德乾編纂時採用了很多陸志的内容,這其中有相當一部分洪志亦是直接採用而没作任何改動,因而形成了三本志書的内容完全一致。如"忠節"中的張涵,"賢達"中的李良、甘元儁,"孝友"中的侯模,"藝術"中的王貞爵,"流寓"中的陳忠,王志採用了陸志的内容,在文字上與陸志和洪志完全相同,但這樣的條目只占一小部分,並不是很多。

採用陸立志時,可能由於版本的原因,王志個别字、詞會作些改動。如"賢達"中的陳述條,有句爲"蜀民不力本",陸志和洪志相同,王志改爲"蜀民不立本"。陳述條,陸立末句爲"一回追溯一長籲",王志改爲"一回遥溯一長籲"。①

---

① 王德乾:《真如志》卷五《人物志上》,《上海鄉鎮舊志叢書》第4册,第101頁。

有的人物,王志是採用陸志而不用洪志。如"賢達"李重條,洪志云引自"《光緒志三》",談道:"李重,字威甫,本農家,而嗜學强記。"這裏的"嗜學",陸志和王志都是寫成"博學",説明王志是用了陸志而沒有採用洪志。"孝友"中的張維楨條,王志採用了陸志,僅陸志最後一句話被刪削了。洪志有張維正條,内容比陸志要少,王志沒有採用。"德義"中的李允新條,王志和陸志文字相同,而洪志在中間多出一句:"父時珍,字育全,治賈起家,立名砥行,以齡德舉鄉飲賓。"①這句話是洪志對陸志的補充,王志沒有採用。此外如"文學"中吳盤、柯炌、歸涵條等,王志都採用陸志而不用洪志。

王志亦大量採用洪志。如"忠節"中的李茂春、孫寶森、張標等條,與洪志完全相同。洪志在李茂春條中的"長同游,而又同死於難,嗚呼,義矣",完全是史家個人表達感情的語句,王志亦是一模一樣。再如"文學"俞煒條,洪志用《縣志》而沒有採用陸志,王志與陸志文字差別較大,而與洪志相同。李更、侯楷、符兆昌、汪之麟、張爲金等條,都是採用洪志,沒有使用陸志。

不過王志對洪志的文字時常有删減。如"賢達"董宏條,洪志言明資料來源是來自"舊採訪",王志編纂時可能亦能看到採訪的内容,所以對洪志的内容有所增删。如洪志説:"董宏,原名茂對,字育萬。"王志改成:"董宏,原名茂對,字育萬,一字任庵,德華子。"洪志接下來是對董德華的介紹,計70字,王志全删。本條之後洪志有邑人張雲章詩一首,王志也删。② 從史書的編纂來説,王志的删削是對的,更加符合人物傳記的要求。"忠節"侯方表條,王志正文與洪志完全一致,但洪志附在文後由侯錫恩編寫的《寶山張氏三世殉難節略》,王志沒有採用。

有的人物,王志是既採用陸志,又採用洪志。"賢達"倪士鈴條,陸立志作:"字巖三。國初諸生震子。淵源家學,幹練才猷。……子奕洵,字眉望,優於齒德,例授八品章服。"洪志作:"字巖三,諸生,居真如,有幹練才。……子奕洵,以耆德授八品服。"王志作:"字巖三,諸生,有幹練才。……子奕洵,字眉望,以耆德授八品服。"③王志此條實際上是將陸志

① 洪復章:《真如里志·人物志》,《上海鄉鎮舊志叢書》第4册,第75頁。
② 同上書,第55頁;王德乾:《真如志》卷五《人物志上》,第103頁。
③ 陸立:《真如里志》卷二《宦達》,《上海鄉鎮舊志叢書》第4册,第19頁;洪復章:《真如里志·人物志》,第55頁;王德乾:《真如志》卷五《人物志上》,第103頁。

和洪志合起來改編而成的。"德義"陸允立條,王志文字大體與洪志相近,與陸志差別較大。洪志談到陸允立子廷德的事迹,王志不採用。陸志後附嘉定馬翼《壽陸茂椿》詩,洪志無,而王志採用。可知王志是將陸、洪兩志結合起來採用,又加以合理的删削。"文學"中的姚宏榮條,王志或采陸志,或用洪志,後附俞煒《因繆聲遠過存得長句》詩采自陸志,而此詩洪志無。其他如侯瑞隆、林中鶴等條,都是兩書混合採用的。

有的人物,王志是既不採用陸志,亦不採用洪志,而是另有所本。"賢達"吳某條,洪志與陸志相同,談到吳際明"左遷日照尉",而王志作"山東日照丞";洪志和陸志談到"從子盤。陸立有《吳可成傳》",而王志没有這句話。説明王志的資料另有所本,與洪志和陸志不同。"文學"的李肇夏條、"流寓"的陸景醇條,其材料王志亦是另有所據的。

很多人物材料,王志具有獨特的價值,内容與洪志有很大的不同,如"賢達"中的張雲章、張鼎生,"孝友"中的張宏源、萬錫茂、符元吉、李士修,"德義"中的姚時粹、姚德照,"文學"中的張雲從、侯桂芳、李浚、張震生、楊大澄等,"藝術"中的金去非及族弟金址霱、陳邃,"流寓"中的董德其,等等。目前已經無法知曉這些人物資料的來源,筆者認爲有一部分可能是王德乾父親王守餘《邑乘訪稿》中的第一手資料。而事實上,洪復章《真如里志》和王守餘《邑乘訪稿》中的内容有相當一部分是相同的,因爲同是民國八年設局後編纂的成果。亦有一些人物,特别是洪復章書中談到來自"前次採訪稿"和"本次採訪稿"者,王志與其差距很大,究其原因,有可能兩人都各自對原始材料進行了重新編寫和加工,因而對同一個人物,在文字上能有較大出入。比如"流寓"中的蔣劍人,洪復章書中有1 000多字,而王德乾書中進行了較大的删削,僅二三百字。

與洪志和陸相比,王志增加了更多的人物,很多人是生活是民國八年以前的,這些人王德乾認爲是陸立和洪復章應該編而没有編進去的;至於民國八年以後的一些人物,那是王志獨有的,顯示出王志具有較高的價值。

## 五、結　論

三本相同書名的地方志,時間上前後不同,内容上各有特色,資料上各有價值。

陸志是第一本真如志,在搜集真如地方文獻上有開拓之功。由於是書編輯的時間較早,反映了清代中期史學家的編撰理念,結構和分類都是那個時期的產物。陸志文字比較簡單,數量不大,但保存了清代中期以前的很多文獻,無論是編纂還是史料,都是值得肯定的。

洪復章的《真如里志》編於民國八年以後,內容上不但包含了陸立志,並進行了很多增補,大量增加了乾隆以後的史實,因而資料價值極高。洪志在框架和結構上與陸志有很大不同,反映出民國初年史學家的一些新思想對史學編纂的影響。不過,洪志比較粗疏,是一部沒有最後詳細訂審的著作,在結構和資料的編排、內容的前後協調上還存在不少問題。

王德乾的《真如志》是有關真如地區方志的集大成作品,內容詳盡而又精確,資料十分豐富,結構較爲合理。王志對前人成果的吸收有一套規範的做法,史料的裁剪比較得當,同時又補充了大量新材料。該書反映出民國史家在新時期的很多想法和思路,是傳統方志發展到民國時期的產物。

總之,三本相同書名的《真如志》,都各有其史學價值和文獻價值,都有存世的必要,是今天研究上海地方史的重要材料。

原載《四庫文叢》第一卷,上海交通大學出版社 2013 年版。

本次收入時部分文字有修改。

(張劍光,上海師範大學人文與傳播學院教授)

# 理學源流著作述論

徐公喜

## 一、理學源流著述歷程與特點

理學流派衆多，異彩紛呈。理學起於北宋之際，而對理學學術作"分其宗旨，別其源流"的工作則是緊隨其後，理學淵源著述始於南宋而盛於明清。從宋到清，理學著述貫通，已經形成了不同的發展階段，明末清初成爲高峰。理學著述大致分爲四個階段：

第一階段，南宋時期，是理學淵源著述的起源時期。12 世紀中葉無名氏所編《諸儒鳴道集》稍早於《近思録》，①收入了"道學宗主"周敦頤、涑水學派的司馬光與劉安世、張載、二程、謝良佐、江公望、楊時、劉子翬、潘植、張九成等諸儒小傳與言論選集，屬於語録體類著作，《諸儒鳴道集》是現存最早的一部關於理學（道學）淵源的著作。爲反對《諸儒鳴道集》泛寬的道學範疇特別是其將張九成這樣的思想家也包括在道學内，朱熹編了《伊洛淵源録》，開始縮小道學的範圍，主要集中了周敦頤、二程、張載、邵雍及其弟子、胡（宏）氏、吕（祖謙）氏家族，專門敍述理學的源流，於乾道二年（1173）成書。朱熹《伊洛淵源録》"記周子以下及程子交游門人弟子言行，其身列程門而言行無所表現，甚若恕之反相擠害者，亦具録名氏以備考。……蓋宋人談道學宗派自此書始，而宋人分道學門户，亦自此書始"。② 朱熹把周敦頤、二程、張載、邵雍及其弟子等的行狀、墓誌銘、遺事等傳記資料，排成理學譜系並以二程爲中心，溯源探流。陳亮繼承北宋道學，輯周敦頤、張載和二程的哲學著作及言論爲《伊洛正源書》。李心傳

---

① 陳來：《略論〈諸儒鳴道集〉》，載《北京大學學報》1986 年 1 期。
② 《四庫全書總目提要》卷五七《史部十三》。

《道命録》採用編纂與注文論述相結合的體例,以程頤、朱熹爲主綫,記載宋代 140 年間道學三起三落的興廢歷程。南宋另有居士李之純(約 1187—1234)著《諸儒鳴道集説》。

第二階段,元至明中期,是理學淵源著述發展時期。這一時期著作數量較多,出現了學案體的標誌作品——周汝登的《聖學宗傳》,但是總體成就尚未達到高峰。主要有元代的《宋史·道學傳》、吳澄《道統圖》;明代初中期有殷奎《道學統緒圖》,謝鐸《伊洛淵源續録》,宋端儀撰、薛應旂重修《考亭淵源録》,林積《續朱子伊洛淵源録》,朱衡《道南源委録》,薛甲《心學淵源録》,陳階《道教淵源録》,鄭良佐《道學統宗内外二傳》,江尚和《紫陽道脈録》,金賁亨《道南録》《台學源流》,劉元卿《諸儒學案》《儒宗考輯略》,王之士《道學考源録》,楊範《道統言行集》,陳雲渠《浙學譜》,劉長卿《浙學心傳》,黎温《歷代道學統宗淵源問對》,王圻《道統考》,馮從吾《元儒考略》《關學編》,周汝登《聖學宗傳》,徐奮鵬《古今道脈》,魏顯國《儒林全傳》,楊應詔《閩學源流》,劉鱗長《浙學宗傳》,辛全《理學名臣録》,趙仲全《道學正宗》,劉宗周《聖學宗要》《明道統録》,程瞳的《新安學系録》等等。《四庫全書總目》卷五八《元儒考略》提要説:"明儒喜爭同異,於宋派尤詳,語録、學案,動輒災梨,不啻汗牛充棟。"

第三階段,明末清初,是理學淵源著述的鼎盛期。這一時期不僅著作數量多,而且總體成就高,出現了以黃宗羲《明儒學案》和黃宗羲、全祖望《宋元學案》爲代表的傳世之作。這一階段主要有孫奇逢《理學宗傳》,黃宗羲《明儒學案》,黃宗羲、全祖望《宋元學案》,熊賜履《學統》,萬斯同《儒林宗派》,張伯行《伊洛淵源續録》《道統録》,此外還有魏裔介《聖學知統録》《聖學知統翼録》,魏一鰲《北學篇》,湯斌《洛學篇》,范鎬鼎《理學備考》《廣理學備考》《國朝理學備考》,張夏《洛閩淵源録》,竇克勤《理學正宗》,錢肅潤《道南正學編》,朱睪《尊道集》,汪佑《明儒通考》,王維戊《關學續編本傳》,王心敬《關學編》,朱顯祖《希賢録》,耿介《中州道學編》,王植《道學淵源録》,張恒《明儒林録》等。

第四階段,清中後期至民國初期,是理學學術史著述的延續時期。清中後期主要有江藩《國朝漢學師承記》《國朝宋學淵源記》,唐鑑《國朝學案小識》《朱子學案》,劉廷詔《理學宗傳辨正》,羅澤南《姚江學辨》,黃嗣東《道學淵源録》,成孺《國朝學案備忘録》《國朝師儒論略》,何桂珍《續理學正宗》,王檢心《聖學淵源録》等;民國初期有徐世昌《清儒學案》、李元度《國朝先正事略》等。《宋元學案》《明儒學案》與《清儒學案》又合稱

《四朝學案》。

除了具有從宋到清著述貫通這一特點外,理學源流著述還形成了以下幾個特點:

一、體例體裁豐富,各具特色。從宋代《伊洛淵源録》到明代《諸儒學案》《元儒考略》《聖學宗傳》,到明末清初孫奇逢作《理學宗傳》等著作看,既有只反映學派源流,撰寫學者人物傳記而不反映各家各派的學術宗旨的著作,也有全面反映學派源流、各家各派學術宗旨的理學著述。從體裁上看,既有年譜、傳記如《濂溪志》等,也有學案體如《明儒學案》《宋元學案》等,又有類傳體《理學宗傳》等,還有雜考如《元祐黨籍碑考》等。

二、内容選材差異而豐富。從内容上看,既有概括性理學著述,尤其是正史中的《道學傳》《儒學傳》等反映各朝各代儒學研究和發展概況的總合類著述,又有著述中部分内容爲性理學源流的著述,如《諸儒學案》《聖學宗傳》《儒林宗派》《漢學師承記》《宋學淵源記》等。從起止期限看,既有通史性理學著述,有講述先秦至明代的《學統》《聖學知統録》和《聖學知統翼録》《希賢録》《尊道集》,有講述先秦至宋代的《道統録》,也有講述漢代至明代的《理學宗傳》《理學備考》《理學正宗》《道南正學編》等,又有斷代性的理學著述如《宋元學案》《元儒考略》《明儒學案》《清儒學案》《清學案小識》。從學派學術看,既有多學派混雜的理學著述《理學宗傳》《諸儒學案》《北學編》《國朝宋學淵源記》以及《清儒學案》等,又有地域性專一學派理學著述,如《伊洛淵源録》《閩中理學淵源考》《江西理學考》《關學編》《洛學編》《道南源委》《皖學編》《中州道學編》《台學統》等等,更是多不勝舉。

三、體現宋明理學學術發展多元化與一元化交融。既有著述程朱理學爲正宗的著作,如《學統》以正統儒學的觀點大體勾勒出了儒家主流:以孔子、顔子、曾子、子思、孟子、周子、二程子、朱子9人爲正統;以閔子以下至明羅欽順23人爲翼統;以冉伯牛以下至明高攀龍等178人爲附統;以荀卿以下至王守仁等7人爲雜統;也有以陸王心學發展演變爲主線著作,《理學宗傳》《明儒學案》就是其中的代表,二者皆旨在爲陽明學爭正統。孫夏峰把由周敦頤經朱熹到王陽明,視爲宋明理學的必然發展過程,斷言:"接周子之統者,非姚江其誰與歸?"①而黄梨洲亦以陽明學爲明代理學大宗,其《明儒學案》以王守仁心學發展演變爲主線,全面系統地反映

---

① 孫奇逢:《理學宗傳敘》,清光緒六年浙江書局刻本。

了明代學術發展的全貌;更有朱陸合流與分異成爲主線,如明儒周汝登的《聖學宗傳》,自程頤後分二支,一支以朱熹爲首,一支以陸九淵爲首,其下至王守仁,貫穿宋以後學術發展多元化與一元化交融著作。

四、續修成風。有《伊洛淵源録》與《伊洛淵源續録》《續朱子伊洛淵源録》《伊洛淵源續録》,有《關學編》與《關學續編》,有《洛學編》和《洛學編續編》,有《宋元學案》與《宋元學案補遺》,有《理學宗傳》與《理學宗傳辨正》等等。

## 二、理學源流著述學統與道統

儒家把他們自己看成是中國文化的傳承人。《尚書》及《論語》中有言:"天之歷數在爾躬,允執其中,四海困窮,天禄永終。"這段話據説是堯對舜、舜對禹的垂訓。孔子儼然以正統的文化繼承者自居。他在《論語·堯曰》中引堯之語説道:"堯曰:'咨! 爾舜! 天之歷數在爾躬,允執其中。四海困窮,天禄永終。'舜亦以命禹。"初步點化了堯—舜—禹聖賢的道統譜系,爲後世學人道統思想的發揚鋪墊了基石,當然孔子並沒有把這個譜系進一步系統化。孟子宣導王道仁政,首先提出了聖人傳道的路徑:"由堯、舜至於湯,五百有餘歲。若禹、皋陶,則見而知之。若湯,則聞而知之。由湯至於文王,五百有餘歲。若伊尹、萊朱,則見而知之。若文王,則聞而知之。由文王至於孔子,五百有餘歲。若大公望、散宜生,則見而知之。若孔予,則聞而知之。由孔子而來,至於今,百有餘歲。去聖人之世,若此其未遠也。近聖人之居,若此其甚也。然而無有乎爾,則亦無有乎爾!"[①]表明了孟子心中所向往的聖人傳授次第,孟子理出的古典儒家的譜系就是道統觀的雛形。

漢唐之際,董仲舒《賢良對策》認爲:"禹繼舜,舜繼堯,三聖相受而守一道。"[②]韓愈則以維護儒學正宗爲己任,爲了和佛教的佛祖傳法世系相抗衡,編制了儒教的道統觀,倡導堯、舜、孔、孟一脈相傳的道統論:"堯以是傳之舜,舜以是傳之禹,禹以是傳之湯,湯以是傳之文武周公,文武周公以是傳之孔子,孔子傳之孟軻。軻之死,不得其傳焉。"[③]將荀子排除於道

① 《孟子·盡心下》。
② 《漢書·董仲舒傳》。
③ 《韓昌黎集·原道》,《韓愈全集》,上海古籍出版社 1997 年版,第 122 頁。

統相傳之外,卻將自己列入聖賢之道傳授譜系中,認爲"其道由愈而粗傳"。由唐而宋,孫復、石介、范仲淹、歐陽修、王安石等重振儒學,再續道統。程頤在爲其兄程顥所作的墓表中稱:"周公没,聖人之道不行;孟軻死,聖人之學不傳。⋯⋯先生生千四百年之後,得不傳之學於遺經,志將以斯道覺斯民。⋯⋯聖人之道得先生而後明,爲功大矣。"①

理學集大成者的朱熹更多地整合和發展前人的思想,具有明顯的繼承性和創新性。朱熹肯定了韓愈關於"軻之死,不得其傳"的説法,同時又將韓愈排出了聖賢之外,朱熹在繼承中有發展,極力推崇周敦頤、二程,視周敦頤爲理學之開山,使周敦頤成爲道統譜序中的重要一環。並且也效法前儒,朱熹也將自己列入聖賢傳道之序中。朱熹的道統糅合先儒典籍《尚書·大禹謨》"人心惟危,道心惟微。惟精惟一,允執厥中"的人心道心思想,二程《中庸》的"孔門傳授心法",及"人心私欲,故危殆;道心天理,故精微"三者思想,首創"十六字傳心訣",確立了新儒家的道統思想體系。爲表明其道統的傳承,朱熹特作《伊洛淵源録》,這是一部採録人物的生平事迹,以明其師友授受關係的學術史著作。

與此同時的陸九淵對於孟子以前的道統譜系没有大的分歧,確立了孟子的正宗地位,肯定曾子、子思、孟子一脈爲儒學正宗,其他則爲別宗,陸九淵標榜孟子之學爲儒學之正統,實際上也是含蓄地表明自己正學的地位,他自己就是以繼承孟子之學而自居的。象山心學正是取源於孟子心的思想,注重"發明本心"。

自從《諸儒鳴道集》《伊洛淵源録》以後,後世以儒學道統爲主線撰述學術史書的著作紛紛而出,自覺地將延續道統作爲著述己任,而且將學統與道統統一起來,以學統體現道統,理學源流著作中亦無不承續這一思想,從李心傳的《道命録》到元代吳澄《道統圖》,從明代黎温《歷代道學統宗淵源問對》、楊廉《皇明理學名臣言行録》到清初劉元卿《諸儒學案》、李清馥《閩中理學淵源考》、周海門《聖學宗傳》、孫奇逢《理學宗傳》、熊賜履《學統》、張伯行《道統傳》以及黄宗羲《明儒學案》《宋元學案》無不如是如此。《道命録·序》説:"故今參取百四十年間道學興廢之故,萃爲一書,謂之《道命録》。蓋以爲天下安危、國家隆替之所系者,天實爲之,而非(章)惇、(秦)檜、(韓)侂(胄)之徒所能也。雖然,抑又有感者,元祐道

---

① 《伊川文集》卷七《明道先生墓表》,《二程集》,中華書局 1980 年版,第640頁。

學之興廢,系乎司馬文正之存亡;紹興道學之興廢,系乎趙忠簡之用舍;慶元之興廢,系乎趙忠定之去留。"他又説:"道學之興廢,乃天下國家安危之所關係。"①吳澄作《道統圖》,以朱子之後道統的接續者自居。對於"道統",他有自己道統承傳譜系:"道之大原出於天,神聖繼之。堯、舜而上,乾之元也;堯、舜而下,其享也;洙、泗、鄒、魯,其利也;濂、洛、關、閩,其貞也。分而言之,上古則羲皇其元,堯、舜其亨,禹、湯其利,文、武、周公其貞乎。中古之統,元其仲尼,亨其顏、曾,利其子思,貞其孟子乎!近古之統,元其周子,亨其程、張,利其朱子,孰爲今日之貞乎?"②

陶望齡《聖學宗傳》序:"天位尊於統,正學定於宗。統不一則大寶混於餘分,宗不明則聖真奸於曲學。"認爲"然聖非學而不傳,宗非聖而何系"?③呂留良指出:"道之不明也,幾五百年矣。正嘉以來,邪説橫流,生心害政,至於陸沉,此生民禍亂之源,非僅爭儒林之門户也。"④孫奇逢編著《理學宗傳》時也認爲辨聖學、分正統就是到影響世道盛衰的要事,指出:"學之有宗,猶國之有統,家之有系也。系之宗有大有小,國之統有正有閏,學之宗有天有心。今欲稽國之運數,當必分正統焉。"⑤張夏認爲:"世之學者往往陽儒陰釋,以進釋退儒,始而薄程朱,繼而卑孔孟。由是道術淩雜,世教日衰。"並認爲:"學者居今日而尚論前人,或聞其名未睹其實,或習其言未考其行,苟無記録,何以詳議本末始終,而知其爲足以砥衰還盛也乎。況邪匪流殃,設吾黨不早論定,得無有紊亂先型以迷惑後生者乎?"⑥從中反映了宋明道統所遇到的困境。因而恢復與振興道統,可以説成爲宋以來理學家們一直爲止努力的目標。清王新命《學統序》指出:"然人心之不正,由於道統之不明;道統之不明,由於學術之不端。"指明熊賜履著《學統》就是爲"繼正脈而扶大道,闡千聖之真諦,正萬古之人心,直與日星河嶽同垂不朽"。⑦ 熊賜履的《學統》推崇理學,提出"非《六

---

① 《宋元學案》卷三○《劉李諸儒學案》。

② 《元史》卷一七一《吳澄傳》。

③ (明)陶望齡:《序》,(明)周汝登:《聖學宗傳》,《孔子文化大全》,山東友誼書社 1989 年版。

④ (清)呂留良:《呂晚村先生文集》卷一《復高彙旃書》,清南陽講習堂刻本,第9頁。

⑤ (清)孫奇逢:《理學宗傳·自序》,清光緒六年浙江書局刊本。

⑥ (清)張夏:《洛閩源流録原序》,引自范鎬鼎《理學備考》,清康熙十七年刻本,五經堂藏版。

⑦ (清)熊賜履:《學統》卷首王新命《序》,清康熙刻本,中國科學院圖書館藏。

經》、《語》、《孟》之書不讀,非濂、洛、關、閩之學不講"。《學統》一書就是"斷自洙泗,暨於有明,爲之究其淵源,分其支派,審是非之介,別同異之端,位置論列,寧嚴勿濫"。① 而唐鑑也在《學案提要》中説道:"傳何由而得其道乎? 曰:孔孟程朱。道何由而得其人? 曰:述孔孟程朱。述孔孟程朱何由而速謂之傳乎? 曰:孔孟程朱之道晦,而由斯人以明,孔孟程朱之道廢,而由斯人以行。"②唐鑑明確地指出要通過辨別非道而明確聖道之所在。

同時,理學源流著述的大量出現,很多也是基於理學志士以強烈的社會危機感進行歷史反思,尤其在明清之際,以學術影射政治思想意識,從學術層面對社會治亂進行深層次的思考和總結,普遍認爲要拯救天下、拯救人心,必須明辨學術。顧炎武認爲學者的使命在於"明學術,正人心,亂世以興太平"。③ 李顒在《匡時要務》中指出:"夫天下之大根本,莫過於人心;天下之大肯綮,莫過於提醒天下之人心。然欲醒人心,惟在明學術。此在今日,爲匡時第一要務。"④魏裔介、熊賜履的論述更是傳達了統治者對學術界現狀的不滿和試圖實行學術控制的信息。魏裔介在《聖學知統録序》流露出強烈的學術危機感:"自孟軻氏既殁,聖學晦蝕,火於秦,雜霸於漢,佛老於六朝,詩賦於唐,至宋乃有濂溪、程朱繼起,伊洛淵源粲然可睹。其後,爲虛無幻妄之説,家天竺而人柱下,知統遂不可問矣。"鑒於此,他"不揣固陋,亦欲存天理,遏人欲,息邪説,放淫辭,稍有助於國家化民成俗之意也",⑤遂著《聖學知統録》。熊賜履《學統序》強調:"魯鄒而降,歷乎洛閩,以逮近今二千餘年其間,道術正邪與學脈絶續之故,衆議紛挐,迄無定論,以至標揭門户,滅裂宗傳,波靡沈淪,莫知所底。"⑥萬斯同即以此宗旨編寫《儒林宗派》,時世人認爲:"明以來,談道統者揚己淩人,互相排軋,卒釀門户之禍,流毒無窮。斯同目擊其弊,因著此書。"⑦以孫奇逢爲首的北學、洛學群體同樣注重反思學術。孫奇逢的高弟湯斌對"近

---

① (清)熊賜履:《學統》卷首《自序》。
② (清)唐鑑:《國朝學案小識·學案提要》,《四部備要》本。
③ (明)顧炎武:《顧亭林詩文集·亭林文集》卷之二《初刻日知録自序》,第27頁。
④ (明)李顒:《二曲集》,中華書局1996年版,第4頁。
⑤ (明)魏裔介:《魏貞庵先生集·聖學知統録序》,清龍江書院刻本。
⑥ (清)熊賜履:《學統》卷首《自序》。
⑦ (清)佚名:《儒林宗派按語》,清抄本,藏國家圖書館。

世異説"擾亂"正學"的情況甚爲憂慮:"近世學者或專記誦而遺德性,或重超悟而略躬行,又有爲儒佛舍一之説者。不知佛氏之言心言性,似與吾儒相近,而外人倫、遺事物,其心起於自私自利,而其道不可以治天下國家。"①道出了孫奇逢撰寫《理學宗傳》的真實用意。可以説,這也正是明末清初理學著述盛行的重要緣由。

## 三、理學源流著述地位

就理學史源流著述而言,朱熹編著的《伊洛淵源録》、萬斯同編寫的《儒林宗派》、周海門《聖學宗傳》、孫奇逢《理學宗傳》及黄宗羲《明儒學案》《宋元學案》等成就最爲突出。

雖然《諸儒鳴道集》是現存最早的一部關於理學(道學)淵源的著作,但是依然屬於語録體類著作,通過語録編輯反映道學的淵源,不爲後人所重視。而《伊洛淵源録》開創了以燈録體與紀傳體相結合的體裁敘寫理學史淵源的先例,明清以來不少學術史著作者沿襲這一體裁,這是它對中國古代歷史編纂學的一大貢獻。《伊洛淵源録》的每一卷,結構大體可分成三個部分:一是傳主的生平資料,如行狀、家傳略、墓誌銘等,這些材料一般放在篇首;二是學術著作內容的摘録,如文集、語録等;三是傳主的交游、逸聞、逸事或師友間的評論。第三部分從內容上又可分爲二部分:一方面記述傳主之生平行事及學術好尚,論其得失的"行";另一方面爲傳主及他人稱述,各家名下之"遺事"、"門人朋友敘述"等的"言"。《伊洛淵源録》在編纂方面的重要特點體現在"淵源"二字上,也就是展示學派的學術淵源與流變。當然《伊洛淵源録》也只是彙集史料而已,並没有獨立列有傳主分析評述部分,可以説朱熹對於所有立傳的人物依然採用"述而不作",或者"寓論於述"的傳統治史方法,採用記述言論、事迹以彰明學術要旨是這部著作的重要特點。因此謝國楨認爲該書"立論以傳道,非以傳學,而其編纂之法,亦甚簡略"。② 梁啓超也指出:"朱晦翁《伊洛淵源録》一類書,……然大率藉以表揚自己一家之宗旨,乃以史昌學,非爲學作史,明以前形勢大略如此。"③

---

① (清)孫奇逢:《理學宗傳》湯斌《序》,光緒六年浙江書局刊本。
② 謝國楨:《黄梨洲學譜》,商務印書館1956年版。
③ 梁啓超:《中國近三百年學術史》,中華書局1989年版,第296頁。

由於《明儒學案》的影響所及,如今的明代儒學研究多以黃宗羲《明儒學案》中的選録作爲治明代學派思想史的經典和文獻依據,論者又每每取黃宗羲案語,而不及周海門、孫夏峰等著述學案,忽略了《聖學宗傳》《理學宗傳》等的研究價值與歷史地位。從目前史籍的留存看,雖然周汝登的《聖學宗傳》不能算作是成熟之作,但確是最早具備學案體史書體裁標準的史著,不屬於紀傳體史書的範疇,將周汝登的《聖學宗傳》作爲古代學案體史書形成的標誌是妥當的。黃宗羲在《明儒學案發凡》開首便説:"從來理學之書,前有周海門《聖學宗傳》,近有孫鍾元《理學宗傳》,諸儒之説頗備。然陶石簣《與焦弱侯書》云:'海門意謂深居山澤,見聞狹陋,嘗願博求文獻,廣所未備,然非敢便稱定本也。'且各家自有宗旨,而海門主張禪學,攪金銀銅鐵爲一器,是海門一人之宗旨,非各家之宗旨也。鍾元雜收,不復甄別,其批注所及,未必得其要領,而其聞見亦猶之海門也。學者觀羲是書,而後知兩家之疏略。"①又:"周海門作《聖學宗傳》,多將先儒宗旨湊合己意。埋没一庵,又不必論也。"②説明周海門《聖學宗傳》中亦有自己的議論。研讀後,可以看出,黃宗羲只是批評周海門以禪學著述《聖學宗傳》,對各家宗旨雖有評述,卻是"攪金銀銅鐵爲一器","多將先儒宗旨湊合己意"而不能准確反映各家之宗旨,以至於"疏略",並没有否定周海門《聖學宗傳》本身具備"對各家宗旨評述"的内容。

《聖學宗傳》一書列有自伏羲到羅汝芳八十人傳記,中有語録,每傳後有按語,《聖學宗傳》的每一卷結構,大體可分成三個部分:一是思想家的生平資料,如行狀、家傳略、墓誌銘等,這些材料一般放在篇首;二是學術著作内容的摘録,如文集、語録等;三是議論性按語及其他材料,包括思想家的交游、逸聞、逸事或師友間的評論。而《明儒學案》編撰是在《聖學宗傳》《理學宗傳》等的基礎上完成的,在處理按語、評述的時候,《明儒學案》對《聖學宗傳》稍加改變,在各個學案之前多有小序,評述每個學案的特點,闡明立案的宗旨。《聖學宗傳》一書體裁結構上具備史學上的學案體史書體裁標準。

同時,相比較而言,周海門的《聖學宗傳》成書在時間上早於其他具備學案體體裁標準的書籍,該書完成於萬曆三十三年乙巳(1605),陶望齡《歇庵集》卷三《聖學宗傳序》云:"今以功利之俗學,架訓詁之膚詞,而欲

① (明)黃宗羲:《黃宗羲全集》,浙江古籍出版社 1992 年版,第 7 册,第 5 頁。
② 同上書,第 856 頁。

闡緯聖真,彌綸大道,不亦遠乎? 是以四蔽未袪,一尊奚定? 此海門周子《聖學宗傳》所由作也。……是編成於萬曆乙巳冬十月年,殺青壽梓,王子世韜弟實有其費,功亦偉云。"①

周海門的《聖學宗傳》、孫奇逢的《理學宗傳》是我國較早的有特色的系統的學術思想史專著,爲學術史研究提供了豐富資料。應當認識到《明儒學案》的著作是深受《聖學宗傳》《理學宗傳》影響的,《明儒學案》之體例是間取《聖學宗傳》《理學宗傳》之形式,是存在一個先後相承的關係的。

《明儒學案》的學術價值是不容否定的,其在收集資料、闡述各家學術觀點、分類系統性、編纂的方法等較之前學案體著作更具全面性和獨到性,因而成爲古代第一部最完整的學案體史書體裁學術史著作。然而我們也應該看到它的不足,錢穆先生就對此提出了中肯意見:"余少年讀黃梨洲《明儒學案》,愛其網羅詳備,條理明晰,認爲有明一代之學術史,無過此矣。中年以後,頗亦涉獵各家原集,乃時憾黃氏取捨之未當,並於每一家之學術淵源,及其獨特精神所在,指點未臻確切。乃復時參以門户之見、意氣之爭。""故其(梨洲)晚年所爲學案,亦僅可爲治明代儒學者之一必要參考書而止。"②指明《明儒學案》不足以作爲研究明代儒學最終的文獻依據。

（徐公喜,上饒師範學院朱子學研究所教授）

———————

① （明）周汝登:《聖學宗傳》陶望齡《序》。

② 錢穆:《讀劉蕺山集》,《錢賓四先生全集》第 21 册,（臺北）聯經出版公司1998 年版,第 351、365 頁。

# 《樂記》：宋代詞學批評的綱領

## 彭國忠

宋代是經學時代,研讀儒家經典是讀書人的自覺。宋代又是科舉時代,研讀儒家經典成爲士子日常功課。《樂記》是中國古代最早的一部官頒音樂典章,①作爲《禮記》的一部分而成爲儒家經典。宋代將《禮記》納入科舉考試的九經或五經中,著爲功令,誘使(甚至帶有一定强迫性質)讀書人誦習其文字,理會其内容旨趣,從而使士人從少小時便接受了經文經義的熏陶,完成了合乎儒家傳統的理想人格的塑造。在其以後的人生中,無論發言立行,還是創作吟誦,都大體按照儒家經典的規定行事,至少不違背其精神。

《禮記》像其他經典一樣,主要是諸科考試的一項内容,有時出現於帖經中,有時出現於墨義中,前者即今之填空,後者乃回答經義。《宋會要輯稿·選舉三·貢舉條例》稱:慶曆四年(1044)三月十三日,翰林學士宋祁等言:"諸科舉人,九經五經,並罷填帖,六場皆問墨義。其餘三禮、三傳已下諸科,並依舊法。九經舊是六場十八卷,帖經墨義相半,今作六場十四卷,並對墨義。"第一場、第四場、第六場皆有《禮記》。嘉祐二年(1057)十二月五日,詔曰:"其明經科,並試三經,謂大經、中經、小經各一也。以《禮記》《春秋左氏傳》爲大經,……其習《禮記》爲大經者,許以《周禮》《儀禮》爲中小經。"元豐元年(1078)七月二十五日,因御史黃廉言"前歲科取逐經發解人數不均",詔:"自今在京發解並南省考試,《詩》《易》各取三分,《書》取二分,《周禮》《禮記》通取二分。"②

---

① 《樂記》成書之時間、過程,《樂記》之作者,一直皆有爭論,本文概不涉及,僅把保留在《禮記》中的這一文獻作爲一個自在完足的文本看待。

② (清)徐松:《宋會要輯稿·選舉三·貢舉條例》,中華書局 1957 年版,第4275、4278、4284 頁。

當然，專治禮經的人數比其他經典少，朝廷便採取一些措施，如録取名額放寬，以刺激更多的人從事《禮記》等禮類經典的學習與研究。《宋會要輯稿・選舉三・科舉條制》：（元豐）二年“八月二十六日，判國子監張璪言：‘治《禮》舉人，比《易》《詩》《書》人數絶少。乞自今在京發解禮部進士，《周禮》《禮記》比他經分數倍取。’從之。”①

但是，並非只有諸科考經典，一般人所説的進士考試一樣要考《禮記》等。《宋會要輯稿・選舉三・科舉條制》：哲宗元祐元年（1086）八月二十一日，禮部言：“元豐貢舉，令諸進士於《易》《詩》《書》《周禮》《禮記》各專一經。今太學已置《春秋》博士，乞於上條内‘禮記’字下，添入‘春秋’二字。從之。”元祐四年四月十八日，禮部言：“經義兼詩賦進士聽習一經，第一場試本經義二道，《論語》或《孟子》義一道，第二場賦及律詩一首，第三場論一首，第四場子史時務策二道。經義進士並習兩經，以《詩》《禮記》《周禮》《左氏春秋》爲大經，《書》《周易》《公羊》《穀梁》《儀禮》爲中經。願習二大經者聽，即不得偏占兩中經。”並從之。五月二十八日詔：“經義進士並習兩經……《禮記》兼《書》或《毛詩》。”六月八日，詳定重修令所言：“所有兼詩賦進士，自合依元條，於《易》《詩》《書》《周禮》《禮記》《春秋左氏傳》内各習一經。”從之。② 國子監、太學試，有時也從《禮記》中出題。吳子良《荆溪林下偶談》卷三：“金華唐仲友字與正，博學工文，熟於度數。居與陳同甫爲鄰。同甫雖工文，而以强辯俠氣自負，度數非其所長。唐意輕之，而忌其名盛。一日，爲太學公試官，故出《禮記》度數題以困之。同甫技窮見黜。既揭榜，唐取同甫卷示諸考官，咸笑其空疏。”③

所以，宋代讀書人多數從小就要誦讀、研習《禮記》等經典，甚至各地一些穎慧的童子因爲能夠念誦、理解《禮記》等經典大義，而被賜爲五經出身。《宋會要輯稿・選舉九・童子出身》中記載的有：神宗元豐七年四月初五日，禮部試饒州童子朱天錫，年十一，念《禮記》等七經，各五道，皆全通，無一字少誤者；四月八日，賜五經出身。其他如朱天申，年十二，念《禮記》等十經；黃居仁年十二，誦《禮記》等九經等等，不一而足。童子試亦有專門研習誦讀經典者。《宋會要輯稿・選舉一八・童子試》引《續宋會

---

① （清）徐松：《宋會要輯稿・選舉三・貢舉條例》，第 4285 頁。
② 同上書，第 4286（2）、4287（2）頁。
③ （宋）吳子良：《荆溪林下偶談》卷三，《叢書集成新編》第 12 册，臺灣新文豐出版公司 1985 年版，第 529 頁。

要》：趙斌五歲，誦《禮記》等八經篇名等；林公滋六歲，誦《禮記》等篇名，等等。

考試所需，功令所誘，加之宋人讀書成風，故其對《禮記·樂記》這樣經典的熟悉、瞭解、理會，亦是自然而然之事。當其發表音樂見解和詞學論述，品評詞人詞作，也就是進行所謂詞學批評時，自會自覺地遵循《樂記》的思想，運用《樂記》的話語。本來，"在中國，一説到學問，第一指屈的就是經學。……歷代帝王或者宰相，其經營天下的第一的理想標準，必得是從經學上來的。評價人物的甲乙的標準，也是以合於經學上的理想爲歸。作爲中國人日常風俗習慣的規範的，大部分在經學上有其根據。即是在中國，不問其爲國家與個人、其生存的目的理想，如果不是在經學上有其根據的，即不能承認其價值。這樣看來，經學實是在中國的最大權威者，從其内容來説，可説是中國民族的哲學、宗教或政治、文學的基礎的東西"。① 經學之於中國古代人，確乎在各個方面都具有準繩、根據的作用。"作爲中國封建社會法定的文化經典、作爲封建意識形態的集中表現，它們支配着諸如哲學、政治學、詩學、語言學和美學等封建上層建築的各個部分，這門學説中的某些概念和語詞甚至已經成爲社會文化的有機組成部分。因此，可以毫不誇張地説，不瞭解經學就無法全面瞭解中國的傳統文化"。② 套用此段論述以言：《樂記》中的許多概念、語詞，其對"封建意識形態"的表述和表現，實已成爲宋代詞學批評的"有機組成部分"；宋代詞學批評，每以《樂記》爲法：《樂記》實爲宋代詞學批評的綱領。

## 一、音由物起，感物而興：詞樂批評

宋代的詞樂批評，一是遵從《樂記》音由心起、感物而生的精神，一是由此探索詞之起源。

《樂記·樂本篇》開宗明義闡述音樂起源時指出："凡音之起，由人心生也。人心之動，物使之然也。感於物而動，故形於聲。聲相應，故生變；

---

① ［日］本田成之著，孫俍工譯：《中國經學史》，上海書店出版社 2001 年版，第 2 頁。

② 陳居淵語，見［日］本田成之著、孫俍工譯《中國經學史》之《出版説明》第 1 頁。

變成方，謂之音。比音而樂之，及干戚羽旄，謂之樂。"在音樂源起的探討中，《樂記》的貢獻之一在於區分出聲、音、樂三者，指出聲是自然之聲，音是人心感物所生之聲，樂是含有倫理色彩的人工樂音。音起於聲，樂起於音："樂者，音之所由生也；其本在人心之感於物也。是故其哀心感者，其聲噍以殺；其樂心感者，其聲嘽以緩；其喜心感者，其聲發以散；其怒心感者，其聲粗以厲；其敬心感者，其聲直以廉；其愛心感者，其聲和以柔。六者，非性也，感於物而後動。"又曰："凡音者，生人心者也。情動於中，故形於聲。聲成文，謂之音。"音樂起源中的這個物感説，其具體感發源，則被簡單概括爲奸聲、正聲二類："凡奸聲感人，而逆氣應之；逆氣成象，而淫樂興焉。正聲感人，而順氣應之；順氣成象，而和樂興焉。倡和有應，回邪曲直，各歸其分。而萬物之理各以類相動也。"奸、正二端，無論用於概括複雜多樣的人心，還是區分豐富多彩的聲音，都不免類型化，但無疑又具有代表性，因而使闡述變得簡明扼要。宋人在根本上接受了物感説，及其帶有一定比附色彩的論説方式；當然，再由此進行引申。

仁宗景祐三年（1036），韓琦《同詳定阮逸胡瑗鄧保信等所造鐘律奏》云："臣伏聞：樂音之起，生於人心，是以喜怒哀樂之情感於物，則噍殺嘽緩之聲隨而應，非器之然也。故孔子曰'樂云樂云，鐘鼓云乎哉'者，其旨斯在。孟子之對齊宣王，亦有'今樂猶古樂'之説，言能與百姓同樂，則古今一也。唐太宗聽祖孝孫新樂，乃謂'禮樂之作，蓋聖人緣物設教，治之隆替，莫不由此'。魏玄成對以'樂在人和，不由音調'，此皆聖賢述樂之大方也。"①韓琦向仁宗皇帝上疏論雅樂的這段話，自物感之精神實質到文字，皆來自《樂記》，目的在於論證音樂非樂器使之然，乃是人心感於物使之然；而欲製作雅樂，必須創造治世的整體環境，使百姓自治世中感受到歡樂、和諧，從而感動内心的喜、悦、平、和之氣，先古雅樂便可興生。後來，南宋淳祐進士吕中《宋大事記講義》卷一四"元豐六年正月朔，御大慶殿，用劉幾新樂"條，對韓琦此論進行總結，贊云："善乎韓琦之言曰：樂音之起，生於人心。不若窮作樂之原，爲致治之本，使政令平簡，海内擊壤鼓腹以歌太平，斯乃治古之樂也。"②而南宋彭百川《太平治迹統類》卷六，亦

---

① （宋）韓琦：《同詳定阮逸胡瑗鄧保信等所造鐘律奏》，《全宋文》第39册，上海辭書出版社、安徽教育出版社2006年版，第167頁。《宋名臣奏議》卷九六題作《上仁宗論詳定雅樂》。

② （宋）吕中：《宋大事記講義》卷一四，文淵閣《四庫全書》本。

引述此段樂論,謂:"右司諫韓琦言:樂音之起,生於人心。臣初計之,不若窮作樂之源,爲致治之本,使政令平簡,純熙浹洽,海内擊壤鼓腹以歌太平,斯乃隆古之樂,可但以氣象求乎?"①韓琦取資《樂記》的樂音起於人心之感物説,在後來的宋人中獲得廣泛討論。

黄裳《雜説五》則對韓琦與《樂記》説進行綜合,並使之更加完善。他指出:"樂之實,本於性,根於心,故凡音之起,由人心生,非作於外物也;外物爲之感發而已。人之心,其猶柷歟?有物觸其中則鳴,非柷求鳴於物也。聲者,心以應物者也。"②他認爲樂起於人心而非起於外物;外物只是感發了人心;人之心,如樂器柷,有物觸發其中即鳴,不是樂器求鳴於物。關於《樂記》噍殺、嘽緩之説,黄裳也有所發揮云:"樂生於夷曠,故其聲嘽以緩;喜生於愜適,故其聲發以散。哀則抑,故噍以殺。怒則揚,故粗以厲。敬則義心感也,故其聲直以廉。愛則仁心感也,故其聲和以柔。六者之感,情動於中而形於心者也,性所有也。然而非性。言性,則静矣。無六者之動,言性則合矣。無六者之別,物能動人之情,先王能制天下之物,故物之所以感人者,先王能爲之慎焉。聲之所出,則有樂以和之;志之所適,則有禮以道之。其行喪同,則有政以一之;其奸害同,則有刑以防之。禮樂以治其内,刑政以治其外,其名四,所以同民心而出治道,其實一也。"③樂、喜、哀、怒、敬、愛六情論,完全來自《樂記》;黄裳則於六者之感外,申論六者之動、之別,以完善物感説。

南宋大儒朱熹論樂,也持物感説:"古者禮樂之書具在,人皆識其器數,卻怕他不曉其義,故教之曰:'凡音之起,由人心生也。'又曰:'失其義,陳其數者,祝、史之徒也。'今則禮樂之書皆亡,學者卻但言其義,至以器數,卻不復曉,蓋失其本矣。"④這裏,朱子雖然對時人不曉音樂器數不滿,表現出與韓琦認識的不完全相同,但關於音樂起於人心的看法則一。另一次,朱熹批評當時"大抵古人法度今皆無復存者,只是這些道理,人尚胡亂説得去"時,舉例説:"且如樂,今皆不可復考,今人只會説得'凡音之起由人心生也,人心之動,物使之然也',到得制度,便都説不去。"⑤這段

---

① (宋)彭百川:《太平治迹統類》卷六,《叢書集成續編》第 275 册,臺灣新文豐出版公司 1989 年版,第 313 頁。
② (宋)黄裳:《雜説五》,《全宋文》第 103 册,第 216 頁。
③ 同上書,第 217 頁。
④ (宋)黎靖德:《朱子語類》卷八七,中華書局 1986 年版,第 2252 頁。
⑤ (宋)黎靖德:《朱子語類》卷六六,第 1635 頁。

話也涉及音樂與音樂制度之關係，換了一個角度，强調音樂制度之重要，而側面反映出音起於人心之感物，乃宋人之常識、共識。

宋人對詞之起源的探索，經由不同的路徑，有從長短句句式入手的，有從詞樂切入的。而通過詞樂研究詞的源頭，宋人的觀點也呈現出開放性。沈括《夢溪筆談》卷五闡述音樂的一段話經常被論者引用："外國之聲，前世自别爲四夷樂。自唐天寶十三載，始詔法曲與胡部合奏，自此樂奏全失古法，以先王之樂爲雅樂，前世新聲爲清樂，合胡部者爲宴樂。"①這裏從民族音樂的純粹性及音樂交流的角度，將先秦至隋唐時期的音樂分爲雅樂、清樂、宴樂三種，其中宴（燕）樂被普遍認爲是詞的母體。前代區别四夷樂，唐玄宗合奏法曲與胡部，其實都是彼時人心感於外物之結果，即沈括下文所云："其志安和則以安和之聲咏之，其志怨思則以怨思之聲咏之。"他舉例説："唐人填曲多咏其曲名，所以哀樂與聲尚相諧會。今人則不復知其聲矣，哀聲而歌樂詞，樂聲而歌怨詞，故語雖切而不能感動人情，由聲與意不相諧故也。"②在唐宋詞的比較中，他堅持哀樂情感是音樂（含詞）的本源，"哀樂與聲相諧會"，這便清楚地説明了詞（樂）之起源。一般認爲，唐宋詞所配之樂乃燕樂，其配合方式爲先樂後詞，而王灼《碧雞漫志》卷一云："或問歌曲所起，曰：天地始分而人生焉，人莫不有心，此歌曲所以起也……《樂記》曰：'詩言其志，歌咏其聲，舞動其容：三者本於心，然後樂器從之。'故有心則有詩，有詩則有歌，有歌則有聲律，有聲律則有樂歌。永言，即詩也，非於詩外求歌也。今先定音節，乃制詞從之，倒置甚矣。"③他繼承《樂記》樂由心生等思想，而批評先樂後詞的填詞方式，認爲應該是人心感物而有詩（歌詞），有詩（歌詞）之後而有聲律，有聲律而有樂歌。這反映出他對燕樂性質認識的一定混亂。當然，這種認識是由他對樂與人關係的要求決定的（見下文）。

陸游《長短句序》則認爲："雅正之樂微，乃有鄭衛之音。鄭衛雖變，然琴瑟笙磬猶在也。及變而爲燕之築、秦之缶、胡部之琵琶箜篌，則又鄭衛之變矣。風雅頌之後，爲騷、爲賦、爲曲、爲引、爲行、爲謡、爲歌，千餘年後乃有倚聲。制辭起於唐之季世，則其變愈薄，可勝歎哉！"④放翁的論述

① （宋）沈括：《夢溪筆談》卷五，遼寧教育出版社 1997 年版，第 26 頁。
② 同上書，第 26、27 頁。
③ （宋）王灼：《碧雞漫志》卷一，《詞話叢編》本，中華書局 1986 年版，第 73 頁。
④ （宋）陸游：《渭南文集》卷一四《長短句序》，《四部叢刊》景明活字本。

以時間爲主線,樂器及樂曲體制爲輔助,大抵認爲雅正之樂衰微後,出現鄭衛之音;鄭衛之音變而爲戰國時代的燕、秦、胡樂。其樂器則由雅正音樂之鐘鼓降而爲鄭衛之琴瑟笙磬,再降而爲燕秦胡之築、缶、琵琶箜篌;樂曲樂歌體式,亦由詩降爲騷、賦、曲、引、行、謠、歌,再降爲唐末之倚聲小詞。儘管他不無感慨地認爲詞體晚起而凉薄,但顯然他是把長短句詞體納入中國音樂的發展史中予以討論。張侃《跋揀詞》總結諸家之説而謂:"陸務觀自製《近體樂府敍》云:'倚聲起於唐之季世。'後見周文忠《題譚該樂府》云:'世謂樂府起於漢、魏,蓋由惠帝有樂府令,武帝立樂府採詩夜誦也。'唐元積則以仲尼《文王操》、伯牙《水仙操》、齊牧犢《雉朝飛》、衛女《思歸引》爲樂府之始。以予考之,'乃賡載歌''熏兮''解愠',在虞舜時此體固已萌芽,豈止三代遺韻而已,二公之言盡矣。然樂府之壞始於《玉台》雜體,而《後庭花》等曲流入淫侈,極而變爲倚聲,則李太白、温飛卿、白樂天所作《清平樂》《菩薩蠻》《長相思》。我朝之士晁補之取《漁家傲》《御街行》《豆葉黃》作五七字句,東萊呂伯恭編入《文鑒》,爲後人矜式。又見學舍老儒云:《詩》三百五篇可諧律吕。李唐送舉人歌《鹿鳴》,則近體可除也。"①這些,帶有純粹以樂府爲詞體源頭之意,我們若孤立地從詞體起源於燕樂角度,加以否定、指責,將顯得粗暴,根本忽略了宋人認真探討這個問題的文化立場和政治理念。蓋其中深含着他們對恢復先王雅樂的期待,對治世之音及治世的向往。

需要説明的是:《樂記》固然只論樂,我們此處的探討也以樂爲主,較少涉及配合燕樂歌唱的詞,但這不是混淆"詞"或"詩"與"音"或"樂"等概念,而是出於這樣的思考:詩樂配合,文詞與聲調一致。早在唐孔穎達爲《關雎·序》"情發於聲,聲成文,謂之音"作《正義》已謂:"詩是樂之心,樂爲詩之聲,故詩樂同其功也。"錢鍾書先生據此反駁戴震"凡所謂'聲'、所謂'音',非言其詩也"之説,稱之爲"厥詞辨矣,然於詩樂配合之理即所謂'准詩'者,概乎未識"。又駁汪士鐸"詩自爲詩,詞也;聲自爲聲,歌之調也,非詩也。……《樂記》之……鄭、衛、宋、齊之音,……非其詞之過也"云:"實與戴氏同歸,説較邃密耳。然亦有見於分、無見於合也。"②這也正是本文的認識和論述的出發點。

---

① (宋)張侃:《跋揀詞》,《全宋文》第 304 册,第 160 頁。
② 錢鍾書:《管錐編》第 1 册,中華書局 1986 年版,第 60、61 頁。

## 二、聲與政通：詞與社會、時代關係的表述

《樂記》云："凡音者,生人心者也。情動於中,故形於聲。聲成文,謂之音。是故,治世之音安以樂,其政和。亂世之音怨以怒,其政乖。亡國之音哀以思,其民困。聲音之道,與政通矣。"聲與政通,考察的對象顯然包含治世之音、亂世之音、亡國之音三種類型。儘管有着治世、亂世可謂"世",亡國不稱世因其國將亡無復繼世;以及治世、亂世皆云政,亡國因國將亡無復有政而稱"其民困"之別,①但人們往往並不如此細微區分而是整體考察。

聲與政通觀念,在宋人進行詞學批評時,首先表現爲直接闡述詞關治體這個思想。《宋會要輯稿·樂五·郊祀樂》：嘉祐七年八月,翰林學士王珪言："昔之作樂,以五聲播於八音,調和諧合,而與治道通。先王用於天地、宗廟、社稷,事於山川、鬼神,使鳥獸盡感,況於人心乎?"②沈括《夢溪筆談》卷五："古詩皆咏之,然後以聲依咏以成曲,謂之協律。其志安和,則以安和之聲咏之;其志怨思,則以怨思之聲咏之。故治世之音安以樂,則詩與志、聲與曲莫不安且樂;亂世之音怨以怒,則詩與志、聲與曲莫不怨以怒,此所以審音而知政也。"③這幾乎就是《樂記》的翻版。南宋陳巖肖《庚溪詩話》云："光堯壽聖太上皇帝,當内修外攘之際,尤以文德服遠,至於宸章睿藻、日星照垂者非一,……至於一時閒適遇景而作,則有《漁父辭》十五章,又清新簡遠,備騷雅之體,……其中又一章曰:'春入朝陽花氣多,春歸時節又清和。衝曉霧,弄滄波,載與俱歸又若何?'此又有進用賢材之意,關治體也。"④稱美宋高宗皇帝在《漁父詞》中表達進用賢才之意,這種解讀式的批評中顯然包含着樂與政通思想。

宋人運用《樂記》"聲與政通"思想於詞學批評,最爲成功的案例,是指認一些詞作反映了本朝政治之清明、風俗之淳厚。張邦基《墨莊漫録》載："元祐以後,宗室以詞章知名者,如士暕……皆有篇什聞於時。然近屬環衛中能翰墨尤多,如嗣濮王仲御,喜作長短句,嘗見十許篇於王之孫,皆

① 參(唐)孔穎達疏《十三經注疏》下册,中華書局 1980 年版,第 1527、1528 頁。
② (清)徐松:《宋會要輯稿·樂五·郊祀樂》,第 336 頁。
③ (宋)沈括:《夢溪筆談》卷五,第 26 頁。
④ (宋)陳巖肖:《庚溪詩話》卷上,丁福保輯:《歷代詩話續編》,中華書局 1983 年版,第 164 頁。

可儷作者,不能盡載,如上元扈蹕作《瑶臺第一層》云……每使人歌此曲,則太平熙熙之象,恍然在夢寐間也。"①認爲宗室詞人趙仲御的《瑶臺第一層》,反映了北宋的太平氣象。宋祝穆《方輿勝覽》載:"范蜀公嘗曰: 仁宗四十二年太平,鎮在翰苑十餘載,不能出一語歌咏,乃於耆卿詞見之!"②范鎮從柳詞中讀到仁宗四十二年的太平氣象,儘管仁宗不領柳永的情。而黄裳《書樂章集後》説得更充分:"予觀柳氏樂章,喜其能道嘉祐中太平氣象,如觀杜甫詩,典雅文華,無所不有。是時予方爲兒,猶想見其風俗,歡聲和氣洋溢道路之間,動植咸若。令人歌柳詞,聞其聲,聽其詞,如丁斯時,使人慨然有感。嗚呼! 太平氣象,柳能一寫於樂章,所謂詞人盛世之黼藻,豈可廢耶!"③認爲詞人作爲盛世華美的代言人,是不可或缺的。晁端禮《鷓鴣天》詞序云:"晏叔原近作《鷓鴣天》曲,歌咏太平,輒擬之爲十篇。野人久去輦轂,不得目睹盛事,姑頌所聞萬一而已。"④他指出,小晏之詞歌咏了徽宗時期的盛世太平,令他生出擬效之心;詞中並言晏幾道"樂章近與中聲合,一片仙《韶》特地新"("霜壓天街不動塵"闋)。朱敦儒跋曹勛《謁金門》(春待去)、《酒泉子》(霜護雲低)二闋云:"讀二詞,灑然變俚耳之滔堙,還古風之麗則,宛轉有餘味也。蓋治世安樂之音歟? 恨無韓娥曼聲長歌,以釋予幽憂窮厄之疾。但誦數過,增老夫暮年之歎。"⑤在今昔對比中,更添對治世安樂的向往。

與對治世之音的美贊不同,對亂世之音,宋人多在批評時持批判、同情的態度。這以對李後主詞的批評爲突出。陳鵠《耆舊續聞》卷三:"蔡絛作《西清詩話》,載江南李後主《臨江仙》,云圍城中書,其尾不全。以余考之,殆不然。余家藏李後主《七佛戒經》,又雜書二本,皆作梵葉,中有《臨江仙》,塗注數字,未嘗不全。其後則書李太白詩數章,似平日學書也。本江南中書舍人王克正家物,後歸陳魏公孫世功君懋,余陳氏婿也,其詞云:'櫻桃落盡春歸去……'後有蘇子由題云:'凄涼怨慕,真亡國之聲也。'"⑥黄昇《唐宋諸賢絶妙詞選》評李煜《烏夜啼》云:"此詞最凄婉,

---

① (宋)張邦基:《墨莊漫録》卷一〇,《叢書集成新編》第 86 册,第 716 頁。

② (宋)祝穆:《方輿勝覽》卷一一,上海古籍出版社 1991 年影宋本。

③ (宋)黄裳:《書樂章集後》,《全宋文》第 103 册,第 106 頁。

④ (宋)晁端禮:《鷓鴣天》詞序,《全宋詞》第 1 册,中華書局 1965 年版,第 437 頁。

⑤ 宋朱敦儒跋語,見吳興劉氏嘉業堂刻本曹勛《松隱集》卷三八。

⑥ (宋)陳鵠:《西塘集耆舊續聞》卷三,《叢書集成新編》第 84 册,第 420 頁。

所謂‘亡國之音哀以思’。”①李清照《詞論》云：“五代干戈，四海瓜分豆
剖，斯文道熄，獨江南李氏君臣尚文雅，故有‘小樓吹徹玉笙寒’、‘吹皺一
池春水’之詞，語雖奇甚，所謂‘亡國之音哀以思’也。”②一方面認可南唐
君臣尚文雅，小詞語奇，一方面言其詞作屬於“亡國之音哀以思”，含有惋
惜、同情之意。

由聲與政通，必然推出一些詞爲亡國之識。本來，《樂記》中的“亡國
之音哀以思”，亡國，即謂將亡之國，“亡國之時，民心哀思，故樂音亦哀
思，由其人困苦故也”。③ 在宋人的詞學批評中，大量的材料都是關於詞
識的記載。這以自宋初即已開始的對前代的批評爲主。邵思《雁門野
說》：“亡國之音，信然不止《玉樹後庭花》也。南唐後主精於音律，凡度曲
莫非奇絕。開寶中，國將除，自撰《念家山》一曲，既而廣《念家山破》，其
識可知也。宮中民間，日夜奏之，未及兩月傳滿江南。”④吳處厚《青箱雜
記》卷七：“王衍在蜀，好私行，恐人識之，令民戴大帽。又令民戴危腦帽，
狹小，銳首即墜。又衍朝永陵，自爲尖巾，士民皆效之，皆服妖也。又每宴
怡神亭，妓妾皆衣道衣蓮花冠，酒酣，免冠髽髻爲樂。因夾臉連額渥以朱
粉，號曰醉妝。此與梁冀孫壽事頗相類。後衍又與母同禱青城山，宮人畢
從，皆衣雲霞畫衣，衍自製《甘州詞》，令宮人歌之，聞者悽愴。又衍造上
清宮成，塑玄元皇帝及唐諸帝像，衍躬自薦享，城中士女游觀闐咽，謂之唐
魂。後國亡歸唐，至秦川驛遇害。”⑤《新編分門古今類事》卷一三引《翰苑
名談》及《詩話》云：李後主一日幸後湖，開宴賞荷花，忽作古詩，有“孫武
已斬吳宮女，琉璃池上佳人頭”句，當時咸謂非吉兆。“當圍城時，作長短
句曰：‘櫻桃落盡春歸去……’章未就而城破。及歸朝後，每懷江國，且念
嬪妾散落，鬱鬱不自聊，嘗作長短句云：‘簾外雨潺潺，春意將闌……’含
思凄婉，殆不勝情……又‘青鳥不傳雲外信，丁香空結雨中愁’……皆意氣
不滿，非久享富貴者，其兆先識於言辭云云，‘亡國之音哀以思’，其斯之

---

① （宋）黃昇：《唐宋諸賢絕妙詞選》卷一，遼寧教育出版社1997年版，第23頁。

② （宋）李清照：《詞論》，徐培均箋注：《李清照集箋注》，上海古籍出版社2002
年版，第266頁。

③ 唐孔穎達疏云：“亡國，謂將欲滅亡之國。”《十三經注疏》下册，第1527頁。

④ （宋）歐陽修撰，（宋）徐無黨注：《五代史記注》卷六二下之上引邵思《雁門
野説》，清道光八年（1828）刻本。

⑤ （宋）吳處厚：《青箱雜記》卷七，明《稗海》本。

謂歟?"①所謂"哀以思"的亡國之音,都是後來追認,但選擇的模式則是一致的文學-政治批評。

宋人對詞的批評,對亂世之音、亡國之音的批評,不限於前朝舊代,還指向北宋之滅亡。俞文豹《清夜録》:"宣和七年,預借元宵,時有謔詞云:'太平無事,四邊寧静狼煙眇。國泰民安,謾説堯舜禹湯好。萬民翹望彩都門,龍燈鳳燭相照。只聽得、教坊雜劇歡笑,美人巧。寶籙宮前,呪水書符斷妖。更夢近、竹林深處勝蓬島。笙歌鬧。奈吾皇、不待元宵景色來到,只恐後月,陰晴未保。'淳祐三年,京尹趙節齋與竹預放元宵,十二日十四日諸巷陌橋道皆編竹,爲張燈之計,臣僚劄子引此詞末二句,爲次年五月五日金入寇之讖。十五日早晨,遂盡拆去。"②當年被稱爲太平盛世的宣和時期,其一首預賞元宵詞,竟被南宋當作亡國之音看待,甚至連應景的張設也拆除。《苕溪漁隱叢話》引《復齋漫録》云:"鄧肅謂余言:宣和五年,初復九州,天下共慶,而識者憂之也。都門盛唱小詞曰:'喜則喜,得入手。愁則愁,不長久。忻則忻我兩個廝守,怕則怕人來破鬮。'雖三尺之童皆歌之,不知何謂也。七年,九州復陷,豈非不長久邪。郭藥師,契丹之帥也,我用以守疆,啓敵國禍者郭耳,非破鬮之驗邪。"③聲與政通的詞學批評成爲殷鑒,在現實中得到落實。

在盛世之音、哀亡之音外,聲與政通還有一個指向,就是反映社會生活、風俗民情。前引黃裳書柳詞後,即有"猶想見其風俗,歡聲和氣洋溢道路之間,動植咸若,……如丁斯時,使人慨然有感"之論,張端義《貴耳集》載項安世論柳詞之語可與此合勘:"項平齋……訓:學詩當學杜詩,學詞當學柳詞。叩其所,云:杜詩、柳詞,皆無表德,只是實説。"④正是"實説",使詞具有反映時代、社會風俗、人情之功用。王灼論述歌曲節拍乃自然之度數,古今一理,今並非不如古,因爲今人、古人都是"本之性情,稽之度數","因事作歌,抒寫一時之意","古今所尚,治體風俗,各因其所重,不獨歌樂也"。⑤ 其"本之性情,稽之度數",正是來自《樂記》:"是故先王本之情性,稽之度數,制之禮義,合生氣之和,道五常之行。"性情爲聲、樂

---

① (宋)佚名:《新編分門古今類事》卷一三,清光緒刊十萬卷樓叢書本。
② (宋)俞文豹:《清夜録》,《叢書集成新編》第87册,第199頁。
③ (宋)胡仔:《苕溪漁隱叢話·後集》卷三九,《詞話叢編》,第180頁。
④ (宋)張端義:《貴耳集》卷上,《叢書集成新編》第85册,第578頁。
⑤ (宋)王灼:《碧雞漫志》卷一,《詞話叢編》,第80、81頁。

之本,性情又得於物(客觀之物與人類社會之所有)感,《樂記》的音樂、歌曲起源思想,深刻地影響了王灼。王灼的這段話,恰是對《樂記》指導宋人進行詞學批評的深刻揭示,故宋代的詞學批評,大量的內容是詞本事的記錄和考證,甚至其早期詞話如楊繪《時賢本事曲子集》即以本事命名,楊湜《古今詞話》除卻本事及其詞外,評論的內容很少。本事記載中,固然有極瑣碎、無聊如調笑諧謔者,也有胡銓、張元幹力抗秦檜的《金縷曲》詞事,①有蘇軾守東武時,率眾抗黃河決流保全東武城,並築堤防洪、建造黃樓的《滿江紅》詞事,②以及宇文叔通出使金國而被羈留,立春日作《迎春曲》,③万俟詠作《雪明鳷鵲夜慢》《鳳凰枝令》反映京城景龍樓預賞元宵,④等等。其間,士大夫的科第、仕宦、交游、唱和,士大夫與風塵女子的情愛、恩怨,往往隨處可見,特別是後者多被斥爲風流韻事,但是,這些方面,既是性情所不免,又構成社會、人生之一部,故宋人很認真地加以記錄。記錄、轉錄者自然相信其事必有、必真,而閱之者卻未必相信、全信,於是又出現考證、反駁者,這又成爲宋人詞學批評的一個內容。胡仔針對《西清詩話》言南唐後主在圍城中作長短句,詞未就而城已破之事,根據《太祖實錄》《三朝正史》所載太祖於開寶七年十月伐江南,八年十一月破之,而李煜"櫻桃落盡春歸去"所咏是春景,證明後主詞"決非十一月城破時作",《西清詩話》所言有誤;⑤又説曹組《望月婆羅門》詞,"病在'霜滿愁紅'之句,時太早耳";⑥《復齋漫録》言聶冠卿《多麗》詞,"露洗華桐,煙霏柳絲"句所寫正是仲春天氣,下句卻説"綠陰摇曳,蕩春一色",時間上不當有綠陰,"正語病也";⑦吳曾記載杜安世"燒殘絳蠟淚成痕,街鼓報黃昏"句,所寫黃昏未到燒殘絳蠟是否合理之事,⑧等等,皆是。這種近乎苛刻的求實求真態度,正反映出宋人詞學批評中的社會現實意識。

---

① (宋)魏慶之:《詩人玉屑》卷二一後附《中興詞話》,《詞話叢編》,第 211 頁。
② (宋)楊湜:《古今詞話》,《詞話叢編》,第 28、29 頁。
③ (宋)王灼:《碧雞漫志》卷二,《詞話叢編》,第 90 頁。
④ (宋)酮陽居士:《復雅歌詞》,《詞話叢編》,第 60、61 頁。
⑤ (宋)胡仔:《苕溪漁隱叢話·前集》卷五九,《詞話叢編》,第 162 頁。
⑥ 同上書,第 175 頁。
⑦ (宋)魏慶之:《詩人玉屑》卷二一引,《詞話叢編》,第 205 頁。
⑧ (宋)吳曾:《能改齋漫録》卷一七,《詞話叢編》,第 147 頁。

## 三、聲與人通：詞與作者其人關係的表述

《樂記》在闡述樂由人心感物而發之道理時，往往是可以指向聲與人通的；因爲它更關注樂與政通這一政治化的現實倫理意義，便相對淡化了樂與人的關係。但是，儘管如此，《樂記》還是對這一命題作了明確規定："樂也者，情之不可變者也。禮也者，理之不可易者也。樂統同，禮辨異。禮樂之説，關乎人情矣。窮本知變，樂之情也；著誠去僞，禮之經也。"又曰："德者，性之端也，樂者，德之華也。金石絲竹，樂之器也。詩言其志也，歌味其聲也，舞動其容也。三者本於心，然後樂器從之。是故情深而文明，氣盛而化神，和順積中而英華發外，唯樂不可以爲僞。"此論之真義，宋代黃震有較深刻的理解，其《黃氏日鈔》卷二一《讀禮記·樂記第十九》釋云："樂出於人心之自然，故曰情之不可變。孔氏謂此章舊名：'樂，情者也；禮，則尊卑上下之理。截然而不可易。'"①這個疏解，也正反映了宋人對《樂記》的認識與接受。"情之不可變""樂不可以爲僞"，簡括則爲聲與人通。所謂聲與人通，在宋代詞學批評中，内蘊三層要義：詞（聲）能真實反映作者的喜怒哀樂之情，詞與作者爲人一致，作者的個性、人格等等內屬特徵可以通過詞作體現出來。

聲與人通，其最核心也是最有價值的命題，是導出對詞作抒發情感——真實情感的認可，對性情的張揚。前引沈括《夢溪筆談》卷五稱："其志安和，則以安和之聲咏之；其志怨思，則以怨思之聲咏之。"又言："唐人填曲，多咏其曲名，所以哀樂與聲尚相諧會。今人則不復知有聲矣，哀聲而歌樂詞，樂聲而歌怨詞。故語雖切而不能感動人情，由聲與意不相諧故也。"如果我們抛開"其志安和"所可能導致的"聲與政通"之類，不可否認，"哀樂與聲相諧會"等，就是説歌詞由衷，僞飾之情無以動人情。前引王灼《碧雞漫志》卷一有云："或問歌曲所起，曰：天地始分，而人生焉，人莫不有心，此歌曲所以起也。……《樂記》曰：'詩言其志，歌咏其聲，舞動其容，三者本於心，然後樂器從之。'故有心則有詩，有詩則有歌，有歌則有聲律，有聲律則有樂歌。永言即詩也，非於詩外求歌也。今先定音節，乃制詞從之，倒置甚矣。"王灼之所以反對當時先樂後詞的填詞方式，更深層的原因是：先樂後詞，將使詞人之志、之情、之心，不能得到最直接、最

---

① （宋）黃震：《慈溪黃氏日鈔》卷二一，元後至元刻本。

真實的表達。

張耒《賀方回樂府序》對詞作抒發真情的論述,可以作爲這方面的代表而具有經典性:"文章之於人,有滿心而發,肆口而成,不待思慮而工,不待雕琢而麗者,皆天理之自然而情性之道也。世之言雄暴虓武者,莫如劉季、項籍。此兩人者,豈有兒女之情哉?至其過故鄉而感慨,別美人而涕泣,情發於言,流爲歌詞,含思淒婉,聞者動心焉。此兩人者,豈其費心而得之哉?直寄其意耳。予友賀方回,博學業文,而樂府之詞高絶一世,攜一編示予,大抵倚聲而爲之詞,皆可歌也。或者譏方回好學能文而惟是爲工,何哉?予應之曰:'是所謂滿心而發,肆口而成,雖欲已焉,而不得者。'若其粉澤之工,則其才之所至,亦不自知也。夫其盛麗如游金、張之堂,而妖冶如攬嫱、施之袪;幽潔如屈、宋,悲壯如蘇、李,覽者自知之,蓋有不可勝言者矣。"①在張耒看來,劉邦過故鄉而感慨,項羽別虞姬而泣下,皆真情流露,其《大風歌》《垓下歌》,皆真情發動發於言辭流爲歌詞。論者往往強調張耒"滿心而發、肆口而成"的直抒情感的方式,殊不知此種方式之得以實現的前提,是心中要有充沛的、真實的情感。而所謂以歌詞爲"寄意"之句,只是此命題的衍生物。張耒的"天理之自然,而情性之道",其實就是《樂記》"樂也者,情之不可變者也"的另一種表述;當然,他對情性的張揚,又非《樂記》節情以致中和、中正思想所完全允許。

然而,即使如此,認可情感的真實性,承認小詞抒情的合法性,就宋代詞學批評而言,還是深具遠識閎義的,它必然進一步承認蘇軾、辛棄疾等人詞作抒發豪邁放達之情的合理合法性。這涉及詞與人一致的命題。

蘇門高弟晁補之《評本朝樂章》歷評有宋柳永、歐陽修、晏殊、黄庭堅、張先、晏幾道、秦觀等一批著名詞人,而於蘇軾云:"蘇東坡詞,人謂多不諧音律,然居士詞橫放傑出,自是曲中縛不住者。"②固然有爲蘇軾詞部分不合音律的維護,更重要的是指出蘇詞不固守音律這一特徵,而蘇詞之不固守音律,顯然與他的詩化詞學觀及其爲人之個性相關。南宋范開《稼軒詞甲集乙集丙集序》云:"器大者聲必閎,志高者意必遠。知夫聲與意之本原,則知歌詞之所自出。是蓋不容有意於作爲,而其發越著見於聲音言意

---

① (宋)張耒:《張耒集》卷四八《賀方回樂府序》,中華書局 1990 年版,第 755 頁。原文"歌詞"作"澤詞",校語稱草齋本、郝本、《文粹》本、吕本、叢刊本、四庫本皆作"歌",故據改。

② (宋)晁補之:《評本朝樂章》,《全宋文》第 126 册,第 377 頁。

之表者,則亦隨其所蓄之淺深,有不能不爾者存焉耳。世言稼軒居士辛公之詞似東坡,非有意於學坡也,自其發於所蓄者言之,則不能不坡若也。"①這段話概括地論述了蘇軾、辛棄疾兩大豪放詞代表作家詞與人一致的事實,也指出了豪放之情感與詞作風格,同樣緣乎其人心、人情,同時,他提出"知夫聲與意之本原,則知歌詞之所自出",此言完全可以當作是引導我們上溯《樂記》去認識宋代詞學批評。

然在詞與作者爲人一致的問題上,宋人也有疑惑,不是絶對地相信。俞文豹《吹劍録》:"杜子美流離兵革中,其咏内子云:'香露雲鬟濕,清輝玉臂寒。何時倚虛幌,雙照淚痕乾。'歐文忠、范文正,矯矯風節,而歐公詞云:'寸寸柔腸,盈盈粉淚,樓高莫近危欄倚。'又:'薄幸辜人終不憤,何時枕上分明問。'文正詞云:'都來此事,眉間心上,無計相回避。'又:'明月樓高休獨倚,酒入愁腸,化作相思淚。'情之所鍾,雖賢者不能免,豈少時作邪?"②此類情韻勝人的小詞,頗令宋人感到不類作者爲人。吳處厚《青箱雜記》云:"文章純古,不害其爲邪;文章豔麗,亦不害其爲正。然世或見人文章鋪陳仁義道德,便謂之正人君子;及花草月露,便謂之邪人。兹亦不盡也。皮日休曰:余嘗慕宋璟之爲相,疑其鐵腸與石心,不解吐婉媚辭;及睹其文,而有《梅花賦》,清便富豔,得南朝徐庾體。然余觀近世所謂正人端士者,亦皆有豔麗之詞,如前世宋璟之比。"③他所舉之例,除張咏《席上贈官妓小英歌》等詩歌外,尚有韓琦晚年鎮北州,一日病起,作《點絳唇》小詞曰:"病起厭厭,畫堂花謝添憔悴。亂紅飄砌,滴盡胭脂淚。　　惆悵前春,誰向花前醉?愁無際,武陵回睇,人遠波空翠。"以及司馬光所作《阮郎歸》小詞:"漁舟容易入春山,仙家日月閑。綺窗紗幌映朱顏。相逢醉夢間。　　松露冷,海霞殷。匆匆整棹還。落花寂寂水潺潺。重尋此路難。"不過,即使"不類其爲人",其預設之前提,也仍然是詞類其人,與其爲人一致。

如同聲與政通導出詞爲亡國之讖一樣,詞與人通,在宋人也多導出詞爲人讖。王灼《碧雞漫志》載夏幾道爲黃大輿詞集《樂府廣變風》作序稱:"惜乎語妙而多傷,思窮而氣不舒,賦才如此,反嗇其壽,無乃情文之兆

---

① (宋)范開:《稼軒詞甲集乙集丙集序》,《景刊宋金元明本詞·景宋本稼軒詞》,上海古籍出版社1989年版,第581頁。
② (宋)俞文豹:《吹劍録》,明陶宗儀《説郛》卷二七上,文淵閣《四庫全書》本。
③ (宋)吳處厚:《青箱雜記》卷八,明《稗海》本。

歟。"①所謂情文之兆，陳述的是一個普遍的批評觀念。《西清詩話》云："南唐李後主歸朝後，每懷江國，且念嬪妾散落，鬱鬱不自聊。嘗作長短句云：'簾外雨潺潺。春意闌珊。……流水落花何處也，天上人間。'含思淒婉，未幾下世。"②李煜的"天上人間"之語，爲其未幾下世之先兆。《侍兒小名録》云："錢思公謫漢東日，撰《玉樓春》詞曰：'城上風光鶯語亂，城下煙波春拍岸。緑楊芳草幾時休，淚眼愁腸先已斷。　　情懷變成衰晚，鸞鏡朱顔驚暗换。往年多病厭芳樽，今日芳樽惟恐淺。'每酒闌歌之，則泣下。後閣有白髮姬，乃鄧王歌鬟驚鴻也，遽言：'先王將薨，預戒挽鐸中歌《木蘭花》引紼爲送。今相公亦將亡乎。'果薨於隨州。鄧王舊曲亦嘗有'帝鄉煙雨鎖春愁，故國山川空淚眼'之句。"③錢惟演的《玉樓春》詞，也成爲讖言。《艇齋詩話》載："秦少游詞云：'春去也，落紅萬點愁如海。'今人多能歌此詞。方少游作此詞時，傳至予家丞相，丞相曰：'秦七必不久於世，豈有愁如海而可存乎！'已而少游果下世。"④張舜民《畫墁録》亦載："波唐善詞曲，始爲楚州職官，胡知州楷差打蝗蟲，唐方少年，負氣不堪，其後作《蝗蟲三疊》，……楷大怒，科其帶禁軍隨行，坐贓三十年。至熙寧，魏公劄子，特旨改官，辟充大名府簽判，作《霜飛葉》，云'願早作歸來計'之語，介甫大怒，矢言曰：'誰教你。'及河大決曹村，凡豫事者皆獲免，其惟唐沖替。久之，王廣淵以鄉閭之素，辟渭州簽判，作《雨中花》云：'有誰念我，如今霜鬢，遠赴邊堠。'廣淵聞之亦怒，責歌者，唐鬱不自安，竟卒於官。先自曲初成，識者曰：'唐不歸矣。'以其有'身在碧雲西畔，情隨隴水東流'之語，已而果然。"⑤此類記載在宋人尚有許多，其基本思路都是詞與人通，詞與作者心聲、精神狀態甚至命運一致。

宋人在聲與人通的認識上，還有一個重要的觀點是"聲與地通"：人所生所處方域之山水、風俗、民情，對其詞作具有重要影響。本來，曹丕《典論·論文》論作家創作特點及其不足時指出："徐幹時有齊氣。"李善

① （宋）王灼：《碧雞漫志》卷二，《詞話叢編》，第86、87頁。

② （宋）胡仔：《苕溪漁隱叢話·前集》卷五九引《西清詩話》，見《詞話叢編》，第162頁。

③ （宋）胡仔：《苕溪漁隱叢話·後集》卷三九引《西清詩話》，見《詞話叢編》，第175、176頁。

④ （宋）曾季貍：《艇齋詩話》，丁福保輯：《歷代詩話續編》，中華書局1983年版，第302頁。

⑤ （宋）張舜民：《畫墁録》，《叢書集成新編》第86册，第593頁。

注云："齊俗文體舒緩,而徐幹亦有斯累。《漢書·地理志》曰:故齊詩曰:'子之還兮,遭我乎猺之間兮。'此亦其舒緩之體也。"①意謂地域之於作家創作,有正面促成,也有負面印痕。而宋人則主要從正面看待此一問題。陸游《徐大用樂府序》云:"古樂府有《東武吟》,鮑明遠輩所作皆名千載,蓋其山川氣俗有以感發人意,故騷人墨客得以馳騁上下,與荊州、邯鄲、巴東三峽之類,森然並傳,至於今不泯也。吾友徐大用,家本東武,呼吸食飲於郏淇之津,蓋有以相其軼思者,故自少時文辭雄於東州,比南歸,以政事議論顯聞薦紳,顧不肯輕出其文,以沽世取富貴,三十年猶屈治中別駕,澹然莫測涯涘,獨於悲歡離合、郊亭水驛、鞍馬舟楫間,時出樂府辭,贍蔚頓挫,識者貴焉。或取其數百篇將傳於世。大用復不可,曰:必放翁以爲可傳則幾矣;不然,姑止。予聞而歎曰:溫飛卿作《南鄉》九闋,高勝不減夢得《竹枝》,訖今無深賞音者,予其敢自謂知君哉?獨感東武山川既墮風塵中,而大用之才久伏不耀,故爲之一言。"②陸游完全是把徐大用的樂府,同溫庭筠的《南鄉子》、劉禹錫的《竹枝詞》並列,放在山川地氣之於詞人詞作及其特點、風格之毓成這一層面,闡發聲與人通的道理,忽略其可能給詞人及其創作帶來的不足。這既是對《樂記》思想的繼承,也是對《樂記》的很好發揮。

## 四、雅正:對詞的整體規範

《樂記》直接提出:"鄭衛之音,亂世之音也,比於慢矣。桑間濮上之音,亡國之音也,其政散,其民流,誣上行私而不可止也。"此外,還從外物易引致人心之情欲放蕩故須以禮節情方面,對樂加以限制:"人生而静,天之性也。感於物而動,性之欲也。物至知,然後好惡形焉。好惡無節於内,知誘於外不能反躬,天理滅矣。夫物之感人無窮,而人之好惡無節,則是物至而人化物也。人化物也者,滅天理而窮人欲者也。於是有悖逆詐僞之心,有淫佚作亂之事。是故强者脅弱,衆者暴寡,知者詐愚,勇者苦怯,疾病不養,老幼孤獨不得其所。此大亂之道也。"又説:"夫民有血氣心知之性,而無哀樂喜怒之常,應感起物而動,然後心術形焉。是故志微噍殺之音作,而民思憂……是故先王本之情性,稽之度數,制之禮義,合生

---

① (南朝梁)蕭統編,唐五臣並李善注:《文選》卷五二,朝鮮木活字本。
② (宋)陸游:《渭南文集》卷一四《徐大用樂府序》。

氣之和,道五常之行,使之陽而不散,陰而不密,剛氣不怒,柔氣不懾,四暢交於中而發作於外,皆安其位而不相奪也。"在節制好惡等情欲的基礎上,標舉"和"、"雅"之幟,所謂"樂者,天地之和也;禮者,天地之序也。和故百物皆化,序故群物皆別",所謂"樂者,敦和,率神而從天","君子反情以和其志,比類以成其行",先王制樂之方,即在於"制雅頌之聲以道之,使其聲足樂而不流,使其文足論而不息,使其曲直繁瘠、廉肉節奏足以感動人之善心而已矣,不使放心邪氣得接焉。"《樂記》之論性與情,先天地成爲宋代理學思想資源之一,而其"和"、"雅"的標準,亦成爲宋人進行詞學批評的基石。

綜觀宋人論雅,内涵三義:一是内容之雅正,特別是對男女之情的約束;二是語辭高雅;三是音律詞調高雅。實際上是對詞從音律、語辭,到思想内容進行整體規範。

内容雅正,是宋人最爲關心的話題。王灼《碧雞漫志》載:万俟詠"初自集分兩體,曰雅詞,曰側艷,目之曰《勝萱麗藻》。後召試入官,以側艷體無賴太甚,削去之",在万俟詠的觀念中,雅詞首先與側艷詞相對立。王灼貶斥李清照詞"閭巷荒淫之語,肆意落筆,自古縉紳之家能文婦女,未見如此無顧忌也",甚至以陳後主、元白、温庭筠及時人爲比,以爲陳後主的女學士狎客所賦"尤艷麗者","不過'璧月夜夜滿'、'瓊樹朝朝新'等語",元白的"纖艷不逞"之詩,其"尤具怪艷"者爲艷詩百餘首,元的《會真詩》、白的《夢游春》詩,所謂"纖艷不逞,淫言媟語","止此耳";温庭筠的"側詞艷曲",其甚者"合歡桃葉終堪恨"等,"亦止此耳";"今之士大夫學曹組諸人鄙穢歌詞",也只是如陳之女學士,如元白,如温庭筠,"皆不敢"寫出李清照那樣的詞。[1] 這裏,王灼對李清照的批判未免過當,但就理論意義而言,自不可否定。其中所揭"纖艷""艷麗""側詞艷曲""淫言媟語""鄙穢"等語辭,幾乎涵蓋了不雅詞的全部内涵。南宋初年,曾慥編《樂府雅詞》,他對雅的理解,可從兩方面看,"涉諧謔則去之","歐公一代儒宗,風流自命,詞章幼眇,世所矜式。當時小人或作艷曲,繆爲公詞,今悉刪除",即雅不涉諧謔、不艷。黄昇評馬莊父《鷓鴣天》(睡鴨徘徊煙縷長)云:"閨詞牽於情,易至誨淫,……前數語不過纖艷之詞耳,斷章凜然,

---

① (宋)王灼:《碧雞漫志》卷二,《詞話叢編》,第88頁。

有以禮自防之意。所謂發乎情,止乎禮儀,近世樂府,未有能道此者。"①以禮自防、發乎情止乎禮儀,是對雅正的最合乎儒家源義的闡釋。周密《浩然齋雅談》引張直夫爲李彭老詞所作序云:"靡麗不失爲國風之正,閒雅不失爲騷雅之賦,模擬玉臺,不失爲齊梁之工。則情爲性用,未聞爲道之累。"②此處即自覺運用《樂記》"人生而靜,天之性也"的思想,於詞學批評中,標榜"雅""正"。宋末張炎《詞源》則進一步正面提出"雅正""和雅""雅詞""古雅""騷雅""淡雅"等概念,且"騷雅""雅正"都反復出現,爲宋代詞論注入新的內容,豐富了雅的內涵。

情感雅正的反面,是鄭衛之音。宋人致力於雅正之音標准之建樹,爲當世立法時,往往對鄭衛之音肆虐深加痛批。如果説柴望《涼州鼓吹詩餘自敘》:"夫詩可以歌功德、被金石而垂無窮,其來尚矣。自賫桴土鼓,泄而韶濩;桑間濮上,轉而鄭衛;玉樹後庭,變而霓羽,於是亡國之音肆,正雅之道熄。悲夫!"③還只是悲歎,那麼,胡寅爲向子諲《酒邊集》作序,樹立蘇軾這面大旗,以與柳永、《花間》之綺靡之詞相抗:"風雅亡而騷雅作,六義之道寖寖以衰。迨漢武帝採天下歌謠於樂府,文士各自名家,其律既殊,去古益遠,氣喪於南朝,俗習薰蒸,卒爲靡曼輕便之態,紛紜氾濫,餘風屢變,黜根幹,獵英華,鐫鎪脂粉以相誇尚,安在好色而不淫也?自唐以來,其或登山臨水,嘯月吟風,外感時景,自傷羈旅;吊古興亡,遣使勞歸,托物聯事;燕樂之盛,別離之愁,魂往神交,目成心授;金屋椒房之怨,桑間濮上之音,寫纖豔難道之情,爲參差不齊之句。惟其舉首高歌,而逸懷浩氣超然乎塵垢之外,於是花間爲皂隸,而柳氏爲輿臺矣。"④在詞樂史的述評中,正面突出蘇軾"舉首高歌",革除《花間》、柳永舊習的貢獻。張炎《詞源》云:"詞欲雅而正,志之所之,一爲情所役,則失其雅正之音;耆卿、伯可不必論,雖美成亦有所不免。"又在指出詞不能"鄰乎鄭衛"後,以陸淞《瑞鶴仙》(臉霞紅印枕)、辛棄疾《祝英臺近》(寶釵分)爲正,因二詞"皆景中帶情,而有騷雅"。⑤張炎既倡雅正,又反鄭衛;既樹立雅正之典

---

①　(宋)魏慶之:《詩人玉屑》卷二一附黃昇《中興詞話》,《詞話叢編》,第 213、214 頁。

②　(宋)周密:《浩然齋雅談》卷下,《叢書集成新編》第 78 册,第 235 頁。

③　(宋)柴望:《柴氏四隱集》卷二《梁州鼓吹詩餘自敘》,清嘉慶知不足齋鈔本。

④　(宋)胡寅:《酒邊集序略》,《古今合璧事類備要·外集》卷一一,文淵閣《四庫全書》本。按:此本與諸本文字大異。

⑤　(宋)張炎:《詞源》,《詞話叢編》,第 266、264 頁。

範，又豎立鄰乎鄭衛之靶子，可謂繼承《樂記》思想以雅正論詞之集成者。

語辭高雅，要求語言雅而不俗。吳曾《能改齋漫録》論馮延巳《長命女》三願詞，"典雅豐容，雖置在古樂府，可以無愧"，後遭宋代俗子隱括爲《雨中花》，則"不惟句意重復，而鄙惡甚矣"。① 比較馮詞與無名氏俗子詞即可知，這種雅俗之别，主要是俗詞增添"且""恰""得"等口語詞，及"做個大宅院"之類俗句。魏慶之《詩人玉屑》引《詩眼》云："晏叔原見蒲傳正，言先公平日小詞雖多，未嘗作婦人語也。傳正云：'緑楊芳草長亭路，年少抛人容易去，豈非婦人語乎。'晏曰：'公謂年少爲何語。'傳正曰：'豈不謂其所歡乎。'晏曰：'因公之言，遂曉樂天詩兩句云："欲留所歡待富貴，富貴不來所歡去。"'傳正笑而悟。然如此語意，自高雅耳。"②以魏慶之之見，晏殊詞之高雅，正在"語意"。沈義父《樂府指迷》對下字用語之雅俗多有論述："下字欲其雅，不雅則近乎纏令之體。"又評施詞："讀唐詩多，故語澹雅。間有些俗氣，蓋亦漸染教坊之習故也。"評孫詞："孫花翁有好詞，亦善運意。但雅正中忽有一兩句市井語，可惜。"評康與之、柳永詞俗："康伯可、柳耆卿音律甚協，句法亦多有好處。然未免有鄙俗語。"又稱："凡作詞，當以清真爲主。蓋清真最爲知音，且無一點市井氣。"又提出："要求字面，當看温飛卿、李長吉、李商隱及唐人諸家詩句中字面好而不俗者，採摘用之。"③無論直評某詞高雅，還是反面指出其有俗氣、市井語，都是着眼於用語之高雅。而宋人對俗語、俗詞的批判，可謂不遺餘力，而又集中在對柳永、康與之等人詞的批評上。陳師道《後山詩話》論柳永"作新樂府，骫骳從俗，天下咏之"。④ 李清照《詞論》也評柳詞"雖協音律，而詞語塵下"，⑤王灼評柳詞"淺近卑俗，自成一體，不知書者尤好之"，⑥《藝苑雌黄》評柳詞"彼其所以傳名者，直以言多近俗，俗子易悦故也"。⑦ 周密曾經評辛棄疾《念奴嬌·書東流村壁》"聞道綺陌東頭，行人

---

① （宋）吳曾：《能改齋漫録》卷一七，《詞話叢編》，第 153 頁。
② （宋）魏慶之：《詩人玉屑》卷二一，《詞話叢編》，第 207 頁。
③ （宋）沈義父：《樂府指迷》，《詞話叢編》，第 277、278、279 頁。
④ （宋）陳師道：《後山詩話》，（清）何文焕輯：《歷代詩話》，中華書局 1981 年版，第 311 頁。
⑤ （宋）李清照：《詞論》，徐培均箋注：《李清照集箋注》，第 267 頁。
⑥ （宋）王灼：《碧雞漫志》卷二，《詞話叢編》，第 84 頁。
⑦ （宋）胡仔：《苕溪漁隱叢話·後集》卷三九引，《詞話叢編》，第 172 頁。

曾見,簾底纖纖月"幾句,"以月喻足,無乃太媟乎"。①

音律、詞調之雅,一是音聲之雅正,二是崇尚古曲古譜。王灼《碧雞漫志》曾從純粹聲、律角度,論雅鄭之別:"或問雅鄭所分。曰,中正則雅,多哇則鄭。至論也。何謂中正。凡陰陽之氣,有中有正,故音樂有正聲,有中聲。二十四氣歲一周天,而統以十二律。中正之聲,正聲得正氣,中聲得中氣,則可用。中正用,則平氣應,故曰,中正以平之。若乃得正氣而用中律,得中氣而用正律,律有短長,氣有盛衰,太過不及之弊起矣。自揚子雲之後,惟魏漢津曉此。東坡曰:'樂之所以不能致氣召和如古者,不得中聲故也。樂不得中聲者,氣不當律也。'東坡知有中聲,蓋見孔子及伶州鳩之言,恨未知正聲耳。近梓潼雍嗣侯者,作正笙訣、琴數、還相爲宮解、律呂逆順相生圖、大概謂知音在識律,審音在習數。故師曠之聰,不以六律不能正五音,諸譜以律通不過者,率皆淫哇之聲。嗣侯自言,得律呂真數,著説甚長,而不及中正。"②王灼之論,遠紹《樂記》陰陽之氣、度數等思想,而本旨在説氣-聲-律三者一體,得中氣、正氣而後有中正之聲;得中正之聲而後有雅。此雅,乃音律之雅。胡仔評古詞高雅云:"舊詞高雅,非近世所及。如《撲蝴蝶》一詞,不知誰作,非惟藻麗可喜,其腔調亦自婉美。詞云:'煙條雨葉,綠遍江南岸。思歸倦客,尋芳來較晚。岫邊紅日初斜,陌上飛花正滿。淒涼數聲羌管,怨春短。　　玉人應在,明月樓中,畫眉懶。鸞箋錦字,多時魚雁斷。恨隨去水東流,事與行雲共遠。羅衾舊香猶暖。'"③胡仔之意,高雅自然包含"腔調婉美"在內。吳曾《能改齋漫録》論石刻傳言李白"仙女侍"一首:"劉無言自倚其聲歌之,音極清雅。"④沈義父也提出填詞要用好腔,所謂好腔,即古譜:"古曲譜多有異同,至一腔有兩三字多少者,或句法長短不等者,蓋被教師改換。亦有嘌唱一家,多添了字。吾輩只當以古雅爲主,如有嘌唱之腔不必作。且必以清真及諸家目前好腔爲先可也。"⑤古譜高雅,與嘌唱之腔不同。而所謂嘌唱,即當時流行於市井的小曲,程大昌《演繁露·嘌》:"凡今世歌曲,比古鄭衛,又爲淫靡,近又即舊聲而加泛灩者名曰嘌唱。"⑥

---

① (宋)周密:《浩然齋雅談》卷下,《詞話叢編》,第234頁。

② (宋)王灼:《碧雞漫志》卷一,《詞話叢編》,第80頁。

③ (宋)胡仔:《苕溪漁隱叢話·後集》卷三九,《詞話叢編》,第170。

④ (宋)吳曾:《能改齋漫録》卷一六,《詞話叢編》,第128頁。

⑤ (宋)沈義父:《樂府指迷》,《詞話叢編》,第283頁。

⑥ (宋)程大昌:《演繁録》卷九,《叢書集成新編》第11冊,第593頁。

至於夏承燾先生所説：南宋末年，"主張復雅的一派詞人，一方面反對柳永、周邦彦的'軟媚'，另一方面也反對蘇軾、辛棄疾的'粗豪'"，①實際源於張炎《詞源》卷下："辛稼軒、劉改之作豪氣詞，非雅詞也。"②然宋人這樣明確斥稼軒、劉過詞非雅詞者，僅此一家。且前引張炎在同書同卷又評稼軒《祝英臺近》（寶釵分）"景中帶情，而存騷雅"，故可聊備一説。

宋人對雅正之崇尚，對鄭衞之音之聲討，經由北宋蘇軾、周邦彦等人創作上之努力，至南宋詞人之明以"雅"命詞集，如曾慥之編《樂府雅詞》、鮦陽居士之編《復雅歌詞》、王柏之編《雅歌》皆是，至詞人以雅命詞，如張孝祥之《紫微雅詞》，周紫芝《太倉稊米集》有《書曾虙（處）州〈雅詞〉後》，趙彥端有《介庵趙寶文雅詞》，程垓有《書舟雅詞》（一名《陳正伯書舟雅詞》），終於形成一場具有一定聲勢的"雅化運動"。可以説，尚雅的理論與崇雅的創作相表裏，相互促進，使宋詞得以沿着正確的軌道發展，成就一代文學的輝煌。

## 五、累如貫珠：五音諧和及歌唱之妙

唐宋時期，詞樂猶存，爲詞而和諧動聽，是詞學批評的題中應有之義。在論述詞歌唱之諧美動聽時，宋人也以《樂記》爲依歸。

宋末張炎《詞源》是宋代詞論專著，其開宗明義即云："宮屬土，君之象，爲信，徵所生。其聲濁，生數五，成數十。宮，中也，居中央，暢四方，唱始施生，爲四聲之綱。商屬金，臣之象，爲義，宮所生。其聲次濁，生數四，成數九。商，章也，物成就可章度也。角屬木，民之象，爲仁，羽所生。其聲半清半濁，生數三，成數八。角，觸也，物觸地而戴芒角也。徵屬火，事之象，爲禮，角所生。其聲次清，生數二，成數七。徵，祉也，物盛大而繁祉也。羽屬水，物之象，爲智，商所生。其聲最清，生數一，成數六。羽，宇也，物聚藏宇覆之也。"③這段高論，其精神實質幾乎全部出自《樂記》："聲音之道與政通矣。宮爲君，商爲臣，角爲民，徵爲事，羽爲物。五者不亂則無怗懘之音矣。宮亂則荒，其君驕。商亂則陂，其臣壞。角亂則憂，其民怨。徵亂則哀，其事勤。羽亂則危，其財匱。五者皆亂，迭相陵謂之；慢如

---

① （宋）張炎著，夏承燾注：《詞源注·前言》，中華書局 1963 年版，第 7 頁。
② （宋）張炎：《詞源》，《詞話叢編》本，中華書局 1986 年版，第 267 頁。
③ 同上書，第 239 頁。

此，則國之滅亡無日矣。鄭衛之音，亂世之音也；比於慢矣。桑間濮上之音，亡國之音也，其政散，其民流，誣上行私而不可止也。"它要說明的根本問題還是五音諧和，以化成天下之治。

《詞源》又云："詞以協音爲先，音者何？譜是也。古人按律制譜，以詞定聲，此正聲依永律和聲之遺意。有法曲，有五十四大曲，有慢曲。若曰法曲……其聲清越。大曲……其聲流美。……若大曲亦有歌者，有譜而無曲，片數與法曲相上下。其説亦在歌者稱停緊慢，調停音節，方爲絶唱。惟慢曲引近則不同。名曰小唱，須得聲字清圓，以啞篳篥合之，其音甚正，簫則弗及也。慢曲不過百餘字，中間抑揚高下，丁、抗、掣、拽，有大頓、小頓、大住、小住、打、揞等字。真所謂上如抗，下如墜，曲如折，止如槁木，倨中矩，句中鉤，纍纍乎端如貫珠之語，斯爲難矣。"①這段議論仍然來自《禮記·樂記》："故歌者上如抗，下如隊，曲如折，止如槁木，倨中矩，句中鉤，纍纍乎端如貫珠。"貫珠之喻，乃歌聲之美聽感人也。唐孔穎達疏："如上如抗者，言歌聲上響，感動人意，使之如似抗舉也。下如隊者，言音聲下響，感動人意，如似隊落之下也。曲如折者，言音聲回曲，感動人心，如似方折也。止如槁木者，言音聲止静，感動人心，如似枯槁之木止而不動也。倨中矩者，言其音聲雅曲，感動人心，如中當於矩也。句中鉤者，謂大屈也，言音聲大屈曲，感動人心，如中當於鉤也。纍纍乎端如貫珠者，言聲之狀纍纍乎感動人心，端正其狀，如貫於珠，言聲音感動於人，令人心想形狀如此。"

事實上，《樂記》"上如抗，下如墜"等七個妙喻，特別是"貫珠"，早已成爲宋人對詞之歌唱的最高要求，宋人言及歌唱之美聽，自然是"貫珠"；言及貫珠，便自然知道出自《樂記》。

蘇軾《會客有美堂周邠長官與數僧同泛湖往北山湖中聞堂上歌笑聲以詩見寄因和二首時周有服》"歌喉不共聽珠貫"句，形容歌聲美妙，宋王十朋注引次公語："《禮記》之言歌曰：'上如抗，下如墜，纍纍然端若貫珠。'"②宋孫覿《内簡尺牘》卷一〇《與莊宣教》云："又出侍姬持觴，臨勸纍珠妙曲"句，其門人李祖堯注："《禮記》：善歌者使人繼其聲，上如抗，下如墜，曲如折，止如槁木，倨中矩，句中鉤，纍纍乎端如貫珠。歌之爲言也，

---

① （宋）張炎：《詞源》卷下，《詞話叢編》本，第 256 頁。
② 參（宋）蘇軾著、（宋）王十朋注《增刊校正王狀元集注分類東坡先生詩》卷一七，《四部叢刊》景宋本。

長言之也。東坡《老饕賦》曰：'忽纍珠之妙唱，抽獨繭之長繰。'"①亦以《禮記·樂記》爲源。

王灼云："子貢問師乙：'賜宜何歌？'答曰：'慈愛者，宜歌《商》；溫良而能斷者，宜歌《齊》；寬而静，柔而正者，宜歌《頌》；廣大而静，疏達而信者，宜歌《大雅》；恭儉而好禮者，宜歌《小雅》；正直而静，廉而謙者，宜歌《風》。'師乙，賤工也，學識乃至此。又曰：'歌者，上如抗，下如墜，曲如折，止如槁木，倨中矩，勾中鉤，纍纍乎端如貫珠。'歌之妙不越此矣。今有過鈞容班教坊者，問曰：'某宜何歌？'必曰：'汝宜唱田中行、曹元寵小令。'"②此段議論，幾乎全部來自《樂記》（此言子貢，《樂記》言子贛，贛音貢）：前半部分闡述歌者由於性情不同而所歌有別，後半部分則論歌之妙，以爲歌唱之妙，没有超過纍纍乎端如貫珠者。又云："今人獨重女音，不復問能否。而士大夫所作歌詞，亦尚婉媚，古意盡矣。政和間，李方叔在陽翟，有攜善謳老翁過之者，方叔戲作《品令》云：'唱歌須是玉人，檀口皓齒冰膚，意傳心事，語嬌聲顫，字如貫珠。　老翁雖是解歌，無奈雪鬢霜須。大家且道：是伊模樣，怎如念奴！'方叔固是沉顫習俗，而'語嬌聲顫'，那得'字如貫珠'，不思甚矣。"③王灼不但批評當時唱歌獨重女音的現象，還批評李廌誤解了"貫珠"的含義。李廌誤解"貫珠"之義，一是忽略《樂記》中"端如貫珠"之"端"字，二是未細讀孔穎達之疏，這在宋代經學發達的時代，是比較嚴重的失誤，撇開宋人關於蘇軾知貢舉時李廌未能登第的種種傳説不談，於經典如此生疏，其人之不第是否也是可以理解的呢？郭茂倩《樂府詩集·雜歌謡辭》，收有張志和、和凝、歐陽炯、李珣《漁父歌》9首，即通行本之《漁歌子》詞，其解題："言者，心之聲也。歌者，聲之文也。情動於中而形於言，言之不足故嗟歎之。嗟歎之不足，故永歌之。歌之爲言也，長言之也。夫欲上如抗，下如墜，曲如折，止如槁木，倨中矩，句中鉤，纍纍乎端如貫珠，此歌之善也。"④亦以《樂記》中的七喻爲美聽之歌最高標準。

沈括云："古之善歌者有語，謂'當使聲中無字，字中有聲'。凡曲，止

---

① （宋）孫覿著，（宋）李祖堯編注：《孫仲益内簡尺牘》卷一〇，《叢書集成續編》第217册，第436頁。

② （宋）王灼：《碧雞漫志》卷一，《詞話叢編》，第74頁。

③ 同上書，第79頁。

④ （宋）郭茂倩：《樂府詩集》卷八三，《四部叢刊》景明汲古閣本。

是一聲清濁高下如縈縷耳，字有喉、唇、齒、舌等不同。當使字字舉本皆輕圓，悉融入聲中，令轉換處無磊塊。此謂‘聲中無字’，古人謂之‘如貫珠’，今謂之‘善過度’是也。如宮聲字而曲合用商聲，則能轉宮爲商歌之，此‘字中有聲’也，善歌者謂之‘內裏聲’。不善歌者，聲無抑揚，謂之‘念曲’；聲無含韞，謂之‘叫曲’。’①這段話對善歌的標準作技術分解，並對“如貫珠”等從當時的習慣説法找出對應語，不是簡單地襲用《樂記》。它後來幾乎全被宋祝穆《古今事文類聚續集》卷二四所引《能改齋漫録》轉録。不過，在“此謂之‘聲中無字’後”，《能改齋漫録》特意加上“《禮》曰：夫歌者上如抗，下如墜，止如槁木，倨中矩，句中鉤，纍纍如貫珠”數句，特意交代其來源：《禮記·樂記》。宋羅璧《識遺》卷二“崛奇可味”云：“若無形無影之聲，模寫最難。《禮記·樂記》曰：上如抗，下如隊，曲如折，止如槁木，倨中矩，句中鉤，纍纍乎端如貫珠。何啻親聆其抑揚高下之聲！後來昌黎《聽琴》等作，雖寫此而費辭矣。”②推崇《樂記》比喻歌唱之妙的幾個句子，摹寫無形無影之聲音最爲形象，甚至認爲韓愈這樣的文章大家，所描寫的琴聲美境，同《樂記》七喻相比，顯得辭費——僅僅從語言描寫角度看，宋人也認爲《樂記》之音聲描寫，達到了中國語言同類描寫之最高境界。

　　至於宋人論詞歌唱之諧美動聽之文字，往往連篇累牘，如“詞之作，必須合律”，③“詞中多有句中韻……不惟讀之可聽，而歌時最要叶韻應拍，不可以爲閑字而不押”等等，④不勝枚舉，這裏僅舉宋人詞作中以“貫珠”爲歌唱美之極致者以説明。柳永《鳳棲梧》：“牙板數敲珠一串，梁塵暗落琉璃盞。”《宣清》：“命舞燕翩翩，歌珠貫串，向玳筵前，盡是神仙流品。”張先《江城子》：“鏤牙歌板齒如犀。串珠齊。”蘇軾《菩薩蠻》：“遺響下清虛。纍纍一串珠。”《西江月》：“花霧縈風縹緲，歌珠滴水清圓。”黃庭堅《看花回》：“花暗燭殘，歡意未闌，舞燕歌珠成斷續。”王安中《清平樂》：“縹緲貫珠歌裏，從容倒玉尊前。”周邦彦《尉遲杯》：“冶葉倡條俱相識，仍慣見、珠歌翠舞。”杜安世《鳳棲梧》：“席上清歌珠一串。莫教歡會輕分散。”王之道《滿庭芳》：“清歌妙，貫珠餘韻，猶振畫梁塵。”《宴春臺》：“歌

①　（宋）沈括：《夢溪筆談》卷五，遼寧教育出版社 1997 年版，第 26 頁。
②　（宋）羅璧：《識遺》卷二，文淵閣《四庫全書》本。
③　（宋）張炎：《詞源》卷下，《詞話叢編》，第 265 頁。
④　（宋）沈義父：《樂府指迷》，《詞話叢編》，第 283 頁。

珠累貫，一時傾坐，全勝腰雷。"葛勝仲《鷓鴣天》："貫珠聲斷紅裳散，踏影人歸素月斜。"李彌遜《臨江仙》："十分浮玉蟻，一拍貫珠詞。"劉子翬《南歌子》："曼聲恰與貫珠宜。聽此直教拚得、醉翻卮。"張元幹《臨江仙》："玉立清標消晚暑，胸中一段冰壺。畫船歸去醉歌珠。"曹勳《宴清都》："歌珠舞雪，俱陳絲管。"程大昌《南歌子》："細按歌珠串，從敲寶髻鴉。"史浩《西江月》："解帶初開粉面，繞梁還聽珠歌。"趙彥端《蝶戀花》："時節清明寒暖半。秦箏欲妒歌珠貫。"辛棄疾《浣溪沙》："歌串如珠個個勻。被花勾引笑和顰。"《婆羅門引》："綠陰啼鳥，陽關未徹早催歸。歌珠淒斷纍纍。"盧炳《驀山溪》："繡簾低掛，瑞靄□香濃，倩雙娥，敲象板，緩緩歌珠貫。"呂渭老《惜分飛》："霧香殘膩桃花笑。一串歌珠雲外嫋。"張炎《甘州》："一串歌珠清潤，縮結玉連環。"吳潛《滿江紅》："金叵羅中醽醁瑩，玉玲瓏畔歌珠綴。"孫道臨《如夢令》："風自碧空來，吹落歌珠一串。"李彭老《祝英臺近》："舊時月底秋千，吟香醉玉，曾細聽、歌珠一串。"歐陽朝陽《摸魚兒》："聽檀板輕敲，歌珠一串，依約似蓬島。"黃昇《念奴嬌》："回首邯鄲春夢破，零落珠歌翠舞。"劉辰翁《青玉案》："長記小紅樓畔路。杵歌串串，鼓聲疊疊，預賞元宵舞。"無論珠一串、歌珠貫串、珠串、一串珠、歌珠、貫珠歌，還是歌珠累貫、歌珠串、珠歌、歌珠貫、歌串如珠、一串歌珠、歌珠一串，都是《樂記》妙喻之分殊。

要求詞合樂美聽，講究"一聲清濁高下如縈縷耳"、纍如貫珠，一方面使宋詞在音樂性上也達到一個頂峰，諸如柳永詞"又能擇聲律諧者用之"（王灼《碧雞漫志》），"變舊聲作新聲，大得聲稱於世"，"音律甚協"（沈義父《樂府指迷》）；周邦彥號稱"最爲知音"，其詞嚴分字之四聲，等等，廣爲宋人及後人津津樂道，但另一方面也使一些宋人走向格律化的創作道路，一以合律、諧婉爲歸，而忽視、犧牲情感的表達、意境的創造。宋末楊纘（守齋）論作詞五要：第一要擇腔，第二要擇律，第三要按詞填譜，第四要隨律押韻，僅第五爲要立新意。① 創作層面的典型則爲宋末張樞，其子張炎在《詞源》中記其作詞情形爲："又作《惜花春起早》云'瑣窗深'，深字音不協，改爲幽字；又不協，改爲明字，歌之始協。"②自窗深，至窗幽，直至窗明，縱然音律諧和，而意境則迥然不同。如此，必使詞陷入協律之魔障，而趨向衰落。

---

① （宋）張炎：《詞源》卷下附錄楊守齋《作詞五要》，《詞話叢編》，第 267 頁。
② （宋）張炎：《詞源》卷下，《詞話叢編》，第 256 頁。

# 小　結

正如論者所言，"在中國文藝史上，《樂記》的影響極爲深遠，自漢至明清，它不僅在音樂理論領域雄霸了兩千年，而且對文學（包括戲曲、小説和詩歌、散文等）理論和創作，産生了極大的影響"。① 也就是説，《樂記》的影響涵蓋戲曲、小説、詩歌、散文等多種文體在内，我們很難説哪些影響止限於詞，哪些影響爲其他文體所無，無論樂與政通、與人通，還是雅正的規範、貫珠的歌唱，在詩歌、戲曲等多種文體的批評中，都有表述。但是顯而易見，《樂記》介入宋代詞學批評中，則是經由音樂文學一路，而非詩歌（無論唐詩還是宋詩）、散文一路，更非小説一路，這使《樂記》思想對詞學批評的指導，更爲直接、剴切。正是這個音樂文學的身份，使宋詞較早地接受儒家正統音樂思想的約束和鑒照，從而走上健康發展之路。《宋史·樂志一》載：太宗至道元年（995），"（阮曲）成，以示中書門下，因謂曰：'雅樂與鄭、衛不同，鄭聲淫，非中和之道。朕常思雅正之音可以治心，原古聖之旨，尚存遺美。'"②《宋會要輯稿·樂五》及《宋史·樂志十七》，皆言"真宗不喜鄭聲。而或爲雜詞，未嘗宣佈於外"。③ 當太宗、真宗們尚雅鄭、黜鄭聲時，作爲獨立文體的詞觀念，在宋人尚未形成；④蘇軾的"詩之裔"説，也要到元豐元年（1078）張先去世後方才問世。故以雅正思想繩衡音樂文體之歌詞，遠在詞之成爲獨立文體、詞體地位得到提升之前，這無疑爲宋詞的發展扶正了方嚮，其意義尤爲重大。同時，即使像雅正的規範在詩歌、戲曲等文體批評中也必然會存在，但宋代詞學批評的雅正論，還包括音律、音調、曲調之高雅；宋人根據《樂記》音樂起源論，探討詞的起源，體現出特定的文化立場和政治理念，也使《樂記》指導詞學批評的層面更爲豐富，内蘊更爲深厚。

原載於《文學遺産》2014 年第 5 期（有删節，此爲恢復全文）

（彭國忠，華東師範大學中文系教授）

---

① 王運熙、顧易生：《中國文學批評通史·先秦兩漢卷》，上海古籍出版社 1996 年版，第 392 頁。

② （元）脱脱等：《宋史》卷一二六，第 2944 頁。

③ 見（清）徐松《宋會要輯稿》，第 349 頁；（元）脱脱等：《宋史》，第 3356 頁。

④ 參筆者《唐宋詞學闡微》第一章第一節《詞文體的成立》，安徽大學出版社 2008 年版，第 8、9 頁。

# 宋康王趙構出使金軍史事三考

高紀春

　　1127 年，在金滅北宋的那場大災變中，宋徽宗的第九子、宋欽宗的九弟康王趙構，或許要算是因禍得福的最大受益者了。因爲他的僥倖漏網，遂使已墜之宋祚得以壞壁重構、死灰復燃，他本人也因此而成爲開創南宋半壁江山的中興之主，生前享盡富貴，死後倍受哀榮，最終廟號高宗。但是這位所謂的中興之主，實際上非但未曾建立像樣的功業，反而壞事做盡，罪惡滔天。十多年前，當代著名史家王曾瑜先生《荒淫無道宋高宗》一書，已經對其一生行事做了近乎全景式的剖析與清算。① 鄭明寶先生《靖康之變康王出質金營的兩個問題》一文，也對其早年史事進行了有益的探討。② 但是由於中華傳統史學爲尊者諱的積習過於深厚，要完全破除籠罩在這位帝王頭上的神話談何容易！本文所論，内容上與鄭文有所重合，史料及見解則多所出入，出發點亦有不同，非敢自以爲是，期在承前賢之命，申一孔之見，爲掃除封建史學的塵埃繼盡綿薄而已。

## 一、出質金軍原因考

　　1125 年，金人挾滅遼之餘威，首度南侵，并於次年（1126 年，北宋靖康元年）正月初抵達開封城下。宋方無力抵抗，爲避免宗社傾覆，只好謀求與之屈辱媾和。雙方經過交涉，金人提出犒師金幣、割讓三鎮（太原府、中山府、河間府）、以親王爲質等條件，并最終將親王人質鎖定爲"皇弟鄆

---

① 王曾瑜：《荒淫無道宋高宗》，河北人民出版社 1999 年版。
② 鄭明寶：《靖康之變康王出質金營的兩個問題》，載《中華文史論叢》2012 年第 4 期。

王"趙楷。① 宋廷答應了前兩項條件,但在第三項條件上,却并未完全遵照金方意旨行事,而是改派康王趙構作爲郓王的替代人選。

待討論的問題是:宋徽宗一生子嗣繁昌,此時封王者亦不在少數,金方爲何單單選定了郓王作爲人質? 宋方又爲何偏偏選定了康王而不是别的親王聊以塞責?

關於第一個問題,因今存宋金雙方文獻均無明確記載,姑容稍後再作回答。關於第二個問題,則有大量文獻記述可供參考。如《三朝北盟會編》云:

> 上召諸王曰:"誰肯爲朕行?"康王越次而進,請行。康王英鋭神武,勇而敢爲,有藝祖之風。將行,密奏於上曰:"朝廷若有便宜,無以一親王爲念。"②

又如《皇宋通鑑長編紀事本末》載:

> 時肅王及康王居京師。上退朝,康王入,毅然請行,曰:"彼必欲親王,今爲宗社大計,豈應辭避?"即以爲軍前計議使。……王正色云:"國家有急,死亦何避?"聞者悚然。③

再如《中興小曆》載:

> 時諸王皆從道君南幸,惟上與肅王留京師。淵聖召上,具言孝民所陳,上毅然請行。④

類似的記載又見於《靖康要録》《東都事略》《九朝編年備要》《建炎以來繫年要録》《宋史·高宗紀》等,不復一一贅引。這些衆多而且雷同的

① 《大金弔伐録》卷一《次事目札子》、《回宋書》,文淵閣《四庫全書》本,臺灣商務印書館,第 408 册,第 844、847 頁;(宋)徐夢莘:《三朝北盟會編》卷二九靖康元年正月十日丙子條,上海古籍出版社 1987 年影印本,第 217—218 頁。

② (宋)徐夢莘:《三朝北盟會編》卷三〇靖康元年正月十四日庚辰條,第 220 頁。

③ (宋)楊仲良:《皇宋通鑑長編紀事本末》卷一四五《金兵下》,《宛委别藏》本。

④ (宋)熊克:《中興小曆》卷一,文淵閣《四庫全書》本,第 313 册,第 783 頁。

記述,對於其他諸王都一概避而不談,而僅將鏡頭聚焦於康王一人,濃墨重彩地渲染其英武表現。初看之下,極易給人一種印象,即宋廷之所以選派康王出質金營,其故無他,完全是由於康王主動請命、慷慨請行的結果。但是只要稍加細心,便會發現這只是不應有的錯覺。首先,上引《長編紀事本末》及上提《東都事略》《九朝編年備要》的雷同記載中,都赫然冠以一言曰:"時肅王及康王居京師。"①這句話至少透露出如下的信息:很可能當時除肅、康二王外,宋徽宗諸子中其餘諸王均不在京師。其次,上引《中興小曆》"時諸王皆從道君南幸,惟上與肅王留京師"的記載,不僅與以上三書"時肅王及康王居京師"的記載完全吻合,而且進一步明確交代了其餘諸王不在京師的原因,即"皆從道君南幸"。真實情況是否如此呢?讓我們再看下面幾則記載:

其一,李綱《靖康傳信錄》載,靖康元年正月三日夜,"道君太上皇帝出通津門東下,道君太上皇后及皇子、帝姬等相續以行"。後來徽宗繼續南巡,"皇子、帝姬皆流寓沿路州縣,聞賊退,多先歸者"。②

其二,安成之《樞密宇文議燕保京記》所載宇文虛中語云:"今宗室諸公皆從上皇往東南,惟康邸爲質於軍中。"③

其三,無名氏《靖康小雅》云:"明年(筆者按,即靖康元年)正月五日,貫、攸挾上皇、后妃、鄆王楷等東走淮、浙。"④

上引三則史料毫無疑問都具有極高的原始性和可靠性,因爲:第一,《靖康傳信錄》的作者李綱和《樞密宇文議燕保京記》的事主宇文虛中皆爲當時宰輔大臣,不僅直接參與廟堂謀議,而且都是相關史事的見證和親歷者;第二,《靖康傳信錄》成書於靖康二年丁未歲二月二十五日,《樞密宇文議燕保京記》亦成文於"靖康丁未三月八日",二者不僅從時間上來說堪稱是最早的原始記錄,而且其所記、所言徽宗其餘諸子皆隨其父出逃

① （宋）王稱:《東都事略》卷一二二《張邦昌傳》,文淵閣《四庫全書》本,第382册,第794頁;（宋）陳均:《九朝編年備要》卷三〇,文淵閣《四庫全書》本,第328册,第822頁。

② 分見李綱《靖康傳信錄》卷上、卷中,《四部備要》本。同樣的記載又見於《靖康要錄》卷一靖康元年正月三日記事、卷三靖康元年三月十六日記事,《三朝北盟會編》卷二七同年月日"太上皇東幸亳州"條,當皆是以此爲本。

③ 引自《三朝北盟會編》卷二一五,第1549頁。

④ 引自《三朝北盟會編》卷五三,第400頁。《靖康要錄》卷七靖康元年七月十日記事載同,當亦採自《靖康小雅》。

東南的情況,亦與記録者的個人利害毫無關聯,不需要進行避忌,因而從內容上來看,也没有任何理由懷疑這兩條史料的客觀、真實性;第三,《靖康小雅》的作者及成書年代雖難確定,但據清四庫館臣的考證,此書係"作於汪(伯彦)、黄(潛善)秉政之日"(《四庫全書總目提要》卷六一),顯然亦應視爲較早的原始記録。將這三処原始記載與上引相對後出的史書《長編紀事本末》《東都事略》《中興小曆》《九朝編年備要》等相印證,足以得出如下的結論:在金軍第一次南下圍汴時,除肅王和康王未及出逃外,宋徽宗其餘諸子已獲封王者(包括鄆王在內)均已隨其父逃往東南。

弄清了只有"肅王及康王居京師"這一事實,上引諸書關於康王出質金軍原因的記載,其真實性便都成了問題。不僅所謂"上召諸王"一事絶無可能,其他如"康王越次而進"及"毅然"、"慷慨"請行等大量細節描繪,即使并非全然虛構,至多也只是相對肅王一人而已,因爲此時宋廷除了肅王、康王外,實在並無第三人可以召見,更無第三人可以派遣。

接下來的問題是:在康王和肅王之間,宋欽宗爲何最終選定了康王,是否因爲他的表現比肅王更加優秀呢?由於現存史籍對於肅王的表現完全失載,我們當然無法從肅王方面去求證。但是就康王而言,上引大量明顯有美化嫌疑的記述外,今見載籍中却也保留了一些截然不同的記載。如李心傳《繫年要録》載,北宋末金軍初次南下圍汴前,康王曾勸諫宋欽宗"少避其鋒,以保萬全"。① 又如曹勛《聖瑞圖贊》亦稱:"虜抵京城,廟堂無策。上慨然謂獨有增幣講好。欽宗乃遣上求成,張邦昌副之。"② 依照這兩條史料,當時康王的待敵之策不外是:一、退避保身;二、增幣乞和。質而言之,不過"走"與"降"二字而已。衆所周知,在宋室南渡之際因對金主張不同而形成的戰、守、和政治分野中,雖不能説主走、主和者皆畏金如鼠之輩,但大體而言,凡畏金如鼠者多主和主走,則應是不爭的事實。而康王在金軍初次南下侵宋之際,便以走、降二策相獻,這種表現,即使不能算是畏敵如鼠,至少也應與上引史料中"越次而進"、"毅然請行"等英武表現大不相符;聯繫其此後終生秉持的對金畏避求和的态度,反倒顯得前後一貫,完全吻合。又據史載,在宋欽宗向康王面諭出質之命後,曾令

① (宋)李心傳:《繫年要録》卷四一紹興元年正月辛酉,文淵閣《四庫全書》本,第325册,第582頁。又見《皇朝中興紀事本末》卷一六同年月日條。

② (宋)曹勛:《松隱集》卷二九《聖瑞圖贊》,民國劉氏《嘉業堂叢書》本。

其與宰執大臣相見,而就在會見之時,同知樞密院事李梲曾安慰他説:"大金恐南朝失信,故欲親王送到河,亦無他。"①這番言辭,分明意在打消其對於出使的恐懼和疑慮,同樣可從側面證明其諸般慷慨言行的子虛烏有。設使康王真的如所描繪的那般奮不顧身、果敢主動,那么李梲此言豈不是成了蛇足? 由此看來,所謂康王"越次而進","毅然""慷慨"請行等,即使只是針對肅王一人而言,也是難以令人信服的。

排除了康王主動請行的可能性,關於宋廷選派康王出爲人質的真實原因,便只能從上引大量虛構的史料以外去尋找。

現在讓我們重新回到本節的開頭:在宋徽宗諸子中,金方爲何單單選定了鄆王爲質呢? 關於這一問題,雖然史乏明載,但是從鄆王在徽宗諸子中的特殊地位,仍不難看出個中因由。據史載,宋徽宗諸子中,鄆王排行第三,不僅名位較其他諸子爲尊,且最受父皇寵愛,甚至一度威脅到其長兄欽宗的太子地位。② 靖康元年金人初次南侵時,由於徽宗的倉皇遜位,又由於其次子的早天,在欽宗以外的諸皇子親王中,鄆王的身份、地位無疑是最爲尊貴的。也許正是看中了這一點,金方才點名索要鄆王爲質,以期增加人質的含金量,使得宋方有所顧忌而不敢輕舉妄動。

但是從宋方來説,其選派人質的標準必然是恰恰相反。在其他諸王皆已南逃,唯有肅王和康王可供差遣的情況下,二人身份、地位的高下,無疑將成爲宋廷決策時的主要考量。從兄弟排行來看,肅王排行第五,遠較康王爲尊。從嫡庶親疏來看,二人雖同爲庶出,而肅王乃鄆王之同母弟,其生母王貴妃深受徽宗寵愛,在宮中地位甚高;康王的生母韋氏則地位卑微,即使在其出質之際,品位也僅至婉容而已。③ 依照母以子貴、子因母卑的傳統,肅王的地位更是遠非康王所能比擬。在此情況下,作爲長兄的宋欽宗當然不可能首選肅王去作人質,而只能讓名位更低的康王先去應付這一煩惱差遣。

---

① 此據楊仲良《長編紀事本末》卷一四五《金兵下》。《靖康要録》卷二、《九朝編年備要》卷三〇亦有相同記載。

② 參見王曾瑜《宋徽宗和欽宗父子參商》,載《慶祝楊向奎先生教研六十年論文集》,河北教育出版社 1998 年版。

③ 參見王曾瑜《宋高宗生母韋氏》,載《岳飛與南宋前期政治與軍事研究》,河南大學出版社 2002 年版。

## 二、僥倖代還原因考

康王奉命出質金軍,不啻是投身虎穴,吉少凶多,好去難還。但是在姚平仲劫寨事件發生後,本來隨時可能遭遇不測的他,却不僅安然無恙,反而很快被金人放還,其因何在? 當我們嘗試從相關史籍中尋求解答時,首先看到的又是大量的虛美緣飾之辭。如李綱《靖康傳信録》卷中説:

> 康王素有膽氣,膂力善射。居金人軍中幾月,姚平仲劫寨之夕,恬然無所驚怖。①

又如曹勛《聖瑞圖贊》稱:

> (康王至金營,)見二太子阿骨打。阿骨打謂其徒曰:上氣貌非常,恐過河爲宋人擁留,不若令易之。乃以他意遣上入城。肅王果代行。(筆者按:"阿骨打"應爲"斡离不"之誤)②

再如趙甡之《中興遺史》云:

> 康王之爲質也,金人見而憚之,遂欲別易親王。③

諸如此類,不勝枚舉。依照這些記載,金人之所以放還康王,其故無他,只是由於康王在金營的英武表現爲敵所憚而已。然而衆口鑠金,終竟無法湮滅歷史的真相。只要稍加考證,便會發現這類記載同樣是完全向壁虛構、毫無事實根據的。

首先,從當時宋金雙方强弱勢殊的情況看,無論康王的表現怎樣英武非凡,此時做爲人質的他,至多也只能是任由對方刀俎宰割的魚肉,何至於令其如此畏憚? 況且後來金軍二次南侵、宋方再度乞和時,金方曾提出

① (宋)李綱:《靖康傳信録》卷中。
② (宋)曹勛:《松隱集》卷二九《聖瑞圖贊》。
③ 引自《三朝北盟會編》卷三六靖康元年二月五日辛丑記事,第267頁。

"須康王親到議乃可成"的條件,①如果真的因畏憚而將其放還,怎麼會旋又點名要求他再度出使軍前? 畏憚之説顯然不僅甚乖於常理,而且大悖於事實。

其次,不僅所謂畏憚之説荒唐謬悠得無法成立,這些史料中關於康王英武表現的大量記載也同樣是經不起推敲的。謂予不信,請看下面兩段史料:

> 姚平仲劫寨,敵人以用兵責使者,張邦昌恐懼流涕,王止之曰:"爲國家乃憂身耶?"敵人莫不嗟歎。斡离不由是畏憚,不欲王留,更請肅王。②
>
> 既行,邦昌垂涕,康王慨然曰:"此男子事,相公不可如此。"邦昌慚而止。③

類似的記述,又見於《建炎以來繫年要録》卷一、《宋宰輔編年録》卷一三及《宋史》卷二四《高宗紀一》、卷三七三《鄭望之傳》等。如此眾多的雷同記載,似乎讓人無法不相信:在整個出使過程中,康王的表現可圈可點,而作爲副使的張邦昌則畏敵如鼠乃至於"恐懼涕泣"。如果不是在現存史籍中僥倖保存了鄭望之《靖康城下奉使録》中關於此事的一段原始記録,有誰會輕易懷疑這些記載的真實性呢?《奉使録》曰:

> (二月一日夜,)是夜約四更多時,劉都管高叫云:"相公懑,悉起你家人馬來厮殺也!"廳前大燒起柴火至天明。康王頗驚駭。望之密曰:"若王師勝,彼必不敢害我也。即若他勝,大王在城外已半月日,豈預知劫寨事? 政不須恐。"康王頗以爲然。二日,斡离不請康王及邦昌等相見,帳前札自家旗幟數百面、俘虜到將校數十人,再三詰責。邦昌云:"必不是朝廷如此,恐是四方勤王之師各奮忠義,自相結集,故來劫寨。"斡离不云:"待道是賊來,怎生有許多賊? 相公懑只可道

---

① 此據《長編紀事本末》卷一四五《金兵下》。熊克《中興小曆》卷一、《九朝編年備要》卷三〇載同,李壆《皇宋十朝綱要》卷一九作"須康王來和好乃成"。

② 《長編紀事本末》卷一四五《金兵下》。

③ 《三朝北盟會編》卷三〇靖康元年正月十四日庚辰條,第220頁。

朝廷不知也。"①

按鄭望之是當時宋廷派往金軍的首批乞和使節之一,姚平仲劫寨之夕,恰與康王等同在金營,因而他以親歷者身份寫下的這段文字,對於後人了解事情的真相,無疑是最具參考價值的。根據他的記載,劫寨事件後,康王不僅毫無英武表現,反而"頗驚駭",以至於需要他從旁勸解压驚然後已。反倒是被衆多史籍描繪爲"恐惧涕泣"的張邦昌却能臨難不惧,曲爲辯解,頗有些折衝樽俎之風。不僅如此,參照其他記載,又知鄭望之在劫寨事件後曾被押往金"都統國王營",一夜未還,而康王以爲金人"將害之",竟然爲之"泣下"。② 由此看來,被金人淫威嚇破了膽而"恐惧涕泣"者非張邦昌,乃康王也。歷史被後來的書寫者完全弄顛倒了,而這種顛倒顯然是純屬有心、絶非無意。封建史學爲虛美君王、溢惡罪臣而不惜移花接木、竄亂做僞、無所不用其極,於此可見一斑。

屏除了以上大量荒誕不經的記載,歷史的真相究竟隱藏在哪里呢?帶着這種疑問,十多年前,筆者曾在托名李燾所纂的《續宋編年資治通鑑》中,找到如下一段記録:

> 先是,康王留金營,與金國太子同射,連發三矢,皆中笴,連珠不斷。金人謂將官良家子,似非親王,豈有親王精於騎射如此? 乃遣歸,更請肅王爲質。③

根據這段記載,康王之所以被金人放還,乃是由於其親王的身份遭到了懷疑,而所以身份見疑,又由於他在一次"與金國太子同射"的游戲中表現太過優異。與上引各種已被證僞的材料相較而言,這條史料顯然是令人耳目一新的。但事實果真如此嗎? 在採信這一記録之前,我們同樣先須對其可靠性做一番檢驗。而在檢驗其可靠性之前,又必須先對記録這一史事的《續宋編年資治通鑑》一書進行審核。畢竟此書曾因"缺漏殊

---

① (宋)鄭望之:《奉使録》,引自《三朝北盟會編》卷三三靖康元年二月三日己亥,第 248 頁。

② 《長編紀事本末》卷一四五《金兵下》;(宋)韓元吉:《南澗甲乙稿》卷一六《題鄭侍郎所得太上皇帝御書後》,文淵閣《四庫全書》本,第 1165 册,第 255 頁。

③ 托名李燾纂:《續宋編年資治通鑑》卷一七,元建安陳氏餘庆堂刻本,國家圖書館藏。

甚"的缺點及作者署名上的"托名售欺"之嫌而被清四庫館臣打入"存目"另册,至今未爲研治宋史者所重視,故而在其書真僞問題未獲檢驗之前,本條記録的史料價值自然也就無從説起。

先説托名李燾撰《續宋編年資治通鑑》一書的真僞。筆者當年將此書與今存宋代史籍粗略比勘,得出的基本結論是:此書作者署名雖僞而内容不僞。又,此書今有元刻本傳世,可見其成書必在元代以前。由此推斷,在今天不少宋代文獻已湮没不存的情況下,此書對於研究宋代史事不僅有參考價值,而其中一些未見於他書的獨家記載,在史料發掘方面尤其具有不容忽視的拾遺補缺作用。

然後再來審查上引這段出自該書的史料的真實性。待檢驗的問題是:所謂"與金國太子同射"之事是否可能發生? 康王是否真的"精於騎射"? 金人的懷疑又是否合理?

從現存史籍來看,儘管在姚平仲劫寨事件發生後,金方曾一度對康王不禮,但在劫寨事件以前,他們對這位貴爲親王的人質似乎還是能夠以禮相待的。如金方文獻所説的金酋二太子斡离不"一見康王,便如兄弟相次",[①]宋方文獻所説的康王在金營"與二太子結歡","數與觀蹴踘雜伎"等等,[②]均可爲證。既然在劫寨事件發生前,康王與金酋二太子的相處還算融洽,并多次與之同觀"蹴踘雜伎",那么"同射"游戲的發生也是完全有可能的。

無獨有偶,在現存載籍中,同樣有不少關於康王早年體格健壯、嫻於武技之類的記載,也都爲本條史料的真實性提供了間接佐證。如説他"喜親騎射","脅力善射","挽弓至一石五斗","以二囊各貯斛米,兩臂舉之,行數百步,人皆駭服"等等,[③]不一而足。而最能説明康王精湛射藝的,莫過於靖康元年閏十一月發生的一件事。彼時金軍再度南下圍汴,康王奉

---

① 《大金弔伐録》卷一《别上書》,文淵閣《四庫全書》本,第 408 册,第 850 頁;又見《三朝北盟會編》卷三〇靖康元年正月十五日辛巳,第 223 頁。

② 《三朝北盟會編》卷六三靖康元年十一月十六日丁丑引《宣和録》,第 473 頁;《長編紀事本末》卷一四五《金兵下》;《中興小曆》卷一,文淵閣《四庫全書》本,第 313 册,第 783 頁。

③ (宋)曹勛《松隱集》卷二九《聖瑞圖贊》;《靖康傳信録》卷中;《中興小曆》卷一,文淵閣《四庫全書》本,第 313 册,第 783 頁;《繫年要録》卷一,文淵閣《四庫全書》本,第 325 册,第 16 頁;《中興兩朝編年綱目》卷一,國家圖書館藏抄本;《宋史》卷二四《高宗紀一》,中華書局點校本,第 439 頁。

命出使河北,逃在相州,曾經連發三矢,依次卜射州治的"飛僊亭"匾額中三字,結果不僅箭無虛發,次第中的,而且"無偏無側,箭皆在字形中"。①這一情節,即使有被記錄者誇張緣飾的嫌疑,但大體而言,也足以與上列大量記載相印證,説明年輕的康王確實是精於射藝的。那么在姚平仲劫寨以前相對寬松的氣氛中,康王因與金人"同射"而有連發中的的不俗表現,同樣是完全可能的。

但是從另一方面來説,宋朝長期承平,一貫崇文抑武,康王又生在宫廷,長於富貴,却也是不爭的事實。而金軍經由初次侵宋圍汴之役,也必然對宋朝軍事無能的情況有所了解。依常理推之,這位天潢貴胄似乎多半也只是不識干戈的紈綺浪子,豈能"精於騎射如此"? 由此看來,在康王精湛的射術表演後,金人對其身份產生懷疑,自然也應在情理之中。

基於以上分析,筆者以爲,本條史料的真實可靠性應該是不成問題的。但是僅凭此條記載,仍不能匆遽得出最後的定讞,否則便難免孤證斷案的嫌疑。

有没有更多的材料可以爲這一結論提供支持呢? 帶着這一疑問,當筆者將搜求的範圍進一步擴大時,終於又在元明時期的文獻中發現了兩條可資印證的相關記載。一條來自元朝僧人釋覺岸的《釋氏稽古略》,因其文字與本條史料完全相同,不必重複引録。② 一條來自明人的著述,兹將其引録如下:

> 王前嘗爲質於金營,而宋使姚平仲劫營,金疑其非親王,且嘗與較射,而連發中的,意其將家子,因却還之。③

這段來自明人的文字,當然尚不能作爲本文考證的直接依據,但它至少可以在以下兩個方面提供間接的幫助:第一,它與上引《續宋編年資治通鑑》《釋氏稽古略》的記載相印證,進一步提升了其真實可靠性;第二,

---

① 《松隱集》卷二三《上皇帝書十四事》、卷二九《聖瑞圖贊》。《聖瑞圖贊》記作康王途經鄆州時事,係誤。《中興小曆》卷一亦載其事,疑以曹勛所記爲本。

② 見釋覺岸《釋氏稽古略》卷四,文淵閣《四庫全書》本,第 1054 册,第 199 頁。另據鄭明寶先生所論,知《南宋雜事詩》所引《南渡録》文字中亦有相似記載。但《南渡録》顯係僞書,記事復多荒誕,故本文未敢引以爲據。

③ (明)劉定之:《呆齋存稿》卷七《宋論·高宗》,《四庫全書存目叢書·集部》第 34 册,第 169 頁。

它告訴我們,金人之所以對康王身份發生懷疑并最終將其放還,除了與"較射"事件有關外,更還與姚平仲劫寨事件密切相關。循着這一線索,讓我們將考察的重點聚焦於劫寨事件發生後宋金雙方交涉的歷史細節,看看是否果真如此吧。

二月二日,即劫寨次日,金帥幹離不便致書宋廷詰問劫寨之由。宋方的答書開具了不敢輕舉妄動的三項理由,其中第三項便是:"宰相、親王特遣詣軍前爲質,又遣執政大臣奉使,事體亦重,豈忍置而不恤,有傷君臣之義、骨肉之愛?"①而金方在回書中對這一解釋却根本不予採信,一面指責宋方"雖以康王、少宰爲質,決是無所顧惜,輒敢有此侵犯",一面要求"更以皇叔越王、駙馬曹都尉同質軍前"。② 所謂"無所顧惜"云云,顯然是懷疑康王非真,只是碍於外交禮節,沒有公開説破而已。宋方無奈,只好另遣肅王替代越王爲質,同時哀懇金方"候肅王到日,便令康王回歸"。③ 金方既疑康王非真,當然不再看重其人質價值,在肅王到達後,也樂得做一順水人情,慷慨地將其放還。

從"較射"游戲到"劫寨"事件,終於形成了比較完整的證據鏈。但是在得出最後的結論前,不妨再做一個大膽的假設:如果不是因爲身份見疑,那么在新人質肅王到達金營後,金軍是否會將康王放還呢?對於這一問題,雖然不可能再從實證的角度進行檢驗,但是從後來肅王一去不返的事實看,強大而野蠻的金軍,其實是毫無信義可言的。又從後來金軍再度南侵時多次索要康王這一事實來看,放還真正的康王,顯然并非其初衷。由此推斷,如果不是身份見疑,康王僥倖還歸的可能性也是微乎其微的。

現在讓我們用一句話來結束本節的考證吧:金人之所以放歸康王,其故無他,只是由於"較射"和"劫寨"兩次偶然的事件,致使其身份爲敵所疑而已。至於這一結論是否符合事實,在未有新的史料出現以前,筆者只能暫引聖人之言曰:"雖不中,不遠矣。"

---

① 《三朝北盟會編》卷三三靖康元年二月二日戊戌記事,第245頁。
② 《大金弔伐録》卷二天會四年二月五日《再上書》,文淵閣《四庫全書》本,第408册,第861頁。
③ 《大金弔伐録》卷二《宋主遣報謝使副回書》,文淵閣《四庫全書》本,第408册,第861—862頁;《三朝北盟會編》卷三一靖康元年正月二十四日庚寅"又別遣肅王爲質請歸康王"條,第230頁。按《會編》繫時有誤。

# 三、兵馬大元帥考

靖康元年冬,因金軍再度南侵,宋方不得已再次派遣康王出使河北金軍止師乞和。後因金軍渡河圍困開封,宋欽宗於萬般無奈之際,又曾以蠟丸密詔的形式除拜康王爲兵馬大元帥,命他火速回援京師勤王救駕。這是北宋滅亡前夜宋廷對康王的最後一次除拜差遣。關於這次除拜的具體職名,《宋史》卷二三《欽宗紀》説是"天下兵馬大元帥",卷二四《高宗紀一》又説是"河北兵馬大元帥"。同一本書的前後兩卷之間,對於同一事件的記載尚且如此不同,再看其他官私載籍,其矛盾紛歧就更加令人困惑了。概而言之,可分爲如下三種情況:

一、作"天下兵馬大元帥"者。如《宋史》卷二三《欽宗紀》、卷三五三《何㮚傳》、卷四四七《陳遘傳》、卷四七三《汪伯彥傳》,《太倉稊米集》卷四一《新城賦·序》,《海陵集》卷二三《張循王神道碑》,《三朝北盟會編》卷一一七引《林泉野記》、卷二一七引《韓忠武王中興佐命定國元勳之碑》,《皇宋十朝綱要》卷一九,《九朝編年備要》卷三〇,《金佗稡編》卷四《鄂王行實編年》,《文獻通考》卷五九《職官考一三》,《宋史全文》卷一五,凡此等等,皆作如此稱謂。

二、作"河北兵馬大元帥"者。如《宋史》卷二四《高宗紀一》、卷四五三《胡唐老傳》,《建炎以來朝野雜記》甲集卷一《高宗誕聖》,《繫年要録》卷一,《東都事略》卷一二六《附録四·金國下》,《靖康要録》卷一三,《長編紀事本末》卷一四五《金兵下》,《三朝北盟會編》卷七〇,凡此等等,皆作如是記載。

三、籠統記作"兵馬大元帥"者。如《東都事略》卷一二《欽宗紀》,《中興小曆》卷一,《宋會要·職官》三七之二、《禮》四九之二三,《三朝北盟會編》卷六八載使臣秦仔所携聖旨、卷七〇引《中興日曆》與《建炎録》、卷一一七引《靖康小雅》,《皇宋十朝綱要》卷二〇,凡此等等,皆止籠統稱之爲"兵馬大元帥",而無"天下""河北"等限定詞。

這些歧互不一的記載,乍看之下,確實令人眼花繚亂、無所適從,但實際上,第三種情況是完全可以忽略不計的。因爲"兵馬大元帥"之説太過籠統模糊,既可看成是"河北兵馬大元帥"的省謂,也可理解爲"天下兵馬大元帥"的簡稱,與前兩種記載其實是相互吻合而不致構成任何矛盾的。這樣一來,我們需要澄清的,實際上只是前兩種記載的歧異,即"天下"、"河北"到底孰是孰非而已。

筆者以爲,當以"河北"二字爲是,理由如下:

首先,從南宋著名史家李心傳氏對此事的考證來看。在《繫年要錄》卷一的正文中,李氏明確記載此事説:"殿中侍御史胡唐老見京城危,議以王爲元帥,何㮚是之。己酉,遣閤門祗候秦仔等八人持親筆蠟書縋城詣相州,拜王河北兵馬大元帥。"其下并附長篇注文曰:

> 趙甡之《遺史》載帛書云:"奉聖旨:訪知州郡糾合軍民,共欲起義,此祖宗涵養之俗,天地神祇,所當佑助。檄到日,康王可充兵馬大元帥,同力協謀,以濟大功。"其辭與汪伯彦《日曆》不同。淳熙十三年九月壬申,翰林學士兼修國史洪邁奏:"……當是時,㮚爲開封尹,首建元帥之請,及在相位,遂擬進書之文。其語云:'訪知州郡糾合軍民,共欲起義,此皆祖宗百年涵養忠厚之俗,天地神祇,所當佑助。檄到日,康王可充兵馬大元帥,陳亨伯充元帥,宗澤、汪伯彦充副元帥,同力協謀,以濟大功。'……"案此與甡之所云全同。然是時汪伯彦同被除,且耿延禧爲參議,不知二人何以乃不見此御筆? 或者㮚雖擬入,而後來淵聖又自删潤也。"兵馬大元帥"上有"河北"字,亦與㮚所擬不同。今并附此,以備參考。

這段注文至少有以下幾點值得注意:第一,李氏正文雖將康王帥職記作"河北兵馬大元帥",但對其所見原始資料的不同記載却并未回避,比如《中興遺史》及洪邁奏疏所載御筆指揮,皆是宰相何㮚所擬,而何氏所擬指揮中,"兵馬大元帥"上并無"河北"二字;第二,從今見《三朝北盟會編》卷七〇所引《中興日曆》的相關文字來看,雖然其所載欽宗御筆指揮與何㮚所擬初稿不同,但對於康王帥職,亦只作"兵馬大元帥",與何氏初擬并無不同,那么李氏注文中所説"'兵馬大元帥'上有'河北'字,亦與㮚所擬不同",顯然是别有所據;第三,不管李氏正文將康王帥職記作"河北兵馬大元帥"的依據究竟何在,可以確定的是,今見載籍中"天下"云云的記載,并不在李氏的討論範圍之内。

其次,從今見史籍的相關記載來看,康王帥府之命看似宋廷在情急無奈之下的倉促決策,其實際決策過程却頗有曲折。按照南宋中後期人魏了翁的説法:"康王霸府之議,首發於何公。"①這與上引《繫年要錄》卷一

---

① (宋)魏了翁:《鶴山大全集》卷六一《跋何丞相㮚家所藏欽宗御書》,《四部叢刊初編》本。

注文所引洪邁奏語中"棐爲開封尹,首建元帥之請"的説法相印證,足證何棐確實是康王帥府之議的始作俑者。但據《宋史》卷四〇四《汪若海傳》、卷四五三《胡唐老傳》、卷四四八《陳求道傳》及《繫年要録》卷一、《羅鄂州小集》卷六《胡待制舜陟傳》、《新安文獻志》卷八一《汪若海行狀》等文獻記載,知當時除了何棐外,至少尚有侍御史胡舜陟、殿中侍御史胡唐老、判都水監陳求道、太學生汪若海等人也曾先後提出過類似的建議。遺憾的是,宋廷對這一議案的态度却是"猶豫未決",①直到金軍再次圍汴後才匆忙予以採納。按史載,何棐於靖康元年十一月庚寅由開封府尹升任執政官,閏十一月壬辰拜相,而朝廷正式決定任命康王爲元帥則在同月己酉。由此推斷,何氏首發康王建帥之議最遲當不晚於十一月庚寅,自此至閏月己酉,其間歷時至少不短於三十天。② 在金軍第二次兵臨城下的萬分危急時刻,宋廷的這一決策看似倉促,實則有些太過漫長了。是什麼原因導致宋廷在此問題上"猶豫未決",擱置延宕如此之久呢? 從今見載籍中,我們雖然找不到直接的答案,但是在徽、欽二帝北狩後,身爲趙氏宗臣的趙子崧寫給康王的一封意在"勸進"的書信中,有一段話却是頗爲耐人尋味的:

> 國家之制,素無親王在外者。主上特付大王以大元帥之權,此殆天意。今若稍有猶豫則事去矣。兼恐四方姦雄乘變而起,猝難平定。望大王遵故事以天下兵馬大元帥承制號召四方,旬月之間,可傳檄而定。③

這段話的用意,無非是勸勉康王在徽欽北狩、天下無主的局面下,以大元帥之職迅速總攬天下兵柄,以防社稷江山落入他人之手。然而從宋欽宗的角度來説,難道當初就不曾考慮過這一所謂暗合"天意"的決策可能導致的嚴重後果么? 兵權所在則政權隨之,在政權完全由槍杆子決定

---

① 《繫年要録》卷一,文淵閣《四庫全書》本,第325冊,第26頁。
② 關於宋廷除命康王爲帥的具體日期,今見史籍互有出入,這裏以《繫年要録》、《宋史·欽宗紀》等多數史籍的繫日爲準。《長編紀事本末》卷一四五《金兵下》及《宋史全文》卷一五作十七日戊申,《三朝北盟會編》又繫之二十日辛亥,當是因草詔、出令、遣使之日各有不同所致。
③ 《繫年要録》卷四"建炎元年四月癸亥"條,文淵閣《四庫全書》本,第325冊,第83頁。

的時代,兵權豈可隨意假人? 由此推知,當時一息尚存的宋欽宗政權在此問題上必定是遲回反顧、慎之又慎的。康王建帥之議的艱難曲折,必然與此忌諱密切相關。爲了進一步證明這一點,不妨再引如下一段史料:

> 初,虜攻城日急,殿中侍御史胡唐老言:"聞康邸奉使至磁、相間,爲士民所遏,不得進,此天意也,乞就拜大元帥,俾率天下兵入援。"宰臣視奏,猶以"大"字爲難。唐老力争曰:"今社稷危矣,仰其拯國,顧惜一'大'字,非計也。"①

按據史載,正是在胡唐老"復申"之議的推動下,宰臣何㮚才"擬詔以進",最終促成了康王建帥一事,因而上引這段文字所記錄的,很有可能是此事塵埃落定前的最後一段曲折,文中"宰臣"二字所指,自然也非何氏莫屬。連首倡此議的何㮚在入居廟堂後都對此事如此顧忌,那么最高決策者宋欽宗的態度還用説么? 在迫不得已的最後時刻尚且以一個"大"字爲難,以至於需要御史力争然後可,那么關係至重的"天下"二字豈不是更爲廟堂的大忌么? 聯繫上引趙子崧書信中所言宋朝"素無親王在外"的事實,對於宋欽宗政權而言,時暫授予康王河北一路兵柄,實在已經是破格之舉,豈可更將天下兵柄輕易委人,以留他日噬脐之悔? 由此看來,今見史籍中所謂"天下兵馬大元帥"的記載,顯然都是宋室南渡以後的誇飾之辭,而李心傳氏在撰著《繫年要録》時對此類記載丝毫不予理會,也僅是堅守了中華史學"秉筆直書"的底線而已,并非有任何值得稱道的遠見卓識。

再次,從康王初開大元帥府的實際活動情況看,不僅其所統將兵僅限於河北一路,所有帥府一切指揮檄文等,亦未嘗有越出河北之境者。如《三朝北盟會編》卷七一、《繫年要録》卷一載,靖康元年十二月三日甲子,即康王開大元帥府之第三日,宋廷所遣使臣侯章"自京師至,傳命盡起河北一路兵",於是康王"即令耿延禧草詔,盡起河北諸郡官兵,令守臣自將"。四日乙丑,大元帥府傳檄諸郡起兵勤王,檄文"札付知中山府陳延康遘、知河間府黄待制潛善、知冀州權修撰邦彥、知信德府梁徽猷揚祖、知潞州王寶文麟、知深州姚知閣鵬、知磁州宗修撰澤、知德州滑大夫彦齡、知棣

---

① 《九朝編年備要》卷三〇,文淵閣《四庫全書》本,第 328 册,第 858 頁。又見《宋史全文》卷一五"靖康元年閏十一月戊申"條,文淵閣《四庫全書》本,第 330 册,第 574—575 頁。

州趙大夫(闕)、知博州孫振、知慶源府裴刺史汝明、知保州葛刺史逢、知霸州辛刺史彦宗、知保定軍高刺史公翰、知廣信軍張刺史映、知濱州董大夫誼、知安肅軍王大夫澈、知恩州、知滄州、知漠州、知永靖軍、知清州(忘記職位、姓名,皆闕之)等"。這一詳細的清單,所列亦毫無例外地全是河北州郡守臣。設使宋廷所除康王帥職果真以"天下"爲名,爲什么在其建帥之初,號令所及僅限於河北一路呢? 這是其一。其二,宋廷在授予康王帥職的同時,對其副職人選也同樣做了明確的安排,具體任命情況是: 康王爲大元帥,陳遘爲元帥,汪伯彦、宗澤爲副元帥。按,是時陳、汪、宗三人分別爲中山府、相州、磁州守臣。設如宋廷所除康王帥職果真是"天下兵馬大元帥",爲什么同時被命的三個副職竟無一例外地全是河北州郡守臣呢? 其三,在遣使河北詔命康王起兵勤王的同時,宋廷亦已"分命使人,往陝西授范致虚五路宣撫使,往淮南授翁彦國五路經制使,各令提兵勤王入援"。① 假如康王所受帥職果真以"天下"爲名,那么同時受命爲陝西五路宣撫使的范致虚、東南五路經制使的翁彦國等所部將兵,無疑應受其節制。可是在今見載籍中,却没有任何證據可以表明,在康王建帥之初,這些與河北將兵同時被命勤王的陝西、東南諸路將兵,曾經與康王帥府有過丝毫的隸屬關係。以上諸種事實,無不有力地證明,宋廷所除康王帥職,決非"天下"云云,只能是"河北"二字。

最後,據《三朝北盟會編》卷七一所引《要盟録》記載,京城既破,金人逼令宋廷召還康王,宋廷不得已,乃遣樞密曹輔密携宋欽宗親筆蠟詔以行,詔文有"仰大元帥康王將天下勤王兵總領分屯近甸"云云,似乎説明宋廷在城破之後確曾授予過康王總領天下勤王兵馬的實權。這則蠟詔,後來又被李心傳氏採入《繫年要録》正文。是否可以據此认爲,此後康王便可堂而皇之地濫叨"天下兵馬大元帥"之名呢? 答案當然是否定的。因爲第一,從此次蠟詔的内容看,所謂"仰大元帥康王將天下勤王兵總領分屯近甸"云云,顯然并非正式授予其天下兵柄,只是令其時暫總領天下勤王兵馬而已,故而即使康王可以援引此詔而攫得"總領天下勤王兵馬"的實權,在未經正式除拜的情況下,其帥府職名也依然只能是初除的"河北兵馬大元帥",而不得擅以"天下"帥職自居。第二,從上文所引趙子崧在徽、欽二帝北狩後寫給康王帥府的那封書信看,信中所謂"望大王遵故事以天下兵馬大元帥承制號召四方"云云,分明告诉我們,即使在後來宋祚

---

① 《三朝北盟會編》卷六八靖康元年閏十一月二十日辛亥條,第517頁。

傾覆、天下無主的情況下,康王也未敢擅以"天下兵馬大元帥"的職名號令天下,否則又何須趙子崧專門作書相勸呢? 第三,從當初甫受河北建帥之命便匆忙開府就職的情況看,康王應決非謙抑遜退、淡泊名位之人。[①] 而他本人在得知金軍北去、僞楚繼立的消息後,也立即當仁不讓地行使起"總領天下勤王兵馬"的實權來。[②] 那么爲什么居其實而不肯冒其名呢? 答案只能是:避自立之嫌爾。事實上,不僅宋廷從未正式授予過康王"天下兵馬大元帥"的職名,宋朝也從無親王在外掌兵的舊例可循,故而趙子崧書信云云,和當時其他種種勸進言論一樣,都是在毫無依據的情況下,以當年唐肅宗的故事勸康王自立而已。從臣子的角度講,在天崩地坼之際,勸請這位唯一逃亡在外的親王從權自立以繫天下人心,似乎并無不妥,但是從康王的角度來説,畢竟名不正則言不順,在未有正式授權的情況下,豈敢輕易叨冒"天下"之名呢?

以上煩瑣考證,從"正名"的角度出發,論證了"天下"二字的絶無可能。那么對今見載籍中大量的錯誤記載,又當如何解釋呢? 筆者以爲,固然不能排除個別較早記録因顧及康王後來"總領天下勤王兵馬"的實情而產生誤判,後出的記録又因輾轉抄襲以致無心犯錯的可能性,但大體而言,今見諸書稱其爲"天下兵馬大元帥"者,多半還應是有意作僞的虛美誇飾之辭。

"五帝三皇神聖事,騙了無涯過客"! 在即將結束本文之際,筆者於輕鬆之餘,更不能不油然而生沉重的感慨。回顧以上艱難考索的歷程,我們不免要問:本來如此簡單明白的事實,何以竟變得這般複雜難辨、隱晦難明呢? 答曰:只因各種謊言、神話的迷霧太多而已。在浩如烟海的中華歷史文獻中,類似的謊言、神話究竟還有多少? 恐怕無人能夠統計。而這些謊言、神話的制造者和傳播者,不僅有庸衆、小人,也不乏名士和良史;不僅古時甚多,今世也同樣有之。在一個人治傳統與等級特權意識深厚的國度,要完全根絶此類謊言和神話,似乎絶非易事,這誠是我們民族的悲哀。但是從另一方面講,"往者不諫,來者可追",誰又能保證一個有着

---

① 康王河北建帥之詔,今見史籍皆稱由秦仔率先送抵康王,而秦仔抵達康王處的時間,史多未詳。《九朝編年備要》卷三〇稱"己酉仔至相州",亦不足據。唯《三朝北盟會編》卷七〇靖康元年閏十一月二十七日戊午引《中興日曆》,明確記録秦仔抵相時間爲"是日"。以此推算,康王自戊午聞命至壬戌開府,前後不過四日。

② 參見《三朝北盟會編》卷九〇靖康二年四月四日癸亥"大元帥檄札下諸處勤王人馬京城下會合聽候指揮不得先入"條,第671頁。

悠久文明史的古國,不會徹底脱胎换骨,走向新生呢? 但願今後的民族史録中,類似的悲劇能少一些上演吧。

　　**附記**：據李綱《梁谿集》卷一七五《建炎進退志總序下》載,有傅亮者,"靖康初至京師上封事,請以親王爲元帥,治兵於河朔,淵聖不喜,令押出門"。益可知康王兵馬大元帥之除,初非欽宗本心;而初建此議者,除文中所列諸人外,尚有傅亮也。2016 年 2 月 23 日。

　　　　　　（高紀春,北京郵電大學馬克思主義學院副教授）

劉永翔教授
嚴佐之教授

顧宏義　主編

榮休紀念文集

下

# 清代佛教史籍的流通與禁燬

曹剛華

中國佛教史籍肇始於魏晉時期,歷經隋唐、兩宋發展,元、明、清時期佛教則分爲漢傳與藏傳兩條主線。對漢傳而言,儘管漢地佛教大爲衰退,但是佛教史籍的編撰工作並没停止,目前保存下來的清代漢傳佛教史籍仍有百部之多,如釋如純《黔南會燈録》、釋超永《五燈全書》、釋紀蔭《宗統編年》、周春《佛爾雅》等。

佛教史籍與佛教經、律、論有一定的區別,後者是宣揚佛教教義理論、戒律清規、高僧大德的佛學思想以及流行民間社會諸如因果報應、六道輪回等佛教學説的經典,廣爲民間百姓、文人雅士接受,是佛教文獻傳播的主流。佛教史籍在佛教經録分類中歸屬於雜著中土撰述中的史傳部,是佛教文獻中的邊緣。這種區別也就注定二者在流傳方式與範圍上有着截然不同的命運。

大致來説,清代佛教史籍在清代社會的流通有五種途徑:①一種是民間普通百姓之間的流傳,二是寺院僧衆與文人之間、文人士大夫之間的流傳,三是寺院、文人士大夫的收藏與著録,四是寺院的印刷交易和市場的圖書發行,五是文人士大夫、僧衆居士向官方的進呈。

一

正如上所言,清代佛教史籍多是關於佛教發展史、高僧大德史事、寺院山林發展史的佛教史書,偏少於佛教教義、理論。所以,對於民間普通

---

① 關於清代佛教史籍的刊刻,另有專文論述,此處主要是從閱讀史的角度,闡述清代社會對清代佛教史籍的閱讀、流傳與禁燬。

百姓來説,佛教史籍並不是老百姓願意閲讀的佛教文獻,他們更多誦讀的是《金剛經》《法華經》《高王觀世音經》《心經》《大悲懺》等流行的佛教經典。如孫復元,"字敏斯,仁和庠生,性慈善。……日課佛號、《金剛經》《大悲懺》"。① 尤其是隨着淨土宗在民間影響的深入,民間百姓更偏向於誦讀《淨土十要》《西方公據》《龍舒淨土文》《淨土全書》《敬信録》等淨土宗文獻。如徐太夫人一生誦讀《西方公據》,死後,家人將其"所誦《西方公據》二册焚化"。② 又如陳德心,"字大坤,蘇州農夫也。夏日納涼,偶過村館,見《敬信録》,乞塾師講解,有省,沿街收拾字紙。彭二林居士聞之,招入文星閣,勸修念佛三昧。德心素不識字,奉教静篤,後漸能書"。③ 等等。這些皆表明清代普通百姓對淨土宗文獻的熱衷,不管是認字還是不認字之人,都願意誦讀淨土文獻。正如時人描繪清代民衆信奉彌陀淨土、誦讀淨土文獻時所説:"城鄉之間,互相感化,男女老幼,手數珠,口喃喃者,習見爲常,不復詫異。"④

因此,對清代普通民衆來説,佛教史籍並不是其閲讀的主要對象,但是涉及淨土宗的史書,或者在民間有較大影響的淨土宗高僧、居士撰寫的宣傳淨土宗高僧大德的史書,民間信衆也會誦讀。如彭紹升編撰的《淨土聖賢録》《淨土聖賢録續編》《居士傳》《善女人傳》等佛教史書多流行於民間信衆中。故時人稱讚彭紹升道:"其《居士傳》《善女人傳》《淨土聖賢録》,隨機接引,世多傳而誦之。"⑤而民間百姓誦讀這些佛教史書的原因,更多在於"以引發衆生堅信淨土之心",⑥而並非平時文史著述作引經考據之用。

---

① (清)胡珽:《淨土聖賢録續編》卷三,《卍新纂續藏經》第 78 册 No.1550,臺灣新文豐出版公司 1997 年版,第 336 頁。
② (清)釋咫觀:《修西聞見録》卷四,《卍新纂續藏經》第 78 册 No.1552,第 406 頁。
③ (清)胡珽:《淨土聖賢録續編》卷三,《卍新纂續藏經》第 78 册 No.1550,第 341 頁。
④ 同上書,第 335 頁。
⑤ (清)胡珽:《淨土聖賢録續編》卷二,《卍新纂續藏經》第 78 册 No.1550,第 330 頁。
⑥ (清)釋咫觀:《修西聞見録》卷四,《卍新纂續藏經》第 78 册 No.1552,第 406 頁。

## 二

　　士僧間的交往、士大夫間的交流是清代佛教史籍流通的一種較爲常見的方式。僧衆或編撰，或收藏有寺志，多跟來往的士紳文人進行交流，或請這些士紳文人代爲校正、參訂，或請爲寺志題寫序言，以求外護。這些士紳文人也得以閱讀佛教的寺志、山志。

　　這種流通方式在宋代就已經存在，如兩宋僧人、文人名士爲佛教史籍題跋寫序，以提高自己的知名度；或是在編撰史書時，引用佛教史書。①清代士僧間的交往、士大夫間的交流更爲頻繁，其原因有二：一是清初不少士大夫逃禪，或是由士大夫身份轉化爲僧侶，或隱居山林，與僧侶爲伴，其原有的交往關係仍然存在，如無可大師與錢謙益、吳道新、陳焯等人的來往，徐昌治與費隱禪師的關係等，皆如此類；二是由於清代淨土宗的興盛，諸多文人僧侶居士、文人士大夫多結社淨修，或以文會友，或同修淨土，形成一種良好的交際氛圍圈，士僧之間、士大夫之間交往範圍和層次更加擴大化。如僧常智，淮安沭陽人，自幼喜歡禮觀音大士，後投寺院出家爲僧，遍游名刹，參諸知識，而專修淨業，與鄉里士人，"結社修懺"。②又如"有吳敬山者，與起鳳同里，爲蓮社友"，來往甚密。③再如朱麟書，"字文泉，新陽庠生，年近五旬，邁危疾，生大怖畏，遂棲心内典，手不釋卷。常以勸善諸書贈人，志存利濟。時亮寬和尚自師林退院，住尊勝庵，有梵行，麟書歸依受五戒，法名如因，結社尊勝，月一集，禮四明懺法，與社諸人互相策勵，講演淨土法門"。④可見，這種以文會友，以社修淨，已經成爲清代士僧之間、士大夫之間交往的重要形式之一。

　　其中，清代佛教史籍亦是當時僧人與士大夫之間文史交流的一種形式。一方面，清代佛教史家多請高僧大德、文人名士爲佛教史籍題跋寫

　　① （清）胡珽：《淨土聖賢録續編》卷三，《卍新纂續藏經》第 78 册 No. 1550，第341 頁。
　　② （清）胡珽：《淨土聖賢録續編》卷一，《卍新纂續藏經》第 78 册 No. 1550，第318 頁。
　　③ （清）胡珽：《淨土聖賢録續編》卷二，《卍新纂續藏經》第 78 册 No. 1550，第327 頁。
　　④ （清）胡珽：《淨土聖賢録續編》卷三，《卍新纂續藏經》第 78 册 No. 1550，第340 頁。

序,以提高自己的知名度。如戴京爲《法界宗五祖略記》做序,崔秉鏡爲《南宋元明僧寶傳》做序。康熙年間,程春翔爲釋如純編撰的《黔南會燈録》做序,他在序中曰:"(善一大師)遍歷諸山,博采各家語録,集之成帙,名以會燈,過余求序。"①故做序以明大師之志。爲了寫序跋,佛教史家或是趁高僧大德、文人名士駐足一地,親自上門將書稿贈於閱覽,或是將書稿郵寄閱覽。如徐昌治撰述《祖庭指南》,書成之後,寄給費隱禪師閱讀,聽其高見。費隱禪師在讀後感中寫道:"備閱傳序履歷,如飲甘飴,且具正知見,以弘護大法,真末世中,東南光明幢,照耀刹海,何幸如之,喜不自禁。"②這種事例在清代佛教史籍中屢見不鮮,高僧大德、文人名士爲佛教史籍寫序已蔚然成風。

另一方面,清代佛教史籍内容廣博,資料豐富,有資考證,也爲衆多清代文人名士著述詩文辭賦、歷史典故、地理志書時所引用。清人很多著述都會引用清代佛教史籍中的資料。如李文藻在《南澗文集》中提及張錦芳其人,其中對張錦芳籍貫地的情況,採用了《廣孝寺志》進行考證:"乾隆甲午端陽,羊城舍館招集馮魚山敏昌、張藥房錦芳。藥房,西郭人也。予憶《光孝寺志》載:'西郭外蘭湖精舍藏畫《浮海羅漢》與《貫休寫經》諸圖。'《無異寫經圖》庚寅歲見之,《伏虎圖》數日前始見,而爲之記。"③又如,厲鶚編撰《宋詩紀事》,也大量引用了清代佛教史籍的資料。《宋詩紀事》卷三二記載宋人許景衡的詩,其中有《登仙巖寺》:"龍穴梅潭抱嶺斜,憶曾同試雨前茶。稍須林壑開雲葉,便倩兒童汲井花。一別仙山空夢寐,三年邊塞走塵沙。合須覓片閒田地,鄰舍如儂有幾家。"在詩後,編撰者標明此首詩引自《仙巖寺志》。④ 卷九三又記載高僧道濟的詩《偶題》:"幾度西湖獨上船,篙師識我不論錢。一聲啼鳥破幽寂,正是山橫落照邊。"詩後,亦標明此詩引自《淨慈寺志》。⑤ 此外,在陶元藻《全浙詩話》、潘衍桐《兩浙輶軒續録》、馮桂芬《(同治)蘇州府志》等諸多清人著述中,也有引

---

① (清)程春翔:《黔南會燈録序》,釋如純:《黔南會燈録》,《卍新纂續藏經》第85册 No.1591,第227頁。

② (清)徐昌治:《祖庭指南》卷下《本師費隱禪師寄贈》,《卍新纂續藏經》第87册 No.1618,第177頁。

③ (清)李文藻:《南澗文集》卷上,《叢書集成初編》本,中華書局1985年版,第14頁。

④ (清)厲鶚:《宋詩紀事》卷三二,上海商務印書館1937年版,第801頁。

⑤ (清)厲鶚:《宋詩紀事》卷九三,第2297頁。

用《居士傳》、寺志等清代佛教史籍,兹不一一列舉。

爲什麽清人著述會引用本朝人編撰的佛教史籍?這是因爲清代佛教史籍一般多講述佛教發展大勢、高僧大德的史事、一地寺院的發展歷史、建築興廢、宗派傳承的源流等,其中較上乘之作,或是"窮搜博采,慎以成之,……稽其興廢,考其境界",①或是"故典可援"。② 而這些清代佛教史籍的編撰特點亦符合清人對佛教史籍的認識,所謂"其遺聞軼事,亦足爲考古談藝之資正,不徒爲伽藍增故實矣"。③ 可見,在清人眼中,佛教史籍不僅僅是講述佛教史事,更多的是"考古談藝",以增博雅之用。這既是清人著述引用佛教史籍的真正原因,也是清人引用佛教史籍時,爲什麽多引用佛教寺院志、山林志、僧衆居士傳記等史地書籍,而較少引用偏重於宣揚佛家教義類史書的真正原因。

## 三

寺院、文人士大夫的收藏與著録,則是清代佛教史籍流傳較爲常見的一種方式,可以分爲寺院、士紳文人收藏與著録兩類。佛教自東漢傳入中土後就興起了寺院藏書,藏書也成爲唐、宋、元、明寺院弘傳佛法、培養人才、交往士紳的一個重要内容。寺院藏書範圍較爲廣泛,主要以佛經爲主,兼涉儒家、道教經典文獻。如明代有條件的佛教寺院多有藏經樓、印經房,刊印、收藏佛教、儒家、道教以及文學、歷史等方面的圖書供僧衆和外來士人閱覽、學習。如天台山寺院收藏有《華嚴骨目》《往生記》《般若心經疏》《大乘止觀》《天台勝迹録》《天台志稿》《天台勝紀》《台山靈異録》等佛教經典。④ 清代一些有條件的寺院也刊印、收藏佛教文獻,其中亦有部分清代佛教史籍。如常州天寧寺,收藏的清代佛教史籍就有釋紀蔭撰《宗統編年》三十二卷、《宙亭别録》,釋顯泉等編《冶開鎔禪師傳》一

---

① (清)文中元:《聖因寺志序》,(清)邱峻:《聖因接待寺志》,趙一新總編:《杭州佛教文獻叢刊》第二輯,杭州出版社2007年版,第20册,第9頁。

② (清)吳樹虛:《重刻大昭慶律寺志序》,《大昭慶律寺志》,趙一新總編:《杭州佛教文獻叢刊》第二輯,第12册,第2頁。

③ (清)永瑢等:《四庫全書總目》卷七〇,中華書局1965年版,第621頁上。

④ 曹剛華:《明代佛教方志研究》,中國人民大學出版社2011年版,第58頁。

卷等書。①

　　清代私人收藏、著録佛教史籍亦較爲普遍。清代是中國私人藏書十分盛行的時代，無論是在藏書的數量和品質上都遠遠超過了前代。錢謙益的絳雲樓藏書、黄丕烈的百宋一廛、瞿氏的鐵琴銅劍樓、陸心源的皕宋樓藏書、丁氏兄弟的八千卷樓藏書等，都稱雄於世，爲後人羨慕。這些清代喜好收藏的士紳文人也收藏、著録有清代佛教史籍。如清光緒年間丁氏兄弟編修的《八千卷樓書目》，著録了《五葉弘傳》《宗統編年》《現果隨録》《佛爾雅》《善女人傳》《淨土聖賢録》《峨嵋山志》《説嵩》等清代佛教史籍30餘部。② 再如，《稽瑞樓書目·邑中著述》也著録《三峰藏禪師紀年録》《檗庵別録》《碩揆禪師尺牘》等清代佛教史書。③ 又如《文瑞樓藏書目録》亦著録《靈隱寺志》《説嵩》等清代佛教史書。④

## 四

　　寺院的印刷交易和市場上的圖書發行是清代佛教史籍流通的主要商業管道。清代佛教文獻流通方面主要有兩個管道，一是佛教專業的寺院流通處、刻經處，其中以清代初期嘉興楞嚴寺的《嘉興藏》流通、光緒時楊仁山等人創辦的金陵刻經處爲代表。這類機構多是佛教寺院、居士信徒創辦，不以贏利爲主，更多的是宣揚佛法。因此，這些專業刻經處的書籍或免費贈送，或爲寺院專賣，但即使如此，收取一定的製作費用以維持平時開銷，仍必不可少。

　　如以嘉興楞嚴寺流通《嘉興藏》爲例，爲什麽僧衆、居士文人會請《嘉興藏》？主要原因在於"請經者以世財博法，財全消鏗，執如此，方可護持諸佛法不廢，第一義也"，⑤即流通大藏經是維持佛法不墜落的第一要義。在這種挽救佛教思想的影響下，清代的僧衆士人才會頻繁地流通《嘉興藏》。收取流通費用的原因則在於，"印裝之工食滋增，紙值之湧騰倍屣，

---

① （清）濮一乘：《武進天寧寺志》卷四，杜潔祥：《中國佛寺史志匯刊》第1輯，臺北明文書局1980年版，第35册，第85頁。

② 丁立中：《八千卷樓書目》卷一四、卷八，國家圖書館出版社2009年版。

③ （清）陳揆：《稽瑞樓書目》，《叢書集成初編》本，第10頁。

④ （清）金星軺：《文瑞樓藏書目録》卷二，《叢書集成初編》本，第17頁。

⑤ 《楞嚴經坊重訂畫一緣起》，《嘉興藏目録》，民國九年刊本，第5頁。

加以往來雙徑人力之勞、舟船之費"，①簡單地説，就是人力、物力都需要收取請經者的費用，以維持寺院印經的正常運轉。有的僧人看到有利可圖，還私自上漲價格。順治十六年八月，地方官爲了防止寺院私自漲價，明文規定："嗣後經坊方册每一百頁，定價紋銀八分，永以爲例，不許低昂價值。"②即便如此，在之後的時間裏，《嘉興藏》的流通價格仍不斷地增長。因此，《嘉興藏》既有全藏流通的價格，也有每部書籍的流通標價。

　　清代佛教史籍另一個流通管道是清代發達的圖書市場。通過對《晚清營業書目》記載的銷售書單統計來看，清代圖書市場中也有清人佛教著述的買賣，多是考證性、寺志類史籍。如浙江書局銷售丁謙編纂的《浙江圖書館叢書》三十六卷，整套書爲賽連紙，售洋一元九角八分。其中有《佛國記地理考證》一卷，丁謙撰寫。東晉高僧法顯曾撰《佛國記》，詳述其西游求法之見聞。丁謙則將該書中的地理狀況細分爲審方向、察遠近、核時日、考道途、辨同異等八項，加以考證，使得歷來諸史中有關西域地理狀況之記載得以銜接，實爲清人對《佛國記》關於地理方面的最大注釋。又如，在浙江書局寄售的清代佛教史籍還有《武林掌故叢編》(26集)，208册，丁丙校輯，連史紙售洋六十八元，順泰紙售洋三十九元六角。《龍井見聞録》四册，汪孟鋗著，順泰紙售洋六角四分。③ 再如，山東書局銷售精刻名抄孤本秘笈類的《寶華山志》四册，售洋十二元；同文書局銷售的《平山堂圖志》每部洋一元等。這些都説明清代佛教史籍在清代官私圖書市場中的流通買賣，但是在圖書市場流通的清代佛教史籍亦多屬史地文獻、有資考證的史書，反映佛宗派傳承、教義教理的書籍則較少。

五

　　文人士大夫、僧衆居士向官方的進呈。清初時期，有些僧衆史家編撰完佛教史書後，特別會上書，請求皇帝賜序，或將所編佛教史書下敕入藏。如釋紀蔭編《宗統編年》、釋超永編《五燈全書》、釋海寬《五燈會元贊續》即爲如此。《宗統編年》卷首即載康熙三十二年紀蔭的《宗統編年進呈奏疏》："恭惟皇帝陛下，道涵天地，德貫古今。睿智宣聰，謨訓蔚虞周之盛。

---

① 《楞嚴經坊重訂畫一緣起》，第3頁。
② 《欽差嘉湖兵巡道爲懇定經值畫一以便流通藏經》，《嘉興藏目録》，第2頁。
③ 周振鶴：《晚清營業書目》，上海書店出版社2005年版，第73頁。

皇猷允塞，文章焕羲禹之隆。兩儀之内，無物不仰賴生成。三教之中，無人不欽承化育。……並所纂《宗統編年》一部，懇求法叔，代呈御前。伏乞陛下萬幾之暇，俯賜電覽，倘蒙日月光燭幽微，不責謬略之愆疵，大施蕩平之教訓，寵錫冠序，敕許頒行。"①海寬禪師編撰完《五燈會元贊續》，即上書順治帝，請求入藏。②

除此之外，乾隆時期編撰《四庫全書》時，也有部分清代佛教史籍通過文人士大夫的獻書、地方官員的採集進呈、官方購買等途徑進入到官方編修《四庫全書》的進程中。根據《四庫全書總目提要》中記載的清代佛教史籍來看，大致有 22 部有關清代佛教史書進呈四庫館，其中來自江浙文人士大夫藏書家獻書的有《峨眉山志》《峨眉志略》《寶華山志》《廬山通志》《雞足山志》《靈隱寺志》《青原志略》《正宏集》《現果隨錄》，藏書家主要是浙江汪啟淑、兩淮馬裕、編修周永年等人。來自內府藏本的有《盤山志》《普陀山志》。來自地方官府采進上呈的有《鼓山志》十二卷（兩淮鹽政採進本）、《龍唐山志》五卷（浙江巡撫採進本）、《説嵩》三十二卷（直隸總督採進本）、《嵩岳廟史》十卷（江蘇巡撫採進本）、《湘山志》八卷（浙江巡撫採進本）、《雁山圖志》（無卷數，江蘇巡撫採進本）、《崇恩志略》七卷（江西巡撫採進本）、《江心志》十二卷（浙江巡撫採進本）、《增修雲林寺志》八卷（浙江巡撫採進本）、《南宋元明僧寶傳》十五卷（浙江巡撫採進本）等。來自官方購買的佛教史籍則有《現果隨錄》一卷（大學士英廉購進本）。③ 從上述書目來看，能進入官方流通的清代佛教史籍也多是史地志乘、僧人傳記之書，並不涉及佛教教義、教理，這也在一定程度上反映了四庫館臣對清代佛教史籍的選擇標準多停留在資治考史的層面。儘管這些清代佛教史籍最後大多並沒有進入《四庫全書》，只是作爲存目存在，但是並不妨礙這些佛教史籍在官方層面的儲藏、流通及發還。

儘管清代佛教史籍在清代社會中有一定的流通管道和市場，但由於清代初期"貶清、反清的史書、詩文相繼問世，清朝統治者不得不在戰火紛飛之餘，在文化、思想方面對漢族知識分子的反滿言論進行回擊"。④ 針

① （清）釋紀蔭：《宗統編年進呈奏疏》，《宗統編年》，《卍新纂續藏經》第 86 册 No. 1600，第 61 頁。

② （清）釋超永：《五燈全書》卷六三，《卍新纂續藏經》第 82 册 No. 1571，第 287 頁。

③ 參見永瑢等《四庫全書總目》卷七六、卷七七，第 658—674 頁。

④ 楊健：《清王朝佛教事務管理》，社會科學文獻出版社 2008 年版，第 225 頁。

對一些如錢謙益、呂留良、陳繼儒等反清士人的作品，或者在書中具有反清復明、語多違疑、蠱惑人心的書籍，清代官方一應採取删次、銷毁的做法，其中即有幾部清代佛教史籍。

六

乾隆四十六年四月二十四日奏准，兩江總督薩載奏繳 102 種書籍，其中有釋明心稽《永曆紀年》一書，事涉前明。乾隆四十二年至四十九年間，江西巡撫郝碩奏繳的 10 種書籍，其中就有方以智編撰的《浮山全書》。乾隆四十一年二月十五日奏准，兩廣總督李侍堯奏繳八種，其中有釋澹歸編撰的《丹霞山志》。① 此外，在《四庫禁燬書叢刊補編》中還有馬元、釋真朴纂修的《曹溪通志》八卷。這些清代佛教史籍之所以被禁燬，其原因或是與編撰者前明身份有關，或是書中有反清復明、語多違疑之嫌。但是從整體來看，整個清代的禁燬活動對清代佛教史籍的刊印、流通影響並不是十分太大，只是限於三兩部佛教史書而已。

綜上所述，清代佛教史籍由於具有一定的學術性和專業性，故而在清代社會中的流傳並不是十分的廣泛，民間百姓較少閱讀或接觸這些記載高僧大德史事、山林寺院盛衰的書籍，更多的是具有較高知識水準的精英階層，或通過與僧衆的交往，或通過撰述書籍時的引用，或通過市場上的買賣，得以閱讀或接觸清代佛教史書。可以説，在整個清代社會中，佛教史籍的流傳呈現出一種學術化、多樣化、民間化、小衆化的態勢。也正是這樣的一種社會流傳方式，使得清代實行的文化高壓政策並沒有對清代佛教史籍的流傳造成特別大的影響，只有部分清代佛教史籍的編撰者，或由於其特殊的遺民身份，或在文字上語多違疑之嫌，但從整體上來講，其對清代佛教史書的流傳影響並不太大。

原載中國歷史文獻研究會編《歷史文獻研究》（總第 36 輯），華東師範大學出版社 2015 年版，第 208—214 頁。

（曹剛華，中國人民大學清史研究所副教授）

---

① 參見雷夢辰《清代各省禁書匯考》，北京圖書館出版社 1989 年版，第 70、111、253 頁。

# 喜 結 連 理

## ——《朱子家禮·婚禮》的現代化

### 田　梅　田　浩

　　鑒於周室傾頹,禮壞樂崩,孔子曾提出如果他能夠恰當地奉行古代禮儀,那麼他就能轉變天下,如同展示事物於自己的手掌之中那樣容易。① 至20世紀的中國,傳統的禮儀不僅曾遭到過現代批判,還經歷了文化大革命對其精神上的踐踏與破壞。而如今,一位朱熹的後裔表示,如果他能把一項古老的家禮進行適當地現代化改造,將有助於重新將中國社會導向仁義道德。20世紀50年代的《中華人民共和國婚姻法》促使新婚夫婦拋棄了細緻複雜的傳統婚禮儀式,②倚重於法律的權威合法性,而非公開儀式中所展現的社會尊重與認可。③ 然而,隨着20世紀80年代以來的改革開放與經濟繁榮,許多中國家庭開始採用一種折衷的方式,舉行中西禮儀混搭的婚禮,並不惜爲婚禮一擲千金。在這種背景下,華東師範大學古籍研究所教授、華東師範大學出版社原社長朱傑人先生,希望以對《朱子家禮·婚禮》的現代化改造爲基礎,促進和鞏固社會文明。他計劃首先在世界朱氏聯合會中對其進行推廣,最終普及到整個社會。《朱子家禮》對

---

　　① 見原文於《禮記·仲尼燕居第二十八》:"明乎郊社之禮、禘嘗之義,治國其如示諸掌乎!"另參《禮記·中庸第三十一》。《論語·八佾第三》中亦有:"子曰:'禘,自既灌而往者,吾不欲觀之矣。'或問禘之説。子曰:'不知也。知其説者之於天下也,其如示諸斯乎!'指其掌。"

　　② 1980年9月10日,第五屆全國人民代表大會第三次會議通過新的《中華人民共和國婚姻法》。自1981年1月1日起施行,原婚姻法自新法施行之日起廢止。2011年8月12日,最高人民法院發佈婚姻法最新的司法解釋。

　　③ Emily Honig and Gail Hershatter, *Personal Voices: Chinese Women in the 1980s*, Stanford: Stanford University Press, 1988, p. 137.

元代以降中華帝國晚期的禮儀實踐有着廣泛的影響。我們在此以朱氏婚禮作爲案例，來考察朱傑人爲復興儒家禮儀所作的努力。朱傑人對朱熹婚禮儀式進行的現代化改造與重新恢復，只是他對《朱子家禮》中的儒家家禮進行更新和推廣的第一步。朱傑人希望儒家的修身之學和中華文明的傳統價值觀最終能在當代中國得以復興。

## 研 究 方 法

我們同意朱氏的觀點，即婚禮有時是對婚姻重要性的公開表達，但我們同時認爲，没有清晰的模式可以藉婚禮的儀式來界定婚姻的性質。正如伊佩霞（Patricia Ebrey）教授指出的那樣，朱熹的儀式顛覆了人們對社會階層的普遍期望，因爲儀式正是爲社會身份發生轉換的人所准備的慶典，通過讓他或她穿着精緻的服飾及接受特別的待遇，使此人享有了一生中任何其他時候都無法期望得到的尊重。① 典禮標誌着非比尋常的時刻，而非展現日常關係。因此，以分析婚禮儀式爲基礎去描繪婚姻性質的特點，雖非絶無可能，但也難以企及。儘管一些奉行女權主義的學者已經僅以中華人民共和國的婚姻法作爲基礎分析了性别關係，②但是我們的方法與之不同，力圖通過口頭採訪來展現參與者對性别平等和中國傳統等論題所希望傳達的看法。因此，本文認爲，朱氏婚禮可以被解讀爲一次公開的聲明，該聲明力圖去界定世系、世系的傳統和世系間關係的構架。

爲了理解此這種儀式的意義，我們依賴於歷史背景、口頭採訪、典禮文本和記録儀式的 DVD 光碟，同時按照儀式的結構來組織我們文章。主要的信息來源是婚禮儀式的録影和隨附的手册《朱子婚禮現代版》，該手册隨後發表在世界朱氏聯合會的雜誌《朱子文化》上。③ 這場婚禮於 2009 年 12 月 5 日在上海西郊賓館舉行。婚禮由三個部分組成：傳統的中式婚

① Chu Hsi (Zhu Xi), *Chu Hsi's Family Rituals: A Twelfth-Century Chinese Manual for the Performance of Cappings, Weddings, Funerals, and Ancestral Rites*, translated, with annotation and introduction, by Patricia Buckley Ebrey, Princeton: Princeton University Press, 1991, Introduction, p. xxvi.

② For instance, please see Julia Kristeva, *About Chinese Women*, translated by Antia Barrows, New York: Urizen Books, 1977.

③ 朱傑人：《在兒子朱祁婚禮上的講話》，載《朱子文化》第 23 期（2010 年 1 月），第 16—20 頁。由於雜誌是公開出版的，因此引文來自於雜誌，而非婚禮的手册。

禮、浪漫的西式婚禮、祝賀演説。我們對婚禮録影的解讀，主要基於對這場婚禮的參加者，尤其是朱傑人、他的兒子朱祁及他的兒媳鍾明的採訪，而其他信息提供者也提供了關於另外一些當代中國婚禮的情況。我們對婚禮録影的解讀，還基於我們對來自朱熹的婚禮儀式的歷史變遷的理解、當代中國婚禮的背景以及朱傑人對世界朱氏聯合會的參與。儘管我們認爲把婚禮作爲一個整體來理解很重要，全文仍將從如下三個方面展開討論：將中式婚禮置於朱熹家禮的歷史變遷之中，將西式婚禮置於中國當代婚禮的背景之中，以及將朱傑人的講話置於他投身朱氏聯合會以改良當代社會的目標之下。通過對婚禮三部分的分析，我們指出，朱傑人希望通過此儀式來宣稱，朱氏後裔與過往歷史以及未來復興中國傳統禮儀與價值觀的潛在可能性息息相關。

## 一、《朱子家禮》與朱氏婚禮的現代版本

儘管當下有不少人可能會誤以爲朱傑人是在爲僵死的傳統招魂，朱傑人實際是踵行了朱熹的事業，去更新和推廣儒家的禮儀。正如朱傑人在他的修訂版婚禮的引言中所指出的，經典中的上古儀式在宋代就已經變得不再可行，因此司馬光和朱熹才不得不修訂並簡化了這些禮儀。[1]參酌了司馬光的《家範》和程頤對禮儀意義的解説，朱熹本人就曾更新了傳統禮儀。舉一個具體的例子：儘管古人要等三個月才帶新娘進入宗廟行“奠菜禮”，司馬光採用宋代通行的做法，在新娘到達夫家後立刻行“奠菜禮”，而朱熹則將時間改在了第三天。[2] 朱傑人則把婚禮移至象徵性地代表雙方家祠的祭壇前。正如伊佩霞教授所指出的，相比於前人，朱熹通過減省一些在宋代仍然流行的古禮，如“問名”“納吉”“請期”，進一步簡化了禮儀。不過，朱熹允許在婚禮上奏樂，這是當時通行的做法，卻是一項程頤試圖加强的傳統禁令。[3] 朱熹的弟子陳淳稱贊朱子家禮“酌古通今”，但仍然告誡人們不要刻板地奉行朱子的著述，因爲有些細節並非在所有地區都可行。此外，他鼓勵人們在領會整個文本精神内核的基礎上

---

① 朱傑人：《在兒子朱祁婚禮上的講話》，第 18 頁。關於朱熹禮學思想最新的詳細研究，參見殷慧《朱熹禮學思想研究》，湖南大學博士學位論文，2009 年。

② 參見 Ebrey, tr. , *Chu Hsi's Family Rituals*，第 54 頁注 20、第 63 頁注 70。

③ 同上書，第 53 頁注 17、第 61 頁注 60。

做出自己的選擇。① 與此相似,朱傑人強調了那些他所認同的禮儀核心價值,但又進一步簡化其步驟,並修改了一些元素。他勤勉而真誠地試圖復興傳統禮儀核心,一個頗具代表性的例子是:他對宋代的婚禮做了考證,並試圖恢復婚禮中新郎和新娘喝交杯酒的正確方式,即在對方喝過一半之後,再將酒杯交換給對方。

關於朱熹改造古禮並接受一些非正統的當代習俗的動機和目的,各方學者有着不同的解釋。裴志昂(Christian de Pee)尤其激烈地反對當代中國和西方學者(特別是伊佩霞)的觀點。這些學者認爲,朱熹接納一些時俗,是力圖拓寬對士大夫禮儀地位和程式的社會認可,並藉此鞏固士大夫階層的精英地位。裴志昂教授卻指出,朱熹致力於禮儀的簡潔,"並非圖方便或順應時俗,與之相反,這意味着一種對古禮濃縮式的呈現,一種對步驟的均衡縮減,而不是對時人所行的妥協"。② 然而,裴志昂在此的分析,是基於對朱熹對比自己與他人的意見的字面詮釋。當裴志昂尖銳地批判當代學者(特別是伊佩霞)聚焦於精英對禮儀加以關注的社會背景和地位義涵時,也有類似的過度解釋。儘管如此,我們可以認同裴志昂的如下觀點,即朱熹希望達到"對傳統儀式成比例的縮減",這種"對稱"利用典禮時空,使人們能夠在日常生活中實踐典禮。但是,對於這些詮釋性要點的強調是否可以真正動搖伊佩霞及其他當代學者的研究路徑和研究成果,我們持懷疑態度。

朱熹簡化這些儀式,不僅是爲了使其更加實用,也是爲了使其更容易被更廣大的人群接受,而後世的中國知識分子繼承了這一趨勢。伊佩霞引用了高明教授的觀點,即朱熹將"義理與儀文""理論與實踐"融爲一體,此外,她還強調,朱熹在"處理如何讓人們按照禮節行事的問題"上取

---

① 參見 Ebrey, Introduction, tr. , *Chu Hsi's Family Rituals*, p. xxvi。感謝柳立言先生慷慨地借給我們他所有的配有插圖的、對香港中國傳統婚禮的多樣性的中英文雙語綜述的副本。參考 The exhibition volume produced by the Hong Kong Museum of History and published by the Urban Council, *Local Traditional Chinese Wedding*(《本地華人傳統婚禮》), Hong Kong: Friendship Publishing Co. , 1987。此外,參考 Lu Renshu(盧仁淑), *Zhuzi jiali yu Hanguo zhi lixue*(《朱子家禮與韓國之禮學》),人民出版社 2000 年版。

② Christian de Pee(裴志昂), *The Writing of Weddings in Middle Period China: Text and Ritual in the Eighth through the Fourteenth Centuries*, Albany: State University of New York Press, 2007, pp. 72–87, especially p. 79. 另參柳立言(Lau Nap-yin)的書評,載《通報》(*T'oung Pao*)第 94. 4 期(2008 年),第 390—396 頁。

得了新的進展。不過,伊佩霞也指出,朱熹的禮學著作並沒有爲如何遵從禮儀的步驟提供一個簡明的指南,因爲他並没有就如何舉行這些禮儀提供民族志式的描繪。丘濬的《家禮儀節》,因其附有圖示而易於查考,被認爲是明代諸多《朱子家禮》修訂版中最重要版本之一。朱傑人通過提供這次婚禮的 DVD 録影作爲民族志式的記録以及一種禮儀的模式,進而詳細地闡明了這一趨勢。

推廣禮儀的努力,只是宋代大儒們龐大計劃中的一環,他們希望藉着禮制,去維護自己較高的社會地位。宋儒們清楚,王朝法律禁止高級官員以外的任何人擁有家廟,他們通過"祠堂",將禮儀實踐延及於下層官員和庶民。儘管經典和漢唐各朝對於每個階層可以祭祀幾代祖先有着極爲嚴格的規定,宋儒普遍認爲,任何階層的人都可以祭祀四代祖先。通過擴大這一主張的社會影響力,宋儒使得社會流動在一定程度上比在漢唐時期更容易被人接受,因爲特定的禮儀不再被局限於少數統治階級。總體而言,儘管有些逆流和不足,我們也許可以認爲宋代對婚儀的改革取得了長足的進步,使人們在禮儀方面獲得更大程度上的"平等"。朱傑人的修訂進一步推進了這一趨勢,他希望所有中國人都能體驗到傳統的典禮,同時通過朱熹婚禮的現代化版本享受到更平等的儀式。

雖然宋代的婚禮有着這些相對而言朝向"平等"發展的趨勢,性別秩序仍然牢不可破。伊佩霞總結了禮儀是被如何用來傳授男女互補與男女有別:

> 在經典中,婚禮被認爲是以闡明男女有別來提倡社會道德的。於此,這種意圖似乎是通過反復讓男方及其家族主導儀式來實現的,年輕的新郎將銘記他的權威,年輕的新娘則被灌輸以端莊柔順。或者正如司馬光所説:"男率女,女從男,夫婦剛柔之義自此始也。"[1]

性別區分的其他象徵也蘊含在禮儀的構架之中。例如,只有男人可以向祖先致詞,而女人只能静默地提供食物。[2] 朱熹雖然仍然信奉這些性別角色,他也在婚禮中包含了若干這樣的情境: 在女方家,新郎向新娘的家

---

[1] Patricia Buckley Ebrey, *Confucianism and Family Rituals in Imperial China: A Social History of Writing about Rites*, Princeton: Princeton University Press, 1991, p. 82.

[2] Ibid., pp. 23 – 24.

長或父親下跪和鞠躬;而在婚禮當天的幾處其他情境下,新郎向新娘致禮。① 此外,雖然向新娘致禮在我們看來可能僅是一種缺乏實際意義的姿態,這種致禮仍然在明清時期激起一些評注者的强烈反對。(這也表明,在明清時代,中國的性別觀念在某些方面較朱熹更爲嚴格。)這個例子顯示,對儀式進行現代化改革來包括更爲"平等"的性別關係時,會遭遇到複雜局面。正如葉翰(Hans van Ess)教授所指出的,儒家學説最成問題之處,在於其獨裁性的權力構架,尤其是在性別等級秩序方面。② 現代化了的朱氏婚儀,通過强化一些象徵性的行爲,在一些方面提高了新娘及其家族的地位,因此可以説,其設計在某種程度上,是爲了解決性別平等方面所存在的問題。不過,婚禮儀式的總體架構仍然强調了父系世系和孝道的重要性。

朱傑人在婚禮儀式中保留了很多反映權威中心等級秩序和性別不平等的元素,這可能使很多當代的西方人和中國人感到困擾,但是他也在其現代化了的禮儀中多有顧及,從而從根本上修正了主流儒家的權威式傾向。朱傑人保留了中國傳統儀式中的很多保守元素,特別是在大聲宣讀的告命之詞當中。這些聲明直接來自《朱子家禮》。婚禮僅在父母的允許下進行,父母命令和授權孩子結婚;一對新人仿佛毫無自主性。比如説,新郎的父母囑咐他:"往迎爾相,承我宗事,勉率以敬,若則有常。"新郎答道:"諾。惟恐不堪,不敢忘命。"③與此類似,當新娘的父母就婚姻對她進行訓導,新娘也同樣承諾永遠不忘父母之命。父母也通過向祖先彙報家庭大事和祭酒來向祖先致敬,儘管他們祭酒時將酒灑在布上,而不是像朱熹在婚禮儀式中所描繪的將酒灑在蘆葦上。由此,典禮保留了新郎和新娘在地位權力上的差別,權力結構亦保留了清晰的傳統性:從祖先到後代,從父母到子女,從新郎到新娘。在對這對新人的採訪中,新郎和新娘指出,現代版的《朱子家禮·婚禮》仍然强調了對父母及其權威的尊重。

---

① (宋)朱熹撰,朱傑人、嚴佐之、劉永翔主編:《朱子全書·朱子家禮》卷三,上海古籍出版社、安徽教育出版社 2003 年版,第七册,第 899—901 頁。另參 Ebrey, in her tr. , *Chu Hsi's Family Rituals*, pp. 58 - 60, 64。

② Hans van Ess(葉翰),"Cheng Yi and His Ideas about Women as Revealed in His *Commentary to the Yijing*", *Oriens Extremus*, No. 49 (2011).

③ (宋)朱熹撰,朱傑人、嚴佐之、劉永翔主編:《朱子全書·朱子家禮》卷三,第七册,第 898 頁;朱傑人:《在兒子朱祁婚禮上的講話》,第 19 頁。

不過,他們也着重指出,儀式已經"與時俱進"了。① 與之類似,朱傑人的妻子在另一個場合評論説,朱傑人的現代版的婚禮"提高了婦女的地位,提高很多"。②

儘管現代版本的朱氏婚禮沿襲了朱熹典禮中的很多等級要素,但這些要素被淡化了,因其僅以文本的形式呈現,而不再被當衆表演。新郎家庭和新娘家庭的通信在朱傑人的小册子和世界朱氏聯合會雜誌的文章中得到了再現,但在公開演示中被省略了。比如,當新娘的家庭收到求親信,他們回復:"某之女某某愚蠢,又弗能教,吾子命之,某不敢辭。"③不過,按照《朱子家禮》,如果女方的家長是新娘的弟侄,則要預先省略"愚蠢"一詞。④ 因此,朱傑人本來可以沿襲先例,省略輕蔑的用詞,不過他還是選擇不抹除這種"謙恭有禮"的姿態。此外,措辭强調"命令"出自新郎的家庭,這顯示了新郎家庭相較新娘家庭擁有更大的權威。當新娘家庭收到訂婚禮物,他們的書面回復總結道:"吾子順先典,貺某重禮,某不敢辭,敢不承命?"⑤這些詞句反覆體現,相對於新娘家庭,新郎家庭擁有更多的權力和權威。不過,這些話語並沒有在現代化的儀式上公開呈現,而且朱傑人的儀式省略了《朱子家禮》中對新娘的家長在收到新郎家庭書信時鞠躬的指示。在朱祁和鍾明的婚禮中,新娘的寡母承擔了向新娘父系祖先彙報的任務,而我們在前文已經提到,這一角色在過去只能由男性承擔。另外,現代化的結婚典禮還引入了某些在一定程度上更具平等色彩的儀式和象徵。

如果不考慮文本的傳統性和保守性特徵,現代化的朱氏婚儀對新娘和她的家庭,在審美層面給予了特別的尊重。在現代化的中式婚禮上,新娘站在母親旁邊的時候,新郎向新娘的母親下跪致敬,但新娘並不向新郎的父母下跪。當然,有人可能會引證《朱子家禮》中的先例,當新郎來接新

---

① 個人訪談,2010 年 4 月 2 日。

② 個人評論,2010 年 3 月 22 日。

③ （宋）朱熹撰,朱傑人、嚴佐之、劉永翔主編:《朱子全書·朱子家禮》卷三,第七册,第 896 頁;朱傑人:《在兒子朱祁婚禮上的講話》,第 19 頁。另參 Ebrey, in her tr. , *Chu Hsi's Family Rituals*, p. 52。

④ （宋）朱熹撰,朱傑人、嚴佐之、劉永翔主編:《朱子全書·朱子家禮》卷三,第七册,第 896 頁。另參 Ebrey, in her tr. , *Chu Hsi's Family Rituals*, p. 52。

⑤ （宋）朱熹撰,朱傑人、嚴佐之、劉永翔主編:《朱子全書·朱子家禮》卷三,第七册,第 897 頁。另參 Ebrey, in her tr. , *Chu Hsi's Family Rituals*, p. 54。

娘時,他要向新娘的家長或父親下跪鞠躬。不過,仍有兩處顯著差異:新郎下跪,在《朱子家禮》中發生在家中這樣一個私人場合之下,而在現代化的典禮中,下跪發生在婚禮這樣一個公開的環境中;不僅如此,因爲新娘鍾明站在了她的家長旁邊,於是新郎下跪致敬的物件也將她包含了在内。現代化的儀式文本中也設計了新娘的父母都要接受新郎的致敬,因此文本清晰地指示,在未來的婚禮中,新郎既要向父親,也要向母親表達敬意。在朱熹的文本中,新郎每向新娘鞠躬一次,新娘要還禮兩次。① 但在現代化的儀式中,新郎和新娘向彼此鞠躬,次數、時間、程度都相同。他們也作爲夫妻站在一起,向祖先、天地以及雙方的父母鞠躬。因此,在鞠躬的象徵性實踐中,新郎和新娘看起來具有平等的地位。

雖然新娘加入並服從於新郎的世系,她自己的世系也倍受尊重。在儀式中,家中的男性對女性表現得謙恭有禮。出於對新娘寡母的考慮,在婚禮的最後一部分——慶賀演説的前後,新娘的母親和新郎的母親並步進出禮堂,而新郎的父親跟隨在後。這些具有審美意義的姿態也許比典禮的文本缺少"契約性",不過相較於對中國傳統文獻的引用,它們更容易被客人"解讀"。由此,相比於僅僅閲讀了典禮文本的讀者,出席婚禮的賓客可能會對婚禮留下總體上更爲平等的印象。

無論是審美還是禮儀的實踐,都特別強調了婚禮儀式的中國特色。在《朱子家禮·婚禮》(現代版)的序言中,朱傑人表示,他深切地擔憂西式婚禮的盛行會"割裂傳統,變亂家法",以至於"馴至國人竟不知吾國自有婚儀,其禮則雅,其義則深。"②朱傑人指出,其中一處將"西方元素"引入中式儀式的地方,是伴娘和伴郎的加入。③ 兩位伴娘在新娘之前步入禮堂。事實上,整個婚禮的布置與中國傳統的布置並不相同,紅毯通道更像對教堂結構上(而非功能上)的模仿。朱傑人似乎是出於爲新娘考慮而增加伴娘的,這其中最有意義的修訂,是將事先可能被排除在外的人包括到典禮當中。這些變化看似微不足道,但這種包容性對婚禮内在的權威結構有着重要的影響。

最值得注意的是,例如在執行將新娘交給新郎的儀式時,朱傑人的典

---

① (宋)朱熹撰,朱傑人、嚴佐之、劉永翔主編:《朱子全書·朱子家禮》卷一,第七册,第 878 頁。另參 Ebrey, in her tr. , *Chu Hsi's Family Rituals*, p. 12。

② 朱傑人:《在兒子朱祁婚禮上的講話》,第 18、17 頁。

③ 同上書,第 20 頁注 2。

禮重新定義了"家長",因而與朱熹的體系有了很大的不同。朱熹的禮儀體系非常强調"宗"(即嫡長子一支)的地位,必須由長子一支的男性後裔主持典禮,通過對年幼者賜酒和訓導舉行"醮"禮。① 對禮儀的主持者必須出於嫡長子一支的規定可能導致其來自疏遠的支系,與此不同,15世紀的丘濬允許生身之父主持冠禮、笄禮和婚禮,從而減弱了對宗系的關注。然而,没有人試圖去改變家長的性别。比如,19世紀的《四禮辨俗》强調:"婿與婦不可主昏。"②按照這些規定,鍾明應由其父的男性親屬交給新郎。儘管如此,朱傑人允許新娘的母親擔當她的家長,雖然她是女性。由此,朱傑人進一步弱化了"宗"這樣一個在之前强有力地糅合了代際和性别等級秩序的概念。朱熹對"宗"的强調加强了儒家傳統中的權威性傾向(這種權威性傾向使儒家成爲20世紀早期被激進批判的主要目標)。雖然所謂"只生一個孩子"的政策其實更複雜,朱傑人也承認,政府的計劃生育政策讓"宗"的概念變得無關緊要(因爲現在没有那麽多男性的兄弟來爲了他們在家族中的地位競爭)。因此,他的婚禮儀式不僅努力地去適應時代,同時也顯示了一種向更平等方向發展的意願。③

新娘的母親充分扮演了雙重角色:新娘的家長和新娘的母親。比如説,當宣讀父母誡命時,她就承擔了父親和母親的雙重角色,雖然這兩個角色在結構上如此相似。她首先念出了父親的誡詞:"敬之,戒之,夙夜無違爾舅姑之命。"接着,她念出了母親的誡詞:"勉之,敬之,夙夜無違爾閨門之禮。"④禮儀的文本要求母親在這個時候去整理新娘的衣飾。據新娘後來告訴我們,這是她整個婚禮中最爲感動的一刻。當母親整理完她的衣飾並將她的手交給她的丈夫,鍾明感到自己快要哭出來了。相較而言,當新娘的母親在婚禮的西式部分將她交給新郎,她並没有如此感動——雖然她的母親在那個時候擁抱了她。這個事例表明,即使是簡短的禮儀

① Ebrey, Introduction, p. xxvii, to her tr., *Chu Hsi's Family Rituals.* 我們"禮法長子"的概念借用自 de Pee, p. 77。

② 李元春:《四禮辨俗》。討論見 Ebrey, in her tr., *Chu Hsi's Family Rituals*, p. 50, n. 4。

③ 現在計劃生育的政策又有新的變化,然而本文撰於2010年,當時的計劃生育政策還未全面放開二孩。

④ (宋)朱熹撰,朱傑人、嚴佐之、劉永翔主編:《朱子全書·朱子家禮》卷三,第七册,第898—899頁;朱傑人,第20頁。另參 Ebrey, in her tr., *Chu Hsi's Family Rituals*, p. 12。

姿態也可以意蘊深遠。

　　儘管朱傑人的儀式保留了很強的年齡等級色彩,儀式的組織過程卻反映了代際間相當大的自由度。雖然子女向父母跪拜,他們仍然主導了婚禮儀式的一些審美決策。例如,新郎和新娘選擇並訂制了傳統服裝。追隨當今的漢服熱潮,新人選擇了那個時代的傳統服飾。因爲漢代罕有染料,他們放棄了流行的中國婚禮喜色——紅色,而選擇了淺褐色。① 他們強調説淺褐色更爲柔和,也更能反映他們的個性。② 由此,我們可以用司馬光類似的主張來描述他們的決定——婚禮當以莊肅爲尚,非以情色爲念。③ 朱傑人非常幸運,年輕的朱氏夫婦,尤其是新娘,理解並喜歡這些家庭傳統。

　　在個人層面,這對新人感到,舉行一場婚禮,尤其是遵循朱熹的義理舉行這場婚禮,是非常重要的,因爲這些義理對新郎的父親意義重大。新郎強調,從他與鍾明在婚姻登記處登記,並在那裏交換了戒指開始,他就已經感受到了婚姻的責任。儘管如此,他仍然希望能有一場公開的婚禮慶典,既爲了使他的妻子高興,也爲了表達他對大家庭的尊重。④ 新娘則強調,婚禮可以幫助新人闡明他們對自己及婚姻的看法,促使他們將自己的生命完全融爲一體。"儀式的過程可以給予你力量和勇氣",新娘説。令她驚訝的是,婚禮的中式部分對她有着特別的意義和重要性。通常的婚禮套路強調西方的風俗,因而她的朋友和客人對婚禮的中式部分倍感着迷。不過,朱祁和鍾明仍然認爲,由於西方審美觀的盛行,大部分中國的年輕夫婦仍然會選擇標準化的"西式"婚儀,而非經過現代化改造的朱氏婚儀。⑤ 雖然這對朱氏新人更重視中式典禮,但他們在中式婚禮之後仍然舉行了一場西式婚禮。

## 二、朱氏婚禮中浪漫西式部分的當代背景

　　尤其需要指出的是,朱傑人是在一個不斷變動和改革的時代,投入到

---

　　① 這對夫婦的漢服是由一個漢服社團提供。

　　② 朱傑人對此的評論見於《朱子家禮: 從文本到現實——以婚禮爲例》一文,發表於 2010 年 6 月 22 日武夷山和 2010 年 10 月 21 日清華大學的學術會議。

　　③ Ebrey, *Confucianism and Family Rituals*, pp. 82 – 83.

　　④ 個人訪談,2010 年 4 月 2 日。7 月 10 日進行訪談時他們再次強調了這點。

　　⑤ 個人訪談,2010 年 4 月 2 日。

改造中國傳統儀式的事業中去的。比如説,美國加州大學伯克利分校的人類學家劉新指出,20世紀80年代的經濟改革以來,很多中國人開始在他們的禮儀中採用一些"傳統的"做法,雖然這些傳統的形式已經具有了革命性的含義或者"現代特徵"。① 當代典禮儀式的商業化使得代表象徵意義的標準詞彙進一步複雜化,因爲婚慶公司已經將來自多種傳統的成分打包提供給了消費者。在這一背景下,朱傑人的婚禮慶典跟隨了當代"創造傳統"的趨勢,不過,他對象徵意義的解讀更深地紮根於經典的傳統。中國社會處於普遍流動之中,很難精心計劃和組織一場婚禮,以至於以社會團體支持婚禮的傳統體系難以爲繼。經濟的興旺發展已創造了一套對婚姻的團體支援和婚禮的公共屬性易變的期望值。職是之故,朱式的婚禮也是這樣一種嘗試,即希望在特定的社會團體中重新引入一套標準而又能夠爲大家所共用的期望值。

作爲對社會地位的界定和自我身份的表達,②婚禮的重要性,可以從改革開放以來日益增長的婚禮花費上體現出來。在20世紀80年代後期,蔡文輝教授報告:"作爲四個現代化建設下人民生活水準日益提高的結果,近些年來我們所見到的最具革命性的變化,就是昂貴的婚禮與嫁妝的再現。"③雖然不同地區的習俗差別很大,但新郎和新娘的家庭在訂婚時交換禮物,並且向參加婚禮的婦女、兒童提供禮物,這在各地通常都被認爲是"傳統"的。我們在北京的信息提供者説,新娘家通常收到1 001(千里挑一)元或10 001元的訂婚禮物,因爲新娘比"一千中的一個"還要特殊。"千金"是對一個女孩的美稱,就像萬金是對男孩的美稱。新郎的家庭通常收到一份999元或9 999元的訂婚禮物,象徵着"天長地久",因爲"九"這個數與表示"時間長遠"的"久"字發音相近。根據蔡文輝教授的研究,新郎的彩禮從1983年的800元,增長到1986年的3 000—4 000

---

① 劉新(Xin Liu), In *One's Own Shadow: An Ethnographic Account of the Condition of Post-reform Rural China*, Berkeley: University of California Press, 2000, p.81.

② 馬麗思(Maris Gillette)寫道:"婚禮的奢侈或寒磣影響到了參與其中的家庭的社會地位。"參見"What's in a Dress?", in Deborah Davis, ed., *The Consumer Revolution in Urban China*, Berkeley: University of California Press, 2000, p.100。

③ 蔡文輝(Wen-hui Tsai), "New Trends in Marriage and Family Reform in Mainland China: Impacts from the Four Modernizations Campaign", in Shao Chuan Leung, ed., *Changes in China*, Lanham, MD: University Press of America; and Charlottesville: White Burkett Miller Center of Public Affairs, University of Virginia, 1989, p.239.

元;婚禮的開銷則從 1981 年的平均 3 619 元增長到 1986 年的 5 069 元。①
從改革的早期開始,婚禮的價格就持續以指數方式增長。據兩個獨立的
上海被訪者估計,每桌婚宴通常花費 5 000 元,而在上海,一場婚禮邀請
500 客人並不罕見。另一個上海的被訪者指出,現在很多年輕人在結婚
時遇到了困難,因爲他們籌不到足夠的錢來買婚房、籌辦婚禮,而這通常
被認爲是結婚的必要條件。② 中國政府反對這種過分炫耀財富的行爲,
但並沒有直接實施禁止奢侈的法律。由此一來,沒有一種外部的制約可
以抑制在後改革時代日益增長的奢侈婚禮。

這類大操大辦的婚禮經常給新婚夫婦和客人帶來巨大的經濟壓力。
理論上,婚禮的費用通過紅包被整個團體所分擔。根據對婚禮花費的估
算,大城市的紅包通常是 600、800 或 1 000 元,這對參加婚禮的客人通常
是個巨大的經濟負擔。一位北京的受訪者經常需要參加婚禮,因爲她丈
夫的政府部門工作需要廣泛的交際圈。在某些月份,她需要在婚禮上花
費 4 000 元,這比她整月的收入還多——這裏的收入不僅包括她的工資
(不到 1 800 元),還包括她的午餐補貼(200 元)以及上一份工作的退休
金(2 000 元)。③ 因此,這對夫婦有時候要在婚禮上花費妻子的全部收
入,僅靠丈夫的收入維持生活。一位上海的大學教授説,他避免參加婚
禮,因爲"三場婚禮可能就要花費他整月的工資"。不過,拒絕婚禮的邀請
會令人感到困難和不舒服,尤其是考慮到被邀請者面臨着幫助分擔婚禮
花費的巨大社會壓力。比如一位北京的受訪者不願意參加一個熟人的婚
禮,於是她沒有回應邀請。在接到對方多個電話,包括婚禮當天的一個電
話之後,她和她丈夫還是出席了婚禮。而儘管婚禮的組織者費盡心力,宴
會當天仍有三桌空無一人。這些空桌也提供全部菜肴,其花費也需計入
整個婚禮的成本之中。因此,中國婚禮的花銷本該被紅包補償,但婚禮的
舉辦者並不能完全確定怎樣規劃和計算紅包的總額。

爲了應對這種情況,一些當代的新人選擇簡化婚禮,甚至可以不顧傳

① 蔡文輝(Wen-hui Tsai),"New Trends in Marriage and Family Reform in Mainland China: Impacts from the Four Modernizations Campaign", in Shao Chuan Leung, ed., *Changes in China*, Lanham, MD: University Press of America; and Charlottesville: White Burkett Miller Center of Public Affairs, University of Virginia, 1989, p. 239.

② Andrew Jacobs, "China's Army of Graduates Faces Struggle", *The New York Times*, December 11, 2010, sec. World/Asia Pacific, www.nytimes.com.

③ 文中的資料多來自 2010 年我們所作的訪談,與現在的情況當有區別。

統規範，並犧牲社會認同。有一對新人決定"裸婚"，即不穿着結婚禮服，不舉行正式儀式，只進行民事登記。由於政府的婚姻登記處現在週末也提供服務，他們甚至不必爲了結婚而請假。如此，這對夫婦還決定"隱婚"，不向老闆和同事公開他們的婚禮及婚姻狀況，他們只在週末佩戴婚戒。不太清楚這對夫婦是不是在工作中感受到了壓力，因此要保持獨身；或者他們希望將他們的客人從分擔婚禮花費的壓力下解脫出來；或者兩者兼有。我們的受訪者强調，婚姻主要是兩個人之間的私事，與社會上的其他人關係不大。由此，當他們減少了婚禮上的社會團體投資，他們亦與婚禮的社會方面相脱離。儘管他們的父母没法收回多年來參加其他婚禮時所投入的份子錢，他們的父母和其他很多父母還是表示尊重這對年輕夫婦的看法和決定。除了個人層面的問題，婚禮也能承擔政治意義。在《服飾何謂?》一文中，人類學家馬麗思主張，西式的婚紗提供給年輕的穆斯林婦女一個穿戴"輕浮"衣飾以顯示她們性別特徵的機會，而她們平常是被禁止穿着性感衣物的。不顧來自家庭、宗教和政府當局的批評，這些女性通過選擇"西式"婚禮而非傳統回族婚禮，以使用一種"現代性"的表達，藉此抗議政府將她們歸類於"落後"的少數民族。① 馬麗思總結道："這種由婚紗消費者展現出來的力量——尤其是她們在没有政府干預的情況下，明確和展示她們自身身份的能力（在回族的例子中，這種身份界定與政府的看法相對立）——説明伴隨着都市消費者革命，中國已經朝公共領域的創建邁出了關鍵的一步。"②

在這種背景下，年輕的朱氏夫婦做出了自覺的努力，通過婚禮來表現他們對雙方家庭的尊重。他們將婚禮首先描繪爲一椿"家事"，在二十八桌婚宴中僅分配三桌給他們自己的朋友和老師。不過他們對"家"的定義包含了很多世界朱氏聯合會的成員，如此一來，出席他們婚禮的其實是一個極大被擴展了的"家"。雖然一些朱氏聯合會的成員與新郎和新娘聯繫甚少，這對年輕的夫婦還是努力和每一位客人説話，以便讓他們感到賓至如歸。從他們的角度來看，他們已經盡了最大的努力去簡化婚禮，他們自己支付婚禮費用，甚至給予父母一份小的"盈餘"。雖然朱氏婚禮規模龐大且花費不菲，但婚禮的首要目的不是爲了炫耀財富；更確切地説，這對新人希望能和家族成員們分享他們的婚姻，並將自己的家庭介紹給對方。

---

① 馬麗思（Gillette）, p. 195.

② Ibid. , p. 196.

爲了向新郎父親所珍視的傳統致敬,這對新人努力簡化婚禮的"西式"部分。他們拒絕了很多婚慶公司打包提供的標準程式,包括切蛋糕、致祝酒詞,以及拋灑花束、大米和襪帶。他們將婚禮的"西式"部分限定爲一段簡短的表演,新娘的母親將新娘交給新郎,而新郎向新娘獻上鮮花。他們也背誦誓詞並交換戒指,(在司儀的建議下)稍後共持一隻裝有燃燭的碗並步再入禮堂,在到達終點時將蠟燭熄滅。他們説,考慮到時間的限制,他們努力將婚禮的每一個環節控制在 20 分鐘之內,這樣客人才不會感到疲憊或厭煩。

雖然這對新人很强調婚禮中式部分的審美價值,他們仍然保留了婚禮的"西式"部分,來宣告誓言並浪漫地表達愛情。事實上,這對夫婦拒絶了朱傑人建議他們在中式婚禮結束後接吻的方案,因爲他們認爲這暗示在他們的頭腦裏(如果不是朱傑人的),傳統的中式婚禮和浪漫的西式婚禮之間有着嚴格的區分。就像大部分東亞婚禮一樣,婚禮的西式部分是爲了表達浪漫愛情,而非出於虔誠的基督教信仰。這對新人借用了西方文化中一些象徵純潔和騎士精神的元素,如服裝、鮮花、熱吻、新郎揭開新娘的面紗及新郎向新娘行單膝跪禮。更具體地説,西式婚禮部分使用了借鑒於西方的中式習俗,比如婚禮中包含有一段訂婚的場景。於是(儘管一夫一妻制其實已深深紮根於西方的文化傳統)西式婚儀貢獻了傳達愛意的語彙,而中式婚儀則提供了許下承諾的結構。

## 三、婚禮向世界朱氏聯合會以及 更大範圍聽衆傳遞的信息

這對年輕夫婦希望舉行一場中式婚禮,在一定程度上是爲了向朱傑人對世界朱氏聯合會的參與表達敬意。這次典禮不僅是"復興儒家"的學院派實踐,也是基於特定家族傳統的特定儀式。在婚禮的最後一部分,新郎的父親具體闡明了他對朱家獨特的傳統和身份的認識。朱傑人代表了自己的宗支,同時也希望整個家族都能採用這種價值觀和實踐。朱傑人强調婚姻是兩個家族的聯合,由此,他認定他的家族傳統無論在西方還是在當代中國都是獨特的。在這一家族傳統中,婚禮儀式提供了一種培養個人美德、孝道義務、公民責任以及愛國情操的途徑。

朱傑人十八分鐘的講話有助於闡明這對新人和其兩家族之間牢不可破的關係。朱傑人首先感謝了鍾明的父母兩家——父家鍾家和母家袁

家——允許他們的愛女嫁入朱氏宗族。接着,他稱許了兒媳的眼光,在衆多追求者中選中了朱祁。他進一步說,自己最大的成就是有朱祁這個兒子,而最大的失敗就是沒能有個女兒,所以他必須感謝他的兒子,將這個聰明、漂亮、活潑開朗且善解人意的女兒帶回了家。不過,朱傑人的演說並沒有僅僅停留在整個婚禮的騎士氛圍上,而是特別強調了婚姻是聯合兩個家族的良機。因此父母必須同意子女結婚,這樣他們對下一代的貢獻才能得到認可和感謝。同時這對新人的貢獻也得到了肯定。

朱傑人特別認同中國傳統的家庭價值,並明確將其與他所認爲的西方價值作了明確對比。他批評西方社會離婚盛行,宣稱朱氏家禮是互盡責任的典範,鼓勵持久的互敬互愛。朱傑人指出,與西式婚禮不同的是朱氏婚禮在個體之外還強調家庭。他評論道,西方的婚姻贊美一男一女間的神聖結合,超越於外界的批評和法律的管轄之外。他批評,由於這種個人自由,西方的伴侶"可以非婚同居,不要孩子,或者隨意離婚"。朱傑人非常認同儒家傳統在維護家庭方面的作用,他明確宣稱,這一傳統可以幫助抵禦"西方病與現代病"。① 由此,他不僅批判了西方,還批判了那些他眼中一味追隨西方,而忽略了他心目中的大家庭與社會道德的權威性與需求的人。

通過強調儒家傳統的家庭道德,朱傑人批判了今日中國年輕都市精英的衆多趨向。正如上文所指出的,爲了應對婚禮儀式帶來的經濟和社會負擔,很多年輕都市精英和他們的父母將婚姻看作"兩個人的私事",甚至對他們的老闆和同事"隱瞞"自己的婚姻狀況。不少我們的受訪者,包括一些爲人父母者,對年輕人在這樣的經濟和社會壓力下做出如是選擇表示理解。儘管如此,朱傑人強調,公開的慶典爲個體與家庭在婚姻中實現聯合提供了舞臺。通過引用《孟子》,朱傑人重申了"不孝有三,無後爲大"的中國傳統觀念。② 繼而,他表達了他的喜悅,爲了如今兒媳的到來,

---

① 朱傑人:《在兒子朱祁婚禮上的講話》,第 17—18 頁。在朱傑人回應我們草稿的文章中,他進一步闡述了他對朱熹婚儀進行現代化的目的。參考他關於將朱熹的婚禮儀式從文本付諸實踐過程的文章《〈朱子家禮〉:從文本到實驗——以婚禮爲例》,首次宣讀於 2010 年 6 月 22 日於武夷山舉行的第三次朱子文化節;他於 2010 年 10 月 20 日至 21 日在清華大學召開的"人文學科與價值觀:朱子學國際學術會議"上宣讀這篇文章,後收入陳來、朱傑人編《人文與價值》,華東師範大學出版社 2011 年版。

② 《孟子·離婁上》。

更爲了將來孫子孫女的降生。由此,他批評了中國年輕的都市精英,他們經常被描繪爲婚後不要孩子,以維持他們的生活方式。當他感謝他的父祖傳遞下了朱子以降的特殊傳統時,他也把這對年輕的夫婦置於了這一繼承序列之中。由此,他强調了朱熹家族作爲中國的儒家道德和傳統之繼承者的特殊地位。

爲了向鍾家介紹朱家,朱傑人開始解釋他們的家族和家風。他指出朱家的家風:"我們是一個不同尋常的家庭,因爲當我們有點錢時,我們會去買書,買古董。"他説他對鍾明只有一個要求:按《朱子家訓》做人,按《朱子家禮》辦婚事。朱傑人驕傲地指出,鍾明熱情地接受了這些要求,所以他很有信心,鍾明會成爲朱家的好媳婦。① 朱傑人同樣熱情地稱頌了他的母親,她接受了朱家的價值觀;他也感謝妻子對他在朱氏聯合會中活動的支持。在陳述了家族女性的貢獻之後,他開始稱頌他的父親。通過對這幾個人進行了頌揚,朱傑人認爲正是婚姻和家庭將他們團結在了一起。

在婚禮演説中,朱傑人解釋了孝道和愛國情操在他家的聯繫。他的講話中包含了對他三年前過世的父親的贊頌。老人最後的遺言是"臺灣",朱傑人將之解釋爲,老人要求一旦臺灣回歸祖國,後代要將此消息通知他。爲了强調這一點,朱傑人提到了以統一祖國的愛國熱忱而聞名的南宋詩人陸游,陸游的臨終遺言就是:"王師北定中原日,家祭無忘告乃翁。"通過聯繫到婚禮中的祭酒精神,朱傑人展現了祖先與後代之間的休戚與共,由此他建議所有聽衆都將祖國統一的消息也告訴他們的祖先。朱傑人進一步説,直到聽到了父親的臨終遺言,他才真正瞭解了父親——爲什麼父親會冒着生命危險去蘇北投奔新四軍,以及爲什麼(在文革期間)父親會讓四個孩子中的三個到黑龍江和吉林去建設邊疆等事迹。此外,朱傑人還看到了這種傳統在尊師重教和愛國奉獻方面對他自己和他兒子造成的影響。朱傑人表揚了兒子在美國獲得博士學位後,放棄高薪回到祖國的上海交通大學任教。朱傑人爲父親和兒子的愛國情操及公民責任感所感動,因爲這正體現了朱熹的哲學和價值觀。

考慮到父親複雜的政治背景,朱傑人含蓄地矯正了有關他父親的歷

---

① 在我們迄今所採訪到的世界朱氏聯合會成員中,鍾明表達了她對朱傑人以推廣禮儀提升社會道德的龐大計劃的最大程度的明確支持。儘管朱氏聯合會也試圖吸引年輕人,但其成員多是年長的男性家長,考慮到這一事實,鍾明不尋常的認同格外引人注目。

史。他雖然提及父親冒着生命危險去蘇北投奔新四軍,卻没有解釋他父親爲何如此勇於冒險。後來朱傑人向田浩解釋道:"在國民黨退出蘇南前,他們在我父親所在的鐵路部門强制所有的員工加入國民黨,因爲我的父親文化最高,被指定爲區分部委員。共産黨的軍隊接管了以後,我的父親被定爲'歷史反革命'而遭受了一輩子的折磨,直到文化大革命以後才得到正常公民的身份。"①朱傑人不僅評述了死者的生平,也點明了其對仍生活在共産主義中國的子孫後代的影響。考慮到這番公開頌詞的重要性,朱傑人選擇這一場合來發表格外引人注目。朱傑人在世界朱氏聯合會中的活動也有助於恢復朱熹的名譽。朱熹在 20 世紀,尤其是新文化運動和文化大革命期間遭到了批判而一度形象蒙塵。在文革期間,朱熹被攻擊缺乏愛國熱情,不支持收復故土的戰争。不過,除了在文革時期,中國的大部分學者承認,朱熹支持國家統一,儘管並不像一些主戰派人士那麽熱心和積極。②朱傑人並没有特別强調朱熹在國家統一的立場,但他認爲正是因爲朱熹的道德哲學而非具體政策,更能闡釋和維護家庭責任、公民義務和愛國奉獻。

在婚禮之後,朱傑人在朱氏聯合會內部對婚禮儀式進行了推廣。例如他在於馬來西亞舉行的聯合會會議上播放了兒子婚禮的録影,據他自己説,引起了相當的關注和積極的反響。此外,聯合會的雜誌全文刊發了婚禮儀式的文本及朱傑人的演講。在該文導言中,雜誌引用了司儀的話,他説自己從未見過長達 18 分鐘的"祝酒詞",而令他驚訝的是,客人如此專注地聆聽朱傑人的講話,並且顯然被此深深打動。編輯進一步指出,刊發此文是爲了讓整個朱氏宗族都能看到此文,以便引起思考與反響。他説,"也值得更多家庭更多人們的反思"。③除了對婚禮中出現的古典進行引用,朱傑人的文本還提供了這些引文的現代漢語譯本。可能有人會説,有的譯文還可以更口語化一些。但這些譯文提供了一個途徑,即讓普通人也能瞭解古典婚禮儀式中出現的關鍵古文,這是一個巨大的進步。

---

① 朱傑人曾在 2010 年向本文作者講述此事,在 2018 年修訂本文時他又對此事加以補充説明。

② 朱熹是投降派的觀點,參見楊榮國主編《簡明中國哲學史(修訂本)》,人民出版社 1975 年版;反駁意見參考朱瑞熙《朱熹是投降派、賣國賊嗎?》,《歷史研究》1978 年第 7 期,第 72—77 頁。另參田浩《功利主義儒家:陳亮對朱熹的挑戰》末章,江蘇人民出版社 1997 年版。

③ 朱傑人:《在兒子朱祁婚禮上的講話》,第 16 頁。

在朱氏聯合會的會議上，聯合會成員有時隆重地同聲朗讀《朱子家訓》。《家訓》與其現代譯文一起，被印在各種傳單、卡片和實物上。在 2010 年於吉隆坡舉行的朱氏聯合會會議上，聯合會的主辦者們樹立了以中英文雙語刻寫的《朱子家訓》石碑，他們還舉行了一個比賽，讓中小學生記誦、默寫中文的家訓。由此，朱氏聯合會希望能讓古典傳統變得平易近人，無論這些人是聯合會會員，還是更廣大的人群。

演說不免具有公共性和說教性，但在演說接近結尾時，語調突然發生了令人驚訝地急轉。作為總結，朱傑人直接對兒子說："你把鍾明娶回了家，你就要對她負責，好好地愛她，呵護她，就像愛自己的生命一樣愛自己的妻子，她就是你生命的一部分。在這一點上，你不能學你的父親，他不是一個合格的丈夫，他不懂得愛護和照顧你的媽媽，否則將來你是要後悔的。"[1]儘管在場的每一個人都會知道，朱祁的生母在他小的時候就去世了，但朱傑人尖銳的自我批評讓人們感受到，妻子的死仍然沉重地壓在他的心上。這也解釋了他對加入朱家女性的熱忱歡迎和他對她們的珍視。朱傑人動情地呼籲也表明，他真誠地感受到了自己與修身和孝道準則間深刻的個人聯繫。

總之，朱傑人的講話是對婚姻意義的深刻評論，婚姻通過一系列複雜的孝道與公民責任，為小家庭與宗族、祖先、社會和國家的聯繫提供了堅實的基礎。他轉引了朱熹對《禮記》的引用："夫婚姻者，所以合二姓之好，上以事宗廟，下以繼後世也。"[2]由這段文字，朱傑人闡發道，婚姻是家庭之事、宗族之事、社會之事，最終也是整個國家之事。在這一點上，婚姻教導人們，不僅要對自己的父母負責，也要對大家庭、整個社會以及天地萬物負責。因此，新人要告祖宗、禮父母、拜天地。與《大學》裏呈現的步驟相似，朱傑人也闡明了夫婦、家族、社會和整個世界之間的聯繫。朱傑人講話關於婚姻的第一部分和關於家族傳統的第二部分有着相似的結構，這也加強了這種對應（從個人，到家族，到祖先，到社會，到天下）。就像《大學》，朱傑人也試圖通過整合從個人到社會的循序漸進的步驟，以實現多重目標。朱傑人不僅希望向一個家族介紹另一個家族，也希望能將古與今、小家庭與全社會連成一個整體。考慮到當代中國對婚姻的公共屬性的期待如此不穩固，朱傑人

---

① 朱傑人：《在兒子朱祁婚禮上的講話》，第 18 頁。

② 同上書，第 17 頁。另參 Ebrey, in her tr., *Chu Hsi's Family Rituals*, p. 55，她使用了 James Legge, *The Chinese Classics*, Hong Kong：University of Hong Kong Press, 1961, reprint of Oxford, 1865–1995, Vol. 2, p. 428.

希望能以重建儒家的基礎來創建當代中國的社會文明。在《朱子家禮》的序言中，朱熹表明，他希望將禮儀付諸實踐，"庶幾古人所以修身齊家之道，謹終追遠之心，猶可以復見"，由此，他的禮書能"於國家所以崇化導民之意，亦或有小補"。① 而朱傑人的雄心，與之類似而尤有過之。

<h2 style="text-align:center">結　論</h2>

在 20 世紀早期，嚴復和陳焕章等中國知識分子，曾經宣導"孔教立國"，卻以失敗而告終。② 鑒於此，很多學者已經指出了"復興儒家"的先天不足之處。其中，約瑟夫·列文森（Joseph Levenson）教授的觀點最爲尖銳。他認爲，在現代轉向之後，復古僅僅成爲一種"傳統主義"，而非純粹意義上的"傳統"。換言之，當代中國人崇尚儒學，僅僅因爲它是本國的（"我的"），而非因爲它是正確的（"真的"）。一旦儒家成爲文化工藝品，如果不能通過重塑進而將一段早已奄奄一息的歷史具體化，則別無復興之途。③ 當代中國尊孔的種種努力（如在 2008 年奧運會的開幕式上），看起來更像是出於實用主義，而非真誠的信奉。不過，在當代中國復興儒家的行動之中，朱傑人的努力具有特別的意義，它強調來自朱熹的遺産，強調家庭在當代社會的基石作用，強調以禮儀作爲復興傳統的着力點。

朱傑人希望通過重新界定朱氏家族及其文化遺産，來"復興儒家"，或者説爲中國社會重新奠定儒家基礎。他並不聲稱他會修正整個傳統，僅僅希望能重新引入傳統的美學和道德價值。我們認爲，以聚焦於家禮作爲起點，他的選擇十分有洞察力。從歷史角度來看，家的確是儒家傳統生命力的重點。舉例來説，在漢建元五年（前 136），儒家第一次被樹立爲國家正統。然而，漢代没能處理好日益增長的社會和政治問題，儒家也在漢末失去了正

---

① （宋）朱熹撰，朱傑人、嚴佐之、劉永翔主編：《朱子全書·朱子家禮》序，第七册，第 873 頁。同時參見 Ebrey, in her tr., *Chu Hsi's Family Rituals*, p. 4。當然，對"修身"和"齊家"的引用來自《大學》。

② 田浩的意見參見以下文章：《儒學倫理和經世思想——探討陳亮、陳焕章與澀澤榮一的觀點》，收入田浩編《文化與歷史的追索——余英時教授八秩壽慶論文集》，臺北聯經出版公司 2009 年版，第 107—133 頁；"Confucian Ethics and Modern Chinese Development", in Gerd Kaminski, ed. *China's Traditions: Wings or Shackles for China's Modernization*, Vienna, Austria: Ludwig Bolzmann Institute, 2003, pp. 9–18.

③ ［美］約瑟夫·列文森（Joseph Levenson）著，鄭大華、任菁譯：《儒教中國及其現代命運》，中國社會科學出版社 2002 年版。

統地位,中國陷入了分裂和混亂。儒家能在魏晉南北朝的亂世中生存下來,首先就是因爲儒家與中國的家禮息息相關,而家庭觀念爲社會(特別是門閥)團結與秩序提供了基礎。朱熹改革家禮,是希望能通過家族制度來爲儒家固本培元。同樣,朱傑人也希望通過禮儀來爲家重建儒學基礎。因爲他意識到,不僅僅是儒家,更重要的是中國的家庭也處於危機之中。

儘管朱傑人對當代社會的批評基於對社會問題的廣泛關注,他仍然使用特別手段,來面對個人與傳統家族和社會的異化。政府官員和其他一些人都談及"西方病"對當代中國社會的威脅,不過,他們試圖通過政治運動和審查制度來抵禦這些"精神污染"。與世界朱氏聯合會這一民間組織類似,朱傑人也希望以發揚共用的禮節話語來促進社會文明的進步。於是,在這個經濟壓力日益促使個體與傳統婚俗脫離開來的社會環境下,朱傑人對婚姻和婚禮的"公共"屬性加以宣導。朱傑人不僅希望能夠抵禦"西方病"帶來的"精神污染",更希望能通過尊崇等級,來重建人與祖先、與社會的聯繫。朱傑人相信,儒家是(而不僅應該是)中國家庭的基礎,家族作爲一種制度,其命運及其社會角色,與儒家修身實踐的命運直接相關:如果儒家的禮儀再次復興,它將使傳統的儒家家族制度重新煥發生機,並再次成爲個人與社會之間的橋樑。

當朱傑人去復興社會和家族的禮儀實踐,傳統再次獲得了"活生生"的力量。在當代的"辯論"中,一部分學者如杜維明教授,認爲儒家很大程度上是一種知識傳統,因而也可以靠文獻研究來加以復興。而另一部分學者如余英時教授和鄭家棟教授則批評,知識分子復興儒家的努力過於抽象。對余英時和鄭家棟來説,既然儒家已經不再是活的實踐,它就不可能復興。或者正如余英時所喻,儒家只不過是被其後代忽略,不再享受祭奠,以至於饑腸轆轆的"游魂"罷了。① 朱傑人當然知道這一"辯論",他正是以聚焦於禮儀實踐的做法來對之加以回應。正如鍾明的反思所指出的,禮儀實踐,無論多麽不同尋常,總是一種能在參與者和傳統美學之間

① 余英時:《現代儒學的困境》,載杜維明編《儒學發展的宏觀透視》,(臺北)正中書局 1997 年版,第 32 頁。余英時的這個觀點,被梅約翰(John Makeham)的新書用作書名(*Lost Soul: "Confucianism" in Contemporary Chinese Academic Discourse*, Cambridge: Harvard University Asia Center for the Harvard-Yenching Institute, 2008)。另參鄭家棟《當代新儒學史論》,廣西教育出版社 1997 年版,第 6、51—52、87 頁;《斷裂中的傳統:信念與理性之間》,中國社會科學出版社 2001 年版,第 6、7、100—101、154、155 頁。感謝梅約翰教授爲我們介紹了鄭氏的著作。

建立感情聯繫的活的實踐。傳統美學、禮儀姿態和身體動作提供了一個舞臺，文本中的儀式得以表達爲社會實踐，人們的心靈和行爲也在互動中得到了重塑。就像《大學》中指出的，這種禮儀互動將爲整合個人與社會提供基礎，這也正是朱傑人所期待的。

　　儘管朱傑人和其他很多中國人，都將當代中國社會的道德淪喪歸咎於婚姻的風尚，這種風尚本身卻是由包括政治、制度和經濟原因在內的很多因素促成的。朱傑人承認，朱熹强調宗系的家族制度，在大部分家庭頂多只有一個兒子的當代中國社會已經變得不切實際。事實上，年輕夫婦更願將"家"定義爲他們的三口之家，而非大家族。由此，僅在父母陪伴下去婚姻登記處領證結婚的趨勢，可能事實上反映出中國當代的家庭結構——由核心家庭構成小支系，而支系之間的關係日漸疏遠。雖然"隱婚"有工作和經濟等方面的原因，可能也是這種離散化趨勢的一種表現。此外，保守人士抱怨，有些新娘家庭向新郎施壓，要求孩子隨母姓。不過這種實踐根植於"入贅"的傳統習俗，又被當代中國的計劃生育政策所喚醒，畢竟很多家庭沒有別的辦法來傳承家姓。此外，由於規定只能生育一個孩子，因此如果沒有在充分相處之前就早早結婚，這似乎並沒有太多看得見的好處。更重要的，婚禮和婚姻的經濟成本可能鼓勵一些年輕伴侶嘗試新的關聯式結構。因此，很可能是節約而非奢侈，促生了當代中國的一些非傳統關係。主流的中國倫理學家很早就認爲，經濟特權和社會道德之間存在着反比關係，而在維護政治和社會穩定的期許之下，當代中國掙扎於促進兩者共同進步的渴望中。事實上，爲數衆多的人仍然以傳統方式思考問題，而忽略了國家政策帶來的影響，這揭示出中國傳統知識分子的思維方式在相當程度上延續至今。因此，雖然朱傑人將儒家的道德視爲解決社會問題的實踐方案，但在實際運作中，它仍然可能成爲捍衛根深蒂固的傳統信念的工具。

　　儘管有如列文森教授這樣的對當代儒家的尖銳批判，朱傑人仍然旗幟鮮明地尊崇儒家義理，因爲他不僅將儒家看作自己所繼承的遺産，而且堅信儒家具有根本上的真理性並且有益於世。既然婚慶公司和新人可以隨意"重鑄傳統"或採用外來的風俗，那麼批判朱傑人通過篡改權威來更新傳統就太不公平，尤其是他還追隨了朱熹的先例。除了再次闡明自己的家庭傳統，朱傑人也在這次公開的典禮中深深地融入了個人特色，並引起了他的兒媳及衆多來賓的共鳴。朱傑人之所以做出這樣的努力，是因爲他清楚地認識並闡明了儒家復興的支柱。

**附記：**本文英文原稿發表於德國 *Oriens Extremus*(《遠東雜誌》)49 (2010)：115‐142。中文譯稿最初發表於《中國人類學評論》第 19 輯，2011 年，世界圖書出版公司，第 140—156 頁。修訂稿刊於陳來、朱傑人編《人文與價值：朱子學國際學術研討會暨朱子誕辰 880 周年紀念會論文集》，華東師範大學出版社 2011 年版，第 225—241 頁。今再次對全文加以修訂。2010 年春合著此文時，田梅獲得了復旦大學文史研究院 985 研究基金資助，正在該院訪問；田浩正以美國教育部富布賴特‐海斯(Fulbright-Hays)海外研究員身份在華東師範大學古籍研究所進行學術交流。

本文初稿由呂振宇、周挺啓、阮東升三位博士譯出。在修訂本文時，殷慧博士與杜樂博士助我良多。是次編入劉永翔、嚴佐之教授榮休紀念論文集，又得任仁仁博士和劉倩博士修正本文。在此特向他們致以謝意！

我曾多次參加華東師範大學舉辦的學術會議，並與華東師大古籍研究所有着多年的合作。2010 年我以富布賴特‐海斯訪問研究員身份到訪古籍所，2012 年 5 月我們還在亞利桑那州立大學坦佩校區聯合舉辦"朱子經學及其在東亞的流傳與發展"(Zhu Xi's Classical Studies and Its Transmission and Development in East Asia)國際學術研討會。今逢劉永翔、嚴佐之兩位教授榮休，謹獻上此文向兩位成就斐然的學者致敬！

　　[田梅(Margaret Mih Tillman)，美國普渡大學歷史系助理教授；田浩(Hoyt Cleveland Tillman)，美國亞利桑那州立大學國際語言文化學院教授、北京大學中國古代史研究中心兼職研究員]

# 唐寫本《文心雕龍》殘卷的
# 披露、傳播和疑雲

楊　焄

　　南朝齊梁時期的文學批評家劉勰撰有《文心雕龍》一書,因其"體大慮周""籠罩群言",①而在歷代詩文評著作中影響深遠。然而由於時代邈遠,文字多有訛誤脱衍,雖經明清以來諸多學者的辨析勘訂,仍因載籍闕略無徵而尚存大量待發之覆。1900 年在敦煌莫高窟意外發現了大批古代寫本和印本文獻,爲傳統文史研究開拓新境提供了極佳的契機,誠如陳寅恪在《陳垣〈敦煌劫餘録〉序》中所言:"一時代之學術,必有其新材料與新問題。取用此材料,以研求問題,則爲此時代學術之新潮流。治學之士,得預於此潮流者,謂之預流。其未得預者,謂之未入流。此古今學術史之通義,非彼閉門造車之徒,所能同喻者也。敦煌學者,今日世界學術之新潮流也。"②在這批敦煌文獻中恰好有一份唐人用草書抄録的《文心雕龍》,儘管只殘存自第一篇《原道》篇末贊語至第十五篇《諧讔》篇標題,篇幅僅及原書五十篇的四分之一左右,但也彌足珍貴。可惜這份殘卷不久就被匈牙利裔考古學家斯坦因(Sir Aurel Stein)攜至英國,隨後又入藏大英博物館,編號爲 S. 5478。普通人自然無緣得見,更難以從容考校。

　　率先對此殘卷進行研究的是日本漢學家鈴木虎雄,他根據另一位漢學家內藤湖南提供的殘卷照片,着手撰寫《敦煌本〈文心雕龍〉校勘記》。③

---

　　① 　(清)章學誠:《文史通義》卷五《詩話》,引文據葉瑛《文史通義校注》,中華書局 1994 年版,第 559 頁。

　　② 　陳寅恪:《陳垣〈敦煌劫餘録〉序》,收入《金明館叢稿二編》,三聯書店 2001 年版,第 266 頁。

　　③ 　[日]鈴木虎雄:《敦煌本文心雕龍校勘記》,收入[日]羽田亨編《內藤博士還曆祝賀支那學論叢》,京都弘文堂 1926 年版,第 979—1011 頁。

他強調唐寫本之所以可貴，不僅在於它是現存《文心雕龍》中最古老的版本，更重要的是和通行本相較存在大量異文，令人讀罷頓生"原來如此"的感慨。全文共分三部分：第一部分"校勘記前言"，簡要説明殘卷的基本情況和自己的校勘原則；第二部分"敦煌本《文心雕龍》原文"，對殘卷內容加以辨識寫定；第三部分"敦煌本《文心雕龍》校勘記"，則將殘卷與宋人編纂《太平御覽》時所引《文心雕龍》片段以及清人黃叔琳《文心雕龍輯注》加以比對，逐一臚列其異同。他在數年後又撰寫了《黃叔琳本〈文心雕龍〉校勘記》，提到自己先前"既有校勘記之作，今之所引，止其若干條耳。余所稱敦本者，即此書也"，①再次采摭唐寫本的部分內容來勘訂黃注本的疏漏。

幾乎就在同一時間，中國學者趙萬里也發表了《唐寫本〈文心雕龍〉殘卷校記》，同樣認爲："據以迻校嘉靖本，其勝處殆不可勝數，又與《太平御覽》所引及黃注本所改輒合，而黃本妄訂臆改之處亦得據以取正。彥和一書傳誦於人世者殆遍，然未有如此卷之完善者也。"充分肯定了殘卷的文獻校勘價值。他在題記中還撮述了自己的校訂經過："去年冬，余既假友人容君校本臨寫一過，以其有遺漏也，復假原影片重勘之，其見於《御覽》者亦附着焉。"②雖然語焉不詳，沒有具體説明照片的來源，但顯然與鈴木虎雄並不相同，也並不曉解鈴木對此已有研究。

這兩位學者對唐寫本的研究逐漸引起中日學界的廣泛重視，紛紛予以參考引録。在無錫國學專修學校任教的葉長青，曾將其授課講義整理成《文心雕龍雜記》。書前冠有黃翼雲所撰序言，盛贊葉氏能"取敦煌古本正今本劉著之舛誤"。③可是逐一覆按書中提到的唐寫本內容，其實都迻録自趙萬里的校記。鈴木虎雄的弟子斯波六郎在 1953—1958 年期間陸續發表的《〈文心雕龍〉札記》，④引録過老師的不少意見，並加以引申闡

---

① ［日］鈴木虎雄：《黃叔琳本〈文心雕龍〉校勘記》，原載 1928 年《支那學研究》第一卷，中譯本載范文瀾《文心雕龍注》，人民文學出版社 1958 年版，第 8 頁。

② 趙萬里：《唐寫本〈文心雕龍〉殘卷校記》，載《清華學報》第三卷第一期 1926 年。按：此文後收入冀淑英、張志清、劉波主編《趙萬里文集》第二卷（上海科學技術文獻出版社、國家圖書館出版社 2012 年版），"去年冬"改作"去年秋"。

③ 葉長青：《文心雕龍雜記》，福州鋪前頂程厝衕葉宅 1933 年。

④ ［日］斯波六郎：《〈文心雕龍〉札記》，原載《支那學研究》第 10、12、15、19 卷，中譯本收入王元化編選《日本研究〈文心雕龍〉論文集》，齊魯書社 1983 年版，第 39—113 頁。

發。范文瀾早年撰著《文心雕龍講疏》時還不知道有這份殘卷，①隨後將此書刪訂增補爲《文心雕龍注》，在《例言》中就明確交代參考過"鈴木虎雄先生校勘記，及友人趙君萬里校唐人殘寫本"。②劉永濟的《文心雕龍校釋》在《前言》中也提起："海外有唐寫殘卷，原出鳴沙石室。我曾取國人録回之文字異同，校《太平御覽》所引，同者十之七八。"③同樣非常倚重趙萬里的校訂成果。甚至在王重民編纂《敦煌古籍敍録》時，在《文心雕龍》條目下也直接引録了趙萬里的題記以供讀者參考。④

然而，由於鈴木虎雄和趙萬里依據的殘卷照片來源各異，雙方所持的校勘標準也不盡相同，因此兩人考訂所得也就多有出入。如殘卷中《原道》篇贊語僅存十三字，鈴木共校出三處異文，趙氏則闕而未論；而像《宗經》篇"其書言經"句，趙氏指出唐寫本"言"字作"曰"，又稱《太平御覽》所引"與唐本正合"，可鈴木對此卻隻字未提。此外，因爲唐寫本字體潦草，照片品質想必也不高，許多地方並不容易辨認，兩人存有疏漏也在所難免。專注於《文心雕龍》研究的户田浩曉在 1958 年徵得大英博物館的同意，獲取到一份新的縮微膠片，經過仔細比勘復核，撰有《作爲校勘資料的〈文心雕龍〉敦煌本》，就直言不諱地指出鈴木的工作"'校'詳而'勘'疏"，只是列異同，並未定是非，而且"校勘記中未曾言及的地方還很多"，⑤需要再做全面的考察。當然，絕大部分學者都不可能擁有如此優越的研究條件，得以直接利用殘卷的縮微膠片，而只能通過鈴木虎雄或趙萬里的校勘成果，或是想方設法尋求其他途徑，去間接瞭解殘卷的相關信息。楊明照在《文心雕龍校注》中就深爲感慨："敦煌莫高窟舊物，不幸被匈牙利人斯坦因盜去，今藏英國倫敦博物館之東方圖書室。……實今存《文心》之最古本也。原本既不可見，景片亦未入覯，爰就沈兼士先生所藏曬藍本迻録，比對諸本，勝處頗多。吉光片羽，確屬可珍。惜見奪異國，不

---

① 范文瀾：《文心雕龍講疏》，天津新懋印書局 1925 年版。
② 劉勰著，范文瀾注：《文心雕龍注》，人民文學出版社 2006 年版，第 4 頁。
③ 劉永濟：《文心雕龍校釋》，中華書局 1962 年版，第 4 頁。
④ 王重民編纂：《敦煌古籍敍録》，商務印書館 1958 年版，第 383—384 頁。
⑤ ［日］户田浩曉：《作爲校勘資料的〈文心雕龍〉敦煌本》，原載 1968 年《立正大學教養部紀要》第二號，中譯本收入王元化編選《日本研究〈文心雕龍〉論文集》，第 114—128 頁；又收入［日］户田浩曉著、曹旭譯《文心雕龍研究》第三編第一章，上海古籍出版社 1992 年版。此處引文據曹譯本。

得一睹原迹爲恨耳！"①由此造成的缺憾自是不言而喻。

日本東洋文庫所設的敦煌文獻研究聯絡委員會在 1953 年選派專門人員遠赴英倫，協助大英博物館整理館藏敦煌文獻。任教於香港大學的饒宗頤此時正在竭力搜集敦煌資料，聞訊後當然絕不會輕易錯過良機。他事後回憶道："往歲英國博物館得東洋文庫榎一雄、山本達郎兩先生之助，將所藏斯坦因取去之敦煌寫卷全部攝成顯微膠卷。時鄭德坤教授在劍橋，爲余購得一套，得於暇時縱觀瀏覽。是爲余浸淫於敦煌學之始。"②在隨後進行的研究中，他也注意到了這份唐寫本《文心雕龍》。在《敦煌寫卷之書法》一文中，他扼要評述過殘卷的書寫特點，認爲"雖無鉤鎖連環之奇，而有風行雨散之致，可與日本皇室所藏相傳爲賀知章草書《孝經》相媲美"。③數年之後，由饒宗頤主編的香港大學中文學會年刊《文心雕龍研究專號》出版，④書中收錄了他撰寫的《文心雕龍探原》《劉勰以前及其同時之文論佚書考》《劉勰文藝思想與佛教》《文心雕龍集釋·原道第一》等多篇論文，在全書最後還附有唐寫本《文心雕龍》殘卷的影印件以及他爲此撰寫的説明。臺灣明倫出版社在 1971 年又翻印過這本《文心雕龍研究專號》，使殘卷照片得到更廣泛的傳播。饒宗頤後來編訂個人論文集《文轍》，將這份影印説明也收入其中，並增加了一段後記，由此改題爲《敦煌唐寫本〈文心雕龍〉景本跋及後記》。他在後記中憶及此事，自詡道："拙作實爲唐本首次景印公諸於世之本，於《文心》唐本流傳研究雖不敢居爲首功，然亦不容抹殺。"⑤仔細梳理唐寫本在此後的流傳過程，他確實有着當之無愧的首創之功。

在爲影印件撰寫説明時，饒宗頤也認同前人的判斷，認爲唐寫本文字

---

① 楊明照：《文心雕龍校注》附錄六《板本》，古典文學出版社 1958 年，第 440 頁。按：楊氏日後在此書基礎上陸續修訂完成《文心雕龍校注拾遺》（上海古籍出版社 1982 年版）及《增訂文心雕龍校注》（中華書局 2000 年版），已經將"原本既不可見，景片亦未入觀，爰就沈兼士先生所藏曬藍本迻錄，比對諸本"、"惜見奪異國，不得一睹原迹爲恨耳"數語刪削殆盡。

② 饒宗頤：《〈法京所藏敦煌群及書法題記〉序》，載《饒宗頤二十世紀學術文集》第八卷《敦煌學》（下），臺灣新文豐出版公司 2003 年版，第 305 頁。

③ 饒宗頤：《敦煌寫卷之書法》，原載 1959 年《東方文化》第五卷第一期，後收入《書學叢論》，載《饒宗頤二十世紀學術文集》第十三卷《藝術》，第 38 頁。

④ 饒宗頤編：《文心雕龍研究專號》，香港大學中文系，1962 年。

⑤ 饒宗頤：《敦煌唐寫本〈文心雕龍〉景本跋及後記》，收入《文轍》，（臺北）學生書局 1991 年版，第 408 頁。

"頗多勝義", "較舊本爲優", ①可同時卻又發現其中頗存蹊蹺。在鈴木虎雄和趙萬里的校勘記中, 都明確提到殘卷中完整保留着自《徵聖》迄《雜文》共計 13 篇的内容, 但在他得到的這份縮微膠片中, 從《徵聖》篇下半部分到緊隨其後的《宗經》篇上半部分卻出現了大段闕漏。他由此推測, "豈此顯微影本, 由第一頁至第二頁中間攝影時有奪漏耶"?② 只是因爲還未能親自勘驗過寫本原件, 這個疑問只能暫時擱置不論。

饒宗頤在 1964 年又赴法國研究敦煌經卷, 順道轉至大英博物館檢核這份唐寫本殘卷。蓄疑已久的謎題最終解開, 確實是東洋文庫的工作人員在拍攝時大意疏忽, 遺漏了一整頁内容。饒氏還没來得及撰文説明相關情況, 就發現"日本户田浩曉先生關心於此, 特著文討論", ③也就是那篇《作爲校勘資料的〈文心雕龍〉敦煌本》。户田在 1958 年得到英方授權而得到的膠片, 同樣是由東洋文庫負責拍攝的, 對其中的文字闕漏也困惑不解。他注意到饒宗頤爲殘卷影印本所寫的説明, 在自己的論文中説起"饒氏的這一推斷是正確的。我也很早就注意到這一問題, 遂於 1961 年再次向大英博物館尋求援助, 並得到了完整無缺的膠卷"。④ 既然日本學者已經發現症結所在, 並圓滿地解決了問題, 饒氏當然也就毋庸贅言了。

東洋文庫所攝縮微膠片内容闕漏的原因雖然已經查明, 但饒宗頤據此刊佈的影印件終究並非完璧, 還是讓人感到未愜於心。好在没過多久, 香港中文大學新亞研究所的潘重規整理出版《唐寫〈文心雕龍〉殘本合校》, 不僅"綜合諸家之説, 親就原卷覆校, 附以己見", 提供了一個全新的匯校本, 而且還將自己早年訪書英倫時拍攝的"中無脱漏"的殘卷照片"復印附後, 俾讀者得自檢核, 而知有所别擇也", ⑤唐寫本《文心雕龍》殘卷至此才得以完整示人。而後陳新雄、于大成主編的《文心雕龍論文集》又轉載了潘氏的合校本, ⑥儘管並未同時附上殘卷照片, 但也爲有興趣的讀者提供了重要線索。

---

① 饒宗頤:《敦煌唐寫本〈文心雕龍〉景本跋及後記》, 收入《文轍》, 第 407 頁。

② 同上。

③ 同上書, 第 408 頁。

④ [日] 户田浩曉:《作爲校勘資料的〈文心雕龍〉敦煌本》, 收入《文心雕龍研究》, 第 122 頁。

⑤ 潘重規:《唐寫〈文心雕龍〉殘本合校》, 香港新亞研究所 1970 年版, 第 4 頁。

⑥ 陳新雄、于大成主編:《文心雕龍論文集》, (臺北) 文光出版社 1975 年版。

　　饒、潘兩位先後公佈的唐寫本影印件都在港臺地區出版,大陸眾多學者根本無法寓目,依然頗有遺憾。復旦大學在 1984 年主辦中日學者《文心雕龍》研討會,籌備期間曾委託上海古籍出版社影印上海圖書館所藏元至正刻本《文心雕龍》。原來還計畫同時附印唐寫本殘卷,以便學者參考利用,可當時北京圖書館(即今國家圖書館)雖藏有這份縮微膠片,卻是由東洋文庫拍攝的那種,内容原本就有闕漏,加之保存不善,以致文字漫漶,難以辨識,因此最終只能作罷。會議召開期間,時任中國《文心雕龍》學會副會長的王元化與日方代表戶田浩曉順便談及此事。戶田返回日本之後,立即就將北圖所藏膠片中脱漏的那一頁影本寄來。數年之後,王元化又得到了潘重規的《唐寫〈文心雕龍〉殘本合校》。他隨即委託友人專程赴大英博物館,再次攝取原件的縮微膠片,以便詳細對照比勘。經過數年的搜集積累,有關唐寫本殘卷的文獻資料已經頗爲齊備了,而王元化"不敢自秘,遂請托林其錟、陳鳳金賢伉儷整理出版,以供學人研究之用"。①林、陳兩位的整理成果最先發表於《中華文史論叢》1988 年第一期。隨後經過修訂補充,加上《宋本〈太平御覽〉引〈文心雕龍〉輯校》,並附上所有圖片,由上海書店於 1991 年正式出版。美中不足的是這些圖版資料,尤其是唐寫本照片的印製效果相當糟糕,只能算是聊勝於無。所幸中國《文心雕龍》學會和全國高校古籍整理委員會此後在王元化的積極建議下,合作編纂《〈文心雕龍〉資料叢書》,②將包括唐寫本在内的歷代重要版本匯爲一編,頗便學者取資。而林其錟、陳鳳金兩位更是精益求精,在多年後又推出《增訂〈文心雕龍〉集校合編》,③不僅校勘内容更爲細密精審,所附圖版資料也經過修復處理,較諸饒宗頤、潘重規先前公佈的照片更爲清晰,研究者們終於可以充分利用這份唐寫本殘卷了。

　　不過,圍繞着唐寫本殘卷還有些疑雲有待揭曉。潘重規在《唐寫〈文心雕龍〉殘本合校》中介紹各家的校勘成果,最後總結道:"上來諸家,或未見原卷,或據影本而中有脱漏,且有見所據參差,因疑敦煌原卷或有異

---

　　① 王元化:《〈敦煌遺書文心雕龍殘卷集校〉序》,載林其錟、陳鳳金《敦煌遺書文心雕龍殘卷集校》,上海書店 1991 年版,第 1 頁。

　　② 中國《文心雕龍》學會、全國高校古籍整理委員會合編:《〈文心雕龍〉資料叢書》,學苑出版社 2004 年版。

　　③ 林其錟、陳鳳金:《增訂〈文心雕龍〉集校合編》,華東師範大學出版社 2011年版。

本者。"①饒宗頤注意到這番議論,特意指出:"惟潘君稱有人致疑別有敦煌異本,則殊易引起誤會——因《文心》敦煌草書寫本僅有 Stein 五四七八此册而已,實別無它卷也。"②認爲這種推斷缺乏依據,根本沒有必要。可是,除了大英博物館所收藏的那份殘卷,是否還另有其他的唐寫本《文心雕龍》留存世間,確實很容易令人産生遐想,甚至可以説是期待。

有些揣測當然純屬誤會,比如王利器在《文心雕龍校證》的《序録》中提到過一些"已知有其書而未得徵引的"版本,首當其衝的就是"前北京大學西北科學考察團團員某藏唐寫本,約長三尺",③只是未曾指名道姓,讓人頗費猜疑。幸虧他晚年對此事做過澄清,在《我與〈文心雕龍〉》中,他提到趙萬里曾經告訴自己:"你的北大同學黃某,藏有敦煌卷子《隱秀》篇。"他爲此還特意與黃某交涉,最後"方知他所收藏的實乃是唐寫本《文選序》,並非《文心雕龍·隱秀篇》"。④ 這位"黃某"即 30 年代中後期擔任過西北科學考察團專任研究員的考古學家黃文弼。有關此事的來龍去脈,王世民在《所謂黃文弼先生藏唐寫本〈文心雕龍〉究竟是怎麼一回事》中做過詳細考辨,⑤可知完全是由於黃氏本人大意疏忽而造成的以訛傳訛。

除了這類子虛烏有的情況以外,真正經眼甚至校讀過唐寫本的確實不乏其人。范文瀾在《文心雕龍注·例言》中説起"畏友孫君蜀丞尤助我宏多",而"孫君所校有唐人殘寫本"。⑥ 楊明照在撰著《文心雕龍校注》時,利用過"沈兼士先生所藏曬藍本"。⑦ 王利器在《文心雕龍校證》中説曾見過"傅增湘先生手校本(底本張之象本),乃是對校唐寫本",而且"近人校唐寫本的,還有幾家",只是各家都"無所發明",他才覺得"沒有提及的必要"。⑧ 尤其引人注意的是,原上海合衆圖書館總幹事,後任上海圖

① 潘重規:《唐寫〈文心雕龍〉殘本合校》,第 3 頁。
② 饒宗頤:《敦煌唐寫本〈文心雕龍〉景本跋及後記》,收入《文轍》,第 408 頁。
③ 王利器:《文心雕龍校證》,上海古籍出版社 1980 年版,第 23 頁。
④ 王利器:《我與〈文心雕龍〉》,收入王貞瓊、王貞一整理《王利器學述》,浙江人民出版社 1999 年版,第 220 頁。
⑤ 王世民:《所謂黃文弼先生藏唐寫本〈文心雕龍〉究竟是怎麼一回事》,載朱玉麒、王新春編《黃文弼研究論集》,科學出版社 2013 年版。
⑥ 范文瀾:《文心雕龍注》,第 4 頁。
⑦ 楊明照:《文心雕龍校注》附録六《板本》,第 440 頁。
⑧ 王利器:《文心雕龍校證·序録》,第 28 頁。

書館館長的顧廷龍晚年曾對林其錟説起："《文心雕龍》敦煌寫本肯定尚有一種。我清楚記得：一九四六年農曆九月二十八日，張元濟八十歲生日。當日下午，他爲避壽來到合衆圖書館。……張元濟來時拿了一卷敦煌寫本，是黑底白字的影本，是直接照書扣照的，是《文心雕龍》寫本，大約有幾張；還拿了一部《四部叢刊》本《文心雕龍》。他把兩種本子都交給我，並叫我校一下。我一看，那敦煌寫本是正楷寫的，所以校起來很快，一個晚上便校好了，到第二天上午就送走。"①張元濟在當年 10 月 22 日生日當天確有一張給顧廷龍的便條，提到："今送去唐人寫本《文心雕龍》影片四十五張，又重複者八張（淺深不同，可以互證）。"②可證顧氏的回憶大體無誤。在後來給林其錟的信中，顧廷龍又再次談及此事："我想起我説的一本《文心雕龍》，一定在臺灣，不知在臺灣誰手耳！將來總會再發現的。"③張、顧兩位都精於版本鑒定，而顧更是兼擅書藝，絕不可能將那份用草書抄寫的殘卷誤認爲正楷，他們提供的線索無疑值得重視。絕大部分敦煌文獻目前都收藏在英、法、俄、日、中等國的博物館和圖書館，並且都已編號登録，甚至刊行過圖版以供學者研究；但與此同時，確實還有一部分散落於各地私人收藏家之手，有些甚至迄今仍秘而不宣。不知其中是否確有那份曾經驚鴻一現的唐人用正楷抄寫的《文心雕龍》？倘若這份殘卷尚存天壤之間，如今的擁有者是否也能像饒宗頤、潘重規、王元化等諸位先賢那樣，本着學術爲公的宗旨將其公諸於世呢？這的確令人充滿期待，儘管可能性也許非常渺茫。

原載於《澎湃新聞》、《上海書評》（網絡版）2018 年 3 月 23 日

（楊焄，華東師範大學中文系教授）

---

① 林其錟：《顧廷龍談〈文心雕龍〉敦煌寫本》，原載《社會科學報》1995 年 3 月 16 日，後收入林其錟、陳鳳金《增訂文心雕龍集校合編》附録三《承教録》，第 946 頁。

② 張元濟：《致顧廷龍》，收入張樹年、張人鳳編《張元濟書劄》，商務印書館 1997 年版，第 175 頁。

③ 林其錟、陳鳳金：《增訂文心雕龍集校合編》附録三《承教録》，第 945 頁。

# 《談藝録》：“宋調”一脈的藝術展開論

## 侯體健

　　《談藝録》是錢鍾書先生第一部學術著作，該書以傳統詩話形式論述了中國詩學的諸多重要問題，博采古今，打通中西，出經入史，談藝衡文，被譽爲“中國古典詩學的集大成和傳統詩話的終結”之著。[①] 自 1948 年開明書店初版，特別是 1984 年中華書局補訂本出版以來，獲得了學界高度贊譽與深入討論，學者們從文藝批評方法、文論思想構成、藝術鑒賞路徑、全書邏輯結構、新舊版本比較等角度全面分析了《談藝録》的内容與形式，爲我們把握該書主旨、尋繹作者思路，指示了不少門徑。[②]

　　作爲一部歷時十年、增改六次的學術著作，[③]《談藝録》“雖賞析之作，而實憂患之書”，[④]在錢鍾書先生的學術生涯中別具意味。它既凝聚了錢先生長期的治學心得，也包藴着青年時期的人生境遇；既是第一次向人們集中展示錢氏博通的治學特點，也是“東海西海，心理攸同”學術理念結下的最初碩果；既奠定了學術巨著《管錐編》的著述形式，也反映出錢鍾書學

---

　　① 　陸文虎：《中國古典詩學的集大成和傳統詩話的終結》，《錢鍾書研究采輯》，三聯書店 1996 年版，第 77 頁。

　　② 　本書研究概況可參考李曉静《近二十年國内〈談藝録〉研究綜述》，載《安徽文學》2006 年第 8 期。關於《談藝録》與宋詩研究之關係，則主要有張福勛《〈談藝録〉論宋詩》系列論文（《陰山學刊》2001 年第 2、4 期，2002 年第 1、2 期等）可參考。另有中華書局魯明先生以未刊稿《錢鍾書〈談藝録〉研究》相示，論述周遍精詳，特別拈出“宋詩一脈”加以敘説，啓我良多，特致謝忱。

　　③ 　據張文江《〈談藝録〉分析》（載《貴州大學學報》1992 年第 4 期）所論，本書最早的一則應是作於 1939 年的“黄山谷詩補注”，至 1948 年初版，即有 10 年。至 1984 年補訂版出版，則有 46 年矣。

　　④ 　錢鍾書：《談藝録·序》，三聯書店 2007 年版，第 1 頁。本書引用《談藝録》均據此版，以下隨文注。

問的初步構架。可以説，《談藝録》是我們把握錢鍾書先生學術思想的一把金鑰匙。正因如此，這部内涵極爲豐富的著作留給我們無數生發的話題，也存在多種解讀的可能。而從宋詩研究的角度來審視《談藝録》無疑是一個重要的視角，甚或説《談藝録》可以看作一部"宋調"一脈的藝術展開論。

## 一、爲什麽是"宋調"

錢鍾書撰有《宋詩選注》《宋詩紀事補訂》二書，這是其僅有的兩部斷代型專題領域著作，前者出於任務需要，後者全是主動出擊。毫無疑問，宋詩是錢鍾書的學術焦點之一。但他似乎又要特意與宋詩拉開距離，在敘及自己詩學淵源時，他説：

> 歸國以來，一變舊格，煉意煉格，尤所經意，字字有出處而不尚運典，人遂以宋詩目我。實則予於古今詩家，初無偏嗜，所作亦與爲同光體以入西江者迥異。倘於宋賢有幾微之似，毋亦曰唯其有之耳。自謂於少陵、東野、柳州、東坡、荆公、山谷、簡齋、遺山、仲則諸集，用力較劬。①

這段話雖指出了自己創作中"煉意煉格"、"字字有出處"的宋調品格，以及對宋調典型東坡、荆公、山谷、簡齋等人詩集"用力較劬"，但言下之意卻是要否定"人遂以宋詩目我"的觀點，强調自己詩學"無偏嗜"，更非同光體那般宗宋"以入西江"。與此相似的是，他在接受香港彦火採訪談到《宋詩選注》緣起時説："這部選注是文學研究所第一任所長、已故鄭振鐸先生要我幹的。因爲我曾蒙他的同鄉前輩陳衍（石遺）先生等的過獎，（他）就有了一個印象，以爲我喜歡宋詩。"②這種曖昧的態度也似在表達自己對宋詩"無偏嗜"。在《宋詩選注·序》中錢先生更是集中批駁了宋詩的各種缺點：反映社會不全面、好議論、愛用典、認"流"爲"源"、偏重形式等等。表面上，這些都是否定自己與宋詩的密切淵源關係，然恰恰相反，這樣的態度與觀點正好從反面得見錢先生實乃入乎其中，浸染至深，

---

① 吴忠匡：《記錢鍾書先生》，載《隨筆》1988 年第 4 期。
② 錢鍾書：《模糊的銅鏡》，載《隨筆》1988 年第 5 期。

在否定背後給予了宋詩更多的關注,由此燭照出宋詩之糟粕與精髓,也就更明白宋詩應有的歷史地位。所以,他評價道:"整個說來,宋詩的成就在元詩、明詩之上,也超過了清詩。我們可以誇獎這個成就,但是無須誇張、誇大它。"①這句中肯平允的話,雖未提及唐詩,實已隱晦地點明宋詩和唐詩並駕,此觀點最突出地表現在《談藝録》開篇。

《談藝録》原本不分條目,初版時由周振甫擬定了若干標目,開篇第一條是"詩分唐宋乃風格性分之殊非朝代之別",②補訂本改爲"詩分唐宋"更爲醒豁。在此,錢先生提出了"唐詩、宋詩,亦非僅朝代之別,乃體格性分之殊"的著名論斷,跳出了歷代唐宋詩之爭的優劣論藩籬,將宋詩確認爲一種詩歌審美範型而不局限於一個朝代,並認爲:"夫人稟性,各有偏至。發爲聲詩,高明者近唐,沉潛者近宋,有不期而然者。故自宋以來,歷元、明、清,人才輩出,而所作不能出唐宋之範圍,皆可分唐宋之畛域。唐以前之漢、魏、六朝,雖渾而非劃,蘊而不發,亦未嘗不可以此例之。"(《談藝録》,第4頁)這就讓"宋調"超越了時空,不僅可以下溯元明清,還能反轉到漢魏六朝,其生命力因獨特的審美品格而獲得永恒,成爲與唐詩雙峰並峙的新質藝術範型。在唐詩一直具有絶對優勢的詩歌傳統觀念下,錢先生這番看似持平的議論,其實際效果就是爲宋詩張目,而這條"詩分唐宋"也成了《談藝録》一書的核心與樞紐。質言之,《談藝録》從一開篇就站在了宋詩的立場來討論問題,錢鍾書標舉"詩分唐宋"已經奠定了全書基調,而"詩分唐宋"的最終旨歸乃在於宋詩。

學者早已指出《談藝録》:"總的問題,就是該書開篇第一則所標明的——'詩分唐宋'。《談藝録》全書可看作是這一則的不斷擴展、不斷豐富的過程。"③在論述具體問題時,《談藝録》各則或許有溢出此者,但"詩分唐宋"的籠罩性卻非常明顯,張文江說得更直率:"《談藝録》論述的對象大部分在宋至清範圍之內,間或上及唐和唐以前,但數量不多,而且往往採用宋詩的思路來進行批評。"④僅從篇幅來看,《談藝録》直接涉及宋代詩人即有20餘條,包括論唐宋詩之別、黄山谷詩注、荆公詩注、朱子詩、

---

① 錢鍾書:《宋詩選注·序》,三聯書店2002年版,第10頁。
② 據《民國叢書》第四編第58册,上海書店1989年影印開明書店版。初版標目"風格性分"在正文論述時爲"體態性分",補訂本改作"體格性分"。
③ 舒煒:《〈談藝録〉的內在思路與隱含問題》,載《當代作家評論》1994年第4期。
④ 張文江:《〈談藝録〉分析》,載《貴州大學學報》1992年第4期。

放翁詩、江西派、宛陵詩、《滄浪詩話》、隨園推楊誠齋等内容；而涉及"宋調"一脈者又有 20 餘條，包括論以文爲詩、韓昌黎、漁洋竹垞説詩、田山薑説詩、蔣心餘詩、明清人詩法宋詩、遺山詩注、遺山論江西派、學人之詩、錢籜石詩、隨園論詩、孟東野詩等内容。二者相疊，已超出全書泰半。這些内容中，直接論述宋朝詩人的部分自然展開了宋詩的藝術脈絡，而涉及所謂"宋調"者，則需略加申説以見錢先生之手眼。

在全書結尾，錢先生列出"論難一概"一目，闡述文學中自相矛盾的現象，"同時之異世，並在之歧出"（《談藝録》，第 734 頁），這正好與"詩分唐宋"中説到的"一集之内，一生之中，少年才氣發揚，遂爲唐體，晚節思慮深沉，乃染宋調"（《談藝録》，第 5 頁）相互呼應，由此完成了唐音宋調從破除朝代之分，到體格性分之別，再到一人一集共存的論證。這一論證模式和思維邏輯在全書中實有具體實踐，它一方面爲書中論非宋朝人的"宋調"藝術提供了理論依據，像錢載這種"沉酣韓蘇，心折山谷"（《談藝録》，第 460 頁）的清代詩人，詩歌創作具有明顯的宋調特徵，《談藝録》論錢載若干條是對"宋調"一脈藝術之探析，似已不證自明；另一方面也爲論歷代反"宋調"詩人的詩作中包含的"宋詩經驗"找到了學理支撐，像元好問、王士禎這類詩人，或者詩學觀點上對宋詩基本持否定態度，或者本身創作風格明顯"宗唐"，要説他們的詩作詩論多有涉及"宋調"者，且於其中包藏着宋調的藝術特色，則必須借由"論難一概"的態度認真檢討。

錢鍾書認爲元好問"以騷怨弘衍之才，崛起金季，苞桑之懼，滄桑之痛，發爲聲詩，情併七哀，變窮百態"（《談藝録》，第 400 頁），評價很高。而元好問對於宋詩的態度也很明顯，在《論詩三十首》中集中批評蘇軾、黄庭堅、秦少游、陳師道，特別將火力對准江西詩派，可謂毫不留情。從元好問的論詩觀點來看，他的詩作似應與"宋調"有較大距離，但錢先生通過大量的例句揭示出元氏詩歌"步趨簡齋"、"稗販山谷"的事實，論述了元好問詩歌與宋調之間的密切關聯，並特別指出"渠雖大言'北人不拾江西唾'，談者苟執着此句，忘卻渠亦言'莫把金針度與人'，不識其於江西詩亦頗采柏盈掬，便'大是渠儂被眼謾'矣"（《談藝録》，第 383 頁）。換言之，我們不但要看詩人所持的論詩觀點，更要看到他自身創作中所受的真實師法。由此，一些表面看上去與"宋調"相去甚遠的詩人，也可以從"宋調"層面予以分析理解。另一個例子則是王士禎。元好問是理論上反對宋詩，實際創作則追摩宋調，王士禎則相反，他在創作上基本拋開宋詩（只是中年稍有宗宋之作），但論詩主"神韻"卻不但不排斥宋詩，還爲其大唱贊歌。錢先生説他"論詩宗旨雖狹,而朝代卻廣"(《談藝録》,第 269 頁),列舉了王士禛九段論宋詩之語,句句都似宋調擁躉。王士禛推崇宋詩之論,也引出了清代詩壇與宋調關係的一系列話題,朱彝尊、李良年、田雯、馮廷櫆等等,或貶或褒,與之後"明清人詩法宋詩"一節相應,都牽涉宋調一脈的藝術發展與接受。

就此而論,《談藝録》中論"宋調"不僅篇幅佔據最大,①且爲全書靈魂所系,許多非宋朝的詩人,錢先生也是帶着宋詩的眼光在賞鑒。書中首尾二則"詩分唐宋"與"論難一概",一出於詩風詩藝的内部剖析,一出於詩人詩集的外部觀察,二者相互發明,相互映襯,是遍照全書的理論之光,讓全書前後貫通,圓融一體,其所依賴的具體材料亦多在"宋調"一脈。因而,"宋調"一脈的藝術展開也就成爲《談藝録》的主要線索與探討中心。

《談藝録》凸顯"宋調"作爲談藝主體的緣由是多方面的,舉其大端而論,首先是錢鍾書本身閲讀宋人别集非常多,早年又着意鑽研别集注本,而就較爲流行的詩歌古注來看,宋人詩集應屬最多。他大學時期讀書"妄企親炙古人,不由師授。擇總别集有名家箋釋者討索之",並由此"欲從而體察屬詞比事之慘澹經營,資吾操觚自運之助。漸悟宗派判分,體裁别異,甚且言語懸殊,封疆阻絶,而詩眼文心,往往莫逆暗契"(《談藝録》,第68 頁)。雖其原於宋詩"無偏嗜",但在個人趣味上也不排斥宋詩,既然要找名家箋釋者討索,很自然就會選擇宋人詩集。這就是《談藝録》最早内容"黄山谷詩補注"的來由及撰寫本書的契機所在,也是全書論述多具"宋調"思路的先決條件。

其次是錢鍾書的詩學淵源本具"宋調"一脈的傳統,書中所及冒廣生、潘伯鷹等人固可不論,但作爲"同光體"巨擘的陳衍對其詩學思想的影響則不能不説是至深至巨的。②《石語》所記陳、錢二人交誼,多涉詩學,其中消息無須贅言。陳衍力倡"三元説",主張"詩不分唐宋",從而打通"詩人之詩"與"學人之詩",調和二者矛盾爲一體,其宗旨與目的仍在於爲宋詩爭地位,這與錢先生的"詩分唐宋"字面相反,實質上卻相同。固然,二

---

① 蔣寅在《〈談藝録〉的啓示——錢鍾書先生的學術品格》(載《文學遺産》1990年第 4 期)中指出:"書中除少數幾條論唐詩外,大多是宋以後詩的内容,主要是清詩。"就徵引内容來看,清詩數量恐不及宋詩。另外,本文所言"宋調"非朝代概念,乃風格概念,《談藝録》所論大部分清詩亦可算作宋調。

② 可參侯長生《陳衍對錢鍾書宋詩觀的影響》(載《蘭州學刊》2009 年第 2 期)及李麗《錢鍾書的宋詩觀》(載《廊坊師範學院學報》2010 年第 1 期)等文。

人在具體持論上頗有異同，甚至有針鋒相對之處，但從整體來看，錢先生受宋詩派之影響毋庸置疑。

最後，或許也是最重要的，乃在於"宋調"本身在語言修辭層面最具有分析性，較之"唐音"的渾雅空靈、豐神情韻，"宋調"更着意於造語下字、屬詞比句，在語言分析上有理可據，有章可循。而且"宋調"可算作中國古典詩歌最後一種審美範式，綜合了此前詩歌的各種藝術優點與缺點，更符合錢鍾書詩歌分析在技巧上的要求。何況，自宋代開始大量詩話的出現積累了足夠的材料與觀點，"談資"充盈，"談藝"更具對話、論辯、補充、指瑕的平臺，故而如要研討古典詩歌的藝術特性，必然會聚焦於形式和語言上最爲成熟又具創新意識的"宋調"。

## 二、《談藝録》中"宋調"一脈的藝術展開

如衆所知，以蘇、黄爲代表的宋詩典型高舉"詩到無人愛處工"的生新瘦硬的風格，"鉤新摘異，炫博矜奇"（《談藝録》，第 524 頁），呈現出《滄浪詩話》所謂"以文字爲詩，以才學爲詩，以議論爲詩"的總體特徵，故而"宋調"從風格趣味、造語用字、作詩取源、表達特色等角度都有着突破"唐音"、拓展詩境、創辟好奇、重視形式的藝術追求。這種美學追求在《談藝録》中以繁富的引證和精審的案斷落實到具體的詩藝詩法、詩格詩趣層面，成爲錢鍾書筆下宋調一脈藝術展開的基本形態。學者曾於此松散錯落的詩話結構之中，剔抉爬梳其中論宋詩者，卻遺落了論非宋人之"宋調"部分，實則二者彼此呼應、錯綜交融，自當整體考量。以下試從詩藝的四個方面鳥瞰《談藝録》對"宋調"一脈的論述：

第一，造語下字。錢先生在《談藝録》中用較大篇幅論述了詩歌的語言文字問題，因爲這不僅涉及詩歌之美，還關乎文體之變，就宋調來説其核心則在"以文爲詩"。在《談藝録》附説五，錢先生已經明確提及"退之以文爲詩"，"唐之少陵、昌黎、香山、東野實唐人開宋調者"（《談藝録》，第3頁）一語實已包含此意。韓愈乃宋調藝術的師法典範，他打破文體界限，在詩中造成"硬語盤空"的獨特美感，被宋調諸人奉爲圭臬，以致推波助瀾、蔚成大國。"以文爲詩"的內涵非常豐富，既包括行文之氣脈、散化之句式，也包括語助之添加、虛詞之使用，甚至還包括題材之擴展、議論之增加等等，是宋代以後"破體"創作的代表。單就語言層面來看，"以文爲詩"主要在辭彙與句式的使用，所以《談藝録》第十八則論"荊公用昌黎

詩"很自然就推向了"詩用語助":"荆公五七古善用語助,有以文爲詩、渾灝古茂之致,此秘尤得昌黎之傳。"(《談藝録》,第 174 頁)其後,錢先生上溯風騷樂府,下沿宋元明清,將歷代詩用語助的例子鋪排連類,見其脈絡,落脚點則在"宋人更以此出奇制勝"(《談藝録》,第 180 頁)、"宋人詩中有專用語助,自成路數"(《談藝録》,第 182 頁),並提出了宋代"理學家用虚字"與明代"竟陵派用虚字"的比較問題,前者"冗而腐",後者"險而酸",至於清高宗則"兼酸與腐,極以文爲詩之醜態者"(《談藝録》,第 183 頁)。可見,錢先生認爲"詩用語助"是"以文爲詩"的一種表現,它既能獲得特殊美感,"樸茂流轉,别開風格",也能形成詩之醜態,"偏枯憔悴"、"弛弱酸腐",全在作者如何運用。

除了"荆公用昌黎詩　詩用語助"條,《談藝録》在"明清人師法宋詩　桐城詩派""錢籜石詩""籜石詩以文爲詩用語助""清人論籜石詩""梅宛陵"等條都對"以文爲詩"作了集中評論,開列出自韓愈而下歐、梅、王、黄乃至於葉燮、錢載、桐城詩派諸家、翁方綱、程恩澤、鄭珍、黄遵憲等系列"以文爲詩"的詩人名單,這份名單幾與追摹"宋調"的線索重合。其中對錢載"以文爲詩"的議論最多,不但廣泛搜羅其用語助、虚詞的各類詩句,集合清人言論,尤論及錢載爲清代"以文爲詩"氾濫之著者。特别提及錢載"以古文章法爲詩"與"以古文句調入詩"兩方面,在指明錢載詩歌特點的同時,也揭示了"以文爲詩"意藴。可以説,"以文爲詩"正是宋調一脈在造語下字上具有的趨同特徵,更是"以文字爲詩"①的宋詩對後世"宗宋"詩人在語言文字層面影響的結果。其他如"代字"也是如此,錢先生從《隨園詩話》批判"浙派宋詩之餖飣"開始,歷數家珍,指出慶曆、元祐以來"替代字"這一詩歌技法的踵事加厲,誠亦道出宋調之流亞。至於書中所談江西派煉字、句中眼等問題,均已直面宋詩用字之特色。

第二,對偶煉句。近體詩最具形式之美,"宋調"因句法上過於講究對偶屬詞,而得"形式主義"之惡諡,錢鍾書在《宋詩選注》中對此亦頗有微詞,但《談藝録》卻注目頗多且玩味不已,最具代表性者即"當句有對"。在補注山谷詩《自巴陵入通城呈道純》"野水自添田水滿,晴鳩卻唤雨鳩

---

① "以文爲詩"與"以文字爲詩"兩者内涵不同,前者内涵寬泛,可指一切文章寫法引入詩歌創作,後者主要指詩歌創作中過分注重文字琢磨,"用字必有來歷,押韻必有出處"。可參周裕鍇《〈滄浪詩話〉的隱喻系統和詩學旨趣新論》,載《文學遺産》2010 年第 2 期。

歸"一句時，錢先生大段論述這種句法的源流，認爲"此體創於少陵，而名定於義山"（《談藝録》，第 16 頁）；至談"攙石七律對聯"亦着眼"當句有對"，古今勾連、精彩絶倫，特別是所舉鄭珍一首《自霑益出宣威入東川》，全篇四聯均用此句法，"寫實盡俗，別饒姿致"（《談藝録》，第 475 頁）。由此再及"攙石萃古人句律之變"一節，不僅薈萃論析各種句律之美，更不放過所重之"當句有對"，特別抓住宋人邵雍"在五七字中翻筋斗作諸狡獪"（《談藝録》，第 486 頁），"參差反復，轆轤映帶，格愈繁密，而調益流轉"；楊萬里"其中佳對，巧勿可階，而曲能悉達，使讀者忘格律之窘縛，亦詩之適也"（《談藝録》，第 488 頁）；其他如宋代楊億、司馬光、梅堯臣，明代王彦泓、王思任、王叔聞、倪元璐，均能"涉筆成趣，時復一遭"。

　　錢鍾書説過："詩學（poetic）亦須取資於修辭學（rhetoric）耳。五七字工而氣脈不貫者，知修辭學所謂句法（composition），而不解其所謂章法（disposition）也。"（《談藝録》，第 596 頁）"當句有對"的對仗技巧，自然只是句法而已，並不涉章法，所以不免有利有弊，它在錢先生筆下也與"宋調"緊密關聯。錢先生贊賞一批詩人能夠於有限空間中參差變化，極盡句律之美，但也非常明白地指出："鼫鼠之巧，五技而窮；鸚哥之嬌，數句即盡。意在標新逞巧，而才思所限，新樣屢爲則成陳，巧製不變則刻板。"（《談藝録》，第 475 頁）錢載的句律創作正好就反映出"宋調"在對偶上出現的兩種方向：一則對格求新，拓展詩境；一則弄巧成拙，作法自苦。這其實也是宋詩在形式技巧上遇到的困境。

　　《談藝録》又以陸游爲中心，引譬連類，溯源析流，分析了一系列詩人的對偶組織，認爲陸游"比偶組運之妙，冠冕兩宋"，"美具難並"（《談藝録》，第 299 頁），在高度評價的同時也列舉了大量對偶中頗具蹈襲之嫌的聯句，指向了宋詩典型的"奪胎換骨"之法，①抓住了宋調一脈在寫作技法上的綱領。與此相似地，還有對吕本中"活法"的解讀，認爲其内涵乃"非抹殺規矩而能神明乎規矩，能適合規矩而非拘攣乎規矩"（《談藝録》，第 292 頁），真得"活法"之秘，亦直指宋調句法發展過程中的趨向變化。

　　第三，趣味格調。錢鍾書説"宋詩多以筋骨思理見勝"，切中肯綮，

---

　　① 《談藝録》言"奪胎換骨"多作"脱胎換骨"，未之審也。二語近似，亦有差別，"奪"、"脱"二字雖常有可通處，但味《冷齋夜話》原文，"奪"指他物爲己所用，"脱"則盡數抛棄，"奪"似不可換爲"脱"。參周裕鍇《"奪胎換骨"新釋》，載《文史知識》2000年第 9 期。

"筋骨思理"四字頗能見出宋調的美學特質,其中"筋骨"二字在於形式句法的工巧瘦硬,"思理"二字則是趣味格調的理致機鋒,也就是常説的"理趣"。《談藝録》對"理趣"的闡釋雖只集中在"隨園論詩中理語"條一則,但此則篇幅接近兩萬餘字,且與《宋詩選注》和《管錐編》多處相銜,議論透闢剴切。其中對"理語"與"理趣"的區分,對"理趣"與"禪趣""比興"關係的分析,對"理趣"觀念史的探討等等,都啓人深思。錢先生指出中國古典詩歌以詩言理,分爲兩宗,一即晉宋玄學,二即宋明道學。道學的興盛是宋詩"理趣"範疇形成的重要土壤。在具體分析中,錢先生認爲"理趣"乃"舉萬殊之一殊,以見一貫之無不貫"(《談藝録》,第563頁),"理寓物中,物包理内,物秉理成,理因物顯"(《談藝録》,第571頁)。具有"理趣"的詩歌雖蘊含哲理,但字面語詞則依然訴諸具體鮮明的意象,而非直白的理語,所謂"鳥語花香,而浩蕩之春寓焉;眉梢眼角,而芳悱之情傳焉"(《談藝録》,第563頁)。達到"理趣"的方法,則有"賦物以明理""舉物以寫心"二途。①

借由對"理趣"範疇的探索,錢先生將宋詩中的理學家詩(或曰"擊壤派")的流變道出。他拈出了五位詩人,即宋代邵雍、朱熹、林希逸,明代陳獻章、莊昶,這些都是所謂的"道學家中的詩人"。錢先生對道學家詩作的整體評價不高,但宋詩的"理趣"在道學家作詩上表現得比較突出,所以亦予關注。他指出陳獻章(白沙)、莊昶(定山)"二家之師《擊壤集》,夫人皆知",他們的詩風則"白沙閑澹,定山豪放;閑澹者止於腐,豪放者不免粗"(《談藝録》,第575頁)。林希逸最得錢先生青眼,所謂"能運使義理語,作爲精緻詩"(《談藝録》,第576頁)也。作爲宋詩的重要組成流派,"擊壤"一體與學術流別緊密相連,很有自我的傳承脈絡。《談藝録》於下字造語、對偶煉句的關注中心主要在元祐、江西詩風,而對"理趣""理語"的探討則兼顧到"擊壤派"的藝術展現,從而比較全面地囊括了宋詩各種風格的發展狀況。

第四,源流體派。宋詩特質的形成與宋調藝術的發展,一直與宋代詩歌體派的消長流變緊密相連,甚至可以説一部宋詩史就是一部不同詩體、詩派相互影響、相互遞嬗的歷史。《談藝録》幾乎涉及了宋詩發展過程中出現的

①　錢鍾書先生對"理趣"的論述,已有學者梳理,兹不贅述。可參牛月明《錢鍾書的"理趣"論》(載《中國海洋大學學報》2000年第2期)及王世海《理趣説的美學意涵——以錢鍾書理趣論爲中心》(載《中國韻文學刊》2012年第1期)。

各種體派以及它們之間的相互關係,爲我們認識、討論宋調獨特品格提供了許多參照。衆所周知,在宋調的成型過程中,杜甫和韓愈是兩位影響最大的前代詩人,他們可謂開啓了宋詩藝術的萬般法門,《談藝録》於此多有着墨。比如說山谷、後山"細筋健骨,瘦硬通神"乃是"得法於杜律之韌瘦者"(《談藝録》,第456頁),簡齋"學杜得皮,舉止大方,五律每可亂楮葉"(《談藝録》,第457頁)等等,將宋調與杜甫之關係揭示無遺。論韓愈則更多,除了之前所言"以文爲詩"之外,還涉及歐陽修、王安石、陳師道、梅堯臣蹈襲、步趨韓詩之例,雖各人之間或隱或顯,或多或少,但詩藝之承襲則一也。

至於全書談江西詩派與金詩、談晚唐體與江西詩派、談江湖派與江西派,以及重要詩人的體派歸屬等等,都有要言不煩之論。如言"竊以爲南宋詩流之不墨守江西派者,莫不濡染晚唐"(《談藝録》,第318頁),"宋末江湖派與江西派爭霸"(《談藝録》,第317頁),"簡齋五七古自山谷入,五律幾未能從後山出,知詩者展卷可辨,納之入江西派,未爲枉屈"(《談藝録》,第383頁)等等,都是可敷演成大篇文章的不刊之論。此外,對清代宗宋代表"同光體"的論述,如言"同光而還,所謂'學人之詩',風格都步趨昌黎;顧昌黎掉文而不掉書袋,雖有奇字硬語,初非以僻典隱事驕人"(《談藝録》,第462頁),"同光體詩人不過於山谷以外,參以昌黎、半山、後山、簡齋"(《談藝録》,第359頁)等,亦頗見宋調一脈之流別。

總之,以上四個方面《談藝録》都有非常豐富的論述,骨肉豐滿,勝義紛披,這裏僅撮其大要而已,不再一一復述、全面梳理了。就錢鍾書主觀意識來看,《談藝録》並不在專研宋詩,而在探討超越時代和作者的詩藝本身。也就是說,錢鍾書對"宋調"一脈的關注主要是因其蘊含了更多可供人們咀嚼的藝術經驗與修辭手段,包藏着歷代詩人對形式之美、章句之妙的錘煉推敲。拋開具體的詩人與時代,我們看到錢鍾書在《談藝録》中雖抓住了"宋調"的主要藝術特徵予以重點論述,但他並不爲宋詩唱贊歌,也絕不貶低宋詩。他通過大量的例證,不但將宋詩也將"宋調"一脈的得與失、美與醜、通與變、源與流,一一呈現且富有意味,並總是由此指向普遍性的藝術規律,這或許就是《談藝録》作爲一個豐富而開放的"召喚結構"文本不同於一般的宋詩研究著作的地方。

## 三、《談藝録》的補訂與錢氏宋詩觀

錢鍾書在《談藝録》補訂本"引言"中説:"上下編册之相輔,即早晚心力之相形也。僧肇《物不遷論》記梵志白首歸鄉,語其鄰曰:'吾猶昔人、非昔人也。'兹則猶昔書、非昔書也,倘復非昔書、猶昔書乎!"由於《談藝録》的初版與補訂本之間相隔了三十餘年,訂補篇幅與原書幾乎相等,補訂本與初版的關係真的是"猶昔非昔"之間。大量内容的補入,讓《談藝録》從材料到觀點都有了許多的不同,而且與錢鍾書的其他著作彼此關聯,構成了更爲緊密的互文關係,這從補訂中不斷出現的"參觀《宋詩選注》""參觀《管錐編》"等字眼即可看出。正如張文江指出的那樣:"補訂之後,《談藝録》不僅本身大見厚實,而且其位置已從《管錐編》之前轉到《管錐編》之後,貫通之勢形成了。"①這種"貫通之勢"在最近出版了《錢鍾書手稿集》之後體現得更爲突出。比如2003年出版的《容安館劄記》中的許多部分就是《談藝録》補訂内容的雛形。此書本是錢先生一部半成品性質的著作,②作於1950年代以後,這個時間段正好與《談藝録》的訂補基本重合,故而我們看到的許多"補訂"都能夠在《容安館劄記》中找到初稿。如補訂黄山谷詩注的"新補十",討論詩歌篇章結構的"行布"問題,此則材料恰與《容安館劄記》的349則相應,③雖細節有不同,卻彼此勾連,草蛇灰線,其間消息非常值得挖掘。不過此項工作量過大,全面梳理尚俟來日。

如果單從宋詩研究的角度來觀察《談藝録》兩個版本之間的差異,我們也能夠窺見錢鍾書宋詩觀的變化與豐富。補訂本相對於初版來説,其内容變化主要有三種:一是提供了更爲翔實的例證説明原有觀點,比如談"詩分唐宋"乃本乎氣質之殊,非僅出於時代之判,即補入葉燮《原詩》論李夢陽不讀宋詩卻似宋調的材料予以充實;二是改變或修正所持之論,比如論"蔣心餘詩"《咏燭花》一詩"頗渾巧",補訂則曰"實不出此類咏物題中應有之意,……余少見多怪耳"(《談藝録》,第359頁),對原來的觀點有所修正;三是引申出新的問題並加分析,比如"掎摭萃古人句律之變"中談及邵雍律句"日月作明明主日,人言成信信由人",補訂因此引申至談詩句與謠諺的"拆字法",與原主題並不符,而是引出了新的問題。《談藝録》中涉及錢鍾書宋調觀的補訂内容,絶大部分是第一種,即具體材料的

---

① 張文江:《〈談藝録〉補訂本和〈七綴集〉分析》,載《華東師範大學學報》1990年第2期。

② 參王水照《〈錢鍾書手稿集·容安館劄記〉與南宋詩歌發展觀》,載《文學評論》2012年第1期。

③ 《錢鍾書手稿集·容安館劄記》第1册,商務印書館2003年版,第563頁。

補充。第二種最少,大體均尊崇開篇"詩分唐宋"所持之論,未有新的意見。第三種引申新問題的數量也比較可觀,特別是對山谷、荊公、宛陵詩三位宋詩大家詩作的解讀,乃道"山谷詩補注又增數事","偶有所見,並識之","增説數事",篇幅增加不少,都是提出新問題。就此看來,錢鍾書的宋詩觀是基本穩定的,在《談藝録》寫作之初,他對宋詩的看法已經比較成熟,所以前後變化並不大。當然,這並不意味着錢先生的宋詩觀是完全凝固的,他對於具體的詩人評價和問題分析依然有一些變化可供玩索,比如他對陳與義詩歌的評價就是著例。

在《談藝録》初版中,引用陳與義詩句很少,而且幾乎未正面評價陳與義詩,只就討論"七律杜樣"時提到陳與義學杜,認爲:"陳簡齋流轉兵間,身世與杜相類,惟其有之,是以似之。七律……雄偉蒼楚,兼而有之。學杜得皮,舉止大方,五律每可亂楮葉。……人知明七子之爲唐詩高調,安知簡齋、遺山亦宋元詩之易流於高聲硠者乎。故明人雖不取宋詩,而每能賞識簡齋。"(《談藝録》,第 457 頁)僅有此例,根本無法判斷錢鍾書早年對陳與義詩歌的整體看法。直到 1958 年《宋詩選注》出版,我們才能看到錢先生的意見,主要有:(1)陳與義是南北宋之交"最傑出的詩人";(2)他跟江西派不很相同,不有意於用事,詞句明淨,音調響亮,比江西派討人喜歡;(3)前期古體詩主要受了黃庭堅、陳師道的影響,近體詩往往要從黃陳的風格過渡到杜甫的風格;(4)原本影響不大,没人將其歸入江西派,直到南宋末年方回咬定他是江西派,從此混淆了後世文學史家的耳目。①

我們再來對比《談藝録》補訂本,就會發現對陳與義詩句的引用明顯增多,特別集中於議論陸游與元好問時。"放翁詩"一節新增大量陳與義詩,以與陸游之作對比,揭示出二位詩人之間的關係。"補訂"有"此種設想落筆,簡齋集中常見","補正"有"陳簡齋寫雨,有一窠臼"(均見《談藝録》,第 301 頁)等,都摘出了許多簡齋集中精妙之句予以品評。"施北研遺山詩注"的補訂更是撲面而來的簡齋詩句,或辨析異同,或衡鑒優劣,或揭示源流,或挑明師承,應接不暇,已類似簡齋詩專論。這些都大大拓展了《談藝録》論宋詩的廣度與深度。更有意味的是,"補訂"的内容多處涉及陳與義詩學師承與影響,且與《宋詩選注》互有異同,至少有三點值得注意:

---

① 錢鍾書:《宋詩選注·陳與義小傳》,三聯書店 2002 年版,第 212—213 頁。

（1）對陳與義的詩學師承淵源有進一步説明。"補訂"提及："《題江參山水橫軸》：'此中只欠陳居士，千仞岡頭一振衣。'《卻掃編》卷中簡齋少學詩於崔德符鷗，《聲畫集》卷四采德符《看宋大夫畫山水》：'個中只欠崔夫子，滿帽秋風信馬行。'簡齋'此中'云云，正師德符故智。"（《談藝録》，第 301 頁）以具體詩句和相關史料佐證，説明陳與義師法崔鷗。又指出："簡齋濡染坡、谷、後山處，開卷即見；崔德符篇什存者無多，正未許耳食附會也。"（《談藝録》，第 458 頁）對比《宋詩選注》，這裏除了依然提及山谷、後山外，又多了東坡一人，且認爲雖然陳與義與崔鷗有詩學淵源，但因爲材料不足，不可誇大。

（2）對陳與義詩歌的後世影響有新的、重要的補充。"訂補"不但明確指出"簡齋詩盛行於元初江西詩人間。然文獻罕徵，欲爬梳而未由矣"（《談藝録》，第 364 頁），而且着力梳理了陸游、元好問、莊昶三人步趨陳與義的詩作。他説"放翁仿作稠疊"（《談藝録》，第 458 頁），又説"余讀遺山五古、七律，波瀾意度，每似得力簡齋"（《談藝録》，第 302 頁），又説"莊孔暘則能識簡齋"，"太初之偏嗜簡齋，過於白沙之篤好後山"（《談藝録》，第 364 頁）等等，以大量例證證明陳與義詩歌的影響，對《宋詩選注》所言"他的影響看來並不大"之論有明顯的修正和補益。

（3）對陳與義與江西詩派的關係認識有所改變與深化。《談藝録》多次提到江西詩派的成員問題，特別是在辨析元好問"論詩寧下涪翁拜，不作西江社裏人"時，反復强調江西末流與其中翹楚的區别，指出元好問深惡痛絶江西派，黃庭堅雖屬江西派，但是其中出類拔萃者，故"寧下"之"寧"乃"寧可"而非"豈肯"。在《宋詩選注》中，錢先生一再説陳與義和一般的江西派是不一樣的，甚至不應算作江西派，方回咬定陳與義是江西派，混淆了後來史家眼目。但在"補訂"中，錢先生又明確説："簡齋五七古自山谷入，五律幾未能從後山出，知詩者展卷可辨，納之入江西派，未爲枉屈。"持論顯然有所改變，已經基本同意陳與義入江西派，並且繼續發揮道："蓋勤讀詩話，廣究文論，而於詩文乏真實解會，則評鑒終不免有以言白黑，無以知白黑爾。"（《談藝録》，第 383 頁）令人警醒。《談藝録》"補訂本"的這番議論，也可以在《容安館劄記》中找到雛形，錢先生在論述江西詩派成員時提到這個問題，因中間引文頗多，特省略節引如下：

> 至於簡齋則方虛谷、劉辰翁以前初無厠之江西派者，簡齋問詩於崔德符，……於蘇、黃初無褊袒，而欲徑涉老杜之涯涘。……簡齋表

佺張巨山學簡齋詩,而撰簡齋墓誌、挽詩等篇,論其詩學淵源,隻字不及山谷,《讀黃魯直集》一篇極有微詞,劉辰翁序簡齋詩,始以簡齋繼山谷、後山相提並論,……方虛谷《瀛奎律髓》……卷二十六評簡齋《清明》詩云:"古今詩人當以老杜、山谷、後山、簡齋四家爲一祖三宗。"《桐江集》卷五《劉元暉詩評》云:"江西派中呂居仁、陳簡齋其尤也。"《續集》卷八《讀張功父南湖集并序》云:"惟山谷、後山、簡齋得杜活法。"……自是厥後簡齋遂爲派家矣,……析肉析骨,劉、方之言亦自有理。①

由此可見,在補訂《談藝録》的過程中,錢先生對陳與義與江西詩派的關係問題,確實有了新的看法,值得重視。

除了陳與義的例子,我們還能在"補訂"中看到關於宋詩"句中眼"的論述,看到"兩宋以禪喻詩者復舉似數家",看到"明人言性理者,即不主宋儒之説,亦必讀其書,耳目濡染,遂於宋詩有所知解,因道而傍及於文",看到"明中葉以後,厭薄七子,如公安、竟陵之拔戟自成一隊者不待言。餘人爲宋詩張目,每非真賞宋詩,乃爲擊排七子張本耳"等精彩內容,都涉及具體的宋詩問題。可以説,"補訂"的寫作積累了錢鍾書幾十年的學術探索,各種評論的差異也體現了錢鍾書動態開放、"五色無定"的學術特點,更豐富了我們對錢鍾書宋調觀的認識,推進了宋詩一脈的研究。

最後順便説一下,正如上文所揭示的那樣,《談藝録》"補訂本"與《宋詩選注》之間存在觀點的矛盾、互補、修正、貫通等現象,在"補訂本"中還多處引及《宋詩選注》以互相參閱,二書由此形成了緊密的互文關係,其間許多問題都值得更進一步的比勘挖掘。事實上,許多學者在討論《宋詩選注》的選目和具體評論時,已經涉及不少二書的異同問題。② 比如《談藝録》花了巨大的篇幅補注黃庭堅詩歌,而在《宋詩選注》中作爲宋詩的代表人物黃庭堅只入選三首"非典型"作品;《談藝録》討論了朱熹的詩,並且認爲"朱子早歲本號詩人,其後方學道名家"(《談藝録》,第212頁),但在《宋詩選注》中雖承認朱熹"算得道學家中的大詩人"卻隻字不選;以及

① 參《錢鍾書手稿集·容安館劄記》第2冊,商務印書館2003年版,第1079頁。
② 如丁毅《模糊銅鏡的背面——讀〈宋詩選注〉》(載《貴州大學學報》1995年第4期)、季品鋒《錢鍾書與宋詩研究》(復旦大學博士學位論文,2006年)等都有相關論述。

《談藝録》與《宋詩選注》呈現出兩個不一樣的陸游、陸(游)楊(萬里)比較論也有不同觀點,等等。究其原因,則政治局勢、撰述動機、他人干涉、觀念變化等都應被納入考慮範圍,值得專門探析。但我們也別忘了,兩本書有其一以貫之之處,它們的主要屬性並未因書的遭際與類型的不同而改變。表面上看,《談藝録》是詩話,《宋詩選注》是選本,二書有"一脈"與"一代"之別,而且《談藝録》的方向是綜合通代而偏向宋詩,《宋詩選注》恰恰只專於一代卻包蘊通代,二者似向相反的方向運動,但實質上它們正好相對而馳,正好交匯於探索普遍的詩歌藝術之美上,同時繫乎"具體的文藝鑒賞和評判"。

原載於《文學評論》2015 年第 2 期
(侯體健,復旦大學中文系副教授)

# 《詩經》史詩與荷馬史詩的比較

## 蔣見元

在我國第一部詩歌總集《詩經》中，有五篇屬於《大雅》的祭歌：《生民》《公劉》《綿》《大明》，它們反映了周族起源、發展以至建國的情況。我國的《詩經》研究學者一般都把這五首詩稱爲周代的史詩。如馮沅君《詩史》稱這五篇爲后稷傳、公劉傳、古公亶父傳、文王傳、武王傳。她將《小雅》的《出車》《采芑》《江漢》《六月》《常武》五篇種族戰爭詩和上五篇詩合稱爲"周的史詩"。她說："這十篇所記大都周室大事，東遷以前的史迹大都備具了。"再如劉大傑《中國文學發展史》稱《大雅》的五篇詩爲"民族史詩"，稱《小雅》的五篇詩爲"具有史詩因素的詩歌"。他說："如果把這些史詩有次序地排列着，那末東遷以前的周民族歷史，就可以看出一個線索來。"

但是，如果我們以"史詩"這個文學名詞所特定的概念來衡量《大雅》這五篇詩（《小雅》中的五篇種族戰爭詩姑且勿論），如果再進一步以標准的史詩——荷馬史詩——來同《大雅》這五篇詩作一比較，則我們不得不認爲在《詩經》中並不存在完全意義上的史詩。

所謂史詩，通常是指以古代重大歷史、神話傳說和部族所崇拜的英雄事迹爲題材的、結構宏大的長篇詩歌。以這個定義來衡量《大雅》這五篇詩，我們可以發現，"長篇"這一點上，這五篇詩是不符合史詩定義的。《大雅》這五篇詩，篇幅最長的《皇矣》是 96 句，篇幅最短的《綿》是 54 句，全部五篇詩加起來也只有 338 句。這同荷馬史詩中《伊利亞特》的 15 693 行（每行相當於《詩經》的一句），《奧德賽》的 12 110 行，在長度上是不可等量齊觀的。不過，如果從史詩定義的另一個內容，即以神話傳說和部族崇拜的英雄事迹爲題材來看，則《大雅》的五篇詩又是相當符合史詩的標准的。我們似乎可以說，《大雅》這五篇詩是史詩的雛形，但是很可惜，它們後來没有能發展成真正的史詩。而且在中國文學史上,漢民族似乎也没有能夠再創作出完全意義上的史詩來。

相傳爲荷馬所作的兩部史詩《伊利亞特》和《奧德賽》大約是公元前 9 至 8 世紀前後開始形成的。《詩經·大雅》的這五篇詩(爲了論述方便,我們姑且稱之爲"周史詩")則作於西周前期,也就是公元前 11 至 10 世紀左右。在這十分相近的年月中,中國産生了史詩的雛形"周史詩",但没有再向前跨一步;而希臘卻産生了荷馬史詩這樣的長篇巨構。是什麽原因導致了同一時代中,同一文學現象在不同的國家産生了不同程度的反映呢? 我們不妨來比較一下。

首先,讓我們從創作過程着眼,來探索它們之間的異同。荷馬史詩《伊利亞特》和《奧德賽》的作者究竟是不是荷馬,從德國學者沃爾夫的《荷馬史詩研究》發表之後便有了爭議。但是無論這兩首史詩的作者是誰,有一點可以肯定,這兩首詩最初的流傳、創作都是在民間進行的。相傳荷馬是一個到處行吟的盲歌手,因爲失明的人無法選擇其他職業,只好依靠記憶歌唱詩曲來維持生活,這樣的行吟歌手並没有固定的演出場所,街頭巷尾的彈唱、節日集會的表演、宮廷盛筵的助興,都可以成爲他們施展身手的機會。這樣,多層次的聽衆必然會向他們提出不同性質的要求。爲了滿足這些多樣化的要求,行吟歌手勢必要不斷地修改他的演唱,不斷地加進新的内容以適應新的聽衆。在《奧德賽》卷八中有一段關於盲人歌手諦摩多科在貴族宴會上演出的描寫,研究荷馬史詩的學者一般認爲諦摩多科的形象中顯然包含有荷馬自身的成分,也就是説這一段描寫對了解荷馬時代的行吟歌手的工作情况是有史料價值的。諦摩多科在這次腓依基的阿吉諾王宴請奧德賽的盛會上,一共演唱了三次,第一次,他"歌唱希臘英雄的光榮事迹……歌唱奧德賽同培留之子阿戲留爭吵的故事,他們怎樣在天神的盛宴上用激烈的言語辯論"。演唱這段故事,當然是因爲宴會的主客正是希臘英雄奧德賽。第二次,諦摩多科演唱了戰神阿瑞斯和花冠女神阿芙洛狄蒂戀愛幽會的故事,這是由於在競技之後,阿吉諾王提出:"我們也一向喜愛酒宴、豎琴和舞蹈,以及各種衣飾,温暖的浴池和床鋪。"盲歌手的曲目顯然又符合主人所希望的歡樂、戲謔的氣氛。第三次,諦摩多科歌唱了著名的木馬計,阿凱人怎樣在木馬的掩護下攻陷了伊利亞城。這次演唱則是應奧德賽的直接要求。奧德賽説:"現在請你再換一個題目,請你歌唱造木馬的故事。"由以上三次演唱可以明顯地看到,當時的盲人歌手必須根據不同的場合、不同的氛圍、不同的要求來不斷改變自己演唱的内容,以滿足聽衆的需要。在這種情況下,對古老的神話傳説及希臘英雄的事迹進行修改、加工並敷演成較長的篇幅,便成爲客觀形勢的要求。這種情況在我國文學史上也不乏其例。《水滸傳》中描寫武松的回目只不過十回,文字不超過八萬。可是經過揚州評話老藝人王少堂的多年加工、敷演,最後定形的王少堂《武松》(武十回)竟達一百萬字之巨。這些都可以説明《伊利亞特》和《奧德賽》之所以達到如此巨大的篇幅,是由於創作過程中出現這樣的客觀需要。

反之,《詩經》的周史詩在創作中便不曾遇到這種客觀環境。周史詩五篇全部在《大雅》之中,"雅"是周首都的樂調。《左傳》昭公二十年:"天子之樂曰雅。"而《大雅》的用途,據朱熹《詩集傳》説:"正大雅,會朝之樂。受釐陳戒之辭也。"他的意思,是説《大雅》是用於周天子與諸侯,或諸侯相互之間舉行會盟朝見等儀式時所用的樂章。《左傳》襄公四年:"穆叔如晉,晉侯享之。金奏《肆夏》之三,不拜。工歌《文王》之三,又不拜。歌《鹿鳴》之三,三拜。韓獻子使行人子員問之,對曰:'三《夏》,天子所以享元侯也,使臣弗敢與聞。《文王》,兩君相見之樂也,臣不敢及。《鹿鳴》,君所以嘉寡君也,敢不拜嘉。'"杜預注:"《文王》之三,《大雅》之首,《文王》《大明》《綿》。"又《國語·魯語》:"夫歌《文王》《大明》《綿》,則兩君相見之樂也。皆昭令德以合好也,皆非使臣之所敢聞也。"韋昭注:"《文王》《大明》《綿》,《大雅》之首,《文王》之三也。周公欲昭先王之德於天下,故兩君相見,得以爲樂也。"從這兩段史料可以證明朱熹的講法並不錯。周史詩是西周初期的作品,其目的是在天子、諸侯會朝的時候歌頌祖先的功業。既然如此,這些詩在創作過程中便不存在繼續修改、加工的要求。周史詩的作者是誰現在無可考,很可能是周王朝一些專職的樂師。《周禮》記載有樂師、大胥、小胥、大師、小師、瞽矇、眡瞭等等官員,都是負責朝廷的音樂、舞蹈的。其中瞽矇也就是盲人歌手,這與荷馬時代的盲人歌手在所操職業上幾乎完全相同。但是兩者有一點最根本的區別,即荷馬時代的盲歌手是到處行吟的民間詩人,雖然有時也出入貴族宮廷,但他們的性質是非官方的;而周代的瞽矇是朝廷御用樂師,他們一般不會到民間去歌唱。所以我們可以這樣推斷,這些樂師在創作周史詩的時候,雖然也可能收集了許多古老的神話和對先祖創業的傳説,但一旦詩歌創作完成之後,便用於而且只用於國君之間莊嚴的儀式之中,沒有什麼外界因素促使他們作進一步的加工或修改了。《周禮·太師》:"教六詩:曰風、曰賦、曰比、曰興、曰雅、曰頌。以六德爲之本,以六律爲之音。"太師是宫廷樂官,他所教授的詩歌既有六德、六律等原則,也必然有定型的教科書,《詩經》便可能是這些教科書的一種。演唱的場合固定,爲之演唱的對象固定,演唱的曲目也固定,詩歌的長度當然也隨之固定下來了。我國少數民族文學中,如藏族的《格薩爾王傳》、蒙古族的《江格爾》、柯爾克孜族的《瑪納斯》,都可以算得上是完全意義上的史詩,其原因之一,恐怕也就是因爲它們長期在民間流傳,所以能不斷地得到加工和補充。周史詩在創作過程中不具備這種條件,因此它在長度上無法與荷馬史詩相比擬。

我們要探討的第二個原因,是荷馬史詩與周史詩在體裁上的差別。荷馬史詩的詩體是一種六音步的格律詩,這種六音步的長短短格被稱爲英雄格,亦稱史詩格。它没有尾韻,但節奏感很强。亞里斯多德的《詩學》稱史詩"只用語言來摹仿,用不入樂的韻文"。他還比較史詩和悲劇的共同説:"史詩和悲劇不同的地方,在於(史詩純粹)用韻文,而且是用敍述體。"《詩學》中譯本譯者羅念生先生注:"悲劇用韻文(三雙音步短長格),史詩也用韻文(六音步長短短格),區别在於悲劇還用歌曲,而史詩則只用韻文,不用歌曲。"由此可見,荷馬史詩是用朗誦來表演的。《奥德賽》中描寫樂師諦摩多科在宴會上表演的時候寫道:"使者龐托諾在宴會的衆人當中給樂師放了一把銀鑲的坐椅,靠着大柱,又把清音的琴掛在上面一個木橛上,並且告訴他怎樣可以拿到。"在史詩中,還一再用"歌唱"這個詞來形容樂師的表演。但是這種"歌唱"並非真心譜曲的演唱,恐怕只是抑揚頓挫的吟誦;所謂"清音的琴",恐怕也只是像我國民間藝術中的三弦等樂器,彈着琴弦來加强節奏效果而已。正如納爾遜的百科全書"史詩"所描述的:"在更早的時期,無論史詩的作者是否(用文字)寫下了他的詩,他的詩主要是依靠朗誦傳達給聽衆的。"用朗誦來表演史詩,在形式上更接近於講故事。史詩的朗誦者也就更有條件將内容作某些鋪叙、穿插、渲染,以加長其篇幅。

《大雅》中的周史詩則不然,它們是譜曲入樂的。《詩經》的每一首詩,當初都有它的曲調,因爲《樂經》失傳,我們現在無從知道這些詩歌當初是怎樣演唱的,但入樂這一點則肯定無疑。《大雅·崧高》:"吉甫作誦,其詩孔碩,其風肆好。"朱熹注:"風、聲。"鄭樵《六經奥論》説:"風土之音曰風,朝廷之音曰雅,宗廟之音曰頌。""其風肆好"就是説這首詩的調門極好聽。《論語·子罕》:"子曰:吾自衛反魯,然後樂正,《雅》《頌》各得其所。"所謂"樂正",就是指整理調正被淆亂的樂調,使它們各歸原位。《論語·泰伯》:"子曰:師摯之始,《關雎》之亂,洋洋乎盈耳哉!"所謂始,是指樂曲的開始;亂,是指樂曲的結束。《儀禮》中多處記載了舉行各種儀式時要演奏、演唱《詩經》中的詩歌。我們且舉一個例子。《儀禮·鄉飲酒禮》:"工歌《鹿鳴》《四牡》《皇皇者華》……笙入堂下,磐南北面立,樂《南陔》《白華》《華黍》。……乃閒歌《魚麗》,笙《由庚》,歌《南有嘉魚》,笙《崇丘》,歌《南山有臺》,笙《由儀》。乃合樂《周南·關雎》《葛覃》《卷耳》《召南·鵲巢》《采蘩》《采蘋》。"鄭玄注:"笙,吹笙者也。以笙吹此詩以爲樂也。閒,代也,謂一歌則一吹。合樂,謂歌樂與衆聲俱作。"孔穎達疏:"'謂一歌則一吹'者,謂堂上歌《魚麗》終,堂下笙中吹《由庚》續之。以下皆然。"從以上所引先秦古籍的記載及漢、唐學者的注釋中,可以明顯地看到《詩經》的詩篇是入樂的。或者是流唱歌詞,或者是吹奏曲調,或者是配樂合唱,總之,同音樂是密不可分的。所以嚴格地說,《詩經》的原始狀態是歌曲,而不是韻文。既然是歌曲,其長度受到限制是必然的。荷馬史詩在一天之內朗誦不完,第二天可以繼續朗誦。而周史詩的演唱作爲宗廟祭祀或君主會盟等儀式中的一部分内容,根本不可能無休止地演唱下去,因此也就限制了它在篇幅上的發展。體裁的區別,也可以説是周史詩無法達到荷馬史詩這樣巨大規模的原因之一。

分析至此,我們只涉及周史詩在長度、篇幅上不能同荷馬史詩等量齊觀的客觀原因,問題並没有完全解決。拓開一步想,除了周史詩之外,爲什麼西周初期的中國没有產生其他完全符合史詩定義的詩歌呢? 我們去古太遠,對當時的詩歌創作情況知之甚少,要解開問題的症結,還是只能從周史詩同荷馬史詩的比較中去探求。

無論在《伊利亞特》還是在《奧德賽》中,我們都可以看到,神與人之間是互相溝通的。正如法國史學家兼批評家丹納描述的那樣:"在希臘人的《聖經》荷馬的詩歌中,到處可以看到神明與凡人一樣有軀體,有刀槍可入的皮肉,會流出殷紅的鮮血;有同我們一樣的本能,有憤怒,有肉欲;甚至世間的英雄可以做女神的情人,天上的神明也會與人間的女子生兒育女。在奧林潑斯與塵世之間並無不可超越的鴻溝,神明可以下來,我們可以上去。他們勝過我們,只因爲他們長生不死,皮肉受了傷痍愈得快,也因爲比我們更强壯,更美,更幸福。除此以外,他們和我們一樣吃喝、爭鬥,具備所有的欲望與肉體所有的性能。"總而言之,除了神具有比人更大的威力之外,似乎神就是人。荷馬史詩中這種神人同體的文學現象,是古希臘以多神崇拜爲特點的宗教思想的反映。美國史學家威爾·杜蘭在《希臘的興起》一書中談道:"全希臘都對遙處於奧林潑斯山的諸神致以禮敬和一般性的崇拜,但對當地的神祇及其權力更致虔謹的尊敬,而這些當地神祇並不認爲是天神宙斯的臣屬。部族和政治分離主義孕育了多神主義思想,而使一神主義無法實施。……各邦經由局部獨立獲得解放後,希臘的宗教想象遂産生了豐富的神話和無數的萬神殿。於是地上或天上的每一個力量,每一種使人幸福或恐懼的因素,每種人類的品質(甚至各項罪惡)都使其人格化而成爲神祇(通常采用人的形象)。世界上沒有任何宗教像希臘這樣神人同體的。"的確,在荷馬史詩中,神與神之間並沒有一個絶對的權威,即使是衆神之父宙斯,也有被妻子赫拉迷惑住,致使特洛伊人吃了敗仗的可笑記録。他的兄弟海神波塞冬也敢於謾駡他,且不顧他的禁令,支持希臘人開戰。天上的神與地上的人一樣有七情六欲,一樣有悲歡離合,這樣的宗教哲學當然大大地促進了神話和英雄傳説方面豐富的文學想象力,於是乎能産生光輝燦爛的荷馬史詩。

但是在同史詩中,甚至在全部《詩經》中,宗教色彩與荷馬史詩是不同的。周人崇拜一個至尚無上的神,那就是上帝(或稱天、旻天、昊天、蒼天),如《大雅·蕩》:"蕩到上帝,下民之辟。"一切天災(雷、風,雨、旱、地震……)都歸之於這個上帝的震怒,如《大雅·板》:"上帝板板,下民卒瘨。"《大雅·雲漢》:"上帝不臨,耗斁下土。"《大雅·召旻》:"旻天疾威,天篤降喪。瘨我饑饉,民卒流亡。"一切祥善(如豐收、人口蕃衍、戰勝敵人……)都歸之於這個上帝的賜予,如《大雅·文王》:"有周不顯,帝命不時,文王陟降,在帝左右。"《大雅·皇矣》:"皇矣上帝,臨下有赫赫。……乃眷西顧,此維與宅。"《大雅·生民》:"上帝不寧,不康禋祀,居然生子。"但這個上帝的形象是很虛幻的,並不是一個有血有肉的實體。《大雅·文王》:"上天之載,無聲無息。"很明確地道出了周人對上帝的看法。直到春秋時期,孔子還説:"天何言哉?四時行焉,百物生焉,天何言哉!"可見在我國周秦時代的宗教哲學思想中,神與人是界限清楚的兩個概念,神、人並不同體。周人的上帝,其人格化的程度與荷馬史詩中的希臘諸神是無法比擬的。此外,《詩經》中還提及其他一些神,如《皇矣》"是類是禡",據馬瑞辰《毛詩傳箋通釋》考證,類是祭社神。又據《説文》:"師行所止,恐有慢其神,下而祀之曰禡。"《周禮·肆師》鄭玄注:"爲師祭造軍法者,禱氣勢之增倍也。其神蓋蚩尤,或曰黄帝。"可見禡是祭軍神。又如《生民》"克禋克祀",據聞一多考證,禋祀是祀郊禖之神,即生子嗣之神。又如《載芟》是祭土穀(社稷)之神,《吉日》"既伯既禱",《毛傳》:"伯,馬祖也。"是祭馬神。此外,《周禮·校人》云:"春祭馬祖,夏祭先牧,秋祭馬社,冬祭馬步。"鄭玄注云:"馬祖,天駟也。先牧,始養馬者,其人未聞。馬社,始乘馬者。馬步,神爲災害者。"從以上例子看,周人所信奉的其他諸神,大多是被神化了的人。如周人認爲後稷是始作稼穡者,但奉他爲農神;又如始養馬者被奉爲先牧,始乘馬者被奉爲馬社,蚩尤或黄帝被奉爲軍神,等等。從這點推演下去,應該産生神、人同體的現象,然而並不如此,這些人一旦被神化之後,便脱離了人的性質,只起到"神"的作用,即接受祭祀的作用。一個有血有肉的實體從此便成爲空靈縹緲的偶像,因此我們在周秦古籍中很難找到對諸如農神、軍神、馬神、社神等等神祇的具體、生動的文學性描述。這種神人分離的現象同周人信奉的上帝形象的虚無是完全吻合的,而與希臘神話中的神、人同體現象則大相徑庭。我們可以説,正是周人這種單一神教的哲學思想和神人分離的表現形式很大程度上限制了當時頌歌、贊詞等文學作品對神的想象力。我國古代也有許多瑰麗的神話故事,如夸父追日、共工怒觸不周山、女娲補天、精衛填海等等。這些神話的最初起源,可能還早於周史詩形成的時代,其中許多神祇不乏喜怒哀樂的人格化形象。但是這些神話的傳播卻始終只停留於零星片斷的水平,既没有像荷馬史詩那樣被整理成篇,也没有像周史詩中一些神話傳説那樣被廟堂文學采納。究其原因,恐怕還是在於單一神教哲學思想的局限。

那麼,爲什麼古希臘産生了多神主義的宗教哲學思想,而古中國卻産生了單一神教的哲學思想呢?這種區别來自社會政治形態的不同。古代希臘的社會是由許多小國寡民式的城邦組成的,每一個城邦以一個城市爲中心,領土很小,而獨立性極强,與周圍的城邦至多是聯盟的關係,不存在統屬的關係。《伊利亞特》中所謂"希臘萬王之王"的邁錫尼國王阿加門農,在統率希臘聯軍攻打特洛伊城的時候,也只不過是一個盟主的身份,並没有絶對的權威。聯軍中其他國的首領可以同他頂撞,不服從他的命令。如希臘密爾彌多涅斯人的首領阿喀琉斯爲了一個女俘虜被阿加門農搶走而同他發生了激烈的争吵,阿喀琉斯退出戰鬥以示報復,在希臘人和特洛伊人激戰時袖手旁觀。最後阿加門農不得不向阿喀琉斯賠禮道歉並懇求他重返戰場。這種各自獨立的多中心政治便是産生多神崇拜的社會基礎。

但是在《詩經》時代的中國,周天子與各諸侯國是統屬與被統屬的關係。孔子説:"天下有道,則禮樂征伐自天子出。"他所謂"天下有道"的時期,即包括西周時代。《尚書·説命篇》的"天子惟君萬邦",《小雅·北山》的"溥天之下，莫非王土；率土之濱，莫非王臣"，都説明西周王朝是統一的專制帝制。這種政治雖然同秦始皇之後高度中央集權的王朝相比，其專制程度還屬於初級階段，但是同希臘的多中心民主制度相比，則完全是定於一尊的局面。周天子代表天的意志，"昊天有成命，二后受之"（《周頌·昊天有成命》），全中國只有一個至高無上的周天子，天上當然也只可能有一個上帝，於是單一神教的宗教哲學便應運而生。

　　不同的社會政治形態產生了不同的宗教哲學思想，而不同的宗教哲學思想導致了文學上不同的反映，這便是西周時代没有能產生可與荷馬史詩相媲美的長篇史詩的基本原因，而荷馬史詩與周史詩在創作過程和體裁形式方面的不同，則是造成這種情況的直接原因。此外，希臘民族在語言文字和文學手段運用上的不同習慣，恐怕也是造成這種現象的一個原因。但這個問題很複雜，在這裏就不再討論了。

（蔣見元，旅美學者）

# 《翁方綱纂四庫提要稿》之流傳與整理

吳　格

## 引　言

上海圖書館所屬上海科技文獻出版社自 2001 年影印《翁方綱纂四庫提要稿》（下簡稱"《提要稿》"）原本後，[①]本年 9 月又出版《提要稿》整理（排印）本，爲海内外《四庫全書》及《四庫全書總目》編纂史研究者提供重要文獻。《提要稿》自翁氏身後散出，若隱若現，歷經沉浮。20 世紀初，《提要稿》曾藏於吳興劉氏嘉業堂，未幾流出，後輾轉收藏於澳門何東圖書館。中經數十年沉寂，《提要稿》原本終獲影印傳播，現整理本又相繼面世。此書出版，不僅爲中國古籍整理及"四庫學"研究領域之一項新成果，又爲中國古籍流通領域内"珍稀稿本"之流傳利用增加一項新個案。

兹逢早稻田大學中國古籍文化研究所與北京大學中國古文獻研究中心聯合舉辦"中國古籍流通學の確立"研討會，特報告《提要稿》之流傳與整理情況如次，並就教於諸同行。

## 一、《提要稿》之來歷及發現

《翁方綱纂四庫提要稿》，係翁方綱於清乾隆四十年（1775）前後任四庫館"校辦各省送到遺書纂修官"期間，校閲各省采進圖書時所撰劄記及

---

① 周子美：《嘉業堂鈔校稿本目録・史部》（華東師範大學出版社 1986 年版）：
"四庫提要稿不分卷，清翁方綱編著，稿本，一百五十册。"《提要稿》原本爲經折裝 150 册，分裝 25 箱，書於半葉 11 行之藍格稿紙，現經浙江富陽古籍印刷廠影印，訂爲綫裝 18 册 2 函，版面有所改變。

提要之稿本,計著録經眼圖書 1 000 餘種,爲現存内容最豐、篇帙最富之《四庫提要》編纂原始記録。①

翁方綱(1733—1818),字正三,直隸大興人,乾隆十七年(1752)進士,授編修,官至内閣學士,卒年八十有六。翁氏博洽多聞,以詞章考據、金石書畫之學,有聲乾嘉年間。平生著述甚富,生前未盡刊行。晚境蕭條,殁時僅餘一子,諸孫幼弱,賴門人杭州孫烺購以千金,始克完葬。以此之故,翁氏詩文手稿及所藏精拓本,均歸於孫氏。此稿清末又曾經魏錫曾績語堂、繆荃孫藝風堂遞藏。

《提要稿》民國初曾爲江南著名藏書家吳興劉氏嘉業堂所收藏,不僅見諸劉氏自述及同時代人記述,編纂於 30 年代之《嘉業堂鈔校稿本目録》、40 年代初爲出售樓藏善本傳鈔之嘉業堂書目副本中,也有明確記録。② 此外,翁氏著述之其他手稿,也與嘉業堂具有淵源。如今藏臺北之翁氏詩文手稿百餘册,③民國初曾經江陰繆荃孫收藏,而繆氏所輯《復初齋集外詩》二十四卷、《復初齋集外文》四卷,均由嘉業堂刻印成書。④

《提要稿》原本爲翁氏手稿,後經裝裱,成爲今日所見之經摺裝形式。翁氏任四庫纂修官時究竟閱書幾何? 所纂提要原稿是否均已改爲經摺裝? 現存經摺裝本是否完整無缺? 今已不詳。現存《提要稿》包含清末南海伍氏粵雅堂、貴池劉氏玉海堂兩種來源,轉歸何束以前又有散失,即説明《提要稿》屢經流散分合之命運。⑤

① 《四庫提要》分纂稿今存於世者,尚有邵晉涵、姚鼐、余集諸家,數量均不如翁氏。又上海圖書館藏《欽定四庫全書總目提要》、南京圖書館藏《蘇齋纂校四庫全書事略》及臺灣中央圖書館所藏《復初齋詩文稿》中,均含與《提要稿》内容相近之翁氏手稿。再據近日整理發現,嘉業堂所藏《提要稿》流出後,已有少量散失。

② 繆荃孫《藝風堂文漫存》、胡思敬《退廬文集》中,均載有爲劉氏所藏《提要稿》所撰題跋。又上述書目今均藏於復旦大學圖書館。

③ 此書今存臺灣"中央"圖書館,見《"國立中央"圖書館善本書目》(增訂二版)第 1157 頁,著録爲 138 册,已經改裝。又該館曾將此本影印入《清代稿本百種叢刊》。

④ 《復初齋集外詩》二十四卷《集外文》四卷,民國六年嘉業堂刻本,前有劉氏序。又繆荃孫《藝風老人日記》(北京大學出版社 1986 年版)記其晚年輯校翁氏詩文事甚悉。

⑤ 劉承幹《翁覃溪四庫提要手稿序》(載《嘉業堂藏書志·附録》):"右翁蘇齋學士手《四庫提要》稿草一百四十四册,舊藏廣州粵雅堂伍氏。癸丑歲(1913),余以四千金購之滬上,合貴池劉聚卿參議所藏之六册,共一百五十册,分裝爲廿五篋。"

民國二年(1913),伍氏粵雅堂所藏《提要稿》144 册流至上海,經張元濟先生介紹,以 4 000 元之代價,售予吳興劉氏嘉業堂。① 與此前後,與嘉業堂主人素有交誼之貴池劉氏所藏《提要稿》6 册,也爲嘉業堂購得。兩稿合并,適爲 150 册,貯爲 25 箱。劉氏購獲此書後,對《提要稿》珍愛逾恒,屢次邀集滬上名流觀賞此書,徵題賦詩,以紀其盛,此後將各家題咏合訂,並撰有《翁覃溪四庫提要手稿序》。②

20 世紀 40 年代初,《提要稿》自嘉業堂流出。其書輾轉流播,海内學人初皆不知其去向。現經調查,始知《提要稿》於抗戰中爲張叔平所得,抗戰後又經張氏自滬寄港,售於外人。至 1958 年,轉爲澳門何東圖書館收藏。其間又經數十年沈寂,至 80 年代末,始重新引起注意。至 90 年代末,藉澳門回歸祖國、濠滬兩地圖書館友好合作之機,其書終獲影印流傳,化身千百,從此不再有文獻放失之虞。③

《提要稿》原本尚存於天壤間之消息,80 年代末由當時任職澳門何東圖書館之鄧愛貞女士傳至滬上。1989 年 5 月,鄧女士爲考查該館所藏《提要稿》之真僞,攜翁稿書影來滬訪問。經上海圖書館顧廷龍先生鑑定,確認其爲翁氏手迹無疑。鄧女士在上海圖書館訪問期間,獲知 20 年代曾服務於嘉業藏書樓之周子美先生尚健在,返回澳門後遂致書周老請教。旋獲周老答覆,再次確定何東藏本即爲原藏嘉業堂之《提要稿》,並告以不少嘉業堂藏書聚散掌故。④

周子美(1896—1998)先生爲筆者業師,90 年代初,周師壽逾九十,仍身體硬朗,健步如飛,掌故羅胸,記憶清晰,四方學人來函請益,莫不朝至夕答,各饜所求。先生早年(1924—1932)曾擔任嘉業藏書樓編目部主任,

---

① 劉承幹《復初齋文集序》:"余賞愛其墨寶,懸值以購。嘗於張菊生侍郎坐得見手寫《四庫全書提要》若干帙,則其纂修時所屬草也。舊爲粵雅堂物,不禁奇賞,侍郎遂以歸之。"又上海圖書館所藏劉氏稿本《求恕齋日記》癸丑年(1913)八月十二日記曰:"是日張菊生來函,前以翁覃溪學士手纂《四庫全書提要》稿本見示,勸余購買。今已將四千元爲余購取矣。計二十四箱,每箱六册,其書即以今日送來云。"八月十八日又記曰:"至長吉里張菊生處,伊前日送來翁覃溪學士手纂《四庫全書提要》墨迹,共計二十四箱,每箱六册,兹已購取,計洋四千元,亦於是日打票,親自交之,談良久乃出。"

② 劉承幹:《翁覃溪四庫提要手稿序》:"於是淞社同人各賦詩以紀其事,積之有年,厚已數寸,爰加理董,付之潢治。"

③ 見影印本《翁方綱纂四庫提要稿》澳門中央圖書館館長鄧美蓮序。

④ 見影印本《翁方綱纂四庫提要稿》鄧愛貞序。

嘉業堂近 60 萬卷藏書,大多經先生親手整理,並編有嘉業堂藏書目多種。[1] 筆者服務復旦大學圖書館後,因館藏古籍與嘉業堂多具淵源,時從周師問疑請教。爲整理嘉業堂鈔本《提要稿》事,當時正留意訪求翁稿原本之下落,《提要稿》原本仍存天壤之間、輾轉藏於澳門何東圖書館之消息,不久既承周師賜告。

## 二、《提要稿》之鈔本兩種

澳門何東圖書館所藏《提要稿》原本影印以前,《提要稿》已有兩種傳鈔本流傳於世,未爲國內外學者所周知。筆者自 90 年代起即關心《提要稿》流傳,現簡介二鈔本如下:

1. 吳興劉氏嘉業堂鈔本

《提要稿》原本藏於劉氏嘉業堂時,因主人對此書珍愛逾常,什襲護藏,不便閱覽,故曾命藏書樓管理員施維藩(韻秋)傳鈔副本一部。[2] 此鈔本以"吳興劉氏嘉業堂鈔本"藍格稿紙鈔成,半頁 11 行,行二十五六字,小字雙行,字數略同,總計 800 餘頁,約 40 萬字,訂爲 12 冊。此嘉業堂傳鈔本 50 年代初轉歸王欣夫先生收藏,各冊首頁現鈐有"劉承幹字貞一號翰怡"、"吳興劉氏嘉業堂藏書印"、"欣夫"等印記。1966 年王欣夫先生去世,其書遂歸復旦大學圖書館收藏。

嘉業堂鈔本《提要稿》之特點如下:(1)將原稿分爲 25 卷;(2)迻録原稿眉端及行間之批語於翁撰提要後;(3)添加查核《四庫總目》之案語;(4)對原稿略行删節。

嘉業堂鈔本竄亂原本編次,自成一文本,與《提要稿》内容已不相符。具體比勘,嘉業堂鈔本過録《提要稿》中翁撰提要尚屬用心,而對於《提要稿》中之札記及批注部分内容,或省略,或節鈔,文字釋讀,避難就易,增删取捨,殊爲隨意,可知當年急於鈔成,用心未免粗疏。

2. 吳縣王氏蛾術軒鈔本

吳縣王欣夫先生精於文獻之學,平生輯録前人書目提要甚夥,先生因

---

[1] 周先生生平,可參考周子美著、徐德明整理之《周子美學述》,浙江人民出版社 1999 年版。

[2] 周子美:"此書我在嘉業藏書樓工作時,曾請人抄出一部。"見影印本《翁方綱纂四庫提要稿》鄧愛貞序。

翁氏《提要稿》中札記、提要並存，不便閱讀，因擬將此稿重編爲"四庫著録""存目著録""四庫與存目皆未著録"三類，以謀刊行。鈔寫初竣，未及編次而身殁。王氏鈔稿現經分類編次，訂爲十二冊，藏於復旦大學圖書館。① 此本因僅鈔録翁撰提要文字，篇幅甚簡，已不存《提要稿》原貌。

## 三、《提要稿》之遞藏原委

《提要稿》原本自民國二年（1913）爲劉氏嘉業堂收藏，未及 30 年而自嘉業堂售出、輾轉入藏何東圖書館之流傳經歷，是近代藏書史中值得探究之案例。沈津先生認爲，"據有關文字和藏印可以知道，《提要稿》之流傳大致是：翁方綱—南海伍崇曜粵雅堂—南潯劉氏嘉業堂—朱嘉賓—張叔平—葡萄牙人—何東圖書館"。② 現鈎稽相關文獻，對《提要稿》原本自嘉業堂流出後之遞藏原委重加説明。爲清眉目，敘述順序，由今及遠。

1. 澳門何東圖書館

何東圖書館（現已歸入澳門中央圖書館）館址原爲澳門名流何東先生之私人別墅，由何氏 1918 年購置。1955 年何氏逝世後，遵遺囑贈與澳門政府作開辦圖書館之用。該館於 1958 年 8 月 1 日正式開放，爲澳門政府所辦第一所中文圖書館。據介紹，館中現藏原嘉業堂藏書 16 種，其書於 1950 年已爲葡萄牙人 José Maria Braga 所有，至 1958 年由 José Maria Braga 轉售於何東圖書館，其中包括清查繼佐所撰《罪惟録》稿本 100 冊，該書與《提要稿》同稱嘉業堂所藏稿鈔本之白眉。③

2. 葡萄牙人 José Maria Braga（1897—1988）

據介紹，José Maria Braga 先生爲葡國及澳洲混血兒，長期居住澳門，專研東方史，被稱爲"最優秀的澳門及葡萄牙在東方回顧史學家"及"東南亞史的權威"。④ José Maria Braga 於 1950 年前後所得之《提要稿》等嘉

---

① 王欣夫：《蛾術軒篋存善本書録・翁方綱纂四庫提要稿》，上海古籍出版社 2002 年版。

② 沈津：《翁方綱與〈四庫全書總目提要〉》，載《錢存訓先生紀念文集》，現代出版社 1992 年版。

③ 筆者曾於香港、北美東亞圖書館等處獲見部分嘉業堂藏書，推測與此同一來源。

④ 見影印本《翁方綱纂四庫提要稿》鄧愛貞序。

業堂舊藏，估計由香港舊書市場獲得。嘉業堂藏書何以流至香港，則與嘉業堂部分藏書於 40 年代轉歸長沙張叔平有關。

3. 長沙張叔平

張叔平，名振鋆，一字子羽，室號聖澤園，湖南長沙人，爲清季名臣張百熙之幼子。曾任漢奸周佛海之老師，後任國民政府航空署秘書（抗戰後自稱爲國民黨第三戰區駐滬聯絡處主任）。張氏出身世家，交游頗廣，本人長於經營，並能鑑別版本文物。敵偽時期，滬上藏書舊家困於生計，多以“藏書易米”。張氏趁時收購，獲取不少古籍。1942 年，嘉業堂主人劉承幹迫於時勢，亦向張氏斥賣藏書。關於此次讓售善本之原委，筆者所整理之劉承幹撰《壬午讓書紀事》中有詳盡記載。①

據劉氏記載，此次圖書交易中，劉氏獲得售書款中儲券 140 萬元，而張氏則獲得嘉業堂所藏宋元刻本、明刻本、明鈔本、四庫底本、四庫本、批校本、鈔本、稿本及普通鈔刻本等 11 類圖書 10 餘萬册，樓藏古籍精華幾乎盡歸於張氏。② 劉、張此次圖書交割，後來發生糾葛，劉氏曾提出撤約，張氏則利用關係，動用汪偽政府保安司令部武裝人員，登門封書、搶書。雙方交涉過程中，均搬動親友，央及名流，疏通調解，爭端不止，直至抗戰結束後之 1946 年底，始以警方退還部分扣押圖書而告終。其間細節，限於篇幅，茲不贅述。

4. 金壇朱韶

朱韶，字嘉賓，號鴻儀，金壇人，40 年代任上海億中銀行董事長。其人原非藏書家，乃因張叔平之“生意經”，卷入嘉業堂藏書易主風波。據《壬午讓書記》記載，1941 年秋張叔平購得嘉業堂藏書後，即以 320 萬元中儲券之代價轉售朱氏。後又改稱書係寄存朱氏，動用汪偽保安司令部力量上門封存，并拘禁朱氏。扣押六日後，朱氏被迫將所得嘉業堂舊藏之明鈔本、《四庫》底本、名家鈔本、稿本、批校本等合計 3 296 册，全部退還給張

① 《壬午讓書紀事》，劉承幹撰，稿本，一册，今藏上海圖書館。筆者整理本見《歷史文獻》第八輯，上海古籍出版社 2005 年版。

② 嘉業堂售書目録（藏復旦大學圖書館）册末有墨筆記注，如“以上各書於三十一年十一月十四日由張叔平之代表劉宗嶽取去，並出具點收無誤之收據交售書人爲憑”、“以上明鈔本均由張叔平之代表劉宗嶽點收無誤，完全取去，並分別於十月廿四日、十一月一日前後出具兩收據爲憑”、“以上各書均由張叔平之代表劉宗嶽取去，並經出具收據，注明點收無誤，交售書人爲憑”、“以上批校本均由張叔平之代表劉宗嶽點收無誤，完全取去，於三十一年十一月十五日出具收據爲憑”等語。

氏。因此之故,《提要稿》等嘉業堂藏書上,先後留下張氏及朱氏藏書印記。

40 年代後期,張叔平將所藏嘉業堂圖書陸續出售。如嘉業堂舊藏明刻本四百種於 1947 年售與浙江大學圖書館,稿鈔校本則散售四方。翁氏《提要稿》及查氏《罪惟録》等珍貴圖書,因書價較高,戰後國內圖書市場蕭條,有力問津者乏人,遂遠寄香港,謀求 José Maria Braga 一類買主。

## 四、《提要稿》之研究及整理

1. 復旦大學圖書館古籍部潘繼安先生(現已退休),80 年代整理已故復旦大學王欣夫先生遺書時,發現嘉業堂鈔本《提要稿》,撰有《翁方綱〈四庫提要稿〉述略》一文(載《中華文史論叢》1983 年第一輯),向學界初步介紹嘉業堂鈔本《提要稿》。

2. 80 年代中,中國人大清史研究所黃愛平女士,爲撰寫博士論文《四庫全書纂修研究》,曾至復旦圖書館查閱嘉業堂鈔本《提要稿》,經參考潘繼安先生論文,對《提要稿》與通行本《四庫提要》作初步比較,並將其研究所得寫入《四庫全書纂修研究》中。

3. 1992 年,旅美學人沈津(哈佛燕京圖書館善本部主任)撰《翁方綱與〈四庫全書總目提要〉》。① 沈先生爲編纂《翁方綱年譜》,多年致力於收集存世翁氏詩文題跋,成績斐然。沈文中披露《提要稿》原本藏於澳門何東圖書館信息,確定該本即民國間嘉業堂藏本,並指出復旦大學圖書館所藏嘉業堂鈔本《提要稿》與翁氏原稿面貌已有不同。

4. 1994 年,筆者撰《翁方綱纂〈四庫提要稿〉發微》一文(載《古籍整理出版規劃情況簡報》第 285 期,1994 年),對嘉業堂鈔本《提要稿》之內容形式,翁氏校閱各書時區分刻、抄、存目之處理,《提要稿》與通行本《四庫提要》之比較,以及由《提要稿》考察四庫館前期(乾隆四十年前後)圖書清查之情形等問題,略述心得。

5. 90 年代中期,日本和歌山大學滝野邦雄先生來華訪問,經筆者介紹,對《提要稿》發生濃烈興趣,其後數度至復旦大學研讀嘉業堂鈔本

---

① 沈津:《翁方綱與〈四庫全書總目提要〉》,載《錢存訓先生紀念文集》,現代出版社 1992 年版。

《提要稿》,先後於日本、中國發表研究文章,對《提要稿》之内容體例,及翁氏檢閱四庫進呈書紀録中所反映之《四庫全書》編纂思想多所闡發。①

6. 90 年代末,筆者指導之研究生樂怡同學,依據復旦大學圖書館所藏嘉業堂鈔本《提要稿》(其時《提要稿》影印本尚未出版),撰寫《翁方綱纂〈四庫全書提要稿〉研究》碩士學位論文,釐清嘉業堂鈔本《提要稿》與《提要稿》原本之關係。

7. 1999 年,澳門回歸祖國後,澳門圖書館與内地圖書館間館際交流亦隨之展開。藏於何東圖書館之《提要稿》原本,不久即引起赴澳訪問之上海圖書館王世偉、陳先行兩位先生關注。經澳門中央圖書館館長鄧美蓮女士及澳門文化局支持,濠、滬兩館同人積極合作,未久即完成《提要稿》整理計劃及資金籌措。此後,影印工作次第展開,2001 年即獲成書。

8. 2002 年,筆者承澳門圖書館管理協會之約,曾撰文向澳門讀者介紹《提要稿》之流傳原委及研究狀況(刊於《澳門圖書館暨咨詢管理協會學刊》第四期,2002 年 3 月)。2005 年 9 月出版之《提要稿》整理本卷首,載有筆者所作《前言》,對《提要稿》之内容及整理方法有所介紹。

9. 《提要稿》影印原本雖存真迹,仍不便於檢閱。2001 年以來,筆者承上海圖書館王世偉先生與澳門圖書館館長鄧美蓮女士之囑,承擔《提要稿》整理之責。整理工作分爲以下步驟:(1)過録文字,經認真辨識,悉心校核,將原稿轉成電子文本;(2)標點分段,區分提要及札記,使内容釐然有序;(3)重新編次,依"四庫"分類法重新編排各稿;(4)新編目録,並注明《提要稿》與通行本《四庫提要》篇目之異同出入;(5)補輯別録,收集翁稿之佚篇(澳門所藏《提要稿》較嘉業堂收藏時期已有缺失);(6)增編附録,收録歷代學者及收藏者關於《提要稿》之題跋等文字;(7)編製全書書名及著者人名索引(採用四角號碼、拼音、筆畫三種檢索方法)。全書近百萬字,辨識校核,深懼失誤,竭盡駑駘,五載於兹。幸蒙兩館領導體諒,不以期限催迫,又賴師友支助,編輯合作,整理之役,終獲完成。限於學力,錯訛未免,四方學人,敬祈教正。

---

① 〔日〕滝野邦雄:《復旦大學圖書館所藏翁方綱纂〈四庫全書提要稿〉から見た檢閱について》,載日本和歌山大學經濟學會《經濟理論》第 272 號(1996 年 7 月)。

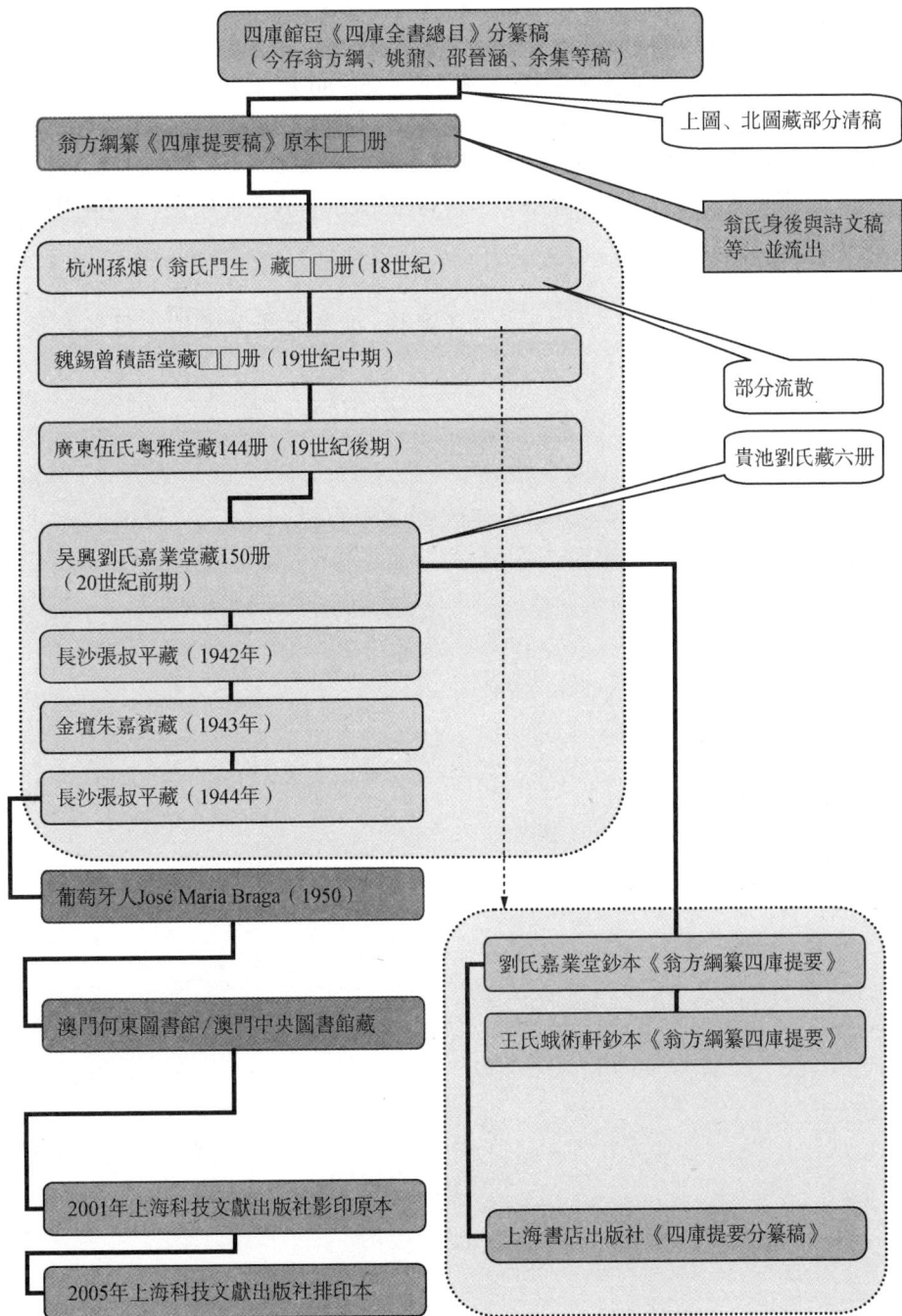

四庫館臣《四庫全書總目》分纂稿
（今存翁方綱、姚鼐、邵晉涵、余集等稿）

上圖、北圖藏部分清稿

翁方綱纂《四庫提要稿》原本□□冊

翁氏身後與詩文稿
等一並流出

杭州孫㷍（翁氏門生）藏□□冊（18世紀）

魏錫曾積語堂藏□□冊（19世紀中期）

部分流散

廣東伍氏粵雅堂藏144冊（19世紀後期）

貴池劉氏藏六冊

吳興劉氏嘉業堂藏150冊
（20世紀前期）

長沙張叔平藏（1942年）

金壇朱嘉賓藏（1943年）

長沙張叔平藏（1944年）

葡萄牙人José Maria Braga（1950）

劉氏嘉業堂鈔本《翁方綱纂四庫提要》

王氏蛾術軒鈔本《翁方綱纂四庫提要》

澳門何東圖書館/澳門中央圖書館藏

2001年上海科技文獻出版社影印原本

上海書店出版社《四庫提要分纂稿》

2005年上海科技文獻出版社排印本

**附記**：此文係 2005 年末於日本早稻田大學文學部講演底稿。

翁方綱爲直隸大興人，生前曾宦游至粵，粵中風俗文物於其著述中留下諸多記載。《提要稿》完成於 18 世紀後葉之北京，19 世紀初歸於江南。未及百年，稿本流傳至粵中。20 世紀之初，《提要稿》又由南粵流傳至滬濱。在滬未及 30 載，其書再返南國。20 世紀末澳門回歸祖國，稿本終獲面世。《提要稿》之流傳與整理，凝聚 200 餘年來無數有識者之辛勤護持，又始終與江南及粵中兩地相關聯，冥冥之中，若有神契。文獻徵存，邦國之重，筆者有幸，獲與此書遇合，撫卷追思，感慨系之。乙酉冬日復旦大學圖書館吳格謹識於東京早稻田大學客舍。

（吳格，復旦大學圖書館古籍部教授）

# 明清之際地理學興盛的學術淵源

黄　珅

一

在中國,還没有哪個歷史時期像明末清初那樣,集中出現多部具有劃時代意義的地理學巨著。李約瑟稱贊《徐霞客游記》更像是一位 20 世紀學者所寫的野外考察記録。王士性的《廣志繹》,對人文地理的研究作出了前所未有的貢獻。顧炎武《天下郡國利病書》與《肇域志》的博大,顧祖禹《讀史方輿紀要》的精深,無不標志着中國古代地理學研究已邁入一個新的更加科學的階段。

就世界範圍而言,明代正處於西方地理大發現以後的時代。明末曾出現一股學習西學的熱潮。晚明傳教士輸入的西學主要有兩方面:一是地理學方面的知識,另一個是數學和天文學方面的知識。而最令時人震驚的是世界地圖,當時的中國士大夫正是從這些圖中獲得了世界地理的觀念。美國華裔學者方豪甚至認爲,徐霞客一生似乎不可能不受西方科學的影響,也不可能和當時的傳教士没有一點關係。[①]

明末西學東漸,西方科學知識和思維方式、研究方法的輸入雖然取得了很大的成功,促使徐光啓等一批有識之士的反思和覺醒,但在當時的整個知識階層並未産生全面而又廣泛的影響,至少在現有學者、文人的著作中罕見提及其與西學的關係。從明末清初一些主要的地理學家的相關資料中,還看不到西學對他們有任何直接的聯繫和影響。以這類地圖而言,其實際影響在政治、軍事界要遠遠大於學術、文化界,在清代要大於明代。

---

① 方豪:《徐霞客與西洋教士關係之探索》,《方豪六十自定稿》上册,臺灣學生書局 1969 年版,第 287 頁。

故李約瑟就否定了徐霞客曾受耶穌會傳教士影響的説法,認爲反倒是徐霞客的一些發現被西方所接受。①

錢謙益後人錢曾談到他家的統輿圖藏本時説:"古今地圖,莫詳於明代。蓋天下定於一,幅員所被者廣耳。吾家藏《統輿圖》,南北直隸及各省郡縣,以至邊防海道、河圖運漕,外國屬夷靡不考核詳載。圖如蚊睫,字若蠅頭,繕寫三年而後成。彼柏翳所圖,豎亥所步,不出户庭而列萬里職方於几案間,豈非大快事與? 寶護此書,便可壓倒海内藏書家,非予之謷言也。"②與徐霞客同時的陳祖綬曾編製《皇明職方圖》三卷。不過這種狀況和傳教士輸入世界地圖,只是時間上的巧合,並無必然的因果關係。

重視地圖的觀念在中國早已形成。西周建國之初營建洛邑,已用地圖,周公曾請成王"以圖及獻卜"。③《周禮》中有多處關於土地之圖、九州之圖的記載。《漢書·地理志》提及《秦地圖》。現存最早的地圖,有甘肅天水放馬灘戰國秦墓出土的《圭縣地圖》、河北平山縣出土的戰國中山王陵墓圖和長沙馬王堆出土的西漢地圖。秦漢之際,蕭何入關後,獨自收取秦丞相、御史律令圖籍,因而得知山川險要、户口多少。唐代地理學家李吉甫由此提出:"成當今之務,樹將來之勢,則莫若版圖地理之爲切也。"④宋代出現了多種地理模型,如朱熹聽説黄裳(文叔)做了一個木制模型地圖後,曾托人求其樣本,用膠泥複製了一個立體地圖模型。⑤ 西方世界地圖的輸入無疑擴大了中國人的眼界,但並沒有改變、引導中國人的地理觀念。

要瞭解明清之際地理學興盛的原因,還得從中國自身的學術文化傳統中尋繹。

---

① 李約瑟:《中國科學技術史》第五卷《地學》第一分册,科學出版社、上海古籍出版社 1990 年版,第 62 頁。

② (清)錢曾著,管庭芬、章鈺校證:《讀書敏求記校證》卷二之下,上海古籍出版社 2007 年版,第 183—184 頁。

③ (唐)孔穎達:《尚書正義》卷一五《洛誥》,《十三經注疏》上册,中華書局 1982 年版,第 214 頁。

④ (唐)李吉甫:《元和郡縣圖志·序》,中華書局 2005 年版,第 2 頁。

⑤ (宋)朱熹:《朱文公文集》卷三八《答李季章書》,《朱子全書》第 21 册,上海古籍出版社、安徽教育出版社 2002 年版,第 1710 頁。

## 二

地理學是界乎自然科學和人文科學之間(或者説,是兼備自然科學和人文科學性質特徵)的一門學科,而明末清初正是學術思想發生巨變的時代,又是一個科學巨人輩出的時代。對於形成這種狀況的原因,前人已有不少分析和論述,如梁啓超在《中國近三百年學術史》中曾開宗明義地提出:明清之際學術思潮的轉變,是對王陽明心學末流空言心性、清談誤國的反動,並舉徐霞客和宋應星爲"自然界探索的反動"的代表人物。① 直到近時,這種看法依然得到廣泛的認同和引用。

這種説法雖言之成理,但並不完整。正像前輩學者所言,王守仁的學術思想,與其深受朱熹思想的影響有直接關係。事實上,明清之際的學者也很難完全擺脱理學和心學的影響,並非對心學徹底的決裂和一味的反動。至於晚明地理學的興盛,雖不能説與反思心學末流學風、反對空談性理毫無關係,更不能撇開明代實學發展的進程不談,但又絕非僅此而已。

多樣性是明末清初地理學的一個顯著特徵,當時的地理學家或注重實地考察,或偏重文獻整理,徐霞客主自然地理,王士性主人文地理,顧炎武主政治地理、經濟地理,顧祖禹主軍事地理,在各自的研究領域都達到了前所未有的高峰。就其個性、經歷、追求而言,大致可分兩類:一是文人型,強調自我實現,性喜旅游,走向自然;一是學者型,強調經世致用,耽玩典籍,重視知識(這只是相對而言,並無涇渭分明的界限)。

周振鶴先生據黃虞稷《千頃堂書目》所載游記類書(包括 57 人的著作),提出在明代後期出現了一個旅游家群體和考察式的地理學家。② 其中都穆、陳沂、胡應麟、王世懋、田汝成、黃用中、王九思、吳承恩、屠隆、徐弘祖、曹學佺、王思任等,都爲著名的文人。徐霞客的足迹已遍及今華東、中南、華北(除内蒙古)各省,以及西北的陝西,西南的雲、貴,有人認爲他還去過四川,除峨眉山存疑外,踏遍明疆域内的所有名山。王士性雖然不像徐霞客那樣聲名顯赫,但他借仕宦之便,足迹遍及當時除福建外的兩京12 省。按今天的省區劃分,徐霞客到過 16 省(區),王士性到過 17 省

---

① 梁啓超:《中國近三百年學術史》,東方出版社 1996 年版,第 9 頁。
② 周振鶴:《徐霞客與明代後期旅行家群體》,《周振鶴自選集》,廣西師大出版社 1999 年版,第 292 頁。

（區），比霞客多游四川、甘肅二省，少游福建一省。與徐霞客同時的連江陳第（一齋），雖以軍營起家，但在酷愛旅游這一點，堪與霞客媲美。他曾渡海去臺灣考察風土人情，作《東番記》。此外如顧炎武等人，雖不以旅游爲終身追求的事業，但同樣有周游大江南北、踏遍名山大川的經歷。

明代旅游之風的興起，一方面與當時的社會環境有關，用宋應星的話説：“幸生聖明極盛之世，滇南車馬，縱貫遼陽；嶺徼宦商，衡游薊北。爲方萬里中，何事何物不可見見聞聞？若爲士而生東晉之初，南宋之季，其視燕、秦、晉、豫方物，已成夷産，從互市而得裘帽，何殊肅慎之矢也。”①而更重要的還是旅游者本身所具有的走出家門的衝動和願望。徐霞客等人不必説，遍游東南山水的譚元春序《水經注》也説：“夫予之所得於酈注者，自空濛蕭瑟之外，真無一物，而獨喜善長，讀萬卷書，行盡天下山水，因捉幽異，掬弄光彩，歸於一續，以力致其空濛蕭瑟之情於世。”②

這種衝動和願望異乎强烈，則又與當時的社會思潮有着密切的關係。

就歷史傳承而言，這是對司馬遷“讀萬卷書，行萬里路”精神的繼承和發揚。衆所周知，司馬遷爲倜儻非常之人，在這種精神中，最核心、最可貴的就是不受束縛、積極進取的情懷。梁啓超説：“我最愛晚明學者虎虎有生氣。他們裏頭很有些人，用極勇鋭的努力，想做大規模的創造。”③這卻不能不説得益於王陽明思想的熏陶。陽明勳業氣節，卓然見諸施行。心學異於理學很重要的一點，即在强烈的自我意識。黄宗羲認爲心學主張“聖人之道，吾性自足，不假外求”，④是對心學高揚人的主體性的點睛之語。王陽明“一方面大刀闊斧，摧毁傳統思想的權威，替新時代做一種掃除工作；同時他又提出許多天才的啓示，替新時代做一種指導工作。……清代思想一方面是他的反動，同時卻也有許多地方是繼承他的”。⑤“泰州之後，其人多能以赤手搏龍蛇，傳至顔山農、何心隱一派，遂復非名教之

---

① （明）宋應星：《天工開物·自序》，《天工開物譯注》，上海古籍出版社 1998 年版，第 228 頁。

② （明）譚元春：《刻水經注批點序》，《譚元春集》下册，上海古籍出版社 1998 年版，第 598 頁。

③ 梁啓超：《中國近三百年學術史》，第 105 頁。

④ （清）黄宗羲：《姚江學案》，《明儒學案》卷一〇，中華書局 1985 年版，第 180 頁。

⑤ 嵇文甫：《晚明思想史論》，《民國叢書》第二編，上海書店出版社 1990 年版，第 9 頁。

所能羈絡矣。……諸公掀翻天地,前不見有古人,後不見有來者"。①

正是在陽明心學的影響下,"率性而行"成爲晚明人所尊奉的行爲準則,這是一種主個性、主創造、主進取、追求個人價值的人生觀,在那些文人型的旅游家、地理學家身上,有鮮明的表現。即以上面所引的那些旅游家而言,追隨王世貞的屠隆、王世懋、胡應麟均受陽明思想影響。狂放不羈的屠隆對陽明學説十分傾倒。同樣一生好入名山游的袁宏道深受王學影響,在《與龔惟長先生》中,提出人生五種"真樂",即擺脱一切束縛,任情所爲,無拘無束,自由自在。② 即使被稱爲心學批判者的東林黨人,和陽明學説也非截然對立。如東林黨和明末文壇領袖錢謙益,高度評價陽明學説在解放思想、啓人心智上的巨大貢獻:"至於陽明、近溪,曠世而作,剖性命之微言,發儒先之秘密,如泉之湧地,如風之襲物,開遮縱奪,無地(《牧齋初學集》作"施")不可。人至是而始信儒者之所藏,固如是其富有日新,迨兩公而始啓其扃鐍,數其珍寶耳。"③

從現存的游記中看不出徐霞客和陽明之學有什麼直接的關係,但徐霞客敢爲天下先的作風和行爲,在他身上所表現出的"以性靈游,以軀命游"的勇氣,衝破束縛、向往自然的精神顯然受王學的影響。潘耒説徐霞客之游,"無所爲而爲",④但這並不是説他的旅游處在一種無目的、無作爲的狀態之中,其真實的意義在不爲外界環境左右,不被利害關係驅逐,而能堅持自己的操守,伸張自我的個性。用他在《游記》中的話説:"吾守吾常,吾探吾勝耳。"⑤徐霞客一生最推重黃道周(石齋),在品評天下人物時贊道:"至人唯一石齋,其字畫爲館閣第一,文章爲國朝第一,人品爲海宇第一,其學問直接周孔,爲古今第一。"⑥黃道周治學調和朱、陸,對王陽明極爲欽敬:"文成出而明絕學,排俗説,平亂賊,驅鳥獸;大者歲月,小者頃刻,筆致手脱,天地廓然,若仁者之無敵,自伊尹以來,乘昌運,奏顯績,

---

① 黃宗羲:《泰州學案》一,《明儒學案》卷三二,第 703 頁。

② (明)袁宏道著,錢伯城箋校:《袁宏道集箋校》卷五《與龔惟長先生》,上海古籍出版社 2008 年版,第 205 頁。

③ (明)王陽明:《王陽明全集》卷四一《陽明近溪語要序》,上海古籍出版社 1992 年版,第 1618 頁。

④ (明)徐霞客:《徐霞客游記》潘耒《序》,《徐霞客游記》下册,上海古籍出版社 1980 年版,第 1258 頁。

⑤ (明)徐霞客:《楚游日記》,《徐霞客游記》上册,第 186 頁。

⑥ (明)徐霞客:《滇游日記七》,《徐霞客游記》下册,第 879 頁。

未有盛於文成者也。""晦庵學孔,才不及孔,以止於程;故其文章經濟,亦不能逾程,以至於孔。文成學孟,才與孟等,而進於伊;故其德業事功,皆近於伊,而進於孟。"①徐霞客另外兩個摯友陳繼儒、唐泰,立身行事,師從交游,也與陽明一派關係頗深。

王士性自道嗜游之狀:"語云:良辰美景,賞心樂事,所以試也。余游則不擇是。當其霜雪慘烈,手足皸瘃,波濤撼空,帆檣半覆,朝畏嵐煙,夜犯虎迹,垂堂不坐,千金誰擲,余不其然。余此委蛻於大冶乎何惜?遇佳山水則游。"②他的《華游記》,詳細記載了在一個霪雨霏霏、雲霧彌漫的夏日,不顧當地道士的勸阻,冒死攀登華山諸險的經歷。在游歷"連山跨隴蜀,地險絶躋攀"的五丁峽時,王士性抒發了"剩得千秋客,鞭馳若等閒"的豪情。雖然他的著作中對此的記載不像《徐霞客游記》那麼具體、豐富,但其中所表現的獨立不羈的個性、不畏艱險的膽識、不爲外物所動、堅持自我實現的精神,則是一致的。

## 三

無論在中國還是歐洲,伴隨着個性解放的呼聲常會出現一個回歸自然的熱潮,就古代中國而言,這股熱潮一次出現在六朝,一次出現在明代。六朝文士放浪不羈,明代文士率性而行,蔑視禮教,解放情感,確實比其他任何時期都要强烈。王陽明的著作中已經表現出對自然山水的特殊感情。由於地理學家和自然特有的親密關係,在回歸自然中感悟的天人合一,在他們心中也就有着更加深切的意義。王士性云:"吾視天地間一切造化之變,人情物理,悲喜順逆之遭,無不於吾游寄焉。當其意得,形骸可忘,吾我盡喪,吾亦不知何者爲玩物,吾亦不知何者爲采真。"③當徐霞客登上金華北山頂峰,俯仰宇宙,游心太玄,覺身心與山川合一,形影與元氣同游,興高意遠,寫下了這樣一段和王士性十分相似的文字:"夕陽已墜,皓魄繼輝,萬籟盡收,一碧如洗,真是濯骨玉壺,覺我兩人形影俱異,回念下界碌碌,誰復知此清光!即有登樓舒嘯,釃酒臨江,其視余輩獨躡萬山

---

① (明)王陽明:《王陽明全集》卷四一《王文成公集序》下册,第1614—1615頁。

② (明)王士性:《五嶽游草·自序》,《王士性地理書三種》,上海古籍出版社1993年版,第28頁。

③ 同上書,第29頁。

之巔,徑窮路絶,迥然塵界之表,不啻天壤矣。"①此時,他們都已將生命與自然融爲一體,其本身就是天人合一的象徵。

"山林與,皋壤與,使我欣欣然而樂與",②"登東皋以舒嘯,臨清流而賦詩。聊乘化以歸盡,樂夫天命復奚疑"。③ 在徐霞客、王士性之前,莊周、陶淵明等人的思想和行爲,一直爲人樂道,被人看作回歸自然的典範。從表面上看,前後確有相似之處,但實際上大不相同。莊周、陶淵明所説的"樂",只是人逃入自然、依附自然時的一種慰藉,並非發自身心的充滿熱情的真樂。他們懷遁世之心,是一種在知其不可爲心態下産生的無奈的退讓行爲。他們抛棄的不僅是功名,還有事業;否認的不僅是品行,還有價值。至於他們後來名垂不朽,那純是"無心插柳柳成蔭",因爲在他們腦子並沒有"文章乃經國之大業"的念頭。而王士性等人的情況就完全不同了,即使和社會離得最遠、和陶淵明最相近的徐霞客,也從未抛棄過事業,相反,投身(而不是逃入)自然正是他們體現自我、追求價值、完成事業的最佳途徑。以徐霞客爲代表的明清之際的地理學家都有着入世的情懷,永遠懷着積極有爲的進取之心,在大自然旅游考察,只是有別於廟堂劃策、疆場爭鋒的另一種形式而已。對此,顧炎武的告誡可謂最好的表達:"必有體國經野之心,而後可以登山臨水;必有濟世安民之識,而後可以考古論今。"④

不錯,莊周、陶淵明本身都是高人韻士,但他們又是和社會格格不入的人。他們回歸自然的認識前提是世道險惡,人心叵測,做人不易,由此才不願"心爲形役",與世相遺。他們將自然與人世對立起來,將理想化的自然看作不願被人世污染、傷害的避難所。雖然董仲舒明確提出了"天人合一"説,但徐霞客等人繼承的,卻不是他的學説,而是由孟子提出、經宋明理學光大的思想。孟子是"性善"説的宣導者,認爲人有"不學而能""不慮而知"的良知。⑤ 有了這樣一個基礎,天人方能一理,萬物方能一

---

① (明)徐霞客:《浙游日記》,《徐霞客游記》上册,第103頁。
② (清)郭慶藩:《莊子集釋》卷七下《知北游》,中華書局1982年版,第765頁。
③ (東晉)陶淵明:《陶淵明集》卷五《歸去來辭》,中華書局1982年版,第162頁。
④ (清)徐元文:《歷代宅京記序》,(清)顧炎武:《歷代宅京記》,中華書局1984年版,第3頁。
⑤ (宋)朱熹:《孟子集注·盡心上》,《四書章句集注》,《朱子全書》第6册,第430頁。

體,而這正是宋明理學家有關天人合一説的核心。從這個前提又可引向兩個方面,一是人與自然決不是對立的,相反,二者一體,圓融無礙,人即自然,能在自然中發現固有的天性。人面對自然,享受的是真樂,樂在其中。"致良知"的最高境界,即"以赤子良心、不學不慮爲的,以天地萬物同體、徹形骸、忘物我爲大。……蓋生生之機,洋溢天地間,是其流行之體也"。① 上面王士性、徐霞客所表現的,也正是這種境界。

天人一理、萬物一體引向的另一方面,是無論理學家和心學家都十分強調的民胞物與説,張載的《西銘》是最具代表性的論述。由萬物一體引出"博愛之謂仁",由人類進而引入自然是順理成章的事。孟子因此有"親親而仁民,仁民而愛物"的説法,朱熹注云:"物,謂禽獸草木。愛,謂取之有時,用之有節。"②指出應根據動植物生長發育的規律,按時節有節制地取用,這就是民胞物與思想的體現。他在湖南任職期間,曾發佈綠化南嶽的榜文:"不得似前更行砍伐開墾,向後逐年深冬,即令寺觀各隨界分,多取小木,連木栽培,以時澆灌,務令青活,庶幾數年之後,山勢崇深峻,永爲福地。"③這種思想自始至終貫穿在《徐霞客游記》之中。《游記》對人和自然關係的歷史變化、如何通過藝術促進人與自然的融合、如何保護生態環境、如何使人文景觀與自然景觀協調、如何在開發自然的同時美化自然而不是破壞自然等問題,都有形象的描寫和深刻的揭示。《游記》對今人最大的啓示是:天人合一的理想,只有在天人和諧的現實中才能産主,只有在維護生態平衡的條件下,人方能與自然真正溝通。其思想基礎,就是由天人合一説引發的民胞物與説。

誠如衆多學者所言,天人合一説是古代中國對人與自然關係最具代表性的表達。人類社會是在和自然環境相磨合的過程中發展的,通過對人地關係的分析,可最直接、最感性地瞭解自然環境對人的影響。而包括游記在內的地理著作,很多在考察自然環境的基礎上,表現了人類對各種不同的自然環境的適應,及其歷史過程中的變化,進而研究自然環境和人類生存的關係,體現了各個時期人的自然觀、生態觀。作爲一個獨特的歷史文化符號,一種銜接自然和社會的語言表達形式,地理著作具有極大的

---

① (清)黄宗羲:《泰州學案》三,《明儒學案》卷三四,第 762 頁。

② (宋)朱熹:《孟子集注·盡心上》,第 441 頁。

③ (宋)朱熹:《朱文公文集》卷一〇〇《約束榜》,《朱子全書》第 25 册,第 4641 頁。

相容性和象徵意義。地理環境、自然條件、人類活動、藝術形象密切相關，考察其間所表現的衝突、協調、變化、和諧，是探索人與自然關係的絕佳途徑，是傳統的"天人合一"説的重要體現。

四

不過，無論在精神上還是方法上，對明末清初地理學家影響更大的還是朱熹的學説，特別是那些對心學末流浮誇不實之風深懷不滿的學者型的地理學家，尤爲明顯。對心學的反感、反思，必然會重新關注理學；而在對理學事實上無法徹底否定的狀況下，必然會採取調節、更新的辦法；更何況在朱熹學説中，確有值得重視、可供借鑒之處。

若論當時學者型的地理學家，必以二顧（顧炎武、顧祖禹）爲代表。顧炎武晚年定居陝西華陰，曾捐資四十金與人共建朱子祠堂，並作《華陰縣朱子祠堂上樑文》，稱揚朱熹於儒學集大成之功。① "博學於文"，"行己有恥"出於《論語·顏淵》和《子路》篇，顧炎武將二者合而爲一，以此爲人生理想，當然也是有志之士立身行事的準則。② 而這正出自朱熹，朱熹執"尊德性"與"道問學"兩端，前者即"行己有恥"，後者即"博學於文"，知識、修養，二者不偏廢。顧炎武曾謂其編《下學指南》，是希望"有能繹朱子之言，以達夫聖人下學之旨"。③

相比較其他學科，地理學更强調實事、實踐、實行。明末清初的地理學家，不僅好游，同時也重視實地勘察，將實地勘察作爲觀察、認識大自然的前提。潘耒説徐霞客之游，"先審視山脈如何去來，水脈如何分合，既得大勢，然後一丘一壑，支搜節討"，④實際就是一種由面到點、不斷深入的考察活動。《徐霞客游記》中所記載的大小地名就有上萬條，可見其考察之勤。王士性十分自負地説："蓋天下未有信耳者而不遺目，亦未有信目者而不遺心，故每每藉耳爲口，假筆於書。余言則否，皆身所見聞也，不則寧闕如焉。"⑤而對地理學有獨特理解和貢獻的劉獻廷，"於是慨然欲遍歷

① （清）顧炎武：《顧亭林詩文集·亭林文集》卷四《與李中孚書》，中華書局1983 年版，第 80 頁。

② （清）顧炎武：《亭林文集》卷三《答友人論學書》，第 40 頁。

③ （清）顧炎武：《亭林文集》卷六《下學指南序》，第 132 頁。

④ （清）潘耒：《序》，（明）徐霞客：《徐霞客游記》下冊，第 1257 頁。

⑤ （明）王士性：《廣志繹·自序》，《王士性地理書三種》，第 238 頁。

九州,覽其山川形勢,訪遺佚,博採軼事,以益廣其聞見,而質證其所學",以此"討論天地陰陽之變、伯王大略、兵法、文章、典制、古今興旺之故、方域要害、近代人才邪正"。①

深入觀察各種自然現象,正是朱熹高於同時和後世那些自閉在書齋中的學者的地方。朱熹對我國第一部經濟地理著作《禹貢》頗有研究,但他看到時移勢異,陵谷變遷,因而提出:"《禹貢》地理,不須大段用心,以今山川都不同了。理會《禹貢》,不如理會如今地理。"②這就是說,地理學研究,實地考察比書本知識更加重要。並一再告誡弟子:"只有兩件事:理會,踐行。"③"學之博,未若知之之要;知之之要,未若行之之實。"④朱熹的著作中有不少通過實地考察,判別地理位置、山脈和水流走向的文字。儘管他的考察範圍還很有限,推論也未必都正確,在地理學的實際貢獻遠不能和徐霞客等人相比,但其精神和方法是一致的,且有導夫先路的作用。

錢穆説:"朱子把宇宙本體分作乾坤兩項,乾道剛健,坤道柔和。乾道主知,能創,尚動進。"⑤楊明時序《徐霞客游記》云:"學者之於道也,若覃思鼓勇,亦如霞客之於山水,則亦何深之不窮,何遠之不屆?"⑥這正是對"乾道主知"的注解。顧炎武出游,"以二馬二騾,載書自隨。所至阨塞,即呼老兵退卒,詢其曲折。或與平日所聞不合,則即坊肆中發書而對勘之",⑦則是對"乾道主知"形象的表述。

重視實地考察,與朱熹的思想認識有關,用更明確的話説,是他的格物説在實踐中的反映。李約瑟稱朱熹理學"反映了近代科學的立足點","和近代科學上所用的某些概念並無不同",⑧主要就是根據朱熹的格物致知説而談的。當然,包括王陽明在內的其他學者也談格物致知。王陽明的格物致知説是作爲朱熹的對立面提出的,他進一步強調人心在格物

---

① (清)王源:《居業堂文集》卷一八《劉處士墓表》,《叢書集成初編》第 2482 册,中華書局 1985 年版。

② (宋)黎靖德:《朱子語類》卷七九,中華書局 1994 年版,第 2027 頁。

③ 同上書,第 2025 頁。

④ (宋)黎靖德:《朱子語類》卷一三,第 222 頁。

⑤ 錢穆:《朱子學提綱·朱子論克己》,三聯書店 2002 年版,第 112 頁。

⑥ (清)楊明時:《序》,(明)徐霞客:《徐霞客游記》,第 1261 頁。

⑦ (清)全祖望:《鮚埼亭集》卷二《亭林先生神道表》,上海古籍出版社 2000 年版,第 231 頁。(清)阮元《歷代宅京記序》有相同的記載。

⑧ 李約瑟:《中國科學技術史》第二卷《科學思想史》,第 526—527 頁。

致知過程中的能動作用,但無視認識的客觀性,就其對中國古代科學的實際影響而言,遠不能和朱熹相比。另有不少人和朱熹的論述,在追求的目標、所用的方法上都有相同之處,而這也正是朱熹格物思想在後世影響廣泛、深遠的體現。

格物致知是理學家的不二法門。即使對朱熹常表示不滿的王夫之也説:"朱子以格物窮理爲始教,而檃括學者於顯道之中。"①朱熹的格物致知説以"理一分殊"爲基礎,探其本原,固然由"理一"引發"分殊";但探究物理,也可反過來從"分殊"引入"理一"。朱熹所説的"理",不僅是性理,也指物理,包括自然界各種具體事物之理,因此他主張從具體事物入手研究萬物之理:"格物之功,正在即事即物而各求其理。"②

這些耳熟能詳的言論,在今天看似平平無奇,但在很長一段時期,被學界奉爲圭臬,對明末自然科學家影響頗深。如李時珍明確表示:"天造地化而草本生焉。"故莫不有自然之理,"此非窺天地之奧而達造化之權者,不能至此"。③《徐霞客游記》及《天下郡國利病書》等書中的相關記載,與朱熹格物致知説相比,雖然認識更加深刻,探究更加具體,但依然有着明顯的前後相承的關係。

朱熹對格物致知説的又一巨大貢獻,在他於《大學》原有的"博學之,審問之,慎思之,明辨之,篤行之"的基礎上,提出或涉及分析、歸納、演繹等方法論的問題。雖然他的研究還是以直觀爲前提,以經驗爲基礎,但他畢竟是我國歷史上少數幾個具有很強邏輯思辨和演繹推理能力的人,提出格物窮理的功效,就在"因其所已知而及其所未知,因其所已達而及其所未達","自粗而推之於精,自近而推之於遠",④即通過已知現象解釋未知現象,聯繫個別現象解釋普遍現象。因爲"萬物各具一理,而萬理同出一原,此所以可推而無不通也"。由此,"今日而格一物焉,明日又格一物焉,積習既多,然後脱然有貫通處耳",⑤即借助類推,使觀察的現象條理化,在一定程度上理論化,從而拓寬視野,獲取對客觀世界更深更廣的認

① (清)王夫之:《張子正蒙注·序論》,《船山全書》第12册,岳麓書社1996年版,第10頁。

② (宋)朱熹:《中庸或問》下,《朱子全書》第6册,第591頁。

③ (明)李時珍:《本草綱目》卷一二《草部》、卷一下《序例上·升降浮沉》,文淵閣《四庫全書》本,第773册第1頁、第772册第354頁。

④ (宋)黎靖德:《朱子語類》卷一八,第2册,第392頁。

⑤ (宋)朱熹:《大學或問》下,《朱子全書》第6册,第525頁。

識。朱熹的格物致知説，既不排斥以自然萬物作爲研究的對象，又有合理的方法論，這就爲後世的科學研究開闢了一條行之有效的通衢。

在古代中國，當新的、先進的科學方法論尚未出現之前，行之有效的"工具"也就只能是經朱熹發展提高的格物致知説了。李時珍早年從理學家顧問和醫家郝守道一起探討醫理醫道，同樣認爲"醫者貴在格物也"，① 本草"雖曰醫家藥品，其考釋性理，實吾儒格物之學"。② 徐光啓認爲西學"大者修身事天，小者格物窮理"。③ 他將當時傳入的西方的科學思想方法，與傳統的格物致知説連在一起，既以"格物致知"概括西方的科學思想方法，又以新的思想方法重新解釋格物致知説。方以智的"質測之學"，融中西科學於一體。王夫之贊道："密翁與其公子爲質測之學，誠學思兼致之實功。蓋格物者，即物以窮理，惟質測爲得之。若邵康節、蔡西山，則立一理以窮物，非格物也。"④已經明確地將格物與科學研究等同起來。以後，對格物致知的理解，不斷有所變化，但"格(物)致(知)"作爲"科學"的代名詞則始終未變(儘管内涵已大不相同)。近代出版的不少自然科學書籍，均以"格致"命名。

在明末清初幾部重要的地理學著作中，對地理現象的考察，對一些内在規律的總結，體現了格物致知説在實踐中的運用。《徐霞客游記》記載了許多考察、研究地理的方法。根據從湖南—廣西—貴州—雲南一路上的考察，通過比較、分析、推理、歸納，徐霞客揭示了西南巖溶地貌的地域差別和分佈規律。没有銖積寸累的格物致知功夫，決不可能作出如此高屋建瓴式的明確論斷。在雞足山考察時，徐霞客就位於雲南、四川、西藏相界地區的"南龍大脈"，作了對常人來説匪夷所思的鳥瞰式的概述。徐霞客所説的"南龍"，和今天的横斷山脈相近。横斷山脈横跨迪慶、怒江、麗江、大理在内的整個滇西北地方，範圍極大，山高路險，其中有包括玉龍雪山、中甸雪山在内的衆多山峰。在當時的條件下，徐霞客根本不可能進行實地考察，其中絕大部分地區，他尚未去過。但他憑藉長期在野外考察養成的特殊的感悟和推理能力，居然發現了這裏的山脈和一般山脈不同

---

① （明）李時珍：《本草綱目》卷一四《芎藭》，文淵閣《四庫全書》本，第773册，第93頁。

② （明）李時珍：《本草綱目·凡例九》，第772册，第11頁。

③ （明）徐光啓：《刻幾何原本序》，《徐光啓集》上册，上海古籍出版社1984年版，第75頁。

④ （清）王夫之：《搔首問》，《船山全書》第12册，第637頁。

的彌足珍貴的地理資料。①《廣志繹》是明末理論概括最出色的一部地理學著作。繹，即尋繹、解析、推理。在這部著作中，王士性對耳聞目睹的考察對象進行理論探討，解釋自然現象的成因，將實測和演繹結合起來，將經驗上升到理性的高度，從中總結一些帶有規律性的東西。

李顒提出："必也以致良知明本體，以主敬窮理、存養省察爲功夫，由一念之微致慎，從視聽言動加修，庶內外兼盡，姚江、考亭之旨，不至偏廢。下學上達，一以貫之矣。"②以此而言，徐霞客、王士性可謂最傑出的代表。

# 五

雖然理學後來成了束縛思想的工具，但無論朱熹還是王守仁，就其勇於探索、提出一種新思想而言，在當時都是具有獨立人格的反潮流者。韓侂冑禁道學，張居正斥心學，與其説是菲薄學術，厭惡講學，不如説是一個政壇權貴對獨立不羈思想的憎惡和畏懼。

懷疑是批判的前提，是創新的基礎。顧炎武説："五經得於秦火之餘，其中故不能無錯誤。學者不幸而生乎二千餘載之後，信古而闕疑，乃其分也。"③不依榜，不盲從，即使對經籍，也不迷信盲從，理應成爲治學的原則。對長江源頭的探索，一直被看作是徐霞客在地理學上最重要的貢獻之一。最早提出長江之源的是《禹貢》，雖僅"岷山導江"四字，但千百年來一直被奉爲金科玉律，無人置疑。徐霞客根據他在西游途中的實地考察，在《溯江紀源》一文中，明確否定了"岷山導江"的説法。這種離經叛道論，當然難以被時人所接受，《大清一統志》聚集了當時許多著名學者參與編修，仍以岷江爲江源。

其實，對《尚書》的懷疑，早已起於朱熹。僞《古文尚書》一案，即由朱熹最早提出，他還懷疑《書序》也不可信。④ 朱熹在格物致知的過程中，不僅提出衆多啓人心智的方法論，同時也表現出發人深省的懷疑、創新精

---

① （明）徐霞客：《滇游日記六》，《徐霞客游記》下冊，第 857 頁。

② （清）李顒：《二曲集》卷一五《富平答問》，中華書局 1996 年版，第 129 頁。

③ （清）顧炎武：《日知録》卷二《奉熙僞尚書》，《日知録集釋》上冊，上海古籍出版社 2006 年版，第 125 頁。

④ （宋）朱熹：《書臨漳所刊四經後》，《朱文公文集》卷八二，《朱子全書》第 24 冊，第 3888 頁。

神。他説："讀書無疑者，須教有疑；有疑者，卻要無疑，到這裏方是長進。"①歐陽修、蘇轍等人已經開始了辨別經籍真僞的工作。朱熹天生好學深思，不肯迷信經籍，盲從已有的結論，而他淵博的學識、扎實的考證功夫，使他的懷疑没有停留在假設的階段，而能生發出創新的動力。他的懷疑對象、批判鋒芒，已經涉及多部經籍。在地學方面，朱熹根據自己的實地勘察，指出《禹貢》的一些錯誤，認爲："禹當時只治得雍、冀數州爲詳，南方諸水皆不親見。恐只是得之傳聞，故多遺闕，又差誤如此。"②從某種意義上説，朱熹對《禹貢》的批評，正是徐霞客的先聲；或者説，在地理學領域，徐霞客是朱熹懷疑、批判精神的直接繼承者。

　　至於心學，從陸九淵到王守仁，都是在好疑的基礎上開宗立説的。王陽明的良知説，本來就是在對朱熹學説的懷疑和批評的基礎上産生的，强調"人胸中各有一個聖人"，"爾那一點良知，正是爾自家的準則"，③從某種意義上説，也是爲了反對定於一尊。陽明學説的"人皆可以爲堯舜"，"只信自家良知"，"不以孔子之是非爲是非"，"各從所好，各騁所長"，"狂者胸次"，高揚人的主觀能動性，呼唤獨立自主、個性解放，教人自尊無畏，不盲從外來權威，不爲名教羈勒，不被教義束縛，解放思想，解放情感。而陽明弟子王畿、王艮，後學李贄等更是將這種懷疑、批判精神推向極端。顧炎武是明清之際學界具有典型意義的破舊立新者，以《禮記·曲禮》"毋剿説，毋雷同"作爲"立言之本"。④ 明末清初湧現出如此衆多傑出的思想家，應是陽明學説解放思想的直接結果，雖然其中有些人並不承認受陽明影響，反倒是陽明學説的嚴厲的批判者。

## 六

　　要分析明末清初地理學興盛的原因，有必要瞭解中國傳統學術中對地理學的認識和評價。如果説歷史是人類活動留在時間的軌跡，那麼地理則是空間向人類提供的活動條件，二者密不可分。"以古今之方輿，衷

---

① （宋）黎靖德：《朱子語類》卷一一，第 186 頁。
② （宋）黎靖德：《朱子語類》卷七九，第 2026 頁。
③ （明）王陽明：《傳習録》下，《王陽明集》卷三，上册，第 93、92 頁。
④ （清）顧炎武：《日知録》卷一九《文人摹仿之病》，《日知録集釋》中册，第1099 頁。

之於史，即以古今之史，質之於方輿。史其方輿之向導乎？方輿其史之圖籍乎"？① 歷史事變與地理環境息息相關。《禹貢》就是一部兼具史地之用的著作。古代中國史地一家，重視地理學是傳統的重視史學觀念的延伸。作爲歷史學的一個分支，地理學又是史學中最實際的部分，無論對軍事、經濟、交通、水利等，都有直接的現實作用。"夫輿地之學，爲讀史第一要義。治化興替，利病之由，形勢輕重，兵家勝負之迹，胥於是觀之"。② 特別是在社會動盪、問題叢委的時期，地理知識和歷史經驗一樣成爲資治寶鑑，具有經世致用的意義。至晚明，雖然地理學已從歷史學這棵大樹上分出，玉立迎風，自成本體，不再是歷史的附庸，但對經世致用的強調，反比以往更加突出。

經世致用是一句老生常談，但朱熹學說對此的影響，在明末仍有其特殊的意義。錢穆說宋學精神正是明清之際學術的源頭。理學與實學並不對立，其本身也包含"實"的一面。就研究方法而言，是義理與考據合一；就最終的追求說，是修身養性與經世致用合一。朱熹所信奉的大學之道，以格物致知發端，歷經正心修身，最終達到平天下的目標。這一點也爲明末清初的思想家所繼承。東林黨人以格物致知作爲判別爲學虛實的標準。顧炎武將明末劫難，歸於心學空談誤國："以明心見性之空言，代修己治人之實學。"③而修己治人，正是朱熹一生孜孜以求的目標。朱熹對由"格物"而"平天下"的提倡和發揮，在很長的一段歷史時期內，成了中國科學界的指導思想，甚至可說是現代"科學救國"的源頭。

在地學研究中，經世致用的觀念表現得尤其強烈。作爲第一部經濟地理著作的《禹貢》，所記治水、賦貢，無不與治國平天下相關。《周禮·地官》載大司徒之職，"掌建邦之土地之圖與其人民之數，以佐王安擾邦國。以天下土地之圖，周知九州之地域廣輪之數，辨其山林、川澤、丘陵、墳衍、原隰之名物"。④ 又《周禮·夏官》載職方氏之職："掌天下之圖，以掌天下之地，辨其邦國、都鄙、四夷、八蠻、七閩、九貉、五戎、六狄之人民與

---

① （清）顧祖禹：《讀史方輿紀要·凡例二》，中華書局 2005 年版，第 1 頁。
② 馬徵：《重刊〈歷代地理志韻編今釋〉敘代李相國》，《淡園文集》，《清人文集地理類彙編》第一册，浙江人民出版社 1986 年版，第 307 頁。
③ （清）顧炎武：《日知錄》卷七《夫子之言性與天道》，《日知錄集釋》上册，第 402 頁。
④ （唐）賈公彥：《周禮注疏》卷十，《十三經注疏》上册，第 702 頁。

其財用、九穀、六畜之數要，周知其利害。"①均強調地理與政事的關係。從此，"徵實致用"始終是中國傳統地理學生生不息的靈魂。

晚明比以往任何一個時期更集中表現出對實學的追求，更需要科學技術的支援。而介於人文科學和自然科學之間、和歷史與現實都有着多方面密切聯繫的地理學，也就更具有迫切需要和不可替代的價值。明清之際著名的地理學家，無不在實現自我的同時，行濟世澤物之事。顧炎武的《天下郡國利病書》，顧名思義，便是記載各地區有關民生利害的著作。《肇域志》雖偏重於地域記載，但也含有食貨、兵防、水利等方面的資料。其實有關郡國利病的思想，明代中葉丘濬的《大學衍義補》已透露此中消息。丘濬有感於真德秀的《大學衍義》所衍"止乎格致誠正修齊，而治平猶闕"，故補作此書，其區別主要在真書"主於理"，"而此書主於事"。②惟其多記治平之事，故成了《天下郡國利病書》輯録最多的著作之一。王士性的《廣游志》談地脈、形勝、風土，物産，都體現了郡國利病的思想，而在其《廣志繹》中，論述各地自然條件和社會環境的差異，尤爲詳盡、明顯。

明代游記甚多，雖然游記一直被看作是一種文學體裁，但也不能説它僅僅是對景物所作的文學性描述，在不少有價值的作品中，還可看到對歷史、地理的一個橫斷面的真切、形象的記載。各個時期的地理文化景觀，完美地體現了人與自然的相互作用和意義，反映了各社會階段的自然特徵和藝術特徵，具有特定的文化意蘊，成爲一種"有意味的形式"，某些獨特的自然景觀成了某些特定社會時期、特定社會情景的鏡子。如《徐霞客游記》，雖以考察地質、地貌爲主，但也不忘分析各地自然環境與社會的長處和短處，及其與"民生利害"的關係，可謂自然博覽、社會長卷，具有無可替代的歷史價值。

原載《人文與價值：朱子學國際學術研討會暨朱子誕辰880周年紀念會論文集》，華東師範大學出版社2011年版

（黄珅，華東師範大學古籍研究所研究員）

---

① （唐）賈公彥：《周禮注疏》卷三三，第861頁。

② （明）丘濬：《大學衍義補·原序》，文淵閣《四庫全書》本，第712冊，第3、5頁。

# 《越絶書》末篇末章釋讀

## ——論《越絶書》的編者與成書年代

### 王 鐵

  關於古籍《越絶書》的作者，今能見到的最早著録此書的梁阮孝緒《七録》稱"或云伍子胥撰"，①以後《隋書·經籍志》《舊唐書·經籍志》《新唐書·藝文志》都稱子貢撰。北宋《崇文總目》則稱"子貢撰，或曰子胥"。南宋陳振孫《直齋書録解題》説："《越絶書》十六卷，無撰人名氏，相傳以爲子貢者，非也。其書雜記吳越事，下及秦漢，直至建武二十八年。蓋戰國後人所爲，而漢人又附益之耳。"②至明代正德年間，楊慎《跋越絶》，根據《越絶書》末篇《篇叙外傳記》末章的隱語，説其書作者是東漢的袁康和吳平，又進一步猜測説，袁、吳二人可能就是《論衡·案書篇》所説的臨淮袁太伯、袁文術與會稽吳君高，《越絶書》就是吳君高之《越紐録》，"絶"系"紐"之誤。③ 其後之明、清學者大多贊同此説。《四庫全書》之《越絶書提要》更是充分肯定之，説："此書爲會稽袁康所作，同郡吳平定也，……所謂吳君高殆即平字，所謂《越紐録》殆即此書歟？楊慎《丹鉛録》、胡侍《珍珠船》、田藝蘅《留青日劄》皆有是説，核其文義，一一吻合。"

  其實《七録》《隋志》等著録《越絶書》謂子胥、子貢撰，也只是依書中所云，就其内容的淵源而大略言之。因爲書中明確地説明是子胥、子貢以後人所撰。如首篇《外傳本事》説："子貢一出，亂齊，破吳，興晉，强越。其後賢者辯士，見夫子作《春秋》而略吳越，又見子貢與聖人相去不遠，唇

---

  ① 見《史記》卷六五《孫子吳起列傳》張守節《正義》引，中華書局 1982 年版，第2162 頁。

  ② （宋）陳振孫：《直齋書録解題》，上海古籍出版社 1987 年版，第 142 頁。

  ③ （明）楊慎：《升庵集》卷一〇，文淵閣《四庫全書》本。

之與齒，表之與裏，蓋要其意，覽史記而述其事也。"①又説："一説蓋是子胥所作也。……憂至患致，怨恨作文，……後人述而説之，乃稍成中外篇焉。"只是這"賢者辯士""後人"畢竟不能確指，纂目録者也就只能以子胥、子貢署之，略如著録古代某些子書之例。楊慎從隱語中推究出袁康、吳平二人的姓名，是對《越絶書》研究的一項貢獻。但他説二人就是《論衡·案書篇》的袁太伯、袁文術、吳君高，則理由並不充分，雖然古代有"高平曰原"的訓詁；説"越絶"爲"越紐"之誤則更不確，因爲書的首末二篇對"絶"字曾一再解釋，本文下面還將引述。

自南宋陳振孫以來，經過七百多年的探討，至上世紀中後期，學術界已達成大體上的共識：該書的今傳本並非一人一時之作，而是從戰國至東漢數百年中逐步形成的，書中保存了許多戰國文獻。明代楊慎根據該書末篇末章的隱語分析出的袁康、吳平二人，學者們也大都承認其存在。在學術界較有影響的，如余嘉錫《四庫提要辯證》卷七説："古之《越絶》，雖袁康、吳平輩已不能確指其人，吾謂當以吳越賢者所作近是……若袁康、吳平輩，特爲作外傳，而非輯録《越絶》之人也。""《越絶》中有兵家《大夫種》《范蠡》二家書，而《五子胥》書，則兵技巧與雜家互有之。"稱陳振孫的解題爲"斯言得之矣"。② 陳橋驛在爲樂祖謀點校的《越絶書》所作序中基本同意余嘉錫的觀點，並説："《越絶書》的淵源遠比《吳地傳》所説的'建武二十八年'古老，而袁康（假使確有其人）和吳平的工作，無非是把一部戰國人的著作加以輯録增删而已。"③

但是 20 世紀末以來，又有部分學者對袁、吳二人的真實性不斷提出懷疑，或認爲這二人屬子虛烏有，是楊慎所臆造，④或認爲袁康、吳平是兩個政治隱語，⑤或假設《越絶書》末篇末章文字爲宋代以後文士所加，⑥等等。在肯定袁康、吳平爲實有其人的學者中，對於二人的生活時代歷來也有分歧。楊慎先以爲二人是與魏伯陽、孔融同時的漢末人，後來又猜想二

① 樂祖謀點校：《越絶書》，上海古籍出版社 1985 年版，正文第 1 頁。以下引《越絶書》皆用此版本。

② 余嘉錫：《四庫提要辯證》，雲南人民出版社 2004 年版，第 325、326 頁。

③ 《越絶書·序》，第 8 頁。

④ 倉修良：《袁康、吳平是歷史人物嗎》，臺灣《歷史月刊》1997 年第 3 期；倉修良：《越絶書散論》，載《史學研究》1998 年第 1 期。

⑤ 李步嘉：《〈越絶書〉研究》，上海古籍出版社 2003 年版。

⑥ 張仲清：《〈越絶書〉譯注》前言，人民出版社 2009 年版。

人可能就是王充《論衡》所提及的袁太伯、吳君高,如此則二人應是東漢前期人。胡應麟則認爲“袁康先述此書於東漢初,而吳平復爲之屬文定辭於東漢之季”。① 余嘉錫未就此問題發表意見。陳橋驛以爲根據古代名、字相關的通例,《論衡·案書篇》“這項資料中提出的吳君高,與《越絶書》隱語中的吳平,可以認爲是吻合的”,②那麼就是同意吳平是東漢前期人。今人還有一種意見認爲袁康是秦代人,吳平是西漢前期人,③等等。

我前年曾反復閲讀了《越絶書·篇叙外傳》末含有隱語的這章文字,忽有所悟,覺得以上對袁康、吳平二人的真實與否,或其所屬朝代認定的分歧,很大程度上是緣於没有仔細理解《越絶書》中的這章文字所致。今將自己的淺見寫出來,以就教於專家們。

先將這節文字迻録於下:

> 維子胥之述吳越也,因事類以曉後世。著善爲誠,譏惡爲誡。勾踐以來,至乎更始之元,五百餘年,吳越相攻復見於今。百歲一賢,猶爲比肩。記陳厥説,略有其人。以去爲姓,得衣乃成;厥名有米,覆之以庚。禹來東征,死葬其疆。不直自斥,托類自明。寫精露愚,略以事類,俟告後人。文屬辭定,自於邦賢。邦賢以口爲姓,丞之以天;楚相屈原,與之同名。明於古今,德配顏淵。時莫能與,伏竄自容。年加申酉,懷道而終。友臣不施,猶夫子得麟。覽睹厥意,嗟歎其文,於乎哀哉! 溫故知新,述暢子胥,以喻來今。經世歷覽,論者不得,莫能達焉。猶《春秋》鋭精堯舜,垂意周文。配之天地,著於五經;齊德日月,比智陰陽。《詩》之《伐柯》,以己喻人。後生可畏,蓋不在年。以口爲姓,萬事道也。丞之以天,德高明也。屈原同名,意相應也。百歲一賢,賢復生也。明於古今,知識宏也。德比顏淵,不可量也。時莫能用,篇口鍵精,深自誠也。猶子得麟,丘道窮也。姓有去,不能容也。得衣乃成,賢人衣之能章也。名有米,八政寶也。覆以庚,兵絶之也。於乎哀哉,莫肯與也。屈原隔界,放於南楚,自沉湘水,蠡所有也。

---

① (明)胡應麟:《少室山房筆叢續編·藝林學山六》,文淵閣《四庫全書》本。
② 《越絶書·序》,第5頁。
③ 周生春:《〈越絶書〉成書年代及作者新探》,載《中華文史論叢》第49輯,1992年。

我以爲這節文字是袁康所撰。

首句"維子胥之述吳越也，因事類以曉後世"，袁康很明白地交代他與吳平撰集此書是有脚本的，這就是伍子胥述吳越之書。今推想就是《漢書·藝文志·諸子略》雜家類著録的《五子胥》一類書。下文還有"温故知新，述暢子胥，以喻來今"，袁康再次説明自己只是闡述伍子胥的所作。

"勾踐以來"至"吳越相攻復見於今"，説明此文是作於更始年間，十分明確。"今"就是更始年間。莽新末年，天下兵革紛起，查《漢書·王莽傳》，天鳳四年(公元17年)，"臨淮瓜田儀等爲盜賊，依阻會稽長州"。地皇二年，瓜田儀死，王莽欲招降其部下，"然無肯降者"。顏師古注："長州即枚乘長州之苑。"《枚乘傳》韋昭注："長州在吳東。"所謂"吳越相攻"的記述，與這一特定的時代相符。

"百歲一賢"應是承上句"五百餘年"而來，謂五百年來有四五個人記述吳越的有關史事：前有子胥、子貢，後有袁康、吳平。雖平均百年才有一賢，但賢與賢却還能同時存在，比肩而立。

"記陳厥説"至"與之同名"，這就是楊慎據以分析出袁康、吳平二人姓名的幾句隱語。許慎《説文解字》卷八衣部："袁，從衣，叀省聲。"説明許慎所據的小篆，袁字中間作厶，上半部確與去字相似。又《説文》卷七禾部，穅的省文康，小篆是庚下米字。吳，《説文》卷一〇矢部，從矢、口。但看《漢印文字徵》所收録的吳字小篆，其下部也大多近似於天字。① 可以説，袁康分解文字，都是以漢代通行的小篆爲根據。這幾句隱語在當時並不難解，雖採用了隱語的形式，其實幾乎不成隱語。作者袁康就是要署上自己的名字，成就其著書立説、名揚後世的願望。他在文中自比孔子，將《越絶書》比《春秋》，哀歎自己的不容於世，都表現了其人對名位的熱衷。西漢以前人著書往往不署名，東漢以後人著書則一般都署名，袁康處於兩漢之際，署名吧，怕被人所笑，如第一篇《外傳本事》所云，"爲有誦述先聖賢者，所作未足自稱，載列姓名，直斥以身者也"；不署名吧，實在心有不甘，於是就用了這種似隱還露的"托類自明"的方式。只是後來時移世易，流行的字體由小篆而變成隸書，又變成楷書，這幾句便真的成了隱語。

"明於古今"至"嗟歎其文，於乎哀哉"，這幾句是關於吳平的。此人不遇於時，大概只能如顏淵的困於陋巷，而且短命。"年加申酉"之加，與該書第十二篇《外傳記吳王占夢》中公孫聖所云"今日壬午，時加南方"之

---

① 　羅福頤：《漢印文字徵》卷一〇，文物出版社1978年版，第12頁。

加同義,是數術學的術語,這句是説流年的辰支遇上申酉。申酉屬金、屬秋,有肅殺象,不吉,所以就"懷道而終",死了。此處的年加申酉應是實指,更始二年、三年(公元 24、25 年)是甲申、乙酉年,可以推想吴平就死在這兩年,隨後袁康就寫了這節文字。《越絶書》第十篇《外傳記地傳》有"禹知時晏歲暮,年加申酉,祠白馬禹井"云云,也是説禹至暮年,遇上申酉之歲,自知將死,遂立下薄葬的遺命。現今有的解釋者因爲傳説中禹活到近百歲,就説一辰當十年,申、酉是十二辰中的第九、第十辰,因此"年加申酉"就是活到九十、一百歲,因此吴平也活到九十、一百歲。這在訓詁上没有根據,差得太遠了。

"友臣不施,猶夫子得麟"是理解這節文字比較關鍵的一句。友臣就是親密的弟子。古今師稱親密的弟子爲友,並不少見。古代師弟子之間也有君臣之義。如《禮記·檀弓上》:"事師無犯無隱,左右就養無方,服勤至死,心喪三年。"鄭玄注以爲是在親恩、君義之間爲制。又如《史記·仲尼弟子列傳》:"子路儒服委質,因門人請爲弟子。"《索引》引服虔《春秋左氏傳解》:"古者始仕,必先書其名於册,委死之質於君,然後爲臣,示必死節於其君也。"漢代士人從師也要書名於録牒,如《後漢書·儒林傳》載張興以《梁丘易》教授,"弟子自遠至者,著録且萬人";丁恭以《公羊嚴氏春秋》教授,"諸生自遠方至者,著録數千人"等等;《黨錮列傳》載景顧爲李膺門徒,"而未有録牒,故不及於譴"。這就是古代爲臣必先書名於册的遺制。所以友臣就是親密的弟子。施,讀 yi,延也。《毛詩·大雅·旱麓》卒章"莫莫葛藟,施於條枚",鄭《箋》釋"施"爲"延蔓"。《吕氏春秋》卷二〇《恃君覽》、《韓詩外傳》卷二"崔杼弑莊公"章引《詩》皆作"延於條枚"。不施,此處的意思就是壽命不長,死了。爲什麽吴平死了是"猶夫子得麟"呢? 按《春秋經》哀公十四年,"春,西狩獲麟",《公羊傳》:"孔子曰:'孰爲來哉? 孰爲來哉?'反袂拭面,涕沾袍。顏淵死,子曰:'噫,天喪予!'子路死,子曰:'噫,天祝予!'西狩獲麟,孔子曰:'吾道窮矣!'"[1]原來顏淵與子路之死,以及瑞獸麟之出現於衰世,都被看作是老天示意孔子將殁。袁康將他與吴平比作孔子與顏淵,二人之間的關係是師與弟子之間的關係,非常明白。顏淵没有編過書,古代也不乏發憤編書的人物,但袁康偏要把編書的吴平比爲顏淵,就因爲顏淵是孔子弟子而且短命。袁康將吴

---

① 《春秋公羊傳注疏》卷二八,中華書局 1980 年影印阮元校刻《十三經注疏》本,第 2353 頁。

平比爲顏淵，其中所蘊含的信息，自楊愼以來竟然都未加注意。

下面的文字就比較容易理解了。"經世歷覽，論者不得，莫能達也"，是說子胥之意，數百年來不能被人理解，所以須要"述暢"。"猶《春秋》銳精堯舜，垂意周文"，是說《春秋》是宣揚堯舜之道，及周文王創立的禮樂制度。句意也是由《公羊傳》來。《公羊傳》末尾在上引幾句文字後又說："君子曷爲爲《春秋》？撥亂世反諸正，莫近諸《春秋》。則未知其爲是與？其諸君子樂道堯舜之道與？"

"《詩》之伐柯，以己喻人"，《詩經·豳風·伐柯》："伐柯伐柯，取則不遠。"意爲要砍一根制斧柄的木頭，其大小長短就只要取法於手中的斧柄。以己喻人的主語應是子胥，所喻於人的，大概就是本篇"子胥、范蠡何人也"一章中"子胥無爲能自免於無道之楚，不忘舊功，滅身爲主，合，即能以霸；不合，可去則去，可死則死"等。

本節最後一句，"屈原隔界，放於南楚，自沉湘水，蠡所有也"。屈原的時代，楚國的都城在郢，在今湖北鍾祥縣西北，在長江北。屈原被流放於江南，《史記·屈原列傳》："頃襄王怒而遷之。"《集解》引王逸《離騷序》："遷於江南。"所以稱"隔界"。而范蠡則自越浮海變姓名而居於齊。這一句承接上幾句，都是袁康悲歎自己的身世。而特別提到屈原的"隔界"，值得注意。回顧上文隱語中的"禹來東征，死葬其疆"，似乎不是簡單地指明自己的籍貫是會稽，而有以禹的客居自比之意。又稱吳平爲"邦賢"，則袁康自己似不是"邦賢"，又強調自己"姓有去，不能容也"，似不容於故國。細味其意，袁康似不是越人，很有可能是吳人，是由浙西"東征"到浙東。如果這一判斷正確，那麼可以推想，本書《外傳記吳地傳》中，至少有一部分是袁康所記，因爲他是吳人，所以對吳地的文獻比較熟悉。還可以推想，末篇《篇叙外傳記》中自第二章"《越絕》始於太伯"章以下都是袁康所撰。因爲此篇與其上一篇《德叙外傳記》及首篇《外傳本事》的內容都有總結全書的性質，但傾向有所不同。後二篇都有很明顯的崇越貶吳的傾向，例如都說勾踐行霸道，"中邦侵伐，因斯衰止"云云；首篇還說《越絕》以《吳太伯》爲第一，是"欲以貶大吳，顯弱越之功"等。而此末篇沒有這樣的傾向，自第二章以下都是稱頌子胥，說勾踐不過是"遭逢變亂，權以自存"，故爲賢，而"行伯非賢"，對勾踐的評價不高。所以此篇應是吳人所撰，而餘二篇則或許是越人吳平所撰。

從以上對《越絕書·篇叙外傳記》末節文字的研讀，可得出如下結論：袁康、吳平確有其人，他們生活於兩漢之際。吳平是袁康的學生，死於袁

康之前,更始年間就已去世。袁、吳二人把前人傳下來的《越絶書》及相關
資料加以搜輯整理,成爲定本。文字工作,即所謂"文屬辭定",是由吳平
承擔,吳平是此書的主要撰定者。這一工作,從時間上推算,應完成於莽
新末年至更始初年,即吳平去世前,所以全書基本不避漢諱,偶有避諱,如
多數用"邦"字而偶然用"國"字,也是抄録舊文獻時回改未盡。《篇叙外
傳記》中這節文字是袁康在吳平去世後不久所撰。書中内容,此後還有零
星的增補和附益,應是出於袁康或後人之手。例如書中有明確紀年的,
《外傳記吳地傳》末章"勾踐徙瑯邪到建武二十八年,凡五百六十七年",
如果袁康足夠壽長,則這一章應是袁康所增,否則就是後人的附益。以後
人附益的可能較大,因爲這一章内容有明顯錯誤。從東漢建武二十八年
(公元52年)上推567年,是春秋魯昭公二十七年,其時吳人尚未用師於
越,下距吳人入郢也還有九年。

　　吳平卒於更始年間,所以只能算西漢人而不能稱東漢人。王充《論
衡·案書篇》稱吳君高爲"今人",將他與"古人"劉向、揚雄相比較。劉向
卒於漢成帝末年,揚雄則卒於莽新天鳳五年,後者與吳平甚至可算是同時
代人。吳平顯然不是吳君高,這一迷霧可以廓清。

　　關於《越絶書》,還想多説幾句。袁康、吳平是《春秋》學家。西漢《春
秋》學的主流是《公羊》學,所以袁康、吳平是《公羊》學家,這可從書中多
引《公羊傳》得到證明。今文經學發展到西漢後期,走上了繁瑣的道路,
"一經説至百餘萬言"。① 達到繁瑣的手段主要有二,一是"分文析字"②
"便辭巧説"。③ 袁康析字而成隱語,就是經學家分文析字的伎倆。緯書
《周易乾鑿度》説"易"一名有三義,簡易、變易、不變易,這就是便辭巧説。
《越絶書》首篇《外傳本事》解釋"絶"字説:"勾踐抑强扶弱,……中國侵
伐,因斯衰止。……越專其功,故曰越絶,故作此者,貴其内能自約,外能
絶人也。"是以"絶"爲超越義;又説"賢者所述,不可斷絶",是以"越絶"
的"絶"爲不斷絶義;末篇《篇叙外傳記》"聖人没而微言絶","聖文絶於
彼,辯士絶於此,故題其文,謂之越絶",是以"絶"爲斷絶義。這種解釋方
法與易一名三義説相同,也是當時的學術風氣。袁康、吳平已不知"絶"字

---

① 《漢書》卷八八《儒林傳》"贊",中華書局1962年版,第3620頁。
② 《漢書》卷三六《楚元王傳》"劉歆責讓太常博士書",第1970頁。
③ 《漢書》卷三〇《藝文志·六藝略序》,第1723頁。

的確切含義,説明書名"越絶"是在西漢末年以前早已存在的。

今文經學家達到繁瑣的另一手段是牽引雜書。漢代經師傳授的説或章句,已經幾乎全部毁滅於漢末的戰亂中,但從現在僅存的一些傳、記,如《韓詩外傳》、大小戴《禮記》等,尚可據以了解當時經學家牽引雜書以解經的特點。《漢書·藝文志·六藝略》,《春秋》家有《公羊雜記》八十三篇、《公羊顏氏記》十一篇,這種"記"的體裁,大致就如現在還能見到的大、小戴《禮記》一樣,抄一些雜書以備解經之用。《六藝略》禮家的《明堂陰陽》《王史氏》《曲台後倉》等與大小戴《禮記》都在禮學家師生之間傳習;同樣,《六藝略》中《春秋》家的《國語》《世本》《戰國策》等,至少有部分内容與《公羊雜記》《公羊顏氏記》一樣在《公羊》學家師生之間傳習。(舊説以爲《國語》《世本》等的被歸於《春秋》家是因爲這些史書太少,不足以另立一略。也許事情並非這樣簡單)我猜想《越絶書》原是在西漢越地的《春秋》學家間傳習的一部雜記,書首篇《外傳本事》、末篇《篇叙外傳記》都用問答的形式,且篇中有"説之者""説者""師不説"等語,都是被傳習的證據。《春秋》定、哀二朝關於吳、越的記事很簡略,所谓"吳越之事煩而文不喻,聖人略焉",①此書就是爲説解這些記事所備。起初是雜抄古書《五子胥》《范蠡》《大夫種》等的一些篇章,就如同今存的《大戴禮記》殘卷中抄有《曾子》《荀子》的部分篇章及《夏小正》《五帝德》等古書。後來稍稍附益,遂在内經、内傳之外又有了外傳,如《外傳記寶劍》可能是摘録了《漢書·藝文志·數術略》形法家的《相寶劍刀》之類。這就是"後人述而説之,乃稍成中外篇"。在先秦古書大部分已散佚的今天,《越絶書》有很高的文獻價值。但也毋庸諱言,其編次没有嚴謹的體例,内容蕪雜,在原始文獻具存的漢代,這樣的書是不能厠於上乘著述之列的。這也就可以理解,雖然袁康自詡"百歲一賢",但他和吳平還是不被當時人稱許,不見於漢代文獻的記載。

原載《古籍整理研究學刊》2012 年第 6 期

(王鐵,華東師範大學古籍研究所研究員)

---

① 《越絶書·德序外傳記第十八》,第 101 頁。

# 道教、道家思想異同之我見

## 伍偉民

　　學術界一般的看法，認爲道教、道家是兩回事。確實，老莊之學中没有神仙世界，没有長生不死之道。大約是我國學人所撰的第一部道教史（此前 1934 年有許地山先生的《道教史》，可惜只有"緒説"和上編"道教前史"，半部之缺，未爲完璧）的作者傅勤家先生在 1937 年版的《中國道教史》中説："蓋道家之言足以清心寡欲，有益修養。""道教獨欲長生不老，變化飛升。"①就是持這種觀點。從現代學術眼光來看，道家爲先秦諸子百家之一，是哲學派别；道教有信仰教義、通神儀軌，是宗教派别。其實就是道教中人也有同樣看法，東晉葛洪就認爲："五千文雖出老子，皆泛論較略耳。""至於文子、莊子、關令、尹喜之徒……以存活爲徭役，以殂殁爲休息，其去神仙已千億里矣。"②

　　然而事實卻没有那麼簡單。葛洪之前的五斗米道"祭酒主以《老子》五千文，使都習"，③可見《老子》已經成爲五斗米道的經典，而五斗米道是學術界公認的早期道教。而且早在東漢，老子已被神化。《後漢書·桓帝紀》記載，延熹八年正月，"使中常侍左悺之苦縣，祠老子"；十一月，又"使中常侍管霸之苦縣，祠老子"；延熹九年，"祠黄、老於濯龍宫"。④《後漢書·西域傳》記載"後桓帝好神，數祀浮屠、老子，百姓稍有奉者；後遂轉盛"。⑤ 葛洪之後的道教神化莊子，唐玄宗下詔，尊奉莊子爲南華真人，《莊子》爲《南華真經》。這樣，道家、道教又似乎"合二爲一"了。所以道

---

① 傅勤家：《中國道教史》，上海書店 1984 年版，第 241 頁。
② 王明：《抱樸子内篇校釋》，中華書局 1980 年版，第 138 頁。
③ 《三國志》卷八《張魯傳》注引《典略》，中華書局 1982 年版，第 264 頁。
④ 《後漢書》卷七《桓帝紀》，中華書局 1975 年版，第 313、316—317 頁。
⑤ 《後漢書》卷七《西域傳》，第 2922 頁。

教與道家之間形成了一種複雜的關係，大致説來，道教思想的基本概念和範疇來源於道家。仔細剖析，其異同如下：

## 相 異 之 點

一、道家與道教的根本旨趣——生死觀決然不同。道家追求的是：實現精神對現實的超越，獲得審美的享受、理性的滿足和心理的安寧，讓人跳出一己之"小我"，實現與宇宙同體之"大我"。可以用《莊子》裏的話來概括道家的生死觀，就是"等死生，齊彭殤"。《老子》中的"長生久視"，本意是長壽，並非不死。"死而不亡者壽"，不亡是指不被後人遺忘。莊子認爲，生死不過是氣的聚散，生不足喜，死不足悲，順之而已，所以"莊子妻死，惠子吊之，莊子方箕踞鼓盆而歌"。[①]

道教追求的是個體生命的永存。煉形養神、內外丹法、符録齋醮等種種道術，都是爲了讓人擺脱"生死之我"，實現永生的"神仙之我"。道教認爲，通過人的主觀努力，可以得道，與天地同樣不朽。

二、對鬼神的態度——無神論、有神論的對立。道家高唱大道自然無爲"人法地，地法天，天法道，道法自然"，否認有主宰人間禍福的鬼神的存在。《莊子》中的至人、真人、神人只是對一種精神境界的形象描繪；"至人神矣，大澤焚而不能熱，河漢冱而不能寒，疾雷破山風振海而不能驚。若然者，乘雲氣，騎日月，而游乎四海之外。死生無變於己，而況厲害之端乎！"[②]這是一種超越物質世界、不受現實約束的自由逍遥的人格寫照。

道教是多神教，有完整的神仙譜系和等級。所謂神，指超自然的、具有人格意志的神秘力量，道教本意指向來就存在的神，如"三官""三清"之類。所謂仙，"老而不死曰仙。仙，遷也，遷入山也"，[③]是指凡人修煉而成的長生不死者，如民間流傳的八仙之類。後來神、仙漸漸混爲一談。所謂鬼，道教認爲人死爲鬼；還有鬼仙，指修道者未能在生前修煉至純陽，死後出陰神，即爲鬼仙。道教將世界兩重化，形成了對神仙和鬼仙的崇拜，成爲中國本土宗教的一個特色。

---

① 郭慶藩：《莊子集釋》卷六下《至樂》，中華書局 1982 年版。
② 郭慶藩：《莊子集釋》卷一下《齊物論》，第 96 頁。
③ （東漢）劉熙：《釋名》卷三《釋長幼第十》，上海古籍出版社 1984 年影印本。

　　三、存在的方式不同——學派與教團大相徑庭。道家作爲一個學術流派，早就爲古人所重視。《太史公自序》引司馬談"論六家之要旨"的話說："夫陰陽、儒、墨、名、法、道德，此務爲治者也。"認爲此六家都是講治理天下之道的學派。他特別推崇道家（此也是漢初的統治思想），因而比較詳細地介紹了道家學説："道家使人精神專一，動合無形，瞻足萬物。其爲術也，因陰陽之大順，采儒、墨之善，撮名、法之要，與時遷移，應物變化，立俗施事，無所不宜。指約而易操，事少而功多。"①又説："道家無爲，又曰無不爲，其實易行，其辭難知。其術以虛無爲本，以因循爲用。無成勢，無常形，故能究萬物之情。不爲物先，不爲物後，故能爲萬物主。有法無法，因時爲業；有度無度，因物與合。故曰'聖人不朽，時變是守。虛者道之常也，因者君之綱'也。群臣並至，使各自明也。其實中其聲者謂之端，實不中其聲者謂之窾。窾言不聽，奸乃不生，賢不肖自分，白黑乃形，在所欲用耳，何事不成。乃合大道，混混冥冥。光耀天下，復返無名。凡人所生者神也，所托者形也。神大用則竭，形大勞則敝，形神離則死。死者不可復生，離者不可復返，故聖人重之。由是觀之，神者生之本也，形者生之具也。不先定其神，而曰'我有以治天下'，何由哉？"②其中提出了道家思想的特點，也提到了形神關係，已經蘊含了養生術的萌芽，但主要還是爲治理天下服務的，因爲治身是爲了治國，所以要分辯端言窾言、賢不肖，最後一句強調的是"治天下"。

　　《漢書·藝文志》的看法同樣如此："道家者流，蓋出於史官，歷記成敗存亡、禍福古今之道，然後知秉要執本，清虛以自守，卑弱以自持，此君人南面之術也。合於堯之克攘，易之謙謙，一謙而四益，此其所長也。及放者爲之，則欲絶去禮學，兼棄仁義，曰獨任清虛可以爲治。"③是把道家作爲諸子中的一家來介紹的。當時"凡諸子百八十九家，四千三百二十四篇"，④而道家有老子、莊子、列子、文子、關尹子及黃帝、伊尹、太公等 37 家，993 篇。而屬於事實上的道教（當時是否已存在道教，尚無定論）的神仙、長生修煉術等著作，《漢書·藝文志》將其主要歸入方技類中的神仙，少量的可能也歸入房中、經方等幾家。"神仙者，所以保性命之真，而游求

---

①　《史記》卷一三〇《太史公自序》，中華書局 1975 年版，第 3289 頁。
②　同上書，第 3292 頁。
③　《漢書》卷三〇《藝文志》，中華書局 1975 年版，第 1732 頁。
④　同上書，第 1745 頁。

於其外者也。聊以蕩意平心,同死生之域,而無怵惕於胸中。然而或者專以爲務,則誕欺怪迂之文彌以益多,非聖王之所以教也。孔子曰:'索隱行怪,後世有述焉,吾不爲之矣。'"①神仙有 10 家,205 卷。可見,當時的學者們對道家和事實上的道教是分辨得一清二楚的。

所以道家作爲一個學術流派,存在於意識形態中,通過文章著作來流傳,以其思想智慧來影響人心。道家没有固定的組織系統,只有學術傳承或變化的大致脈絡,上文提到的許地山的《道教史》,以及同時代人郎擎霄的《莊子學案》可以參考。道教不僅有宗教信仰和宗教思想,而且還有宗教實體和宗教活動,故既屬意識形態,又具物質形態。從當前道教的影響來看,其物質形態比意識形態大得多。道教有固定的組織——教派(現在還有天師道和全真道)和教團(各級的道教協會等),有宮觀(北京的白雲觀、江西龍虎山的上清宮等),有活動(俗稱"做道場"等),至今依舊,衆所周知,不贅説。

## 相同(準確地説,應爲"相通")之點

一、道家是道教思想的主要淵源。道教信仰的"道",源自《道德經》,再進而神化,作爲最高神。東漢明帝章帝時王阜撰《老子聖母碑》已云:"老子者,道也。乃生於無形之先,起於太初之前,行於太素之元,浮游六虚,出入幽明,觀混合之未別,窺清濁之未分。"②《老子想爾注》稱,道即一。"一散形爲炁,聚形爲太上老君,常治昆侖,或言虚無,或言自然。或言無名,皆同一耳"。③ 到了南北朝,道教各派公認以元始天尊爲首的三清是最高神,於是又有了一炁化三清的説法,即道生一炁,一炁化爲玄、元、始三炁,三炁遞生出三清,就是元始天尊(玉清大帝)、靈寶天尊(上清大帝)、道德天尊(太清大帝)。又以老子爲教主,神化爲道德天尊、太上老君;把《道德經》奉爲道經之首。又把《莊子》《列子》《文子》《淮南子》等道家著作都詮釋爲道經。據晚唐五代道士杜光庭的《道德真經廣聖義序》的列舉,僅唐代就有近 30 家道士注疏、詮解《道德經》,還有不少道士爲《莊子》《列子》《文子》《淮南子》進行注解。這樣,道家的經典轉化成

---

① 《漢書》卷三〇《藝文志》,第 1780 頁。
② (宋)李昉:《太平御覽》卷一,中華書局 2006 年版。
③ 饒宗頤:《老子想爾注校證》,上海古籍出版社 1991 年版,第 12 頁。

了道教的經典,使道教具備了比較系統的宗教哲學和理論基礎。否則,道教只能停留在民間巫術和世俗迷信的水準上,不可能成爲中國古代的三教之一。所以沒有道家就沒有道教。

二、道教是道家思想的重要分支。道教在精神上直承道家,道家的與世無爭、清心寡欲、自由超脱、順其自然,很容易演變爲道教的脱離紅塵、向往仙境的宗教情緒。《老子》中的"穀神不死,是爲玄牝""古之善爲道者微妙玄通,深不可識""長生久視之道",①《莊子》中的"至人神矣""藐姑射之山,有神人居焉,肌膚若冰雪,綽約若處子,不食五穀,吸風飲露,乘雲氣,禦飛龍,而游乎四海之外"等對於善爲道者、神人、至人的形象描繪,②都成爲道教中神仙世界的藍本。道教是對道家某些思想的變形發展。

三、道教與道家在哲學理論上的血脈相通。道教的宗教教義由兩部分構成:道學和神仙信仰。道學理論越是趨於精深,就越是接近老莊之學。相通處主要在於道論和養生論。一般的道教徒把道神化,認爲道是最高神,上文已經提到"道生一""一炁化三清"等。而高道們在此基礎上,更會偏愛於進一步闡述,道是宇宙的根本、總生機。得道長生的依據,便在於通過煉養,與道相通,獲得宇宙的永恒的生命力,即所謂的"與道合一,長生久視"。

道教重視煉養,即煉神和養形,也直通道家。《老子》中的"載營魄抱一,能無離? 專氣致柔,能嬰兒乎? 滌除玄覽,能無疵"講的是形神合一,③如嬰兒般純潔柔和,心境明淨。這是對內養功的基本原則的形象描述。《莊子》的"至道之精,窈窈冥冥;至道之極,昏昏默默。無視無聽,抱神以静,形將自正。必静必清,無勞汝形,無搖汝精,乃可以長生",④提出了閉目塞聽,來達到身心俱静、固精守一的養生方法。由此看來,老子、莊子很可能有氣功的實踐和體驗。這些養生的原則和方法被道教全盤接受,發揚光大,形成了內外丹、南北宗、東西派等種種功法。金元時期形成的全真道的教義,神學成分相對減少,道學成分增多,體現了返璞歸真到老莊哲學的傾向。所以全真七子中對後代影響最大的邱處機,才會説出

---

① 朱謙之:《老子校釋》,中華書局 1984 年版,第六章,第 25 頁;第十五章,第57—58 頁;第五十九章,第 242 頁。
② 郭慶藩:《莊子集釋》卷一上《齊物論》,中華書局 1982 年版,第 28 頁。
③ 朱謙之:《老子校釋》第十章,第 37、39、40 頁。
④ 郭慶藩:《莊子集釋》卷四下《在宥》,第 381 頁。

石破天驚的經典名言"但有衛生之道,而無長生之药",①實際上否定了道教"長生不死"的信仰,肯定了道家的修身養性之法。

四、道家思想有賴於道教來延續和發展。道家思想傳衍發展到魏晉玄學,作爲獨立的學派已經基本結束。其思想有賴於道教中清修派的高道們來繼承和發揚。初唐的高道成玄英、李榮注《道德經》,發揮"重玄之道",開始融佛入道。中唐司馬承禎作《坐忘論》《天隱子》比較圓熟地運用"三教合一"的思想來創作道經。晚唐杜光庭撰《道德真經廣聖義》,既是對各種老子的神話傳說的總結,又是對歷代研究《道德經》情況的總結,可以説是對老子其人其書集大成的研究。此後道教中人再撰寫的老子傳記和《道德經》注解,基本上越不出《道德真經廣聖義》的藩籬。宋代張伯端著《悟真篇》,融會貫通道、釋、儒三教的性命之學,開創了内丹功法的新路數,是對道家思想别開生面的繼承與發展。

總而言之,道教可以看作道家思想的一個特殊流派。既有繼承與發展,又有明顯的轉向和偏離。道教内部不同的成員和派别與道家思想的遠近親疏也不同,大概言之:清修養性者最近,煉氣守一者次之,煉丹服食者又次之,科儀符録者最遠。結論是先師潘雨廷先生身前所言:研究道家,或可離開道教;研究道教,必定離不開道家。

（伍偉民,上海市教育科學研究院）

---

① （元）秦志安:《金蓮正宗記》卷四,《道藏要籍選刊》第六册,上海古籍出版社1989 年版,第 653 頁。

# 《宋史·地理志》所記建隆元年户數袪疑[*]

## 戴揚本

## 一、關於北宋建隆元年户數統計的兩個數字

北宋建隆元年的户數,據《宋史·地理志》記載,爲 967 353 户(爲敘述方便,下簡稱 96 萬户)。[①] 20 世紀 60 年代,梁方仲先生編著《中國歷代户口、田地、田賦統計》時,[②]有關北宋建國之初户數的史料,所據即此。及至 80 年代,胡道修先生在《宋代人口的分布和變遷》一文中,根據《册府元龜》有關後周户數的記載,推測北宋接手原後周政權之建隆元年,境内户數應爲 230—260 萬户(下簡稱 230 萬户),加上此後陸續歸附的各割據政權下的户數約 230 萬户,估計北宋在太宗初期完成統一時,總户數應爲 460 萬户到 480 萬户。[③]

近十年來,國内出版的多種中國古代經濟和人口學研究的著作,如《中國人口通史》[④]《中國人口史》等,[⑤]涉及北宋建隆元年户數時,都採用了胡道修先生的結論。1996 年出版的《中國封建社會經濟史》第三卷在宋代户口數統計列表中,太祖建隆元年的户數雖採用了 967 353 户的記

＊ 感謝匿名評審專家和王曾瑜先生對本文提出的寶貴意見。

① 《宋史》卷八五《地理志一》,中華書局 1977 年版,第 2093 頁。

② 梁方仲:《中國歷代户口、田地、田賦統計》,上海人民出版社 1980 年版,第 122 頁。

③ 胡道修:《宋代人口的分佈與變遷》,載中國社會科學院歷史研究所宋遼金元史研究室編《宋遼金史論叢》第 2 輯,中華書局 1991 年版,第 97 頁。

④ 路遇、滕澤之:《中國人口通史》,山東人民出版社 1999 年版,第 442 頁。

⑤ 吳松弟:《中國人口史》第三卷(遼宋金元時期分册),復旦大學出版社 2000 年版,第 115 頁。

録,從"僅統計了 638 縣中的 431 縣,且只是主户"的附注按語來看,作者對 96 萬户的説法顯然也是存疑的。① 2004 年,張箭先生發表了題爲《周宋之交中原王朝所轄的户與口》的論文(下簡稱張文),在否定了《宋史·地理志》記載可靠性的前提下,試圖從史料來源等多個方面對 230 萬户的結論加以推斷和證實。② 對上述諸家的觀點,迄今未見學界提出質疑,給人一種感覺,230 萬户之説似乎可以被學界視作定論了。③

"蕭何入關,先收圖籍;沈約爲吏,手寫簿書,此官人所以周知其衆寡也",④此爲宋太祖建隆四年檢括民户之令所言。圖籍、簿書皆爲户籍,是政府派遣徭役、收取賦税之依據,户數統計歷來受到統治者的高度關注,理由是不言自明的。上引諸家注意到《長編》所記建隆元年户數時,列舉的縣數總和爲 431 個,而《宋史·地理志》《玉海》卷一八"開寶較州縣條"等多家文獻記載宋初的縣數爲 638 個,因此,在結論中都强調了"九十六萬户所反映的只是部分縣分户數"的觀點。此外,《中國封建社會經濟史》的作者陳智超和喬幼梅先生援引後周顯德五年地方官員支取俸給的"則例"爲例,以後周作爲劃分不同縣等標準的人户數並非全部人户,僅指承擔納税的"主户",⑤並參照《玉海》的説法,⑥認爲北宋初期存在着兩種不同的户口統計方法,一種統計只計主户而不包括客户在内,另一種則是連同主户、客户一起加以統計,據此作出了 96 萬户不但只反映了部分縣分的户數,而且還只是建隆元年 431 個縣主户户數的推測。

對於第一個問題,筆者認爲既然《長編》所記户數的前提是"有司請

---

① 陳智超、喬幼梅:《中國封建社會經濟史》(第三卷),齊魯書社、文津出版社 1996 年版,第 22 頁。

② 張箭:《周宋之交中原王朝所轄的户與口》,載《中國社會經濟史研究》2004 年第 1 期,第 66—71 頁。

③ 漆俠先生於九十年代出版的《宋代經濟史》一書中,對於宋代户口增長的敘述,起點選擇的是太祖開寶九年的 309.050 4 萬户,顯然是要回避有爭議的建隆元年户數,可見他對這兩個數字的態度是有所保留的。漆俠:《宋代經濟史》第一編第一章《宋代的人口和墾田》,上海人民出版社 1990 年版,第 45 頁。

④ (清)徐松輯:《宋會要輯稿·食貨》(《宋會要輯稿》下簡稱《宋會要》)一一之一〇,中華書局 1988 年影印本。

⑤ (宋)王溥:《五代會要》卷二八《諸色料錢下》,上海古籍出版社 1978 年版。

⑥ 宋王應麟《玉海》卷二十在引述開寶、至道和天禧末年的三個户數時有"客户不予"之説。

據諸道所具版籍之數,升降天下縣望",①因而缺漏若干道統計數字的可能性不大。之所以存在 200 餘縣之差,除了因部分縣置調整而可能出現數字上的出入外,從《長編》列舉的不同等級的縣分情況來看,下縣的縣數未得計入在內。遭到忽略而未計的縣分,很可能就是一些處於邊遠地帶或者所謂蠻荒地區人口稀少的下縣。下縣的户數標準在 500 户之下,有的僅只一二百户,所以,即使出現了 200 縣數之差,亦不足以解釋何以出現 150 餘萬户差額的問題。

第二個問題,即陳、喬二先生談到宋初户口統計有兩種不同方法的可能性,這無疑爲我們提供了一種很有參考價值的思路,然此說亦有未得圓滿解釋的地方。《玉海》雖有"客户不予"之說,然《宋會要輯稿·食貨》有兩處相同的記載,皆冠以"天下主客户";②而有關北宋時期主客户的比例,據《太平寰宇記》記載的統計數位,自太平興國五年至端拱二年間,客户約佔總户數的 42%,③據元豐年間的統計,則客户約佔全部户數的三分之一。④ 由此看來,用"客户不予"來解釋 96 萬户和 230 萬户兩個統計數字的一百多萬户之差,似乎也是未能令人滿意的。

以本文討論的建隆元年户數統計而言,兩家之説相去一倍有餘,究其原因,非文獻傳抄録寫之誤所致,孰是孰非,當不可以一己之推想輕下結論。從現有的文獻來看,筆者以爲,既然無法通過史料的辨析來坐實上述諸多假說中的任何一說,不妨調整一下思考的角度,即採用學界前輩倡行的史源學方法進行排比和分析,《地理志》所記 96 萬户,是否如諸家所言是一個不完全的數字"而應予否定"? 參照現有文獻記載的有關資料,後周境內 230 萬户的户數,證據是否並不充分甚或有無存在謬誤之可能? 筆者仔細分析了主張 230 萬户的諸家敘述,發現其中有兩個方面的問題似未得到充分關注:

一、諸家援引的文獻,雖皆爲宋人所記之宋事,未可輕廢,然來源則

---

① (宋)李燾:《續資治通鑑長編》(下簡稱《長編》)卷一,中華書局 1992 年版,第 26 頁。

② 分別見《宋會要·食貨》一一之二六、六九之七〇。此外,《長編》卷七五、《宋會要·食貨》一二之二、六九之七九皆記大中祥符四年正月戊寅下詔令禁"析客户爲主,雖登於籍,而賦税無所增入",原因即是"舊制,縣吏能招增户口者,縣即升等,仍加其俸緡",所以出現了上述投機的做法,可見宋初統計户數似並未區分主客。

③ 參見《中國歷代户口、田地、田賦統計》第 132 頁甲編表 35。

④ 《長編》卷二九五。

各有所自。就文獻價值言,若僅以作者"在先者優"而論,只是一般意義上的簡單判別。① 考慮到文獻的形成和流傳過程的複雜性,細心辨析與之相關的史料,尤其對文獻之間的沿承關係給以充分關注,對理解和判斷文獻的價值,當有重大意義。②

二、文獻記載的户數,不可恃以孤證。即便不是孤證,亦須有其他相關史料可資參照並得以坐實,方可視爲充分的論據。因此,除了户數自身的考訂外,還要盡可能尋找其他相關史料,並對所獲史料中的有關資料進行比較分析。根據計量學的原理,可資參照的資料系列越多,信息的可靠性越充分。反之,個別偶見的、突兀的資料,又缺乏可資參照的資料系列的話,雖亦見諸史籍,須謹慎對待處理。

上述兩點,與我們如何推定建隆元年户數有密切關係。此不揣謭陋,稍作辨理,以就教於大家。

## 二、96 萬户之説與 230 萬户之説各自的文獻依據

先就相關文獻的來源稍作梳理。

### (一) 有關 96 萬户的文獻記載

考建隆元年户數,宋、元文獻記載中,除《宋史·地理志》外,還有《長編》《文獻通考》《宋會要輯稿》《玉海》《包孝肅集》《曾鞏集》《楓窗小牘》

---

① 如胡道修便認爲"《舊五代史》、《册府元龜》二書均較早出,當時可見資料甚多,因此,這個統計數是較爲真實的",見前引第 97 頁;張箭亦有"《舊五代史》修於 973—974 年之間,離後周亡才十幾年,……《舊(五代)史》取材於各朝實録及範質《五代通録》,所以,《舊史》所記應是較爲真實可信的"的相類説法,見前引第 66 頁。

② 如張箭在引述《元豐類稿》和《楓窗小牘》所言建隆元年 96 萬户數後,言:"據我所知,似乎這是説周末宋初北宋僅有九十幾萬户的最早的兩部文獻,以後采此説的重要史籍文獻不少,如《續資治通鑑長編》、《宋會要輯稿》、《文獻通考》、《宋史》、《玉海》、《續通典》等。"似未對上述文獻的源流關係加以考辨,唯以時間先後順序作爲判斷彼此承襲關係的依據。且"最早的兩部文獻"説亦似未確,北宋仁宗時期的包拯亦有相同的表述,詳見後。《續通典》系清人著作,就所記宋代史事而言,似不必列爲重要史籍。

《宋史全文》等多家文獻。① 上述記載有一個非常明顯而且值得關注的共同之處,即從北宋中期到元代200餘年間,有關建隆元年的户數統計,除《楓窗小牘》記爲967 553户外("500"疑爲"300"之形似而誤),其餘8家皆作967 353户。數據記録之吻合不爽,精確到了個位數。竊以爲,之所以會出現如此一致的情況,説明諸家記載極有可能源自同一種文獻。若此種假設能夠成立,則該文獻至少還需要滿足以下兩個條件:一、具有無可爭議的權威性,故爲諸家記載所取;二、得以在兩宋至元代200多年間輾轉流傳而不致散佚湮没。

通過尋繹史料的來源,不但可以證實上述假設的成立,而且還有充分的理由將這部輾轉流傳的權威文獻推定爲國史。

《宋史·地理志》所記的户籍資料,當源自國史《地理志》之所記。按《宋史》之修,雖出自元代史臣之手,憑藉的卻是宋人留下的國史,這在《宋史》行文中,亦多留有痕迹。② 北宋時期十分重視對本朝史的編撰,記述北宋前期史事的《三朝國史》,屢經修訂,相對而言,南宋國史的編纂則稍顯疏略。我們今天所見的《宋史》,北宋部分内容詳盡,而南宋部分明顯不足,反映的也正是國史的這種先天不足。③

《會要》(即《宋會要輯稿》所本)的編修,一個重要的用途是爲處理朝政提供參考,故王珪有"臣伏見《國朝會要》,凡朝廷檢用故事,未嘗不用此書"之語。④ 因此,《會要》中多有來自國史和實録的資料,《宋會要輯

---

① 《長編》卷一,第26頁;《宋會要·食貨》六九之七七;(元)馬端臨:《文獻通考》卷一一《户口考》,中華書局1986年影印本,第113頁;《玉海》卷一八,江蘇古籍出版社、上海書店影印本1988年版,第356頁;(宋)包拯:《包拯集編年校補》卷二《論歷代並本朝户口》,黄山書社1989年版,第127頁;(宋)曾鞏:《曾鞏集》卷四九《户口版圖》,中華書局1984年版,第663頁;文淵閣《四庫全書》本《楓窗小牘》卷上;文淵閣《四庫全書》本《宋史全文》卷一等。又《曾鞏集》卷一○《進太祖皇帝總序》有"太祖元年户口九十六萬,末年,天下既定,户三百九萬",文中數字皆以萬爲計,故九十六萬當爲略稱。

② 以《宋史·食貨志》爲例:"宋舊史志食貨之法,或驟試而輒已,或亟言而未行。"《宋史》卷一七三,第4157頁。又論天下墾田條云:"至天聖中,國史則云:……"同前揭,第4166頁。

③ 關於元人修《宋史》本之宋人國史,前人已多有論述,如趙翼在《廿二史劄記》卷二三"宋史多國史原本"中云:"宋代國史,國亡時皆入於元。元人修史時,大概祇就宋舊本稍爲排次,今其迹有可推見者。"見《廿二史劄記校證》,中華書局1984年版,第498頁。

④ 王珪:《乞續修國朝會要劄子》,《華陽集》卷八,文淵閣《四庫全書》本。

稿》的文字中,亦可得見相關的痕迹。《宋會要輯稿》所記建隆元年的户數,雖未有明文標注,仍有充分的理由視之爲源自國史的記載。

曾鞏於神宗朝曾就職於國史院,據《容齋隨筆》的記載,元豐年間曾鞏受命對《三朝國史》的天文、地理等志進行整理,①時間雖然不長,但其由此得以接觸國史則是没有疑義的。《曾鞏集》中談到建隆元年户數爲九十六萬的數字共有兩處,當非信口開河之説,依據的來源,亦是國史。

《長編》雖爲李燾以一己之力所編,卻是正式呈獻給朝廷的史著。孝宗隆興元年(1163)李燾首次進呈太祖朝《長編》時曾言:"臣嘗盡力史學,於本朝故事尤切欣慕,每恨士大夫各信所傳,不考諸實録、正史,紛錯難信,……臣輒發憤討論,使衆説咸會於一。"②所言"正史",就是國史。國史是他編撰《長編》的主要史料來源之一,亦無疑義。

從國史和實録在宋代的流傳情況來看,兩者雖屬朝廷重要典籍,卻非深藏内府的秘笈。因其中頗有涉及"時政得失、邊事軍機文字",曾有過"不得寫録傳佈。本朝會要、實録不得雕印,違者徒二年……内國史、實録仍不得傳寫"的禁令,③主要是出自對周邊遼、夏等政權的防範考慮,實際上並未能真正限制國史、實録之類書籍在民間流傳,尤其是一些有身份或對此有興趣的人士,都能夠得以傳抄和閲讀。如南宋初的劉儀鳳,喜歡收藏書籍,"俸入,半以儲書,凡萬餘卷,國史録無遺者"。④ 我們在一些宋人的文集裏,也不止一次讀到與國史等相關的文字記載。因此,完全可以想見,北宋的包拯以及生活在北宋末、南宋初的《楓窗小牘》的作者袁褧父子,都有機會讀到《國史》《會要》的有關記載,因而對於國初建隆元年的户數,能如數家珍般一一道來,這並非不可想象的事情。

上述推論,在宋人的目録著作中也可得到印證。在《郡齋讀書記》和《直齋書録解題》,以及《宋史·藝文志》《玉海》和《文獻通考·經籍考》

---

① 據《容齋三筆》卷四曰:"本朝國史凡三書,太祖太宗真宗曰《三朝》,……至於諸志若天文地理五行之類,不免煩複,元豐中,《三朝》已就,《兩朝》且成,神宗專以付曾鞏……"(宋)洪邁:《容齋隨筆》,上海古籍出版社 1996 年版,第 458 頁。

② 《文獻通考》卷一九三《經籍考二十》,考 1637 頁。按張箭認爲,李燾生活在南宋後期,有關建隆元年的户數,當采自《楓窗小牘》,似對《長編》的史料來源不甚瞭解。

③ 《宋會要·刑法》二之三八。此爲元豐五年蘇轍使遼,"見本朝民間印行文字多以流傳在北",回朝奏上後頒行。

④ 《宋史》卷三八九《劉儀鳳傳》,第 11941 頁。

等書中,有關國史和實録等多種官修史籍頻見著録,從未間斷。這表明,兩宋期間及至元代前期,國史、實録等官修史籍始終在知識階層,尤其是關心文獻典籍的文人圈裏流傳。有關户數的資料,無疑以查考國史《地理志》所記最爲便利。正因如此,王應麟編纂《玉海》和馬端臨編纂《文獻通考》時,完全可能而且應該就是從國史中採集到有關數據資料的。

此外,李燾在《長編》中記載此事的形式,也可作爲我們推斷他採用了國史資料的一個輔證。

李燾在記録"有司請據諸道所具版籍之數"爲 967 353 户後,附注曰:"按總數不符,應作九十六萬七千四百四十三户。"①是爲李燾根據所記望、緊、上、中、下縣户數相加後得出的總數。李燾根據自己的計算結果,指出"有司所具版籍之數"存在着 90 户的誤差,卻未加改動,甚至没有像引用其他有疑問的材料時那樣,提出"待考"或"待辨"之類的疑問,顯然因爲所依據的數字來源於"正史",即使發現失誤之處,"正史"的權威性也不容他擅作改動。

通過對上引諸家史料來源的分析,並證之宋代目録學文獻的有關記載,我們有理由認爲,200 餘年間,諸多文獻記録建隆元年户數時皆作 96 萬户,顯然是因爲他們都有一個共同的史源作爲依據,即國史的記載。

## (二) 關於 230 萬户數的文獻來源

北宋立國之初户數爲 230 萬的結論,並非北宋政府在建隆元年的户數統計,而是今人根據後周顯德六年一條檢括地方户數資料進行推論的結果。

> 周世宗顯德五年十月,命左散騎常侍艾穎等三十四人使於諸州,簡定民租。明年春使回,總計簡到户二百三十萬九千八百一十二,定墾田一百八萬五千八百三十四頃,淮南郡縣不在此數。②

這條史料又見於《舊五代史》:"(周顯德五年)十月,命左散騎常侍艾穎等三十四人,下諸州檢定民租。周顯德六年春,諸道使臣回,總計檢到

① 《長編》卷一,第 26 頁。
② (宋)王欽若:《册府元龜》卷四八六《邦計部户籍》,又見同書卷四八八《邦計部賦税二》、卷四九五《邦計部田制》。

戶二百三十萬九千八百一十二。"①兩件史料内容基本相同,文字略有出入,後者缺"墾田數一百八萬五千八百三十四頃"以及"淮南郡縣不在此數"句。

時隔一年,即顯德七年元月,趙匡胤易後周政權爲宋,改元建隆元年。以兩個政權之間的嬗遞關係,以及兩次統計數字公佈的實際時間相距還不到一年,後周顯德六年與宋建隆元年的户數情況應該不會出現太大的變化。可是,從現有的兩件資料來看,前者卻爲後者的一倍有餘。下面亦就二百三十萬户的史料來源進行分析。

《册府元龜》記有後周顯德六年 230 萬户數的史料,主張此説者並舉《舊五代史》所記爲之佐證,且强調《舊五代史》作者薛居正是身歷後周、北宋兩朝之舊臣,記事當不致有誤。然此處有兩點似不可不加以關注,一、薛居正署名領銜編修《舊五代史》,是以宰相身份監修前朝國史的例行公事,薛居正本人亦非諳熟掌故、究心史事者,與同爲"兩朝舊臣"又主持編纂《唐會要》和《五代會要》的王溥相比,似不可等量齊觀。所以,薛居正之"兩朝舊臣"云云,實則未必能對《舊五代史》的編修有實質性的説明。二、必須指出的是,今存《舊五代史》是清人邵晉涵的輯本,薛居正監修的《舊五代史》在明代便已佚失。輯本《舊五代史》的出處雖説來自《永樂大典》,但事實上,包括《册府元龜》在内的各類典籍都是邵晉函輯佚的資源。陳援庵先生和當代學者陳尚君在他們的研究中都揭示了《册府元龜》是《舊五代史》輯佚的一個主要來源。② 所以,雖然尚無充分的證據來斷言《舊五代史》所記後周顯德六年的户數來自《册府元龜》,但是,考慮到二者之間可能存在着的某些關聯,上述推想並非完全是妄作揣測。

即便《册府元龜》的這條記載算不得孤證,仍有充分的理由對這件檢得 230 萬户的史料提出疑問。因爲關於艾穎等人顯德五年十月受命檢定

① (宋)薛居正:《舊五代史》卷一四六《食貨志》,中華書局 1978 年版,第 1947 頁。

② 按《舊五代史編定凡例》:"《薛史》諸志,《永樂大典》内偶有殘闕,今俱采《太平御覽》所引《薛史》增補。"又云:"《永樂大典》所載《薛史》原文,多有字句脱落、音義舛訛者。今據前代徵引《薛史》之書,如《通鑑考異》《通鑑注》《太平御覽》《太平廣記》《册府元龜》《玉海》《筆談》《容齋五筆》《青緗雜記》《職官分紀》《錦繡萬花谷》《藝文類聚》《記纂淵海》之類,皆爲參互校訂,庶臻詳備。"見《舊五代史》附録,第 2028—2029 頁。據此,見於《舊五代史》和《册府元龜》的相關記載,似不可完全排除源自同一史料的可能性。

田租的記載,還分別見於《五代會要》和《資治通鑑》:

> 其年(顯德五年)十月賜諸道均田詔……乃命左散騎常侍艾穎等三十四人下諸州檢定民租。①
>
> (顯德五年)冬十月……丁酉,詔左散騎常侍須城艾穎等三十四人分行諸州,均定田租。②

　　難以解釋的是,何以顯德六年春檢(簡)得人户回京之事及所得户數報告情況,《五代會要》和《資治通鑑》皆未見記載? 按照會要類著述的體例,人口、户數等社會經濟方面的材料是重點記述内容,此由王溥編纂的《唐會要》可見。王溥亦即《五代會要》的作者,由後周而入北宋,以熟悉五代史料見稱,更在後周世宗朝監修過國史,顯德六年恭帝即位,還曾表請修《世宗實録》。《宋史》本傳稱王溥"好學,手不釋卷,嘗集蘇冕《會要》及崔鉉《續會要》,補其闕漏,爲百卷,曰《唐會要》,又採朱梁至周爲三十卷,曰《五代會要》"。③ 而司馬光窮十九年之力編纂《資治通鑑》,亦以史料辨析嚴謹著稱,記艾穎等三十四人奉命分行諸州均定田租之事,精確到詔書下達的具體日期。王溥和司馬光的相關記載中,對這段意義重大且去時未久的史料竟都略而不言,足以令人感到蹊蹺。解釋爲疏漏或曰巧合,似難以成立。據筆者的分析,合理的解釋不外有二:一、他們兩人見到過與《册府元龜》所記相同的史料,疑而未用;二、他們所見的文獻中,也許根本就不存在所謂顯德六年"總計簡到户二百三十萬九千八百一十二"這樣的一條資料。

　　《册府元龜》是由政府組織人員編纂的一部官修大型類書,真宗皇帝對之十分重視,"諸如凡例、内容增删、選用資料等有關原則性問題都由皇帝最後裁決",真宗本人還"數次親臨編修之所",不過,據此便認爲"質量無疑是可靠的",④似未究其實。古往今來,諸多大型官修典籍,雖承皇恩眷顧,人力、物力皆可得到充分保證,然内在的質量未必與其恢宏規模成正比。官修御撰的大型典籍,卷帙宏富,卻往往因錯訛百出而爲後世詬

---

① 《五代會要》卷二五《食貨》。
② (宋)司馬光:《資治通鑑》卷二九四,中華書局 1956 年版,第 9587 頁。
③ 《宋史》卷二四九《王溥傳》,第 8801 頁。
④ 見前引胡道修《宋代人口的分布與變遷》,第 97 頁。

病,《册府元龜》亦不例外。作爲一部大型類書,《册府元龜》固然爲後世保存了大量文獻,然而,其中又存在着大量的錯誤,卻是我們使用和引證時必須加以注意的。①

至此,對於分別系於後周顯德六年和北宋建隆元年的兩個相去一倍有餘的户數統計結果,究竟選擇哪一個作爲北宋建國之初户數的依據,應該不難作出判斷了。

## 三、與後周、北宋初期户數資料的參照

歷史上,涉及統計數據的資料記載,因依據的物件、計量的單位、計量的方法等缺少統一的標準,見於文獻記載的量化内容經常會相去甚遠,有關户數、人口方面的資料記載亦是如此。這便決定了依靠今天掌握的有限資料所能獲得的信息,只能是一個相對的數值。緣此,我們的研究工作要盡可能地採用"多重證據"的方法。"多重"的涵義,除了見於文獻的記載要盡可能避免孤證外,更要期待對於相關文獻的記載,能夠儘量發掘不同管道的旁證,以便從不同的角度,對所獲的信息進行評估和判斷。

對於經濟史研究的對象,運用計量學的方法還可以使我們在缺失某些資料的情況下,運用變數的值或參照其他個案來加以估算,從而得到相關的資料,或對某些資料加以估測,這種方法計量學上被稱爲"回歸估計"。如果獲得一定數量的資料,便可建立一個相關資料的矩陣,從縱橫兩個方面來加以判斷,即分別根據變數作垂直的對比,和根據個案作水平的估計。② 對於我們討論的建隆元年户數的問題,雖資料收集尚不足以建立起一個矩陣,仍可參照橫向和垂直兩個方向來進行一些比較。所謂

---

① 以中華書局 1960 年影印本《册府元龜》卷四八六《邦計部》有關户數的記載爲例,"漢元帝元始二年人户千二百二十三萬三千,口千九百五十九萬四千九百七十八"條,下句"口千九百五十九萬"之"千"上,脱"五"一字,當爲"口五千九百五十九萬";"桓帝永壽三年户千六百七萬七千九百六十","千六百"爲"千六十"之誤;北齊"少帝承光元年爲周師所滅,有户二百三萬二千五百二十八","二百三萬"爲"三百三萬"之誤;晉武帝"太康元年平吴,收其圖籍,得户五十二萬三千,男女口二百三十萬,天下户二千二百四十五萬九千八百四",其中"天下户二千二百四十"爲"二百四十"之誤。有關後周顯德六年檢到人户 230.981 2 萬的記載即在此卷。當然,我們也應充分考慮到後世傳抄過程中出現舛誤的可能。

② 參見[英]羅德里克·弗拉德著、王小寬譯《計量史學方法導論》,上海譯文出版社 1997 年版,第 25、131 頁。

横向,是在考訂顯德六年户數時,借助五代後周時期有關户數的其他材料進行横向比較研究。所謂垂直,則是將建隆元年的户數置於太祖、太宗兩朝的户數資料的系列中作縱向的動態比較。幸運的是,在現有的文獻中,我們尚能勾稽到一些相關的史料,用來進行這類估測的嘗試。

考訂後周顯德六年 230 萬户數是否具有現實的可能性,《五代會要》所記關於後周清理户口及州縣等第的一件敕令,可以作爲一個參照。按後周廣順三年(953)十一月所記敕書並吏部格式云:

> "天下縣邑,素有等差,年代既深,增損不一。其中有户口雖衆,地望則卑;地望雖高,户口至少,每至調集,不便權衡。宜正成規,庶協公共。應天下州府及縣,除赤縣、畿縣、次赤、次畿外,其餘三千户以上爲望縣,二千户以上爲緊縣,一千户以上爲上縣,五百户以上爲中縣,不滿五百户爲中下縣。選人資敕合入下縣者,許入中下縣。宜令所司據今年天下縣户數,定望、緊、上、中、下,次第聞奏。"吏部格式:"據户部今年諸州府所管縣户數目,合定爲望縣者六十四,緊縣七十,上縣一百二十四,中縣六十五,下縣九十七。欲依所定,移報銓曹。"從之。[①]

按照上述相應的户口等級標準及縣數,測算時姑且將數值放大,結果如下:

望縣 64,縣 3 000 户以上爲準,姑以 4 500 户計,爲 288 000 户;

緊縣 70,縣 2 000 户以上爲準,姑以 2 500 户計,爲 175 000 户;

上縣 124,縣 1 000 户以上爲準,姑以 1 500 户計,爲 186 000 户;

中縣 65,縣 500 户以上爲準,姑以 750 户計,爲 48 750 户;

下縣 97,縣姑以 500 户爲準,爲 48 500 户。

以上合計 420 縣,746 250 户。

顯德六年(959)距廣順三年(953)只有五年時間,上述數字可以作爲我們推算顯德六年後周户數的一個重要參照。需要説明的是,考慮到未計算在内的赤、畿、次赤、次畿縣的户數,我們有意將資料作了放大的估算。不過,即便再加上後周二都屬下赤、畿、次赤、次畿縣的户數,僅僅過了五年時

---

① 《五代會要》卷二〇《量户口定州縣等第》。

間,後周顯德六年的户數,便能從 70 余萬户躍升到 230 余萬户麽?①

再將建隆元年的户數與我們今天能夠獲得並據以建立起的太祖太宗兩朝的户數系列進行縱向比較。爲簡便起見,根據現有的資料,選擇三個時間節點,即建隆元年(960)、開寶九年(976)和端拱二年(989)。

1. 若以建隆元年統計資料爲 96 萬户計,至開寶九年户數爲 309 萬户,②減去其間平定荆南等所得約 160 萬户,實際增加了 53 萬户,16 年間年平均增長率爲 2.79%。

若以建隆元年統計資料爲 230 萬户計,至開寶九年户數 309 萬户,減去平定荆南等所得約 160 萬户,實際增加户數爲負 81 萬户。這就是説,宋初十六年間的户數年平均增長率爲負 2.68%。③

2. 將開寶九年統計資料 309 萬户作爲起點,至端拱二年共 13 年時間,以端拱二年之户數 649 萬户,減去受清源吳越歸土户數 73 萬户,實增加户數爲 268 萬户,年平均增長率爲 4.91%。④

從太祖開寶九年到太宗端拱二年,户數統計的結果呈上升趨勢,是符合歷史上新的王朝建立後,社會趨於穩定並開始正常發展的一般規律的。至此,我們不難發現,主張 230 萬户之説的學者們都面臨着一個無法解釋的現象,因爲按照他們的估算,建隆元年户數統計的起點爲 230 萬户的話,依次平定了荆南、後蜀、南漢和南唐四個地方政權後,訖開寶九年,又有近 160 萬的户數歸入了北宋的版圖,此時即便以零增長的静態方式相加的話,總户數當在 390 萬户以上,而不可能跌至 309 萬户。歷史上新建

---

① 按《長編》卷一建隆元年十月,"有司請據諸道所具版籍之數,以四千以上爲望,三千户以上爲緊,二千户以上爲上,千户以上爲中,不滿千户爲中下,仍請三年一責户口之籍,别定升降"。此可爲後周所定户等標準的參照。

② 《宋史》卷八五《地理志一》、《文獻通考》卷一一《户口考二》、《宋會要·食貨》一一之二六、《包拯集編年校補》卷二《論歷代並本朝户口》等,《玉海》卷一八作 250.896 0 萬户。

③ 如按建隆元年爲 260 萬户計算的話,實際增長户數爲-111 萬,年平均增長率爲-3.42%。

④ 端拱二年户數爲 649.9 萬,據梁方仲據《太平寰宇記》的統計結果,諸家統計結果略有出入,見《中國歷代户口、田地、田賦統計》,第 122 頁。如採用《太宗實録》卷七九的統計,至道二年(996)的户數約爲 457.425 7 萬户,增加 75 萬餘户,20 年裏年平均增長率爲 1.09%。至道二年的户數統計,《包拯集編年校補》卷二《論歷代並本朝户口》作 451.425 7 萬户,《長編》卷四十作 357.425 7 萬户,較《太宗實録》相去整 100 萬户,疑有筆誤。

王朝在奠定了統治基礎之後,社會趨於穩定,諸如括户等强化統治的手段隨即展開,且倡行各種鼓勵發展生産的手段,隱匿山林的逃户亦紛紛返歸,"建隆初,始以户口增耗爲州縣吏歲課之升降",①這類記載在《宋史》《長編》和《宋會要輯稿》中屢屢可見。② 因此,北宋初期若干年之内,户數亦當如開寶九年至端拱二年間那樣,應該表現爲一個持續顯著增長的階段,何至於在北宋開國初期 16 年間,出現户數連續負增長的反常現象呢?

將宋初平定地方政權期間户數視作不變的静態值而簡單相加,顯然是一種不合理的推測方法,因爲這樣估算的結果與實際相比,肯定是一個被縮小了的數值。不過,我們作假設的目的,只是通過估算一個相對值,來證實建隆元年 230 萬户的假設之不可成立。顯而易見的是,從開寶九年 309 萬户的統計來看,建隆元年北宋户數爲 230 萬户之説無法在上述資料系列中得到解釋,除非我們今天所見文獻中有關北宋初期數十年間的户數統計皆爲一連串的錯誤記録。③

選取相參照的資料進行推理,前提必須是假設以及推理過程的合理性。張文爲證實 230 萬户之説所作的全部推斷過程,起點是《宋史·地理志》記宋初有縣數 638 個,而《長編》卷一所記縣數爲 435 個,兩個數字有 207 個之差。由此産生了疑問,便推論出 230 萬户與 96 萬户之間的 130 餘萬户統計之差,必定與 207 個縣相關的第一個假設。而 130 餘萬户與二百餘縣數相除,得縣均户數約爲 6 000 户餘,遂再以《太平寰宇記》所記太宗前期的户數爲依據,推論宋初當有一批户數在 7 000 户以上特大縣分。張文最後的假設十分離奇,他認爲,宋初建隆元年統計户數時,竟然可能由於這 207 個特望縣"人口稠密,户數多,統計工作量大,時間來不及",没有及時報上來,遂出現了總計約 130 萬户的缺失。此即張文對於《宋史·地理志》和《長編》等記載爲何是 96 萬户統計數字的解釋。

① 《曾鞏集》卷四九《本朝政要策·考課》,第 653 頁。
② 如《宋會要·職官》五九之一:"建隆三年十一月十日,有司上言,准考課令,諸州縣官撫育有方,户口增益者,各准見户爲十分論,每加一分,刺史、縣令進考一等。……若扶養乖方,户口減損者,各准增户法,亦減一等,降考一等者,當司近年例,不進考。"
③ 梁方仲先生在编著《中國歷代户口、田地、田賦統計》時,已經關注到了後周顯德六年和建隆元年户數記録的差異,梁先生選擇將《宋史》等記載的 96 萬户列入統計表,而將顯德六年的數字置於附注的做法,顯然是考慮到若將後者列入表中,則必定會面臨北宋前期的統計數字系列無法解釋的困惑。

上述推測的全部内容,除了開始談到的《宋史·地理志》與《長編》所記宋初縣數之差有所依據,①後面所有的推測,作者雖説是對推論的"可能性合理性的檢驗",實則皆爲一連串没有任何憑據的主觀假設。户數統計出現差錯或不可免,然按照常理,即使出現差錯,最有可能遺漏的應該是那些邊遠地區人户數少的縣分,安有將人數最多、交納賦税和提供勞役貢獻最大的 200 多個縣忽略,以致一半以上的户數被遺漏不計之理? 最不可思議的是,按照這種推測的思路,建隆元年的户數統計結果錯誤似乎還波及 16 年後開寶九年的户數統計。也就是説,這十多年間,户部雖有對户數的多次統計,竟然都没有發現這個巨大的遺漏而一錯再錯;北宋前期對《三朝國史》的一再修訂,居然也没能發現這個重大的漏洞。這一切,只能説匪夷所思了。

翻檢北宋的文獻便可得知,宋初出現 2 000 來個超過 7 000 户的超望縣的推測,其實並無可能,因爲北宋建隆元年劃分縣等級的户數標準一直沿用到了政和年間才加以修改。而在政和之前的大觀四年,北宋的户數統計總數已經達到了 2 000 餘萬户,爲宋初 20 倍有餘。如果像張文所言,宋初已經出現了 200 餘個户數爲 6 000 户以上的超望縣的話,何以 4 000 户以上爲望、3 000 户以上爲上的統計標準滯後如此,居然沿用了 150 年之後才加以改變呢?②

張文之所以作出宋初出現了 200 個以上縣均 7 000 户的超望縣的推測,主要的參照依據,是《太平寰宇記》記載的户數。對於《太平寰宇記》一書,雖有學者對其文獻價值給予較高的估計,認爲"《太平寰宇記》的户數應是統一後地方政府爲攤派賦役對户口進行調查統計所得",③筆者以爲此説似可商榷。按《太平寰宇記》在記録宋初諸歸宋政權的户數上的比

① 從前引《五代會要》所記後周廣順三年縣數爲 420 來看,建隆元年的縣數爲435,似並非没有可能。

② 《宋會要·方域》七之二七:"(政和)五年四月四日,户部員外郎沈麟奏:'承詳定九域圖志所申取到天下户口付户部參酌升降,送圖志所看詳。契勘本所申請自稱自唐始至後周,縣以三千户以上爲望,二千户以上爲緊,一千户以上爲上,五百户以上爲中,不滿五百户爲中下。國初增四千户以上爲望,三千户以上爲緊,二千户以上爲上,一千户以上爲中,不滿一千户爲中下。今來取索到提刑司審括到户數,彼舊已增數陪(倍),難以依舊志編類,欲乞元系赤畿、次赤畿依舊外,今以下項户數爲則編類,所貴道執成書。一萬以上爲望,七千户以上爲緊,五千户以上爲上,三千户以上爲中,不滿二千户爲中下,一千五百户以上爲下。'從之。"

③ 見前引吳松弟《中國人口史》第三卷,第 117 頁。

比錯誤,足可證明其資料來源並非中央政府具有權威性的檔案記載。① 既然這樣,我們何以得知其記載的户數,就是地方政府爲攤派賦役對户口進行調查統計所得呢? 須知編制户數統計資料,前提是要對全國各地賦役收取情況及相關的户數作全面瞭解,其難度遠在僅就宋初諸歸宋政權的户數採集之上。《太平寰宇記》的作者樂史曾任平原主簿,太平興國五年,以見任官舉進士,佐武成軍,擔任書記一類職務,後因上書言事,擢著作佐郎、知陵州。樂史勤於著述,太宗嘉其勤,屢蒙升遷,一度遷著作郎、值史館,然終其一生,多半經歷皆爲地方州縣官,接觸中樞機構檔案資料的機會並不多,遑論有系統地收集相關的文獻資料。樂史雖"好著書,每有所成,輒往往獻上",著書動機似乎含有邀取太宗嘉賞的意圖,傳記稱其"好著述,然博而寡要",②似並非没有根據的詆毁之詞。

再就樂史所撰《太平寰宇記》的内容來看,據筆者所見,部分户數資料顯然直接采自《舊唐書》之《地理志》。③ 目前,尚未見學界就《太平寰宇記》的文獻來源作徹底、詳盡研究的成果,然而,僅依據樂史成書的時間,便認定書中所記是太平興國至端拱年間(980—989)地方政府爲攤派賦役對户數的統計,證據亦不充分。除了前面列舉取自《舊唐書》的兩條材料外,樂史在該書的其他内容上,亦多有沿襲唐人著述的痕迹。北宋地方行政的格局,自太平興國二年罷除節鎮所領支郡以後,以轉運使領諸路之事,已逐漸推展進行,至道三年分天下爲15路,是在諸路經過數度分合之後得以確立的標志(個別路的分合調整,終北宋一朝而未止)。而全書仍按唐代13道爲區劃之分,卷一二三《淮南道》之揚州條皆敘唐天寶以後事,甚至曰"與成都府號爲天下繁侈,故稱揚益焉",僅在後面加上"皇朝因之"四字。卷二〇〇之"四至",還保留了"去長安萬四千里"云云。凡此無不提醒我們引用該書時亟需謹慎。退一步説,即便《太平寰宇記》所記史實無誤,太平興國年間的户數亦不可直接用以建隆元年之證。而張文正是以《太平寰宇記》所載平均每縣7 000户數爲建隆元年縣户數的推測依據,更兼以200餘個超望縣被不慎遺漏的大膽假設,依據和推論方法

---

① 將《宋會要·食貨》六九之七七,《宋史》太祖、太宗本紀以及《宋史·地理志》記載的宋初歸宋政權的户數統計,與《太平寰宇記》作一比較,除了吴越、南漢和清源三地區外,《太平寰宇記》所記南唐、湖南、南平、後蜀等地的户數,與前者所記相比,誤差高達一倍左右,未免令人疑惑。

② 《宋史》卷三〇六《樂史傳》,第10111頁。

③ 如幽州八縣之67 242户、邛州七縣之42 107户。

皆不可信,結論之不足立,也就可想而知。

<h2 style="text-align:center">四、結　　論</h2>

　　根據上述兩個方面的分析,有關北宋初年的户數,學界近年來雖屢有230萬户之説,然從所引文獻記載來看,並未能提供充分的支持,因而是不能成立的。在没有新的文獻發現的前提下,僅依據《册府元龜》關於後周顯德六年户籍調查的一條記載,不足以質疑《宋史・地理志》等諸多文獻記載的96萬户之説。

　　本文初步確認96萬户爲其時官方統計的户數,是以現有文獻資料爲依據加以論證的一種結果,並不是説96萬户已是一個可視作終結的正確答案。歷史研究本來就是通過去僞存真的不斷努力,逐漸接近事實真相的一種認識過程。因此,對於北宋初期的户數研究,仍需在學界的共同努力下,通過對文獻資料的深入研究和分析,逐漸接近歷史的真實。

原載《中國史研究》2007年第4期

(戴揚本,華東師範大學古籍研究所研究員)

# 徐光啓的教育思想

白莉民

　　嘉靖、萬曆年間,我國東南三角地帶手工業、農業得到發展,已出現了資本主義的萌芽,促使一些學者去總結傳統科學,如天文、律歷、數學等。同時,西學由傳教士帶入封閉千年的古老帝國,又給中國學人以新的啓迪和思想。在這樣的社會歷史條件下,徐光啓(1562—1633)從意大利耶穌會傳教士利瑪竇(Matteo Ricci,1552—1610)游,合作翻譯了不少西學著作,試圖用西學補中國學術體系的不足。

　　關於徐光啓的研究著作並不少,尤其是最近幾年,中外均有新著問世。本文不是對徐光啓的全面研究,而是從三方面來討論徐光啓的教育思想:首先,是徐光啓對"格物"之"物"的闡釋和界定;其次,是他對研究數學的提倡和重視;第三,是他的中西會通論。本文以爲,徐光啓對中國教育的影響和貢獻,在於他睜眼看世界,着眼於東西方學術和文化的比較研究,提出了著名的"會通"思想,對治學方法和學術風氣等做了異於傳統的選擇。

## 一、西士東來: 徐光啓與利瑪竇

　　中國的"格致"一詞,在西學傳入中國後,常被用來作爲"科學"、"技術"的代用詞。而"科學"一詞是 19 世紀末才開始在漢語中用來翻譯西語的 science。我們現在都知道,science 的涵義是"近代科學"。然而,究西語的 science,其"近代科學"的涵義其實也是有一個發展過程的。在 13 世紀的歐洲,自然哲學被視爲最高的學術領域,而那時還沒有近代意義上的自然科學。現在我們看到的英語中的 science,其實是中世紀的法語,其意爲"精確而有系統的知識"。拉丁化後的 science 就是 scientia,而 scientia

並不是指今天的自然科學,而是指亞里士多德的自然哲學。① 明末清初之際,耶穌會士帶到中國來的西學,是嚴格意義上的 scientia,而不是我們今天所説的近代科學。利瑪竇當時就將其傳授給徐光啓等明代士大夫的 scientia 稱作"知",即知識。②

西士東來傳教,始於明萬曆年間。其時,利瑪竇偕龐迪我(Diego de Pantoji,1571—1618)等八人,帶着貢物進京,希望覲見皇帝。他們口稱陪臣,説是因爲仰慕天朝帝國的聲教文物,而"欲霑被其余,終身爲氓"。③利瑪竇等人初入中國時,在廣東肇慶傳教,誤將和尚的衣服當作中國儒士之標誌,故被稱爲"西僧"。自 1594 年起,他們易僧服爲儒服,並蓄須留髮,改稱"西儒",以示其爲氓之心。利氏之謙恭和他對中國文化的尊重,贏得了自皇帝至一般士大夫的尊敬。儘管那時也有士大夫對耶穌會士的活動持異議,但是從朝廷至士人,都很尊重甚至景仰利瑪竇這樣的"陪臣"和"西儒"。

利瑪竇在朝廷和士大夫中間深受歡迎,與其奠定的"學術傳教"的策略有很大的關係。在萬曆皇帝面前,利瑪竇自言其"於天地圖及度數,深測其秘;制器觀象,考驗日晷",又皆"與中國古法吻合",④而自願將其知識技能爲皇帝所用。當時的萬曆皇帝於是深嘉其學,並賜地一區,使其得以建築天主教堂,譯經敷教。

當時的士大夫們也爲利氏之"著測算書表,制天象儀器"所吸引,"在京碩彦翕然景從,時詣瑪竇宅,相與論道"。⑤ 如徐光啓閲利瑪竇之《山海輿地圖》後,而"知有利先生"。相晤後,聆聽利氏之言,以其爲"海内博物

---

① 關於此詞的演繹,Oxford English Dictionary(網絡版)有詳細的解釋。並請參見 B. A. Elman, *On Their Own Terms*, *Science in China*, *1550 - 1900*, Cambridge, Massachusetts, and London, England: Harvard University Press, 2005, p. xxiv。中文版本的解釋,參見李醒民《科學"(science)和"技術"(technology)的源流》,載《河南社會科學》2007 年第 5 期,第 15—18 頁。

② F. Masini, "Some preliminary remarks on the study of Chinese lexicographic material prepared by the Jesuit missionaries in China in the seventeenth century", in F. Masini and M. Battaglini, eds., *Western humanistic culture presented to China by Jesuit missionaries (XVII - XVIII centuries)*, Rome: Institutum Historicum S. I., 1996, pp. 235 - 245; Elman, B., *On Their Own Terms*, pp. 107 - 108.

③ (明)黄伯禄:《正教奉褒》明萬曆條,上海慈母堂 1904 年第 3 次排印本。

④ 同上。

⑤ 同上。

通達君子".① 在翰林館學習期間,徐光啟時常造訪利瑪竇,向利氏學習中國傳統儒學所没有涉及的知識。明末士大夫與耶穌會傳教士往來並信奉天主教者,有徐光啟、楊廷筠(1557—1627)、李之藻(1565—1630)、葉向高(1559—1627)、馮應京(1555—1606)和曹於汴(1558—1630)等人。他們一起研究"理數""象數之學",並"上窮九天,旁該萬事"。②

中外史料對利瑪竇與徐光啟、耶穌會士與中國士大夫在明末的交往有較爲詳盡的描述,從中我們可以窺見中西交往之一斑,特別是關於當時耶穌會士所帶到中國來的西學。如前所述,利氏時代的西方還没有産生我們今天所説的現代科學;當時的自然哲學没有現代科學分門別類得精細和專門。這在某種意義上有利於利瑪竇的耶儒融合、借儒揚耶的學術傳教方法。而中國傳統學術强調天人合一,文人學士雖説主要追求文章第一,但對自然現象的觀察、描述及研究,並不罕見。所謂理數和象數之學,既可用來作爲數學的代名詞,又可包含天文、地理、人文與倫理的學問。這種將自然和人文知識結合在一起的學術體系,似乎與耶穌會士的scientia 相契合。利瑪竇在耶穌會所接受的教育,涵蓋了宗教信仰、亞裏士多德的自然哲學,其中包括有關自然的諸種知識和研究。③ 所以,在當時的士大夫眼裏,利瑪竇學識淵深廣博,能"玄精象極,學究天人,樂工音律",④而尤"精曆數"。⑤

利氏因"精曆數"而爲當時的朝廷上下所推重,是因爲當時的朝廷急需修曆,而西洋曆法又確實優於中國傳統曆法。譬如崇禎二年(1629)五月朔有日食,依《大統曆》《回回曆》推之皆有差,而徐光啟用西法推之,則密合天行。於是,崇禎皇帝征召西士,開局修曆。耶穌會士在修曆上的成功,其意義遠遠超過了皇帝的褒獎和重用。當時相當一部分士大夫由此認識到西洋之"天文曆數,有我中國先賢所未及道者"。而且,西洋之學"不徒論其度數而已,又能明其所以然之理",而"所制窺天窺日之器,種

---

① (明)徐光啟:《跋二十五言》,王重民輯校:《徐光啟集》,上海古籍出版社 1984 年版,第 87 頁。

② (明)徐光啟:《同文算指序》,見徐宗澤編著《明清間耶穌會士譯注提要》,中華書局 1989 年版,第 265 頁。

③ 關於耶穌會士教育的討論,請見 Elman, *On Their Terms*, pp. 86 - 89.

④ 王應麟:《利子碑記》,《熙朝崇正集》,明崇禎十二年刻本。

⑤ 李杕:《徐文定公行實》,《增訂徐文定公集》卷首,上海徐家匯天主堂 1933 年,第 42 頁。

種精絶"。① 正是西學的這些成就和長處，使徐光啓等人欽羨不已，提出要兼收西法，吸收、介紹西洋學説，以補中國傳統典籍之缺。這也在一定程度上説明了爲什麼徐光啓向利瑪竇建議印行一些"有關歐洲科學的書籍，引導人們做進一步的研究，内容則要新奇而有證明"。②

　　徐光啓對利瑪竇學術的景仰，也與當時利民濟世的實學思想的影響有關。西學傳入之時，適值明末多事之秋，徐光啓身居官位，具有很深的憂國患民的意識。尤其是看到利瑪竇"正曆元以副農時，施水器以資民用"，更覺得應該學習利瑪竇的學術技能，以補中國傳統儒學之不足。因此，徐光啓的教育主張，既體現了明末朝廷和社會對實際知識技能的需求，也反映了徐光啓因西學的新穎而激發的求知欲，以及其力圖改革中國傳統學術系統與教育内容的企盼。

## 二、徐光啓以"數學爲宗，重經濟物理"的教育主張

　　中國傳統的學術風氣，是重人倫而輕物理。中國歷代的文人學士亦研究大自然的諸種現象，但重點是在闡發哲理，附會人事。如見烏反哺、羊跪乳之象，則聯想到如何事親。而《漢書·天文志》和《五行志》中所記載的大量星象災異，不是爲科學的研究，而是以"自然之符"告誡君主，使之"飭身正事，思其咎謝"。③ 天文、曆數如是，中國傳統的地理學亦是"所記者惟疆域建置沿革、山川古迹、城池形勢、風俗職官、名宦人物諸條耳"，而這些"皆人事"，於"人地之故"則"概乎未之有聞也"。④ 在西學東漸之際，大多數封建士大夫仍以此重人倫、輕物理的學術風氣爲標準模型，去評判西洋科學和文化的優劣。譬如，清初大儒李光地論西洋曆算，以之雖比中國細密，"但不知天人相通之理。如古人説日變修德，月變修刑，西人便説日月交食"。儒家正統是以"通天地人之謂儒"，以"知天而不知人則技"，故西洋曆算乃技而已。⑤ 因此，對大自然的研究以及一切有關日用

---

① （明）黄伯禄：《正教奉褒》明萬曆條。

② 利瑪竇、金尼閣著，何高濟等譯：《利瑪竇中國札記》第 5 卷第 7 章，中華書局 1983 年版。

③ （宋）班固：《漢書》卷二六《天文志》，中華書局 1962 年版，第 1273 頁。

④ （清）劉獻廷：《廣陽雜記》，國學保存社 1908 年《國粹叢書》本。

⑤ （清）李光地：《榕村語録》卷二六，文淵閣《四庫全書》本。

的技能技術都是形而下者,而只有天道是形而上者。君子爲道而不爲技,故曰君子不器。

然而,徐光啓卻以爲,人倫與物理,形而上與形而下,皆學問之所備,當並傳於世,而無貴賤高下之分。所謂"實行實功","有體有用",才是孔子、朱子學説的正脈,是"真儒"當爲之事。他説:

> 道之精微,拯人之神;事理粗迹,拯人之形,並説之,並傳之,以俟知者,不亦可乎? 先聖有言:"備物致用,立成器以爲天下利,莫大乎聖人。"器雖形下,而切世用,兹事體不細已。且窺豹者得一斑,相劍者見若狐甲而知鈍利,因小識大,智者視之,又何遽非維德之隅也![①]

即是説,道與事,雖有精微粗迹之别,但皆屬聖賢之學;器雖形下,然切於用世,非但不細小卑微,且是德之一隅,無形下之器,便無德之大全,亦未可謂得於道。這便是對傳統價值系統的否定,而提出了道藝並重的新穎價值觀。在這新穎的價值系統中,真儒學當"大者修身事天,小者格物窮理,物理之一端别爲象數"。[②] 千載以來,儒者皆致力於所謂修身事天之大事,以治經學、談性命爲正宗,徐光啓在此卻將格物窮理和象數之學與之並立。更重要的是,徐光啓的"格物窮理",其物顯然是指自然學的"物理",故以象數之學爲之一端。這樣,自徐光啓開始,空談性命的"格物窮理",被定義爲研究自然學的"格致之學",並加以真儒學的標誌。[③]

在徐光啓的教育主張中,真儒學是以數學爲宗的,即以數學爲一切學問的統領。在翰林院學習期間,徐光啓和利瑪竇一起將《幾何原本》的前六卷翻譯成中文,以爲數學乃一切學科之基礎,而中國數學傳統自明而中

---

① (明) 徐光啓:《徐光啓集》卷二《泰西水法序》,第 66 頁。
② (明) 徐光啓:《徐光啓集》卷二《刻几何原本序》,第 75 頁。
③ 關於 "格物" 一詞的界定與研究,請參見 D. C. Lau, "A Note on *Ke Wu*," *Bulletin of the School of Oriental and African Studies*, Vol. 30 (1967), pp. 303 – 357。關於明末清初格物學的研究,參見尚智叢《明末清初(1582—1687)的格物窮理之學: 中國科學發展的前近代形態》,四川教育出版社 2003 年版。

斷，"爲其學者皆暗中摸索耳"。① 恰逢利瑪竇這樣的老師，有《幾何原本》這樣的論著，徐光啓覺得一定要讓中國學者知曉。所以，他每天下午三四點鐘去利瑪竇寓所，請利瑪竇口傳，自己"以筆受焉"。②

徐光啓以爲數學是一切學問的基址，也許是深受利瑪竇的影響，但更重要的是，他有自己的理由。

第一，徐光啓認爲，象數之學是率天下人歸於實用的所由之道。

以科學技術論，數學猶如"工人之斧斤尋尺"，③曆數、音律、器用、宫室等，皆須以數學爲基礎。如果無數學根基，則其他各門實學皆"未可易論"。④

以古代之六藝論，數雖僅占一席之地，但其他五藝若"不以度數從事"，則亦"不得工也"。⑤ 因此，古代聖賢皆重視數學，"自羲和治曆暨司空、后稷、工虞、典樂五官者"，皆"非度數不爲功"。⑥ 再如裏、曠於音樂的創作，般、墨於器械的制造，都是一宗於數學。由此，徐光啓指出，聖賢之學即是崇尚實學，而數學，則正是率天下人而歸於實學。從這個意義上說，聖賢之道並不僅存於歷代相傳的字紙章句裏，亦存於數學之中；若"數學可廢，則周、孔之教疇矣"。⑦

第二，徐光啓視數學即真儒學，而西洋數學亦能綴續聖賢之闕典遺義。

在徐光啓看來，數學是作爲真儒學而流傳萬世的，如唐代就曾設算學

---

① 利玛窦：《译几何原本引》，（明）李之藻編，黄曙輝點校：《天學初函》第4册，交通大學出版社 2013 年版，第 1938 頁。

關於耶穌會士在數學方面的訓練和幾何學在中國的傳播，中外皆有不少的著作、文章。西文著作比較有代表性的，則有 P. Engelfriet, *Euclid in China: The Genesis of the First Chinese Translation of Euclid's Elements, Books I－VI (Jihe Yuanben, Beijing, 1607) and Its Reception Up to 1723*, Leiden. E. J. Brill, 1998。此書已有中文譯本，（荷蘭）安國風著，紀志剛等譯：《歐幾里得在中國》，江蘇人民出版社 2008 年版。其他的論文，譬如，C. Jami, "From Clavius to Pardies: The Geometry Transmitted to China by Jesuits (1607－1723)," in Masini, ed. *Western Humanistic Culture*, pp. 182－183.

② 利瑪竇：《譯幾何原本引》，第 1938 頁。

③ （明）徐光啓：《徐光啓集》卷二《刻同文算指序》，第 80 頁。

④ 同上。

⑤ （明）徐光啓：《徐光啓集》卷二《刻幾何原本序》，第 75 頁。

⑥ 同上。

⑦ （明）徐光啓：《徐光啓集》卷二《刻同文算指序》，第 80 頁。

以供博士子弟習於其間。只是明代以來，數學始廢，其緣由有二："其一爲名理之儒士苴天下之實事；其一爲妖妄之術謬言數有神理，能知來藏往，靡所不效。"①輕視實學和迷信妄言，使知識分子摒數學於正學之外，惟務空疏無用的性命之學，致使聖學傳統中斷。所以，徐光啓積極翻譯《幾何原本》，以爲是書雖爲西洋典籍，但能綴續"唐虞三代之闕典遺義"，能"裨益當世"，②故"舉世無一人不當學"。③

第三，徐光啓深信，象數之學能鍛煉人的思維能力。

中國古代論智力，以爲有生知、學知和困知三等，沒有着意從人的思維能力方面去做研究。即如教學，一般亦僅僅關心學生記誦多少章句，掌握多少掌故典實，而不甚重視邏輯推理。徐光啓以科學家的眼光論智愚，以爲"人具上資而義理疏莽，即上資無用；人具中材而心思縝密，即中材有用"。④ 人極聰明，但沒有受過思維訓練，思辨能力差，則仍不能得聖賢之道。雖聰明一般，但經過尚好的邏輯推理的訓練，抽象思維能力強，則同樣能成才，掌握自然與社會的各種規律學習幾何學，便是"練其精心"，即訓練思維能力。而已習得一技一藝者，亦須藉數學以"資其定法，發其巧思"。⑤ 因爲，事與理相關聯，皆爲治學之要，而數學則是習事得理之根基。所以，教育當重視思維能力的培養。

同時，徐光啓還看到了西洋教育的優點："聞西國古有大學，師門生常數百千人。來學者先問能通此書（指《幾何原本》），乃聽入。何故？欲其心思細密而已。其門下所出名士極多。"⑥重視邏輯思維能力的培養，則出人才，這番認識，在中國古代教育史上，堪謂獨樹一幟，甚有見地。中國傳統教育側重的是博聞強記，雖亦曰思，但更多的是從人倫道德上的領悟而言。徐光啓敏銳地抓住西洋教育之勝於傳統教育的長處，指出：若要科技發達，就須重視人才的思維能力訓練；高智低能，則無用於世。因此，使學生"心思縝密"，是學校教育中的一項重要任務，亦是能否出人才的關鍵一環。這一觀點，是接近現代思想認識的。

第四，徐光啓並非將數學作爲技藝工具，而是將數學作爲道德修養之

① （明）徐光啓：《徐光啓集》卷二《刻同文算指序》，第 80 頁。
② （明）徐光啓：《徐光啓集》卷二《刻幾何原本序》，第 75 頁。
③ （明）徐光啓：《徐光啓集》卷二《幾何原本雜議》，第 76 頁。
④ 同上。
⑤ 同上。
⑥ 同上。

基址。

中國傳統教育歷來是重視修身，而數學不止增才，亦是德之基址。這是因爲，《幾何原本》有五不可學："躁心人不可學，粗心人不可學，滿心人不可學，妒心人不可學，傲心人不可學。"[1]躁、粗、滿、妒、傲，皆儒家道德學説所力戒，其方法無非是静心養氣，易落於空寂無尋。而徐光啓卻導之以從數學入手，由實而虛，則盡歸於實學而不至於空談性命。

要之，徐光啓意欲融儒學與西洋科學之精華爲一體，提出教育内容的新範式：以數學爲宗，重經濟物理；由數而達事與理，並至修身之道。這樣，便無所謂形而上形而下之差别，亦無有大道小技之分，真儒學即包容了高下精粗的一切實用之學，惟以經世致用爲準繩。因此，西洋科學與傳統儒學不相沖突，它能繼聖賢之絶學，亦能補儒學之不足，是"所以制世利用之大法"。[2]

而此教育内容的新範式，不同於以往的實學思想，因爲它特别強調明理辨義，由數達理。

徐光啓編譯《測量法義》，撰著《測量異同》，皆是因爲他認識到，中國古典科學與西洋科學相比較，"其法略同，其義全闕，學者不能識其所由"。[3] 缺"義"，是中國古典科學的致命弱點。

現代從事自然科學史研究的學者，曾從中國古代數學體系本身的角度，尋求中國的數學傳統在宋以後中斷、在近代落伍的原因：[4]

第一，缺少形式化的數學語言。以符號形式來表示數學中各種量、量的關係、量的變化以及在量之間進行推導演算，這是數學發展的重要條件。但是，中國傳統數學的符號系統，是在象形文字的基礎上發展起來的，如勾股定理是用勾和股來代替兩條直角邊，四元術是以天、地、人、物來代表四個未知數。明代以前的任何數學著作，皆找不到以 0 代替零的

---

① （明）徐光啓：《徐光啓集》卷二《幾何原本雜議》，第 76 頁。

② （明）徐光啓：《徐光啓集》卷二《刻同文算指序》，第 80 頁。

③ （明）徐光啓：《徐光啓集》卷二《測量異同緒言》，第 86 頁。

④ 有關 20 世紀八九十年代關於中國科技爲什麽在近代落伍的討論，見 Fan Dainian 和 R. S. Cohen 所編的 *Chinese Studies in the History and Philosophy of Science and Technology*, *Netherlands*, Kluwer Academic Publishers Group, 1996。近年來對中國數學在近代落後的原因，也不乏新作，譬如，張雄等：《試析中國近代數學落後的原因》，載《陝西教育學院學報》2007 年第 4 期，第 89—92 頁；毛建儒：《對中國近代數學落後原因的分析》，載《自然辯證法研究》2001 年第 12 期，第 49—54 頁。

用法。符號上的缺陷,是中國傳統數學未能向近代發展的主要原因之一。

第二,缺少公理化。我國數學傳統偏重於實際問題的解決,是根據各種具體問題去尋找各種計算方法,而沒有形成各個分支的系統理論,加之沒有先進的數學符號和不推崇邏輯推理,因而,便無更高層次上的理論抽象。希臘的畢達哥拉斯學派掌握了勾股定理之後,立即導致無理量的發現。無理數的概念不是經驗事實的直接反映,而是理論推導的結果。中國傳統數學中雖早已有勾股定理,但沒有無理量、素數和角的概念的出現。自西方數學傳入中國後,始知"所謂三角,即古之勾股";①西方代數中的借根方,即是我國古代的天元術。然而,雖然這些學問古已有之,曾領先於西方,但卻未能在此基礎上發展起來。缺乏形式化的符號和不注重理論上的探討,不求數學系統公理化的形成,是中國傳統數學系統的主要弱點。

徐光啓於數百年前的認識,與現代學者頗爲相近,這是由於他傳統學問的根基紮實,故學習西洋科學之後,能一一與之相較,既不以虛無主義的態度對待中國古典科學,又不夜郎自大,拒絕排斥先進的科學。他在批評中國傳統學問中的弊病的同時,即指明西學中可吸收的精華,説理具體、切實,令人信服。

徐光啓説,任何事物中皆"有理、有義、有法、有數"。其所謂"義",即是自然學中的所以然之理。"理不明不能立法,義不辨不能著數"。② 中國古典科學,雖然正確表達了某些現象或規律,發明了一些極爲實用的制器,但往往停留在孤立的經驗知識和搜集觀測事實的階段,或滿足於某一方法的具體運用,而不求其上升爲理論。如《九章》言勾股自相求、容方容圓、各和各較相求者,"第能言其法,不能言其義也"。③ 魏人劉徽注《九章算術》,言測望僅"能説一表不能説重表","言大小勾股能相求者,以小股大勾、小勾大股、兩容積等,不言何以必等能相求"。這是由於沒有求"何以",求"所由",即"無以爲之藉",更不知"藉之中又有藉焉"。④ 所以,中國古典科學多經驗而少理論,中國古代教育亦有輕理性思辨的特征。而這有法無義的特點,常使一些發明或發現的萌芽很難蓬勃發展。西方人

---

① (清)阮元:《疇人傳》卷一,《文選樓叢書》本,第8頁 b。
② (明)徐光啓:《徐光啓集》卷七《測候月食奉旨回奏疏》,第358頁。
③ (明)徐光啓:《徐光啓集》卷二《勾股義緒言》,第85頁。
④ (明)徐光啓:《徐光啓集》卷二《題測量法義》,第82頁。

由苹果落地而發現了地心引力,由水沸掀動壺蓋而發明了蒸汽機,而中國之印刷術、大炮、氣球和麻醉藥的發明皆先於歐洲,卻不像歐洲那樣能生氣勃勃地發展成爲一種奇妙的東西,引出更多的發明創造,而依然無聲無息。這就是因爲理不明而法不立,義不辨而數不著。即使有"法",亦因不能明理辨義,而不能發展、完善。所以,教育與治學,皆當力求明理辨義。

要明理辨義,就需要加強學生邏輯思維能力的訓練。在中國傳統學術中,邏輯學不甚發達,古典哲學側重人生,而樸素的辨證法給科學發展所提供的思想武器,僅適合於初級階段,應付一些實際問題的解決。工匠們的創造發明,雖口口相授以傳徒弟,但僅示以具體的規矩尺度,卻不能究其所以然之理,缺少理性反思即實踐向理論飛躍的過程,其術便終爲術而不能發展。數學則能使人"心思縝密",提高理性反思的能力。學科傳授數學,注重學生邏輯思維能力的培養,使學生掌握對直觀性的材料進行高層次的抽象、概括而形成系統理論的武器;匠人子弟則能藉此以發巧思,引申出更多的創造發明。所以,徐光啓以爲《幾何原本》是人人當學的數學教材,是研究科學理論、掌握科學技術的基礎學科,"有形有質之物,有度有數之事,無不賴以爲用"。①

徐光啓這一教育内容的新範式與以往實學思想之不同,還在於他力圖構建中國自己的研究自然的學科體系。他的構想是:以數學爲基石,旁及:(1)天文氣象學;(2)水利學;(3)樂律;(4)軍器制造學;(5)會計學;(6)建築學;(7)機械力學;(8)輿地測量學;(9)醫學;(10)鐘表。即是説,以數學指導各項實用科學,使"濟時適用"的實用科學皆建立在牢固的數學基石上,不僅要"盡巧極妙",還須在科學應用中進一步發現自然界的客觀法則,由"數"而達"理"。同時,又不能讓工匠傳統流失,要爲工匠、農人的實際經驗著書立説,使理論與實踐經驗相結合。徐光啓著《農政全書》,編譯《泰西水法》,既是爲總結中國傳統的科學技術,又補之以西洋科學中合於己用的先進理論和方法,以指導人們更好地實踐。

因而,徐光啓的教育思想,既深受西方科學文化的影響,又淵源於傳統的實學理論。他幼年時,耳濡目染其父課農學圃,又習聞諸戰守方略,立志以天下爲己任。青年時,他嘗覽歷年水旱災禍,以之影響民生甚巨,遂留意於水利之學,對農田、水利諸事不斷周咨博訪。而於科舉考試,則屢試不第,只能教授於鄉里,以館穀自給,遂有淡然功名之志,僅因家貧親

---

① （明）徐光啓:《徐光啓集》卷二《泰西水法序》,第 66 頁。

老,才赴試應考。雖每每遭挫,但"陋巷不改,閉戶讀書,仍以教授爲業。尤鋭意當世,不專事經生言,遍閲古今政治得失之林"。① 45歲時,入翰林館讀書,則更加留意經世致用之學。雖"嘗學聲律,工楷隸",但此時"悉棄去",專心致志於"習天文、兵法、屯鹽、水利諸策,旁及工藝、數學務可施用於世者"。② 尤其是從利瑪竇學後,他更矢志以畢生精力研究自然科學,而將應酬文墨及其他百端俱廢。

當時教育界的情形是:算曆科學是"三百年來無人講究",科學論著稀少,而八股文的"作文集至百千萬言者非乏"。③ 面對教育、科技凋敝之狀,徐光啓痛切地説:"算曆雖無切於用,未必更無用於今之詩文也。"何況算曆之學,若"漸次推廣",則"更有百千有用之學出焉"。④ 所以,徐光啓努力於復興中國科技、教育事業。他摒除一切雜事,凡有問科學知識者,皆"不敢不竭盡底裏"相授,"自後又不得不向此中一研究"。⑤ 西學傳入後,他又全力以赴地進行西學知識的翻譯、介紹工作。

總之,在前人實學思想的基礎上,加上西學的影響,徐光啓提出了自己獨特的教育主張。其特點是:(1)反經學正統地位,以數學爲一切學問之基址;(2)補中國學術傳統之不足,重視理性思辨;(3)將以往之實學分門別類,以數學統之,築成自然科學體系。這樣的主張使教育在内容的安排、課程的設置上,均不同於傳統教育而接近現代的學校教育。

## 三、會通中西、注重實驗的治學方式

中國傳統的治學方法是重師承、守家法,不圖創新和發明。溯此學風之淵源,則始於孔子。孔子信而好古,祖述堯、舜,憲章文、武,述而不作。而此學風的形成,也與中國傳統的學術範式密切相關。

傳統的學術範式是重人倫而輕物理,教育的重點,是側重於創造完美的人格,教養的過程則在於接受典範人格的熏陶,故不是從知性方面訓練學生,而是親取師友,尤其是尊重教師。荀子説:"學莫便乎近其人。""學

① (清)李杕:《徐文定公行實》。
② (明)鄒漪:《啓禎野乘》卷六《徐文定傳》,清康熙重修本。
③ (明)徐光啓:《徐子先自笑劄》,卞永譽:《式古堂書畫彙考》卷二八,文淵閣《四庫全書》本。
④ 同上。
⑤ 同上。

之經,莫速乎好其人。"①學生愈推崇自己的老師,便愈能接受其深度的影響。在這種人格教育中,知識(尤其是自然科學知識)完全處於附從的地位。學生最大的願望,是承先啓後,爲往聖繼絕學,所以都嚴格恪守師法和家法,而不敢有所逾越。即使思想上偶有創獲,亦只能以"發明古法"的注經形式去體現。這樣,自然科學知識往往淹没於冗雜的經典注釋中,不能獨立爲一門學科,而只能是經學的附庸,闡明經義的工具。

在徐光啓所主張的教育内容中,自然科學占主導地位,其教法側重發展人的心智能力。如果説以文廟象徵中國的傳統學術,那麽,孔子開闢了一塊思想園地,而後學者在歷代師法、家法的引導下,只要守住這塊園地勤加耕耘,便能有所收穫,而無須另闢新天地,建立新廟堂。但是,在重視自然學的教育中,則必須有"吾愛吾師,吾尤愛真理"的追求、創新的精神。而知識惟有不斷更新,才算有成。因此,徐光啓提出了"會通中西,鑄己型模"的思想。

"會通中西",即徐光啓所説的"欲求超勝,必須會通"。②"超勝",既可理解爲超過西方的知識體系,又可釋爲超過以往的學術水平。"會通",就是要會通中西兩方面的學説,而重鑄中華民族的科學文化型範。但其時主要的任務,是熟諳、研究西學知識。因爲當時中國的知識分子對傳統學説是深諳於心的,他們的治學經歷大致相同:自幼習經書,成年赴科舉,數十年而一貫。如徐光啓中進士時已 42 歲,對中國傳統的學術思想和古典科學知識,皆有着豐厚的根柢,惟獨不知除此以外的學問。徐光啓自從跟隨利瑪竇學習西洋科學後,深深感到中國古典科學已不足爲現實所用,必須會通西洋的科學知識以補充之。

於人格教育言,一個偉大人格的光輝在歷史上是經久彌新的,教育所要喚醒的,是學生對聖賢的企慕之情,去體現其偉大,保留其風範於不墜。而自然科學教育則與之相反,科學知識是不會歷久而彌新的,若不創新就會落伍。中國古代科學曾一度領先於西方,自明以後則落後於西方即是最好的説明。因此,在自然科學教育中,首先要培養學生不斷探索、勇於創新的精神。應該説,徐光啓是認識到這一點的,因而,他反對傳統的治學方式,提倡吸收最先進的知識而不固執於古代聖賢之説;提倡創新,努力超過前人和西方的科學成就。

---

① 《荀子·勸學篇》,上海人民出版社 1974 年版,第 7 頁。
② (明)徐光啓:《徐光啓集》卷八《曆書總目表》,第 374 頁。

　　具體言之,徐光啓"會通""超勝"的主張,體現在治學中,主要爲二種方法:

　　第一,要尊重客觀規律。在領導修改曆法的工作中,徐光啓指出,宇宙的運轉是有其規律的,曆法的制定只能根據當時的"天行"。過去所制定的曆法,因年歲久遠而不符合現在的天體運動規律。更由於過去的天文曆數知識不足以正確體現天體運動,以致以往任何聖賢都"不能爲一定之法"而垂範於今。① 即如郭守敬的《授時曆》堪稱絶倫,但"今復與天不合",②這説明"其法亦未精密"。③ 歷代儒者修改曆法,一方面是知識陳舊,沒有能力準確把握天體運行的規律。因爲他們僅是"占畢老儒,所誦習者不過漢、唐、宋、元史册之所紀載",所以不能"高睨往古",究曆差"所以差之故而改正之"。④ 另一方面則是他們不懂得尊重客觀規律,卻反誣"日度失行",或妄言"數有神理",而最終不能究其所以然之理,不能翹然出於舊曆法之上。但是,在西方的天文知識中,有"歲差環轉,歲實參差,天有緯度,地有經度,列宿有本行,月五星有本輪,日月有真會似會"等理論,⑤"較我中國往籍,多所未聞",因此,要超勝古代曆法,就必須"參西法而用之"。⑥ 具體步驟是:先翻譯西洋書籍,在深知西洋曆法之意後,與中國的傳統曆學"參詳考訂,鎔彼方之材質,入《大統》之型模"。⑦ 這説明,徐光啓對科學文化是持實事求是的科學態度,他不泥聖賢之説,而是尊重客觀規律,學習、吸收能正確反映宇宙運行規律的理論。這樣的治學態度和方法,可謂是超越了保守時代的保守思潮。在徐光啓以後的數十年,傳統的保守勢力仍是拒西學於門外,他們不顧大自然的規律,無視近代天體科學理論的興起和它的先進性,依然陶醉於古法古曆之中,認爲"曆理之精微,未有過於《堯典》數言",以之"爲萬世事天者之法"。⑧ 徐光啓的卓

---

　　① (明) 徐光啓:《徐光啓集》卷七《修改曆法請訪用湯若望羅雅谷疏》,第343頁。

　　② 同上。

　　③ 同上。

　　④ 同上書,第343—344頁。

　　⑤ (明) 徐光啓:《徐光啓集》卷七《禮部爲奉旨修改曆法開列事宜乞裁疏》,第327頁。

　　⑥ (明) 徐光啓:《徐光啓集》卷七《修改曆法請訪用湯若望羅雅谷疏》,第344頁。

　　⑦ (明) 徐光啓:《徐光啓集》卷八《曆書總目表》,第374頁。

　　⑧ (清) 李光地:《榕村語録》卷二〇。

越,就在於他站在時代的前列,以實事求是的科學態度求知、治學,開啓了新的治學風尚。

第二,重視實踐驗證。徐光啓並不是盲目崇拜西學,而是依據客觀事實,比較中西兩種學説,才確證中國古代歷算知識已經落後,需要熔西學之材質以更新之、補充之。

徐光啓在翻譯西洋曆書時,將各種疑問付諸實驗。他晝測日,夜測星;每遇月食或日食,都預先布算,然後觀象驗候。結果是,與利瑪竇所推算的,"不無異同,而大率與天相合"。① 由此而證"西法至爲詳備"且又新穎,皆"近今數十年間所定,其青於藍、寒於水者,十倍前人"。② 再者,其方法科學"皆隨地異測,隨時異用"。③ 徐光啓認爲,有這些優於中國傳統曆學的長處,使西法可爲目前"必驗之法"。④

對傳統的測天方法與制器的總結,徐光啓也是通過實踐來檢驗的,合於時用者存,不合時用者,雖聖賢經典所載,亦可棄置不用。如所謂表臬,即《周禮》中匠人置槷之法,此法"識日出入之景,參諸日中之景,以正方位"。而今法則"置小表於地平,午正前後累測日景,以求相等之兩長景,即爲東西;因得中間最短之景,即爲真子午"。⑤ 今法簡便,勝於《周禮》所載古法,故古法可廢。又若自然界有變化,則原有的儀器也就過時而不復可用,如"測星之晷,亦即《周禮》夜考極星之法。然周時北極一星,正與真北極同壤;今時久密移,此星去極三度有奇,《周官》舊法不復可用"。⑥

這就説明,世界上没有萬世不變之法。或今法勝於古法,或因自然界的變化而使舊法不適於時。總之,客觀世界是不以人的主觀意志爲轉移的,任何理論必須符合自然規律,"必準天行"。以"必驗"爲唯一標準,則經典可疑,聖賢可議;古法可改,西法可用。這豈是師承家法的傳統治學方式所能藩籬的。

徐光啓不僅是要今勝於古,更要使後人能勝今人。所以,他著書、翻譯,不但是爲了使當代人學習新的科學知識,還要使後人能借這些著作而

---

① (清)李光地:《榕村語録》卷二〇。
② (明)徐光啓:《徐光啓集》卷八《曆書總目表》,第 374 頁。
③ 同上。
④ 同上。
⑤ (明)徐光啓:《徐光啓集》卷七《測候月食奉旨回奏疏》,第 356—357 頁。
⑥ 同上書,第 357 頁。

“循習曉暢”，提供“因而求進”“更勝於今”的科學資料。① 這就不僅是超越了傳統的治學風尚和保守心理，而且具備了今勝於古而未來更勝於今的歷史發展觀。

終徐光啓一生之治學經歷，他確實是“考古證今，廣咨博訊，遇一人輒問，至一地輒問，問則隨聞隨筆。一事一物，必講究精研，不窮其極不已。故學問皆有根本，議論皆有實見，卓識沈機，通達大體”。② 他的“博”包容了古今中西，而又以實驗的方法、實事求是的態度窮極所聞所見和書本知識，故其說皆實而通達，頗具近代科學意識。

## 四、徐光啓教育思想的特色與歷史意義

評論徐光啓的中西會通思想，不能不涉及他的入教，以及他與利瑪竇的密切關系。有人稱之爲“天主教的儒家學者”；也有人贊揚他將天主教、儒教和科學奇特地融入中國傳統學術的框架中，開啓了中西之間的文化學術交流；有的則冠之以愛國科學家的稱號：這些評價都失之籠統。前文已提到，利瑪竇所傳給徐光啓等士大夫的，是 scientia，不是嚴格意義上的近代科學，而當時的歐洲已經有了伽利略和牛頓的學説。

這裏有兩點不可忽視：一是利瑪竇來中國的主要目的是要將中國變爲天主教國，而講授歷數等學問以及參與主持修曆，是傳教的戰略需要，同時也是因爲中國傳統文人學士歷來對大自然感興趣；二是利瑪竇帶到中國的歐幾里得的《幾何學》，是他的老師 Clavius 編纂的，在當時堪爲最完美的。作爲其“學術傳教”的一個組成部分，利瑪竇有志將此書紹介給中國，而徐光啓的合作使之心願得以實現。

後代有很多學者揣度利瑪竇和徐光啓翻譯此書的動機。利瑪竇的動機似乎很簡單，《幾何原本》是其“學術傳教”的佐證。但是，關於徐光啓的動機，有學者認爲，中國歷史上對外來的學術思想歷來都采取“中學爲體，西學爲用”的立場，徐光啓也不例外，這是説，徐光啓譯介耶穌會士帶來的西學，是爲了發揮其技術層面的“用”。雖然他皈依信奉了天主教，這也只能説明徐光啓只是爲了用天主教修身，而並不打算將之替代中國傳統的政治理念。這種“中體西用”的詮釋，涉及政治、文化理念上如何對待

---

① （明）徐光啓：《徐光啓集》卷八《曆書總目表》，第 374 頁。
② 徐驤：《文定公行實》，《徐光啓集》，第 522 頁。

外來學説的問題,超出了本章的範圍,姑且不詳細討論。然而,如前所述,徐光啓確實是認爲數學應該成爲一切學問的基礎,真儒學應以數學爲宗。這是説,數學不僅僅是在形而下的技術層面上,而是和修身事天之形而上的大事相並列。數學不只是技術工具,而是真儒學的一部分。①

那麼,徐光啓究竟希望西學在中國發揮什麼作用呢? 其實,他並不滿足於西方科學中的一技一藝、一鱗半爪,而是由西學得到啓迪,抓住其義理,即做學問的方法和思維方法,以求建設中國自己的學問體系。以後的洋務派向西方學習則限於槍炮船舶的制造,而無意於中國近代科學體系的構建。他們對西方科學文化的認識,是僅識其皮毛而不知其精華之所在,應該説,是落後於徐光啓的。

具體而言,徐光啓"以數學爲宗,重經濟物理"的思想在中國教育史上的意義主要有兩點。

首先,是重理性思辨。

傳統教育以經學爲主體,重記誦而忽視嚴謹周密的邏輯思維能力的培養。工匠們的師徒相傳,是重直觀的技藝授受而不究其理。雖然亦有學古算者,但大多視《周髀》、《九章》等著作爲經典,習之而不明其義理。徐光啓提出數學爲一切學問之宗,意在培養學生的思維能力。清初的學者,除方以智(1611—1761)、王夫之(1619—1692)外,顏元(1635—1704)、陸世儀(1611—1672)等人雖然倡導實學,但往往局限於"實用"的範圍,對古代科學只注重學以致用,而未能像徐光啓一樣,力圖構建系統的研究自然的學科體系,重理性反思,以促進我國科學事業的發展。所以,清初倡導實學教育的思想家,在教育理論上雖有突破傳統之處,但是他們不像徐光啓那樣專注於研究自然,亦不具備徐光啓那樣的西學知識體系,因而,他們的思想最終未能跳出中國傳統學説的框架。而徐光啓熠熠閃光的思想,在其生前亦未見施用。他雖"身都富貴",卻"抑鬱而誰語";雖"雅負經濟才,有志用世",卻不能有所建樹。但是,無論如何,他畢竟開啓了中國近代思想之大門。

其次,是鼓勵創見,追求知識的更新。

中國傳統教育中的知識面是狹窄的,經學傳統的綿延、發明古法的治

---

① 關於《幾何原本》對徐光啓思想,以及其中西會通的影響,見 Jami, C; Engelfriet, Peter M. and Blue, G., eds. *Statecraft and Intellectual Renewal in Late Ming China* 的第九、十、十四章。

學方式皆束縛了學生的創造精神。他們一依於經典,並以之爲衡量知識學問的標準,故知識陳舊而更新遲緩。中國的科學技術在近代落後於西方,教育的落後亦是其中原因之一。徐光啓教育内容新範式的積極意義,在於他勇於向傳統的保守勢力挑戰,以實踐爲檢驗知識的尺度,合者無論其與聖賢經典是否一致,學生皆當習之;不合者雖經典所傳,亦視爲過時而不復可用。西學既然有長於中國古典科學之處,學生就應盡習之,參而用之。這樣,學生所應當研究的算術,不唯是古代的《周髀》等書,更應當補之以西學中的精華,並用以實踐,去進一步發現自然規律。

要之,徐光啓推崇中西會通,主張采用西學之精華補中國傳統學術體系和中國傳統教育之不足,使其所提倡的教育内容和具體科目皆具有不同於以往的新面貌,這是以後的許多實學教育思想家所不及的。他們開列的兵農、水利、刑穀等實學書目,在内容上很少有近代西方知識的灌注。直至梅文鼎繼續徐光啓會通中西文化的事業,有關自然學的新知識才開始逐漸輸入傳統教材之中。但是,知識結構更新的最後完成,則是在近代。當帝國主義的槍炮强加於中華民族的軀體時,中國的教育才開始其"師夷長技"的艱難歷程,才步履坎坷地走向近代。

（白莉民,新西蘭威靈頓維多利亞大學中文系教授）

# 清代封贈制度探析

## 馬　鏞

　　封贈是皇帝給予官員本人及其妻室、父母、祖上的榮譽稱號，始於晉代。以封典給官員本人的稱"授"，給父母等存者稱"封"，殁者稱"贈"。清代地方誌、墓誌銘、傳記、家譜、族譜、朱卷、鄉試和會試同年齒録等史料中有很多封贈記載。最近二十多年來，清代封贈制度逐漸受到學術界的重視，①但學者主要關注覃恩封贈，尚未探討捐封制度。捐封同時也是清代捐納的一種形式，許大齡的《清代捐納制度》和伍躍的《中國的捐納制度與社會》中，都有關於捐封典的論述。但目前關於清代捐納制度的研究，重點在於捐實官和捐監。② 爲

---

　　①　目前所見關於清代封贈的論文有：舒順林、喬潤令：《清代文官制度概論——文官的封贈承蔭、回避與休假休致》，載《内蒙古社會科學》1989 年第 3 期；王金玉、戴龐海：《明清時期的封贈制度與誥敕檔案淺述》，載《檔案管理》1992 年第 3 期；閆崇年：《道光帝封贈韓夐對父母的誥軸》，載《紫禁城》1993 年第 2 期；鍾玉如：《清穆宗誥命封贈蔡光武祖孫四代》，載《懷化師專學報》1994 年第 4 期；楊興茂：《試論封典檔案的特點和鑒賞》，載《檔案》1997 年第 1 期；霍廣平：《淺談清代誥敕文化特徵》，載《大衆文藝》2011 年第 11 期；張佳南：《清代的封贈制度》，載《黑龍江史志》2013 年第 13 期；王學深：《清代誥命與敕命封贈文書研究》，載《中國國家博物館館刊》2013 年第 6 期。

　　②　目前所見關於清代捐納制度研究的論文有：謝俊美：《捐納制度與晚清吏治的腐敗》，載《探索與爭鳴》2000 年第 4 期；牛敬忠：《清代同治、光緒年間賑災中的捐納》，載《内蒙古師範大學學報》(哲社版) 2001 年第 5 期；楚雙志：《捐納制度與晚清政治》，載《中國黨政幹部論壇》2002 年第 8 期；金平：《清代捐納制度》，載《滄桑》2002 年第 2 期；葉小青：《捐納制度與清末新政》，載《宜賓學院學報》2006 年第 8 期；顧善慕：《清代乾隆年間的捐納制度》，載《黑龍江社會科學》2006 年第 5 期；歐陽躍峰、關成剛：《邪惡之花未必只結罪惡之果——晚清社會轉型之際捐納的客觀作用》，載《安徽師大學報》(人文版) 2009年第 1 期；趙曉華：《清代賑捐制度略論》，載《中國政法大學學報》2009 年第 3 期；張季：《咸同時期的捐納與銓選》，載《河北經貿大學學報》(綜合版) 2011 年第 1 期；韓祥：《近百年來清代捐納史研究述論》，載《西華師範大學學報》(哲社版) 2013 年第 4 期，等等。

此,本文嘗試對包括捐封典在内的清代封贈制度作一些初步的探索。

# 一、清代的封階與封贈的主要形式

清代的封階如下:

| 品　級 | 文　職　封　階 | 武職封階 | 命婦封號 |
|---|---|---|---|
| 正一品 | 光禄大夫 | 建威將軍 | 一品夫人 |
| 從一品 | 榮禄大夫 | 振威將軍 | 一品夫人 |
| 正二品 | 資政大夫 | 武顯將軍 | 夫人 |
| 從二品 | 通奉大夫 | 武功將軍 | 夫人 |
| 正三品 | 通議大夫 | 武義都尉 | 淑人 |
| 從三品 | 中議大夫 | 武翼都尉 | 淑人 |
| 正四品 | 中憲大夫 | 昭武都尉 | 恭人 |
| 從四品 | 朝議大夫 | 宣武都尉 | 恭人 |
| 正五品 | 奉政大夫 | 武德騎尉 | 宜人 |
| 從五品 | 奉直大夫 | 武德佐騎尉 | 宜人 |
| 正六品 | 承德郎 | 武略騎尉 | 安人 |
| 從六品 | 儒林郎(吏員出身者爲宣德郎) | 武略佐騎尉 | 安人 |
| 正七品 | 文林郎(吏員出身者爲宣議郎) | 武信騎尉 | 孺人 |
| 從七品 | 徵仕郎 | 武信佐騎尉 | 孺人 |
| 正八品 | 修職郎 | 奮武校尉 | 八品孺人 |
| 從八品 | 修職佐郎 | 奮武佐校尉 | 八品孺人 |
| 正九品 | 登仕郎 | 修武校尉 | 九品孺人 |
| 從九品 | 登仕佐郎 | 修武佐校尉 | 九品孺人 |

清代文職的封階很少變動,武職的封階改動較多,順治初有三個系列:

第一系列,是滿、漢公、侯、伯,封光禄大夫,後改爲建威將軍。公妻封爲公妻一品夫人,伯妻封爲伯妻一品夫人,侯妻封爲侯妻一品夫人。

第二系列,是八旗武職,由都統等造册,駐防由將軍等造册,採用文官的封階,但没有正、從的區别,七品以下没有妻室的封階:"八旗一品官封光禄大夫,妻封一品夫人;二品官封資政大夫,妻封夫人;三品官封通議大夫,妻封淑人;四品官封中憲大夫,妻封恭人;五品官封奉政大夫,妻封宜人;六品官封承德郎,妻封安人;七品官封文林郎,妻封孺人;八品官封修職郎;九品官封登仕郎。"①

第三系列,是绿旗營武職,由督撫、提鎮等造册,其封階爲:"正、從一品官封榮禄大夫,妻封一品夫人;正二品官封驃騎將軍,從二品官封驍騎將軍,妻均封夫人;正三品官封昭勇將軍,從三品官封懷遠將軍,妻均封淑人;正四品官封明威將軍,從四品官封宣武將軍,妻均封恭人;正五品官封武德將軍,從五品官封武略將軍,妻均封宜人;正六品官封昭信校尉,從六品官封忠顯校尉,妻均封安人。"②後增加正七品奮勇校尉。③ 而光緒《清會典事例》卷五八三則稱爲奮力校尉。

由此可見,清初武職的封贈系列過多,且每一系列都未完善。如第二系列缺七品以下妻室的封階,第三系列缺正七品以下的封階。至乾隆時期,這些現象逐步得以糾正。

乾隆二十年(1755)諭將二品至五品的武職封階,從原先的將軍改爲大夫,理由是:"今授鉞專征,膺閫外之寄者,始稱將軍。而各省駐防,則一品大員也,乃以加之都守等弁,名不正則言不順,此甚無謂。"④據此,軍機大臣議定武職封階七等:"正一品、從一品仍均封榮禄大夫;正二品,原封驃騎將軍,今改爲武顯大夫;從二品,原封驍騎將軍,今改爲武功大夫;正三品原封昭勇將軍,今改爲武義大夫;從三品原封懷遠將軍,今改爲武翼大夫;正四品原封明威將軍,今改爲昭武大夫;從四品原封宣武將軍,今改爲宣武大夫;正五品原封武德將軍,今改爲武德郎;從五品原封武略將軍,今改爲武略郎;正六品原封昭信校尉,今改爲武信郎;從六品原封忠顯校尉,今改爲武信佐郎;正七品原封奮力校尉,今改爲奮武郎。"⑤

乾隆三十二年(1767),吏、兵二部遵旨議定,將武職一品的榮禄大夫

---

① (光緒)《欽定大清會典事例》卷五八三《兵部·恩錫封贈》,清光緒十二年刻本。

② 同上。

③ 《清史稿·選舉三》第 12 册,中華書局 1976 年版,第 3194 頁。

④ (光緒)《欽定大清會典事例》卷五八三《兵部·恩錫封贈》。

⑤ 同上。

移爲文職從一品封階,同時將武職八旗的封階歸入綠營,區分正、從,正一品爲建威大夫,從一品爲振威大夫,二品至六品原有正、從封階仍循其舊,增加或調整了從七品至從八品的封階:"正七品本系奮武郎,則從七品應封奮武佐郎;至八品旗員,向照文職封修職郎,今將正八品封爲修武郎,從八品封爲修武佐郎。"①八旗和綠營武職均實行統一的封階。又規定,公、侯、伯均封爲建威大夫。至此,武職封典的三個系列合并爲一。

乾隆五十一年(1786),又諭將正一品至從二品武職封典改爲將軍,同時要求增加武職的九品、從九品,以便與文職封典相同。經過這次增加調整之後,武職封階確定下來,沿用至清末。

清代的封贈主要有兩種形式:覃恩封贈和捐封典。覃恩是朝廷有重大節慶活動時,在特下恩詔中,包含對各級官員普行封贈的條款;捐封典則是個人通過捐納一定數額的銀子來獲得朝廷的封贈,與清代捐官、捐貢監生屬於同樣的性質。

此外,清初還在文官中實行過考滿封贈,即官員每三年考滿合格,就可以獲得封贈。但考滿封贈在康熙二年(1663)就終止了。據《清實録》載,康熙二年春正月戊寅:"吏部、都察院遵旨議覆:'文武大小官員,惟遇覃恩,准給封贈誥敕。其文官以考滿給誥敕之例,應行停止。'從之。"②

清代皇帝爲了獎勵個別有突出勞績的官員,有時還會特予封典。如雍正元年(1723)正月初四日諭禮部:"陳鵬年潔己奉公,實心爲國,因河工決口,自請前往堵築,寢食俱廢,風雨不辭,積勞成疾,歿於工所。聞其家有八旬之母,室如懸磬。此真鞠躬盡瘁死而後已之臣,傳諭該撫賜司庫銀二千兩,其母賜以封典,陳鵬年賜以優諡,以一品蔭其一子。"③這種特予的封贈雖然不多,但卻更顯示出封贈的表彰性質。

## 二、清代的覃恩封贈

清代覃恩封贈,從清初至清末歷朝皆有,見於各朝實録等史料的覃恩如下:

---

① (光緒)《欽定大清會典事例》卷五八三《兵部·恩錫封贈》。
② 《清聖祖實録》卷八康熙二年春正月戊寅。
③ 《世宗憲皇帝上諭内閣》卷四,文淵閣《四庫全書》本。

| 覃恩時間 | 覃恩原因 | 資料出處 |
|---|---|---|
| 順治朝 | | |
| 順治元年十月甲子 | 頒即位詔於天下 | 《清世祖實録》卷九 |
| 順治五年十一月辛未 | 奉太祖武皇帝配天 | 《清世祖實録》卷四一 |
| 順治八年春正月庚申 | 上親政 | 《清世祖實録》卷五二 |
| 順治十四年三月癸丑 | 太祖太宗配享禮成 | 《清世祖實録》卷一〇八 |
| 順治十八年正月初九日 | 康熙帝即位 | 《大清詔令》卷五 |
| 康熙朝 | | |
| 康熙六年七月初七日 | 康熙帝親政 | 《大清詔令》卷五 |
| 康熙六年十一月二十六日 | 世祖章皇帝配享天地,並上太皇太后、皇太后徽號 | 《大清詔令》卷五 |
| 康熙九年五月初六日 | 孝康章皇后升祔 | 《大清詔令》卷五 |
| 康熙十四年十二月十四日 | 册立皇太子 | 《大清詔令》卷六 |
| 康熙十五年正月十二日 | 册立皇太子禮成,並上太皇太后、皇太后徽號 | 《大清詔令》卷六 |
| 康熙二十年十二月二十四日 | 蕩平吴逆,加上太皇太后、皇太后徽號 | 《大清詔令》卷六 |
| 康熙二十七年十月二十三日 | 上孝莊文皇后尊謚 | 《大清詔令》卷七 |
| 康熙三十七年七月十九日 | 平噶爾丹 | 《大清詔令》卷七 |
| 康熙四十二年三月十八日 | 五旬壽辰 | 《大清詔令》卷七 |
| 康熙五十二年三月十八日 | 六旬壽辰 | 《大清詔令》卷八 |
| 雍正朝 | | |
| 雍正元年十二月二十二日 | 册立皇后禮成 | 《世宗實録》卷一四、《世宗憲皇帝硃批諭旨》卷一二六之二 |
| 乾隆朝 | | |
| 雍正十三年九月己亥 | 乾隆帝即位 | 《清高宗實録》卷二 |
| 乾隆十六年十一月戊子 | 加上崇慶慈宣康惠敦和裕壽皇太后徽號禮成 | 《清高宗實録》卷四〇三 |

| 覃　恩　時　間 | 覃　恩　原　因 | 資　料　出　處 |
|---|---|---|
| 乾隆二十六年十一月乙卯 | 加上崇慶慈宣康惠敦和裕壽純禧恭懿皇太后徽號禮成 | 《清高宗實録》卷六四九 |
| 乾隆三十六年十一月辛酉 | 加上崇慶慈宣康惠敦和裕壽純禧恭懿安祺皇太后徽號禮成 | 《清高宗實録》卷八九七 |
| 乾隆四十二年五月丙寅 | 孝聖憲皇后升祔禮成 | 《清高宗實録》卷一〇三二 |
| 乾隆四十五年正月庚子 | 七旬壽辰 | 《清高宗實録》卷一〇九八 |
| 乾隆五十年正月辛亥朔 | 以乾隆五十年國慶 | 《清高宗實録》卷一二二二 |
| 乾隆五十五年正月壬午朔 | 八旬壽辰 | 《清高宗實録》卷一三四六 |

嘉慶朝

| | | |
|---|---|---|
| 嘉慶元年正月戊申朔 | 嘉慶帝即位 | 《清高宗實録》卷一四九四 |
| 嘉慶四年四月丙申 | 恭上高宗純皇帝尊謚禮成 | 《清仁宗實録》卷四二 |
| 嘉慶十四年正月辛酉朔 | 五旬壽辰 | 《清仁宗實録》卷二〇六 |
| 嘉慶二十四年正月甲午朔 | 六旬壽辰 | 《清仁宗實録》卷三五三 |

道光朝

| | | |
|---|---|---|
| 嘉慶二十五年八月庚戌 | 道光帝即位 | 《清宣宗實録》卷三 |
| 嘉慶二十五年十月乙巳 | 恭上仁宗睿皇帝尊謚禮成 | 《清宣宗實録》卷七 |
| 道光八年十一月乙巳 | 恭上皇太后徽號禮成 | 《清宣宗實録》卷一四六 |
| 道光二十五年十月癸卯 | 恭上恭慈康豫安成莊惠壽禧崇祺皇太后徽號禮成 | 《清宣宗實録》卷四二二 |

咸豐朝

| | | |
|---|---|---|
| 道光三十年正月己未 | 咸豐帝即位 | 《清文宗實録》卷二 |
| 道光三十年三月甲午 | 恭上孝和睿皇后尊謚禮成 | 《清文宗實録》卷五 |
| 道光三十年四月乙亥 | 恭上宣宗成皇帝尊謚禮成 | 《清文宗實録》卷七 |

| 覃恩時間 | 覃恩原因 | 資料出處 |
|---|---|---|
| 咸豐三年三月丁未 | 孝和睿皇后升祔太廟禮成 | 《清文宗實録》卷八七 |
| 咸豐五年十月庚戌 | 恭上孝靜康慈皇后尊謚，並升祔奉先殿禮成 | 《清文宗實録》卷一八〇 |
| 咸豐十年正月丙寅朔 | 三旬壽辰 | 《清文宗實録》卷三〇五 |
| 同治朝 | | |
| 咸豐十一年十月甲子 | 同治帝即位 | 《清穆宗實録》卷六 |
| 咸豐十一年十二月辛酉 | 恭上文宗顯皇帝尊謚禮成 | 《清穆宗實録》卷十二 |
| 同治元年九月辛亥 | 孝靜成皇后升祔太廟禮成 | 《清穆宗實録》卷四二 |
| 光緒朝 | | |
| 光緒元年正月戊午 | 光緒帝即位 | 《清德宗實録》卷三 |
| 光緒七年九月壬子 | 孝貞顯皇后神牌升祔太廟禮成 | 《清德宗實録》卷一三七 |
| 光緒十六年三月辛卯 | 二旬壽辰 | 《清德宗實録》卷二八三 |
| 光緒二十年八月庚申 | 恭上慈禧端佑康頤昭豫莊誠壽恭欽獻崇熙皇太后徽號禮成 | 《清德宗實録》卷三四七 |
| 宣統朝 | | |
| 光緒三十四年十一月辛卯 | 宣統帝即位 | 《宣統政記》卷二 |
| 宣統元己酉正月甲辰 | 恭上孝欽顯皇后尊謚禮成 | 《宣統政記》卷七 |
| 宣統元年正月庚戌 | 恭上德宗景皇帝尊謚禮成 | 《宣統政記》卷七 |
| 宣統元年冬十月丙戌 | 孝欽顯皇后升祔太廟禮成 | 《宣統政記》卷二三 |

　　在《清聖祖實録》和《清世宗實録》中，没有覃恩詔令的具體條款，但康熙朝的覃恩封贈條款可以從《大清詔令》中看到。雍正朝只有《世宗憲皇帝硃批諭旨》卷一二六之二載有："雍正元年十二月二十二日恭逢恩詔，内開：'一、從前恩詔後升職加銜之職銜給予封典。欽此。'"對照《世宗實録》卷一四："雍正元年十二月戊辰，以册立皇后禮成，頒詔天下，……詔内恩款凡十三條。"可以確定，雍正元年（1723）十二月二十二日的恩詔中有封典的條款。此外，雍正元年二月己巳、八月庚申、九月辛巳、十一月壬

寅,曾因上聖祖謚號、廟號等原因,頒詔天下,詔內都有恩款十多條,雖然《世宗實録》未列出恩款的內容,但根據清代的慣例,這些詔書內都很可能包含有覃恩封贈的條款。

清代覃恩封贈的時間没有一定規律,有時數年次,有時一年數次,要視朝廷是否有重大喜慶活動而定。爲避免官員重複封贈,一般在詔書中都規定,凡獲得過封贈者,如果其官職没有變化,就不再受封。

覃恩封贈父、祖的範圍,依據官品的高低有嚴格的限制:"一品封贈三代;二品、三品封贈二代;四品至七品封贈一代;八品、九品至本身而止。"①

辦理覃恩封贈的時間,乾隆三十一年(1766)上諭規定,凡遇覃恩,定以二年爲限,辦理呈請封贈手續,②但軍營將官因受戰事延誤,可以延期一年,"自凱旋之日爲始,陸續呈請。其自限後派往軍營人員,不得援照此例"。③

覃恩封贈的程式,清代規定,文職和武職分別由吏部驗封司和兵部武選司負責匯總材料具題。翰林院負責撰寫誥文和敕文,撰完送內閣,轉交中書科繕寫,然後交內閣蓋上皇帝的"寶印",轉發給受封贈的官員,由此形成"吏部、兵部題准,內閣出文稿,中書科掛號稽查,書寫畢,送內閣用寶轉給"的封贈程式。④

封贈的誥敕根據官員的品級而有不同:五品以上官授予誥命,六品以下官授予敕命。

清代誥敕的文字,爲滿漢合璧,左爲滿文,其行款自左向右;右爲漢文,行款自右向左,合於中軸。誥敕的內容依照官員品級的高低,有固定的程式:"一品起六句,中十四句,結六句。二品起六句,中十二句,結六句。三品起六句,中十句,結六句。四、五品起四句,中八句,結四句。六、七品起四句,中六句,結四句。八、九品起二句,中四句,結二句。"⑤

總之,覃恩封贈的特點是等級性强,各級官員所受的封贈待遇都不得超越其官職和品級限制。

---

① (光緒)《欽定大清會典事例》卷一六《中書科·職掌》。
② (光緒)《欽定大清會典事例》卷一四三《吏部·封贈》。
③ 同上。
④ (光緒)《欽定大清會典事例》卷一六《中書科·職掌》。
⑤ 同上。

# 三、清代的捐封

捐封在清代被稱爲"援例捐封典",如清人彭鵬在一封書信中説:"今九月十六日欽奉聖旨,以科員用,援例捐封典,得贈先考給事中展孝思,先生聞之必喜。"①清代中後期,捐封常被簡稱爲"例封",如同捐納貢監生被稱爲例貢生和例監生一樣。雖然捐封名義上仍是皇帝給予臣子的榮典,但清統治者爲了吸引人們報捐,在一定程度上放寬了等級限制。

## 1. 捐封的發展

康熙二十八年(1689),直隸巡撫于成龍以直隸旱荒,請暫開捐例,其中提議:"司府首領等官,州縣佐貳、教職等官,不論已仕未仕,捐谷二百石或米一百石,照各品級給予封典榮親。"②第二年又議准:"内外八、九品官,有捐納榮親封典者,不封妻室。"③

乾隆三年(1738)十一月,户部在議覆大學士仍管川陝總督查郎阿等疏言時説:"查停止捐納,獨准捐監,原爲廣育人材而設。至封典出自殊恩,非可幸邀,應無庸議。"乾隆帝同意了户部的議覆,拒絶實行捐封。④這説明,乾隆初期,捐封尚未成爲常捐。

乾隆十年(1745),直省賑例停止,大學士等議覆御史楊開鼎奏疏時説,封典"孝治攸關,凡身沾一命之榮,皆思顯揚其祖父。況所給只屬空銜,與實授官職有間,亦請酌留。應如所請,令户部入於捐監案内,一體辦理。"⑤這一建議得到乾隆帝的批准,從此捐封典成爲清代的常捐之一。

嘉慶初期,捐封逐漸成爲普遍現象,但嘉慶帝仍把包括捐封在内的捐納視爲暫時的政策,稱其"原非善政",⑥一旦財政狀況好轉就將取消。如

---

① (清)彭鵬:《古愚心言》卷五《再復商丘先生書庚午十一月燕臺稿》,《四庫全書存目叢書・集部》第 231 册,第 813 頁。

② (清)朱植仁:《六部則例全書・户部》下《捐敘》,轉引自許大齡《清代捐納制度》,《明清史論集》,北京大學出版社 2000 年版,第 31 頁。

③ (光緒)《欽定大清會典事例》卷一四三《吏部・封贈》。

④ 《清高宗實録》卷八一乾隆三年十一月丙子。

⑤ 《清高宗實録》卷二五一乾隆十年十月庚申。

⑥ 《清仁宗實録》卷七九嘉慶六年二月壬子。

嘉慶六年（1801），户部議駁兩江總督費淳奏請將捐貢、捐衘、捐封三項皆在外省報捐，嘉慶帝也不同意將捐貢、捐封和捐衘下放到各直省去辦理，認爲這樣會使朝廷財政空虚，並警告臣子："嗣後内外大小臣工，不得妄行條奏，開言利之端。如再有以此等事瀆陳者，即當治以應得之罪。"①

儘管嘉慶帝警告臣工不要妄開言利之端，但各地的大臣們仍多次提出在直省開設捐封。② 嘉慶十一年（1806）九月，嘉慶帝終於同意在直省開設捐封等措施，同時規定各地捐封所得的銀兩，湊足十萬兩，解交户部："仍將所收銀兩，及報捐人數，按月報部查核。每湊足十萬兩，亦照報捐監生之例，附便奏聞，聽候指撥。如無動撥之處，仍行解京，不得藉詞公用，徑行開支。"③從此，捐封與捐監一樣，由各省藩司收捐。這是嘉慶帝放鬆捐封的一個標志。

嘉慶中期開始，捐封逐漸放寬。道光以後，更因戰事或自然災害等原因，推廣捐例，大大放鬆對捐封的限制，主要表現在以下三方面：

第一，捐加級。按清制，官員如果有功，吏部議敘記録或加級。記録的等次有三，有記録一次、記録二次、記録三次之别，記録滿三次加一級；加級的等次也有三，有加一級、加二級、加三級之别，合起來有十二個等次。④ 記録和加級可以抵銷降、罰等處分："凡抵降罰，有加級則當其級，有記録則當其俸。"⑤而在封贈中，卻被用作榮親的方法之一，因爲所加之級能抵銷所降之級，捐加之級也可以抵充受封贈者的品級。

康熙時期，對加級請封有較嚴格的限制，如康熙五十二年（1713）規定："凡加級請封人員，其級多者，仍限以制：七品以下，不得逾五品；五、六品不逾四品，三、四品不逾二品；捐納之級，不准計算。"⑥這一規定把捐納加級排除在封贈之外，就是針對當時捐封中已出現的加級現象。

然而，隨着捐封的發展，乾隆中期捐加級現象已經很普遍，所以乾隆三十八年（1773），吏部議覆給事中何日佩奏稱時説："捐級捐封，定例四品不得逾二三品。今捐職有四品道衘者，倘加捐數級，竟得請二三品封

① 《清仁宗録》卷七九嘉慶六年二月壬子。
② 參見《清仁宗録》卷八九嘉慶六年十月乙丑、《清仁宗録》卷九八嘉慶七年五月戊子。
③ 《清仁宗録》卷一六七嘉慶十一年九月壬申。
④ （光緒）《欽定大清會典》卷一一，清光緒二十五年刻本。
⑤ 同上。
⑥ （光緒）《欽定大清會典事例》卷一四三《吏部·封贈》。

典,亦非慎重名器之道。應請道員職銜者,准照職銜捐封,不准捐級。均應如所請。"①但由於捐加級現象未能被遏制,且愈演愈烈,所以乾隆五十年(1785)又規定了八品不得逾七品等限制:"在京八品至從九品、未入流人員,俱得照加級請領五品封典,不惟逾分,亦覺太優。嗣後八品以下不得逾七品。在外之未入流人員,不准給封,有捐納榮親者,准其捐封。"②

嘉慶中期至咸豐時期,捐加級的限制被大幅度放松,如嘉慶十一年(1806),允許議敘三、四品職銜人員報捐二品封典:"議敘三、四品職銜人員,加級捐請二品封典,准其加倍交銀,照現任及候補候選人員例,一體給封。"③道光二十五(1845)還允許捐納四品職銜人員報捐二品封典:"其各項捐納四品職銜人員,加級捐請二品封典者,令照常例加一倍半報捐,均照現任及候補候選人員一體給封。"④咸豐十年(1860)進一步允許報捐從一品封典:"三品人員加級捐封,按一品人員捐封銀數,加倍報捐,准予從一品封。三品虛銜人員,有報捐從一品封者,應按三品實職人員銀數,再行加成,准其報捐。"⑤放松捐加級的同時,加級的價格也隨之上升,有的加倍,有的加一倍半,有的加成。不過,品級作爲等級制度的重要組成部分,清統治者是不允許任意超越的,因此將捐封的品級最終限制在從一品爲止。

加級的計算,嘉慶十三年(1808)定爲京官舊捐之級不能計算,外官原有的加級和舊捐都不能計算,只有新報捐的可以算,並且不得將捐加之級抵銷處分。⑥ 道光二十八年(1848)改爲,不論是特恩、軍功、議敘加級,還是捐加請封之級,無論初捐、續捐,均按其現有級數一並計算。⑦這種演算法,最大限度地有利於報捐者,也是放寬捐封的體現。不過清統治者還是堅持一條底線:"惟捐加之級仍專爲捐請封典之用,不得抵銷處分。"⑧

第二,捐貤封。清初規定,給本人的封贈可以移送給父母等長輩,稱

---

① 《清高宗實錄》卷九四八乾隆三十八年十二月丙戌。
② (光緒)《欽定大清會典事例》卷一四三《吏部·封贈》。
③ 同上。
④ 同上。
⑤ 同上。
⑥ 同上。
⑦ 同上。
⑧ 同上。

爲"貤封"或"貤贈"。貤封有限制：八、九品官，貤封父母，不能貤封祖父母；四品至七品官，貤封祖父母，不能貤封曾祖父母；二、三品官貤封曾祖父母，但不能貤封高祖；一品官也不能貤封高祖。① 在外姻方面，乾隆五十年（1785）奏准："凡官員貤封外祖父母者，准其貤封。其餘外姻，一概不准貤封。"②

道光開始，捐貤封的限制放松。如道光二十三年（1843）奏准，把貤封的範圍擴大到："有受恩撫養之母舅、舅母、姑夫、姑母、姨夫、姨母、妻父、妻母，捐請貤封者，准照貤封外祖父母之例報捐。"③

咸豐三年（1853），進一步擴大了貤封的範圍，伯叔祖父母、伯叔父母、庶母、兄嫂，並嫡堂伯叔祖父母、嫡堂伯叔父母、嫡堂兄嫂、從堂、再從堂尊長，及外曾祖父母、外祖父母、妻祖父母，均准其按例定品級，一體捐請貤封。④ 同時，報捐人員也從原來僅限於官員，擴大到婦女和官員子孫："爲人婦者，欲追榮其故夫，以伸恩義；爲人後者，欲曲顯其先代，以盡孝思，如有願爲其已故夫之祖若父捐職請封，並爲祖若父貤封其先人者，應准呈請，以遂其報本之忱。"⑤這一規定中所説的"捐職請封"，是指先捐虛的"職銜"，然後以虛銜報捐相應品級的封贈。這一規定不僅放寬了報捐人員的准入門檻，還允許人們爲其未仕的先人報捐。這樣，不僅貤封突破原有的限制，而且所封贈的官職也可能完全是虛職虛銜。

第三，捐封妻室。順治初年定："凡應封妻者，止封正妻一人。正妻未封已殁，繼室當封者，正妻亦准追贈。其再繼者，不准給封。"⑥道光二十三年（1843）奏准："八品以下捐封人員，止封本身，不封妻室。如欲捐請及妻室者，准其加一倍報捐。"⑦咸豐四年（1854）議准放寬爲："第三繼妻以後，誼同敵體，應准其按次遞捐，以昭曠典。"⑧

總之，捐封發展到道光、咸豐，原有的封贈限制大多放松，故《清史稿》

---

① （光緒）《欽定大清會典》卷一二。
② （光緒）《欽定大清會典事例》卷一四三《吏部·封贈》。
③ 同上。
④ 同上。
⑤ 同上。
⑥ 同上。
⑦ 同上。
⑧ 同上。

稱:"道光以後,捐封例開。……輾轉推衍,而經制蕩然矣。"①

2. 捐封的價格

據《光緒朝捐納則例》,各級官員捐封典的價格如下:②

| 品　　級 | 捐銀數(單位:兩) |
|---|---|
| 一品實官 | 1 000 |
| 二品實官 | 900 |
| 三品實官 | 800 |
| 三品捐職 | 960 |
| 四品實官 | 700 |
| 四品捐職 | 840 |
| 五品實官 | 400 |
| 五品捐職 | 400 |
| 六品實官 | 300 |
| 六品捐職 | 300 |
| 七品實官 | 300 |
| 七品捐職 | 300 |
| 八品實官 | 200 |
| 八品捐職 | 200 |
| 九品實官 | 200 |
| 九品捐職 | 200 |
| 未入流實官 | 100 |
| 未入流捐職 | 100 |

各級官員捐加級的價格如下:③

---

① 《清史稿·選舉志五》,中華書局 1976 年版,第 3197 頁。
② 《光緒朝捐納則例》,《近代中國史料叢刊三編》第 794—795 册,第 163 頁。
③ 同上書,第 164—166 頁。

| 品　　級 | 在京文官捐加級的價格（單位：兩） | 在外文官捐加級的價格（單位：兩） | 在京武官捐加級的價格（單位：兩） | 在外武官捐加級的價格（單位：兩） |
|---|---|---|---|---|
| 一品 | 225 | 450 | 150 | 300 |
| 二品 | 205 | 410 | 140 | 280 |
| 三品 | 185 | 370 | 130 | 260 |
| 四品 | 165 | 330 | 120 | 240 |
| 五品 | 145 | 290 | 110 | 220 |
| 六品 | 125 | 250 | 100 | 200 |
| 七品 | 105 | 210 | 90 | 180 |
| 八品 | 85 | 170 | 80 | 160 |
| 九品以下 | 65 | 130 | 70 | 140 |

　　上表原注："以上京、外文武職官報捐尋常加級例銀數目。其由文虛職衛人員加級請封，其級應按京、外文品職加級例銀，加倍報捐，即所謂'隨帶級'。至武虛衛職衛人員加級請封，不分京、外，悉照在外武職例銀，加倍捐報。如有情願多捐加級者，各照實官職衛、品級例定銀數，分別報捐，准照所加之級捐封。"

　　捐納文武職虛衛人員的報捐加級的價格，清光緒《增修現行常例》中的規定如下：

| 品　　級 | 在京捐納文職衛人員捐加級的價格（單位：兩） | 在外捐納文職衛人員捐加級的價格（單位：兩） | 武職衛(不分京外)人員捐加級的價格（單位：兩） |
|---|---|---|---|
| 三品 | | | 520 |
| 四品 | | 660 | 480 |
| 五品 | 290 | 580 | 440 |
| 六品 | 250 | 500 | 400 |
| 七品 | 210 | 420 | 360 |
| 八品 | 170 | 340 | |
| 九品 | 130 | 260 | |

　　在上述價格規定之外，清代中後期的統治者爲了推廣捐例，往往有

"減成"的優惠條件。如湖南巡撫駱秉章於咸豐六年(1856)的奏摺中說，署糧儲道候選道徐嘉瑞捐請三品封典，"由候選道按照常例，四品捐加一級銀三百三十兩，又三品捐封銀八百兩，共銀一千一百三十兩，減四成，扣銀六百七十八兩。"①

### 3. 捐封實施的後果

捐封的實施，使捐封與捐監、捐職銜一起，成爲朝廷的重要財政來源之一。如陳康祺說："乾隆中，每年捐監、捐級、捐封三項，亦可得三百萬兩。"②到晚清，朝廷收到的捐封典、捐監、捐職銜的銀兩，甚至比捐實官的更多。如時人楊毓輝說："昔閻敬銘在農曹時，詳知銅局每月所入，出於封典、職銜、貢監生者十之七，出於實職官階者實十之三。"③清人一般認爲，捐納實官有害於吏政，所以有許多人對之持反對意見，而捐封典和虛銜等則無關大局，只是個人榮身榮親而已，可以允許存在。如楊毓輝主張，將有害於吏政的捐納實官亟行停止，"其餘事例，惟封典、職銜與捐貢監生者，不妨暫留"。④ 由於清人對捐封典、捐虛銜等所持的寬容態度，使捐封、捐虛銜發展阻力較小，這也可能是捐封、捐虛銜所得竟超過捐實官的原因之一。

捐封的實施，使封贈變爲只要出銀子就可以買到榮譽稱號，由於允許捐加級，封階和官職出現虛高的現象。

其一，封階與實際官品不符。如光緒九年(1883)癸未科進士郝耀昂爲戶部主事，主事爲正六品，其父瑤、其祖上順，分別封贈爲從四品的朝議大夫。⑤

其二，封贈的官職與實際官職不符。如光緒二十年(1894)甲午科進士徐苞之父士穀，爲道光戊子科舉人，丙申恩科進士，翰院編修。其祖廷晨："覃恩誥贈奉直大夫、翰林院編修加三級。晉贈中憲大夫、翰林院侍讀

---

① 咸豐六年十月二十四日，湖南巡撫駱秉章：《奏爲署糧儲道候選道徐嘉瑞在恩詔給封期捐封，飭部給予三品封典，並加覃恩字樣》，中國第一歷史檔案館錄副奏摺，檔號：03-4116-111。

② (清)陳康祺：《郎潛紀聞初筆》卷一四《度支考》，見《郎潛紀聞初筆二筆三筆》，中華書局1984年版，第315頁。

③ (清)楊毓輝：《論捐實官之害》，(清)陳忠倚：《清經世文三編》卷二三《吏政二》。

④ 同上。

⑤ 《光緒九年癸未科會試同年齒錄》。

加五級。"查其家族成員履歷,並無人任翰林院侍讀。①

捐封的實施,還使覃恩封贈與捐封互相交織,例如覃恩封贈時,也允許官員捐加級,如清人陳作霖《溧水李君墓誌銘》:"晚歲援籌餉例爲同知銜州同,恭遇覃恩,加級請四品封典,故君之祖暨考皆贈朝議大夫,祖妣某氏、妣某氏皆爲恭人。"②又如,在覃恩令發佈期間,捐封也可以加覃恩的標志。道光二十五年(1845)奏准:"現任各官並議敘、捐納、候補、候選及各項捐輸職銜人員,如在恭逢覃恩二年期内捐封者,准加'覃恩'字樣。"③有了這一規定之後,湖南巡撫駱秉章於咸豐六年(1856)的奏摺中説,署糧儲道候選道徐嘉瑞"在恩詔給封期捐封,飭部給予三品封典,並加'覃恩'字樣"。④ 由此可見,清代中後期有些封贈記載雖有覃恩字樣,實際上也有可能是捐封。

## 結　　論

綜上所述,清代封贈制度的一個顯著特點,是捐封典成爲封贈制度的一個重要組成部分。道光以前,朝廷對覃恩封贈有較嚴格的等級限制,各種封階與官品密切相連。道光以後,捐封盛行,其封階等可能存在虛的成分,我們在使用清代中後期相關史料時,需要加以仔細考辨。

原載《歷史檔案》2015 年第 3 期

(馬鏞,華東師範大學古籍研究所研究員)

---

① 《光緒二十年甲午科會試同年齒録》。

② 陳作霖:《可園文存》卷一〇,《續修四庫全書·集部》第 1569 册,第 416 頁。

③ (光緒)《欽定大清會典事例》卷一四三《吏部·封贈》。

④ 咸豐六年十月二十四日,湖南巡撫駱秉章:《奏爲署糧儲道候選道徐嘉瑞在恩詔給封期捐封,飭部給予三品封典,並加覃恩字樣》,中國第一歷史檔案館録副奏摺,檔號:03-4116-111。

# 朱熹與王淮交游考略

## 顧宏義

　　作爲宋孝宗時期的著名人物,理學大師朱熹與丞相王淮之間,因朱熹彈劾唐仲友及王淮反"道學"之事,故世人多着眼於他二人間之交惡紛爭,至認爲朱、王之"關系自始即如冰炭不相入",[1]而對二人此前頗有些密切的交往卻關注不多。爲此,筆者據朱熹致王淮的書信以及相關史料來考證朱、王兩人之交游始末,以就正於方家。

　　王淮(1126—1189),字季海,婺州金華(今屬浙江)人。登紹興十五年(1145)進士第。歷監察御史、右正言,除秘書少監兼恭王府直講,除太常少卿、中書舍人兼直學士院,除翰林學士。淳熙二年(1175),除端明殿學士、簽書樞密院事,除同知樞秘院事、參知政事,擢知院事、樞密使,八年拜右丞相兼樞密事,拜左丞相。以觀文殿大學士出判衢州,改提舉洞霄宮。淳熙十六年卒,年六十四,[2]諡文定。《宋史》卷三九六有傳。

　　朱熹與王淮二人當初識於乾道四年(1168)間。據朱熹《建寧府崇安縣五夫社倉記》載:

　　　　乾道戊子春夏之交,建人大飢,予居崇安之開耀鄉,知縣事諸葛侯廷瑞以書來屬予及其鄉之耆艾左朝奉郎劉侯如愚曰:"民飢矣,盍爲勸豪民發藏粟下其直以振之?"劉侯與予奉書從事,里人方幸以不飢。……及秋,徐公(知建寧府徐嘉)奉祠以去,而直敷文閣東陽王公淮繼之。是冬有年,民願以粟償官貯,里中民家將輦載以歸有司,而

---

　　① 余英時:《朱熹的歷史世界》第七章《黨爭與士大夫的分化》,三聯書店 2004 年版,第 365 頁。

　　② (宋)樓鑰:《攻媿集》卷八七《王公行狀》,《四部叢刊初編》本。

王公曰:"歲有凶穰,不可前料。後或艱食,得無復有前日之勞,其留里中而上其籍於府。"劉侯與予既奉教,及明年夏,又請於府曰:"山谷細民無蓋藏之積,新陳未接,雖樂歲不免出倍稱之息貸食豪右,而官粟積於無用之地,後將紅腐不復可食。願自今以來,歲一斂散,既以紓民之急,又得易新以藏,俾願貸者出息什二,又可以抑僥倖、廣儲蓄。即不欲者,勿強。歲或不幸,小飢則弛半息,大祲則盡蠲之,於以惠活鰥寡,塞禍亂原,甚大惠也。請著爲例。"王公報皆施行如章。既而王公又去,直龍圖閣儀真沈公度繼之。劉侯與予又請曰:"粟分貯民家,於守視出納不便,請倣古法,爲社倉以儲之。不過出捐一歲之息,宜可辦。"沈公從之,且命以錢六萬助其役。於是得籍坂黃氏廢地,而鳩工度材焉。經始於七年五月,而成於八月。①

據《宋史·王淮傳》,云王淮"除秘書少監兼恭王府直講。時恭王生子挺,淮白於丞相曰:'恭王夫人李氏生皇嫡長孫,乞討論典禮。'錢端禮怒其名稱,奏:'淮有年鈞以長之説。'上曰:'是何言也,豈不啓邪心?'出淮知建寧府,改浙西提刑"。② 而《宋史·孝宗紀一》載,乾道元年六月"乙酉,詔恭王府直講王淮傾邪不正,有違禮經,可與外任"。③ 又《宋史·宰輔表四》載錢端禮於隆興二年十一月自兵部尚書除簽書樞密院事,尋兼權參知政事,乾道元年八月罷。④ 可知王淮罷秘書少監兼恭王府直講,出知建寧府,待次三年,至乾道四年秋方赴建寧府蒞任。又,王淮以左朝散郎、直敷文閣爲浙西提刑,"乾道七年十月十一日到任,八年十一月初九日改除太常少卿";而前任浙西提刑任文薦於乾道"七年六月二十六日除秘閣修撰,改差知建寧府"。⑤ 可推知王淮約在乾道七年(1171)初任滿離建寧府。據朱熹《建寧府崇安縣五夫社倉記》云云,朱熹在此期間所建議之救荒之策,"王公報皆施行如章",看來其荒政之見頗相合,關係當亦甚爲融洽。

王淮離任建寧知府以後,其與朱熹之聯繫情況未見史料記載,而現見

---

① （宋）朱熹:《晦庵先生朱文公文集》(以下簡稱《晦庵文集》)卷七七《建寧府崇安縣五夫社倉記》,《朱子全書》,上海古籍出版社、安徽教育出版社 2002 年版,第 3720—3721 頁。

② 《宋史》卷三九六《王淮傳》,中華書局 1985 年版,第 12070 頁。

③ 《宋史》卷三三《孝宗紀一》,第 631 頁。

④ 《宋史》卷三一三《宰輔表四》,第 5571—5572 頁。

⑤ （宋）范成大:《吳郡志》卷七《官宇》,江蘇古籍出版社 1999 年版,第 81 頁。

兩人交往的最早史料乃朱熹淳熙六年(1179)之《與王樞密劄子》，略曰：

> 熹申謝常禮，已具公函，候問勤誠，又見前幅，不敢復有陳及，以
> 恩鈞聽。唯其區區之鄙懷，則有不得不爲執事言者：熹伏自鉛山拜領
> 鈞翰之賜，開譬詳悉，愛念良厚，遂不敢復請，謹已力疾來見吏民。違
> 負初心，已積慚憤，而聞放之久，遽從吏役，觸事迷塞，復有血指汗顏
> 之羞。加之亢拙有素，不能俯仰流俗，雖欲抑而爲之，念已不入時宜，
> 不忍徒變所守，輒復慨然自廢。計此孤危，竊恐未及引去之間，而已
> 有或擊之者。雖欲夙夜究心，詢求民瘼，爲此一方除深錮之害，興久
> 遠之利，以副聖上特達之知，群公薦寵之意，亦不可得矣。有少文字，
> 托潘郎中、袁寺丞面稟。若蒙矜念，早賜宛轉，使得先駭機之未發而
> 去之，則熹之受賜又不啻前日之所蒙矣。①

朱熹於淳熙六年正月下旬啓程赴知南康軍任，二月四日抵鉛山候命，十四
日復上狀請祠，三月省劄趣任，遂行，於三月三十日至南康，交接郡事；五
月致書宰執請祠，不報。② 即朱熹《與袁寺丞書》所云"今行年五十，……
到官兩月，思歸之情不能自閟，……熹亦已有書懇諸公丐祠"。③《與王樞
密劄子》即朱熹"懇諸公丐祠"諸書之一。據《宋史·宰輔表四》，此時王
淮正官樞密使。

據《與王樞密劄子》，"熹申謝常禮，已具公函，候問勤誠，又見前幅，
不敢復有陳及，以恩鈞聽"，知朱熹啓程前後嘗致書王淮。《劄子》中又
云，"熹伏自鉛山拜領鈞翰之賜，開譬詳悉，愛念良厚，遂不敢復請，謹已力
疾來見吏民"，知朱熹於鉛山候命時收到王淮回信，"開譬詳悉"，勸說朱
熹前往南康軍赴任。因任官一事，深感"違負初心，已積慚憤，而閑放之
久，遽從吏役，觸事迷塞，復有血指汗顏之羞"，朱熹再次上狀請祠，未報，
故又致書王淮，請"早賜宛轉"，以遂其請。故推知此《劄子》當撰於是年
五、六月之際。

至淳熙七年(1180)正月初，朱熹復上《乞宮觀劄子》請祠，不報，④故

---

① 《晦庵文集》卷二六《與王樞密劄子》，第 1141 頁。
② 束景南：《朱熹年譜長編》卷上，華東師範大學出版社 2001 年版，第 614—
630 頁。
③ 《晦庵文集》卷二六《與袁寺丞書》，第 1142—1143 頁。
④ 《朱熹年譜長編》卷上，第 646 頁。

稍後又致書王淮,請王淮"開陳"轉圜。其《與王樞使劄子》略云:

> 熹⋯⋯至此將及一年,凡所施爲,雖不敢不竭愚慮,而所見乖謬,動失民和,四方士友貽書見責者,積於几閣不知其幾,而前件陳克己者尤其詳盡。其間歷數繆政,無一可者。迹其所聞,皆有實狀。⋯⋯竊以爲此非姦民猾吏流言飛文之書,乃出於相愛慕來問學之口,尤足取信,故敢冒昧繳連陳獻。若蒙鈞念,得以遍呈東府兩公,庶幾有以察熹前言之非妄者,早爲開陳,亟賜罷免,或如前兩劄所請者,則熹猶可以不重得罪於此民,而此邦之人猶可以安其生業,而免於流亡死徙之患,不勝幸甚。①

據《宋史·宰輔表四》,此時王淮仍爲樞密使,丞相爲趙雄,參知政事爲錢良臣,即此《劄子》中所稱之"東府兩公"。因文職官員任免之權在相府(東府),然朱熹自覺與"東府兩公"關係較疏,致祠祿之請未得允准,遂又致書舊交王淮,"若蒙鈞念,得以遍呈東府兩公,庶幾有以察熹前言之非妄者,早爲開陳,亟賜罷免"。因《劄子》中云及"至此將及一年",故書推知其約淳熙七年春中。

淳熙八年(1181)三月,朱熹南康任滿,除提舉江西常平公事,待次。四月中罷郡抵家。② 八月,右丞相趙雄罷,樞密使王淮拜右丞相。③ 其"時以荒政爲急,淮言:'李椿年老成練達,擬除長沙帥,朱熹學行篤實,擬除浙東提舉,以倡郡國。'其後推賞,上曰:'朱熹職事留意。'淮言:'修舉荒政,是行其所學,民被實惠,欲與進職。'上曰:'與升直徽猷閣。'"④ 即淳熙八年九月,因宰相王淮薦,朱熹改除提舉浙東常平公事。對於王淮舉薦朱熹的原因,余英時先生以爲此乃王淮欲完成"進賢報上"之承諾,卻又一反此前宰執如陳俊卿、龔茂良、史浩等舉薦朱熹進入中央,借口"荒政"而"把他安排在浙東地方上",即通過強調"修舉荒政,是行其所學"此一表面上入情入理的"說詞",而實質"是有意將他擋在權力中心之外"。⑤ 然從朱、王兩人此前交游情況上看,此說似不確。自乾道四年秋至七年初,王淮知

---

① 《晦庵文集》卷二六《與王樞使劄子》,第 1154 頁。
② 《朱熹年譜長編》卷上,第 693、698 頁。
③ 《宋史》卷三一三《宰輔表四》,第 5583 頁。
④ 《宋史》卷三九六《王淮傳》,第 12071—12072 頁。
⑤ 余英時:《朱熹的歷史世界》第七章《黨爭與士大夫的分化》,第 364 頁。

建寧府期間,據朱熹《建寧府崇安縣五夫社倉記》所載,對於朱熹所行之救荒措施,王淮還是頗爲賞識的。朱熹於淳熙六年至八年知南康軍時所行荒政,也得提舉江東常平尤袤推行於江東諸州:

> 臣昨任南康軍日,適值旱傷,深慮檢放搔擾下户,偶有士人陳説,乞將五斗以下苗米人户免檢全放,當時即與施行,人以爲便。本路提舉常平尤袤遂以其法行之諸郡,其利甚博。近日經由信州,則聞玉山一縣亦得檢官如此措置。①

而當時浙東地方災傷甚重,據朱熹所言,其紹興一府"八邑,餘姚、上虞號爲稍熟,然亦不及半收。新昌、山陰、會稽所損皆七八分,嵊縣旱及九分,蕭山、諸暨水旱相仍,幾全無收。……民情嗷嗷,日甚一日,不獨下户乏食,而士子宦族、第三等人户有自陳願預乞丐之列者。驗其形骸,誠非得已。兼自秋來,賣田拆屋,斫伐桑柘,鬻妻子,貨耕牛,無所不至,不較價之甚賤,而以得售爲幸。典質則庫户無錢,舉貸則上户無力,藝業者技無所用,營運者貨無所售,魚蝦螺蚌久已竭澤,野菜草根取掘又盡,百里生齒飢困支離,朝不謀夕。其尤甚者,衣不蓋形,面無人色,扶老携幼,號呼宛轉,所在成群,見之使人酸辛怵惕,不忍正視。其死亡者,蓋亦不少"。② 由此可知王淮向孝宗舉薦朱熹提舉浙東,乃是欲借助朱熹的救荒經驗,以修舉浙東荒政,賑濟災民,故樓鑰《王公行狀》有"旱勢既廣,力贊荒政,……知南康朱熹擢浙東提舉,以爲郡國之倡"之語,③而周必大《與朱元晦待制》也云及朱熹"前已試活人之手於千里,今又擴而充之,及於列城,斯民幸甚"。④ 故朱熹也因此原因,一改其每得官任皆屢上奏狀辭免的做法,於九月二十二日得改除提舉浙東常平之"尚書省劄子"以後,即刻拜命,并請赴行在奏事。⑤

---

① 《晦庵文集》卷一三《延和奏劄四》,第 648 頁。

② 《晦庵文集》卷一六《奏救荒事宜狀》,第 762—763 頁。

③ 《攻媿集》卷八七《王公行狀》。

④ (宋)周必大:《文忠集》卷一九三《與朱元晦待制》,文淵閣《四庫全書》本。案:周必大此書題下原注"淳熙七年",當爲"淳熙八年"之訛。

⑤ 《晦庵文集》卷二二《除浙東提舉乞奏事狀》,第 995 頁;卷一三《延和奏劄》,第 642 頁。

　　是年十一月二十六日，朱熹奏事於延和殿，然後前往浙東赴任賑濟。①
十二月癸卯朔，"官出南庫錢三十萬緡，付新浙東提舉常平朱熹振糶"。②
對此三十萬緡官錢，束景南先生以爲針對朱熹估計至少需要三百萬緡賑
災款項，此三十萬緡"無異於杯水車薪"，又云宋孝宗"可以拿出千萬貫的
國庫錢孝敬"宋高宗，"卻吝嗇到只用無名官告、度牒和官會湊了三十萬貫
給朱熹了事"，③只是敷衍。但據《宋史·孝宗紀》，此時賑濟災民多取"權
免稅役""蠲積年逋負""蠲減租賦"等措施，如淳熙七年"江、浙、淮西、湖
北旱，蠲租，發廩貸給，趣州縣決獄，募富民振濟補官"，八年二月"詔去歲
旱傷州縣，以義倉米日給貧民，至閏三月半止"；或將地方上供朝廷之錢糧
截留部分以備賑濟，如乾道四年七月"以經、總制餘錢二十一萬緡椿留邛、
蜀州，以備振濟"；五年十月"命饒、信二州歲各留上供米三萬石，以備振
糶"。而出内庫錢以賑濟災民之記載，除此番朱熹外，僅見隆興二年九月
"以久雨，出内庫白金四十萬兩，糶米賑貧民"。同時，面對此次浙東災
傷，宋廷還於淳熙八年七月因"紹興大水，出秀、婺州、平江府米振糶"，八
月又"詔紹興府諸縣夏稅、和市、折帛、身丁、錢絹之類，不以名色，截日並
令住催"，直至年底"出南庫錢三十萬緡"給新浙東提舉常平朱熹以"振
糶"之。可證宋廷實對朱熹此番浙東之行甚爲重視。

　　據《朱熹年譜長編》卷上，朱熹蒞任之初，即巡歷浙東諸州，施行荒政，
懲治貪吏姦民及不職官員多人。淳熙九年（1182）正月十四日，朱熹至婺
州金華縣，奏劾上戶朱熙績不伏賑糶。因朱熙績爲王淮鄉人，故朱熹於十
六日又上書王淮，云：

　　　　熹昨日道間已具稟劄。到婺偶有豪民不從教者，不免具奏申省。
聞其人姦猾有素，伏想丞相於里社間久已悉其爲人，特賜敷奏，重作
行遣，千萬幸甚。④

雖然未見有處置朱熙績之記載，但朱熹此時奏劾知衢州李嶧不修荒政，還

────────

　　① 《朱熹年譜長編》卷上，第712、715頁。
　　② 《宋史》卷三五《孝宗紀三》，第676頁。《宋史·孝宗紀三》（第678頁）又載
淳熙九年七月"辛巳，出南庫錢三十萬緡付浙東提舉朱熹，以備振糶"。
　　③ 束景南：《朱子大傳》第十二章，福建教育出版社1992年版，第470、474頁。
　　④ （清）卞永譽：《式古堂書畫彙考》卷一四《朱晦翁與時宰二手劄》，文淵閣《四
庫全書》本。

是得到處理：是年"二月十三日,知信州李嶧罷新任。以監察御史王藺言其昨知衢州,浙東提舉朱熹按其檢放不實,嶧詭言與熹有隙,陳乞回避,故有是命"。① 然而此類奏劾大多未見朝廷准允,加上不少賑濟措施,往往遭到"抑卻"、"稽緩",由此朱熹與王淮之間關係遂漸趨緊張。故至六月八日,朱熹再次致書宰相王淮,言語頗爲激烈,有云：

> 去歲諸路之饑,浙東爲甚;浙東之饑,紹興爲甚。聖天子閔念元元之無辜,傾困倒廩以救之,而甚者至出内帑之藏以補其不足,德意之厚,與天同功。熹於是時憊卧田野,而明公實推挽之,使得與被使令趨走之末。仰惟知遇,撫己慚怍。然自受任以來,夙夜憂歎,恐無以仰承聖天子之明命而辱明公之知於此時也,是以不憚奔走之勞,不厭奏請之煩,以盡其職之當爲者,求以報塞萬一。而乃奏請諸事多見抑卻,幸而從者,又率稽緩後時,無益於事。而其甚者,則又漠然無所可否,若墮深井之中。至其又甚者,則遂至於按劾不行,反遭傷中。而明公意所左右,又自曉然,使人憤懣,自悔其來而求去不得,遂使因仍,以至於今。……惟明公深察其言,以前日遲頓寬緩之咎自列於明主之前,君臣相誓,務以盡變前規,共趨時務之急,而於熹所陳荒政一二事者少加意焉,則熹雖衰病不堪吏役,尚可勉悉疲駑,以備鞭策。至其必不可支吾而去,後來之人亦得以因其已成之緒葺理整頓,仰分顧憂。如其不然,則熹之愚昧衰遲,固不能爲此無麪之不托,而其狂妄,將有不能忍於明主之前者。明公不如早罷其官守,解其印綬,使毋得以其狂瞽之言上瀆聖聰,則熹也謹當緘口結舌,歸卧田間,養雞種黍,以俟明公功業之成而羞愧以死,是亦明公始終之厚賜也。情迫意切,矢口盡言,伏惟明公之留意焉。②

隨即朱熹巡歷入台州,六上狀奏劾前知台州唐仲友貪污不法事。因唐仲友乃王淮姻親,故朱熹"章三上,王淮匿不以聞",朱熹"論愈力",王淮"度其勢益熾,乃取(朱熹)首章語未甚深者,及仲友自辯疏同上,曲説

---

① (清)徐松:《宋會要輯稿·職官》七二之三三,中華書局影印本。案:據《宋史全文》(文淵閣《四庫全書》本)卷二六下,李嶧乃參知政事錢良臣之妻兄。

② 《晦庵文集》卷二六《上宰相書》,第 1175—1180 頁。

開陳,故他無鐫削,止罷新任"。① 即八月"十七日,知台州唐仲友放罷。以浙東提舉朱熹按其催科刻急、户口流移故也"。② 十八日,奪唐仲友江西提刑新命而改除朱熹,③不久又除朱熹直徽猷閣以爲"推賞"。《宋史·王淮傳》載:"朱熹學行篤實,擬除浙東提舉,以倡郡國。其後推賞,上曰:'朱熹職事留意。'淮言:'修舉荒政,是行其所學,民被實惠,欲與進職。'上曰:'與升直徽猷閣。'"④自然朱熹"以爲是蹊田而奪之牛,辭不拜,遂歸"。⑤ 此後朱熹、王淮二人再無交往,王淮"乃擢陳賈爲監察御史,俾上疏言近日道學假名濟僞之弊,請詔痛革之。鄭丙爲吏部尚書,相與叶力攻道學,熹由此得祠。其後慶元僞學之禁始於此"。⑥

對於朱熹爲浙東提舉時上宰相王淮二書,明陳敬宗以爲朱熹"亦值歲饑,繩治婺之豪民",故"兹二事俱已入奏訖,復此具劄祈扣之至者,冀其亟賜俞允也。而淮視之漠然。亦有唐仲友者,與淮同里閈,爲姻家。仲友知台州時,貪盜淫虐,蓄養亡命,徽國(朱熹)按得其實,章凡十上,淮皆匿之。徽國論之益力,至於不得已,始取初章與仲友所自辨者雜進,竟脱仲友重譴。觀此則二劄誠妄投也,豈徽國一時昧於知淮者哉"?⑦ 所謂朱熹"豈徽國一時昧於知淮者"之説,實乃因其昧於朱熹、王淮二人交游始末而致此疑。

原載《華東師範大學學報》(社科版)2015 年第 4 期
(顧宏義,華東師範大學古籍研究所研究員)

---

① (清)王懋竑:《朱子年譜》卷三,中華書局 1998 年版,第 135—136 頁。

② 《宋會要輯稿·職官七二之三六》。

③ 《朱熹年譜長編》卷上,第 742—743 頁。

④ 《宋史》卷三九六《王淮傳》,第 12071—12072 頁。

⑤ (宋)黄榦:《勉齋集》卷三六《朝奉大夫文華閣侍制贈寶謨閣直學士通議大夫謚文朱先生行狀》,文淵閣《四庫全書》本。

⑥ 《宋史》卷三九六《王淮傳》,第 12072 頁。

⑦ (清)倪濤:《六藝之一録》卷三四八《朱晦翁與時宰二劄子》,文淵閣《四庫全書》本。

# 中國古代經解序文形態研究

方笑一

　　經解是中國古代解釋儒家經書的著作,是經學最主要的載體。自西漢立《詩》《書》《禮》《易》《春秋》爲"五經"以來,解經者可謂代不乏人,經解著作更是層出不窮。歷代大多數的經解皆有序文,或出經解著者本人之手,或由他人撰寫,數量龐大,内蘊富厚,構成了古代文章史上一道重要的景觀。

　　經解序的寫作源於漢代,發展於唐代,而在兩宋時期迎來了創作的高峰。據筆者統計,宋以前,該類文章留存下來的不過 50 篇左右,而《全宋文》中收録的經解序達 342 篇,數量遠超前代。宋代經解序不僅僅是經學思想的載體,它的文體特性決定了它與經學之間構成一種較爲特殊的關係,同時,古文創作技巧的進展也讓宋代經解序在文體形態和寫作模式上有了明顯的突破。宋以後,經解序文的寫作基本依照宋代所奠立的模式,直到清代樸學的興起,序文的面貌才發生了大的改變。筆者認爲,經解序不應僅被視作經學研究的材料,在文體史和文章學的研究中,它同樣是非常值得關注的對象。由經解序文所呈現的文體與學術的關聯,從更深的意義上説,指向了中國古代文章與其社會功能之間的互動關係。因而,對於經解序文的研究,具有文體學和文學社會學的雙重意義。有鑒於此,本文擬圍繞以下四個問題展開考察與論述。

## 一、經解序的起源與宋以前的發展

　　經解序是中國古代序文的一種。序文就其寫作對象不同可分爲兩類:一類針對物,如詩、文、書籍、圖畫等;另一類則針對人,也就是通常所説的贈序。經解序屬於書籍序文中的一種,它和"序"這一文體的起源有着密切關係。

關於序的起源,古代有幾種説法:一説源於《易》。《文心雕龍·宗經》云:"論、説、辭、序,則《易》統其首。"《顏氏家訓·文章》也説:"序、述、論、議,生於《易》者也。"南宋吕祖謙在《周禮序》中説得更具體:"惟古作書,必序厥指,《易》有《序卦》,《書》有孔氏之文,《詩》有卜商、毛萇、衛宏,《春秋》三《傳》有杜預、何休、范寧。"①明代朱荃宰《文通》卷一〇《序》亦云:"《周頌》曰:'繼敍思不忘。'《毛傳》曰:'敍者,緒也。'緒述其事,使理亂相胤,若繭之抽緒。《易》有《敍卦》,《尚書》有孔子敍,子夏作《詩敍》。"②吕、朱二人舉出的早期序文,都與經書有關,其中尤以《易》之《序卦》爲最早。其實《序卦》主要是針對六十四卦"各序其相次之義",③與後世序文頗爲不同,故將其看作"序"的起源比較勉強;另一説源於《毛詩大序》。元代徐駿《詩文軌範》、明代吴訥《文章辨體》、郎瑛《七修類稿》均持此説。《昭明文選》"序"體選文也首列《毛詩序》。④《毛詩序》的作者與創作年代目前尚無定論。有學者認爲"《毛詩序》中的原序,一部分是周朝太師寫的,一部分是由毛亨在前人的基礎上改寫的,序中對古序加以解釋的話以及《詩大序》出現較晚,應當是毛萇撰寫的",而東漢"衛宏在前人的基礎上,寫出了一個《毛詩序》的定本"。⑤ 也就是説,今存《毛詩序》文本大約在東漢初年最終形成。從形制看,《小序》極爲簡短,往往只用一兩句揭示一篇的背景題旨;《大序》則較長,且敍述有序,獨立成篇,與後世序文形態相類。因此,將"序"的文體源頭歸之《詩大序》,較爲可取。不過,《詩大序》的論述對象是"詩"這一文體和《詩》三百篇本身,而並不是作爲解《詩》之作的《毛詩傳》,因此它雖是經書序文,與後世的經解序還是有明顯差別的。這裏有必要專門考察一下經解序的起源。

從嚴可均輯《全上古三代秦漢三國六朝文》中,筆者共檢得經解序 16 篇,其中有些篇僅存隻言片語,無法探知其文體形態。保存完整者尚有孔

---

① 黄靈庚、吴戰壘主編:《吕祖謙全集》第 1 册,浙江古籍出版社 2008 年版,第 879 頁。

② 王水照主編:《歷代文話》第 3 册,復旦大學出版社 2007 年版,第 2826 頁。

③ (唐)孔穎達:《周易正義》卷九,《十三經注疏》上册,中華書局 1980 年版,第 95 頁。

④ 參見吴承學、劉湘蘭:《中國古代文體史話·序跋類文體》,載《古典文學知識》2009 年第 1 期。

⑤ 徐有富:《〈詩序〉考》,載《中國韻文學刊》2008 年第 1 期。

安國《尚書序》《古文孝經訓傳序》,孔通《春秋左氏傳義詁序》,何休《春秋公羊經傳解詁序》,杜預《春秋左氏傳序》《春秋左氏傳後序》,范寧《春秋穀梁傳集解序》,常爽《六經略注序》,鄭玄《尚書大傳敘》《詩譜敘》。①其中孔安國的《尚書序》實爲孔《傳》之序,但該序與孔《傳》均被認爲係後人僞造。②《古文孝經訓傳序》出自日本享保十七年(1732)刻本《古文孝經孔氏傳》,學界傾向於認爲該《傳》並非僞託,然其序文的真僞則未能確定。③

目前留存創作時間最早且完整的經解序,當數東漢初孔通的《春秋左氏傳義詁序》。該文先述《義詁》作者孔奇的家世,進而介紹其兄孔奮的經歷,於奮從劉歆學《左傳》一事着墨尤多。然後再敘述孔奇撰《義詁》的過程與目的,最後交代,書未著成而作者早逝,由序文作者孔通本人將《義詁》編校完成。這篇經解序蘊含的信息,主要包括經解作者孔奇研治《左傳》的學術淵源承傳、經解本身的成書過程,由人而書,過渡十分自然。其中對孔奇的形象還頗有塑造之功。如 21 歲的孔奇"每與其兄議學,其兄謝服焉",以及"雅好儒術,淡忽榮禄,不願從政"等等,④都顯示了其人的學術天賦和學術追求。這樣寫,也就間接提升了《義詁》的學術品質。東漢後期何休的《春秋公羊經傳解詁序》是另一篇保存完整的經解序。因爲是解經者自撰序文,内中不便對自己的學術品格多加評騭,於成書過程也僅以寥寥數語帶過,而將筆墨集中於《春秋》學本身所面臨的重重危機:解釋經文時"倍經、任意、反傳、違戾","援引他經,失其句讀",尤其是《公羊》學者被古文經學家斥爲"俗儒"等等。作者將這些危機都歸結爲《公羊》學者"守文、持論、敗績、失據之過",全文可説是對《春秋》學的痛切反省之作。⑤ 東漢時期的經解序,保存完整的尚有鄭玄的《尚書大傳敘》和《詩譜敘》,《尚書大傳敘》簡要介紹了《尚書》傳授和後世注釋的情況,比

① 因唐以前《爾雅》《論語》《孟子》尚未入經,注解這三部書的著作序文未計入經解序中。

② 參見劉起釪《尚書學史》,中華書局 1989 年版,第 183—184 頁。

③ 參見胡平生《日本〈古文孝經〉孔傳的真僞問題》,載《文史》第二十三輯;顧永新:《日本傳本〈古文孝經〉回傳中國考》,載《北京大學學報》2004 年第 2 期。

④ (清)嚴可均輯:《全後漢文》卷二九,《全上古三代秦漢三國六朝文》,中華書局 1958 年版,第 635 頁。

⑤ (清)嚴可均輯:《全後漢文》卷六八,《全上古三代秦漢三國六朝文》,第 850 頁。

較簡單,《詩譜敘》則從總體上論述了《詩》與其産生的時代、社會背景之關係。總之,在漢代,經解序的創作才剛剛開始,數量很少,經書序文與經解序文的邊界也還不甚清晰。到了魏晉南北朝時期,學者的解經活動更爲多見,經解序隨着解經本身流傳下來,完整者有西晉杜預《春秋左氏傳序》、①《春秋左氏傳後序》,東晉范寧《春秋穀梁傳集解序》和北魏常爽《六經略注序》。杜預兩序篇幅很長,前文論述《春秋》的史書性質、與《左傳》的關係以及"義例"等問題,後文講述作者對讀汲冢出土的《紀年》、《左傳》之後的學術發現。范寧《春秋穀梁傳集解序》的結構,唐代的楊士勳認爲可分三段,第一段"釋仲尼修《春秋》所由,及始隱終麟之意",第二段"釋三傳所起及是非得失",第三段"釋己注述之意,並序《集解》之人"。② 常爽的《六經略注序》先述學習的重要性,接着談六經的教化作用,最後簡要交代著書之由。綜觀漢魏六朝經解序的文體,杜、范二人的文章都是散體,而常爽之文用駢體寫成。

唐代以降,官方對經學極爲重視,唐太宗時,由孔穎達等編纂的《五經正義》成爲官方經解,此後一直是考試的依據。《周禮》《儀禮》《公羊傳》《穀梁傳》的官方注疏也得以頒布。同時,經書範圍也在擴大,《爾雅》《孝經》《論語》進入儒家經書之列。中唐時期,更出現了以啖助、趙匡、陸淳《春秋》學爲代表新經學,這些都爲經學的發展提供了新契機。那麽,唐代經解序的寫作情況又如何呢?筆者從《全唐文》及陸心源《唐文拾遺》《唐文續拾》和陳尚君《全唐文補編》中,共檢得經解序 30 篇,作者 22 人。就文章數量而言,超過了唐以前的總和,其寫作也呈現出新的特點。

首先,一部分作品在結構上具有共性。通常先論述所注經書本身的性質、意義和效用,次介紹後世傳授流布和注釋情況,最後交代本經解的編纂過程或學術特點。第一部分尤重經書的教化作用,第二部分會强調孔子編修刪定經書的艱辛和前代注解的疏失,最後一部分往往較爲簡略,作者甚少記述注經之難,而着重對經解本身加以介紹。序文最講究敘述次第,先説什麽,後説什麽,需要精心安排。唐代經解序的這樣一種敘述結構,爲官方和私家經解序文所共有,客觀上有利於突出經書的重要地

①　杜預此序究竟爲其《春秋左氏傳集解》作還是爲《春秋釋例》作,南北朝學者有爭議,唐孔穎達依劉炫説定爲《集解》的序文,今從之。參見沈玉成、劉寧《春秋左傳學史稿》,江蘇古籍出版社 1992 年版,第 144 頁。

②　(唐)楊士勳:《春秋穀梁傳注疏》,《十三經注疏》下册,第 2358 頁。

位，對前人注解的評論實際上也凸顯了本經解的學術意義。筆者注意到，唐代經解序的這種體制結構，是以孔穎達的《五經正義》序文爲典範形成的，這五篇序文無一例外地採取這樣一種敍述結構，也都包含了這些内容。而《五經正義》文的結構，又來源於托名孔安國撰的《尚書序》。

爲什麽要採取這樣一種敍述結構呢？這得從經解序的文體功能來解釋。既然是解經之作的序文，首先當然要强調經書本身的意義，但這還不夠，真正的重點在於凸顯本部經解的意義。如何證明本經解具有獨特的學術價值？關鍵在於比較，要證明其注解超邁前賢。因此，對經書流傳和前人注解的評述在這裏就必不可少了，最後落實到對本經解成書與特點的介紹，也就顯得順理成章。由此可見，《五經正義》序文的體制結構之所以被其他官、私經解所吸納，主要取決於其自身的合理性和實現文體功能方面的突出作用。需要説明的是，並不是説唐代 30 篇經解序文都採取這樣一種整齊劃一的結構，事實上，中唐啖、趙、陸《春秋》學派代表著作的序文，都不是這樣寫的。它們非但以散體寫成，且不甘於墨守如此格套，而敢於提出自己的見解。這與他們在經學上的創新精神是一致的。① 從新《春秋》學派學者的這些序文，已經可以看出宋代經學新變之後經解序文創作變化的一些傾向。可以説，經解序文的新變已然萌芽於此。

其次，部分經解序已開始表現出一定的寫作技巧和美學追求。如孔穎達《尚書正義序》開頭一段寫到"古之王者"施政與《尚書》的產生：

> 古之王者，事總萬機，發號出令，義非一揆：或設教以馭下，或展禮以事上，或宣威以肅震曜，或敷和而散風雨。得之則百度惟貞，失之則千里斯謬。樞機之發，榮辱之主，絲綸之動，不可不慎。所以辭不苟出，君舉必書，欲其昭法誡，慎言行也。其泉源所漸，基於出震之君；黼藻斯彰，鬱乎如雲之後。勳、華揖讓而典、謨起，湯、武革命而誓、誥興。②

---

① 如啖助《春秋統例序》云："《春秋》以權輔用，以誠斷禮，而以忠道原情云，不拘空名，不尚狷介，從宜求濟，因時黜陟。……《春秋》用二帝三王法，以夏爲本，不壹守周典明矣。……所以拯薄勉善，救周之敝，革《禮》之失也。"《全唐文》卷三五三，中華書局 1983 年版，第 4 册，第 3581 頁。關於中唐新《春秋》學派的具體情況，參見趙伯雄《春秋學史》，山東教育出版社 2004 年版，第 384—398 頁。

② 《尚書正義》卷首，《十三經注疏》上册，第 110 頁。

駢文本身用詞典雅、句式工整的特性在其中體現無遺,但文章對古代王者形象的細緻塑造中,顯示出一種非凡的權威感和尊貴氣象,我們不妨拿托名孔安國作的《尚書序》開頭一段來作比較:

> 古者伏犧氏之王天下也,始畫八卦,造書契,以代結繩之政,由是文籍生焉。伏犧、神農、黄帝之書,謂之"三墳",言大道也。少昊、顓頊、高辛、唐、虞之書,謂之"五典",言常道也。至於夏、商、周之書,雖設教不倫,雅誥奧義,其歸一揆。是故歷代寶之,以爲大訓。①

相形之下,這段文字只對《尚書》的源起作了簡要客觀的交代,對伏犧以來"王天下者"的形象沒有任何刻畫描摹之筆。我們就更能體會到前者行文中的文學色彩了。

文學元素並不僅僅出現在用駢體寫的經解序上,散體序文同樣如此。如晚唐陸希聲的《周易傳序》開頭是這樣寫的:"予乾符初任右拾遺,歲莫端居,夢在大河之陽,曠野數百里,有三人偃臥東首,長各數十丈。有告者曰:'上伏義、中文王、下孔子也。'三聖皆無言,意中甚愕,窹而震悸。"②也許作者所言非虛,其發願注釋《周易》真是因此怪夢而起,但經解序以一夢開頭,實在可算是創意,表明唐代此種文章的寫作已有了一定的自由度,不必非得以天地聖人的宏大敘事開場了。

綜上所述,經解序這一文體從漢至唐的發展演變過程中,在文體形態上已具備了一些規定性,也出現了變化的元素,它們成爲該文體在宋代發展和新變的重要基礎。而經解序中出現的一些文學元素,體現了作者對文章審美性和寫作技巧一定程度的追求,這也是不容忽視的。

## 二、宋代經解序的形態變化與學術訴求

宋代是經解序寫作真正興盛的時代,《全宋文》收録的 342 篇經解序中,按所解經書分類,依次爲《周易》113 篇、《春秋》(含三《傳》)54 篇、《論語》32 篇、《尚書》31 篇、《詩經》25 篇、《周禮》14 篇、《禮記》13 篇、《孝經》10 篇、《孟子》9 篇、《中庸》8 篇、《爾雅》5 篇、《儀禮》4 篇、《大學》

---

① 《尚書正義》卷一,《十三經注疏》上册,第 113—114 頁。
② 《全唐文》卷八一三,第 8552 頁。

2篇。另有一些是幾部經書合解著作的序文,計有群經7篇,三《禮》5篇,《論》《孟》4篇,《學》《庸》1篇。宋代經解序的實際創作數量肯定還不止這些,但從以上統計數字中,已能發現如下特點:《易》解序遠多於其他經解序,説明《易》在宋代受關注程度極高。《論語》解序的數量超過"五經"中的《尚書》《詩經》,接近三部《禮》經的總合,説明《論語》入經較晚,但在宋代地位頗高。而從《禮記》中抽出的《大學》《中庸》成爲單獨的經典,已經有詮釋它們的專著出現,序文便應運而生。作爲一種與經學關係密切的文體,經解序的上述特點符合宋代經學的基本特徵與發展態勢,這是不難發現也不難解釋的。需要進一步討論的問題是,宋代經解序在文體形態上與前代有何差異與變化? 而這種差異、變化又是如何造成的?

筆者認爲,某一文體在某一時代的形態如何,主要受三個因素影響,其一是文體自身傳統。中國古代各種文體都有其特定的功能和作用,而其最初形態,與其功能作用的實現密切相關,由此形成文體自身的傳統。文體發展中其功能會有所變化,但就總體而言,文體傳統一旦形成,就會對以該文體寫作的每一篇文章有所規約,後人無論如何"破體",都無法完全擺脫文體傳統的影響。具體到宋代經解序,它就無法擺脫"序"這一文體的"敍述"特性,也無法自外於漢代以來經解序的文體傳統。其二是社會訴求。文體發展過程中,由於外部社會一直在變化,一些完全無法回應社會訴求、承擔文化功能的文體漸遭淘汰,剩餘的文體則不斷回應和適應着社會對它們的新訴求,不斷調整自身的寫作模式,文體形態由此發生變化。經解序的文體性質決定了它所面臨的訴求,主要是一種學術訴求,具體到宋代,就是新變的經學對它的訴求。其三是所處時代文章寫作技巧的發展。經解序的創作旨歸不在於審美,但將文章以更好的美學風貌呈現給讀者,是文章寫作者的本能,即使是口頭上排斥文學的理學家也不例外。宋代恰恰又是古文寫作技巧獲得巨大進展的時代,古文的審美性實際獲得了大幅提升,這些都對經解序形態的變化產生了影響。

先看文體傳統對宋代經解序的"塑形"作用。在唐代形成的經解序結構模式中,文章第一部分通常談經書的性質、意義和效用,雖側重於闡説,但多泛泛之論,鮮少對於經書和經學的獨到見解。在宋初官方與私家經解序中,這一情形依舊存在。到了慶曆前後,經解序結構開始發生變化,在一部分作品中,籠統的闡説被對經書及傳注的質疑、考證所取代,寫作者此時爲經解序賦予了實質性的學術内涵。如歐陽修的《傳易圖序》通篇擺出種種理由,對《易傳》之《文言》、《繫辭》的真僞予以質疑,提出"今《周易》所載非孔子《文言》之全篇也","今《易》皆出乎講師臨時之説","今乃以孔子贊《易》之文爲上下《繫辭》者,何其謬也"等觀點,進而質問,那些漢代解《易》者"出其臆見,隨事爲解,果得聖人之旨邪"?① 蘇洵的《洪範後序》通篇駁斥劉向、夏侯勝對《洪範》的解釋,②皆可見當時懷疑之風盛行。有質疑必然需要考證,經解序中亦時見考證,如孫覺《春秋經解自序》開頭就花筆墨考證《春秋》的編纂時間,③司馬光《古文孝經指解序》討論《古文孝經》的真僞等等。④ 經解序中引入對經、傳的質疑和考證,是該文體對北宋時代"疑經"這樣一種學術訴求的回應。"疑經"之風素爲後世學術史家所重,其對文學的影響也是多方面的。作爲與經書密切相關的文體,經解序中理所當然會有所反應,而這就使原先序文中對經書性質、意義、作用的一般議論轉化爲經學或經學史的研究了。從文章寫作角度而言,質疑、考證的引入在客觀上對經解序原有的寫作格局有所突破。

當然,並不是説經解序中原來的論説部分全然讓位於質疑和考證了,事實上,論説在宋代經解序中仍然占有重要的位置,而且與前代經解序中的論説不同。在宋以前,經解序中關於經書性質、意義和作用的闡説,基本内容是表達對經書的推尊之意,同時圍繞着經書對於教化的重要性展開。在宋代,論説部分則成了序文作者從整體上闡述其經學觀念、討論經學問題的舞臺。如北宋象數《易》學代表人物劉牧的《易數鉤隱圖序》,主要論述《周易》中的"象""數"關係:"象者,形上之應,原其本則形由象生,象由數設,舍其數則無以見四象所由之宗矣。"⑤同樣是針對《周易》,程頤作於元符二年(1099)的《易傳序》見解與之迥異,通篇主要闡述"辭"在《易》中的重要地位:"吉凶消長之理,進退存亡之道,備於辭,推辭考

---

① (宋)歐陽修撰,洪本健校箋:《歐陽修詩文集校箋》卷一五《居士外集》,上海古籍出版社 2009 年版,第 1736—1737 頁。

② (宋)蘇洵撰,曾棗莊、金成禮箋注:《嘉祐集箋注》卷八,上海古籍出版社 1993 年版,第 233—224 頁。

③ 《春秋經解》卷首,曾棗莊、劉琳主編:《全宋文》第 73 册,上海辭書出版社、安徽教育出版社 2006 年版,第 23—25 頁。

④ 《溫國文正司馬公文集》卷六四,《全宋文》第 56 册,第 101—103 頁。

⑤ 《易數鉤隱圖》卷首,《全宋文》第 46 册,第 84 頁。

卦,可以知變,象與占在其中矣。"①與經解序中的質疑、考證一樣,論説的部分在學術上也帶有明顯的時代特色。如北宋周諝《禮記解自序》一開頭便提出:"夫禮者,性命之成體者也。蓋道德仁義同出於性命,而所謂禮者,又出乎道德仁義而爲之節文者也。"②文章也主要圍繞"道德性命"和"禮"的關係展開論述。又如北宋鄒浩在《論語解義序》中對《論語》的評價超過五經,認爲它"純乎聖人之言",③在《孟子解義序》中又將孟子地位抬得極高,説"孔子之後,能紹其傳者,孟子一人而已矣",④這些都標誌着宋代經學發展的一個重要走向,即《論》《孟》二書地位的逐漸提升。

筆者還注意到,宋代經解序中的論説部分不但涉及經書和傳注本身,還時常談論閲讀、研習經書的態度和方法,這些皆爲前代經解序所未曾關注。程頤在《春秋傳序》中説:"故學《春秋》者,必優游涵泳,默識心通,然後能造其微也。"⑤朱熹則告誡人們讀經"毋跂於高,無駭於奇,必沉潛乎句讀文義之間,以會其歸",⑥"觀書不可僅過目而止,必時復玩味,庶幾忽然感悟,到得義理與踐履處融會,乃爲自得"。⑦ 南宋王質在《詩總聞序》中並無一語涉及《詩經》,而是提出"窮經"必須具備志、識、才、力四大前提條件,文句工整,論述透闢。⑧ 魏了翁的《四明胡謙易説序》則論學《易》者應有的態度:"學《易》者要在内反諸心,精體實踐,近之則遷善遠罪之歸,充之而至於位天地,立生民,命萬物,皆分之所得爲者,蓋不敢惟文字故訓之泥。"⑨陳耆卿則生動地回顧自己由少及長學習《論》《孟》的體會:

　　　　予少讀《論》《孟》,未知其所以讀,逮長知所以讀,而未得其趣。

────────────

① （宋）程顥、程頤:《二程集》卷八《河南程氏文集》,中華書局 1981 年版,第582 頁。
② （清）朱彝尊:《經義考》卷一四一,林慶彰等:《點校補正經義考》第 4 册,臺北"中研院"中國文哲研究所籌備處 1997 年,第 815—816 頁。
③ 《道鄉集》卷二七,《全宋文》第 131 册,第 249 頁。
④ 同上書,第 250 頁。
⑤ （宋）程顥、程頤:《二程集》卷八《河南程氏文集》,第 584 頁。
⑥ 《晦庵先生朱文公文集》卷七五《中庸集解序》,朱傑人、嚴佐之、劉永翔主編:《朱子全書》第 24 册,上海古籍出版社、安徽教育出版社 2002 年版,第 3640 頁。
⑦ （宋）真德秀:《孟子要略序》引,《全宋文》第 313 册,第 164 頁。
⑧ （清）陸心源:《皕宋樓藏書志》卷八引,《全宋文》第 258 册,第 290—291 頁。
⑨ 《鶴山先生大全文集》卷五三,《全宋文》第 310 册,第 37 頁。

憂患後,屏居杜門,乃始深玩而精索之。其初也惛惛然,其後也汩汩
然,又其後也洋洋然,蓋所謂以身體之、以日用推之之驗也。①

陳氏嘗師從葉適,其學術淵源於永嘉。而朱熹在《論語要義目録序》中也
曾回憶過一生中研習《論語》幾個階段的體會,較陳氏爲詳。② 從上述例
證可以看出,研習經書的態度、方法和體會,是宋人寫作經解序時經常關
涉的話題。

總之,在宋代,經解序中引入經學觀念的闡説、習經態度方法的討論,
是這一文體應對時代學術訴求的必然結果。凡此種種論説,逐漸替代了
宋以前經解序中關於經書意義和作用的一般性闡説,而呈現出時代的學
術品格與豐富的學理内涵。這既是宋代經學重視義理、體驗和踐行等特
徵在文章領域的反映,也説明,經解序在受文體傳統規約同時,其形態的
確發生着顯著的變化。

值得注意的是,這種變化不僅僅表現在原先論説經書意義的部分,也
體現於介紹經書傳授流布和注釋情況的部分。宋以前經解序中,闡述經
書意義和作用之後,接下來的部分通常會對經書傳授流布和前代注釋的
情況作客觀性介紹,介紹舊注時亦會適當加上自己的評判甚至駁難。在
宋初的經解序中,這樣的模式依舊保持,但後來,對經書傳授流布的介紹,
變成對當代學術譜系的重新敘述,而對前代注釋的評介,也逐漸演變爲對
當代學術境況的描述和批評。這種變化更爲重要,因爲經解序既保留了
文體傳統所賦予它的敘述功能和特性,又將關注的焦點指向了當代學術。

先看重新敘述學術譜系的問題。朱長文作於紹聖元年(1094)的《春
秋通志序》篇幅很長,詳細回顧了《春秋》的詮釋史。三《傳》及其注釋之
後,繼以中唐啖、趙、陸釋《春秋》諸作,然後用了許多筆墨專門介紹本朝
孫復及其《春秋》學,最後説自己不受王安石熙寧時廢《春秋》的影響,"兼
取三《傳》,而折衷其是,旁考啖、趙、陸淳諸家之義,而推演明復之言,頗
系之以自得之説",③編成這部《通志》。從表面看,作者似乎是在客觀地
對《春秋》學史進行回溯,可假如與唐代或北宋早期的經解序作比較,不難
發現這裏的學術史敘述顯現出鮮明的主觀意圖:刻意强調了從啖助開始

---

① 《論孟紀蒙序》,《簣窗集》卷三,《全宋文》第 319 册,第 81 頁。
② 《晦庵先生朱文公文集》卷七五,《朱子全書》第 24 册,第 3613—3614 頁。
③ 《樂圃餘稿》卷七,《全宋文》第 93 册,第 152 頁。

直至孫復的新《春秋》學傳統,而淡化了啖助之前舊注的影響。作者這樣敘述,凸顯了宋人的學術主體意識,將自己當成學術史上的一環,而不是對前人注疏單純的仰視。到了兩宋之交,隨着道學影響的産生,經解序中這種重述學術譜系的現象越發明顯和多見。筆者注意到,楊時的《中庸義序》引程頤語:"不偏之謂中,不易之謂庸,中者天下之正道,庸者天下之定理,中庸之書,蓋聖學之淵源,入德之大方也。"這是宋代經解序中第一次引用道學家的話。接下來,楊時以不長的篇幅,敘述了孔子之後其學術傳承的譜系:

> 孔子殁,群弟子離散,分處諸侯之國,雖各以其所聞授弟子,然得其傳者蓋寡。故子夏之後有田子方,子方之後爲莊周,則其去本浸遠矣。獨曾子之後,子思、孟子之傳得其宗。子思之學,《中庸》是也,孟子之書,其源蓋出於此。則道學之傳,有是書而已。①

在他看來,孔子之學分爲兩系流傳,一系由子夏經田子方傳至莊子,②另一系由曾子經子思傳至孟子。前一系"去本浸遠",最終流爲道家,而後一系也就是通常所説的思孟學派,將《中庸》之學傳承下來。作者將後一系視作正統,並將之與"道學"建立關聯:"則道學之傳,有是書而已。"這最後一句尤爲關鍵,透露出楊時敘述學術譜系的目的,是將"道學"定爲孔子儒學的正傳。楊時是兩宋之際道學南傳的關鍵人物,爲道學的傳播不遺餘力,此處的敘述證明了這一點。同樣,南宋郭雍《傳家易説自序》在敘述學術史時,雖然也提了一下王弼,但最後卻以張載、程顥、程頤這"三先生"直接接續上周公、孔子、孟子的傳"道"譜系。這樣寫的原因大概在於,作者父親郭忠孝"受業伊川先生二十餘年",③並且是程頤去世之前最後與之對話的弟子。④ 又如張鳳作於淳熙七年(1180)的《尚書精義序》,

---

① 《楊龜山先生集》卷二五,《全宋文》第 124 册,第 252 頁。

② 雖然《史記·儒林列傳》有"如田子方、段幹木、吳起、禽滑釐之屬,昔受業於子夏之倫"的記載,但楊時此處説法實出於韓愈的《送王秀才序》,見韓愈撰、馬其昶校注《韓昌黎文集校注》卷四,上海古籍出版社 1986 年版,第 261 頁。

③ 《傳家易説》卷首,《全宋文》第 183 册,第 13—14 頁。

④ 《河南程氏遺書》卷二一下:"伊川先生病革,門人郭忠孝往視之,子瞑目而臥。忠孝曰:'夫子平生所學,正要此時用。'子曰:'道著用便不是。'忠孝未出寢門而子卒。"《二程集》,第 276 頁。

先爲理學大唱贊歌，後述《尚書》學史，於前代注家僅提孔安國一人，全然不道及北宋時期産生過巨大影響的王安石《尚書義》，卻説："皇朝祖宗全盛之際，關、洛有二張、二程之學，崇索理致，根乎聖賢心法，以發明千載不傳之秘而福後學，……一洗漢唐注疏舊習。"①綜觀宋人經解序中對學術譜系的敘述，筆者發現這樣一種發展趨勢，敘述中學術主體意識的凸顯逐漸轉化爲對道學家經學傳統的張揚，而有意遮蔽、淡化其他的注家、注釋的影響。到了宋末，歐陽守道作《四書集義序》，甚至已經需要解釋這樣的問題：朱熹的《四書集注》"爲傳世計至遠也，學者學此足矣"，爲何還要另外編一部《集義》呢？② 任何一種學術史敘述都不可能完全客觀，皆緣於敘述者自身的學術立場和傾向，尤其是道學家系統的學術史更是如此，今日已成共識。然宋人經解序中如此勾勒學術譜系，從文章寫作的角度説，改變了唐人對於前代注釋較爲客觀的介紹評價，使經解序的文本結構和重心發生了明顯的變異。

　　再來看宋代經解序對當代學術境況的描述和評判。前代經解序中通常會對歷代注經者和經解作評判，而且相當一部分持批評意見，但直接描述和批評當代經注及學術狀況的並不多見。宋人之作則頻頻指向同時代的經學和學術，其中對王安石新學的批評尤爲引人注目。較早在經解序中批評新學的人是蘇轍，他評論王安石廢《春秋》時説："近歲王介甫以宰相解經，行之於世，至《春秋》漫不能通，則詆以爲斷爛朝報，使天下士不得復學。嗚呼！孔子之遺言而淩滅至此，非獨介甫之妄，亦諸儒講解不明之過也。"③不列《春秋》於學官，是熙寧科舉改革和官方經學活動中的重大事件。蘇轍認爲這不單是王安石的責任，也和諸儒没有將《春秋》講解清楚有關。楊時的看法稍有不同："熙寧之初，崇儒尊經，訓迪多士，以謂三《傳》異同，無所考正，於六經尤爲難知。故《春秋》不列於學官，非廢而不用也。而士方急於科舉之習，遂闕而不講，可勝惜哉！"④他認爲王安石不列《春秋》，是因爲它太難懂，解釋難度太大，並不是對此經廢棄不用。而當時人不講《春秋》，是因爲其應試的功利心態作祟，而不能把《春秋》學的衰落全然歸咎於王安石。而對於廢《春秋》在士人中的實際影響，王

---

① 《尚書精義》卷首，《全宋文》第 274 册，第 437 頁。
② 《巽齋文集》卷一二，《全宋文》第 346 册，第 452 頁。
③ 《春秋集解引》，《春秋集解》卷首，《全宋文》第 95 册，第 259 頁。
④ 《孫先生春秋傳序》，《楊龜山先生集》卷二五，《全宋文》第 124 册，第 254 頁。

庭珪的《王彥休春秋解序》中有如此自述："余崇寧中始游廬陵郡學,是時朝廷方以經術訓士,薄海内外悉用三舍法,獨《春秋》不置博士,故鼓篋升堂,無問《春秋》者。"①可見一般士人趨於科舉功利,冷淡《春秋》之狀。

同樣,對於新學在當時的興盛和造成的巨大影響,由於經解序作者的學術立場不同,所述也大相徑庭。如偏向舊党的秦觀説:"自熙寧初,王氏父子以經術得幸,下其説於太學,凡置博士,試諸生,皆以新書從事,不合者黜罷之,而諸儒之論廢矣。"②晁説之也説:"僕年二十有四,偶脱去科舉事業,決意爲五經之學,不專爲一家章句也。是時,王氏之説列於學官者既尊,而又日有新説至自金陵,學者恥其得之後也,從而士子又務爲新異之説,寒士非其党者,莫能向邇以一言也。僕恨焉,豈無古人之師乎!"③這些描述都對新學的興盛持負面評價,但畢竟真實記録了當時的官學王氏新學盛極一時的境況。而到了鄒浩的筆下,敘述得就完全不同了:"神宗皇帝以道涖天下,於是造士以經,表通經者講於大學,以訓迪四方。時陸公佃《詩》,孫公諤《書》,葉公濤《周禮》,周公常《禮記》,而先生專以《易》授,諸公咸推先焉。先生蓋王文公門人之高弟也,三聖之所秘,文公既已發之於前,文公之所略,先生又復申之於後,始而詳説之,終以反説約。故自熙寧以來,凡學《易》者靡不以先生爲宗師,因以取上科,躋顯仕,爲從官,爲執政,被明天子所眷遇,而功名動一時者踵相躡而起,至於今不絶也。"④這裏所描繪的新學繁盛以及講學者、藉以取士者的景況,其價值判斷完全是正面的,對王安石及其學術未有絲毫不滿情緒,這也難怪,因爲此《易傳》的作者括蒼先生,正是王安石弟子龔原,而序文作者鄒浩又是龔原的學生。到了南宋前期,新學的影響還未完全褪去,理學又開始興起,兩者之間的矛盾便真切地反映於經解序中。如胡寅作於紹興二十四年(1154)的《魯語詳説序》,以道學家的立場,詳細記載了從他十六七歲開始目睹和親身經歷的新學沉浮,以及兩宋之際新學與道學的紛爭,⑤而度正作於嘉定十三年(1220)的《春秋集義序》中,也追述了宗尚道

---

① 《廬溪文集》卷三六,《全宋文》第 158 册,第 217 頁。

② (宋)秦觀撰,徐培均箋注:《淮海集箋注》卷三九《王定國注論語序》,上海古籍出版社 1994 年版,第 1273 頁。

③ 《太極傳後序》,《嵩山文集》卷一七,《全宋文》第 130 册,第 65 頁。

④ 《括蒼先生易傳叔》,《道鄉集》卷二八,《全宋文》第 131 册,第 258 頁。

⑤ 參見胡寅《斐然集》卷一九,《崇正辯斐然集》,中華書局 1993 年版,第 403—404 頁。

學的士人在新學風靡情況下的學術堅守。①

綜上所述，宋代經解序中無論是論説還是敘述的部分，都較前代有很大不同。對經書的質疑考證、對經學理念的闡説和對學術史及當代學術的敘述，此三者非但使經解序在宋代具備了豐富的學術内涵，更表明了這一文體對於時代學術訴求的積極回應，由此促使經解序的結構模式發生了鮮明變化。從更深的層次看，筆者認爲，撇開那些論學書信和筆記條目不談，宋人專門討論經學的文本形態大致有經解、語録、經論（包括經説、經義、經旨）和經解序四類。這些形態各具優長，以單篇文章形態呈現的是經論和經解序。經論以議論爲主，常辯駁舊説以立新義，其中一部分爲科場程文，有時專涉一端不及其餘，且多拘限於對某一句經文意義的討論。相對而言，經解序由於保留序文的傳統，兼有論説和敘述的成分，論説部分往往針對所解經書的整體性質、功能闡明看法，更爲宏觀，又因爲經解序是爲他人或自己的解經著作而撰，能夠對經書本身和經書注解加以評騭，比較充分地闡述自己對經學觀念，契合於宋代經學注重義理的特徵；敘述部分則契合於宋人的學派意識和學術史意識，爲他們重新書寫學術史，强調自己學派的影響力提供了極大的便利。總之，經解序具有別種文本所不具備的獨特學術功能，這就激發了宋人的創作欲望，也可以解釋爲什麼在宋代經學新變的背景下，經解序的創作會如此興盛了。

## 三、宋代經解序的文體選擇與文學趣味

除了文體傳統的規約和時代的學術訴求之外，決定宋代經解序文體形態的另一個重要因素是宋代古文的發展。它究竟對經解序的寫作産生了怎樣的影響？筆者想從兩個視角來討論。

首先是經解序的文體選擇。這裏的"文體"並不是指文類，而是指駢體和散體。筆者發現，留存至今的唐以前的 16 篇經解序，除了張璠的《易集解序》僅存一個殘句，無法判斷駢散，其餘 15 篇中僅有 2 篇是駢體，其他皆爲散體。留存至今的唐代 30 篇經解序中，蒲乾貫的《易軌序》僅存殘句無法判斷，其餘 29 篇中有 11 篇用駢體寫成，18 篇是散體。也就是説，到了唐代，用駢體創作經解序的情況大爲增加了。然而宋代以降，駢體經解序數量寥寥無幾，342 篇序文中，駢文僅有 7 篇，創作時間最晚的是范仲

---

① 參見《春秋集義》卷首，《全宋文》第 301 册，第 125—126 頁。

淹的《說春秋序》。另有一篇爲以四言爲主的韻文。其餘都是散體文,也就是古文。這就說明,在北宋初期之後,以散體寫作經解序成爲主流,贏得了廣大作者的認同。

那麼,爲何宋代的經解序主要以散體寫作呢? 散體文在寫作經解序方面究竟具有怎樣的優勢呢? 下面以詮釋《爾雅》的三部不同著作的序文爲例,看看以駢文、古文和韻文創作的經解序究竟有何差異。第一篇是《爾雅注疏序》,這是宋初人舒雅代邢昺所作,以駢體寫成。文中先說明《爾雅》的地位,認爲其"誠傳注之濫觴,爲經籍之樞要者也",進而交代《爾雅》成書之由,時間和空間的不同造成語言差異,於是"聖賢間出,詁訓遞陳",才有了《爾雅》。第三部分,介紹《爾雅》的流傳和注釋,尤其凸顯郭璞注"甚得六經之旨,頗詳百物之形"的成就。最後,交代了奉敕編纂《爾雅疏》的簡單情況。① 文章的敘述次第、格局基本上與孔穎達《五經正義》序等唐代經解序相似,語言則更爲平實。筆者注意到,儘管此文行文堪稱典正,但其中敘述、交代性的話語爲多,表明作者觀點的議論性語句很少。正面闡發本書編纂宗旨的只有"考案其事,必以經籍爲宗;理義所詮,則以景純爲主"這樣原則性的話,沒有體現出序文作者自身的經學思想和觀念;第二篇序文是南宋羅願的《爾雅翼後序》,此文是經解作者自序,以四言爲主的韻文寫成,有賦體的意味。文章先述儒家六經的產生,次言自古以來《爾雅》解說的一些弊端,"由古學廢絕,說者無所旁緣,風土不同,各據所偏"。最後自述編纂《爾雅翼》的目的及自我期許,斷言該書"千世之下,與《雅》並行"。② 客觀地說,這篇韻語自序的辭采比舒雅《爾雅注疏序》更爲華麗,也更重視鋪敘,但就其內在的意涵來說,並沒有多少突破,內中尚缺乏作者對於經書本身以及經書詮釋傳統的獨得之見;第三篇序文是鄭樵的《爾雅注序》。這也是經解作者自撰的序文,而以散體寫成。整個文章的器局明顯比前兩篇闊大。作者回避了《爾雅》的產生這類常規性話題,因爲《爾雅》是訓釋語詞之作,故鄭樵直截了當地提出《爾雅》與六經箋注之關係問題:"《爾雅》與箋注俱奔走六經者也,但《爾雅》逸,箋注勞。"進而深入闡述《爾雅》與經注的區別,認爲注經有"應釋"與"不應釋"之分,《爾雅》所釋,屬於應釋,而"後之箋注家反是,於人不應識者則略,應識者則詳",屬於不應釋。對於在經書不需解釋的地方予以

---

① 《爾雅注疏》卷首,《全宋文》第 3 册,第 133 頁。
② 《羅鄂州小集》卷三,《全宋文》第 259 册,第 277 頁。

解釋的現象,鄭樵是這樣看的:

> 正猶人夜必寢,旦必食,不須告人也。忽而告人曰:"吾夜已寢矣,旦已食矣。"聞之者豈信其直如此耳? 必曰:"是言不徒發也。"若夜寢旦食又何須告人? 先儒箋解虛言,致後人疑惑,正類此。①

　　這種頗富戲劇性的比擬,既明白形象地闡明了作者的意思,又使得行文驟然呈現出生氣,而且所擬問答之辭極爲口語化,這種戲劇化和口語化的寫法,在中唐以來的那些富有文學性的古文中是十分常見的,是古文創作技藝取得極大進展之後才可能產生的寫作手法。
　　通過比較三篇《爾雅》詮釋著作的序文不難發現,宋人選擇以散體作經解序,使其經學觀念借助古文這一形態得到了較爲充分的展現和闡發。雖然駢文和韻文具有典雅齊整的特色,能帶給讀者一種莊重感,但古文句子伸縮自如的特點,及其寫作技巧在宋代的大進展,賦予了經解序更大的學術空間和學術容量,也使作者在表達上更爲自由和自如。這些因素,都促成了經解序作者最終選擇散體而不是駢體或是韻文來寫作該類文章。
　　其次是經解序的文學趣味。經解序的寫作宗旨不在於審美,但並不等於說,作者寫作時没有美學上的追求。如前所述,唐代經解序中已顯現出一些文學性元素,宋代古文寫作技巧的發展,寫作經驗的積累,皆令經解序文本中時常呈現出一種文學趣味。衆所周知,序文是唐宋古文中文學成就極高的一類文體,宋代的詩文集序往往突破就書論書的單一模式,而熔記敘、抒情、議論於一爐,素爲後人稱道。經解序與之不同,其針對儒家經解而作,論説的是經學問題,敍述的是學術譜系,很容易流於枯燥乏味,質木無文。事實上,一部分作品也的確如此,不免冗長枯澀之病,但也有相當一部分作品善用多種修辭手法,化抽象爲形象,使文章呈現出一派生機。如蘇洵《洪範論敍》將《洪範》之行"譬諸律令":"其始作者非不欲人之難犯而易避矣。及吏胥舞之,則千機百穽。籲! 可畏也。"②司馬光的《古文孝經指解序》談到衆人都來解經的問題時,將經書比作射箭的靶子:"經猶的也,一人射之,不若衆人射之,其爲取中多也。"③薛季宣的《論

---

① 《爾雅鄭注》卷首,《全宋文》第 198 册,第 65 頁。
② 《嘉祐集箋注》卷八,第 204 頁。
③ 《溫國文正司馬公文集》卷六四,《全宋文》第 56 册,第 103 頁。

語直解序》將聖人治經比作工匠制器,①崔之方《春秋例要序》則説:"不知例要而欲知《春秋》,是猶舍舟楫之用而以濟夫川瀆者也。"②更有一些序文中使用多種不同的比喻,如楊時的《論語義序》云:

　　學者之視聖人,其猶射之於正鵠乎? 雖巧力所及有遠近中否之不齊,然未有不志乎正鵠而可以言射也。士之去聖人或相倍蓰,或相什伯,所造固不同,然未有不志乎聖人而可以言學也。道廢千有餘年,百家之言盈天下,學者將安取正乎? 質諸聖人而已矣。夫《論語》之書,孔子所以告其門人,群弟子所以學於孔子者也。聖學之傳其不在兹乎? 然而其言近其指遠,世儒以其近也易之,以爲童子之習而莫之究,入德之途,背而去之。如在荒墟之中,曾無蘧廬以托宿焉,況能宅天下之廣居乎? 善夫伯樂之論馬也,以爲天下馬不可以形容筋骨相,視其所視而遺其所不視,則馬之絶塵弭轍者無遺矣。余於是得爲學之方焉。夫道之不可以言傳也審矣,士欲窺聖學淵源,而區區於章句之末,是猶以形容筋骨而求天下馬也,其可得乎? 余於是書也,於牝牡有不知者蓋多矣,學者能視其所視,而遺其所不視,則於余言其庶矣乎。③

　　此文先將學者應"取正"於聖人,比作射箭要"射之於正鵠",復次強調學習《論語》的重要性,將其比作荒墟中的"蘧廬",是追求更深廣學問所必需的基礎。最後,將只通過章句之學來求得經書意義的"爲學之方",比作"以形容筋骨而求天下馬",徒視其形,而忽略其神,當然是不可能獲取經書真義的。這篇序文説理平實,但正因爲有了這三個比喻,全文論説層層深入又絲毫不覺拗折,讀來饒有趣味。

　　有時爲了能將自己的觀點説得更淺白有趣,使人容易接受,經解序的作者們在寫作上可謂煞費苦心,如南宋中期王宗傳的《童溪易傳序》,借主客問答的形式,通篇將注《周易》與注《本草》進行對比,其中有云:

　　而客有注《易》與《本草》孰先之問,爲陶隱居者則告之曰:"《易》

---

① 《浪語集》卷三〇,《全宋文》第 257 册,第 335 頁。
② 《春秋例要》卷首,《全宋文》第 97 册,第 89 頁。
③ 《楊龜山先生集》卷二五,《全宋文》第 124 册,第 250—251 頁。

先。"其説曰：注《易》誤，不至殺人；《本草》誤，人有不得其死者。嗚呼！自斯人不至殺人之言一發，而《易》之誤自此始矣。世之輕議是經者始紛紛矣。夫豈知《本草》誤，誤人命；注《易》誤，誤人心。人心一誤，則形存性亡，爲鬼蜮，爲禽獸，將無所不至，其禍不亦慘於殺人矣乎？隱居之言曰："《本草》誤，人有不得其死者。"殊不知注《易》誤，人有不得其生者。可謂智乎？①

　　文章内容並不複雜，無非是要强調《周易》對於"人心"的重要意義。通過與《本草》的對比，作者將原本理論性的、容易流於枯燥的闡説，化爲形象性的表達，在將《周易》與《本草》相提並論的過程中，《周易》重於《本草》這樣一個理念被清晰地表述了出來。這種通篇在性質不同對象間作對比和聯繫的寫法，在宋以前的經解序中，是未曾有過的。再如楊萬里的《習齋論語講義序》大談"讀書必知味外之味"的道理，將《論語》比作日常所食"稻粱"，又説"《論語》之書又非止於吾道之稻粱"，②通篇措辭直白又極爲活潑靈動，其實質則是將精神財富物質化，讓常人便於理解。

　　雖然宋代經解序的作者對文章的駕馭能力有高下之分，寫作技藝也不可能都像歐陽修等古文大家那樣爐火純青，但在具體寫作時有意涉筆成趣，增加了經解序的文學意味和審美價值。從上述例證可以看出，在有些文本中，偶爾出現文學元素不過是種點綴，在另一些文本中則關涉文章的立意、結構等全局性問題。無論是哪一種情況，都表明宋代古文創作技巧的發展和藝術性追求，不可避免地參與了經解序這樣一類學術性文類的塑形。經解序在宋代的繁榮及所呈現之面貌，與宋代散文的發展根本就是密不可分的。

## 四、宋以後經解序的創作傾向

　　在宋代，既有的文體寫作模式被打破，在變動的學術訴求之下，多種新的元素加入了經解序文之中，使這類文章創作興盛，並呈現出新面目。然而，在此之後，促動變化的某些因素或已然消失，或逐漸弱化。不能説

① 《童溪王先生易傳》卷首，《全宋文》第 287 册，第 175 頁。
② （宋）楊萬里撰，辛更儒箋校：《楊萬里集箋校》卷七七《誠齋集》，中華書局 2007 年版，第 3176 頁。

古文的寫作技巧在宋以後就没有發展,但宋以後至少没有了古文運動這樣重大的文體變革契機。再者,從南宋後期開始,經解序文中其實已經十分明顯地流露出崇尚道學,尤其是朱子學的傾向,這和道學影響的逐漸增强有關。而就經學的狀況來看,無論是北宋時期的經學革新,還是南宋時期爲道學樹立學術譜系,這種種學術契機,在元代已不可復現。那麽,在宋代以後,經解序文的形態又發生了哪些變化呢?

《全元文》中收録的經解序文達 262 篇,明、清兩代序文數量更是激增,已經無法作完全的統計,更不可能一一寓目。因此,在明代,這裏用黄宗羲編纂的大型明文總集《明文海》中所收録的全部經解序文,共計 33 篇。① 清代的序文數量更夥,本文以《清經解》中所收經解序文作考察的對象,共計 57 篇。這樣,元、明、清三代,筆者共選出 352 篇經解序文來進行分析。

宋代經解序文爲後世樹立了新的文體傳統,元、明、清三代的寫作,是在這一新傳統的籠罩之下展開的。這裏不妨分析一下宋代經解序文文體的構成要件,大致包括以下六項:一、對經書意義的闡發;二、對經書傳授流布的敘述;三、對前人注疏的評述;四、對學術傳承譜系的重新敘述;五、對當代學術的評論;六、對本經解撰寫情況的敘述。其中第一、二、三、六項是宋以前的序文形態中原有的,第四、五項是宋代新增的。並非每篇序文皆含此六項要件,但其構成大致不出此範圍。那麽,隨着元、明、清三代的學術嬗變,經解序文中會不會出現新的構成要件呢?一旦出現,必然導致文體形態發生新變化。筆者通讀 352 篇序文之後,並未發現新的要件出現,也就是說,經解序文無論如何構架,學術觀點無論多麽不同,所涉及的依舊是這六方面的内容。這裏不妨以明代徐渭的序文爲例。徐渭是世所公認的反叛型藝術家,被目爲"奇人",文風也與衆不同。從《明文海》收録其《詩説序》一文來看,徐渭想努力使序文變得獨特,富有文采,先從《孫子兵法》的注釋與戰爭的實際對比入手,以説明"凡書之所載,有不可盡知者,不必正爲之解,其要在於取吾心之所通,以求適於用而已",繼而又以瘙癢比喻讀書,才轉入《詩經》本身,可謂煞

---

① 文淵閣《四庫全書》本《明文海》共四八二卷,收文 4 300 多篇,《四庫全書總目提要》稱其爲"一代文章之淵藪,考明人著作者,當必以是編爲極備",文淵閣《四庫全書》本,臺北商務印書館 1986 年版,第 1453 册,第 2 頁。

費苦心。① 但無論是將經書與他書類比，還是比喻的使用，在宋代經解序中皆有所見，②稱不上是徐渭的發明，他並沒有爲經解序文提供新的構成要件。

但是也不能說，經解序文的形態在元、明、清三代，沒有任何新的變化。事實上，隨着經學發生所謂的"由理學到樸學"的轉變，經解序文逐漸走向了"專門化"，就是從一般討論經書意義和經學狀況最終走向了對經學具體領域中專門問題的闡述，成爲"專門之學"的載體。如王鳴盛《尚書後案》一開頭自問自答："《尚書後案》何爲作也？ 所以發揮鄭氏康成一家之學也！"③然後就開始直接討論古今文《尚書》的篇目問題。錢大昕的《儀禮管見序》因有"宋儒說經好爲新說，棄古注如土苴"等批判宋學的話語而聞名，不過其主體部分更像是對褚鶴侶《儀禮管見》一書寫下的一份學術評語和鑒定，具體而微，絶無空言。④ 至於另一些經解序，由於經解本身就是研究專門問題，所以序文當然聚焦於此，如段玉裁的《周禮漢讀考序》專門討論注字讀音，胡匡衷的《儀禮釋官序》則一開始就說："《儀禮釋官》何爲而作也？ 所以明侯國之官制也。"⑤正因爲討論的問題很專門，清代經解序文的學術價值就變得非常之高。余英時先生在討論序文源流時曾指出："爲並世學人的專門著作寫序，是清代的新發展。"因此是清代在序文上的"最大特色"。⑥ 其實，宋代經解序中有不少就是爲並世學人的專門著作而作，恐怕還稱不上是"清代的新發展"，但余先生進而認爲，乾嘉時期學術著作的序文"達到了當時最高的學術水準"，這是完全應當承認的。

清代經解序的專門化傾向，除了受到當時學術風氣的影響之外，其實與文體傳統的逐漸變化也有一定的關係。宋以後的經解序雖然沒有提供

---

① 《明文海》卷二一五，文淵閣《四庫全書》本，第 1455 册，第 385 頁；又見載《徐渭集》，中華書局 1983 年版，第 521—522 頁。

② 如南宋中期王宗傳的《童溪易傳序》，借主客問答的形式，通篇將注《周易》與注《本草》進行對比，見《童溪王先生易傳》卷首，《全宋文》第 287 册，第 175 頁。比喻的例子已見本文之前的論述。

③ 阮元、王先謙：《清經解·清經解續編》第 3 册，鳳凰出版社 2005 年版，第 3163 頁。

④ 《清經解·清經解續編》第 3 册，第 3717 頁。

⑤ 《清經解·清經解續編》第 5 册，第 6287 頁。

⑥ 余英時：《原"序"：中國書寫史上的一個特色》，載《清華大學學報》（哲社版）2009 年第 1 期。

新的文體構成要件,但在已有的六個要件的分量輕重上,還是有新變化。在筆者選取的元代經解序文中,對道學傳承譜系的强化和對道學家經學成就的頌揚,成爲非常普遍的現象。比如王義山《周衡齋四書衍義序》以頌揚朱子學術開頭,之後才談及《衍義》之書;①何夢桂的《章中時甫集禮書序》反復强調理學家對禮學的貢獻,②但這些内容,都是承宋代序文而來,並非元人的創獲。到了明代,情況有了一些變化,對於本經解及其編纂過程的介紹在序文中顯得更爲突出,論述經書意義的部分退居其次,如楊守陳《大學私抄序》開頭講自己久讀《大學》,有很多疑問,故"取所疑經傳易而置之,各録章句於其下",遂成《私抄》。③ 楊慎的《四書五經餘義序》也從《餘義》的成書和特點開始説起,然後再講四書五經的意義。④ 明人經解序中對於本經解的重視,固然是由於泛泛討論經書意義,已較難出新,也可視作學術主體意識增强的表現,爲清代經解序轉向對"專門之學"的討論埋下伏筆。

中國古代經解序文的發展歷史生動呈現了古典學術與文學的交互影響過程,它的形態變化充分表明,以往散落於文學研究者視域之外的數量龐大的古代文章,也就是有論者所稱的那些"叢聚與飄蕩在歷史墓場並得不到命名的游魂",⑤需要我們突破狹隘的"文學"觀念,尋找新的方法來分析。研究對象本身要求我們必須衝破古代散文研究中"内容/形式"或者"實用/審美"的二分法,以新的眼光重新審視對象本身。從更深的層面上説,對象本身正在呼唤我們,對中國"古代文學"的構成和邊界,進行新的思考。

（方笑一,華東師範大學古籍研究所研究員）

---

① 《稼村類稿》卷六,李修生主編:《全元文》第 3 册,江蘇古籍出版社 1999 年版,第 122 頁。
② 《潛齋先生文集》卷七,《全元文》第 8 册,第 120 頁。
③ 《明文海》卷二一三,文淵閣《四庫全書》本,第 1455 册,第 364 頁。
④ 《明文海》卷二一七,文淵閣《四庫全書》本,第 1455 册,第 415—416 頁。
⑤ 黄卓越:《書寫、體式與社會指令——對中國古代散文研究進路的思考》,載《北京大學學報》(哲學社會科學版)2010 年第 2 期。

# 阮刻《毛詩注疏》底本諸説之辨正

李慧玲

## 一、問題的提起

本文所説的《毛詩注疏》,是指刻成於清代嘉慶年間的、由阮元擔任主編的《十三經注疏·毛詩注疏》校勘本。阮元對其《十三經注疏校勘記》是頗爲自許的,自謂可與陸德明《經典釋文》相抗禮。嘉慶二十一年(1816)十二月,他特地上了一道《恭進〈十三經注疏校勘記〉》摺子,①以言宗旨。自阮刻《十三經注流》問世迄今,士人莫不許其爲善本。其所刻《十三經注疏》、所撰《校勘記》,近二百年中,沾惠幾代學人,功不可没。然而社會在進步,學術在發展,從今天看來,單就阮刻《毛詩注疏》而言,其可議者已非止一端。作爲後學,本着實事求是的學風,固無庸爲前賢諱也。

衆所周知,在古籍整理工作中,底本的選擇非常重要。整理者必須在衆多版本中,善中選善,優中擇優,方能立於不敗之地。以此爲准,則阮刻頗有值得檢討之處。

阮刻《毛詩注疏》選擇何本爲底本呢? 且看阮元在《宋本〈十三經注疏〉並〈經典釋文〉校勘記凡例》中的夫子自道:

> 《周易》《尚書》《毛詩》《周禮》《禮記》《春秋左氏傳》《公羊傳》《穀梁傳》《論語》《孟子》凡十經,以宋版十行本爲據。②

---

① (清)阮元:《揅經室二集》卷八,中華書局 1993 年版,第 589—590 頁。
② 《清經解》第 5 册,上海書店 1988 年版,第 279 頁。

阮元所説的"爲據"，就是作爲底本之意。可知阮元是以十行本作爲整理《毛詩注疏》的底本。

阮元何以選中了十行本呢？他在上舉《校勘記凡例》中説：

> 他本注疏，每半頁九行，此獨十行，雕版南宋，遞有修補，下至明正德間，其版猶存，爲注疏中之善本，與日本《七經孟子考文》所稱宋版多合。

他又説：

> 十行本，日本山井鼎所云"宋版"即此書。其源出於《沿革例》所云"建本有音釋注疏"，遞加修改，至明正德時。山井鼎云"與正德刊本略似"，不知其似二而實一也。是爲各本注疏之祖。①

他還説：

> 謹案《五代會要》，後唐長興三年，始依石經文字刻九經印板。經書之刻木板，實始於此。逮兩宋，刻本浸多。有宋十行本注疏者，即南宋岳珂《九經三傳沿革例》所載"建本附釋音注疏"也。其書刻於宋南渡之後，由元入明，遞有修補。至明正德中，其板猶存。是以十行本爲諸本最古之册。②

概括阮氏所持之理由，大致有"善本"、"宋版"、"各本注疏之祖"、"諸本最古之册"之説。阮氏以上諸説，在今天的學術界仍有很大影響。

本文的論述雖然是以阮校《毛詩注疏》爲對象，但由於阮校《周易》《尚書》《周禮》《禮記》《春秋左氏傳》《公羊傳》《穀梁傳》《論語》《孟子》等九經的底本也是十行本，所以，本文的論述也適用於以上九經。

筆者認爲，阮元所持之"宋版"説、"各本注疏之祖"説，與事實不符。此外，阮元將《九經三傳沿革例》的作者歸於南宋岳珂，亦屬張冠李戴。本

① （清）阮元：《〈毛詩注疏〉校勘記序·引據各本目録》，《十三經注疏》本，中華書局 1980 年影印版，第 267 頁。

② （清）阮元：《重刻宋版注疏總目録》，《十三經注疏》本，第 1 頁。

文在吸收前人研究成果的基礎上,將對以上諸説予以辨正。苟言有失當,敬希方家指正。

## 二、阮刻《毛詩注疏》用作底本的十行本
## 不是宋版,而是元刻明修本

筆者這樣説的根據有三:第一,根據國内外學者對此問題的論述及研究成果;第二,根據對真正的宋版十行本與阮元所謂"十行本"的對比;第三,根據對元刻明修本的目驗。下面依次論述。

### (一)國内外學者對此問題的論述及研究成果

1. 顧千里《撫本禮記鄭注考異序附記》云:

> 南雍本,世稱十行本,蓋原出宋季建附音本,而元明間所刻。正德以後,遞有修補,小異大同耳。李元陽本、萬曆監本、毛晉本則以十行爲之祖,而又輾轉相承。今於此三者不更區別,謂之俗注疏而已。①

按:顧氏所謂南雍本,謂明代南京國子監本。顧氏此説,可以視爲學術界把十行本定爲元刻明修本的首倡,在舉國上下皆以爲宋刻之時,不啻空谷足音,受到當時很多學者的質疑,這從清代山東聊城海源閣主人楊紹和的論述中不難看出:

> 顧澗蘋居士則謂:"南雍本乃元明間從宋建附音本翻刻,正德以來遞有修補。"予按:南雍本,前人皆定爲宋刻。……顧以爲元明間刻,似未甚確。②

我們知道,阮刻《十三經注疏》中的《毛詩注疏》,其實際校勘者正是顧千里。據筆者目前掌握的資料,顧氏《撫本禮記鄭注考異序後記》寫於

---

① (清)顧千里:《思適齋集》卷七,《續修四庫全書》第1491册,上海古籍出版社2002年版,第61頁上。
② (清)楊紹和:《楹書隅録》卷一《宋本附釋音春秋左傳注疏》,《續修四庫全書》第926册,第572頁上。

嘉慶十一年(1806),①此時阮刻《十三經注疏》工作正在進行中。顧氏把他的這個看法告訴了阮元沒有,不得而知,至少在《毛詩注疏校勘記》中没有得到絲毫反映,而今赫然入目的是阮元作爲主編的一家之言,即十行本就是山井鼎所説的"宋版"。

阮元的"宋版"説,與顧氏的"元明間所刻"説,是互不相容的。在當時,顧氏作爲一個實際校勘者,只能放棄自己的看法,服從主持者的意見。我們現在依然不能理解,爲什麽顧氏不堅持自己的觀點,也不能明白爲什麽阮元對顧氏的研究成果視若無睹。因此,由於主持者的疏忽或固執己見,一項重大的文化工程留下了缺憾。

2.《中國古籍善本書目·經部》著録《十三經注疏》三百三十五卷,元刻明修本,其中含有《附釋音毛詩注疏》(按:下文用以和足利本核對的"北京圖書館所藏的元刻明修本《毛詩注疏》"即指此)二十卷。②

按:此元刻明修本中的《周易》《尚書》《毛詩》《周禮》《禮記》《春秋左氏傳》《公羊傳》《穀梁傳》《論語》《孟子》十經,即阮元用作底本的十行本。理由如下:

首先,阮元自己説:

> 《周易》《尚書》《毛詩》《周禮》《禮記》《春秋左氏傳》《公羊傳》《穀梁傳》《論語》《孟子》凡十經,以宋版十行本爲據。《孝經》以翻宋本爲據。《儀禮》《爾雅》無十行本。③

在阮元那裏,十行本只有十種,缺少三種:《儀禮》《爾雅》和《孝經》。而《中國古籍善本書目·經部》第 9 頁著録之《十三經注疏》,也恰恰是沒有十行本的《儀禮》《爾雅》和《孝經》。其中的《儀禮》善本,采録的是《儀禮》十七卷、《儀禮圖》十七卷、《旁通圖》一卷,宋楊復

---

① 李慶:《顧千里研究》(上海古籍出版社 1989 年版,第 105 頁)嘉慶十年七月條:"是時,張古餘向千里問及諸經刊刻源流,千里以所見對。"李注云:千里《撫本禮記鄭注考異後序》云:"去年廣圻道過揚州,時陽城張古餘先生在郡,見詢群經轉刻源流,廣圻因歷舉凡先後所見以對。此《撫州禮記鄭注》其一也。"(第 108 頁)此文所作時間爲嘉慶十一年。故"去年"當在嘉慶十年。

② 《中國古籍善本書目·經部》,上海古籍出版社 1989 年版,第 9 頁。

③ (清)阮元:《宋本〈十三經注疏〉並〈經典釋文〉校勘記凡例》,《清經解》第 5 册,第 279 頁。

撰。顯而易見,此本的《儀禮》一經,不但不是十行本,而且也不是注疏體。這表明《中國古籍善本書目》著録與阮元上述《校勘記凡例》所言的吻合。

其次,日本著名漢學家長澤規矩也認爲:

> (明刊本)合刻本中最早的雖然是正德十行本,十三經之中,《儀禮》並非注疏,而且是由單經本與《儀禮圖》《儀禮旁通圖》構成,《爾雅》則配元刊九行本,只有《孝經》爲新刻。其餘十經,按照舊説認爲宋刊本,其實是元刊十行本之後印。①

長澤規矩也還説:

> 正德本,正如元刊十行本,缺少《儀禮》《孝經》與《爾雅》,阮元一開始也没有得到這三經。②

這兩段話均與阮元上述《校勘記凡例》所説吻合。

由以上三個吻合,筆者作出推斷:阮元用作底本的十行本是元刻明修本。《中國古籍善本書目·經部》於 20 世紀 80 年代中期出版,這表明了當代中國版本學家對十行本的權威認定。

3. 嚴紹璗談到此十行本時這樣説:

> 足利學校藏本中,尚有宋建安劉叔剛刊十行初印本《附釋音毛詩注疏》二十卷三十冊。原來自南宋初年"注"、"疏"合刊後,坊間更把唐陸德明所撰之《經典釋文》,據經文注疏而加以分合,是爲"附釋音本"。後代傳世之明正德年間刊十行本,即爲此種"附釋音本"。世人有以此明正德十行本爲宋刊的元明修補本,實是不妥。足利學校所藏此宋刊本,即爲此種《附釋音毛詩注疏》的祖本。清人阮元據以校《十三經注疏》的明正德十行本,是元人覆刻本的明

① [日]長澤規矩也:《十三經注疏版本略説》,原載《長澤規矩也著作集》第 1 卷,(東京)汲古書院 1982 年版。筆者所見爲《中國文哲研究通訊》第十卷第四期,臺北"中研院"中國文哲研究所 2000 年版,第 51 頁。

② [日]長澤規矩也:《正德十行本注疏非宋本考》,《長澤規矩也著作集》第 1 卷,第 45 頁。

修補本,非爲原本。①

可見嚴紹璗認爲阮刻《毛詩注疏》用作底本的十行本是元刻明修本,現藏足利學校的《附釋音毛詩注疏》才是宋刊本。

4. 20 世紀 90 年代,業師朱傑人先生爲了探求阮元聲稱用作底本的十行本與日本足利學校所藏宋版《毛詩注疏》的異同真相,特地將北京圖書館所藏元刻明修本《毛詩注疏》書影四頁寄給當時旅日的蔣見元先生,請他代爲核查。蔣見元先生在核查之後回信説:

> 據弟看來,足利本和北圖本是一個系統的本子,即均是南宋建刻十行本。但系統雖同,刻本則異。兩個本子的字體風格及寫法,都有明顯區別。足利本"讓"字缺末筆避諱,北圖本則不避;北圖本《毛詩正義序》有一"於"字漏刻最後兩點,作"扵",足利本則不漏刻;北圖本《詩譜序》"故以制禮爲限"一句之"禮"字作"禮",而足利本仍作"禮"。凡此種種,可見異同。

這實際上是拿真十行本與假十行本來比較,通過比較,發現問題。蔣見元先生的回信文字,意味着對阮説的否定。

5. 上面已經引用過的長澤規矩也《正德十行本注疏非宋本考》一文,是一篇版本考的力作,也是談十行本的必讀之作。他説:

> 宋刊宋印的十行本注疏,就個人所知,只有足利學校遺迹圖書館所藏的《附釋音毛詩注疏》二十卷首一卷三十册,以及《附釋音春秋左傳注疏》六十卷二十五册。其中,《毛詩》乃是傳存的宋刊諸本中相當罕見的初印本,印刷格式是每半頁十行,每行大十八字,小雙行二十三字,白口,左右雙邊,有耳格。②

這就是説,《毛詩注疏》的宋刊宋印十行本,殆天壤間僅此一本。長澤

---

① 嚴紹璗:《漢籍在日本的流布研究》,江蘇古籍出版社 1992 年版,第 261—262 頁。

② [日] 長澤規矩也:《正德十行本注疏非宋本考》,《長澤規矩也著作集》第 1 卷,第 41 頁。

規矩也從刊行者的身份、版式、有無補刻之頁、刻工的對比、避諱字、版心的年號諸方面加以考證，得出結論："在以上明證下，吾人認爲，正德十行本乃是由元刊本補修而成，且或許根據的就是泰定刊本。"文章中也提到："即使如阮元的博學，也相信是宋刊本的説法。真正的宋刊十行本，阮元並没有直接用來校勘。"

至此，我們可以説，中日兩國的學者不約而同地得出共識：阮元用作校勘《毛詩注疏》的底本十行本，並非宋版，而是元刻明修本。

## （二）對真正的宋版十行本與阮元所謂"十行本"的對比情況

筆者有幸從導師朱傑人先生處看到真正的宋版十行本《毛詩注疏》的影印本，此本封面右上題"足利學校秘笈叢刊第二"，右下題"足利學校遺迹圖書館後援會刊"。此本乃據宋刊宋印十行本之初印本影印，即山井鼎《七經孟子考文補遺》稱之"宋版"者，卷首《毛詩正義序》後有篆文牌記四，其文分別爲"劉氏文府""叔剛""桂軒""式經堂"，爲宋季建陽劉叔剛所刊。

筆者持此足利學校所藏十行本（下稱"足利本"）與阮本作爲底本的十行本比較，確認二本確屬同一版本系統，但刻本有早晚之别。通過比較，發現足利本之佳處有四。茲以足利本卷一之一爲例説明如下：

1. 十行本多有剜添而足利本文字完整（没有剜添）。例如：

第53頁（按，此頁碼以足利本爲據，下同）第2行孔疏：皆用此上六義之意　阮校云："閩本、明監本、毛本同。案十行本'上'至'之'剜添者一字。"按：足利本無剜添。

第63頁第7—8行孔疏：風也小雅也大雅也頌也此四者人君行之阮本同（阮本同，謂阮元校勘以後的今本同）阮校云："十行本'大'至'之'剜添者三字，是'此四者'三字衍也。"按：據阮校可知，十行本有剜添，而此足利本無剜添。又，阮校未見真正的宋刊宋印十行本，遽云"此四者"三字衍，涉嫌孟浪。

2. 足利本是而十行本誤者。例如：

第35頁第5行孔疏：不以不次爲無筭也　十行本下"不"字作"數"，阮校云："閩本、明監本、毛本'數'作'不'。按'不'字是也。"此處足利本不誤。

第35頁第9行孔疏：典籍出於人間各專門命氏　十行本作"典籍出於人滅各專間命氏"，阮校云："毛本'人滅'作'人間''專間'作'專門'

是也。"此處足利本不誤。

第66頁第9行孔疏：憂在進賢　　十行本作"愛在進賢"。阮校云：
"毛本'愛'作'憂'。案'憂'字是也。"此處足利本不誤。

3. 足利本遇避諱字皆闕末筆，而十行本不避。例如：

第4頁第5行："趙弘智"之"弘"，避太祖父諱，闕末筆。

第13頁第10行："齊桓晉文"之"桓"，避欽宗諱，闕末筆。

第45頁第4行："先王慎所以感之者"之"慎"，避孝宗諱，闕末筆。

第80頁第9行："故體無恒式也"之"恒"，避真宗諱，闕末筆。

4. 足利本天頭有校勘記。校勘記當爲日本學者所作，但未能確指爲
誰。這些天頭的校勘記頗有參考價值，可以幫助我們發現阮本的失校。
例如：

第15頁第2行孔疏："據詩之首君爲文。"天頭校云：君，當作尾。

按：十行本同，但阮失校。見阮本第263頁倒數第8行（小字雙行爲
一行。又，此謂中華書局縮印本。下同）。

第24頁第9行孔疏："草蟲采蘋朝廷之妻。"天頭校云：妻，當作事。

按：十行本同，但阮失校。見阮本第265頁小字第11行。

第49頁第7行孔疏："止云頌今之德。"天頭校云：止，當作上。

按：十行本同，但阮失校。見阮本第271頁"六曰頌"以後的第
11行。

### （三）對元刻明修本的目驗

筆者導師朱傑人先生爲我提供了他以前復印的北京圖書館所藏元
刻明修本《附釋音毛詩注疏》（卷一之四）的影本。持足利本與此影本
對比，二者明顯有精粗之分。此本刻工書法不如足利本，字形亦大小不
均。表示孔疏的"疏"字，足利本是⊕，此本"疏"字則上下是弧線，左右
是直線。

此本的內容也與阮元所謂的十行本完全相同。例如：

阮校《草蟲》孔疏云：還來歸宗謂被出也　　閩本、明監本、毛本"謂"
上衍"有此之義故己所以憂歸宗"11字。①

今按：此本同十行本，不衍。

---

① 《毛詩正義》卷一之四，《十三經注疏》本，第290頁上。

阮校《行露》孔疏云：天子以娉女　　閩本、明監本、毛本"娉"誤
"聘"。①

今按：此本同十行本，亦作"娉"。

阮校《羔羊》孔疏云：唯麑裘素也　　閩本、明監本、毛本"麑"誤
"麛"。②

今按：此本同十行本，亦作"麑"。

總括以上證據，筆者認爲，阮元用作底本的十行本，不是宋版，而是元
刻明修本。

## 三、試論阮元所以將十行本誤作宋版之原因

阮元用作底本的十行本，在山井鼎、物觀的《七經孟子考文補遺》中被
稱作"正德本"。阮元對此有明確的説明：

> 宋十行本，按他本注疏，每半頁九行，此獨十行，故世謂之十行
> 本。溯其源，蓋即岳珂《九經三傳沿革例》所謂"建本有音釋注疏"是
> 也。修版至明正德間止，亦即山井鼎所謂正德本是也。③

應該説，在阮元生活的時代，正德本就是國內存世十行本中最早的版
本了。從這一點上來説，我們應該肯定阮元。但十行本的真正宋本在日
本，且數量不多，只有兩種，即《毛詩注疏》和《春秋左傳注疏》，④阮元無法
看到。版本之學，重在目驗。阮元無法目驗，他只能從《七經孟子考文補
遺》中捕捉信息。對於捕捉到的信息，能夠予以正確分析並得出正確結
論，殊非易事。在此問題上，山井鼎提供的信息並沒有錯，是阮元理解錯
了。山井鼎在論及所校諸本時説：

> 有曰宋板者，乃足利學所藏《五經正義》一通。所以識其爲宋板

---

① 《毛詩正義》卷一之四，《十三經注疏》本，第290頁下。
② 同上。
③ （清）阮元：《〈尚書注疏〉校勘記序·引據各本目録》，《十三經注疏》本，第
112頁。
④ ［日］長澤規矩也：《正德十行本注疏非宋本考》，《長澤規矩也著作集》第1
卷，第41頁。

者,字體平穩如錢大,欵格寬廣,每行字數,參差不齊,絶無明世諸刻輕佻務整齊者之態,且凡字遇宋諸帝諱,輒缺其點畫。①

這是山井鼎通過目驗得出的結論,是可信的。所謂"五經",指《周易》《尚書》《毛詩》《禮記》《左傳》。山井鼎把《五經正義》都定爲宋版是没有錯的。要説錯的話,是山井鼎把宋代的八行本和十行本摻和到一塊了。此事詳下。山井鼎在《凡例》中又説:

有曰正德本者,乃明正德刊《十三經注疏》,世稀有之。②

這就是説,在山井鼎那裏,宋版是宋版,正德本是正德本,二者涇渭分明。對於《毛詩注疏》的宋版與正德本的相同之處,山井鼎也作了説明:

足利宋板《毛詩》、《春秋》二經,篇題共有"附釋音"三字,與正德板十三經本稍同。二經卷數,全與今本同,其説詳見於《左氏》考文卷首也。③

所謂"全與今本同"之"今本",據該書《凡例》,知謂正德本、嘉靖本、萬曆本、崇禎本四種附釋音注疏本。現在我們已經知道,拿宋版《毛詩注疏》來説,它和正德本的相同之處,在大的方面就有兩點:都是"附釋音"本,此其一;卷數相同,此其二。在所謂"《左氏》考文卷首",山井鼎又説:

足利所藏《五經正義》者,上杉安房守藤原憲實所捐也。今閲《周易》《尚書》《禮記》,文字甚佳,宋板無疑。其《毛詩》《左傳》,刻劣三書,二部共題曰"附釋音",《毛詩》《春秋》編入陸德明《經典釋文》,蓋與正德刊本略似矣,其分卷數與今之注疏諸本同,而不合於孔穎達

---

① ［日］山井鼎:《七經孟子考文補遺·凡例》,《叢書集成初編》第115册,中華書局1983年版,第2頁。

② 同上。

③ ［日］山井鼎:《七經孟子考文補遺·毛詩注疏卷第一［一之一］》,《叢書集成初編》第116册,第215頁。

《正義序》。①

山井鼎所説的"蓋與正德刊本略似矣",意思是説,《周易》《尚書》《禮記》三經,没有編入陸德明《釋文》,而《毛詩》《左傳》二經編入了陸德明《經典釋文》,所以"與正德刊本略似",因爲正德本也附有《經典釋文》。從這段話可以看出,山井鼎已經嗅到《五經正義》之間的差異,可惜他没有深追下去。據此可知,儘管山井鼎看出了宋版與正德本之間的相似之處,但並没有把二者混爲一談。阮元就不同了,他没有對山井鼎的話仔細體會,就認爲兩種不同的版本"似二而實一",未免失於武斷。

是阮元自己理解錯了,他反倒批評起山井鼎來。阮元一句"不知其似二而實一也",等於明白無誤地宣稱:正德本就是宋版。筆者認爲,由於阮元看不到山井鼎所説的真正宋版,僅僅憑着他手裏的正德本與宋版有相同之處(同附釋音,同卷數,同爲十行本),就錯誤地把二者混爲一談,無意中在客觀上拔高了正德本的地位。

## 四、阮刻用作底本的十行本並非"各本注疏之祖",注疏合刻之祖是八行本

筆者認爲,阮元用作底本的十行本並不是"各本注疏之祖"。如果説阮元把他用作底本的十行本視爲宋版是一誤的話,那麽,阮元把他用作底本的十行本進一步視爲"各本注疏之祖"是再誤。

注疏合刻,不但是版刻史上的大事,而且也是經學史上的大事。筆者認爲,如果要説"各本注疏之祖"的話,非八行本莫屬。有關八行本的來歷,詳見八行本《景宋本禮記正義》黄唐跋:

> 六經疏義,自京、監、蜀本,皆省正文及注,又篇章散亂,覽者病焉。本司舊刊《易》《書》《周禮》,正經注疏,萃見一書,便於披繹。它經獨闕。紹熙辛亥仲冬,唐備員司庚,遂取《毛詩》《禮記》疏義,如前三經編匯,精加雠正,用鋟諸木,庶廣前人之所未備。乃若《春秋》一

---

① ［日］山井鼎:《七經孟子考文補遺·春秋左傳》,《叢書集成初編》第 118 册,第 515 頁。

劉永翔教授嚴佐之教授榮休紀念文集

經,顧力未暇,姑以貽同志云。壬子秋八月三山黃唐謹識。①

這個跋語很重要,它爲我們探討"各本注疏之祖"提供了直接的證據和線索,值得字斟句酌,細細品味。按:黃唐所謂"六經疏義",當指孔穎達《五經正義》加上賈公彥《周禮疏》而言(詳下)。所謂"京、監、蜀本",即《沿革例》論及版本時首先提到的京師大字舊本、監中現行本、蜀大字本。所謂"皆省正文及注",意謂以上這些"六經疏義"的刻本,均爲單疏本形式。單疏本與注疏合刻本的最大區別是,單疏本是以疏爲主,不出現完整的經文和注文。所疏之經文、注文,多以"某某"至"某某"、注"某某"至"某某"這類表示起訖之字樣提醒讀者。乾嘉學者陳鱣歸納爲:"原本單疏,並無經注。正經注語,惟標起止,而疏列其下。"②語頗精練。單疏本的缺點是容易使讀者對經文、注文缺乏整體認識,如欲探尋經文、注文究竟,則需兩讀,所以不便披繹。而注疏合刻本是以經文、注文爲主,而將疏文有機地分散於經文、注文之下,讀者有此一編在手,即無須他求,所以便於披繹。屈萬里云:

> 義疏之刻,始於宋太宗,自端拱元年起,迄淳化五年止,先後七年間,凡刻《易》《書》《詩》《春秋左傳》《禮記》等五經《正義》於國子監,然皆單刻義疏,不附於經注之下,即世所謂單疏本也。旋又刻《周禮》等七經義疏於杭州,亦爲單疏本。③

據此可知版刻史上著名的單疏本雕版始於北宋。而黃唐所云"正經注疏,萃見一書",也就是説將經文、注文、疏文三者有機地彙編在一起。即此一句,則"各本注疏之祖"非八行本而何!

《周易注疏》《尚書注疏》《周禮注疏》,這是第一批八行本的問世,凡三種。其刊刻時間,黃跋只説"本司舊刊",未説具體年月。但是,由於以上三經注疏的刊行時間就是注疏合刻的時間,在經學史上意義重

---

① 《景宋本禮記正義》第四函,24册末黃唐跋文,中國書店 1985 年影印本。

② (清)陳鱣:《經籍跋文·宋版周易注疏跋》,《續修四庫全書》第 923 册,第656 頁下。

③ 屈萬里:《〈十三經注疏〉版刻述略》,《書傭論學集》,(臺北)聯誼出版公司1984 年版,第 216 頁。

大,所以引起國内外學者的關注。諸家持論不一,其中有代表性的爲以下四説。

（一）阮元之刻於北宋末年説

阮元曾經説：

> 見《七經孟子考文・左傳考文》載黄唐《禮記跋》云："本司舊刊《易》《書》《周禮》,正經注疏,萃見一書,便於披繹。它經獨闕。紹興辛亥,遂取《毛詩》《禮記》疏義,如前三經編匯,精加雠正。"蓋注疏合刻,起於南北宋之間,而《易》《書》《周禮》先刻,當在北宋之末也。①

（二）屈萬里之刻於宋高宗時説

屈萬里在《十三經注疏版刻述略》中説：

> 瞿氏《鐵琴銅劍樓藏書目録》著録有《周易注疏》十三卷,爲陳仲魚故物。每半頁八行,避諱至"構"字止,"慎"字以下不缺筆。此當即浙東茶鹽司在黄唐以前所刊之本,由其諱字證之,知刻於高宗時。注疏之有合刻本,亦即始於是時也。②

（三）河又正司之刻於宋高宗紹興末年説

日本學者河又正司曾作文論述這一問題,他根據《易》《書》《周禮》三經八行本之宋諱缺筆和刻工姓名比較,斷定"八行本最初的刊行應可推定於紹興末年"。③

（四）長澤規矩也之刻於宋孝宗乾道、淳熙年間説

長澤規矩也説：

> 越刊八行本注疏,若以現存本爲討論基礎,則原本應是兩浙東路

---

① （清）阮元：《〈尚書注疏〉校勘記序・引據各本目録》"宋版"條,《十三經注疏》本,第112頁。

② 屈萬里：《書傭論學集》,第222頁。

③ ［日］河又正司：《注疏分合的問題》,載《東洋文化》第107號,昭和8年5月。轉引自《中國文哲研究通訊》第十卷第四期,臺北中研院中國文哲研究所2000年版,第34頁。

茶鹽司所刊,乾道、淳熙年間首先刊行《易》與《周禮》,接着刊行《尚書》。①

以上四説,阮説之誤,今日學者類能知之。蓋山井鼎《考文》將"紹興辛亥"誤作"紹熙辛亥",②阮元據誤本爲説也。其餘三説,筆者以長澤規矩也之説爲是。

第二批八行本二種,即《毛詩注疏》《禮記注疏》,據上引黃唐跋,則刻成於宋光宗紹熙三年壬子(1192)。對此,今日學術界已無異議。

第三批八行本只有一種,即《左傳注疏》。《左傳注疏》的刊刻者,中日兩國學者多認爲是沈中賓。例如,阮元《春秋左傳注疏校勘記序·引據各本目録》云:"《宋本春秋正義》三十六卷,宋慶元間吳興沈中賓所刊。"③日本學者長澤規矩也《越刊八行本注疏考》云:"慶元年間,沈中賓刊刻《左傳》。"④由於阮刻爲學界所重,此後之談八行本《左傳注疏》者,無不承襲阮氏之説。就筆者所見,沿用阮説者有張金吾《愛日精廬藏書志》、莫友芝《邵亭知見傳本書目》、屈萬里《十三經注疏版刻述略》、汪紹楹《阮氏重刻宋本〈十三經注疏〉考》等。

筆者認爲,關於《左傳注疏》的刊刻者及刊刻時間,有三點需要辨正:第一,"沈中賓"當作"沈作賓",人名有誤;第二,《左傳注疏》的刊刻者,應是兩人,前期刊刻者是汪義端,後期刊刻者是沈作賓,不應由沈作賓一人擅美;第三,説《左傳注疏》刻於慶元年間,稍嫌籠統,有資料證明,刻成於慶元六年(1200)。

張金吾《愛日精廬藏書志》卷五引曰:

中賓叨蒙異恩,分閫浙左,仰體聖天子崇尚經學之意,唯恐弗稱。訪諸僚吏,則聞給事中汪公之爲帥也,嘗取國子監《春秋經傳集解正義》,參以閩、蜀諸本,俾其屬及里居之彥,相與校讎,毋敢不恪。又自取而觀之,小有訛謬,無不訂正。以故此書純全,獨冠他本。不憚廣

---

① [日]長澤規矩也:《越刊八行本注疏考》,載《長澤規矩也著作集》第 1 卷,第 31 頁。轉引自《中國文哲研究通訊》第十卷第四期,第 39 頁。

② [日]山井鼎:《七經孟子考文補遺·春秋左傳》,《叢書集成初編》第 118 册,第 515 頁。

③ 《十三經注疏》本,第 1701 頁。

④ 轉引自《中國文哲研究通訊》第十卷第四期,第 39 頁。

費,鳩工集事,方殷而遽去。今檢正俞公以提點刑獄兼攝府事,亦嘗加意是書,未畢而去。中賓竊惟《春秋》一經,褒善貶惡,正名定分,萬世之權衡也,筆削淵奧,雖未易測知,而《左氏傳》、杜氏《集解》、孔氏《義疏》,發揮聖經,功亦不細,萃爲一書,則得失盛衰之迹,與夫諸儒之説,是非異同,昭然具見。此前人雅志,繼其後者,事可已乎!遂卒成之。諸經《正義》既刊校倉臺,而此書復刊於郡治,合五爲六,炳乎相輝,有補後學,有裨教化,遂爲東州盛事。昔熙、豐大臣,疑是經非聖哲之書,不列於學官,識者痛之。中興以來,抑邪訛,尊聖經,乃復大顯,以至於今。世道所關,不可以無述也,於是乎書。慶元庚申(1200)二月既望,吳興沈中賓謹題。①

由此《後序》可知,八行本《春秋左傳正義》的校刻,始於浙東帥汪公(汪義端),刻成於寧宗慶元六年。

沈作賓,《宋史》有傳,其略云:

沈作賓,字賓王,世爲吳興歸安人。……慶元初,歷官至淮南轉運判官,以治辦聞。……擢太府少卿,總領淮東軍馬錢糧,繼升爲卿。尋除直龍圖閣,帥浙東,知紹興府。②

所謂"帥浙東,知紹興府",正與《後序》中之"叨蒙異恩,分閫浙左"吻合。知"作賓"之名不當作"中賓"者,除《宋史》本傳外,宋周南《山房後稿》有《沈作賓除戶部侍郎制》,真德秀《西山先生真文忠公文集》(即《西山文集》)卷一九有《賜太中大夫守尚書戶部侍郎兼詳定勅令官沈作賓乞畀外祠不允詔》,③皆稱"作賓",而他書稱"沈作賓"者亦不一而足,故知當作"作賓"也。又,沈氏《後序》中之"汪公",當謂汪義端。汪義端,宋施宿《會稽志》卷二、明淩迪知《萬姓統譜》卷四六有其小傳,④其帥浙東,約

---

① 《愛日精廬藏書志》卷五"慶元刊本《春秋左傳正義》三十六卷"條下所附沈作賓《後序》,《續修四庫全書》第925册,第279頁。

② (元)脱脱等:《宋史》卷三九〇,中華書局1977年版,第11960—11961頁。

③ (宋)周南:《山房後稿》,文淵閣《四庫全書》本,第1169册,第128頁上;《西山先生真文忠公文集》,《四部叢刊》本,第320頁下。

④ 《嘉泰會稽志》,《宋元方志叢刊》第7册,中華書局1990年影印本,第6760頁上;《萬姓統譜》,文淵閣《四庫全書》本,第956册,第706頁下。

在慶元四年、五年。是八行本《左傳注疏》之刊刻，肇始於汪義端，而蕆事於沈作賓也。然則，由浙東茶鹽司刊行的八行本三批六種，歷經孝宗、光宗、寧宗三朝，方始全部完成。

綜合以上資料，可以論定八行本乃“各本注疏之祖”。實際上，在略早於阮元的乾嘉學者中就有一些人認爲注疏合刻是始於八行本，只不過言辭隱約，不夠明顯罷了。例如，錢大昕就説過：

> 紹興初所刻注疏，初未附入陸氏《釋文》，則今所傳附釋音之注疏，大約光、寧以後刊本耳。①

錢氏雖然没有明説八行本是注疏合刻之祖，但認爲附釋音之十行本之刊刻在八行本之後，則孰爲“各本注疏之祖”，不言自明。再如陳鱣云：

> 注疏合刻，起於南北宋之間。至於《音義》，舊皆不列本書。附刻《音義》，又在慶元以後，即《九經三傳沿革例》所謂“建本有音釋注疏”是也。②

陳氏“注疏合刻，起於南北宋之間”之説無據，但認爲附釋音注疏本在注疏合刻本之後，無異於説十行本在八行本之後。

至於現代學者，以八行本爲“注疏之祖”則已經成爲學者共識。例如，北京圖書館編《中國版刻圖録》著録孔穎達《禮記正義》（宋紹熙三年兩浙東路茶鹽司刻，宋元遞修本）云：

> 此爲《禮記》經注單疏合刊第一本。卷末有紹熙三年黃唐刻書跋文並校正官銜名十一行，故亦稱黃唐本。其先，浙東茶鹽司刻《易》、《書》、《周禮》三經，經注疏萃見一書，讀者稱便。至是黃唐又取《毛詩》、《禮記》刻之。今《毛詩》黃唐本久亡，《禮記》全本亦僅此一帙。③

---

① （清）錢大昕：《十駕齋養新録》卷三《注疏舊本》，上海書店 1983 年版，第 60 頁。按：“紹興”當作“紹熙”，錢氏未見黃唐原跋，故有此誤。

② （清）陳鱣：《經籍跋文·宋版周易注疏跋》，《續修四庫全書》第 923 册，第 656 頁下。

③ 北京圖書館編：《中國版刻圖録》，文物出版社 1961 年版，第 20 頁。

汪紹楹《阮氏重刻宋本〈十三經注疏〉考》云：

> 阮氏於《重刊宋本注疏序》，謂十行本爲諸本最古之册，誤也。……考正經注疏萃刻本，莫先於浙東提舉茶鹽司本《易》、《書》、《周禮》三書。①

據《中國古籍善本書目》經部著録八行本之今存者，計有五種，即《周易注疏》十三卷、《尚書正義》二十卷、《周禮疏》五十卷、《禮記正義》七十卷、《春秋左傳正義》三十六卷。惟缺《毛詩正義》，令人悵惜。②

## 五、《九經三傳沿革例》的作者究竟是誰

上引阮元説：

> 有宋十行本注疏者，即南宋岳珂《九經三傳沿革例》所載"建本附釋音注疏"也。

是以南宋岳珂爲《九經三傳沿革例》之作者。持此看法者，並非自阮元始，亦並非至阮元止，亦不僅限於中國學者。早於阮元的，如錢謙益《牧齋初學集》、朱彝尊《經義考》、《四庫全書總目》等，就已經把《九經三傳沿革例》作者定爲岳珂。③晚於阮元的，就更多了，例如，王國維《觀堂集林》卷二一《宋越州本〈禮記正義〉跋》："南海潘氏藏《禮記正義》七十卷，乃浙東漕司所刊，即岳倦翁（按：倦翁，珂號）所謂'越中舊本注疏'也。"④又如，葉德輝《書林清話》卷二《刻書有圈點之始》："刻本書之有圈點，始於宋中葉以後。岳珂《九經三傳沿革例》有'圈點必校'之語，此其明證

① 汪紹楹：《阮氏重刻宋本〈十三經注疏〉考》，《文史》第三輯，1963 年，第 39 頁。

② 分別見《中國古籍善本書目·經部》第 41、102、169、242 頁。

③ （清）錢謙益：《牧齋初學集》卷八三《讀左傳隨筆》，上海古籍出版社 1985 年版，第 1747 頁；（清）朱彝尊：《經義考》卷二四四，文淵閣《四庫全書》本，第 6880 册，第 201 頁；《四庫全書總目》卷三三，中華書局 1965 年版，第 271 頁。

④ 王國維：《觀堂集林》，中華書局 1959 年版，第 1039 頁。

也。"①非獨此也，20 世紀 80 年代日本學者長澤規矩也寫的《越刊八行本注疏考》也沿襲誤説："岳珂的《九經三傳沿革例》將此稱爲'越中舊本注疏'。"②大學者猶如此，遑論盲從者。由於自阮本《十三經注疏》問世以來，被學者尊爲善本，幾乎人手一編。所以後世學者之襲謬承誤，多多少少都和阮元有關。

實際上《沿革例》的作者不是南宋相臺岳珂，而是元代荆溪岳浚。著文糾正此誤者是當代學者張政烺先生。張説之形諸文字，首先見於北京圖書館編《中國版刻圖録》"《春秋經傳集解》"條：

> 卷後有"相臺岳氏刻梓荆溪家塾"牌記兩行，前人因肯定相臺本群經爲宋時岳珂家刻本。別有《九經三傳沿革例》，亦肯定爲岳珂編著。張政烺先生謂相臺本群經乃元初宜興岳氏據廖瑩中世采堂本校正重刻，與岳珂無涉。按：張説甚確。③

該條下文又説：

> 可以肯定，相臺本群經刻板負責人似非岳浚莫屬。宋咸淳間，廖瑩中世采堂校刻九經，周密《癸辛雜識》《志雅堂雜抄》記述甚詳。宜興岳氏據廖氏《總例》，增補成《九經三傳沿革例》，刻之家塾，自與宋時岳珂無涉。④

《中國版刻圖録》的這番話並没有引起文史學界的普遍注意，所以從 20 世紀 60 年代至今，多數人仍持誤説。大約是有鑑於積重難返，此後，張政烺先生又發表《讀〈相臺書塾刊正九經三傳沿革例〉》長文，首先刊載於《中國與日本文化研究》第一集，後收入《張政烺文史論集》。⑤ 張文寫得很精彩，將此事梳理得非常清楚，論證嚴謹，讓人心悦誠服。鑑於張文並

---

① 葉德輝：《書林清話》，中華書局 1959 年版，第 33 頁。
② ［日］長澤規矩也：《越刊八行本注疏考》，《長澤規矩也著作集》第 1 卷，第 39 頁。
③ 北京圖書館編：《中國版刻圖録》，第 57 頁。
④ 同上。
⑤ 《中國與日本文化研究》第一集，中國大百科全書出版社 1991 年版；《張政烺文史論集》，中華書局 2004 年版。

不難求，這裏無須繁徵博引。僅摘録筆者認爲很受啓發的一節文字，與讀者分享：

> 《沿革例》向皆以爲岳珂所作，事既無據，而按其内容，則又《廖氏世采堂刊正九經》之《總例》，除卷之前後相臺岳氏略有增附外，大抵保全原文，無所加減。①

筆者從中得到的兩點啓發：第一點，我們今天看到的《沿革例》，除了卷首的"世所傳九經"至"舊有《總例》，存以爲證"一段（共 188 字），以及卷末的"《公羊》《穀梁傳》"至"以附經傳之後"一段（共 617 字）外，中間的主體部分（絶大部分文字），也就是學者習慣徵引的書本、字畫、注文、音釋、句讀、脱簡、考異七個部分的内容，乃是廖瑩中世綵堂爲《刊正九經》所寫的《九經總例》的原文。廖氏《九經總例》，《文淵閣書目》卷一、《千頃堂書目》卷三猶見著録，後佚。鄭樵《通志》有"書有名亡實不亡"之説，如廖氏之《九經總義》，正所謂"名亡實不亡"之絶好例證。學者經常引用的正是《沿革例》的主體部分，換句話説，正是廖氏的《九經總義》。從恢復事物的本來面目來説，我們這些後世學者在引用這一部分時，與其説引用的是岳氏《沿革例》，還不如説是引用的是廖氏《九經總義》。這樣説才完全合乎實際。我所得到的第二點啓發，就是十行本問世的時間，可以在這個基礎上予以推定。

# 六、宋版十行本問世時間的大體推定

宋版十行本問世的時間，諸家説法不一。阮元把他用作底本的十行本説成是"其書刻於宋南渡之後，爲諸本最古之册"。"刻於宋南渡之後"，時空跨度太大，叫人不好捉摸。言其早，可以早到宋高宗；言其晚，可以晚到度宗以後，前後相差百餘年。聯繫阮元在《禮記注疏校勘記序》中所云"其始本無《釋文》，其後又附以《釋文》，謂之'附釋音某經注疏'，最後又去'附釋音'三字，蓋皆紹興以後所爲"，兩相比照，給人們一種印象，似乎十行本的問世是在宋高宗紹興年間。而前引顧千里《思適齋集》卷七

---

① 《張政烺文史論集·讀〈相臺書塾刊正九經三傳沿革例〉》，中華書局 2004 年版，第 168 頁。

《撫本禮記鄭注考異序附記》云："南雍本,世稱十行本,蓋源出宋季建附音本。"①"宋季"也是個模糊概念。兩家持論不同,但誰也沒有給出理由。筆者也曾經爲此翻閲了方彦壽《建陽刻書史》,②但未有所獲。現在,由於我們已經知道《沿革例》的主體是《九經總義》,而《九經總義》的作者是廖瑩中,這就爲我們探討十行本的問世時間提供了一個新的思路。無論是阮元,還是顧千里,他們在談到附釋音的十行本問世時間時,都是以《沿革例》作爲參照物的。在這種情況下,《沿革例》的成書時間就顯得相當重要了。而要判斷《沿革例》的成書時間,其前提就是要正確確定其作者。慶幸的是張政烺先生把這些問題都澄清了,他説:"廖刻諸書始於《開景福華編》,在宋理宗景定紀元以後。開《九經》更在其後,當在度宗咸淳時(1265—1274)。"③也就是説,距離宋亡已經很近。而如果認定《沿革例》作者是岳珂,岳珂生於孝宗淳熙十年(1183),卒於理宗嘉熙四年(1240)略後,即以卒年而論,下距廖刻《九經總義》尚有 30 年左右。這也就意味着,如果按照作者是岳珂的錯誤思路,十行本的問世時間至少要提前 30年左右。《九經總義》在"書本"一節談及版本時,一共羅列了 23 種版本。這 23 種版本的羅列,大體上是按照這樣一種順序,即首先是經文本(如唐石刻本、晉天福銅本),其次是經注本(如興國於氏、建余仁仲本),其次是經注疏三合一本(如越中舊本注疏,即所謂八行本),再其次是經注疏音釋四合一本(如建本有音釋注疏,即所謂十行本)。具體到八行本和十行本來説,八行本是經注疏三者的合刻,是三合一;十行本是經注疏加上《釋文》的合刻,是四合一。先有三合一,後有四合一,不僅是人之常情,也是版刻新品種出現的一般規律。我們同時又知道,越刊八行本的最後一種《春秋左傳正義》刻成於慶元六年(1200),然則十行本的問世時間,言其早,早不過寧宗慶元六年;論其晚,晚不過度宗咸淳十年(1274)。據此可以推知:阮元所謂"其書刻於宋南渡之後"的説法,涉嫌寬泛;而顧千里有關"宋季"的説法,也顯得沒有邊際。

(李慧玲,華東師範大學古籍研究所副研究員)

---

① 《思適齋集》,《續修四庫全書》第 1491 册,上海古籍出版社 2002 年版,第 61頁上。

② 方延壽:《建陽刻書史》,中國社會出版社 2003 年版。

③ 《張政烺文史論集·讀〈相臺書塾刊正九經三傳沿革例〉》,第 173 頁。

# 再論吐魯番《論語鄭氏注》
# 對策殘卷的性質

丁紅旗

　　一九六四年，新疆吐魯番阿斯塔那二十七號唐墓出土一些與《論語鄭氏注》有關的對策殘片（共九件），"出土文書拆自男尸紙靴"，整理者王素先生命名爲"《唐經義〈論語〉對策殘卷》"。經拼接，可視爲一對策殘卷，共七問七對，内容涉及《子張》"士見危致命"句、《八佾》"哀公問主"句、《鄉黨》"祭肉不出三日"句、"鄉人飲酒"句、"曰山梁雌雉"句；另有兩問兩對屬《鄉黨》《雍也》。策問以"問"字開頭。至於對策，以"對"字開頭，内容上，均以"此明"二字開頭，以"僅對"二字作結。對策的内容有經義解説、經文、注文、注文解説、篇名出處等。①

　　在詳細考察後，王素先生認爲，"僅從這件經義對策殘卷來看，策問條目雖多，卻是片言只語，斷章取義；對策内容雖有條不紊，卻是呆板滯澀，要求的只是死記硬背的功夫，實際考不出對策者的真正學識"。爲此，王氏歸納爲"低級類型的經義對策"。② 其實，對這一寫卷的性質，還可深入討論。而且，因其"墨策"性質的論定，還能對初、盛唐期間明經的核心考試——墨策以及關涉《論語》策問的一些具體情形，有一清楚的認識和客觀的評判，這是因爲直到今日，對唐代重要的明經科考試的一些具體内容，我們仍知之不多。爲此，今不避繁難和拙劣，試論析如下，並向大家請教。

---

　　①　其圖版、録文見唐長孺主編《吐魯番出土文書》第四册，文物出版社 1991 年版，第 149—152 頁。説明：1987 年版没有圖版，只有録文。
　　②　王素：《唐寫〈論語鄭氏注〉對策殘卷與唐代經文對策》，《文物》1988 年第 2 期。

# 一、對殘卷性質的推定

首先，盡管其有"問""謹對"等字樣，與馬端臨說的宋代帖經考試在語詞上"對""僅對"等一致，①但這一殘卷不是帖經的卷子，這一點能確定無疑。這是因爲帖經考試與此截然有異，"帖經者，以所習經掩其兩端，中間惟開一行，裁紙爲帖，凡帖三字，隨時增損，可否不一，或得四得五得六者爲通"。② 所謂"帖三字"，就是遮去三字，要求默寫出這三字，類於今人的填空題。當然，這也絶不是進士的對策，就現存的標明"進士策問"的，如權德輿貞元十三年（797）《中書試進士策問二道》看，③因對進士要求的提高，絶没有單獨策問《論語》的。

進一步，假如按王素先生所論，是"經義對策"的殘卷，但這一結論實有幾個問題無法解決：

一、無論是新、舊《唐書》的《選舉志》及《唐六典》等官方權威記載，還是民間個人的載録，如筆記《唐語林》等，提到的明經策問，都是考時務策三道（詳下）。而這一殘卷，從字體來看，除了殘卷（九）之外（即最後一問一對），筆迹相同，當是一人所爲。④ 因此，如是對策，當不可能超過三道，現在卻至少有六道，遠超出三道。當然，也存在抄撮多個對策文的可能；但這一設問的可能性不大，因爲這六問、六對的内容没有重疊和交叉。

二、唐代明經、進士的策問，集中見《文苑英華》卷四七五至四七六（還有各種制舉的對策，暫不涉及）。也正好幸存有三道《論語》的策問，遺憾的是没有對策。不過，這些種類衆多、稱名不一的對策格式卻是統一的，即先是"問"，尾是"想宜究悉，一二顯析"，"鄙則未達，子其辨歟"，"探索精微，當有師說"之類詢問的話語；然後是"對"，以"謹對"二字結

---

① （元）馬端臨：《文獻通考》卷三〇《選舉考三》，中華書局 1986 年版，第 283—284 頁。

② （唐）杜佑撰，王文錦等點校：《通典》卷一五《選舉三·歷代制下》，中華書局 2003 年版，第 356 頁。

③ 見《文苑英華》卷四七六《策問二十八道》，中華書局 1966 年版，第 2429 頁。

④ 王素先生《唐寫本〈論語鄭氏注〉對策殘卷考索》，認爲因"有違反對策格式之處"，"不是對策人寫的原卷，而是一件傳抄卷"，頗有道理。見王素編著《唐寫本論語鄭氏注及其研究》，文物出版社 1991 年版，第 267 頁。今可補充一證據，獨孤及《唐故朝散大夫中書舍人秘書少監頓邱李公（誠）墓誌》載"公以俊造，文賦皆第一，京師人傳寫策稿，視示以爲式"，證實傳寫策文的普遍存在，見《全唐文》卷三九一。

尾，没有"此明"二字。而這二字，顯然是表明對"問"意義的回答。與此一脈相承的是，在對的結尾，往往有"《子張篇》也""《（鄉）黨篇》也"等説明出處的字眼。這些字眼，在現存所有的各類對策文中都是見不到的。

三、在唐人的論述中没有"經義對策"這一稱呼，僅有"墨策""時務策""經策"等名稱，或徑直簡稱"試策"。

因此，與其判定爲"經義對策"的殘卷，還不如在詳細考察明經、進士考試遷變歷程的基礎上，再來審視這一殘卷的根本性質。

唐代明經、進士二科的考試，前後有一個發展、調整的歷程：

> 自是士族所趨響，唯明經、進士二科而已。其初止試策，貞觀八年（634），詔加進士試讀經、史一部。至調露二年（680），考功員外郎劉思立始奏二科並加帖經。其後，又加《老子》《孝經》，使兼通之。永隆二年（681），詔明經帖十得六，進士試文兩篇，識文律者，然後試策。……（開元）二十五年（737）二月，制："明經每經帖十，取通五以上，免舊試一帖；仍按問大義十條，取通六以上，免試經策十條；令答時務策三道，取粗有文理者與及第。其進士停小經，准明經帖大經十帖，取通四以上，然後准例試雜文及策，考通與及第。"①

作爲深諳當代典章故實且歷任德宗、順宗、憲宗三朝的宰相杜佑，其敘述較爲嚴謹，也自是比一般的筆記精確。又，調露二年以及開元二十五年兩次關鍵改革的詔令，仍見存於《唐大詔令集》卷一〇六《條流明經進士詔》，以及《唐會要》卷七五《選部下》"帖經條例"條。又，杜氏所記，是截自詔令的原話。

又，《封氏聞見記》卷三《貢舉》所載，亦可互證：

> 國初，明經取通兩經，先帖文，乃按章疏試墨策十道。……開曜元年（681），員外郎劉思立以進士準試時務策，恐傷膚淺，請加試雜文兩道，并帖小經。……開元二十四年冬，遂移貢舉屬於禮部。侍郎姚奕，頗振綱紀焉。其後明經停墨策，試口議，並時務策三道。進士改帖六經，加《論語》。自是舉司多有聱牙、孤絶、倒拔、築注之目。文士

---

① 《通典》卷一五《選舉三·歷代制下》，第 254、356 頁。

多於經不精，至有白首舉場者，故進士以帖經爲大厄。①

對進士而言，早期"止試策"，至於策裏是否包含《論語》，推測之下，可能性不大，因爲王讜已明言此際試"時務策五道"，且貞觀八年加試"讀經、史一部"，不包含《論語》[注意：這裏是"讀"，建中元年（780）國子司業歸崇敬上疏，建議"於所習經中問大義二十，……兼讀所問文注義疏，必令通熟者爲一通"，②就可能是這一早期考試形式的遺存]。永隆二年，已改試"雜文"（即箴、頌、詩、賦等文體）和時務策了。開元二十五年後，據王讜的説法，進士改帖大經，③加《論語》，也自不可能再另外策試《論語》了。因此，這一殘存寫卷只能是明經考試下的產物。

明經考試，最初"止試策"，調露二年後在考功員外郎劉思立的建議下，增添了帖經，即帖經和試策兩場。開元二十五年後又有了重大轉變，增添了"按問大義"的環節，變成了三場試。這也有一佐證，《唐六典》卷二一《國子監》載："諸明經試兩經，進士一經，每經十帖，《孝經》二帖，《論語》八帖。每帖三言。通六已上，然後試策：《周禮》《左氏》《禮記》各四條，餘經各三條，《孝經》《論語》共三條，皆録經文及注意爲問。其答者須辨明義理，然後爲通。"《唐六典》編定於開元十年至二十六年，所以雖及見此後的改革，但一時似未能及時修改，還是沿襲考兩場的舊制。至於試策內容，也進行了重大調整，即改考時務策（趙匡《舉選議》亦言"試策自改問時務以來"）。但這一題型難度較大，"經業之人，鮮能屬綴，以此少能通者"。"所司知其若此，亦不於此取人"，由此淪爲一種形式，致使"變實爲虛，無益於政"。④ 趙匡的建議是："試策問經義及時務各五節，並以通四以上爲第。但令直書事義，解釋分明，不用空寫疏文及務華飾。"⑤"不用空寫疏文"，正與《唐六典》説的"録經文及注意爲問"對應，説明對

① 《封氏聞見記》卷三《貢舉》，中華書局1985年版，第19—20頁。王讜著，周勛初校證：《唐語林校證》卷八《補遺》所載同（中華書局2008年版，第713—714頁），殆爲襲用。
② 《舊唐書》卷一四九《歸崇敬傳》，中華書局1975年版，第4018頁。
③ 據《新唐書》卷四四《選舉制上》所載，《禮記》、《春秋左氏傳》爲大經。
④ 建中二年，趙贊知貢舉時亦曾上言，"比來相承，（明經）惟務習帖。至於義理，少有能通。經術浸衰，莫不繇此"，見《唐會要》卷七五《選部下》"明經"條，中華書局1955年版，第1374頁。
⑤ 《通典》卷一七《選舉五·雜議論中》，第421頁。

策主要是據注、疏來回答。這可能是出於尊崇初唐編撰的進而詔令天下、一統經疏的《五經正義》的心理（可參《初唐時南北經學的一統》一節）。

那麼，爲什麼要增添"按問大義"的環節呢？這需進一步深入了解當日的具體情形。

整體而言，明經的考試分兩個階段：第一階段，最初"止試策"，也即《唐語林》所説的"乃案章疏試墨策十道"。"章疏"，指經書每章下的疏義，其標準，就是永徽四年（653）三月修成，並頒行天下的《五經正義》。其考查的方式，就如這一出土的對策殘片，要遵循一定的格式，或許正因其嚴格、死板，所以稱爲"墨策"，即早期僅是考查記誦。但是，這一測試方式日久產生了流弊，因爲爲便宜計，根本不必深究典章故實。所以，永隆二年（時距唐開國已 63 年）就以詔令的形式駁斥投機取巧者："如聞明經射策，不讀正經，抄撮義條，才有數卷。進士不尋史籍，惟誦文策。"①顯然，這正是針對"案章疏，試墨策"而進行的批評（即"射策"）。這還只是初期情形，還不甚嚴重。開元二十五年的詔令，措辭就嚴重多了："進士以聲律爲學，多昧古今。明經以帖誦爲功，罕窮旨趣。"②一"罕"字，説明了程度的加深，即極少有人能做到。爲改變這一不明經義、"罕窮旨趣"的弊端，朝廷採取了停墨策、"按問大義"、增加時務策的方式，加強對經義理解的考查。這也吻合《唐會要》卷七五的記載。另一個原因就是面對急劇增多的考生（見下）而需提升考試的難度，帖經中的"聲牙、孤絕、倒拔"等名目就是這種背景下的產物。吏部試判也是這樣："後日月寢久，選人猥多，案牘淺近，不足爲難，乃采經籍古義，假設甲乙，令其判斷。既而來者益衆，而通經正籍又不足以爲問，乃徵僻書、曲學、隱伏之義問之，惟懼人之能知也。"③與此類似，自需提高策問的難度以應對衆多的考生。

"按問大義"，即"試口義"，是口問大義，口頭回答。但是，問題又來了，即空口無憑，沒有文字試卷保存下來，事後容易滋生爭執。建中二年（781）十月，中書舍人趙贊知貢舉，曾上奏言説這一弊端："承前問義，不形文字，落第之後，喧競者多。"爲避免這種爭端，"今請以所問，録於紙上，各令直書其義，不假文言。既與策有殊，又事堪徵證，憑此取捨，庶歸

① 《唐會要》卷七五《經條例》，第 1375 頁。此詔令亦見《唐大詔令集》卷一〇六、《全唐文》卷一三。
② 《唐會要》卷七五《經條例》，第 1377 頁。
③ 《通典》卷一五《選舉三·歷代制下》，第 361—362 頁。

至公",①這一建議得到了施行。又,"與策有殊",也顯示了"按問大義"與時務策的内容截然不同,即側重於經疏的意旨。但施行的結果可能不甚理想,因爲貞元十三年(797),尚書左丞顧少連權知貢舉時仍提及這一問題:"對策皆形文字,並易考尋。試義之時,獨令口問,對答之失,覆視無憑,黜退之中,流議遂起。伏請准建中二年十二月勅,以所問録於紙上,各令直書其義,不假文言,仍請依經疏對奏。"②建議得到了允許和頒行。這也有一個佐證,權德輿《答柳福州書》中曾言:"明經問義,有幸中所記者,則書不停綴,令釋通其義,則牆面木偶",即雖背了不少,卻不明意旨;"頃者參伍其問,令書釋意義,則於疏注之内,苟删撮旨要,有數句而通者;昧其理而未盡,有數紙而黜者。雖未盡善,庶稍得之",即於"疏注"内,撮述旨要,雖不多,卻能通過;反過來,假如不能闡明義理,儘管寫了好多張紙還是被罷黜。其中的兩"書"字,以及"數紙"字,都清楚地顯示是筆答經義。貞元十七年(801)冬,權德輿以本官知禮部貢舉,"凡三歲掌貢士,至今號爲得人"。③ 因此,據信中"是以半年以來,參考對策",則當爲貞元十八年時事,正在調整之後。而且,權氏所論,正是針對"明經問義"這一考試調整的核心。就是説,一再建議下,筆試"大義"得到了貫徹實施。不過,筆試"大義"改稱名"墨義"了(墨、默義同),如《唐會要》卷七五《明經》所載: 元和二年(807)十二月,禮部貢舉院奏:"五經舉人,請罷試口義,准舊試墨義十餘條,五經通五,明經通六,便放入第。"元和七年(812)十二月,權知禮部侍郎韋貫之奏:"試明經請墨義,依舊格問口義。"太和二年(828),禮部貢院又奏請"準元和十四年(819)十一月四日敕,以墨義代替口義"。④

那麽,如在開元二十五年以後,殘卷只能是建中二年以後"按問大義十條"時的卷子(因前期口問大義,自然無所謂寫卷)。但是,這一推斷明顯與當日的政治形勢相左。這是因爲敦煌在建中二年(781)陷蕃,直到大中二年(848)當地大族張議潮起義,才趕走了吐蕃,中間近 70 年是在吐蕃的直接管轄下。⑤ 從《唐摭言》卷一《會昌五年(845)舉格節文》中看,没

---

① 《唐會要》卷七五《明經》,第 1374 頁。
② 同上書,第 1375 頁。
③ 據《舊唐書》卷一四八《權德輿傳》,第 4003 頁。
④ 《册府元龜》卷六四一《貢舉部·條制三》,中華書局 1960 年版,第 7683 頁。
⑤ 有關敦煌這一時期的具體政治,可參見劉進寶《敦煌學通論》第一章第四、五、六小節(甘肅教育出版社 2002 年版,第 35—91 頁)。

有沙州的貢舉名額,就確證在陷蕃期間,敦煌一地是没有貢舉的,這也自然談不上策試了。

那麽,是不是開元二十五年調整以後的時務策呢?據《唐六典》卷二《尚書吏部》"考功員外郎"條,"其明經各試所習業,文、注精熟,辨明義理,然後爲通";《論語》共試策三條,"皆録經文及注意爲問。其答者須辨明義理,然後爲通",均側重對經文及注疏發問。這是開元二十五年之前的墨策要求。今恰好留存有其後的策問,《文苑英華》卷四七五《策問二十二道》、卷四七六《策問二十八道》保留了權德輿命制的明經策問。上文已言,權德輿貞元十七年(801)冬以本官知禮部貢舉,"凡三歲掌貢士"。按照此後的制度,明經是"答時務策三道",但《文苑英華》中保留的是《明經諸經策問七道》《策問明經八道》,都遠遠多出了三道。① 之所以如此,是因爲對命題者而言,要命制所有經書的策問,才能滿足不同類型明經考生的需求。其卷四七五《明經諸經策問七道》,强調"明經""諸經",就是這個道理。其中一道是《論語》的策問:

> 問:孔門達者,列在四科,顔子不幸,伯牛惡疾,命之所賦,誠不可同。至若攻冉求以鳴鼓,比宰我於朽木,言語、政事,何補於斯?七年可以即戎,百年可以去殺,固弛張之有異,曷遲速之相懸?爲仁由己,無信不立,拜陽貨則時其亡也,辭孺悲則歌使聞之。聖人之心,固當有爲。鄙則未達,子其辨歟?

顯然,策問不限於某一篇一章,或某一句一詞,取材範圍較廣,明顯帶有綜括、通貫的性質;設問也比較全面,不局於一隅。如這一道就考查了對多個篇章的理解,"四科"(即德行、言語、政事、文學)、"攻冉求以鳴鼓"均出自《先進》,"顔子不幸,伯牛惡疾"出自《雍也》,"比宰我於朽木"出自《公冶長》,"七年可以即戎,百年可以去殺"出自《子路》,"爲仁由己,無信不立"出自《顔淵》,"拜陽貨則時其亡也,辭孺悲則歌使聞之"出自《陽貨》,一共涉及六篇,幾占整個《論語》篇章的三分之一。策問主要涉及三個問題:第一,顔回早逝,伯牛有疾,誠可説是天命不同,但對四科中的優秀者冉求、宰我,孔子卻表示了失望和斥責,對冉求的"聚斂""附

---

① 即就《左氏傳》《禮記》《周易》《尚書》《毛詩》《穀梁》《論語》(《策問八道》又多出了《周禮》)命題策問。

益", 號召可"鳴鼓而攻之", 喻宰我"朽木不可雕也", 不可造就。那麼, 其所擅長的言語、政事, 爲何不能補其性格的缺陷呢? 第二, 七年可以教民作戰, 百年才能去殘止殺, 固然張弛有異, 功效卻爲何這般懸殊? 第三, 孔子主張"爲仁由己, 無信不立", 卻趁陽貨不在家時回拜他, 托疾不見孺悲, 卻又故意放歌暗示。聖人言行均有道理, 道理又何在呢? 當然, 這些提問也有一些現實的影子。因爲此際的唐憲宗, 繼位以來經常閲讀歷朝實録, 每讀到唐太宗和唐高宗的故事, 就十分仰慕。而在《貞觀政要‧政體》篇中, 唐太宗與魏徵、封德彝等討論"大亂之後, 將求致化", 是行霸道還是王道時, 就化用了《子路》中"善人爲邦百年, 然後勝殘去殺"這一事。某種程度上, 策問的設置正見出此際君臣(指權德輿)一心削除藩鎮、勵精圖治的心態。

這三個問題, 分別從君子的缺陷、戰爭去殺、仁德誠信的角度, 從聖人言行中的矛盾處設問, 問得較爲巧妙, 也足以能考察考生的解讀、思辨能力。顯然, 要回答這些策問, 達到"辨明義理"的要求, 僅用殘卷中主要揭示題旨、意義等類似的話語是肯定不行的。就這一道策問而言, 孔子也是一介凡人, 也自有其缺點, 如對宰我一時"晝寢", 而疾言厲色; 故意在陽貨不在家時拜訪, 也隱然有一絲自傲的心理。但這些缺點, 在封建時代是絶不允許非議的, 或者説, 這些言行並不一定都有什麼高深理道, 這就需費盡心思、千方百計地找一些理由加以辯解、回護。這自然是較難的事。而且, 上已論, "按問大義"與時務策的内容截然不同, 也側證時務策不是考試經文"大義"的。前引趙匡所言的"經業之人, 鮮能屬綴, 以此少能通者", 也顯示了這類時務策難度的提升遠非一般人所能承受。這些都證明殘卷肯定不是開元二十五年以後的時務對策。

又, 貞元八年(792), 韓愈進士及第後, 曾撰《贈張童子序》; 貞元十九年, 韓愈爲四門博士, 而作《送牛堪序》, 都述及此際攻讀明經的艱苦: "二經章句僅數十萬言, 其傳注在外, 皆誦之, 又約知其大説。""以明經舉者, 誦數十萬言, 又約通大義, 征辭引類、旁出入他經者, 其爲業也勤矣。"①也都强調了明經要誦讀經文及傳注, 並要約通經文大義。這正與開元二十五年改革後的明經考試能相印證。

① (唐)韓愈著, 馬其昶校注:《韓昌黎文集校注》卷四《序》, 上海古籍出版社2014年版, 第279、275頁。

當然,典型的時務策還是要緊扣時事發問的,如權德輿命制的《貞元十三年(797)中書試進士策問》中的第二道:

> 問:乃者西裔背盟,勞師備塞。今戎王自斃,邊遽以聞,而議者或曰"因其喪而弔之,可以息人";或曰"乘其虛而伐之,可以闢地";或曰"夷實無厭,兵者,危事,皆所以疲中國也,不若如故",是三者必有可採,思而辨之。①

"備塞"一事指貞元十三年春,邠寧節度使楊朝晟奏築方渠、合道、木波及馬嶺城(在今甘肅慶陽西北,方渠最北,今環縣)以防備吐蕃,"未旬而功畢"。②"戎王自斃"事指吐蕃贊普墀松德贊死,其子足之煎立。邢君牙在隴州築永信城以備虜。十三年正月,虜使者農桑昔來請修好,朝廷以其無信,不受。③ 開元以來,瓜州即開始告急,據《舊唐書》卷一九六上《吐蕃傳上》:開元十年(722),中書令張說曾奏言:"吐蕃醜逆,誠負萬誅,然又事征討,實爲勞弊。且十數年甘、涼、河、鄯征發不息。"開元十五年(727)九月吐蕃一度攻占沙州,"盡取城中軍資及倉糧,仍毀其城而去"。明年秋,吐蕃大將又率衆攻瓜州。十七年又戰。至德元年(756)後,乘安史之亂,吐蕃又發動掠奪戰爭,兵鋒直指長安,河西、隴右陷入了戰爭的激流。"數年間,西北數十州相繼淪沒,自鳳翔以西,邠州以北,皆爲右衽矣"。④ 具體來説,據《元和郡縣圖志》:吐蕃於廣德二年陷涼州,永泰二年(766)陷甘州、肅州,大歷十一年(776)陷瓜州,建中二年(781)陷沙州,控制了整個河西走廊。這也就是《舊唐書·德宗紀》建中二年詔書所説的"自關、隴失守,東西阻絕",也即《舊唐書·郭昕傳》説的"昕阻隔十五年"。可以説,吐蕃成了大唐西北邊境最大的威脅,也一直麻煩不斷、爭戰不斷。策問確實是針對不斷惡化的西北防務,對吐蕃的侵襲而言,是當下現實的反映。就這一點來説,明經的策問沒見有這類直接依據現實命制的試題。或者能説,在時人一致高看進士的潛意識中,也賦予了進士能解

---

① 《文苑英華》卷四七六《策問二十八道》,中華書局1966年版,第2429頁。
② 《舊唐書》卷一四四《楊朝晟傳》,第3927頁。
③ (宋)歐陽修等:《新唐書》卷二一六下《吐蕃傳下》,中華書局1975年版,第6099頁。
④ 《資治通鑑》卷二二三"廣德元年(七六三)七月"條,中華書局2009年點校本,第7265頁。

決現實中重大問題的能力。除此之外，進士策試還多針對重要的語詞、思想觀念等進行一己的思考和解答，且沒有現成的答案。這一點，明經則不免相形見絀。

這樣，就只剩下了一種可能，即是開元二十五年調整之前的"墨策"，也即《唐語林》所説的"案章疏，試墨策十道"。上引《通典》所載"免試經策十條，令答時務策三道"，説明所謂的"墨策"，也就是"經策"，並與"時務策"不同；否則，也就不用説"免試經策"，照直言"依舊試經策"就行了。同時，這也正佐證先前是測經策十條的，這在數量上亦能吻合六問六對（此可能有殘缺）。這一推斷，與整理者所揭示的墓葬出土的其他文書的時間一致，同墓出土的文書，"其中所見紀年，起景龍二年（708），止開元十三年（725）"。① 這樣，殘卷就只能是永隆二年（681）至開元二十五年（737）間的試策。又，敦煌寫卷時間的判定，一般可據避諱字，但遺憾的是，殘卷中相關的諱字僅一處，即殘片（二）中"社無教令□人，而人事之，故問（後缺）"句，據卜天壽《鄭注》寫本（吐魯番阿斯塔那三六三號墓八╱一號寫本）"哀公問仁"至"使人（民）戰慄也"一段，其殘存注文有"哀［公］失馭臣之權，臣□見社無教令於人，而人事之，故□"一節，"人"爲"民"的避諱。此僅能説明是太宗以後的寫本，並不能説明更多。

## 二、墨策的體制

唐代"墨策"的具體内容如何，學者一直不得其詳，宋以後也一直未有其解。應當説，這一殘卷"墨策"性質的認定，正能幫助我們充分認識這一種對策的特點。概括而言，有以下特色：

一、形制上，以"問"發端；回答時，以"對"開頭，以"此明"二字來引起對經文意義的揭示，最後，點明出處，如"《子張篇》也"，再以"謹對"二字作結。

二、内容上，對策重在揭示發問的内涵，如對"士見危致命"，解釋爲"祭思宿（肅）敬之心，喪□□士見危致命"。解釋時，可引用注、疏，也即趙匡反對時説的"不用空寫疏文"，如"哀公問主"的對策，就引用了鄭玄

----

① 唐長孺主編：《吐魯番出土文書》第四册，文物出版社 1991 年版，第 145 頁。

注"哀[公]失禦臣之權,臣□見社無教令於人,而人事之,故□"。① 之所以取注、疏,借用曾掌貢舉權德輿的話,就是"注疏者,猶可以质验也",② 能據此考核、判斷掌握的程度,以免被人上下其手,鑽了空子。也正是這一特性,凸顯了墨策策試的呆板,較少有一己性情的彰顯和見解的發揮,更没了漢以來對策縱横馳騁的色彩。

墨策既然又可稱"經策",顯然側重於對經文(也包含注疏)的考察,而與時務策截然有異;要不,也就稱不上改弦更張了。就這一殘卷的内容與上舉權德輿命制的《論語》時務策來看,確實稱得上是截然有異。這也反過來證實這一殘卷是開元二十五年之前的策問。

就此點看,開元二十五年的改革詔令,實際上就是對墨策測試經文疏義以"按問大義"的形式繼續留存,同時爲了增添難度,而採用綜貫理解經注的時務策的方式考察。一個直接的原因就是開元時期,考生已急劇增多,"玄宗時,士子殷盛,每歲进士至省者,常不減千余人"。③《通典》卷一五《選舉三·歷代制下》亦載:"開元以後,四海晏清,士無賢不肖,恥不以文章達,其應詔而舉者,多則二千人,少猶不減千人,所收百才有一。"再從另一個側面看,永隆二年的詔令,"明經射策,不讀正經,抄撮義條,才有數卷",其所言的"義條",就當是對《論語》意旨的闡釋,因爲《論語》本文語意間有時跳躍較大,理解不易。而墨策就當是對這一缺陷的突破,增添了對經、注的全面理解。

三、解釋時,所依據的是鄭玄注。這也吻合《隋書》卷三二《經籍志》中"小序"的記載,《論語》的注釋,"至隋,何(晏)、鄭(玄)並行,鄭氏盛於人間"。何晏《論語集注》漸趨式微,鄭注得到了學者的推尊。初唐、盛唐時依舊如此。據伯二七二一號《雜抄》寫卷:"論經史何人修撰制注:……《毛詩》《孝經》《論語》(小字雙行注:孔子作,鄭玄注)。"④這一寫卷編訂

---

① 此一内容見吐魯番阿斯塔納三六三號墓出土的景龍四年(710)卜天壽《鄭注》寫本中"哀公問仁"至"使人(民)戰慄也"的注,見唐長孺主編《吐魯番出土文書》第三册,第574—575頁。

② 權德輿:《答柳福州書》,《全唐文》卷四八九,中華書局1983年版,第4994頁。

③ 《封氏聞見記》卷三《貢舉》,第20頁。

④ 影印件可見《法國國家圖書館藏敦煌西域文獻》第17册,上海古籍出版社2001年版,第357頁。

時間,應在神龍三年(707)至開元十年(722)之間。① 就是説,《雜抄》反映的正是盛唐時的觀念。又,《唐會要》卷七七《貢舉下》"論經義"條載開元七年三月至五月間關於《尚書》《孝經》《周易》《老子》等四書採用何注的一次論爭,最後詔令裁決。至於鄭玄注《孝經》,當時劉子玄已列十二條證據,力辯其偽,可信從,此不置論。所堪注意的是詔令中透露出的學術傾向,"自頃已來,獨宗鄭氏,孔氏遺旨,今則無聞",這雖是針對《孝經》而言,其實也可挪移到《論語》。因爲隋以來,"鄭氏盛於人間",何晏注漸趨式微。朝廷的意思很明顯,就是"旁求廢簡,遠及缺文,欲使發揮異説,同歸善道,永惟一致之用,以開百行之端",即發揮各種學説的作用,一起輔助推行德行教化、治理國家。潛意識中,還是反映了鄭注"盛於人間"的事實。

附帶説明一下,王素認爲"詔文末句,主要指《論語》而言"。② 王氏的解讀略有偏差,今核詔文的末句:

> 其何、鄭(指鄭玄《孝經注》)二家,可令仍舊行用。王(指王弼《周易注》)、孔(指孔安國《尚書注》)所注,傳習者希,宜存繼絶之典,頗加獎飾。

按:"何"當爲"河",指河上公《周易注》。《唐會要》卷七七"論經義"條、《玉海》卷四二"唐開元詳定傳注四書"條,均爲"河"字。因爲此詔令是針對《尚書》《孝經》《周易》《老子》等四書的注疏,非是指《論語》的注疏。

因此,敦煌寫卷以及阿斯塔納墓出土的衆多的《論語》鄭注(具體情形,可參"鄭玄《論語注》"條),自是很正常的事。

四、據原圖版審視,其策問的内容恐怕較短,是以核心的内容來提示題意,如"□□(士見)危致命""□□(哀公)問主""曰山梁□(雌)雉"等,之所以這樣,恐怕是爲了增添測試的難度,考察考生能否准確判明出

① 這是因爲:一、開元十年、天寶二年,玄宗御注《孝經》成,頒令家藏一本,此處仍提鄭玄注,則至遲在開元十年前;二、《雜抄》在"何名五嶽"時,提到"南嶽衡山,衡州",據《新唐書》卷四一《地理志》,"衡山,本隸潭州,神龍三年來屬",則爲神龍三年以後事。

② 王素編著《唐寫本論語鄭氏注及其研究》中《唐寫〈論語鄭氏注〉對策殘卷考索》一文,文物出版社1991年版,第270頁。

處並進而解釋。也許正因爲如此簡短,使得時人或後人認爲没有存録的必要,而致使其長期湮没。

五、推測之下,每道對策文的字數恐怕不多,也没有字數的限制。

## 三、墨策考試的時代意義

雖然,這種策問比帖經要難一些,但實際上還是在考識記的功夫,最多也就是增添了對經文注意的解讀;但就是這一點,也可憑藉鄭玄注加以有效地闡發。這也恐怕是稱爲"墨策"的真正含義,"墨"者,墨守也,默寫也。顯然,要做到這一點並不難。這也是唐人每每矜夸自豪,特別在墓志銘中俯拾即是的年少中明經的真實原因。今聊舉數例:

(蕭灌)年十八,明經高第,補代王功曹。①

一覽數紙,終身不忘。(崔景)年十七,與親兄睃一舉明經,同年擢第。②

(張志和)年十六,游太學,以明經擢第。獻策肅宗,深蒙賞重,令翰林待詔,授左金吾衛録事參軍。③

(郭良宰)年十七,崇文生明經及第。侍郎韋陟揚言於朝,稱其稽古之力,許其青冥之價。④

(蕭直)十歲能屬文,工書,十三游上庠,十七舉明經上第,名冠太學,二十餘以書記參朔方軍事。⑤

公(權挹)年十四,太學明經上第,因喟然曰:"學不足以究古今之變,而干禄者,非吾志也。"遂養蒙於終南紫閣之下,窮覽載籍,號爲醇儒。⑥

---

① 張説:《贈吏部尚書蕭公神道碑》,《全唐文》卷二二九,第2315頁。

② 李華:《唐贈太子少師崔公神道碑》,《全唐文》卷三一八,第3229頁。

③ 顏真卿:《浪迹先生元真子張志和碑銘》,《全唐文》卷三四〇,第3447頁。

④ 顏真卿:《河南府參軍贈秘書丞郭君神道碑銘》,《全唐文》卷三四一,第3465頁。

⑤ 獨孤及:《唐故給事中贈吏部侍郎蕭公墓誌銘》,《全唐文》卷三九二,第3989頁。

⑥ 權德輿:《故朝議郎行尚書倉部員外郎集賢院待制權府君墓誌銘》,《全唐文》卷五〇二,第5111頁。

年齡在十七八,甚且有十四歲的,就能明經及第,確實年少。崔景"一覽數紙,終身不忘",似乎也讓人見出記憶力强而對考中明經特別的助推力。時人稱"三十老明經,五十少进士",①即三十歲考中明經已經是老人了,也足以看出明經及第者確實都比較年少。

其實,就考試程度比帖經更難一點的墨策來看,也没什麽稀罕。明經每年録取的人數(約七八十人),也遠比進士(約二三十人)多得多。② 也正是爲此,時人並不很高看明經,"三十老明經,五十少進士",對比中凸顯明經的容易,可説是其來有自。不過,話又説回來,能在千人中脱穎而出,也是極爲不易的;只是説相對於進士,確實要容易一些。

明經及第,吏部試合格後,多授爲縣丞、縣尉,或州縣參軍、功曹、主簿之類的地方基層官員(當然也有在中央任職的,但較少)。明經出身者多長期沉没下僚,也爲此被一些位高權重的儒士、大夫所譏斥或輕視,典型的一例就是人所熟知的元稹被李賀嘲笑一事。據晚唐康駢《劇談録》卷下"元相國謁李賀"條載,元和中,以明二經及第的元稹去拜訪李賀,遭到了拒絶,李賀令僕人對他説:"明經擢第,何事來看李賀。"一時間,蒙受羞辱的元稹只得"慚憤而退"。此事容或虚構[與史實不合,如元和初,元稹已三十歲,稱不上已"年少";元稹貞元九年(793)明二經及第,時十五歲,此時李賀才四歲],卻也足以見出社會上彌漫的輕視明經的氛圍。開成四年(839)正月,唐文宗甚且嘲笑"只會經疏"的明經,"何異鸚鵡能言",③最高層如此評價,明經較低的社會地位實在可想而知。其最根本的緣由就是明經考試遠較進士爲易,在一個極度推崇進士的社會氛圍中,自會不斷

① 《唐摭言》卷一《散序進士》,中華書局 1960 年版,第 4 頁。

② 開元十七年三月,國子祭酒楊瑒上言:"監司每年應舉者,常有千數,簡試取其尤精,上者不過二三百人。……自數年以來,省司定限,天下明經、進士及第,每年不過百人,兩監惟得一二十人。"見《册府元龜》卷六〇四《學校部·奏議三》,第 7251 頁。韓愈《贈張童子序》亦載整個考中的人數"歲不及二百人"(含明經、進士,見馬其昶校注《韓昌黎文集校注》卷四《序》,上海古籍出版社 2014 年版,第 279 頁)。貞元十八年,詔令"每年考試所收人,明經不得過一百人,進士不得過二十人"(見《册府元龜》卷六四〇《貢舉部·條制二》,第 7680 頁)。大和九年,又略有調整,"進士元格,不得過二十五人,今請加至四十人;明經元格,不得過一百一十人,今請減十人"(見《册府元龜》卷六四一《貢舉部·條制三》,第 7684 頁)。

③ 《册府元龜》卷四六《帝王部·智識》,第 528 頁。

蘊育出這類故事。而從這一墨策範本，①也能清晰地看出，這正可説其來有自。如從初唐算起，墨策這一考試形式大約存在了 120 餘年。

又，附論楊富學、李吉和譯，美 J·O·布里特著《普林斯頓收藏的敦煌寫本殘卷》，②原文本有圖片，但譯時因"影本過於模糊，無法翻拍發表"，因此"不得不遺憾地將其略去"。對此，陳國燦"加以録文，並作出適當考釋"，使人能得知殘卷的具體内容。③ 其中，有"唐《論語》問對卷"一件，其内容如下：

（前缺）
一　□者豈止貴……
二　□樂能移風易［俗］……
三　禮者，非貴□［器］……
四　云乎哉。若其……
五　殊乎合敬者畢……

六　問：子曰學而時習……
七　習何顯時習年［幾］……
八　橋敏對：此孔子言［學］……
九　豈不亦析悦乎，……
一〇　乎。注子者，行孔……
一一　威儀，孔時之時言……
一二　悦乎，言樂道至心……
（後缺）

對其性質，陳氏推測爲"從第六行'問'及第八行'橋敏對'看，這也是一件學生的問對卷"，"能反映出唐西州教育考試方面的一些情況"。④ 筆者按：第一至五行，是對《論語·陽貨》篇"禮云禮云，玉帛云乎哉？樂云

①　王素先生認爲這"是一件唐代西州比較流行的《鄭注》對策範本"，王素編著：《唐寫本論語鄭氏注及其研究》，第 271 頁。
②　載《敦煌學輯刊》1994 年第 1 期。
③　《美國普林斯頓所藏幾件吐魯番出土文書跋》，載《魏晉南北朝隋唐史資料》第十五期，1997 年。
④　同上書，第 116 頁。

樂云,鐘鼓云乎哉"的策問。據皇侃《論語義疏》,此答近於馬融注,"樂之所貴者,移風易俗也,非謂鐘鼓而已也";①之所以不大一樣,據先生的批注"注雖得,錯處太多",當是錯誤太多的緣故。第六至一二行,是《論語·學而》篇"學而時習之,不亦説乎"的策問。據皇侃《論語義疏》,與其所載的王肅注等均不同。② 又,敦煌、吐魯番出土的鄭玄《論語注》殘卷没有《學而》篇。這説明橋敏的對答很可能只是一己的理解。這是因爲唐時《論語》的注一般都是讀習鄭玄《論語注》與何晏《論語集解》。這種情況的存在,反映了學生練習答策時對疏注不甚熟悉的情形。

與其一同出土的還有一"《尚書》問對卷",内容如下:

> (前缺)
> 一　[遂]奔南巢,俘取玉以[禮]……
> 二　之災,故取而保之。謹對。
> 三　　　　　　　　注雖得,錯處太多。
> 四　[問]:身(艸匪)玄(糸薰)機組,《書》③文注此是何州?[經]
> 五　□主定出何文?
> 六　[愚]第對:此明……也,今云身(艸匪)玄
> 七　(糸薰)機組者,……[色]善,故宜□……
> (後缺)

"是先生寫出的題目,是問'厥能玄(糸薰)機組',《書》文注此是何州? 經所注應出何文"? 而據《尚書正義》卷八《湯誓》篇末"俘厥寶玉"一語孔安國注:

> 誠自安邑東入山,出太行東南,涉河,湯緩追之。不迫,遂奔南巢,俘取也。玉以禮神,使無水旱之災,故取而寶之。

---

① 皇侃:《論語集解義疏》,見《儒藏》(精華編第 104 册)"經部四書類",北京大學出版社 2007 年版,第 523 頁。
② 同上書,第 214—215 頁。
③ 説明:"書"字的書名號爲筆者所加。下同。

至此,知其大概是問"'俘厥寶玉'何解?以注釋之"。但兩相比較,學生的回答雖明曉出處,基本正確,但還是有錯,以致先生批爲"注雖得,錯處太多"。顯然,這是一份模仿經義對策考試的習作。如與規範的以"對:此明"發端,以"謹對"二字結尾比較,這兩件習作還是不無隨意性,如"[愚]第對""橋敏對",甚至還出現了考生的姓名。但不管怎樣,這正能印證上面考辨的當日墨策考試的形制。

原載《史林》2016 年第 12 期,收入本集時略有修改和增補
(丁紅旗,華東師範大學古籍研究所副研究員)

再論吐魯番《論語鄭氏注》對策殘卷的性質

# 圖寫神韻：康熙庚辰年"禹畫王像"系列中的文化隱情

## ——以禹之鼎《荷鋤圖》爲中心的考察

## 丁小明

作爲中國古典詩學的集大成者,詩人王漁洋不僅以"神韻説"的詩學主張及創作影響着清初近百年的詩壇風尚,更以其顯赫的政治地位與長期精心經營而建立起他"有似中流柁"的詩壇地位。清華家世、絶世才情、曠代逢遇,凡此種種機緣,不但在王漁洋的人生經歷中完美地耦合,更被他發揮盡致。在他主盟康熙詩壇的四十餘年間,其詩其論,天下文士翕然追慕,以至於"海内公卿大夫,莫不尊之爲泰山北斗",門下稱弟子,竟"不下數千人"。與此同時,這位"僕本恨人、性多感慨"的詞人又是一位心思縝密的"系統設計師",在清初文壇"巨人接踵"的"華山論劍"中,王漁洋以常人難以料想的細緻規劃與苦心經營,一步一步地登上標誌着權力與聲望的盟主之巔。

## 一、盟主之書：從《阮亭詩選》到《漁洋山人精華録》

要成爲某個時代文化上的廣大教化主,"長袖善舞"與"左右逢源"也許比"水平不可少"的必要條件更重要。在這一點上,袁枚如此,胡適如此,王漁洋也是如此。所以,當我們認真審視王漁洋的文學世界時,我們會發現,《秋柳》四章中所顯露的文學才華只是他事業的起點,而且越往後,他對文學世界以及個人形象的經營,包括他推崇先賢與獎掖後進的種種文學活動,以及他與當權者之間微妙的互動,才使得他的詩歌創作與詩學理論最終成爲舉世公認的經典。換言之,在通往文壇盟主的道路上,王漁洋從來就不是一個消極的等待者。一者，他大量刊刻個人詩集，不倦編刻各種選集，以此來傳播其獨特的詩學理念與擴大自身的詩學影響；再者，他堂廡廣開，不遺餘力地提攜後進，門生子弟幾遍海內。眾多的弟子不惟擴大了王漁洋的文學集團，也擴大他的文壇聲望。最後，他一直在尋找與政治結盟的機會，棲身於權力中樞，以“千仞翔鳳”的姿態在“萬人頭上逞英雄”，才是這位“絕世風流潤太平”的騷壇才子的人生至境。

王漁洋生前刊刻個人詩文集甚夥，鄧之誠在《清詩紀事初編》評價王漁洋刊印活動時曾有“從來刻集之多，刪芟之多，均無過於士禛”云云，在此僅擇選《阮亭詩選》與《漁洋山人精華錄》爲例，來説明從新人到盟主的道路上，他是如何利用個人詩集的刊刻來整合各種有益於自己的文化資源，以此博取超乎尋常的群體認同，並最終獲得“一代風氣之所主，斷歸乎公”的文學話語權。

康熙元年（1662）五月，盛符升編刊《阮亭詩選》十七卷行世，這是王漁洋出版的第一部詩歌選集。這部詩集的出版標誌着王氏在康熙朝文學地位的確立，更體現出他在這之後操練得越來越嫻熟的文壇屠龍術：“借前輩大佬上位，引後進門生鼓吹。”這一方法在《阮亭詩選》中體現得十分典型。此書前列有錢謙益、李元鼎、黃文煥、熊文舉、李敬、林古度、趙士冕、丁弘誨、張九征、韓詩、王澤弘、蔣超、吳國對、葉方靄、唐允甲、顧宸、汪琬、施閏章、冒辟疆、魏學渠、杜濬、陳維崧、程康莊、趙進美、丘石常、王士禄27篇序，客觀地講，這樣的陣容不僅空前盛大，而且組成異常複雜。這其中既有錢謙益、李元鼎、黃文煥、熊文舉、李敬、趙士冕、丁弘誨、張九徵、施閏章、趙進美等前輩達官文人，也有王澤弘、蔣超、葉方靄、杜濬、韓詩、吳國對、程康莊、汪琬、魏學渠等同輩新貴，而尤其難得的是，林古度、冒辟疆、杜濬、唐允甲這幾位勝朝遺老也俯允賜序，前朝遺逸與當世名賢統統匯入了王漁洋詩序的大海中，他們的品評所形成的綜合影響力恐怕是任何一個優秀詩人的作品所難以比擬的。可以料想，王漁洋能有這樣一份“得當世名賢共推許”的境遇，既淵源於他哀頑感艷、其情在骨的詩筆，更得益於他左右逢源、舉重若輕的交際才智。

與此同時，在王漁洋的文學事業中，作爲門生弟子所扮演的鼓吹手的角色也是不可或缺的。以《阮亭詩選》爲例，在目錄所列的28位參校者中，除去親族數人，尚有昆山盛符升，太倉崔華、王立極、吳之頤，青浦王朱玉，江都郭士琦、謝廷爵，高淳孫謙，上海朱廷獻，高郵柏熊生，如皋冒禾生、冒丹書，興化王仲孺、王熹孺，丹陽蔡芬，其中盛符升至朱廷獻9人皆是順治十七年王漁洋任江南鄉試同考官所取的舉人，其餘爲揚州一帶的後進才俊。儘管衆多的參校者是否是真正參與其事尚屬疑問，這一遍列門生以壯大聲勢的形式也遭到非議。但是，王氏提攜後進的伯樂之名已然昭著。顯然，《阮亭詩選》還只是作爲文學新人的王漁洋的初次亮相，要想成爲詩壇盟主，除了必須在創作及理論有更出色的表現，還需要整合與利用更多相關的文化與政治資源。但是作爲王漁洋揄揚聲譽、擴大影響的看家招數已露端倪，以頻繁刊刻個人詩集及相關詩學論著、選集爲詩學理論傳播的主要通道，在這些文本傳播的過程中，外以前輩序跋評點爲奧援，内引弟子唱和鼓吹爲能事，這的確是其屢試不爽的不二法門。

康熙十九年八月，王漁洋"蒙聖恩，擢拜大司成"，官拜國子監祭酒，並由此確立了他文壇盟主的地位。在此之後，他關心的仍然是這三件事，一是個人詩集及相關選集的繼續刊印，其中最有影響的莫過《唐賢三昧集》與《漁洋山人精華録》的刊刻，前書雖是選唐人之什，卻是他"神韻説"的集大成之作；後書則是其詩歌創作的佳什之集，一生精華，盡萃於斯。二是門人隊伍的建設，國子監本來就是培植國士之所，王漁洋入主之後，惠士棟、宗元鼎、湯右曾、查昇、陶元淳，甚至包括洪昇、查慎行這樣的名士都曾在王漁洋時代的國子監游學過，所以説，其門庭之盛，可謂桃李遍天下。三是與康熙帝的互動。自康熙二十年，王漁洋與康熙以詩爲媒，多有唱和往來，王氏《召對録》中也提到："自是每有御制，必命和進。"詩壇盟主與皇權的强勢話語以這樣的方式巧妙銜接，一者，會將詩歌引向符合統治者意願的"詩教"的軌道上，使文學成爲盛世太平的注腳；再者，也會確保王漁洋的主盟地位固若金湯。

在王漁洋詩歌的傳播接受史上，如果要推薦一本最具代表性的著作，我相信大多數學者都會選擇《漁洋山人精華録》。事實上，無論是翁方綱所説"今海内讀漁洋詩，皆以《精華録》爲家弦户誦之本"，還是鄧之誠所説的"《精華録》風行一代，莫之能比"，所指向皆是此書的重要性。而就是這樣一部精華版的漁洋詩選，在選編者這個問題上卻出現王氏"手定托名"與"門人編纂"兩種版本，儘管這兩種版本之真僞到目前尚無定讞，竊以爲，問題之所以存在，其原因是持"門人編纂"説的討論者惑於版刻資訊的表面現象，而没能進入王漁洋世界，並對其人其事有本質上的瞭解。

時至康熙庚辰，王漁洋的盟主地位已非常穩固。與此同時，他屢試不爽的屠龍術也變成自我隱身的遁形術，可以説，這既是王漁洋的心思縝密之處，也是他高於常人之處，此點在《漁洋山人精華録》編刻過程中體現得尤爲明顯。

僅據此書版刻信息可知，是書卷首題“門人侯官林佶編”，每卷末亦均題“門人監察御史昆山盛符升、國子祭酒江陰曹禾同訂，侯官門人林佶恭繕寫”，也就是説，《漁洋山人精華録》一書是林佶編，盛符升、曹禾修訂的，最後由林佶繕寫上版的。王漁洋在《香祖筆記》中也重復類似的信息：“予生平爲詩不下三千首，門人盛侍御誠齋（符升）、曹祭酒峨眉（禾）爲撰《精華録》，意存簡貴。”只是“門人編纂”説就是在其編者林佶之子林正青所注的《王貽上與林佶人手劄》中已經不攻自破了，林正青注云：“阮亭先生著述甚富，晚年合其前後集，擇尤粹精者，定爲四册，授先君書，剞劂以傳，名曰《精華録》。”林正青的注文不但被錢大昕所接受，四庫館臣亦加以採納，後來翁方綱、梁章鉅亦贊同此説，就是現代學者嚴迪昌在《清詩史》中也持托名一説。從借詩界大佬的揄揚高調上位，到借門生弟子之名下臺隱身，王漁洋在晚年刊刻詩集時突然地轉身變臉，似乎讓人難以理解。不過對於王漁洋這位最在意個人作品，其“從來刻集之多，删芟之多，無過於士禛”的文壇盟主而言，在編選號稱一生精華的作品集時，完全假借門人之手來完成是不可想象的，能理解到這一點，我們才能明白，王漁洋在選編《精華録》一書時遁形隱身的良苦用心。對於執詩壇牛耳近四十年的“系統設計師”而言，高調地自編自導並走上前臺表演已然不符合他的盟主形象，其最適合的方式莫過於讓弟子門生走上前臺，充當他的影子編劇，自己卻以劇外人的姿態超然處之，並實際操縱這一切。嚴格意義上，“門人編纂”的格局只是王漁洋一生無數次設計案例中較爲精心的一次。反而言之，“手定托名”之説不僅有第一手文獻的支持，也完全符合王漁洋做事的一貫風格與手法，當是可信的正確結論。

## 二、遁入圖像：康熙庚辰年“禹畫王像”系列中的文化隱情

如上所説，對於文壇盟主王漁洋而言，在個人聲望與權力達到頂峰的康熙庚辰年，在編選個人最重要詩選《漁洋山人精華録》的過程中，將編選的署名權拱手讓給兩位門生，自己則以隱身的方法退居其後，儼然一副超然事外的旁觀者。可是事實證明，王氏絶非徒作壁上觀的他者，擅長自我宣傳的漁洋山人只是從臺前走向了幕後。這種自爲隱身的做派雖然高

明,但對於不甘寂寞的他而言,也只能是偶爾爲之的權宜之計。當我們將關注的視角放大到編選《精華録》之外的與王漁洋有關的文化事件時,我們就會驚訝地發現,在康熙庚辰年的文化舞臺上,王漁洋不但没有隱身,更没有走向幕後,事實上,他一直在那個舞臺的中央,不同於以往的只是表現方式的差别,在肖像國手禹之鼎的協助下,神韻宗主王漁洋以圖像的方式開始一場又一場的文化表演。

從嚴格意義講,在對王漁洋的研究中,康熙庚辰年(1700)絶對是需要特别注意的時間節點,爲什麽這麽説呢?理由有如下幾點:第一,康熙賜額"帶經堂"事件,使得王漁洋一生的寵遇達到頂點。圍繞這一事件,他請禹之鼎繪《荷鋤圖》以紀其況,引衆多門生弟子唱和以賀其遇,並以"帶經堂"之名冠其詩文集,以爲流之永久。可以這樣説,在時代與個人的雙向選擇中,在政治盟友康熙的最終肯定下,王漁洋笑到了最後。第二,儘管影響如日中天,就詩學創作而言,《漁洋山人精華録》的編撰標誌着作爲詩人的王漁洋走到事業的轉折點,他的文學成就開始進入過去時,而不是進行時或將來時。第三,康熙庚辰年,王漁洋迷上了個人肖像秀。這一年,禹之鼎先後爲王漁洋繪製《荷鋤圖》《放鷳圖》《禪寂圖》《戴笠像》《雪溪圖》《幽篁坐嘯圖》等不同主題與背景的個人肖像。作爲一件甚爲突兀的文化事件,王漁洋爲何如此熱衷地走進畫圖,僅僅是因爲個人審美的需要,還是有着欲説還休的别樣隱情呢?

帶着這一問題,並結合《漁洋山人精華録》的編輯與康熙賜額"帶經堂"事件,讓我們共同走進王漁洋的畫像世界,來探知這些畫像所映照的王漁洋的精神世界,並解析這些題跋累累的畫像所交匯的多向度的文化内涵。①

面對這六幅漁洋畫像,首先要弄清楚的是禹之鼎繪圖的本事所在,換言之,促使他繪像的直接原因是什麽?這裏以《荷鋤圖》與《戴笠像》爲例略加陳述。《荷鋤圖》中有禹之鼎題識述説繪像的緣起,其具體如下:

康熙庚辰(1700)夏六月,御書"帶經堂"大字賜尚書臣王士禛,

---

① 圖像學有關闡釋理論有三個向度:一是本事向度,二是圖迹向度,三是象徵向度。第一個向度出現在的圖像産生之前,它包括繪圖的源起、像主及繪者的動機等等。第二個向度就是隨着圖像産生而出現的,具體表現爲"所見即所得"的圖像分析。第三個向度是潛在的,只能通過觀者對特定主題與概念的揭示,進而闡述圖像所隱含的内容與意義。

雲漢昭回，拜觀者莫不驚歎。按"帶經而鋤"語出《漢書·御史大夫倪寬傳》，因屬鴻臚臣禹之鼎寫杜詩"細雨荷鋤立，江猿吟翠屏"之句，仍用米南宫、高房山筆意作圖寫照於内，以紀恩遇云。①

从禹之鼎的題識可知，《荷鋤圖》的直接緣起是康熙賜額"帶經堂"事件，這是《荷鋤圖》的本事所在。只是畫家並沒有把"黄扉紫閣"的恩遇寫入畫圖，而是遵照王漁洋的囑托，以杜詩"細雨荷鋤立，江猿吟翠屏"詩句爲憑據，用寫意的筆法畫出了一幅"綠蓑青箬"的漁洋山人圖。從本事到圖迹的轉换雖是由王漁洋和禹之鼎共同完成的，但其設計師無疑是王漁洋，設計效果也是顛覆性的，本事所指向的是一件政治性很强的廟堂盛事，通過王、禹二人巧妙切换，卻在成形的圖迹中轉變成一曲志在江湖的漁樵閒話。

如果《荷鋤圖》中王漁洋的農夫扮相還可能是他的隨興之作，那麼他在《戴笠像》中"身着朝衫頭戴笠"的漁夫扮相則更無疑是處心積慮設計的結果。《戴笠像》中顛倒朝野的漁夫扮相其實只是爲《漁洋山人精華録》所配的作者像，有鑒於《精華録》的重要性，《戴笠像》當然也就肩負王氏標準照的責任了。既然《戴笠像》的謎面已然清楚，一旦我們知道杜甫與蘇軾都曾有過"戴笠像"扮相，那麼王漁洋以《戴笠像》來規模前賢而隱然以一代文宗自居的謎底也並不難猜到了。

再聯繫康熙庚辰年的《放鷴圖》《禪悦圖》《雪溪圖》《幽篁坐嘯圖》中王漁洋忽而農夫、忽而漁父、忽而僧道、忽而琴士的種種扮相，無論他如何裝扮，總是給人傳遞着這樣一個資訊，那就是處於人生最得意階段的王漁洋有意識用圖像的方式疏離甚至逃避現實中的王漁洋，他希望人們看到或記住的是圖像中的漁洋山人，而不是現實中的他。他爲什麼會這樣設計？這一疏離的背後潛伏着怎樣的心思？

學者嚴明曾用"形在魏闕，志在江湖"的速寫來描繪王漁洋及他那個時代漢族文士的普遍心態，這一心態又豈止是康熙一朝，有清一代，文壇的朝野對立始終是置身其中的文士所無法回避的大問題，王漁洋得以攀上文壇盟主的寶座，固然與他不朽的詩藝有關，與康熙帝的力挺有關，可是，如果没有他在揚州五年期間積累起的遺民詩群的認同，没有前任盟主

---

① 禹之鼎：《荷鋤圖》，2015 年北京保利拍賣春季拍賣會"仰之彌高——古代書畫夜場"第 2010 號拍品。

錢謙益"與君代興"的期許,他雄踞文壇四十年的神話幾乎不可能成爲現實。所以,王漁洋極可能認識到,他的文學帝國之所以建立,其主要基礎在於他能彌合以滿漢矛盾爲主的朝野文化的緊張關係。比對康熙詩壇朝野離立的現狀,我們不妨認爲,身爲廟堂詩群領袖的他,在"褒嘉迥與尋常殊"的"帶經堂賜額"事件後,向世人所展示的"野服"形象,其指向的受衆極可能是以草野隱逸爲主的布衣詩群,其目的無非是尋求後者的認同,並以此來彌合朝與野的緊張狀態。榮禄加身時夢回青山,高臥東山后又不忘思君,這也許才是"漁洋秘笈"中最爲了得的一招,也是使他最爲受用的一招。面對這個屢遭天眷的御用詩人,在康熙庚辰年的"禹畫王像"的事件中,我們似乎讀懂了他的心思。

當然,作爲詩人的王漁洋,他既不是清廷所委派的形象代言人,更不是康熙帝的文化宣撫使,他所以不遺餘力地尋求布衣詩群的認同,並力圖來彌合朝野緊張關係,這其中當然是包含他個人願望的。聯繫這一年中《漁洋山人精華録》的編輯,我們有理由相信,他在畫像中以裝扮的方式所做的文化表演,一定程度上是以畫圖的形式來詮釋他的神韻詩説。

這樣説的理由有二,一者,《雪溪圖》與《幽篁坐嘯圖》均從王維詩畫而出。其中禹之鼎作《雪溪圖》之前,王漁洋曾在宋犖家中觀賞過王維所畫的《雪溪圖》,其規模王維的意味是不言而喻的。而《幽篁坐嘯圖》則直接取自王維詩境。王漁洋獨鍾情於王維,實在是因爲在他神韻學説的宗派圖中,王維就是不二老祖。比如,他以神韻詩説的標準來編選唐人詩的《唐賢三昧集》時,全書選詩 448 首,王維就以 112 首詩獨占鰲頭;經他形塑的盛唐詩的審美理想,王維無疑是最傑出的代表。四庫館臣也因此直指漁洋趣味:"其推爲極軌者,惟王孟韋柳諸家也。"所以,無論以王維畫意爲背景,還是直接走進王維的詩境中,禹之鼎繪製的王漁洋畫像其間接的寓意都是在以圖像的形式宣揚王漁洋所尊奉的"羚羊掛角,無迹可尋,透澈玲瓏,不可湊泊""言有盡而意無窮"的神韻詩説。

再者,儘管《荷鋤圖》《放鷴圖》《禪悦圖》《戴笠像》所表達的本事各異,在王漁洋的授意下,禹之鼎都將這四張畫像畫的畫境轉向煙雨空蒙、微曦薄霧、幽靜無人、空靈淡遠的境界之中,每幅似有深意存焉,但又不落言筌。這樣意境既與司空圖、嚴羽所宣傳的"不著一字,盡得風流"的境界相通,更與王漁洋所推崇的王孟詩境契合。這里不妨舉王氏弟子孫致彌題《禪悦圖》一詩以爲佐證:

　　論詩如禪宗，我聞諸嚴羽。妙悟最上乘，一花五葉聚。聲聞辟支果，知解固無取。龍象得我公，直契西來祖。如大香水海，又若塗毒鼓。滔渡拯末法，一指俱胝豎。鄭雅窮源流，別裁期復古。原我諸學人，共拈瓣香柱。稽首人天師，皈依廣大主。庶幾托津梁，毋或僭規矩。服膺三昧編，滴滴沾法乳。

　　從題詩看，孫氏並没有執着於《禪悦圖》的畫面意思，而是直指此圖的象徵意義。孫氏落筆就上溯漁洋所膜拜的嚴羽詩學，"論詩如論禪"，"妙悟"才是最上乘的詩學解法。我公漁洋先生所得詩學龍象，不正是契合禪宗達摩老祖的法門嗎？今之即有神韻詩説的"廣大主"，願門下衆弟子，能稽首皈依，瓣香法乳，得其三昧也。很顯然，孫氏完全跳出了畫圖的窠臼，通過比擬的手法來大力鼓吹王漁洋神韻説及其詩壇宗主的形象。退一步説，就是從《禪悦圖》所表達的静謐意境與所布襯的松蔭、鶴舞、飛瀑、白雲、草屋、朝煙等物象而言，我們仍能感覺到，詩趣詩味與禪趣禪理相通契合，故以此圖來爲提倡神韻詩、以禪論詩的王漁洋作注腳是再恰當不過的。綜上所述，我們説王漁洋的庚辰年畫像系列，是用圖像的形式來闡述其神韻學説，並再三致意，是完全可以理解的。

　　最後，我們需要將關注的目光投向《荷鋤圖》《放鷳圖》《禪悦圖》《雪溪圖》《幽篁坐嘯圖》之後長篇累牘的題跋，細審這些衆聲喧嘩的題跋，可以歸納出一個共性：大都出自漁洋門生之手。以《荷鋤圖》爲例，畫前有王士禛門人黄元治行書題引首，後有門人張尚瑗、王原、汪繹、狄億、顧圖河、吴暻、史夔、湯右曾、查昇、查嗣庭、王丹林、查慎行、錢名世、朱載震、史申義、黄元治、吴雯、劉石齡、王式丹、沈朝初、蔣仁錫、繆沅、宫鴻曆、李崌瑞、郭元釪、黄夢麟、汪士鋐、王訊、顧嗣立、魏坤、馮念祖等三十二家詩跋，其門人均爲康熙時詩人或官員，皆有詩名或政聲。作爲無形的文化資本，寬大龐雜的門人集群是王漁洋足以自立於清初文壇最顯赫的標誌之一。王掞在《誥授資政大夫經筵講官刑部尚書王公神道碑銘》中曾云：

　　喜汲引後進，一篇之長，一句之善，輒稱説不去口。以公齒頰成名者，不可勝數。其指授爲詩文，無不度越流俗。一時名流，大都出於公之門。如元和之韓，如元祐之蘇，著籍稱弟子者，不下數千人。

　　由引文可知，漁洋門人最盛時，幾達數千之巨，其地位與影響可比一代文宗韓愈與蘇軾。王漁洋如此的山吞海吐、廣開門庭,以至於門生弟子如雲如潮,一方面,他的確獎掖後進,提攜來人,爲清初文壇培養了一大批淹有成就的詩家,如查慎行、吴雯、洪昇、汪懋麟等等;另一方面,王漁洋也正是利用這種廣招弟子的方法來擴展自己的文學集團,藉以造成聲勢與擴大影響。可以説,遑論其詩學造詣,就是門生弟子幾遍天下的聲勢,也在一定程度上造就了"名位聲望爲一時山門"的王漁洋,以至於"凡刊刻詩集,無不稱漁洋山人評點者,無不冠以漁洋山人序者"。

從某種意義上説,在王漁洋文壇地位升遷的過程中,其門人集群的推助作用是不可替代的。這一作用,不惟見之於起初的《阮亭詩選》上列門生之名以壯大聲勢做法上,也見之於《漁洋山人精華録》中托名弟子的手法中,更見之於康熙庚辰年"禹畫王像"之後長篇累牘的弟子喝彩聲中。"禹畫王像"系列所製造的一個個公共文化空間,不但給予王漁洋宣揚神韻詩説的場域,也爲他的門人弟子提供了瞻仰禮敬、樂此不疲地贊頌王漁洋成就的絶佳機會。而這一具有表演性質的"王家班"式的題跋,既是向世人展示以王漁洋爲中心的文學集團的整體實力,也因此形塑了占據清初主流文學地位的"神韻詩派"的宗派結構。康熙庚辰年,時已 66 歲的王漁洋之所以頻繁地走入禹之鼎的畫圖中,並擺出種種非常的姿態,也許這才是他的真正目的所在。

(丁小明,華東師範大學古籍研究所副研究员)

# 《近思録集朱》文獻學價值述略*

## 任莉莉

南宋以來,治《近思録》者層出不窮。其中有作注解的,有加以續編的,還有作隨筆的。清初,對於《近思録》的宣傳倡導、傳播灌輸、研究續輯,更是掀起了一個新的高潮。綜觀其時,爲《近思録》作注、續編的亦不下數十家,然而有一個本子,素來爲學界所忽視者,乃清初大興人黄叔璥所輯《近思録集朱》(以下簡稱《集朱》)一書。《集朱》現僅存於國家圖書館善本室中,封面著録信息爲"十四卷,清黄叔璥輯,稿本,四册"。此稿系抄寫在印好板框的紙張上,線裝而成。半頁 9 行,行 20 字至 22 字不等,四周雙邊,白口,單魚尾,尚未刻印,當爲孤本,有極高的文物價值、收藏價值和學術價值。本文略述《集朱》撰者生平、纂輯體例、稿本特徵及其學術成就與影響。

## 一、黄叔璥生平事迹考

關於黄叔璥的記載,時間較早、内容較詳盡的,當屬清魏一鼇輯、尹會一等續補的《北學編》,其中著録有"黄玉圃先生"。黄叔璥,字玉圃,晚號篤齋。有學者推算其生卒年份大致爲 1682 年至 1758 年,其宦海沉浮經歷了清代康熙、雍正、乾隆三朝。"祖上姓程,原籍安徽新安縣。父黄華蕃(字潤采,卒於 1705 年),爲黄家收爲養子,遂姓黄"。① 康熙三十八年,黄

---

* 本文系國家社科基金重大項目"朱子學文獻整理與研究"(11&ZD087)階段性成果之一。

① 恒慕義:《清代名人傳略》中册,青海人民出版社 1990 年版,第 7 頁。

叔璥中順天鄉試。四十八年,會試中式。① 由太常博士遷户部雲南司主事,調吏部文選司,遷稽勳員外,再調文選,以薦擢湖廣道御史。② 五十四年,擢升御史,曾任巡城御史,專職巡視京城東城。五十六年,掌浙江道監察御史。③ 六十一年,與吴達禮同任巡視臺灣御史。④ 雍正元年任滿,特留一年,爲列《海疆十要》⑤及《南征紀程》《臺海使槎録》等。⑥ 雍正二年落職。罷職後,閒居大興,究心宋五子書及元明諸儒集,深造有得,晚歲所養益粹。⑦ 乾隆元年,叔璥補河南開歸道,⑧調驛鹽糧道。四年,撰《南臺舊聞》《廣字義》。五年,丁母憂,歸。五年,撰《中州金石考》。八年,服除,補江南常鎮揚道,遇疾,暫解任。疾已,復原官。十五年,致仕。⑨ 編撰《國朝御史題名録》,續輯《宋陳石堂性理字義》。十九年(1754),輯成《近思録集朱》。卒年七十有七。⑩

據《北學編》載,河南巡撫尹會一之子尹嘉詮在乾隆十九年爲《北學編》所作"後序"中講到:"北平二黄公(筆者按,指黄叔璥及其長兄黄叔琳),久爲士林所景仰,並編列焉。其有潛德未彰,續有聞也,敢不熏沐書之?"又云:"先公巡撫河南時,每見先生,必執後進禮,稱'爲立不易,方和而不流,君子人也'。"⑪尹會一又爲黄氏《廣字義》作序曰:"兹編也,匪惟知之,且允蹈之。其行己静以廉,其待人恭以恕,其立政簡以清。"⑫由此可識黄叔璥生平爲人之一斑。

然而對於黄叔璥這樣一位歷史名人,近世以來關注、研究者甚少,蓋因"資料太過奇缺,無人敢於問津"。⑬ 至於其《集朱》,史志目録未載,學

---

① 顧鎮編:《黄侍郎公年譜》,見《北京圖書館珍藏本年譜叢刊》第 91 册。
② 清魏一鼇輯,尹會一等續補:《北學編》,清同治七年重刊本。
③ 顧鎮編:《黄侍郎公年譜》,見《北京圖書館珍藏本年譜叢刊》第 91 册。
④ 連横:《臺灣通史》,見《民國叢書》第三編《歷史·地理類》,上海書店 1991 年版,第 422 頁。
⑤ 清魏一鼇輯,尹會一等續補:《北學編》。
⑥ 恒慕義:《清代名人傳略》中册,第 7 頁。
⑦ 清魏一鼇輯,尹會一等續補:《北學編》。
⑧ 顧鎮編:《黄侍郎公年譜》,見《北京圖書館珍藏本年譜叢刊》第 91 册。
⑨ 清魏一鼇輯,尹會一等續補:《北學編》。
⑩ 同上。
⑪ 同上。
⑫ 同上。
⑬ 林慶元:《先賢先烈專輯——黄叔璥傳》前言,臺灣省文獻委員會,1998 年。

者鮮治是書。《販書偶記續編》著録云："《近思録集朱》十四卷，清北平黄叔璥撰。原稿本，首有乾隆甲戌自序。"①《善本書録》也曾著録。吉路在《北京檔案》2011 年第 9、10 期發表了《清代第一任"巡臺御史"——大興黄叔璥》，介紹了黄氏其人；中國臺灣網刊發的吳小珊撰寫的"'大興黄叔璥'京城誰識知"一文，提及《集朱》一書十四卷，成於 1754 年；劉仲華在《唐都學刊》2005 年第 10 期發表的《清代首任巡臺御史黄叔璥生平及其學術成就簡述》一文提及《集朱》。程水龍在《〈近思録〉版本與傳播研究》一書中摘引了黄氏《集朱》序及凡例，對於其版本著録情況提出了一些疑問。② 可見，對於黄氏及其《集朱》的研究空間還很大。

## 二、黄叔璥《近思録集朱》版本考證

《集朱》一書共四册：卷一、卷二爲第一册，卷三、卷四爲第二册，卷五至卷八爲第三册，卷九至卷十四爲第四册。序言首頁欄外加有陰文篆書紅色方印"閱古樓收藏金石書畫圖書章"，據此可知該書曾爲閱古樓所藏。全書式樣大致爲：《近思録》正文頂格書寫，單行大字；所輯録朱子語低一格，單行大字；先儒、朱子友好、門人及後學語低一格，雙行小字；黄氏按語低二格，雙行小字。整體來看，呈階梯狀分佈，層次分明，極有章法。此種行文法，與蔡模所編《近思續録》《近思別録》近似。雖然黄氏未明言，而其創例實則效法於兹。

對於《集朱》的版本定義問題，這裏還需要説明一下。因爲學界有一些不同的看法，有的學者還存在誤解，竟將此書定爲抄本，如劉仲華先生在《清代首任巡臺御史黄叔璥生平及其學術成就簡述》一文中講到："《近思録集朱》在清代各種公私著述目録中鮮有著録，據所知，現僅存有一抄本，藏於國家圖書館善本室中。"③劉文載爲"抄本"，與國圖定義的"稿本"區別在哪裏呢？如果是稿本，那麼這個稿本所呈現的具體形態又如何呢？深入研究後，是否能夠給這部海内孤本一個更爲精準的定義呢？隨着校點整理工作的深入，我們一層層地揭開了這部古籍的神秘面紗。無

---

① 孫殿起：《販書偶記續編》，上海古籍出版社 1980 年版，第 103 頁。

② 程水龍：《〈近思録〉版本與傳播研究》，上海古籍出版社 2008 年版，第 185 頁。

③ 劉仲華：《清代首任巡臺御史黄叔璥生平及其學術成就簡述》，《唐都學刊》2005 年第 10 期，第 148 頁。

論從增删處理手法、黏簽安放原則及天頭地腳帶有撰者意旨的批語，都給我們提供了一條條有力的線索。據核，國圖將《集朱》定義爲"稿本"相對還是較爲準確的，其當爲手稿本，從其版本特徵可以確定這一點。

第一，該稿本有序無跋，序後落款題"黄叔璥謹識"，卷一首頁墨批"北平黄叔璥學"六字於行間。從書體看，近似歐體。筆力遒勁老辣，方正平直，與黄氏爲人"嚴厲自持"之風頗近。序、凡例與正文中增補、批校字體一致，知爲黄氏手書無疑。

第二，正文書體非出自一人之手。通觀全書，大致有以下幾種情況：卷一字體端莊典雅，字形飽滿，立體感强，似帶有顔體風骨，頗見書法功力，可謂規矩方圓之至。有碑體的味道，字字嚴正，筆意揮灑運用到位，内外左右呼應，酷似鐫刻而成，可見書寫者定力之强，功底之深，足見理學精神在書體上及行文中的滲透與展現，由此可以讓人感受到字裏行間所閃現的感化、教育效果。卷二的書體張力不如卷一强，其内斂含蓄之美感似較爲突出，仍是方正規矩的楷體，而筆意間與前一種字體相比則似乎少了一些呼應之妙。卷二的後半部分字體又有變化，此字顯得過於拘謹，行筆尚未到位時突然而收，筆力軟弱，構架似乎缺乏支撑力，給人一種精神萎靡不振的印象，與前二種字體相比，書法境界差得較遠。卷五"視箴曰"條下九行字體又異於他處，總體來看，其書體近似於第一種，而不及第一種字體的功力。後面諸卷的書體大概不外乎上述幾種情況。關於該書系何人親筆寫録，似是一大懸案。書前的"序"末題有識語"乾隆歲在甲戌仲春後學黄叔璥謹識"數字，知其爲黄氏本人所寫。緊接着的"凡例"字體與"序"一致，出自一人之手則無疑。另外，從字迹來看，文間批校語、行間及版間所增補的文字、粘簽上所增補的文字及批語均爲黄氏手書，這一點也可確定。後面數卷的書體不外乎以上幾種。第一卷正文的字體似乎非出自黄氏。第二卷前半部分字似爲黄氏所書，"伊川先生曰古之學者優柔"云云條後則非黄氏所書。此外，第三、五、六、七、八、九、十一、十二、十三、十四卷非黄氏所書；第四、九、十卷似爲黄氏所書，後面增補的"伊川先生行事本末"及"黄勉齋撰朱子行狀"似系黄氏所書。關於該書的成稿經過，待資料充足時再另文敘述。

第三，書中圈改勾乙之處頗多。從字裏行間看，是稿幾經核校改易。先是黄氏用墨筆進行校對，勘其謬訛，詳其未備，正其當乙，删其衍文，其主要原則是所輯條目當能發明《近思録》白文本旨，雖已摘録而其文意無關或不能發明白文意旨之處，均以近似上、下引號（"┐""└"）之類的符號勾住語段前後，或畫直線加以删除，或兼作眉批曰"不切""欠發明"等。另外，在稱謂上依循一定體例加以統一，如通篇出現的"伊川曰""明道曰""橫渠曰""朱子曰"等字上畫墨點兒滅去，或又補上"先生"二字，蓋爲校後所加。文中多處有毛筆書寫的"┓""┗"符號，將一段文字或幾句話括住。據上下文語境及個别眉批來看，究其用意，該符號大致有三種指向：一爲該段文字須於定本時删除，一爲段落的整體移位，一爲存疑待商榷處。而以第一種情況居多，此種符號全書出現大約有 120 處。此外，又見朱筆批校處，或做眉批，或改正於字旁。原書通篇以朱筆"○"進行句讀。書中有一些挖補或修改的痕迹，還有大量後來補寫的文字，插於行間或欄間。大段文字挖補現象達十幾處。

　　第四，書内附有大量紙條，上下兩端粘於文稿天頭和地腳，中空，以手指輕挑紙條可見其所覆蓋的文字，有些頁面同一位置上所粘貼紙條達四五層之多，而每張紙條上的文字俱可閱覽，不得不驚歎於黄氏粘法技巧之妙。紙條上所附内容，或是爲《近思録》正文作注所補輯的條目，以深入發明《近思録》之語；或作爲替代所覆蓋的内容而加以更正。紙條所粘貼的位置極其講究，必然與所對應的《近思録》正文有關，不可輕易移位的。

　　《集朱》一書所著録信息情況，參見表一。

### 表一　《近思録集朱》著録信息統計表

| 卷次 | | 一 | 二 | 三 | 四 | 五 | 六 | 七 | 八 | 九 | 一〇 | 一一 | 一二 | 一三 | 一四 | 增補 | 合計 |
|---|---|---|---|---|---|---|---|---|---|---|---|---|---|---|---|---|---|
| 集朱條數 | 原輯條數 | 234 | 338 | 182 | 189 | 67 | 27 | 50 | 48 | 85 | 79 | 46 | 42 | 55 | 66 | 15 | 1 523 |
| | 行間增數 | 9 | 19 | 15 | 8 | 14 | 5 | 5 | 3 | 4 | 5 | 1 | 5 | 1 | 2 | 0 | 96 |
| | 附紙補數 | 3 | 89 | 50 | 38 | 18 | 11 | 20 | 23 | 13 | 12 | 8 | 7 | 7 | 1 | 0 | 300 |
| | 删除條數 | 4 | 29 | 16 | 11 | 3 | 1 | 0 | 3 | 5 | 5 | 2 | 8 | 3 | 2 | 1 | 93 |
| | 待增補數 | 4 | 26 | 26 | 24 | 14 | 1 | 8 | 6 | 3 | 2 | 1 | 4 | 5 | 2 | | 134 |
| | 定本録數 | 246 | 443 | 257 | 248 | 110 | 43 | 83 | 77 | 100 | 93 | 61 | 47 | 64 | 72 | 16 | 1 960 |

劉永翔教授嚴佐之教授榮休紀念文集

| 卷次 | 一 | 二 | 三 | 四 | 五 | 六 | 七 | 八 | 九 | 一〇 | 一一 | 一二 | 一三 | 一四 | 增補 | 合計 |
|---|---|---|---|---|---|---|---|---|---|---|---|---|---|---|---|---|
| 往賢及朱子後學語條數　原輯條數 | 27 | 48 | 28 | 31 | 26 | 8 | 10 | 20 | 28 | 28 | 10 | 15 | 13 | 17 | 0 | 309 |
| 刪除條數 | 1 | 5 | 3 | 1 | 2 | 1 | 1 | 2 | 2 | 0 | 0 | 2 | 0 | 0 | 0 | 20 |
| 待增補數 | 0 | 2 | 24 | 1 | 0 | 7 | 0 | 0 | 2 | 2 | 3 | 0 | 2 | 0 | 0 | 43 |
| 定本錄數 | 26 | 45 | 49 | 31 | 24 | 14 | 9 | 18 | 28 | 30 | 13 | 13 | 15 | 17 | 0 | 332 |
| 黃氏按語　原撰條數 | 4 | 16 | 1 | 9 | 6 | 1 | | | 2 | 3 | 2 | 3 | | 1 | | 48 |
| 刪除條數 | 1 | 3 | | 1 | | | | | | | | 2 | | | | 7 |
| 增補條數 | 1 | 2 | | 1 | 1 | | | | | | | | | | | 5 |
| 定本錄數 | 4 | 15 | 1 | 9 | 7 | 1 | | | 2 | 3 | 2 | 1 | | 1 | | 46 |
| 錄葉采語　篇卷總論 | 1 | 1 | 1 | 1 | 1 | 1 | 1 | 1 | 1 | 1 | 1 | 1 | 1 | 1 | | 14 |

注：表格中的"增補"一列，爲《集朱》一書於十四卷末增補了一些文字。

　　由上述行文特徵可以斷定，《集朱》當然爲手稿本。值得强調的是，對《集朱》文本深入整理研究後，筆者認爲，我們可以給《集朱》下一個更爲精准的版本學定義：《集朱》不僅是稿本，而且是黃叔璥尚未完成的稿本，是飽含着撰者學術觀點和思想方法的待謄抄或將付梓的本子，理由如下：

　　其一，**待增補的條目很多**。黃氏在核校過程中，於正文行間、欄間，寫了大量提示語。蓋限於時間、精力，或是限於版面，不便將文字全部補出，而是批注提示語，僅將相應段落的首、尾各列出數字，以作爲謄抄或定本時的補充線索。例如，卷二"於時保之子之翼也樂且不憂純乎孝者也"條下，行間補書"原注畏天　純也"六字，第四、五字間空一格，意待定本時增補。我們可以按圖索驥，依據《西銘解》補出"畏天以自保者，猶其敬親之至也。樂天而不憂者，猶其愛親之純也"一段文字。類似待補處各卷均有，據初步統計，蓋有 182 處，分佈如表二。

表二　《集朱》待增補情況表

| 卷　次 | 需增補朱子語條數 | 需補先賢及朱子後學語條數 | 需補黃氏按語條數 |
|---|---|---|---|
| 一 | 2 | 0 | 1 |
| 二 | 26 | 2 | 2 |
| 三 | 26 | 24 | 0 |
| 四 | 24 | 1 | 1 |
| 五 | 14 | 0 | 1 |
| 六 | 1 | 7 | 0 |
| 七 | 8 | 0 | 0 |
| 八 | 6 | 0 | 0 |
| 九 | 3 | 2 | 0 |
| 一〇 | 2 | 2 | 0 |
| 一一 | 8 | 3 | 0 |
| 一二 | 1 | 0 | 0 |
| 一三 | 4 | 2 | 0 |
| 一四 | 5 | 0 | 0 |
| 增補 | 2 | 0 | 0 |
| 合計 | 132 | 43 | 5 |

　　**其二，黃氏校語已明言之**。一是段落位置移易或版本著録提示語較多，可見於眉批或天頭浮簽，如"另起""空""低一字""低二字""雙行小字""小字，移前""在後""寫……後""接下寫""……條入……"；或作爲定本抄寫時的格式，"……照此單寫""寫末段後　小字""在後　移此"。此類提示語，全書計有 54 處。如卷二"忠恕所以公平"條下，有一段黃氏按語"愚按公平即中和也"云云，此按語文字原低一字，又見黃氏於此條對應行下書"定本此段低二字"7 字，蓋作爲定本抄録或刻印之提示語。二是核校商榷處，如卷六"買乳婢多不得已"條下，於黃氏按語"王文成居父喪"段下，貼浮簽曰"此段可留否"5 字，且有眉批"王文成條似入情理可存否"11 字，可知本段爲撰者校後懸疑、待審定之處，等等。

其三,**體例有不精處**。如全書多次引薛敬軒語,黄氏直接用"薛敬軒"或將"薛文清"改作"薛敬軒"者共有 20 處,還有 10 處作"薛文清",未及改易。又如,全書引用"張注"(筆者按,張伯行《近思録集解》之省稱)計 13 次之多,至於以雙行小字、低一格行文,還是單行大字、低一格行文,稿本處理並不一致,撰者存疑。再有,前文所引葉平巖語多用雙行小字,而卷二"曰游夏稱文學何也"條下則用單行大字,且未見眉批"雙行小字"字樣,等等。

其四,**稿中有引文不完整易致誤或張冠李戴現象**。卷四"蘇季明問喜怒哀樂未發之前求中"條下,輯有一段文字"李先生教學者於静中看喜怒哀樂未發之氣象爲如何"。其中的"李先生",《朱子語類》卷一〇二、《性理大全書》卷四〇俱作"羅先生",疑黄氏録有誤。又,卷五首條所輯"朱子曰:誠則無不敬,未至於誠,則敬然後誠"一段文字,核檢《二程粹言》卷上,知爲程子語,非朱子語,蓋黄氏誤引。

上述情况表明,《集朱》一書當爲未竟稿,這也給我們研究、完善《集朱》,總結朱子學思想方法留下了空間,我們也將本着深入理解撰者意圖、盡力恢復完善《集朱》條目,呈現給讀者一個相對客觀的、實事求是的《集朱》整理本。

# 三、《近思録集朱》與葉、張、茅、江諸家注本比較

以往,人們看到或聽到的更多是"集注"這個概念,不少學者乍一聞見"集朱"二字,往往會懷疑是否這個"朱"字誤寫了。經過比較研究,筆者發現,"集朱"與"集注"二者之間既有聯繫又有區別。《近思録集注》是通常的指稱,指朱子後學及有關研究者對於《近思録》所作的注釋、注解,《集朱》則是黄叔璥的創例,是他率先使用了"集朱"這一概念,意思是所輯録的文字是朱子本人、先儒及後學的思想、學説、言論。對此,在"《集朱》的學術成就"一部分將詳細談到"以朱釋朱"問題。弄清這一點,才可以進一步瞭解《集朱》的學術意義。

素來注家通例,不指明引文出處。黄氏引書,除提及"張清恪《朱子續近思録》"外,其餘所録文字俱不標明來源。或成段摘録,或於一段之中,抽出數字半句,或改易文字,甚至合《朱子語類》或《朱子文集》數句爲一條,或於成段文字間,摘録其一二句。綜觀全書,其採自葉采《近思録集

解》(簡稱葉《解》)、張伯行《近思録集解》(簡稱張《解》)、茅星來《近思録集注》(簡稱茅《注》)、江永《近思録集注》(簡稱江《注》)諸家注本者不少,既對諸家注本有繼承,又有其獨到之處。

**首先,看篇名設立情況**(參見表三)。

表三　《近思録》諸家注本篇名比較

| 卷數 | 葉《解》 | 張《解》 | 茅《注》 | 江《注》 | 《集朱》 |
|---|---|---|---|---|---|
| 一 | 道體 | 道體 | 道體 | 朱子曰此卷道體 | 道體 |
| 二 | 爲學 | 爲學 | 爲學大要 | 朱子曰此卷爲學大要 | 爲學 |
| 三 | 致知 | 致知 | 格物窮理 | 朱子曰此卷格物窮理 | 致知 |
| 四 | 存養 | 存養 | 存養 | 朱子曰此卷存養 | 存養 |
| 五 | 克治 | 克治 | 省察克治 | 朱子曰此卷改過遷善克己復禮 | 克治 |
| 六 | 家道 | 家道 | 齊家之道 | 朱子曰此卷齊家之道 | 家道 |
| 七 | 出處 | 出處 | 去就取捨 | 朱子曰此卷出處進退辭受之義 | 出處 |
| 八 | 治體 | 治體 | 治道大要 | 朱子曰此卷治國平天下之道 | 治道 |
| 九 | 治法 | 治法 | 治法 | 朱子曰此卷制度 | 治法 |
| 一〇 | 政事 | 政事 | 臨政處事之方 | 朱子曰此卷處事之方 | 政事 |
| 一一 | 教學 | 教學 | 教學之道 | 朱子曰此卷教學之道 | 教學 |
| 一二 | 警戒 | 警戒 | 警戒 | 朱子曰此卷改過及人心疵病 | 警戒 |
| 一三 | 辨別異端 | 辨異端 | 辨異端 | 朱子曰此卷異端之學 | 辨異端 |
| 一四 | 總論聖賢 | 觀聖賢 | 觀聖賢 | 朱子曰此卷聖賢氣象 | 觀聖賢 |

由上表可見,《集朱》一書所立篇名,綜合了葉《解》、茅《注》的優長,更似乎是直接借鑒了張《解》的篇題命名法,除卷八篇名"治道"與葉《解》、張《解》所稱之"治體"有異外,卷一至卷一二悉依葉《解》、張《解》,卷一三、一四,遵從茅《注》、張《解》,用語簡潔,形式工整。

**其次,看借鑒諸家注本情況。**

黃氏成書,以援引《朱子語類》中所録朱子語爲最多,其餘按所録用比重排序,則依次爲葉、茅、江、張等諸家注本。黃氏所作輯録的標準是視其是否有助於發明《近思録》白文，凡可以發明者，則仔細審辨後加以輯録。需要指出的是，葉、茅、江、張諸家注本各有所長。這裏，略述《集朱》對諸家注本的借鑒情況。

葉《解》成書最早，是給《近思録》各卷擬定篇名的早期研究者，其篇名編制法對張伯行、黄叔璥均有較大影響。更爲突出的是，"其序謂悉本朱子舊注，參以《升堂記聞》及諸儒辨論，有缺略者，乃出臆説。又舉其大旨，著於各卷之下，凡閲三十年而後成云"（《四庫全書總目》卷九二）。其注文特點是去朱子未遠，能得朱子本意，且較爲簡明，共引"朱子曰"近200條，加"愚按""愚謂"20餘條。黄氏借鑒了葉采"舉其大旨"的成例，將葉《解》每卷卷首所列的提要文字悉數加以移植。起初是置於卷首，後又減去，復於諸卷末載之，作爲對於全卷的總結與概括，起到了提要的作用，使後世學者閱畢，可以形成一個整體的印象。這一體例頗值得後學續編、仿編《近思録》者參考借鑒，應該具有範本效應。

張《解》一書長於義理，重在闡述所解語録的大旨，往往以自己的語言加以詮釋，概括其思想觀點。這一點，與葉、茅注本多采朱子語來解説不同。其注文特點是不憚冗煩，詳細疏解，被尹會一稱爲"致爲曉暢"。嚴佐之先生謂其"十分本色，可借此窺探清代宋學中人的思想理路"。① 對於諸家注者，黄氏在"凡例"中唯一提及的，就是張伯行清恪公了，可是没有講到《近思録集解》，而是提到張清恪之《朱子續近思録》，云其"大率依類編附，不專發明本文也"。同時，他也借鑒了張伯行《廣近思録》的做法，將四子、朱子及其後的理學家整合在一個比較完整的理學架構内，其著作較爲全面地反映了朱子及後世理學家的學術思想，成爲傳播《近思録》的重要載體，可惜幾百年來流傳不廣，實在是值得發掘和推介的。

茅《注》"嘉惠後學之功可謂盛哉"，對此，陰立方在《近思録集注序》中大爲推崇，"茅君究心三十年，博采群書爲之訓釋，稿經數易，詳明精確。《録》中但載周、程、張子之言，未及朱子之語，今注中多采朱子之語，以爲義理之折衷，即可當朱子《近思録》矣"。② "其名物訓詁，雖非是書所重，亦必詳其本末"，其宗旨是欲將文章、訓詁、儒學、政事匯爲一途。嚴佐之先生指出，"闡發綱要節目，似於爲理處大擅勝場，然而其書實以考據見

① 嚴佐之導讀：《朱子近思録》，上海古籍出版社 2000 年版，第 21 頁。
② 載於清嘉慶二十二年刻道光三年印本《近思録》。

長”,在版本、校勘方面俱有創獲,“然其得在詳繁,必失在不能精簡”。①
茅《注》自序作於康熙六十年,後序作於乾隆元年,茅星來基本上與黄氏屬
於同時代人,黄氏對於茅《注》所引用朱子語,可謂徵引、摘録多多。

江《注》的特點是推尊朱子本意,優勢是詳採朱子之言以解《近思
録》,多用葉采之説,間出己意。江《注》成書於乾隆七年,黄氏《集朱》成
書於乾隆十九年,這兩本書在體例上有極其相似之處。江永在自序中云:
“因仍原本次第,爲之集注。凡《朱子文集》《或問》《語類》中其言有相發
明者,悉行采入分注。或朱子説有未備,始取葉采及他家之説以補之。間
亦附以己意,引據頗爲詳洽……亦具有體例,與空談尊朱子者異也。”
(《四庫全書總目》卷九二) 黄氏在序中亦云:“朱子之言,散見於《或問》
《語類》《大全》《文集》内,詮釋《近思録》所載者十之七八,有非系正條;
以類而推,而其理實相通者,又十之二三。裒集薈萃,爰於各條下,件繋於
左,珠還合浦,通體光呈,較葉本所載者,不啻數倍……今集朱子之言,間
補以儒先成語,仿章句圈外注意,不惟四子之真昭然若揭,而朱子淵源有
自,其真益著。”他又在“凡例”中指出:“白文悉依《遺書》原本,逐條取朱
子所言者,分綴於其後,解析發明四子,精藴乃益呈露。”黄氏書稿,以朱釋
朱的做法,與江《注》有異曲同工之妙,後有論述。

需要指出的是,上述諸家《近思録》注本,其成書時間均早於《集朱》,
黄氏當一一參考了。對於葉《解》、張《解》的參考自不待言,《集朱》一書
中又有許多段落引自茅《注》、江《注》,且他書不載者,可以證明《集朱》與
諸家注本之間借鑒、參照的關係。概言之,**黄氏《集朱》的纂輯,是以江
《注》之形寄寓張《解》之神,成一家之言。**

不過,黄氏對於上述諸本中的朱子語録,並非不加辨別地一股腦兒地
收編進來,而是經過審慎地辨識、篩選。當然,也有一些可以起到注解作
用的文句,黄氏未加採用。例如卷四“‘居處恭,執事敬,與人忠’,此是徹
上徹下語。聖人元無二語”條下,茅《注》中有不少可參用的,如:“朱子
曰:‘自誠身而言,則恭較緊;自行事而言,則敬爲切。’”又如:“朱子曰:
‘學者讀書,須從自己日用躬行處着力體驗,不可有少虧欠處。’”黄氏對
於茅《注》,不可謂不熟,而對此類文字的處理,不解其意,有待今後做深
入的研究。卷三“《易》中只是言反復、往來、上下”條,江《注》中載有一段
朱子的話:“朱子曰:程子言‘易中只是言反復、往來、上下’,這只是一個

---

① 嚴佐之導讀:《朱子近思録》,第 20 頁。

道理。陰陽之道，一進一退，一長一消，反復往來上下於此見之。"該段文字未被採録，亦不詳何故。因此，《集朱》之於諸家注本，既有繼承、借鑒的關係，也有突破、創新的地方，有諸家注本所無而《集朱》引用，也有諸家注本已引而《集朱》不用的，黄氏對於材料的取捨，憑藉的是其對於理學的深研精悟，對於《近思録》的獨到見解，非簡單地抄襲、照搬而已，於是可見其學術成就與影響。

## 四、《近思録集朱》學術成就及其影響

康雍乾時，"崇道右文"，黄氏纂輯《集朱》絶非偶然，實時代風氣使然。當時朝廷特別推尊程朱理學，《近思録》愈發大行於世，注解、續編者尤多。程水龍《〈近思録〉版本與傳播研究》載，清代《近思録》注本有 76 種，其中存世刻本 52 種，存世稿本或抄本 11 種；《近思録》續編本和抄稿本有 56 種，其中存世刻本 36 種，存世稿本或抄本 7 種，足見其時《近思録》研究達到了高峰。①《集朱》就是在這樣的學術背景下形成的一部《近思録》後續研究著述。

黄氏從小接受的是理學教育，他一家三進士，後來成五進士，這可從《畿輔叢書》所載《黄崑圃先生年譜》中窺見一斑。其長兄黄叔琳早年受業崇陽饒仲如先生，究心儒先名理，學以大進；又從學孝感蕭端士先生，聽講四子書及宋儒性理，往復討論，殆無虚日。康熙三十八年，叔璥中順天鄉試。可以推測，黄叔璥與其長兄所受訓蒙、所習學問蓋同，其研治者亦應爲四子書及宋儒性理。另外，從《集朱》所附按語中出現的"湛園師""榕村師"等文字可知，黄氏當師承姜宸英（明末清初書法家、史學家，號湛園）、李光地（清初著名的理學名臣，別號榕村，世稱榕村先生）等則無疑，應是系統地接受了理學教育。又據《北學編·黄玉圃先生》推測，他從罷職時（筆者按，當爲雍正二年即 1724 年前後事）究心宋五子書及元明諸儒集。後復出，1751 年致仕在家。撇開幼時所受理學教育不計，單從開始深入研究五子之學到《集朱》輯成（1754），歷時 30 年，其間集中撰述的時間大致在致仕以後的兩三年。從該書的結成來看，可謂傾注了黄氏大量的心血，其學術成就與影響體現在以下方面：

其一，《集朱》一書最大的特點是傳承了"以朱釋朱"的治學路徑，它

---

① 程水龍：《〈近思録〉版本與傳播研究》"緒論"，第 3 頁。

與有關的《近思録》注本、續録一起,共同彌補了《近思録》無朱子思想資源的缺憾。

在幾部重要的《近思録》注本中,葉采引"朱子曰"近 200 條;江永引"朱子曰"440 餘條,用葉采舊注 200 餘條。從前文表一可知,黄叔璥《集朱》原輯朱子語 1 523 條,後於行間補入 96 條,又於粘簽上增補 300 條,原文删除 93 條,另作提示語待補 134 條,因此,定本著録朱子語達 1 960 條。其"集朱"之廣、全,皆非他本所能比。陳榮捷先生在《近思録詳注集評》一書的引言中曾講到:"本書(筆者按,謂指《近思録詳注集評》)所引之語,達 1 300 餘條,而引朱子者特多,在八百以上。此蓋效法江永之以朱解朱。"在陳先生看來,其所引朱子語 800 餘條爲"特多",但與黄氏所輯録之 1 900 餘條相較,仍有較大距離。大概陳先生未見《集朱》一書,只知江《注》是以朱解朱,而不知江永的同時代人黄叔璥所輯朱子語遠遠超邁前賢,由此也可推斷,黄氏之不爲學界所重,由來已久。

陳來先生曾爲朱高正《近思録通解》作序,滿懷深情地指出:"《近思録》所載的是理學奠基和建立時期的四先生的思想資料,其中並没有理學集大成人物朱子的思想資料。錢穆先生所推薦的國學書目,《近思録》下面就接着王陽明的《傳習録》,跳過了朱子,這是我不以爲然的。"對此,嚴佐之先生有一段論述,講得非常明晰,他談道:"《近思録》無朱子思想資料,其實是朱子後學早就深表遺憾和關注的問題。"他例舉了清初朱顯祖在《朱子近思録序》中疾呼朱子"在宋儒中更稱集大成者,乃其生平格言實行反未載於録内,豈非讀《近思録》者之大憾也乎"! 所以,後來續補《近思録》者多注重按照朱子所構建的理學框架來纂輯朱子語録。張伯行《續近思録》、嚴鴻逵《朱子文語纂編》、江永《近思録集注》,還有黄氏《集朱》等,皆"取朱子之語以注朱子之書",尤其以江《注》和黄氏《集朱》,更是"以朱釋朱"的典型。黄氏在序言中指出:

> 今集朱子之言,間補以儒先成語,仿章句圈外注意,不惟四子之真昭然若揭,而朱子淵源有自,其真益著。學者若知得朱子之言,便知周程之語,語語著實。……則《集朱》一書,可不謂《近思録》之階梯哉!

所以説,《集朱》的學術價值和學術史意義,既彰顯了朱子的學術思想在《近思録》文本中的滲入和内化,又爲研治《近思録》者提供了進學的階梯,其學術貢獻自然是卓越的,應該引起學界的關注和重視。

值得説明的是,黄氏所輯朱子語,不是隨便地從《語類》《或問》《大全》等書中尋章摘段,而是有一定的選取標準的,凡是切近日用,可以發明《近思録》條目的朱子語録,加以選録,編入《集朱》中;也有一些《近思録》正文條目下未見朱子語者,寧缺毋濫,如卷二"有求爲聖人之志"條上,眉批"此條無朱語"五字。書中出現的或批於頁眉,或貼浮簽於行間、地脚,上書"與本旨未見發明透切"、"應尚有透切語發明"、"與本段似欠發明"等計 42 處,這是審核書稿後所作的批校文字,以提示下一步的修改和定稿時斟酌處理。從文稿中成段落删除的文字以及"不切"、"可發明否"等批校語,足見黄氏選材上搜採極精,遴輯尤富,匯别條分,十分嚴謹講究。

另外,《集朱》以朱釋朱,此"朱",蓋泛言之,決不是僅僅將朱子本人的語録加以衰輯而已,黄氏將朱子之前的先賢,朱子友好、門人、後學(如張南軒、陳埴、葉平巖、薛敬軒、真西山、黄勉齋、羅整庵、許魯齋、吕新吾、魏莊渠、魏鶴山、尹和靖、顧涇陽、陸子静、楊龜山等)著述、學説中可以切近、發明《近思録》的語録也一並加以彙集,共同發明《近思録》條文,堪稱薈萃之作。《集朱》既輯且注,輯亦是發明,注亦是發明,可謂獨具匠心,别出心裁,深得先賢本旨,嘉惠後學誠多。《集朱》闡釋義理之全面、精准、簡練,實則是一部朱子學術史的集中凝結和高度概括,也是朱子學的一個重要組成部分,是一項極具發掘意義和傳承價值的文化遺産。

其二,《集朱》一書展現了黄氏宣導正學、實學這種"超凡脱俗"的學術風骨,誠爲研治《近思録》之階梯。

南宋以來,朱子後學們對《近思録》關注更多的是其理學思想及階梯作用。由於朱子深得北宋四子學術幾微,故而朱子與四子之學堪稱是做到了"言同,心同,理同"。朱子講過,"四子,六經之階梯;《近思録》,四子之階梯"。① 朱子晚年也談到,"要須積累著力,方可。某今老而將死,所望者,但願朋友勉力學問而已"。② 可以想見,朱子的這一願望,早已蘊涵於《近思録》之中。朱子所謂之"階梯",非科舉進第之階梯,實乃修爲立命之階梯,亦希賢崇聖之階梯。

黄氏纂輯《集朱》的時代,學者們多溺於辭章訓詁,與朱子追求聖賢氣象的立意相距甚遠。尤其是南宋以來數百年間,學者未必以《近思録》爲

---

① 宋黎靖德編,王星賢點校:《朱子語類》,中華書局 1986 年版,第 2629 頁。

② 同上書,第 2612 頁。

成聖賢的階梯,而視作求仕途的階梯、應科考的工具,這自然不是朱子所希望的,相反,更是朱子所深惡痛絶的。這一現實,對於身世浮沉的黄氏而言,自然感觸頗深。他畢生提倡實學,反對空談性命,"嘗語人曰:'道學即正學也。親正人,聞正言,行正事,斯爲實學。'"①今天,我們無從考察其撰輯《集朱》的真正動機是什麼,然而可以説,黄氏之道猶朱子之道,黄氏之心亦朱子之心。誠如黄氏所云:"《集朱》一書,可不謂《近思録》之階梯哉!"由此觀之,其思想對於整治人心世道,引導後學,教化民衆,當有積極的影響。遵循這一階梯,我們可以更加深入地研讀《近思録》,拓寬舊的理論的適應範圍,去啟動原有理論中有益的因素,以發揚光大優秀中華文化傳統。

實際上,"清代樸學家們從事考證的途徑和方法,也有不少的方面是繼承朱熹的治學遺規而發展起來的"。② 黄氏也屬於樸學形成之路上一個重要的節點。其注本,決非簡單的亦步亦趨、人云亦云,而是有獨到意味藴含其間。他既有義理之作,也有《廣字義》等考證之書,承前啟後,接古傳今,不惟政界奇才,亦學界名儒。如果説,朱子是借用周、程、張的語言建立了自己簡明精巧的理學體系,那麼,黄氏《集朱》可以説是借用朱子語録,通過個人的編排、剪輯工夫,融入和寄予了自己的學術思想和傾向。這是後來讀者當花費精力去捕捉、體會的,這也是研究《集朱》一書的機樞所系、難點所在。

其三,《集朱》一書堪稱稿本信息著録的集大成者,是從事版本、校勘、考據研究工作不可不研讀的精品。

《集朱》的版框特徵、行文體例、書寫特點等,前文有詳細記載,兹不贅述。該稿本數經核校,增删、勾乙、移易、挖補、懸疑、句讀、眉批、浮籤批注等做法,充分反映出這是一個手稿本,同時也是一個修改稿、未刻稿,其版本價值自然不言而喻。《集朱》書稿中幾乎涵蓋了稿本著録所需的所有信息,無不體現出它是可供後世學者參考借鑒的一部高品質的、高品位的稿本信息彙集大全。稿中天頭、地腳、行間、欄間所作的批語、提示語,以及所貼浮籤上的批語,對從事校勘工作的人員來説,自然是一種可資研習的絶好範本。當然,其間未明確標注何時由何人所校,但從書寫文字的特徵

① 《三十三種清代人物傳記資料彙編》第六册《清史列傳》卷六七《儒林傳上》,齊魯書社 2009 年版,第 274 頁。
② 張舜徽:《清儒學記》,齊魯書社 1991 年版,第 388 頁。

來看,應爲黄氏本人所爲。

其四,《集朱》一書可以在更深層次和更大範圍内起到整合朱子學術史的作用,有集元明清初朱子後學觀點之大成的氣象,在理學研究史中應該占有重要的一席之地。

黄氏在《凡例》中指出:"伊川之學與明道同。《明道先生行狀》、《哀詞》,可謂極於形容,而伊川先生獨闕焉。爰取朱子所輯《年譜》以補之。外此,爲朱子所心許者亦不乏人,而朱子生平亦詳附焉。"因此,他在卷一四增加了《伊川先生行事本末》,方便學者閱覽研習。又增加了《朱子論列諸賢》,所涉人物如歐陽修、司馬光、范仲淹、邵雍、曾鞏、楊時、李侗、張敬夫、吕伯恭及黄勉齋撰《朱子行狀》等,對於系統地瞭解朱子的觀點大有裨益。這些成果的綴集,是黄氏的一大創舉,極大地方便了學者系統地瞭解理學重要人物。

在書中,黄氏的理學觀點十分鮮明,可謂與朱子之思想一脈相承。在《凡例》中,他講到:

> 楊、墨、釋、老,諸子辭而辟之,廓如也。厥後鵝湖,專務虚静,完養精神,假老、佛之似,以亂孔、孟之真;竊孔、孟之言,以文老、佛之説。朱子目之爲真異端,而其徒傅子淵、楊敬仲輩,奮其私智,益肆倡狂。愚於釋氏後,繼以"朱子之論陸氏",益信垂老不肯以千金而易人之敝帚也。仲兄益齋謂:"朱子節要,無垢、象山統入'觀聖賢'條内,而瑕疵自見。"從之。

這裏,他專門重申了朱子對於異端邪説的主張,體現了崇正抑邪的强烈情感,旨在極力維護朱子所宣導的理學精髓。

清初,蓋尊程朱者十之八九,不尊程朱者十之一二。黄氏在《集朱》卷一四末專門增加了《朱子論陸氏之學》,這是本書的一大特色。這將朱陸異同的問題十分突出地納入自己的學術視野之中了,提到了研究的日程。他選録了一段文字:

> 子静一味是禪,卻無許多功利術數,目下收斂得學者身心,不爲無力。然其下梢無所據依,恐亦大害事。

於該段下,他加按語指出:

已上數則，朱子所學不同於陸，固可曉然而無疑矣。晚年定論，可不辨而自明。

這裏，他十分鮮明地指出了陸氏之學的弊病，可謂深得朱子思想真諦。

特別需要説明的是，原書曾兩處引用了王陽明的文字，後復删除。兹録於下，以助讀者辨別。

其一，於“伊川先生答朱長文書”條下，原有一段文字曰：

王陽明曰：天下之不治，由虚文盛而實行衰。使道恒明於天下，雖六經猶不必删述，删述非孔子得已也。只如伏羲畫卦，至文、周，其間言《易》如《連山》《歸藏》之屬，已紛紛藉藉，不知其幾。而《易》大亂，孔子憂之，因取文、周之説而贊之。以爲惟此爲得其宗，而天下之言《易》者始一。今如《詩》《書》《禮》《樂》中，孔子何嘗加一語？今之《禮記》，皆漢儒附會，非孔子之舊。至《春秋》，雖稱孔子之作，其實《魯史》舊文。所謂筆者，筆其舊；削者，削其繁。是有減無增。

其二，於“責己者當知無天下國家皆非之理”條下，原有一段文字曰：

一友常易動氣責人，陽明警之曰：“學須反己。若徒責人，只見得人不是，不見自己非。若能反己，方見自己有許多未盡處，奚暇責人？舜能化得象傲，其機括只是不見象的不是。若舜只要正他底奸惡，就見得象底不是矣。像是傲人，必不肯相下，如何感化得他？”是友感悔。曰：“你今後只不要去論人之是非，凡當責辯人時，就把做一件大己私，克去方可。”

原書中未見批語，不詳是因不切發明而删，抑或是因門户之見而删，有待深考。

黄氏的學術貢獻還在於，他於書稿中共作按語 48 條，後删除 7 條，復增加 5 條，定本著録當爲 46 條。這是黄氏著述的一大特點，似繼承了葉《解》作“愚按”、“愚謂”和江《注》作“永按”的體例。他於各段按語中，鮮明地表達了個人對於所釋條文的理解，同時也反映了個人的學術追求與價值傾向。

其五,《集朱》一書的校點工作,在國家社科基金重大招標項目"朱子學文獻整理與研究"中是很有分量、不可或缺的一個組成部分,在對《集朱》研究方面揭開了新的一頁,具有開先河的意義。

華東師範大學古籍研究所承擔了國家社科基金重大招標項目"朱子學文獻整理與研究",《集朱》即是其中的一個子課題。對包括《集朱》在內的一大批朱子學文獻進行校點,完成這一重大項目,可以更好地總結幾百年來我國傳統學術思想發展的歷史脈絡,結合時代特點要求來汲取其精華,剔除其糟粕,從而發掘出一些有價值的,可供中國特色社會主義文化建設借鑒、吸收的優秀傳統思想文化資源,爲培養一代又一代能夠修身立命、立己達人、有堅卓志向、有高尚情操的人才,必將起到重要的指引和教育作用。

校點《集朱》,付梓流傳,可以實現黃叔璥生前的未竟願望。在爲《集朱》校點的過程中,筆者強烈地感到,這一稿本長期以來存藏於國家圖書館善本室內,作爲一個文化載體的善本,人們似乎更多地關注其文物價值,而其文獻價值没有受到應有的重視,不能不説是一大缺憾。《集朱》原書,恐怕今後與讀者見面的機會越來越少了。不過,我們相信,該書經過系統校點、精心刊印之後,可以促進對它的宣傳、研究,其文獻價值也會引起人們的廣泛關注,對於學界瞭解研究黃氏及其《集朱》,自然是一個有益的載體和參考。可以預見,在未來的歷史長河中,《集朱》校點本將是研究《集朱》及黃叔璥學術思想的基本資料和新的起點。我們也相信,《集朱》校點本也會真正成爲發掘朱子文獻學價值的冰山一角,而不再爲人們所忽視。

(任莉莉,華東師範大學古籍研究所副研究員)

# 宋詩注釋方法芹獻*

## 唐　玲

　　中國古代文學作品,由於時代的不同、文體的不同,其藝術表現方法亦自有異。欲加注釋,當根據作品的時代與文體有所更變。即以唐詩與宋詩而論,風格不同,創作方法有別,爲其作注亦自當有所異同。筆者曾花數年之功爲宋代詩人唐庚的詩集作注,①於此頗嘗甘苦,薄有體會,願在此略陳以作芹獻。

　　要注宋人之詩,首先要明瞭宋詩的創作方法。其法與前人不同何在?詩論家嚴羽概括得好,他説:"近代諸公乃作奇特解會,遂以文字爲詩,以才學爲詩,以議論爲詩。夫豈不工,終非古人之詩也。"②固然,他對這些創作方法持反對態度,但所指出的現象卻是客觀存在的。宋人爲了另闢蹊徑,十分講究"無一字無來處""奪胎換骨""點鐵成金",故而,後人在注解時,對所謂的"來處""胎骨""金鐵",就不得不爬羅抉剔,窮原究委,以免辜負詩人的苦心。下面即分類加以論述。

## 一、來　歷

　　拈出詩人用語的出處,是詩注的一個重要組成部分。古人遣詞造句

---

　　* 本文爲上海市哲學社會科學青年專案"宋代詩學文獻編撰研究"(2014EWY003)的階段性成果。

　　① 按:唐庚(1071—1121),字子西,眉州丹棱人,北宋哲宗紹聖元年進士。工詩文,李壁稱其"文采風流,人謂之'小東坡'"。方回評云:"唐子西詩無往不工。"著有《眉山唐先生文集》二〇卷,今存。

　　② (宋)嚴羽撰,張健校箋:《滄浪詩話·詩辯》,上海古籍出版 2012 年版,第173頁。

頗講究來歷,這在唐代已啓其端。其含義與鍾嶸《詩品》所講的"故實"不同,只限於用詞下字範圍。

其實,詩人不是倉頡,自然不會造字,所謂"無一字無來處",唐宋人的理解略有不同。在唐人心目中,講究的是來歷的正大。《劉賓客嘉話録》記劉禹錫語云:

> 爲詩用僻字須有來處。宋考功詩云:"馬上逢寒食,春來不見錫。"嘗疑此字。因讀《毛詩》,鄭箋説簫處注云:"即今賣餳人家物。"六經唯此注中有"餳"字。緣明日是重陽,欲押一"糕"字,尋思六經竟未見有"糕"字,不敢爲之。常訝杜員外"巨顙拆老拳",疑"老拳"無據,及覽《石勒傳》:"卿既遭孤老拳,孤亦飽卿毒手。"豈虛言哉!後輩業詩,即須有據,不可率爾道也。①

詳劉禹錫之意,乃謂詩中用字必須出自經史(也包括經史之注),流俗所用的鄙俚之言不可入詩。但宋祁卻不贊成劉説,寫詩加以嘲笑。《邵氏聞見後録》云:

> 劉夢得作《九日詩》,欲用"糕"字,以五經中無之,輒不復爲。宋子京以爲不然。故子京《九日食糕》有咏云:"颷館輕霜拂曙袍,糗瓷花飲闘分曹。劉郎不敢題糕字,虛負詩中一世豪。"遂爲古今絶唱。"糗餌粉瓷",糕類也,出《周禮》。②

考《周禮·天官冢宰·籩人》"羞籩之實,糗餌、粉瓷",賈公彦疏云:"明餅之曰瓷,今之瓷糕皆餅之,名出於此。"③其實,宋祁誤解了劉禹錫的意思,劉未必不知《周禮》賈公彦疏中有"糕"字,但賈是唐人,不是古人,在劉禹錫看來不足據爲典要。他之所以肯定"餳"字,正因爲其出於鄭玄注,而鄭是古人。然而對宋祁來説,賈已是古人了,用其疏證入詩,自是有所來歷。所以究其實,他對劉禹錫提出的原則當是贊同的。

---

① (唐)韋絢:《劉賓客嘉話録》,明《顧氏文房小説》本。

② (宋)邵博:《邵氏聞見後録》卷一九,中華書局 1997 年版,第 148 頁。

③ (東漢)鄭玄注,(唐)賈公彦疏:《周禮注疏》卷五,北京大學出版社 2000 年版,第 161 頁。

王安石也是這一原則的實行者,《西清詩話》云:

> 熙寧初,張侍郎揆以二府成,詩賀王文公,公和曰:"功謝蕭規慚漢第,恩從隗始詫燕臺。"示陸農師(佃),曰:"蕭規曹隨,高帝論功,蕭何第一,皆撼故實,而'請從隗始',初無'恩'字。"公笑曰:"子善問也。韓退之《鬥雞聯句》:'感恩慚隗始。'若無據,豈當對'功'字耶?"乃知前人以用事一字偏枯,爲倒置眉目、返易巾裳。蓋慎之如此。①

既然對仗上聯的"功"字有來歷,下聯與之相對的"恩"字也要有出處,不然就"偏枯"了。陸佃既有此問,可見這一規矩已成當時人的共識,黃庭堅所說的"老杜作詩,退之作文,無一字無來處,蓋後人讀書少,故謂韓杜自作此語耳",②並不是他一個人的主張。錢鍾書先生指出:"杜詩是否句句有來歷,沒有半個字杜撰,且撇開不談。至少黃庭堅是那樣看它,要學它那樣的。"③

這一風氣在詩壇一直得到延續,楊萬里的詩雖則寫得生動活潑,多用俗語常談,但也大忌生造,他説:

> 詩固有以俗爲雅,然亦須曾經前輩取鎔,乃可因承爾,如李之"耐可",杜之"遮莫",唐人之"裏許""若個"之類是也。昔唐人寒食詩有不敢用"餳"字,重九詩有不敢用"糕"字。半山老人不敢作鄭花詩。以俗爲雅,彼固未肯引里母田婦而坐之平王之子、衛侯之妻之列也。何也? 彼固有所甚靳而不輕也。④

筆者在注唐庚詩時,對詩語之來歷出處即格外留心在意。如《五雜俎》:"五雜俎,水中魚。去復還,天上鳧。不獲已,轅下駒。五雜俎,名利

---

① (宋)蔡絛:《西清詩話》卷上,張伯偉編:《稀見送人詩話四種》,江蘇古籍出版社 2002 年版,第 174 頁。

② (宋)黃庭堅撰,劉琳等校點:《黃庭堅全集》卷一八《答洪駒父書》(三),四川大學出版社 2001 年版,第 1475 頁。

③ 錢鍾書:《宋詩選注》,人民文學出版社 1958 年版,第 111 頁。

④ (宋)楊萬里撰,辛更儒箋校:《楊萬里詩集箋校》卷六六《答盧誼伯書》,中華書局 2007 年版,第 2804 頁。

地。去復還,塵埃彎。不獲已,貧而仕。"①上解"轅下駒"用《史記·魏其武安侯列傳》典:"今日廷論,局趣效轅下駒。"裴駰《史記集解》:"張晏曰:'俛頭於車轅下,隨母而已。'瓚曰:'小馬在轅下。'"②下解"貧而仕"看似無典,而實用典,不然就不稱了。《孟子·萬章下》所云"仕非爲貧也,而有時乎爲貧"便是其出典所在,③必須加以注釋。又如《寓精道齋有感懷家山二首》之二:"悠悠功業老堪憐,舊事憑誰可共論?"④檢王令詩《寄宿倅陸經子履》有"勳業悠悠未可貪",⑤韓愈詩《過始興江口感懷》有"舊事無人可共論",⑥均可見唐庚點化之功。

## 二、典　故

宋代詩人重視讀書,如王安石即説:"某自百家諸子之書至於《難經》、《素問》、《本草》、諸小説無所不讀。"⑦唐庚自己亦言:"某自少暗塞,不通曉世務,獨好觀古人經籍傳記,上自堯舜三代,下迄隋唐五季,數千年事僅能涉獵。"⑧蘇、黄等人也莫不如此,寫詩時信手拈來,左宜右有,所用的典故自較唐詩中爲多,形成了詩壇上的一時風氣。今人雖很難具備他們的知識結構,但若能通過不斷擴充自己的閲讀量,再輔以現代的檢索手段,理解和注釋宋詩中典故,亦非遥不可及。

典故分古典與今典二種,古典指用前朝故事,而今典則指用本朝故事。先談古典:

宋人用典與唐人不同,清代李光地看出了這個特點,他説:

---

① （宋）唐庚:《眉山唐先生文集》卷一一,《中華再造善本》據宋饒州刊本影印。

② （西漢）司馬遷:《史記》卷一〇七《魏其武安侯列傳》,中華書局 1977 年版,第 2851 頁。

③ （東漢）趙岐注,（宋）孫奭疏:《孟子注疏》卷一〇,清阮刻十三經注疏本。

④ （宋）唐庚:《眉山唐先生文集》卷一四。

⑤ （宋）王令:《王令集》卷一一《寄宿倅陸經子履》,上海古籍出版社 2011 年版,第 217 頁。

⑥ （唐）韓愈撰,方世舉箋注:《韓昌黎詩集編年箋注》卷一〇《過始興江口感懷》,中華書局 2012 年版,第 584 頁。

⑦ （宋）王安石撰,李之亮箋注:《王荆公文集箋注》卷三六《答曾子固書》,巴蜀書社 2005 年版,第 1264 頁。

⑧ （宋）唐庚:《眉山唐先生文集》卷一五《上俞漕書》。

唐人用故事倒是直説,不如宋人掐出那事三兩個字來用,教人費猜。《三百篇》何嘗用故事?漢魏間用事都是將其事直敘出來。影射用事,古未曾有。①

楊萬里於此有詳細的解釋:

> 初學詩者須用古人好語,或三字,或兩字。如山谷《猩猩毛筆》:"平生幾兩屐,身後五車書。""平生"二字出《論語》,"身後"二字,晉張翰云:"使吾有身後名。""幾兩屐",阮孚語。"五車書",莊子言惠施。此二句乃四處合來。……詩家用古人語,不用其意,最爲妙法。如山谷《猩猩毛筆》是也。猩猩喜著屐,故用阮孚事;其毛作筆,可用抄書,故用惠施事。二事皆借人意以咏物,初非猩猩毛筆事也。②

宋詩的這一特點,在蘇黃的詩中表現得特別突出,唐庚也不能不受此影響。劉克莊《後村詩話》拈其"驥子能吟青玉案,木蘭堪戰黑山頭"之句而稱其工,云:"後人取前作翻騰勘辨,有工於前作者。"③詩中所云"驥子",是指杜甫之子宗武,杜甫《遣興》云:"驥子好男兒。"④《又示宗武》云:"試吟青玉案,莫帶紫羅囊。"⑤而所云"木蘭",則人盡皆知,出自《木蘭辭》:"旦辭黃河去,暮至黑山頭。"⑥此處,唐庚上句是説兒子已會吟詩,下句是説女兒已經成人,"青玉案"與"黑山頭"用的只是古人詩中的字面,切不可坐實理解,看成真實的詩篇與地域。

除此之外,尚需留意詩人對典故的騰挪化用。由於宋詩講究另闢蹊徑,較少沿襲現成典故,而常常點化陳言以爲己用。因此,在注釋此類"變形"的典故時,需具備一定的學術敏感性,從字面入手,分析詩義,聯繫古今,進而尋出原始出處。

---

① (清)李光地:《榕村語録》卷三〇,文淵閣《四庫全書》本。
② (宋)楊萬里撰,辛更儒箋校:《楊萬里詩集箋校》卷一一四,第4355—5456頁。
③ (宋)劉克莊:《後村詩話》前集卷二,中華書局1983年版,第26頁。
④ (唐)杜甫撰,(清)仇兆鰲注:《杜詩詳注》卷四,中華書局2013年版,第326頁。
⑤ (唐)杜甫撰,(清)仇兆鰲注:《杜詩詳注》卷二一,第1850頁。
⑥ (宋)郭茂倩:《樂府詩集》卷二五,中華書局1979年版,第374頁。

如唐庚《瀘人何邦直者爲安溪把截將,有功不賞,反得罪來惠州,貧甚,吾呼與飲,爲作此詩》有句云:"王孫此日誰漂母,卿子前時號冠軍。"①《史記》卷七《項羽本紀》載:"王召宋義與計事而大悦之,因置以爲上將軍,項羽爲魯公,爲次將,范增爲末將,救趙。諸別將皆屬宋義,號爲'卿子冠軍'。"裴駰《集解》:"文穎曰:'卿子,時人相襃尊之辭,猶言公子也。上將,故言冠軍。'"唐庚詩句故意割裂"卿子冠軍"這一名詞,表達了對何邦直的稱贊。

又如《次鄭太玉見寄韻》:"君有詩書並畫絶,我無德爵但年尊。"②此詩爲寄贈好友鄭總(字太玉)之作。上句因鄭總與唐代詩人鄭虔同姓,故用"鄭虔三絶"之典,語出《新唐書》卷二〇二《鄭虔傳》:"虔善圖山水,好書,常苦無紙。於是慈恩寺貯柿葉數屋,遂往日取葉肆書,歲久殆遍。嘗自寫其詩並畫以獻,帝大署其尾曰:'鄭虔三絶。'"③下句乍看語言直白,似無出處,其實亦從經典中化得。《孟子·公孫醜下》載:"天下有達尊三,爵一、齒一、德一。朝廷莫如爵,鄉黨莫如齒,輔世長民莫如德。"趙岐注:"三者,天下之所通尊也。孟子謂賢者、長者有德、有齒。人君無德,但有爵耳。"④唐庚用此謙言自己無德、無爵,唯年齒稍長。由於平仄的關係,稍加變化,以"年"代"齒",詩、書、畫與德、爵、年相對,可謂銖兩悉稱。

再論今典:

所謂"今典",以宋人來説,就是指本朝的人和事。趙翼《陔餘叢考》卷二四《劉後村詩多用本朝事》條云:"若以本朝事作詩料以供驅使,則唐以前無之。即唐人亦罕見。"⑤接下來便舉了蘇軾、楊萬里、陸游、劉克莊詩中用今典的例子。如云:

> 東坡詩:"欲問君王乞符竹,但愁無蟹有監州。"此用錢昆少監語,昆亦宋初人,此爲本朝人用本朝人事。⑥

據歐陽修《歸田録》記載:

---

① (宋)唐庚:《眉山唐先生文集》卷二。
② 同上。
③ (宋)歐陽修:《新唐書》卷二〇二《鄭虔傳》,中華書局 1975 年版,第 5766 頁。
④ (東漢)趙岐注,(宋)孫奭疏:《孟子注疏》卷四上。
⑤ (清)趙翼:《陔餘叢考》卷二四,中華書局 2012 年版,第 494 頁。
⑥ 同上。

　　國朝自下湖南，始置諸州通判，既非副貳，又非屬官，故嘗與知州爭權。每云："我是監郡，朝廷使我監汝。"舉動爲其所制，太祖聞而患之，下詔書戒勵，使與長吏協和，凡文書，非與長吏同簽書者，所在不得承受施行。至此遂稍稍戢，然至今州郡往往與通判不和。往時有錢昆少卿者，家世餘杭人也，杭人嗜蟹。昆嘗求補外郡，人問其所欲何州，昆曰："但得有螃蟹、無通判處則可矣。"至今士人以爲口實。①

　　相比古典而言，注釋今典更具難度，必須熟知當時的掌故和文人軼事，而此方面的記載以宋人筆記、詩話、雜録等書爲多。唐庚《蓬州杜使君洪道屢稱我於諸公，聞之愧甚，賦詩答謝》詩末二句云："傍人聞說皆撫掌，竹竿那使鯰魚緣。"②用的便是梅堯臣與其妻刁氏故事，亦見歐陽修《歸田録》：

　　梅聖俞以詩知名，三十年終不得一館職。晚年與修《唐書》，書成未奏而卒，士大夫莫不嘆惜。其初受敕修《唐書》，語其妻刁氏曰："吾之修書，可謂猢猻入布袋矣。"刁氏對曰："君於仕宦，亦何異鯰魚上竹竿耶？"聞者皆以爲善對。③

　　夫妻二人對話中所引當是其時的俗語，經由名人記録而廣泛流傳，即可用之爲典。唐庚之前，蘇軾詩已用之，如《梅聖俞詩集中有毛長官者，今於潛令國華也。聖俞没十五年，而君猶爲令，捕蝗至其邑，作詩戲之》："歸來羞澀對妻子，自比鯰魚緣竹竿。"④幸而歐陽修記下這一軼事，而且《歸田録》流傳至今，否則唐庚此句真要無從索解了。

## 三、制　　度

　　宋人詩作中或多或少會涉及當時的政治、典章、官職、禮儀等制度。

---

① （宋）歐陽修：《歸田録》卷二，中華書局 2006 年版，第 31 頁。
② （宋）唐庚：《眉山唐先生文集》卷一三。
③ （宋）歐陽修：《歸田録》卷二，第 27—28 頁。
④ （宋）蘇軾撰，（清）王文誥集注：《蘇軾詩集》，中華書局 2007 年版，第 583 頁。

若對此没有全面的把握與認識,很可能會導致理解上的錯誤。因此,閱讀和注解宋詩,不能僅僅限於文學一隅,還須關注宋代制度的方方面面。

唐庚《喜雨呈趙世澤》詩云:"去年雨多憂水潦,今年雨少憂枯槁。都緣縣政失中和,水旱年年勤父老。前時雲起雨欲落,夜半風來還一掃。明朝引首望霄漢,屋上晨暾仍杲杲。賦輸百萬未破白,簿腳何緣得勾倒。"①此詩作於其官闐中令之時,詩末二句在當時人看來"羌無故實",但對今人來說就很難理解了。

首先,"破白",《漢語大詞典》有解釋:"謂候選或依資格可以升職的官員第一次得到上級或有關官署的薦舉狀。"並引宋趙升《朝野類要·破白合尖》"選人得初舉狀,謂之破白"爲證。據此則上句之意可明,指向國家交税甚多而未得到推薦書。但第二句就頗費猜詳了,"勾倒"一詞,辭書無解。查《五朝名臣言行録》云:

> 公爲參政,與韓、富二樞並命,鋭意天下之事,患諸路監司不才,更用杜杞、張昷之輩。公取班簿,視不才監司,每見一人姓名,一筆勾之,以次更易。富公素以丈事公,謂公曰:"十二丈則是一筆,焉知一家哭矣。"公曰:"一家哭,何如一路哭耶?"遂悉罷之。②

然而,《五朝名臣言行録》中的"勾之"與唐庚詩中的"勾倒"尚有一字之别,繼續追索下去,檢得宋陳叔方《穎川語小》卷上云:"富鄭公素以丈事范文正。一日取簿擇監司,范公以筆勾倒某人。富公呼范公曰:'十二丈則是一筆。'"③至此,則"勾倒"同於"勾之"明甚,可知唐庚此句是指自己的名字在備用官員的名單上被一筆抹去。

又如《眉山詩集》卷三《重陽後一日從無盡(按:張商英號無盡居士)泛舟游處士臺,故詩人秦龜從所居》後附録張商英次韻之作,末二句云:"飲散肩輿乘皓月,燭籠何用兩行紗。"④這兩句牽及宋代官員出行的儀仗制度,卻史無明文。但對於皇帝出行倒有這樣的記載,吴自牧《夢粱

---

① (宋)唐庚:《眉山唐先生文集》卷一三。
② (宋)朱熹:《五朝名臣言行録》卷七之二《參政范文正公》,《四部叢刊》影宋本。
③ (宋)陳叔方:《穎川語小》卷上,清《守山閣叢書》本。
④ (宋)唐庚:《眉山唐先生文集》卷三。

録》云：

  （正月）十七早五更二點……駕出和寧門，詣景靈宮行春孟朝饗禮，前後兩行絳燭燈籠，導引駕行。向有寶謨學士趙師罩詩："風傳御道蹕聲清，兩行紗籠列火城。雲護帝尊天未曉，衆星環拱極星明。"①

皇帝如此，官員如何呢？檢韋驤《錢塘集》卷二八《以前韻作春寒攀迓》詩云："坐想琅邪歸路晚，兩行紅蠟代嬋娟。"②可見官員亦然，或是持燭人數有別吧。當時貴游子弟亦然，《夢粱録》云："公子王孫，五陵年少，更以紗籠喝道，將帶佳人美女，遍地游賞。"③又據黃徹《䂬溪詩話》卷四所云："前輩戲語，以郊外呵喝、月下燭籠皆謂之殺風景。"④故張商英此詩隱含了欲避殺風景之意，謂月光皎潔，官員飲散，坐轎而歸，不須人在兩旁提燈籠照明。

  再如唐庚《雜詩》其十一云："爲農沙子步，附保水西鄉。"⑤沙子步、水西鄉頗易查得，《明一統志》卷八〇載："唐庚故居在府城南沙子步。宋政和間，庚謫惠州，築室以居。"⑥蘇軾《遷居並引》云："前年家水東，回首夕陽麗。去年家水西，濕面春雨細。"清王文誥注稱："惠人以歸善爲水東，以惠州府爲水西。"⑦而詩中難解者爲"附保"。這就需要對宋代的户籍制度有所瞭解。所謂保，即保甲，爲宋代鄉村基層組織。神宗時推行，以十户爲一保，後改爲五户一保。李燾《續資治通鑑長編》載："其有外來人户入保居止者，亦申縣收入保甲。本保内户數足且令附保，候及十户，即別爲一保。"⑧故知唐庚當依此規定而附入保内。由此可見，要深入瞭解宋詩之意，歷史知識實不可或缺。

---

  ① （宋）吳自牧：《夢粱録》卷一《車駕詣景靈宮孟饗》，《東京夢華録》（外四種），古典文學出版社 1957 年版，第 141—142 頁。

  ② （宋）韋驤：《錢塘集》卷二八，文淵閣《四庫全書》本。

  ③ （宋）吳自牧：《夢粱録》卷一《元宵》，第 141 頁。

  ④ （宋）黃徹：《䂬溪詩話》卷四，人民文學出版社 1987 年版，第 63 頁。

  ⑤ （宋）唐庚：《眉山唐先生文集》卷三。

  ⑥ （明）李賢：《明一統志》卷八〇，文淵閣《四庫全書》本。

  ⑦ （宋）蘇軾撰，（清）王文誥輯注：《蘇軾詩集》，第 2195 頁。

  ⑧ （宋）李燾：《續資治通鑑長編》卷二一八，中華書局 2004 年版，第 5298 頁。

# 四、宗　教

　　宋代文人博覽群書，兼通三教。與之交游唱和者，不乏方外之人，詩集中的宗教術語較之前人有更多的運用。在佛道觀念，尤其是禪宗思想的影響下，漢語中吸收了不少"舶來詞"，其中許多辭彙已爲世人耳熟能詳，從而忽略了其原始出處。針對此類宗教語詞，注者尚需仔細甄別，不可輕易放過。

　　黃庭堅《戲答陳季常寄黃州山中連理松枝二首》其二云："金沙灘頭鎖子骨，不妨隨俗暫嬋娟。"據任淵注，用的就是佛教之典："《傳燈錄》：僧問風穴：'如何是佛？'穴曰：'金沙灘頭馬郎婦，世言觀音化身。'未見所出。按《續玄怪錄》：'昔延州有婦人，頗有姿貌，少年子悉與之狎昵。數歲而歿，人共葬之道左。大曆中，有胡僧敬禮其墓曰："斯乃大慈悲喜舍，世俗之欲，無不狗焉。此即鎖骨菩薩，順緣已盡爾。"衆人開墓以視，其骨鉤結，皆如鎖狀，爲起塔焉。'馬郎婦事，大率如此。"①

　　唐庚詩中也屢次使用佛教術語，如《春日五言》其二云："妄心花片落，豪氣柳枝柔。"②此句中"妄心"即釋氏語，意謂妄生分別之心。佛經《大乘起信論》曰："是故三界虛僞，唯心所作，離心則無六塵境界。此義云何？以一切法皆從心起妄念而生。一切分別，即分別自心，心不見心，無相可得。當知世間一切境界，皆依衆生無明妄心而得住持。是故一切法，如鏡中像，無體可得。唯心虛妄：以心生則種種法生，心滅則種種法滅故。"③

　　那麽，"妄心"與"花片落"又有何聯繫呢？詩人斷然不會憑空造出此句，二語之間必定有所因由。"花片落"看似詩人筆下頻繁出現的"落花"意象，但在此處並非如此，而是出自佛典。《維摩詰所說經·觀衆生品》曰："時維摩詰室有一天女，見諸大人，聞所說法，便現其身，即以天華散諸菩薩、大弟子上，華至諸菩薩，即皆墮落，至大弟子，便着不墮。一切弟子神力去華，不能令去。爾時天問舍利弗何故去華。答曰：'此華不如法，是

---

　　① （宋）黃庭堅撰，（宋）任淵注：《山谷詩集注》卷九，中華書局 2003 年版，第336 頁。

　　② （宋）唐庚：《眉山唐先生文集》卷二。

　　③ （南朝陳）真諦譯，高振農校釋：《大乘起信論校釋》，中華書局 1992 年版，第55—59 頁。

以去之。’天曰：‘勿謂此華爲不如法，所以者何，是華無所分別，仁者自生分別想耳，若於佛法出家有所分別，爲不如法，若無所分別，是則如法，觀諸菩薩華不着者，已斷一切分別想故，……結習未盡，華着身耳，結習盡者，華不着也。’”①據此可知，“妄心花片落”乃唐庚自謂已無妄心，故花片不沾身而紛紛落下。

　　除了經常使用佛教語詞外，唐庚詩對道家典籍亦有涉及。如《聞勾景山補蝥厔丞，仍聞學道有得，以詩調之，發萬里一笑》有句云：“可憐鬼谷縱橫口，今讀神溪縹白書。”②勾景山即勾濤，爲唐庚好友，時補蝥厔丞，改而學道，故作此詩以調之。此二句感歎勾濤斂其治國縱橫之才，而改讀道書。但要注出何謂“神溪縹白書”，卻須費一番功夫。檢《後漢書・襄楷傳》載：“順帝時，琅邪宮崇詣闕，上其師于吉於曲陽泉水上所得神書百七十卷，皆縹白素朱介青首朱目，號《太平清領書》。”李賢注：“今潤州有曲陽山，有神溪水；定州有曲陽山，有神溪水；海州有曲陽城，北有羽潭水；壽州有曲陽城，又有北溪水。而于吉、宮崇並琅邪人，蓋東海曲陽是也。”③《太平清領書》今尚存，即《太平經》。又據樂史《太平寰宇記》卷三〇《關西道》六《鳳翔府・蝥厔縣》載：“樓觀在縣東三十二里，晉惠帝時置。其地舊有尹先生樓，因名樓觀。唐武德初改名宗聖觀。老子廟，《華陽子籙記》：秦始皇好神仙，於尹先生樓南立老子廟。即此也。”④故“神溪縹白書”當泛指道書而言。

# 五、版　　本

　　在古籍整理中，底本和校本的選擇至關重要，一切注釋皆建立在文本正確的基礎之上。一般而言，選定一個時代較早、刊刻較精的版本作底本後，再據以其他版本逐一進行對校，基本上可以保證文本的相對準確性。然而實際操作過程卻並不簡單，時常會見到文字雖通，卻不符作者原意的文本；或文字不通，而各本文字皆同的情況；還有諸本異文似皆可通而難

---

　　①　（東晉）僧肇等注：《注維摩詰所説經》卷六，上海古籍出版社 2011 年版，第127—129 頁。

　　②　（宋）唐庚：《眉山唐先生文集》卷三。

　　③　（南朝宋）范曄：《後漢書》卷三〇下《襄楷傳》，中華書局 1973 年版，第1084 頁。

　　④　（宋）樂史：《太平寰宇記》卷三〇，文淵閣《四庫全書》本。

以取捨的例子。正如段玉裁所言："校書之難,非照本改字不訛不漏之難也,定其是非之難。"①對宋人詩集來説,自亦不能例外。

《邵氏聞見後録》云:

> 蘇仲虎言:有以澄心紙求東坡書者,令仲虎取京師印本《東坡集》,誦其中詩,即書之。至"邊城歲莫多風雪,强壓香醪與君別",東坡閣筆,怒目仲虎云:"汝便道香醪!"仲虎驚懼。久之,方覺印本誤以"春醪"爲"香醪"也。②

所書詩爲《送曾仲錫通判如京師》:"邊城歲暮多風雪,强壓春醪與君別。""春醪"與"香醪"僅僅是雅俗之別,作者已經不能忍受了,何况是正誤之別。

唐庚名篇《憫雨》詩云:"老楚能令畏壘豐,此身翻累越人窮。至今無奈曾孫稼,幾度虛占少女風。兹事會須星有好,他時曾厭雨其蒙。山中賴有茱糧足,不向諸侯托寓公。"③此詩前六句皆易理解:首聯謂庚桑楚居畏壘,使之豐穰,而我居惠州,卻令其窮;頷聯則言自己無計救莊稼於旱中,多次占卜問天氣都不靈驗;頸聯用逆挽之法,言還得要靠老天下雨,可以前還老討厭雨天呢。第七句"茱糧"諸本文字皆同,卻不知何謂。"茱"者,即茱萸,香氣辛烈,可入藥。古俗農曆九月九日重陽節,佩茱萸以祛邪辟惡。然而"茱糧"相連實爲不詞,其義不可解,影響了注者和讀者對整聯的理解。

考此詩被方回選入《瀛奎律髓》,"茱"作"萊",同時對全詩作了極高的評價:"子西時謫惠州,謂庚桑楚居畏壘之山,能令豐穰。惠州人以我之故,而至於不雨以窮耶? 善用事。'曾孫稼''少女風''星有好''雨其蒙'又用四事。如此加以斡旋爲句,而委曲妥帖,不止工而已也。尾句尤高妙。"④所謂"尾句尤高妙",是因爲方回所録"茱糧"作"萊糧",如此方得正解。皇甫謐《高士傳》卷上《老萊子》云:"老萊子亦隨其妻至於江南

---

① (清)顧千里:《經韻樓集》卷一二《與諸同志書論校書之難》,清嘉慶十九年刻本。
② (宋)邵博:《邵氏聞見後録》卷一九,第148頁。
③ (宋)唐庚:《眉山唐先生文集》卷三。
④ 李慶甲:《瀛奎律髓匯評》卷一七,上海古籍出版社2005年版,第697頁。

而止,曰鳥獸之毛可績而衣,其遺粒足食也。"①故萊糧當指鳥獸遺粒而言。幸虧鳥獸食餘的糧食可吃,不必去向地方官求告了,最終還是歸結到了自身,與首聯遙相呼應,更能體現出全詩結構的嚴密精細。

又如唐庚《鍾潭行》:

> 君不見,惠州城之西,永福古寺鍾崛奇。夜輒亡去黎明歸,萍沙暮糊水淋漓,山僧初驚久恬嬉。一夕徑去不返棲,父老嗟惜僧垂洟。明年夏旱江水低,此鍾居然水中坻。奔走往視空城隄,挽以巨纜牛百跠。牛喘纜絶鍾不移,度不可得乃去之。江花開落水東馳,到今過者猶俯窺。刻舟記劍真自癡,不應此物猶沙泥。②

其中"挽以巨纜牛百跠"一句,"牛百跠",一本作"百牛回",似乎可通,杜甫《古柏行》也有"萬牛回首丘山重"之句。③ 但通讀全篇,得知此是一首句句押韻的"柏梁體"詩,"回"字失韻,故當以"跠"字爲正。

同樣以平仄格律來判定正確文字的例子還見於《八月十五夜月》詩:"應緣人望望,故作出遲遲。"④"作",一本作"令",似乎皆通。但"令"字作"使"解時,舊讀平聲,上引"老楚能令畏壘豐"即可爲證。所以,次句第二字依詩律須用仄聲字,便可確定屬於入聲的"作"字爲正。

當然,若是底本文字與異文的平仄相同時,還是得根據詩意來選擇異同校亦或改字校。如《雜詩二十首》其一:"蛤哭明朝雨,雞鳴闇夜潮。"⑤"哭",一本作"吠"。"哭"與"吠"皆爲入聲,無法根據格律判斷孰是孰非。今檢蘇軾《宿餘杭法喜寺,寺後綠野堂,望吳興諸山,懷孫莘老學士》詩,有"稻涼初吠蛤,柳老半書蟲"二句,⑥而"蛤哭"二字並無出處,故當以"吠"字爲正。

校勘中,史諱知識亦不可或缺。如唐庚《東麓》:"經旬不見小羌廬,忽爾相逢喜欲呼。"⑦"羌廬",有的本子作"匡廬"。"匡廬"是廬山的別

---

① (晉)皇甫謐:《高士傳》卷上,明《古今逸史》本。
② (宋)唐庚:《眉山唐先生文集》卷一。
③ (唐)杜甫撰,(清)仇兆鰲注:《杜詩詳注》卷一五,第1356頁。
④ (宋)唐庚:《眉山唐先生文集》卷二。
⑤ (宋)唐庚:《眉山唐先生文集》卷三。
⑥ (宋)蘇軾撰,(清)王文誥集注:《蘇軾詩集》,第342頁。
⑦ (宋)唐庚:《眉山唐先生文集》卷三。

名,雖在現在看來是對的,但在宋代卻不然。王安石《韓持國從富并州辟》詩云:"羌廬與韶石,少小已嘗躡。"李壁注云:"'羌'字本作'匡',以本朝諱,避焉。"①"匡"字有意寫作"羌",在宋代的例子還有許多,不勝枚舉。唐庚作爲宋人,"小匡廬"決不會出自他筆下。那些作"匡"的本子,實屬後人的回改,我們校勘時必須尊重作者。

以上所論來歷、典故、制度、宗教、版本等,是今人注宋詩應當着力關注的重點,但並不是說這些就是注解對象的全部了。他如人物、事件、地理、意象等,雖非宋詩所特有,但也是詩注中不可缺少的部分,限於篇幅,此不復贅。總之,校注非一朝一夕可就,需要長期的積累、細心的取捨並不斷地擴大知識面,當然,還需要對詩意的深度涵泳和正確理解。

原文刊載於《文史哲》2017 年第 3 期
（唐玲,華東師範大學古籍研究所副研究員）

---

① （宋）王安石撰,（宋）李壁注:《王荆文公詩箋注》卷一〇,上海古籍出版社2012 年版,第 248 頁。

# 陳沆《近思録補注》考論

張　文

## 引　言

南宋孝宗淳熙二年(1175)夏,朱子與吕祖謙在武夷山寒泉精舍相與編纂《近思録》,距今已有840餘年。這部意在爲"窮鄉晚進有志於學而無明師良友以先後之者"提供的理學入門讀本,自編成之日起就已廣爲流傳,並最終成爲最能代表中國古代主流學術思想的經典之一,歷代注解、續補、仿編之作紛然並出,其總數多達百種以上,此外還有古朝鮮、日本學者的注釋講説著述百餘種。① 清代學者陳沆所撰《近思録補注》,是現存《近思録》的重要注本之一,但目前較少有學者關注,相關研究論著主要有: 陳榮捷先生《朱子新探索》,對其内容特點和文獻價值有簡略評述;程水龍先生《〈近思録〉版本與傳播研究》,對其版本情況有詳細考證;李瑚先生《關於〈詩比興箋〉與〈近思録補注〉的作者問題》,則就其作者歸屬另立新説。筆者參與嚴佐之教授主持的國家社科基金重大項目"朱子學文獻整理與研究",有幸擔任"《近思録》專輯"之中陳沆《近思録補注》的校點整理工作,得以對其進行全面考察,並獲得較爲深入之認識。本文主要基於自己校點整理之心得體會,並充分參考前人已有研究成果,從梳理版本情況入手,依據原稿對作者歸屬問題加以辨析,進而探討此書與魏源之關係,最後揭示出其撰著特點及學術價值。不賢識小,餖飣成篇,繁而寡要,然於閲讀此書或有助益,敬祈專家學者有以教之。

---

① 參見嚴佐之《〈近思録〉後續著述及其思想學術史意義》,《文史哲》2014年第1期,第56頁。

# 一、陳沆生平及《近思録補注》版本述略

陳沆(1785—1826),①原名學濂,字太初,號秋舫,室名"簡學齋"、"白石山館",湖北蘄水(今湖北浠水)人。陳沆天資穎異,"八歲能文,出語驚其長老"。嘉慶十八年,舉於鄉。二十四年,以進士第一名及第,授翰林院修撰。道光元年,充廣東鄉試正考官。三年,充會試同考官,轉四川道監察御史。道光五年卒。陳沆爲人好賢重友,與董桂敷、姚學塽、賀長齡、陶澍、龔自珍諸人相善,而與魏源情誼尤篤。② 陳沆在歷史上較爲知名,主要緣於科舉狀元之身份,其詩賦也受時人推重,"以詩文雄海内","卓然爲一代大宗",有《簡學齋詩存》《簡學齋詩删》《簡學齋館課試律》《簡學齋館課賦》等傳世,在後世也得到較多關注。相較而言,陳沆的學術成就則不甚突出,由於享年不永,其學術著述不多,後世所傳惟有《近思録補注》十四卷。又有《詩比興箋》四卷,原題陳沆撰,但經過李瑚等學者的考證,基本可以確定是魏源的著作,在陳沆身後魏源將之移贈於其名下,以期給亡友增加一項名山事業。③

《近思録補注》今存刻本有兩種:一種藏於清華大學圖書館、南開大學圖書館、中國科學院圖書館等處,另一種藏於北京大學圖書館、南京圖書館等處。這兩種刻本皆 9 行 22 字,小字雙行同,卷端刻"近思録卷之×""凡×××條""後學陳沆補注",版心上刻"近思録補注",下刻卷次及頁碼,單魚尾,白口。區別在於前者諱"寧"字而不諱"淳"字,後者則"寧""淳"皆避諱。此外還有一些細微差異,如卷一首頁第七行清華大學藏本"魏默

---

① 按:陳沆之卒年,《清史列傳》記爲道光六年(1826),周錫恩《陳修撰沆傳》言卒年四十一,則爲道光五年(1825)。據劉飆《陳沆研究三題》引《義門陳氏宗譜》,謂陳沆"生於乾隆五十年六月十八日丑時,卒於道光六年三月二十五日子時",今從之。(參見劉飆《陳沆研究三題》,《蘭臺世界》2015 年第 33 期,第 59 頁)

② 參見王鍾翰點校《清史列傳》卷七三《陳沆傳》,中華書局 1987 年版,第 6016 頁;周錫恩:《陳修撰沆傳》,載閔爾昌輯《碑傳集補》卷八,民國十二年刊本。

③ 參見李瑚《關於〈詩比興箋〉與〈近思録補注〉的作者問題》,《文史》第 21 輯,第 136—144、147—154 頁;顧國瑞:《〈詩比興箋〉作者考辨——兼談北大圖書館藏鄧之誠題跋〈詩比興箋〉原稿》,《北京大學學報》(哲學社會科學版)1996 年第 3 期,第 55—57 頁;夏劍欽:《〈詩比興箋〉確係魏源所著》,《中國韻文學刊》2004 年第 4 期,第 63—65 頁;夏劍欽:《〈詩比興箋〉作者歸屬問題補正》,《中華文史論叢》2006 年第 1 期,第 319—331 頁。

深曰"四字擠占三個字的位置,而南京圖書館藏本則没有擠占,但其下第九行"與夫不離乎氣"句,清華大學藏本有"夫"字,而南京圖書館藏本則脱去"夫"字。① 我們通過對比,發現這兩種刻本的版式行款和字體特徵完全相同,估計屬於同一版本,至於存在的差異之處,可能是後來挖改修補所致。由於無牌記題識和序跋文字,其刊刻詳情已無從考知,今據《簡學齋詩存》卷首葉名澧識語云:"抑聞先生著述有《近思録補注》十四卷,尤爲平生所得力,董而理之,上諸史館,以備儒林之採擇焉,是則小舫之責也夫。"②葉名澧爲陳沆之壻,小舫即陳沆之子陳廷經,《簡學齋詩》即由他們二人共同編校。葉氏識語題署咸豐二年孟春,則知此時《近思録補注》尚未整理付梓。據此識語以及刻本中的避諱字推測,《近思録補注》大約刊刻於咸豐二年至十一年(1852—1862)之間,而在後來刷印之時,對於避諱字和一些文句間有挖改。《販書偶記》卷九著録《近思録補注》十四卷,云:"蘄水陳沆撰,無刻書年月,約光緒間刊。"③此本可能就是後來的印本。

《近思録補注》還存有鈔本一部,現藏湖北省圖書館,《續修四庫全書》據之影印。④ 兹據湖北省圖書館童世華先生所撰提要,迻録相關信息如下:

> 是書無格藍框,字數不等,單魚尾,四周雙邊,版心下印有"白石山館抄本"六字。"簡學齋"、"白石山館"皆爲陳沆室名。此書書名依書皮所題擬定。書内有清魏源(默深先生)批評和佚名增注。書中夾有作者浮簽及墨筆勾劃,知爲原稿。《販書偶記》收有清光緒間刻本。此書係簡學齋後人1961年通過趙樸初先生手贈湖北省館。⑤

該鈔本並未題署陳沆之名,頁眉批注較多,但未有一處明確標記魏源之

---

① 參見程水龍《〈近思録〉版本與傳播研究》,上海古籍出版社2008年版,第83—84頁。

② 陳沆:《簡學齋詩》,清咸豐二年陳廷經刻本。

③ 孫殿起:《販書偶記》,上海古籍出版社1999年版,第217頁。

④ 陳沆:《近思録補注》,《續修四庫全書》,上海古籍出版社2002年版,第934—935册。

⑤ 陽海清主編:《中南西南地區省市圖書館館藏古籍稿本提要》,華中理工大學出版社1998年版,第200頁。

名。那麼上述著録信息是否準確,該鈔本是否爲陳沆原稿,而批注是否確係魏源所爲?解決這些疑問,尚須有其他佐證。上海圖書館存藏陳沆《簡學齋詩》稿本,又有魏源《清夜齋詩稿》《古微堂遺稿》,以及《簡學齋清夜齋手書詩稿合印》等原稿和影印之本,較多保留了陳沆和魏源的手迹。通過與這些稿本文獻比勘,可知湖北省圖所藏鈔本正文確係陳沆手稿,而其頁眉批語確係魏源手筆。再通過比較刻本的文字内容,就會發現刻本與鈔本中的墨筆勾畫和增删修改基本相合,刻本顯係從此鈔本而出,因此刻本可視作此書之定本。同時,該鈔本爲陳沆後人所捐獻,並未經過他人存藏和輾轉傳寫。綜合這些因素來看,可知上述提要信息大致準確,即該鈔本確係陳沆《近思録補注》原稿,而書内眉批乃魏源所爲。

## 二、《近思録補注》作者問題辨疑

李瑚先生因考察《詩比興箋》的作者歸屬問題,進而對《近思録補注》也連類及之,認爲"不僅《詩比興箋》爲魏源所著,就是《近思録補注》也是魏源的著作",又説"魏源是此書的最初作者,把它贈與陳沆後,陳沆又增加了一些注文,最後把它完成"①。在其所著《魏源詩文繫年》中,則明確將《近思録補注》歸入魏源名下,以爲大約撰作於嘉慶十九年至二十一年之間,魏源時年 20 餘歲。② 我們認爲此説不甚妥當,其依據不太充分。

《近思録補注》引魏源注文 11 條,集中於第一、二卷,署名爲"魏默深"或"默深"。李瑚先生認爲這是該書爲魏源作品的首要證據,"注文稱魏源爲魏默深或默深,當爲陳沆最後成書時按照其他注文稱注者之字或別號而不稱其名的體例後加的"。③ 依據李瑚先生之意,這些注文皆爲"魏源原稿"已有之内容,而"默深"之稱則是陳沆後來所加。核諸稿本,就會發現實際情況並非如此。如《近思録補注》卷一"濂溪先生曰,無極而太極"下首引魏源之注,在稿本中原題爲"吾友邵陽魏默深曰"云云,而頁眉有魏源批注云:"注中凡引諸儒及近時人,似宜列目首卷,詳其時代名字。於'默深'之上加'吾友'字,未免■象。"稿本即據此批注建議涂改删去"吾友邵陽"四字,後來刻本遂直接引作"魏默深曰"云云。又如刻本所

---

① 李瑚:《關於〈詩比興箋〉與〈近思録補注〉的作者問題》,第 135—154 頁。
② 李瑚:《魏源詩文繫年》,《魏源研究》,朝華出版社 2002 年版,第 477 頁。
③ 李瑚:《關於〈詩比興箋〉與〈近思録補注〉的作者問題》,第 149 頁。

引第二條魏源注文"默深曰全篇之意歸重於主静立極"云云,其中自"善乎張長史曰"以下語句在稿本原無,而見於魏源的眉批之中,當爲刊刻時據此批語增入。又如刻本所引魏源注文第六條"程子只通論道理,非訓詁文義也。程子説多寬,然朱子説又正嫌太密,學者易致執著"(卷一)、第九條"朱子此言,非直謂其差異好笑而已,恐是言其感應攻取始終倚伏之理,往往相反而適相成,相生而即相克,以明道理之自然。人當順而循之,不容人力一豪安排造作。悟此則知爲善循理之樂,無事勉强也"(卷一)、第十一條"敬是持守之功,精義集義則兼知行之事也"(卷二),此三條在原稿中皆無,而是魏源在頁眉批注的内容,後來刻本乃據此批語增入並加注"默深"之名。這就表明,《近思錄補注》中所引魏源之説,有些在陳沆原稿中已有,應當是陳沆據魏源相關論説採録,有些則是魏源在原稿上的批注之語,後來刻本據之增入,並非基於"魏源原稿"而加注魏源字號。

李瑚先生認爲,從未署名魏源的注文來看,其中也不無可疑之處。如《近思錄補注》卷一"無妄之謂誠,不欺其次矣"下,注文之末附有按語:"按,學問從無妄上作工夫,更得要省力。劉蕺山先生《人譜》言之精矣。"據李瑚先生考證,劉宗周所著《人譜》一卷,"魏源對此書很有研究,並曾將它删改增補","另外還對元程端禮《讀書分年日程》加以重編,他在從北京返回湖南時曾將此二書與所著《曾子章句》存放於陳沆處,想托人刻印,後因董桂敷的勸阻而未能實現",並據此推斷,"魏源對《人譜》是十分熟悉的,因此數次引用"。① 需要指出的是,李瑚先生的考證可謂非常細密,但所論之事則没有必然邏輯聯繫,從魏源對此書非常熟悉的事實,並不能否認陳沆直接引據此書的可能性。因爲陳沆與魏源情誼甚篤,關係非常密切,彼此當有較多交流,在學術上可以互相影響,而《人譜》作爲理學名著,也僅有數千言之篇幅,陳沆鋭意研治理學,熟悉其内容並直接引用,也並非難事。又如《近思錄補注》卷四"明道先生曰,若不能存養,只是説話"條下,注文之末附有按語:"按,吾輩之講學,説話而已,可哀也已。"按照李瑚先生的理解,"講學爲集合師弟朋友,相與講究學理,析疑問難,亦即講課授學之意",通過詳考並比較陳沆、魏源二人生平事迹,他認爲魏源因家境貧寒,科舉屢不如意,因此曾數度以教書爲生,而陳沆則人生際遇順利,在科舉上春風得意,不必靠教書謀生,"因此'講學'之語

---

① 李瑚:《關於〈詩比興箋〉與〈近思錄補注〉的作者問題》,第 149 頁。

符合魏源身份"。① 我們認爲,李瑚先生對"講學"一詞内涵的理解不盡準確。不必旁徵其他文獻,今就《近思録補注》所引略舉數條,如在此條按語之上引胡敬齋云:"'若不能存養,只是説話',言人不能操存涵養,則所講究之理無以有諸己,適爲口語而已。"又如卷三所引朱子之語:"涵養之功,則非他人所得與。若致知之事,則正須朋友講學之功,庶有發明。"又引湯潛庵曰:"孔子曰'學之不講,是吾憂也',此道與師友講明一番,則此心光明一番。蓋講學爲己,非爲人也。"可見在當時的語境之下,講學應當是指師友之間講論探討學問,並非專指講課授學、教書授徒。若如李瑚先生之説,則《清史列傳》本傳謂陳沆"嘗從婺源董桂敷、歸安姚學塽講學",這又該如何解釋呢?

就陳沆自身的學術素養和學術興趣來看,其實也具備撰作此書的主觀條件。據陳沆之婿葉名澧在《簡學齋詩存》卷首識語云:"今之刻是編者,使先生以詩傳,非先生意也。先生内行淳美,於學無所不窺,而篤好宋五子書,詩則餘力爲之。"②周錫恩《陳沆傳》謂陳沆"亮拔醒粹,少負重譽,及享巍科,益志聖賢大道"。③ 而《清史列傳·陳沆傳》云:"於學無所不窺,尤篤好宋五子書,嘗從婺源董桂敷、歸安姚學塽講學。與邵陽魏源友善,病中自省,恒書以相質。其言有曰:'近自患病以來,閉門謝客,日坐斗室中,初無浮雜,漸覺凝定,性靈自炯,諸妄徐呈。於此之時,以之檢察病根,則毫髮畢見;以之涵泳義理,則意味彌長。足見爲學之道,静虛爲本,深密爲要。'又曰:'仲尼之門,五尺童子羞稱五伯。童子未必盡知學問,只是心胸見識已自不凡,生成鳳翔千仞氣象。我輩終身沉溺詞章,豈不愧死?'"④根據這些記載,可知陳沆雖以詞章聞名,但不以詩人身份自限,對理學有着濃厚興趣,體悟也較爲深入,並有實際踐履工夫。而與其往來密切的董桂敷、姚學塽諸人,都是尊崇程朱理學的學者,對其治學方向當有影響。《簡學齋詩存》卷四有《四十生日自懲詩》,其二云:"百年去堂堂,此身獨含愧。束髮鄙浮澆,趨庭凱遠志。悠悠積因循,聰明盡文字。枝葉日繁滋,根本何能遂。暗室自推鞫,愆尤千百累。往者不可逭,來者尤可惴。勞勞聖賢心,勉勉君父事。先零與後凋,須識天地意。"魏源評云:"秋

---

① 李瑚:《關於〈詩比興箋〉與〈近思録補注〉的作者問題》,第 150 頁。
② 陳沆:《簡學齋詩》。
③ 周錫恩:《陳修撰沆傳》,《碑傳集補》卷八。
④ 王鍾翰點校:《清史列傳》卷七三《陳沆傳》,第 6016 頁。

舫篤志求道,屏棄詞章之學。讀此詩,知涵養省察之功深矣。"而陶澍跋
《簡學齋詩存》云:"秋舫天才俊亮,落筆不能自休,近更加以檢束,駸駸乎
窺漢魏之門矣。卷中多精捍之作,如'各有天地身,攀附詎非恥''一念静
躁間,終古霄壤倅',皆見道語,可以針頑立懦,不當徒以詩人目之。"①似
亦爲陳沆中年鋭治理學之佐證。

李瑚先生關於《詩比興箋》爲魏源所著的論斷,此説早已有楊守敬等
人發之於前,而《詩比興箋》與魏源所著《詩古微》内容多有相似之處,且
有北京大學圖書館所藏《詩比興箋》原稿爲之佐證,故其所論可謂確切不
易。但從他對《近思録補注》作者歸屬問題的討論來看,則情況大有不同。
通過前述版本情況,可知《近思録補注》稿本雖未題具撰者之名,但確切無
疑屬於陳沆手稿,而後來的刻本則明確題署"後學陳沆補注"。前引葉名
灃之識語,言陳沆著述有《近思録補注》,而未言有《詩比興箋》。周錫恩
亦謂陳沆"其學從詞章入,而中年鋭治朱子學,著《近思録補注》十四卷,
深得其奥"。② 自《近思録補注》問世百餘年間,也從未有人對其作者歸屬
有過懷疑。從據以立論的主要文本來看,李瑚先生所據爲《近思録補注》
的刻本而非稿本,所掌握的文獻資料明顯不足,未能參考利用稿本中所藴
涵的豐富信息,從而影響了其論斷的準確性。③ 從稿本反映的情況來看,
其中有很多魏源的批語,無論是全書體例還是具體内容,甚至分節分段以
及所引諸家字號等細小問題,均有非常中肯切要之意見。如果説該書是
魏源的作品,或者説是魏源完成了初稿,那就應該充分體現了魏源本人的
設想和見解,爲何還會有那麼多的意見呢? 這在情理上似乎也難以解釋。

魏源與陳沆交往密切,情誼深摯。在魏源科第不遂、沉淪下位之時,
陳沆已經狀元及第,爲翰林院修撰,雖然身份、地位懸殊,但因欣賞魏源的
才學,陳沆傾身與之相友,"人謂沆且貴,胡折節乃爾,矧源鱗甲難近。沆
不聽,交源益篤,源亦篤好沆爲人,蓋金石如也"。④ 在他們二人的詩集
中,相互題贈唱和之作也很多,而陳沆的《簡學齋詩》,"默深先後凡八閲,

①　陳沆:《簡學齋詩存》,清咸豐二年陳廷經刻本。
②　周錫恩:《陳修撰沆傳》,《碑傳集補》卷八。
③　按,李瑚先生所著《關於〈詩比興箋〉與〈近思録補注〉的作者問題》刊載於《文
史》第 21 輯,在 1983 年已經出版,而收録《近思録補注》稿本的《續修四庫全書》直至
2002 年才編纂出版,所以他撰文時未能見到此書原稿。
④　周錫恩:《陳修撰沆傳》,《碑傳集補》卷八。

評語甚多"。① 陳沆曾孫陳曾則云："公與默深先生有所作必互相質難,期達於精而後已,故每次詩稿,皆有默深先生批語題識,蓋講學最契之友也。"②《近思録補注》原稿經魏源認真審讀,所留批注之語極多,而陳沆採録魏源之説,還特意標注"吾友邵陽魏默深",正體現出他們之間不同尋常的情誼。《近思録補注》與魏源關係非常密切,書中對魏源之説多有引用,魏源也對其成書傾注了辛勞,這是不可否認之事實,但一定要説是魏源的著作,或者是其完成初稿後贈予陳沆,尚缺乏有力之證據。考慮到魏源和陳沆的情誼,我們認爲此書是陳沆在魏源協助下完成,這可能較爲符合實際情況。魏源謂陳沆"嘗手注《近思録》,又嘗從婺源董小槎編修、歸安姚敬堂兵曹過從問學,檢身若不及","又嘗手箋漢魏以來比興古詩共數百首,以寓論世知人以意逆志之旨,讀之使人古懷勃郁,尤古今奇作",③後一事雖爲虚造,但前一事當屬事實。

## 三、魏源與《近思録補注》之關係

雖然我們並不贊同《近思録補注》的作者是魏源的觀點,但藉助李瑚先生的研究,可知魏源與《近思録補注》關係密切,而通過稿本中的批注内容,更可考見魏源對於陳沆撰作此書的具體影響。魏源早年服膺程朱理學,曾經認真研讀過作爲理學經典文本的《近思録》,並有修改、增補此書的初步設想。魏源曾與董桂敷通信商酌其事,今據董桂敷《再與魏默深書》可知其大略:

> 所論江刻《近思録》各條,欲附刻勉齋三書於朱、吕原序下所輯《文集》《語録》各條之後,亦善。特江氏所輯,例爲小注,無庸改作大字。此三書如增入,亦小字,再低輯注一格,別刻一頁,與原頁相次爲當。其第一書,前數句可删,只從《語》《孟》《近思録》句刻起可也。至朱子教人從第二卷看起,而第一卷並未移易,則今亦只宜存朱子之説,使學者讀之,自分先後,不當改刻,以蹈僭逾。且古書從未有以第

① 李柏榮:《魏源師友記》,岳麓書社 1983 年版,第 26 頁。

② 陳曾則:《先殿撰公詩鈔後序》,上海圖書館藏《簡學齋詩》稿本。

③ 魏源:《古微堂集》外集卷三《簡學齋詩集序》,《魏源全集》第 13 册,岳麓書社2011 年版,第 206 頁。

一卷而置於末者。大抵善讀書人細心研繹，讀第一卷未徹，自會從第二卷讀去。況已有東萊序，有朱子説明示之，何患不解？若不善讀書者，心粗氣浮，即使從第二卷讀起，亦漠不相入。雖移刻何濟於事？徒顛倒先賢遺書而已。尊意於此，尚擬思之未審，又援程朱編次四書以爲例，亦恐事體尚未能同也。……又尊意前欲於《近思録》後，增刻四先生遺事行狀及朱子行狀，合言行爲一書。愚思之，不若別爲一書，與《近思録》並行，不當附諸其後，以復第十四卷中所已録。蓋朱子録其行略，專在氣象間，使人理會，此刻特詳事實，且兼及朱子，各自有體，正不必與原書參會也。至尊意以《近思録》注家未爲善本，屬鄙陋重爲集注。……夫壯未聞道，晚乃思愆。檢點身心，在在謬妄。旋改旋蹈，懼終爲君子之棄，而小人之歸。疾病之餘，惟有借古人之書，少自針砭積習，以期不即於大惡。乃欲强倚一孔之窺，掇拾揣測，以冀昭示來學，夫何敢亦何能耶？……此時只有慚恧而已矣，悚懼而已矣。區區之誠，伏惟鑒察。①

這封書信提供了非常重要的信息，間接反映了魏源研治《近思録》的心得體會，以及他修改、增補此書的具體設想，主要涉及以下幾方面之問題：一是魏源欲增補江永《近思録集注》，江氏《集注》據《文集》《語類》輯録朱子論《近思録》多條，附於朱子、吕祖謙原序之下，而魏源則更欲補入黄榦論述《近思録》的相關文字。一是《近思録》第一卷"道體"多論陰陽變化性命之理，内容偏重形而上學層面，文義較爲深奧難懂，故朱子主張不妨先從第二、第三卷看起，魏源受其影響，因此想改刻原書，要將第一卷移置全書之末。一是魏源欲在《近思録》之後附刻周程張朱的遺事行狀，以期萃合其言行於一書。一是魏源對前此《近思録》諸家注本深懷不滿，故敦勸前輩學者董桂敷重爲集注，而董桂敷則婉言謝絶。此封書信的時間大約爲嘉慶二十二年，魏源時年24歲。②從中不難看出，彼時的魏源年輕氣盛，勇於著書立説，然而對《近思録》的認識尚未深透，具體設想也不甚可行。如欲將第一卷改刻置後，實有魯莽過激之嫌，而欲附刻周程張朱遺事行狀，就會與《近思録》卷一四的内容重複，既與原書性質體例不合，對

---

① 轉引自李瑚《關於〈詩比興箋〉與〈近思録補注〉的作者問題》，《文史》第21輯，第151頁；李瑚：《魏源事迹繫年》，《魏源研究》，第262頁。

② 李瑚：《魏源事迹繫年》，《魏源研究》，第262頁。

閲讀原書亦無甚裨益。相較而言,董桂敷的理學造詣較高,對《近思録》的見解精深,所論諸事皆深中肯綮,宜乎魏源對其敬佩有加而執弟子禮也。① 而從陳沆《近思録補注》的内容特點來看,在原序之下所附"朱子論《近思録》",基本沿襲了江永《近思録集注》的做法,又附有"諸儒論《近思録》",則採録黄勉齋以下八家之論説。這些方面與魏源的上述主張大致相合,考慮到陳沆與魏源的密切關係和誠摯情誼,他撰作此書很有可能是受魏源啓發。但《近思録補注》卷首所附"諸儒論《近思録》",其中採録黄勉齋之説僅有一條,即:"黄勉齋云,今學者多騖於首卷性命高遠之説,是'近思'却成'遠思'也。"魏源於此有批注云:"勉齋一條需載全文,今截取兩句,便鶻突不成語。"可見陳沆原稿既未按照魏源最初設想補入所謂"勉齋三書",亦未遵從董桂敷建議截取"《語》《孟》《近思録》"之句。綜合此種種因素,我們認爲陳沆撰作《近思録補注》有可能受到魏源啓發和影響,但與魏源的設想並不完全相合,此亦可證《近思録補注》並非直接依據魏源初稿而來。

《近思録補注》採録魏源之説 11 條,在魏源傳世著作中均不見載録,對於研究魏源的學術思想,尤其是其關於理學方面的見解,是極爲珍貴的文獻資料。而《近思録補注》原稿所存魏源批注,其中有些也具有重要學術價值。如《近思録補注》卷首所附"附諸儒論《近思録》",陳沆原稿輯録孫承澤之説一條:"孫北海曰:'學有原委,原端正則委自分明。如《大學》之明德,《中庸》之天命,《論語》之務本,《孟子》之仁義,皆自原頭説起,使學者有所從入。不然原本不識,用力雖勤,而誤墮旁蹊者不少矣。故《近思録》首卷宜細爲體認。朱子識個頭腦四字,良非易事。'"但稿本中的這段文字後被勾删,而頁眉有魏源批語云:"孫氏姓名有玷此書,且其語亦支離之甚。今學者第從第二、三卷存養致知之方作工夫,有誤落旁蹊者耶?且空識名目,亦未必遂能信道不惑也。"②孫承澤(號北海)是明末清初的重要政治人物,也是理學陣營中宗朱的代表學者,因爲有仕明、投李、降清的特殊經歷,其人品氣節頗爲後人詬病,故四庫館臣斥其"初附東林,繼降

---

① 魏源《古微堂詩集》卷一有《偶然吟十八章呈婺源董小槎先生爲和師感興詩而作》,末注云:"董先生經明行修,一代大儒,不以詩名。"卷九有《寄董小槎編修》四首,第一首末云:"癰痲尚滋嚴憚益,關河千里亦吾師。"(見李柏榮《魏源師友記》,岳麓書社 1983 年版,第 21 頁。)

② 陳沆:《近思録補注》卷首,《續修四庫全書》第 934 册,第 605 頁。

闖賊,終乃入於國朝,知爲當代所輕,故末年講學,惟假借朱子以爲重"。①嚴佐之先生曾就此指出:"(孫承澤)一味'尊朱',乃至'字字阿附',處處回護,幾乎到了'佞朱'的地步。""所謂物極必反,'佞朱'其實'誤朱',故而引起宗朱陣營反思,認爲'當今之害,患在群奉真儒,不知別白,貿貿焉,是其所非,非其所是,反授外道以入室操戈之柄,而害且遍天下','痛聖人之道不晦於畔朱之人,而即毀於從朱之人',痛定思痛,所以要在自己的營壘裏'清理門户',……所以,孫北海條目的收入和删去,都反映了晚清朱子學者在如何傳承朱子學説問題上所持的不同態度。"②嚴佐之先生的精辟論述,已給我們清晰勾勒出當時的宏闊學術背景。如果再回到《近思録》本身,就其前後相關内容加以考察,就會發現魏源的批評意見也非常切當。前已述及,《近思録》首卷文義深奧難懂,與朱子共同編輯此書的吕祖謙,在原序中對此已有説明:"《近思録》既成,或疑首卷陰陽變化性命之説,大抵非始學者之事。祖謙竊嘗與聞次緝之意,後出晚進於義理之本原,雖未容驟語,苟茫然不識其梗概,則亦何所底止?列之編端,特使之知其名義,有所向望而已。至於餘卷所載講學之方、日用躬行之實,具有科級。循是而進,自卑升高,自近及遠,庶幾不失纂集之指。若乃厭卑近而騖高遠,躐等陵節,流於空虚,迄無所依據,則豈所謂'近思'者耶?"而朱子對此亦有説明:"《近思録》首卷難看。某所以與伯恭商量,教他做數語以載於後,正謂此也。若只讀此,則道理孤單,如頓兵堅城之下。却不如《語》《孟》只是平鋪直去,可以游心。"又云:"看《近思録》,若於第一卷未曉得,且從第二、第三卷看起,久久後看第一卷,則漸曉得。"③可見作爲《近思録》的編撰者,朱子和吕祖謙當初首置"道體"之卷,只是欲學者"識其梗概","知其名義,有所向望而已",並不主張學者要從第一卷讀起,也不欲學者專就此卷用力。通過前文所引董桂敷與魏源的通信,可知魏源嘗欲改刻《近思録》,由於受吕氏之序和朱子之説的啓誘,甚至有將第一卷移置全書之末的想法。孫承澤認爲"《近思録》首卷宜細爲體認","不然原本不識,用力雖勤,而誤墮旁蹊者不少矣",這顯係浮泛之論,似是而非,既脱離《近思録》的内容實際,也不符合朱、吕二人的編撰用意,且與本書

---

① 永瑢:《四庫全書總目》卷一八詩類存目二《詩經朱翼傳》,中華書局 1965 年版,第 144 頁。

② 嚴佐之:《〈近思録〉後續著述及其思想學術史意義》,第 64—65 頁。

③ 陳沆:《近思録補注》卷首,《續修四庫全書》第 934 册,第 594—600 頁。

卷首所載呂氏序文和朱子之説完全相悖。可見魏源批評孫承澤並删去其説，並非單純鄙薄孫氏爲人而廢棄其言，其實還關涉外在的學術背景，而且還有内在的學理依據。

《近思録補注》原稿中所存魏源批注，數量有數百條之多，所涉問題也非常廣泛，舉凡注釋體例、論説是非、文獻依據、章節分段、人名字號等皆有論及。通過比較稿本和刻本可以得知，正是緣於魏源的批注意見，原稿中的很多訛誤及不妥之處得以修正，繁冗而不甚明切的注文則被删削，並且增補了一些較爲貼切的注文，極大提升了《近思録補注》的整體學術水平。讀者若就稿本稍稍寓目，相信會有直觀、深刻之認知，故在此無煩縷覼，而僅就較爲普遍的問題略作申述。魏源本人博極群書，熟稔各種文獻典籍，故時人有“記不清，問默深；記不全，問魏源”之譽。① 魏源著述也極爲宏富，類似注釋之體的著作頗多，因此嫻於注解經典，實踐經驗較爲豐富。② 《近思録補注》原稿中的批注，充分體現了魏源的學術專長。如《近思録》一些條目原有朱子本注，而陳沆《補注》據文集、《語類》等輯録增補朱子之説，往往與本注混在一起，在形式上泯然無别。對此魏源建議要加以區分，以突出和强調朱子本注，如云“凡引朱子本注，與朱子語録需分别，方不苟”（卷一）；“凡書中載《通書》處，需全用朱子原注，而以他説次之”（卷二）。又如《近思録補注》徵引諸家之説甚多，但標注學者字號非常隨意，很多僅言“某氏”而省略其字號，難以確考究竟爲何人之説。魏源對此問題屢有批注，建議要明確標注學者字號，在體例上要統一，如“注中所引諸儒及近時人，似宜列目首卷，詳其時代名字”（卷一）；“或書黄勉齋，或書茅氏，或書高忠憲，例不畫一”（卷二）；“楊氏須當書字號”（卷六）；“王氏無字號”、“楊氏無字號”、“引雙湖胡氏與前後書法不一”（卷一二）等。《近思録補注》正文分節或有不合理之處，魏源則提出批評建議，如“縱分段亦不可太碎，如此章首二句一段，中五句一段，末三句一段，較爲明了”（卷一）；“凡《通書》短章，須全列白文，而後下注，不必再分節，以免破碎”（卷二）；“此條亦不當分段”，“此三段亦當合爲一條”，“段雖長而注甚少，亦不必分節”（卷六）；“當合爲一節，朱子注亦可聯貫成文”

① 姚永樸著，張仁壽校注：《舊聞隨筆》卷二，黄山書社 1989 年版，第 109 頁。
② 如其傳世著作有《詩古微》《書古微》《禹貢説》《小學古經》《大學古本發微》《孝經集傳》《曾子發微》《老子本義》等多種，失傳著作有《説文儗難》《董子春秋發微》《兩漢經師今古文家法考》《子思子章句》《論語孟子補編》《孫子集注》《易象微》《大戴禮記微》《春秋繁露注》《墨子注》《吴子注》《説苑注》《六韜注》等多種。

（卷八）；"本文太長，或連舉數條爲一者，則當於又云處、或曰處分段。如此節當合下節爲一，亦庶乎可，不得又從中劃斷也"（卷九）。《近思録補注》所引注文或失於浮泛，或詳略不當，或支離繁冗，魏源皆一一指明不足，如"凡書中每一章，須看其歸重切要處而注之。如此章'聖希天''過則聖'二句，皆可不注。能略然後能詳"，"此是《近思》注，非《論語》注。此等皆不必理會，即指其爲注疏舊説，亦不必引《語類》云云也"，"每注一章，必有主腦，方不尋文摘句，以致支離"，"《語類》中多數條重複者，宜善去取"，"注以簡實爲要，繁則支"，"注者所以解本文也，若泛設議論，而于本文無關，反涉支離"，"注此等處須切實，不在做門面語"（卷二）；"此條與程子之意不相交涉"，"此條注亦不親切"，"注書當看一節命義所在"，"此等處亦皆重複冗長，宜酌歸簡明"（卷四）；"此注皆辯論文義，與此書體例不切，但可融會取之"，"《本義》、《程傳》異處亦不必理會，此是論學，非解經也"（卷七）。這些批注雖然大都針對具體問題而發，但很多其實具有普遍的方法論意義，諸如注書應當力求簡約明白，注文務必切合本文，注文層次當有輕重主次，注文應契合書籍性質體例，文獻依據出處應當標注準確，卷首應當詳列引述諸家時代字號，這些意見都非常中肯切要，對于今天的古籍注釋工作仍具有借鑒參考之价值。

若就魏源批注內容詳加分析考察，還會發現一個重要特點，在此尤需特別表出。《近思録補注》原稿所録朱子之説，其中多有與《近思録》本文互相違異甚或直接駁斥原文之處，對此魏源皆詳加批注並表達自己的觀點。如《近思録》卷二"尹彦明見伊川後，半年方得《大學》《西銘》看"，《補注》稿本原引《朱子語類》注云："此蓋且養他氣質，淘汰了許多不好底意思，如《學記》所謂'未卜禘不視學，游其志也'之意。固好，然也有病者。蓋天下有許多書，若半年間都不教看一字，幾時讀得天下許多書？……尹彦明看《大學》，臨了連格物也看錯了，所以深不信伊川今日格一件、明日格一件之説，是看個甚麼？"魏源批注云：

> 半年方令看《大學》《西銘》者，非全不令看他書也。《論語》、《孟子》、小學之屬，諒必先以授之。又日聞講論，無非聖經賢傳之旨，則何嘗曠廢時日之有？蓋《大學》《西銘》二書規模闊大，自非初學啓蒙之具。且和靖亦非不識格物之義者，其不信今日格一物、明日格一物者，蓋泥認爲每日限定格一物耳，此何害於曉格物之義耶？語録中辯駁程子處，往往當審慎取之。

又如《近思録》卷二："德不勝氣，性命於氣；德勝其氣，性命於德。窮理盡性，則性天德，命天理。氣之不可變者，獨死生修夭而已。"此横渠之説，稿本原引《朱子語類》注云："氣不可變惟壽夭，要之此亦可變，但大概如此。"又引《朱子文集》注云："問：知所攝養者則多壽考，肆其嗜慾者則多夭亡，是死生修夭亦可變也，故程子以火爲喻，與此説不合，如何？曰：《正蒙》之言，恐不能無偏。"魏源批注云：

> 冉疾顔夭，何以解之？若俱可變，則不謂之命矣。此横渠至精之言，何可輕議！

又如《近思録》卷四："明道先生在澶州日，修橋少一長梁，曾博求之民間。後因出入，見林木之佳者，必起計度之心。因語以戒學者，心不可有一事。"稿本原引《朱子語類》注云："問：佛氏但願空諸所有，固不是，然明道謂'心不可有一事'，如在試院推算康節數，明日問之，則已忘矣，恐亦空諸所有意？朱子曰：此出《上蔡語録》，只録得他自己意。顔子得一善則拳拳弗失，與孟子必有事而弗忘，何嘗要人如此？"魏源批注云：

> 語録中往往有因人因事而發者，如此條既取入《近思録》以示學者矣，而此條又駁之，何可並存？橋梁計度之心，此當忘者也。得一善與必有事焉，此不當忘者也。朱子重康節《易》數，故不以程子爲然。

又如《近思録》卷八："《觀》：'盥而不薦，有孚顒若。'傳曰：君子居上，爲天下之表儀，必極其莊敬，如始盥之初，勿使誠心少散，如既薦之後，則天下莫不盡其孚誠，顒然瞻仰之矣。"此《程氏易傳》文，稿本原引《朱子語類》注云："或問：《程傳》與《本義》不同？曰：盥只是浣手，不是灌鬯，伊川承先儒之誤。若云薦羞之後誠意懈怠，則先王祭祀，只是灌鬯之初猶有誠意，及薦羞之後，皆不成禮矣。"魏源批注云：

> 伊川所云既薦之後，猶言既祭之後也，不可以詞害義。

又如《近思録》卷八："明道先生曰：必有《關雎》《麟趾》之意，然後可以行《周官》之法度。"稿本原引《朱子語類》注云："問：'必有《關雎》《麟趾》之意',只是要得誠意素孚否?朱子曰:須是自閨門衽席之微,積累到薰烝洋溢,天下無一民一物不被其化,然後可以行《周官》之法度,不然則爲王莽矣。揚雄不曾説到此,後世論治,皆欠此一意。"魏源批注云:

> 問語本近是,答語太愚。若已能薰蒸洋溢,無一物不被其化,則尚何須再行法度之有?且必如是而後可行,則是終古無行法度之時也。程子之旨,只謂有美意而後可行良法,不可從事虛文之末耳。

《近思録補注》原稿中類似這樣的批注還有很多,而魏源的批注意見大多爲稿本採納,相關注文也有明顯刪改之迹。需要指出的是,作爲《近思録》的編選者,朱子雖然是伊洛正宗嫡傳,對周、張也都非常尊崇,但並不墨守遺書,其論説多與周、張、二程存在差異。然而作爲《近思録》的注釋之作,所引注文應當切近本文,貴在能從正面闡發本文意指。對於注文所引朱子之説與本文不合,甚或直接駁辨本文之處,魏源大都予以反駁,詳辨其立説之是非,指明對這些注文要審慎去取。這些意見有助於發明《近思録》本文旨意,也契合注釋之作的體例特點。而從所涉具體問題來看,魏源並非簡單偏袒和回護本文,其駁朱子之説皆言之成理而令人信服,雖然尊崇程朱但不盲目迷信,體現出求真務實的理性精神。魏源的這些批注意見,可以消弭《近思録補注》本文與注文的分歧,有助於提升全書的學術水平,也是研究魏源理學思想的珍貴資料。

## 四、《近思録補注》的撰著特點及學術價值

陳沆《近思録補注》稿本和刻本都没有序跋、題記,相關文獻記載也非常少見,因此其成書過程和撰著宗旨已難詳考。然其書既名"近思録補注",則當有所本。從其全書體例來看,卷首所列《近思録書目》《近思録原序》,皆與江永《近思録集注》完全相同;又江氏《集注》卷首據朱子文集、《語類》輯録相關論説 23 條,而《近思録補注》卷首亦附"朱子論近思録"凡 25 條,其中 22 條與江氏《集注》完全相同,惟條目前後次序略有變化,並抽換增補 3 條而已;又全書十四卷,每卷卷端標目亦與江氏《集注》完全相同。從注文内容來看,《近思録補注》所採以朱子之語爲主,其中很多注文明顯襲取自江氏《集注》。前文論及魏源研治《近思録》,嘗欲增補江永《近思録補注》,對陳沆撰作此書當有影響。綜合這些因素來看,陳沆

《近思録補注》應本於江永《近思録集注》而作，换言之，其所增補的對象就是江氏《集注》。江氏《集注》之特點，是略於訓詁考證，亦不重詮解文義，而重在採輯朱子之説，凡朱子《文集》《或問》《語類》諸書之言，有與《近思録》相關者悉採入注，如朱子説有未備則取葉采及他家之説以補之，間亦附以己説，藉以闡明本文旨意，有學者將此概括爲"輯朱子之語以注朱子之書"。① 陳沆《近思録補注》注文内容對江氏《集注》多有因襲取捨，注解特色也與江氏《集注》大致相近。就整體内容分量而言，《近思録補注》較江氏《集注》增多約三分之一，所增補的主要内容，如卷首所附"朱子論近思録"之後，增出"諸儒論近思録"，採輯黄榦、薛瑄、吳與弼、胡居仁、刁包、李方子、高攀龍、張履祥八家論説；江氏《集注》很多條目的注解比較簡略，有些甚至没有注文，而《近思録補注》則廣徵博引，薈萃衆説，補入大量注文，注解更爲詳密；此外還廣泛採擇自宋至清諸儒之説，間亦附有陳氏本人的案斷發明。作爲晚出之《近思録》注本，《近思録補注》充分彙集前人成果，在江氏《集注》之外，還對葉采《近思録集解》、茅星來《近思録集注》、施璜《五子近思録發明》等有所借鑒參考，也是其採輯諸家之説的重要文獻來源。

就文獻取材而言，陳沆《近思録補注》有其獨特价值。《近思録補注》注文所引以朱子之説爲主，此外還大量徵引宋代以下諸儒論説，採擇範圍非常廣博。今依據刻本進行統計，總計所引約有 90 餘家，其中宋代 42 人：孫復（孫氏復）1 條、王安石（王氏）1 條、吕大防（吕微仲）1 條、吕大臨（吕氏）1 條、吕希哲（吕原明、吕榮陽）2 條、程頤（程子）15 條、范祖禹（范氏、華陽范氏）3 條、楊時（楊龜山、楊氏）5 條、謝良佐（謝上蔡、謝氏）5 條、尹焞（尹和靖）2 條、晁説之（晁氏）1 條、劉安禮（河間劉氏）1 條、陳峴（陳東齋）1 條、朱震（朱子發）1 條、李侗（李延平）3 條、馮時行（馮當可）1 條、楊萬里（楊氏）1 條、張栻（張南軒）6 條、胡宏（胡仁仲、胡五峰、胡氏）6 條、吕祖謙（吕東萊、吕氏）5 條、陸九淵（陸象山、陸子静）4 條、項安世（項平甫、項氏）2 條、陳傅良（陳君舉）1 條、胡大時（胡季隨）1 條、陳淳（陳北溪、陳氏）3 條、蔡沈（蔡氏）2 條、黄榦（黄勉齋）15 條、輔廣（輔漢卿、輔慶源）7 條、陳埴（陳潛室）6 條、黄震（黄東發）1 條、真德秀（真西山）8 條、王宗傳（王氏）1 條、李方子（李果齋、李正叔）2 條、葉時（葉竹野）1 條、李閎祖 1 條、李叔寶（李景齋）1 條、潘夢斿（潘氏）1 條、彭執中（廬陵彭氏）1

---

① 李承瑞：《近思録集注跋》，《近思録集注》，清嘉慶十二年李承端刊本。

條、饒魯（雙峰饒氏）2 條、王應麟（王伯厚、《困學紀聞》）7 條、徐直方（徐氏）1 條、葉采（葉氏）36 條。引元代 9 人：許衡（許魯齋）3 條、王申子（王巽卿）1 條、熊禾（熊氏）2 條、胡一桂（雙湖胡氏）1 條、胡炳文（胡雲峰）1 條、陳櫟（陳定宇、陳新安）3 條、沈貴珤（沈毅齋）1 條、俞玉吾 1 條、張清子（張希獻）1 條。引明代 20 人：曹端（曹正夫、曹月川）2 條、薛瑄（薛敬軒）35 條、吳與弼（吳康齋）2 條、邱濬（邱瓊山）1 條、胡居仁（胡敬齋）55 條、蔡清（蔡虛齋）3 條、羅欽順（羅整庵）7 條、呂柟（呂涇野）3 條、林希元（林次崖、林氏）4 條、魏校（魏莊渠）1 條、羅洪先（羅念庵）2 條、曹于汴（曹真予）1 條、馮從吾（馮少墟）1 條、高攀龍（高景逸、高氏）29 條、刁包（刁蒙吉）1 條、高世泰（高彙旃）1 條、楊啓新（楊氏）2 條、陸夢龍（陸君啓）1 條、張自勳（張卓庵）1 條、劉宗周（劉蕺山、劉念臺）4 條。引清代 14 人：顧炎武（顧亭林）1 條、張履祥（張楊園）13 條、沈磊（沈誠庵）2 條、陸世儀（陸桴亭）3 條、湯斌（湯潛庵）1 條、呂留良（呂氏）3 條、陸隴其（陸稼書、陸氏）4 條、汪佑（汪星溪）1 條、施璜（施氏）1 條、茅星來（茅氏）9 條、江永（江氏）15 條、李清植（李安溪）1 條、張海珊（張鐵甫）1 條、魏源（魏默深）11 條。① 還有些注文條目雖標注姓氏字號，但難以考知姓名及朝代，如秦別隱 38 條、孫質卿（孫氏）1 條、吳氏 2 條、張氏 3 條等。這些前人論説，有些具有重要價值。如所引魏源之説，在魏源文集中均不見記載，吉光片羽，彌足珍重。又如秦氏別隱之説，其姓氏、著作皆隱而不彰，録存秘逸，洵可寶貴。《近思録補注》之文獻價值，即此可見一斑。

就具體注解内容來看，陳沆《近思録補注》也有其獨特學術价值。在文字校勘方面，《近思録補注》有精於江永《近思録集注》之處。如《近思録》卷一〇録伊川之語：“韓持國服義最不可得。一日頤與持國、范夷叟泛舟於潁昌西湖，須臾客將云：‘有一官員上書謁見大資。’……”陳沆《補注》云：“韓維字持國，范純禮字夷叟。客將，即牙將，張繹《師説》作‘典謁’。他本‘云’譌‘去’，今改。”江永《近思録集注》“須臾客將云”作“須臾客將去”，則與前後文句不相連貫，且語意較爲費解。陳沆則參考了茅星來《近思録集注》，注解較爲明晰，文字校勘較爲精審。較之茅氏《集

---

① 《近思録補注》引述諸家姓氏體例不一，有時僅言姓氏而不言字號，若非藉助古籍數據庫和電子檢索手段，很多條目難以確考爲誰氏之説。魏源批注對此雖有非常詳確的建議，但在稿本和刻本依然如舊，估計是因陳沆早逝，後人整理付梓時也未能修訂。

注》、江氏《集注》，陳沆《補注》有些注解更爲細密精要。如《近思録》卷三："凡解經不同無害，但緊要處不可不同耳。"茅氏《集注》、江氏《集注》、陳沆《補注》注解如下：

> 緊要處，如道體之大、求道之方、學術之邪正，得失系焉，故不可不同。（茅氏《集注》）
> 按，緊要對緩漫者言之，謂有關繫處。（江氏《集注》）
> 朱子曰："天下之理萬殊，然其歸則一而已矣，不容有二三也。知所謂一，則言行之間雖有不同，不害其爲一。不知其一而强同之，猶不免於二三也，況遽以二三者爲理之固然而不必同，則其爲千里之謬，不待舉足而已錯迷於户庭間矣。故明道先生曰：'凡解經不同者無害，但緊要處不可不同耳。'此言有味也。"（陳沆《補注》）

相較而言，茅氏《集注》、江氏《集注》僅詮釋"緊要處"，注解較爲簡略，而陳沆《補注》則依據朱子文集，所引注文更具有針對性，闡發義理更爲透辟。又如《近思録》卷三："'不以文害辭'，文，文字之文，舉一字則是文，成句是辭。《詩》爲解一字不行，却遷就他説，如'有周不顯'，自是作文當如此。"茅氏《集注》、江氏《集注》、陳沆《補注》注解如下：

> 《詩·大雅·文王》篇曰："有周不顯。"葉氏曰："言周家豈不顯乎？苟直謂之不顯，則是以文害辭。"（茅氏《集注》）
> 葉氏曰："詩言周家豈不顯乎，言其顯也。苟直謂之不顯，則是以文害辭。"（江氏《集注》）
> 朱子曰："不顯，猶言豈不顯也。"（陳沆《補注》）

茅氏《集注》、江氏《集注》皆引據葉采《近思録集解》，其實葉氏亦本於朱子《詩集傳》注解爲説。陳沆《補注》則直接引據朱子《詩集傳》之注，雖然文字較爲簡約，但在文獻出處上能追根溯源，就"集朱子之語以釋朱子之書"而言更具典範意義。又如《近思録》卷一三："儒者潛心正道，不容有差，其始甚微，其終則不可救。如'師也過，商也不及'，於聖人中道，師只是過於厚些，商只是不及些。然而厚則漸至於'兼愛'，不及則便至於'爲我'。其過不及同出於儒者，其末遂至楊、墨。至於楊、墨，亦未至於無君無父，孟子推之便至於此，蓋其差必至於是也。"茅氏《集注》、江氏《集注》、陳沆《補注》注解如下：

> 朱子曰：“楊、墨之説，恐未然。楊氏之學出於老聃之書，墨子則晏子時已有其説，非二子之流弊也。”（茅氏《集注》）
>
> 胡氏曰：“楊朱即莊周所謂‘楊子居’者，與老聃同時。墨翟又在楊朱之前，宗師大禹，而晏嬰學之者也。以爲出於二子，則其考之不詳甚矣。”○或問：“楊、墨學出於師、商，信乎？”朱子曰：“胡氏論之當矣。”○程子論楊、墨之源流，考之有未精者。（江氏《集注》）
>
> 按，程子之意，舉師、商只是取“過不及”三字，以明道之不容有差，一差則必至於楊、墨，似非論其源流也。（陳沆《補注》）

對於伊川此語，後世學者多以爲其論楊、墨源流，然考之時代却有不合，故對其皆表示質疑，認爲伊川所言不確。陳沆《補注》對此則有不同見解，在引述胡氏、朱子之説後附加案斷，認爲伊川此語未必是論楊、墨源流，而是以孔門弟子爲譬喻，説明即使是儒者之學，若有“過不及”之偏差，仍會積漸而至於“兼愛”、“爲我”，其末遂與楊、墨無别，意在警覺學者“潛心正道，不容有差”也。就此條注文而言，相較於前此諸家注釋，陳沆《補注》無疑更爲高明，似更合乎伊川本意。

陳沆《近思錄補注》還引述陸九淵之説，在所引前人論説中較爲矚目，在《近思錄》諸家注本中也最爲特殊。如《近思錄》卷二：“伊川先生曰：古之學者，優游厭飫，有先後次序。今之學者，却只做一場話説，務高而已。常愛杜元凱語：‘若江海之浸，膏澤之潤，涣然冰釋，怡然理順，然後爲得也。’今之學者，往往以游、夏爲小，不足學。然游、夏一言一事，却總是實。後之學者好高，如人游心於千里之外，然自身却只在此。”陳沆《補注》注文引云：

> 陸象山曰：“‘優而游之，使自求之。厭而飫之，使自趨之。若江海之浸，膏澤之潤’，此數語不可不熟味。優游寬裕，却不是委靡廢放。此中至健至嚴，自不費力。”

又《近思錄》卷二：“君子之學必日新。日新者，日進也。不日新者必日退，未有不進而不退者。惟聖人之道無所進退，以其所造者極也。”陳沆《補注》注文引云：

陸子静曰:"夫人學問當有日新之功,死却便不是。須鍛鍊磨礲,方得此理明,如川之增,如木之茂,自然無已。"

又《近思録》卷三:"伊川先生曰:凡看文字,先須曉其文義,然後可求其意。未有文義不曉而見意者也。"陳沆《補注》注文引云:

陸象山先生曰:"讀經須先精看古注,如讀《左傳》,則杜預注不可不精看。大概先須理會文義分明,則讀之其理自明白。"

又《近思録》卷四:"人之所以不能安其止者,動於欲也。欲牽於前而求其止,不可得也。故艮之道,當'艮其背',所見者在前,而背乃背之,是所不見也。止於所不見,則無欲以亂其心,而止乃安。'不獲其身',不見其身也,謂忘我也。無我則止矣,不能無我,無可止之道。'行其庭,不見其人',庭除之間至近也,在背則雖至近不見,謂不交於物也。外物不接,内欲不萌,如是而止,乃得止之道,於止爲無咎也。"陳沆《補注》注文引云:

陸象山曰:"'艮其背,不獲其身',無我。'行其庭,不見其人',無物。"

《近思録補注》所引陸九淵之説僅此4條,就數量而言並不可觀,然而却有其特殊之處和重要價值意義。衆所周知,朱子、象山論學存在重大分歧和差異,在鵝湖之會已經暴露無遺,至"無極"之辯而愈益激烈。厥後兩家學者相互詰辯攻駁,聚訟不已,"宗朱者詆陸爲狂禪,宗陸者以朱爲俗學,兩家之學各成門户,幾如冰炭",①此風自南宋以降迄至明清皆然,成爲理學史上歷時最久、影響深遠的學術公案。後世有關宋明理學的研究和敘事,因而也有程朱與陸王之分。而由朱子和吕祖謙合作纂輯的《近思録》,主要掇取周、張、二程之書,雖然没有直接反映朱子本人的思想,但其編選標準和體例實由朱子主導,也體現了朱子對早期理學體系的思考和建構。《近思録》在後世廣爲流傳並成爲理學經典,歷代注解、續補、仿編之作蔚

① 黄宗羲原著,全祖望補修,陳金生、梁運華點校:《宋元學案》卷五八《象山學案》,中華書局1986年版,第1886頁。

爲大觀,固然緣於其本身"義理精微",潛藏着深厚的思想意蘊和巨大學術價值,同時也與朱子學説地位的日漸躋升和正統化過程密切相關。"《近思録》後續著述"數量繁多,難以逐一分析考察,但就我們力所能及的觀察,最早的注解、續補者多爲朱子弟子門人(如楊伯喦、葉采),後來的注解、續補者也都是尊崇朱子的學者,因此在其書中很少正面引述象山之説,即使偶然出現其名,都是視之爲異端,作爲批判、撻伐的對象。這大致是歷代《近思録》注本的共同特點,似乎惟有陳沆《近思録補注》屬於例外。從《近思録補注》所引象山之説來看,其内容與《近思録》本文旨意非常契合,與同時引録的朱子之説並無明顯違異,並且多可彼此補充、互相發明。著者輯録、引述這些注文,就注書之性質體例而言可謂精要,而其特殊的價值意義,更在於啓發我們重新審視傳統朱陸異同之爭。錢穆先生曾指出:"考論朱陸異同,有一絶大難端首當袪除,即傳統門户之私見是也。就理學内部言,則有程朱與陸王門户對立。就理學之對外言,則有經學與理學之門户對立。從來學者立論往往爲此兩重門户之見所束縛,而未能放眼以觀,縱心以求。"又云:"象山之所是,有時爲朱子之所非,然固不能謂凡屬象山所是,則必爲朱子所非也。"①已往學者過於强調朱陸之間的對立,執着於朱陸之異而忽略其同,易於造成朱陸處處皆異的誤解。其實朱子與象山皆以繼承孔孟道統自居,皆爲道學中人物,其論學雖存在差異和分歧,但也多有持論相同和相通之處,在更高層面則是百慮而一致、殊途而同歸。就邏輯範疇而論,如果否認朱陸之同,焉有朱陸之異?歷代《近思録》注家摒棄象山之説,並非象山之説無可取,實乃門户之私使然。《近思録補注》輯録引述象山之説,其特殊之處和價值意義藉此可見。若由此進而加以追溯考察,我們發現魏源《古微堂外集》有《周程二子贊》《程朱二子贊》《朱子贊》《陸子贊》《朱陸異同贊》《楊子慈湖贊》《王文成公贊》諸篇,②對程朱、陸王等皆表尊崇之意,無有理學上的傳統門户之見。據此能否做出推斷,陳沆《近思録補注》輯録引述象山之説,很有可能受到魏源影響?至少其中如卷三所引之條,在稿本中原誤作朱子之説,是後經魏源批注提示方更正爲陸象山的。

---

① 錢穆:《朱子新學案》之四三《朱子象山學術異同》,九州出版社 2011 年版,第 3 册,第 388 頁。
② 魏源:《古微堂外集》卷二,《魏源全集》第 13 册,第 169—171 頁。

# 五、餘　論

在陳沆《近思録補注》之前，《近思録》注釋之作已有多種，較著者如葉采《近思録集解》、張伯行《近思録集解》、茅星來《近思録集注》、江永《近思録集注》諸家，注解非常翔實，内容各具特色，流傳較爲廣泛，且葉氏、茅氏及江氏之書皆已收入《四庫全書》，具有很大學術影響。在此諸家注本之後出現的《近思録補注》，其價值、意義究竟何在？通過前文分析梳理大略可知，《近思録補注》是陳沆這位清代狀元和詩文名家今存唯一的學術著作，是其"屏棄詞章之學"而"篤志求道""涵泳義理"的心得體會和重要成果，也是研究陳沆學術思想尤其是其理學觀點最爲重要的文獻資料。《近思録補注》又與魏源關係密切，"讀者諸君也可由此獲知，魏源這位近代'睜眼看世界'的先行者，在接受西方新事物、新思想的同時，依然保持對程朱理學的傳統情懷"。① 至於其徵引採輯之廣博，録存秘逸之珍貴，以及具體注解中的卓見特識，皆昭示出此書不容忽視的文獻價值和學術意義。此前很少有人深入研究陳沆《近思録補注》，對其內容特點和學術價值尚未有充分認識。如陳榮捷先生嘗論此書云："其所見並非卓越。考據遠不及茅星來之《近思録集注》，詮解亦不及張伯行之《近思録集解》。以言以朱解朱，更不如江永之《近思録集注》。然遠勝日本素來通行之葉采《近思録集解》多矣。所采以朱子之説爲多，然此外亦引理學家約五十人，又述葉采注、江永注、施璜《五子近思録發明》，而張伯行不與焉。中、韓、日諸注家之引呂東萊者，中村習齋而外，陳沆而已。"② 在此需要説明的是，《近思録補注》大致沿襲了江氏《集注》的內容特點，本來略於訓詁考證，亦不重詮解文義，所輯以朱子之説爲主，但又補入了大量後儒論説，故而注文內容顯得龐雜，陳先生謂其考據不及茅氏《集注》，詮解亦不及張氏《集解》，以朱解朱更不如江氏《集注》，洵爲精確之見。然而陳先生謂此書"引理學家約五十人"，其實《近思録補注》所引遠不止此；又謂"中、韓、日諸注家之引呂東萊者，中村習齋而外，陳沆而已"，今未見中村習齋之書，未知其詳，然《近思録補注》所引呂東萊説僅五條，實不及茅氏《集注》所引之多，且所引呂東萊之説，就其性質、內容而言並不具有

---

① 嚴佐之：《〈近思録〉後續著述及其思想學術史意義》，第 65 頁。
② 陳榮捷：《朱子新探索》，華東師範大學出版社 2007 年版，第 268 頁。

代表性,遠不若所引象山之説具有重要學術意義。作爲理學經典文本的注解之作,陳沆《近思録補注》具有重要的文獻價值和深厚的思想意藴,本文亦粗陳梗概而已,讀者如能就其全書優柔厭飫,沈潛反覆,平心玩味、切己體察,定會獲得更加深切的感受和更爲全面的認識!

原載於《歷史文獻研究》第 37 輯,華東師範大學出版社 2016 年版

（張文,華東師範大學古籍研究所助理研究員）

# 試論焦循《孟子正義》的典範意義

## 王耐剛

一

　　清人爲十三經所撰寫的新疏是清代經學發展的重要成果,梁啓超在《清代學術概論》中説道:"清學自當以經學爲中堅。其最有功於經學者,則諸經殆皆有新疏也。……此諸新疏者,類皆擷取一代經説之菁華,加以別擇結撰,殆可謂集大成。"①

　　在梁氏之前,孫詒讓已經注意到清人新疏的價值,並加以總結:

　　　　群經義疏之學,莫盛於六朝,皇、熊、沈、劉之倫,著繁緐夥,至唐孔沖遠修訂《五經正義》,賈、元、徐、楊諸家,廣續有作,遂遍諸經。百川涸注,瀦爲淵海,信經學之極軌也。南宋以後,説經者好逞臆説,以奪舊詁,義疏之學曠然中絶者逾五百年。及聖清御宇,經術大昌,於是鴻達之儒,復理兹學,諸經新疏,更迭而出。或更張舊釋,補闕匡違,若邵氏、郝氏之《爾雅》,焦氏之《孟子》,胡氏之《儀禮》,陳氏之《毛詩》,劉氏之《論語》,陳氏之《公羊》是也。或甄撰佚詁,宣究微學,若孫氏之《尚書》是也。或最栝古義,疏注兼修,若惠氏之《周易》,江氏之《尚書》是也。諸家之書,例精而義博,往往出皇、孔、賈、元諸舊疏之上。②

---

① 梁啓超:《清代學術概論》,天津古籍出版社 2004 年版,第 46—47 頁。
② (清)孫詒讓:《籀廎述林》卷九《劉恭甫墓表》,《孫詒讓全集》,中華書局 2010 年版,第 295—296 頁。

孫詒讓將清代的新疏分成三類：一類是專門疏釋現存舊注的，其所列舉如邵晉涵、郝懿行疏釋郭璞《爾雅注》，焦循疏釋趙岐《孟子章句》，胡培翬疏釋鄭玄《儀禮注》，陳奐疏釋《毛傳》，劉寶楠疏釋何晏《論語集解》，陳立疏釋何休《公羊經傳解詁》；一類是輯注體，即專門輯佚散失的舊注，並加以疏證，其所舉如孫星衍《尚書今古文注疏》，以及《墓表》中所提及的劉文淇、劉毓崧、劉壽曾三代修撰之《春秋左氏傳舊注疏證》；一類是自注自疏體，所謂自注是在輯佚舊注之基礎上加以整理、選擇和發揮，並不完全等同於舊注，有時也並不完全符合舊注原意，其所舉惠棟《周易述》最爲典型。

孫詒讓所列舉的諸經新疏並不完全，其後章太炎、梁啓超在各自論述清代學術史的著作中都提及了清人十三經新疏，所列舉的著作較孫詒讓爲多，然亦有不同之處，通考各家之言，大致可以考見清代新疏之概況。

焦循的《孟子正義》在清代諸經新疏中的地位，梁啓超先生在《中國近三百年學術史》中說道："他以疏解趙注爲主，但'於趙氏之說或有所疑，不惜駁破以相規正'。是於唐人'疏不破注'之例，也並未嘗墨守。這書雖以訓釋訓詁名物爲主，然於書中義理也解得極爲簡當。里堂於身心之學，固有本原，所以能談言微中也。總之，此書實在後此新疏家模範作品，價值是永永不朽的。"①梁氏提到了非常重要的一點，即《孟子正義》是之後撰寫新疏的"模範作品"。孫詒讓所列舉之諸經新疏，其成書或流傳在焦循《孟子正義》之前的有惠棟《周易述》、江聲《尚書集注音疏》、孫星衍《尚書今古文注疏》和邵晉涵《爾雅正義》，與以上諸經新疏相比，那麼焦氏《正義》對於其後的新疏的典範意義在哪裏呢？這正是我們要在本文中探討的問題。

## 二

焦循《孟子正義》的典範意義首先表現在體例上，具體而言有以下三個方面：第一，焦循專門疏解趙注，較爲合乎傳統意義上以一家注爲主的"疏"的體例規範；第二，焦循《孟子正義》雖以趙注爲主，但並不墨守趙注，亦不爲趙注所限，打破了自孔穎達、賈公彥甚至更早以來所形成的"疏不破注"的傳統；第三，廣集衆說，尤其是清代學者之說，既合乎疏集衆說

---

① 梁啓超：《中國近三百年學術史》，天津古籍出版社 2003 年版，第 223 頁。

解經證注的體式，又合乎乾嘉學術細密周詳的特點。下分述之。

1. 回歸"疏"體規範

如前所述，焦循的《孟子正義》並不是清代的第一部新疏，但在體例上無疑更合乎傳統意義上對疏的定義，這一點主要是針對以惠棟《周易述》爲代表的自注自疏體而言的。

關於疏體的特徵，程大昌《演繁露》云："後世之名注疏者，先列本文於上而著其所見於下。其曰注者，言本文如水之源，而其派流之所分注，如下文所言也。至其曰疏者，則舉注而條列之，其倫理得以疏通也。"①這説明疏除了要承擔解經的任務之外，還要"舉注"，並且疏通之。與焦循交游甚密的黄承吉則説得更加周密，黄氏《春秋左氏傳舊疏考正序》云：

> 西漢傳經主於誦習章句而已，其訓詁惟舉大旨，記説或非本義，但取通藝，不尚多書，此秦燔後經學之權輿也。逮後漢廣爲傳注，然後語必比附經文，字承句屬，靡有漏缺。至魏晉而解義大備，此既傳後經學之宗會也。洎宋齊以降，則多取儒先傳注，條紬縷繹，各騁辨釋，而疏學以興，浸及於隋，撰著弗輟，此既解後經學之要歸也。蓋古者徵實之詣至是而大具矣。夫授經及爲傳注惟主一家之義，疏則兼舉衆説，疏通證明。明傳注所以明經，故研覈之事日繁而輔翼之功滋大。②

結合黄氏所言，並參考《十三經注疏》這一典型的疏體彙編，我們可以將傳統意義上的疏體的特徵概括如下：彙集衆説以解經釋注，然其所釋之注一般是一個相對固定的文本，換言之，疏一般以一家注本爲注，所以孔穎達、賈公彦等纂修諸經義疏之時，才會有"疏不破注"的傳統。而惠棟的《周易述》則與之有别。如前引孫詒讓《劉恭甫墓表》一文所云，惠書之例乃是"最栝古義，疏注兼修"。《四庫全書總目》中《周易述》之提要則説得更加明白："其書主發揮漢儒之學，以荀爽、虞翻爲主，而參以鄭玄、宋

---

① （宋）程大昌：《演繁露》，《叢書集成初編》第 293 册，中華書局 1991 年版，第 55 頁。

② （清）黄承吉：《夢陔堂文集》卷五，清道光中《夢陔堂全集》本，第 7 頁。

成、干寶諸家之説,融會其義,自爲注而自疏之。"①也就是説惠氏《周易述》的"注"是融會諸家之説而成,並不是簡單的輯佚。錢大昕所撰《惠先生(棟)傳》在述及《周易述》一書的特徵時亦云:"乃撰次《周易述》一編,專宗虞仲翔,參以荀、鄭諸家之義,約其旨爲注,演其説爲疏,漢學之絶者千有五百餘年,至是而粲然復章矣。"②四庫館臣與錢大昕的觀察極爲相似,都指出了惠棟《周易述》一書在體例上的特點,就其中注的部分而言,乃是以輯佚荀、虞諸家爲基礎,然後加以理解、發揮而成新注。

僅就這一點而言,《周易述》顯然與《五經正義》以來所形成的注疏的規範並不相合。正是着眼於此,所以惠棟《周易述》這種自注自疏的體裁被視爲注疏體的"變例"。李慈銘《越縵堂讀書記》在評價江聲《尚書集注音疏》時説:"閲江氏《尚書集注音疏》。自注自疏,古所罕見,江氏蓋用其師惠定宇氏《周易述》家法。惠氏以荀、鄭、虞等《易》注既亡,掇拾奇零,非有一家之學可據,故不得不爲'變例'。江氏亦以馬、鄭之注,由於輯集,故用其師法。鉅儒著述,皆有本原,不得以井管拘墟,輕相訾議也。"③也有學者對惠棟《周易述》這種體例提出批評,翁方綱《復初齋文集》卷一一《與曹中堂論儒林傳目書》云:"江聲之《尚書注疏》,不用舊注疏一字也,直是自己另作注,又於每條下以小字另自爲疏,注與疏皆此君一手寫。雜仿六書體,非篆非隸,自成一部注疏,乃自刊板行世。此人若入《儒林傳》,將必開嗜異者自撰注疏之漸。"④翁方綱自是站在宋學角度對於漢學提出批評,但是其所言也指出了以惠棟《周易述》、江聲《尚書集注音疏》爲代表的自注自疏體的新疏在體例上與舊疏的差别。

有的學者並不將惠棟的《周易述》視爲清人新疏的第一種,例如梁啓超先生在《中國近三百年學術史》一書中評述清儒所撰諸經新疏時,按照成書時間所列第一種爲邵晉涵《爾雅正義》,而不是惠棟《周易述》,至於其中原因,梁氏並未詳述,儘管在此前成書的《清代學術概論》中視《周易述》爲新疏之一種。而陳鴻森《劉氏〈論語正義〉成書考》一文正是從體例上着眼,認爲惠氏《周易述》作爲清人新疏之"端萌",而邵氏《爾雅正義》

---

① (清)永瑢等:《四庫全書總目》,中華書局 1965 年版,第 44 頁上欄。

② (清)錢大昕撰,吕友仁校點:《潛研堂集》,上海古籍出版社 2009 年版,第 699 頁。

③ (清)李慈銘撰,由雲龍輯:《越縵堂讀書記》,中華書局 2006 年版,第 109 頁。

④ (清)翁方綱《復初齋文集》卷一一,《續修四庫全書》第 1455 册影印清李彦章校刻本,上海古籍出版社 2002 年版,第 445—446 頁。

才是第一部合乎疏體規範的新疏。他説：

> 蓋自乾隆朝以來，漢學勃興，惠棟欲矯王弼易注空言説經之失，因撰《周易述》，采輯漢魏遺聞，約其旨爲注，並自爲之疏。此清代諸經新疏之端萌也。惠氏弟子江聲復師其例，爲《尚書集注音疏》，此二書者，撮括古義，墨守漢學，自注自疏，爲義疏之别體。惟乾隆四十年邵晉涵撰《爾雅正義》，乃復唐人《正義》之例，仍以郭璞注爲主，繹其義蘊，匡其違失；並採舍人、劉歆、樊光、李巡、孫炎等漢魏舊注，分疏於下，義期諦當。十年而書成，此爲清代首部新疏，論者咸謂其書遠在邢疏之上。自是而後，欲爲諸經作疏者，迭有其人。一則謂諸儒頗病唐宋義疏之學，專守一家，又偏好晚近，尚江左之浮談，棄河朔之樸學，别擇未精，是非淆亂。再則王鳴盛輩尤力倡“言疏足以見注，言注不足以包疏”，“吾輩當爲義疏，步孔穎達、賈公彦之後塵，不當作傳注，僭毛、鄭、孟、京之座位”。然此非淹貫諸經群籍者莫辦，繼邵氏之後而成書者，則孫星衍《尚書今古文注疏》。①

也就是説，以邵晉涵所著《爾雅正義》採用郭璞注，從形式上真正回歸到了孔穎達《五經正義》以來所形成的注疏體的規範。

與邵氏《爾雅正義》相同，焦循亦回歸到唐人義疏的傳統，選擇舊注作爲疏證的對象，因此與被視爲變體，有開啓好異風氣之嫌的自注自疏體相比，疏解《孟子》及趙注全文的《孟子正義》無疑是合乎傳統意義上義疏體規範的新疏。

與作爲小學著作、各條内容之間的聯繫較爲松散的《爾雅》相比，《孟子》與其他經書的性質更爲接近，都是屬篇成章，在思想義理上又有較爲集中的主旨和相對緊密的關聯。從疏解經書的内容的相似程度而言，焦循《孟子正義》對於後來新疏修撰者的示範意義更爲直接和突出。更主要的是，焦循的《孟子正義》不僅在形式上回歸了傳統的疏體，同時亦有着新的特色。

2. 打破“疏不破注”的傳統

唐人修纂《五經正義》等書，基本上不駁難所疏舊注的錯誤，後人遂概

---

① 陳鴻森：《劉氏〈論語正義〉成書考》，載《中研院歷史語言研究所集刊》第65本第3分，1994年3月，第482—483頁。

括爲"疏不破注"。實際上在《五經正義》之前的南北朝至隋朝的諸經義疏,本無"疏不破注"之例,所以凌廷堪《與阮伯元孝廉書(丁未)》云:"疏不破注,此義疏之例也。劉光伯、黄慶之徒,公然違注,見譏孔、賈,若以爲謬而矯之,恐又蹈宋人武斷之習矣。"①這一點亦可以從現存的南朝梁皇侃《論語義疏》及南北朝至隋朝的其他義疏的文字殘存中考見。② 而《五經正義》之後遂成此定例。後世亦有堅守此例者,如陳立《公羊義疏》,"守疏不破注之例,於何邵公之説,有引申無背畔"。③ 孫欽善先生《中國古文獻學史簡編》認爲"疏不破注"是唐代所修諸經義疏的重要缺失,"因爲唐疏的價值主要表現在疏證上,當時有不少有關的書籍尚未佚失,可援據的舊説及旁證資料較多,作爲一代官書,其對材料的取捨,關係至大。可以説唐疏有保存材料之功,亦有泯滅材料之過,其功過之比例,往往由貫徹'曲循注文'這一原則的堅定程度而定,態度堅定則功少過多,反之則功多過少"。④ 也正是基於相同的認識,清代學者尤其是乾嘉學者對這一原則或多或少表示不滿,並希望打破之。例如阮元在《惠半農先生禮説序》中説:"余昔有志於撰《周禮義疏》,以補賈所未及。今宦轍鮮暇,惜難卒業。如有好學深思之士,據賈氏爲本,去其謬誤及僞緯書,擇唐宋人説禮之可從者,加以惠氏此説,兼引近時惠定宇、江慎修、程易田、金輔之、段若膺、任子田諸君子之説,勿拘疏不破注之例,博考而詳辨之,則此書之成,似可勝於賈氏,是所望於起而任之者。"⑤阮元上述話語中要點有三:一是要去除僞謬,兼引唐宋人禮説;二是引用當時學者的研究成果;三是打破"疏不破注"的傳統。阮氏明言"勿拘疏不破注之例",這反映了以阮元爲代表的學者對於清代新疏在體例上的要求。

對於"疏不破注"這一傳統,清人第一部新疏《爾雅正義》雖已注意補

---

① （清）凌廷堪著,王文錦點校:《校禮堂文集》卷二二,中華書局 1998 年版,第198—199 頁。

② 唐修《五經正義》之前本無"疏不破注"之例,可參張寶三《五經正義研究》第六章"五經正義對注文之補充與修正"之第三節"'疏不破注'説檢討"。

③ 徐世昌等編,沈芝盈等點校:《清儒學案》卷一三一,中華書局 2008 年版,第5186 頁。梁啓超《中國近三百年學術史》亦云:"此書嚴守'疏不破注'之例,對於邵公只有引申,絶無背叛,蓋深知《公羊》之學專重口説相承,不容出入也。"

④ 孫欽善:《中國古文獻學史簡編》,高等教育出版社 2001 年版,第 220 頁。

⑤ （清）阮元撰,鄧經元點校:《揅經室集》,中華書局 1993 年版,第 239—240 頁。

郭注所未備，但似乎並未徹底打破。① 黃承吉《孟子正義序》云："近時邵二雲太史著《爾雅正義》，過於邢疏遠甚，然猶墨守郭義，未能釐補漏缺。此書一出，實可爲義疏、正義之準則。後之作者，因其例以發明禮、傳諸經，當如百川趨海，匯爲千古巨觀，則里堂尤諸經之功臣已。"②黃承吉對邵晉涵《爾雅正義》墨守郭璞注這一點提出批評，並指出焦循《孟子正義》破"疏不破注"之例乃後學爲新疏之準則。黃侃《爾雅説略》亦謂邵晉涵《爾雅正義》"篤守疏不破注之例，未能解去拘攣"。③ 黃承吉與黃侃所言準確地指出了同爲清人新疏的《爾雅正義》和《孟子正義》在體例上的差別。焦循自己也説："於趙氏之説或有所疑，不惜駁破以相規正。"④黃承吉在《孟子正義序》中又云："憶一日在汪晉藩文學齋中與里堂論及各經疏正義，僅宗守傳注一家之説，未能兼宗博采，領是而非無以正，舉一而衆蔑以明，例雖如是，實則未通。"⑤可見焦循重爲《孟子》及趙注作疏的一個出發點正是破除"疏不破注"的傳統。

實際上，從唐宋義疏，到邵晉涵《爾雅正義》，各書中或多或少都有一些"破注"的情形，這在孫欽善《中國古文獻學史簡編》及張寶三《五經正義研究》等書中皆有舉例。即使被人廣泛批評的《孟子注疏》中也偶有破注的情形。如《梁惠王下》"惟仁者爲能以大事小，是故湯事葛，文王事昆夷"趙注云："葛伯放而不祀，湯先助之祀。《詩》云'昆夷兇矣，惟其喙矣'，謂文王也。是則聖人行仁政，能以大事小者也。"《孟子注疏》釋趙注"《詩》云'昆夷兇矣，惟其喙矣'，謂文王也"云：

"《詩》云'昆夷兇矣，惟其喙矣'，謂文王也"者，蓋引《大雅·緜》之篇文也。《箋》云："昆夷，夷狄國也。見文王之使者、將士衆過

---

① 邵晉涵《爾雅正義序》云："郭注體崇矜慎，義有幽隱，或云'未詳'，今考齊魯韓《詩》，馬融、鄭康成之《易》注、《書》注，以及諸經舊説，會粹群書，尚存梗概，取證雅訓，辭意瞭然，其迹涉疑似，仍闕而不論，確有據者，補所未備，附尺壞於崇邱，勉千慮之一得，所以存古義也。"（邵氏：《爾雅正義》卷首，又見《南江文鈔》卷五）由此可見，邵氏《正義》於郭注所云"未詳"之處，薈萃古義補其未備，而出於審慎，於有所疑之處，則闕而不論。

② （清）黃承吉：《夢陔堂文集》卷五，第二頁。

③ 黃侃：《黃侃國學文集·爾雅説略》，中華書局 2006 年版，第 288 頁。

④ （清）焦循撰，沈文倬點校：《孟子正義》，中華書局 1987 年版，第 1051 頁。

⑤ （清）黃承吉：《夢陔堂文集》卷五，第一頁。

己國，則惶怖驚走，奔突入柞棫之中而逃，甚困劇也。"又云："駾，突也。喙，困也。"趙注引此，而證以解作文王事昆夷，大與《詩》注不合。又云："大王避狄，文王伐昆夷，成道興國，其志一也。"是文王未嘗事之也。今《孟子》乃曰"文王事昆夷"者，昆夷，西戎之國也。《詩》之《采薇》云"文王之時，西有昆夷之患"，注云"昆夷，西戎也"是也。今據《詩》之《箋》云乃曰伐昆夷，與《孟子》不合者，蓋文王始初事之，卒不免，故伐之也。始初之時，乃服事殷之時也。趙注引"昆夷兌矣，惟其喙矣"，蓋失之矣。①

鄭玄《毛詩箋》認爲《詩經·大雅·緜》"昆夷兌矣，惟其喙矣"乃言文王伐昆夷事，而《孟子》言"文王事昆夷"，趙注引《詩》以解"文王事昆夷"，與鄭玄箋《詩》之旨相違。《注疏》作者據鄭玄之説以駁難趙岐。

但是這種情形在舊疏中並不普遍，應當視爲個別情形，更沒有上升到體例的高度，而焦循的《孟子正義》則明確指出要"規正"、"駁破"趙注。從邵晉涵到焦循，從墨守舊注以相發明，到真正有意識地正舊注之誤，補舊注之缺，恰恰反映了清代經學的發展。如果説邵晉涵從形式上重新回歸到了唐宋義疏的傳統，那麼焦循《孟子正義》才在此基礎上進一步表現出了清人新疏的特色。

焦循《孟子正義》的這種規正、駁破舊注之失的作法對其後爲新疏的學者產生了深刻的影響。胡培翬謂其撰《儀禮正義》有所謂"四例"：

　　翬撰《正義》，約有四例：一曰補注，二曰申注，三曰附注，四曰訂注。何謂補注？鄭君康成生於漢世，去古未遠，其視經文，多有謂無須注解而明者。然至今日，非注不明，故於經之無注者，一一疏之，疏經即以補注也。何謂申注？鄭君之注，通貫全經，囊括衆典，文辭簡奥，必疏通而證明之，其義乃顯。昔人謂讀經憑注，讀注憑疏，是故疏以申注，乃疏家之正則也。然六朝、唐人之作疏，往往株守注義，不參衆説，故有"寧言周孔誤，莫道鄭服非"之謡。又孔沖遠作《五經正義》，於《禮》則是鄭而非杜，於《左傳》則又是杜而非鄭，令人靡所適從，此豈非疏家之過乎。今惟求之於經，是非得失，一以經爲斷，勿拘"疏不破注"之例。凡注後各家及近儒之説，雖與注異，而可並存者，

---

① （漢）趙岐注，題（宋）孫奭疏：《孟子注疏》，藝文印書館 2007 年版，第 32 頁。

則附録之，以待後人之參考，謂之附注。其注義有未盡確者，則或采他説，或下已意以辨正之，必求其是而後已，謂之訂注。此肇作《正義》之大略也。①

胡氏"四例"之法雖非首創，但於清人撰修新疏之學者中説得最爲明確周詳，較焦氏可謂更進一步。劉寶楠《論語正義·凡例》云："故於注義之備者，則據注以釋經；略者，則依經以補疏，其有違失未克從者，則先疏經文，次及注義。若説義二三，於義得合，悉爲録之，以正向來注疏家墨守之失。"②劉氏父子對於何晏《論語集解》中的疏誤的處理方式和焦循所説的規正、駁破是相同的。梁啓超先生《中國近三百年學術史》中謂《論語正義》"各章之疏，破注居半，在諸疏中算是最例外的了"。③ 由此可見焦循《孟子正義》對於其後爲新疏之人的影響，亦即黄承吉所謂"義疏、正義之準則"。

3. 薈萃一代經説

焦循《孟子正義》云：

> 爲《孟子》作疏，其難有十。……本朝文治昌明，通儒遍出，性道義理之旨，既已闡明；六書九數之微，尤爲獨造。推步上超乎一行，水道遠邁於平當。通樂律者判弦管之殊，詳禮制者貫古今之變。訓詁則統括有書，版本則參稽罔漏，或專一經以極其原流，或舉一物以窮其宧奥。前所列之十難，諸君子已得其八九，故處邵武士人時，爲疏實艱，而當今日，集腋成裘，會鱐爲饌，爲事半而爲功倍也。④

正是基於對清代學術的自信，所以焦循在其書中多引清代學者之説，有意表彰清代學術。其所徵引，從清初之顧炎武、毛奇齡、閻若璩、梅文鼎，至乾嘉時錢大昕、段玉裁及王念孫、王引之父子，以及阮元等凡 60 餘家。且其中並不局限於清儒所擅長的典章制度、名物訓詁之學，也兼引清

---

① （清）胡培翬撰，黄智明點校：《胡培翬集》，中研院中國文哲研究所 2005 年版，第 165—166 頁。此條材料蒙同所張文兄檢示，識此爲謝。

② （清）劉寶楠撰，高流水點校：《論語正義》，中華書局 1990 年版，《凡例》第 1 頁。

③ 梁啓超：《中國近三百年學術史》，第 226 頁。

④ （清）焦循撰，沈文倬點校：《孟子正義》，第 1050—1051 頁。

儒尤其是考據學家義理方面的論述,如戴震《孟子字義疏證》與程瑤田《通藝録・論學小記》。在大量引用清儒尤其是長於考據學的學者的論著的同時,焦循幾乎不引宋明理學學者的著作,並且有時還會批評空疏不實之學,例如《離婁上》標題下正義云:

> 明人講學,至徒以心覺爲宗,盡屏聞見,以四教六藝爲桎梏,是不以規矩便可用其明,不以六律便可用其聰。於是强者持其理以與世競,不復顧尊卑上下之分,以全至誠惻怛之情;弱者恃其心以爲道存,不復求《詩》《書》《禮》《樂》之術以爲修齊治平之本,以不屈於君父爲能,以屏棄文藝爲學:真邪説誣民,孟子所距者也。①

此處暫且不論焦循的政治立場,但其對明代講學,尤其是心學提出了嚴厲的批評,認爲他們與《孟子》所言"不以規矩,不能成方圓"、"不以六律,不能正五音"相違背,直以"邪説"視之。又如:《離婁下》"深造之以道"章疏云:

> 博學而不深造,則不能精;深造而不以道,則不能變。精且變乃能自得,自得乃能不疾而速,不行而至,爲至神也。非博學無以爲深造之本,非深造無以爲以道之路,非以道無以爲自得之要,非自得無以爲致用之權。讀書好古而能自得之,乃不空疏,不拘滯,而示之以深造、以道,又申之以博學、詳説,兩章牽連互發,趙氏以問學之法標之,可謂知言矣。②

焦循解釋此章大旨,而云"讀書好古",可避免空疏之弊,顯然是有爲而發。焦循大量引用當代學者之説,並批評空疏之學,由此可見他本人對當代學術的自信以及他對當代學術的表彰。

而在焦氏之前成書的邵晉涵《爾雅正義》則較少引用清代學者之説,邵氏在《爾雅正義序》中説:"今考齊魯韓詩、馬融、鄭康成之《易》注、《書》注,以及諸經舊説,薈粹群書,尚存梗概,取證雅訓,辭意瞭然,……所以存古義也。"又説:"今據《易》、《書》、《周官》、《儀禮》、《春秋》三傳、

---

① （清）焦循撰,沈文倬點校:《孟子正義》,第 474 頁。
② 同上書,第 559 頁。

大小戴《記》與夫周秦諸子、漢人撰著之書，遐稽約取，用與郭注相證明。"①也就是説，邵晉涵相較清人成果，較爲重視的是可與郭注相發明的古義。因此，李暢然在《清代孟子學史大綱》一書認爲焦循《孟子正義》的典範意義主要就體現在匯編清人研究成果：

> 焦循的《孟子正義》與之前邵晉涵的《爾雅正義》和孫星衍的《尚書今古文注疏》相比，有一個非常突出的特點，即具有"集疏"的性質，大量羅列前人特別是清人的研究成果。邵晉涵的《爾雅正義》只有原始材料和自己的判斷，不列他人的説法；孫星衍的《尚書今古文注疏》雖然引有時人的觀點，但基本上還是以原始材料爲主，他人的經説所占篇幅少而又少，而且只標人名，不標書名。而焦循的《孟子正義》雖然引用了大量的原始材料，但占據主要篇幅的卻是以清人爲主的他人的經説。②

焦循這一大量使用清代學者之説的作法亦爲後來修撰新疏的學者所接受和繼承。如劉寶楠、劉恭冕父子在《論語正義》中亦大量徵引清儒的研究成果。劉宗永《論清代寶應劉氏家學之〈論語〉研究》指出："《論語》全文 505 章（從《正義》本所分），《論語正義》於絶大多數章節都引用了清人的著作。全書共引用 128 位清代學者的 209 種著作，共引用約 1 066 處。其中包含 39 位清代學者的 47 種《論語》著作（含四書類），總共引用約 480 次。在 209 種著作中，《論語》類爲 29 種，四書類 18 種，經總類 36 種，其他 126 種爲專經類、《説文》字書類、史類、筆記類、文集類。"③

從體例上考量，焦循《孟子正義》的典範意義表現在如上所述三個層面，體現了新舊融合的特點。所謂舊，就是回歸了舊疏的形式；所謂新，就是打破了疏不破注的成例，並廣泛引用清人經説，這兩點恰恰反映了清代新疏的特色，亦是清代新疏的學術價值所在。而焦循的《孟子正義》之所以會呈現出這種特點，應該説是在舊疏基礎上對舊疏的一種有意的"反

---

① （清）邵晉涵：《爾雅正義》卷首《序》，《續修四庫全書》第 187 册影印乾隆五十三年邵氏面水層軒刻本，上海古籍出版社 2002 年版，第 35—36 頁。

② 李暢然：《清代孟子學史大綱》，北京大學出版社 2011 年版，第 290 頁。

③ 劉宗永：《論清代寶應劉氏家學之〈論語〉研究》，北京大學博士論文，2006年，第 83 頁。

叛"。焦循認爲舊疏"僅宗守傳注一家之説,未能兼宗博采",可見焦循是在使用舊注的基礎上,充分分析舊注的特點,有意避免舊疏使用舊注所形成的種種流弊。

三

焦循《孟子正義》對後續新疏的典範意義,除了表現在體例上以外,還表現在著作的修撰過程上。關於《孟子正義》一書的成書過程,《正義》卷三〇云:

> 循傳家教,弱冠即好《孟子》書,立志爲《正義》,以學他經,輟而不爲,兹越三十許年。於丙子冬,與子廷琥,纂爲《孟子長編》三十卷,越兩歲乃完。戊寅十二月初七日,立定課程,次第爲《正義》三十卷,至己卯秋七月草稿粗畢。間有鄙見,用"謹按"字別之。廷琥有所見,亦本范氏《穀梁》之例,録而存之。①

另外,還有一則材料也值得我們注意。黃承吉《孟子正義序》云:

> 憶一日在汪晉藩文學齋中與里堂論及各經疏正義,僅宗守傳注一家之説,未能兼宗博采,領是而非無以正,舉一而衆蔑以明,例雖如是,實則未通。乃相要各執一經,別爲之正義,以貫串今古異同,蒐網百善,萃爲宗都,破孔、賈之藩籬,突徐、楊之門户。予時以《周官》竊任,而里堂則謂《易》與《孟子》尤有志焉。厥後,予學殖日荒,雖間取《周官》研究,有得輒記,積成草帙,迄今究未成書,且與原約正義之旨不合,未克行其所言,而里堂既成《易學》四十卷於前,又成《孟子正義》三十卷於後,予讀之不覺滋赧矣。②

據以上兩則材料,我們可以將焦循《孟子正義》一書的成書過程概括如下:第一,與其他學者分工合作,相約著述;第二,正式修撰之前,纂爲資料長編,在此基礎上,立定日程,修改成書。

---

① （清）焦循撰,沈文倬點校:《孟子正義》,第 1052 頁。
② （清）黃承吉:《夢陔堂文集》卷五,第一頁。

1. 相約著述

從黃承吉的《孟子正義序》來看,黃承吉與焦循二人因舊疏有所缺失,故相約爲部分經書重爲新疏,而最後成書並合乎疏體規範的只有焦循《孟子正義》一書。而道光年間,劉文淇、劉寶楠等人亦相約爲諸經作新疏。陳立《劉楚楨先生〈論語正義〉序》云:

> 道光戊子秋,立隨劉孟瞻、梅蘊生兩師,劉楚楨、包孟開兩先生赴鄉闈。孟瞻師、楚楨先生病十三經舊疏多踳駁,欲仿江氏、孫氏《尚書》,邵氏、郝氏《爾雅》,焦氏《孟子》,別作疏義,孟瞻師任《左氏傳》,楚楨先生任《論語》,而以《公羊》屬立。①

又陳氏《上劉孟瞻先生書》云:

> 夫子大人函丈,昨接賜書,勵以通經致用,立何足以當此? 猶憶前數年間隨夫子及楚楨、秬庵兩先生同試金陵,立著書之約,夫子任治《春秋左氏傳》,楚楨先生任治《論語》,秬庵先生任治《穀梁》,而以《公羊》屬立。②

據陳立所言,當是道光八年(1828),劉文淇、劉寶楠、梅植之、陳立四人相約著述,爲諸經作新疏。劉文淇治《左氏傳》,成《春秋左氏傳舊注疏證》,雖經數代人之努力,僅至襄公四年。劉寶楠治《論語》,經其子劉恭冕之努力,成《論語正義》二十四卷。陳立治《公羊》,成《春秋公羊傳義疏》七十六卷。梅植之治《穀梁》,未有成書。③ 而據陳鴻森氏《劉氏〈論語正義〉成書考》研究,早在嘉慶末年劉文淇、劉寶楠二人已相約爲諸經作新疏。劉文淇《劉楚楨江淮泛宅圖序》云:

---

① (清)陳立:《句溪雜著》卷六,《續修四庫全書》第 176 册影印同治三年刻,光緒間陳汝恭續刻本,上海古籍出版社 2002 年版,第 608 頁。

② 引自劉師培《左盦題跋·跋陳卓人上劉孟瞻先生書》,《劉申叔遺書》,鳳凰出版社 1997 年版,第 1981 頁。

③ 據劉恭冕《論語正義後敘》所云,道光八年相約爲諸經作新疏者除劉文淇、劉寶楠、梅植之、陳立外,尚有包慎言、柳興恩二人(引文詳後),然據陳鴻森氏《劉氏〈論語正義〉成書考》一文考證,二人只是同赴鄉試,並未參與相約爲新疏之事。

楚楨嘗與余約各治一經，楚楨占《論語》，余占《左傳》。以《論語》皇疏多涉清玄，邢疏更鄙陋無足觀，而何氏《集解》亦採擇未備。《左傳》賈、服舊説爲杜氏所乾没者不少，唐人又阿杜注而攻賈、服，皆爲鮮當，因各爲二書疏證。蓋爲是約十餘年而未有成書，過從時嘗以是爲歉。①

劉文淇此文作於道光十二年，其中言“爲是約十餘年”，故陳鴻森氏以爲二人相約爲《左氏傳》《論語》爲新疏，當在嘉慶末。劉文淇、劉寶楠等人相約爲諸經新疏的行爲與焦循、黄承吉二人相約爲新疏的舉動極爲相似。陳鴻森氏云：“二劉嘉慶末相約分疏《左傳》《論語》，固一時風會所趣，特久而未付諸行事。及道光五年焦氏《孟子正義》梓行，二劉深有所觸，故八年秋試不第後，復申前約，用堅其志耳。”②雖然没有材料可以直接證明劉文淇、劉寶楠等人相約著述是仿效焦循、黄承吉的作法，但可以確定的是，二劉與黄承吉過從甚密。劉文淇《夢陔堂文集序》云：

吾鄉黄春谷先生，早負重名，與焦里堂、江鄭堂、鍾保岐、李濱石諸先生聲應氣求，極一時之盛。文淇童年在家塾中已飫聞之。後讀《漢學師承記》，謂先生天資過人，爲漢儒之學，篤志研究，得其精微。通曆算，能辨中西之異同。又工詩古文，自出機杼，空無依傍，寓神明於規矩中，不屑爲世俗詩文者也。心竊儀之，及聞汪孟慈言先生著有《讀周官記》《讀毛詩記》各若干卷，於是向往倍切。時先生遠宦粵西，無由親炙。比自粵歸，孟慈又入都中，尚以不得階主，未敢造次請謁。而先生忽偕梅藴生過訪，因招同羅茗香、劉楚楨、王西御、吳熙載、王句生，常集簝園爲文酒之會。暇又至余館中縱談今古，輒移晷刻。自癸未至壬寅，歷二十年之久。是時，先生曩日講學諸友零落殆盡，所常往還者只文淇輩六七人。先生篤忘年之誼，繾綣綢繆，每有所作，輒舉以相示，竊見先生嗜學之專，有非寒畯所能及者，宜乎所造之深邃也。③

---

① （清）劉文淇撰，曾聖益點校：《劉文淇集》卷四，中研院中國文哲研究所2007年版，第69頁。

② 陳鴻森：《劉氏〈論語正義〉成書考》，載《中研院歷史語言研究所集刊》第65本第3分，1994年3月，第484頁。

③ （清）劉文淇撰，曾聖益點校：《劉文淇集》卷六，第130—131頁。

劉寶楠《念樓集》中有《七夕黃春谷先生(承吉)招集簪園,並讀所著〈夢陔堂詩集〉,春谷先生有作,奉答一首》(見卷三)、《丁酉二月四日黃春谷先生(承吉)招集簪園,晨興疾作,一藥而瘳,宴客如常。予將赴宴,腰肋驟痛,不能屈伸。會孔宥函比部(繼鑅)邀余翌日看梅,亦謝不往。是夜風雨大作,枕上率成,呈春谷先生,並送比部入都》(見卷四)二詩。由劉氏此序文及劉寶楠詩可見二劉與黃承吉的關係,那麼他們相約著述受到黃承吉的影響便很有可能。

2. 撰爲長編

著作修撰過程中先集爲長編,這一方法並非焦循首創。如司馬光修《資治通鑑》先爲長編。顧炎武以爲"著書不如鈔書",鈔書結集亦具有資料長編的性質。段玉裁修撰《説文解字注》,據其自云,亦先爲長編540卷。① 應該説作資料長編是清代學者尤其是乾嘉學者的治學方法之一,也是他們考證精詳的重要憑藉。而焦循則明確説明自己將此法用於新疏的修撰過程中,上文所引《正義》云焦循與其子廷琥纂爲《孟子長編》三十卷,其弟焦徵在卷首識語中亦云:

> 先兄壬戌會試後閉門注《易》,癸酉二月,自立一簿,稽考所業,戊寅春《易學三書》成。又以古之精通《易》理,深得伏羲、文王、周公、孔子之恉者莫如孟子,生孟子後而能深知其學者莫如趙氏。惜僞疏踳駁乖謬,文義鄙俚,未能發明其萬一,思作《正義》一書。於是博採經史傳注以及本朝通人之書,凡有關於《孟子》者,一一纂出,次爲長編十四帙。逐日稽考,殫精研慮,自戊寅十二月起稿,迨己卯七月撰成《孟子正義》三十卷。又復討論群書,刪煩補缺,庚辰之春,修改乃定。②

焦循本人也非常重視纂爲長編這一治學方法,他爲編纂《國史儒林傳》以及《文苑傳》提出了七個原則,其中第二條云:

> 二曰長編。無著述者勿論矣。篇籍既存,淺深精觕,可按而得

---

① 亦有學者質疑段氏長編之存在,如陳鴻森氏《段氏〈説文注〉成書的另一個側面——段玉裁學術的光與影》認爲段氏所謂長編之説事屬子虛。

② (清)焦循撰,沈文倬點校:《孟子正義》,卷首第7—8頁。

也。周覽之不厭其煩,深研之不憚其刻。舍學究公家之言,摘精神獨得之處。一言偉卓,不以細遺;累卷通明,不以繁節。使條枚悉楄,窔奧盡融,若示諸掌,若貫於弗,一展閲洞見作者苦心。譬如縣八銖之鏡,神妖莫潜;萃五侯之鯖,肥瘠並陳矣。①

第七條"附見"中又説:"大抵士人蕃多,孰主孰客,非有定規,惟以徵實此爲長編,既已豪髮可鑑,形神莫遁矣。"②

焦循這種作法對後來修撰新疏産生了最爲直接的影響,後學如劉寶楠、劉文淇等人紛紛採用此法。如劉寶楠之子劉恭冕《論語正義後序》云:

> 先君子少受學於從叔端臨公,研精群籍,繼而授觀郡城,多識方聞綴學之士,時於毛氏《詩》、鄭氏《禮注》皆思有所述録。及道光戊子,先君子應省試,與儀徵劉先生文淇、江都梅先生植之、涇包先生慎言、丹徒柳先生興恩、句容陳丈立始爲約,各治一經,加以疏證。先君子發策得《論語》,自是屏棄他務,專精致思,依焦氏作《孟子正義》之法,先爲長編,得數十巨册,次乃薈萃而折衷之,不爲專己之學,亦不欲分漢宋門户之見,凡以發揮聖道,證明典禮,期於實事求是而已。③

劉恭冕明言其父仿照焦循纂爲長編之法,亦爲長編若干册,而後修《論語正義》。《中國古籍善本書目(經部)》著録"《論語注》不分卷"二種,又有"《論語注疏長編》不分卷"一種,三者皆云"清劉寶楠撰,手稿本"。又據劉宗永《論清代寶應劉氏家學之〈論語〉研究》指出這三種手稿本中,《論語注疏長編》與《論語注》中的一種實爲同一筆迹,而另一種《論語注》筆迹較前者工整,但三者内容相連屬,共計 4972 頁。④ 而與通行的《論語正義》相比,這三種稿本的資料編排無一定的順序,亦無

① (清)焦循撰,劉建臻點校:《焦循詩文集·雕菰集》卷七《國史儒林文苑傳議》,廣陵書社 2009 年版,第 214 頁。

② 同上書,第 217 頁。

③ (清)劉寶楠撰,高流水點校:《論語正義》,第 797—798 頁。

④ 參劉宗永《論清代寶應劉氏家學之〈論語〉研究》第四章"劉寶楠與《論語正義》"之第二節"《論語正義》撰成過程考",第 60—69 頁。

作者的按語和評論。由此可知，劉恭冕所説的長編"數十巨册"是確實存在的。

又劉毓崧《先考行略》亦云其父劉文淇治《左傳》，"草創四十年，長編已具，然後依次排比，成書八十卷"。①《清史稿·劉壽曾傳》亦云："初，文淇治《左氏春秋長編》，晚年編輯成疏，甫得一卷，而文淇没。毓崧思卒其業，未果。壽曾乃發憤以繼志述事爲任，嚴立課程，至襄公四年而卒，年四十五。"②由此可見，劉文淇一家三代在修撰《春秋左氏傳舊注疏證》的過程中，亦依照焦循纂爲長編之法。正是如此，科學出版社整理本《春秋左氏傳舊注疏證》的《整理後記》中説："劉家這個《左疏》的方法，是仿照焦循的《孟子正義》的作法，先作長編，根據長編作提綱，再按照提綱查編，然後清抄。"③

又《清儒學案》云："梅植之，字蘊生，江都人。……（道光）二十三年卒，年五十。卒之前夕，始生一子毓。毓字延祖，同治庚午舉人。承先志，擬爲《穀梁正義》，創通條例，長編已具，未寫定而卒。"④《清史稿》云："梅毓字延祖，江都人，同治九年舉人，候選教諭，著有《穀梁正義長編》一卷。"《清儒學案》言梅毓撰《穀梁長編》已具，而《清史稿》言僅成一卷，但是可以確定的是，梅植之、梅毓父子亦效焦循撰《孟子正義》之法，先纂爲長編，而後再折衷成書。

由上述可見，焦循《孟子正義》先爲長編，立定日程，而後編撰、謄抄的方法完全爲其後新疏的修撰者所接受。彙集資料爲長編不僅是一種科學的治學方法，焦循將此法運用到了新疏的修撰過程中，並且直接而深刻地影響了劉文淇、劉寶楠等人，此處正可體現焦循《孟子正義》一書的典範意義。

這裏附帶説一點，《孟子正義》實際是由焦循與其子焦廷琥合力完成的，《正義》中"廷琥按"當是出自焦廷琥。這種父子合作的模式，因屬人力所不能及的情形，雖不能視爲其典範意義，但是卻是《孟子正義》與後此幾部新疏的一個共同特徵。

---

① （清）劉毓崧：《通義堂文集》卷六，《續修四庫全書》第 1546 册影印民國劉氏《求恕齋叢書》本，第 418 頁。
② 趙爾巽等：《清史稿》，中華書局 1977 年版，第 13276 頁。
③ （清）劉文淇：《春秋左氏傳舊注疏證》卷末《整理後記》，科學出版社 1959 年版，第 5 頁。
④ 徐世昌等編，沈芝盈等點校：《清儒學案》卷一五二，第 5930 頁。

《論語正義》亦是由劉寶楠、劉恭冕父子合作完成的,《論語正義》的刻本,卷一至卷一七,署名皆作"寶應劉寶楠學",卷首《凡例》、卷一八至卷二四則署"恭冕述",據此則《論語正義》前十七卷出於劉寶楠之手,而《凡例》及後七卷則出於劉恭冕之續作。然李慈銘《越縵堂讀書記》云:"得陳六舟片,以新刻劉氏父子《論語正義》樣本一册見視。卷七《雍也》一卷,卷一一至一三《鄉黨》三卷,皆題曰'劉寶楠學'。卷一九《季氏》一卷,卷二二《子張》一卷,皆題曰'恭冕述'。然'井有仁焉'下引俞氏樾説兩條,楚楨豈及見《群經平議》,則亦有叔俛所增入者矣。其書尚未刻成,體例與焦氏《孟子正義》相似,博取衆説,詳而有要,足以並傳。"①這説明劉恭冕的工作並不只是續作後七卷,前面的十七卷中劉恭冕亦補入相關材料。

《春秋左氏傳舊注疏證》則更爲典型。此書花費了儀徵劉氏家族四代人的心血。劉文淇草創於前,其子劉毓崧繼承父志,毓崧子壽曾、貴曾亦續承祖、父之遺志,然亦僅至襄公四年而止。貴曾子師培雖未直接續纂《舊注疏證》,然亦承家學,深研《左傳》,並組織人力對已成書部分加以謄抄。

梅植之修撰《穀梁傳正義》,未成書而卒,其子梅毓亦欲子承父業,惜未竟其業。

這種情況反映了乾嘉學術呈現出家學化的特點,這可能與當時學者重家法、師法有關。當然焦循父子合作與寶應劉氏父子、儀徵劉氏三代合作的模式亦有不同。《孟子正義》云:"(循)間有鄙見,用'謹按'字別之。廷琥有所見,亦本范氏《穀梁》之例,録而存之。"②可見焦循在修撰《孟子正義》時就收入了其子焦廷琥的意見。而劉寶楠父子、劉文淇祖孫三代則是接續而修。劉宗永在《論清代寶應劉氏家學之〈論語〉研究》中劉恭冕完成了《論語正義》修撰的四分之一的工作,③而據前引李慈銘《越縵堂讀書記》可知,除了續纂之外,劉恭冕也增加了很多材料,并擬定全書的體例。張素卿在《清代漢學與左傳學》中指出,《春秋左氏傳舊注疏證》中隱

① (清)李慈銘撰,由雲龍輯:《越縵堂讀書記》,第 17 頁。
② (清)焦循撰,沈文倬點校:《孟子正義》,第 1052 頁。
③ 參劉宗永《論清代寶應劉氏家學之〈論語〉研究》第五章"劉恭冕的《論語》研究"之第二節"劉恭冕對《論語正義》的續纂",第 95—97 頁。

公五年以下的部分主要是由劉壽曾完成的。① 因此劉恭冕在修撰《論語正義》、劉壽曾等在修撰《春秋左氏傳舊注疏證》中所發揮的作用要較焦廷琥大。

四

如上所述,焦循《孟子正義》的典範意義表現在體例與修撰過程兩個層面。但因爲時代及學術立場、治學傾向的影響,不可避免地,焦循的《孟子正義》亦有所缺失。例如,焦疏不引宋明理學家之説,與其文集中論學之旨並不相同。又如,在《孟子正義》中亦有不少回護趙岐的情形。所以何澤恒在《焦循研究》中説道:

> 至此三十卷之書,旁徵博引,雖自稱於趙説或有所疑,不惜駁破以相規正,然實則往往爲之委曲回護,而於朱子《集注》,則幾於一字不取;其於當朝著作,採摭凡六十餘家,且多大段引録,而於宋元明儒,則雖有明通之説,亦概從擯棄。里堂論學,極惡拘守門户,其於時人專漢據守之習,亦屢加指摘,而己則不免於自陷,無乃明於燭人而闇於自照乎?②

而與《孟子》性質相似的《論語》一書,劉寶楠、劉恭冕父子對於宋明理學學説的處理,則表現出一種兼容的立場。在《論語正義後敘》中,劉恭冕指出要"不爲專己之學,亦不欲分漢宋門户之見",因此在《論語正義》一書中,劉氏父子也引用了不少朱熹《論語集注》及其他宋學著作的內容。這種兼容並包的立場,應該説是一種進步,也是《論語正義》後出轉精之處,所以陳立《劉楚楨先生〈論語正義〉序》云:"劉氏父子《論語正義》一書,以視江、孫、邵、郝、焦氏諸疏義,蓋有過之無不及已。"③

儘管有所缺憾,但《孟子正義》無疑對其後新疏的修撰產生了極大的

---

① 參張素卿《清代漢學與左傳學——從古義到新疏的脈絡》第六章"集大成的新疏:儀徵劉氏之《疏證》"之第三節"《疏證》一書之撰述原委",里仁書局 2007 年版,第 280—286 頁。

② 何澤恒:《焦循研究》,大安出版社 1990 年版,第 209—210 頁。

③ (清)陳立:《句溪雜著》卷六,第 608 頁。

影響，所以何澤恒指出："清儒於群經舊疏，多未愜意，相率重爲新疏。而里堂獨任《孟子》之役，成績斐然，堪稱近世經學一鉅構。"①董洪利師在《孟子研究》中亦指出《孟子正義》實是"《孟子》研究的集大成之作"。②

本文原載《儒家典籍與思想研究》第六輯，收入本書，略有增改

（王耐剛，華東師範大學古籍研究所助理研究員）

---

① 何澤恒：《焦循研究》，第 166 頁。
② 董洪利：《孟子研究》，江蘇古籍出版社 1997 年版，第 347 頁。

# 王安石、安國兄弟生辰、卒年新證

## 劉成國

### 一

關於北宋著名政治家、文學家、學者王安石的生辰，南宋吳曾《能改齋漫録》有明確記載，惟版本有異。清武英殿聚珍本《能改齋漫録》卷一〇：

> 王介甫，辛酉十一月十三日辰時生。五十八歲，自首廳求出知江寧府，繼乞致仕，以避午上禄敗之運。安閒養性，又僅延十年之壽而死。①

文淵閣、文津閣影印《四庫全書》本《能改齋漫録》卷一〇：

> 王介甫，辛酉十一月十二日辰時生。五十八歲，自首廳求出知江寧府，繼乞致仕，以避午上禄敗之運。安閒養性，又僅延十年之壽而死。

兩種記載，以常情而論，自當以殿本爲優。然《續資治通鑑長編》卷二二八熙寧四年（1071）十一月癸巳（十二日）："太子中允、崇政殿説書王雱言：'蒙差押賜父安石生辰禮物。舊例，有書送物，赴閤門繳書，申樞密院取旨，出劄子許收，兼下榜子謝恩。緣父子同財，理無饋遺，取旨謝恩，一皆偽詐。竊恐君臣父子之際，爲理不宜如此。臣欲乞自今應差子孫弟侄押賜，並不用例。'從之。"《宋會要輯稿》刑法二所載同。

---

① （宋）吳曾：《能改齋漫録》，上海古籍出版社 1979 年版，第 287 頁。

由此，有學者撰《王安石生日考》，取文淵閣、文津閣影印《四庫全書》本《能改齋漫錄》之説，旁徵博引，將王安石生辰考訂爲真宗天禧五年（1021）辛酉十一月十二日辰時。① 此説已被廣泛採納，幾成定論。②

其實，此説最重要的證據，即《續資治通鑒長編》所載熙寧四年（1071）十一月十二日神宗差王雱押賜生日禮物之事，《王安石生日考》輕率引用，未暇細究兩宋宰執賜生日禮物之制，導致結論有誤。今考宰執賜生辰禮物，始於五代，宋代沿襲。李上交《近事會元》卷一："晉少帝天福六年七月，賜宰臣馮道生辰器幣。道辭以幼失父母，不記生日，堅讓不受。生辰賜物始此也。"葉夢得《石林燕語》卷六："故事，生日賜禮物，惟親王、見任執政官、使相，然亦無外賜者。元豐中，王荆公罷相居金陵，除使相，辭未拜，官止特進。神宗特遣内侍賜之，蓋異恩也。"汪應辰辨曰："使相雖在外亦賜，范蜀公《内制》有《賜使相判河陽富弼生日禮物口宣》云：'爰茲震夙之旦，故有匪頒之常。'王荆公熙寧七年以觀文殿大學士、吏部尚書知江寧，詔生日依在外使相例取賜。"關於這一制度的具體實施過程、儀式，周必大《玉堂雜記》卷中詳細記載："宰執及親王、使相、太尉生日，天章閣排辦牲餼，預申學士院撰詔書，及寫賜目一紙，各請御寶（詔用書詔之寶，賜用錫賜之寶）。前一日，差内侍持賜。其詔例畫撰進之日，謂如正月旦生，文意必敘歲首，而所畫日則是去臘，殊不相應。某爲直院，奏乞不拘進詔早晚，但實畫生日於後。得旨從之，遂爲定制。祖宗時，牲餼外又錫器幣，往往就差子弟、姻戚持賜，欲其省費也。過江惟牲餼耳，米麪本色，羊准價，皆取之有司。酒則臨安醖造，臨時加以黄封。拜賜訖，與賜者同升廳，揖笏展讀，就坐茶湯。書送錢十五千，從人三千，天章閣使臣、庫子、快行，錢酒各有差。"③

周必大於南宋孝宗朝曾"兩入翰苑，自權直院至學士承旨，皆遍爲之"。其所著《玉堂雜記》，"凡鑾坡制度沿革，及一時宣召奏對之事，隨筆紀錄，集爲此編"。④ 其中所載，相當可信。據此，則北宋賜宰執生辰禮物，所賜群體包括宰執、親王、使相、太尉等。所賜詔書，"預申學士院

① 李伯勉：《王安石生日考》，載《文史》第 1 輯，中華書局 1963 年版，第 68 頁。
② 漆俠：《王安石變法》（增訂本），河北人民出版社 2001 年版，第 67 頁。惟鄧廣銘取殿本"十三日"，然無考辨，見氏著《北宋政治改革家王安石》，河北教育出版社 2000 年版，第 18 頁。
③ 戴建國主編：《全宋筆記》第五編，大象出版社 2012 年版，第 8 册，第 291 頁。
④ 《四庫全書總目》卷七九，中華書局 1965 年影印本，第 683 頁。

撰"。押賜時間，應於宰執生日"前一日，差內侍持賜"，或遣宰執子弟押賜，欲其省費。故《續資治通鑑長編》所載熙寧四年（1071）十一月十二日王雱蒙差押賜生日禮物，恰恰印證武英殿聚珍本《能改齋漫録》所載"十三日"爲是。文淵閣、文津閣四庫本書本《能改齋漫録》均訛"三"爲"二"。

綜上所述，王安石生於宋真宗天禧五年辛酉十一月十三日辰時，可爲定論。

## 二

王安國字平甫，北宋著名詩人，與其兄安石、弟安禮並稱"臨川三王"。"其文閎富典重，其詩博而深"。① 《宋史》二〇八《藝文七》著録《王安國集》六十卷、《序言》八卷。然皆佚，現僅存《王校理集》一卷。

王安國對熙寧新法多有批評，曾深陷熙寧七年鄭俠之獄。葬時，王安石爲撰墓誌銘。四部叢刊本《臨川先生文集》卷九一《王平甫墓誌》："未幾，校書崇文院，特改著作佐郎、秘閣校理。士皆以謂君且顯矣，然卒不偶，官止於大理寺丞，年止於四十七。以熙寧七年八月十七日不起，越元豐三年四月二十七日，葬江寧府鍾山母楚國太夫人墓左百有十六步。"據此，則王安國卒於神宗熙寧七年（1074）八月十七日，葬於元豐三年（1080）四月二十七日。②

然《續資治通鑑長編》卷二五九載熙寧八年（1075）正月庚子（七日）："參知政事、右諫議大夫馮京守本官知亳州，權發遣户部副使王克臣追一官，司封郎中、集賢校理丁諷落職，監無爲軍酒，著作佐郎、秘閣校理王安國追毀出身以來文字，放歸田里。"同書卷二七七載熙寧九年七月己卯（二十五日）："放歸田里人王安國爲大理寺丞、江寧府監當。命下而安國病死矣。"據此，則王安國應卒於熙寧九年（1076）七月之後。

就史料的來源、價值而言，王安石所撰王安國墓誌和《續資治通鑑長編》，都頗具權威性，而兩説抵牾如是。對此，有學者旁徵博引魏泰《東軒筆録》、劉攽《彭城集》卷一五《寄王安國時復官大理寺丞監江寧糧料》等

---

① 《曾鞏集》卷一二《王安國文集序》，中華書局1984年版，第201頁。

② 學界多持此説，如李德身《王安石詩文系年》，陝西人民教育出版社1987年版，第227頁；馬興榮、吳熊和等主編：《中國詞學大辭典》，浙江教育出版社1996年版，第51頁；曾棗莊主編：《中國文學家大辭典·宋代卷》，中華書局2004年版，第34頁。

文獻,力辨"熙寧七年八月十七日"之訛,推斷王安國當卒於熙寧九年末。① 進而推測,王安石所撰《王平甫墓誌》或有缺殘訛誤。② 其文考辨甚精,然王安國卒於"熙寧七年八月十七日",出自王安石親撰墓誌,誠爲最原始之文獻記載。僅推測《王平甫墓誌》文本或有殘闕,未能盡釋疑團。而"熙寧九年末"之結論,亦可再加斟酌。

今按,2007 年洛陽新出土王安國所撰《尚書屯田員外郎張君墓誌銘》。墓主張庚,字太素,卒於仁宗皇祐元年(1049)六月十七日,"旅殯於和州"。此後,其子張雲卿"歸居西京,實能學問,以節行不苟合,留守數薦其賢於朝廷。熙寧八年四月乙酉,葬君於河南府河南縣杜澤原,而雲卿謀所以顯親於不泯者,乃來京師乞余銘"。③ 王安國於仁宗一朝屢試進士不中。神宗熙寧元年(1068)七月,賜進士及第,除武昌軍節度推官,教授西京國子監。《臨川先生文集》卷九一《王平甫墓誌》:"今上即位,近臣共薦君材行卓越,宜特見招選,爲繕書其《序言》以獻,大臣亦多稱之。手詔褒異,召試,賜進士及第,除武昌軍節度推官,教授西京國子。"《宋會要輯稿·選舉三一》:"神宗熙寧元年七月七日,詔布衣王安國賜進士及第,仍注初等職官。先是,手詔:'安國,翰林學士安石之弟。久聞其行義、學術爲士人推尚。近閱所著《序言》十卷,文辭優贍,理道該明,可令舍人院召試。'試入第三等下,故命之也。"直至熙寧四年(1071)十月二十日,爲崇文院校書。《長編》卷二二七熙寧四年(1071)十月壬申:"前武昌軍節度推官王安國爲崇文院校書。"在此三年期間,王安國與張雲卿同居洛陽,先後教授西京國子監。④ 故張雲卿葬父時,至汴京求其撰銘。其時,王安國因鄭俠之獄,已於熙寧八年(1075)正月七日追奪出身,仍居京師,直至本年三月清明,尚未返江寧。《宋會要輯稿·職官六五》:"(熙寧)八年正月

---

① 湯江浩:《王安國卒年考》,載《長江大學學報》(哲社版)2005 年第 2 期。
② 《北宋臨川王氏家族及文學考論》,人民文學出版社 2005 年版,第 65—69 頁。
③ 郭茂育、顧濤:《新出土宋代張庚墓誌銘》,載《書法》2014 年第 2 期。
④ 邵伯溫:《邵氏聞見錄》卷一九:"司馬溫公初居洛,問於康節曰:'有尹材字處初,張雲卿字伯紀,田述古字明之。'三人皆賢後。處初、明之得進於溫公門下,獨伯紀未見。康節以問公,公曰:'處初、明之之賢,如先生言。張君者,或聞旅殯其父於和州,久不省,未敢與見。'康節曰:'張雲卿可謂孝矣。雲卿之父謫官死和州,貧不能歸,因寓其喪。雲卿奉其母歸洛,貧甚,府尹哀之,俾爲國子監説書,得月俸七千以養。若爲和州一行,則罷俸數月,將饑其母矣。其故如此。'"中華書局 1983 年版,第 209 頁。熙寧四年,司馬光歸洛陽,張雲卿時爲國子監説書,當繼王安國之後。

十三日,金部郎中、集賢校理、判檢院丁諷落職監無爲軍酒,大理寺丞、集賢校理王安國放歸田里,度支郎中王克臣追一任官,河南軍巡判官鄭俠英州編管。初,俠進《流民圖》,又擅發遞馬奏事,上憐之,放罪。會吕惠卿參政,俠復詆其奸,惠卿怒,請誅俠,諷、安國連累故也。"《長編》卷二五九熙寧八年(1075)正月庚子:"參知政事、右諫議大夫馮京守本官知亳州,權發遣户部副使王克臣追一官,司封郎中、集賢校理丁諷落職監無爲軍酒稅,著作佐郎、秘閣校理王安國追毁出身以來文字、放歸田里。……安國既貶,上降詔諭安石,安石對使者泣。及再入相,安國猶在國門。"①

這篇新出土墓誌,足以定讞《王平甫墓誌》"以熙寧七年八月十七日不起"確係有誤。

然則王安國究竟卒於何年何月何日?《續資治通鑑長編》僅載王安國卒於熙寧九年(1076)七月二十五日復爲大理寺丞、江寧府監當之後,"命下而安國病死矣"。魏泰《東軒筆録》卷六:"王安國,熙寧六年冬直宿崇文院,……後四年平甫卒。"熙寧六年(1073)冬之後四年,即熙寧十年(1077)。

王安國卒後,神宗曾遣中使撫慰王安石,並賜湯藥,王安石上有謝表。《臨川先生文集》卷五九《中使傳宣撫問並賜湯藥及撫慰安國弟亡謝表》:"臣某言:便蕃曲澤,雖遠不忘;睕晚餘年,懼終莫報。伏念臣辭恩機要,藏疾里閭,既疲療之未夷,顧憂傷之重至。仰煩眷將,特示閔憐。中飭使報,備宣恩厚,寵頒藥物,深念衰殘。"這封謝表是關於王安國卒年的重要文獻,以下略作釋讀。

熙寧九年(1076)六月二十日,王安石長子王雱病卒。② 熙寧九年(1076)十月二十三日,王安石罷相,爲鎮南軍節度使、同平章事、判江寧府。③ 十年(1077)六月十四日,王安石罷判江寧府,以使相領集禧觀使。《續資治通鑑長編》卷二八三熙寧十年(1077)六月壬辰:"以鎮南軍節度使、

---

① 王安石於熙寧八年(1075)三月一日自江寧啓程,三月十四日已抵京。《續資治通鑑長編》卷二六一熙寧八年(1075)三月丙午:"召輔臣對資政殿。是日,清明節也。"李燾注:"王安石云云。"中華書局 1979 年版,第 6359 頁。具體考述,可見拙文《新見史料與王安石生平行實疑難考》,載《文學遺産》2017 年第 1 期。

② 《續資治通鑑長編》卷二七六熙寧九年(1076)六月己酉:"太子中允、天章閣待制王雱卒,年三十三,贈左諫議大夫。"第 6751 頁。

③ 《續資治通鑑長編》卷二七八熙寧九年(1076)十月丙午:"左僕射、兼門下侍郎、平章事、昭文館大學士、監修國史王安石罷爲鎮南軍節度使、同平章事、判江寧府。安石之再入也,多謝病求去,子雱死,尤悲傷不堪,力請解機務,上亦滋厭安石所爲,故有是命。"第 6803 頁。

同平章事、判江寧府王安石爲集禧觀使,居金陵,從其請也。始,安石罷政,除江寧,懇辭使相,請宫觀。上遣梁從政齎詔敦諭,須其視事乃還。從政留金陵累月,安石請不已,至是,許以使相領宫使。"表曰"既疲瘵之未夷,顧憂傷之重至",此謂王雱、王安國於熙寧九年、十年内相繼病逝。曰"辭恩機要,藏疾里閭"者,謂王安石辭判江寧府爲集禧觀使,已無職掌,僅奉朝請。徐度《却掃編》卷上:"輔臣既罷,領宫觀使,其後惟以使相、節度、宣徽使爲之,無所職掌,奉朝請而已。熙寧間,又有以使居外者。王荆公以使相領集禧觀使居金陵,張文定公以宣徽南院使領西太一宫使居睢陽之類,皆優禮也。"由此可見,熙寧九年(1076)七月王安國復大理寺丞、江寧府監當之後,至少又遲至熙寧十年(1077)六月王安石辭判江寧府、領集禧觀使,方卒。又,《曾鞏集》卷三八《祭王平甫文》題注曰:"熙寧十年十月二十一日。"祭文曰:"何堂堂而山立,忽泯泯而飈駛。訃皎皎而猶疑,淚汍汍而莫制。"王安國娶曾鞏之妹,①其卒後,曾鞏作爲近親,當第一時間獲知訃告。"訃皎皎而猶疑"者,可見祭文爲曾鞏收到訃告後所撰,應撰於王安國卒後不久。

綜上所述,王安國當卒於熙寧十年(1077)六月十四日至十月二十一日之間。以此爲基礎,我們可以推斷,《王平甫墓誌》中"以熙寧七年八月十七日不起","七年"當爲"十年"之訛,即王安國卒於熙寧十年(1077)八月十七日。② 畢竟,"十""七"之訛,在古籍刊刻中屢見不鮮。而在四部叢刊本《臨川先生文集》中,此種訛誤亦非絶無僅有。如英宗治平二年(1066)十月十一日,王安石母憂服除,有旨召赴闕;二十七日,王安石上狀辭免。《臨川先生文集》卷四○《辭赴闕狀一》,題注:"治平二年七月二十七日。""七"即爲"十"之訛。③

然則"熙寧七年"之訛始自何時?從現存王安石文集版本來看,南宋高宗紹興年間龍舒本《王文公文集》、詹大和刻臨川本《臨川先生文集》(《四部叢刊》本據以影印)已作"以熙寧七年八月十七日不起"。高宗紹興二十一年(1151),王安石曾孫王珏鑒於之前流傳的王安石文集"舊所刊行,率多舛誤",遂於杭州重刻《臨川先生文集》,於此前各本多有刊正。④ 此即杭本《臨川先生文集》。現存王珏刻、元明遞修本《臨川先生文

---

① 李震:《曾鞏年譜》,蘇州大學出版社1997年版,第14頁。
② 壽湧推測,"七"爲"九"之訛,然無其他佐證。見《〈臨川先生文集〉年月與階官疑誤十一則》,載《古籍整理研究學刊》2009年第3期。
③ 壽湧:《〈臨川先生文集〉年月與階官疑誤十一則》。
④ 可見王嵐《宋人文集編刻流傳叢考》,鳳凰出版社2003年版,第156—158頁。

集》卷九一《王平甫墓誌》中並無"熙寧七年"四字，僅曰："官止於大理寺丞，年止於四十七。以八月十七日不起，越元豐三年四月二十七日，葬江寧府鍾山母楚國太夫人墓左百有十六步。"①看來，王珏似已察覺"熙寧七年"之誤，於是刊去此四字。然墓誌此段文字上下文脈遂不通矣：墓誌撰於神宗元豐三年（1080），而所謂"年止於四十七，以八月十七日不起"豈不突兀？這或許是王珏的疏忽所致吧。

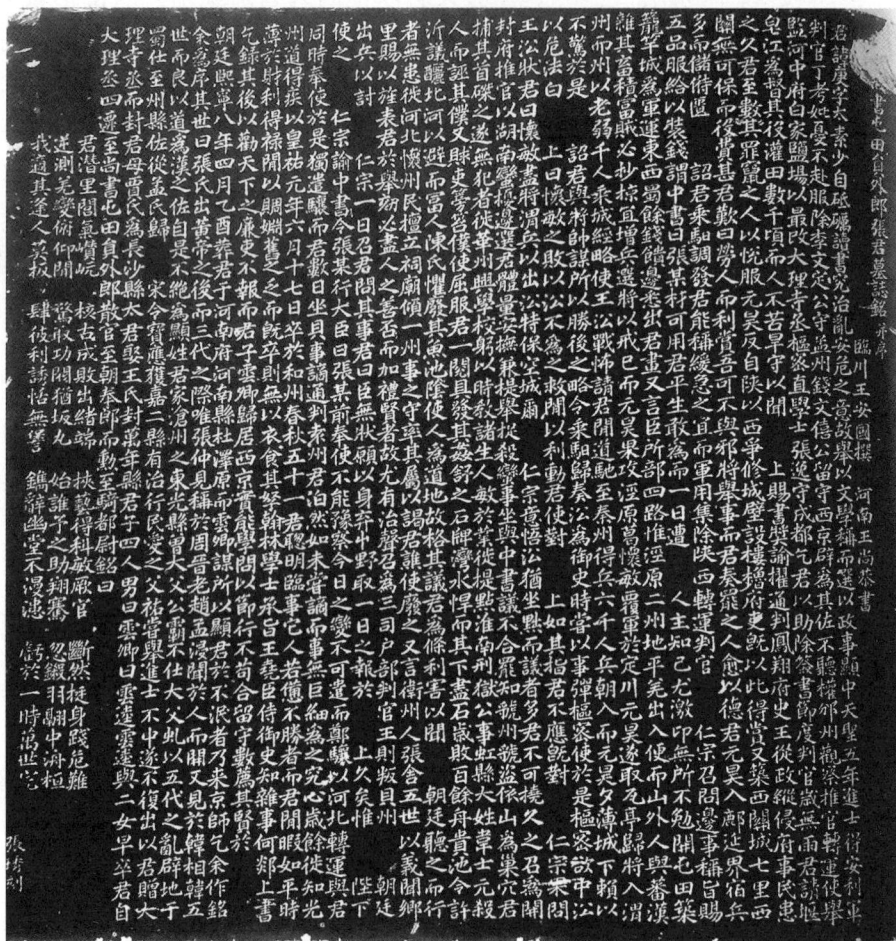

（劉成國，華東師範大學古籍研究所教授）

---

① 《宋集珍本叢刊》第 13 册，線裝書局 2004 年版，第 740 頁。日本内閣文庫藏明嘉靖二十五年（1546）應雲鷥刻《臨川先生文集》同。

# 西漢初置師法考論

樊波成

漢武帝爲統一全國思想文化"罷黜百家,獨尊儒術",置五經博士傳授經典,那些五經博士傳授的内容即爲"師法"。《漢書・儒林傳贊》謂:

> 初,《書》唯有歐陽,《禮》后,《易》楊,《春秋》公羊而已。至孝宣世,復立大小夏侯《尚書》、大小戴《禮》,施、孟、梁丘《易》,《穀梁春秋》。①

是漢代初置師法爲《尚書》歐陽學、《禮》后氏學、《易》楊氏學和《春秋》公羊學四家。"師法"是漢代經學制度的基礎,清代以來經學史家等皆有討論,不過他們研究之重點多在於宣帝前後師法分立的歷史過程,對初置四家師法的研究則或有不足,甚至不乏曲爲彌縫之處。今在前賢時彦基礎上,分析西漢初置四家師法的形成過程,重新思考"師法"的定義,進而探索今文經學的義理思想和學術傳承。

## 一、《尚書》師法的成立過程

由《儒林傳贊》所言,《尚書》博士以歐陽家爲最早;但在歐陽高之前,擔任《尚書》博士的有張生、孔安國、孔延年等,由於首任博士和初置師法並不一致,學者爲調停這一歧異,反而旁枝出來許多問題,諸如孔安國與歐陽學之關係、《尚書歐陽章句》之作者、歐陽高擔任博士之時代等等。今將西漢武、昭兩朝之《尚書》學稍作回顧。

① 《漢書》,中華書局 1962 年版,第 3621 頁。

## （一）武帝首位《尚書》博士爲孔安國

漢代《尚書》學之傳授始於伏生（前260—前161），《史記·儒林列傳》：

> 伏生求其書，亡數十篇，獨得二十九篇，即以教於齊魯之間。學者由是頗能言《尚書》，諸山東大師無不涉《尚書》以教矣。伏生教濟南張生及歐陽生，歐陽生教千乘兒寬。……張生亦爲博士。而伏生孫以治《尚書》徵，不能明也。自此之後，魯周霸、孔安國，雒陽賈嘉，頗能言《尚書》事。孔氏有古文《尚書》，而安國以今文讀之，因以起其家。逸《書》得十余篇，蓋《尚書》滋多於是矣。①

由此可見，伏生弟子有記載的僅有歐陽容和張生，張生還曾在景帝朝擔任《尚書》博士。至於孔安國的師承，王肅《孔子家語後序》認爲“少受《尚書》於伏生”，考伏（前260—前161）、孔（前156—約前90）二人年世，不甚可信。② 孔安國雖非是伏生嫡系親傳，但他通曉兩種《尚書》文本，故得以宦任博士。考慮到兒寬在求學於孔安國的時間（約在張湯任廷尉的前126—前120之間）距武帝設置五經博士（前136）不過十餘年，可知孔安國是漢武帝的首任《尚書》博士。其後，孔安國侄孔延年亦以《尚書》爲博士。

## （二）孔安國未能形成師法

孔安國是漢武帝的首位《尚書》博士，門下不乏顯官弟子，但這兩點不足以支持孔氏《尚書》學成爲師法。孔安國的《尚書》學貢獻在於以今文讀《古文尚書》，《移讓太常博士書》謂：“《尚書》初出於屋壁，朽折散絶，今其書見在，時師傳讀而已。”孔安國將古字古言的《尚書》轉寫轉讀，對《尚書》學確有貢獻，但漢代經學的師法著作除句讀外，還需要訓故義理完備。以同樣爲古文傳授的《左傳》爲例，《漢書·劉歆傳》云：“初，《左氏傳》多古字古言，學者傳訓故而已。及歆治《左氏》，引傳文以解經，轉相發明，由是章句義理備焉。”儘管賈誼等人對古文《左傳》作了傳讀和訓故，但是直到劉歆、鄭興將《左傳》轉相發明撰作章句，才具備列於學官、

---

① 《史記》，第3124—3125頁。

② （明）程元敏：《尚書學史》，臺北五南圖書出版公司2008年版，第645—646頁。

形成師法的條件。而反觀孔安國的没有訓故義理兼備的《尚書》解説,未能形成師法。

### (三) 兒寬:今文《尚書》的致用之始

由於孔安國叔侄未能闡明《尚書》經義,漢武帝一度以《尚書》爲"樸學";直至兒寬見漢武帝,《尚書》的面貌才出現根本性扭轉:他將《尚書》引爲致用之"經學",①是漢代《尚書》學致用之轉折。

兒寬《尚書》學有何政治主張?《漢書・儒林傳》云:

> 時張湯爲廷尉,廷尉府盡用文史法律之吏,而寬以儒生在其間,見謂不習事,不署曹,除爲從史,之北地視畜數年。還至府,上畜簿,會廷尉時有疑奏,已再見卻矣,掾史莫知所爲。寬爲言其意,掾史因使寬爲奏。奏成,讀之皆服,以白廷尉湯。湯大驚,召寬與語,乃奇其材,以爲掾。上寬所作奏,即時得可。異日,湯見上。問曰:"前奏非俗吏所及,誰爲之者?"湯言兒寬。上曰:"吾固聞之久矣。"湯由是鄉學,以寬爲奏讞掾,以古法義決疑獄,甚重之。及湯爲御史大夫,以寬爲掾,舉侍御史。見上,語經學。上説之,從問《尚書》一篇。擢爲中大夫,遷左内史。

兒寬光顯之機緣爲"古法義決疑獄";或正是受兒寬之啓發,張湯才有"決大獄,欲傅古義,乃請博士弟子治《尚書》《春秋》,補廷尉史,平亭疑法"(《史記・酷吏列傳》)之舉措。兒寬以"古法義決疑獄",此舉意義重大——在武帝之前,漢王朝東西矛盾日益凸顯,其中以"承秦"的漢法無法貫徹到"反秦"的關東地區這一事最爲嚴峻。由於風俗習慣和歷史原因,關東地區對漢法的抵觸由來已久。漢初不得已採用郡國並置、東西異制的方式暫緩漢法的推行;②漢武帝要實現集權統治,則必須統一法制。兒寬"經術飾吏事""以古法義決疑獄"的思想恰逢其時,爲漢律注入的德治屬性消弭了關中地區對律令的警惕與抵觸,推動漢王朝更定律令統一法

---

① 《漢書・儒林傳》:"寬有俊材,初見武帝,語經學。上曰:'吾始以《尚書》爲樸學,弗好,及聞寬説,可觀。'乃從寬問一篇。"

② 陳蘇鎮:《〈春秋〉與"漢道"——兩漢政治與政治文化研究》,中華書局 2011年版,第 7—130 頁。

制。由此，《尚書》被引爲寬緩刑罰、責知誅率之依據，如"《甫刑》之罰，小過赦，薄罪贖"（《漢書·蕭望之傳》）之類，亦符合武帝對儒家經學的期待。與之類似，兒寬也利用《尚書》經義鼓勵漢武帝自創禮儀"宗祀天地"（《漢書·兒寬傳》），完成漢代宗教統一。①

### （四）《尚書》歐陽學的成立

兒寬將《尚書》從"樸學"轉爲"經學"，被奉爲漢代《尚書》學之始祖（《漢書·儒林傳》云："歐陽、大小夏侯氏學皆出於寬。"）。所以他的後學歐陽高成爲《尚書》博士就不足爲奇了。《漢書·儒林傳》："寬授歐陽生子，世世相傳，至曾孫高子陽，爲博士。"《經典釋文敘録》："歐陽氏世傳業，至曾孫高，作《尚書章句》，爲歐陽氏學。"

既然漢代《尚書》學以兒寬爲祖，那爲何《儒林傳》稱"《書》唯歐陽"而不是"《書》唯兒寬"？兒寬的《尚書》學雖受漢武帝青睞，但他也沒有專門的《書》學著述，只能向自己的門下弟子傳授。至嫡系傳人歐陽高依兒寬經義撰成詳盡章句，"由是章句義理備焉"（《漢書·劉歆傳》），《尚書》文本解説因此具備廣泛傳播之條件，至此《書》學師法才正式宣告完成。

過去有學者爲調和"《書》唯歐陽"和《尚書》首任博士爲孔安國的矛盾，試圖將孔安國納入歐陽學派内，故而或將《歐陽章句》的作者、歐陽師法的源出定爲歐陽和伯，②或謂歐陽氏逐代遞修章句，③皆屬無史實依據。《尚書歐陽章句》的作者爲歐陽高無疑。按許慎《説文》引歐陽喬（高）説："離，猛獸也。"④《西都賦》"拕熊螭"李善注引《歐陽尚書説》曰："螭，猛獸也。"《歐陽尚書説》即《歐陽尚書章句》之别稱，是許慎認爲《歐陽尚書章

---

① 歐陽、夏侯《尚書章句》把《堯典》中的"類"和"六宗"統一規整到"郊天"之内，又以"皇天"統攝其餘"四天"。（陳壽祺：《五經異義疏證》，上海古籍出版社 2012 年版，第 6、14、22 頁）歐陽、夏侯《章句》中的這些訓故正好與《漢書》本傳中兒寬的封禪對議（如"統楫群元，宗祀天地""合指天地，宗祀泰一"等等）相應。

② 廖平：《今古學考》，《廖平選集》上，巴蜀書社 1998 年版，第 51 頁；余嘉錫：《古書通例》，中國人民大學出版社 2004 年版，第 192 頁。

③ 沈文倬：《黃龍十二博士的定員和太學郡國學校的設置》，《菿闇文存》，商務印書館 2007 年版，第 584 頁。

④ （清）段玉裁云："《漢書·儒林傳》：'歐陽事伏生，世世相傳，至會孫高字子陽，傳孫地餘，地餘子政。由是《尚書》世有歐陽氏學。'《藝文志》：《歐陽章句》三十一卷。許云'歐陽喬者'，蓋即高。古喬、高通用。"段玉裁：《説文解字注》，上海古籍出版社 1981 年版，第 739 頁。

句》之作者爲歐陽高。《後漢書·儒林列傳》亦云："至曾孫歐陽高，爲《尚書》歐陽氏學。"是章句爲歐陽高所撰無疑。

歐陽高《章句》的完成標誌着漢代第一代《尚書》師法的完成，並奠定了《尚書》三家分立的基礎。今將文中所述西漢中前期《尚書》學相關人物譜系梳理如下，從中可以看出兒寬和《歐陽章句》在漢代《尚書》學史的核心地位：

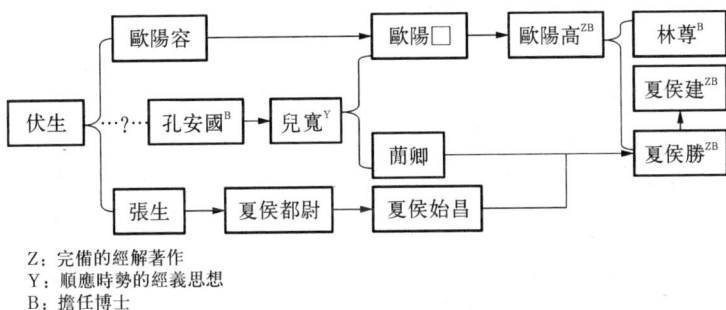

Z：完備的經解著作
Y：順應時勢的經義思想
B：擔任博士

# 二、《易》楊師法的成立與經義

## （一）《易》學的"楊何傳統"和"丁寬傳統"

從出土文獻看，《易》在秦漢之際並不是《書》《禮》那樣的絕學，但《史記》《漢書》的《儒林傳》中卻只記載了從孔子到田何一脈，這是因爲楊何及其後學施、孟、梁丘在學官與朝廷的顯赫地位所致。楊何在元光二年（前133）被徵爲太中大夫，此後又遷中大夫。楊何雖然行狀不詳，但能在元光之際應詔宦任太中大夫（元光年間同征的還有董仲舒、公孫弘等），其弟子又至於顯官（如齊郡太守京房、太史令司馬談等），不難猜測楊何的經學觀念頗受漢武帝倚重。司馬遷撰作《史記》時，正值"楊何之家"在朝廷炙手可熱，故而《史記·儒林傳》易學部分的敘事以"楊何之家"爲核心，①謂"要言《易》者皆本於楊何之家"。和《史記·儒林傳》僅有"楊何傳統"

---

① 劉大鈞指出："傳《易》名單中所記之人物，凡楊何或楊何一派所不感興趣者，皆已被删除。《史記》中特別突出炫耀楊何的用意是極爲清楚明顯的。甚至將楊何置于其師祖田何之上，捧爲西漢《易》學之本！"劉大鈞：《弘易集》，上海科技文獻出版社2013年版，第219頁。

不同,《漢書·儒林傳》增記了楊何的"師叔師伯"們(如周王孫、丁寬、服生),尤其對丁寬着墨較多,並認爲漢代《易學》"本於田何"。這要歸因於西漢三家今文《易》師法(施、孟、梁丘)皆爲博士田王孫弟子,田王孫又是梁王國將軍丁寬弟子,也就是說,西漢中後期《易》學的"丁寬傳統"也相當隆盛,《漢志》爲了整合漢《易》"楊何傳統"和"丁寬傳統",才將《易》學始祖從楊何追溯到楊、丁二人共同的源頭田何。①

和"《書》唯歐陽"中的歐陽高擔任博士不同,楊何本人並未擔任博士。《漢書·儒林傳》云楊何"元光(前 134—前 129)中徵爲太中大夫",既言"徵",參照秦漢"徵士"制度的諸多實例可知楊何此前未曾仕宦;而楊何初任的太中大夫秩比千石,此後遷任的中大夫秩比兩千石,按常規而言,期間不可能再出任博士,更何況史書上並沒有楊何擔任博士的記録。有明確記載的《易》學首任博士是田王孫。② 田王孫與楊何同屬田何再傳弟子,由於田王孫私承的"丁寬《易説》"與楊何《易傳》大義略同,③與《易》楊師法並不相悖,仍屬楊何《易》學師法之内。丁寬《易説》是兼具訓詁大義的"小章句",更有利於向弟子傳授楊何學派的經義;不過鑒於丁寬諸侯王國將軍的身份,中央王朝的《易》學師法不可能以他的著作爲名義來建立。綜上考慮,就不難理解爲何《漢書·儒林傳》中對丁寬的生平、師承及其著作記敘翔實,但在師法的名義上卻推尊楊何。今將《易》楊師法相關人物的關係梳理如下,從中可以看到田何學派的"楊何傳統"和"丁寬傳統"一起奠定了今文《易》三家的基礎。

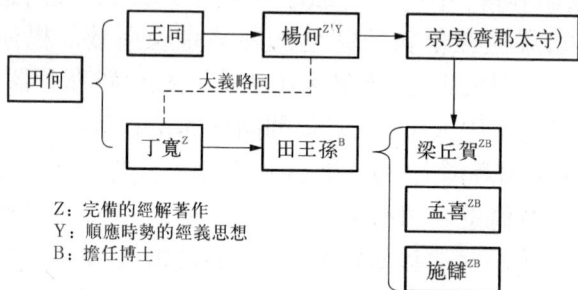

Z: 完備的經解著作
Y: 順應時勢的經義思想
B: 擔任博士

---

① 參程蘇東《西漢中前期五經博士"師法"問題匯考》,《國學研究》第 36 輯,北京大學出版社 2016 年版,第 115—159 頁。

② 沈文倬:《黄龍十二博士的定員和太學郡國學校的設置》,《菿闇文存》,第 563 頁。

③ 《漢書·儒林傳》云:"至成帝時,劉向校書,考《易》説,以爲諸《易》家説皆祖田何、楊叔元、丁將軍,大誼略同。"

## （二）《易》楊師法的經義

史書上關於楊何的材料並不多，楊氏《易傳》也早已經亡佚，但由於它和《易》三家"大義略同"，綜合三家經義的共通之處，即可窺得其主旨：

1. 以卦爻牽連明君臣關係及君臣等級。

如孟喜"消息説"以辟卦爲君，雜卦爲臣；"爵位説"以易爻釋君臣之義，以"陰陽養萬物"比喻"君臣養萬民"。① 孟氏《章句》還以"周人五號"（帝、王、天子、大君、大人）來闡釋《乾》"利見大人"，以"天子駕六"（區別於《毛詩》"天子至大夫同駕四"）解釋《乾》"時乘六龍"，以"天子九尺，諸侯七尺，大夫五尺"來解釋《説卦傳》"幽贊於神明而生蓍"。② 梁丘氏也以"言臣子之道，改過自新，絜己以承上，然後免於咎也"解釋《大過》"藉用白茅，無咎"。③

2. 限制封建，加强集權。

許慎《五經異義》云：

> 《公羊》説："存二王之後，所以通夫三統之義。"《禮》戴説云："天子存二代之後，猶尊賢也。"《春秋》左氏説："周家封夏殷二王之後，以爲上公；封黄帝堯舜之後，謂之三恪。"謹按：治《魯詩》丞相韋玄成、治《易》施讎等説引《外傳》曰"三王之樂可得觀乎"，知王者所封三代而已，不與左氏説同。④

《左傳》以爲王者因尊賢而封建的有"二王之後"和"三恪"，合"二王"和"三代"爲五世；而施讎則認爲王者所封止有三代，即二王之後與本朝諸侯，實際上只有"二王之後"，即所謂"尊賢不過二代"。換言之，即《左傳》學者承周禮古制，廣爲封建；今文《易》則約束封建，强化集權。這與《禮記·王制》封爵三等且地狹，《周禮》封爵五等且地廣之分野相似，都體現了今文學强幹弱枝、尊顯王權之主張。

---

① （唐）釋一行：《易纂》引《孟氏章句·序卦傳》，見（宋）王應麟《漢制考·漢藝文志考證》，中華書局 2011 年版，第 129 頁。

② 陳壽祺：《五經異義疏證》，第 175 頁。

③ 《漢書》，第 3317 頁。

④ 陳壽祺：《五經異義疏證》，第 157—158 頁。按："不與左氏説同"或本誤作"而與左氏説同"。

《漢書·藝文志》曰:"及秦燔書,而《易》爲筮卜之事,傳者不絶。"《移讓太常博士書》亦云:"時獨有一叔孫通略定禮儀,天下唯有《易》卜,未有它書。"是漢初易學以占卜爲主。楊何將《周易》從"筮卜學"轉爲"經學",突出其"君臣之義",在加强中央集權的武帝時期可謂正得其時。

## 三、《禮》后師法的禮制新體系

"《禮》后"即后倉。今文《禮》出於高堂生,不過數代以來並未有經説著作,故而《禮》學師法要等到后倉時才遲遲成型。昭帝時(前86—前74)后倉已是博士(《漢書·霍光金日磾傳》),但師法文本的撰定則可能要晚到宣帝初年。后倉的禮學著作是后氏《曲臺記》,《七略》謂:"宣皇帝時行射禮,博士后倉爲之辭,至今記之曰《曲臺記》。"①后倉於宣帝本始二年(前72)遷爲少府,因此《曲臺記》當撰定於本始元年(前73)。沈文倬認爲后氏在武帝末年開始擔任博士,就昭帝短暫的執政期而言是極有可能的;但他將后氏《禮》師法的成立編入武帝末,②卻是囿於四家師法形成於武帝時期的彌縫——《儒林傳贊》所列四家師法專指宣帝甘露三年(前51)石渠閣會議前"一經一師法"的狀態,未必一定限於武帝時。

后氏《曲臺記》的經義爲何?爲何能讓后倉從博士升遷至九卿?按前揭文,后氏《曲臺記》爲皇帝行射禮之辭——天子之射禮爲選舉卿大夫之禮,"重選舉"還是"重世官"是今古文經學的兩大分野:《禮記·王制》《禮記·射義》有選舉無世官,《周禮》則重世官輕選舉,③換言之,重選舉是中央集權的必然舉措,重世官則是貴族政治之重要一環,這是后氏《曲臺記》在尊王上的重要義理。其二,鑒於禮學的關鍵是"容辭"實踐,所以與歐陽家巡章逐句的經文解説不同,后氏《曲臺記》的"完備"是以《士禮》爲基礎推致天子禮。《漢書·藝文志》云:"及《明堂陰陽》《王史氏記》所見,多天子、諸侯、卿大夫之制,雖不能備,猶愈倉等推《士禮》而致於天子

---

① 《文選》卷六〇《齊竟陵文宣王行狀》李善注引。李善注:《文選》,中華書局1977年版,第826頁。

② 沈文倬:《從漢初今文經的形成説到兩漢今文〈禮〉的傳授》,《菿闇文存》,第542—543頁。

③ 蒙文通:《儒家政治思想之發展》,《經學抉原》,上海人民出版社2006年版,第160頁。

之説。"后倉以《士禮》爲基礎,按等級秩序的隆殺來逐級推導大夫、諸侯和天子禮儀,建構出了完整的禮制體系,避免了《禮經》原書以及《明堂陰陽》和《王史氏記》等古禮書禮制不完備的缺憾。更重要的是,以等差推況的禮儀,更能彰顯天子的隆盛,避免了古禮中"如王服""如王之祭"這類君臣之間等級差異不夠强烈的尷尬。① 后倉的這些禮學觀念,在他兩位弟子戴德、戴聖傳輯的《禮記》中也有所反映。

## 四、師法設置的條件與目的

景帝時胡母生"始爲春秋製造章句",即今《公羊傳》;②又有董仲舒"明於《春秋》",其經學思想深得武帝倚重。後世公羊學者以"師徒傳授"而論,則祖董仲舒;若以"師法傳承"而論,則當祖胡母生。《漢書·儒林傳》説:

> 董生爲江都相,自有傳。弟子遂之者,蘭陵褚大,東平嬴公,廣川段仲,温吕步舒。大至梁相,步舒丞相長史,唯嬴公守學不失師法,爲昭帝諫大夫,授東海孟卿、魯眭孟。嚴彭祖字公子,東海下邳人也,與顔安樂俱事眭孟。

這裏的"唯嬴公守學,不失師法"並不是説除嬴公外,褚大、段仲、吕步舒等改竄董生著述,而是説"只有嬴公堅守《公羊傳》"。後來的公羊學者全都是嬴公後學,絕非偶然。尤其是《公羊章句》作者嚴彭祖與顔安樂雖

① 如閻步克認爲:《周禮》六冕的"如王之服"特徵,反映了歷史早期君臣不甚隔絕的情況,以及君臣關係的相對性。閻步克:《服周之冕》,中華書局 2009 年版,第 85 頁。

② 李固《祀胡母先生教》云:"胡母子都……始爲《春秋》製造章句。是故嚴、顔有所祖述,……太守以不才,嘗學《春秋胡母章句》。"(許敬宗編,羅國威整理:《日藏弘仁本文館詞林校證》卷五九六,中華書局 2001 年版,第 466 頁。)則胡母生寫定之《公羊傳》有"春秋胡母章句"之別名。當時的"傳"與"章句"身處不同的命名標準中,"傳"在兩漢(尤其是西漢中前期)是解經體式的"總名",即先師傳經於弟子之意,是與"經"相對的概念;章句則與不循經的大義、略例相對。武帝以前"章句"這一名稱還未正式出現,一些巡章逐句爲説的解經體式以傳自名。如建元二年(前 139)漢武帝使淮南王作《離騷傳》(《漢書·淮南王傳》),至東漢王逸則稱之爲"離騷經章句"。又如《漢志》謂"《易傳》丁氏八篇",即號稱"小章句"的丁寬《易説》。

屬嬴公再傳、董生後學，但李固卻説他們對胡母生"有所祖述"，①這也是專就師法的傳承而言。② 由此也不難理解歷代史家明明都能看到《漢書》中嬴公爲董仲舒弟子的"師徒傳授"事實，卻依然堅持"胡母生傳《公羊春秋》，授東平嬴公"這樣的"師法傳承"體系。③

以著作爲核心的師法傳承體系，不同於此前的師徒相傳，它打破了地域、身份和師承關係等諸多限制。有意思的是，創設師法傳承體系的奠基人就是曾爲胡母生弟子的公孫弘。儘管無法得知公孫弘當時是否夾雜私心，但此舉卻是漢武帝實現"尊儒"事業的關鍵。結合史傳，可將漢武帝的"尊儒"事業可以分成兩個階段。

第一階段爲建元元光年間，漢武帝先後徵召魯、齊宗師確立施政方向。雖然魯《詩》學申公受召在先，但魯學推崇宗法禮儀的傳統與漢武帝思想並不相合，借由竇太后的干涉，漢武帝放棄了魯學。④ 元光初年開始，漢武帝開始純任齊學，這期間不僅《公羊學》有"董仲舒、公孫弘出焉"，臨淄人楊何也被詔爲中大夫，加上元狩三年（前 120）擢拔爲中大夫的千乘人兒寬。這些擔任漢武帝顧問官的齊學宗師們以其恢弘駁雜之術，利用儒學加強中央集權，牽引律令來確立帝國"德教""法治"並行的策略，正符合漢武帝對儒術的設想，確定了"尊儒"的大致方向。

第二階段從元朔五年（前 124）開始，漢武帝在公孫弘的倡議下，將儒學從政策制定轉爲教育普及。此前儘管確立了尊儒的政治方向，但對於推廣儒學僅有"興太學、置明師，以養天下之士"（《漢書·董仲舒傳》）這樣的模糊倡議。元朔五年（前 124）公孫弘請爲博士置弟子 50 人，明確弟子選任、考核、受官、安置制度，並設郡國文學卒史，將儒術推廣至於全國各地。此後，漢王朝又逐步立太學、"立郡國學校官"（《漢書·文翁傳》），

① 許敬宗編，羅國威整理：《日藏弘仁本文館詞林校證》卷五九六，第 466 頁。

② 漢代托名爲"公羊子"的著作有《公羊外傳》等多種，但《公羊傳》爲胡母生撰集，則自東漢李固（94—147）、戴宏（124—？）、何休（129—182）以來皆無異説。近來金德建、周桂鈿提出"《公羊傳》爲董仲舒所作"，正是出於對"胡母生傳《公羊春秋》，授東平嬴公"的不解與懷疑。見金德建《〈公羊傳〉述作當在董仲舒辨——徐彦所引〈戴宏序〉説質疑》，載《管子學刊》1993 年第 2 期；周桂鈿：《董學續探》，《秦漢思想研究》，福建教育出版社 2015 年版，第 9 頁。

③ 《後漢書·儒林傳》云："《前書》：齊胡母子都傳《公羊春秋》，授東平嬴公。"又《隋書·經籍志》："初，齊人胡母子都傳《公羊春秋》授東海嬴公。"

④ 陳蘇鎮：《〈春秋〉與"漢道"——兩漢政治與政治文化研究》，第 220—221 頁。

進一步推動儒學教育普及。此舉除了草創國家性質的儒學教育"以風四方"外(《漢書·儒林傳》),也有助於官吏理解朝廷的施政理念。① 這就決定了儒家學説要置於學官、成爲師法,②既要符合皇帝的政治理念的經義,更要有完備、易懂的解經著作供諸生、官吏學習。

與"尊儒"事業相應,博士的職責與性質也隨之轉變。文景時期"諸子傳記博士"(雜學)與"一經博士"(專於一經)並置,建元元光之際開始純任"一經博士"。儘管不再延請"諸子傳記博士",③但博士的性質並没有改變,仍然是皇帝從民間請來的顧問,既不算吏員,没有行政職事和相應秩級,縱有弟子也是私屬"門人";④待元朔五年後,博士才由顧問轉爲"經師",並有與職守相應的秩級、冠服的官僚,弟子也由朝廷選定,⑤師法也隨之産生。不過除《春秋公羊傳》和楊氏《易傳》外,其他幾家師法的經義和解説都要重新撰定,由此導致各家師法形成時間不一。所以"置五經博士"和"設置師法"看起來都是"獨尊儒術",但實際上他們並非同步發生,政治意義也有所不同。先賢時彦或將師法與博士直接等同,固有未安;或認爲宣帝黄龍改制之前五經博士師法未定、官私未分,⑥也不合於史實。儘管武、昭兩朝不像宣帝末年那樣,有着"以師法設博士"的"定員"制度,但爲了保證帝國政治理念的穩定傳播、射策對問時有"法"可依,從中央太學到地方學官都已經逐步形成了以師法教授的制度。在《漢書》中不難發現武、昭、宣年間,已有"上聞(孟)喜改師法,遂不用喜""嬴公守學,不失師法""張禹有師法,可試事"等以師法爲準則的史實。

---

① 《漢書·儒林傳》云:"(公孫)弘爲學官,悼道之鬱滯,乃請曰:'……三代之道,鄉里有教……故教化之行也,建首善自京師始,縣内及外。……臣謹案詔書律令下者,明天人分際,通古今之誼,文章爾雅,訓辭深厚,恩施甚美。小吏淺聞,弗能究宣,亡以明布諭下。'"

② 沈文倬指出:置於學官才能稱爲"師法"。沈文倬:《黄龍十二博士的定員和太學郡國學校的設置》,《菿闇文存》,第569—570頁。

③ 參王國維《觀堂集林·漢魏博士考》,《王國維全集》第八卷,浙江教育出版社、廣東教育出版社2010年版,第111—112頁。

④ (漢)衛宏《漢舊儀》云:"武帝初置博士,取學通行修,博學多藝,曉古文、《爾雅》,能屬文章者爲高第。朝賀位次中郎官史,稱先生,不得言君,其真弟子稱門人。"(清)孫星衍等:《漢官六種》,中華書局2008年版,第89頁。

⑤ 閻步克:《從爵本位到官本位:秦漢官僚品位結構研究》,三聯書店2009年版,第208—210、412—418頁。

⑥ 程蘇東:《西漢中前期五經博士"師法"問題匯考》,第115—159頁。

# 五、初置師法無《詩經》

由師法成立的三項條件,可以明白爲何有些經傳未在漢代初置四家師法之內,如漢代《春秋》五家中,"鄒氏無師,夾氏無書",即鄒氏有《傳》十一卷,但不在學官傳授(即"無師");《夾氏傳》則"有録無書"(即"無書");《穀梁傳》雖然有書,瑕丘江公亦在元康(前65—前61)之際爲博士,但其經義思想不合於武帝以來"霸王道雜之"的政治理念,故直到宣帝思想發生重大變化的甘露黃龍年間才得以形成師法。①

《詩》齊魯韓三家又爲何不在初置四家師法之列?王應麟認爲是由於文景帝時已置博士之故,②沈文倬則認爲武帝時三家《詩》仍爲私學,③王國維則認爲:"《儒林傳贊》綜計宣帝以前立博士之經,而獨遺《詩》齊魯韓三家,則疏漏甚矣。……因劉歆之言而誤。"④程元敏則在王氏的基礎上提出:《漢書·儒林傳》與《移讓太常博士書》一樣,"所執基本理念,亦在彰顯宣帝朝爲經學分爭別立時代,《詩》無分爭別立,自來只有三家,故不録列。"⑤按《移讓太常博士書》云:

> 夫禮失求之於野,古文不猶愈於野乎?往者博士《書》有歐陽,《春秋》公羊,《易》則施、孟,然孝宣皇帝猶復廣立《穀梁春秋》,梁丘《易》,大小夏侯《尚書》,義雖相反,猶並置之。

又《儒林傳贊》云:

> 自武帝立五經博士,開弟子員,設科射策,勸以官禄,訖於元始,百有餘年,……初,《書》唯有歐陽,《禮》后,《易》楊,《春秋》公羊而已。至孝宣世,復立大小夏侯《尚書》,大小戴《禮》,施、孟、梁丘

---

① 陳蘇鎮指出:"漢宣帝晚年思想曾發生重大變化,爲元帝和蕭望之轉變政策推行改革打開了方便之門。"見《〈春秋〉與"漢道"——兩漢政治與政治文化》,第327—329頁。

② (宋)王應麟:《困學紀聞》,上海古籍出版社2008年版,第1077頁。

③ 沈文倬:《黃龍十二博士的定員和太學郡國學校的設置》,《菿闇文存》,第563頁。

④ 王國維:《觀堂集林·漢魏博士考》,《王國維全集》第八卷,第112頁。

⑤ 程元敏:《〈漢書·藝文志、儒林傳贊〉論經學博士討核》,《編譯館館刊》2000年第2期。

《易》,《穀梁春秋》。至元帝世,復立京氏《易》。平帝時,又立《左氏春秋》、毛《詩》、《逸禮》、古文《尚書》。

《儒林傳贊》有"武帝立五經博士"一語,此王應麟説之所本,但文景時宦任"一經博士"的不止《詩》學的申培、韓嬰和轅固生,還有《書》學張生、《禮》學高堂生、《春秋》學胡母生、董仲舒等,此王應麟説不能圓融之處。若如程元敏氏所言——《儒林傳贊》旨在彰顯宣帝經學分爭別立,因而省略"無分爭別立"的《詩》學——但《儒林傳贊》下文又有平帝時立《毛詩》之語,可見"彰顯分爭別立"的只是《移讓太常博士書》,而《儒林傳贊》只是西漢各世設立師法之實録。

前列諸説都各有理據,也各自存在不能圓融之處。那麽三家《詩》和初置四家師法在發展的道路上有何不同呢? 文景時期申培、轅固生和韓嬰各自編集了"《詩》傳"或"《詩》故",但與同時期的《公羊傳》不同,這些著作有"皆非其本義"之譏。建元元光之際,不僅申公師徒的政治理念没能得到武帝的支持,韓嬰、轅固生的理念和態度也和董仲舒、公孫弘相左,致使三家《詩》在武帝朝逐步沉寂;至昭帝欲學《詩》時,《詩》三家博士竟然都要從民間重新徵召。雖然這些新召的《詩》學博士如韋賢、蔡義等位至三公,但並非由於《詩》學經義順應時勢,而是他們各自守成持重的性格和縱容霍氏的立場而已。直到宣帝中期以後,韋玄成、后倉諸弟子才開始重新爲《詩》增廣解説經義,故有《魯詩韋君章句》(即《漢志》"魯詩説")[1]和"《齊詩》出於后倉"一説。[2] 同時,朝廷的政治理念也正好有所

---

① 《五經異義》有"治《魯詩》丞相韋玄成説",其例與稱引《施氏章句》之"治《易》施讎説"相同;又"宗不復毁"條引"《詩》魯説",其義與元帝廟議韋玄成説同,是"《詩》魯説"即韋玄成説。(陳壽祺:《五經異義疏證》,第 157—158、56 頁。)《漢志》載"《詩》魯説"卷數與"三家《詩》經"同爲二十八卷,當爲依經爲説"訓故舉大義"的小章句(東漢以"説"爲"小章句"),故《漢執金吾丞武榮碑》有"治《魯詩經韋君章句》"語,即説明東漢以《韋君章句》爲《魯詩》"家法"而都習之。(洪適:《隸釋》卷一二,中華書局 1986 年版,第 139 頁。)

② 《漢書·藝文志》雖暗示景帝時轅固生有《齊詩傳》,但所列"博士書"中《齊詩》著作卻没有轅固《傳》而以后氏《故》、《傳》爲先。《漢書·儒林傳》應劭注亦云:"申公作《魯詩》,韓嬰作《韓詩》,后倉作《齊詩》。"后倉身爲《禮》學博士,在太學僅傳《禮》學;《齊詩》則爲其早年私授(故門人皆爲同郡子弟),待后氏弟子白奇、翼奉、匡衡爲《齊詩》博士時,才撰集師説,是爲《齊后氏故》和《齊后氏傳》。"故""傳"是西漢時弟子記述本師解説之體式,分別解説《齊詩》中的"訓故"和"大義"。

變動，三家《詩》師法這才終於成形。由此可見，三家《詩》因爲解釋體系不夠完備，政治理念也不合時宜，使他們錯過了初置於學官的機遇；他們的師法著述發端於文景時期，但直到宣帝晚期才在"第四代"宗師的增廣補充下得以完成——如此緩慢的"成長"過程，①導致史家在傳述時無法將其歸於哪一時期，所以闕如不載。

<h2 style="text-align:center">六、結　論</h2>

漢武帝先置五經博士獨尊儒術，然後擇取致用之學明確方向，最後推廣儒學教育風化四方。與之相應，師法的形成也需要具備專於儒經的博士、順應時勢的經義思想以及完備易懂的闡釋著作三項要素。因此師法在設置之初，與博士很難一一對應。各家師法皆以相應的解經著作命名，可見解經著作是師法的標誌。與此前各主其師、零散雜亂的親傳私授不同，師法傳承強調了經籍文本與解釋著作的核心地位，從而擺脫了親傳私授的個人依賴以及相應的地域限制，加上朝廷的利祿勸掖，官學儒術由此得以風行全國。此後，漢王朝更以師法、家法來確定博士官的名義和數目，以書籍著述爲核心的傳承模式在漢代數百年間不斷穩固，深刻影響了後世的學術傳承方式。

**後記：** 本文與晏子然合作，原刊於《孔子研究》(2018 年第 2 期)，今略有增補；本文亦爲思勉高研院入院項目部分成果。

博士期間，由於提前寫完了學位論文，終於有機會反省自己求學階段的得失。自弱冠之年志於經學以來，一直信仰乾嘉以來"以小學通經學"的道路，可是"訓詁通"和"大義明"是否存在必然關係？這令我陷入了"爲學日益，爲道日損"的困惑之中。至於求學期間最感興趣的問題，如殷周秦漢禮制的因革、今古經學的差異、章句義疏等解經體式的演變、漢唐經典學文獻的"名""實"關係等等，都沒有任何頭緒，尤其是"古典學有何作用"的自我追問更令我陷入了迷茫之中。學術固然可以是一種謀生手段，不過走上這條道路的人，其初心必然不爲稻粱。因此，當時的我十分渴望能有時間能潛心思索這些問題，以防將來撰寫論著時自欺欺人。聽說華東師大思勉高研院能"養士"三年，坐井觀天的我對自己成果的數量和品質還有些自信，於是我懷着忐忑的心情，將自己的簡歷、代表作與博士

---

① 　諸家傳經表皆以申公、轅固、韓嬰爲三家《詩》第一代宗師；以《魯詩》徐公、許生，《齊詩》夏侯始昌，《韓詩》趙子、賁生爲第二代；以《魯詩》韋賢、王式，《齊詩》后倉，《韓詩》蔡義爲第三代；以《魯詩》韋玄成、張長安、薛廣德，《齊詩》白奇、蕭望之、翼奉、匡衡，《韓詩》王吉、食子公爲第四代。

論文投給思勉高研院。當然，其中的難度也是可以預料的。不久之後，業師傅傑教授與虞萬里教授都告訴我，首先我要獲得其中一個院系的"推薦"與"保舉"，才會有一絲可能進入文史哲三系一所高評委的投票環節。——這令我有些絕望，畢竟自古以來，"薦舉"多出於"深入瞭解"，而我既非華東師大親傳後學，也非學界"大宗"之後，更不會"來事兒"，實在對這種"薦舉制"樂觀不起來。只是想到自己的授業恩師皆出於吉大、西北師大以及老杭大古籍所，還是很清楚自己的歸屬，便毫不猶豫地填報了古籍所。隨後，在焦急的等待中，傅、虞二師告訴我：古籍所嚴、劉兩位先生對你的學問和成果十分肯定。當我還在猶豫這種"肯定"是否是"安慰獎"時，便接到了思勉高研院的面試通知。面試分作兩天，第一天需要與古籍所嚴佐之、劉永翔兩位老師面談，第二天才是文史哲三系一所高評委投票。

面試之前，我照例十分緊張。作爲"社交恐懼症"的典型，只能在熟人面前侃侃而談，但在陌生的前輩面前卻徒剩戒慎恐懼。儘管來滬多年，卻僅在同門程羽黑兄、王園園女史的答辯會等少數場合見過兩位老師。當時兩位老師作爲答辯委員會主席，望之儼然；而參與旁聽的我，只在飯桌上叨陪末座，不知所措。所幸嚴老師見我穿着馬刺球衣，和我聊了下馬刺當年的戰績，使我在唯唯諾諾之餘能因偶遇"高齡球友"稍稍輕鬆。過去久聞劉老師詩文超絶天儁，而我又不通文辭音律，因此對劉老師特別畏懼。但恰巧我進思勉高研院面試的"第一關"就是劉老師，出於一校"文育"的心虛，初見劉老師時，便效仿程羽黑兄尊稱爲"劉老"。"劉老"表示這個稱呼十分不宜，讓我改稱"劉老師"即可。然後便聊起我的著作，既有大體的肯定，也指出了《經史答問校證》自序中遣詞造句的諸多毛病。隨後又從清代學術聊到古音通轉，尤其是衛聚賢以來對清代古音學至於章黃"無所不通，無所不轉"的批評。作爲戴東原、黃以周、鄒漢勳和"章黃學派"的"腦殘粉"，我立刻興奮忘我起來，自詡自己在"相挾而變"的基礎上搜集了許多例證，説明韻部的開合、等與聲紐通轉之關係。劉老師一聽也很有興趣，問我有哪些例證。結果由於此前太緊張，我竟然將此前費力整理的材料忘了幹凈。但我當時信誓旦旦地吹噓自己會儘快完成，"屆時再呈請劉老師賜教"。不過遲至今日，不僅這篇"作業"也沒有完成，小學功底也是愈加退步，自然也越來越不敢向劉老師求教。在思勉工作期間，我進一步確認，敬畏"劉老"絕對是明智之舉。一個偶然的機會，我有幸在高研院聆聽了劉老師用英語朗誦了莎士比亞的十四行詩，在場師生（其中不乏治外國文史哲者）和我一樣無不露出陶醉而難以置信之神情。這時我突然想起曾畢業於華東師大中文系的摯友龔兄曾説：華東師大校史上文學一科，學問精深者莫如徐震堮先生，只是著述不多，故而名聲遠不及其才學。後來才知道劉老師正是徐先生親傳，我於是感慨：對於古籍所的先生而言，論著只是學問冰山浮出水面的一角而已，莫説我這樣的小船要望而生畏，即便是巨輪也最好繞着走。

我面試時，嚴老師因故晚來，只是詢問了我未來的學術方向，並細心地告訴我將來還需要通過哪些程式，尤其是第二天高評委"公投"環節時要注意事項，並對我擔心的某個關鍵問題加以開導、疏導。不過第二天面試時，面對衆多名家的我又因緊張而僵硬，面對質疑，除了照本宣科和梗着脖子作答外，皆茫然無措，出了會場之後才悔之晚矣。後來會場上發生了什麼我也無從得知。所幸最終結果不算太壞，我還是"涉險"通過了十餘位資深研究員的評審。

我順利獲得思勉高研院的教職，感恩之餘，也未免困惑。我曾以爲今日之許多大學，首重"出身"、"經歷"與"成果等級"，其次才是成果的影響力，至於真實水準和學術潛力，則或爲再次了。畢竟前者光鮮與明顯，後者要"套現"也絕非一日之功。事後嚴老師告訴我，他和劉老師希望古籍所的年輕一代，既能志於古籍整理，又能基於發蘊顯微，撰文揭示舊籍的影響與價值。薦舉理由是我的成果能較好地兼顧兩者。雖然我自知在兩方面都有不足，但他們求實而不務虛華的態度還是令我感慨不已。這也促使我一改瞻前顧後的性格，讓我有足夠的勇氣以不求"績效"的放鬆心態來完成自己的既定目標。此後，有賴於思勉高研院優越的學術環境，使我有充足的時間返求本心、補完知識體系的不足。志學十餘年來積累的諸多疑惑，竟一一得以開解。孔子曰："朝聞道，夕死可矣。"儘管在思勉的成果還有待整合梳理，但能爲己而學、窺見知識的深淵，頗有"心願已了"之滿足。此外，旁聽嚴老師指導博士的課程也令我受益匪淺，例如他的目錄學觀念，啓迪了我以"類型學"觀念重新審視漢唐書志；而聽他講明清思想史的片段，則既令我羞愧於知識儲備之不足，也讓我堅定了立足文獻、放眼思辨之道路。

志學以來，目睹了文獻學日益嚴重的邊緣化。傳世文獻的整理與研究，本就費力不討好（對於我這樣心粗手殘的人更是費力），在高校新型評價體系的衝擊下，更是不免人心浮動。這種塊壘大概存於每一位古文獻學者的心中吧！過去作爲名旁觀者，看到華東師大古籍所一以貫之且不可思議而高品質產出，竟誤以爲有"985 高校"對古籍整理與研究事業如此支持；如今成爲古籍所的一員，才知這些成就都是老一輩先生犧牲個人產出換來的。我有幸目睹嚴老師與劉老師深厚的文史功底以及敏銳的邏輯思辨——這還只是他們學問的一部分，但已令我有高山仰止之歎，他們只要再有常人"私心"的幾分之一，便能在"評價體系"中獲得光輝燦爛的成就和回報。近來全國學校推廣績效以勸誘產出，古籍所顯然在這套"權重演算法"中吃虧甚多，尤其是古籍整理一項，更被排斥在"教學或科研工作"之外。面對如此強勢的荒誕，嚴老師說："學校可以不算，但我們自己不能看不起自己，還是要想辦法撥出款項用於古籍整理的績效獎勵。"由此看來，"人能弘道，非道弘人"，華師大古籍所之所以揚名海內外，乃在於嚴老師、劉老師等老一輩學者寵辱不驚、"自帶幹糧"的精神。放眼歷史上的某一時段，學術難免淪爲利祿之塗利祿之途，對真理與創新的追求與一時一地的評價體系或不能契合；但若能縱觀古今，則"人同此心，心同此理"，評價體系必將回歸其應有的標準。時代的"紅利"不會均沾，也未必酬勤，順時應勢的庸碌之輩在"風口"上起飛，本身便是對天賦與實幹的嘲弄與打擊。這種不公正具有強大的力量，足以讓人動搖信念、自怨自艾或轉變方向；但也有少數人"認清生活真相之後依然熱愛生活"。少時讀《孟子》，最愛"學問之道無他，求其放心而已"一句，但如何以學問來追尋本心，也曾令我苦惱萬分。不過現在看來，我因研究朱駿聲、嚴君平兩位隱士之故，而成爲嚴佐之、劉永翔兩位先生的學生兼同事，大概是命運自有指引且對我格外眷顧吧。

（樊波成，華東師範大學古籍研究所教師）

# 稀見明抄本《皇明肅皇外史》 與王世貞訂訛條目考辨

徐美潔

## 一、三種明抄本《皇明肅皇外史》

據《明神宗實録》《雍正陝西通志》《國榷》等載,范守己生平行實大概如下:范守己,字介儒,號岫雲,洧川(今河南開封)人,生於嘉靖二十一年(1542)。萬曆二年(1574)進士,萬曆三年至八年間任松江府推官,萬曆九年至十五年左右任南京刑部郎中,遷山西省按察僉事。萬曆十九年,因被參劾,調四川省僉事。萬曆二十四年,升陝西省左參議。萬曆三十三年,在茶陵知州任。至少在萬曆三十八年(1610),至崇禎二年(1629)之間,一直在兵部郎中任上。精星象曆學,著有《皇明肅皇外史》四十六卷,《御龍子集》七十七卷。

《皇明肅皇外史》於諸書目中記載的情況大致如下:

萬斯同《明史稿》卷一三四"藝文":"范守己《肅皇外史》四十六卷,一名《肅皇大謨》。"

祁承爜《澹生堂書目·史部上》:"《肅皇外史》四十六卷,六册,范守己。"

朱睦㮮《萬卷堂書目》卷二"編年":"《肅皇外史》十六册,范守己。"

黃虞稷《千頃堂書目》:"范守己《肅皇外史》四十六卷,一名《肅皇大謨》。"

《四庫全書總目提要》:"《肅皇外史》四十六卷,内府藏本。"[1]

---

[1] (清)紀昀等纂:《四庫全書總目提要》卷五四,中華書局1965年版,第485頁。

丁仁《八千卷樓書目》卷四："《肅皇外史》四十六卷,范守己撰,抄本。"

## （一）普林斯頓大學熙彦藏本

美國普林斯頓大學葛思德東方圖書館藏抄本《皇明肅皇外史》,共 16 册。《劍橋中國明代史》參考書目曾引此書,標注爲："范守己《皇明肅皇外史》,1582 年,未標識頁碼的抄本,格斯特東方圖書館,普林斯頓大學。"即爲此本《皇明肅皇外史》。四孔線裝,黄紙封面,封面無題簽。藍格白綿稿紙,半頁 10 行,行 17 字。四周雙邊,白口單魚尾,版心未刻書名、卷數及頁碼。前有范守己自序,序頁有"熙彦所藏善本"朱文方章,及"葛思德東方書庫之印"朱文方章。普林斯頓藏本因有"熙彦所藏善本"章,以下簡稱"熙彦藏本"。該抄本用端麗小楷抄成,行文書寫尊明諱,明代帝王廟諱,及"帝""詔""朝""太廟"等字前均空格尊諱書寫,當爲明抄本無疑。

抄本卷一至卷三均署"洧川范守己編著,吴郡王世貞訂訛",卷四起題"洧川范守己編",而不題"王世貞訂訛"諸字。卷前題名爲"皇明肅皇外史",其中數卷又題"皇明肅皇大謨"。訂訛條目,小楷正書於白紙簽條上,諸條簽粘於原文對應時間條目之上。熙彦藏本共有訂訛條目 99 條。

序頁的"熙彦珍藏善本"朱文章,我們傾向認爲收藏者"熙彦",當爲清嘉慶、道光間金山人錢熙彦。據《金山錢氏支莊全案》,錢熙彦與守山閣主人錢熙祚爲族兄弟,熙祚父樹蘭,熙彦父樹本,而樹蘭、樹本爲親兄弟。① 錢熙祚字錫之,號雪枝,守山閣主人,編有《指海》《守山閣叢書》等叢書。而錢氏家族聚族而居,群從兄弟安分讀書,皆有學養。

《金山錢氏支莊全案》載："故自壬辰以來,采輯古今書籍凡有關學問治術者,悉心校勘,或取宋元善本,或取《十三經注疏》,諸子、歷代史傳、稗官小説及唐宋類書,所引訂正魯魚,拾遺補闕,編爲《守山閣叢書》,分經、史、子、集四部,凡百有十種,共六百五十二卷。又仿歙鮑氏《知不足齋叢書》例,隨校隨刊,輯爲小集,取《抱朴子》語,名曰'指海'。"②則錢氏家族多藏書籍,且爲編刻叢書,彙聚不少善本。又董康序《指海》稱其所收書:"梁、唐迄清世不經見之秘笈及未經刊行之稿本,珍罕爲諸書之冠。"③

---

① 《金山錢氏支莊全案》,清光緒刊本。
② 同上。
③ 董康:《指海序》,《指海》排印本。

指其收有大量未刊行稿本。《指海》叢書中收録有王世貞著作《觚不觚録》《首輔傳》，從收藏淵源來説，錢氏家族收藏有王世貞訂訛稿本，似亦不足爲奇。上海圖書館藏三十二卷《弇州山人續稿》稿抄本，筆者辨爲王世貞家藏稿本，①兩種稿本形態及抄寫精工處，皆有相似之處。當然，僅憑稿本形態與收藏淵源的可能性，還不能作出王世貞訂訛真僞的判定，故此問題將在下文再作辨析。

### （二）抱經樓本

中國國家圖書館藏有另一全本明抄《皇明肅皇外史》，計 10 册。藍格白綿紙，半頁 9 行，行 17 字。四周雙邊，白口單魚尾。序頁有"四明盧氏抱經樓藏書記"朱文方章及"吴興劉氏嘉業堂藏書記"朱文長方章。將此本與普林斯頓葛思德東方圖書館所藏稿本較，相同之處在卷一至卷三皆題有"吴郡王世貞訂訛"諸字，書寫皆尊明諱；不同之處是，此抄本卷二、卷三内只署名"吴郡王世貞訂訛"，而不署"洧川范守己編著"，卷四起題名改爲"皇明肅皇大謨"。此抄本訂訛部分用墨筆書於天頭，字迹爲秀麗工整楷書，訂訛共 154 條。

國圖所藏抱經樓本，曾經葉昌熾品評鑒定。《緣督廬日記抄》卷一六"丙辰八月初三日"："閲抱經樓書畢，以圈點爲甲乙。甲二十五種，乙十八種，其餘皆糟粕矣。所取者最，録其目於後。……《肅皇外史》，明洧川范守己編，四十六卷，前有自序，藍格明抄本。"②此抄本先後爲抱經樓及嘉業堂所藏，以抱經樓所藏在前，故以下簡稱"抱經樓本"。

### （三）澹生堂本

國家圖書館另有明抄配清抄本《皇明肅皇外史》一種。此本總計 12 册，無行格，半頁 9 行，行 20 字。抄本第一册封二有丁丙跋語，行草小字書寫，間有塗抹，跋云：

> 《皇明肅王外史》四十六卷，明抄本，祁氏澹生堂藏書，洧川范守己編。守己介儒，洧川人，萬曆官至按察僉事。前有萬曆壬午六月自

---

① 參徐美潔《明鈔本〈弇州續稿〉的輯佚與校刊》，載《中國典籍與文化》2014 年第 3 期，第 81—83 頁。

② （清）葉昌熾：《緣督廬日記》卷一六，民國二十二年上海蟬隱廬石印本。

序，曰肅皇四十五之間，神謨廣運，泰道長亨，窮日不能殫紀。嘗聞太史氏纂我世宗《實錄》，官分六曹，草脫十稔，爲編五百六十有五，爲言蓋千有五百餘萬。即使頒之學士，課以翻閲，將有皓首未窮其帙者，而何窺功識德之能爲。守己移主都官，曹事頗簡，乃聚群劄，創撰肅謨事，巨者稍挈其領，用爲標識云。起正德十六年四月至十二月，次嘉靖元年。按年排卷，至嘉靖四十五年而止。有"昭代憲章"、"臣璞敬識"、"山陰祁氏藏書之章"、"淡生堂經籍記"、"子孫世珍"各圖記。①

卷首有《輯肅皇外史序》，序頁天頭有"四庫修存"方章，又有"善本書室"朱文方章，"八千卷樓丁氏藏書記"方章及"江蘇省圖書館善本書之印記"方章。此抄本明抄卷數只存 11 卷，明抄部分爲卷四至卷六，卷一四至卷二一，其餘爲清抄補齊。明抄部分可辨識之處爲，書寫尊明諱的特徵，以及澹生堂的藏書印記。收藏印計除上述"善本書室"等三枚外，尚有"澹生堂經籍記"朱文長方章、"山陰祁氏藏書之章"方章、"昭代憲章"方章、"八千卷樓"方章、"嘉惠堂丁氏藏書之記"方章、"臣璞敬識"方章，"子孫世珍"圓章等鈐印八枚。因此抄本原由"澹生堂"所藏，故下稱"澹生堂本"。

據上引丁丙跋文，可知其在作跋時，抄本尚爲完本明抄。缺失大部分卷次明抄，再配抄不全部分，當都在作跋之後。該本也有訂訛，以眉批形式書於天頭。因只餘 11 卷明抄，故訂訛條目較少，只餘 25 條。

以上三種明抄本，熙彦藏本與抱經樓本，卷前均題"王世貞訂訛"，澹生堂本未題"王世貞訂訛"。三種抄本内的訂訛條目數不同，但内容同源，顯是出於同一個源頭，訂訛爲同一人所作。

三種明抄本内的"王世貞訂訛"，各本所存條目數不同，其中抱經樓本存最多，計 154 條；熙彦藏本第二，存 99 條；澹生堂藏本只餘 25 條。將訂訛進行比勘，各本相同之條目不復計入，三種抄本内共有訂訛 163 條。前半爲正文提示語，以"正月""二月"等時間爲提示；如爲訂正史實，則摘正文作提示語。後半爲訂訛内容，並於括弧内注明出於何抄本。

---

① 國家圖書館藏明鈔《皇明肅皇外史》，册前丁丙跋。按：可參見丁丙《善本書室藏書志》卷八《史部》五"皇明肅皇外史四十六卷明鈔本"條。

## 二、訂訛内容及其與《明實録》關係

### （一）訂訛内容的同源性及傳抄時間判斷

訂訛條目的書寫，也與抄本正文一樣，尊明諱。如第 3 條訂訛："五月癸丑上武宗皇帝尊諱。"抱經樓本眉批作三行書，第一行"癸丑五月上"，"武宗皇帝"第二行頂格書，"尊諱"二字再起一行頂格書。又訂訛第十一條"系御史周相於詔獄，帝遣官察周相"，抱經樓本"帝"字另起行高一格書寫。又第 64 條訂訛："上奉皇太后謁山陵，幸十八道嶺，擇陵域。"熙彦藏本中條簽分三行書，"上奉"一行，"皇太后"三字另起行頂格，以示尊諱。所以訂訛條目，爲明人所作。

訂訛抄寫的誤字，抱經樓本與澹生堂本均有。如第 110 條"承裕"，抱經樓本"裕"誤作"搭"；第 118 條"張嶽"，抱經樓本"嶽"誤作"兵"；第 152 條"羅龍文"，抱經樓本"龍"誤作"乾"。第 58 條、第 63 條中的"費宏"，澹生堂本將"宏"字寫作"鋐"，又寫作"宋"。抱經樓本、澹生堂本的抄寫，有幾處顯然是抄寫者所犯的筆誤。而熙彦藏本所貼的條簽，未發現有明顯的錯誤。從準確性來説，三本中以熙彦藏本爲佳。

三種明抄本内的 163 條訂訛，澹生堂本 25 條，除第 84 條"俺答求貢不許"爲其獨有外，餘 24 條與另兩本重出。熙彦藏本有 12 條獨有，餘與另兩本互見；抱經樓本從條目來説最多，獨有者 57 條，餘與另兩本重出。可見這些訂訛，有某一個同一的來源，而不是各本自有獨立的訂訛系統，也不是由多人各自訂訛而成的，當出於一人之手，形成一個傳抄的源頭。抱經樓本與熙彦藏本内的"王世貞訂訛"署題，只系於卷一至卷三，説明兩個抄本間有亦步亦趨的同源關係。

### （二）訂訛所據材料與《明實録》

訂訛絶大部分爲增補史實，一部分爲訂正史事時間，再加少量的書寫體例品評、史評及判斷史誤等。史評類的訂訛條目，如第 54 條，針對《皇明肅皇外史》卷一四張延齡論斬的史論："論曰，我朝戚畹之寵無逾二張，得禍亦無逾二張。"①抱經樓本眉批訂訛云："彭城、惠安、安昌非伯乎？會

---

① （明）范守己：《皇明肅皇外史》卷一四，明鈔本，國家圖書館藏。

昌、慶宇、瑞昌非侯乎？"①這是針對前半句的史評，認爲外戚封賞過當的大有其人，非唯張鶴齡、延齡兄弟。王世貞《弇山堂別集》卷二有"兄弟封賞"，卷一二有"峻加"，卷一二有"勳臣超贈"，又卷三九《恩澤公侯伯表序》，對明代外戚勳臣的超常加封多有記録及論述。

訂訛第 127、133、148 條等，都是訂訛者對本書書寫體例的批評建議。"此不關係""此事非綱""只附注可也"，是指要對綱與目作好區別，史實間因果關聯不强的，不應寫入，以及根據史事對現實影響的大小，決定取裁。可見訂訛者是一位史學修養深厚，在史學著作書寫上有豐富經驗的人。

而訂訛究竟依據何種史料呢？筆者將訂訛與《明世宗實録》、《明史》、《國榷》、《明通鑒》、萬斯同《明史稿》等書，及其他一些明代史書進行了比對、梳理，認爲訂訛的内容，與《明世宗實録》（以下簡稱"明實録"）的重合度最高。總 163 條訂訛中，除去史評、書寫體例等 10 條外，只有 8 條訂訛與《明實録》不同，或《明實録》中不能對應，或糾正《明實録》之誤，餘 145 條，皆能與《明實録》對應。

如第九十二條"（三月）方士段朝用伏誅"，訂訛："不曾正法。"《明史·佞幸傳》說："帝怒，遂論死。"②《明史》清修，抄本爲明抄，自是不能比勘，但說明明抄訂訛自有所據。另比對《皇明大政記》（明雷禮著）、《明皇明法傳録嘉隆記》（明高汝栻著）、《皇明從信録》（明沈國元編）、《明政統綜》（明涂山輯）等書，均言段朝用乃"下獄論死"。唯有《明實録》的材料，卷二七一"嘉靖二十二年二月"："後朝用竟瘐死於獄。"③與訂訛同。另有沈德符在《萬曆野獲編》中記載："朝用與勳，相繼瘐死於獄。"④《萬曆野獲編》成書在萬曆晚期，從訂訛與《明實録》的高度重合來看，當然是依據《明實録》的可能性更大。

訂訛依據《明實録》而來，在條目中還有更確鑿的證據。如第 73 條："冀州棗强縣天鼓鳴，夜星隕爲石四。"對比《明實録》卷二三七"嘉靖十九

---

① 參國家圖書館抱經樓藏明鈔本《皇明肅皇外史》卷一四眉批。
② （清）張廷玉等：《明史》卷三〇七，中華書局 1974 年版，第 7898 頁。
③ 《明世宗實録》卷二七一，臺北中研院歷史語言研究所據國立北平圖書館紅格鈔本影印，1962 年，第 5343 頁。
④ （明）沈德符：《萬曆野獲編》卷二七《釋道·段朝用》，中華書局 1969 年版，第 699 頁。

年五月":"冀州棗强縣午時天鼓鳴,夜星隕石爲四。"①僅少"午時"兩字,顯然是依據《明實録》。另第四條,"(五月)策士於西角門",訂訛:"據《實録》,策士仍於丹墀。十八日西角門行禮,免傳制唱名及宴。"則直接指明所據爲《實録》。該條正位於《明世宗實録》卷二"正德十六年五月",原文如下:"上縗服御西角門,文武百官行叩頭禮,侍班鴻臚寺官引貢士就拜位贊,五拜三叩頭禮畢,各分東西侍立。鴻臚寺奏謝恩,見辭禮畢,上回文華殿,文武百官退,鴻臚寺引貢士赴奉天殿前丹墀内,伺候策問。"②廷試本當在三月,但此年因武宗病重,故等到五月,由嘉靖帝接手這項任務。所以,當時貢士是由西角門進入,行禮,再由西角門至丹墀。《皇明肅皇外史》錯記策士於西角門,有這個變動的原因在,但是只知其一,不知其二。《訂訛》對這種細節的訂正,於史實關鍵並無大干涉,幾乎有"炫智"之嫌,但對精於考訂之人來説,掌握有材料,必當訂訛之而後快。而此類訂訛,無《明實録》作依據的話,幾乎不可行。

## 三、訂訛出自王世貞辨析

### (一)明抄稿本《皇明肅皇外史》與王世貞的特殊關聯性

普林斯頓大學藏明抄稿本《皇明肅皇外史》前有"采據書目"一項,所列書目50種,其中王世貞著作《弇州山人四部稿》《鳳州筆記》《皇明異典述》《盛事述》《史乘考誤》等五種。其中《異典述》《盛事述》既有單行本,也有《弇山堂別集》本。目前據筆者所考,單行本刊行時間早於《別集》本。但《史乘考誤》最早刊於《弇山堂別集》中,《弇山堂別集》的刊刻時間爲萬曆十八年,距范守已寫定此書時已經八年。而且即使范守已在創作時,得見王世貞的這些未刊著作,但要如此全面地得到作者的未刊稿(甚至是未定稿),也不大可能。顯然這個"采據書目",應當是王世貞訂訛所采據的書目,而不是范守已創作《肅皇外史》所據書目。

二是稿本形態。普林斯頓藏稿抄本與上海圖書館所藏《弇州山人續稿》三十二卷稿抄本,在紙張、形態,乃至抄工的精細等處,都有諸多相似之處。經考據、辯證,筆者認爲上圖所藏《弇州山人續稿》稿抄本當爲王世

---

① 《明世宗實録》卷二三七,第4830頁。
② 《明世宗實録》卷二,第86—87頁。

貞家藏稿本。① 故普林斯頓藏稿抄《皇明肅皇外史》,當爲王世貞家藏物,作爲付刊稿存在。

三是稿抄本前題署"王世貞訂訛"的問題。作爲未能流傳的稿本,與坊刻本或其他刻本有巨大的差異,那就是,其非爲流通存在,亦非爲牟利而存在。既然非牟利、流通之書,冠以大名家之"訂訛",顯然就失去了作假動機,再結合王世貞家藏稿本特點,解釋爲其家藏物更合理。而其前三卷署"王世貞訂訛",而其後皆不署,正好説明這一問題。爲付刻所用,抄寫者於前幾卷寫定式樣後,並不一一署明"王世貞訂訛"字樣。

## (二) 王世貞與傳抄《明實録》

訂訛作者必有《明世宗實録》作爲依據,已在上文作推理説明。然而擁有《明實録》抄本者,都可能有哪些人士呢? 其與王世貞將如何關聯?

《明實録》的傳抄,謝貴安先生在《明實録研究》中認爲:

> 《明實録》尚有一些明代私人抄本及清初明史館抄本存留於世。明代抄本主要是神宗萬曆年開館重新謄録太祖至穆宗各朝《實録》、《寶訓》時,翰林院謄録官員及校對官員私下抄出,而在民間竟相傳抄的,所以今傳各本多爲穆宗以前各朝實録。……且私人抄録之《明實録》同樣面臨着禁燬的命運,故存者亦鮮。②

謝貴安先生的研究認爲,各朝實録的私下傳抄,在萬曆初年開館重謄各朝《實録》《寶訓》時。但我們認爲,士大夫私下抄出《實録》遠早於這個時間。據萬表《玩鹿亭稿》卷四《答章三洲祠部》云:"《高廟實録》爲小兒盡卷而還,昨已奉告,非敢爲秘。"③據《明儒學案》,萬表卒於嘉靖丙辰三十五年(1556),④則其家抄録有《實録》的時間至少在嘉靖三十五年以前。

章三洲即鄞縣人章檖,字邦正,號三洲,嘉靖十四年乙未(1535)年進

---

① 參徐美潔《明鈔本〈弇州續稿〉的輯佚與校刊》,載《中國典籍與文化》2014 年第 3 期,第 81—83 頁。

② 謝貴安:《明實録研究》,(臺北)文津出版社 1995 年版,第 341 頁。

③ (明)萬表:《玩鹿亭稿》卷四,明萬曆萬邦孚刻本。

④ (清)黃宗羲著,沈芝盈點校:《明儒學案》卷一五,中華書局 1985 年版,第311 頁。

士。萬表與其書信中討論抄出的《高廟實録》，證明實録私下傳抄時間遠早於萬曆初年。單就王世貞來作考察，有證據顯示，萬曆年間，王世貞擁有大量《明世宗實録》材料。

王世貞與《明世宗實録》的總裁官徐階交好，兩家爲世交，王世貞在其父像贊中説："少師徐公階讀而善之，以爲諸葛武侯陸敬輿之流也。"①可見其感念徐階對其父的提攜獎掖之恩。而且因爲反對嚴嵩的共同的政治立場，徐階與王氏父子關係亦較密切。王世貞爲徐階所作的《徐文貞公行狀》，從《弇州山人續稿》卷一三六至卷一三八，整整三卷，而爲其父所作《先考思質府君行狀》，②也只是一卷而已，以此亦可見二人關係之密切。其實王世貞與《明世宗實録》的副總裁王錫爵更親密，二人所居同里，萬曆八、九年間，更是同拜王錫爵之女曇陽子爲師，至爲人彈劾，不可謂不密。從嘉靖年間即有傳抄的《明實録》來看，禁令在現實中不一定能得到貫徹實施，私下抄出早就存在。據《明神宗實録》，《明世宗實録》於萬曆五年八月成書而獻，在此後幾年，王世貞都有機會獲得該實録的傳抄本。

現存的萬曆四十三年刻本張孚敬《張文忠公集》，在李維楨等人的序後有一篇《國史傳》，即抄自"國史"的張孚敬傳。起自："世宗肅皇帝嘉靖己亥春二月致仕少師兼太子太師、吏部尚書、華蓋殿大學士張孚敬卒。"訖至："然終嘉靖之世，語相業者迄無若孚敬云。"筆者將此《國史傳》與《明世宗實録》卷二二一"嘉靖十八年二月"中所載張孚敬傳比勘，二者隻字不差。可知"國史"指《明世宗實録》。

該《國史傳》後有張孚敬之孫張汝紀手書跋一通，説明此傳的來歷："萬曆壬午，汝紀訪鳳洲王公於弇園，極頌肅皇帝與先太師際遇始終之盛，自明興無兩焉。因手録此傳見貽，今奉梓於集之像後，用識先勳云。孫汝紀薰沐拜手書。"③

由此跋可確知，萬曆十年壬午（1582），王世貞在張孚敬之孫汝紀到訪弇園時，將《明世宗實録》中關於張孚敬的官方個人小傳，手録相贈。這是王世貞擁有傳抄《明世宗實録》、至少是一部分實録的確證。

---

① （明）王世貞：《弇州山人續稿》卷一五一《吳中往哲贊》，明萬曆世經堂刻本。
② （明）王世貞：《弇州四部稿》卷九八，明萬曆五年世經堂刻本。
③ （明）張孚敬：《張文忠公集》卷首《國史傳》，《四庫全書存目叢書·集部》第77 冊，影印明萬曆四十三年張汝紀增修刻本，齊魯書社 1996 年版，第 18 頁。

## （三）訂訛中張孚敬條目與王世貞的獨特相關性

從張孚敬個人行實説起。訂訛第五十六"張孚敬致仕"條，綱下有文云："張孚敬在閣日久，痰暈屢作，連疏乞歸。"熙彦本與澹生堂本的條簽及眉批爲："三月初事。"

關於張孚敬的致仕時間，《明史》："十四年春得疾，……遂屢疏乞骸骨。"①只是講到十四年春，並未具體到月。談遷《國榷》："十四年四月，張孚敬有疾，賜藥餌手敕。"②夏燮《明通鑒》："四月，張孚敬以疾在告，屢疏乞休，不許。……甲午，復請致仕，許之。"《明世宗實録》："（十四年四月）甲午，大學士張孚敬以疾屢疏乞歸，上乃許之。"③從上述可見，最常見、通用的明史材料中，都將張孚敬致仕歸在此年四月，《明實録》也不例外。最可信的證據當然是來自本人，張孚敬《張文忠公集詩稿》"乙未"年詩有《四月五日賜歸》："朝例初頒麥餅香，病夫今日賜還鄉。敢論天上風雲會，得見山中日月長。"④

《明實録》中只載張孚敬三月間得疾乞休，未言何病。《文集》中寫明是"痰火"，訂訛於此辨析毫釐，於史實並無多大關係，可見訂訛作者一是對張孚敬的材料了然於胸並有資料依憑，二是對此關心較多。而王世貞恰好具備這兩個條件，所以做了這條看似不簡潔、"不關係"的訂訛。

## （四）王世貞與《皇明肅皇外史》作者范守己的交往

王世貞與《皇明肅皇外史》的作者范守己交往頗深，王世貞曾爲范守己之母王孺人作傳，稱："蓋余與松江司理范君介儒善，而得其所稱母王太孺人事者。"⑤可見二人交往始自萬曆初年范守己任松江推官時。范守己《御龍子集》卷四六有《與王元美先生》信。范守己於萬曆三年至八年間任松江推官，這幾年王世貞正鄉居，與時任青浦知縣屠隆（二人共同的朋友）交往亦密，時有過從。范守己此信述己對王世貞文章才華之仰慕，購讀其《艷異編》《尺牘清裁》《四部稿》等著作，並寄上自己的作品結識於王

---

① 《明史》卷一九六《張璁傳》，第 5180 頁。
② （明）談遷：《國榷》卷五六，中華書局 1958 年版，第 3514 頁。
③ 《明世宗實録》卷一七四，第 3776 頁。
④ （明）張孚敬：《張文忠公集·詩稿》卷四，《四庫全書存目叢書·集部》第 77 册，第 78 頁。
⑤ （明）王世貞：《弇州續稿》卷七三《范母王太孺人傳》。

世貞,並得到賞識。

此後,二人交往甚密。王世貞好客,范守己亦時常往太倉王氏衹園游宴。同卷《又與元美》書:"遙憶衹園芙蓉萼秀,菊蕙含芳,水際亭畔,大添佳致。日與公榮二三輩,浮大白觴咏其間,不復問頭上進賢冠有無,足稱大愉快。"①又同書卷三二有"曇陽仙師傳"一篇,詳記曇陽子得道升化,及王錫爵、王世貞靈遇事。可見其時,范守己也入爲曇陽弟子。當時的曇陽弟子一般是經由"二王"(王錫爵、王世貞)引薦認可的,可見范守己與王世貞之間,已由文章之交,進而到詩酒飲宴、過從密切,並有共同的思想信仰之類的交流,可謂密切。

王世貞曾計畫幫助范守己刊刻著作。《御龍子集》卷四六《又與元美》:"己讜陋未窺作者之津筏,欲刻畫無鹽、唐突西子,亦足發一大噱。乃承台諭,欲付之梓人,實逡巡惶惑,不敢加災片木也。不承不賜鄙夷,力加鉛澤,獎借進於古之人。人豈不自知?不佞固自膚立,那得當此談談之許,亦時加淬礪,求無負於名言耳。"②信中透露,范守己有一部已經完成的著作呈給王世貞觀覽,得到他的肯定,並明確表示要爲其付刻。范守己對此是既謙虛又欣喜的。"力加鉛澤",可理解爲獎飾,但上文說王世貞對己予以獎諭,都是謙稱"不賜鄙夷""不賜大叱",故此處"力加鉛澤"之語,當指王世貞對其著作有修訂、批改,與抄本中的"王世貞訂訛"之題,正是相合。

范守己於萬曆十五年間尚在南京刑部任上,萬曆十九年時已在山西省按察僉事任上被劾,調別省(參上文行實),而其《御龍子集》遲在萬曆十八年編集撰刻,其年王世貞去世。故參考二人的交往時間,范守己於萬曆十年六月已完稿的《皇明肅皇外史》,是最有可能呈給王世貞評定的著作,並得到王世貞的首肯而計畫刊刻。

## 小　　結

今熙彥藏本的稿本形態,筆者判斷與上海圖書館藏明抄《弇州山人續稿》稿本有相似性,條簽訂訛的形式也類於付刻本的形態。故本文認爲,現存所見三種明抄本《皇明肅皇外史》中的"王世貞訂訛",是爲可信。乃

---

① (明)范守己:《御龍子集》卷四六,明刻本。
② 同上。

是萬曆十年,范守己在成完成書稿後,寄王世貞一本以求評定,故王世貞家藏有此書稿本。又因王世貞贊賞此書並打算付刻,故曾作訂訛,並可能有付刻稿本的形態存在。此書雖最終未能付之刊刻,但附有訂訛的抄本也隨之有少量流傳。

原刊於《上海交通大學學報》2018 年第 3 期
（徐美潔,文學博士後,知名專欄作者）

# 《太平聖惠方》考

## 王　珂

　　天水一朝,中國傳統醫學空前興盛,取得了不少輝映古今的成就,其間又以方書的編纂最稱特出。在宋代公私編纂的衆多方書中,若要論影響的深遠廣大,當以《太平聖惠方》爲冠冕。這部由宋太宗敕令編纂的醫籍,因卷帙宏富、體例嚴謹,搜羅有效名方萬餘種,故殺青之日就被視爲典範之作,不僅沾溉後世,而且在整個東亞地區的醫學史上也占據了十分重要的地位。

## 一、《聖惠方》編纂時間發覆

　　《聖惠方》書前有一篇太宗親撰的序文,文章不短,但是對該書的編纂時間卻隻字未提。關於這個問題,兩宋文獻中要數王應麟《玉海》的記載最爲詳贍,是書卷六三《藝文·藝術》"太平聖惠方"條云:

　　　　太宗留意醫術,自潛邸得妙方千餘首。太平興國三年(978),詔醫官院獻經驗方合萬餘首,集爲《太平聖惠方》百卷,凡千六百七十門,萬六千八百三十四首,并序論、總目録。每部以隋巢元方《病源候論》冠其首,凡諸論證品藥功效悉載之。目録一卷。御製序。淳化三年(992)二月癸未,賜宰相李昉,參政黄中、沆,樞臣仲舒、準。内出五部賜。五月己亥頒天下,諸州置醫博士掌之。(原注:《書目》:首卷興國中王懷隱等承詔撰。　慶曆四年正月,賜德順軍。)①

_____

① 　(宋)王應麟:《玉海》第 2 册,江蘇古籍出版社、上海書店 1987 年版,第1196 頁。

就事論事,這條史料的行文清楚明白,似乎無懈可擊,但我們若將《聖惠方》重新歸置到太宗朝由中央政府主持修纂的一系列大型書籍的序列中,就會發現事情並非同表面呈現出來的那樣簡單,而是存在着令人費解的矛盾。

太宗在位期間,爲了標榜文治,陸續下詔組織人員編纂了四部大型典籍,分別是:《太平御覽》(一千卷)、《太平廣記》(五百卷)、《神醫普救方》(一千卷)和《文苑英華》(一千卷)。四書的編纂起訖時間,《續資治通鑑長編》《玉海》及《宋會要輯稿》都有確切的記録。① 依據這些相互印證的文獻,我們可以對各書編纂所費時間做一番簡單的統計,結果各爲六年、一年、五年與四年。按上引《玉海》之文,《聖惠方》凡百卷,卷帙絶不算少,但與前四者相比只可視爲小巫,可用於編纂的時間竟長達十四年之久,反倒遠超四大書。而且太宗在序中曾清楚指出:"朕昔自潛邸,求集名方,異術玄針,皆得其要。兼收得妙方千餘首,無非親驗,并有準繩。貴在救民,去除疾苦。并遍於翰林醫官院,各取到經手家傳應效藥方,合萬餘道。令尚藥奉御王懷隱等四人校勘編類。"②換言之,該書資料的搜集早在太宗繼位前就已開始了。按常理論,在有充分準備的條件下,工作的進展速度應該更快,可結果卻出乎意料得慢。對此,合理的解釋只能有三種:要麼《玉海》記載有誤,要麼有現存史料未曾揭示的特殊事件延緩了《聖惠方》的編纂,要麼兼而有之。究竟爲何呢? 南宋陳振孫《直齋書録解題》卷一三"醫書類""太平聖惠方"條云:

> 《太平聖惠方》一百卷　太平興國七年(982),詔醫官使尚藥奉御王懷隱等編集。御製序文。淳化三年(992)書成。③

對於開始編纂《聖惠方》的時間,直齋爲我們提供了另外一種記録。儘管陳氏是兩宋有名的大藏書家,其言當有所本,但研究者大概懾於《玉海》所

① 參見《玉海》卷五四《藝文·類書》"太平興國太平御覽、太平廣記"條,第2冊,第1030頁;卷六三《藝文·藝術》"雍熙神醫普救方"條,第2冊,第1196頁。又,(清)徐松輯,劉琳、刁忠民、舒大剛、尹波等點校:《宋會要輯稿·崇儒五》"編纂書籍"之"文苑英華"條,上海古籍出版社2014年版,第5冊,第2835頁。

② (宋)趙光義:《御制〈太平聖惠方〉序》,見(宋)王懷隱等編,鄭金生、汪惟剛、董志珍校點《太平聖惠方》,人民衛生出版社2016年版,第9頁。

③ (宋)陳振孫撰,徐小蠻、顧美華點校:《直齋書録解題》,上海古籍出版社1987年版,第387頁。

載"宋一代之掌故率本諸《實録》《國史》《日曆》,尤多後來史志所未詳。其貫串奥博,唐宋諸大類書未有能過之者",①因此基本都未採信《解題》的這條記載。然誠如上文所論,王應麟之説頗有可疑之處,在未經分析之前,實不應該盲目地相信和接受。《長編》卷三三"淳化三年(992)五月己亥"條云:

> 上復命醫官集《太平聖惠方》一百卷,己亥,以印本頒天下,每州擇明藝術者一人補醫博士,令掌之,聽吏民傳寫。②

這條史料對於何時開始編纂《聖惠方》未作任何交代,不過其開首"上復命"三字卻顯得有點突兀。據《玉海》卷六三《藝文·藝術》"雍熙神醫普救方"條,可知太平興國六年(981)十月丙戌,太宗下詔,命"賈黄中等於崇文院編録醫書",③此即編纂《普救方》之始。《長編》卷二二"太平興國六年(981)十月丙戌"條對此事亦有記載:

> 命駕部員外郎、知制誥賈黄中與諸醫工雜取歷代醫方,同加研校,每一科畢,即以進御,仍令中黄門一人專掌其事。④

若按照時間先後順序,將上引《長編》的兩條史料連綴起來,然後結合《解題》的記載來思考,就發現"上復命"三字並非毫無著落。易言之,只有《普救方》的正式編纂工作先於《聖惠方》啓動,史家才會用"復"字來形容太宗下達給王懷隱等醫官的詔令。那麽《玉海》所謂"太平興國三年(978),詔醫官院獻經驗方合萬餘首,集爲《太平聖惠方》百卷"者,⑤對此正確的理解就應是,太宗於該年命醫官院徵集具有療效的藥方,而非下詔開始編纂方書,二者内涵不同,不能混爲一談。

關於《聖惠方》的成書時間,衆書無異辭,均作淳化三年(992)。當

---

① (清)紀昀等:《四庫全書總目》卷一三五《子部·類書類一》"玉海"條,中華書局 1965 年版,第 1151 頁。

② (宋)李燾:《續資治通鑑長編》第 2 册,中華書局 2004 年版,第 736 頁。

③ (宋)王應麟:《玉海》第 2 册,第 1196 頁。按,"救"原誤作"效",今改。

④ (宋)李燾:《續資治通鑑長編》第 1 册,第 503 頁。

⑤ (宋)王應麟:《玉海》卷六三《藝文·藝術》"太平聖惠方"條,第 2 册,第 1196 頁。

然,嚴格地講,這只是該書刊行頒布天下的年份,而纂成進覽必定還要早一些,很有可能是在此之前幾年。總之,編纂刊行《聖惠方》耗費了大約十年,可謂相當漫長。之所以會出現這種情況,當與《普救方》的編纂存在關係。由於參與纂修的醫官人手有限,且後者卷帙浩繁,因此很難做到兩書兼顧並舉,故先集中力量編定前者應是較爲合理的選擇。

至於爲何要在同一時間段動用大量人力、物力編纂兩部大型方書,這恐怕與宋太宗的設想密切相關。千卷的龐然大物《普救方》,在當時的物質技術條件下,其實很難廣泛流布,它不過是帝王"潤色鴻業"的擺設,幾乎不具備真正的傳播價值。也許爲了彌補此不足,以便仁政廣施,"冀溥天之下,各保遐年,同我生民,躋於壽域",①再編纂一部卷帙較小、方便利用的醫書,自是首選。出於這樣的考慮,《聖惠方》也就應運而生了。

## 二、兩宋時期《聖惠方》的刊印與流傳

五代時期,雕版印刷術已逐漸走向成熟,繼之而起的宋廷充分利用了這一新技術。《聖惠方》編纂告竣後不久,就被付之剞劂,從而化身百千。淳化三年(992)五月己亥《行〈聖惠方〉詔》曰:

> 朕軫念黎庶,慮其夭枉,爰下明詔,購求名方,悉令討論,因而綴緝,已成篇卷,申命雕鐫,宜推流布之恩,用彰亭毒之意。其《聖惠方》並《目錄》共一百一卷,應諸道州府各賜二本,仍本州選醫術優長治疾有效者一人,給牒補充醫博士,令專掌之。吏民願傳寫者並聽。先已有醫博士即掌之,勿更收補。②

以成書於雍熙(984—987)末至端拱(988—989)初的《太平寰宇記》所列道州府數爲標準,其時全國有13道、261州、10府,③按此推算,賜各道州府的《聖惠方》共計568部,近六萬卷之巨,即便按照今日的技術水平來看,印數都不能説少。而太宗皇帝的這道詔令也得到了很好的貫徹與執

---

① (宋)趙光義:《御制〈太平聖惠方〉序》,見《太平聖惠方》,第9頁。

② (宋)司義祖整理:《宋大詔令集》卷二一九《政事》七二"醫方",中華書局1962年版,第842頁。

③ 參見(宋)樂史《太平寰宇記》,中華書局2007年版。

行,兹舉一例,以見其餘。至道二年(996)十月二十四日鄉貢進士李湛所撰《重修延福禪院記》中提及:

> 蘇州常熟縣海隅山,舊有延福禪院。……淳化三年(992),上御製草書《急就章》一卷、《逍遥咏》一十一卷、《秘藏銓》三十卷、《太平聖惠方》一百册藏焉。①

淳化三年(992)頒行《聖惠方》,大概是該書初刊首印後在宋代規模最大的一次流傳。太宗此舉措爲後世趙宋帝王樹立了良好的榜樣,形成了一個類似於"祖宗家法"的傳統。僅以《長編》爲例,真宗景德與大中祥符間、仁宗慶曆間、神宗熙寧間皆有頒賜《聖惠方》給畿縣及地方州軍監的記録。② 今本《長編》係清代四庫館臣從《永樂大典》中輯録而成,徽、欽兩朝全闕,英、神、哲三朝亦非完帙,這些佚失的部分是否載有類似之事,今已不得而知,但以常理論,可能性應當較大。此外,兩宋中央與地方政府,還不時組織人力重刻《聖惠方》以滿足社會的需要。據學者統計,目前已知者就有三次。③ 實用性的書籍往往後出轉精,隨着新方書的出現,《聖惠方》的使用率難免會漸趨降低,不過終宋一代,其經典地位始終不曾動摇,這點在公私兩方面都有所反映。無論是太醫局醫生的考試教材,④還是士人的鄴架之藏,⑤其身影均在在可見。迄至明初,成祖朱棣下詔編纂

① (宋)范成大:《吳郡志》卷三五"寶嚴禪院"條,江蘇古籍出版社1999年版,第519頁。

② 參見(宋)李燾《續資治通鑑長編》卷六三"景德三年(1006)七月壬子"條,第3册,第1412頁;卷六六"景德四年(1007)九月壬申"條,第3册,第1487頁;卷六八"大中祥符元年(1008)三月丁丑"條,第3册,第1529頁;卷八四"大中祥符八年(1015)四月己巳"條,第4册,第1926頁;卷一四六"慶曆四年(1044)正月丙子"條,第6册,第3532—3533頁;卷二三七"熙寧五年(1072)八月辛丑"條,第10册,第5776頁。

③ 韓毅:《政府治理與醫學發展:宋代醫事詔令研究》,中國科學技術出版社2014年版,第65頁。

④ 參見《宋會要輯稿·職官二二》"太醫局"、"嘉祐六年(1061)二月一日"條:"其試醫生大方脈:《難經》一部,《素問》一部,二十四卷。小方脈:《難經》一部,《巢氏》六卷,《太平聖惠方》一宗共十二卷",第6册,第3635頁。

⑤ 參見(宋)尤袤《遂初堂書目》"醫書類",見《宋元明清書目題跋叢刊》第1册,中華書局2006年影印海山仙館叢書本,第494頁;(宋)晁公武撰,孫猛校證:《郡齋讀書志校證》卷一五"醫書類",上海古籍出版社1990年版,第728頁。

《永樂大典》，尚將全書收入，今殘本《大典》中仍存有不少《聖惠方》條目。很可惜的是，大約就在明代，《聖惠方》漸漸湮没無聞，並最終失傳。

所幸《聖惠方》不僅在海內廣泛傳布，還遠播域外，其中尤以高麗和日本爲大宗。日本於晚唐停派遣唐使後，中日兩國間的官方來往即告終止，但民間交流依然非常頻繁密切。《聖惠方》能夠傳至東瀛列島，應該就是通過民間的商貿、宗教交往而達成實現的。只是由於屬於非官方性質，自然缺乏政府方面的相關記録，然而仍有一些文獻記載曲折地反映了當時的盛況。森立之、多紀元昕《經籍訪古志補遺·醫部》著録了三部南宋殘刻本《聖惠方》，三者皆鈐有"金澤文庫"印，後從庫中散出，分別爲尾張藩、聿修堂、崇蘭館三家收藏，經比勘，實屬同一版本，均係紹興十七年福建路轉運司公使庫刊印。① 除此之外，日本還湧現出不少鈔本，也不同程度地保存了全書的舊貌。今天這些本子都成爲學者們整理與研究《聖惠方》的基礎，足見該書在日本流傳影響之深遠。

《聖惠方》傳往朝鮮半島則應該是當時朝貢貿易所致。據《長編》所載：真宗大中祥符八年（1015）十一月癸酉，"高麗進奉使、御事民官侍郎郭元與東女真首領何盧太來貢……明年，辭還，賜其主詔書七函、衣帶、器幣、鞍馬及經史、《聖惠方》、曆日等"；② 又，天禧五年（1021）九月甲午，"權知高麗國王事王詢遣告奏使、御事禮部侍郎韓祚等百七十人來謝恩，且言與契丹修好，又表求陰陽、地理書、《聖惠方》，並賜之"。③ 後者在《高麗史·世家》卷四"顯宗一"中亦有記録："（壬戌十三年五月）丙子，韓祚還自宋，帝賜《聖惠方》、陰陽二宅書、《乾興曆》、釋典一藏。"④高麗遣使宋廷求書當然絕不止上述兩次，哲宗元祐八年（1093）二月二十六日，蘇軾三上《論高麗買書利害劄子》，文云：

> 臣近再具劄子，奏論高麗買書事。今准敕節文，檢會《國朝會要》：淳化四年、大中祥符九年、天禧五年曾賜高麗《九經書》、《史

---

① ［日］森立之、多紀元昕：《經籍訪古志補遺·醫部》，見［日］澁江全善、森立之等撰，杜澤遜、班龍門點校《經籍訪古志》，上海古籍出版社 2014 年版，第 308—309 頁。

② （宋）李燾：《續資治通鑑長編》卷八五，第 4 册，第 1957 頁。

③ （宋）李燾：《續資治通鑑長編》卷九七，第 4 册，第 2255 頁。

④ （韓）金宗瑞、鄭麟趾等：《高麗史》，萬曆四十一年（1613）朝鮮太白山史庫鈔本，韓國首爾大學藏。

記》、《兩漢書》、《三國志》、《晉書》、諸子、曆日、聖惠方、陰陽、地理書等，奉聖旨，依前降指揮。臣前所論奏高麗入貢，爲朝廷五害，事理灼然，非復細故。……臣所憂者，文書積於高麗，而流於北虜，使敵人周知山川嶮要邊防利害，爲患至大。雖曾賜予，乃是前日之失，自今止之，猶賢於接續許買，蕩然無禁也。①

澶淵結盟之後，宋、遼雖然通使交好，實際上各自私下仍將對方視作敵國，相互提防。高麗小國附庸，依違周旋於遼、宋兩大國之間，蘇軾擔憂前者將得之於宋的書籍轉手奉送給遼，希望朝廷加以禁止，這從動機來看，同"契丹書禁甚嚴，傳入中國者法皆死"的做法完全一致。② 只可惜，這個建議最終並未被朝廷採納。不過，即便宋廷禁止賜售書籍給高麗，恐怕類似《聖惠方》這樣的醫藥類書籍還是很難不流傳到異國他鄉。

## 三、《聖惠方》閱讀、使用情況蠡測

任何一部書籍的作者或編者在書寫自己的作品時，其心目中都必定存有一個預設的讀者或讀者群，這就是"假想讀者"（assumed reader），也可被稱爲"受衆""訴求對象"。《聖惠方》自然亦不可能例外。儘管宋太宗趙光義並未參與編纂的具體工作，但他的意圖必定被奉作指針圭臬，在編修過程中得到貫徹執行。書前太宗序文云：

> 朕尊居億兆之上，常以百姓爲心，念五氣之或乖，恐一物之所失，不盡生理。朕甚憫焉，所以雜閱方書，俾令撰集，冀溥天之下，各保遐年，同我生民，躋於壽域。今編勒成一百卷，命曰《太平聖惠方》，仍令雕刻印版，遍施華夷。凡爾生靈，宜知朕意。③

這幾句話清楚地交代了編纂《聖惠方》的動機和目的。在太宗的美妙構想中，其"假想讀者"囊括了普天之下、率土之濱的所有臣民，不分年齡、性

---

① 孔凡禮點校：《蘇軾文集》卷三五《奏議》，中華書局 1986 年版，第 3 册，第 1000 頁。

② （宋）沈括撰，金良年點校：《夢溪筆談》卷一五《藝文》二，中華書局 2015 年版，第 151 頁。

③ （宋）趙光義：《御制〈太平聖惠方〉序》，見《太平聖惠方》，第 9 頁。

別、身份與種族。如此恢弘的願景當然不能説不好,但事實上卻往往只是帝王好大喜功和一廂情願的幻夢。以當時社會的客觀條件論,絕無實現的可能。

帝國疆域廣大,即便如宋太宗般雄心勃勃、手腕强硬的統治者的旨意,頒布後,在地方也很難被認真落實。走形變樣、刻意規避是政策施行中司空見慣之事,古今中外概莫能外。慶曆間,蔡襄知福州事,任上作《聖惠方後序》,並親書於碑石,有云:

> 太宗皇帝平一宇内,極所覆之廣,又時具氣息而大蘇之。乃設官賞金繒之科,購集古今名方與藥石診視之法,國醫詮次,類分百卷,號曰《太平聖惠方》。詔頒州郡,傳於吏民。然州郡承之,太率嚴管鑰、謹曝涼而已,吏民莫得與其利焉。閩俗左醫右巫,疾家依巫索祟,而過醫之門十才二三,故醫之傳益少。①

福州地區的地方官吏對朝廷之命陽奉陰違,將皇帝賜予的方書束之高閣,這既出意料之外,亦在情理之中,但肯定不可能只是個案。反倒是蔡君謨式勤政愛民、留心庶務的士大夫官員應當屬於官僚群體中難得一見的異數。

此處,蔡序還牽涉另外一個問題,即所謂“信巫不信醫”,而此問題關涉風俗文化,較之官吏們的怠惰、不負責恐怕更影響《聖惠方》之類醫籍的閱讀和使用。錢鍾書先生曾指出:“夫初民之巫,即醫(shaman)耳。……醫始出巫,巫本行醫。……醫藥既興,未能盡取巫祝而代之。……舊俗於巫與醫之兼收並用也。巫祝甚且僭取醫藥而代之,不許後來者居上。”②儘管“華夏文化,歷數千載之演進,造極於天水一朝”,③但也只是相對而言,其實兩宋時期的社會依舊巫風瀰漫。《宋史》卷二四三《后妃傳》下就記載了一件富有象徵意味的事情:

---

① (宋)蔡襄:《宋端明殿學士蔡忠惠公文集》卷二六,見舒大剛主編《宋集珍本叢刊》第7册,線裝書局2004年影印清雍正甲寅刻本,第166頁。

② 錢鍾書:《管錐編·史記會注考證》四二“扁鵲倉公列傳”,三聯書店2007年版,第553頁。

③ 陳寅恪:《鄧廣銘〈宋史職官志〉考證序》,見《金明館叢稿二編》,三聯書店2001年版,第277頁。

　　會(昭慈聖獻)后女福慶公主疾,后有姊頗知醫,嘗已后危疾,以故出入禁掖。公主藥弗效,持道家治病符水入治。后驚曰:"姊寧知宮中禁嚴,與外間異邪?"令左右藏之。俟(哲宗)帝至,具言其故。帝曰:"此人之常情耳。"后即爇符於帝前。宮禁相傳,厭魅之端作矣。①

在具有全國最好醫療條件的宮廷中仍然巫醫並用,江湖草野則更毋論矣!曾敏行《獨醒雜志》卷三云:

　　廣南風土不佳,人多死於瘴癘。其俗又好巫尚鬼,疾病不進藥餌,惟與巫祝從事,至死而後已,方書藥材未始見也。景德中,邵曄出爲西帥,兼領漕事,始請於朝,願賜《聖惠方》與藥材之費,以幸一路。真宗皆從其請,歲給錢五百緡。今每歲夏至前,漕臣製藥以賜一路之官吏,蓋自曄始。②

曾氏的記述堪稱實録,然而遠非全貌,真實情況大概要嚴重得多,《長編》卷一〇一"天聖元年(1023)十一月戊戌"條載:

　　詔江南東西、荆湖南北、廣南東西、兩浙、福建路轉運司:"自今師巫以邪神爲名,屏去病人衣食、湯藥,斷絕親識,意涉陷害者,并共謀之人,並比類咒咀律條坐之。非憎嫉者,以違制失論。其誘良男女傳教妖法爲弟子者,以違制論。和同受誘之人,減等科之。情理巨蠹者,即具案取裁。"③

宋廷這道詔書是對洪州知州夏竦奏議的回應。夏氏雖也談到了民衆迷信神巫,拒絕醫藥,"宜頒嚴禁,以革袄風",④但真正的着眼點仍是在政治上,擔心"左道亂俗,妖言惑衆",⑤若失於防範,可能就會導致"姦臣逆節,

---

① 《宋史》第 25 册,中華書局 1985 年版,第 8633 頁。
② (宋)曾敏行:《獨醒雜誌》,見《全宋筆記》第四編,大象出版社 2008 年版,第 5 册,第 142 頁。
③ (宋)李燾:《續資治通鑑長編》,第 4 册,第 2340 頁。
④ 同上。
⑤ 同上。

狂賊没規,多假鬼神,動摇耳目"的局面出現。這種重圍堵、輕疏導的强力打壓,能有多少效果可想而知。師巫者在短期内會銷聲匿迹,但只要外部壓力稍微松弛,很快就會死灰復燃。當然,我們不應苛責古人,畢竟在文化土壤尚未改良的時代,人們通常只會"信巫不信醫",因此"過醫之門十才二三,故醫之傳益少"的狀況也就不難理解了。

除了上述地方基層官吏不作爲與迷信巫術兩點外,消費能力極其有限也是制約《聖惠方》被充分利用的重要原因。前文所言日本尾張藩藏《聖惠方》第一百卷末題曰:

> 福建路轉運司今將國子監《太平聖惠方》一部一百卷二十六册,計三千五百三十九板對證。内有用藥分兩及脱漏差誤,共有一萬餘字,各已修改開板,並無訛舛,於本司公使庫印行。紹興十七年(1147)四月 日。①

今《四部叢刊》所收南宋刻本王禹偁《小畜集》書末亦有一篇相似的題跋,文云:

> 契勘諸路軍州間有印書籍去處。竊見王黄州《小畜集》文章典雅,有益後學,所在未曾開板,今得舊本計一十六萬三千八百四十八字。檢准紹興令:諸私雕印文書,先納所屬申轉運司詳定,有益學者,聽印行。除依上條申明施行,今具造《小畜集》一部,共八册,計四百五十二板,合用紙墨工價等項:
> 印書紙並副板四百四十板。
> 表楷碧紙一十一張,大紙八張,共錢二百六文足。
> 賃板棕墨錢五百文足。
> 裝印工食錢四百三十文足。
> 除印書紙外,共計錢一貫一百三十六文足。
> 見成出賣,每部價錢五貫文省。
> 右具如前。紹興十七年(1147)七月日校正。承節郎、黄州巡轄

---

① 〔日〕森立之、多紀元昕:《經籍訪古志補遺·醫部》,見《經籍訪古志》,第308頁。

馬遞鋪周鬱。①

這部《小畜集》同福建路轉運司公使庫本《聖惠方》刊印時間恰巧相同,因此從物價水平來考慮,應具備可供參考比較的價值。宋時"省佰"爲77錢,"五貫文省"相當於3 850文。後者刻板數大約是前者的7.8倍,則每部書的價錢折合30 144文。據學者研究,宋代百姓家庭日常開銷一般不超過100文,比較節儉的士大夫家庭也大致相當。② 如果打算購置一部《聖惠方》,等於是要花費掉一個家庭幾近一年的收入。如此昂貴的價格,恐怕普通人都會望而卻步。兩宋時期,雕版印刷的確大爲普及,但我們絶不應該過高地估計其作用,當時能夠刻印流傳的書籍其實在圖書世界中只占據了很小的份額。

總之,宋太宗心中《聖惠方》的"假想讀者",在種種主客觀條件的限制下,最終大都會落空,而該書切實而久遠的影響,主要還是通過節抄以及他書的轉引、摘録,以類似於基因遺傳的方式傳遞開去。

原刊於《經學文獻研究集刊》第17輯,上海書店出版社2017年版
(王珂,陝西省社會科學研究院古籍研究所副研究員)

---

① (宋)王禹偁:《小畜集》,見《四部叢刊・初編・集部》第133册,上海書店1989年影印常熟瞿氏鐵琴銅劍樓藏南宋刊配吕無黨鈔本。
② 參見程民生《宋代物價研究》,人民出版社2008年版,第559、567頁。

# 眼底厭看新世界，曲中猶見舊山河

## ——論《琴樓夢》創作主題

### 袁子微

　　樊增祥著述極豐，創作詩、詞近三萬首，而存世小説僅《琴樓夢》一篇。小説講述了詩人易順鼎因癡迷坤伶王克琴，夢見與之巫山雲雨，相擁言歡，願遂情蕩，一夢驚醒之後唏噓惆悵之事。後經夫人玉頃開導，易五郎追思伉儷情深，遂幡然悔悟，不禁感慨："比較桃花千尺水，情深還是眼前人。"①整篇小説用語滑稽詼諧，將易順鼎愛慕女伶的形象刻畫得淋漓盡致，甚至有幾分齷齪和令人不齒，蔣瑞藻評價爲："用筆之靈動跳脱，乃如活龍，如生虎，不可捉摸，洵説部中別開生面者。"②

　　值得一提的是故事的真實性。小説主人公易順鼎即樊增祥的摯友，清末民初文壇上著名的"神童"，才子型詩人。王克琴乃名震一時的京劇花旦。據陳灝一《新語林·惑溺篇》記載："易哭庵於辛壬間居滬，悦女優王克琴，排日聽歌，追逐不疲，樊樊山撰《琴樓夢》小説諷之。"③由此看來，小説乃實名實姓，實有其人，亦實有其事，可謂毫無避諱。那麼《琴樓夢》作爲敘述易順鼎追捧伶人之風流韻事的短篇小説，如此博人眼球，甚至有污毀名聲之嫌，爲什麼易順鼎不但没有抗議，反而對其頗有嘉許，兩人交往如初呢？易順鼎作詩《樊山戲作〈琴樓夢〉小説諷余，賦謝一首》稱："憐我楚襄圓好夢，替他蘇蕙寫回文。"④這不同尋常的情狀，恐怕要在瞭解易順鼎其人及小説創作的緣由後，才能理解其中原委。

---

① 　樊增祥：《琴樓夢小説》，上海國學書室 1914 年石印本。
② 　蔣瑞藻：《小説考證續編》，上海古典文學出版社 1957 年版，第 324 頁。
③ 　陳灝一：《新語林》，上海書店出版社 1997 年版，第 143 頁。
④ 　易順鼎著，陳松青校點：《易順鼎詩文集》，湖南人民出版社 2010 年版，第 1119 頁。

# 一、《琴樓夢》的出版

目前所見最早的《琴樓夢》版本是以附録形式呈現的，即民國二年（1913）上海廣益書局鉛印本《樊山滑稽詩文集〈初編〉後附琴樓夢小説》。之後有單行本《樊樊山先生手書〈琴樓夢〉》問世，均署名東溪居士編，有民國三年（1914）上海國學書室石印本和上海廣益書局鉛印本，以及具體年份不詳的民國期間上海震亞書局影印本。另外，合訂本有民國四年（1915）由上海廣益書局鉛印本《評點四大名家小説》。以叢書形式出版的有民國五年（1916）上海文明書局《小説名畫大觀》叢編系列的石印本，該版本增加插圖二幅，後附詩一首，無作者跋。上海廣益書局又分別於民國十四年（1925）、民國二十五年（1936）出版《樊山戲著滑稽詩文集（初編）》《樊樊山戲著滑稽詩文集》鉛印本。

從《琴樓夢》多次出版及再版情況，可以看出它在當時的傳播及流行程度。另據《評點四大名家小説》的弁言敘述：

> 四大小説者，鄭蘇龕、康南海、梁任公、樊樊山四先生之作也。四先生以詩文名於海内，偶然興之所至，寄於稗官，尤爲可寶。樊山之《琴樓夢》，久已膾炙人口，任公之《世界末日記》，世亦多見之者。而南海、蘇龕兩先生之作，知者獨少。①

可見此次合刊的四部小説雖都爲名家所作，但樊增祥的《琴樓夢》當屬四者之中最受歡迎、爲人津津樂道的，並在當時具有一定知名度。

1918 年 3 月 15 日《新青年》四卷三號上發生了一場新舊文學之爭的論戰，即劉半農與錢玄同所策劃的著名的"雙簧戲"。錢玄同化名迂腐守舊的"王敬軒"在《給新青年編者的一封信》一文中極力抵制新文學，而作爲編輯的劉半農則在同期發表《復王敬軒》予以反駁。文中除了批判舊文學代表的"桐城謬種"、"選學妖孽"外，還點名批評了易順鼎和樊增祥等在當時具有一定影響力的舊文人，《琴樓夢》正是被列爲反面典型加以批駁的：

---

① 劍痕評點：《評點四大名家小説》，上海廣益書局 1915 年鉛印本。

目桐城爲謬種,選學爲妖孽,本志早將理由披露,不必重辯。至於樊、易二人的筆墨究竟是否"爛污",且請先生看着——

　　"……你爲我喝彩時,震得人耳聾,你爲我站班時,羞得人臉紅。不枉你風月情濃,到今朝枕衾才共。卸下了'珍珠衫',做一場'蝴蝶夢'……你不妨'三謁碧游宫',我還要'雙戲挑山洞'。我便是'縫褡膊'的小娘,你便是《賣胭脂》的朝奉。……"

　　　　　　　　　　　　　　——見樊增祥所著《琴樓夢》小説

　　敬軒先生!你看這等著作怎麽樣?你是"扶持名教"的,卻"摇身一變",替這兩個淫棍辯護起來,究竟是什麽道理呢?①

劉半農所列舉的《琴樓夢》片段是小説中王克琴爲易順鼎唱的曲兒。這段曲確屬整篇小説中最爲俗套、語言最爲通俗直白、感情極裸露奔放的一段。單看確實没有什麽文學藝術性可言,然而結合小説上下文,可以看出作者借此意在諷刺,用以製造滑稽可笑的氛圍,甚至有正話反説的用意。② 因此以偏概全地斥爲"爛污"有言過其實之嫌。最後劉半農還給易順鼎、樊增祥兩人貼上"淫棍"的標籤,樊、易風流在當時確爲不争的事實,南社詩人柳亞子就有"樊易淫哇亂正聲"的評論。③ 易順鼎喜好創作豔體詩、捧角詩,追捧女伶已成他晚年生活不可或缺的部分。

## 二、易順鼎"捧伶"之始末

易順鼎少時便有"賈寶玉"之譽,他亦以"怡紅公子""慘緑少年"自比。陳琰《藝苑叢話》引易順鼎詩句"我年十五二十時,人人稱我賈寶玉",④易順鼎有着賈寶玉的才情,心思敏感纖細,因此王闓運説:"得易仙童書,純乎賈寶玉議論。"⑤他與賈寶玉的一大相同之處,即對才藝頗佳的女性有一種超乎尋常的親切感及愛憐之心。

---

① 鮑晶編:《劉半農研究資料》,智慧財産權出版社 2011 年版,第 130 頁。
② 張世宏:《樊增祥、易順鼎與〈琴樓夢〉》,載《紅樓夢學刊》2014 年第 4 期,第 113—114 頁。
③ 柳亞子:《論詩六絶句》,《磨劍室詩詞集》,上海人民出版社 1985 年版,第 215 頁。
④ 陳琰:《藝苑叢話》,《易順鼎詩文集》,第 1941 頁。
⑤ 王闓運:《湘綺樓日記》,嶽麓書社 1997 年版,第 2210 頁。

　　"鶯燕年年換春色，尋春忙煞易龍陽"是倫明在《清代燕都梨園史料》序言中對易順鼎的評價。① 易順鼎熱衷於追捧伶人，並樂於爲女藝人作詩詞。張次溪將易順鼎捧角詩結集成《哭庵賞菊詩》一卷，詩歌多對藝人成名經歷、趣聞軼事的記述及才色技藝的品評，如小達子、小金娃、小如意、劉菊仙、鮮靈芝、馮鳳喜、王寶寶、林黛玉等。其中《數斗血歌爲諸女伶作》中以韻語吹捧的女伶就有小翠喜、小香水、小菊芬、金玉蘭、于小霞、孫一清、小玉喜、張秀卿、小菊處、李飛英十人之多。②

　　除了欣賞女伶的才藝，易順鼎還關心她們的生活境況，對處於社會底層的藝人並無身份尊卑之分的成見，當她們遭遇不幸時，他則表現出悲天憫人的赤子情懷，竭力援助。比如交情非深的金玉蘭早逝，易順鼎不顧阻攔，抱屍慟哭，不顧感染疾病的危險。鮮靈芝不堪丈夫（丁靈芝）虐待，吞金自殺，易順鼎痛心疾首，作《四聲猿》一首，將丁靈芝比作中山狼，痛斥他欺辱佳人的惡劣行徑。《書樊山湘筠曲後》敘述了"富竹女史"淪落爲藝人的經過及遭遇，並對她的悲慘命運飽含深刻同情。他與一些女伶交往甚密，據《癸丑年本事詩·除夕作》記載了他在孫一清家中過端午、小菊芬家過除夕、小香水家過中秋的情景。而與大部分女伶是未有很深的交情的，有些女伶甚至避開他，金玉蘭聽到他的名字就大怒。因此易順鼎有時不過是"一廂情願"罷了，譬如與王克琴即如此。

　　易順鼎在《數斗血歌爲諸女伶作》這樣記述初見王克琴的感受："去年我見王克琴，使我動魄兼驚魂，樊山曾作小説傳其真。"③易順鼎坦言《琴樓夢》是直筆描寫自己追慕王克琴一事。根據這首詩歌所做時間爲1913年春，因此可以推算他見王克琴的時間應是1912年。另外，據易順鼎於1912年農曆十月十六日所作詩歌《十六日乘汽車至吳淞觀飛艇歸，復偕天琴先生詣天仙園聽王琴客歌曲，天琴月中乘小車返，有詩束余，依韻答和之》記載了他見王克琴的情形："復從舞榭歸，飽聽珠喉脆。況偕貌姑仙，冰雪銷疵癘。美人與明月，不墜此影事。"④其乃美貌與才藝的完美結合，易順鼎對其愛慕之情表露無遺。王克琴作爲中國第一批女伶，因爲扮相端莊大方，身段優美，嗓音甜潤清脆，極受當時的達官貴胄、文人墨客

---

① 　張次溪編：《清代燕都梨園史料》，中國戲劇出版社1988年版，第2頁。
② 　易順鼎著，陳松青校點：《易順鼎詩文集》，第1115頁。
③ 　同上。
④ 　同上書，第1076頁。

追捧。辛亥革命後,王克琴曾做段祺瑞的外妾,後爲張勳姨太太,卒於1924年,死時僅32歲。由此推算,易順鼎對王克琴的仰慕大約多止於舞臺,耽於幻想。

除了女伶外,易順鼎欣賞的男伶也多扮演旦角,如賈碧雲、梅蘭芳、朱幼芬等。他的"捧伶詩"中所占比例最多的是梅蘭芳,一度被視爲"梅黨"。梅蘭芳未成名時,易順鼎曾在多家報紙發表《萬古愁曲爲歌郎梅蘭芳作》《國花行》《梅魂歌》等詩歌對梅蘭芳進行大肆吹捧,爲梅蘭芳走向成功道路起到了一定的宣傳作用。此外,"梅蘭芳、程硯秋、尚小雲等,皆有名士捧場,爲之編排新戲,如易石甫、羅癭公諸君,金荃制曲,玉茗填詞,不失爲才人本色",①易順鼎熱衷於爲梅蘭芳的新戲編排。"梅伶名未盛時,君賦《萬古愁詩》張之,名遂鵲起,梅深感之。病中饋珍藥。既歿,致重賻,哭奠極哀。以是爲君之晚遇可也"。② 待梅蘭芳成名後,仍不忘恩情,饋贈貧病交加的易順鼎珍貴藥材,兩人可稱忘年交。

易順鼎如此癡迷"捧伶"的重要原因,據他所述:"何況三副眼淚又似湯卿謀,一生淪落不與佳人遇。並世佳人見已難,何況古來佳人去已久。今日得見並世之佳人,我不向汝低首更向誰低首。何況並世之佳人,又能化爲古來無數之佳人。"③他坦誠自己仰慕的女伶不僅是並世佳人,還能在戲曲中演繹無數的古來佳人,觀賞戲曲,追捧伶人是對"不遇佳人"的一種慰藉,觀賞戲曲亦可追憶舊時代。

劇中女伶表演到精彩處,易順鼎往往會情不自禁地大聲喝彩。作爲一位白髮老者,如此輕佻的行爲往往會引得周圍觀衆的側目,這與名士含蓄内斂的處事行爲格格不入,因此招致非議就理所當然了。易順鼎不以爲然,認爲是真情所至的自然流露:

> (民國六年)一日,二三子又偕聆梅劇,季直擊節搖首,有此曲天上之感,而哭厂則引吭呼好,致全場觀衆,爲之側目。季直不悦,因謂哭厂曰:"白髮衰翁矣,何當效浮薄少年叫囂破喉耶?"哭厂曰:"我愛

---

① 張江裁輯:《北京梨園掌故長編》,張次溪編:《清代燕都梨園史料》,第898—899頁。

② 奭良:《野棠軒文集》,沈雲龍主編:《近代中國史料叢刊正編》第166冊,文海出版社1968年版,第41頁。

③ 易順鼎著,陳松青校點:《易順鼎詩文集》,第1116頁。

梅郎，遂以此報之，不若酸狀元，慣以文字媚人。"蓋隱指季直贈扇事也。①

　　易順鼎從不掩藏他熾熱的情感，喜歡即奔放地表露出來。樊增祥、陳三立曾批評易順鼎贊諸女伶的《數斗血歌》格調低下，顯得"淩亂放姿""拉雜鄙俚"。易順鼎在《讀樊山〈後數斗血歌〉，作後歌》一文中自辯道："無真性情者不能讀我詩，我詩得失我非不自知。"②在他看來，沒有真性情的人根本讀不懂他的這些性情之作，他根本不屑別人能夠理解他，讀懂他。

　　在傳統士大夫眼中，縱情聲色是一種玩物喪志的表現，在某種程度上是導致亡國的罪魁禍首。狄葆賢有詩云："國自興亡誰管得，滿街爭說叫天兒。"③易順鼎爲他的"聲色之娛"做過辯解："看戲之嗜好，必在聲色，不在貨利，亦非好淫，所費金錢亦不多，在諸欲中可謂甚清、甚雅，無害於人品者矣。"④他認爲這只是一種無傷大雅的個人喜好，看戲在諸多嗜好中是最清雅的，因此並不以此爲害，也不以世俗眼光約束自己的捧伶行爲，然而他的這種奔放有時不免引得妻室擔憂，忘形之處必須有人規勸。

## 三、樊增祥創作《琴樓夢》之緣由

　　在清末民初，以實名發表的小說並不少見，只是這種小說旨在揭發與自己有諸種糾紛的人物。魯迅先生在《清之狹邪小說》中說道："光緒末至宣統初，上海此類小說之出尤多，往往數回輒中止，殆得略矣。"⑤這些實名小說往往揭發主人公一些令人不齒的事，倘若有經濟糾紛，主人公償還債務後，小說即停止發表，《海上花列傳》中的趙樸齋便是典型。樊增祥與易順鼎爲摯友，小說發表後，兩人交往如初。這大約因爲樊增祥不僅對易順鼎"捧伶"一事幾近翔實地披露，而且對其内心世界亦進行深度剖析，這一小說也合易順鼎心意，以其坦率性格，他是不憚爲后人嘲笑的。鄭逸梅在《人物品藻録》中對這一事有所交代："易喜捧女伶，慕王克琴之色

---

①　王森然：《近代名家評傳》二集，三聯書店 1998 年版，第 141 頁。
②　易順鼎著，陳松青校點：《易順鼎詩文集》，第 1122 頁。
③　羅瘦公：《菊部叢譚》，張次溪編：《清代燕都梨園史料》，第 793 頁。
④　易順鼎著，陳松青校點：《易順鼎詩文集》，第 1776 頁。
⑤　魯迅：《中國小說史略》，北京大學出版社 2009 年版，第 189 頁。

藝,願爲妝台之隸。奈克琴不屬,白眼向之。樊山知其事,爲撰《琴樓夢》小説,藉以諷刺,易不以爲忤也。"①

辛亥革命後,大批前清遺老聚集上海。易順鼎於 1912 年秋季赴上海,終日與友人觀劇賦詩、唱和宴飲,其中與樊增祥、羅癭公交往甚密,號稱"捧角"三名士。基於共同的喜好,樊增祥寫此小説絶非只是對易順鼎點名道姓的嘲諷,若没有這樣一番感同身受,是難以做到如此形象生動的描寫。

易順鼎與樊增祥雖然都好做艷情詩,喜捧女伶,但是二者是有差別的。樊增祥雖寫艷詩,卻鮮有艷事,原配過世 17 年後才續娶。易順鼎有艷事而做艷詩,20 歲時便有小妾兩人,晚年甚至是"接倡優,則如飲食不可廢,如是者八年"。② 王森然的《易順鼎先生評傳》記載著名女伶金玉蘭26 歲病逝,樊增祥與易順鼎均往弔唁的情形,相比之下,易順鼎坦率的性情便表露無遺:

> 此次聞蘭噩耗時,正在印鑄局辦公,由羅癭公電話報告,遽驚痛倒地,一時局員大驚,急雇車送回寓所,良久始蘇。即赴蘭寓視殮,淚如雨下,引筆成挽詩一律,詩成以示樊山索和,樊山云:"余與玉蘭毫無情感,文生於情,既無情焉有文?"意蓋提醒實甫,而實甫强聒不已。樊山不得已,乃曰:"不必和,我自作四首,以塞君悲可也。"乃爲作四律,起曰:"多少流鶯哭暮春,哭廠眼淚未全貧。"結曰:"記否緑楊曉鶯語,相思無路莫相思。"結語警示深切,可謂灌頂醍醐。……玉蘭未殮,實甫即抵其寓,堅請撫屍一哭。其家再三擋駕,後見其哀痛堪憐,許之。③

易順鼎與金玉蘭交情並非深厚,他全然不顧樊增祥在詩歌中有"相思無路莫相思"的勸慰,亦不顧其家屬一再阻擾,堅持撫佳人以慟哭,並因此感染疾病,由此可見易順鼎是極真摯、無法克制自己情感的性情中人。

汪辟疆在《光宣以來詩壇旁記》中説道:"易實甫爲樊山文字骨肉之

---

① 鄭逸梅:《人物品藻録》,知識産權出版社 2014 年版,第 24—25 頁。
② 程萬頌:《易君實甫墓誌銘》,《易順鼎詩文集》,第 1909 頁。
③ 王森然:《近代名家評傳》二集,三聯書店 1998 年版,第 137—138 頁。

交，晚年喜爲調侃，曾舉其流傳故事及詩文中俊語爲諧文，固世人所同知也。"①樊增祥曾在詩集中稱易順鼎"一生貪財好色不怕死"。② 易順鼎認爲説他貪財是不實之論，而稱其"好色不怕死"真是知己之言。他的《好色好名論》一文坦誠"好色""好名"是人的本性，聖人都不可避免，何況凡夫俗子。

小説中的玉頃夫人即易順鼎在上海時期娶的妾，名花翠琴，又名琴姬。樊增祥與玉頃來往甚密，後收她爲女弟子，並時常代玉頃寫詩與在北京從政的易順鼎，如《愛看他人妾貪吟自己詩制藝》有"石甫歸來乎！勿餂他人以詩，而忘自己之妾也，則幸甚"，③還寫有判牘《琴姬呈控夫主冤誣詞》《琴姬冤判》，這些作品大多以戲謔的形式規勸易順鼎不要貪戀女色，勿忘記家中尚有妻妾。④

樊增祥在《琴樓夢》跋文中直陳："余與石甫爲莫逆交。老有童心，日以嬉笑爲樂。自君北行，日日有遍插茱萸之感。飯餘燈下，偶作此狡，雖曰滑稽，實亦有爲而言，非吾石甫，莫能解也。珩孫以底稿付襄池，書此一笑。"⑤此小説正寫於易順鼎在京從政時期。正因爲與易順鼎交情深厚，瞭解易順鼎其人，才能實名諷刺，順理成章地寫了《琴樓夢》這一小説加以規勸。

樊增祥平日雖喜好與易順鼎互相嘲笑爲樂，但私下交情是非常深厚的。易順鼎逝世後，樊增祥對其做了比較中允的評價，並表示充分的理解，他認爲易順鼎既因不受世人約束的行爲而遭厭惡，又因非一般的才華使人憐惜，然而更多的是對他遭受地獄般折磨的死有着殷切的同情。他在寫給並稱"寒廬七子"之一的黃濬手劄中説道：

> 弟於此子意極輕之，而又憐之。輕之者，惡其無形也。憐之者，惜其麗才而潦倒一生也。至其臨殁一年，所受之苦，有較刀山劍樹爲

---

① 汪辟疆：《光宣以來詩壇旁記》，張寅彭主編：《民國詩話叢編》第五册，上海書店出版社2002年版，第421頁。

② 樊增祥著，涂曉馬、陳宇俊校點：《樊樊山詩集》，上海古籍出版社2004年版，第1787頁。

③ 同上書，第1988頁。

④ 參看陳松青《易順鼎研究》第二章第三節《易順鼎與樊增祥的交往》有詳述，第214—215頁。

⑤ 樊增祥：《琴樓夢小説》。

烈者,亦足爲淫人殷鑒矣。死前數日,新集排印成,或謂錯字尚多,請其改正,渠臥而歎曰:"錯訛由他,誰來看我詩也。"亦可悲矣。①

一代"神童"在彌留之際顯得如此凄凉,年輕時恃才傲物的輕狂在此時消失殆盡,對引以爲傲的才華和詩詞已漠不關心,表現出一種懷才不遇的消極思想和悲觀情緒。樊增祥在轉述易順鼎離世時是充滿悲憫之情的,因此説《琴樓夢》更多的是一種友情上的規勸。

## 四、《琴樓夢》主題：三夢三哭

弗洛伊德説過:"夢的實質是欲望的滿足。"②而這種欲望往往是與現實相違的。《琴樓夢》不僅是敘述一場易順鼎思慕王克琴的春夢,更是展示處在新舊文化交替時期遺老們對自己生存狀態的焦慮與疑惑。小説在當時流傳甚廣,除了滿足一些文人獵奇的心理外,某種程度上還在於能在部分遺老心中形成共鳴。隨着時代變遷,過去尚可逞才的詞章之學已經於此時行不通,大事不可爲,佳人亦難遇,他們深知此時已無夢可尋,夢醒之後必然長歌當哭。小説中出現的三夢即爲舊時代普通士大夫所積極追求的人生理想。

其一是"做官夢"。"學而優則仕"幾乎是幾千年封建社會讀書人的目標,進入仕途才能做關乎民生的大事。辛亥革命推翻了舊的社會制度,仕與不仕幾乎成了當時士大夫必須面對的選擇,大多數清末遺老是忠於清室,不仕民國的。識時務者如易順鼎則認爲朝廷既然已成民國,那麼無事二姓之嫌,加上生計的艱難,他希望能有新的仕途,夢中的喜悦仿佛多與做官相關。小説中易順鼎在初遇王琴客時,一陣心花怒放,"這一世就好像四月初八,被天下國民的代表舉他做了大總統一般,要想説話又説不出來"。③被王琴客誇奬之後,不禁飄飄然,"這一段話貫到五郎耳朵裏真不止於感激涕零,直把從前想中進士、想做兩司以及羨慕巴圖魯黄馬褂的種種怨憤一齊化爲烏有。莫講伯理璽天德無此榮幸,就是秦始漢武極專

---

① 引自陳松青《易順鼎研究》,第217頁。
② 弗洛伊德:《夢的解析》,北京出版社2008年版,第20頁。
③ 樊增祥:《琴樓夢小説》。

制的皇帝也不如我易五郎此刻的體面"。① 號稱"神童"的易順鼎在1875年十八歲時就中舉，但在之後的五次會試中均未中進士，只有通過捐納的方式獲山西司郎中一職，開始一生不得志的仕途生涯。易順鼎極看重功名，時而又看得極輕，曾一度辭官隱居廬山，因此他能夠戲謔地將伶人與總統聯繫起來，"像你這樣的人就舉你做大總統也是委屈了你，依我的主意上而玉皇大帝，下而十殿閻羅，中而五大洲的君主民主都讓你一個人去做，那才滿我的願呢"。② 易順鼎曾有爲國捐軀之志，甲午戰爭簽訂的《馬關條約》將臺灣割讓給日本，易順鼎曾兩次赴臺，積極從事保臺運動，誓欲蹈死沙場，但大勢已去，只能遺憾而歸。

新舊政治形態交替，時局異常動亂，謀取穩定的職位實非易事，"我好容易盼到實缺道臺，這慕上司的心實與慕君的無異。偏偏遇着兩個上司，一個把我革職，一個把我撤任"。③ 民國後，易順鼎曾在袁世凱政府做過安徽電局局長和印鑄局代理局長，袁世凱復辟失敗後，易順鼎也被迫去職，之後便在鬱鬱不得志中死於貧病。

其二是"發財夢"。易順鼎噩夢始於被老鴇逮住索要嫖資，卻身無一文，窘迫之中挨了一巴掌。老鴇指着易五郎罵道："你看年紀五十多歲，通身刮不出半文錢來的書呆子。你會同他要好，説是他會填詞。你可曉得做詩填詞是極没用的勾當，而且越做得好越窮得利害。莫講手槍炸彈不是詩詞搪得住的。"④自認爲有才華有地位的名士，此時卻被一個身份卑微的老鴇羞辱得體無完膚，不僅罵他髒老窮，還叫出了光棍的頭銜。士大夫文人以詞章逞才的資本在此時被踐踏得一文不值。

隨着西學東漸日盛，舊時詞章之才不能作爲營生的本領，被視爲無用的雕蟲小技。樊增祥在爲金松岑《天方樓詩集》的跋中説道："至光緒中葉，新學日昌，士以詞章爲無用，而古所謂道性情、體物象、致諷諭、紀治亂之作，見亦罕矣。"⑤舊時文人的生活每況愈下，有的幾乎到了賣字鬻畫以維持生計的地步。李瑞清的一番話語就道出了不少遺老在辛亥革命後進退維谷的處境："欲爲賈，苦無資；欲爲農家，無半畝地，力又不任也；不得

---

① 樊增祥：《琴樓夢小説》。
② 同上。
③ 同上。
④ 同上。
⑤ 王森然：《近代名家評傳》二集，第3頁。

已仍鬻書作業。"①不善於經營的易順鼎此時亦窮困潦倒,常有牛衣對泣之悲。夏敬觀在《忍古樓詩話》記録了他的境況:"辛亥後,(實甫)遂屈居僚下,攜一妾居京都,窮困抑鬱以死,與(張)孟晉乞食相類。一時假記戲言,竟成終身讖語,亦可哀也。"②小説中易順鼎的寒酸可以從夫人玉頃的狀況表現出來:"然而十年常在窘鄉,從不曾給過整封的銀兩,也不曾縫過整套的衣服。不過零碎貼補而已。而她自己從前的一點積蓄,自嫁我後消磨殆盡。"③生活的困頓拮据由此可見一斑。因此他只能幻想自己發十萬銀子的橫財,才得以娶王琴客。此一夢又是清末遺老生計之艱的折射。

其三爲"佳人夢"。自古以來便有"才子佳人"的美談,易順鼎甚至毫無遮攔地叫囂"一生崇拜只佳人",而民國時期的遺老空憑一身才華顯然已難以打動佳人。玉頃的一句話打破了他的幻想:"你想三馬路、四馬路的先生除了認得洋鈿,哪里會認得字?就做得蘇東坡的詩比不上一個鑽石戒指,填得秦少游的詞及不來一個珍珠項圈。你越做得好,他越不懂得。如今哪里去找顧橫波、柳如是那樣憐才的人呢?"④前明的名妓自身有才,尚能懂才惜才,因此有錢謙益與柳如是、龔鼎孳與顧橫波之類的眷侶。如今的佳人重錢財,難以理解遺老們的内心世界,亦難欣賞他們的才華,只有女伶尚可跟從遺老們學習詩詞,在她們那能得到一種文化認同感,然而諸如王克琴之類才色俱佳的名伶自然有達官貴人的追捧,"佳人夢"對於窮困潦倒的易順鼎而言只能是一種幻想罷了。

三夢之後自有無限感慨,夢醒之後便是掩面而泣,小説戲稱爲"此哭庵之所以爲哭庵"。明代湯卿謀(1620—1644)的"三副眼淚"曾一度是遺老聊以自慰的箴言,易順鼎是能夠感同身受的,他將此發展爲"人生必備三副熱淚,一哭天下大事不可爲,二哭文章不遇知己,三哭從來淪落不遇佳人。此三副淚絶非小兒女惺忪作態可比,惟大英雄方能得其中至味"。三夢不成終成三哭,這是民國時期處在窮途末路的遺老們無計可施的哀怨與惆悵。

易代之際的遺老往往開始悲劇的人生,民國尤甚,有遺老直稱"民國

① 李瑞清著,段曉華點校:《清道人遺集佚稿》,黄山書社 2011 年版,第 127 頁。
② 夏敬觀:《忍古樓詩話》;易順鼎著,陳松青校點:《易順鼎詩文集》,第 1944 頁。
③ 樊增祥:《琴樓夢小説》。
④ 同上。

乃敵國也”。可以説，易順鼎的悲劇是一代文人士大夫艱難生存處境的縮影。他們在新世界中難以找到自己人生坐標，從而感到無限的畏懼與悲哀，這也是新時代中舊文人能夠惜惜相憐之處。樊增祥作爲易順鼎的“平生第一知己”，更能體會他的苦衷，因此能夠感同身受，能夠互相戲謔。可以説《琴樓夢》以一種滑稽的且不嚴肅的方式反映了清末遺老們對於夢想難以實現的苦悶，只能長歌當哭的無奈與惆悵，小説通過夢的形式展示了遺老們被壓抑的欲望，並因此痛徹心扉，因而能夠産生一定的共鳴。

原刊於《社會科學論壇》2015 年第 11 期

（袁子微，上海市商業學校基礎教學部講師）

# 手稿本《棲雲山館詞續》考述

## 譚　焱

錢仲聯先生主編《明清詩文研究叢刊》2 中著録："《棲雲山館詞續》一卷,黄錫禧撰,光緒十年手稿本,上海師院藏;黄錫禧《棲雲山館詞》一卷,收入清人李肇增輯《淮海秋笳集》(叢書,咸豐十年遲雲山館刊)。"① 詞集《棲雲山館詞存》(以下簡稱《詞存》)爲同治六年(1867)維揚磚街張墨林齋刊刻,"凡五十首",自序謂"癸丑(1853)兵燹毁其書舊稿,此爲癸丑以後所作",吴讓之(熙載)删削手録上板,爲清代寫刻本之代表。② 《(民國)甘泉縣續志》及《續修四庫全書總目提要》著録。③ 而上海師院(今上海師範大學)所藏《棲雲山館詞續》(以下簡稱《詞續》)系錫禧《詞存》以後所作之晚期詞集,手稿本,未經刊刻,孤本流傳,諸書多未提及。今將錫禧身世生平、《詞續》版本特徵及遞藏、詞人間交游狀況等作簡要考述,以供晚清詞學研究者參考之用。

## 一、黄錫禧家世及生平

錫禧父黄至筠(1770—1838),字韻芬,又字个園,號應泰,清嘉道間八

---

①　錢仲聯主編:《明清詩文研究叢刊》2,蘇州大學中文系明清詩文研究室 1982 年版,第 230 頁。

②　黄裳《清代版刻風尚的變遷》一文中稱:"道咸中吴熙載喜爲友人寫樣……晚年所書少率易,也多有姿媚,如《棲雲山館詞》等皆是。"見《清代版刻一隅》,復旦大學出版社 2005 年版,第 427 頁。

③　錢祥保:(民國)《甘泉縣續志·藝文考》卷一四,民國十五年(1926)刊本;中國科學院圖書館整理:《續修四庫全書總目提要(稿本)》第十六册,齊魯書社 1996 年版,第 514 頁。

大鹽商之一。至筠本浙人，其父黃凝遷居揚州甘泉縣，故自稱甘泉人。黃凝官至知府，惜命不長。梅曾亮《黃個園家傳》稱：“君（至筠）十四歲孤，人没其遺產。年十九，策驢入都，以父友書見兩淮鹽政某。公與語，奇其材，以爲兩淮商總。”①至筠得兩淮鹽政賞識，被委任爲兩淮商總，遂暴富。嘉慶初年，清廷財政困難，提倡捐官，至筠率先向朝廷捐資數十萬兩白銀，清廷授予“鹽運使”榮譽官銜。汪鋆《揚州畫苑録》稱其“幼即以鹽策名聞天下，能斷大事，肩艱巨，爲兩淮之冠者垂五十年”。② 嘉慶二十三年（1818）至筠購小玲瓏山館，改築爲个園，與北京頤和園、承德避暑山莊、蘇州拙政園齊名爲四大名園。道光年間鹽政改制，商總作用大不如前，但揚州鹽商仍將重大事務委托黃至筠處理。“昔之忌君、畏君、有不足於君者，皆慨然思君，以爲無復有斯人也”，③可見至筠在兩淮鹽業的重要作用。

至筠雖是鹽商，但注重文化修養，經常跟當地文人名士聚會唱和，《揚州畫苑録》稱“（至筠）素工繪事，有石刻、山水、花卉摺扇面十數個，深得王（翬）、惲（壽平）旨趣”。④ 黃至筠還重金從各地延請名師教授其子。他有五子：黃錫慶、黃奭（黃錫麟）、黃錫麒、黃錫康、黃錫禧，均工詩詞，善書畫。其中以黃奭名氣最大，奭原名錫麟，師從曾燠、吳鼐、江藩、阮元，編刻有《清頌堂叢書》，後又編《漢學堂叢書》《漢學堂知足齋叢書》和《黃氏逸書考》，一生輯佚古書近三百種，與馬國翰並稱輯佚兩大家。《清史列傳》、《甘泉縣續志》有傳。黃錫慶著有《中庸述義》二卷、《黃錫慶詩》一卷、《鐵庵詞甲稿》一卷，《續修四庫全書總目提要》稱“小令時有可讀者”。⑤ 黃錫麒工詩文，編有《蔗根集》，集道光年間十七位詩人詩作。幼子錫禧亦工詞，善書畫、篆刻。可謂一門皆名士。

惜好景不長，至筠去世後，黃家開始衰落，黃氏兄弟在个園分析而居。咸豐三年（1853）至八年，太平軍三克揚州，黃家珍寶、書畫等遭火燒、哄搶，損失慘重。黃家由盛轉衰，家人四散。錫禧是最後一個離開个園的

① 梅曾亮：《柏梘山房詩文集》，上海古籍出版社 2005 年版，第 214 頁。
② 汪鋆：《揚州畫苑録》，《江蘇省人物傳記叢刊》第 34 冊，廣陵書社 2011 年版，第 495 頁。
③ 梅曾亮：《柏梘山房詩文集》，上海古籍出版社 2005 年版，第 215 頁。
④ 韋明鏵：《个園》，南京大學出版社 2002 年版，第 142—143 頁。
⑤ 中國科學院圖書館整理：《續修四庫全書總目提要（稿本）》第十六冊，第 514 頁。

人。同治七年(1868)左右,个園中部建築被窮困潦倒的黃錫禧賣給紀氏。

錫禧字子鴻、勻園,號鴻道人、涵青閣主,齋名棲雲山館。生於道光十三年(1833),①官同知,黃至筠第五子。善書畫,工篆刻,尤工於詞。② 吳熙載(讓之)《棲雲山館詞存》跋云:"子鴻弱冠,於讀書寫字而外即好填詞,於諸家門戶無所不窺,短章雅近五代。"《續修四庫全書總目提要》稱:"錫禧所撰,似不宗一家,而鄰於南宋,慢詞雖嫌清淺,而圓融溜亮,自足掩其失也……流麗綿邈,淺而入深,蓋其天分高,故落筆自不凡也。"③對其詞評價亦不低。咸豐、同治年間,錫禧與揚州文人交往甚密切,其棲雲山館曾爲集會之所,在當時詞人群中具有重要地位。如王荄(字小汀)《受辛詞》題辭曰:"甲寅月夕,黃子鴻招集棲雲山館,邗上詞人一時畢集。"董玉書《蕪城懷舊錄》稱:"錫禧尚風雅,長於詩詞文字,時與張午橋、劉樹君、汪研山諸君唱和。"④錫禧曾校《知不足齋叢書》本《張子野詞》,⑤朱孝臧復刻於《彊村叢書》。⑥

自太平軍攻陷揚州後,錫禧與吳熙載(讓之)俱流寓泰州。詞人群體人員四散,聚會活動時斷時續,但仍有不少唱和之作。《詞續》爲《詞存》之後續,錫禧親手輯成稿本,光緒十年(1884)方濬頤爲之序,多爲揚州詞人群體成員後期聚會、唱和之作。據《詞續》中有確切紀年的詞作看,錫禧卒年應晚於1885年。

## 二、《詞續》概貌及遞藏

上海師大藏《詞續》不分卷,藍格稿本,左右雙邊,每半頁9行,每行

---

① 詳見下文考證。

② 錢祥保修,桂邦傑纂:《增修甘泉縣續志》卷二四,《地方志人物傳記資料叢刊》第40冊,北京圖書館出版社2007年版,第66頁。

③ 中國科學院圖書館整理:《續修四庫全書總目提要(稿本)》第十六冊,第514頁。

④ 董玉書:《蕪城懷舊錄》卷二,江蘇古籍出版社2002年版,第75頁。

⑤ 其跋云:"是本比侯亦園刻增多五十六闋,校注亦詳。唯誤標之調,後添之題,不免雜厠。引校異文,又間有顯系偽謬者,輒爲芟薙,以便翻覓,未敢賢諸大雅也。己未三月,錫禧識。"(見蔣哲倫、楊萬里編纂《唐宋詞書錄》,嶽麓書社2007年版,第221頁。)

⑥ 朱氏校記云:"鮑刻《張子野詞》二卷,補遺二卷,原校稍繁,經江都黃子鴻芟正,仍著卷中。兹舉諸條,據黃氏改訂,或謫見所及者,疏記如右。"(見《唐宋詞書錄》,第222頁。)

15—17字,小字雙行。全書墨筆書寫。封面書名爲劉溎年隸書題寫,署名"劉溎年",鈐有"樹君"朱方。(見圖一)此稿本前有劉溎年(樹君)、張丙炎《題詞》兩首;兩淮都轉鹽運使方濬頤序,草書,序末題"定遠七十老叟方濬頤",有"臣濬頤印""忍齋"印記。據濬頤生卒年(1815—1889)知此序作於光緒十年。又有徐穆詞兩首,正文楷體,字體峻拔清新,首頁有"棲雲山館"朱方,"樹君過眼"白方,"子鴻倚聲"朱方。(見圖二)"棲雲山館""子鴻倚聲",爲錫禧印記,以是知爲錫禧手稿本。全書有黃錫禧詞作48首,其中24處圈改,另有12處有小字旁注,意似斟酌待定。

"棲雲山館""子鴻倚聲"均爲吳熙載(讓之)所治印。吳熙載,初名廷颺,以字行,又號讓之,儀征人。工四體書,名重海内,與胡澍、趙之謙齊名,篆書尤工。[1] 黃錫禧與熙載亦師亦友,交情深厚。[2] 熙載爲錫禧治印頗多,僅咸豐十年(1860)左右,讓之爲錫禧治印四五十方。如"子鴻倚聲""子鴻詞翰""黃錫禧珍賞印""黃氏棲雲山館珍藏印""黃子鴻所作詩詞書畫""甘泉黃錫禧子鴻氏平生珍賞書畫印""子鴻癸丑以後珍藏"等印。

是書首頁《題詞》天頭右上處有"愚齋圖書館藏"朱大方。(見圖三)愚齋圖書館爲盛宣懷創立。盛宣懷逝世,藏書一直塵封。民國二十二年(1932)因"盛氏義莊事件",盛家變賣產業,將藏書的普通本一分爲三,分贈給盛宣懷創辦的交通大學(原南洋公學)、聖約翰大學和山西銘賢學校。新中國建立後,交通大學圖書館的愚齋藏書調撥給安徽師範大學圖書館。山西銘賢學校的藏書轉給山西農業大學,如今已蕩然無存。唯有當年聖約翰大學的藏書,高校院系調整時被華東師範大學收藏。1972年華東師大與上海師院等五校合并,改名爲上海師範大學,1978年各校分離。此書蓋爲二校分離時遺漏在上海師範學院(今上海師大)。今天華東師大圖書館也曾見原來上海師院的藏書,可見遺漏現象完全可能。

今印記附書影如下:

---

① 董玉書:《蕪城懷舊錄》,第108頁。

② 參見朱天曙《清代書法家吳讓之交游初考》,載《南通大學學報》2007年第1期,第110頁。

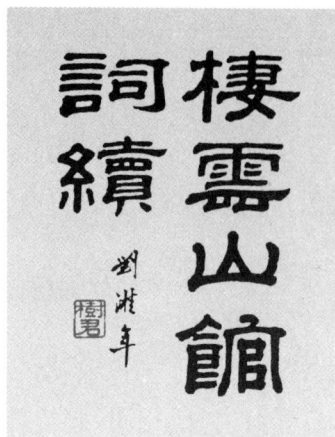 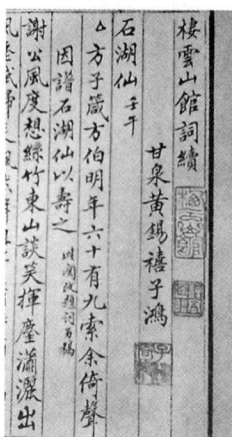 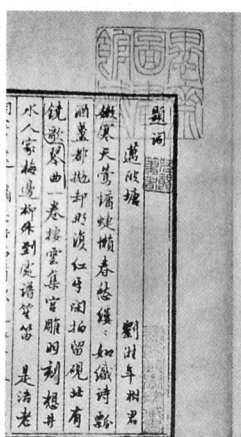

圖一　　　　　　　　圖二　　　　　　　　圖三

### 三、《棲雲山館詞續》之交游考

《詞續》中多爲同治、光緒年間之作，涉及人物若干，展現了與黃錫禧有關的詞人群體之聚會、交游活動及相互贈答等情況。因參與成員流動性比較大，留存史料記載較少，因此未經刊刻的稿本《棲雲山館詞續》對研究這一詞人群體的交游情況有重要史料價值。

錫禧與揚州當時詞人名士人多有唱和，交游也甚爲廣泛。《續修四庫全書總目提要（稿本）》稱：“（錫禧）其詞學原於吳讓之。讓之《匏瓜室詞》，從常州派出也。錫禧所撰，似不宗一家，而鄰於南宋，慢詞雖嫌清淺，而圓融溜亮，自足掩其失也。”①由此看似將錫禧詞作歸爲常州詞派。據近年來清代詞學研究情況看，與錫禧相關的詞人群體有：

#### （一）淮海詞人群

陳水雲《咸豐、同治時期淮海詞人群體綜論》中認爲，淮海詞人群以蔣春霖、丁至和、杜文瀾爲代表，活動範圍爲揚州府的兩州（泰州、高郵）六縣（江都、甘泉、儀征、興化、寶應、東臺）。這些詞人因揚州之繁華而聚集在一起，大體上分三類：本籍、流寓、仕宦。仕宦者有：喬松年、金安清、杜

---

① 中國科學院圖書館整理：《續修四庫全書總目提要（稿本）》第十六冊，第514頁。

文瀾、方濬頤等,本籍者有吳讓之、汪鋆、李肇增、王荿、張丙炎、黄錫禧等。黄錫禧參與其中的如:"咸豐七年(1857)……九月九,姚正鏞、汪鋆、黄子鴻、張安保等爲登高之會,各賦《龍山會》一闋。"淮海詞人群盟主蔣春霖(鹿潭)有詩《題黄子鴻桃花》曰:"虹橋春去游蹤斷,野寺東風幾歲華。凄絶揚州舊公子,雨窗和淚寫桃花。"蓋爲錫禧所作題畫詩。同治七年(1868)蔣春霖卒,淮海詞人群體亦逐漸風流雲散。咸豐十年李肇增編《淮海秋笳集》12 種,作者爲張安保、吳熙載、汪鋆、李肇增、王荿、張丙炎、黄涩祥、馬汝楫、姚正鏞、黄錫禧等 12 人。這是以本籍詞人爲主體的一次重要結集。①

## (二)午橋詞社

萬柳《清代詞社研究》認爲錫禧屬於午橋詞社。"午橋詞社"之名,見於王鵬運詞《鶯啼序·辛峰寄示與張丈午橋酬唱唱近作,依調賦寄,並呈張丈》詞中有注云:"《淮海秋笳集》,午橋詞社舊刻也。"此處的"午橋詞社"或是詞社本名,或指"午橋"等諸人之"詞社"。"張丈午橋"即指張丙炎,字午橋,號榕園、藥農,江蘇儀征人。咸豐九年(1859)進士,改庶起士,授翰林院編修,由編修出廣東廉州府知府,後爲肇慶道員,加鹽運使銜,母憂歸。博雅好古,富收藏,喜吟咏,晚年工篆書,亦能刻印,著有《冰甌館詞鈔》一卷,輯有《榕園叢書》。"年七十余,人望之若神仙"。②《淮海秋笳集》裏並未明言詞社之名,因此沿用王鵬運的叫法,稱之爲"午橋詞社"。③

由上引"舊刻"一詞可知,所謂午橋詞社諸人,即《淮海秋笳集》所收諸詞人。"在連年的烽火兵事中,午橋詞社諸子憂時傷世,發之於詞,以浙西之風格寫常州之蘊藉,取得了較高的藝術成就。諸子雖然詞名不顯,午橋詞社的作品卻可稱得上是咸豐年間詞學低迷時期的一朵奇葩"。④ 詞社諸人雖聚散無常,詞社組織也松散隨意,但在漂泊不定中,諸子之間一直保持着深厚的情誼,唱和活動也一直持續。

---

① 以上詳參陳水雲《咸豐、同治時期淮海詞人群體綜論》,載《武漢大學學報》(人文科學版)第 60 卷,2007 年第 6 期,第 824—830 頁。

② 董玉書:《蕪城懷舊録》,第 89 頁。

③ 以上詳參萬柳《清代詞社研究》,中州古籍出版社 2011 年版,第 192 頁。

④ 萬柳:《清代詞社研究》,第 191 頁。

## （三）"王棻消寒會"

萬柳著《清代詞社研究》中午橋詞社後附有王棻消寒會。王棻字小汀，又字受辛，江蘇甘泉人。工詞，著有《受辛詞》。郭晉超《受辛詞序》稱："小汀爲鶴汀先生哲嗣，以名父之子，紹衣家學。"①棻本就是淮海詞人群成員，也是午橋詞社成員。消寒會本就是文人群體冬至以後經常舉行的聚會活動。雖然《受辛詞》有詞《擊梧桐·消寒第一集》《眉嫵·消寒第二集，吳次瀟招集同人於梅花盦，咏葉小鸞眉子硯，共譜此闋》《瑞鶴仙·月當頭夕，硯山招集同人作消寒第三會，劉樹君方伯爲研山臨蘭亭小册，同人共譜》《南浦·消寒第四集，樹君方伯招集約園，餞孫駕航太守之官嶺南，共譜》《摸魚兒·消寒第五集，冰甌館主人招集題夏路門太史裕園圖卷子》《貂裘換酒·消寒第六集，藥園招集同人爲東坡作生日》《疏影·消寒第七集，子鴻招集同人棲雲山館，題湯貞湣公畫梅小幅》等，②但這些消寒會並非以王棻爲主，也非棻所組織，這些消寒會的成員和午橋詞社有着很大的交集，仍然是以劉樹君、方濬頤、汪硯山及黃錫禧等人爲主的詞人群體。

《淮海秋笛集》中亦載咸豐中錫禧與汪鋆、王棻等在揚州舉行消夏詞會，觴咏於棲雲山館，③《棲雲山館詞存》中亦載結《消寒集》之事。④ 光緒七年冬，張丙炎約黃錫禧、汪鋆、王棻、方濬頤、劉湘年等詞友，結消寒詞社於揚州榕園，⑤光緒十年等結消寒詞集。這數次消寒會在錫禧《詞續》中亦有體現，詞作亦涉及《消寒集》第二集、第三集、第四集、第六集等。

通過比較可見，以上三個群體其實都不出淮海詞人群範疇。他們中也有多人與吳讓之關係密切，"如岑鎔、姚正鏞、汪硯山、鄭芹圃、梅植之、張丙炎、朱春舫、王小汀、黃漽祥、黃錫禧等人"。⑥ 而錫禧《詞續》中48首

---

① 參見孫克强、楊傳慶等編著《清人詞話》下，南開大學出版社2012年版，第1682頁。

② 王棻：《受辛詞》卷下，清光緒間刻本。

③ 事見李肇增輯刊《淮海秋笛集》。

④ 參見查紫陽《晚清詞社知見考略》，見《中國韻文學刊》2010年第2期，第81—89頁。

⑤ 事見劉湘年《古香凹詩餘序》、劉湘年《約園詞》、李國模《合肥詞鈔》卷三。

⑥ 見朱天曙《清代書法家吳讓之交游初考》，載《南通大學學報》2007年第1期，第110頁。

詞加上前面4首詞,所涉及人員與以上詞人群體成員多有重合。今將錫禧《棲雲山館詞續》中涉及交游人物的詞牌及題目列出(每詞前的序號即在《詞續》中的順序號),詳見下表:

| 詞　　牌 | 作者(字、號)、題目(附序文,未著作者之詞均爲錫禧作) |
|---|---|
| 題詞1:邁陂塘 | 作者:劉淮年,字樹君,號約園 |
| 題詞2:夢芙蓉 | 作者:張丙炎,字午橋,號榕園,藥農 |
| 序 | 作者:方濬頤,字子箴,一字飲茗,號夢園,一號忍齋 |
| 洞仙歌2首 | 徐穆,字嘯竹 |
| 1. 石湖仙 | 壬午方子箴方伯明年六十有九,索余倚聲,因譜《石湖仙》以壽之(方子箴方伯,即方濬頤) |
| 3. 菩薩蠻 | 壬午九日同人約集長春嶺,因雨不果。汪硯山繪圖紀事並系以詞,即和原韻(汪鋆,字研山,一作硯山,下同) |
| 4. 憶舊游 | 題孫駕航觀詧《虹橋感舊圖》(孫楫,字駕航,下同) |
| 7. 陌上花 | 懷忍老江上(忍老即方濬頤,下同) |
| 9. 念奴嬌 | 和劉樹君觀詧,用坡公赤壁原韻題《縐雲石》 |
| 10. 擊梧桐 | 榕園《消寒第一集·同咏嵇中散鶴鳴夜(又作:秋)月琴》(舊藏梅嵇庵孝廉家,今歸榕園。榕園,張丙炎號,下同) |
| 12. 眉嫵 | 瘦梅花館《消寒第二集》同咏葉小鸞眉子硯,硯背有小鸞自題二絶句,從王碧山體(王炎《受辛詞》亦有同時之作) |
| 14. 瑞鶴仙 | 十二硯齋《消寒第三集》同題樹君觀詧爲硯山書《蘭亭十三跋》册子(樹君,劉淮年字;硯山,汪鋆字) |
| 15. 摸魚子 | 約園《消寒第四集》同和忍齋方伯寄際之作,即以奉懷(約園,劉淮年號;忍齋,方濬頤號) |
| 16. 南浦 | 又送駕航之任雷州 |
| 17. 水調歌頭 | 榕園《消寒第五集》,值主人五十九歲初度,同人共譜此調爲壽 |
| 18. 聲聲慢 | 又題榕園《填詞圖》 |
| 20. 虞美人 | 訂《消寒第六集》,以詞代啓 |
| 21. 疏影 | 棲雲山館消寒第六集,同題湯貞湣公《梅花直幅》 |
| 22. 貂裘換酒 | 約園《消寒第七集》,蘇文忠公生日,張象設供,同譜詞解 |
| 23. 高陽臺 | 癸未和劉樹君觀詧《早春紀游原韻》 |
| 24. 虞美人 | 和樹君《春閨》回文詞 |

| 詞　牌 | 作者(字、號)、題目(附序文,未著作者之詞均爲錫禧作) |
|---|---|
| 25. 緑意 | 新緑和樹君 |
| 26. 少年游 | 癸未上巳,榕園招同人集《長春領爰集》禊帖,譜此調先成,依調集字奉和 |
| 27. 蘇幕遮 | 樹君饋杏子,詞以謝之 |
| 28. 百字令 | 和榕園《郊原即目》用小汀韻 |
| 29. 金縷曲 | 題郭湘蓂《老去填詞圖》 |
| 30. 前調 | 咏湯包　和硯山 |
| 31. 壺中天 | 題殷侶琴《曾經滄海圖》 |
| 32. 壺中天 | 臘梅和樹君、方伯韻 |
| 33. 東風第一枝 | 人日大雪　和硯山韻 |
| 34. 齊天樂 | 題汪硯山《湖山春社圖》 |
| 35. 揚州慢 | 約園芍藥盛開,得金帶圍數十枝,樹君、方伯譜《揚州慢》以志喜,兼征同人題咏,並屬爲花寫照,圖成,依調奉和 |
| 36. 卜運算元 | 寫梅寄陳六舟並系以詞 |
| 37. 高陽臺 | 和忍老開延秋社之作,用樹老韻 |
| 38. 換巢鸞鳳 | 和忍老韻 |
| 39. 驀山溪 | 題汪孟年《平城南感舊圖》 |
| 40. 東坡引 | 坡公生日,忍齋方伯招同人一粟園張象設供,拈《水調歌頭》聯句四闋,詞成,再拈此調,各譜一闋 |
| 41. 石湖仙 | 題忍齋方伯《古香凹詩餘》 |
| 42. 齊天樂 | 除夕書懷　和樹君、方伯 |
| 43. 絳都春 | 和忍齋方伯元旦試筆元韻 |
| 44. 壽樓春 | 壽汪硯山七十 |
| 45. 緑意 | 題許星臺、方伯《緑牡丹册子》(星臺,許應鑅號) |
| 46. 暗香 | 落花剩　和約園 |
| 47. 疏影 | 飛絮影　和約園 |

　　由上可見,錫禧與劉溎年、張丙炎、汪鋆、王棻、方濬頤、孫駕航等人的交往頗爲密切,這些人在晚清詞壇俱有文名,在社會、官場上亦有一定聲

望,如方濬頤曾爲兩淮鹽運使等。《詞續》作爲詞人群體的交游詞作,其中不乏可參佐詞人生平及史料價值,如可根據詞作内容考察聚會活動的内容。其中亦涉及多人的壽辰聚會,可以此考證人物生平。因此,此書可謂研究淮海詞人群難得的一手材料。如據第一首《石湖仙》(壬午)及詞末小字注"司馬温公五十赴者英會,余今年亦五十,故訂斯約",可知此詞作於光緒壬午(1882),此年錫禧五十歲,則知錫禧生於道光十三年(1833)。又第三十五首《揚州慢》小字注曰:"道光戊申,先兄又録,讌阮文達、梁茞林中丞於斯園。禧年甫十六,叨陪末座,適開金帶圍數枝。因各賦詩繪圖紀其事,中丞載入《歸田瑣記》。於今三十有七年矣。"道光戊申(1848)錫禧年十六,則也可推知錫禧生於道光十三年(1833)。而此詞作於三十七年後,即當作於1885年,時錫禧53歲。由此可知,孫克強等編著《清人詞話·下》云黃錫禧"約活動於清嘉慶、道光年間",[1]朱德慈《近代詞人考録》中黃錫禧約生於1810年,[2]均誤。且以上二書均未著録《詞續》一書,可見此稿本流傳至罕。

由於淮海詞人群涵蓋地域比較廣,成員較多,又逢亂世,人員流動性大,時間跨度較長,資料零星散見於各種史料,很多人的生平不爲人知,研究缺乏系統性。《棲雲山館詞續》未經刊刻,流傳極少,多爲他書未見之作。書中的近50首詞作,與《棲雲山館詞存》構成一個完整的詞學研究共同體。通過對二者的比較研究,可以看出錫禧早期和晚期詞作的變化,深入推進錫禧詞學創作的研究,也將有助於開拓淮海詞人群研究視角,爲晚清詞學研究增添新材料、新内容,對晚清詞學研究起到抛磚引玉之作用。

原刊於《文獻》2015 年第 5 期

(譚嬙,上海師範大學圖書館副研究館員)

---

① 孫克強、楊傳慶等編著:《清人詞話》下,第 1609 頁。
② 朱德慈:《近代詞人考録》,中國社會科學出版社 2004 年版,第 277 頁。

# 宋孝宗立儲事件鈎沉

## 戎　默

　　據《宋史》記載,宋孝宗選擇恭王趙惇(即後來的宋光宗)成爲自己的繼承人,没有按照長幼次序,而是認爲恭王"英武類己",便越次立儲。① 實際上,這一説法頗有問題。通過對一些其他史料的考辨可以看出,孝宗在選擇儲貳時非常猶豫,並不十分鍾意光宗;當時作爲恭王的光宗,似乎也是通過一場十分激烈的鬥爭後才得到了儲位。如今大多數關於宋代政治史研究的著作,或並未注意這點,或論述較爲簡略,僅僅提及,浮光掠影。如白壽彝主編的《中國通史》就説:"宋孝宗也已失去早年恢復中原的雄心壯志,決心將此局面留給'英武類己'的皇太子趙惇。"②依舊認爲孝宗立儲的原因是光宗"英武類己"。何忠禮的《南宋史稿》説:"趙愷(魏王,光宗的哥哥)臨行前,對前來送行的右相虞允文説'更望相公保全',從中似乎可以看出,趙愷因不受兩宫歡喜,所以在宫廷内部争奪皇位繼承人的鬥爭中勢單力孤,終於成爲一個失敗者。"③語焉不詳。同樣是何忠禮的《南宋全史》中的敘述則稍微詳細和明確,認爲立光宗爲太子並不是孝宗本意,並提到了憲聖太后及高宗在立儲事件中的作用,但也是一筆帶過,没有詳細説明。④ 對此事敘述稍微詳盡的是余英時的《朱熹的歷史世界》,他認爲恭王惇與魏王愷在乾道三年到七年之間"争取儲位必甚激烈",並就光宗最終獲得儲位的原因進行了一些論述。⑤ 但他敘述此事主要爲了説明高、孝、光三帝之間的關係,從而論述所謂"理學型士大夫"在

①　《宋史》卷三六,中華書局 1985 年版,第 694 頁。
②　白壽彝、陳振:《中國通史》第七卷,上海人民出版社 2013 年版,第 1439 頁。
③　何忠禮、徐吉軍:《南宋史稿》,杭州大學出版社 1999 年版,第 234 頁。
④　何忠禮:《南宋全史》(一),上海古籍出版社 2011 年版,第 385 頁。
⑤　余英時:《朱熹的歷史世界》,三聯書店 2004 年版,第 769—772 頁。

朝堂上就一些問題與皇帝的互動,並没有着力於考證立儲事件本身。而且,《朱熹的歷史世界》在揭示光宗被立爲皇儲的原因時,力證高宗在此事當中發揮了重要作用,但細細考辨可以發現,余先生在一些材料的運用與解讀上頗有疏漏,高宗影響光宗成爲太子一説,亦有值得商議之處。

# 一、宋孝宗立儲始末

孝宗先後立過兩位皇儲,一個是他的長子鄧王趙愭。但他壽祚不長,在被選爲太子後不久病薨,謚號莊文,史稱莊文太子。第二位是三子恭王,就是後來成爲宋光宗的趙惇。除了鄧王愭之外,他還有一個哥哥魏王愷,因此孝宗在鄧王死後立他爲皇儲並不是理所當然,而是"越次建儲"。《宋史·光宗本紀》云:

> 及莊文太子薨,孝宗以帝英武類己,欲立爲太子,而以其非次,遲之。①

所述原因很簡單,就是孝宗認爲恭王"英武類己",因此在鄧王死後早將皇儲之位心許給恭王。遲遲不立太子,只是因爲恭王並非在世的太子候選人中年齡最大者,要立他則屬"非次",故"遲之"。而《宋史·宗室列傳三·魏王愷傳》的記載則是:

> 莊文太子薨,愷次當立,帝意未決。既而以恭王英武類己,竟立之。②

這條記載看似與《光宗紀》的記載大同小異,但仔細尋味,卻亦有不同:莊文太子死後,孝宗應當讓魏王成爲皇儲,但是由於某種原因(這裏也是認爲恭王"英武類己"),卻終究立了三子恭王。這條記載透露出,孝宗對魏、恭二王誰來繼承皇位這件事,實際上是有所猶豫的。

從關於魏王愷的其他一些記載來看,似乎後一種説法更爲接近實際。在魏王死後,孝宗曾經發出過這樣的感歎:"向所以越次建儲者,正爲此子

---

① 《宋史》卷三六,第 694 頁。
② 《宋史》卷二四四,第 8734 頁。

福氣差薄耳!"①好像在爲自己未立魏王爲太子有所愧疚從而自我辯解。這似乎透露出孝宗對把魏王立爲儲貳一事,也並不是沒有考慮過。

《建炎以來朝野雜記》乙集卷二《己酉傳位録》一條詳細記録了在恭王被立爲太子(乾道七年)前後,孝宗與當時宰相虞允文圍繞太子問題所進行的幾次對話,可謂十分詳細地從側面記敘了這段時間内宋孝宗的心路歷程,以及二位皇儲候選人之間的奪位鬥爭。

乾道三年七月,莊文太子薨,四年小祥,五年大祥,皆命輔臣至東宮行禮。乾道六年,以知樞密院府爲莊文太子外第,太子妃錢妃與皇嫡孫榮國公自東宮徙居。至是莊文太子喪禮成,而此時也陸續有人提出要重立太子,不使東宮久虛。六年正月戊辰大雨震雷,庚辰大雨雪。右諫議大夫陳良翰以東宮久未建,手疏言之,"孝宗嘉納"。而虞允文也在此年八月三日,孝宗御垂拱殿時,乞留班奏事。在奏稟一番與金國的外交情況後,允文隨即便提出希望孝宗儘快册立太子。原因是害怕萬一金國敗盟,兩軍交戰,孝宗就需要御駕親征,按照慣例,此時應該由太子監國撫軍,倘若到這時再考慮册立之事,未免"有不如人意之處"。並認爲"今日之事,無大於此,無急於此"。② 此後,君臣二人的一段對話可謂耐人尋味:

> 孝宗欣然曰:"朕久有此意,事亦素定,但恐儲位既正,人心易驕,便自縱逸,不勤於學,浸有失德,不可不慮。朕更欲令練歷世務,通知古今,庶幾無後悔爾。"允文奏云:"臣平日竊觀陛下聖孝至篤,豈不以宗社爲念;聖慮最遠,豈不以儲副爲急。所以遲遲至今,亦必有説。今蒙宣諭,益有以見陛下重惜神器,封植國本,爲萬萬年之永圖,天下幸甚! 然臣之愚以謂此事不過審擇宮官,使日聞正言,日行正道,真積力久,自然無不趨於正,安得有後悔? 又儲闈一開,深居中禁,常得在陛下左右,日親帝學,何患不光明? 日與朝政,何患不練歷? 以臣之愚謂,早建儲宮,其所成就,必遠過於外處潛邸。"孝宗曰:"丞相言極是,但此事卻有些遽次,非久於選德獨與丞相議之。"允文即奏云:"臣以愚忠所迫,昧死有請,敢意陛下遽賜察納臣,無任感天荷聖之至,容臣再拜謝恩。"拜訖,復奏云:"此事願陛下早留聖念。"孝宗云:

---

① 《宋史》卷二四四,第 8735 頁。

② (宋)李心傳:《建炎以來朝野雜記》乙集卷二,中華書局 2000 年版,第518 頁。

“甚好甚好,不過旬日間。”①

孝宗首先表示,對册立皇儲之事,自己已經有所定奪,只不過擔心皇儲之位定後,新太子“縱逸失德”,所以想磨煉磨煉他,才不那麽早册立太子。但是,虞允文旋即委婉提出關於這點孝宗可能多慮:擔心太子縱逸,可以“審擇宫官,使日聞正言,日行正道”,多加調護,則“自然無不趣於正”。況且早日定儲亦可使太子“常得在陛下左右,日親帝學,日與朝政”,使其更歷練光明,“必遠過於外處潛邸”。孝宗在他的理由被虞允文委婉反駁後,只能老實交代:“丞相言極是,但此事卻有些遷次。”承認在立儲問題上還有些難言之隱,實在没有考慮好,不久之後在選德殿再商量。而後虞允文又再次叮囑:“事願陛下早留聖念。”孝宗則答應“不過旬日之間”,便給予他答復。縱觀整個對話,孝宗對虞允文册立太子之請有些準備不足,先用“儲位既正,人心易驕”的藉口搪塞,然後又被迫不得不道出實情,即關於這件事,“有些遷次”。所謂“遷次”,即變數、變化。細味“有些遷次”一語,似乎孝宗的猶豫也並不是來自“以其非次”一類屬於內心的鬥爭,而更像是來自外界因素的羈絆。

孝宗答應“旬日”也就是 10 天左右便給予允文答復,但此後一直没有動静。直到八月二十五日,百官朝殿奏事,孝宗方讓“中使傳旨,令右相留班”。不過,孝宗並没有主動提起册立皇儲之事,而是“以邊事一一宣諭”。而後,虞允文則再一次提醒孝宗商談立儲之事,孝宗答應。允文就立即用了一個唐代故事來開導孝宗:

允文奏云:“昔唐太宗從容謂侍臣曰:‘當今國家何事最急? 各爲我言之。’……獨褚遂良云:‘今四方仰德,誰敢爲非? 但太子諸王,須有定分。陛下宜爲萬代法以遺子孫。’太宗答曰:‘此言是也。朕年將五十,心常憂慮,頗在此爾。’臣仰惟陛下日月之明,於唐君臣之言是非去取必有所擇,臣竊詳唐太宗與侍臣言在貞觀十六年,太子承乾已立,遂良但以嫡庶名分未正,其言至如此。今日之事,臣之所憂有甚於遂良,但不敢盡言爾。”孝宗云:“朕志已素定……今秋事向晚,冬初又北使來有一番禮數,若於郊禮時或前或後,降指揮如何?”允文奏云:“聖志果定,以郊天慶成日降指揮甚好,蓋日南至,天正也。”孝宗

① 《建炎以來朝野雜記》乙集卷二,第518頁。

云："當用此日。"①

虞允文這次又用唐太宗時的一則故事來開導孝宗,這則故事講的是褚遂良勸諫唐太宗要早定太子名分。此事本身就十分耐人尋味:唐太宗以長子李承乾爲太子,卻偏愛自己的四子魏王李泰,不肯早定名分。魏王李泰也覬覦王位,時時想將李承乾拉下馬。褚遂良就是在這種情況下才提出"太子諸王,須有定分"的建議。不過遂良的擔心終究還是成了現實:太宗依舊寵愛李泰,太子因爲擔心被廢而謀反。虞允文對引用這則故事來警醒孝宗,是否也暗示孝宗在立太子的問題上,面臨着與唐太宗相似的處境呢? 而他在引用了這則故事之後,旋即又説"今日之事,臣之所憂有甚於遂良,但不敢盡言爾",好像説明了當時兩位皇子之間爭奪皇儲的暗中角力,以及孝宗在二人之間的搖擺程度,應該比之唐太宗時是有增無減吧。

雖然並没有直接的史料揭示恭王與魏王在爭奪太子時鬥爭的具體手段與細節,但在光宗當上皇帝之後,一些大臣在勸諫他不過重華宮的奏疏裏,卻顯現出一些端倪,可證此事并不是捕風捉影。紹熙二年,黃裳奏疏云:

> 陛下之於壽皇,未盡孝敬之道,意者必有所疑也。臣竊推致疑之因:陛下毋乃以焚廩浚井之事爲憂乎? 夫焚廩浚井,在當時或有之。壽皇之子,惟陛下一人;壽皇之心,托陛下甚重,愛陛下甚至,故憂陛下甚切。違豫之際,焫香祝天爲陛下祈禱,愛子如此,則焚廩浚井之心,臣有以知其必無也。②

黃裳指出,光宗不過重華宮,正是出於懷疑"焚廩浚井"之事。所謂"焚廩浚井",用了舜的父親瞽叟和哥哥象合謀害舜的典故,似乎表示光宗疑慮他的父親孝宗和他的一個哥哥,曾經想要對他做出不利的舉動。極有可能指的就是這次立儲事件。因爲他的大哥莊文太子早薨,與光宗並無太多交集;而二哥魏王趙愷在他當上太子之後便出鎮外藩,不久改判明州,

---

① 《建炎以來朝野雜記》乙集卷二,第 519 頁。

② (明)黃淮、楊士奇:《歷代名臣奏議》卷一一,臺灣學生書局 1964 年版,第 159 頁。

死在任上，也無法在他成爲太子之後他有所動作。那麼光宗疑慮的"焚廩浚井"之事，應當發生在他未被立爲太子之前，與魏王趙愷爭奪太子之位的這段時間内，所指應該就是這件事。而在事後，此事被比作瞽叟與象對舜的加害，也可想見爭奪太子之位激烈程度。更值得注意的是，這個"焚廩浚井"的比附，也十分明確地揭示了光宗所認爲的孝宗在這件事上的態度：不止是猶豫不決，甚至是偏幫魏王，不想讓自己成爲太子。這雖然只是光宗的懷疑，但亦必事出有因，不會是空穴來風。而且，雖然黃裳在奏疏中力證壽皇如今並無"焚廩浚井之心"，但也不得不承認，"夫焚廩浚井，在當時或有之"，似乎間接肯定了光宗懷疑的合理性。

接着，孝宗又將宣佈皇儲的日子定在了郊天禮前後，虞允文也表示，郊天禮成當日是個好日子，可以在那天宣佈此事，孝宗答應。但到了郊天禮前一天，孝宗還沒有決定立太子之事，這次，他主動出擊，下旨令右相留班，再次向虞允文詢問册立太子的意見。虞允文也看出了孝宗的猶豫不決，當即表示"陛下家事，臣不當與"，然後便援引本朝故事，即太宗向寇准詢問册立太子之事，而寇准的回答是："此事問内人亦不可，問中貴人亦不可，問大臣亦不可，惟陛下獨斷乃可爾。"虞允文援引這則故事的目的，旨在强調立儲之事在於皇帝本身的決心，不應該再向宰執詢問意見。因此，他在援引故事之後，又説："太宗英斷一發，千百世無有議之者。此臣卷卷之忠，獨有望於陛下也。"向孝宗提出期望，希望他也能像太宗一樣早下決心，早日將太子之事決定下來。[1] 在這段談話中，虞允文一再强調，册立太子之事，皇帝應當有自己的"獨斷"，不可跟隨他人的意見。這正可説明，也許在此事上，有其他的意見和因素在左右着孝宗的判斷。

孝宗在聽完允文一段話後，只得表態："此事無可疑也。"但是，他還是希望將決定的日子再向後拖一拖，他説："今郊天后，先欲與卿商量。如上兩宮尊號、立太子，可用春初，亦未晚否？"[2]表示郊天禮成之後，先再與允文商量一下此事，而宣佈皇儲之事可在春初與上兩宮尊號一事一起辦。虞允文聽到孝宗又欲拖延，旋即上言：

> 陛下即大位九年，三見上帝，前兩郊有意外相妨事，昨日宿太廟，大雨不止，群心憂疑。夜半行事時，中天星氣炳然，百執事駿奔中庭，

---

① 《建炎以來朝野雜記》乙集卷二，第 520 頁。

② 同上。

皆如禮。咸謂陛下聖德有以感召。今日霽色如此，熙事必成。陛下欲歸美兩宮，益降徽稱，此千載稀有之慶。臣敢再拜。①

以天象説明此郊天之禮乃"千載稀有之慶"，此時來上兩宮尊號，再合適不過，也暗示這次郊禮也是宣佈册立太子的好時機。不過他馬上意識到自己似乎表現得太過急迫，於是接着又説："陛下欲以春初立太子，臣謹奉詔。是時願陛下更無改易。"②只得無奈答應孝宗春初再立太子。不過，他最後也不忘提醒孝宗，希望他這次不要再改變主意，推遲宣佈皇儲的時間了。孝宗也答應他上兩宮尊號後立即宣佈皇儲之事。

乾道七年正月初一，上兩宮尊號禮畢。正月初五，宰執奏事。虞允文再乞留班，目的便在於提醒孝宗不要忘了答應的事，早些決定太子之位的歸屬。這次孝宗沒有再推脱，而是向虞允文提出了一個要求："朕欲立太子後，余一親王便欲令出鎮外藩，不知本朝有何典故？"③孝宗表示，無論哪個親王做了太子，他希望另一個親王可以離開京城，出鎮外藩。又詢問虞允文本朝這方面的先例，也是想要爲這件事找一個根據。但是虞允文當即回答本朝並無此例。然後孝宗就説："朕之慮甚遠，卿可於唐以前子細密加討論。"④本朝無此典故，唐以前之事也可參考。可見孝宗希冀未做成太子的親王出鎮外藩的心情有多麼迫切。而且，既然本朝沒有這樣的先例，那孝宗提出的這個想法，便是打破了宋人最爲重視的祖宗家法。孝宗因何要冒天下之大不韙，以如此迫切的心情，非要做出一個破壞家法的決定呢？結合虞允文前面所舉勸諫孝宗的唐太宗故事，不難得出這樣一個結論，即兩位親王爲爭太子之位鬥爭非常激烈，激烈程度竟至水火不容的地步。孝宗提出的"一王立，一王出"破格之法，也許是他考慮多時，保全他兩個兒子最好的方法了。

此後，册立太子的準備工作才正式開始。正月二十四日，虞允文擬定册立御劄。二月七日，以御劄宣示大臣。是夕鎖學士院，草進封太子制。八日，百官班文德殿，宣册立太子御詔，詔畢，方内出麻制，正式宣佈趙惇爲皇太子。並同時宣佈當時的慶王愷授雄武、保寧軍節度使，判寧國府，

---

① 《建炎以來朝野雜記》乙集卷二，第 520 頁。
② 同上。
③ 同上。
④ 同上書，第 521 頁。

進封魏王,使之出鎮外藩。三月四日,宰執宴餞魏王於玉津園,魏王登車前,對虞允文說了這麼一句話:"更望相公保全。"①這句話也明顯透露出魏王愷不容於已經成爲太子的趙惇,而二人交惡的原因,必是爭奪皇太子之位的緣故。

以上是筆者對《己酉傳位録》中關於孝宗決定趙惇成爲皇儲的記載的分析,從這些分析中可以看出幾點:

第一,虞允文希望孝宗早日決定太子之位的態度十分堅決,但與之形成鮮明對比的是,孝宗自己雖然一直强調對册立之事乃素志已定,其行動却表現出他對做出決定採取消極迴避的態度。他將宣佈儲位的日子一拖再拖,出爾反爾。從"有些遷次"等話語中,似乎也透露了孝宗的猶豫不止是來自内心,而是關乎來自外部的壓力。孝宗並非庸懦之主,而是一個勵精圖治、頗有決斷的皇帝,在此次立儲事件中却如此猶豫,也可見恭王成爲太子絶非"英武類己"這麼簡單。

第二,從君臣二人的對話,虞允文援引的李泰、李承乾故事,以及最後孝宗在册立皇太子之前所採取的破格舉措等事件分析,恭王和魏王之間在爭奪皇儲一事上是有過一番激烈鬬爭的,而且這場鬬爭可説已經到了兄弟相殘的地步。恭王竟能讓孝宗"越次立儲",並且破例使魏王出鎮外藩,亦可知其野心之大、手段之高。

另外,在乾道元年所發生的爭立皇嫡長孫事件,亦可證明恭王對皇太子之位覬覦已久:

> 乾道元年六月,鄧王夫人錢氏生子,太上甚喜。先兩月,恭王亦生子,於是秘書少監兼恭王府直講王淮攜白劄子見大臣,言恭王夫人李氏四月十五日生皇長嫡孫。時孝宗未置相,參知政事錢端禮行丞相事。端禮,鄧王夫人之父也,見之不悦。……端禮曰:"嫡庶具載《禮經》,所以別嫌疑,明是非,定猶豫。"孝宗曰:"重塚嫡,正謂此。"端禮曰:"初二日詣德壽宮,太上皇帝宣諭:'皇嫡孫生與其他事體不同,主上聖孝所招,卿須當行賀禮。'臣遂具奏上表,於初五日稱賀,昨日王淮來見臣,出白劄子,及稱年鈞以長,義鈞擇賢。"孝宗曰:"此是何語,皆非所宜言。"……乃詔王淮傾邪不正,有違《禮經》可與外任,

---

① 《建炎以來朝野雜記》乙集卷二,第 522 頁。

仍放謝辭。①

鄧王即後來病薨的莊文太子，乾道元年八月立。而就在乾道元年六月，孝宗將立太子之前，恭王府直講王淮以年長爲由，想讓朝廷承認恭王的兒子爲皇嫡長孫，恭王想靠嫡長孫來競爭太子之意可謂昭然若揭。雖然最終失敗，但已經十分明顯地表現出恭王對皇太子之位的野心由來已久。

## 二、恭王成爲太子的原因

關於恭王最終被立爲太子的原因，余英時《朱熹的歷史世界》認爲出於憲聖太后甚至是高宗的意志的影響。② 何忠禮《南宋全史》與他的觀點一致，認爲："（趙構）通過爲趙惇選定正妻，並將他扶上太子之位，以控制孝宗的繼承人，其謀劃可謂深遠。"③那麼，這樣的推斷是否有道理呢？

可以肯定的是，恭王被立爲皇儲，離不開憲聖太后的幫助。《四朝聞見録》說：

> 光皇御制孝宗崇憲聖母弟之恩，故稱琚兄弟皆以位曰"哥"。至光宗，體孝宗之意，故稱琚兄弟曰"舅"。琚尤聖眷，後苑安榴盛開，光皇以廣團扇自題聖作二句曰："細疊輕綃色倍濃，晚霞猶在綠陰中。"命琚足之。公再拜，援筆即書曰："春歸百卉今無幾，獨立清微殿閣風。"上稱歎者久之。憲聖於二王中，獨導孝宗以光皇爲儲位，故公落句有獨立之咏，寄意深矣。團扇猶藏其家，又有石刻，火後俱不存云。④

"憲聖於二王中，獨導孝宗以光皇爲儲位"一語，已經很明顯地暗示了光宗獲得儲位是憑藉憲聖太后的幫助。不過，由此推斷此事亦有高宗的影響，並引用高宗爲光宗選妃之事，認爲高宗在這時候已認定恭王是太子的合

---

① 《建炎以來朝野雜記》乙集卷二，第 516 頁。
② 余英時：《朱熹的歷史世界》，第 772 頁。
③ 何忠禮：《南宋全史》（一），第 385 頁。
④ （宋）葉紹翁：《四朝聞見録》，中華書局 1989 年版，第 53 頁。

適人選,則頗有值得商榷之處。

余英時先生《朱熹的歷史世界》中引用了《宋史》卷二四三《光宗慈懿李皇后傳》中的一段話:

> 光宗慈懿李皇后,安陽人,慶遠軍節度使、贈太尉道之中女。初,后生,有黑鳳集道營前石上,道心異之,遂字后曰鳳娘。道帥湖北,聞道士皇甫坦善相人,乃出諸女拜坦。坦見后,驚不敢受拜,曰:"此女當母天下。"坦言於高宗,遂聘爲恭王妃……乾道四年,生嘉王。七年,立爲皇太子妃。性妒悍,嘗訴太子左右於高、孝二宮,高宗不懌,謂吳后曰:"是婦將種,吾爲皇甫坦所誤。"①

余先生接着做出這樣一個論斷:"李后生於紹興十五年(1145),長光宗兩歲,其來歸當在孝宗初年,然主這件婚事竟由高宗一手包辦而成。這除了說明高宗退位後仍然當家做主外,也暗示他對光宗或已寵愛有加。"②從這段記載來看,高宗竟將一位被人預言"當母天下"的女子嫁與恭王,確是對他十分偏愛,也透露出高宗有將孝宗繼承人定爲恭王之意。

不過,這條史料是否可信是一大關鍵。首先,從邏輯上判斷,這條史料有一大破綻:李后被選爲恭王妃,是在鄧王趙愭被立爲太子之前的,倘若高宗在此時就屬意恭王,因何又會讓鄧王先成爲太子?筆者前引恭王府與鄧王府爭立皇嫡長孫事件中,鄧王岳父錢端禮引用的正是來自高宗的宣諭,從而沮抑了恭王府之請:

> 初二日詣德壽宮,太上皇帝宣諭:"皇嫡孫生與其他事體不同,主上聖孝所招,卿須當行賀禮。"③

顯然,在當時高宗是承認鄧王之子皇嫡孫的地位的,也暗示了他承認鄧王應當順理成章地成爲太子。如此,又怎會在爲恭王選妃之時便對恭王有所青睞,將一個被預言爲"當母天下"的女子嫁給恭王?

再進一步考察史料的來源,便可知道這條史料的記載有不可信之處,

---

① 《宋史》卷二四三,第 8654 頁。
② 余英時:《朱熹的歷史世界》,第 772 頁。
③ 《建炎以來朝野雜記》乙集卷二,第 516 頁。

《四朝聞見録》乙集《皇甫真人》條云：

> 皇甫真人號爲有道術，善風鑒。……時逆亮謀南寇，故皇甫以對，上大悅。後又自出山來見，上叩其所以來，則曰："做媒來。臣爲陛下尋得個好孫息婦。"上問爲誰，則以慈懿皇后大將之子，生於營中，生之日有黑鳳儀於營前大黑石上。人謂"鳳實鷟鷟，石則元王"，慈懿小字鳳娘，蓋本於此。后既爲太子妃，至訴太子左右於高、孝兩宮，高宗不懌，謂憲聖曰："終是將種，吾爲皇甫所誤。"①

正是《宋史》記載的史源。這條筆記可以糾正余先生的兩個錯誤，第一，通觀整條筆記，作者記敘的一大通例，就是所記事件發生在哪個皇帝在位的時代，則稱哪位皇帝爲"上"，這也與傳統正史的體例無二。再結合"時逆亮謀南寇"之語，可知選妃之事並不如余先生所說在孝宗初年，而是在高宗末年。那他所說的"說明高宗退位後仍然當家做主"的推論，在這條史料中是看不出來的。

第二，也是更重要的一點，《四朝聞見録》的這則記載並無"此女當母天下"一語，而"鳳實鷟鷟，石則元王"一語，"鷟鷟"相傳乃鳳凰的一種，一般用來指有賢德的人；"元王"者，大王也，亦可稱一般王侯，並非特指皇帝。如此，這句話也只能説明李氏有賢德，可以輔佐王室，並不能説明她有母儀天下的潛質。爲一個皇子選妃，需要有賢德的女子也是平常之事。《光宗慈懿李皇后傳》實有神乎其事、添油加醋之嫌。余先生引用《光宗慈懿李皇后傳》中的這條記載來證明高、光二帝的關係，認爲高宗對光宗寵愛有加，實有失偏頗。而《南宋全史》所謂高宗通過爲恭王選定正妻，將其扶上皇位一説，更是有值得商榷之處。

因此，恭王最終成爲太子，憲聖太后的幫助這一因素無可置疑。恭王對太子之位野心勃勃，又極具手段，他討得憲聖太后的歡心，從而讓她向孝宗施加壓力，也是極有可能的。但是，如《朱熹的歷史世界》所述，進而認爲高宗早對恭王青睞有加，屬意其爲太子，則有些理據不足了。

恭王爭奪太子之位的更有力的支持者，應當是他的妻子李鳳娘及其背後的外戚集團。晁公溯《箕山日記》云：

---

① （宋）葉紹翁：《四朝聞見録》，第56頁。

　　乾道七年：高子長正月末離臨安，李道之子宣贊範者托語其父云："三大王言，丞相遣腹心來報，儲議已定，大人差遣可無慮。"後旬日，建儲詔下。①

　　李道便是李鳳娘之父，即恭王的岳父。周密《齊東野語》稱其"本戚方諸將，故群盜也"，②乃兩宋之交的一個民間武裝力量的首領。他的軍隊經過收編後，在高宗末、孝宗初年時，成爲宋金荆襄戰場上一支十分重要的武裝力量，頗有軍事實力，是朝廷需要拉攏和安撫的對象。從《箕山日記》中的這段話來看，李道似乎時時刻刻關注着朝廷立儲的動向，而支持的正是他的女婿恭王。他在京城也頗有耳目，甚至在立儲之事上還通過其子向丞相虞允文打聽消息，可看出李道在此事上利用人脈疏通關係之迹。

## 三、立儲事件與二帝矛盾

　　如前所述，孝宗立恭王爲儲君一事，並不像《宋史》所説，乃認爲恭王"英武類己"那麼簡單，而是更爲複雜，這一點可以幫助我們更好地理解孝、光二帝之間的矛盾。關於孝、光二帝不睦的原因，《宋史》認爲是在他當上皇帝後，他的皇后李氏"悍妒"且與孝宗不和，光宗在李氏的逼迫下神經錯亂，方才導致了他這些不孝的行爲。③ 雖然李皇后的逼迫以及光宗神經錯亂是二帝不和的重要因素，但《宋史》顯然忽視了一點，那就是光宗在被立爲太子時就種下的疑懼之心：光宗"非次"，通過權力鬥爭被立爲太子，孝宗又對此事猶豫（甚至是偏向魏王），光宗在即位前後，難免會懷疑孝宗是否真心傳位於他。這種疑懼之心慢慢擴大，加之李皇后的悍妒和離間，方才形成了他和孝宗之間的矛盾。立儲事件也許正是二帝矛盾的源頭。雖然没有光宗對立儲之事態度的直接證據可證明這一點，但從光宗朝大臣的一些奏章中可知這一推論並不是没有根據。在紹熙年間一些勸諫光宗，希望他緩和與孝宗關係的劄子中，大臣們都不約而同地提到

---

① 顧宏義、李文：《宋代日記叢編》，上海書店出版社 2013 年版，第 736 頁。
② （宋）周密：《齊東野語》，中華書局 1983 年版，第 201 頁。
③ 《宋史·光宗本紀》："及夫宫闈妒悍，内不能制，惊忧致疾。自是政治日昏，孝养日怠，而乾、淳之業衰焉。"《宋史》卷三六，第 710 頁。

了光宗對孝宗的疑慮,在此之後,又不約而同地辯白孝宗在選擇儲位時並無猶豫。陳傅良紹熙五年《直前劄子》云:

> 臣聞天倫骨肉,自然恩愛,偶有嫌隙,至相猜疑,考之載籍,間或如此。……陛下獨不記壽皇之疏魏邸乎? 自古廢立出於愛憎,壽皇此時果何心耶? 而陛下忍忘之也?①

袁說友《又奏乞過宮狀》則云:

> 陛下每齟齬而難言,迫急而後應者,皆有所疑而不自決也。不審陛下疑於壽皇者,果何事歟? 而陛下知壽皇之有他意者,果得於誰歟? ……陛下之在王邸也。魏王,兄也,猶無恙也。壽皇聖帝斷以獨見,不惑群議,驟越魏王而正陛下於儲宮,非壽皇愛陛下而然歟?②

大臣的奏章中反覆辯解孝宗立儲之時,對光宗寵愛有加,斷以獨見。似乎正表明光宗的疑慮之事,就是孝宗是否真心將儲位傳給自己。這既暗示了立儲事件並不如《宋史》所言那麽簡單,又可說明這一事件也是孝、光二帝致隙的重要因素之一。

## 四、總　結

通過《建炎以來朝野雜記》中"己酉傳位錄"條及一些其他史料可以看出,宋孝宗越次立當時的恭王即後來的光宗爲太子,並不像《宋史》中所述"以其英武類己"這麽簡單。實際上,恭王野心勃勃,對太子之位覬覦已久,莊文太子死後,他在與魏王愷的宮廷鬥爭中勝利,用十分高明甚至是無情的手段奪取了太子之位。而他能順利奪取太子之位的原因,在內出於憲聖太后對他的幫助,在外則是其妻子李鳳娘背後的外戚集團的支持。

---

① (宋)陳傅良著,周夢江點校:《陳傅良文集》卷二五,浙江大學出版社 1999 年版,第 338 頁。

② (宋)袁說友:《東塘集》卷一三,《全宋文》第二四七冊,上海辭書出版社、安徽教育出版社 2006 年版,第 166 頁。

但是,如余英時《朱熹的歷史世界》中所强調的出於高宗影響的説法,似乎理據不足。反觀孝宗對立恭王爲太子的態度,也並不如《宋史》所述那麽堅決,實際上是非常猶豫,甚至是偏向他的對手魏王。孝宗對此事的猶豫態度也引起了光宗的憂懼和懷疑,成爲孝、光兩朝皇帝父子交惡的導火索之一。

原刊於《歷史文獻研究》第 34 輯,華東師範大學出版社 2014 年版

(戎默,上海古籍出版社文學編輯室編輯)

# 陳昌圖《續通志・圖譜略》底稿考論

## ——兼論其與《四庫全書總目》編纂關係

朱學博

　　陳昌圖,字南琴,號玉臺,浙江仁和人。生於乾隆六年(1741),乾隆三十一年(1766)進士,旋入三通館纂修《續通志・圖譜略》,後充四庫館纂修。在其《南屏山房集》中還保留了所撰的 12 篇《四庫提要》稿。從其所寫提要可知,陳氏主要參與了《永樂大典》的輯佚工作,並爲所輯佚的書籍撰寫了提要。此點,張升先生已有研究。①

　　其實,陳昌圖《南屏山房集》卷一九、二〇中,還保存了其在三通館時撰寫的《續通志・圖譜略》的底稿。由於清代所修的《續通志》價值有限,一直不被重視,而陳氏《南屏山房集》亦流傳不廣,所以陳氏的《圖譜略》底稿一直未有人注意和研究過。

## 一、陳昌圖《圖譜略》原稿與《續通志・圖譜略》定本比較

　　陳昌圖的原稿收錄在其《南屏山房集》卷一九、二〇中。卷一九首題"續圖譜略稿上",下小字注云:"記有,三通館奉敕纂修。"卷二〇首題"續圖譜略稿下",下小字注云:"記無,三通館奉敕纂修。"

　　清修《續通志》上承鄭樵《通志》,然而亦有創新變化。其中《圖譜略》大體沿襲鄭氏《通志》,分爲"記有""記無"兩卷。前者記錄當時存世的書籍,後者記錄已經亡佚的書籍。由於《續通志・圖譜略》中記錄的書籍不記卷數,沒有提要或解題,一般認爲價值不大,很少有人關注。

―――――――――――

　　①　張升:《新發現的〈四庫全書〉提要稿》,載《文獻》2006 年第 3 期。

然而陳昌圖的《圖譜略》原稿,每種書籍都是寫明卷數、撰有解題的。其解題長短不一,大體類似《直齋書録解題》《郡齋讀書志》等,記述作者爵里、書籍大旨、考論得失、提要鉤玄。短則寥寥數字,長則數百字。這些解題不但能體現陳昌圖的學術思想,也蘊含了極大的歷史文獻價值。將其與《續通志·圖譜略》的定本比較,更糾正和補充了諸多學界目前的認識。

通過比較可以清楚地看到,《續通志》定本與陳氏原稿差異很大,應是陳氏進呈初稿後,有人又做了大量修改,才形成現今定本的面貌。其修改主要在三方面:1. 删去陳氏撰寫的解題和卷數;2. 調整陳氏圖譜的分類;3. 對陳氏書目做了大量增補。

陳氏《圖譜略》原稿每書下有解題和卷數。每條解題對該書都起到提要的作用,有的對書的内容還有考證。這種做法比鄭樵的《通志》是一種進步。但令人驚訝的是,《續通志》定本删去了所有的解題。其原因,筆者推測可能有四點:第一,編纂《續通志》的同時,《四庫全書》也正在編纂,《圖譜略》中的書籍大部分與《四庫》重複,而相比較四庫提要,陳氏的解題顯得十分簡略,所以可以删去;第二,其與同時的《續文獻通考·經籍考》也有大量書目重複,而《續文獻通考》上承馬氏《通考》之作,書目下也各有提要,《續通志·圖譜略》的解題亦顯得重複了;第三,後來的定稿在陳氏的基礎上增加了大量的書目,分類也做了修改,如果都進行考證,撰寫解題,工作量大大增加,而删去解題,操作十分方便;第四,《續通志》上承鄭樵之書《藝文略》《圖譜略》等,鄭氏書便是只記録書目,不撰寫提要、解題,所以《續通志》完全有理由避繁就簡,因循舊例。

陳昌圖原稿上卷"記有"共記書籍 84 種,下卷"記無"共記書籍 101 種,總計 185 種。《續通志·圖譜略》的定稿亦是"記有""記無"兩卷。"記有"有書 174 種,"記無"有書 291 種,總計 465 種。故知,《續通志》的定稿是在陳氏初稿的基礎上,作了大量的補充。而《續通志》的補充,很大程度依靠《四庫全書總目》,不少書目直接抄自《總目》。其"記有"下小字注云:"一百七十四種,《四庫全書》著録者六十有三,附存《四庫全書總目》者一百十一。"①

"續三通"在乾隆四十六年(1781)以後才陸續修完,《續通志》於乾隆

---

① （清）嵇璜、劉墉等:《續通志》,文淵閣《四庫全書》本,上海古籍出版社 1987 年版,第 394 册,第 606 頁。

四十九（1784）年方告完竣。① 其時《四庫全書總目》已經完成，三通館臣可以方便地使用《四庫總目》對照增補。而實際上，三通館臣在撰寫書目的時候，本身也有一條準則，就是要尊奉《四庫全書》。《續通志·藝文略》亦是參照《四庫全書》，其每類書目最後都有"以上見文淵閣著録"或"以上見《四庫全書存目》"云云。而"記無"中的書，本身就是已經不存的書籍，所以無法依靠《四庫全書》，《續通志》"記無"下小字注云："見宋《藝文志》、明《藝文志》、朱彝尊《經義考》及各家書畫譜書目。"②

陳昌圖原稿開篇有《圖譜略》小序，《續通志》的定稿沿用了陳氏的序並做了一些修改。

| 陳昌圖原稿 | 《續通志》定稿 |
| --- | --- |
| 謹按：圖譜之義，具詳於鄭樵"索象"、"明用"之説。樵自謂綜天下古今之學術而條其有無，各著於篇。記有者凡一百有六，而記無篇中所列亦多至一百七十五種。蓋存亡之數，已略相等。然如天文橫圖、圓圖，紫微分野等圖，地域方丈、方尺，血脈轉運等圖，並一圖可以賅之。《毛詩圖》雖亡，可本陸璣圖而補之。《爾雅圖》雖佚，可因郭璞注而寫之。紹聞述古，作者代興。或昔有而今無，或昔無而今有。非綜括群書而匯訂之，則有無之數固難爲定論也。恭逢聖世右文，圖籍大備，册府所儲，光昭珠璧。更復網羅遺帙，凡海内藏書畢輸秘館。皇上幾餘覽觀，親加釐定。牙籤竹簡，悉奉睿裁。圖譜之孰有孰無，瞭如指掌。兹續略斷自淳熙，訖於明季。采諸史志，旁及各種書目以相從，而要不戾於鄭志之例。其間有稍爲變通者，蓋鄭氏記有不分條目，而記無則自地理而下，各標題而件系之。同途岐軌，安所適從。又太半不著人姓氏，如《王制井田圖》阮氏逸、余氏希文皆有之，而鄭氏但云《井田圖》而已。《錢譜》則梁顧烜、唐封演、宋董逌並有成書，而鄭氏但 | 臣等謹案：圖譜之傳，與經籍相表裏。班固《藝文志》以《易神輸圖》、《春秋世本》、孫軫《形勢圖》分綴於六藝、諸子之列，隋唐史志並沿其例。鄭樵《通志》始輯圖譜爲專門，首述"索象"、"原學"、"明用"以辨其源流，次分記有、記無以考其存佚。上起周秦，下迄北宋。記其有者一百有六，記其無者一百七十有五，其用意可謂勤矣。然鄭氏生當南渡，局於方隅，見聞未廣。於前代著作或存或亡，牴牾掛漏，自不能免。且書屬草創，體例未純，尚有待於更正。恭逢聖主右文，圖籍大備。册府所儲，光昭球璧。更復網羅散佚，凡海内藏書畢輸秘館。皇上幾餘觀覽，親加釐定。圖譜之孰有孰無，稽諸《四庫》，瞭如指掌。臣等分撰《續略》，斷自淳熙，迄於明季。博采史志旁，及畫譜書目以相從，而要不戾於鄭志之例。其間有稍爲變通者，蓋鄭志記有不分條目，而記無則自地理而下各標題而系之。同途岐軌，安所適從。又大半不著撰人姓名，論世知人，將何所考。至於世系一條， |

①　王鍾翰：《清三通纂修考》，《王鍾翰清史論集》第 3 册，中華書局 2004 年版，第 1626 頁。

②　（清）嵇璜、劉墉等：《續通志》，文淵閣《四庫全書》本，第 394 册，第 611 頁。

| 陳昌圖原稿 | 《續通志》定稿 |
|---|---|
| 云《錢譜》而已。<u>論世知人,將安所指。至世系一條,則直敘云帝系之譜。皇帝之譜,戚里之譜,百官族姓之譜,未標其爲何代之書,亦未實指爲某某之所著。</u>但綜舉之以存其部耳。<u>甚而擊桐試馬,春社蓮社之圖,無關考訂者並濫及焉。</u>非但里漏貽譏,體例亦覺不倫矣。<u>是編但取其有資實用者,</u>考定源流,分別得失,<u>釐爲</u>二卷。若陰陽符瑞之説,多出後人附會,<u>竺乾符籙,別歸二藏,</u>概不甄録云。 | <u>但直敘云帝系之譜,皇帝之譜,戚里之譜,百官族姓之譜。既未標其爲何代之書,亦未實指爲某某之所著,</u>尤爲缺略。<u>甚而擊桐試馬,春社蓮社等圖,無關考訂者亦濫及焉,</u>未免厖雜無倫矣。<u>是編但取其有資實學者,</u>考定年代,分別門類,<u>釐爲</u>一卷。若後世文人游藝,涉筆成圖,與夫私家譜牒偶見存留者,均從艾薙。<u>陰陽符瑞之説,多出附會。竺乾符籙,別歸二藏,</u>亦不復分條綴録云。 |

上表中畫線之處,皆爲《續通志》沿襲陳氏處。明顯看出,無論是行文語序還是思想内容,《續通志》基本因循陳氏,只是删減了一些例子,對修辭做了一些調整。值得注意的是,其明確提出了"稽諸《四庫》"的話。陳氏撰寫《圖譜略》時,是没有要以《四庫》爲准的要求的。此點,一方面陳氏自己的初稿有很多和《四庫》相異,甚至相左之處。另一方面,陳氏如果以《四庫》爲准,不可能少收上百種《四庫》著録的書籍。且陳氏撰寫此稿的時候,《四庫全書總目》尚未最後完成,如上所言,陳氏後又入四庫館任職。

對圖譜的分類,《續通志》也做了較大修改。二者分類如下:

| 陳昌圖(記有) | 《續通志》(記有) |
|---|---|
| 易、書、詩、春秋、禮、樂、孟子、經學、世系、百官、天文、算數、時令、地理、兵、刑、食貨、藝術、醫藥 | 〈經學〉:易、書、詩、禮、樂、春秋、四書、總經、小學。〈史乘〉:編纂、論贊、世系。〈天文〉:測算、歲時。〈地理〉:總敘、都邑、山川、外域。〈政典〉:儀制、食貨、兵防、刑法。〈學術〉:統續、性理、文辭。〈藝事〉:五行、醫藥、雜技。〈物類〉:器用、飲食、植物、動物。 |

陳氏原稿"記有"卷分易、書、詩等共 19 類。而"記無"卷增加了孝經、論語、小學 3 類。《續通志》"記有"卷分經學、史乘、天文、地理、政典、學術、藝事、物類共 8 大類,32 小類。"記無"卷在"四書"下增加了"孝經"一類。

對比而言,陳氏只用了一級分類,其門類設置乃是參考鄭樵而略作改動。如設易、詩、禮、樂、春秋、孝經、經學等,删去會要、陰陽、小學等。鄭樵所設"經學",大體相當於後來"總經"的含義。陳昌圖依然沿襲鄭氏把"經學"與"春秋""孟子"等設作平行一類,其實稍不合理。因此《續通志》作了調整,在"經學"大類下重設了"總經"一門。再者,陳氏把《菊譜》、《竹譜》等歸入"醫藥"一類也不合理。故《續通志》又重新進行了門類的設置,並採用了兩級分類,又細化了條目,對陳氏不合理的分類做了改正。如在"物類"大類下,設置"植物"小類,《菊譜》《竹譜》等書全歸其下。

下面舉陳書與《續通志》中《周易》類書目爲例探討:

| | 陳昌圖原稿 | 《續通志》定稿 |
|---|---|---|
| 記有 | 俞琰《易圖纂要》、張理《易象數鉤深圖》、《易象圖説》、錢義方《周易圖説》、朱升《易旁注前圖》、韓邦奇《卦爻要圖》、鄭敷教《周易圖考》、王寅《周易圖説》 | 吳仁傑《易圖説》、雷思齊《易圖通變》;錢義方《周易圖説》、張理《易象數鉤深圖》、又《易象圖説內外篇》;朱升《周易旁注圖説》、劉定之《易經圖釋》、黄芹《易圖識漏》、吕懷《周易卦變圖傳》、龍子昂《看易凡例圖説》、陳第《伏羲圖贊》、劉日曦《易思圖解》、李奇玉《雪園易義圖説》、秦鏞《易序圖説》、來集之《易圖親見》 |
| 記無 | 王宗道《易説指圖》、司馬子已《先後天圖》、吕中《易圖》、齊夢龍《周易附説卦變圖》、程新恩《易圖》、張杲《周易罔象成名圖》、劉整《易纂圖》、嚴養晦《先天圖》、瞻思奇《偶陰陽消息圖》、陳謙《河圖説》、葉應《易卦方位次序圖》、顏茂猷《天皇河圖》 | 張杲《周易罔象成名圖》、孫份《周易先天流衍圖》、饒魯《太極三圖》、史彌大《衍極圖説》、王宗道《易説指圖》、樂洪《周易卦氣圖》、林栗《河圖洛書八卦九疇大衍總會圖》、又《六十四卦立成圖》、司馬子已《先後天圖》、柳申錫《三易圖説》、齊夢龍《周易附説卦變圖》、程新恩《易圖》、鄭儀孫《易圖説》、俞琰《易圖纂要》、又《六十四卦圖》、劉整《易纂圖》;程龍易《圖補》、倪淵《易圖説》、嚴養晦《先天圖義》、謝仲直《易三圖》、許天麃《易象圖説》、瞻思齊《奇偶陰陽消息圖》、盧觀《易集圖》、吕洙《易圖説》、鄧錡《大易圖説》、邵整《六十四卦圖説》;朱升《周易旁注前圖》、談綱《易考圖義》、劉玉《執齋易圖説》、餘誠《易圖説》、周垣《易圖説》、顧允成《易圖説臆言》、劉宗周《讀易圖説》、潘士龍《演易圖説》、王寅《周易圖説》、容若春《今易圖學心法釋義》、王潤孫《周易圖解》、季本《圖文餘辨》、金潤《周易圖解》、左輔《周易圖説》、葉應《易卦方位次序圖》、韓邦奇《卦爻要圖》、張廷芳《易經十翼章圖蘊義》、胡賓《易經全圖》、沈束《易圖》、沈亨《卦畫圖》、任慶雲《易圖集覽》、陳林《周易圖》、鄭敷教《易經圖考》、程觀生《易內三圖注》 |

對比上表可知，陳昌圖"記有"卷中俞琰的《易圖纂要》、韓邦奇的《卦爻要圖》、鄭敷教的《周易圖考》、王寅《周易圖説》，這四種在《續通志》的定稿中全歸入"記無"卷。《續通志》之所以如此改動，主要是以《四庫》是否收入爲標準的。

如《四庫全書總目》於《周易集説》提要云：俞琰"惟《易外別傳》有本單行，《讀易舉要》《易圖纂要》見《永樂大典》，餘皆未見"。館臣自《永樂大典》中輯出《讀易舉要》後又云："琰別有《六十四卦圖》《易圖合璧聯珠》《易圖纂要》諸書，舊與此書合刻。修《永樂大典》之時，割裂龐雜，淆其端緒。惟'八分爲十六'、'十六分爲三十二'兩圖，猶標俞琰《纂圖》之目。其餘諸圖盡冒《讀易舉要》之名，合並爲一，殊爲棼亂。今悉考訂汰除，以還其舊焉。"①此處館臣所説的《纂圖》就是《易圖纂要》，並未收入《四庫全書》。

此書歷來諸家書目著録都是一卷，朱彝尊的《經義考》注此書："二卷，存。"②陸心源曾藏元刊本《易圖纂要》一卷，上海圖書館還藏有一清抄本，亦作一卷。陳昌圖作兩卷，似是自《經義考》來。此書當時尚有而《四庫》未收，陳昌圖入"記有"卷原不誤，《續通志》卻因《四庫》未收而歸入"記無"卷。

同樣，韓邦奇《卦爻要圖》、鄭敷教《周易圖考》、王寅《周易圖説》，《四庫》都未收録。而朱彝尊《經義考》皆記"存"，惟王寅《周易圖説》朱氏作《周易自得編圖説》。陳氏這類經部圖譜、圖説書目，不少是自朱彝尊《經義考》抄出，不但卷數、存佚的記録與朱氏一致，陳氏很多解題亦是節抄和轉引自《經義考》（詳見下文）。而《續通志》"記有"卷，較陳昌圖增加了一倍的書目，這些皆見於《四庫全書總目》。《續通志》"記無"卷，更增補了大量的書目，主要應如三通館館臣所言，采自《經義考》、宋元明史志書目等。之所以有這麼大的增補，主要是由於陳昌圖撰稿時，主觀上較爲隨意，疏漏較多。陳氏不少書目采自《經義考》，按理説完全可以仔細翻閱《經義考》，從中抄録所需書目。然而《經義考》中有大量的書目，陳氏沒有抄録。所以《續通志》定稿中，自《經義考》中補充了一倍多的書目。

又如《春秋》類的書目：

---

① （清）永瑢等：《四庫全書總目》，中華書局 1983 年版，第 20 頁。
② （清）朱彝尊著，林慶彰等校：《經義考新校》，上海古籍出版社 2010 年版，第 705 頁。

| | 陳昌圖原稿 | 《續通志》定稿 |
|---|---|---|
| 記有 | 傅遜《春秋古器圖》、張事心《春秋左氏人物譜》 | 利鑾孫《春秋握奇圖》 |
| 記無 | 鄭樵《春秋地名譜》、徐梅顛《春秋指掌圖》、鄧名世《春秋四譜》、吳萊《春秋傳授譜》、吳國倫《春秋世譜》 | 洪勳《春秋圖鑒》、劉英《春秋列國圖》、張傑《春秋圖》、又《春秋車服圖》、崔表《春秋世本圖》、鄭樵《春秋地名譜》、沈炎《春秋指掌圖》、鄧名世《春秋四譜》、徐梅顛《春秋指掌圖》；吳萊《春秋世變圖》、又《春秋傳授譜》；吳國倫《春秋世譜》、張事心《春秋左氏人物譜》、傅遜《春秋古器圖》 |

陳昌圖"記有"卷中只有傅遜《春秋古器圖》、張事心《春秋左氏人物譜》兩書，而此二書《續通志》定稿時全改入"記無"卷。因爲《四庫全書總目》無此二書。《經義考》中注此二書"存"，且陳氏對此二書的解題，亦明顯是節抄《經義考》。《續通志》"記有"卷只有利鑾孫的《春秋握奇圖》一書，此書是四庫館臣輯自《永樂大典》，陳昌圖似是不知此書，故而未及。《四庫全書總目》所載此類圖譜，亦只有《春秋握奇圖》一書，所以《續通志》定稿亦只此。

此外，如上所舉亦可以看出，陳昌圖記録的書名、作者與《續通志》定稿偶有差異。如陳昌圖"《易》類"的嚴養晦《先天圖》，《續通志》作《先天圖義》；鄭敷教《周易圖考》，《續通志》作《易經圖考》。這些大體是一時率筆，無關宏旨。也有《續通志》小誤的，如《奇偶陰陽消息圖》，陳昌圖解題云："瞻思撰，思字得之。"①而《續通志》誤作"瞻思齊"撰，②多一"齊"字。

還有一條是有關《圖譜略》體例宏旨者，陳昌圖不誤，而《續通志》有誤。陳昌圖在"經學"條目下注云："臣謹按：《中興書目》紹興中布衣楊甲撰《六經圖》六卷，乾道中撫州教授毛邦翰復增損之……其後東嘉葉仲堪又增訂之，而鄭樵'記有篇'失載。茲撰《續略》斷自淳熙，不復甄録，因附著於此。"③南宋楊甲的《六經圖》乃是紹興時成書，乾道間復經增訂。陳昌圖明確表示：《續通志》本身是上承鄭樵之作，所以撰《圖譜略》"斷

---

① （清）陳昌圖：《南屏山房集》，《清代詩文集彙編》第400册，上海古籍出版社2010年版，第393頁。

② 《續通志》，文淵閣《四庫全書》本，第394册，第611頁。

③ （清）陳昌圖：《南屏山房集》，第386頁。

自淳熙"，只收淳熙以後的書目。而楊甲《六經圖》在淳熙以前，所以不收。上文所引《續通志》定稿序言沿用陳昌圖之論，云："臣等分撰《續略》，斷自淳熙，迄於明季。"所以《圖譜略》後來的修訂者違反此體例收入楊甲《六經圖》是十分奇怪的。

## 二、陳昌圖原稿特色與其不足

通過陳氏《圖譜略》稿中書目的分類和解題的撰寫，可以看出陳氏自身的學術思想和特色。

### 1. 以經學爲重

研讀陳昌圖的解題，可明顯看出其特別重視經學。此稿中將近一半的書目是關於經學的，而且這類圖譜書目的解題也較爲翔實。其他如植物、動物、器具一類的譜録編撰時較爲隨意，篇幅也很小。如其"記有"卷中，花木一類只載四種書。這種現象和當時的學術風氣密切相關，清代學術以經史考據爲擅場，研究經學的風氣濃厚，自然特重經學。且四部分類以經學爲首，群書以五經爲首，陳昌圖的學術取向當然亦受此影響。

### 2. 多采《經義考》及宋、明書志目録

細緻分析陳昌圖經學一類圖譜的解題，可以看出其十分依傍朱彝尊《經義考》。一方面，陳氏此類書目的解題共計 93 則，其注明引據《經義考》者有 12 則。另一方面，陳氏有大量解題未注明引自《經義考》，實際上其文字是節抄《經義考》或依據《經義考》提供的材料概括出來的。

比如《周易圖説》一書，元錢義方撰。陳昌圖云："義方字子宜，潮州人，嘗舉進士。是圖成於至正六年，上卷圖七，下卷圖二十。其論《洛書》及采摭諸圖並有所見。葉氏《菉竹堂書目》作《篷錢氏圖説》，當即其別號。"①朱彝尊《經義考》亦云："葉氏《菉竹堂書目》有篷錢氏《圖説》，當即義方別號。"②今查《菉竹堂書目》載："《周易蓬軒錢氏圖説》一册。"③由於朱彝尊《經義考》中脱一"軒"字，"蓬"作"篷"，陳昌圖照抄而不察。也正是由於這個錯誤的沿襲，我們可以斷定陳氏解題抄自朱彝尊《經義考》。

---

① （清）陳昌圖：《南屏山房集》，第 382 頁。按，錢義方爲湖州人，陳書作"潮州"，似是手民之誤。

② （清）朱彝尊著，林慶彰等校：《經義考新校》，第 849 頁。

③ （明）葉盛：《菉竹堂書目》，《叢書集成初編》本，中華書局 1985 年版，第 5 頁。

又如明代周安的《九經圖注》，《經義考》云："佚。陸元輔曰：'安字孟泰，莆田人。家貧，遇鬻書者，以耕牛易之。卒後遺書爲外孫所焚，鄰人亟拾之，得《九經圖注》，制度極精巧。'見周瑩《藏山錄》。"①陳昌圖云："按，安字孟泰，蒲田人。陸元輔曰：'《九經圖》制度極精巧。'見周瑩《藏山錄》。今佚。"②二者對比可見，陳昌圖解題完全是節抄《經義考》，然而其不注明，故看似是陳氏自己據周瑩《藏山錄》摘出陸元輔之言。

據筆者統計，類似這種不注明而節抄《經義考》的解題約有 18 則。加之前所言注明者 12 則，共 30 則，爲總數的三分之一。

此外，陳昌圖還參考宋、明史志及《文獻通考》《千頃堂書目》等。如其所記徐光啓《見界總星圖》《赤道兩星圖》提要，論述黃道、赤道經緯、天文星躔曆算，洋洋四百字，其實都是自《明史·天文志》抄出。

3. 部分內容較《續通志》定稿更勝

有不少書目著錄，陳昌圖《圖譜略》稿不誤，《續通志》定稿反有誤。如上文所舉的楊甲《六經圖》陳昌圖明言不該收，而《續通志》卻誤收。又如，陳昌圖"記有"卷中載《毛詩纂圖》二十卷。《續通志》作《纂圖互注毛詩》，歸入"記無"卷。此書應即是《纂圖互注毛詩》二十卷，今有宋刻本藏臺北故宮博物院。陳昌圖所記不誤，《續志》誤歸入"記無"卷。如《春秋古器圖》一卷，明傅遜撰。陳昌圖入"記有"卷，《續志》入"記無"卷。《四庫全書總目》載傅遜《左傳注解辨誤》二卷，後附《古器圖》一卷，可見《續志》亦誤。

然而由於《圖譜略》涉及經史、雜藝，包含天文、地理，點多面廣，不少還是如曆算、醫藥等專門之學，陳昌圖以一人之力搜集書目，撰寫提要，難免有疏漏不足之處。這主要體現在以下幾點：

一、陳昌圖好節抄轉引他人材料，既不注明，又不復核，故而因循沿誤。如其所引方志、書前序跋、《千頃堂書目》等明人書目，往往是節抄、轉引自朱彝尊《經義考》。其所引陳振孫《直齋書錄解題》、晁公武《郡齋讀書志》，往往是自《文獻通考》轉引。其中有陳昌圖言據晁公武《郡齋讀書志》者，實際是引自馬端臨《文獻通考》。

比如《六合掌運圖》，陳昌圖解題云："宋人撰，姓氏無考。按晁氏《讀書志》不著撰人姓氏，凡四十四圖，首列禹迹，次中興後南北二境，次邊關

① （清）朱彝尊著，林慶彰等校：《經義考新校》，第 4445 頁。
② （清）陳昌圖：《南屏山房集》，第 396 頁。

險要,疑紹興後人所作。"①馬端臨《文獻通考》云:"《六合掌運圖》一卷。晁氏曰:'不著名,凡爲四十四圖,首列禹迹,次爲中興後南北二境,其後則諸邊關險要,以及虜地疆界亦著之。'"②

其實馬端臨所引之文,見陳振孫《直齋書録解題》卷八,③晁公武書中並無此書,馬端臨誤將"陳氏"寫作"晁氏"。而陳昌圖之解題明顯是自《文獻通考》抄出,但未覆核晁書,所以以訛傳訛。

二、陳氏有時比較隨意,缺略特多,門類設置略不合理,這些上文已有論及,不再贅述。此外,陳氏往往一類書目不求搜羅詳盡,只抄幾種聊備門類而已,如其"記無"卷未收花木鳥獸一類圖譜,而"記有"卷花譜一類竟亦只收宋人《菊譜》一種,硯譜一類亦只收宋代《端溪硯譜》、明代《溫博硯譜》兩種。

三、陳氏考證偶有失誤之處。如舊題元代費著的《蜀箋譜》,陳氏歸入"記無"卷,其實此書尚存世,《四庫全書》中亦收。再如明代卜大同的《備倭圖記》亦存,陳氏亦誤以爲不存。

又如《端溪硯譜》一書,陳昌圖云:"宋葉樾撰。按,葉字交叔,縉雲人,淳熙時傳此譜。"④其實,此書一卷,原不著撰人,卷末有淳熙十年七月榮芑題跋,云:"縉雲葉樾交叔傳此譜,稍異於衆人之説,不知何人所撰。稱徽祖爲太上皇,必紹興初人云。"⑤以榮芑所言,此譜作於南宋紹興初,而他在淳熙十年時已不知何人所撰,只云葉樾傳此譜。由此可見,此書並非是葉氏所撰,陳昌圖未加細思。

## 三、陳昌圖原稿與《四庫全書總目》比較

陳昌圖撰寫《圖譜略》稿和《四庫全書》的修纂在同一時期,而他搜羅書目、撰寫書目解題的工作和《四庫全書總目》(以下簡稱《總目》)的纂修工作有相似之處,所以二者之間存在互相影響的可能。兩種提要間的對比也證實了此點。

---

① （清）陳昌圖:《南屏山房集》,第 398 頁。
② （元）馬端臨:《文獻通考》,中華書局 1986 年版,第 1698 頁。
③ （宋）陳振孫:《直齋書録解題》,吉林出版集團 2005 年版,第 171 頁。
④ （清）陳昌圖:《南屏山房集》,第 390 頁。
⑤ 《端溪硯譜》,文淵閣《四庫全書》本,第 843 冊,第 90 頁。

1. 陳昌圖的解題有明顯是抄自《浙江採集遺書總録》的

如《五經圖》一條，陳昌圖解題云：“明盧謙撰。按，謙盧州人。是書謙官信州時所得，歸以授其邑令章甫更爲刊行。”①而《浙江採集遺書總録》此條云：“明侍郎盧江盧謙撰。系謙官信州時得石本，歸以授其邑令章甫更爲板行。”②

又如《素園石譜》一條，陳昌圖云：“明林有麟撰。按，有麟雲間人。是譜取群籍中如壺中九華、寶晉齋研山之類，各爲寫形題咏。”③而《浙江採集遺書總録》此條云：“明雲間林有麟撰。檢取群籍中如壺中九華、寶晉齋研山之類，各爲寫形題咏。”④

二書對比可見，其文字幾乎一樣。

而如《研幾圖》一條，陳昌圖云：“宋王柏撰。按，是圖闡明《大易》《洪範》傳，《詩》二南以及宋儒之旨，凡七十三圖，柏自爲序。”⑤而《浙江採集遺書總録》此條云：“宋京華王柏撰。共七十三圖。其闡明《易》《範》二書之義者，居十之七。如《詩》之二南，《大學》之三綱八目，致知格物，《中庸》之章句，宋儒之《太極》《西銘》《皇極經世》《蓍法》《通書》，皆圖而論之。”⑥

對比知，雖然二者的文字不是完全相同，但是陳昌圖的文勢、内容和援引材料和《浙江採集遺書總録》幾乎一致，應是自其概括。

由於浙江採集遺書是乾隆三十七年秋至三十九年夏分 12 次進呈，前 10 次編爲“甲至癸十集”，第 11 次、12 次進呈補編爲“閏集”，《遺書總録》是乾隆三十九年至四十年刊刻。⑦ 上所引《研幾圖》一條是在“閏集”中，故而陳昌圖撰寫這些解題的時間，應不早於三十九年。另需説明者，陳昌圖並未參考《浙江採集遺書總録》中所有的圖譜類書目的提要，因爲如朱升的《周易旁注前圖》、楊復的《儀禮圖》等書，陳氏的解題和《遺書總録》就迴然不同。

① （清）陳昌圖：《南屏山房集》，第 387 頁。
② 沈初等：《浙江採集遺書總録》，上海古籍出版社 2010 年版，第 123 頁。
③ （清）陳昌圖：《南屏山房集》，第 391 頁。
④ 沈初等：《浙江採集遺書總録》，第 438 頁。
⑤ （清）陳昌圖：《南屏山房集》，第 387 頁。
⑥ 沈初等：《浙江採集遺書總録》，第 765 頁。
⑦ 同上書，第 3 頁。

2. 陳昌圖撰寫的解題許多與《總目》有聯繫①

如《禹貢山川地理圖》一條，陳昌圖云："宋程大昌撰。按，《本傳》：大昌字泰之，休寧人。孝宗朝直學士院權吏部尚書。《藝文志》作《禹貢論圖》五卷。馬端臨《經籍考》：圖凡三十有一。朱彝尊《經義考》云：未見。《通志堂經解》僅存圖目，亦止三十。今據《永樂大典》所存二十八圖，定爲二卷，録存《四庫》。"②而《總目》此書提要云："宋程大昌撰。《宋史·藝文志》載大昌《禹貢論》五卷、《後論》一卷，又《禹貢論圖》五卷。陳振孫《書録解題》則謂：《論》五十二篇，《後論》八篇，圖三十一。……《通志堂經解》惟刻其前、後《論》，而所謂《禹貢山川地理圖》者則僅刻其敘説。今以《永樂大典》所載校之，只缺其九州山水實證及禹河漢河二圖耳。其餘二十八圖巋然並在，誠世所未覩之本。今依《通志堂》圖敘原目，並爲二卷。"③

《總目》提要還有很多考證文字，内容十分詳細，討論得失，闡明大旨，是陳昌圖簡短的解題所不能比的。但細讀兩者，明顯看出其雖然一簡一繁，然而内在的行文順序和引據都相近。特別是陳氏所言"今據《永樂大典》所存二十八圖，定爲二卷，録存《四庫》"的話，完全可看出他與四庫館臣之間存在信息的交流，暨表明三通館的纂修工作和四庫館的纂修工作之間，是存在内部交流和内在聯繫的。

又如《穀譜》一條，陳昌圖云："元王禎撰。按，是譜穀之屬十有四，蓏之屬十有一，蔬之屬十有九，果之屬十有八，竹木九，雜類八。附以《備荒論》一篇。臣又按，《文淵閣書目》曰：王禎《農書》一部十册。錢曾《讀書敏求記》曰：《農桑通訣》六、《穀譜》四、《農桑圖譜》十二，總名曰《農書》。今《大典》分爲八卷，割裂綴合，已非其舊。與浙省所進刊本卷數不符，然刊本《穀譜》缺末一卷。今外間《農務集》即從是書摘抄者也。"④《總目》該書提要云："《農書》二十二卷，《永樂大典》本，元王楨撰。楨字

① 筆者將陳書與《四庫全書總目》、文淵閣、文溯閣、文津閣本書前提要和《四庫全書初次進呈存目》對比。《初次進呈存目》中的書目由於並非《四庫全書》最後完成之作，書目較《總目》更少。陳氏所記書目，只有很少一部分載入其中。其他三閣書前提要與《總目》之間雖然各有差異，但是與本文論討論的問題關係不大，故此處的對比主要以《總目》爲對象論述。

② （清）陳昌圖：《南屏山房集》，第 383 頁。

③ （清）永瑢等：《四庫全書總目》，第 91 頁。

④ （清）陳昌圖：《南屏山房集》，第 390 頁。

伯善,東平人,官豐城縣尹。《文淵閣書目》曰:王禎《農書》一部十册。《讀書敏求記》曰:《農桑通訣》六、《穀譜》四、《農器圖譜》十二,總名曰《農書》。《永樂大典》所載並爲八卷,割裂綴合,已非其舊……今外間所有王禎《農務集》即從是書摘鈔者也。"①

以上兩段對比,陳昌圖"臣又按"後的内容和《總目》幾乎一樣,當然《總目》後文還有大量考證的文字。陳昌圖還提及:浙省所進刊本卷數不符,其《穀譜》缺末一卷。查《浙江採集遺書總録》載:"三書元東魯王禎撰。詳載農桑藝植蔬穀及器具等物,並有圖説。惟《穀譜》内闕末一卷。"②

此書四庫館臣並未收單行本,而是自永樂大典輯出《農書》二十二卷,其中包括:《農桑通訣》六、《穀譜》四、《農器圖譜》十二。並且陳昌圖和四庫館臣都明確説明《大典》分爲八卷,割裂綴合,已非其舊。而浙江省采進的《穀譜》是十一卷刊本,陳昌圖此書亦記作十一卷,乃是依《浙江採集書録》。

3. 陳昌圖解題與《總目》内容、觀點有所出入

雖然,陳昌圖此譜録的編纂和《四庫全書》纂修之間存在聯繫,然而不同人對同一書目的内容評價和觀點都會有所出入。陳昌圖的解題有不少和四庫館臣的觀點有所不同。比如明代鄭曉的《禹貢圖説》,陳昌圖認爲:"此書分疆界,列山川。開卷披玩,恍如身歷九有。"③然而,四庫館臣則云:"胡渭《禹貢錐指》每徵引之,然核其全書,實多疏舛,渭未及一一辨也。"④

又如明代張世賢的《脈訣圖注》,陳昌圖只言卷數分合等版本問題,對内容則不置可否。而四庫館臣則言張世賢所見《脈訣》乃是僞書,並非是王叔和之作:"世賢不考,誤以《脈訣》爲真叔和書而圖注之,根柢先謬,其他可不必問矣。"⑤此外如《希姓補》一書,陳昌圖記作"明代單龍周撰",⑥

---

① (清)永瑢等:《四庫全書總目》,第 853 頁。
② 沈初等:《浙江採集遺書總録》,第 481 頁。按,"三書"即指《農桑通訣》《穀譜》《農器圖譜》。
③ (清)陳昌圖:《南屏山房集》,第 384 頁。
④ (清)永瑢等:《四庫全書總目》,第 109 頁。
⑤ 同上書,第 882 頁。
⑥ (清)陳昌圖:《南屏山房集》,第 387 頁。

而四庫館臣作"國朝單隆周"。①

　　縱觀陳昌圖解題,其對於所記之書少有批評貶抑。不少往往僅敍述作者生平爵里,書目版本信息,對内容優劣不置可否。而四庫館臣則詳論内容主旨,考究得失;不少更往往大加駁斥,評價很低。究其原因,一方面由於陳氏此書主要是書目解題性質,本身就比館臣的提要簡單很多,不可能詳細考究、評論;另一方面,陳氏以一人之力撰寫,難將所有書盡讀一遍,不少只是據其他書目轉抄或是依據其書序言而已。所以陳氏也很難討論其書得失與優劣。

　　4. 陳昌圖撰寫解題與《永樂大典》輯佚有所關聯

　　陳氏所記的部分圖譜其時已經亡佚,但是由於《四庫》的纂修,館臣從《永樂大典》中輯出了不少原本亡佚的典籍。陳昌圖雖然是爲三通館《續通志》編纂略稿,但是他們之間的聯繫、溝通是十分方便的,且編纂書目提要的工作也十分類似。所以陳氏可以獲得一些《永樂大典》輯佚的信息,諸如元代王喜《治河圖略》、李衎《竹譜》等書都是自《永樂大典》輯出,陳昌圖采入書目的。甚至可以看到當時輯出後撰寫的提要,並參考化用在自己的解題中。

　　如《熬波圖》一條,陳昌圖云:"元陳椿撰。按,椿天台人,元統時爲下砂場鹽司。據原序,是圖凡四十有七,各團灶坐、曬灰打鹵之方,纖悉畢具,今《永樂大典》僅四十二圖,蓋闕其五矣。"②《總目》提要云:"元陳椿撰。椿天台人,始末未詳。此書乃元統中椿爲下砂場鹽司,因前提幹舊圖而補成者也。自各團灶座至起運散鹽,爲圖四十有七。圖各有説,後系以詩。凡曬灰打鹵之方、運薪試連之細,纖悉畢具。"③此書是館臣自《永樂大典》輯出,陳氏之解題與《總目》是非常相似的。

　　又如上文所引《穀譜》一條的例子,亦提到館臣自《永樂大典》輯出之本。不過考慮到陳氏還襲用了《浙江採集遺書總録》的提要,似當時其並未見此篇《總目》提要之定稿。可能是自《永樂大典》輯出《穀譜》後,先寫最初的提要,後來館臣在此基礎上加以修訂,最後才形成《總目》定稿的面貌。而其時,陳昌圖亦援用最初的提要,撰寫自己的解題。所以陳氏的解題和最後的《總目》雖有諸多相似,卻又不盡同。

①　(清)永瑢等:《四庫全書總目》,第 1177 頁。
②　(清)陳昌圖:《南屏山房集》,第 389 頁。
③　(清)永瑢等:《四庫全書總目》,第 709 頁。

　　然而,有部分陳昌圖與《總目》相似的篇目,究竟孰先孰後,由於資料有限,很難有確切的結論。陳昌圖文集中有《三通館上總裁武進劉相國書》,①此信是回答總裁劉綸所問遼、金、元國服問題,而劉綸乾隆三十五年任三通館副總裁,②乾隆三十八年三月任《四庫全書》處正總裁,③同年六月卒。由此可知,陳昌圖此信是寫於這三年間,其時陳氏正在三通館中供職。又鑒於上文論及,陳氏解題中引用《浙江採集遺書總録》的内容,可以推測陳氏應是乾隆四十年以後才離開三通館,其後便入四庫館任《永樂大典》纂修與分校官。

　　綜上所述,陳昌圖所撰之《圖譜略》底稿的史學、目録學價值十分重大,其中大量信息顯示了三通館編寫書目及提要的工作與四庫館間存在重要聯繫。對陳昌圖《圖譜略》底稿的研究,無論是對清代"續三通"的纂修史,還是對"四庫學"的研究,都具有新的意義。

原刊於《文獻》2017 年第 5 期

（朱學博,重慶大學人文社會科學高等研究院講師）

---

① （清）陳昌圖:《南屏山房集》,第 435 頁。

② 王鍾翰:《清三通纂修考》,《王鍾翰清史論集》,第 1621 頁。

③ 中國第一歷史檔案館編:《纂修四庫全書檔案》,上海古籍出版社 1997 年版,第 73 頁。

# 北宋"古文運動"與科舉再探索：
# 從嘉祐二年之後説起

蘇　賢

關於北宋歐陽修領導的古文運動與科舉考試的關係,學界的研究多集中在仁宗嘉祐二年(1057)歐陽修知禮部貢舉,排抑"險怪奇澀"文風的"太學體",扭轉科場重詩賦、輕策論的慣例,選拔了蘇軾、蘇轍、曾鞏等古文名家方面。歐公此年知貢舉的這些貢獻,被認爲對宋代的古文運動産生了深遠的影響,對此,祝尚書先生論述道:

> 歐陽修與"太學體"的鬥爭,結束了自景祐以來流行科場和太學的怪誕文風,同時也對兩百年來古文運動"怪僻"積弊進行了一次徹底的清算,因而成爲北宋古文運動走向勝利的標誌。作爲北宋古文運動的領袖和一代文宗,他還獨具慧眼地選拔了蘇軾兄弟、曾鞏等一批優秀的文學人才,使平淡自然的文風從此成爲主流。①

另有一些觀點認爲,應當審慎地評價歐陽修排抑"太學體"這一歷史事件對改變科舉風氣所産生的影響,張興武先生認爲:

> 嘉祐二年的科考事案應該被理解爲歐陽修完善和優化"取士"標準的積極嘗試,其主要任務並不是變革文風;所謂"歐陽修知貢

---

① 祝尚書:《北宋古文運動發展史》,北京大學出版社 2012 年版,第 155 頁。另王水照、曾棗莊二先生的觀點亦相似。參見王水照《嘉祐二年貢舉事件的文學史意義》,《王水照自選集》,上海教育出版社 2000 年版,第 198—243 頁;曾棗莊:《文星璀璨的嘉祐二年貢舉》,載《北京大學學報》(哲社版)2010 年第 1 期,第 23、27 頁。

舉,文體爲之一變"的説法,過分誇大了該事案對文學發展歷程的影響。①

許瑶麗亦認同此觀點,並論道:

> 嘉祐二年後的數次科舉考試,考官分別有劉敞、王珪、范鎮等,他們不僅與歐陽修聲息相通、觀念相近,而且對於朝廷的願望也是極其清楚的。因此,相信他們對歐公衡文標準的貫徹,對於文風的改變也起到了重要的作用。②

然而,她也没有展開論述。迄今爲止,對嘉祐二年之後至熙寧三年(1070)殿試罷詩賦論,③這段時間内的數次科舉考試體現出的考官與朝廷對科場文章的態度,"太學體"文風在科場是否真正消亡,古文寫作在省試與殿試中是否逐步占據優勢,以及律賦的寫作究竟處於什麼樣的地位等等問題的研究和討論尚顯欠缺。如果對這些問題不能夠作深入的探索,那麼,對嘉祐二年科考事案在古文運動發展過程中所起作用之評價,勢必模糊不清。本文擬從這些問題出發,對此後幾次科舉的情況做一些探討。

北宋"科場之中,得人失人,皆在試官能否",④考官的地位非常重要。由於嘉祐二年科舉那樣的直接史料並不多見,因此,考察考官的文學觀和取士傾向,以及進士及第者的經歷、背景、文風等等,亦不失爲一種較爲有説服力的方法。爲行文方便,現據《宋會要輯稿》《文獻通考》,將嘉祐二年至熙寧三年間數次科舉知貢舉官員、省元及狀元列表如下:⑤

---

① 張興武:《北宋"太學體"文風新論》,載《文學評論》2008 年第 6 期,第 93 頁。
② 許瑶麗:《宋代進士考試與文學考論》,上海古籍出版社 2015 年版,第 73 頁。
③ 《宋史》卷一五五《選舉志》:"熙寧三年,親試進士,始專以策。"(中華書局 1985 年版,第 3619 頁)
④ (宋)李燾:《續資治通鑑長編》(以下簡稱《長編》)卷四〇八元祐三年二月癸巳條趙挺之奏,中華書局 2004 年版,第 9937 頁。
⑤ (清)徐松輯:《宋會要輯稿・選舉》一之一一,中華書局 1957 年影印本,第 4236 頁;(元)馬端臨:《文獻通考・選舉考五・宋登科記總目》,中華書局 2011 年版,第 945 頁。

| 科舉年份 | 知貢舉 | 同知貢舉 | | 省元 | 狀元 |
|---|---|---|---|---|---|
| 嘉祐四年 | 胡 宿 | 吕 溱 | 劉 敞 | 劉 摯 | 劉 煇 |
| 嘉祐六年 | 王 珪 | 范 鎮 | 王 疇 | 江 衍 | 王俊民 |
| 嘉祐八年 | 范 鎮 | 王安石 | 司馬光 | 孔武仲 | 許 將 |
| 治平二年 | 馮 京 | 范 鎮 | 邵 必 | 彭汝礪 | 彭汝礪 |
| 治平四年 | 司馬光 | 韓 維 | 邵 亢 | 許安世 | 許安世 |

## 一、嘉祐四年科舉

嘉祐二年禮部貢舉，由於歐陽修對"太學體"文風的嚴厲打擊，"及試榜出，時所推譽，皆不在選。囂薄之士，候修晨朝，群聚詆斥之，至街司邏吏不能止；或爲《祭歐陽修文》投其家"，①可以説歐陽修及其同僚承受了很大壓力。歐公出試題時犯的一個錯誤，早已引發了試子的紛紛議論，《江鄰幾雜志》載："嘉祐二年，歐陽永叔主文省試《豐年有高廪》詩，云出《大雅》，舉子誼嘩。爲御史吴中復所彈，各罰金四斤。"②而放榜後另一事件的被揭發，勢必引起被黜落舉子更爲强烈的不滿，《石林詩話》載：

至和、嘉祐間，場屋舉子爲文尚奇澀，讀或不能成句。歐陽文忠公力欲革其弊，既知貢舉，凡文涉雕刻者，皆黜之。時范景仁、王禹玉、梅公儀、韓子華同事，而梅聖俞爲參詳官，未引試前，唱酬詩極多。文忠"無嘩戰士銜枚勇，下筆春蠶食葉聲"，最爲警策。聖俞有"萬蟻戰時春畫永，五星明處夜堂深"，亦爲諸公所稱。及放榜，平時有聲，如劉煇輩，皆不預選，士論頗洶洶。未幾，詩傳，遂哄哄然，以爲主司耽於唱酬，不暇詳考校，且言以五星自比，而待吾曹爲螻蟻，因造爲醜語。③

---

① （宋）李燾：《長編》卷一八五嘉祐二年正月癸未，第4467頁。

② （宋）江休復：《江鄰幾雜志》，《全宋筆記》第一編（五），大象出版社2003年版，第171頁。

③ （宋）葉夢得：《石林詩話》卷下，（清）何文焕輯：《歷代詩話》，中華書局1981年版，第429頁。

科考官員在鎖院相互唱酬及所寫之詩句,被認爲是不盡責任與貶低試子的表現。此後朝廷雖未追究,但到了嘉祐四年(1059),貢舉考官選用胡宿、吕溱、劉敞三人,而之前的考官歐陽修、王珪、梅摯、韓絳、范鎮等皆未入選,可以看出,嘉祐二年貢舉導致的不滿還是引起了朝廷的注意,或許是鑒於輿情,朝廷重新選擇了三名考官。①

此年的主考官胡宿被譽爲駢文大家和後期西昆體代表詩人,《四庫全書總目》評價"當時文格未變,尚沿四六駢偶之習,而宿於是體尤工",其駢文"典重贍麗,追蹤六朝",②王士禛認爲"世人謂宋初學西昆體有楊文公、錢思公、劉子儀,而不知其後更有文忠烈、趙清獻抃、胡文恭宿三家,其工麗妍妙不減前人"。③ 胡宿進士及第在天聖二年(1024),④當時的主考官正是西昆體的代表作家之一劉筠,這一年的科舉也被視爲昆體文學風靡一時的表徵。⑤ 現今流傳的胡宿《文恭集》由清人輯自《永樂大典》,集中駢文占大部分,甚至實用性較强的文體如行狀、墓誌等的寫作依然繼承着宋初西昆習氣,以四字句爲主,時夾有駢句,如《李太夫人行狀》云"篤羊棗分遺之慈,盡鳲鳩均一之愛",《宋故左龍武衛大將軍李公墓誌銘》云:"昔在漢火之微,焱焰起蜀;其後唐土之圮,餘烈在南。"⑥胡宿的墓誌銘爲歐陽修所撰,在此文中,歐公並没有稱道他的文學成就,只是提到西昆體的前輩楊億十分稱賞他的詩歌。⑦ 胡宿本人政治上比較保守,墓誌銘中談到其嘉祐六年任樞密副使後,"公既慎静而當大任,尤顧惜大體,而

① 王珪在嘉祐二年之前的皇祐五年亦任同知貢舉,而范鎮則在之後的嘉祐六年、八年、治平二年連續三次擔任知貢舉或同知,唯嘉祐二年、四年的貢舉考官無延續性,這許是受到上述因素的影響。另之前數次貢舉考官爲五人,嘉祐四年起,考官爲三人,表明當時朝廷寧可削減考官人數,也不願不合適的官員擔任考官。

② (清)永瑢等:《四庫全書總目》卷一五二《文恭集》,中華書局1965年影印,第1310頁。

③ (清)王士禛:《帶經堂詩話》卷九,人民文學出版社1963年版,第211頁。

④ (宋)歐陽修:《歐陽修全集》卷三五《贈太子太傅胡公墓誌銘》,中華書局2001年版,第515頁。

⑤ 參見(日)高津孝著、程章燦譯《北宋文學之發展與太學體》一文的相關闡述,《科舉與詩藝——宋代文學與士人社會》,上海古籍出版社2005年版,第27—31頁。

⑥ 曾棗莊、劉琳主編:《全宋文》卷四六七《李太夫人行狀》、《宋故左龍武衛大將軍李公墓誌銘》,上海辭書出版社、安徽教育出版社2006年版,第22册,第219、220頁。

⑦ (宋)歐陽修《歐陽修全集》卷三五《贈太子太傅胡公墓誌銘》:"楊文公億得其詩,題於秘閣,歎曰:'吾恨未識此人!'"第518頁。

群臣方建利害，多更張庶事以革弊。公獨厭之曰：'變法，古人之難，不務守祖宗成法而徒紛紛，無益於治也。'"①很難想象年齡與資歷都較老的胡宿會與他的前任歐陽修有着相同的文學觀與取士標準，延續起嘉祐二年貢舉重古文策論、輕詩賦的改革路線。《文恭集》中保留了胡宿是年的《試南省進士策題》四道，②除相對簡短的第四道外，前三道策題皆以駢文的形式提出，而此前歐陽修所出的三道策題則是明白流暢的古文。③沒有證據表明胡宿的策題要求舉子一定用駢文作答，但在歐公本人及第的天聖八年（1030），西昆風氣尚籠罩科場，南省策題及他的策對都是駢文。④曾棗莊先生研究認為，"到了十一世紀中葉，昆體之風已經不占優勢，古文已在文壇占主導地位"，⑤此時考場策論一般皆用古文體作答。在這種背景下，胡宿以駢文出策題似乎顯得有些過時，鑒於另一位考官劉敞的二道策題是古文寫成，⑥這種文體上的差異便格外明顯。胡宿的駢文策問似乎暗示，他希望看到同樣的駢體對策的答卷。⑦實際上，胡宿的同道和前輩劉筠就是宋代科舉以策取士的始作俑者，《宋史·葉清臣傳》載其"天聖二年，舉進士，知舉劉筠奇所對策，擢第二。宋進士以策擢高第，自清臣始"。⑧胡宿可能不反對取士重策，但他顯然更青睞駢文及相似的律賦而非古文。

同知貢舉之一的劉敞的文學觀與歐陽修也頗有差異。眾所周知，歐陽修提倡平易暢達、簡練蘊藉的文風，鮮明反對以"太學體"為代表的詰屈、怪奇、生澀的語言風格。而劉敞則明確表現出對"詭傔"文風的偏好："道之勢似迂闊，道之文似詭傔，道之情似剛狷。勢無迂闊則鄙，文無詭傔

① （宋）歐陽修：《歐陽修全集》卷三五《贈太子太傅胡公墓誌銘》，第 517 頁。

② 曾棗莊、劉琳主編：《全宋文》卷四五五《試南省進士策》，第 22 冊，第 19—21 頁。

③ （宋）歐陽修：《歐陽修全集》卷四八《南省進士策問三首》，第 677—678 頁。

④ （宋）歐陽修：《歐陽修全集》卷七一《南省試策五道》，第 1034—1040 頁。

⑤ 曾棗莊：《北宋古文運動的曲折過程》，載《文學評論》1982 年第 5 期，第 87 頁。

⑥ （宋）呂祖謙輯：《皇朝文鑑》卷一二四《策問二首》，《呂祖謙全集》第 14 冊，浙江古籍出版社 2008 年版，第 415 頁。

⑦ 包弼德的觀點與此相同，但筆者並不贊同他對胡宿策問的分析。參見（美）包弼德著、劉寧譯《斯文：唐宋思想的轉型》，江蘇人民出版社 2001 年版，第 202—203 頁。

⑧ 《宋史》卷二九五《葉清臣傳》，第 9849 頁。

則野,情無剛狷則蕩。"①雖則"詭僞"與太學體"奇僻"②"奇澀"之文風可能尚有差異,但也不過是一牆之隔,無論如何也談不上是平易暢達的。歐公曾對英宗説:"劉敞文章未佳,然博學可稱也。"③明確表現出對其文風的不欣賞態度。劉敞所謂"道之勢似迂闊,道之文似詭僞",在歐公看來甚不可取,他認爲"孔子之後,惟孟子最知道,然其言不過於教人樹桑麻、畜雞豚,以謂養生送死爲王道之本","務高遠之爲勝,以廣誕者無用之説,是非學者之所盡心也",反對"務爲奇言以自高"。④二人的文道觀有相當大的差異,劉敞的觀念顯然更傾向於蘇軾所謂的"求深者或至於迂,務奇者怪僻而不可讀"的"太學體"。⑤

在嘉祐二年之前的皇祐五年(1053)殿試中,劉敞是考試官之一。依靠於他的賞識與力贊,鄭獬取得了進士第一。此後,鄭獬在給他的《劉舍人書》中説道:

> 迺者某以進士較試於天子廷下,是時閣下以文章論議被選爲考試官,得某之卷,獨以爲可冠群進士。諸公或難之,而閣下爭曰:"此文似皇甫湜,今朝廷用文取士,爲朝廷得一皇甫湜,豈不善也?"於是諸公不能奪,而竟處爲第一。⑥

劉敞力薦鄭獬爲狀元的理由,是其文似皇甫湜,而皇甫湜的文風正是以奇聞名,同時代的裴度讀其文,"文思古奢,字復怪僻。公尋繹久之,目瞪舌澀,不能分其句"。⑦劉熙載亦評價道:

---

① (宋)劉敞:《公是弟子記》卷一,文淵閣《四庫全書》本,上海古籍出版社 1987 年版,第 698 册,第 441 頁。

② (宋)李燾:《長編》卷一八五,嘉祐二年正月癸未條,第 4467 頁。

③ (宋)吳曾:《能改齋漫録》卷二《注疏之學》,上海古籍出版社 1979 年版,第 28 頁。

④ (宋)歐陽修:《歐陽修全集》卷六七《與張秀才棐第二書》,第 979 頁。

⑤ (宋)蘇軾:《蘇軾文集》卷四九《謝歐陽内翰書》,中華書局 1986 年版,第 1423 頁。

⑥ (宋)鄭獬:《郧溪集》卷一四《劉舍人書》,《宋集珍本叢刊》第 15 册,線裝書局 2004 年影印,第 129 頁。

⑦ (五代)高彦休:《唐闕史》卷上《裴晉公大度》,《唐五代筆記小説大觀》,上海古籍出版社 2000 年版,第 1331 頁。

　　皇甫持正論文，嘗言"文奇理正"。然綜觀其意，究是一於好奇。如《答李生書》云："意新則異常，累於常則怪矣；詞高則出衆，出於衆則奇矣。"此蓋學韓而第得其所謂"怪怪奇奇，只以自嬉"者。①

　　據許瑶麗的研究，皇祐五年的一批進士，包括鄭獬在内，十分推崇詩文的"怪"與"奇"，他們與以劉幾爲代表的嘉祐"太學體"有着千絲萬縷的聯繫，②劉敞欣賞鄭獬的文章，不難看出他的取士準則與歐陽修在嘉祐二年是有差别的。還有一則材料顯示出，劉敞對歐公將嘉祐二年黜落的劉幾升作嘉祐四年狀元的不解，《滹南遺老集》引《江鄰幾雜誌》云："歐陽永叔知貢舉，太學生劉幾試卷鑿紕。俄有間歲詔，幾懼，改名煇。既試，永叔在詳定所，升作狀元。劉原父曰：'永叔有甚憑據？'"③可見劉敞與歐陽修取士標準的不一致，他的反問很可能暗含了這樣的意思，即對歐公嘉祐二年黜落劉幾持保留意見。此外，劉敞亦是北宋律賦名家，他曾專門把自己的賦作編集，並自作序云："當世貴進士，而進士尚詞賦。不爲詞賦，是不爲進士也；不爲進士，是不合當世也。"④作爲經學家的他特别擅長創作從經書中出題的律賦，集中保留了多首這樣的作品，⑤而這正是寶元元年（1038）以來科場考試的規定。⑥ 劉敞本人當然也從事古文創作，但他顯然不像歐陽修那樣排斥律賦。⑦ 他文思敏捷，對駢體公文的寫作異常諳

① （清）劉熙載：《藝概》卷一《文概》，上海古籍出版社1978年版，第26頁。
② 許瑶麗：《再論嘉祐"太學體"與"古文"的關係》，載《西南民族大學學報》（哲社版）2011年第1期，第179—182頁。
③ （金）王若虚：《滹南遺老集》卷三三，《四部叢刊》初編，上海書店1989年影印，第220册。
④ 曾棗莊、劉琳主編：《全宋文》卷一二八五《雜律賦自序》，第59册，第208頁。
⑤ 如《無可無不可賦》《我戰則克賦》《孔子佩象環賦》《季春出火賦》《王配於京賦》《三命不踰父兄賦》等等，曾棗莊、劉琳主編：《全宋文》卷一二七六、一二七七，第59册。
⑥ （宋）李燾《長編》卷一二三寶元元年四月乙未條詔："自今試舉人，非國子監見行經書，毋得出題。"（第2872頁）
⑦ （宋）歐陽修《歐陽修全集》卷四七《與荆南樂秀才書》云其"姑隨世俗作所謂時文者，皆穿蠹經傳，移此儷彼，以爲浮薄，惟恐不悦於時人，非有卓然自立之言如古人者。然有司過采，屢以先多士。及得第已來，自以前所爲不足以稱有司之舉而當長者之知，始大改其爲，庶幾有立"。又同卷《答陝西安撫使范龍圖辭辟命書》："今世之所謂四六者，非修所好，少爲進士時不免作之，自及第，遂棄不復作。"（第660—661、662頁）

熟,甚至博得了歐陽修的贊歎,《澠水燕談録》載:

> 劉原父文章敏贍,嘗直舍人院。一日,追封皇子、公主九人,方下直,爲之立馬却坐,一揮九製成,文辭典麗,各得其體,真天才也。歐陽文忠公聞而歎曰:"昔王勃一日草五王策,此未足尚也。"①

這一事迹亦見載於歐公爲其作的墓誌銘中。我們很難認同劉敞會看中平易風格的古文試卷,並將策論的重要性置於律賦之上。

我們對第三位考官吕溱的文學觀念及好尚幾乎一無所知,但他能夠在寶元元年的御試中獨冠群士,是因爲殿試時的律賦博得了仁宗的青睞,王十朋云其時仁宗"臨軒策士,出'富民之要在節儉'以爲御題,時吕溱賦曰:'國用既節,民財乃豐。'仁宗悅之,擢爲第一"。② 可見,他也是一位律賦高手。

此年的省元劉摯(字莘老)早年以詩賦創作聞名,也工於駢文,在駢文寫作中善於運用經語,《避暑録話》載:

> 前輩作四六,不肯多用全經語,惡其近賦也。然意有適會,但有不當避者,但不得强用之爾。……劉丞相莘老舊以詩賦知名,晚爲表章,尤溫潤閒雅。《青州謝上表》云:"雖進退必由其道,每願學於古人;然功烈如此其卑,終難收於士論。"何傷其用經語也。③

陳襄也稱贊其"詞學淵遠"。④ 現在流傳的其《忠肅集》由四庫館臣集自《永樂大典》,集中看不到劉摯的科場時文,但據《避暑録話》云其"舊以詩賦知名"以及善於運用近似律賦創作的經語作駢文,並考慮到三位考官的偏好,我們有理由相信,劉摯得中省元很大程度上依賴於其出色的律賦寫

---

① (宋)王闢之:《澠水燕談録》卷六,中華書局 1981 年版,第 72 頁。

② (宋)王十朋:《王十朋全集·文集》卷一《廷試策》,上海古籍出版社 2012 年版,第 581 頁。

③ (宋)葉夢得:《避暑録話》卷上,《全宋筆記》第二編(十),大象出版社 2006 年版,第 263 頁。

④ (宋)陳襄:《古靈先生文集》卷一《熙寧經筵論薦司馬光等三十三人章稿》,《宋集珍本叢刊》第 8 册,第 663 頁。

作。我們知道,歐陽修在嘉祐二年破例將本已因律賦黜落的蘇軾擢在第
二,①只因懷疑其論是曾鞏所作,没有置爲第一。② 而嘉祐四年的省試則
延續了之前看重律賦的慣例。實際上,劉摯還是元祐元年(1086)首倡恢
復詩賦取士之人,他對這種取才形式的理解頗爲深刻:

> 人之賢與不肖,正之與邪,終不在詩賦經義之異。取於詩賦,不
> 害其爲賢;取於經義,不害其爲邪。自唐以來至於今日,名臣鉅人,致
> 君安人,功業軒天地者,磊落相望,不可一二數,而皆出於詩賦,則詩
> 賦亦何負於天下?

並主張科場以經義、詩賦爲去留,③將詩賦在科場中置於較高的地位。

劉摯自述其中第前的師從,"某昔者結髮就師,從先生長老姜潛、劉
述、龔鼎臣輩治經藝,習文辭,上下凡十餘年",④《宋史·姜潛傳》云其"從
孫復學《春秋》",⑤歐陽修在石介的墓誌中又提到,姜潛是石介的門人,⑥
劉摯在龔鼎臣的墓誌銘中也寫明其是孫復、石介的弟子。⑦ 公認的研究
表明,石介是"險怪"文風的代表,"太學體"文風的締造者,孫復也被認爲
是"太學體"的造就者之一,他二人的文章都以議論迂闊著名。⑧ 據龔鼎

---

① (宋)葉夢得《石林燕語》卷八:"蘇子瞻自在場屋,筆力豪騁,不能屈折於作
賦。省試時,歐陽文忠公鋭意欲革文弊,初未之識。梅聖俞作考官,得其《刑賞忠厚
至論》,以爲似《孟子》。……亟以示文忠,大喜。往取其賦,則已爲他考官所落矣,即
擢第二。"(中華書局1984年版,第115頁)

② (宋)蘇轍《欒城集·後集》卷二二《亡兄子瞻端明墓誌銘》:"文忠驚喜,以爲
異人,欲以冠多士。疑曾子固所爲,子固,文忠門下士也,乃寘公第二。"(上海古籍出
版社1987年版,第1411頁)

③ (宋)劉摯:《忠肅集》卷四《論取士并乞復賢良科疏》,中華書局2002年版,
第94頁。

④ (宋)劉摯:《忠肅集》卷九《鄆州賜書閣記》,第208頁。

⑤ 《宋史》卷四五八《姜潛傳》,第13444頁。

⑥ (宋)歐陽修:《歐陽修全集》卷三四《徂徠石先生墓誌銘》,第508頁。

⑦ (宋)劉摯《忠肅集》卷一三《正議大夫致仕龔公墓誌銘》:"魯兩先生,徂徠、
泰山。門人達者,公得其傳。"(第266頁)

⑧ 參見朱剛《北宋"險怪"文風:古文運動的另一翼》,載《中國社會科學》2010
年第1期,第179頁;張興武:《北宋"太學體"文風新論》,載《文學評論》2008年第6
期,第92頁;馮志弘:《北宋古文運動的形成》,上海古籍出版社2009年版,第196—
200頁。

臣的墓誌，他於景祐元年（1034）中第，①這一年正是有舉子以怪癖文風得中高第的第一年，張方平所上奏章云：“自景祐元年，有以變體而擢高第者。”②據《劉右丞摯傳》，劉摯卒於紹聖四年十二月壬子（1098），享年六十八歲，③則他當生於天聖八年，嘉祐四年及第時三十歲，從姜潛等學習當從十來歲結髮時開始。要之，劉摯年輕時的學習師從在孫復、石介一派的籠罩之下，沾染上“太學體”文風亦是極可能之事。

另一位曾在太學中受教於孫復的舉子朱長文亦於是年中第，④朱剛先生認爲少年時代經歷了“太學體”興起的朱長文難免受到濡染，並列舉了他現存古文中的若干“險怪”字面。⑤ 我們當然不能斷定後來取得廷試第四的劉摯和朱長文在答卷中暴露出明顯的“太學體”文風，⑥但此年的禮部貢舉似乎並不像歐陽修那樣嚴厲打擊“太學體”，還有一則著名的材料可以證明，《夢溪筆談》載嘉祐二年歐陽修黜落劉幾後：

> 復數年，公爲御試考官，而幾在庭。公曰：“除惡務力，今必痛斥輕薄子，以除文章之害。”有一士人論曰：“主上收精藏明於冕旒之下。”公曰：“吾已得劉幾矣。”既黜，乃吳人蕭稷也。是時試《堯舜性仁賦》，有曰：“故得靜而延年，獨高五帝之壽；動而有勇，形爲四罪之誅。”公大稱賞，擢爲第一人，及唱名，乃劉煇，人有識之者曰：“此劉幾也，易名矣。”⑦

既然歐陽修在此時的殿試中尚能發現明顯劉幾風格的答卷，可見之前的禮部試，這種文風亦受到了考官的認可，通過了省試，這恐怕與前面提到

---

① （宋）劉摯：《忠肅集》卷一三《正議大夫致仕龔公墓誌銘》，第 263 頁。

② （宋）張方平：《張方平集》卷二〇《貢院請誡勵天下舉人文章》，中州古籍出版社 1992 年版，第 278 頁。

③ （宋）杜大珪輯：《名臣碑傳琬琰集》下集卷一三《劉右丞摯傳》，文淵閣《四庫全書》本，第 450 册，第 764、767 頁。

④ 曾棗莊、劉琳主編《全宋文》卷二〇二九《朱長文墓誌銘》：“泰山孫明復講《春秋》於太學，往從之，明復韙焉。……擢嘉祐四年進士第。”（第 93 册，第 222 頁）

⑤ 朱剛：《“太學體”及其周邊諸問題》，載《文學遺產》2007 年第 5 期，第 51—52 頁。

⑥ （清）徐松輯：《宋會要輯稿》選舉二之九，第 4249 頁。

⑦ （宋）沈括著，胡道靜校證：《夢溪筆談校證》卷九，上海古籍出版社 1987 年版，第 344 頁。

的劉敞的好尚不無關係。難以想象，是年的禮部試若依舊由歐公主持，還能在殿試中看到蕭稷那樣明顯"太學體"烙印的文章。

通過省試的舉子本可稍松口氣，因爲從嘉祐二年開始，"進士與殿試者始皆不落"。① 實際上，嘉祐年間的殿試答卷中如有"雜犯"，仍行黜落，蘇軾曾説通過省試的舉人"至嘉祐中，始盡賜出身，然猶不取雜犯"。② "所謂'雜犯'，是指殿試答卷中出現犯先帝、時皇廟諱嫌名的文字，或者有落韻、文理紕繆等情況"。③ 北宋最著名的理學家程頤也是此年廷試被黜的舉子中的一員，朱熹《伊川先生年譜》載其"舉進士，嘉祐四年廷試報罷"，④朱剛先生認爲，程頤嘉祐二年前後所作的《顏子所好何學論》亦可歸於"太學體"一類。⑤ 程頤廷試被黜的原因並不清楚，但具有"太學體"文風的他能夠通過南省試，亦可看出幾位考官並未遵循歐陽修嘉祐二年的取士路線。可以説，嘉祐四年的科場中，"太學體"文風不但未被徹底杜絕，甚至還受到重視。我們無法保證歐公殿試一關下没有漏網之魚，因爲畢竟此時殿試以排定名次爲主，他可以黜落少數顯見"文理紕繆"的舉子，但"太學體"風格不太明顯，或如劉煇那樣臨時改變文風之徒，依舊會中第。⑥ 而劉煇"在瞞過歐公之後，馬上回到了他的'太學體'的路上繼續前行，且也不乏追隨者"。⑦

---

① （宋）李燾：《長編》卷一八五嘉祐二年三月丁亥，第4472頁。

② （宋）蘇軾：《蘇軾文集》卷二八《放榜後論貢舉合行事件》，第814頁。另前引《夢溪筆談》云蕭稷廷試被黜，據（明）黃仲昭《八閩通志》（福建人民出版社1990年版，第153頁）卷五〇《選舉》載，其後爲嘉祐八年特奏名進士。

③ 龔延明、何平曼：《宋代殿試"不黜落"考》，載《西北師大學報》（社科版）2005年第1期，第59頁。

④ （宋）朱熹：《伊川先生年譜》，《二程集·河南程氏遺書·附錄》，中華書局1981年版，第338頁。另陳襄《議學校貢舉劄子》亦云："鄉貢進士程頤者，有高堅之行，懷經濟之學，廷試不第。"（宋）陳襄：《古靈先生文集》卷一八，《宋集珍本叢刊》第8册，第796頁。

⑤ 朱剛：《"太學體"及其周邊諸問題》，載《文學遺産》2007年第5期，第50頁。

⑥ 南宋淳熙十四年（1187）的省試也可爲我們提供這樣的例子，省試畢，洪邁等三位考官提交了一份奏章，列舉了他們的判卷中各種違反考試規定的內容，見於（清）徐松輯《宋會要輯稿·選舉》五之一〇至一一，第4317—4318頁。魏希德分析道："考官聲稱他們將那些問題最嚴重的考卷判爲不合格，但是他們無法將所有這些問題的答卷都判爲不合格，因爲科舉定額必須要滿足。"（比利時）魏希德著，胡永光譯：《義旨之爭：南宋科舉規範之折衝》，浙江大學出版社2015年版，第148頁。

⑦ 朱剛：《"太學體"及其周邊諸問題》，載《文學遺産》2007年第5期，第55頁。

據前引《夢溪筆談》記載,劉煇得中進士第一正是憑藉律賦之力。是年的進士第二是胡宿的從子胡宗愈(字完夫),①司馬光在其高中後曾云:"晉陵胡完夫,以進士貢於州,試於有司,覆於天子之庭,第其名未嘗在一二人之後,則完夫文辭可知矣。"②可見進士高第的首選仍是律賦,這與嘉祐二年殿試的做法是一致的。③ 因此在殿試中,歐公不可能貫徹之前重視古文策論的做法,也就是說,他不能夠像之前省試那樣,利用殿試擴大古文運動在科場中的影響力。

## 二、嘉祐六年、八年及治平二年、四年科舉

嘉祐六年舉行貢舉時,吕溱和劉敞都已被外放,④朝廷重新選擇了三位考試官,其中知貢舉王珪與同知范鎮皆是嘉祐二年歐陽修的同事與副手。

王珪(字禹玉)也以工於典麗的駢文著名,四庫館臣評價道:

> 其文章則博贍瓌麗,自成一家。計其登翰苑、掌文誥者幾二十年,朝廷大典策皆出其手,故其多而且工者,以駢儷之作爲最,揖讓於二宋之間,可無愧色。⑤

他的詩歌創作被認爲受西昆派影響很大。⑥ 但畢竟不同於他的前輩胡宿,王珪同時也以古文創作知名。現存其《華陽集》中,實用性較强的序、傳、碑銘、墓誌銘等文體皆是古文。當時人對其文章評價甚高,《續湘山野

---

① (清)徐松輯:《宋會要輯稿·選舉》二之九,第 4249 頁。

② (宋)司馬光:《司馬光集》卷六四《送胡完夫序》,四川大學出版社 2010 年版,第 1339 頁。

③ 嘉祐二年的狀元是章衡(字子平),(宋)施德操《北窗炙輠錄》卷下:"章子平《(民)監賦》云:'運啓元聖,天臨兆民,監行事以爲戒,納斯民於至純。'上覽卷子,讀'運啓元聖',乃動容歎息曰'此謂太祖';讀'天臨兆民',歎息曰'此謂太宗';讀'監行事以爲戒',歎息曰'此謂先帝';至讀'納斯民於至純',乃竦然拱手曰:'朕何敢當?'遂魁天下。"《全宋筆記》第三編(八),大象出版社 2008 年版,第 213 頁。

④ 參見(宋)李燾《長編》卷一九〇嘉祐四年九月癸丑條、卷一九二嘉祐五年九月丁亥條所載,第 4593、4644—4645 頁。

⑤ (清)永瑢等:《四庫全書總目》卷一二五《華陽集》,第 1314 頁。

⑥ 參見祝尚書《論後期"西昆派"》,《社會科學研究》2002 年第 5 期,第 135 頁。

録》云：

> 《韓忠獻公神道碑》皇帝御制也，中云："薨前一夕，有大星殞於園中，櫪馬皆鳴。"又云："公奉詔立皇子爲皇太子，被顧命立英宗爲皇帝，立朕以承祖宗之序，可謂定策元勳之臣。"後銘其碑曰："公行不歸，申文是悼。尚想公儀，淚落苑草。"……大哉！夫子之文章也，廣大明白，日星之照江海，不過此辭也。①

實際上，此處所謂御制的《韓忠獻公神道碑》實乃王珪代筆，《石林燕語》載："神宗初欲爲《韓魏公神道碑》，王禹玉爲學士……於是御制碑賜魏公家。或云：即禹玉之辭也。"②李清臣在爲王珪所撰神道碑中評價"其爲文豪贍有氣，閎侈瓌麗而不失義正，自成一家"，並提到其"奉詔爲高衛王、康王碑，發明天子所以崇事聖母之意，天子嘉之"。③ 這些受到褒揚的文章都是用古文寫成。王珪的文學取向與歐陽修相接近，可以從他們都欣賞年輕的許安世看出，許安世即後來治平四年（1067）的狀元。《彥周詩話》載："先伯父治平四年舉進士第一，少從丁寶臣，以文字爲歐陽文忠公、王岐公所稱重。"④

有趣的是，另一位歐公當年的副手范鎮早年也以善作律賦聞名，蘇轍曾説道："范蜀公少年儀矩任真，爲文善腹稿。作賦場屋中，默坐至日晏無一語。及下筆，頃刻而就。同試者笑之，范公遂魁成都。"⑤他的律賦甚至讓二宋都自慚所作。《曲洧舊聞》載：

> 范忠文公……初與二宋相見，二宋亦莫之異也。一日，相約結課，以"長嘯却胡騎"爲題，公賦成，二宋讀之，不敢出所作，既而謂公曰："君賦極佳，但破題兩句，無頓挫之功，每句之中，各添一'者'字，如何？"公欣然從之。二宋自此遂大加稱賞，乃定交焉。⑥

---

① （宋）文瑩：《續湘山野録》，中華書局 1984 年版，第 79 頁。
② （宋）葉夢得：《石林燕語》卷二，第 23 頁。
③ （宋）杜大珪輯：《名臣碑傳琬琰集》上集卷八《王太師珪神道碑》，文淵閣《四庫全書》本，第 450 册，第 72 頁。
④ （宋）許顗：《彥周詩話》，（清）何文煥輯：《歷代詩話》，第 380 頁。
⑤ （宋）蘇籀：《欒城先生遺言》，《全宋筆記》第三編（七），第 154 頁。
⑥ （宋）朱弁：《曲洧舊聞》卷二，中華書局 2002 年版，第 112 頁。

但范鎮同樣以擅作古文知名於當世,蘇軾稱"其文清麗簡遠,學者以爲師法"。① 韓維稱"其爲文章,温潤簡潔,如其爲人",又云:"予少誦公之文章以爲師長,慕公之行義以爲友。晚同里巷,出並輿,燕同席,周旋游處且幾十年,然後又知文章之美,行義之高,特公之餘事。"②范純仁評價"公優爲詞賦,文章爲學者師,清淨恬和,無有吝疵"。③ 范祖禹云"忠文公文章爲一世所宗"。④ 很難想象,如果僅僅長於律賦創作,在古文之風已盛行的北宋後期,范鎮會受到如此高的評價,有如此多的追隨者。范鎮的文集現已不傳,但從現存的一些篇章來看,他的文章的確以簡潔清麗見長,如存於《名臣碑傳琬琰集》中的幾篇碑誌作品,可以稱得上這種文風的代表。時人評價其文章"清麗簡遠""温潤簡潔",亦與歐公平易蘊藉的文風相近。

　　第三位考官王疇(字景彝)的文風似與王珪相近,善於典册文的書寫,《宋史·王疇傳》云其"文辭嚴麗",⑤《職官分紀》云其"文章雅正"。⑥ 王疇還是梅堯臣之兄鼎臣的女婿,⑦梅堯臣是歐陽修的同道,在力圖復興以韓愈爲代表的詩文的儒家教化功能上,他二人有着相同的主張。⑧ 嘉祐二年的科場中,正是梅堯臣發現了蘇軾的《刑賞忠厚之至論》,並推薦給了歐陽修。⑨ 梅堯臣的詩集中有多首與范鎮、王疇的和作。⑩ 起碼,王疇對

---

　　① （宋）蘇軾:《蘇軾文集》卷一四《范景仁墓誌銘》,第 442 頁。
　　② （宋）韓維:《南陽集》卷三〇《范公神道碑》,《影印文淵閣四庫全書》第 1101 册,第 762 頁。
　　③ （宋）范純仁:《范忠宣公文集》卷一二《祭范蜀公文》,《宋集珍本叢刊》第 15 册,第 459 頁。
　　④ （宋）范祖禹:《太史范公文集》卷四四《資政殿學士范公墓誌銘》,《宋集珍本叢刊》第 24 册,第 423 頁。
　　⑤ 《宋史》卷二一九《王疇傳》,第 9746 頁。
　　⑥ （宋）孫逢吉:《職官分紀》卷一四《中丞》,文淵閣《四庫全書》本,第 923 册,第 318 頁。
　　⑦ （宋）歐陽修《歸田録》卷二:"王副樞疇之夫人,梅鼎臣之女也。"（中華書局1981 年版,第 24 頁）
　　⑧ 參見馮志弘《北宋古文運動的形成》,第 265—270 頁。
　　⑨ 見前注引《石林燕語》卷八。
　　⑩ 如《依韻答景彝謝予訪其居》《和范景仁王景彝殿中雜題三十八首并次韻》《次韻和景彝元夕雨晴》《依韻和王景彝馬上忽見槐花》《依韻和王景彝憶秋》《明經試大義多不通有感依韻和范景仁舍人》《醉和范景仁賦子華東軒樹次其韻》《次韻和范景仁舍人對雪》等等。(宋)梅堯臣著,朱東潤編年校注:《梅堯臣集編年校注》,上海古籍出版社 2006 年版。

於梅堯臣、歐陽修一派的文學觀點並不陌生。

此年的省元是江衍,理學家陳襄的弟子。① 在文學的審美追求上,陳襄有着與歐陽修相近的見解,他在《答黃殿丞書》中表述了他所欣賞的文章風格:"某前月受所賜書一函,誠發於心,仁形於言。藹藹乎其言,雍雍乎其和。"②所謂"藹藹""雍雍",皆是指文章的平易溫和而言。李綱曾稱美陳襄道:

> 所爲文章溫厚深純,根於義理。精金美玉,不假雕琢,自可貴重;太羹玄酒,不假滋味,自有典則。質幹立而枝葉不繁,音韻古而節奏必簡,非有德君子,孰能與此? 故嘗評之:其詩篇平淡如韋應物,其文辭高古如韓退之,其論事明白激切如陸贄,其性理之學庶幾子思、孟軻。非近世區區綴緝章句、務爲應用之文者所能彷佛也。③

此與蘇軾評歐陽修"論大道似韓愈,論事似陸贄,記事似司馬遷,詩賦似李白"何其相似。④ 如果説陳襄追求詩文平易明白、溫和沖淡的美學風格,應該没有問題。陳襄也十分欣賞蘇洵、蘇軾、曾鞏,他在《蘇明允府君挽詞》中稱贊蘇洵"文止似相如",⑤他與蘇軾有過多次詩歌唱和,並稱蘇軾"文詞美麗,擅於一時",稱曾鞏"以文學名於時,人皆稱其有才""其文詞近典雅"。⑥ 可以説,在古文運動中,陳襄是歐陽修的同道與支持者,他的學生江衍與許安世的文風亦當傾向於歐陽修一派。江衍也同樣善於律賦寫作,他的《王道正則百川理賦》被收入吕祖謙所編《皇朝文鑑》之中,此

---

① (宋)汪藻《浮溪集》卷二六《朝請郎龍圖閣待制知亳州贈少師傅公墓誌銘》:"(陳)襄門人有許安世、江衍之流,皆嘗以文藝冠多士。"(文淵閣《四庫全書》本,第1128册,第244頁)

② (宋)陳襄:《古靈先生文集》卷七《答黃殿丞書》,《宋集珍本叢刊》第8册,第710頁。

③ 曾棗莊、劉琳主編:《全宋文》卷三七四八《古靈陳述古文集序》,第127册,第26頁。

④ (宋)蘇軾:《蘇軾文集》卷一〇《六一居士集叙》,第316頁。

⑤ (宋)陳襄:《古靈先生文集》卷四《蘇明允府君挽詞》,《宋集珍本叢刊》第8册,第687頁。

⑥ (宋)陳襄:《古靈先生文集》卷一《熙寧經筵薦司馬光等三十三人章稿》,《宋集珍本叢刊》第8册,第662頁。

書被認爲是宋代文選的典範。① 明洪武《無錫縣志》中亦記載：

> 元祐間尚詞賦，朝廷常以林希《佚道使民》、沈初《周以宗强》、劉輝《堯舜性仁》、陳之方《恤民深者向其樂》、江衍《王道正則百川理賦》五篇頒天下爲格。②

他的律賦成爲元祐時期的規範之作，又鑒於三位考官對律賦的擅長，我們有理由相信，江衍得中省元，主要是因爲他的律賦出衆。

是年的另一位進士王安禮是王安石之弟，③四庫館臣評價其文"以視安石，雖規模稍隘，而核其體格，固亦約略相似也"，④他的文風與兄安石相似，則亦屬歐陽修古文一派。王安禮也精於制誥類公文的撰寫，樓鑰《王魏公文集序》引《家傳》云其：

> 制誥温潤豐美，得中和之氣，而屬辭贍洽，成於口授，上數稱之。誥命有可以通行者，俾公爲定辭以新之。公在翰林，舊制尹京者不行詞。時高麗修貢，數以奏來上，而所用答詔以十數，有旨學士等概爲之。執政欲人求一通以塞旨，而上乃獨用公所草。其後既爲丞弼，每下大詔，令與通好夷狄，多屬於公。⑤

王安禮得以及第，應該説與他歐陽修一派平易的文風與善於豐美贍洽的辭賦不無關係。

還有一位是年及第的進士更能夠説明當時考官的文學傾向與取士標準。孔文仲與其弟武仲、平仲以"臨江三孔"著稱於世，被認爲堪比蘇軾、蘇轍，周必大《臨江軍三孔文集序》言：

---

① 參見李建軍《宋人選宋文之典範——〈宋文鑑〉之編纂、價值及影響考述》，載《古籍整理研究學刊》2011 年第 6 期，第 17—23 頁。

② （明）佚名：(洪武)《無錫縣志》卷三上，文淵閣《四庫全書》本，第 492 册，第 698 頁。

③ （宋）彭百川：《太平治迹統類》卷二七《仁宗科舉取士》，文淵閣《四庫全書》本，第 408 册，第 691 頁。

④ （清）永瑢等：《四庫全書總目》卷一五三《王魏公集》，第 1321 頁。

⑤ （宋）樓鑰：《樓鑰集》卷四八《王魏公文集序》，浙江古籍出版社 2010 年版，第 905 頁。

太史黄魯直頌當世之人才，有曰"二蘇聯璧，三孔分鼎"。張丞相天覺在元符中詆元祐詞臣，極其荒唐。謂兩蘇爲狂率，則剛直也；謂公兄弟爲闊疏，則高古也。夫魯直於蘇氏分兼師友，天覺於眉山心伏其能，皆以公兄弟配之，文行何如哉！①

《四庫全書總目》亦稱"文仲兄弟與蘇軾、蘇轍同時，並以文章名一世"。② 據蘇頌所作孔文仲墓誌，他於嘉祐六年中第，"公舉進士時，故紫薇吕夏卿爲南省點檢官，得公卷曰：'詞賦贍麗，策論深博，其文似荀卿、子雲。'主司以爲知言"。墓誌中又言其"隨鄉貢至禮部，奏名爲天下第一"。③ 按是年省元爲江衍，《文獻通考》《宋會要輯稿》皆如是載，④當無疑問，孔文仲墓誌所記有誤，但他應該在省試中排名靠前。據墓誌，他得中南省高第的原因是"詞賦贍麗，策論深博"，此處明確提到，是年的南省高第除看重律賦外，亦兼考察策論。孔文仲後來的殿試不甚理想，止中丙科，⑤同蘇軾、蘇轍一樣，他也被薦舉參加了後來的制科考試，"論在第一，對制策入三等上"。⑥ 孔文仲確實是策論的高手，葉適曾評價其制策"視漢不足，視唐有餘矣"。⑦ 他的《李訓論》，王士禛曾贊道："其論李訓義不顧難，忠不避死，而惜其情鋭而器狹，志大而謀淺，足破群瞽拍肩之論。"⑧孔文仲能夠獲得南省高科，不僅因爲"詞賦贍麗"，其"策論深博"亦是被選拔的重要因素，後來被認爲堪比蘇軾兄弟之文的"三孔"之首文仲得以被考官看中，顯然表明是年的科舉對於古文體策論的重視，表明那種有別於"太學體"的平易文風重新回到考官的視野，因此可以説是對歐陽修嘉祐二年的取士傾向一定程度上的繼承。

① 曾棗莊、劉琳主編：《全宋文》卷五一一八《臨江軍三孔文集序》，第 230 册，第 148 頁。

② （清）永瑢等：《四庫全書總目》卷一八六《清江三孔集》，第 1694 頁。

③ （宋）蘇頌：《蘇魏公文集》卷五九《中書舍人孔公墓誌銘》，中華書局 1988 年版，第 898、903 頁。

④ （元）馬端臨：《文獻通考·選舉考五·宋登科記總目》，第 945 頁；（清）徐松輯：《宋會要輯稿·選舉》一之一一，第 4236 頁。

⑤ （宋）蘇頌：《蘇魏公文集》卷五九《中書舍人孔公墓誌銘》，第 898 頁。

⑥ 同上。

⑦ （宋）葉適：《習學記言序目》卷五〇，中華書局 1977 年版，第 748 頁。

⑧ （清）王士禛：《帶經堂集》卷七一《跋清江三孔集》，《清代詩文集彙編》第 134 册，上海古籍出版社 2010 年影印，第 681 頁。

我們無法從現有的史料中全面而準確地判斷嘉祐六年省試的具體狀況,但通過對考官的文學傾向與幾位及第進士背景、文風的分析,還是可以看出,有別於嘉祐四年,是年的南省考官顯然更看重歐陽修一派平易流暢的文風,策論的地位得以提高,被視爲南省高科的重要評判標準,而起碼在省試的關鍵排名中,律賦仍是首要的衡量標準。

殿試的情況如何呢? 我們可以從王安石一首著名的七律中一窺端倪。他爲是年殿試的詳定官,①於此時作詩云:

> 童子常誇作賦工,暮年羞悔有揚雄。當時賜帛倡優等,今日論才將相中。細甚客卿因筆墨,卑於《爾雅》注魚蟲。漢家故事真當改,新咏知君勝弱翁。

此詩常常被後人視爲荆公不滿詩賦取士的態度之顯露,李壁注云:"公以詩賦取士爲不然,欲變科舉法。"②葛立方也議論道:

> 荆公以詩賦決科,而深不樂詩賦。試院中五絶,其一云:"少年操筆坐中庭,子墨文章頗自輕。聖世選才終用賦,白頭來此試諸生。"後作詳定官,復有詩云:(略,即上引)熙寧四年,既預政,遂罷詩賦,專以經義取士,蓋平日之志也。③

以 11 世紀偉大的改革家著稱於世的王安石對科舉有着自己獨到的見解,最鮮明的表現之一便是其反對詩賦取士態度之堅決,然而此時的他却也無可奈何,只能通過賦詩表達不滿。可見,嘉祐六年的殿試依舊延續着之前重視律賦的慣例。

嘉祐八年的考官除前面提到的范鎮外,還有堅決反對詩賦取士的王安石和司馬光,毫無疑問,他們二人都是古文運動重要的參與者與一代文宗,很顯然,他們不會對"太學體"那種奇澀的文風流露出欣賞的態度,會

---

① (宋)劉昌詩:《蘆浦筆記》卷五《趙清獻公充御試官日記》,中華書局 1986 年版,第 39 頁。

② (宋)王安石著,李壁箋注:《王荆公詩箋注》卷二九《詳定試卷二首》其二,上海古籍出版社 2010 年版,第 711 頁。

③ (宋)葛立方:《韻語陽秋》卷五,(清)何文焕輯:《歷代詩話》,第 524 頁。

更看重運用古文寫成的策論。① 有趣的是，身爲省試考官的王安石在閱卷時又作了一首詩，此詩是與主考官范鎮的和作，不同於之前認爲「故事真當改」那樣，此時的荊公却在詩中表現出難得的對舉子的欣賞之態：

> 籌燈時見語驚人，更覺揮毫捷有神。學問比來多可喜，文章非特巧爭新。蕉中得鹿初疑夢，牖下窺龍稍眩真。邂逅兩賢時所服，坐令孤朽得相因。

李壁於頷聯下注云：「介甫常嫉舉人學術之陋，屢見於文字，今稍異之。」② 王安石與前一首詩中的態度迥異，當然不是因爲被後世稱爲「拗相公」的他改變了自己的立場，而是他與另兩位考官（所謂「兩賢」）取士標準相似，不同於他之前作爲殿試詳定官需要以律賦評定高下那樣，此時作爲南省考官的荊公，可以依照自己的標準評判試卷，並得到另兩位考官的認可與支持。從「學問比來多可喜，文章非特巧爭新」的評判話語中可以看出，王安石的選才標準是學問出衆、文章質樸，顯然，他認爲自己得到了這樣的人才。我們從司馬光的和詩中同樣可以看到這種得到賢才的喜悦之情：

> 案前官燭墮花頻，滿目高文妙入神。勇氣先登勢無敵，巧心後發語尤新。好賢何啻三薰貴，求寶方知百汰真。愚魯自非憑驥發，崑山千里到無因。③

詩中顯露出努力將優才與劣生分別出的良苦用心。范鎮的原詩現已不

---

① 王安石對論的重視可以從這樣一條史料中看出，葛勝仲在葛書思的行狀中談到王安石在開封府試中「讀其所爲《孔子事道論》，大加激賞，因擢置異等」。司馬光對論策的重視，見於其在胡宗愈嘉祐四年中進士第二之後寫的《送胡完夫序》：「其試於有司也，光不佞，屍其事，得竊觀其論策，蓋非特文辭之美也，乃能發明聖人之淵原，叶於古而適於今，信乎其言能中於道者邪！」曾棗莊、劉琳主編：《全宋文》第卷三〇七五《朝奉郎累贈少師特諡清孝葛公行狀》，第 143 册，第 49—50 頁；（宋）司馬光：《司馬光集》卷六四《送胡完夫序》，第 1339 頁。

② （宋）王安石著，李壁箋注：《王荊文公詩箋注》卷二九《夜讀試卷呈君實待制景仁内翰》，第 714 頁。

③ （宋）司馬光：《司馬光集》卷一〇《和景仁夜讀試卷》，第 343 頁。

傳,但表達的意思應與上二首大體相似。能讓堅決反對詩賦取士的王安石與司馬光都作詩欣喜獲得了人才,我們不得不認爲,此年的省試實際上是將策論置於非常重要的地位。這一點,還可以從治平元年(1064)吕公著的劄子中看出:"昨來南省考校,始專用論策升黜,議者頗以爲當。"①所謂"始專用論策升黜",即首次專門通過論策排名與罷黜舉人,而不考慮律賦。因此,嘉祐八年的貢舉顯然是北宋貢舉以來最爲激進的做法,並且獲得了支持。在這種情形下,是年的省元孔武仲能夠脱穎而出,自然是情理之中的事。孔武仲是文仲之弟,"三孔"之一,同樣以古文寫作知名於世。他擅於作論,集中有《禹貢論》《漢武帝論》《介子推論》等,立論翻新,文辭流暢,他能中省元當是得此之力。

儘管論策在省試中已如此重要,但殿試的排名首要衡量標準仍是律賦,此年的狀元許將"舉進士第一。歐陽修讀其賦,謂曰:'君辭氣似沂公,未可量也。'"②

此後兩次科舉的情況有些特殊,治平二年(1065)、四年的科舉,由於英宗、神宗正在諒闇,殿試取消,《建炎以來朝野雜記》載:"自咸平以來,人主有三年之喪則罷殿試,而以省元爲榜首。……英宗朝彭汝礪、神宗朝許安世……是也。"③既然取消殿試,是否表明南省考官能夠如嘉祐八年那樣"專用論策升黜"進士呢?似又不盡然。《齊東野語》載治平二年科舉張舜民(字芸叟)中第云:

> 馮京知舉,張芸叟賦公生明,重迭用韻,已而爲第四名,竊怪主司鹵莽。及元祐中,使虜過北門,馮爲留守,始修門生敬酒邊,馮因言:"昔忝知舉,秘監賦重疊用韻,以論策佳,輒爲改之,擢寘高第,頗記憶否?"④

---

① (宋)司馬光:《司馬光集》卷二八《貢院定奪科場不用詩賦狀》所引,第700頁。

② 《宋史》卷三四三《許將傳》,第10907頁。

③ (宋)李心傳:《建炎以來朝野雜記·甲集》卷一三《諒闇罷殿試》,中華書局2000年版,第274頁。

④ (宋)周密:《齊東野語》卷五,中華書局1983年版,第87頁。按《宋會要輯稿》載治平二年三月"十一日,詔彭汝礪、薛向、賈昌朝、宋焕爲初等幕職官,杜常等及明經諸科皆以判司簿尉出身人守選",則是年進士第四爲宋焕,《齊東野語》所載疑誤,但張舜民應擢進士高第。(清)徐松輯:《宋會要輯稿·選舉》二之一〇,第4250頁。

主考官馮京非常看重考生的論策答卷，甚至不惜替考生改字，助其高中，這與嘉祐八年省試對論策的重視一致。此年的狀元彭汝礪，陳襄云其"辭學政事，人所共稱"，①《宋史》評價其"詞命雅正，有古人風"，②可見其得中仍應是律賦出衆的緣故。又宋人周南記治平四年的省元許安世得中經過云：

> 治平四年，京師省闈以"公生明"命賦題，司馬君實司貢舉。襄邑人許少張安世時爲舉子，詣簾前上請云："公生明者，公正生明。公而自明，非自明之明。"主司惡其語贅，斥去之。君實走厠回，問諸公何爲而喧，同列告以其故。君實默然，謂簾外官請適來上請先輩相見，再問之，少張答如前語。君實云："諸公不曉先輩意，所説極當，當依次第爲文。"……及得許公程文，讀至"依違牽制"云云，撫案曰："此非作《公生明賦》，乃公生明斷案也。"遂爲南省第一。③

由於暫時取消了殿試，省試的排名也就成了最終的及第排名，同之前的殿試一致，律賦仍在進士最高排名中占決定地位，即使是主考官馮京如此看重論策，以及司馬光這樣反對詩賦取士之人，也不得不將律賦的高下作爲最主要的標準。

## 三、結語，兼論太學中文風之轉變

以往的研究者之所以認爲嘉祐二年科考事案徹底扭轉了科場文風，多本於歐陽修的行狀、墓誌銘、神道碑及《宋史·歐陽修傳》對此事的相似記述，如《行狀》云："已而文格遂變而復正者，公之力也。"④《宋史·歐陽修傳》亦曰："場屋之習，從是遂變。"⑤然而，相關的記載尚有更早的材料可尋，即歐公之子歐陽發等所述《先公事迹》：

① （宋）陳襄：《古靈先生文集》卷一七《舉彭汝礪劄子》，《宋集珍本叢刊》第 8 冊，第 787 頁。
② （元）脱脱等：《宋史》卷三四六《彭汝礪傳》，第 10975 頁。
③ 曾棗莊、劉琳主編：《全宋文》卷六六九六《雜記》，第 294 冊，第 146—147 頁。又此處所記賦題與前《齊東野語》所載皆爲"公生明"，其中必有一誤。
④ （宋）吳充：《行狀》，（宋）歐陽修：《歐陽修全集·附錄》卷三，第 2696 頁。
⑤ 《宋史》卷三一九《歐陽修傳》，第 10378 頁。

　　嘉祐二年,先公知貢舉。時學者爲文以新奇相尚,文體大壞。公深革其弊,一時以怪僻知名在高等者,黜落幾盡。二蘇出於西川,人無知者,一旦拔在高等,榜出,士人紛然,驚怒怨謗。其後,稍稍信服。而五六年間,文格遂變而復古,公之力也。①

此中明確提到,在歐陽修排抑"太學體"之後"五六年間"方文格復古,到了行狀中,爲了突顯歐公的功績,將這四字去除,而墓誌銘、神道碑依照行狀而成,《宋史·歐陽修傳》又據前三文修成,便給後世造成了嘉祐二年貢舉之後文風隨即大變的錯覺。其實《長編》的記載便審慎得多,止云"然文體自是亦少變"。②

　　若上述分析不誤,可以看出,實際上,在嘉祐四年的南省試中,歐公罷黜"太學體"文風及重視策論的做法都沒有得到很好的繼承和延續,"太學體"仍有一定的市場,獲得考官的青睞,而律賦依舊是取士最重要的標準。可以說,是年歐陽修領導的古文運動在科場上遭受到了暫時的挫折。到嘉祐六年及以後,在歐公的同道及後輩王珪、范鎮、王安石、司馬光等人的共同宣導之下,被後世稱爲"平易一往"的代表宋人風格的古文才在科場越發流行開來。③ 與此同時,策論的地位越來越重要,直至嘉祐八年省試"始專用論策升黜",這也符合《先公事迹》中"五六年間"的說法。後二次於治平年間舉行的科舉,還可以從孫覺於熙寧元年(1068)的奏章中看出策論處於何種地位,他說:"近歲以來,朝廷務以經術材識收攬天下之士,有司往往陰考論策以定去留,不專決於詩賦。"④所謂"陰考論策以定去留",即考官如若看中試子的論策答卷,即可錄取,如上述張舜民的例子。嘉祐二年後殿試基本不黜落,治平二年、四年又暫時取消了殿試。因此,從一定程度上說,只要做好論策的答卷,幾乎就可以中第。難怪蘇軾在熙寧三年作貢舉編排官時感慨道:"自嘉祐以來,以古文爲貴,則策論盛

---

　　① (宋)歐陽發等:《先公事迹》,(宋)歐陽修:《歐陽修全集·附錄》卷二,第2636—2637頁。

　　② (宋)李燾:《長編》卷一八五嘉祐二年正月癸未,第4467頁。

　　③ (清)方以智:《文章薪火》:"宋人好平易一往,其時尚然也。"王水照編:《歷代文話》,復旦大學出版社2007年版,第3215頁。

　　④ (宋)趙汝愚輯:《宋朝諸臣奏議》卷八〇《上神宗論取士之弊宜有改更》,上海古籍出版社1999年版,第868頁。

行於世，而詩賦幾至於熄。"①很顯然，以歐陽修的同道與追隨者的面目擔任南省考官的范鎮、王安石、馮京等人對古文體策論的重視，與殿試不落的原則，必將使得古文運動提倡的那種平易風格的古文在科場中獲得空前的主流地位。

　　然而，我們也不得不注意到，要想獲得進士高第，在殿試的排名中，律賦顯然還是最重要的衡量標準，這一點直到熙寧三年殿試專以策問取士之前，都没有改變。這段時間甚至被認爲是宋代律賦發展的高峰期，《師友談記》載秦觀語云："至於嘉祐之末，治平之間，賦格始備。"②王銍也談道律賦"盛於景祐、皇祐，溢於嘉祐、治平之間"。③ 此前提到的嘉祐"太學體"是科場時文的文風，既包括論策，也包括律賦，正因爲清除了"太學體"的影響，這段時期的律賦創作才能夠大放異彩。我們知道，宋代擢高第之進士往往晉升很快，王安石説："進士之高者，亦公卿之選也。"④《容齋隨筆》亦云："國朝自太平興國以來，以科舉羅天下士，士之策名前列者，或不十年而至公輔。"⑤在鋭意進取的改革者王安石看來，詩賦這種"雕蟲篆刻之學""所得技能，不足以爲公卿"。⑥ 同時擔任過嘉祐六年殿試詳定官與八年同知貢舉的荆公顯然能夠深切地感受到自己的取材標準與朝廷一貫做法的矛盾與衝突所在，一方面是不得不以律賦排名時的牢騷與不滿，另一方面則是多少可以按照自己標準取士時的那種得才的欣喜。終於，在熙寧二年（1069）他執政之後，便毅然決然地展開了進士科罷詩賦的改革之舉。

　　太學無疑是捕捉到科場之風轉變最爲敏感之地，當嘉祐六年及其後的科舉釋放出明確的信號，之前流行一時的嘉祐"太學體"文風在科場已經没有出路時，相信太學生也已聞風改變了他們的答卷方式，畢竟科舉考試有着巨大的導向作用，何況又有劉幾那樣成功的先例。太學中文風轉變的具體時間似已不可考，但至少到了嘉祐七年（1062），隨着後來的省元

---

① （宋）蘇軾：《蘇軾文集》卷九《擬進士對御試策》，第301頁。
② （宋）李廌：《師友談記》，中華書局2002年版，第21頁。
③ （宋）王銍：《四六話序》，王水照編：《歷代文話》，第5頁。
④ （宋）王安石：《王文公文集》卷一《上皇帝萬言書》，上海人民出版社1974年版，第10頁。
⑤ （宋）洪邁：《容齋隨筆》卷九《高科得人》，中華書局2005年版，第120頁。
⑥ （宋）王安石：《王文公文集》卷一《上皇帝萬言書》，第10頁。

孔武仲成爲國子解魁，①顯然標誌着追隨歐陽修一派的平易風格的科場時文在太學已經占據了優勢。我們知道，嘉祐二年呼聲最高的劉幾在此之前正是"連冠國庠及天府進士"。② 孔武仲曾自述其"向者被黜於禮部，塊然留學於京師"，③則他當與兄文仲一同參加了嘉祐六年的省試，被黜後進入太學，僅僅一年之後，便已儼然成爲國子翹楚，再一次印證了《先公事迹》中"五六年間"的記載。治平元年，"三孔"中年紀最輕的孔平仲也同樣得中國學解魁，④表明與科場取士傾向相合的這種文風的延續。孔平仲與兄文仲一樣，也參加了後來的制科考試。筆者認爲，二孔接連得中解魁，應該也可以説明，這個時候，太學中已將策論置於較突出的地位了。

熙寧二年，時任參知政事的王安石上呈《乞改科條制劄子》，提出廢詩賦爲措施之一的科舉改革，神宗下詔官員討論，"議者多謂變法便"，⑤這些言便的議者中，除司馬光外，還有治平四年同知貢舉的韓維及呂公著等。⑥ 筆者認爲，荆公的廢詩賦之舉之所以能夠獲得反對其他變法措施的舊黨大臣的支持，得以相對順利地推行，除了他們共同的先德行後文藝、崇尚經義的文化取向之外，自嘉祐八年以來科場中十分重視策論取士的實踐，以及太學中文風的轉變，都是變革得以開展不可或缺的客觀因素。或許孫覺所言可以體現當時多數官員和士子的心態：詩賦取士"人情之所共廢者，聖人不能强使之興，今上下厭棄，人人知其無用"。⑦

原刊於《宋史研究論叢》第 20 輯，科學出版社 2017 年版

（蘇賢，華東師範大學古籍研究所博士研究生）

---

① 《臨江西江孔氏族譜》，轉引自李春梅《三孔事迹編年》，吳洪澤、尹波主編：《宋人年譜叢刊》第 5 册，四川大學出版社 2003 年版，第 2867 頁。

② （宋）王闢之：《澠水燕談録》卷四，第 34 頁。

③ 曾棗莊、劉琳主編：《全宋文》卷二一八七《國學謝解啓》，第 100 册，第 185 頁。

④ 《臨江西江孔氏族譜》，轉引自《三孔事迹編年》，吳洪澤、尹波主編：《宋人年譜叢刊》第 5 册，第 2868 頁。

⑤ 《宋史》卷一五五《選舉志》，第 3616 頁。

⑥ 參見（宋）司馬光《司馬光集》卷三九《議學校貢舉狀》，第 887—894 頁；（宋）韓維：《南陽集》卷二五《議貢舉狀》，《影印文淵閣四庫全書》第 1101 册，第 718—719 頁；（宋）趙汝愚輯：《宋朝諸臣奏議》卷七八《上神宗答詔論學校貢舉之法》，第 851—853 頁；林巖：《北宋科舉考試與文學》，上海古籍出版社 2006 年版，第 97—109 頁。

⑦ （宋）趙汝愚輯：《宋朝諸臣奏議》卷八〇《上神宗論取士之弊宜有改更》，第 868 頁。

# 論初唐四言詩唱和的成因及其文學史意義

## ——以《翰林學士集》爲例

嚴維哲　李定廣

　　先秦以來,四言詩作爲中國最早的詩體,在經歷了漢魏兩晉的發展之後,於南朝陷入低谷,在唐代更是不被重視。值得注意的是,在初唐時期的宮廷唱和詩集《翰林學士集》殘卷中,保存着部分四言詩作。初唐宮廷詩人何以對這種已經幾乎被遺忘的詩體投入如此大的興趣,並在宮廷唱和活動中加以運用,其原因值得深究。前人著述中對初唐詩學與唱和活動的研究已經有不少涉獵,較有代表性的論著,如:賈晉華《唐代集會總集與詩人群研究》一書,通過唐人集會總集與相關詩人群體活動的關聯,考察宮廷詩人群的作品風格;尚定的《走向盛唐》則是對初唐詩風的淵源與演變進行了新的探索;岳娟娟的《唐代唱和詩研究》從唱和詩的角度探討初唐宮廷詩歌的得失與變遷。其他較爲重要的研究成果還有李定廣、陳伯海合著的《唐詩總集纂要》,陳伯海的《〈翰林學士集〉考索》,吕玉華《太宗朝詩風與〈翰林學士集〉》等。這些論著各有所長,但對於初唐宮廷詩人的四言詩創作部分均涉及不多。忽視初唐宮廷詩人的四言詩唱和活動的文學價值,會妨礙我們對南北朝、初唐詩歌流變規律的認識理解,故本文擬從《翰林學士集》中四言唱和詩切入,探究傳統的四言體式在初唐宮廷唱和活動中復興的原因,並結合漢魏以來的四言詩創作傳統予以分析解讀,探究初唐宮廷四言唱和詩的詩學價值與文學史意義。

## 一、《翰林學士集》中四言唱和詩人群對南朝詩學的接受

　　從四言詩的發展軌迹來看,在先秦的《詩經》四言體大量產生之後,歷

經兩漢的發展,到魏晉時期,文人四言詩達到一個新的高度,其語言結構也有了很大變化。曹操、阮籍、嵇康等人皆有較爲成熟的四言詩作品。西晉太康時期,四言詩被視爲雅音,摯虞《文章流別論》就説:"然則雅音之韻,四言爲正,其餘雖備曲折之體,而非音之正也。"①陸機、束皙、傅咸是當時四言詩創作的代表作家。永嘉南渡之後,玄言詩興起,四言詩更是被視爲鋪敍玄理的合適體裁,王羲之所組織的蘭亭集會,四言詩的創作就占了很大的一部分,陶淵明甚至被視爲四言詩的"最後的作家"。南北朝時期普遍被認爲是四言詩的消歇期,但是在謝靈運、顔延之、沈約、蕭統等著名作家的詩集中,依然可以看到一定數量的四言詩作品,其主題内容大都是釋奠、應制、贈答之作。對於四言詩與五言詩在體裁上的區別,劉勰與鍾嶸都予以了關注。《文心雕龍·明詩》曰:"若夫四言正體,則雅潤爲本;五言流調,則清麗居宗。"②鍾嶸《詩品序》評論四言詩:"夫四言文約意廣,取效《風》《騷》,便可多得,每苦文繁而意少,故世罕習焉。"③這些文學批評著作均肯定了四言詩的文學地位,同時鍾嶸也指出四言詩在南朝"世罕習焉"的事實。在南北朝後期,集南北詩歌大成的庾信,其詩歌雖以五言爲主,但其創作的北周郊廟歌辭均爲典型的四言體,對後世影響很大。入唐之後,唐詩中絶少四言,錢良擇《唐音審體》甚至説:"唐人四言詩甚少,録之僅得三首。"④其實,在初唐詩歌選本《翰林學士集》中依然保存着十七首唐人的四言唱和之作,唐人如若菲薄四言,何以在宫廷詩歌創作中較多採用? 唐人對於四言詩創作的態度,是一個值得研究的文學話題。

今存《翰林學士集》之殘卷中收録唐人四言詩共計十七首,分別爲鄭元璹、許敬宗、于志寧、沈叔安、張後胤、張文琮、陸揖等七人之唱和作品《四言曲池酺飲座銘並同作七首》,以及許敬宗之《四言奉陪皇太子釋奠詩一首應令》十章(此聯章體一首十章,實爲十首)。許敬宗之詩雖是應制之作,實則亦屬於唱和範疇,當時必然有同題唱和作品,可惜亡佚殆盡,本文一並討論。

---

① (清)嚴可均輯:《全晉文》,商務印書館 1999 年版,第 820 頁。
② (南朝梁)劉勰著,范文瀾注:《文心雕龍注》,人民文學出版社 1958 年版,第 67 頁。
③ (南朝梁)鍾嶸撰,曹旭集注:《詩品集注》,上海古籍出版社 2011 年版,第 43 頁。
④ (清)王夫之等撰,丁福保輯録:《清詩話》,中華書局 1963 年版,第 780 頁。

詩歌唱和活動的時間學者存在不同見解：據傅璇琮、陶敏考證，《曲池酺飲座銘》唱和詩作於貞觀四年，①彭慶生《初唐詩歌繫年考》從其説，②然賈晉華先生在《唐代集會總集詩人群研究》書中則認爲當爲貞觀八年。③ 許敬宗《四言奉陪皇太子釋奠詩一首應令》的詩歌本事，據《唐會要》卷三五《釋奠》記載："（貞觀）二十年二月，詔皇太子於國學釋奠於先聖先師，皇太子爲初獻，國子祭酒張復裔爲亞獻，光州刺史攝司業趙宏智爲終獻。既而就講宏智演孝經忠臣孝子之義。右庶子許敬宗上四言詩以美其事。"④可見，太子釋奠許敬宗上四言詩事當在貞觀二十年二月。創作時間雖略有爭議，然大致是在唐太宗貞觀一朝。又因現在所見之《翰林學士集》僅是殘卷，其四言詩唱和，當遠不止現在所見的篇目。總體來説，四言詩在唐初的宮廷詩壇上的復現和流行，當無異議。

這些四言唱和詩的七位作者，大都是由隋入唐的文人，其文學淵源都和南朝文化有着密切的聯繫，試辨析如下：

于志寧（588—665），是北周太師于謹之曾孫。隋末棄官，後爲秦王府十八學士之一。其嗣父于宣敏有詩才，據《隋書·于宣敏傳》載："年十一，詣周趙王招，王命之賦詩。宣敏爲詩，甚有幽貞之志。王大奇之，坐客莫不嗟賞。"⑤趙王宇文招博覽群書，"學庾信體"，⑥于宣敏既受其賞識，其詩才當與南朝詩歌有共同之處。

許敬宗（592—672），杭州新城人，隋禮部侍郎許善心之子，其宗族世仕南朝。唐太宗聞其名，召補秦府學士。其父許善心是隋代雅樂歌辭的創製者之一。《隋書·樂志》記載："於是制詔吏部尚書、奇章公弘，開府儀同三司、領太子洗馬柳顧言，秘書丞、攝太常少卿許善心，内史舍人虞世基，禮部侍郎蔡徵等，更詳故實，創製雅樂歌辭。"⑦

鄭元璹，滎陽開封人，乃隋岐州刺史、沛國公鄭譯之子，其父精通禮樂。《隋書·鄭譯傳》載："未幾，詔譯參議樂事。譯以周代七聲廢缺，自

---

① 傅璇琮主編：《唐五代文學編年史》，遼海出版社1998年版，第49頁。
② 彭慶生：《初唐詩歌系年考》，北京大學出版社2012年版，第30—31頁。
③ 賈晉華：《唐代集會總集與詩人群研究》，北京大學出版社2001年版，第15頁。
④ （宋）王溥：《唐會要》，上海古籍出版社2006年版，第747—745頁。
⑤ （唐）魏徵等：《隋書》，中華書局1973年版，第1147頁。
⑥ （唐）令狐德棻：《周書》，中華書局1971年版，第202頁。
⑦ （唐）魏徵等：《隋書》，第360頁。

大隋受命,禮樂宜新,更修七始之義,名曰樂府聲調,凡八篇。"①鄭譯喪妻,"帝命譯尚梁安固公主"。② 可見鄭元璹的繼母爲蘭陵蕭氏皇族,與南朝詩學淵源頗深。

沈叔安,吳興武康人。武德七年,出使高麗。後爲潭州都督。《元和姓纂》卷七記載:"(沈)琛次子楚。五代孫君攸,陳衛尉卿;生叔安,唐刑部尚書、吳興公。"③吳興沈氏是南朝大家族,沈約是永明體代表作家,也是梁代郊廟樂辭創作者。叔安之父沈君攸也是後梁著名文人,其文化淵源來自江南自不待言。

張文琮,貝州武城人。貞觀中爲持書侍御史。從父弟張文收尤爲精通禮樂,據《舊唐書·張文收傳》記載:"文琮從父弟文收,隋内史舍人虔威子也。尤善音律,嘗覽蕭吉樂譜,以爲未甚詳悉,更博採群言及歷代沿革,裁竹爲十二律吹之,備盡旋宫之義。時太宗將創製禮樂,召文收於太常,令與少卿祖孝孫參定雅樂。太樂有古鐘十二,近代惟用其七,餘有五,俗號啞鐘,莫能通者。文收吹律調之,聲皆響徹,時人咸服其妙。"④張文琮雖爲北人,然其宗族張文收有覽蕭吉樂譜之事,按蕭吉亦出自南朝蕭梁宗室,《北史·蕭吉傳》記載:"蕭吉,字文休,梁武帝兄長沙宣武王懿之孫也。博學多通,尤精陰陽、算術。江陵覆亡,歸於魏,爲儀同。"⑤

張後胤,蘇州昆山人。《舊唐書·張後胤傳》載:"父中,有儒學,隋漢王諒出牧并州,引爲博士。後胤從父在并州,以學行見稱。時高祖鎮太原,引居賓館。太宗就受《春秋左氏傳》。"⑥

陸揩,字士紳,吳郡人。宋范成大《吳郡志》引《大業雜記》言其家世:"祖暎,梁侍中。父陟,咨議參軍。世有文集,揩不墜家聲。仁壽中,召補春宫學士。大業中,爲燕王記室。唐正觀中,授朝散大夫,魏王府文學。"⑦

---

① (唐)魏徵等:《隋書》,第 1138 頁。
② 同上書,第 1135 頁。
③ (唐)林寶撰,岑仲勉校記,郁賢皓、陶敏整理:《元和姓纂》,中華書局 1994 年版,第 1131 頁。
④ (後晉)劉昫等:《舊唐書》,中華書局 1975 年版,第 2817 頁。
⑤ (唐)李延壽:《北史》,中華書局 1974 年版,第 2953 頁。
⑥ (後晉)劉昫等:《舊唐書》,第 4950 頁。
⑦ (宋)范成大撰,陸振從校點:《吳郡志》,江蘇古籍出版社 1986 年版,第 315 頁。

簡而言之,進行四言詩唱和的七位作家,有一些共同的特點,首先,這些作者深受南朝文學的熏陶,他們或是南朝舊臣之後,如許敬宗、沈叔安;或是江南土著,如張後胤、陸揩;即便是北方人,有的人直系親屬中精通南朝文學,如張文琮家族;有的甚至與南朝皇族有姻戚關係,如鄭元璹。其次,這些作家的家族中有深厚的雅文學傳統,宗族中不乏精通雅樂之人,在當時有很大影響力,許敬宗、鄭元璹、張文琮的家族即是傑出代表。

## 二、《翰林學士集》四言唱和詩的內容句式特點

初唐宮廷詩人身處大一統王朝的核心,他們在南北朝詩人的藝術實踐基礎上,對傳統的詩歌創作方式予以新的審美觀照。通過詳細分析這17首四言唱和詩,我們可以看出初唐詩人們在四言詩創作之內容體式上的一些特點。

(一) 對傳統四言詩的"雅頌"主題的繼承。初唐詩人的四言宮廷唱和詩主要還是沿襲了兩晉時期四言詩歌功頌德的創作主旨,但也不乏一些自身的特點。許敬宗等人所撰的四言唱和詩其題爲曲池醧飲座銘。按醧飲,即聚飲,這裏似指君王賜宴,群臣會飲之意。醧,古指國有喜慶,特賜臣民聚會飲酒。《漢書·文帝紀》:"朕初即位,其赦天下,賜民爵一級,女子百戶牛酒,醧五日。"①顏師古注:"文穎曰:'漢律,三人以上無故群飲酒,罰金四兩,今詔橫賜得令會聚飲食五日也。'醧之爲言布也。王德布於天下而合聚飲食爲醧。"②座銘,原指座右銘之意,這裏似指席間所作以記其盛的文字。

這些唱和詩的內容基本如出一轍,交代飲宴之事,描繪周圍風景,歌咏太平盛世。雖不脫"頌聖"之意,但有些寫景狀物之處,依然新鮮活潑,情景交融,帶有鮮明的初唐詩歌的特色。鄭元璹之詩云:"離醧將促,遠就池臺。酒隨歡至,花逐風來。鶴歸波動,魚躍萍開。人生所盛,何過樂哉。"歡宴隨着飲酒而氣氛愈加濃烈,隨風飄送陣陣花香,從側面渲染宴游之盛況,表達內心愉悦之情。這種對貴族生活的細膩描摹,顯然與南朝詩歌的影響有關。許敬宗的另一首詩歌主題爲"皇太子釋奠",更是典型頌聖之作。貞觀二十一年,唐太宗令太子李治於國學釋奠於先聖先師,許敬

---

① (東漢)班固撰,(唐)顏師古注:《漢書》,中華書局 1962 年版,第 108 頁。
② 同上書,第 110 頁。

宗獻詩以美其事。唐代統一之後,新王朝的典章制度需要重新確立。而以《詩經》體爲依歸的四言詩,格調古雅,符合統治者的要求,並在唱和活動中積極採納,這也充分展現了初唐詩人對四言詩的文體認識。

(二)對《詩經》句式的效仿。在這 17 首四言詩中,其詩歌體式有很明顯地向《詩經》復歸的痕迹。許敬宗的《奉陪皇太子釋奠》詩十章,每章八句,前三章從天理說起,繼而説典章制度、倫理綱常,雅正之風因亂世而衰微。幸而得太宗父子英明神武,才使國泰民安。第四、五章之後轉入對太子的描寫,歌頌太子的聰明睿智、德行過人、修習課業之誠。第六章寫釋典的開始,第七章寫釋奠中設置酒食、講演忠孝的場景,第八章寫整個過程各方面都奉行職事,濟濟一堂。第九章寫典禮結束之景。最後一章表達寫詩頌聖之意。這種分章敘事的結構,正是典型的《詩經》雅頌體的模擬。而《曲池醋飲座銘》之唱和,有些句式也帶有較爲明顯的《詩經》氣息,如“和風習習”“勉矣君子,俱奉堯心”等句子是典型的詩經體,“鶴歸波動,魚躍萍開”的景象也使人想起《詩經》中的“鳶飛戾天,魚躍於淵”的句子。當然,由於相距先秦時代已遠,這種效仿的痕迹遠較魏晉四言來得淺。

(三)對兩晉四言詩的借鑒。許敬宗編選的《文館詞林》現存殘卷中,收入以釋奠爲題的,有 18 首。收入兩晉詩人四言詩作品 45 首,從中不難看出唐初宮廷詩人對兩晉詩風的熱衷。無論許敬宗聯章體的釋奠之作,還是七人《曲池醋飲座銘》唱和詩,大多數的句子都是對偶句,且多用實字,類似以嵇康、陸機等人爲代表的魏晉四言詩風。如于志寧之作:“水隨灣曲,樹逐風斜。始攀幽桂,更折疏麻。”張後胤的作品:“鶯多谷響,樹密花繁。波流東逝,落照西奔。”皆是模擬魏晉四言詩的對偶技巧,構成雍容大雅、清新明麗之風格。曲池醋飲的唱和方式,也與東晉時期王羲之主持的蘭亭雅集非常接近。可以説,曲池醋飲的唱和某種程度是晉代蘭亭雅集的再現。此外,有一些詩句也間接反映了唐人四言詩與晉人的聯繫,許敬宗的詩句“雅誥咸蕩,微言殆絶”,與其所監修《晉書·儒林傳》的四言論贊“雅誥弗淪,微言復顯”表達方式相似。① 而“雅誥”與“微言”正是唐人四言詩取法前人的標準。

當然,這些四言唱和詩畢竟是唐人所作,在一些創作的細節方面,又顯示出貞觀詩壇的一些審美風氣。比如詩歌在聲律上遠比《詩經》與魏晉

---

① (唐)房玄齡等:《晉書》,中華書局 1974 年版,第 2367 頁。

詩人來得嚴格。這些作品基本偶句押韻,許敬宗的皇太子釋奠詩將平聲韻與仄聲韻交替使用,曲池醼飲唱和則是每首八句,除了許敬宗一首押仄聲韻外,其餘都是押平韻。每首八句,中二聯對仗,顯得整齊典雅,節奏性很強。在寫作技巧上,普遍重視辭藻,純用賦法。《詩經》中的比興手法逐漸淡化,而對於煉字方面則更爲講究。相比傳統四言略顯呆板的二二句式,顯得更加靈動,如"鶯多谷響,樹密花繁",形容詞與動詞的使用遠遠比魏晉詩人來得自然生動。可見初唐詩人在南朝詩歌的實踐基礎上,對於描摹物象已然熟極而流,進一步地向精緻化的方面發展。

## 三、《翰林學士集》四言唱和活動成因探析

四言詩在初唐詩壇的復現與最終消失,值得玩味。初唐詩人何以如此重視四言體式,並在宮廷唱和活動中使用,這與當時的政治文化背景有着密切的聯繫。《翰林學士集》中的四言唱和詩的出現,是多方面共同造就的結果。其原因可從以下三方面來看:

其一,雅正中和文學觀的影響。《翰林學士集》中的唱和之作是初唐宮廷詩歌的代表作品,其創作風格深受當時雅正文學觀念的影響。當時宮廷詩人的代表人物虞世南就以"體非雅正"來勸諫唐太宗的宮體詩唱和。北方文人魏徵在《隋書·文學傳序》中的評價尤爲尖銳:"梁自大同之後,雅道淪缺,漸乖典則,爭馳新巧。簡文、湘東,啓其淫放;徐陵、庾信,分路揚鑣。其意淺而繁,其文匿而彩,詞尚輕險,情多哀思。格以延陵之聽,蓋亦亡國之音乎!"①唐太宗作爲統治者,内心雖偏愛南朝詩歌,但其《頒示禮樂詔》中曰:"時更戰國,多所未遑,雅道淪喪,歷滋永久。"②在《帝京篇》序言中則主張:"臺榭取其避燥濕,金石尚其諧神人。節之於中和,不繫之於淫放。"③實際創作的詩歌更是明確表示:"去茲鄭衛聲,雅音方可悦。"無論是"雅道"還是"中和",其實都是對南朝宮體詩的一種有意識地糾正。而四言詩從詩歌體式上就是復古的,是"雅音"的代表,加之四言本身就有簡練、莊重的特點,有一種雍容大雅之美,這種風格特別適合

① (唐)魏徵等:《隋書》,第1730頁。
② (唐)李世民撰,吳雲、冀宇校注:《唐太宗全集校注》,天津古籍出版社2004年版,第369頁。
③ 《唐太宗全集校注》,第3頁。

表現宮廷貴族的儀式。故許敬宗等人在宮廷唱和活動中採取四言詩的方式，既符合當時主流的文學觀，也適用於歌功頌聖的詩歌主旨。當然，貞觀君臣在審美意識上還是深受南朝詩風的影響，文學觀念與創作傾向存在着明顯不完全一致的現象，但許敬宗等人的四言唱和實可以看作當時雅正文學觀念的一次創作實踐。

其二，君王審美趣味的主導。唐太宗作爲貞觀詩壇的主導者，他的審美旨趣往往會成爲宮廷詩人創作所依傍的方向。而唐太宗最欣賞的兩位前代文人，就是陸機與王羲之。在《晉書》編撰之時，唐太宗親筆撰寫《陸機傳》和《王羲之傳》的史論，其重視可見一斑。其在《陸機傳論》中曰："其詞深而雅，其義博而顯，故足遠超枚馬，高蹈王劉，百代文宗，一人而已。"①評價之高，可謂空前絶後。從"深而雅"與"博而顯"可以看出太宗所肯定的是陸機文辭中典雅豐贍的風格。唐太宗對王羲之的書法十分喜愛，甚至決定死後以王羲之的《蘭亭序》殉葬。《王羲之傳》論曰："末代去樸歸華，舒箋點翰，爭相誇尚，競其工拙……所以察詳古今，研精篆素，盡善盡美，其惟王逸少乎！"②其論雖是從書法着眼，但審美意識仍然透露出了對前代"去樸歸華"之風格的不滿，而對"研精篆素"的王羲之表示出了極大的推崇。統治者的這種藝術審美傾向，當然會直接對宮廷文化產生極大的引導。

而陸機的詩歌有部分就是四言詩，風格以模仿《詩經》爲主，其中不乏當時貴族文人的贈答之作，如其《答賈謐詩》《皇太子賜宴詩》《元康四年從皇太子祖會東堂詩》，這類作品風格典麗華美，符合唐太宗宮廷的審美趣味。而以唐太宗對王羲之書法《蘭亭序》的偏愛，當然不可能沒有讀過王羲之蘭亭雅集之時所創作的詩歌作品。故許敬宗等宮廷詩人在唱和過程中採取四言詩的形式，也是一種必然。

其三，郊廟歌辭創作的關聯。郊廟歌辭在傳統上多用四言體，風格典雅莊重。許敬宗等人進行《曲池醼飲座銘》四言詩唱和之時，正是初唐郊廟音樂創製的時期。《舊唐書·音樂志》記載："《冬至祀昊天於圓丘樂章》八首，貞觀二年，祖孝孫定雅樂。貞觀六年，褚亮、虞世南、魏徵等作此詞，今行用。"③《樂府詩集》題解亦曰："武德九年，乃命祖孝孫修定雅樂，

① （唐）房玄齡等：《晉書》，第 1487 頁。
② 同上書，第 2107 頁。
③ （後晉）劉昫等：《舊唐書》，第 1090 頁。

而梁、陳盡吳、楚之音,周、齊雜胡戎之伎。於是斟酌南北,考以古音,作爲唐樂,貞觀二年奏之。"①這些雅樂之作,是結合南北朝宮廷雅樂而來,就其形式而言,多爲四言句式,風格莊重典雅。褚亮、虞世南等人深受南朝文化之陶冶,其文化淵源與四言詩唱和者許敬宗、張文琮、沈叔安一致。且許敬宗之父許善心是隋代雅樂歌辭的創作人之一,張文琮之從父弟張文收更是與祖孝孫合作,直接參與了初唐時期的雅樂製作。故貞觀初年,郊廟音樂的創製必然使宮廷詩人重拾對四言詩的寫作熱情。

而許敬宗所作皇太子釋奠之詩,也和郊廟音樂密不可分。《舊唐書·音樂志》記載皇太子親釋奠樂章五首:迎神用承和,皇太子行用承和,登歌奠幣用肅和,迎俎用雍和,送文舞出迎武舞入用舒和,武舞用凱安(詞同冬至圓丘),送神用承和(詞同迎神)。這些儀式中迎神、登歌、奠幣、送神所採用的樂章,皆爲典型的四言詩。試舉迎神所用承和爲例:"聖道日用,神機不測。金石以陳,弦歌載陟。爰釋其菜,匪馨於稷。來顧來享,是宗是極。"這與許敬宗所作頌詩:"尊師上德,齒學崇年。登歌暢美,啐爵思虔。雩童鼓篋,碩老重筵。辭雕辯囿,矢激言泉。"兩者格調一致,可視之爲郊廟歌辭與四言詩創作雙向影響的一個範例。

總之,貞觀時期,宮廷詩人四言詩唱和的興起,有着多方面的原因,既與當時主流的雅正文學觀有密切聯繫,也深受統治者個人審美趣味的影響。此外,同時期創作的郊廟音樂也爲宮廷四言詩唱和提供了歷史契機。四言詩在初唐的出現是各種原因綜合的結果。

## 四、《翰林學士集》四言唱和
## 活動的文學史意義

初唐宮廷詩人的四言詩唱和活動,是傳統四言詩創作的繼承,它的出現在中國詩學史上有着不可忽視的地位,其意義可以從以下幾方面觀察:

(一)《翰林學士集》四言唱和活動是南北朝宮廷詩學觀念的延續。四言詩在兩晉之後逐漸進入低潮,但南朝詩人在宮廷文學創作之時依然不乏佳作問世。顏延之、謝靈運、王融、沈約皆有四言詩流傳於世,昭明太子蕭統更是作《示徐州弟》詩四言十二章,以贈其弟蕭綱,抒發兄弟之情。這些充分顯示了四言詩在南朝貴族文學創作中的受重視程度。從南北朝

---

① (宋)郭茂倩:《樂府詩集》卷一,中華書局 1979 年版,第 2 頁。

到初唐,四言詩雖然並非主流詩體,然而在宮廷活動中依然有一定的地位。許敬宗等人編選的《文館詞林》,今殘存詩五卷,時間跨度從漢魏直至隋代,均爲唐前四言詩。其中現存四言詩選中,後漢 1 首,西晉 29 首,東晉 15 首,宋詩 8 首,南齊詩 10 首,梁詩 20 首,後魏詩 2 首,隋詩 3 首。①上層文人的贈答與釋奠等貴族文化活動成爲詩歌的主要題材。而以《詩經》爲傳統的四言詩,正是格調雅正的代表,在思想上符合統治者的要求,且四言詩之雍容舒緩、注重辭藻的詩體特徵也能爲受到傳統南朝文化熏陶的宮廷詩人所接受。《翰林學士集》中所收録的四言唱和詩是初唐詩人接受南北朝宮廷傳統文化之後,在創作中取法前代上層貴族作家四言詩創作的明證。

(二)《翰林學士集》中的四言唱和詩也是唐代宮廷唱和活動中四言體式的"絶響"。如前文所言,初唐宮廷詩人其文化多淵源於南朝文學,他們或直接受到南朝宮廷詩學的熏陶,或在家族文化傳統中受到江南文化的影響,由此形成的文化氛圍直接影響到了宮廷唱和活動。但是在貞觀之後,宮廷詩人在文學活動中並不以四言爲重,即便許敬宗本人,在之後的宮廷文學創作中也不以四言爲主,其"頌體詩"的形式多通過五言形式來表達。主要的原因當在於四言的節奏過於單調,不及五言靈活,且五言詩歷經南朝詩人的創作實踐,其成熟程度已達到很高的地步,四言詩難以與之匹敵。而在武則天、中宗之後,七言律詩在宮廷唱和中逐漸出現,七言句式氣勢流宕,句法比五言詩更爲多變,藝術表現力遠超四言。故四言詩逐漸退出了唐代宮廷文學的舞臺實屬必然。但是並不能因此否定初唐詩人在此之上進行的探索與嘗試。宮廷唱和活動作爲當時主流的文學活動,具有不可替代的導向作用。從四言到五言,直至最後的七言,我們可以從中看出唐代宮廷詩人創作活動中對詩歌藝術的認識與審美態度的轉變。

(三)《翰林學士集》中的四言詩唱和活動,對唐代的復古派詩人產生過一定的影響。四言詩一般多爲"二二"句式,較爲板滯。隨着唐人對於詩歌聲律鑽研的日益精密,李嶠、張説、沈佺期、宋之問等爲代表的新變派詩歌追求聲律辭藻的形式美學,遭受冷落的四言詩只能散見於唐代復古派詩人的創作中。初唐復古派代表陳子昂,參與洛陽王明府山亭唱和活

---

① 參看(唐)許敬宗編、羅國威整理《日藏弘仁本文館詞林校證》,中華書局 2001 年版。

動,有《三月三日宴王明府山亭》四言詩作;盛唐大詩人李白是復古派健將,在理論上重視四言,他曾説:"興寄深微,五言不如四言,七言又其靡也。況束之以聲調俳優哉!"①可惜他的四言詩作品其名不著。中唐復古派領袖韓愈、柳宗元亦有四言詩作品傳世,韓愈的《元和聖德詩》及柳宗元的《奉平淮夷雅表》,有一定影響。明人吳訥《文章辨體序説》中感歎説:"獨唐韓、柳《元和聖德詩》《平淮西夷雅》,膾炙人口。先儒有云:二詩體製不同,而皆詞嚴氣偉,非後人所及。自時厥後,學詩者日以聲律爲尚,而四言益鮮矣。"②當然,無論陳子昂、李太白還是韓愈、柳宗元,他們所創作的四言詩無論從數量還是影響,都已被其五、七言詩掩蓋。但《翰林學士集》中的四言唱和詩作爲唐人四言詩的先聲,依然具有不可替代的範式作用。

綜上所述,初唐宮廷詩人的四言詩唱和活動,並非單純是一次偶然的文學創作,它沿襲魏晉南北朝宮廷文學傳統,其產生原因與貞觀時期的政治意識與文學建設以及君王的個人審美意識有着密切的聯繫,是唐人的宮廷詩學創作的標本性案例,對唐詩後來的發展也有一定的影響。大唐的詩學正是在這基礎上逐漸融合、發展,逐步走向新的輝煌。

原載於《江淮論壇》2017 年第 4 期
(嚴維哲,華東師範大學古籍研究所博士後;
李定廣,上海師範大學人文學院教授)

---

① (唐)孟啓等:《本事詩 本事詞》,古典文學出版社 1957 年版,第 16 頁。
② (明)吳訥:《文章辯體序説 文體明辯序説》,人民文學出版社 1982 年版,第 30—31 頁。

# 嚴工上先生家世生平著述
# 輯目及藝術作品繫年稿

趙燦鵬

　　曾太夫子嚴工上先生(1874—1953)，是中國現代著名的音樂家、戲劇電影藝術家，民國年間在上海的音樂和電影藝術界享有盛名。他同時又是一位語言學家，在音韵和方言方面有精湛深入的研究，爲專業學者所揄揚稱道。

　　工上先生在音樂創作和電影藝術方面的成就，長期以來隱没而不彰，1980年代開始逐漸被學者發現(其中一種代表性的論著是肖果《父女雙星》①)。本世紀初，吴劍女史和嚴佐之師先後撰寫了《流行歌壇的嚴氏三雄——嚴工上、嚴個凡、嚴折西父子的創作歷程和歷史功績》《爲了不該遺忘的"百年歌聲"：回憶我的祖父嚴工上、父親嚴個凡和三叔嚴折西》兩篇論文，②這是迄今爲止相關論題最重要的研究成果，被現代音樂史論著廣泛引用。③

---

　　①　肖果：《父女雙星》，載《電影世界》1984年第1期，第30—31頁；肖果編著：《中國早期影星》"嚴工上　嚴月嫻"條目，廣東人民出版社1987年版，第297—300頁。

　　②　嚴佐之師：《爲了不該遺忘的"百年歌聲"：回憶我的祖父嚴工上、父親嚴個凡和三叔嚴折西》，載《書城雜誌》2004年第6期，第67—75頁；吴劍：《流行歌壇的嚴氏三雄——嚴工上、嚴個凡、嚴折西父子的創作歷程和歷史功績》，《何日君再來——流行歌曲滄桑史話(1927—1949)》，北方文藝出版社2010年版，第79—90頁。按嚴師文附記説明：吴女史撰文在先，嚴師曾參考吴女史未刊稿《流行歌壇"嚴氏三傑"》的材料。

　　③　比如文茹主編《中外名曲賞析》，西北大學出版社2013年版，第289頁；徐元勇編著：《中外流行音樂基礎知識》，東南大學出版社2015年第2版，第218—219頁；顧振輝：《凌霜傲雪巋然立：上海戲劇學院·民國校史考略》，上海交通大學出版社2015年版，第35頁。這些著作可能因爲寫作體例的原因，多不標明出處，但襲用的痕迹甚爲明顯。

　　雖然如此,關於工上先生生平經歷、音樂創作和電影藝術表演等方面的具體情形,尚有許多有待發覆的問題。多年以前拜讀嚴師宏文《爲了不該遺忘的"百年歌聲"》,於工上先生的藝術人生仰慕之至。此後讀書間隙,偶見有關先生的文獻記載,每隨手記錄,日久積累成帙。今值嚴師於華東師範大學古籍研究所功成身退,採菊東籬,研究所徵文出版紀念專刊,乃以數十日之力草成此稿,將先生家世生平、學術著述及音樂電影戲劇藝術等方面活動略舉其要,作爲榮休慶禮微薄的芹獻,也是對老師言傳身教的衷心感謝。將來學者撰著工上先生年譜,或將有所取材焉。

　　全稿分爲五個部分：一、家世生平集證;二、著述輯目;三、樂曲作品;四、演出電影;五、演出戲劇。自以所見文獻資料有限,業務之餘擠出的寫作時間非常不足,而音樂戲劇電影藝術方面的内容,亦已超出我的知識範圍,文稿之中必定有很多錯誤和缺漏,懇請嚴師和學界師長朋友教正!

## 一、家世生平集證

先生原名達,字葦槎,又名工上,一作公上。

　　嚴佐之師《爲了不該遺忘的"百年歌聲"：回憶我的祖父嚴工上、父親嚴個凡和三叔嚴折西》(載《書城雜誌》2004 年第 6 期,第 67—68 頁,下文省稱《爲了不該遺忘的"百年歌聲"》)："先祖父排行第三,諱達,字葦槎,工上是其藝名。清同治十三年(甲戌)十一月十八日生於杭州,時值公元 1874 年 12 月 26 日。"

原籍江蘇省淮陰縣。明清時期縣名清河,屬淮安府,民國初年縣名改稱淮陰。

　　1926 年 6 月神州影片公司編輯發行《神州特刊》第 3 期(《"難爲了妹妹"特刊》,無頁碼)載嚴工上先生介紹,說："嚴工上,江蘇淮陰人,寄寓安徽歙縣。"《中國電影年鑑 1934》(中國教育電影協會編輯出版,1934 年,頁碼自爲起訖,第 17 頁)載《電影從業員調查》表格,有嚴工上先生在明星影片公司填寫的個人信息,其中籍貫一項爲江蘇淮陰。龔方緯著《清民兩代金石書畫史》(宗瑞冰整理,下册,卷五,鳳凰出版社 2014 年版,第 387 頁)云:"嚴達,淮陰人。"鄭逸梅編著《南社叢談》(上海人民出版社 1981 年版,附錄四《參加南社紀念會姓氏錄》,第 667 頁)說:"嚴工上,名達,江蘇淮陰人。"

工上先生的尊人耆孫先生(1837—1913),清代史志記載是江蘇清河縣人。清吳世進修、吳世榮增修《(光緒)嚴州府志》(卷一一,清光緒九年增修重刊本,第 30 頁上)云:"嚴耆孫,字英仲,江蘇清河縣人。"清褚成博纂《(光緒)餘杭縣志稿》(清光緒三十二年刻本,不分卷):"嚴耆孫,字英仲,淮安清河人。"李格撰《(民國)杭州府志》(民國十一年鉛印本)卷一〇四:"嚴耆孫,清河人。"同書卷一二二(第 28 頁上):"嚴耆孫,字英仲,直隸清河人。"清代河北、江蘇兩省均有清河縣。江蘇清河縣屬淮安府,民國初年(1914)縣名改稱淮陰。

據歙縣博物館王紅春女史指示,歙縣葉氏家藏工上先生書作,署名爲"南清河嚴達"。又孤峰老衲(即耆孫先生)撰《僧家竹枝詞》(江蘇廣陵古籍刻印社,1990 年據光緒二十四年刻本影印)書首傳修序,爲工上先生所書,署名後鈐有"清河嚴達"(白文)、"蕐槎"(朱文)二方印記。此皆可爲佐證。

嚴佐之師《爲了不該遺忘的"百年歌聲"》(第 67 頁):"我家祖籍江蘇通州,族譜堂號'富春堂'。" 鵬按:通州之說似不確。

太高祖元勳。

清吳棠修、魯一同纂《(咸豐)清河縣志》(清同治四年續刻本,卷一〇,第 15 頁下):"嚴元勳,以孫保泰贈文林郎。"

高祖綸。

清吳棠修、魯一同纂《(咸豐)清河縣志》(卷一〇,第 15 頁下):"嚴綸,以子保泰贈修職郎。"

曾祖保泰,字芝雲,官徽州教授。

陳四益《信仰的墮敗——讀〈僧家竹枝詞〉》(《衙門這碗飯》,廣東人民出版社 2014 年版,第 67 頁):"《僧家竹枝詞》……作者開霽和尚,號孤峰,自稱孤峰老衲或孤峰朽衲,……孤峰俗家姓嚴,江蘇淮陰人。祖父在徽州作學官(教授),家於歙,他也入塾讀書。洪楊事起,金陵淪陷,徽州失守,祖父卒於館舍。合家卜居歙西之潭渡村。"

孤峰老衲撰《僧家竹枝詞》附《丁酉歌》(第 20 頁下—21 頁上):"憶昔甫垂髫,入塾誦簡編。總角學制藝,章句孜孜研。晨昏事占畢,几席羅丹鉛。忽聞粵寇起,禦敵無人前。長江直趨下,吳楚惡氛連。嗟哉金陵城,束手霎時捐。我祖正官歙,學校無寸權。州城住不穩,避地黄山巔。(咸豐乙卯二月,徽城失陷,旬日而復。)空山驚猿鶴,平地駭烽煙。寇蹤雖未至,十室已九遷。大父既見背,奉親居潭淵。(是年秋七月,先大父終於教授官廨。明年,卜居歙西潭渡村。)"按咸豐五年乙卯(1855)。清沈葆楨等修、何紹基等纂《(光緒)重修安徽通志》(卷一三二,《續修四庫全書》影印清光緒四年刻本,第 6 頁上)載道光四年(1824),嚴保泰(清河人、舉人)爲當塗訓導;同書(卷一三三,第 2 頁上)載道光二十二年(1842),嚴保泰爲徽州教授。此當即工上先生曾祖。保泰先生字芝雲。清吳世熊修、劉庠纂《(同治)徐州府志》(卷六下,清同治十三年刻本,第 45 頁下),清侯紹瀛修、丁顯纂《(光緒)睢寧縣志稿》(卷一一,清光緒十二年刊本,第 20 頁上)載道光元年,芝雲先生爲睢寧縣教諭。清孟毓蘭修、喬載繇纂《(道光)重修寶應縣志》(卷一一,清道光二十年刻本,第 8 頁下),清英傑修、晏端書纂《(同治)續纂揚州府志》(卷六,清同治十三年刊本,第 24 頁下)載道光三年,芝雲先生爲寶應縣訓導。魯式穀編《(民國)當塗縣志》(民國鈔本,不分卷,頁碼不明):"嚴保泰,字芝雲,清河人。嘉慶戊辰舉人。道光四年訓導當塗,十有九載,育士愛才,久而彌篤,士有一節之長,罔不受其培屬。又其間迭遇水災,發帑賑撫,上游倚爲左右手。嘗駕小舟一,出入洪濤巨浸中,僻壤荒區,無不周歷,鄉人望見輒曰:'嚴先生來活我矣。'後陞徽州府教授。(夏炘《景紫堂文集》)"清陶澍《清河縣學官坍塌吳朝觀等捐修請獎題本(道光七年)》(《陶澍全集》第五册"題本雜件",岳麓書社 2010 年版,第168—170 頁):"又,勸捐出力之……現任當塗縣訓導嚴保泰、……以上各員,皆係實心實力,不辭勞瘁,俾地方巨工興舉完固,應請一體議敘,以示鼓勵。"據《清實録・宣宗成皇帝實録》(卷二〇七,中華書局1986 年影印本,第 27 頁下—28 頁上)道光十二年壬辰三月,芝雲先生至道光十二年(1832)尚爲當塗縣學訓導。《(清道光二十三年春)

縉紳全書》(京都本書坊刊本,第51頁下)載:"徽州府教授嚴保泰,淮安人,舉人,二十一年八月陞。"檢《(清咸豐五年冬)縉紳全書》(北京榮禄堂刊本,第51頁下),芝雲先生至咸豐五年(1855)尚爲徽州府學教授。清陶樑輯《國朝畿輔詩傳》(卷六〇,清道光十九年紅豆樹館刻本,第7頁上)節録芝雲先生爲盧廷棟《栖素山房詩藁》撰序:"劬堂先生自少肆力於詩,遺稿氣息高古,知其沐浴於漢唐諸大家者深。"盧廷棟字劬堂,任邱人。據柯愈春著《清人詩文集總目提要》(北京古籍出版社2001年版,第956頁),南京圖書館藏盧廷棟撰《棲素山房詩鈔》二卷,後附《哭女詩》一卷,清嘉慶間刻本,前有程虞卿、于桂森序。又杭州紫雲庵有芝雲先生撰聯:"有崇山峻嶺茂林修竹,無恐怖遠離顛倒夢想。"(盛曉光等主編:《中華語海——中華語言精粹寶典》第4册,黑龍江人民出版社1999年版,第2435頁)

後世遂寓居安徽歙县。

鄭逸梅編著《南社叢談》十三《南社雜碎》(第296頁)説:"嚴工上,江蘇淮陰人。其父耆孫,被楊乃武案牽涉,移寓安徽歙縣之槐堂,因此寄籍皖歙。"鄭氏云自耆孫先生始寓居歙縣,不確。

父耆孫,字英仲。

孤峰老衲撰《僧家竹枝詞》附《丁酉歌》(第21頁上—22頁下):"家食不自甘,投筆從戎旃。初游諸軍幕,湘寶及川滇。(丁巳,入婺防川營,司記室。戊午,隨楚軍寶勝,由徽到浙,解衢城圍。)繼隨左文襄,終歲據鞍韉。(辛酉,在江右廣信,入楚軍虎營馬隊。時浙省已陷,遍地皆賊。左帥取道婺源,由大墉嶺入浙。)皖浙皆蹂躪,屍骸溝壑填。隴畝作戰場,升米須百錢。刀兵未休息,疾疫復纏綿。父母相繼殂,妻兒但餬饘。(是年,徽城再陷。遷徙流離,疫癘大作。先嚴慈以次,二十餘人均病殁,僅存一妻一子。)儒生激忠憤,剿賊必爭先。下馬草露布,走筆成長篇。天心幸悔禍,凱奏儵流傳。(同治甲子,金陵、蘇杭嘉湖各城,次第克復。)渠魁早授首,脅從倒戈鞭。長驅入閩粵,軍容盛闐闐。(余隨黃芍巖官保,追剿入閩,克復漳龍各城,逆酋偽康王汪海洋竄粵東嘉應。乙丑冬,左帥調各省勁旅,聚而殲旃,東南從此底定。)功成各受賞,捧檄勝青氈。我性傲且懶,升沈聽自然。催科政偏拙,撫字心徒煎。民生無補救,世故厭周旋。薄宦十七載,難肋空垂涎。猛發出世志,入山學安禪。扁舟渡南海,稽首禮金仙。(光緒甲申,渡海登普陀,謁大士。猛思出世,銳志學佛。)尋師髡短髮,俗慮一齊蠲。有時翻貝葉,睏則理冰絃。饑餐紅粒飯,(普陀產皆紅米。)渴飲白雲泉。野衲蹤無定,任運且隨緣。或游甌江東,仙巖主法筵。(丁亥,應東甌諸紳之請,主席仙巖聖壽寺,修建殿宇。庚寅,仍返普陀。)或住西湖西,湖水清且漣。(甲午,因臂疾到杭,養疴湖上。)今夏來龍邱,又被塵緣牽。(丁酉,龍游諸紳邀主邑城靈耀寺。)涇渭不相淆,狂瀾爭倒懸。龍邱多善士,擁護力維堅。琴堂懸明鏡,魔情敢瘦焉。剎古遭劫火,莊嚴歎難延。(寺爲春秋時姑蔑子故宮遺址。晉義熙間建寺,名靈光。宋改靈耀。正殿、山門均燬。)安得須達多,慷慨布金甎。寶閣僅屹立,(毘盧閣五楹,巋然獨存。乾隆間,邑人葉氏仰軒,施資獨建。)禪房賸數椽。葺補滌塵垢,支榻且安眠。三衢佛法衰,種福豈無田。小乘徒自利,我願利他虔。"

《(光緒)餘杭縣志稿》(不分卷):"嚴耆孫,字英仲,淮安清河人。""光緒二年四月署(餘杭縣知縣)。"《(光緒)嚴州府志》(卷一一,第 30 頁上):"嚴耆孫,字英仲,江蘇清河縣人。光緒八年三月署(桐廬縣知縣)。"《(民國)杭州府志》卷一二二(第 28 頁上、下):"嚴耆孫,字英仲,直隸清河人。以軍功保知縣,光緒二年署餘杭縣,甫下車,即詢民間疾苦。夏六月,天目水發,壞隄決防,漂人畜田廬無算,輸金促民刺舟拯救,多賴以濟。八月,土匪起,臨安逃民絡繹過市,居民駭走。耆孫一鎮以靜謐,密陳大府,發精銳彈壓。是時邑有巨獄,部控未決,凡剿匪勘災提案員弁,紛至沓來,而漕糧不及十分之一,逋負纍纍,不以苛斂病百姓,卒因虧累,被議去任,士民惜之。(采訪冊)"

《申報》1885 年 3 月 20 日附張京報第一〇五二號"光緒十一年正月十八日十九日京報全錄":"頭前頂戴浙江巡撫臣劉秉璋跪奏,爲特參交代案內短欠銀米延不清解各官,請旨分別議處勒追,以昭炯戒,恭摺仰祈聖鑒事。……前署桐廬縣候補知縣嚴耆孫,係江蘇清河縣人,桐廬任內短交銀九千二百餘兩。……前署桐廬縣候補知縣嚴耆孫,革職拿問,查抄監追。……除飭查……嚴耆孫等三員歷過任所寓所,有無資財寄頓,分別查封究追,並先飛咨蘇撫臣,轉飭各該員原籍地方官,嚴密查抄家産,估變覆浙備抵外,謹將查明短欠銀米各官,分別參追緣由,謹會同閩浙總督臣楊昌濬恭摺具陳。伏乞皇太后皇上聖鑒訓示。謹奏。奉旨:已録。"

陳四益《信仰的驪敗——讀〈僧家竹枝詞〉》(第67—68頁):"後孤峰投軍,隨湘軍左宗棠部入浙,鞍馬數年,父母皆亡,僅存一妻一子。到同治三年(一八六四)金陵、蘇(州)、杭(州)、嘉(興)、湖(州)相繼克復,又隨軍入閩粵,清剿洪楊餘黨。事定,論功行賞,他也'薄宦十七載',在浙江餘杭、桐廬等地做了幾任縣令。但他不大會做官,'催科政偏拙','世故厭周旋',於是選擇了遁世學禪的道路,在普陀出家,稟具足戒後,在幾座寺院當過主持。《僧家竹枝詞》是光緒二十四年(一八九八)他主龍游靈耀寺時爲課徒所作,由弟子傳修等付梓。那年他六十一歲。"

《普陀洛迦新志》(卷六,收入杜潔祥主編《中國佛寺史志彙刊》第一輯,第10冊,臺北明文書局1980年據民國十三年排印本景印本,第407頁):"開霽,名耆孫,字英仲,號嚼菘。江蘇淮陰嚴氏子。光緒初,歷署浙江餘杭、桐廬等縣。十年甲申冬,浮海登普陀,禮大士。感宿因,謁法雨寺住持化聞悟。逾年二月,祝髮於伴山庵。薙派名源輝,字開霽,自號孤峰。稟具足戒於普濟寺。化聞付以衣缽,法派名德輝。歷主瑞安聖壽、龍游靈耀、吳興天寧、嵊縣戒德諸寺。民國二年十二月,示寂於靈耀丈室。世壽七十有六,僧臘三十。著有《僧家竹枝詞》、《西方樂四十八詠》、《極樂歌注釋便蒙》各一卷,俱刊行。《律吕圖說》一卷,附刊於《春草堂琴譜》。(採訪)"同書(卷一〇"藝文",第551—555頁)著録作《西方樂詠附娑婆八苦八難詞》一卷。又柯愈春著《清人詩文集總目提要》(第1720頁)、中國古籍總目編纂委員會編《中國古籍總目·集部》(中華書局、上海古籍出版社2012年版,第2449頁)著録釋開霽撰《孤峰剩稿》四卷(藏中國科學院圖書館)、《僧家竹枝詞》一卷(藏南京圖書館)。

余紹宋纂修《(民國)龍游縣志》(卷二四,民國十四年鉛印本,第30頁下):"光緒間靈耀寺僧孤峰者,俗姓嚴,歙縣人。咸同間嘗佐衢嚴總兵饒廷選幕,保至知縣,初署餘杭,以楊乃武案被劾。開復後復署桐廬,又值災歉,交卸後虧累數千金。因棄家至普陀山法雨寺,削髮爲僧。光緒二十二年,知縣張焌乃招來住持靈耀寺。孤峰能詩,性高雅,在龍游十餘年,與都人士極相洽。所著有《西方樂四十八詠》一卷、《孤峰賸稿》四卷、《僧客竹枝詞》一卷。（祝康祺《孤峰小傳》）"
同書（卷四〇，第 32 頁上、下）自《孤峰賸稿》選載《靈耀寺偶成》詩
（十首録五）。

英仲先生三子。長子曾衍，字椒槎（一字椒垞，又作植垞），別號富春山
民，工詩擅畫。

　　《明星》特刊第 6 期（賣油郎獨占花魁女號，1927 年 4 月）扉頁載
"淮陰嚴椒垞翎毛花卉潤例"："……代收件處：上海閘北天通庵路協
隆里五十八號嚴工上寓。……癸亥立夏黄濱虹、胡樸安、鄧秋梅代
定。"按癸亥是民國十二年（1923）。潤例後附汪律本撰《嚴植垞先生
小傳》："嚴先生曾衍，別號富春山民。系出淮陰。以先世昏宦於歙，
遂爲歙人。先生少侍其尊公官浙中，頗嫻吏治，慨夫官轍坎坷，不求
仕進，隱温州榷税者，垂三十年。生平修整恬逸，惟嗜六法。凤與會
稽畫師沈瘦鐵習，瘦鐵負盛名於杭，先生盡得其花卉翎毛之妙。又復
泛覽名家，研成高致，時流劍拔弩張之筆，曾不偶一沾染，蓋出藍而勝
藍矣。翎毛若孔雀山雞之屬，人所憚者，皆優爲之。尤擅長牡丹，傴
抑頫仰，力求濃麗，雖張錦屏十二，而各盡態極妍，無一相似，愈老健
而愈嫵媚。昔賢如白石翁、梅壑散人，皆畫家多壽徵也。頻年内地不
靖，時來滬上，杖履所經，求畫者户屨尚滿。其友黄賓虹閔其勞，爲定
廉值潤格，冀稍稍節之，猶日不暇給。今先生七十一矣，矍鑠猶昔，每
來則主其季工上所。工上固久以多藝鳴海上者也，①群徒復英英玉
立。先生聯布衣兄弟歡，人爭羨之。昔明季白下胡氏，食貧粥藝，嘗
詡一門湘管，比之滿床牙笏。以此擬之先生家，真無媿也。"
　　中國古籍總目編纂委員會編《中國古籍總目·子部》（第 3 册，中
華書局、上海古籍出版社 2010 年版，第 1522 頁）："《商餘春虎》一
卷，題富春山民輯，清宣統元年大成書局鉛印本。吉林。"《消閒録》
[第 72 號，清光緒二十九年（1903）十一月二十八日，無頁碼]載富春
山民《送別子芬大哥之春浦》詩。
　　喬曉軍編著《中國美術家人名辭典（補遺二編）》（三秦出版社
2007 年版，第 459 頁）："富春山民：善蘆雁、墨蘭及山水，能書法刻

---

①　"者"下，原衍"者上者"三字，據文義删。

印。參考《春江花月報》1901 年。"鵬按：王中秀等編著《近現代金石書畫家潤例》(上海畫報出版社 2004 年版，第 78 頁)載"富春山民書畫金石"潤例(《春江花月報》1901 年 10 月 30 日)，中有蘆雁、山水、拾遺圖、行書、北魏書、墨蘭、石章牙章等例。

　　徐忠良《從〈《李蘋香》序〉看青年李叔同的悲憫情懷》(王堯主編：《佛教與中國傳統文化》下冊，宗教文化出版社 1997 年版，第 745 頁)："富春山民，嚴子陵後裔，字詩庵，行五，書中二處稱嚴五，蘋香侍兒呼爲五少。山民長身鶴立，儀表不凡，年少多才，善詩擅畫，胸有大志，'不事咕嗶，隱於商，往來甬滬間'。"

　　郭長海《李叔同和上海〈書畫會公報〉》(吳曉峰主編：《中國近代文學史證——郭長海學術文集》下冊，吉林人民出版社 2005 年版，第 767—769 頁)："《書畫會公報》是以書法和繪畫爲主的刊物，偶然有幾篇文字稿件。其中書畫部分，多名家之作。繪畫中名家如：……富春山民《九峰觀瀑圖》(12 期)，……文字部分，所刊者只有 3 篇，它們是：……嚴君詩庵事(9 期)。按：嚴詩庵即富春山民，以意度之，可能是記述嚴詩庵與李蘋香家奴齟齬一事。這份畫報的創辦者李叔同等人也有書畫之作在上面刊出，……它(《書畫會公報》)薈集了近代名家的許多佳作，爲研究近代書法和繪畫必不可缺的珍貴資料。可惜的是，《書畫公會報》竟無一傳世，只好靠流傳下來的這一份目録進行研究了。"

　　嚴佐之師《爲了不該遺忘的"百年歌聲"》(第 70 頁)："我只見過父親所藏大伯祖、二伯祖的畫作，花鳥山水，印象頗深，可惜都毀於文革恐怖之下。"

次子通,字藕樵;

　　按趙統《南菁書院志》第九章《南菁書院歷年學友録》(上海書店出版社 2015 年版，第 522 頁)：藕樵先生光緒十六年(1890)肄業於南菁書院，與上海鈕永建、吳縣王仁俊、陽湖吳脁(吳敬恒，字稚暉)等同學。"嚴通，清河縣人。有《口箴》《目箴》《耳箴》《鼻箴》《四肢箴》刻入《南菁文鈔二集》"。按此五篇課藝載《南菁文鈔二集》(清光緒二十年刻本)卷六。《南菁書院志》(第七章，第 236—237 頁)：院長黃以周《禮書通故》刊印時，參加初校工作的南菁弟子，其中有"清河嚴通"之名。

《志學報》(第二期,1905 年 6 月 20 日,第 35—47 頁)載《俄皇獨語》譯稿,馬可曲桓原著,嚴通迻譯。疑此譯者嚴通即藕槎先生。此譯作收入施蟄存主編《中國近代文學大系》第 11 集第 26 卷"翻譯文學集一"(上海書店 1990 年版,第 845—852 頁),解題:馬可曲桓,今通譯馬克·吐溫(1835—1910),美國著名之諷刺作家。

三子即工上先生,名達,字葦槎。

查阜西主編《歷代琴人傳》(轉引自陳建一主編《浙派古琴藝術》,上海文藝出版社 2006 年版,第 127 頁):"嚴曾衍 《重刊春草堂琴譜》:清嚴曾衍,字椒槎,光緒時袁浦人,釋德輝之琴弟子,爲其師校梓《重刊春草堂琴譜》。 嚴達 《重刊春草堂琴譜》:清嚴達,字葦槎,號了心居士,光緒時袁浦人,釋德輝之琴弟子,爲其師校梓《重刊春草堂琴譜》。 嚴通 《重刊春草堂琴譜》:清嚴通,字藕槎,光緒時袁浦人,釋德輝之琴弟子,爲其師校梓《重刊春草堂琴譜》。"工上先生兄弟三人,皆善琴,俱爲釋德輝(即耆孫先生)之琴弟子。工上先生又稱閻浮倦客(參見傅暮蓉著《劍膽琴心:查阜西琴學研究》,文化藝術出版社 2011 年版,第 308、360 頁)。

先後肄業於蘇州紫陽書院、

南京圖書館編《中國近現代人物像傳》(上海古籍出版社 2011 年版,第 348 頁):"嚴工上(1872—1953),祖籍安徽歙縣,後移居江蘇蘇州。"按:此處記工上先生生年有誤。

魯小俊著《清代書院課藝總集敘錄》(上册,武漢大學出版社 2015 年版,第 330 頁):《紫陽書院課藝十四編》(清光緒十三年刊本)載乙酉年(1885)課藝,收入工上先生課藝一篇,署名嚴達。其他課藝作者有吳縣曹元弼、元和鄒福保(丙戌科榜眼)等人。 按:《紫陽書院課藝十四編》,南京圖書館藏抄本。①

---

① 徐雁平:《清代東南書院與學術及文學》下册,安徽教育出版社 2007 年版,第 511 頁。

江陰南菁書院。

趙統《南菁書院志》第九章《南菁書院歷年學友録》（第 544 頁）：光緒十九年（1893），工上先生肄業於南菁書院。

嚴佐之師《爲了不該遺忘的"百年歌聲"》（第 68 頁）："祖父的二位兄長都曾題名鄉榜，大伯祖嘗出仕温州鹽務，二伯祖則以鄉塾窮老終身。祖父不及兄長功名，僅邑庠生而已，但他曾在著名學府江陰南菁書院就讀肄業。"

工上先生後徙居上海。

姜星谷專訪《嚴月嫻暢談十六年間的演戲過程》（《大衆影訊》第 1 卷第 8 期，1940 年 8 月 31 日，第 61 頁）："月嫻告訴記者，她們的原籍，是安徽歙縣。月嫻生長於徽州，在她四歲時，因她有一親戚任職於吳淞炮臺司令處，所以全家就搬到寶山。寶山，這一個負有大自然景色的所在，提起它，真是令人興'不堪回首當年'之慨。"

嚴工上編著《説話流口轍·自序》（上海世界書局 1945 年版，無頁碼）："直到民國二年十一月八日吳淞要塞供職，恰巧和一位北平的同事祖聖時先生同住一間屋裏，朝夕薰陶，至四年之久，隨得隨記，漸漸兒的分析歸納，又和蘇州話對照，寫出幾十本來，……"

《政府公報》（第 1835 號，1921 年 4 月 2 日，第 11 頁，"命令"）載"大總統指令第七百九十四號"："令兼署陸軍總長靳雲鵬呈核松滬護軍使請給繙譯員嚴達等獎章由。呈悉均准，如擬給獎。此令。（大總統印。）中華民國十年四月一日。"《政府公報》第 1898 號（1921 年 6 月 5 日，第 13 頁"公文"）載"陸軍部呈大總統核擬松滬護軍使請給繙譯員嚴達等獎章文"："爲擬請給予獎章事，案准國務院函開，准松滬護軍使何豐林詳呈：松滬各軍隊錢壓變亂，防護地方，實屬著有勳勣，擬請酌予獎敍，藉資鼓勵。……擬請給予該繙譯員嚴達……二等銀色獎章，以示鼓勵。是否有當，理合具文呈請鈞鑒訓示施行。謹呈。十年四月一日已奉指令。"

顧振輝著《凌霜傲雪巋然立：上海戲劇學院·民國校史考略》（第 35 頁）："嚴工上，曾在江陰南菁書院求學。後在南京總司令部政治訓練部戲劇股少校股員，曾在上海國語專修學校、上海國語師範學校擔任教師。"

先生性好音律,擅長器樂,兼能度曲。

1926年6月神州影片公司編輯發行《神州特刊》第3期(《"難爲了妹妹"特刊》,無頁碼)載嚴工上先生介紹:"嚴工上,江蘇淮陰人,寄寓安徽歙縣。性好音律,擅絲竹,工崑曲。"

谷先生《嚴工上的老興不淺》(《上海畫報》第5期,1939年2月10日,第5頁):"他對於音樂,也很有研究,……作過許多有味的歌譜,……博得人們的贊譽不少。……他不獨能作曲,而且更能弄弄中國土產的樂器,像胡琴、笛子、品簫,樣樣都能玩,有時候高興,還得哼上幾聲崑腔,……"《忠厚長者嚴工上》(《電影週刊》第69期,1940年2月7日,第5頁):"他不但能作曲,更能弄中國土產的音樂,像胡琴、笛子、品簫,樣樣都拿得起。"

《申報》1926年3月31日第20版"開洛無線電播音消息":"開洛公司無線電話播音台……星期六(四月三日)……即晚七時半,……又嚴工上君三絃,嚴個凡君笛,嚴與今君琵琶,嚴折西君胡琴,合奏絲竹'平湖頭'云。"

《申報》1926年9月23日第21版"藝術界":"歌劇三蝴蝶(儉德會表演)　編製:黎錦暉。……導演:張畹清女士,王卓吾女士。……交響樂伴奏:黎錦暉、嚴工上、張遇義、嚴個凡、黃繼善、嚴與今、楊九寰、嚴折西。……"

《申報》1927年5月24日第15版"各團體消息":"滬江中學青年會將開音樂會　滬江大學附屬中學青年會,將於本星期五(五月二十七日)下午六時半,在該校禮堂開中國音樂大會,其節目如下:……(九)父子合奏(小桃紅),嚴工上、嚴個凡、嚴與今、嚴折西四君。……(十八)古樂合奏,王巽之、嚴工上、程午嘉諸君。……"

黎錦暉《我和明月社》:"……苦撐一個多月後,適有大中華公司接洽灌片收音,立即簽訂合約,才打開了這一經濟危局。這是我們用明月音樂會名義伴奏的第二次灌片(第一次是在一九二二年爲中華書局灌的《葡萄仙子》《可憐的秋香》《寒衣曲》等七張),因之又約了老會員嚴個凡、張遇義、嚴工上、嚴折西、孫杏叔、黃繼善、楊九寰和我共八人,當時號稱'灌音八仙'。我們常聚會研究實驗音樂與唱腔的配合。該公司選灌了《落花流水》《人面桃花》,以及《月明之夜》《三蝴蝶》《麻雀與小孩》等十餘種。由黎明暉、劉小我、嚴醒華等主唱。

那時經驗不足,錄音技術也差,但銷路甚廣,遠達南洋各埠。"①

張萍舟《上海的江南絲竹》附《江南絲竹社、團表》:華光樂社,1923 年成立,負責人王巽之,主要會員:楊蔭博、嚴工上、嚴個凡、吳振平、陳葆藩、陳葆元、金祖禮、鄭若蓀、朱文彬等。②

何松《關於〈詞曲拾遺〉〈小曲彙存〉》(羅偉雄主編:《"客家箏派"本源論萃》,中國文聯出版社 2008 年版,第 53 頁):"又據鍾斐士先生(逸響社成員)回憶何育齋先生與嚴工上先生交往情景:嚴工上先生是上海聯華影業公司三弦演奏家,有上海三弦聖人之稱。他聽何育齋先生彈三弦,竟爲之傾倒至着迷的地步。何育齋先生編調譜,其中還有嚴工上先生手迹。"

何松《山高流水箏鏗鏘——憶祖父何育齋與客家箏》:"(我的祖父)他所編'詞曲拾遺',有一首樂曲,詞是鄭板橋的'道情':'老書生,白屋中,說唐虞,道古風。許多後輩高科中,門前僕從雄如虎,陌上旌旗去似龍。一朝勢落成春夢,到不如蓬門畢巷,教幾個小小蒙童。'落款是:'二十一年嚴工上寫於海上。'這位嚴工上是三弦演奏家,他和我的祖父也結爲良友,並且時常交流演奏經驗。"③

《嚴工上》(《影戲年鑑 1934》,1934 年,第 191 頁):"嚴月閒之尊人嚴工上,爲明星公司演員,精於音樂。有人乃言:我一見嚴老先生之名字,即知其爲音樂專家。或問何以見得,答曰:因其工上二字,皆爲音樂中之字眼。是與□人一見莫情奇,即知其爲魔術家者,同一比例也。"

精於書畫。

1926 年 6 月神州影片公司編輯發行《神州特刊》第 3 期(《"難爲了妹妹"特刊》,無頁碼)載嚴工上先生介紹:"少喜書畫,精人物、仕

---

① 政協湖南省湘潭市文史資料研究委員會等編輯出版:《湘潭文史》第十一輯(黎錦暉),1994 年,第 45 頁。

② 上海市文史館等文史資料工作委員會編:《上海地方史資料》(五),上海社會科學院出版社 1986 年版,第 244 頁。

③ 中國人民政治協商會議廣東省梅州市委員會文史資料委員會編輯出版:《梅州文史》第三輯,1990 年,第 62 頁;又收入何松整理《何育齋箏譜遺稿》,中國戲劇出版社 2002 年版,第 80 頁。

女、墨竹及北魏書。"

龔方緯著《清民兩代金石書畫史》(宗瑞冰整理,下册,卷五,鳳凰出版社 2014 年版,第 387 頁):"嚴達,淮陰人。書法六朝,造詣極深,而於《張猛龍興清頌碑》工力尤為周到。"按《張猛龍碑》全稱為《魯郡太守張府君清頌碑》,此處"興"字疑誤。

李恩績《愛儷園夢影錄·廣倉學會》(三聯書店 1984 年版,第 56 頁):"廣倉學會原是個總名,下面還有個別的會。第一是廣倉學古物陳列會。……我爸爸在古物陳列會裏,擔任個庶務,管古物收發的事情。重要點的古物,在會前會後,還得放在我們房裏。爸爸對於古物,原也有點興趣,自己把古物拓了不少墨本。還差不多都拓全形的。後來一部分是在家裏火燒掉了!留在上海的一部分,被嚴工上借去給朋友看,被他的朋友幹没了!爸爸説嚴工上倒很誠實,從前和他在嘉興的時候,他向爸爸借了一個仇十洲臨唐六如漢宫春曉四丈多長的卷子稿本。後來他到安徽教英文去了。過了四五年,還特特來還的。這些古器墨本,被他的朋友幹没了,收不轉來,他也無能為力。"

解維漢等編選《中國名人故居楹聯精選》(陝西人民出版社 2008年版,第 140 頁)載歙縣陶行知故居有工上先生書聯:"閑與赤松弄明月,醉騎黄鶴俯滄州。(嚴達)"

嚴佐之師《為了不該遺忘的"百年歌聲"》(第 70 頁):"祖父能畫,但没留下遺作。……祖父的書法倒是很早知道。我家弄堂口有一家'同寶泰'飯館,裏面掛着祖父的字幅,小時候我和哥哥每次去吃面吃餛飩,都會因嚴老先生的孫子而得到優惠。這當然説明不了什麽。但九十年代初,三叔曾給我看過一張祖父書寫的字幅照片,原件在安徽黄賓虹紀念館,是祖父當年任教新安中學時,書贈同事黄賓虹的。印象中似乎是仿的趙之謙書體,寫的什麽内容記不清了。"

又通曉音韵和方言,潛心鑽研,多有論著。

1926 年 6 月神州影片公司編輯發行《神州特刊》第 3 期(《"難為了妹妹"特刊》,無頁碼)載嚴工上先生介紹:"自幼即喜學方言,學輒能似,凡北京直魯豫皖贛川鄂湘粤桂諸省通都大邑之方言,類能口吻畢肖。"

《申報》1926 年 3 月 31 日第 20 版"開洛無線電播音消息":"開洛公司無線電話播音台……星期六(四月三日)……即晚七時半,請方言家嚴工上君唱崑曲'西樓記''樓會''楚江情'一折,並講方言二十七種。"

谷先生《嚴工上的老興不淺》(《上海畫報》第 5 期,1939 年 2 月 10 日,第 5 頁):"他的國語,説得非常流利,而且蒼勁耐味,他曾一度爲明星公司國語指導。從前市教育局裏,他也擔任過要職,記得他在幾個學校演説競賽之時,他更曾擔任過評判員之職。"

《嚴工上收新門人》(《電影新聞》第 141 期,1941 年 8 月 6 日,第 563 頁):"銀壇元老嚴工上,精通國語,善講各地方言。字源研究有素,隨時隨地,遇着任何一個人,互相交談,非常便利,語言絲毫也没有隔閡。事業上,交際上都便利得多。"

陽光《祖孫三代,嚴工上從窮困中尋樂趣!》(《香海畫報》第 3 期,1946 年 4 月 1 日,第 31 頁):"嚴老先生是方言大家,他能説國語、滬語、粵語,以及一切的方言。"

迭肯(林漢達)《國語拼音詞彙編輯的經過》:"他(國語前輩齊鐵恨先生)標注以後,又承中國獨一無二的方言專家嚴工上老先生看了一遍。"①

趙銘彝《涓流歸大海——我投身戲劇運動的回憶點滴》:"從上海到廣州的旅途上,大家一直非常高興,……嚴工上老先生擅長音樂,又有學方言的特殊才能,同行的徐賢任是温州人,只不過幾天,嚴老先生能講一口道地温州話。"②

朱介凡著《諺話》甲編六三《嚴工上的説話流口轍》(臺北,作者自印本,1957 年,第 207 頁):"適逢齊(鐵恨)先生正在臺北,據他告訴我以本書作者的一些事。齊先生説:'要是這位嚴老先生遇到了你這樣熱心弄諺語的人,那他才叫高興呢。對於方言諺語的研究,他簡直是入迷了。蒐集了極豐富的材料,寫成了幾十本一大桌子的著述。他把抽香煙的錢都花在這消耗裏了。'"

---

① 中國語文研究社編輯,林迭肯主編,齊鐵恨注音:《國語拼音詞彙》,上海世界書局 1947 年版,第 36—37 頁。

② 屈南松等編:《涓流歸大海——趙銘彝文集》,中國戲劇出版社 2004 年版,第 221 頁。

嚴佐之師《爲了不該遺忘的"百年歌聲"》(第 68 頁):"(祖父)其學,於語言、音韻、樂律之學尤爲見長,而性喜曲藝,擅長方言。在他自撰簡歷中就是這樣寫的:'愛好、興趣:音樂、方言。'……我的研究生導師徐震堮教授是浙江嘉善人,晚年因病住院,我侍奉在旁服弟子之勞。閒聊中偶爾談及家世先祖,徐先生接口便稱知道,説他從小聞聽當地有位嚴先生,有語言天才,擅長方言,每到一地,不出三天就能學會當地方言。祖父能説一口標準國語。曾聽二姑母説,孫中山先生的總理遺囑唱片好像就是由他朗讀灌制的,不知真有此事乎。"

教育部編《中國教育年鑑 1934》(上海開明書店 1934 年版,第 599 頁)丙編附《全國國語教育促進會概況》(民國二十年):

(十) 職員:

1. 會長:

△正會長:蔡元培。

△副會長:吳敬恒、張一廖

2. 董事:

C 錢玄同、F 方毅、H 胡適、J 趙元任、L 黎錦熙、L 黎維岳、L 陸衣言、M 馬國英、S 舒新城

3. 幹事:

△總務部:D 杜若虛、F 方巽光、P 裴維森、P 彭林仙

△研究部:C 秦鳳翔、J 朱香晚、M 梅榮生、Y 嚴工上

△調查部:C 程石生、G 顧旭侯、M 馬式武、S 沈思期

△編輯部:D 齊鐵恨、F 范祥善、S 薛天漢、Y 樂嗣炳

△宣傳部:H 黃警頑、J 簡世鏗、J 朱慰元、S 徐公美

4. 委員會委員:

△方音委員:J 張永榮、L 李正開、W 王祖佑、Y 嚴工上、Y 易熙吾

△注音委員:C 陳希孟、C 陳祖修、C 沈競存、J 趙蘊之、J 朱勉仙、J 朱金根、M 梅榮生

△速記委員:J 簡世鏗、L 黎維岳、L 陸衣言、S 徐啓文、U 汪怡

△審詞委員:C 沈頤、G 郭後覺、J 朱香晚、L 黎錦暉、L 陸衣言、L 劉復、M 馬國英

復投身電影事業,共演出影片百餘部,創作歌曲四十餘首,爲現代中國電

影藝術界之元老勳臣。

1926 年 6 月神州影片公司編輯發行《神州特刊》第 3 期(《"難爲了妹妹"特刊》,無頁碼)載嚴工上先生介紹:"其演劇也,亦能頭頭是道,洵電影界之人才也。"

《嚴工上老當益壯》(《大衆影訊》第 2 卷第 25 期,1941 年 12 月 27 日,第 610 頁):"銀壇耆宿嚴工上,年高劭德,差不多已有七十歲年紀,精神奕奕,譚吐自如,正是一位老當益壯的時代人物。他從影以來,由萌芽時期,一直演到目前的電影事業,他所見所聞,得到經驗太多,電影的理論、電影的技術、電影的價值,他已知道很清楚了。"

姜星谷專訪《嚴月嫻暢談十六年間的演戲過程》(《大衆影訊》第 1 卷第 8 期,1940 年 8 月 31 日,第 61 頁):"説到嚴工上的銀幕史,也是非常悠久的,同樣遠在民國十三年,就進了電影界。今年他老人家高壽已六十七歲,雖則白了髮,長滿了壽鬚,可是精神矍鑠,不減當年。他在銀幕演出,第一張影片是'不堪回首',係神州公司出品,中間的變遷,比月嫻還多。在明星的服務,時間最較悠久。他老人家的影片,計算一下,到最近的'雙珠鳳''花魁女'爲止,已有八十三部之多,真是夠使人咋舌的。"

聲著遐邇,藝苑同欽。

馬永華《女明星中值得介紹的二姐嚴月嫻》(《青青電影》第 2 年第 8 期,1935 年 10 月 10 日,無頁碼):"二姐的父親嚴工上老先生,真是中國影壇界少有的人才,能書能畫,能編歌曲,能操一切的國樂,能講任何地方的土語,他真有藝術天才。他並且有一口圓活的京片子,在明星公司攝每一部有聲片中之京片子,均是嚴先生一手包辦。他對待任何人是非常的和藹親善。"

谷先生《嚴工上的老興不淺》(《上海畫報》第 5 期,1939 年 2 月 10 日,第 5 頁):"總而言之一句,他真是一位天才的藝術家。"

馬思帆《記嚴工上先生》(《青青電影》第 16 年第 22 期,1948 年 7 月 25 日,無頁碼):"這一位藝術巨人。嚴工上這個名字,在我們心裏頭,早就覺得很熟的了。他爲了幹戲劇,歷史是相當悠久的,差不多的人,都該向嚴老先生學習的。三十年頭的藝術生活過程,決不是一句話那麼容易地挨過去了，……過去，在‘明星’時代，嚴老先生就演過很多部電影了，他的從事第八代藝術，可以說是一位老功臣呢！……他站在我們的前哨。……嚴工上先生，他對於中國影劇界的貢獻卓絕，他沒有老，他還年青，我們希望他早日恢復康健，這第八藝術，尚需要他，需要他站在我們的前哨，指示我們的邁進！"①

# 二、著 述 輯 目

## 1921 年

8 月 20 日 《國音練習法的我見》

嚴公上 《中華教育界》第 11 卷第 2 期(國語研究號)，頁碼另起，1—25 頁。

8 月 20 日 《濁聲字的讀法》

嚴公上 《中華教育界》第 11 卷第 2 期(國語研究號)，頁碼另起，1—17 頁。

9 月 《國語會話》

陸衣言編輯，黎錦暉、陸費逵、黎錦熙、江仁綸、嚴公上、戴克敦校訂

上海：中華書局，6 冊，32 開。

＊1921 年 9 月初版，1933 年 12 月第 21 版，1940 年 7 月第 23 版。封面題名《新教育國語會話》，其他題名《新教育教科書國語會話》。藏上海圖書館、上海辭書出版社圖書館、河南省圖書館。②

## 1924 年

10 月 《國語辨音》

嚴工上編

上海：商務印書館，224 頁。

按：樂嗣炳先生編有同名著作，1926 年 6 月上海中華書局印行，1928 年 8 月再版，收入"國語講義"第四種。書中《例言》之五云："本書所舉例

---

① 又節載《藝友》第 1 卷第 16 期，1948 年 9 月 22 日，第 20 頁。

② 王有朋主編：《中國近代中小學教科書總目》，上海辭書出版社 2010 年版，第161—162 頁，編號：2‑1342。按：1940 年 7 月第 23 版出版地爲昆明，藏上海圖書館，題名《國語常識會話：交通》，1 冊。

子有好些是嚴工上先生編著的……"第五講《短文辨音法及其實例》云：
"本講介紹嚴工上先生所採用的短文辨音法。"

　　楊家駱著《圖書年鑑（創刊本）》（南京：中國圖書大辭典編輯館中
國學術百科全書編輯館出版，1935 年 3 月四版普及本，第 3—17 頁）：
　　《國語辨音》，嚴工上編。是書辨別各地土音與國音相混的讀音，
分類條述。[商務。六角。]
　　《國語辨音》，樂嗣炳編。[中華。一角五分。]①

## 1934 年

9 月　《大衆字典》
王貽泰編，嚴工上、樂嗣炳校音，林大年校訂
上海：大衆書局，882 頁，32 開，精裝。
　　＊1934 年 9 月初版，1949 年 4 月再版。所收字用注音符號和同音漢
字注音，無同音漢字可注者，則注切音，讀書音與口語音有區別者亦加注
明。語體解釋。按部首編排。不易檢的字，另附"檢字"。②

## 1935 年

9 月　《新式社交舞術》
陳尼古編譯，嚴工上，虞和欽校閱
上海：華亭書屋，224 頁，32 開。
　　＊1935 年 9 月初版，1936 年 1 月再版。③ 藏香港中文大學圖書館。

## 1938 年

11 月 6 日　《英國式摩登交際舞之傳至上海》
嚴工上　《申报》第 13 版。

## 1943 年

《拉丁化國語拼音叢書》
林迭肯、齊鐵恨、嚴工上、馬國英等編

---

　　①　又見楊家駱《民國以來出版新書總目提要》，（南京）中國辭典館 1936 年版，
第 3—17 頁。
　　②　北京圖書館編：《民國時期總書目（1911—1949）·語言文字分冊》，書目文獻
出版社 1986 年版，第 26 頁，編號：0306。
　　③　劉健、劉水平編著：《中國舞蹈圖書總書目》下冊，中央民族大學出版社 2014
年版，第 1173 頁。

朱聯保《上海世界書局史憶》：

1943 年世界書局第二十三年：……（四）編輯出版方面：林迭肯、齊鐵恨、嚴工上、馬國英等編的《拉丁化國語拼音叢書》陸續出版。①

## 1945 年

10 月 《説話流口轍》

嚴工上編著 上海：世界書局。93 頁,32 開。

＊封面題名《(標注音調)説話流口轍(北平口語練習法)》。收當時北平流行的熱詞兒、成語、俗語兒、俚諧話、小孩兒語、比方話兒等,聯綴成句,注音標調。供學習北平口語用。②

《自序》

我自從記事兒的時候兒起,就好喜摹仿各處方言。方言之中對於江浙人所稱爲"京撇子"(北京叫作"京腔",就是如今的標準國語)的,覺得特別愛聽,更好喜摹仿他。於是乎時常打京撇子(北京説"撇京腔"或是"撇京")。可是因爲得不着這種環境,以後經過三十多年,淨是説些不道地的北京話,就是那時候兒所謂"官話"後來改稱"普通話"的那種"藍青官話"。直到民國二年十一月八日吳淞要塞供職,恰巧和一位北平的同事祖聖時先生同住一間屋裏,朝夕薰陶,至四年之久,隨得隨記,漸漸兒的分析歸納,又和蘇州話對照,寫出幾十本來,以後凡遇見北平人都這麼辦,所以記了不少觭裏角落兒裏的話。

民國十二年,又和北平齊鐵恨先生同住在上海閘北,朝夕過從,承蒙先生殷勤指教,因而得着無數的珍寶。可惜我寫成的稿子,全都在一二八那回的砲火裏煨了。搜羅了將近二十年的材料兒,一旦付之一炬,您想這是多麼痛心的一回事啊！幸而我痛定不思,發憤再寫,就正於齊先生。承您吶不嫌麻煩,在忙得不可開交的時候兒都儘

① 全國政協文史資料委員會編:《文史資料存稿選編・文化》,中國文史出版社 2002 年版,第 278—279 頁。

② 北京圖書館編:《民國時期總書目(1911—1949)・語言文字分册》,第 93 頁,編號: 1177。

量的傳授,使我至今又分門別類的寫成了幾十本。齊先生學識的淵博,道德的崇高,凡認識他的人,没有一個不佩服、不敬重他的,用不着鄙人代爲揄揚。我這兒所要提出的,是齊先生對於音韻通轉之例,極有研究,又精通滿蒙語文;所以對於口語裏好些俗音都能夠找出他的本字來;就是北平的成語俗話兒伍的,也比別人知道得格外豐富,這一層最爲難能可貴。我們交好了二十年,這本説話流口轍裏的材料兒,多是齊先生教給我的。至於正文和注解,又都經過他細心訂正。還有關於腔調語氣上最重要變化多而頂難決定的一點——就是每句話裏頭應當重念哪一個字,是完全由齊先生代作的記號兒。拼音字的對照和排版的格式是由林迖肯先生整理的。我在這兒一並表示一百二十分的謝意!

本書是我所寫的幾十種叢書裏頭最後寫的一種,現在卻首先拿他貢獻給各位。這好比養了一大群的女孩子,倒是老女兒(北平管最幼的都叫老)先聘出去。望後他的那些姐兒們自然一個個要搶先兒打扮好了出閣呢,請各位等着聽花得勝吧! 哈哈哈哈哈哈! (花得勝是北平娶親用的鼓樂的牌名兒,就是帶花點兒的得勝令的省語)

上海,三二,五,一八,嚴工上

朱介凡著《諺話》甲編六三《嚴工上的説話流口轍》(第 206—208 頁):

民國三十四年十月世界書局初版,副名"北平口語練習法"。

是卅八年春天一個晚上,在臺灣圖書館閱覽室裏發見這本書,隨後就在市上買到了。

這本書編的很有意思,是採取北平實用的熟詞兒、成語、俗語兒、俚諧話、打岔話、小孩兒語和比方話兒等等(依作者的定名),依韻編綴起來。要是叫一個北平人用道地腔調唸起來,是很鏗鏘可聽的。

如其開篇:

"一樣兒話,百樣兒説法。見人説人話,見鬼説鬼話。有的話是兩説着。行家説行話;力笨兒説力笨兒話。走江湖的説黑話;外場人兒説漂亮話;實心眼兒的大石人説的是老實話,實話實在話,實底兒的話,實幫實底兒的話,到幫到底兒的話。"

最末一段是:

"班門弄斧,俗話兒叫作老爺門前賣大刀,聖人門前賣論語。有什麼可取？説到這兒就此打住，把這篇兒掀過去。"

難得的是：

一、把同一意義的語詞聯在一起，編撰成篇。

二、按韻編排，其次序是順着 a　o　e　er　ie　ai　ei　au　iu　an　en　ang　ung　z　c　s　zh　ch　sh　v　i　u　eu。

三、每字都注了音讀、聲調、板眼。

四、注解很可貴。雖附在篇末，其實，有許多記述是作者多年研究的成果，從而見其學識淵博。

對於我來説，本書正文七十四面，我所看重的，是其體例；我所喜愛的、以爲可注意的，卻是這十七面注解。這注解，把諺語的應用以及各地方言的比較，都有充分提示。

本書篇末，列有作者所編國語叢書目録三十五種，其中，屬於方言諺語部分的，有：

歇後語。

拗口令兒、急口令兒、謎兒、例話兒和笑話兒。

分韻偶句成語(三四言、五言、六言和七言)。

四言成語。

分韻五言以上成語。

滬平方言對照。

比喻語、隱語和術語。

序文中説，本書取材及編著，多得北平齊鐵恨先生的助力。

適逢齊先生正在臺北，據他告訴我以本書作者的一些事。齊先生説："要是這位嚴老先生遇到了你這樣熱心弄諺語的人，那他才叫高興呢。對於方言諺語的研究，他簡直是入迷了。蒐集了極豐富的材料，寫成了幾十本一大桌子的著述。他把抽香煙的錢都花在這消耗裏了。"

又據序，嚴先生蒐集了二十年的材料所寫成的稿子，"一二八"之役在上海閘北全部焚毀。後來他發憤再寫，成稿幾十本云云。

……聽説，卅七年他已在上海故去了。他的這些東西，家人不會保存。如今這年頭，怕是不免要失散的。

中華書局，和教育部的國語委員會，本都有意思要羅致他，不曉得怎樣，未有實現。

嚴先生大氣磅礴，材料蒐集得最多，而未能返博爲約的來整理，這是齊先生認爲遺憾的。

　　我希望,將來有可能,獲得嚴先生未公之於世的著述。且相信有了我們的繼承,他一生勤懇的致力,不會白費。此外,我應該請求齊鐵恨先生,把嚴先生的爲人行事,給我們有所寫述。

## 1946 年

《尖團音雜談》

嚴工上　《文章》第 1 卷 2 期,91—93 頁。

### 附録:未刊佚著(38 種)

1.《注音符號四聲拼音表(附捲舌韻四聲拼音表)》

2.《歧音字譜》

3.《歧音入聲字譜》

4.《國語入聲字譜(附入聲字一字幾讀轉韻例)》

5.《國語入聲字的練習課》

6.《上聲的變調》

7.《去聲的變調》

8.《輕音詞彙甲種(依輕音的同音排韻①排列的)》

9.《輕音詞彙乙種(依第一字的聲調按韻排列的)》

10.《輕音的用法(附輕音的變韻)》

11.《基本重音詞彙》

12.《舌尖聲字譜》

13.《國語翹舌尖聲探源》

14.《國語翹舌尖聲詞彙》

15.《尖團音對照字譜》②

16.《國語正字攷》

17.《eng 韻的漢字符號》

18.《今詩韻》

19.《捲舌韻詞彙》

20.《捲舌韻例詞和分類詞彙(附捲舌韻四呼表和捲舌韻四聲拼音表)》

---

　　①　"排韻"之"排"字,原文如此,疑爲"按"之誤植。下第 9 种《輕音詞彙乙種》亦作"按韻排列的",可證。

　　②　嚴工上《尖團音雜談》(載《文章》第 1 卷第 2 期,1946 年,第 93 頁)作《國語尖團音對照字譜》。

21.《翹舌尖聲詞彙》

22.《舌尖聲詞彙》

23.《歇後語》

24.《拗口令兒急口令兒謎兒例話兒和笑話兒》

25.《宗族親戚系統稱呼表》

26.《分韻偶句成句①(三四言五言六言和七言)》

27.《四言成語》

28.《分韻五言以上成語》

29.《滬平方言對照》

30.《比喻語隱語和術語》

31.《告訴篇同音調(或異調組成的詞兒,兩個同音異調的字組成的詞兒,en 韻和 eng 韻字組成的詞兒)》

32.《副名詞》

33.《各式詞類(雙聲疊韻、單音名詞、單音動詞、單音形容詞、單音、複音和疊用動詞對照、複音詞疊用式、複旨②形容詞的轉成詞、單旨形容詞的轉成詞、複音詞的轉成詞、相對形容詞)》

34.《北平聲調特異字 en,eng 相反的字,尖團相反的字齊撮相反的字開合相反之字,舌面音的例字送氣音例字,送氣的例外字,輕音的高中低三個音,姓氏同音字譜,姓氏無同音字譜,eng 韻的漢字音標》

35.《分類國語詞彙》(約 20 餘本)

(《説話流口轍》書後附嚴工上編《國語叢書目録》)

鵬按:曾太夫子此處所列撰著《國語叢書》35 種,疑皆未刊行。據聞先生去世之後,遺稿由復旦大學中文系教授樂嗣炳先生(1901—1984)保存,樂先生圖書文物資料於十年浩劫中被洗劫一空,③因而下落不明,惜哉!

　　馬思帆《記嚴工上先生》:
　　　　　　　未完成的傑作
　　嚴老先生的寫字案頭,疊着很多的作品,都是各種不同的方言注

----

① "成句"之"句"字,原文如此,疑爲"語"之誤植。朱介凡著《諺話》甲編六三《嚴工上的説話流口轍》(第 206—208 頁)引作"分韻偶句成語",可證。

② "復旨"之"旨"字,原文如此,疑爲"音"之誤植。下"單旨"同。

③ 參見樂嗣炳自述《求索之路》,寧波市北侖區政協文史資料委員會編輯出版:《求索:語言學家樂嗣炳》,2001 年,第 24 頁。

解,内容頗爲名貴,假如能出版,這也就足以償他畢生爲藝術奔波勞碌的志願了!可惜他還未完成,他説:"我老了!恐怕也支持不了多少日子,可是,我希望能再有一次恢復康健,讓我這些未完成的書出版,那一切都不擔心了!"這是他一生努力所得的未完成的傑作。①

《本刊第四次代轉嚴工上先生慰問金　梁嚴蕭先生贈三千萬元梁先生來函照登》(《青青電影》第 16 年第 29 期,1948 年 9 月 15 日,無頁碼):

憶戰時,我們爲着逃難不知在什麽地方,亦曾見過嚴老先生一面,可惜當時年幼没有向他老人家請教。在世亂紛紛中,我們□談過幾小時的話,他還送過他的作品給我啦,文章寫得非常深刻,很多地方還看不懂,當時在我幼稚的思想中,非常的欽佩他老人家的人格、作品,已刻着很深的印象。勝利後,幾次想去信請他老人家指教,但又不知他□下落。

《姚鵷雛文集·雜著卷·學術篇·成語》:

成語多四言,淮陰嚴公上綴而爲對,得數萬言。有極可誦者,如"畏首畏尾"對"吠影吠聲","不明真相"對"純盜虚聲","有目共賞"對"異口同聲","全神貫注"對"一氣呵成","雙管齊下"對"孤掌難鳴","聲罪致討"對"略分言情","豈有此理"對"難乎爲情","小人同志"對"太上忘情","措施失當"對"周轉不靈","始亂終棄"對"前倨後恭","乘時崛起"對"玩世不恭","無出其右"對"適得乎中","無聲無臭"對"善始善終","寄人籬下"對"入我彀中",讀之皆足解頤者。公上此書,不日出而問世,特爲介焉。②

嚴佐之師《爲了不該遺忘的"百年歌聲"》(第 71 頁):

據與祖父同住的二姑母説,祖父身後留下一些文字遺稿,大都是聲韻學方面的,因爲不懂,被復旦大學一位教授友人取走。

---

① 《青青電影》第 16 年第 22 期,1948 年 7 月 25 日,無頁碼。又載《藝友》第 1 卷第 16 期,1948 年 9 月 22 日,第 20 頁。

② 姚鵷雛:《姚鵷雛文集·雜著卷》下册,上海古籍出版社 2012 年版,第 718 頁。原載《民國日報》1916 年 10 月 9 日。

36.《皮黄劇尖團音對照字彙》

《尖團音雜談》：

[附注：]以上齊撮兩呼之舌上音凡四十六，可與齊撮兩呼之尖音封照。切勿誤呼尖音，使人刺耳難聽。皮黄度曲家以其往往與齊撮兩呼之尖音並提而辨別，故亦稱爲團音，實則其音不尖不團；若必以物形狀之，愚意只可謂之扁音。考舌上音唐以後始有之，近代語音學家稱爲ｊ化音，或曰齶音，乃由古牙音見溪郡等紐之齊撮兩呼轉變而成。詳見拙著《皮黄劇尖團音對照字彙》及《國語尖團音對照字譜》二書，俟異日出版，再乞大雅君子教正！①

37.《唱歌集》
38.《詞曲與歌唱》

鄭逸梅《書報話舊·南社社員所著的幾種單行本》：
南社社員的著作，實在太多了，刊成書的，有……嚴工上的《唱歌集》，……等，簡直難以盡記，挂一漏萬而已。②
鄭逸梅編著《南社叢談》附録二《南社社友著述存目表》：
嚴工上　《唱歌集》《詞曲與歌唱》③

# 三、樂曲作品

## 1931 年

1.“仙宫艷史”譜曲
編劇：侯曜　　配譜：嚴工上
舞蹈排練：魏縈波　　音樂領導：嚴个凡
主演：徐粲鶯、龔秋霞

---

① 嚴工上：《尖團音雜談》，載《文章》第 1 卷第 2 期，1946 年，第 93 頁。
② 鄭逸梅：《書報話舊》，學林出版社 1983 年版，第 96—97 頁；收入鄭逸梅《鄭逸梅選集》第一卷，黑龍江人民出版社 1991 年版，第 830—831 頁。
③ 鄭逸梅編著：《南社叢談》附録二《南社社友著述存目表》，第 636 頁；收入鄭逸梅《鄭逸梅選集》第一卷，第 690 頁。

《申報》1931 年 11 月 8 日,第 27 版

## 1932 年

2. 天一影片"一夜豪華"(1932)音樂

編劇:姚蘇怡、高季琳、李化、周瘦鵑　　導演:邵醉翁

作詞:黎錦暉　　作曲:黎錦暉　　音樂:嚴工上、馬陌芬

中國電影資料館編:《中國影片大典:故事片 · 戲曲片:1931—1949.9》,中國電影出版社 2005 年版,第 72 頁

3. 良辰美景歌[明星影片"自由之花"(1932)主題歌]

顧仲彝作歌,嚴工上製譜

《電影》月刊第 18 期,1932 年 11 月,第 53 頁

## 1933 年

4. 華光隊歌[明星影片"二對一"(1933)插曲]

王乾白作歌,嚴工上製譜

《明星》第 1 卷第 4 期,1933 年 8 月 1 日,第 38 頁

5. 儂心許[明星影片"二對一"(1933)插曲]

王乾白作歌,嚴工上製譜

《明星》第 1 卷第 4 期,1933 年 8 月 1 日,第 39 頁

6. 睡覺吧[明星影片"姊妹花"(1933)插曲]

7. 寶寶睡覺吧[明星影片"姊妹花"(1933)插曲]

沈西苓作詞,嚴工上製譜

《咪咪集》第 1 卷第 6 期,1934 年 9 月 1 日,第 16 頁

按:二曲題名"姊妹花"催眠曲。

## 1935 年

8. 空谷蘭[明星影片"空谷蘭"歌曲(1935),其二]

王乾白作歌,嚴工上製譜

《明星》第 2 卷第 6 期,1935 年 10 月 1 日,第 14 頁(按:署"蝴蝶唱")

9. 夜來香[明星影片"夜來香"(1935)歌曲]

王乾白作詞,嚴工上作曲

《明星》第 1 卷第 2 期,1935 年 5 月 1 日,第 17 頁

《藝聲》第 3 期,1935 年 8 月,第 26 頁(按:署"蝴蝶唱")

《民間旬報》第 10 期,1936 年 1 月 20 日,第 1 頁

陳伊克編輯:《電影名歌集》,現代音樂研究社 1943 年 5 月第 2 版,第 130—131 頁

## 1938 年

10. 風流雲散［新華影片"地獄探豔記"（1938）插曲］

楊小仲詞，嚴工上曲，袁美雲唱

《銀花集》第 5 期，1938 年 7 月 1 日，第 3 頁

《舞風》革新號第 2 期，1938 年 7 月 5 日，第 13 頁

《好友》第 2 期，1938 年 8 月 25 日，第 28 頁

《電影新歌集》4 月號，1940 年 4 月，第 43 頁

褚保延編輯：《現代流行電影新歌五百首》，上海國光書店 1940 年 9 月版，第 87 頁

11. 大宴曲［新華影片"貂蟬"（1938）主題歌］

嚴工上譜，顧蘭君唱

《银花集》第 3 期，1938 年 5 月 1 日，第 16 頁

《今日新歌》第 1 集，雪花音樂社編輯出版，1938 年 5 月版，第 1 頁

陳伊克編輯：《電影名歌集》，現代音樂研究社 1943 年 5 月第 2 版，第 118—119 頁

12. 人魚公主［明星影片"歌兒救母記"（1938）插曲之一］

胡心靈詞，嚴工上曲，胡蓉蓉、龔秋霞合唱

《電影新歌集》4 月號，1940 年 4 月，第 40 頁

《現代流行電影新歌五百首》，第 84 頁（按：題名作明星"歌女救母記"插曲，"歌女"當作"歌兒"）

## 1939 年

13. 木蘭從軍［華成影片"木蘭從軍"（1939）歌曲，三首］

歐陽予倩詞，嚴工上曲

《藝府》第 5 期，1939 年 2 月 13 日，第 25 頁（按：曲三）

《銀花集》第 12 期，1939 年 2 月 15 日，第 2—3 頁（按：曲一、曲二陳雲裳唱，曲三陳雲裳、梅熹唱）

《歌曲精華》第 3 期，1939 年 4 月 1 日，第 16—17 頁

《新華畫報》第 4 卷第 2 期，1939 年，第 16—17 頁

《電影新歌集》4 月號，1940 年 4 月，第 33 頁（按：曲一）

《歌曲精華・銀花集合刊》第 6 期，1940 年 5 月 15 日，第 23 頁

《電影新歌集》8 月號，1940 年 7 月，第 32 頁（按：曲一）

王人美編，樂藝社編輯：《（今日流行）現代名歌》，上海鳳鳴書局 1939 年 12 月版，第 37 頁

陳劍晨編：《口琴流行名曲集》，上海口琴會出版部，1939 年 6 月 25 日，第 2 頁

陳伊克編輯：《電影名歌集》，現代音樂研究社 1943 年 5 月第 2 版，第 20—21 頁（按：曲一）

14. 好花歌［國華影片"小俠女"（1939）插曲］

范煙橋詞，嚴工上曲，陳重唱

《歌曲精華·銀花集合刊》第 4 集，1939 年 10 月 10 日，第 9 頁

## 1940 年

15. 倡門淚［華新影片"杜十娘"（1940）插曲］（調寄浪淘沙）

李雋青詞，嚴工上譜，陳燕燕唱

《歌曲精華·銀花集季刊》第 7 期，1940 年 9 月 15 日，第 29 頁

《中國影訊》第 1 卷第 31 期，1940 年 10 月 18 日，第 246 頁

《影城新曲》第 3 期，1940 年 12 月 1 日，第 14 頁

《影城新曲》第 4 期，1941 年 1 月，第 44 頁

16. 寶劍謠［華成影片"紅線盜盒"（1940）插曲］

嚴工上曲，顧蘭君、顧莉君、全衆小孩合唱

《歌曲精華·銀花集季刊》第 7 期，1940 年 9 月 15 日，第 25 頁

《每月新歌》第 1 期，1940 年 11 月 15 日，第 8 頁

［按：王文和編著《中國電影音樂尋蹤》（中國廣播電視出版社 1995 年版，第 312 頁）署魏如晦詞］

17. 七夕（鵲橋仙）［華成影片"花魁女"（1940）插曲］

秦少游詞，嚴工上譜，陳燕燕唱

《歌曲精華·銀花集季刊》第 7 期，1940 年 9 月 15 日，第 31 頁

《銀星歌選》第 2 集，上海銀星圖書出版公司 1941 年版，第 31 頁

18. 蠻荒之春［華成影片"秦良玉"（1940）插曲］

李雋青詞，嚴工上譜

《電影生活》第 3 期，1940 年 2 月 1 日，第 18 頁

《新華畫報》第 5 年第 2 期，1940 年 2 月 5 日，第 13 頁

《電影新歌集》4 月號，1940 年 4 月，第 4 頁

《歌曲精華·銀花集合刊》第 6 期，1940 年 5 月 15 日，第 13 頁

《銀幕名歌》第 1 集，1940 年 7 月 15 日，第 16 頁

《電影新歌集》8 月號，1940 年 7 月，第 21 頁

《影城新曲》第 3 期，1940 年 12 月 1 日，第 46 頁（按：署陳雲裳、殷秀

岑合唱）

《理想家庭》創刊號，1941 年 3 月 15 日，第 100—101 頁（按：署陳雲裳、殷秀岑合唱。新新電臺歌曲唱片編號百代 No. 74）

《電影新聞》第 96 期，1941 年 6 月 22 日，第 384 頁

《銀星歌選》第 2 集，上海銀星圖書出版公司 1941 年版，第 25 頁

19. 新蘇武牧羊［華新影片"蘇武牧羊"（1940）插曲］

李雋青詞，嚴工上譜

《影城新曲》第 4 期，1941 年 1 月，第 10 頁

《歌曲精華・銀花集合刊》第 8 期，1941 年 3 月 1 日，第 37 頁［按：題名蘇武牧羊（華新鉅片插曲之一），署陳雲裳唱］

《銀星歌選》第 2 集，上海銀星圖書出版公司 1941 年版，第 23 頁（按：此曲爲"老天不管人憔悴"）

20. 閨怨［華新影片"王老虎搶親"（1940）插曲］

王乾白詞，嚴工上譜，童月娟唱

《歌曲精華・銀花集季刊》第 7 期，1940 年 9 月 15 日，第 24 頁

《每月新歌》第 1 期，1940 年 11 月 15 日，第 7 頁

《影城新曲》第 3 期，1940 年 12 月 1 日，第 26 頁

《影城新曲》第 4 期，1941 年 1 月，第 41 頁

21. 隄邊月［華成影片"瀟湘秋雨"（1940）插曲］

李雋青詞，嚴工上譜，陳雲裳唱

《歌曲精華・銀花集季刊》第 7 期，1940 年 9 月 15 日，第 9 頁

《每月新歌》第 1 期，1940 年 11 月 15 日，第 13 頁

《影城新曲》第 3 期，1940 年 12 月 1 日，第 28 頁

22. 賣歌辭［華成影片"瀟湘秋雨"（1940）插曲］

李雋青詞，嚴工上譜，陳雲裳唱

《歌曲精華・銀花集季刊》第 7 期，1940 年 9 月 15 日，第 13 頁

《影城新曲》第 3 期，1940 年 12 月 1 日，第 28 頁

23. 秋江淚［華成影片"瀟湘秋雨"（1940）插曲］

李雋青詞，嚴工上譜，陳雲裳唱

《歌曲精華・銀花集季刊》第 7 期，1940 年 9 月 15 日，第 8 頁

《每月新歌》第 1 期，1940 年 11 月 15 日，第 14 頁

24. 並蒂蓮［新華影片"雁門關"（1940）插曲］

周貽白詞，嚴工上譜，袁美雲、龔秋霞合唱

《銀幕名歌》第 1 期,1940 年 7 月 15 日,第 7 頁

《電影新歌集》8 月號,1940 年 7 月,第 9 頁

《影城新曲》第 3 期,1940 年 12 月 1 日,第 15 頁

《現代流行電影新歌五百首》,第 13 頁

25. 朝天子[新華影片"隋宮春色"(1941)插曲]

李雋青詞,嚴工上譜,陳燕燕主唱

《電影世界》第 12 期,1940 年 5 月 20 日,第 32 頁

《電影生活》第 12 期,1940 年 6 月 15 日,無頁碼

《電影新歌集》8 月號,1940 年 7 月,第 3 頁

26. 殿脚歌[新華影片"隋宮春色"(1941)插曲]

李雋青詞,嚴工上譜

《電影新歌集》8 月號,1940 年 7 月,第 11 頁

《歌曲精華·銀花集季刊》第 7 期,1940 年 9 月 15 日,第 66 頁(按:署"石萍、阮玲子、馬梅莉、李萍等十餘人合唱")

《現代流行電影新歌五百首》,第 11 頁

27. 姑蘇臺[新華影片"西施"(1941)插曲]

李雋青詞,嚴工上曲,袁美雲唱

《歌曲精華·銀花集合刊》第 5 期,1940 年 1 月 6 日,第 5 頁

《青青電影》第 5 年第 4 期,1940 年 1 月 30 日,無頁碼

《銀壇歌選》第 1 期,1940 年 1 月,第 19 頁

《電影新歌集》4 月號,1940 年 4 月,第 9 頁

《電影世界》第 12 期,1940 年 5 月 20 日,第 32 頁

《電影新歌集》8 月號,1940 年 7 月,第 19 頁

《影城新曲》第 3 期,1940 年 12 月 1 日,第 17 頁

龔天衣等編輯:《西施》,中國聯合影業公司宣傳部,1941 年 1 月 15 日,第 34 頁

《影城新曲》第 4 期,1941 年 1 月,第 20 頁

《美麗歌選》創刊號,1941 年 2 月 10 日,第 2 頁

《電影新聞》第 115 期,1941 年 7 月 11 日,第 460 頁

28. 浣紗溪[新華影片"西施"(1941)插曲]

李雋青詞,嚴工上譜,袁美云唱

《影城新曲》第 3 期,1940 年 12 月 1 日,第 12 頁

龔天衣等編輯:《西施》,中國聯合影業公司宣傳部,1941 年 1 月 15

日,第 29 頁(按:題名"浣紗曲")

　　《美麗歌選》創刊號,1941 年 2 月 10 日,第 1 頁

　　《歌曲精華·銀花集合刊》第 8 期,1941 年 3 月 1 日,第 35 頁

　　《電影新歌集》5 月號,1941 年 5 月,第 16 頁

　　《電影新聞》第 110 期,1941 年 7 月 6 日,第 449 頁

　　29. 月下思鄉[新華影片"蠻荒豔遇"插曲]①

　　楊小仲詞,嚴工上譜

　　《電影新歌集》8 月號,1940 年 7 月,第 11 頁

　　《現代流行電影新歌五百首》,第 11 頁

　　30. 游春詞[華成影片"珍珠塔"(1941)插曲]

　　李雋青词,嚴工上譜,李紅唱

　　《歌曲精華·銀花集季刊》第 7 期,1940 年 9 月 15 日,第 23 頁

　　《影城新曲》第 4 期,1941 年 1 月,第 36 頁

　　31. 道情[華新影片"珍珠塔"(1941)插曲]

　　嚴工上改詞製譜,顧也魯唱

　　《歌曲精華·銀花集季刊》第 7 期,1940 年 9 月 15 日,第 22 頁

　　32. 猪玀歌[新華、國聯影片"鐵扇公主"(1941)插曲之一]

　　李雋青詞,嚴工上譜,韓蘭根唱

　　《青青電影》第 5 年第 40 期,1940 年 11 月 1 日,第 11 頁

　　《每月新歌》第 1 期,1940 年 11 月 15 日,第 11 頁

　　《影城新曲》第 3 期,1940 年 12 月 1 日,第 13 頁

　　《影城新曲》第 4 期,1941 年 1 月,第 24 頁

　　《美麗歌選》創刊號,1941 年 2 月 10 日,第 22 頁

　　《銀星歌選》第 2 集,上海銀星圖書出版公司 1941 年版,第 24 頁

## 1941 年

　　33. 雨霖鈴[新華影片"亂世佳人"(1941)插曲之一]

　　柳耆卿詞,嚴工上譜

　　《歌曲精華·銀花集合刊》第 8 期,1941 年 3 月 1 日,第 6 頁(按:題名作"亂世佳人")

---

　　① 嚴工上先生參與演出與製作影片有"窮鄉艷遇"(新世紀影片公司,1929 年)、"秦良玉"(華成影片公司,1940 年,插曲"蠻荒之春"),此"蠻荒艷遇"影片情況不詳,存疑待考。

《銀歌集》第 1 期,1941 年 4 月,第 8 頁

34. 無家痛［新華影片"亂世佳人"（1941）插曲之二］

李雋青詞,嚴工上譜,陳雲裳唱

《歌曲精華·銀花集合刊》第 8 期,1941 年 3 月 1 日,第 6—7 頁

《銀歌集》第 1 期,1941 年 4 月,第 8 頁

《電影新歌集》5 月號,1941 年 5 月,第 7 頁

35. 樽前淚［新華影片"亂世佳人"（1941）插曲之三］

李雋青詞,嚴工上譜,陳雲裳唱

《歌曲精華·銀花集合刊》第 8 期,1941 年 3 月 1 日,第 7 頁

《銀歌集》第 1 期,1941 年 4 月,第 9 頁

《電影新歌集》5 月號,1941 年 5 月,第 7 頁

36. 山歌［新華影片"相思寨"（1941）插曲之一］

周貽白詞,嚴工上譜,梁新唱

《歌曲精華·銀花集合刊》第 8 期,1941 年 3 月 1 日,第 8 頁

《電影新歌集》5 月號,1941 年 5 月,第 3 頁

37. 補青天［新華影片"相思寨"（1941）插曲之三］

周貽白詞,嚴工上譜,陳雲裳主唱

《歌曲精華·銀花集合刊》第 8 期,1941 年 3 月 1 日,第 5 頁

《電影生活》第 20 期,1941 年 4 月 1 日,第 7 頁

《電影新歌集》5 月號,1941 年 5 月,第 4 頁

### 1942 年

38. 悽惋小曲［華新影片"梅花落"（1942）插曲］

朱石麟詞,嚴工上譜,王熙春唱,衆孤兒合唱

《國聯影訊》第 1 卷第 23 期,1942 年 3 月 27 日,第 152 頁

《華北映畫》第 19 期,1942 年 5 月 15 日,第 23 頁

39. 書僮自歎［國聯影片"卓文君"（1942）插曲］

嚴工上譜

《國聯影訊》第 1 卷第 17 期,1942 年,第 127 頁

### 1943 年

40. 祝福［華影影片"萬紫千紅"插曲］

譚維翰詞,嚴工上曲,李麗華唱

《華影週刊》第 5 期,1943 年 7 月 21 日,第 3 版

姚敏編輯:《姚莉新歌特輯》創刊號,出版時間不詳,第 24 頁

41. 你也要回頭想［百代新唱片，1943］

李雋青詞，嚴工上譜

姚敏編輯：《姚莉新歌特輯》創刊號，出版時間不詳，第 46 頁

## 1944 年

42. 歌女忙［華影影片"鸞鳳和鳴"（1944）插曲］

李雋青詞，嚴工上曲，周璇唱

吳劍編：《天涯歌女——金嗓子周璇歌曲全集》，北方文藝出版社 2006 年版，第 151 頁

周偉編：《周璇歌曲全集》，中國時代經濟出版社，2007 年，第 96 頁

吳劍編：《民國流行歌曲》，中國文史出版社，2016 年，第 405 頁

## 1947 年

43. "何必苦追求"（古裝戲劇）譜曲

編劇：陶賢　　導演：邊杰

技術指導：陳傳鑑　　歌曲作譜：嚴工上

《申報》1947 年 12 月 1 日，第 10 版

## 年份不詳

44. 抗戰歌（兩首）

虞和欽填詞，嚴工上譜曲

韓朝陽著《海濡拾遺·五隱先生虞和欽》（寧波出版社 2015 年版，第 102 頁）：

2006 年上海舉辦的春季藝術品拍賣會上，拍賣他 1936—1940 年創作的詩稿兩冊，稱詩稿"時值抗戰爆發，故此書中載有大量有關抗戰的篇章，第一冊尾附有虞和欽填詞、嚴工上譜曲的《抗戰歌》兩首，反映了作者強烈的愛國主義精神"。

## 附錄一：存疑篇目

45. 將離行［華成影片"紅線盜盒"（1940）插曲］

魏如晦詞，嚴工上曲

《中國電影音樂尋蹤》，王文和編著，第 312—313 頁

陳一萍編：《中國早期電影歌曲精選》，中國電影出版社 2000 年版，第 181—182 頁

吳劍編：《不了情——三四十年代懷舊金曲》，北方文藝出版社 2006

年版,第 217 頁

[按:曲譜載《歌曲精華·銀花集季刊》(第 7 期,1940 年 9 月 15 日,第 25 頁)、《每月新歌》(第 1 期,1940 年 11 月 15 日,第 8 頁),不署作曲者,惟署顧蘭君唱。又"寶劍謠"、"將離行"二首曲詞收入《阿英全集:附卷》(安徽教育出版社 2006 年版,第 214—215 頁),編者注署名魏如晦,由嚴工上譜曲,顧蘭君唱]

46. 白日呵昭昭[華新影片"蘇武牧羊"(1940)插曲]

李雋青詞,嚴工上曲,陳雲裳主唱

《中國電影音樂尋蹤》,王文和編著,第 326 頁

吳劍選編:《解語花——中國三四十年代流行歌曲》,北方文藝出版社 1997 年版,第 142—143 頁(按:題作"白日啊昭昭")

羅洪等編選:《難忘的旋律:中國二十世紀三四十年代流行歌曲集》,花城出版社 2012 年版,第 216 頁(按:題作"白日啊昭昭")

## 附錄二:誤屬篇目

1. 下瓊樓[明星影片"翡翠馬"(1935)插曲]

[誤記]嚴工上曲

肖果:《父女雙星》,《電影世界》1984 年第 1 期,第 30 頁

肖果編著:《中國早期影星·嚴工上　嚴月嫻》,廣東人民出版社 1987 年版,第 299 頁

[按:曲譜載《歌星畫報》(第 2 期,1935 年 9 月 1 日,第 32 頁),《星歌集》(第 1 期,1935 年 10 月 20 日,第 7 頁),《明星》(第 3 卷第 2 期,1935 年 11 月 1 日,無頁碼),俱署許如輝作。然則此曲當非嚴工上先生所作]

2. 春之花[明星影片"春之花"(1936)主題歌]

[誤記]嚴工上作曲

谷先生《嚴工上的老興不淺》(《上海畫報》第 5 期,1939 年 2 月 10 日,第 5 頁):"他在女兒主演的片子裏,也作過許多有味的歌譜,像'一夜東風','夜來香'等等,博得人們的贊譽不少。"《忠厚長者嚴工上》(《電影週刊》,第 69 期,1940 年 2 月 7 日,第 5 頁):"他在他女兒所主演的影戲裏,作過許多有味的曲子,像如今盛行各大舞場的'一夜東風……'的春之花同'夜來香',都是他的作品。"

按:《藝聲》(第 2 卷第 1 期,1936 年,無頁碼)、《歌曲精華》(第 1 集,1938 年 9 月 20 日,第 39 頁),載明星影片"春之花"同名主題歌,署吳村作曲,王乾白作詞,《歌曲精華》並署嚴月閒唱。又《明星》(第 4 卷第 3 期,

1936 年 2 月 16 日,無頁碼)載"春之花曲譜原稿之一頁",署"吳村作",曲譜歌詞即"一夜東風……"然則此曲當非嚴工上先生所作。李昆主編、孫蕤編著《中國流行音樂簡史:1917—1970》(北京:中國文聯出版社,2004 年,第 231 頁)亦謂爲王乾白作詞,影片編導吳村作曲,嚴月嫻演唱。

3. 野花香[明星影片"春之花"(1936)插曲]

[誤記]嚴工上作曲

尤靜波著《中國流行音樂簡史》(上海音樂出版社 2015 年版,第 117—118 頁,"嚴工上"條目):"1932 年,他首次爲明星公司電影《自由之花》譜寫主題歌《良辰美景》,此後十餘年先後爲二十餘部影片譜寫插曲,如……1936 年的《春之花》同名主題歌及插曲《野花香》等。"

按:《藝聲》(第 2 卷第 1 期,1936 年,無頁碼)載明星影片"春之花"同名主題歌,及"莫非野花香"("春之花"歌曲),俱署吳村作曲,王乾白作詞。然則此曲當非嚴工上先生所作。

4. 秋水伊人[明星影片"古塔奇案"(1937)插曲]

[誤記]嚴工上詞,賀綠汀曲,龔秋霞主唱

沈寂著,韋泱編:《昨夜星辰:我眼中的影人朋友》,上海人民出版社 2015 年版,"附錄:流行百年的電影歌曲",第 244 頁。

按:《秋水伊人》("古塔奇案"插曲之一),載《明星》第 8 卷第 6 期(1937 年 7 月 1 日)、《青青電影》第 3 年第 7 期(1937 年 7 月 10 日)、《歌曲精華》第 1 集(1938 年 9 月 20 日)、《銀幕名歌》第 1 期(1940 年 7 月 15 日)等書刊,並署賀綠汀作,龔秋霞唱,未見嚴工上先生之名。又《銀花集》第 1 卷第 2 期載《秋水伊人》("古塔奇案"插曲),署賀綠汀詞曲。[①]然則此詞當非嚴工上先生所作。

5. 教我如何能忘你[新華影片"西施"(1941)插曲]

[誤記]李雋青詞,嚴工上曲,袁美雲唱

吳劍編:《不了情——三四十年代懷舊金曲》(第 2 版),第 219—221 頁《民國流行歌曲》,第 218—219 頁

按:曲譜載《新人週刊》(第 2 卷第 4 期,1935 年 9 月 21 日,第 84—85 頁)、《廣播週報》(第 143 期,1937 年 6 月 26 日,第 71—72 頁)、《帆聲月

---

① 原刊未見,此據吳俊等主編《中國現代文學期刊目録新編》下冊,上海人民出版社 2010 年版,第 2655 頁,注:原刊缺出版日期。按:《銀花集》係月刊,1938 年 3 月創刊於上海,第 1 卷第 2 期疑爲當年 4 月出版。

刊》（第 2 期,1944 年 1 月 1 日,第 42—43 頁）,俱署汪仲賢詞,陳歌辛曲,後者並有陳歌辛撰文《樂谱介绍——教我如何能忘你》。然則此曲當非嚴工上先生所作。

## 四、演 出 電 影

根據吴劍女史和嚴佐之師的記述,從 1925—1947 年,嚴工上先生共參與拍攝了 103 部影片,在中國電影史上留下了 100 多個銀幕形象,[①]但没有列出具體的影片目録。

1940 年 10 月,上海《電影》週刊登載了一篇文章,題目作《嚴工上在影界的一筆帳,活了 67 個年頭拍過八十三部影片》（下文省稱《八十三部影片》),詳細列舉嚴工上先生 1940 年以前演出的電影目録。[②] 這份反映先生電影藝術成績的資料非常寶貴,但它的數字似乎不夠準確,文中所舉影片名録經過統計只有 71 部。

本節以《八十三部影片》一文所舉影片名録作爲基礎,再查閲其他的電影目録圖書影像資料,作了一個初步的統計,先生參與演出的影片計有 94 部。這裏的影片名録肯定是很不完備的,希望將來看到更多的資料,可以進一步補充和完善。

### 1925 年

1. "不堪回首"（UNBEARABLE MEMORIES, 1925）

神州影片公司,黑白,8 本。

編劇:裘芑香、陳醉雲　　導演:裘芑香

（中國電影資料館編:《中國影片大典:故事片・戲曲片:1905—1930》,中國電影出版社 1996 年版,第 28 頁;《八十三部影片》）

---

① 嚴佐之師:《爲了不該遺忘的"百年歌聲":回憶我的祖父嚴工上、父親嚴個凡和三叔嚴折西》,載《書城雜誌》2004 年第 6 期,第 68 頁;吴劍:《流行歌壇的嚴氏三雄——嚴工上、嚴個凡、嚴折西父子的創作歷程和歷史功績》,《何日君再來——流行歌曲滄桑史話（1927—1949）》,北方文藝出版社 2010 年版,第 79 頁。按嚴師文附記説明,吴女史撰文在先,他曾參考吴女史未刊稿《流行歌壇"嚴氏三傑"》的材料。

② 《嚴工上在影界的一筆帳,活了六十七個年頭拍過八十三部影片》,載《電影》第 104 期,1940 年 10 月 23 日,第 2 頁。姜星谷專訪《嚴月嫺暢談十六年間的演戲過程》（《大衆影訊》第 1 卷第 8 期,1940 年 8 月 31 日,第 61 頁）也説:"他老人家的影片,計算一下,到最近的'雙珠鳳'、'花魁女'爲止,已有八十三部之多,真是夠使人咋舌的。"

2."花好月圓"(THE NIGHT WITH THE FULL MOON,1925)

神州影片公司,黑白,8本。

編劇:裘芑香、陳醉雲　　導演:裘芑香

(《中國影片大典:故事片·戲曲片:1905—1930》,第33頁;《八十三部影片》)

按:嚴工上飾葉景善。嚴月嫻參演。

3."人面桃花"(A PEACH BLOOM IN HUMAN SHAPE,1925)

新華影片公司,黑白,10本。

編劇:嚴獨鶴、陸澹庵　　導演:陳壽蔭、沈葆琦

(《中國影片大典:故事片·戲曲片:1905—1930》,第43頁;《八十三部影片》)

# 1926 年

4."不如歸"(WE HAVE TO GO HOME,1926)

國光影片公司,黑白,9本。

改編:陳趾青　　導演:楊小仲

(《中國影片大典:故事片·戲曲片:1905—1930》,第57頁;《八十三部影片》)

按:嚴工上飾姚君武。

5."道義之交"(A MORAL OBLIGATION,1926)

神州影片公司,黑白,8本。

編劇:汪煦昌、劉燊　　導演:劉燊

(《中國影片大典:故事片·戲曲片:1905—1930》,第60頁;《八十三部影片》)

按:嚴工上飾李守政,嚴月嫻主演。

6."佳期"(WEDDING DAY,1926)

五友影片合作社,①黑白,9本。

導演:裘芑香

(《中國影片大典:故事片·戲曲片:1905—1930》,第68頁;《八十三部影片》;《申報》1925年11月23日第18版《"佳期"試片記》,11月27日第18版《記"佳期"試映》)

按:嚴工上飾阮翁,嚴月嫻飾阮珊娜。

---

① 《八十三部影片》作神州公司,疑誤。

7. "難爲了妹妹"（EMBARASSING SISTER，1926）

神州影片公司，黑白，10 本。

編劇：萬籟天　　導演：李萍倩

（《中國影片大典：故事片・戲曲片：1905—1930》，第 80 頁；《八十三部影片》）

按：嚴工上飾曾德茂，嚴月嫻參演。

8. 孽海驚濤（THE DEADLY SINS，1926）

大亞影片公司，黑白。

編劇兼説明：劉豁公　　導演：高西屏

（《中國影片大典：故事片・戲曲片：1905—1930》，第 80 頁）

按：嚴工上飾徐伯言。

9. "上海之夜"（THE NIGHTS OF SHANGHAI，1926）

神州影片公司，黑白，9 本。

編劇：顧肯夫　　導演：鄭益滋

（《中國影片大典：故事片・戲曲片：1905—1930》，第 85 頁；《八十三部影片》）

按：嚴工上主演，飾席勳業，嚴月嫻飾雲蘋。書幕：嚴工上、葉心偉。

### 1927 年

10. "風塵三俠"（LEGEND OF THE THREE，1927）

新華影片公司，黑白。

編導：陸澹盦

（《中國影片大典：故事片・戲曲片：1905—1930》，第 110 頁；《八十三部影片》）

按：嚴工上飾吳晉藩。

11. "歌場奇緣"（ROMANCE IN THE HALL，1927）①

國光影片公司，黑白。

導演：汪福慶　　編劇：趙君豪、曹元愷

（《中國影片大典：故事片・戲曲片：1905—1930》，第 112 頁；《八十三部影片》）

按：嚴工上飾冷壽彭。

12. "好兒子"（MY GOOD BOY，1927）

---

① 《八十三部影片》作"歌聲奇緣"，"聲"字疑誤。

神州影片公司,黑白,10本

導演:李萍倩、顧肯夫　　編劇:鄭劍秋

(《中國影片大典:故事片·戲曲片:1905—1930》,第115頁;《八十三部影片》)

按:嚴月嫻主演。

《"好兒子"近訊》(《申報》1926年9月10日第25版):

神州影片公司第二組李萍倩導演之"好兒子"已開攝多日。劇中楊冲一角,由嚴工上飾演,于憲滿面,凶很異常,化裝神肖,態度逼真,表演動作,與往日莊嚴慈祥態度,判若兩人。

嚴工上先生於1944年為明星公司所撰簡歷:

民國十四年,入影界神州公司,處女作神州"不堪回首"。先後服務於國光、長城、民新、友聯、復旦、明星等電影公司,處女作"不堪回首",代表作"好兒子",影界服務十九年。[①]

13. "賣油郎獨占花魁女"(A PROSTITUTE'S WISH, 1927)

神州影片公司,黑白,10本。

編劇:萬籟天　　導演:萬籟天

[《中國影片大典:故事片·戲曲片:1905—1930》,第126頁;《八十三部影片》;《本劇職員表》、《本劇演員表》,《明星》特刊第6期(賣油郎獨占花魁女號),1927年4月;《申報》1927年6月15日第2版"賣油郎獨占花魁女"廣告]

## 1928 年

14. 豹子頭林冲(LIN CHONG, 1928)

復旦影片公司,黑白。

導演:任彭年

(《中國影片大典:故事片·戲曲片:1905—1930》,第157頁)

15. "黃天霸招親"(HUANG TIANBA LOOKS FOR A WIFE, 1928)

長城畫片公司,黑白。

---

① 轉引自嚴佐之師《為了不該遺忘的"百年歌聲":回憶我的祖父嚴工上、父親嚴個凡和三叔嚴折西》,《書城雜誌》2004年第6期,第68頁。

導演：雷雨田

（《中國影片大典：故事片·戲曲片：1905—1930》，第 168 頁；《八十三部影片》）

按：嚴工上飾施公。

16.“柳暗花明”（前後集，A COMPLICATED PLOT, 1928）

大中華百合影片公司，黑白，18 本。

編劇：陳小蝶　　導演：陸潔

（《中國影片大典：故事片·戲曲片：1905—1930》，第 175 頁；《八十三部影片》；《申報》1927 年 11 月 20 日第 22 版《劇場消息》，1928 年 4 月 14 日第 22 版《劇場消息》；影片“柳暗花明”海報，收入張偉《紙上觀影錄》，百花文藝出版社 2005 年版，書首插頁及第 37 頁）

按：《國聞畫報》（第 24 期，1928 年 4 月 21 日，第 3 頁）載“柳暗花明”影片之一幕嚴工上與楊静娥。

17.“奇女子”（STRANGE GIRL, 1928）

耐梅影片公司，黑白，9 本。

編劇：鄭應時　　導演：史東山

（《中國影片大典：故事片·戲曲片：1905—1930》，第 180 頁；《八十三部影片》）

按：嚴工上飾鄒文瀾父。

18.“石室奇冤”（上下集，又名“梁天來告狀”，LIANG TIANLAI GOES TO COURT, 1928）

友聯影片公司，黑白，20 本。

導演：錢雪凡

（《中國影片大典：故事片·戲曲片：1905—1930》，第 185 頁）

19.“意中人”（THE PERSON IN HER HEART, 1928）

大中華百合影片公司，黑白，8 本。

導演：萬籟天

（《中國影片大典：故事片·戲曲片：1905—1930》，第 193 頁；《八十三部影片》）

20.“蜘蛛黨”（SPIDERS GROUP, 1928）①

長城畫片公司，黑白。

---

① 《八十三部影片》作“蜘蛛覺”，“覺”字疑誤。

編劇：孫瑜　　導演：梅雪儔

（《中國影片大典：故事片·戲曲片：1905—1930》，第 196 頁；《八十三部影片》）

按：嚴工上飾方浩。

21. "江湖奇俠"（1928）

神仙影片公司。①

導演：鄭劍秋

（《八十三部影片》；《申報》1927 年 11 月 16 日第 19 版《劇場消息二》）

按：嚴月嫻主演。

《申報》1927 年 11 月 16 日第 19 版《劇場消息二》：

神仙影片公司開攝江湖奇俠　神仙影片公司，爲史悠宗、鄭劍秋諸君所創辦，其第一劇"江湖奇俠"業已開攝。主角係嚴月嫻。嚴久負盛名於銀幕，此次聚精會神，將供獻其技術於社會。其尊人嚴工上，亦飾劇中要角。刻於日前赴杭，歸收外景，同行者有導演鄭劍秋，及男主角史悠宗云。

《京津畫報》附刊《電影》（第 4 號，1927 年 12 月 4 日，第 2 頁）載《國產新片消息》（若奇自上海寄）：

江湖奇俠

嚴月嫻自脫離神州影片公司後，久不現身銀幕。現聞神仙影片公司開攝"江湖奇俠"，即請嚴爲主角，飾漁家女小鳳一角。

《申報》1928 年 2 月 16 日第 22 版《劇場消息》：

神仙影片公司新片"江湖奇俠"已告竣　神仙影片公司爲史悠宗所開辦，其弟一片曰"江湖奇俠"，由史自任主角。開攝以來，已逾半載，慘淡經營，至今始行告竣。尚有些零星手續，至多一星期即可料理完畢，大約月底能正式試映。日來一般片商，以該片内容甚佳，已紛往接洽。聞該公司俟第一片結束後，其第二片與第三片，擬同時攝製，由該公司導演鄭劍秋及史君各領一組云。

--------

① 《八十三部影片》作鐘而公司，疑誤。

# 1929 年

22. "窮鄉豔遇"①( 1929 )

新世紀影片公司

導演: 張非凡

(《八十三部影片》;黄志偉編:《流光波影: 1905—1966 電影海報集粹》,上海科學技術文獻出版社 2011 年版,第 55 頁)

按: 嚴月嫻主演。

23. "白燕女俠"( THE WHITE SWALLOW, 1929 )

復旦影片公司,黑白。

編導: 俞伯巖

(《中國影片大典: 故事片·戲曲片: 1905—1930》,第 198 頁;《八十三部影片》)

24. 大鬧五臺山( NOISES ON WUTAI MOUNTAIN, 1929 )

復旦影片公司,黑白。

編劇: 俞伯巖　　導演: 任彭年

(《中國影片大典: 故事片·戲曲片: 1905—1930》,第 200 頁)

25. 紅蝴蝶( 第二集,RED BUTTERFLY PART Ⅱ, 1929 )

友聯影片公司,②黑白,12 本。

導演: 文逸民

(《中國影片大典: 故事片·戲曲片: 1905—1930》,第 207 頁;《八十三部影片》;《申報》1929 年 2 月 1 日第 21 版載黄太玄《友聯二集"紅蝴蝶"之一夕話》)

按: 嚴工上飾劉進生父。

黄太玄《友聯二集"紅蝴蝶"之一夕話》(《申報》1929 年 2 月 1 日第 21 版):

予對於銀幕表演,素喜舶來品,因人選及背景,都非國産片可及。近以碧波告予,友聯出品雖多,顧成績之佳,未有如此次二集"紅蝴蝶"者。予唯唯否否,蓋猶未敢深信也。……時銀幕上,正見文逸民所飾之劉進生,手持大令,率衆出發。逸民愿氣滿臉,自鳴

---

① 《八十三部影片》作"窮鄉絶遇","絶"字疑誤。
② 《八十三部影片》作聯友公司,疑誤。

得意,令人視之劇笑。旋見老友嚴工上飾進生之父,喜怒合拍,不愧文學家之表情,持鬚皺眉,其狀可掬。……予至此,方信碧波之語爲非誣,而歎國產片之未可盡非,自悔前此專喜舶來片之偏見,爲記其優點如此。

26. 紅衣女大破金山寺(THE GIRL IN RED,1929)

復旦影片公司,黑白。

導演:俞伯巖、文逸民

(《中國影片大典:故事片・戲曲片:1905—1930》,第 208 頁)

27. "熱血男兒"(又名"她的愛",HER LOVE,1929)

民新影片公司,黑白。

編劇:萬籟天　　導演:萬籟天

(《中國影片大典:故事片・戲曲片:1905—1930》,第 222 頁;《八十三部影片》;《申報》1929 年 2 月 22 日第 29 版《中央開映"熱血男兒"》)

28. "火燒九曲樓"(上集,BURNS WINDINGS MANSION Ⅰ,1929)

29. "火燒九曲樓"(下集,BURNS WINDINGS MANSION Ⅱ,1929)

友聯影片公司,①黑白,9 本。

編劇:朱少泉　　導演:陳鏗然

(《中國影片大典:故事片・戲曲片:1905—1930》,第 213 頁;《八十三部影片》;《申報》1929 年 4 月 10 日第 23 版"火燒九曲樓"廣告)

30. "通天河"(TONGTIAN RIVER,1929)

復旦影片公司,黑白。

導演:任彭年

(《中國影片大典:故事片・戲曲片:1905—1930》,第 223 頁;《八十三部影片》)

按:嚴月嫻、薛玲仙參演。

31. "海外英雄"(1929)

復旦影片公司。

導演:任彭年

(《申報》1929 年 12 月 29 日第 12 版;《八十三部影片》)

按:嚴月嫻參演。

---

① 《八十三部影片》作聯友公司,疑誤。

# 1932 年

32. "失戀"(DISAPPOINTED LOVE, 1932)

明星影片公司,黑白,有聲,10 本。

導演:張石川

(中國電影資料館編:《中國影片大典:故事片·戲曲片:1931—1949.9》,第 65 頁)

按:《中華》圖畫雜誌(第 16 期,1933 年 2 月,無頁碼)載《銀幕新影》有嚴工上與顧梅君在"失戀"中之表演照片。又《八十三部影片》有明星影片"失意",疑即"失戀"之誤記。嚴月嫻參演。

33. "野玫瑰"(WILD ROSE, 1932)

聯華影業公司,①黑白,無聲,9 本。

編劇:孫瑜　導演:孫瑜

(《中國影片大典:故事片·戲曲片:1931—1949.9》,第 70 頁;《八十三部影片》)

按:嚴工上飾江波父。

34. "上海之戰"(1932)

明星影片公司。

導演:張石川

(《八十三部影片》)

　　陽光《祖孫三代,嚴工上從窮困中尋樂趣!》(《香海畫報》第 3 期,1946 年 4 月 1 日,第 31 頁):

　　在"一二八"之後不久,明星公司攝的"上海之戰",嚴老先生扮演一個住在閘北的老先生,在銀幕上,同時說廣東話和國語,那一個角色,當時是很引人注意的。

35. "血債"(1932)

明星影片公司,9 本。

導演:徐欣夫

(《八十三部影片》;張子誠等編:《中國百年藝術影片》,河北人民出版社 2005 年版,第 32 頁)

---

① 《八十三部影片》作聯華二廠。

宫白羽著《竹心集：宫白羽先生文録》第二輯《側面新聞》（王振良等編，天津人民出版社 2015 年版，第 226 頁。原載天津《中華畫報》民國二十二年五月五日）：

明星影片公司新片"血債"爲夏佩珍主演者，後因檢查委員會禁止公映，後經公司疏通，始行允映，但須將不妥部分，重新拍制，並將片名改爲"紅粉英雄"。同時，該公司出品"人道之賊"，亦改爲"道德寶鑑"云。（幼）

## 1933 年

36. "春蠶"（THE SPRING SILKWORMS, 1933）

明星影片公司，黑白，有聲，11 本。

編劇：蔡叔聲（夏衍）　　導演：程步高

（《中國影片大典：故事片·戲曲片：1931—1949.9》，第 77 頁；《八十三部影片》；程季華主編：《夏衍電影文集》第 3 卷，中國電影出版社 2000 年版，第 31 頁）

按：嚴工上飾紳士。嚴月嫻主演，飾四大娘。

37. "道德寶鑑"（又名"人道之賊"，THE BOOK OF MORALITY, 1933）

明星影片公司，黑白。

導演：王獻齋、高梨痕

（《中國影片大典：故事片·戲曲片：1931—1949.9》，第 81 頁；《八十三部影片》）

按：嚴月嫻參演。

38. 健美之路（ACTRESS ON THE WAY, 1933）

明星影片公司，黑白，有聲，10 本。

編劇：王乾白　　導演：陳鏗然

（《中國影片大典：故事片·戲曲片：1931—1949.9》，第 87 頁）

燕南《評"健美之路"》（《申報》1933 年 6 月 22 日第 23 版）：

……飾富家翁的是嚴工上，老練沉着，恰合守舊派富翁的身份。……

39. "狂流"（RAGING WAVES/WILD TORRENT, 1933）

明星影片公司，黑白，8 本。

編劇：丁謙平(夏衍)　　導演：程步高

(《中國影片大典：故事片·戲曲片：1931—1949.9》,第 89 頁;《八十三部影片》;鄭培爲等編選:《中國無聲電影劇本》,中國電影出版社 1996 年版,第 2373 頁)

40."前程"(PROSPECTS/THE FUTURE, 1933)

明星影片公司,黑白,9 本。

編劇：丁謙平(夏衍)　　導演：張石川、程步高

(《中國影片大典：故事片·戲曲片：1931—1949.9》,第 95 頁;《八十三部影片》)

41."泰山鴻毛"(NEVER GIVE UP, 1933)

明星影片公司,黑白。

編劇：秦彰　　導演：張石川

(《中國影片大典：故事片·戲曲片：1931—1949.9》,第 99 頁)

按：嚴工上飾余文。

42."現代一女性"(A MODERN GIRL, 1933)

明星影片公司,黑白。

編劇：艾霞　　導演：李萍倩

(《中國影片大典：故事片·戲曲片：1931—1949.9》,第 101 頁;《八十三部影片》)

43."戰地歷險記"(ADVENTURES IN THE BATTLEFIELD, 1933)

明星影片公司,黑白,無聲,9 本。

編劇：陶耐忍　　導演：張石川

(《中國影片大典：故事片·戲曲片：1931—1949.9》,第 104 頁;《八十三部影片》)

44."姊姊的悲劇"(A TRAGIC TALE ABOUT MY SISTER, 1933)

明星影片公司,黑白,無聲,9 本。

編劇：胡萍　　導演：高梨痕、王吉亭

(《中國影片大典：故事片·戲曲片：1931—1949.9》,第 106 頁;《八十三部影片》;《中國無聲電影劇本》,第 2462 頁)

## 1934 年

45."麥夫人"(又名"美德夫人"、"紅船外史",MRS. MAI, 1934)

明星影片公司,黑白,有聲,9 本。

編劇：王乾白　　導演：張石川

（《中國影片大典：故事片·戲曲片：1931—1949.9》，第 121 頁；《八十三部影片》）

按：嚴工上飾慈善會長。

46.“女兒經”（A BIBLE FOR DAUGHTERS/WOMEN'S DESTINIES, 1934）

明星影片公司，黑白，有聲，16 本。

編劇：編劇委員會

導演：李萍倩、吳村、徐欣夫、程步高、陳鏗然、鄭正秋、姚蘇鳳、沈西苓、張石川

（《中國影片大典：故事片·戲曲片：1931—1949.9》，第 124 頁；《八十三部影片》）

按：嚴工上飾校長，嚴月嫻飾嚴素。

47.“三姊妹”（THE LIVES OF THE THREE/THREE SISTERS, 1934）

明星影片公司，黑白。

編劇：李萍倩　　導演：李萍倩

（《中國影片大典：故事片·戲曲片：1931—1949.9》，第 130 頁；《八十三部影片》）

按：嚴月嫻飾吳瑞芬。

48.“時代的兒女”（YOUNGSTERS OF THE TIME/CHILDREN OF OUR TIME, 1934）

明星影片公司，黑白，有聲，8 本。

編劇：夏衍、鄭伯奇　　導演：李萍倩

（《中國影片大典：故事片·戲曲片：1931—1949.9》，第 132 頁；《八十三部影片》）

按：《明星》（第 1 卷第 5 期，1933 年 9 月 1 日，無頁碼）載“時代的兒女”照片：老教師嚴工上。

49.“鹽潮”（SALT TIDE, 1934）

明星影片公司，黑白，無聲，9 本。

原作：樓適夷　　分場劇本：鄭伯奇、阿英　　導演：徐欣夫

（《中國影片大典：故事片·戲曲片：1931—1949.9》，第 138 頁；《八十三部影片》）

50.“再生花”（THE REBORN FLOWER/REGENERATED FLOWERS, 1934）

明星影片公司,黑白,有聲,11 本。

編劇:鄭正秋　　導演:鄭正秋

(《中國影片大典:故事片·戲曲片:1931—1949.9》,第 139—140
頁;《八十三部影片》)

按:嚴工上飾丁佐良。

51."展覽會"(THE LIN FAMILY'S SHOP, 1934)

明星影片公司,黑白。

編劇:王乾白　　導演:陳鏗然

(《中國影片大典:故事片·戲曲片:1931—1949.9》,第 140 頁)

按:嚴工上飾方少甫。

52."飲水衛生"(1934)

江蘇教育廳出品,6 本,2140 呎。

編劇:陳果夫

攝影:明星影片公司

(趙光濤編著:《電化教育概論》,上海商務印書館 1948 年版,第
196—197 頁)

按:嚴工上飾學生家族。

　　趙光濤編著《電化教育概論》(第 197 頁):

本片産生:

　　"飲水衛生"是一種衛生教育影片,編劇者爲江蘇省政府主席陳
果夫先生。陳先生提倡電影教育最熱心,所以於百忙之中,親手編制
此劇本以爲首倡。即交江蘇教育廳向上海明星影片公司接洽拍製,
費時幾經半年,於二十三年始攝製完成。先後在京、鎮各教育機關放
映,又於二十四年六月經江蘇教育廳縮製成十六公釐小片,分發江蘇
省各省立社教機關輪流巡迴各縣講映,以收普及之效。

## 1935 年

53."船家女"(THE BOATMAN'S DAUGHTER, 1935)

明星影片公司,黑白,有聲,10 本。

編劇:沈西苓　　導演:沈西苓

(《中國影片大典:故事片·戲曲片:1931—1949.9》,第 143 頁;《八
十三部影片》;《船家女職員表演員表》,《明星》第 3 卷第 4 期,1935 年 12

月1日;袁慶豐:《黑夜到來之前的中國電影:1937年現存國產影片文本讀解》,中國廣播電視出版社2012年版,第320—321頁)

按:嚴工上飾老者。

54."大家庭"(BIG FAMILY, 1935)

明星影片公司,黑白,有聲,10本。

編劇:張石川　　導演:張石川

(《中國影片大典:故事片·戲曲片:1931—1949.9》,第143頁;《八十三部影片》)

55."空谷蘭"(LONELY ORCHID/ORCHID IN A DESOLATE VALLEY, 1935)

明星影片公司,黑白,有聲,12本。

編劇:張石川　　導演:張石川

(《中國影片大典:故事片·戲曲片:1931—1949.9》,第150頁;《八十三部影片》)

按:嚴工上飾陶正毅,嚴月嫻飾金柔雲。嚴工上作曲("空谷蘭")。

56."熱血忠魂"(又名"民族魂","熱血英雄",NATION'S SOUL/LOYAL HEROES/HOT BLOOD AND FAITHFUL HEART, 1935)

明星影片公司,黑白,有聲,9本。

編劇:明星影片公司編劇科

導演:張石川、徐欣夫、鄭正秋、吳村、程步高、沈西岑、李萍倩

(《中國影片大典:故事片·戲曲片:1931—1949.9》,第155頁;《八十三部影片》)

按:嚴工上飾陳浩然,嚴月嫻飾李德雲。

57."夜來香"(NIGHT BLOSSOM, 1935)

明星影片公司,黑白。

編劇:程步高　　導演:程步高

(《中國影片大典:故事片·戲曲片:1931—1949.9》,第166頁;《八十三部影片》)

按:嚴工上作曲("夜來香")。

## 1936 年

58."海棠紅"(THE RED CRABAPPLE, 1936)

明星影片公司,黑白,有聲,10本。

編劇:歐陽予倩　　導演:張石川

（《中國影片大典：故事片·戲曲片：1931—1949.9》，第 172 頁）

按：嚴工上飾陸懷仁父。

59. "女權"（又名"愛情的逃亡者"，RIGHTS FOR WOMEN, 1936）

明星影片公司，黑白，有聲，10 本。

導演：張石川　　編劇：洪深

（《中國影片大典：故事片·戲曲片：1931—1949.9》，第 181 頁；《八十三部影片》）

按：嚴月嫻參演。

60. "生死同心"（HEART FOR EVER/UNCHANGED HEART IN LIFE AND DEATH, 1936）

明星影片公司，黑白，有聲，9 本。

編劇：陽翰笙　　導演：應雲衛

（《中國影片大典：故事片·戲曲片：1931—1949.9》，第 182 頁；《八十三部影片》）

按：嚴工上飾推事。

61. "桃李爭艷"（THE BATTLE BETWEEN PEACH AND PLUM, 1936）

明星影片公司，黑白。

編劇：李萍倩　　導演：李萍倩

（《中國影片大典：故事片·戲曲片：1931—1949.9》，第 183 頁；《八十三部影片》）

按：嚴工上飾劉學臣。

62. "新舊上海"（THE NEW AND OLD SHANGHAI, 1936）

明星影片公司，黑白，有聲，10 本。

編劇：洪深　　導演：程步高

（《中國影片大典：故事片·戲曲片：1931—1949.9》，第 187 頁）

按：嚴工上飾茶客。

63. "兄弟行"（BROTHERS, 1936）

明星影片公司，黑白，有聲，15 本。

編劇：徐卓呆　　導演：程步高

（《中國影片大典：故事片·戲曲片：1931—1949.9》，第 188 頁；《八十三部影片》）

按：嚴工上飾嚴立人。

# 1937 年

64. "社會之花"（又名"黑旋風", FLOWER OF SOCIETY/SOCIAL BUTTERFLY, 1937）

明星影片公司,黑白,有聲,10 本。

編劇：洪深　　導演：張石川

（《中國影片大典：故事片·戲曲片：1931—1949.9》,第 201—202 頁;《八十三部影片》）

65. "生龍活虎"（IN FULL VIGOUR/FULL OF VIM AND VIGOUR, 1937）

明星影片公司,黑白,有聲。

導演：徐欣夫

（《中國影片大典：故事片·戲曲片：1931—1949.9》,第 203 頁;《八十三部影片》）

按：嚴工上飾李皓。

66. "壓歲錢"（NEW YEAR'S COIN, 1937）

明星影片公司,黑白。

編劇：洪深　　導演：張石川

（《中國影片大典：故事片·戲曲片：1931—1949.9》,第 209 頁;《八十三部影片》）

按：嚴工上飾融融祖父。

67. "永遠的微笑"（KEEP SMILING FOREVER, 1937）

明星影片公司,黑白。

編劇：劉吶鷗　　導演：吳村

（《中國影片大典：故事片·戲曲片：1931—1949.9》,第 211 頁;《嚴工上老當益壯》,《大衆影訊》第 2 卷第 25 期,1941 年 12 月 27 日,第 610 頁）

《嚴工上老當益壯》：

銀壇耆宿嚴工上,年高劭德,差不多已有七十歲年紀,精神奕奕,譚吐自如,正是一位老當益壯的時代人物。

他從影以來,由萌芽時期,一直演到目前的電影事業,他所見所聞,得到經驗太多,電影的理論、電影的技術、電影的價值,他已知道很清楚了。

一度時期，他没有上過攝影場拍戲，因爲那時候他有充分時間，在國語講授上消磨過去，同時又在學校裏兼講，最近才比較消閒些，能夠有較多的寬裕的機會參加拍戲，以往的"女兒經"、"永遠的微笑"，全是明星出品，一憶十年，現在嚴工上在"一身是膽"、"標準夫人"、"小房子"及"白蘭花"中，都有重要角色，既做老礦主，又做老爸爸。（怡怡）

## 1938 年

68. "風流冤魂"（A CHEATED GIRL, 1938）

國華影片公司，黑白，有聲。

編劇：張石川　　導演：張石川

（《中國影片大典：故事片·戲曲片：1931—1949.9》，第 217 頁;《八十三部影片》;《申報》1938 年 12 月 30 日第 15 版）

69. "歌兒救母記"（SAVE HER MOTHER, 1938）

星光影業社、明星影片公司，①黑白，有聲。

編劇：張石川　　導演：張石川

（《中國影片大典：故事片·戲曲片：1931—1949.9》，第 219 頁;《八十三部影片》）

按：嚴工上作曲（"人魚公主"）。

70. "恐怖之夜"（THE HORRID NIGHT, 1938）

明華影片公司（明星影片公司），②黑白，有聲。

編劇：吳村　　導演：吳村

（《中國影片大典：故事片·戲曲片：1931—1949.9》，第 221 頁;《八十三部影片》）

按：嚴工上飾老樂師。

71. "桃色新聞"（PINK NEWS, 1938）

明星影片公司，③黑白，有聲。

編劇：張石川　　導演：吳村

（《中國影片大典：故事片·戲曲片：1931—1949.9》，第 229 頁;《八

---

① 《八十三部影片》作天一公司。
② 同上。
③ 同上。

十三部影片》)

72. "夜奔"(LEAVING AT NIGHT/RUN AT NIGHT, 1938)

明星影片公司,黑白,有聲。

編劇:陽翰笙　　導演:程步高

(《中國影片大典:故事片·戲曲片:1931—1949.9》,第 232 頁;《八十三部影片》)

姜星谷專訪《嚴月嫻暢談十六年間的演戲過程》(《大眾影訊》第1 卷第 8 期,1940 年 8 月 31 日,第 61 頁):

明星公司"夜奔"一片,是粵語片,嚴工上在該片中說廣州話,想見嚴老先生之言語,還不止精於國語一門。

# 1939 年

73. "歌聲淚痕"(SINGING WITH TEARS, 1939)

國華影片公司,黑白,有聲,10 940 尺。

編劇:吳村　　導演:吳村

(《中國影片大典:故事片·戲曲片:1931—1949.9》,第 239 頁;《八十三部影片》)

74. "紅粉飄零"(A DANCING GIRL, 1939)

國華影片公司,黑白,有聲。

導演:陳鏗然

(《中國影片大典:故事片·戲曲片:1931—1949.9》,第 240 頁;《八十三部影片》)

75. "李三娘"(LI SANNIANG, 1939)

國華影片公司,黑白,有聲,9 243 尺。

編劇:李昌鑒　　導演:張石川

(《中國影片大典:故事片·戲曲片:1931—1949.9》,第 244 頁;《八十三部影片》)

按:《金城月刊》(第 5 期,1939 年 4 月,無頁碼)載《"李三娘"片中的重要腳色》:嚴工上飾李員外。

76. "孟姜女"(MENG JIANG NU, 1939)

國華影片公司,黑白,有聲。

編劇:吳村　　導演:吳村

（《中國影片大典：故事片·戲曲片：1931—1949.9》，第 246 頁；《八十三部影片》）

77."七重天"(OUT OF THE HELL, 1939)

國華影片公司,黑白,有聲。

編劇：徐卓呆　　導演：張石川

（《中國影片大典：故事片·戲曲片：1931—1949.9》，第 249 頁；《八十三部影片》）

78."小俠女"(THE YOUNG HEROINE, 1939)

國華影片公司,黑白,有聲。

導演：張石川、鄭小秋

（《中國影片大典：故事片·戲曲片：1931—1949.9》，第 257 頁；《八十三部影片》）

按：嚴工上飾田尚書。嚴工上作曲("好花歌")。

79."新地獄"(THE NEW HELL, 1939)

國華影片公司,黑白,有聲,10 029 尺。

編劇：吳村　　導演：吳村

（《中國影片大典：故事片·戲曲片：1931—1949.9》，第 258 頁；《八十三部影片》）

80."夜明珠"(THE LUMINOUS PEARL, 1939)

國華影片公司,黑白,有聲。

編劇：程小青　　導演：鄭小秋

（《中國影片大典：故事片·戲曲片：1931—1949.9》，第 259 頁；《八十三部影片》）

按：嚴月嫻主演,嚴月冷參演。

# 1940 年

81."紅線盜盒"(HONGXIAN STEALS THE CASE, 1940)

華成影片公司,①黑白,有聲。

編劇：魏如晦(阿英)　　導演：李萍倩

（《中國影片大典：故事片·戲曲片：1931—1949.9》，第 273 頁；《中國百年藝術影片》，第 51 頁；《八十三部影片》）

按：嚴工上作曲("寶劍謠")。

---

① 《八十三部影片》作國聯公司,疑誤。

82. "花魁女"（THE FLOWER GIRL／THE STORY OF A PROSTITUTE, 1940）

華成影片公司,①黑白,有聲。

編劇:吳永剛　　導演:吳永剛

（《中國影片大典:故事片·戲曲片:1931—1949.9》,第 273 頁;《八十三部影片》）

按:嚴工上作曲（"七夕（鵲橋仙）"）。

83. "蘇武牧羊"（SU WU HERDS SHEEP, 1940）

華新影片公司,黑白,有聲,9 本。

編劇:周貽白　　導演:卜萬蒼

（《中國影片大典:故事片·戲曲片:1931—1949.9》,第 289 頁）

按:嚴工上作曲（"新蘇武牧羊"）。

## 1941 年

84. "雙珠鳳"（上集,PHOENIX WITH TWO PEARLS, 1941）

85. "雙珠鳳"（下集,PHOENIX WITH TWO PEARLS, 1941）

華新影片公司,②黑白,有聲。

編劇:楊小仲　　導演:楊小仲

（《中國影片大典:故事片·戲曲片:1931—1949.9》,第 329—330 頁;《八十三部影片》）

86. "隋宮春色"（LEGEND OF SUI DYNASTY, 1941）

華新影片公司,③黑白,有聲。

編劇:楊小仲　　導演:楊小仲

（《中國影片大典:故事片·戲曲片:1931—1949.9》,第 330 頁;《八十三部影片》）

按:嚴工上作曲（"朝天子"、"殿脚歌"）。

87. "小房子"（又名"再會吧上海"、"金絲鳥",A SMALL HOUSE, 1941）

華新影片公司,黑白,有聲。

編劇:于由　　導演:岳楓

———————————

① 《八十三部影片》作國聯公司,疑誤。

② 《八十三部影片》作國聯公司。

③ 同上。

（《中國影片大典：故事片·戲曲片：1931—1949.9》，第 337 頁；《嚴工
上老當益壯》）

88．"一身是膽"（THE BRAVE MAN, 1941）

中國聯合影業公司，黑白。

編劇：張慧沖　　導演：張慧沖

（《中國影片大典：故事片·戲曲片：1931—1949.9》，第 346 頁）

《嚴工上再出山　"一身是膽"開拍》：

"一身是膽"武俠片已經開拍，張慧沖首次榮任有聲片，原名爲"英
雄淚"，現經國聯最高當局改易此名。陣容異常堅強，張慧沖、王獻齋、
洪警鈴、許良分任男主角，龔秋霞爲女主角。更請銀壇元老嚴工上出
山，專飾礦廠廠長一角，指揮礦工，精明强幹，展開大場面。

日前嚴老冒大雨按時報到，各主演配角均緊密聯絡，張慧沖公開宣
傳劇情，精神振奮。①

89．"鐵扇公主"（1941）

新華影片公司攝製，中國聯合影業公司出品。

編劇：王乾白　　繪製：萬籟鳴、萬古蟾

（孫立軍主編：《動畫藝術辭典》，北京聯合出版公司 2014 年版，第 132
頁；《"鐵扇公主"替身演員決定》，《中國影訊》第 1 卷第 11 期，1940 年 5 月
31 日）

按：嚴工上飾地主老者，嚴月玲飾玉面公主。嚴工上作曲（"猪玀歌"）。

《"鐵扇公主"替身演員決定》：

"鐵扇公主"的繪製，即將開始。預備先以人扮飾後，再根據了扮
飾者的姿勢，而進行繪製。

## 1942 年

90．"標準夫人"（又名"懺悔"，STANDARD LADY, 1942）

新華影業公司，黑白，有聲。

編劇：周貽白　　導演：卜萬蒼

---

① 《電影新聞》第 106 期，1941 年 8 月 25 日，第 638 頁。

（《中國影片大典：故事片·戲曲片：1931—1949.9》，第 352 頁）

按：嚴工上飾老墳丁。

91. "女盜白蘭花"（THE WHITE ORCHID, 1942）

新華影業公司，黑白，有聲，本無。

編劇：方沛霖　　導演：方沛霖

（《中國影片大典：故事片·戲曲片：1931—1949.9》，第 361 頁；《嚴工上老當益壯》）

## 1947 年

92. "浮生六記"（A SHOWY LIFE, 1947）

上海實驗電影工廠，黑白，有聲。

編劇：裴沖　　導演：裴沖

（《中國影片大典：故事片·戲曲片：1931—1949.9》，第 383 頁）

按：嚴工上飾沈稼夫。

93. "一江春水向東流"（前集"八年離亂"，A SPRING RIVER FLOWS EAST, 1947）

聯華影藝社、昆侖影業公司，黑白，有聲，11 本。

編劇：蔡楚生、鄭君里　　導演：蔡楚生、鄭君里

（《中國影片大典：故事片·戲曲片：1931—1949.9》，第 398 頁）

按：嚴工上飾張老爹。


馬思帆《記嚴工上先生》（《青青電影》第 16 年第 22 期，1948 年 7 月 25 日，無頁碼）：

我們在去年看過蔡楚生、鄭君里二位先生編導的"一江春水向東流"裏，扮演那一位淪陷區裏的窮老翁，尤其是和老牛表情"生離死別"的一幕，不知多少觀衆，要給他感動得刺心入肺。


嚴佐之師《爲了不該遺忘的"百年歌聲"：回憶我的祖父嚴工上、父親嚴個凡和三叔嚴折西》：

聽母親説，那年祖父已七十有四，拍攝時需卷起褲腿，赤足下水田做耕地狀，時令春寒，祖母心疼不讓去，祖父則毫不在意。①

---

① 嚴佐之師：《爲了不該遺忘的"百年歌聲"：回憶我的祖父嚴工上、父親嚴個凡和三叔嚴折西》，載《書城雜誌》2004 年第 6 期，第 68 頁。

## 1948 年

94."好夫妻"(A GOOD COUPLE, 1948)

上海文化影片公司,黑白,有聲。

編劇:洪謨　　導演:洪謨

(《中國影片大典:故事片·戲曲片:1931—1949.9》,第417頁)

按:嚴工上飾證婚人。

# 五、演 出 戲 劇

## 1926 年

1."西樓記·樓會"(崑曲,1926)

時間:1926 年 4 月 3 日

地點:上海開洛公司無線電話播音台

《申報》1926 年 3 月 31 日第 20 版"開洛無線電播音消息":

開洛公司無線電話播音台……星期六(四月三日)……即晚七時半,請方言家嚴工上君唱崑曲"西樓記"、"樓會"、"楚江情"一折,並講方言二十七種。

## 1928 年

△參加演出劇目不詳(1928)

時間:1928 年 12 月

地點:上海方浜路梨園公所

《南國公演的過去簡記》:

南國社第一次在滬公演　民國十七年十二月十五日至十七日

公演　1. 湖上的悲劇,2. 生之意志,3. 最後的假面,4. 名優之死,5. 古潭的聲音,6. 蘇州夜話等

地點　上海方浜路梨園公所

南國社第一次在滬公演續演　同年同月廿二日至廿三日

公演　1. 湖上的悲劇,2. 名優之死,3. 白茶,4. 賊,5. 生之意志,6. 蘇州夜話,7. 古潭的聲音等

地點　同前①

沈仍福編《南國社大事記》：

（一九二八年）十二月十九日——十二月二十三日　　南國社借上海梨園公所小劇場，舉行第一次公演。劇目除了魚龍會最好的劇目外，還添排了《強盜》《白茶》《最後的假面》《湖上的悲劇》《迷娘》等。演員有洪深、田洪、萬籟天、金焰、宋小江、鄭千里（君里）、辛漢文、閻折梧、王芳鎮、徐志尹、蔡楚生、周信芳、高百歲、嚴工上、嚴個凡、楊澤衡、王素、吳似鴻、姚素貞、艾霞等。這次公演原定三天，因場場滿座，應觀眾要求延長兩天。這五天來的演出，都獲得上海各報的好評，一致認爲這是上海戲劇運動的"第一燕"。②

古今等編著《洪深年譜長編》（中國戲劇出版社 2009 年版，第 86 頁）：

（1928 年 12 月）15 日，田漢領導的南國社，在伶界聯合會的協助下，借南市西方浜路梨園公所二樓小舞臺舉行第一次公演，演出了田漢的《蘇州夜話》《名優之死》等劇作。21 至 23 日，再次連續公演四場。

趙銘彝《南國社的征途》：

"南國社"的第一次公演，在 1928 年冬天，在上海南市十分偏僻的梨園公所大廳舉行。因爲經濟窘迫租不起大戲院，就這個地方也是得"南國社"社員周信芳全力支持才借到的。田漢曾用"暗淡低迷"的字眼來形容它。低矮黝黑，真不像一個劇場。可是觀眾不嫌路遠。演了三天五場，還是十分踴躍，又續演了兩天。除藝術學院學生外，南國社社員如洪深、萬籟天、孫師毅、唐槐秋、蔡芳信等都擔任劇中主要角色。後來出了名的電影女演員艾霞，男演員金焰也在那次演出第一次和觀眾見面。③

趙銘彝《涓流歸大海——我投身戲劇運動的回憶點滴》：

南國社上海第一次公演，是在南市偏僻的梨園公所舉行。這個

---

① 閻折梧編：《南國的戲劇》，上海萌芽書店 1929 年版，第 219 頁附錄。
② 《中國現代文藝資料叢刊》第八輯，上海文藝出版社 1984 年版，第 380 頁。
③ 趙銘彝：《涓流歸大海——趙銘彝文集》，第 121 頁。

地方正如田先生在《第一次公演之後》文裏所説的那樣，"街道實在是湫隘的。通不過高車，樓上凳子也很髒，容易坐壞燕尾服"。梨園公所的演出場所也是"暗澹低迷"。南國研究室的同學們全體出動，把學院小劇場裏的全副裝置都搬了去。我同明中、林林等管前臺賣票、收票及招呼觀衆等事務。戲劇科的幾位同學參加舞臺裝置和排戲等，田洪管燈光和裝置，辛漢文管化裝，田先生指揮排戲。我們"在朔風凜冽的冬日，在雪月交輝的深宵，躑躅於法租界金神父路新新里日暉里之間，凡一月有餘之久"（陳明中《第一次公演的意義》）。經過一番籌措，終於在 1928 年 12 月 19 日起正式演出三天，後又繼演兩天。大約只能容納五六百人的梨園公所樓廳，居然先後演出了五天九場，場場滿座。這真是出乎南國社同人的"望外"。田先生當時也説，藝術魚龍會時演了一個星期，演員有時比觀衆多，此次總算觀衆比演員多了。大家都非常興奮，興奮得宿舍裏的鋪蓋被租界巡捕搶去抵押了（因爲欠了兩個月的巡捕捐）。我們也毫不在乎。[1]

## 1929—1930 年

△參加演出劇目不詳（1929）

時間：1929 年 3 月

地點：廣州國民體育會、中山大學

　　闇折梧《南國在南國》：

　　……槐秋先生便在南京演劇而後先赴廣州，而田、洪兩氏也在臘鼓聲中飄航南國，……

　　……田先生廢曆年底動身，隨即有信來招，在新年初旬間南國的同志便又乘廣大輪南去，享受那温暖的南風。

　　（三）公演概況

　　此次先後到南國的南國人們計有田漢、洪深、田洪、唐槐秋、嚴工上、徐志尹、左明、萬籟天、宋小江、趙銘彝諸先生，艾霞、唐叔明、吳家瑾諸女士。

　　雖然色相不齊，像陳凝秋君、吳似鴻女士被狂飆社請去南京演劇，張惠靈君怕死，其餘的人多在家要享天倫之樂，——可是合上研

---

① 趙銘彝：《涓流歸大海——趙銘彝文集》，第 212 頁。

究所的歐陽予倩、胡春冰等先生,也夠合力排演許多劇作了,所以定在三月六日招待文藝界後,七、八、九、十便接連的公演了四日。那演的節目是:(一)顫慄,(二)未完成之傑作,(三)蘇州夜話,(四)強盜,(五)生之意志,(六)名優之死,(七)古潭的聲音,及戲劇研究所的"空與色"(用粵語),和歌劇"人面桃花"、"刺虎"等。劇場就假座在大佛寺國民體育會,票價賣的一元、兩元(學生半價),座位一千以上,這就是當時大概的情形。

......

南國在廣州演劇而後,各校學生一時歡熱若狂,大家要南國前去講演,甚至演劇;其中最追隨不離者可算中大的時代藝術社的人們!所以南國特到中大演劇兩日,以致他們歡歌、他們致別,可是其他的各校,來責難南國的獨厚於彼的便從此多事,......①

《南國公演的過去簡記》:

南國社旅粵公演  民國十八年三月七日至十二日

公演  1. 顫慄,2. 未完成之傑作,3. 生之意志,4. 蘇州夜話,5. 名優之死,6. 強盜(即賊),7. 古潭裏的聲音,8. 父歸;加戲劇研究所歌劇及話劇:1. 空與色,2. 人面桃花,3. 刺虎,4. 車夫之家等

地點  廣州國民體育會②

趙銘彝《南國社的征途》:

剛回到上海,歐陽予倩從廣州來電報和信了。唐槐秋先期去了,這回是邀請田漢和洪深帶着"南國社"去打"開場鑼鼓"。......最後決定請田漢和洪深先去廣東觀察情勢,如需要團體去,可再打電報來通知。

田漢和洪深乘郵船兩天后到了廣州,過了幾天,電報來了,要團體去幾個主要男女演員,人數精簡。這時有的人不願去,有的人不在(如陳凝秋、吳似鴻等參加"狂飆社"到外地演出去了),就匆匆決定了左明、唐叔明、艾霞、吳家瑾、宋小江、嚴工上、田洪、徐賢任等人,我作爲宣傳工作人員隨行。演完後回上海的只剩艾霞、宋小江和田洪三人。左明被萬籟天留在廣東國術館准備搞劇團,唐叔明和研究所

---

① 閭折梧編:《南國的戲劇》,第 177—178、186 頁。

② 同上書,第 219 頁,附錄。

的胡春冰結婚,吴家瑾是唐槐秋的妻子,嚴工上參加研究所樂團,徐賢任作職員。我因一個朋友邀約去廣西一個省立中學教書,已先期離開。田漢這時感到十分苦悶,他最得力的兩個演員都留在廣東,將隻身回上海。他甚至在一次宴會上和唐叔明、左明等借酒醉而大家哭了起來。洪深原來在復旦大學作教授,去廣州似乎也打算幹一番事業的,可是他感到研究所太"衙門化"了(我們一到廣州就感覺到這一點),他和左明送我上船去廣西,分手時向我表示,不久他將回上海。

"南國社"這次的戲,雖然比起上海來稍微差一些,這可能是環境不同、新鋭之氣不足的緣故。但對廣州仍然發生了很大的影響,此後,廣州的戲劇就活躍起來了。①

趙銘彝《涓流歸大海——我投身戲劇運動的回憶點滴》:

……歐陽先生來了電報和信約田先生和洪先生去廣東,還要求田先生帶南國社去那裏"打開場鑼鼓",……田先生説服了大家,最後還是決定去,田先生和洪先生先走一步,看看形勢再來信。就這樣,在舊曆年底,田、洪兩先生乘德國郵船動身了。不幾天,田先生的電報來了,叫去,人數要精簡,實際上陳凝秋和吴似鴻參加狂飆社去南京,張慧靈不敢乘海船,能去的也没有幾個,女演員只有唐叔明和艾霞,臨時加入一個吴家瑾;男演員只有左明、徐賢任、宋小江(兼化裝),好在廣州還有唐槐秋、萬籟天在那裏,一個小班子還可以對付,田洪負責燈光和裝置。我既不能演戲,又不能做舞臺工作,但是我應廣西一個中學之聘,要經過廣州,就決定我擔任宣傳隨行了。在我來説,這次南行不專門爲南國社演出的。

在剛過春節的第二天,在大雪紛飛的上海,我們九個人:左明、唐叔明、艾霞、吴家瑾、田洪、宋小江、徐賢任、嚴工上老先生和我,踏上招商局的廣大(或廣利?)號輪船南行了。走不到半天,海上起了大霧,這時,船還在寧波外海,但不得不停下來,每隔兩分鐘發一次汽笛,如此一直過了兩天才霧散啓航。第四天到廈門,上下貨要停兩天,於是我們上岸去看葉鼎洛和黄大琳。他們已在幾月前來廈門了。葉在一個最大的電影院畫宣傳廣告,他招待我們去牛肉館大吃牛肉。這時廈門還剛開始建馬路,除了一個大戲院之外,没有什麼新的建築

---

① 赵铭彝:《涓流歸大海——赵铭彝文集》,第 124—125 頁。

物,居民集中在旁邊的小鎮上,看起來破破爛爛的。我們在海邊照了一張像。離開廈門時黃大琳也決定隨我們同行。

……

從上海到廣州的旅途上,大家一直非常高興,……嚴工上老先生擅長音樂,又有學方言的特殊才能,同行的徐賢任是溫州人,只不過幾天,嚴老先生能講一口道地溫州話。他一家都是從事文藝工作的,大兒子嚴個凡是音樂家,二兒子嚴與今是拉提琴的,不幸因失戀於1927年在南京秦淮河投水自殺。嚴工上的女兒嚴月嫻也擅長歌舞,後來當電影演員,頗有名氣。

船到珠江口,看到遠處許多林木茂盛的小島,天氣也變得有些熱起來。船員告訴我們,馬上就要到碼頭了,我們很快收拾好行李跑到船面上,遠遠看見田先生、槐秋在那裏招手,我們歡呼起來。船停了,穿過顫悠悠的跳板,真是到了廣州了。大家熱烈擁抱握手。行李交給歐陽先生派來的人,我們分乘黃包車向回龍橋戲劇研究所奔去。

這次南國社在廣州的公演,地點在大佛寺國民體育會,裏面有一千多座位,票價分一元、兩元,學生半價。這次公演,除了演員和舞臺工作比較忙之外,前臺和招待記者之類的事,都由歐陽先生的部屬和研究所去管,也就是説南國社只要管臺上演戲。那幾個戲都是在上海、南京演熟的,稍加排練就是了。這次演出,不管是《名優之死》還是《湖上的悲劇》以及其他的戲,在我看來都沒有什麼新的創造,甚至可説不如在南京演得好。廣東的觀眾以中山大學的學生爲多,他們卻十分滿意。記得中山大學有一個"時代藝術社",領導人是一位教授叫辛樹幟,他鼓勵那個團體邀請南國社去中大演出,並領我們參觀了學校以及圖書館。①

黃德深《廣東話劇從辛亥革命至解放前的發展歷程》:

田漢在上海領導的"南國劇社",也於一九二九年春,來到廣州,連續公演《未完成的傑作》《名優之死》《生之意志》《南歸》《屏風後》和《蘇州夜話》等劇(當時演出地點爲惠福東路國民體育會禮堂)。②

---

① 赵铭彝:《涓流歸大海——赵铭彝文集》,第 219—222 頁。
② 中國戲劇家協會廣東分會等編輯出版:《廣東話劇運動史料集》第二集,1987年,第 8—9 頁。

閻折梧《"南國"播種到南國》：

田、洪二人到達廣州和歐陽老商談後，決定電召上海南國社友相繼來粤。

在春節爆竹聲中，社員乘船到廣州，緊張地籌備公演。公演前，大家游覽了廣州名勝，到黃花崗祭了辛亥革命的先烈，到白雲山舉行了登山競賽，結果田漢第一個登上了頂峰。

據上海《民國日報》發表的洪深的報導中載：……

中山大學特邀南國社往東山該校（即今廣州延安二路魯迅紀念館所在地）續演兩天。……

公演後，應中山大學學生"時代藝術社"同學們的邀請，又去該校演出了兩場，日期是一九二九年三月十一至十二日。①

2. "茶花女"（話劇，1929—1930）

原作：小仲馬

導演：歐陽予倩

時間：1929—1930 年間

地點：廣東戲劇研究所附設演劇學校

按：嚴工上飾阿芒之父。

黃德深《廣東話劇從辛亥革命至解放前的發展歷程》：

與此同時，歐陽予倩和由上海到達廣州的戲劇家洪深、唐槐秋、嚴工上等人共同創辦"廣東戲劇研究所"和"演劇學校"（初時借用廣衛路的當時兩廣外交特派員公署爲籌備處地址，後遷至泰康路回龍橋）。"演劇學校"於一九二九年二月十六日正式成立，初由洪深任校長，後洪深返滬，該職由"戲劇研究所"所長歐陽予倩兼任。戲劇研究所附設演劇學校，……該校成立後兩年多的期間中，計曾公演過十餘次，演出的有外國名劇《茶花女》《最後的擁抱》《女店主》《怒吼吧中國》《史推拉》和《未完成的傑作》等各個多幕長劇；以及《蠢貨》《白茶》《謠傳》《賊》《千方百計》《可憐的裴迦》和《幻滅》等多個獨幕劇。此外，則有由歐陽予倩編寫的歌劇《楊貴妃》，獨幕劇《車夫之家》《屏風後》《小英姑娘》《白姑娘》《國粹》《買賣》和《傷兵之家》等。演

---

① 《南國戲劇》1981 年第 2 期，第 60 頁。

出各劇,都由歐陽予倩、馬彥祥、唐槐秋等分別擔任導演,有時他們並且親自粉墨登場,飾演劇中角色以作現身說法。如在演出獨幕劇《賊》時,由歐陽予倩飾演隨同博士夫人回來的青年,吳家瑾飾演博士夫人,唐槐秋飾演賊,演來賣力精采,博得觀衆一致好評。①

　　韓鋒《歐陽予倩二三事》:

　　陳真如當省府主席時,聘予倩來粤,任戲劇研究所所長。不久,該所先演出了一出話劇《茶花女》,如盧敦飾阿芒,高偉蘭飾茶花女,皆演得恰到好處。在音樂隊裏,找嚴工上老先生(嚴月嫻的父親)飾阿芒的父親。"私覿"一場,真描繪出一般作父母的自私自利心事。②

　　陳酉名《廣東戲劇研究所的前前後後》:

　　此劇演出用廣東方言,嚴是外省人,臨時刻苦學習粤語,扮演劇中阿芒的父親杜瓦樂,演出成績很不錯。③

　　陳紹哲《從微明劇社的演出說到陳欣其人其事》:

　　陳欣主持微明劇社,……他知道我一向對戲劇電影大有興趣,看後還喜歡就一知半解,瞎三話四,發些議論。我們在廣州同去看過廣東戲劇研究所演出的《茶花女》,我爲此寫出了《觀後》劇評,引來戲研所嚴工上找我談了一趟。陳欣認爲我的亂彈不太離譜。我當然遵命無誤,當然拉拉扯扯,不怕獻醜,談其淺見,聊供參考。④

3. "未完成的傑作"(話劇,1929—1930)
原作: 費利甫
時間: 1929—1930 年間

---

① 中國戲劇家協會廣東分會等編輯出版:《廣東話劇運動史料集》第二集,第8—9 頁。

② 廣州市政協文史委員會編:《廣州文史資料存稿選編》第 6 輯《文化教育類》,中國文史出版社 2008 年版,第 139 頁。

③ 中國戲劇家協會廣東分會等編輯出版:《廣東話劇運動史料集》第一集,1984年,第 61 頁。

④ 政協廣東省海豐縣委員會文史資料研究委員會編輯出版:《海豐文史》第六輯,1988 年,第 59—60 頁。

地點：廣東戲劇研究所附設演劇學校

按：嚴工上飾老畫家。

（陳酉名：《廣東戲劇研究所的前前後後》，第 62 頁）

4. "屏風後"（話劇，1929—1930）

原作：歐陽予倩

時間：1929—1930 年間

地點：廣東戲劇研究所附設演劇學校

按：嚴工上飾道德維持會會長康扶持。

（陳酉名：《廣東戲劇研究所的前前後後》，第 62 頁）

5. "怒吼吧！中國"（話劇，1930）

導演：歐陽予倩

時間：1930 年 6 月、7 月

地點：廣州廣東省教育會禮堂、國民黨廣東省黨部禮堂、廣東警察同樂會禮堂、黄埔軍校

按：嚴工上飾市長。

（黄德深：《廣東話劇從辛亥革命至解放前的發展歷程》，第 9 頁；《民國日報·戲劇週刊》1930 年 7 月 23 日①）

歐陽予倩《〈怒吼吧中國〉上演記》：

……只因學生人數不夠，把全所的人都用上了。總數計七十餘人，我們的小舞臺決容不下，因此想借教育會的禮堂，而教育會的禮堂没有空，便改向省市黨部商量，以紀念六·二三由省市黨部招待在省黨部禮堂演了兩天。

……

在省黨部演過之後，又在警察同樂會演過兩晚，在黄埔軍官學校演過一晚。每回的觀衆不同，演的結果也略有出入。②

陳酉名《廣東戲劇研究所的前前後後》：

---

① 轉引自《上海文化藝術志》編纂委員會等編輯出版《上海文化娛樂場所誌》，2000 年，第 357 頁。

② 鳳子主編：《歐陽予倩全集》第四卷，上海文藝出版社 1990 年版，第 106—107 頁。

　　此劇最先在教育會禮堂(現南方戲院右側)演出,連演一個月,場場客滿,這在當時是罕見的。接着又到黃埔軍校公演,效果良好也出人意料。通過這兩次演出,觀眾的範圍擴大了,特別接觸了廣大的工人群眾。還有一次演出是在國民黨廣東省黨部禮堂(現在烈士陵園內的革命歷史博物館),……①

　　張福光整理《廣東早期及抗戰前的話劇概述》:
　　嚴工上也學了廣州話來跟鍾啓南演市長的 A、B 角,……②

## 1933 年

6. "怒吼吧! 中國"(話劇,1933)
導演團:夏衍、孫師毅、沈西苓、鄭伯奇、應雲衛、顧仲彝、嚴工上
執行導演:應雲衛
時間:1933 年 9 月、10 月
地點:上海黃金大戲院
按:嚴工上飾縣長。
(曉白:《應雲衛生平大事記》,應雲衛紀念文集編輯委員會編輯出版:《戲劇魂:應雲衛紀念文集》,2004 年,第 445 頁;《上海文化藝術志》編纂委員會等編輯出版《上海文化娛樂場所誌》,第 357—358 頁)

　　應雲衛《回憶上海戲劇協社》:
　　導演方面雖然由我負責,但事前曾經黃子布(夏衍)、孫師毅、沈西苓、席耐芳(鄭伯奇)、顧仲彝、嚴工上等同志們好多次的討論。③

## 1936 年

7. "折柳"(崑曲,1936)
時間:1936 年 9 月 27 日

---

　　①　中國戲劇家協會廣東分會等編輯出版:《廣東話劇運動史料集》第一集,第 64 頁。
　　②　同上書,第 14 頁。
　　③　應雲衛紀念文集編輯委員會編輯出版:《戲劇魂:應雲衛紀念文集》,第 61 頁。

　　地點：上海金城大戲院。
（《申報》1936 年 9 月 26 日第 2 版，"上海電影界全體總動員，購機祝
壽游藝大會"）

**附記：**今年喜逢嚴師和寂潮師在華東師大古籍研究所榮休，我很有些感想。

　　我能夠走上學術研究的道路，和嚴師的悉心栽培有莫大的關係。從學二十多年來，對老師敬慕和感激的心意與日俱增，語言難以表達。謹以此篇粗淺的學術作品，表示我千萬分之一的感激之心。

　　寂潮師是詩人，天性真摯自然，在他身上有温潤如玉的君子氣象。老師學識深邃，又清明如鑑。若有請益，則小叩小鳴，大叩大鳴。我本是一個淺薄無知的少年，二十多年來，多少次從老師這裏獲得了無數的啓發、鼓勵和幫助，從而在學習的道路上力求進步，不敢稍存怠惰之心，感謝老師！

　　恭祝兩位老師健康快樂，幸福如意！

（趙燦鵬，暨南大學古籍研究所教授）

# 劉向《晏子書録》及相關問題考釋

程　決

　　《晏子春秋》是一部記録晏子政治思想和生活逸事的著作。全書共
40 277 字,其中《諫上》6 353 字、《諫下》5 857 字、《問上》5 504 字、《問下》
4 291 字、《雜上》5 317 字、《雜下》4 720 字、《外上》5 597 字、《外下》2 638
字。和其他先秦諸子相比,《晏子春秋》每篇字數較多(《孫子兵法》13 篇
5 000 字,《論語》20 篇 15 900 字),所以每篇分上下。在先秦諸子中,《晏
子春秋》是爭議較大的一部著作,在諸如作者、成書時間、學科性質等方面
都有許多迥異的觀點。而關於早期《晏子春秋》的流通情況,我們今天的
讀者只能從劉向的《晏子書録》中略窺一二,從中探尋《晏子春秋》一書的
成書、成書時間、著作性質、作者等問題的答案。

　　《晏子書録》:

《晏子》八篇
《内篇·諫上》第一凡二十五章
《内篇·諫下》第二凡二十五章
《内篇·問上》第三凡三十章
《内篇·問下》第四凡三十章
《内篇·雜上》第五凡三十章
《内篇·雜下》第六凡三十章
《外篇》重而異者第七凡二十七章
《外篇》不合經術者第八凡十八章
右《晏子》凡内外八篇,總二百十五章。
護左都水使者光禄大夫臣向言:所校中書《晏子》十一篇,臣向
謹與長杜尉臣參校讎。太史書五篇,臣向書一篇,參書十三篇,凡中

外書三十篇,爲八百三十八章。除複重二十二篇六百三十八章,定著
八篇二百一十五章。外書無有三十六章,中書無有七十一章,中外皆
有以相定。中書以夭爲芳、又爲備、先爲牛、章爲長,如此類者多,謹
頗略楯(箋),皆已定,以殺青,書可繕寫。晏子名嬰,謚平仲,萊人。
萊者,今東萊地也。晏子博聞强記,通於古今,事齊靈公、莊公、景公,
以節儉力行、盡忠極諫道齊,國君得以正行,百姓得以附親。不用則
退耕於野,用則必不詘義。不可脅以邪,白刃雖交胸,終不受崔杼之
劫。諫齊君懸而至,順而刻;及使諸侯,莫能詘其辭。其博通如此,蓋
次管仲。内能親親,外能厚賢,居相國之位,受萬鐘之禄,故親戚待其
禄而衣食五百餘家,處士待而舉火者亦甚衆。晏子衣苴布之衣,麛鹿
之裘,駕敝車疲馬,盡以禄給親戚朋友,齊人以此重之。晏子蓋短。
其書六篇,皆忠諫其君。文章可觀,義理可法,皆合六經之義。又有
複重,文辭頗異,不敢遺失,復列以爲一篇。又有頗不合經術,似非晏
子言,疑後世辯士所爲者,故亦不敢失,復以爲一篇,凡八篇。其六篇
可常置旁御觀,謹第録。臣向昧死上。

1. 成書問題。這篇五百字的《書録》,讓我們可以多方面瞭解劉向校
書前《晏子春秋》一書的流通情況以及劉向校書的過程。

"右《晏子》凡内外八篇"。按此處書名經後人删改,原題當爲《晏子
新書》。① 根據《漢書·藝文志》,劉向整理本的書名是《晏子》,但《史
記·管晏列傳》中司馬遷記録的書名是《晏子春秋》——據《史記·管晏
列傳》《正義》所引《七略》,其子劉歆整理本書名也是《晏子春秋》——説
明司馬遷所見本和定本不同。

"其書六篇"。這是漢代《晏子春秋》通行本的篇數,也是整理本的
底本。但這個漢代六篇本和今本的前六篇應該有較大差異。銀雀山漢
簡本共十六章,分布在今本的八篇中,沒有按照内容分類。今本的分
篇,確實是劉向重新編輯的結果。漢代各本《晏子》,沒有《諫》《問》之
類的分類。

"中書《晏子》十一篇,太史書五篇,臣向書一篇,參書十三篇,凡中外
書三十篇"。這是劉向校勘時所用的版本資源。簡單計算下,大致是:太
史本一部五篇,劉向本一部一篇,臣參本至少三部十三篇,中書本二部十

---

① 李解民:《〈劉氏書録〉研究》,載《古籍整理與研究》第七期。

一篇,合計七部三十篇。從版本類型看,臣參本、中書本相對較爲完整,以六篇爲主。其餘的或五篇本,或單篇本。就是説,劉向校勘時,底本是六卷本,再用五卷本和單篇本參校。

"凡中外書三十篇,爲八百三十八章。除複重二十二篇六百三十八章,定著八篇二百一十五章"。這是篇章校勘,也是劉向校書的必要步驟,主要涉及一部著作的篇數、章數。爲什麽會有複重呢? 劉向校書時,把用於校勘的所有版本的篇、章簡單相加,得到一個總數,這個數字裏必然是有大量的重複,這是同一部書不同版本之間的完全重複,所以要刪除。整理後的定本則保留各本都有的篇章。現存劉向《書録》大多都有類似的記録,如:

《戰國策書録》:"護左都水使者光禄大夫、臣向言:所校中《戰國策》書,中書餘卷,錯亂相糅莒;又有《國別》者八篇,少不足。臣向因國別者,略以時次之;分別不以序者,以相補。除重複,得三十三篇。"

《管子書録》:"護左都水使者光禄大夫、臣向言:所校讎中《管子》三百八十九篇,大中大夫卜圭書二十七篇,臣富參書四十一篇,射聲校尉立書十一篇,太史書九十六篇。凡中外書五百六十四篇,以校除複重四百八十四篇,定著八十六篇,殺青而書可繕寫也。"

《孫卿書録》:"護左都水使者、光禄大夫、臣向言:所校讎中《孫卿書》凡三百二十二篇,以校複重,除複重二百九十,定著三十二篇,皆以定殺青,簡書可繕寫。"

《列子書録》:"右新書定著八篇。護左都水使者光禄大夫、臣向言:所校中書《列子》五篇,臣向謹與長社尉臣參校讎。太常書三篇、太史書四篇,臣向書六篇,臣參書二篇,内外書凡二十篇,以校,除複重十二篇,定著八篇。"

《鄧析書録》:"中《鄧析書》四篇,臣敘書一篇,凡中外書五篇,以相校,除複重爲一篇。皆定殺而書可繕寫也。"

《關尹子書録》:"右新書著定《關尹子》九篇,護左都水使者光禄大夫臣向言:所校中秘書《關尹子》九篇。臣向校讎,太常存七篇,臣向本九篇,臣向輒除錯不可考,增闕斷續者九篇,成,皆殺青,可繕寫。"①

---

① (清)嚴可均輯:《全上古秦漢三國六朝文》,中華書局 1999 年版,第 331—335 頁。按《關尹子書録》《子華子書録》,王國維、陳國慶認爲是僞作,但從行文格式上看,和劉向其他書録是一致的。書録的寫作,非一般人可以僞造,歷來在書録的理解上,歧見甚多,但這兩部書録,筆者以爲不是僞造。

定本 215 章,按 838 章減去 638 章,應該是 200 篇,此處文字應該有訛誤。定本的篇章包含所有參校本的篇章,是各本的最大公約數。定本八篇,增加了兩篇。劉向校書後的定本篇數與通行本相比,有兩種情況,一是定本篇目多於通行本,如《孫子兵法》定本 82 篇,通行本是 13 篇;《孟子》定本 11 篇,通行本 7 篇;《莊子》定本 52 篇,通行本 33 篇。其次是定本與通行本篇目相同的,主要是經部著作、子部著作、漢代著作,如《荀子》33 篇,《商君》29 篇,《韓非子》55 篇,《墨子》71 篇,《淮南内》21 篇等。

"中書以天爲芳、又爲備、先爲牛、章爲長如此類者多"。這是字句校勘情況,中書訛誤較多,是個很差的版本。劉向所舉的四個例子,主要是訛誤(天爲芳、又爲備、先爲牛)和假借(章爲長)而形成的異文。這種文字差異,是完全相同的同一部書的不同版本之間的文字差異,和後代的不同版本之間的文字差異相同,也是符合後人的校勘原則的。

"外書無有三十六章,中書無有七十一章,中外皆有以相定"。從篇章數量看,外書 19 篇,和定本相比缺 36 章;中書 11 篇,和定本相比缺 71 章;這樣的記録在今存《書録》中僅見。説明各類不同版本的《晏子春秋》差異性較大,彼此内容並不完全相同。其中,中書本闕 71 章,按照今本《晏子春秋》來計算,相當於缺少 3 篇《諫上篇》這樣的内容,或者是兩篇多《問上篇》這樣的内容,顯示劉向所用參校本之間在内容上有很大的差異性。而外書 19 篇缺 36 章,相對完整。

"又有複重,文辭頗異,不敢遺失,復列以爲一篇"。這是在描寫今本的第七篇,非常有意思。這也是現存《書録》中唯一的第二次"複重"。這個複重,是内容有差異的複重,而不是相同篇章的複重。"又有複重,文辭頗異",説明底本和參校本根本不是同一部書,而是性質類似的著作。彼此大致情節雷同,但人物、地點、對話、辭彙、語法有差異。導致人物在形象、性格方面甚至出現前後矛盾的情況,這是今本第七篇的普遍狀態。如晏子事三君的故事,在 4.29、7.19、7.27、8.3、8.4 等五章中,梁丘據、高子、孔子都問過類似的問題,答案也基本相似,但文字又不是完全相同。顯示這些章節不是同一作者所寫,而是衆多作者不斷增補、編撰的結果。也説明《晏子春秋》這些章節的寫作,距離故事發生的時間已經很久了,故事在傳播過程中發生了誤植。外篇兩篇共 45 章,大多是重複出現的類似故事,顯然是同類著作,而不是同一部書。其差異無法用篇章校勘和字句校勘來處理,只能保留文本。

"又有頗不合經術,似非晏子言,疑後世辯士所爲者,故亦不敢失,復

**以爲一篇**"。這是介紹第八篇，劉向已經懷疑"似非晏子言，疑後世辯士所爲者"，説明原書成書時間較遲。

這樣，從《晏子書録》我們可以判斷，劉向所依據的《晏子春秋》類文獻，至少有三類不同性質的關於晏子的著作：傳記類《晏子》（如《雜上》第十六章至第三十章是關於晏子軼事的著作）、政論性《晏子》（如大量的晏子和景公的對話，《問下》第十七至第二十七連續的十一章是晏子和叔向的對話）、戰國後增補的《晏子》。這些著作成書時間有較大間隔，即戰國早期、中期、末期，這也是導致後人對《晏子春秋》一書性質、成書時間有不同看法的根源所在。

綜合來看，我們可以得出這樣的結論：今本《晏子春秋》是劉向以六篇本爲基礎，把多種相關著作重新編輯而形成的版本，其内容主體是通行本，但也夾雜着很多同類著作的篇章，全書不是一時一地一人所著。或許和《戰國策》類似，《戰國策》也是劉向把七種相關著作重新分類編輯的結果。

2. 關於《晏子春秋》成書時間的研究，諸説跨度較大，從春秋末期至六朝的都有。竹簡本出土後，證明《晏子春秋》爲先秦古書無疑，六朝説不攻自破。如上所述，由於《晏子春秋》是由多種著作重新編輯而成，材料來源複雜，根據書中不同時期的章節，就會得出不同的成書時間，如王文錦認爲其成書年代當在晏嬰去世不久，即春秋末至戰國初期；作者當是晏嬰的弟子、門客。① 吴九龍也認爲成書於春秋末期或戰國初期（見《晏子春秋考辨》）。夏淩霞、郭慶林則認爲成書很可能是在戰國中期或之前的一段時間，至少與《孟子》同時或比其稍早（見《晏子春秋研究》、《晏子春秋語用研究》）。謝祥娟認爲成書於戰國中後期。② 王緒霞認爲"應該編成於前 288 年前後，有稱帝王風氣的時候"（見《晏子春秋成書考論》）。王更生認爲成書於戰國末期，《左傳》《孟子》之後，《韓詩》之前。（見《晏子春秋研究》）譚家健認爲成書於《國語》《墨子》之後，《戰國策》《韓非子》《吕氏春秋》之前。

諸説所據，主要是書中的不同章節。如上所述，由於今本《晏子春秋》是多部相關著作重新編輯的本子，材料來源龐雜，所以，完整的《晏子春

---

① 王文錦：《晏子春秋集釋辨誤》，載《文史》第 35 輯。

② 謝祥娟：《晏子春秋戰國中後期成書説補正》，載《管子學刊》2011 年第 1 期；《從辭彙角度看〈晏子春秋〉的成書年代》，載《上海大學文學院學報》2011 年第 4 期。

秋》一書的成書時間是無法確定的,只能這樣説,《晏子春秋》的一些具體章節的成書時間,可以由這些章節的具體内容來確定,而無法説明全書的成書時間,不能以偏概全。

3. 著作性質問題。在古代,《晏子春秋》的性質分歧主要體現在圖書分類上的差異,一是歸入子部儒家或歸入子部墨家,或歸入子部而不分儒墨;其次是歸入史部傳記類。(1) 歸入儒家:《漢書·藝文志》、《新唐書·藝文志》、《宋史·藝文志》、《崇文總目》、宋尤袤《遂初堂書目》、明朱睦㮮《萬卷堂書目》等;(2) 歸入墨家:晁公武《郡齋讀書志》、高儒《百川書志》、焦竑《國史經籍志》等;(3) 歸入子部:《隋書·經籍志》、明晁瑮《晁氏寶文堂書目》、明陳第《世善堂藏書目録》、祁承㸁《澹生堂藏書目》、清錢曾《錢遵王述古堂藏書目録》、季振宜《季滄葦藏書目》、彭元瑞《天禄琳琅書目後編》、徐乾學《傳是樓書目》;(4) 歸入史部傳記類:《四庫總目提要》、《鐵琴銅劍樓藏書目録》、清周中孚《鄭堂讀書記》、丁丙《善本書室藏書志》、陸心源《皕宋樓藏書志》、徐時棟《煙嶼樓讀書志》、張金吾《愛日精廬藏書志》、丁仁《八千卷樓書目》、范邦甸《天一閣書目》、張之洞《書目答問》、《藏園群書經眼録》、《中國善本書總目》)。

《晏子春秋》全書故事性强的有 158 章,占總章數的 73%,所以,從《四庫全書總目》開始,傳統目録基本把《晏子春秋》當史部著作來看,這是有道理的。

《晏子春秋》不是小説也不是散文集,更不是新聞報道,那我們應該怎麽看《晏子春秋》這部書的性質呢? 首先,《晏子春秋》中絶大多數的章節都離不開政治;其次,就是他的故事性,有一定的敘事,但不是虚構,所以,《晏子春秋》是一部以政治家晏子爲主的故事集。董志安認爲是歷史小説,譚家健認爲是傳記文學,孫緑認爲是傳記故事集,諸説都有一定的局限性。

4. 關於作者,因《晏子春秋》是多部相關著作的重新編輯本,目前無法考證,也無法確定作者,大概如高亨先生所説是"戰國齊地"人所著,因書中有大量的齊國小地名。

(程泱,淮陰師範學院文學院)

# 宋代榜文文書程式初探

## ——以兩浙、福建轉運司榜文"録白"爲例

楊 軍

公文有别於其他文體的一大特點是公文程式。民國時期政府曾多次頒佈《公文程式令(條例)》,因此"公文程式"這一概念在當時的公文研究中頻頻出現,但學者在公文程式的"形式"與"内容"兩個構成層面的理解上有差異。[1] 實際上,公文的程式既表現於外在的形式特徵(可稱之爲表層結構),也表現於内部邏輯結構的程式化特徵(可稱之爲深層結構),公文程式可謂是公文表層結構和深層結構兩個層面的統一。因此有論者認爲:"公文程式也稱公文格式,是公文内容各部分的邏輯結構和文面各種要素的布局。公文程式的有無,是應用文區别於其他文章的重要特徵;格式的嚴格、規範與否是公文區别於其他應用文體的重要標誌。"[2]榜文文書屬於公文文體。宋代榜文文書在政務活動中使用的數量及範圍度越前代,由此引起學者的關注,所論議題涉及榜文與法律制定和傳布、[3]榜文與地方行政事務運作、[4]榜文的傳播學特徵、[5]榜文與地方社會治理、[6]榜

---

① 袁曉川:《民國時期"公文程式"解讀》,載《檔案學通訊》2013 年第 2 期,第 45 頁。

② 胡元德:《古代公文程式解析》,載《檔案與建設》2008 年第 2 期,第 5 頁。

③ 戴建國:《宋代法律制定、公布的信息管道》,載《雲南社會科學》2005 年第 2 期,第 102—109 頁。

④ 高柯立:《宋代州縣官府的榜諭》,北京大學國學研究院中國傳統文化研究中心編:《國學研究》第 17 卷,北京大學出版社 2006 年版,第 77—108 頁。

⑤ 楊軍:《宋代榜的傳播學解讀》,載《新聞與傳播研究》2011 年第 3 期,第 48—57 頁。

⑥ 趙曉倩:《榜文與宋代地方社會治理研究》,河北大學,2013 年,第 1—62 頁。

文與政治信息傳播、①榜文文書的複製方式、②榜文文書發佈中的違規現象③以及敕榜④等諸多方面，而對於宋代榜文文書的程式性特徵的研究尚未見論及。本文借助保存完好的兩浙、福建轉運司榜文的"録白"，據此蠡測宋代榜文文書的程式，以求教於方家。

# 一、榜文的表層程式

公文程式常以外在形式表現出來，榜文文書亦是如此。但是，宋代除敕榜、赦書等有相應嚴格的收儲制度外，其他榜文文書是中央百司及地方州縣官府就具體事項面向民衆發佈的含有指令、曉（戒）諭等内容的下行文書，此類文書事過則廢，長久保存的意義不大，以致現今可以見到保存了文體格式的"原汁原味"的宋代榜文文書蕩然無存。而宋人官方文書彙編及文人個人文集等收録的榜文也已並非榜文文書程式的原貌，榜文原應有的换行以及其他格式均不可見，讓後人考察榜文的程式和行文特點都失去了依據。但也並非無迹可考。南宋寧宗嘉泰三年（1203）頒佈的《慶元條法事類》中即記載了"曉示""知縣事榜"等公文程式。其中"曉示"提及榜文的程式：

> 某司某事云云。
> 右云，曉示云云者。
> 　年月日書字
> 内外官司事應衆知者，用此式。用榜者准此。唯年月日下書"榜"字。友列位依牒式。⑤

---

① 楊軍：《宋代榜文與政治信息傳播——基於政治傳播學視角的分析》，載《思想戰線》2015 年第 3 期，第 146—152 頁。

② 楊軍：《宋代榜文文書副本的復製方式》，載《檔案學通訊》2015 年第 3 期，第 88—90 頁。

③ 楊軍：《宋代榜文文書發佈中的違規現象初探》，載《檔案學研究》2017 年第 6 期，第 125—128 頁。

④ 楊芹：《宋代敕榜研究》，載《中華文史論叢》2017 年第 3 期，第 285—309 頁。

⑤ （宋）謝深甫著，戴建國點校：《慶元條法事類》，黑龍江人民出版社 2002 年版，第 350 頁。

曉示文書開頭是發文機關。《慶元條法事類》中這一格式是以從司發出爲例,所以格式寫"某司"。文書下達的物件是"内外官司事應衆知者"之"衆",即民衆,由此,曉示形式上的傳遞路徑是"某司"至民衆。"用榜者准此",即是説,榜文的程式依照曉示,與曉示不同之處在於"唯年月日下書'榜'字"與"友列位依牒式",即簽押的官員排列依照公文牒的形式。曉示與榜具有大致相同的文書程式,而文書程式是決定文書類別與性質的重要依據。因此,曉示與榜文應視爲同一種文書,被運用在不同事類上而有不同稱謂的表現。依據曉示的文書程式,榜文文書的程式爲:

> 某司
>> 某事云云。
> 榜示云云者。前列數事,則云"右件"。
> 年 月 日榜。①

榜文與曉示文書程式大致相同,區別在於年月日後書"榜"字。但這一區別標誌在知縣事榜中卻付闕如。宋代新官員到任後,通常利用街道、市鎮鄉村等地頒布到任榜,公告到任消息,宣達朝廷政令,旨在宣告新官上任的爲政方針。知縣事榜有較爲固定的格式:

> 知縣事榜:
> 勘會今月日到任,並無親戚、門客、秀才及醫術、僧道、人力之類隨行,竊慮有妄作上件名目之人,在外做過,須至曉示。
> 右出榜某處,如有妄作上件名目之人,起動人户,並寺觀、行鋪、公人等人,仰諸色人收提赴官,以憑書理根勘施行,各會知委。
> 年 月 日。②

目前保存宋代榜文文書表層程式最早且較爲完整的,是理宗嘉熙二年(1238)兩浙轉運司爲保護《方輿勝覽》版權所頒發榜文文書的"録白"(見圖一)。宋代出版繁興,政府已制定出相應的政策、法令以規範圖書的

---

① 龔延明:《宋代官制辭典》,中華書局1997年版,第625頁。
② (宋)李元弼:《作邑自箴》,元周:《政訓實録》,中國戲劇出版社2001年版,第689頁。

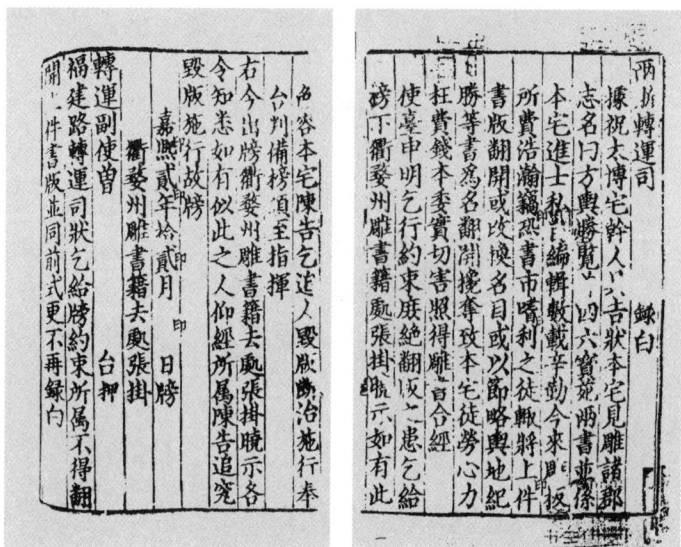

圖一　《方輿勝覽》嘉熙三年刻本所附《兩浙轉運司錄白》

出版發行。《紹興令》明文規定："諸私雕印文書,先納所屬申轉運司,選官詳定,有益學者聽印行。"①《方輿勝覽》所附兩浙轉運司"錄白"即是實施這項規定的結果。此"錄白"見於《方輿勝覽》最早刻本、現藏日本宮內廳書陵部的祝穆嘉熙三年(1239)刻本的序後:

> 兩浙轉運司　　　　　錄白
> 　據祝太博宅幹人吳吉狀:本宅見雕諸郡
> 志名曰《方輿勝覽》□《四六寶苑》兩書,並系
> 本宅進士私自編輯,數載辛勤。今來雕板
> 所費浩瀚。竊恐書市嗜利之徒,輒將上件
> 書版翻開,或改換名目,或以《節略輿地紀
> 勝》等書爲名,翻開攙奪,致本宅徒勞心力,
> 枉費錢本,委實切害。照得雕書合經
> 使臺申明,乞行約束,庶絕翻版之患,乞給
> 榜下衢、婺州雕書籍處張掛曉示,如有此
> 色,容本宅陳告,乞追人毀版斷治施行。奉

---

① (宋)王禹偁:《王黃州小蓄集》,《宋集珍本叢刊》第 1 册,線裝書局 2004 年版,第 744 頁。

　　　　台判備榜須至指揮。

　　右今出牓衢、婺州雕書籍去處張掛曉示，各

　　令知悉，如有似此之人，仰經所屬陳告追究，

　　毁版施行。故牓。

　　　　嘉熙貳年拾貳月　日牓

　　　　　衢、婺州雕書籍去處張掛

　　轉運副使曾　　　　　台押

　　福建路轉運司狀乞給榜，約束所屬，不得翻

　　開上件書版並同前式，更不再録白。①

宋代史料中，"録白"爲抄録之意。此"録白"即是抄録榜文文書所得的副本，因此基本保存了榜文文書原有的格式。

　　兩浙轉運司"録白"中的祝太博爲祝穆，他遣其幹人吳吉依規向兩浙、福建轉運司申報《方輿勝覽》的出版事項並對書坊"翻開攙奪"的侵權行爲予以約束。兩路的轉運司分別給衢州、婺州"雕書籍去處"頒布榜文，且祝穆將此榜文的"録白"刻於序後。時隔二十八年後，即度宗咸淳二年（1266），當《方輿勝覽》再版時，祝穆之子祝洙又將福建轉運司重頒禁止翻刻的榜文"録白"附於後（見圖二），以期禁止麻沙書坊翻版行爲：

　　福建轉運使司　　　　　　　　録白

　　　據祝太博宅幹人吳吉狀稱：本宅先隱士私編《事

　　文類聚》《方輿勝覽》《四六妙語》，本官思院續編《朱子

　　四書附録》進塵

　　御覽，並行於世，家有其書，乃是一生燈窗辛勤所

　　就，非其它剽竊編類者比。當來累經兩浙轉運使

　　司、浙東提舉司給榜禁戢翻刊。近日書市有一等

　　嗜利之徒，不能自出己見編輯，專一翻版，竊恐或

　　改換名目，或節略文字，有誤學士大夫披閱，實爲

　　利害。照得雕書合經使台申明狀，乞給榜下麻沙

　　書坊長平熊屯刊書籍等處張掛曉示，仍乞帖嘉

――――――――――

　　①　（宋）祝穆：《四六必用方輿勝覽》，全國高校古籍整理研究工作委員會編：《日本宮內廳書陵部藏宋元版漢籍影印叢書》第1輯，線裝書局2001年版，第1—2頁。

禾縣嚴責知委,如有此色,容本宅陳告,追人毀板
斷治施行,庶杜翻刊之患,奉
運使判府節制待制修史中書侍郎台判給榜
須至曉示。
右今榜麻沙書坊張掛曉示,各仰通知,毋至違犯。故
榜。　　咸淳貳年陸月　　　　　　日
　　使　　　　　　　　　　　台押
兩浙路轉運司狀乞給榜,約束所屬,不得翻刊上件
書板並同前式,更不再録白。①

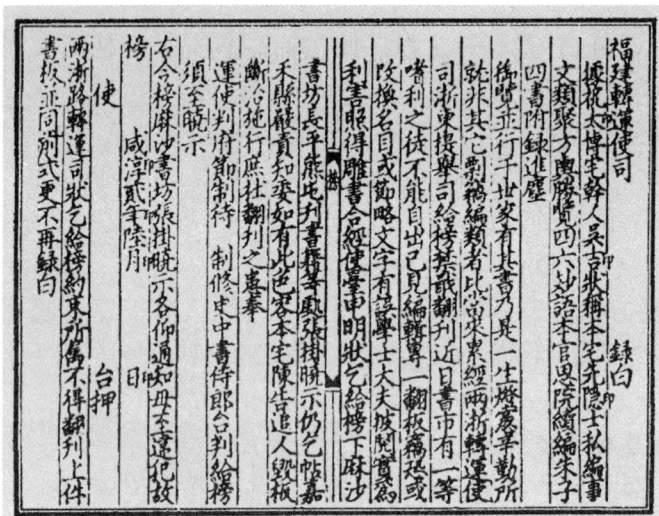

圖二　《宋本方輿勝覽》咸淳二年刻本所附《福建轉運司録白》

　　依據以上兩則榜文"録白",宋代地方官府榜文文書的表層程式主要
內容大體可以分爲六部分,即發文機關、榜文正文、結束語、發文者(官府、
職銜)、行文年月日(印章)、發文者簽押。以上六部分決定了榜文的表層
程式的基本概貌。
　　發文機關。榜文文書的發出部門通常有皇帝、中央百司門及地方官
府。兩浙轉運司、福建轉運使司"録白"開頭即標明發文機關爲"兩浙轉
運司""福建轉運使司"。

---

　　①　(宋)祝穆:《宋本方輿勝覽》,上海古籍出版社 1986 年版,第 601 頁。

榜文正文。榜文正文部分用於陳説發文事由、處理事務的依據與方案。兩浙、福建轉運司榜文均"據祝太傅宅幹人吳吉狀稱"陳説發文事由、處理依據與辦法。

結束語。作爲告知性榜文的結束語多爲固定套語,常用的詞語有"張掛曉示""各仰通知""出榜曉諭""揭榜諭民"等,以示强調,達到引起公衆注意的效果。

發文者(官府、職銜)。榜文發佈的府衙及官員的職銜。以上兩個"録白"的發文者爲兩浙、福建轉運司,職銜爲副使、使臺。①

行文年月日(印章)。榜文用印的意義在於明確發文的權威,具有象徵意義。兩浙、福建轉運司榜文"録白"均具行文時間,且在時間旁有多個"印"字,似應提示這幾處榜文原件鈐有官印。

發文者簽押。正式的榜文有發文機關負責官員的押字、官府的官印。兩浙轉運司"録白"的簽押者爲轉運副使曾某,福建轉運使司"録白"簽押者爲使臺。

此外,兩路轉運司"録白"涉及皇帝的用語"御覽",以及地方官府官員稱謂的"使臺""臺判""運使"等詞語均提行。

## 二、榜文的深層程式

與榜文文書的表層程式相比,深層程式隱藏於榜文内容的表達中。徐望之《公牘通論》將公文的内在結構總結爲三段:"公文之結構,自其實質而言,除一二特殊性質之公文,如任免令、任命狀等文之外,雖名稱各異,詳簡互殊,總不外依據、引申、歸結三段結構而成。"②從依據、引申、歸結三個方面對公文的内部邏輯結構予以總結基本符合公文的實際。而榜文文書的寫作大致遵循着依據、引申、歸結這一内在邏輯展開。

"凡行一公文,必先有所依據"。③依據是擬寫榜文的起因和根據,是對正文所涉及的事項作必要的背景交代、事實陳述。依據包括相關的法律規定、申説的事實、對方官府的來文、既有的先例等。兩浙、福建轉運司

---

① 使臺爲宋代對監司諸使的尊稱。參見龔延明《中國歷代職官別名大辭典》,上海辭書出版社 2006 年版,第 434 頁。

② 徐望之:《公牘通論》,檔案出版社 1988 年版,第 127 頁。

③ 同上。

"録白"中起首句稱"據祝太傅宅幹人吳吉狀稱",文中敘述稱"本宅",交代榜文擬寫的起因、背景。

引申是在依據基礎上的説理、議論,從依據中尋找解決問題的方法、原則和思路的過程。兩浙轉運司榜文録白陳述《方輿勝覽》等書"私自編輯,積歲辛勞",且"所費浩瀚",卻擔心"書市嗜利之徒""翻開攙奪"而"徒費心力,枉費本錢",進而請求出榜約束,"庶絶翻板之患",對於盜版"追人毀版,斷治施行",這一請求得到轉運司認可,並以榜文形式公之於衆。福建轉運司榜文録白的引申部分與兩浙轉運司類似。

歸結是在依據和引申的基礎上得出相關問題的解決方案。榜文公之於衆的最終目的在於解決問題,因此説歸結是榜文文書的核心所在。兩浙、福建轉運司榜文録白給出的解決方案分別是"右今出榜衢、婺州雕書籍去處張掛曉示,各令知悉,如有似此之人,仰經所屬陳告追究,毀版施行","右今榜麻沙書坊張掛曉示,各仰通知,毋至違犯"。

依據、引申、歸結這一内在邏輯符合認識論規律。但三者並非簡單劃一的線性排列,而是依據中嵌套着引申、歸結,引申中嵌套着依據、歸結等情形普遍存在。兩浙、福建轉運司榜文録白亦是如此。

總之,榜文文書的程式化是其所屬的公文文體區別於其他文體的一個重要特徵。"行政文書均擁有常套句式以及慣用表達方式,這是爲了强調命令之絶對性、文書之權威性"。① 榜文的發布是爲吏民直接傳遞皇帝、朝廷及官府政務資訊,而政務資訊的傳遞要求快速、準確無誤,就必須要求榜文文書有相應的行文程式進行規範。

原載《檔案學通訊》2018 年第 2 期
（楊軍,陝西師範大學新聞與傳播學院教授、陝西師範大學學報編輯部編審）

---

① 富谷至撰,劉恒武、孔李波譯:《文書行政的漢帝國》,江蘇人民出版社 2013年版,第 4 頁。

# 徐乃昌稿本《豐潤張氏書目》略述

## 李善强

《豐潤張氏書目》是張佩綸的藏書目録。張佩綸(1848—1903),字幼樵,河北豐潤人,晚清大臣、學者,致力於研究《管子》,有《管子學》傳世。張佩綸是近代著名藏書家,其藏書除自購外,絶大部分來自朱學勤結一廬。張氏藏書數量現在仍無法確知,據説有《管齋書目》,但是目前未見流通。

《豐潤張氏書目》稿本一册現藏華東師範大學圖書館,其實只是張氏藏書中稿抄本之精華部分,雖非全部,藉此也能略窺張氏藏書之一斑了。

令人意想不到的是,該書目竟然出自徐乃昌之手,其珍貴程度可想而知了。

## 一、徐乃昌手迹

《豐潤張氏書目》用藍格稿紙,半葉 10 行,有書耳,書耳鎸"積學齋鈔書"五字,與華東師範大學圖書館藏徐乃昌《積學齋書目》手稿本完全相同(見圖一)。該書著録書目 255 種,其中《宋人小集》爲叢書,含 32 種,合計 286 種,除第 128 條《東皋録》爲明洪武十七年刻本外,①其餘全爲稿抄本。

《豐潤張氏書目》前半俱爲徐乃昌手迹,共 37 頁,圈點勾劃,增損塗乙,滿目斑斕;後半則爲謄清抄本,内容與前半全同,只是順序有異,字迹亦與徐乃昌手迹相去甚遠,當爲書手所爲。

---

① 按,條數非原目録所有,而是爲便於敘述,筆者按順序所加,下同。

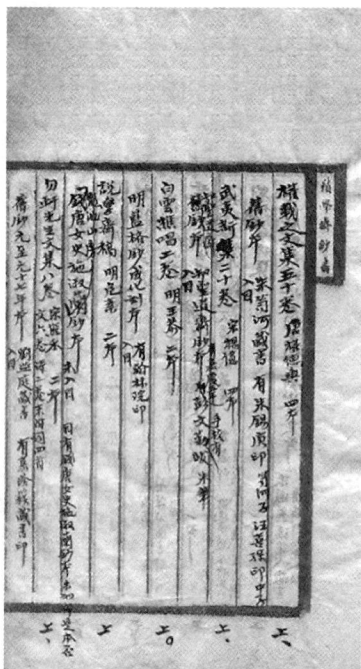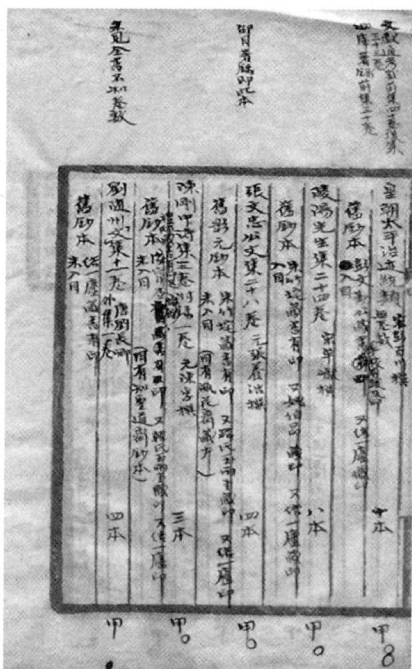

圖一　　　　　　　　　　　　圖二

# 二、稿　本

　　《豐潤張氏書目》是張佩綸藏書目録稿本，很多方面都可以反映出這一特點。

　　1. 該書目既未按任何標準分卷，又未按時代順序排列，而是雜糅在一起，説明是隨遇隨編，處於編目工作的草創階段。再加上隨處可見的勾劃塗抹、增減删改，無不體現着稿本所具有的特點。如：

　　第 49 條：“悔庵學文八卷，嚴元照，舊抄本，是否稿本未定，未入目。”後來又將“舊鈔”二字改爲“手稿”，“是否稿本未定”六字塗掉，原定級別“中”隨之也改爲“上”。

　　第 51 條：“左九嬪集，晉左芬，周世敬抄本，有序，一本，舊抄本，潘菽坡藏書，有藏印，未入目。”後將“舊”字塗掉，改爲“嘉慶周氏目耕樓”。

　　特別是第 107 條《回溪史韻》一書的編目：“回溪史韻，殘本，廿三卷，宋錢諷，七本，原存一至五、廿至廿七、卅四至卅九、四十六至四十九。舊抄本，結一廬藏書，有印，未入目。”後有按語曰：“按是書原缺，今又殘缺，未見全書,無可知所缺若干卷也。"該條按語後來被勾掉,原來是因爲編目者發現該抄本本來即依據殘本所鈔,並非後來缺失,於是在該條後又重新編目:"回溪史韻,殘本,廿三卷,宋錢諷,七本,原缺,僅存二十三卷。此書依殘本鈔,二十三卷,不缺。舊抄本,結一廬藏書,有印,未入目。原書已殘缺,僅存一卷至五卷、又廿卷至廿七卷、又卅四卷至卅九卷、四十六卷至四十九卷,共廿三卷,此本同。"

需要指出的是,"未入目"之"目"説的是《結一廬書目》。《結一廬書目》是朱學勤的藏書目録。朱學勤(1823—1875),字修伯,清仁和(今杭州)人。家有藏書樓結一廬,其藏書大多來自長洲顧氏"藝海樓"、塘棲勞氏"丹鉛精舍"和怡親王府流散之書,頗多宋元明刻本及精抄本。張佩綸的原配是朱學勤的女兒朱芷香,朱學勤及其長子朱澂去世後,遺書80櫃盡歸張佩綸,構成張氏藏書的最主要部分。徐乃昌在編目時,每一種古籍都與《結一廬書目》進行了核對,注明其"入目"或"未入目"。大致説來,"入目"者肯定來自結一廬,"未入目"者則可能是張佩綸自有或自購之書,也有可能是結一廬舊藏。因爲《結一廬書目》並未囊括朱氏所有藏書,凡是有結一廬藏書印而又"未入目者"即屬此類,正如上文所説《回溪史韻》一樣。

從編目前後著録內容的變化可以看出,該目録並非一時完成,而是有一個核對和糾正的過程。徐乃昌在編目時並未看到全書,因爲有些書部頭太大,動輒幾十、上百卷,或者數十册,爲了減少麻煩,藏家可能只是提供了目録、卷首和卷尾部分,所以該目録中多次出現"未見全書"這樣的字眼。待看到全書之後,才作了確認或修正。著録內容的變化説明,該目録僅爲初稿本。

2.《豐潤張氏書目》對張氏所藏稿抄本按"甲、乙、丙"或"上、中"作了定級,有的地方還把"甲"塗改成"上",或把"中"塗改爲"上",定級標準並未統一,亦體現了稿本的特點。其中上中級共五種,乙級或中級共二十九種,丙級共三種,其餘均爲甲級或上級,即影宋元抄本或名家鈔校本。古籍級別的改變亦説明,該目録僅爲初稿本。

3. 徐氏編目時未見全書,有些項目未加著録。從好多條目可以看出,編者在編寫目録時並未看到全書,所以有些信息比如卷數、册數等只能付諸闕如。遇到這種情況,作者一般是空缺數字,有時還加上眉批或尾批加以説明:

第123條:"鄧伯言玉笥集,九卷,元鄧雅,四本,舊鈔閣本,韓小亭玉雨堂藏書,有印,入目。"尾批曰:"目云愛日精廬抄本,今未見全書,不可考。"

第 164 條:"安定先生周易繫辭,□卷,四本,舊抄本,汪閬源藏書,有印,又結一廬藏印,未入目。"眉批曰:"此書須檢全書編目。"

第 144 條:"劉隨州集,十一卷,外集一卷,唐劉長卿,四本,舊抄本,結一廬藏書,有印,未入目。"眉批:"未見全書,不知卷數。"

有時幹脆空缺,亦不作説明:

第 152 條:"三朝北盟會編,二百五十卷,宋徐夢莘編,□本,舊抄本,入目。"徐氏編目時,應該没有看到全書,所以無法知道多少本。查《結一廬書目》卷二,我們發現該書共有 24 册。

有些書甚至只提供了首册,以致無法編目:

第 129 條:"陶謝四家詩,三本,舊紅格抄本,平安館葉東卿藏,有印,未入目。"夾注曰:"僅見謝宣城一家,可不編目。"

目録中所編《宋人小集》,著録爲六本,編完《巨鹿東觀集》《春卿遺稿》《西渡詩集》《高東溪先生文集》《雅林小稿》後,末尾加以説明:"僅見首册,餘五册各家不可記。"可能是後來看到了全部六册,故該條後來被勾掉,加以眉批曰:"另有詳目。"所説詳目放在了該册最後,共 32 家,逐一作了著録。

登録項目不完整,這一點同樣説明,該書目僅爲初稿,尚待補充。

## 三、批　　注

徐乃昌在《豐潤張氏書目》中留下了許多批注,有眉批、脚注、尾注,還有按語,批注內容豐富多彩,説明該書目僅爲稿本,並非定本。

1. 眉批(見圖二)

第 142 條:"張文忠公文集,二十八卷,元張養浩撰,四本,舊影元抄本,朱竹垞藏書,有印,又韓氏玉雨堂藏印,又結一廬印,未入目。(目有瓶花齋藏本)"眉批:"邵目著録即此本。""邵目"即邵懿辰《四庫簡明目録標注》。關於張養浩詩文集邵氏是這樣著録的:"歸田類稿,二十四卷,元張養浩撰。韓小亭有曝書亭抄本二十八卷,較周氏所刻完善。"①二者著録信息相合,徐乃昌據此斷定爲同一本子。

① 邵懿辰:《四庫簡明目録標注》卷七,清宣統三年(1911)刊本,第 17 頁。

第 140 條:"皇朝太平治迹統類,宋彭百川撰,無卷數。舊抄本,彭文勤公藏書,手校有跋及印,又結一廬藏印,入目。"眉批:"文獻通考載前集四十卷,後集三十三卷,四庫著録前集三十卷。"

這些眉批主要是根據其他書目,考訂異同。

2. 脚注

第 181 條:"青山集,三十七卷,宋郭祥正,五本,舊抄本,結一廬藏書,有印,入目。"脚注曰:"當塗人。"當塗指的是郭祥正的籍貫。郭祥正(1035—1113),北宋詩人。字功父,一作功甫,當塗(今屬安徽)人。皇祐五年進士。著有《青山集》三十卷,詩風酷似李白。

第 156 條:"極玄集,一卷,唐姚合編,一本,汲古閣毛氏精影寫宋本,毛子晉印,又汪閬源印,又結一廬印,入目。"脚注曰:"可刻。"

第 205 條:"畫上人集,十卷,唐釋皎然,四本,明影寫宋刻本,怡邸藏書,有明善堂印,又結一廬印。"脚注曰:"可刻,後補。"

我們知道,徐乃昌是一名出版家,曾刊刻過大量書籍,《積學齋叢書》十九種、《鄦齋叢書》二十種、《隨庵叢書》十種、《隨庵叢書續編》十種、《小檀欒室匯刻閨秀詞》十集等等,多不勝數,"可刻"二字顯示了徐乃昌作爲刻書大家的獨到眼光。

3. 尾批

第 66 條:"讀書叢説,六卷,元許謙,二本,舊影鈔元至正本,吳城藏書,有藏印,入目。"尾批:"四庫鈔自吳玉墀家,二卷中缺四葉,同此,當是祖本。"

查《四庫全書》之《讀書叢説提要》云:"刊於至正六年,其版久佚。此本爲浙江吳玉墀家所傳鈔,第二卷中脱四頁,第三卷中脱二頁,第五卷、第六卷各脱四頁,勘驗別本,亦皆相同。"[1]吳城字敦復,號甌亭,爲吳玉墀長兄,那麼四庫本即此本。通過比對,該藏本的重要性不言而喻。

4. 按語

第 174 條:"政和五禮新儀,二百四十卷,宋鄭居中等奉敕撰,二十本,佚八卷,又三卷各佚其半,較内府本增多十二卷,明藍格抄本,朱笥河藏書,有印,朱少河有跋及印,又畢亨跋,又葉潤臣印,又結一廬藏印,未入目。"後加按語曰:"按邵目云朱竹垞家舊抄本,有畢亨跋(亨著有《九水山

---

① 許謙:《讀書叢説》,文淵閣《四庫全書》本,臺灣商務印書館 1986 年版,第 61 册,第 450 頁。

房集》，海源閣楊氏刻之），較四庫多八九卷，後歸葉潤臣家，似所記未詳也。"對於該書，邵懿辰是這樣著錄的："政和御制冠禮十卷，五禮新儀二百二十卷。見朱竹君家舊抄本，有畢亨跋，較四庫本多八九卷，今在葉潤臣處。"①其實，邵目所說"朱竹君"並非朱竹垞，而是朱筠。朱筠（1729—1781）字竹君，一字美叔，號笥河，順天大興（今北京）人。清著名文獻學家、藏書家、學者。竹垞則是朱彝尊（1629—1709）之號，徐乃昌不小心弄錯了。

第 182 條："道德真經指歸，卷七之十三，内缺卷一之六，漢嚴遵撰，穀神子注；道德真經元德纂疏一卷，唐明皇、成元英、嚴君平、河上公、李榮、強思奇六家注疏，四本，舊抄本。結一廬藏書，有印，未入目。"後加按語曰："按道德真經指歸道藏本原缺卷一之六，似此本出於道藏本。又按道德真經元德纂疏道藏本作二卷，此並一卷，似非道藏原本，因未見全書，不敢臆定。"按語中指出該書與道藏本卷數的異同，因未見全書，未做斷定。

該書諸多條目後都有類似按語。這些批注說明，徐乃昌在編目時曾經參閱過很多文獻資料，並不是僅錄所見，體現了編目的嚴謹。

# 四、不乏好書

由書目可以看出，張氏所藏稿抄本精品極多，單是影宋、影元抄本就有數十種，名家鈔校更是百餘種，真像進入仙山，隨處皆寶。

《豐潤張氏書目》中著錄爲手稿本者僅有一部——嚴元照《悔庵學文》。嚴元照（1773—1817），字修能，號悔庵，浙江歸安（今湖州）人。嚴氏精通目錄版本之學，家有藏書數萬卷，《悔庵學文》是他的文集。

《豐潤張氏書目》有影宋抄本二十二部，皆極爲珍貴，分別是：丁度《集韻》、張洽《春秋集傳》、祖無擇《祖龍學文集》、柳開《河東先生集》、郭璞《爾雅》、王黄州《小畜集》、鄒浩《道鄉先生鄒忠公文集》兩部、《李商隱詩集》、楊萬里《誠齋集》、李誡《營造法式》、司馬光《類篇》、姚合《極玄集》、馮繼先《春秋名號歸一圖》、鄭虎臣《吳都文粹》、釋皎然《畫上人集》、宋咸《孔叢子注》、趙與時《賓退錄》、張孝祥《于湖居士文集》、林之奇《拙齋文集》、程公說《春秋分紀》、魏野《巨鹿東觀集》。

另外還有影元抄本數種。

---

① 邵懿辰：《四庫簡明目錄標注》卷八，清宣統三年（1911）刊本，第 10 頁。

　　張氏所藏皆所謂名鈔名校，像毛氏汲古閣、鮑氏知不足齋、彭氏知聖道齋、勞氏丹鉛精舍、劉氏嘉蔭簃、祁氏澹生堂、金氏文瑞樓等等都是著名的鈔書藏書之家，顧千里等又是後人耳熟能詳的校勘專家，張氏所藏稿抄本中絕大多數都與這些名家有關。

　　尤其是《管子》和《韓非子》，更是爲藏者張佩綸所鍾愛。他在日記中寫道："去年購書，間有精抄本，然心緒煩劣，不能審閱也。晴窗偶檢鄧巴西集閱之，①系抄本，經校者從《元文類》補文五篇，《石渠寶笈》補《鄭僉事平安二通》②，乃從鮑氏通介叟家藏本過出，亦善本也。又得居竹軒及蒲順齋閒居叢稿，亦抄本。然余所心愛者，則以黃蕘圃所得舊抄《管子》、顧千里所得舊抄《韓子》兩種爲最，兩本《管》已爲金陵局所刊，《韓》則吳山尊刊之，然局刊《管》本少一頁，抄本誠可寶已。"③這段話中所提及的精抄本《鄧巴西集》、《蒲順齋閒居叢稿》等書《豐潤張氏書目》中已經著録。

　　對於張氏最爲心愛的《管子》與《韓非子》徐乃昌是這樣著録的：

　　　　《管子》二十四卷，舊本題周管仲撰，唐房玄齡注，四本。影寫南宋刻本。舊鈔。存卷一至十二卷，黃蕘圃以家藏宋本補鈔卷十三至廿四卷，並手校，有跋及印。又有張古愚藏印。又有顧千里寀定印、王文敏公寀定印、姚彥侍敨觀印。又葆采印。黃蕘圃宋本爲文衡山、王雅宜、季滄葦遞藏，後歸汪閬源，今在常熟瞿氏。《結一廬書目》有明刻本，顧千里據宋紹興本手校。

　　　　《韓非子》二十卷，周韓非撰，四本。影寫宋乾道本。顧千里手跋，有印。又張古愚藏印。又葆采兄弟印。嘉慶二十三年，顧千里爲全椒吳氏仿刻宋乾道本，即從此本出，附撰識誤三卷。《結一廬書目》有明刻本，顧千里校。

　　徐乃昌在日記中也有記録："交還黃蕘圃補鈔影宋《管子》、顧千里校影宋《韓子》，均有跋。"④

---

　　①　按，鄧文原（1258—1328），字善之，一字匪石，人稱鄧巴西、素履先生，綿州人，遷寓浙江杭州。豐潤張氏書目有《巴西鄧先生文集》。

　　②　按，《鄭僉事平安二通》，"鄭"應作"鄧"。

　　③　張佩綸：《澗於日記》光緒癸巳正月初六，民國年間豐潤張氏澗於草堂石印本。

　　④　徐乃昌：《徐乃昌日記》第六冊，國家圖書館出版社2015年版，第209頁。

黃丕烈字紹武，號蕘圃，又號佞宋主人，江蘇長洲人。顧千里名廣圻，別號思適居士，江蘇元和人。二人都是清代著名藏書家、校勘家、目錄學家。顧批黃校已經成爲精刻精校的代名詞。兩部影宋書有黃丕烈與顧千里手校作跋，自是世間稀有之物，難怪張氏青眼有加。再加上張佩綸是《管子》研究專家，對《管子》情有獨鍾也在情理之中。

有些稀有版本，徐乃昌在編目時，就會不由自主地以夾注等形式指示出來：

第 91 條：“句曲外史集，八卷，元張雨，四本。舊抄本。青棠書屋藏書，有藏印，未入目。”夾注曰：“八卷本只繆記有之，各家皆未見也。”此處“繆記”指的是繆荃孫《藝風堂藏書續記》，書中是這樣著錄的：“《句曲外史貞居先生詩集》，八卷，舊抄後四卷，新抄前四卷。元張雨撰。前有徐達左序。新抄吾友章小雅手筆也。”[1]繆氏所藏尚有四卷爲新抄，張氏所藏舊抄明顯早於繆氏，則更爲珍貴。

第 112 條：“僑吳集十二卷，元鄭元祐，六本。商邱宋氏鈔元至正本，彭文勤藏書，手跋有印，又劉銓福印，未入目。”夾注曰：“至正本不可見，近所傳者只明弘治張習一本耳。”既然原本已經不可見，那抄本自然是極爲重要了。

第 114 條：“漢泉漫稿十卷，元曹伯啓，一函。舊鈔元大字本。韓小亭玉雨堂藏書，有印，未入目。”夾注曰：“即漢泉曹文貞公詩集，不易見。”

“不可見”與“不易見”都反映了張氏藏書的珍稀。

## 五、編 目 始 末

張佩綸去世後，藏書由其子張志潛保管。張志潛（1879—1942），字仲照，其母即朱學勤的女兒朱芷香。張志潛與徐乃昌爲朋友，民國期間均居上海。據《徐乃昌日記》，民國十七年（1928）七月三十日，徐乃昌拜訪張志潛，張氏始委託宷定其先世藏書。八月初六，張氏交來藏書一百餘本，編目開始，至十二月二十八日，歷時四個多月，編目完畢。徐乃昌在日記中並未講清總共編目多少種，但梳理這期間日記，可知大約編目 300 餘種，遠非張氏藏書之全部。前面講過，《豐潤張氏書目》著錄書目合計 286

---

① 繆荃孫：《藝風堂藏書續記》卷七，見韋力編《古書題跋叢刊》第 24 册，學苑出版社 2009 年版，第 477 頁。

種,可知此次徐乃昌爲張氏編目,雖間有刻本,主要還是稿抄本。

## 六、特　　點

《豐潤張氏書目》著録內容非常詳細,諸如書名、卷數、作者、册數、版本、藏家、藏印等項,皆一一言明。這些專案雖然其他著者也多有涉及,但是徐乃昌對有關信息尤爲關注。

1. 標明藏書印記,注重遞藏源流

彭元瑞《天禄琳琅書目》的一大特點就是詳細著録收藏印記,並將所鈐印記式樣摹勒下來,指明白文或朱文及所在卷册,極爲直觀。後人編目也從中吸取了不少優點。葉德輝曾贊揚朱學勤《結一廬書目》:"朱氏有結一廬書目四卷,編次極精,每書下注明板刻年月,鈔藏姓名,惜只傳抄本,不能與海内共讀也。"①《結一廬書目》按經、史、子、集分爲四卷,每條下著録册數、撰人、版本、行款、收藏,專案全面,確爲書目中之佳者。

徐乃昌所編《豐潤張氏書目》較朱目則更進一層,他尤其注重書的遞藏源流。比如,第 171 條:"皇朝事實類苑,六十三卷,宋江少虞編,十六本,明藍格抄本。開萬樓藏書,有印。又張月霄藏印,又阮文達公藏印,又結一廬藏印,入目。"

朱氏《結一廬書目》該書著録曰:"皇朝事實類苑,六十三卷,計八本,宋江少虞編,明人抄本,開萬樓藏書。"②

徐氏把"明人抄本"具體化爲"明藍格抄本",把能反映遞藏過程的收藏印記都一一著録,收藏軌迹一目了然。兩相比較,優劣自明。

2. 用語謹慎

徐乃昌在編目時,對有的問題拿捏不准,則加以"疑"字。

第 86 條:"河東先生集,十五卷,附録一卷,宋柳開,二本,疑毛鈔。精影寫宋刻本。陸魚亭藏書,有藏印,入目。"

第 87 條:"爾雅三卷,晉郭璞注,一本,疑毛抄本,精影寫南宋初刻本,高郵王氏藏書,有藏印,又有顧千里印,未入目。宋本今在常熟瞿氏。"

上面説過,葉德輝曾稱贊《結一廬書目》編次極精,但是該書目仍有可

①　葉德輝:《結一廬書目序》,見《叢書集成續編》第 68 册,上海書店出版社 1994年版,第 1051 頁。

②　朱學勤:《結一廬書目》卷三,見《叢書集成續編》第 68 册,第 1061 頁。

以完善的空間,比如没有記録藏印情況,不能反映遞藏源流,如將相關書目比對,則無法判斷有些書籍是否相同。

衆所周知,張佩綸藏書大半來自朱學勤。朱學勤藏書曾兩次編目,兩次編目的成果分别爲《結一廬書目》和《别本結一廬書目》,兩個書目内容有同有異,二者相互參證,方能瞭解朱氏藏書之全貌。

在對張佩綸藏書編目時,徐乃昌參考了《結一廬書目》,每一條都仔細加以核對,凡朱目著録者即注明"入目"或"列目",未著録者則注明"未入目"或"未列目",著録不清無法確定者往往以眉批、尾注或夾注形式提出質疑。如:

《豐潤張氏書目》第 4 條:"春秋集傳,二十六卷,綱領一卷,宋張洽撰,五本,精影寫宋德祐刻本,結一廬藏書,有印。"眉批曰:"朱目有嚴修能手録元延祐本,原闕七卷,未知即此書否。"

查朱氏《結一廬書目》,該書著録爲:"春秋集傳,十九卷,綱領一卷,原二十六卷,今佚七卷,計五本,宋張洽撰,歸安嚴修能先生手録本,同里勞氏丹鉛精舍藏書。"①

《結一廬書目》没能將相關信息詳細記録,所以徐乃昌編寫《豐潤張氏書目》時有些書無法確定與朱目中是否相同,因而留下了較多"未知即此書否"的疑惑。這種疑惑既反映了徐乃昌的善思,又體現了他編目工作的慎重。如果把這些有疑惑之書算作未入目,那麽《豐潤張氏書目》未入目者共有 169 種,比例是相當大的。

徐乃昌手迹《豐潤張氏書目》如藍田美玉,爲華東師範大學圖書館增添了絢麗的色彩。

(李善强,華東師範大學圖書館館員)

---

① 朱學勤:《結一廬書目》卷一,見《叢書集成續編》第 68 册,第 1053 頁。

# 宋代詞話分類略論

郁　輝

　　宋代是詞學的繁榮期，也是詞話的始創期。正如《宋元詞話》序言所說："五言詩興於漢，漸盛於魏晉，而詩評始於宋之《雕龍》，梁之《詩品》。七言詩大盛於唐，宋人始作詩話評品之。詞盛於宋，而宋人罕作詞話之書。可知文學新型，必待其全盛以後，始有評論。"①

　　宋代詞話保存下來的如《苕溪漁隱叢話》有"詞話"數卷，主要是集録諸家筆記中零星文字，未爲壹家之言。另外王灼《碧雞漫誌》，吳曾《能改齋漫録》、魏慶之《詩人玉屑》、周草窗《浩然齋雅談》等書，都有詞學議論，然而這些都不是專著，只有北宋時楊是作的《古今詞話》開了宋人詞話之先河。但此書久已亡佚，現在只能從其他書中保存下來的幾條中管窺其原貌，此書現有趙萬里輯本。另外詞話也保存在詞集的序跋、題跋及某些詩話中。這是因爲很多的詞人本身就是詩人，在論詩的同時提及詞的内容。另外宋代筆記也保留了很多的詞本事以及與詞作和詞人有關的佚事。現存的詞話有《新增詞林要韻》一卷（佚名撰）、《詞林韻釋》二卷（佚名撰）、《時賢本事曲子集》一卷（楊繪撰）、《碧雞漫志》五卷（王灼撰）、《詞源》二卷（張炎撰）、《樂府指迷》一卷（張炎撰）、《樂府指迷》一卷（沈義父撰）、《古今詞話》一卷（楊是輯）、《詩人玉屑》一卷（魏慶之撰）。

　　《時賢本事曲子集》現有六條存世，分別是：南唐中主、孟蜀後主、林逋、范仲淹、歐陽修、蘇軾（四則）。在這些佚文每一條論述的下面都附原作全文，故而它作爲最古的詞話的同時，又是最古老的宋詞總集，它的問世遠在端伯、花庵、草窗諸選本之前。從記録的對象上看都是當

---

　　①　施蟄存、陳如江：《宋元詞話》，上海書店出版社 1999 年版。

時詞壇大家,其詞作的流傳度也是相當廣泛的。這些特點以後的詞話也保留了下來,所以研究一些大家的詞作時,當時的詞話便具有很高的參考價值。

現試以《苕溪漁隱叢話》爲例説明詞話的史料來源。此書共百卷,作者胡仔。胡仔字元任,號苕溪漁隱,績溪人。《苕溪漁隱叢話》對史料來源有較規範的記載,共分如下四種:

一、他人所言。共 8 條。如《東坡增損歸去來》《東坡閨怨詞》《黄魯直漁父詞》等條前均以"東坡云"三字注明,《山谷評東坡詞》《垂虹亭屋山壁上詞》《山谷詞》《俞秀老漁父詞》注明是黄庭堅,《李易安詞論》注明李清照(該條在詞論史上有重要意義)。

二、著者見聞。共 50 條。較多的是論一人一詞的,如《黄魯直茶詞》《僧了宗詞》《沈會宗詞》等。另外以《苕溪漁隱論詞》爲條目較有創建的是他對多個詞人多個詞作作了評論。

三、他人著述。《苕溪漁隱詞話》輯録轉述了其他書中記録的内容。據筆者統計,共引用了 24 本詩話或筆記中的 75 條内容。而引用最多的是《復齋漫録》,共轉引了其中的 23 條,其他書則轉述不超過五條。

四、國史實録。如《感化善於謳歌》《李璟浣溪沙》《馮延巳詞》出自《南唐書》。

現試以《中興詞話》爲例説明詞話的構成和作用。

就分析對象分有:

一、感悟式的總體評價。如《陸放翁》一條。①

二、先録點評内容,再作賞析、品評。如《辛稼軒馬古洲》一條。②

就詞話形式分有:

一、全形式。即先交代背景,再録全文,再加點評。如《盧申之》《劉伯寵》兩條。③

二、不完全形式。即全文加點評,如《朱希真》;④或背景加全文,如《龍洲道人》《游龍溪》兩條。⑤

另外還有兩種爲數不多但很有文獻價值的補充形式:

---

① 唐圭璋:《詞話叢編》第一册,中華書局 1986 年版,第 212 頁。
② 同上書,第 213 頁。
③ 同上書,第 214、215 頁。
④ 同上書,第 215 頁。
⑤ 同上書,第 215、217 頁。

三、背景加全文再加版本信息。如《劉招山》一條。①

四、名篇流傳佳話加名句輯佚和版本信息補充。如《戴石屏》一條。②

由以上材料可知詞話的文獻學作用有：

一、輯佚。如以詩成名的詩人的存世詞作，該詞不見於文集即其他材料，但在詞話中保留了詞作本身。如楊誠齋。③

二、補充。如後世稱作爲豪放詞的代表作家的辛棄疾，他的婉約詞佳作很少被人提及，但詞話中作了保留。④

另外，詞話的特色與詞話的作者或編者的關係也很大，有的作者（編者）會着重注意某方面的內容。如《艇齋詩話》一書，作者曾季貍不自覺地留下一些現在認爲是詞話範圍內的內容。《艇齋詩話》共有相關記錄30條，在這30條中有14條是箋注式的出處説明，即《晏幾道小詞》《蘇軾詞》《晏元獻用韋莊詞》《子由和東坡詞》《少游詞用前人詩語》《少游詞藏字》《東坡楊花詞》《柳永用前人詩語》《歐公詞襲用樂天詩》《山谷清江引》《少游揚州詞》《山谷漁父詞》《東湖漁父詞》《東坡水調歌頭》。作者以他的博學指出了這些化用詩句或用到典故的詞作，有的還與原作作了比較，如《東坡楊花詞》和《東坡水調歌頭》。認爲雖從詩句化出而不着痕迹，有的更是奪胎換骨，更勝原作。有的原句已不再流行，仰賴詞話而知其一二。

再將詞話從記載內容上作一分類：

一、記述詞人事迹。許多詞人的事迹往往不見於史傳，如吳曾《能改齋漫録》卷一六記柳永事：

> 仁宗留意儒雅，務本理道，深斥浮艷虛薄之文。初，進士柳三變，好爲淫冶謳歌之曲，傳播四方。嘗有鶴沖天詞云："忍把浮名，換了淺斟低唱。"及臨軒放榜，特落之曰："且去淺斟低唱，何要浮名。"景祐元年方及第。後改名永，方得磨勘轉官。

二、介紹作品本事。與《時賢本事曲子集》一樣，詞話多以收集本事

---

① 唐圭璋：《詞話叢編》第一册，中華書局 1986 年版，第 216 頁。
② 同上書，第 217 頁。
③ 同上書，第 214 頁。
④ 同上書，第 213 頁。

見長，了解詞作本事有助於對作品的理解。如《張氏拙軒集》卷五記徐伸《二郎神》本事：

> 徐幹臣侍兒既去，作轉調《二郎神》，悉用平日侍兒所道底言語。史志道與幹臣善，一見此詞，蹤迹其所在而歸之。

三、關於作品的評論。宋人關於作品的簡要評語，概括而深刻，有助於對作品思想和藝術的理解。如楊是《古今詞話》評無名氏《鷓鴣天》（"枝上流鶯和淚聞"）云："此詞形容愁怨之意最工，如後疊'甫能炙得燈兒了，雨打梨花深閉門'，頗有言外之意。"

四、關於詞人評論。晁補之《評本朝樂章》、李清照與王灼歷論北宋詞人，都是關於詞人評價的佳作。其餘散見的詞話，有些評論也堪稱精辟，如胡仔《苕溪漁隱詞話》後集卷二六關於蘇軾以詩爲詞的評論。

五、關於詞作鑒賞。宋人對於詞的藝術鑒賞有許多精當而高明的見解，如周密《浩然齋雅談》卷下談詞人巧用比喻：

> 汪彥章舟行汴河，見傍岸畫舫，有映簾而窺者，止見其額。賦詞云："小舟簾隙，佳人半露梅妝額。綠雲低映花如刻，恰似秋宵，一半銀蟾白。"蓋以月喻額也。辛幼安嘗有句云："聞道綺陌東頭，行人曾見，簾底纖纖月。"則以月喻足，無乃太濫乎。

六、作詞方法。宋人很注意探討作詞方法，到了南宋後期還有詞人專門探討詞法。這是詞話由感悟性演進理性化的一步。如曾慥《高齋詩話》，記述北宋中期蘇軾與秦觀談論作詞方法技巧。

七、關於詞體的理論探討。這在詞話中與記事和品藻比較起來是最薄弱的，但是在詞話理論成熟化上意義重大。李清照、胡仔、王灼等曾簡略地提及。南宋後期張侃《張氏拙軒集》卷五論之較詳，但張氏受理學影響甚深，其論迂腐，只可備一説。

八、作品考證。宋人博學，作詩話的學者甚多，如《中山詩話》常涉及考證。這在詞話裏也頗盛行，如胡仔不僅考辨了《古今詞話》的謬誤，還在《苕溪漁隱叢話》前集卷五考辨了曾慥所編《樂府雅詞》之誤。他説：

> 曾端伯慥編《樂府雅詞》，以《秋月》詞《念奴嬌》爲徐師川作，

《梅》詞《點絳唇》爲洪覺範作,皆誤也。《秋月》詞乃李漢老,《梅詞》乃孫和仲,和仲即正言諤之子也。又世傳《江城子》《青玉案》二詞,皆東坡作。

九、記述詞壇遺事。這類記述甚多,真可起到文人們"資閑談"的作用。如吳曾《能改齋漫録》卷一六記蘇軾與杭妓琴操之事。

十、存佚詞。詞話裏不僅常録詞人名作,而且有許多不甚知名的文人作品和民間作品也被收入,因而借此得以保存。如《古今詞話》收入的表現民間習俗的《送窮鬼詞》:

> 正月月盡夕。芭蕉船一只。燈盞兩只明輝輝,内裏更有筵席。奉勸郎君小娘子,飽吃莫形迹。每年只有今日。願我做來稱意。奉勸郎君小娘子,空去送窮鬼。空去送窮鬼。

又如描述民間婦女血淚痛苦而震人心弦的《檐前鐵》:

> 悄無人宿雨厭厭,空庭乍歇。聽檐前鐵馬響叮當,敲破夢魂殘結。丁年事,天涯恨,又早在心頭咽。誰憐我綺窗前,鎮日鞋兒雙趷。今番也,石人應下千行血。擬展青天,寫作斷腸文,難盡説。

詞話的上述特征使得它成爲人們研究詞人詞作時的重要參考,但同時也需要我們做到去僞存真。考辨真僞的一個成功的例子就是束景南先生在《朱子大傳》中對嚴蕊《卜算子》詞的考辨,[①]最後指出這是首録其詞的洪邁別有用心的自創作品。所以只有合理利用詞話,才能讓詞話發揮它最大的價值。

(郁輝,河北唐山第一中學教師)

---

① 束景南:《朱子大傳》,商務印書館 2003 年版。

# 長澤規矩也中國戲曲目録編纂析論

閏　春　楊　慧

　　長澤規矩也(1902—1980),字上倫,號静庵,日本神奈川人,是活躍在20世紀的著名漢學家,被認爲是日本昭和時代的"碩學",①其學術爲人所知者多在文獻學一途,"就文學研究而言,他主要的成果是在小説領域"。② 實則長澤氏對於中國戲曲的研究亦是其學術的一個重要組成部分,其在曲本收藏、曲學目録編纂、曲學研究方面別具特色,成果衆多。但中日學界對於其戲曲研究的關注尚不算多,故長澤氏的戲曲研究多不爲人所熟知,本文嘗試以其戲曲目録的編纂爲主要關注對象,介紹其研究成果,討論其戲曲目録編纂特點與戲曲史觀。

## 一、長澤規矩也戲曲研究概述

　　日本學者的中國戲曲研究肇始於19世紀末,狩野直喜(1868—1947)、鹽谷温(1878—1962)、青木正兒(1887—1964)等學者向爲學界稱道,不惟在日本學界影響深遠,對於中國學界亦多有啓發。較之諸位前輩如狩野直喜等人,較之時賢如神田喜一郎(1897—1984)、吉川幸次郎(1904—1980)等人,長澤規矩也在研究路徑、成果方式等諸多方面於前賢時彦之研究均有所補充,因其獨特的文獻學研究背景,其戲曲研究在衆多研究者中可謂另闢蹊徑。

　　長澤氏的戲曲研究活動大端有三,即文獻收藏、作品研究、目録編纂。

---

　　① ［日］瀧川政次郎:《長澤規矩也著作集・序》,《長澤規矩也著作集》(一),(東京)汲古書院1982年版,第15頁。

　　② 李慶:《日本漢學史》(三),上海外語教育出版社2004年版,第332頁。

成果包括論文、目録等形式。其戲曲小説收藏與其研究聯繫頗爲緊密，
"長澤彙集之戲曲小説，早在 20 世紀 30 年代即已爲世人稱羨，中國本土
唯傅惜華、鄭振鐸氏之收藏可與匹敵"。① 文獻收藏主要體現在其雙紅堂
文庫的藏書，生前、殁後藏書皆有散出，但其大部分收藏成爲東京大學東
洋文化研究所的主要館藏，現在我們仍然可以從其編寫的《雙紅堂文庫分
類目録》瞭解長澤氏藏書之概況。另外，自其編纂的家藏曲本目録、小説
目録也可窺見其收藏之一隅。因其藏書多存戲曲小説作品，且於日本學
人中爲較早收藏並研究中國戲曲小説的學者，故欲瞭解和研究日本 20 世
紀的中國戲曲收藏、傳播與研究流變者不應忽略長澤氏的戲曲藏書與研
究。② 而作品研究是長澤氏戲曲研究的另一方式，概因其雅好中國曲藝
而來，爲其文獻研究之餘事，故成果遠少於其對於通俗小説流傳的研究。
因其藏書，中國學人多有與之往來者。傅惜華（1907—1970）之兄傅芸子
（1902—1948）甚爲推崇長澤氏的藏書及學術，曾云：

> 日本各大文庫，所藏中國善本戲曲小説，其入藏時期多在江户初
> 期（明末清初），官府如今之内閣文庫，私家如尊經閣文庫，其最著者
> 也。若近十餘年來，關東方面，其個人收藏之富者，當推吾友長澤士
> 倫學士。蓋士倫固以研究小説名世，又邃於版本目録之學，鑒賞既
> 精，收藏亦富。③

傅氏所言内容涉及中國戲曲小説流傳日本時間與主要收藏地點，也包括
介紹了長澤氏的鑒賞精、藏曲富的個人趣好以及偏好小説研究的學術旨
趣。除了藏書名揚中日學界，其目録編纂也成爲重要的學術研究方式，尤
其是對於其家藏戲曲小説文獻的整理與目録的編纂，此亦成爲有别於日
本的其他中國戲曲研究者的重要研究特色。可以説，長澤氏對於戲曲小
説的研究直接得益於其豐富的戲曲小説收藏。文獻學家的身份使其揚名
於學界，静嘉堂文庫曾邀請其校理文獻、編制目録，使得静嘉堂"聲價幾埒

---

① 黄仕忠：《日藏中國戲曲文獻綜録·前言》，廣西師範大學出版社 2010 年版，
第 36 頁。

② 關於其藏曲經歷與概況，可於黄仕忠《日本所藏中國戲曲文獻研究》（高等教
育出版社 2011 年版）第三章"長澤規矩也與雙紅堂藏曲"知其大略。

③ 傅芸子：《白川集·東京觀書記》，遼寧教育出版社 2000 年版，第 147 頁。

於圖書寮"。① 他長於版本學、目録學的學科背景在其戲曲研究,尤其是在戲曲目録編纂中也一再得到展現。其編纂的戲曲小説目録包括藏書目録與專題目録。藏書目録可分爲家藏目録與日本藏曲目録,前者如《家藏舊鈔曲本目録》《家藏曲本目録》《家藏中國小説目録》《家藏曲本小説書目録補遺》等皆是,後者如《日本現存戲曲小説目録》。若將目録內容泛化,則對戲曲小説之周邊研究亦有可目以專題目録者,如《明代戲曲刊行者表初稿》即是。在長澤氏戲曲小説研究活動中,文獻收藏與目録編纂爲一體之兩面,在他對其庋藏文獻進行編目著録的同時,對於中國流傳海外的戲曲文獻的保存與梳理也成爲其一大功績。中國戲曲小説文獻海外流傳史的書寫不應忽略其所作的貢獻。

長澤氏所編纂的戲曲目録包括如下數種:《日本現存戲曲小説目録》,發表於北京《文字同盟》第七號(文字同盟社,1928 年 10 月)。該文小序云,長澤氏 1928 年來華期間攜帶此目,並借予中國學者批閲。據此目可知:

> 圖書寮所藏之戲曲小説,概爲德山藩毛利氏及古賀侗庵之物。內閣文庫,則概爲德川氏舊藏。間有佐伯藩毛利氏及林氏藏本。在德川時代輸入日本之戲曲小説刊鈔本,略見於此四處,則長澤先生此輯之價值。②

該目載内閣文庫藏書 30 種,宮内廳書陵部(舊稱宮内廳圖書寮)12 種,静嘉堂文庫 2 種,蓬左文庫 1 種。其數量雖不算多,卻有篳路藍縷之功。

《家藏舊鈔曲本目録》發表於《書志學》1935 年 4 月第四卷第四號,該目録對購自北京的曲本文獻進行分類著録。其類別爲昆曲、昆弋、總集、高腔、亂彈、二黄、梆子、影戲、大鼓、子弟書、蓮花落、快書、岔曲、寶卷。附録刊本昆曲選集、刊本二黄選集、刊本雜曲集。

《家藏曲本目録》發表於《書志學》1938 年 3 月第五卷第三號。該目録分類爲:雜劇、傳奇、亂彈、彈詞,另附百本張大鼓書目。其後,長澤氏對該目録有所補苴,作《家藏曲本小説書目録補遺》一文,發表於 1940 年

---

① 董康:《董康東游日記》,河北教育出版社 2000 年版,第 316 頁。

② [日]長澤規矩也:《シナ戲曲小説の研究》,《長澤規矩也著作集(五)》,東京:汲古書院,1989 年,第 27 頁。

7 月《書志學》第十三卷第一號,補録文獻四種。

《明代戲曲刊行者表初稿》發表於 1936 年 7 月《書志學》第七卷第一號,延續《現存明代小説書刊行者表初稿》(1934 年 9 月《書志學》第三卷第三號、11 月《書志學》第三卷第五號)的體例,著録明代戲曲刊行者的信息。該表分爲三表,各以筆畫數排列 60 餘個書坊(或刊行者)的名稱,這些信息來自日本公立私家藏書、長澤氏及多位中國學者的私藏戲曲文獻。在世德堂、汲古閣等知名書坊所刻叢書後會以按語形式説明其版式特徵。

## 二、日本戲曲目録編纂略論

我國目録學傳統向以"辨章學術,考鏡源流"爲主旨,而目録體例或以類分,或依體論,代有不同,而其形式亦人各有説,所論各異,表現在目録編纂上,則爲形式多樣的目録體例。我國戲曲目録傳統自宋元發軔,於明清興盛,從宋《武林舊事》卷一○載《官本雜劇段數》,到清人姚燮(1805—1864)《今樂考證》著録各類戲曲劇目 3 200 餘種之洋洋大觀,可見其淵源有自,流裔衆多,其間由簡單的簿録目録發展到詳盡的提要目録,經歷了較長的時間。較之中國戲曲目録傳統,日本因庋藏戲曲文獻時間較短,學者多集中於專題研究,對於藏書以及編纂目録多未屬意,故目録數量並不算豐富。雖然日本學者編纂戲曲目録者罕見其人,著作更是鳳毛麟角,但傳世的數種戲曲目録卻呈現了較爲多樣的編纂體例。其間,簿録式、提要式目録皆有問世,而且從戲曲目録産生的萌芽到較完備的專科目録的出現,這一發展脈絡與中國戲曲目録的發展進程非常相似,頗給人以心理攸同、道術未裂之感。這裏擇取兩例以瞭解日本戲曲目録編纂之概況,亦作爲分析長澤氏戲曲目録編纂之參照。

涉及戲曲文獻的目録中,問世較早且較爲知名者如松澤老泉(1769—1822)刊於日本文政四年(1821)的《匯刻書目外集》。此目賡續清人顧修(活躍於清乾道時期)《匯刻書目》而成。松澤氏身爲書賈,頗好版本目録之學,販書之餘亦喜收藏。其《匯刻書目外集自敘》云:"余承先人遺囑,薄書計算之暇,裒古今叢書目録,排比整列,既得四百餘部。"[1]可見其用力之勤。龜田鵬齋(1752—1826)在《匯刻書目外集序》中略云其成書因

---

① 〔日〕松澤老泉著,〔日〕彌吉光長校:《松澤老泉資料集》,青裳堂書店 1982 年版,第 252 頁。

緣，亦肯定其考訂之功：

> 《藝文》書目之學，列代有之，皆所以別標類、撮篇目而備考鑒也。近海舶齋顧氏《匯刻書目》來。書賈松澤老泉獲之大喜，乃資加校讎，藉成參稽，遂輯增補之，又正訛謬。搜訪之遍，尋討之廣，較顧氏之編錄更加繁富。竟厘而爲六卷，各類分門一效顧氏之例，因名曰《匯刻書目外集》。細心緝訂之功可謂勤矣。目耕而播精，心耘以除蕪，乃學者事業。而今坊間商賈饕利之徒，猶能盡其力於《藝文》，反助學者耕耨之勞。吾輩頗有賴焉。因喜而敘之。辛巳之冬。鵬齋老人識。①

我們需要注意的是，雖然松澤氏身爲書賈亦好收藏，同時留意書目考訂，但終非戲曲研究者，故戲曲文獻在其目錄中著錄並不多。《匯刻書目外集》收錄戲曲叢書 6 種，分別爲《梨園雅調六十種曲》《傳奇四十種》《綴白裘新集合編》《傳奇四種》《容易堂三種曲》②《四大史雜劇》。各目之下皆臚列詳目，偶題數量、作者、刊刻時間，如著錄《四大史雜劇》，其下附注：

> 《洞天玄記》　楊升庵著　孫禮學校
> 《杜子美沽酒游春記》　明王美陂著
> 《紅錦金盤記》　明胡秋宇著
> 《善知識苦海回頭記》　明陳石亭③

於此可略見其著錄凡例。又如著錄《梨園雅調六十種曲》，書名後小字注"六套六十册"，④接着注明 60 種傳奇名稱。而《容居堂三種曲》書名後亦用小字注"可愛人填詞，嘉慶十二年重鐫"。⑤ 書目形式與收錄文獻均較爲簡略。因其目錄編纂的初衷爲補正顧修之書目，戲曲研究並非松澤氏所着意處，故戲曲文獻僅爲該書目之一部分，表現形式單一，著錄內容簡略。其內容僅限於書名、作者、刊本年代等條目，並非學有專門，而是僅錄所存，體類販書簿錄。從嚴格意義上講，該目不能算作真正的戲曲目錄，

---

① ［日］松澤老泉著，［日］彌吉光長校：《松澤老泉資料集》，第 250—251 頁。
② 筆者按，《容易堂三種曲》當爲《容居堂三種曲》。
③ ［日］松澤老泉著，［日］彌吉光長校：《松澤老泉資料集》，第 395 頁。
④ 同上書，第 391 頁。
⑤ 同上書，第 394 頁。

但可作爲戲曲目録産生萌芽之表現。於此目録我們可稍稍窺見中國戲曲文獻在日本早期流傳之概況與在藏書目録中之地位。這種在目録中的零星存在反映出中國戲曲文獻東傳的特點：戲曲文獻經船載舟攜抵達異域，在傳播日本之初，數量、種類皆未成大觀，故於目録中並不突出。因販書而藏書，因藏書而著成書目的編撰過程可以説是松澤老泉《匯刻書目外集》的特點。戲曲文獻厠身於目録之中而難以獨大的事實無疑是中國戲曲文獻在日本傳播初期的縮影。

隨着戲曲文獻東傳的日益增多，戲曲專科目録之興起可謂正得其時，而學者撰寫的戲曲目録也成爲文獻積累、學風轉變下的必然産物。神田喜一郎之《鬯盦藏曲志》即爲特出者。結合其《自序》與其嗣子神田信夫（1921—2003）所作《後記》可知，該書最初刊印於日本昭和五十八年（1983），初印五十册，流傳未廣，而其藏曲緣起於大正十年（1921）京都大學畢業後，至成書時藏曲已歷時六十餘年。神田氏於藏曲之興味可見於其《藏曲志》卷首之自題詩，其詩云：

> 戲曲並收北與南，見譏大雅我能甘。看來略似山陰興，應接無暇亦足耽。
> 文林繼志各堪珍，淩刻唐刊觸若新。更愛徽工插圖技，雕鐫精絶妙通神。
>
> 八十六叟　鬯盦居士自題①

其喜藏中國戲曲，亦好曲本精美插圖的興趣躍然紙上。此處"文林繼志"指文林閣、繼志齋，當時皆以精美插圖著稱書林。"淩刻唐刊"指淩濛初以及金陵唐氏，亦憑藉精刻馳名。神田氏雅好插圖的趣味並非獨見，曲本中的插圖亦是戲曲得以東傳日本的緣由之一，田仲一成先生曾表示日本江戶時期南方諸侯購入中國戲曲文獻的原因也包括插圖的因素，"這種中國刊本中，大多附有許多精美的插圖，大約是由於欣賞這些插圖的緣故，他們才不論雕刻印刷品之的好壞，熱心購買"。②《藏曲志》據其收藏而分類有五，爲雜劇、南戲、散曲、曲譜、譯本，所藏文獻分別爲雜劇 5 種、南戲 17

①　[日] 神田喜一郎：《神田喜一郎全集》（四），同朋舍 1986 年版，第 299 頁。
②　[日] 田仲一成：《日本所藏中國戲曲文獻研究・序二》，高等教育出版社 2011 年版。

種、散曲 2 種、曲譜 1 種、譯本 4 種,共 29 種。每篇提要皆附各書插圖書影,正應其書前自題嗜好插圖之言。神田氏的學術重心並非戲曲研究,故文獻精而不多。該目每種曲本或曲譜皆撰寫提要紹介其體例、作者、故事所本、流傳脈絡。如雜劇類著録明刊烏程淩氏朱墨套印本《西廂記五本》,提要簡介該曲本作者淩濛初與版本行格、版框、插圖信息與内容體例,並記録第一册正文王國維所鈐藏書印,敘及自内藤湖南(1866—1934)逝後,得自其嗣子内藤乾吉(1899—1977)的經歷。提要記録了第四册所附内藤湖南題署:"丁卯六月。王忠慤公自沉殉節。滬上蟫隱廬主人。售其舊藏以充恤孤之資。予因購獲此書。永爲紀念。九月由滬上到。炳卿。"①從提要文字也可略知該書由内藤湖南購自蟫隱廬。其他曲本皆類此。從提要中我們能夠清楚瞭解每種曲本的收藏過程,更爲難得的是該目所收文獻除卻精美曲本外,還有一些稀見文獻,如重要的南曲曲譜《匯纂元譜南曲九宫正始》,《漢宫秋》的英語譯本及《灰闌記》《趙氏孤兒》《西廂記》的法語譯本。於此我們可以看到當時日本學界戲曲研究的動向與中日學術交流對於戲曲研究的促進,也零星反映了中國戲曲外傳歐洲的狀況。

## 三、長澤規矩也戲曲目録編纂的特點

較之松澤老泉書目之簡單著録與神田喜一郎書目之簡潔精當,長澤規矩也作爲文獻學研究者則顯得更爲專注於戲曲目録的編纂,其成果之豐厚在衆多研究者中甚爲難得。這些目録在呈現其私藏戲曲文獻的同時,也從側面透露出日本圖書館事業向現代轉型的一些痕迹。長澤氏於1923—1932 年間七次來華,專爲静嘉堂文庫及各圖書館購書,同時也會爲自己購買大量古籍、曲本。長澤氏編纂的戲曲小説目録形式多樣,且多以公私藏書目録爲主,輔以專題目録,使得研究更趨多元化,保證了專業性與全面性。其戲曲目録有如下特點:

1. 詳著文獻版本信息

長澤氏編纂的戲曲目録以家藏戲曲文獻目録爲主,其文獻學背景在目録編纂過程中得以充分顯現,故目録多以版本特徵爲着力處,體現於目録中則爲詳細著録揭示文獻版本的信息。這種私藏目録在内容上不憚繁冗而詳著細目,彰其流傳本末、版本特徵,足示徵信,亦極便讀者索用。以

---

① [日]神田喜一郎:《神田喜一郎全集》(四),第 309—310 頁。

《家藏舊鈔曲本目録》爲例，該目録爲私藏目録，意在記録所藏文獻，故分類層次較簡，僅以正文和附録加以區分而没有二級、三級目録。目録中記載曲本信息力求詳備，其體例爲書名、作者、版本、細目、其他信息。在著録信息過程中，作者就文獻本身特點予以變通，如著録《玉駕鴦》：

> 玉駕鴦［總講連臺］四本二册［清周坦撰］①　松茂堂鈔本
> 書皮云此肆本玉駕鴦是五彩輿後本准是嵩祝誠上包本戲　松茂堂②

除了常規的著録内容如書名、作者、册數外，作者還將該劇鈔本的版本形式及封面題署予以記録，信息完備準確。③在《拾畫叫畫》末還注有"以上帶身段工尺譜"。④可知該劇本兼工尺譜與身段譜之用，對於還原舞臺表演中動作、表情、儀態、唱腔，其價值尤爲珍貴。傅惜華《記長澤氏所藏鈔本戲曲》一文亦載此本，云：

> 按此劇系《牡丹亭》傳奇中一齣，昆劇巾生之重頭戲。舊京梨園，自王桂官［楞仙］去世後，無能演者，殆已失傳。此本爲嘉慶間"清芬堂"鈔本，身段做科，詳注無遺，彌足珍貴！⑤

對於身段譜的珍貴，乃至長澤氏所藏的幾種身段譜的罕見，傅氏也有所評價：

> 吾國戲劇，身段舞式，最稱繁重者，厥爲昆劇。身段作科，詳注於劇本，而成爲譜者，亦獨昆劇有之！此種身段譜均爲梨園名伶鈔本，

---

① 筆者按，"周坦"當作"周坦綸"。
② ［日］長澤規矩也：《シナ戲曲小説の研究》，第 234 頁。
③ 今可據《日本所藏稀見中國戲曲文獻叢刊集刊》第一輯（廣西師範大學出版社 2006 年版）之第五册所收該本封面書影核之，二者内容一致。
④ ［日］長澤規矩也：《シナ戲曲小説の研究》，第 235 頁。
⑤ 傅惜華：《記長澤氏所藏鈔本戲曲》（十一），載《大公報》1935 年 7 月 31 日（12 版）。

世世相傳,視同秘寶,絕不示人,故世間實罕流傳也!①

長澤規矩也能夠分別工尺譜與身段譜並積極收藏,可謂有心。詳著細目類此者亦比比皆是。如昆曲類著録《從吾所好》,將五冊内容依次臚列,著録《昆曲三十五種》將十六冊内容分冊排比等等,皆細緻可信。

2. 編纂刊行者信息專題目録

在著録文獻的同時,作者亦編纂數種專題目録以展現戲曲小說文獻流傳的全貌,對於刊行者的爬梳勾稽即是一例。古籍的刊行者信息是考辨版本源流的重要憑證,戲曲、小說爲我國廣爲流行的通俗文學,其作者多不以作品爲大雅之作,故有隱去名姓者,而刊行者更不爲人所關注,研究者大多也不似關注宋元善本那樣予以更多注意,但長澤氏能夠留意刊本編者與刊行者的異同問題,從文獻傳播的角度獨闢蹊徑,綰合版本研究與戲曲小說研究於一處,拾遺補闕間,其功頗具開創意義。如《現存明代小說書刊行者表初稿》《明代戲曲刊行者表初稿》兩篇即爲對於小說、戲曲刊行者的初步探究。《現存明代小說書刊行者表初稿》刊於 1935 年《書志學》第三卷第五號,爲長澤規矩也在孫楷第(1898—1986)赴日訪書之際與孫氏《小說解題》相參照補訂而成。而《明代戲曲刊行者表初稿》發表較晚,刊於 1947 年《書志學》第七卷第一號,内容涉及其個人收藏與日本公共圖書館、私人文庫、日本學者私藏與數位中國學者私藏共 23 處收藏,可見其用力之勤,篤志之深。長澤氏精於版本鑒別,屬意於古籍收藏,並爲多家公用圖書館、私人文庫編撰目録,擁有廣泛接觸古籍的機會,進而因工作之便輯録數種關於宋元刻工、刻本的文獻,如發表於 1933 年的《宋朝私刻本考》《元朝私刻本表》,發表於 1934 年的《宋刊本刻工名表初稿》、1935 年的《元刊本刻工名表初稿》等文。因其宋元刻本、刻工的關注,而轉移至對於戲曲文獻刊行者的留意,隨着對戲曲文獻收藏與經眼者漸多,戲曲刊行者信息的積累也足以表而出之就成了水到渠成之事。

3. 著録日本戲曲小說文獻館藏概況

作爲我國鄰邦,日本廣受中華文化沾溉。中土典籍作爲文化載體流入異域,舟載人攜,千年不斷,經史百氏,率多涉及,戲曲文獻亦躋身其間。清末民初,中國學者多有東渡訪書者,但多以經史孤本、善本爲關注點,戲

---

① 傅惜華:《記長澤氏所藏鈔本戲曲》(十一),載《大公報》1935 年 7 月 31 日(12 版)。

曲文獻則一直付之闕如。所幸偶有學者如傅芸子、孫楷第等先賢屬意於此，但遺憾的是，難以對日本所藏戲曲文獻進行全面摸查。傅惜華曾感慨："關於日本現存中國之善本戲曲，余久蓄有調查之志，然以人事倥傯，未能如願，深以爲恨。"①之後，傅氏於 1939 年春應日本鐵道省國際觀光局之邀加入"華北名流訪日視察團"，參觀東京、京都、奈良各地之文化建設，其間勤加搜訪戲曲文獻，並寫就文獻提要陸續發表方聊以彌補遺憾。在傅氏之前，長澤氏已對日藏中國戲曲小説文獻略加調查，他曾於 1927 年 10 月盤桓北京，並在《文字同盟》發表以戲曲小説在日館藏現狀爲主要內容的《日本現存戲曲小説類目録》。該目録卷首有《記者小序》一篇，或爲《文字同盟》雜誌編輯所書。小序介紹了長澤規矩也的身份、學術背景及目録的撰寫緣起，亦談及日本德川時代中國戲曲小説東傳後的主要庋藏地情況。序文內容豐富，有助於我們考索中國戲曲小説文獻東傳及館藏概況，兹全引於此：

> 長澤先生規矩也，現在東京帝國大學研究院，專治中國學術者也。此次來華，攜有《日本現存戲曲小説類目録》一書，借批閱之。由日本官內省圖書寮、內閣文庫、尾州藩德川氏蓬左文庫，及巖崎氏靜嘉堂文庫所藏之戲曲小説，實觀其圖書，以輯其目録者也。按圖書寮所藏之戲曲小説，概爲德川藩毛利氏及古賀侗庵之物，內閣文庫，則概爲德川氏舊藏，間有佐伯藩毛利氏及林氏藏本。在德川時代輸入日本之戲曲小説刊鈔本，略見於此四處。則長澤先生此輯之價值，亦可知也。即乞登諸志端，以示同好。先生爲未定之稿之故，謙讓不措，竟得其諾者也，聊志其緣起云爾。②

《小序》簡介了長澤氏身份與日本主要的四個中國戲曲文獻庋藏處，並聲明此目爲作者經眼所得，攜帶來華時並非定稿。長澤氏編纂公藏目録甚多，故可因工作之便爬梳所涉圖書館藏書中戲曲小説的庋藏情況，成文較早。而《日本現存戲曲小説類目録》中涉及的圖書館、文庫包括日本官內省圖書寮、內閣文庫、蓬左文庫、靜嘉堂文庫等多處私藏、公藏藏書處。該

---

① 傅惜華：《日本現存中國善本之戲曲》，載《中國文藝月刊》第 1 卷第 4 期，1939 年，第 33 頁。
② ［日］長澤規矩也：《シナ戲曲小説の研究》，第 27 頁。

目録著録各藏書處所藏戲曲45種、小説103種(不含重出者)。長澤氏所編目録較爲簡略,雖爲始者難得全,卻有鼎嘗一臠之效,亦可令踵事者易爲業。董康(1867—1947)、孫楷第、傅芸子、傅惜華等人抵日訪書皆得其襄助,而今人赴日訪書亦難以忽視其成果。長澤氏編輯目録對於梳理中國戲曲小説文獻東傳日本的脈絡功效甚著。中國的朝代興替、兵燹頻仍對於圖書文獻的破壞巨大,圖籍傳播海外無疑給予文獻得以保存異域的機會。海外文獻中善本、孤本多存,恰恰可以彌補中土文獻散佚之憾。而作爲日本圖書館現代化進程的見證者與參與者,長澤規矩也依靠圖書目録的編纂將圖書館、文庫的藏書與服務社會的功能進一步發揮,使得珍本秘笈不再僅僅成爲插架的文物而變爲繼承傳統、推廣文化的重要工具,其作用不可小視。

4. 重視民間曲藝的著録

我國典籍流傳日本,自唐至清綿延上千年,經史文獻、詩文集一直爲典籍傳播之重點。清末民初,學人東渡訪書時有所得,或有海外孤本存焉,或有善本可訂中土文獻之誤。而戲曲文獻跨洋渡海後杳然無蹤,傳播不明,數量難詳,一直不爲學人關注。幸運的是,民國時期的中國學者對此漸有重視,如孫楷第、傅芸子等前賢,訪書心得或成讀書記以傳,或撰提要以行世,頗便學人。但其間所留意者多爲歷代名作,民間曲藝的海外流傳尚未進入學界視野,其間文化傳統與文獻多寡皆是重要原因。日本學者對於中國戲曲的認識則有其特殊的文化背景,其先天的文化差異也成爲戲曲研究花開異域的一種因緣。經史、詩文一直爲士人青眼所加,戲曲始終難以獲得同等地位,縱觀日本諸藏書目録,圖書館、文庫亦多購置經史、文學典籍,喜藏宋元刊本。但長澤規矩也多次駐留北平,古都濃郁的文化氣息與多彩的生活氛圍對於培養長澤氏對中國曲藝的興趣作用非常直接。自傅惜華的三言兩語可得其生活之剪影:

　　　　氏於訪書之暇,出入歌場,遂引起研究中國戲曲之興趣,乃於廠肆以至廟市冷攤,盡力搜鑼昆戈亂彈劇本,[1]俗曲唱本。數度游華,所獲甚多。[2]

————————

① 　筆者按,"搜鑼昆戈"當爲"搜羅昆弋"。

② 　傅惜華:《記長澤氏所藏鈔本戲曲》(一),載《大公報》1935年7月20日(12版)。

長澤氏在中國文化這一平臺上視其同爲中華文化之部分,並未厚此忽彼。在收藏曲本的過程中,積極收集民間曲本,如流行於清代中後期的子弟書手抄唱本即是如此。在中國學者中傅惜華較早關注子弟書的流傳且成果衆多,而長澤氏則爲日本學者之特出者。在收藏方面,我們可以從他的私藏書目中尋得頭緒。其《家藏舊鈔曲本目録》專設子弟書一類,包括 27 種劇目。《家藏曲本目録》末所附《百本張大鼓書目》内含 81 種劇目。其他曲藝形式,如蓮花落、快書等等都成爲長澤氏收藏的對象。在重視民間曲藝的同時,長澤規矩對於新發現的戲曲文獻也予以關注並積極收藏,如《家藏曲本目録》還著録"車王府鈔本二黄全串貫二十二册",包括《二進宫》、《小進宫》等 22 種劇目。① 其收藏顯示出獨特的學術視角,而其大量購買曲本的行爲在當時也"顯然大大刺激了中國學界,使情況一時爲之大變"。② 可以説,在當時學術風氣、收藏取向方面,長澤氏的收藏也成爲影響因素之一。

5. 具備較爲完善的戲曲目録分類思想

對於戲曲作品的分類是戲曲目録得以展現編纂者戲曲史觀的重要組成部分。戲曲目録著作在劃定作品劇種歸屬、梳理戲曲發展史方面,爲我們提供了獨特視角。戲曲目録的分類與常見目録有别,以其專業性而號稱難治,傅惜華曾云:

> 中國戲曲之學,年來始見昌明。研考之道,端賴目録。然分類之法,時至今日,尚未見有研討者。良以中國戲曲因地域與時代關係,組織流别,繁複龐雜,誠難爲一精審翔實之分類目録。③

長澤氏對於中國戲曲小説的喜愛源於對於中國文化的認可,從他的收藏可以看出其對於中國戲曲、曲藝流别並無軒輊之意,皆納入收藏。從其對於戲曲文獻的分類,即可窺見其戲曲史觀之一二。其發表於 1940 年的《漢籍集部分類表》基於《四庫全書總目》將分類予以擴展,可以看作對於《四庫全書總目》集部分類法的繼承與發展。《漢籍集部分類表》將集部

---

① ［日］長澤規矩也:《シナ戲曲小説の研究》,第 243 頁。
② 黄仕忠:《日本所藏中國戲曲文獻研究》,第 114 頁。
③ 傅惜華:《北平國劇學會圖書館目録·例言》,北平國劇學會 1935 年版。

分爲七類：楚辭類、別集類、總集類、尺牘類、詩文評類、詞曲類、戲曲小説類。[1] 較之《四庫全書總目》之集部分類多出尺牘類與戲曲小説類。四庫館臣的文學觀念崇尚雅正，詞曲類小序即云：

> 詞、曲二體在文章、技藝之間。厥品頗卑，作者弗貴，特才華之士以綺語相高耳。然三百篇變而古詩，古詩變而近體，近體變而詞，詞變而曲，層累而降，莫知其然。究厥淵源，實亦樂府之餘音，風人之末派。其於文苑，尚屬附庸，亦未可全斥爲俳優也。今酌取往例，附之篇終。詞、曲兩家又略分甲乙。[2]

所謂“厥品頗卑，作者弗貴”，“其於文苑，尚屬附庸”云云，由此可見四庫館臣於詞、曲未施青眼，而對於《續文獻通考》將《西廂記》《琵琶記》列入經籍類中亦視以不可爲訓。《總目》所收曲類文獻多涉曲律而無作品。對於詞、曲尚且如此，戲曲小説則更視作自鄶以下。《四庫全書總目》的偏見至清末影響尚存，故其時目録多踵武其後。長澤氏基於《總目》之分類思想而有所擴展，將戲曲小説分作雜劇、傳奇、花部、曲選、曲學、傳奇小説、通俗小説、小説選、小説選，共九類。曲本的豐富收藏使得長澤規矩也可以爲目録設立較爲完備的分類選項，較之前人如松澤老泉、神田喜一郎等人所編纂的目録分類更貼近於中國戲曲的發展狀況，而且在一定程度上直接反映了當時北京曲藝表演的實況。時至今日，對日本藏曲的分類可略見於當今學者之目録，如《日藏中國戲曲文獻綜録》分爲雜劇、傳奇、曲選（附昆曲散齣）、花部曲本及選集（京調・皮黄、亂彈、高腔、梆子腔、影戲）、曲譜、曲話曲韻曲目、其他、附録影印本戲曲叢書等類，可見作者因書制宜、分類略同的分類思想。

　　長澤規矩也學術所長在於流略之學，精於版本賞鑒，但從其編纂的多種目録，我們也感受到一些遺憾。雖然在北京生活期間，對曲藝的興趣極大地推動了其對於戲曲文獻的收藏，但終究戲曲研究非本業當行，故其目録的作用更多體現在注明文獻的庋藏與傳播情況。較之同樣從事戲曲目録編纂的傅惜華，著録內容區別顯然。傅氏深明中國戲曲源流，甚得目録

---

① ［日］長澤規矩也：《シナ文學概觀・藏書印表》，《長澤規矩也著作集》（七），（東京）汲古書院 1989 年版，第 464—469 頁。

② （清）永瑢等：《四庫全書總目》，中華書局 1965 年版，第 1807 頁。

學奥旨,所編撰戲曲目録兼及本事考證、刊刻源流、著録脈絡、舞臺表演諸端。在赴日期間,他對長澤規矩也藏曲多有了解,其《記長澤氏所藏鈔本戲曲》一文將寓目者分爲傳奇、昆曲譜、弋腔譜、身段譜、亂彈劇本、皮黄劇本、梆子劇本七類。同爲著録《一種情》,傅氏爲:"《一種情》三十齣(按即《墜釵記》,明沈自晉撰。梨園嘗演之《冥勘》一劇,出此傳奇。向無刻本。罕見)。"① 長澤氏《家藏舊鈔曲本目録》爲"《一種情》三十齣[(第一九一二二缺)]"。② 在長澤氏爲東京大學東洋文化研究所編制的《雙紅堂文庫分類目録》中同樣爲"《一種情》三〇齣(第一九一二二缺)。[明沈璟]清寫。一"。③ 傅氏除長於戲曲研究,亦深諳昆曲表演,對於梨園演出實況熟知於心,故能夠點明當時演出情況。長澤氏所編目録内容更爲簡潔,目録成書雖有前後,但所注内容基本一致,《雙紅堂文庫分類目録》較《家藏舊鈔曲本目録》增加了作者與册數,其文獻學背景在戲曲目録編纂中體現無疑,但並未提供其他信息。因二人業有所偏,所異處亦不必强分軒輊。

## 四、餘　論

長澤規矩也爲日本著名文獻學家,其戲曲小説文獻的收藏與目録的編纂相互促進。因對於戲曲的關注更多爲其内在興趣甚至爲一時之熱衷所推動,故雖有大量戲曲藏本,其中國戲曲研究的相關成果卻遠不如其文獻學研究的影響廣泛。其戲曲研究以目録編纂爲主。在戲曲目録編纂過程中,其文獻學背景表現直接,而藏書成爲其戲曲目録編纂的基礎,在編纂目録體例、分類方面表現出不同於前人的獨特戲曲觀。長澤氏敬業樂群,於 20 世紀二三十年代多次來華,與傅惜華等中國學者過從甚密。中國學者東渡訪書,亦多施援手。在長澤氏的戲曲小説研究中,成果的完成能夠跨越數十年。在其常年的戲曲收藏中,能夠時時自我修正,不斷完善目録,如有新發現的文獻,便對已編纂的目録善加補苴。長澤規矩也編纂的戲曲目録皆屬藏書目録,雖非探討戲曲史發展或戲曲分類的目録著

---

① 傅惜華:《記長澤氏所藏鈔本戲曲》(二),載《大公報》1935 年 7 月 21 日(12 版)。

② [日]長澤規矩也:《シナ戲曲小説の研究》,第 234 頁。

③ [日]長澤規矩也:《東京大學東洋文化研究所藏雙紅堂文庫分類目録》,東京大學東洋文化研究所 1961 年版,第 2 頁。

作，但其編纂的一系列目録都成爲中國戲曲文獻東渡鄰邦的例證，也進而成爲日本漢學與圖書事業發展的見證，對於我們深入瞭解 20 世紀中國戲曲文獻在日本的流傳狀況，乃至民國時期的中日學術交流勢必會多有助益。

原載於《戲劇》2014 年第 2 期
（閆春，山西師範大學戲劇與影視學院副教授）

# 吳喬《正錢録》本文與其公案及錢陸燦駁正考述<sup>*</sup>

## 毛文鰲

## 一、小　　引

　　《列朝詩集》(以下簡稱《詩集》)是錢謙益編纂的一部明代詩歌總集,自順治十一年(1654)正式刻訖流通後,文人學士好評如潮,爭相寶愛,甚至遠播東鄰。而《詩集》所附的詩人小傳則早在刻版之際,已久爲藝林渴慕。錢謙益嘗謂:"羈樓半載,采詩之役,所得不貲,大率萬曆間名流,篇什可傳而人間不知其氏名者不下二十余人,可謂富矣。此間望此集者真如渴饑,踵求者苦無以應。"① 及《詩集》印行後,小傳不脛而走,廣爲士林傳抄。蕭伯升(1620—1684)、周容(1619—1679)等人索性把小傳抄録別行。蕭氏"所抄當與今傳世之錢陸燦本相同,皆不加删削,悉存牧齋之舊文者"。② 周容對小傳歎賞有加,雖手録時稍加删節,其《春酒堂詩話》記載"《歷朝傳》隨意寫生,可誦者十之七。余嘗於晉中,將列傳稍爲删節,手録一過,信非近代人所辦"。③ 此外,葉襄(1610?—1655)、戚右朱也

　　* 本文系第五十五批中國博士後科學基金資助項目"錢陸燦與其詩文及評點研究"(編號:2014M551536)研究成果之一。

　　① (清)錢謙益:《牧齋雜著·錢牧齋先生尺牘》卷二《與毛子晉(第三十九首)》,上海古籍出版社2007年版,第313頁。
　　② 陳寅恪:《柳如是別傳》第五章《復明運動》,上海古籍出版社1980年版,第988頁。
　　③ (清)周容:《春酒堂詩話》,《叢書集成續編》第149冊,上海書店1994年版,第1139頁。

"手自繕寫,勒成一集"。① 直至康熙三十七年(1698),錢謙益族孫陸燦(1612—1698),字爾弢,一字湘靈,號圓沙,常熟人,方對小傳全面"補苴是正",黃氏誦芬堂隨即將之剞劂,於是《小傳》便脫離《詩集》而單行。

操持選政,自來易挑起爭端,矧入清後錢謙益大節有虧,爲士林不齒,以致《詩集》甫一殺青,旋即招致藝苑一片討伐之聲,而《小傳》更成衆矢之的。② 關於這一情況,錢謙益本人毫不諱言:

> 集中小傳,略具評騭。平心虛己,不敢任臆雌雄,舉手上下,……疏瀹源流,剪薙謬種,寸心得失,與古人質成於千載之上。聲塵迢然,與一二時流何與,而反唇相向乎?③

> 喪亂之後,搜采遺忘,都爲一集。間有評論,舉所聞於先生長者之緒言,略爲標目,以就正於君子,……而一二詢屬者,又將吹毛刻膚,以爲大謬。……余之評詩,與當世牴牾者,莫甚於二李及弇州。④

面對非議,錢謙益通達地表示:"愛我者,未必果我之得,而尤且謗者,亦未必果我之失。信彼是非,兩行而已。"⑤然而由於錢謙益在《小傳》中鞭撻的對象過寬,幾乎貫穿前後七子直到公安派、竟陵派,這勢必引起這些人的親族後學,尤其是手握輿論權者的不平與反擊,甚至連舊交後學黃宗羲(1610—1695)也頗有微詞,指出錢謙益的辭章有"五病","至使人以爲口實,掇拾爲《正錢錄》,亦有以取之也"。⑥ 黃宗羲口中的《正錢錄》是專門糾駁《小傳》的過失之作,並在清初引起衆多文士聚訟,乃至演變成文壇一椿波及範圍廣、歷時久的公案。可是由於《正錢錄》不知所蹤,迄今這一公案的真相已湮没無聞,而零星的討論專文或附帶論及的文字多苦於

---

① (清)錢謙益:《牧齋有學集》卷一五《愛琴館評選〈詩慰〉序》,第713頁。

② 參見蔣寅《清代詩學史》(第一卷)第二章《撥亂反正的錢謙益詩學》,中國社會科學院出版社2012年版,第177—179頁。又,清代攻駁《小傳》的學者、詩人尚有閻若璩、唐孫華、朱庭珍、曾燠、程封等人。

③ (清)錢謙益:《絳雲樓題跋·丁藺生藏余尺牘小册》,上海古籍出版社2005年版,第192—193頁。

④ (清)錢謙益:《絳雲樓題跋·徐季白詩卷》,第136—137頁。

⑤ (清)錢謙益:《牧齋有學集》卷一五《愛琴館評選〈詩慰〉序》,第713頁。

⑥ (清)黃宗羲:《黃宗羲全集》第一册《思舊錄》,浙江古籍出版社1985年版,第377頁。

文獻乏徵,以致史實粗疏錯謬。有鑒於此,我們不揣愚拙,重新考辨茲事,冀獲一二原貌,並求證於方家。

## 二、《正錢録》與其公案考實

《正錢録》的作者,據計東(1625—1676)與周亮工(1612—1672)信劄知是太倉人吳喬(1611—1695)。計氏書函云:①

> 飛濤自青州來歸德,得悉先生近況爲慰。蒙示尺牘尊選,並索東近作,東無以應,飛濤云:"何不即作致先生書?"東倉卒無所言。且先生方擁榮戟蒞吾吳。東,吳民也,何敢言事? 惟念前歲春間在都門,有婁東吳修齡作《正錢録》,攻摘虞山老人不遺余力。吾郡茗文、訒庵,復助其焰,吹毛索瘢,自喻得志。東徐語茗文曰:"仆自山東來,曾游泰山,登日觀峰,神志方悚栗,忽欲小遺,甚急,下山且四十里不可忍,乃潛溺於峰之側,恐得重罪,然竟無恙。何也? 山至大且高,人溺焉者衆,泰山不知也。"茗文躍起大罵。然昨聞吳梅村先生,盛稱東言是也,……知與先生善,並乞言之。②

吳喬原名殳,字修齡,後以字行,明諸生,著有《圍爐詩話》《西昆發微》《古宮詞》等。那麽,《正錢録》作於何時呢? 王人恩謂《正錢録》寫於康熙八年(1669)之前,鄭滋斌根據錢陸燦《彙刻列朝詩集小傳序》中"八十元老,無限童心"一語,卻先後得出作於順治十八年(1661)、康熙元年(1662)兩種結論,蔣寅推測應在康熙十一年(1672)之前。③ 其實,仔細研讀信函,

---

① 此函朱大可編《歷代小簡》題爲《與陶庵》,並點評曰:"此文極刻薄之能事,但立意甚正,所見亦大。"春明出版社1955年版,第81—82頁。按,朱氏認爲:"明清之際號陶庵者,有黃淳耀、曹續祖,及張岱。此當是與張岱。"這一判斷不夠審慎,殊不知周亮工字元亮,號減齋,又別號緘齋、陶庵、適園、櫟園等,結合信中所述實情,可知計東此劄實是寄給周亮工的。

② (清)計東:《改亭詩文集》卷一〇《與周櫟園書》,清乾隆十三年(1748)計甗刻本。

③ 參見王人恩《從吳喬〈正錢録〉看明清之際的攻訐之風》,載《西北師大學報》(社會科學版)2006年第1期,第32頁;鄭滋斌:《吳喬年譜新編》,載《大陸雜誌》第八十二卷第二期,第36—37頁;《吳喬與〈正錢録〉》,載《大陸雜誌》第八十八卷第三期,第139頁;蔣寅:《讀吳喬詩論劄記》,載《上海師範大學學報》(社會科學版)2012年第2期,第48頁。

還是可以考訂出《正錢録》准確作年的。其一，計劼謂周亮工時"方擁棨戟涖吾吳"，考周氏仕履，知其於康熙二年（1663）春赴任青州海防道，至五年（1666）"以緝逃及額擢江南江安督糧道，……八月還江寧"。明年"正月部議下，大府趨視事，始受篆"。① 其二，計劼又謂丁澎（1622—1686）自周氏青州官署來至河南歸德，向其出示周氏尺牘選，並遵囑索取計氏新作以爲續編之用。按，周亮工前後三選尺牘，其中《尺牘新鈔》康熙元年（1662）即編成刊刻，《藏弆集》和《結鄰集》則分別在康熙六年（1668）和九年（1670）編定付梓。可見，周氏彼時正爲編輯《藏弆集》遍徵文友函劼。合上以觀，則計東書信書於康熙五年（1666）八月周氏卸任前後。其三，信中又稱訒庵即葉方藹（1629—1682）時亦在京，而葉氏早在順治十八年（1661）已因奏銷案被黜歸鄉，兩年後方返京。② 此可證《正錢録》不可能早於康熙二年（1663）。再結合信中"惟念前歲春間在都門"一句推測，則《正錢録》約草撰於康熙三年（1664）春，時已迫近錢謙益亡期。

吳喬論詩宗法晚唐和李商隱，詩學實承自錢謙益弟子馮班（1604—1671）。那麼，他緣何著《正錢録》以攻擊師祖呢？吳喬本人曾給出答案："曩受以詩文謁牧齋公於虞山，不見答。不平之鳴，抨擊過當。"③可見，吳喬指摘《小傳》的動機是出於報復，因錢氏多年前冷落自己。又有論者指出，吳喬撰文糾摘錢文之瑕謬，實是明末清初文壇的攻訐之風使然。④ 此説倘成立，那麼《正錢録》的始作俑者倒更應是與吳氏並世、對錢氏耿耿於懷的寶應人朱克生（1631—1679）。清中期文論家吳德旋（1767—1840）嘗載述："朱秋崖名克生，……所著有《秋崖集》，長洲汪苕文序之。秋崖少時，遇錢蒙叟，投書數千言與論詩，中頗推重《列朝詩選》。錢置不答，直與客曰：'他時摘吾著述者，必此郎。'然其後著《正錢録》者，吳修齡也。"⑤其實，身處相同或相近歷史情境中的士人，其舉止之所以迥異，往往緣於個人的身世、脾性與修養。就上述事件而言，朱氏的生平雖尚不

---

① （清）周亮工：《賴古堂集》附録《年譜》，上海古典文學出版社1979年版，第917—918頁。

② （清）葉方藹：《葉文敏公集·讀書齋記》，清抄本。

③ （清）錢陸燦：《序》，（清）錢謙益：《列朝詩集小傳》卷首，上海古籍出版社2008年版，第3頁。

④ 參見王人恩《從吳喬〈正錢録〉看明清之際的攻訐之風》。

⑤ （清）吳德旋：《初月樓聞見録》卷五，《筆記小説大觀》第33冊，廣陵書社1983年版，第6頁。

詳，但可以肯定的是，吳喬爲人狷急，又以才學自負，"工於詆訶，與世齟齬"，①故其糾劾錢文本是不足爲怪的。此外，鄧之誠另立一説："其（按，指歸莊）雜著中《難壬》，謂吳修齡依倚徐乾學（1631—1694）、徐元文（1634—1691）兄弟，作《正錢錄》以詆謙益。"②爲徵知其説，今謄錄《難壬》於下：

> 甲、乙、丙、丁、戊五人者，皆東南之士，以文章著稱於時，而甲爲之主。有壬者，傾險反覆無行之人也，而粗有文筆，少時挾其微能以干乙，乙惡其而絕之。壬大恨怒，遂詆毀乙，而上書數千言於甲，盛相推許，以爲必得甲之歡心，因可借甲之名以抗乙矣。顧甲、乙同在詞林，乙雖晚進而相善，語次及乙，乙不隱壬之爲人，具言其所以見絕於士君子之由，以故甲亦不禮焉。壬於是以恨乙者恨甲，而加甚焉。丙於甲亦詞林後輩，又乙之門人也。壬無釁可乘。會丁與戊後起有文名，而甲於出處之際，取譏君子。壬於是特撰一書專詆甲。丁、戊皆官京師，壬挾其書入都，獻於丁、戊，如昔年之毀乙以媚甲者。丁、戊非不知己之文不及甲也，然好諛喜名，人之常情。暴人之短，以形己之長，亦文士之故習。於是頗然其言，遂留之長安邸中。丁之南歸也，壬嘗爲門下客。丁居憂不茹葷，壬亦持齋焉。夫文章之事難言矣！……今壬日進其蚍蜉撼樹之言於丁之前，余與丁交厚，恐其爲所眩惑，輕於立論，致蹈文人相輕之習，此余所深慮者也。……壬之有憾於甲，余久已聞之，乃其始之見絕於乙而求媚於甲之事，近日丙向余言，始知之。③

據此，鄧説乃由歸文中"挾私憾，騰蜚説，毀前輩以媚時貴"一語抽繹而來。歸莊（1613—1673）是錢謙益的及門，與吳喬亦屬舊識，出於憤怒而著文相責。"難壬"取自《尚書》"難壬人"一語，昭示歸莊憎恨厭薄之深，可鑒於當事各方多相識，行文時不能不有所顧忌，於是采用"假名甲乙"的手

---

① 鄧之誠：《清詩紀事初編》卷一"梁逸"，上海古籍出版社 2012 年版，第 30 頁。
② 鄧之誠：《清詩紀事初編》卷一"歸莊"，第 8—9 頁。
③ （清）歸莊：《歸莊集》卷一〇《雜著·難壬》，中華書局 1962 年版，第 503—504 頁。

法。① 儘管如此,此下兩點是明確的:其一,與吳喬日後懺悔如出一口,即他討伐錢氏純粹出於泄私憤,誘因是往年"上書"而遭受"不禮";其二,甲、乙、丙、丁、戊諸人身份皆可坐實,甲是錢謙益,壬是吳喬幾乎一看即知,至於餘下之人,王人恩稱丙、戊是徐乾學兄弟,鄭滋斌疑乙是張溥(1602—1641),丙是吳偉業(1609—1672),均值得商榷。

其實,尋繹文意,並參考相關文獻,推知乙、丙、丁、戊各是何人並非一難事。前揭計東函曰:"昨聞吳梅村先生盛稱東言是也。"吳梅村與計氏有師生之誼,②且吳梅村與錢謙益的關係也符合歸文"晚近而相善"的表述,何況葉方藹正説過"婁水虞山相代興"呢。③ 因此乙應是吳偉業,丙是計東。康熙十二年(1673),錢陸燦設館常州董文驤家(1623—1685),④於其案頭觀讀吳喬《正錢録》,始有所駁正。五年後,"始與君(按,指吳喬)會於東海尚書(按,指徐乾學)、相國(按,指徐元文)之家。易農(按,即董文驤)適亦以事至,置酒相歡也"。⑤ 吳喬與會蓋不是巧合,而是"丁之南歸也,壬嘗爲門下客"。康熙三十三年(1694),徐乾學逝世,吳喬首作悼亡詩,一時和者雲從。⑥ 徐乾學《憺園集》内有《海鹽同吳修齡、彭駿孫用前韻作》、《贈雲樓静居上人用前韻》等詩語及吳喬。歸莊又自稱"與丁交厚",今檢其遺著,内有《與徐原一、玄肅》一函,信中歸莊告知徐乾學兄弟,自己時方謀梓先祖歸有光文集,卻苦於刻資匱乏,故向"兩年翁"募金云云。其後,徐氏兄弟慨然助成斯役,乾學並賜《重刻歸太仆文集序》,今見於《憺園集》卷一九。綜上,丁應是徐乾學。

計東信箋又謂吳喬初草《正錢録》之際,汪琬(1624—1691)、葉方藹二人從旁"吹毛索瘢",左袒吳氏。關於汪、吳、葉三人的這段居京生活,葉氏後來追憶道:"太倉吳君修齡,今之振奇人,來瀚京師,與予居處三年。

① (清)顧炎武著,陳垣校注:《日知録校注》,安徽大學出版社 2007 年版,第1308—1309 頁。

② (清)計東:《改亭詩文集》卷一〇《上太倉吳祭酒書一》曰:"閏二月朔,前國子監率性堂恩拔貢監生計東謹再拜。舊冬東度歲江寧,於友人倪闇公家見老師新刻文集内有《復社紀事》一篇。"清乾隆十三年(1748)計瑸刻本。

③ (清)葉方藹:《葉文敏公集·余抄〈獨賞集〉竟,自題卷首十四絶句之三》。

④ 參見拙文《錢陸燦研究》附録二《錢湘靈先生年譜》"康熙十三年"條,華東師範大學博士論文,2012 年,第 311 頁。

⑤ (清)錢陸燦:《序》,(清)錢謙益:《列朝詩集小傳》卷首,第 1—2 頁。

⑥ (清)張雲章:《樸村詩集》卷六《尚書徐公薨,吳修齡前輩首爲感傷之什,和者成卷,次韻題後》,清康熙華希閔等刻本。

君素事佛,尤好神仙,而獨不喜儒者之言,……每與鄠陵梁君曰緝、長洲汪君苕文會飲一室,梁君蔬食奉佛,精禪理,汪君博學多通,欲無不知以成名。三人者相見,輒劇談世外詼奇迂誕之事。"①可以想見,梁熙(1623—1693)當日或也贊同吳喬的意見,這可從汪琬《與梁侍御論吳氏〈正錢錄〉書》中窺見端倪,而且這封信也是汪琬個人意見的集中表達,茲摘錄於下:

> 別後再讀吳氏《正錢錄》,其例甚嚴,其詞甚辨,誠有功斯文不小。……但盛氣以相攻擊,而商榷未安,則必有偏駁之病;考證未悉,則必有鹵莽疏漏之病。……今此書非不例嚴而詞辨,然而其中所列,尚有不合,殆有如前之所謂偏駁疏漏者,得毋盛氣以相攻擊,而未暇商榷考證歟? 恐不可謂之定案也。……琬嘗恨文章之道,爲錢所敗壞者,其患不減於弇州、大函,而錢氏門徒方盛,後生小子莫不附和而師承之,故舉世不言其非,幸而有一吳氏不量氣力以與之爭,而又不得其要領,豈不大可惜哉! 故琬之言此,亦欲護持斯文,而助吳氏之不逮於萬一也。然吳氏方用才學自負,而琬顧以空疏之智、迂闊無當之見,刺刺於其側,不以爲狂易,則以爲輕薄耳。度彼所敬事者,惟先生一人,故不敢陳之於吳,而以私於執事,其説具在別紙,幸微引其端,使加改竄,是亦朋友之忠告也。如有未當,乞更疏示。②

梁御史即梁熙,號晳次,鄠陵人。康熙初,汪、梁二人皆官京師,往從甚密。如康熙二年(1664)除夕,汪琬邀梁熙宴飲。③ 次年夏,宋犖(1634—1713)將出任湖廣黃州府通判,梁熙、米漢雯於汪琬家設宴相送。④ 至八年(1669)夏,二人始揮袖道別,時梁熙將歸鄠陵,汪琬則選榷江寧西新關倉,行將赴任,故汪琬此信寄出於八年夏之後。汪琬在信中立論不公,反是竊喜於吳氏之攻錢。當然,這也符合他一貫"譏刺"錢文"不遺余力"的態度。事實上,他只是不滿於吳喬挾"盛氣以相攻擊",又"考證未悉",以致落下"偏駁之病""鹵莽疏漏之病",方才對《正錢錄》"反爲異論",而試

---

① (清)葉方藹:《葉文敏公集·送吳修齡序》。
② (清)汪琬著,李聖華箋校:《汪琬全集箋校·鈍翁前後類稿》卷一八《與梁御史論吳氏〈正錢錄〉書》,人民文學出版社2010年版,第471頁。
③ (清)梁熙:《晳次齋稿》卷二《癸卯除夕苕文招飲》,清康熙刻本。
④ (清)汪琬著,李聖華箋校:《汪琬全集箋校·鈍翁前後類稿》卷二四《贈宋子牧仲序》,第548頁。

圖爲之糾偏的。那麼,汪琬助吳"倒錢"目的何在呢？第一,正如歸莊所說,汪氏與徐乾學一般無二,皆"好諛喜名",不惜"暴人之短,以形己之長"。第二,汪氏自我標榜是爲了"護持斯文"。錢謙益、汪琬論文雖都主張本於六經、經經緯史,又都私淑歸有光,但錢氏不屑於汪氏治學兼采宋明理學,汪氏不滿於錢氏爲文出入於儒、釋、道,尤其對其訾謷宋儒更是怒不可遏,早有意於重樹文壇旗幟,再立文章正軌。此番吳氏攻錢言而未盡,非但未能置錢於死地,反爲士林所詬病,於是汪琬將"要領"録在"別紙",以供吳氏參考而"改竄"原録。對照《難壬》,殆可判定戊爲汪琬。

康熙八年(1669)冬,錢陸燦於汪琬金陵户部署衙方讀到《與梁侍御論吳氏〈正錢録〉書》一文,可能也是他初聞吳喬《正錢録》其事,時計東、黄虞稷(1629—1691)、倪燦(1627—1688)在座。四年後,錢陸燦終於閲竟《正錢録》,並開始駁正工作。又五年,駁正全文出爐,①於是《正錢録》風波終於在一邊倒的斥責聲中平息下來。

## 三、《正錢録》本文與"錢駁"輯録

因爲《正錢録》久佚,論者又鮮語及,②所以長久以來人們難睹其全貌,幸而錢陸燦《彙刻列朝詩集小傳序》中曾引述六條言論。就此"六條"而言,則吳喬之所謂"正"者,多是挾嫌攻訐《小傳》"字句疵累"處,卻又"疑訛弘多",淺陋可笑。爲識《正錢録》的廬山真面目,實則更應注意錢陸燦《答許青嶼侍御書》(以下簡稱《答書》),就中含十多條《正錢録》佚文與批駁意見。茲將這些佚文與駁正文字中有關於文壇風會與文章法式者逐抄於此,並逐條有所辨析,一以復原吳喬《正錢録》之面貌,一以審視錢陸燦辯駁之深意,藉以一窺古人讀書、作文之法,探析明清之際的文藝風氣、古文理論,兼以淬厲當下之學風。

一、正之序文曰：三十年前,艾天傭先生云云,至今艾氏之文與王、唐、歸並列。牧齋錢宗伯遠宗歐、蘇,近主震川,天下之瞻依,殆等

---

① (清)錢陸燦:《序》,(清)錢謙益:《列朝詩集小傳》卷首,第1—3頁。

② 參見鄭滋斌《吳喬與〈正錢録〉》,第139頁;蔣寅:《清詩話考·待訪書目》"《正錢録》一卷"條,中華書局2005年版,第135頁;王人恩:《從吳喬〈正錢録〉看明清之際的攻訐之風》,第32頁;蔣寅:《讀吳喬詩論劄記》,第48頁。

於天傭。而所著《初學集》，質之古人，合者一二，離者八九。至於六朝詩人傳文，乃百無一合。末又曰：《正錢録》者，欲天下之求歐、蘇者，求之於王、唐、歸、艾四先生。

駁曰：艾孝廉千子有《天傭子集》，不聞其以天傭爲號也，不聞有所謂天傭之名更盛於牧齋也。遵巖學曾，而吾厭其排疊；應德學蘇，而未極其疏宕；熙甫醇乎其醇；乃若千子之論時文，如《文定》《文待》，則其傳矣。其以古文著也，依效歐陽，較之近日學歐文者，全是帖括字句則差勝，而全襲歐公篇體字句甚多。今躋而祀於唐、歸之下，無非尊艾以抑錢，不知艾與錢同時，若論學問文章，艾當在北面弟子之列審矣。

二、正序文曰：其中有曰"發凡起例"，《通鑒》凡例具存，此中凡例何在？襲用君實語也。

駁曰："《左氏》之文，先經始事，後經終義。經也，非史也。"故有發凡起例，凡例不始於君實之《通鑒》。

三、正曰：句句須用古，無古不能行筆，元美大病，牧齋亦然。

駁曰：摘取古人字句之佳者，西京已然。即如《漢書》敍、傳諸贊内，此類甚多。元美之大病，故不在此。推其説，不過尊歐、蘇，謂其文中無古人字句也。據此以薄班、馬，則《史》《漢》可以不讀。而今之以帖括字句爲歐、蘇者，真歐、蘇耶？

四、正曰：伯温詩兩屬，若以爲例，則詩少者不可，獨用於伯温則不成例。

駁曰：宋文憲潛溪詩，自屬元朝，豈青田不可分耶？

五、正曰：律詩宜稱唐體、近體，若曰今體，則牧齋唐人也。又曰：長句即七言詩，見杜詩"近來海内爲長句"注中。此七言長句四字疊用，牧齋不讀杜詩耶？

駁曰：然則時人非古人，而亦作古體，何也？杜詩正贊太白七言古也。如以長句爲律詩，太白有幾首七言律耶？惟《元白長慶集》題以長句則七言爾。秦少游次子由《黄樓詩》云："少公作長句，班馬安得擬？"班馬寧有七言律耶？

六、正曰："衣鉢門生"，事既無謂，辭復不雅，牧齋酷愛而屢用之，何耶？歐、蘇上不用西漢之晉、跳、枋、並，下不用後世之"衣鉢門生"。

駁曰：審爾，歐公上不用古，下不用時，將自撰何等句耶？抑如今世之以帖括字句，之乎語助，空衝成文者耶？歐公云"付子斯文"，所謂衣鉢門生也。朱子曰："深考程先生之言，其門人恐未有承當得此衣缽者。"此衣缽字，宋人故有之也。

七、正曰：《童珮傳》云："並其稿削之。"非竹簡，何以削？

駁曰：劉向疏"削則削"，謂以刀削去簡牘也。雖非竹簡，假古字用爾，豈必塗乙等字，然後切於紙耶？如今人飲酒不用尊，而曰酒尊，亦假古字用，豈必酒鍾、酒杯而後切耶？唐以前書籍皆寫本，雕版五經，始後唐馮道。而柳玭云："字書、小學皆雕版。"則唐固不用竹簡。子厚云："敢專筆削，以附零陵故事。"亦不當云筆削耶？

八、正曰：《王留傳》"文戰"二字，可入傳乎？古傳有之乎？

駁曰：古傳，何傳也？必歐、蘇以後乃謂古歟？杜詩"惜別到文場"，元微之《會真記》："文戰不利。"王仁裕《賀王狀元溥大拜》云："一戰文場拔趙旗，更調金鼎佐元龜。"此唐宋人"文戰"二字之證也。

九、正曰：蹶張，弩名，足踏而張之者也。不當襲古人誤用。

駁曰：古人之誤用，而後襲之者多矣。如逸少寫《道德經》換鵝，而太白詩："山陰道士如相訪，爲寫《黃庭》換白鵝。"梅聖愈詩："不同王逸少，辛苦寫《黃庭》。"古樂府《雉子斑》云："不怯如皋箭，能使如皋路。"而子瞻詩："不向如皋閑射雉，歸來何以得卿卿？"亦能起太白、聖愈、子瞻一一改正耶？

十、正曰：里者，一井之地也。王敬夫，鄂人；康對山，武功人。相去五百里而曰同里可乎？

駁曰：《孟子》"鄉田同井"，漢有鄉亭侯，鄉最近。然今同省直之人，相去數千里，皆稱同鄉，況五百里耶？

十一、正曰：成祖廟號，子孫不當改。既改之後，臣子自宜恪遵之。牧齋有太宗之稱，當是正德以前人。

駁曰：漢文帝廟號太宗，而《史》《漢》兼稱，何也？

十二、正曰：古文、奇字者，孔壁《尚書》中兩種篆字之名也。此云王逢年以"古文奇字爲有司所黜"，豈不以篆字寫試卷乎？

駁曰：彼問奇字於揚雄者，單舉古文《尚書》耶？如雄之《法言》《太玄》，俱篆字耶？

# 四、錢陸燦駁正的文壇價值

推究錢陸燦糾駁《正錢録》的意圖，大概在於以下三端：

其一，康熙八年（1669），錢陸燦於汪琬署邸初聞《正錢録》，遂"求其書觀之"。因見之無甚高論，又夾雜"不平之鳴"，而"抨擊過當"，且吳喬不過是"輇才小生，盡疆窘步，不復肯焦心思於翰墨之間"，以致其書舛錯百出。於是錢陸燦代爲錢謙益申辯、鳴冤，"一時走筆，代《賓戲》《客難》"，既駁正吳氏之失"如幹條"，又批判吳氏虛妄之學風，以爲後學之炯戒。關於這一點，汪琬嘗亦有所針砭："（《正錢録》）得毋盛氣以相攻擊，而未暇商榷考證歟？恐不可謂之定案也。"並申明學者讀書、辯難的正途道："竊謂學者之讀書也，不可以無和平之心、周詳博大之識也。斯二者既具，而又爲之往復曲折其中，然後作者之是非，可得而論定矣。"[1]此外，錢陸燦老友董文驥亦曾議論道："竊虞學者之擇焉而不精，存吳氏之正，則讀書家之心眼日細；又虞學者語焉而不詳，存錢氏之駁，則著作家之風氣日上。"[2]此話兼顧讀書之法與著述之法，最爲辯證平穩，庶幾可作爲《正錢録》公案的蓋棺之論。

其二，錢陸燦駁議《正錢録》之目的更在於疏剔訛僞，疏浚古文傳統，發露錢謙益的學術與文章光焰。一方面，明初宋濂爲文主張"宗經"、"師古"，取法唐宋，尚不失古文矩鑊。然自嘉靖李、何、王、李四家始務"割裂剽竊，優孟史漢"，一時成風，從而招致歸有光的不滿，斥之爲"蚍蜉撼大樹"、"庸妄巨子"，而提倡爲文當返經溯源，原本經史。惜乎其時名微位卑，未能形成影響。萬曆末，文壇祭酒錢謙益私淑歸氏，繼起倡言排擊前舉"俗學"，又整理編定《震川先生集》，高度評介歸氏的學術思想、文學創作和批評。錢謙益曾説："以熙甫追配唐宋八大家，其於介甫、子瞻，殆有過之無不及也。士生於斯世，尚能知宋元大家之文，可以與兩漢同流，不爲俗學所漸滅，熙甫之功，豈不偉哉！"[3]與此同時，時文名家艾南英亦相附和，尊崇歸氏而排斥王、李。據《明史》艾氏本傳稱："始王、李之學大行，天下談古者悉宗之，後鍾、譚出而一變。至是錢謙益負重名於詞林，痛相糾駁。南英和之，排詆王、李不遺余力。"另一方面，艾南英訾詆前後七子，與王、唐、歸、錢諸人雖略相似而畢竟不同，"他於攻擊秦漢僞體之外，

---

① （清）汪琬著，李聖華箋校：《汪琬全集箋校·鈍翁前後類稿》卷一八《與梁御史論吳氏〈正錢録〉書》，第 471 頁。

② （清）錢陸燦：《序》，（清）錢謙益：《列朝詩集小傳》卷首，第 3 頁。

③ （清）錢謙益：《牧齋初學集》卷八三《題歸太仆文集》，上海古籍出版社 2003年版，第 1760 頁。

更攻擊六朝之儷體與古文家中尚奇一派"。① 這對於文壇發展而言,氣局狹窄。此外,錢、艾二人雖都主張通經學古,崇尚歐、蘇,但主張的門户卻有異。錢陸燦《答書》稱:

> 兩家(按,指歸有光、錢謙益)皆主張歐、蘇門户,其意皆爲初學者言也。蓋文之有規矩准繩,起訖呼應,提綱挈目,錯綜參伍,俱歸於文從字順,此自太史公、班固,至於韓、柳、歐、蘇,其道同也。韓、柳以上,大而化之而無其迹。歐,學史、學韓者也,力著其説於其文。而蘇、曾以還,其説益著。

這裏錢陸燦之所以歸、錢並舉,正是看出錢謙益力倡古文當取法於唐宋派,並推尊歸有光爲古文正宗,故而主張"箴砭俗學,原本雅故,溯熙甫而上之,以蕲至於古之立言者"。② 可見,錢謙益是要把歸有光作爲登入古作者閫域的津逮。換言之,即古文當從歸有光入手,上溯宋元大家,而後漢唐,沿波討源,循序漸進,最終達成古學之復興。與之相對,在古文理論上,艾南英於漢代欽仰司馬遷,於唐宋推崇八大家,尤推歐陽修,認爲其文法最嚴整而又有風神,甚乃有多篇文字"全襲歐公篇體字句"。職是之故,錢陸燦以爲其"議論亦正"。但畢竟在歐、蘇之外,艾氏僅能偶一取法於"左、國、班、馬"。顯然,相較而言,錢謙益更能突破摹擬之習,給出"俗學"對症的"解藥",而發現歸有光的意義。以是有光曾孫歸莊贊歎道:"先太仆府君,當嘉靖橫流之時,起而障之,回狂瀾以就安流,……並以虞山錢牧齋先生,當萬曆蕪穢之後,起而辟之,剪荆棘以成康莊,而嘉定之婁子柔、臨川之艾千子,其同心掃除者也。顧府君晚達位卑,壓於同時之有盛名者,不甚彰顯,虞山極力推尊,以爲三百年第一人,於是天下仰之如日月在天,後進綴文之士,不爲歧途所惑,虞山之力爲多。"③而這正是錢陸燦推錢謙益爲宋、唐、歸、錢四先生的理據所在,也是其駁議《正錢録》的文壇價值之所在。

錢陸燦致函的許侍御名之漸(1613—1701),字儀吉,號青嶼,武進人。兩人爲莫逆交,許氏讀信後贊歎道:"聞先生論,如客得歸,歐、蘇重開生

---

① 郭紹虞:《中國文學批評史》,商務印書館 2010 年版,第 313 頁。
② (清)錢謙益:《牧齋初學集》卷三二《嘉定四君集序》,第 922 頁。
③ (清)歸莊:《歸莊集》卷三《吳梅村先生六十壽序》,第 260—261 頁。

面,不被帖括埋没抹煞;洗發尚書公,學問源流,文章光焰,未易指摘如此。二事皆有功後學。至五六千言,包孕聯絡,界畫井然,全是孟堅列傳、綱目體制。亟屬燕谷令侄句讀流傳之,俾問津此道者折衷焉。"陸燦另一老友黄永(1621—?)亦稱賞不已道:"李杜文章,光焰萬丈,不必言矣。其於文章中指别源流,疏别訛僞,既爲後學指南,而有功於吳君及者尤不少也。至若淺學小生,妄憑胸臆,排擊前輩,蚍蜉之撼大樹,徒爲識者所笑,宜切戒云。"①許、黄二人所稱道的也是錢陸燦正吳的文學史價值。

其三,《正錢録》公案牽涉、波及的文人有錢謙益、吳喬、汪琬、梁熙、葉方藹、錢陸燦、計東、周亮工、吳偉業、歸莊、黄宗羲、徐乾學等十餘人,前後持續達卅年之久,然而這樁公案僅是明清之際文壇生態與思潮嬗變以及詩文論争的一個縮影,其時見諸史籍的文壇公案至少尚有數十起之多。②那麼,明清之際文苑緣何勁刮聚訟之風? 或許在於以下數端:一是自明中葉以來,文人標榜、放誕之習不减,藝苑充斥着攻訐之風;一是易代之後,明遺民與仕清新貴之間因政治出處、文學觀念齟齬而心生不合;一是明代七子、公安派、竟陵派餘風猶存,遺民文學上升爲主流,新朝詩文日益興起,三家共存交錯,互争雄長。凡此既構成於時文壇生態與新變的圖景,又導致各派文人之間争訟不已,成爲一時的現象與風氣。這些論争體現了易代之際詩文觀念的分化與多歧走向,以及文人們的探索、嘗試與創造實踐:一方面清初文人遠承唐宋古文運動,取法於韓、歐、蘇、曾等人,近接唐宋派、歸有光與復社、幾社等的復古血脈,反思前後七子、唐宋派、公安派、竟陵派之得失,倡導復興古文;另一方面又熱心於探討詩文理論,譬如何謂古文的正宗譜系與家法,如何處理古文與經學及八股文三者的關係,詩歌只合取經於盛唐還是宜"轉益多師"等等。總之,這群興趣相投、功力相當、論題相近的文人們互相挑戰、往復辯難、彼此補正的争辯有裨於當時詩文理論的發展與創作的繁榮,進而促進詩文由明末向清初之轉變,因而具有重要的文壇價值與意義。

(毛文鰲,浙江越秀外國語學院教師)

---

① (清)錢陸燦:《調運齋集》,清乾隆十五年(1750)刻本。
② 參見李聖華《汪琬與清初古文論争——兼及清初古文"中興"》,載《中國文學研究》2012年第1期,第65—69頁。

# 馬宗榮的大學圖書館管理實踐

## ——以大夏大學圖書館爲例

### 徐曉楚

馬宗榮(1896—1944),字繼華,貴州省貴陽人,祖籍江蘇儀征,著名社會教育家、出版編輯家與圖書館學家。20 年代留學日本期間,馬宗榮先後發表《現代圖書館序説》①《現代圖書館經營論》《現代圖書館事務論》《現代圖書館教育論》等著述,初步構建起一個將圖書館納入社會教育範疇,以社會教育爲基點審視圖書館事業的圖書館學理論體系。② 由馬宗榮率先提出的關於圖書館性質的"仲介説"、關於圖書館功能的"體用説"在當時學界都產生廣泛反響。

1930 年 2 月馬宗榮從日本回國,隨即受聘擔任大夏大學圖書館主任(1932 年起改稱館長),直至 1935 年因受邀擔任國民政府教育部部長秘書卸任。馬宗榮領導大夏大學圖書館期間,根據"典册爲一切學術之源泉,大學教育最要之工具,非有豐富之藏書,不足以資博覽而供研究"的認知,③強調圖書館在大學的特殊意義。同時,確定大學圖書館的管理理念,即"首當謀館中藏書之活用"。④ 以此爲目標,馬宗榮進行了一系列改革,極大改變了大夏大學圖書館的面貌。

---

① 1924 年該文在《學藝》雜誌發表時以《現代圖書館的研究》爲題,1928 年出版單行本時更名爲《現代圖書館序説》。

② 吳稌年:《社會教育理念下的圖書館學思想——馬宗榮先生與近代圖書館事業》,載《中國圖書館學報》第 35 卷第 180 期。

③ 《募集圖書啓》,載《大夏週報》1930 年第 79 期,第 117 頁。

④ 馬宗榮:《創刊之辭》,載《大夏圖書館館報》1935 年創刊號,第 1 頁。

# 一、完善制度

儘管大夏大學在 1925 年即設有圖書館,但規模很小,而且管理相當落後。1930 年前,大夏大學除學生通則中有一節圖書閱覽規定外,僅有極簡略的《圖書委員會規程》,其餘各種管理制度均付闕如。

馬宗榮素來重視圖書館規章制度的確定,20 年代即在《現代圖書館經營論》中提出:"圖書館爲規定館權的本體及作用計,不可不有圖書館章。又爲辦理事務手續上的敏活起見,不能不有種種的細則。其最不可缺少的,爲下開各種: 1. 館章;2. 閱覽細則;3. 借出閱覽細則;4. 捐贈圖書細則;5. 委托保管圖書細則;6. 館員服務細則;7. 委員會細則。"①除章程細則外,還應"爲便利暗於圖書館的趣旨及手續的民衆計,除館章及細則而外,更宜編制入館指南,以爲之指導"。

馬宗榮在大夏大學就任後,貫徹自己對圖書館規制的認識,迅速制定了《大夏大學圖書館館則》以及《大夏大學圖書館借閱圖書規則》。《大夏大學圖書館館則》列入學校章程,明確了圖書館主任的職權、圖書館經費的管理原則,并規定圖書館分設事務、編目、閱覽三股,劃定了三股各自的職掌。之後,馬宗榮又陸續制定《大夏大學圖書委員會條例》《大夏圖書館辦事細則》,還將圖書館借閱規則細化爲《大夏大學圖書館學生借閱圖書規則》《大夏大學圖書館外特別閱覽簡則》《大夏大學圖書館教職員借書簡則》,基本涵蓋《現代圖書館經營論》所敘各方面,使大夏大學圖書館進入運行照章辦事、有章可據的新階段。

同時,爲便於大夏學生瞭解和利用圖書館,在馬宗榮主持下,大夏大學圖書館"編有《大夏大學圖書館指南》一書印行,發給與諸同學,俾得誃爲利用本館之輔導"。② 1935 年起,在馬宗榮主持下,大夏大學圖書館又開始編印月刊《大夏大學圖書館館報》,"載本館消息、新購圖書目録、名著介紹、書評、讀書心得,及與圖書館有關之常識等,以盡輔導之責",③成爲學校師生與圖書館了解溝通的平台。

---

① 馬宗榮:《現代圖書館經營論》,《中學學藝術》1928 年 3 月,第 198 頁。

② 馬宗榮:《今後之圖書館》,載《大夏週報》1934 年第 11 卷第 8—9 期(合刊),第 253 頁。

③ 同上書,第 254 頁。

| 《現代圖書館經營論》所設定圖書館營備細則 | 馬宗榮主持制定的大夏圖書館有關規程 |
|---|---|
| 館章 | 《大夏大學圖書館館則》 |
| 閱覽細則 | 《大夏大學圖書館學生借閱圖書規則》（關於閱覽部分） |
| 借出閱覽細則 | 《大夏大學圖書館學生借閱圖書規則》（關於外借部分）<br>《大夏大學圖書館外特別閱覽簡則》<br>《大夏大學圖書館教職員借書簡則》 |
| 捐贈圖書細則 | 《大夏圖書館辦事細則》第二章第三節（"關於訂購捐贈圖書寄存圖書及檢收登録之部"） |
| 委托保管圖書細則 | 《大夏圖書館辦事細則》第二章第三節（"關於訂購捐贈圖書寄存圖書及檢收登録之部"） |
| 館員服務細則 | 《大夏圖書館辦事細則》 |
| 委員會細則 | 《大夏大學圖書委員會條例》 |

表 1 大夏大學圖書館章程與《現代圖書館經營論》設定之比較

## 二、培養人才

圖書館欲提供出色的服務，需要一支優秀的管理隊伍。

1928 年前，大夏大學僅有一名職員王慶勳擔任圖書館兼職管理員。王還需同時兼任學校體育指導，無法專心於圖書館工作。[1] 1929 年，大夏大學正式在國民政府教育部立案，學校制度以此爲契機規範化，但此時圖書館也只有三名管理人員：王慶勳以教務處圖書股股長身份領導館務，部下只有呂紹虞、劉因兩名圖書管理員，當時三人均未受過圖書館專業訓練，也没有明確的具體分工。[2]

因藏書及管理人員均極有限，當時大夏大學圖書館僅提供室内閱覽，不提供圖書外借服務。

在建章立制明確圖書館各崗位職責基礎上，1930 年春夏間，馬宗榮陸續增聘館員，改善了原來人手不足的窘迫局面，新舊館員在馬宗榮調配下，井然有序。《大夏週報》稱圖書館隊伍擴充後，各館員"所任職務，均

---

[1] 《教職員名録》，載《大夏大學一覽 1928》，第 6 頁。
[2] 《教職員名録》，載《大夏大學一覽 1930》，第 7 頁。

經馬先生妥爲分配,以期辦事敏捷,效率宏大"。①

管理人員的擴充及有效配置迅速改善了大夏圖書館的服務,1930 年秋,大夏大學圖書館即開始對師生提供圖書外借服務。到 1935 年馬宗榮離任時,大夏大學圖書館專職人員已增至 10 人。②

增加圖書館人員數量的同時,馬宗榮也非常重視培養和引進圖書館專業人才,當時大夏大學圖書館職員均未受過圖書館專業訓練。1931年,大夏大學圖書館館員呂紹虞被大夏大學保送至當時中國唯一的圖書館學高等學府武昌文華圖書館學專科學校深造。③ 1932 年夏,暑期返滬的呂紹虞將文華的學長錢亞新介紹給馬宗榮,馬宗榮特邀錢亞新到大夏擔任圖書館編目主任。④ 1933 年,錢亞新改任河北省立女子師範學院圖書館館長,又由學成回大夏的呂紹虞繼任圖書館編目主任,呂更於 1935年馬宗榮離任后繼任大夏大學圖書館館長。錢亞新、呂紹虞後來都成爲著名圖書館學家,三位大家以馬宗榮爲樞紐匯聚於中山路大夏,也堪稱一段佳話。

## 三、擴 充 館 藏

據大夏大學 1930 年的統計,當時學校藏書僅 16 281 冊(其中中文圖書 12 650 冊,西文圖書 3 631 冊),不但遠遜於各知名國立大學、教會大學,甚至較同在上海的私立大學復旦大學、光華大學也有所不如。

馬宗榮擔任圖書館主任後第一年,即説服學校撥款二萬銀元添置圖書,並明確之後每年學校固定撥款一萬元用於圖書採購,爲圖書館的持續發展提供了穩定的經濟保障。

同時,馬宗榮因地制宜,借鑒大夏大學"師生合作"的辦學傳統,積極動員師生進行圖書捐贈。1930 年馬宗榮上任伊始即發起圖書募集,⑤並在《大夏週報》撰文《圖書館與募書運動》,號召"全校師生一致團結起來,

---

① 《圖書館添請館員》,載《大夏週報》1930 年第 89 期,第 67 頁。
② 《職員名録(廿三年度)》,載《大夏大學一覽 1935》,第 27、31 頁。
③ 《畢業同學消息》,載《大夏週報》1931 年第 8 卷第 11 期,第 221 頁。
④ 錢亞新:《回憶・總結》,《錢亞新別集》,南京大學出版社 2013 年版,第 211—212 頁。
⑤ 《募集圖書啓》,載《大夏週報》1930 年第 79 期,第 117 頁。

作大夏圖書館募書運動"。① 這次圖書募集運動至 5 月 8 日結束時,共收到中文書籍 4 277 册,外文書籍 820 册,約價值 3 500 元。② 以此爲開端,大夏大學教師向圖書館捐贈圖書逐漸蔚然成風,舉其大者:1933 年 12 月,大夏總務主任吳浩然遵照其父吳竹林先生遺囑,將家藏珍貴圖書 130 種,900 餘册,捐贈大夏圖書館;③1935 年 11 月,大夏校長王伯群一次性捐贈圖書、雜誌及各項報告等 2 000 餘册;④1936 年 3 月,已故大夏國文系主任孫德謙教授家屬秉其遺願,將其藏書 1 847 册捐贈圖書館。⑤

經過幾年努力,至抗戰爆發前,大夏大學圖書館藏書已達 46 120 册(内中文圖書 34 054 册,日文 2 261 册,西文圖書 9 805 册),接近 1930 年館藏的三倍規模。

同時,馬宗榮没有將"謀藏書之活用"的管理理念局限於圖書館本身藏書,結合大學教師多有藏書習慣的背景,大夏大學圖書館專門設立了圖書寄存制度,由圖書館提供平臺,鼓勵學校教師向他人開放個人藏書。教育學院邰爽秋教授,就將自己近千册的外文教育學圖書寄存於圖書館,設立"邰式藏書室"供師生閱覽,⑥後來還逐步擴充爲教育研究室。

## 四、遷 建 新 館

馬宗榮是中國最早對圖書館各項事務管理進行系統、完整闡述的學者,在 1925、1926 年間發表的《現代圖書館經營論》《現代圖書館事務

---

① 馬宗榮:《圖書館與募書運動》,載《大夏週報》1930 年第 79 期,第 118—121 頁。

② 《募書運動結束》,載《大夏週報》1930 年第 83 期,第 225 頁。

③ 《吳竹林先生捐贈書籍到校》,載《大夏週報》1934 年第 10 卷第 15 期,第 346—348 頁。

④ 《王校長贈圖書館大批重價書籍》,載《大夏週報》1935 年第 12 卷第 7 期,第 154 頁。王伯群(1885—1944),名文選,字伯群,貴州興義人。大夏大學首任董事長,第二任校長。

⑤ 《本校已故教授孫德謙先生遺書已到校》,載《大夏週報》1936 年第 12 卷第 1 期,第 301 頁。孫德謙(1869—1935),字受之、壽芝,號益葊,隘堪居士,江蘇元和人,著名國學家、史學家。1928—1935 年擔任大夏大學國文系主任。

⑥ 方金鏞:《圖書館利用法》,載《大夏大學圖書館館報》1936 年第 3 卷第 1 期,第 6 頁。邰爽秋(1896—1976),字叔龍,江蘇東臺人,1930 年起任大夏大學教育學院教授,1933—1939 年任大夏大學教育學院院長。

論》，率先提出并詳盡論述"圖書館經營管理"概念，在圖書館管理學領域有開拓奠基之功。① 1929 年，原在膠州路租地辦學的大夏大學着手在中山路梵王渡一帶建設新校園。1930 年秋，大夏大學圖書館也由膠州路舊址遷入新校園新建的大講堂群賢堂二樓，這也成爲馬宗榮實踐自己圖書館學理念的一個重大契機。

大夏大學圖書館新館舍的一切佈置均出自馬宗榮精心設計，貫徹其圖書館管理理念。據《大夏週報》介紹："各項用具皆系新制，閱覽桌椅以及鋼鐵書架等等，均參照該館主任圖書館學家馬宗榮先生所著《現代圖書館經營論》設置，式樣美觀，精巧適用。一切設置經馬先生悉心擘畫，極備周詳。"②如對圖書館書架的選用，當時國內仍多使用舊式木質書架，馬宗榮根據國際先進經驗，素來主張使用鐵制書架，以爲："（書架）以用鐵制爲佳。何則？能使書庫中少火災之虞，其利一；鐵質富於延展性，書架的容積自較木制者爲大，能收容圖書較多，其利二；可爲固定的裝置，以使雖易極大的地震亦難傾倒，其利三；適於設置橫隔板自由移動的裝置，以使其間距離得以自由伸縮。故近世以來歐美各國圖書館的書架，均以鋼鐵爲之。"③此次大夏大學圖書館改建，亦得以全面實踐馬宗榮的想法，"新制鐵質兩面書架，爲國內大學之僅見者"。④

1932 年秋大夏大學又將一棟原擬用於實驗小學（因"一·二八"事變取消開辦）的兩層樓房作爲圖書館主要建築。"其房屋之構造，雖不合圖書館之用，而各部容量，則較前大增，且已成獨立館舍之氣象"。⑤ 1934 年秋，學校又將群賢堂三大間教室改作圖書館第二部，充當參考閱覽室，又劃撥圖書館附近的兩間平房分別改做報紙閱覽室、雜誌閱覽室，從而將閱覽座席由約 150 座增加到 400 餘座。⑥

同時，馬宗榮還積極推動學校建造專門的圖書館舍。1931 年夏，大夏

---

① 朱曉梅：《馬宗榮對現代圖書館管理學的貢獻》，載《重慶師範大學學報》（哲學社會科學版）2015 年第 3 期。

② 《圖書館消息》，載《大夏週報》1930 年第 87 期（第 7 卷第 1 期），第 7 頁。

③ 馬宗榮：《現代圖書館經營論（四續）》，載《學藝》1926 年第 7 卷第 8 期，第 4—5 頁。對於書架材質選擇，當時學術界也有爭議。如杜友定即主張使用木質書架。見杜友定《學校圖書館學》，商務印書館 1928 年版，第 46 頁。

④ 《圖書館設備一班》，載《大夏週報》1930 年第 92 期，第 122、123 頁。

⑤ 《本大學圖書館概況》，第 29 頁。

⑥ 同上。

大學啓動一棟二層圖書館的建設計劃,已由建築師完成設計繪圖,因次年"一·二八"事變中輟。1934 年 11 月,大夏大學校董會再次議決籌建新圖書館,建築費定爲 12 萬元,規劃爲三層樓房,次年新圖書館正式定名爲"黄浦烈士圖書館",於 1937 年 6 月開工,惜再次因抗戰爆發而被迫取消。

## 五、功 能 拓 展

馬宗榮對圖書館的閱覽室進行了科學的細化設置。大夏大學圖書館原僅設圖書閱覽室、閱報室各一間,馬宗榮素主張學校圖書館的閱覽室需根據受衆的不同,作出教師圖書館、學生圖書館的區分,甚至學生圖書館也應根據學生的需要,細分爲"普通的""參考的""學級文庫",而高校圖書館更應有"本館與部館的别",須根據具體學科設置專業研究/資料室。其中,參考圖書閱覽室的專設尤爲重要,被馬宗榮稱爲"圖書館心臟"。①這些思想均在 30 年代大夏大學圖書館的發展建設中得到不同程度的體現。

1930 年,大夏大學圖書館即在馬宗榮主持下分設單獨的參考閱覽室,集中放置"可作研究上參照用之圖書及各教授所指定各科參考書",并執行半開架管理。② 大夏大學的參考閱覽室很快就成爲當時上海高校圖書館的領先者,1934 年底馬宗榮自豪地宣稱:"本館參考圖書閱覽室收藏之書目、解題、索引、字典、辭典、類書、年表、叢書、法令、年鑑、統計、報告、日用便覽等類之參考圖書,爲數至多,在滬上各大學圖書館中,鮮有能伯仲者。"③

同時,大夏大學圖書館還陸續成立了一批研究室。1933 年秋成立教育研究室,1934 年又成立教材研究室、圖書館學研究室,教材研究室"集中本國出版之小學教科書、教授法、兒童讀物、中學教科書、教員准備用書、中學生課外讀物、民衆讀物及小學、中學、民衆教育用圖表,以供本大學有志教材研究者之參考",圖書館學研究室"備置有中外圖書館學、圖書學、圖書解題書目、圖書館用具模型等,以供本館職員及本大學專供圖書

---

① 《現代圖書館序說》,第 29—31 頁。
② 《校址校舍及設備》,載《大夏大學一覽 1935》,第 15 頁。
③ 《今後之圖書館》,第 254 頁。

館學者之參考"。①

同時,30 年代大夏大學各學院也在馬宗榮的推動下陸續成立體現
"本館與部館之別"的研究室。各研究室中,以爲大夏大學教育學院服務
的教育研究室規模最大。該研究室是 1933 年以邰爽秋教授寄存的個人
圖書爲基礎成立的圖書館教育研究室,次年與教育學院心理實驗室等機
構整合爲教育館,成爲大夏圖書館的分館,1935 年間該室已有中外文圖
書 8 000 餘册,雜誌 500 餘種,商務印書館、中華書局并在教育館寄存教育
類新書 1 000 餘種,已發展爲頗具特色的專業圖書館。大夏大學文、法、商
三學院也分別成立史地社會研究室、法學研究室、商學研究室,各研究室
均配備本專業圖書 1 000 餘册,理學院也成立讀書會,由理學院教授寄存
理科專業圖書 1 000 餘册。② 這些研究室、讀書會實際是專業閱覽室,拓
展了圖書館的研究與服務範圍。

儘管因爲館舍空間有限,大夏大學圖書館未能如馬宗榮設想的那樣
專設開架管理的教師閱覽室,但仍設法在書庫内專門設置教職員閱覽
席,③通過因陋就簡的變通方式,達成了教師閱覽室的效果。

## 結　　語

1934 年,馬宗榮所著《大學圖書館經營之實際: 大夏大學圖書館組織
與管理》一書由大夏大學圖書館出版發行,這是馬宗榮對大夏大學圖書館
館長數年任職的經驗總結,是一部實用的大學圖書館管理指南,也是中國
第一部專論高校圖書館日常管理的圖書館學著述。④

《大學圖書館經營之實際》着重於介紹大夏大學圖書館各種制度設
計,所謂"凡館内之行政組織,委員會之組織,圖書之選擇、訂購、登記、分
類、編目、排列、整理、貸借及點檢諸方法,均記載其詳"。之所以如此,即
馬宗榮在自序中所言:"圖書館爲專門事業,其管理方法非常機械化、科學
化、專門化,故其事務非專門人才莫能舉,而今日欲幹國内物色多數圖書

①　《校址校舍及設備》,載《大夏大學一覽 1935》,第 15 頁。

②　《大夏大學一覽 1935》,第 16—18 頁。

③　《本大學圖書館概況》,載《大夏圖書館館報》1935 年第 1 卷第 3 期,第 30 頁。

④　龔蛟騰:《中國圖書館學的起源與轉型　從校讎學説到近現代圖書館學的演
變》,國家圖書館出版社 2013 年版,第 206 頁。

學專門人才以佐理館務,實非易事。因屢欲編著一適合本大學圖書館之情形圖書館管理法,以爲本館館員中之未受過圖書館學訓練者服務上之一指標。"①

馬宗榮一直以來主張圖書館學理論應切合圖書館日常工作,《大學圖書館經營之實際》的編寫,即力圖讓未受過圖書館學專門訓練的大學圖書館管理人員也能以依樣畫葫蘆的方式實現有效管理。

通過《大學圖書館經營之實際》中記載的大夏大學圖書館種種細節,馬宗榮將他二三十年代著述中述及的一系列圖書館學理念,概括爲讀者可操作、可參考、可復製的具體管理制度。這些理念也因此更加具象化,獲得了更强的現實指導意義。

（徐曉楚,華東師範大學檔案館）

---

① 馬宗榮:《大學圖書館經營之實際:大夏大學圖書館組織與管理·自序》,大夏大學圖書館 1934 年版。

# 《劉禹錫集》宋本三種刊刻地
# 及版本源流關係考

李明霞

目前存世宋本劉禹錫集三種：一稱《劉賓客文集》，半葉十行，行十八字；一稱《劉夢得文集》，半葉十二行，行二十一字；一稱《劉賓客文集》，半葉十三行，行二十二字（以下簡稱十行本、十二行本、十三行本）。十行本現藏日本崇蘭館，1913年董康影印，後《四部叢刊》據董康本再印；十二行本現藏國家圖書館，上海古籍出版社《宋蜀刻唐人集叢刊》影印；十三行本現藏臺灣，民國徐鴻寶影印。

目前學界同時關注到三種宋本的研究不甚多。對劉禹錫研究最爲精深的卞孝萱先生整理標點《劉禹錫集》，貢獻頗大，但在研究中也僅提及三種宋本，並未論述其間的源流關係。另有孫琴安《〈劉禹錫集〉的版刻與流傳》一文，對劉禹錫集歷代刻本做了介紹，但也未論及三種宋本的關係。對三種宋本着墨最深的是屈守元先生，其《記殘宋本〈劉夢得文集〉》《談劉禹錫詩文集的兩個影宋本》《關於〈談劉禹錫詩文集的兩個影宋本〉一文的補正》三篇文章，集中對三種宋本進行介紹和研究，但限於當時搜集文獻和查閱古籍不便，所論亦有所失（拙文將論及並作補正），在三種宋本的版刻源流關係上也還未論及。本文的探討重點就放在劉禹錫集三種宋本的刊刻地點和版本源流關係這兩個問題上。

## 一、劉禹錫集宋本三種刊刻地考

關於三種宋本的刊刻地點，學界較爲一致的認識是：十二行本爲蜀刻本，十三行本爲浙刻本。但十行本的版刻地點，學界有兩種觀點，一種認爲是蜀刻本，一種認爲是浙刻本，還存在爭議。

### 1. 蜀刻本論

蜀刻本之論以傅增湘爲始,其曰:"《劉賓客文集》三十卷《外集》十卷。宋刊本,半葉十行,行十八字,細黑口,左右雙欄,版心上題'劉夢得-',中記頁數,下記姓名,悉以橫線闌斷。無魚尾。每卷首行標題,次子目,目接正文。前後序跋已失,《文集》《外集》前均有目録。按:此日本崇蘭館所藏,董君綬金已影印行世。全書大字疏古,紙墨精良,審其刀工,似是吾蜀所梓。暇日嘗以校朱氏結一廬新刊本,乃殊少佳勝,頗有訛失,不如紹興董棻刊本遠甚,然後歎物之不可以皮相也。沅公。"①

上海古籍出版社影印《宋蜀刻本唐人集叢刊》,亦將十行本《劉夢得文集》歸入蜀刻本之列,其在《影印説明》中説:"宋蜀刻本唐人集是四川成都、眉山地區的刻本,宋陳振孫《直齋書録解題》有'蜀刻唐六十家'之説,流傳至今的除上述二十三種外,尚有日本静嘉堂藏《李太白文集》三十卷。……又,日本崇蘭館藏宋刊大字本《劉夢得文集》三十卷《外集》十卷,每半頁十行,行十八字。"②

另有夏其峰先生《宋本古籍佚存書録》,③也將此本列在"四川地區刻書"條下。

《宋蜀刻本唐人集叢刊》和《宋本古籍佚存書録》將此本定爲蜀刻本,不知所據爲何,大約是受到傅增湘題跋的影響。從傅氏文字看來,他判定此本的刊刻地點爲四川,是依據字體、紙墨和刀工特點。

誠然,南宋蜀刻本的字體確實有其明顯的特點,善於版本鑒定的黄永年先生總結它説:"大字本基本上是顔字的架子,但不同於建本的横細直粗,而是撇捺都長而尖利,滲入了中唐書法家柳公權的柳字的成分。……小字本則撇捺不太尖利而點劃比較古拙,筆道不甚勻稱。"④可見,宋蜀刻本的字體特點是以顔體爲主,滲入柳體成分。但是,現傳十行本劉禹錫集,其字體實爲歐體。因此,傅氏以字體判斷此本爲蜀刻本,值得商榷。

屈守元《談劉禹錫詩文集的兩個影宋本》認爲此本爲蜀刻本,並從《文苑英華》校記、《郡齋讀書志》著録、版心刻工姓名三個方面的線索進

---

① 傅增湘:《藏園群書經眼録》,中華書局 2009 年版,第 888 頁。

② 《宋蜀刻本唐人集叢刊·影印説明》,上海古籍出版社 1994 年版,第 3 頁。

③ 夏其峰:《宋版古籍佚存書録》,三晉出版社 2010 年版,第 1215 頁。

④ 黄永年:《古籍版本學》,江蘇教育出版社 2005 年版,第 89 頁。

行證明。① 但筆者認爲,字體是鑒定版刻地的最關鍵要素。且屈氏提出的三個證據亦有商榷餘地,《文苑英華》校記僅有一條,似有孤證之嫌;《郡齋讀書志》著録之本並未明確記載版本信息,屈氏之論亦爲推測之語;版心刻工姓名僅姓氏與蜀地刻工同,名則皆無雷同者,且古來刻工遷徙也是常事,所以以此做論據也不牢固。

2. 浙刻本論

浙刻本論者爲王國維,他在《兩浙古刊本考》中著録:"嚴州府刊板……大字《劉賓客集》,日本京都崇蘭館藏大字本,《文集》三十卷,《外集》十卷。每半頁十行,行十八字。殆即嚴州所刻。此淳熙戊申陸放翁守嚴州時重刻,見放翁《世説跋》。"②

追溯王氏著録,確實在陸游《世説新語跋》中見到如此記載:"郡中舊有《南史》、《劉賓客集》,版皆廢於火,《世説》亦不復在。游到官始重刻之,《世説》最後成,因並識於卷末。淳熙戊申重五日新定郡守笠澤陸游書。"③

根據跋文知,陸游在南宋淳熙戊申年(1188)確實刊刻過《劉賓客集》,但未記録下詳細的版本信息。王國維根據《世説新語跋》,即斷定十行本《劉賓客集》爲陸游嚴州刻本,似有證據不足之嫌。

那麼,十行本究竟刊刻於何地? 從現存十行本《劉夢得文集》字體上判斷,確實具有浙刻本的特點,即典型的歐體字,因此,推斷十行本爲浙刻本,當無誤。那麼是否如王國維所論,是陸游在嚴州任上刊刻之本? 王氏所論,證據不足,筆者將在下文版刻源流關係的考證中,找到更可靠的證據。

# 二、劉禹錫集宋本三種版本源流關係考

1. 兩種浙本的源流關係

現存兩種浙本(十行本、十三行本)爲全本,《集》三十卷,《外集》十卷。從校勘結果看,《外集》十卷,十行本無論篇目或卷帙分佈,都與十三

① 屈守元:《談劉禹錫詩文集的兩個影宋本》,載《四川師範學院學報》1977 年第 3 期。

② 謝維揚、房鑫亮主編:《王國維全集》,浙江教育出版社 2010 年版,第 156 頁。

③ (宋)陸游:《世説新語跋》,《四部叢刊》影印嘉靖刻本。

行本完全一致,僅文字上稍有異同。《文集》三十卷部分,十行本的篇目與十三行本一致,但卷帙分布不同,如:《賦》一卷,十行本在第十一卷,十三行本在第一卷;《碑》三卷,十行本在第二十八、二十九、三十卷,十三行本在第二、三、四卷。總體而言,十行本與十三行本在文字內容上基本一致,但卷帙分布上不同。大概一本是據另一本刊刻,在刊刻時,重新排布了篇目格局。那麼,究竟是誰據誰刊刻的呢?這就需要考證二本的刊刻者。

十三行本保存有前後序言,其後序明確著録爲紹興八年(1138)董棻刊刻,此當無異議。十行本因前後序言皆不存,無法判斷刊刻者,但王國維根據陸游《世説新語跋》推測其爲陸游刻本,雖嫌證據不足,卻提供了考證的契機。

陸游曾在嚴州任上刊刻了《世説新語》《劍南詩稿》和《劉賓客文集》。① 詳細比對這三種刻本,發現許多共同之處:首先,版式上,《世説新語》和《劍南詩稿》都是半頁十行本,這與十行本《劉賓客文集》相同;其次,《世説新語》和《劍南詩稿》都在版心下魚尾處刊有刻工姓名,十行本《劉賓客文集》與此亦同;另,刻工姓名中有雷同者。這些特徵給予充分的證據,判定十行本即爲陸游在嚴州任上的刻本。

陸游在《世説新語跋》中明確説明,其刊刻的《劉賓客文集》是根據舊版已廢的董棻本,即根據十三行本刊刻。一般而言,復刻者除非經過嚴格的校勘,否則都會在原刻上增加錯訛。傅增湘在校勘這兩種宋本時即指出:"余嘗以(十三行本)校朱氏結一廬新刊本,是正良多,傳世劉集最善之本也。"又曰:"暇日嘗以(十行本)校朱氏結一廬新刊本,乃殊少佳勝,頗有訛失。"②可見經過傅氏校勘,十行本不如十三行本精善。

從以上版刻特徵和文字校勘兩方面的考證可以推斷,十行本《劉賓客文集》確是陸游在嚴州任上刻本,乃是以董棻十三行本爲底本刊刻而成的。

2. 蜀刻本與浙本的關係

現存蜀刻本爲殘卷,存卷一至四,此本上避諱至南宋光宗趙惇,因此其刊刻年代可以大致判斷在南宋中期光宗以後,刊刻時間晚於兩種浙刻本,有可能是根據浙本刊刻的。通過蜀本殘存四卷與兩種浙本的校勘發現,蜀本與浙刻十三行本的關係更爲密切。校勘如下:

---

① 孫楊、谷儷:《陸游的藏書與刻書》,載《圖書館界》2010 年第 4 期。
② 傅增湘:《藏園群書經眼録》,中華書局 2009 年版,第 888 頁。

（1）卷帙分布情況

蜀刻十二行本殘存卷一至四，有《賦》一卷九篇，在第一卷；《碑》三卷，十七篇，分布在第二、三、四卷。蜀本的卷帙分布和篇目與十三行浙本完全相同。而十行浙本《賦》在第十一卷，《碑》在第二十八、二十九、三十卷。

（2）文字差異（以卷一《賦》九篇爲例，校勘結果詳見筆者博士學位論文《宋蜀刻〈唐六十家集〉版本新探》，①此不贅録）

根據校勘結果可做如下分析：首先，卷一《賦》九篇，存在異文 80 餘處，其中十二行本與十三行本相同，唯十行本異者 40 餘處，可見十二行本文字更加接近十三行本；其次，各篇目名稱，十二行本基本與十三行本相同，唯十三行本不刻"並序"二字；再者，十行本有四處"一作某"的小注，十二行本、十三行本皆無，大概十行本在參考十三行本的基礎上，還參校了其他版本。

從校勘結果看，不管從卷帙分佈上，還是文字的相似度上，蜀刻十二行本都更接近於浙刻十三行本。據此判斷，十二行本乃是根據十三行本刊刻而成的。

## 總　　結

根據以上考證，總結現傳劉禹錫詩文集宋本三種的刊刻時間、刊刻地點以及版本源流關係如下：十三行本《劉賓客文集》，乃董棻於南宋紹興八年（1138）刊刻於浙江嚴州，是三種宋本中刊刻最早者，亦是另二種宋本之底本。十行本《劉賓客文集》，乃陸游於南宋淳熙戊申年（1188）刊刻於浙江嚴州，其底本爲董棻十三行本，其《外集》十卷篇目分佈與十三行本相同，《正集》三十卷篇目分佈與十三行本不同，文字上亦有差異。十二行本《劉夢得文集》，於南宋光宗在位或其後刊刻於四川地區，其底本爲浙刻十三行本，此本文字在準確性上，是三種宋本中最下者。

（李明霞，上海理工大學出版印刷與藝術設計學院講師）

---

① 李明霞：《宋蜀刻〈唐六十家集〉版本新探》，華東師範大學博士論文，2012年，第 93—95 頁。

# 《毗陵莊氏族譜》的編修及文獻價值研究

## 丁　蓉

　　常州,①古代亦稱"毗陵",山川秀美,人文薈萃。自明代以來,這裏更是中華帝國懷珠蘊玉的人才淵藪。龔自珍《常州高材篇》云:"天下名士有部落,東南無與常匹儔。"②趙翼、洪亮吉、唐順之、張惠言、段玉裁、盛宣懷、繆荃孫等歷史名人均出自常州,乃至呂思勉、李公朴、瞿秋白、惲代英、華羅庚、趙元任、吳祖光、劉海粟等在現當代史上舉足輕重的人物也出自常州。常州多名士,亦多望族。明清之間,常州的名門望族芸芸叢生,諸如唐氏、楊氏、呂氏、惲氏、趙氏、劉氏、錢氏、盛氏、瞿氏等等。在望族當中,論及科名之盛,莊氏尤爲著稱,明清兩代,這個家族就出了79名舉人、35名進士,③被學者譽爲"中國科第第一家族"。④而清代"常州學派"的首創者——莊存與也誕生於常州莊氏家族。

　　作爲家族研究而言,由於家譜記述了家族的世系、人口、居徙、家訓以及家族人物的傳記等資料,因此家譜是進行家族研究最爲直接和核心的文獻之一。章學誠論家譜曰:"且有天下之史,有一國之史,有一家之史,有一人之史。傳狀志述,一人之史也;家乘譜牒,一家之史也;郡府縣志,一國之史也;綜紀一朝,天下之史也。"⑤由此可見家譜研究的重要性。而

---

　　①　按:清代常州府所轄,雍正二年(1724)以前有武進、無錫、江陰、宜興、靖江五縣,之後析武進置陽湖、析無錫置金匱、析宜興置荆溪,領八縣。

　　②　(清)龔自珍:《定庵文集補·古今體詩》卷下,《四部叢刊》初編本。

　　③　按:不算副榜舉人、明通榜進士等,僅算正榜舉人、進士。

　　④　江慶柏:《明清蘇南望族文化研究》,南京師範大學出版社1999年版,第113頁。

　　⑤　(清)章學誠:《文史通義》卷六《州縣請立志科議》,上海古籍出版社2008年版。

常州莊氏家族的族譜——《毗陵莊氏族譜》就是研究該家族的核心文獻之一，本文將對《毗陵莊氏族譜》進行文獻學方面的考略。

# 一、修 撰 情 況

　　常州莊氏修撰家譜的設想源自第六世莊憲，"平以敦親睦族爲訓"，"(莊憲)雅欲輯譜未遂"。後命其長子第七世莊以臨"修纂遺譜，以久其傳"。故明末萬曆年間，莊以臨"哀集金沙、毗陵各分所藏宗支圖及制勅、奏疏、志狀、銘序、詩文類，草創成帙。繕寫制序，擬付梓人。只以大綱雖備，細目未詳設，天假之年加以潤色，昭明前懿，激勵後世"。①　莊以臨修譜時，以毗陵莊氏四大分共 32 人爲基礎，欲達敦親睦族、敬宗收族的修譜目的："數世而後流移遷徙不常，安知其三十二人者其子若孫不以途人相視乎？予深有懼焉，而譜所由集也。後之子孫睹此譜而能敦親睦族，其流移徙者因此譜而知萃渙合離，庶無負予集譜之意矣。"②

　　其後，莊以臨長子莊起元於明末續修族譜，"臚列分明，布置確當，一寓目而粲然可觀"，③從宗法、世系、本傳、祖訓、紀實、掞華、祠規、年譜等八方面闡述了莊氏修譜的原則，爲後世修譜奠定了基本框架。如莊起元認爲"祖訓"的輯録原則爲："祖父遺囑，必特録一篇以置座右，庶韋弦之有助，衡鑒之不差。""掞華"爲："先祖父著作、奏疏、策論、詩文、序記之類，無非攄寫性靈，發攄底蘊。百年不朽，存心如在。""年譜"的修撰原則爲："自始生以迄考命，無論修短，悉有履歷。"④

　　而《毗陵莊氏族譜》較有規模地成書，則始自清順治辛卯(1651)莊氏族人莊恒的修撰。此後，莊氏"子姓日益繁，本宗支庶日益茂，倘及今不修，後世子孫必至世次混淆，名號舛錯，難以考信"。故《毗陵莊氏族譜》於康熙己卯(1675)由第十世莊彦生再修，譜內所載"其事文多由舊，而間有前人所未

　　①　(明)莊起元：《鶴坡公修譜序》，載《毗陵莊氏族譜》卷首，清光緒元年(1875)木活字本，上海圖書館藏。

　　②　(明)莊以臨：《好古公修譜序》，載《毗陵莊氏族譜》卷首，清光緒元年(1875)木活字本，上海圖書館藏。

　　③　(清)莊恒：《聲鶴公修譜序》，載《毗陵莊氏族譜》卷首，清光緒元年(1875)木活字本，上海圖書館藏。

　　④　(明)莊起元：《鶴坡公修譜序》，載《毗陵莊氏族譜》卷首。

詳,及後人所繼者,爲之增修焉"。① 其後,第十一世莊維嵩於雍正元年
(1723)、莊柱於乾隆辛巳(1761)對族譜進行了三修。第十二世莊暎於嘉慶
辛酉(1801)進行四修。至道光丁酉(1837)第十七世莊翊昆等五修,光緒乙
亥(1875)第十八世莊怡孫六修,至民國二十三年(1934)第十九世莊清華等
七修。② 至2002年第二十世莊小虎等對族譜進行了第八次修纂。③

　　而《毗陵莊氏族譜》現存最早的修譜義例爲嘉慶辛酉(1801)莊暎進
行的四修,其主要內容如下:一是作家族世系圖;二是"世系酌用蘇氏
法","世表酌用歐陽氏法,仿史氏年表例,以五世爲一班";三是作世表
時,"於五世另起一班處,題明某分、某人子於格上,再於每卷中心旁注某
分";四是注配偶時,"配偶其祖父顯名者,書其職銜諱某孫女、諱某女,或
由外籍,則書某省州縣,詳自出也";五是"嗣子必於本人名下書,系某人
子嗣⋯⋯倘有以外姓人入嗣者,譜中概置不登,恐紊宗也。至族中或有出
嗣外姓及遷徙遠方並相從釋道者,仍於本名下注明嗣何氏、徙何方、出家
何所";六是"婦女守貞⋯⋯賢母孝婦烈女,必詳書之";七是"凡奏疏皆關
國計民生、倫常風教,自宜全載。而稿遺殘缺者,不敢妄登。至於奏對暨
閣部揭帖存留者,亦並附入";八是"各於本名下附入,以備稽查。至祖宗
祠墓誌及祭田房產,逐一刊列詳明,以防後日疏虞侵占";九是立家傳;十
是立祖訓;十一是登載族中發科登仕者;十二是對捐資修譜的規定;十三
是對族人收藏族譜的規定。④ 常州莊氏家族的修譜義例分條縷析,備述
詳盡,爲其後世族人續修族譜奠定了良好的基礎。

　　據《中國家譜總目》載,現存《毗陵莊氏族譜》古籍有以下三種:一
是《毗陵莊氏族譜》三十卷、首一卷,(清)莊翊昆等纂修,清道光十八年
(1838)刻本,12冊;二是《毗陵莊氏族譜》三十二卷、首一卷、末一卷,
(清)莊怡孫纂修,清光緒元年(1875)木活字本,16冊;三是《毗陵莊
氏族譜》二十三卷、首一卷、末一卷,莊清華等纂修,1936年鉛印本,

---

① (清)莊彥生:《南華公修譜序》,載《毗陵莊氏族譜》卷首,清光緒元年
(1875)木活字本,上海圖書館藏。
② 莊清華:《毗陵莊氏族譜序》,載《毗陵莊氏族譜》卷首,1936年鉛印本,蘇州
圖書館藏。
③ 莊小虎:《一部江南望族的百科全書——重修〈毗陵莊氏族譜〉述略》,載《常
州工學院學報》(社科版)2008年第5期。
④ 《毗陵莊氏族譜舊譜義例》,載《毗陵莊氏族譜》卷首,清光緒元年(1875)木活
字本,上海圖書館藏。

22 册。① 本文主要利用上海圖書館所藏《毗陵莊氏族譜》清道光十八年刻本、清光緒元年木活字本,以及蘇州圖書館所藏《毗陵莊氏族譜》1936年鉛印本進行研究。而 2008 年完稿的八修《毗陵莊氏族譜》,筆者查詢國圖、上圖、復旦大學等圖書館,得知該譜尚在編目中,並未上架供讀者閱覽,未能加以利用。下文將利用上述三個版本的《毗陵莊氏族譜》,對該文獻的編修情況和文獻價值進行研究。

# 二、清道光十八年(1838)刻本

## (一)版本情況及編修特點

書名《毗陵莊氏族譜》,②書簽《毗陵莊氏族譜》。卷數:三十卷、首一卷,共 12 册。纂修者:(清)莊翊昆等。版本:清道光十八年(1838)刻本。藏地:國圖、上圖。行款:十行二十一字。版式:白口,左右雙邊,黑魚尾,雙魚尾。版心:題《莊氏族譜》、卷數、頁數。

道光丁酉大學士、軍機大臣潘世恩爲《毗陵莊氏族譜》作序,歸納了該譜編修的五個特點:"綜其大要有五善焉!……任流長而淵遠,詎代隔而事湮?是曰植本,其善一也。……義必重於承先,事實始於繼禰,是曰正系,其善二也。……使秦越之分不殊於几席,怡愉之樂無間於家庭,是曰睦族,其善三也。……斯則發沈滯於晻闇之途,光泉壤於紀載之筆,裕名不朽,董德善良,是曰彰嫩,其善四也。……則皆謹護宗祐,去其稗莠,敬明宗法,以展孝思,是曰別微,其善五也。"③潘世恩用"植本""正系""睦族""彰嫩""別微"五個優點褒獎了該譜。

## (二)成書目録

卷首爲序、宗法、宗約、義例、目録等,其中宗約新增"道光戊戌年宗

① 上海圖書館編:《中國家譜總目》,上海古籍出版社 2009 年版,第 1956 頁。
② 按:《中國家譜總目》載該版《毗陵莊氏族譜》的名稱爲《(江蘇常州)武進莊氏增修族譜》三十卷首一卷,又載該版書簽題《毗陵莊氏族譜》,版心題《莊氏族譜》。經筆者目驗上圖所藏該版家譜,書簽、版心如《中國家譜總目》所載,故書名應爲《毗陵莊氏族譜》清道光十八年(1838)刻本爲確。
③ (清)潘世恩:《道光丁酉修譜潘序》,載《毗陵莊氏族譜》,清道光十八年(1838)刻本,上海圖書館藏。

約”，卷一爲“世系圖”，卷二爲該家族金壇先祖之“表”，卷三爲一世至十世之“表”，卷四至一三爲該家族三個分支十一世至二十世之“表”，餘卷爲世恩志、祠墓誌、遺囑、家訓、自銘、年譜、志傳、形狀、墓誌銘、遺稿等。①

## （三）新增義例

該版家譜較舊譜新增纂譜義例爲：

一是補世表前圖。“譜中世系舊有二圖，一自鎮江始遷金壇之遠族邦一公八傳至秀九公爲一圖，一自金壇始遷武進之秀九公至現在之子姓爲一圖。前圖久佚，乾隆辛巳譜例雖謂補作，而實則前圖僅有其目。嘉慶辛酉譜亦如之。今遵按世表補成前圖，以符譜例”。

二是對世表所書配偶的義例改變。“世表內所書配偶，舊用‘娶’字，今改書‘配’字。繼者書‘繼配’二字。娶妾者書‘側室’二字。其遺姓者留墨，俟查明補刊。年久遺姓無考者，書‘某氏娶’。再醮者，書室字繼娶。再醮者，書‘次室’二字。有出醮者，削姓空白以別薰蕕”。

三是“前譜所定承嗣兼祧後，未別經公議接續有人，子孫不得擅自改易”。

四是對孝友、藝文、列女志的規定。“名宦鄉賢以至孝友藝文及列女貞節，向惟注於世表之內，今另敘人物總目，分別門類，復增締造祠業及藝術等目，匯爲一編，既可便於循覽，且備異日館居徵求，以免臨時搜輯致有遺漏。故於列女貞節採録尤詳，其在現存之人，有實系苦志守節而年例未及者，亦得列入，以待他年題請旌表。至藝文一類，非前譜世表已載及衆所共見共知者，皆先以所著稿本送局。公同審定，方得注入世表。而列於總目者，則惟已故之人，閨秀藝文亦一並送局。惟以向無注入世表之例，閱定後不論已故、現存，概行附列目內”。

五是對列女志的增補。“郡邑志中有傳、前譜未刻者，今悉補入列女志。傳有成篇之文，亦一並補刊。其數字至二三十字、不成篇幅者，惟照原文注於列女總目之下。至爲吾宗之女，雖有成篇志傳，亦只於總目內編注，不復提出專刊，以符譜傳有婦無女之例”。

六是避諱。“前譜中名與字型大小有與廟諱、御名之字相同者，不問久遠，一律謹避用同音字代之。其犯祖先之諱而前人失於檢改者亦然。至與旁支尊長重名或犯一字者，其在服內之人，現存則令更改，已故及服

---

① 《毗陵莊氏族譜》，清道光十八年（1838）刻本，上海圖書館藏。

外者姑仍其舊。惟嗣後族衆命名制字,務當詳查譜中世系,凡爲近支有服尊長,均不得名其一字。至於重名,則無論服分之遠近,行輩之尊卑,在後命名之人,並不得與命名在前者相重。如是則子姓日見繁衍,此例亦不致窒礙難行"。

七是考證生卒等遺漏者。"前譜世表内有遺載出身及生卒年庚並錯誤脱略之處,均詳核傳志各文,有切實可據者,並增補更正。至現在所開出身稍有假借及名稱不實,俱經駁正入譜"。

八是於削名者。"各分子姓中,間有不肖悖惡以至刑傷過犯有案可稽,及自甘污賤有玷先型於家法、應革出宗祠者,並於世表内削名。其或情有可原,留名削注,用示懲警。而與自新至前譜從寬備載者,悉仍其舊"。

九是捐款修譜。"宗譜舊版所存無幾,而可用者更百不一二,統計全譜現刻字數不下五十余萬。雖承辦所需,諸從節省。即梓工每百字錢六十五文,亦減於上屆十分之二而有奇。然卷帙繁多,爲費甚鉅,除丁錢公議增定每丁三百五十文外,皆系各分子孫量行捐貲得以集事。所有各捐數,仍照前例彙刊譜末,以垂於後"。①

# 三、清光緒元年(1875)木活字本

## (一) 版本情況及編修特點

書名:《毗陵莊氏族譜》。書簽:《毗陵莊氏族譜》。卷數:三十二卷、首一卷、末一卷,共 16 册。纂修者:(清)莊怡孫等。版本:清光緒元年(1875)木活字本。藏地:國圖、吉林大學、上圖、美國猶他州家譜圖書館。行款:九行二十二字。版式:白口,左右雙邊,黑魚尾,雙魚尾。版心:題《莊氏族譜》、卷數、頁數。

光緒譜修於太平天國戰亂之後,同治三年(1864)清軍克復常州,莊氏族人返常,"團聚而謀曰:兵燹之後,死者死,生者生,不可得而詳也,非從事譜牒,何以糾存而恤亡? ……於是,經始於壬申(1872)之春,告成於乙亥(1875)之冬。舊譜之紛者理之,漏者補之,比而同之,引而伸之。爲類

① 《續增義例　道光戊戌年》,載《毗陵莊氏族譜》卷首,清道光十八年(1838)刻本,上海圖書館藏。

有四,曰圖,曰表,曰志,曰傳"。"執其事者十七世鳳威則分別派系,稽查生卒年月。十八世怡孫則綜司修輯,厘定體例。十九世士敏則纂撰文記。十五世毓鉉、十八世嘉淦則稽查祭田及塋墓所在。陳力奏能,勤而有功"。① 有上述序言可知此次修譜的艱難和嚴謹。

## (二)成書目録

卷首有凡例等,卷首序一篇,十四世(清)莊壽承光緒元年嘉平月撰;原序十二篇。卷一至一五"世系",與清道光十八年(1838)刻本中的"世系表"類似;餘卷"誥敕、科目、牌坊、蔭襲、崇祀、訓誡、事述、墓誌銘、行狀、祠廟、塋墓、祭田、遺稿、著述、居徙、丁數、盛事、家傳",卷末爲歷次修譜捐數、修譜人名。

## (三)新增義例及内容

光緒元年修譜的主要凡例如下:

一是對於舊譜體例的變更。"舊譜僅有世恩、祠墓兩志,其他行實、年譜、志銘、碑碣、表誄、家訓皆散見卷中,似無類次。茲分爲十二志,曰誥敕、曰科目、曰崇祀、曰訓誡附宗約、曰事述、曰銘狀、曰祠廟、曰塋墓、曰祭田附以房産、曰著述、曰居徙附逸事、曰盛事,凡有文記,以類録存";"志類、傳類應輯各文有於刷印成卷後、始行送刊者,如世數懸殊無可銜接,則於每類之後增印補遺篇帙";"譜中所增各志及案語、附記標目,其有稱謂處多從修輯人之稱,是以特附修輯人名於卷末"。

二是對各"志"凡例的具體規定及增修内容。如"誥敕篇帙繁多,分爲上、中、下卷。上卷爲明誥敕不用抬寫,中卷順治至乾隆朝並諭祭葬文,下卷嘉慶至同治朝,皆照誥軸原式刊印";"舊譜科目不分鄉、會榜,但依世數列名下,注某科舉人、進士云云。茲悉照志書體例,由貢生至進士,按前後科分明晰敘,載其薦舉及蔭襲世職並附";"舊譜以宗約編列卷首,茲於訓誡後附列宗約";"事述者自敘及子孫編述之文也,亦以篇帙繁多分上下卷。年譜及自敘文爲上,行述、行實事略爲卷下";"銘狀皆名人著撰,列此志以廣搜輯,且以別自敘及子孫編述";"著作分上下卷,上卷皆舊譜所載先代遺稿及奇零遺文,下卷備詳所著書之,卷目分世數編列";"莊氏

_____

① 《毗陵莊氏族譜莊壽承序》,載《毗陵莊氏族譜》卷首,清光緒元年(1875)木活字本,上海圖書館藏。

自遷常郡，久爲望族，家門盛事亦累代有稱，茲特列‘盛事志’分四類，曰科第，曰恩遇，曰壽考，曰姻婭。至先代事鄉閭者舊偶有存之筆記者，並附焉。亦分上下卷”。

三是對“傳”編修的規定。“舊譜有志傳、譜傳兩種，譜傳即系家傳，志傳則僅録縣誌所載，其府縣誌並有傳者，下注曰‘府志略同’，編輯似未詳備。茲首輯國史列傳及一統志傳，別列一卷，曰‘二十八前卷’，以示尊崇。其府縣誌傳則爲二十八卷，雖一人互見數傳，亦必分別編録。二十九卷以下則曰家傳，分爲四卷”；“咸豐庚申死難族人有專傳者，仍按世數編列家傳”；“家傳標目俱從撰人本稱，志中事述、銘傳兩類亦同此例”。

四是對“世系”撰寫的規定。

1. 增生員身份。“出身仍照原譜書。太學、郡邑庠生及經魁、鄉會魁名目，其由廩增附納貢監者，則曰‘廩貢監增副貢監’云云”。

2. 官階敘述的規定。“官階首敘初任之官，次書歷任歷署官及歷充之差，封授書最後之階，如得數人封贈則分別書之，例授、例封贈概不書”；“舊譜官階有不全敘而以‘歷官’二字該之者，有考則查明詳敘，無考則‘歷官’二字下加一至字”；“國初及明道員，均以布政司參政、參議、按察司副使、僉事任之。舊譜敘國初、明代官階‘道’字下有不書參政、參議、副使、僉事者，茲皆補入。無考者，空二格俟考”。

3. 對配偶職銜、守貞等的書寫。“所配之父、祖如名諱無考，則追溯其上可考之人，仍以一代而止。如先代皆無可考，僅有兄弟侄顯名，始書其兄弟侄，亦以一人而止”；“配偶之祖父有官職，僅書官職，不及出身。無官職，始書其科甲、庠序。婿則詳敘其科甲、官職及封贈。無官職、科甲則書庠序。無庠序，書姓名。無名，書姓”；“所配之父名諱無考，舊譜留墨俟考者，茲概删去”；“所配守節，其事迹已分見志、傳、家傳及崇祀志中，茲僅於世表格書‘守節旌表’四字，不贅事實。未旌者，不書待旌、例旌字樣。女之守節並不詳世表”；“所配暨女所字適系他縣者，書某縣某氏。系他省者，書某省某縣某氏。舊譜於他縣外省不書省縣名，反書府名，有考更正，無考故仍其舊”；等等。

4. 對族人生卒等的書寫規定。如“咸豐庚申以後族人，遇亂被擄者，茲書‘被擄’”；“舊譜於生卒年月日無考者，留墨俟考補刊。此次修譜難於留墨，便將空格以俟。惟二百年來未有考證，不必再留空格俟考，擬於生卒後書‘無考’字樣。其僅有生年月日、無卒年者，則書‘卒’字以畢之”；“子幾人下有書‘早卒’二字者，則其名不列世表格”；“咸豐庚申以後,族中男、婦殉難者甚多,茲於崇祀志中分別忠義、節烈兩祠,並稍敍事略";"葬所崇祀、恤蔭志書有傳,並壽至六十以上,分別書敍。惟著作書'著作詳志'四字於格尾";等等。①

## 四、1936 年鉛印本

### (一)版本情況及編修特點

書名:《毗陵莊氏族譜》。書籤:《毗陵莊氏族譜》。卷數:二十三卷、首一卷、末一卷,22 册。纂修者:莊清華等。版本:1936 年鉛印本。行款:十四行三十三字。版式:白口,左右雙邊,黑魚尾,雙魚尾。版心:題《莊氏族譜》、卷數、頁數。藏地:國圖、歷史所、南開大學、吉林大學、哈師大、上圖(存卷十二、二十三、卷末)、上海社科院歷史所、南京圖、南京大學、常州圖、蘇州圖、浙圖、湖北圖、山西省社會科學院家譜資料研究中心、美國猶他州家譜圖書館。

該版族譜的修撰動議於民國六年(1917),其間由於戰亂、經費問題等困擾幾經波折,至民國二十三年(1934)始編纂完成。由第十九世莊啓、十六世莊清華、二十世莊蘊寬等人纂修。該譜較舊譜而言,有六便:一、將舊譜歐陽氏五格制改爲每世另起,並於每分支之前印一世表,俾可上溯十餘世;二、全譜有目次,每卷有目次,世系録且分列某分某支之下,注頁次,檢查極易;三、世系表分爲十八,而表之見於後者均於前表之下注明見於某世系表或世系録字樣,合之仍爲一表,前後銜接;四、直行文字皆另頁起印,檢閲極便,傳記等篇且各加印其本支之世系表,示所傳記者系何分何支;五、檢字表匯列名號並及外號,不特檢查迅速,且免重複;六、墓地屋基均加實測,足資依據。②

### (二)成書目録

卷首爲譜序、凡例,卷一"世系表",卷二至七"世系録",卷八"誥敕",卷九"科第",卷一〇"崇祀",卷一一"訓誡",卷一二"年譜、事述",卷一

---

① 《光緒元年修譜凡例》,載《毗陵莊氏族譜》卷首,清光緒元年(1875)木活字本,上海圖書館藏。

② 《閲讀七屆增修〈毗陵莊氏族譜〉贅言》,載《毗陵莊氏族譜》卷末跋,1936 年鉛印本,蘇州圖書館藏。

三"銘狀",卷一四"祠廟、塋墓",卷一五"祭田",卷一六"著述",卷一七"居徙",卷一八"盛事",卷一九"國史列傳、一統志傳、府縣誌傳",卷二〇、二一"家傳",卷二二"遺墨",卷二三"檢字表",卷末"修譜人名、譜跋"。

### （三）新增凡例及内容

一是對世系圖的變更。"原譜世系自鎮江始遷金壇之遠祖邦一公傳至秀九公爲一圖,又自金壇始遷武進之始祖秀九公直至二十世之子姓共二十傳爲一圖。今子姓繁衍已至二十二世,若仍共列一圖,編排非易,查檢亦感困難。其第一圖仍照原譜,而改名稱爲'世系表一'。遷常以後,則自秀九公起,以下七傳爲一表,曰'世系表二'。自第八世起直至現今之子姓,若大分之紹溪公、守溪公、思慎公、年齋公、性善、性復公,二分之鶴溪公、鶴坡公、鶴源公、凝宇公、文甲公,三分之熙宇公、鶴浦公、省川公、珍我公,四分之鶴齡、鶴聞公、守西公,各分一表,依次編列,共表十有八。支分派別,眉目清晰,查檢亦易"。

二是對世系録的變更。1. "今則不以五世爲一班,用直行式編排,每一世爲一編。一世完接二世,二世完再接三世,以次遞結,直至二十二世。而每一名下之世録,如排行、字型大小、科名、官職、配偶、子女、生卒年月、葬所移徙等等,每一事項另起一行,以清眉目,並更名稱曰'世系録'"。2. "譜中分世排列,父子不能同見一編,故世系録每一名下應添某某長子,或某某次子字樣,嗣者曰某某嗣子,兼嗣者曰某某兼嗣子,雙桃者曰某某兼桃子,以便檢查而清眉目";"舊譜生卒年月日,只限於考而不及妣,此以往以後對於婦女生卒日期將無可考證。是以此次修譜一再通告各房子姓,查明補載,但仍寥寥無幾。其已開明送局者,一一照補入譜缺者,再俟查改"。3. "科舉停廢,崇尚學校。學校畢業,義宜記載。其中等以上學校或專門學校之畢業生,應將所得學位、畢業何校、何年畢業均詳細刊列'世系録'"。4. "世入大同,人民平等,士農工商同列平行線上。凡有正當職業者,無論爲農、爲士、爲工、爲商,均宜記載"。

三是志、傳内容的增補。"祖宗手書手繪之件,音容雖邈,手澤猶存,彌可寶貴。今一一徵求,攝影製版刊入,以垂久遠。爰另辟'遺墨'一門,爲第二十二卷";"祖先之有政績於治所、有恩於鄉黨、有勞勳於宗族,或婦女之有節操德行者,均將遺像攝影附刊於本人傳記之前。無傳記者,則彙刊於世系録中。藉垂久遠,以示不朽";"府縣志中有傳者,舊譜悉已刊入，今以志書校對仍有遺漏，並有漏去要語者，謹查明，一一補刊"；"舊譜銘狀、志傳、著述等均無目錄，今按卷編訂，以便審閱"；"是以此次修譜，僅將九老及會外和詩之二十一人小傳均刊入譜中，以冀永保無斁"。①

# 五、文 獻 價 值

《毗陵莊氏族譜》具有較高的文獻價值，其中 1936 年本的文獻價值尤甚。一是譜中卷九所列"科第"一門，列出乙榜、甲榜、欽試舉人、召試、五貢、②薦舉、蔭生、鄉會試考官、督學、科第牌坊等許多名目，幾乎涵蓋了古代科舉制度所有的項目，以及莊氏家族成員任科舉考官的情況。不僅如此，該譜卷一八專列"盛事"一門，詳記家族科舉中的突出事蹟，包括兄弟鼎甲、兄弟會魁、兄弟三進士、兄弟二進士、同祖兄弟同科進士、同祖兄弟鄉會同科、兄弟同榜舉人、兄弟同科舉人、累世科甲等內容。且該譜還記有不少科舉佳話，諸如莊柱兄弟五人三進士、一舉人、一副榜，當時有對聯云"幾乎狀元及第，也算五子登科"。乾隆十一年（1746），莊柱長子存與典試浙江，次子培因典試福建，便道歸省，時人贈句有"殿上卿雲傳兩見，膝前天使喜同歸"之語。莊令輿以五經中進士，其孫綸渭、經畬也並以五經獲雋，後莊令輿大書門聯云"五經三榜，四世一堂"等等。

　　二是該譜卷一二載有莊氏家族主要人物"年譜"，包括清莊起元撰《第八世鶴坡公諱起元字中孺年譜自敘》、清莊鼎鉉撰《第八世凝宇公諱廷臣字龍祥年譜》、清莊恆撰《第九世聲鶴公諱恆字五侯年譜自敘》、清莊兆鈴撰《第十四世胥園公諱肇奎字星堂年譜》、清莊俞撰《第十五世岱玖公諱獻可字大久年譜》、《第十八世蓀甫公諱鼎臣字申甫年譜》、馮飛撰《第二十世思緘公諱蘊寬年譜》。查詢楊殿珣《中國歷代年譜總錄》、③來新夏《近三百年人物年譜知見錄》④等年譜索引可知，莊起元、莊廷臣、莊恆、莊肇奎、莊獻可、莊鼎臣等人的年譜，僅見於《毗陵莊氏族譜》。家譜

---

　　① 《民國庚午重修族譜新增凡例》，載《毗陵莊氏族譜》卷首，1936 年鉛印本，蘇州圖書館藏。

　　② 按："五貢"，清代科舉制度中對五類貢生的總稱，包括恩貢、拔貢、副貢、歲貢和優貢，這五類貢生都是正途出身資格。另有捐納取得的貢生，稱爲例貢。五貢合格，可以直接任命爲知縣以下的小官吏。

　　③ 楊殿珣：《中國歷代年譜總錄》，書目文獻出版社 1996 年版。

　　④ 來新夏：《近三百年人物年譜知見錄》，上海人民出版社 1983 年版。

中"年譜"一目,爲研究莊氏主要人物提供了重要史料。

三是該譜卷一至七詳細載録了莊氏族人的"世系"。"世系"一目所列具細,有各分支、各家庭世系表,亦有莊氏男性族人小傳,包括各人世系、姓名字型大小、排行、生卒、教育程度、科名、仕歷、婚配、姻親官職、子女、女婿官職、旌表、崇祀等等,能夠較爲詳盡地瞭解莊氏族人之生平。該譜最後還附有莊氏族人姓名"檢字表",方便查閱。

四是該譜卷二〇、二一、一二爲莊氏主要族人立"家傳""事述";卷一三"銘狀"收録有莊氏主要族人的行狀、墓誌銘等;卷一六列有"著述"一目,載莊氏族人之著作目録,對主要著述進行了原文選録;卷一一"訓誡""宗約"一目記載了莊氏家族的家訓等內容,爲全面考察常州莊氏家族提供了重要資料。

但是,學者也提醒我們在利用家譜時,一定要留心鑒別兩個方面,一是家譜的真偽。不少家族追認其先人爲帝王、貴胄和垂諸青史之人,出現了冒認祖先的現象,許多家譜述其遠世的功業、婚姻,往往不實。二是家譜傳記的真偽。由於家譜中人物傳記的纂述者往往是本家族的族人後裔、姻親故交、業師門生等,因此家譜中有些傳記的作者不忠於歷史,難免出現爲尊者諱、爲親者諱的現象,隱惡揚善、諛獻之詞甚多。因此在使用家譜所提供的資料時,對上述兩個方面的問題一定要慎加鑒別。章學誠《論修史籍考要略》云:"十曰譜牒宜略。方志在官之書猶多庸劣,家譜私門之記,其弊較之方志殆又甚焉。古者譜牒章於官,而後世人自爲書,不復領於郎令史故也。其徵求之難,甚於方志,是亦不可得而强索者矣。惟於統譜類譜,匯合爲編;而專家之譜,但取一時理法名家,世宦巨族,力之所能及者以次列之,仍著所以不能遍及之故,以待後人之別擇可耳。"① 然而,想要全面評價家譜,只要它所提供的資料基本可信,就不能否定它的史料價值。②

基於上述兩方面的問題,筆者對《毗陵莊氏族譜》進行了相應的考察。首先是該譜的真偽問題。譜中所列莊氏族人世系、莊氏歷史名人的真實狀況等等,已受到了學術界的普遍認同,並且《毗陵莊氏族譜》被作爲研究明清常州莊氏家族的重要史料而被學者們廣泛利用,如江慶柏《明清蘇南

---

① (清)章學誠:《論修史籍考要略》,載《校讎通義》,上海古籍出版社 2009年版。

② 馮爾康:《清史史料學》第七章"譜牒史料",瀋陽出版社 2004 年版。

望族文化研究》、吴仁安《明清江南著姓望族史》、艾爾曼《經學、政治和宗族——中華帝國晚期常州今文學派研究》等等。其次是該譜所載"家傳"的真僞問題。因莊氏家族所出歷史名人較多,故除家譜中的家傳外,保留在地方志、正史、碑傳集等其他文獻中的傳記資料亦甚多。相對照看來,《毗陵莊氏族譜》中的家傳基本屬實,但不乏爲尊者諱、爲親者諱的曲筆現象。在利用時要慎加留意,多方求證,仔細辨別。

　　**附記**：2006—2012 年在華東師範大學古籍研究所學習,獲中國古典文獻學碩士、博士學位,現任教於雲南民族大學文學與傳媒學院。本文據嚴佐之教授指導筆者的博士學位論文《科舉、教育與家族：明清常州莊氏家族研究——以〈毗陵莊氏族譜〉文獻爲中心》改寫,論文受到嚴老師的悉心指導,劉永翔教授、顧宏義教授也給予筆者諸多指導和建議。師恩難忘,感謝老師的指導與關愛,謹以此文記之。

（丁蓉,雲南民族大學文學與傳媒學院）

# 明代山西進士李諒的
# 家世與履歷鉤沉
## ——以其家狀和墓誌銘爲中心

王紅春　　孔偉偉

　　明成化八年進士李諒的墓誌石於 2011 年 7 月在山西晉城市澤州縣渠頭村村民家中被該村村史撰寫者孔偉偉所發現。墓誌的標題是《明故承務郎前陝西静寧州知州李公改葬墓誌銘》(以下簡稱《墓誌銘》)。可惜發現時石碑的碑面已攔腰斷爲兩截,以致所拓碑文中文字有所缺漏。據查,該《墓誌銘》撰寫和刊刻於明嘉靖九年(1530),1970 年左右被村民發現并挖掘出土。① 本文試將該《墓誌銘》與是科進士登科録中的李諒家狀等其他文獻資料結合起來做一點解讀。

## 一、考 證 緣 由

　　李諒,明代山西澤州人,明成化八年(1472)進士,官至南京禮部郎中,是明代澤州渠頭李氏家族至今可考的唯一進士。該《墓誌銘》以其孫李九齡所述行狀爲基礎,詳細敘述了他的履歷和家世,又查得《成化八年進士

---

　　① 　筆者按:同時期還發現了明代李氏家族其他成員的五方墓誌銘,即《明故有台李公暨□氏王氏合葬墓誌銘(嘉靖十七年)》、《亡妻李氏碑記(嘉靖三十年)》(現存晉城城區道頭村)《明故孺人鍾母李氏墓誌銘(嘉靖四十二年)》(現存晉城市博物館)《明故潯府引禮東園李公暨孺人郭氏王氏合葬墓誌銘(萬曆六年)》和《明禮部儒官小湖李公暨配王孺人合葬墓誌銘(崇禎十一年)》,除標記者,餘下三塊碑現均存晉城市渠頭村。

登科録》載録了他的家狀。① 可是通檢古籍文獻,很難找到李諒的生平記録,甚至因其"率家人竊搬公帑物",很長時間世人連他的生卒年月、主要生平等基本信息都不甚瞭解。②

經查證,《明實録》有關於其人的零星履歷記録。然而李諒在弘治元年前後關於改革行政制度弊端的慷慨建言引起了朝中官員的激烈討論,有奏議爲證。如時任吏部尚書王恕的政書《王端毅奏議》卷一二收録了《吏部議知府言芳升用科道官奏狀(弘治三年)》,黄訓《名臣經濟録》卷一六收録了《選用新舊進士兼懲規避奏狀(弘治元年,王恕)》。此案揭發者御史楊瑄還留有傳記,然僅提及李諒從南京禮部郎中被貶爲知州的原因。再如成化《山西通志》卷一〇《選舉志》僅載:"李諒,澤州人。中成化乙酉鄉舉,登壬辰進士第。"其他山西地方志的《選舉志》也僅爲類似"成化八年進士,官至禮部郎中"的簡短字樣。雖然其最後的官職爲静寧州知州,查乾隆《静寧州志》也無記載。現代研究中,王欣欣的《山西歷代進士題名録》簡略記載爲:"山西澤州人,成化八年進士,官至禮部郎中。"因此,這些相關材料的記載都不如其家狀和《墓誌銘》詳實。

儘管明代山西進士人數與那些科舉優勢省份差距很大,其群體在明代政治結構中所占地位也非舉足輕重,但其作爲一個地域政治集團的生

---

① 進士登科録是歷次科舉考試的原始記録。明代進士登科録的版式、結構及體例皆有固定的格式,通常包括五部分,即"玉音"即禮部關於本科殿試的奏疏、皇帝聖旨及殿試諸執事官的職名,"恩榮次第"是殿試、傳臚、張榜、上表謝恩、詣孔廟行釋菜禮及國子監立石題名等一系列活動日程,"進士家狀"按名次先後羅列進士本人及其家庭狀況,"御制策問"即殿試策題,"進士對策"即第一甲三人進士殿試對策。詳見陳長文《明代進士登科録的版式、結構及體例》,載《西南交通大學學報》(社會科學版) 2007 年第 5 期。由於進士家狀記録了進士的籍貫來源、役籍、生卒年月日、身份、習經科目、家人基本情況以及鄉、會試名次在内的資訊,可以定性爲當科進士及其家庭最權威的官方傳記資料。其作用首先在於,有助於還原其家世背景和生平履歷;其次是,作爲官方檔案和人事資料的明代進士家狀,在當時還是朝廷在其入仕之後提拔或貶謫的履歷依據,也可以彌補其他類型文獻資料中科舉人物及其家庭基本資訊記載不足的缺陷。曾編纂《國朝河南舉人名録》的明人李濂在其《嵩渚文集》卷五四《國朝河南舉人名録序》中認爲科舉文獻"足以補志乘之闕"。學者張希清將家狀定義爲"唐宋應舉人所交納的有關本人及家庭情況的文狀"。詳見何本方等主編《中國古代生活辭典》,瀋陽出版社 2003 年版,第 321 頁。

② (明)李濂:《嵩渚文集》卷八五《鄉賢類七·山東按察僉事楊公傳》,《續修四庫全書》本。詳見王欣欣《山西歷代進士題名録》,山西教育出版社 2005 年版,第 140 頁。

存狀態和生存環境仍值得我們予以關注。自明代宣德元年在科舉制度的會試一級確定南北中三色分卷制度以來，北方省份內部在角逐百分之三十五的錄取名額中呈現一種相對穩定的局面。但地處北卷的山西，其進士的地域分布及數量變化上仍具有不均衡的特點，同一地區的各縣也不均衡。① 據王欣欣統計，山西歷代共有進士 3 703 人，而晉城地區五縣共 449 人，占到 12%。② 具體到明代，山西全省共錄取 1 231 名進士。由於山西的地理地貌呈南北走向的狹長形。人們習慣上把它劃分成南、中、北三大區域。其南部區域（包括運城、晉城、長治、臨汾）共有進士 708 人，占明代山西籍進士總數的 57.5%，明顯表現爲由南向北依次遞減的地理特徵。澤州共錄取 140 人，其中晉城和陽城兩縣都有 43 人，名列山西有進士分布的 110 個縣份的第三、四位。③

　　明代澤州地區的地域科舉成就如此之突出，首先應該歸功於地理位置上的特殊條件。《大明一統志》卷二一《澤州府》明確記載，澤州東至河南衛輝府輝縣界，西至平陽府翼城縣界，南至河南懷慶府河內縣界，北至潞安府長子縣界。此處幾乎是從陝西和晉南向河南及以東以南運輸的必經之路，也是與以北的太原連接的重要通道。④ 顧炎武《肇域志》卷二三言：澤州"南倚太行、王屋，西連底柱，析城群峰。周圍絶險千里，近太行之麓，水土深厚，語音辨正，士多文學。肘京洛而履蒲津，倚太原而跨河朔，唐杜牧賀平澤潞，頌河東，藩廠唐書無判。隰川、宣寧二郡王同城，寧山衛星輟"。此爲歷來兵家必爭之地。自天順五年（1461）始，大同代王的分支宣寧王、隰川王分封於此。洪武十一年（1378），直隸寧山衛在此建立公署。⑤

---

① 關於明代山西進士的研究，相關論文還有趙世瑜《社會動盪與地方士紳——以明末清初的山西陽城陳氏爲例》，載《清史研究》1999 年第 2 期；碩士學位論文如趙國平《明代嘉、隆、萬時期山西籍進士及其時政思想》，山西大學碩士學位論文，2007 年。關於明代澤潞商人和明清澤州士紳社會的研究，詳見杜正貞、李世瑜《區域社會史視野下的明清澤潞商人》，載《史學月刊》2006 年第 9 期；杜正貞：《村社傳統與明清士紳：山西澤州鄉土社會的制度變遷》，上海辭書出版社 2007 年版。

② 詳見王欣欣《山西進士與藏書》，載《晉陽學刊》2005 年第 2 期，第 126 頁。

③ 詳見王振芳、吳海麗《明代山西進士的地域分布特點及其成因》，載《滄桑》2002 年第 5 期，第 23 頁。

④ 轉引自杜正貞、李世瑜《區域社會史視野下的明清澤潞商人》，載《史學月刊》2006 年第 9 期，第 66 頁。

⑤ 關於明代寧山衛軍戶對地方社會的認同與塑造的情況，詳見申紅星《明代寧山衛的軍戶與宗族》，載《史學月刊》2008 年第 3 期。

其次是文化傳統深厚。該地人好學崇禮,宋朝學者黃夷仲曾贊曰:"澤州學者如牛毛野處。"①該地歷史文化的積淀悠久而源遠。理學家程顥曾在此當過縣令,並興辦過鄉校。金末元初的澤州學者郝經曾爲之作記:"宋儒程顥,嘗令晉城。以經旨授諸士子。故澤州之晉城、陵川、高平,往往以經學名家,雖不事科舉,而六經傳注皆能成誦。耕夫販婦亦恥謠諑而道文理。遂與齊魯共爲禮儀之俗而加厚焉。"②澤州高平人"淳而好義,儉而循禮,勤於力田,多嗜文學"。③ 自金代開始,"澤潞號爲多士"。④

最後是商品經濟發達。澤潞兩地和南直隸徽州府一樣,地狹田少,商業活動頻繁。"州介萬山中,枉得澤名,田故無多,雖豐年,人日食不足二甫。高貲賈人,冶鑄鹽莢,曾不名尺寸田"。⑤ 明清澤潞商人以經營鹽鐵、絲綢等聞名天下,並在地區性貿易和社會活動中扮演了重要角色。明人沈思孝的《晉録》云:"平陽、澤、潞,豪商大賈甲天下,非數十萬不稱富。"澤潞商人經營有方的一個重要的原因是該區域處在河東鹽及本地物資向東南轉輸的運道上,交通便利。⑥

筆者認爲,李諒不僅是明代士大夫敢言敢爲之風的代表之一,也是明代山西澤潞商人家族集團的代言人。其試圖限制皇權和改造社會弊端的時政思想在明代政治、經濟乃至社會生活領域曾發揮了一定作用,其生平履歷也是明代山西進士政治際遇的一個縮影。

## 二、李諒的《改葬墓誌銘》和家狀全文

### (一)李諒的《改葬墓誌銘》

該墓誌石呈方形,青石材質,素面無紋飾,尺寸爲 60×60×20 cm,楷書,銘文共 22 列,滿列 30 字,共 649 字。先將全文抄録如下:

---

① 《(康熙)澤州府志》卷一一《風俗》引宋黃夷仲《齋記》,清雍正十三年(1735)刻本。

② (元)郝經:《陵川集》卷二七《宋兩先生祠堂記》,文淵閣《四庫全書》本。

③ 《(康熙)澤州府志》卷一二《物産》引《祝志》。

④ (元)郝經:《陵川集》卷三六《先曾叔大夫東軒老人墓誌銘》。

⑤ 《(康熙)澤州府志》李維楨《原序》。

⑥ 轉引自杜正貞、李世瑜《區域社會史視野下的明清澤潞商人》,載《史學月刊》2006 年第 9 期,第 66 頁。

明故承務郎前陝西靜寧州知州李公改葬墓誌銘

太學生方山苗時雍撰

孫李九齡頓首拜書篆

諱諒,字有信,姓李氏。① 世爲堀頭人。族屬蕃富,爲州大□。曾祖得源。祖振。父綸,封承務郎,户部山東司主事。母張氏,贈宜人。以正統己未二月二十三日生。公幼穎敏,游學江浙間,歸,登成化乙酉山西鄉試。壬辰,登進士。授户部山東司主事,奉命陝西犒軍,□通州□收糧。會部委入遼府交納,中官求索不□,遂誣奏,下錦衣獄。事既白,奉命江南督税,謀畫計處,□合事宜。不數月,□運至京。己亥,封承務郎,配馮氏,封宜人,追贈父母。尋升南京禮部儀制司郎中。弘治初,赴京條陳時務十三事,賜嘉納,兼責言官不言,言官啣之。及考察,出知陝西靜寧州。方到任,言官復加論劾,逮至南京。法司科道會勘,事欲白,公亦論劾言官,遂皆落職。壬子九月一日,卒於南京,族□諸子歸葬東嶺祖塋之次。馮宜人温且惠,克稱内助。正統丙辰二月八日生,正德丙寅二月十一日卒。明年三月二十三日,啓公合葬棋盤之原。子男五:時芳、時萼、時蕃、時英、時美。女,長適知縣彭□子珣,次適懷慶衛指揮崔清。側室□氏。生女二,長適宗室輔國將軍成鐲,次適寧山衛指揮官舍生員胡溥。

孫男十:九齡,太學生;九韶,州學生;九鼎;九□,醫學典科;九鼐;九霄;九成;儀賓;九峰;九垓;九坯。女七。葬今三十餘年矣,兹孫九齡以穴次未正,志□未具,嘉靖庚寅十一月九日改葬,乃述所傳爲狀□予銘。

銘曰:于維李宗,翼蕃其胤。降才□良,益篤其慶。遠游嗜學,乃稱明經。數泰允協,□□□方。載仕司徒,載陟宗伯。監税江南,新政建白。無何星殞,在江之回。□□□□,□□北回。越十五年,夫妻□至。更三十年,卜云其吉。瞻彼棋盤,有□□□。□□

---

① 筆者按:銘文稱李諒的字爲"有信",而查其進士家狀則題爲"友信"。由於古代"有"和"友"二字常常混用,故當以墓誌銘爲准。

　　　斯銘，更千萬秋。

　　　　　　　　　　　　　　　　　　　　　郭□道鐫

　　撰者苗時雍，字堯民，山西澤州人，明嘉靖年間太學生，是隆慶五年進士苗焕的祖父。乾隆《鳳台縣志》卷八載其傳記云：“歲大比，冀南士多擬苗五經爲魁首。屢試不第，以貢入太學。”“大司成試天下士七百余人，取時雍爲三晉之首。未幾，授江南常熟丞。”①篆者是李諒之孫李九齡，同爲嘉靖年間太學生，曾任臨江經歷。②

　　據銘文中所述的卒於“壬子九月一日”和“葬今三十餘年矣”，可以推斷此墓誌銘當撰寫於“嘉靖庚寅”年。總體而言，此方墓誌書寫規範，符合明代禮制。除對李諒在任户部山東司主事、南京禮部郎中時的政績做出中肯的評價，還用了“赴京條陳時務十三事”這九個字準確再現了李氏不顧個人恩怨慷慨上書、力求整肅當時官場敷衍懈怠之風的改革者形象。

　　李諒自成化八年登進士，授官户部主事，後至僅爲正五品的郎中，卻遭到貶官和貶爲庶民的無奈遭遇的折磨。20載仕途浮沉，一次因爲疑似王室宗親差點被外放，兩次被誣，一次下錦衣獄，一次被逮至南京。他這一段官場生涯或許是充滿了憂憤和悲哀吧。然而，李諒辦事幹練是有目共睹的，他的經濟新政和其他諸多建言兩次被朝臣和吏部引用和討論，可以說對明代經濟史、職官史乃至科舉史方面的改革都是一個不小的貢獻。後人不應因其後來的污點而予以輕易否定，或在史書中避而不談。可惜，《明實錄》並沒有記載其平反事。此墓誌出於爲長者、尊者諱的目的，也並未解釋他因何事被誣貶爲庶民。但是這塊墓誌石在地下埋藏440餘年方經出土，終於爲他傾訴了無盡的冤屈。

## （二）《成化八年進士登科録》所載家狀

　　再將李諒的家狀全文抄録如下：

　　　　李諒，山西澤州民籍。

　　　　國子生，習《詩經》。

　　　　字友信，行一。年三十四，二月廿三日生。

――――――――――――

① 《（乾隆）鳳臺縣誌》卷八《人物》，清乾隆四十九年（1784）刻本。
② 《（乾隆）鳳臺縣誌》卷六《選舉》。

曾祖得源。

祖振。

父綸,醫學典科。母張氏。具慶下。

弟記。誌。

娶馮氏。

山西鄉試六十名。會試二百四十二名。(殿試三甲九十四名。)

將此家狀與該《墓誌銘》的家世部分材料作對照,就可以準確填出墓誌銘中幾處關於其家世背景的文字,即:"曾祖得源。祖振。父綸,封承務郎,户部山東司主事。母張氏,贈宜人。以正統己未二月二十三日生。"

觀察這份家狀,自"曾祖"以下到"娶馮氏"均描述了其家庭情況,其中的"具慶下"則是直接描述祖上三代及其母親存殁情形的指標。① 明人解縉曾認爲:"父母具存,外内怡悦,此天理之具足者也。"②因爲明代社會特別講究封號,從朝廷到鄉野都形成了穩定的封贈制度意識,"生曰封,死曰贈"。③ 明制規定,在官員任滿三年考績滿考之後,敕封其直系親屬及其妻子。由於封贈的稱號與封贈物件範圍均與膺封者的官品高低有關,所以這類封贈稱號就具有時間段和等級上的標示意義。

但是我們發現,關於李諒父母的封贈情況,以上兩份資料前後記載並不一致。家狀中其父母的存殁情形記録爲:"父綸,醫學典科。母張氏。具慶下。"是指考中進士時他的父母仍在世。④ 而墓誌銘開頭所載的"父綸,封承務郎,母張氏,贈宜人",應是指他任户部山東司主事滿三年考績合格後,父親還在世,母親已經過世,所以一個封,一個贈。到了成化十五

---

① 吳宣德、王紅春《明代進士祖上三代存殁狀況初探》一文,曾舉嘉靖二年進士姚淶及其父姚鏌兩人的家狀和弘治六年進士秦文傳記中其母存殁的資訊爲例,探討了明代登科録進士家狀記載進士祖上父系三代存殁情形的嚴格性和可信性。該文載於《明清論叢》第十輯,紫禁城出版社 2010 年版。

② (明)解縉:《文毅集》卷七《具慶堂序》,文淵閣《四庫全書》本。

③ (清)張廷玉:《明史》卷七二《職官志一》,中華書局 1974 年版。

④ 關於進士父母存殁情形的研究,錢茂偉的專著和陳長文《明代進士登科録對社會文化的影響》一文對此現象僅有涉及。詳見錢茂偉《國家、科舉與社會——以明代爲中心的考察》,北京圖書館出版社 2004 年版;陳長文:《明代進士登科録對社會文化的影響》,載《大學教育科學》2008 年第 2 期。吳宣德、王紅春《明代進士祖上三代存殁狀況初探》曾就此問題首次嘗試分析明代 56 科進士的祖上父系三代存殁情形,是文載於《明清論叢》第十輯。

年(1495),仍"任户部山東司主事",①"封承務郎,配馮氏,封宜人,追贈父母"。因其父母已經過世,所以只能"追贈父母"。

根據《明會典》的記載,文官二品、三品贈二代,四品至七品贈父母、妻室:"正從三品,祖母、母、妻各封贈淑人;正從四品母妻各封贈恭人;正從五品,母妻各封贈宜人;正從六品,母、妻各封贈安人。"②李諒進士及第後的初授官職是户部山東司主事,爲正六品官,只能封贈父母和妻室。但有一個疑問,此職只能奉贈母、妻爲安人,李諒初次滿考時何以能封贈妻室爲宜人呢?

從此份家狀中還可以獲取一些不載於其他材料的信息,比如其家族的役籍是民籍,報考會試時的身份是國子監生,報考的科目爲《詩經》,而且,其出生年月日、字、鄉試、會試、殿試的名次全都記録在册。由於家狀是科舉社會中試子報考時所填寫的名諱與家庭狀況表,並上交官方存檔,故具有相當的規範性和權威性。萬曆《明會典》卷七七《禮部》三五《貢舉·科舉》明確記載了家狀填寫的具體要求:"舉人試卷自備,每場草卷、正卷各用紙十二幅,首書三代姓名及其籍貫、年甲、所習經書。在内赴應天府,在外赴布政司印卷,會試、殿試赴禮部印卷。"

家狀還記録了李諒父親的職業是醫學典科,此内容爲《墓誌銘》所忽略。而墓誌銘中載明他的一子一孫繼承了這份家族職業,此爲兩種文獻前後對照所增加的信息。

## 三、李諒的主要生平和仕歷

兹將各項記載李諒及其家族的史料作以對照和校勘,試圖再整理出其生平履歷,其詳如下:

正統四年(1439)二月二十三日,李諒出生於山西州河西里堀頭(今渠頭村)。

成化元年(1465),先游學江浙間。於此年考中山西鄉試。

成化八年(1472),進士及第。授户部山東司主事。

成化十五年(1479),仍任户部主事。

① 《明憲宗實録》卷一八六"成化十五年辛巳"條,臺灣中研院史語所校印紅格鈔本。

② 萬曆《明會典》卷六《文官封贈》,廣陵書社 2007 年影印本,第 124—125 頁。

事見《明憲宗實録》卷一八六"成化十五年辛巳"條的記載：

> 命户部主事李諒仍舊任。諒，山西澤州人，以其從弟讓奏知州陳賢貪酷事，賢遂訐諒侄玉爲宣寧王府儀賓，隱情入選，得户部主事。諒亦奏與玉別籍無服。下布政司勘報，報如諒言，而都察院請如例諒調外任。吏部言："王親不任京職，非著令，近歲因給事中蕭彦莊劾尚書李秉，事連給事中李沖、主事鮑克寬，始以王親及護衛官舍調外任。況諒與玉別籍無服，亦與沖、克寬異，宜仍舊職。"從之。

據引文可知，李諒從侄李玉當時是宣寧王府的儀賓，但與其"別籍無服"，因此，李諒不是宗室王親。此事又是因其從弟李讓"奏知州陳賢貪酷事"而觸發，可見該家族家風嚴謹，崇尚氣節，對官員貪污腐敗的事情是看不過眼的。

成化十九年（1483），在天津道衙門監督每年收山東、河南改兌漕糧。[1]

成化二十三年（1487），上書户部和兵部，建議改革經濟和行政制度方面的弊端。事見《明孝宗實録》卷八"成化二十三年十二月乙酉"條的記載：

> 户部覆奏，南京禮部郎中李諒所陳二事：其曰理財用者，謂成化末年，嘗差太監宋玉支長蘆運司鹽十萬引賣之兩淮等處，以所得價銀織買上供段匹于南京，近已奉詔停止織造，其前後所支引鹽、所賣銀兩、所織段匹，俱無的數，請差官稽考；其曰清屯田者，謂各處衛所屯田多被勢要官軍占爲己業，軍丁開作逃亡，子粒不行上納，請行各巡撫巡按等官核治。得旨，織造内官已取回，不必差官查勘。餘准議。

事見《明孝宗實録》卷八"成化二十三年十二月辛卯"條：

> 南京禮部郎中李諒奏請，禁馬快船之附載私貨騷擾驛遞者，兵部覆奏從之。

---

① 《（光緒）重修天津府志》卷一一《職官》，《續修四庫全書》本。

弘治元年(1488)正月,上書吏部,建議於新中進士中選用御史。事見弘治三年王恕《王端毅奏議》卷一二《吏部議知府言芳升用科道官奏狀》的記載:

> 及查得弘治元年正月,該南京禮部精膳清吏司郎中李諒奏稱近年以來,被前奸貪之臣畏懼糾彈朦朧奏稱新中進士未諳刑名事體,必先選在外有司推官知縣,待其政績昭著,吏部行取,選任御史。不知內寓姦術,意將初中進士正大之氣,轟烈獨立敢言之時也。一旦選爲有司庶職,使之奔走於塵埃馬足之中,俯仰於承問聽命之頃,曲折百般、頓挫無奈,守政者俟命挨次行取,奔競者請托權貴保舉旌異,既得美官,只知恩出於權貴,縱有姦惡,豈肯輒便糾核。合無仍照依舊制,於進士中年貌相應、學行優長、平昔名實相須者及聽選舉人、在外進士、知縣、儒學官員,果系學行兼全政績著聞者,相兼博訪精選任用,庶使賢才彙進、風憲得人、至治日臻等,因具奏奉聖旨,該衙門看了來說。欽此欽遵。本部議,得推官、知縣、進士俱讀聖賢書,俱由科目出身,豈進士無練達老成之人?推官、知縣皆不才奔競之士,顧擇而用之,何如耳?苟擇得其人則皆可用,用匪其才則皆不稱,此必然之理不易之論也。今南京禮部精膳清吏司李諒奏要仍照舊例於進士中年貌相應、學行優長,及聽選舉人與在外進士知縣、儒學官員相兼任用御史一節,誠爲得宜。合無准其所言。

此處需要辨識的是,《墓誌銘》中稱李諒"尋升南京禮部儀制司郎中"。這裏的職官記載和王恕奏議中所言"南京禮部精膳清吏司郎中"並不一致,可能由於其孫記述該行狀時距離其任職已隔30餘年,時間久遠,難免出錯,當以王恕弘治三年的奏議爲准。再根據引文的記載,李諒"赴京條陳時務十三事"也不是僅僅在弘治元年正月,而是在此年和前一年的成化二十三年。

應當説此"條陳時務十三事"對於改革制度弊端方面的改革起到了一定的作用,新政中的"理財用者"和"清屯田"以及"禁馬快船之附載私貨騷擾驛遞者"等建議基本已被採納。再如於新中進士中選用御史的建議,針砭時弊,頗有勇氣和見地,遲至弘治三年也被朝廷所採納。但據《墓誌銘》的説法,李諒的建言無疑對當時朝中的保守派有一定的衝擊,因而很可能導致了他很快受到排擠以及最後落職。

弘治元年(1489),考察下第,被貶爲陝西静寧州知州。本年十一月後,"率家人竊搬公帑物"。①

弘治二年(1489)五月,剛剛到任就因言官彈劾他"竊搬公帑物",被貶爲庶民,被逮回南京。經南京法司科道會勘,本來已經快要平反,因爲"公亦論劾言官,遂皆落職"。事見《明孝宗實録》卷二六"弘治二年五月丙子"條的記載:

> 命編發静寧州知州李諒於湖廣靖州爲民,並停南京禮部尚書黎淳俸兩月。諒前爲南京禮部郎中,盜本部俸銀二千九百七十兩,淳失於覺察,爲御史楊璍所發也。

弘治五年(1492)九月一日,李諒卒於南京,壽終五十四歲。

李諒案似乎已經湮没在歷史的煙塵之中了,此案真相需要在史料中挖掘看看。此案的揭發者楊璍,河南祥符人,字用章,成化十一年進士,以直聲抗爭聞於世。② 目前可查閲到的最早的傳記系朱睦㮮所寫的《山東按察僉事楊公傳》,收録在明人李濂的《嵩渚文集》中。是文載:"擢南京山西道監察御史。獨持風裁,事所當言者,不避利害言之。南京禮部郎中李諒以事謫静寧州知州,持其部尚書黎公淳陰事,率家人竊搬公帑物,淳不敢詰,公並劾罷之。"而焦竑《國朝獻征録》卷九五《僉事楊用章璍傳》則云:"郎中李諒以事謫静寧知州。持尚書黎淳陰事,率家人竊取公帑物,淳不敢詰,璍並劾罷之。"③經對照,李濂所收録的傳記因爲記載最爲完整,當屬最原始者。《國朝獻征録》所載録的傳記已將"搬"字改爲"取"字,屬於經過改寫的節録本。然而,顯而易見,無論是作者朱睦㮮還是撰寫者焦竑,都對此案所定罪名感到有些蹊蹺。

黎淳,湖廣華容人,天順元年狀元。查雷禮《皇明大政紀》卷一七載:"戊申弘治元年十一月,改南京工部尚書黎淳爲南京禮部尚書。"則此案應該發生在弘治元年十一月黎淳改任南京禮部尚書之後,第二年五月李諒

---

① (明)李濂:《嵩渚文集》卷八五《鄉賢類七·山東按察僉事楊公傳》。

② 筆者按:查《明史》卷一二《英宗本紀後紀》載:"(天順七年,1463)時爲達誣被枷者,陝西巡按楊璍,大同宣府巡按李蕃,監察御史韓祺。"顯然,此楊璍顯然和傳記中的楊璍不是同一個人。

③ (明)朱睦㮮:《僉事楊用章璍傳》,(明)焦竑編:《國朝獻征録》卷九五,《續修四庫全書》本。

抵達陝西静安州之前。筆者認爲，此事既已記入了《明實録》，應是證據確鑿，李氏家族的罪行就變得百口難辯和仿佛是板上釘釘了。然查《墓誌銘》載："法司科道會勘，事欲白，公亦論劾言官，遂皆落職。"按照這樣的説法，李諒被逮回南京後，經過審查，已被平反了，只是因爲他反過來追查言官的誣告，就又因爲和言官的糾結一併被削職了。這就不由讓人產生一些疑問了。

首先，《墓誌銘》出於爲親者諱，不能排除其帶有感情色彩而去攻擊言官挾私，而明代大部分言官也並不如銘文中所説的那麼狹隘。各科給事中與御史一樣，均位卑職重。① 《明史》卷七三《職官志》載明監察御史的職責："都御史職專糾劾百司，辯明冤枉，提督各道，爲天子耳目風紀之司。"但當時很多進士不願擔任此職，如成化二年進士遼東人賀欽便是如此。"陳士賢初擢御史，賀克恭初擢給事中，皆辭不願受，以難盡其職也，皆至於哭，後二公竟做出好來"。② 賀欽很快辭官不就，"復以言官曠職招災，自劾求退"。③ 楊璉身爲監察御史，也曾爲科道官出頭："科道官言事忤旨，上震怒。衆懼禍出不測，公獨抗章曰：'諫官天子耳目，若以盡職獲譴，則天下事誰復敢言？是陛下自塞其耳，自蔽其目也。'"④當然，明代科道官言事失實也是屢見不鮮的。

但奇怪的是，李諒若已平反，應官復原職，那麼銘文標題爲何稱呼李諒的頭銜爲"故承務郎前陝西静寧州知州"？如果已被貶爲庶民，爲何他不還鄉閒居，還留在南京呢？而且，三年後，就在李諒逝世的同一年，楊璉也因病過世，但不是因爲此事"落職"，而只是患病。"弘治壬子（1492），擢山東按察司僉事。便道過家省親，感疾卒，時年四十九，絶嗣"。⑤ 有趣的是，兩人爲前後兩屆進士，卻因爲此"竊搬公帑物"事似乎把命運綁架在了一起，然而典籍文獻記載二人生平的態度卻迥然相反，楊璉以清直著稱於世，而李諒及其家人卻在歷史上留下了永遠的污點。

---

① 《明史》卷七四《職官志》載："洪武六年（1373），設給事中十二人，秩正七品，始分爲六科，每科二人。鑄給事中印，一推年長者一人掌之。九年，定給事中十人。十年，隸承敕監。十二年，改隸通政司。十三年，置諫院左右司諫各一人。"
② 章懋：《楓山語録》，文淵閣《四庫全書》本。
③ 《（乾隆）盛京通志》卷一一四潘辰播《醫閭先生墓誌銘》，文淵閣《四庫全書》本。
④ （明）李濂：《嵩渚文集》卷八五《鄉賢類七·山東按察僉事楊公傳》。
⑤ 同上。

　　筆者查得李氏的墓誌銘以及相關文獻中多次提到渠頭李氏家族富甲諸郡,其叔父李琰、從弟李謨、侄子李莊等都善於經商,因"輸栗千石",均被封爲義官。如果説李諒被貶爲庶人的罪責是因爲率領家人盜取俸銀二千九百七十兩,而他的家族號稱"澤州首富",此案於情於理都讓人感到費解。筆者經反復斟酌,認爲《明實録》將李諒的罪名定爲"盜本部俸銀二千九百七十兩"有失妥當。當然,據統計,明末江南地區館師的束修所入每年平均只在四十至五十兩之間。① 這筆俸銀高達二千九百七十兩,絶非小數目。所以筆者認爲,李諒此案雖然已過去五百一十餘年,其真相還值得繼續探究。

　　總的看來,就文獻特點而言,由於進士家狀僅僅是其仕宦生涯起點的原始和單一記載,不能完整反映其整個仕宦生涯的情況,這種信息記載不足的現象是進士家狀這類人事檔案文獻的局限性所在。而墓誌銘這類墓誌文獻具有較他類傳記文獻更爲全面反映傳主家世背景和個人履歷的優點。可以説,將以上材料與《明實録》、明人政書和文集、山西地方誌、人物傳記以及家譜等多重資料進行互相比對和驗證,才是全面反映歷史人物生平履歷最爲妥當的方法。

　　筆者認爲,考證李諒的生平不僅有助於更深入地挖掘和瞭解山西澤州渠頭李氏家族的發展史,同時,也有利於促進學者對明代山西進士資料的整理、考證和編纂工作,更有利於觀察明代晉商家族集團崛起的方式、途徑及其衰落的原因。

(王紅春,歙縣博物館)

---

　　① 劉曉東:《晚明士人生計與士風》,載《東北師大學報》(哲學社會科學版)2001 年第 2 期,第 20 頁。

# 《經律異相》中的博物學知識

宋軍朋　雷偉平

## 一、寶唱的生平和著述①

　　釋寶唱,南朝時期著名僧人,②俗姓岑,吳郡人。自幼聰敏好學,胸懷寬廣,清貧守正。十八歲時出家,投於律學大師僧佑門下,認真鑽研佛教經典,承師風立德操,很快就在師門中聲名漸起。在研習過程中,他認識到:要弘揚佛法,啓悟大衆,本身就必須具有廣博的知識,其中就包括佛教以外的世俗文化知識。爲此,他特地跟隨學者顧道曠、吕僧智等,學習儒、道兩家經典,並四處雲游訪學,以致有人誤會他要致力"俗志"。梁武帝立國後,社會安定,寶唱被蕭衍委以重任,奉敕協助編譯、整理、纂集佛教文獻。這是其一生中成就最輝煌的時期,也是最爲辛勞的時期,大部分時間帶病工作。天監九年(510),約45歲時,舊病"風疾"復發,接着又腳氣(軟腳病)連發,於是因病擅自離京去東地治療,由此招致受謫發配的後果。即將發配之日,其嘔心瀝血所撰《名僧傳》删定完成,並上奏梁武帝,武帝立即停止將其發配,並留任京師翻譯佛經。寶唱的著述頗豐,可以從他主編、參編、翻譯衆多著述的記載中看出。他主編完成的共有十幾部,可惜大部分已經亡佚,《名僧傳》《衆經目録》兩部僅剩殘貌,唯有《經律異相》《比丘尼傳》這兩部完存。③

----

　　①　此段關於寶唱生平和著述的概述,主要依據唐代釋道宣所著《續高僧傳》卷一,並參考白化文、董志翹等學者的相關研究。

　　②　白化文、李鼎霞:《經律異相及其主編釋寶唱》,載袁行霈主編《國學研究》第二卷,北京大學出版社1994年版,第584、588頁。

　　③　董志翹:《〈經律異相〉整理與研究》第一章第二節"寶唱著述考",巴蜀書社2011年版,第13—21頁。

## 二、《經律異相》的結構特點和內容概要

《經律異相》是我國現存最早的大型佛教類書，①全書博采廣搜漢譯佛典經、律、論中體現佛教義理（"同相"）的因緣故事（"異相"），並以佛教宇宙觀（"十法界"）爲背景結構，以"六凡四聖"（修行主體）和"境、行、果"（修行過程）爲具體分類原則，將内容編排分爲天、地、佛、諸釋、菩薩、僧、諸國王、諸國太子、諸國王女、長者、優婆塞、優婆夷、外道仙人、梵志、婆羅門、居士、賈客、庶人、鬼神、畜生、地獄共 22 大部，再細分爲 45 小部，共收 782 事。② 其全部内容可概括如下：

卷一至三（天、地部）：細緻描述佛教的宇宙世界及其社會演化史，以展示其宇宙觀；描述日、月、星、雲等自然現象及其成因，以展示其自然觀；閻浮提、鬱單兩大洲地理志之細緻描述等。

卷四至卷二三（佛至僧部）：敘述佛陀從出生、成道、涅槃後的種種神迹和事迹；釋氏家族成員出家修道的種種事迹；佛陀本生及諸菩薩自利利他、隨機應化的種種高行；佛陀弟子們的本事、出家、悟道、教化的種種事迹，以及惡行僧、無學沙彌、無學比丘尼的善惡行或受教化的種種事迹。

卷二四至卷四五（諸國王至庶人部）：敘述社會各階層者，不論是王族還是社會其他階層人士，聞法修行的種種善惡事迹等等。

卷四六至卷五〇（鬼神至地獄部）：敘述四類鬼神——阿修羅、乾闥婆、緊那羅、雜鬼神的種種事迹；獅子、象、馬、牛、驢、狗、鹿、狐、狼、猴、兔、狸、鼠、雁、鶴、鴿、烏、龍、蛇、龜、蛤、虱等 20 多種動物行善造惡的因果業報；地獄的各種因緣果報、種類、苦相等。

## 三、《經律異相》在博物學知識方面的主要貢獻

佛教典籍中博物學知識及其著作，③主要保存在以類書爲主體的佛教

---

① 《經律異相》，《大正藏》第 53 册。

② 關於該書内容分類統計，説法並不一致，具體可參看《〈經律異相〉整理與研究》第 56—58 頁的綜述。

③ 本文所指的博物學，不是西方歷史傳統語境下的博物學，而是指中國古代歷史傳統語境下的博物學，即中國古代博物學，也稱"博物之學"或"博物"，以《博物志》《物類相感志》《物理小識》等爲典型，具有天人合一人文理念的知識分類模式。

纂集裏。① 這類典籍一般被歸入《大藏經》中的史傳部和事匯部。其内容極爲廣博,可謂包羅萬象,不僅涵蓋佛教知識的各個領域,而且泛涉倫理道德、語言文字、人文掌故、自然知識等衆多方面,諸如善惡忠孝、貧富貴賤、智愚勤惰、擇交志學;名詞術語(名相)、譯梵法式、名物制度、稱謂儀禮、修持法門、綱科職事、齋節活動;文翰史迹、故事傳説;時空觀念、宇宙圖式、醫藥術數、天文地理、飛禽走獸、物産珍寶、商賈工巧等莫不畢集。佛教纂集的門類很多,大體説來,有類書(包括辭書)、②總集、别集、典故集、專集、雜集等。其中,佛教類書包含的博物學知識最爲廣博,而且有很多類書本身就是博物學著作或准博物學著作,《經律異相》就是這其中之一。

現將《經律異相》全書所包含的博物學知識,從天文、地理、數學、物理、技術、生物、醫藥、養生等學科方面細緻分類分析如下:

1. 天文

關於宇宙觀,全書從宇宙結構圖景和宇宙世界生成演化史這兩方面進行了具體描述,主要集中於卷一、卷二(天部)、卷三(地部)、卷四九、卷五〇(地獄部)。這一世界(即器世界和有情世界)的結構,由上至下的層次分佈爲:三界諸天(欲界六天、色界二十三天、無色界四天)→兩地(閻浮提、鬱單)→地獄。

(1)宇宙結構圖景:對宇宙世界的具體圖景的描述,是從三界諸天開始的。三界諸天中,對於欲界六天主要從位置、釋名、王名、身長、衣之長廣重、天壽、飲食、生育、婚欲九個要素來具體描述;對於色界二十三天,主要從位置、身長、壽命、飲食四個要素來具體描述。

對兩地的描述是採用地理志的模式。首先是閻浮提,其内外遠近分佈着衆多王國,分佈着衆多的山川(昆侖寶山、十大山)、河海(九大河、大海)、物産(樹、香、魚、寶珠),對這些地理位置關係、事物、活動分别進行具體描述。特别是對於其中的一些王國,從國城、國王、種族、物産四要素方面進行具體描述。其次,對鬱單的描述,内容雖少而集中,卻從位置、

---

① 纂集,全稱佛教纂集,指的是用採録、整理、分類、述解等方式,將不同的資料按一定的主題,井然有序地編集起來,以供研讀和保存的一類佛教典籍。具體見陳士强著《佛典精解》第725—726頁。

② 辭書亦是類書之一種,只不過人們往往强調其實際功用的方面,並將其從類書中單列出來。

山、河、池、園、人之壽命、飲食、欲娛這些方面進行了具體描述。對地獄的描述則從主從構成、位置分佈、分類、範圍、形態或苦相方面進行具體描述。特別是分類和形態方面，有着豐富的彙集。

（2）宇宙世界生成演化史：關於宇宙天地的生成演化史，則體現在三大劫（即三大災）和三小劫（即三小災）的具體描述上。① 佛教認爲宇宙的生成演化是遵循"成→住→壞→空"的規律回圈，而此書則以"壞"爲重點，集中展示這一演化過程，可概括爲："住"（三小災：刀兵→饑餓→疾病）→"壞"（三大災：火災劫→水災劫→風劫風災→地劫）→"空"（天地更始，蕩蕩空虛，了無所有，亦無日月）→"成"（晝夜晦朔，春秋歲數，忽然復始）。佛教認爲宇宙世界的一切事物是由"四大"（地、水、風、火）元素構成的，但是這四者的關係不是截然分離的，而是緊密融合，並以某一種成分占主導的四大基本元素。②

關於宇宙世界邊界的認識，佛教認爲是宇宙世界是無邊界的。赤馬天子向佛詢問關於能否到達世界邊界的疑問，佛陀認爲"無人能至"。爲此，赤馬還進行了一番數量化的推算，以附證佛陀的結論："我念神力捷疾，今求世界邊，便發足去，唯除食息便利，減節睡眠，常行百歲，於路命終，竟不得至。"③

關於日、月、星、辰、風、雲、雨、雷、電等自然現象的描述和解釋，④呈現出自然化和宗教化認識交織的特色。對日晝夜運行的位置描述、日行南北之晝夜長短變化的數量化描述，接近現代科學對冬至、夏至狀況的描述。而日、月、星宿皆有其具體方位和尺寸的城郭，和一定天壽的主宰者、月之盈缺、月中物、日月蝕、星運行，對這些的描述或解釋，都顯示出更多的非自然化（宗教化）特色。

關於雷之成因，其認爲是水、火、風、地四大相觸的結果。電有四種類型，電光由之相觸而生。雲有四種，其色之不同，皆由"四大"構成比例之不同而造成。風有散壞與障散壞兩類。影響降雨成因有五種情況。對這些的描述和解釋，則更多地呈現出自然化特色。

---

① 《經律異相》卷一《三界成壞第二》，第 98—102 頁。注：《〈經律異相〉整理與研究》一書的下編爲《經律異相》的校點整理本，爲方便核查引用，本文附加了此校點整理本的頁碼，不過，對於一些原文的標點，筆者做了適當的調整，下文皆同。

② 《經律異相》卷四六《鬼神皆依所止爲名一》，第 681 頁。

③ 《經律異相》卷二八《赤馬天子問佛無生死處十二》，第 467 頁。

④ 《經律異相》卷一《日四至雨十一》，第 102—105 頁。

## 2. 地理

對地理狀况的描述主要集中在卷一（"欲界六天"部分）和卷三。首先，這些綜合描述呈現出鮮明的地理志或風土志特色，比如卷一中對忉利天的描述，又比如對閻浮提内的描述（十六大國中的國別分類、物産分類等）。[①] 此外，關於古代印度社會的一些民俗情况，也被佛教加以記録和利用。比如對摩鄧伽神施咒術的具體描繪、[②]占師借新嬰識辨人蟒、[③]裸鄉之國俗、[④]阿難問葬法（包括：佛陀安葬之法；三葬法：水葬、火葬、塔冢；振旦國人葬送之法）。[⑤]

其次，對山脈、河流、海洋等地理狀况的描述或認識，更多地呈現出自然化傾向。比如對昆侖山方位之具體描述，[⑥]又比如對海洋特性的認識，即大海八德（廣深不測、潮不過期、包容浄化、[⑦]多有珍寶、河流歸海、水無增減、魚軀巍巍、海水通鹹），[⑧]都能很好地説明這一特色傾向。不過，對於海水苦鹹成因的三點解釋，[⑨]則呈現出自然化與非自然化認識的交織。這三點解釋依次爲：不浄汁之因、仙人咒之因、衆生便利之因。不浄汁和衆生便利這兩個因素包含着樸素的自然化認識，而仙人咒則屬於宗教化認識。對於地大震動的解釋，其認爲成因有八，除了一種自然化傾向的解釋外，[⑩]其餘七種皆爲宗教化的解釋。

關於"劫"這一時間單位的長短，佛教常以打比方來説明，但是卻顯示出明顯的數學化特色。比如，用人取芥子和迦尸衣拂石等來説明"劫"之長久，以及大劫、一劫（迦尸衣百年一拂）、極小劫（六十念中之一念）的數

---

① 《經律異相》卷三《閻浮提内方圓近遠及所出有一》，第 115 頁。
② 《經律異相》卷一五《阿難爲旃陀羅母以咒力所攝十一》，第 289 頁。
③ 《經律異相》卷一四《舍利弗化人蟒令生天上五》，第 265 頁。
④ 《經律異相》卷一一《爲伯叔身意不同故行立殊別二》，第 230 頁。
⑤ 《經律異相》卷四《阿難問葬法四》，第 134—135 頁。
⑥ 《經律異相》卷三《昆侖寶山爲五百羅漢所居一》，第 119 頁。
⑦ 《經律異相》卷一三《憍陳拘鄰等五人在先得道二緣第七》，第 255 頁："吾聞大海不宿死屍。"
⑧ 《經律異相》卷三《河海五》、《大海有八德三》，第 124 頁。
⑨ 《經律異相》卷一《三界成壞第二》、《三大災第二》，第 100 頁。
⑩ 《經律異相》卷三《山三》、《地大動有八種緣三》，第 120 頁。其中僅一種屬於自然化的解釋："此地深六十八千由延，爲水所持，水依虛空。或復是時，虛空風動而水亦動，水動地便大動，是初動也。"

量内涵。① 又如,用"如有籮受六十四斛滿中胡麻,有人百歲持一麻去,如是至盡",②以説明地獄罪壽的長久。再比如,"厚雲地獄,受罪未竟,如二十厚雲地獄壽,與一無雲地獄壽等;如二十無雲地獄壽,與一呵呵地獄壽等;如二十呵呵地獄壽,與一奈何地獄壽等;如二十奈何地獄壽,與一羊鳴地獄壽等;如二十羊鳴地獄壽,與一須幹提地獄壽等;如二十須幹提地獄壽,與一優鉢羅地獄壽等;如二十優鉢羅地獄壽,與一拘物頭地獄壽等;如二十拘物頭地獄壽,與一分陀利地獄壽等;如二十分陀利地獄壽,與一鉢頭摩地獄壽等;如二十鉢頭摩壽名一中劫,如二十中劫名一大劫",③將這段描述轉化爲數學化等式,我們更加清楚地認識這一特色。

3. 數學

承接上節,我們可列數學化等式如下:

1 無雲地獄壽 = 20 厚雲地獄壽 = $20^1$ 厚雲地獄壽

1 呵呵地獄壽 = 20 無雲地獄壽 = $20^2$ 厚雲地獄壽

1 奈何地獄壽 = 20 呵呵地獄壽 = $20^3$ 厚雲地獄壽

1 羊鳴地獄壽 = 20 奈何地獄壽 = $20^4$ 厚雲地獄壽

1 須幹提地獄壽 = 20 羊鳴地獄壽 = $20^5$ 厚雲地獄壽

1 優鉢羅地獄壽 = 20 須幹提地獄壽 = $20^6$ 厚雲地獄壽

1 拘物頭地獄壽 = 20 優鉢羅地獄壽 = $20^7$ 厚雲地獄壽

1 分陀利地獄壽 = 20 拘物頭地獄壽 = $20^8$ 厚雲地獄壽

1 鉢頭摩地獄壽 = 20 分陀利地獄壽 = $20^9$ 厚雲地獄壽

1 中劫 = 20 鉢頭摩地獄壽 = $20^{10}$ 厚雲地獄壽

1 大劫 = 20 中劫 = $20^{11}$ 厚雲地獄壽

4. 物理

到佛教發展的中後期,不論是印度還是中土,修建石窟以修行,已經比較普遍。石窟内有佛的雕塑或壁畫,可能是由於内外光亮程度的强弱差異,導致了不少關於佛影情況的記載。比如:"時諸龍王合掌請佛入窟。佛坐窟中作十八變,踴身入石,猶如明鏡,在於石内影現於外。遠望則見,近視則無。諸天百千供養佛影,影亦説法。石窟高一丈八尺,深二十四

---

① 《經律異相》卷一《劫之修短三》,第 102 頁。

② 《經律異相》卷四九《金剛山間別有十地獄第十二》,第 747 頁。

③ 同上。

步,石色清白。"①加着重號這些語句所包含的物理環境,可能客觀上爲佛影現象産生以及文中宗教神話式的描述提供了基礎。與之相近的材料,還有一則:"佛至月氏國,西降女羅刹,時宿石窟中,於今佛影猶在。有人就内看之,則不能見,出孔則光相如佛。"②

5. 技術(工巧)

古代印度人對於技術(工巧)的便利與危害、困惑、恐懼,有不少描述和認識。比如有這樣一個"機器鬼",使主人發了大財,但是稍有停息或者無指令,"機器鬼"自行其是,大害主人。③ 又比如,有一工巧比丘因"善能工巧"而"造寺舍,日日不息,生大疲倦"。④ 聽聞優波笈多的功德説之後,破除了身心困擾,又重新積極地以自己高超建造技術造寺舍,以成功德。這顯示出技術給人的心理帶來的困惑與煩惱。還有,以木制作的"機器女"的巧師和以假亂真的畫師之間的爭鬥,不但給人帶來的震撼和恐懼,而且還使佛教認識到工巧(技術)給工巧師自身催生的"狂惑"之害。⑤

對彈琴技藝的認識,佛陀也加以利用,來説明精進修行之中道:"汝本在家,善能彈琴,琴弦極急,響不齊等,可聽不? 不也,世尊。佛言:不急不緩,音可聽不? 如是,世尊。佛言:極精進者,猶如調戲,若懈怠者,此墮邪見;若能在中,此則上行,如是不久,當成無漏。"⑥

6. 生物學

(1) 對人之生理狀況的認識和描述

佛教關於人的生理狀況的認識和描述,主要是以生、老、病、死這四苦爲中心而展開的。佛陀認爲人生有八苦,生、老、病、死的生理狀況及其變化是其中四苦。對此,該書有細緻的描述。⑦ 首先是生育之苦。順便指

---

① 《經律異相》卷六《(龍王石窟)佛影六》,第167頁。

② 《經律異相》卷六《身去影存仙人從化起發爪塔八》,第159頁。

③ 《經律異相》卷四四《有人使鬼得富後害其兒二十二》,第656—657頁。

④ 《經律異相》卷一八《工巧比丘思惟成道八》,第330頁。

⑤ 《經律異相》卷四四《工巧師與畫師相誑七》,第650頁。

⑥ 《經律異相》卷一八《二十耳億精進大過二》,第327頁。與之相同的描述還有卷三五《守籠那足下生毛苦行得道二》,第548頁:"汝在家時彈琴,琴弦若緩若急,音聲好不? (守籠那)若不緩不急,乃得好聲。佛言:比丘亦如是,不緩不急,心乃會道,依教修行,速成羅漢焉。"

⑦ 《經律異相》卷二七《普安王化四王聞罰得道七》,第452—453頁。緊接下一段關於老、病、死的描述,出處皆同。

出的是,在生育方面,欲界諸天的生理活動與人是一樣的:"男娶女嫁,身行陰陽,一同人間。"卷一裏對此有不少辭彙描述:"自然化現"、"相抱成欲"、"執手成欲"、"熟視成欲"、"暫視成欲"。① 還有一個典型的描述:"毗摩質多者,昔在劫初,諸天入水,身生觸樂,精流其中,自然成卵。卵生一女,其形青黑,入大海中,拍水自樂,水精入體,即覺有身,乃生一男。"②其次,分别是老、病、死之苦。其實,關於臨終衰相,其他章節也有典型的描述,比如摩耶夫人五衰相現,③諸天也有相同的表現。④

另外,佛教常强調對種種"相"的觀察,特别對人的形貌有不少的描述。典型如"太子三十二相",⑤難陀有三十相,⑥王女有"中和之相",⑦王女之"醜相":"時生一女,字曰波闍羅(梁言:金剛),女面醜惡,肌體粗澀,猶如駝皮,發如馬毛。"⑧對於色相而引發的生理欲望,佛教總是以"不淨觀"來攝持,特别對貪戀"色欲"或淫欲的男性修持者,總是反復地加以告誡。

關於不淨觀的理論,全書中有不少的論述。比如人有七藏處,而諸藏中,欲藏(生理欲念)最堅,最難根除,⑨但是欲藏卻建立("依止")在"涕唾、澹陰、膿血、筋骨、皮肉、心肝、五藏、腸胃、屎尿"等生理器官、⑩組織之上。内觀身體時,這些器官、組織因惡露不淨而令人厭惡,而且它們都是四大因緣的假合,隨着老死就會散滅爲空無。美色之表與不淨之裏,身體之表裏迥異,因而使人之意念從色欲中得以厭離。正如卷一九所説:"當内觀身,念皆惡露無可愛者,外如畫瓶,中滿不淨,觀此四大因緣假合,本無所有。"⑪而

① 《經律異相》卷一《三界諸天第一》,第87—97頁。
② 《經律異相》卷一《三界成壞第二》、《三大災第二》,第101頁。
③ 《經律異相》卷四《摩耶五衰相六》,第137頁。
④ 《經律異相》卷二《忉利天將終七瑞現遇佛得生人中六》,第110頁;卷二《三十三天應生豬中轉入人道第八》,第111—112頁。
⑤ 《經律異相》卷四《現生王宫二》,第130頁。
⑥ 《經律異相》卷一五《難陀有三十相與佛相似第四》,第281頁。
⑦ 《經律異相》卷二四《金輪王王化方法三》,第411頁。
⑧ 《經律異相》卷三四《波斯匿王女金剛形醜以念佛力立改姝顔二》,第537—538頁。
⑨ 《經律異相》卷八《幼年爲鬼欲所迷二十》,第203頁。
⑩ 《經律異相》卷二〇《選擇遇佛善誘舍於愛欲得第三果一》,第364頁。
⑪ 《經律異相》卷一九《比丘失志心生惑亂十七》,第358頁。

且闡發此不淨觀的故事在書中反復出現。①

認識到不淨觀,但並不能保證修持者能堅守"欲戒"。典型的莫過於比丘難提受天女誘惑而欲心染着的故事。② 與之相似的還有"少年見美男阿那律而犯欲戒"的故事,③比丘尼蓮花因澡手自觀而棄戒的故事。④不過,也有沙彌以死護守欲戒而不犯過失的故事。⑤ 犯欲戒還往往與比丘修行的場所或環境有密切關係,所以佛陀從憍薩羅國比丘的事例中吸取教訓,規定:"比丘不得入深山、林中、空處、可畏處、無人處住。"⑥

(2)護生觀以及對各種生物的認識和描述。

佛教主張不殺生,而且還要盡力護生。這在全書中有不少事例,比如鸚鵡吞珠而沙門忍辱代爲受毒打,⑦同樣的還有"鹿野苑"立名的由來乃是國王下禁令戒殺鹿,⑧還有沙彌救蟻的故事。⑨

佛教認爲生物由四種方式生成:一者卵生,二者胎生,三者濕生,四者化生。龍、金翅鳥這兩種生物,雖然在現實中不存在,但是卻是佛教典籍裏經常出現的生物形象。卷四八中有兩處分別對這兩種生物的種類、生育、身形、飲食、壽命等情況進行細緻描述。⑩ 抽掉想象的成分,可以從中看出古代印度人認識現實生物特性的痕迹,比如:"大力毒龍,以眼視

————————

① 《經律異相》卷二〇《須陀洹婦病於從事一悟得第三果二》,第 366 頁;卷一五《難陀得柰女接足內愧聞居得道三》,第 281 頁。又,卷二三《孤獨母女爲王所納出家悟道十一》,第 406 頁。與之同一主題的敘述還有五個,分別見於:卷一八《比丘白骨觀入道十六》,第 334 頁;卷二〇《比丘修不淨觀得須陀洹六》,第 368—369 頁;卷五《化淫女令生厭苦》,第 149 頁;卷四《現生王宮二》,第 131 頁;卷一七《僧大不納其妻出家山澤賊害得道第一》,第 310 頁。

② 《經律異相》卷一九《難提比丘爲欲所染説其宿行並鹿斑童子六》,第 350 頁。

③ 《經律異相》卷一三《阿那律端正或謂美女欲意往向自成女人十一》,第 257 頁。

④ 《經律異相》卷二三《蓮華淫女見化人聞説法意解五》,第 397—398 頁。

⑤ 《經律異相》卷二二《沙彌護戒舍所愛身九》,第 389—390 頁。

⑥ 《經律異相》卷一九《比丘居深山爲鬼所嬈佛禁非人處住十六》,第 357—358 頁。

⑦ 《經律異相》卷一九《沙門行乞主人有珠爲鸚鵡所吞橫相苦加忍受不言二十一》,第 361 頁。

⑧ 《經律異相》卷一一《爲鹿王身代懷妊者受死九》,第 236 頁。

⑨ 《經律異相》卷二二《沙彌救蟻延壽精進得道四》,第 386 頁。

⑩ 《經律異相》卷四八《禽畜生部·金翅第一》,第 719—721 頁;《龍第一》,第 727—729 頁。

人,弱者即死;以氣噓人,强者亦死。……龍法眠時形如蛇狀,七寶雜色。"①

對大象特性之描述比較多。比如對大象身形和毛色、牙齒的描述,②又比如對大象驚恐時特性的描述,③再如對大象善護鼻特性的描述。④ 對獅子之形貌、習性(特別是獅子吼的威懾力)的具體描述,⑤還有利用獅子吼威驚百獸的特性,及利用之可以克敵制勝的描述。⑥ 對於其他一些動物的特性,也有簡略的認識和描述。比如青蛇有三種毒:"所謂齧毒、觸毒、氣噓毒。"⑦又比如獺之生活習性的認識,⑧又比如對一種名叫迦蘭陀的山鼠的描述,⑨一種名叫穀賊的害蟲的描述。⑩ 此外,鹿的胎毛可以作衣,其價百倍:"鹿胎毛,細軟滑澤,織持作衣,其價百倍,而色紫黑,不悦人眼。"⑪

對於禽鳥類生物的習性、活動,也有不少的認識和描述。比如赤嘴鳥("游在叢樹産,乳諸子在樹上"⑫)、烏與雞合共生子、⑬千秋("人面鳥身,生必害其母")。⑭ 又比如,"彌陀佛國,常有種種奇妙雜色之鳥:白鵠、孔雀、鸚鵡、舍利、迦陵頻伽、共命之鳥,晝夜六時,出和雅音"。⑮ 鸚鵡與鵂鶹,一個悦聲鳥("鳴聲和好"),一個惡聲鳥(令人"齧然毛豎如畏怖

---

① 《經律異相》卷四八《禽畜生部·龍第一》,第 727—729 頁。
② 《經律異相》卷四七《善住象王爲轉輪王寶二》,第 698—699 頁。
③ 《經律異相》卷一九《跋璃就鳥乞羽龍乞珠四》,第 346 頁。
④ 《經律異相》卷七《羅雲受佛戒得道七》,第 178 頁。
⑤ 《經律異相》卷四七《獅子第一·師子王有十一勝事二》,第 693 頁。
⑥ 《經律異相》卷二一《調達先身爲野狐六》,第 378 頁。
⑦ 《經律異相》卷三二《善友好施求珠喪眼還明二》,第 509 頁。
⑧ 《經律異相》卷一五《跋難陀爲二長老分物佛説其本緣六》,第 282 頁。
⑨ 《經律異相》卷四七《鼠第十四·鼠濟毗捨離命一》,第 718 頁。
⑩ 《經律異相》卷四八《穀賊第六·穀賊天金藏以報穀主一》,第 735 頁。注:此蟲爲甲蟲之一種,害稻,又名穀盜。
⑪ 《經律異相》卷四四《諸劫分物不識好者三十八》,第 664 頁。
⑫ 《經律異相》卷四八《鳥第七·赤嘴鳥與獼猴爲親友二》,第 725 頁。
⑬ 《經律異相》卷四八《鳥第七·烏與雞合共生一子三》,第 725 頁:"有一群雞,依榛林住。有狸侵食,唯餘一鶋,烏來覆之,共生一子。"
⑭ 《經律異相》卷四八《千秋第二·千秋生必害母》,第 721 頁。
⑮ 《經律異相》卷四八《鶴第四·常吐根力八道之音一》,第 722—723 頁。

狀"),以至於佛言:"善聲招福,惡聲致禍。"① 還提到有木雀、② 鶨（蕎雀）。③

對於樹以及香料、食物也有一些認識和描述。比如神藥樹、④ 大藥樹、五面益物大樹、大象藏香、牛頭栴檀香、須彌南樹、毒樹。⑤ 白氎,⑥ 也稱白疊,⑦ 棉織物,即用劫貝樹之絮織成,是經常在佛教典籍中出現的衣物布料。食物方面,經常提到的有粳米、麻油、醍醐、石蜜等,⑧ 還有馬麥、⑨ 乳或乳酪、乳糜。佛陀曾食牛乳糜以補充氣力。⑩ 特別是乳,古代印度人看到了其與壽命長短、身體發育（面容形狀）之因果關係,飲乳具體數量的不同,會導致其壽命長短不同、身體發育（面容形狀）不同。⑪

7. 醫藥

關於疾病的起因,總體來看,佛教認爲是四大（地、水、火、風）不調所致。⑫ 而因四大不調而導致身體的種種痛苦症狀,也被描述得淋漓盡致,所以佛教稱之爲"病苦"。其實,對"疾病"的內涵,佛教的認識不光是指生理方面,還包括精神、心理等方面,比如:"時人有九種病:一者寒,二者熱,三者饑,四者渴,五者大便,六者小便,七者愛欲,八者食多,九者年老。"⑬ 所以佛教教義在某種角度上就是救人脫離苦海濁世的良方或法藥、⑭ 人藥,⑮ "釋迦文尼佛本身作大醫王,療一切病,不求名利,爲憐愍衆

---

① 《經律異相》卷三六《音悦今身受先世四種報七》,第 565 頁。

② 《經律異相》卷四七《師子第一·師子食象哽死木雀爲拔得酥後忘恩三》,第 693 頁。

③ 《經律異相》卷四七《象第二·象獼猴鶨共爲親友四》,第 700 頁。

④ 《經律異相》卷三《閻浮提一·樹四·神藥樹二》,第 121 頁。

⑤ 《經律異相》卷三《閻浮提一·樹四》,第 122—123 頁。

⑥ 《經律異相》卷二三《叔離以氎裹身而生出家悟道二》,第 395 頁:"細濡白氎,裹身而出。"

⑦ 《經律異相》卷五《受阿耆請三月食馬麥三》,第 142 頁。

⑧ 《經律異相》卷一五《阿難與佛先世爲善友八》,第 285 頁。

⑨ 《經律異相》卷五《與五百僧食馬麥緣四》,第 142 頁。

⑩ 《經律異相》卷四《現迹成道三》,第 133 頁。

⑪ 《經律異相》卷三《人飲乳多少及形壽不同七》,第 125—126 頁。

⑫ 《經律異相》卷二七《普安王化四王問法得道七》,第 452—453 頁。

⑬ 《經律異相》卷三《閻浮提一·樹四·五面益物大樹四》,第 122 頁。

⑭ 《經律異相》卷一九《沙門入海龍請供養摩尼珠十九》。

⑮ 《經律異相》卷三二《人藥王子救疾七》,第 518 頁。

生故"。①

　　此外,全書選録了兩位名醫(耆婆童子和祇域)的高妙醫術,而且還彙録了其他很多有特色的治療辦法。首先,耆婆童子學醫的經歷可以顯現出其醫學思想,即"萬物皆藥"。他"從得叉尸羅國醫姓'阿提梨'字'賓迦羅'學,經歷七年,乃白師言:'我習學何當有已?'時師與一籠器及掘草之具:'汝可於得叉尸羅國,面一由旬求覓諸草,有非是藥者持來。'時耆婆童子,即如師語,周竟不得非是藥者。所見草木及一切物,善能分別,知所用處,無非藥者。還以白師,師答:'汝今可去,醫道已成。我於閻浮提中最爲第一,我若死後,次復有汝。'"耆婆童子治療頭痛的高超方法,也值得注意:"城中大長者婦,十二年中常患頭痛,衆醫治療而不能差。……時耆婆詣長者婦,即取好藥,以蘇煎之,灌長者婦鼻及口中,蘇唾俱出。使人以器承之,蘇還收取,唾別棄之,……後病得差。"②

　　其次,祇域生下來就"手中把持針藥囊",③而且被認爲"此國王之子而執持醫器必醫王也"。祇域無師而自通醫術,並從擔柴小兒處獲"從外照内"透視五臟六腑的藥王樹(亦稱藥王木或藥王)。用此神樹照頭痛而死的迦羅越家女之頭,然後動手術,塗神膏,使之死而復生。又用相近的方法,挽救了墜木馬而死的迦羅越家小兒。

　　最突出的例子是治癒因病久治不愈而嗜殺多疑的大國之王。大國之王遠請祇域爲其治療,祇域恐懼殺戮而不敢去,佛以"俱當救護天下人病,我治内病,汝治外病"之慈悲胸懷勸告他"急往護之,趣作方便,令病必愈,不殺汝也"。於是,"祇域便承佛威神,往到王所,診省脈理,及以藥王照之,見王五藏百脈之中,血氣擾擾悉,見是蛇蠱之毒周匝身體"。查看了病情後,祇域向太后諮詢病因,並提出只能用醍醐治王毒病:"醍醐治毒病,惡聞醍醐是也。王病若微,及是他毒,爲有餘藥,可以愈之。蠱毒既重,又已匝體,自非醍醐,終不能消。今當煎克,化令成水。"與太后商議好之後,祇域稟告王,並提出五願要王遵守以輔治療。④ 其實,這五願的目的主要是想盡辦法暫時使王去掉重重疑心,不再起濫殺無辜而且能安心配合治療。簡單説就是不但治其"外病"(身病),而且去其"内病"(心

---

① 《經律異相》卷三二《能施王子入海采寶緣一》,第505頁。
② 《經律異相》卷三二《無畏王子耆婆學術九》,第519頁。
③ "耆婆"與"耆域"、"祇域"皆同義,皆爲名醫或醫王之義。
④ 《經律異相》卷三一《祇域爲奈女所生舍國爲醫八》,第497—503頁。

病）。王病癒後，其“内病”仍未徹底癒合，“請佛從受明法”便是“内病”之終結。

從上述展現祇域高妙醫術的三件案例中，可以看出其治療特色：不但查清病因並施之於藥物和手術，而且還非常重視安定病人治療期間的心理情緒，使身心相配合，以達治癒之良效。但是“外病”亦除，“内病”難消，佛法就是根除“内病”之良方。

師徒信衆，無論誰生病，應相互探視和照顧，“有瞻病者，則瞻我身，所獲功德，亦無差降”。這一規定，是佛陀從探視一個無人照看的生病比丘的事情中形成的。别人生病時，這位比丘不去瞻視，結果今日自己生病亦無人照看，這不符合佛教自利利他的主張。①

其他很多有特色的治療辦法，比如合蘇藥醫治佛陀風患：“佛在羅閱耆闍崛山，身有風患。耆域醫王爲合蘇藥，用三十二種，日日服三十二兩。”②又比如用（牛頭）栴檀香治頭痛等重病或其他病。③ 又比如用新肉汁療病僧，④又比如食蒜除阿育王重病，⑤食黑蜜治宿食腹痛，⑥以牛乳治佛中風，⑦重病初愈後以牛乳爲食，⑧用獅子乳合藥。⑨ 又比如修行者因爲苦行，“日夜端坐，不得休息。身體萎羸，便生瘡疥”，⑩身塗白灰可除此疾。⑪

除了疾病治療外，對夢這一生理現象的關注和解釋也是不可忽視的重要内容。比如，王向迦葉佛説十一夢、⑫不梨先泥王請佛解夢十事、⑬斯

---

① 《經律異相》卷一八《比丘久病佛爲湔浣聞法捨命得無餘泥洹二十一》，第336頁。
② 《經律異相》卷四七《銘陀第八·銘陀獸剥皮濟獵師命一》，第711頁。
③ 《經律異相》卷四四《窮人違樹神誓還爲樹枝所殺三十二》，第661頁。
④ 《經律異相》卷三八《優波斯那割肉救病比丘一》，第584頁。
⑤ 《經律異相》卷三三《鳩那羅失肉眼得慧眼第四》，第528頁。
⑥ 《經律異相》卷二一《善星比丘違反如來謗無因果十二》，第382頁。
⑦ 《經律異相》卷一五《阿難乞牛乳佛記其方來十二》，第290頁。
⑧ 《經律異相》卷三三《帝須出家得羅漢道二》，第524頁。
⑨ 《經律異相》卷一七《兄弟爭財請佛解競爲説往事便得四果十二》，第318頁。
⑩ 《經律異相》卷一九《跋璩就鳥乞羽龍乞珠四》，第347頁。
⑪ 《經律異相》卷三九《外道立異見原由一》，第592頁。
⑫ 《經律異相》卷三四《玉女摩闍尼爲婆羅門所嫉八》，第544頁。
⑬ 《經律異相》卷二九《不梨先泥王請佛解夢二》，第470頁。

匡王請佛解十種夢夢、①阿難七夢佛爲解説、②善慧得五種夢請佛解釋、③摩耶夫人得五夢。④

8. 養生

佛教養生的出發點，應該是基於對身體的深刻哲理認識，即："夫身者，衆苦之本，患禍之器。"⑤但是需要説明的是：雖然身爲苦器，但佛教並不厭棄身體，不主張因欲念産生惡行或惡名聲以至於自殺或自害。⑥ 所以佛教的禪定修行可以使飲食有節，實際上對養生是很有益處的。"虱依坐禪人約飲血有時節"的故事，以蝨子身體肥盛，側面來説明禪定修行的養生之益。⑦ 持齋亦有益養生，可得五福。⑧

一般來説，佛教徒飲酒是犯戒的惡行，但從酒戒的目的和養生的角度來看，實際上，佛教對飲酒又抱有積極看法。所以對於戒酒和飲酒的觀點，兩者並不矛盾。設酒戒，其實是"恐諸弟子未得道者飲酒多失"，比如有一大姓家奉五戒十善，其子去他國經商，路遇同學，因禮俗而被逼飲酒，結果以犯戒爲親所驅逐至他國。⑨ 這對於得道者卻不算爲犯戒，比如沙曷比丘收復惡龍後，乞食得酒而醉臥樹下，此行爲，佛陀不但不認爲是犯戒，而且還説"沙曷比丘雖復飲酒，不以爲醉"。⑩

當祇陀太子白佛言："昔受五戒，酒戒難持，畏脱得罪。今欲舍五戒，受十善法。佛言：汝飲酒時有何惡耶？……若人飲酒不起惡業，善心因緣受善果報。汝持五戒有何失乎？"⑪從此段對話中可以看出：一般人死板地認爲飲酒就是犯酒戒，但是佛陀對祇陀太子的一番解説，讓我們明

---

① 《經律異相》卷二八《斯匡王請佛解夢四》，第461—462頁。
② 《經律異相》卷一五《阿難七夢佛爲解説十》，第287頁。
③ 《經律異相》卷一二《善慧得五種夢請佛解釋六》，第245頁。
④ 《經律異相》卷四《摩耶五衰相六》，第137—138頁。
⑤ 《經律異相》卷一八《四比丘説苦遇佛得道十二》，第331頁。
⑥ 《經律異相》卷一八《比丘與女戲有惡聲自殺天神悟之精進得道二十三》，第337頁。
⑦ 《經律異相》卷四八《虱第八》，第736頁。
⑧ 《經律異相》卷四四《破齋猶得生天九》，第651頁。
⑨ 《經律異相》卷四三《賈人爲友逼飲酒犯戒父母擯出遠國尚爲鬼所畏十六》，第642—643頁。
⑩ 《經律異相》卷一六《沙曷降惡龍十五》，第306—307頁。
⑪ 《經律異相》卷三三《祇陀太子捨五戒行十善請佛聞法得初道果三》，第525頁。

白：飲酒並不可惡，只要飲酒者飲酒時不起行惡業，並不會沖犯五戒。接着，佛陀進一步認爲：面對權力爭鬭不絕而身心困苦不堪（"懊惱愁悴，不能飲食"）時，飲酒可以紓緩身心和調節不良情緒，從而化解對他人或群體的大危害，簡而言之，飲酒可息忿爭得和平（"因是和平，酒之功也"）。佛陀以自己爲太子時的事例爲證。①

身體狀況不佳，也會直接影響到信徒聞法成道的精進之心；如果採取種種飲食、健身之法，改善其身體狀況，就會使其精進之心倍增，大有利於聞法成道。"少欲知足比丘聞法成道"故事，就是養生對信徒聞法成道產生積極影響的一個典型例子。②

成聖道需養生，而養生則需飲食有節，不可貪食，貪食是養生的大患，需除之。佛教對貪食危害養生的訓誡故事有不少，比如波斯匿王減食身輕的故事。波斯匿王因貪食甘蔗和粳米而"身體肥重，喘息苦極，不能轉側"，求佛解患，佛便説一偈，要王飲食知足守節："專意，於食知止足；趣欲支形命，養壽守道德。"以此訓誡，王轉減食，結果身減體輕，行來無患。③

對於幫助信徒除貪食、貪眠而得道，優波笈多有不少引人入勝的妙法。對於摩偷羅國一比丘，優波笈多以食冷物而心猶熱爲誘導點，然後讓此比丘用不淨觀來改變舊飲食觀，從而促使其飲食行爲得到實際改變；④對於南天竺國一男子，"於佛法出家，身爲愛所縛，以蘇油摩身，又用湯水洗浴，資種種飲食，身爲愛縛，不得聖道"，優波笈多以墮樹下深坑之恐懼成道法，使其舍貪愛。⑤此深坑恐懼成道法（即"比丘因怖得道"法）還可以有效地除貪眠，有兩個故事可以爲例。⑥當然，還可以來世惡果報之警誡，使貪眠者生此種恐懼之心。佛陀對飽食而貪眠的比丘就採用此法。⑦

---

① 《經律異相》卷三三《祇陀太子捨五戒行十善請佛聞法得初道果三》，第525頁。

② 《經律異相》卷一八《少欲知足比丘聞法成道》，第329頁。

③ 《經律異相》卷二八《波斯匿王后園生自然甘蔗粳米三》，第461頁。與此内容幾乎相同的敘述，在卷一八《比丘多食得羅漢道二十》，第335—336頁。

④ 《經律異相》卷一八《貪食比丘觀察得道十》，第331頁。

⑤ 《經律異相》卷一八《比丘從師教得道十五》，第333頁。

⑥ 《經律異相》卷一八《比丘因怖得道二十二》，第336頁；卷一八《比丘好眠見應化深坑懼而得道十九》，第335頁。

⑦ 《經律異相》卷一八《比丘喜眠佛樂宿習得道十八》，第334—335頁。

另外,善行廣施的慈悲之舉("當行大慈"),可使人增福長壽,以達到養生之目的。和黑王爲母病向世尊求醫治之法,佛言當行大慈,行此大慈,即得五福:一者長壽,二者顏色更好,三者德動八方,四者無病增力,五者境內安隱、心常悦樂。①

養生其實是要調整、安頓好身心,這樣才能更好地修成聖道。如果身心俱疲,修道乃至成道就很難實現。五沙門因乞食而往返疲倦,不堪坐禪,思惟正定,歷年如是,不能得道。世尊看到這一點,就化作道人來勸説他好好休息,以恢復健康。② 特別是,當信衆遭遇飛來橫禍,比如親人因意外而喪命,心理悲傷不已和行爲舉止瘋癲錯亂時,佛法便成爲安慰心靈的靈丹妙藥。這方面的例子亦不少,比如梵志夫婦采花失命、③婦人喪失發狂癡、④子發狂聞法得道、⑤比丘在俗害母、⑥象踏兒喪命而父母癲狂。⑦

其實,佛教重視養生也可以從衛生戒律方面得到體現。比如,沙門如廁小便要在門上彈指三下,如果不守此戒,連屬鬼都忿恨而欲殺之。⑧ 又比如沙門不作不淨食,不食不淨食。若作不淨食飯僧,污手拭柱,柱也爲之裂;⑨若被言不淨食,連舍利弗這樣的上座僧人都嚇得"吐去所食,誓盡形壽斷受外請,常行乞食"。⑩ 不飲不淨水,此條在行路飲水時更需持戒不犯,甚至要以渴死的代價來堅守戒律,有兩比丘一人犯戒一人持戒的故事就説明了這一點。⑪

最后要提及的是比喻中的博物學知識。佛教爲闡説教義和教化信徒,經常使用單個比喻或一連串比喻來曉示。這些精妙的比喻中包含着豐富的博物學知識,是當時社會環境下人們所熟識的常識或常見的事物、

---

① 《經律異相》卷二六《和黑王因母疾悟道大行惠施一》,第 435—436 頁。
② 《經律異相》卷五《化作沙門度五比丘九》,第 145 頁。
③ 《經律異相》卷四〇《梵志夫婦采花失命佛爲説其往事十一》,第 612 頁。
④ 《經律異相》卷三八《婦人喪失眷屬心發狂癡五》,第 587 頁。
⑤ 《經律異相》卷二三《婆四吒母喪子發狂聞法得道十》,第 400 頁。
⑥ 《經律異相》卷一八《比丘在俗害母爲溥首菩薩所化出家得道二十四》,第 33 頁。
⑦ 《經律異相》卷五《化作執着婆羅門子令其父母還得本心十五》,第 148 頁。
⑧ 《經律異相》卷一八《沙門小便不彈指尿潠鬼面三十》,第 341 頁。
⑨ 《經律異相》卷一八《沙門飯僧污手手爲之裂二十九》,第 341 頁。
⑩ 《經律異相》卷一四《舍利弗性憋難求七》,第 266—267 頁。
⑪ 《經律異相》卷一九《持戒堅固生天因緣十》,第 355 頁。

活動,涉及人倫民俗、生產生活、各種自然事物、活動,在《經律異相》裏亦有很多精彩的展示。①

（宋軍朋,上海建橋學院新聞傳播學院教師;
雷偉平,上海外國語大學賢達經濟與文學院教師）

---

① 因爲篇幅的關係,此處之例証一概略去。

# 成册與成書：章學誠著述編纂考

## ——以臺圖藏本《章氏遺書》爲中心

## 王園園

　　現今章學誠著作之通行刊本皆出於大梁本系統的《文史通義》以及劉承幹嘉業堂刊刻的《章氏遺書》。前者由章學誠之子章華紱編次而成，包括《文史通義》内篇五卷、外篇三卷及《校讎通義》三卷；後者依照章氏友人王宗炎編次的《目録》編排而成。這兩種版本產生伊始就因其體例編排差異而爭議頗多。如章華紱首先就對王宗炎編次《目録》表示異議："查閱所遺尚多，亦有與先人原編次互異者，自應更正，以復舊觀。"①而章華紱所編訂的《文史通義》也遭到部分學人的質疑，言論激烈者如錢基博云："（章華紱）不知章氏當日本不以原編篇次爲定，故以屬稿於王氏，而托言'更正'，亂其篇從，可謂無知妄作，不善繼志者矣。"②由上可知，衆人的爭議主要集中在《文史通義》内、外、雜篇的選文範圍，對於哪些當屬於内篇，哪些屬於外篇或雜篇有分歧，但對於章學誠著作的"内外分篇"模式則並無異議。換言之，雖然在具體細節上有分歧，但章著内外分篇的體例乃是大家的"共識"。然而，兩種刊本皆未經章氏認定，其編次之爭也因章學誠本人的"缺席"而無法得到印證。

　　學界對兩種編次之爭的左袒右護，主要依據章學誠著述的正文與自注内有關内外篇體例編排的内容，但對章氏著述存世的稿鈔本卻利用甚少。筆者所見臺灣"國家圖書館"藏本《章氏遺書》（以下簡稱"臺圖藏本"）是未經編排的章著版本，與大家熟悉的内外分篇模式迥異，對了解章

---

① （清）章學誠：《章學誠遺書》，文物出版社 1985 年版，第 622 頁中。

② 錢基博：《文史通義解題及其讀法》，《大家國學·錢基博卷》，天津人民出版社 2008 年版，第 324 頁。

氏著述編排及其發展歷程頗有助益。經筆者考證，臺圖藏本源自章學誠去世後的家藏本，乃清代藏書家鳴野山房主人沈復粲從章學誠長子章貽選處借鈔所得，即"鳴野山房鈔本"《章氏遺書》。① 該本後輾轉歸沈曾植收藏，又成爲嘉業堂刊《章氏遺書》之底本，故在章氏稿鈔本流傳史上具有重要地位。該本對研究章氏著作的成書過程和考察章著的體例編次有重要參考價值。故筆者不揣鄙陋，試以臺圖藏本爲中心，進而對章學誠的著述過程，尤其是《文史通義》由成册到成書的歷程予以揭示。

## 一、臺圖藏本"流水稿册"式的著錄特點

臺圖藏本《章氏遺書》共 34 册。② 據筆者目驗，臺圖藏本其中有一"目錄册"共四部分，包括：譚獻《章先生家傳》；一份寫有册名與册數的目錄，筆者以"册名目錄一"名之；一份蕭山王宗炎編次"章氏遺書目錄"；一份寫有每册册名與每册頁數的目錄，筆者以"册名目錄二"名之。目錄册字迹較爲潦草，不似其他 33 册正文字迹整齊劃一。目錄册的注文中多處出現"穆記"字樣，"穆"指蕭穆，他對傳抄、保存、刊刻這部《章氏遺書》居功甚偉，③因此，目錄册當屬於蕭穆後期補入。目錄册之外，臺圖藏本以"原學篇"開頭的這册前面也有一份"蕭山王宗炎編次《章氏遺書目錄》"。雖然臺圖藏本內有兩份字迹不同的王宗炎編次《章氏遺書目錄》，然 33 册

---

① 臺灣圖書館於 2008 年編印的《"國家"圖書館善本書志初稿》將這部《章氏遺書》著錄爲："《章氏遺書》三十卷三十四册，清稿本。"然而，依據臺圖藏本版心處的"鳴野山房鈔本"六字，以及《辛亥草》、《乙卯劄記》、《知非日劄》册末鳴野山房主人沈復粲之跋，再結合印章及其流傳情況的考察，可知臺圖藏本《章氏遺書》乃沈復粲"鳴野山房鈔本"。儘管該鈔本源自章學誠家藏遺稿，但臺灣"國家圖書館"將其標注爲"清稿本"並不妥當。

② 臺圖藏本《章氏遺書》34 册，黑絲欄，每半頁 10 行，行 25 字，小字雙行同，白口，單黑魚尾。偶有無邊框欄線者，如《禮典目錄叙》、《黃節婦列傳》等篇。鈐有"會稽章氏式訓堂藏書"朱文長方印、"善慶私印"白文方印、"棟山讀過"白文方印和"國立中央圖書館收藏"朱文長方印。其中題"甲辰存錄、桐署偶鈔、申冬酉春歸扮草、文史通義"册的首頁版心上有"鳴野山房鈔本"六字，同册《文理》篇前空白頁版心處亦有"鳴野山房鈔本"六字。另外，《丙辰山中草》册前有臧鏞堂跋，《辛亥草》《知非日札》《乙卯劄記》這幾册末有沈復粲跋。

③ 蕭穆與這部《章氏遺書》的關係，可參筆者未刊稿《蕭穆與〈章氏遺書〉淵源考略》一文。

· 1332 ·

正文内容並未依照王氏編《目》進行排列。不僅這 33 册之間的前後順序無規律可言，每册内各篇編次也無規律可言。與今通行的刊本《文史通義》和嘉業堂本《章氏遺書》的内外分篇模式極其不同。然而，通過王宗炎編次《目録》篇題下的題注以及"目録册"内的兩份"册名目録"，我們可推知每册的對應册名。

因臺圖藏本目録册内的"册名目録"對於了解這部臺圖藏本每册情況有重要作用，現將其抄録如下：

> 辛丑年鈔一册；癸卯録存一册；甲辰存録、桐署偶鈔、申冬酉春歸拙草、文史通義一册；戊申録稿、庚夏鈔存一册；戊申秋仲序記雜文、庚辛間草一册；庚辛間草一册；戊申録稿一册（平金川文等十七篇）；庚戌鈔存通義上、下册；戊申秋課；庚申雜訂、辛亥草一册；①庚戌鈔存雜文一册；辛亥草一册；辛壬剥復删存、癸丑録存、雜訂一册；甲乙剩稿一册；丙辰山中草一册；邠上草一册；戊午鈔存一册；庚申新訂；傳記小篇一册；碑誌一册；方志義例一册；王目遺存一册；雜俎、癸春存録一册；湖北通志稿六本；讀書隨札一册；知非日札一册；丙辰劄記一册；乙卯劄記一册。

綜上可知，各册或依時間命名，或依地點命名，或依體例命名。臺圖藏本將内容較多的如《庚戌鈔存通義》分爲上下兩册，《湖北通志稿》有六册；内容較少的《甲辰存録》《桐署偶鈔》《申冬酉春歸拙草》《文史通義》合爲一册。也有如《庚辛間草》既有單獨成册者，亦有與《戊申秋仲序記雜文》合爲一册者。此外，《庚戌鈔存通義》上下册，以及《庚辛間草》《辛亥草》《甲乙剩稿》《丙辰山中草》《碑志》《邠上草》《方志例議》和《王目遺存》這幾册前都有"册前目録"。但是，除了《庚辛間草》《辛亥草》《甲乙剩稿》《邠上草》《王目遺存》外，其他幾册的"册前目録"與本册實際抄録篇目稍有出入。②

臺圖藏本每册内的篇目排列既無内外篇之别，也無文集、外集之分，

---

① 按，原作"《庚申雜訂》《辛亥草》一册"，當爲"《戊申秋課》《庚申雜訂》一册"。
② 按，《庚戌鈔存通義》上册册前目録内部分篇目實際上被抄録在《庚戌鈔存通義》下册中，如《天喻》《師説》《史釋》《記與戴東原論修志》等篇。而《庚戌鈔存通義》上册也抄録有《庚戌鈔存通義》下册册前目録的内容。此種册前目録與實際内容的不一致，或許是臺圖藏本流傳過程中被重新裝訂所致。

只是簡單地以時間、地點予以區别。如章學誠自稱"其所發明,實從古未盡之寶"的《原道》篇,①在臺圖藏本中,只是被置於《戊申録稿》册末,其在章氏著述重中之重的地位並未得到突顯。可見臺圖藏本對每册篇目的編排,並未予以一定意義的編次,而是流水稿册式的隨時隨地累積成册。

綜上我們可以推測,章學誠將一篇篇寫好的文章彙編成册時,並没有嚴格的内、外篇之别,很大程度上是依時而定,也偶有依體例或編撰地點而命名者。同一册内收録的文章的寫作時間並不完全一致,排列次序較爲隨意,這種流水稿册的著録方式,正表明了臺圖藏本的稿本特性。

## 二、《文史通義》内、外、雜篇之<br>體例構想與實踐

臺圖藏本《章氏遺書》流水稿册式的編排顯然與我們所熟知的兩種刊本内外篇的編排模式不同。那麼,章學誠自身對《文史通義》的編撰又有何看法呢? 章氏以"文史校讎"之學自重,撰文論著尤其强調類例之分。早在章學誠動筆撰寫《文史通義》時,他就已經以"内外分篇"的模式來規劃自己的終身著述。乾隆三十七年(1772),章學誠《侯國子司業朱春浦先生書》云:"是以出都以來,頗事著述,斟酌藝林,作爲《文史通義》。書雖未成,大指已見《辛楣先生侯牘》所録《内篇》三首,並以附呈先生,試查其言,必將有以得其所自。"②余英時先生稱:"此書作於 1772 年秋冬間,因此近代學者都一致斷定這是《文史通義》始撰之年。"③信中談及的"辛楣先生侯牘"即爲寫於同年的《上曉徵學士書》,信中有關其撰寫的體例云:"擬爲《文史通義》一書,分内、外、雜篇,成一家言。"④因此,章學誠在開始撰寫《文史通義》時,已經作好了分"内、外、雜篇"的構想。與以上兩信寫於同年的《上慕堂光禄書》亦云:"衷集所著《文史通義》,其已定者,得《内篇》五、《外篇》二十有二,文多不可致,謹録三首求是正。"⑤通行本

① (清)章學誠:《章學誠遺書》,第 86 頁上。
② 同上書,第 225 頁中。
③ 余英時:《論戴震與章學誠——清代中期學術思想史研究》,生活·讀書·新知三聯書店 2005 年版,第 163 頁。
④ 倉修良:《文史通義新編新注》,浙江古籍出版社 2005 年版,第 648 頁。
⑤ 同上書,第 660 頁。

章氏著述的正文與自注内也多處出現有"説詳《外篇》"①"得《通義》内外二十三篇"②"補苴《文史通義》内篇"等涉及内外分篇的文字。③ 是以,章氏内、外、雜的分篇模式在撰寫《文史通義》之初就已付諸實踐。

另外,章氏生前曾自刻《文史通義》,今雖已不可得見,但梁繼紅依據北京大學圖書館藏章華紱抄本《章氏遺書》,考得章氏自刻本《文史通義》共22篇。並指出:

> 歸納起來,章學誠《文史通義》自刻本共分爲四個部分,即《文史通義·内篇》《文史通義·外篇》《文史通義·雜篇》以及《雜著》,而且不分卷。但需要强調的是,《論課蒙學文法》名稱下題"雜著"字樣,這説明《論課蒙學文法》不屬於《文史通義》所有,僅是《文史通義》自刻本的附刻内容。《文史通義》本身當僅含内篇、外篇、雜篇三個部分。④

學界通常認爲自刻本刊於嘉慶元年,可謂章學誠晚年對《文史通義》"内外雜篇"編排體例的踐履。然而"二十二篇"選文,相較於章氏實際撰寫的數百篇文章來説實在太少,遠不足以將其著述的整體編纂結構確定下來。這種缺憾導致章氏去世後產生兩種編次不同的刊本及隨之產生誰的編次才更接近章氏本意的爭論。而臺圖藏本恰處於章氏去世之後、刊本產生之前的過渡階段,是未經"他人"之手編次的章著稿本原貌,其"流水稿册"式的著録特點顯然與我們所熟知的兩種刊本"内外分篇"的編排模式極其不同,爲我們考察章氏著述分類提供了一個新的視角。

## 三、由篇到册：章氏著述之編撰過程

由上文分析可知,章氏撰寫《文史通義》之初就開始構想區分内、外、

---

① 《詩教》篇中多次出現"亦詳外篇較讎略中著録先明大道論","説詳外篇較讎略中漢志詩賦論","説詳外篇較讎略中漢志兵書論"等。參《章學誠遺書》,第6頁。
② (清)章學誠:《章學誠遺書》,第325頁中。
③ 同上書,第88頁上。
④ 梁繼紅:《章學誠〈文史通義〉自刻本的發現及其研究價值》,中國歷史文獻研究會編:《章學誠國際學術研討會論文集》,北京圖書館出版社2004年版,第201—202頁。

雜篇的體例安排，晚年自刻本《文史通義》更是踐行了内、外、雜之分篇。章氏身後兩種刊本内外篇之分，亦是編刊者對章氏這種編纂體例的繼承和發揚。但是，章氏平生除了編撰有數部方志之外，其"涉世之文與著作之文"達數百篇之多。他能否在每篇撰寫前就已經明確本文當歸爲内篇、外篇或雜篇呢？若如此的話，我們可以推測章氏每寫完一篇後，就按照"内、外、雜篇"的體例，將寫好的文章隨類分別，那麼也就不存在當下兩種刊本的體例糾紛了，章氏似乎也就没必要在易簀前將全稿附友人王宗炎予以編次了。所以，以上討論的可能性幾乎不存在。只能説章氏著作内、外、雜篇之分的理念雖然貫穿始終，但充其量只是個宏觀的大概設想，並未能完全付諸實踐。

令人遺憾的是，章學誠最終未能完成自己著作的編纂就溘然長逝，也就是説，他生前並未有一"定稿"出現。那麼面對如今兩種刊本之間的糾紛，如果往前回溯，我們首先到達的便是"易簀時，以全稿付蕭山王穀塍先生乞爲校定"之"全稿"。章氏給王宗炎的"全稿"是何種形態的呢？《王宗炎復書》或可爲我們提供一些線索：

> 奉到大著，未及編定體例。昨蒙垂問，欲使獻其所知。……至於編次之例，擬分内、外二篇。内篇又別爲子目者四：曰《文史通義》，凡論文之作附焉；曰《方志略例》，凡論志之作附焉；曰《校讎通義》，曰《史籍考敘録》。其餘《銘》《志》《敘》《記》之文，擇其有關係者，録爲外篇，而以《湖北通志傳稿》附之。此區區論録之大概也。惟是稿本叢萃，而又半無目録，卷帙浩繁，體例複雜，必須遍覽一過，方能定其去取，當先奉請尊裁。至於繕録，此時卻無穩妥之人，緣大作無副本，不敢輕以示人，恐有損失，非細故也。總之編次既定，繕録不妨稍需時日。①

由"大作無副本"可知，此"全稿"不僅是章氏生前最全之稿，也是"唯一"全稿，且章學誠給王宗炎的"大作"、"全稿"是尚未編定體例的稿本。但信中"惟是稿本叢萃，而又半無目録"之"半無目録"又何指呢？筆者以爲，今臺圖藏本正給我們了一些啓示。上文已述，臺圖藏本三十三册中的《庚戌鈔存通義》（上下册）、《庚辛間草》、《辛亥草》、《甲乙剩稿》、《丙辰

---

① （清）章學誠：《章學誠遺書》，第 624 頁上。

山中草》、《碑誌》、《邗上草》、《方志例議》和《王目遺存》這十册册前都有目録，除此十册外，其他册前皆無目録。王氏所云的"半無目録"，當是指這種情況。也可進一步證明，王宗炎得到的章氏"全稿"正是如臺圖藏本那樣的流水稿册式樣。

其實，《王宗炎復書》外，章氏之稿爲流水稿册式樣的編撰過程亦有不少例證可尋。如在臺圖藏本的《丙辰山中草》這册册前有臧鏞堂《跋》云："《論文十規》《古文十弊》《淮南子洪保辨》《祠堂神主議》等偉論閎議，又復精細入神，切中文學之病，不朽之作也。有時文序二首及與人書之無要者，當删之。穀塍先生以此册惠讀，即以鄙見質之然否。武進臧庸堂識於杭州紫陽別墅之校經亭。""穀塍"是王宗炎的號，"穀塍先生以此册惠讀"，亦可證明王宗炎得到的章氏"全稿"是流水稿册式樣。

又如章學誠的《癸卯通義草書後》云："自七月初三日置册結草，迄九月初二日，閲兩閏月而空册已滿。得書七篇分八十九章，三篇不分章者不與，總得書十篇，計字兩萬有餘……自此以後，更有著述，又當別置册矣。"①《書後》明確説明了章氏的撰文過程，即先"置册結草"，"空册已滿"後"再別置册"。另外，《跋申冬酉春歸扴草》亦云：

> 戊申（1788）之冬，自歸德書院將遷亳州。因裒録一年所著，分別撰述，與雜體文字各爲一册。而一時隨筆所記，與因請而給者，不及裝册。己酉（1789）之春，則又奔走不遑，間有撰著，亦復不能以類相從。三月之杪，下榻太平使院，爲徐使君校輯《宗譜》。丹鉛之餘，日月稍暇，乃出囊草，俾傭僕抄之，書字拙劣，猶欲犧牙。初結草，不復辨行列也，題爲《歸扴》。則以每年所著，各自爲編，用檢學力有進與否。此册所存，不申不酉，文亦雜出，不分類例，象閏餘之歸奇於扴也。②

由此跋也可看出，章學誠撰文時不僅"以每年所著，各自爲編"，還在彙編時盡可能做到"以類相從"。"裒録一年所著分別撰述，與雜體文字各爲一册"正是此種依照時間並兼顧體例予以彙編成册的明證。而《申冬酉春歸扴草》這册由於它"不申不酉，文亦雜出，不分類例"的特點，遂成爲依

---

① （清）章學誠：《章學誠遺書》，第 325 頁下。
② 同上書，第 325 頁上—中。

時、依類編撰中的特例。除《癸卯通義草書後》、《跋申冬酉春歸扐草》外，《跋丙辰山中草》、《跋甲乙剩稿》、《題壬癸尺牘》、《跋酉冬戌春志餘草》、《跋戊申秋課》、《姑孰夏課甲編小引》、《姑孰夏課乙編小引》等數篇，皆是章氏將所寫草稿彙編成冊時對本冊內容所作的文字說明。

在章學誠寫滿的衆多稿"冊"中，有一冊名爲《文史通義》，亦見於臺圖藏本中。此冊《文史通義》只有八篇文章，由於內容較少，在臺圖藏本中被附於《甲辰存稿》、《桐署偶鈔》、《申冬酉春草歸扐草》三冊後，共爲一大冊。章學誠給學生朱錫庚的一封信就是因是冊而作，其言曰：

> 現在桐城人士有索觀敝帚者，清厘行笈，有遺失之件，心甚惶惑。曾記有小本面書《文史通義》四字，其內八篇文字。前七篇皆綠色印板格鈔寫，末篇白紙無印格者，皆朱筆點句逗。此冊曾記足下已經付還，今遍檢不得。豈當日未還耶？如足下未還，則將來祈檢還，則足下有鈔存者，反須轉借鈔補也。並乞先爲示悉，以慰懸念。不宣。學誠又及。①

信中指出《文史通義》這冊"其內八篇文字"，恰好與臺圖藏本中《文史通義》冊內容一致，即《文理》《傳記》《砭俗》《俗嫌》《砭異》《針名》《繁稱》《方志辨體》八篇。由信中"小本面書《文史通義》四字"我們也可進一步推測，章學誠每抄完一冊，必然標注有本冊冊名，而且冊名很可能就寫於冊面。這些冊名正是臺圖藏本王宗炎編《目》中篇題下"題注"來歷。② 但"面書"的冊名頁恰好最容易丟失，因此，今日臺圖藏本每冊已經無冊名頁的蹤影。

## 四、成"冊"與成"書"之異同

除去《湖北通志稿》《閱書隨劄》《知非日札》《丙辰劄記》《乙卯劄記》等方志類或劄記類著作外，臺圖藏本《章氏遺書》顯示出章氏曾經"結草成冊"之"冊"如下：《辛丑年鈔》、《甲辰存錄》、《桐署偶鈔》、《癸卯錄

---

① （清）章學誠：《章學誠遺書》，第 611 頁中。
② 題注是指臺圖藏本王宗炎編次《目錄》的每篇篇題下用朱筆標注的"庚戌鈔存通義上"、"丙辰山中草"等信息。

存》、《申冬酉春歸扏草》、《文史通義》、《戊申録稿》、《庚夏鈔存》、《戊申秋仲序記雜文》、《庚辛間草》、《戊申録稿》（兩册）、《庚戌鈔存通義》（上下）、《戊申秋課》、《庚申雜訂》、《辛亥草》、《庚戌鈔存雜文》、《辛壬剥復删存》、《癸丑録存》、《雜訂》、《甲乙剩稿》、《丙辰山中草》、《刊上草》、《戊午鈔存》、《庚申新訂》、《傳記小篇》、《碑誌》、《方志義例》、《雜俎》、《癸春存録》、《王目遺存》。再由跋文可知，當還有《癸卯通義草》《壬癸尺牘》《姑孰夏課甲編》《姑孰夏課乙編》等。

章氏撰寫成的衆多"稿册"，或綴以"鈔""鈔存"，或綴以"録""録存""存録"，或綴以"草"，或綴以"録稿""剩稿"，或以"訂"名，或以"編"稱，等等。無論是鈔、草、録，還是稿、編、訂等，無不是説明這些"册"的早期稿本性。它們非最終定本，只是處於起草、謄抄、删存、編訂、成書過程中的一環。换言之，這些是章氏著述的過程而非寫作之終結。

以《癸卯通義》册爲例，該册實際内容已無從尋覓，但現存《癸卯通義書後》較詳細記載了章學誠的撰述過程：

> 自七月初三日置册結草迄九月初二日，閲兩月而空册已滿，得書七篇，分八十九章，三篇不分章者不與，總得書十篇，計字兩萬有餘。用五色筆，諸篇自爲義例，加之圈點。性不善書，生平著作，皆倩人著録。此間書院生徒本少善書者，又皆游墮不知學業，命之繕録，都是勉强應命，是以不肯過煩勞之。又七、八月間，生徒散去，應順天試，此册所草，竟無脱稿之人。故草稿作字，皆疏朗清澈，其更改多者，則用粉黄塗滅舊迹改書其上，行款清疏，無毫髮模糊。晴窗把玩，亦殊不惡。至逐日結草一章，甫畢，即記早晚時節，風雨陰晴氣候，庶他日展閲，並憶撰著時之興會。而日月居諸，歲不我與，則及時勉學之心，亦可奮然以興。若其著述之旨，則得自矜腑，隨其意趣所至，固未嘗有意趨時，亦不敢立心矯異。言惟其是，理愜於心。後有立言君子，或有取於斯焉。自此以後，更有著述，又當别置册矣。乾隆癸卯季秋二日，書於敬勝書院之東軒，於時日卓午，晴雲開，鵲聲噪簷也。①

上文明確説明了章著由草稿到脱稿的過程需要經歷以下階段，即由章而

---

① （清）章學誠：《章學誠遺書》，第 325 頁下。

成篇,由篇成册。章氏寫完一篇後,不僅"加之圈點",還要記上"早晚時節,風雨陰晴氣候"。然而,草稿上難免有塗改勾乙,因此,草稿册通常還要"倩人著録",繕録成副本後,此册才算脱稿完成,此册的寫作也才最終告一段落。

以上,筆者對章學誠結草所成之册進行了這麼多分析,那麼它們與章氏聲稱的"思斂精神爲校讎之學,上探班劉,溯源官禮,下該《雕龍》、《史通》,甄别名實,品藻流别,爲《文史通義》一書"之"書",①又是何種關係呢? 可以説,繕録脱稿後,雖然此册的撰述暫告一段落,但由册到《文史通義》一書的過程還遠未完結。如《文理》篇,它既是臺圖藏本《文史通義》這册的首篇,亦屬於《文史通義》這一書的"内篇"。這兩個同名的"文史通義",一個爲流水稿册之一種,是只包括八篇文章的集結;一個則是章學誠終身的學術志向,是衆人共識的章學誠所要成之"書"。不過,相較於前者這一具體涵括此八篇文章而成的一册"實物",作爲章氏之書的《文史通義》之成書,卻是更爲重要也更具意義性的一步。

臺圖藏本諸册只有《文史通義》《庚戌鈔存通義》和《癸卯通義》這幾册直接綴以"通義"之名,從"名"上就可以看出它們與章氏聲稱所要成的《文史通義》一書的關係。而其他册雖未直接以"通義"稱之,但仍不失爲《文史通義》的内容。如《跋丙辰山中草》云:"故其論峰所指,有時而激,激則恐失是非之平,他日録歸《文史通義》,當去其芒角,而存其英華。"②是以《丙辰山中草》册雖然未以"通義"命名,但册内諸篇的命運仍是"他日録歸《文史通義》"。又如《姑孰夏課乙編小引》云:"起四月至五月初八,得《通義》内外二十三篇,約兩萬餘言,生平爲文,未有捷於此者。"③那麼,我們也不難推測《姑孰夏課甲編小引》中"因推原道術,爲書得十三篇,以爲文史緣起"之"十三篇"與《乙編》一樣,④都屬於《文史通義》一書的内容。

乾隆五十五年(1790)《亳州志》書成,章學誠在《又與永清論文》中云:"近日撰《亳州志》,頗有新得,視《和州》《永清》之志一半爲土苴矣……此志擬之於史,當與陳、范抗行。義例之精,則又《文史通義》中之

---

① (清)章學誠:《章學誠遺書》,第333頁下。
② 同上書,第319頁上—中。
③ 同上書,第325頁中—下。
④ 同上書,第325頁中。

最上乘也。"①而存於今的《亳州志人物表例議》上、中、下三篇,既屬於臺圖藏本《方志義例》這册,又屬於《庚戌鈔存通義》下册。又,《與邵二雲論文書》云:"《郎通議墓誌後》則《通義》之外篇也。"②而《郎通議墓誌後》一文就屬於臺圖藏本的《申冬酉春歸扐草》册,因此,《方志義例》和《申冬酉春歸扐草》等當都歸屬於《文史通義》。

由上可知,這些流水稿册與《文史通義》一書有着密不可分的關聯。但是,它們能等同於《文史通義》麽?毋庸置疑,它們是《文史通義》一書的基礎,屬於章學誠"專爲著作之林校讎得失"的《文史通義》部分,但我們不能用簡單的加減法來計算他們之間的關係。因爲,它們既非章氏心目中由内、外、雜篇組成的體例嚴明之《文史通義》,亦與今通行的大梁本《文史通義》及嘉業堂本《章氏遺書》中《文史通義》相差甚遠。綜其原因,是因這些册還停留在"稿"的層面,它們只是作者撰寫過程的一種成果,而非最終結果。章氏通過對它們的撰寫和彙編成册來向自己終身目標——《文史通義》邁進。但這些流水稿册以及每册内無次序、無類列的篇章還不足以達到其理想,實現其宏願。是以,必須經過至關重要的一點即"體例編排"才行。然而,章學誠未能將諸册分門別類予以編訂完成就與世長辭,死別之憾永遠注定了《文史通義》乃一未完書的命運。

## 結　語

當我們研究章學誠時,首先利用的便是《文史通義》一書。而我們所用的《文史通義》,或是章氏次子章華紱編刊的大梁本,或是劉承幹嘉業堂刊《章氏遺書》内之《文史通義》,抑或是今人倉修良折衷二家而成之《文史通義新編新注》等。前兩者除了部分篇章有文字異同、内容出入外,各自收録的篇目及其編次也存在着較大差別。學界對它們孰優孰劣、誰最能反映章氏原意之爭迄今未有定讞。倉氏《新編新注》仍是對此種爭端的調和之舉,其目的也在於反映章學誠"著作本書的想法和意願","盡可能的恢復《文史通義》内容的全貌"。③ 然而,這三種同名爲《文史通義》的"書",究竟誰最能反映章氏原貌? 它們還是章學誠要寫成的"《文史通

---

① （清）章學誠:《章學誠遺書》,第 86 頁下。
② 同上書,第 82 頁上。
③ 倉修良:《文史通義新編新注·序》,浙江古籍出版社 2005 年版。

義》一書"之"書"麼？

　　雖然《文史通義》一書在章學誠生前，作者具有唯一性。但是當以上三種同名異實的《文史通義》面世時，每個版本中內容篇章的選擇、篇次的編排無一不是"編者"對"作者"原意揣測下的舉動，代表着章學誠的學術因人、因時而異的被理解與被接受過程。但其所編、所選究竟與章學誠理想的《文史通義》有多大出入，則未可知也。又如，從時間上看，當今通行的《文史通義》諸書，它們皆以章學誠著作"完成式"的面貌出現，各自代表着一種"結果"，而"結果"產生前，《文史通義》撰寫的緣起、過程，及其流傳和成書的緣起、過程，不僅包含着章學誠的生命故事，還融入了衆多傳抄、收藏、編纂、校訂、刊刻者的生命故事。

　　因此，當我們在概念上將《文史通義》與章學誠等同起來的時候，實則要注意我們手上所拿的那本《文史通義》是誰的《文史通義》，或者是經誰"加工"過的《文史通義》。往前回溯，我們雖然可以通過章氏生前的文字記載，對其理想中的《文史通義》妄窺一二，但其最終成果則是臺圖藏這三十餘册《章氏遺書》的内容。章學誠畢生精力所成在此，也蘊含着他的理想和抱負。因此，我們可以説它們是章學誠的《文史通義》。但是，我們怎麼能忍心説，章學誠的《文史通義》就是它們呢？畢竟它們還未最終被分門別類地突出立言宗旨，畢竟它們還只是册，只是稿，而不是《文史通義》一書。但是，如今若真的去尋求唯一作者性的《文史通義》，捨棄它們，又有誰堪任？

原載《中國典籍與文化》2017 年第 4 期

（王園園，湘潭大學歷史系講師）

# 《宋學淵源記》考異

劉國宣

## 一、小　　引

　　道光二年（1822）歲末，江藩（1761—1830）繼《漢學師承記》之後，撰就《宋學淵源記》，次年合刊二書於廣州。爾後兩書被翻刻不絶，流行深遠，並爲清代學術史上不朽之名著。然《宋學淵源記》成書促迫，篇幅短狹，記事固多簡略，疏謬更所不免，較諸《漢學師承記》之詳博，殊未相稱。案江氏自述撰著緣起云：

　　　　近今漢學昌明，遍於寰宇，有一知半解者，無不痛詆宋學。然本朝爲漢學者，始於元和惠氏。紅豆山房半農人手書楹帖云“《六經》尊服鄭，百行法程朱”，不以爲非，且以爲法，爲漢學者背其師承，何哉？藩爲是記，實本師說。嗟乎！耆英雕謝，文獻無徵，甚懼斯道之將墜，恥躬行之不逮也。惟願學者求其放心，反躬律己，庶幾可與爲善矣。①

　　惠棟嘗云：“漢人經術，宋人理學，兼之者乃爲大儒。”②與乃父“《六經》尊服鄭，百行法程朱”之教，異喉而同曲。蓋其學宗漢代古文經學，從事於訓詁章句，而言行則以程朱禮教爲準則。換言之，彼輩固視宋學抑或理學爲無物，所重者惟在宋儒“反躬律己”之教耳。江藩撰《宋學淵源記》，自稱“實本師說”，就其傳人敘事重言行而輕學術一面觀之，自非謬談。其書二卷《附記》一卷，依所收宋學人物之籍貫，卷上北方學者 10 人，

---

　　① （清）江藩：《宋學淵源記》卷上，清咸豐中南海伍氏《粤雅堂叢書》本，第 2 頁 B。
　　② （清）惠棟：《九曜齋筆記》卷二“漢宋”條，《叢書集成初編》第 20 册，第 635 頁。

卷下南方學者 21 人，又取雜糅佛學者 8 人列爲《附記》，計 39 人。① 江氏敘取捨人物之準則，有謂：

> 國朝儒林，代不乏人，如湯文正、魏果敏、李文貞、熊文端、張清恪、朱文端、楊文定、孫文定、蔡文勤、雷副憲、陳文恭、王文端，或登臺輔，或居卿貳，以大儒爲名臣，其政術之施於朝廷、達於倫物者，具載史冊，無煩記錄。且恐草茅下士，見聞失實，貽譏當世也。若陸清獻公位秩雖卑，然乾隆初特邀從祀之典，國史自必有傳矣。藩所錄者，或處下位，或伏田間，恐歷年久遠，姓氏就湮，故特表而出之。②

當朝名儒，既彪炳國史，故獨重"或處下位，或伏田間"者，則闡幽發微之意，補國史闕遺之志，不待言而顯見矣。③

江氏初撰《漢學師承記》，雅能詳考所錄學者之傳記事狀，就其學行及個人玩索所得，編纂成帙。④ 至撰《宋學淵源記》則遠遜前書，惟直接祖本於彭紹升（1740—1796）《儒行述》（《二林居集》卷一九），并參究他傳，略事增補刪汰，剪裁成文。⑤ 倉促著書，行文立說，本難臻於精確周密，更挾

---

① 案《宋學淵源記》卷上《李中孚》附王心敬，《姜國霖》附閻循觀、韓夢周，卷下《劉汋》附惲仲升，《彭瓏》附彭定求、彭啓豐，《勞史》附汪鑑，如將諸人一並計算在內，則全書所錄計 46 人。

② 《宋學淵源記》卷上，第 3 頁 A—B。

③ 江氏撰著《宋學淵源記》之真意，殊非其自敘所能盡表，蓋其中委曲，不詳究當時學術背景及江氏行實交游，不能獲"瞭解之同情"。對此，今人研究頗能發明江氏心曲，筆者亦有淺見，然限於篇幅，當另文詳具，不復更論。

④ 説詳漆永祥《江藩與〈漢學師承記〉研究》第六章《〈漢學師承記〉史源考》，上海古籍出版社 2006 年版，第 133—134 頁。

⑤ 參見戚學民《阮元〈儒林傳稿〉研究》第七章《〈宋學淵源記〉與〈儒林傳稿〉》第一節《取材〈二林居集〉》，生活·讀書·新知三聯書店 2011 年版，第 316—321 頁。案《宋學淵源記》附記《彭尺木居士》稱彭紹升"熟於本朝掌故，所著名臣事狀、《良吏述》、《儒行述》，信而有徵，卓然可傳於後世。"《良吏述》《儒行述》外，彭氏又爲清初魏象樞、李之芳、湯斌、熊賜履、徐元文、于成龍、李光地、陸隴其、趙申喬、蔣伊、張伯行、陳鵬年、楊時、孫嘉淦、沈起元、雷鈜等名臣撰作事狀十六篇，身後編入《二林居集》卷一二至卷一八。汪縉嘗爲之序，題作"《本朝先賢事狀敘》"（《汪子文錄》卷三），豈彭氏本有使之獨立成書之意耶？前揭江氏自敘，"湯文正、魏果敏、李文貞、熊文端、張清恪、朱文端、楊文定、孫文定、蔡文勤、雷副憲、陳文恭、王文端"及陸隴其等"以大儒爲名臣"者，國史有傳，故《宋學淵源記》概不採錄，其實正因彼輩傳記資料贍富，更經彭氏條理，倘若匯入，剪裁成文，固爲難能，撰述時日，亦當倍增，而全書諸傳尤有輕重失衡之虞，自非江藩所願。

門户之見,尊漢抑宋,有意竄易史源,以致全書錯謬累出。兹據《粤雅堂叢書》本爲底本,參校他本,檢覈史實,比勘異同,糾謬正誤,計得 28 事,冀爲讀《宋學淵源記》之一助。至於發揮引申,極盡其變,則非區區短文所能具也。

## 二、《宋學淵源記》卷上考異

### (一) 孫奇逢

順治中,巡按御史柳寅東、陳蜚交章論薦,朝命敦促,固辭弗應詔。(第五頁 A)

案魏裔介《夏峰先生本傳》:"鼎革後,⋯⋯國子監祭酒薛所藴以讓賢薦,兵部左侍郎劉餘祐以舉知薦,順天巡按御史柳寅東以地方人才薦,陳棐以山林隱逸薦,公俱以病辭不赴。"①"陳蜚"當從《本傳》作"陳棐"。棐,字孝求,光州人。明天啓七年舉人。清兵下江南,授泰興令,時棐奉母避亂居焉。清順治間擢御史,巡按順天,累官兵部侍郎。事具《中州先哲傳》。

康熙十五年卒,年九十二。孫之洤,康熙壬戌進士。(第五頁 B)

案湯斌《徵君孫鍾元先生墓志銘》:"康熙十有四年乙卯四月二十一日,前萬曆庚子舉人徵君孫先生卒於輝縣夏峰之居第。⋯⋯距生萬曆甲申十二月十二日,享年九十有二矣。"②孫奇逢卒於康熙十四年(1675),《墓志銘》及魏裔介《本傳》等並同,記文實誤。又《本傳》:"孫十二人:瀾、洤、潛、淳、浩、溥、沐、浴、溶、漢、湛、濂。"③洤字靜紫,號擔峰,康熙二十一年進士,官内閣中書。父望雅,字七儼,號矅仙,明諸生,夏峰第三子。洤淹貫經史,尤以詩名,有《四書醒義》八卷、《約史》十五卷及《擔峰文集》六卷、《詩集》四卷等。記文"孫之洤","之"字顯係衍文,不待言也。

### (二) 刁包

甲申闖變,服斬衰,朝夕哭。(第六頁 A)

---

① (清)孫奇逢著,朱茂漢點校:《夏峰先生集》卷首,中華書局 2004 年版,第 5 頁。

② (清)湯斌:《潛庵先生全集》卷三,清同治十年(1871)麗澤書屋刻本,第 60 頁 B。

③ (清)孫奇逢著,朱茂漢點校:《夏峰先生集》卷首,第 7 頁。

案高世泰《刁蒙吉先生傳》："甲申闖變，設思廟主，服衰，朝夕哭臨。"①唐鑒《國朝學案小識》卷一〇引魏裔介《傳》："甲申闖變，設思廟主於所居之順積樓，朝夕哭臨。"②案"甲申闖變"，"闖"本作"聞"，諸本俱同，當據高、魏二《傳》改。

## （三）李中孚

後聖祖西巡，召赴行在，辭以老病，乃就其家取所著《四書反身録》，賜額曰"關中大儒"。（第七頁 B—第八頁 A）

全祖望《鮚埼亭集》卷一二《二曲先生石窆文》："已而天子西巡，欲見之，命陝督傳旨，先生又驚泣曰：'吾其死矣！'辭以廢疾不至，特賜'關中大儒'四字以寵之。"③《儒行述》："會聖祖西巡，欲見之，不可，乃賜以額曰'關中大儒'。"④案劉宗泗《盩厔李徵君二曲先生墓表》："因索先生所著書，於是先生之子慎言齎《四書反身録》《二曲集》二書往行在。……上曰：'爾父讀書守志，可謂完節。朕有親題"志操高潔"扁額，並手寫詩幅，以旌爾父之志。'"⑤王心敬《關學續編》《清國史·儒林傳》同。記文此節多本全祖望《石窆文》，然謝山以隔代殊域之筆，終不若劉、王等二曲友朋弟子所記爲實。如"就其家取所著《四書反身録》"及賜額"關中大儒"云云，皆當以《墓表》《關學續編》所述爲確。

心敬學問淹通，有康濟之志。所著《豐川集》中論選舉、餉兵、馬政、區田法、圍田法、《井利說》、《井利補說》諸篇皆可起而行，較之空談性命、置天下蒼生於度外而不問者，豈可同日語乎！（第八頁 A）

案王心敬"論選舉、餉兵、馬政、區田法、圍田法、井利說、井利補說諸篇"，實在《豐川續集》中，而不在"所著《豐川集》"中，蓋江藩籠統言之耳。《續集》卷六《選舉》、卷七《積貯》、卷八《水利》、卷九卷一〇《籌邊》、

---

① （清）許獻、高廷珍等編：《東林書院志》卷一一，清雍正十一年（1733）刻本，第 16 頁 A。

② （清）唐鑑：《國朝學案小識》卷一〇，《四部備要》本，上海中華書局刊印，無出版年月，第 3 頁 B。

③ （清）全祖望：《鮚埼亭集》卷一二《二曲先生石窆文》，清嘉慶九年（1804）姚江借樹山房刻本，第 13 頁 A。

④ （清）彭紹升：《二林居集》卷一九《儒行述》，清嘉慶四年（1799）味初堂刻本，第 6 頁 A。

⑤ （清）李顒撰，陳俊民點校：《二曲集》，中華書局 1996 年版，第 604 頁。

卷一一《兵糧》,皆載王氏經濟之學。論"選舉"見卷六不必論,"《井利補説》"當作"《井田補説》",與《井利説》二篇並見卷八《水利》。其餘"餉兵、馬政、區田法、圍田法"諸題,則分見卷一一《餉兵兼用麥米説》、卷一〇《兵論六條》及卷八《畿輔水利》諸篇。《清史列傳》本傳:"心敬爲學,明體達用。西陲邊釁初開,即致書戎行將吏,籌劃精詳,所言多驗。"①可與記文相印證。

### (四) 李因篤

時天下大亂,因篤走塞上,訪求勇敢士,招集亡命,殲賊以報國,無有應者。(第九頁 A)

案魏禧《魏叔子文集》外篇卷五《與富平李天生書》:"足下負文武大略,甫離成童,慷慨建義聲,虛心好士,出言而人信之,故天下士歸之如流水。"②鄧之誠《清詩紀事初編》卷八《李因篤小傳》:"明季嘗走塞上求勇敢士,入清屢北游雁門,南游三楚,皆有所圖。"③案崇禎十六年(1643),李自成據有全陝,次年正月稱帝西安。李因篤隨外祖避亂富平北山,自此不復從事舉業。同年,清軍入陝,迫走李闖,時因篤年甫十四,北走雁代,號召材武之士,無人影從。記文稱以"殲賊以報國",轉似指稱李闖,疑江藩格於當身實際,故含混其辭,而因篤少年抗清之壯業亦就之隱微。今人王冀民《顧亭林詩箋釋》卷四《屈山人大均自關中至》云:"明末志士未冠而參與抗清鬥爭者,以夏完淳、李因篤、屈大均、朱彝尊爲最早。"④

崑山顧炎武至關中,主其家。甲申、乙酉之間,與炎武冒鋒刃,間關至燕中,兩謁緝帝攢宮。(第九頁 A)

此節隸事多謬。顧、李相識於康熙二年癸卯,彼此未嘗有"主家"之誼。當"甲申、乙酉之間",李因篤方值少年,避亂山中,顧炎武則遷家於蘇、常之間,足迹不過長江,焉得有相攜入燕之游?"乙酉"實當作"己酉"。案吳映奎《顧亭林先生年譜》康熙二年條:"與富平李子德因篤

---

① 王鍾瀚點校:《清史列傳》卷六六《王心敬傳》,中華書局 1987 年版,第5305 頁。

② (清)魏禧:《魏叔子文集》,清易堂刻《寧都三魏全集》本,第 38 頁 A。

③ 鄧之誠:《清詩紀事初編》,上海古籍出版社 2012 年版,第 869 頁。

④ (清)顧炎武撰,王冀民箋釋:《顧亭林詩箋釋》,中華書局 2003 年版,第689 頁。

訂交。"①王冀民《顧亭林詩箋釋》卷四《酬李處士因篤》云:"《亭林詩集》載酬贈李因篤詩凡八題十一首,先生朋輩得詩之多無出因篤右者。……蓋先生長因篤十八歲,《清詩紀事初編》謂因篤'欲師事顧炎武,不可,乃爲友',故二人情如兄弟而義兼師友,相交二十年,先生雖臨終絶筆,猶眷眷以因篤爲念,終不忍以干旄之辱而疏此舊交也。"②《年譜》康熙八年己酉:"三月,與富平李子德謁十三陵,有《謁欑宫文》。"③顧氏一生凡六謁思陵,唯此第五次與因篤俱。時晉、冀一帶無戰事,更不必如記文所云"冒鋒刃,間關至燕中"。《年譜》所稱《謁欑宫文》見《亭林文集》卷五(作"《謁欑宫文三》"),顧氏又有《三月十二日有事於欑宫同李處士因篤》詩,因篤有《三月十二日有事於欑宫同顧徵士炎武賦用來字》紀其事。④

因篤詩文,出唐入宋,乃一代作者,有《壽祺堂集》行於世。(第十三頁 A)

案李因篤著《受祺堂詩集》三十四卷,有康熙三十一年刻本。《四庫提要》稱:"是集爲因篤所自定,本三十五卷,此本獨闕第四卷,目録注云未出。其爲因篤自删之,或爲隨寫隨刻,誤排卷數,不得已而立一虛卷,均未可知也。"⑤《受祺堂文集》八卷,《初集》《續集》各四卷,由馮雲杏、楊浚據舊抄重輯於道光間。記文"《壽祺堂集》","壽"當作"受",音同致譌也。

## (五) 孫景烈

孫景烈,字□□,號酉峰,武功人。(第十七頁 B)

孫氏別字,諸本同闕。案張洲《徵仕郎翰林院檢討孫先生景烈行狀》(見《碑傳集》卷四九)、李元春《桐閣先生文鈔》卷一〇《檢討孫西峰先生墓表》、《關學續編》卷二《酉峰孫先生》及《清史列傳》卷六七《孫景烈傳》、《清儒學案》卷二〇六《孫先生景烈》等并稱孫氏字孟揚。

先是,(乾隆)二年己未成進士,明年授檢討,以言事忤旨放歸。景烈深自韜晦,乃以賦性拘墟、學術膚淺固辭。(第十七頁 B)

---

① (清)吳映奎:《顧亭林先生年譜》,清光緒十一年(1885)上海掃葉山房刻本,第 24 頁 A。
② (清)顧炎武撰,王冀民箋釋:《顧亭林詩箋釋》,第 613 頁。
③ (清)吳映奎:《顧亭林先生年譜》,第 31 頁 A。
④ (清)顧炎武撰,王冀民箋釋:《顧亭林詩箋釋》,第 750 頁。
⑤ (清)永瑢:《四庫全書總目》,中華書局 2003 年版,第 1659 頁。

案張洲《行狀》云:"是歲爲乾隆四年己未會試期,先生成進士。……改庶吉士,散館,授檢討。"①記文"二年己未成進士",當據《行狀》改作"四年"。《行狀》述孫氏致仕本末云:"先生研窮《性理》《近思録》諸書,而於館課體特疏,散館後益又疏。明年值御試,不應格,以原官休致歸家。"《清儒學案》亦云:"會大考,不及格,以原官休致。"②與《清高宗純皇帝實録》卷一九〇乾隆八年記事同。然《國朝先正事略》《清史列傳》《清史稿》等傳皆從江氏説。

## 三、《宋學淵源記》卷下考異

### (一)劉汋

惲仲升,……其事迹莫詳,或曰"魯王監國時,授職爲監司,兵敗後薙髮於靈隱寺,久之,攜子歸毘陵,反初服"云。(第二頁B)

案惲仲升事具惲敬《大雲山房文稿初集》卷三《遜庵先生家傳》、湯修業《惲先生日初傳》(見《碑傳集》卷一二七)及高崶《惲遜庵先生傳》(見《東林書院志》卷一一)。江藩"或曰"云云,本惲敬《家傳》,其文略曰:"唐王聿鍵入福州自立,而魯王以海亦稱監國於紹興。吏部侍郎姜垓薦先生知兵,魯王遣使聘先生,先生意以監國爲不然,固辭不起。大清兵下浙,避走福州。福州破,走廣州。廣州復破,爲浮圖,名明曇。已復至建寧之建陽。是時,大兵席卷浙、閩、粤三省,唐王與弟聿口被執死,魯王亦敗走海外,……遂散衆獨行,歸常州。"③委婉其説,或不無規避文網之意寄焉。

### (二)韓孔當

謂弟子曰:"吾於文成宗旨,覺有新得,然檢點於心,終無受用。小子識之!"味其言,則知其學不尊文成而尊朱子矣。(第二頁B—第三頁A)

此本邵廷采《思復堂文集》卷一《姚江書院傳》:"疾亟,謂門人曰:'吾

---

① 狀見(清)錢儀吉《碑傳集》卷四八,清光緒十九年(1893)江蘇書局刻本,第25頁B。

② 徐世昌等編纂,沈芝盈、梁運華點校:《清儒學案》,中華書局2008年版,第8038頁。

③ (清)惲敬:《大雲山房文稿初集》卷三《遜庵先生家傳》,上海古籍出版社2013年版,第175—176頁。

於文成宗旨，夢醒覺有新得，努力察識，擴充此心，簡點行迹，終無受用。'"①案《清史稿》本傳："味其言，則知其學守仁之外，亦近朱子矣。"②蓋秉筆者疑江氏"知其學不尊文成而尊朱子矣"一語立言失當而有以糾正也。邵《傳》稱韓氏"其學以致知爲宗，求友改過爲輔，久之自得，兀然忘言。……持論較師説亦頗闊，恪遵濂洛，兼綜群儒，以名教經世"。而江藩獨稱"其學以名教經世"，亦簡略太過矣。

## （三）應撝謙

康熙十八年，以博學鴻儒徵，稱疾不行。大吏促之，輿牀詣有司驗疾，乃得免。（第八頁 B）

全祖望《鮚埼亭集》卷一二《應潛齋先生神道碑》："戊午，閣學合肥李公天馥、同里項公景襄以大科薦，先生輿牀以告有司曰：'撝謙非敢卻聘，實病不能行耳。'俄而范公承謨繼至，又欲薦之，先生遂稱廢疾。蓋其和平養晦，深懼夫所謂名高者。"③案戊午當康熙十七年。揆諸史乘，康熙十七年詔開博學鴻詞科，次年三月會試京師，徵薦之事在戊午年，記稱"十八年"者非是。

陽明之説，亦不致辯也。（第九頁 A）

江藩撰《宋學淵源記》，雖重於諸人行實，而於其人論學意見總不能細探其旨。陸隴其《王學考序》曰："自陽明之學行，天下迷惑溺没於其中者百五十餘年，近歲以來，好學深思之士乃敢昌言排之，然以其功業赫赫，於人之耳目間者疑信且半。錢塘應潛齋獨一言以斷之曰：'陽明之功，譎而不正，詭遇獲禽耳。'又推其本而論之曰：'陽明自少馳馬試劍，獨學無師，而始堅於自用，則又直窮其病根。'陽明復起，不能不服斯言。……其論次陽明言行凡一卷，附於其所輯《性理大中》內。余以爲此當自爲一書，不當附《性理》，故特表而出之，而名之曰《王學考》。欲知學術異同之所由來者，其必有取於此也夫？"④據此，應氏於陽明學行本有詮次述論，畢見其

① （清）邵廷采：《思復堂文集》卷一《姚江書院傳》，清光緒會稽徐氏鑄學齋《紹興先正遺書》本。

② 趙爾巽等：《清史稿》卷四八〇《儒林傳一》，中華書局 1977 年版，第 13111 頁。

③ （清）全祖望：《鮚埼亭集》卷一二《應潛齋先生神道碑》，第 16 頁 A。

④ （清）陸隴其：《三魚堂文集》卷八《王學考序》，上海古籍出版社影印《四庫全書》本，第 18 頁 B。

尊朱闢王之旨,何嘗如江氏所謂"陽明之説,亦不致辯也"? 率爾操筆,想當然耳。撝謙學友錢塘秦雲爽,字開地,因疑王陽明《朱子晚年定論》而著《紫陽大指》八卷,調停程朱、陸王之辨。撝謙既爲之序,然"辭不别白,仍有未盡",更有《與秦開地論紫陽大指書》、《再與秦開地書》(《應潜齋先生集》卷七)相諍,以爲"夫陽明不特疑朱子爲'影響',且詆朱子爲'神姦',見之手筆,有不可以調停者",①斷斷置辯,於陽明之説鞭辟甚深,文繁不復具引,拈此一例,更爲申證。

### (四)吳慎

**吳慎,字徽仲,歙縣諸生。(第九頁 B)**

此本彭紹升《儒行述》:"吳徽仲名慎,江南歙縣諸生也。"②施則曾《吳徽仲先生傳》:"吳徽仲先生諱日慎,號敬庵,徽州歙縣人也。"③案吳氏《周易本義爻徵》卷首自序,落款云"新安吳日慎序",自以施《傳》爲是。《清史列傳》、《清史稿》本傳及《江南通志》卷一九〇《藝文志》、(道光)《徽州府志》卷一一一《吳日慎傳》等皆作"吳日慎",錢儀吉《碑傳集》卷一二八引《儒行述》作"《吳先生慎傳》"、錢林《文獻徵存録》及李元度《國朝先正事略》等則並襲彭、江二氏之誤。

### (五)高愈

**不事帖括,日誦經史。(第十二頁 B)**

顧棟高《高紫超先生傳》:"而先生居恒絶不作帖括文字,日從事聖賢遺經及程朱性理諸書。"④彭紹升《儒行述》:"平居不事帖括,日誦遺經及先儒語録。"⑤案高氏讀書不限於記文之"經史",乃江藩竟視"程朱性理諸書"、"先儒語録"等若無物,固囿於門户之見,有意改易耳。

---

① (清)應撝謙:《應潜齋先生集》卷四《紫陽大指序》,清咸豐四年(1854)刻本,上海圖書館藏。

② (清)彭紹升:《儒行述》"吳徽仲"條,第 18 頁 A。

③ (清)施則曾:《吳徽仲先生傳》,(清)許獻、高廷珍等編《東林書院志》卷一二,第 19 頁 A。

④ (清)顧棟高:《高紫超先生傳》,(清)許獻、高廷珍等編《東林書院志》卷一二,第 31 頁 A。

⑤ (清)彭紹升:《儒行述》"高紫超"條,第 19 頁 A。

## （六）顧培

四方来學者甚衆。春秋大會於山居，復行忠憲《七規》。（第十三頁 B）

案傅秦瀛《傳》："每春秋兩會，遵高攀龍《復七規》，遠方至者常不下百餘人。"① "復行忠憲《七規》"，當係"行忠憲《復七規》"之倒譌。檢高攀龍《高子遺書》卷三《復七規》："'復七'者，取大《易》'七日來復'之義。凡應物稍疲，即當静定七日以濟之，所以修養氣體，精明志意，使原本不匱者也。"②

## （七）錢民

嘗與友人書曰：先聖之學，貴乎本末兼盡，始終有序。《大學》所謂"知本"者，作聖之基也；"誠正"者，作聖之功也。《中庸》所謂"尊德性"，先也，本也；"道問學"，後也，末也。"即物窮理"，其病在於無本；"六經注我"，其誤在於無末。（第十四頁 B）

此節亦本《儒行述》。比勘錢大昕《潛研堂文集》卷五〇《錢處士行狀》，記文"作聖之基也"，《行狀》作"知所作聖之基也"；"作聖之功也"，《行狀》作"爲其作聖之功也"。"六經注我"，原作"六經爲吾注腳"。③ 記文從《儒學述》之删改《行狀》，於錢竹汀本意頗有未恰。

今之學者不知追求孔孟之實，而紛紛焉争朱陸之異同，是謂舍己田而芸人之田，終亦必亡而已矣。（第十五頁 A）

此語亦本《儒行述》。錢氏《行狀》原作："今之學者不知追求孔孟之實，而只辨朱陸之所以異，非聖學本務，去道甚遠。所以近世學文公者，止得整庵之學而已矣；學象山者，止得陽明之學而已矣。在朱、陸當日，雖有不同，亦不相鬪，如明儒之甚也。學聖而相鬪，是務聖學必亡矣。"④ 錢民論學，於朱陸之辨雖有尊陸抑朱之嫌，然於程朱一派，亦不事排擊。反以兩家之争衡爲無謂之舉，此與江藩持論頗見一致。

---

① （清）李桓：《國朝耆獻類徵初編》卷三九九，清光緒刻本，第 39 頁 A。
② （明）高攀龍：《高子遺書》卷三《復七規》，清康熙二十九年（1690）刻本。
③ （清）錢大昕撰，吕友仁點校：《潛研堂文集》卷五〇《錢處士行狀》，上海古籍出版社 2009 年版，第 872 頁。
④ （清）錢大昕撰，吕友仁點校：《潛研堂文集》卷五〇《錢處士行狀》，第 873 頁。

培之説，以經注經，頗得經旨。（第十二頁 B）

案諸本俱同，"培"字明係"民"字之譌，涉前則《顧培傳》而誤也。

## （八）黄商衡

節母年十七而寡。（第十九頁 A）

案彭紹升《二林居集》卷二三《黄氏家傳》："節婦年十七歸於黄，居數年，孝子（商衡之父黄農）將終"云云，①是黄商衡母金氏年十七適黄農，而農之喪，商衡年已四歲，自非如記文所謂"年十七而寡"者。

# 四、《宋學淵源記》附記考異

## （一）王朝式

尋卒，年三十八。朝式卒之年月無可考，大約在順治初也。（第三頁 A）

案邵廷采《思復堂文集》卷一《姚江書院傳》："（順治）十三年卒，年三十八。"②乃江藩云朝式卒年無考，即推算於"順治初"亦不確，疏於檢查之過也。

## （二）薛香聞師（起鳳）

庚辰，舉於鄉，文名益著，來學者甚衆。（第四頁 A）

案袁枚《隨園詩話》卷五："薛皆三進士，門生甚少，《題桃源圖》云：'桃花不相拒，源路自家尋。'"③案薛起鳳未曾舉進士第，"門生甚少"亦與記文所云"來學者甚衆"方圓不相納也。

或有問輪回之説者，曰："精氣爲物，游魂爲變，二語盡之矣。"（第四頁 A）

案"精氣爲物，游魂爲變"語出《周易·繫辭上》。薛起鳳《香聞遺集》中殊少論學文字，不見此説。而以《易》解輪回之言，羅有高《尊聞居士集》卷二《醉榴軒集敘》有云："色界欲界二天，耽色樂欲樂，亦於一刹那

---

① （清）彭紹升：《二林居集》卷二三《黄氏家傳》，第 18 頁 B。

② （清）邵廷采：《思復堂文集》卷一《姚江書院傳》。

③ （清）袁枚撰，顧學劼點校：《隨園詩話》，人民文學出版社 1982 年版，第 147 頁。

中,具如是無量無量不可說不可說受用愛染諸細妙情,即於一刹那中,具如是無量無量不可說不可說六道四生輪回根本。《詩》曰:'汎汎楊舟,載沉載浮。'《易》曰:'精氣爲物,游魂爲變。'此之謂也。"①疑江藩一時失檢,因致張冠李戴歟?

### (三)汪愛廬師(縉)

**壯歲讀《陳龍川文集》,慕其爲人,思見用於世。既而讀宋五子書,又讀西來梵筴,始悟其非。(第八頁 B—第九頁 A)**

案汪縉《二録》上録《明尊朱之旨》:"吾之所以尊朱也,於王(通)、陳(龍川)之説亦不廢焉者,西方度世之心、漢唐救世之功,雖聖人復起,亦必有取焉。"②就此論之,江藩所謂"始悟其非",言過其實矣。

**先生落落寡合,往來最密者,尺木居士一人而已。(第九頁 A)**

彭紹升《二林居集》卷二二《汪大紳述》:"然其生平,相與講學論文,往復不斁(厭)者,獨予與羅臺山而已。"③案汪縉寡合,王芑孫《汪子遺書敘》稱:"江西魯絜非、山東韓公復主宋儒之學,往往心不然其説,相持辨難。嘉定王光禄、青浦王侍郎學不專主宋儒,或言佛,或不言佛,要不盡與大紳合。"④而唯與彭紹升、羅有高交契,乃記文所載,獨存彭而遺羅,實緣江藩於羅氏意存不屑,故於《羅臺山》傳中頗著微辭。如稱羅氏"爲宋儒之學,不及(宋)道原;歸西方之教,不如照月;肄訓詁之學,不如戴太史(震);文則吾不知也",又云"屢上公車,求一進士而不可得,名利之心甚熾,而能了不染之心耶",至謂"清淨世界中一朵蓮花,豈容此凡夫趺坐其上"。雖言辭刻薄,亦非無所見,然以己之不屑,竟至删削史乘而有悖真相,殊乖樸學實事求是之旨矣。

### (四)彭尺木居士

**早歲舉於鄉,乾隆己丑成進士,例選知縣,不就。(第十頁 A)**

---

① (清)羅有高:《尊聞居士集》卷二《醉榴軒集敘》,清光緒七年(1881)刻本,第 8 頁 B。

② (清)汪縉:《汪子二録》上録《明尊朱之旨》,清光緒八年(1882)刻《汪子遺書》本,第 5 頁 B。

③ (清)彭紹升:《二林居集》卷二二《汪大紳述》,第 14 頁 B。

④ (清)王芑孫:《汪子遺書敘》,冠《汪子二録》卷首,清光緒八年(1882)刻《汪子遺書》本,第 1 頁 B。

彭希萊《二林府君述》：“年十六爲諸生，明年丙子舉於鄉，又明年丁丑捷南宮。越四年辛巳補應殿試，列二甲。歸班銓選，選期已屆，不赴，以名進士終於家。”據此，彭紹升中進士在乾隆二十六年辛巳。《明清進士題名碑録索引·歷科進士題名録》：“乾隆二十六年辛巳恩科，第二甲十八名，彭紹升。”①與《二林府君述》説合，記文實誤，而《國朝先正事略》卷三〇、《清史列傳》卷七二、《清儒學案》卷四二諸傳皆襲其誤。又案彭紹升《一行居集》卷首《知歸子傳》：“知歸子年未弱冠，用儒言取科第。……年三十，有司下檄，召作七品官，知歸子辭焉。”“知歸子”爲彭氏别號，紹升生於乾隆五年庚申，“年三十”當乾隆三十四年己丑，記文之誤，當以誤會《知歸子傳》而致。

及與薛、汪二先生游，乃閲《大藏經》，究出世法。（第十頁 A）

彭氏自云：“予初未識佛，（薛）家三數與予言佛，……予之向佛，蓋自此始矣。”②汪縉《汪子文録》卷二《讀淨土三書私記叙》：“未暇及佛法也，已而知歸子歸心淨土，以書來招予，予漠然不應，一意儒先書。……知歸子學佛已有至性，予喜與之游。”③是汪縉於彭紹升學佛，不僅無啓迪之功，反緣其熏染而從事其學。又案《汪子文録》卷九《薛起鳳羅有高汪縯述》：“紹升之學，（薛）起鳳發之，（羅）有高成之者也。”④其果能導引彭氏趨向佛學者，實薛起鳳、羅有高二人，記文之誤，蓋仍因不屑羅氏，故偷梁換柱耳。

（劉國宣，華東師範大學古籍研究所博士研究生）

---

①　朱保炯、謝沛霖編：《明清進士題名碑録索引》，上海古籍出版社 1979 年版，第 2731 頁。

②　（清）彭紹升：《二林居集》卷二二《薛家三述》，第 1 頁 A—B。

③　（清）汪縉：《汪子文録》卷二《讀淨土三書私記叙》，清光緒八年（1882）刻《汪子遺書》本，第 3 頁 B—第 4 頁 A。

④　（清）汪縉：《汪子文録》卷九《薛起鳳羅有高汪縯述》，第 7 頁 B。

# 情 誼 交 往

# 爲恩師榮退文

杜海軍

　　華東師範大學古籍所要爲恩師行將退隱做紀念文集，光陰荏苒，恍惚間竟然感覺又回到了恩師身邊，依然在十三樓的古籍所一樣。其實，最後一次登上中北校區文科十三樓距今已有 16 年了，只是那段歷史早融入我的生命難以抹去而已。如果從首次登堂古籍所至今應是 25 年，這 25 年，有幸，我與之產生了割不斷的聯繫，古籍所給了我碩、博兩個學位，碩士學位拜賜於佐之嚴先生，而博士學位則拜賜於寂潮劉先生。說起華東師大我驕傲，說起古籍所我驕傲，說起恩師我更驕傲。我忘不了的華東師大，忘不了的古籍所，我更忘不了我的恩師。

　　在古籍所，我得兩個學位，分別由兩個導師指導，這樣說是不會有異議的，但我求學的過程的卻是另一番感受：一個學位兩個導師，兩個導師助我得一個學位，兩個學位的獲得，都是如此一種狀況。此說或許引起外人疑惑，但對於我而言，每每想起，永遠是這樣一種感覺，一種幸福的感覺，也是一種歷史。

　　我 1993 年入讀古籍所嚴先生門下，自然最早是嚴老師賜教。記得那時老師論學，說到前修有程俊英、周子美等，我已無緣承教，而標舉同仁最多的則是劉老師，於是劉老師成爲我受教最多的先生。

　　憶起碩士生時的受教，記得由於嚴老師住在校外，距中北校區有一定路程，要拜先生求學，多是在週末與燦鵬君一同前往。而劉老師家住一村，就在師大校內，因此，常於晚飯後顧自前往，也並不念老師有無不便。每至老師前，老師總是論文談藝，講所內掌故、學界軼事、歷史學案，說錢鍾書、呂貞白、蘇淵雷，說蘇東坡、周清真、袁簡齋。雖然那時按規定我不屬老師門下，但老師傾心相授，侃侃地談，我則入神地聽，套用古人成言，真是如沐春風。老師 1994 年 9 月出版的《清波雜志校注》就是那時賜予

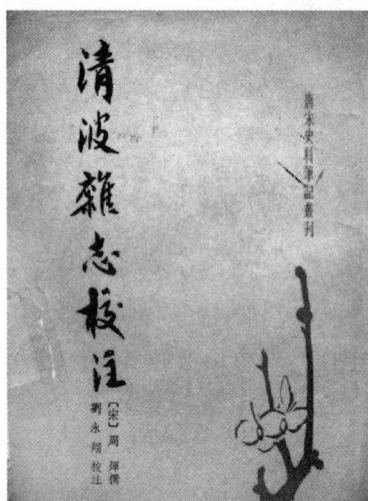

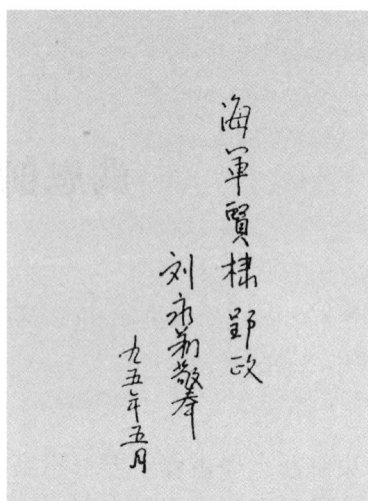

1995 年 5 月劉老師賜書

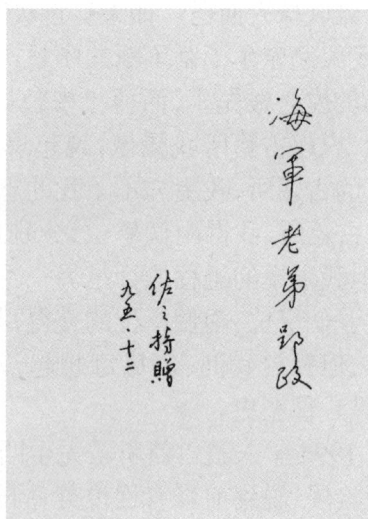

1995 年 12 月嚴老師賜書

的,可能沒有幾個同屆甚至稍晚的還未入門牆的同學會有這樣一本老師親賜的大著。這對我是一個極大的榮耀、終身的鼓勵。

　　1999 年 9 月又來到華東師大古籍所讀博,有幸拜入劉老師門牆,於是,名實皆可稱劉門了,但究其緣由,尋根溯源,卻在追隨嚴老師期間,且不說嚴老師在我讀碩期間鼓勵我要多向劉老師請益。入劉老師門下後,開始在宋學上下功夫,而作宋代學術起始於讀碩時古籍所的朱熹文獻整理。那時我們三個碩士生每天早上坐車到南京路上海圖書館跟隨老師校勘版本,得以隨時請教,獲益良多,對宋代理學開始有了一知半解。而到我第二次入古籍所讀博,嚴老師時任古籍所長,還未曾帶博士,對我還如讀碩時的關懷,每每垂教如前。我也如讀碩時一樣,還是逢週末,都要至南陽路嚴府叨擾,幾乎是每星期如此,希望多聆聽老師的教誨,每次也都是能有所收穫。猶記得,我讀博時有一段時間研究朱熹的詩文,老師得到了臺灣出版的美國學者田浩著《朱熹的思維世界》,馬上垂示我復印了一本。後來知道多數同門都懼於嚴老師不苟言談,其實老師對學生,内心是火一樣的熱情。後日我博士生畢業,老師作爲答辯專家,當場鼓勵我,要我將論文潤色以備推薦出版。論文出版時,得老師恩序,還賜以熱情洋溢的鼓勵文字。

回憶往事,我讀兩個學位,名義上,雖然追隨兩位老師先後有別,但,對我的指導,碩博六年間,甚至六年外,都給了源源不斷的賜予。草木一生,幸運如此,夫復何求?

算來,我在古籍所讀書得到過許多老師的呵護,多年不見了,有點想念,如費喆老師、曾抗美老師、吳宣德老師、顧宏義老師、王鐵老師等,受教較多的是戴揚本老師。戴老師給我們上校勘學課,而且是我在古籍所接觸到的最有印象的老師。那時我與趙燦鵬、肖玉峰一同到古籍所面試,只有我學歷是專科,要加筆試,戴老師就監考我一個。被一對一監考,那時我有點尷尬,有點心慌,擔心考試不好,所以,考試時拼命地在紙上劃字,忘了時間,戴老師耐心地等我。現在想起來,不知老師等餓了沒有,再到上海一定請老師吃頓飯補一補。再就是徐德明老師,徐老師給我們上目錄學課,講的具體内容現在想不起來了,但老師贈我的《郡齋讀書志校證》是我現在的案頭書,回憶當年事,或隱含着老師的寄托。如今看到書就想起了老師的面容,那是容光焕發的形象,多年不見,現在應該仙風道骨了吧。這是讀碩士時的事,碩士畢業時,是當時的文學院院長朱傑人老師給我授的學位證書,很是榮幸。犯了《十不足》的病,有了碩士學位又想到讀博。説到讀博,想起周瀚光老師,隱約記得周老師的課是科技史,我不懂科技,但永遠懂得老師賜予我們的愛。周老師把聽課學生邀至家中,親手爲我們煮咖啡喝,那是平生喝的第一杯咖啡啊,入口有點苦,回味起來香意綿綿。黄珅老師也是我非常想念的,所裏的老師都推崇黄老師清代的文獻功夫,後來想念老師,在書店買了老師整理的《徐霞客游記》。

匆匆間諸多老師竟然都退隱了,其實,想想自己,離退休的日子也不遠了。光陰似箭啊,這是我小學時學到的最有印象的詞。一切都是緣,不知何世修的福,今生能得到兩個導師以及所裏諸多老師的垂愛。如今我也是一個老師,我將把老師們給予我的愛隔代相傳,讓後代學子代代知我老師之愛無疆,讓後代學子知我老師身雖退隱,道德、學問卻如江河般綿延悠長。

（杜海軍,廣西師範大學文學院教授）

# "天爲移文象，人思奉典型"：
# 我所認識的劉永翔老師

## 彭國忠

　　我在進入華師之前，在可愛的江南小城蕪湖讀書、生活了十四年，早已從幾位恩師口中得知劉永翔先生的大名，並購買、閱讀了他的書，其中就包括《清波雜志校注》，也知道這部書獲得過鄧廣銘先生的首肯。於是，心中對劉老師其人充滿仰慕和各種想象。1997 年，有幸投入鄧師門下讀博，感覺走近了劉老師身邊一些。鄧師在課堂上，也會穿插講本校本系老師們的學術事迹和軼事，自然也有關於劉老師的一些傳聞，更令我渴盼結識劉老師。一次導活時，鄧師告訴我們：你們這一屆很幸運，可能會去古籍所聽劉永翔先生的詩詞寫作課，現在只等最後落實了。聞聽此言，我心中不免喜懼參半。一方面，我雖然受宛敏灝先生的熏陶，也創作點詩詞，但畢竟一直是私下進行，屬於"地下活動"，不知是否出門合轍。另一方面，劉老師是詩詞大家，能上他的課，聆聽他的教誨，跟着他創作詩詞，肯定會獲得很大進步，機會難得，應該慶幸才是。於是又盼望着劉老師的課早日確定下來。但不久，傳來了不好的消息：劉老師因時間安排不過來，這一屆的詩詞課不開了。聽了之後，不免大失所望。

　　我碩士階段主要跟隨劉學鍇、余恕誠兩位導師攻讀唐代文學，研三上半年才隨宛敏灝先生讀宋詞，但時間短暫，對學術界的宋詞研究瞭解不多。碩士畢業後，留在安徽師範大學圖書館古籍部工作，與同事們一起整理、著録線裝書籍，興趣遂轉移到古籍版本、校勘和文獻考證上。那時，正趕上出身北大季鎮淮先生門下的孫文光先生做圖書館館長，主編《中國近代文學大辭典》，約我根據館藏近代別集、詩文評文獻，撰寫相關詞條，爲此，又對近代文學產生興趣，投入不少精力翻閱近代文獻。這些，於夯打基礎不爲無益。讀博後，以詞學爲專業研究方向，在鄧師的指導下，對詞學研究瞭解漸多,於宋詞、宋代文學興趣漸濃,學習方法上由此前的偏於考證、文獻整理,轉爲重視文藝學的研究,尤其聽了鄧師的"古代文藝的文化觀照"和文化詩學兩門課之後,深受啓發,視野大開。但是,古籍部期間與文獻整理、文獻考證結下的深厚的學術緣分,已經化到血液裏去了,打心底裏對文獻整理、對考證有着超乎尋常的興趣,對精於此道的學者,有着近乎天然的尊重和親近。所以,讀博三年想拜見劉永翔老師的念頭愈來愈强。選課失敗後,一度寄希望於畢業論文答辯時有幸拜識劉老師,聆聽他的嘉言深論,但遺憾的是,等到撰寫畢業論文答辯,又因爲時間原因,錯失親炙劉老師教誨的良機。

現在回過頭來看,我讀博前一二年和讀博期間,正是劉老師學術文章高發期。1995 年,《〈清波雜志〉初探》發表;1996 年,《周邦彦家世發覆》《〈千家詩〉七言絶句校議》發表;1997 年,《高麗亦有拉郎配》發表;1998 年,《〈正氣歌〉所本》《"洗竹"正詁》發表;1999 年,《司空圖〈詩品〉僞作補正》《讀〈管錐編〉劄記(三)》發表。而且,這些文章都發表在本校學報上,自然引起正在讀書的我們這些古代文學專業博士生的極大反響。其中,《周邦彦家世發覆》一文,獲得過詞學大家吳熊和先生的稱道,於攻讀詞學、唐宋文學方向,又偏嗜考證和文獻的我,更是極大的震撼與啓示,知道該如何考證才不失於碎片、細末,才符合考證精神。讀博三年,可能與劉老師也有過正面之交,但印象中更多的是遠遠地看見劉老師的背影,不敢上前攀談。

博士畢業後,我留在中文系工作,擔任本科生必修課《中國文學史》的教學,兼任輔導員,又有家庭和孩子,還要做科研發文章,整體上感覺很忙,很累,拜識劉老師已成奢想,念頭偶然出現,也是一閃而過。有一次在中北校園內,不知爲了什麼事情,從文科大樓中文系出來,往後門去,經過臨近麗娃河的小道,怎麼就與劉老師一起行走。我生性訥言,加上在古籍部那麼多年養成沉默寡言的習慣,不期然間得到與生平學術偶像一起同行可以多多請教獲益的機會,反而在一句禮貌問候之後不知道怎麼説好,半天説不出話來。還是劉老師看出我的忸怩和顧慮,先開口:你整理《張孝祥詩文集》時,注意到某某書上所説關於避某諱的例子沒有? 就這一句話,霎那間消除了我的陌生、畏懼與不安,粉碎了我對名學者的種種不切當的想象,而令我更增崇敬之情。我從入學讀博以來一直盼望着的當面向劉老師請教,沒想到竟然發生在這樣的場景裏,竟然在校園裏的一條小路上,而不是在教室中,不是在劉老師的家裏。這次不期的請教,印證了一個說法：劉老師是學問比名氣大，名氣比年齡大，年齡比架子大。其實，認識之後才發現，劉老師没有一點架子，平易近人，和藹可親，回答問題循循善誘，小叩大鳴，但又謹慎莊矜，絶不輕信輕言，容止之間自有一種對真理的執着，對學問的恭崇，對他人的尊敬，對自己的貴重。對真理執着，永遠求真求本。對學問恭崇，以學問爲大事。尊敬他人，傾聽别人的言説，不輕率否定。貴重自己，不是那種擺架子式的妄自尊大，而是對自己的言論負責，語必由衷。這四者之中，有的人可以做到前面一點、兩點甚至三點，但往往在成名之後做不到第四點，讓人深爲歎息。蒙劉老師不棄教誨近 20 年，感覺他自始至終没有什麽變化，這四點他始終堅守着。所謂"君子有三變：望之儼然，即之也温，聽其言也厲"。我於劉老師身上感受到的正是這樣的君子品德。

有了受寵若驚的第一次拜識以後，在之後與劉老師的交往中，我就"放肆"了許多，有問題隨時請教，有時到了深夜突然遇到不懂的地方，就給劉老師發信息，發了之後又後悔，想撤卻來不及了，劉老師竟然很快回復。有時，手頭缺少什麽資料，也向劉老師要，他也有求必應。年節期間，我有時應情應景寫首詩或詞，大着膽子發給劉老師，他不但不以爲忤，反而予以多方鼓勵。幾年前，古代文論學會組織小範圍的高端論壇，邀請劉老師，他也答應了，從第一次常熟論壇，到第二次安大論壇、第三次安慶論壇，再到第四次上海論壇，劉老師都毫不猶豫地給予支持，令我和胡曉明老師非常感動。以劉老師的身份和學術地位，什麽樣的會議他參加不了？這樣小規格的會議他完全可以拒絶，但他一次都没有拒絶。劉老師在論壇上的發言，非常認真，一字一句都是推敲出來的，長篇大論很少，但藴涵深意頗多。這同樣令人感佩。以他的學識、他的睿智、他的經歷，無論是放論縱橫還是聊言爾爾，有誰敢説不可？但他每一次都像初畢業的青年學者那樣審慎認真，"恂恂如也，似不能言者"，就更加難得了。幾次論壇，進一步加深了我對劉老師的瞭解。有一次與曹旭老師等幾人聚會，剛結束劉老師就因事匆忙離開，次日竟然打電話説自己失禮，那樣一種謙遜、真誠，令我這個學生輩感動得不知説什麽好。

幾年前，出版社想出版劉老師父子合著的《古典文學鑒賞論》，這離上海教育出版社 1991 年版已有 20 多年了，完全應該再版以嘉惠學林。我爲出版社有眼光重出這部分量很重的學術著作而高興，又爲他們的另一想法不解，因爲他們要我寫推薦意見。我頗感意外，我想他們太不慎重了，怎麽找我這樣的無名之卒寫推薦意見呢，但心中又暗歎他們怎麽知道我對劉老師的著作多有喜愛。權衡之下，我雖然自知不足以推薦這部大著，最後還是答應了，不爲別的，只爲這部書早日重版，只爲能借機再細讀這部厚重的著作。書分上下編，上編十章，爲鑒賞序論；下編二十四章，爲鑒賞分論，不惟資料翔實，引證豐富，給人源源不斷之感，而且識見宏通，視野開闊，新意迭出，於按斷、分析處見出深刻與精警，遠遠超出文學鑒賞、文學創作、文學品評的範疇，可以與他們的《袁枚〈續詩品〉詳注》對讀，可以與錢鍾書先生的《談藝録》《管錐編》對讀。如關於秦觀《踏莎行》（霧失樓臺）一詞中"杜鵑聲裏斜陽暮"句，前代文獻就有"斜陽暮""斜陽樹""斜陽度""斜陽曙"之異文，及異文產生於避諱還是避重之爭，關於煉字、代易等的議論，等等。這些文字，篇篇精彩，讀來真如醍醐灌頂，有時又似當頭棒喝。可惜的是，後來這部書是否重新出版我也不知道，知道的是這部書我原是借圖書館藏書閱讀的，這次就毫不客氣地"昧"下了，豐富了個人收藏，時時可以翻閱。

叔本華曾經區分過靠學習得來的真理與靠自己思索得來的真理之不同，並指出這也是哲學家（思想家）和一般學者的分野，他説："思想家們因爲要用到許多知識，所以非多讀不可，但他們精神力極强固，能把所有的東西克服或同化，融進他們的思想體系内。因之，他們的識見雖是愈來規模愈大，但已做有機的關聯，全部隸屬在他們的思想總體系之下了。這種場合，這些思想家的固有思想，就如同風琴的低音主調，任何時刻都支配一切，絕對不會被其他音調所壓制。而那些知識上的大雜燴的頭腦中，好似一支曲子滲進很多雜音，它的基本調仍找尋不出來。"不少人只知道劉老師學問淵博，文章著作善於引證，賦詩填詞今典古典隨手拈來，卻忽略了他廣徵博引背後的思想、它們所統屬的體系，這是很膚淺的。

與劉老師交往 20 年，早把自己當作他的學生了。而且，據我所知，有這種想法的人，不止我一個。這正是劉老師的人格魅力所在。

我時常想，我們這一代人其實還是很幸運的，雖然生活在金錢萬能的時代，開門就是萬丈紅塵，但畢竟老成猶在，典型尚存。認識劉老師的後輩學人都説，見到劉老師如見古人；見到劉老師，人生知進止。蘇舜欽爲人祝壽有詩云："天爲移文象，人思奉典型。"《論語·雍也》曰："知者動，仁者靜；知者樂，仁者壽。"劉老師知、仁兼備，今當七秩之時，我愿藉二氏之語祝老師樂壽。

（彭國忠，華東師範大學中文系教授）

# 澄江月明　天自遠大

## ——記寂潮師二三事

丁紅旗

再一次把圖景拉到十年前的一個秋日,不由得思緒紛紛……

2008 年 6 月,臨近博士畢業了,但我仍没找一份合適的工作,看到周遭紛紛奔赴新崗位的同學,不由得十分着急、焦慮。這時,我碩士時同寢室的李衛軍建議:"要不,你來華東師大,讀劉永翔老師的博士後怎樣?"之後,熱心的他又多次幫我聯繫、交接各項事宜。這時的我也如抓到了最後一根稻草,儘管將來茫茫,不知如何,但至少能暫時逃避就業的壓力。我定下了心。

一切都塵埃落定。這年的 10 月 8 日,就是國慶節過後,我就又背起行囊,一個人來到了繁華、喧鬧的上海,到了美麗但卻不無空曠、静寂的華東師範大學閔行校園。

直到現在,我仍清晰地記得第一次見到寂潮師的情形。到上海的第二天下午,在古籍所三樓的樓梯口,完全没有心理準備,猝不及防地碰見剛剛下課的寂潮師。我不無緊張地説明了來意,寂潮師看了看我,目光柔和,善意地開了一句玩笑:"是不是找不到工作,才來讀博士後呀?"我一時語塞,不知如何應對,停了一下,才勉强争辯了一句:"還没有到這一地步吧?"寂潮師看出了我的窘態,説:"《文選》我指導不了,您自己好好地研究吧。"這當然是寂潮師的謙遜和虛懷若谷,因爲後來我漸漸領略到,對文史典章故實,寂潮師可説没有不知道的,古詩的背誦更是讓我們一幫弟子瞠目結舌;同時,對一些事件的解讀,也有一些宏闊的眼光和獨到的見解。我當然也知道,這是期望我在學業方面努力做得好一些。

2009 年 9 月,當我把《五臣注〈文選〉研究》獲得博士後資助一事告訴寂潮師時,寂潮師只是鼓勵地説了聲:"祝賀!"没有多的話語,只是眼神告訴我：努力，才可能有一絲進步，也才可能有一點成果。

博士後期間，年屆六十的寂潮師仍堅持每周三來學校上課、指導。但更有意義，更能開拓視野，也更能促進思想碰撞、交流的，則是在寂潮師的辦公室裏，一幫子學生們每每分坐其旁，海闊天空，儘可暢所欲言。一般情況下，我們都會主動讓有問題的先請教，請教完畢，就是自由暢談的天空了。可以想見，一幫弟子（寂潮師一間十二三平米的辦公室裏總是擠滿了學生）性格不同，問題有時又千奇百怪，自然是論爭紛紛，卻又精彩不斷的。直到現在，兩件事仍給我深刻的印象，一是寂潮師的謙遜、和藹，這不僅體現在待人上，更表現在對別人提的問題上。就是説，不管你提的什麼問題，哪怕是一個根本不值得一提的淺顯問題，他都耐心地給你解答，直到讓你滿意爲止。當然，刁鑽的問題也一樣。二是對詩詞的典章故實，不僅都能清楚地知道，還能完整、準確地背下來。這讓弟子們直聽得目瞪口呆，竟還有如此高的水平，真是前所未聞！而我，這方面資質駑鈍，每每也只有歎服的份了。我們私下也曾問過寂潮師，爲什麼能記那麼多詩詞？寂潮師説，都是少年時背的，因在一個特殊的時代，無事可做，就只好背書了，這當然是寂潮師的謙遜。爲銘記這一點，我曾在拙著《唐宋〈文選〉學史論》（2015 年出版）第二章第一節特意添加了一個注釋，即［102］"説明：此源於劉永翔師之發蒙"。這是當日我向寂潮師請教唐人找尋各類文體的範本，是否一定要選《文選》時，寂潮師提示我唐人也可讀類書，從中選擇範文。寂潮師的提示確實讓弟子茅塞頓開，打開了一個寬廣的思路。

出站後，一個不無偶然的機會，我有幸留在了古籍研究所，但也決定了我必須努力和拼搏，不僅是因爲上海房貴，"居大不易"，還是因寂潮師一直以來對我有一個期望，希望能有一些成績（只是很遺憾，時光匆匆流逝，"逝者如斯"，直到我撰寫這文稿的時刻，也無甚成績，唯一能聊以自慰的，就是在上海的十年依舊沿襲讀碩以來的習慣，一直在刻苦、努力，沒有偷懶過）。但這確實一直在鞭策我，催我奮進，不敢有所懈怠。

2011 年 10 月，嚴佐之所長領銜的國家重大社科課題《朱子學文獻整理與研究》獲批，爲能出更好的學術成果，全所的老師都參加。對我個人而言，這無疑提供了一次難得的鍛煉機會。不過，事實遠不是想象得那麼簡單，首先就遇到加標點、斷句的麻煩和困難。我當時整理的是清人汪紱《讀近思録》，一卷，分量較小。查找資料，閱讀朱熹《近思録》以熟悉內容，儘可能地充分準備。因爲第一次做這方面的整理，也很有激情。當然，期間也跟寂潮師請教了許多斷句、標點問題。然後，交上去了，心想至少還差不多吧。但實情遠遠出乎所料——點校得幾乎是一塌糊塗。在2014 年 1 月 3 日開項目組會議時，寂潮師展示了他改定的我的稿子。整體上，每一頁都標示了不少改正的地方，並且還不憚辛勞，儘可能一一用小字在旁注明原因（原因淺顯者則不説明），如"選擇問句問號只置於最後一個分句，其餘皆加逗號"，"此等常語，縱有出處，亦不必加引號。全書準此"，"《易》經'無'皆作'無'，不必改"等。在真切感受到點校不易外，我再一次深深體會了寂潮師的細心和精深的整理功力。是他，在我成長的路上，給予了踏踏實實的幫助和指導，孔子所言的"誨人不倦"，大約也不過如此吧。直到現在，我仍珍留着寂潮師改的這份稿子。

就是在這個時期，出於點校的現實需要，我仔細拜讀了寂潮師的《清波雜志校注》（宋周煇著）。如果説先前僅是一般的瀏覽，掌握一點知識，而今則是仔細琢磨其整理、校注的規範，如標點的位置、句子的停頓，以及典章故實的出處、字詞的解釋等，即至少上升了一個層次——從整理、校注的角度去切身體悟、琢磨。在慢慢領悟其精確、高妙的基礎上，也認識了《清波雜志校注》極高的學術價值，難怪中華書局一再要求再版，也難怪這本書在宋代筆記校注界公認爲第一等，更被譽爲"當今校點注釋本之上上乘"。我琢磨多了，自然有一種好奇，生了疑問：這麼詳盡的注釋，特別是出處，是怎樣找尋到的呢？ 都是記在腦海裏的？ 要知道，這是寂潮師的碩士論文，早已在 20 世紀 80 年代，在那個壓根没有電子檢索的時代，是如何做到的呢？ 劉老師一聽，笑了："更多的時間，我就是在書架前，一本一本地翻；當然，大體上，哪本書裏有，心裏是清楚的。"這話聽來可能容易，其實做起來卻比較艱難，我曾爲尋找宋代筆記中關涉《文選》評價的内容，僅《全宋筆記》我就翻了一個星期，枯燥又乏味，而這還只是一部分（當時還没出齊）。這的確近乎大海撈針，但寂潮師就是不折不扣地做到了，而且做得還那麼好，不由得讓我生出萬分敬意。

2011 年 9 月 10 日，在耗費一番周折才尋覓到的巨大花崗巖石體被運到華東師大閔行校區後，因寂潮師在詩古文辭創作上享有極高的聲譽，撰文的任務就衆望所歸地落在了他的肩上。這方要彰顯師大辦學歷史、特色和精神風貌的刻石，撰文自是重大、不易。而今，静立在刻石前，透過凝練、典雅、肅正的四字韻文，自是不難體悟寂潮師的良苦用心：

紫竹園中，櫻桃河畔；千畝其開，爰修學館。

> 講舍軒宏,書樓輪奐;文理工商,脈通氣貫。
> 吾校宅此,虎嘯生風;壯懷得地,看吐長虹。
> 展我鵬翼,騁我駿蹄;樹人樹木,霄漢思齊。

除了音調流麗、平仄諧美外,流溢在文字間的,更是有一種馳騁、昂揚的不凡氣度,這自然也是寂潮師內心一種理念的外化,思之至而表之於外者也。

之所以説是衆望所歸,是因爲早在 20 世紀 80 年代,寂潮師就因論文《"折柳"新解》而受到國學大師錢鍾書先生的欣賞。1983 年,始過而立之年的寂潮師特意用書寫難度極高的駢文修書一封,表達一己的經歷與感慨。這封信得到了錢公的高度褒獎,並親筆回復:"樊南四六,不圖復睹。屬對之工,隸事之切,耆宿猶當斂手,何況君之儕輩!"解讀之際,估計錢公可能暗含了一個典故,即《世説新語·言語》中所載的王敦對謝鯤稱贊衛玠清談水平的高超時説的一番話:"不意永嘉之中,復聞正始之音。阿平若在,當復絶倒。"如屬實,則實可見錢公對寂潮師的至高評價。當然,寂潮師的駢文確實至爲精湛、暢達,也是公認的實情。

寂潮師擅長近體詩,也自是期望作爲弟子的我能在格律詩詞的創作上有一點成績。這一點,估計只能讓他失望了,也曾想過努力,鑽研一番押韻、平仄等,但終因瑣事繁多,力不從心,最終只得作罷,徒留遺憾了。不過,十餘年來讀習古文,多少也浸潤了一點技法,就以類於駢文的對偶,暫且略表一點敬意:

> 遥想海上明月,看潮起潮落,淡淡長楊遠山闊,天自遠大。
> 只今校園漫步,望雲卷雲舒,何處相思明月樓,樹猶搖情。

當然,儘管囉嗦了這麽多,也盡力想表達一下自己內心的一些真實感受,最終還可能是詞不達意,並且也可能僅是説出了萬分之一;但不管怎樣,有一點可以肯定,一種由衷的敬意是永遠不變的。仰望昆侖,天自遠大。

2018 年 5 月 22 日星期二寫於滬上金都雅苑之陋室
(丁紅旗,華東師範大學古籍研究所副研究員)

# 稽古能兼學識才

## ——劉門問學録

### 唐 玲

2008 年秋，我有幸考入華東師範大學古籍研究，師從劉寂潮先生攻讀博士學位。光陰荏苒，轉眼已歷十載。此番恰逢寂潮師壽滿七秩，榮休在即，追陪杖履日久，特撰小文一篇，以伸嚴師之道，兼彰夫子高才。

## 家 學 淵 源

吾師爲海内聞名的文史大家，其爲人也，温良恭讓；其爲學也，藏修息游；其爲文也，清新俊逸；其於教也，循循善誘。究其根源，皆與家學淵源密切相關。夫子凡撰文，落款輒題“龍游寂潮甫”，乃因出生於浙江省衢州市龍游縣，六歲始來滬上。其祖父維屏先生，諱藩新，生於衢州，後舉家遷往龍游，爲鳳梧書院高材生，雅善詩文，後棄學從商。太夫子彰華先生，名衍文，號寄廬，乃當代鴻儒。少時因日寇侵擾而失學，在逆境中刻苦自勵，於東南各大報刊發表文字。嘗受知於耆宿余公紹宋，得入浙江通志館任職。現爲上海市文史研究館館員，曾任上海詩詞學會秘書長。太夫子不僅長於辭章之學，兼擅陰陽命理之道，其文論見解，遠高出輩流。父子二人合著《文學的藝術》《古典文學鑒賞論》流布學林，教化廣大。如今在書市中更是一本難求。

龍游劉氏父子，素有“向、歆”之名。吾師幼承庭訓，加之天資聰穎，年甫十五，作對聯“生如無志生猶死，人善忘憂人亦仙”，已深得太夫子嘉許。尚未弱冠，所賦七律《傷西湖岳廟之毀》《書憤》等，已可歸於詩史之列。其時，夫子尚未耽詩成癖，反倒醉心於“走遍天下都不怕”的數理化，嘗於初中階段擔任化學課代表，至今尤能熟記阿伏伽德羅常數及諸化學公式，實令不少化學專業的畢業生汗顔。後紅羊劫起，家中藏書慘遭抄没，唯餘民國《新字典》《笠翁一家言》七律一册，遂日誦夜讀，吟癖漸成。又借得《辭海》未定稿，從中摘取詞彙，自作韻書、類書，以供作詩之用。自此，夫子由理入文，從父問學請益，學養日豐，可謂善繼家學者。

## 大　賢　識　小

《論語·子張》云："賢者識其大者，不賢者識其小者。"吾師治學，往往留心小處，故常自嘲爲"不賢識小"。竊以爲，不識小，何以識其大？能見輿薪者，未必能察秋毫之末！

夫子在授課過程中尤其重視糾正門人讀白字的情況，這是因爲幼年時爲人所誤，嘗讀"顴"爲"觀"。師者，所以傳道受業解惑也。雖一字之誤，亦難以爲師。夫子自云："余狷者也，聞讀白字，於長輩或同輩尚能忍而不發，於門下諸生則有誤必顧焉。……然糾之未久，多有仍其舊讀者。先入者爲主，奈之何哉！"幸而門人中知錯必改者衆，置若罔聞者少，庶幾不負夫子苦心。想必"識其大"之賢者會認爲，字音準確與否與學術何干？我自可完成"大判斷"，何必在乎"小結裹"。那麽，這真是"取法乎中，僅得其下"了。弄明一個字音，於公衆場合，不至"鵠""浩"不辨，貽笑大方；立三尺講臺，不會"觀""顴"不分，誤人子弟。特别對於古典文獻學、古代文學的師生而言，字音是格律的基礎，格律是詩詞的要件。小處不解，大處自難言通。正如地基不牢，大廈難免傾覆。據坊間傳聞，某專家因昧於格律，凡遇古體詩、仄韻詩，往往點得滿紙破句。又有因不明古今音變，誤以某詩爲不押韻而定爲古文者，自鳴得意，矜爲創獲。凡此種種，見怪不怪，竟成學界常態，而知之者反被人視爲"不賢識小"，不由人不感歎："黄鐘毁棄，瓦釜雷鳴！"

夫子不僅重視字詞讀音，對詞彙、成語的使用也格外留意。許多詞語在流傳過程中，莫名被人誤解誤用、以訛傳訛，於其正解，反倒鮮有人知了。我讀博二那年，網上盛傳一文題作《劉永翔大罵胡文輝〈學林點將録〉》（後改爲《曾湘鄉大罵胡文輝〈學林點將録〉》），夫子讓我辨别是否出自其手筆。愚鈍魯莽如我，未經細讀，便率爾對曰："是的。"夫子哂之，道："成語都用錯了，怎麽會是我的文章？"該文説："葉集（指《葉德輝詩文集》）得以點校排印，嘉惠學林，堪稱盛舉。見獵心喜，亟爲購歸。"很明顯,作者"望詞生義",將"見獵心喜"用作看見獵物而歡喜之意了。遵示檢《二程遺書》,其書卷七云:"明道年十六七時,好田獵。十二年,暮歸,在田野間見田獵者,不覺有喜心。"後比喻舊習難忘,觸其所好,便躍躍欲試。可見,作者想要"嫁禍"吾師,無非是舉鼎絶臏、不自量力,枉作"笨伯"而已。諸如此類被誤用的語詞還很多,如"具體而微"(非指具細精微)、"不絶如縷"(非指綿延不絶),若非夫子爲之匡謬正俗,我輩弟子未免習非成是了。

頃年,我參與《全宋筆記》的整理工作,時有疑難,輒向夫子請教。内收董弅所作《侍兒小名録拾遺》一書,中云:"劉商少游湘,中秋月方皎,忽見一畫:水輿中有七八女子,環麗容止,若爲呼盧戲。"初讀之下,我只覺"環麗容止"不詞,似無來歷,比勘他本,亦無異文,不知如何處理。夫子初見即疑"環"爲"瓌"之訛,乃狀美女姿容姣好,故命作他校。幸《淵鑑類函》中引用此條正作"瓌",可證其推斷不誤。"瓌"是"瑰"的異體字,並非常見,而夫子竟在没有版本支持的條件下,僅據上下文便推斷出來,其學養、識見之佳,可見一斑。

吾師所識之小,還體現在喜歡考證古籍中的細微之處。《孫臏兵法》竹簡出土,内載"(孫子)擊之桂陵,而禽龐涓",吾師知此與《史記》所言齊軍萬弩俱發,龐涓兵敗自刎不同。因憶《高祖本紀》有"項羽有一范增而不能用,此其所以爲我禽也"之語,而項羽實自殺而死,故假設"苟獲其人,生死皆可曰禽"之義。翻檢先秦典籍,其例實多,足以證成其説。此即吾師觸類旁通,讀書得間之明證。又如探究《毛詩》"誰謂鼠無牙"之本意、"關羽"避諱之始末、秦少游《郴州》詞之本事、"六尺巷"之真僞、《雞籠》詩與張李姻緣之真相等,所涉之廣之深,可謂細大不捐,而皆爲不刊之論。吾師不爲專業所限多類此,正所謂"博學而無所成名"。

# 記 誦 堪 師

當年決定報考寂潮師,實在出於自己的無畏無知。由於碩士階段没有專攻某一斷代文學,所撰大小論文涉及《左傳》、《古詩十九首》、《三國志》、范仲淹、楊慎,然皆淺嘗輒止,泛泛而論,未能深入。偶見招生簡章上,吾師所導方向爲"中國古代詩文",遂妄以其爲"萬金油",與己"暗合"。然而在備考過程中,借閲吾師大著拜讀一過後,才知何謂"仰之彌高,鑽之彌堅,瞻之在前,忽焉在後"。用網絡流行語來説,便是"知識的貧乏限制了我的想象"。

夫子性耽吟咏,嘗言自己的一切學問皆從作詩中來。其實在弟子眼中,吟詩作賦僅是劉學武庫之一隅,其國學根底之深厚,宿儒罕匹。除集部之學(品賞、批評、創作)是當行本色之外,尤精於小學(文字、音韻、訓詁)、文獻學(校勘、注解),它如經學、史學、子學,甚至外國文學也多所涉獵(可參《蓬山舟影》"故國神游"篇)。

早在攻讀碩士研究生期間,文字學課考試答卷以駢文寫就,授課先生胡公彦和閱之歡賞,歎爲天才,於其卷上批云:"逸才射策,取高第於掌中;藻思摛文,得玄珠於頷下。"又潛心研習被視爲絕學之音韻學,嘗撰文考證"貞"字古今音變,詳論此字從《廣韻》《平水韻》《音韻闡微》到現代普通話中,因韻尾中[ɡ]脫落,由後鼻音變爲前鼻音的過程與原因。在訓詁方面,亦多有創見,以致與錢鍾書先生結下了翰墨因緣。1982 年第 1 期的《文史知識》刊發夫子大作《"折斷"新解》,内於李賀詩王琦舊注的一字之釋發生疑問,進而旁征博引,從意象、來歷、字音等方面論證"折斷"乃"折盡"之義。錢先生一見,即青眼相加,特抄送《談藝録》修訂版中相關章節爲其"幫腔助興"。

吾師碩士畢業論文乃奉業師徐聲越先生之命,爲宋人周煇筆記《清波雜志》作校注。周煇終身未仕,名亦不顯,宋代各種史籍鮮有記載,所著《清波雜志》亦在歷史長河中"泯然衆書"矣。吾師夙興夜寐,甘服蠹魚之勞,時尚無電子書數據庫,則先將全書須注之處牢記於胸,每日到圖書館插架前逐本翻閱,爬羅剔抉,歷時六年,終成完帙,被宋史權威鄧廣銘先生譽爲"點校本中的上上乘之作"。這部書也緣此成爲宋人筆記中之名著。徐先生亦感歎道:"從未帶過這麼好的學生!"

依常理而論,《清波雜志校注》完成後,吾師的治學範圍似應定格在兩宋,殊不知"高才無所不能",其所治上窮先秦,下逮晚清,一言以蔽之——"無書不讀"。吾儕弟子,雖也曾瀏覽過《論》、《孟》、《莊》、《騷》、前四史、唐宋詩詞等基本典籍,然而都模糊影響,未能成誦。吾師則不同,於諸要籍似有過目不忘之能。相信除了天賦異稟之外,更多的還是靠後天之功。早在弱冠之年,便手抄戴震《屈原賦注》、王引之《經傳釋詞》、張相《詩詞曲語詞匯釋》等名著。於歷代大家詩詞也多所摘録,故對大小李杜、王孟、韓柳、劉白、蘇黄、李漁、袁枚、黄仲則、龔自珍等人之作皆爛熟於胸。又全文標點《昭明文選》、蘇辛之詞等,足見其用力之勤。我曾親見夫子青年時手批的《詩集傳》、《楚辭補注》等書,細字密批,丹黄燦列,可見"大師的養成”，斷無速成之法。

同門嘗相聚而言，劉學精華之一便是對詩文典故的敏感與諳熟。劉門弟子中爲詩集箋注者甚多，每將初稿呈師審正，但覺典故有漏注、誤注之處，則一一指明。若是熟典，張口即告；若是僻典，則略作思考，告以線索尋找。吾儕皆以夫子腦中自動“開啓四庫檢索模式”，不須待查而後驗。已故唐詩專家趙昌平先生嘗贈以《新編唐詩三百首》初版徵求意見，吾師一翻即謂其唐詩名句“人面桃花相映紅”當注明出自庾信《春賦》“面共桃而競紅”；又依名從主人之例，“劉眘虛”不當改作“劉慎虛”，趙先生均欣然接受。

我的博士畢業論文即學步夫子，爲宋人唐子西詩集作校注。子西之詩是典型的宋調，好以才學爲詩，用典隸事，翻騰變化，頻頻令我束手。幸得夫子指點，方能走出迷津，至今我還記得那些讓我“心力俱疲”的典故。如《春日七言》：“是家大似東郭子，能使人之意也消。”開始我只注出東郭子爲東郭順子。吾師看後即告“意也消”語有來歷，出自《莊子·田子方》“物無道，正容以悟之，使人之意也消”，亦當注出。又如《初到惠州》：“因行採藥非無得，取足看山未害廉。”句中“取足”義易明，難解者在其與“未害廉”之關聯。命查《南史·朱異傳》，果見傳云：“（異）年二十出都，詣尚書令沈約，面試之，因戲異曰：‘卿年少，何乃不廉？’異逡巡未達其旨。約乃曰：‘天下唯有文義棋書，卿一時將去，可謂不廉也。’”此句非如上例，由字面便可得知語出何處，非“注詩毛鄭”不得解之。再如《翟提倉生日》：“德醇渾可飲，才俊不容睎。”前句我本已等閒放過，吾師則曰不可，言此出《三國志·周瑜傳》裴松之注：“與周公瑾交，若飲醇醪，不覺自醉。”並戒之云，宋人喜化用典故，不可不加深究。每憶及此，都覺汗顏，且深感“記誦之學，足以爲人師”！夫子非專攻《莊子》、《三國志》、《南史》等，於其書卻能如數家珍，這讓“專業選手們”情何以堪。

# 文 老 更 成

伊川先生曰：“古之學者一，今之學者三；異端不與焉。一曰文章之學（辭章），二曰訓詁之學（考據），三曰儒者之學（義理）。”今人誠難有三者兼通者。吾師整理《朱子全書》雖曾花過大功夫，但嫌義理之學的根基植於假定，故治學所重在辭章、考據二端，尤醉心於前者。若仿《晉書》所言，王濟有馬癖，和嶠有錢癖，杜預有《左傳》癖，則吾師有辭章癖，其於古文、駢文、賦、碑、銘、箴、序、記、聯語、古詩、律詩、長短句各體，無所不擅。

除《蓬山舟影》所録文言作品外，近歲以來，夫子又作《東海大橋記》《尚義廳記》《蘇州中學重建智德之門記》《大夏大學遷校碑》《盲童學校煉心銘》《證婚箴詞》《召稼樓賦》《〈訂頑日程〉序》《聲越雋因二先生像贊》等等。語鍛句煉，可謂"庾信文章老更成，淩雲健筆意縱橫"！網上曾有人妄評云："劉寂潮之作，駢文勝於古文，古文勝於白話。"夫子聞之，笑而不語。其實，吾師古文自鑄偉辭，尤工創意，能以古語達今人之情，爲文如行雲流水，摇曳生姿，非一般筆記體文言可比。

至於駢文，創作難度更高，除了受四六句式所限，還需對仗精工，運典妥切，平仄謹嚴。形式而外，尤難在敘事。今人所作，形似而實非，皆因不明文法、不諳技巧所致。吾師而立之年所作《上錢鍾書先生書》，介紹自己的經歷，寫得明明白白，卻又對得工工整整。其中，敘述自己自幼讀錢著的一段云："翔自解庭趨，即承家訓。讀養新之録，已爲私淑之門生；作稽古之編，自必折中於夫子。……拜華夏無雙之士，可免先容；占乾元第二之爻，尚期後驗。"文中之對仗，皆工整絶妙：如"稽古"對"養新"、"夫子"對"門生"，"第二"對"無雙"，"後驗"對"先容"。文中之平仄，皆嚴守格律，即句末之字以平仄仄平——平仄仄平頂針續麻下去（趨、訓、録、生——編、子、筆、名）。文中之用典，皆切合情理：所謂"養新之録"指錢辛楣《十駕齋養新録》，因二人同姓，故以代指錢公《談藝録》。而《乾卦》九二的爻辭爲"見龍在田，利見大人"，用此則是表達欲拜謁"華夏無雙之士"的夙願。果然，錢公回信驚歎道："樊南四六，不圖復睹。屬對之工，隸事之切，耆宿尤當斂手，何況君之儕輩！"故而太夫子寄盧先生喜而賦詩云："稽古能兼學識才，更憐筆底屢花開。譽兒莫笑王家癖，曾入梁溪巨眼來！"

夫子有詩云："與爲天子寧才子，除卻詩人總俗人。"可見在衆多文體中，最鍾情的還是詩。年輕時，常爲了"吟安一個字，多行十餘程"，故其少作已有雛鳳之聲。如《自題詩集四首》意氣風發、筆力張皇；《落花詩十章》風流蘊藉，句麗情深；《無題八首》纏綿悱惻，比肩義山；《惆悵詞十二首》情兼雅怨，空靈宛轉。中年以後詩較之少作，更添一份沉穩：《壽錢默存前輩四首》之起承轉合，渾然天成；對仗二聯，巧奪天工；用典使事，如鹽入水。錢公對他人贊譽道："劉君駢偶文至工，前曾經眼，嘆爲罕覯。此番兩章,運典屬對之工,後生中恐無與齊肩者,前輩亦須卻步也。"步入耳順之年以來,彩筆頻現,佳作蜂出,詩藝亦日臻至善。正如黃山谷所謂"杜子美到夔州後詩,韓退之自潮州還朝後文章,皆不煩繩削而自合矣"。其《白內障術後志喜二首》之一,頸聯云:"蔽目全驅東海霧,開顏免作左丘明。""顏"對"目",皆屬人之身體;"左丘"對"東海",以姓氏之"左"借義爲方位之"左",爲借對之高妙者。再如今年元旦感懷詩:"舊歲徐徐入杳冥,長庚看化啓明星。將終東序弦歌日,已到西河退老齡。民意有閒聽白屋,官程無計促玄亭(李長吉《猛虎行》"官家有程")。從茲不作藏山想,何必微名上汗青!"此詩述其即將榮休前的恬淡胸懷及關心民瘼之情,既典雅精工,又直抒性靈。意其同輩,也會"心有戚戚"吧。

竊以爲眼下學界怪現狀之一,某些自命有"大學問"、成"大體系"的專家,往往對"識小"、"記誦"、"詩律"等不屑一顧,而喜作高屋建瓴、全局在握狀。反觀其人,"之乎者也"謅不出半句,"魯魚亥豕"比比皆是,以不能而嘲有能,豈非咄咄怪事?曹子建《與楊德祖書》有云"蓋有南威之容,乃可以論於淑媛;有龍淵之利,乃可以議於斷割",可爲之深戒也。

# 循 循 善 誘

吾師授課頗有古風,常令衆弟子各言其惑,並隨堂解之。正如《學記》所謂:"善待問者如撞鐘,叩之以小者則小鳴,叩之以大者則大鳴,待其從容,然後盡其聲。"吾儕皆感絳帳之樂,如坐春風,甚至非本門弟子,亦常來聽講。

夫子曾謙虛地把自己的學問稱爲"雜學",如今回想,此"雜"實非雜亂無章,而是融會貫通之謂,諸如避諱、稱謂、曆法、風俗、書儀、書體、掌故、逸聞等都涵蓋無遺。其實這些知識點才是讀通古籍的鑰匙。例如,僅其談稱謂一項就可爲大衆掃盲。古裝電視劇中凡出現官員,必稱"大人",殊不知古人實不如此,於各級官員皆有不同稱呼。趙宋以來,於縣令多稱"父母",而在唐以後詩文中則多稱"明府"。又今日友朋間"稱兄道弟"甚多,皆以年齒爲序,老輩則於己概稱"弟",於人概稱"兄"。錢公長吾師三十餘歲,因無師生關係,故往來書信皆自稱爲"弟"。太夫子徐公聲越與吾師確係師徒關係,則稱吾師爲"賢弟"或"仁棣"。再如"世兄"之稱,其義有二:師之子爲"世兄";朋友之子亦爲"世兄",如《紅樓夢》中賈政同僚稱寶玉即然,一爲同輩,一爲下輩。稱謂有時代性,先秦師稱弟子必以名而不以字，如孔子稱由、回、點，而不稱子路、淵、晳。自宋以降，謙遜之風日盛，師始多稱弟子之字而不名。凡此種種，瑣細之甚，卻有關禮儀，不可等閒視之，而今日能了然者則寥寥無幾。

夫子爲人慣於"藏鋒匿彩"（錢鍾書先生語），初見似口訥不能言，實際睿智機敏，妙語連珠。2011 年我博士畢業，入上海師範大學跟隨著名學者曹旭教授讀博士後。兩年後，我的碩士同學譚君（曹師碩士）欲從寂潮師攻讀博士學位。吾師想到我二人之師門經歷，戲言曰："唉，難道真是'天下英雄，唯使君與操耳'嗎？"恰合二師之姓。我等聞之，不禁爲之絕倒。可見，吾師並非泥古不化，而是引用巧妙，左宜右有。其實在給學生的授課過程中，"幽他一默"的現象時有發生，真正做到了寓教於樂。夫子常於閒談之中便將捷對、巧對一類的掌故、知識點一一傳授，從中可以想見其機敏捷悟實乃所出有自。如談以人名作對，則言"伊尹"、"阮元"之對巧極，無論字形、詞義、聲調皆無可挑剔。在談作詩押韻之難時，則以清末高伯足落榜後的無奈之對——"平生雙四等，該死十三元"爲例，教導弟子們作詩時務必留心詩韻。諸如此類趣聞巧對不勝枚舉，皆令我等忍俊不禁。

至於公共課"詩詞創作"，是爲古籍所全體研究生開設的精品課程，十餘年來，歷久彌新。與其他照本宣科、紙上談兵的教授不同，夫子身爲詩壇斲輪老手，將獨得之秘悉數授與學生，堪稱"鴛鴦繡了從教看，更把金針度與人"。其言作詩之法，首忌平仄不調，次忌生造語詞，摒除二病者，"始可與言詩也"。記得我入門那年的期末作業，是以《入華東師大述志》爲題，賦七律一首，律限七陽。不才如我，僅能勉強掌握平仄、押韻，於運思、技巧等皆不得要領，信筆塗鴉之作，實負夫子所授。拙作云："櫻河蓮動夜微霜，蛙鼓聲中入上庠。何幸駑生窮五技，得逢夫子學多方。疏閒敢墜青雲志，蛾術期成錦繡章。欲上高樓觀日月，驀然回首樂無央。"今日看來，此詩生造之語、不安之處甚多。吾師一覽，説道："'駑生'不詞，不如'駑才'現成。'舒閒'爲並列結構，而與之對仗的'蛾術'則是偏正結構，屬對欠工。'驀然回首'句於辛稼軒詞生吞活剥，於義未安，當加更易。"隨即提筆改云："櫻桃河畔夜微霜，蛙鼓相迎入上庠。有幸忝蒙鴻碩顧，無才願效鈍駑長。頑金自不辭千煉，華錦還期待七襄。欲上高樓瞻萬里，從茲須爲筑基忙。"改後頓覺改觀不少，一洗原作的"山寨"氣息，端可見吾師七步成詩之才，點鐵成金之功！

以上所記皆在夫子門墻的常年聞見，只恨自己學淺才疏，愚鈍滅裂，於吾師之學養才識，難以近其藩籬。回憶所及，亦屬掛一漏萬。嘗憶夫子有詩云："納我庠黌是大恩，散材從此齒儒門。"恰好印證了我此時此刻的心境。能入劉門，是吾儕之幸；然弟子中鮮有具體而微者，又是劉學之不幸！惟願吾師嘯咏林泉之際，考槃阿陸之時，尚能關心學術，不斷給弟子以指點；續吐胸中所蘊之奇，予學界以驚喜。

（唐玲，華東師範大學古籍研究所副研究員）

# 從心所欲,自適其適

## ——敬賀寂潮師七十華秩暨榮休

### 王　珂

　　六月十三日晚,外出散步回來,接到同門電話,告知下月寂潮師就要榮休了,華東師大古籍所想編一冊紀念文集,希望我也寫篇文章以誌慶賀。我立刻答應下來,但心中還是有些忐忑。每個人都如同一座漂浮在海上的冰山,露出水面的部分僅佔總體的很小比例。在滬上隨侍寂潮師讀書兩年,時間應不算短,但限於弟子和晚輩的身份,坦率講,我對老師的了解仍然很不夠。何況素來筆舌蹇澀,能否傳寫夫子風采之萬一,於己而言更是沒有把握。不過,轉念一想,今年七月恰逢先生古稀壽辰,懸車之歲能夠卸去俗務,退隱林泉,從此縱情舒嘯賦詩,作逍遙游,實乃人生一大樂事。我何不藉此機緣,記下一些個人的回憶和感想,既爲先生壽,也可當作師生情誼的最佳紀念。由於交稿日期迫近,時間緊張,無法從容整理思緒,只好盡力打撈記憶海洋中漂浮上來的片段,如果能像一滴水那樣折射出太陽的光輝,則於願已足。

　　自己孤陋寡聞,首次聽説寂潮師的尊名,已是在南京師大念碩士之日,具體時間今已忘卻,但至遲應不會晚於二年級。那時年少淺薄,僅知道老師的成名作《〈清波雜志〉校注》被鄧廣銘先生推許爲"當今校點注釋本之上上乘",與周勛初先生的《〈唐語林〉校證》雙峰並峙,同係今日古籍整理研究的典範之著,但竟從未興起過立雪劉門的念頭。

　　世間因緣總是不可思議。2007 年碩士畢業後,我離開金陵,負笈春申。在上師大讀博的三年裏,常去旁聽學術講座和博士論文答辯。大概就在那時的某幾場會議上,我先後數次見到了寂潮師,當然,都只是近瞻,並未親接一言。在我最初的印象中,先生就是位清癯而寡言笑的白髮長者,低調普通,毫不引人矚目。不過,隨着自己讀書漸多,聞見日廣,尤其是平時師友同儕間私下的"月旦評"，讓我對寂潮師學問的淵博逐漸有了了解，欽佩之意萌發且日益加深。博士畢業前夕，老師孫遜先生根據我的治學喜好和方向，推薦我到寂潮師門下做博士後研究，我深感幸運，毫不猶豫地同意了。至此，我的人生軌跡方才和老師發生了交集。人們常常會因後見之明，發現過往歲月中存在着一些不經意的巧合，冥冥之中似乎早已預示了日後要走的道路。儘管這多多少少帶着點兒宿命論的味道，但也不妨視作一種對命運的自我解嘲式的詮釋。如果説寂潮師和我之間有什麽因緣關聯，套用加西亞·馬爾克斯《百年孤獨》開篇那句膾炙人口的話來講，就是："多年以後，在知道寂潮師的桑梓是浙江龍游時，我將記起，家鄉樂山在隋代也曾被稱作龍游。"或許在他人看來，這種牽強附會的聯想，無聊地像個笑話。但在我眼中，歷史與當下的交織，時空的錯位和對應，卻在在透露出"天意從來高難問"的神秘，使我愈加珍惜與先生的這段師生緣分。

按規定，博士後進站前，需要面見導師，以徵得其同意。在 2010 年初夏的某個週三下午，按照約定的時間，我趕赴華師大閔行校區古籍所拜謁寂潮師。先生依舊是穿着簡樸得近乎不講究。表情從容淡定，言語不疾不徐，聲調鮮有明顯的起伏變化。由於這次是陪侍老師座側，我還發現了過去一個不曾注意的細節。寂潮師當時雖已年過花甲，眸子卻依舊清澈有神，與樸訥的外表形成了十分鮮明的對比。在做了簡短的個人介紹後，我恭敬地呈上了孫遜師的推薦信和自己的博士論文。原以爲寂潮師會首先垂詢我博論選題的緣起和撰寫過程中的心得體會，但先生稍加翻閱後，卻忽然指着拙作涉及的一個人名"陳元靚"的末一字，帶着一絲不易察覺的俏皮語氣，問道："考考你，這個字怎麽念啊？"我感到有些意外，不過還是趕緊回答："讀若'敬'。"寂潮師莞爾頷首，解釋説："過去此字用於人名，都應念作'jìng'，不可念作'liàng'。"我很是慶幸沒有當衆出醜。其實，起初自己對此處"靚"字當讀何音並無把握，一次瀏覽外文學術論著，看到英譯作"Chen Yuanjing"，方才祛除了心中的疑惑，否則連研究對象姓名怎麽念都弄錯的話，那就太尷尬，太不合格了！

面試順利通過後，我正式獲得了劉門弟子的身份。跟隨寂潮師讀書的時間愈久，我愈發現老師對文字的音義十分講究，也喜歡考問學生這方面的知識，此種頗具樂趣的小游戲幾乎可算作師門講學時的標配插曲。比如："司馬相如"之"相"當讀若"香"；"劉長卿"之"長"當讀若"掌"；"石"字作爲計量單位，在古代均讀若"食"；"望洋興歎"之"望洋"非望見海洋也,乃仰視之貌等等。類似的例子還有不少,但無一不是通過問答的方式而深印在我的腦海中。興致高時,寂潮師甚至還會由方塊字轉至蟹行文,娓娓道及京、滬、港三地地鐵廣播中英語發音之異同優劣,令人聽之忘倦,撫掌贊歎不已。或以爲如此斤斤於雕蟲之技,難逃識小之譏,實則大不然。何以言之?從某種程度上説,我們的世界是由語言構成,誠如維特根斯坦所言:"我的語言的邊界就是我的世界的邊界。"(The limits of my language mean the limits of my world)真正的詩人,於語言最爲敏感,細密的文心必然追求字義的銖兩悉稱和字音的悦耳動人。先生性喜詩賦,雅善詞章,是今日海内有數的舊體詩文巨擘,對此中三昧的體味自遠勝於常人。而且在離詞辨言的背後,夫子還有一以貫之的道。寂潮師治學,廣涉四部,尤精子、集。先生也曾歸納自己有"四大好":一好吟咏,二好宋代文史,三好清末民初文人軼事,四好"錢學"。那些看似咬文嚼字的習慣實際是以此"四好"作爲基礎和背景,正如附麗在樹幹上的枝葉,隨時發揮着光合作用,爲主體提供了源源不竭的能量,老師那些備受前賢時人稱贊的論著創作就是大樹結出的碩果。

　　寂潮師博聞强識,識見通達,素爲學林推重,這不僅得益於優良的天賦和家學,更是後天勤奮所致。老師曾説:"一見好書,就廢寢忘食,必欲畢讀而後快;讀畢又見好書,則又廢寢忘食,又必欲畢讀而後快。覺得讀書與寫永遠是一對矛盾,寫必妨讀,讀必妨寫。依自己的心願,則寧讀而不寫,故平生勤於讀書而懶於著述。如果依着我的本性,則勢必終身爲讀者而不爲作者。"此話絶非虛語。記得一次衆同門給老師祝壽,席間聊到讀書,師母笑言:"你們的老師啊,如果不叫他吃飯休息,是會一直待在書房裏面看書的。"當時,我們在座的學生聞之,無不汗顔,老師年過花甲尚且用功如此,吾等後生小子豈敢懈怠!這裏我還可再舉一件親身經歷的小事以爲旁證。大約是在 2011 年夏季的某天,我偶然購讀了剛剛再版的高爾泰先生的散文集《尋找家園》,雖然僅是删節本,但仍被其元氣淋漓的文字深深震撼。興奮之際,急於分享,便匆匆給寂潮師發去一條短信,撮述了自己的讀後感。没想到,老師很快就回復了消息,對高氏文章評價頗高,言辭之間像是才看過不久。高先生多年前憂以去國,在現今物欲橫流的神州大地早已聲名湮没,知道他的人並不多,熟悉其著作者恐怕更少,寂潮師卻讀其書,知其人,腹笥之厚實在讓人歎服。

　　錢鍾書先生是寂潮師最爲敬佩的學者。老師與錢公曾有一晤之緣,默存先生慧眼識人,對老師的品行十分稱賞:"足下温克醇厚,少年而能藏鋒匿采，真學養兼深者。河南程子所謂蘊輝之玉，遠勝於瑩澈之水晶也。"據我膚淺的觀察，老師蘊藉的性格有出於天性的部分，但更多似應源自後天的磨礪。太夫子劉衍文先生身罹"陽謀"之厄，繼逢"文革"浩劫，耿介獲罪，闔家株連。老師青少年時期歷經坎坷，"初爲失業之徒，長逾七載；後作賃傭之保，始值一錢。塵海相輕，淚河久竭"。寂潮師本具一顆敏感的詩人之心，人世的苦難和悲劇，自會增其孤憤，促其深思，慢慢形成内斂的個性。不過，在樸訥的外表下，老師卻始終保有着一份真摯的赤子之情。

1978 年，寂潮師以同等學力考入華東師大古籍研究所爲研究生，師從徐聲越震堮先生。徐先生辭世後，老師受其家人囑托，竭盡心力，搜羅遺稿，耗時近一年，得詩 341 首，詞 91 闋，文 24 篇，並附加箋識，編成《夢松風閣詩文集》一巨册。書成付梓之日，寂潮師又撰《理董小記》一篇，述編撰緣起，追憶先師，情深意切，讀之令人動容。

太夫子劉衍文先生博學多才，迨國家撥亂反正，即重返上庠，著書育人。儘管身體康健，力爭朝夕，但畢竟景入桑榆，胸中許多掌故、宏論無法逐一寫出。寂潮師趨庭之暇，常爲太夫子捉刀代筆，甚或自己所撰文章也題署其尊人名諱。在當下這個"借父攓鉏，慮有德色"的末法時代，能夠如此不計個人名利得失，是很不多見的。

名利心的淡泊，從另一面來看，正是重情重義的體現，而對生命的深刻感悟則更爲此增添了一份奪目的光輝。回首前塵往事，寂潮師曾説："此生有憾，此生亦無憾。有憾，是因爲有許多願望沒有實現，今已垂垂老矣，去日無多，再也沒有去做的可能、再也沒有實現的一天；無憾，是因爲我曾嘗試過、努力過，沒有做成是由於緣不深或力不足之故，意志並不足以移山，此中有天意存焉。"這段發自肺腑的慨歎，讓我想起何兆武先生在《上學記》中對英國詩人濟慈那句名言的精彩發揮："人生一世，不過就是把名字寫在水上。不管你如何奮力，如何著意，還是如何漫不經心，結果都是一樣的，名字一邊寫，一邊隨流水消逝了。"看似非常消極，實則是達觀通透的智慧之言。"不知命，無以爲君子"，何謂"知命"，認識自己並且遵從天意也，寂潮師不就是已達此境界的君子嗎？

（王珂，陝西省社科院古籍研究所副研究員）

# 我與寂潮夫子的師生緣

戎　　默

　　我 2010 年考入華東師範大學古籍研究所。在這之前，便已經聽過寂潮先生的大名，知道先生學問深厚，不止在古典文學、文獻的研究方面成就非凡，而且創作的舊體詩文造詣頗深，飽受稱揚。後來又知道他竟與錢鍾書先生有過交往，還得到過他的贊許。出於對先生的仰慕，便去找了本先生的《蓬山舟影》看。書裏的一些文史考證、漫談都饒有趣味，而書最後乃是先生寫的一些舊體詩，更是讀來與古人所作無異。接着，又閱讀了他和衍文先生合作的《古典文學鑒賞論》，發現其中談及的問題都十分有趣，且角度新穎，自有心得，與外界那些故作高深，讓人讀不懂的古典文學理論完全不同，心下更爲佩服。但當時先生已經不指導碩士生，也不經常開課，自己臉皮又薄，害怕上門請益的尷尬，因此一直與先生沒有什麼交流。只是有時在工作日，遠遠地看着先生端着茶杯，身後跟着幾個學生，慢慢地踱向自己的辦公室。

　　後來，得知先生爲碩士生開了一門"古典詩詞創作"的課，十分高興，立馬報名選修。這是我第一次坐在課堂裏聽先生上課，也是我碩士階段最喜歡的課程。先生的第一堂課就給了我不小的驚喜：講舊體詩的吟咏，竟然首先讓同學們讀的是外文詩！還記得其中一首是 Burns 的《A Red Red Rose》，先生點名讓班中英文較好的同學讀一讀，也許是措手不及，加之詩中夾雜着些蘇格蘭英語，那位同學讀得也不是很流利，先生聽了幾句，不是很滿意，便讓他停下。又環顧了一下四周，似乎希望能有個同學自告奮勇，流利地讀一遍。我緊張地低下頭，發現其他同學的頭也都低着——看來這位有信心流利地讀一遍詩的同學並沒有出現。幸好先生沒有繼續點名，而是自己示範了一遍，一口標準的英式英語，加上英詩特別的抑揚格，十分好聽，讓人驚歎！接着，才將話題引向古詩詞的吟咏中來,用龍游方言(先生家鄉浙江龍游,方言中有入聲,可充分表現舊體詩的平仄)吟咏了一首晏幾道《鷓鴣天》詞("彩袖殷勤捧玉鐘")和一首李商隱《無題》詩("相見時難別亦難"),先生的鄉音我並不能完全聽懂,但他吟咏起來抑揚頓挫,讓人覺得甚是好聽。這時我才明白先生上這堂課的用意:詩歌的美感與意境,不僅僅是依靠文字或是西人所謂之"意象"來呈現,聲律和諧也是詩歌好壞的一個重要評判標準,所以舊體詩講格律、講平仄並非是一種"形式主義",而與意境和美感息息相關。

先生講課比較隨便,主要以漫談的方式,將詩歌的平仄格律及創作技巧穿插其中,加之以自己創作時的一些經驗之談,自有心得妙悟,不拘一格,十分精彩。只是上課的時間往往讓人難以掌握,最短的半個多小時就講完了,接着便讓大家提問,但大家都不作聲,先生也不强求,説一句"結束吧",就下課了。最長的一次課卻講了兩個多小時,也許是大大超出了預計,一位同學在課後還安排的其他的事情,心急如焚,情急之下,直接站起來説:"老師,我還有一些事,想請假!"先生倒也不嫌她冒昧,看了看表,輕輕地"哦"了一聲,説:"我也有事,大家下課吧。"沒講完的課便戛然而止。這樣的上課風格,雖説與一些老教師提倡的"講完最後一個字下課鈴響"的境界相去甚遠,但卻合乎先生隨性瀟灑的性格,反倒讓人覺得可敬可愛。

碩士研究生二年級時,我又決定繼續攻讀博士,心中早已打定了報考先生博士的主意。而我當時的碩士導師方笑一老師也力主我考先生的博士。聽説報考博士前都要"拜山門",事先見見自己報考的導師,我便向方老師要了先生的聯繫方式,打通電話,先生説"歡迎報考。你可下週三來辦公室"。然而等我週三去的時候,竟然吃了個閉門羹,辦公室空無一人,説是去中山北路校區參加博士生的答辯去了。我只得再致電先生,先生説:"本週臨時有事,沒來閔行校區。其實我每週三如果沒特殊安排,都在辦公室,你直接來就行了。下週我應該在。"後來才知道,先生其實每週都會抽出一個半天時間在閔行校區的辦公室,他的學生都可以去找他,遇到不懂的問題可以提問,沒有問題的也能聊聊天。

週三終於見到了先生。因我到的時間略早,辦公室其他同學還沒到,我説明來意後,先生説:"歡迎報考。不過我不是'專家',如果你要報考'專家',就不要考我的博士生了。"當時不知這話的用意,只能默默點頭。後來才知道,先生治學以博通爲要,與如今人文學科也要細分出一個個"領域",成爲一朝一代甚至一人的"專家"路徑大不相同。接着,他又詢問了我關於讀書、學習的一些問題,由於我不善言談,都是問一句答一句,竟至没過多久就没有話説,相對默坐。我腦中努力地搜尋着一些話題,但竟張不開口,幸好其他同學没多久後陸續來了,與先生聊一些其他的事情,才緩解了尷尬。後來才知道,先生不喜與人主動找話題攀談,但如果學生能找到談話的切入點,他還是很健談的。

拜入先生門下後,每週三辦公室談話的半天成了博士四年印象最深、收穫最大也最快樂的時光。談話是漫談性質,先生對每一個聊起來的話題,詩歌、典故、文人逸事,都娓娓道來,深入淺出地爲大家講解,一些觀點讓我佩服不已。談話内容也不止於學問,他會對一些時事發表意見,也會談到一些人生感悟,不少看法對人深有啓發。後來開始寫博士論文,有疑難處,便在週三下午拿去與先生討論。有些讓我百思不得其解的問題,先生往往能一語解紛。

參加談話的還有同門的同學、老師們,唐玲師姐與紅旗師兄都已經是古籍所的年輕教師,但他們都平易近人,從不以人師自居。唐玲師姐風趣幽默,雖然經常和我鬥嘴,但也經常在我的學業、生活等各方面給出不少中肯的建議。紅旗師兄從不吝將他生活上、學習上的經驗與我們分享,給予我幫助。在讀的同學朱學博、蘇賢都是我的好友,經常在一起談天説地,聊學問,聊人生,聊時事,有時也説一説笑話,給我的學習生活平添了不少樂趣。其實,到了博士階段,因爲博士論文需要選定一個論題進行深入的研究,大部分時間都是枯坐於電腦、資料前查閲、碼字,生活單調甚至有些乏味,每週三半天的談話,實際上是一個難得的與人交流的機會,讓我將生活點滴與老師、同學們分享,同時也感受到來自他們的關懷。這對我渡過單調甚至有些乏味的博士四年時光有着莫大的幫助。

先生對學生的生活及將來的出路也甚爲關心。當他得知我考入上海古籍出版社,知道是我心儀的單位,也很是爲我高興。只是提醒我出版社的工作比較忙碌,要適應走出校園的變化,又叮嘱我不可荒廢學問,盡量繼續完善博士論文,爭取早些出版等。在答辯完謝師晚宴上,他突然説:"戎默不善交際,不會説話,容易得罪人,以後走上社會要小心。"我才知道,他對我並不是完全放心。我走上工作崗位後,他開會遇見我單位的同事與領導,便要打聽他們對我的印象,得知同事們對我印象還算不錯,才放下心。

走上工作崗位,才知道先生説出版社忙碌的話並非虛言,工作一年有餘,竟無暇去探望他。得知先生即將退休,心中很爲他高興。以前聊天時，他總是感歎集體項目讓他無暇做自己的事情，現在卸下重擔，不失爲一件好事，他也終於有時間可以做一點自己的事了。

　　這次先生退休編輯紀念文集，希望能寫些關於他的事情。原本我以爲寫不了許多，誰知也拉拉雜雜寫了不少，但都是些我和寂潮夫子交往過程中的瑣碎點滴，絲毫没有表現出他的丰神與學識來。因此只能在文章的最後爲先生祝福，祝他心情愉快，身體康健。

（戎默，上海古籍出版社文學編輯室編輯）

# 記寂潮師二三事

朱學博

2014 年我有幸考入恩師劉寂潮先生門下攻讀博士學位。在師門弟子中我是年紀最小的一個,也是最不肖的一個。但因爲年紀小,老師和學長們對我都很寬容和關照,今又值畢業離別之際,感愧之情實在是難以言表。

往事紛紜,回憶起來印象最深者,還是初次向寂潮師請教的情景。起先,我考入古籍所,跟隨恩師顧宏義先生讀碩士。甫入學,顧老師便對新生們說:"劉老師的詩詞駢文冠絕當代,這是外面人難有的機會,你們要珍惜,多向他學習。"那會兒我還是剛入學的小碩士,很不好意思去他辦公室請教。而且剛入學的同學們對劉老師多不了解,不少同學覺得他是一位博學而嚴肅的名家前輩,不敢唐突造次。到了第二年,顧老師見我也寫舊體詩,便說道:"你實應把這些作品拿去請劉老師指點指點,不要錯過機,更不用不好意思,劉老師很樂意和同學們談詩論藝的。"

於是我忐忑地拿着詩去他辦公室,敲門進入後,趕忙趨前打招呼,說明來意。劉老師微笑着點點頭,請我坐下,問了問我的情況,又看了看詩,頷首道:"還不錯的,你是會寫的。"旋又問我常看什麽詩,喜歡哪位詩人。我回答黃仲則和龔自珍,寂潮師言道:"我年輕時候也喜歡這兩家。"忽又問:"你讀過我的詩嗎?"我忙答:"讀過。"旋即又問:"能背出一二句否?"我當時太緊張,腦中一片混亂,沖口即言:"壓倒中唐二長慶,豪於前度一劉郎。"寂潮師哈哈大笑,言道:"這是我年輕時候說的大話。"隨後我向他請教作詩的竅門,他言說:"作詩沒有什麽特別的訣竅,非要說的話,那關鍵在於三多,即多讀、多作、多討論。前兩點獨自一人也能做到,最後一點須和師友們多交流才行。"隨後他還講述了自己以前的學詩經歷和一些學林掌故。經過這次交流,我感覺劉老師不像同學們想象的那般嚴肅,他既多聞健談，又風趣隨和，是一位平易近人的老人家。

後來，我有幸考上了寂潮師的博士研究生，繼續深造學習。相處的時間久了，更進一步瞭解了寂潮師的道德文章，也更加驚歎他才學淵博，無書不讀。他曾提及當年校注《清波雜志》時，不像現今可以電子檢索，乃是站在圖書館書架前，從第一本書開始，整架整架地翻閱瀏覽。雖然很多內容和《清波雜志》沒有關係，但大有助於增長學識。有時書庫調書，工作人員取錯書籍，他也不忙於退換，而是要瀏覽一遍。因爲人各有所學，常限於一定範疇讀書，其他領域的書籍未必會接觸，更想不起來借閱。別人錯取來的書籍往往是自己的盲點，正可趁此機會閱覽學習。以此，他常激勵同學們趁年輕博覽群書，開闊視野，勿自限一隅，三教九流、竹頭木屑皆有資用。還記得一次我在上海圖書館查閱古籍，看到一段清人四柱推命的批語，如見天書，全然不解。便用手機拍下，回來向他請教。寂潮師一覽即曉，條分縷析，盡釋個中關竅，在場衆人皆驚歎不已。師徐言：“我父親對子平之術頗有涉獵，我從小耳濡目染，故有所瞭解。”隨後他又向大家説了很多玄學神異之事，還提及寄廬先生常作一些談神説鬼的文字發表於報刊，頗有讀者。後來老人年事漸高，很多故事雜談都由寂潮師捉刀。

至於寂潮師之詩學，這是校外的朋友們最常向我問起的，但因進入師門年月尚短，學識也疏淺，難以有深刻的體會，只能復述一些老師常提及的論詩之言。寂潮師較喜乾嘉詩，尚性靈一派。我曾問他最喜歡何家之詩，回答言最好袁簡齋和舒鐵雲。他常掛在口角的兩句就是袁枚的“人居屋中，我來天外”“知熟必避，知生必避。入人意中，出人頭地”，以此爲詩家之妙諦。關於作詩的技法，寂潮師最強調的是律詩對仗。他常説對仗要工穩，自己作對語力求取同類辭彙相配，如以植物對植物，動物對動物，人體部件對人體部件。他又曾回憶青年時學作對句之法云：“時家中僅剩劫餘《笠翁一家言》七律一冊，余終日諷之不厭，愛其吐屬之工、對仗之巧也。家君又爲誦易實甫佳對數聯。揣摩之，遂悟對仗之法：先取詞彙之可爲工對者上下排列，然後添字俾具意義，潤色使臻妥帖，於是乎一聯成矣。”而觀師所作，實不徒工於屬對，更能使詞意翻騰，氣韻閒生。譬若咏白內障手術云：“終令秋水瞳仁暗，賴有西方手術精。”上錢默存先生詩云：“未許靈山稱迦葉，曾來丈室訪維摩。”《書憤》云：“天意東方難射覆，人生南郭漫吹竽。紅羊劫盡悲黃鳥，蒼狗雲成歎白駒。”皆儷青妃白，銖兩勻稱，如生鐵鑄成，而又天機活潑。

不過我時常感覺寂潮師所言心得，不少其爲之易，而我輩爲之則難。

譬如我嘗問他以前如何學作駢文,是否經常練習。他答云:從未專門練過,年輕時也不常作。我驚問:"不練而能嫻熟若此?"徐答言:"多寫律詩也等於練駢語吧。"又曾云:治學須博覽;創作則無庸,得力一二部書足矣。少年時李杜韓蘇之集咸未寓目,詞藻典故皆獵取自借得之《辭海》未定稿。至韻腳,則據自編韻譜,輯自民國《新字典》者。我起初難以置信,後追陪日久,方知高才舉重若輕,換作凡俗則有絶臏之虞。

此外,還有一項事須說一説,寂潮師對於自己的文字實太不在意,他有許多治學心得、讀書劄記不曾整理成書,大家往往僅能從其微信上讀到一鱗半爪。諸生屢勸他結集成書,梓印行世,他雖答應,但卻遲遲未付諸行動。以往出版過的著作,市場中早已難覓蹤影,門人弟子欲求購一册亦大不易。出版社多次找他商量再版,他卻以增修未定而推辭。實際上不少書稿寂潮師已增補修訂多年,完全可以再版。大家一方面敬佩他精益求精的學風,另一方面又不免要埋怨其延宕。如今寂潮師榮退,諸生最期盼的還是他或空閒時間稍多,可以儘快整理文稿,早日出版,以慰衆人的想望。

(朱學博,重慶大學人文社會科學高等研究院講師)

# 回 憶 寂 潮 師

丁　玎

寂潮師退休了。消息傳來,我悵然若失,勾起了心中無盡的回憶。

寂潮師很喜歡學生,每週來學校,上課之餘,總是願意花時間和我們論文談藝。在我的印象中,他有百寶箱一樣的腦袋,什麼冷門的問題都難不倒他。記得我在做葉夢得筆記《避暑録話》校注的過程中,曾經請他看我從電子書庫裏録下的一段文字,他一看就説:"這段文字前後文氣不接,一定是抄漏了。"我一查,果然電子本比紙質本漏掉一行! 那次錯誤才讓我注意到,電子化的資訊也常常會出錯,甚至比肉眼和手寫録入更容易發生錯訛。

對於撰寫學位論文,寂潮師和其他老師不同,他允許學生自由選題。選定後,他要求學生集中精力,圍繞論題看書。我性喜旁鶩,常讀一些雜書,他就直言相告:"現在由着性子讀書是浪費時間、精力,勢必影響寫學位論文。畢業後海闊天空,隨你讀什麼書都行。"

向他請教時,則不論多膚淺的問題,他都不厭其煩,耐心細緻地給我們滿意的回答。非但如此,記得有一回中午,學生們和他一起在食堂吃飯,他説:"你們對我來説,就像自己的孩子一樣。不論説錯什麼話,做錯什麼事,我都不會計較的。"

記得他給我們講諸子百家時,聯繫現實,談其要旨。講到《莊子》時,他指出其學不適合用來治國,卻可供精神調節之用,這點我印象良深。他文史皆通,曾得到錢鍾書先生和鄧廣銘先生的賞識,兩位大家在見到他的著作時和他並不相識。

寂潮師酷愛寫詩,也愛吟詩。老杜詩云:"新詩改罷自長吟。"正是他寫詩時的寫照。午後餘暇,他最享受的事便是坐在沙發上,自適地用衢州龍游調吟誦。我常常在想,假如沒有人同他説話,沒有瑣事細務,大概就這樣吟唱着,他也能獨自享受一個下午。他常説:"我生平最喜歡的事就是寫詩和談藝了,兩種愛好能互相促進。"他常順着話題談自己對詩文藝術的心得,就近取譬,真有春風化雨之感。他最提倡的詩是性靈詩,從袁枚的《續詩品》裏拈出"知生必避,知熟必避,入人眼中,出人頭地"以及"人居屋中,我來天外"來説明性靈詩的特點,真有醍醐灌頂之感。我寫詩的興趣就是這樣被寂潮師培養出來的,如今常作咏吟,真覺有陶冶性靈之效。

學詩期間有時會向他呈交習作,除了詩律問題外,他最注重的還是工對。不但詞性要相互對應,還要盡可能留意字句之中的聲音和顏色,比如他認爲"蘭陵"這個詞就有美麗的色彩。我想很多聯綿詞都有一種瑰麗流麗的效果,聲音和形象是可以通感的,這一點錢鍾書在《七綴集》中也談過。敏感與美感也得益於他早年的文學訓練,他曾經告訴我們,學生時代,他通讀過《文選》,並且全文標點一過。我猜測,他的記憶力和讀書得間的功力都得益於舊時的訓練。出於好奇,我還嘗試每天仿寫一小段古文,或者找出《文選》中的一篇詩文,擬作一篇。在模仿的過程中,原作的思路和精神可以深深鑴刻在腦海裏,遠勝過調閲電子書。不過,他最重視近體詩寫作。我不知道原因,唯獨在擬寫時才感覺到,如果於律詩寫作比較熟練了,再轉而去擬作古風或者漢魏六朝詩,會感到比較輕鬆自如,並且也更自覺地觀察描摹原作的詩韻和節奏。在讀《續詩品詳注》時,我也注意到他在對袁枚原文的注釋中,特爲强調模仿的好處,認爲模仿是有益於熟悉詩歌源流的。

劉寂潮師是詩翁,對詩作一向很挑剔,而對學生的習作又極爲寬容。我學詩很晚,如兒童學步,他總是很慷慨地説道:"儘管發來。"因爲這樣的鼓勵,我才敢大膽地練習,並體會到學詩中的樂趣。寂潮師對文學鑒賞的理解也是注重言之有物的,和作詩一樣,講究熟悉源流,平易暢達,並且注重趣味的一面。我想,在他的心裏,有没有獨坐書齋的苦悶呢? 以他善於自適,又吟咏性情的習慣看,他應該是不怎麽苦悶的。即便有苦悶,他也會訴諸詩文,也就逐漸淡化了。

寂潮師退休了,但我還没有畢業,他還會繼續指導我。憑他對學校、學術和學生的熱愛,他的心是永不會退休的。想到這裏,我不禁轉悲爲喜。

2018 年 6 月 29 日星期五於閔行圖書館五樓

(丁玎,華東師範大學古籍研究所博士研究生)

# 除卻詩人總俗人

蘇　賢

　　羅常培先生在《中國人與中國文》中説道："語言文字是一個民族文化的結晶,這個民族過去的文化靠着它來流傳,未來的文化也仗着它來推進。"漢文化的根基全在漢語言,語言的最高形式便是文學,古人爲我們創造了大量優秀的文學作品,千載而下的讀者讀來亦深深感動。漢語言詞彙之豐富,修辭之多樣,涵義之優美,勿需多言。自新文化運動興起以來,文言作品逐漸讓位於白話,舊體詩詞、駢文作者日漸凋零,一方面,白話文的普及固然有其必然與不可當之勢;另一方面,我們也不得不感到一絲遺憾,衆多典麗雅緻的辭藻、内涵豐富的故實逐漸被人們遺忘,漢語與生俱來的韻律感和節奏性也隨之大打折扣。難道我們只能從故紙堆中做着縹緲的夢,去緬想與追尋那片詩人的國度、曾經的黄金時代嗎?

　　幸好,還有先生! 先生於建國前後一代人中古典文學的修養至深,詩古文辭創作更推獨步,是真正自覺熟練地運用古典文學的創作規範與技巧抒發性靈的詩人。試觀先生少年時代所寫的一首《落花》詩:

萍蓬身世易心驚,萬卉凋牽百感萌。
春恨來時人獨立,東風去後月空明。
枝零紅雨終無奈,梢系金鈴枉有情。
寄語魂兮休遠逝,好投筆底托他生。

是何等的淒婉哀怨,何等的迷離惝恍,我想,這便是納博科夫所謂的"背脊的微微震顫",這是真正用語言文字編織出來的夢境,肺腑中流淌出來的情感,真正打動人心的力量。記得"學衡派"健將吴吉芳曾經這樣談詩:"余之於詩,欲以中國文章優美之工具,傳述中國文化固有之精神。即一身爲之起點,應時代以與無窮。"先生不就是以此"優美之工具"來"傳述中國文化固有之精神"之典型嗎?漫步在師大校園裏,只要你留心,便隨處可見鏤於金石的先生的文字,它們閃耀着溫潤的古典的光芒,有如落日餘暉一般,給這座現代化的校園披上了一層莊嚴肅穆的色彩。

先生嘗言:"我們這一代人只是過渡的一代,希望在你們這一代人身上。"先生意謂自小經歷各種政治運動,是文化斷層的一代,而我們這一代人能夠接續得上這文化的斷裂。我聽後深感惶恐,我不知道靠漫畫、電視劇、磁帶陪伴長大的一代,自小接受填鴨式應試教育的一代,心裏還有多少底氣與信心去承受先生的希望。蘇軾説"文字之衰,未有如今日者也",先生在與其父合著的《古典文學鑒賞論》"進化與退化"一章中固已辯駁了這樣的觀點,但我依然想説,我們貧乏的語言限制了我們的想象力和表現力,以至於思維如此狹隘,文筆如此艱澀,文字如此空洞。而先生呢,仿佛是在雲端俯視着我們。先生曾自題詩集云"除卻詩人總俗人",是啊,人類的最高理想不就是"詩意地棲居"嗎?優游於夢幻的、詩意的花園中,去體驗和品嘗最珍奇的藝術之葩,表現精緻的、充滿靈感與激情的生活,我想,這便是作爲詩人的先生的精神狀態吧。

在德語文學史上,赫爾曼·黑塞常被認爲是"浪漫派的最後一位騎士",意思是説,黑塞的寫作風格迥異於同時代以卡夫卡、托馬斯·曼爲代表的現代派德語作家,他那優美的文筆、濃郁的抒情筆調,對大自然的細膩描繪,使他回歸於德國古典文學的傳統之中,直接繼承的是歌德、霍夫曼、施托姆的衣缽。作一個不恰當的比方,如果將中國的詩古文辭比作德國浪漫派,白話文學比作現代派,那麽,先生亦仿佛可以稱得上古典的最後一位騎士了。

先生年屆古稀,已到了告別講壇之時,作爲教育者的先生雖然退休了,但是,作爲詩人的先生卻永遠不會退休。

(蘇賢,華東師範大學古籍研究所博士研究生)

# 我的朋友嚴佐之先生

林玫儀

　　在我度過的七十年歲月中，從小到大，親戚、朋友、師長、同學、同事、鄰居、學生等，相識的人並不算少，但是就我所知，與我同年同月同日生的只有一位，就是嚴佐之先生。

　　我和嚴佐之先生初次見面，是在 1998 年北京第二屆兩岸古籍整理會議上，當時人來人往，經人介紹後，匆匆寒暄幾句，就各忙各的，沒有留下太深印象。真正認識，是在 2000 年 1 月，地點是美國哈佛大學燕京圖書館。

　　當時我在紐約哥倫比亞大學訪問，每天到圖書館蒐印清人詞集。哥倫比亞大學的普通本古籍收藏在距離校園不遠的一棟樓房中，我每天到書庫，逐本翻閱書架上的書，將清人文集中錄有詞集或詞作者挑出，仔細核對版本，詳作筆記，並將需要的部分拿去復印。有一天，找到高士奇的《清吟堂全集》及葉映榴的《葉忠節公遺稿》，從各種迹象來判斷，二者都應是康熙本，不知爲何放置在普通本書庫中。在我的書目中，哈佛大學燕京圖書館也有這兩部書，且注明是康熙本，藏在善本書庫中。我 1998 年暑假時，曾在燕京圖書館蒐印清人詞集，該館庋藏的清人文集甚多，由於每一本善本書的借閱都需要申請及等待提書，我怕時間不夠，決定先到普本書庫裏自行翻查及復印，沒想到兩三個月下來，雖大致完成普本部分之查對及復印工作，卻已來不及看善本，所以哈佛這兩種康熙本我並未寓目。現既有版本上的疑慮，我就把哥大所藏《清吟堂全集》中的《竹窗詞》一卷、《蔬香詞》一卷和《葉忠節公遺稿》中的詩餘一卷，連同相關序跋都印下來，準備到哈佛比對版本，若有疑問，也可就近請教沈津先生。

　　抵達燕京圖書館時已近中午，迎接我的除了沈津先生，還有一位穿着黑色皮衣、風度翩翩的男士，即是嚴佐之先生。略事寒暄，兩位就請我出去吃中飯，嚴先生説是"慶祝我們的生日"。我連日忙碌，才想到當天是我的生日，但嚴先生怎麽會知道我生日？而且還説是"我們的"生日？細談之下，原來他真的跟我同年同月同日出生。雖然説全世界這麽多人口，每天都會有很多人誕生，但真的有一個同時出生的人站在你面前，那種感覺畢竟還是很奇特的。尤其他來自中國大陸，我來自台灣，竟然會在生日當天在哈佛碰面，真是不可思議。我後來才知道，是外子沛榮有一次無意間看到嚴先生的出生日期，曾告訴他我跟他同在一天出生。否則我們生於農曆年尾，嚴先生的生日是登記陽曆，我是登記農曆，不但月、日不同，年份還差了一年，如何能夠發現？但平時對我無話不説的沛榮不知爲何，這件事竟然沒有向我提起，使我在沒有心理準備之下，突然經歷這麽奇妙的相遇，因此印象特別深刻，時隔多年，當時那一幕還清晰留存在腦海裏。

2003 年 11 月，嚴先生應史語所之邀，來協助傅斯年圖書館編寫書志，就住在文哲所旁邊的學人招待所裏。但他非常忙碌，我只有在他剛到的時候去他的住處，協助張羅一些日用品，其後就很少見面。直到他工作結束，要回上海之前，才有時間稍作游覽。我帶他到台北近郊轉了一圈，這應該是他工作之餘唯一的休憩活動吧！當天我們有機會作竟日談，發現我們的性格也很接近，又發現我們居然都是早上八九點左右出生的，彼此開玩笑説真的是坐同一班船來的。我談到小時候在大陸家鄉，和母親、外婆、姨舅們一起被清算鬥爭、掃地出門，直至九歲時因着我父親信了耶穌，上帝垂聽他的禱告，把我們母女平安地送到台灣。我無意間提到我約七八歲時曾在大陸看過一部電影，叫"一江春水向東流"，那是我此生最早、也是在大陸時唯一看過的電影。當時我也是從襁褓就與父親分別，我記得我和母親都一面看，一面掉淚。雖然事隔多年，影片中某些情節和畫面我還記得很清楚，特別是那小孩去買餅，回來找不到媽媽，只有浩浩江水不斷奔流的畫面，我現在每當想及，還是心酸不已。

當我提到"一江春水向東流"這部影片的時候，嚴先生滿臉驚喜，他興奮地告訴我，影片中男主角的父親，也就是替村民去向日本人請求免徵糧食而被吊死的老人，就是他的祖父飾演的，這真是太出人意料之外了！我來台灣數十年，跟我同年紀的朋友，沒有一個人聽過這部影片，這部電影在我幼小心靈中造成的悸動，以及我童年在大陸的經歷，都是我周遭的人難以體會的，多年來，我只能將這些想起就要掉淚的回憶深藏在心底。沒想到他不但懂，甚至是片中主角的後人，讓我十分震撼。

　　後來,我更進一步知道,嚴先生的祖父嚴工上不僅是知名的演員,更是著名的作曲家,他能歌善舞,精通崑曲和各種中西樂器,在繪畫、書法方面也有極高造詣。他曾參與一百零三部影片的拍攝,也曾創作三十多首電影插曲,其中《良辰美景》一曲,更是中國音樂史上最早走出國門的電影歌曲。此外,他極有語言天賦,精通英語、日語及多種方言,更能説一口標準國語,曾擔任英語教師及教授國語發音的口語教師,也有甚多聲韻學方面的著作。在他的影響下,他的長子嚴個凡、三子嚴折西,都是著名的詞、曲創作家、樂器演奏家及畫家,父子創作的多首名曲,非但當年紅極一時,至今尚傳唱不絶,在樂壇被稱爲"嚴氏三雄";而他的二女兒嚴月嫻、三女兒嚴月泠以及小女兒嚴月美,也是名噪一時的影歌雙棲明星,影壇稱之爲"一門四傑";連他的長媳洪耐秋,早年也是梅花歌舞團的演員。嚴氏一家,誠可謂滿門俊彥,個個多才多藝,故當時即有"一門錦繡"之譽,在中國電影史和音樂史上,占有舉足輕重的地位。①

　　嚴個凡就是嚴先生的父親,從祖父到父親、叔叔、姑姑,甚至於母親,全都是才華洋溢、出色的藝術家,可想而知,嚴先生必然也承襲家風,在音樂、美術、戲劇等方面有其稟賦及素養。我們一位共同的朋友周女士告訴我,她曾經與嚴先生一起在長征農場下鄉,嚴先生當時只是個高二學生,就很有文藝天才,在農場裏當文藝小分隊的隊長,又編劇又寫劇本,展現了他在表演藝術方面的卓越天分。後來他們一同在圖書館古籍組工作,一起進入 721 大學就讀。在她的回憶中,當年的嚴先生又活潑又幽默,而且舞藝超群,所到之處廣受歡迎,可見他血液中天生就流淌着藝術細胞。只是他個性低調,不喜張揚,加上他在學術研究方面的成果耀眼遮掩了他在這方面的表現,一般人也就沒有注意到。

　　認識嚴先生不知不覺已經 20 年了,他在目録版本學、文獻學及古籍研究方面的傑出成就,以及他爲人的忠厚誠懇、做事的認真負責,都是人所共知、有目共睹的,無庸在此詞費。以下僅就個人跟他相處以來,感受最深刻的三點,略加敘述:

---

　　① 以上參考吳劍著《何日君再來——流行歌曲滄桑史話》(北方文藝出版社 2010 年版),《流行歌壇的嚴氏三雄——嚴工上、嚴个凡、嚴折西父子的創作歷程和歷史功績》,第 79—90 頁;《嚴折西的歌詞從傳統到現代,風格多變》,第 160—163 頁;《嚴个凡詞作的獨特風格》,第 163—165 頁;《嚴月嫻、嚴月泠的電影歌曲和時代曲》,第 360—361 頁。

# 一、至 情 至 性

　　嚴先生有一位賢惠的夫人，又有出色的女兒，他深愛他們。他曾出示皮夾子中隨身携帶的女兒相片給我看，談到女兒的時候，愛憐之情溢於言表。嚴先生的女兒温婉乖巧，從小就品學兼優，而且貌美如花，曾經有同學偷偷幫她去報名選美，一直進階到最後一關，後來考慮到人生的規劃，自動放棄繼續比賽。這個孩子又懂事又貼心，又努力又上進，真的是上天所賜的寶貝，難怪如此令人疼惜，使得没有女兒的我也大爲羨慕。此後我和嚴先生見面，話題常會不自覺繞着他的女兒轉，也知道他們夫婦最掛心的就是女兒的終身大事，近日女兒終於有了美滿歸宿。我和沛榮曾在嚴先生府上觀看小兩口的結婚相片，嚴先生伉儷滿足、安慰的笑容令人印象深刻。

　　嚴先生和夫人鶼鰈情深，2009 年 5 月，嚴先生將來臺參加研討會，我和沛榮很高興又有機會見面，正商量要如何接待他，没想到開會前夕，突然傳來消息，説他取消行程了，後來才知道是因爲他的夫人要動手術切除消化道腫瘤。手術規模不小，對身體造成很大創傷，復原期也很長。夫人原本就瘦弱，嚴先生很擔心她的身體能否經受得起，每次提起，他都憂形於色。我除了爲她禱告，也不能如何寬慰。有一次在上海見面，發現嚴先生居然頂着一頭白髮，把我嚇了一跳，詢問之下，才知道由於夫人病後體弱，自覺衰老，他也就不染髮了，以免因染髮顯得年輕，刺激她因爲生病變得容顏憔悴而傷感，這是多麽難得的愛心！透過"與子偕老"的方式，證明她並没有比自己老，這是何等細膩、何等深情！周女士説當年他們下鄉勞動的時候，很多人想幫嚴先生介紹女朋友，他都不願意，一直等到他自己合意的對象出現，他就用他的一生，全心全意來愛她。這樣的人，這樣的愛情，在現代社會真是極爲罕見了。

# 二、盡 忠 職 守

　　嚴先生從哈佛回到上海不久，有一次我到上海圖書館查閱圖書，抽空與他及幾位老朋友一起餐敘，見面時發現他瘦了不少，滿臉倦容，比我在哈佛初見時憔悴不少，私下問朋友，朋友回答："他已經好多了，你没看到他剛回來的樣子，才嚇人哪！他在哈佛短短時間寫了 30 萬字，夜以繼日地趕工,現在回來休息了一下,已經好多了。"其後他來中研院,仍是同樣的工作態度,簡直是一個鐘頭當兩個鐘頭用,我勸他不要累壞了,他卻堅持事情一定要做好。今天他在學界有如此的成就,聰明才智及他的功底固然是條件,但一領了任務就埋頭苦幹,鞠躬盡瘁,更是重要的因素。

# 三、篤 於 孝 道

上文提及嚴先生的先輩都是卓越的藝術家,包括他的祖父、父親、叔父、姑姑以及母親等,個個才藝超群,且兼具衆長,在影劇表演、音樂創作、歌唱、演奏、美術各方面都有出類拔萃的表現。如此藝術家族殊不多見,然而時至今日,已甚少人知曉。嚴先生有心整理家族歷史,以彰顯祖輩德業,雖因研究工作極其忙碌,仍然用心收集資料,先撰《爲了不該遺忘的"百年歌聲"——回憶我的祖父嚴工上、父親嚴個凡和三叔嚴折西》一文,對前此一些相關記載的錯漏處作了修正及補充。① 繼而又爬梳文獻,詳考其曾祖父嚴者孫之事迹,目前已完成《晚清餘杭知縣嚴者孫與龍游琴僧釋開霽——曾祖英仲公軼史紀聞》系列著作中之"開篇"及"續篇"二文。嚴先生之曾祖父嚴者孫原本事迹不詳,家族中雖流傳他受"楊乃武與小白菜"案牽累,憤然出家的傳說,卻無由證明。嚴先生透過褚成博纂《光緒餘杭縣志稿》及其他史志文獻等細心稽考,查知嚴者孫曾於光緒二年至三年任餘杭知縣,因受"楊乃武與小白菜"一案牽連,遂於光緒十年受戒出家,成爲近世佛教史上的淨土宗高僧;並於誦經弘法之餘,以授受琴藝揚名立萬,成爲"新浙派"古琴開派立宗的大師,著名的龍游琴僧釋開霽即是嚴者孫。非但釐清其先祖事迹,且解決了歷來文史研究者束手的懸案。我們更可進一步了解,嚴氏一門的音樂素養原來並非始於工上先生,由其曾祖即已脈脈相傳。《禮記·祭義》有云"大孝尊親",嚴先生關於家族歷史之整理撰述,使其先人之德業藝能,得以流傳後世,這正是大孝的表現。我曾向他夸夸而談,說我父母親一生經歷非比尋常,我在退休後要爲他們撰寫傳記,結果迄今一字皆無,看到嚴先生的成果,真令我汗顏。

嚴先生近日將屆齡榮退,多年以來教學及行致占去他很多時間,今後

---

① 見《書城雜誌》2004 年第 6 期,第 67—75 頁。

得卸仔肩,以他的功底及一貫認真的態度,無論繼續他專業的研究工作或是整理家族史,甚至繼承祖業,發展他在藝術方面的稟賦,都必能開創一番新局面。《聖經》上說:"親愛的兄弟啊,我願你凡事興盛,身體健壯,正如你的靈魂興盛一樣。"(《約翰三書》第 1 章第 2 節)謹以此祝賀嚴先生的退休生活成果豐碩,每天都滿有上帝所賜的平安喜樂。

（林玫儀,臺灣中研院文哲研究所研究員）

# 師 門 上 學 記

趙燦鵬

　　獻給引導我走上學術道路的恩師嚴先生,願藉此小文能表示我千萬分之一的感激之心。

　　恭祝老師師母健康快樂,幸福如意!

燦鵬謹識

　　從學於老師已經有 25 年,這是四分之一個世紀了。人生幾何?! 老師的思想、語言和行爲,在我的生命歷程中留下了深刻的印記。我從一個灰色少年,轉變爲像老師一樣的老師(這只是從身份上來説,其他諸如學術成就、人生品格種種方面,和老師的差距太大,不敢去想),成長過程中花費了老師無數的心血,永遠感念難忘。

　　在人生的道路上相遇的時候,老師的社會歷練、學術生命皆已成熟,我還是一個懵懂無知的青年人。從我這方面講,對老師没有什麽助益,反而常常增添麻煩——這自然是我不懂事、不聽話的原由,思之愧疚無已。

　　記憶像一本未經裝訂的書,隨着遺忘的風而四處飄散,我勉力把它們一頁頁拾回,翻揀,展開。

一

　　25 年前的春天,我還在四川大學歷史系讀本科,收到華東師範大學古籍所研究生復試通知之後,當即乘坐火車,從成都出發,經由西安—洛陽—鄭州—南京,來到上海。此前數年,我從雲南到四川上學,是第一次出省旅行。這是我的第二次遠行。四川人向來説:"不出夔門,不知天下之大!"沿路經過幾大歷史古都,特别是從成都到洛陽到南京,使我浮想聯翩,忽而蜀,忽而魏,忽而吳,坐火車如坐夢中,一霎那不禁生起穿越三國歷史的興感!

現在的師弟師妹或許不太能夠想象,在 20 世紀 90 年代初,我這樣一個來自祖國西南邊疆不發達地區的少年,從小在圖畫、文學、新聞、影視中耳濡目染上海"傳說"、上海"印象",驟然間作爲一種高大上生活象徵的上海呈現於眼前,不由得表現出笨拙、生硬、迂腐,可能還有愚蠢。想來老師收我作學生之後,一定是會大爲搖頭的吧。海軍師兄和我同窗,他工作多年,有較多社會閱歷,越發映襯出我的少不更事。

幾十年以後回想,遇見一位寬容的老師,是我的幸運。老師總是溫和地微笑着,輕聲輕語地和我們聊天談學問。那種溫和的微笑,是我心目中老師的標準形象。

這一天中午到達上海,出了新客站(共和新路附近的火車站,不知現在是否還叫這個名字),問路時,在保安師傅滿是疑慮的眼神中,我隱約讀到了一句話,當時不明白,多年以後才學會用上海話把它作了解讀:格個鄉勿寧來上海做啥事體?

我當然是來上海讀書,跟從老師讀研究生,學習做學問。

不過事情沒有這麼順暢,是有波折,我還不知道。

## 二

這是師大當年的校門(圖一),有點舊,不夠氣派,但我蠻懷念它。後

圖一

來重修的大門高大氣派，可我覺得不如舊的親切、好看。當年門口的保安叔叔，對我非常和善。聽說我來研究生復試，詢問中知道我住處未定，於是告訴我往左走 200 米，看見師大一村的門牌，進去找門房某師傅，那裏有地方住，"就說是師大門衛處某師傅介紹來的"，語氣頗爲神秘。涉世未深的我，沒怎麼想就信了，一如保安叔叔指點，到一村門口找到某師傅，在門房旁邊一個簡單而整齊的房間裏安頓下來。居然無驚無險，那年月真是善良的人多。

接下來發生的一幕，是我永遠也忘不了的。房間裏有三張床鋪，其中一張已經有人，放了些行李在上面。我坐下來，望着窗外胡思亂想。突然門開了，一位面孔有些凶的大哥進來了，看了我幾眼，我也看了他幾眼。短暫沉默，接着兩個人攀談起來："您是來……""研究生復試。您是……""我也是。您是哪個系的？""古籍所。""啊！我也是古籍所，您貴姓？""免貴，姓杜，您呢？""小姓趙。"讀者至此不難猜到，先我而來的那位大哥，就是即將和我一起跟隨老師讀書的海軍師兄。當時沒有條件把對話錄音，無從驗證。現在寫來，可以説是倒着放電影，重新書寫歷史。真可能沒有這麼彬彬有禮，師兄比較嚴肅，看起來有些怕人。

另一方面，師兄也許覺得這個雲南小伙子有點野蠻。倆人都不再講話，各自坐在桌前看書。師兄也許想顯示自己好學，我也不甘示弱，拿出《版本學概論》來讀，寫字沙沙有聲。後來師兄和我每每回想起這一次相遇，都不明白怎麼回事。雖然那時候研究生還沒有擴招，每年來華東師大面試的同學，恐怕也有千把人，男生女生對半，當有五六百。其中這麼兩位，居然前腳跟着後腳，在同一位保安叔叔的引導之下，摸索到同一個住處。如果其中不是有詐的話，那麼我們就是被選中，注定要聚在一起來演出一幕人生的喜劇。

時間在流淌着。突然門又開了，一個年青人走進來，打破了屋中的寂静："你是麼子地方的人哪？""哦，安陽，曉得，曉得！我是湖南常德滴。""你也是考古籍所啊，哈哈，我也是滴。"這一位熱情的湖南小伙子，姓肖，喜歡哈哈笑，愛説話。天！肖兄報考的，又是古籍所。他後來師從黃珅教授，研讀古代文學。

那一年古籍所有三名同學參加面試，一村門房旁的住處只有三張床鋪，再多一名同學就無法安排。而且，我們並不是同時到校，爲什麼沒有其他系所的同學來到這裏呢？話説我們入學以後，只過了個把月的光景，一村門房改造，那個我們住過的房間被拆除。有時候路過一村門口，望着那片花壇旁的空地,總會感慨萬千,宛在夢中,誰能相信我們三人的這番奇緣呢。

<h2 style="text-align:center">三</h2>

面試是没有波瀾的。我在海軍師兄之後考試。因爲高大而微微欠着身子,紅臉龐、笑眯眯的戴揚本老師是秘書,把我迎進門,然後坐在旁邊記録。老師坐中間主考,劉永翔老師也坐旁邊。老師没有提很複雜的問題,聊着聊着,問我讀過什麽版本目録學的書。我回答中提到了一種,是戴南海先生的《版本學概論》。老師突然問我:"你覺得戴先生這本書怎麽樣?"我的回答,現在看來糟透了,换了我是考官,可能就不予録取。我回答説:"那本書太厚了。"這句話可以從不同的角度來解讀:一、這本書太厚(我没讀完);二、這本書太厚(寫得精練些就更好了)。因爲我回答的語氣坦然毫無滯疑(真是無知者無畏啊),老師大概取了第二個角度的釋讀(我真是命好哦),於是下面就没有問題了。80、90 年代的圖書流傳渠道不如今天通暢,老師的《古籍版本學概論》在川大圖書館没有收藏,我是頭天到了以後,在河東食堂旁出版社服務部買了一本,這時候大着膽子呈上,老師慨允賜予簽名(圖二)。於是我的面試就這樣通過了。

除了少數複雜的事情之外,人生的許多選擇,可能主要出於偶然。考研之前幾年中,我一直在爲專業方向大費思量。我想讀魏晉隋唐史,就看王仲犖先生的《魏晉南北朝史》、岑仲勉先生的《隋唐史》,做了一大本筆記;看了幾種張舜徽先生的著作,又想到華中師範大學讀歷史文獻學;我還想過讀先秦史、古文字學,甚至於梵文、巴利文。先秦史/古文字學、魏晉南北朝史,這些都是川大歷史系從徐中舒先生、繆鉞先生傳下來的專業強項,但是那一年奇怪得很,先秦、魏晉兩個方向都不招研究生。幾年以

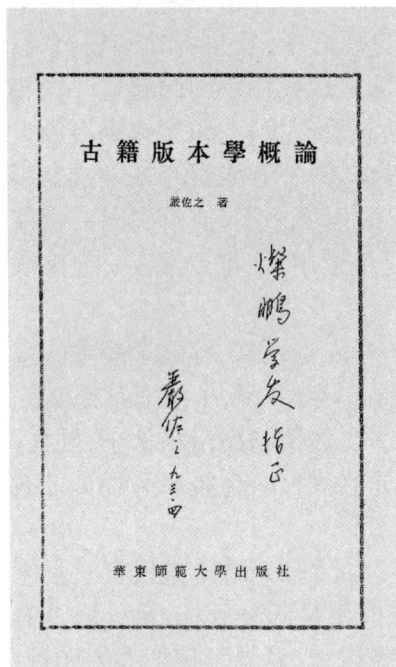

圖二

後，一批强悍的中青年新生代學者在系上崛起，登場走上學術前臺，而我已經來到申江之畔，隨侍奉教於老師了。

當時在川大圖書館樓上一間大閱覽室，中間桌子放了幾本厚厚的研究生招生學校專業目録，讓大家選擇。那年月瞭解這些資訊没有網路，也没有宣傳單和招生手册可看，比較原始。當時風氣不同，高校評價體系尚未程式化，北京幾所大學的歷史學專業並不讓我産生北上的衝動。在上海那一本招生目録中，看到華東師範大學古籍研究所的版本目録學方向，也没有寫導師姓名，一下子就决定了。可能是心血來潮有些無解，因爲似乎没有什麽理性的解釋，但是就這樣了。到上海跟着老師讀書，看來是天意。

四

回過頭來説研究生考試。那幾年，除了英語、政治兩門全國統考之外，專業課都是各個學校自己命題，雖然我爲此經受了一番曲折（詳下），但我直到現在還是認爲專業課自主命題較好，因爲它比較能夠調動學生備考的能動性，而不是機械地做題而已。在考試之前，各個學校的研究生院會把題目密封好，寄到考生所在的考點。考專業課的時候，作爲考場的一間大教室裏，你做古代文學的題，我做美國史，或者社會學，五花八門，真是有意思。

我們報考古籍所的同學，專業方向的那一門之外，統考一門作文。不知道這個作法，現在有没有改變。我覺得這種方式很好，一篇作文如果不是抄襲，可以看出學生的家底兒。學識好的能得高分，學識不行的就很慘，我屬於後者。作文向來是劉永翔老師出題，我們那一年的題目是《畫虎刻鶩論》。老實説，這個題目我都没有怎麽看懂。幸好下面有幾句古文，相當於題解，其中有"畫虎不成反類犬，刻鵠不成尚類鶩"云云。第一句"畫虎不成反類犬"我還是懂的，於是胡亂鋪陳發揮，洋洋灑灑好幾頁紙，實際上都是廢話。劉老師寫文章是講章法的，不用説難逃方家鐵腕，結果我得了一個同情分——60分。幾番設想老師從不曾明言過的，一定是老師幫我向劉老師説情了，不然分數一定是不及格！

多年以後，老師和我説起作文，講我的文章中引用了西方美學家蘇珊·朗格的名著《情感與形式》，讓老師覺得這孩子頭腦還有些靈活的地方，於是準備收我作學生。當時老師還説，每晚臨睡前看幾頁海德格爾的《存在與時間》，是他一天之中最愉悦的享受！值得注意的是，老師的本業是古籍版本目録學，但他對古代學術與中外思想史有濃厚的興趣，所以近20年從事朱子及朱子後學、顧炎武學術思想文獻的整理與研究工作而樂此不疲，不是沒有來由的。老師後來撰寫文章，重視"有思想的文獻，有文獻的思想史"（語見孟慶媛師妹2010年碩士論文《唐順之書信編年考證·後記》所引），治學意趣、學術風格與前期相比有很大的變化，其實早有伏筆準備下了。

作文60分——這個同情分給我帶來了麻煩，如果不是老師"挽狂瀾於既倒，障百川而東之"，我可能走向另外一條人生的道路，或許就此與學術無緣。

## 五

這已經是大學的四年級，周圍的同學都在找工作，我一直没有動，似乎讀研究生成爲學者是我份內唯一的目標。但命運要讓我經歷一回曲折。

研究生復試在1993年的4月。3月的時候，雲南省國家安全廳的兩位同志來到川大録取工作人員。我是雲南人，又是學生干部，在系領導推薦之下見了面，要了我的資料。一個月後系裏通知我被録取，畢業就可以去報到。正在這個時候，讀研的事出問題了。

好像是因爲作文分數太低（可憐的60分，而海軍師兄和肖兄的分數都是七八十分），我的考研成績總分比録取線低了一點。這下子很麻煩。老師給我寫了一封信，説録取有困難，但他會盡力爭取，鼓勵我不要氣餒，要努力學習，將來一定要做出成績，等等。當時所裏幾位老師都在爲我忙，戴老師還打過電話給我（在那個搖電話、撥轉盤、接線等不同方式並存的通訊年代，不知道我是怎麼樣接到這個電話的），問我能否考慮定向委培的途徑。我的家人、周圍的老師也在幫我想辦法。我的父親找過大理電視大學的朋友，川大的老師帶我去見成都航空學校的領導，都比較難。看來我要回雲南從事特殊工作了。

這時候神派了兩艘船來救我，一艘是成都號。川大本科的課程不很多，但一直在上，四年級下學期我們還有新的課程在開（這樣慢悠悠的教學節奏對學生比較好，如果用食物打比方，不用説比快餐充實而有營養）。其中一門是中國史學史，授課是蔡崇榜老師。蔡老師從學於吳天墀先生研究宋史，剛剛博士畢業，正是年輕充滿熱情的時候。他被新任命爲研究生部副主任，還沒有沾染官氣。我的第二志願是本系，蔡老師願意接收我作開山弟子。那個陽光燦爛的上午，三、四節上課，課間蔡老師安慰我，還發了一枝"紅梅"香煙給我抽,説回去就給華東師大研究生院寫信,把我的資料要回來。

但是老師的船來得快些,在他的敦促下,上海號飛速西上,把我從困境中解救出來。蔡老師剛下課,我回到宿舍,就接到老師的掛號信,是好消息。我飛奔到蔡老師家,向他報告。蔡老師從抽屜中拿出一封信,説:"我已經寫好信,準備下午要研究生部發出,不過現在用不着了。祝賀你!"謝謝蔡老師!

直到9月報到入學的時候,我才知道自己是以少數民族特招生的身份被破格錄取,不知老師爲此花了多少心思。但在給我的信上,老師卻隻字未提這些,只是輕描淡寫地説:"燦鵬,祝賀你! 你可以來上海讀研究生了。"感謝老師!

## 六

9月的上海,一片美麗的黄金般的秋色。研究生宿舍一號樓剛剛建成,我們是第一期房客,滿眼是新鮮的景象。海軍師兄、肖兄和我住在308室,與中文系、西北所(西歐北美研究所)的同學左右爲鄰,即將度過三年艱苦而意味深長的學習生活。海軍師兄一進屋,就擺開潛心治學的架勢,他從安陽背來一部厚而重大的老版《辭源》四大册,置於座右時常檢閲,讓我羡慕不已。許多事情令人難忘,在海軍師兄的著作《古代戲曲目録研究》的後記中,有很親切的記述。

和老師正式見面,在入學後的一個下午,是正式的古籍所研究生新生見面會。朱傑人老師是所長,老師是副所長,戴揚本老師,還有辦公室沈老師(一位年長熱情的女老師,一年後退休)、費喆老師。我們圍坐在那張大桌子旁邊,朱老師講話歡迎我們,老師没有説什麽話,臉上含着笑容。開會的時間很短,我望着辦公室書櫃裏滿滿的影印版《四庫全書》正琢磨着,會議就結束了。老師説要到我們宿舍看看。老師走在前面,領着海軍師兄和我,走過麗娃河上的大橋,走在楊柳依依的河畔,陽光明媚而温暖。這一年老師45歲,和現在追記往事的我同齡。穿越25年歲月的間隔,我仿佛回到從前。從那一天開始,老師引領我走上了學術的道路。

二〇一八年一月於南粵

(趙燦鵬,暨南大學古籍研究所教授)

# 憶往昔，師恩如山

程水龍

　　我出身草芥，童年、青年時期大都在皖南鄉村度過，即便成年之後，也對"做學問"、"搞科研"茫然不知，在我人生求學問道的歷程中，嚴佐之恩師對我的幫助尤大。

　　一、嚴先生尊奉朱子，在朱子學文獻整理與研究上成果豐碩。關於"《近思録》研究"，是嚴先生領着我、牽着我的手走進了該領域，且不斷鼓勵我進行篤實、嚴謹的開拓性探究。

　　2003 年 9 月來華東師範大學古籍所讀博士時，先生告訴我"你的研究方向是朱子學文獻與學術史"，當時我很緊張，因爲此前我學習的是漢語言文字學，從未探究過朱子學文獻，對古代學術史認知也膚淺，很擔心自己博士階段能否做好這個方向的研究。但是，後來在先生科學有術的指導下，我沒有太讓先生失望。

　　記得在博士學位論文開題時，先生細心指導我注意報告每一個環節的撰寫，諸如"開頭要有學術回顧，隨後突出你的獨特視角"，"作研究，要確立問題意識"，"朱子自身是很重視《四書章句集注》《資治通鑒綱目》的，《近思録》在當時只是一本啓蒙讀物，在後世爲何傳播得那麼廣？而且有關版本比《四書》《綱目》傳世的要多，爲什麼？後世對《近思録》評價很高，有從理學、道學、教化等方面評價的，爲什麼？《近思録》的傳播途徑怎樣？傳播的影響怎樣？這些就是你要有的問題意識。"

　　在我外出訪書目、驗版本時，在我撰寫博士論文的過程中，嚴先生總是耐心、嚴謹地告誡我：對於各版本中的"序文"、"跋文"，你查閲時要學會審讀，如對爲什麼編、或注、或改編、或印刷等，你都應仔細思索。此外，先生還就我學位論文每一章的内容、寫作要點、切入角度等一一提出建設性意見。所以，在先生身邊求學三年，受益良多。

近二十年來，對於《近思錄》的研究，學界逐漸形成"《近思錄》熱"的景觀，這與嚴先生的貢獻分不開，先生撰寫的《〈近思錄〉與儒家出處之義》、《〈近思錄〉後續著述及其思想學術史意義》等，以及主編的"近思錄專輯"，在國內外皆有非常大的影響，也是有目共睹的。先生願嘉惠於後學，於 2004 年初授意弟子研究《近思錄》，要我先從該書的版本入手進行探究。當時我尚不清楚《近思錄》研究有那麼大的研究空間，有那麼多的探究旨趣，隨着我積極主動的探究，我越發感受到嚴先生惠我之心深厚。後來在先生高屋建瓴的指點、井井有條的佈局、循循善誘的教誨下，我便取得了《近思錄》版本研究的喜人成果。

對於如此難得的好的博士學位論文選題，直到我畢業前嚴先生也未自詡其功，在畢業論文《〈近思錄〉版本與傳播研究》答辯時，復旦大學陳正宏教授高度贊賞地説："水龍，嚴老師給了你一個一生都做不完的好選題啊！《近思錄》有研究價值。"當時我激動不已，內心更是敬仰嚴先生。

我博士畢業四年後，2010 年 10 月，恩師生病住在靜安區中心醫院，我去看望時，言談之間，先生不言自身病體，而是褒獎弟子在《近思錄》探究上的成績，強調"《近思錄》研究是個好題目"，但"你不可規守在《近思錄》的形式研究，也就是原有的思路，而應從每個時代每個部分延伸開來，注意與各時期學術、思想等的聯繫"。同時給我出示深入研究的題目，這對我此後的科研有非常大的促進和幫助。

十五年來，我能鍾情於東亞《近思錄》文獻的版本探究，自當歸功於先生的指引，更要感謝嚴先生深入的、多維度的教導。例如 2016 年初，當我對《近思錄》版本有一定研究之後，嚴先生及時教導我説："文獻版本研究只是基礎。對於《近思錄》的研究，不能只停留於版本，這只是 '三 W'（when/where/who），這是淺層次的調查研究，是文獻研究的起步。""對於古代哲學文獻的研究，可以有哲學研究思路，有諸如陳來的做法、余英時的做法、歷史的做法。我們進行古文獻研究採用的是一種歷史的做法。"又如再在 2016 年 8 月 18 日，嚴先生教導我不要停留於過去的研究，鼓勵我勇於進行開拓性研究，説："你以前研究《近思錄》版本，這把刀已舞起來了，現在可以放棄已經會做的東西，換一杆槍要要，也就是換一種思維、一個新角度去研究自己不會的領域，來一點挑戰。"

二、嚴先生待人儒雅，治學嚴謹，遇到先生，是弟子的榮幸。

我在安徽大學讀書時就已耳聞先生治學嚴謹，諸偉奇、陳廣忠等教授再三誇贊："嚴教授特別的儒雅。"那時對此類稱頌沒有具體的感知，直到拜入師門後方才深深感慨此前學界老師們所言並非是恭維溢美之辭。

先生尚儒，講究禮數，給我印象極深，以至於我畢業後數年，在教導自己的學生時還念念不忘昔日的情景。2004 年春季，先生在教導同門弟子時，講讀討論之中，先生讓我把幾頁講義給師妹豔紅、戀戀，我急忙起身隔着會議桌將講義遞給師妹，先生見狀，溫和地提醒："怎麼可以一隻手遞過來呢？應該雙手呈遞才是！"我立即發現自己的不恭敬之舉，深感慚愧，以致後來我很少犯此類毛病。

先生的"儒雅"更多地體現在平時教導學生與做學問之中。因爲先生平時從不在學生或弟子面前海闊天空大論特説，與同學們交流，溫文爾雅，言語不多，卻相當精闢，讓我們能記得其意旨所在。與我先後師從先生的同門都有此切身感受。記得 2006 年 6 月我投寄給《華東師範大學學報》一篇文章（先生署名第二），因爲當時我正準備到中國計量學院工作，生活、住宿皆不穩定，編輯擬採用但要求修改，將意見回饋給嚴老師。7月 31 日先生來函説："水龍吾弟：遷杭已經月餘，生活、工作是否安頓妥帖，時在念中。昨日接到華師大學報編輯部電話，説你投寄的論文可以考慮刊用，但二三萬字的篇幅實在無法刊載，必須刪減至一萬字以內。這是個老問題了，前面幾家刊物都是如此答復，應該有所注意，爲什麼還是原封不動送寄呢？學報編輯催得緊，這二天就要交了發稿，所以我想，刪減壓縮文字篇幅的工作就由我來做，修改涉及注釋的改動，這項工作就由你承擔，可好？……即此，順頌暑安！嚴佐之。"可見先生即便遇到非常緊迫的事，也是謙和、雅量處置。後來在先生親力親爲的指教下，我的那篇小作得以按時刊發。

嚴先生也是當今學界少有的"嚴謹"者，先生的嚴謹不只是表現在論文撰寫邏輯嚴密、語言凝練、思維縝密、觀點深刻獨到，而且還蘊藏在講堂上的諄諄教誨，融化在先生日常生活的言行之中。即使生病在床，先生也不忘告誡弟子如何進行下一步的研究，每當想起那一幕幕情景，都感動不已。

記得畢業前夕，2006 年 5 月 9 日，先生因勞累過度住進華山醫院，在準備甲狀腺手術之際，先生依然爲我審閲博士學位論文，着實令我感動，我曾在日記中記道："這是一位待我如子的嚴肅而重情義的好老師！"在 5月 11 日先生手術之後，我每次去看望、陪護先生時，先生精神稍好一些便不時給我講學問之道，語重心長地告訴我："論文尚有許多可做，今後可將《近思録》傳播過程中的那些注家、續編者與學術史聯繫在一起進行研究，並將此書傳刻過程中涉及的人、時代串聯起來。"還説："清初康熙時代、同光時期是重視朱子學的，而且特別看重《近思録》近思、踐行的價值，因爲它利於時人的修養、做人、爲學、爲政等，這方面你是可以好好作一篇文章的。"提醒我説："論文中涉及的《近思録》注家，你今後要分析研究各家注文有什麼不同，爲什麼會有這些不同，反映了什麼問題。"肯定我論文寫作搜集資料之功，説"這是寶貴的，今後可以不斷發掘、利用"，叮嚀我當發揮我們古典文獻學專業的長處，説："如今我們没條件天天在圖書館看到許多版本，不能以己之短比人之長。……我們應着重從文獻學的角度研究學術史，往往可通過一個版本或幾種文獻去發現學術史的内涵。"

先生住院期間，每次去看望先生，我都能聆聽到先生發自肺腑的教誨，先生虛弱的語氣與那重重的心意至今仍在我耳邊響起，對我當時修改畢業論文與走上工作崗位確定研究論題幫助特大。

三、先生嚴而仁慈，提撕後學。自拜在嚴先生門下至今，我一旦遇到困難，恩師總是有求必應，從不厭煩。

博士即將畢業時，先生就向用人單位或科研主管部門推薦我。2006年3月10日給我寫了一份找工作的"推薦信"，鼓勵道："該同學學習勤勉有加，一以貫之，學風求真求實，一絲不苟，故能學業猛進，學養厚殖。"其實，弟子心中很清楚自己遠未達到先生的要求，故在走向新的工作崗位之後，繼續在恩師嚴謹垂範的感召下不斷努力，遵循恩師的教誨，踏踏實實做人，勤奮嚴謹治學。

在近15年的求學、工作過程中，先生提攜弟子之心從未變化，像一座仁慈的大山一直在我的背後給予强勁的支持。如2009年第45批博士後基金申報時，嚴先生就我的《〈近思録〉集校集注集評》寫了"同行專家"評價意見："《近思録》集校、集注、集評的整理研究，有助於國内外學者進行《近思録》文獻的深入研究，對探討近幾百年來程朱理學思想在國内和東亞的發展演變具有重要的價值。"

2011年2月，我在申報國家社科基金後期資助項目時，嚴先生毫不猶豫地予以推薦，寫道："程水龍君，自攻讀博士學位以來即以儒學文獻之整理研究爲專攻，並集中於宋代理學代表《近思録》研究，至今已有九年之久，已有包括專著、論文在内的多項成果在國内知名的專業出版社和刊物出版發表，兹足以證其已具備良好的專業水準和科研能力。……這是一本精選彙集歷代校勘、精善注文、名家注評語於一體的著述，充分挖掘並展現了《近思録》文獻中藴藏的學術思想和文化意義。"

2012 年拙作《〈近思録〉集校集注集評》在上海古籍出版社出版,在我的請求下,嚴先生欣然爲弟子作序以示鼓勵:"水龍君於 2003 年膺選華東師大古文獻學專業博士,遂與我結師弟子之緣。平日過往閒談,我慣常會嘮叨些自己讀書感興趣、有體會的學術議題,其中就有《近思録》版本與傳播的問題,引起了他的研究興趣,並擬作其博士論文的選題。我建議他秉持文獻學與學術史相結合的理念,從一個個具體版本的調查研究入手,爲《近思録》學術史研究鋪墊扎實可靠的文獻基礎;提醒他必須邁開雙腿,四處奔走,實地調研,實物目驗,而絶不能單靠抄抄書目、轉載網絡敷衍完事。我知道要做到這些會很辛苦、很困難,但水龍君不僅做到了,而且做得比我想象的更苦也更好,……《〈近思録〉集校集注集評》新書殺青之際,水龍君囑我爲序。我幸獲先睹,頗感此編取材宏富,義例謹飭,超越以往,裨益來者,既堪爲《近思録》校注評集粹的一項新成果,亦庶幾《近思録》後續研究著述的一個縮影。此編既出,朱子《近思録》'無朱子思想資料'之缺憾,差堪告慰矣。惟我不只爲《近思録集校集注集評》版行而欣喜,亦爲水龍君十年來於《近思録》研究之鍥而不捨精神而欣慰。"

2013 年秋,我擬將《〈近思録〉集校集注集評》申報浙江省哲學社會科學優秀成果獎時,嚴先生又高興地予以推薦,最終弟子此成果獲得浙江省人民政府科研成果一等獎的殊榮。這些都應感謝嚴先生、陳正宏師的指教幫助!

嚴先生提攜後學之心還表現在 2011 年主持的國家重大招標項目中,先生大力培養科研新生力量、手把手帶領弟子後學一起做研究專案,如在"近思録專輯"的整理校點過程中,先生爲我們定好全書體例、標點規則,認真做好古籍整理校點的範文,樹立"要做就做出精品"的意識。同時,百忙之中還面對面指導我們修改"校勘記"、標點符號等,強調古籍整理"博識"、"嚴謹"的重要性。經過此番學習、錘煉,我也能獨立從事規範的古籍整理校點校注工作,能爲傳統的經典文獻延續生命,發揚光大祖國的優秀文化遺産。

四、嚴先生告誡我們"做學問即是做人",因而先生也是我的人生之師。

嚴先生在日常生活中從不嚴厲批評人,也較少虛誇他人。先生修生有方,踐行有道,十幾年來不斷提醒我仔細研讀體會《近思録》,特別要領會其中修身爲己之學。在先生的春風沐浴之下,經過幾年的學習,先生給了我很大鼓勵,記得在找工作的推薦信上,先生說:"該同學熱心公益,樂於助人，明理知禮，尊師愛友，頗有温良恭讓之風，於今尤爲難得。"自此以後，我便將這些作爲自己努力奮鬥的目標。

其實，先生給我的研究課題《近思録》，就是有意讓我用心讀此書，我也不時向先生彙報自己的學習體會。記得 2010 年 4 月我寫信向先生彙報説："近年來，我在整理資料時，常常一字一句去品味，我感到您説得很對。與《近思録》所教導的相比，弟子真的需要用一生時間去修煉，或許那樣也難達到近思修身的理想境界。我發現過去和現在，自己總是忙於看書、調查、整理資料，思想單一，没有考慮也没時間考慮爲人、處事、修身等，真是錯了。"

學術界並非一方淨土，先生擔心我身在其中沾染不良習氣，故而不時提醒警戒，以便我在人生爲學之路上能穩健而行。記得在 2013 年前後，面對一些司空見慣的學術陋習，諸如借助老師威名提高課題命中率之類，先生以爲若懷有此類想法則實在有些短視和急功近利。當發現我有此類問題的端倪時，立即來函勸誡："我以爲你的問題，就跟許多年輕學者一樣，發奮向學的表象下隱藏了太强的功利欲，而且不自不覺的處處表現，別人看到，自己卻渾然不知。我曾一再要你好好讀《近思録》，而不只是做它的版本文獻研究，就是這個道理。"先生覺得學生有功利之心時，若不告誡學生，就"是未盡爲師之責，有愧於學生啊"！自此我深深體悟到爲人做學問當不該有利欲之心，對於先生的教誨弟子銘記在心，不敢忘懷，總是帶着問題繼續研讀《近思録》，注重日用躬行，做好爲己之學。

在華東師大古籍所求學 3 年，畢業後至今又有 12 年，時間雖不久長，然嚴先生給弟子的恩惠卻綿綿久遠，不僅僅在學術科研上耳提面命，而且很注重我們這些弟子的人品德性教養，這些都讓我們終身受益。如今，我的人生因有這麽一位令人敬仰、令人豔羡的導師而自豪，因有這樣一位人生之師、學術之師相伴前行而欣慰。謝謝您，嚴先生！

（程水龍，温州大學人文學院教授）

# 爲學務嚴　處世尚寬

## ——記恩師嚴佐之先生

任莉莉

2005 年 10 月，在河南洛陽舉辦的程朱理學會議上我有幸認識了嚴佐之先生，後考入華東師範大學古籍研究所，受業於先生門下。

先生學養深醇，涉覽極廣，所學浩博無涯涘，沾溉後來者亦廣。尤其湛深版本目録，精研道統義理，學有本原，論議通達，蜚聲海内外。先生治學頗爲嚴謹，對待學生的學業從無絲毫疏忽，這在同門及學長中間已是不爭的事實。記得求學時，在兩周一次的同門讀書會上，諸同窗分享各自的論文或讀書心得，然後由先生評點，與會者有閣春、毛文鰲等。一次，我以"試論古代私家藏書文化與目録版本校勘學"爲題進行彙報，既畢，先生特援引《中華讀書報》所載季羨林先生事迹,藉以驚醒弟子問學不宜討巧,不可不務實。季老談及陳寅恪、湯用彤諸師等對於自己的影響,坦言由於恩師的培養和影響方造就了自己,"我一生小心翼翼地跟在他們後面行走"。先生以此爲引子,發表了對敝作的看法,顯然不滿意,判道:"是文綜述諸家觀點較詳,而深入分析、闡發一得之見,則顯得薄弱;儻作爲專題報告講述尚可,如公開發表則欠火候。"先生言辭及語氣雖並不犀利,然而當時在衆目睽睽之下,我恨不得尋一地縫鑽進去,實在是慚愧之至。這一場景,深深地印入我的腦海,深知先生對弟子們期望甚高,非止於一般意義上的畢業而已,此舉實系先生在鞭策我奮發向上,精益求精。我在大學教書後,給學生授課時,也常常將這次經歷作爲一個反面教材,啓發學生增加一些實事求是的精神,勤學苦練,而不是浮皮潦草地應付了事。儘管這篇文章後來刊發在《圖書情報工作》,但我心裏明白,這與先生對弟子公開發表論文的預期和要求,還是有相當大距離的。

　　我曾向先生請教如何寫文章,先生答曰:"應多看、多揣摩、品味名家們的文章。一些頂尖級的刊物的編輯介紹過,看作者來稿,一般是先看題目,若題目無新意,則首先被剔除,感覺題目尚可,則瀏覽文章的框架,若能吸引人,抓住讀者,即會繼續讀下去。因此寫文章,須於題目創新上多下功夫,在精巧構思上多用心思。"

　　先生多次講到所內的學術傳統,向我推介所內諸位老師的治學方法,曾經談道:"劉永翔先生嘗云:'讀王念孫、王引之父子《讀書雜誌》《經義

述聞》，讀透徹，乃可悟出他們研究的方法與路子'。做文獻整理，當借鑒前賢的做法，做一些扎實的功夫，材料靠得住，這是治學的基礎。"此亦先生手把手教我如何爲文之一例。

先生回憶自己在哈佛燕京大學訪學時，老師布置一些書志任務，同學皆迅疾完成了事，自己不求速而求質，不是功利地完成任務而已，而是抄錄了諸多題跋文字，爲後來的研究奠定了堅實的材料基礎。先生一直鞭策着我在學術的道路上要眼界開闊、基礎扎實，只有下苦功夫，練真本領，才可以通過自己的著述真正地在業界站穩腳跟，贏得一席之地。這成爲我在問學道路上的一盞明燈，每當自己有所懈怠時，想起即會振作起來，重新踏上跋涉之路。

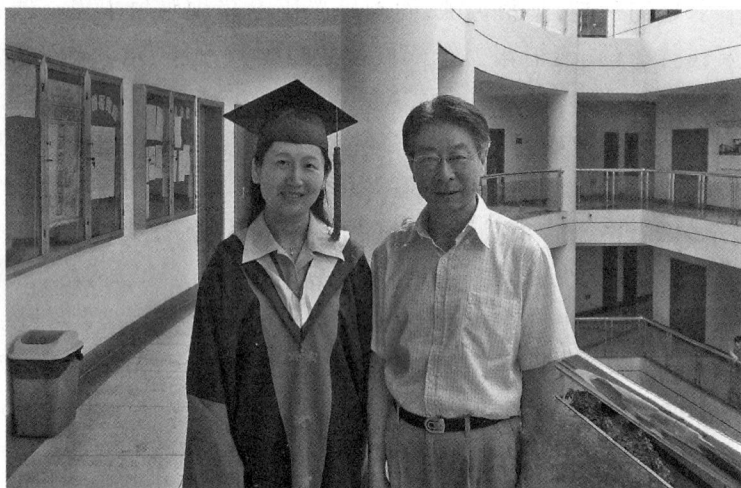

先生的撰述向來是一絲不苟的，一篇一段，一句一字，構思精巧，布局精妙，筆力精到，可謂高標準，嚴要求。2016 年在武夷山召開的"朱子學文獻整理與研究"之"近思録專輯"新書發佈會上，先生撰寫的論文獲得一等獎，受到與會專家的一致好評。近日先生垂訓曰："'朱子學文獻整理與研究'之《朱陸異同專輯》即將付梓，正爲此輯撰寫一篇大序。一文結成，反覆琢磨，僅開篇數語，即更正十五六次，猶不自足。"此種治學精神，堪稱文獻界學者之楷模，亦我輩及後來者所效法之典範。

劉薔女士的《天禄琳琅知見書録》成書後，先生受邀作序，欣然接受，花了足足半月時間，寫成了一篇近 3 000 字的序言，足見其內心對作者和讀者是一種何等的負責的精神。後來，該序爲一雜志全文收録，可供業內更多的讀者所閱讀、分享。

　　一分耕耘，一分收穫，在文獻研究的道路上，没有捷徑可走，先生開創的路子、付出的艱辛、秉持的理念，已昭示和啓迪後學者，踏實與勤奮，將成爲前進道路上不可或缺的夥伴。

　　感恩先生的知遇，感謝先生的教誨。

　　恭祝先生幸福安康！

2017 年 10 月 20 日於滬上

（任莉莉，華東師範大學古籍研究所副研究員）

# 學問自在生活中

## ——敬獻嚴恕舒先生榮休

### 秦静良

我不才，未得親炙於華東師範大學古籍所門牆，此良平生之至憾也。復得恭聆嚴恕舒先生訓誨於府上，此上天降賜良之大幸也。

2011年末，機緣巧合，我得以擔任抄書員一職，利用寒暑假期在文津街國圖古籍閱覽室過録清人黃叔璥稿本《近思録集朱》。此書係先生所主持的國家社科基金項目"朱子學文獻整理與研究"的子項目"近思録專輯"中的一種，因其爲海内孤本，内子任莉莉負責點校整理，故我得以參與抄書一事。

抄録與整理的過程，即是向先生請教、學習的過程，三十餘萬字的一部書，其中倒乙塗改、批注增删的信息極其繁多，勘稱研治稿本者難得的絶佳教材。在國圖陳力先生的關照下，得以親見《近思録集朱》原書，以其提善而倍受呵護，我鑽在閱覽室，身邊坐着一位管理員，專門照看我與這套寶貝的書，當然是保護書了，擔心我會對該善本有所損傷。先生也撥冗前往文津樓，親就有關問題詳加指導，我亦從中受益匪淺。

良樗昧之質，不敢行拜師之禮，而在自己心中早已奉先生爲吾師矣。校點初稿一出，呈送先生閱正，先生鼓勵有加，可感先生勉勵、信任後學之心。

先生爲版本目録學專家，國内外學界已知其名。近二十年來，先生肆力問學，所涉漸廣，不限於版本目録一隅也。自《朱子全書》校點整理以來，先生治學路徑似有大轉向，博覽朱子門人及後學文獻，沉潛義理，嚴謹細緻，一絲不苟，所造已深。先生治學實事求是，從不虛擲一語。尤其對程朱、陸王之學，持平允立場，不立門户，不專一説，多有自得。先生博觀約取，薈萃群言，以明理學之道統。嘗讀錢穆先生《朱子新學案》五七遍，

漸有心得,反觀賓四先生所學,乃悟學問之有淺深也。一日,先生語道:"錢穆先生審讀朱子學發展源流,搜羅文獻之博廣,組織材料之縝密,目光獨到,筆觸老練,故能發人所不能發,言人所無以言,可謂識見高遠,才力卓異。"先生鑽研相關文獻既久,不覺在某些專業方向上有超邁先賢之處。由於占有材料廣泛,深入思考,筆耕不輟,可以較前人闡發得更爲透徹、更具眼力。先生問學用力之勤,搜採之博,值得欽佩。

近幾年來,先生重點研讀的書目大致有《朱子新學案》《王文成公全集》《二曲集》《郭嵩燾文集》《理學宗傳》《學統》等等,措諸案頭,反復琢磨,以求有新得。爲撰某篇文章,特找來《顧亭林與王山史》閱讀。先生讀王弘撰,蓋慕其論學平允,於晚明門户之爭不謂然也。他指出,在清人看來,程朱理學和陸王心學各有其理,在認識兩者之間有異的同時,也要看到他們同的一面。道問學和尊德性,在朱陸均有,不過研究者們分別更多地强調其某一方面罷了。先生講道,朱子也講尊德性,陸子也不是不講道問學,能夠如此來看,兩者就可望融合了。此論高明,皆因先生能站在朱陸異同學術研究的大脈絡上來審觀是非,認識可以臻於無礙的境界,故可見常人所不能見,言常人所不能言。

學術寬容不僅體現在尊朱不抑王上,而且在言談間也可聞聽先生宗儒不排二氏,於佛老學術亦有寬容理解,對一些高僧大德的智慧與操行亦贊賞有加。先生嘗謂:"朱子辟佛,非因其全體錯誤而批評之,而是針對一些學者缺乏根底徑直信佛易於走偏也。"先生持論通達不黨,兼收並蓄,篤實不欺,此先生爲學之大旨也。

俗語云,經師易得,人師難求。"夫學者學做人爾",此先生耳提面命,一再誨示之語。結合對《近思錄》的閱讀,先生談到君子與小人的不同特質,談到古代廉政文化對於爲官者的規範、約束和引導作用,在批講《近思錄集朱》個別標點時,隨手拈來一段文字:

> 專做時文底人,他説的都是聖賢説話。且如説廉,他也會説得好;説義,他也會説得好。待他身做處,只自不廉,只自不義,緣他將許多話,只是就紙上説。廉是題目上合説廉,義是題目上合説義,都不關自家身己些子事。

先生敦誡,一些學者知廉知義,卻不行廉,不行義,此欲啓迪來學當知行合一,表裏如一。先生坦言,其個人特點即方正,内心有底線,不同流,不隨波,不贊成者不發表意見,可默不作聲,但決不説違心的話。先生講話之藝術特色鮮明,謀篇佈局,構思緻密,若行雲流水,如春風化雨,似細雨潤物,聞者仿佛於無聲處聽響雷,於静默時觀驚濤,如織如繡,如琢如磨,真能獲得藝術享受,其感染力、吸引力自見大家風範、儒者氣象,業界早已有共識。

先生回顧在武夷山會議上發言後,有人遞上紙條提問,上書曰:"何謂聖賢氣象?"先生解釋道:"聖賢氣象,讀書、修身所反映出的氣質、表象,周茂叔光風霽月,程明道如坐春風,亦如毛澤東所講的,要做一個高尚的人,一個純粹的人,一個脱離了低級趣味的人,一個有益於人民的人。"此語亦可用於在武夷山坐車時導游讓車上的人員用最簡短的話概括"理學",先生回答説"就是做個好人",與"聖賢氣象"可等同視之。先生談到劉永翔先生有極高修養,似乎從未見其發火,講話慢條斯理,即使在批評人時亦是語調語速平緩。先生謙遜地説,自己無劉師那麼高的修養。他形象地將劉師比作明道先生,自比伊川先生。復引明道先生的話講道:

> 異日能使人尊嚴師道者,吾弟也,若接引後學,隨人材而成就之,則予不得讓焉。

從旁觀之,二先生行事風範,真可效二程先生也。

學問可見諸處處生活中,非止於讀書研究之間也,此先生之又一高明

見解,對此叮嚀再三。在批講《問學録》時,先生又摘出一段文字談道:

> 故近溪以捧茶童子之自然知戒懼者爲道,而以不慮而知爲學問宗旨。謂聖人見世人知處太散漫,而慮處太紛擾,故其知愈不精,所以指示源頭,言知本是天,不必雜以人爲,此則不惟從前散漫紛擾之病可以盡消,而天聰天明之用亦將旁燭而無疆矣。推其立教之意,不是禁人之慮,正是發人之慮也。

先生指出,道非止於聖賢間也,即使捧茶童子,遇到客人來訪,從廚房出來,捧茶碗端送至客人面前,一路上左轉右曲,上下臺階,手能持平,茶無滴灑,足見其内心戒慎恐懼,兢業樂事,事情雖小,道已寓焉。聞聽斯言,豁然開朗,佩服先生於一點一滴中見得汪洋,歎爲觀止。

先生談到多年來研究理學,不只是單純地做整理研究,而是結合個人的修養來思考一些問題,指導自己的爲人處世,感到受益多多。先生反對功利主義的做法,强調利他、利衆、利國、利民,他舉出明代吕坤的名言:"肯替別人着想爲第一等學問。"在功利成爲時尚的當下,先生舉出此條,實在是有振聾發聵的作用,餘音繞樑,三日不絶。我當銘記在心,件件踐行,終生修養。

門墻外的學徒　秦静良敬記
2018 年 6 月 9 日

# 嚴門從游記

## 張　文

　　十多年前，我開始學習文獻學課程，閲讀版本目録學的論著，就已知道嚴佐之先生在該領域的卓越聲望。

　　第一次見到嚴先生，是在八年之前。2010 年 3 月，北京大學召開“中國典籍與文化國際學術研討會”，嚴先生應邀蒞會。此次會議規模宏大，海内外名家雲集，我們當時在讀博士參與會務接待，因爲景仰已久，就對嚴先生特别關注。記得嚴先生發表論文報告，釋讀明清時期的“抄書”詩，探討寫本文化的“自适性”，條理明晰而見解新穎。那種儒雅的精神氣質，以及深厚的學術造詣，令我印象深刻，至今記憶猶新。同年 6 月份，有幾位師兄師姐博士畢業，導師安平秋先生請嚴先生來京主持答辯，我們有幸聆聽嚴先生對論文的精彩講評。正是基於這些接近和瞭解，畢業之際面臨工作選擇，當有機緣來跟嚴先生做博士後時，我内心自然非常欣喜。

　　2012 年 8 月下旬，我來華東師大報到進站，辦妥相關手續，就前往静安區南陽路，正式拜謁嚴先生，並見到了和藹可親的師母。從此之後，那棟歷史悠久的公寓樓，那間素樸雅潔的居室，成爲我問學請益的經常去處。每次叩門而入，師母總是熱情相待，享以美味茶點，並且噓寒問暖，關懷無微不至，感覺温馨如家。與嚴先生進行談話，氣氛輕鬆而愉悦，我會彙報近期工作情況，請教一些具體問題。對於我的點滴進步，老師總是勖勉有加，而很多疑難和困惑，則在答問之間涣然冰釋，正所謂小叩則小鳴、大叩則大鳴也。當然，更多的時候，是比較隨意的漫談，先生講述自己的治學體會和思想理念，以及對前沿問題的關注和思考，偶爾涉及學界的一些逸聞趣事。寓所窗外，有時陽光和煦，樹影斑駁，有時雨聲淅瀝，蕉叶清響，侍側於此幽静之地，遠離都市喧囂浮華，凡古今學術源流，聽先生亹亹言之，神思遥接千載，心境立時澄明，學識無形中增長，精神因之而升華。

程門弟子春風中坐,不此過矣。

嚴先生曾作爲知青在崇明農場數年,後來選調至上海圖書館古籍部工作,師從顧廷龍先生、潘景鄭先生研治版本目録之學。恢復高考之後,考入華東師大成爲首批研究生,由徐震堮先生指導論文。畢業留校任教,又給周子美先生做過助手。得此諸位先生悉心指授,其學問淵源至爲精粹。嚴先生雖以版本目録名家,然其興趣並不僅限於此,自言很早就已鍾情於思想史。曾多次啓誘我們,從事古典文獻整理與研究,一定要由文獻上升至思想,在文獻整理的基礎之上,還要有思想研究方面的創獲,在考證和義理之間尋找適當的切入點,力求思想義理和文獻考證的有機融合。先生近年主持的"朱子學文獻整理與研究"課題,其規劃設計意在凸顯整理與研究並重的特色,正反映了這種學術理念。而所撰《朱子學文獻大系總序》《〈近思録〉後續著述及其思想學術史意義》《清郭嵩燾注〈近思録〉及其"宗朱"之學》《"朱陸異同"歷史文獻與"朱陸異同之辨"歷史衍變》等系列文章,對思想史上的重大問題有宏闊建構和縝密思考。如關於"構建整體通貫的朱子學文獻體系"的設想,關於"一部《近思録》串起了七百年理學史"的論述,以及對於郭嵩燾宗朱思想的發掘,都具有重大的學術思想史意義,代表着先生在學術上的最新思考和高明境界,真正能將"辨章學術,考鏡源流"的傳統發揚光大。因爲研究朱子學,先生對理學的社會效用興趣濃厚,對理學家的家教、政績、事功等皆有深入考察,對於理學型士大夫及理學型家族有新穎獨到的見解。這些方面,都體現出不斷求索、日新不已的精神。

嚴先生對學生非常體貼關心,但在學術上從來要求嚴格,未嘗稍有苟且假借。我參與"朱子學文獻整理與研究"項目,負責整理陳沆《近思録補注》,當時注意力在標點和校勘,關注細節和局部,忽略大綱和整體,對全書内容並未深入思考,撰寫校點説明較爲草率,缺乏自己的獨立判斷,仍沿襲某位前輩學者之觀點,評判較爲浮泛,未能切中肯綮。嚴先生看了校點説明,直言不諱地進行批評,説他對此很不滿意,並詳細指陳缺點和不足。我當時極爲羞愧,就遵照先生的指導意見,全面分析梳理文獻資料,結合宏觀的學術史背景,重新思考此書的内容特點和價值意義,從而獲得較爲深刻的認識,於是改寫了校點説明。并在此基礎之上,寫成了一篇較爲厚重的論文,獲得先生認可,後來提交參加學術會議,受到與會專家學者好評,最終在《歷史文獻研究》發表。我還承擔整理張伯行《續近思録》《廣近思録》及陳建《學蔀通辨》,並與先生合作整理郭嵩燾《近思録注》、王弘撰《正學隅見述》。這些校點稿皆經先生審讀勘定,指正了不少疏失和錯訛。在此過程之中,我深切感受到先生一絲不苟和精益求精的治學精神。先生對學生嚴格要求,自我要求亦是如此,這是他一貫踐行的精神。

在家庭生活方面,嚴先生和師母相濡以沫,伉儷情深,家庭氛圍寧靜而和諧。由於住處相距不遠,近水樓臺之故,我能頻繁登門拜望,對此感受極爲真切。每當師母身體不適,先生就會神色不怡,而師母恢復健康,先生就會喜形於色。在平時生活中,師母對先生悉心照顧,先生看書寫稿非常投入,經常廢寢忘食,師母就會爲此焦慮,不厭其煩地催促提醒。當先生外出時,師母會時時來電詢問身體情況。嚴先生和師母相互深情關愛,爲我們處理家庭關係樹立了典範。

我在讀博士時,安先生就屢以"做人做事做學問"相教誨。在嚴先生身上,這三個方面可謂完美結合,所以安先生對嚴先生也很欣賞敬重。安先生推薦我來做博士後,不僅讓我跟隨嚴先生做學問,更要我學習嚴先生的爲人處事。我所熟知的很多前輩學者,每次見面都托我轉達問候,對嚴先生皆深表敬意。先生堂廡高崇深邃,我從學時日較淺,未能盡窺奧奧。先生的學問境界和人格氣象,我們可能無法企及萬一,雖然不敏不慧,願學焉!

# 望之儼然，即之也温

## ——書於嚴師七十大壽之際

### 王園園

古人云"嚴師出高徒"。"嚴師"之於别人或許只是一個概指，但對於每一位嚴門弟子而言，"嚴師"卻是一個實指。雖然並非"高徒"，但我卻有一位實實在在的"嚴師"。

何謂"嚴師"，我想從 2013 年 9 月投入嚴門，就真真切切地感受到了。嚴師之"嚴"，首先不是對學生的"嚴"，而是律己之"嚴"。在日常教學與學術研究中，老師精益求精，力求完美。無論上哪門課程，老師都有詳細的講稿。而且每次上課前，老師都會在原來講稿的基礎上再進行認真的修改、完善。記得老師上"國學概論"課時，將傳统四部分類體系和現代學術體系融合而成"國學體系表"，方便同學們覽一表而知全貌。在上"古典目録學的書目類型和目録體制問題"這一講時，爲了讓大家能夠對古典目録類型有清晰的瞭解，老師也特地製作了"古代書目類型鳥瞰圖表"。在這張表中，老師融匯古代公私藏書目録、史志目録和近現代目録學家的分類方法，創新性地將書目類型分爲"藏書""著書刻書"與"讀書治學"三類。每大類下又再作細分，二級細目之下還有三級、四級乃至第五級細目。無論是"國學體系表"還是"書目類型表"，老師都花費了極大心血，體現了老師融匯古今於一體深邃的學術史視野。但更令我感動的是，老師作爲資深教授，講授這些課程數已有十餘年之久，仍然力求有新的看法和更深的思考以不斷修改、完善之。記得直到上課前，老師還在讓我幫忙修改格式，因他對原表內容又有所增益。老師對課程和學術的態度，讓我真切地感受到了老師自律之"嚴"，確乎"嚴師"。

老師不僅在學問上對自己有嚴格要求，在生活上也極具原則。曾聽老師講起他在農場時，每月工資只有 25 元，還得寄給母親養家。即使回到上海，仍僅有 36 元，生活亦不寬綽。老師在生活上節儉自律，即使在這樣的條件下，仍然刻苦向學，不但向顧廷龍、潘景鄭等老先生學習，更努力考上研究生，繼續求學深造之路！

當然，老師對學生的學習和學術論文也有極嚴格的要求。他多次告誡我們要潛心沉氣，夯實基礎，切勿急功冒進。每當我把自己寫好的論文交給老師時，老師總會細緻地批閱，並提出詳細的修改意見。2017 年春節前後，我將博論初稿打印出來交給老師，新學期開學後，返回整本論文都是滿頁的紅批！老師不僅細緻地查閱了《中國古籍總目》內所有與章學誠相關的內容，對我著録不完善之處一一標示，還對書志版本注記的規範進行了詳細的交代。看到老師這些批注時，我一方面感動於老師的辛勤校改和良苦用心，同時也爲自己寫作過程中的不嚴謹與疏略感到慚愧之至。

當然，嚴師在名不虛傳的自律之"嚴"與學術之"嚴"外，還有令人想不到的溫柔一面。曾聽老師回憶起一件趣事。老師曾在師母生日時爲師母在電臺上點歌祝福，還旁敲側引告訴師母那個電臺彎好聽的可以去聽。恰巧有位老同事聽到了老師爲師母點歌的節目，就對辦公室同事説，"看不出來，小嚴竟然還那麽浪漫"。老師對我們感慨道："哪是浪漫，分明是没錢買禮物的將就之舉啊。"雖然老師説是因爲没錢，但聽老師講述這件事時，眼中分明充滿了愛和溫暖。尤其是老師講這件往事時的表情，似乎讓我們看到了曾經浪漫溫柔的"小嚴"。

其實，老師絶非僅僅是"嚴"，老師的身上更是充滿了"愛"與"温度"。子夏説："望之儼然，即之也温。"在攻讀博士期間，老師給我留下最深刻的印象並不是"嚴"，而是"温"，是老師帶給大家暖暖的温度。

對我來説，博士四年，每個"週三下午"都具有特別與特殊的含義！它是一個讓我緊張又令我期待，如今又充滿回憶與留戀的時光。每到這天下午，我們幾個師兄弟姐妹就齊聚老師辦公室，互相彙報一周來學習與生活上的體會、心得。不知曾有多少個"週三下午"，我們環坐在書桌旁，或是聆聽老師講目録書志，或是跟隨老師體會《近思録》上的箴言，或是仔細玩味朱陸異同文獻之解讀；更有老師對師兄弟們的"畢業論文"進行大至謀篇布局、小至措辭標點的修改討論。在這方書桌上，老師不僅無私地將他深厚的學識、做學問的方法傳授給我們，還將他爲人處世的原則傳遞給我們。這方小書桌承載的不僅有求學問道，還有不少歡聲笑語，以及老師對大家的關懷與鼓勵。當然，師兄弟們的家常樂事、戀愛進展、心情憂樂等亦是這片小天地内的話題。

老師曾告訴我們儘管他以版本目録學起家，中途因主持整理《朱子全書》及朱學文獻，分散了不少精力，旁人難免覺得有些可惜。但老師卻認爲在整理朱子文獻的過程中，自己在涵養心性上有很大收穫，對人生萬事的體認也更加透徹，其得遠大於其失。其實，老師早已將讀書治學與修齊治平結合起來，他並非僅將讀書圈定在書桌上與書齋中，而是内化於自己的内心深處、氣質之中。

老師曾多次耳提面命，教導我們做古典文獻整理與研究時要有問題意識，要做有思想的文獻研究，要“古典”也要“現代”。記得老師講，在哈佛大學期間，白謙慎先生曾建議將西方理論視角引入古典文獻研究。在古典文獻領域，引入西方理論者確屬鳳毛麟角，但老師卻真正秉持此一理念，希望我們在研究中摒除偏見，融貫中西，撰寫言之成理、述作有義的文章。也正是在老師的指引下，我試圖從文本動態生成的角度研究章學誠著述文本的形成與傳播過程。雖然最終完成的博士論文並沒有達到預期理想，但正是由於老師的指引，我才有機會、有勇氣跨出第一步。

跟老師相處的時間越久，就越能體會到老師對學生深沉的關愛和期許。我在博士二年級曾赴臺灣進行爲期半年的學術交流。回到上海後去看望老師和師母，一進門老師就給我了個大大的擁抱，並關切地詢問我在臺灣的學習、生活情況。而當我博士論文答辯得到答辯委員會的一致肯定與贊揚時，老師顯得比我還開心、興奮。答辯主席李紀祥教授在答辯後發消息給我説：“I can feel that he is so proud of you!”李老師説他能感到嚴師爲我感到驕傲。其實，如果不是老師的厚望時刻鞭策着我，使我不敢懈怠，我又如何能取得現在這一點點成績呢？如果不是老師對我充滿了愛護、期許，又怎會因我取得一點點微不足道的成績就爲我感到驕傲呢？

博士畢業之際，面臨着人生之路的又一個轉折，老師不僅關心着我的前程，還關心我愛人許超傑的工作進展，印象最深的是老師給許超傑修改推薦信的情形。2016 年 11 月 30 日，同樣是一個“週三下午”，老師早上六點多起床趕到學校參加思勉研究院的考評會議，中午在思勉會議室匆匆吃過午餐盒飯，十二點多回到辦公室，就立刻開始對許超傑的推薦信進行認真的修改。短短千餘字，老師從十二點半一直修改到一點四十，字斟句酌，飽含心意！站在老師背後，看着老師斟酌字詞，移易語句，在内心感動之余，我跟超傑就暗下決心一定要永遠努力，不給老師丢臉，不負老師的期許與厚愛！

　　當我面臨讀博後與工作的矛盾選擇時，老師一直建議我繼續深造，希望我一鼓作氣將對章學誠稿抄本的研究再進一步深入。並告誡我，一旦工作，教學任務來臨，研究工作就難免會短期內受到影響。而我終究與現實妥協，選擇了工作。但是，還未正式上課，備課任務已至。一朝站在講臺，就已深刻悔悟到老師當年的擔憂已成真。當然，我還是會努力備課，爲學生上好每堂課，因爲老師就是這樣教我，老師説老師的老師也曾這樣教他，因此我有責任將這份精神也傳承給我的學生們。

　　其實，在跟隨老師讀書的過程中，我多次有强烈的感覺，就是老師的行爲風範確乎是克己復禮的正統老派學人，而且這種感覺隨着對老師了解的加深愈發强烈。曾跟復旦友人聊天，他説盡管與老師只有幾面之緣，也有這種感受，不禁心有戚戚。臨近畢業之際，當親耳聽到老師説"自己只穿了現代人的衣服"這句話時，終於感到我曾經的私忖得到了印可。

　　我常暗自慶幸，在人生求學的最後一段道路上能夠遇到老師，遇到這樣一位學問與精神的榜樣！站在老師七十大壽的會場中，我感謝當下，也期待未來每一次的相聚。在老師七十大壽之際，請允許學生對老師説一聲：謝謝老師，您辛苦了！衷心祝願親愛的老師身體健康、萬事順遂，生日快樂！

書於 2017 年 12 月 30 日晚

（王園園，湘潭大學歷史系講師）

# 古籍研究所歷年學生論文目録彙總

## 楊　芳

| 姓名 | 論　文　題 | 指導教師 | 專　業 | 學位級别 | 學位年度 |
|---|---|---|---|---|---|
| **1980 届** | | | | | |
| 蒲秋徴 | 《春渚紀聞》簡注（二） | 周子美 | 中國古典文獻學 | 文學碩士 | 1980 |
| 蔣見元 | 《資治通鑒考異》研究 | 林艾園 | 中國古典文獻學 | 文學碩士 | 1980 |
| 王　雄 | 郭子儀研究初步 | 徐震堮 | 中國古典文獻學 | 文學碩士 | 1980 |
| 嚴佐之 | 《雞肋編》校注 | 周子美 | 中國古典文獻學 | 文學碩士 | 1980 |
| 劉永翔 | 《清波雜志》校注 | 徐震堮 | 中國古典文獻學 | 文學碩士 | 1980 |
| 張家璩 | 避暑録話校注 | 徐震堮 | 中國古典文獻學 | 文學碩士 | 1980 |
| 朱友華 | 新唐書則天皇後紀注 | 段　颺 | 中國古典文獻學 | 文學碩士 | 1980 |
| 戈春源 | 新唐書黄巢傳注 | 徐震堮 | 中國古典文獻學 | 文學碩士 | 1980 |
| 李先耕 | 詩經的嘆詞 | 程俊英 | 中國古代文學 | 文學碩士 | 1980 |
| 徐興海 | 整理宋代筆記《梁溪漫志》 | 程俊英 | 中國古代文學 | 文學碩士 | 1980 |
| 吳　格 | 試論風、雅的分類及其作者 | 程俊英 | 中國古代文學 | 文學碩士 | 1980 |
| **1985 届** | | | | | |
| 姜漢椿 | 宋代的轉運使路 | 李德清 | 中國古代文學 | 文學碩士 | 1985 |
| 丁　鋼 | 虞翻《易》學探析 | 潘雨廷 | 中國古代文學 | 文學碩士 | 1982 |
| 王　鐵 | 戰國漢魏時代《論語》的流傳與研究 | 程俊英 | 中國古代文學 | 文學碩士 | 1985 |
| 陳曉平 | 論劉摯及其著作 | 裴汝誠 | 中國古代文學 | 文學碩士 | 1985 |
| 曾抗美 | 《毛詩故訓傳》初探 | 程俊英 | 中國古代文學 | 文學碩士 | 1985 |

| 姓名 | 論　文　題 | 指導教師 | 專　業 | 學位級別 | 學位年度 |
|---|---|---|---|---|---|
| 徐德明 | 論嚴可均的輯佚書 | 周子美 | 中國古代文學 | 文學碩士 | 1985 |
| 郭明道 | 盧文弨校勘學初探 | 林艾園 | 中國古代文學 | 文學碩士 | 1985 |
| 鄭　明 | 唐代會要體史書論綱 | 吳　楓 | 中國古代文學 | 文學碩士 | 1985 |

**1986 屆**

| 姓名 | 論　文　題 | 指導教師 | 專　業 | 學位級別 | 學位年度 |
|---|---|---|---|---|---|
| 伍偉民 | 《太平經》與《抱樸子》比較研究 | 潘雨廷 | 中國古典文獻學 | 文學碩士 | 1986 |
| 戴揚本 | 呂陶和《呂陶集》 | 裴汝誠 | 中國古典文獻學 | 文學碩士 | 1986 |
| 白莉民 | 陸世儀教育思想述評 | 李國鈞 | 中國古典文獻學 | 文學碩士 | 1986 |
| 張　溦 | 《詩經稗疏》校注 | 程俊英 | 中國古代文學 | 文學碩士 | 1986 |
| 吳琦幸 | 葉昌熾研究——論葉昌熾的石刻學 | 周子美 | 中國古代文學 | 文學碩士 | 1986 |
| 吳　平 | 《說文段注》因聲求義論 | 程俊英 | 中國古代文學 | 文學碩士 | 1986 |
| 林平國 | 吳澄其人及其《易》學 | 潘雨廷 | 中國古代文學 | 文學碩士 | 1986 |
| 吳宣德 | 王充教育思想繹評 | 李國鈞 | 中國古代文學 | 文學碩士 | 1986 |
| 林文錡 | 論王鳴盛的校勘學——《十七史商榷》初探 | 林艾園 | 中國古代文學 | 文學碩士 | 1986 |

**1988 屆**

| 姓名 | 論　文　題 | 指導教師 | 專　業 | 學位級別 | 學位年度 |
|---|---|---|---|---|---|
| 黃驚雷 | 北宋詩文革新與王安石散文創作 | 劉永翔 | 中國古代文學 | 文學碩士 | 1988 |
| 顧兆敏 | 關於"編類元祐章疏" | 裴汝誠 | 中國古代文學 | 文學碩士 | 1988 |
| 王幼敏 | 吳翌鳳研究 | 周子美、嚴佐之 | 中國古代文學 | 文學碩士 | 1988 |
| 張　清 | 趙翼史學研究 | 林艾園 | 中國古代文學 | 文學碩士 | 1988 |
| 秦葆平 | 曾布與《曾公遺録》 | 裴汝誠 | 中國古代文學 | 文學碩士 | 1988 |
| 曹大民 | 王安石詩歌探索 | 劉永翔 | 中國古代文學 | 文學碩士 | 1988 |

**1989 屆**

| 姓名 | 論　文　題 | 指導教師 | 專　業 | 學位級別 | 學位年度 |
|---|---|---|---|---|---|
| 陸德陽 | 試論蘇轍的文學思想 | 劉永翔 | 中國古代文學 | 文學碩士 | 1989 |
| 張祝平 | 解頤果值得水井——朱熹《詩經》研究拾補 | 劉永翔 | 中國古代文學 | 文學碩士 | 1989 |

| 姓名 | 論　文　題 | 指導教師 | 專　業 | 學位級別 | 學位年度 |
|---|---|---|---|---|---|
| 馬　鏞 | 清後期書院刻書述論 | 周子美、嚴佐之 | 中國古代文學 | 文學碩士 | 1989 |
| 闞寧輝 | 吳兔床研究 | 周子美、嚴佐之 | 中國古代文學 | 文學碩士 | 1989 |
| 吳宣德 | 二程教育哲學研究 | 李國鈞 | 教育史 | 教育學博士 | 1989 |
| **1990 屆** | | | | | |
| 柳光敏 | 關學中興與關中書院 | 李國鈞 | 中國古代文學 | 文學碩士 | 1990 |
| 孫建民 | 《建炎以來系年要録》引書考 | 裴汝誠 | 中國古代文學 | 文學碩士 | 1990 |
| 郭子建 | 《建炎以來系年要録》注文考 | 裴汝誠 | 中國古代文學 | 文學碩士 | 1990 |
| **1991 屆** | | | | | |
| 衛　民 | 英語世界對《詩經》的翻譯和研究 | 蔣見元 | 中國古代文學 | 文學碩士 | 1991 |
| 劉毅强 | 南宋江湖詩人研究 | 劉永翔 | 中國古代文學 | 文學碩士 | 1991 |
| 顧宏義 | 北宋學士院制度考 | 裴汝誠 | 中國古代文學 | 文學碩士 | 1991 |
| 俞憶昔 | 北宋臺諫制度考論 | 裴汝誠 | 中國古代文學 | 文學碩士 | 1991 |
| 余永康 | 《易經》文化源 | 潘雨廷 | 中國古代文學 | 文學碩士 | 1991 |
| 于述勝 | 朱熹教育思想體系發微 | 李國鈞 | 教育史 | 教育學博士 | 1991 |
| **1992 屆** | | | | | |
| 淩　皓 | 宣仁辨誣及神哲史、録的更修 | 裴汝誠 | 中國古代文學 | 文學碩士 | 1992 |
| 張康麟 | 《廣雅疏證》術語研究 | 梁永昌 | 中國古代文學 | 文學碩士 | 1992 |
| 柳光敏 | 明代書院發展史研究 | 李國均 | 教育學 | 教育學博士 | 1992 |
| **1993 屆** | | | | | |
| 張明華 | 北宋初年幾樁政治疑案的資料探源 | 裴汝誠 | 中國古代文學 | 文學碩士 | 1993 |
| 池小芳 | 明代小學研究 | 李國均 | 教育學 | 教育學博士 | 1993 |

| 姓名 | 論　文　題 | 指導教師 | 專　業 | 學位級別 | 學位年度 |
|---|---|---|---|---|---|
| 王　劭 | 試論中國傳統文論中的文氣説 | 蔣見元 | 中國古代文學 | 文學博士 | 1993 |
| **1994 屆** | | | | | |
| 白　寅 | "《詩》教"大綱 | 朱傑人 | 中國古代文學 | 文學碩士 | 1994 |
| 楊光輝 | 理學精神的投影——略論宋代理學家的詩 | 朱傑人 | 中國古代文學 | 文學碩士 | 1994 |
| 周鐵强 | 繆荃孫編撰書目研究 | 嚴佐之 | 中國古代文學 | 文學碩士 | 1994 |
| 黄詩青 | 明代《詩經》學簡論 | 朱傑人 | 中國古代文學 | 文學碩士 | 1994 |
| 朱繼忠 | 柳詞和俗文學 | 蔣見元 | 中國古代文學 | 文學碩士 | 1994 |
| 馬　鏞 | 明清家庭教育研究 | 李國均 | 教育學 | 教育學博士 | 1994 |
| **1996 屆** | | | | | |
| 肖玉峰 | 夏曾佑詩歌整理研究 | 黄　珅 | 中國古代文學 | 文學碩士 | 1996 |
| 杜海軍 | 古代戲曲目録研究 | 嚴佐之 | 中國古代文學 | 文學碩士 | 1996 |
| 趙燦鵬 | 朱熹校勘學述論 | 嚴佐之 | 中國古代文學 | 文學碩士 | 1996 |
| **1997 屆** | | | | | |
| 吕咏梅 | 蔡襄其詩其人 | 劉永翔 | 中國古代文學 | 文學碩士 | 1997 |
| **1998 屆** | | | | | |
| 姚海燕 | 朱熹和楊簡《詩經》學比較研究 | 朱傑人 | 中國古代文學 | 文學碩士 | 1998 |
| 熊慶年 | 十七世紀至十九世紀中葉中日教育發展比較 | 李國鈞 | 教育史 | 教育學博士 | 1998 |
| 曹運耕 | 體用之辨與中國教育早期現代化（1862—1922） | 李國鈞 | 教育史 | 教育學博士 | 1998 |
| **1999 屆** | | | | | |
| 余彦焱 | 范祖禹及《唐鑒》——《唐鑒》校點説明 | 鄭　明 | 中國古典文獻學 | 文學碩士 | 1999 |
| 黄安靖 | 古漢字與詩歌傳統意象 | 黄　珅 | 中國古代文學 | 文學碩士 | 1999 |
| 李琳琦 | 徽商與明清徽州地區教育發展 | 李國鈞 | 教育史 | 教育學博士 | 1999 |

| 姓名 | 論　文　題　· | 指導教師 | 專　業 | 學位級別 | 學位年度 |
|---|---|---|---|---|---|
| 顧宏義 | 宋代教育政策的演變與兩浙地區教育的發展 | 李國鈞 | 教育史 | 教育學博士 | 1999 |

**2000 屆**

| 姓名 | 論　文　題　· | 指導教師 | 專　業 | 學位級別 | 學位年度 |
|---|---|---|---|---|---|
| 陸　暉 | 《東塾讀書記》與晚清漢宋學合流 | 劉永翔 | 中國古典文獻學 | 文學碩士 | 2000 |
| 王　澔 | 唐仲友評傳 | 劉永翔 | 中國古典文獻學 | 文學碩士 | 2000 |
| 趙建軍 | 荀子管理思想研究 | 周瀚光 | 中國古典文獻學 | 文學碩士 | 2000 |
| 黃興英 | 《唐書直筆》的整理與研究 | 鄭　明 | 中國古典文獻學 | 文學碩士 | 2000 |
| 何流星 | 宋祁文章風格研究 | 劉永翔 | 中國古代文學 | 文學碩士 | 2000 |
| 李偉平 | 論唐代公主的婚姻 | 鄭　明 | 中國古代文學 | 文學碩士 | 2000 |

**2001 屆**

| 姓名 | 論　文　題　· | 指導教師 | 專　業 | 學位級別 | 學位年度 |
|---|---|---|---|---|---|
| 程　泆 | 明代蘇州地區覆宋本研究 | 嚴佐之 | 中國古典文獻學 | 文學碩士 | 2001 |
| 李　麗 | 孔荀倫理思想比較 | 周瀚光 | 中國古典文獻學 | 文學碩士 | 2001 |
| 劉　明 | 試述北宋的孟子學 | 王　鐵 | 中國古典文獻學 | 文學碩士 | 2001 |
| 潘太年 | 北宋古文運動於北宋新儒學的關係 | 王　鐵 | 中國古典文獻學 | 文學碩士 | 2001 |
| 吉彥波 | 藏書志研究 | 嚴佐之 | 中國古典文獻學 | 文學碩士 | 2001 |
| 耿紀平 | 北宋新學學派研究 | 劉永翔 | 中國古代文學 | 文學碩士 | 2001 |
| 王培軍 | 復古與趨新——孟郊詩研究 | 黃　珅 | 中國古代文學 | 文學碩士 | 2001 |
| 顧　春 | 《水經注》與《入蜀記》的比較研究 | 黃　珅 | 中國古代文學 | 文學碩士 | 2001 |
| 潘　莉 | 論二晏詞 | 黃　珅 | 中國古代文學 | 文學碩士 | 2001 |

**2002 屆**

| 姓名 | 論　文　題　· | 指導教師 | 專　業 | 學位級別 | 學位年度 |
|---|---|---|---|---|---|
| 王仕舉 | 唐代知識人物的地理分佈 | 吳宣德 | 中國古典文獻學 | 文學碩士 | 2002 |
| 吳東昆 | 曾幾研究 | 王貽樑 | 中國古典文獻學 | 文學碩士 | 2002 |
| 王　嵐 | 歐陽修詞研究 | 朱傑人 | 中國古代文學 | 文學碩士 | 2002 |

| 姓名 | 論　文　題 | 指導教師 | 專　業 | 學位級別 | 學位年度 |
|---|---|---|---|---|---|
| 李建莉 | 誠齋詩及詩論研究——從思想創作演變角度看誠齋詩 | 朱傑人 | 中國古代文學 | 文學碩士 | 2002 |
| 吳法源 | 文學與哲學的衝突與融合——朱子詩和詩論初探 | 朱傑人 | 中國古代文學 | 文學碩士 | 2002 |
| 杜海軍 | 呂祖謙文學成就及其文獻整理 | 劉永翔 | 中國古代文學 | 文學博士 | 2002 |

**2003 届**

| 姓名 | 論　文　題 | 指導教師 | 專　業 | 學位級別 | 學位年度 |
|---|---|---|---|---|---|
| 胡　勤 | 陸深述評 | 鄭　明 | 中國古典文獻學 | 文學碩士 | 2003 |
| 胡黎君 | 顧太清及其詩詞 | 黃　珅 | 中國古代文學 | 文學碩士 | 2003 |
| 沈傳鳳 | 高而嚴潔,澹而清奇——論呂碧城其人其詞 | 黃　珅 | 中國古代文學 | 文學碩士 | 2003 |
| 孫漢青 | 權德輿研究 | 鄭　明 | 中國古典文獻學 | 文學碩士 | 2003 |
| 王　順 | 從貫休和齊己看晚唐僧詩 | 黃　珅 | 中國古代文學 | 文學碩士 | 2003 |
| 段俊平 | 劉宗周的主體性道德教育思想研究 | 馬　鏞 | 中國古典文獻學 | 文學碩士 | 2003 |
| 趙麗琰 | 文史兼擅一大家——論趙翼 | 鄭　明 | 中國古典文獻學 | 文學碩士 | 2003 |
| 付心知 | 《文心雕龍》文學教育思想研究 | 馬　鏞 | 中國古典文獻學 | 文學碩士 | 2003 |

**2004 届**

| 姓名 | 論　文　題 | 指導教師 | 專　業 | 學位級別 | 學位年度 |
|---|---|---|---|---|---|
| 戚淑娟 | 《關尹子》研究 | 周瀚光 | 中國古典文獻學 | 文學碩士 | 2004 |
| 鄭　婕 | 蘇轍經學成就研究 | 王　鐵 | 中國古典文獻學 | 文學碩士 | 2004 |
| 梁進學 | 試論清末民初舉要目録的發展 | 嚴佐之 | 中國古典文獻學 | 文學碩士 | 2004 |
| 許麗莉 | 《後村先生大全集》所見仕潮官吏考——兼論南宋潮州文化教育 | 戴揚本 | 中國古典文獻學 | 文學碩士 | 2004 |
| 宋軍朋 | 《物類相感志》和《格物粗談》内容之比較研究 | 周瀚光 | 中國古典文獻學 | 文學碩士 | 2004 |
| 管正平 | 《管子》及其禮法思想 | 周瀚光 | 中國古典文獻學 | 文學碩士 | 2004 |
| 李　慧 | 石林詩詞論 | 曾抗美 | 中國古典文獻學 | 文學碩士 | 2004 |

| 姓名 | 論　文　題 | 指導教師 | 專　業 | 學位級別 | 學位年度 |
|---|---|---|---|---|---|
| 劉　威 | 《東坡書傳》研究 | 王　鐵 | 中國古典文獻學 | 文學碩士 | 2004 |
| 徐曉楚 | 清"同光中興"時期儒籍出版考 | 嚴佐之 | 中國古典文獻學 | 文學碩士 | 2004 |
| 魏小虎 | 《事類賦注》的文獻學研究 | 戴揚本 | 中國古典文獻學 | 文學碩士 | 2004 |
| 吳建偉 | 宋代《洪範》研究 | 王　鐵 | 中國古典文獻學 | 文學碩士 | 2004 |
| 祝乃花 | 唐代友朋交往詩初探 | 劉永翔 | 中國古代文學 | 文學碩士 | 2004 |
| 韓怡星 | 韓偓其人其詩 | 曾抗美 | 中國古代文學 | 文學碩士 | 2004 |
| 楊曉波 | 鄭孝胥詩歌研究 | 黃　珅 | 中國古典文獻學 | 文學博士 | 2004 |
| 許全勝 | 沈曾植年譜長編 | 劉永翔 | 中國古代文學 | 文學博士 | 2004 |
| 方笑一 | 北宋新學與文學 | 劉永翔 | 中國古代文學 | 文學博士 | 2004 |

**2005 届**

| 姓名 | 論　文　題 | 指導教師 | 專　業 | 學位級別 | 學位年度 |
|---|---|---|---|---|---|
| 李宗全 | 從歷代目録著録之稷下先生著述看稷下學學術地位 | 王貽樑 | 中國古典文獻學 | 文學碩士 | 2005 |
| 笪圭如 | 《鐵圍山叢談》研究 | 嚴文儒 | 中國古典文獻學 | 文學碩士 | 2005 |
| 汪家華 | 《湘山野録》研究 | 嚴文儒 | 中國古典文獻學 | 文學碩士 | 2005 |
| 李　明 | 浦江"義門鄭氏"家族教育論稿 | 馬　鏞 | 中國古典文獻學 | 文學碩士 | 2005 |
| 萬英敏 | 《桂海虞衡志》的文獻學研究 | 王貽樑 | 中國古典文獻學 | 文學碩士 | 2005 |
| 黃　曦 | 《江慎修先生年譜》證補 | 王貽樑 | 中國古典文獻學 | 文學碩士 | 2005 |
| 郁　輝 | 《資治通鑒綱目提要》研究 | 嚴文儒 | 中國古典文獻學 | 文學碩士 | 2005 |
| 楊艷娟 | 明代女性貞節觀研究——明代通俗小説管窺 | 吳宣德 | 中國古典文獻學 | 文學碩士 | 2005 |
| 董桂蘭 | 上海地區明清進士家庭背景研究 | 吳宣德 | 中國古典文獻學 | 文學碩士 | 2005 |
| 葉憲允 | 清代福州四大書院研究 | 馬　鏞 | 中國古典文獻學 | 文學碩士 | 2005 |
| 吳　器 | 羅隱研究 | 王貽樑 | 中國古典文獻學 | 文學碩士 | 2005 |
| 石雪君 | 黃景仁詩歌研究 | 劉永翔 | 中國古代文學 | 文學碩士 | 2005 |

| 姓名 | 論　文　題 | 指導教師 | 專　業 | 學位級別 | 學位年度 |
|---|---|---|---|---|---|
| 陸　瓊 | 汪元量生平及交游研究 | 黃　珅 | 中國古代文學 | 文學碩士 | 2005 |
| 吉文斌 | 李白古題樂府曲辭研究 | 黃　珅 | 中國古代文學 | 文學碩士 | 2005 |
| 王巧玲 | 唐代小說的史料價值 | 黃　珅 | 中國古代文學 | 文學碩士 | 2005 |
| 陳　蘭 | 朱子序跋文考論 | 朱傑人 | 中國古代文學 | 文學碩士 | 2005 |
| 李　燕 | 張伯行的理學傳播活動研究 | 馬　鏞 | 中國古代文學 | 文學碩士 | 2005 |
| 蔣文仙 | 明代套色印本研究 | 嚴佐之 | 中國古典文獻學 | 文學博士 | 2005 |
| 李　然 | 乾隆三大家詩學比較 | 劉永翔 | 中國古代文學 | 文學博士 | 2005 |
| 鄭曉霞 | 唐代科舉詩研究 | 黃　珅 | 中國古代文學 | 文學博士 | 2005 |
| 祝良文 | 初唐宮廷詩考論 | 黃　珅 | 中國古代文學 | 文學博士 | 2005 |

**2006 屆**

| 姓名 | 論　文　題 | 指導教師 | 專　業 | 學位級別 | 學位年度 |
|---|---|---|---|---|---|
| 胡艷紅 | 百種宋人筆記所見飲食文化史料輯考 | 嚴佐之 | 中國古典文獻學 | 文學碩士 | 2006 |
| 楊戀戀 | 明刻穆世錫《食物輯要》考略 | 嚴佐之 | 中國古典文獻學 | 文學碩士 | 2006 |
| 王從好 | 古代堪輿著作中關於指南針發明和應用的早期史料研究 | 周瀚光 | 中國古典文獻學 | 文學碩士 | 2006 |
| 劉瑞光 | 魏泰《東軒筆錄》研究 | 鄭　明 | 中國古典文獻學 | 文學碩士 | 2006 |
| 馬曉靜 | 陳襄研究：論陳襄的政治主張和誠明之學 | 李偉國 | 中國古典文獻學 | 文學碩士 | 2006 |
| 藺　華 | 《初學記》與《白孔六帖》比較研究 | 鄭　明 | 中國古典文獻學 | 文學碩士 | 2006 |
| 鄭　宇 | 朱彧及其筆記《萍洲可談》研究 | 李偉國 | 中國古典文獻學 | 文學碩士 | 2006 |
| 江　山 | 從《朱文公文集》看朱熹的管理哲學思想 | 周瀚光 | 中國古典文獻學 | 文學碩士 | 2006 |
| 占旭東 | 《盡言集》研究 | 戴揚本 | 中國古典文獻學 | 文學碩士 | 2006 |
| 詹　看 | 《毛詩序》創作年代及作者之考證 | 王　鐵 | 中國古典文獻學 | 文學碩士 | 2006 |

| 姓名 | 論 文 題 | 指導教師 | 專 業 | 學位級別 | 學位年度 |
|---|---|---|---|---|---|
| 王慧華 | 王昶的文學文獻學研究 | 徐德明 | 中國古典文獻學 | 文學碩士 | 2006 |
| 戴從喜 | 朱子與文獻整理 | 朱傑人 | 中國古典文獻學 | 文學碩士 | 2006 |
| 賀　姝 | 王明清與《玉照新志》 | 戴揚本 | 中國古典文獻學 | 文學碩士 | 2006 |
| 吳曉華 | 南宋科舉舞弊及其防範措施研究 | 顧宏義 | 中國古典文獻學 | 文學碩士 | 2006 |
| 廖　穎 | 元人諸經纂疏研究 | 王　鐵 | 中國古典文獻學 | 文學碩士 | 2006 |
| 王　珺 | 沈濤筆記研究 | 徐德明 | 中國古典文獻學 | 文學碩士 | 2006 |
| 王卿敏 | 《小山詞》的接受史 | 曾抗美 | 中國古代文學 | 文學碩士 | 2006 |
| 楊秀娟 | 范處義及其《詩補傳》研究 | 曾抗美 | 中國古代文學 | 文學碩士 | 2006 |
| 楊儉虹 | 葉適的文學思想與詩文成就 | 曾抗美 | 中國古代文學 | 文學碩士 | 2006 |
| 王培軍 | 汪辟疆《光宣詩壇點將録》箋證 | 鄭　明 | 中國古典文獻學 | 文學博士 | 2006 |
| 程水龍 | 《近思録》版本與傳播研究 | 嚴佐之 | 中國古典文獻學 | 文學博士 | 2006 |
| 程美華 | 孫原湘詩歌研究 | 劉永翔 | 中國古典文獻學 | 文學博士 | 2006 |
| 宋立英 | 元和詩壇 | 黃　珅 | 中國古代文學 | 文學博士 | 2006 |
| 鄭　雪 | 宋朝建康府學研究 | 顧宏義 | 中國古代文學 | 文學博士 | 2006 |
| **2007 屆** | | | | | |
| 曲　輝 | 宋代《春秋》學研究：以孫復、程頤、胡安國、朱熹爲中心 | 嚴文儒 | 中國古典文獻學 | 文學碩士 | 2007 |
| 卿朝暉 | 楊名仓及其著述研究 | 馬　鏞 | 中國古典文獻學 | 文學碩士 | 2007 |
| 余　艷 | 清初"原額人丁"的性質：以直隸和江南省爲例 | 吳宣德 | 中國古典文獻學 | 文學碩士 | 2007 |
| 耿　松 | 《大學衍義補》研究 | 吳宣德 | 中國古典文獻學 | 文學碩士 | 2007 |
| 吳姍姍 | 《家世舊聞》研究 | 戴揚本 | 中國古典文獻學 | 文學碩士 | 2007 |
| 雷偉平 | 《聖諭廣訓》傳播研究 | 馬　鏞 | 中國古典文獻學 | 文學碩士 | 2007 |
| 霍偉婧 | 《明季實録》研究 | 嚴文儒 | 中國古典文獻學 | 文學碩士 | 2007 |
| 張　曄 | 《康熙起居注》研究 | 馬　鏞 | 中國古典文獻學 | 文學碩士 | 2007 |

| 姓名 | 論　文　題 | 指導教師 | 專　業 | 學位級別 | 學位年度 |
|---|---|---|---|---|---|
| 王紅春 | 明代浙江擧人研究 | 吳宣德 | 中國古典文獻學 | 文學碩士 | 2007 |
| 蔡建明 | 雍正朝殿試策中的政策導向 | 馬　鏞 | 中國古典文獻學 | 文學碩士 | 2007 |
| 程大煒 | 《元和郡縣圖志》清人輯補研究 | 嚴文儒 | 中國古典文獻學 | 文學碩士 | 2007 |
| 張　唯 | 《歷代鐘鼎彝器款識法帖》研究 | 王　鐵 | 中國古典文獻學 | 文學碩士 | 2007 |
| 朱　曦 | 《雍正朝内閣六科史書·吏科》中官員請假制度執行研究 | 馬　鏞 | 中國古典文獻學 | 文學碩士 | 2007 |
| 毛文鼇 | 黄虞稷年譜稿略 | 嚴佐之 | 中國古典文獻學 | 文學碩士 | 2007 |
| 陳慶生 | 悠悠東逝水，流不盡，古今情：論唐宋金元懷古詞 | 劉永翔 | 中國古代文學 | 文學碩士 | 2007 |
| 張旭東 | 杜牧李商隱交誼考論 | 黄　珅 | 中國古代文學 | 文學碩士 | 2007 |
| 徐湉湉 | 論陸游之夢詩 | 黄　珅 | 中國古代文學 | 文學碩士 | 2007 |
| 羅小美 | 五代、北宋詞中的女性 | 黄　珅 | 中國古代文學 | 文學碩士 | 2007 |
| 韓怡華 | 宋代小説筆記中的仙鬼詩 | 劉永翔 | 中國古代文學 | 文學碩士 | 2007 |
| 王偉禎 | 唐宋敘事詞研究 | 劉永翔 | 中國古代文學 | 文學碩士 | 2007 |
| 鄭春汛 | 清末民初專科目録研究：以經學目録學、文學目録爲中心 | 嚴佐之 | 中國古典文獻學 | 文學博士 | 2007 |
| 宗　韻 | 明代家族上行流動研究：以1595篇譜牒序跋所涉家族爲案例 | 吳宣德 | 中國古典文獻學 | 文學博士 | 2007 |
| 楊　星 | 朱子閩學思想淵源與傳播研究 | 朱傑人 | 中國古典文獻學 | 文學博士 | 2007 |
| 陳良中 | 朱子尚書學研究 | 朱傑人 | 中國古典文獻學 | 文學博士 | 2007 |
| 楊　軍 | 明代翻刻宋本研究 | 嚴佐之 | 中國古典文獻學 | 文學博士 | 2007 |
| 楊忠謙 | 大定詩壇研究 | 黄　珅 | 中國古代文學 | 文學博士 | 2007 |
| 應曉琴 | 唐代邊塞詩綜論 | 黄　珅 | 中國古代文學 | 文學博士 | 2007 |

| 姓名 | 論　文　題 | 指導教師 | 專　業 | 學位級別 | 學位年度 |
|---|---|---|---|---|---|
| 謝超凡 | 俞樾諸子學與文學研究 | 劉永翔 | 中國古代文學 | 博士後 | 2007 |
| 余全介 | 三國文化史論 | 嚴佐之 | 中國古典文獻學 | 博士後 | 2007 |
| **2008 屆** | | | | | |
| 史　華 | 《蘇沈良方》研究 | 周瀚光 | 中國古典文獻學 | 文學碩士 | 2008 |
| 趙美傑 | 贊寧《物類相感志》研究 | 周瀚光 | 中國古典文獻學 | 文學碩士 | 2008 |
| 李雪芝 | 《宋史·地理志·京東路》研究 | 戴揚本 | 中國古典文獻學 | 文學碩士 | 2008 |
| 關艷麗 | 清人研究《宋史》紀傳考論：以清人筆記爲主 | 徐德民 | 中國古典文獻學 | 文學碩士 | 2008 |
| 王　珺 | 宋代公主生活考略 | 顧宏義 | 中國古典文獻學 | 文學碩士 | 2008 |
| 王春琴 | 彭元瑞與《天禄琳琅書目後編》 | 徐德明 | 中國古典文獻學 | 文學碩士 | 2008 |
| 倪佳佳 | 《宋史·地理志·兩浙路》考述 | 戴揚本 | 中國古典文獻學 | 文學碩士 | 2008 |
| 楊裕欣 | 五雲深護帝王家：兩宋後妃的年壽、婚姻及其家庭情況考述 | 顧宏義 | 中國古典文獻學 | 文學碩士 | 2008 |
| 韓秀麗 | 《越絶書》内外篇新探 | 王鐵 | 中國古代文學 | 文學碩士 | 2008 |
| 萬　蓉 | 李彌遜及其詩歌研究 | 曾抗美 | 中國古代文學 | 文學碩士 | 2008 |
| 李善强 | 王庭珪詩文研究 | 嚴佐之 | 中國古代文學 | 文學碩士 | 2008 |
| 李　春 | 唐代皖南詩歌研究 | 曾抗美 | 中國古代文學 | 文學碩士 | 2008 |
| 趙　陽 | 陸游"南鄭情結"述論 | 王鐵 | 中國古代文學 | 文學碩士 | 2008 |
| 李慧玲 | 阮刻《毛詩注疏（附校勘記）》研究 | 朱傑人 | 中國古典文獻學 | 文學博士 | 2008 |
| 萬英敏 | 《管子》管理哲學思想研究 | 周瀚光 | 中國古典文獻學 | 文學博士 | 2008 |
| 李　俊 | 釋道潛研究 | 黃珅 | 中國古代文學 | 文學博士 | 2008 |
| 吉文斌 | 李白樂辭述考 | 黃　珅 | 中國古代文學 | 文學博士 | 2008 |
| 淩天松 | 明編詞總集述評 | 劉永翔 | 中國古代文學 | 文學博士 | 2008 |

| 姓名 | 論　文　題 | 指導教師 | 專　業 | 學位級別 | 學位年度 |
|---|---|---|---|---|---|
| 李衛軍 | 《左傳》評點研究 | 劉永翔 | 中國古代文學 | 文學博士 | 2008 |

**2009 屆**

| 姓名 | 論　文　題 | 指導教師 | 專　業 | 學位級別 | 學位年度 |
|---|---|---|---|---|---|
| 劉　磊 | 《群書考索》所引宋代史料研究 | 嚴文儒 | 中國古典文獻學 | 文學碩士 | 2009 |
| 毛　娜 | 《梁溪漫志》研究 | 朱幼文 | 中國古典文獻學 | 文學碩士 | 2009 |
| 王　璐 | 《新唐書糾謬》校箋 | 鄭　明 | 中國古典文獻學 | 文學碩士 | 2009 |
| 葉　虹 | 《李相國論事集》研究 | 鄭　明 | 中國古典文獻學 | 文學碩士 | 2009 |
| 呂　俐 | 《聖朝破邪集》研究 | 朱幼文 | 中國古典文獻學 | 文學碩士 | 2009 |
| 程小麗 | 清代浙江舉人研究 | 馬　鏞 | 中國古典文獻學 | 文學碩士 | 2009 |
| 許　丹 | 顧炎武《金石文字記》研究 | 徐德明 | 中國古典文獻學 | 文學碩士 | 2009 |
| 黃陳秋 | 王得臣《塵史》研究 | 嚴文儒 | 中國古典文獻學 | 文學碩士 | 2009 |
| 申　禮 | 明代河南開封府舉人輯略 | 吳宣德 | 中國古典文獻學 | 文學碩士 | 2009 |
| 楚怡俊 | 從明清間耶穌會士著作看他們對佛教的反應 | 朱幼文 | 中國古典文獻學 | 文學碩士 | 2009 |
| 丁　蓉 | 明代南直隸舉人研究 | 吳宣德 | 中國古典文獻學 | 文學碩士 | 2009 |
| 陸　路 | 《閱世編》教育科舉文獻研究：明末清初教育科舉制度小論 | 馬　鏞 | 中國古典文獻學 | 文學碩士 | 2009 |
| 張吉良 | 《雍正朝起居注册》研究：《雍正起居注》中的人才選拔、文字語言及科場案史料 | 馬　鏞 | 中國古典文獻學 | 文學碩士 | 2009 |
| 曹姍姍 | 盛唐三大家咏物詩比較研究 | 黃　珅 | 中國古代文學 | 文學碩士 | 2009 |
| 陳慶淩 | 略論趙長卿的詞：兼論宋代俗詞發展 | 劉永翔 | 中國古代文學 | 文學碩士 | 2009 |
| 應　豪 | 兩宋咏物詞的界定與解讀 | 劉永翔 | 中國古代文學 | 文學碩士 | 2009 |
| 劉絢蓓 | 中國古代碑誌文研究 | 王　鐵 | 中國古代文學 | 文學碩士 | 2009 |
| 王海鷹 | 李賀、杜牧、李商隱三家咏物詩研究 | 黃　珅 | 中國古代文學 | 文學碩士 | 2009 |

| 姓名 | 論　文　題 | 指導教師 | 專　業 | 學位級別 | 學位年度 |
|---|---|---|---|---|---|
| 李艷傑 | 南宋中後期婺州文人及其創作 | 王　鐵 | 中國古代文學 | 文學碩士 | 2009 |
| 陳　穎 | 南宋中期徽州文人及其創作 | 王　鐵 | 中國古代文學 | 文學碩士 | 2009 |
| 王　哲 | 清詩話中的杜甫研究 | 黃　珅 | 中國古代文學 | 文學碩士 | 2009 |
| 諸怡冰 | 永嘉四靈詩與姚合的流變關係 | 劉永翔 | 中國古代文學 | 文學碩士 | 2009 |
| 黃文堅 | 五代、宋文言小說中"鬼"的世界 | 劉永翔 | 中國古代文學 | 文學碩士 | 2009 |
| 曹家欣 | 《能改齋漫録》研究 | 嚴文儒 | 中國古代文學 | 文學碩士 | 2009 |
| 閆　春 | 《四書大全》的編纂與傳播研究 | 嚴佐之 | 中國古典文獻學 | 文學博士 | 2009 |
| 郁　輝 | 楊鍾羲年譜補編 | 嚴佐之 | 中國古典文獻學 | 文學博士 | 2009 |
| 任莉莉 | 葉德輝《書林清話》箋證 | 嚴佐之 | 中國古典文獻學 | 文學博士 | 2009 |
| 戴建國 | 《淵鑒類函》研究 | 劉永翔 | 中國古代文學 | 文學博士 | 2009 |

**2010 屆**

| 姓名 | 論　文　題 | 指導教師 | 專　業 | 學位級別 | 學位年度 |
|---|---|---|---|---|---|
| 戴小珏 | 陸容《菽園雜記》研究 | 周瀚光 | 中國古典文獻學 | 文學碩士 | 2010 |
| 李　琳 | 趙翼《廿二史劄記》之《明史》研究 | 徐德明 | 中國古典文獻學 | 文學碩士 | 2010 |
| 霍麗麗 | 《京口耆舊傳》研究 | 戴揚本 | 中國古典文獻學 | 文學碩士 | 2010 |
| 李　文 | 宋代書學著述研究 | 顧宏義 | 中國古典文獻學 | 文學碩士 | 2010 |
| 陳颯颯 | 《左傳杜解補正》研究 | 徐德明 | 中國古典文獻學 | 文學碩士 | 2010 |
| 錢瑩科 | 《儀禮經傳通解·喪禮》整理方法研究 | 徐德明 | 中國古典文獻學 | 文學碩士 | 2010 |
| 徐春琴 | 贊寧《筍譜》研究 | 周瀚光 | 中國古典文獻學 | 文學碩士 | 2010 |
| 朱莎莎 | 蒲松齡《農桑經》研究 | 周瀚光 | 中國古典文獻學 | 文學碩士 | 2010 |
| 于士倬 | 薛向與"均輸法"研究 | 顧宏義 | 中國古典文獻學 | 文學碩士 | 2010 |

| 姓名 | 論　文　題 | 指導教師 | 專　業 | 學位級別 | 學位年度 |
|---|---|---|---|---|---|
| 王子彧 | 略論宋代對於官員經濟犯罪的懲治：以《宋史·本紀》的相關記載爲切入 | 顧宏義 | 中國古典文獻學 | 文學碩士 | 2010 |
| 余瓊霞 | 陸佃及《陶山集》考述 | 曾抗美 | 中國古代文學 | 文學碩士 | 2010 |
| 孟慶媛 | 唐順之書信編年考證 | 嚴佐之 | 中國古代文學 | 文學碩士 | 2010 |
| 陳　麥 | 元結詩文及其思想研究 | 曾抗美 | 中國古代文學 | 文學碩士 | 2010 |
| 方學毅 | 從歷史到文學：以兀朮形象嬗變爲中心 | 嚴佐之 | 中國古代文學 | 文學碩士 | 2010 |
| 汪建華 | 橋入宋詩：橋的多元意象與意蘊 | 嚴佐之 | 中國古代文學 | 文學碩士 | 2010 |
| 黃麗群 | 謝邁及其《竹友集》研究 | 曾抗美 | 中國古代文學 | 文學碩士 | 2010 |
| 閆　群 | 《忠義集》研究 | 曾抗美 | 中國古代文學 | 文學碩士 | 2010 |
| 祝伊湄 | 張之洞詩學及詩歌創作研究 | 劉永翔 | 中國古代文學 | 文學博士 | 2010 |
| 鄭麗萍 | 宋代婦女婚姻生活研究：以《全宋文》所涉 4 802 篇墓誌爲例 | 鄭　明 | 中國古典文獻學 | 文學博士 | 2010 |
| 丁紅旗 | 五臣注《文選》研究 | 劉永翔 | 中國古典文獻學 | 博士後 | 2010 |
| 楊鑑生 | 《魏文帝集》校箋 | 黃　珅 | 中國古代文學 | 博士後 | 2010 |
| **2011 屆** | | | | | |
| 劉恩祺 | 《陶庵夢憶》研究：民俗方面的研究 | 朱幼文 | 中國古典文獻學 | 文學碩士 | 2011 |
| 李　静 | 魏晉南北朝時期比丘尼若干問題探究 | 朱幼文 | 中國古典文獻學 | 文學碩士 | 2011 |
| 任傳寧 | 略論宋代公主：兼與唐代公主比較研究 | 嚴文儒 | 中國古典文獻學 | 文學碩士 | 2011 |
| 劉玉玲 | 北宋山東人物研究：以《宋史》列傳爲中心 | 嚴文儒 | 中國古典文獻學 | 文學碩士 | 2011 |
| 丁之涵 | 明清《四書》專題類書研究：以江永《四書典林》《四書古人典林》爲例 | 嚴佐之 | 中國古典文獻學 | 文學碩士 | 2011 |

| 姓名 | 論　文　題 | 指導教師 | 專　業 | 學位級別 | 學位年度 |
|---|---|---|---|---|---|
| 高淑賢 | 《禮部韻略》研究 | 朱幼文 | 中國古典文獻學 | 文學碩士 | 2011 |
| 劉　佳 | 《八旗通志》中八旗教育制度研究 | 馬　鏞 | 中國古典文獻學 | 文學碩士 | 2011 |
| 丁雪松 | 《考古質疑》研究 | 戴揚本 | 中國古典文獻學 | 文學碩士 | 2011 |
| 張　傑 | 《乾隆朝上諭檔》研究 | 馬　鏞 | 中國古典文獻學 | 文學碩士 | 2011 |
| 王素蘭 | 《康熙朝漢文硃批奏摺彙編》研究 | 馬　鏞 | 中國古典文獻學 | 文學碩士 | 2011 |
| 劉思彤 | 《宋史地理志·陝西》史事考補 | 戴揚本 | 中國古典文獻學 | 文學碩士 | 2011 |
| 時潤民 | 《疏影樓詞》與《水雲樓詞》比較研究 | 曾抗美 | 中國古代文學 | 文學碩士 | 2011 |
| 欽佩彥 | 北宋僧人詞比較研究：以仲殊與惠洪爲例 | 曾抗美 | 中國古代文學 | 文學碩士 | 2011 |
| 唐　玲 | 唐庚詩集校注 | 劉永翔 | 中國古代文學 | 文學博士 | 2011 |
| 邵明珍 | 仕與隱：唐宋文人典型個案研究 | 黃　珅 | 中國古代文學 | 文學博士 | 2011 |
| 徐美潔 | 屠隆詩編年箋注 | 劉永翔 | 中國古代文學 | 文學博士 | 2011 |
| 汪家華 | 唐代長史述考：以唐代典籍和墓誌文獻爲基本面 | 鄭　明 | 中國古典文獻學 | 文學博士 | 2011 |
| 張　屏 | 兩宋詞雅化進程研究 | 黃　珅 | 中國古代文學 | 文學博士 | 2011 |
| **2012 屆** | | | | | |
| 李亞男 | 贊寧《大宋僧史略》研究 | 周瀚光 | 中國古典文獻學 | 文學碩士 | 2012 |
| 賀晟威 | 張伯行《小學集解》研究 | 戴揚本 | 中國古典文獻學 | 文學碩士 | 2012 |
| 馬麗娟 | 朱熹《八朝名臣言行錄》小傳考析 | 顧宏義 | 中國古典文獻學 | 文學碩士 | 2012 |
| 張　瓊 | 蘇軾的飲食生活研究：以蘇軾全集爲中心 | 顧宏義 | 中國古典文獻學 | 文學碩士 | 2012 |
| 吳成洋 | 《武經總要》研究 | 戴揚本 | 中國古典文獻學 | 文學碩士 | 2012 |
| 徐亦梅 | 甄鸞《笑道論》研究 | 周瀚光 | 中國古典文獻學 | 文學碩士 | 2012 |
| 李　娟 | 陳宓研究 | 戴揚本 | 中國古典文獻學 | 文學碩士 | 2012 |

| 姓名 | 論　文　題 | 指導教師 | 專　業 | 學位級別 | 學位年度 |
|---|---|---|---|---|---|
| 吕曉閩 | 宋代知縣、縣令若干問題之研究 | 顧宏義 | 中國古典文獻學 | 文學碩士 | 2012 |
| 汪　瀅 | 樓鑰及其《攻媿集》研究 | 羅爭鳴 | 中國古代文學 | 文學碩士 | 2012 |
| 祝蕾冰 | 服飾描寫和詞的審美特質 | 羅爭鳴 | 中國古代文學 | 文學碩士 | 2012 |
| 韋　瑋 | 宋褧及其《燕石集》研究 | 曾抗美 | 中國古代文學 | 文學碩士 | 2012 |
| 張學增 | 張君房及其著述研究 | 羅爭鳴 | 中國古代文學 | 文學碩士 | 2012 |
| 陳彦池 | 牟巘《陵陽集》研究 | 曾抗美 | 中國古代文學 | 文學碩士 | 2012 |
| 韓　丹 | 宋代青詞研究 | 羅爭鳴 | 中國古代文學 | 文學碩士 | 2012 |
| 劉煜瑞 | 古代文獻所見國家土地管理理念的歷史回溯：以"均地安民"爲主要線索 | 周瀚光 | 中國古典文獻學 | 文學博士 | 2012 |
| 毛文鼇 | 錢陸燦研究 | 嚴佐之 | 中國古典文獻學 | 文學博士 | 2012 |
| 林俊俊 | 《荀子》管理哲學思想研究 | 周瀚光 | 中國古典文獻學 | 文學博士 | 2012 |
| 李明霞 | 《宋蜀刻〈唐六十家集〉版本新探》 | 嚴佐之 | 中國古典文獻學 | 文學博士 | 2012 |
| 丁　蓉 | 科舉、教育與家族：明清常州莊氏家族研究：以毗陵莊氏族譜文獻爲中心 | 嚴佐之 | 中國古典文獻學 | 文學博士 | 2012 |
| 許　丹 | 顧炎武《金石文字記》校箋 | 劉永翔 | 中國古代文學 | 文學博士 | 2012 |
| 王　珂 | 《宋史・藝文志・類事類》考證 | 劉永翔 | 中國古代文學 | 博士後 | 2012 |

**2013 届**

| | | | | | |
|---|---|---|---|---|---|
| 劉效禮 | 袁俊翁與《四書疑節》研究 | 戴揚本 | 中國古典文獻學 | 文學碩士 | 2013 |
| 劉玉傑 | 崇德、順治初年（1636—1650）都察院研究 | 馬　鏞 | 中國古典文獻學 | 文學碩士 | 2013 |
| 陳　丹 | 《福惠全書》研究：以州縣銓選、交代和交漕制度爲例 | 馬　鏞 | 中國古典文獻學 | 文學碩士 | 2013 |
| 樊曉宇 | 咸豐朝《邸抄》研究：以咸豐朝捐輸和刑名爲例 | 馬　鏞 | 中國古典文獻學 | 文學碩士 | 2013 |

| 姓名 | 論 文 題 | 指導教師 | 專 業 | 學位級別 | 學位年度 |
|---|---|---|---|---|---|
| 李翠萍 | 《七克真訓》研究：《七克真訓》與《七克》的比較 | 朱幼文 | 中國古典文獻學 | 文學碩士 | 2013 |
| 胡樂超 | 宋代稷下學研究 | 顧宏義 | 中國古典文獻學 | 文學碩士 | 2013 |
| 王靚靚 | 葉子奇《草木子》研究 | 朱幼文 | 中國古典文獻學 | 文學碩士 | 2013 |
| 葛 昕 | 從《夢粱録》看南宋臨安市民階層的都市生活 | 朱幼文 | 中國古典文獻學 | 文學碩士 | 2013 |
| 余雅汝 | 《杭州八旗駐防營志略》研究 | 戴揚本 | 中國古典文獻學 | 文學碩士 | 2013 |
| 田 淵 | 王致遠《開禧德安守城録》研究 | 顧宏義 | 中國古典文獻學 | 文學碩士 | 2013 |
| 任仁仁 | 北宋嘉祐、治平年間理財思潮探析：以王安石、司馬光爲中心 | 顧宏義 | 中國古典文獻學 | 文學碩士 | 2013 |
| 俞 萍 | 薛季宣詩歌研究 | 方笑一 | 中國古代文學 | 文學碩士 | 2013 |
| 戎 默 | 葉適文學創作與學術思想關係研究 | 方笑一 | 中國古代文學 | 文學碩士 | 2013 |
| 王 玲 | 陳傅良散文研究 | 方笑一 | 中國古代文學 | 文學碩士 | 2013 |
| 潘 超 | 洪邁文學思想研究 | 方笑一 | 中國古代文學 | 文學碩士 | 2013 |
| 王瑾瑜 | 程俱《北山小集》研究 | 曾抗美 | 中國古代文學 | 文學碩士 | 2013 |
| 吕振寧 | 《家禮》源流編年輯考 | 朱傑人 | 中國古典文獻學 | 文學博士 | 2013 |
| 暢運合 | 唐代書學文獻考論 | 鄭 明 | 中國古典文獻學 | 文學博士 | 2013 |
| 王紅春 | 明代進士家狀研究：以56種會試録和57種進士登科録爲中心 | 嚴佐之 | 中國古典文獻學 | 文學博士 | 2013 |
| 周挺啓 | 錢澄之《田間詩學》研究 | 朱傑人 | 中國古典文獻學 | 文學博士 | 2013 |
| 陳 才 | 朱子詩經學考論 | 朱傑人 | 中國古典文獻學 | 文學博士 | 2013 |
| 范志鵬 | 易順鼎年譜長編 | 黄 珅 | 中國古代文學 | 文學博士 | 2013 |
| 楊勇軍 | 法式善攷論 | 劉永翔 | 中古古代文學 | 文學博士 | 2013 |

| 姓名 | 論 文 題 | 指導教師 | 專 業 | 學位級別 | 學位年度 |
|---|---|---|---|---|---|
| **2014 屆** | | | | | |
| 雷 敏 | 元代飲品研究：以乳、酒、茶爲中心 | 朱幼文 | 中國古典文獻學 | 文學碩士 | 2014 |
| 王雲傑 | 林景熙遺民心態及詩歌創作研究 | 方笑一 | 中國古典文獻學 | 文學碩士 | 2014 |
| 李 莎 | 乾隆朝官員離任制度研究：以乾隆朝奏摺爲中心 | 朱幼文 | 中國古典文獻學 | 文學碩士 | 2014 |
| 苗成林 | 十七世紀中國神職人員本土化相關問題研究：以四位華籍神職人員爲例 | 朱幼文 | 中國古典文獻學 | 文學碩士 | 2014 |
| 宋金萍 | 徽宗宮詞研究 | 羅爭鳴 | 中國古典文獻學 | 文學碩士 | 2014 |
| 管仁傑 | 羅願及其著述研究 | 戴揚本 | 中國古典文獻學 | 文學碩士 | 2014 |
| 馬蘭勝 | 《救荒活民書》研究 | 戴揚本 | 中國古典文獻學 | 文學碩士 | 2014 |
| 王風揚 | 宋人動物飼養與休閒生活 | 戴揚本 | 中國古典文獻學 | 文學碩士 | 2014 |
| 朱學博 | 林之奇及其《尚書全解》研究 | 顧宏義 | 中國古典文獻學 | 文學碩士 | 2014 |
| 吳 凡 | 《祥符州縣圖經》輯佚與研究 | 顧宏義 | 中國古典文獻學 | 文學碩士 | 2014 |
| 蔡 軍 | 黃震文學理論研究 | 方笑一 | 中國古代文學 | 文學碩士 | 2014 |
| 王聰聰 | 周必大年譜長編 | 劉永翔 | 中國古代文學 | 文學碩士 | 2014 |
| 袁 方 | 道家道教視域下的《西昆酬唱集》與西昆體 | 羅爭鳴 | 中國古代文學 | 文學碩士 | 2014 |
| 王風麗 | 馮煦年譜長編 | 鄭 明 | 中國古典文獻學 | 文學博士 | 2014 |
| 黎氏垂莊 | 越南南河地區十六至十九世紀中國禪宗的傳播和發展及相關文獻的考察 | 戴揚本 | 中國古典文獻學 | 文學博士 | 2014 |
| 曹家欣 | 王應麟《詞學指南》研究 | 劉永翔 | 中國古代文學 | 文學博士 | 2014 |
| **2015 屆** | | | | | |
| 李音翰 | 宋代宗室婚姻若干問題考略 | 顧宏義 | 中國古典文獻學 | 文學碩士 | 2015 |
| 肖瑶楚 | 《孝順事實》研究 | 宗 韻 | 中國古典文獻學 | 文學碩士 | 2015 |

| 姓名 | 論　文　題 | 指導教師 | 專　業 | 學位級別 | 學位年度 |
|---|---|---|---|---|---|
| 蘇　賢 | 杜大珪《名臣碑傳琬琰集》整理與研究 | 顧宏義 | 中國古典文獻學 | 文學碩士 | 2015 |
| 喜納祥子 | 清徐葆光《中山傳信録》整理與研究 | 嚴佐之 | 中國古典文獻學 | 文學碩士 | 2015 |
| 黎氏明水 | 漢喃文獻《禪宗本行》研究 | 戴揚本 | 中國古典文獻學 | 文學碩士 | 2015 |
| 劉向培 | 《中興館閣書目》重輯與考述 | 顧宏義 | 中國古典文獻學 | 文學碩士 | 2015 |
| 韓　續 | 華東師範大學圖書館藏徐乃昌藏金石拓片研究 | 宗　韻 | 中國古典文獻學 | 文學碩士 | 2015 |
| 李曉攀 | 《東宮備覽》研究 | 戴揚本 | 中國古典文獻學 | 文學碩士 | 2015 |
| 侯俊琦 | 修譜與興孝：明代家譜修撰目的及實效性研究 | 宗　韻 | 中國古典文獻學 | 文學碩士 | 2015 |
| 董明航 | 近代學術視閾下的丁謙史地學研究 | 戴揚本 | 中國古典文獻學 | 文學碩士 | 2015 |
| 孔　瑞 | 《太學新編黼藻文章百段錦》研究 | 方笑一 | 中國古代文學 | 文學碩士 | 2015 |
| 汪亞琳 | 朱子題跋研究 | 方笑一 | 中國古代文學 | 文學碩士 | 2015 |
| 楊　芳 | 張載文學研究——以理學與文學的關係爲中心 | 羅爭鳴 | 中國古代文學 | 文學碩士 | 2015 |
| 王　云 | 全真教歌辭文本《鳴鶴餘音》研究 | 羅爭鳴 | 中國古代文學 | 文學碩士 | 2015 |
| 宋軍朋 | 《物類相感志》科技史料價值研究：以十八卷本爲中心 | 嚴佐之 | 中國古典文獻學 | 文學博士 | 2015 |

**2016 屆**

| 姓名 | 論　文　題 | 指導教師 | 專　業 | 學位級別 | 學位年度 |
|---|---|---|---|---|---|
| 王盧笛 | 《〈疑獄集〉研究》 | 戴揚本 | 中國古典文獻學 | 文學碩士 | 2016 |
| 栗燕波 | 何去非《何博士備論》研究 | 戴揚本 | 中國古典文獻學 | 文學碩士 | 2016 |
| 杜　昭 | 田況與《儒林公議》研究 | 戴揚本 | 中國古典文獻學 | 文學碩士 | 2016 |
| 楊林佩 | 上海古籍出版社本《毛詩注疏》整理平議 | 李慧玲 | 中國古典文獻學 | 文學碩士 | 2016 |

| 姓名 | 論　文　題 | 指導教師 | 專　業 | 學位級別 | 學位年度 |
|---|---|---|---|---|---|
| 宋亞輝 | 《晉書》徵引《禮記》研究——兼考魏晉時期《禮記》博士之設置 | 李慧玲 | 中國古典文獻學 | 文學碩士 | 2016 |
| 廖蓮婷 | 宋代譜録研究 | 顧宏義 | 中國古典文獻學 | 文學碩士 | 2016 |
| 高　亮 | 《公羊傳》與《穀梁傳》文本成立年代先後再研究 | 戴揚本 | 中國古典文獻學 | 文學碩士 | 2016 |
| 金　瑶 | 劉大彬《茅山志》文學文獻學研究 | 羅爭鳴 | 中國古代文學 | 文學碩士 | 2016 |
| 李　楓 | 宋詞中的"洛陽"與洛陽勝迹 | 方笑一 | 中國古代文學 | 文學碩士 | 2016 |
| 趙倩倩 | 東晉南朝上清派道經中的詩歌研究——以《真誥》爲中心 | 羅爭鳴 | 中國古代文學 | 文學碩士 | 2016 |
| 于士倬 | 宋代宰府僚吏研究 | 戴揚本 | 中國古典文獻學 | 文學博士 | 2016 |
| 趙　嘉 | 古籍版本圖録研究 | 嚴佐之 | 中國古典文獻學 | 文學博士 | 2016 |
| 徐曉楚 | 晚清《四書》學著述及其出版研究 | 嚴佐之 | 中國古典文獻學 | 文學博士 | 2016 |
| 袁子微 | 樊樊山及其詩歌研究 | 劉永翔 | 中國古代文學 | 文學博士 | 2016 |
| **2017 届** | | | | | |
| 劉　兵 | 真德秀《西山讀書記》研究 | 顧宏義 | 中國古典文獻學 | 文學碩士 | 2017 |
| 劉克勇 | 宋朝現存五種縣誌研究 | 顧宏義 | 中國古典文獻學 | 文學碩士 | 2017 |
| 任美玲 | 清代武英殿本《禮記注疏》句讀及《考證》研究 | 李慧玲 | 中國古典文獻學 | 文學碩士 | 2017 |
| 侯盛傑 | 樓鑰《北行日録》研究 | 顧宏義 | 中國古典文獻學 | 文學碩士 | 2017 |
| 張　萌 | 《毛詩注疏正字》研究 | 李慧玲 | 中國古典文獻學 | 文學碩士 | 2017 |
| 周　會 | 聶士成《東轍紀程》研究 | 戴揚本 | 中國古典文獻學 | 文學碩士 | 2017 |
| 朱　蕾 | 楊慎《詩經》學研究 | 李慧玲 | 中國古典文獻學 | 文學碩士 | 2017 |
| 邱曉偉 | 清代道教仙傳文獻研究 | 羅爭鳴 | 中國古代文學 | 文學碩士 | 2017 |
| 王　楚 | 馮惟訥《選詩約注》研究 | 丁紅旗 | 中國古代文學 | 文學碩士 | 2017 |

| 姓名 | 論　文　題 | 指導教師 | 專　　業 | 學位級別 | 學位年度 |
|---|---|---|---|---|---|
| 趙友永 | 蔡世遠《古文雅正》研究 | 方笑一 | 中國古代文學 | 文學碩士 | 2017 |
| 田雨露 | 林雲銘《古文析義》研究 | 方笑一 | 中國古代文學 | 文學碩士 | 2017 |
| 許超傑 | 《穀梁》善於經：清代《穀梁》學文獻四種研究 | 戴揚本 | 中國古典文獻學 | 文學博士 | 2017 |
| 王園園 | 章學誠著述稿鈔本研究 | 嚴佐之 | 中國古典文獻學 | 文學博士 | 2017 |
| 戎　默 | 汪藻詩集箋注 | 劉永翔 | 中國古代文學 | 文學博士 | 2017 |
| **2018 屆** | | | | | |
| 陳　卓 | 北宋士大夫不歸葬現象研究 | 顧宏義 | 中國古典文獻學 | 文學碩士 | 2018 |
| 李安婕 | 《刊正相臺書塾九經三傳沿革例》研究與注釋 | 顧宏義 | 中國古典文獻學 | 文學碩士 | 2018 |
| 林青荻 | 兩宋山志輯佚與研究 | 顧宏義 | 中國古典文獻學 | 文學碩士 | 2018 |
| 宋月陽 | 《龜山先生語録》研究 | 顧宏義 | 中國古典文獻學 | 文學碩士 | 2018 |
| 諸莉君 | 《宣和博古圖》研究 | 顧宏義 | 中國古典文獻學 | 文學碩士 | 2018 |
| 吳瑞荻 | 邵懿辰年譜 | 劉成國 | 中國古典文獻學 | 文學碩士 | 2018 |
| 張韶華 | 《漢天師世家》研究 | 羅爭鳴 | 中國古代文學 | 文學碩士 | 2018 |
| 周雪君 | 朱倬《詩經疑問》研究 | 方笑一 | 中國古代文學 | 文學碩士 | 2018 |
| 李宛穎 | 過珙《古文評注》研究 | 方笑一 | 中國古代文學 | 文學碩士 | 2018 |
| 常美琦 | 李邕碑誌文校注與研究 | 丁紅旗 | 中國古代文學 | 文學碩士 | 2018 |
| 羅愷文 | 清末民初咏劇詩詞研究（1840—1919） | 方笑一 | 中國古代文學 | 文學碩士 | 2018 |
| 苑學正 | 朱子《禮記》學研究 | 朱傑人 | 中國古典文獻學 | 文學博士 | 2018 |
| 和　溪 | 朱子《家禮》冠婚禮研究 | 朱傑人 | 中國古典文獻學 | 文學博士 | 2018 |
| 任仁仁 | 張栻往來書信研究 | 顧宏義 | 中國古典文獻學 | 文學博士 | 2018 |
| 朱學博 | 兩宋之際詩經學研究 | 劉永翔 | 中國古代文學 | 文學博士 | 2018 |

# 劉永翔教授論著目録

**專著：**

1.《蓬山舟影》,漢語大詞典出版社 2004 年版

2.《文學的藝術》(與劉衍文合著),花城出版社 1985 年版

3.《古典文學鑒賞論》(與劉衍文合著),上海教育出版社 1991 年版

4.《中華古文觀止》(與黃珅合編),學林出版社 1996 年版

5.《家學淵源》(與王培軍合著),上海人民出版社 2002 年版

6.《先秦兩漢散文》(與呂咏梅合編注),廣東人民出版社 2003 年版

7.《胡雲翼：重寫文學史》(與李露蕾合編),華東師範大學出版社 2004 年版

8.《胡雲翼選詞》(與李露蕾合編),華東師範大學出版社 2004 年版

9.《胡雲翼説詞》(與李露蕾合編),華東師範大學出版社 2004 年版

10.《胡雲翼説詩》(與李露蕾合編),華東師範大學出版社 2004 年版

**古籍整理：**

1.《清波雜志校注》,中華書局 1983 年版

2.《袁枚〈續詩品〉詳注》(與劉衍文合作),上海書店出版社 1993 年版

3.《明清上海稀見文獻五種》,人民文學出版社 2006 年版

4.《滄趣樓詩文集》(與許全勝合作),上海古籍出版社 2006 年版

5.《朱子全書》(與朱傑人、嚴佐之等合編),上海古籍出版社 2010 年版

6.《朱子全書外編》(與朱傑人、嚴佐之等合編),華東師大出版社 2010 年版

7.《顧炎武全集》(與黃珅、嚴佐之等合編),上海古籍出版社 2012

年版

8.《近思録專輯》(與嚴佐之、戴揚本等合編),華東師範大學出版社2015年版

9.《亭林詩文集》(與唐玲合注),《儒藏》(精華編二七〇),北京大學出版社2016年12月版

**論文:**

1.《"折柳"新解》,《文史知識》1982年第1期

2.《"雀角"和"鼠牙"——《詩經》小劄》,《運城師專學報》1984年第3期

3.《王夫之論詩初探》,《運城師專學報》1985年第2期

4.《〈新修南唐書〉陸游著袪疑》,《華東師大學報》1985年第6期

5.《巧拙的美學觀》(與劉衍文合著),《求是學刊》1987年第5期

6.《〈一層樓〉採擷漢族文學作品考》,《華東師範大學學報》1988年第4期

7.《〈清波雜志〉初探》,《華東師範大學學報》1995年第6期

8.《周邦彦家世發覆》,《華東師範大學學報》1996年第3期

9.《〈千家詩〉七言絕句校議》,《華東師範大學學報》1996年第6期

10.《高麗亦有"拉郎配"》,《華東師範大學學報》1997年第5期

11.《讀〈管錐編劄記〉(三)》,《華東師範大學學報》1998年第3期

12.《〈正氣歌〉所本》,《華東師範大學學報》1998年第4期

13.《"洗竹"正詁》,《華東師範大學學報》1998年第6期

14.《司空圖〈詩品〉偽作補證》,《華東師範大學學報》1999年第1期

15.《胡雲翼詞學研究平議》,《詞學》第14輯,2003年8月

16.《詩誤爲詞》,《詞學》第15輯,2004年11月

17.《少游郴州詞本事辨一》,《詞學》第15輯,2004年11月

18.《少游郴州詞本事辨二》,《詞學》第15輯,2004年11月

19.《汪藻點絳唇詞本事辨一》,《詞學》第15輯,2004年11月

20.《汪藻點絳唇詞本事辨二》,《詞學》第15輯,2004年11月

21.《王千秋"去爲潭州之土"袪疑》,《詞學》第17輯,2006年6月

22.《少游〈踏莎行〉本事辨》,《詞學》第18輯,2007年12月

23.《傳顧亭林〈遊廬山詞〉辨偽》,《歷史文獻》第13輯,2009年6月

24.《讀〈槐聚詩存〉》,《傳統中國研究集刊》(第六輯),2009年6月

25.《明清之際江南三詩人談片》,《華東師範大學學報》2011 年第 3 期

26.《悲劇性性格與生命歷程的藝術體現——"前清遺老"陳寶琛詩文略論》,《華東師範大學學報》2012 年第 6 期。

27.《朱子〈詩集傳〉的散文繹旨》,《歷史文獻研究》2014 年 1 期

28.《〈乾嘉詩壇點將錄〉作者考實——為錢鍾書先生祛疑》,《華東師範大學學報》2014 年第 3 期

29.《詩詞創作漫談(一)》,《國學茶座》2015 年第 1 期

30.《詩詞創作漫談(二)》,《國學茶座》2015 年第 2 期

31.《詩詞創作漫談(三)》,《國學茶座》2015 年第 4 期

32.《詩詞創作漫談(四)》,《國學茶座》2017 年第 2 期

33.《詩詞創作漫談(五)》,《國學茶座》2017 年第 3 期

34.《詩詞創作漫談(六)》,《國學茶座》2017 年第 4 期

35.《蓬遠樓漫筆》,《中國文化》第 47 期,2018 年 5 月


**報刊:**

1.《注書非"挖腳跟"不可》,《文匯報》2006 年 7 月 23 日

2.《錢鍾書·程千帆·沈祖棻》,《文匯報》2007 年 6 月 3 日

3.《略談學人筆記的撰寫》,《上海書評》2008 年 9 月 8 日

4.《錢鍾書兩則妙語的西方來歷》,《上海書評》2009 年 2 月 15 日

5.《"山登絕頂我為峰"誰之作》,《上海書評》2015 年

6.《〈雞籠〉詩的流傳》,《上海書評》2016 年 3 月 13 日。

7.《〈雞籠〉詩的爭議》,《上海書評》2016 年 3 月 20 日。

8.《〈雞籠〉詩的真相》,《上海書評》2016 年 3 月 27 日。

9.《受知記遇——回憶與錢鍾書先生的緣分》,《文匯報》2018 年 2 月 5 日


**序跋**

1.《〈沈曾植年譜長編〉序》,中華書局 2007 年版

2.《〈北宋新學與文學〉序》,上海古籍出版社 2008 年版

3.《〈光宣詩壇點將錄〉序》,中華書局 2008 年版

4.《〈訂頑日程〉序》,上海古籍出版社 2010 年版

5.《〈淵鑒類函研究〉序》,東方出版中心 2014 年版

6.《〈十駕齋養新録〉序》,上海古籍出版社 2011 年版

7.《〈十駕齋養新録箋注：經史部分〉序》,上海書店出版社 2015 年版

8.《〈順受其正〉序》,華東師範大學出版社 2016 年版

9.《〈唐庚詩集校注〉序》,中華書局 2016 年版

# 嚴佐之教授論著目録

**撰著**

1.《古籍版本學概論》，華東師範大學出版社 1989 年初版，2008 年再版

2.《近三百年古籍目録舉要》，華東師範大學出版社 1994 年初版，2008 年再版

**編著**

《〈近思録〉文獻叢考》（與顧宏義合作），上海古籍出版社 2018 年版

**古籍整理**

主編

1.《朱子全書》（與朱傑人、劉永翔合作），安徽教育出版社、上海古籍出版社 2002 年初版，2010 年修訂版

2.《朱子全書外編》（與朱傑人、劉永翔合作），華東師範大學出版社 2010 年版

3.《顧炎武全書》（與黃珅、劉永翔合作），上海古籍出版社 2012 年版

4.《歸有光全集》（與譚帆、彭國忠合作），上海人民出版社 2015 年版

5.《歷代朱子學著述叢刊·〈近思録〉專輯》（與戴揚本、劉永翔合作），華東師範大學出版社 2016 年版

6.《歷代朱子學著述叢刊·歷代"朱陸異同"典籍萃編》（與戴揚本、劉永翔合作），上海古籍出版社 2018 年版

7.《歷代朱子學研究文類叢編·歷代"朱陸異同"文類彙編》（與顧宏義合作），上海古籍出版社 2018 年版

8.《方苞全集》（與彭林合作），復旦大學出版社 2018 年版

點校

1.（南宋）朱熹《延平師弟子答問》,《朱子全書》本

2.（北宋）程顥、程頤《二程遺書》,《朱子全書外編》本

3.（南宋）石□《中庸輯略》(《儒藏》精華編),北京大學出版社 2007 年版;《朱子全書外編》本

4.（清）顧炎武《天下郡國利病書》(與黄珅、顧宏義等合作),《顧炎武全書》本

5.（清）顧炎武《惧謀録》(與方學毅合作),《顧炎武全書》本

6.（清）江永《近思録集註》,《〈近思録〉專輯》本

7.（清）茅星來《近思録集解》(與朱幼文合作),《〈近思録〉專輯》本

8.（清）郭嵩燾《近思録注》(與張文合作),《〈近思録〉專輯》本

9.（西漢）賈誼《新書》(《儒藏》精華編),北京大學出版社 2014 年版

10.（清）王弘撰《正學隅見述》(與張文合作),《歷代"朱陸異同"典籍萃編》本

11.（清）秦雲爽《紫陽大指》(與劉國宣合作),《歷代"朱陸異同"典籍萃編》本

12.（清）童能靈《朱子為學次第考》(與朱幼文合作),《歷代"朱陸異同"典籍萃編》本

論文

1.《目録學對古籍整理的功用》,《圖書館雜誌》1982 年第 4 期

2.《黄丕烈版本學思想辨析》,《圖書館雜誌》1985 年第 1 期、第 2 期

3.《唐代中日白江之戰及其對兩國關係的影響》,《華東師範大學學報》(哲學社會科學版)1986 年第 1 期

4.《版本學没有廣狹二義論》,《圖書館雜誌》1986 年第 3 期

5.《論明代徽州刻書》,《社會科學戰線》1986 年第 3 期

6.《論書院刻書的歷史傳統》,《嶽麓書院一千零一十周年紀念文集》第 1 輯,湖南人民出版社 1986 年版

7.《〈讀書敏求記〉研究中的"以訛傳訛問題"》,《上海高校圖書情報學刊》1992 年第 2 期

8.《書院藏書、刻書與書院教育》,李國鈞主編《中國書院史》附録一,湖南教育出版社 1994 年

9.《繆荃孫與清後期目録學》,《繆荃孫學術研討會論文集》,江蘇省圖書館1998年;國際圖書館主编:《繆荃孫誕辰170週年紀念會暨學術研討會論文集》,國家圖書館出版社2015年版

10.《"信以傳信,疑以傳疑"——家譜修纂例則瑣議》,《中國譜牒研究——全國譜牒開發與利用學術研討會論文集》,上海古籍出版社1999年版

11.《〈近思録〉與儒家"出處之義"》,《中華文史論叢》第58輯,上海古籍出版社1999年版

12.《姚名達〈中國目録學史〉導讀》,姚名達:《中國目録學史》卷首,上海古籍出版社2000年版

13.《朱子〈近思録〉導讀》,《朱子近思録》卷首,上海古籍出版社2000年版

14.《"哈佛模式":關於美藏漢籍目録現狀的思考——兼評〈美國哈佛大學哈佛燕京圖書館藏中文善本書志〉》,《書目季刊》2001年第35期

15.《圖文並茂　賞讀皆宜——評〈中國古籍稿鈔校本圖録〉》,《圖書館雜誌》2001年第4期

16.《"主題目録之擴大":類書的目録學意義——讀姚名達〈中國目録學史〉劄記》,復旦大學古籍研究所主编:《海峽兩岸古典文獻學學術研討會論文集》,上海古籍出版社2002年版

17.《"開聚書之門徑","標讀書之脈絡":論"藏書志"目録體制結構——以張金吾〈愛日精廬藏書志〉為中心》,《中華文史論叢》第69輯,上海古籍出版社2002年版

18.《"經學、制舉,取之咸宜":十七世紀下葉的一種經學讀本——以楊梧〈禮記説義纂訂〉為例》,南京大學思想史研究中心主编:《思想家Ⅱ:中國學術與中國思想史》,江蘇教育出版社2002年版

19.《趙之謙〈論學叢劄〉與徽州績溪紫金胡氏家學》,《趙之謙〈論學叢劄〉》,上海崇源2002首次大型藝術品拍賣會資料册,2002年;《崇本堂藏趙之謙翰札》卷首,文化發展出版社2018年版

20.《〈吕祖謙文學研究〉序》,杜海軍《吕祖謙文學研究》卷首,學苑出版社2002年版

21.《上海圖書館,我學術生命的生養之地》,上海圖書館主编:《我與上海圖書館》,上海科技文獻出版社2002年版

22.《為了不該遺忘的"百年歌聲":回憶我的祖父嚴工上、父親嚴個

凡和三叔嚴折西》,《書城雜誌》2004 年

23.《〈四庫總目〉〈續目〉未收清人經籍的經學史意義探微——以哈佛大學哈佛燕京圖書館藏本為例》,朱政惠主編:《海外中國學評論》第 1 輯,上海古籍出版社 2005 年版

24.《乾淳間朱吕往返信劄的文學解讀和歷史解讀》,朱傑人、嚴文儒主編:《〈朱子全書〉與朱子文獻國際學術研討會論文集》,華東師範大學出版社 2005 年版

25.《〈華英通語〉〈英語集全〉與近代南粤對外貿易》,暨南大學古文獻研究所主編:《中國古文獻與傳統文化學術研討會論文集》,華文出版社 2005 年版

26.《懷鉛握槧育桃李——顧廷龍先生與版本目録學人才培養》,《華東師範大學校報》2005 年

27.《繼承傳統,鑄造新知——評〈山東大學文史哲研究院專刊〉》,《光明日報》2005 年

28.《清胡煦〈周易函書別集〉版本考異》,浙江大學古籍研究所主編:《禮學與中國傳統文化——慶祝沈文倬先生九十華誕國際學術研討會論文集》,中華書局 2006 年版

29.《〈版本通義〉導讀》,錢基博:《版本通義》卷首,上海古籍出版社 2007 年版

30.《版本再造的“得而復失”與“失而復得”——以〈中庸集解〉〈中庸輯略〉為例》,《中國文哲研究通訊》第 18 卷第 2 期,臺北中研院中國文哲研究所 2008 年版;《儒家典籍與思想研究》第 1 輯,北京大學出版社 2009 年版。

31.《宋施宿家世行跡生卒年補證——兼〈餘姚施氏宗譜〉遺存施宿墓誌信疑考》,《北京大學中國古文獻研究中心集刊》第 7 輯,北京大學出版社 2008 年版

32.《〈吴翌鳳研究〉序》,王幼敏:《吴翌鳳研究——乾嘉姑蘇學界考略》卷首,上海文藝出版社 2008 年版

33.《版本鑒賞與源流考訂:〈書林清話〉〈版本通義〉異同論》,《古籍整理研究與中國古典文獻學科建設國際學術研討會論文集》,2009 年

34.《〈四書學文獻研究書系〉序》,顧宏義:《宋代四書文獻論考》卷首,上海古籍出版社 2010 年版

35.《朱子〈中庸輯略〉删節石□〈中庸集解〉原本條目考——兼論芟

節原本條目的經典詮釋意圖》,《湖南大學學報(社會科學版)》2011年第1期

36.《〈明代覆宋刻本研究〉序》,楊軍:《明代覆宋刻本研究》卷首,中國社會科學出版社2011年版

37.《"白頭方解手抄書":查慎行〈抄書〉詩及明清"抄書"詩釋讀——兼論明清寫本文化的"自適"性》,《北京大學中國古文獻研究中心集刊》第12輯,北京大學出版社2012年版

38.《〈近思録集校集注集評〉序言》,程水龍:《近思録集校集注集評》卷首,上海古籍出版社2012年版

39.《陳仲魚手校本〈蔡中郎文集〉版本考略》,《文獻》2013年第4期

40.《〈近思録〉後續著述的思想學術史意義》,《文史哲》2014年第1期

41.《如何做學問,顧老是我的引路人》,《圖書館雜誌》2014年第10期

42.《〈朱子學文獻大系〉總序》,嚴佐之、戴揚本、劉永翔主編:《朱子學文獻大系·朱子〈近思録〉專輯》卷首,華東師範大學出版社2014年版

43.《理學型家族·女性尊長·齊家之道——宋餘姚柏山胡氏宗族〈莫太夫人家訓〉解讀》,上海圖書館主編:《歷史文獻》第19輯,上海古籍出版社2015年版

44.《郭嵩燾注〈近思録〉及其學術思想史意義》,中國歷史文獻學會主編:《歷史文獻研究》第37輯,華東師範大學出版社2016年版

45.《"天禄"遺書,"知見"新録——〈天禄琳琅知見書録〉序》,劉薔:《天禄琳琅知見書録》卷首,北京大學出版社2017年版

46.《〈近思録文獻叢考〉跋》,嚴佐之、顧宏義主編:《〈近思録〉文獻叢考》卷末,上海古籍出版社2017年版

47.《"朱陸異同"歷史文獻與"朱陸異同之辨"歷史衍變》,《中華文史論叢》第130期,上海古籍出版社2018年版

48.《〈方苞全集〉總序》,彭林、嚴佐之主編:《方苞全集》卷首,復旦大學出版社2018年版

### 附:未刊論文

1.《〈近思録〉與程朱"事君之方"》,洛陽"二程學術思想國際學術研討會"論文稿,2005年

2.《版本學百年回眸》,上海師範大學古籍研究所演講稿,2008 年

3.《康熙時代的一場整飭士習學風運動——讀清刊〈御製訓飭士子文衍義〉偶見》,臺灣佛光大學"元明清文化與文學"國際學術研討会論文稿,2009 年

4.《"喜讀未見書":版本學"題中應有"之義》,國家圖書館"文獻學國際學術研討會"論文稿,2009 年

5.《"文物"、"文獻"、"文化":古書版本及其研究的三維視域——以〈施顧注蘇詩〉版本為案例》,中國美院設計學院演講稿,2011 年

6.《解題目録及其沿革續説》,北京大學古文獻學研究中心古文獻學暑期班演講稿,2012 年

7.《關於朱子學術思想現代性轉換的若干思考——以當下重提儒學價值為背景》,華東師範大學終身教授學術報告演講稿,2013 年;温州大學文學院演講稿,2014 年

8.《古籍整理的"書目"形式與古典目録學的書目類型、目録體制問題》,國家新聞出版總局古籍編輯培訓班演講稿,2014 年

9.《南宋胡沂軼事鉤沉》,中國歷史文獻學會年會論文,2014 年

10.《清初關中王山史、李二曲"朱陸異同"之辨紀事本末——以王山史〈頻陽札記〉為中心的文獻會解》,婺源"朱子學術思想國際研討會"論文,2015 年

11.《朱子〈近思録〉如何成為傳世經典——以〈近思録〉閱讀、續編、注釋史為線索》,武夷山學院"紀念朱子《近思録》成書 840 週年暨海峽兩岸學術交流會"演講稿,2015 年

12.《黄永年民國三十四年〈寄緱盦札〉及其他》,陝西師範大學"紀念黄永年先生九十誕辰暨第六屆中國古文獻與傳統文化國際學術研討會"論文,2015 年

13.《饒州安仁湯氏家族學派與宋末朱陸異同之辨——以真德秀〈湯武康墓誌銘〉為中心的文獻考察》,上饒師範學院"第二屆鵝湖會講"論文,2018 年

# 後　記

　　戊戌年，古籍所發生兩件大事：一是劉永翔、嚴佐之兩位教授年屆七十而榮休；二是學校爲"做大做强"文獻學科，將古籍所"挂靠"中文系，從而爲古籍所之發展制定出新路徑。

　　1978 年國家開始招收研究生，劉先生、嚴先生成爲古籍所第一批研究生，兩年後畢業留所，從而"在古籍所四十年一以貫之的讀書、教書和校書"，並嘗先後執掌所務累年，嘉惠古籍所師生實多。今日古籍所内同仁，大都師從或受教於兩位先生。

　　記得 2017 年底，與施家倉兄談起劉先生、嚴先生榮休之事，商議編纂一册榮休紀念文集以爲慶賀。經多方聯繫溝通，承蒙學界同仁與所友之支持，文集順利成編。原擬紀念文集於兩位先生榮休之當年出版，不意因故延宕至今，頗感愧歉。

　　古籍所前身係 1970 年代爲承担整理"二十四史"之《新唐書》《新五代史》而成立之古籍整理研究室，並於 1978 年始招收研究生，以培養古籍整理與研究人才，後於 1983 年升格爲研究所。一路行來數十年，既有九十年代爲得"生存"而勉力維持，亦有 2000 年代以來撰纂出版《朱子全書》《顧炎武全集》並頗獲學界肯定而欣愉，更有近年因國家重視傳統文化、社會關注古籍整理事業而奮發。今日，古籍所之發展已翻開新頁，此册紀念文集亦於一定程度上成爲古籍所此一轉身之見證物。故借此紀念文集編成出版之機，感謝學界朋友與古籍所同仁、往屆學友等支持，期望古籍所前輩師長之學術資産能衣鉢相傳並發揚光大，並衷心祝願劉永翔先生、嚴佐之先生長壽安康快樂！

顧宏義

2019 年 4 月 3 日